Kissel/Mayer
Gerichtsverfassungsgesetz

Gerichts-verfassungsgesetz

KOMMENTAR

von

Dr. OTTO RUDOLF KISSEL
Präsident des Bundesarbeitsgerichts a. D.
Honorarprofessor an der Justus-Liebig-Universität Gießen

und

HERBERT MAYER
Vizepräsident des Oberlandesgerichts Stuttgart

5., neubearbeitete Auflage

Verlag C. H. Beck München 2008

Verlag C. H. Beck im Internet:
beck.de

ISBN 978 3 406 57063 6

© 2008 Verlag C. H. Beck oHG
Wilhelmstraße 9, 80801 München
Druck und Bindung: Kösel GmbH & Co. KG,
Am Buchweg 1, 87452 Altusried-Krugzell

Satz: Druckerei C. H. Beck Nördlingen
(Adresse wie Verlag)

Gedruckt auf säurefreiem, alterungsbeständigem Papier
(hergestellt aus chlorfrei gebleichtem Zellstoff)

Vorwort zur 5. Auflage

Die von Otto Rudolf Kissel im Vorwort zur Vorauflage formulierten Leitgedanken seiner Kommentierung des GVG sollen auch am Eingang der nunmehr fertiggestellten fünften Auflage stehen. In langjähriger leidenschaftlicher Arbeit und mit dem Ethos nicht nur des Wissenschaftlers, sondern auch des Recht und Gerechtigkeit verpflichteten Richters hat Otto Rudolf Kissel ein Werk geschaffen, das als „nahezu vollkommen" (*Hintzen* Rpfleger 2005, 491) und „konkurrenzlos" (*Müller-Christmann* NJW 2005, 3199) gilt. Es aus seinen Händen zur weiteren Pflege anvertraut zu bekommen, ist Ehre und Herausforderung. Otto Rudolf Kissel hat seinen bereits angedeuteten Entschluss, sich aus der weiteren Bearbeitung zurückzuziehen, jetzt wahrgemacht. Auf seinen Weitblick und seine Erfahrungen nicht mehr zurückgreifen zu können, ist ein tiefer Einschnitt und ein vom neuen Alleinbearbeiter als schmerzlich empfundener Verlust. Nun meinerseits § 13 GVG kommentierend (vgl. *Kissel* NJW 2004, 2872, 2873) bleibt aber Verständnis.

Äußerlich erscheint die von mir übernommene Neubearbeitung in veränderter Form. Dem Wunsch des Verlags folgend wurden die Nachweise in Fußnoten verbannt, um dem Benutzer die zusammenhängende Lektüre zu ermöglichen und ihm den ersten Überblick zu erleichtern.

Inhaltlich berücksichtigt die Neuauflage Änderungen des GVG durch insgesamt elf Gesetzesnovellen und in mehr als 26 Einzelvorschriften, beginnend mit dem Gesetz zur Vereinfachung und Vereinheitlichung der Verfahrensvorschriften zur Wahl und Berufung der ehrenamtlichen Richter vom 21. 12. 2004 (BGBl. I S. 2004). Bedeutsame Änderungen brachten auch das Gesetz zur Umsetzung des Urteils des BVerfG „akustische Wohnraumüberwachung" vom 24. 6. 2005 (BGBl. I S. 1841) mit neuen Sonderzuständigkeiten, das Gesetz zur Einführung von Kapitalanleger-Musterverfahren vom 16. 8. 2005 (BGBl. I S. 2437) mit einer dem deutschen Recht bislang nicht bekannten neuen Verfahrensart und das Erste Gesetz über die Bereinigung von Bundesrecht im Zuständigkeitsbereich des Bundesministeriums der Justiz vom 19. 4. 2006 (BGBl. I S. 866), das auch die Aufhebung traditioneller reichsrechtlicher Grundlagen der Gerichtsverfassung vorsieht. Hier besonders zu erwähnen ist auch das Gesetz zur Änderung des Wohnungseigentumsgesetzes vom 26. 3. 2007 (BGBl. I S. 370, 509) mit einer Grenzveränderung zwischen ordentlicher streitiger und freiwilliger Gerichtsbarkeit.

Auch außerhalb förmlicher Gesetzesänderungen ist die gerichtsverfassungsrechtlich bedeutsame Entwicklung fortgeschritten. Im gegebenen Rahmen nur grob skizziert werden konnte der wachsende Einfluss supranationaler Gerichte auf die deutsche Gerichtsverfassung, wie er sich nunmehr niederschlägt in der Wegbereitung des EGMR für eine „Untätigkeitsbeschwerde" (Einl. Rn. 132), der Forderung des EuGH nach einer Staatshaftung bei Verletzung der Vorlagepflicht durch nationale Gerichte (§ 1 Rn. 197), und in der weiteren Klärung des Verhältnisses zwischen EGMR, EuGH und BVerfG (§ 12 Rn. 65 f.). Weiterer Beobachtung bedarf auch das sich europaweit entwickelnde Verständnis von einer institutionellen Unabhängigkeit der Gerichte (§ 1 Rn. 35). Innerstaatlich sollten die Tendenzen zur „Ökonomisierung" des gerichtlichen Verfahrens kritisch im Blick behalten werden. Der „Gerichtsmediator" (Einl. Rn. 137) bedeutet letztlich den Rückzug des erkennenden gesetzlichen Richters aus seiner historischen Aufgabe unabhängiger Streiterledigung und Streitentscheidung und vermag das Richterbild entscheidend zu verändern. Das „Controlling" (§ 1 Rn. 42) hat sich zu hüten vor Grenzverletzungen durch unterschwellige Einflussnahmen auf den Kernbereich der richterlichen Tätigkeit.

Vorwort

Den Verlag bitte ich weiter um die stets als angenehm empfundene Betreuung, Förderung und Mithilfe. An die Benutzer geht die Bitte um freundliche Aufnahme wie auch um Hinweise auf Unrichtigkeiten und Verbesserungsmöglichkeiten.

Stuttgart, im November 2007 *Herbert Mayer*

Aus dem Vorwort zur 4. Auflage

Das 1879 in Kraft getretene GVG hat die Rechtseinheit für die Gerichtsverfassung in den damaligen deutschen Teilstaaten mit ihren bis dahin völlig unterschiedlichen und zersplitterten Regelungen geschaffen in einer für das damalige Denken zukunftsweisenden rechtsstaatlichen Zielsetzung, zusammen mit ZPO und StPO, z.B. staatliches Rechtsprechungsmonopol, Unabhängigkeit der Gerichte, gesetzlicher Richter, weitgehender Rechtsschutz. In den seitdem vergangenen 125 Jahren haben sich nicht nur die allgemeinen Lebensverhältnisse völlig verändert, auch das Rechtsleben hat umfassende Änderungen erfahren, die Gerichtsverfassung war darin involviert, mit Höhen und Tiefen; in ihr schlugen sich Menschenverachtung und radikale Durchsetzung politisch-kollektivistischer Ziele ebenso nieder wie seit dem Inkrafttreten des Grundgesetzes eine kontinuierliche Fortentwicklung und Verfestigung der Verwirklichung der Menschenwürde und des Respekts vor der Sphäre des einzelnen Staatsbürgers als oberstes Ziel staatlichen Handelns.

Es ist Aufgabe der Gerichtsverfassung, zusammen mit dem Prozessrecht die Organisation der Gerichte und die für sie geltenden Verfahrensmaximen zu schaffen, die dem Eigenwert und dem rechtlichen Schutzbedürfnis des Individuums dienen, dies aber auch in Einklang mit den unabweisbaren Belangen der das Individuum tragenden Gemeinschaft, wie das Bundesverfassungsgericht beispielhaft die individuelle Rechtsausübung als gemeinschaftsbezogen sieht. Der Gerichtsverfassung kommt damit eine ganz entscheidende rechtsstaatliche Bedeutung zu, denn im Streitfall ist es allein Aufgabe der Gerichte, die in „Gesetz und Recht" (Art. 20 Abs. 3 GG) ausgestalteten Rechte und Pflichten des einzelnen zu klären und durchzusetzen. Hierfür muss das Gerichtsverfassungsrecht das Vorhandensein von geeigneten Gerichten ebenso regeln wie auch deren jeweils sachgerechte Funktionsfähigkeit, zusammen mit einem entsprechenden Verfahrensrecht. Effektive Gleichheit aller, faires Verfahren, rechtliches Gehör, gesetzlicher Richter, Unabhängigkeit der Gerichte und der Richter in Bindung an Gesetz und Recht, umfassender Rechtsschutz, das sind beispielhaft die immerwährenden Aufgaben, die der Gerichtsverfassung wie den für ihre Realisierung Verantwortlichen gestellt sind: Gerichten und jedem einzelnen Richter, Staatsanwaltschaft und Rechtsanwaltschaft, Gesetzgeber und Verwaltung.

Und doch: Das GVG führt unter den Kommentierungen ein „Schattendasein", ein Anhangsdasein, wenn auch in den letzten Jahren erfreulicherweise eine verstärkte Beschäftigung mit der Gerichtsverfassung, auch wissenschaftlicher Art, festzustellen ist. Dennoch: Es ist, wie umfangreich und tiefschürfend auch immer, meist im Anhang von Verfahrensgesetzen kommentiert, manchmal auch mittendrin, und immer nur auszugsweise. Schon im Optischen scheint dies der eminent rechtsstaatlichen Bedeutung, die das GVG für unseren gesamten gerichtlichen Aufbau und die Tätigkeit der ordentlichen Gerichte hat, nicht angemessen, zumal das GVG über die ordentliche Gerichtsbarkeit hinaus auch teilweise, und in tragenden Fragen, in den anderen Gerichtsbarkeiten gilt. Hinzu kommt, dass erst die vollständige Betrachtung des GVG seine Bedeutung für unseren rechtsstaatlichen Gerichtsaufbau erschließt und dem Anschein des rein technisch-organisatorischen entgegenwirkt. Denn das GVG ist mehr: Es ist das Kernstück unserer Gerichtsverfas-

Vorwort

sung in Ausführung des GG und regelt nicht nur den Aufbau der ordentlichen Gerichte, sondern enthält wesentliche rechtsstaatliche Grundsätze und prägt dadurch die gesamte Tätigkeit unserer Gerichte, aber auch den Geist, von dem diese erfüllt sind und erfüllt sein müssen.

Untrennbar mit der Darstellung der Regelungen des GVG selbst sind deshalb auch Darlegungen zu den tragenden Prinzipien unserer Gerichtsverfassung notwendig, was eben nicht allein aus dem unmittelbar geltenden Gesetzestext erschlossen werden kann. Das erfordert vielmehr in vielen Fällen die wenn auch knappe Darstellung der historischen Entwicklung, die das Verständnis des geltenden Rechts, oft aus leidvoller Geschichte oder als Beispiel für die sinnvolle Anpassung an geänderte Lebensverhältnisse und Erfahrungen, erleichtern mag, wie auch gelegentlich rechtspolitische Überlegungen, die Unbefriedigendes und Verbesserungsbedürftiges sollen bewerten helfen. Es erweist sich aber auch, dass das Gerichtsverfassungsrecht ohne gelegentliche Betrachtung des Verfahrensrechts, auch des materiellen Rechts, in sich nicht verständlich ist – und umgekehrt. Das zeigt insbesondere die reichhaltige Rechtsprechung des Bundesverfassungsgerichts.

Dem GVG ist für sich allein heute nicht mehr das gesamte Gerichtsverfassungsrecht der ordentlichen Gerichtsbarkeit zu entnehmen. Ihm vorgegeben ist das GG, auch wird es durch viele Spezialgesetze ergänzt. Im Interesse einer geschlossenen Darstellung ist der Versuch gewagt worden, die außerhalb des GVG aufzufindenden Regelungen innerhalb der einschlägigen Vorschriften des GVG mit zu erörtern, z. B. das DRiG im § 1 GVG.

Steigende erhebliche Bedeutung hat jenseits förmlicher Änderungen des GVG auch die internationale Entwicklung für das Gerichtsverfassungsrecht erlangt. Das gilt einmal auf der europäischen Ebene durch die zunehmenden Auswirkungen der Konkretisierung und die praktische Bedeutung der Erweiterung und Vertiefung der Europäischen Gemeinschaft. Zu ihr setzt nicht nur die Rechtsetzung durch die Organe der Europäischen Gemeinschaft wesentliche Marksteine, sondern auch und verstärkt die Rechtsprechung der Europäischen Gerichte, inhaltlich zur Anwendung des gesetzten Rechts wie auch zu ihrer Entscheidungskompetenz im Verhältnis zu den innerstaatlichen Gerichten, herausragend das ausgeprägte justitielle Selbstverständnis des EuGH. Auch die institutionell über die Europäische Gemeinschaft hinausgehenden völkerrechtlich vereinbarten Gerichte beginnen zunehmend jenseits ihrer klassischen Bedeutung (nur) für die Beziehungen der Staaten zueinander mit unmittelbarer Wirkung auch auf die Rechtsstellung der einzelnen Staatsangehörigen zu judizieren, so die Gerichte im Rahmen der UN wie auch jene aufgrund besonderer völkerrechtlicher Vereinbarungen. Diese Entwicklung erfordert eine, wenn auch bescheidene, Berücksichtigung in den Erläuterungen zum Gerichtsverfassungsrecht.

Es ist auch versucht worden, solche Erscheinungen und Fakten, die nicht dem Gerichtsverfassungsrecht systematisch und unmittelbar zuzurechnen sind und auf den ersten Blick dort auch nichts zu suchen haben, in ihrer gerichtsverfassungsrechtlichen Relevanz aufzuzeigen, z. B. die gesamte Justizverwaltung, das Haushaltsrecht oder die Gefahren für die Unabhängigkeit der Gerichte jenseits der formalisierten Dienstaufsicht, aber auch Gefahren für die Rechtsverteidigung des Einzelnen vor Gericht. Dieser notwendigen Einbeziehung der über den Text des GVG hinausgehenden gerichtsverfassungsrechtlichen Regelungen dient auch der Anhang: In ihm sind die bundesrechtlichen Vorschriften zur Ergänzung des GVG abgedruckt.

In unserer schnelllebigen Zeit ist auch die Gerichtsverfassung nichts Statisches und kann es nicht sein, wenn sie ihre von Zeitströmungen losgelöste, immerwährende Aufgabe erfüllen soll, eine unabhängige rechtsprechende Gewalt zu gewährleisten, die von jedem Staatsbürger frei von Repressionsangst und ohne Rücksicht auf finanzielle Möglichkeiten, und gleichermaßen von jedem, der sich hier aufhält, bei Rechtsverletzungen aller Art angerufen werden kann, und die umgekehrt aber

Vorwort

auch bei Rechtsverletzungen den Verletzer unter rechtsstaatlichen Prinzipien ohne Ansehen der Person zur Verantwortung zieht.

Das Buch ist geschrieben in der Hoffnung, dass es dem Praktiker in seiner Tagesarbeit rasch und weiterführend Auskunft auch über Zusammenhänge gibt, dass es dem Wissenschaftler Anregung und dem Politiker Entscheidungshilfen anbietet, wenn auch bescheiden und naturgemäß unvollkommen. Es möchte dokumentieren, dass trotz aller gelegentlichen Kritik an unserem Gerichtswesen die bestehende Gerichtsverfassung uneingeschränkt geeignet ist zur Verwirklichung der Anforderungen, die sich aus den Prinzipien unseres Grundgesetzes und unserer gesamten freiheitlichen Rechtsordnung ergeben. Es möchte auch zeigen, dass es letztlich und ganz entscheidend in der Hand des einzelnen Richters in jeder einzelnen Sache liegt, wie mit dem Gesetz und den es prägenden Grundsätzen die Idee des Rechtsstaats in die Alltagspraxis umgesetzt werden kann, wo sie allein sich bewähren kann und muss. Damit zeigt es zugleich die hohe Verantwortung jedes einzelnen Richters für den Rechtsstaat auf.

Frankfurt am Main/Stuttgart 2004 *Otto Rudolf Kissel*
Herbert Mayer

Inhaltsverzeichnis

	Seite
Abkürzungs- und Schrifttumsverzeichnis	XI

Gesetzestext

Text	1

Kommentar

Einleitung	49
Erster Titel. Gerichtsbarkeit §§ 1–21	119
Zweiter Titel. Allgemeine Vorschriften über das Präsidium und die Geschäftsverteilung §§ 21a–21j	463
Dritter Titel. Amtsgerichte §§ 22–27	563
Vierter Titel. Schöffengerichte §§ 28–58	667
Fünfter Titel. Landgerichte §§ 59–78	751
5a. Titel. Strafvollstreckungskammern §§ 78a, 78b	814
Sechster Titel. Schwurgerichte §§ 79–92 (weggefallen)	825
Siebenter Titel. Kammern für Handelssachen §§ 93–114	825
Achter Titel. Oberlandesgerichte §§ 115–122	868
Neunter Titel. Bundesgerichtshof §§ 123–140	910
9a. Titel. Zuständigkeit für Wiederaufnahmeverfahren in Strafsachen § 140a	938
Zehnter Titel. Staatsanwaltschaft §§ 141–152	944
Elfter Titel. Geschäftsstelle § 153	982
Zwölfter Titel. Zustellungs- und Vollstreckungsbeamte §§ 154, 155	990
Dreizehnter Titel. Rechtshilfe §§ 156–168	997
Vierzehnter Titel. Öffentlichkeit und Sitzungspolizei §§ 169–183	1042
Fünfzehnter Titel. Gerichtssprache §§ 184–191a	1153
Sechzehnter Titel. Beratung und Abstimmung §§ 192–198	1181
Siebzehnter Titel. Gerichtsferien §§ 199–202 *(aufgehoben)*	1202

Kommentar zum EGGVG

Erster Abschnitt. Allgemeine Vorschriften §§ 1–11	1203
Zweiter Abschnitt. Verfahrensübergreifende Mitteilungen von Amts wegen §§ 12–22	1220
Dritter Abschnitt. Anfechtung von Justizverwaltungsakten §§ 23–30a	1244
Vierter Abschnitt. Kontaktsperre §§ 31–38a	1294
Fünfter Abschnitt. Insolvenzstatistik § 39	1321

Anhang
Bundesrechtliche Vorschriften

1. Gesetz über die Zuständigkeit der Gerichte bei Änderung der Gerichtseinteilung vom 6. 12. 1933 (RGBl. I S. 1037)	1325
2. Verordnung zur einheitlichen Regelung der Gerichtsverfassung vom 20. 3. 1935 (RGBl. I S. 403)	1326
3. Gesetz über Rechtsverordnungen im Bereich der Gerichtsbarkeit vom 1. 7. 1960 (BGBl. I S. 481)	1329
4. Gesetz zur Wahrung der Einheitlichkeit der Rechtsprechung der obersten Gerichtshöfe des Bundes vom 19. 6. 1968 (BGBl. I S. 661)	1329

Inhalt

	Seite
5. Gesetz zur Ratifizierung der Konvention zum Schutze der Menschenrechte und Grundfreiheiten vom 7. 8. 1952	1332
6. Auszugsweiser Abdruck der Konvention zum Schutze der Menschenrechte und Grundfreiheiten (MRK)	1333
7. Gesetz zu dem Internationalen Pakt vom 19. 12. 1966 über bürgerliche und politische Rechte vom 15. 11. 1973 (BGBl. II S. 1533)	1335
8. Auszugsweiser Abdruck des Internationalen Paktes über bürgerliche und politische Rechte	1335
Sachregister	1339

Abkürzungs- und Schrifttumsverzeichnis

AA	Amtsanwaltschaft
a. A.	andere Ansicht
aaO	am angegebenen Ort
abl.	ablehnend
ABl.	Amtsblatt (Jahr und Seite)
ABlEG	Amtsblatt der Europäischen Gemeinschaften; vor 1958: Amtsblatt der EGKS
Abs.	Absatz
Abschn.	Abschnitt
AbtFamS	Abteilung für Familiensachen
AcP	Archiv für die civilistische Praxis (Band und Seite)
ADHGB	Allgemeines Deutsches Handelsgesetzbuch von 1861
a. E.	am Ende
AEG	Allgemeines Eisenbahngesetz (FNA 930-9)
ÄndG	Änderungsgesetz
ÄndVO	Änderungsverordnung
a. F.	alte Fassung
AFG	Arbeitsförderungsgesetz – jetzt Sozialgesetzbuch III
AfP	Archiv für Presserecht (Jahr und Seite)
AG	Aktiengesellschaft, Amtsgericht
AGBG	Gesetz zur Regelung des Rechts der Allgemeinen Geschäftsbedingungen (AGB-Gesetz) (FNA 402-28); außer Kraft seit 1. 1. 2002
AGGVG	Gesetz zur Ausführung des Gerichtsverfassungsgesetzes
AktG	Aktiengesetz (FNA 4121-1)
aL	auf Lebenszeit
AllgKriegsfolgenG	Gesetz zur allgemeinen Regelung durch den Krieg und den Zusammenbruch des Deutschen Reichs entstandener Schäden (Allgemeines Kriegsfolgengesetz) (FNA 653-1)
ALR	Allgemeines Landrecht für die Preußischen Staaten, gültig ab 1. 6. 1794
Alt.	Alternative
AltK/Bearbeiter	Alternativ-Kommentar zum Grundgesetz
Amelung	Amelung, Rechtsschutz gegen strafprozessuale Grundrechtseingriffe, 1976
amtl.	amtlich
AmtsbezeichnungsG 1972	Gesetz zur Änderung der Bezeichnungen der Richter und ehrenamtlichen Richter und der Präsidialverfassung der Gerichte vom 26. 5. 1972 (BGBl. I S. 841)
Amtsbl.	Amtsblatt (Jahr und Seite)
AnfG	Gesetz, betreffend die Anfechtung von Rechtshandlungen eines Schuldners außerhalb des Insolvenzverfahrens (FNA 311-5), außer Kraft seit 1. 1. 1999
Anl.	Anlage
Anm.	Anmerkung
AnpassungsVO	Verordnung zur Anpassung der Unterhaltsrenten für Minderjährige
AnwBl.	Anwaltsblatt, Nachrichten für die Mitglieder des Deutschen Anwaltvereins (Jahr und Seite)
AnwGH	Anwaltsgerichtshof
AO	Abgabenordnung (AO) (FNA 610-1-3)
AöR	Archiv des öffentlichen Rechts (Jahr und Seite)
AOK	Allgemeine Ortskrankenkasse
AP	Nachschlagewerk des Bundesarbeitsgerichts (bis 1954 Zeitschrift: Arbeitsrechtliche Praxis – Jahr und Seite, seit 1954 Gesetzesstelle und Entscheidungsnummer)

Abkürzungs- und Schrifttumsverzeichnis

aP	auf Probe
ArbG	Arbeitsgericht
ArbGG	Arbeitsgerichtsgesetz (FNA 320-1)
ArbnErfG	Gesetz über Arbeitnehmererfindungen (FNA 422-1)
Arnold/Meyer-Stolte/ Herrmann	Arnold/Meyer-Stolte/Herrmann, Rechtspflegergesetz, 6. Auflage 2002
Art.	Artikel
AStA	Allgemeiner Studentenausschuss
AsylVfG	Asylverfahrensgesetz (AsylVfG) (FNA 26-7)
AtomG	Gesetz über die friedliche Verwendung der Kernenergie und den Schutz gegen ihre Gefahren (Atomgesetz)
AuA	Arbeit und Arbeitsrecht (Jahr und Seite)
AufenthG	Gesetz über den Aufenthalt, die Erwerbstätigkeit und die Integration von Ausländern im Bundesgebiet (Aufenthaltsgesetz – AufenthG) (FNA 26-12)
AuR	Arbeit und Recht, Zeitschrift für Arbeitsrechtspraxis (Jahr und Seite)
AusfG	Ausführungsgesetz
AuslG	Ausländergesetz (FNA 26-6); außer Kraft seit 1. 1. 2005
AußenwirtschG	Außenwirtschaftsgesetz
AV	Ausführungsverordnung
AVG	Angestelltenversicherungsgesetz (FNA 821-1); außer Kraft seit 1. 1. 1992
AVO	Ausführungsverordnung
AVOGBO	Verordnung zur Ausführung der Grundbuchordnung (FNA 315-11-2); außer Kraft seit 25. 12. 1993
AVRJM	Ausführungsverordnung des Reichsministers der Justiz
aZ	auf Zeit
BadAGGBO	Badisches Grundbuchausführungsgesetz
Bad-WürttAGGVG	Baden-Württembergisches Gesetz zur Ausführung des Gerichtsverfassungsgesetzes
Bad-WürttVGH	Baden-Württembergischer Verwaltungsgerichtshof
Bärmann/Bearbeiter	Bärmann/Pick, Wohnungseigentumsgesetz, 18. Auflage 2007
BAG	Bundesarbeitsgericht
BAGE	Entscheidungen des Bundesarbeitsgerichts (Band und Seite)
BAG-Festschrift	25 Jahre Bundesarbeitsgericht, herausgegeben von Gamillscheg, Hueck, Wiedemann, 1979
BAnz	Bundesanzeiger
Barnstedt	Barnstedt, Gesetz über das gerichtliche Verfahren in Landwirtschaftssachen, 7. Auflage 2005
Bassenge/Herbst/Roth	Bassenge/Roth, Gesetz über die Angelegenheiten der freiwilligen Gerichtsbarkeit/Rechtspflegergesetz, 11. Auflage 2007
BAT	Bundes-Angestelltentarifvertrag
BauGB	Baugesetzbuch
Baumbach/Hopt	Baumbach/Hopt, Handelsgesetzbuch, 33. Auflage 2008
Baur	Baur, Freiwillige Gerichtsbarkeit, 1. Buch, Allgemeines Verfahrensrecht, 1955
Baur, Justizaufsicht	Baur, Justizaufsicht und richterliche Unabhängigkeit, 1954
BayAGGVG	Bayerisches Ausführungsgesetz zum Gerichtsverfassungsgesetz
BayBauO	Bayerische Bauordnung von 1901
BayBerGS	Bereinigte Sammlung des bayerischen Landesrechts (Seite)
BayDGH	Bayerischer Dienstgerichtshof
BayGVBl.	Bayerisches Gesetz- und Verordnungsblatt (Jahr und Seite)
BayJMBl.	Bayerisches Justizministerialblatt (Jahr und Seite)
BayKKGH	Bayerischer Kompetenzkonfliktsgerichtshof
BayLSG	Bayerisches Landessozialgericht
BayObLG	Bayerisches Oberstes Landesgericht
BayObLGSt	Bayerisches Oberstes Landesgericht, Entscheidungssammlung in Strafsachen (Jahr und Seite)

Abkürzungs- und Schrifttumsverzeichnis

BayObLGZ	Bayerisches Oberstes Landesgericht, Entscheidungssammlung in Zivilsachen (Jahr und Seite)
BayRS	Bayerische Rechtssammlung
BayVerfGH	Bayerischer Verfassungsgerichtshof
BayVGH	Bayerischer Verwaltungsgerichtshof
BayVGHE	Sammlung von Entscheidungen des Bayerischen Verwaltungsgerichtshofs (Band und Seite)
BayVwBl.	Bayerische Verwaltungsblätter (Jahr und Seite)
BayWG	Bayerisches Wassergesetz
BB	Betriebs-Berater (Jahr und Seite)
BBahnG	Bundesbahngesetz (FNA 931-1)
BBankG	Gesetz über die Deutsche Bundesbank (FNA 7620-1)
BBergG	Bundesberggesetz (FNA 750-15)
BBesG	Bundesbesoldungsgesetz (FNA 2032-1)
BBG	Bundesbeamtengesetz (FNA 2030-2)
BBiG	Berufsbildungsgesetz (FNA 806-22)
BDiszGericht	Bundesdisziplinargericht
BDG	Bundesdisziplinargesetz (FNA 2031-44)
BDSG	Bundesdatenschutzgesetz (FNA 204-3)
BeamtVG	Gesetz über die Versorgung der Beamten und Richter in Bund und Ländern (FNA 2030-25)
BEG	Bundesgesetz zur Entschädigung für Opfer der nationalsozialistischen Verfolgung (Bundesentschädigungsgesetz) (FNA 251-1)
Bem.	Bemerkung
BerHG	Gesetz über Rechtsberatung und Vertretung für Bürger mit geringem Einkommen (Beratungshilfegesetz) (FNA 303-15)
von Berg	von Berg, Alexandra, Die besondere Bedeutung des Falles gemäß § 24 Abs. 1 Nr. 3 Var. 3 GVG, 2005
BerlVerfGHGesetz	Gesetz über den Verfassungsgerichtshof in Berlin
BesAbgeltG	Gesetz über die Abgeltung von Besatzungsschäden (FNA 624-1)
BesGr	Besoldungsgruppe
2. BesVNG	Zweites Gesetz zur Vereinheitlichung und Neuregelung des Besoldungsrechts in Bund und Ländern vom 23. 5. 1975 (BGBl. I S. 1173)
BetrAVG	Gesetz zur Verbesserung der betrieblichen Altersversorgung (FNA 800-22-1)
BetrRentenG	vgl. BetrAVG
BetrVerfG	Betriebsverfassungsgesetz (FNA 801-7)
Bettermann, Unabhängigkeit	Bettermann, Die Unabhängigkeit der Gerichte und der gesetzliche Richter, in Bettermann/Nipperdey/Scheuner, Die Grundrechte, 1959, Band III 2 S. 523 ff.
BeurkG	Beurkundungsgesetz (FNA 303-13)
BezG	Bezirksgericht
BfA	Bundesanstalt für Arbeit
BFH	Bundesfinanzhof
BFHE	Sammlung der Entscheidungen und Gutachten des Bundesfinanzhofs (Band und Seite)
BFStrG	Bundesfernstraßengesetz, nun: FStrG (FNA 911-1)
BGB	Bürgerliches Gesetzbuch (FNA 400-2)
BGBl.	Bundesgesetzblatt, ohne Ziffer = Teil I, mit I = Teil I, mit II = Teil II, mit III = Teil III (Jahr, Teil und Seite)
BGH	Bundesgerichtshof
BGH-GeschO	Geschäftsordnung des Bundesgerichtshofs
BGHSt	Bundesgerichtshof, Entscheidungen in Strafsachen (Band und Seite)
BGHZ	Bundesgerichtshof, Entscheidungen in Zivilsachen (Band und Seite)
BGS	Bundesgrenzschutz
BGSG	Gesetz über den Bundesgrenzschutz (Bundesgrenzschutzgesetz) (FNA 13-4)

Abkürzungs- und Schrifttumsverzeichnis

BHO	Bundeshaushaltsordnung
BImSchG	Gesetz zum Schutz vor schädlichen Umwelteinwirkungen durch Luftverunreinigungen, Geräusche, Erschütterungen und ähnliche Vorgänge (Bundes-Immissionsschutzgesetz) (FNA 2129-8)
BinnSchG	vgl. BSchiffG
BJagdG	Bundesjagdgesetz (FNA 792-1)
BK/Bearbeiter	Bonner Kommentar zum Grundgesetz, 5. Auflage 2005
BKA	Bundeskriminalamt
BKAG	Gesetz über das Bundeskriminalamt und die Zusammenarbeit des Bundes und der Länder in kriminalpolizeilichen Angelegenheiten (FNA 2190-2)
BKGG	Bundeskindergeldgesetz (FNA 85-4)
BKK	Die Betriebskrankenkasse (Jahr und Seite)
BL/Bearbeiter	Baumbach/Lauterbach/Albers/Hartmann, Zivilprozessordnung, 66. Auflage 2008
BLeistungsG	Bundesleistungsgesetz (FNA 54-1)
Blomeyer ZwVR	Blomeyer, Zivilprozessrecht – Vollstreckungsverfahren, 1975
BLV	Verordnung über die Laufbahnen der Bundesbeamten (Bundeslaufbahnverordnung) (FNA 2030-7-3)
BMdF	Bundesminister der Finanzen
BMdI	Bundesminister des Innern
BMdJ	Bundesminister der Justiz
BNotO	Bundesnotarordnung (FNA 303-1)
BörsenG	Börsengesetz (FNA 4110-1)
Bötticher, Festschrift	Bötticher, Die Bindung der Gerichte an Entscheidungen anderer Gerichte, Festschrift zum 100jährigen Bestehen des Deutschen Juristentags 1960, Band 1 S. 511 ff.
BPatentG	Bundespatentgericht
BPersVG	Bundespersonalvertretungsgesetz (FNA 2035-4)
BPräs	Bundespräsident
BRAGO	Bundesgebührenordnung für Rechtsanwälte (FNA 368-1); außer Kraft seit 1. 7. 2004. Nun: RVG
BRAK	Bundesrechtsanwaltskammer
BRAK-Mitt.	Mitteilungen der Bundesrechtsanwaltskammer (Jahr und Seite)
BrandenbVerfGH	Brandenburgischer Verfassungsgerichtshof
BRAO	Bundesrechtsanwaltsordnung (FNA 303-8)
BRat	Bundesrat
BRatsDrucks.	Bundesratsdrucksache
BRatsSitzung	Bundesratssitzung
BReg	Bundesregierung
BremAGGVG	Bremisches Gesetz zur Ausführung des Gerichtsverfassungsgesetzes
BRep	Bundesrepublik Deutschland
Breuer	Breuer, Öffentliches und privates Wasserrecht, 3. Auflage 2004
BRKG	Bundesreisekostengesetz (FNA 2032-28)
BRRG	Rahmengesetz zur Vereinheitlichung des Beamtenrechts (Beamtenrechtsrahmengesetz) (FNA 2030-1)
BRüG	Bundesgesetz zur Regelung der rückerstattungsrechtlichen Geldverbindlichkeiten des Deutschen Reichs und gleichgestellter Rechtsträger (Bundesrückerstattungsgesetz) (FNA 250-1)
Brüggemann	Brüggemann, Die rechtsprechende Gewalt, 1962
Brunner	Brunner/Dölling, Jugendgerichtsgesetz, 11. Auflage 2002
Bruns/Peters	Bruns/Peters, Zwangsvollstreckungsrecht, 3. Auflage 1987 (vergriffen)
BSchiffG	Gesetz betreffend die privatrechtlichen Verhältnisse der Binnenschifffahrt (Binnenschifffahrtsgesetz) (FNA 4103-1)
BSchiffVerfG	Gesetz über das gerichtliche Verfahren in Binnenschifffahrtssachen (FNA 310-5)

Abkürzungs- und Schrifttumsverzeichnis

BSeuchenG	Gesetz zur Verhütung und Bekämpfung übertragbarer Krankheiten beim Menschen (Bundes-Seuchengesetz) (FNA 2126-1); außer Kraft seit 1. 1. 2001
BSG	Bundessozialgericht
BSGE	Entscheidungen des Bundessozialgerichts (Band und Seite)
BSHG	Bundessozialhilfegesetz (FNA 2710-1); außer Kraft seit 1. 1. 2005
BStBl.	Bundessteuerblatt, mit I = Teil I, mit II = Teil II (Jahr, Teil und Seite)
BTag	Bundestag
BTagsDrucks.	Bundestagsdrucksache
BTagsProtokoll	Bundestagsprotokoll
BTagsRechtsausschuss	Bundestagsrechtsausschuss
BTagsSitzung	Bundestagssitzung
BtG	Gesetz zur Reform des Rechts der Vormundschaft und Pflegschaft für Volljährige (Betreuungsgesetz) (FNA 200-3); außer Kraft seit 26. 4. 2006
BtMG	Gesetz über den Verkehr mit Betäubungsmitteln (FNA 2121-6-24)
BtPrax	Betreuungsrechtliche Praxis (Jahr und Seite)
Buchst.	Buchstabe
Buermeyer	Buermeyer, Rechtsschutzgarantie und Gerichtsverfahrensrecht (Prozessrechtliche Abhandlungen, Heft 38), Köln usw. 1975
BuKo	Personal- und Dienstordnung für das Büro der preußischen Justizbehörden (Gerichte, Arbeitsgerichte und Staatsanwaltschaften) vom 1. 3. 1928 (PrJMBl. S. 173)
Bumiller/Winkler	Bumiller/Winkler, Freiwillige Gerichtsbarkeit, 8. Auflage 2006
BundesnebentätigkeitsVO	Verordnung über die Nebentätigkeit der Bundesbeamten, Berufssoldaten und Soldaten auf Zeit (Bundesnebentätigkeitsverordnung) (FNA 2030-2-9)
Burchardi/Klempahn	Burchardi/Klempahn, Der Staatsanwalt und sein Arbeitsgebiet, 1978
BUrlG	Mindesturlaubsgesetz für Arbeitnehmer (Bundesurlaubsgesetz) (FNA 800-4)
BVerfG	Bundesverfassungsgericht
BVerfGE	Entscheidungen des Bundesverfassungsgerichts (Band und Seite)
BVerfGG	Gesetz über das Bundesverfassungsgericht (FNA 1104-1)
BVerwG	Bundesverwaltungsgericht
BVerwGE	Entscheidungen des Bundesverwaltungsgerichts (Band und Seite)
BVFG	Gesetz über die Angelegenheiten der Vertriebenen und Flüchtlinge (Bundesvertriebenengesetz) (FNA 240-1)
BVG	Gesetz über die Versorgung der Opfer des Krieges (Bundesversorgungsgesetz) (FNA 830-2)
BWasserstr	Bundeswasserstraße
BWasserstrG	Bundeswasserstraßengesetz (FNA 940-9)
BWGöD	Gesetz zur Regelung der Wiedergutmachung nationalsozialistischen Unrechts für Angehörige des öffentlichen Dienstes (FNA 2037-1); außer Kraft seit 1. 1. 1995
BZRG	Gesetz über das Zentralregister und das Erziehungsregister (Bundeszentralregistergesetz) (FNA 312-7)
bzw.	beziehungsweise
Calliess/Müller-Dietz	Calliess/Müller-Dietz, Strafvollzugsgesetz, 10. Auflage 2005
Cebulla	Cebulla, Sprachmittlerstrafrecht, 2007
DAR	Deutsches Autorecht (Jahr und Seite)
DAufsBeschw	Dienstaufsichtsbeschwerde
DAV	Der Amtsvormund, Rundbrief des Deutschen Instituts für Vormundschaftswesen (Jahr und Seite)
DB	Der Betrieb (Jahr und Seite)
DBG	Deutsches Beamtengesetz vom 26. 1. 1937 (RGBl. I S. 39)
DDR	Deutsche Demokratische Republik
2. DDR-DVO zum DDR-RichterG	Wahlordnung für die ehrenamtlichen Richter vom 1. 9. 1990 (DDR-Gesetzbl. I S. 1553)

Abkürzungs- und Schrifttumsverzeichnis

DDR-Gesetzbl.	Gesetzblatt der Deutschen Demokratischen Republik (Jahr, Teil, Seite)
DDR-GVG	Gerichtsverfassungsgesetz der DDR vom 27. 9. 1974 (DDR-Gesetzbl. I S. 457); Änderungsgesetze: DDR-Gesetzbl. 1987 I S. 302; 1990 I S. 634
DDR-RichterG	Richtergesetz der DDR vom 5. 7. 1990 (DDR-Gesetzbl. I S. 637)
DE	Diskussionsentwurf für ein Gesetz über die Rechtsmittel in Strafsachen
Deutschland-Vertrag	Vertrag über die Beziehungen zwischen der Bundesrepublik Deutschland und den Drei Mächten vom 26. 5. 1952 i. d. F. vom 30. 3. 1955 (BGBl. II S. 301, 305)
DFB	Deutscher Fußballbund
DG	Dienstgericht
DG des Bundes	Dienstgericht des Bundes
DGH	Dienstgerichtshof
DGVZ	Deutsche Gerichtsvollzieherzeitung (Jahr und Seite)
d. h.	das heißt
Die Verwaltung	Die Verwaltung (Jahr und Seite)
DJ	Deutsche Justiz (Jahr und Seite)
DJT	Deutscher Juristentag
DJZ	Deutsche Juristen-Zeitung (Jahr und Spalte)
DM-BilanzG	D-Markbilanzgesetz (FNA 4140-1)
DNotZ	Deutsche Notar-Zeitschrift (Jahr und Seite)
DÖD	Der öffentliche Dienst (Jahr und Seite)
Döhring	Döhring, Geschichte der deutschen Rechtspflege seit 1500, 1953
DÖV	Die Öffentliche Verwaltung (Jahr und Seite)
DR	Deutsches Recht (Jahr und Seite)
Dreher	Dreher, Strafgesetzbuch, fortgeführt von Tröndle, 48. Auflage 1997 (siehe um Tröndle/Fischer)
DRiG	Deutsches Richtergesetz (FNA 301-1)
DRiZ	Deutsche Richterzeitung (Jahr und Seite)
DRpflZ	Deutsche Rechtspflegerzeitung (Jahr und Seite)
DRZ	Deutsche Rechts-Zeitschrift (Jahr und Seite)
DStR	Deutsches Steuerrecht (Jahr und Seite)
DtZ	Deutsch-deutsche Rechtszeitschrift (Jahr und Seite)
DVBl.	Deutsches Verwaltungsblatt (Jahr und Seite)
DVO	Durchführungsverordnung
DVRabattG	Verordnung zur Durchführung des Gesetzes über Preisnachlässe (Rabattgesetz) (FNA 43-5-1-1); außer Kraft seit 25. 7. 2007
EAÜ	Europäisches Auslieferungsabkommen vom 13. 12. 1957 (BGBl. II 1964 S. 1371
EFG	Entscheidungen der Finanzgerichte
EFTA	European Free Trade Association (Europäische Freihandelszone)
EG	Europäische Gemeinschaft
EGBGB	Einführungsgesetz zum Bürgerlichen Gesetzbuch (FNA 400-1)
EGGVG	Einführungsgesetz zum Gerichtsverfassungsgesetz (FNA 300-1)
EGInsO	Einführungsgesetz zur Insolvenzordnung (FNA 311-14-1)
EGKS	Europäische Gemeinschaft für Kohle und Stahl
EGMR	Europäischer Gerichtshof für Menschenrechte
EGStGB	Einführungsgesetz zum Strafgesetzbuch (FNA 450-16)
EGStPO	Einführungsgesetz zur Strafprozeßordnung (FNA 312-1)
EG-Übereinkommen	Übereinkommen über die gerichtliche Zuständigkeit und die Vollstreckung gerichtlicher Entscheidungen in Zivil- und Handelssachen
EGV	Vertrag zur Gründung der Europäischen Gemeinschaft
EGWStG	Einführungsgesetz zum Wehrstrafgesetz (FNA 452-1)
EGZPO	Gesetz, betreffend die Einführung der Zivilprozeßordnung (FNA 310-2)
EheG	Ehegesetz (Gesetz Nr. 16 des Kontrollrats) vom 20. 2. 1946 (ABlKR S. 77, 294, FNA 404-1)

Abkürzungs- und Schrifttumsverzeichnis

ehem.	ehemalig
1. EheRG	Erstes Gesetz zur Reform des Ehe- und Familienrechts
EhrRiEG	Gesetz über die Entschädigung der ehrenamtlichen Richter (FNA 366-1); außer Kraft seit 1. 7. 2004
Ehlers	Ehlers, Die Europäisierung des Verwaltungsprozessrechts, 1999
Eichenberger	Eichenberger, Die richterliche Unabhängigkeit als staatsrechtliches Problem, 1960
Einl.	Einleitung
EKMR	Europäische Kommission für Menschenrechte
Emminger-VO	Verordnung über Gerichtsverfassung und Strafrechtspflege vom 4. 1. 1924 (RGBl. I S. 15)
EMRK	Europäische Menschenrechtskonvention
Enneccerus/Nipperdey	Enneccerus/Nipperdey, Allgemeiner Teil des bürgerlichen Rechts, Erster Halbband, 14. Auflage 1952
EntlastungsVO von 1915	Entlastungsverordnung vom 9. 9. 1915 (RGBl. I S. 562)
EntschädigungsK	Entschädigungskammer
Entw	Entwurf
EntwicklHelferG	Entwicklungshelfer-Gesetz (FNA 702-3)
ErgBand	Ergänzungsband
Erman/Bearbeiter	Erman, Handkommentar zum Bürgerlichen Gesetzbuch, 11. Auflage 2004
ErnennungsVO	Anordnung des Bundespräsidenten über die Ernennung und Entlassung der Bundesbeamtinnen, Beamten, Richterinnen und Richter des Bundes (FNA 2030-11-48) (Ernennungsverordnung)
Esser	Esser, Vorverständnis und Methodenwahl in der Rechtsfindung, 1970
EStG	Einkommensteuergesetz (FNA 611-1)
ESVGH	Entscheidungssammlung des Hessischen Verwaltungsgerichtshofs und des Verwaltungsgerichtshofs Baden-Württemberg (Band und Seite)
EU	Europäischen Union
EuGH	Gerichtshof der Europäischen Gemeinschaften
EuGRZ	Europäische Grundrechte (Jahr und Seite)
EURATOM	Europäische Atomgemeinschaft
EuRHÜbk	Europäisches Übereinkommen vom 20. 4. 1959 über die Rechtshilfe in Strafsachen
EUROCONTROL	Internationales Übereinkommen über Zusammenarbeit zur Sicherung der Luftfahrt
Europa-AbgeordnetenG	Gesetz über die Rechtsverhältnisse der Mitglieder des Europäischen Parlaments aus der Bundesrepublik Deutschland (FNA 111-6)
EUV	Vertrag über die Europäische Union
EuZW	Europäische Zeitschrift für Wirtschaftsrecht (Jahr und Seite)
EV	Einigungsvertrag: Vertrag zwischen der Bundesrepublik Deutschland und der Deutschen Demokratischen Republik über die Herstellung der Einheit Deutschlands vom 31. 8. 1990 (BGBl. II S. 885, 889; DDR-Gesetzbl. I S. 1627, 1629), in Kraft getreten am 29. 9. 1990 (BGBl. II S. 1360; DDR-Gesetzbl. I S. 1988) i. V. m. dem Beschluss der Volkskammer der DDR vom 23. 8. 1990 über den Beitritt der DDR zum Geltungsbereich des Grundgesetzes nach Art. 23 GG zum 3. 10. 1990 (BGBl. I S. 2057; DDR-Gesetzbl. I S. 1324)
EVJ	EV (Einigungsvertrag) Anlage I Kapitel III Sachgebiet A Abschnitt III (Rechtspflege)
EWG	Europäische Wirtschaftsgemeinschaft
EWGV	Vertrag zur Gründung der Europäischen Wirtschaftsgemeinschaft
EWiR	Entscheidungen zum Wirtschaftsrecht (§ und Nr.)
EWIV	Europäische wirtschaftliche Interessenvereinigung
EWRA	Gesetz zu dem Abkommen vom 2. 5. 1992 über den Europäischen Wirtschaftsraum

Abkürzungs- und Schrifttumsverzeichnis

Eyermann/Bearbeiter	Verwaltungsgerichtsordnung, Kommentar, begründet von Eyermann/Fröhler, 12. Auflage 2006
f.	folgende
FAG	Gesetz über Fernmeldeanlagen (FNA 9020-1); außer Kraft seit 31. 12. 2001
FamG	Familiengericht
FamRÄndG	Gesetz zur Vereinheitlichung und Änderung familienrechtlicher Vorschriften (Familienrechtsänderungsgesetz)
FamRZ	Ehe und Familie im privaten und öffentlichen Recht, Zeitschrift für das gesamte Familienrecht (Jahr und Seite)
FamS	Familiensache
FamSenat	Familiensenat
FestG	Gesetz über die Feststellung von Vertreibungsschäden und Kriegsschäden (Feststellungsgesetz) (FNA 622-1); außer Kraft seit 30. 6. 2006
FEVS	Fürsorgerechtliche Entscheidungen der Verwaltungs- und Sozialgerichte (Band und Seite)
ff.	folgende
FG	Finanzgericht
FGG	Gesetz über die Angelegenheiten der freiwilligen Gerichtsbarkeit (FNA 315-1)
FGO	Finanzgerichtsordnung (FNA 350-1)
FGPrax	Praxis der freiwilligen Gerichtsbarkeit (Jahr und Seite)
FlüchtlingshilfeG	Flüchtlingshilfegesetz (FNA 240-10)
FlurberG	Flurbereinigungsgesetz (FNA 7815-1)
Forsthoff	Forsthoff, Lehrbuch des Verwaltungsrechts, 10. Auflage 1973
FreihEntzG	Gesetz über das gerichtliche Verfahren bei Freiheitsentziehungen (FNA 316-1)
freiw. Gerichtsbarkeit	freiwillige Gerichtsbarkeit
Frisch	Frisch, Ausschluss und Ablehnung des Staatsanwalts, Festschrift für Hans-Jürgen Bruns zum 70. Geburtstag, 1978, S. 385 ff.
FS	Festschrift (Name, Jahr und Seite)
Fürst	Fürst/Mühl/Arndt, Richtergesetz, Kommentar und ergänzende Vorschriften, 1992 (Sonderausgabe aus Fürst, Gesamtkommentar Öffentliches Dienstrecht – GKÖD)
Fußn.	Fußnote
G	Gesetz
GA	Goltdammers Archiv für Strafrecht (Jahr und Seite)
GBA	Generalbundesanwalt
GBl.	Gesetzblatt (Jahr und Seite)
GBO	Grundbuchordnung
GBVfg	Verordnung zur Durchführung der Grundbuchordnung (Grundbuchverfügung) (FNA 315-11-8)
GebrMG	Gebrauchsmustergesetz (FNA 421-1)
Geiger, Staatsbürger	Geiger, Staatsbürger und Staatsgewalt, Jubiläumsschrift zum 100 jährigen Bestehen der Deutschen Verwaltungsgerichtsbarkeit, 1963
gem.	gemäß
GemS	Gemeinsamer Senat der obersten Gerichtshöfe des Bundes
GenG	Gesetz betreffend die Erwerbs- und Wirtschaftsgenossenschaften (FNA 4125-1)
GenRegVO	Verordnung über das Genossenschaftsregister (FNA 315-16)
Germelmann/Bearbeiter	Germelmann/Matthes/Prütting/Müller-Glöge, Arbeitsgerichtsgesetz, 5. Auflage 2004
Gerner/Decker/Kauffmann	Gerner/Decker/Kauffmann, Deutsches Richtergesetz, 1963
GerVollz	Gerichtsvollzieher
GeschBeh	Allgemeine Verfügung über geschäftliche Behandlung der Grundbuchsachen vom 25. 2. 1936 (DJ S. 350)
GeschmMG	Gesetz betreffend das Urheberrecht an Mustern und Modellen (Geschmacksmustergesetz) (FNA 442-1); außer Kraft seit 31. 5. 2004

Abkürzungs- und Schrifttumsverzeichnis

GewArch	Gewerbe-Archiv (Jahr und Seite)
GewO	Gewerbeordnung (FNA 7100-1)
GG	Grundgesetz für die Bundesrepublik Deutschland (FNA 100-1)
Gift/Baur	Gift/Baur, Das Urteilsverfahren vor den Gerichten für Arbeitssachen, 1993
GjS	Gesetz über die Verbreitung jugendgefährdender Schriften
GKG	Gerichtskostengesetz (FNA 360-6)
GmbH	Gesellschaft mit beschränkter Haftung
GmbHG	Gesetz betreffend die Gesellschaften mit beschränkter Haftung (FNA 4123-1)
GmbHRSch	GmbH-Rundschau (Jahr und Seite)
GMBl.	Gemeinsames Ministerialblatt der Bundesministerien des Innern, für Vertriebene, für Wohnungsbau, für gesamtdeutsche Fragen, für Angelegenheiten des Bundesrats (Jahr und Seite)
Göhler/Bearbeiter	Göhler, Gesetz über Ordnungswidrigkeiten, 14. Auflage 2006
Götz	Götz/Tolzmann, Das Bundeszentralregister, 4. Auflage 2000
Gola/Schomerus	Gola/Schomerus, Bundesdatenschutzgesetz, 9. Auflage 2007
Grabert/Zoebe	Grabert/Zoebe, Schöffen und Geschworene – Ein Leitfaden für den Strafprozess, 1970
Grdz	Grundzüge
Grimm	Grimm, Richterliche Unabhängigkeit und Dienstaufsicht in der Rechtsprechung des Bundesgerichtshofs, 1972
Gruch	Beiträge zur Erläuterung des Deutschen Rechts, begründet von Gruchot (Band und Seite)
Grunau/Bearbeiter	Grunau, Strafvollzugsgesetz, 2. Auflage, 1982
GrundlagenV	Grundlagenvertrag vom 21. 12. 1972, Gesetz vom 6. 6. 1973 (BGBl. II S. 421)
Grunsky	Grunsky, Arbeitsgerichtsgesetz, 7. Auflage 1995
Grunsky, Grundlagen	Grunsky, Grundlagen des Verfahrensrechts, 7. Auflage 1995
GRUR	Gewerblicher Rechtsschutz und Urheberrecht (Jahr und Seite)
GS	Gesetzessammlung, Großer Senat
GStA	Generalstaatsanwalt
GSZ	Großer Senat in Zivilsachen
GüKG	Güterkraftverkehrsgesetz (FNA 9241-34)
Gülland	Gülland, Die Dienstaufsicht über Richter und die Unabhängigkeit der Gerichte, 1932
GVBl.	Gesetz- und Verordnungsblatt (Jahr, Teil und Seite)
GVG	Gerichtsverfassungsgesetz (FNA 300-2)
GVGA	Geschäftsanweisung für Gerichtsvollzieher
GVG-Kommissionsbericht	Bericht der Kommission für Gerichtsverfassungsrecht und Rechtspflegerrecht, herausgegeben vom BMdJ, 1975
GVKostG	Gesetz über Kosten der Gerichtsvollzieher (FNA 362-2)
GVO	Gerichtsvollzieherordnung (z. B. BayJMBl 1980, S. 43)
GVOBl.	Gesetz- und Verordnungsblatt (Jahr und Seite)
GVVO	Verordnung zur einheitlichen Regelung der Gerichtsverfassung (FNA 300-5); außer Kraft seit 24. 4. 2008
GWB	Gesetz gegen Wettbewerbsbeschränkungen (FNA 703-5)
HaagerZPrAbk	Gesetz zur Ausführung des Haager Übereinkommens vom 1. 3. 1954 über den Zivilprozess
Habscheid	Habscheid, Der Streitgegenstand im Zivilprozess und im Streitverfahren der freiwilligen Gerichtsbarkeit, 1956
HAG	Heimarbeitsgesetz (FNA 804-1)
Hahn	Hahn, Die gesammten Materialien zu dem Gerichtsverfassungsgesetz, 2. Auflage 1883 (I = Erste Abtheilung, II = Zweite Abtheilung)
Halbs.	Halbsatz
Hamann	Hamann, Das Grundgesetz für die Bundesrepublik Deutschland vom 23. 5. 1949, 2. Auflage 1960
HambAGGVG	Hamburgisches Ausführungsgesetz zum Gerichtsverfassungsgesetz

Abkürzungs- und Schrifttumsverzeichnis

HambJVBl.	Hamburgisches Justizverwaltungsblatt (Jahr und Seite)
Hanack	Hanack, Der Ausgleich divergierender Entscheidungen in der oberen Gerichtsbarkeit, 1962
Hartmann	Hartmann, Kostengesetze, 37. Auflage 2007
HausratsVO	Verordnung über die Behandlung der Ehewohnung und des Hausrats (FNA 404-3)
HaustürWG	Gesetz über den Widerruf von Haustürgeschäften und ähnlichen Geschäften (FNA 402-30); außer Kraft seit 31. 12. 2001
HdbStKirchR	Handbuch des Staatskirchenrechts der Bundesrepublik Deutschland, herausgegeben von Friesenhahn und Scheuner, 1975
HdbStR	Handbuch des Staatsrechts der Bundesrepublik Deutschland, 3. Auflage ab 2004
HdbVerfR	Handbuch des Verfassungsrechts der Bundesrepublik Deutschland, 2. Auflage 1995
Henkel	Henkel, Strafverfahrensrecht, Ein Lehrbuch, 2. Auflage 1968
HessAktenO	Hessische Aktenordnung
HessDG	Hessisches Dienstgericht
HessDGH	Hessischer Dienstgerichtshof
HessGVBl.	Hessisches Gesetz- und Verordnungsblatt (Jahr, Teil und Seite)
HessJMBl.	Hessisches Justizministerialblatt (Jahr und Seite)
HessMdJ	Hessischer Minister der Justiz
HessRegBl.	Hessisches Regierungsblatt
HessSchiedsG	Gesetz über das Schiedsmannswesen im Lande Hessen
HessStAnz	Staatsanzeiger für das Land Hessen (Jahr und Seite)
HessStGH	Hessischer Staatsgerichtshof
HessVGH	Hessischer Verwaltungsgerichtshof
HessVGRspr	Rechtsprechung der Hessischen Verwaltungsgerichte (Jahr und Seite)
HESt	Höchstrichterliche Entscheidungen in Strafsachen (Band und Seite)
HEZ	Höchstrichterliche Entscheidungen in Zivilsachen (Band und Seite)
HGB	Handelsgesetzbuch (FNA 4100-1)
HilfsStrafK	Hilfsstrafkammer
HinterlO	Hinterlegungsordnung (FNA 300-15); außer Kraft seit 1. 12. 2010
von Hippel	von Hippel, Allgemeine Staatslehre, 2. Auflage 1967
h. M.	herrschende Meinung
HöfeO	Höfeordnung (FNA 7811-6)
HöfeVfO	Verfahrensordnung für Höfesachen (FNA 7811-6-1-2)
HRR	Höchstrichterliche Rechtsprechung (Jahr und Nr.)
Hrsg.	Herausgeber
HRVfg	Handelsregisterverfügung
Hübschmann/Bearbeiter	Hübschmann/Hepp/Spitaler, Abgabenordnung – Finanzgerichtsordnung, 2006
Hueck/Nipperdey	Hueck/Nipperdey, Lehrbuch des Arbeitsrechts, 7. Auflage 1967 und 1970
i. d. F.	in der Fassung
IHK	Industrie- und Handelskammer
InsO	Insolvenzordnung (FNA 311-13)
IPR	Internationales Privatrecht
IPrax	Praxis des Internationalen Privat- und Verfahrensrechts (Jahr und Seite)
Ipsen	Ipsen, Richterrecht und Verfassung, 1975
IRG	Gesetz über die internationale Rechtshilfe in Strafsachen (FNA 319-87)
i. S.	im Sinne
i. V. m.	in Verbindung mit
i. w. S.	im weiteren Sinne
JA	Juristische Arbeitsblätter (Jahr und Seite)
JagdG	vgl. BJagdG
Jansen/Bearbeiter	Jansen, FGG – Gesetz über die Angelegenheiten der freiwilligen Gerichtsbarkeit, 3. Auflage 2006

Abkürzungs- und Schrifttumsverzeichnis

Jarass/Pieroth	Kommentar zum Grundgesetz, 9. Auflage 2007
JArbSchG	Gesetz zum Schutze der arbeitenden Jugend (Jugendarbeitsschutzgesetz) (FNA 8051-0)
Jauernig ZPR	Jauernig, Zivilprozessrecht, begründet von Lent, 29. Auflage 2007
Jauernig	Jauernig, Zwangsvollstreckungs- und Insolvenzrecht, begründet von Lent, 22. Auflage 2000
JBeitrO	Justizbeitreibungsordnung (FNA 365-1)
JBl.	Justizblatt (Jahr und Seite)
Jessnitzer	Jessnitzer, Der gerichtliche Sachverständige, 11. Auflage 2001
JGG	Jugendgerichtsgesetz (FNA 451-1)
JJahrb	Juristen-Jahrbuch (Band und Seite)
JMBl.	Justizministerialblatt (Jahr und Seite)
JMBlNRW	Justizministerialblatt für das Land Nordrhein-Westfalen (Jahr und Seite)
JöR	Jahrbuch des öffentlichen Rechts der Gegenwart (Jahr und Seite)
Johannsen/Henrich	Eherecht: Scheidung, Trennung, Folgen. Kommentar, 4. Auflage 2003
JR	Juristische Rundschau (Jahr und Seite)
JSchÖG	Gesetz zum Schutze der Jugend in der Öffentlichkeit (FNA 2161-5); außer Kraft seit 31. 3. 2003
JuMiG	Justizmitteilungsgesetz
JuMoG	1. Justizmodernisierungsgesetz
Jura	Juristische Ausbildung (Jahr und Seite)
JurBüro	Das juristische Büro (Jahr und Seite)
JuS	Juristische Schulung (Jahr und Seite)
Justiz	Die Justiz, Amtsblatt des Justizministeriums Baden-Württemberg (Jahr und Seite)
Justizministerium Baden-Württemberg	Justizministerium Baden-Württemberg (Hrsg.), Erarbeitung eines Systems der Personalbedarfsberechnung (Pebbsy I), 2002
JVA	Justizvollzugsanstalt
JVBl.	Justizverwaltungsblatt (Jahr und Seite)
JVEG	Justizvergütungs- und -entschädigungsgesetz (FNA 367-3)
JVKostO	Verordnung über Kosten im Bereich der Justizverwaltung
JW	Juristische Wochenschrift (Jahr und Seite)
JWG	jetzt: KJHG
JZ	Juristen-Zeitung (Jahr und Seite)
kA	kraft Auftrags
KabPfG	Kabelpfandgesetz(FNA 403-10)
Kästner	Kästner, Staatliche Justizhoheit und religiöse Freiheit, 1991
Kalsbach	Kalsbach, Verbandsstrafrecht, 1938
Kap.	Kapitel
Katholnigg	Katholnigg, Strafgerichtsverfassungsrecht, 3. Auflage 1999
Keidel/Bearbeiter	Keidel/Kuntze/Winkler, Freiwillige Gerichtsbarkeit, 15. Auflage 2003, Nachtrag 2005
Kern, Geschichte	Kern, Geschichte des Gerichtsverfassungsrechts, 1954
Kern/Roxin	Roxin, Strafverfahrensrecht, begründet von Kern, 25. Auflage 1998
KfH	Kammer für Handelssachen
KG	Kammergericht, Kommanditgesellschaft
KGaA	Kommanditgesellschaft auf Aktien
KGJ	Jahrbuch für Entscheidungen des Kammergerichts in Sachen der freiwilligen Gerichtsbarkeit usw., herausgegeben von Johow-Ring (Band, Abteilung und Seite)
KindRG 1997	Kindschaftsreformgesetz vom 16. 12. 1997
KirchE	Entscheidungen in Kirchensachen (Band und Seite)
Kissel, Dreistufigkeit	Kissel, Der dreistufige Aufbau in der ordentlichen Gerichtsbarkeit, 1972
Kissel, Ehe und Ehescheidung	Kissel, Ehe und Ehescheidung, Band 1 und 2, 1977

Abkürzungs- und Schrifttumsverzeichnis

Kissel, Zukunft	Kissel, Über die Zukunft der Justiz, Kronberg 1974
KJ	Kritische Justiz (Jahr und Seite)
KJHG	Gesetz zur Neuordnung des Kinder- und Jugendhilferechts (Kinder- und Jugendhilfegesetz) = Ergänzung und Änderung des SGB VIII
KK/Bearbeiter	Karlsruher Kommentar zur Strafprozessordnung und zum Gerichtsverfassungsgesetz mit Einführungsgesetz, 5. Auflage 2003
Klausa	Klausa, Ehrenamtliche Richter, 1972
Knack	Knack, Verwaltungsverfahrensgesetz, 8. Auflage 2004
KO	Konkursordnung (FNA 311-4); außer Kraft seit 31. 12. 1998
Köbl	Köbl, Die Öffentlichkeit des Zivilprozesses – eine unzeitgemäße Form, Festschrift für Schnorr von Carolsfeld, 1972
Kohlhaas	Kohlhaas, Stellung der Staatsanwaltschaft als Teil der rechtsprechenden Gewalt, 1963
Kommissionsbericht	Bericht der Kommission zur Vorbereitung einer Reform der Zivilgerichtsbarkeit, herausgegeben vom BMdJ, 1961
2. Kommissionsbericht	Bericht der Kommission für das Zivilprozessrecht, herausgegeben vom BMdJ, 1977
KonsularG	Gesetz über die Konsularbeamten, ihre Aufgaben und Befugnisse (FNA 27-5)
KontaktsperreG	Gesetz zur Änderung des Einführungsgesetzes zum Gerichtsverfassungsgesetz (Kontaktsperregesetz)
Kopp/Schenke	Kopp/Schenke, Verwaltungsgerichtsordnung, 14. Auflage 2005
KostÄndG 1957	Gesetz zur Änderung und Ergänzung kostenrechtlicher Vorschriften vom 26. 7. 1957
KostO	Gesetz über die Kosten in Angelegenheiten der freiwilligen Gerichtsbarkeit (Kostenordnung) (FNA 361-1)
KostRMoG	Kostenrechtsmodernisierungsgesetz
KostVfg	Kostenverfügung
KreisG	Kreisgericht
KriegswaffenG	Ausführungsgesetz zu Art. 26 Abs. 2 des Grundgesetzes (Gesetz über die Kontrolle von Kriegswaffen)
KritV	Kritische Vierteljahresschrift für Gesetzgebung und Rechtswissenschaft (Jahr und Seite)
KStZ	Kommunale Steuer-Zeitschrift (Jahr und Seite)
KTS	Zeitschrift für Konkurs-, Treuhand- und Schiedsgerichtswesen; ab 1989: Zeitschrift für Insolvenzrecht; vorher Konkurs- und Treuhandwesen (Jahr und Seite)
Kühn/Wedelstädt	Kühn/Wedelstädt, Abgabenordnung, Finanzgerichtsordnung, 18. Auflage 2004
KUG	Gesetz betreffend das Urheberrecht an Werken der bildenden Künste und der Photographie (Kunsturhebergesetz) (FNA 440-3)
LAG	Landesarbeitsgericht; Gesetz über den Lastenausgleich (Lastenausgleichsgesetz)
LandbeschaffungsG	Gesetz über die Landbeschaffung für Aufgaben der Verteidigung (Landbeschaffungsgesetz) (FNA 54-3)
LandesVerfassG	Landesverfassungsgericht
LandpachtG	Gesetz über das landwirtschaftliche Pachtwesen (Landpachtgesetz) (FNA 7813-3)
LFG	Gesetz über die Fortzahlung des Arbeitsentgelts im Krankheitsfalle (Lohnfortzahlungsgesetz) (FNA 800-19-2); außer Kraft seit 31. 12. 2005
LG	Landgericht
LHO	Landeshaushaltsordnung
LJagdG	Landesjagdgesetz
LJustizVerw	Landesjustizverwaltung
LKA	Landeskriminalamt
LKV	Landes- und Kommunalverwaltung, Verwaltungsrechts-Zeitschrift für die Länder Berlin, Brandenburg, Mecklenburg-Vorpommern, Sachsen, Sachsen-Anhalt und Thüringen (Jahr und Seite)

Abkürzungs- und Schrifttumsverzeichnis

LM	Entscheidungen des Bundesgerichtshofs im Nachschlagewerk des Bundesgerichtshofs von Lindenmaier/Möhring (Nr. und §, Z = Zivilsachen, St = Strafsachen)
Löffler/Bearbeiter	Löffler, Presserecht, 5. Auflage 2006
LR/Bearbeiter	Löwe/Rosenberg, Die Strafprozessordnung und das Gerichtsverfassungsgesetz, Großkommentar, Hrsg. Peter Rieß, 25. Auflage
LReg	Landesregierung
LSG	Landessozialgericht
LuftfahrzeugRG	Gesetz über Rechte an Luftfahrzeugen (FNA 403-9)
LVG	Landesverwaltungsgericht
LwVG	Gesetz über das gerichtliche Verfahren in Landwirtschaftssachen (FNA 317-1)
LZ	Leipziger Zeitschrift für Deutsches Recht (Jahr und Seite)
von Mangoldt/Klein	von Mangoldt/Klein, Das Bonner Grundgesetz, 5. Auflage 2005
Mannheimer Akte	Mannheimer Akte (revidierte Rheinschifffahrtsakte)
Martin	Martin, Ehrengabe für Heusinger, 1968
Maunz, Deutsches Staatsrecht	Zippelius/Würtenberger, Deutsches Staatsrecht, 31. Auflage 2004
Maunz/Dürig/Bearbeiter	Maunz/Dürig/Herzog/Scholz, Grundgesetz, Loseblattausgabe
MdF	Minister der Finanzen
MDR	Monatsschrift für Deutsches Recht (Jahr und Seite)
Merten	Merten, Rechtsstaat und Gewaltmonopol, Tübingen 1975
Meyer-Goßner	Meyer-Goßner, Strafprozessordnung, 50. Auflage 2007
Meyer-Ladewig/Bearbeiter	Meyer-Ladewig, Sozialgerichtsgesetz, 8. Auflage 2005
MietRÄndG	Gesetz zur Änderung mietrechtlicher Vorschriften
MietRSpr	Mietrechtsprechung
MilitärReg	Militärregierung
MilitärregierungsVO Nr. 165	Militärregierungsverordnung Nr. 165 (VOBl. Br. Z. 1948, 263)
MiStra	Anordnung über Mitteilungen in Strafsachen
MitbestG	Gesetz über die Mitbestimmung der Arbeitnehmer (Mitbestimmungsgesetz) (FNA 801-5)
MiZi	Anordnung über Mitteilungen in Zivilsachen
Moskauer Vertrag	Vertrag über die abschließende Regelung in bezug auf Deutschland vom 12. 9. 1990 (BGBl. II S. 1318); Gesetz hierzu vom 11. 10. 1990 (BGBl. II S. 1317). In Kraft getreten am 15. 3. 1991 (BGBl. II S. 587)
MRK	Konvention zum Schutze der Menschenrechte und Grundfreiheiten vom 4. 11. 1950 (BGBl. 1952 II S. 685)
MSchrKrim	Monatsschrift für Kriminologie und Strafrechtsreform (Jahr und Seite)
MTArb	Manteltarifvertrag für Arbeiterinnen und Arbeiter des Bundes und der Länder
von Münch/Bearbeiter	von Münch, Grundgesetz, 5. Auflage 2002 ff.
MünchKomm/Bearbeiter	Münchener Kommentar zum Bürgerlichen Gesetzbuch, 4. Auflage 2000 ff.
MünchKommZPO/ Bearbeiter (Erg.Bd.)	Münchener Kommentar zur Zivilprozessordnung, 2. Auflage, Aktualisierungsband, 2002
MünchKommZPO/ Bearbeiter	Münchener Kommentar zur Zivilprozessordnung, 2. Auflage 2000 ff.
Musielak/Bearbeiter	Musielak, Kommentar zur Zivilprozessordnung, 5. Auflage 2007
MuttSchG	Gesetz zum Schutz der erwerbstätigen Mutter (Mutterschutzgesetz) (FNA 8052-1)
NATO-TrStatut	NATO-Truppenstatut
NATO-ZusAbk	NATO-Zusatzabkommen
NdsAGGVG	Niedersächsisches Ausführungsgesetz zum Gerichtsverfassungsgesetz
NdsMBl.	Niedersächsisches Ministerialblatt (Jahr und Seite)

Abkürzungs- und Schrifttumsverzeichnis

NdsRpfl	Niedersächsische Rechtspflege (Jahr und Seite)
NichtehelG	Gesetz über die rechtliche Stellung der nichtehelichen Kinder
NichtFamS	Nichtfamiliensache
Nicklisch, Bindung	Die Bindung der Gerichte an gestaltende Gerichtsentscheidungen und Verwaltungsakte, 1965
NJ	Neue Justiz (Jahr und Seite)
NJW	Neue Juristische Wochenschrift (Jahr und Seite)
NJW-CoR	NJW-Computerreport (Jahr und Seite)
NJWE-FER	NJW-Entscheidungsdienst Familien- und Erbrecht (Jahr und Seite)
NJWE-MietR	NJW-Entscheidungsdienst Miet- und Wohnungsrecht (Jahr und Seite)
NJWE-VHR	NJW-Entscheidungsdienst Versicherungs- und Haftungsrecht (Jahr und Seite)
NJW-RR	NJW-Rechtsprechungs-Report Zivilrecht (Jahr und Seite)
NordÖR	Zeitschrift für Öffentliches Recht in Norddeutschland (Jahr und Seite)
NotVO	Notverordnung
Nr.	Nummer(n)
NRW	Nordrhein-Westfalen
NStE	Neue Entscheidungssammlung für Strafrecht
NStZ	Neue Zeitschrift für Strafrecht (Jahr und Seite)
nv	nicht veröffentlicht
NVwZ	Neue Zeitschrift für Verwaltungsrecht (Jahr und Seite)
NVwZ-RR	NVwZ-Rechtsprechungs-Report Verwaltungsrecht (Jahr und Seite)
NZA	Neue Zeitschrift für Arbeitsrecht (Jahr und Seite)
NZBau	Neue Zeitschrift für Bau- und Vergaberecht (Jahr und Seite)
NZI	Neue Zeitschrift für Insolvenzrecht (Jahr und Seite)
NZM	Neue Zeitschrift für Miet- und Wohnungsrecht (Jahr und Seite)
NZS	Neue Zeitschrift für Sozialrecht (Jahr und Seite)
NZV	Neue Zeitschrift für Verkehrsrecht (Jahr und Seite)
ObLG	Oberstes Landesgericht
OEG	Gesetz über die Entschädigung für Opfer von Gewalttaten (FNA 89-8)
OGH	Oberster Gerichtshof für die britische Zone
OGHSt	Entscheidungen des Obersten Gerichtshofs für die Britische Zone in Strafsachen (Band und Seite)
OGHZ	Entscheidungen des Obersten Gerichtshofs für die Britische Zone in Zivilsachen (Band und Seite)
oHG	offene Handelsgesellschaft
OLG	Oberlandesgericht; Die Rechtsprechung der Oberlandesgerichte auf dem Gebiet des Civilrechts, herausgegeben von Mugdan-Falkmann (Band und Seite)
OLGR	OLG-Report (Jahr und Seite)
OLGSt	Entscheidungen der Oberlandesgerichte in Strafsachen (§ und Seite)
OLGZ	Entscheidungen der Oberlandesgerichte in Zivilsachen (Jahr und Seite)
OpferschutzG	Erstes Gesetz zur Verbesserung der Stellung des Verletzten im Strafverfahren
OpferRRG	Opferrechtsreformgesetz
OrgKG	Gesetz zur Bekämpfung des illegalen Rauschgifthandels und anderer Erscheinungsformen der organisierten Kriminalität
OrgStA	Anordnung über Organisation und Dienstbetrieb der Staatsanwaltschaft
OStA	Oberstaatsanwalt
OVG	Oberverwaltungsgericht
OWiG	Gesetz über Ordnungswidrigkeiten (FNA 454-1)
Palandt/Bearbeiter	Palandt, Bürgerliches Gesetzbuch, 67. Auflage 2008
ParteiG	Gesetz über die politischen Parteien (Parteiengesetz) (FNA 112-1)
PatentanwaltsO	Patentanwaltsordnung (FNA 424-5-1)
PatentG	Patentgericht

Abkürzungs- und Schrifttumsverzeichnis

PatG	Patentgesetz (FNA 420-1)
Peters	Peters, Strafprozess, 4. Auflage 1985
Peters/Sautter/Wolff	Peters/Sautter/Wolff, Kommentar zur Sozialgerichtsbarkeit, 2003 (Loseblattsammlung)
PflSchG	Pflanzenschutzgesetz (FNA 7823-5)
Pikart/Henn	Pikart/Henn, Lehrbuch der freiwilligen Gerichtsbarkeit, 1963
Piller/Hermann	Piller/Hermann, Justizverwaltungsvorschriften (Loseblattausgabe)
Pkw	Personenkraftwagen
Plog/Wiedow	Plog/Wiedow, Kommentar zum Bundesbeamtengesetz, 2004 (Loseblattsammlung)
Pohlmann/Jabel/Wolf	Pohlmann/Jabel/Wolf, Strafvollstreckungsordnung, 8. Auflage 2001
PostVerfG	Postverfassungsgesetz
PrAGGVG	Ausführungsgesetz zum Deutschen Gerichtsverfassungsgesetz vom 24. 4. 1878 (Preuß. Gesetzsamml. S. 230)
Preuß. ALR	Allgemeines Landrecht für die Preußischen Staaten, gültig ab 1. 6. 1794
Preuß. Gesetzsamml.	Preußische Gesetzsammlung (Jahr und Seite)
Preuß. SchiedsmannsO	Preußische Schiedsmannsordnung
Pritsch	Pritsch, Das gerichtliche Verfahren in Landwirtschaftssachen, 1955
PrJMBl.	Justiz-Ministerialblatt für die Preußische Gesetzgebung und Rechtspflege (Jahr und Seite)
ProzKHG	Gesetz über die Prozesskostenhilfe (FNA 310-19); außer Kraft seit 25. 4. 2006
PrWassG	Preußisches Wassergesetz vom 7. 4. 1913 (Preuß. Gesetzsamml. S. 53)
PStG	Personenstandsgesetz (FNA 211-1); außer Kraft ab 31. 12. 2008
RA	Rechtsanwalt
RabattG	Gesetz über Preisnachlässe (Rabattgesetz) (FNA 43-5-1); außer Kraft seit 25. 7. 2001
RabelsZ	Zeitschrift für ausländisches und internationales Privatrecht, begründet von Ernst Rabel (Jahr und Seite), bis 1961: ZAIP
RAF	Rote Armee Fraktion
Rahm/Künkel/Bearbeiter	Rahm/Künkel, Handbuch des Familiengerichtsverfahrens, 4. Auflage
RArbG	Reichsarbeitsgericht
RArbGE	Entscheidungen des Reichsarbeitsgerichts (Band und Seite)
RBerG	Rechtsberatungsgesetz (FNA 303-12); außer Kraft ab 1. 7. 2008
RdA	Recht der Arbeit (Jahr und Seite)
RdL	Recht der Landwirtschaft (Jahr und Seite)
recht	recht, Informationen des Bundesministers der Justiz (Jahr und Seite)
Recht	Das Recht (Jahr und Nr.)
RechtsanwaltsO	Rechtsanwaltsordnung vom 1. 7. 1878
RechtsVO	Rechtsverordnung
Redeker/von Oertzen	Redeker/von Oertzen, Verwaltungsgerichtsordnung, 14. Auflage 2004
RegEntw	Regierungsentwurf
Reichert	Reichert, Handbuch des Vereins- und Verbandsrechts, 11. Auflage 2007
Reichsbeamten-HaftpflichtG	Gesetz über die Haftung des Reichs für seine Beamten vom 22. 5. 1910 (RGBl. S. 798)
ReichsentlastungsG	Gesetz zur Entlastung der Gerichte vom 11. 3. 1921 (RGBl. S. 229)
ReichssiedlungsG	Reichssiedlungsgesetz
REinhG 1950	Gesetz zur Wiederherstellung der Rechtseinheit auf dem Gebiete der Gerichtsverfassung, der bürgerlichen Rechtspflege, des Strafverfahrens und des Kostenrechts vom 12. 9. 1950 (BGBl. S. 455)
RelKErzG	Gesetz über die religiöse Kindererziehung (FNA 404-9)
RepublikschutzG	Republikschutzgesetz vom 21. 7. 1922 (RGBl. I S. 585)
RevisionsRSpr	Revisionsrechtsprechung
RFHE	Sammlung der Entscheidungen und Gutachten des Reichsfinanzhofs (Band und Seite)

Abkürzungs- und Schrifttumsverzeichnis

RG	Reichsgericht
RGBl.	Reichsgesetzblatt (Jahr, Teil und Seite)
RGRK/Bearbeiter	Kommentar, herausgegeben von Mitgliedern des Bundesgerichtshofes, Das Bürgerliche Gesetzbuch
RGRK/HGB/Bearbeiter	Handelsgesetzbuch, Großkommentar, begründet von Hermann Staub, 4. Auflage 1983 ff.
RGSt	Entscheidungen des Reichsgerichts in Strafsachen (Band und Seite)
RGZ	Entscheidungen des Reichsgerichts in Zivilsachen (Band und Seite)
Rheinschifffahrtsakte	Revidierte Rheinschifffahrtsakte vom 17. 10. 1868 (Mannheimer Akte)
RHG	Reichsheimstättengesetz (FNA 2332-1); außer Kraft
RiA	Recht im Amt (Jahr und Seite)
Richter aL	Richter auf Lebenszeit
Richter aP	Richter auf Probe
Richter aZ	Richter auf Zeit
Richter kA	Richter kraft Auftrags
RichterwahlG	Richterwahlgesetz (FNA 301-2)
Rieß/Hilger	Rieß/Hilger, Das Rechtspflegerecht des Einigungsvertrages, 1991
RiLi	Richtlinie
RiStBV	Richtlinien für das Strafverfahren und das Bußgeldverfahren
RiVASt	Richtlinien für den Verkehr mit dem Ausland in strafrechtlichen Angelegenheiten
RIW/AWD	Recht der internationalen Wirtschaft/Außenwirtschaftsdienst (Jahr und Seite)
RJA	Entscheidungen des Reichsjustizamtes in Angelegenheiten der freiwilligen Gerichtsbarkeit und des Grundbuchrechts (Band und Seite)
RKnappschaftsG	Reichsknappschaftsgesetz (FNA 822-1); außer Kraft seit 1. 1. 1992
RMBl.	Reichsministerialblatt (Jahr und Seite)
Rn.	Randnummer
Roellecke	Roellecke, Die Bindung des Richters an Gesetz und Verfassung, Veröffentlichungen der Vereinigung der Deutschen Staatsrechtslehrer, Heft 34 (1976), S. 7 ff.
ROHG	Entscheidungen des Reichsoberhandelsgerichts (Band und Seite)
Rolland	Rolland, Kommentar zum 1. Eherechtsreformgesetz, 1977
Rosenberg/Schwab/Gottwald	Rosenberg/Schwab/Gottwald, Zivilprozessrecht, 16. Auflage 2004
Roth	Roth, Das Grundrecht auf den gesetzlichen Richter, 2000
Roth/Stielow	Roth/Stielow, Die Auflehnung des Richters gegen das Gesetz, 1963
Roxin, Probleme	Roxin, Aktuelle Probleme der Öffentlichkeit im Strafverfahren, Festschrift für Karl Peters, 1974
RpflAnpG	Gesetz zur Anpassung der Rechtspflege im Beitrittsgebiet (Rechtspflege-Anpassungsgesetz) – vgl. Anhang
RpflBl.	Rechtspflegerblatt (Jahr und Seite)
Rpfleger	Der Deutsche Rechtspfleger (Jahr und Seite)
RPflEntlG	Gesetz zur Entlastung der Rechtspflege – vgl. Anhang
RPflG	Rechtspflegergesetz (FNA 302-2)
RpflVereinfG	Rechtspflege-Vereinfachungsgesetz
RSpr	Rechtsprechung
rspr	rechtsprechend(e)
RSprEinhG	Gesetz zur Wahrung der Einheitlichkeit der Rechtsprechung der obersten Gerichtshöfe des Bundes (FNA 304-1)
RückerstattG	Rückerstattungsgesetz (FNA 250-1)
Rüfner	Rüfner, Rechtsschutz gegen kirchliche Rechtshandlungen und Nachprüfung kirchlicher Entscheidungen durch staatliche Gerichte, HdbStKirchR Band 1, S. 760 ff.
Rüping	Rüping, Das Strafverfahren, 3. Auflage 1997
RuP	Recht und Politik (Jahr und Seite)
RVG	Rechtsanwaltsvergütungsgesetz (FNA 368-3)

Abkürzungs- und Schrifttumsverzeichnis

RzW	Rechtsprechung zum Wiedergutmachungsrecht (Jahr und Seite)
SaarlABl.	Amtsblatt des Regierungspräsidiums Saar (Jahr und Seite)
SaarlAGGVG	Saarländisches Ausführungsgesetz zum Gerichtsverfassungsgesetz
Sachs/Bearbeiter	Sachs, Grundgesetz, Kommentar, 4. Auflage 2007
SAE	Sammlung arbeitsrechtlicher Entscheidungen (Jahr und Seite)
SächsVerfGH	Sächsischer Verfassungsgerichtshof
Sarstedt/Hamm	Sarstedt/Hamm, Die Revision in Strafsachen, 6. Auflage 1998
Saure	Saure, Die Rechtswegverweisung, 1971
Sauter/Schweyer	Sauter/Schweyer/Waldner, Der eingetragene Verein, 18. Auflage 2006
Schaub	Schaub, Arbeitsrechtshandbuch – Systematische Darstellung usw. von Günter Schaub, 12. Auflage 2007
ScheckG	Scheckgesetz (FNA 4132-1)
Schiffer	Schiffer, Die deutsche Justiz, Grundzüge einer durchgreifenden Reform, 2. Auflage 1949
SchiffsregisterO	Schiffsregisterordnung (FNA 315-18)
Schilken	Schilken, Gerichtsverfassungsrecht, 4. Auflage 2007
Schlegelberger/Bearbeiter	Schlegelberger, Handelsgesetzbuch, 5. Auflage 1973 bis 1992
Schlegelberger, FGG	Schlegelberger, Gesetz über die Angelegenheiten der freiwilligen Gerichtsbarkeit, 7. Auflage 1956
SchlHAnz	Schleswig-Holsteinische Anzeigen (Jahr und Seite)
SchlHOLG	Schleswig-Holsteinisches Oberlandesgericht
Schlosser	Schlosser, Vereins- und Verbandsgerichtsbarkeit, 1972
Schlüchter	Schlüchter, Das Strafverfahren, 2. Auflage 1983
Eb. Schmidt	Eb. Schmidt, Lehrkommentar zur Strafprozessordnung und zum Gerichtsverfassungsgesetz, 2. Auflage 1964 (LehrK I = Teil I, nur Rn. = Teil III)
Eb. Schmidt, Geschichte	Eb. Schmidt, Einführung in die Geschichte der deutschen Strafrechtspflege, 3. Auflage 1965
Eb. Schmidt, Justiz und Publizistik	Eb. Schmidt, Justiz und Publizistik, 1968
Schmidt-Bleibtreu/Klein	Schmidt-Bleibtreu/Klein, Kommentar zum Grundgesetz für die Bundesrepublik Deutschland, 10. Auflage 2004
Schmidt-Räntsch	Schmidt-Räntsch, Deutsches Richtergesetz, 6. Auflage 2004
SchöffenG	Schöffengericht
Schönke/Baur	Schönke/Baur, Zwangsvollstreckungs-, Konkurs- und Vergleichsrecht, 10. Auflage 1978
Schönke/Schröder/Bearbeiter	Schönke/Schröder, Strafgesetzbuch, 27. Auflage 2006
SchOG	Erstes Gesetz zur Ordnung des Schulwesens im Lande Nordrhein-Westfalen vom 8. 4. 1952 (NWGVBl. S. 61)
Schomburg/Lagodny	Schomburg/Lagodny/Gleß/Hackner, Internationale Rechtshilfe in Strafsachen 4. Auflage 2006
Schorn, Die Präsidialverfassung	Schorn, Die Präsidialverfassung der Gerichte aller Rechtswege, 1. Auflage 1957
Schorn, Laienrichter	Schorn, Der Laienrichter in der Strafrechtspflege, Münster 1955
Schorn/Stanicki	Schorn/Stanicki, Die Präsidialverfassung der Gerichte aller Rechtswege, 2. Auflage 1975
Schütz	Carsten Schütz, Der ökonomisierte Richter, 2005
Schulz	Schulz, Schöffenfibel, 1954
Schunck/De Clerck	Schunck/De Clerck, Verwaltungsgerichtsordnung, 3. Auflage 1977
SchutzbereichG	Gesetz über die Beschränkung von Grundeigentum für die militärische Verteidigung (Schutzbereichsgesetz) (FNA 54-2)
Schwab, Handbuch	Schwab, Handbuch des Scheidungsrechts, 5. Auflage 2004
SchwBG	Gesetz zur Sicherung der Eingliederung Schwerbehinderter in Arbeit, Beruf und Gesellschaft (Schwerbehindertengesetz) (FNA 871-1); außer Kraft seit 1. 7. 2001
Schwind/Blau	Schwind/Blau, Strafvollzug in der Praxis, 1976

Abkürzungs- und Schrifttumsverzeichnis

SchwurG	Schwurgericht
SeemAmtsVO	Verordnung über das Verfahren vor den Seemannsämtern, das Seefahrtbuch, die Musterrolle und die Musterung (Seemannsamtsverordnung) (FNA 9513-27)
SeemannsG	Seemannsgesetz (FNA 9513-1)
Seybold/Hornig	Seybold/Hornig, Bundesnotarordnung, 5. Auflage 1976
SG	Sozialgericht
SGb	Die Sozialgerichtsbarkeit (Jahr und Seite)
SGB	Sozialgesetzbuch
SGG	Sozialgerichtsgesetz (FNA 330-1)
Simon, Unabhängigkeit	Simon, Die Unabhängigkeit des Richters, 1975
SJZ	Süddeutsche Juristenzeitung (Jahr und Seite, ab 1947: Jahr und Spalte)
Soergel/Bearbeiter	Soergel, Bürgerliches Gesetzbuch, 13. Auflage 1987 ff.
SoldatenG	Gesetz über die Rechtsstellung der Soldaten (Soldatengesetz)
Sommermeyer	Sommermeyer, Die Kammer für Handelssachen, 1966
SortenschutzG	Gesetz über den Schutz von Pflanzensorten (Sortenschutzgesetz) (FNA 7822-7)
Sowada	Sowada, Der gesetzliche Richter im Strafverfahren, 2002
StA	Staatsanwaltschaft
StAÄG	Referenten-Entwurf eines Gesetzes zur Änderung des Rechts der Staatsanwaltschaft, herausgegeben vom BMdJ (Stand: 2. 12. 1976)
Staat	Der Staat, Zeitschrift (Jahr und Seite)
StaatsschutzK	Staatsschutzkammer
Stahlhacke	Stahlhacke/Preis/Vossen, Kündigung und Kündigungsschutz im Arbeitsverhältnis, 9. Auflage 2005
Stammler	Stammler, Deutsches Rechtsleben in alter und neuer Zeit, I. Band, 1932
Starck	Starck, Die Bindung des Richters an Gesetz und Verfassung, Veröffentlichungen der Vereinigung der Deutschen Staatsrechtslehrer, Heft 34 (1976), S. 43 ff.
Staudinger/Bearbeiter	Staudinger, BGB, Kommentar zum Bürgerlichen Gesetzbuch mit Einführungsgesetz und Nebengesetzen, 12./13./14. Auflage 1989 ff.
StBauFG	Gesetz über städtebauliche Sanierungs- und Entwicklungsmaßnahmen in den Gemeinden (Städtebauförderungsgesetz)
StBerG	Steuerberatungsgesetz (FNA 610-10)
Stern	Stern, Das Staatsrecht in der Bundesrepublik Deutschland, 1980 ff., 2. Auflage 1984 ff.
StGB	Strafgesetzbuch (FNA 450-2)
StJ/Bearbeiter	Stein/Jonas, Kommentar zur Zivilprozessordnung, 22. Auflage 2002 ff.
Stöber, Vereinsrecht	Stöber, Vereinsrecht, 9. Auflage 2004
StPÄG 1964	Gesetz zur Änderung der Strafprozessordnung und des Gerichtsverfassungsgesetzes vom 19. 12. 1964
StPO	Strafprozessordnung (FNA 312-2)
str.	streitig
StrafK	Strafkammer
StrafRÄndG	Strafrechtsänderungsgesetz
StrafVollstrK	Strafvollstreckungskammer
StrEG	Gesetz über die Entschädigung für Strafverfolgungsmaßnahmen (FNA 313-4)
StrRG	Gesetz zur Reform des Strafrechts
StrS	Strafsenat
stRSpr	ständige Rechtsprechung
StV	Strafverteidiger (Jahr und Seite)
StVÄG 1979	Strafverfahrensänderungsgesetz 1979
StVÄG 1987	Strafverfahrensänderungsgesetz 1987
StVG	Straßenverkehrsgesetz (FNA 9231-1)
StVO	Straßenverkehrsordnung (FNA X1-14)

Abkürzungs- und Schrifttumsverzeichnis

StVollstrO	Strafvollstreckungsordnung
StVollzG	Gesetz über den Vollzug der Freiheitsstrafe und der freiheitsentziehenden Maßregeln der Besserung und Sicherung (Strafvollzugsgesetz) (FNA 312-9-1)
1. StVRG 1974	Erstes Gesetz zur Reform des Strafverfahrensrechts vom 9. 12. 1974
SVG	Gesetz über die Versorgung für die ehemaligen Soldaten der Bundeswehr und ihre Hinterbliebenen (Soldatenversorgungsgesetz) (FNA 53-4)
Thomas	Thomas, Richterrecht, Bd. II Teil 3 des Handbuchs des öffentlichen Dienstes, herausgegeben von Walter Wiese, 1986
Thomas/Putzo/Bearbeiter	Thomas/Putzo, Zivilprozessordnung, 28. Auflage 2007
ThürOVG	Thüringisches Oberverwaltungsgericht
TierSG	Tierseuchengesetz (FNA 7831-1)
Tipke/Kruse	Tipke/Kruse, Abgabenordnung, Finanzgerichtsordnung
Triepel	Triepel, Die Reichsaufsicht, 1917
Tröndle/Fischer	Tröndle/Fischer, Strafgesetzbuch, 54. Auflage 2007
TVG	Tarifvertragsgesetz (FNA 802-1)
Tz.	Textziffer
UA	Untersuchungsausschuss, parlamentarischer
UÄndG	Gesetz zur Änderung unterhaltsrechtlicher, verfahrensrechtlicher und anderer Vorschriften
UBGBaWü	Baden-Württembergisches Gesetz über die Unterbringung psychisch Kranker
UdG	Urkundsbeamter der Geschäftsstelle
UdG-Geschäfte	Geschäfte des Urkundsbeamten der Geschäftsstelle
UdG-Neuregelungsgesetz	Gesetz zur Neuregelung des Rechts des Urkundsbeamten der Geschäftsstelle
ÜberlV	Vertrag zur Regelung aus Krieg und Besatzung entstandener Fragen vom 26. 5. 1952 i. d. F. vom 30. 3. 1955 (BGBl. II S. 405 ff.)
UFITA	Archiv für Urheber-, Film-, Funk- und Theaterrecht (Jahr und Seite)
U-Gefangener	Untersuchungshaftgefangener
UmstellungsG 40. DVO	Vierzigste Durchführungsverordnung zum Umstellungsgesetz (Umstellung von Hypotheken, Grundschulden, Rentenschulden und Reallasten), in Kraft getreten am 21. 6. 1948/1. 11. 1949 (ABlAHK 1950, 245)
UN	United Nations
UNO	United Nations Organization
UNO-Pakt	Gesetz zu dem Internationalen Pakt vom 19. 12. 1966 über bürgerliche und politische Rechte
UN-Übereinkommen	Gesetz zu dem Übereinkommen vom 20. 6. 1956 über die Geltendmachung von Unterhaltsansprüchen im Ausland vom 26. 2. 1959 (BGBl. II S. 149)
UrhG	Gesetz über Urheberrecht und verwandte Schutzrechte (Urheberrechtsgesetz) (FNA 440-1)
USG	Gesetz über die Sicherung des Unterhalts der zum Wehrdienst einberufenen Wehrpflichtigen und ihrer Angehörigen (Unterhaltssicherungsgesetz) (FNA 53-3)
UVollzO	Untersuchungshaftvollzugsordnung
UWG	Gesetz gegen den unlauteren Wettbewerb (FNA 43-7)
VBlBW	Verwaltungsblätter für Baden-Württemberg (Jahr und Seite)
VerbrKrG	Verbraucherkreditgesetz (FNA 402-6); außer Kraft seit 1. 1. 2002
VerkMitt	Verkehrsrechtliche Mitteilungen (Jahr und Nr.)
VersAufsG	Gesetz über die Beaufsichtigung der privaten Versicherungsunternehmungen (FNA 7631-1)
VerschG	Verschollenheitsgesetz (FNA 401-6)
VersR	Versicherungsrecht, Juristische Rundschau für die Individualversicherung (Jahr und Seite)
VertragshilfeG	Gesetz über die richterliche Vertragshilfe (Vertragshilfegesetz) (FNA 402-4); außer Kraft seit 1. 7. 2000

Abkürzungs- und Schrifttumsverzeichnis

VerwAO	Verwaltungsanordnung
VerwArch	Verwaltungsarchiv (Jahr und Seite)
VerwRSpr	Verwaltungsrechtsprechung in Deutschland (Jahr und Seite)
VerwZustellG	Verwaltungszustellungsgesetz
VG	Verwaltungsgericht
VGH	Verwaltungsgerichtshof
VIZ	Zeitschrift für Vermögens- und Investitionsrecht (Jahr und Seite)
VO	Verordnung
VOBl. Br. Z.	Verordnungsblatt für die Britische Zone (Jahr und Seite)
Vollmer	Vollmer, Satzungsmäßige Schiedsklauseln, 1970
VollstrVergV	Vollstreckungsvergütungsverordnung (FNA 2032-1-17)
VorprA	Vorprüfungsausschuß (BVerfG)
VorsRichter	Vorsitzender Richter
VPO-Entw	Entwurf einer Verwaltungsprozeßordnung, herausgegeben vom BMdJ, 1978
VRS	Verkehrsrechtssammlung, Entscheidungen aus allen Gebieten des Verkehrsrechts, herausgegeben von Werner Weigelt (Band und Seite)
VV	Verwaltungsvorschriften
VVaG	Versicherungsverein auf Gegenseitigkeit
VVDStRL	Veröffentlichungen der Vereinigung der Deutschen Staatsrechtslehrer (Jahr und Seite)
VwGO	Verwaltungsgerichtsordnung (FNA 340-1)
4. VwGOÄndG	Gesetz zur Neuregelung des verwaltungsgerichtlichen Verfahrens (Viertes Gesetz zur Änderung der Verwaltungsgerichtsordnung)
VwVfG	Verwaltungsverfahrensgesetz (FNA 201-6)
VwVG	Verwaltungs-Vollstreckungsgesetz (FNA 201-4)
Wagner	Wagner, Der Richter, 1959
WahlO	Wahlordnung (FNA 300-2-2)
Wahlp.	Wahlperiode
Walter	Walter, Neuer Prozeß in Familiensachen, 1980
Warn	Die Rechtsprechung des Reichsgerichts auf dem Gebiete des Zivilrechts, soweit sie nicht in der Amtlichen Sammlung des Reichsgerichts abgedruckt ist, herausgegeben von Otto Warneyer (Jahr und Seite)
WBO	Wehrbeschwerdeordnung (FNA 52-1)
WDO	Wehrdisziplinarordnung (FNA 52-5)
WEG	Gesetz über das Wohnungseigentum und das Dauerwohnrecht (Wohnungseigentumsgesetz) (FNA 403-1)
WehrpflichtG	Wehrpflichtgesetz (FNA 50-1)
Weil	Weil, Der Handelsrichter und sein Amt, 1964
WeinwirtschG	Gesetz über Maßnahmen auf dem Gebiete der Weinwirtschaft (Weinwirtschaftsgesetz) (FNA 7845-1)
Wendisch	Wendisch, Zur Ausschließung und Ablehnung des Staatsanwalts, Festschrift für Karl Schäfer, 1980, S. 243 ff.
Werner, Organisationsrechtliche Fragen	Werner, Organisationsrechtliche Fragen der Bundesgerichtsbarkeit, Recht im Wandel, Festschrift 150 Jahre Carl Heymanns Verlag, 1965, S. 91 ff.
WertgrenzenG	Gesetz zur Änderung von Wertgrenzen und Kostenvorschriften in der Zivilgerichtsbarkeit
WertpapierberG	Gesetz zur Bereinigung des Wertpapierwesens (Wertpapierbereinigungsgesetz)
WG	Wechselgesetz (FNA 4133-1)
WHG	Gesetz zur Ordnung des Wasserhaushalts (Wasserhaushaltsgesetz) (FNA 753-1)
Wieczorek/Bearbeiter	Wieczorek, Zivilprozeßordnung und Nebengesetze, 3. Auflage 1994 ff.
WiGBl.	Gesetzblatt der Verwaltung des Vereinigten Wirtschaftsgebietes (Jahr und Seite)

Abkürzungs- und Schrifttumsverzeichnis

WirtschaftsprüferO	Gesetz über eine Berufsordnung der Wirtschaftsprüfer (Wirtschaftsprüferordnung) (FNA 702-1)
wistra	Wirtschaft-Steuer-Strafrecht, Zeitschrift (Jahr und Seite)
WiStrG	Gesetz zur weiteren Vereinfachung des Wirtschaftsstrafrechts (Wirtschaftsstrafgesetz 1954)
Wittreck	Fabian Wittreck, Die Verwaltung der Dritten Gewalt, 2006
WM	siehe WuM
WoBauG	Wohnungsbaugesetz (FNA 2330-2); außer Kraft seit 1. 1. 2002
WoBindG	Gesetz zur Sicherung der Zweckbestimmung von Sozialwohnungen (Wohnungsbindungsgesetz) (FNA 2330-14)
Wöhrmann/Herminghausen	Wöhrmann/Herminghausen, Gesetz über das gerichtliche Verfahren in Landwirtschaftssachen, 1954
WohnGG	Wohngeldgesetz (FNA 402-27)
WohnRBewG	Wohnraumbewirtschaftungsgesetz
2. WohnRKSchutzG	Zweites Gesetz über den Kündigungsschutz für Mietverhältnisse über Wohnraum (Zweites Wohnraumkündigungsschutzgesetz)
Wolf	Wolf, Gerichtsverfassungsrecht aller Verfahrenszweige, 6. Auflage des von Eduard Kern begründeten Werkes, 1987
Wolff/Bachof	Wolff/Bachof/Stober, Verwaltungsrecht II, 6. Auflage 2000
WPM	Zeitschrift für Wirtschaft und Bankrecht, Wertpapiermitteilungen (Jahr und Seite)
WRP	Wettbewerb in Recht und Praxis (Jahr und Seite)
WRV	Verfassung des Deutschen Reichs (Weimarer Reichsverfassung) vom 11. 8. 1919 (RGBl. S. 1383)
WS I	WS I-Mitteilungen, Zeitschrift des wirtschafts- und sozialwissenschaftlichen Instituts des Deutschen Gewerkschaftsbundes (Jahr und Seite)
WStG	Wehrstrafgesetz (FNA 452-2)
WÜD	Wiener Übereinkommen vom 18. 4. 1961 über diplomatische Beziehungen
WÜK	Wiener Übereinkommen über konsularische Beziehungen vom 24. 4. 1963
WürttAGBGB	Württembergisches Ausführungsgesetz zum Bürgerlichen Gesetzbuch und zu anderen Reichsjustizgesetzen
WürttGBVO	Württembergische Verordnung über das Grundbuchwesen
WürttRegBl.	Regierungsblatt für Württemberg (Jahr und Seite)
Wüsthoff/Kumpf	Wüsthoff/Kumpf, Handbuch des deutschen Wasserrechts, 1958 ff. (Loseblattsammlung)
WuM	Wohnungswirtschaft und Mietrecht (Jahr und Seite)
WuW	Wirtschaft und Wettbewerb (Jahr und Seite)
WZG	Warenzeichengesetz (FNA 423-1); außer Kraft seit 1. 1. 1995
ZaöR	Zeitschrift für ausländisches öffentliches Recht und Völkerrecht, begründet von Bruns (Jahr und Seite)
ZBR	Zeitschrift für Beamtenrecht (Jahr und Seite)
ZDG	Gesetz über den Zivildienst der Kriegsdienstverweigerer (Zivildienstgesetz) (FNA 55-2)
ZevKR	Zeitschrift für evangelisches Kirchenrecht (Jahr und Seite)
ZfA	Zeitschrift für Arbeitsrecht (Jahr und Seite)
ZfStrVo	Zeitschrift für Strafvollzug (Jahr und Seite)
ZfW	Zeitschrift für Wasserrecht (Jahr und Seite)
ZGR	Zeitschrift für geschichtliche Rechtswissenschaft (Jahr und Seite)
ZHR	Zeitschrift für das gesamte Handelsrecht (Jahr und Seite)
ZIP	Zeitschrift für Wirtschaftsrecht, bis 1982; Zeitschrift für Wirtschaftsrecht und Insolvenzpraxis (Jahr und Seite)
ZivBevSchG	Erstes Gesetz über Maßnahmen zum Schutz der Zivilbevölkerung
ZivK	Zivilkammer
ZMR	Zeitschrift für Miet- und Raumrecht (Jahr und Seite)

Abkürzungs- und Schrifttumsverzeichnis

Zöller/Bearbeiter	Zöller, Zivilprozessordnung mit GVG, EGGVG usw., begründet von Richard Zöller, 26. Auflage 2007
ZPO	Zivilprozessordnung (FNA 310-4)
ZRHO	Rechtshilfeordnung für Zivilsachen (Loseblattsammlung)
ZRP	Zeitschrift für Rechtspolitik (Jahr und Seite)
ZStrW	Zeitschrift für die gesamte Strafrechtswissenschaft (Jahr und Seite)
z. T.	zum Teil
ZugabeVO	Verordnung des Reichspräsidenten zum Schutze der Wirtschaft (Zugabeverordnung) (FNA 43-4-1); außer Kraft seit 25. 7. 2001
Zusatzabk TrStatut	siehe NATO-ZusAbk
ZuSEG	Gesetz über die Entschädigung von Zeugen und Sachverständigen (FNA 367-1); außer Kraft seit 1. 7. 2004
ZuständigkeitsergänzungsG	Gesetz zur Ergänzung von Zuständigkeiten auf den Gebieten des Bürgerlichen Rechts, des Handelsrechts und des Strafrechts (Zuständigkeitsergänzungsgesetz) (FNA 310-1)
ZVALG	Gesetz über die Errichtung einer Zusatzversorgungskasse für Arbeitnehmer in der Land- und Forstwirtschaft (FNA 827-13)
ZVG	Gesetz über die Zwangsversteigerung und die Zwangsverwaltung (FNA 310-14)
ZZP	Zeitschrift für Zivilprozess (Jahr und Seite)

Gerichtsverfassungsgesetz (GVG)

In der Fassung der Bekanntmachung vom 9. Mai 1975 (BGBl. I S. 1077)*

(BGBl. III/FNA 300–2)

Inhaltsübersicht

	§§		§§
Erster Titel. Gerichtsbarkeit	1–20	9a. Titel. Zuständigkeit für Wiederaufnahmeverfahren in Strafsachen	140a
Zweiter Titel. Allgemeine Vorschriften über das Präsidium und die Geschäftsverteilung	21a–21j	Zehnter Titel. Staatsanwaltschaft	141–152
		Elfter Titel. Geschäftsstelle	153
Dritter Titel. Amtsgerichte	22–27	Zwölfter Titel. Zustellungs- und Vollstreckungsbeamte	154, 155
Vierter Titel. Schöffengerichte	28–58		
Fünfter Titel. Landgerichte	59–78	Dreizehnter Titel. Rechtshilfe	156–168
5a. Titel. Strafvollstreckungskammern	78a, 78b	Vierzehnter Titel. Öffentlichkeit und Sitzungspolizei	169–183
Sechster Titel. Schwurgerichte (weggefallen)		Fünfzehnter Titel. Gerichtssprache	184–191a
Siebenter Titel. Kammern für Handelssachen	93–114	Sechzehnter Titel. Beratung und Abstimmung	192–198
Achter Titel. Oberlandesgerichte	115–122	Siebzehnter Titel. Gerichtsferien *(aufgehoben)*	
Neunter Titel. Bundesgerichtshof	123–140		

Erster Titel. Gerichtsbarkeit

§ 1. [Richterliche Unabhängigkeit]

Die richterliche Gewalt wird durch unabhängige, nur dem Gesetz unterworfene Gerichte ausgeübt.

§§ 2–9. (weggefallen)

§ 10. [Referendare]

¹Unter Aufsicht des Richters können Referendare Rechtshilfeersuchen erledigen und außer in Strafsachen Verfahrensbeteiligte anhören, Beweise erheben und die mündliche Verhandlung leiten. ²Referendare sind nicht befugt, eine Beeidigung anzuordnen oder einen Eid abzunehmen.

§ 11. (weggefallen)

§ 12. [Ordentliche Gerichte]

Die ordentliche streitige Gerichtsbarkeit wird durch Amtsgerichte, Landgerichte, Oberlandesgerichte und durch den Bundesgerichtshof (den obersten Gerichtshof des Bundes für das Gebiet der ordentlichen Gerichtsbarkeit) ausgeübt.

§ 13. [Zuständigkeit der ordentlichen Gerichte]

Vor die ordentlichen Gerichte gehören alle bürgerlichen Rechtsstreitigkeiten und Strafsachen, für die nicht entweder die Zuständigkeit von Verwaltungsbehörden

---

* Das GVG wurde letztmals am 9. Mai 1975 in Neufassung bekanntgemacht (BGBl. I S. 1077) und seitdem durch 94 Gesetze in unterschiedlichem Ausmaß geändert. Nachfolgend ist der am 1. 1. 2008 geltende Text abgedruckt; auf eine zeitlich befristete Geltung einzelner Vorschriften wird dabei hingewiesen. Im Übrigen sind die seit der Bekanntmachung eingetretenen Änderungen jeweils am Beginn der Erläuterungen zu den einzelnen §§ vermerkt.

oder Verwaltungsgerichten begründet ist oder auf Grund von Vorschriften des Bundesrechts besondere Gerichte bestellt oder zugelassen sind.

§ 13a. [Zuständigkeitskonzentration; auswärtige Spruchkörper]

Durch Landesrecht können einem Gericht für die Bezirke mehrerer Gerichte Sachen aller Art ganz oder teilweise zugewiesen sowie auswärtige Spruchkörper von Gerichten eingerichtet werden.

§ 14. [Besondere Gerichte]

Als besondere Gerichte werden Gerichte der Schiffahrt für die in den Staatsverträgen bezeichneten Angelegenheiten zugelassen.

§ 15. (weggefallen)

§ 16. [Ausnahmegerichte]

[1] Ausnahmegerichte sind unstatthaft. [2] Niemand darf seinem gesetzlichen Richter entzogen werden.

§ 17. [Rechtshängigkeit; Entscheidung des Rechtsstreits]

(1) [1] Die Zulässigkeit des beschrittenen Rechtsweges wird durch eine nach Rechtshängigkeit eintretende Veränderung der sie begründenden Umstände nicht berührt. [2] Während der Rechtshängigkeit kann die Sache von keiner Partei anderweitig anhängig gemacht werden.

(2) [1] Das Gericht des zulässigen Rechtsweges entscheidet den Rechtsstreit unter allen in Betracht kommenden rechtlichen Gesichtspunkten. [2] Artikel 14 Abs. 3 Satz 4 und Artikel 34 Satz 3 des Grundgesetzes bleiben unberührt.

§ 17a. [Rechtsweg]

(1) Hat ein Gericht den zu ihm beschrittenen Rechtsweg rechtskräftig für zulässig erklärt, sind andere Gerichte an diese Entscheidung gebunden.

(2) [1] Ist der beschrittene Rechtsweg unzulässig, spricht das Gericht dies nach Anhörung der Parteien von Amts wegen aus und verweist den Rechtsstreit zugleich an das zuständige Gericht des zulässigen Rechtsweges. [2] Sind mehrere Gerichte zuständig, wird an das vom Kläger oder Antragsteller auszuwählende Gericht verwiesen oder, wenn die Wahl unterbleibt, an das vom Gericht bestimmte. [3] Der Beschluß ist für das Gericht, an das der Rechtsstreit verwiesen worden ist, hinsichtlich des Rechtsweges bindend.

(3) [1] Ist der beschrittene Rechtsweg zulässig, kann das Gericht dies vorab aussprechen. [2] Es hat vorab zu entscheiden, wenn eine Partei die Zulässigkeit des Rechtsweges rügt.

(4) [1] Der Beschluß nach den Absätzen 2 und 3 kann ohne mündliche Verhandlung ergehen. [2] Er ist zu begründen. [3] Gegen den Beschluß ist die sofortige Beschwerde nach den Vorschriften der jeweils anzuwendenden Verfahrensordnung gegeben. [4] Den Beteiligten steht die Beschwerde gegen einen Beschluß des oberen Landesgerichts an den obersten Gerichtshof des Bundes nur zu, wenn sie in dem Beschluß zugelassen worden ist. [5] Die Beschwerde ist zuzulassen, wenn die Rechtsfrage grundsätzliche Bedeutung hat oder wenn das Gericht von der Entscheidung eines obersten Gerichtshofes des Bundes oder des Gemeinsamen Senats der obersten Gerichtshöfe des Bundes abweicht. [6] Der oberste Gerichtshof des Bundes ist an die Zulassung der Beschwerde gebunden.

(5) Das Gericht, das über ein Rechtsmittel gegen eine Entscheidung in der Hauptsache entscheidet, prüft nicht, ob der beschrittene Rechtsweg zulässig ist.

§ 17 b. [Anhängigkeit nach Verweisung; Kosten]

(1) ¹Nach Eintritt der Rechtskraft des Verweisungsbeschlusses wird der Rechtsstreit mit Eingang der Akten bei dem im Beschluß bezeichneten Gericht anhängig. ²Die Wirkungen der Rechtshängigkeit bleiben bestehen.

(2) ¹Wird ein Rechtsstreit an ein anderes Gericht verwiesen, so werden die Kosten im Verfahren vor dem angegangenen Gericht als Teil der Kosten behandelt, die bei dem Gericht erwachsen, an das der Rechtsstreit verwiesen wurde. ²Dem Kläger sind die entstandenen Mehrkosten auch dann aufzuerlegen, wenn er in der Hauptsache obsiegt.

§ 18. [Exterritorialität von Mitgliedern der diplomatischen Missionen]

¹Die Mitglieder der im Geltungsbereich dieses Gesetzes errichteten diplomatischen Missionen, ihre Familienmitglieder und ihre privaten Hausangestellten sind nach Maßgabe des Wiener Übereinkommens über diplomatische Beziehungen vom 18. April 1961 (Bundesgesetzbl. 1964 II S. 957ff.) von der deutschen Gerichtsbarkeit befreit. ²Dies gilt auch, wenn ihr Entsendestaat nicht Vertragspartei dieses Übereinkommens ist; in diesem Falle findet Artikel 2 des Gesetzes vom 6. August 1964 zu dem Wiener Übereinkommen vom 18. April 1961 über diplomatische Beziehungen (Bundesgesetzbl. 1964 II S. 957) entsprechende Anwendung.

§ 19. [Exterritorialität von Mitgliedern der konsularischen Vertretungen]

(1) ¹Die Mitglieder der im Geltungsbereich dieses Gesetzes errichteten konsularischen Vertretungen einschließlich der Wahlkonsularbeamten sind nach Maßgabe des Wiener Übereinkommens über konsularische Beziehungen vom 24. April 1963 (Bundesgesetzbl. 1969 II S. 1585ff.) von der deutschen Gerichtsbarkeit befreit. ²Dies gilt auch, wenn ihr Entsendestaat nicht Vertragspartei dieses Übereinkommens ist; in diesem Falle findet Artikel 2 des Gesetzes vom 26. August 1969 zu dem Wiener Übereinkommen vom 24. April 1963 über konsularische Beziehungen (Bundesgesetzbl. 1969 II S. 1585) entsprechende Anwendung.

(2) Besondere völkerrechtliche Vereinbarungen über die Befreiung der in Absatz 1 genannten Personen von der deutschen Gerichtsbarkeit bleiben unberührt.

§ 20. [Weitere Exterritoriale]

(1) Die deutsche Gerichtsbarkeit erstreckt sich auch nicht auf Repräsentanten anderer Staaten und deren Begleitung, die sich auf amtliche Einladung der Bundesrepublik Deutschland im Geltungsbereich dieses Gesetzes aufhalten.

(2) Im übrigen erstreckt sich die deutsche Gerichtsbarkeit auch nicht auf andere als die in Absatz 1 und in den §§ 18 und 19 genannten Personen, soweit sie nach den allgemeinen Regeln des Völkerrechts, auf Grund völkerrechtlicher Vereinbarungen oder sonstiger Rechtsvorschriften von ihr befreit sind.

§ 21. [Ersuchen eines internationalen Strafgerichtshofes]

Die §§ 18 bis 20 stehen der Erledigung eines Ersuchens um Überstellung und Rechtshilfe eines internationalen Strafgerichtshofes, der durch einen für die Bundesrepublik Deutschland verbindlichen Rechtsakt errichtet wurde, nicht entgegen.

Zweiter Titel. Allgemeine Vorschriften über das Präsidium und die Geschäftsverteilung

§ 21 a. [Präsidium]

(1) Bei jedem Gericht wird ein Präsidium gebildet.

(2) Das Präsidium besteht aus dem Präsidenten oder aufsichtführenden Richter als Vorsitzenden und

1. bei Gerichten mit mindestens achtzig Richterplanstellen aus zehn gewählten Richtern,
2. bei Gerichten mit mindestens vierzig Richterplanstellen aus acht gewählten Richtern,
3. bei Gerichten mit mindestens zwanzig Richterplanstellen aus sechs gewählten Richtern,
4. bei Gerichten mit mindestens acht Richterplanstellen aus vier gewählten Richtern,
5. bei den anderen Gerichten aus den nach § 21 b Abs. 1 wählbaren Richtern.

§ 21 b. [Wahl zum Präsidium]

(1) ¹Wahlberechtigt sind die Richter auf Lebenszeit und die Richter auf Zeit, denen bei dem Gericht ein Richteramt übertragen ist, sowie die bei dem Gericht tätigen Richter auf Probe, die Richter kraft Auftrags und die für eine Dauer von mindestens drei Monaten abgeordneten Richter, die Aufgaben der Rechtsprechung wahrnehmen. ²Wählbar sind die Richter auf Lebenszeit und die Richter auf Zeit, denen bei dem Gericht ein Richteramt übertragen ist. ³Nicht wahlberechtigt und nicht wählbar sind Richter, die für mehr als drei Monate an ein anderes Gericht abgeordnet, für mehr als drei Monate beurlaubt oder an eine Verwaltungsbehörde abgeordnet sind.

(2) Jeder Wahlberechtigte wählt höchstens die vorgeschriebene Zahl von Richtern.

(3) ¹Die Wahl ist unmittelbar und geheim. ²Gewählt ist, wer die meisten Stimmen auf sich vereint. ³Durch Landesgesetz können andere Wahlverfahren für die Wahl zum Präsidium bestimmt werden; in diesem Fall erlässt die Landesregierung durch Rechtsverordnung die erforderlichen Wahlordnungsvorschriften; sie kann die Ermächtigung hierzu auf die Landesjustizverwaltung übertragen. ⁴Bei Stimmengleichheit entscheidet das Los.

(4) ¹Die Mitglieder werden für vier Jahre gewählt. ²Alle zwei Jahre scheidet die Hälfte aus. ³Die zum ersten Mal ausscheidenden Mitglieder werden durch das Los bestimmt.

(5) Das Wahlverfahren wird durch eine Rechtsverordnung geregelt, die von der Bundesregierung mit Zustimmung des Bundesrates erlassen wird.

(6) ¹Ist bei der Wahl ein Gesetz verletzt worden, so kann die Wahl von den in Absatz 1 Satz 1 bezeichneten Richtern angefochten werden. ²Über die Wahlanfechtung entscheidet ein Senat des zuständigen Oberlandesgerichts, bei dem Bundesgerichtshof ein Senat dieses Gerichts. ³Wird die Anfechtung für begründet erklärt, so kann ein Rechtsmittel gegen eine gerichtliche Entscheidung nicht darauf gestützt werden, das Präsidium sei deswegen nicht ordnungsgemäß zusammengesetzt gewesen. ⁴Im übrigen sind auf das Verfahren die Vorschriften des Gesetzes über die Angelegenheiten der freiwilligen Gerichtsbarkeit sinngemäß anzuwenden.

§ 21 c. [Vertretung der Mitglieder des Präsidiums]

(1) ¹Bei einer Verhinderung des Präsidenten oder aufsichtführenden Richters tritt sein Vertreter (§ 21 h) an seine Stelle. ²Ist der Präsident oder aufsichtführende Richter anwesend, so kann sein Vertreter, wenn er nicht selbst gewählt ist, an den Sitzungen des Präsidiums mit beratender Stimme teilnehmen. ³Die gewählten Mitglieder des Präsidiums werden nicht vertreten.

(2) Scheidet ein gewähltes Mitglied des Präsidiums aus dem Gericht aus, wird es für mehr als drei Monate an ein anderes Gericht abgeordnet oder für mehr als drei Monate beurlaubt, wird es an eine Verwaltungsbehörde abgeordnet oder wird es kraft Gesetzes Mitglied des Präsidiums, so tritt an seine Stelle der durch die letzte Wahl Nächstberufene.

§ 21 d. [Größe des Präsidiums]

(1) Für die Größe des Präsidiums ist die Zahl der Richterplanstellen am Ablauf des Tages maßgebend, der dem Tage, an dem das Geschäftsjahr beginnt, um sechs Monate vorhergeht.

(2) ¹Ist die Zahl der Richterplanstellen bei einem Gericht mit einem Präsidium nach § 21a Abs. 2 Nr. 1 bis 3 unter die jeweils genannte Mindestzahl gefallen, so ist bei der nächsten Wahl, die nach § 21b Abs. 4 stattfindet, die folgende Zahl von Richtern zu wählen:
1. bei einem Gericht mit einem Präsidium nach § 21a Abs. 2 Nr. 1 vier Richter,
2. bei einem Gericht mit einem Präsidium nach § 21a Abs. 2 Nr. 2 drei Richter,
3. bei einem Gericht mit einem Präsidium nach § 21a Abs. 2 Nr. 3 zwei Richter.

²Neben den nach § 21b Abs. 4 ausscheidenden Mitgliedern scheidet jeweils ein weiteres Mitglied, das durch das Los bestimmt wird, aus.

(3) ¹Ist die Zahl der Richterplanstellen bei einem Gericht mit einem Präsidium nach § 21a Abs. 2 Nr. 2 bis 4 über die für die bisherige Größe des Präsidiums maßgebende Höchstzahl gestiegen, so ist bei der nächsten Wahl, die nach § 21b Abs. 4 stattfindet, die folgende Zahl von Richtern zu wählen:
1. bei einem Gericht mit einem Präsidium nach § 21a Abs. 2 Nr. 2 sechs Richter,
2. bei einem Gericht mit einem Präsidium nach § 21a Abs. 2 Nr. 3 fünf Richter,
3. bei einem Gericht mit einem Präsidium nach § 21a Abs. 2 Nr. 4 vier Richter.

²Hiervon scheidet jeweils ein Mitglied, das durch das Los bestimmt wird, nach zwei Jahren aus.

§ 21 e. [Aufgaben und Befugnisse des Präsidiums; Geschäftsverteilung]

(1) ¹Das Präsidium bestimmt die Besetzung der Spruchkörper, bestellt die Ermittlungsrichter, regelt die Vertretung und verteilt die Geschäfte. ²Es trifft diese Anordnungen vor dem Beginn des Geschäftsjahres für dessen Dauer. ³Der Präsident bestimmt, welche richterlichen Aufgaben er wahrnimmt. ⁴Jeder Richter kann mehreren Spruchkörpern angehören.

(2) Vor der Geschäftsverteilung ist den Richtern, die nicht Mitglied des Präsidiums sind, Gelegenheit zur Äußerung zu geben.

(3) ¹Die Anordnungen nach Absatz 1 dürfen im Laufe des Geschäftsjahres nur geändert werden, wenn dies wegen Überlastung oder ungenügender Auslastung eines Richters oder Spruchkörpers oder infolge Wechsels oder dauernder Verhinderung einzelner Richter nötig wird. ²Vor der Änderung ist den Vorsitzenden Richtern, deren Spruchkörper von der Änderung der Geschäftsverteilung berührt wird, Gelegenheit zu einer Äußerung zu geben.

(4) Das Präsidium kann anordnen, daß ein Richter oder Spruchkörper, der in einer Sache tätig geworden ist, für diese nach einer Änderung der Geschäftsverteilung zuständig bleibt.

(5) Soll ein Richter einem anderen Spruchkörper zugeteilt oder soll sein Zuständigkeitsbereich geändert werden, so ist ihm, außer in Eilfällen, vorher Gelegenheit zu einer Äußerung zu geben.

(6) Soll ein Richter für Aufgaben der Justizverwaltung ganz oder teilweise freigestellt werden, so ist das Präsidium vorher zu hören.

(7) [1] Das Präsidium entscheidet mit Stimmenmehrheit. [2] § 21 i Abs. 2 gilt entsprechend.

(8) [1] Das Präsidium kann beschließen, dass Richter des Gerichts bei den Beratungen und Abstimmungen des Präsidiums für die gesamte Dauer oder zeitweise zugegen sein können. [2] § 171 b gilt entsprechend.

(9) Der Geschäftsverteilungsplan des Gerichts ist in der von dem Präsidenten oder aufsichtführenden Richter bestimmten Geschäftsstelle des Gerichts zur Einsichtnahme aufzulegen; einer Veröffentlichung bedarf es nicht.

§ 21 f. [Vorsitz in den Spruchkörpern]

(1) Den Vorsitz in den Spruchkörpern bei den Landgerichten, bei den Oberlandesgerichten sowie bei dem Bundesgerichtshof führen der Präsident und die Vorsitzenden Richter.

(2) [1] Bei Verhinderung des Vorsitzenden führt den Vorsitz das vom Präsidium bestimmte Mitglied des Spruchkörpers. [2] Ist auch dieser Vertreter verhindert, führt das dienstälteste, bei gleichem Dienstalter das lebensälteste Mitglied des Spruchkörpers den Vorsitz.

§ 21 g. [Geschäftsverteilung innerhalb der Spruchkörper]

(1) [1] Innerhalb des mit mehreren Richtern besetzten Spruchkörpers werden die Geschäfte durch Beschluss aller dem Spruchkörper angehörenden Berufsrichter auf die Mitglieder verteilt. [2] Bei Stimmengleichheit entscheidet das Präsidium.

(2) Der Beschluss bestimmt vor Beginn des Geschäftsjahres für dessen Dauer, nach welchen Grundsätzen die Mitglieder an den Verfahren mitwirken; er kann nur geändert werden, wenn es wegen Überlastung, ungenügender Auslastung, Wechsels oder dauernder Verhinderung einzelner Mitglieder des Spruchkörpers nötig wird.

(3) Absatz 2 gilt entsprechend, soweit nach den Vorschriften der Prozessordnungen die Verfahren durch den Spruchkörper einem seiner Mitglieder zur Entscheidung als Einzelrichter übertragen werden können.

(4) Ist ein Berufsrichter an der Beschlussfassung verhindert, tritt der durch den Geschäftsverteilungsplan bestimmte Vertreter an seine Stelle.

(5) § 21 i Abs. 2 findet mit der Maßgabe entsprechende Anwendung, dass die Bestimmung durch den Vorsitzenden getroffen wird.

(6) Vor der Beschlussfassung ist den Berufsrichtern, die von dem Beschluss betroffen werden, Gelegenheit zur Äußerung zu geben.

(7) § 21 e Abs. 9 findet entsprechende Anwendung.

§ 21 h. [Vertretung des Präsidenten und des aufsichtführenden Richters]

[1] Der Präsident oder aufsichtführende Richter wird in seinen durch dieses Gesetz bestimmten Geschäften, die nicht durch das Präsidium zu verteilen sind, durch seinen ständigen Vertreter, bei mehreren ständigen Vertretern durch den dienstältes-

ten, bei gleichem Dienstalter durch den lebensältesten von ihnen vertreten. ²Ist ein ständiger Vertreter nicht bestellt oder ist er verhindert, wird der Präsident oder aufsichtführende Richter durch den dienstältesten, bei gleichem Dienstalter durch den lebensältesten Richter vertreten.

§ 21 i. [Beschlussfähigkeit des Präsidiums]

(1) Das Präsidium ist beschlußfähig, wenn mindestens die Hälfte seiner gewählten Mitglieder anwesend ist.

(2) ¹Sofern eine Entscheidung des Präsidiums nicht rechtzeitig ergehen kann, werden die in § 21 e bezeichneten Anordnungen von dem Präsidenten oder aufsichtführenden Richter getroffen. ²Die Gründe für die getroffene Anordnung sind schriftlich niederzulegen. ³Die Anordnung ist dem Präsidium unverzüglich zur Genehmigung vorzulegen. ⁴Sie bleibt in Kraft, solange das Präsidium nicht anderweit beschließt.

§ 21 j. [Neuerrichtung von Gerichten]

(1) ¹Wird ein Gericht errichtet und ist das Präsidium nach § 21 a Abs. 2 Nr. 1 bis 4 zu bilden, so werden die in § 21 e bezeichneten Anordnungen bis zur Bildung des Präsidiums von dem Präsidenten oder aufsichtführenden Richter getroffen. ²§ 21 i Abs. 2 Satz 2 bis 4 gilt entsprechend.

(2) ¹Ein Präsidium nach § 21 a Abs. 2 Nr. 1 bis 4 ist innerhalb von drei Monaten nach der Errichtung des Gerichts zu bilden. ²Die in § 21 b Abs. 4 Satz 1 bestimmte Frist beginnt mit dem auf die Bildung des Präsidiums folgenden Geschäftsjahr, wenn das Präsidium nicht zu Beginn eines Geschäftsjahres gebildet wird.

(3) An die Stelle des in § 21 d Abs. 1 bezeichneten Zeitpunkts tritt der Tag der Errichtung des Gerichts.

(4) ¹Die Aufgaben nach § 1 Abs. 2 Satz 2 und 3 und Abs. 3 der Wahlordnung für die Präsidien der Gerichte vom 19. September 1972 (BGBl. I S. 1821) nimmt bei der erstmaligen Bestellung des Wahlvorstandes der Präsident oder aufsichtführende Richter wahr. ²Als Ablauf des Geschäftsjahres in § 1 Abs. 2 Satz 2 und § 3 Satz 1 der Wahlordnung für die Präsidien der Gerichte gilt der Ablauf der in Absatz 2 Satz 1 genannten Frist.

Dritter Titel. Amtsgerichte

§ 22. [Richter beim Amtsgericht]

(1) Den Amtsgerichten stehen Einzelrichter vor.

(2) Einem Richter beim Amtsgericht kann zugleich ein weiteres Richteramt bei einem anderen Amtsgericht oder bei einem Landgericht übertragen werden.

(3) ¹Die allgemeine Dienstaufsicht kann von der Landesjustizverwaltung dem Präsidenten des übergeordneten Landgerichts übertragen werden. ²Geschieht dies nicht, so ist, wenn das Amtsgericht mit mehreren Richtern besetzt ist, einem von ihnen von der Landesjustizverwaltung die allgemeine Dienstaufsicht zu übertragen.

(4) Jeder Richter beim Amtsgericht erledigt die ihm obliegenden Geschäfte, soweit dieses Gesetz nichts anderes bestimmt, als Einzelrichter.

(5) ¹Es können Richter kraft Auftrags verwendet werden. ²Richter auf Probe können verwendet werden, soweit sich aus Absatz 6, § 23 b Abs. 3 Satz 2 oder § 29 Abs. 1 Satz 2 nichts anderes ergibt.

(6) Ein Richter auf Probe darf im ersten Jahr nach seiner Ernennung Geschäfte in Insolvenzsachen nicht wahrnehmen.

§ 22 a. [Präsident des LG oder AG als Vorsitzender des Präsidiums]

Bei Amtsgerichten mit einem aus allen wählbaren Richtern bestehenden Präsidium (§ 21a Abs. 2 Nr. 5) gehört der Präsident des übergeordneten Landgerichts oder, wenn der Präsident eines anderen Amtsgerichts die Dienstaufsicht ausübt, dieser Präsident dem Präsidium als Vorsitzender an.

§ 22 b. [Vertretung von Richtern]

(1) Ist ein Amtsgericht nur mit einem Richter besetzt, so beauftragt das Präsidium des Landgerichts einen Richter seines Bezirks mit der ständigen Vertretung dieses Richters.

(2) Wird an einem Amtsgericht die vorübergehende Vertretung durch einen Richter eines anderen Gerichts nötig, so beauftragt das Präsidium des Landgerichts einen Richter seines Bezirks längstens für zwei Monate mit der Vertretung.

(3) ¹In Eilfällen kann der Präsident des Landgerichts einen zeitweiligen Vertreter bestellen. ²Die Gründe für die getroffene Anordnung sind schriftlich niederzulegen.

(4) Bei Amtsgerichten, über die der Präsident eines anderen Amtsgerichts die Dienstaufsicht ausübt, ist in den Fällen der Absätze 1 und 2 das Präsidium des anderen Amtsgerichts und im Falle des Absatzes 3 dessen Präsident zuständig.

§ 22 c. [Bereitschaftsdienst]

(1) ¹Die Landesregierungen werden ermächtigt, durch Rechtsverordnung zu bestimmen, dass für mehrere Amtsgerichte im Bezirk eines Landgerichts ein gemeinsamer Bereitschaftsdienstplan aufgestellt wird oder ein Amtsgericht Geschäfte des Bereitschaftsdienstes ganz oder teilweise wahrnimmt, wenn dies zur Sicherstellung einer gleichmäßigeren Belastung der Richter mit Bereitschaftsdiensten angezeigt ist. ²Zu dem Bereitschaftsdienst sind die Richter der in Satz 1 bezeichneten Amtsgerichte heranzuziehen. ³In der Verordnung nach Satz 1 kann bestimmt werden, dass auch die Richter des Landgerichts heranzuziehen sind. ⁴Über die Verteilung der Geschäfte des Bereitschaftsdienstes beschließt nach Maßgabe des § 21e das Präsidium des Landgerichts im Einvernehmen mit den Präsidien der betroffenen Amtsgerichte. ⁵Kommt eine Einigung nicht zustande, obliegt die Beschlussfassung dem Präsidium des Oberlandesgerichts, zu dessen Bezirk das Landgericht gehört.

(2) Die Landesregierungen können die Ermächtigung nach Absatz 1 auf die Landesjustizverwaltungen übertragen.

§ 22 d. [Handlungen eines unzuständigen Richters]

Die Gültigkeit der Handlung eines Richters beim Amtsgericht wird nicht dadurch berührt, daß die Handlung nach der Geschäftsverteilung von einem anderen Richter wahrzunehmen gewesen wäre.

§ 23. [Zuständigkeit in Zivilsachen]

Die Zuständigkeit der Amtsgerichte umfaßt in bürgerlichen Rechtsstreitigkeiten, soweit sie nicht ohne Rücksicht auf den Wert des Streitgegenstandes den Landgerichten zugewiesen sind:
1. Streitigkeiten über Ansprüche, deren Gegenstand an Geld oder Geldeswert die Summe von fünftausend Euro nicht übersteigt;
2. ohne Rücksicht auf den Wert des Streitgegenstandes:
   a) Streitigkeiten über Ansprüche aus einem Mietverhältnis über Wohnraum oder über den Bestand eines solchen Mietverhältnisses; diese Zuständigkeit ist ausschließlich;

b) Streitigkeiten zwischen Reisenden und Wirten, Fuhrleuten, Schiffern oder Auswanderungsexpedienten in den Einschiffungshäfen, die über Wirtszechen, Fuhrlohn, Überfahrtsgelder, Beförderung der Reisenden und ihrer Habe und über Verlust und Beschädigung der letzteren, sowie Streitigkeiten zwischen Reisenden und Handwerkern, die aus Anlaß der Reise entstanden sind;
c) Streitigkeiten nach § 43 Nr. 1 bis 4 und 6 des Wohnungseigentumsgesetzes; diese Zuständigkeit ist ausschließlich;
d) Streitigkeiten wegen Wildschadens;
e), f) (weggefallen)
g) Ansprüche aus einem mit der Überlassung eines Grundstücks in Verbindung stehenden Leibgedings-, Leibzuchts-, Altenteils- oder Auszugsvertrag;
h) das Aufgebotsverfahren.

§ 23 a. [Zuständigkeit in Kindschafts-, Unterhalts- und Ehesachen]

Die Amtsgerichte sind in bürgerlichen Rechtsstreitigkeiten ferner zuständig für
1. Streitigkeiten in Kindschaftssachen;
2. Streitigkeiten, die eine durch Ehe oder Verwandtschaft begründete gesetzliche Unterhaltspflicht betreffen;
3. Ansprüche nach den §§ 1615 l, 1615 m des Bürgerlichen Gesetzbuchs;
4. Ehesachen;
5. Streitigkeiten über Ansprüche aus dem ehelichen Güterrecht, auch wenn Dritte am Verfahren beteiligt sind;
6. Lebenspartnerschaftssachen;
7. Streitigkeiten nach dem Gewaltschutzgesetz, wenn die Parteien einen auf Dauer angelegten gemeinsamen Haushalt führen oder innerhalb von sechs Monaten vor der Antragstellung geführt haben.

§ 23 b. [Familiengerichte]

(1) ¹Bei den Amtsgerichten werden Abteilungen für Familiensachen (Familiengerichte) gebildet. ²Familiensachen sind:
1. Ehesachen;
2. Verfahren betreffend die elterliche Sorge für ein Kind, soweit nach den Vorschriften des Bürgerlichen Gesetzbuchs hierfür das Familiengericht zuständig ist;
3. Verfahren über die Regelung des Umgangs mit einem Kind, soweit nach den Vorschriften des Bürgerlichen Gesetzbuchs hierfür das Familiengericht zuständig ist;
4. Verfahren über die Herausgabe eines Kindes, für das die elterliche Sorge besteht;
5. Streitigkeiten, die die durch Verwandtschaft begründete gesetzliche Unterhaltspflicht betreffen;
6. Streitigkeiten, die die durch Ehe begründete gesetzliche Unterhaltspflicht betreffen;
7. Verfahren, die den Versorgungsausgleich betreffen;
8. Verfahren über Regelungen nach der Verordnung über die Behandlung der Ehewohnung und des Hausrats;
8 a. Verfahren nach dem Gewaltschutzgesetz, wenn die Beteiligten einen auf Dauer angelegten gemeinsamen Haushalt führen oder innerhalb von sechs Monaten vor der Antragstellung geführt haben;
9. Streitigkeiten über Ansprüche aus dem ehelichen Güterrecht, auch wenn Dritte am Verfahren beteiligt sind;

10. Verfahren nach den §§ 1382 und 1383 des Bürgerlichen Gesetzbuchs;
11. Verfahren nach den §§ 10 bis 12 sowie nach § 47 des Internationalen Familienrechtsverfahrensgesetzes vom 26. Januar 2005 (BGBl. I S. 162);
12. Kindschaftssachen;
13. Streitigkeiten über Ansprüche nach den §§ 1615l, 1615m des Bürgerlichen Gesetzbuchs;
14. Verfahren nach § 1303 Abs. 2 bis 4, § 1308 Abs. 2 und § 1315 Abs. 1 Satz 1 Nr. 1, Satz 3 des Bürgerlichen Gesetzbuchs;
15. Lebenspartnerschaftssachen.

(2) ¹Sind wegen des Umfangs der Geschäfte oder wegen der Zuweisung von Vormundschafts-, Betreuungs- und Unterbringungssachen mehrere Abteilungen für Familiensachen zu bilden, so sollen alle Familiensachen, die denselben Personenkreis betreffen, derselben Abteilung zugewiesen werden. ²Wird eine Ehesache rechtshängig, während eine andere Familiensache nach Absatz 1 Satz 2 Nr. 6 bis 10 bei einer anderen Abteilung im ersten Rechtszug anhängig ist, so ist diese von Amts wegen an die Abteilung der Ehesache abzugeben; für andere Familiensachen nach Absatz 1 Satz 2 Nr. 2 bis 5 gilt dies nur, soweit sie betreffen

1. in den Fällen der Nummer 2 die elterliche Sorge für ein gemeinschaftliches Kind einschließlich der Übertragung der elterlichen Sorge oder eines Teils der elterlichen Sorge wegen Gefährdung des Kindeswohls auf einen Elternteil, Vormund oder Pfleger,
2. in den Fällen der Nummer 3 die Regelung des Umgangs mit einem gemeinschaftlichen Kind der Ehegatten nach den §§ 1684 und 1685 des Bürgerlichen Gesetzbuchs oder des Umgangs des Ehegatten mit einem Kind des anderen Ehegatten nach § 1685 Abs. 2 des Bürgerlichen Gesetzbuchs,
3. in den Fällen der Nummer 4 die Herausgabe eines Kindes an den anderen Elternteil,
4. in den Fällen der Nummer 5 die Unterhaltspflicht gegenüber einem gemeinschaftlichen Kind.

³Wird bei einer Abteilung ein Antrag in einem Verfahren nach den §§ 10 bis 12 des Internationalen Familienrechtsverfahrensgesetzes vom 26. Januar 2005 (BGBl. I S. 162) anhängig, während eine Familiensache nach Absatz 1 Satz 2 Nr. 2 bis 4 bei einer anderen Abteilung im ersten Rechtszug anhängig ist, so ist diese von Amts wegen an die erstgenannte Abteilung abzugeben; dies gilt nicht, wenn der Antrag offensichtlich unzulässig ist. ⁴Auf übereinstimmenden Antrag beider Elternteile sind die Regelungen des Satzes 3 auch auf andere Familiensachen anzuwenden, an denen diese beteiligt sind.

(3) ¹Die Abteilungen für Familiensachen werden mit Familienrichtern besetzt. ²Ein Richter auf Probe darf im ersten Jahr nach seiner Ernennung Geschäfte des Familienrichters nicht wahrnehmen.

§ 23 c. [Gemeinsames Amtsgericht in Familien-, Vormundschafts-, Betreuungs-, Unterbringungs- und Handelssachen]

¹Die Landesregierungen werden ermächtigt, durch Rechtsverordnung einem Amtsgericht für die Bezirke mehrerer Amtsgerichte die Familiensachen sowie ganz oder teilweise die Vormundschafts-, Betreuungs-, Unterbringungs- und Handelssachen zuzuweisen, sofern die Zusammenfassung der sachlichen Förderung der Verfahren dient oder zur Sicherung einer einheitlichen Rechtsprechung geboten erscheint. ²Die Landesregierungen können die Ermächtigungen auf die Landesjustizverwaltungen übertragen.

§ 24. [Zuständigkeit in Strafsachen]

(1) In Strafsachen sind die Amtsgerichte zuständig, wenn nicht
1. die Zuständigkeit des Landgerichts nach § 74 Abs. 2 oder § 74a oder des Oberlandesgerichts nach § 120 begründet ist,
2. im Einzelfall eine höhere Strafe als vier Jahre Freiheitsstrafe oder die Unterbringung des Beschuldigten in einem psychiatrischen Krankenhaus, allein oder neben einer Strafe, oder in der Sicherungsverwahrung (§§ 66 bis 66b des Strafgesetzbuches) zu erwarten ist oder
3. die Staatsanwaltschaft wegen der besonderen Schutzbedürftigkeit von Verletzten der Straftat, die als Zeugen in Betracht kommen, des besonderen Umfangs oder der besonderen Bedeutung des Falles Anklage beim Landgericht erhebt.

(2) Das Amtsgericht darf nicht auf eine höhere Strafe als vier Jahre Freiheitsstrafe und nicht auf die Unterbringung in einem psychiatrischen Krankenhaus, allein oder neben einer Strafe, oder in der Sicherungsverwahrung erkennen.

§ 25. [Zuständigkeit des Strafrichters]

Der Richter beim Amtsgericht entscheidet als Strafrichter bei Vergehen,
1. wenn sie im Wege der Privatklage verfolgt werden oder
2. wenn eine höhere Strafe als Freiheitsstrafe von zwei Jahren nicht zu erwarten ist.

§ 26. [Zuständigkeit in Jugendschutzsachen]

(1) ¹Für Straftaten Erwachsener, durch die ein Kind oder ein Jugendlicher verletzt oder unmittelbar gefährdet wird, sowie für Verstöße Erwachsener gegen Vorschriften, die dem Jugendschutz oder der Jugenderziehung dienen, sind neben den für allgemeine Strafsachen zuständigen Gerichten auch die Jugendgerichte zuständig. ²Die §§ 24 und 25 gelten entsprechend.

(2) In Jugendschutzsachen soll der Staatsanwalt Anklage bei den Jugendgerichten nur erheben, wenn in dem Verfahren Kinder oder Jugendliche als Zeugen benötigt werden oder wenn aus sonstigen Gründen eine Verhandlung vor dem Jugendgericht zweckmäßig erscheint.

§ 26a. (weggefallen)

§ 27. [Sonstige Zuständigkeit und Geschäftskreis]

Im übrigen wird die Zuständigkeit und der Geschäftskreis der Amtsgerichte durch die Vorschriften dieses Gesetzes und der Prozeßordnungen bestimmt.

Vierter Titel. Schöffengerichte

§ 28. [Zuständigkeit]

Für die Verhandlung und Entscheidung der zur Zuständigkeit der Amtsgerichte gehörenden Strafsachen werden, soweit nicht der Strafrichter entscheidet, bei den Amtsgerichten Schöffengerichte gebildet.

§ 29. [Zusammensetzung; erweitertes Schöffengericht]

(1) ¹Das Schöffengericht besteht aus dem Richter beim Amtsgericht als Vorsitzenden und zwei Schöffen. ²Ein Richter auf Probe darf im ersten Jahr nach seiner Ernennung nicht Vorsitzender sein.

(2) ¹Bei Eröffnung des Hauptverfahrens kann auf Antrag der Staatsanwaltschaft die Zuziehung eines zweiten Richters beim Amtsgericht beschlossen werden, wenn dessen Mitwirkung nach dem Umfang der Sache notwendig erscheint. ²Eines Antrages der Staatsanwaltschaft bedarf es nicht, wenn ein Gericht höherer Ordnung das Hauptverfahren vor dem Schöffengericht eröffnet.

§ 30. [Befugnisse der Schöffen]

(1) Insoweit das Gesetz nicht Ausnahmen bestimmt, üben die Schöffen während der Hauptverhandlung das Richteramt in vollem Umfang und mit gleichem Stimmrecht wie die Richter beim Amtsgericht aus und nehmen auch an den im Laufe einer Hauptverhandlung zu erlassenden Entscheidungen teil, die in keiner Beziehung zu der Urteilsfällung stehen und die auch ohne mündliche Verhandlung erlassen werden können.

(2) Die außerhalb der Hauptverhandlung erforderlichen Entscheidungen werden von dem Richter beim Amtsgericht erlassen.

§ 31. [Ehrenamt]

¹Das Amt eines Schöffen ist ein Ehrenamt. ²Es kann nur von Deutschen versehen werden.

§ 32. [Unfähigkeit zum Schöffenamt]

Unfähig zu dem Amt eines Schöffen sind:
1. Personen, die infolge Richterspruchs die Fähigkeit zur Bekleidung öffentlicher Ämter nicht besitzen oder wegen einer vorsätzlichen Tat zu einer Freiheitsstrafe von mehr als sechs Monaten verurteilt sind;
2. Personen, gegen die ein Ermittlungsverfahren wegen einer Tat schwebt, die den Verlust der Fähigkeit zur Bekleidung öffentlicher Ämter zur Folge haben kann.

§ 33. [Nicht zu berufende Personen]

Zu dem Amt eines Schöffen sollen nicht berufen werden:
1. Personen, die bei Beginn der Amtsperiode das fünfundzwanzigste Lebensjahr noch nicht vollendet haben würden;
2. Personen, die das siebzigste Lebensjahr vollendet haben oder es bis zum Beginn der Amtsperiode vollenden würden;
3. Personen, die zur Zeit der Aufstellung der Vorschlagsliste nicht in der Gemeinde wohnen;
4. Personen, die aus gesundheitlichen Gründen zu dem Amt nicht geeignet sind;
5. Personen, die in Vermögensverfall geraten sind.

§ 34. [Weitere nicht zu berufende Personen]

(1) Zu dem Amt eines Schöffen sollen ferner nicht berufen werden:
1. der Bundespräsident;
2. die Mitglieder der Bundesregierung oder einer Landesregierung;
3. Beamte, die jederzeit einstweilig in den Warte- oder Ruhestand versetzt werden können;
4. Richter und Beamte der Staatsanwaltschaft, Notare und Rechtsanwälte;
5. gerichtliche Vollstreckungsbeamte, Polizeivollzugsbeamte, Bedienstete des Strafvollzugs sowie hauptamtliche Bewährungs- und Gerichtshelfer;

6. Religionsdiener und Mitglieder solcher religiösen Vereinigungen, die satzungsgemäß zum gemeinsamen Leben verpflichtet sind;
7. Personen, die als ehrenamtliche Richter in der Strafrechtspflege in zwei aufeinander folgenden Amtsperioden tätig gewesen sind, von denen die letzte Amtsperiode zum Zeitpunkt der Aufstellung der Vorschlagslisten noch andauert.

(2) Die Landesgesetze können außer den vorbezeichneten Beamten höhere Verwaltungsbeamte bezeichnen, die zu dem Amt eines Schöffen nicht berufen werden sollen.

§ 35. [Ablehnung des Schöffenamtes]

Die Berufung zum Amt eines Schöffen dürfen ablehnen:
1. Mitglieder des Bundestages, des Bundesrates, des Europäischen Parlaments, eines Landtages oder einer zweiten Kammer;
2. Personen, die in der vorhergehenden Amtsperiode die Verpflichtung eines ehrenamtlichen Richters in der Strafrechtspflege an vierzig Tagen erfüllt haben, sowie Personen, die bereits als ehrenamtliche Richter tätig sind;
3. Ärzte, Zahnärzte, Krankenschwestern, Kinderkrankenschwestern, Krankenpfleger und Hebammen;
4. Apothekenleiter, die keinen weiteren Apotheker beschäftigen;
5. Personen, die glaubhaft machen, daß ihnen die unmittelbare persönliche Fürsorge für ihre Familie die Ausübung des Amtes in besonderem Maße erschwert;
6. Personen, die das fünfundsechzigste Lebensjahr vollendet haben oder es bis zum Ende der Amtsperiode vollendet haben würden;
7. Personen, die glaubhaft machen, daß die Ausübung des Amtes für sie oder einen Dritten wegen Gefährdung oder erheblicher Beeinträchtigung einer ausreichenden wirtschaftlichen Lebensgrundlage eine besondere Härte bedeutet.

§ 36. [Vorschlagsliste]

(1) ^{1}Die Gemeinde stellt in jedem fünften Jahr eine Vorschlagsliste für Schöffen auf. ^{2}Für die Aufnahme in die Liste ist die Zustimmung von zwei Dritteln der anwesenden Mitglieder der Gemeindevertretung, mindestens jedoch der Hälfte der gesetzlichen Zahl der Mitglieder der Gemeindevertretung erforderlich. ^{3}Die jeweiligen Regelungen zur Beschlussfassung der Gemeindevertretung bleiben unberührt.

(2) ^{1}Die Vorschlagsliste soll alle Gruppen der Bevölkerung nach Geschlecht, Alter, Beruf und sozialer Stellung angemessen berücksichtigen. ^{2}Sie muß Geburtsnamen, Familiennamen, Vornamen, Tag und Ort der Geburt, Wohnanschrift und Beruf der vorgeschlagenen Personen enthalten.

(3) ^{1}Die Vorschlagsliste ist in der Gemeinde eine Woche lang zu jedermanns Einsicht aufzulegen. ^{2}Der Zeitpunkt der Auflegung ist vorher öffentlich bekanntzumachen.

(4) ^{1}In die Vorschlagslisten des Bezirks des Amtsgerichts sind mindestens doppelt so viele Personen aufzunehmen, wie als erforderliche Zahl von Haupt- und Hilfsschöffen nach § 43 bestimmt sind. ^{2}Die Verteilung auf die Gemeinden des Bezirks erfolgt durch den Präsidenten des Landgerichts (Präsidenten des Amtsgerichts) in Anlehnung an die Einwohnerzahl der Gemeinden.

§ 37. [Einspruch gegen die Vorschlagsliste]

Gegen die Vorschlagsliste kann binnen einer Woche, gerechnet vom Ende der Auflegungsfrist, schriftlich oder zu Protokoll mit der Begründung Einspruch erhoben werden, daß in die Vorschlagsliste Personen aufgenommen sind, die nach § 32 nicht aufgenommen werden durften oder nach den §§ 33, 34 nicht aufgenommen werden sollten.

§ 38. [Übersendung der Vorschlagsliste]

(1) Der Gemeindevorsteher sendet die Vorschlagsliste nebst den Einsprüchen an den Richter beim Amtsgericht des Bezirks.

(2) Wird nach Absendung der Vorschlagsliste ihre Berichtigung erforderlich, so hat der Gemeindevorsteher hiervon dem Richter beim Amtsgericht Anzeige zu machen.

§ 39. [Vorbereitung der Ausschussberatung]

[1] Der Richter beim Amtsgericht stellt die Vorschlagslisten der Gemeinden zur Liste des Bezirks zusammen und bereitet den Beschluß über die Einsprüche vor. [2] Er hat die Beachtung der Vorschriften des § 36 Abs. 3 zu prüfen und die Abstellung etwaiger Mängel zu veranlassen.

§ 40. [Ausschuss]

(1) Bei dem Amtsgericht tritt jedes fünfte Jahr ein Ausschuß zusammen.

(2) [1] Der Ausschuß besteht aus dem Richter beim Amtsgericht als Vorsitzenden und einem von der Landesregierung zu bestimmenden Verwaltungsbeamten sowie sieben Vertrauenspersonen als Beisitzern. [2] Die Landesregierungen werden ermächtigt, durch Rechtsverordnung die Zuständigkeit für die Bestimmung des Verwaltungsbeamten abweichend von Satz 1 zu regeln. [3] Sie können diese Ermächtigung durch Rechtsverordnung auf oberste Landesbehörden übertragen.

(3) [1] Die Vertrauenspersonen werden aus den Einwohnern des Amtsgerichtsbezirks von der Vertretung des ihm entsprechenden unteren Verwaltungsbezirks mit einer Mehrheit von zwei Dritteln der anwesenden Mitglieder, mindestens jedoch mit der Hälfte der gesetzlichen Mitgliederzahl gewählt. [2] Die jeweiligen Regelungen zur Beschlussfassung dieser Vertretung bleiben unberührt. [3] Umfaßt der Amtsgerichtsbezirk mehrere Verwaltungsbezirke oder Teile mehrerer Verwaltungsbezirke, so bestimmt die zuständige oberste Landesbehörde die Zahl der Vertrauenspersonen, die von den Vertretungen dieser Verwaltungsbezirke zu wählen sind.

(4) Der Ausschuß ist beschlußfähig, wenn wenigstens der Vorsitzende, der Verwaltungsbeamte und drei Vertrauenspersonen anwesend sind.

§ 41. [Entscheidung über Einsprüche]

[1] Der Ausschuß entscheidet mit einfacher Mehrheit über die gegen die Vorschlagsliste erhobenen Einsprüche. [2] Bei Stimmengleichheit entscheidet die Stimme des Vorsitzenden. [3] Die Entscheidungen sind zu Protokoll zu vermerken. [4] Sie sind nicht anfechtbar.

§ 42. [Schöffenwahl]

(1) Aus der berichtigten Vorschlagsliste wählt der Ausschuß mit einer Mehrheit von zwei Dritteln der Stimmen für die nächsten fünf Geschäftsjahre:
1. die erforderliche Zahl von Schöffen;
2. die erforderliche Zahl der Personen, die an die Stelle wegfallender Schöffen treten oder in den Fällen der §§ 46, 47 als Schöffen benötigt werden (Hilfsschöffen). Zu wählen sind Personen, die am Sitz des Amtsgerichts oder in dessen nächster Umgebung wohnen.

(2) Bei der Wahl soll darauf geachtet werden, daß alle Gruppen der Bevölkerung nach Geschlecht, Alter, Beruf und sozialer Stellung angemessen berücksichtigt werden.

§ 43. [Bestimmung der Schöffenzahl]

(1) Die für jedes Amtsgericht erforderliche Zahl von Haupt- und Hilfsschöffen wird durch den Präsidenten des Landgerichts (Präsidenten des Amtsgerichts) bestimmt.

(2) Die Zahl der Hauptschöffen ist so zu bemessen, daß voraussichtlich jeder zu nicht mehr als zwölf ordentlichen Sitzungstagen im Jahr herangezogen wird.

§ 44. [Schöffenliste]

Die Namen der gewählten Hauptschöffen und Hilfsschöffen werden bei jedem Amtsgericht in gesonderte Verzeichnisse aufgenommen (Schöffenlisten).

§ 45. [Feststellung der Sitzungstage]

(1) Die Tage der ordentlichen Sitzungen des Schöffengerichts werden für das ganze Jahr im voraus festgestellt.

(2) [1] Die Reihenfolge, in der die Hauptschöffen an den einzelnen ordentlichen Sitzungen des Jahres teilnehmen, wird durch Auslosung in öffentlicher Sitzung des Amtsgerichts bestimmt. [2] Sind bei einem Amtsgericht mehrere Schöffengerichte eingerichtet, so kann die Auslosung in einer Weise bewirkt werden, nach der jeder Hauptschöffe nur an den Sitzungen eines Schöffengerichts teilnimmt. [3] Die Auslosung ist so vorzunehmen, daß jeder ausgeloste Hauptschöffe möglichst zu zwölf Sitzungstagen herangezogen wird. [4] Satz 1 gilt entsprechend für die Reihenfolge, in der die Hilfsschöffen an die Stelle wegfallender Schöffen treten (Hilfsschöffenliste); Satz 2 ist auf sie nicht anzuwenden.

(3) Das Los zieht der Richter beim Amtsgericht.

(4) [1] Die Schöffenlisten werden bei einem Urkundsbeamten der Geschäftsstelle (Schöffengeschäftsstelle) geführt. [2] Er nimmt ein Protokoll über die Auslosung auf. [3] Der Richter beim Amtsgericht benachrichtigt die Schöffen von der Auslosung. [4] Zugleich sind die Hauptschöffen von den Sitzungstagen, an denen sie tätig werden müssen, unter Hinweis auf die gesetzlichen Folgen des Ausbleibens in Kenntnis zu setzen. [5] Ein Schöffe, der erst im Laufe des Geschäftsjahres zu einem Sitzungstag herangezogen wird, ist sodann in gleicher Weise zu benachrichtigen.

§ 46. [Bildung eines weiteren Schöffengerichts]

[1] Wird bei einem Amtsgericht während des Geschäftsjahres ein weiteres Schöffengericht gebildet, so werden für dessen ordentliche Sitzungen die benötigten Hauptschöffen gemäß § 45 Abs. 1, 2 Satz 1, Abs. 3, 4 aus der Hilfsschöffenliste ausgelost. [2] Die ausgelosten Schöffen werden in der Hilfsschöffenliste gestrichen.

§ 47. [Außerordentliche Sitzungen]

Wenn die Geschäfte die Anberaumung außerordentlicher Sitzungen erforderlich machen oder wenn zu einzelnen Sitzungen die Zuziehung anderer als der zunächst berufenen Schöffen oder Ergänzungsschöffen erforderlich wird, so werden Schöffen aus der Hilfsschöffenliste herangezogen.

§ 48. [Zuziehung von Ergänzungsschöffen]

(1) Ergänzungsschöffen (§ 192 Abs. 2, 3) werden aus der Hilfsschöffenliste zugewiesen.

(2) Im Fall der Verhinderung eines Hauptschöffen tritt der zunächst zugewiesene Ergänzungsschöffe auch dann an seine Stelle, wenn die Verhinderung vor Beginn der Sitzung bekannt wird.

§ 49. [Heranziehung aus der Hilfsschöffenliste]

(1) Wird die Heranziehung von Hilfsschöffen zu einzelnen Sitzungen erforderlich (§§ 47, 48 Abs. 1), so werden sie aus der Hilfsschöffenliste in deren Reihenfolge zugewiesen.

(2) [1] Wird ein Hauptschöffe von der Schöffenliste gestrichen, so tritt der Hilfsschöffe, der nach der Reihenfolge der Hilfsschöffenliste an nächster Stelle steht, unter seiner Streichung in der Hilfsschöffenliste an die Stelle des gestrichenen Hauptschöffen. [2] Die Schöffengeschäftsstelle benachrichtigt den neuen Hauptschöffen gemäß § 45 Abs. 4 Satz 3, 4.

(3) [1] Maßgebend für die Reihenfolge ist der Eingang der Anordnung oder Feststellung, aus der sich die Notwendigkeit der Heranziehung ergibt, bei der Schöffengeschäftsstelle. [2] Die Schöffengeschäftsstelle vermerkt Datum und Uhrzeit des Eingangs auf der Anordnung oder Feststellung. [3] In der Reihenfolge des Eingangs weist sie die Hilfsschöffen nach Absatz 1 den verschiedenen Sitzungen zu oder überträgt sie nach Absatz 2 in die Hauptschöffenliste. [4] Gehen mehrere Anordnungen oder Feststellungen gleichzeitig ein, so sind zunächst Übertragungen aus der Hilfsschöffenliste in die Hauptschöffenliste nach Absatz 2 in der alphabetischen Reihenfolge der Familiennamen der von der Schöffenliste gestrichenen Hauptschöffen vorzunehmen; im übrigen ist die alphabetische Reihenfolge der Familiennamen der an erster Stelle Angeklagten maßgebend.

(4) [1] Ist ein Hilfsschöffe einem Sitzungstag zugewiesen, so ist er erst wieder heranzuziehen, nachdem alle anderen Hilfsschöffen ebenfalls zugewiesen oder von der Dienstleistung entbunden oder nicht erreichbar (§ 54) gewesen sind. [2] Dies gilt auch, wenn er selbst nach seiner Zuweisung von der Dienstleistung entbunden worden oder nicht erreichbar gewesen ist.

§ 50. [Mehrtägige Sitzung]

Erstreckt sich die Dauer einer Sitzung über die Zeit hinaus, für die der Schöffe zunächst einberufen ist, so hat er bis zur Beendigung der Sitzung seine Amtstätigkeit fortzusetzen.

§ 51. (weggefallen)

§ 52. [Streichung von der Schöffenliste]

(1) [1] Ein Schöffe ist von der Schöffenliste zu streichen, wenn
1. seine Unfähigkeit zum Amt eines Schöffen eintritt oder bekannt wird, oder
2. Umstände eintreten oder bekannt werden, bei deren Vorhandensein eine Berufung zum Schöffenamt nicht erfolgen soll.

[2] Im Falle des § 33 Nr. 3 gilt dies jedoch nur, wenn der Schöffe seinen Wohnsitz im Landgerichtsbezirk aufgibt.

(2) [1] Auf seinen Antrag ist ein Schöffe aus der Schöffenliste zu streichen, wenn er
1. seinen Wohnsitz im Amtsgerichtsbezirk, in dem er tätig ist, aufgibt oder
2. während eines Geschäftsjahres an mehr als 24 Sitzungstagen an Sitzungen teilgenommen hat.

[2] Bei Hauptschöffen wird die Streichung nur für Sitzungen wirksam, die später als zwei Wochen nach dem Tag beginnen, an dem der Antrag bei der Schöffengeschäftsstelle eingeht. [3] Ist einem Hilfsschöffen eine Mitteilung über seine Heranziehung zu

einem bestimmten Sitzungstag bereits zugegangen, so wird seine Streichung erst nach Abschluß der an diesem Sitzungstag begonnenen Hauptverhandlung wirksam.

(3) ¹Ist der Schöffe verstorben oder aus dem Landgerichtsbezirk verzogen, ordnet der Richter beim Amtsgericht seine Streichung an. ²Im Übrigen entscheidet er nach Anhörung der Staatsanwaltschaft und des beteiligten Schöffen.

(4) Die Entscheidung ist nicht anfechtbar.

(5) Wird ein Hilfsschöffe in die Hauptschöffenliste übertragen, so gehen die Dienstleistungen vor, zu denen er zuvor als Hilfsschöffe herangezogen war.

(6) ¹Hat sich die ursprüngliche Zahl der Hilfsschöffen in der Hilfsschöffenliste auf die Hälfte verringert, so findet aus den vorhandenen Vorschlagslisten eine Ergänzungswahl durch den Ausschuß statt, der die Schöffenwahl vorgenommen hatte. ²Der Richter beim Amtsgericht kann von der Ergänzungswahl absehen, wenn sie in den letzten sechs Monaten des Zeitraums stattfinden müßte, für den die Schöffen gewählt sind. ³Für die Bestimmung der Reihenfolge der neuen Hilfsschöffen gilt § 45 entsprechend mit der Maßgabe, daß die Plätze im Anschluß an den im Zeitpunkt der Auslosung an letzter Stelle der Hilfsschöffenliste stehenden Schöffen ausgelost werden.

§ 53. [Ablehnungsgründe]

(1) ¹Ablehnungsgründe sind nur zu berücksichtigen, wenn sie innerhalb einer Woche, nachdem der beteiligte Schöffe von seiner Einberufung in Kenntnis gesetzt worden ist, von ihm geltend gemacht werden. ²Sind sie später entstanden oder bekannt geworden, so ist die Frist erst von diesem Zeitpunkt zu berechnen.

(2) ¹Der Richter beim Amtsgericht entscheidet über das Gesuch nach Anhörung der Staatsanwaltschaft. ²Die Entscheidung ist nicht anfechtbar.

§ 54. [Entbindung vom Schöffenamt an einzelnen Sitzungstagen]

(1) ¹Der Richter beim Amtsgericht kann einen Schöffen auf dessen Antrag wegen eingetretener Hinderungsgründe von der Dienstleistung an bestimmten Sitzungstagen entbinden. ²Ein Hinderungsgrund liegt vor, wenn der Schöffe an der Dienstleistung durch unabwendbare Umstände gehindert ist oder wenn ihm die Dienstleistung nicht zugemutet werden kann.

(2) ¹Für die Heranziehung von Hilfsschöffen steht es der Verhinderung eines Schöffen gleich, wenn der Schöffe nicht erreichbar ist. ²Ein Schöffe, der sich zur Sitzung nicht einfindet und dessen Erscheinen ohne erhebliche Verzögerung ihres Beginns voraussichtlich nicht herbeigeführt werden kann, gilt als nicht erreichbar. ³Ein Hilfsschöffe ist auch dann als nicht erreichbar anzusehen, wenn seine Heranziehung eine Vertagung der Verhandlung oder eine erhebliche Verzögerung ihres Beginns notwendig machen würde. ⁴Die Entscheidung darüber, daß ein Schöffe nicht erreichbar ist, trifft der Richter beim Amtsgericht. ⁵§ 56 bleibt unberührt.

(3) ¹Die Entscheidung ist nicht anfechtbar. ²Der Antrag nach Absatz 1 und die Entscheidung sind aktenkundig zu machen.

§ 55. [Entschädigung]

Die Schöffen und Vertrauenspersonen des Ausschusses erhalten eine Entschädigung nach dem Justizvergütungs- und -entschädigungsgesetz.

§ 56. [Unentschuldigtes Ausbleiben]

(1) ¹Gegen Schöffen und Vertrauenspersonen des Ausschusses, die sich ohne genügende Entschuldigung zu den Sitzungen nicht rechtzeitig einfinden oder sich

ihren Obliegenheiten in anderer Weise entziehen, wird ein Ordnungsgeld festgesetzt. ²Zugleich werden ihnen auch die verursachten Kosten auferlegt.

(2) ¹Die Entscheidung trifft der Richter beim Amtsgericht nach Anhörung der Staatsanwaltschaft. ²Bei nachträglicher genügender Entschuldigung kann die Entscheidung ganz oder zum Teil zurückgenommen werden. ³Gegen die Entscheidung ist Beschwerde des Betroffenen nach den Vorschriften der Strafprozeßordnung zulässig.

§ 57. [Bestimmung der Fristen]

Bis zu welchem Tag die Vorschlagslisten aufzustellen und dem Richter beim Amtsgericht einzureichen sind, der Ausschuß zu berufen und die Auslosung der Schöffen zu bewirken ist, wird durch die Landesjustizverwaltung bestimmt.

§ 58. [Gemeinsames Amtsgericht]

(1) ¹Die Landesregierungen werden ermächtigt, durch Rechtsverordnung einem Amtsgericht für die Bezirke mehrerer Amtsgerichte die Strafsachen ganz oder teilweise, Entscheidungen bestimmter Art in Strafsachen sowie Rechtshilfeersuchen in strafrechtlichen Angelegenheiten von Stellen außerhalb des räumlichen Geltungsbereichs dieses Gesetzes zuzuweisen, sofern die Zusammenfassung für eine sachdienliche Förderung oder schnellere Erledigung der Verfahren zweckmäßig ist. ²Die Landesregierungen können die Ermächtigung durch Rechtsverordnung auf die Landesjustizverwaltungen übertragen.

(2) ¹Wird ein gemeinsames Schöffengericht für die Bezirke mehrerer Amtsgerichte eingerichtet, so bestimmt der Präsident des Landgerichts (Präsident des Amtsgerichts) die erforderliche Zahl von Haupt- und Hilfsschöffen und die Verteilung der Zahl der Hauptschöffen auf die einzelnen Amtsgerichtsbezirke. ²Ist Sitz des Amtsgerichts, bei dem ein gemeinsames Schöffengericht eingerichtet ist, eine Stadt, die Bezirke der anderen Amtsgerichte oder Teile davon umfasst, so verteilt der Präsident des Landgerichts (Präsident des Amtsgerichts) die Zahl der Hilfsschöffen auf diese Amtsgerichte; die Landesjustizverwaltung kann bestimmte Amtsgerichte davon ausnehmen. ³Der Präsident des Amtsgerichts tritt nur dann an die Stelle des Präsidenten des Landgerichts, wenn alle beteiligten Amtsgerichte seiner Dienstaufsicht unterstehen.

(3) Die übrigen Vorschriften dieses Titels sind entsprechend anzuwenden.

Fünfter Titel. Landgerichte

§ 59. [Besetzung]

(1) Die Landgerichte werden mit einem Präsidenten sowie mit Vorsitzenden Richtern und weiteren Richtern besetzt.

(2) Den Richtern kann gleichzeitig ein weiteres Richteramt bei einem Amtsgericht übertragen werden.

(3) Es können Richter auf Probe und Richter kraft Auftrags verwendet werden.

§ 60. [Zivil- und Strafkammern]

Bei den Landgerichten werden Zivil- und Strafkammern gebildet.

§§ 61–69. (weggefallen)

§ 70. [Vertretung der Kammermitglieder]

(1) Soweit die Vertretung eines Mitgliedes nicht durch ein Mitglied desselben Gerichts möglich ist, wird sie auf den Antrag des Präsidiums durch die Landesjustizverwaltung geordnet.

(2) Die Beiordnung eines Richters auf Probe oder eines Richters kraft Auftrags ist auf eine bestimmte Zeit auszusprechen und darf vor Ablauf dieser Zeit nicht widerrufen werden.

(3) Unberührt bleiben die landesgesetzlichen Vorschriften, nach denen richterliche Geschäfte nur von auf Lebenszeit ernannten Richtern wahrgenommen werden können, sowie die, welche die Vertretung durch auf Lebenszeit ernannte Richter regeln.

§ 71. [Zuständigkeit in Zivilsachen in 1. Instanz]

(1) Vor die Zivilkammern, einschließlich der Kammern für Handelssachen, gehören alle bürgerlichen Rechtsstreitigkeiten, die nicht den Amtsgerichten zugewiesen sind.

(2) Die Landgerichte sind ohne Rücksicht auf den Wert des Streitgegenstandes ausschließlich zuständig

1. für die Ansprüche, die auf Grund der Beamtengesetze gegen den Fiskus erhoben werden;
2. für die Ansprüche gegen Richter und Beamte wegen Überschreitung ihrer amtlichen Befugnisse oder wegen pflichtwidriger Unterlassung von Amtshandlungen;
3. für Schadensersatzansprüche auf Grund falscher, irreführender oder unterlassener öffentlicher Kapitalmarktinformationen.

(3) Der Landesgesetzgebung bleibt überlassen, Ansprüche gegen den Staat oder eine Körperschaft des öffentlichen Rechts wegen Verfügungen der Verwaltungsbehörden sowie Ansprüche wegen öffentlicher Abgaben ohne Rücksicht auf den Wert des Streitgegenstandes den Landgerichten ausschließlich zuzuweisen.

§ 72. [Zuständigkeit in Zivilsachen in 2. Instanz]

(1) Die Zivilkammern, einschließlich der Kammern für Handelssachen, sind die Berufungs- und Beschwerdegerichte in den vor den Amtsgerichten verhandelten bürgerlichen Rechtsstreitigkeiten, soweit nicht die Zuständigkeit der Oberlandesgerichte begründet ist.

(2) ¹In Streitigkeiten nach § 43 Nr. 1 bis 4 und 6 des Wohnungseigentumsgesetzes ist das für den Sitz des Oberlandesgerichts zuständige Landgericht gemeinsames Berufungs- und Beschwerdegericht für den Bezirk des Oberlandesgerichts, in dem das Amtsgericht seinen Sitz hat. ²Dies gilt auch für die in § 119 Abs. 1 Nr. 1 Buchstabe b und c genannten Sachen. ³Die Landesregierungen werden ermächtigt, durch Rechtsverordnung anstelle dieses Gerichts ein anderes Landgericht im Bezirk des Oberlandesgerichts zu bestimmen. ⁴Sie können die Ermächtigung auf die Landesjustizverwaltungen übertragen.

§ 73. [Allgemeine Zuständigkeit in Strafsachen]

(1) Die Strafkammern entscheiden über Beschwerden gegen Verfügungen des Richters beim Amtsgericht, gegen Entscheidungen des Richters beim Amtsgericht und der Schöffengerichte sowie über Anträge auf gerichtliche Entscheidung in den Fällen des § 161a Abs. 3 der Strafprozeßordnung.

(2) Die Strafkammern erledigen außerdem die in der Strafprozeßordnung den Landgerichten zugewiesenen Geschäfte.

§ 73 a. (weggefallen)

§ 74. [Zuständigkeit in Strafsachen in 1. und 2. Instanz]

(1) ¹Die Strafkammern sind als erkennende Gerichte des ersten Rechtszuges zuständig für alle Verbrechen, die nicht zur Zuständigkeit des Amtsgerichts oder des Oberlandesgerichts gehören. ²Sie sind auch zuständig für alle Straftaten, bei denen eine höhere Strafe als vier Jahre Freiheitsstrafe oder die Unterbringung in einem psychiatrischen Krankenhaus, allein oder neben einer Strafe, oder in der Sicherungsverwahrung zu erwarten ist oder bei denen die Staatsanwaltschaft in den Fällen des § 24 Abs. 1 Nr. 3 Anklage beim Landgericht erhebt.

(2) ¹Für die Verbrechen
1. des sexuellen Mißbrauchs von Kindern mit Todesfolge (§ 176b des Strafgesetzbuches),
2. der sexuellen Nötigung und Vergewaltigung mit Todesfolge (§ 178 des Strafgesetzbuches),
3. des sexuellen Mißbrauchs widerstandsunfähiger Personen mit Todesfolge (§ 179 Abs. 7 in Verbindung mit § 178 des Strafgesetzbuches),
4. des Mordes (§ 211 des Strafgesetzbuches),
5. des Totschlags (§ 212 des Strafgesetzbuches),
6. *(aufgehoben)*
7. der Aussetzung mit Todesfolge (§ 221 Abs. 3 des Strafgesetzbuches),
8. der Körperverletzung mit Todesfolge (§ 227 des Strafgesetzbuches),
9. der Entziehung Minderjähriger mit Todesfolge (§ 235 Abs. 5 des Strafgesetzbuches),
10. der Freiheitsberaubung mit Todesfolge (§ 239 Abs. 4 des Strafgesetzbuches),
11. des erpresserischen Menschenraubes mit Todesfolge (§ 239a Abs. 2 des Strafgesetzbuches),
12. der Geiselnahme mit Todesfolge (§ 239b Abs. 2 in Verbindung mit § 239a Abs. 2 des Strafgesetzbuches),
13. des Raubes mit Todesfolge (§ 251 des Strafgesetzbuches),
14. des räuberischen Diebstahls mit Todesfolge (§ 252 in Verbindung mit § 251 des Strafgesetzbuches),
15. der räuberischen Erpressung mit Todesfolge (§ 255 in Verbindung mit § 251 des Strafgesetzbuches),
16. der Brandstiftung mit Todesfolge (§ 306c des Strafgesetzbuches),
17. des Herbeiführens einer Explosion durch Kernenergie (§ 307 Abs. 1 bis 3 des Strafgesetzbuches),
18. des Herbeiführens einer Sprengstoffexplosion mit Todesfolge (§ 308 Abs. 3 des Strafgesetzbuches),
19. des Mißbrauchs ionisierender Strahlen gegenüber einer unübersehbaren Zahl von Menschen (§ 309 Abs. 2 und 4 des Strafgesetzbuches),
20. der fehlerhaften Herstellung einer kerntechnischen Anlage mit Todesfolge (§ 312 Abs. 4 des Strafgesetzbuches),
21. des Herbeiführens einer Überschwemmung mit Todesfolge (§ 313 in Verbindung mit § 308 Abs. 3 des Strafgesetzbuches),
22. der gemeingefährlichen Vergiftung mit Todesfolge (§ 314 in Verbindung mit § 308 Abs. 3 des Strafgesetzbuches),
23. des räuberischen Angriffs auf Kraftfahrer mit Todesfolge (§ 316a Abs. 3 des Strafgesetzbuches),
24. des Angriffs auf den Luft- und Seeverkehr mit Todesfolge (§ 316c Abs. 3 des Strafgesetzbuches),

25. der Beschädigung wichtiger Anlagen mit Todesfolge (§ 318 Abs. 4 des Strafgesetzbuches),
26. einer vorsätzlichen Umweltstraftat mit Todesfolge (§ 330 Abs. 2 Nr. 2 des Strafgesetzbuches)

ist eine Strafkammer als Schwurgericht zuständig. ²§ 120 bleibt unberührt.

(3) Die Strafkammern sind außerdem zuständig für die Verhandlung und Entscheidung über das Rechtsmittel der Berufung gegen die Urteile des Strafrichters und des Schöffengerichts.

§ 74 a. [Zuständigkeit der Staatsschutzkammer]

(1) Bei den Landgerichten, in deren Bezirk ein Oberlandesgericht seinen Sitz hat, ist eine Strafkammer für den Bezirk dieses Oberlandesgerichts als erkennendes Gericht des ersten Rechtszuges zuständig für Straftaten

1. des Friedensverrats in den Fällen des § 80a des Strafgesetzbuches,
2. der Gefährdung des demokratischen Rechtsstaates in den Fällen der §§ 84 bis 86, 87 bis 90, 90a Abs. 3 und des § 90b des Strafgesetzbuches,
3. der Gefährdung der Landesverteidigung in den Fällen der §§ 109d bis 109g des Strafgesetzbuches,
4. der Zuwiderhandlung gegen ein Vereinigungsverbot in den Fällen des § 129, auch in Verbindung mit § 129b Abs. 1 des Strafgesetzbuches und des § 20 Abs. 1 Satz 1 Nr. 1 bis 4 des Vereinsgesetzes; dies gilt nicht, wenn dieselbe Handlung eine Straftat nach dem Betäubungsmittelgesetz darstellt,
5. der Verschleppung (§ 234a des Strafgesetzbuches) und
6. der politischen Verdächtigung (§ 241a des Strafgesetzbuches).

(2) Die Zuständigkeit des Landgerichts entfällt, wenn der Generalbundesanwalt wegen der besonderen Bedeutung des Falles vor der Eröffnung des Hauptverfahrens die Verfolgung übernimmt, es sei denn, daß durch Abgabe nach § 142a Abs. 4 oder durch Verweisung nach § 120 Abs. 2 Satz 2 die Zuständigkeit des Landgerichts begründet wird.

(3) In den Sachen, in denen die Strafkammer nach Absatz 1 zuständig ist, trifft sie auch die in § 73 Abs. 1 bezeichneten Entscheidungen.

(4) Für die Anordnung von Maßnahmen nach § 100c der Strafprozessordnung ist eine nicht mit Hauptverfahren in Strafsachen befasste Kammer bei den Landgerichten, in deren Bezirk ein Oberlandesgericht seinen Sitz hat, für den Bezirk dieses Oberlandesgerichts zuständig.

(5) Im Rahmen der Absätze 1, 3 und 4 erstreckt sich der Bezirk des Landgerichts auf den Bezirk des Oberlandesgerichts.

§ 74 b. [Zuständigkeit in Jugendschutzsachen]

¹In Jugendschutzsachen (§ 26 Abs. 1 Satz 1) ist neben der für allgemeine Strafsachen zuständigen Strafkammer auch die Jugendkammer als erkennendes Gericht des ersten Rechtszuges zuständig. ²§ 26 Abs. 2 und §§ 73 und 74 gelten entsprechend.

§ 74 c. [Zuständigkeit der Wirtschaftsstrafkammer]

(1) ¹Für Straftaten
1. nach dem Patentgesetz, dem Gebrauchsmustergesetz, dem Halbleiterschutzgesetz, dem Sortenschutzgesetz, dem Markengesetz, dem Geschmacksmustergesetz, dem Urheberrechtsgesetz, dem Gesetz gegen den unlauteren Wettbewerb, dem Aktiengesetz, dem Gesetz über die Rechnungslegung von bestimmten Unternehmen und Konzernen, dem Gesetz betreffend die Gesellschaften mit beschränkter Haf-

tung, dem Handelsgesetzbuch, dem SE-Ausführungsgesetz, dem Gesetz zur Ausführung der EWG-Verordnung über die Europäische wirtschaftliche Interessenvereinigung, dem Genossenschaftsgesetz, dem SCE-Ausführungsgesetz und dem Umwandlungsgesetz,

2. nach den Gesetzen über das Bank-, Depot-, Börsen- und Kreditwesen sowie nach dem Versicherungsaufsichtsgesetz und dem Wertpapierhandelsgesetz,

3. nach dem Wirtschaftsstrafgesetz 1954, dem Außenwirtschaftsgesetz, den Devisenbewirtschaftungsgesetzen sowie dem Finanzmonopol-, Steuer- und Zollrecht, auch soweit dessen Strafvorschriften nach anderen Gesetzen anwendbar sind; dies gilt nicht, wenn dieselbe Handlung eine Straftat nach dem Betäubungsmittelgesetz darstellt, und nicht für Steuerstraftaten, welche die Kraftfahrzeugsteuer betreffen,

4. nach dem Weingesetz und dem Lebensmittelrecht,

5. des Subventionsbetruges, des Kapitalanlagebetruges, des Kreditbetruges, des Bankrotts, der Gläubigerbegünstigung und der Schuldnerbegünstigung,

5a. der wettbewerbsbeschränkenden Absprachen bei Ausschreibungen sowie der Bestechlichkeit und Bestechung im geschäftlichen Verkehr,

6. a) des Betruges, des Computerbetruges, der Untreue, des Wuchers, der Vorteilsgewährung, der Bestechung und des Vorenthaltens und Veruntreuens von Arbeitsentgelt,

b) nach dem Arbeitnehmerüberlassungsgesetz und dem Dritten Buch Sozialgesetzbuch sowie dem Schwarzarbeitsbekämpfungsgesetz,

soweit zur Beurteilung des Falles besondere Kenntnisse des Wirtschaftslebens erforderlich sind,

ist, soweit nach § 74 Abs. 1 als Gericht des ersten Rechtszuges und nach § 74 Abs. 3 für die Verhandlung und Entscheidung über das Rechtsmittel der Berufung gegen die Urteile des Schöffengerichts das Landgericht zuständig ist, eine Strafkammer als Wirtschaftsstrafkammer zuständig. ²§ 120 bleibt unberührt.

(2) In den Sachen, in denen die Wirtschaftsstrafkammer nach Absatz 1 zuständig ist, trifft sie auch die in § 73 Abs. 1 bezeichneten Entscheidungen.

(3) ¹Die Landesregierungen werden ermächtigt, zur sachdienlichen Förderung oder schnelleren Erledigung der Verfahren durch Rechtsverordnung einem Landgericht für die Bezirke mehrerer Landgerichte ganz oder teilweise Strafsachen zuzuweisen, welche die in Absatz 1 bezeichneten Straftaten zum Gegenstand haben. ²Die Landesregierungen können die Ermächtigung durch Rechtsverordnung auf die Landesjustizverwaltungen übertragen.

(4) Im Rahmen des Absatzes 3 erstreckt sich der Bezirk des danach bestimmten Landgerichts auf die Bezirke der anderen Landgerichte.

§ 74d. [Strafkammer als gemeinsames Schwurgericht]

(1) ¹Die Landesregierungen werden ermächtigt, durch Rechtsverordnung einem Landgericht für die Bezirke mehrerer Landgerichte die in § 74 Abs. 2 bezeichneten Strafsachen zuzuweisen, sofern dies der sachlichen Förderung der Verfahren dient. ²Die Landesregierungen können die Ermächtigung auf die Landesjustizverwaltungen übertragen.

(2) *(aufgehoben)*

§ 74e. [Vorrang bei Zuständigkeitsüberschneidungen]

Unter verschiedenen nach den Vorschriften der §§ 74 bis 74d zuständigen Strafkammern kommt

1. in erster Linie dem Schwurgericht (§ 74 Abs. 2, § 74d),

2. in zweiter Linie der Wirtschaftsstrafkammer (§ 74c),

3. in dritter Linie der Strafkammer nach § 74a

der Vorrang zu.

§ 74f. [Nachträgliche Anordnung der Sicherungsverwahrung]

(1) Hat im ersten Rechtszug eine Strafkammer die Anordnung der Sicherungsverwahrung vorbehalten oder in den Fällen des § 66b des Strafgesetzbuches und des § 106 Abs. 5 oder Abs. 6 des Jugendgerichtsgesetzes als Tatgericht entschieden, ist diese Strafkammer im ersten Rechtszug für die Verhandlung und Entscheidung über die im Urteil vorbehaltene oder die nachträgliche Anordnung der Sicherungsverwahrung zuständig.

(2) Hat in den Fällen des § 66b des Strafgesetzbuches im ersten Rechtszug ausschließlich das Amtsgericht als Tatgericht entschieden, ist im ersten Rechtszug eine Strafkammer des ihm übergeordneten Landgerichts für die Verhandlung und Entscheidung über die nachträgliche Anordnung der Sicherungsverwahrung zuständig.

(3) In den Fällen des § 66b des Strafgesetzbuches und des § 106 Abs. 5 und 6 des Jugendgerichtsgesetzes gilt § 462a Abs. 3 Satz 2 und 3 der Strafprozessordnung entsprechend; § 76 Abs. 2 diese Gesetzes und § 33b Abs. 2 des Jugendgerichtsgesetzes sind nicht anzuwenden.

§ 75. [Besetzung der Zivilkammern]

Die Zivilkammern sind, soweit nicht nach den Vorschriften der Prozeßgesetze an Stelle der Kammer der Einzelrichter zu entscheiden hat, mit drei Mitgliedern einschließlich des Vorsitzenden besetzt.

§ 76. [Besetzung der Strafkammern][1]

(1) ¹Die Strafkammern sind mit drei Richtern einschließlich des Vorsitzenden und zwei Schöffen (große Strafkammer), in Verfahren über Berufungen gegen ein Urteil des Strafrichters oder des Schöffengerichts mit dem Vorsitzenden und zwei Schöffen (kleine Strafkammer) besetzt. ²Bei Entscheidungen außerhalb der Hauptverhandlung wirken die Schöffen nicht mit.

(2) ¹Bei der Eröffnung des Hauptverfahrens beschließt die große Strafkammer, daß sie in der Hauptverhandlung mit zwei Richtern einschließlich des Vorsitzenden und zwei Schöffen besetzt ist, wenn nicht die Strafkammer als Schwurgericht zuständig ist oder nach dem Umfang oder der Schwierigkeit der Sache die Mitwirkung eines dritten Richters notwendig erscheint. ²Ist eine Sache vom Revisionsgericht zurückverwiesen worden, kann die nunmehr zuständige Strafkammer erneut nach Satz 1 über ihre Besetzung beschließen.

(3) ¹In Verfahren über Berufungen gegen ein Urteil des erweiterten Schöffengerichts (§ 29 Abs. 2) ist ein zweiter Richter hinzuzuziehen. ²Außerhalb der Hauptverhandlung entscheidet der Vorsitzende allein.

§ 77. [Schöffen der Strafkammern]

(1) Für die Schöffen der Strafkammern gelten entsprechend die Vorschriften über die Schöffen des Schöffengerichts mit folgender Maßgabe:

(2) ¹Der Präsident des Landgerichts verteilt die Zahl der erforderlichen Hauptschöffen für die Strafkammern auf die zum Bezirk des Landgerichts gehörenden Amtsgerichtsbezirke. ²Die Hilfsschöffen wählt der Ausschuß bei dem Amtsgericht, in dessen Bezirk das Landgericht seinen Sitz hat. ³Hat das Landgericht seinen Sitz

---

[1] § 76 Abs. 2 tritt am 31. 12. 2008 außer Kraft (vgl. die Erläuterung zu § 76).

außerhalb seines Bezirks, so bestimmt die Landesjustizverwaltung, welcher Ausschuß der zum Bezirk des Landgerichts gehörigen Amtsgerichte die Hilfsschöffen wählt. ⁴Ist Sitz des Landgerichts eine Stadt, die Bezirke von zwei oder mehr zum Bezirk des Landgerichts gehörenden Amtsgerichten oder Teile davon umfaßt, so gilt für die Wahl der Hilfsschöffen durch die bei diesen Amtsgerichten gebildeten Ausschüsse Satz 1 entsprechend; die Landesjustizverwaltung kann bestimmte Amtsgerichte davon ausnehmen. ⁵Die Namen der gewählten Hauptschöffen und der Hilfsschöffen werden von dem Richter beim Amtsgericht dem Präsidenten des Landgerichts mitgeteilt. ⁶Der Präsident des Landgerichts stellt die Namen der Hauptschöffen zur Schöffenliste des Landgerichts zusammen.

(3) ¹An die Stelle des Richters beim Amtsgericht tritt für die Auslosung der Reihenfolge, in der die Hauptschöffen an den einzelnen ordentlichen Sitzungen teilnehmen, und der Reihenfolge, in der die Hilfsschöffen an die Stelle wegfallender Schöffen treten, der Präsident des Landgerichts; § 45 Abs. 4 Satz 3, 4 gilt entsprechend. ²Ist der Schöffe verstorben oder aus dem Landgerichtsbezirk verzogen, ordnet der Vorsitzende der Strafkammer die Streichung von der Schöffenliste an; in anderen Fällen wird die Entscheidung darüber, ob ein Schöffe von der Schöffenliste zu streichen ist, sowie über die von einem Schöffen vorgebrachten Ablehnungsgründe von einer Strafkammer getroffen. ³Im übrigen tritt an die Stelle des Richters beim Amtsgericht der Vorsitzende der Strafkammer.

(4) ¹Ein ehrenamtlicher Richter darf für dasselbe Geschäftsjahr nur entweder als Schöffe für das Schöffengericht oder als Schöffe für die Strafkammern bestimmt werden. ²Ist jemand für dasselbe Geschäftsjahr in einem Bezirk zu mehreren dieser Ämter oder in mehreren Bezirken zu diesen Ämtern bestimmt worden, so hat der Einberufene das Amt zu übernehmen, zu dem er zuerst einberufen wird.

(5) § 52 Abs. 2 Satz 1 Nr. 1 findet keine Anwendung.

§ 78. [Auswärtige Strafkammern bei Amtsgerichten]

(1) ¹Die Landesregierungen werden ermächtigt, durch Rechtsverordnung wegen großer Entfernung zu dem Sitz eines Landgerichts bei einem Amtsgericht für den Bezirk eines oder mehrerer Amtsgerichte eine Strafkammer zu bilden und ihr für diesen Bezirk die gesamte Tätigkeit der Strafkammer des Landgerichts oder einen Teil dieser Tätigkeit zuzuweisen. ²Die in § 74 Abs. 2 bezeichneten Verbrechen dürfen einer nach Satz 1 gebildeten Strafkammer nicht zugewiesen werden. ³Die Landesregierungen können die Ermächtigung auf die Landesjustizverwaltungen übertragen.

(2) ¹Die Kammer wird aus Mitgliedern des Landgerichts oder Richtern beim Amtsgericht des Bezirks besetzt, für den sie gebildet wird. ²Der Vorsitzende und die übrigen Mitglieder werden durch das Präsidium des Landgerichts bezeichnet.

(3) ¹Der Präsident des Landgerichts verteilt die Zahl der erforderlichen Hauptschöffen auf die zum Bezirk der Strafkammer gehörenden Amtsgerichtsbezirke. ²Die Hilfsschöffen wählt der Ausschuß bei dem Amtsgericht, bei dem die auswärtige Strafkammer gebildet worden ist. ³Die sonstigen in § 77 dem Präsidenten des Landgerichts zugewiesenen Geschäfte nimmt der Vorsitzende der Strafkammer wahr.

5a. Titel. Strafvollstreckungskammern

§ 78a. [Zuständigkeit]

(1) ¹Bei den Landgerichten werden, soweit in ihrem Bezirk für Erwachsene Anstalten unterhalten werden, in denen Freiheitsstrafe oder freiheitsentziehende Maßregeln der Besserung und Sicherung vollzogen werden, oder soweit in ihrem Bezirk

andere Vollzugsbehörden ihren Sitz haben, Strafvollstreckungskammern gebildet. ²Diese sind zuständig für die Entscheidungen

1. nach den §§ 462a, 463 der Strafprozeßordnung, soweit sich nicht aus der Strafprozeßordnung etwas anderes ergibt,
2. nach den § 50 Abs. 5, §§ 109, 138 Abs. 3 des Strafvollzugsgesetzes,
3. nach den §§ 50, 58 Abs. 2 und § 71 Abs. 4 des Gesetzes über die internationale Rechtshilfe in Strafsachen.

³Ist nach § 454b Abs. 3 der Strafprozeßordnung über die Aussetzung der Vollstreckung mehrerer Freiheitsstrafen gleichzeitig zu entscheiden, so entscheidet eine Strafvollstreckungskammer über die Aussetzung der Vollstreckung aller Strafen.

(2) ¹Die Landesregierungen weisen Strafsachen nach Absatz 1 Satz 2 Nr. 3 für die Bezirke der Landgerichte, bei denen keine Strafvollstreckungskammern zu bilden sind, in Absatz 1 Satz 1 bezeichneten Landgerichten durch Rechtsverordnung zu. ²Die Landesregierungen werden ermächtigt, durch Rechtsverordnung einem der in Absatz 1 bezeichneten Landgerichte für die Bezirke mehrerer Landgerichte die in die Zuständigkeit der Strafvollstreckungskammern fallenden Strafsachen zuzuweisen und zu bestimmen, daß Strafvollstreckungskammern ihren Sitz innerhalb ihres Bezirkes auch oder ausschließlich an Orten haben, an denen das Landgericht seinen Sitz nicht hat, sofern diese Bestimmungen für eine sachdienliche Förderung oder schnellere Erledigung der Verfahren zweckmäßig sind. ³Die Landesregierungen können die Ermächtigungen nach den Sätzen 1 und 2 durch Rechtsverordnung auf die Landesjustizverwaltungen übertragen.

(3) Unterhält ein Land eine Anstalt, in der Freiheitsstrafe oder freiheitsentziehende Maßregeln der Besserung und Sicherung vollzogen werden, auf dem Gebiete eines anderen Landes, so können die beteiligten Länder vereinbaren, daß die Strafvollstreckungskammer bei dem Landgericht zuständig ist, in dessen Bezirk die für die Anstalt zuständige Aufsichtsbehörde ihren Sitz hat.

§ 78 b. [Besetzung]

(1) Die Strafvollstreckungskammern sind besetzt
1. in Verfahren über die Aussetzung der Vollstreckung des Restes einer lebenslangen Freiheitsstrafe oder die Aussetzung der Vollstreckung der Unterbringung in einem psychiatrischen Krankenhaus oder in der Sicherungsverwahrung mit drei Richtern unter Einschluß des Vorsitzenden,
2. in den sonstigen Fällen mit einem Richter.

(2) Die Mitglieder der Strafvollstreckungskammern werden vom Präsidium des Landgerichts aus der Zahl der Mitglieder des Landgerichts und der in seinem Bezirk angestellten Richter beim Amtsgericht bestellt.

Sechster Titel. Schwurgerichte

§§ 79–92. (weggefallen)

Siebenter Titel. Kammern für Handelssachen

§ 93. [Bildung]

(1) ¹Die Landesregierungen werden ermächtigt, durch Rechtsverordnung bei den Landgerichten für deren Bezirke oder für örtlich abgegrenzte Teile davon Kammern für Handelssachen zu bilden. ²Solche Kammern können ihren Sitz in-

nerhalb des Landgerichtsbezirks auch an Orten haben, an denen das Landgericht seinen Sitz nicht hat.

(2) Die Landesregierungen können die Ermächtigung nach Absatz 1 auf die Landesjustizverwaltungen übertragen.

§ 94. [Zuständigkeit]

Ist bei einem Landgericht eine Kammer für Handelssachen gebildet, so tritt für Handelssachen diese Kammer an die Stelle der Zivilkammern nach Maßgabe der folgenden Vorschriften.

§ 95. [Begriff der Handelssachen]

(1) Handelssachen im Sinne dieses Gesetzes sind die bürgerlichen Rechtsstreitigkeiten, in denen durch die Klage ein Anspruch geltend gemacht wird:
1. gegen einen Kaufmann im Sinne des Handelsgesetzbuches, sofern er in das Handelsregister oder Genossenschaftsregister eingetragen ist oder auf Grund einer gesetzlichen Sonderregelung für juristische Personen des öffentlichen Rechts nicht eingetragen zu werden braucht, aus Geschäften, die für beide Teile Handelsgeschäfte sind;
2. aus einem Wechsel im Sinne des Wechselgesetzes oder aus einer der im § 363 des Handelsgesetzbuchs bezeichneten Urkunden;
3. auf Grund des Scheckgesetzes;
4. aus einem der nachstehend bezeichneten Rechtsverhältnisse:
   a) aus dem Rechtsverhältnis zwischen den Mitgliedern einer Handelsgesellschaft oder Genossenschaft oder zwischen dieser und ihren Mitgliedern oder zwischen dem stillen Gesellschafter und dem Inhaber des Handelsgeschäfts, sowohl während des Bestehens als auch nach Auflösung des Gesellschaftsverhältnisses, und aus dem Rechtsverhältnis zwischen den Vorstehern oder den Liquidatoren einer Handelsgesellschaft oder Genossenschaft und der Gesellschaft oder deren Mitgliedern;
   b) aus dem Rechtsverhältnis, welches das Recht zum Gebrauch der Handelsfirma betrifft;
   c) den Rechtsverhältnissen, die sich auf den Schutz der Marken und sonstigen Kennzeichen sowie der Geschmacksmuster beziehen;
   d) aus dem Rechtsverhältnis, das durch den Erwerb eines bestehenden Handelsgeschäfts unter Lebenden zwischen dem bisherigen Inhaber und dem Erwerber entsteht;
   e) dem Rechtsverhältnis zwischen einem Dritten und dem, der wegen mangelnden Nachweises der Prokura oder Handlungsvollmacht haftet;
   f) aus den Rechtsverhältnissen des Seerechts, insbesondere aus denen, die sich auf die Reederei, auf die Rechte und Pflichten des Reeders oder Schiffseigners, des Korrespondentreeders und der Schiffsbesatzung, auf die Haverei, auf den Schadensersatz im Falle des Zusammenstoßes von Schiffen, auf die Bergung und auf die Ansprüche der Schiffsgläubiger beziehen;
5. auf Grund des Gesetzes gegen den unlauteren Wettbewerb;
6. aus den §§ 44 bis 47 des Börsengesetzes (Reichsgesetzbl. 1908 S. 215).

(2) Handelssachen im Sinne dieses Gesetzes sind ferner die Rechtsstreitigkeiten, in denen sich die Zuständigkeit des Landgerichts nach § 246 Abs. 3 Satz 1 oder § 396 Abs. 1 Satz 2 des Aktiengesetzes, nach § 51 Abs. 3 Satz 3 oder § 81 Abs. 1 Satz 2 des Genossenschaftsgesetzes sowie nach § 10 des Umwandlungsgesetzes, § 2 des Spruchverfahrensgesetzes, § 87 des Gesetzes gegen Wettbewerbsbeschränkungen und § 13 Abs. 4 des EG-Verbraucherschutzdurchsetzungsgesetzes richtet.

§ 96. [Antrag auf Verhandlung vor der Kammer für Handelssachen]

(1) Der Rechtsstreit wird vor der Kammer für Handelssachen verhandelt, wenn der Kläger dies in der Klageschrift beantragt hat.

(2) Ist ein Rechtsstreit nach den Vorschriften der §§ 281, 506 der Zivilprozeßordnung vom Amtsgericht an das Landgericht zu verweisen, so hat der Kläger den Antrag auf Verhandlung vor der Kammer für Handelssachen vor dem Amtsgericht zu stellen.

§ 97. [Verweisung an Zivilkammer wegen ursprünglicher Unzuständigkeit]

(1) Wird vor der Kammer für Handelssachen eine nicht vor sie gehörige Klage zur Verhandlung gebracht, so ist der Rechtsstreit auf Antrag des Beklagten an die Zivilkammer zu verweisen.

(2) ¹Gehört die Klage oder die im Falle des § 506 der Zivilprozeßordnung erhobene Widerklage als Klage nicht vor die Kammer für Handelssachen, so ist diese auch von Amts wegen befugt, den Rechtsstreit an die Zivilkammer zu verweisen, solange nicht eine Verhandlung zur Hauptsache erfolgt und darauf ein Beschluß verkündet ist. ²Die Verweisung von Amts wegen kann nicht aus dem Grund erfolgen, daß der Beklagte nicht Kaufmann ist.

§ 98. [Verweisung an Kammer für Handelssachen]

(1) ¹Wird vor der Zivilkammer eine vor die Kammer für Handelssachen gehörige Klage zur Verhandlung gebracht, so ist der Rechtsstreit auf Antrag des Beklagten an die Kammer für Handelssachen zu verweisen. ²Ein Beklagter, der nicht in das Handelsregister oder Genossenschaftsregister eingetragen ist, kann den Antrag nicht darauf stützen, daß er Kaufmann ist.

(2) Der Antrag ist zurückzuweisen, wenn die im Falle des § 506 der Zivilprozeßordnung erhobene Widerklage als Klage vor die Kammer für Handelssachen nicht gehören würde.

(3) Zu einer Verweisung von Amts wegen ist die Zivilkammer nicht befugt.

(4) Die Zivilkammer ist zur Verwerfung des Antrags auch dann befugt, wenn der Kläger ihm zugestimmt hat.

§ 99. [Verweisung an Zivilkammer wegen nachträglicher Unzuständigkeit]

(1) Wird in einem bei der Kammer für Handelssachen anhängigen Rechtsstreit die Klage nach § 256 Abs. 2 der Zivilprozeßordnung durch den Antrag auf Feststellung eines Rechtsverhältnisses erweitert oder eine Widerklage erhoben und gehört die erweiterte Klage oder die Widerklage als Klage nicht vor die Kammer für Handelssachen, so ist der Rechtsstreit auf Antrag des Gegners an die Zivilkammer zu verweisen.

(2) ¹Unter der Beschränkung des § 97 Abs. 2 ist die Kammer zu der Verweisung auch von Amts wegen befugt. ²Diese Befugnis tritt auch dann ein, wenn durch eine Klageänderung ein Anspruch geltend gemacht wird, der nicht vor die Kammer für Handelssachen gehört.

§ 100. [Zuständigkeit in 2. Instanz]

Die §§ 96 bis 99 sind auf das Verfahren im zweiten Rechtszuge vor den Kammern für Handelssachen entsprechend anzuwenden.

§ 101. [Antrag auf Verweisung]

(1) ¹Der Antrag auf Verweisung des Rechtsstreits an eine andere Kammer ist nur vor der Verhandlung des Antragstellers zur Sache zulässig. ²Ist dem Antragsteller vor der mündlichen Verhandlung eine Frist zur Klageerwiderung oder Berufungserwiderung gesetzt, so hat er den Antrag innerhalb der Frist zu stellen. ³§ 296 Abs. 3 der Zivilprozeßordnung gilt entsprechend; der Entschuldigungsgrund ist auf Verlangen des Gerichts glaubhaft zu machen.

(2) ¹Über den Antrag ist vorab zu entscheiden. ²Die Entscheidung kann ohne mündliche Verhandlung ergehen.

§ 102. [Unanfechtbarkeit der Verweisung]

¹Die Entscheidung über Verweisung eines Rechtsstreits an die Zivilkammer oder an die Kammer für Handelssachen ist nicht anfechtbar. ²Erfolgt die Verweisung an eine andere Kammer, so ist diese Entscheidung für die Kammer, an die der Rechtsstreit verwiesen wird, bindend. ³Der Termin zur weiteren mündlichen Verhandlung wird von Amts wegen bestimmt und den Parteien bekanntgemacht.

§ 103. [Hauptintervention]

Bei der Kammer für Handelssachen kann ein Anspruch nach § 64 der Zivilprozeßordnung nur dann geltend gemacht werden, wenn der Rechtsstreit nach den Vorschriften der §§ 94, 95 vor die Kammer für Handelssachen gehört.

§ 104. [Verweisung in Beschwerdesachen]

(1) ¹Wird die Kammer für Handelssachen als Beschwerdegericht mit einer vor sie nicht gehörenden Beschwerde befaßt, so ist die Beschwerde von Amts wegen an die Zivilkammer zu verweisen. ²Ebenso hat die Zivilkammer, wenn sie als Beschwerdegericht in einer Handelssache mit einer Beschwerde befaßt wird, diese von Amts wegen an die Kammer für Handelssachen zu verweisen. ³Die Vorschriften des § 102 Satz 1, 2 sind entsprechend anzuwenden.

(2) Eine Beschwerde kann nicht an eine andere Kammer verwiesen werden, wenn bei der Kammer, die mit der Beschwerde befaßt wird, die Hauptsache anhängig ist oder diese Kammer bereits eine Entscheidung in der Hauptsache erlassen hat.

§ 105. [Besetzung]

(1) Die Kammern für Handelssachen entscheiden in der Besetzung mit einem Mitglied des Landgerichts als Vorsitzenden und zwei ehrenamtlichen Richtern, soweit nicht nach den Vorschriften der Prozeßgesetze an Stelle der Kammer der Vorsitzende zu entscheiden hat.

(2) Sämtliche Mitglieder der Kammer für Handelssachen haben gleiches Stimmrecht.

§ 106. [Auswärtige Kammer für Handelssachen]

Im Falle des § 93 Abs.1 Satz 2 kann ein Richter beim Amtsgericht Vorsitzender der Kammer für Handelssachen sein.

§ 107. [Entschädigung]

(1) Die ehrenamtlichen Richter, die weder ihren Wohnsitz noch ihre gewerbliche Niederlassung am Sitz der Kammer für Handelssachen haben, erhalten Tage- und Übernachtungsgelder nach den für Richter am Landgericht geltenden Vorschriften.

(2) Den ehrenamtlichen Richtern werden die Fahrtkosten in entsprechender Anwendung des § 5 des Justizvergütungs- und -entschädigungsgesetzes ersetzt.

§ 108. [Dauer der Ernennung]

Die ehrenamtlichen Richter werden auf gutachtlichen Vorschlag der Industrie- und Handelskammern für die Dauer von fünf Jahren ernannt; eine wiederholte Ernennung ist nicht ausgeschlossen.

§ 109. [Voraussetzungen der Ernennung]

(1) Zum ehrenamtlichen Richter kann ernannt werden, wer
1. Deutscher ist,
2. das dreißigste Lebensjahr vollendet hat und
3. als Kaufmann, Vorstandsmitglied oder Geschäftsführer einer juristischen Person oder als Prokurist in das Handelsregister oder das Genossenschaftsregister eingetragen ist oder eingetragen war oder als Vorstandsmitglied einer juristischen Person des öffentlichen Rechts auf Grund einer gesetzlichen Sonderregelung für diese juristische Person nicht eingetragen zu werden braucht.

(2) ¹Wer diese Voraussetzungen erfüllt, soll nur ernannt werden, wenn er
1. in dem Bezirk der Kammer für Handelssachen wohnt oder
2. in diesem Bezirk eine Handelsniederlassung hat oder
3. einem Unternehmen angehört, das in diesem Bezirk seinen Sitz oder seine Niederlassung hat.

²Darüber hinaus soll nur ernannt werden
1. ein Prokurist, wenn er im Unternehmen eine der eigenverantwortlichen Tätigkeit des Unternehmers vergleichbare selbständige Stellung einnimmt,
2. ein Vorstandsmitglied einer Genossenschaft, wenn es hauptberuflich in einer Genossenschaft tätig ist, die in ähnlicher Weise wie eine Handelsgesellschaft am Handelsverkehr teilnimmt.

(3) ¹Zum ehrenamtlichen Richter kann nicht ernannt werden, wer zu dem Amt eines Schöffen unfähig ist oder nach § 33 Nr. 4 zu dem Amt eines Schöffen nicht berufen werden soll. ²Zum ehrenamtlichen Richter soll nicht ernannt werden, wer nach § 33 Nr. 5 zu dem Amt eines Schöffen nicht berufen werden soll.

§ 110. [Ehrenamtliche Richter an Seeplätzen]

An Seeplätzen können ehrenamtliche Richter auch aus dem Kreis der Schiffahrtskundigen ernannt werden.

§ 111. (weggefallen)

§ 112. [Rechte und Pflichten]

Die ehrenamtlichen Richter haben während der Dauer ihres Amts in Beziehung auf dasselbe alle Rechte und Pflichten eines Richters.

§ 113. [Amtsenthebung]

(1) Ein ehrenamtlicher Richter ist seines Amtes zu entheben, wenn er
1. eine der für seine Ernennung erforderlichen Eigenschaften verliert oder Umstände eintreten oder nachträglich bekanntwerden, die einer Ernennung nach § 109 entgegenstehen, oder
2. seine Amtspflichten gröblich verletzt hat.

(2) Ein ehrenamtlicher Richter soll seines Amtes enthoben werden, wenn Umstände eintreten oder bekannt werden, bei deren Vorhandensein eine Ernennung nach § 109 Abs. 3 Satz 2 nicht erfolgen soll.

(3) ¹Die Entscheidung trifft der erste Zivilsenat des Oberlandesgerichts durch Beschluß nach Anhörung des Beteiligten. ²Sie ist unanfechtbar.

(4) Beantragt der ehrenamtliche Richter selbst die Entbindung von seinem Amt, so trifft die Entscheidung die Landesjustizverwaltung.

§ 114. [Entscheidung auf Grund eigener Sachkunde]

Über Gegenstände, zu deren Beurteilung eine kaufmännische Begutachtung genügt, sowie über das Bestehen von Handelsgebräuchen kann die Kammer für Handelssachen auf Grund eigener Sachkunde und Wissenschaft entscheiden.

Achter Titel. Oberlandesgerichte

§ 115. [Besetzung]

Die Oberlandesgerichte werden mit einem Präsidenten sowie mit Vorsitzenden Richtern und weiteren Richtern besetzt.

§ 115 a. (weggefallen)

§ 116. [Zivil- und Strafsenate, Ermittlungsrichter]

(1) ¹Bei den Oberlandesgerichten werden Zivil- und Strafsenate gebildet. ²Bei den nach § 120 zuständigen Oberlandesgerichten werden Ermittlungsrichter bestellt; zum Ermittlungsrichter kann auch jedes Mitglied eines anderen Oberlandesgerichts, das in dem in § 120 bezeichneten Gebiet seinen Sitz hat, bestellt werden.

(2) ¹Die Landesregierungen werden ermächtigt, durch Rechtsverordnung außerhalb des Sitzes des Oberlandesgerichts für den Bezirk eines oder mehrerer Landgerichte Zivil- oder Strafsenate zu bilden und ihnen für diesen Bezirk die gesamte Tätigkeit des Zivil- oder Strafsenats des Oberlandesgerichts oder einen Teil dieser Tätigkeit zuzuweisen. ²Ein auswärtiger Senat für Familiensachen kann für die Bezirke mehrerer Familiengerichte gebildet werden.

(3) Die Landesregierungen können die Ermächtigung nach Absatz 2 auf die Landesjustizverwaltungen übertragen.

§ 117. [Vertretung der Senatsmitglieder]

Die Vorschrift des § 70 Abs. 1 ist entsprechend anzuwenden.

§ 118. [Zuständigkeit in Kapitalanleger-Musterverfahren]

Die Oberlandesgerichte sind in bürgerlichen Rechtsstreitigkeiten im ersten Rechtszug zuständig für die Verhandlung und Entscheidung über Musterverfahren nach dem Kapitalanleger-Musterverfahrensgesetz.

§ 119. [Zuständigkeit in Zivilsachen]

(1) Die Oberlandesgerichte sind in bürgerlichen Rechtsstreitigkeiten ferner zuständig für die Verhandlung und Entscheidung über die Rechtsmittel:
1. der Berufung und der Beschwerde gegen Entscheidungen der Amtsgerichte
   a) in den von den Familiengerichten entschiedenen Sachen;

Gesetzestext **Text**

b) in Streitigkeiten über Ansprüche, die von einer oder gegen eine Partei erhoben werden, die ihren allgemeinen Gerichtsstand im Zeitpunkt der Rechtshängigkeit in erster Instanz außerhalb des Geltungsbereiches dieses Gesetzes hatte;

c) in denen das Amtsgericht ausländisches Recht angewendet und dies in den Entscheidungsgründen ausdrücklich festgestellt hat;

2. der Berufung und der Beschwerde gegen Entscheidungen der Landgerichte.

(2) § 23b Abs. 1 und 2 gilt entsprechend.

(3) ¹Durch Landesgesetz kann bestimmt werden, dass die Oberlandesgerichte über Absatz 1 hinaus für alle Berufungen und Beschwerden gegen amtsgerichtliche Entscheidungen zuständig sind. ²Das Nähere regelt das Landesrecht; es kann von der Befugnis nach Satz 1 in beschränktem Umfang Gebrauch machen, insbesondere die Bestimmung auf die Entscheidungen einzelner Amtsgerichte oder bestimmter Sachen beschränken.

(4) Soweit eine Bestimmung nach Absatz 3 Satz 1 getroffen wird, hat das Landesgesetz zugleich Regelungen zu treffen, die eine Belehrung über das zuständige Rechtsmittelgericht in der angefochtenen Entscheidung sicherstellen.

(5) Bestimmungen nach Absatz 3 gelten nur für Berufungen und Beschwerden, die vor dem 1. Januar 2008 eingelegt werden.

(6) ¹Die Bundesregierung unterrichtet den Deutschen Bundestag zum 1. Januar 2004 und zum 1. Januar 2006 über Erfahrungen und wissenschaftliche Erkenntnisse, welche die Länder, die von der Ermächtigung nach Absatz 3 Gebrauch gemacht haben, gewonnen haben. ²Die Unterrichtung dient dem Zweck, dem Deutschen Bundestag die Prüfung und Entscheidung zu ermöglichen, welche bundeseinheitliche Gerichtsstruktur die insgesamt sachgerechteste ist, weil sie den Bedürfnissen und Anforderungen des Rechtsverkehrs am besten entspricht.

§ 120. [Zuständigkeit in Strafsachen in 1. Instanz]

(1) In Strafsachen sind die Oberlandesgerichte, in deren Bezirk die Landesregierungen ihren Sitz haben, für das Gebiet des Landes zuständig für die Verhandlung und Entscheidung im ersten Rechtszug

1. bei Friedensverrat in den Fällen des § 80 des Strafgesetzbuches,
2. bei Hochverrat (§§ 81 bis 83 des Strafgesetzbuches),
3. bei Landesverrat und Gefährdung der äußeren Sicherheit (§§ 94 bis 100a des Strafgesetzbuches) sowie bei Straftaten nach § 52 Abs. 2 des Patentgesetzes, nach § 9 Abs. 2 des Gebrauchsmustergesetzes in Verbindung mit § 52 Abs. 2 des Patentgesetzes oder nach § 4 Abs. 4 des Halbleiterschutzgesetzes in Verbindung mit § 9 Abs. 2 des Gebrauchsmustergesetzes und § 52 Abs. 2 des Patentgesetzes,
4. bei einem Angriff gegen Organe und Vertreter ausländischer Staaten (§ 102 des Strafgesetzbuches),
5. bei einer Straftat gegen Verfassungsorgane in den Fällen der §§ 105, 106 des Strafgesetzbuches,
6. bei einer Zuwiderhandlung gegen das Vereinigungsverbot des § 129a, auch in Verbindung mit § 129b Abs. 1, des Strafgesetzbuches,
7. bei Nichtanzeige von Straftaten nach § 138 des Strafgesetzbuches, wenn die Nichtanzeige eine Straftat betrifft, die zur Zuständigkeit der Oberlandesgerichte gehört, und
8. bei Straftaten nach dem Völkerstrafgesetzbuch.

(2) ¹Diese Oberlandesgerichte sind ferner für die Verhandlung und Entscheidung im ersten Rechtszug zuständig

1. bei den in § 74a Abs. 1 bezeichneten Straftaten, wenn der Generalbundesanwalt wegen der besonderen Bedeutung des Falles nach § 74a Abs. 2 die Verfolgung übernimmt,
2. bei Mord (§ 211 des Strafgesetzbuches), Totschlag (§ 212 des Strafgesetzbuches) und den in § 129a Abs. 1 Nr. 2 und Abs. 2 des Strafgesetzbuches bezeichneten Straftaten, wenn ein Zusammenhang mit der Tätigkeit einer nicht oder nicht nur im Inland bestehenden Vereinigung besteht, deren Zweck oder Tätigkeit die Begehung von Straftaten dieser Art zum Gegenstand hat, und der Generalbundesanwalt wegen der besonderen Bedeutung des Falles die Verfolgung übernimmt,
3. bei Mord (§ 211 des Strafgesetzbuches), Totschlag (§ 212 des Strafgesetzbuches), Geiselnahme (§ 239b des Strafgesetzbuches), schwerer und besonders schwerer Brandstiftung (§§ 306a und 306b des Strafgesetzbuches), Brandstiftung mit Todesfolge (§ 306c des Strafgesetzbuches), Herbeiführen einer Explosion durch Kernenergie in den Fällen des § 307 Abs. 1 und 3 Nr. 1 des Strafgesetzbuches, Mißbrauch ionisierender Strahlen in den Fällen des § 309 Abs. 2 und 4 des Strafgesetzbuches, Herbeiführen einer Überschwemmung in den Fällen des § 313 Abs. 2 in Verbindung mit § 308 Abs. 2 und 3 des Strafgesetzbuches, gemeingefährlicher Vergiftung in den Fällen des § 314 Abs. 2 in Verbindung mit § 308 Abs. 2 und 3 des Strafgesetzbuches und Angriff auf den Luft- und Seeverkehr in den Fällen des § 316c Abs. 1 und 3 des Strafgesetzbuches, wenn die Tat nach den Umständen bestimmt und geeignet ist,
    a) den Bestand oder die äußere oder innere Sicherheit der Bundesrepublik Deutschland zu beeinträchtigen,
    b) Verfassungsgrundsätze zu beseitigen, außer Geltung zu setzen oder zu untergraben oder
    c) die Sicherheit der in der Bundesrepublik Deutschland stationierten Truppen des Nordatlantik-Pakts, oder seiner nichtdeutschen Vertragsstaaten zu beeinträchtigen,
    und der Generalbundesanwalt wegen der besonderen Bedeutung des Falles die Verfolgung übernimmt,
4. bei Straftaten nach dem Außenwirtschaftsgesetz sowie bei Straftaten nach § 19 Abs. 2 Nr. 2 und § 20 Abs. 1 des Gesetzes über die Kontrolle von Kriegswaffen, wenn die Tat nach den Umständen
    a) geeignet ist, die äußere Sicherheit oder die auswärtigen Beziehungen der Bundesrepublik Deutschland erheblich zu gefährden, oder
    b) bestimmt und geeignet ist, das friedliche Zusammenleben der Völker zu stören,
    und der Generalbundesanwalt wegen der besonderen Bedeutung des Falles die Verfolgung übernimmt.

²Sie verweisen bei der Eröffnung des Hauptverfahrens die Sache in den Fällen der Nummer 1 an das Landgericht, in den Fällen der Nummern 2 bis 4 an das Land- oder Amtsgericht, wenn eine besondere Bedeutung des Falles nicht vorliegt.

(3) ¹In den Sachen, in denen diese Oberlandesgerichte nach Absatz 1 oder 2 zuständig sind, treffen sie auch die in § 73 Abs. 1 bezeichneten Entscheidungen. ²Sie entscheiden ferner über die Beschwerde gegen Verfügungen der Ermittlungsrichter der Oberlandesgerichte (§ 169 Abs. 1 Satz 1 der Strafprozeßordnung) in den in § 304 Abs. 5 der Strafprozeßordnung bezeichneten Fällen.

(4) ¹Diese Oberlandesgerichte entscheiden auch über die Beschwerde gegen Verfügungen und Entscheidungen des nach § 74a zuständigen Gerichts. ²Für Entscheidungen über die Beschwerde gegen Verfügungen und Entscheidungen des nach § 74a Abs. 4 zuständigen Gerichts sowie in den Fällen des § 100d Abs. 1

Satz 6 der Strafprozessordnung ist ein nicht mit Hauptverfahren in Strafsachen befasster Senat zuständig.

(5) ¹Für den Gerichtsstand gelten die allgemeinen Vorschriften. ²Die beteiligten Länder können durch Vereinbarung die den Oberlandesgerichten in den Absätzen 1 bis 4 zugewiesenen Aufgaben dem hiernach zuständigen Gericht eines Landes auch für das Gebiet eines anderen Landes übertragen.

(6) Soweit nach § 142 a für die Verfolgung der Strafsachen die Zuständigkeit des Bundes begründet ist, üben diese Oberlandesgerichte Gerichtsbarkeit nach Artikel 96 Abs. 5 des Grundgesetzes aus.

(7) Soweit die Länder aufgrund von Strafverfahren, in denen die Oberlandesgerichte in Ausübung von Gerichtsbarkeit des Bundes entscheiden, Verfahrenskosten und Auslagen von Verfahrensbeteiligten zu tragen oder Entschädigungen zu leisten haben, können sie vom Bund Erstattung verlangen.

§ 120a. [Nachträgliche Anordnung der Sicherungsverwahrung]

(1) Hat im ersten Rechtszug ein Strafsenat die Anordnung der Sicherungsverwahrung vorbehalten oder in den Fällen des § 66b des Strafgesetzbuches und des § 106 Abs. 5 oder Abs. 6 des Jugendgerichtsgesetzes als Tatgericht entschieden, ist dieser Strafsenat im ersten Rechtszug für die Verhandlung und Entscheidung über die im Urteil vorbehaltene oder die nachträgliche Anordnung der Sicherungsverwahrung zuständig.

(2) In den Fällen des § 66b des Strafgesetzbuches und des § 106 Abs. 5 und 6 des Jugendgerichtsgesetzes gilt § 462a Abs. 3 Satz 2 und 3 der Strafprozessordnung entsprechend.

§ 121. [Zuständigkeit in Strafsachen in der Rechtsmittelinstanz]

(1) Die Oberlandesgerichte sind in Strafsachen ferner zuständig für die Verhandlung und Entscheidung über die Rechtsmittel:
1. der Revision gegen
   a) die mit der Berufung nicht anfechtbaren Urteile des Strafrichters;
   b) die Berufungsurteile der kleinen und großen Strafkammern;
   c) die Urteile des Landgerichts im ersten Rechtszug, wenn die Revision ausschließlich auf die Verletzung einer in den Landesgesetzen enthaltenen Rechtsnorm gestützt wird;
2. der Beschwerde gegen strafrichterliche Entscheidungen, soweit nicht die Zuständigkeit der Strafkammern oder des Bundesgerichtshofes begründet ist;
3. der Rechtsbeschwerde gegen Entscheidungen der Strafvollstreckungskammern nach den § 50 Abs. 5, §§ 116, 138 Abs. 3 des Strafvollzugsgesetzes und der Jugendkammern nach § 92 Abs. 2 des Jugendgerichtsgesetzes.

(2) Will ein Oberlandesgericht bei seiner Entscheidung nach Absatz 1 Nr. 1 a oder b von einer nach dem 1. April 1950 ergangenen, bei seiner Entscheidung nach Absatz 1 Nr. 3 von einer nach dem 1. Januar 1977 ergangenen Entscheidung eines anderen Oberlandesgerichts oder von einer Entscheidung des Bundesgerichtshofes abweichen, so hat es die Sache diesem vorzulegen.

(3) ¹Ein Land, in dem mehrere Oberlandesgerichte errichtet sind, kann durch Rechtsverordnung der Landesregierung die Entscheidungen nach Absatz 1 Nr. 3 einem Oberlandesgericht für die Bezirke mehrerer Oberlandesgerichte oder dem Obersten Landesgericht zuweisen, sofern die Zuweisung für eine sachdienliche Förderung oder schnellere Erledigung der Verfahren zweckmäßig ist. ²Die Landesregierungen können die Ermächtigung durch Rechtsverordnung auf die Landesjustizverwaltungen übertragen.

§ 122. [Besetzung der Senate]

(1) Die Senate der Oberlandesgerichte entscheiden, soweit nicht nach den Vorschriften der Prozeßgesetze an Stelle des Senats der Einzelrichter zu entscheiden hat, in der Besetzung von drei Mitgliedern mit Einschluß des Vorsitzenden.

(2) ¹Die Strafsenate entscheiden über die Eröffnung des Hauptverfahrens des ersten Rechtszuges mit einer Besetzung von fünf Richtern einschließlich des Vorsitzenden. ²Bei der Eröffnung des Hauptverfahrens beschließt der Strafsenat, daß er in der Hauptverhandlung mit drei Richtern einschließlich des Vorsitzenden besetzt ist, wenn nicht nach dem Umfang oder der Schwierigkeit der Sache die Mitwirkung zweier weiterer Richter notwendig erscheint. ³Über die Einstellung des Hauptverfahrens wegen eines Verfahrenshindernisses entscheidet der Strafsenat in der für die Hauptverhandlung bestimmten Besetzung. ⁴Ist eine Sache vom Revisionsgericht zurückverwiesen worden, kann der nunmehr zuständige Strafsenat erneut nach Satz 2 über seine Besetzung beschließen.

Neunter Titel. Bundesgerichtshof

§ 123. [Sitz]

Sitz des Bundesgerichtshofes ist Karlsruhe.

§ 124. [Besetzung]

Der Bundesgerichtshof wird mit einem Präsidenten sowie mit Vorsitzenden Richtern und weiteren Richtern besetzt.

§ 125. [Ernennung der Mitglieder]

(1) Die Mitglieder des Bundesgerichtshofes werden durch den Bundesminister der Justiz gemeinsam mit dem Richterwahlausschuß gemäß dem Richterwahlgesetz berufen und vom Bundespräsidenten ernannt.

(2) Zum Mitglied des Bundesgerichtshofes kann nur berufen werden, wer das fünfunddreißigste Lebensjahr vollendet hat.

§§ 126–129. (weggefallen)

§ 130. [Zivil- und Strafsenate; Ermittlungsrichter]

(1) ¹Bei dem Bundesgerichtshof werden Zivil- und Strafsenate gebildet und Ermittlungsrichter bestellt. ²Ihre Zahl bestimmt der Bundesminister der Justiz.

(2) Der Bundesminister der Justiz wird ermächtigt, Zivil- und Strafsenate auch außerhalb des Sitzes des Bundesgerichtshofes zu bilden und die Dienstsitze für Ermittlungsrichter des Bundesgerichtshofes zu bestimmen.

§§ 131, 131a. (weggefallen)

§ 132. [Große Senate; Vereinigte Große Senate]

(1) ¹Beim Bundesgerichtshof werden ein Großer Senat für Zivilsachen und ein Großer Senat für Strafsachen gebildet. ²Die Großen Senate bilden die Vereinigten Großen Senate.

(2) Will ein Senat in einer Rechtsfrage von der Entscheidung eines anderen Senats abweichen, so entscheiden der Große Senat für Zivilsachen, wenn ein Zivilsenat von einem anderen Zivilsenat oder von dem Großen Zivilsenat, der Große Se-

nat für Strafsachen, wenn ein Strafsenat von einem anderen Strafsenat oder von dem Großen Senat für Strafsachen, die Vereinigten Großen Senate, wenn ein Zivilsenat von einem Strafsenat oder von dem Großen Senat für Strafsachen oder ein Strafsenat von einem Zivilsenat oder von dem Großen Senat für Zivilsachen oder ein Senat von den Vereinigten Großen Senaten abweichen will.

(3) [1]Eine Vorlage an den Großen Senat oder die Vereinigten Großen Senate ist nur zulässig, wenn der Senat, von dessen Entscheidung abgewichen werden soll, auf Anfrage des erkennenden Senats erklärt hat, daß er an seiner Rechtsauffassung festhält. [2]Kann der Senat, von dessen Entscheidung abgewichen werden soll, wegen einer Änderung des Geschäftsverteilungsplanes mit der Rechtsfrage nicht mehr befaßt werden, tritt der Senat an seine Stelle, der nach dem Geschäftsverteilungsplan für den Fall, in dem abweichend entschieden wurde, zuständig wäre. [3]Über die Anfrage und die Antwort entscheidet der jeweilige Senat durch Beschluß in der für Urteile erforderlichen Besetzung; § 97 Abs. 2 Satz 1 des Steuerberatungsgesetzes und § 74 Abs. 2 Satz 1 der Wirtschaftsprüferordnung bleiben unberührt.

(4) Der erkennende Senat kann eine Frage von grundsätzlicher Bedeutung dem Großen Senat zur Entscheidung vorlegen, wenn das nach seiner Auffassung zur Fortbildung des Rechts oder zur Sicherung einer einheitlichen Rechtsprechung erforderlich ist.

(5) [1]Der Große Senat für Zivilsachen besteht aus dem Präsidenten und je einem Mitglied der Zivilsenate, der Große Senat für Strafsachen aus dem Präsidenten und je zwei Mitgliedern der Strafsenate. [2]Legt ein anderer Senat vor oder soll von dessen Entscheidung abgewichen werden, ist auch ein Mitglied dieses Senats im Großen Senat vertreten. [3]Die Vereinigten Großen Senate bestehen aus dem Präsidenten und den Mitgliedern der Großen Senate.

(6) [1]Die Mitglieder und die Vertreter werden durch das Präsidium für ein Geschäftsjahr bestellt. [2]Dies gilt auch für das Mitglied eines anderen Senats nach Absatz 5 Satz 2 und für seinen Vertreter. [3]Den Vorsitz in den Großen Senaten und den Vereinigten Großen Senaten führt der Präsident, bei Verhinderung das dienstälteste Mitglied. [4]Bei Stimmengleichheit gibt die Stimme des Vorsitzenden den Ausschlag.

§ 133. [Zuständigkeit in Zivilsachen]

In bürgerlichen Rechtsstreitigkeiten ist der Bundesgerichtshof zuständig für die Verhandlung und Entscheidung über die Rechtsmittel der Revision, der Sprungrevision und der Rechtsbeschwerde.

§§ 134, 134 a. (weggefallen)

§ 135. [Zuständigkeit in Strafsachen]

(1) In Strafsachen ist der Bundesgerichtshof zuständig zur Verhandlung und Entscheidung über das Rechtsmittel der Revision gegen die Urteile der Oberlandesgerichte im ersten Rechtszug sowie gegen die Urteile der Landgerichte im ersten Rechtszug, soweit nicht die Zuständigkeit der Oberlandesgerichte begründet ist.

(2) Der Bundesgerichtshof entscheidet ferner über Beschwerden gegen Beschlüsse und Verfügungen der Oberlandesgerichte in den in § 138 d Abs. 6 Satz 1, § 304 Abs. 4 Satz 2 und § 310 Abs. 1 der Strafprozeßordnung bezeichneten Fällen, über Beschwerden gegen Verfügungen des Ermittlungsrichters des Bundesgerichtshofes (§ 169 Abs. 1 Satz 2 der Strafprozeßordnung) in den in § 304 Abs. 5 der Strafprozeßordnung bezeichneten Fällen sowie über Anträge gegen Entscheidungen des Generalbundesanwalts in den in § 161 a Abs. 3 der Strafprozeßordnung bezeichneten Fällen.

§§ 136, 137. *(aufgehoben)*

§ 138. [Verfahren vor den Großen Senaten]

(1) ¹Die Großen Senate und die Vereinigten Großen Senate entscheiden nur über die Rechtsfrage. ²Sie können ohne mündliche Verhandlung entscheiden. ³Die Entscheidung ist in der vorliegenden Sache für den erkennenden Senat bindend.

(2) ¹Vor der Entscheidung des Großen Senats für Strafsachen oder der Vereinigten Großen Senate und in Rechtsstreitigkeiten, welche die Anfechtung einer Todeserklärung zum Gegenstand haben, ist der Generalbundesanwalt zu hören. ²Der Generalbundesanwalt kann auch in der Sitzung seine Auffassung darlegen.

(3) Erfordert die Entscheidung der Sache eine erneute mündliche Verhandlung vor dem erkennenden Senat, so sind die Beteiligten unter Mitteilung der ergangenen Entscheidung der Rechtsfrage zu der Verhandlung zu laden.

§ 139. [Besetzung der Senate]

(1) Die Senate des Bundesgerichtshofes entscheiden in der Besetzung von fünf Mitgliedern einschließlich des Vorsitzenden.

(2) ¹Die Strafsenate entscheiden über Beschwerden und Anträge auf gerichtliche Entscheidung (§ 161a Abs. 3 der Strafprozeßordnung) in der Besetzung von drei Mitgliedern einschließlich des Vorsitzenden. ²Dies gilt nicht für die Entscheidung über Beschwerden gegen Beschlüsse, durch welche die Eröffnung des Hauptverfahrens abgelehnt oder das Verfahren wegen eines Verfahrenshindernisses eingestellt wird.

§ 140. [Geschäftsordnung]

Der Geschäftsgang wird durch eine Geschäftsordnung geregelt, die das Plenum beschließt; sie bedarf der Bestätigung durch den Bundesrat.

9a. Titel. Zuständigkeit für Wiederaufnahmeverfahren in Strafsachen

§ 140a. [Zuständigkeit]

(1) ¹Im Wiederaufnahmeverfahren entscheidet ein anderes Gericht mit gleicher sachlicher Zuständigkeit als das Gericht, gegen dessen Entscheidung sich der Antrag auf Wiederaufnahme des Verfahrens richtet. ²Über einen Antrag gegen ein im Revisionsverfahren erlassenes Urteil entscheidet ein anderes Gericht der Ordnung des Gerichts, gegen dessen Urteil die Revision eingelegt war.

(2) Das Präsidium des Oberlandesgerichts bestimmt vor Beginn des Geschäftsjahres die Gerichte, die innerhalb seines Bezirks für die Entscheidungen in Wiederaufnahmeverfahren örtlich zuständig sind.

(3) ¹Ist im Bezirk eines Oberlandesgerichts nur ein Landgericht eingerichtet, so entscheidet über den Antrag, für den nach Absatz 1 das Landgericht zuständig ist, eine andere Strafkammer des Landgerichts, die vom Präsidium des Oberlandesgerichts vor Beginn des Geschäftsjahres bestimmt wird. ²Die Landesregierungen werden ermächtigt, durch Rechtsverordnung die nach Absatz 2 zu treffende Entscheidung des Präsidiums eines Oberlandesgerichts, in dessen Bezirk nur ein Landgericht eingerichtet ist, dem Präsidium eines benachbarten Oberlandesgerichts für solche Anträge zuzuweisen, für die nach Absatz 1 das Landgericht zuständig ist. ³Die Landesregierungen können die Ermächtigung durch Rechtsverordnung auf die Landesjustizverwaltungen übertragen.

(4) ¹In den Ländern, in denen nur ein Oberlandesgericht und nur ein Landgericht eingerichtet sind, gilt Absatz 3 Satz 1 entsprechend. ²Die Landesregierungen dieser Länder werden ermächtigt, mit einem benachbarten Land zu vereinbaren, daß die Aufgaben des Präsidiums des Oberlandesgerichts nach Absatz 2 einem benachbarten, zu einem anderen Land gehörenden Oberlandesgericht für Anträge übertragen werden, für die nach Absatz 1 das Landgericht zuständig ist.

(5) In den Ländern, in denen nur ein Landgericht eingerichtet ist und einem Amtsgericht die Strafsachen für die Bezirke der anderen Amtsgerichte zugewiesen sind, gelten Absatz 3 Satz 1 und Absatz 4 Satz 2 entsprechend.

(6) ¹Wird die Wiederaufnahme des Verfahrens beantragt, das von einem Oberlandesgericht im ersten Rechtszug entschieden worden war, so ist ein anderer Senat dieses Oberlandesgerichts zuständig. ²§ 120 Abs. 5 Satz 2 gilt entsprechend.

(7) Für Entscheidungen über Anträge zur Vorbereitung eines Wiederaufnahmeverfahrens gelten die Absätze 1 bis 6 entsprechend.

Zehnter Titel. Staatsanwaltschaft

§ 141. [Sitz]

Bei jedem Gericht soll eine Staatsanwaltschaft bestehen.

§ 142. [Sachliche Zuständigkeit]

(1) Das Amt der Staatsanwaltschaft wird ausgeübt:
1. bei dem Bundesgerichtshof durch einen Generalbundesanwalt und durch einen oder mehrere Bundesanwälte;
2. bei den Oberlandesgerichten und den Landgerichten durch einen oder mehrere Staatsanwälte;
3. bei den Amtsgerichten durch einen oder mehrere Staatsanwälte oder Amtsanwälte.

(2) Die Zuständigkeit der Amtsanwälte erstreckt sich nicht auf das amtsrichterliche Verfahren zur Vorbereitung der öffentlichen Klage in den Strafsachen, die zur Zuständigkeit anderer Gerichte als der Amtsgerichte gehören.

(3) Referendaren kann die Wahrnehmung der Aufgaben eines Amtsanwalts und im Einzelfall die Wahrnehmung der Aufgaben eines Staatsanwalts unter dessen Aufsicht übertragen werden.

§ 142 a. [Zuständigkeit des Generalbundesanwalts]

(1) ¹Der Generalbundesanwalt übt in den zur Zuständigkeit von Oberlandesgerichten im ersten Rechtszug gehörenden Strafsachen (§ 120 Abs. 1 und 2) das Amt der Staatsanwaltschaft auch bei diesen Gerichten aus. ²Können in den Fällen des § 120 Abs. 1 die Beamten der Staatsanwaltschaft eines Landes und der Generalbundesanwalt sich nicht darüber einigen, wer von ihnen die Verfolgung zu übernehmen hat, so entscheidet der Generalbundesanwalt.

(2) Der Generalbundesanwalt gibt das Verfahren vor Einreichung einer Anklageschrift oder einer Antragsschrift (§ 440 der Strafprozeßordnung) an die Landesstaatsanwaltschaft ab,
1. wenn es folgende Straftaten zum Gegenstand hat:
   a) Straftaten nach den §§ 82, 83 Abs. 2, §§ 98, 99 oder 102 des Strafgesetzbuches,
   b) Straftaten nach den §§ 105 oder 106 des Strafgesetzbuches, wenn die Tat sich gegen ein Organ eines Landes oder gegen ein Mitglied eines solchen Organs richtet,

c) Straftaten nach § 138 des Strafgesetzbuches in Verbindung mit einer der in Buchstabe a bezeichneten Strafvorschriften oder

d) Straftaten nach § 52 Abs. 2 des Patentgesetzes, nach § 9 Abs. 2 des Gebrauchsmustergesetzes in Verbindung mit § 52 Abs. 2 des Patentgesetzes oder nach § 4 Abs. 4 des Halbleiterschutzgesetzes in Verbindung mit § 9 Abs. 2 des Gebrauchsmustergesetzes und § 52 Abs. 2 des Patentgesetzes;

2. in Sachen von minderer Bedeutung.

(3) Eine Abgabe an die Landesstaatsanwaltschaft unterbleibt,

1. wenn die Tat die Interessen des Bundes in besonderem Maße berührt oder

2. wenn es im Interesse der Rechtseinheit geboten ist, daß der Generalbundesanwalt die Tat verfolgt.

(4) Der Generalbundesanwalt gibt eine Sache, die er nach § 120 Abs. 2 Nr. 2 bis vier oder § 74a Abs. 2 übernommen hat, wieder an die Landesstaatsanwaltschaft ab, wenn eine besondere Bedeutung des Falles nicht mehr vorliegt.

§ 143. [Örtliche Zuständigkeit]

(1) Die örtliche Zuständigkeit der Beamten der Staatsanwaltschaft wird durch die örtliche Zuständigkeit des Gerichts bestimmt, für das sie bestellt sind.

(2) Ein unzuständiger Beamter der Staatsanwaltschaft hat sich den innerhalb seines Bezirks vorzunehmenden Amtshandlungen zu unterziehen, bei denen Gefahr im Verzug ist.

(3) Können die Beamten der Staatsanwaltschaft verschiedener Länder sich nicht darüber einigen, wer von ihnen die Verfolgung zu übernehmen hat, so entscheidet der ihnen gemeinsam vorgesetzte Beamte der Staatsanwaltschaft, sonst der Generalbundesanwalt.

(4) Den Beamten einer Staatsanwaltschaft kann für die Bezirke mehrerer Land- oder Oberlandesgerichte die Zuständigkeit für die Verfolgung bestimmter Arten von Strafsachen, die Strafvollstreckung in diesen Sachen sowie die Bearbeitung von Rechtshilfeersuchen von Stellen außerhalb des räumlichen Geltungsbereichs dieses Gesetzes zugewiesen werden, sofern dies für eine sachdienliche Förderung oder schnellere Erledigung der Verfahren zweckmäßig ist; in diesen Fällen erstreckt sich die örtliche Zuständigkeit der Beamten der Staatsanwaltschaft in den ihnen zugewiesenen Sachen auf alle Gerichte der Bezirke, für die ihnen diese Sachen zugewiesen sind.

(5) [1]Die Landesregierungen werden ermächtigt, durch Rechtsverordnung einer Staatsanwaltschaft für die Bezirke mehrerer Land- oder Oberlandesgerichte die Zuständigkeit für die Strafvollstreckung und die Vollstreckung von Maßregeln der Besserung und Sicherung ganz oder teilweise zuzuweisen, sofern dies für eine sachdienliche Förderung oder schnellere Erledigung der Vollstreckungsverfahren zweckmäßig ist. [2]Die Landesregierungen können die Ermächtigung durch Rechtsverordnung den Landesjustizverwaltungen übertragen.

§ 144. [Organisation]

Besteht die Staatsanwaltschaft eines Gerichts aus mehreren Beamten, so handeln die dem ersten Beamten beigeordneten Personen als dessen Vertreter; sie sind, wenn sie für ihn auftreten, zu allen Amtsverrichtungen desselben ohne den Nachweis eines besonderen Auftrags berechtigt.

§ 145. [Befugnisse der ersten Beamten]

(1) Die ersten Beamten der Staatsanwaltschaft bei den Oberlandesgerichten und den Landgerichten sind befugt, bei allen Gerichten ihres Bezirks die Amtsverrich-

tungen der Staatsanwaltschaft selbst zu übernehmen oder mit ihrer Wahrnehmung einen anderen als den zunächst zuständigen Beamten zu beauftragen.

(2) Amtsanwälte können das Amt der Staatsanwaltschaft nur bei den Amtsgerichten versehen.

§ 145 a. (weggefallen)

§ 146. [Weisungsgebundenheit]

Die Beamten der Staatsanwaltschaft haben den dienstlichen Anweisungen ihres Vorgesetzten nachzukommen.

§ 147. [Dienstaufsicht]

Das Recht der Aufsicht und Leitung steht zu:
1. dem Bundesminister der Justiz hinsichtlich des Generalbundesanwalts und der Bundesanwälte;
2. der Landesjustizverwaltung hinsichtlich aller staatsanwaltschaftlichen Beamten des betreffenden Landes;
3. dem ersten Beamten der Staatsanwaltschaft bei den Oberlandesgerichten und den Landgerichten hinsichtlich aller Beamten der Staatsanwaltschaft ihres Bezirks.

§ 148. [Bundesanwälte]

Der Generalbundesanwalt und die Bundesanwälte sind Beamte.

§ 149. [Ernennung der Bundesanwälte]

Der Generalbundesanwalt und die Bundesanwälte werden auf Vorschlag des Bundesministers der Justiz, der der Zustimmung des Bundesrates bedarf, vom Bundespräsidenten ernannt.

§ 150. [Unabhängigkeit von den Gerichten]

Die Staatsanwaltschaft ist in ihren amtlichen Verrichtungen von den Gerichten unabhängig.

§ 151. [Ausschluss von richterlichen Geschäften]

¹Die Staatsanwälte dürfen richterliche Geschäfte nicht wahrnehmen. ²Auch darf ihnen eine Dienstaufsicht über die Richter nicht übertragen werden.

§ 152. [Ermittlungspersonen der Staatsanwaltschaft]

(1) Die Ermittlungspersonen der Staatsanwaltschaft sind in dieser Eigenschaft verpflichtet, den Anordnungen der Staatsanwaltschaft ihres Bezirks und der dieser vorgesetzten Beamten Folge zu leisten.

(2) ¹Die Landesregierungen werden ermächtigt, durch Rechtsverordnung diejenigen Beamten- und Angestelltengruppen zu bezeichnen, auf die diese Vorschrift anzuwenden ist. ²Die Angestellten müssen im öffentlichen Dienst stehen, das 21. Lebensjahr vollendet haben und mindestens zwei Jahre in den bezeichneten Beamten- oder Angestelltengruppen tätig gewesen sein. ³Die Landesregierungen können die Ermächtigung durch Rechtsverordnung auf die Landesjustizverwaltungen übertragen.

Elfter Titel. Geschäftsstelle

§ 153. [Geschäftsstelle]

(1) Bei jedem Gericht und jeder Staatsanwaltschaft wird eine Geschäftsstelle eingerichtet, die mit der erforderlichen Zahl von Urkundsbeamten besetzt wird.

(2) [1]Mit den Aufgaben eines Urkundsbeamten der Geschäftsstelle kann betraut werden, wer einen Vorbereitungsdienst von zwei Jahren abgeleistet und die Prüfung für den mittleren Justizdienst oder für den mittleren Dienst bei der Arbeitsgerichtsbarkeit bestanden hat. [2]Sechs Monate des Vorbereitungsdienstes sollen auf einen Fachlehrgang entfallen.

(3) Mit den Aufgaben eines Urkundsbeamten der Geschäftsstelle kann auch betraut werden,
1. wer die Rechtspflegerprüfung oder die Prüfung für den gehobenen Dienst bei der Arbeitsgerichtsbarkeit bestanden hat,
2. wer nach den Vorschriften über den Laufbahnwechsel die Befähigung für die Laufbahn des mittleren Justizdienstes erhalten hat,
3. wer als anderer Bewerber (§ 4 Abs. 3 des Rahmengesetzes zur Vereinheitlichung des Beamtenrechts) nach den landesrechtlichen Vorschriften in die Laufbahn des mittleren Justizdienstes übernommen worden ist.

(4) [1]Die näheren Vorschriften zur Ausführung der Absätze 1 bis 3 erlassen der Bund und die Länder für ihren Bereich. [2]Sie können auch bestimmen, ob und inwieweit Zeiten einer dem Ausbildungsziel förderlichen sonstigen Ausbildung oder Tätigkeit auf den Vorbereitungsdienst angerechnet werden können.

(5) [1]Der Bund und die Länder können ferner bestimmen, daß mit Aufgaben eines Urkundsbeamten der Geschäftsstelle auch betraut werden kann, wer auf dem Sachgebiet, das ihm übertragen werden soll, einen Wissens- und Leistungsstand aufweist, der dem durch die Ausbildung nach Absatz 2 vermittelten Stand gleichwertig ist. [2]In den Ländern Brandenburg, Mecklenburg-Vorpommern, Sachsen, Sachsen-Anhalt und Thüringen dürfen solche Personen weiterhin mit den Aufgaben eines Urkundsbeamten der Geschäftsstelle betraut werden, die bis zum 25. April 2006 gemäß Anlage I Kapitel III Sachgebiet A Abschnitt III Nr. 1 Buchstabe q Abs. 1 zum Einigungsvertrag vom 31. August 1990 (BGBl. 1990 II S. 889, 922) mit diesen Aufgaben betraut worden sind.

Zwölfter Titel. Zustellungs- und Vollstreckungsbeamte

§ 154. [Gerichtsvollzieher]

Die Dienst- und Geschäftsverhältnisse der mit den Zustellungen, Ladungen und Vollstreckungen zu betrauenden Beamten (Gerichtsvollzieher) werden bei dem Bundesgerichtshof durch den Bundesminister der Justiz, bei den Landesgerichten durch die Landesjustizverwaltung bestimmt.

§ 155. [Ausschließung des Gerichtsvollziehers]

Der Gerichtsvollzieher ist von der Ausübung seines Amts kraft Gesetzes ausgeschlossen:
   I. in bürgerlichen Rechtsstreitigkeiten:
      1. wenn er selbst Partei oder gesetzlicher Vertreter einer Partei ist oder zu einer Partei in dem Verhältnis eines Mitberechtigten, Mitverpflichteten oder Schadensersatzpflichtigen steht;

2. wenn sein Ehegatte oder Lebenspartner Partei ist, auch wenn die Ehe oder Lebenspartnerschaft nicht mehr besteht;
3. wenn eine Person Partei ist, mit der er in gerader Linie verwandt oder verschwägert, in der Seitenlinie bis zum dritten Grad verwandt oder bis zum zweiten Grad verschwägert ist oder war;

II. in Strafsachen:
1. wenn er selbst durch die Straftat verletzt ist;
2. wenn er der Ehegatte oder Lebenspartner des Beschuldigten oder Verletzten ist oder gewesen ist;
3. wenn er mit dem Beschuldigten oder Verletzten in dem unter Nummer I 3 bezeichneten Verwandtschafts- oder Schwägerschaftsverhältnis steht oder stand.

Dreizehnter Titel. Rechtshilfe

§ 156. [Rechtshilfepflicht]

Die Gerichte haben sich in bürgerlichen Rechtsstreitigkeiten und in Strafsachen Rechtshilfe zu leisten.

§ 157. [Rechtshilfegericht]

(1) Das Ersuchen um Rechtshilfe ist an das Amtsgericht zu richten, in dessen Bezirk die Amtshandlung vorgenommen werden soll.

(2) ¹Die Landesregierungen werden ermächtigt, durch Rechtsverordnung die Erledigung von Rechtshilfeersuchen für die Bezirke mehrerer Amtsgerichte einem von ihnen ganz oder teilweise zuzuweisen, sofern dadurch der Rechtshilfeverkehr erleichtert oder beschleunigt wird. ²Die Landesregierungen können diese Ermächtigung durch Rechtsverordnung auf die Landesjustizverwaltungen übertragen.

§ 158. [Ablehnung der Rechtshilfe]

(1) Das Ersuchen darf nicht abgelehnt werden.

(2) ¹Das Ersuchen eines nicht im Rechtszuge vorgesetzten Gerichts ist jedoch abzulehnen, wenn die vorzunehmende Handlung nach dem Recht des ersuchten Gerichts verboten ist. ²Ist das ersuchte Gericht örtlich nicht zuständig, so gibt es das Ersuchen an das zuständige Gericht ab.

§ 159. [Entscheidung des Oberlandesgerichts]

(1) ¹Wird das Ersuchen abgelehnt oder wird der Vorschrift des § 158 Abs. 2 zuwider dem Ersuchen stattgegeben, so entscheidet das Oberlandesgericht, zu dessen Bezirk das ersuchte Gericht gehört. ²Die Entscheidung ist nur anfechtbar, wenn sie die Rechtshilfe für unzulässig erklärt und das ersuchende und das ersuchte Gericht den Bezirken verschiedener Oberlandesgerichte angehören. ³Über die Beschwerde entscheidet der Bundesgerichtshof.

(2) Die Entscheidungen ergehen auf Antrag der Beteiligten oder des ersuchenden Gerichts ohne mündliche Verhandlung.

§ 160. [Vollstreckungen, Ladungen, Zustellungen]

Vollstreckungen, Ladungen und Zustellungen werden nach Vorschrift der Prozeßordnungen bewirkt ohne Rücksicht darauf, ob sie in dem Land, dem das Prozeßgericht angehört, oder in einem anderen deutschen Land vorzunehmen sind.

§ 161. [Vermittlung bei Beauftragung eines Gerichtsvollziehers]

¹Gerichte, Staatsanwaltschaften und Geschäftsstellen der Gerichte können wegen Erteilung eines Auftrags an einen Gerichtsvollzieher die Mitwirkung der Geschäftsstelle des Amtsgerichts in Anspruch nehmen, in dessen Bezirk der Auftrag ausgeführt werden soll. ²Der von der Geschäftsstelle beauftragte Gerichtsvollzieher gilt als unmittelbar beauftragt.

§ 162. [Vollstreckung von Freiheitsstrafen]

Hält sich ein zu einer Freiheitsstrafe Verurteilter außerhalb des Bezirks der Strafvollstreckungsbehörde auf, so kann diese Behörde die Staatsanwaltschaft des Landgerichts, in dessen Bezirk sich der Verurteilte befindet, um die Vollstreckung der Strafe ersuchen.

§ 163. [Vollstreckung, Ergreifung, Ablieferung außerhalb des Gerichtsbezirks]

Soll eine Freiheitsstrafe in dem Bezirk eines anderen Gerichts vollstreckt oder ein in dem Bezirk eines anderen Gerichts befindlicher Verurteilter zum Zwecke der Strafverbüßung ergriffen und abgeliefert werden, so ist die Staatsanwaltschaft bei dem Landgericht des Bezirks um die Ausführung zu ersuchen.

§ 164. [Kostenersatz]

(1) Kosten und Auslagen der Rechtshilfe werden von der ersuchenden Behörde nicht erstattet.

(2) Gebühren oder andere öffentliche Abgaben, denen die von der ersuchenden Behörde übersendeten Schriftstücke (Urkunden, Protokolle) nach dem Recht der ersuchten Behörde unterliegen, bleiben außer Ansatz.

§ 165. (weggefallen)

§ 166. [Gerichtliche Amtshandlungen außerhalb des Gerichtsbezirks]

Ein Gericht darf Amtshandlungen im Geltungsbereich dieses Gesetzes auch außerhalb seines Bezirks vornehmen.

§ 167. [Verfolgung von Flüchtigen über Landesgrenzen]

(1) Die Polizeibeamten eines deutschen Landes sind ermächtigt, die Verfolgung eines Flüchtigen auf das Gebiet eines anderen deutschen Landes fortzusetzen und den Flüchtigen dort zu ergreifen.

(2) Der Ergriffene ist unverzüglich an das nächste Gericht oder die nächste Polizeibehörde des Landes, in dem er ergriffen wurde, abzuführen.

§ 168. [Mitteilung von Akten]

Die in einem deutschen Land bestehenden Vorschriften über die Mitteilung von Akten einer öffentlichen Behörde an ein Gericht dieses Landes sind auch dann anzuwenden, wenn das ersuchende Gericht einem anderen deutschen Land angehört.

Vierzehnter Titel. Öffentlichkeit und Sitzungspolizei

§ 169. [Öffentlichkeit]

¹Die Verhandlung vor dem erkennenden Gericht einschließlich der Verkündung der Urteile und Beschlüsse ist öffentlich. ²Ton- und Fernseh-Rundfunkaufnahmen

sowie Ton- und Filmaufnahmen zum Zwecke der öffentlichen Vorführung oder Veröffentlichung ihres Inhalts sind unzulässig.

§ 170. [Nicht öffentliche Verhandlung in Familiensachen]

¹Die Verhandlung in Familiensachen ist nicht öffentlich. ²Dies gilt nicht für die Familiensachen des § 23b Abs. 1 Satz 2 Nr. 13 und für die Familiensachen des § 23b Abs. 1 Satz 2 Nr. 5, 6, 9 nur, soweit sie mit einer der anderen Familiensachen verhandelt werden.

§ 171. *(aufgehoben)*

§ 171a. [Ausschluß der Öffentlichkeit in Unterbringungssachen]

Die Öffentlichkeit kann für die Hauptverhandlung oder für einen Teil davon ausgeschlossen werden, wenn das Verfahren die Unterbringung des Beschuldigten in einem psychiatrischen Krankenhaus oder einer Entziehungsanstalt, allein oder neben einer Strafe, zum Gegenstand hat.

§ 171b. [Ausschluß der Öffentlichkeit zum Schutz der Privatsphäre]

(1) ¹Die Öffentlichkeit kann ausgeschlossen werden, soweit Umstände aus dem persönlichen Lebensbereich eines Prozeßbeteiligten, Zeugen oder durch eine rechtswidrige Tat (§ 11 Abs. 1 Nr. 5 des Strafgesetzbuches) Verletzten zur Sprache kommen, deren öffentliche Erörterung schutzwürdige Interessen verletzen würde, soweit nicht das Interesse an der öffentlichen Erörterung dieser Umstände überwiegt. ²Dies gilt nicht, soweit die Personen, deren Lebensbereiche betroffen sind, in der Hauptverhandlung dem Ausschluß der Öffentlichkeit widersprechen.

(2) Die Öffentlichkeit ist auszuschließen, wenn die Voraussetzungen des Absatzes 1 Satz 1 vorliegen und der Ausschluß von der Person, deren Lebensbereich betroffen ist, beantragt wird.

(3) Die Entscheidungen nach den Absätzen 1 und 2 sind unanfechtbar.

§ 172. [Gründe für Ausschluß der Öffentlichkeit]

Das Gericht kann für die Verhandlung oder für einen Teil davon die Öffentlichkeit ausschließen, wenn

1. eine Gefährdung der Staatssicherheit, der öffentlichen Ordnung oder der Sittlichkeit zu besorgen ist,
1a. eine Gefährdung des Lebens, des Leibes oder der Freiheit eines Zeugen oder einer anderen Person zu besorgen ist,
2. ein wichtiges Geschäfts-, Betriebs-, Erfindungs- oder Steuergeheimnis zur Sprache kommt, durch dessen öffentliche Erörterung überwiegende schutzwürdige Interessen verletzt würden,
3. ein privates Geheimnis erörtert wird, dessen unbefugte Offenbarung durch den Zeugen oder Sachverständigen mit Strafe bedroht ist,
4. eine Person unter sechzehn Jahren vernommen wird.

§ 173. [Öffentliche Urteilsverkündung]

(1) Die Verkündung des Urteils erfolgt in jedem Falle öffentlich.

(2) Durch einen besonderen Beschluß des Gerichts kann unter den Voraussetzungen der §§ 171b und 172 auch für die Verkündung der Urteilsgründe oder eines Teiles davon die Öffentlichkeit ausgeschlossen werden.

§ 174. [Verhandlung über Ausschluß der Öffentlichkeit; Schweigepflicht]

(1) ¹Über die Ausschließung der Öffentlichkeit ist in nicht öffentlicher Sitzung zu verhandeln, wenn ein Beteiligter es beantragt oder das Gericht es für angemessen erachtet. ²Der Beschluß, der die Öffentlichkeit ausschließt, muß öffentlich verkündet werden; er kann in nicht öffentlicher Sitzung verkündet werden, wenn zu befürchten ist, daß seine öffentliche Verkündung eine erhebliche Störung der Ordnung in der Sitzung zur Folge haben würde. ³Bei der Verkündung ist in den Fällen der §§ 171b, 172 und 173 anzugeben, aus welchem Grund die Öffentlichkeit ausgeschlossen worden ist.

(2) Soweit die Öffentlichkeit wegen Gefährdung der Staatssicherheit ausgeschlossen wird, dürfen Presse, Rundfunk und Fernsehen keine Berichte über die Verhandlung und den Inhalt eines die Sache betreffenden amtlichen Schriftstücks veröffentlichen.

(3) ¹Ist die Öffentlichkeit wegen Gefährdung der Staatssicherheit oder aus den in §§ 171b und 172 Nr. 2 und 3 bezeichneten Gründen ausgeschlossen, so kann das Gericht den anwesenden Personen die Geheimhaltung von Tatsachen, die durch die Verhandlung oder durch ein die Sache betreffendes amtliches Schriftstück zu ihrer Kenntnis gelangen, zur Pflicht machen. ²Der Beschluß ist in das Sitzungsprotokoll aufzunehmen. ³Er ist anfechtbar. ⁴Die Beschwerde hat keine aufschiebende Wirkung.

§ 175. [Versagung des Zutritts]

(1) Der Zutritt zu öffentlichen Verhandlungen kann unerwachsenen und solchen Personen versagt werden, die in einer der Würde des Gerichts nicht entsprechenden Weise erscheinen.

(2) ¹Zu nicht öffentlichen Verhandlungen kann der Zutritt einzelnen Personen vom Gericht gestattet werden. ²In Strafsachen soll dem Verletzten der Zutritt gestattet werden. ³Einer Anhörung der Beteiligten bedarf es nicht.

(3) Die Ausschließung der Öffentlichkeit steht der Anwesenheit der die Dienstaufsicht führenden Beamten der Justizverwaltung bei den Verhandlungen vor dem erkennenden Gericht nicht entgegen.

§ 176. [Sitzungspolizei]

Die Aufrechterhaltung der Ordnung in der Sitzung obliegt dem Vorsitzenden.

§ 177. [Maßnahmen zur Aufrechterhaltung der Ordnung]

¹Parteien, Beschuldigte, Zeugen, Sachverständige oder bei der Verhandlung nicht beteiligte Personen, die den zur Aufrechterhaltung der Ordnung getroffenen Anordnungen nicht Folge leisten, können aus dem Sitzungszimmer entfernt sowie zur Ordnungshaft abgeführt und während einer zu bestimmenden Zeit, die vierundzwanzig Stunden nicht übersteigen darf, festgehalten werden. ²Über Maßnahmen nach Satz 1 entscheidet gegenüber Personen, die bei der Verhandlung nicht beteiligt sind, der Vorsitzende, in den übrigen Fällen das Gericht.

§ 178. [Ordnungsmittel wegen Ungebühr]

(1) ¹Gegen Parteien, Beschuldigte, Zeugen, Sachverständige oder bei der Verhandlung nicht beteiligte Personen, die sich in der Sitzung einer Ungebühr schuldig machen, kann vorbehaltlich der strafgerichtlichen Verfolgung ein Ordnungsgeld bis zu eintausend Euro oder Ordnungshaft bis zu einer Woche festgesetzt und sofort vollstreckt werden. ²Bei der Festsetzung von Ordnungsgeld ist zugleich für den

Fall, daß dieses nicht beigetrieben werden kann, zu bestimmen, in welchem Maße Ordnungshaft an seine Stelle tritt.

(2) Über die Festsetzung von Ordnungsmitteln entscheidet gegenüber Personen, die bei der Verhandlung nicht beteiligt sind, der Vorsitzende, in den übrigen Fällen das Gericht.

(3) Wird wegen derselben Tat später auf Strafe erkannt, so sind das Ordnungsgeld oder die Ordnungshaft auf die Strafe anzurechnen.

§ 179. [Vollstreckung der Ordnungsmittel]

Die Vollstreckung der vorstehend bezeichneten Ordnungsmittel hat der Vorsitzende unmittelbar zu veranlassen.

§ 180. [Befugnisse außerhalb der Sitzung]

Die in den §§ 176 bis 179 bezeichneten Befugnisse stehen auch einem einzelnen Richter bei der Vornahme von Amtshandlungen außerhalb der Sitzung zu.

§ 181. [Beschwerde gegen Ordnungsmittel]

(1) Ist in den Fällen der §§ 178, 180 ein Ordnungsmittel festgesetzt, so kann gegen die Entscheidung binnen der Frist von einer Woche nach ihrer Bekanntmachung Beschwerde eingelegt werden, sofern sie nicht von dem Bundesgerichtshof oder einem Oberlandesgericht getroffen ist.

(2) Die Beschwerde hat in dem Falle des § 178 keine aufschiebende Wirkung, in dem Falle des § 180 aufschiebende Wirkung.

(3) Über die Beschwerde entscheidet das Oberlandesgericht.

§ 182. [Protokollierung]

Ist ein Ordnungsmittel wegen Ungebühr festgesetzt oder eine Person zur Ordnungshaft abgeführt oder eine bei der Verhandlung beteiligte Person entfernt worden, so ist der Beschluß des Gerichts und dessen Veranlassung in das Protokoll aufzunehmen.

§ 183. [Straftaten in der Sitzung]

¹Wird eine Straftat in der Sitzung begangen, so hat das Gericht den Tatbestand festzustellen und der zuständigen Behörde das darüber aufgenommene Protokoll mitzuteilen. ²In geeigneten Fällen ist die vorläufige Festnahme des Täters zu verfügen.

Fünfzehnter Titel. Gerichtssprache

§ 184. [Deutsche Sprache]

¹Die Gerichtssprache ist deutsch. ²Das Recht der Sorben, in den Heimatkreisen der sorbischen Bevölkerung vor Gericht sorbisch zu sprechen, ist gewährleistet.

§ 185. [Dolmetscher]

(1) ¹Wird unter Beteiligung von Personen verhandelt, die der deutschen Sprache nicht mächtig sind, so ist ein Dolmetscher zuzuziehen. ²Ein Nebenprotokoll in der fremden Sprache wird nicht geführt; jedoch sollen Aussagen und Erklärungen in fremder Sprache, wenn und soweit der Richter dies mit Rücksicht auf die Wichtigkeit der Sache für erforderlich erachtet, auch in der fremden Sprache in das Pro-

tokoll oder in eine Anlage niedergeschrieben werden. ³In den dazu geeigneten Fällen soll dem Protokoll eine durch den Dolmetscher zu beglaubigende Übersetzung beigefügt werden.

(2) Die Zuziehung eines Dolmetschers kann unterbleiben, wenn die beteiligten Personen sämtlich der fremden Sprache mächtig sind.

§ 186. [Verständigung mit hör- oder sprachbehinderten Personen]

(1) ¹Die Verständigung mit einer hör- oder sprachbehinderten Person in der Verhandlung erfolgt nach ihrer Wahl mündlich, schriftlich oder mit Hilfe einer die Verständigung ermöglichenden Person, die vom Gericht hinzuzuziehen ist. ²Für die mündliche und schriftliche Verständigung hat das Gericht die geeigneten technischen Hilfsmittel bereitzustellen. ³Die hör- oder sprachbehinderte Person ist auf ihr Wahlrecht hinzuweisen.

(2) Das Gericht kann eine schriftliche Verständigung verlangen oder die Hinzuziehung einer Person als Dolmetscher anordnen, wenn die hör- oder sprachbehinderte Person von ihrem Wahlrecht nach Absatz 1 keinen Gebrauch gemacht hat oder eine ausreichende Verständigung in der nach Absatz 1 gewählten Form nicht oder nur mit unverhältnismäßigem Aufwand möglich ist.

§ 187. [Dolmetscher für Beschuldigte und Nebenkläger]

(1) Das Gericht zieht für den Beschuldigten oder Verurteilten, der der deutschen Sprache nicht mächtig, hör- oder sprachbehindert ist, einen Dolmetscher oder Übersetzer heran, soweit dies zur Ausübung seiner strafprozessualen Rechte erforderlich ist.

(2) Absatz 1 gilt auch für die Personen, die nach § 395 der Strafprozessordnung zum Anschluss mit der Nebenklage berechtigt sind.

§ 188. [Eide Fremdsprachiger]

Personen, die der deutschen Sprache nicht mächtig sind, leisten Eide in der ihnen geläufigen Sprache.

§ 189. [Dolmetschereid]

(1) ¹Der Dolmetscher hat einen Eid dahin zu leisten:

daß er treu und gewissenhaft übertragen werde.

²Gibt der Dolmetscher an, daß er aus Glaubens- oder Gewissensgründen keinen Eid leisten wolle, so hat er eine Bekräftigung abzugeben. ³Diese Bekräftigung steht dem Eid gleich; hierauf ist der Dolmetscher hinzuweisen.

(2) Ist der Dolmetscher für Übertragungen der betreffenden Art im allgemeinen beeidigt, so genügt die Berufung auf den geleisteten Eid.

§ 190. [Urkundsbeamter als Dolmetscher]

¹Der Dienst des Dolmetschers kann von dem Urkundsbeamten der Geschäftsstelle wahrgenommen werden. ²Einer besonderen Beeidigung bedarf es nicht.

§ 191. [Ausschließung und Ablehnung des Dolmetschers]

¹Auf den Dolmetscher sind die Vorschriften über Ausschließung und Ablehnung der Sachverständigen entsprechend anzuwenden. ²Es entscheidet das Gericht oder der Richter, von dem der Dolmetscher zugezogen ist.

§ 191a. [Zugänglichmachung von Schriftstücken für blinde oder sehbehinderte Personen]

(1) ¹Eine blinde oder sehbehinderte Person kann nach Maßgabe der Rechtsverordnung nach Absatz 2 verlangen, dass ihr die für sie bestimmten gerichtlichen Dokumente auch in einer für sie wahrnehmbaren Form zugänglich gemacht werden, soweit dies zur Wahrnehmung ihrer Rechte im Verfahren erforderlich ist. ²Hierfür werden Auslagen nicht erhoben.

(2) Das Bundesministerium der Justiz bestimmt durch Rechtsverordnung, die der Zustimmung des Bundesrates bedarf, unter welchen Voraussetzungen und in welcher Weise die in Absatz 1 genannten Dokumente und Dokumente, die von den Parteien zur Akte gereicht werden, einer blinden oder sehbehinderten Person zugänglich gemacht werden, sowie ob und wie diese Person bei der Wahrnehmung ihrer Rechte mitzuwirken hat.

Sechzehnter Titel. Beratung und Abstimmung

§ 192. [Mitwirkende Richter und Schöffen]

(1) Bei Entscheidungen dürfen Richter nur in der gesetzlich bestimmten Anzahl mitwirken.

(2) Bei Verhandlungen von längerer Dauer kann der Vorsitzende die Zuziehung von Ergänzungsrichtern anordnen, die der Verhandlung beizuwohnen und im Falle der Verhinderung eines Richters für ihn einzutreten haben.

(3) Diese Vorschriften sind auch auf Schöffen anzuwenden.

§ 193. [Anwesenheit von auszubildenden Personen und ausländischen Juristen; Verpflichtung zur Geheimhaltung]

(1) Bei der Beratung und Abstimmung dürfen außer den zur Entscheidung berufenen Richtern nur die bei demselben Gericht zu ihrer juristischen Ausbildung beschäftigten Personen und die dort beschäftigten wissenschaftlichen Hilfskräfte zugegen sein, soweit der Vorsitzende deren Anwesenheit gestattet.

(2) ¹Ausländische Berufsrichter, Staatsanwälte und Anwälte, die einem Gericht zur Ableistung eines Studienaufenthaltes zugewiesen worden sind, können bei demselben Gericht bei der Beratung und Abstimmung zugegen sein, soweit der Vorsitzende deren Anwesenheit gestattet und sie gemäß den Absätzen 3 und 4 verpflichtet sind. ²Satz 1 gilt entsprechend für ausländische Juristen, die im Entsendestaat in einem Ausbildungsverhältnis stehen.

(3) ¹Die in Absatz 2 genannten Personen sind auf ihren Antrag zur Geheimhaltung besonders zu verpflichten. ²§ 1 Abs. 2 und 3 des Verpflichtungsgesetzes vom 2. März 1974 (BGBl. I S. 469, 547 – Artikel 42) gilt entsprechend. ³Personen, die nach Satz 1 besonders verpflichtet worden sind, stehen für die Anwendung der Vorschriften des Strafgesetzbuches über die Verletzung von Privatgeheimnissen (§ 203 Abs. 2 Satz 1 Nr. 2, Satz 2, Abs. 4 und 5, § 205), Verwertung fremder Geheimnisse (§§ 204, 205), Verletzung des Dienstgeheimnisses (§ 353b Abs. 1 Satz 1 Nr. 2, Satz 2, Abs. 3 und 4) sowie Verletzung des Steuergeheimnisses (§ 355) den für den öffentlichen Dienst besonders Verpflichteten gleich.

(4) ¹Die Verpflichtung wird vom Präsidenten oder vom aufsichtsführenden Richter des Gerichts vorgenommen. ²Er kann diese Befugnis auf den Vorsitzenden des Spruchkörpers oder auf den Richter übertragen, dem die in Absatz 2 genannten Personen zugewiesen sind. ³Einer erneuten Verpflichtung bedarf es während der Dauer des Studienaufenthaltes nicht. ⁴In den Fällen des § 355 des Strafgesetz-

buches ist der Richter, der die Verpflichtung vorgenommen hat, neben dem Verletzten antragsberechtigt.

§ 194. [Gang der Beratung]

(1) Der Vorsitzende leitet die Beratung, stellt die Fragen und sammelt die Stimmen.

(2) Meinungsverschiedenheiten über den Gegenstand, die Fassung und die Reihenfolge der Fragen oder über das Ergebnis der Abstimmung entscheidet das Gericht.

§ 195. [Keine Verweigerung der Abstimmung]

Kein Richter oder Schöffe darf die Abstimmung über eine Frage verweigern, weil er bei der Abstimmung über eine vorhergegangene Frage in der Minderheit geblieben ist.

§ 196. [Absolute Mehrheit; Meinungsmehrheit]

(1) Das Gericht entscheidet, soweit das Gesetz nicht ein anderes bestimmt, mit der absoluten Mehrheit der Stimmen.

(2) Bilden sich in Beziehung auf Summen, über die zu entscheiden ist, mehr als zwei Meinungen, deren keine die Mehrheit für sich hat, so werden die für die größte Summe abgegebenen Stimmen den für die zunächst geringere abgegebenen so lange hinzugerechnet, bis sich eine Mehrheit ergibt.

(3) [1]Bilden sich in einer Strafsache, von der Schuldfrage abgesehen, mehr als zwei Meinungen, deren keine die erforderliche Mehrheit für sich hat, so werden die dem Beschuldigten nachteiligsten Stimmen den zunächst minder nachteiligen so lange hinzugerechnet, bis sich die erforderliche Mehrheit ergibt. [2]Bilden sich in der Straffrage zwei Meinungen, ohne daß eine die erforderliche Mehrheit für sich hat, so gilt die mildere Meinung.

(4) Ergibt sich in dem mit zwei Richtern und zwei Schöffen besetzten Gericht in einer Frage, über die mit einfacher Mehrheit zu entscheiden ist, Stimmengleichheit, so gibt die Stimme des Vorsitzenden den Ausschlag.

§ 197. [Reihenfolge der Stimmabgabe]

[1]Die Richter stimmen nach dem Dienstalter, bei gleichem Dienstalter nach dem Lebensalter, ehrenamtliche Richter und Schöffen nach dem Lebensalter; der jüngere stimmt vor dem älteren. [2]Die Schöffen stimmen vor den Richtern. [3]Wenn ein Berichterstatter ernannt ist, so stimmt er zuerst. [4]Zuletzt stimmt der Vorsitzende.

§ 198. (weggefallen)

Siebzehnter Titel. Gerichtsferien

§§ 199–202. *(aufgehoben)*

Einleitung

Übersicht

	Rn.			Rn.
A. Gerichtsverfassung, Begriff	1		2. Überschneidungen	170
B. Gesetzgebungskompetenz	3		3. Parlamentarischer Untersuchungsausschuss	173
I. Verfassung 1871	4		4. Enquete-Kommission	182
II. Weimarer Verfassung 1919	5		5. Petitionen	183
III. 1933 bis 1945	6	III.	Grundrechte und Gerichtsverfassung	
IV. Zusammenbruch 1945	7		1. Umfassende Grundrechtsgeltung	184
V. 1945 bis 1949	8		2. Schutzpflicht	185
VI. Grundgesetz	9		3. Ausdrücklicher Bezug zum Gerichtsverfassungsrecht	186
1. Justizhoheit	10		4. Alle Grundrechte	187
2. Gesetzgebungskompetenz	12		a) Menschenwürde	188
3. Internationale Justizhoheit	28		b) Persönlichkeitsrecht	189
4. Organisation, Dienstaufsicht	38		c) Leben und körperliche Unversehrtheit	192
5. Einheitliches Rechtspflegegebiet	40		d) Gleichheitssatz	193
6. Besatzungsrecht	41		5. Sozialstaatsprinzip	196
7. Wiedervereinigung	43	IV.	Rechtsstaatsprinzip	197
C. Das GVG und seine Fortentwicklung	50		1. Das allgemeine Prinzip	197
I. Entstehung des GVG	50		2. Art. 19 Abs. 4 GG	198
II. Bedeutung des GVG bei seinem Erlass	51		3. Bürgerlich-rechtliche Ansprüche	200
III. Die Institutionen des GVG und ihre Weiterentwicklung.	52		4. Justizgewährungsanspruch	201
1. Richter	53		5. Missbrauch	207
2. Gerichtsbarkeit	55		6. Ausschluss des Rechtswegs	208
3. Zuständigkeit des AG	56		7. Rechtsprechungsmonopol	209
4. Besetzung und Zuständigkeit des LG	58		8. Rechtsschutz gegen Gerichte	210
5. Oberlandesgericht	64		9. Nur dem Gesetz unterworfen	211
6. Reichsgericht	65		10. Gesetzlicher Richter	214
7. Staatsanwaltschaft	66		11. Rechtliches Gehör	215
8. Andere Institutionen	67		12. Faires Verfahren	221
9. Rechtspfleger	68		13. Rechtssicherheit	228
10. Weitere Organe	69		14. Effektivität	229
IV. Änderungen des GVG	77		15. Verhältnismäßigkeit	230
D. Allgemeine Entwicklung (Justizreform)	124		16. Sicherheit des Staates	231
E. Gerichtsverfassung und GG	140		17. Ausländer, Gleichbehandlung	232
I. Gewaltenteilung	141	**F. Verfassungsgerichtsbarkeit**	233
II. Besondere Organe der rsprGewalt	161	**G. Supranationale Gerichtsbarkeit**	234
1. Ausschließlich Gerichte	162	**H. Gleichrangige Gerichtsbarkeiten**	235

A. Gerichtsverfassung, Begriff

Gerichtsverfassung ist, im weitesten Sinne verstanden und angelehnt an den allgemeinen staatsrechtlichen Begriff der „Verfassung" die **Gesamtheit der Regeln, die für die Einrichtung und die Tätigkeit der Gerichte maßgebend sind:** Vorschriften darüber, wann, von wem und in welchem Umfang die Gerichte in Anspruch genommen werden können, welche Tätigkeiten ihnen von Amts wegen übertragen sind, nach welchen Verfahrensregeln sie zu verfahren haben; damit untrennbar verbunden sind die (organisatorischen) Vorschriften, welche Gerichtsarten bestehen, wie und wo Gerichte errichtet werden und nach welchen Grundsätzen, auch mit welcher konkreten Zuständigkeit. Dazu gehört auch die Regelung, welche Personen bei Gericht tätig sind, unter welchen Voraussetzungen (z. B. Ausbildung, Auswahl, Ernennung), mit welcher funktionalen Zuständigkeit, aber auch unter wel-

1

chen persönlichen Bedingungen (Richterrecht, Beamtenrecht, Recht der Angestellten und Arbeiter einschließlich Vergütung, Disziplinarrecht, Mitbestimmung, Selbstverwaltung usw.) – und zwar nicht nur hinsichtlich der Personen, die im staatlichen Auftrag unmittelbar im Gericht als „Gerichtspersonen" tätig sind (z.B. Richter, Staatsanwälte, Rechtspfleger, Urkundsbeamte, Justizwachtmeister), sondern auch hinsichtlich solcher Personen, die im „Umfeld" des Gerichts zur Funktionsfähigkeit und konsequenten Fortsetzung der gerichtlichen Tätigkeit notwendig sind, z.B. in der Rechtsberatung, in der gesamten Vollstreckung, in der Dienstaufsicht, Justizverwaltung und in vielfältiger Hilfstätigkeit, z.B. Jugendamt und Bewährungshelfer. Dieser (extrem) weit gefasste Begriff der Gerichtsverfassung hat seine systematische Berechtigung. Er ist indessen in dieser Allgemeinheit wenig aussagekräftig, zu wenig konkret und, weil zu umfassend, unübersichtlich; er ermangelt im Ergebnis der Praktikabilität, wie er auch für die konkrete Betrachtung nicht vereinbar ist mit der historischen Entwicklung und mit der konkreten Gesetzeslage, ebenso wenig mit der verfassungsrechtlichen Abgrenzung zwischen Bund und Ländern. Der Inhalt der vom GVG geregelten Materie ist demgegenüber wesentlich enger. Es wäre deshalb auch müßig zu versuchen, einen engeren Begriff der Gerichtsverfassung zu suchen, der dem Inhalt des GVG gerecht würde und gleichwohl Allgemeingültigkeit hätte. Der Begriff „Gerichtsverfassung" nach dem GVG ist rein pragmatisch nach dem konkreten Inhalt des GVG zu bestimmen, während für den Begriff der „Gerichtsverfassung" im Sinne der Gesetzgebungskompetenz allgemeine Inhaltsbestimmungen zu suchen sind, aber enger zu ziehen als dies bei den einleitenden Bemerkungen geschehen ist.

2   Das GVG ist in mehrfacher Hinsicht nur eine **Teilregelung** der Gerichtsverfassung. Dies beruht einmal darauf, dass die Gesetzgebungskompetenz für dieses Rechtsgebiet von Anfang an zwischen Reich (Bund) und Ländern aufgeteilt war und nach der Grundstruktur des deutschen Föderalismus die Kompetenzvermutung bei den Ländern liegt. Das beruht weiter darauf, dass das GVG nur für die ordentlichen Gerichte gilt, und auch hier originär nur für die im § 13 GVG aufgeführten Zuständigkeiten (vgl. § 2 EGGVG). Soweit den ordentlichen Gerichten weitere Aufgaben übertragen sind, muss die Geltung des GVG ausdrücklich vorgeschrieben sein. Auf die anderen Gerichtsbarkeiten ist das GVG originär überhaupt nicht anwendbar, sondern nur auf Grund besonderer Verweisung. Der Charakter des GVG als Teilregelung ergibt sich weiter daraus, dass im Laufe der Entwicklung viele das Gerichtsverfassungsrecht betreffende Vorschriften außerhalb des GVG erlassen worden sind, teilweise unter Aufhebung von Vorschriften des GVG (z.B. das DRiG, aber auch das RPflG). Das GVG ist somit keine Kodifikation des Gerichtsverfassungsrechts, sondern nur eine, wenn auch die bedeutsamste, Teilregelung. Zur zeitlichen und örtlichen Geltung § 1 EGGVG.

B. Gesetzgebungskompetenz

3   Die Gesetzgebungskompetenz für das Gerichtsverfassungsrecht war von der Entstehung des GVG an den staatsrechtlichen Verhältnissen entsprechend aufgeteilt zwischen dem Zentralstaat und den Gliedstaaten, eine Aufteilung, die bis heute, wenn auch in unterschiedlicher Ausprägung und in einer stärker werdenden Tendenz zum Zentralstaat hin, andauert.

4   **I. Verfassung 1871.** In der für die aktuelle Betrachtung als Anknüpfung zu wählenden **Reichsverfassung von 1871** war durch Art. 4 Nr. 13 dem Reich die Gesetzgebung eingeräumt für das gerichtliche Verfahren; Bemühungen, auch die Gerichtsorganisation in die Zuständigkeit des Reiches zu legen, scheiterten, wenn auch aus teilweise nicht recht überschaubaren oder wenig überzeugenden Begründungen, im Ergebnis jedenfalls am föderalistischen Selbstverständnis der deutschen Einzelstaaten.[1] So wurde das GVG auch bei seiner Schaffung nicht als originäre

---

[1] *Schubert*, Die Deutsche Gerichtsverfassung, 1981 S. 55 ff.; *Kern*, Geschichte S. 86 ff.

Regelung einer einheitlichen Materie verstanden, sondern rein pragmatisch als notwendige Mindestregelung in der Erkenntnis, dass der Erlass einheitlicher Verfahrensgesetze (ZPO und StPO) nicht möglich sei, ohne gleichzeitig die Einrichtung der Gerichte, die die neuen Prozessordnungen handhaben sollen, einer gemeinsamen gesetzlichen Regelung zu unterwerfen. Dabei haben nur Gründe der Zweckmäßigkeit dazu geführt, die Vorschriften über die Einrichtung der Gerichte in einem besonderen Gesetz zusammenzustellen. Das Gesetz ist begrenzt durch den Zweck, für die gleichmäßige Anwendung der neuen Prozessordnungen die gemeinsamen Grundlagen zu schaffen.[2] Es wurde betont, der Entwurf des GVG sei Stückwerk und enthalte nur solche Vorschriften, welche notwendig sind, um die Prozessordnungen ins Leben zu rufen;[3] die Angst vor einem Einheitsstaat war nicht zu übersehen.[4] Diese Grundlegung, das GVG als „Nebengesetz, als Anfangsgesetz zu den Prozedurordnungen"[5] zu betrachten, hat seitdem keine Änderung erfahren. Die scharfe Trennung zwischen Reichs- und Landeskompetenz hielt an und ließ das GVG im sachlichen Umfang seiner Regelung weitgehend unverändert, auch wenn das Gerichtsverfassungsrecht im weiteren Sinne im Laufe der Jahre erheblich vereinheitlicht wurde.

II. Weimarer Verfassung 1919. Die **Weimarer Reichsverfassung** von 1919 übertrug dem Reich in Art. 7 Nr. 3 „das gerichtliche Verfahren einschließlich des Strafvollzugs sowie die Amtshilfe zwischen Behörden" im gleichen Umfang wie die Verfassung von 1871. Dies führte zwar zu keiner unmittelbaren Erweiterung des GVG, die im Übrigen erweiterte Kompetenz, etwa im Dienstrecht, brachte aber eine Vereinheitlichung des Gerichtsverfassungsrechts im weiteren Sinne. 5

III. 1933 bis 1945. Durch das Gesetz über den **Neuaufbau des deutschen Reichs vom 30. Januar 1934** (RGBl. I S. 71) wurden die Volksvertretungen der Länder aufgelöst und die Hoheitsrechte der Länder auf das Reich übertragen. Damit ging auch die Justizhoheit mit allen Kompetenzen auf das Reich über (Erstes Gesetz zur Überleitung der Rechtspflege auf das Reich vom 16. Februar 1934, RGBl. I S. 91). Der föderalistische Staatsaufbau wurde aufgehoben, die Gesetzgebungskompetenz ging unter Auflösung der Länder totaliter auf die Reichsgewalt über. In der Grundstruktur des GVG hat sich zwar nicht niedergeschlagen, indessen wurden seine rechtsstaatlichen und organisatorischen Inhalte durch die der damaligen „Rechtsetzung" eigenen Sondervorschriften ausgehöhlt und verändert. 6

IV. Zusammenbruch 1945. Beim **Einmarsch der alliierten Truppen** in Deutschland 1945 wurden auf Grund von Art. III der Proklamation Nr. 1 des Alliierten Oberbefehlshabers (ABlAmMilReg A S. 1) alle deutschen Gerichte geschlossen. Die Rechtspflege stand still; die gesamte Gesetzgebungskompetenz ging auf die Siegermächte über. Die Wiedereröffnung der Gerichte wurde durch das Kontrollratsgesetz Nr. 4 vom 30. Oktober 1945 über die Umgestaltung des deutschen Gerichtswesens (ABlKR S. 26) und das Gesetz Nr. 2 der amerikanischen Militärregierung (ABlAmMilReg A S. 7) legalisiert. Die Zuständigkeiten der deutschen Gerichte wurden jedoch durch Art. III des Kontrollratsgesetzes Nr. 4 eingeschränkt; zur weiteren Entwicklung Rn. 41. 7

V. 1945 bis 1949. Der **Neubeginn des Jahres 1945** nach deutschem Verfassungsrecht brachte in den vom Besatzungsrecht gezogenen Schranken in Ermangelung einer funktionsfähigen gesamtstaatlichen Organisation die umfassende Kompetenz der Länder, die zum Wiederaufbau des Rechtsstaats die Gesetzgebungskompetenz voll ausschöpfen mussten, soweit nicht vorgehende alliierte Regelungen bestanden oder dies hinderten. Ansätze zu einer länderübergreifenden Ein- 8

---

[2] *Hahn* I S. 24, 25.
[3] *Hahn* I S. 189.
[4] *Hahn* I S. 219.
[5] *Hahn* I S. 189.

heit gab es in einzelnen Besatzungszonen, so die Schaffung des Deutschen Obergerichts für das vereinigte Wirtschaftsgebiet.[6]

9 **VI. Grundgesetz.** Mit dem Inkrafttreten des GG für die BRep am 24. 5. 1949 und der Verfassung der DDR am 7. 10. 1949 begann eine getrennte Entwicklung der beiden Teile Deutschlands, die erst mit der Wiedervereinigung am 3. 10. 1990 endete (Rn. 43), jedenfalls staatsrechtlich, während die Angleichung der Rechtsordnung insgesamt und der Gerichtsverfassung noch längere Zeit in Anspruch nahm. Mit dem GG hat der traditionelle föderalistische deutsche Staatsaufbau seine verfassungsrechtliche Neugestaltung erfahren, die auch die Gerichtsverfassung umfasst.

10 **1. Justizhoheit.** Die **Justizhoheit** als Inbegriff aller staatlichen Befugnisse, Pflichten und Rechte im Zusammenhang mit der Tätigkeit der Gerichte (Ausübung der rsprGewalt) beinhaltet die gesamte Ermöglichung und Durchführung der Tätigkeit der rsprGewalt. Dazu gehören die Regelung des Umfangs des Rechtsschutzes und seiner Voraussetzungen, die Zuständigkeit der einzelnen Gerichtsarten, Vorschriften über die Einrichtung und Errichtung der Gerichte (Gerichtsverfassung), das Verfahren vor den Gerichten, die personelle und sachliche Ausstattung, Inhalt und Organisation der Aufsicht, Gnadenrecht usw. Ob die Justizhoheit dem Bund oder den Ländern zusteht, richtet sich für jede einzelne Aufgabe nach den Grundsätzen des föderalistischen Staatsaufbaus. Für die Gesetzgebung als einem der wesentlichen Teile der Justizhoheit ist durch Art. 72 Abs. 1, 74 Nr. 1 GG die Kompetenz für die Gerichtsverfassung und das Verfahrensrecht weitestgehend dem Bund übertragen. Im Übrigen geht die Grundstruktur des föderalistischen Aufbaus der BRep davon aus, dass die Justizhoheit den Ländern zusteht, soweit sie nicht ausdrücklich dem Bund zugewiesen ist, vgl. Art. 30, 70, 92 GG; das gilt insbesondere für die Organisationsgewalt und das Gnadenrecht, aber auch dafür, wem die anfallenden Kosten und Gebühren zustehen, wer sie verwaltet bis hin zur Niederschlagung (vgl. § 12 Rn. 136). Zum Inhalt der Justizhoheit Rn. 28.

11 Eine **Bundeskompetenz** besteht nur, dann aber in vollem Umfang, soweit das GG **Gerichte des Bundes** vorsieht. Soweit sie bestehen und zuständig sind, steht auch die Justizhoheit im Ganzen dem Bund zu. Die betrifft das BVerfG (Art. 93 GG), die obersten Gerichtshöfe des Bundes (Art. 95 GG) und die anderen Bundesgerichte (Art. 96 GG) einschließlich der bei ihnen tätigen Bediensteten, ebenso das Gnadenrecht (Art. 60 Abs. 2 GG). Soweit der Bund zuständig ist, muss er die Justizhoheit auch durch eigene Organe ausüben. Ausnahmsweise können jedoch Gerichte der Länder Bundesgerichtsbarkeit ausüben, nämlich in Strafverfahren nach Art. 26 Abs. 1 GG (Friedensstörung) sowie bei Völkermord, völkerstrafrechtlichen Verbrechen gegen die Menschlichkeit, Kriegsverbrechen, anderen Handlungen, die geeignet und beabsichtigt sind, das friedliche Zusammenleben der Völker zu stören, und Staatsschutzdelikten (Art. 96 Abs. 5 GG). Diese Gerichtsbarkeit des Bundes ergibt sich aus § 142a Abs. 1 GVG, wonach der GBA für die im § 120 Abs. 1, 2 GVG aufgeführten Delikte die Aufgaben der StA bei dem OLG (vgl. § 142 Abs. 1 Nr. 2 GVG) ausübt, so dass mit der Strafverfolgungskompetenz die Bundeskompetenz insgesamt gegeben ist, jedoch die gerichtliche Zuständigkeit auf Gerichte der Länder übertragen ist (§ 120 GVG), aber als Gerichtsbarkeit des Bundes (§ 120 Abs. 6 GVG) im Wege der Organleihe für den Bund. Die Zuständigkeit des OLG in diesen Fällen ändert nichts an der Justizhoheit des Bundes, insbesondere bleibt das Gnadenrecht des Art. 60 Abs. 2 GG beim Bund, während die gerichtsorganisatorischen, dienstrechtlichen und personellen Befugnisse bei den Ländern liegen.[7] Dadurch, dass die Gerichte der Länder in diesen Fällen Gerichtsbarkeit des Bundes

---

[6] *Krumme* DRiZ 1978, 69; *Caesar* NJW 1995, 1246.
[7] BTagsDrucks. V/4085 S. 3; V/4254 S. 1.

B. Gesetzgebungskompetenz   12–16 **Einleitung**

ausüben, bestehen auch gegen die Tätigkeit des GBA vor diesen Gerichten entgegen § 142 Abs. 1 Nr. 2, 3 GVG keine verfassungsrechtlichen Bedenken.[8]

2. Gesetzgebungskompetenz. Nach Art. 74 Abs. Nr. 1 GG hat der Bund die **12** konkurrierende Gesetzgebungskompetenz für die Gerichtsverfassung und das gerichtliche Verfahren. Die Kompetenz ist also im Gegensatz zu den Verfassungen von 1871 und 1919 erweitert um die „Gerichtsverfassung". Die Bestimmung des Begriffs „Gerichtsverfassung" bedarf einer Abgrenzung einerseits zum „Verfahrensrecht", andererseits zur „Gerichtsorganisation", die uneingeschränkt in die Länderkompetenz fällt (Rn. 21). „Gerichtsverfassung" im Sinne des Art. 74 Abs. Nr. 1 GG sind die Normen, die sich auf die **Errichtung und die Einrichtung von Gerichten** als Institutionen der rsprGewalt (Rn. 162 ff.) beziehen, also Art der Gerichte, ihr allgemeiner Aufbau, ihre funktionelle und sachliche Zuständigkeit, personelle Größe der Spruchkörper und Regelung der Rechtswege. Dazu gehört auch die Regelung der örtlichen Zuständigkeit, wenn sie sich darstellt als Folge der durch die Gerichtsorganisationsakte der Länder geschaffenen territorialen Gliederung der Gerichte,[9] ebenso abstrakte Normen über die Errichtung und Einrichtung von Gerichten und sowie die Festlegung der Folgen von anderwärts eingetretenen Grenzänderungen, Eingemeindungen usw., wie auch die abstrakte Regelung der örtlichen Zuständigkeit für anhängige Sachen bei Änderung der Gerichtsbezirke[10] (vgl. Gesetz vom 6. 12. 1933, Anhang). Zur Gerichtsverfassung gehört auch die Eröffnung der Möglichkeit zur Einrichtung von Zweigstellen und Gerichtstagen. Hierher gehört weiter die Festlegung der Gebühren für die Inanspruchnahme der Gerichte.[11] Die Kompetenzabgrenzung zwischen Bund und Ländern und damit zwischen Gerichtsverfassung und Gerichtsorganisation hat im Zusammenhang mit der GVVO 1935 (Anhang) erhebliche Meinungsverschiedenheiten offenbart, denen hier nicht nachgegangen werden kann.

Unter Berücksichtigung dessen, dass abstrakte Regelungen über die Einrichtung **13** und die Errichtung von Gerichten zur Gerichtsverfassung gehören, wenn und soweit sie nicht konkrete Regelungen der Gerichtsorganisation enthalten, sondern den Ländern einen Spielraum hierfür lassen, muss die Bestimmung von **Mindestgrößen** von Gerichtsbezirken im Interesse der Funktionsfähigkeit der Gerichte oder der weitgehenden Bundeseinheitlichkeit im Interesse der Rechtspflege als zulässig angesehen werden.[12]

Die Kompetenz des Bundes erstreckt sich auf **alle Gerichte und Gerichtsbar-** **14** **keiten,** also auch auf die VG,[13] ArbG, SG und FG.[14]

Art. 74 Abs. 1 Nr. 1 GG umfasst nicht nur die Gerichte im materiellen Sinne des **15** Art. 92 GG, sondern auch die in der Form eines Gerichts organisierten Behörden, zumal wenn sie dem Herkommen und der Übung nach als Gerichte angesehen und auch als solche bezeichnet werden.[15]

Zur Gerichtsverfassung gehört auch die **Abgrenzung der Zuständigkeit** der **16** Gerichte einerseits des Bundes und andererseits der Länder.[16] Das betrifft insbesondere die Regelung der Revisionsmöglichkeit zu den obersten Gerichtshöfen: hier

---

[8] BTagsDrucks. V/4085 S. 5.
[9] *Holch* DÖV 1969, 537.
[10] Vgl. *Holch* DRiZ 1970, 184.
[11] BVerfGE 11, 192, 198 = NJW 1960, 1659.
[12] *Katholnigg* DÖV 1970, 482; 817; *Hacks* DRiZ 1970, 265; *Knoche* DRiZ 1973, 267; zwar kommt auch *Holch* DÖV 1969, 540; 1970, 817 zum gleichen Ergebnis, jedoch auf Grund Art. 84 GG, in dem er den Begriff „Gerichtsverfassung" im Sinne des Art. 74 Nr. 1 GG historisch zu eng versteht, da die von ihm herangezogenen Rechtsgrundlagen nur eine Zentralkompetenz für Verfahrensrecht, nicht jedoch „Gerichtsverfassung" kannten.
[13] BVerfGE 29, 125, 137 = NJW 1970, 1838.
[14] *von Mangoldt/Klein* Art. 74 GG Rn. 23, 33.
[15] BVerfGE 11, 192, 199 = NJW 1960, 1659.
[16] BVerfGE 8, 174, 177 = NJW 1958, 2011; *Werthauer* NJW 1957, 1388.

kann der Bundesgesetzgeber den Umfang des revisiblen Rechts auch insofern bestimmen, als es sich um die Anwendung von Landesrecht handelt.[17] Andererseits ist der Bundesgesetzgeber nicht gehindert, den obersten Gerichtshöfen des Bundes auch erstinstanzliche Zuständigkeiten zuzuweisen.[18]

17 Zur Gerichtsverfassung gehört auch die Errichtung von **Gerichten für besondere Sachgebiete** (Art. 101 Abs. 2 GG), z.B. Berufsgerichte, Ehrengerichte.

18 Zur Gerichtsverfassung gehört weiter die Regelung des Inhalts und des Umfangs der **Dienstaufsicht** über die Gerichte und alle bei ihnen tätigen Personen;[19] in diesem Bereich hat die Bundeskompetenz den Vorrang vor dem Organisationsrecht der Länder. Zum Organisationsrecht der Länder gehört aber die Bestimmung der Zuständigkeit im Einzelnen, sowohl hinsichtlich der Ressortierung (Frage des Rechtspflegeministeriums, vgl. Rn. 38) als auch des organisatorischen Aufbaus und der konkreten Zuständigkeit, nicht jedoch eine Übertragung von Befugnissen auf Stellen außerhalb der Justiz oder auf Selbstverwaltungsorgane, die nicht der bundesrechtlich geregelten Dienstaufsicht institutionell zuzurechnen sind.

19 Das **Recht der Richter** gehört mit Rücksicht auf die besondere Kompetenzregelung im Art. 98 GG nicht zum Gerichtsverfassungsrecht des Art. 74 Abs. 1 Nr. 1 GG. Die Grundlagen der Kompetenzen von Bund und Ländern im Hinblick auf die Rechtsstellung der Richter in den Ländern haben Änderungen erfahren im Zuge der Föderalismusreform (Gesetz zur Änderung des Grundgesetzes vom 28. August 2006, BGBl. I S. 2034). Die Statusrechte und -pflichten unterfallen nach Art. 72 Abs. 1, 74 Abs. 1 Nr. 27 GG der konkurrierenden Gesetzgebung, die Regelung der Besoldung und der Versorgung fällt in die ausschließliche Kompetenz der Länder.[20]

20 Zur Gerichtsverfassung gehört nicht nur die durch Richter ausgeübte Tätigkeit der Gerichte, sondern auch die Tätigkeit anderer Personen, denen im Rahmen der rsprGewalt Aufgaben und Funktionen zugewiesen oder zuzuweisen sind,[21] so Aufgaben und Rechtsverhältnisse der Rechtspfleger, Staatsanwälte, Gerichtsvollzieher, Urkundsbeamten der Geschäftsstelle, ebenso die abstrakte Schaffung besonderer Einrichtungen.[22]

21 Dem gegenüber liegt die **Gerichtsorganisation** in der Kompetenz der Länder nach Art. 30, 92 GG.[23] Hierzu gehören alle Regelungen und Maßnahmen, die auf der Grundlage der institutionell vom Bund geschaffenen RSprOrgane deren Funktionsfähigkeit in den Ländern herstellen und ermöglichen. Dazu gehört vor allem die konkrete territoriale Gliederung, also Bestimmung von Sitz und Bezirk der Gerichte in concreto, Errichtung, Aufhebung, Verlegung und Auflösung von Gerichten, Änderungen des Bezirks. Eine solche Regelung bedarf, da es sich um die Regelung des gesetzlichen Richters handelt und ebenso die Unabhängigkeit des Richters tangiert werden kann wie die Gewaltenteilung, grundsätzlich der Gesetzesform (vgl. § 16 Rn. 46). Das BVerfG prüft solche Gesetze, etwa die Veränderung von bestehenden Gerichtsbezirken, am Grundsatz der Verhältnismäßigkeit in Bezug auf Gemeinwohlzwecke und auf Erforderlichkeit, etwa Beibehaltung von Traditionen, Verstärkung der Bürgernähe und Förderung der Funktionsfähigkeit der Rechtspflege durch bessere Spezialisierungsmöglichkeiten.[24] Dem Gesetzgeber steht bei solchen Organisationsakten ein weiter Gestaltungsspielraum zu; Maßstäbe sind die aus dem Rechtsstaatsprinzip folgende Pflicht zur Justizgewährung und das

---

[17] BVerfGE 10, 285, 292 ff. = NJW 1960, 763.
[18] BVerfGE 8, 174, 176 = NJW 1958, 2011.
[19] *von Mangoldt/Klein* Art. 74 GG Rn. 24.
[20] Vgl. BTagsDrucks. 16/813 S. 14.
[21] *Meister* DVBl. 1976, 826.
[22] *Meister* aaO.
[23] BVerfGE 24, 155, 166 = NJW 1969, 1291.
[24] BVerfG – K – NJW 2000, 1325.

Willkürvorbot.[25] – Dabei kann die Organisationsgewalt der Länder bei Festlegung der territorialen Gerichtsbezirke für das jeweilige Gericht nur einheitlich ausgeübt werden, es ist unzulässig, für die verschiedenen Aufgaben eines Gerichts dessen Bezirk unterschiedlich zu gestalten; wohl aber kann eine politische Gemeinde in verschiedene Gerichtsbezirke aufgeteilt sein.[26] Bundesrechtlich sind auswärtige Spruchkörper durch §§ 13a, 78, 78a, 93, 116 GVG zugelassen. Eine auf einzelne Aufgaben begrenzte Konzentration bedarf der bundesrechtlichen Ermächtigung;[27] vgl. § 13a, § 23c Rn. 4, § 58 Rn. 3. In einer solchen Konzentrationsermächtigung liegt keine Einschränkung, sondern eine Erweiterung des landesrechtlichen Organisationsrechts.[28] Dieser grundsätzliche Gesetzesvorbehalt gilt auch für die Errichtung von Zweigstellen, durch die die Zuständigkeit des Stammgerichts teilweise ausgeschlossen wird[29] (vgl. § 3 GVVO, § 14 ArbGG, § 28 SGG).

22 Trotz des grundsätzlichen Gesetzesvorbehalts für die Gerichtsorganisation ist eine beschränkte Ermächtigung des zuständigen Landesministers oder der LReg, im Wege einer VO Änderungen durchzuführen oder den Zeitpunkt des Inkrafttretens einer gesetzlichen Regelung zu bestimmen, verfassungsrechtlich unbedenklich, wenn die Voraussetzungen des Art. 80 GG gewahrt sind;[30] das ist der Fall bei den meisten Konzentrationsermächtigungen.[31] Ebenso reicht eine RechtsVO für die Einrichtung oder Aufhebung von Zweigstellen aus.[32]

23 Der Bund kann unbeschadet des Rechts der Länder auf die territoriale Bestimmung der Gerichtssitze und -bezirke im Rahmen der „Gerichtsverfassung" die Länder zur Schaffung **gemeinsamer Gerichte** ermächtigen, deren Bezirke die Landesgrenzen überschreiten. Der föderalistische Aufbau sieht nur eine Abgrenzung zwischen Bund und Ländern vor; die Kompetenz des Landes endet grundsätzlich an der Landesgrenze. Darüber hinausgehende Regelungen bedürfen, soweit bundesrechtliche Kompetenzen in Frage stehen, der bundesrechtlichen Ermächtigung. Diese Ermächtigung muss trotz des grundsätzlichen Gesetzesvorbehalts (Rn. 21) nicht stets dem Landesgesetzgeber erteilt werden, sie kann auch der LReg erteilt werden.[33]

24 Ist der Bund zur Schaffung von Bundesgerichten ermächtigt oder sind diese im GG vorgesehen, hat er nicht die konkurrierende, sondern die ausschließliche Gesetzgebungskompetenz: BVerfG (Art. 93 GG), oberste Gerichtshöfe des Bundes und deren Gemeinsamer Senat (Art. 95 GG), Bundesgericht für den gewerblichen Rechtsschutz (Art. 96 Abs. 1 GG) und Wehrstrafgerichte (Art. 96 Abs. 2 GG). Im Allgemeinen kann nur der Bundesgesetzgeber die Zuständigkeit der Bundesgerichte begründen sowie das Verfahren und den Umfang der Nachprüfungskompetenz regeln. Art. 99 GG sieht aber vor, dass durch Landesgesetz dem BVerfG und den obersten Gerichtshöfen des Bundes Entscheidungen landesrechtlicher Art übertragen werden können;[34] vgl. auch § 3 EGGVG; eine Übertragung von Sachen, bei denen es sich um die Anwendung von Landesrecht handelt, ist auch durch Bundesgesetz möglich.[35]

25 Die Gesetzgebungszuständigkeit des Bundes nach Art. 74 Abs. 1 Nr. 1 GG ist **konkurrierend,** besteht also nur unter den Voraussetzungen des Art. 72 GG und steht im Übrigen den Ländern zu (Art. 70 GG). Zwar hat der der Bundesgesetzge-

---

[25] BayVerfGH NJW 2005, 3699 zur Auflösung des BayObLG.
[26] BVerfGE 53, 100 = NJW 1980, 1618.
[27] BVerfGE 24, 155, 167 = NJW 1969, 1291.
[28] *Holch* DÖV 1969, 538.
[29] BayVGH NZS 1995, 332; *Holch* DRiZ 1970, 184.
[30] BVerfGE 27, 18, 34 = NJW 1969, 1619.
[31] BVerfGE 24, 155, 167 = NJW 1969, 1291.
[32] VGH München NJW 2005, 3737.
[33] BVerfGE 30, 103, 106 = NJW 1971, 795.
[34] BVerfGE 10, 285, 293 = NJW 1960, 763; BGH NJW 1980, 583.
[35] *Bettermann* JZ 1958, 235.

ber nicht das gesamte Gebiet der Gerichtsverfassung abschließend geregelt, so dass den Ländern die Befugnis zur Gesetzgebung verblieben ist, soweit der Bund von seinem Gesetzgebungsrecht keinen Gebrauch gemacht hat.[36] Ist aber ein der konkurrierenden Gesetzgebungskompetenz unterfallender Sachverhalt durch den Bund umfassend und erschöpfend geregelt worden, sind landesrechtliche Regelungen nur insoweit zulässig, als das Bundesrecht Vorbehalte zugunsten der Landesgesetzgebung enthält.[37] Solche finden sich in §§ 3, 8 EGGVG.

26 Fraglich ist, in welchem Umfang der **Bundesrat** an der Gesetzgebung nach Art. 74 Abs. 1 Nr. 1 GG zu beteiligen ist, und zwar durch das Zustimmungserfordernis nach Art. 84 ff. GG.[38] Da Art. 83 ff. GG die Gerichte und das gerichtliche Verfahren nicht erwähnen und Art. 92 ff. GG eingehende Regelungen für die Gerichte enthalten, erscheinen Art. 84 ff. GG nicht anwendbar.[39] Dasselbe ergibt sich aus Art. 74 Abs. 2 GG.

27 Die Gesetzgebungskompetenz des Bundes für die Gerichtsverfassung umfasst nicht die **Ehren-, Standes- oder Berufsgerichtsbarkeit;** die Kompetenz für eine solche Regelung kann sich nur aus anderen Normen ergeben, z.B. für Rechtsanwälte und Notare ebenfalls aus Art. 74 Abs. 1 Nr. 1 GG, für Disziplinargerichte gegen Beamte und Richter aus Art. 73 Nr. 8, 74 Abs. Nr. 27, 97, 98 GG; für Ärzte und andere Heilberufe aus Art. 74 Nr. 19 GG.[40]

28 **3. Internationale Justizhoheit.** Von der formellen Justizhoheit in Abgrenzung der Kompetenzen von Bund und Ländern (Rn. 10) zu trennen ist die materielle Justizhoheit (Gerichtshoheit, RSprHoheit). Sie bedeutet zusammen mit dem innerstaatlichen RSprMonopol (Rn. 209) und vorbehaltlich völkerrechtlicher Vereinbarungen (z.B. §§ 18 ff.) sowie der supranationalen Gerichtsbarkeit (§ 12 Rn. 47, § 21):

29 a) Alle **Personen,** die sich im Gebiet der BRep aufhalten, unterliegen ausschließlich und uneingeschränkt der Justizhoheit der BRep ohne Rücksicht auf ihre Staatsangehörigkeit (zur Gleichbehandlung von Ausländern Rn. 229). Ausnahmen ergeben sich aus dem Völkerrecht (§§ 18 ff.) und z.B. dem „Freien Geleit"[41] (§ 295 StPO, Art. 12 EuRhÜbk). Für deutsche Staatsbürger gilt zudem das auch aus der Schutzpflicht (Rn. 36, 185) folgende grundsätzliche Auslieferungsverbot des Art. 16 Abs. 2 GG. Ein „Verbringen" von in der BRep sich aufhaltenden Personen ins Ausland ohne die vorgeschriebene Mitwirkung der deutschen RSpr-Organe ist ein Völkerrechtsverstoß und verletzt die Rechte der BRep; inwieweit er vor einem ausländischen Gericht auch zu einem individuellen Verfahrenshindernis führt, bestimmt das nationale Recht. Wird ein deutscher Staatsangehöriger unter völkerrechtswidriger Verletzung der Gebiets- und Justizhoheit eines fremden Staates in die BRep verbracht, so unterliegt er hier der vollen Gerichtsbarkeit; der Einzelne, der von einer **völkerrechtswidrigen Maßnahme** betroffen ist, kann sich nach h.M. grundsätzlich nicht auf die vom Gewahrsamsstaat verübte Völkerrechtswidrigkeit berufen, um daraus für sich etwa strafprozessuale Vorteile herzuleiten.[42] Eine allgemeine Regel des Völkerrechts, die es dem Gerichtsstaat geböte, ein Strafverfahren einzustellen, wenn der Angeklagte unter Verletzung der Gebietshoheit eines fremden Staates mit List zur Tatbegehung und zur Einreise in den Gerichtsstaat veranlasst worden ist, besteht nicht.[43] Ein Verfahrenshindernis könnte allenfalls in Be-

---

[36] BVerfGE 56, 110 = NJW 1981, 1033.
[37] BVerfGE 48, 367 = NJW 1978, 1911.
[38] So *Meister* DVBl. 1976, 825 ff.
[39] *Katholnigg* DÖV 1970, 483; a.A. *Holch* DÖV 1969, 537.
[40] BVerfGE 4, 74, 85 = NJW 1955, 17.
[41] Vgl. BGHSt 35, 216 = NJW 1988, 3105 m. Anm. *Lagodny* StV 1989, 92.
[42] BVerfG NJW 1986, 3021; BGHSt 36, 396 = NJW 1990, 1799; St 37, 30 = NJW 1990, 1801 m.w.N.; vgl. *Schlimm* ZRP 1993, 262.
[43] BVerfG – K – NJW 1995, 651; *Rinio* JuS 1996, 393.

tracht kommen, wenn der fremde Staat seinerseits Ansprüche aus der Völkerrechtswidrigkeit geltend macht und diese ihrer Art nach der Durchführung des Verfahrens entgegenstünden.[44] Es ist indessen zu fragen, ob bei Völkerrechtsverstößen nicht doch ein Verfahrenshindernis anzunehmen ist,[45] nachdem völkerrechtliche Verträge über die („klassische") Geltung nur zwischen den Staaten hinaus den einzelnen Bürgern zunehmend Rechte auf ein rechtsstaatliches Verfahren einräumen, nicht nur im Rahmen der EG (vgl. § 12 Rn. 50), sondern auch z.B. im Rahmen des Internationalen Paktes über bürgerliche und politische Rechte (§ 12 Rn. 71). Immerhin hat der BGH[46] in einem besonderen Fall, der völkerrechtswidrigen Telefonüberwachung eines Konsulats, für die daraus gewonnenen Erkenntnisse ein strafprozessuales Verwertungsverbot anerkannt, wie er auch in der Mauerschützenentscheidung[47] die von jedem Staat und damit grenzüberschreitend zu beachtenden Menschenrechte auf Leben und Freizügigkeit betont.

b) Alle **Sachen,** die sich im Gebiet der BRep befinden oder belegen sind, unterliegen der Justizhoheit der BRep und damit nur deren Einflussbereich nach den dafür maßgebenden innerstaatlichen Normen. **30**

c) Alle **Rechtsstreitigkeiten,** für die die Gerichte der BRep zuständig sind, können auch nur durch die staatlichen Gerichte der BRep entschieden werden. Ausländische gerichtliche Tätigkeit im Gebiet der BRep ist unzulässig, sowohl in der Entscheidung als auch in Teilakten, z.B. Beweisaufnahme. **31**

Von der Justizhoheit begrifflich zu trennen ist die **internationale Zuständigkeit** deutscher Gerichte. Maßgebend hierfür sind in Zivilsachen die Bestimmungen der §§ 23 ff ZPO über die örtliche Zuständigkeit;[48] soweit die internationale Zuständigkeit nicht in Verfahrensgesetzen und nicht staatsvertraglich geregelt ist, folgt sie der örtlichen Zuständigkeit, die internationale Zuständigkeit wird durch die örtliche Zuständigkeit indiziert[49] (zu den gerichtliche Zuständigkeiten regelnden völkerrechtlichen Verträgen Rn. 35). Hiervon kann durch Parteivereinbarung abgewichen werden; deren Zulässigkeit und Wirkung richtet sich nach deutschem Prozessrecht, während das Zustandekommen dieser Vereinbarung nach dem allgemeinen Vertragsrecht derjenigen Rechtsordnung zu beurteilen ist, nach der sich auch das zugehörige, den Inhalt des gesamten Vertrages bildende materielle Rechtsverhältnis der Parteien richtet, mithin also, je nach Sachlage, entweder nach ausländischem oder deutschem Recht; das gilt auch für eine die deutsche Gerichtsbarkeit derogierende Gerichtsstandsvereinbarung.[50] – In Strafsachen ist das Recht des Staates maßgebend, in dem eine Untersuchungs- oder Verfolgungshandlung vorgenommen werden soll.[51] Hier gelten §§ 3 bis 7 StGB, §§ 7 ff. StPO. **32**

Für die Gerichte der BRep gilt die Pflicht zur **Respektierung ausländischer Justizhoheit.** RSprOrgane der BRep dürfen grundsätzlich nicht im Ausland tätig werden, sie haben sich der in vielen internationalen Abkommen geregelten, oft auch nur der vertragslos gewährten internationalen Rechtshilfe zu bedienen (vgl. § 22 Rn. 32). Eine Sonderregelung stellt die sog. Konsulargerichtsbarkeit dar. Nach § 15 KonsG (BGBl. 1974 I S. 2317) kann ein deutscher Konsularbeamter im Ausland Vernehmungen durchführen, die eine richterliche Vernehmung im Inland ersetzen, ebenso Zustellungen vornehmen (§§ 15, 16 KonsG). Personen und Sachen, die sich im Ausland befinden, unterliegen nicht der deutschen Gerichtsbarkeit; gegen **33**

---

[44] BGH NStZ 1984, 563; zur formlosen Abschiebung BGHSt 32, 332 = NJW 1984, 2956.
[45] Vgl. *Hillenkamp* NJW 1989, 2844.
[46] BGHSt 36, 396 = NJW 1990, 1799.
[47] BGH 1993, 141.
[48] StRSpr; BGH NJW 1990, 990; 1991, 3095; vgl. *Mark/Ziegenhain* NJW 1992, 3062; *Fricke* NJW 1992, 3066.
[49] BGHZ 44, 46 = NJW 1965, 1665; BAGE 93, 328 = NZA 2001, 331.
[50] BGH NJW 1997, 2885.
[51] *Meyer-Goßner* Einl. Rn. 209.

Personen im Ausland können ohne Rücksicht auf ihre Staatsangehörigkeit nicht Erscheinen, Aussageerzwingung usw. unmittelbar angeordnet werden. Der BGH[52] behandelt im Abstammungsprozess den so unerreichbaren, als nichtehelichen Vater in Anspruch Genommenen nach den Grundsätzen der Beweisvereitelung. Hiergegen bestehen Bedenken; es ist allein der Weg der internationalen Rechtshilfe möglich, mag er auch wenig Erfolg versprechend sein.[53]

34 Umgekehrt dürfen **ausländische Gerichte** nicht in der BRep tätig werden, auch keine Beweisaufnahme selbst durchführen, soweit nicht internationale Rechtshilfeabkommen dies vorsehen (und dann nur in den dafür vorgesehenen Formen) oder im Einzelfall eine Genehmigung durch die BRep erteilt wird.[54] Indessen ist nicht zu verkennen, dass vor allem US-Gerichte diese von der Staatensouveränität gezogenen Grenzen gelegentlich nicht zu respektieren bereit sind, indem sie im sog. *Discovery-Verfahren* eine verfahrensrechtlich relevante Aufforderung erlassen, dass einer Prozesspartei durch die Gegenpartei in einem fremden Staat belegene Beweismittel zur Verfügung zu stellen sind. Das muss als Souveränitätsverletzung und damit als innerstaatlich unwirksam und prozessual unzulässig angesehen werden und löst deshalb eine Schutzpflicht (Rn. 36) der BRep für die betroffene deutsche Partei aus.[55] Gelegentlich entsteht auch der Eindruck, dass zur Umgehung der deutschen Gerichte, auch des deutschen materiellen und/oder Prozessrechts oder auch nur wegen der anderweitig erhofften Beträge eine Zuständigkeit der US-Gerichte konstruiert wird, zumal US-Gesetze (z.B. ‚Alien Torts Claim Act') und RSpr hierzu einen Weg zu ebnen scheinen.[56] Ohne einen völkerrechtlich hinreichenden Anknüpfungspunkt für eine US-Gerichtsbarkeit ist auch dies als Verletzung deutscher Justizhoheit anzusehen und muss zumindest dazu führen, dass eine Anerkennung und Vollstreckung solcher Entscheidungen in der BRep in Erfüllung der staatlichen Schutzpflicht als unzulässig angesehen wird. Für gravierende Fälle hat das BVerfG[57] im Wege einer einstweiligen Anordnung die Zustellung einer vor einem ausländischen Gericht erhobenen Klage im Inland für unzulässig erklärt. Es hält zwar an dem Grundsatz fest, dass die innerstaatliche Rechtsordnung nicht zum Prüfungsmaßstab für eine Zustellung gemacht werden kann, dass fremde Rechtsordnungen grundsätzlich zu achten sind; dies kann jedoch eine Grenze dort erreichen, wo die Klage offenkundig keine substanzielle Grundlage hat. Die sich schon aus der Zustellung ergebenden Rechtsfolgen für den Empfänger können geeignet sein, ihn in seinen grundrechtlich geschützten Positionen zu beeinträchtigen; die Zustellung einer ausländischen Klage darf nicht gegen unverzichtbare Grundsätze des freiheitlichen Rechtsstaates verstoßen, sonst ist sie unzulässig.[58]

35 Die **Entscheidungen ausländischer Gerichte** haben grundsätzlich in der BRep keine rechtliche Wirkung (wie auch umgekehrt). Internationale Vereinbarungen können von diesem völkerrechtlichen Grundsatz abweichen. Für die Anerkennung und Vollstreckung von Gerichtsentscheidungen in Zivil- und Handelssachen innerhalb der EG gilt die VO 44/2001 des Rates vom 22. 12. 2000[59] (ABl. EG L 12 vom 16. 1. 2001), vorangegangen (und fortgeltend für Dänemark und Altfälle) war ein dem entsprechendes EG-Übereinkommen vom 27. 9. 1968 (BGBl. 1972 II S. 774). Generell wird für die EG „eine verbesserte gegenseitige

---

[52] BGH NJW 1986, 2371.
[53] Zur Diskussion vgl. *Stürner* JZ 1987, 45, 607; *Schröder* JZ 1987, 605.
[54] Zur Zulassung ausländischer Ermittlungsbeamter OLG Karlsruhe NJW 1992, 642.
[55] Vgl. BTagsDrucks. 9/2401; *Junker* BB 1987, 1752; *Greger* ZRP 1988, 165; *Paulus* ZZP 1991, 397 ff.; *Kurth*, Inländischer Rechtsschutz gegen Verfahren vor ausländischen Gerichten, 1989; US-Supreme Court „Aerospatiale" JZ 1987, 984; a. A. BGHZ 118, 312 = NJW 1992, 3096.
[56] *Hirte* NJW 2002, 345; *Stürner* JZ 2006, 60; zur Zuständigkeit von US-Gerichten *Winkler/Graf von der Recke* NZG 2005, 241.
[57] BVerfG NJW 2003, 2598; vgl. auch BVerfG NJW 2004, 3552; JZ 2007, 1046.
[58] Kritisch *Zekoll* NJW 2003, 2885; *Schack* AG 2006, 823.
[59] Vgl. *Piltz* NJW 2002, 789.

Anerkennung von gerichtlichen Entscheidungen angestrebt".[60] Darüber hinaus besteht eine Vielzahl von Abkommen zur gegenseitigen Anerkennung und Vollstreckung von Gerichtsentscheidungen. Neben bilateralen Abkommen sind zu nennen: Haager Zivilprozessübereinkommen vom 1. 3. 1954 (BGBl. 1958 II S. 576), Haager Abkommen über die Beweisaufnahme im Ausland in Zivil- und Handelssachen vom 18. 3. 1970 (BGBl. 1977 II S. 1472 und I S. 3105), Haager Übereinkommen über die Anerkennung und Vollstreckung von Unterhaltsentscheidungen vom 2. 10. 1973 (BGBl. 1986 II S. 826), Europäisches Übereinkommen zur Anerkennung und Vollstreckung von Sorgerechtsentscheidungen vom 20. 5. 1990 (BGBl. 1990 II S. 207); UN-Übereinkommen über die Anerkennung und Vollstreckung ausländischer Schiedssprüche vom 10. 6. 1958 (BGBl. 1961 II S. 122), Europäisches Übereinkommen über die internationale Handelsschiedsgerichtsbarkeit vom 21. 4. 1961 (BGBl. 1964 II S. 425), EG-Übereinkommen über die Vollstreckung ausländischer strafrechtlicher Verurteilungen (BGBl. 1997 II S. 1351). Alle diese Verträge gelten nach der Wiedervereinigung im gesamten Bundesgebiet, Art. 11 EV. Außerhalb solcher Abkommen bedürfen ausländische Urteile der innerstaatlichen Anerkennung, vgl. §§ 328, 722 ZPO, Art. 7 § 1 FamRÄndG, §§ 48 ff. IRG. Auf dem Gebiet der freiwilligen Gerichtsbarkeit ist jedoch ein besonderes Anerkennungsverfahren nicht erforderlich.[61] – Entsprechend gilt dies für alle Akte fremder Staaten. Es gibt keine verbindliche Regel des Völkerrechts, dass die Wirksamkeit ausländischer Hoheitsakte bei der Anwendung innerstaatlichen Rechts der gerichtlichen Nachprüfung entzogen sei[62] *("act of state doctrine")*.

Schutzpflicht. Der zwischenstaatlich zu respektierenden Justizhoheit entspricht es, dass deutsche Staatsbürger im Ausland grundsätzlich uneingeschränkt der dortigen Justizhoheit unterliegen, soweit nicht Ausnahmen vergleichbar §§ 18 ff. bestehen. Während Art. 112 WRV (ähnlich Art. 3 Abs. 6 Reichsverfassung von 1871 und § 189 Paulskirchenverfassung von 1849) bestimmte, dass dem Ausland gegenüber „alle Reichsangehörigen innerhalb und außerhalb des Reichsgebiets Anspruch auf den Schutz des Reichs" haben, fehlt im GG aus seiner Entstehungszeit her erklärbar eine solche Bestimmung. Dennoch sind die Organe der BRep zum Schutze deutscher Staatsbürger und ihrer Interessen gegenüber fremden Staaten grundsätzlich verpflichtet, auch bei ausländischen Gerichtsverfahren, die deutsche Staatsbürger betreiben oder in die sie verwickelt sind, ungeachtet des weiten politischen Ermessens hinsichtlich der konkreten Durchführung (vgl. Rn. 185). Für die EU ist hinzuweisen auf Art. 20 EGV und Art. 46 des Entwurfs der Grundrechtscharta der EU. Kennzeichnend für die jedoch oft genug nur geringe Erfolgsaussicht ist der Fall *La Grand*:[63] die Angeklagten, deutsche Staatsbürger, wurden 1999 in Arizona zum Tode verurteilt und hingerichtet, obwohl im Verfahren ihr Recht auf konsularischen Beistand nach Art. 36 Abs. 1 des Wiener Übereinkommens über konsularische Beziehungen von 1963 verletzt worden war. Dass die BRep vor dem Internationalen Gerichtshof formell obsiegt hat (gerichtliche Feststellung einer Verletzung des Wiener Übereinkommens; einstweilige, wenn auch missachtete Anordnung gegen die Hinrichtung; Verurteilung zur Zusicherung der Nicht-Wiederholung), macht in Bezug auf künftiges rechtmäßiges Staatsverhalten allenfalls langfristig hoffnungsvoll.[64]

Über die erwähnten, schon klassisch zu nennenden völkerrechtlichen Verträge hinaus wird die traditionell auf die einzelstaatliche Souveränität gestützte innerstaatliche Justizhoheit in den letzten Jahren zunehmend durch **grenzüberschreitende**

---

[60] Europäischer Rat 1999, NJW 2000, 1925.
[61] BGH NJW 1989, 2197.
[62] BGH NJW 1993, 141.
[63] Vgl. *Oellers-Frahm* NJW 2001, 3688.
[64] Auch auf den umgekehrten Fall ist hinzuweisen: BGH NStZ 2002, 168; hierzu BVerfG NJW 2007, 499.

Justiztätigkeit durchbrochen. Das gilt einmal für die im Zuge der Europäischen Einigung geschaffene europäische Gerichtsbarkeit mit unmittelbarer auch innerstaatlich wirkender Verfahrens- und Entscheidungskompetenz im gesamten Gebiet der EG-Staaten (Rn. 35; vgl. § 12 Rn. 47). Das gilt aber auch für eine über den EG-Raum hinausgreifende Vielzahl von internationalen Verträgen. Neu ist vor allem das Aufkommen einer Weltgerichtsbarkeit unter dem Dach der Vereinten Nationen (vgl. § 21).

38 **4. Organisation, Dienstaufsicht.** Zur Justizhoheit gehört die Organisation der Dienstaufsicht in den vom Bundesrecht gezogenen Grenzen. In der rechtspolitischen Diskussion spielte dabei die Frage nach einem **Rechtspflegeministerium** eine besondere Rolle, also die Zusammenfassung der Dienstaufsichtsbefugnisse wie der gesamten Justizverwaltung in der jeweiligen oberen Instanz in Bund und Ländern bei einem einzigen Ministerium. Nach der hier gefundenen Auslegung des Begriffs „Gerichtsverfassung" gehört dazu auch die grundsätzliche Regelung der Organisation der Dienstaufsicht, so dass die Länder ein Rechtspflegeministerium nur schaffen können, soweit keine bundesrechtlichen Vorschriften entgegenstehen. Dies ist der Fall für die ordentliche Gerichtsbarkeit, die Verwaltungsgerichtsbarkeit, die Finanzgerichtsbarkeit und die Sozialgerichtsbarkeit, seit dem Gesetz vom 26. 6. 1990 (BGBl. I S. 1206) auch für die Arbeitsgerichtsbarkeit.[65]

39 Von der Frage des Rechtspflegeministeriums zu trennen ist die nach der **Ressortierung der „Justiz"** innerhalb einer Landes- oder Bundesregierung. Klassisch ist das Justizministerium zuständig für alle Fragen der ordentlichen Gerichtsbarkeit, der StA und des Strafvollzugs. Ein selbstständiges Justizministerium wird mit Recht als notwendiger Ausdruck des Respekts vor der Unabhängigkeit der RSpr als selbstständiger Staatsgewalt (Art. 20, 92 GG) angesehen, wenn es auch in mancher Koalitionsverhandlung nicht gerade zu den begehrtesten Ressorts gehört. Freilich wurde das Justizressort zuweilen in einem anderen Ressort oder in Personaleinheit betreut.[66] Das fortentwickelte Verständnis von der Bedeutung der Unabhängigkeit der rsprGewalt und auch ihrer Gefährdung im allgemeinen politischen und gesellschaftlichen Rahmen hat jedoch verbreitet zu der Überzeugung geführt, dass nur ein selbstständiges Justizministerium im traditionellen Sinne für die hier zu erörternde ordentliche Gerichtsbarkeit der verfassungsrechtlichen Bedeutung und der rechtsstaatlichen Funktion der rsprGewalt in unangefochtener Unabhängigkeit entspricht.[67] So hat der VerfGH Nordrhein-Westfalen[68] die Organisationsentscheidung zur Zusammenlegung von Justiz- und Innenressort als derart bedeutungsvoll für die Verwirklichung des Rechtsstaatsprinzips und des Grundsatzes der Gewaltenteilung, für die Sicherung einer eigenständigen und unabhängigen rsprGewalt wie auch für das Vertrauen des Bürgers in deren Unabhängigkeit angesehen, dass sie nicht vom Ministerpräsidenten, sondern nur vom Gesetzgeber getroffen werden könne.[69]

40 **5. Einheitliches Rechtspflegegebiet.** Unabhängig von der Gesetzgebungskompetenz ist das gesamte Bundesgebiet ein **einheitliches Rechtspflegegebiet.** Entscheidungen, die von einem Gericht des Bundes oder des Landes gefällt werden, gelten uneingeschränkt auch in allen anderen Ländern und gegenüber allen

---

[65] Literatur: *Wittreck* S. 102 ff.; *Arndt* DRiZ 1983, 402; *von Hasseln* DRiZ 1994, 133; *Kraushaar* BB 1987, 2309; *Krasney* BKK 1987, 121; *Koch* DRiZ 1988, 159; *Lindemann* ZRP 1999, 201; *Marqua* DRiZ 1987, 446; *Plathe* ZRP 1983, 238; *Schäfke* ZRP 1983, 165.

[66] In Hessen war z.B. 1950–1963 Georg August Zinn Ministerpräsident und Minister der Justiz, was der Justiz nicht eben schlecht bekam.

[67] Vgl. *Caesar* ZRP 1998, 368; *Hochschild* LKV 1999, 14; *Prantl* DRiZ 1999, 145; *Rudolph* NJW 1998, 3094; *Voss* NJ 1998, 621; DRiZ 1999, 19; *von Arnauld* AöR 1999, 658; GBA und Generalstaatsanwälte DRiZ 1999, 9; Deutscher Richterbund DRiZ 1998, 492, DRiZ 2000, 10 und Heft 1 S. A 1; im Ergebnis ablehnend nur *Sendler* NJW 1998, 3622; 1999, 1232.

[68] NJW 1999, 1243; vgl. *Brinktrine* Jura 2000, 123.

[69] Kritisch *Böckenförde* NJW 1999, 1235; *Schütz* S. 45 ff.; *Wittreck* S. 20 ff.; 106 ff.

6. Besatzungsrecht. Die Justizhoheit der 1949 gegründeten BRep war zu- **41** nächst beschränkt durch die fortdauernden Rechte der Besatzungsmächte auf Grund der Kapitulation 1945 (Rn. 7). Diese Besatzungsrechte sind inzwischen erloschen, haben jedoch noch Bedeutung für die Bewertung zurückliegender Sachverhalte und für das Verständnis der durch die Wiedervereinigung Deutschlands (Rn. 43, 48) eingetretenen Veränderungen und die in diesem Zusammenhang abgeschlossenen völkerrechtlichen Verträge, die auch noch Beschränkungen der deutschen Justizhoheit enthalten. Mit dem Zusammenbruch 1945 ging die gesamte Staatsgewalt auf die Besatzungsmächte über. Die Gerichte wurden zunächst geschlossen; ihre Wiedereröffnung und der Erlass der für sie maßgebenden Vorschriften, auch der Gerichtsverfassung, oblag den Besatzungsmächten und nur mit deren Ermächtigung den einzelnen neu entstandenen Ländern (Rn. 7, 8, 83). Die Kompetenz der wieder eröffneten deutschen Gerichte wurde durch die Besatzungsmächte beschränkt, dann bei Gründung der BRep wieder erweitert (Gesetz Nr. 13 der Alliierten Hohen Kommission vom 25. 11. 1949, ABlAHK 1949, 54).[71] Durch den Deutschlandvertrag und den ÜberlV, beide von 1952, wurde schließlich das Besatzungsregime beendet, das Besatzungsstatut und die alliierten Dienststellen wurden aufgehoben; die BRep erhielt grundsätzlich „die volle Macht eines souveränen Staates". Jede nicht ausdrücklich vereinbarte Beschränkung der deutschen Justizhoheit, sowohl hinsichtlich der Gesetzgebung als auch der Tätigkeit der Gerichte endete, eine örtliche Ausnahme galt noch für Berlin (vgl. § 1 EGGVG). Die nach dem ÜberlV noch bestehenden Einschränkungen der deutschen Gerichtsbarkeit entfielen mit der Wiedervereinigung (Rn. 43).

Dem gegenüber war für die ehemalige DDR das Besatzungsrecht und das Ver- **42** hältnis zur dort agierenden Besatzungsmacht UdSSR nicht durch eindeutige vertragliche, jedenfalls nicht durch vollständig publizierte Normen gekennzeichnet; unter dem äußeren Schein der vollen Souveränität nahm die Besatzungsmacht vielfältige, auch auf militärische Macht gründende faktische Einflussmöglichkeiten wahr.

7. Wiedervereinigung. Mit dem Beginn des 3. Oktober 1990 trat die DDR der BRep bei. **43** Das bestimmt Art. 1 des Vertrags „zwischen der Bundesrepublik Deutschland und der Deutschen Demokratischen Republik über die Herstellung der Einheit Deutschlands – Einigungsvertrag –" vom 31. 8. 1990 (BGBl. II S. 885, 889; DDR-Gesetzbl. I S. 1627, 1629), in Kraft getreten am 29. 9. 1990 (BGBl. 1990 II S. 1360; DDR-Gesetzbl. I S. 1988), in Verbindung mit dem Beschluss der Volkskammer der DRR vom 23. August 1990 über den Beitritt der DDR zum Geltungsbereich des Grundgesetzes nach Art. 23 GG zum 3. Oktober 1990 (BGBl. 1990 I S. 2057 = DDR-Gesetzbl. 1990 I S. 1324). Art. 23 GG lautete damals in der Urfassung von 1949: „Dieses Grundgesetz gilt zunächst im Gebiete der Länder Baden, Bayern, Bremen, Groß-Berlin, Hamburg, Hessen, Niedersachsen, Nordrhein-Westfalen, Rheinland-Pfalz, Schleswig-Holstein, Württemberg-Baden und Württemberg-Hohenzollern. In anderen Teilen Deutschlands ist es nach deren Beitritt in Kraft zu setzen." Mit dem Einigungsvertrag (EV) trat am 3. Oktober 1990 die gesamtstaatliche Einigung ein. Die DDR ging als Staat unter, ihre fünf Länder wurden Länder der BRep, die ehemalige Hauptstadt der DDR wurde Teil des Bundeslandes Berlin (Art. 1 EV). Es gilt das GG (Art. 3 EV). Das „Bundesrecht", also das gesamte am Beginn des 3. 10. 1990 in der Bundesrepublik geltende Recht, gilt auch in den beitretenden Ländern, soweit nicht im Einigungsvertrag und seinen umfangreichen Anlagen etwas anderes bestimmt ist (Art. 8 EV), und es gelten alle von da ab ergehenden Bundesgesetze. Umgekehrt tritt das von der DDR gesetzte Recht außer Kraft, soweit es nicht ausdrücklich aufrechterhalten bleibt (Art. 9 EV).

Der historische Prozess der Wiedervereinigung kann hier nicht dargestellt werden.[72] Für das **44** Verständnis der gerichtsverfassungsrechtlichen Entwicklung ist von Bedeutung, dass in der DDR Gewaltenteilung, neutrale Justiz, Verfassungsgerichtsbarkeit, richterliche Unabhängigkeit und Ge-

---

[70] OLG Düsseldorf MDR 1951, 489.
[71] BVerfGE 25, 269, 279 = NJW 1969, 1059.
[72] Vgl. 3. Auflage Rn. 200 ff.

währleistung umfassenden Rechtsschutzes fehlten. Auch die Aufgabe der RSpr wurde in der DDR anders gesehen. So deklarierte Art. 90 der DDR-Verfassung (1974), dass die Rechtspflege „der Durchführung der sozialistischen Gesetzlichkeit" dient. Dementsprechend bestimmte § 3 DDR-GVG (1974), dass die Rechtsprechung zur Lösung der Aufgaben der sozialistischen Staatsmacht bei der Gestaltung der entwickelten sozialistischen Gesellschaft beizutragen hat, u. a. die sozialistischen Beziehungen der Bürger untereinander zu fördern, das sozialistische Staats- und Rechtsbewusstsein zu festigen, die Leiter der Staatsorgane bei der Wahrnehmung ihrer Verantwortung für die Gewährleistung von Gesetzlichkeit, Ordnung, Sicherheit und Disziplin zu unterstützen.[73] Ein auf Parteilinie abgestelltes Studien- und Ausbildungssystem, ein geringes Ansehen der Justiz, das sich in geringer Besoldung der Richter ebenso niederschlug wie in der schlechten technischen Ausstattung der Gerichte, traten hinzu. In dieses System gehören auch die sogenannten gesellschaftlichen Gerichte: Vor Beschreiten des Gerichtswegs mussten in vielen Streitigkeiten außergerichtliche Kommissionen angerufen werden, die „zur Durchsetzung der sozialistischen Gesetzlichkeit und zur Gewährleistung von Ordnung, Disziplin und Sicherheit in den Kombinaten, Betrieben, Städten und Gemeinden" errichtet waren.

45 Im Herbst 1989 bahnte sich in der DDR eine tiefgreifende **Wende** an, innen- wie außenpolitisch bedingt, die schließlich im Spätherbst 1989 zur DDR-Grenzöffnung nach Westen führte, und innenpolitisch dann zum schon legendär zu nennenden „Runden Tisch", einer politisch hoch bedeutsamen, aber rechtlich nicht geregelten Zusammenkunft von Repräsentanten der DDR-Machthaber mit oppositionellen Gruppen der DDR-Bevölkerung; dieser Runde Tisch entwickelte rechtspolitische Leitsätze für die weitere freiheitlich geprägte normative und gesellschaftliche Entwicklung in der DDR, orientiert an der Rechtsordnung der BRep (im damaligen Gebietsbestand). – Mit dem Zusammentreten der Ersten am 18. März 1990 frei gewählten Volksvertretung (Volkskammer) der DDR akzeleriert die Entwicklung der innerstaatlichen DDR-Gesetzgebung mit Zielrichtung auf eine Angleichung an die freiheitlich-rechtsstaatliche Rechtsordnung der BRep (vgl. die „Position zur Durchführung einer auf die Rechtsangleichung beider deutscher Staaten gerichteten Rechts- und Justizreform" der Arbeitsgruppe im Justizministerium der DDR vom April 1990, NJ 1990 Beilage zu Heft 6). – Besonders bedeutsam für diese Phase sind die Verfassungsgrundsätze vom 17. Juni 1990 (DDR-Gesetzbl. I S. 299) mit dem Bekenntnis zum Rechtsstaat, der Rechtsweggarantie auch gegen die öffentliche Gewalt sowie der Garantie der richterlichen Unabhängigkeit.

46 Höhepunkt dieser Entwicklung war der „Vertrag über die Schaffung einer Währungs-, Wirtschafts- und Sozialunion zwischen der Bundesrepublik Deutschland und der Deutschen Demokratischen Republik" vom 18. Mai 1990 (BGBl. II S. 537; DDR-Gesetzbl. I S. 331) – **Unionsvertrag** –, in Kraft getreten am 30. Juni 1990 (BGBl. II S. 700; DDR-Gesetzbl. II S. 953). Ihm liegen drei Prinzipien zugrunde: 1) Beide Staaten bleiben selbstständige Staaten. 2) Die Rechtsordnung der DDR bleibt bestehen, wird aber durch die Gesetzgebung der DRR umgestaltet. 3) Zielvorstellung dieser Umgestaltung ist die Angleichung der DDR-Rechtsordnung an die freiheitlich-rechtsstaatliche Grundordnung der BRep. – Mit diesem Vertrag änderten sich die Grundsätze des Rechtsschutzsystems und das gesamte Gerichtsverfassungsrecht in der (noch fortbestehenden) DDR grundlegend: Er enthält das Bekenntnis zur freiheitlichen, demokratischen, föderativen, rechtsstaatlichen und sozialen Grundordnung (Art. 2 Abs. 1 Satz 1) unter Aufhebung entgegenstehender Vorschriften. – In einem besonderen Art. 6 „Rechtsschutz" werden eingehende Grundsätze ausformuliert, u. a.: Garantie des Rechtsweges bei Rechtsverletzung durch die öffentliche Gewalt; Gewährleistung des gerichtlichen Rechtsschutzes einschließlich eines effektiven einstweiligen Rechtsschutzes. Außerdem übernahm die DDR die Pflicht, diese Grundsätze (zusammen mit vielen anderen im Zusammenhang mit der Währungs-, Wirtschafts- und Sozialunion) durch Änderung bestehender DDR-Gesetze und inhaltlicher Einführung vieler in der BRep geltender Gesetze umzusetzen; in Erfüllung dieses Vertrags hat die Volkskammer umfangreiche Gesetzgebungsarbeit geleistet und die Grundlagen für rechtsstaatliche Verhältnisse gelegt: Die Verfassung der DDR wurde geändert (DDR-Gesetzbl. 1990 I S. 299); das Territorium wurde in fünf Länder zuzüglich Berlin gegliedert[74] (aaO. S. 955); GVG, ZPO und StPO wurden novelliert (aaO. S. 634, 547, 526); die umfassenden Kompetenzen der Staatsanwaltschaft wurden reduziert (aaO. S. 635); die Vertragsgerichte wurden abgeschafft (aaO. S. 284), ebenso die Militärgerichte (aaO. S. 811); die gesellschaftlichen Gerichte wurden rechtsstaatlich umgestaltet (aaO. S. 505, 1527); der verwaltungsgerichtliche Rechtsschutz wurde verbessert (aaO. S. 595); ein neues Richtergesetz

---

[73] *Kissel* DB 1990, 884; *Henrichs/Kremer/Hucke* NJW 1991, 449; *Wassermann* DRiZ 1991, 438; *Werkentin* NJ 1991, 479; *Dukes* NJ 1991, 549; BezG Dresden NStZ 1992, 137; *Henrich* DRiZ 1992, 85.
[74] Vgl. *Bayer* DVBl. 1991, 1014.

B. Gesetzgebungskompetenz 47, 48 **Einleitung**

wurde erlassen (aaO. S. 637) und das Anwaltsrecht liberalisiert (aaO. S. 1504). – Im gemeinsamen Protokoll zu diesem Vertrag ist zudem bestimmt (A I Nr. 2), dass Vorschriften, die die Organe der Rechtsprechung auf die sozialistische Gesetzlichkeit, auf die sozialistische Staats- und Gesellschaftsordnung, auf das sozialistische Rechtsbewusstsein oder auf die sozialistischen Anschauungen verpflichten, nicht mehr anzuwenden sind.

Die rechtliche Gesamtkonstruktion der Wiedervereinigung bedeutet, dass auch in den neuen **47** Ländern das GVG und das ergänzend zum GVG heranzuziehende Recht gelten – immer unter dem Vorbehalt, dass der EV und seine Anlagen keine davon abweichende Regelung trafen; das war zunächst in nicht unerheblichem Ausmaß der Fall. Denn diese grundsätzliche Regelung traf in organisatorischer, personeller und sächlicher Hinsicht, von mangelnder Qualifikation und Belastung persönlicher Art aus der DDR-Vergangenheit ganz abgesehen, auf ein Gerichtsverfassungssystem, das sich in Kreisgerichten und Bezirksgerichten ganz erschöpfte mit einer Entscheidungskompetenz, die im Grunde nur Zivil-, Familien-, Straf- und Arbeitsrechtssachen umfasste, keine Angelegenheiten der freiwilligen Gerichtsbarkeit, eine Verwaltungsgerichtsbarkeit nur in ganz bescheidenen Ansätzen, keine Finanz- und keine Sozialgerichtsbarkeit. Die sofortige Übernahme der fünffach gegliederten Gerichtsbarkeit mit ihren einzelnen Gerichtsarten, ihrem Instanzenzug usw. war faktisch unmöglich.[75] Deshalb sieht der EV vor (EV J Nr. 1 Buchst. a), dass sowohl die ordentliche Gerichtsbarkeit als auch die freiw. Gerichtsbarkeit, soweit sie den Gerichten übertragen ist (dazu § 1 EGGVG Rn. 20), von den Kreis- und Bezirksgerichten, wie sie am 3. 10. 1990 bestanden haben, ebenso ausgeübt wurde wie bis zur Errichtung selbstständiger Gerichtsbarkeiten die Verwaltungs-, Finanz-, Arbeits- und Sozialgerichtsbarkeit; in den neuen Ländern gab es also (bei uneingeschränkter Kompetenz der obersten Gerichtshöfe des Bundes auch in den neuen Ländern) nur Kreisgerichte und Bezirksgerichte, die die Funktion aller Gerichte, die nach Bundesrecht bestehen, ausübten, was angesichts der unterschiedlichen Gerichtsorganisation, der Rechtsmittelzüge usw. in diesen fünf Gerichtsbarkeiten besonders für die ordentliche Gerichtsbarkeit erhebliche Anpassungsnotwendigkeiten mit sich brachte. Inzwischen ist die gerichtsverfassungsrechtliche Rechtseinheit hergestellt.

Durch die Wiedervereinigung hat die gesamte BRep seit 3. 10. 1990 die **unein- 48 geschränkte Gesetzgebungskompetenz** frei von besatzungsrechtlichen Einschränkungen erlangt, unbeschadet völkerrechtlicher Verträge. Der EV hat nicht nur Bedeutung für die Vertragschließenden (DDR und BRep), sondern auch für ihre völkerrechtlichen Vertragspartner (vgl. Art. 10 bis 12 EV), für die Besatzungsmächte und für die von ihnen aus der bedingungslosen Kapitulation von 1945 und aus den damals gebildeten militärischen Besatzungszonen einseitig hergeleiteten Besatzungsrechten und Beschränkungen der deutschen Gerichtsbarkeit. Die im Prozess der Wiedervereinigung zur Klärung der Besatzungsrechte eingeleiteten Gespräche sind unter dem Schlagwort „2+4-Gespräche" in die Rechtsgeschichte eingegangen. Sie haben zu Übereinkommen geführt, die einmal die volle Souveränität der BRep insgesamt herstellten, andererseits aber die als berechtigt anerkannten oder doch anzuerkennenden Belange der früheren Besatzungsmächte auf eine klare völkervertragsrechtliche Grundlage stellten. Zentrale Regelung ist der „Vertrag über die abschließende Regelung in Bezug auf Deutschland" vom 12. September 1990 – sog. Moskauer Vertrag – (BGBl. 1990 II S. 1317, 1318): „Das vereinte Deutschland hat demgemäß volle Souveränität über seine inneren und äußeren Angelegenheiten" (Art. 7 Abs. 2 aaO.);[76] die Feindstaatenklausel des Art. 53 der UN-Charta besteht jedoch unverändert fort. Um eine mit dem Eintritt der deutschen Einheit am 3. Oktober 1990 eintretende Rechtsunübersichtlichkeit zu vermeiden, gaben die früheren vier Besatzungsmächte eine verbindliche Erklärung ab, wonach bis zur Ratifikation die bisherigen Rechte der Besatzungsmächte ab 3. 10. 1990 ausgesetzt sind (BGBl. 1990 II S. 1331). Nach Ratifikation durch alle ehemaligen Besatzungsmächte, die jetzigen Vertragsstaaten, zuletzt der damali-

---

[75] EV BTagsDrucks. 11/7817 S. 7, 9; *Kissel* DB 1990, 884; *Heitmann* NJW 1992, 2177.
[76] Literatur: *Stern*, Einigungsvertrag und Wahlvertrag, Einführung S. 24; *Stern/Schmidt-Bleibtreu*, Zwei-plus-Vier-Vertrag, Text, Begründung, Materialien, München 1991; *Rauschning* DVBl. 1990, 1275; *Blumenwitz* NJW 1990, 3041; FS Lerche, 1993 S. 385; *Stern* BayVwBl. 1991, 523; *Fiedler* JZ 1991, 685; *Raap* BayVwBl. 1991, 196.

gen UdSSR, ist der Vertrag am 15. März 1991 in Kraft getreten (BGBl. 1991 II S. 587). Durch dieses Vertragswerk ist das gesamte Besatzungsrecht (Rn. 41) ab 3. 10. 1990 außer Kraft getreten. Das gilt auch für das Oberste Rückerstattungsgericht (BGBl. 1990 I S. 2862, Art. 9 RpflVereinfG).[77] Zu der den früheren Besatzungsmächten nunmehr vertragsrechtlich eingeräumten Immunität § 20 Rn. 21ff.

49 Das gilt auch für **Berlin** (territorial auf der Grundlage des Preuß. Gesetzes vom 27. 4. 1920, Preuß. Gesetzsamml. S. 123). Berlin wurde bei der Kapitulation 1945 zwischen den Alliierten in Besatzungszonen aufgeteilt. Der der sowjetischen Besatzungsmacht unterstellte Teil (Ost-Sektor, Ost-Berlin mit den Stadtbezirken Mitte, Friedrichshain, Prenzlauer Berg, Köpenick, Lichtenberg, Pankow, Treptow, Weißensee, Hellersdorf, Hohenschönhausen, Marzahn) wurde unter Verletzung gemeinsamer alliierter Regelungen nach und nach Teil der DDR und „Hauptstadt der DDR". Die den Westalliierten unterstehenden drei anderen Berliner Sektoren wurden von Anfang an faktisch gemeinsam und mit gleichen Rechtsnormen regiert und verwaltet, zunächst von den Alliierten, dann aufgrund der Berliner Verfassung von 1946/1950 gemeinsam als Land Berlin durch deutsche Organe. Mit Rücksicht auf alliierte Vorbehalte wegen des unverändert aufrechterhaltenen Standpunkts von der Einheit Berlins, wenn auch in vier Besatzungssektoren aufgeteilt, war dieses West-Berlin zwar ein Land der BRep, aber nicht in jeder Hinsicht mit gleicher gliedstaatlicher Rechtsstellung. Das ergab sich aus Sonderregelungen auf Grund alliierter Vorbehalte, z. B. beim Wahlrecht für den BTag, bei der Abstimmung in BTag und BRat, in der Gesetzgebung und in der RSpr. Seit der Wiedervereinigung am 3. 10. 1990 und dem Moskauer Vertrag sind diese Sonderregelungen außer Kraft getreten, das Land Berlin ist ohne Einschränkungen Bundesland der BRep, soweit nicht ausdrücklich Abweichendes geregelt ist (§ 1 EGGVG Rn. 13 ff.).

C. Das GVG und seine Fortentwicklung

50 **I. Entstehung des GVG.** Am Anfang des GVG (Rn. 4) stand ein Entwurf, den der frühere preußische Justizminister *Leonhard* für den Norddeutschen Bund erstellt hatte, der aber dort am Widerstand der Einzelstaaten scheiterte; die Sorge der Einzelstaaten (Länder) um zu große Eingriffe in ihre Landeshoheit zeichnete auch den weiteren Weg des GVG bis in die Gegenwart. Der Entwurf *Leonhards* wurde mit Rücksicht auf die einzelstaatlichen Bedenken in seinem Regelungsumfang erheblich verringert und am 12. 11. 1873 von der Reichsregierung dem Bundesrat, dann am 29. 10. 1874 dem Reichstag zugeleitet, der am 24. und 25. 11. 1874 eine erste Lesung abhielt. Der Entwurf wurde einer Reichsjustizkommission überwiesen, die ihn vom 26. 1. 1875 bis zum 14. 11. 1876 in drei Sitzungsperioden in engem Kontakt mit Reichsregierung und den Bundesstaaten eingehend behandelte; die zweite Lesung fand vom 17. bis 25. 11. 1876 im Plenum statt. Am 12. 12. 1876 erklärte der Bundesrat den Entwurf in mehreren Punkten für unannehmbar. Nach vertraulichen Verhandlungen kam es zu einem Kompromissantrag *Miquels* u. a., der in der dritten Lesung im Reichstag vom 18. bis 21. 12. 1876 mit geringen Abänderungen mit 194 zu 100 Stimmen angenommen wurde; am 22. 12. 1876 stimmte der Bundesrat zu. Ausgefertigt wurde das GVG am 27. 1. 1877 und am 7. 2. 1877 veröffentlicht (RGBl. S. 41). Es trat zusammen mit den anderen sogenannten Reichsjustizgesetzen (StPO, ZPO, KO und RechtsanwaltsO) am 1. 10. 1879 in Kraft (vgl. § 1 EGGVG).[78]

---

[77] Vgl. NJW 1991, 1875; *Kissel* NJW 1991, 945, 952.
[78] *Hahn* aaO.; *Dochow* in: *Holtzendorffs*, Handbuch des deutschen Strafprozessrechts 1879, Band 1 S. 103 ff.; *Kern*, Geschichte S. 86 ff.; *Eb. Schmidt*, Geschichte S. 412 ff.; *Sellert* JuS 1977, 781; *Bettermann* ZZP 1978, 365; *Kissel* NJW 1979, 1953; DRiZ 1980, 81; *Prütting* NJW 1980, 361; *Schubert*, Die deutsche Gerichtsverfassung, 1981 S. 55.

II. Bedeutung des GVG bei seinem Erlass. Das GVG stellt in mehrfacher 51
Hinsicht ein bedeutungsvolles Ereignis in der deutschen Rechtsgeschichte dar.[79]
Einmal schuf es ganz wesentlich Rechtseinheit und damit auch staatliche Einheit
überhaupt. Für die Zivil- und Strafsachen gab es nunmehr im gesamten Reichsgebiet einheitliche Gerichtsarten mit einheitlicher Gerichtsverfassung, zusammen mit
einem gleichzeitig in Kraft getretenen einheitlichen Verfahrensrecht (ZPO, StPO,
KO und RechtsanwaltsO; sog. Reichsjustizgesetze). Damit war eine Einheit des
gesamten Gerichtswesens erreicht, die für das materielle Recht noch längst nicht
hergestellt war. Hinzu kam, dass das GVG, von einigen landesrechtlichen Besonderheiten als frühen Vorstufen der heutigen anderen Gerichtsbarkeiten abgesehen,
im Grunde die Regelung für alle staatliche Gerichtsbarkeit darstellte. Das GVG erschöpfte sich aber nicht in der Herbeiführung der (eher formellen) Rechtseinheit,
sondern enthielt auch echte fortschrittliche Reformen, so die reichsrechtliche Gewährleistung der Unabhängigkeit der Richter, des Verbots von Ausnahmegerichten, des uneingeschränkten Zugangs zum Gericht, des Gebots der staatlichen Gerichte unter Abschaffung aller nichtstaatlichen Gerichtsbarkeiten – der privaten, der
standesherrlichen, auch der geistlichen mit Wirkungen über die religiösen Verhältnisse hinaus – und der rechtlichen Gleichheit aller vor dem Gericht.

III. Die Institutionen des GVG und ihre Weiterentwicklung. Die im 52
GVG in seiner ursprünglichen Gestalt enthaltenen Regelungen haben im Laufe der
mehr als 100jährigen Entwicklung teilweise eine erhebliche Umgestaltung erfahren,[80] andere sind nahezu unverändert bestehen geblieben. Dem Gesamtverständnis
dient es, die ursprüngliche Konzeption und ihre rechtsgeschichtliche Fortentwicklung wenigstens skizzenhaft darzustellen:

1. Richter (§§ 1 bis 11 GVG a. F.). Die richterliche Gewalt wird durch unab- 53
hängige, nur dem Gesetz unterworfene Gerichte ausgeübt (§ 1); zur Stärkung der
Unabhängigkeit und der Rechtseinheit folgten Vorschriften über den Erwerb der
Fähigkeit zum Richteramt und ihre Anerkennung im gesamten Reichsgebiet, die
Freizügigkeit, die Ernennung der Richter auf Lebenszeit und die Gewährleistung
eines festen Gehaltes mit Ausschluss von Gebühren, hinsichtlich dessen der
Rechtsweg nicht ausgeschlossen werden darf. Daneben enthält das GVG erste Ansätze des richterlichen Statusrechts. Richter können wider ihren Willen nur Kraft
richterlicher Entscheidung und nur aus den Gründen und in den Formen, welche
die Gesetze bestimmen, dauernd oder zeitweise ihres Amtes enthoben oder an eine
andere Stelle oder in den Ruhestand versetzt werden. – Ursprünglich war der Beruf des Richters ausschließlich den Männern vorbehalten, wie überhaupt alle Tätigkeit in der Justiz und im öffentlichen Dienst.[81] Erstmals Ende 1916 (RGBl. I
S. 1362) wurde es für zulässig erklärt, die Amtsgeschäfte der Gerichtsschreiber
einstweilig **Frauen** zu übertragen. Das Gesetz vom 25. 4. 1922 (RGBl. I S. 465)
ermöglichte erstmals die Mitwirkung von Frauen als Schöffen mit dem Zusatz:
„Mindestens ein Schöffe muss ein Mann sein". Erst durch das Gesetz über die Zulassung der Frauen zu den Ämtern und Berufen der Rechtspflege vom 11. 7. 1922
(RGBl. I S. 573) konnten Frauen die Fähigkeit zum Richteramt erwerben und zu
Richtern ernannt werden, wie sie auch zu Handelsrichtern, Rechtsanwälten, Gerichtsschreibern und Gerichtsvollziehern ernannt werden konnten. Das Gesetz vom
30. 5. 1932 (RGBl. I S. 245) sah die Entlassung verheirateter Frauen aus dem
Staatsdienst vor, wenn ihre wirtschaftliche Versorgung nach der Höhe des Familieneinkommens dauernd gesichert erschien. Das Gesetz vom 30. 6. 1933 (RGBl. I
S. 433) änderte in Kapitel II den § 1a des Reichsbeamtengesetzes dahin, dass weibliche Personen als planmäßige Reichsbeamte (und damit auch als Richter) erst nach

---
[79] Vgl. *Kissel* NJW 2004, 2872; 1979, 1954; DRiZ 1980, 82.
[80] Vgl. *Kissel* NJW 1979, 1955.
[81] *Böhm* DRiZ 1986, 365; *Rosenbusch* JuS 1997, 1062.

Vollendung des 35. Lebensjahres berufen werden durften. Nach § 1 der VO vom 28. 1. 1939 (RGBl. I S. 371) konnten die Verheirateten aus dem Beamtenverhältnis entlassen werden.[82] Heute besteht rechtlich volle Gleichberechtigung;[83] das Geschlecht des Richters ist ohne Bedeutung für die Frage des gesetzlichen Richters[84] (vgl. § 29 Rn. 4). Jedoch bestimmen § 35 Abs. 1 Satz 2 JGG, dass zu Jugendschöffen eine gleiche Anzahl von Frauen und Männern gewählt werden müssen (vgl. § 42 Rn. 24), und § 33a JGG, dass zu jeder Hauptverhandlung als Jugendschöffen ein Mann und eine Frau herangezogen werden.

54 Bei Inkrafttreten des GVG war es allein der Richter, der als das Gericht nach außen in Erscheinung trat und handelte. Auch heute geht der Text davon aus, dass alle gesetzlichen Aufgaben der Gerichten vom Richter ausgeübt werden, soweit sie nicht lediglich unterstützender Art sind. Welche statusrechtliche Qualifikation Voraussetzung für die Ausübung der einzelnen gerichtlichen Tätigkeiten ist und welche gerichtlichen Tätigkeiten bestimmten Laufbahngruppen übertragen sind, bleibt, soweit das GVG keine ausdrückliche Zuweisungsvorschrift enthält, den Verfahrensordnungen und teilweise auch dem öffentlichen Dienstrecht überlassen.

55 **2. Gerichtsbarkeit (§§ 12 bis 21 a. F.).** Entgegen der Überschrift regeln diese Vorschriften nicht Umfang und Wesen der Gerichtsbarkeit, sondern (abgesehen von Exemtionen) nur Organisatorisches. Das System des Gerichtsaufbaus (AG, LG, OLG, RG = BGH) hat sich nicht geändert, ebenso wenig die Grundaussage des § 13 über den Rechtsweg, wenngleich die Schaffung weiterer Gerichtsbarkeiten erhebliche inhaltliche Änderungen brachte (vgl. Rn. 235). Der ursprünglich weit gezogene Kreis möglicher besonderer Gerichte (z.B. für die Ablösung von dinglichen Rechten, für Auseinandersetzungen usw., Gemeindegerichte und Gewerbegerichte) war ein historisch bedingter Kompromiss in dem Bemühen, die verwirrende Vielfalt einzelstaatlicher Gerichte zu beseitigen; geblieben sind nur noch die Schifffahrtsgerichte (§ 14). Dass die Gerichte staatliche Gerichte sind (§ 15 a. F.), spricht der Gesetzestext heute nicht mehr ausdrücklich an; dass die verfassungsmäßige Gerichtsbarkeit nur staatlich sein kann, ist heute selbstverständlich (vgl. § 16 Rn. 72). Ursprünglich aber war die Bestimmung notwendig und enthielt eine bedeutsame Reform, nämlich die Aufhebung aller Privatgerichtsbarkeit, ebenso der Präsentationsrechte bei der personellen Besetzung der Gerichte. Auch die Vorschrift, dass die geistliche Gerichtsbarkeit ohne „bürgerliche" Wirkung ist, entfiel als etwas heute Selbstverständliches (Art. 140 GG). Das Verbot von Ausnahmegerichten und die Garantie des gesetzlichen Richters sind trotz Art. 101 Abs. 1 GG nach wie vor auch im GVG statuiert; die früher noch vorgesehenen Kriegs- und Standgerichte sind nach heutigem Verfassungsverständnis aber nicht mehr zulässig.

56 **3. Zuständigkeit des AG (§§ 22 ff.).** In bürgerlichen Rechtsstreitigkeiten ist die von Anfang an bestehende Zuständigkeit des Einzelrichters unverändert aufrechterhalten, gerade mit Rücksicht darauf wurde die Zuständigkeit des AG in der Folge erweitert (vgl. § 23 Rn. 2). Die Regelung der sachlichen Zuständigkeit des AG hat wesentliche Veränderungen erfahren. Ursprünglich war das AG zuständig für Streitigkeiten über vermögensrechtliche Ansprüche bis zu 300 Mark (zur Entwicklung im Einzelnen § 23 Rn. 4). Ungleich bedeutsamer ist die Entwicklung der Zuständigkeit ohne Rücksicht auf den Wert des Streitgegenstandes. Ursprünglich war das AG hier zuständig für Streitigkeiten zwischen Vermietern und Mietern, zwischen Reisenden und Wirten, Fuhrleuten, Flößern, usw., wegen Viehmängeln und Wildschaden sowie für das Aufgebotsverfahren – insoweit heute kaum verän-

---

[82] Zu den außergesetzlichen subtilen Maßnahmen zur Benachteiligung der Frauen *Meier-Scherling* DRiZ 1975, 10; *Rüping* JR 1976, 270; *Evans-von Krbek* DRiZ 1978, 293.
[83] Vgl. aber zur Praxis DRiZ 1987, 494; 1988, 233; 1990, 72; 1992, 430; *Hassels/Hommerich*, Frauen in der Justiz, 1993; *Jaeger* DRiZ 1996, 123; *Sokol* DRiZ 1996, 126; *Weber-Hassemer* DRiZ 1996, 130.
[84] OLG Köln NJW 1972, 911.

dert nach § 23 Nr. 2 Buchst. a, b, d, h. Das AG war weiter zuständig für Streitigkeiten zwischen „Dienstherrschaft und Gesinde, zwischen Arbeitgebern und Arbeitern sowie der im § 108 GewO bezeichneten Streitigkeiten"; diese Zuständigkeit ist auf die ArbG übergegangen. Die Zuständigkeit des AG für „Ansprüche aus dem außerehelichen Beischlafe" ist heute in der allgemeinen Zuständigkeit nach § 23a aufgegangen.

In **Strafsachen** entschied anfänglich das AG ausschließlich durch das SchöffenG; hierin zeigte sich die starke Betonung der Laiengerichtsbarkeit. Erst durch die Emminger-Reform 1924 (Rn. 80) wurde der Einzelrichter in Strafsachen eingeführt (§ 24 Rn. 2). Die sachliche Zuständigkeit des AG in Strafsachen ging ursprünglich aus von der Trennung der Strafsachen in Übertretungen, Vergehen und Verbrechen. Das AG war zuständig für alle Übertretungen und nicht für Verbrechen. Für Vergehen war es zuständig: soweit sie mit Gefängnis bis zu 3 Monaten oder einer Geldstrafe von höchstens 600 Mark bedroht waren; für die im Wege der Privatklage verfolgten Delikte; für Diebstahl, Unterschlagung, Betrug und Sachbeschädigung bei einem Schaden bis zu 25 Mark; bei Begünstigung und Hehlerei, wenn für das Hauptdelikt das AG zuständig war (§ 27 a. F.). **57**

4. Besetzung und Zuständigkeit des LG (§§ 58 ff.). In Zivilsachen entschied das LG durch Zivilkammern, besetzt mit 3 Berufsrichtern (zur KfH Rn. 63). Das Institut des Einzelrichters beim LG, geregelt in der ZPO, war bei Inkrafttreten des GVG unbekannt (Rn. 80). Die Zuständigkeit des LG in bürgerlichen Rechtsstreitigkeiten besteht, soweit nicht das AG zuständig ist. In vermögensrechtlichen Streitigkeiten war das LG also zuständig bei einem Streitwert über 300 Mark, soweit nicht die Sachen dem AG ohne Rücksicht auf den Wert des Streitgegenstandes übertragen sind; ausschließlich zuständig war das LG für im Einzelnen aufgeführte vermögensrechtliche Streitigkeiten wegen bestimmter Abgaben sowie für Ansprüche der Beamten gegen den Dienstherrn und Haftungsansprüche gegen Beamte. In nichtvermögensrechtlichen Streitigkeiten war das LG stets zuständig. **58**

In Strafsachen ist das LG erstinstanzlich für alle Sachen zuständig, die nicht in die Zuständigkeit des AG (Rn. 57) oder des RG (Rn. 65) fallen. Innerhalb dieser Zuständigkeit ist zwischen Schwurgerichtssachen und anderen Strafsachen zu unterscheiden: Schwurgerichtssachen sind alle Verbrechen, die nicht zur Zuständigkeit der Strafkammer oder des RG gehören. Die Zuständigkeitsvermutung spricht für das Schwurgericht. **59**

Dem **Schwurgericht** hat das GVG eine besondere Bedeutung beigemessen; der Streit um die Schwurgerichte, besonders um ihre Zuständigkeit, stellte zeitweise das Zustandekommen des GVG überhaupt in Frage. Die rechtspolitische Forderung nach Schwurgerichten war im deutschen Rechtsgebiet im Anschluss an das französische Vorbild und fußend auf früheren Regelungen zu Beginn des 19. Jahrhunderts aufgekommen. Sie hatte mehrfache Wurzeln: die Abneigung gegen den rechtsgelehrten Richter; die Überzeugung, durch überwiegende Beteiligung von Laien die Freiheit des Einzelnen zu sichern; der Wille, eine volkstümliche RSpr zu gewährleisten. Das GVG hat solche Schwurgerichte in den meisten Bundesstaaten vorgefunden und ohne weitergehende Erörterung in den Entwurf übernommen.[85] Zu ausführlicheren Diskussionen kam es, wenn auch veranlasst durch die Frage nach der Zuständigkeit für Pressedelikte,[86] in der parlamentarischen Beratung, in welcher der damalige preußische Justizminister *Leonhard* die im Rückblick seherischen Worte sprach: „... täuschen wir uns darüber doch nicht, dass das Institut der Jury dem Abend seines Lebens entgegengeht, und dass in der Morgendämmerung die Schöffengerichtsverfassung liegt".[87] **60**

---

[85] *Hahn* I S. 36 ff., 102 ff., 592 ff.
[86] *Hahn* II S. 1256 ff.
[87] *Hahn* II S. 1257.

61 Das Schwurgericht entschied in der Besetzung mit drei Berufsrichtern und zwölf „zur Entscheidung der Schuldfrage berufenen" Geschworenen (Jury); die Berufung der Geschworenen entsprach der der Schöffen. Das Schwurgericht trat periodisch zusammen. Seine Besonderheit war vor allem, dass über die Schuldfrage nur die Geschworenen in Abwesenheit der Berufsrichter zu entscheiden hatten. Ihr Spruch wurde nach seiner Fassung in der öffentlichen Sitzung bekannt gegeben. Lautete er auf nichtschuldig, war der Angeklagte freizusprechen; andernfalls war er dem weiteren Urteil, besonders hinsichtlich des Strafausspruchs, bindend zugrunde zu legen.

62 Im Gegensatz zum SchwurG war die StrafK zuständig für alle Vergehen, die nicht in die Zuständigkeit des AG fielen, und für die Verbrechen, die ihr durch §§ 73 ff. a. F. ausdrücklich zugewiesen waren. Die StrafK entschied in der Hauptverhandlung mit fünf Berufsrichtern, aber ohne Laien, außerhalb der Hauptverhandlung mit drei Berufsrichtern. Die StrafK war Rechtsmittelgericht gegen die Entscheidungen des AG (SchöffenG). Sie entschied mit drei Berufsrichtern, in der Hauptverhandlung mit fünf Berufsrichtern, lediglich bei Berufungen wegen Übertretungen und in Privatklageverfahren mit drei Berufsrichtern. Zur Verringerung der Zahl der Berufsrichter und der Heranziehung von Laien Rn. 80.

63 Die Konzeption der Kammern für Handelssachen, §§ 100 ff. a. F., hat keine nennenswerten Änderungen erfahren (vgl. §§ 93 ff.).

64 **5. Oberlandesgericht (§§ 119 ff. a. F.).** Das OLG war als reines Rechtsmittelgericht ausgestaltet, und zwar in Bezug auf Entscheidungen des LG sowohl in Zivilsachen als auch in Strafsachen, soweit hier nicht das RG zuständig war. Die Rechtsmittelzuständigkeit in Strafsachen ist systematisch weitgehend unverändert geblieben, während in Zivilsachen im Laufe der Entwicklung auch Zuständigkeiten für Rechtsmittel unmittelbar gegen Entscheidungen des AG hinzugekommen sind (vgl. § 119 Rn. 2). Auch erstinstanzliche Zuständigkeiten des OLG sind begründet worden, so in Staatsschutzsachen (Rn. 78, 80) und in Justizverwaltungssachen (Rn. 90). Das OLG entschied durch Senate, die ursprünglich ausnahmslos mit fünf Berufsrichtern besetzt waren; zur Verringerung ihrer Zahl auf drei Rn. 80.

65 **6. Reichsgericht (§§ 125 ff. GVG a. F.).** In bürgerlichen Rechtsstreitigkeiten war das RG zuständig für die Revisionen gegen Urteile und Beschwerden gegen andere Entscheidungen des OLG. In Strafsachen war es erst- und letztinstanzlich zuständig für Hochverrat und Landesverratssachen, sofern sie gegen den Kaiser oder das Reich gerichtet waren; die Hauptverhandlung fand vor dem Vereinigten 2. und 3. Strafsenat des RG statt. Als Rechtsmittelgericht war das RG zuständig für die Revision gegen Urteile der StrafK erster Instanz, soweit nicht die Zuständigkeit des OLG begründet war, und gegen die Urteile der SchwurG. – Der Sitz des RG wurde einem besonderen Gesetz vorbehalten, vgl. dazu jetzt § 123 GVG. Die Senate des RG entschieden mit sieben Berufsrichtern; zur Verringerung dieser Zahl Rn. 80. Die Rechtsverhältnisse der Richter am RG waren im GVG unmittelbar geregelt (§§ 127 ff. a. F.), die Disziplinarbefugnisse und die Befugnis zur Versetzung in den Ruhestand wegen Dienstunfähigkeit standen dem Plenum des RG zu.

66 **7. Staatsanwaltschaft (§§ 142 ff. a. F.).** Die detaillierten Vorschriften über die StA, im GVG notwendig mit Rücksicht auf ihre in den Verfahrensgesetzen vorgesehenen Funktionen, haben im Laufe der Entwicklung keine systematisch bedeutungsvollen Änderungen erfahren, sondern sind, abgesehen von Anpassungen an geänderte staatsrechtliche Verhältnisse und die beamtenrechtliche Entwicklung, unverändert geblieben.

67 **8. Andere Institutionen.** Auch die anderen Institute des GVG haben keine wesentlichen Änderungen erfahren. Sie sind keine typischen Bereiche des Gerichtsverfassungsrechts, sondern solche des Verfahrensrechts, wurden aber aus Zweckmäßigkeitserwägungen, um Doppelregelungen oder Verweisungen im Verfahrensrecht zu vermeiden, im GVG gleichsam „vor die Klammer gezogen".

9. Rechtspfleger. Das GVG sieht neben dem Richter und Staatsanwalt nur den **68**
UdG und den GerVollz vor, abgesehen von Referendaren (§ 10). Mit diesen Berufsgruppen sah es offensichtlich den Kreis der in der Gerichtsverfassung amtlich handelnden Personen als geschlossen an. Indessen brachte die spätere Entwicklung deutliche Akzentverschiebungen, nämlich durch die Verlagerung der Aufgaben des Gerichts vom Richter auf den Rechtspfleger. Der Rechtspfleger war bei Schaffung des GVG unbekannt und ist auch heute noch nicht im GVG erwähnt, ebenso wenig in den Verfahrensgesetzen ZPO, StPO und FGG. Inzwischen hat dieses mit Selbstständigkeit ausgestattete Organ innerhalb der ordentlichen Gerichtsbarkeit eine Bedeutung gewonnen, die in ihrem Zuständigkeitsbereich der des Richters nicht nachsteht. Während nach dem GVG alle Aufgaben des Gerichts, soweit sie nicht von technisch-untergeordneter Bedeutung waren, vom Richter und nur ausnahmsweise von den im GVG aufgeführten anderen Organen zu erledigen waren, hat inzwischen der Rechtspfleger in einem hochinteressanten historischen Entwicklungsprozess eine Vielzahl der früher vom Richter wahrgenommenen Aufgaben vollständig übernommen (Rn. 79, 88). Er übt gerichtliche Tätigkeit innerhalb des ihm durch Gesetz zugewiesenen Aufgabenbereichs anstelle des Richters, als „das" Gericht aus. Seine sachliche Unabhängigkeit (§ 9 RPflG) bedeutet aber lediglich Weisungsfreiheit bei der Erledigung der ihm übertragenen Aufgaben, nicht richterliche Unabhängigkeit; so ist der Rechtspfleger an Dienststunden gebunden, seine Aufgaben und auch deren Vorrang bestimmt der Dienstvorgesetzte nach organisatorischem Ermessen.[88] Während innerhalb der RSpr im materiellen Sinne (Rn. 145) eine Tätigkeit des Rechtspflegers verfassungsrechtlich mangels Richterstatus unzulässig ist, ist im übrigen Zuständigkeitsbereich der Gerichte der Rechtspfleger weitgehend unter Zurücktreten des Richters in erster Instanz als „das" Gericht tätig.[89] Das betrifft nahezu die gesamte freiwillige Gerichtsbarkeit,[90] daneben aber auch fast die gesamte Zwangsvollstreckung, Zwangsversteigerung und Insolvenz, ebenso die Strafvollstreckung. Inzwischen hat die Tendenz zur Verlagerung von Aufgaben nach „unten" auch zur Übertragung von Rechtspflegeraufgaben auf den UdG geführt (Rn. 89).

10. Weitere Organe. Daneben sind weitere, ebenfalls nicht im GVG aufge- **69**
führte Personen in Erfüllung gerichtlicher Aufgaben tätig, selbstständig unter Kontrolle des Richters/Rechtspflegers, aber auch in Hilfstätigkeiten. Hierher gehören Vormund, Pfleger, Betreuer und Beistand, Konkursverwalter, Zwangsverwalter, Sequester. Der **Notar** ist unbeschadet seiner Bedeutung für die vorsorgende Rechtspflege (§ 1 BNotO) nicht der Gerichtsverfassung zuzurechnen (zum Bezirksnotar Rn. 76), auch nicht der **Rechtsanwalt** als essenzielles Organ der Rechtspflege (§ 1 BRAO). Die Verwirklichung sozialstaatlicher und kriminalpolitischer Gedanken unter dem GG führte zu weiteren jedenfalls teilweise dem Gerichtsverfassungsrecht zuzuordnende Institutionen außerhalb des GVG:

Die **Gerichtshilfe**[91] (§§ 160 Abs. 3, 463d StPO) hat im Rahmen des Ermitt- **70**
lungs- und des Hauptverfahrens Persönlichkeit, Entwicklung und Umfeld erwachsener Beschuldigter zu erforschen und Umstände festzustellen, die für Strafzumessung, Strafaussetzung zur Bewährung und Maßregeln der Besserung und Sicherung von Bedeutung sein können. Sie kann herangezogen werden zur Vorbereitung von nachträglichen Entscheidungen, die sich auf eine Strafaussetzung zur Bewährung (§§ 56a bis 56g StGB, § 453 StPO) oder eine Aussetzung der Vollstreckung des

---

[88] BVerwGE 125, 365 = NVwZ 2006, 1074 = Rpfleger 2007, 19 m. Anm. *Herrmann*; zu einem „Rechtspflegerpräsidium" kraft Dienstvereinbarung *Rellermeyer* Rpfleger 2007, 129, 130.
[89] Vgl. *Wolf* ZZP 1986, 361; *Klüsener* Rpfleger-Studienhefte 1987, 25; *Bernhard* DRiZ 1981, 361; *Lanfermann* recht 1997, 92; *Kissel* Rpfleger 1984, 445; *Habscheid*, FS Geimer, 2000; *Rellermeyer* Rpfleger 2005, 125, 127.
[90] Vgl. *Lerch* ZRP 1986, 85; *Wallner* ZRP 1986, 309.
[91] Vgl. *Hörster* JZ 1982, 92.

Restes einer zeitigen Freiheitsstrafe zur Bewährung (§ 57 StGB, § 454 StPO) beziehen, ebenso im Zusammenhang mit der Bewilligung von Strafaufschub, Stundung oder Ratenzahlung, bei Entscheidungen über das Absehen von der Vollstreckung einer Ersatzfreiheitsstrafe (§ 42 StGB, §§ 455, 456 StPO), im Gnadenverfahren und bei Vergünstigungen nach dem BZRG; Die Gerichtshilfe gehört zum Geschäftsbereich der LJustizVerw; die LReg kann aber durch RechtsVO eine andere Behörde aus dem Sozialbereich bestimmen (Art. 294 EGStGB).

71 Die **Jugendgerichtshilfe** (§§ 38, 107 JGG) soll die erzieherischen, sozialen und fürsorgerischen Gesichtspunkte im Verfahren vor den Jugendgerichten zur Geltung bringen, insbesondere durch Unterstützung der Erforschung der Persönlichkeit, der Entwicklung und der Umwelt des Beschuldigten sowie durch Äußerungen zu den Maßnahmen, die zu ergreifen sind. Sie soll auch darüber wachen, dass, soweit nicht ein Bewährungshelfer berufen ist, der Jugendliche den ihm erteilten Weisungen und Auflagen nachkommt; auch soll sie sich der Wiedereingliederung straffällig gewordener Jugendlicher in die Gemeinschaft annehmen. Der Vertreter der Jugendgerichtshilfe ist auch in der Hauptverhandlung anwesenheits- und anhörungsberechtigt. Die Jugendgerichtshilfe wird von den Jugendämtern im Zusammenwirken mit den Vereinigungen für Jugendhilfe ausgeübt.

72 **Bewährungshilfe** (§ 56 d StGB): Das Gericht kann einen Verurteilten für die Dauer der Bewährungszeit der Aufsicht und Leitung eines Bewährungshelfers unterstellen, wenn dies angezeigt ist, um ihn von weiteren Straftaten abzuhalten; der Bewährungshelfer steht dem Verurteilten helfend und betreuend zur Seite und überwacht die Erfüllung der erteilten Auflagen und Weisungen. Er wird vom Gericht bestellt, die Tätigkeit wird hauptberuflich (überwiegend) oder ehrenamtlich ausgeübt. Die **Führungsaufsicht** (§§ 68 ff. StGB) soll als Maßregel der Besserung und Sicherung versuchen, der Gefahr, dass ein Verurteilter weitere Straftaten begehen wird, entgegenzuwirken. Das Gericht kann dem Verurteilten für die Dauer der Führungsaufsicht Weisungen erteilen (§ 68 b StGB). Für die Dauer dieser Führungsaufsicht untersteht der Verurteilte einer Aufsichtsstelle, die zusammen mit einem Bewährungshelfer dem Verurteilten helfend und betreuend zur Seite steht (§ 68 a StGB).

73 Als „**soziale Dienste der Justiz**" werden Bewährungshilfe, Führungsaufsicht und Gerichtshilfe zusammengefasst mit dem Ziel größerer Wirksamkeit und erleichterter Zusammenarbeit mit den Gerichten, Staatsanwaltschaften, Justizvollzugsanstalten, Gnadenbehörden, Jugend- und Sozialbehörden sowie den Verbänden der Wohlfahrtspflege und der Gefangenenfürsorge.

74 **Betreuungsbehörden** nach Art. 8 BtG unterstützen das Vormundschaftsgericht im Rahmen der Betreuung Volljähriger (vgl. §§ 1896 ff. BGB); das betrifft insbesondere die Feststellung des Sachverhalts die Gewinnung geeigneter Betreuer (Art. 9 aaO.).[92]

75 **Detektive** sind außenstehende Privatpersonen[93] ohne gerichtsverfassungsrechtliche Funktion, wenn auch gelegentlich für die außer- und vorprozessuale Sachverhaltsermittlung auf privater Basis von Bedeutung.[94] Detektivkosten, die zur Vorbereitung eines Rechtsstreits notwendig waren, sind erstattungsfähig, wenn sie zum Streitgegenstand in einem angemessenen Verhältnis stehen.[95]

76 Eine Sonderform gerichtlicher Tätigkeit gibt es im **Land Baden-Württemberg**. Sie beruht auf den Vorbehalten zugunsten des Landesrechts in Art. 147 EGBGB, § 189 FGG, § 143 GBO und wird ausgeübt durch die staatlichen Nota-

---

[92] Vgl. *Dodegge* NJW 1992, 1936.
[93] BGH NStZ 1989, 279.
[94] Zur geschichtlichen Entwicklung im Zusammenhang mit Strafverfahren vgl. *Jungfer* StV 1989, 495; zur Kostenerstattung im Zivilprozess vgl. BGHZ 111, 168 = NJW 1990, 2060; OLG Schleswig JurBüro 1992, 471; LG Hagen JurBüro 1992, 243.
[95] Vgl. *Frölich* NZA 1996, 464; OLG Köln Rpfleger 1994, 38; LAG Hamm DB 1996, 278; LAG Nürnberg NZA 1995, 808.

riate (vgl. §§ 114, 115 BNotO). In jedem Amtsgerichtsbezirk besteht mindestens ein mit einem Notar im Landesdienst besetztes Notariat (§§ 13, 17 Abs. 1 LFGG Bad.-Württ.). Nach §§ 1 Abs. 4, 17 Abs. 2 LFGG verfügt dieser Notar im badischen Rechtsgebiet über die Befähigung zum Richteramt, im württembergischen Rechtsgebiet über die Befähigung zum Amt des Bezirksnotars (zur Sonderlaufbahn des Bezirksnotardienstes vgl. § 37 LaufbahnVO Bad.-Württ.). Neben der Beurkundung von Rechtsvorgängen und den anderen in der BNotO den Notaren übertragenen Aufgaben obliegen den staatlichen Notariaten auch einzelne durch Bundesrecht den Gerichten übertragene Angelegenheiten der freiwilligen Gerichtsbarkeit (§ 1 Abs. 1–3 LFGG); der Notar entscheidet dabei in sachlicher Unabhängigkeit (§ 2 LFGG). So ist er zuständig für die Nachlass- und die Teilungssachen und für die besondere amtliche Verwahrung der Verfügungen von Todes wegen (§§ 1 Abs. 2, 38 ff. LFGG). Im württembergischen Rechtsgebiet ist der Bezirksnotar auch Vormundschaftsrichter, soweit nicht einzelne Geschäfte, beispielsweise freiheitsentziehende Maßnahmen, den Amtsgerichten vorbehalten bleiben (§§ 1 Abs. 2, 36, 37 LFGG). Schließlich ist die Führung des Grundbuchs den in den Gemeinden eingerichteten Grundbuchämtern zugewiesen (§§ 1 Abs. 3, 26 LFGG), wo die Notare, im badischen Rechtsgebiet auch ihnen zugewiesene Rechtspfleger, das Amt des Grundbuchbeamten versehen (§ 29 LFGG). Dazu bestellen die Gemeinden Ratschreiber, die gemeindliche Bedienstete bleiben, aber justizieller Fachaufsicht unterliegen und je nach Rechtsgebiet in unterschiedlichem Umfang den Notaren obliegende Grundbuch- und Beurkundungsgeschäfte selbstständig wahrnehmen können; über die Erinnerung gegen Entscheidungen des Ratschreibers entscheidet der Notar (§§ 4 Abs. 5, 31 ff. LFGG).

IV. Änderungen des GVG. Das GVG hat während seines Bestehens eine Vielzahl von **Änderungen** erfahren. Viele waren nur partiell und sind für die heutige Gesetzesanwendung und für das Verständnis des GVG ohne Bedeutung, auch durch die weitere Entwicklung überholt. Andere kennzeichnen das Bemühen um die Bewältigung offenbar zeitloser Probleme, wie die Beschleunigung der Verfahren, die Entlastung der Rechtsmittelgerichte, was auch zu Änderungen in der erstinstanzlichen Zuständigkeit führte, z. B. in Zivilsachen durch Heraufsetzung der Zuständigkeitsgrenze des AG, oder zu Änderungen in der erstinstanzlichen Zuständigkeit in Strafsachen zwischen AG und LG wie auch zwischen RG/BGH und OLG. Entsprechendes gilt für die Verringerung der Richterzahl in den einzelnen Spruchkörpern. Nachstehende Änderungen erscheinen für das Verständnis des GVG von fortdauernder Bedeutung: **77**

1. Die Zuständigkeit in **Staatsschutzsachen** oblag nach § 136 GVG in der Erstfassung dem RG in erster und letzter Instanz und hat wiederholt erhebliche Änderungen erfahren. Zuständig wurden der Staatsgerichtshof von 1922, dann wieder das RG, in der NS-Zeit der „Volksgerichtshof" und „Sondergerichte", 1950 BGH und OLG, auch eine Kammer des LG, dann seit 1969 erstinstanzlich nur noch OLG und LG (vgl. § 74 a). **78**

2. Das **Gesetz zur Entlastung der Gerichte** vom 11. 3. 1921 (RGBl. S. 229), die sogenannte „kleine Justizreform", brachte im Interesse von Einsparungen wesentliche Erweiterungen der erstinstanzlichen Zuständigkeit des AG unter Entlastung des LG: u. a. wurde die Zuständigkeit des AG in vermögensrechtlichen Streitigkeiten erhöht (vgl. § 23) und die Zuständigkeit des SchöffenG unter Entlastung der StrafK erweitert. Darüber hinaus beginnt mit diesem Gesetz die Entwicklung des Rechtspflegerrechts (Rn. 68), indem das Gesetz in Art. VI erstmals eine Ermächtigung an die LJustizVerw vorsah zu bestimmen, dass dem „Gerichtsschreiber" Geschäfte des Richters zur selbstständigen Erledigung übertragen werden können. Dies galt einmal in Zivilprozesssachen in Fortentwicklung der bereits durch die ZPO-Novelle vom 1. 6. 1909 (RGBl. S. 475) vorgenommenen Übertragung der Kostenfestsetzung und Erteilung des Vollstreckungsbefehls im Mahnverfahren. Die Befugnisse des Gerichtsschreibers im Mahnverfahren wurden erweitert (Erlass des Zahlungsbefehls) und die Erteilung der Vollstreckungsklausel nach §§ 730 Abs. 1 und 733 ZPO ihm übertragen, ebenso die Entscheidungen nach §§ 109, 715 ZPO über die Rückgabe von Sicherheiten, die Entscheidungen nach §§ 828 bis 863 ZPO sowie weitere Entscheidungen. Übertragen werden konnte ihm die Strafvollstreckung mit wenigen ausdrücklich aufgeführten Ausnahmen. Im Bereich der freiwilligen Gerichtsbarkeit konnte er mit der selbstständigen Erledigung von Geschäften beauftragt werden, die nach reichsrechtlichen Vorschriften durch den Richter wahrzunehmen sind; es sollen **79**

aber nur solche Geschäfte übertragen werden, die einfacherer Art sind und zu deren Erledigung er mit Rücksicht auf seine Ausbildung und die durch seine praktische Betätigung gewonnenen Erfahrungen geeignet ist. Hiervon wurde in den Ländern unterschiedlich Gebrauch gemacht. Die erste offizielle Ersetzung der Bezeichnung „Gerichtsschreiber" durch „Rechtspfleger" findet sich in der Preuß. Allgemeinverfügung vom 28. 5. 1923 (PrJMBl. S. 401); das Reichsgesetz zur Änderung der Bezeichnung „Gerichtsschreiber" usw. vom 9. 7. 1927 (RGBl. I S. 175) brachte zwar den Begriff „UdG", übernahm aber noch nicht den schon gebräuchlichen Begriff „Rechtspfleger". Die erste Vereinheitlichung der Aufgaben des Rechtspflegers in dem durch das ReichsentlastungsG vorgesehenen Rahmen geschah durch die Reichsentlastungsverfügung vom 3. 7. 1943 (DJ 1943, 339); sie hat auch die Vorschriften über die Stellung des Rechtspflegers neu gefasst.

80 Die erste einschneidende Änderung erfuhr das GVG – abgesehen von Einsparungsmaßnahmen anlässlich des ersten Weltkriegs und ausdrücklich darauf beschränkt – durch die VO über Gerichtsverfassung und Strafrechtspflege vom 4. 1. 1924 (RGBl. I S. 15), benannt nach dem damaligen Reichsjustizminister *Emminger* als **Emminger-VO.** Sie wurde schon im Zeitpunkt ihres Erlasses bewertet als die größte und wichtigste Änderung seit 1879[96] und erlassen als NotVO auf Grund des Ermächtigungsgesetzes vom 8. 12. 1923 (BGBl. I S. 1179) mit Zustimmung der Reichsratsausschüsse und des Reichstagsüberwachungsausschusses.[97] Ihr Inhalt war weitgehend schon Gegenstand langjähriger wissenschaftlicher und parlamentarischer Erörterungen gewesen unter maßgebender Mitwirkung von *Radbruch, Schiffer* und *Emminger* (als Reichstagsabgeordneter, der deshalb die Regelung durch NotVO zeitlebens bedauerte). Grund der VO war nicht Reformbedarf, vielmehr war sie allein diktiert durch finanzielle Notwendigkeit.[98] Demgemäß ist sie gekennzeichnet (neben verfahrensrechtlichen Vereinfachungen und Einschränkungen) durch drastische Verringerungen der Besetzung der Gerichte und zusätzlich durch Verlagerung von Zuständigkeiten auf untere Instanzen. Sie brachte im Gerichtsverfassungsrecht folgende Neuerungen: Einführung des Einzelrichters beim AG in Strafsachen statt des bisher allein beim AG bestehenden SchöffenG, zuständig für alle Übertretungen und solche Vergehen, die entweder im Wege der Privatklage verfolgt werden, oder wenn die Tat mit keiner höheren Strafe als Gefängnis von 6 Monaten bedroht ist oder wenn die StA die Verhandlung vor dem Einzelrichter beantragt; darüber hinaus war der Einzelrichter zuständig für die Verbrechen des schweren Diebstahls und der Hehlerei sowie bei allen Verbrechen, die nur wegen Rückfalls Verbrechen sind, oder wenn bei anderen Verbrechen die StA die Verhandlung vor dem Einzelrichter beantragt. Die gesamte weitere erstinstanzliche Strafgerichtsbarkeit wurde mit Ausnahme der Schwurgerichts- und Hochverratssachen dem SchöffenG übertragen, die erstinstanzliche StrafK wurde beseitigt. Jedoch wurde beim AG das erweiterte SchöffenG eingeführt durch Zuziehung eines zweiten Amtsrichters, wenn dies nach Umfang und Bedeutung der Sache notwendig erschien. – Auch der Rechtsmittelzug in Strafsachen wurde umgestaltet. Über die Berufung gegen Urteile des Einzelrichters entscheidet die kleine StrafK (1 Berufsrichter, 2 Schöffen), gegen Urteile des SchöffenG die große StrafK (3 Berufsrichter und 2 Schöffen); die Revision gegen die Berufungsurteile der kleinen StrafK sowie der großen StrafK gegen Urteile des allgemeinen SchöffenG ging an das OLG, lediglich die Revision gegen Berufungsurteile der großen StrafK in erstinstanzlichen Sachen des erweiterten SchöffenG ging an das RG. – Die Schwurgerichtsverfassung wurde wesentlich umgestaltet. Die Entscheidung über die Schuldfrage allein durch die 12 Geschworenen (Rn. 61) wurde abgeschafft, nunmehr entscheiden die Geschworenen und die Berufsrichter gemeinsam über die Schuld- und Straffrage; außerdem wurde die Zahl der Geschworenen von 12 auf 6 herabgesetzt. Am gesetzlichen Katalog der Schwurgerichtssachen wurde aber ebenso festgehalten wie am System der periodischen Tagungen. – In der erstinstanzlichen Zuständigkeit des RG für Hochverrats- und Landesverratssachen wird für Sachen „von minderer Bedeutung" die Abgabe an das OLG vorgesehen. Ganz wesentlich wird die Besetzung der Senate des RG und der OLG in Zivil- und Strafsachen verringert: Beim RG von 7 auf 5 Richter, beim OLG von 5 auf 3 Richter (nur in erstinstanzlichen Strafsachen bleibt es bei 5 Richtern). – Die VO vom 1924 war von Anfang an rechtspolitischer Kritik ausgesetzt.[99] Sie hat jedoch die weitere Rechtsentwicklung wesentlich bestimmt und ist, von einigen Änderungen abgesehen, nach über 80 Jahren in ihren Grundzügen erhalten geblieben. Der von ihr eingeschlagene Weg wurde weiterverfolgt, besonders hinsichtlich des Einzelrichters und der Abschaffung der SchwurG überhaupt.

81 **3.** Die NotVO vom 14. 6. 1932 (RGBl. I S. 285) brachte unter dem Titel **„Vereinfachungen und Ersparnisse"** in Strafsachen neben Einschränkungen verfahrensrechtlicher Art (z. B. nur

---

[96] *Hartung* Recht 1924, 101; *Vormbaum,* Die Lex Emminger vom 4. Januar 1924, 1988.
[97] Vgl. *Seibert* DRiZ 1972, 351.
[98] *Hartung* Recht 1924, 102.
[99] Vgl. *Drucker* JW 1924, 241; *Pestalozza* JW 1924, 286.

noch wahlweise Berufung oder Revision gegen Urteile des AG) die Wiedereinführung der erstinstanzlichen StrafK für einen Teil der Verbrechen und die Möglichkeit der StA, für die in der Zuständigkeit des SchöffenG verbleibenden Strafsachen dann die Zuständigkeit der großen StrafK zu begründen, wenn dies nach Umfang oder Bedeutung der Sache erforderlich erscheint. Das erweiterte SchöffenG wurde abgeschafft (vgl. § 29).

4. Mit dem im Jahr **1933 einsetzenden Unrechtsstaat** begann auch für die traditionell freiheitliche Gerichtsverfassung eine Zeit des Niedergangs und des Missbrauchs. Die bis dahin entstandenen rechtsstaatlichen Institute der Gerichtsverfassung gingen unter, teilweise rechtsförmlich (durch mittelbar sich auswirkende Gesetze oder – seltener – bei äußerlich harmlos erscheinenden Änderungen des fortbestehenden Textes des GVG), vor allem aber durch tatsächlich ausgeübte Willkür und Willfährigkeit. Daneben sind außerhalb der allgemeinen Gerichtsverfassung durch VO vom 21. 3. 1933 (RGBl. I S. 136) **„Sondergerichte"** geschaffen worden mit besonderer Zuständigkeit für die in der VO zum Schutz von Volk und Staat (RGBl. 1933 I S. 83)[100] und der VO zur Abwehr heimtückischer Angriffe gegen die Regierung der „nationalen Erhebung" (RGBl. 1933 I S. 135) aufgeführten Delikte – schon die Wortwahl kennzeichnet das Unrecht. Diese Sondergerichte waren mit einem Vorsitzenden und zwei berufsrichterlichen Beisitzern besetzt, das Verfahren entbehrte schon förmlich vieler rechtsstaatlicher Garantien. Kulminationspunkt war der **Volksgerichtshof**, als NS-Herrschafts-, Rache- und Abschreckungsinstrument, „rechtsförmlich" errichtet durch Art. III des Gesetzes vom 24. 4. 1934 (RGBl. I S. 341) zur Aburteilung von Hochverrats- und Landesverratssachen in erster und letzter Instanz.[101] Den Entscheidungen des Volksgerichtshofs kommt keine Rechtswirkung zu.[102] – In diesen Zusammenhang gehört die Ausschließung ganzer Bevölkerungsgruppen aus rassischen, politischen oder religiösen Gründen von den gerichtsverfassungsmäßigen Rechten vor Gericht und vom Zugang zum Gericht, gleichermaßen die Ausschließung ganzer Bevölkerungsgruppen von der Teilnahme an der Rechtspflege (als Richter, ehrenamtliche Richter, Justizbedienstete, Rechtsanwälte). Gemessen daran sind Akte wie die „Verreichlichung" der Justiz, also die in Konsequenz der Auflösung der Länder auf das Reich übergeleitete gesamte Justizhoheit (Rn. 6), nur Randerscheinungen.

5. Mit dem **Zusammenbruch 1945** bestand das bis dahin geltende Recht zunächst fort und damit auch das GVG. Zunächst wurden die Gerichte geschlossen (Rn. 7). Nach und nach wurden sie, beginnend mit dem AG, wieder eröffnet, wenn auch zu unterschiedlichen Zeiten nach den örtlichen Gegebenheiten, und zwar als Gerichte der (neu geschaffenen) Länder. Das GVG blieb in Kraft. Indessen wurde das gesamte Gerichtswesen überlagert von Vorschriften und Maßnahmen der Besatzungsmächte (Rn. 41). Durch Kontrollratsgesetz Nr. 4 vom 30. 10. 1945 (ABlKR) wurde das GVG i. d. F. vom 22. 3. 1924 mit gewissen Modifikationen als geltend erklärt, jedoch nur AG, LG und OLG als ordentliche Gerichte. Die einzelnen Länder erließen dann zumeist neue GVG, die das frühere GVG weitgehend übernahmen unter Anknüpfung an die rechtsstaatlich-demokratische Tradition der Weimarer Republik und unter Ausmerzung des NS-Gedankenguts.

Unabhängig vom GVG und neben den auf Besatzungsrecht beruhenden besonderen Verfahren und Gerichten zur umfassenden Wiedergutmachung und Ahndung früher begangenen Unrechts wurden in den Ländern aufgrund deren unverändert fortbestehender Gesetzgebungsbefugnis besondere Organe geschaffen „zur Befreiung des deutschen Volkes vom Nationalsozialismus und Militarismus" **(Spruchkammern)**, die Sanktionen (Berufsverbote, Wahlrechtsaberkennung, Geldbußen usw.) verhängen konnten gegen solche Personen, die jenseits unmittelbarer strafrechtlicher Verantwortlichkeit der NS-Herrschaft dienten oder ihr Vorschub leisteten. Diese Organe sind als Gerichte zu qualifizieren, die auch durch das Inkrafttreten des GG weder ihre Rechtsgrundlage noch ihre Befugnisse verloren (Art. 139 GG). Sie stellen auch wegen Art. 139 GG keine unzulässigen Ausnahmegerichte nach Art. 101 GG dar. Die von ihnen getroffenen Entscheidungen sind wirksam (geblieben), soweit sie nicht durch die Landes-Abschlussgesetzgebung ausdrücklich aufgehoben worden sind. Der Annahme, die Entscheidungen hätten mit Abschluss der Entnazifizierung ihre Bedeutung verloren,[103] kann nicht zugestimmt werden, da Art. 139 GG gerade ihre Aufrechterhaltung zum Gegenstand hatte.

---

[100] Vgl. *Dabitz* DRiZ 1995, 576.
[101] Vgl. *Weber/Engel* JZ 1983, 192, 339; *Rüping* JZ 1984, 815; *Sonnen* NJW 1985, 1065; *Rüping/Schwarz* NJW 1985, 2391; *Marxen*, Das Volk und sein Gerichtshof, 1994; *Lauf*, Der Volksgerichtshof und seine Beobachter, 1994; *Ostendorf* ZRP 1994, 169; *Edinger* DRiZ 1995, 181.
[102] Beschluss des Deutschen Bundestags vom 25. 1. 1985, Plenarprotokoll 10/118 S. 8761 ff.; BTagsDrucks. 10/116 und 10/2368; vgl. BSG NJW 1992, 934.
[103] *von Münch/Hecker* Art. 139 GG Rn. 11.

Einleitung 85–89   C. Das GVG und seine Fortentwicklung

85   6. Die Änderungen nach 1933 sowie die Rechtszersplitterung durch die Gesetzgebung der Länder nach 1945 wurden beseitigt durch das Gesetz zur Wiederherstellung der Rechtseinheit auf dem Gebiete der Gerichtsverfassung, der bürgerlichen Rechtspflege, des Strafverfahrens und des Kostenrechts (**REinhG**) vom 12. September 1950 (BGBl. S. 455). Das Gesetz wollte lediglich die nach 1945 verlorengegangene Rechtseinheit wiederherstellen,[104] eine besonders dringliche Arbeit, die größter Beschleunigung bedurfte. Mit Rücksicht darauf wurde von Neuerungen abgesehen, man griff auf Regelungen zurück, die bereits einmal in Deutschland einheitlich rechtens waren und sich bewährt hatten. Im Kern wurde das wiederhergestellt, was bis 1933 geltendes Recht war; beibehalten wurden später eingeführte und im ganzen Reichsgebiet gültige Neuerungen, soweit sie auf Beratungen und Entwürfe aus der Zeit vor 1933 beruhten und einen Fortschritt darstellten. Das Gesetz trug bewusst Übergangscharakter, es wollte nur das Fundament bilden, auf dem in einem zweiten Abschnitt der Gesetzgebung die notwendigen Reformarbeiten durchgeführt werden sollten. Das Gesetz wurde in eingehenden Beratungen erörtert: erste Lesung am 1. 3. 1950 (43. Sitzung) auf der Grundlage des Ausschussberichts,[105] zweite Lesung am 26. 7. 1950, dritte Lesung am 28. 7. 1950. Auf die Einzelheiten ist, soweit heute noch von Bedeutung, bei den einzelnen Vorschriften eingegangen. Erwähnt werden soll hier nur, dass das SchwurG nach dem Stand vom 1. 1. 1933 wieder eingeführt wurde, nachdem es inzwischen abgeschafft, nach 1945 teilweise wieder in der ursprünglichen Jury-Form (Rn. 61) eingeführt worden war; indessen sind die Materialien zu diesem früher als „Palladium bürgerlicher Freiheit"[106] angesehenen Spruchkörper äußerst dürftig.[107]

86   7. Seit dem REinhG 1950 hat das GVG eine Vielzahl von Änderungen erfahren, von denen nur die bedeutungsvollsten nachstehend aufgeführt werden sollen.

87   Mit dem **JGG** vom 4. 8. 1953 (BGBl. I S. 751) blieben – entsprechend den vorangegangenen Regelungen – die von Jugendlichen und Heranwachsenden begangenen Verfehlungen aus der Ahndung durch die allgemeine Strafgerichtsbarkeit herausgenommen und besonderen Jugendgerichten zugewiesen, aber innerhalb der vom GVG geschaffenen Gerichtsorganisation: Amtsrichter als Jugendrichter, JugendschöffenG beim AG und Jugendkammer beim LG (§ 33 JGG); OLG und BGH.

88   Das Gesetz über Maßnahmen auf dem Gebiete der Gerichtsverfassung und des Verfahrensrechts (**Rechtspflegergesetz**) vom 8. 2. 1957 (BGBl. I S. 18, 44) schuf in Fortsetzung der „kleinen Justizreform" (Rn. 79) den Rechtspfleger als Organ der Rechtspflege, legte seine gerichtsverfassungsmäßige Stellung gesetzlich fest, regelte seine Ausbildung und erweiterte den Kreis der ihm übertragenen Geschäfte wesentlich. Im Gegensatz zum Gesetz von 1921 wurde jedoch die Übertragung von Geschäften des Richters auf den Rechtspfleger nicht mehr ausschließlich der LJustiz-Verw überlassen, sondern zu einem erheblichen Teil kraft Gesetzes übertragen. Grundgedanke dieser Neuregelung ist aber weiterhin die Entlastung des Richters. Übertragen werden sollte eine möglichst große Zahl von Geschäften, jedoch sollten Akte der RSpr hiervon ebenso ausgenommen sein wie solche Geschäfte, deren Erledigung umfassende juristische Kenntnisse voraussetzten, über die nur ein Richter verfügen könne. Es sollten keine rechtlich schwierigen oder tatsächlich schwerwiegenden Entscheidungen übertragen werden und keine Geschäfte, die über den Rahmen eines mehr technisch-formalen Geschäfts wesentlich hinausgehen.[108]

89   Das **Rechtspflegergesetz** vom 8. 11. 1969 (BGBl. I S. 2065) und das Gesetz zur Änderung des Rechtspflegergesetzes usw. vom 27. 6. 1970 (BGBl. I S. 911) setzten die durch das Entlastungsgesetz 1921 (Rn. 79) und das Rechtspflegergesetz 1957 eingeleitete Entwicklung fort. Sie erweiterten die Zuständigkeit des Rechtspflegers und grenzten ihn klar zum UdG ab. Grundgedanke blieb aber die Entlastung des Richters, wenn auch mit beginnender Akzentverschiebung; die Ausnahmen für die Übertragung (schwerwiegender Eingriff in die Interessen eines Beteiligten; Hinausgehen über das mehr technisch-formale) wurden eingeschränkt.[109] Mit der Novelle vom 6. 8. 1998 (BGBl. I S. 2030) hat die Stellung des Rechtspflegers eine erhebliche Stärkung dadurch erfahren, dass er nunmehr nach § 9 RPflG „sachlich unabhängig und nur an Recht und Gesetz gebunden" ist[110] (vgl.

---

[104] BTagsDrucks. Nr. 530 aus 1950.
[105] BTagsDrucks. 1138.
[106] *Eb. Schmidt,* Geschichte S. 338; *Sellert* JuS 1977, 783.
[107] Vgl. Art. 1 Nr. 40 Gesetzentwurf; 1. Lesung 1. 3. 1950 S. 1435; 2. Lesung 26. 7. 1950 S. 2870; *Riess,* FS Helmrich, 1994, S. 127.
[108] BTagsDrucks. 2. Wahlp. Nr. 161 S. 14; BTag 13. 12. 1956, Protokoll S. 9975, 9984.
[109] BTagsDrucks. V/3134 S. 13; V/4341 S. 2; zur Kritik *Kissel,* Dreistufigkeit S. 157 ff., Zukunft S. 128 ff.; RpflBl. 1977, 22; Rpfleger 1984, 445.
[110] Zum Inhalt OVG Münster Rpfleger 2005, 415.

Art. 97 GG). – Die Tendenz zu Funktionsverlagerungen nach „unten" außerhalb der unmittelbaren RSpr hat sich fortgesetzt. Durch Gesetz vom 16. 6. 2002 (BGBl. I S. 1810) wurden die LReg ermächtigt, einzelne Rechtspflegeraufgaben auf den UdG zu übertragen (§ 36a RPflG), um eine strukturelle Reform justizinterner Arbeitsabläufe zwischen Rechtspfleger und mittlerem Justizdienstes bzw. Justizfachangestellten mit dem Ziel ökonomischer Nutzung vorhandener Personalressourcen zu ermöglichen.[111] Bestehen bleibt die bisherige Übertragungsmöglichkeit nach § 153 Abs. 3 Satz 1. Das 1. Justizmodernisierungsgesetz vom 24. 8. 2004 (BGBl. I S. 2198) ermächtigte die LReg schließlich, auch Richtervorbehalte in bestimmtem Umfang aufzuheben[112] (§ 19 RPflG).

Die **VwGO** vom 21. 1. 1960 (BGBl. I S. 17) hat §§ 23 bis 30 in das EGGVG eingefügt, die den **Rechtsschutz** gegenüber Anordnungen, Verfügungen oder sonstigen **Maßnahmen der Justizbehörden** auf den Gebieten des bürgerlichen Rechts usw. neu regelten. **90**

Mit dem **Deutschen Richtergesetz** vom 8. 9. 1961 (BGBl. I S. 1665) wurde dem Verfassungsauftrag der Art. 97, 98 GG entsprechend die Rechtsstellung der Richter eingehend geregelt zur Stärkung der richterlichen Unabhängigkeit. Dadurch wurden §§ 2 bis 9 und 11 GVG entbehrlich, andere Vorschriften waren anzupassen. **91**

Das **Dritte MietRÄndG** vom 21. 12. 1967 (BGBl. I S. 1248) brachte eine erste Änderung des bisherigen Rechtsmittelzuges. Nach Art. III entschied zwar weiterhin das LG über die Berufung gegen Urteile des AG, aber die Berufungskammer hatte vorab den Rechtsentscheid des OLG einzuholen, wenn es sich um eine Rechtsfrage von grundsätzlicher Bedeutung handelt und diese durch Rechtsentscheid noch nicht entschieden war oder wenn die Kammer von einer Entscheidung des BGH oder eines OLG abweichen wollte (zum Rechtsmittelzug im Allgemeinen §§ 72, 119). **92**

Den Zielen der Justizreform entsprechend, die Gerichte von Aufgaben zu entlasten, die nicht materiell zur rsprGewalt gehören, hat **Beurkundungsgesetz** vom 28. 8. 1969 (BGBl. I S. 911) die Zuständigkeit der ordentlichen Gerichte für Beurkundungen (§§ 167ff. FGG a. F.), weitgehend beseitigt und fast ausnahmslos den Notaren übertragen. **93**

Das Gesetz über die **rechtliche Stellung der nichtehelichen Kinder** vom 19. 8. 1969 (BGBl. I S. 1243) hat das GVG nachhaltig geändert. Die Zuständigkeit des AG in bürgerlichen Rechtsstreitigkeiten wurde durch § 23a erweitert und auf alle durch Ehe und Verwandtschaft begründete gesetzliche Unterhaltspflichten sowie auf die (nichtvermögensrechtlichen) Streitigkeiten in Kindschaftssachen erstreckt. Das OLG wurde unter Ausschaltung des LG Berufungsgericht gegen die Urteile des AG in diesen Sachen (vgl. § 119). **94**

Das Gesetz zur Änderung der **Bezeichnungen der Richter** und ehrenamtlichen Richter und der **Präsidialverfassung** der Gerichte vom 26. 5. 1972 (BGBl. I S. 841) änderte einmal die Amtsbezeichnungen der Richter: Für die Berufsrichter wurden die Bezeichnungen „Richter am ...", Vorsitzender Richter am ...", „Präsident des ...", jeweils mit einem das Gericht bezeichnenden Zusatz anstelle der früheren differenzierten Amtsbezeichnungen eingeführt (hierzu weiter Rn. 100), was eine Anpassung vieler Vorschriften des GVG an diese Rechtslage erforderte. Die Bezeichnung „Schöffe" wurde für alle ehrenamtlichen Richter in der Strafgerichtsbarkeit eingeführt; auch alle anderen ehrenamtlichen Richter führen diese Bezeichnung. Ganz erheblich geändert wurde die Regelung über das Präsidium und die Geschäftsverteilung, §§ 21a ff. GVG. **95**

Das EGStGB vom 2. 3. 1974 (BGBl. I S. 469) grenzte die erstinstanzliche Zuständigkeit des AG neu ab (§§ 24, 25), schuf die Strafvollstreckungskammern (§§ 78a, 78b) und brachte Neuerungen für die Öffentlichkeit der Verhandlung (§§ 171a, 172, 174, 177ff.). **96**

Das **1. StVRG** vom 9. 12. 1974 (BGBl. I S. 3393), dessen Ziel die Straffung und Beschleunigung des Strafverfahrens war,[113] hat neben verfahrensrechtlichen Vorschriften mit wesentliche Bereiche des Gerichtsverfassungsrechts umgestaltet: a) Einmal wurde die **Schwurgerichtsverfassung** in Fortsetzung der durch die Emminger-Reform (Rn. 80) eingeleiteten Entwicklung erneut geändert. Das früher periodisch tagende Schwurgericht wurde in einen ständigen Spruchkörper des LG umgestaltet, und die Zahl der Schwurgerichts-Schöffen wurde von 6 auf 2 reduziert (vgl. § 74). Als Besonderheit blieb lediglich die Trennung zwischen den Schöffen für das SchwurG und denen für die anderen StrafK des LG (§ 77 Abs. 1); diese Trennung wurde durch das StVÄG 1979 (Rn. 104) dann auch noch beseitigt. – b) Zum anderen wurden die Vorschriften über die **Schöffen** geändert, um eine engere Verknüpfung der Bevölkerung mit der Strafrechtspflege anzustreben und auch soziologischen Veränderungen Rechnung zu tragen.[114] Diese Änderungen waren vor allem: aa) Herabsetzung des Mindestalters auf 25 Jahre und Einführung einer Altersgrenze von 70 Jahren (§ 33) mit Ab- **97**

---

[111] BTagsDrucks. 14/8628 S. 5; vgl. *Wiedemann* NJW 2002, 3448.
[112] Zu Recht kritisch *Rellermeyer* Rpfleger 2004, 593.
[113] Vgl. BTagsDrucks. 7/551 S. 34.
[114] BTagsDrucks. 7/551 S. 53.

Einleitung 98–104   C. Das GVG und seine Fortentwicklung

lehnungsrecht ab 65 Jahren (§ 35);[115] bb) Maßnahmen zur Verhinderung von „Berufs"-Schöffen, um im Interesse der Effektivität der Beteiligung von ehrenamtlichen Richtern an der Strafrechtspflege (vgl. dazu § 28 Rn. 2) einen hinreichenden personellen turnusmäßigen Wechsel zu erreichen: Höchstdauer von 8 Jahren (§ 34 Nr. 7, vgl. auch § 35 Nr. 2 und jetzt § 52 Abs. 2);[116] cc) Alle Bevölkerungsgruppen sollen nach Geschlecht, Alter, Beruf und sozialer Stellung angemessen berücksichtigt werden (§ 36 Abs. 2, § 42 Abs. 2);[117] dd) Wegen des mit der Schöffenwahl verbundenen Verwaltungsaufwandes wurde die Amtszeit von 2 auf 4 Jahre verlängert (§ 42 Abs. 1);[118] ee) Der Kreis der Personen, der nicht zu Schöffen berufen werden soll (§§ 33, 34) oder ein Ablehnungsrecht (§ 35) hat, wurde der soziologischen Entwicklung angepasst.[119] – c) Außerdem ist für das **Wiederaufnahmeverfahren** durch den neuen § 140a die Zuständigkeit eines anderen als des ersten Gerichts, gegen dessen Entscheidung sich die Wiederaufnahme richtet, begründet worden, um auch nur den Eindruck zu vermeiden, das Wiederaufnahmegericht stehe dem Wiederaufnahmebegehren nicht gänzlich unbefangen gegenüber.[120]

98 Das Gesetz zur Ergänzung des Ersten Gesetzes zur Reform des Strafverfahrensrechts vom 20. 12. 1974 (BGBl. I S. 3686) sollte mit Rücksicht auf die vermehrten **Störungen und Ausschreitungen** in den Gerichtssälen die Möglichkeit schaffen, dem wirksamer und angemessener entgegenzutreten (§§ 177, 178).

99 Aufgrund dieser Änderungen wurde das **GVG in neuer Fassung** unter dem 9. 5. 1975 (BGBl. I S. 1077) bekannt gemacht. Seitdem sind rund 90 Gesetze ergangen, die das GVG formell änderten. Viele dieser Änderungen sind lediglich redaktioneller Art in Folge anderer rechtlicher Regelungen. So wurden geändert: §§ 22c und 193 (BGBl. 1994 I S. 1374 Art. 3); § 74c Abs. 1 Nr. 2 (BGBl. 1994 I S. 1749 Art. 12); §§ 22, 32 Nr. 3, 33, 109, 113 und 202 (BGBl. 1994 I S. 2911 Art. 12); § 74c Abs. 1 Nr. 6 (BGBl. 1994 I S. 3082 Art. 7); §§ 74c Abs. 1 Nr. 1 und § 95 Abs. 2 (BGBl. 1994 I S. 3210 Art. 14); § 78b Abs. 1 Nr. 1 (BGBl. 1995 I S. 818 Art. 2); § 95 Abs. 1 Nr. 4 Buchst. c (BGBl. 1996 I S. 1014 Art. 2); § 74 Nr. 2, 3 (BGBl. 1997 I S. 1607 Art. 2); § 23 Nr. 2 Buchst. b (BGBl. 1998 I S. 2489 Art. 14).

100 Das Gesetz zur Änderung von Bezeichnungen der Richter und ehrenamtlichen Richter vom 22. 12. 1975 (BGBl. I S. 3176) hat den „Vizepräsident" wieder eingeführt,[121] ebenso die Bezeichnung „Handelsrichter" für die ehrenamtlichen Richter bei der KfH.

101 Das **Strafvollzugsgesetz** vom 16. 3. 1976 (BGBl. I S. 581) brachte neben einer Anpassung der §§ 78a und 78b an das neue Recht die Zuständigkeit des OLG für die Rechtsbeschwerden gegen Entscheidungen der Strafvollstreckungskammern, eine Vorlagepflicht und eine Konzentrationsermächtigung (§ 121 GVG). Außerdem wurden Anordnungen, Verfügungen und sonstige Maßnahmen der Vollzugsbehörden innerhalb des Justizvollzugs von §§ 23ff. EGGVG ausgenommen und der Strafvollstreckungskammer übertragen.

102 Das **Erste Gesetz zur Reform des Ehe- und Familienrechts** vom 14. 6. 1976 (BGBl. I S. 1421) hat neben Änderungen des materiellen Ehe- und Familienrechts erhebliche Änderungen im überkommenen Gerichtsaufbau gebracht. Erstinstanzlich wurde das AG zuständig für die Ehesachen, die bisher beim LG waren, und für alle Streitigkeiten über Ansprüche aus dem ehelichen Güterrecht ohne Rücksicht auf die Streitwerthöhe, und zwar auch dann, wenn Dritte am Verfahren beteiligt sind (§ 23a Nr. 4, 5). Bei den Amtsgerichten wurden Abteilungen für Familiensachen (Familiengerichte) gebildet mit ausschließlicher Zuständigkeit auf Grund gesetzlicher Geschäftsverteilung (§ 23b). In Familiensachen wurde unter Ausschluss des LG das OLG für Rechtsmittel gegen Entscheidungen des Familiengerichts zuständig (§ 119; vgl. im Einzelnen § 23b).

103 Durch Gesetz vom 30. 9. 1977 (BGBl. I S. 1877) wurden die §§ 31 bis 38 in das EGGVG eingefügt (sog. **KontaktsperreG**).

104 Das **Strafverfahrensänderungsgesetz 1979** vom 5. 10. 1978 (BGBl. I S. 1645) brachte erhebliche Änderungen der StPO, des GVG und weiterer Vorschriften. Angestrebt wurde einmal die Straffung und Beschleunigung der Strafverfahren, zum anderen eine Verringerung der Zahl der Urteilsaufhebungen in der Revisionsinstanz wegen Fehlern in der Besetzung des Gerichts und der Verletzung von Zuständigkeitsvorschriften.[122] Hierzu wurden drei Wege beschritten: a) Die Zuständigkeitsabgrenzung der verschiedenen Kammern des LG zueinander wurde vereinfacht: der

---

[115] Vgl. BTagsDrucks. 7/551 S. 98; 7/2600 S. 9.
[116] BTagsDrucks. 7/551 S. 54, 99; 7/2600 S. 10.
[117] Vgl. BTagsDrucks. 7/551 S. 100.
[118] Vgl. BTagsDrucks. 7/551 S. 100; 7/2600 S. 10.
[119] BTagsDrucks. 7/551 S. 54, 99.
[120] BTagsDrucks. 7/2600 S. 11.
[121] Vgl. BVerfGE 38, 1.
[122] BTagsDrucks. 8/976 S. 24ff.

neue § 74e stellt eine (technisch, nicht qualitativ verstandene) Rangfolge der Kammern beim LG auf: SchwurG, WirtschaftsStrafK, StaatsschutzK, allgemeine StrafK (§ 74e). b) In Bezug auf die Rüge der fehlerhaften Besetzung des Gerichts wird für das erstinstanzliche Verfahren vor dem LG und OLG eine Rügepräklusion eingeführt: Die revisionsrechtliche Überprüfung der Besetzung des Gerichts ist davon abhängig, dass ein Prozessbeteiligter den Einwand der vorschriftswidrigen Besetzung des Gerichts spätestens zu Beginn der Hauptverhandlung geltend macht (§§ 222a, 222b, 338 Nr. 1 StPO).[123] c) Die Vorschriften über die Heranziehung der Schöffen wurden vereinfacht und präzisiert: Es gibt nur noch eine einheitliche Schöffenliste für alle Kammern des LG; die Heranziehung zu den Sitzungen wurde vereinheitlicht (vgl. § 45 Rn. 1).

Das Gesetz zur Änderung mietrechtlicher Vorschriften vom 5. 6. 1980 (BGBl. I S. 657) hat den Instanzenzug teilweise verändert (§ 119 Rn. 2), den Zugang zum Gericht betrafen das Gesetz über die Prozesskostenhilfe vom 13. 6. 1980 (BGBl. I S. 677) und das Beratungshilfegesetz vom 18. 6. 1980 (BGBl. I S. 689). **105**

Mit dem Ziel wirksamerer Kriminalitätsbekämpfung wurden wiederholt die Zuständigkeiten von Spezialspruchkörpern fachlicher und geographischer Art **(Konzentrationen)** verändert, so im Betäubungsmittelrecht (BGBl. 1981 I S. 681), zur Wirtschaftskriminalität (BGBl. 1986 I S. 721), im Gebrauchsmusterrecht (BGBl. 1986 I S. 1446), Halbleiterschutzrecht (BGBl. 1987 I S. 2294), Produktpiraterie (BGBl. 1990 I S. 422). Andere Veränderungen sind die Konsequenz aus neuen materiellrechtlichen Regelungen, etwa durch das IRG, im Strafvollzugsrecht (BGBl. 1984 I S. 97, 1654), Strafaussetzung zur Bewährung (BGBl. 1986 I S. 393). Die Entwicklung der deutsch-deutschen Beziehungen führte zu einer Erweiterung der Immunität in § 20 (BGBl. 1984 I S. 990). **106**

Das **OpferschutzG** brachte nicht unerhebliche Einschränkungen der Öffentlichkeit im Interesse schützenswerter Belange der von einer Straftat Betroffenen (§§ 172ff.). Das **OrgKG** schränkte die Öffentlichkeit in § 172 zur Vermeidung der Gefährdung von Zeugen ein. **107**

Das **StVÄG 1987** hat vermeidbaren Erschwerungen beseitigt. Das Aufstellen der Vorschlagslisten für die Schöffenwahl (§ 36 Abs. 4), Besetzung der kleinen StrafK (§ 76) und der StrafVollstrK (§ 78b), Beschwerdezuständigkeit (§ 120). **108**

Das **UÄndG** brachte verfahrensrechtliche Klarstellungen und Ergänzungen, um das Verfahren in FamS sachgerechter zu gestalten: Zuständigkeit, Rechtsmittelrecht, Verbundverfahren zur einheitlichen Regelung von Scheidung und Scheidungsfolgen. **109**

Durch das **4. VwGOÄndG** wurden mit Wirkung vom 1. 1. 1991 die §§ 17 bis 17b in das GVG eingefügt. Sie enthalten eine nunmehr für alle Gerichtsbarkeiten einheitlich geltende Regelung zur Prüfung und Entscheidung der Zulässigkeit des Rechtswegs sowie der Verweisung bei Unzulässigkeit des angerufenen Rechtswegs in den zulässigen Rechtsweg. **110**

Das **RpflVereinfG** hat mit Wirkung vom 1. April 1991 (wieder einmal) die Streitwertgrenzen verändert (vgl. § 23 Rn. 5); als eine einschneidende Änderung brachte dieses Gesetz die Neuregelung der Bildung des Großen Senats (§ 132). **111**

Im **RpflAnpG** vom 26. 6. 1992 (BGBl. S. 1147) sind in Ergänzung und Fortführung des EV Regelungen zur weiteren Anpassung und Überleitung des Gerichtssystems im Beitrittsgebiet auf das überkommene Gerichtssystem nach dem GVG ergangen. Im engen Zusammenhang damit steht das Gesetz zur Prüfung von Rechtsanwaltszulassungen, Notarbestellungen und Berufungen der ehrenamtlichen Richter vom 24. Juli 1992 (BGBl. I S. 1386), das auch eine Regelung hinsichtlich der ehrenamtlichen Richter enthält, die gegen die Grundsätze der Menschlichkeit oder der Rechtsstaatlichkeit verstoßen haben oder wegen einer Tätigkeit als Mitarbeiter des Staatssicherheitsdienstes als nicht geeignet für das Amt eines ehrenamtlichen Richters anzusehen sind (vgl. im Einzelnen § 33 Rn. 10). **112**

Das **BtG (Betreuungsgesetz)** hat zum 1. 1. 1992 das Vormundschaftsrecht weitgehend umgestaltet, insbesondere die Entmündigung abgeschafft. Im Gerichtsverfassungsrecht hat sich dies jedoch nur geringfügig niedergeschlagen (§§ 23b, 23c, 138 und 171). **113**

Durch das Gesetz zur Bekämpfung der Organisierten Kriminalität vom 15. 7. 1992 (BGBl. I S. 1302 Art. 4) ist § 172 Nr. 1a GVG eingefügt worden. **114**

Das **RpflEntlG** vom 1. 3. 1993[124] (BGBl. I S. 50) erweiterte die Zuständigkeit des AG in Zivilsachen um nichtvermögensrechtliche Streitigkeiten und insgesamt auf einen Streitwert bis zu 10 000 DM (§ 23), in Strafsachen auf eine Straferwartung und eine Strafgewalt bis zu 4 Jahren (§ 24). Die Entscheidung durch Einzelrichter wurde ausgeweitet (§§ 25, 75), die Beschränkungen **115**

---

[123] Vgl. BTagsDrucks. 8/976 S. 25 ff., 44 ff.
[124] Vgl. *Rieß* AnwBl. 1993, 51; *Kissel* NJW 1993, 489; *Hansens* NJW 1993, 493; *Meyer-Goßner* NJW 1993, 498; *Markwardt* MDR 1993, 189; *Schlothauer* StV 1992, 147; *Thomas* DRiZ 1993, 217; *Günter/Mattik/Voß* DRiZ 1993, 223; *Laufhütte* DRiZ 1995, 141.

Einleitung 116–123   C. Das GVG und seine Fortentwicklung

für Richter aP verringert (§§ 23 b, 29, § 29 DRiG). Die Spruchkörper bestehen teils nur noch aus 2 Berufsrichtern (§§ 76, 78 b) oder wurden verkleinert (§§ 220, 229 BauGB). Auch Vorsitzende Richter müssen als Einzelrichter tätig sein (§ 21 g Abs. 3).

116 Durch das VerbrechensbekämpfungsG vom 28. 10. 1994 (BGBl. 1998 I S. 3186 Art. 8) wurde § 122 Abs. 2 über die Besetzung der Strafsenate geändert.

117 Das Gesetz zur **Abschaffung der Gerichtsferien** vom 28. 10. 1996 (BGBl. I S. 1546) hob §§ 199 bis 202 auf. Für den Geschäftsbereich der ordentlichen Gerichtsbarkeit in bürgerlichen Rechtsstreitigkeiten, für die allein die aus dem alten Rom (wegen der Erntezeit) stammenden Gerichtsferien vom 15. 7 bis 15. 9. eines jeden Jahres galten, entfiel die Notwendigkeit besonderer Geschäftsverteilungspläne für diese Zeit, ebenso Streitigkeiten um den Charakter als Ferien- oder Nichtferien-Sache. Ein Ausgleich für die Prozessparteien und Rechtsanwälte für die Terminsplanung in der Urlaubszeit ist § 227 Abs. 3 ZPO.

118 Durch das Gesetz zur **Änderung des Betreuungsrechts** sowie weiterer Vorschriften vom 25. 6. 1998 (BGBl. I S. 1580 Art. 1a) wurde § 23 b Abs. 1 Satz 2 Nr. 14 eingefügt.

119 Durch das Gesetz zur **Stärkung der Unabhängigkeit der Richter und Gerichte** vom 22. 12. 1999 (BGBl. I S. 2598) wurden die Vorschriften über die Präsidialverfassung (§§ 21 a bis 21 g) wesentlich umgestaltet (vgl. § 21 a Rn. 6). Das Gesetz zur Vereinfachung und Vereinheitlichung der Verfahrensvorschriften **zur Wahl und zur Berufung ehrenamtlicher Richter** vom 21. 12. 2004 (BGBl. I S. 3599) brachte eine Verlängerung der Amtsperiode der Schöffen auf fünf Jahre und Vereinfachungen im Wahlverfahren.

120 In die Betrachtung der Gesetzesänderungen ist auch das **EGGVG** einzubeziehen, das den üblichen Charakter eines Einführungsgesetzes verloren hat und in das im Laufe der Jahre auf Dauer angelegte Regelungen eingefügt worden sind. Neben Regelungen für regionale Sondersituationen ist durch die VwGO zum 1. 4. 1960 mit den §§ 23 bis 30 EGGVG ein besonderer Rechtsweg (außerhalb der VwGO) für die Anfechtung von Justizverwaltungsakten geschaffen worden. Im Zusammenhang mit terroristischen Verbrechen wurden zum 2. 10. 1977 (BGBl. I S. 1877) die §§ 31 bis 38 EGGVG (Kontaktsperre) eingefügt. Mit dem Justizmitteilungsgesetz vom 18. 6. 1997 (BGBl. I S. 1430) wurde mit den §§ 12 bis 22 EGGVG eine umfassende Regelung der von den Gerichten an andere öffentlich-rechtliche Stellen von Amts wegen zu übermittelnden personenbezogenen Daten von Verfahrensbeteiligten geschaffen. Durch Gesetz vom 15. 12. 1999 (BGBl. I S. 2398) wurde ein neuer § 39 EGGVG eingefügt zur Regelung der Insolvenzstatistik.

121 Veränderungen in der Gerichtsverfassung vollzogen sich mittelbar auch außerhalb des Textes von GVG und EGGVG durch die **ZPO-Reform 2001** (vom 27. 7. 2001, BGBl. I S. 1887). In ihrer ursprünglichen Konzeption[125] sah u. a. vor: grundsätzliche Erledigung der Verfahren in der Eingangsinstanz, keine zweite Tatsacheninstanz; Stärkung der richterlichen Prozessförderung; obligatorische Güteverhandlung (Rn. 134 ff.); weitgehende Einzelrichterkompetenz; OLG als einzige Rechtsmittelinstanz; eine Zulassungsberufung war umstritten. In einer ‚gemilderten' Konzeption ist das Projekt dann Gesetz geworden,[126] ohne dass Kritik verstummt oder nicht neu aufgebrochen wäre.[127] Mit der Novelle 2001 ist das Zivilverfahren erheblich umgestaltet worden durch Institutionalisierung des Schlichtungsgedankens, verstärkte richterliche Aufklärungs- und Hinweispflichten, Einführung des originär zuständigen Einzelrichters beim LG, Ersetzung streitwertabhängiger Rechtsmittel durch Abhilfeverfahren und Zulassungsrechtsmittel, Schwerpunkt der Berufung auf Fehlerkontrolle, beschleunigte Erledigung substanzloser Berufungen, auch erfolgte die Wegbereitung für eine Harmonisierung der Verfahrensordnungen.[128] Zur Dreistufigkeit Rn. 126.

122 Die Schaffung des **Internationalen Strafgerichtshofs** (vgl. § 21) hat jedenfalls dogmatisch erhebliche Einschränkungen der nationalen Justizhoheit gebracht, mag auch die praktische innerstaatliche Bedeutung noch nicht voraussehbar sein. Von greifbarer Bedeutung sind die Änderungen, die das **Anerkennungs- und Vollstreckungsausführungsgesetz** im Art. 1 des Gesetzes vom 19. 2. 2001 (BGBl. I S. 288) für die Gerichtsverfassung gebracht hat: Für die Vollstreckbarerklärung eines Titels aus einem anderen Staat ist das LG zuständig, Beschwerdegericht ist das OLG, über die begrenzt zulässige Rechtsbeschwerde entscheidet der BGH.

123 Über die angeführten Änderungen hinaus haben viele bedeutungsvolle Neuregelungen unseres Rechtssystems, gemessen an ihrer allgemeinen Bedeutung, zu formell nur untergeordneten Änderungen im GVG geführt: Mietrechtsreform 1980 (Rn. 105); Schuldrechtsreform 2001 (§ 23

---

[125] Referentenentwurf 23. 12. 1999, vgl. *Dauster* ZRP 2000, 338).
[126] RegEntw BTagsDrucks. 14/4722; Bericht des Rechtsausschusses BTagsDrucks. 14/6036 Übersicht bei *Hartmann* NJW 2001, 2577.
[127] *Ebel* ZRP 2001, 309; *Schneider* NJW 2001, 3756.
[128] BTagsDrucks. 14/4722.

Nr. 2 c); Lebenspartnerschaft (§ 23 a Nr. 6, § 23 b Abs. 1 Satz 2 Nr. 15, § 138 Abs. 2, § 155 Abs. 1 Nr. 2 und Abs. 2 Nr. 2), Gleichstellung der behinderten Menschen (§§ 33 Nr. 4, 186, 191 a). Außerdem haben manche gesetzlichen Regelungen Änderungen von gerichtsverfassungsrechtlicher Relevanz herbeigeführt, die sich nicht im Text des GVG selbst förmlich niedergeschlagen haben. So sind die Veränderungen im Bereich der Zulässigkeit von Rechtsmitteln, etwa bei Berufungs- oder Revisionssumme (§§ 511a, 546 ZPO), von erheblichem Einfluss auf die Organisations- und Binnenstruktur der Gerichte. Die Entscheidungskompetenzen von BVerfG und der Gerichte der EG bringen ebenso inhaltliche Umgestaltungen mit sich wie Kompetenzverlagerungen und Anerkennungen ausländischer Urteile, letztlich auch Immunitäten. Hierher gehört das Gesetz betreffend die Anrufung des Gerichtshofes der Europäischen Gemeinschaften im Wege des Vorentscheidungsverfahrens auf dem Gebiet der polizeilichen Zusammenarbeit und der justitiellen Zusammenarbeit in Strafsachen nach Artikel 35 des EU-Vertrages (EuGH-Gesetz) vom 6. 8. 1998 (BGBl. I S. 2035), ebenso die internationale Rechts- und Amtshilfe. – Vergleichbares gilt für die Umgestaltung des Disziplinarrechts (BGBl. 2001 I S. 1510) und des Rechts der Untersuchungsausschüsse (BGBl. 2001 I S. 1142; vgl. Rn. 173). Einfluss auf die Gerichtsorganisation jenseits der GVG-Regelungen zur RSpr haben auch viele Neuerungen, etwa beim UdG, vor allem aber im Zusammenhang mit dem Gesamtkomplex des elektronischen Rechtsverkehrs und der Büroorganisation.

D. Zur weiteren Entwicklung der Gerichtsverfassung (Justizreform)

124 Klagen über die Justiz sind alt, vor allem wurde von je her ihre Langsamkeit und Umständlichkeit beklagt. Die Unzufriedenheit oder doch die Sorge um eine funktionsfähige Justiz hat sich in den letzten Jahrzehnten verstärkt, aber auch das Bemühen um eine der dem Rechtsstaatlichkeitsprinzip des GG entsprechende bürgernahe, effiziente und transparente Justiz. Andererseits spricht die Zahl der anhängig werdenden Rechtsstreitigkeiten vom Amtsgericht bis zum BVerfG gegen ein signifikantes Unbehagen an der Justiz, was ihre Redlichkeit und ihr Bemühen um effektiven Rechtsschutz des Bürgers angeht. Zwei Problembereiche sind es, auf die sich die Diskussion zusammenfassen lässt: Prozessführung und Organisation. Sie sind Gegenstand umfassender Änderungsvorschläge, nicht ohne Wohlwollen für die Justiz in ihrem gegenwärtigen Zustand und Anerkennung für die Leistungen der Richter und anderen Justizangehörigen, im ihnen vielfältig vorgegebenen, oft engen Rahmen das Beste für den Rechtsstaat zu bewirken. Höchst unterschiedliche Vorschläge setzen hier an, wie schon viele Einzelgesetze mit partiellen Regelungen (Rn. 77 ff.) als versprochener oder doch erhoffter Vorgriff auf eine **„Große Justizreform"**.[129] Reformüberlegungen haben im Herbst 1997 ihren Niederschlag gefunden in dem Abschlussbericht des Sachverständigenrats „Schlanker Staat" zur Modernisierung und Entlastung der Justiz.[130] Angestrebt wird als zeitloses Ziel aller Rechtsprechung die schnelle Entscheidung zur alsbaldigen Wiederherstellung der gestörten Rechtsordnung und der Rechtssicherheit in einem geordneten Verfahrensgang, der die Interessen aller Verfahrensbeteiligten angemessen würdigt, und diese Entscheidung soll der konkreten normativen Rechtslage exakt entsprechen und in Übereinstimmung stehen mit Text und Sinn der Verfassung wie dem allgemeinen Gerechtigkeitsdenken, auf das sich die RSpr des BVerfG immer wieder bezieht oder auch zurückzieht.

125 Die Bemühungen des Staates wie auch die an ihn herangetragenen Forderungen, dieses Ziel zu realisieren, auch „Bürgernähe, Transparenz und Effizienz" zu fördern,[131] bewegen sich auf vier Ebenen: Verfahrensrecht, Gerichtsverfassung, Justiz-Binnenorganisation (Justizverwaltung, „Court Management", „Neues Steuerungsmodell", vgl. § 1 Rn. 42), außergerichtliche Streiterledigung. Sie sind eng miteinander verzahnt; Schwerpunkte für die Gerichtsverfassung sind Stärkung der Eingangsgerichte, Konzentration der Mittelinstanz auf die Fehlerkorrektur, Kon-

---

[129] *Weth* NJW 1996, 2467.
[130] Bericht DRiZ 1998, 133; vgl. *Meyer-Teschendorf/Hofmann* ZRP 1998, 132; *Schmidt-Jortzig* recht 1997, 73.
[131] Bundestagsplenum 24. 2. 1999, Protokoll S. 1573 C.

zentration der Revisionsinstanz auf die Rechtsfortbildung und die Wahrung der Rechtseinheitlichkeit,[132] aber auch Besetzungsreduktion und Einzelrichter (§ 75 Rn. 8ff.).

126 **I. Gerichtsorganisation.** Im Vordergrund grundsätzlicher gerichtsverfassungsrechtlicher Reformüberlegungen stand zunächst auch die durch § 12 gestaltete überkommene Gerichtsorganisation, der viergliedrige Aufbau in AG, LG, OLG und BGH mit mehrfach differenzierter erstinstanzlicher und Rechtsmittel-Kompetenz wie personeller Besetzung. Die Umgestaltung in eine dreigliedrige Organisation war das Projekt der sogenannten **„Dreistufigkeit"**. Nach langer und kontroverser Diskussion hat erstmals Bundeskanzler *Willy Brandt* in seiner Regierungserklärung vom 28. 10. 1969 die Dreistufigkeit angekündigt, die über einen im Dezember 1971 vom damaligen Bundesjustizminister *Jahn* vorgelegten Referentenentwurf nicht hinaus gekommen ist[133] (§ 23 Rn. 10). Die folgende Regierungserklärung vom 18. 1. 1973 beschränkte sich auf den Satz: „Die Justizreform wird fortgesetzt". Der Bundesrat hat mit Entschließung vom 5. 7. 1991[134] um Prüfung gebeten, inwieweit ein dreigliedriger Aufbau der ordentlichen Gerichtsbarkeit personelle Entlastungen und eine überzeugende Abgrenzung zwischen den verschiedenen Eingangsgerichten und den unterschiedlichen Spruchkörpern ermöglichen würde. Um die Fortsetzung der daraufhin aufgenommenen Arbeiten, woran die Justizminister der Länder 1994 erinnerten, ist es still geworden. Ein PDS-Gesetzentwurf vom September 1997[135] zur Einführung der Dreistufigkeit verfiel der Diskontinuität. In der rot-grünen Koalitionsvereinbarung vom 20. 10. 1998 wurde erklärt: „Die neue Bundesregierung wird eine umfassende Justizreform (3-Stufigkeit, Aufwertung der einheitlichen Eingangsgerichte, Reform der Gerichte und der Instanzen, Vereinfachung und Angleichung der Verfahrensordnungen) durchsetzen".[136] In der Literatur waren die Meinungen geteilt.[137]

127 Ein faktischer Schritt zur Dreistufigkeit war die Einführung der Familiengerichtsbarkeit mit dem AG als einheitlichem Eingangsgericht für nahezu alle familienrechtlichen Streitigkeiten ohne Rücksicht auf den Streitwert und dem einheitlichen Rechtsmittelzug zum OLG (Rn. 102; § 23a Rn. 3; § 23b Rn. 6; § 119 Rn. 32), ebenso die Mietrechtsreform 1980 (Rn. 105). Auch die erweiterten Zuständigkeiten des Einzelrichters in Zivilsachen beim LG (§ 75 Rn. 2) mit der Tendenz einheitlicher Besetzung der ersten Instanz zeigen in diese Richtung. Demgegenüber waren nur symptomkurierend die schon traditionellen Erhöhungen der Streitwertgrenze im Verhältnis von AG und LG (§ 23 Rn. 5), damit korrespondierend der Berufungs- und Beschwerdesumme (§ 72 Rn. 8, 10), und die Einschränkung der Revision (§ 133 Rn. 3).

128 Allerdings werden auch gewichtige Bedenken gegen die Dreistufigkeit geltend gemacht: ein einheitliches Eingangsgericht müsse eine Größe haben, mit der es tatsächlich alle Aufgaben wahrnehmen könne (unter weitgehendem Verzicht auf Konzentrationen für einzelne Sachgebiete, vgl. § 23c Rn. 1), also eine Mindestzahl von 12 bis 15 Richtern, was derzeit bei vielen Amtsgerichten nicht der Fall sei. Folge werde die Schließung kleiner Amtsgerichte in den Flächenstaaten und damit

---

[132] Bundestagsplenum 24. 2. 1999, Protokoll S. 1573 C; *Däubler-Gmelin* ZRP 1999, 82; zuletzt Entwurf eines Justizmodernisierungsgesetzes BTagsDrucks. 15/1508, BRatsDrucks. 381/1/03; DRiZ 2003, 223.

[133] Dazu *Kissel,* Der dreistufige Aufbau in der ordentlichen Gerichtsbarkeit, 1972; *Jahn,* FS Wassermann, 1985 S. 91; *Bender* ZZP 1976, 110.

[134] BRatsDrucks. 314/91.

[135] BTagsDrucks. 13/8598.

[136] Vgl. *Däubler-Gmelin* ZRP 2000, 33.

[137] Vgl. BRAK-Mitt 1999, 49; *Bischof* ZRP 1999, 353; *Hahne* ZRP 1999, 356; *Keukenschrijver/Schubert* NJ 1995, 338; *Kornblum* ZRP 1999, 382; *Lindemann* ZRP 1999, 200; *Münchbach/Lotz* ZRP 1999, 374; *Niewerth* DRiZ 1998, 434; *Schuschke* ZRP 1995, 208; *Vaupel* DRiZ 1997, 69; *Wassermann* NJW 1999, 2646; *Winte* ZRP 1999, 387; *Strempel,* FS Schippel, 1996, S. 65ff.; *Rill* (Hrsg.), Bessere Justiz durch dreigliedrigen Justizaufbau, 2000.

D. Zur weiteren Entwicklung der Gerichtsverfassung

ein Verlust von Bürgernähe sein, andererseits sei der Aufbau größerer Gerichte nicht finanzierbar.[138]

Der Regierungsentwurf zur ZPO-Reform 2001 (Rn. 121) sah eine einheitliche Zuständigkeit des OLG für alle Rechtsmittel gegen alle erstinstanzlichen Rechtsmittel von AG und LG vor[139] hin zur Dreistufigkeit. Der BRat[140] und viele Stimmen in der Literatur[141] lehnten das Vorhaben ab. Zwar beharrte die BReg auf ihrem Vorschlag,[142] jedoch hat der Rechtsausschuss des BTags[143] an der bisherigen Rechtsmittelkonzeption grundsätzlich festgehalten. Überlegungen zu einem einheitlichen Berufungs- und Beschwerderechtszug zum OLG sollten aber weiterverfolgt werden; um hierfür Erkenntnisse zu gewinnen, sollten die Länder ermächtigt werden, versuchsweise eine Konzentration von Berufungs- und Beschwerdeverfahren bei den Oberlandesgerichten einzuführen.[144] Diese Experimentierklausel ist jetzt im § 119 Abs. 3 bis 5 GVG enthalten, befristet bis zum Jahr 2008. Kein Land hat von dieser Möglichkeit Gebrauch gemacht. Die Diskussion um die Dreistufigkeit dürfte damit ihr Ende gefunden haben. **129**

II. Entlastung. Weiter wird gefragt, inwieweit die Gerichte von Aufgaben entlastet werden können, die systematisch nicht zur Rechtsprechung (Rn. 141) gehören[145] (**„Beschränkung auf die Kernaufgaben der Justiz"**), zumal solcher, deren Zuweisung nur historisch erklärbar ist mit einem Juristenmangel bei anderen Organisationen. Hierher gehören Überlegungen zur Verschmelzung der Grundbuchsachen mit den Aufgaben der Katasterverwaltung und zur Übertragung des Handelsregisters auf die Industrie- und Handelskammern.[146] Ein Schritt war die Übertragung der Zulassung zur Rechtsanwaltschaft auf die Anwaltskammern (BGBl. 1994 I S. 2278). Eher als Irrweg erscheint die Übertragung einvernehmlicher Scheidungen auf die Notare.[147] **130**

III. Moderne Justizverwaltung. Die anderen Aspekte einer Justizreform treten hier notwendigerweise in den Hintergrund. Das gilt einmal für moderne Organisationsstrukturen in der **Justizverwaltung.** Viele organisatorische Maßnahmen und Gestaltungen innerhalb des mehr technischen Justizbetriebs sind sowohl für den effektiven Verfahrensablauf als auch für das Ansehen der Justiz von erheblicher Bedeutung, dessen möge sich auch das Parlament als Haushaltsgesetzgeber bewusst sein (vgl. Rn. 170). Hier besteht ein erhebliches Potential für Rationalisierung und damit für Erleichterungen der gerichtlichen Tagesarbeit, was aber auch manche Umgewöhnung und Mitwirkung seitens der Prozessbeteiligten erforderlich macht. Man denke auch an die modernen Kommunikationsmittel bis hin zur früheren Undenkbarkeit eines papierlosen „Schrift"satzes.[148] Die Überlegungen reichen auch **131**

---

[138] Tur Rolle des Kostenfaktors Bundestagsdebatte 21. Sitzung vom 24. 2. 1999 S. 1561.
[139] AaO. S. 5, 61, 72.
[140] Sitzung vom 29. 9. 2000, vgl. aaO. S. 146.
[141] Vgl. *Ayad* ZRP 2000, 229; *Däubler-Gmelin* ZRP 2000, 457; FS Geiß, 2000; *Endell* DRiZ 2000, 199; *Hansens* ZRP 2000, 226; *Greger* JZ 2000, 842; *Kraushaar* ZRP 2000, 463; *Musielak* NJW 2000, 2769; *Prütting,* Rechtsmittelreform 2000 oder: Der Staat spart und der Rechtsstaat leidet, 2000; *Scheuch* ZRP 2001, 220; *Zuleeg* ZRP 2000, 483.
[142] BTagsDrucks. 14/4722 S. 154.
[143] BTagsDrucks. 14/6036.
[144] AaO. S. 116.
[145] Vgl. *Voss* DRiZ 1998, 382; *Heister-Neumann* ZRP 2005, 14; krit. *Dury* ZRP 2005, 262; *Vultejus* ZRP 2005, 99; *Weth* ZRP 2005, 120; zu den Grundlagen *Mayen* DRiZ 2005, 223; DVBl. 2006, 1008.
[146] Vgl. *Schmahl* ZRP 1995, 54; *Bock* ZRP 1995, 244; Deutscher Richterbund DRiZ 1995, 118; *Stober* ZRP 1998, 224; *Lindemann* ZRP 1999, 203; *Schöpe* ZRP 1999, 449; *Diekmann* ZRP 2000, 44; *Ulmer* ZRP 2000, 47; *Schoser* DRiZ 2001, 72, 77; BRatsDrucks. 325/03.
[147] Vgl. *Weth* ZRP 2005, 120; *Zimmermann/Brudermüller* DRiZ 2006, 212, 213.
[148] Vgl. *Viefhues/Volesky* DRiZ 1996, 13; *Schedler/Hauf* DRiZ 1996, 53; *Leeb* DRiZ 1997, 287; *Hoffmann-Riem,* Reform der Justizverwaltung, ein Beitrag zum modernen Rechtsstaat, 1998; *Hoffmann-Riem* DRiZ 1997, 290; 1998, 109; *Balzer* NJW 1995, 2448; *Seitz* NJW 1997, 639; *Lüke* NZA 1996, 561; *Heitmann* NJW 1997, 1826; *Meisenberg,* FS Odersky, 1996, S. 61.

in das Gerichtskostenrecht hinein[149] bis zur Privatisierung im Strafvollzug.[150] Vgl. auch § 12 Rn. 86.

132 **IV. Verfahrensbeschleunigung.** Viele Änderungen prozessualer Vorschriften in der Absicht der **Verfahrensbeschleunigung** hatten nicht mit den erhofften Erfolg. Für die in der ZPO-Reform 2001 (Rn. 121) teils umgesetzten Überlegung, die Eingangsinstanz zur maßgeblichen Sachverhaltsfeststellungs- und Streiterledigungsstufe auszubauen, die zweite Instanz auf rechtliche Korrekturen zu beschränken und die dritte Instanz als bloßes Instrument zur Wahrung der Rechtseinheitlichkeit und Fortbildung des Rechts auszugestalten,[151] dürfte dasselbe gelten.[152] Nicht zuletzt deshalb tauchten Überlegungen zu einer **„funktionalen Zweigliedrigkeit"** des Rechtsmittelsystems auf, die zwar die herkömmliche Gerichtsorganisation unberührt lassen, aber alle Verfahren allgemein auf eine Tatsachen- und eine Rechtsmittelinstanz, gegebenenfalls mit Vorlagepflicht an den BGH, beschränkt sehen wollten.[153] Sie dürften das Schicksal der Dreistufigkeit (Rn. 129) teilen. – Einen förmlichen Rechtsbehelf bei überlanger Verfahrensdauer **(Untätigkeitsbeschwerde)** sieht das geltende Recht bislang nicht ausdrücklich vor; die Rspr behilft sich mit punktuellen Abhilfemöglichkeiten (§ 16 Rn. 84 ff.). Überlegungen hierzu stoßen auf das Bedenken, es werde nur ein neues Verfahren geschaffen, ohne dass sich an der Gesamtsituation der Justiz etwas ändere und tatsächlich eine Beschleunigung eintrete.[154] Dem verstärkten Druck des EGMR, der aus Art. 13 MRK auch die Garantie eines Rechtsbehelfs gegen die Verletzung von Art. 6 Abs. 1 MRK durch überlange Gerichtsverfahren ableitet und das deutsche System insoweit für unzureichend hält,[155] wird sich der Gesetzgeber aber nicht entziehen können.[156]

133 **V. Außer- oder vorgerichtliche Einigung.** Zu nennen ist auch die außer- oder vorgerichtliche Einigung.[157] Zwar ist der ungehinderte Zugang zum Gericht verfassungsrechtlich gewährleistet (Art. 19 Abs. 4 GG; Rn. 198); Einschränkungen sind unzulässig unter welchen Kategorien auch immer, z.B. wegen eines „geringen" Streitwerts (vgl. § 23 Rn. 9), auch wenn manche Reformüberlegungen auch hiervor nicht halt machen wollen.[158] Dem stehen indessen Verfahren zur außer- oder vorgerichtlichen Streiterledigung nicht entgegen. So können die Parteien freiwillig die Streiterledigung durch ein Schiedsgericht vereinbaren (§§ 1025 ff. ZPO; vgl. § 13 Rn. 213 ff.; § 16 Rn. 73); zunehmend werden hierzu fachlich institutionalisierte Schiedsgerichte bereitgestellt.[159] Die Tätigkeit der von Freiwilligkeit geprägten Schlichtungsstellen, sogenannte alternative Streiterledigung, wird in

---

[149] *Mertin* ZRP 2000, 81.
[150] *Wagner* ZRP 2000, 169.
[151] *Schmidt-Jortzig* ZRP 1999, 96; *Däubler-Gmelin* ZRP 2000, 33; vgl. DRiZ 1999, 289, 426.
[152] Vgl. *Lechner* NJW 2004, 3593; *Heister-Neumann* ZRP 2005, 12.
[153] Hierzu *Dury* ZRP 2005, 262; *Leipold* NJW-Spezial 2006, 87; *Roth* JZ 2006, 9; *Weth* NZA 2006, 182; ZRP 2005, 119; Deutscher Richterbund DRiZ 2005, 273, 275.
[154] *Gimbel* ZRP 2004, 35; vgl. auch *Redeker* NJW 2003, 488; *Jakob* ZZP 119, 303; *Kroppenberg* ZZP 119, 177.
[155] EGMR NJW 2006, 2389; 2001, 488; vgl. auch 2007, 1259.
[156] Vgl. auch *Redeker* NJW 2003, 2956; *Roller* DRiZ 2007, 82.
[157] Literatur: Außergerichtliche Schlichtung, hrsg. Justizministerium Baden-Württemberg; *Becker/Horn* SchiedsVZ 2006, 270; *Breidenbach*, Mediation, Struktur, Chancen und Risiken, 1995; *Breidenbach*, Mediation für Juristen, Konfliktbehandlung ohne gerichtliche Entscheidung, 1997; *Breidenbach* AnwBl. 1997, 135; *Breidenbach, Coester-Waltjen, Heß, Nelle, Wolf* (Hrsg.), Konsensuale Streitbeilegung, 2001; *Büchner*, Außergerichtliche Streitbeilegung, 1998; *Büchner/Groner/Häusler*, Außergerichtliche Streitbeilegung, 1998; *Gullo*, Mediation unter der Herrschaft des Rechts?, 2006; *Hehn/Rüssel* NJW 2001, 347; *Henkel* NZA 2000, 929; *Henssler* AnwBl. 1997, 129; *Krapp* ZRP 1994, 115; *Hoffmann-Riem* ZRP 1997, 190; *von Hoyningen-Huene* JuS 1997, 352; *Lieb*, FS Hanau, 1999 S. 561; *Mähler/Mähler* NJW 1997, 1262; *Nöh-Schüren* ZRP 1998, 448; *Pflüger-Demann* NJW 1997, 1296; *Prütting* BB 1999 Beil. 9. S. 7 und FS Hanau, 1999 S. 743; *van Raden* BB 1999 Beil. 9 S. 17; *Risse* BB 1999 Beil. 9 S. 1; *Strempel*, Mediation für die Praxis, 1998; *Weigand* BB 1996, 2106; *Wesel* NJW 2002, 415.
[158] Vgl. *Weth* ZRP 2005, 119, 121.
[159] NJW 1996, 442; kritisch *Timm* NJW 1996, 1873.

D. Zur weiteren Entwicklung der Gerichtsverfassung

Anlehnung an die vergleichbare Praxis in den USA als **„Mediation"** bezeichnet. Beispiele: Schlichtungs- und Schiedsordnung für Baustreitigkeiten,[160] für freiwillige Schlichtungsstellen für kaufmännische Streitigkeiten bei der IHK, für Streitigkeiten zwischen Unternehmern und Managern (*„Arbitrium"*), bei Kundenbeschwerden im Bereich des Bundesverbandes der öffentlichen Banken,[161] Schlichtungs- und Schiedsgerichtshof Deutscher Notare.[162]

Zu verweisen ist auch auf die nach Landesrecht durch die LJustizVerw eingerichteten Gütestellen[163] und auf die bundesrechtlich vorgesehene Errichtung einer fakultativen Schlichtungsstelle durch mit entsprechenden Folgeregelungen in § 794 Abs. 1 Nr. 1 ZPO, § 204 Abs. 1 Nr. 4 BGB. Die Schlichtungsstelle nach § 15 UWG ist auch zuständig für Streitigkeiten über Verstöße gegen Verbraucherschutzvorschriften (§§ 2, 12 UKlaG). **134**

Viel Hoffnung wurde gesetzt auf § 15a EGZPO.[164] Danach kann das Landesrecht **Gütestellen** einrichten mit der Folge, dass eine Klage vor Gericht in vermögensrechtlichen Streitigkeiten bis 750 Euro, in nachbarrechtlichen Streitigkeiten und Streitigkeiten über Ansprüche wegen Verletzung der Ehre, die nicht in Presse und Rundfunk begangen worden sind, (mit ausdrücklich normierten Ausnahmen) erst zulässig ist nach dem **Versuch einer einvernehmliche Beilegung** der Streitigkeit vor der Gütestelle.[165] Die Erfahrungen sind geteilt,[166] die Literatur umfangreich.[167] **135**

Die **EG-Kommission** hat ‚Grundsätze für an der einvernehmlichen Beilegung von Verbraucherrechtsstreitigkeiten beteiligte außergerichtliche Einrichtungen' verabschiedet (Amtsblatt der EG Nr. L 109 S. 56). Sie richtet sich an Stellen, die außergerichtliche Schlichtungsverfahren anbieten, und enthält Empfehlungen zu Regelungen mit dem Ziel der Transparenz und Effizienz des Verfahrens sowie zur Unparteilichkeit der eingeschalteten Stellen. **136**

Neuerdings in den Vordergrund gerückt ist die **gerichtliche Mediation** in zwei Erscheinungsformen.[168] Bei der gerichtsnahen Mediation vermittelt der erkennende Richter die Parteien in eine außergerichtliche Streitschlichtung; Grundlage ist § 278 Abs. 5 Satz 2 ZPO.[169] Bei der gerichtsinternen Mediation[170] findet eine Güteverhandlung vor einem meist als Mediator besonders ausgebildeten Richter desselben Gerichts statt, der für die Entscheidung der Sache nicht zuständig ist. Auf welcher Grundlage ein solcher „Güterichter"[171] oder „Gerichtsmediator"[172] tätig **137**

---

[160] NJW 1999, 1384.
[161] NJW 2001, 2613.
[162] NJW 2000, 1246.
[163] Übersicht bei *BL/Hartmann* § 794 ZPO Rn. 4.
[164] Vgl. BTagsDrucks. 14/980; BTagsPlenum 17. 6. 1999 Protokoll S. 3806, 3831 ff.
[165] Vgl. hierzu BGHZ 161, 145 = NJW 2005, 437.
[166] *Henssler* NJW 2003, 241; *Treuer* DRiZ 2006, 151.
[167] Vgl. DRB DRiZ 1998, 57, 226; *Dieckmann* NJW 2000, 2802; *Duve,* Mediation und Vergleich im Prozeß, 1999; *Duve* BB 2001, 692; *Eichele* ZRP 1997, 393; *Friedrich, Fabian F.* NJW 2002, 3223; *Goll* ZRP 1998, 314; *Greger* ZRP 1998, 183; *Groth/von Bubnoff* NJW 2001, 338; *Hager,* Konflikt und Konsens, 2001; *Haft,* Mediation – Palaver oder neue Streitkultur?, FS Schütze, 1999; *Haft,* Verhandlung und Mediation: Die Alternative zum Rechtsstreit, 2000; *Haft/Schlieffen,* Handbuch Mediation, 2002; *Hartmann* NJW 1999, 3745; *Henssler/Koch,* Mediation, 2000; *von Hoyningen-Huene, Dagmar,* Außergerichtliche Konfliktberatung in den Niederlanden und Deutschland, 2000; *Marqua* DRiZ 1997, 448; *Montada/Kals,* Mediation, 2001; *Nöhr/Schüren* ZRP 1998, 448; *Ponschab/Kleinhenz* DRiZ 2002, 430; *Prütting,* Außergerichtliche Schlichtung, 2003; *Risse* NJW 2000, 1614; *Rüssel* NJW 2000, 2800; *Spangenberg* FamRZ 2001, 466; *Stadler* NJW 1998, 2479; *Strempel* ZRP 1998, 319; *Wolfram-Korn/Schmarsli,* Außergerichtliche Streitschlichtung in Deutschland, 2001; *Wolfstein* ZRP 1999, 264; *Wrege* DRiZ 2003, 130.
[168] Vgl. *von Bargen* NJW 2006, 2531, 2535; *Francken* NJW 2006, 1103, 1106; *Greger* ZRP 2006, 97; FG Vollkommer, S. 3; *Löer* ZZP 119, 199; *Trossen/Käppele* ZRP 2006, 97; zum Verwaltungsprozess *Knorr* NVwZ 2006, 914; *Ortloff* NVwZ 2006, 148; 2004, 385.
[169] *Zöller/Greger* § 278 ZPO Rn. 5; die Streitschlichtung ist aber nicht Teil des Gerichtsverfahrens, OLG Dresden MDR 2007, 277.
[170] Zu Recht kritisch *Spellbrink* DRiZ 2006, 88.
[171] *Greger* ZRP 2006, 229.
[172] *Knorr* NVwZ 2006, 914; *Ortloff* NVwZ 2006, 148.

wird, ist noch weitgehend ungeklärt. Als beauftragter Richter müsste er dem Prozessgericht angehören;[173] ersuchter Richter ist nur der des § 157 Abs. 1.[174] Seine Tätigkeit wird, wenn nicht als Nebentätigkeit eigener Art, als Verwaltungstätigkeit anzusehen sein,[175] zumal der Grundsatz des gesetzlichen Richters nicht gelten soll[176] (vgl. § 21 e Rn. 135). Mit dem „Güterichter" entstünde ein neues, gesetzlich nicht abgesichertes und in Wettbewerb zum außergerichtlichen Streitschlichter tretendes Berufsbild.

138 **VI. Strafsachen.** In Strafsachen wird die Belastung der Gerichte durch Kriminalität und Aufklärungsquote determiniert, abgesehen von Privatklagedelikten (§§ 374 ff. StPO) und Einstellung nach §§ 153 ff. StPO. Beschleunigtes Verfahren (§§ 417 ff. StPO) und Hauptverhandlungshaft (§ 127 a StPO) versprechen nur teilweise Erfolg. Die „Entkriminalisierung" von Bagatelldelikten erscheint als Irrweg,[177] ebenso ein polizeiliches Strafgeld.[178] Auch der (inzwischen wieder aufgehobene) Erlass eines Justizministers, mit Rücksicht auf die angespannte Haushaltslage „über die Vorschriften des Opportunitätsprinzips Ermittlungsverfahren knapp zu halten und Anklagen zu vermeiden",[179] richtete sich selbst. Breiten Raum nehmen in Wirtschaftsstrafsachen mittlerweile aber Absprachen ein, die „einvernehmlich" die Notwendigkeit von aufwändigen Beweisaufnahmen beschränken (vgl. Rn. 224) oder zur Einstellung des Verfahrens führen.[180] Rechtsstaatliche Defizite durch schuldinadäquate Strafen sind bereits unverkennbar.[181] Ob daran allein die Festschreibung von Verfahrensregeln[182] etwas ändern kann, erscheint fraglich. – Auch im Strafverfahren wurden mit dem Ziel der Beschleunigung Verfahrensvorschriften geändert (vgl. Rn. 104, 107, 108, 115, 116). Weitere Überlegungen zu einer Rechtsmittelreform[183] dürften im Wesentlichen erledigt sein[184] (vgl. Rn. 132).

139 **VII. Völkerrechtliche Vereinbarungen.** Auch völkerrechtliche Vereinbarungen über die internationale Anerkennung von Gerichtsentscheidungen und Schiedssprüchen (Rn. 35) können zur Vermeidung innerstaatlicher zusätzlicher Gerichtsverfahren beitragen.

E. Gerichtsverfassung und GG

140 Gerichtsverfassungsrecht kann nicht ausschließlich als Organisationsrecht angesehen werden. Zu sehr haben einerseits der Aufbau der Gerichte und die Grundlagen ihrer Tätigkeit jenseits des praktisch-technischen Verfahrensablaufs entscheidende Bedeutung für Möglichkeiten und Qualität des staatlichen Rechtsschutzes. Überdies ist das Gerichtsverfassungsrecht Teil der Staatlichkeit und deshalb auch im Zusammenhang mit dem gesamten staatlichen Aufbau, insbesondere den tragenden Prinzipien der Verfassung zu sehen und anzuwenden. Gerichtsverfassung ist nicht

---

[173] A. A. wohl *Zöller/Greger* § 278 ZPO Rn. 5.
[174] A. A. *von Olenhusen* ZMK 2004, 105; *Koch* NJ 2005, 99; *von Bargen* DVBl. 2004, 475.
[175] *Ortloff* NVwZ 2004, 385; *Wimmer/Wimmer* NJW 2007, 3243; a. A. *von Bargen* aaO.; *Zöller/Greger* § 278 ZPO Rn. 26 a; vgl. auch *Pitschas* NVwZ 2004, 396, 402.
[176] *Zöller/Greger* aaO.; *Greger* NJW 2007, 3258; *Koch* NJ 2005, 99; a. A. *Wimmer/Wimmer* aaO.
[177] *Schmidt-Jortzig* DRiZ 1996, 301; *BReg* BTagsDrucks. 13/5967; *Deutscher Richterbund* DRiZ 1998, 510; *Landau/Fünfsinn* ZRP 2000, 5; *Ostendorf* ZRP 1995, 18.
[178] DRiZ 1999, 206, 225.
[179] F. A. Z. vom 10. 11. 1995.
[180] Vgl. dazu *Dahs* NJW 1996, 1192.
[181] BGHSt 50, 40 = NJW 2005, 1440, 1446; BGH NJW 2006, 925, 929; 1529, 1533.
[182] Entwurf eines G zur Regelung von Absprachen im Strafverfahren, BRatsDrucks. 235/06.
[183] Vgl. *Dahs* NJW 2000, 1620.
[184] Zur Diskussion vgl. *Basdof*, FS Geiß, 2000; *Becker/Kinzig* ZRP 2000, 321; *Bertram* NJW 2000, 2312; *Böttcher*, FS Rieß, 2002; *Hamm* StV 2000, 454; *Heinz*, FS Brohm, 2002; *Kintzi*, FS Rieß, 2000 und DRiZ 2000, 187; *Laufhütte* NStZ 2000, 449; *Lilie*, Ist für die Strafjustiz ein dreigliedriger Justizaufbau, eine Reform des Rechtsmittelsystems und eine Aufgabenverlagerung auf außergerichtliche Verfahren zu empfehlen?, Gutachten 63. DJT 2000, Leipzig; *Nobis* StV 2000, 449; *Rieß* JZ 2000, 813; *Vultejus* ZRP 2000, 222.

zeitlos und abstrakt, ebenso wenig wertneutral oder Selbstzweck, sondern in jeder Hinsicht Teil der gesamten staatlichen und gesellschaftlichen Ordnung. Deshalb kann das GVG nicht allein auf der Grundlage seinen jeweiligen Texts verstanden und angewendet werden, sondern muss gesehen werden als Ausdruck und Konkretisierung der tragenden verfassungsrechtlichen Prinzipien. Die für die Gerichtsverfassung maßgebenden, ihr vorgehenden und vorgegebenen, sie prägenden und ihre Auslegung bestimmenden Prinzipien unserer Verfassung haben, von wenigen Ausnahmen (§§ 1 und 16) abgesehen, im Text des GVG unmittelbar keinen Niederschlag gefunden. Das GG enthält mittelbar und unmittelbar an verschiedenen Stellen Regelungen und Prinzipien für die Gerichtsverfassung. Neben Einzelregelungen in verschiedenen Vorschriften gelten die drei Grundentscheidungen Gewaltenteilung, Rechtsstaatsprinzip und Sozialstaatsgebot.

I. Gewaltenteilung. Zu den tragenden Prinzipien der Verfassung gehört der Grundsatz der Gewaltenteilung,[185] verankert im Art. 20 Abs. 2 Satz 2 GG und garantiert von der Unabänderbarkeitsklausel des Art. 79 Abs. 3 GG. Sie ist ein tragendes Organisations- und Funktionsprinzip und dient der gegenseitigen Kontrolle der Staatsorgane und damit der Mäßigung der Staatsherrschaft.[186] Gesetzgebung, vollziehende Gewalt und RSpr stehen einander, jeweils als **besondere Verfassungsorgane, gleichberechtigt und gleichwertig** gegenüber und nebeneinander. Die verfassungsrechtliche Garantie beinhaltet für alle drei Staatsgewalten jeweils eine institutionelle Garantie, ihre Unabhängigkeit von den beiden anderen Staatsgewalten und einen Grundbestand an Funktionen, die sich aus der Verfassung selbst und aus einer Gesamtschau des Verfassungssystems ergeben. Die drei Staatsgewalten sind jedoch nicht völlig, systematisch „lupenrein", voneinander abgegrenzt. Vollziehende Gewalt und RSpr sind schon nach dem Verfassungstext an „Gesetz und Recht" gebunden, das Gesetz wird von der gesetzgebenden Gewalt gesetzt (auch der Haushaltsplan zur finanziellen Ausstattung der beiden anderen Staatsgewalten). Die gesetzgebende Gewalt unterliegt ihrerseits in ihrer von der Verfassung ausdrücklich stipulierten Bindung an die verfassungsmäßige Ordnung der Kontrolle durch die Verfassungsgerichtsbarkeit (Art. 93 GG), die vollziehende Gewalt unterliegt der allgemeinen gerichtlichen Kontrolle (Art. 19 Abs. 4 GG). Das GG fordert damit keine absolute Trennung der drei Staatsgewalten, sondern ihre gegenseitige Kontrolle, Hemmung und Mäßigung durch Gewaltverschränkungen und -balancierungen. Die Verteilung der Gewichte zwischen den drei Gewalten muss aber gewahrt bleiben. Keine Gewalt darf ein von der Verfassung nicht vorgesehenes Übergewicht über eine andere Gewalt erhalten. Keine Gewalt darf der für die Erfüllung ihrer verfassungsmäßigen Aufgaben erforderlichen Zuständigkeiten beraubt werden. Der Kernbereich der Gewalten ist unveränderbar, es ist ausgeschlossen, dass eine der Gewalten die ihr von der Verfassung zugeschriebenen typischen Aufgaben verliert.[187]

Dies zeigt schon die Notwendigkeit und die Schwierigkeit der **Abgrenzung** der drei Staatsgewalten zueinander. Es tritt als Besonderheit der rsprGewalt hinzu, dass sie „den Richtern anvertraut" ist (Art. 97 GG), die in Ausübung der rsprGewalt Handelnden also (in Verbindung mit Art. 97 Abs. 2 und Art. 98 GG) von der Verfassung konkret bestimmt sind; zudem sind sie „unabhängig und nur dem Gesetz unterworfen" (Art. 97 Abs. 1 GG). Diese von der Verfassung prononcierte unabhängige Stellung der rsprGewalt und ihrer handelnden Organe macht es erforderlich, ihre Funktion gegenüber den beiden anderen Staatsgewalten inhaltlich zu bestimmen.

Zwar begründet das GG für im Einzelnen bezeichnete Aufgaben eine ausschließliche Zuständigkeit von Gerichten: Art. 13 Abs. 2, 14 Abs. 3 Satz 4, 15

---

[185] Vgl. BVerfGE 34, 52, 59 = NJW 1973, 451.
[186] BVerfGE 3, 225, 247 = NJW 1954, 65; E 95, 1 = NJW 1997, 383.
[187] BVerfGE 95, 1 = NJW 1997, 383.

Satz 2, 18, 19 Abs. 4, 21 Abs. 2, 41 Abs. 2, 61, 93, 97 Abs. 2, 98, 100, 104 Abs. 2 und 3, 126, 132 Abs. 3 GG. Das sagt aber letztlich nichts über den notwendigen **Funktionsinhalt** der rsprGewalt innerhalb der Gewaltenteilung aus, sondern kann nur Anhaltspunkte hierfür ergeben. Eine Definition dessen, was unter der rsprGewalt zu verstehen ist, enthält das GG nicht, sondern es setzt in Art. 1 Abs. 3, 20 Abs. 2 Satz 2 und Abs. 3 sowie Art. 92 den Begriff der „rsprGewalt" oder „RSpr" ohne nähere Konkretisierung voraus.

144 Man spricht von einer **ausfüllungsbedürftigen Blankettformel**.[188] Ihr Auslegungsmaßstab ist das GG selbst[189] sowie das verfassungsrechtliche Vorverständnis des Parlamentarischen Rates.[190] Es bedarf der historischen Interpretation, wie der Verfassungsgesetzgeber in einer historisch vorgegebenen Situation eine gewachsene Rechtstradition, gestaltet durch die Weimarer Verfassung, unter den leidvollen Erfahrungen mit einem Unrechtsregime, gestalten wollte – aber zugleich zukunftsorientiert verstanden und offen für die Konsequenzen eines Weiterdenkens.[191] Dies macht verständlich, dass die Ausfüllung des RSprBegriffs schon im Ansatz zu Kontroversen führt, auch in methodischer Hinsicht. Man könnte für die Ermittlung des Vorverständnisses des Verfassungsgesetzgebers ausgehen von dem Bestand an Normen und Rechtsgedanken, die er vorgefunden und für bewahrungswürdig gehalten hat, und dies ergänzen durch die unter dem GG entstandenen neuen Normen als Ausdruck der Rechtsüberzeugung. Darin liegt eine **deskriptive Methode,** die die Gesamtheit aller den Gerichten zugewiesenen Aufgaben als Inhalt der rsprGewalt versteht, wobei die Aufgabenzuweisung durch Verfassung oder einfaches Gesetz nur formeller Natur ist.[192] Eine rein deskriptive Begriffsbestimmung entspricht indessen nicht der Bedeutung, die das GG der rsprGewalt beigelegt hat, wie sie besonders aus Art. 20 Abs. 2 GG in Verbindung mit Art. 79 Abs. 3 GG und Art. 92 ff. GG erkennbar wird.[193] Denn sie würde im Ergebnis dazu führen, dass die einfache Gesetzgebung ohne weiteres in der Lage wäre, den Funktionsumfang der rsprGewalt auszuhöhlen. Dies gälte entsprechend auch für die verfassungsrechtlich geregelten Zuständigkeiten. Sie sind nicht von der Garantie des Art. 79 Abs. 3 GG umfasst und unterlägen deshalb voller Dispositionsfreiheit des Verfassungsgesetzgebers.

145 Der Bedeutung, die das GG der rsprGewalt beimisst, wird allein eine Definition gerecht, die ihr innerhalb des Verfassungsgefüges einen eigenständigen, originären Inhalt beilegt, der Disposition des einfachen Gesetzgebers wie auch in der Grundsubstanz der des Verfassungsgesetzgebers entzogen. Dies führt zu einem **materiellen Rechtsprechungsbegriff.**[194] Er bedeutet, dass schon von der Verfassung her bestimmte Aufgaben unabänderlich der rsprGewalt übertragen sind und nicht Organen der anderen Gewalten (Gesetzgebung, Verwaltung) zugewiesen werden können.

146 Indessen ist die nähere Bestimmung dessen, was hierher rechnet, nicht zweifelsfrei der Verfassung selbst zu entnehmen. Auch die im GG ausdrücklich vorgenommenen Zuweisungen an die Gerichte (Rn. 143) besagen zunächst noch nichts über deren Zugehörigkeit zur RSpr im materiellen Sinne und darüber, ob sie kraft Dispositionsfreiheit des Verfassungsgesetzgebers den Gerichten entzogen werden könnten. Sie sind indessen über ihre aktuelle Verfassungskraft hinaus ein wesentlicher Anhalt für die Begriffsbestimmung der rsprGewalt im materiellen Sinne.

147 Dem RSprBegriff der Art. 1, 20 und 92 GG kommt, im Zusammenhang mit den angeführten Bestimmungen über den Rechtsweg und den Richtervorbehalt,

---

[188] *Sachs/Detterbeck* Art. 92 GG Rn. 2.
[189] BVerfGE 22, 49, 76; *Maunz/Dürig/Herzog* Art. 92 GG Rn. 20, 34, 73.
[190] Vgl. BVerfGE 64, 175, 179; *BK/Achterberg* – 1981 – Art. 92 Rn. 47.
[191] Vgl. *Bettermann* HdbStR § 73 Rn. 17.
[192] *Maunz/Dürig/Herzog* Art. 92 GG Rn. 20 ff., 33; *Jakobs* JZ 1996, 17.
[193] *Bettermann* HdbStR § 73 Rn. 18, 19.
[194] BVerfGE 22, 49, 73 ff. = NJW 1967, 1219.

auch nach der historischen Entwicklung, ein **materieller, konstitutiver Bedeutungsinhalt** zu. Zur rsprGewalt gehören, unabhängig von einer ausdrücklichen Regelung im Verfassungstext, diejenigen staatlichen Aufgaben, die **nach traditionellem verfassungsrechtlichem Vorverständnis** den klassischen Aufgabenbereich,[195] den traditionellen **Kernbereich** der RSpr bilden: „Mag auch die exakte Grenzziehung in Einzelfällen schwierig sein, so kann doch nicht bezweifelt werden, dass der Verfassungsgeber die traditionellen Kernbereiche der Rechtsprechung – bürgerliche Rechtspflege und Strafgerichtsbarkeit – der rsprGewalt zugerechnet hat, auch wenn sie im Grundgesetz nicht besonders aufgeführt sind. Bekräftigt wird diese Auffassung durch die Aufzählung der einzelnen Gerichtsbarkeiten in den Art. 95 und 96 GG. Diese Vorschriften enthalten nicht nur Bestimmungen über die obligatorische (Art. 94) und fakultative (Art. 96) Errichtung von Bundesgerichten. Sie knüpfen an die herkömmlichen Aufgabenbereiche der einzelnen Gerichtsbarkeiten an. Das aber ist nur sinnvoll, wenn zumindest der Kernbereich der herkömmlich den einzelnen Gerichtsbarkeiten übertragenen Aufgaben als RSpr im materiellen Sinne angesehen wird".[196]

So stellt vor allem die Entscheidung der **bürgerlichen Rechtsstreitigkeiten** 148 eine typische Aufgabe der rsprGewalt dar.[197] Hier ist der Ansatzpunkt für die notwendige Entscheidung von Streitigkeiten Dritter durch eine unbeteiligte, **neutrale Instanz** als Merkmal der rsprGewalt. Jedoch kann das kein ausschließliches, abschließendes und stets aussagekräftiges Merkmal sein, denn auch viele Akte der Exekutive setzen eine Abwägung einander widerstreitender Interessen der beteiligten Dritten voraus.

Auch die **Bindung an das Gesetz** kann nicht ein ausschließliches, abschließendes und stets aussagekräftiges Merkmal sein für die Begriffsbestimmung der rsprGewalt, denn auch die Akte der Exekutive sind an „Gesetz und Recht" gebunden (Art. 20 Abs. 3 GG). 149

Mit diesen Vorbehalten lässt sich die rsprGewalt **definieren** „als die in besonders 150 geregelten Verfahren zu letztverbindlicher Entscheidung führende rechtliche Beurteilung von Sachverhalten in Anwendung des geltenden Rechts durch ein unbeteiligtes (Staats)Organ, den Richter"[198] oder als „verbindliche rechtliche Beurteilung – letztlich rechtskräftige Entscheidung – von festzustellenden Sachverhalten in Fällen bestrittenen, verletzten oder bedrohten Rechts mit dem Ziel möglichst richtiger Rechtserkenntnis".[199] In diese Richtung geht, wenn auch mit unterschiedlicher Gewichtung, die wohl h. M.[200]

Die Ausübung der **Strafgerichtsbarkeit** ist eine typische traditionelle Aufgabe 151 der rsprGewalt, nicht nur bei Verhängung von Strafen, die in die persönliche Freiheit eingreifen, sondern in jedem Fall der Kriminalstrafe.[201] Das gilt auch für die strafrechtliche Ahndung von Massendelikten wie Ladendiebstahl und Schwarzfahren. Weder das massenweise Auftreten von Straftaten noch der von der Tat betroffene geringe Wert oder Schaden ändert etwas an der Qualität der Ahndung als Strafgerichtsbarkeit – mögen Überlegungen zur Entlastung der Justiz (Rn. 138) auch dazu verlocken.

---

[195] *Sachs/Detterbeck* Art. 92 GG Rn. 9.
[196] BVerfGE 22, 49, 76 = NJW 1967, 1219; E 27, 18, 28 = NJW 1969, 1619; E 76, 100, 106 = NJW 1988, 405; BGHZ 82, 34 = NJW 1982, 517; *BK/Achterberg* – 1981 – Art. 92 GG Rn. 92 ff., 106; *von Münch/Kunig/W. Meyer,* 3. Aufl., Art. 92 GG Rn. 9; *Stern* § 43 I 4.
[197] BVerfGE 14, 56, 66 = NJW 1962, 1611; E 22, 49, 78 = NJW 1967, 1219; E 27, 18, 28 = NJW 1969, 1619.
[198] *Stern* aaO. § 43 I 4 e.
[199] *Heyde* HdbVerfR § 33 Rn. 15.
[200] Vgl. *Arndt,* FS Schmid, 1962, S. 6; *BK/Achterberg* – 1981 – Art. 92 DRiG Rn. 111; *Friesenhahn,* FS Thoma, 1950, S. 21; *Maunz/Dürig/Herzog* Art. 92 GG Rn. 20; *Schmidt-Räntsch* § 1 DRiG Rn. 4 ff.
[201] BVerfGE 8, 197, 207 = NJW 1958, 1963; E 12, 264, 274; E 22, 49, 80 = NJW 1967, 1219; E 22, 311, 317 = NJW 1968, 243; E 27, 18, 28 = NJW 1969, 1619.

152 Andererseits ist die Verhängung einer **gebührenpflichtigen Verwarnung** keine Kriminalstrafe, sondern ein Verwaltungsakt ohne Strafcharakter.[202] Auch die Ahndung von **Ordnungswidrigkeiten** durch Bußgeld ist keine Verhängung einer Kriminalstrafe,[203] ebenso wenig die Verhängung eines **Fahrverbotes** nach § 25 StVG[204] oder eine **Disziplinarmaßnahme**.[205] Auch wenn die genannten hoheitlichen Akte nicht dem traditionellen Bereich der rsprGewalt zuzurechnen sind, so ist diese damit nicht ausgeschlossen. Denn solche belastenden Akte unterliegen nach Art. 19 Abs. 4 GG der nachträglichen gerichtlichen Kontrolle. Dies gilt auch für alle anderen **hoheitlichen Eingriffe** in die private Rechtssphäre. Ausnahmen hiervon durch Einschaltung der Gerichte schon von Anfang an sind für besonders einschneidende Akte durch die verfassungsmäßigen Richtervorbehalte (Art. 13 Abs. 2, Art. 18 Satz 2, Art. 21 Abs. 2, Art. 100, Art. 104 Abs. 2, 3 und Art. 126) bestimmt, können aber auch durch den Gesetzgeber vorgesehen werden.

153 Dies gilt nicht Streitigkeiten öffentlich-rechtlicher Institutionen untereinander; für die Ausgestaltung der Streitentscheidung sind hier regelmäßig andere Verfassungsgrundsätze maßgeblich.

154 Der materielle Begriff der rsprGewalt führt indessen nicht zu einer Festschreibung der Aufgabenabgrenzung zwischen den drei Staatsgewalten für alle Zeiten und für alle Sachverhalte:

155 a) Nicht alles, was traditionell den Gerichten als Aufgabe übertragen ist, ist deshalb auch rsprGewalt im materiellen Sinne.[206] Das gilt für weite Bereiche der freiwilligen Gerichtsbarkeit wie Register, Nachlass, Vormundschaftsrecht.[207] Solche Aufgaben kann der Gesetzgeber für die Zukunft anderweitig, vornehmlich der Exekutive, übertragen.

156 b) Auch die historische Qualifikation des Verfahrensgegenstands selbst kann sich verändern mit der Folge, dass rsprGewalt im materiellen Sinne nicht mehr vorliegt. So kann der Gesetzgeber auf Grund gewandelter Anschauung über den Unrechtsgehalt von Verhaltensweisen bisherige Straftatbestände abstufen durch die Qualifizierung als bloße Ordnungswidrigkeit oder eine rein präventive gebührenpflichtige Verwarnung auslösend.[208]

157 c) Dem Verfassungsgesetzgeber ist es auch nicht verwehrt, der rsprGewalt Aufgaben in eng begrenztem Umfange zu entziehen, die der materiell verstandenen RSpr zuzurechnen sind; das ist der Fall beim Ausschluss des Rechtswegs nach Art. 10 Abs. 2 Satz 2 GG oder Art. 44 Abs. 4 (vgl. Rn. 208).

158 Grundsätzlich steht deshalb auch nichts einer zukünftigen Veränderung der verfassungsrechtlichen Einzelzuweisungen an die Gerichte (Rn. 143) entgegen. Beim derzeitigen Bestand solcher Regelungen ist indessen die Zuweisung an eine andere Staatsgewalt kaum vorstellbar, da es ausnahmslos um solche Zuweisungen geht, die dem materiellen Kernbereich der rsprGewalt zuzurechnen sind; in Frage könnte allenfalls ein anderer Rechtsweg kommen.

159 d) Andererseits ist der Gesetzgeber nicht gehindert, den Gerichten auch solche Aufgaben neu zu **übertragen**, die dem materiellen RSprBegriff nicht unterfallen.[209] Voraussetzung ist allerdings, dass dadurch weder einer anderen Staatsgewalt wesentliche Teile ihrer originären Funktion gewollt oder ungewollt entzogen wer-

---

[202] BVerfGE 22, 125, 131 = NJW 1967, 1748.
[203] BVerfGE 8, 197, 207 = NJW 1958, 1963; E 27, 18, 28 = NJW 1969, 1619.
[204] BVerfGE 27, 36, 40 = NJW 1969, 1623.
[205] BVerfGE 22, 311, 317 = NJW 1968, 243.
[206] BVerfGE 22, 49, 78 = NJW 1967, 1219; E 76, 100, 106 = NJW 1988, 405; vgl. auch BVerfGE 107, 395 = NJW 2003, 1924; BVerfG NJW 2006, 2613.
[207] BVerfGE 21, 139, 144 = NJW 1967, 1123; *Schmidt-Räntsch* § 1 DRiG Rn. 5.
[208] BVerfGE 8, 197, 207 = NJW 1958, 1963; E 22, 49, 78 = NJW 1967, 1219; E 22, 125, 132 = NJW 1967, 1748; E 23, 113, 126; E 27, 18, 28, 33 = NJW 1969, 1619; zu den Bedenken vgl. *Bettermann* HdbStR § 73 Rn. 21.
[209] BVerfGE 76, 100, 106 = NJW 1988, 405.

den²¹⁰ noch die rsprGewalt in ihrem verfassungsrechtlichen Erscheinungsbild und ihrer Funktionsfähigkeit erheblich verändert wird.²¹¹

Unabhängig von der grundsätzlichen Betrachtung der rsprGewalt nach deskriptiver oder materieller Methode ist es zweckmäßig, den aktuellen Bestand der der rsprGewalt normativ übertragenen Aufgaben einem **funktionellen RSprBegriff** zuzuordnen. Alle diese Aufgaben fallen für die Dauer ihrer Zuweisung an die Gerichte unter den RSprBegriff, nehmen also teil an allen Garantien und Verfahrensprinzipien, die für die gerichtliche Tätigkeit nach der Verfassung und den Verfahrensgesetzen gelten, wie die richterliche Unabhängigkeit, der gesetzliche Richter und das rechtliche Gehör.²¹² 160

II. Besondere Organe der rechtsprechenden Gewalt. Die Gewaltenteilung fordert, dass die rsprGewalt im verfassungsrechtlichen Sinne (Rn. 145) durch „besondere" Organe ausgeübt wird (Art. 20 Abs. 2 Satz 2, Art. 92 GG). Das sind neben den in Art. 92 ff. GG aufgeführten Gerichten die Richter, die auch ausdrücklich als Organe der rsprGewalt aufgeführt sind (Art. 92 erster Halbsatz, Art. 97 ff. GG). Das bedeutet, dass Richter und Gerichte (hier synonym zu verstehen, vgl. § 1 Rn. 4) von den beiden anderen Staatsgewalten getrennt, selbstständig sind. Diese Selbstständigkeit hat mehrere Ausprägungen: 161

1. Ausschließlich Gerichte. Institutionell bedeutet dies, dass die Aufgaben der rsprGewalt im Sinne der Gewaltenteilung nur und **ausschließlich von Gerichten** ausgeübt werden können und dürfen, nicht von Organen der beiden anderen Staatsgewalten, z.B. nicht von parlamentarischen Untersuchungsausschüssen (Rn. 173) oder Rechnungshöfen.²¹³ Was unter „**Gericht**" zu verstehen ist, definiert das GG nicht. Nach allgemeinem Sprachgebrauch ist darunter eine Einrichtung zu verstehen, die im Streitfall in Anwendung des geltenden Rechts für die Beteiligten verbindlich entscheidet, was rechtens ist. Die Durchsetzung gerichtlicher Entscheidungen durch Maßnahmen, die dem Verfahrensfortgang dienen, gehört zur rsprGewalt (Rn. 147). Ob andere innerhalb der Gerichte tätige Organe damit betraut werden (Rechtspfleger, UdG usw.), steht im Gestaltungsermessen des Gesetzgebers; weist er ihnen diese Aufgaben zu, gehört das auch zur rsprGewalt. Das gilt auch für den Gerichtsvollzieher bei Abnahme der eidesstattlichen Versicherung nach § 899 Abs. 1 ZPO.²¹⁴ Ein „Gericht" im Sinne der Art. 20 Abs. 2, 92 ff. GG setzt voraus: 162

a) Es muss sich um ein **staatliches Gericht** handeln. Seine Errichtung muss auf einem staatlichen Gesetz beruhen. Bei der Berufung der Richter muss der Staat mitwirken, auch der ehrenamtlichen.²¹⁵ Unter diesen Voraussetzungen ist auch ein von einer Körperschaft des öffentlichen Rechts (Standesorganisation) getragenes besonderes Gericht ein staatliches, z.B. die früheren Ehrengerichte für Rechtsanwälte,²¹⁶ Gemeindegerichte,²¹⁷ ärztliche Berufsgerichte,²¹⁸ Ehrengerichte der Lotsenbrüderschaft²¹⁹ (§ 30 SeelG, BGBl. 1984 I S. 1213). Die von Religionsgemeinschaften gebildeten Institutionen, als „Gerichte" bezeichnet und mit unterschiedlichen Kompe- 163

---

²¹⁰ BVerfGE 64, 175, 179 = NJW 1988, 405; E 76, 100, 106 = NJW 1983, 2812.
²¹¹ Vgl. *Maunz/Dürig/Herzog* Art. 92 GG Rn. 33; *von Münch/Kunig/Meyer* Art. 92 GG Rn. 14; *Mayen* DRiZ 2005, 223.
²¹² BVerfGE 21, 139, 144 = NJW 1967, 1123; *Schmidt-Räntsch* § 1 DRiG Rn. 5.
²¹³ OVG Münster DÖV 1979, 682 m. Anm. *Belemann* DVBl. 1979, 431 = NJW 1980, 137; *Krebs* VerwArch 1980, 77; HessVGH NVwZ-RR 1994, 515; ob Exekutivorgane mit Unabhängigkeit ausgestattet werden dürfen, ist eine andere Frage, vgl. *Philipp* NVwZ 2006, 1235.
²¹⁴ Vgl. *Caliebe* NJW 2000, 1623 m.w.N.; mit Gegentendenz BVerfG NJW 2002, 285.
²¹⁵ BAG NJW 1985, 954.
²¹⁶ BVerfGE 48, 300, 316 = NJW 1978, 1795; vgl. *Zuck* ZRP 1997, 276; zum Anwaltsgerichtshof BVerfG – K – NJW 2006, 3049.
²¹⁷ BVerfGE 10, 200, 215 = NJW 1960, 187.
²¹⁸ BVerfGE 18, 241, 253 = NJW 1965, 343.
²¹⁹ BVerwG NVwZ-RR 1995, 241.

tenzen ausgestattet von „Ehrenhändeln" bis zu Ehe- und Familiensachen, sind keine Gerichte im Sinne des GG und haben im staatlichen Bereich keine Befugnisse, weder prozessual noch rechtsgestaltend, ihre Erkenntnisse sind mit staatlicher Hilfe nicht vollstreckbar, sie können keine staatliche Anerkennung verlangen. Je nach Ausgestaltung können sie aber Schiedsgerichte nach §§ 1025 ff. ZPO sein. Zu den Auswirkungen von Art. 140 GG vgl. § 13 Rn. 181 ff.

164 b) Das RSprOrgan muss organisatorisch und personell hinreichend **von Verwaltungsbehörden getrennt** sein,[220] ebenso von Organen der Gesetzgebung; hierin konkretisiert sich die Gewaltenteilung.[221] Dem dient insbesondere § 4 DRiG, wonach ein Richter nicht gleichzeitig Aufgaben der gesetzgebenden oder der vollziehenden Gewalt ausüben darf.

165 c) Es muss gewährleistet sein, dass die **Richter nichtbeteiligte Dritte** sind;[222] vgl. § 1 Rn. 163.

166 d) Die Richter müssen ihre Aufgaben in sachlicher und persönlicher **Unabhängigkeit** wahrnehmen können;[223] vgl. im Übrigen hierzu § 1.

167 e) Die Gerichte müssen **neutral** sein, unparteilich.[224] Das bedeutet, dass sie den Verfahrensbeteiligten als organisatorisch unbeteiligte Dritte gegenüberstehen müssen; dazu gehört, dass keine mit der Gewaltenteilung unvereinbaren persönlichen Verflechtungen bestehen[225] (vgl. § 1 Rn. 32). Das bedeutet weiter, dass sie als Richter unabhängig sind (§ 1) und persönlich den Verfahrensbeteiligten neutral gegenübertreten (§ 1 Rn. 161; § 16 Rn. 31).

168 f) Die Mitwirkung von **Berufsrichtern** ist nicht zwingend vorgeschrieben. Das GG hat das **Laienrichtertum** als traditionelle Institution des deutschen Gerichtsverfassungsrechts vorgefunden und stillschweigend anerkannt (vgl. § 28 Rn. 2). Lassen sich in einem traditionsbildenden Zeitraum vor dem Inkrafttreten des GG in nicht ganz unbedeutendem Umfang als staatliche Gerichte konzipierte richterliche Spruchkörper nachweisen, die ausschließlich mit ehrenamtlichen Richtern besetzt waren, und bestanden solche Gerichte auch noch bei Inkrafttreten des GG, so kann davon ausgegangen werden, dass der Verfassungsgeber hier nicht grundsätzlich etwas ändern wollte; solche Rechtstraditionen lassen sich für verschiedene Zweige der Berufs- und Ehrengerichtsbarkeit, aber auch außerhalb dieses Bereichs aufzeigen.[226] Deshalb bestehen keine Bedenken dagegen, dass in einem Richterkollegium ein Rechtsanwalt den Vorsitz führt.[227] Es bestehen auch keine Bedenken, dass das Ehrengericht für Rechtsanwälte in erster Instanz ausschließlich mit Rechtsanwälten besetzt ist[228] oder in erster Instanz die ehrenamtlichen Richter ein zahlenmäßiges Übergewicht haben.[229] Es muss aber in jedem Falle gefordert werden, dass der Vorsitzende die Befähigung zum Richteramt besitzt.[230]

169 g) Für die Gerichtsqualität ist es ohne Bedeutung, ob gegen die Entscheidung ein **Rechtsmittel gegeben** ist (vgl. Rn. 203).

170 **2. Überschneidungen.** Die **institutionelle Unabhängigkeit der Gerichte** als besonderer Organe der rsprGewalt ist indessen nicht absolut durchführbar; Überschneidungen in der Abgrenzung der einzelnen Staatsgewalten sind unvermeidlich und gehören nach Art. 20 Abs. 2 GG zur Verfassungswirklichkeit[231] (vgl. Rn. 141).

---

[220] BVerfGE 54, 159 = NJW 1981, 912.
[221] *Papier* NJW 2001, 1089; *Schilken* JZ 2006, 860.
[222] BVerfGE 60, 175, 214 = NJW 1982, 1579.
[223] BVerfGE 26, 186, 198 = NJW 1969, 2192; E 48, 300, 316 = NJW 1978, 1795.
[224] BVerfGE 21, 139, 145 = NJW 1967, 1123.
[225] BVerfGE 27, 312, 321 = NJW 1970, 1227; BVerfG – K – NVwZ 1996, 885.
[226] BVerfGE 48, 300, 317 = NJW 1978, 1795.
[227] BVerfGE 26, 186, 200 = NJW 1969, 2192.
[228] BVerfGE 48, 300, 320 f. = NJW 1978, 1795.
[229] BVerfGE 42, 206 = NJW 1981, 912.
[230] BVerfGE 4, 74, 93 = NJW 1955, 17; E 18, 241, 254 = NJW 1965, 343.
[231] BVerfGE 34, 52 = NJW 1973, 451; E 68, 1 = NJW 1985, 603.

Das beginnt schon bei der Prärogative der gesetzgebenden Staatsgewalt gegenüber der an Gesetz und Recht gebundenen rsprGewalt (Art. 20 Abs. 3, 97 GG). Dieses Eingreifen einer Staatsgewalt in den Bereich der anderen betrifft im Zusammenhang mit der rsprGewalt beispielsweise die Haushaltsgesetzgebung. Die Legislative als **Haushaltsgesetzgeber** bestimmt durch die Entscheidung über die haushaltsmäßige Ausstattung auch der Justiz entscheidend deren Funktionsfähigkeit (vgl. § 22 Rn. 18, § 59 Rn. 3), wie die Exekutive durch die Ausübung der Personalhoheit über alle Justizangehörige entscheidend die personelle Besetzung der Gerichte bestimmt (vgl. § 1 Rn. 36). Umgekehrt unterliegt der Gesetzgeber nach Art. 100 GG der Kontrolle durch die rsprGewalt, ebenso die Exekutive (Art. 19 Abs. 4 GG, § 40 VwGO). Jenseits dieser verfassungsrechtlichen Grundgegebenheiten gibt es jedoch Bereiche, in denen die einzelnen Staatsgewalten ihre Selbstständigkeit zu verteidigen und die der anderen zu respektieren haben. Sie sind teilweise einfachgesetzlich geregelt, müssen aber auch darüber hinaus im Interesse der Funktionsfähigkeit ausgefüllt werden durch Miteinander und **gegenseitiges Respektieren,** etwa bei der Amtshilfe (§ 156). So bedeutet funktionell die besondere verfassungsrechtliche Organstellung der rsprGewalt einerseits, dass die Gerichte innerhalb ihrer Zuständigkeit das Recht und die Pflicht haben zur umfassenden Sachaufklärung und Rechtsentscheidung in den von den jeweiligen Prozessordnungen vorgegebenen Bahnen, wobei sie Ausmaß, Inhalt und Wertung in eigener Unabhängigkeit und Verantwortung selbst bestimmen, uneingeschränkt von den beiden anderen Staatsgewalten – ungeachtet aller immer wieder auftretenden Versuche der politischen Einflussnahme auf Gerichte.[232] Andererseits hat die RSpr die Kompetenzen der beiden anderen Staatsgewalten gleichermaßen zu respektieren, was im Verhältnis zur Legislative vor allem die Wahrung der Grenze zwischen Recht und Politik erfordert[233] (vgl. § 1 Rn. 110), im Verhältnis zur Exekutive die Respektierung von deren Regelungskompetenz, auch wenn das zu Einschränkungen der Nachprüfungskompetenz der RSpr führt. Umgekehrt bedeutet das, dass rechtsförmlich zulässige Beschränkungen der gerichtlichen Tätigkeit von den beiden anderen Staatsgewalten möglichst zurückhaltend ausgeübt werden sollen im Interesse der Funktionsfähigkeit eben dieser rsprGewalt; „die Unabhängigkeit der Justiz lebt von dem Willen der ersten beiden Gewalten, sie zu erhalten, sie zu respektieren, auszubauen, zu pflegen".[234] Das betrifft auch **Nichtanwendungserlasse,** also Verwaltungsanordnungen, eine bestimmte höchstrichterliche Entscheidung nicht über ihre unmittelbare Rechtskraft hinaus zu beachten[235] – bis hin zum Appell eines Landesjustizministeriums an die Grundbuchämter, allein aus Anlass zweier Entscheidungen des BGH keine amtlichen Widersprüche im Grundbuch einzutragen.[236] Inhaltliche **Kritik** auch durch Funktionsträger der beiden anderen Staatsgewalten ist hinzunehmen bis zur Grenze des § 26 DRiG (§ 1 Rn. 103), wobei Entgleisungen und Überzeichnungen auf den Urheber zurückfallen und auf sein Staatsverständnis,[237] etwa, wenn Politiker in populistischem Bemühen vom Gericht verhängte Geldbußen aus öffentlichen Mitteln zahlen.[238]

---

[232] *Piorreck* DRiZ 1993, 109.
[233] *Roellecke* JZ 1997, 583.
[234] *Mahrenholz* DRiZ 1991, 433.
[235] *Knobbe-Keuk* BB 1985, 820; *Lang* DRiZ 1992, 365; *Bettermann,* Bindung der Verwaltung an die höchstrichterliche Rechtsprechung, in: Beiträge zum Zivil-, Steuer- und Unternehmensrecht, FS Meilicke, 1985 S. 1 f.; *Grögler* DB 1993, 1849; *Rüfner* DRiZ 1992, 457; BMdF DB 1997, 955; *Lange* NJW 2002, 3657; DB 2005, 354; vgl. BTagsDrucks. 15/4614.
[236] Vgl. DtZ 1997, 116; dazu *Bestelmeyer* DtZ 1997, 116; *Wassermann* NJW 1997, 1219.
[237] Vgl. *Mishra,* Zulässigkeit und Grenzen der Urteilsschelte, 1997; dazu *Wassermann* NJW 1999, 411; *Bertram* NJW 1995, 1270; *Bommarius* DRiZ 1996, 244; *Caesar* DRiZ 1994, 455; *Habscheid* NJW 1999, 2231; *Limbach* ZRP 1996, 414; *Mishra* ZRP 1998, 402; *Schellenberg* ZRP 1995, 41; *Voss* ZRP 1995, 226; *Voßkuhle* NJW 1997, 2261; *Vultejus* ZRP 1996, 32.
[238] Vgl. BGHSt 37, 226 = JR 1992, 72 m. Anm. *Hillenkamp;* OLG Frankfurt StV 1990, 1129.

171 Trotz des so skizzierten grundsätzlichen Verhältnisses der drei Staatsgewalten zueinander sind Beschränkungen der verfassungsrechtlich gewährleisteten Funktion der RSpr bei Abwägung mit der Aufgabenstellung der gleichwertigen anderen Staatsgewalten unvermeidbar, müssen sich aber in engsten, den beiderseitigen Kernbereich (Rn. 147) wahrenden Grenzen halten. Das bedeutet z. B., dass bei der gerichtlichen Nachprüfung von Verwaltungsentscheidungen die Eigenständigkeit der Exekutive respektiert wird und die Gerichte nicht eigene Ermessenserwägungen an die der zuständigen Verwaltungsbehörde setzen.[239] Das bedeutet weiter, dass eine notwendigerweise eigenständige auswärtige Politik zu Einschränkungen der richterlichen Tätigkeit in der Kontrolle und in der Tätigkeit im Ausland führt (vgl. § 22 Rn. 32) oder zu Besonderheiten in der internationalen Rechtshilfe (vgl. § 1 Rn. 74; § 156 Rn. 63 ff.). Das bedeutet aber auch, dass die anderen Staatsgewalten grundsätzlich die Pflicht der Gerichte zur Aufklärung eines verfahrensrelevanten Sachverhalts zu respektieren haben und sich dem nicht entgegenstellen dürfen. Das wird besonders deutlich in dem Interessengegensatz zwischen gerichtlicher Aufklärung eines Sachverhalts zur rechtsstaatlich erforderlichen Wahrheitserforschung einerseits und dem Interesse der Verwaltung andererseits an der **Geheimhaltung von Verwaltungsvorgängen** und -erkenntnissen mittels Versagung von Aussagegenehmigungen, Auskunftsverweigerungen oder Sperrerklärungen hinsichtlich der Bekanntgabe von amtlichen Akten und Schriftstücken (vgl. § 96 StPO, § 432 ZPO). Zwei verfassungsrechtlich gleichrangige Staatsgewalten stoßen hier in ihren elementaren Funktionen aufeinander: einerseits die rsprGewalt bei **Ermittlung des wahren Sachverhalts,** bei „Sicherung der Gerechtigkeit durch Aufklärung des wahren Sachverhalts",[240] andererseits die Verwaltung in Erfüllung solcher verfassungsmäßig legitimierter Aufgaben, „die zu ihrer Erfüllung der Geheimhaltung bedürfen, ohne dass dagegen verfassungsrechtliche Bedenken zu erheben wären";[241] die Geheimhaltung von Vorgängen, deren Bekanntwerden dem Wohl des Bundes oder eines deutschen Landes Nachteil bereiten würde, ist ein legitimes Anliegen des Gemeinwohls.[242] Bestimmt die Verwaltungsbehörde die Geheimhaltung (Versagung der Aussagegenehmigung, Sperrerklärung usw.), dann braucht sich das Gericht damit nicht ohne weiteres abzufinden. Es muss Maßnahmen ergreifen, die dem Geheimhaltungsbedürfnis Rechnung tragen, es „muss zunächst alles Zumutbare und der Bedeutung der Sache Angemessene" tun, um die der Heranziehung eines Beweismittels entgegenstehenden Gründe auszuräumen.[243] Führt das nicht zum Einlenken der Verwaltung, muss das Gericht bei Fehlen einer Begründung durch die Verwaltungsbehörde oder bei einer offensichtlich fehlerhaften Begründung Gegenvorstellungen bei der obersten Dienstbehörde erheben; bei deren Erfolglosigkeit ist das Gericht **an die Verwaltungsentscheidung gebunden** (vgl. § 23 EGGVG Rn. 112, 151), muss also z. B. einen Zeugen als „unerreichbar" ansehen.[244] Diese Bindung betrifft jedoch nur die gerichtliche Verwertung des Beweismittels selbst. Das Gericht ist auf Grund seiner Wahrheitsermittlungspflicht (§ 244 StPO) zur Heranziehung aller anderen Beweismittel verpflichtet, es besteht kein Beweisverbot.[245] Bei verfahrensrelevanten Verwaltungsakten, deren Vorlage die Verwaltungsbehörde dem Gericht aus Geheimhaltungsgründen verweigert, kann das Gericht die Akten, wenn sie als Beweismittel für die Wahrheitsfeststellung von Bedeutung sind, beschlagnahmen.[246] Liegt aber eine Sperrerklärung bezüglich der erforder-

---

[239] Vgl. BFH NVwZ 2006, 967; *Busse* DÖV 1989, 45; *Kissel* NJW 1982, 1777.
[240] BVerfGE 57, 250, 279 = NJW 1981, 1719.
[241] BVerfG aaO. S. 284.
[242] BVerfG NJW 2000, 1175.
[243] BVerfGE 57, 250, 285 = NJW 1981, 1719.
[244] BVerfGE 57, 250, 282 = NJW 1981, 1719; BGHSt 36, 159, 161 = NJW 1989, 3291.
[245] BGHSt 39, 141 = NJW 1993, 1214.
[246] BGHSt 38, 237 = NJW 1992, 1973; *Amelung* NStZ 1993, 48; *Taschke* NStZ 1993, 94.

lichen Akten vor, ist diese für das Gericht verbindlich, und das Gericht ist an einer Beschlagnahme gehindert, ausgenommen den seltenen Fall offensichtlicher Willkür.[247] Ein Rechnungshof kann die Aktenvorlage verweigern, soweit sie den Meinungsbildungsprozess zwischen den Mitgliedern erkennen lassen.[248]

Eine **Nachprüfung der Verwaltungsentscheidung** über die Geheimhaltungsnotwendigkeit durch die Gerichte ist gesetzlich nur in Ausnahmefällen vorgesehen (§ 99 VwGO, § 86 FGO § 119 SGG), sie beschränkt sich auf offensichtlich fehlerhafte Begründungen. Dazu gehört die Frage, ob durch andere Möglichkeiten als die absolute Geheimhaltung im gerichtlichen Verfahren dem Geheimhaltungsbedürfnis ausreichend Rechnung getragen werden kann. Hierzu hat das BVerfG, das in der Beschränkung der gerichtlichen Überprüfung auf eine Glaubhaftmachung von Verweigerungsgründen (§ 99 Abs. 2 VwGO a. F.) einen Verstoß gegen Art. 19 Abs. 4 GG sah, ein **„in camera"-Verfahren** für zulässig erklärt.[249] Das Gericht hat ein Rechtsschutzbegehren in tatsächlicher und rechtlicher Hinsicht umfassend zu prüfen und muss genügend Entscheidungsbefugnisse besitzen, um drohende Rechtsverletzungen abzuwenden oder erfolgte Rechtsverletzungen zu beheben; es muss die tatsächlichen Grundlagen selbst ermitteln und seine rechtliche Auffassung unabhängig von der Verwaltung gewinnen und begründen[250] (vgl. Rn. 201, 202). Eine Beeinträchtigung des effektiven Rechtsschutzes durch Geheimhaltungsmaßnahmen der Verwaltung kann nach dem BVerfG lediglich dann in Kauf genommen werden, wenn das legitime Anliegen der Geheimhaltung bei Wahrung des Verhältnismäßigkeitsprinzips „unumgänglich", „unabweisbar", „zwingend" ist[251] und andere Möglichkeiten, ihm Rechnung zu tragen, z.B. Ausschluss der Öffentlichkeit, nicht bestehen. Eine solche Möglichkeit sieht das BVerfG im Gegensatz zu früher[252] darin, dass die Kenntnisnahme der geheimhaltungsbedürftigen Akten auf das Gericht beschränkt bleibt, das damit in der Lage ist – unter Verpflichtung zur Geheimhaltung – zu prüfen, ob die gesetzlichen Voraussetzungen für eine Geheimhaltung erfüllt sind.[253] Tangiert wird durch eine solche Vorgehensweise das Grundrecht auf **rechtliches Gehör** (Rn. 215 ff.), denn der Rechtsschutzsuchende selbst erfährt nicht, welche Gründe im Einzelnen die Geheimhaltung tragen. Aber das „rechtliche Gehör kann eingeschränkt werden, wenn dies durch sachliche Gründe hinreichend gerechtfertigt ist",[254] vgl. § 120 Abs. 3 SGG. Ein solcher sachlicher Grund bestehe darin, dass „gerade ein Absehen von einem ‚in camera'-Verfahren zu einer Minderung des Individualrechtsschutzes führte, die erheblich schwerer wiegt als eine Einschränkung des rechtlichen Gehörs. Nicht nur dem Rechtsschutzsuchenden, sondern auch dem Gericht fehlte jede Möglichkeit der Kenntnisnahme. Wird der von Art. 19 Abs. 4 GG gewährleistete effektive Rechtsschutz aber erst – wie in den Fällen der Geheimhaltungsbedürftigkeit von Tatsachen – durch eine Beschränkung des rechtlichen Gehörs möglich, dann liegt in dem damit verbundenen Vorteil, dass jedenfalls das Gericht die vollständigen Akten kennt und auf Grund dieser Kenntnis zu dem Schluss kommen kann, dass die Geheimhaltungsinteressen nicht vorliegen oder nicht überwiegen, ein hinreichend sachlicher Grund".[255] Das Gericht darf allerdings den Beteiligten

---

[247] BGHSt 29, 341 = NJW 1981, 180; St 38, 237, 246 = NJW 1992, 1973; *KK/Nack* § 96 StPO Rn. 28; *Meyer-Goßner* § 96 StPO Rn. 9.
[248] BVerfG NJW 2007, 1705.
[249] BVerfGE 101, 160 = NJW 2000, 1175; vgl. auch BVerwG NVwZ 2004, 105; 108; 2002, 1504; OVG Münster NVwZ 2001, 820; VG Stuttgart NVwZ 2000, 1322; *Margedant* NVwZ 2001, 759; *Mayen* NVwZ 2003, 537; *Roth* NVwZ 2003, 544.
[250] BVerfG aaO.
[251] BVerfGE 57, 250, 283, 287 = NJW 1981, 1719.
[252] Vgl. BVerfGE 57, 250, 288 = NJW 1981, 1719.
[253] BVerfG NJW 2000, 1175.
[254] BVerfGE 81, 123, 129 = NJW 1990, 1104; BVerfG NJW 2000, 1175.
[255] BVerfG NJW 2000, 1175.

keine Akteneinsicht gewähren oder den Akteninhalt in sonstiger Weise, etwa in den Entscheidungsgründen, bekannt geben. – Auf das **Strafverfahren,** insbesondere auf die Sperrerklärung nach § 96 StPO, sind diese Überlegungen nicht zu übertragen. Während im verwaltungsgerichtlichen Verfahren eine behördliche Geheimhaltung sich regelmäßig zum Nachteil des Rechtsschutz Suchenden auswirkt, wirken sie sich im Strafverfahren nach dem Grundsatz „in dubio pro reo" zugunsten des Angeklagten aus – ein „in-camera"-Verfahren würde den Rechtsschutz des Angeklagten verschlechtern.[256]

173   **3. Parlamentarische Untersuchungsausschüsse (UA).** Nach Art. 44 GG hat der BTag das Recht, einen UA einzusetzen, der in öffentlicher Verhandlung die erforderlichen Beweise erhebt. Der **Zweck** des UA ist im GG nicht definiert. Durch einen UA soll nach allgemeiner Meinung „das Parlament unabhängig von Regierung, Behörden und Gerichten mit hoheitlichen Mitteln selbstständig die Sachverhalte prüfen, die es in Erfüllung seines demokratischen Auftrages für aufklärungsbedürftig hält",[257] auch die Selbstreinigung des politischen Systems;[258] der Schwerpunkt liegt aber regelmäßig in der parlamentarischen Kontrolle von Regierung und Verwaltung.[259] Der Gegenstand wird vom BTag innerhalb seiner verfassungsrechtlichen Zuständigkeit in eigener Kompetenz bestimmt. Die Tätigkeit des UA liegt auf der **Grenzlinie zwischen Parlament und RSpr,** sowohl systematisch als auch in der Staatspraxis. Vielfache Bedenken werden hier geltend gemacht; so meint *Benda,*[260] er sei ein Instrument der politischen Auseinandersetzung. Hier geht es allein um das Verhältnis der UA zur Gerichtsverfassung. Sie sind ihrer Natur nach mit hoheitlichen Befugnissen ausgestattete Hilfsorgane des Parlaments[261] mit der Aufgabe, Sachverhalte, deren Aufklärung im öffentlichen Interesse und in der Zuständigkeit des Parlaments liegt (Korollar-Theorie),[262] zu untersuchen, zu bewerten und dem Parlament Bericht zu erstatten. Als Organe des Parlaments sind sie der Legislative zuzurechnen; sie haben sich im Rahmen der weit verstandenen Zuständigkeit des Parlaments[263] und ihres konkreten Auftrags[264] zu halten. UA üben öffentliche Gewalt aus. Sie haben über die in Art. 44 Abs. 2 Satz 2 GG (Brief-, Post- und Fernmeldegeheimnis) bezeichneten Schranken hinaus gemäß Art. 1 Abs. 3 GG die Grundrechte zu beachten, das kann ihre Öffentlichkeit und ihr Beweiserhebungsrecht einschränken, insbesondere Schutz gegen unbegrenzte Erhebung, Speicherung, Verwendung oder Weitergabe der auf sie bezogenen individualisierten oder individualisierbaren Daten verbürgen; dieses Recht darf nur im überwiegenden Interesse der Allgemeinheit und unter Beachtung des Grundsatzes der Verhältnismäßigkeit eingeschränkt werden.[265] Das Verfahren ist geregelt im **Untersuchungsausschussgesetz** (PUAG) vom 19. 6. 2001 (BGBl. I S. 1142).

174   Der UA ist **kein Gericht.**[266] Er hat keinerlei Befugnisse, die der rsprGewalt (Rn. 147) obliegen,[267] er kann auch keine Aufgaben der RSpr an sich ziehen. Akte der RSpr sind der Ermittlung und Prüfung durch UA entzogen; das ergibt sich aus der Gewaltenteilung. Die Tätigkeit des UA ist von der RSpr verfassungsrechtlich völlig getrennt; die UA haben keine präjudizielle oder die RSpr kontrollierende

---

[256] BVerfG NJW 2000, 1175; BGH NJW 2000, 1661; offen aber bei BVerwG NJW 2004, 963.
[257] BTagsDrucks. 14/2518 S. 10; *Wiefelspütz* Zeitschrift für Parlamentsfragen 2002, 521 ff.
[258] *Schneider, H. P.* NJW 2001, 2605.
[259] BVerfGE 49, 70, 85 = NJW 1979, 261; BVerfG NJW 2002, 1936.
[260] NJW 2000, 3621.
[261] BVerfGE 77, 1 = NJW 1988, 890.
[262] *Kestner* NJW 1990, 2651.
[263] BVerfGE 77, 43 = NJW 1988, 890.
[264] OVG Münster NJW 1988, 1103.
[265] BVerfGE 77, 46 = NJW 1988, 890; vgl. *Linck* ZRP 1987, 11.
[266] BVerwG DÖV 1981, 300; *Quaas/Zuck* NJW 1988, 1875; *Kestner* NJW 1990, 2651; *Schaefer* NJW 2002, 490.
[267] BGHSt 17, 128, 131 = NJW 1960, 926.

oder ersetzende Funktion. Allgemeine Untersuchungen, etwa über die personelle Situation der Justiz oder Tendenzen in der RSpr jenseits konkreter Verfahren, sind dann als zulässig anzusehen, wenn sie der Vorbereitung oder Durchführung parlamentarischer Tätigkeit dienen, besonders der (Haushalts-) Gesetzgebung. Die unterschiedliche Zwecksetzung lässt es auch zu, dass sich ein UA und ein Gericht gleichzeitig mit demselben Lebenssachverhalt befassen;[268] jedenfalls für die Gerichte, in einem solchen Fall kein Grund für eine Aussetzung (§ 148 ZPO, § 262 StPO) gegeben, auch nicht zum Zurückstellen von Beweiserhebungen.

175 Die Gerichte sind zur **Rechts- und Amtshilfe** gegenüber dem UA verpflichtet, § 18 Abs. 4 Satz 1 PUAG, vgl. Art. 44 Abs. 3 GG, § 156 GVG; der UA ist eine ‚öffentliche Behörde' nach Art. 35 GG.[269] Das gilt auch für den Ermittlungsbeauftragten (§ 10 PUAG). Das Gericht hat zu prüfen, ob die Voraussetzungen der Rechts- und Amtshilfe vorliegen, die beabsichtigte Beweiserhebung allgemein zulässig ist[270] und den Rahmen des Untersuchungsauftrags einhält.[271] Die Rechts- und Amtshilfepflicht erstreckt sich insbesondere auch auf die Vorlage von **Akten**, die bei der Untersuchung politischer Vorgänge als besonders wichtiges Beweismittel gelten.[272] Auch die StA ist in diesem Rahmen zur Amtshilfe verpflichtet.[273]

176 Die Beschlüsse der Untersuchungsausschüsse sind (nur) der **richterlichen Erörterung entzogen** (§ 44 Abs. 4 Satz 1 GG als Ausnahme von Art. 19 Abs. 4 GG). ‚Beschluss' ist dabei die abschließende „Würdigung und Beurteilung des der Untersuchung zugrunde liegenden Sachverhalts" im unmittelbaren Zusammenhang mit dem Untersuchungsauftrag (auch ein Minderheitsvotum). Andere Beschlüsse und Maßnahmen des UA und seines Vorsitzenden bei der Verfahrensgestaltung unterliegen demgegenüber der allgemeinen Rechtsschutzgarantie des Art. 19 Abs. 4 GG. Deshalb kann niemand vor einem Gericht geltend machen, durch den Abschlussbericht (oder ein Sondervotum) in seinen Rechten verletzt zu sein.[274] Greifen jedoch Maßnahmen und Beschlüsse des UA im laufenden Verfahren, die dessen Tätigkeit nicht abschließen, in Rechte einzelner Bürger ein, ist die gerichtliche Kontrolle nach Art. 19 Abs. 4 GG garantiert. Das gilt z. B. für Beugemaßnahmen gegen Zeugen und Auferlegung von Sitzungskosten[275] oder für Entscheidungen über die Öffentlichkeit einer Beweiserhebung (§ 14 Abs. 4 PUAG) oder eine Geheimhaltungsanordnung (§ 15 Abs. 2 PUAG). Dafür ist ausschließlich der Rechtsweg nach § 36 PUAG eröffnet (Rn. 181). Vorgänge und Äußerungen nur im Zusammenhang mit dem UA und seiner Tätigkeit unterliegen der allgemeinen gerichtlichen Nachprüfung, z. B. Äußerungen einzelner Abgeordneter. – Wenn auch die Beschlüsse des UA der richterlichen Erörterung entzogen sind, so sind die Gerichte in der Würdigung und Beurteilung des der Untersuchung zugrunde liegenden Sachverhalts frei (Art. 44 Abs. 4 Satz 2 GG). Das bedeutet, dass weder der vom UA ermittelte Sachverhalt noch die von ihm daraus gezogenen Konsequenzen für ein gerichtliches Verfahren bindend sind. Das Gericht hat stets in eigener Verantwortung im Rahmen der in seine RSprKompetenz fallenden Entscheidung den erforderlichen Sachverhalt zu ermitteln und rechtlich zu werten. Soweit Beschlüsse und andere Maßnahmen der Untersuchungsausschüsse oder andere Vorgänge im Laufe des Untersuchungsverfahrens Außenwirkung haben, sind sie in ihrem Wirkungsbereich auch von den Gerichten zu respektieren, z. B. Ordnungsstrafbeschlüsse.

---

[268] *Jarass/Pieroth* Art. 44 GG Rn. 3.
[269] *Jarass/Pieroth* Art. 44 GG Rn. 1.
[270] BVerfGE 77, 52 = NJW 1988, 890.
[271] OLG Köln NJW 1985, 336.
[272] BVerfG NJW 1984, 2271.
[273] BGHSt 46, 261 = NJW 2001, 1077 m. Anm. *Katholnigg* NStZ 2001, 390; OLG Frankfurt NJW 2001, 2340; KG NStZ 1993, 403.
[274] OVG Hamburg NVwZ 1987, 610.
[275] OVG Münster NJW 1999, 80.

177 Zur Erforschung und Aufklärung des den Gegenstand des Untersuchungsauftrags bildenden Sachverhaltes ist der UA zu selbstständigen **Beweiserhebungen** befugt, die Vorschriften der StPO finden sinngemäß Anwendung (Art. 44 Abs. 2 Satz 1 GG, §§ 17 ff. PUAG). Die Beweiserhebung erfolgt grundsätzlich vor dem Ausschuss in öffentlicher Verhandlung, jedoch kann die Öffentlichkeit ausgeschlossen werden (Art. 44 Abs. 1 GG, §§ 13, 14 PUAG). Der UA ist bei der ihm gegenüber allen vom Untersuchungsverfahren Betroffenen (Zeugen usw.) obliegenden Wahrung der Privatsphäre usw. nicht an die Voraussetzungen der §§ 171 ff. GVG gebunden, sondern kann nach Art. 44 Abs. 1 Satz 2 GG die Öffentlichkeit nach pflichtgemäßem Ermessen ausschließen entsprechend der eigenständigen Regelung der §§ 13 ff. PUAG.[276] – Grundsätzlich kann der UA alle in den §§ 17 ff. PUAG vorgesehenen Beweismittel einsetzen. Im Weigerungsfalle kann gegen Zeugen vom UA selbst Ordnungsgeld verhängt werden und Kosten auferlegt werden (Rechtsweg nach § 36 PUAG). Bei der Entscheidung über Rechtsbehelfe dagegen erstreckt sich die Prüfung einmal auf die Frage, ob der Auftrag des UA von der Parlamentszuständigkeit gedeckt ist wie von seinem konkreten Auftrag.[277] Zum anderen hat das Gericht zu prüfen, ob die Gründe für eine Aussageverweigerung (§ 22 PUAG) vorliegen. Bei Weigerung der Erfüllung einer Herausgabepflicht von Beweisgegenständen gilt Entsprechendes (§ 29 PUAG). Erzwingungshaft muss beim BGH beantragt werden (Zeugniszwang, § 27 PUAG). Gegen die Weigerung von Sachverständigen kann der UA selbst Ordnungsgeld verhängen (§ 28 PUAG). – § 10 PUAG hat den **Ermittlungsbeauftragten** als neues Institut zur Unterstützung des UA geschaffen mit im Einzelnen aufgeführten vorbereitenden Aufgaben und entsprechenden Rechten. In diesem Rahmen sind ihm die Kompetenzen des UA nach außen zuzuerkennen, auch ist der Rechtsweg nach § 36 PUAG anzunehmen. Die statusrechtliche Funktion (mit den Konsequenzen aus § 4 DRiG) und die Tätigkeit des Ermittlungsbeauftragten sind der Legislative zuzurechnen.

178 Die **Zeugenvernehmung** ist in §§ 20 bis 27 PUAG geregelt in inhaltlicher Anlehnung an §§ 48 ff. StPO, die auch zur Auslegung und Ergänzung heranzuziehen sind. Von Belang für die Gerichtsverfassung ist die Aussageverweigerung. Dem UA steht bei Ausbleiben von Zeugen die eigene Kompetenz zur Verhängung von Ordnungsgeld, Kostenauferlegung und Zwangsvorführung zur Verfügung (§ 21), bei grundloser Zeugnisverweigerung Kostenauferlegung und Ordnungsgeld (§ 27 Abs. 1 PUAG). Gegen diese Maßnahmen kann der Zeuge ausschließlich im Rechtsweg nach § 36 PUAG vorgehen. Bei grundloser Zeugnisverweigerung kann darüber hinaus auf Antrag des UA vom Ermittlungsrichter beim BGH Erzwingungshaft angeordnet werden (§ 27 Abs. 2 PUAG), Rechtsbehelf dagegen ist die Beschwerde entsprechend § 135 Abs. 2 StPO gemäß § 36 PUAG. Hierbei ist nachzuprüfen, ob ein Aussageverweigerungsrecht besteht und die darüber hinausgehenden Pflichten des UA zur Wahrung der Privatsphäre und des Datenschutzes angemessen berücksichtigt sind.

179 Für die Vernehmung von **Sachverständigen** gelten grundsätzlich die gleichen Vorschriften wie für die Zeugenvernehmung (§ 28 PUAG). Erfüllt ein Sachverständiger seine Gutachterpflicht nicht oder nicht rechtzeitig, kann der UA ein Ordnungsgeld festsetzen und ihm Kosten auferlegen. Ein Rechtsbehelf besteht für den Sachverständigen nur nach § 36 PUAG.

180 Weiteres Beweismittel für den UA ist die Augenscheinseinnahme (§ 19 PUAG), vor allem in **Urkunden.** Zur Vorlage verpflichtet sind einmal Bundesregierung und alle **Bundesbehörden** (§ 18 Abs. 1, 2 PUAG). Bei Ablehnung des Vorlageersuchens entscheidet das BVerfG (§ 18 Abs. 3, 1. Halbs. PUAG), bei Fragen der Einstufung der Ermittlungsrichter beim BGH (§ 18 Abs. 3, 2. Halbs. PUAG). Bei

---

[276] Zum Anwesenheitsrecht eines RA vgl. OVG Berlin NJW 2002, 313.
[277] Zum früheren Rechtsweg OVG Koblenz NVwZ 1986, 575; AG Bonn NJW 1989, 1101.

Streitigkeiten mit **anderen Behörden** über eine Vorlagepflicht im Rahmen der allgemeinen Rechts- und Amtshilfe (Rn. 175) entscheidet der Ermittlungsrichter beim BGH (§ 18 Abs. 4 Satz 2 PUAG). Daneben ist **jedermann** verpflichtet, einen beweiserheblichen Gegenstand in seinem Gewahrsam dem UA auf dessen Verlangen vorzulegen und auszuliefern (§ 29 PUAG). Im Weigerungfalle kann der UA ein Ordnungsgeld festsetzen (§ 29 Abs. 2 Satz 1 PUAG; Rechtsbehelf nach § 36 PUAG), der Ermittlungsrichter kann Erzwingungshaft anordnen (§ 29 Abs. 2 Satz 2 PUAG). Der Ermittlungsrichter des BGH kann auch die Durchsuchung und die **Beschlagnahme** von Gegenständen anordnen (§ 29 Abs. 3 PUAG).

§ 36 PUAG hat die **gerichtliche Zuständigkeit** für Streitigkeiten nach dem PUAG in Abkehr von der bisherigen Rechtslage geregelt:[278] Vorbehaltlich der allgemeinen Zuständigkeit des BVerfG (Art. 93 GG, § 13 BVerfGG) ist der BGH in erster und letzter Instanz zuständig. Streitigkeiten „nach dem PUAG" sind alle die, die sich bei der gesamten Durchführung der Untersuchung, im weitesten Sinne verstanden, einstellen, ob es sich nun um Streitigkeiten zwischen dem Bundestag, einer Fraktion oder einem anderen Ausschuss und dem UA handelt, zwischen Ausschussmitgliedern und dem Ausschuss als Organ, oder zwischen Letzterem und Außenstehenden wie Zeugen oder Behörden im Rahmen der Rechts- und Amtshilfe.[279] Im Interesse einer schnellen Entscheidung und alsbaldiger Rechtssicherheit[280] sollen BGH und BVerfG solche Streitigkeiten entscheiden und die erforderlichen Maßnahmen treffen. Soweit das PUAG dem Ermittlungsrichter des BGH Kompetenzen zuweist (untypischerweise, vgl. § 169 StPO und § 130 GVG Rn. 5), ist gegen dessen Entscheidungen die Beschwerde zum BGH selbst eröffnet (§ 135 Abs. 2 GVG), die sich nach §§ 304 ff. StPO richtet und mangels ausdrücklicher Anordnung keine sofortige Beschwerde (§ 311 StPO) ist.

4. Enquete-Kommission. Vom parlamentarischen Untersuchungsausschuss zu trennen ist die **Enquete-Kommission,** die nach § 56 der Geschäftsordnung des Bundestags eingesetzt werden kann „zur Vorbereitung von Entscheidungen über umfangreiche und bedeutsame Sachkomplexe". Die Enquete-Kommission ist kein Untersuchungsausschuss.[281] Sie ist internes Hilfsorgan des Parlaments ohne Entscheidungsbefugnisse, deshalb stehen ihr auch nicht die Zwangsbefugnisse eines Untersuchungsausschusses zu. Die Beschaffung und Bewertung der Informationen unterliegt keinen besonderen Vorschriften. Die für Untersuchungsausschüsse getroffene Nichtnachprüfbarkeitsregelung (Rn. 176) wird auf die Enquete-Kommission entsprechend anzuwenden sein.

5. Petitionen. Der in Art. 45c GG vorgesehene **Petitionsausschuss** ist parlamentarisches Hilfsorgan für die Bitten oder Beschwerden, mit denen sich jedermann an die Volksvertretung wenden kann (Art. 17 GG). Eine gesetzliche Regelung für diesen Ausschuss besteht entgegen Art. 45c Abs. 2 GG nicht,[282] für seine Arbeit gelten selbst beschlossene Verfahrensgrundsätze. Der Petitionsausschuss unterliegt als Organ des Parlaments den sich aus der Gewaltenteilung ergebenden Handlungsbeschränkungen, er hat Funktion und Unabhängigkeit der rsprGewalt zu respektieren (§ 1 Rn. 103). Im Verhältnis zwischen Staatsbürger und Parlament verpflichtet das verfassungsrechtlich gewährleistete Petitionsrecht (Art. 17 GG) das Parlament zur Kenntnisnahme, sachlichen Prüfung und Bescheidung.[283] Das Parlament kann auf eine Petition hin aber weder für eine richterliche Entscheidung

---

[278] Vgl. dazu BVerfGE 77, 52 = NJW 1988, 890; BVerfG – K – NVwZ 1994, 54; BVerwGE 79, 339 = NJW 1988, 1924; BayVerfGH DÖV 1992, 967; OLG Köln NJW 1985, 336; OVG Koblenz NVwZ 1986, 575; OVG Münster NJW 1999, 80; AG Bonn NJW 1989, 1101.
[279] Anders früher BGH NJW 2001, 1077.
[280] BTagsProtokoll 165. Sitzung S. 16 145 C; 16 150 A; *Wiefelspütz* aaO. S. 571.
[281] *Kretschmer* DVBl. 1986, 924; *Hampel* DÖV 1991, 676.
[282] Vgl. BTagsDrucks. 14/5762.
[283] BVerfGE 2, 225 = NJW 1953, 817.

Weisungen erteilen noch etwa den Inhalt einer richterlichen Entscheidung ändern, auch nicht mittelbar, etwa durch eine Anweisung an den Justizminister, einer unterlegenen Prozesspartei die ihr nicht zuerkannte Klagesumme gleichwohl zu zahlen oder einen Verurteilten zu begnadigen, weil die Entscheidung nach Auffassung des Parlaments unrichtig sei.[284] Auch bei Wahrung dieser Grenzen ist ein förmliches Beweiserhebungsrecht abzulehnen, da damit das Petitionsverfahren einem Gerichtsverfahren gleichgesetzt würde und damit nicht der grundgesetzlichen Gewaltenteilung gerecht würde.[285] Ein Petitionsbescheid muss Angaben über die entscheidende Stelle sowie die Art der Erledigung enthalten,[286] eine besondere Begründungspflicht besteht nicht.[287] Eine Petition an eine **Behörde** ist von dieser entgegenzunehmen und sachlich zu prüfen, dem Petenten ist zumindest die Art der Erledigung schriftlich mitzuteilen.[288] Ablehnende Petitionsbescheide sind keine anfechtbaren Verwaltungsakte.[289]

184 **III. Grundrechte und Gerichtsverfassung. 1. Umfassende Grundrechtsgeltung.** Nach Art. 1 Abs. 3 GG binden die Grundrechte die RSpr als unmittelbar geltendes Recht. Sie enthalten nicht nur subjektive Abwehrrechte des einzelnen gegen den Staat, sondern zugleich Grundentscheidungen für alle Bereiche des Rechts;[290] sie sind Elemente einer objektiven, wertgebundenen Ordnung. Über ihren Einfluss auf das materielle Recht hinaus sind sie zugleich Maßstab für eine den Grundrechtsschutz effektuierende Organisations- und Verfahrensgestaltung sowie für eine grundrechtsfreundliche Anwendung vorhandener Verfahrensvorschriften.[291] Da Organisation und Verfahren in aller Regel materielle Wirkungen haben, muss auch das Organisations- und Verfahrensrecht unter den Geboten der materiellen Grundrechte stehen.[292] Die Grundrechtsgarantie umfasst die Pflicht, für die Grundrechte einen angemessenen Rechtsschutz zu gewähren.[293] Demgemäß muss das Verfahrensrecht und damit auch das Gerichtsverfassungsrecht im Blick auf die Grundrechte ausgelegt und angewendet werden; bei mehreren Auslegungsmöglichkeiten ist diejenige zu wählen, die dem Gericht ermöglicht, die Grundrechte der Verfahrensbeteiligten durchzusetzen und zu verwirklichen.[294] Die Grundrechte beeinflussen demgemäß nicht nur das gesamte materielle Recht, sondern auch das Verfahrensrecht, soweit dies für einen effektiven Grundrechtsschutz Bedeutung hat.[295] Die Grundrechte beanspruchen damit auch im jeweiligen Verfahrensrecht Geltung und bestimmen dessen Gestaltung und Anwendung.[296]

185 **2. Schutzpflicht.** Hieraus ergibt sich zugleich auch eine Schutzpflicht des Staates vor Verletzungen[297] und Gefährdungen[298] der Grundrechte, sowohl vor hoheitlichen Eingriffen als auch vor rechtswidrigen Eingriffen Dritter.[299] Sie besteht auch zugunsten deutscher Staatsbürger, die im Ausland einem dortigen Gerichtsverfahren

---

[284] *Roquette* NJW 1964, 286; a. A. *Holtzmann* NJW 1964, 760.
[285] BTagsDrucks. 14/8576.
[286] BVerfGE 13, 54, 90 = NJW 1961, 1453.
[287] BVerfG – K – NJW 1992, 3033.
[288] BVerfGE 13, 54, 90 = NJW 1961, 1453.
[289] BVerwG NJW 1977, 118 mit Anm. *Weber* NJW 1977, 594; VGH München BayVwBl. 1981, 211; *Rühl* DVBl. 1993, 20.
[290] BVerfGE 7, 198, 205 = NJW 1958, 257; E 81, 242, 254 = NJW 1990, 1469.
[291] BVerfGE 69, 315, 355; *Hans H. Klein* DVBl. 1994, 489.
[292] BVerfGE 51, 290, 351 = NJW 1979, 699.
[293] BVerfGE 50, 16, 30 = NJW 1979, 1159; *Redeker* NJW 1980, 1595.
[294] BVerfGE 49, 252, 257 = NJW 1979, 538.
[295] BVerfGE 53, 30, 65; E 84, 34, 46 = NJW 1991, 2005; E 84, 59, 72 = NJW 1991, 2008.
[296] BVerfGE 52, 380, 389 = NJW 1980, 1153; E 52, 391, 407 = NJW 1980, 516; E 53, 30, 65 = NJW 1980, 759; E 99, 145, 157 = NJW 1999, 631; vgl. *Lorenz* NJW 1977, 865; *Schneider* MDR 1979, 617.
[297] BVerfGE 79, 174, 201 = NJW 1989, 1271; E 99, 145, 157 = NJW 1999, 631.
[298] BVerfG – K – NJW 1997, 2509.
[299] BVerfG – K – NJW 1996, 651; BVerfG – K – NJW 1997, 2509.

ausgesetzt sind (Rn. 36), ebenso entspringt ihr das grundsätzliche Auslieferungsverbot für Deutsche nach Art. 16 Abs. 2 GG.[300] Indessen steht sie wie alle aus Freiheitsrechten abgeleiteten Leistungsansprüche von vornherein unter dem Vorbehalt dessen, was vernünftigerweise von der Gesellschaft erwartet werden kann.[301] Bei ihrer Erfüllung kommt dem Gesetzgeber wie der vollziehenden Gewalt ein weiter Einschätzungs-, Wertungs- und Gestaltungsbereich zu, der auch Raum lässt, etwa konkurrierende öffentliche und private Interessen zu berücksichtigen.[302] Verletzt ist die Schutzpflicht nur, wenn die öffentliche Gewalt Schutzvorkehrungen überhaupt nicht getroffen hat oder die getroffenen Maßnahmen gänzlich ungeeignet oder völlig unzulänglich sind, das gebotene Schutzziel zu erreichen, oder erheblich dahinter zurückbleiben.[303] Auch die völker- und unionsrechtliche Öffnung des Auslieferungsverbots Deutscher in Art. 16 Abs. 2 Satz 2 GG (vgl. § 21 Rn. 13 und §§ 78, 80 IRG) verstößt nicht gegen die Wesensgehaltsgarantie des Art. 79 Abs. 3 GG.[304]

3. Ausdrücklicher Bezug zum Gerichtsverfassungsgesetz. Im Vordergrund stehen die im GG enthaltenen Gewährleistungen mit gerichtsverfassungsrechtlichem Bezug **(Verfahrensgrundrechte).** Diese, insbesondere Art. 101 Abs. 1 GG (gesetzlicher Richter) und Art. 103 Abs. 1 GG (rechtliches Gehör) „sichern in Form eines grundrechtsgleichen Rechts die Einhaltung rechtsstaatlicher Mindeststandards"[305] (vgl. Rn. 197). Zu diesen gehören die **Rechtsweggarantie** des Art. 19 Abs. 4 GG (Rn. 198), des Art. 14 Abs. 3 Satz 4 GG, Art. 15 Satz 2 GG, die **Richtervorbehalte** (Art. 13, Art. 18, Art. 21 Abs. 2, Art. 41 Abs. 2, Art. 61, Art. 97 Abs. 2, Art. 98, Art. 100 GG), die Unverletzlichkeit der **Wohnung** (Art. 13 GG), die **Freiheitsgarantie** (Art. 104 GG), der **gesetzliche Richter** nach Art. 101 GG (§ 16 GVG), das **Gewaltenteilungsprinzip** nach Art. 20 Abs. 2 Satz 2 GG (Rn. 141) und das **Rechtsstaatsprinzip** (Rn. 197). Das **rechtliche Gehör** nach Art. 103 Abs. 1 GG ist ein wesentlicher Bestandteil des Rechtsstaatsprinzips[306] (Rn. 215 ff.). Auch das Recht auf ein **faires Verfahren** ist hier anzuführen (Rn. 221).

4. Alle Grundrechte. Zu diesen spezifischen gerichtsverfassungsrechtlichen Gewährleistungen treten **alle Grundrechte.** Einmal können sich auch aus den materiellen Grundrechten Anforderungen an das gerichtliche Verfahren ergeben,[307] wenn es um besondere oder zusätzliche Maßgaben geht, die gerade im Interesse einer bestimmten verfassungsrechtlichen Freiheitsgarantie erforderlich sind.[308] Zum anderen ist der Grundrechtsschutz auch durch die Gestaltung des Verfahrens sicherzustellen, das gerichtliche Verfahren muss in seiner Ausgestaltung geeignet und angemessen sein, um der Durchsetzung der materiellen Grundrechtspositionen wirkungsvoll zu dienen.[309] Es gilt aber auch hier zu bedenken, dass Grundrechte gemeinschaftsgebunden sind und dass im Falle ihrer Konkurrenz mit anderen Grundrechten oder verfassungsrechtlich geschützten Positionen es einer Abwägung nach dem vom BVerfG entwickelten Grundsatz der praktischen Konkordanz bedarf, der fordert, dass nicht eine der widerstreitenden Rechtspositionen bevorzugt

---

[300] BVerfGE 113, 273 = NJW 2005, 2289.
[301] BVerfGE 33, 303, 334 = NJW 1972, 1561; E 75, 40, 68 = NJW 1987, 2359; E 90, 107, 115 ff. = NVwZ 1994, 886.
[302] BVerfGE 55, 349 = NJW 1981, 1499; BVerwGE 62, 111 = JZ 1981, 390; *Dirnberger* DVBl. 1992, 879.
[303] BVerfGE 92, 26, 46 = NJW 1995, 2339; BVerfG – K – NJW 1996, 651; BVerfG – K – NJW 1997, 2509.
[304] BVerfGE 113, 273 = NJW 2005, 2289.
[305] BVerfGE 107, 395 = NJW 2003, 1924.
[306] BVerfGE 84, 188, 190 = NJW 1991, 2823.
[307] BVerfGE 39, 276, 294; E 51, 150, 156; E 52, 391, 406.
[308] BVerfGE 46, 325, 335; BVerfG NJW 2000, 1175.
[309] BVerfGE 84, 34, 49 = NJW 1991, 2005.

und maximal behauptet wird, sondern alle einen möglichst schonenden Ausgleich erfahren.[310]

188 **a) Menschenwürde.** An erster Stelle der gerichtsverfassungsrechtlich relevanten Grundrechte steht die **Menschenwürde,** Art. 1 Abs. 1 GG, als höchster Rechtswert innerhalb der verfassungsmäßigen Ordnung.[311] Das bedeutet insbesondere, dass der Einzelne nicht als Objekt gerichtlicher Tätigkeit gesehen werden darf (Rn. 216). Die Anerkennung des Opferschutzes hat hier ihre Grundlage (vgl. § 171b), ebenso die Ablehnung eines Zwangs zur Selbstbezichtigung.[312] Niemand darf gezwungen werden, gegen seinen Willen zu seiner Überführung als Straftäter beizutragen (,nemo tenetur se ipsum prodere'): Es ist mit der Menschenwürde unvereinbar, jemanden zu einer Aussage zu zwingen, durch die er die Voraussetzungen für seine eigene strafrechtliche Verurteilung liefern müsste.[313] Vergleichbares gilt für Zivilprozesse. Keine Partei muss der anderen das für deren Prozesssieg erforderliche Material verschaffen.[314]

189 **b) Persönlichkeitsrecht.** Gleiche Bedeutung kommt dem allgemeinen **Persönlichkeitsrecht** nach Art. 2 Abs. 1 GG zu. Im gerichtsverfassungsrechtlichen und -organisatorischen Bereich hat einmal das Recht auf informationelle Selbstbestimmung besondere Bedeutung, begründet durch die Entscheidung des BVerfG zum Volkszählungsgesetz.[315] Das durch Art. 2 Abs. 1 i. V. mit Art. 1 Abs. 1 GG geschützte allgemeine Persönlichkeitsrecht umfasst auch den Schutz des einzelnen gegen unbegrenzte Erhebung, Speicherung, Verwendung und Weitergabe seiner persönlichen Daten. Es verleiht jedem die Befugnis, grundsätzlich selbst zu entscheiden, wann und innerhalb welcher Grenzen er persönliche Sachverhalte offenbaren will.[316] Hieraus folgt die Notwendigkeit des **Datenschutzes.** Das BDSG gilt auch für die Justiz (§ 1 Abs. 2 Nr. 1, § 2 Abs. 1, §§ 12 ff. BDSG) mit dem Vorbehalt für spezialgesetzliche Regelungen. Bedeutung hat die Pflicht der Justiz zum Datenschutz auch im Zusammenhang mit der Rechtshilfe (vgl. § 156 Rn. 50) und der allgemeinen Amtshilfe in „beiden Richtungen". Konkrete Regelungen enthalten das JuMiG (Rn. 120; §§ 12 bis 22 EGGVG) und weitere Normen wie § 35 SGB I, § 68 SGB X[317] und die zu § 93a AO ergangene, für die Justizverwaltung geltende VO über Mitteilungen an die Finanzbehörden durch andere Behörden usw. vom 7. 9. 1993 (BGBl. I S. 1554). Zur Akteneinsicht § 12 Rn. 108 ff.

190 Indessen ist das Recht auf informationelle Selbstbestimmung nicht schrankenlos gewährleistet, vielmehr muss der Einzelne mit Rücksicht auf seine **Gemeinschaftsbezogenheit** und Gemeinschaftsgebundenheit solche Beschränkungen dulden, die im überwiegenden Allgemeininteresse erforderlich sind.[318] Überwiegende Allgemeininteressen können eine Weitergabe der im gerichtlichen Verfahren bekannt gewordenen Daten und getroffenen Entscheidungen insbesondere im Strafverfahren, aber auch in anderen gerichtlichen Verfahren rechtfertigen.[319] Der Eingriff in die informationelle Selbstbestimmung des Verfahrensbeteiligten bedarf aber einer gesetzlichen Grundlage, aus der sich die Voraussetzungen und der Umfang der Beschränkung seiner Rechte klar und erkennbar ergeben. Nach dem Grundsatz

---

[310] BVerfGE 84, 133 = NJW 1996, 2477.
[311] BVerfG – K – NJW 1995, 3244.
[312] BVerfG – K – NJW 1999, 779.
[313] BVerfGE 38, 105, 113; BVerfGE 56, 37, 49 = NJW 1981, 1431; BVerfG – K – NJW 2002, 1411; BGH NJW 2000, 1426; BGH NJW 2000, 1963; EGMR NJW 2002, 499.
[314] BGH NJW 1990, 3151; *Zekoll/Bolt* NJW 2002, 3129.
[315] BVerfGE 65, 1, 43 = NJW 1984, 419; stRSpr, vgl. BVerfGE 88, 87, 97 = NJW 1993, 1517; E 96, 56, 64 = NJW 1997, 1769.
[316] BVerfGE 96, 171 = NJW 1997, 2307.
[317] Vgl. *Binne* NZS 1995, 97.
[318] BVerfGE 65, 1, 43 = NJW 1984, 419; E 80, 367, 373 = NJW 1990, 563; E 89, 69, 84 = NJW 1993, 2365; BVerfG – K – NJW 1993, 3315; BVerwGE 84, 375, 379 = NJW 1990, 2761.
[319] BVerwG NJW 1990, 2765, 2766 und NJW 1994, 2499; vgl. BTagsDrucks. 13/4709 S. 16.

der Verhältnismäßigkeit dürfen Beschränkungen der informationellen Selbstbestimmung nur so weit gehen, wie es zum Schutz anderer öffentlicher Interessen unerlässlich ist; außerdem sind organisatorische und verfahrensrechtliche Vorkehrungen zu treffen, welche der Gefahr einer Verletzung des Persönlichkeitsrechts entgegenwirken.[320] Vgl. das Justizmitteilungsgesetz, §§ 12 ff. EGGVG.

Regelungen zur Respektierung des allgemeinen Persönlichkeitsrechts treffen auch §§ 170, 171b GVG über den Ausschluss der Öffentlichkeit. Hierzu zählen ferner Überlegungen zu besonderen Vernehmungsmöglichkeiten von Verbrechensopfern (vgl. § 171b Rn. 2), aber auch der Problembereich der **Veröffentlichungen in Medien** über Verfahrensbeteiligte und gerichtliche Verfahren, der im Zusammenhang mit dem Schutz der Privatsphäre einerseits und der Pressefreiheit andererseits zu sehen ist. Gerichtsverfassungs- und Verfahrensrecht können hier nur wenig leisten (vgl. § 16 Rn. 67 ff.).

c) Leben und körperliche Unversehrtheit. Vielfältige Bedeutung hat das Grundrecht auf **Leben und körperliche Unversehrtheit,** Art. 2 Abs. 2, Art. 102 GG. Deren Schutz ist im Verfahrensrecht Allgemeingut, etwa bei Suizidgefahr im Zusammenhang mit Zwangsvollstreckungen,[321] bei Gebrechlichkeit[322] oder Lebensgefahr als Hinderungsgrund für die Durchführung eines Strafverfahrens[323] oder einer Zwangsräumung.[324] Er hat auch in § 172 Nr. 2 GVG seinen Ausdruck gefunden. Art. 2 Abs. 2, 102 GG beschränken den internationalen Rechtshilfeverkehr in Strafsachen dahin gehend, dass deutsche Ermittlungsergebnisse für ein ausländisches Strafverfahren nur zur Verfügung gestellt werden können, wenn gewährleistet ist, dass diese Ermittlungsergebnisse nicht zum Zweck der Verhängung und Vollstreckung einer Todesstrafe verwertet werden können.[325]

d) Gleichheitssatz. Der allgemeine **Gleichheitssatz** des Art. 3 Abs. 1 GG gehört nach der RSpr des BVerfG dem vorstaatlichen überpositiven Recht an.[326] Er gebietet, Gleiches gleich und Ungleiches ungleich zu behandeln, und umgekehrt verbietet er, wesentlich Gleiches willkürlich ungleich und wesentlich Ungleiches willkürlich gleich zu behandeln.[327]

Eine ungleiche Behandlung mehrerer Gruppen von Normadressaten ist mit dem allgemeinen Gleichheitssatz nur vereinbar, wenn zwischen ihnen Unterschiede von solcher Art und solchem Gewicht bestehen, dass sie die ungleiche Behandlung rechtfertigen können.[328] Es braucht nicht die zweckmäßigste, vernünftigste oder gerechteste Lösung gewählt zu werden, vielmehr genügt es, wenn sich ein sachlich vertretbarer zureichender Grund anführen lässt; ein solch zulässiger Differenzierungsgrund kann nicht nur im unmittelbaren Zweck der betreffenden Regelung liegen, sondern auch in deren Praktikabilität und in der durch die Regelung zu gewährleistenden Rechtssicherheit.[329]

Die Bedeutung des Gleichheitssatzes ist umfassend für das Verfahrens- und Organisationsrecht. Es bedarf einer Chancengleichheit beim Zugang zum Gericht (Rn. 196), einer gleichen Anrufungs-Chance[330] (vgl. § 16 Rn. 99 ff.), wogegen je-

---

[320] BTagsDrucks. 13/4709 S. 16.
[321] BVerfGE 52, 214 = NJW 1979, 2607; BVerfG – K – NJW 1994, 1272, 1719; 1998, 295; 2007, 2910; NJW-RR 2001, 1523; BGH NJW 2006, 505; 508; 2005, 1859; NZM 2007, 658; KG FamRZ 1995, 1212; OLG Köln NJWE-MietR 1996, 245; VGH Mannheim NJW 1997, 2832; *Walker/Gruß* NJW 1996, 352; *Schuschke* NJW 2006, 874.
[322] *Walker/Gruß* aaO.
[323] BVerfGE 51, 324 = NJW 1979, 2349; BVerfG – K – NJW 2002, 51.
[324] OLG Frankfurt NJW-RR 1994, 81.
[325] BGH NStZ 1999, 634.
[326] BVerfGE 6, 84, 91 = NJW 1957, 377.
[327] BVerfGE 88, 87 = NJW 1993, 1517; E 89, 365 = NJW 1994, 2410.
[328] BVerfGE 100, 59 = NJW 1999, 2501; BVerfGE 102, 41 = NJW 2000, 1855.
[329] BVerfG – K – NJW 1994, 2219.
[330] BVerfGE 52, 131, 144 = NJW 1979, 1925.

doch nicht verstoßen wird, wenn das Gericht eilbedürftig erscheinende Sachen vorzieht[331] oder wenn es Verfahren vorzieht, die als **Musterverfahren** anzusehen sind, deren Entscheidung zur Klärung von weiteren anstehenden oder zu erwartenden Verfahren geeignet ist.[332] Hierher zählt auch der Grundsatz der **Waffengleichheit** im Prozess,[333] der beinhaltet, dass jeder Partei eine vernünftige Möglichkeit eingeräumt werden muss, ihren Fall einschließlich der Zeugenaussagen vor Gericht unter Bedingungen zu präsentieren, die für diese Partei keinen substantiellen Nachteil im Verhältnis zum Prozessgegner bedeuten.[334] Dem entspricht auch die gleichmäßige Verteilung des Risikos des Verfahrensausgangs[335] und die Rechtsanwendungsgleichheit (§ 121 Rn. 13).

196 e) **Sozialstaatsprinzip.** Hinzu tritt das **Sozialstaatsgebot** nach Art. 20 Abs. 1 GG. Es enthält angesichts seiner Weite und Unbestimmtheit regelmäßig keine konkreten Gebote zur Gewährung bestimmter Leistungen, sondern einen Auftrag an den Gesetzgeber, dem ein weiter Gestaltungsspielraum bleibt.[336] Zwingend ist lediglich, dass der Staat die Mindestvoraussetzungen für ein menschenwürdiges Dasein seiner Bürger schafft.[337] Das Sozialstaatsgebot gewährleistet im Gerichtsverfassungsrecht vor allem die **Chancengleichheit** aller bei der Verfolgung ihrer Rechte, insbesondere gegenüber finanziellen und anderen Hemmnissen beim Beschreiten oder der Durchführung des Rechtswegs; es gebietet eine weitgehende Angleichung der Situation von Bemittelten und Unbemittelten bei der Verwirklichung des Rechtsschutzes.[338] Im Übrigen wirft das Sozialstaatsgebot Fragen der konkreten Verfahrensgestaltung, weniger der Gerichtsverfassung auf[339] (§ 16 Rn. 117). Ausfluss des Sozialstaatsgebots sind z. B. die Beratungshilfe[340] und das OEG vom 11. 5. 1976 (BGBl. I S. 1181).

197 **IV. Rechtsstaatsprinzip. 1. Das allgemeine Prinzip.** Das im GG nicht ausdrücklich formulierte Rechtsstaatsprinzip ist von elementarer Bedeutung für die gesamte Gerichtsverfassung.[341] Es gehört zu den Leitideen, die den Gesetzgeber unmittelbar binden, wie sich aus einer Gesamtschau der Art. 20 Abs. 3, Art. 1 Abs. 3, Art. 19 Abs. 4, Art. 28 Abs. 1 Satz 1 GG und der Gesamtkonzeption des GG ergibt. Das Rechtsstaatsprinzip enthält zwar als allgemeines Prinzip keine für jeden Sachverhalt in allen Einzelheiten eindeutig bestimmten Gebote oder Verbote von Verfassungsrang;[342] als Verfassungsgrundsatz bedarf es vielmehr der Konkretisierung je nach den sachlichen Gegebenheiten, wobei fundamentale Elemente des Rechtsstaats und die Rechtsstaatlichkeit im ganzen gewahrt bleiben müssen.[343] Wesentlicher Bestandteil ist der Anspruch auf **umfassenden und wirkungsvollen Rechtsschutz,** der auch die umfassende tatsächliche und rechtliche Prüfung des Streitgegenstands durch die staatlichen Gerichte beinhaltet. Dieser „**allgemeine**

---

[331] BVerfGE 78, 7 = NVwZ 1988, 720; BVerfG NVwZ 1992, 259.
[332] BVerfGE 54, 39 = NJW 1980, 1511; *Stober* DVBl. 1980, 834; *Schmidt-Glaeser* DRiZ 1980, 289, 292; *Kopp* DVBl. 1980, 320.
[333] BVerfGE 52, 131, 144 = NJW 1979, 1925; BVerfG – K – NZA 1994, 891; NJW 2003, 2520; BGH NJW 1978, 1682; 1988, 2302; 1999, 363; OLG Saarbrücken NJW 1998, 167.
[334] EGMR NJW 1995, 1413; BVerfG – K – NJW 2001, 2531; BGH NJW-RR 2006, 61.
[335] BVerfG aaO.
[336] BVerfGE 59, 231, 262 = NJW 1982, 1447.
[337] BVerfGE 82, 60, 80 = NJW 1990, 2869.
[338] BVerfGE 81, 347, 356 = NJW 1991, 413; BVerfG – K – NJW 2003, 1857.
[339] BGHZ 70, 235, 237 = NJW 1978, 938; *Kissel* DRiZ 1980, 87.
[340] BVerfGE 8, 5 = NZA 1993, 427.
[341] *Buchwald,* Prinzipien des Rechtsstaats, 1996; *Diederichsen* Staat 1995, 33; *Görisch* JuS 1997, 988; *Hofmann* Staat 1995, 1; *Kunig,* Das Rechtsstaatsprinzip, 1986; *Zacher,* FS Stern, 1997, S. 393; *Zuck* NJW 1999, 1517.
[342] BVerfGE 52, 131, 144 = NJW 1979, 1925.
[343] BVerfGE 57, 250 = NJW 1981, 1719; E 65, 283, 290 = NJW 1984, 430; eingehend zuletzt *Heyde,* FS Redeker, 1993 S. 187 ff.

Justizgewährungsanspruch" umfasst:[344] **a) Zugang** zu den Gerichten. Offenstehen des Rechtswegs (vgl. § 16 Rn. 99, § 17 Rn. 3), jedoch keines unbegrenzten Rechtswegs, als Minimum zu sichern ist die einmalige Möglichkeit zur Einholung einer gerichtlichen Entscheidung (vgl. Rn. 203; § 72 Rn. 2); **b) Prüfung** des Streitbegehrens in einem förmlichen Verfahren. Das bedeutet stets auch die Wahrung aller Verfahrensgrundrechte (Rn. 186 ff.) auch bei erstmaliger Verletzung durch ein Gericht (Rn. 198); **c)** verbindliche gerichtliche **Entscheidung:** „Das Rechtsstaatsprinzip fordert, dass jeder Rechtsstreit um der Rechtssicherheit und des Rechtsfriedens willen irgendwann ein Ende findet", das Rechtsschutzsystem nimmt ein verbleibendes Risiko falscher Rechtsanwendung durch das Gericht in Kauf.

2. Art. 19 Abs. 4 GG. Art. 19 Abs. 4 GG gewährleistet die rechtsstaatliche **198** Forderung nach möglichst lückenlosem gerichtlichem Rechtsschutz gegen die Verletzung der Rechtssphäre des Einzelnen durch Eingriffe der öffentlichen Gewalt.[345] Kein Akt der Exekutive, der in Grundrechte eingreift, kann der richterlichen Nachprüfung entzogen werden[346] – Abschied vom „Justizlosen Hoheitsakt". Das bedeutet jedoch nicht, dass Art. 19 Abs. 4 GG selbst materielle schutzwürdige Rechte begründet.[347] Ob durch Art. 19 Abs. 4 GG geschützten Rechte bestehen, richtet sich – abgesehen von den Grundrechten – nach der Rechtsordnung im Allgemeinen.[348] Ausnahmsweise kann Art. 19 Abs. 4 GG durch Verfassungsrecht ausgeschlossen sein (Rn. 208). – Zur öffentlichen Gewalt rechnet nach wohl h.M. nur die vollziehende Gewalt im historischen Sinne der Gewaltenteilungslehre, nicht der Gesetzgeber[349] und **nicht die RSpr,**[350] das GG gewähre Rechtsschutz durch den Richter, nicht gegen ihn.[351] Das BVerfG hat aber den Begriff der ‚öffentlichen Gewalt' in Art. 19 Abs. 4 GG nicht auf die Exekutive im organisatorischen Sinne begrenzt, sondern Rechtsschutz auch eröffnet, wenn das Handeln einer nicht zur Exekutive gehörenden, aber nicht in richterlicher Unabhängigkeit handelnden Instanz angegriffen wird.[352] Umgekehrt werden auch die in richterlicher Unabhängigkeit handelnden Gerichte der öffentlichen Gewalt zugerechnet, wenn sie außerhalb spruchrichterlicher Tätigkeit aufgrund eines normierten Richtervorbehalts funktional Aufgaben der vollziehenden Gewalt wahrnehmen.[353] Bei der Verletzung von **Verfahrensgrundrechten,** z.B. in einer nicht mehr im Rechtsmittelzug anfechtbaren Entscheidung, hält das BVerfG die Aufgabe der engen Auslegung des Art. 19 Abs. 4 GG nicht für erforderlich, weil schon der allgemeine Justizgewährungsanspruch Rechtsschutz hiergegen gewährt und zu entsprechender Gestaltung des Rechtsmittelsystems zwingt[354] (zum rechtlichen Gehör Rn. 215 ff., zum gesetzlichen Richter § 16 Rn. 50).

Art. 19 Abs. 4 GG gilt nur gegenüber Akten der **staatlichen deutschen,** an das **199** GG gebundenen öffentlichen **Gewalt.**[355] Ermöglichen völkerrechtliche Verträge die Ausübung hoheitlicher Gewalt gegenüber deutschen Staatsbürgern, ist die in diesem Zusammenhang geschaffene anderweitige Regelung des Rechtsschutzes

---

[344] Grundlegend BVerfGE 107, 395 = NJW 2003, 1924 mit Zusammenfassung der RSpr.
[345] BVerfGE 8, 274, 326; E 13, 153, 161; E 25, 352, 365 = NJW 1969, 1895; E 30, 1, 21, 25 = NJW 1971, 275; E 84, 34, 49 = NJW 1990, 925; BVerfG NJW 2000, 1175; vgl. *Bettermann* AöR 1971, 528; *Schenke* JZ 1988, 317.
[346] BVerfGE 80, 244, 250 = NJW 1990, 37.
[347] Vgl. BVerfGE 107, 395 = NJW 2003, 1924; BVerwGE 84, 375 = NJW 1990, 2761.
[348] BVerfGE 83, 182 = NJW 1991, 1878; E 113, 273 = NJW 2005, 2289; BVerfG NJW 2006, 2613.
[349] BVerfGE 24, 33 = NJW 1968, 1467 m. Anm. *Lorenz* DVBl. 1969, 144; *Henke* JZ 1969, 145.
[350] BVerfGE 49, 329, 340 = NJW 1979, 154; BVerfGE 65, 76, 90 = NJW 1983, 2929; *Maunz/Dürig/Schmidt-Aßmann* Art. 19 Abs. 4 Rn. 96; *Jarass/Pieroth* Art. 19 Rn. 31; vgl. *Amelung* NJW 1979, 1690; *Schenke* JZ 1988, 317; teilweise einschränkend *Vosskuhle*, Rechtsschutz gegen den Richter, 1993.
[351] Vgl. BVerfGE 107, 395 = NJW 2003, 1924.
[352] BVerfG aaO. m.w.N.; BVerfGE 101, 397 = NJW 2000, 1709 (Rechtspfleger).
[353] BVerGE 107, 395 = NJW 2003, 1924; BVerfG NJW 2006, 2613.
[354] BVerfGE 107, 395 = NJW 2003, 1924; *Redeker* NJW 2003, 2956; *Voßkuhle* NJW 2003, 2193.
[355] BVerfGE 58, 1, 29 = NJW 1982, 507; E 59, 63, 84 = NJW 1982, 507.

maßgebend. Es kommt nicht darauf an, ob die Übertragung von Hoheitsrechten auf die zwischenstaatliche Einrichtung sowie deren organisatorische und rechtliche Ausgestaltung im Einzelnen nach Maßgabe des deutschen Verfassungsrechts gültig sind. Wesentlich ist allein, dass die Einrichtung durch einen wirksamen völkerrechtlichen Akt geschaffen wurde und sich bei ihrer Maßnahme nicht völlig von ihrer völkerrechtlichen Grundlage gelöst hat. Bereits dann handelt es sich bei ihren Handlungen um solche nichtdeutscher öffentlicher Gewalt, bezüglich deren jedenfalls die Rechtsschutzgarantie des Art. 19 Abs. 4 GG nicht eingreift. Sie gewährleistet nicht die subsidiäre Gerichtsbarkeit deutscher Gerichte für den Fall, dass die Übertragung von Hoheitsbefugnissen auf die zwischenstaatliche Einrichtung nach innerstaatlichem Recht fehlerhaft sein sollte, und gewährleistet auch nicht eine internationale Auffangzuständigkeit deutscher Gerichte, falls der Rechtsschutz gegen Handlungen der zwischenstaatlichen Einrichtung gemessen an innerstaatlichen Anforderungen unzulänglich sein sollte.[356] Die Frage, ob der gegenüber Akten einer zwischenstaatlichen Einrichtung eröffnete Rechtsschutz ausreichend ist, betrifft nicht Art. 19 Abs. 4 GG. Erscheint er unzulänglich, käme eine Verletzung von Art. 24 Abs. 1 GG in Betracht, weil die Grenzen der Übertragungsermächtigung überschritten wären, wenn der Gewährleistung eines wirksamen Rechtsschutzes nicht hinreichend Rechnung getragen wäre.[357]

3. Bürgerlich-rechtliche Ansprüche. Bürgerlich-rechtliche Ansprüche sind in Art. 19 Abs. 4 GG zwar nicht erwähnt, jedoch ist die verfassungsrechtliche Gewährleistung eines wirkungsvollen Rechtsschutzes für bürgerlich-rechtliche Ansprüche aus dem allgemeinen Rechtsstaatsprinzip abzuleiten.[358] Dieser umfasst das Recht auf Zugang zu den Gerichten und eine grundsätzlich umfassende tatsächliche und rechtliche Prüfung des Streitgegenstandes sowie eine verbindliche Entscheidung durch den Richter.[359]

4. Justizgewährungsanspruch. Der aus dem Rechtsstaatsgebot abzuleitende Justizgewährungsanspruch beinhaltet neben dem Recht auf Zugang zu den Gerichten auch den substantiellen Anspruch des Bürgers auf eine möglichst wirksame gerichtliche Kontrolle in allen von der Prozessordnung zur Verfügung gestellten Instanzen.[360] Dazu gehört, dass der Richter eine umfassende Prüfungsbefugnis über die tatsächliche und rechtliche Seite des Rechtsschutzbegehrens hat,[361] aber auch, dass er von diesen Befugnissen in dem von der Prozessordnung eröffneten Rahmen Gebrauch macht.[362] Der umfassenden Prüfungspflicht des Gerichts als korrespondierend mit dem Justizgewährungsanspruch des Bürgers entspricht es, dass den Gerichten umfassend alle Aufklärungsmöglichkeiten für einen entscheidungsrelevanten Sachverhalt zur Verfügung stehen müssen und diese nur in engen Grenzen verfassungsgemäß eingeschränkt werden dürfen (vgl. Rn. 171, 176, 208). Dabei ist es nobile officium, dass auch seitens der Gerichte in der tatsächlichen Durchführung Rücksicht genommen wird, etwa auf zeitliche berufliche Hinderungsgründe.[363] Auch nur faktisch wirkende Hindernisse sind unzulässig. So kann es nicht hingenommen werden, dass einem Arbeitnehmer als gerichtlich vorgeladenem Zeugen die Lohnfortzahlung verweigert wird bei tarifvertraglich vorgesehener persönlicher

---

[356] BVerfGE 58, 1, 29 = NJW 1982, 507; E 59, 63, 84 = NJW 1982, 507; E 73, 339, 373 = NJW 1987, 577; BVerwG NJW 1993, 1409.
[357] BVerfGE 58, 1, 29 = NJW 1982, 507; E 59, 63, 84 = NJW 1982, 507.
[358] BVerfGE 85, 337, 345 = NJW 1992, 1673; stRSpr, vgl. BVerfGE 88, 118 = NJW 1993, 1635; E 93, 99 = NJW 1995, 3173; E 97, 169 = NJW 1998, 1475.
[359] BVerfGE 85, 337, 345 = NJW 1992, 1673; BVerfG – K – NJW 2002, 2227.
[360] BVerfGE 84, 34, 49 = NJW 1991, 2005; E 84, 59, 77 = NJW 1991, 2008.
[361] BVerfGE 61, 82, 109 = NJW 1982, 2173; E 67, 43, 58 = NJW 1984, 2028; BVerfG NJW 2000, 1175.
[362] BVerfGE 84, 34, 49 = NJW 1991, 2005; E 84, 59, 77 = NJW 1991, 2008; E 84, 366, 369 = NJW 1992, 105; E 85, 337, 345 = NJW 1882, 1673; BVerfG – K – NJW 1999, 349.
[363] BVerfG – K – MJW 2002, 955.

Arbeitsverhinderung, denn die Erfüllung der Zeugenpflicht ist staatsbürgerliche Pflicht.[364]

Bei dieser umfassenden gerichtlichen Prüfung besteht z. B. auch keine Bindung an die in einem Verwaltungsverfahren getroffenen Feststellungen und Wertungen[365] unbeschadet einer etwaigen Tatbestandswirkung (§ 13 Rn. 22). **202**

Jedoch gewährleistet das Rechtsstaatsprinzip **keinen Instanzenzug.**[366] Es genügt rechtsstaatlichen Erfordernissen, wenn in einem Streitfall einmal ein unabhängiges Gericht zur Nachprüfung in vollem Umfange angerufen werden kann und dieses prozessual dazu in der Lage ist. Es ist Aufgabe des Gesetzgebers, unter Abwägung und Ausgleich der beteiligten Interessen zu entscheiden, ob es bei einer Instanz verbleiben soll oder ob mehrere Instanzen bereitgestellt werden und unter welchen Voraussetzungen sie angerufen werden können;[367] zum Aspekt der Rechtssicherheit Rn. 228. Zu Verstößen gegen Verfahrensgrundrechte wie Art. 101 Abs. 1 oder Art. 103 GG Rn. 220. **203**

Der von der Verfassung gewährleistete Rechtsweg ist nicht uneingeschränkt, vielmehr können die Gesetze die **Voraussetzungen des Zugangs zum Gericht** im Einzelnen ausgestalten,[368] jedoch darf der Rechtsweg insgesamt nicht ausgeschlossen, und er darf auch nicht in unzumutbarer, aus Sachgründen nicht mehr zu rechtfertigender Weise erschwert werden (vgl. § 16 Rn. 99 ff.). Auch darf der Anspruch auf gerichtliche Durchsetzung des materiellen Rechts nicht durch übermäßig strenge Handhabung verfahrensrechtlicher Schranken unzumutbar verkürzt werden.[369] **204**

Durch **Schiedsvertrag** kann die Entscheidung eines bürgerlich-rechtlichen Rechtsstreits dem staatlichen Gericht entzogen und einem privaten Schiedsgericht übertragen werden (§§ 1025 ff. ZPO; vgl. § 13 Rn. 213 ff.). Auch gegen den „Abkauf" einer bestehenden gerichtlichen Rechtsschutzmöglichkeit bestehen keine grundsätzlichen Bedenken.[370] **205**

Auch enthält die Verfassung keine generelle und ausnahmslose Gewährleistung eines lückenlosen staatlichen Rechtsschutzes durch staatliche Gerichte. Die Frage nach dem Umfang des Rechtsschutzes ist im Vorfeld des Gerichtsverfassungsrechts zu entscheiden und dem GVG vorgegeben. Von unmittelbarem Einfluss sind hier, unabhängig von einer fehlenden ausdrücklichen Eröffnung des Rechtswegs, die Artikel des GG, die eine Rechtswegeröffnung ausdrücklich anordnen (Rn. 143). Hier wird verfassungsrechtlich zwingend eine Zuständigkeit der staatlichen Gerichte begründet ohne Rücksicht auf eine konkrete verfahrensrechtliche Ausgestaltung, so dass sich das Gericht gegebenenfalls für die konkrete Zuständigkeit und das Verfahren an die für vergleichbare Aufgaben maßgebenden Normen anzulehnen hat. **206**

5. Missbrauch. Dem verfassungsrechtlichen Justizgewährungsanspruch (Rn. 201) steht indessen nicht entgegen, dass er im Einzelfall wegen **Missbrauchs** verwirkt werden kann,[371] sowohl bei der Geltendmachung individueller Rechte[372] als auch im Normenkontrollverfahren.[373] Ein solcher Missbrauch liegt z. B. vor, wenn eine **207**

---

[364] BAG NZA 2002, 1105.
[365] BVerfGE 78, 214, 226 = NJW 1989, 666; BVerfGE 84, 34, 49 = NJW 1991, 2005; BVerfG NJW 2000, 1175.
[366] BVerfGE 83, 24, 31 = NJW 1991, 1283; E 107, 395 = NJW 2003, 1924; stRSpr, vgl. BGHSt 36, 139 = NJW 1989, 1896; BGH NJW 1990, 838.
[367] BVerfGE 107, 395 = NJW 2003, 1924.
[368] BVerfGE 40, 237, 256 = NJW 1976, 34.
[369] BVerfGE 84, 366 = NJW 1992, 105; BVerfG – K – NJW 1992, 1496.
[370] BGHZ 79, 132 = NJW 1981, 811.
[371] BVerfGE 32, 305 = NJW 1972, 675; BVerwGE 78, 85 = NJW 1988, 839; a. A. *Dütz* NJW 1972, 1025.
[372] BVerfG – K – NJW 1997, 1433.
[373] BVerwG NVwZ 1990, 554.

Klage nur den Zweck haben kann, dem Gegner zu schaden, wenn ein Rechtsmittel nur als Vorwand dazu dient, Beteiligte und Justiz zu schmähen und herabzusetzen[374] oder das Gericht zu belästigen[375] oder zu verhöhnen,[376] wenn eine Antragsschrift grobe Verunglimpfungen oder Beleidigungen der mit der Sache befassten Justizorgane enthält;[377] das gilt jedoch nicht, wenn ein Antrag neben seinem sachlichen Anliegen zusätzlich ungehörige, unsachliche oder beleidigende Äußerungen enthält,[378] oder wenn er nicht ausschließlich den Zweck hat, das Gericht oder andere Verfahrensbeteiligte zu belästigen, zu schikanieren oder zu verunglimpfen.[379] Missbrauch liegt auch vor bei Erhebung der gleichen aussichtslosen Klage bei allen Verwaltungsgerichten der BRep[380] oder die wiederholte erfolglose Inanspruchnahme der Finanzgerichte gegen Steuerfestsetzungen aus demselben Rechtsgrund.[381] Voraussetzung ist, dass schon die Inanspruchnahme des Gerichts einen Missbrauch darstellt;[382] ein im Anliegen selbst liegender Rechtsmissbrauch ist erst für die Begründetheit einer Klage entscheidend.[383] Der Zulässigkeit kann aber auch ein fehlendes Rechtsschutzbedürfnis entgegenstehen.[384] Auch die Auferlegung von Kostensanktionen wegen mutwilliger Inanspruchnahme des Gerichts (§ 34 Abs. 5 BVerfGG; § 192 SGG) wird durch Art. 19 Abs. 4 GG nicht gehindert[385] wie umgekehrt bei Rechtsmissbräuchlichkeit einer Anfechtungsklage die Streitwertabsetzung nach § 247 Abs. 2 AktG abgelehnt werden kann.[386] Dies folgt aus der Gemeinschaftsbezogenheit aller Grundrechte,[387] vgl. auch den allgemeinen Gedanken des § 226 BGB.[388]

208 **6. Ausschluss des Rechtsweges.** Der durch Art. 19 Abs. 4 GG gewährleistete **Rechtsschutz** kann ausnahmsweise zum Schutz besonders hochrangiger Rechtsgüter[389] durch Verfassungsrecht **ausgeschlossen** werden. Das sieht Art. 10 Abs. 2 Satz 2 GG bei Beschränkungen des Post- und Fernmeldegeheimnisses vor. Beschränkungen können sich aus der Kirchenautonomie des Art. 140 GG ergeben (§ 13 Rn. 181). Art. 44 Abs. 4 GG entzieht Beschlüsse eines parlamentarischen Untersuchungsausschusses der gerichtlichen Überprüfung (Rn. 176). Unter dem Aspekt der Gewaltenteilung sind das Hausrecht des Bundestags (Art. 40 Abs. 2 GG), die Immunität des Bundespräsidenten (Art. 60 Abs. 4 GG) sowie die Immunität und Indemnität der Bundestagsabgeordneten (Art. 46 GG) und der Europa-Abgeordneten (BGBl. 1979 I S. 413) von Bedeutung. Zu nennen sind auch die auf Völkerrecht (Art. 23 ff. GG) beruhenden Immunitäten, so nach §§ 18 ff. oder internationalen Verträgen. Auch auf Gnadenentscheidungen findet Art. 19 Abs. 4 GG keine Anwendung (§ 23 EGGVG Rn. 129).

209 **7. Rechtsprechungsmonopol.** Der Justizgewährungsanspruch durch staatliche Gerichte beinhaltet auch das staatliche **RSpr- und Gewaltmonopol,**[390] das durch

---

[374] VGH Baden-Württemberg Justiz 1995, 28.
[375] LG Bremen NStZ 1993, 54.
[376] OLG Frankfurt NJW 1979, 1613; NStZ 1989, 296.
[377] OLG Hamm NJW 1976, 978 m. w. N.
[378] BFH NJW 1993, 1352.
[379] OLG Düsseldorf MDR 1953, 462.
[380] HessVGH ESVGH 29, 198.
[381] FG Baden-Württemberg NVwZ 1986, 248.
[382] OLG Frankfurt DB 1992, 1081.
[383] BGH NJW-RR 1990, 350; NJW 1992, 569; NJW-RR 1992, 1388; OLG Frankfurt DB 1991, 644; OLG Karlsruhe ZIP 1992, 401.
[384] BGH NJW 1992, 569; OLG Frankfurt DB 1991, 644.
[385] Vgl. LSG Schleswig MDR 1979, 876.
[386] BGH NJW-RR 1992, 484.
[387] Vgl. BVerfGE 45, 187, 228 = NJW 1977, 1525; E 50, 166, 175 = NJW 1979, 1100.
[388] OLG Frankfurt aaO.
[389] BVerfGE 30, 1 = NJW 1971, 275; BVerfGE 107, 395 = NJW 2003, 1924.
[390] BGHZ 67, 184, 187 = NJW 1977, 437; *Merten*, Rechtsstaat und Gewaltmonopol, 1975; *Mertins* GA 1980, 41; *Schneider* JZ 1992, 385; *H.-J. Becker* NJW 1995, 2077; *Schmitt-Glaeser* ZRP 1995, 56.

den gleichmäßigen Schutz aller in ihren Rechten zugleich der Durchsetzung des Gleichheitssatzes (Rn. 193) und des Sozialstaatsprinzips (Rn. 196) dient. RSpr und Zwang zur Durchsetzung von Rechten darf nicht durch andere Personen oder Institutionen ausgeübt werden.[391] Dies führt zum **Verbot der Selbsthilfe**,[392] was die Wahrung und Durchsetzung eigener Rechte angeht, soweit nicht die Gesetze dies ausnahmsweise erlauben, wie im Falle der Notwehr (§ 32 StGB, § 227 BGB), des Notstandes (§ 228 BGB, §§ 34, 35 StGB), der erlaubten Selbsthilfe (§ 229 BGB) oder der vorläufigen Festnahme (§ 127 StPO).

8. Rechtsschutz gegen Gerichte. Nach h. M. eröffnet Art. 19 Abs. 4 GG keinen Rechtsschutz gegen Gerichte (Rn. 198), so dass Akte der rsprGewalt von Verfassungs wegen grundsätzlich nicht (außerhalb des Rechtsmittelzugs) gerichtlich nachprüfbar sind. Mit der Behauptung, das Gericht habe unrichtig entschieden, kann kein Schadensersatzanspruch geltend gemacht werden. – Zum Rechtsschutz gegen **Untätigkeit** des Gerichts Rn. 132; § 16 Rn. 80 ff. Zur Nichtverteilung richterlicher Aufgaben durch das Präsidium § 21 e Rn. 92; zum Rechtsschutz gegen ehrverletzende Äußerungen in gerichtlichen Entscheidungen § 1 Rn. 63, 194. **Fehler des Gerichts** dürfen sich, jenseits des allgemeinen Rechtsmittelsystems und der Staatshaftung (Art. 34 GG, § 839 BGB), nicht zum Nachteil des davon Betroffenen auswirken.[393] So sieht § 21 GKG die Niederschlagung der Gerichtskosten wegen fehlerhafter Sachbehandlung vor, das gilt aber nicht für außergerichtliche Kosten.[394] Bei der Wahl der falschen Entscheidungsform (z. B. Beschluss statt Urteil) kann nach dem Prinzip der **Meistbegünstigung** sowohl das der gewählten Form gemäße Rechtsmittel eingelegt werden als auch das, das bei einer unter Wahrung der richtigen Form ergangenen Entscheidung gegeben gewesen wäre.[395] Dasselbe gilt, wenn anhand äußerer Merkmale nicht zweifelsfrei festgestellt werden kann, welches von zwei Rechtsmittelgerichten zuständig ist (vgl. insbesondere § 119 Abs. 1 Nr. 1), hier kann die Partei das Rechtsmittel bei einem der beiden in Frage kommenden Rechtsmittelgerichte einlegen[396] oder auch bei beiden.[397] Der Grundsatz der Meistbegünstigung hat aber allein den Zweck, den Parteien die statthafte Anfechtung zu ermöglichen; das Rechtsmittelgericht braucht nicht auf dem vom unteren Gericht eingeschlagenen falschen Weg weiterzugehen, es darf vielmehr das Verfahren in die Bahn lenken, in die es bei richtiger Entscheidung der Vorinstanz und dem danach gegebenen Rechtsmittel gelangt wäre.[398] So richtet sich auch die Zuständigkeit für die Verhandlung und Entscheidung nach den allgemeinen Regeln; gegebenenfalls ist das zuständige Gericht zu bestimmen oder zu verweisen.[399] Eine fehlerhafte Rechtsmittelbelehrung kann kein Rechtsmittel eröffnen, das gesetzlich nicht vorgesehen ist.[400] Ebenso wenig kann ein Fehlgriff in der Form ein Rechtsmittel eröffnen, das gegen eine Entscheidung in der richtigen Form nicht statthaft wäre.[401]

9. Nur dem Gesetz unterworfen. Der Richter ist nach Art. 97 Abs. 1 GG „nur dem Gesetz unterworfen". Diese traditionelle Bindung des Richters an das Gesetz, ein tragender Bestandteil des Gewaltenteilungsgrundsatzes und der Rechtsstaatlichkeit, ist durch Art. 20 Abs. 3 GG dahin abgewandelt, dass die RSpr an

---

[391] Vgl. zuletzt *Edenfeld*, Der Schuldner am Pranger, JZ 1998, 645.
[392] BVerfGE 57, 9 = NJW 1981, 1154; E 81, 347 = NJW 1991, 413.
[393] BVerfGE 78, 123, 126 = NJW 1988, 2787; BVerfG – K – NJW 1996, 1811; BGH NJW-RR 1995, 379.
[394] OVG Koblenz NVwZ-RR 1995, 362; VG Koblenz NVwZ-RR 1996, 240.
[395] BGHZ 98, 362 = NJW 1987, 442.
[396] BGH DtZ 1994, 72; FamRZ 1995, 351.
[397] BGH NJW-RR 2005, 780; 1230.
[398] BAG NZA 1992, 954.
[399] BGHZ 72, 182 = NJW 1979, 43; BGH NJW-RR 2005, 716; 780; 1230.
[400] BAG NZA 1994, 264.
[401] BGH NJW-RR 2006, 1184; NJW-RR 2006, 1184.

"Gesetz und Recht" gebunden ist (§ 1 Rn. 110), wenn es darauf ankommt, auch an ausländisches Recht,[402] nicht aber an Verwaltungsvorschriften.[403]

212 Die Bindung des Richters an Gesetz und Recht bedeutet, dass dann, wenn eine gesetzliche Regelung besteht, der Richter daran gebunden ist. Hält er das Gesetz für rechtswidrig, kann er diese Frage nach Art. 100 GG dem BVerfG vorlegen, an dessen Entscheidung ist er gebunden (vgl. § 1 Rn. 134f.; § 12 Rn. 18ff.). Er kann seine eigenen Wertvorstellungen nicht an die des Gesetzgebers setzen. Insbesondere besteht eine Bindung des Richters an die Grundrechte (Art. 1 Abs. 3 GG); er ist zu deren Durchsetzung in der Rechtswirklichkeit verpflichtet[404] und hat deren Drittwirkung zu beachten.

213 Bei nicht eindeutiger oder fehlender Gesetzesregelung kann der Richter nicht die Entscheidung verweigern. Das staatliche RSprMonopol und das korrespondierende Verbot der Selbsthilfe (Rn. 209) beinhalten als Konsequenz die staatliche **Justizgewährungspflicht,**[405] also die Pflicht eines jeden angerufenen Gerichts, stets eine prozessual ordnungsgemäß zustande kommende und im Einklang mit dem materiellen Recht stehende Entscheidung zu treffen, auch da, wo keine unmittelbar „passende" Gesetzesvorschrift besteht. Die Gerichte unterliegen dem **Entscheidungszwang,** dem Rechtsverweigerungsverbot.[406] Die Befugnis des Richters zur Auslegung und notfalls zur Rechtsfortbildung ist dabei aber nicht umstritten ist (§ 1 Rn. 138; § 132 Rn. 37).

214 **10. Gesetzlicher Richter.** Zu dem aus dem Rechtsstaatsprinzip folgenden Gebot der Gewährleistung des gesetzlichen Richters (Art. 101 Abs. 1 GG) § 16.

215 **11. Rechtliches Gehör.** Das Gebot des **rechtlichen Gehörs** in Art. 103 Abs. 1 GG ist ein wesentlicher Bestandteil des Rechtsstaatsprinzips.[407] Rechtliches Gehör ist nicht nur ein ‚prozessuales Urrecht' des Menschen, sondern auch ein objektiv-rechtliches Verfahrensprinzip, das für ein rechtsstaatliches Verfahren im Sinne des Grundgesetzes schlechthin konstitutiv ist.[408] Es gilt für alle gerichtlichen Verfahren,[409] auch vor dem BVerfG und den Landesverfassungsgerichten,[410] in Verfahren der freiwilligen Gerichtsbarkeit,[411] vor den Schiedsgerichten[412] und den Verbandsgerichten. Das rechtliche Gehör im Einzelnen auszugestalten ist Sache des jeweiligen Verfahrensrechts,[413] so begründet das Gebot des rechtlichen Gehörs auch keinen Anspruch auf eine mündliche Verhandlung.[414] Schreibt das Verfahrensrecht die Form der Anhörung nicht verbindlich vor, liegt ihre Wahl grundsätzlich im Ermessen des Gerichts.[415]

216 Das rechtliche Gehör soll als **Prozessgrundrecht** sicherstellen, dass der Einzelne **nicht bloßes Objekt** des gerichtlichen Verfahrens ist.[416] Er hat Rechte im Verfahren, die sich auf den staatlichen Umgang mit ihm als Person in einer bestimmten Rolle und mit bestimmten von dieser Rolle geprägten Rechten beziehen.[417] Vor

---

[402] Vgl. *Grüber* ZRP 1992, 6.
[403] BVerfGE 78, 214 = NJW 1989, 666.
[404] BVerfGE 49, 89, 142 = NJW 1979, 359.
[405] BGHZ 67, 187 = DRiZ 1978, 185; *Pfeiffer* DRiZ 1988, 84.
[406] *Stein* NJW 1964, 1748; *Plassmann* JZ 1977, 588; *Ipsen* S. 53; *Fischer* auf dem 52. DJT Wiesbaden 1978, S. H 16; *Schinkel* DRiZ 1978, 233; *Friesenhahn* DÖV 1979, 864.
[407] BVerfGE 86, 133, 144; E 89, 28 = NJW 1993, 2229.
[408] BVerfGE 107, 395 = NJW 2003, 1924.
[409] BVerfGE 19, 148; E 36, 321 = NJW 1974, 689.
[410] BVerfGE 19, 148.
[411] BVerfGE 19, 49, 51 = NJW 1965, 1267.
[412] BGH NJW 1983, 867; BGH BB 1993, 21.
[413] BVerfGE 74, 1, 5 = NJW 1987, 1192.
[414] BVerfGE 60, 175, 210 = NJW 1982, 1579.
[415] BVerfG – K – NJW 1994, 1053.
[416] BVerfGE 84, 188, 190 = NJW 1991, 2823; E 89, 28 = NJW 1993, 2229; BVerfG NJW 2003, 1924 C II 1; vgl. *Redeker* NJW 1980, 1595.
[417] BVerfG – K – NJW 1996, 581.

einer Entscheidung, die seine Rechte betrifft, muss er zu Wort kommen können, um Einfluss auf das Verfahren und sein Ergebnis nehmen zu können.[418] Einer gerichtlichen Entscheidung können nur solche **Tatsachen** und Beweismittel zugrunde gelegt werden, zu denen die Verfahrensbeteiligten Stellung nehmen konnten.[419] Ob sie in den Besitz dafür erforderlicher Schriftsätze gelangt sind, hat das Gericht zu überwachen.[420] Der Anspruch auf rechtliches Gehör steht jedem zu, dem gegenüber die gerichtliche Entscheidung materiellrechtlich wirken kann.[421] Die Verfahrensbeteiligten haben nicht nur das Recht, sich zu dem der Entscheidung zu Grunde liegenden Sachverhalt, sondern auch zur Rechtslage zu äußern.[422] Art. 103 Abs. 1 GG konstituiert zwar grundsätzlich **keine allgemeine Frage- und Aufklärungspflicht des Gerichts;**[423] auch wenn eine Rechtslage umstritten oder problematisch ist, muss ein Verfahrensbeteiligter grundsätzlich alle vertretbaren rechtlichen Gesichtspunkte von sich aus in Betracht ziehen und seinen Vortrag darauf einstellen.[424] Jedoch hat die ZPO-Novelle 2001 mit § 139 ZPO als dem ‚Kernstück' verschiedener Einzelregelungen[425] dem Richter eine weitgehende Erörterungs- und Förderungspflicht in tatsächlicher und rechtlicher Hinsicht auferlegt, die sich einer solchen allgemeinen Pflicht nähert – bis an die schwer zu ziehende Grenze der Neutralität. Wie weit die richterlichen Pflichten gehen, hängt von den gesamten Umständen und der jeweiligen Prozesssituation ab.[426] Es verletzt das rechtliche Gehör, wenn das Gericht ohne vorherigen Hinweis Anforderungen an den Sachvortrag stellt, mit denen auch ein gewissenhafter und kundiger Verfahrensbeteiligter – selbst unter Berücksichtigung der Vielfalt vertretbarer Rechtsauffassungen – nach dem bisherigen Verfahrensverlauf nicht zu rechnen brauchte; eine **Überraschungsentscheidung** ist unzulässig.[427]

Jedoch ist der Gesetzgeber nicht gehindert, durch **Präklusionsvorschriften** auf **217** eine Verfahrenbeschleunigung hinzuwirken, wenn nur die Verfahrensbeteiligten Gelegenheit hatten sich zu äußern, dies aber aus von ihnen selbst zu vertretenden Gründen versäumt haben.[428] Der Verfahrensbeteiligte hat die Verspätung aber nicht zu vertreten, wenn ein **Fehler des Gerichts,** etwa eine unzulängliche Verfahrensleitung[429] oder eine Verletzung der richterlichen Fürsorge- oder Hinweispflicht mindestens mit ursächlich war.[430] Dasselbe gilt bei Zurückweisung von Parteivortrag trotz erkennbar unzureichender gerichtlicher Terminsvorbereitung[431] oder wenn die Verspätung durch eine zumutbare und damit prozessrechtlich gebotene richterliche Maßnahme vermeidbar war.[432] Vor Ablauf einer Äußerungsfrist darf nicht entschieden werden.[433]

---

[418] BVerfGE 57, 250, 275 = NJW 1981, 1719; E 84, 188, 190 = NJW 1991, 2823; E 86, 133, 144 = NVwZ 1992, 401; BVerfGE 107, 395 = NJW 2003, 1924.
[419] BVerfGE 84, 188, 190 = NJW 1991, 2823; E 89, 381 = NJW 1994, 1053; BVerfG NJW 2000, 1175.
[420] BVerfG – K – NJW 2006, 2248.
[421] BVerfGE 75, 201, 215 = NJW 1988, 125; BVerfGE 86, 133, 144 = NVwZ 1992, 401; BVerfGE 86, 133, 144.
[422] BVerfGE 65, 227, 234 = NJW 1984, 719; BVerfGE 86, 133, 144; BVerfG – K – NJW 2002, 1334.
[423] BVerfGE 66, 116, 147 = NJW 1984, 1741; BVerfGE 67, 90, 96 = NJW 1984, 2147; BVerfG – K – NJW 1994, 1274.
[424] BVerfGE 74, 1, 5 = NJW 1987, 1192; BVerfG – K – NJW 1996, 3202; BVerfG – K – NJW 2002, 1334.
[425] *BL/Hartmann* § 139 ZPO Rn. 1.
[426] *BL/Hartmann* § 139 ZPO Rn. 15.
[427] BVerfGE 84, 188 = NJW 1991, 2823; BVerfG – K – NJW 2002, 1334; 2003, 1726; BGH NJW 1987, 781; 1993, 667; NJW-RR 1993, 569; BVerwG NJW 1986, 445; 1988, 275; BAGE 51, 59 = NZA 1986, 751.
[428] BVerfGE 81, 264 = NJW 1990, 2373.
[429] BVerfG – K – NJW-RR 1994, 700.
[430] BVerfGE 75, 302 = NJW 1987, 2733.
[431] BVerfGE 81, 264 = NJW 1990, 2373.
[432] BVerfG aaO.
[433] BVerwG NJW 1992, 327.

218 Aus dem Gebot des rechtlichen Gehörs folgt die Pflicht des Gerichts, die Ausführungen der Verfahrensbeteiligten **zur Kenntnis** zu nehmen und in Erwägung zu ziehen,[434] soweit das Vorbringen nach den Prozessvorschriften nicht unberücksichtigt bleiben muss oder kann,[435] z. B. wegen Präklusion. Hiergegen verstößt das Gericht, wenn es einen ordnungsgemäß eingereichten Schriftsatz nicht berücksichtigt, auf ein Verschulden des Gerichts kommt es dabei nicht an.[436] Das rechtliche Gehör gewährt aber keinen Schutz gegen Entscheidungen, die den Sachvortrag eines Beteiligten aus Gründen des formellen oder materiellen Rechts teilweise oder ganz unberücksichtigt lassen.[437] Geht das Gericht auf den wesentlichen Kern des Tatsachenvortrags einer Partei zu einer Frage, die für das Verfahren von zentraler Bedeutung ist, in den Entscheidungsgründen nicht ein, so lässt dies auf die Nichtberücksichtigung des Vortrags schließen und damit auf Verletzung des rechtlichen Gehörs, anders, wenn er nach dem Rechtsstandpunkt des Gerichts unerheblich oder aber offensichtlich unsubstantiiert war.[438] Sich mit jedem Vorbringen in den Entscheidungsgründen ausdrücklich zu befassen ist das Gericht nicht verpflichtet, es kann vielmehr davon ausgegangen werden, dass es das Parteivorbringen zur Kenntnis genommen und in Erwägung gezogen hat. Ergibt sich aber aus den Umständen, dass das Vorbringen eines Beteiligten entweder überhaupt nicht zur Kenntnis genommen oder doch bei der Entscheidung ersichtlich nicht erwogen wurde, so wird dadurch der Anspruch auf rechtliches Gehör verletzt.[439]

219 Die Verletzung des rechtlichen Gehörs ist stets ein **Rechtsfehler** im Sinne des Verfahrensrechts, z. B. nach § 337 StPO, §§ 321a, 513, 546 ZPO. Geschah die Verletzung in der Beschwerdeinstanz und ist eine weitere Beschwerde statthaft bei Vorliegen eines neuen Beschwerdegrundes, kann sie hierauf gestützt werden.[440] – Bei **Verweisungsbeschlüssen** entfällt eine nach dem Verfahrensrecht vorgesehene Bindungswirkung, wenn sie unter Verletzung des rechtlichen Gehörs zustande gekommen sind oder auf Willkür beruhen.[441]

220 Im Übrigen eröffnen Verstöße gegen Verfahrensgrundrechte wie Art. 101 Abs. 1 oder Art. 103 GG nicht per se einen weiteren Instanzenzug;[442] das gilt auch dann, wenn nur mangels prozessual vorgesehener Zulassung ein Rechtsmittel nicht zulässig ist[443] oder wenn die Rechtsmittelsumme nicht erreicht wird.[444] Die Verletzung des rechtlichen Gehörs ist auch kein Wiederaufnahmegrund.[445] Die Fachgerichte müssen aber ein Rechtsmittel zulassen, wenn die gebotene verfassungskonforme Auslegung der Verfahrensvorschriften dies ermöglicht.[446] Im Verhältnis zur Verfassungsbeschwerde ist der zum Grundrechtsverstoß führende Verfahrensfehler in erster Linie von den Fachgerichten im Wege der Selbstkontrolle zu beseitigen.[447] Un-

---

[434] BVerfGE 79, 51 = NJW 1989, 519.
[435] BVerfG – K – NJW 1993, 1319.
[436] BVerfGE 62, 347 = NJW 1983, 2187; NJW 1988, 1963; BVerwG NJW 1988, 1280; BayObLG NJW-RR 1989, 1090.
[437] BVerfGE 82, 209 = NJW 1990, 2306; E 83, 182 = NJW 1991, 1878; NJW 1992, 2811; DtZ 1992, 183.
[438] BVerfGE 84, 188 = NJW 1991, 2833; DtZ 1992, 327.
[439] stRSpr, vgl. BVerfGE 79, 51 = NJW 1989, 519.
[440] BVerfGE 49, 252, 256 = NJW 1979, 538; BVerfG – K – NJW 1988, 1773.
[441] BVerfGE 73, 322 = NJW 1987, 1319; BGHZ 71, 69; NJW 2002, 3634; NJW-RR 1994, 126; 2002, 1498; BAG NZA 1992, 1049; vgl. *Fischer* NJW 1993, 2417; MDR 1994, 539; 2005, 1091; *Tombrink* NJW 2003, 2364.
[442] BVerfGE 59, 172 = NVwZ 1982, 303; BGH NJW 1995, 403.
[443] BayObLG NJW 1988, 72.
[444] BVerfGE 60, 96 = NJW 1982, 1454; BGH NJW 1990, 838.
[445] HessVGH NJW 1984, 378.
[446] BVerfGE 42, 243, 248 = NJW 1976, 1837; E 47, 182, 190 = NJW 1978, 989; E 49, 252, 258 = NJW 1979, 538; E 73, 322 = NJW 1987, 1319; E 107, 395 = NJW 2003, 1924; BVerfG – K – NZA 1995, 1222; vgl. zu § 543 Abs. 2 ZPO BGHZ 151, 221 = NJW 2002, 3039; Z 152, 182 = NJW 2003, 831; Z 154, 228 = NJW 2003, 1943.
[447] BVerfGE 42, 243 = NJW 1976, 1837; E 73, 322, 329 = NJW 1987, 1319; BVerfGE 107, 395 = NJW 2003, 1924.

geschriebene Rechtsbehelfe wie eine **außerordentliche Beschwerde** wegen greifbarer Gesetzeswidrigkeit oder eine **befristete Gegenvorstellung** sind aber nicht anzuerkennen, da sie dem verfassungsrechtlichen Gebot der Rechtsmittelklarheit nicht standhalten; Rechtsbehelfe sind in der geschriebenen Rechtsordnung zu regeln.[448] Mit dem **Anhörungsrügengesetz** vom 9. 12. 2004 (BGBl. I S. 3220) ist der Gesetzgeber dem Auftrag des Plenums des BVerfG vom 30. 4. 2003[449] nachgekommen und hat für alle Gerichtsbarkeiten, so auch durch § 321 a ZPO n. F., Abhilfemöglichkeiten für den Fall der Verletzung rechtlichen Gehörs geschaffen, wenn die getroffene Entscheidung durch Rechtsbehelfe nicht mehr angreifbar ist.[450] Verstöße gegen andere Verfahrensgrundrechte, insbesondere Willkür, erfasst die Regelung nicht.[451] Die Erwägungen des BVerfG nehmen solche Verstöße zwar nicht aus,[452] jedoch dürfte die Zahl der Fälle, bei denen bereits Verstöße gegen Verfahrensrecht zum Verfassungsverstoß führen, hier geringer sein und die Schieflage zwischen Verfassungs- und Fachgerichtsbarkeit weniger ausgeprägt. Hinzu kommt, dass die neu formulierten Zulassungsgründe für die Revision in § 543 Abs. 2 ZPO auch Fälle offensichtlicher Unrichtigkeit des Berufungsurteils erfassen, die, wie namentlich eine Verletzung von Verfahrensgrundrechten, geeignet sind, das Vertrauen in die Rechtsprechung zu beschädigen.[453] Für das Verfahren der Rechtsbeschwerde enthält § 574 Abs. 2 ZPO zwar vergleichbare Zulassungsgründe,[454] jedoch hat der Gesetzgeber wegen der regelmäßig geringeren Bedeutung der Sache und zur Entlastung des BGH bewusst davon abgesehen, eine der Nichtzulassungsbeschwerde des § 544 ZPO entsprechende Regelung zu schaffen,[455] so dass die Entscheidungskorrektur durch Anrufung der Rechtsbeschwerdeinstanz ausscheidet. Eine statthafte Rechtsbeschwerde ist bei Verletzung des rechtlichen Gehörs aber immer auch zulässig nach § 574 Abs. 2 ZPO.[456] Ungeachtet der klaren Aussagen des BVerfG zu ungeschriebenen Rechtsbehelfen ist hier indessen vieles streitig geblieben.[457] – Außerhalb des Bereichs greifbarer Gesetzwidrigkeit hat sich in der Rechtspraxis ein anders gelagertes, aber ebenfalls nicht im Gesetz vorgesehenes Rechtsinstitut der **Gegenvorstellung** eingebürgert (wegen der Abgrenzung zur Dienstaufsichtsbeschwerde § 12 Rn. 129). Dabei handelt es sich um einen formlosen Rechtsbehelf, mit dem das Gericht veranlasst werden soll, seine etwa auf Tatsachen- oder Rechtsirrtum beruhende Entscheidung selbst zu ändern.[458] Das so angegangene Gericht, und nur dieses, kann, wenn dies prozessual zulässig ist, seine Entscheidung ändern oder dies (formlos) ablehnen. Gegen die Ablehnung gibt es kein ordentliches Rechtsmittel. Sie ist aber nicht endgültig, so dass das Gericht sowohl von sich aus als auch auf erneute Gegenvorstellung einer Partei die Entscheidung noch ändern

---

[448] BVerfGE 107, 395 = NJW 2003, 1924; vgl. auch BVerfG – K – NJW 2006, 2907; *Voßkuhle* NJW 2003, 2193.
[449] BVerfGE 107, 395 = NJW 2003, 1924.
[450] Krit. zur Selbstkontrolle *Schneider* MDR 2006, 969, 971, 973.
[451] Vgl. BTagsDrucks. 15/3706 S. 14.
[452] *Nassal* ZRP 2004, 164, 168; *Bloching/Ketterer* NJW 2005, 860; *Rensen* MDR 2005, 181; *Schneider* MDR 2006, 969, 970.
[453] Mit teilweise unterschiedlicher Begründung BGHZ 151, 221 = NJW 2002, 3039; Z 152, 182 = NJW 2003, 65; Z 154, 228 = NJW 2003, 1943 m. krit. Anm. *Rimmelspacher* JZ 2003, 797; Z 159, 135 = NJW 2004, 2222; BGH NJW 2002, 2975; 2003, 831; 3205; 2005, 153; 154; NJW-RR 2003, 1003; NZM 2004, 93; hierzu *Schultz* MDR 2003, 1392; *v. Gierke/Seiler* NJW 2004, 1497, 1500; *Nassal* ZRP 2004, 164, 168; *Scheuch/Lindner* ZIP 2004, 973.
[454] Vgl. BGH 11. 2. 2004 – XII ZB 263/03 –.
[455] BTagsDrucks. 14/4722 S. 116.
[456] BGH NJW-RR 2004, 1717.
[457] Für Beibehaltung der außerordentlichen Beschwerde insoweit *Bloching/Ketterer* aaO. 863; BFH NJW 2004, 2854; 2005, 3374; OLG München OLGR 2005, 896; dagegen OLG Jena MDR 2006, 1065; für (befristete) Gegenvorstellung BFH NJW 2006, 861; BSG NZS 2005, 616; OLG Dresden NJW 2006, 851; dagegen OVG Lüneburg NJW 2006, 2506; für eine analoge Anwendung der Regelungen über die Gehörsrüge *Schenke* NVwZ 2005, 729, 733.
[458] *Schenke* NVwZ 2005, 729, 732.

kann. Die Gegenvorstellung ist da unzulässig, wo ein ordentliches Rechtsmittel zulässig ist[459] und wo eine Entscheidung materiell in Rechtskraft erwachsen ist.[460]

221   **12. Faires Verfahren.** Das Recht auf ein **faires Verfahren** ist dem Rechtsstaatsprinzip immanent.[461] Der aus dem anglo-amerikanischen Denken („fair trial") stammende, in die Überschrift zu Art. 6 MRK übernommene[462] Begriff ist der deutschen Gesetzessprache fremd, jedoch fester Bestandteil des Sprachgebrauchs der RSpr.[463] Er ist ein **Sammelbegriff,** zusammengesetzt aus Einzelelementen, die im Verfahrensrecht und seiner Anwendung Niederschlag finden müssen.[464] So darf ein Verfahrensbeteiligter aus Fehlern oder Versäumnissen des Gerichts keinen Nachteil erleiden[465] (Rn. 210), der Zugang zum Gericht darf nicht unzumutbar erschwert werden[466] (§ 16 Rn. 99), bei Freiheitsentziehungen bedarf es ausreichender richterlicher Sachaufklärung.[467] Eine Verletzung des Rechts auf ein faires Verfahren ist ohne Relevanz, wenn der Betroffene selbst die ihm zur Wahrung seiner Rechte zumutbaren Schritte unterlassen hat.[468] Fehler des Betroffenen hat das Gericht im Rahmen seiner Fürsorgepflicht zwar auszugleichen, aber nicht über das im ordnungsgemäßen Geschäftsgang Mögliche hinaus.[469]

222   Das faire Verfahren erschöpft sich nicht in der Selbstbeschränkung staatlicher Mittel gegenüber den beschränkten Möglichkeiten des Einzelnen und in der Verpflichtung staatlicher Organe, korrekt zu verfahren. Unverzichtbares Element des fairen Verfahrens ist es auch, dass Verfahrensbeteiligte **nicht Objekt des Verfahrens** sind, sondern die Möglichkeit haben, zur Wahrung ihrer Rechte auf den Gang und das Ergebnis des Verfahrens Einfluss zu nehmen,[470] und zwar in Selbstständigkeit.[471] Jedem Verfahrensbeteiligten ist zu gewährleisten, dass er prozessuale Rechte und Möglichkeiten mit der erforderlichen Sachkunde selbstständig wahrnehmen (§ 16 Rn. 70) und Übergriffe staatlicher Stellen oder anderer Verfahrensbeteiligter angemessen abwehren kann.[472] Dazu gehört es auch, dass der Rechtsuchende gegenüber den Organen der Rechtspflege, ohne Rechtsnachteile befürchten zu müssen, alle jene Handlungen vornehmen kann, die nach seiner von gutem Glauben bestimmten Sicht geeignet sind, sich im Prozess zu behaupten.[473] Er darf deshalb keine Rechtsnachteile erleiden, wenn er, ohne leichtfertig zu sein, in unmittelbarer Verteidigung seiner Rechtsposition im Prozess Behauptungen in Bezug auf rechtsbegründende oder rechtsvernichtende Tatsachen oder die Eignung eines Beweismittels aufstellt, insbesondere die Glaubwürdigkeit eines Zeugen in Frage stellt;[474] dies muss freilich im Blick auf die konkrete Prozesssituation zur Rechtswahrung geeignet und erforderlich sowie der Rechtsgüter- und Pflichten-

---

[459] *StJ/Grunsky* § 567 Rn. 26; *Thomas/Putzo/Reichold* § 567 ZPO Vorbem. Rn. 14; *Rosenberg/Schwab/Gottwald* § 148 II 5; *BL/Hartmann* Üb. § 567 ZPO Rn. 3 ff.
[460] BGH NJW 2004, 1531; NJW-RR 2004, 574; OLG Köln NJW-RR 2005, 1227.
[461] BVerfGE 79, 372 = NJW 1989, 1147; BVerfGE 86, 288, 317 = NJW 1992, 2949; BGHSt 29, 109 = NJW 1980, 464; vgl. *Peukert* EuGRZ 1980, 247; *Vollkommer,* Gedächtnisschrift R. Bruns, 1980, S. 195; *Habscheid,* FS Benda, 1995, S. 105; *Schlosser* NJW 1995, 140; *Tettinger* Staat 1997, 575.
[462] EGMR NJW 1999, 2353.
[463] Vgl. BVerfGE 91, 176 = NJW 1995, 40; BGH NJW 1997, 3182; BAG NZA 1997, 1234; BVerwG NJW 1998, 323, 325.
[464] Vgl. *Suhr* NJW 1979, 146.
[465] BVerfG – K – NJW 1996, 1811.
[466] BVerfG – K – NJW 1994, 1853.
[467] BVerfG – K – NJW 1995, 3048.
[468] BVerfG – K – NJW 1998, 1853.
[469] BVerfG – K – NJW 2006, 1579; BGH NJW 2005, 3776.
[470] BVerfGE 63, 45, 332 = NJW 1983, 1726; BVerfG – K – NJW 1995, 1951; BGH NJW 1992, 3096.
[471] BVerfGE 38, 105, 112 = NJW 1975, 103.
[472] BVerfG aaO.
[473] BVerfGE 80, 244 = NJW 1990, 37.
[474] OLG Düsseldorf NJW 1987, 2522.

lage angemessen sein.⁴⁷⁵ Deshalb darf auch die Beweisführung in einem Rechtsstreit grundsätzlich nicht durch ein zu diesem Zweck angestrengtes Verfahren in einem anderen Rechtsweg verhindert oder beeinflusst werden,⁴⁷⁶ auch nicht im Wege einer **Ehrenschutzklage,**⁴⁷⁷ wohl aber, wenn eine ehrverletzende Äußerung außerhalb der prozessualen Rechtsverfolgung in Rundschreiben oder ähnlichen an die Öffentlichkeit gerichteten Aktionen geschieht.⁴⁷⁸ So darf auch der Antragsteller im Verwaltungsverfahren nicht einen dort gehörten Zeugen mit der Widerrufsklage vor dem ordentlichen Gericht zur Änderung oder Rücknahme seiner Aussage zwingen.⁴⁷⁹ Grundsätzlich indiziert ein subjektiv redliches Verhalten in einem gesetzlich geregelten Rechtspflegeverfahren nicht schon durch die Beeinträchtigung von in § 823 BGB geschützten Rechtsgütern seine Rechtswidrigkeit, da das schadensursächliche Verhalten angesichts seiner verfahrensrechtlichen Legalität zunächst die Vermutung der Rechtmäßigkeit genießt. Daher haftet der Rechtsschutz Begehrende seinem Gegner außerhalb der bereits im Verfahrensrecht vorgesehenen Sanktionen grundsätzlich nicht nach dem sachlichen Recht der unerlaubten Handlung für die Folgen einer nur fahrlässigen Fehleinschätzung der Rechtslage. Diese Grundsätze sind aber nur dort anwendbar, wo durch § 823 BGB geschützte Rechtsgüter desjenigen beeinträchtigt werden, der selbst (in der Regel als Gegner) an dem Verfahren förmlich beteiligt ist. Denn dem Recht des einen Beteiligten, trotz Irrtums und fahrlässiger Fehleinschätzung der Rechtslage das Verfahren durchzuführen, stehen als Korrelat die Sicherungen gegenüber, welche das Verfahrensrecht dem Gegner bietet.⁴⁸⁰ Der Gegner muss die Beeinträchtigung nur deswegen ohne deliktsrechtlichen Schutz hinnehmen, weil er sich gegen ungerechtfertigte Inanspruchnahme in dem Verfahren selbst wehren kann. Wo dies nicht der Fall ist, muss es beim uneingeschränkten Rechtsgüterschutz verbleiben, den § 823 BGB gewährt.⁴⁸¹

Wird einem angeklagten Beamten die zu seiner Verteidigung erforderliche **Aussagegenehmigung** nicht oder nur teilweise erteilt, liegt hierin ein Verstoß gegen Art. 1 Abs. 1 GG. Entweder muss auf die Verschwiegenheitspflicht durch Erteilung einer umfassenden Aussagegenehmigung verzichtet werden oder aber darf das Strafverfahren wegen eines Verfahrenshindernisses nicht durchgeführt werden.⁴⁸² Im Disziplinarverfahren werden Mitteilungen des Beamten an das Gericht dagegen als „im dienstlichen Verkehr" angesehen, die nicht der Amtsverschwiegenheit unterliegen.⁴⁸³ **223**

Das Gebot des fairen Verfahrens hat beispielhafte Bedeutung gewonnen im Zusammenhang mit **Absprachen** in Strafverfahren. Als allgemein anerkannt kann angesehen werden, dass es einem Richter nicht verwehrt ist, zwecks Förderung des Verfahrens mit den Verfahrensbeteiligten auch außerhalb der Hauptverhandlung Kontakt aufzunehmen.⁴⁸⁴ Selbst Absprachen, die bei Beteiligten einen Vertrauenstatbestand schaffen, sind nicht ohne weiteres ein Verstoß gegen Prinzipien eines fairen, rechtsstaatlichen Verfahrens.⁴⁸⁵ Zu Bedenken aus dem Legalitätsprinzip Rn. 138. **224**

---

⁴⁷⁵ BVerfGE 74, 257 = NJW 1987, 1929; BVerfG NJW 1991, 29; 2074; BGH NJW 1988, 1016.
⁴⁷⁶ BGH NJW 1986, 2502; OLG Düsseldorf NJW 1987, 3268; OLG Saarbrücken NJW-RR 1994, 1549; KG OLGZ 1994, 367.
⁴⁷⁷ BGH NJW 1988, 1016; 1995, 397; OLG Hamm NJW 1992, 1329; BVerfG NJW 2000, 3196; NJW-RR 2007, 840.
⁴⁷⁸ BGH NJW 1992, 1314.
⁴⁷⁹ BGH NJW 1965, 1803.
⁴⁸⁰ Vgl. BGHZ 74, 9, 16.
⁴⁸¹ BGHZ 118, 201 = NJW 1992, 2014 = JR 1993, 108 m. Anm. *Schubert*.
⁴⁸² BGHSt 36, 44 = NJW 1989, 1228; BGH NJW 2007, 3010; vgl. *Bohnert* NStZ 2004, 301.
⁴⁸³ BDiszGericht NJW 1992, 2107.
⁴⁸⁴ BGHSt 42, 46 = NJW 1996, 1763; BGHSt 43, 195 = NJW 1998, 86; grundlegend BGH – GS – St 50, 40 = NJW 2005, 1440; vgl. BTagsDrucks. 235/06.
⁴⁸⁵ BVerfG – K – NJW 1987, 2662.

Einleitung 225–228

225 Zum fairen Verfahren zählt auch das uneingeschränkte Recht der **Zuziehung eines Rechtsanwalts** (vgl. § 16 Rn. 101) einschließlich eines Verteidigers[486] oder eines Beistands bei der Vernehmung als Zeuge.[487] Dem entsprechen die Belehrungspflichten nach § 136 Abs. 1 Satz 2 und § 163a Abs. 4 Satz 2 StPO. Auch darf die Zuziehung eines RA oder die Weigerung, ihn von seiner Verschwiegenheitspflicht zu entbinden, nicht zum Nachteil eines Angeklagten verwendet werden.[488] Kann ein Beteiligter die **Kosten** der Zuziehung eines RA nicht selbst tragen, muss dies auf Staatskosten geschehen[489] (§ 16 Rn. 117).

226 Auch die **„Waffengleichheit"** im Strafverfahren zwischen Anklage und Beschuldigtem gehört zum fairen Verfahren[490] (Rn. 195) wie überhaupt die Verwirklichung des Gleichheitssatzes in allen Verfahrensarten (Rn. 196).

227 Zum fairen Verfahren gehört die Gewährung des rechtlichen Gehörs ebenso wie die Garantie des gesetzlichen Richters und die Unschuldsvermutung. Vor allem gehört hierher das auch von den Institutionen des Gerichtsverfassungsrechts mitgestaltete **Klima eines Verfahrens.** Alle Verfahrensbeteiligten müssen sich ohne Zwang, Ängste und Druck in vollem (sachbezogenem) Umfang äußern und durch die Verhandlungsweise der Richter das Gefühl haben können, dass diese ihnen unvoreingenommen gegenüberstehen, dass sie in jeder Hinsicht unabhängig und frei von Druck und Beeinflussung sind. Die Verhandlung darf nicht zum „Tribunal" werden, für welche Verfahrensbeteiligten auch immer. Dazu gehört die Abwägung der für und gegen die Öffentlichkeit der Verhandlung sprechenden Gründe (vgl. § 169), die Ordnung im Sitzungssaal (§ 176) und die Dauer des Verfahrens (§ 16 Rn. 82), ohne alle Elemente im Einzelnen aufzählen zu können. Unabhängig vom Recht auf ein faires Verfahren, das nur ein rechtsstaatliches Mindestmaß gewährleistet, und im Zusammenhang mit dem Sozialstaatsgebot ist die Frage zu sehen, in welchem Ausmaß der Richter den Parteien „helfen" muss (Rn. 216). Vor einer Überdehnung in der Richtung zu warnen, dass der Richter die Parteien stets zu einem sachgerechten Verfahrensverhalten veranlassen oder ihnen gar dazu verhelfen muss.[491] Der Umfang richterlicher Einflussnahme auf das Parteiverhalten ist aber jenseits der Unparteilichkeit keine Verfassungsfrage, sondern der verfahrensrechtlichen Regelung überlassen.[492]

228 **13. Rechtssicherheit.** Rechtssicherheit und Rechtsbeständigkeit sind neben materieller Gerechtigkeit wesentliche Elemente der Rechtsstaatlichkeit.[493] Verlässlichkeit der Rechtsordnung und damit auch ihrer Interpretation durch die Rechtsprechung sind Voraussetzungen für die Freiheit;[494] Freiheit erfordert Verlässlichkeit der Rechtsordnung.[495] Oberstes Gebot der Rechtssicherheit ist die Klärung strittiger Rechtsverhältnisse in angemessener Zeit.[496] Diesem Ziel hat auch die Ausgestaltung des Rechtsmittelverfahrens zu dienen, es hat insbesondere die Rechtsmittelklarheit zu wahren[497] und sicherzustellen, dass nach Erschöpfung eines Rechtsmittelzuges eine Entscheidung unabänderlich, d.h. rechtskräftig ist. Ein „Rechtsweg ohne

---

[486] BVerfGE 26, 66, 71 = NJW 1969, 1423; BVerfGE 38, 105, 111 = NJW 1975, 103; EGMR NJW 1999, 2353; BGH NJW 1992, 849; 2002, 975.
[487] BVerfGE 38, 105 = NJW 1975, 103; BVerfG – K – NJW 1993, 2301; 2000, 2660; 3197.
[488] BGH NJW 2000, 1962.
[489] BVerfGE 46, 202, 210 = NJW 1978, 151; KG StV 1996, 473.
[490] BVerfGE 38, 105, 111 = NJW 1975, 103; EGMR NJW 1992, 3085.
[491] Bedenklich deshalb die RSpr zu Grundstücksversteigerungen bei einem hinter dem Grundstückswert zurückbleibenden Meistgebot, BVerfGE 51, 150, 151; vgl. *Kissel* DRiZ 1980, 85.
[492] *Draber* DRiZ 1987, 348; *Hübner*, Allg. Verfahrensgrundsätze: Fürsorgepflicht oder fair trial?, Tübingen 1983.
[493] BVerfGE 60, 253, 267 = NJW 1982, 2425.
[494] BVerfGE 63, 343, 357 = NJW 1983, 2757.
[495] BVerfGE 60, 253, 267 = NJW 1982, 2425.
[496] BVerfGE 88, 118, 124 = NJW 1993, 1635; BVerfG – K – NJW 2001, 961; 2001, 2161.
[497] BVerfGE 49, 148, 164 = NJW 1979, 151; E 107, 395 = NJW 2003, 1924.

Ende" widerspricht der Rechtssicherheit; im Interesse der Rechtssicherheit und des Rechtsfriedens nimmt das verfassungsrechtlich gewährleistete Rechtsschutzsystem (Rn. 203) ein verbleibendes Risiko falscher Rechtsanwendung in Kauf.[498] Dies steht klaren und verhältnismäßigen Regelungen nicht entgegen, die in Abwägung der materiellen Gerechtigkeit mit der Rechtssicherheit ausnahmsweise erlauben, die Rechtskraft wieder zu beseitigen (Wiedereinsetzung, Wiederaufnahme). Aus dem Erfordernis der Rechtsbeständigkeit folgt weiter, dass grundsätzlich nur die im GVG vorgesehenen Gerichte innerhalb ihrer gesetzlichen Rechtsmittelzuständigkeit gegen eine Entscheidung eines im GVG geregelten Gerichts angerufen werden können. Ausnahmen gelten nur für die Anrufung des BVerfG (§ 12 Rn. 33) und der supranationaler Gerichte (§ 12 Rn. 47) in den diesen gezogenen Grenzen. Zur Einheitlichkeit der RSpr § 121 Rn. 13.

14. Effektivität. Zum Rechtsstaatsprinzip ist auch die Effektivität des staatlichen Rechtsschutzes zu rechnen.[499] Die Gerichte müssen die ihnen zugewiesenen Aufgaben des Schutzes der Rechte des Bürgers wirksam erfüllen im Sinne einer lückenlosen tatsächlich wirksamen gerichtlichen Kontrolle.[500] Ähnlich wie beim Gebot des fairen Verfahrens (Rn. 221) handelt es sich um einen komplexen Begriff. So darf der Weg zum Gericht nicht in unzumutbarer Weise erschwert werden (§ 16 Rn. 99), auch nicht in finanzieller Hinsicht (Rn. 196). Das rechtliche Gehör ist zu gewährleisten.[501] Ebenso muss die Entscheidung rechtzeitig ergehen. Sie darf nicht so spät kommen, dass zwischenzeitlich durch Zeitablauf und/oder dadurch hinzutretende Umstände das Recht nicht mehr sinnvoll geschützt werden kann. Sie darf sich auch nicht so lange verzögern, dass, etwa im Strafverfahren, eine mit der Würde des Menschen nicht vereinbare Ungewissheit und Belastung eintritt. Vgl. dazu im Einzelnen § 16 Rn. 82. Zur Ausgestaltung des Verfahrensrechts Rn. 184; § 16 Rn. 93.

15. Verhältnismäßigkeit. Das rechtsstaatliche Gebot der Verhältnismäßigkeit, nach dem jedes staatlicherseits gewählte Mittel in einem vernünftigen Verhältnis zu dem angestrebten Erfolg stehen muss,[502] wendet sich vornehmlich an den Gesetzgeber und an die vollziehende Gewalt, kann jedoch auch bei der Anwendung des GVG und im Verfahrensrecht Bedeutung gewinnen, so bei der Abwägung zwischen den Anforderungen einer wirksamen Rechtspflege und den dadurch bedingten Eingriffen in Grundrechte, z. B. Menschenwürde[503] (Rn. 192), etwa des Zeugen durch die Vernehmung[504] oder im Vollstreckungsrecht bei Abwägung der einander widerstreitenden Interessen von Gläubiger und Schuldner.[505] Jedoch darf der Grundsatz der Verhältnismäßigkeit im Zusammenhang mit der staatlichen Justizgewährungspflicht nicht missverstanden werden im Sinne einer betriebswirtschaftlichen Kosten-Nutzen-Analyse, etwa dergestalt, dass die durch die Inanspruchnahme des Gerichts entstehenden Kosten in einem angemessenen Verhältnis stehen müssten zum Wert des geltend gemachten Rechts. Wenn das materielle Recht einen Anspruch anerkennt, muss er auch gerichtlich geltend gemacht und durchgesetzt werden können; es gibt keinen Rechtsanspruch, der als so gering anzusehen ist, dass er nicht die Inanspruchnahme der staatlichen Rechtsschutzeinrich-

---

[498] BVerfGE 107, 395 = NJW 2003, 1924.
[499] BVerfGE 80, 103 = NJW 1989, 1985; E 84, 59, 77 = NJW 1991, 2008; E 89, 340 = NJW 1994, 717; BGHZ 72, 182, 191 = NJW 1979, 43; *Schmidt-Jortzig* NJW 1994, 2569.
[500] BVerfG – K – NJW 2001, 1563.
[501] BVerfG – K – NJW 1997, 726.
[502] Vgl. BVerfGE 47, 239 = NJW 1978, 1149; BVerfG – K – NJW 1994, 2079.
[503] Vgl. zur Lebensgefahr BVerfGE 51, 324 = NJW 1979, 2349.
[504] BGH NJW 1993, 1214; NStZ 1993, 350.
[505] BVerfG NJW 1979, 2607; zum krassen Missverhältnis zwischen Meistgebot und Grundstückswert BVerfGE 51, 150, 159.

tungen rechtfertigt. Dies ist auch gegenüber manchen Überlegungen zur „Großen Justizreform" zu erinnern.[506]

231 **16. Sicherheit des Staates.** Der Verfassungswert der Sicherheit des Staates als verfasster Friedens- und Ordnungsmacht und der von ihm zu gewährleistenden Sicherheit seiner Bevölkerung[507] wendet sich an den Gesetzgeber.

232 **17. Ausländer, Gleichbehandlung.** Ein **Ausländer** hat im Verfahren vor Gerichten der BRep die gleichen prozessualen Grundrechte sowie den gleichen Anspruch auf ein rechtsstaatliches und faires Verfahren und auf einen umfassenden und effektiven gerichtlichen Schutz wie jeder Deutsche.[508] Das folgt nicht erst aus Art. 3 Abs. 3 GG, sondern unmittelbar aus den prozessualen Grundrechten selbst, die für jedermann gelten.[509] Dies schließt die Prozesskostenhilfe ein,[510] die auch einem Ausländer, der im Ausland lebt, nicht verweigert werden kann.[511] Die Prozesskostensicherheit nach § 110 ZPO darf nicht eine Höhe erreichen, die den Zugang zum Gericht unangemessen erschwert.[512] Zu Sprachproblemen § 16 Rn. 119 und § 184.

F. Verfassungsgerichtsbarkeit

233 Zum Gerichtsverfassungsrecht gehört, aber außerhalb des GVG geregelt, die Verfassungsgerichtsbarkeit, nämlich das BVerfG und die Verfassungsgerichte (Staatsgerichtshöfe) der Länder. Justizhoheit und Gesetzgebungskompetenz für das BVerfG ergibt sich für den Bund aus Art. 92 bis 94 GG, für die Länder aus Art. 30, 70, 92 GG, ohne dass der Bundesgesetzgeber die Möglichkeit hätte, nach Art. 74 Nr. 1 GG diesen Bereich zu regeln, wie umgekehrt die Länder nur ausnahmsweise nach Art. 99 GG dem BVerfG Aufgaben zuweisen können (vgl. Art. 100 Abs. 3 GG). Zur Nachprüfung von Entscheidungen der ordentlichen Gerichte durch das BVerfG und die Verfassungsgerichte der Länder § 12.

G. Supranationale Gerichtsbarkeit

234 Ergänzt wird das Gerichtsverfassungsrecht durch die supranationale Gerichtsbarkeit, soweit solche Gerichte nicht auf Streitigkeiten zwischen Völkerrechtssubjekten beschränkt sind. Die Kompetenz für die Übertragung innerstaatlicher Gerichtsbarkeit, auch der Länder, auf supranationalen Gerichte liegt nach Art. 24, 25, 32 GG beim Bund. Zu diesen Gerichten § 12.

H. Gleichrangige Gerichtsbarkeiten

235 Zur Zeit des Inkrafttretens des GVG war die „ordentliche" Gerichtsbarkeit (§ 12 Rn. 1, § 13 Rn. 1) die einzige nach heutigen rechtsstaatlichen Maßstäben ausgestaltete staatliche Gerichtsbarkeit. Sie nahm deshalb gegenüber allen anderen Möglichkeiten des Bürgers, sein Recht zu suchen, eine herausragende Bedeutung ein. Das hat sich entscheidend geändert. Art. 92, 95 GG konstituieren und garantieren fünf einander gleichwertige und gleichrangige Gerichtsbarkeiten[513] (§ 13 Rn. 7 ff.). Die Garantie ist institutionell; die konkreten Zuständigkeiten zu bestimmen obliegt

---

[506] *Weth* ZRP 2005, 119, 121.
[507] BVerfGE 49, 24, 57 = NJW 1978, 2235.
[508] BVerfGE 35, 382, 401 = NJW 1974, 227 m. Anm. *Dolde/Schwab* NJW 1974, 1043; *Menger* VerwArch 1974, 329.
[509] BVerfGE 40, 95, 98 = NJW 1975, 1597.
[510] *Berkemann* JZ 1979, 545; *Grunsky* NJW 1980, 2043.
[511] OLG Düsseldorf MDR 1994, 301.
[512] Vgl. *Primozic/Broich* MDR 2007, 188 m. w. N.
[513] BVerfGE 56, 87 = DRiZ 1981, 190; BGHZ 86, 226 = NJW 1983, 1661; BTagsDrucks. 11/7030 S. 37.

dem Gesetzgeber, soweit nicht im GG selbst Rechtswegzuständigkeiten enthalten sind (Rn. 143), jedoch muss jeder Gerichtsbarkeit ein Kernbestand von Zuständigkeiten zugewiesen sein. Hinzu tritt Art. 19 Abs. 4 GG, der eine umfassende Rechtsschutzgarantie gegenüber der öffentlichen Hand enthält (Rn. 198). Neben dem in § 40 VwGO gewährleisteten umfassenden verwaltungsgerichtlichen Rechtsschutz liegt seine heutige Bedeutung einerseits in einer verfassungsrechtlichen Rechtsschutzgarantie, die dem Grunde nach dem Gesetzgeber entzogen ist, andererseits in einer subsidiären Verweisung von Rechtsstreitigkeiten in den ordentlichen Rechtsweg. Die fünf Gerichtsbarkeiten unterscheiden sich lediglich durch die Art der ihnen übertragenen Streitigkeiten und das für sie maßgebende Prozessrecht (§ 13 Rn. 6). Ihre Gleichrangigkeit steht im Kontext mit der einheitlichen Entscheidungskompetenz über den Rechtsweg (§ 17), dem einheitlichen RSprGebiet (Rn. 40) und dem einheitlichen Richterbild des GG. Ein einheitliches Gerichtsverfassungsrecht besteht jedoch nicht (vgl. § 2 EGGVG).

Erster Titel. Gerichtsbarkeit

§ 1. [Richterliche Unabhängigkeit]

Die richterliche Gewalt wird durch unabhängige, nur dem Gesetz unterworfene Gerichte ausgeübt.

Übersicht

	Rn.		Rn.
A. Die Spannweite des Grundsatzes der richterlichen Unabhängigkeit	1	12. Beweisaufnahme	74
I. Wesen und Bedeutung der richterlichen Unabhängigkeit	1	13. Protokoll	75
		14. Vordrucke	76
II. Gesetzliche Regelung	4	15. Vorsitzender/Beisitzer	77
III. Verfassungsrechtliche Verankerung	6	16. Amtshilfe	78
		17. § 10	79
IV. Erscheinungsformen	8	18. Vorlage nach Art. 100 GG	80
V. Richterliche Unabhängigkeit und Gesetzesunterworfenheit	11	19. Mitteilungs- und Berichtspflichten	81
		20. Presseauskünfte	82
IV. Richterliche Unabhängigkeit und Rechtsstellung des Richters	12	21. Fortbildung, Information	83
B. Die geschichtliche Entwicklung der richterlichen Unabhängigkeit	13	22. Präsidium, Geschäftsverteilung	84
		23. Präsidialrat	85
C. Die „richterliche Gewalt"	25	24. Richterrat	86
I. Der Begriff „Rechtsprechung"	25	25. Justizverwaltung	87
II. Gerichtsverwaltung und Justizverwaltung	26	26. Standespolitik, Verbände	88
		VIII. Dienstliche Beurteilungen	89
D. Rechtsprechung durch „Gerichte"	27	1. Notwendigkeit	89
I. Begriff „Gericht"	27	2. Regelung	90
II. Begriff „Richter"	28	3. Zuständigkeit	91
1. Berufsrichter	29	4. Inhalt, Grenzen	93
2. Ehrenamtliche Richter	30	5. Besetzungsbericht	98
3. Wertigkeit der Richterämter	31	IX. Dienstaufsichtsbeschwerden	99
E. Institutionelle Unabhängigkeit	32	X. Sonstige Einwirkungen der Exekutive	100
I. Organisatorische Trennung, Inkompatibilität	32	XI. Einwirkungen der Legislative	101
		1. Gewaltenteilung	101
II. Richterliche Selbstverwaltung	34	2. Amnestie, Niederschlagung	102
F. Sachliche Unabhängigkeit	39	3. Urteilskritik	103
I. Begriff	39	4. Haushalt	104
II. Dienstaufsicht	43	5. Untersuchungsausschüsse	105
III. Inhalt und Umfang	46	XII. Rechtsprechende Gewalt	107
1. Vorhalt	47	XIII. Öffentlichkeit	109
2. Ermahnung	48	G. Bindung des Richters „an Gesetz und Recht"	110
3. Abgrenzungen	49	I. Bindung an Gesetz und Recht	110
IV. Grenzen, Kernbereich	53	II. Keine Bindung an den Wortlaut	112
V. Kritik	59	III. Subjektive Wertvorstellungen	113
VI. Beobachtungsfunktion	62	IV. Der Begriff „Gesetz"	114
VII. Einzelfragen	63	V. Gültigkeit des Gesetzes	115
1. Verhandlung, Entscheidung	63	1. Formell	116
2. Form und Frist	64	2. Materiell	117
3. Vergleich	65	VI. Verwaltungsvorschriften	127
4. Erledigungszahlen, Verzögerungen	66	VII. Allgemeine Rechtsgrundsätze	128
		VIII. Präjudizien	129
5. Terminsbestimmung	67	IX. Vorlagepflicht	137
6. Termine	68	X. Entscheidungszwang	138
7. Verfahrensvorbereitung	69	XI. Gewissenskonflikte	139
8. Verhandlungsraum	70	H. Persönliche Unabhängigkeit	141
9. Amtstracht	71	I. Begriff	141
10. Sitzungspolizei	72	II. Richter auf Lebenszeit, auf Zeit	142
11. Dienstliche Erklärungen	73		

	Rn.		Rn.
III. Richter auf Probe, kraft Auftrags	149	V. Prüfungskompetenz	173
IV. Ehrenamtliche Richter	150	VI. Anfechtung	176
V. Weitere Komponenten	151	**K. Rechtsschutz bei Beeinträchtigung der richterlichen Unabhängigkeit außerhalb der Dienstaufsicht**	180
1. Beförderungsproblematik	152		
2. Besoldung	153		
3. Arbeitszeitgestaltung	154	I. Problem	180
4. Eingliederung in Behördenorganisation	155	II. Präsidium	181
		III. Vorsitzender	185
5. Weisungsbefugnisse	156	IV. Präsidialrat, Richtervertretung	186
I. Innere Unabhängigkeit	157	V. Legislative	187
I. Begriff	157	VI. Massenmedien, Verbände	189
II. Soziologie und Psychologie	158	VII. Zuhörer	190
III. Der „politische Richter"	159	VIII. Gang in die Öffentlichkeit	191
IV. Richter und Sachverständiger	160	IX. Fürsorgepflicht	192
V. Gesetzliche Regelungen	161	**L. Richterliche Verantwortlichkeit**	193
J. Rechtsschutz	164	I. Verhältnis zur Unabhängigkeit	193
I. § 26 Abs. 3 DRiG	164	II. Zivilrechtlich	194
II. Maßnahme der Dienstaufsicht	165	III. Strafrechtlich	198
III. Zulässigkeit des Verfahrens	168	IV. Disziplinarrechtlich	200
IV. Richterdienstgericht	170	V. Verfassungsrechtlich	204

A. Die Spannweite des Grundsatzes der richterlichen Unabhängigkeit

1 **I. Wesen und Bedeutung der richterlichen Unabhängigkeit.** Die in § 1 normierte richterliche Unabhängigkeit ist die **Grundlage der Gerichtsbarkeit** und eines der wichtigsten Prinzipien der gesamten Rechtsordnung. Sie ist ein entscheidendes Element des Rechtsstaats[1] und der Kardinalgrundsatz jeder rechtsstaatlichen Rechtsprechung.[2] Der den Staatsaufbau prägende Grundsatz der Gewaltenteilung (Einl. Rn. 141 ff.), der der Rechtsprechung als der Dritten Gewalt eine prinzipielle Gleichwertigkeit neben der Legislative und der Exekutive einräumt, wäre ohne die richterliche Unabhängigkeit nur ein formelles Organisationsprinzip. Die richterliche Unabhängigkeit schützt die rechtsprechende Gewalt vor Eingriffen durch die Legislative und Exekutive.[3] Sie bildet ein Bollwerk gegen Versuche rechtswidriger Machtausübung jeder Art.[4] Damit gibt sie dem Bürger das Vertrauen, sein Recht auch dann zu erlangen, wenn der Staat am Ausgang des Verfahrens interessiert oder gar selbst Verfahrensbeteiligter ist. Im Lichte der Rechtsweggarantie des Art. 19 Abs. 4 GG und vor allem des Ausbaus der Verwaltungsgerichtsbarkeit, wie er in der Generalklausel des § 40 VwGO seinen Ausdruck gefunden hat, hat der Grundsatz der richterlichen Unabhängigkeit eine neue Dimension erfahren.[5]

2 Die richterliche Unabhängigkeit sichert den **Justizgewährungsanspruch** des Bürgers,[6] der aus dem Rechtsstaatsprinzip erwächst (Einl. Rn. 201 f.), materiell ab, indem sie die Wahrheits- und Gerechtigkeitssuche im Gerichtsgang von allen sachfremden und abträglichen Einflüssen freihalten will. Sie steht in enger Beziehung zur Garantie des gesetzlichen Richters (Art. 101 Abs. 1 Satz 2 GG, § 16 Satz 2 GVG), die ein Entziehungs- und Einmischungsverbot enthält und somit ebenso wie die Gewährleistung der richterlichen Unabhängigkeit Eingriffe Unbefugter in die Rechtspflege verhindern und das Vertrauen der Rechtsuchenden und der Öffentlichkeit in die Unparteilichkeit und Sachlichkeit der Gerichte schützen will.[7]

---

[1] *Schmidt-Räntsch* § 25 DiRG Vorbem.
[2] *LR/Böttcher* vor § 1 StPO Rn. 2.
[3] BVerfGE 12, 67, 71 = NJW 1961, 655.
[4] *Kissel*, Zukunft S. 25.
[5] *Maunz/Dürig/Herzog* Art. 97 GG Rn. 27.
[6] BGH DRiZ 1978, 185; *Schilken* JZ 2006, 860.
[7] BVerfGE 4, 412, 416 = NJW 1956, 545; E 23, 321, 325; E 27, 312, 319, 322 = NJW 1970, 1227; *Bettermann*, Unabhängigkeit S. 560.

Die richterliche Unabhängigkeit ist auch Wesensmerkmal des **richterlichen** 3
Selbstverständnisses. Die Frage, ob dem Beruf des Richters, einem Urberuf der
Menschheit, die richterliche Unabhängigkeit angeboren ist[8] und ob die richterliche
Unabhängigkeit etwa aus der Idee des Rechts und der Gerechtigkeit abgeleitet
werden kann,[9] ist „müßig".[10] Der Grundsatz der richterlichen Unabhängigkeit ist
nicht nur Kristallisationspunkt aller standesrechtlichen Richteranliegen. Er soll auch
das Bewusstsein der Richter prägen, damit sie bereit sind, ihre Unabhängigkeit sowohl gegen äußere Einflüsse als auch gegenüber sich selbst zu wahren. Nur dann
können sie ihrem Richtereid, das Richteramt getreu dem Grundgesetz für die
Bundesrepublik Deutschland und getreu dem Gesetz auszuüben, nach bestem Wissen und Gewissen ohne Ansehen der Person zu urteilen und nur der Wahrheit und
Gerechtigkeit zu dienen (§ 38 Abs. 1 DRiG), gerecht werden. Mit der ausgeprägten Sicherung der sachlichen und persönlichen Unabhängigkeit (Rn. 39 ff., 141 ff.)
korrespondieren Pflichten des Richters. Sie ergeben sich einmal aus dem Richtereid des § 38 Abs. 1 DRiG. Hinzu tritt die Pflicht des § 39 DRiG, sich innerhalb
und außerhalb seines Amtes, auch bei politischer Betätigung, so zu verhalten, dass
das Vertrauen in seine Unabhängigkeit nicht gefährdet wird. Dazu gehört weiter
die Wahrung der Neutralität (Rn. 161) und der volle Einsatz für die Belange der
rsprGewalt: „Eine funktionsfähige Rechtspflege, die der Staat zu gewährleisten hat,
erfordert Richter, die bereit und in der Lage sind, die ihnen übertragenen Aufgaben eigenverantwortlich und unter Berücksichtigung der Arbeitsbelastung zügig zu
erledigen. An das Pflicht- und Verantwortungsbewusstsein sowie an die Einsatzbereitschaft eines Richters sind angesichts der richterlichen Unabhängigkeit, die die
Einflussmöglichkeiten des Dienstherrn erheblich einschränkt, hohe Anforderungen
zu stellen".[11] So leidet das Ansehen der Richterschaft, wenn ein Richter, „dessen
Aufgabe es ist, das Recht durchzusetzen, sich in einer Vielzahl von Verfahren selbst
nicht an die gesetzlichen Vorschriften hält".[12]

II. Gesetzliche Regelung. Nach dem Wortlaut des § 1 wird die richterliche 4
Gewalt „durch **unabhängige, nur dem Gesetz unterworfene Gerichte** ausgeübt". Diese Bestimmung findet auf verfassungsrechtlicher Ebene eine Wiederholung und Verankerung und wird dort auf alle Gerichtszweige erweitert. Nach
Art. 97 Abs. 1 GG sind „die Richter" unabhängig und nur dem Gesetz unterworfen. Auch § 25 DRiG bestimmt (für die Richter aller Gerichtszweige), dass
„der Richter" unabhängig und nur dem Gesetz unterworfen ist. Wenn § 1 von unabhängigen „Gerichten" spricht und demgegenüber Art. 97 Abs. 1 GG die „Richter" für unabhängig erklärt, so liegt hierin kein sachlicher Unterschied[13] (Einl.
Rn. 161). Beide Bestimmungen meinen sowohl die Unabhängigkeit der
Gerichte als ganzheitliche Einrichtungen und Spruchkörper[14] als auch die Unabhängigkeit jedes einzelnen Richters als Mitglied eines Gerichts oder eines Spruchkörpers.[15] Dies wird bestätigt durch Art. 92 GG, wo es heißt, dass die rechtsprechende Gewalt den „Richtern" anvertraut ist und durch „... Gerichte" ausgeübt
wird. Die Wortwahl „Richter" statt „Gerichte" in Art. 97 Abs. 1 GG (und ebenso
im ersten Halbsatz des Art. 92 GG) besitzt allerdings einen die Richterpersönlichkeit hervorhebenden und die Verantwortung des Richters ansprechenden Appellcharakter.

---

[8] So *Brüggemann*, Rechtsprechende Gewalt S. 85.
[9] Verneinend *Bettermann*, Unabhängigkeit S. 529.
[10] *Eb. Schmidt* LehrK I Rn. 470.
[11] BGH NJW-RR 1999, 426.
[12] KG DRiZ 1997, 64 zur verspäteten Absetzung von Urteilen.
[13] *Eb. Schmidt* LehrK I Rn. 459.
[14] Dass unter Gerichten in diesem Sinne nur die Rspr ausübenden Spruchkörper zu verstehen sind, betont *Schütz* S. 29 ff.
[15] *Bettermann*, Unabhängigkeit S. 540.

5 Außer in § 1 GVG, Art. 97 Abs. 1 GG, § 25 DRiG ist der Grundsatz der richterlichen Unabhängigkeit in § 1 VwGO, § 1 FGO und § 1 SGG normiert. Auch enthalten alle Länderverfassungen dem Art. 97 Abs. 1 GG und dem § 1 GVG entsprechende Bestimmungen über die Unabhängigkeit der Richter oder der Gerichte („Richter": Art. 65 Abs. 2 Baden-Württemberg, Art. 85 Bayern, Art. 108 Abs. 1 Brandenburg, Art. 126 Abs. 3 Hessen, Art. 76 Abs. 1 Satz 2 Mecklenburg-Vorpommern, Art. 51 Abs. 4 Niedersachsen, Art. 3 Abs. 3 Nordrhein-Westfalen, Art. 121 Rheinland-Pfalz, Art. 110 Saarland, Art. 77 Abs. 2 Sachsen, Art. 83 Abs. 2 Sachsen-Anhalt, Art. 43 Abs. 1 Schleswig-Holstein; „Gerichte": Art. 63 Abs. 1 Berlin, Art. 135 Abs. 1 Bremen, Art. 62 Satz 1 Hamburg, Art. 36 Abs. 1 Schleswig-Holstein).

6 **III. Verfassungsrechtliche Verankerung.** Die verfassungsrechtliche Verankerung der richterlichen Unabhängigkeit: Art. 97 Abs. 1 GG ist nicht die einzige Bestimmung unserer Verfassung, die sich mit der richterlichen Unabhängigkeit befasst. Der gesamte unter der Überschrift „Die Rechtsprechung" stehende IX. Abschnitt des Grundgesetzes steht mit dieser Thematik unmittelbar oder mittelbar in Zusammenhang. Der IX. Abschnitt des Grundgesetzes beruht seinerseits auf Art. 20 Abs. 2 Satz 2 GG, in dem der Grundsatz der Gewaltenteilung (Gewaltentrennung) seinen Ausdruck gefunden hat. Diese „Fundamentalnorm"[16] steht unter der Garantie des Art. 79 Abs. 3 GG (Unabänderbarkeitsklausel), die eine Änderung des Grundgesetzes in den dort genannten Bereichen für unzulässig erklärt (Einl. Rn. 141, 161). Hinsichtlich der Rechtsprechung enthält Art. 92 GG die zu Art. 20 Abs. 2 Satz 2 GG erforderliche institutionelle Konkretisierung, indem er bestimmt, dass die rechtsprechende Gewalt den Richtern anvertraut ist und durch das Bundesverfassungsgericht, die sonstigen Bundesgerichte und die Gerichte der Länder ausgeübt wird (zum Begriff „rechtsprechende Gewalt" Einl. Rn. 141 ff.; zum Begriff „Gericht" Einl. Rn. 162 ff.).

7 Während Art. 97 Abs. 1 GG die Richter als Träger der rechtsprechenden Gewalt für unabhängig erklärt und damit eine Folgerung aus der Trennung der Gewalten zieht, sichern Art. 97 Abs. 2 und Art. 98 Abs. 1, 3 GG die Unabhängigkeit der Richter statusrechtlich ab. Die Rechtsstellung der Richter, die Art. 98 Abs. 1 GG für die Bundesrichter und Art. 98 Abs. 3 GG für die Richter in den Ländern aufgibt, trifft das DRiG.

8 **IV. Erscheinungsformen.** Erscheinungsformen der richterlichen Unabhängigkeit: Die richterliche Unabhängigkeit hat verschiedene Erscheinungsformen. Stellt man die Frage: „unabhängig – wovon?", so zeigt sich, dass der Begriff der Unabhängigkeit ein „komplexes und poröses Gebilde" ist.[17]

9 Nach klassischer Auffassung unterscheidet man zwei Ausformungen der Unabhängigkeit: die sachliche und die persönliche. Die **sachliche Unabhängigkeit** lässt sich mit „Weisungsfreiheit" umschreiben. Damit ist im historisch überkommenen Sinn gemeint, dass die Richter keinerlei Weisungen der Exekutive oder der Legislative unterliegen sollen.[18] § 1 GVG betrifft, ebenso wie Art. 97 Abs. 1 GG, nur diese sachliche Unabhängigkeit. Art. 97 Abs. 1 GG stimmt wörtlich mit Art. 102 WRV überein, der seinerseits sein Vorbild in den Verfassungen des 19. Jahrhunderts fand. Neben der sachlichen Unabhängigkeit steht die **persönliche Unabhängigkeit,** die dazu dient, die sachliche Unabhängigkeit zu untermauern. Sie bezieht sich auf die persönliche Rechtsstellung der Richter, die insbesondere durch Versetzung und Absetzung gefährdet werden kann. Im GVG in seiner ursprünglichen Fassung war die persönliche Unabhängigkeit in § 8 angesprochen; das GG hat sie in Art. 97 Abs. 2 mit Verfassungsrang ausgestattet und sie auf die hauptamtlich und planmäßig endgültig angestellten Richter aller Gerichtszweige ausgedehnt, während Art. 104

---

[16] *Maunz/Dürig/Herzog* Art. 92 GG Rn. 2.
[17] *Simon,* Unabhängigkeit S. 7.
[18] BVerfGE 12, 67, 71 = NJW 1961, 655; E 38, 1, 21 = NJW 1974, 1940.

WRV die persönliche Unabhängigkeit nur den auf Lebenszeit ernannten Richtern der ordentlichen Gerichtsbarkeit gewährte. § 8 ist nunmehr durch einschlägige Bestimmungen des DRiG ersetzt. – Sachliche und persönliche Unabhängigkeit lassen sich nicht immer scharf trennen. Sie sind oft durch psychologische Einwirkungen, die von außen kommen, aber in der Person des Richters bestimmend sein oder auch abgewehrt werden können (Rn. 158), aufeinander bezogen. Für die Frage des Rechtsschutzes ist die Unterscheidung heute ohne größere Bedeutung (Rn. 169).

Über die klassische Einteilung in sachliche und persönliche Unabhängigkeit hinaus findet man **weitere Differenzierungen.** *Bettermann*[19] unterscheidet Unabhängigkeit von den Prozessparteien (prozessrechtliche Unabhängigkeit, Parteienunabhängigkeit), vom Staat (politische oder staatsrechtliche Unabhängigkeit, Staatsunabhängigkeit) und von nichtstaatlichen Gruppen (soziale Unabhängigkeit, Gesellschaftsunabhängigkeit). *Eichenberger*[20] entwickelt fünf Teilbegriffe: Unabhängigkeit gegenüber den Prozessparteien (richterliche Unbeteiligtheit), der nichtrichterlichen Staatsgewalt (richterliche Selbstständigkeit), den Organen der richterlichen Gewalt (richterliche Eigenständigkeit), soziologischen Wirksamkeiten (richterliche Sozialfreiheit) und sachfremden Motivationen im forum internum (innere Unabhängigkeit). *Herzog*[21] leitet aus Art. 20 Abs. 2 Satz 2 GG, der bezüglich der Rechtsprechung „besondere Organe" fordert, den Begriff der „organisatorischen Unabhängigkeit (besser Selbstständigkeit)" ab; sie ist gleichbedeutend mit der institutionellen Unabhängigkeit (Einl. Rn. 162, 171). Der hiergegen erhobene Einwand,[22] Selbstständigkeit und Unabhängigkeit seien verschiedene Begriffe, gegen die Verquickung des (organisatorischen) Grundsatzes der Gewaltenteilung mit dem Grundsatz der richterlichen Unabhängigkeit bestünden Bedenken, lässt außer acht, dass die organisatorische Selbstständigkeit der Gerichte im Lichte der historischen Entwicklung durchaus als Komponente eines verschiedene Aspekte umfassenden Unabhängigkeitsbegriffs betrachtet werden kann.

V. Richterliche Unabhängigkeit und Gesetzesunterworfenheit. Die richterliche Unabhängigkeit kann **nicht Selbstzweck** sein; dies wäre weder der Rechtspflege dienlich noch demokratisch verantwortbar. Sie ist vielmehr einzig auf das Ziel ausgerichtet, dass der Wille des Gesetzes verwirklicht werde. Daher sprechen sowohl § 1 GVG als auch Art. 97 Abs. 1 GG und § 25 DRiG aus, dass die Richter **dem Gesetz unterworfen** sind (Einl. Rn. 211 ff.). In der Gesetzesunterworfenheit liegt keine Schranke der Unabhängigkeit, sondern eine notwendige Ergänzung, ein „Komplementärelement".[23] Gerade weil nach dem Gesetz, und nur nach dem Gesetz, Recht gesprochen werden soll, ist die richterliche Unabhängigkeit gewährt. Daher sagt *Geiger*[24] zu Recht, dass der Sinn der in § 1 GVG und Art. 97 Abs. 1 GG getroffenen Regelung besser zum Ausdruck käme, wenn es hieße: Die Richter sind dem Gesetz unterworfen und deshalb unabhängig. Unterworfensein bedeutet bedingungslose Bindung[25] – ein Postulat, in dem man in der Zeit, als die richterliche Unabhängigkeit erkämpft wurde, keine Probleme sah. Der Richter sollte nach Montesquieu nichts anderes als der Mund des Gesetzes sein. Dabei verstand Montesquieu das Gesetz als Ausfluss der Rechtsidee. Für den Liberalismus des 19. Jahrhunderts garantierte die strenge Bindung des Richters an die positive Norm den Schutz der Freiheit vor Willkür. Leidvolle geschichtliche Erfahrungen haben uns diese Unbefangenheit und Sicherheit genommen. Neben Art. 97 Abs. 1 steht heute Art. 20 Abs. 3 GG, der von der Bindung der Rechtsprechung an „Gesetz und Recht" spricht. Richterliche

---

[19] Unabhängigkeit S. 525.
[20] Die richterliche Unabhängigkeit S. 43 ff.
[21] *Maunz/Dürig/Herzog* Art. 97 GG Rn. 8, 10.
[22] *Funk* DRiZ 1978, 357 ff. Fußn. 45, 49 u. 60.
[23] *Eb. Schmidt*, LehrK I Rn. 487; BGHZ 67, 184 = NJW 1977, 437.
[24] JJahrb 3, 86.
[25] *Pulch* DRiZ 1976, 33.

Gesetzeskontrolle, richterliche Rechtsfortbildung, Rechtsfindung im Raum des Politischen, insbesondere durch das BVerfG, und die damit aufgeworfenen Legitimationsfragen sind die Problemfelder, vor deren Hintergrund die Gesetzesunterworfenheit des Richters in einem neuen Licht erscheint.

12 **VI. Richterliche Unabhängigkeit und Rechtsstellung des Richters.** Der Grundsatz der richterlichen Unabhängigkeit ist nicht nur eine institutionelle Garantie; aus ihm lassen sich auch **Individualrechte** herleiten. Zwar ist die richterliche Unabhängigkeit als solche **kein Grundrecht** oder grundrechtsähnliches Recht, dessen Verletzung mit der Verfassungsbeschwerde geltend gemacht werden könnte.[26] In dem Katalog des Art. 93 Abs. 1 Nr. 4a GG und des § 90 Abs. 1 BVerfGG ist Art. 97 GG nicht aufgeführt. Das BVerfG hat daher die Verfassungsbeschwerde eines Bürgers, der geltend gemacht hatte, durch eine in Form einer öffentlichen Justizkritik gekleideten Weisung des Justizministers sei das Gericht zu einer ihn beeinträchtigenden Entscheidung gelangt, für unzulässig erklärt.[27] Der Grundsatz der richterlichen Unabhängigkeit wirkt sich jedoch auf die Rechtsstellung des einzelnen Richters aus. Mit der **Verfassungsbeschwerde** kann die Verletzung der hergebrachten Grundsätze des Berufsbeamtentums gerügt werden (Art. 93 Abs. 1 Nr. 4a GG, § 90 Abs. 1 BVerfGG). Zu diesen gehören auch die Grundsätze des Richteramtsrechts. Soweit Grundsätze des Richteramtsrechts die persönliche Rechtsstellung des Richters mitgestalten, ergeben sich hieraus für die Berufsrichter grundrechtsähnliche Individualrechte.[28] Zu solchen Grundsätzen des Richteramtsrechts zählt das BVerfG[29] die persönliche und die sachliche Unabhängigkeit. Im Übrigen ist den Richtern gegenüber Maßnahmen der Dienstaufsicht in § 26 Abs. 3 DRiG ein umfassender Rechtsschutz gewährt. Ob allerdings Richter – sei es auch nur in beschränktem Umfang – Rechtsschutz auch gegenüber ihre Unabhängigkeit tangierenden Einwirkungen finden können, wenn diese nicht von der Exekutive, sondern von anderen Störungsquellen ausgehen, ist eine nicht endgültig geklärte Frage (Rn. 180 ff.).

B. Die geschichtliche Entwicklung der richterlichen Unabhängigkeit

13 Die Entwicklung der richterlichen Unabhängigkeit ist eng verwoben mit der Geschichte des Richtertums, der Gerichtsverfassung und der allgemeinen politischen Entwicklung, insbesondere der Entwicklung der Freiheitsrechte aller Bürger.[30] Die richterliche Unabhängigkeit, wie sie heute im GG und im DRiG ausgeprägt ist, ist das Ergebnis eines über 200 Jahre währenden geistigen und politischen Ringens mit Erfolgen, aber auch Rückschritten. Der Begriff „richterliche Unabhängigkeit" ist erst mit der Aufklärung und in der Folge der Französischen Revolution mit dem liberalen Ideengut des aufstrebenden Bürgertums ins politische Bewusstsein getreten. Dennoch sollte nicht außer acht gelassen werden, dass richterliche Unabhängigkeit auch schon vor dieser Zeit anzutreffen ist, wenn auch nicht als Ausdruck eines rechtspolitischen Prinzips. Im frühen germanischen Recht erfragte der Stammesfürst als Richter das Recht von der freien Gerichtsgemeinde. Diese durch die Trennung von Richter und Urteiler gekennzeichnete Praxis, die Unabhängigkeit bei der Rechtsfindung verbürgte – später waren die Urteiler adelige oder bürgerliche Schöffen – bestand noch fort, als sich im Mittelalter neben und in Ablösung der Volksgerichtsbarkeit eine staatliche Gerichtsbarkeit entwickelte. Ihr Träger war der König, der selbst oder durch von ihm eingesetzte Vertraute Recht sprach. Als sich am Ausgang des Mittelalters gleichzeitig mit der Rezeption des römischen Rechts Territorialstaaten bildeten, wurden die Laienrichter durch rechtsgelehrte Richter abgelöst, die als persönliche Berater der Fürsten fungierten. Aus ihnen wurden im 16. und 17. Jahrhundert, dem Zeitalter des Absolutismus, beamtete Räte und Kollegien, die völlig von ihrem Landesherrn abhängig waren. Dieser vereinigte alle Staatsgewalt, also auch die höchste richterliche Gewalt, in seiner Person und konnte seinen richterlichen Beamten,

---

[26] BGHZ 67, 184, 187 = NJW 1977, 437; Z 112, 189 = NJW 1991, 421.
[27] BVerfGE 27, 211, 217 = NJW 1970, 505.
[28] BVerfGE 12, 81, 87 = NJW 1961, 915; *Schilken* JZ 2006, 860, 862.
[29] BVerfGE 12, 81, 88 = NJW 1961, 915; offen bezüglich persönlicher Unabhängigkeit in BVerfGE 38, 139, 151.
[30] Vgl. *Kissel* NJW 1979, 1954; DRiZ 1980, 83.

die gleichzeitig auch Verwaltungstätigkeit ausübten, unbeschränkt Weisungen erteilen. Unabhängig waren allerdings die Juristenfakultäten und Schöffenstühle in ihrer Spruchtätigkeit, wenn sie auf Grund ihrer wissenschaftlichen Autorität durch Aktenübersendung um Hilfe ersucht und auf diese Weise in den Rechtsfindungsprozess eingeschaltet wurden. Auch den Richtern des 1495 gegründeten **Reichskammergerichts** kam eine weitgehende Unabhängigkeit zu, die nach der Reichskammergerichtsordnung von 1555 auch Ansätze einer persönlichen Unabhängigkeit einschloss. Diese Unabhängigkeitsgewährung beruhte auf einer Machtbalance zwischen dem Kaiser und den Reichsständen. Mit der Ende des 17. Jahrhunderts aufkommenden Geistesrichtung der Aufklärung wurde die persönliche Justiz der Fürsten, zu deren Ausübung sie sich ihrer rechtsgelehrten Beamten bedienten **(Kabinettsjustiz)**, zunehmend zu einer Gerichtsbehörden übertragenen Aufgabe, die von richterlichen Beamten als Staatsdienern wahrgenommen wurde. Zwar blieb der Landesherr Träger der Gerichtshoheit; nach allgemein anerkannter Auffassung war es nicht nur sein Recht, sondern auch seine Pflicht, den Rechtsgang zu überwachen. In vielen Fällen konnten sich Untertanen mit Beschwerden (Suppliken) gegen als ungerecht empfundener Urteile direkt an ihn wenden und ihn um ein Eingreifen bitten. Er konnte anhängige Sachen an sich ziehen und gerichtliche Urteile durch „Machtsprüche" abändern. In Strafsachen von größerer Bedeutung hatte er das Bestätigungsrecht, das auch das Recht zur Verschärfung der Strafe einbegriff. Die Landesherren legten sich jedoch in der Zeit des aufgeklärten Absolutismus Selbstbeschränkung auf, vor allem in Zivilsachen, und in der weiteren Entwicklung wurden Machtsprüche der Regenten immer mehr als anstößig empfunden. Auch erfuhr die jederzeitige Absetzbarkeit und Versetzbarkeit der richterlichen Beamten erste Einschränkungen.

Signifikant für die Entwicklung der richterlichen Unabhängigkeit im Zeitalter des aufgeklärten Absolutismus ist das Beispiel **Preußens**.[31] Schon in der Kammergerichtsordnung von 1709 wurden die Richter in Fiskussachen von ihrer Gehorsamspflicht gegenüber dem Monarchen entbunden. Friedrich der Große (1740 bis 1786), der schon bald nach seinem Regierungsantritt mit Hilfe seines Großkanzlers Cocceji eine umfassende Justizreform durchführte, erklärte in seinem politischen Testament von 1752, er habe sich entschlossen, niemals in den Lauf des gerichtlichen Verfahrens einzugreifen.[32] Er hielt es aber für seine Pflicht, eine strenge Kontrolle über die Gerichte auszuüben und gegen nach seiner Meinung pflichtsäumige Richter einzuschreiten; das Spannungsverhältnis zwischen Dienstaufsicht und Weisungsfreiheit war damals noch nicht erkannt. Aus dieser Haltung Friedrichs des Großen erklärt sich wohl sein Verhalten im Fall des **Müllers Arnold**, das ein viel zitiertes Beispiel für einen Machtspruch darstellt (1779/1780). Friedrich glaubte, dass dem Müller, der an einen Adeligen den Erbzins nicht zahlen wollte, weil er sich wegen der von dritter Seite erfolgten Anlegung von Karpfenteichen in der Wassernutzung seiner Mühle gestört sah, durch ein Urteil des Kammergerichts Unrecht geschehen sei. Er ließ deshalb die an dem Urteil beteiligten Kammergerichtsräte verhaften und verlangte von dem Criminalsenat des Kammergerichts die Verurteilung dieser Richter wegen Rechtsbeugung. Als die Strafrichter eine Verurteilung ihrer Kollegen mangels einer Rechtsgrundlage ablehnten, sprach er selbst das Urteil, das auf Entfernung aus dem Amt, Festungshaft und Leistung von Schadensersatz lautete.[33] Eine Legende ist dagegen die Geschichte vom **Müller von Sanssouci**, der einem Verlangen des sich durch das Klappern der Windmühle gestört fühlenden und mit Enteignung drohenden Königs mit den Worten entgegengetreten sein soll: Ja, wenn es kein Kammergericht in Berlin gäbe.[34] Der unter dem Minister Suarez zustande gekommene Entwurf eines allgemeinen preußischen Gesetzbuchs sah im Verdikt von Machtsprüchen vor und verbot Amtsenthebungen ohne Urteilsspruch. Für Friedrich Wilhelm II (1786 bis 1797) ging diese Regelung zu weit. Das Preuß. ALR von 1794 enthielt daher keine Aussage über die sachliche Unabhängigkeit. Die Bestimmung, dass Richter nur durch Urteilsspruch wegen ihrer Amtsführung belangt und ihres Amtes enthoben werden konnten (Teil II, 17. Titel, § 99), wurde dahin ausgelegt, dass sie sich nur auf die Patrimonialgerichtsbarkeit bezog. Das Recht zur Bestätigung von Strafurteilen blieb dem Monarchen, in dessen Namen Recht gesprochen wurde, erhalten (Teil II, 13. Titel, § 8).

Der Gedanke der richterlichen Unabhängigkeit erhielt durch die Entwicklung in England und Frankreich wichtige Impulse. In **England** hatte der Kampf des Parlaments gegen die Krone schon im Act of Settlement (1701) dazu geführt, dass der König nicht mehr allein die Befugnis hatte,

---

[31] Vgl. *Schwandt* DRiZ 1969, 240; *Schütz* DRiZ 1980, 241.
[32] *Darkow* DRiZ 1980, 65.
[33] *Schiffer* S. 1 ff.; *Stammler* S. 411 ff.; *Darkow* DRiZ 1967, 5; 1980, 68; *Benda* DRiZ 1975, 171; *Schmidt* DRiZ 1980, 186; *Louven* DRiZ 1983, 479; *Sendler* JuS 1986, 759; *von Gerlach* NJW 1986, 2292, 2296; *Großfeld/Möhlenkamp* NJW 1996, 1104.
[34] *Schiffer* S. 1; *Roellecke* S. 26; *Ascher* DRiZ 1967, 86; *Darkow* DRiZ 1968, 76.

Richter ihres Amtes zu entheben. Er bedurfte dazu der Mitwirkung des Parlaments. Auch in **Frankreich** hatten die Richter weitgehend schon im 17. Jahrhundert die Unabhängigkeit vom König erlangt. Die Käuflichkeit der Richter- und anderer Staatsämter, die teilweise sogar zur Vererblichkeit der Ämter führte, hatte die Entstehung eines Amtsadels (noblesse de la robe) zur Folge, der sich gegenüber der Krone zu behaupten wusste. Von den verschiedenen Faktoren, die zur Herauslösung der Gerichtsbarkeit aus den Fesseln monarchischer Gerichtshoheit führten, wurde die an englischen Verhältnissen ausgerichtete, auf der Vorarbeit John Lockes beruhende Konzeption Montesquieus von der Gewaltenteilung bahnbrechend: **Montesquieu** lehrte in seinem 1748 erschienenen Werk „De l'esprit des lois", dass es drei staatliche Gewalten gebe, die gesetzgebende, die vollziehende und die richterliche Gewalt; diese Gewalten sollten voneinander getrennt sein, damit dadurch die Machtverhältnisse ausbalanciert und auf diese Weise die Freiheit gesichert würde. Zwar war für ihn die richterliche Gewalt (pouvoir judiciaire) „en quelque façon nulle", also ohne politisches Eigengewicht, weil sie nicht an einen bestimmten Stand gebunden und somit nicht ein genuiner Machtkomplex sein sollte. Auch dachte Montesquieu nicht an die Errichtung ständiger Gerichte und an eine gerichtliche Kontrolle der Verwaltung. Die prinzipielle Ansiedelung der richterlichen Gewalt neben der Legislative und Exekutive und die damit für die Dritte Gewalt verbundene Aufgabenstellung waren jedoch von größter Tragweite. Die Forderung nach Unabhängigkeit der Rechtspflege erhielt durch Montesquieu ein dogmatisches Fundament. Sein Entwurf wurde zur Grundlage für die Staatslehre der Aufklärungszeit und später der rechtsstaatlichen Demokratien. Er fand alsbald in der Verfassung der USA von 1787, in den nach der Revolution erlassenen französischen Verfassungen von 1791, 1795, 1799 und 1814 und schließlich in dem Konstitutionalismus der ersten Hälfte des 19. Jahrhunderts seinen Niederschlag.

16 Der nach der Französischen Revolution sich durchsetzende politische **Liberalismus,** getragen vom aufstrebenden Bürgertum, bekämpfte Kabinettsjustiz und Polizeistaat und sah in der richterlichen Unabhängigkeit einen wesentlichen Schutz für die Freiheit des einzelnen. Er führte die Idee der richterlichen Unabhängigkeit zum Sieg. Erstmals wurde in den süddeutschen Verfassungen des frühen 19. Jahrhunderts (Bayern v. 26. 5. 1818, Baden v. 22. 8. 1818, Württemberg v. 25. 9. 1819) die Forderung nach richterlicher Unabhängigkeit systematisch verwirklicht.[35] Die sachliche Unabhängigkeit wurde den aus der Verwaltung ausgegliederten Gerichten in den ersten Jahrzehnten des 19. Jahrhunderts in Zivilsachen und bald darauf auch in Strafsachen in allen deutschen Einzelstaaten trotz rückläufiger Tendenzen in der Restaurationszeit zuerkannt. In Preußen fiel das königliche Bestätigungsrecht, das für wichtige Strafsachen galt, im Jahre 1840. Dagegen wurde den Richtern die persönliche Unabhängigkeit nur zögernd gewährt. Das preuß. Disziplinargesetz v. 29. 3. 1844 ließ noch die Versetzung von Richtern im Verwaltungsweg zu. In der preuß. Verfassung v. 5. 12. 1848 und in der ihr folgenden Verfassung v. 31. 1. 1850 wurde jedoch auch die Versetzung von Richtern, ebenso wie bereits früher die Amtsenthebung, von einem gerichtlichen Spruch abhängig gemacht. Mit dem preuß. Disziplinargesetz v. 7. 5. 1851, das dies näher ausführte, war das erste Richtergesetz geschaffen.

17 In dem Entwurf der Frankfurter Reichsverfassung **(Paulskirche)** vom 29. 3. 1849, an dem liberal gesonnene Richter maßgebend als Parlamentarier mitgewirkt hatten, wurde die richterliche Unabhängigkeit in den Katalog der Grundrechte aufgenommen (Art. 175, 177). Hier fand auch der im späteren Verlauf nicht zur Verwirklichung gekommene Gedanke Ausdruck, dass die Verwaltung der Kontrolle der ordentlichen Justiz, nicht dagegen eigener Sondergerichte, unterliegen sollte. Insgesamt kann man sagen, dass die richterliche Unabhängigkeit um die Mitte des 19. Jahrhunderts im Sinne eines Verbots von Kabinettsjustiz und Machtsprüchen sowie als Ausschluss einer im Verwaltungsweg möglichen Entlassung und Versetzung allgemein anerkannt und weitgehend gesetzlich abgesichert war.

18 Die Reichsverfassung vom 16. 4. 1871 ließ die richterliche Unabhängigkeit unerwähnt, was zwar in erster Linie darauf beruhte, dass die Gesetze der Bundesländer die erforderlichen Regelungen enthielten, aber auch ein Zeichen dafür war, dass die Frage der richterlichen Unabhängigkeit ihre politische Brisanz verloren hatte.

19 In dieser Ausgangslage entstand das **GVG vom 27. 1. 1877,** das seinen ersten Titel (§§ 1 bis 11) dem Richteramt widmete (Einl. Rn. 50). Seine Geltung erstreckte sich nur auf die ordentliche Gerichtsbarkeit, neben der sich in der 2. Hälfte des 19. Jahrhunderts, beginnend 1863 in Baden, entgegen der justizstaatlichen Paulskirchenkonzeption eine eigene Verwaltungsgerichtsbarkeit entwickelte. § 1 GVG behandelte in seiner noch heute geltenden Fassung die sachliche Unabhängigkeit. Die §§ 2 bis 5 regelten die Befähigung zum Richteramt. Gemäß § 6 erfolgte die Ernennung der Richter auf Lebenszeit. § 7 gewährte ihnen ein festes Gehalt unter Ausschluss von Gebühren. § 8

---

[35] Für Preußen *Schütz* DRiZ 1980, 127.

betraf die persönliche Unabhängigkeit. Nach seinem Abs. 1 war eine Amtsenthebung oder eine Versetzung an eine andere Stelle oder in den Ruhestand nur aus gesetzlichen Gründen und unter den gesetzlich vorgesehenen Formen möglich; dies war eine Blankettnorm, deren Ausfüllung ebenso wie die in Abs. 2 erwähnte vorläufige Amtsenthebung der Landesgesetzgebung vorbehalten blieb. Abs. 3 ermöglichte eine unfreiwillige Versetzung an ein anderes Gericht oder die Entfernung aus dem Amt unter Belassung des vollen Gehalts durch die Landesjustizverwaltungen bei einer Änderung der Gerichtsorganisation. § 9 garantierte den Rechtsweg für vermögensrechtliche Ansprüche der Richter. § 10 verwies bezüglich des Einsatzes von Hilfsrichtern wegen der Befähigung zur zeitweiligen Wahrnehmung richterlicher Geschäfte auf die landesgesetzlichen Bestimmungen. § 11 schloss die Bestimmungen der §§ 2 bis 9, nicht dagegen § 1, für Handelsrichter, Schöffen und Geschworene aus. – Diese Bestimmungen über die sachliche und persönliche Unabhängigkeit gelangten entgegen dem Entwurf, der insoweit die Justizhoheit der Länder respektieren wollte, erst auf Initiative des Reichstags in das Gesetz. Ebenso setzte der Reichstag die Aufnahme von Bestimmungen über die Selbstverwaltung der Gerichte durch. Die Regelung der Dienstaufsicht blieb den Landesjustizverwaltungen überlassen. Die Mitglieder des Reichsgerichts unterlagen allerdings keiner Dienstaufsicht; dem Plenum des Reichsgerichts standen in dem in den §§ 128 bis 131 GVG a. F. geregelten Umfang dienstaufsichtsrechtliche und disziplinare Befugnisse zu. Mit dem Inkrafttreten des GVG (1. 10. 1879) war die richterliche Unabhängigkeit reichseinheitlich normiert, auch wenn noch Regelungslücken vorhanden waren und die Bestimmungen über die persönliche Unabhängigkeit weitgehend nur Rahmencharakter besaßen (Einl. Rn. 53 ff.).

In der zweiten Hälfte des 19. Jahrhunderts herrschte die Auffassung vor, die richterliche Unabhängigkeit sei gesichert und die mit ihr verbundenen Probleme seien gelöst. Mit der Bindung der Richter an das Gesetz und der den Richtern gewährten Weisungsfreiheit, Unabsetzbarkeit und Unversetzbarkeit glaubte man, den Rechtsstaat gesichert zu haben. Das Gesetz verstand man im 19. Jahrhundert als die allgemeine, abstrakte und inhaltlich bestimmte Norm, die im Sinne Montesquieus als Ausfluss der Rechtsidee betrachtet wurde. Die Möglichkeit eines Auseinanderklaffens von **Gesetz und Recht** wurde nicht gesehen, zumindest nicht befürchtet. Liberaler Geist und der Glaube, aus den schon begrifflich in Einklang mit der materiellen Gerechtigkeit stehenden Gesetzen ließe sich ein widerspruchsfreies und lückenloses Regelungssystem entwickeln, führten zu der Auffassung, der Richter habe nur die Aufgabe, mittels logischer Operationen den Sachverhalt unter die positiv gesetzte Norm zu subsumieren, woraus sich die Rechtsfolge zwangsläufig ergebe. Vor diesem Hintergrund entstanden die großen Kodifikationen, zu denen das GVG als Bestandteil der Reichsjustizgesetze selbst gehörte. Dieses Vertrauen auf die Vernunft und die Regelungskraft des Gesetzes wurde in der Zeit des Kulturkampfes und der Sozialistengesetze zum ersten Mal fragwürdig. Der Richterstand hatte an politischem Einfluss und sozialem Ansehen gegenüber der Zeit der Frankfurter Nationalversammlung verloren; der preußische Offizier und hohe Verwaltungsbeamte waren die gesellschaftlichen Leitfiguren. Das Aufkommen neuer politischer Kräfte, vor allem in der politisch organisierten Arbeiterschaft, Erscheinungen von Formalismus und Bürokratismus im Gerichtswesen und ein Vertrauensschwund gegenüber der Strafrechtspflege führten um die Jahrhundertwende zu einer Kritik an Justiz und Richtern, zu der auch der Vorwurf der Klassenjustiz gehörte.

Die Reformpläne, die *Adickes* erstmals 1906 vortrug, zielten auf organisatorische Änderungen,[36] aber auch darauf ab, die Richter, die sich in Richtervereinen und im 1909 gegründeten Deutschen Richterbund zur Wahrung ihrer Interessen organisierten, aus der Beamtenhierarchie zu lösen und ihre soziale Stellung zu heben. Gleichzeitig entfaltete sich die Freirechtsbewegung, die den Positivismus des 19. Jahrhunderts auf ihre Weise überwinden und dem Richter eine selbstständige Stellung gegenüber dem Gesetz geben wollte.

Im Strudel der politisch und wirtschaftlich motivierten Maßnahmegesetze des Ersten Weltkriegs ging der justizpolitische Optimismus des 19. Jahrhunderts endgültig verloren. Das aufgekommene Krisenbewusstsein, aus dem heraus nach dem Umsturz von 1918 auch die richterliche Unabhängigkeit angegriffen wurde, setzte sich in den wirtschaftlichen und politischen Wirren der Weimarer Republik fort. Die WRV verlieh den Bestimmungen des GVG über die richterliche Unabhängigkeit in Art. 102 und 104 Verfassungsrang. Ein selbstbewusstes, aus obrigkeitlicher Denkungsart gelöstes und sich dem Demokratiegedanken verpflichtet fühlendes Richtertum vermochte sie jedoch damit nicht zu schaffen.

Diese labile Situation, in der das Verhältnis des Richters zum positiven Gesetz umstritten blieb, erleichterte es **nach 1933** den nationalsozialistischen Machthabern, den Rechtsstaat und mit ihm die richterliche Unabhängigkeit Schritt für Schritt abzubauen (Einl. Rn. 82). Es begann mit dem

---

[36] Vgl. *Kissel*, Dreistufigkeit S. 10.

Gesetz zur Wiederherstellung des Berufsbeamtentums v. 7. 4. 1933, das die Versetzung von Richtern in den Ruhestand aus politischen und rassischen Gründen ermöglichte (bezüglich Frauen Einl. Rn. 53), und führte schließlich zum Reichstagsbeschluss vom 26. 4. 1942, in dem sich Hitler als oberster Gerichtsherr ermächtigen ließ, missliebige Richter ohne Einhaltung vorgeschriebener Verfahren aus dem Amt zu entfernen[37] (RGBl. 1942 I S. 247). Gleichzeitig wurde auch die sachliche Unabhängigkeit durch Lenkungsmaßnahmen wie Richterschulung, Richterbriefe, Veröffentlichungen usw. ausgehöhlt und in politischen Strafsachen praktisch beseitigt.

24 Aus der Erfahrung des Unrechtsstaats entstand 1949 das **Grundgesetz,** das im IX. Abschnitt die rechtsprechende Gewalt in ihren Funktionen und Institutionen hervorhebt und ihr eine besondere Verantwortung für die Verwirklichung und Sicherung des demokratischen und sozialen Rechtsstaats und seiner freiheitlich demokratischen Grundordnung zuweist. Der in Art. 98 GG enthaltene Auftrag, die Rechtsstellung der Richter durch besondere Gesetze zu regeln, wurde durch das DRiG und die im Anschluss hieran ergangenen Richtergesetze der Länder erfüllt. Das DRiG, das die Rechtsverhältnisse der Bundesrichter regelt und maßgebende Rahmenbestimmungen für die Richter der Länder enthält, schuf für alle Gerichtszweige ein einheitliches Bild des Berufsrichters und verstärkte die richterliche Unabhängigkeit, vor allem durch die Schaffung der Richterdienstgerichte und der ihnen gegebenen Kompetenzen. Es löst die Richter aus der Beamtenschaft heraus, indem es für das „Richterverhältnis" eigene Statusregelungen trifft. – Auch international findet die richterliche Unabhängigkeit ihre Gewährleistung, vgl. Nr. 18 ff. des KSZE-Dokuments vom Moskauer Treffen 1991;[38] Art. 14 Abs. 1 des Internationalen Pakts über bürgerliche und politische Rechte (Anhang); Art. 6 Abs. 1 MRK; Art. 47 Abs. 1 Entwurf der EU-Grundrechtscharta.[39]

C. Die richterliche Gewalt

25 **I. Der Begriff „Rechtsprechung".** Die „richterliche Gewalt", die nach § 1 durch unabhängige Gerichte ausgeübt wird, ist gleichbedeutend mit der „rechtsprechenden Gewalt" im Sinne Art. 92 GG, § 1 DRiG, denn die Rechtsprechung ist in die Hände der Richter gelegt. Der materielle Rechtsprechungsbegriff gibt der rechtsprechenden Gewalt einen vom Verfassungsrecht bestimmten, eigenständigen und originären Inhalt (Einl. Rn. 145). Wenn er auch keine festen Konturen besitzt, so umfasst er doch einen Kernbereich von Aufgaben, die nach der geschichtlichen Entwicklung und dem Rechtsstaatsprinzip des GG nur von den Gerichten erfüllt werden können (Einl. Rn. 146). Demgegenüber wird der funktionelle oder formelle Rechtsprechungsbegriff deskriptiv gewonnen (Einl. Rn. 160). Hiernach sind alle Angelegenheiten, die den Gerichten als den Organen der rechtsprechenden Gewalt nach geltendem Recht übertragen sind, Rechtsprechung, unabhängig davon, ob sie auch im verfassungsrechtlichen Sinn Rechtsprechung darstellen (Einl. Rn. 159). Der funktionelle Rechtsprechungsbegriff ist somit weiter als der materielle (Einl. Rn. 160). Dies erklärt sich daraus, dass trotz des Grundsatzes der Gewaltenteilung ein Übergreifen einer der drei Staatsgewalten in den Bereich einer anderen in begrenztem Umfang unbedenklich ist (Einl. Rn. 171) und deshalb den Gerichten auch Aufgaben zugewiesen sind, die ihrer Natur nach als Verwaltung zu qualifizieren sind (Einl. Rn. 160; § 12 Rn. 85, 140). Der Zweck einer solchen Zuweisung liegt gerade darin, dass diese Aufgaben in gleicher Weise wie materielle Rechtsprechungsangelegenheiten, also unter Einräumung und Beachtung aller den Gerichtsgang kennzeichnenden Garantien erfüllt werden sollen. Die richterliche Unabhängigkeit ist somit auf den funktionellen Rechtsprechungsbegriff bezogen.

26 **II. Gerichtsverwaltung und Justizverwaltung.** Daneben gibt es auch den Gerichten obliegende Verwaltungsaufgaben, die ihnen nicht als Organ der Rechtsprechung zugewiesen sind, sondern die nur in Sachnähe zur Rechtsprechung stehen. Es handelt sich dabei um Gerichts- und Justizverwaltung (§ 12 Rn. 84 ff.). Diese Aufgaben fallen nicht unter den Begriff Rechtsprechung, auch nicht unter

---

[37] Stenografischer Bericht des Deutschen Reichstags vom 26. 4. 1942 S. 109 ff., 117.
[38] Bulletin des Presse- und Informationsamts der BReg Nr. 115/S. 909 vom 18. 10. 1991.
[39] Vgl. weiter *Oberto* ZRP 2004, 207.

den der Rechtsprechung im funktionellen Sinn; es gilt deshalb auch nicht die Unabhängigkeit des § 1 (Rn. 41). Die gerichtliche Selbstverwaltung (vgl. § 12 Rn. 92, §§ 21 a ff.) gilt hingegen als Rechtsprechung.

D. Rechtsprechung durch „Gerichte"

I. Begriff „Gerichte". Gerichte, die nach § 1 die richterliche Gewalt ausüben, sind staatliche Einrichtungen, die gegenüber der Legislative und Exekutive organisatorisch getrennt und selbstständig sind und denen die besondere Aufgabe der Rechtsprechung zugewiesen ist. Die **organisatorische Selbstständigkeit** ist ein Gebot der Gewaltenteilung, Art. 20 Abs. 2 GG (Einl. Rn. 161; zum Begriff des Gerichts Einl. Rn. 162 ff, zu den obligatorischen und fakultativen Gerichten der ordentlichen Gerichtsbarkeit § 12 Rn. 5 ff., zum Begriff „Gerichtsverfassung" und Gerichtsorganisation Einl. Rn. 12, 21). 27

II. Begriff „Richter". Wenn § 1 von Gerichten spricht, so sind damit auch die personalen Träger der rechtsprechenden Gewalt, die **Richter,** mit umfasst (Rn. 4). Richter im Sinne der Art. 92 und 97 Abs. 1 GG sind sowohl die Berufs- als auch die ehrenamtlichen Richter. Das DRiG, das in § 1 diese beiden Formen unterscheidet, regelt einheitlich die Rechtsverhältnisse der Berufsrichter aller Gerichtsbarkeiten. In Ausführung des Verfassungsauftrags von Art. 98 GG, wonach die Rechtsstellung der Richter durch besondere Gesetze zu regeln ist, trifft das DRiG im ersten Teil gemeinsame Bestimmungen für das Richteramt in Bund und Ländern, im zweiten Teil Regelungen für die Richter im Bundesdienst und im dritten Teil Rahmenbestimmungen für die Richter im Landesdienst. Für die Richter des Bundesverfassungsgerichts gilt das DRiG nur subsidiär nach dem Gesetz über das Bundesverfassungsgericht (§ 69 DRiG). 28

1. Berufsrichter. Berufsrichter ist, wer das Richteramt berufsmäßig ausübt, also seine Arbeitskraft ganz im Hauptamt oder zu einem ansehnlichen Teil im Nebenamt (vgl. § 16 VwGO) dem Richterdienst widmet. Er muss durch Aushändigung einer Urkunde „unter Berufung in das Richterverhältnis" ernannt werden (§ 17 Abs. 1 DRiG). Für das Richterverhältnis gibt es vier Statusformen: den Richter auf Lebenszeit, auf Zeit, auf Probe und kraft Auftrags (§§ 8, 17 Abs. 3 DRiG; Rn. 142 ff.; § 22 Rn. 6 ff.). 29

2. Ehrenamtliche Richter. Bezüglich der ehrenamtlichen Richter enthält das DRiG nur wenige Bestimmungen grundsätzlicher Art (§§ 44 und 45). Ehrenamtliche Richter finden wegen ihrer besonderen beruflichen Fachkunde oder zur Repräsentation der Allgemeinheit Verwendung (Einl. Rn. 168; § 28 Rn. 2). Die Bezeichnung „Laienrichter" birgt Unschärfen in sich, weil auch rechtskundige Personen ehrenamtliche Richter sein können. So sind Rechtsanwälte als Mitglieder der rechtsanwaltlichen Ehrengerichte trotz ihrer Befähigung zum Richteramt ebenso ehrenamtliche Richter wie die als Laufbahnbeisitzer in den Dienstgerichten tätigen Staatsanwälte (§ 122 Abs. 4 DRiG). Bei den in der ordentlichen Gerichtsbarkeit tätigen ehrenamtlichen Richtern handelt es sich um Schöffen (§§ 29 ff., 76, 77 GVG) und Handelsrichter (§ 105 GVG), die auch diese Sonderbezeichnung führen (§ 45 a DRiG). 30

3. Wertigkeit der Richterämter. In der standes- und besoldungspolitischen Diskussion der vergangenen Jahre wurde argumentiert, alle **Richterämter** seien prinzipiell **gleichwertig**[40] und jeder einzelne Richter sei Verfassungsorgan.[41] Dass Art. 92 GG die rechtsprechende Gewalt „den Richtern" anvertraut, besagt jedoch nicht, dass angesichts der unterschiedlichen Aufgaben, die die Rechtsprechung 31

---

[40] U. a. *Arndt* DRiZ 1972, 41.
[41] VG Frankfurt DRiZ 1966, 233; *Mager* DRiZ 1973, 310.

stellt, alle Richterämter gleich bewertet werden müssten.[42] Das Gesetz zur Änderung der richterlichen Amtsbezeichnungen vom 26. 5. 1972 (Einl. Rn. 95) hat den hiermit zusammenhängenden Streit über die Richtertitel in kompromißhafter Weise geregelt. Die Eigenschaft eines Verfassungsorgans kommt nur dem Bundesverfassungsgericht zu. Als Verfassungsorgane können nur jene Hauptorgane des Staates bezeichnet werden, die oberste Gewalt ausüben. Das sind jene, „deren Entstehen, Bestehen und verfassungsmäßige Tätigkeit recht eigentlich den Staat konstituieren und seine Einheit sichern".[43]

E. „Unabhängige Gerichte" – Institutionelle Unabhängigkeit

32 **I. Organisatorische Trennung, Inkompatibilität.** Organisatorische Trennung: Die von der Gewaltenteilung gebotene institutionelle Unabhängigkeit erfordert eine organisatorische Trennung der Dritten Gewalt von Legislative und Exekutive (Einl. Rn. 161). Die Trennung erschöpft sich nicht in der Selbstständigkeit der Gerichte als Behörden,[44] sondern hat auch eine personale Komponente. Ein (Berufs)Richter, der Aufgaben der Rechtsprechung wahrnimmt, darf nicht gleichzeitig in der gesetzgebenden oder vollziehenden Gewalt tätig sein (**Inkompatibilität**, §§ 4 Abs. 1, 21 Abs. 2 Nr. 2, 36 Abs. 2 DRiG; Einl. Rn. 141 ff.). Die Regelung ist verfassungsgemäß.[45] § 4 Abs. 1 DRiG schließt nicht aus, dass ein Richter (mit seiner Zustimmung, §§ 37 Abs. 1, 13, 16 Abs. 2 DRiG) zu einer Verwaltungsbehörde abgeordnet wird; er darf nur nicht gleichzeitig Rechtsprechung (im funktionellen Sinn, Rn. 25) ausüben. Der Begriff der ‚vollziehenden Gewalt' in § 4 Abs. 1 DRiG ist bedeutungsgleich mit dem in Art. 20 Abs. 2 GG. Das BVerwG[46] versteht demgemäß darunter (nur) die unmittelbare Ausübung der Staatsgewalt auch bei § 4 Abs. 1 DRiG, bei **Wahlen** handele es sich aber um ein vorgelagertes Verfahren (erst) zur Kreation der Staatsorgane des Art. 20 Abs. 2 GG. Deshalb sei „die Wahrnehmung von Ehrenämtern bei Wahlen und Abstimmungen durch einen im Beruf des Richters tätigen Bürger keine Wahrnehmung von Aufgaben der vollziehenden Gewalt".[47] **Kommunale Ämter** in der Verwaltung unterfallen jedoch der Inkompatibilität;[48] ob dies auch für die unmittelbar gestaltende und auch teilweise rechtsetzende Tätigkeit als Mitglied in einer kommunalen Vertretungskörperschaft gilt, ist strittig.[49] Gegen beratende Tätigkeit im Vorfeld fremder Entscheidung, z.B. Anhörung als Sachverständiger oder Mitgliedschaft in einer Beratungskommission, bestehen keine Bedenken aus § 4 Abs. 1 DRiG.

33 § 4 Abs. 2 DRiG erlaubt Ausnahmen vom Grundsatz der Inkompatibilität. Danach darf ein Richter neben Aufgaben der Rechtsprechung wahrnehmen: Aufgaben der Gerichtsverwaltung (Nr. 1), andere Aufgaben, die auf Grund eines Gesetzes Gerichten oder Richtern zugewiesen sind (Nr. 2), Aufgaben der Forschung und Lehre an einer wissenschaftlichen Hochschule, öffentlichen Unterrichtsanstalt oder amtlichen Unterrichtseinrichtung (Nr. 3) sowie Prüfungsangelegenheiten (Nr. 4). Auf Nr. 1 und 2 beruht die gleichzeitige Beschäftigung vieler Richter in der Gerichts- und Justizverwaltung. Nr. 3 ermöglicht es, dass Hochschullehrer gleichzeitig in ein Richteramt berufen werden und dass Richter als Lehrende tätig sein können. § 4 Abs. 2 besagt nur, dass ein Richter die dort genannten Aufgaben neben rechtsprechender Tätigkeit wahrnehmen darf. Ob er dazu auch verpflichtet ist, ist an anderer Stelle geregelt (§§ 42, 46 DRiG und Beamtengesetze, für Richter im Bundesdienst

---

[42] Vgl. *Hülle* DRiZ 1972, 369.
[43] So BVerfG JöR 1957, 198, vgl. *Friesenhahn* DRiZ 1969, 169.
[44] Diese verneint *Schütz* S. 83 ff.
[45] BVerwGE 25, 210, 219; *Weiß* DRiZ 1973, 187.
[46] NJW 2002, 2263.
[47] BVerwG aaO.; anders VG Koblenz DRiZ 1993, 239.
[48] BVerwG DRiZ 2001, 23; vgl. *Staats* DRiZ 2001, 103, 105 f.
[49] Vgl. *Staats* aaO. S. 109 ff.

§ 64 BBG; Rn. 41). Unter welchen Voraussetzungen ein Richter außerhalb des öffentlichen Dienstes tätig sein kann, bestimmt sich nach dem Nebentätigkeitsrecht; zusätzlich sind die für Richter geltenden Beschränkungen der §§ 40, 41 DRiG zu beachten (Rn. 162f.). – Ein Verstoß gegen die Regeln des DRiG zur Inkompatibilität hat indessen keine gerichtsverfassungsrechtlichen Konsequenzen, denn gelegentliche Überschneidungen zwischen den Staatsgewalten sind von der Verfassung toleriert (Rn. 25). Er hat allenfalls dienstrechtliche Konsequenzen für den Richter, der Bestand seiner Amtshandlungen bleibt unberührt. So ist das Gericht dennoch ordnungsgemäß besetzt im Sinne der §§ 338 Nr. 1 StPO, 551 Nr. 1 ZPO.

II. Richterliche Selbstverwaltung. Gerichtsverwaltung und Richter: Begrifflich ist Gerichtsverwaltung die verwaltende Tätigkeit, die nicht unmittelbar in der Erfüllung der dem jeweiligen Gericht zugewiesenen Aufgaben der RSpr (Einl. Rn. 145) besteht, aber dafür die unerlässlichen materiellen und personellen Voraussetzungen schafft (§ 12 Rn. 85). Vielfältige Überschneidungen (Einl. Rn. 141) sind unvermeidbar, jedoch zur Sicherung der richterlichen Unabhängigkeit auf das Unverzichtbare zu beschränken durch das Institut der **richterlichen Selbstverwaltung.** Sie ist der Rspr zuzurechnen und in der **Präsidialverfassung** der Gerichte verwirklicht. Ein von Richtern gewähltes Organ, das Präsidium, dem nur der Gerichtspräsident oder der aufsichtführende Richter kraft Amtes angehört, verteilt innerhalb des jeweiligen Gerichts die RsprAufgaben und bestimmt, welcher Richter welche Aufgaben wahrnimmt (§§ 21a ff., § 12 Rn. 92). Die Präsidialverfassung gewährleistet nicht nur die Bestimmung des gesetzlichen Richters im Einzelfall; sie schließt auch aus, dass Exekutive und Legislative darauf Einfluss nehmen können, welche Einzelsache von welchem Richter entschieden wird (vgl. § 16 Rn. 22). In die Kompetenz der Präsidien fällt allerdings nicht die Etatfragen berührende Festsetzung der Zahl der an einem Gericht bestehenden Spruchkörper (§ 22 Rn. 21, § 60 Rn. 2ff.). 34

Eine **Erweiterung der Selbstverwaltung** stellen die Kompetenzen der Richterräte und Präsidialräte dar. Darüber hinaus wurden schon nach dem Inkrafttreten des GG zur Stärkung der richterlichen Unabhängigkeit unter dem Schlagwort „Entfesselung der Dritten Gewalt"[50] Forderungen nach Errichtung einer Justizkommission an der Spitze der Dritten Gewalt erhoben, bestehend aus vom Parlament und von der Richterschaft gewählten Persönlichkeiten.[51] Eine Wiederholung findet dies in der Forderung nach einem **Justizverwaltungsrat**, gebildet aus Persönlichkeiten durch Wahl aus der Justiz sowie durch Abgeordnete, an der Spitze statt des traditionellen Justizministers als Angehöriger der Exekutive ein Repräsentant der Justiz. Diesem soll die Personal- und Budgetverwaltung obliegen, die Minister wären noch für die Rechtspolitik zuständig.[52] Der Gewaltenteilungsgrundsatz des GG gebietet zwar eine solche Selbstverwaltung nicht (vgl. Einl. Rn. 170), er steht er ihr aber, soweit nicht eine echte personelle Kooptation (Rn. 36) gefordert wird, auch nicht entgegen.[53] Die **europäische Entwicklung** sieht in der Selbstverwaltung mehr und mehr ein notwendiges Institut zur Sicherung der richterlichen Unabhängigkeit,[54] insbesondere gestützt auf die Europäische Charta über die Rechtsstellung der Richter vom 8./10. 7. 1998.[55] Diese empfiehlt unter 1.4, dass bei jeder Entscheidung über Auswahl, Einstellung, Beförderung oder Dienstenthebung eine 35

---

[50] Vgl. *van Husen* AöR 1951, 49 ff.
[51] Vgl. *Berlit* DRiZ 1968, 62; Verhandlungen des 40. DJT 1953 Band 2 C 140, vgl. JZ 1953, 611 und DRiZ 1953, 182.
[52] Zur Diskussion: *Wittreck* S. 660 ff.; *DRB* DRiZ 2007, 161; *Detjen* ZRP 2002, 453; *Groß* DRiZ 2003, 298; *Hoffmann-Riem* BB 2002, 1; *Kintzi* DRiZ 2002, 405; *Mackenroth/Teetzmann* ZRP 2002, 337; *Mertin* ZRP 2002, 332; *Papier* NJW 2002, 2585; *Peschel-Gutzeit* DRiZ 2002, 345; *Teetzmann* DRiZ 2002, 394; *Weber-Grellet* ZRP 2003, 145; 2007, 153; DRiZ 2006, 22, 25.
[53] *Schilken* JZ 2006, 860, 861; *Berlit* DRiZ 2003, 295.
[54] Vgl. *Schütz* S. 70.
[55] http://www.betrifftjustiz.de/Texte/EuropStatut.html; krit. hierzu *Wittreck* S. 218.

von Legislative und Exekutive unabhängige Instanz zu beteiligen ist, der zumindest zur Hälfte gewählte Vertreter der Richterschaft angehören. Eine Vielzahl europäischer Rechtsordnungen hat deshalb zwischenzeitlich einen Obersten Justizrat eingeführt, der in seinen Aufgaben allerdings teils beschränkt ist auf die Budgetverwaltung, teils aber auch maßgeblich bei Personalentscheidungen mitwirkt.[56]

36 Dies führt zur Frage, inwieweit die Richterschaft auf die **Besetzung der Richterämter** Einfluss haben kann.[57] Eine reine Entscheidung der Exekutive widerspräche den heute europaweit geltenden Minimalprinzipien zur richterlichen Unabhängigkeit.[58] Verfassungswidrig wäre dagegen eine reine Selbstergänzung der Richterschaft (Kooptation), da der Grundsatz der Volkssouveränität ein Berufungsverfahren vorgibt, das den Richtern eine hinreichende demokratische Legitimation verschafft; auch die Europäische Charta vom 8./10. 7. 1998 (Rn. 35) fordert sie nicht. Der unmittelbaren Wahl durch das Volk oder das Parlament stehen andererseits schon praktische Bedenken entgegen.[59] Ein Kompromiss ist Art. 95 Abs. 2 GG, wonach die Richter der obersten Gerichtshöfe des Bundes im Zusammenwirken des für das jeweilige Sachgebiet zuständigen Bundesministers und eines **Richterwahlausschusses** berufen werden. Er besteht aus den für das jeweilige Sachgebiet zuständigen Ministern der Länder und einer gleichen Anzahl von Mitgliedern, die vom Bundestag gewählt werden (vgl. RichterwahlG). Diese Regelung ist dogmatisch wie anlässlich konkreter Richterberufungen in die Kritik geraten. Zur Zusammensetzung des Richterwahlausschusses wird einerseits vertreten, dass eine ausschließliche Besetzung mit Parlamentariern in höherem Maße dem Demokratieprinzip entspräche,[60] andererseits wird eine Mitgliedschaft auch von Richtern gefordert.[61] Erörtert wird ferner das Verfahren. Nach § 55 DRiG ist vor jeder Ernennung oder Wahl eines Richters der Präsidialrat des Gerichts, bei dem der Richter verwendet werden soll, zu beteiligen; der Präsidialrat, dem die Bewerbungsunterlagen vorzulegen sind (§ 56 DRiG), gibt eine schriftlich begründete Stellungnahme über die persönliche und fachliche Eignung des Bewerbers ab (§ 57 DRiG). Wie der mit Stimmenmehrheit wählende Richterwahlausschuss die Stellungnahme des Präsidialrats in Erwägung zu ziehen hat, ist nicht geregelt. Gefordert wird, dass ein Bewerber, dessen Eignung der Präsidialrat verneint, nicht gewählt werden darf,[62] ein Anhörungsrecht des Richters zu den Bedenken gegen seine Eignung und eine mündliche Erörterung mit dem Präsidialrat. Aus Transparenzgründen sollen die zu besetzenden Richterstellen allgemein ausgeschrieben werden, die Wahl soll unter allen Bewerbern und Vorgeschlagenen ohne die bisher praktizierten ‚Zurückstellungen' erfolgen. Gerichtsentscheidungen, die eine Überprüfung der Richterwahlen unter dem Aspekt des Art. 33 Abs. 2 GG für zulässig ansehen,[63] mögen dazu beigetragen haben, dass in der Praxis Ansätze größerer Transparenz des Wahlverfahrens und intensiverer Beteiligung des Präsidialrats zu beobachten sind.

37 Die Beteiligung des **Präsidialrats** sieht § 75 Abs. 1 DRiG für Richter im Landesdienst nur bei Ernennung in ein Beförderungsamt vor. Nach Abs. 2 können ihm weitere Aufgaben übertragen werden, wovon die Länder unterschiedlich Gebrauch gemacht haben.[64] Nach Art. 98 Abs. 4 GG können die Länder bestimmen, dass

---

[56] Zu den Ausprägungen im Einzelnen *Oberto* ZRP 2004, 207; *Schernthanner* DRiZ 2007, 272.
[57] Vgl. DRiZ 1992, 55; vgl. Einl. Rn. 170.
[58] *Oberto* ZRP 2004, 207.
[59] Vgl. *Kissel,* Zukunft S. 65 ff.
[60] Vgl. *Uhlitz* DRiZ 1970, 219; *Pulch* DRiZ 1971, 253; *Priepke* DRiZ 1972, 11 gegen *Recken* DRiZ 1971, 338; *Knoche* DRiZ 1971, 345; abwägend *Baur* DRiZ 1971, 401.
[61] Vgl. *Mackenroth* DRiZ 2001, 214; *Bertram* NJW 2001, 1838; 3167; *Weber-Grellet* ZRP 2003, 145, 148.
[62] Vgl. BRatsDrucks. 616/01; *Lovens* ZRP 2001, 465.
[63] VG Schleswig NJW 2001, 3206; OVG Schleswig NJW 2001, 3494; 2003, 158 zur ausreichenden Information des Richterwahlausschusses.
[64] Rechtspolitisch vgl. *Kinold* DRiZ 1992, 55.

über die Anstellung der Richter der Landesjustizminister gemeinsam mit einem Richterwahlausschuss entscheidet; so in Baden-Württemberg, Berlin, Brandenburg, Bremen, Hamburg, Hessen, Mecklenburg-Vorpommern, Niedersachsen, Sachsen, Sachsen-Anhalt, und Schleswig-Holstein. Zusammensetzung und Aufgabenstellung sind unterschiedlich.[65]

Die Forderung, im **Haushaltswesen** einer Richtervertretung auf Kabinettsebene und gegenüber dem Parlament das Recht zur eigenen Vorlage (Doppelvorlage) einzuräumen (vgl. § 22 Rn. 21), ist institutionell nicht erfüllt. Gelegentlich nehmen die Richterräte, die nach §§ 52, 73 DRiG die Aufgabe haben, sich als gewählte Richtervertretung an allgemeinen und sozialen Angelegenheiten der Richter zu beteiligen, für sich in Anspruch, bei der Personalbedarfsplanung und -berechnung mitzuwirken. Hierzu sind sie dann legitimiert, wenn sich nach gesetzlicher Regelung ihr Aufgabenbereich auch auf die Beteiligung in organisatorischen Angelegenheiten erstreckt. Die Richterräte (Bezirksrichterrat als Stufenvertretung) nehmen diese Aufgaben in Verhandlungen auf ministerieller Ebene und gegenüber dem Parlament im Petitionsweg wahr (vgl. §§ 52 DRiG, 78 Abs. 3 BPersVG: Anhörung des Richterrats zu den Stellenanforderungen zum Haushaltsvoranschlag). Das BVerfG genießt als Verfassungsorgan nach § 1 BVerfGG eine Sonderstellung.[66]

F. Sachliche Unabhängigkeit

I. Begriff. Die richterliche Unabhängigkeit ist weder in Art. 97 GG noch an anderer Stelle konkret umschrieben oder festgelegt.[67] Die hergebrachte Definition, dass sachliche Unabhängigkeit **Weisungsfreiheit** im Bereich der richterlichen Tätigkeit bedeute,[68] ist von dem Ringen um Unabhängigkeit gegenüber Kabinettsjustiz und landesherrlicher Einmischung (Rn. 13 ff.) geprägt. Für die Gegenwart bedarf sie der Nuancierung. Versteht man unter Weisung eine bindende Anordnung, so ergibt sich die Weisungsfreiheit der Richter schon daraus, dass sie dienstrechtlich nicht in einer hierarchischen Befehlsstruktur stehen. Sie haben, anders als die Beamten, keine Vorgesetzten, sondern lediglich Dienstvorgesetzte, zuständig für die dienstrechtliche Entscheidungen über ihre persönlichen Angelegenheiten.

Weisungsfreiheit im weiteren Sinn bedeutet aber auch, dass **Einwirkungen jeder Art,** auch mittelbare, z.B. Ersuchen, Empfehlungen, Ratschläge, Anregungen, Bitten generell unterbleiben müssen[69] (zu Maßnahmen der Dienstaufsicht Rn. 46 ff., 165). Erst recht ist jegliche Druckausübung, sei es auch nur in psychologischer Hinsicht,[70] untersagt.[71]

Dies gilt für den Bereich der richterlichen Tätigkeit im funktionellen Sinn (Rn. 25), zu dem auch die den Richtern als Rechtsprechungsorgan übertragenen Verwaltungsaufgaben gehören, insbesondere solche der freiwilligen Gerichtsbarkeit.[72] Ehrenamtliche Richter sind in gleichem Maße wie Berufsrichter unabhängig (§ 45 Abs. 1 Satz 1 DRiG). Demgegenüber sind Richter weisungsgebunden in der **Justiz- und Gerichtsverwaltung**[73] (Rn. 45; § 12 Rn. 88). So kann die Übertragung einzelner Verwaltungsaufgaben oder von Verwaltungsfunktionen insgesamt jederzeit geändert werden, soweit nicht andere Rechtsvorschriften entge-

---

[65] Zu Verfahrensfehlern bei der Wahl BGH NJW 2005, 2317.
[66] Hierzu *Glauben* DRiZ 2006, 348.
[67] BGHZ 42, 163, 169 = NJW 1964, 2415; Rspr des BGH bei *Joeres* DRiZ 2005, 321.
[68] BVerfGE 31, 137, 140; E 36, 174, 185 = NJW 1974, 181.
[69] BGHZ 46, 147, 149; *Schilken* JZ 2006, 860, 863.
[70] BGH DRiZ 1974, 163; 1977, 341; NJW 1978, 2509.
[71] Vgl. auch BVerfGE 12, 81, 88 = NJW 1961, 915; E 26, 79, 93 = NJW 1969, 1808; E 32, 199, 213 = NJW 1972, 25; E 38, 1, 21 = NJW 1974, 1940.
[72] *Bettermann,* Unabhängigkeit S. 541.
[73] BGH DRiZ 1963, 440; 1977, 215; LR/*Böttcher* Rn. 2; *Arndt* DRiZ 1978, 299; *Funk* DRiZ 1978, 360; Bedenken bei *Piorreck* DRiZ 1993, 109.

genstehen.[74] Die vom Dienstvorgesetzten dem Richter erteilten Aufträge außerhalb der RSpr hat dieser zu erfüllen, soweit seine Unabhängigkeit nicht beeinträchtigt wird. Bei Bedenken gegen die Erfüllung dieser Aufträge, z.B. aus zeitlichen Gründen, mangelndem Fachwissen oder Erfahrung usw. kann Gegenvorstellung erhoben,[75] gegebenenfalls der Rechtsweg nach § 62 Abs. 1 Nr. 4 d DRiG beschritten werden.

42 Unter dem Begriff **„Neue Steuerungsmodelle"** kommen Bestrebungen einher, zur Überwindung der durch die öffentliche Haushaltslage angespannten Personalsituation moderne Organisationsprinzipien auf die Justiz zu übertragen. Stichworte sind u.a. Kosten- und Leistungsrechnung, Budgetierung, operatives und strategisches Controlling, Qualitätssicherung, Kunden- und Serviceorientierung.[76] Hier kann nur darauf hingewiesen werden, dass der durch die Unabhängigkeitsgarantie des Art. 97 GG gewährleistete Kernbereich richterlicher Entscheidungsfreiheit (Rn. 53) keiner wie immer gearteten Kosten-Nutzen-Analyse auch nur stückweise geopfert werden darf. Zielvorgaben zu Verfahrensdauer, Erledigungsarten und Kostendeckungsgraden[77] oder auch nur Hinweise hierauf, die geeignet sind, psychologischen Druck in Richtung auf einen „Wettbewerb" auszuüben, sind unzulässig[78] (Rn. 40), auch als Selbstvorgaben mit der inneren Unabhängigkeit (Rn. 157) kaum vereinbar.[79]

43 **II. Dienstaufsicht.** Im Mittelpunkt der Diskussion über die sachliche Unabhängigkeit steht ihr Spannungsverhältnis zur Dienstaufsicht (zum Inhalt § 22 Rn. 38). Die Dienstaufsicht gilt als eine mögliche „Einbruchstelle in die richterliche Unabhängigkeit".[80] Dennoch wird ihre Notwendigkeit fast durchweg anerkannt.[81] Das BVerfG hält sie für zulässig, wenn sie die durch Art. 97 Abs. 1 GG, § 26 Abs. 1 DRiG gezogenen Schranken beachtet.[82] Denn die richterliche Unabhängigkeit ist **kein „Standesprivileg",**[83] „kein absoluter Selbstwert, vor dem alle anderen Bedingungen einer rechtsstaatlichen Justizgewährung zurückzutreten hätten",[84] „kein Freibrief zu eigenwilliger Überhebung über das Recht und noch weniger ein Fetisch, unter dem man Rechthabereien und Kapriolen pflegen kann";[85] „hinter ihr darf sich nicht Arroganz oder mangelndes Engagement für die richterliche Aufgabe verbergen".[86] Sie dient vielmehr ausschließlich der Erfüllung der Justizgewährungspflicht,[87] die sich aus dem staatlichen Rechtspflegemonopol ergibt und dem Staat zur Aufgabe macht, die Rechtsprechung in Gang zu halten, Justizverzögerung oder gar Justizverweigerung entgegenzutreten und Rechtsverletzungen durch die Rechtsprechungsorgane zu verhindern.[88]

---

[74] BVerfGE 38, 139, 152; BGH DRiZ 1977, 215; 1978, 184; BVerwGE 11, 195; E 38, 139, 151; *LR/Siolek* § 22 Rn. 38; a. A. *Hoepner* DRiZ 1961, 238.
[75] DG Zweibrücken DRiZ 1986, 461.
[76] *Wittreck* S. 472 ff.; *Schütz* S. 329 ff.; *Hoffmann-Riem*, Modernisierung von Recht und Justiz, 2001; *von Bargen* NJW 2006, 2531; vgl. auch BTagsDrucks. 15/5823.
[77] So *Damkowski/Precht* NVwZ 2005, 292.
[78] *Schilken* JZ 2006, 860, 867 f.
[79] Einen anderen Ansatz wählt *Schütz* aaO., insbes. 427 f.: Steuerungsmodelle wirken psychologisch maßstabsetzend für richterliches Handeln, durch die exekutive (Rspr-)Verwaltung initiiert und eingeführt sind sie ohne gesetzliche Ermächtigung verfassungswidrig.
[80] *Baur* S. 21.
[81] A. A. pointiert *Simon* DRiZ 1980, 91; für die obersten Gerichtshöfe des Bundes aus historischer Sicht: *Weist* DRiZ 1968, 223.
[82] BVerfG DRiZ 1975, 284; BGH DRiZ 1974, 99; 1978, 185; *LR/Böttcher* Rn. 21.
[83] *Gülland* S. 61; BVerfGE 27, 211 = NJW 1970, 505; BGHZ 67, 184 = NJW 1977, 437; BGHSt 47, 105 = NJW 2001, 3275; *Benda* DRiZ 1975, 166, 170; *Papier* NJW 2002, 1089.
[84] *Rudolph* DRiZ 1978, 146.
[85] *Geiger* DRiZ 1979, 65, 66; *Voss* DRiZ 1998, 381; *Sendler* NJW 1998, 3623.
[86] *Pfeiffer* DRiZ 1979, 229.
[87] BGH DRiZ 1978, 185.
[88] BGH NJW 2002, 359; *Dinslage* DRiZ 1960, 201.

Die Dienstaufsicht dient dem gleichen Zweck.[89] Sie soll das ordnungsgemäße **44** Funktionieren und einen sachgemäßen Ablauf der Justiz gewährleisten.[90] Sie ist die Befugnis oder Tätigkeit des Dienstherrn oder der von ihm beauftragten Stellen, das dienstliche Verhalten des Bediensteten zu beobachten (Beobachtungsfunktion, innere Dienstaufsicht) und daraus Folgerungen zu ziehen (Berichtigungsfunktion, äußere Dienstaufsicht);[91] vgl. § 22 Rn. 37 ff. Bei dieser seit *Triepel*[92] gebräuchlichen Unterscheidung ist der Begriff „Berichtigungsfunktion" für die richterliche Tätigkeit allerdings irreführend, weil sich eine „Berichtigung" richterlicher Entscheidungen im Wege der Dienstaufsicht von vornherein verbietet, sie kann nur im Rechtsmittelzug erfolgen.

Organe der Dienstaufsicht sind in der ordentlichen Gerichtsbarkeit der Justiz- **45** minister als oberste Dienstaufsichtsbehörde und stufenweise nachgeordnet die Gerichtspräsidenten („Präsidentenprinzip"). Dies entspricht § 14 der GVVO (Anhang), die nach Maßgabe der Justizhoheit der Länder dem Inhalt nach noch fortgilt (vgl. § 12 Rn. 88). In den anderen Gerichtszweigen finden sich parallele Regelungen.[93] Die Gerichtspräsidenten handeln bei Ausübung der Dienstaufsicht als weisungsgebundene Exekutivorgane[94] (Rn. 41). Die Forderung, die Dienstaufsicht richterlichen Gremien, etwa den Präsidien oder sonstigen richterlichen Kollegien zu übertragen,[95] begegnet Bedenken, da nur die exekutive Spitze parlamentarisch verantwortlich ist.[96] Nach den Leitlinien des DRB[97] soll die Dienstaufsicht nur durch die (ihrerseits der Dienstaufsicht des Ministers unterstehenden) Gerichtspräsidenten ausgeübt werden.

III. Inhalt und Umfang. Nach § 26 Abs. 1 DRiG untersteht der Richter **46** einer Dienstaufsicht nur, soweit nicht seine Unabhängigkeit beeinträchtigt wird.[98] Nach § 26 Abs. 2 DRiG umfasst die Dienstaufsicht vorbehaltlich des Abs. 1 auch die Befugnis, die ordnungswidrige Art der Ausführung eines Amtsgeschäfts vorzuhalten und zu ordnungsgemäßer, unverzögerter Erledigung der Amtsgeschäfte zu ermahnen.[99] § 26 Abs. 1 und 2 DRiG wollen richterliche Unabhängigkeit und Dienstaufsicht in ein ausgewogenes Verhältnis bringen, wobei der richterlichen Unabhängigkeit in Zweifelsfällen Vorrang zukommt. Die nach Abs. 2 zulässigen **Dienstaufsichtsmaßnahmen** sind auf Vorhalt und Ermahnung beschränkt. Das „auch" in Abs. 2 bedeutet „höchstens";[100] damit ist gemeint, dass die Dienstaufsicht nicht nur im Bereich nichtrichterlicher und außerdienstlicher Tätigkeit zulässig ist, sondern auch im Bereich der richterlichen Tätigkeit bis zu dem Intensitätsgrad von Vorhalt und Ermahnung ausgeübt werden darf, soweit die Unabhängigkeit dabei nicht beeinträchtigt wird. Diese Beschränkung gegenüber dem allgemeinen Dis-

---

[89] BGH DRiZ 1978, 185.
[90] *Arndt* DRiZ 1971, 254.
[91] BGH DRiZ 1977, 151.
[92] Die Reichsaufsicht, 1917 S. 111 ff., 120, 480.
[93] *Schmidt-Räntsch* § 26 DRiG Rn. 13 bis 16.
[94] BVerfGE 38, 139, 152; BGH DRiZ 1977, 215.
[95] *Weist* DRiZ 1968, 223, 227.
[96] *Schäfer* DRiZ 1970, 73, 75.
[97] DRiZ 1979, 3, 4.
[98] Literatur (Auswahl): *Louven* DRiZ 1980, 429; *Rudolph* DRiZ 1980, 461; 1984, 135; *Bengl* DRiZ 1983, 343; *Gilles* DRiZ 1983, 41; *Sendler* NJW 1983, 1449; 2001, 1256; 1909; *Hieronimi* NJW 1984, 108; *Hohendorf* NJW 1984, 958; *Wipfelder* DRiZ 1984, 41; *Priepke* DRiZ 1984, 49; *Wandtke* DRiZ 1984, 430; *Krützmann* DRiZ 1985, 201; *Achterberg* NJW 1985, 3041; *Buschmann* RiA 1985, 176; *Ruth Schmidt-Räntsch,* Dienstaufsicht über Richter, 1985; *Thomas,* Richterrecht, 1986; *Stanicki* DRiZ 1986, 329; *Lück* DRiZ 1987, 391; *Papier* NJW 1990, 8; 2002, 1089; *Schmidt-Jortzig* NJW 1991, 2377; *Lamprecht* ZRP 1994, 181; *Rudolph,* Gedanken zur richterlichen Unabhängigkeit, FS Salger, 1995, S. 743; *Limbach* NJW 1995, 281; *Lamprecht,* Vom Mythos der Unabhängigkeit über das Dasein und Sosein der deutschen Richter, 1996; *Hoffmann-Riem* JZ 1997, 1; *Redeker* NJW 2000, 2796; *Kiener,* Richterliche Unabhängigkeit, 2001; *Bilda* JR 2001, 89; *Haberland* DRiZ 2002, 301.
[99] Zur Entstehungsgeschichte: *Weber* DRiZ 1961, 69; Ausschussbericht DRiZ 1961, 263; *Schumacher* DRiZ 1961, 350.
[100] BGHZ 57, 344, 348 = NJW 1972, 634.

ziplinarrecht auf Vorhalt und Ermahnung gilt auch für alle Maßnahmen, die sich mit dem sonstigen dienstlichen oder außerdienstlichen Verhalten eines Richters jenseits der unmittelbar richterlichen Tätigkeit beschäftigen.[101]

47 **1. Vorhalt.** Ein Vorhalt ist der Ausspruch eines objektiven Befundes, die Art der Ausführung eines Amtsgeschäfts sei ordnungswidrig. Der Vorhalt erschöpft sich in der Anführung von Tatsachen und in deren sachbezogener Wertung.[102] Das festgestellte Verhalten darf jedoch nicht zu einer personenbezogenen Wertung führen, die einen persönlichen Schuldvorwurf gegenüber dem Richter zum Gegenstand hat: Geschieht das, liegt der – unzulässige – Ausspruch einer Missbilligung vor.[103] Weder darf der Vorhaltende die zu treffende Feststellung mit einem aus seiner persönlichen Wertungssphäre stammenden Unwerturteil noch mit einem subjektiven Vorwurf gegenüber dem Vorhaltsadressaten verbinden;[104] eine sachbezogene Wertung ist dagegen zulässig.[105] Eine „**Missbilligung**" (Wertung des Vorhaltenden) überschreitet die Grenze des Vorhalts[106] ebenso wie eine „Rüge" oder ein „Tadel" (Schuldvorwurf gegenüber dem Adressaten). Zulässig ist dagegen[107] ein „Nichtbilligen", das nicht über die Erklärung des Nichteinverstandenseins hinaus geht.[108] Auch eine „Beanstandung" geht zu weit und ist unzulässig.[109] Der Gebrauch des Wortes „leichtfertig" soll jedoch nicht in jedem Fall die Absicht zum Ausdruck bringen, einen Tadel auszusprechen.[110] Auch Fragen können ihrem sachlichen Gehalt nach Vorhalte sein.[111]

48 **2. Ermahnung.** Eine Ermahnung ist ein auf zukünftiges Verhalten bezogener Appell an das Pflichtgefühl und Verantwortungsbewusstsein. Sie darf dem Richter die Bedeutung und die Folgen eines bestimmten Fehlverhaltens vor Augen führen.[112] Dabei darf auch auf ein drohendes Disziplinarverfahren hingewiesen werden.[113] Obgleich die Ermahnung an einen vorgehaltenen Einzelfall anknüpfen wird, muss sie allgemeiner Natur sein.[114] Andererseits darf sie nicht in zu weitgehender Weise generalisieren, sondern muss sich auf Fälle dieser Art beziehen.[115] Wird einer „Erwartung" Ausdruck gegeben, so liegt dies im Allgemeinen noch im Rahmen einer Ermahnung.[116]

49 **3. Abgrenzungen.** Vorhalt und Ermahnung sind gewöhnlich miteinander verbunden.[117] Auch Äußerungen der Dienstaufsicht **gegenüber Dritten,** die das Verhalten eines Richters zum Gegenstand haben, können Dienstaufsichtsmaßnahmen gegenüber dem Richter sein (Rn. 99, 167). Ihre Zulässigkeit ist danach zu beurteilen, ob sie ihrem sachlichen Gehalt nach nicht gravierender als Vorhalt und Ermahnung sind.[118]

50 Vorhalt und Ermahnung dürfen keinen persönlichen Schuldvorwurf beinhalten.[119] Hierin unterscheiden sie sich als Dienstaufsichtsmaßnahmen von Diszipli-

---

[101] BGHZ 90, 34 = NJW 1984, 2534; *Schmidt-Räntsch* § 26 DRiG Rn. 26 ff.
[102] BGHZ 67, 184, 188; BGH DRiZ 1997, 467.
[103] BGHZ 47, 275, 285; KG NJW 1995, 883.
[104] *Grimm* S. 90, 91; vgl. auch BGHZ 46, 147.
[105] BGHZ 67, 184, 188 = NJW 1977, 437.
[106] BGHZ 47, 275, 285 = NJW 1967, 2054.
[107] Nach BGHZ 51, 280, 288 = NJW 1969, 2199.
[108] BGH DRiZ 1973, 280, 281.
[109] BGHZ 47, 275 = NJW 1967, 2054; in BGHZ 51, 280 = NJW 1969, 2199 ist der Formulierung, es werde etwas beanstandet, im Kontext keine selbstständige Bedeutung beigemessen.
[110] BGH DRiZ 1973, 280; kaum vereinbar mit BGHZ 47, 275, 285 = NJW 1967, 2054.
[111] BGHZ 51, 363, 370 = NJW 1969, 1302.
[112] BGH DRiZ 1973, 280, 281.
[113] BGH DRiZ 1973, 280, 281; 1978, 249.
[114] BGH DRiZ 1973, 280, 281.
[115] BGHZ 67, 184, 188 = NJW 1977, 437.
[116] BGH DRiZ 1971, 317.
[117] Vgl. BGH DRiZ 1973, 280; NJW-RR 2007, 281.
[118] BGHZ 51, 280, 287 = NJW 1969, 2199.
[119] BGH DRiZ 1985, 394.

narmaßnahmen, mit denen Dienstvergehen geahndet werden und die subjektiv Pflichtwidrigkeit und Verantwortlichkeit voraussetzen.[120] Wäre die Zulässigkeit von Vorhalt und Ermahnung verschuldensabhängig, hätte die Dienstaufsicht bei unverschuldetem, aber objektiv vorhandenem Fehlverhalten des Richters keine Möglichkeit einzuschreiten. Der BGH hat die Frage, ob Vorhalt und Ermahnung ein Verschulden erfordern, bislang nur – im Sinne der hier vertretenen Auffassung – am Rande beantwortet.[121]

51 Vorhalt und Ermahnung dürfen als nicht-personenbezogene Wertung auch dann keinen Schuldvorwurf enthalten, wenn die Pflichtverletzung schuldhaft war. Reichen Vorhalt und Ermahnung nicht aus, bleibt der Dienstaufsicht nur, ein vereinfachtes (Disziplinarverfügung) oder förmliches (Disziplinargericht) **Disziplinarverfahren** einzuleiten.[122] Trotz des qualitativen Unterschieds ist die Disziplinargerichtsbarkeit also Dienstaufsicht im weiteren Sinne.[123]

52 Zulässig sind Maßnahmen, die **schwächer als Vorhalt und Ermahnung** sind,[124] z.B. Hinweise, Belehrung, Unterrichtung,[125] auch ein kollegiales Gespräch unter vier Augen,[126] vor allem aber Beobachtungsmaßnahmen.[127] Hierzu gehören außerordentliche Geschäftsrevision[128] und Berichtsanforderungen,[129] die jedoch die Unabhängigkeit dann beeinträchtigen können, wenn sie eine psychologische Einflussnahme auf konkrete Prozesse bewirken[130] (§ 26 Abs. 2 DRiG: ... „vorbehaltlich des Absatzes 1 ..."). Der Auffassung, dass die Dienstaufsichtsstelle bei der Beobachtung frei sei,[131] kann daher nur mit dieser Einschränkung zugestimmt werden.

53 **IV. Grenzen, Kernbereich.** § 26 Abs. 2 DRiG beschränkt nicht nur die Mittel der Dienstaufsicht, sondern schließt von vornherein einen Großteil der richterlichen Tätigkeit von jeglicher Dienstaufsicht aus. Die Gesetzesfassung, dass nur die „ordnungswidrige Art der Ausführung eines Amtsgeschäfts" vorgehalten werden darf, will deutlich machen, dass die Dienstaufsicht bei den Äußerlichkeiten der Amtsgeschäfte anzuhalten hat und die Freiheit der Arbeit eines pflichtbewussten Richters nicht regulieren darf.[132] Der BGH – Dienstgericht des Bundes – hat angesichts dieser Intention des Gesetzgebers in Interpretation des § 26 DRiG folgende Systematik entwickelt: In dem **Kernbereich richterlicher Tätigkeit** ist jede den Inhalt einer Entscheidung, Anordnung oder Regelung betreffende Maßnahme der Dienstaufsicht unzulässig.[133]

54 **Kernbereich** ist die unmittelbare Spruchtätigkeit, also die Verhandlung,[134] die Entscheidung über die Spruchreife[135] und die Entscheidungsfindung. Hierzu ge-

---

[120] Vgl. *Schmidt-Räntsch* Vorbem. vor §§ 63 und 64 DiRG Rn. 5.
[121] BGH DRiZ 1973, 280: „... ergibt sich nichts dafür, dass der Präsident von einem – für die Qualifizierung seiner Verfügung als Zurechtweisung maßgeblichen – Verschulden des Antragstellers ausgegangen wäre"; 1978, 249: „Verletzt ein Richter ... eine ihm obliegende Dienstpflicht oder beabsichtigt er, wenn auch guten Glaubens, gegen eine derartige Pflicht zu verstoßen, so darf ihm das der Dienstvorgesetzte vorhalten und ihn ... ermahnen."
[122] BGHZ 51, 280, 286 = NJW 1969, 2199.
[123] *Arndt* DRiZ 1974, 248.
[124] BGHZ 47, 275, 285 = NJW 1967, 2054; Z 100, 271, 276.
[125] BGH NJW-RR 2005, 433; *Arndt* DRiZ 1971, 254, 257.
[126] *Geiger* DRiZ 1979, 68.
[127] Vgl. BGH NJW 1978, 2033.
[128] BGH DRiZ 1971, 317.
[129] BGH DRiZ 1978, 185.
[130] BGHZ 90, 41, 43; BGH NJW-RR 2005, 433.
[131] *Dinslage* DRiZ 1960, 201; *Arndt* DRiZ 1974, 248.
[132] So Ausschussberichte des BTags und des BRats, DRiZ 1961, 260, 261.
[133] BGHZ 42, 163, 169 = NJW 1964, 2415; Z 46, 147, 149; Z 47, 275, 285 = NJW 1967, 2054; Z 57, 344, 349 = NJW 1972, 634; BGH DRiZ 1974, 130; BGHZ 67, 184, 187 = NJW 1977, 437; Z 70, 1, 4 = NJW 1978, 824.
[134] BGH DRiZ 1982, 389.
[135] BGH DRiZ 1995, 352.

hört aber auch das nahe Umfeld des richterlichen Spruchs (Kernbereich im weiteren Sinn). Hierzu zählen die den richterlichen Spruch vorbereitenden,[136] ihn zustande bringenden und ihm nachfolgenden Sach- und Verfahrensentscheidungen,[137] z. B. Entscheidung über mündliche Verhandlung oder schriftliches Verfahren,[138] Terminsbestimmung (Rn. 67), Bestimmung des Berichterstatters, Durchführung vorbereitender Maßnahmen nach § 273 ZPO, Prozessleitung, insbesondere Vernehmung von Zeugen und Sachverständigen, Beweiswürdigung, Versuch einer gütlichen Streitbeilegung (§ 278 ZPO), Ausübung der Sitzungspolizei, Berichtigung des Urteils nach § 319 ZPO, Information der ehrenamtlichen Richter[139] wie ihre Vereidigung[140] – nicht nur die eigentliche Rechtsfindung, „sondern zugleich alle ihr auch nur mittelbar dienenden – sie vorbereitenden oder ihr nachfolgenden – Sach- und Verfahrensentscheidungen".[141] Auch eine nicht ausdrücklich vorgeschriebene, den Interessen der Rechtsuchenden dienende richterliche Handlung ist diesem Bereich zuzuordnen, wenn sie im konkreten Verfahren mit der Aufgabe des Richters, Recht zu finden und den Rechtsfrieden zu sichern, in Zusammenhang steht.[142]

55 Bei an sich in den Kernbereich fallenden Tätigkeiten ist allerdings die Sicherung eines ordnungsgemäßen Geschäftsablaufs[143] sowie die **äußere Form der Erledigung** des richterlichen Geschäfts (= Art der Ausführung eines Amtsgeschäfts) der beschränkten Dienstaufsicht, d. h. Vorhalt und Ermahnung, zugänglich. Die (nur) äußere Form der Erledigung ist somit auch betroffen bei Kernbereichstätigkeiten außerhalb des Kernbereichs.[144]

56 Darüber hinaus gibt es richterliche Tätigkeiten, „die dem **Kernbereich** der eigentlichen Rechtsprechung **soweit entrückt** sind, dass für sie die Garantie des Art. 97 Abs. 1 GG nicht in Anspruch genommen werden kann".[145] Diese dem Kernbereich entfernten Tätigkeiten werden zum Bereich der **äußeren Ordnung** gerechnet, in dem ebenso wie bezüglich der Art der Ausführung eines Amtsgeschäfts Vorhalt und Ermahnung zulässig sind.[146] So ist der Dienstaufsicht die Pünktlichkeit des Sitzungsbeginns zugänglich.[147]

57 Ferner zählen offensichtliche **Fehlgriffe im Kernbereich** zum Bereich der äußeren Ordnung.[148] Ein solcher Fehlgriff liegt aber nicht schon dann vor, wenn die Rechtsanwendung lediglich für fehlerhaft gehalten oder das Verfahren als nicht im Einklang mit dem Gesetz stehend angesehen wird; es muss sich um einen offensichtlichen, jedem Zweifel entrückten Fehlgriff handeln.[149]

58 Zu der beschränkter Dienstaufsicht unterliegenden äußeren Ordnung gehören demnach: a) die äußere Form von Kernbereichstätigkeiten, b) die in Kernbereichsferne stehenden Tätigkeiten, c) offensichtliche Fehlgriffe bei Kernbereichstätigkeiten; bei b) und c) kann somit auch der sachliche Gehalt eines richterlichen Geschäfts zum

---

[136] BGH NJW 1984, 2535 = DRiZ 1984, 365.
[137] BGHZ 90, 41, 45 = NJW 1984, 2531; BGH DRiZ 1994, 464; 1997, 469.
[138] OVG Berlin NVwZ-RR 2004, 627.
[139] BAGE 35, 251 = NJW 1982, 302; LG Düsseldorf DRiZ 2006, 316.
[140] HessDG DRiZ 1980, 469.
[141] StRSpr, vgl. BGHZ 90, 41 = NJW 1984, 2531; BGH NJW-RR 2001, 499.
[142] BGH DRiZ 1997, 469; *Schmidt-Räntsch* § 25 DRiG Rn. 8.
[143] BGH DRiZ 1997, 467; NJW-RR 2001, 498; KG NJW 1995, 883.
[144] BGHZ 51, 280, 288 = NJW 1969, 2199; BGH DRiZ 1974, 130; BGHZ 67, 184, 187 = NJW 1977, 437; Z 70, 1, 4 = NJW 1978, 824.
[145] BGHZ 42, 163, 169 = NJW 1964, 2415; Z 67, 184, 187 = NJW 1977, 437; Z 70, 1, 4 = NJW 1978, 824.
[146] BGHZ 90, 41, 45 = NJW 1984, 2531; Z 93, 238, 244 = NJW 1985, 1471; BGH NJW 1988, 419; 1992, 46; DRiZ 1997, 468; KG NJW 1995, 883; OLG Hamburg NJW-RR 1999, 1292.
[147] BGH DRiZ 1997, 468.
[148] BGHZ 100, 217 = NJW 1987, 2441; BGH DRiZ 1991, 368; 1997, 468.
[149] BGHZ 46, 147, 150; Z 67, 184, 187; Z 79, 1, 4; Z 76, 288, 291; BGH DRiZ 1984, 194; 1996, 371; NJW-RR 2001, 498.

Gegenstand von Vorhalt und Ermahnung gemacht werden.[150] Der Dienstaufsicht im Rahmen der allgemeinen beamtenrechtlichen Dienstaufsicht unterliegt die dienstliche Tätigkeit eines Richters, die nicht richterlicher Art ist,[151] und sein **außerdienstliches Verhalten**.[152] Soweit das gleiche Verhalten eines Richters ausnahmsweise sowohl Gegenstand eines Disziplinarverfahrens als auch eines Prüfungsverfahrens nach § 26 DRiG sein kann, sind diese Verfahren getrennt durchzuführen.[153]

V. Kritik. Die Unterscheidung zwischen Kernbereich und äußerer Ordnung und die Zulässigkeit dienstaufsichtliche Maßnahmen auch im Kernbereich bei offensichtlichen Fehlgriffen ist **umstritten.** *Arndt* will bei abgeschlossenen Verfahren alle schuldhaften Gesetzesverletzungen der Dienstaufsicht zugänglich machen.[154] *Rudolph* hält Dienstaufsichtsmaßnahmen gegenüber jeder richterlichen Tätigkeit, die auf der Überzeugung des Richters beruht, für unzulässig.[155] *Funk* sieht die Grenzen der Dienstaufsicht in einer vermeidbaren Einflussnahme und beurteilt die Frage der Vermeidbarkeit auf dem Hintergrund der Justizgewährungspflicht, wobei Fehler im Einzelfall eine Einflussnahme nicht rechtfertigen sollen.[156] Nach *Wolf* soll auch bei einem offensichtlichen Fehlgriff eine Korrektur ausschließlich der Rechtsprechung (Instanzenzug, Disziplinarverfahren, Richteranklage) vorbehalten bleiben.[157] *Ruth Schmidt-Räntsch*[158] und *Schmidt-Räntsch*[159] beziehen die der Dienstaufsicht entzogene richterliche Unabhängigkeit auf ausnahmslos alle richterlichen Tätigkeiten. **59**

Der Kritik ist zuzugeben, dass die vom BGH getroffene Definition einer Unabhängigkeitsbeeinträchtigung auf einen Zirkelschluss hinausläuft[160] und dass die Zuordnung des offensichtlichen Fehlgriffs zum Bereich der äußeren Ordnung zweckbedingt ist.[161] Andererseits bietet sich auch keine Lösung, die das Spannungsverhältnis zwischen richterlicher Unabhängigkeit und Dienstaufsicht in Ansehung der Justizgewährungspflicht befriedigender regeln könnte. Berücksichtigt man, dass auch für ein Eingreifen der Dienstaufsicht das Gebot der Verhältnismäßigkeit gilt[162] und der Richter das Dienstgericht anrufen kann (Rn. 164), so ist die vom BGH entwickelte Lösung akzeptabel.[163] Die Befürchtung, in der neueren Rechtsprechung seien die Gewichte auf Kosten der Unabhängigkeit verschoben,[164] ist unbegründet. **60**

Bestehen ernsthafte Zweifel, ob die sachlichen Voraussetzungen für die Ausübung der Dienstaufsicht vorliegen, hat sie zu unterbleiben: **im Zweifel für die Unabhängigkeit.** Das gilt auch, soweit nicht eindeutig ein offensichtlicher Fehlgriff (Rn. 57) vorliegt.[165] **61**

VI. Beobachtungsfunktion. Von der konkreten Ausübung der Dienstaufsicht zu trennen ist das Tätigwerden im Rahmen der Beobachtungsfunktion, die Ausfluss der nach § 26 DRiG zulässigen Dienstaufsicht ist. Eine Beobachtung ist uneingeschränkt zulässig, soweit sie nicht den Anschein eines Einwirkungsversuchs erweckt. Die dienstaufsichtführende Stelle ist danach befugt, sich durch turnusmäßige **62**

---

[150] BGHZ 51, 280, 285 = NJW 1969, 2199; BGH DRiZ 1971, 317.
[151] BGH DRiZ 1977, 215.
[152] Vgl. BGHZ 51, 363, 367 f. = NJW 1969, 1302.
[153] KG DGH NJW-RR 1995, 883.
[154] DRiZ 1974, 248; 1978, 78.
[155] DRiZ 1978, 146; dagegen *Kessler* DRiZ 1978, 182.
[156] DRiZ 1978, 357.
[157] NJW 1977, 1063 Anm. zu BGHZ 67, 184 = NJW 1977, 437; ähnlich *Rudolph* DRiZ 1978, 13; 1979, 100.
[158] Dienstaufsicht über Richter, 1985 S. 61 ff.; 111 f.
[159] § 26 Rn. 25.
[160] Vgl. *Mayer* DRiZ 1978, 313; *Schilken* JZ 2006, 860, 865.
[161] *Simon* DRiZ 1980, 92: „schroffe Missachtung der entwickelten Klassifikation"; *Schilken* aaO. 866.
[162] *Wolf* NJW 1978, 825 in Anm. zu BGHZ 70, 1 = NJW 1978, 824.
[163] LR/*Böttcher* Rn. 28; *Papier* NJW 2001, 1091.
[164] *Rudolph* DRiZ 1979, 97.
[165] BGHZ 67, 184, 188 = NJW 1977, 437; Z 76, 288 = NJW 1980, 1850.

oder aus besonderem Anlass erfolgende **Geschäftsprüfungen** Klarheit darüber zu verschaffen, ob organisatorische Entlastungsmaßnahmen oder gezieltere dienstaufsichtliche Maßnahmen angezeigt sind; ohne die ständige Beobachtung der Arbeit der Richter und des Geschäftsablaufs bei den Gerichten könnte der Staat die vielen verschiedenartigen Vorkehrungen und Maßnahmen nicht treffen, die erforderlich sind, um im Interesse aller Bürger eine geordnete Rechtspflege aufrecht zu erhalten.[166] Deshalb sind auch außerordentliche Geschäftsrevisionen aus gegebenem Anlass unter Hinzuziehung von Hilfspersonen zulässig,[167] sie bedürfen nicht der vorherigen Ankündigung.[168] Zulässig ist auch ein Meldeverlangen bezüglich überjähriger Prozesse[169], die Sammlung und Auswertung von Haftprüfungsentscheidungen der übergeordneten OLG[170] oder die Anforderung von Berichten über die Bearbeitung von Verfahren in der Zuständigkeit des Richters,[171] ebenso eine listenmäßige Erfassung der Geldbußen.[172] Unzulässig, weil einen nachträglichen Rechtfertigungsdruck erzeugend, ist die Aufforderung an einen Richter, sich zu einer von ihm getroffenen Entscheidung dienstlich zu äußern.[173] Unbedenklich ist die aus Gründen der Kontrolle der Haushaltsmittel erfolgende automatische Registrierung der dienstlich geführten Telefongespräche.[174] Auch die bloße Bekanntgabe von Erfahrungsberichten aus Gerichtsverfahren an andere Richter ist zulässig.[175]

63 **VII. Einzelfragen. 1. Verhandlung, Entscheidung. Entscheidungen** in einem anhängigen Verfahren einschließlich aller Zwischenentscheidungen, z. B. Verweisungen,[176] und prozessleitende Verfügungen gehören uneingeschränkt zum Kernbereich der richterlichen Unabhängigkeit,[177] ebenso die mündliche und schriftliche **Entscheidungsbegründung** unabhängig von ihrer Notwendigkeit überhaupt,[178] auch in Versform.[179] Ausdrucksweise und sachlicher Inhalt stehen dabei in einer untrennbaren und damit insgesamt dem Kernbereich zuzurechnenden Gemengelage, soweit sie als tatsachenadäquate Wertung prozessualen Verhaltens zu betrachten sind.[180] Dies gilt auch für Äußerungen in der **Verhandlung.** Jedoch sind verbale **Entgleisungen,** die in keiner sachlichen Relation zum Streitstoff stehen, insbesondere Menschenwürde oder Ehre von Verfahrensbeteiligten über das zu Sachverhaltsfeststellung und rechtlicher Würdigung notwendige Maß beeinträchtigen, der Dienstaufsicht zugänglich; hier handelt es sich nicht um „sprachliche Zensuren".[181] Der Bürger hat auch im gerichtlichen Verfahren Anspruch auf Achtung seiner Personenwürde und Schutz vor kränkender Verhandlungsführung.[182] In solchen Fällen kann die Ausdrucksweise des Richters ein vom Inhalt ablösbares und dem äußeren Ordnungsbereich zuzurechnendes Formelement darstellen, so dass ‚verbale Exzesse' der Beanstandung im Wege der Dienstaufsicht zugänglich sein können.[183] Dabei ist aber, insbesondere bei Ausführungen in gerichtlichen Ent-

---

[166] BGHZ 112, 189 = NJW 1991, 421.
[167] BGH DRiZ 1971, 317; eingehend *Stanicki* DRiZ 1986, 329.
[168] BGH NJW 1988, 418.
[169] BGH DRiZ 1978, 185.
[170] OLG Hamm DRiZ 2007, 284.
[171] BGHZ 112, 189. 195 = NJW 1991, 189; BGH NJW 2006, 692; OLG Hamm aaO.
[172] BGH NJW 1984, 2473.
[173] BGHZ 100, 271 = NJW 1987, 2441.
[174] Vgl. VGH Mannheim NJW 1991, 2721.
[175] BGH DRiZ 1981, 344; 3. 11. 2004 – RiZ (R) 5/03 –.
[176] BGH DRiZ 1991, 368.
[177] BGHZ 67, 184 = NJW 1977, 439.
[178] Vgl. dazu BVerfGE 50, 287, 289; BGHZ 94, 150 = NJW 1986, 664.
[179] *Beaumont* NJW 1989, 372.
[180] BGHZ 70, 1 = NJW 1978, 824 – dummdreiste Lüge – m. Anm. *Wolf* NJW 1978, 825; *Arndt* DRiZ 1978, 301; vgl. auch BGH DRiZ 1991, 410; DGH Hamm NVwZ-RR 2005, 77.
[181] *Rudolph* DRiZ 1979, 101; *Feiber* NJW 1983, 2927; *Sendler* NJW 1984, 691.
[182] BVerwGE 24, 264.
[183] BGH NJW 2006, 1674; OVG Koblenz NVwZ-RR 2005, 2.

scheidungen selbst, im Zweifelsfalle die richterliche Unabhängigkeit zu respektieren.[184] Auch deplacierte Nebenbemerkungen in öffentlicher Sitzung[185] gehören nicht zum Kernbereich.

2. Form und Frist. Die Beachtung der gesetzlichen **Fristen** und **Formen** für die Urteilsverkündung und Urteilsabsetzung (z. B. §§ 268, 275 StPO, §§ 310, 315 ZPO) gehören nicht zum Kernbereich. Jedoch rechtfertigt nicht jede Fristüberschreitung ein Eingreifen der Dienstaufsicht.[186] Unangemessen lange Absetzungsfristen können Gegenstand der Dienstaufsicht sein.[187] Der Vorhalt verzögerlicher Terminierung älterer Sachen ist eine zulässige Maßnahme der Dienstaufsicht.[188] Wohl aber gehört in den Kernbereich die Entscheidung des Richters darüber, wie häufig, in welchen Abständen und zu welchen Überprüfungen er sich im Einzelfall die Streitakte wieder vorlegen lässt.[189]

3. Vergleich. Zum Kernbereich gehört das Hinwirken auf einen Vergleich; der Richter ist gesetzlich verpflichtet, in jeder Lage des Verfahrens auf eine gütliche Beilegung hinzuwirken (§ 278 ZPO). Dennoch kann in Grenzfällen die Methode, mit der auf einen Vergleich hingearbeitet wird, aus dem Kernbereich herausführen. Wendet der Richter sich wegen der Vergleichszustimmung an ein Ministerium, so besteht für ihn nicht die Pflicht, den Dienstweg einzuhalten.[190]

4. Erledigungszahlen, Verzögerungen. Die Dienstaufsicht kann trotz ihrer Befugnis, im Rahmen von § 26 Abs. 2 DRiG gegen Verzögerungen aus allgemeinen Gründen einzuschreiten und auf die Steigerung der **Arbeitsleistung** hinzuwirken (Rn. 96), einem Richter nicht vorschreiben, eine bestimmte Anzahl von Sachen in vorgegebener Zeit zu erledigen. Der einzelne Richter kann, sofern er sich pflichtgemäß einsetzt, sein Arbeitspensum selbst bestimmen, indem er bei zu starkem Geschäftsanfall die Termine hinausschiebt.[191] Dennoch ist dies keine befriedigende Lösung[192] und auch rechtsstaatlich u. U. bedenklich („temporäre Rechtsverweigerung"). Wenn das Erledigungspensum der Richter in der BRep im internationalen Vergleich niedriger ist als das der meisten ihrer ausländischen Kollegen,[193] so liegt dies an dem hohen zeitlichen Aufwand, den unser Rechtssystem für aktenmäßige Vorbereitung, Sachaufklärung und Entscheidungsbegründung erforderlich macht. Ein Richter kann nicht angewiesen werden, der Quantität auf Kosten der Qualität den Vorzug zu geben. Insbesondere kann ihm kein Pensum abverlangt werden, das sich sachgerecht nicht mehr erledigen lässt.[194] Wohl aber darf der Dienstvorgesetzte einem Richter, der die ihm zugewiesenen Sachen nur unzulänglich bearbeitet, weil er den Geschäftsverteilungsplan für rechtswidrig hält, die Pflichtwidrigkeit seines Verhaltens und deren Folgen vorhalten und ihn zu unverzögerlicher Erledigung der Geschäfte ermahnen, denn der Geschäftsverteilungsplan ist vom Richter solange als verbindlich hinzunehmen, bis die Rechtswidrigkeit festgestellt ist (Rn. 182). Der Richter kann auch aufgefordert werden, eine Verjährung ihm zugewiesener Sachen möglichst zu vermeiden.[195] Zur **Arbeitszeit** Rn. 154, § 22 Rn. 36.

---

[184] BGH DRiZ 1991, 410; DGH Hamm DRiZ 1999, 222.
[185] Hinweis auf eine gegenüber Lehrern sozial benachteiligte Stellung der Richter, BGH DRiZ 1974, 130.
[186] OLG-Präsident Düsseldorf DRiZ 1974, 133; LG Düsseldorf DRiZ 1979, 123.
[187] BGHZ 90, 41, 44 = NJW 1984, 2531; BGH DRiZ 1995, 352.
[188] BGH DRiZ 1995, 352.
[189] BGH DRiZ 1995, 532.
[190] BGHZ 47, 275 = NJW 1967, 2054.
[191] HessMdJ DRiZ 1969, 164; VG Köln DRiZ 1972, 322.
[192] Kein Hilfsmittel für den Beisitzer im Kollegialgericht: *Schneider* DRiZ 1969, 221.
[193] So *Blankenburg* DRiZ 1979, 197, 201.
[194] BGH NJW 1988, 421; 2006, 692; NJW-RR 2007, 281.
[195] BGH NJW-RR 2007, 281.

67 **5. Terminsbestimmung.** Die **Terminsbestimmung** im Einzelfall gehört in den Kernbereich.[196] Der Richter hat hier einen weiten Ermessensspielraum.[197] Es ist ihm grundsätzlich überlassen, welchem der von ihm zu erledigenden vielfältigen Dienstgeschäfte er den Vorrang vor anderen einräumt.[198] Diese Entscheidungsfreiheit wird jedoch gröblich überschritten (Rn. 57), wenn so viele Sachen auf den gleichen Zeitpunkt terminiert werden (Sammeltermin), dass eine ordnungsgemäße Verhandlung nicht möglich ist[199] oder wenn der Richter auch innerhalb eines vertretbaren Zeitraums mit seiner Verfahrensweise aus sachfremden Erwägungen gezielt zum Vorteil oder Nachteil einer Partei handelt.[200] Der Richter darf aber weder gedrängt werden, einzelne Verfahren anderen gleich bearbeitungsbedürftigen vorzuziehen,[201] noch, häufiger als einmal pro Woche Sitzungen durchzuführen,[202] auch darf er nicht um umgehende Bearbeitung ganz bestimmter Verfahren aus seinem Dezernat ersucht werden.[203] Nicht in den geschützten Kernbereich fallen Verzögerungen in der Terminsbestimmung aus Gründen, die nichts mit konkreten Verfahren zu tun haben.[204] Steht die Beanstandung von Terminfestsetzungen nicht im Zusammenhang mit der Rechtsfindung in einzelnen Sachen, besteht unter dem Gesichtspunkt der richterlichen Unabhängigkeit kein Anlass, der dienstaufsichtsführenden Stelle jede Einflussmöglichkeit zu versagen,[205] so wenn eine Terminsverlegung dazu dient, dem Richter die Teilnahme an einer Demonstration zu ermöglichen.[206]

68 **6. Termine.** Die **pünktliche Wahrnehmung** der anberaumten Termine gehört nicht zum Kernbereich.[207] Bei konkurrierenden unaufschiebbaren Dienstgeschäften kann der Richter nicht selbst entscheiden, welchen Dienstgeschäften er den Vorrang gibt,[208] bei Überlastung kann er nicht selbst die Feststellung seiner Verhinderung treffen.[209] Er muss bereitstehen, bis der Gerichtspräsident seine Verhinderung feststellt, denn Überlastung und fehlende Vorbereitungszeit stellen keine offensichtliche Verhinderung dar;[210] vgl. § 21 e Rn. 146.

69 **7. Verfahrensvorbereitung.** Die **Verfahrensvorbereitung** (§§ 273 ff. ZPO, §§ 214 ff. StPO) gehört zum Kernbereich. Maßnahmen, die nur den störungsfreien Ablauf der Verhandlung sicherstellen sollen und vorwiegend auf organisatorischem Gebiet liegen, sind allerdings dem Bereich der äußeren Ordnung zuzurechnen.

70 **8. Verhandlungsraum.** Nicht zum Kernbereich gehört die Auswahl des **Sitzungssaales**. Die von der Justizverwaltung (§ 12 Rn. 102) im Voraus allgemein vorgenommene Verteilung der Sitzungssäle hat der Richter zu akzeptieren, wenn nicht ausnahmsweise von der Zuweisung unmittelbar Einflüsse auf das Verfahren ausgehen, die die Unabhängigkeit gefährden (§ 26 Abs. 3 DRiG). Der Richter kann auch nicht aus besonderen Gründen des Einzelfalls einen anderen als den zunächst bestimmten Sitzungssaal fordern (vgl. § 12 Rn. 102; § 22 Rn. 25; § 169 Rn. 26). Umgekehrt ist der Richter nicht verpflichtet, aus Anlass eines konkreten Verfahrens (Sicherheitsvorkehrungen, großer Publikumsandrang, Zahl der Verfah-

---

[196] BGH DRiZ 1971, 317.
[197] BGH NJW 1974, 1512; *Arndt* DRiZ 1979, 142.
[198] BGHSt 47, 105 = NJW 2001, 3275; BVerfG – K – NJW 2005, 3488.
[199] BGHZ 90, 41 = NJW 1984, 2531; vgl. *Arndt* DRiZ 1979, 142.
[200] BGHSt 47, 105 = NJW 2001, 3275.
[201] BGHZ 112, 189, 196 = NJW 1991, 421; BGH NJW-RR 2005, 433; NJW 2006, 692.
[202] BGH NJW 1988, 421.
[203] BGH NJW 1987, 1197; zum Rechtsbehelf OLG Hamburg NJW-RR 1989, 1022.
[204] BGHZ 51, 280 = NJW 1969, 2199; BGH DRiZ 1971, 317; OLG Hamm DRiZ 1992, 226.
[205] BGHZ 93, 238 = NJW 1985, 1471; BGHSt 47, 105 = NJW 2001, 3275 m. Anm. *Rudolph* DRiZ 1985, 351.
[206] KG DGH DRiZ 1995, 438.
[207] *Arndt* DRiZ 1978, 301.
[208] BGH NJW 1974, 870.
[209] BGH NJW 1967, 637.
[210] A. A. HessDG DRiZ 1980, 311 – abgeändert durch HessDGH DRiZ 1980, 430.

rensbeteiligten, nicht aber bauliche Gründe) einen anderen Sitzungssaal zu benutzen, auch wenn die Justizverwaltung ihn bereitstellt.[211] Hat der Gerichtspräsident als Inhaber des Hausrechts nach Art des Verfahrens Anlass, Sicherungsvorkehrungen zu treffen, kann er vom Vorsitzenden vorherige Unterrichtung verlangen. Fragen nach einem „politischer Hintergrund" oder der Möglichkeit einer Störung durch „Sympathisanten" sind jedoch bedenklich, wenn die Beantwortung den Richter dem Verdacht der Befangenheit aussetzen könnte.[212]

9. Amtstracht. Nicht zum Kernbereich gehört die Pflicht zum Tragen der vorgeschriebenen Amtstracht, die ein planmäßig angestellter Richter sich auf eigene Kosten anschaffen muss.[213] **71**

10. Sitzungspolizei. Die Ausübung der Sitzungspolizei gehört zum Kernbereich (§ 176 Rn. 7). Zu Überschneidungen zwischen Sitzungspolizei und Hausrecht § 12 Rn. 96. **72**

11. Dienstliche Erklärungen. Die Abgabe dienstlicher Erklärungen innerhalb oder im Zusammenhang mit einem Verfahren (z.B. zu Ablehnungsgesuchen oder Revisionsrügen) gehört wie die Entscheidung selbst zum Kernbereich.[214] Es gelten aber auch hier die Einschränkungen hinsichtlich der Wortwahl und Ausdrucksweise[215] (Rn. 63), auch im Verkehr mit der StA.[216] **73**

12. Beweisaufnahme. Die Anordnung und Durchführung einer Beweisaufnahme, ob also und in welcher Form Beweise zu erheben sind, gehören zum Kernbereich,[217] auch die zeitliche Disposition bei Beweisaufnahmen. Dies gilt jedoch nur für Beweisaufnahmen im Inland. Die Frage, ob für eine richterliche Tätigkeit im **Ausland** (vgl. § 22 Rn. 32) die Zustimmung des auswärtigen Staates herbeigeführt oder von einer erteilten Zustimmung Gebrauch gemacht werden soll, fällt in den Bereich der Beziehungen zu auswärtigen Staaten, für den nach Art. 32 GG allein die Bundesregierung zuständig ist;[218] hier besteht nicht einmal ein Spannungsverhältnis zwischen den Prinzipien der richterlichen Unabhängigkeit und der Gewaltenteilung, da die Pflege der auswärtigen Beziehungen außerhalb der Grenzen liegt, innerhalb der die Richter unabhängig sind. **74**

13. Protokoll. Die Bestimmung des Protokollinhalts gehört zum Kernbereich, ebenso die Bestimmung der Art der Protokollführung[219] (Protokollführer oder Tonaufzeichnungsgerät), denn sie hängt untrennbar mit der Überlegung zusammen, welche Art der (vorläufigen oder endgültigen) Protokollaufnahme mit Rücksicht auf die Umstände des Falles die beste Gewähr dafür bietet, dass der Protokollinhalt die Ergebnisse der mündlichen Verhandlung oder einer Beweisaufnahme vollständig und zutreffend wiedergibt.[220] Die Neufassung von § 159 ZPO durch das 1. JuMoG vom 24. 8. 2004 ändert hieran nichts. Zum Kernbereich gehört aber nicht die Frage, welcher Protokollführer dem einzelnen Richter zugeteilt wird. Nur im Falle der Ungeeignetheit kann der Richter dies der Verwaltung mitteilen und notfalls die Verhandlung abbrechen.[221] Auch gehört es zur Amtspflicht des Richters, in Engpässen auf die Funktionsfähigkeit des Gerichts Rücksicht zu nehmen; seine Bestimmung der Art der Protokollierung darf nicht zur Rechtsverweigerung führen. **75**

---

[211] Vgl. DRiZ 1979, 381.
[212] Vgl. BGHZ 51, 148, 152 = NJW 1969, 556.
[213] OVG Lüneburg DRiZ 1974, 389; zum „Robenstreit": DRiZ 1970, 118; 197; *Wittreck* S. 453f.; *Müller* ZRP 1971, 7; OLG Frankfurt NJW 1987, 1208; vgl. auch *Hahn* I S. 366; DRiZ 1980, 345.
[214] BGH DRiZ 1974, 130, 131; BGHZ 77, 70 = NJW 1980, 2530.
[215] BGH DRiZ 1994, 141.
[216] BGHZ 51, 280, 288 = NJW 1969, 2199; vgl. *Kasten/Rapsch* JR 1985, 311.
[217] BGHZ 71, 9 = NJW 1978, 1425; Z 76, 288 = NJW 1980, 1850; vgl. *Rudolph* DRiZ 1980, 461.
[218] BGHZ 71, 9 = NJW 1978, 1425; krit. *Rudolph* DRiZ 1979, 98.
[219] BGH NJW 1978, 2509; vgl. *Stanicki* DRiZ 1983, 271; *Rudolph* DRiZ 1988, 74.
[220] BGH aaO.
[221] BGH NJW 1988, 417.

76 **14. Vordrucke.** Die auch für Richter verbindliche Einführung von zur Arbeitserleichterung entwickelten Vordrucken, die den Inhalt richterlicher Entscheidungen nicht berühren, zählt nicht zum Kernbereich.[222] Die **Rechtschreibreform** ist von der Exekutive im Wege des Verwaltungserlasses eingeführt worden; nach dem BVerfG[223] bedarf es für Regelungen über die richtige Schreibung der deutschen Sprache im Schulunterricht keines Gesetzes. Indessen ist es Teil der richterlichen Unabhängigkeit, wie der Richter ‚schreibt', jedenfalls solange gesetzlichen Vorgaben fehlen.[224] Den richterlichen Schreibstil hat die Justizverwaltung zu respektieren (Rn. 63). Das muss auch gelten, wenn in der Textverarbeitung Schreibprogramme sich ‚sperren'.

77 **15. Vorsitzender/Beisitzer.** Zum Kernbereich gehören auch die Beziehungen zwischen Vorsitzendem und Beisitzern im anhängigen Verfahren, jedoch nicht die Gesetzesauslegung hinsichtlich der Kompetenz des Vorsitzenden gegenüber ehrenamtlichen Beisitzern.[225] Zum Kernbereich zählen die Zuziehung von Ergänzungsrichtern (§§ 48, 192), die Übertragung auf den Einzelrichter (§ 348a ZPO) und die Entscheidung über die Zweierbesetzung (§ 76 GVG). Eine Empfehlung an den Vorsitzenden, sich Entscheidungen des Einzelrichters erst nach Abgang vorlegen zu lassen, sichert die sachliche Unabhängigkeit des Einzelrichters und ist der äußeren Ordnung zuzurechnen.[226]

78 **16. Amtshilfe.** Die Gewährung von Amtshilfe in einem anhängigen Verfahren gehört zum Kernbereich[227] (§ 156 Rn. 23).

79 **17. § 10.** Die Beauftragung und Aufsicht der Tätigkeit von **Referendaren** im Rahmen des § 10 GVG gehört zum Kernbereich (§ 10 Rn. 15).

80 **18. Vorlage nach Art. 100 GG.** Die Vorlage nach Art. 100 GG gehört zum Kernbereich (§ 12 Rn. 27).

81 **19. Mitteilungs- und Berichtspflichten.** Die Anordnung von Mitteilungs- und Berichtspflichten über anhängige Verfahren greift nicht in den Kernbereich ein (Rn. 62).

82 **20. Presseauskünfte.** Für Auskünfte über anhängige Verfahren an die **Presse** ist nach allgemeinem Presserecht der Gerichtspräsident (aufsichtführende Richter) als Organ der Justizverwaltung zuständig (§ 12 Rn. 128). Auskünfte durch den Vorsitzenden (Einzelrichter) mögen Übung sein, er ist hierzu aber nicht verpflichtet. Lehnt er die Auskunft ab, muss er dem Gerichtspräsidenten aber alle Informationen zu erteilen, die dieser für die Unterrichtung der Presse benötigt. Erteilt der Richter selbst Auskünfte, gehört dies nicht zum Kernbereich.[228]

83 **21. Fortbildung, Information.** Die Teilnahme an Fortbildungsveranstaltungen zählt nicht zum Kernbereich. Eine Dienstpflicht hierzu ist zweifelhaft (im Gegensatz zu sog. Dienstbesprechungen), es verstieße jedoch nicht gegen die Unabhängigkeitsgarantie des Art. 97 GG, eine solche Pflicht durch Rechtsnormen einzuführen.[229] Denn Sache des Richters ist es, inwieweit er die dabei erlangten Informationen innerhalb seiner zum Kernbereich gehörenden Tätigkeit auswertet. Aus den gleichen Gründen sind **Informationsschreiben** an Richter, die auf neue Gesetze hinweisen, Material hierzu liefern oder wertungsfrei auf Rechtsprechung

---

[222] LR/*Böttcher* Rn. 25.
[223] NJW 1998, 2515.
[224] Zum Umgang der Richter und Gerichte mit der Reform *Kissel* NJW 1997, 1097.
[225] Weisung, den Urteilsentwurf zu fertigen: BGHZ 42, 163 = NJW 1964, 2415.
[226] BGH NJW-RR 2002, 929.
[227] BGHZ 51, 193 = NJW 1969, 1302.
[228] BGH DRiZ 1973, 281; a.A. *Stober* DRiZ 1980, 12.
[229] *Schilken* JZ 2006, 860, 864.

aufmerksam machen, grundsätzlich zulässig,²³⁰ ebenso allgemein gehaltene, von einem konkreten Vorgang losgelöste rechtliche Hinweise.²³¹

22. Präsidium, Geschäftsverteilung. Die Aufgabe des Präsidiums, nach pflichtgemäßem Ermessen die Geschäftsverteilung zu regeln, gehört grundsätzlich zum Kernbereich (§ 21e Rn. 20, 62, 125), ebenso die Geschäftsverteilung durch die einem Spruchkörper angehörenden Berufsrichter nach § 21g. Entscheidungen des **Präsidiums** zur Geschäftsverteilung sind keine Maßnahmen der Dienstaufsicht, da das Präsidium kein Dienstaufsichtsorgan gegenüber dem von der Geschäftsverteilung betroffenen Richter ist (§ 21e Rn. 121). Nicht zum Kernbereich gehört die Beurteilung des Richters, ob er nach der Geschäftsverteilung zuständig ist,²³² oder seine Weigerung, dem Geschäftsverteilungsplan gemäß zu verfahren, auch wenn er dessen gerichtliche Nachprüfung eingeleitet hat (Rn. 66, 182); hier ist auch die Androhung eines Disziplinarverfahrens zulässig.²³³ 84

23. Präsidialrat. Die Tätigkeit von Richtern im **Präsidialrat** (§§ 49ff., 74 DRiG) gehört nicht zum Kernbereich und unterfällt nicht der Unabhängigkeitsgarantie. Es handelt um die Beteiligung an Personalentscheidungen der Exekutive (§§ 55, 75 DRiG) mit dem Charakter einer Gutachter-Funktion.²³⁴ Der Präsidialrat hat zur persönlichen und fachlichen Eignung eines Bewerbers/Richters mit schriftlicher Begründung Stellung zu nehmen, diese Stellungnahme ist zu den Personalakten zu nehmen (§§ 57, 75 DRiG). Diese Tätigkeiten sind systematisch der Verwaltung zuzurechnen, nicht der RSpr oder der Selbstverwaltung (im Gegensatz etwa zum Präsidium). Die Weisungsfreiheit der Mitglieder des Präsidialrats ergibt sich aus der Natur der Aufgabe. Gegen deren Beeinträchtigung kann aber nicht in den Formen des Unabhängigkeitsrechts, sondern nur nach Maßgabe von § 60 DRiG vorgegangen werden. 85

24. Richterrat. Die Tätigkeit von Richtern im **Richterrat** (§§ 49ff., 72 DRiG) unterfällt nicht dem von § 1 geschützten Kernbereich. Der Aufgabenkatalog der Richterräte (§§ 52 73 DRiG) weist die Tätigkeit als Verwaltung aus. Die von der Sache her erforderliche Weisungsfreiheit der Mitglieder der Richtervertretungen kann nicht anders sein als die der Personalvertretungen (vgl. auch § 53 DRiG). Es gilt das zum Präsidialrat (Rn. 85) Gesagte entsprechend. 86

25. Justizverwaltung. Die Tätigkeit von Richtern innerhalb der Justizverwaltung (zum Begriff § 12 Rn. 105ff.) gehört nicht zum Kernbereich, hier sind die Richter weisungsgebunden (Rn. 26, 41). So ist zulässig die an den dienstaufsichtführenden Richter gerichtete ministerielle Anordnung, bestimmte Entscheidungen abschriftlich zu übersenden.²³⁵ Zulässig ist auch die dienstaufsichtliche Anordnung, dass Richter bei der im Verwaltungsverfahren erfolgenden Festsetzung der Sachverständigenentschädigung eine Stellungnahme abzugeben haben; Bedenken bestünden aber, wenn sich der Richter dadurch für das gerichtliche Festsetzungsverfahren nach § 4 JVEG befangen machen würde.²³⁶ Zulässig ist die Beauftragung eines aufsichtführenden Richters mit der Leitung eines Gerichtsgefängnisses.²³⁷ Die Anforderung einer Stellungnahme zu einem Gesetzentwurf greift nicht in den Kernbereich ein (vgl. § 12 Rn. 86; § 42 DRiG), ebenso wenig fällt eine solche Stellungnahme in den Kernbereich. Auch mit der Ausbildung von **Referendaren** nimmt der Richter, soweit nicht konkrete Geschäfte nach § 10 in Frage stehen 87

---

[230] *Arndt* DRiZ 1971, 260.
[231] BGH NJW-RR 2002, 929.
[232] BGH DRiZ 1973, 280.
[233] BGH DRiZ 1978, 249; kritisch *Rudolph* DRiZ 1979, 98.
[234] *Priepke* DRiZ 1989, 409; a. A. *Arndt* DRiZ 1978, 299; offen mit Tendenz zu § 1 BGH DRiZ 1977, 151.
[235] BGH DRiZ 1963, 440; vgl. demgegenüber BGHZ 51, 193 = NJW 1969, 1302.
[236] BGHZ 51, 148, 152 = NJW 1969, 556.
[237] BGH DRiZ 1975, 23.

(Rn. 79), Aufgaben der Gerichtsverwaltung wahr (§ 12 Rn. 86); er hat deshalb Ausbildungsrichtlinien und Anweisungen zur Art der Zeugniserteilung zu beachten.[238] Die Heranziehung des Richters zur Referendarausbildung rechnet nicht zum Hauptamt, sondern ist Nebentätigkeit in der Gerichtsverwaltung, zu der der Richter nach § 42 DRiG verpflichtet ist und die seit jeher zum richterlichen Selbstverständnis gehört; sie stellt für sich gesehen grundsätzlich noch keinen Eingriff in die richterliche Unabhängigkeit dar[239] (vgl. aber Rn. 41).

88 **26. Standespolitik, Verbände.** Standespolitische Angelegenheiten der Richter oder ihrer Zusammenschlüsse gehören nicht zu dem durch § 1 geschützten Kernbereich, so sehr solche Aktivitäten auch der Wahrung der Unabhängigkeit und den anderen Belangen der Rechtspflege dienen mögen. Die Grenzen der standespolitischen Aktivitäten und der Dienstaufsicht richten sich nach den allgemeinen Vorschriften über Koalitionsfreiheit, Meinungsfreiheit usw.[240]

89 **VIII. Dienstliche Beurteilungen. 1. Notwendigkeit.** Dienstliche Beurteilungen über Persönlichkeit sowie fachliche Fähigkeiten und Leistungen des Richters sind für sachgerechte Personalentscheidungen unverzichtbar. Die Justizgewährungspflicht gebietet es, auch die optimalen personellen Voraussetzungen für eine geordnete Rechtspflege zu schaffen. Richterbeurteilungen sollen eine sachgemäße Personalpolitik ermöglichen. „Nicht jedes Richteramt gleicht dem anderen, und nicht jeder Richter ist für jedes richterliche Amt gleichermaßen berufen".[241] Daher ist in Ansehung des in Art. 33 Abs. 2 und 5 GG für den öffentlichen Dienst, also auch für das Amt des Richters, statuierten **Leistungsprinzips**[242] die dienstliche Beurteilung der Richter erforderlich,[243] wenn auch nicht übersehen werden kann, dass vom Beurteilungswesen Gefahren für die richterliche Unabhängigkeit ausgehen können.[244] Zum Rechtsschutz Rn. 165.

90 **2. Regelung.** Im DRiG ist die Richterbeurteilung nicht unmittelbar geregelt. Die allgemeine Verweisung in § 46 DRiG auf beamtenrechtliche Vorschriften erstreckt sich auch auf die Regelungen über das Beurteilungswesen, auch wenn diese Bestimmungen dem Richterverhältnis, in dem es keine Laufbahn im beamtenrechtlichen Sinn gibt, nur teilweise gerecht werden.[245]

91 **3. Zuständigkeit.** Die **Beurteilungskompetenz** ist Ausfluss der Dienstaufsicht und liegt somit beim Dienstvorgesetzten.[246] Gelegentliche Forderungen, ein kollegiales Organ, etwa das Präsidium,[247] oder Anwälte bei Beurteilungen einzuschalten, sind fragwürdig[248] und haben sich nicht durchgesetzt. Gegen die Zulässigkeit der Beurteilung von Richtern durch den Dienstvorgesetzten ergeben sich keine Bedenken.[249]

92 Beurteilungen sind höchstpersönliche Akte wertender Erkenntnis.[250] Das bedeutet, dass sie der **Dienstvorgesetzte selbst** vorzunehmen hat und sich eine eigene Beurteilungsgrundlage verschaffen muss. Bei größeren Gerichten wird dies auf

---

[238] DGH Hamm DRiZ 1974, 232.
[239] BGH NJW 1991, 426; vgl. DRiZ 1980, 467; kritisch *Piorreck* DRiZ 1988, 154; *Meyke* DRiZ 1988, 415.
[240] Vgl. DRiZ 1970, 236.
[241] *Baur* DRiZ 1973, 6.
[242] Vgl. BVerfGE 38, 1, 12, 13 = NJW 1974, 1940.
[243] BGH NJW 1992, 46; *Arndt* DRiZ 1971, 254; 418; *Pfeiffer* DRiZ 1979, 229; a. A. *Arntz* DRiZ 1972, 199.
[244] Vgl. DRiZ 1971, 146; *Bluhm* DRiZ 1971, 330; *Vultejus* DRiZ 1993, 177.
[245] Vgl. Leitsätze der Amtsrechtskommission des Deutschen Richterbundes DRiZ 1971, 103, 396; *Schaffer* DRiZ 1992, 292.
[246] BGHZ 52, 287, 292 = NJW 1969, 2202; Z 57, 344, 348 = NJW 1972, 634; BGH DRiZ 1977, 341.
[247] So Amtsrechtskommission des Deutschen Richterbundes DRiZ 1971, 103.
[248] *Baur* DRiZ 1973, 7.
[249] BVerfG DRiZ 1975, 284.
[250] BGH DRiZ 1976, 382.

Schwierigkeiten stoßen. Es ist unbedenklich, wenn der Gerichtspräsident beim Vorsitzenden Auskünfte über einen zu beurteilenden Richter einholt und sich diese weitgehend zu eigen macht.[251] Es kann sogar fehlerhaft sein, wenn er von der Einholung einer Äußerung des Vorsitzenden absieht.[252] Dennoch ist in der Regel geboten, dass sich der Dienstvorgesetzte einen eigenen Eindruck bildet.[253] Die Vorsitzenden sind verpflichtet, einem Auskunftsersuchen des Gerichtspräsidenten nachzukommen.[254] Ordnet ein Präsident an, dass ein Zeugnis oder ein Bericht eines Vorsitzenden zu den Personalakten des betroffenen Richters zu nehmen ist, so hat dies die Bedeutung einer Zeugniserteilung durch den Dienstvorgesetzten selbst.[255]

4. Inhalt, Grenzen. Die Beurteilung eines Richters ist eine **Maßnahme der Dienstaufsicht** im Sinne von § 26 Abs. 3 DRiG, gegen die mit der nachvollziehbaren Behauptung, sie beeinträchtige die richterliche Unabhängigkeit, das Richterdienstgericht im Prüfungsverfahren nach §§ 62 Abs. 1 Nr. 4e, 66 Abs. 1, 78 Nr. 4e DRiG angerufen werden kann.[256] Für die Vereinbarkeit einer dienstlichen Beurteilung mit dem Grundsatz der richterlichen Unabhängigkeit gelten die durch § 26 Abs. 1 und 2 DRiG gezogenen Grenzen.[257] Eine Beurteilung darf keine, auch nicht indirekte Weisung für den Richter enthalten, **wie er in Zukunft verfahren** und entscheiden soll.[258] Sie muss auch von jeder psychologischen Einflussnahme frei sein.[259] Eine Beeinträchtigung der richterlichen Unabhängigkeit liegt vor, wenn der Richter durch die Beurteilung – unterstellt, dass er die in ihr enthaltene Kritik annimmt – veranlasst werden könnte, eine Verfahrens- oder Sachentscheidung in einem bestimmten Sinn zu treffen, die er ohne diese Kritik in einem anderen Sinne träfe.[260] Daraus folgt, dass eine Beurteilung in der Regel nicht Kritik am Verhalten des Richters in bestimmten Einzelfällen üben darf, sondern allgemein gehalten sein muss. Spezifisch richterliche Fähigkeiten (Rechtskenntnisse, Beherrschung der Rechtsanwendungstechnik, Judiz) dürfen und sollen dagegen gewertet werden.[261] Andererseits müssen für negative Wertungen aktenmäßige Grundlagen vorhanden sein. Sind Tatsachen, auf denen die Beurteilung beruht, nicht zu beweisen, ist eine darauf gestützte negative Bewertung unzulässig.[262] Dies belegt, dass „die Abfassung einer Beurteilung zu den schwierigsten und verantwortungsvollsten Aufgaben im richterlichen Bereich gehört".[263]

Eine unzulässige psychologische Beeinflussung liegt vor, wenn es in der Beurteilung heißt, im Vordergrund der Erörterung der Sach- und Rechtslage stehe meist das Bemühen, einer gerichtlichen Entscheidung aus dem Wege zu gehen, da hierdurch der Richter veranlasst werden könnte, in Zukunft statt eines Vergleichs vermehrt eine Streitentscheidung anzustreben. Dasselbe gilt für die Formulierung, der Richter bevorzuge die Schriftlichkeit, ein verstärkter Einsatz des Mündlichkeitsprinzips sei wünschenswert.[264] Zulässig ist dagegen der Vorwurf „oft lückenhafter Sachaufklärung" und von „Versäumnissen in der Vorbereitung der Streitfälle und

---

[251] Zur Problematik „Beurteilungshilfen und Transparenz": *Rogge* DRiZ 1979, 237.
[252] BGH DRiZ 1979, 378.
[253] LG Düsseldorf DRiZ 1979, 122.
[254] *Vogt* DRiZ 1967, 385, 386; zweifelnd: *Nicken* DRiZ 1968, 131, 132.
[255] BGH DRiZ 1977, 341; vgl. auch BGHZ 76, 288 = NJW 1980, 1850.
[256] BGHZ 162, 333 = NVwZ 2005, 1223; BGH NJW 2002, 359.
[257] BGHZ 57, 344, 348 = NJW 1972, 634.
[258] BGHZ 90, 41 = NJW 1984, 2531; BGH NJW 1992, 46.
[259] BGHZ 57, 344, 348 = NJW 1972, 634.
[260] BGHZ 57, 344, 349 = NJW 1972, 634; Z 90, 41, 43 = NJW 1984, 2531; BGH NJW 1992, 46; 2000, 359; NJW-RR 2003, 492; OVG Berlin NVwZ-RR 2004, 627.
[261] BGHZ 57, 344, 348 = NJW 1972, 634; BGH DRiZ 1974, 163.
[262] BGH DRiZ 1976, 382.
[263] *Pfeiffer* DRiZ 1979, 229.
[264] OVG Berlin NVwZ-RR 2004, 627.

im Aktenstudium".²⁶⁵ Im Rahmen einer zulässigen Kritik an der **Arbeitsweise** im allgemeinen hält sich der Satz, dass die Entscheidungen in manchen Fällen durch eine eingehendere Würdigung des Parteivortrags an Überzeugungskraft gewinnen würden,²⁶⁶ ebenso der Wunsch, es möge dem Richter gelingen, „noch besser den notwendigen Kompromiss zwischen einer zügigen und prozessökonomischen Verfahrenserledigung und der gebotenen Gründlichkeit zu finden".²⁶⁷ Der Hinweis an einen abgeordneten Richter auf bereits vorhandene Voten und Beratungsergebnisse enthält nicht das Ansinnen, von einer eigenverantwortlichen Durcharbeitung der Akten abzusehen.²⁶⁸ Insgesamt darf die Dienstaufsicht nicht versuchen, den Richter in einer seine Entscheidungsfreiheit beeinträchtigenden Weise auf eine **bestimmte Art der Bearbeitung** festzulegen,²⁶⁹ ihn etwa zu veranlassen, verstärkt eine bestimmte Form der Prozesserledigung anzustreben,²⁷⁰ ihn zur strafferen Verhandlungsführung,²⁷¹ zu einer bestimmten Art der Vorbereitung der mündlichen Verhandlung²⁷² oder zur vermehrten Anberaumung von Sitzungstagen²⁷³ anzuhalten. Unzulässig ist auch die Aufforderung, bestimmte Verfahren umgehend zu bearbeiten.²⁷⁴ Jedoch unterliegt die richterliche Amtsführung insoweit der Dienstaufsicht und damit auch der dienstlichen Beurteilung, als es um die Sicherung des **ordnungsgemäßen Geschäftsablaufs,** die äußere Form der Erledigung oder um Fragen geht, die dem Kernbereich der RSpr so weit entrückt sind, dass sie nur zur äußeren Ordnung gehören.

95 Streitig ist die Frage, ob auf **Gesetzesverletzungen** hingewiesen werden darf, wenn die Verfahren abgeschlossen sind,²⁷⁵ oder ob dem entgegensteht, dass bewertende Kritik an der Rspr in abgeschlossenen Fällen die Gefahr der Beeinflussung für zukünftig gleichartige Fälle in sich birgt.²⁷⁶ Es ist jedoch keine Beeinträchtigung der richterlichen Unabhängigkeit, wenn jedem Zweifel entrückte offensichtliche Fehlgriffe als solche bezeichnet werden (Rn. 57).

96 Zulässig ist es, **Erledigungszahlen** zu erörtern und mit denen anderer Richter zu vergleichen, um den Richter zu höherer Arbeitsleistung zu veranlassen.²⁷⁷ Ein Eingriff liegt dagegen vor, wenn die Verbesserung einer bestimmten Erledigungsart angestrebt wird. Dies ist jedoch noch nicht der Fall, wenn bei der vergleichenden Erwähnung von Erledigungszahlen zwischen den Erledigungsarten unterschieden und dabei in einer Erledigungsart das Ergebnis als durchschnittlich, insgesamt aber die Zahl der Erledigungen als zu niedrig bezeichnet wird.²⁷⁸

97 Es darf deutlich gemacht werden, dass ein Richter interessiert ist, neue **technische Hilfsmittel** zu gebrauchen. Es darf auch erwähnt werden, dass die Sitzungen häufig über die Dienstzeit hinausgehen und dies gelegentlich eine unzumutbarer Belastung der Protokollführer zur Folge hat. Unzulässig ist jedoch, die Ablehnung von Tonaufnahmegeräten zu verknüpfen mit dem Vorwurf mangelnder Rücksichtnahme auf nichtrichterliche Mitarbeiter infolge Nichtbenutzung des Geräts.²⁷⁹

---

[265] BGHZ 57, 344, 349 = NJW 1972, 634.
[266] BGH DRiZ 1976, 382.
[267] VGH Mannheim NVwZ-RR 2005, 585.
[268] BGH DRiZ 1977, 341.
[269] BGH NJW 1988, 419.
[270] BGHZ 69, 309, 319; BGH NJW 1992, 46; DRiZ 1995, 352.
[271] BGHZ 90, 41 = NJW 1984, 2531; DRiZ 1995, 352.
[272] BGH NJW 1984, 2531;2535; DRiZ 1995, 352.
[273] BGH NJW 1988, 421; DRiZ 1995, 352.
[274] BGH NJW 1987, 1197; DRiZ 1995, 352.
[275] So *Arndt* DRiZ 1971, 254, 418.
[276] So *Bluhm* DRiZ 1971, 330; gleichwohl hält er in abgeschlossenen Verfahren eine deskriptive Beurteilung für zulässig.
[277] BGH NJW 1988, 421; 3. 11. 2004 – RiZ (R) 5/03 –.
[278] BGHZ 69, 309, 313 = NJW 1978, 760; BGH NJW 1988, 419; 2002, 359, 361; BVerwG NJW 1990, 849.
[279] BGH NJW 1978, 2509.

5. Besetzungsbericht. Von einer dienstlichen Beurteilung ist der Besetzungs- 98
bericht zu unterscheiden, in dem Bewerbungen um eine Beförderungsstelle zusammengestellt werden und auf Grund vergleichender Bewertung dem Minister ein Vorschlag unterbreitet wird. Ein Einsichtsrecht des Bewerbers in den Besetzungsbericht besteht – anders als bei ihn betreffenden Beurteilungen – grundsätzlich nicht, da er nicht zu den Personalakten gelangt und in der Regel mehrere Bewerber betrifft.[280] Während eines Verwaltungs- oder verwaltungsgerichtlichen Verfahrens ist allerdings Einsicht in die das Verfahren betreffenden und die dem Gericht nach § 99 Abs. 1 VwGO vorgelegten Akten gemäß § 29 VwVfG, § 100 VwGO zu gewähren.

IX. Dienstaufsichtsbeschwerden. Betreffen Dienstaufsichtsbeschwerden (vgl. 99
§ 12 Rn. 129 ff.) Vorgänge, die dem Kernbereich zuzurechnen sind, sind über die allgemeine Beobachtungsfunktion (Rn. 62) hinaus Maßnahmen der Dienstaufsicht unzulässig. Demgemäß muss sich auch der Bescheid an den Absender (vgl. § 12 Rn. 130, 134) darauf beschränken, auf die richterliche Unabhängigkeit hinweisen und diesen Grundsatz verständlich zu machen. Geht die Antwort darüber hinaus, kann hierin eine unzulässige Maßnahme der Dienstaufsicht liegen (vgl. Rn. 49, 167), so bei inhaltlicher Auseinandersetzung mit der Entscheidung oder Kritik am Verhalten des Richters, etwa, wenn der Dienstvorgesetzte ausführt, er teile die Auffassung des Richters nicht, sei aber durch die Unabhängigkeit an Dienstaufsichtsmaßnahmen gehindert.[281]

X. Sonstige Einwirkungen der Exekutive. Eine Gefahr der Einwirkung auf 100
die richterliche Tätigkeit ergibt sich daraus, dass die Exekutive in bestimmten Fällen Kompetenzen hat, die richterliche Vorhaben blockieren können. Hierher zählen Beweisaufnahmen im Ausland (Rn. 74) und die Erteilung von Aussagegenehmigungen (Einl. Rn. 171). Auch im Fall einer erpressten Freilassung eines Inhaftierten (Entführungsfall Lorenz) liegt eine politische Entscheidung vor, die durch den Rechtfertigungsgrund des Notstandes (§ 34 StGB) getragen ist,[282] wenn sie nach ernsthafter Abwägung zur Rettung des Lebens der Geisel erfolgt.[283] Demgegenüber lässt die Ausübung des Gnadenrechts die richterliche Entscheidung unberührt. Allgemeine Verlautbarungen des Justizministers oder der Justizverwaltung, nicht auf einen konkreten Vorgang zielend, sind keine Maßnahme der Dienstaufsicht.[284] Zur Niederschlagung von Kosten § 12 Rn. 135.

XI. Einwirkungen der Legislative. 1. Gewaltenteilung. Die richterliche 101
Unabhängigkeit kann auch durch die gesetzgebende Gewalt beeinträchtigt werden. Nach dem Grundsatz der Gewaltenteilung (Einl. Rn. 141) hat sich das Parlament jeder Einflussnahme auf die RSpr zu enthalten. Dies gilt sowohl für anhängige Verfahren als auch für zukünftige Entscheidungen, die in vergleichbaren Fällen zu erwarten sind. Die Einflussnahme durch Änderung der maßgebenden **Gesetze** ist allerdings uneingeschränkt zulässig, auch für laufende Verfahren. Ergangene Entscheidungen können Anlass für Gesetzesänderungen sein, die sich auf ähnliche, zukünftig zu entscheidende Fälle auswirken sollen.[285]

2. Amnestie, Niederschlagung. Zulässig sind Einflussnahmen durch Amnes- 102
tien und Niederschlagungen, die stets der Gesetzesform bedürfen. Entscheidungen zur Immunität (§ 16 Rn. 98) sind trotz Wirkung auf ein laufendes Verfahren zulässig.

3. Urteilskritik. Urteilskritik im parlamentarischen Raum ist legitim (Einl. 103
Rn. 170), muss aber den gegenseitigen Respekt der Staatsgewalten erkennen lassen.

---
[280] BVerwG NVwZ 1984, 445.
[281] BGH DRiZ 1967, 236; *LR/Böttcher* Rn. 23; *Hauth* DRiZ 1957, 284; *Rasehorn* DRiZ 1958, 78; *Schorn* DRiZ 1958, 315.
[282] DRiZ 1975, 109.
[283] Vgl. BVerfGE 46, 160 = NJW 1977, 2255.
[284] BGH 1. 3. 2001 – RiZ 1/01 –.
[285] Krit. *Völker/Ardizzoni* NJW 2004, 2413.

Geht die Kritik über die sachliche inhaltliche Auseinandersetzung und die Kundgabe einer abweichenden Meinung hinaus, wird die Grenze des nach dem Gewaltenteilungsprinzip Zulässigen überschritten,[286] auch wenn der betroffene Richter hiergegen nicht rechtsförmlich vorgehen kann (Rn. 187). Die auf eine parlamentarische Anfrage oder in einer Parlamentsdebatte maßvoll geübte Kritik des Justizministers an einer richterlichen Entscheidung, die in der Öffentlichkeit Aufsehen erregt hat, ist zulässig, denn der politisch verantwortliche Minister darf vor dem Parlament seine persönliche Meinung äußern. Kritische Stellungnahmen des Justizministers zu richterlichen Urteilen außerhalb des Parlaments sind allerdings bedenklich, auch wenn der Minister sich nicht als oberstes Dienstaufsichtsorgan, sondern als Politiker äußern will. Maßgeblich ist eine Abwägung der Meinungsfreiheit des Ministers als Politiker und der Gefahr einer Einflussnahme auf die zukünftige Entscheidung ähnlicher Fälle. Dabei spielt auch das Ausmaß, in dem die kritisierte Entscheidung die Öffentlichkeit bewegt hat, eine Rolle. Jede Maßnahme, die auf die Außerkraftsetzung einer gerichtlichen Entscheidung hinausläuft, ist unzulässig. So darf das Parlament nicht auf eine Petition hin anordnen, dass einer unterlegenen Prozesspartei die nicht zuerkannte Klagesumme aus der Staatskasse zu erstatten sei. Ebenso wenig dürfen das Kabinett, der Justizminister oder ein anderes Kabinettsmitglied gerichtliche Entscheidungen unterlaufen, indem die vom Gericht einem Verfahrensbeteiligten auferlegten Strafen oder Bußen für diesen gezahlt oder diesem erstattet werden.

104 **4. Haushalt.** Die Unabhängigkeit kann auch durch die Haushaltsgesetzgebung tangiert werden.[287] Eine unzureichende Ausstattung der Gerichte kann dazu führen, dass der einzelne Richter infolge Überlastung oder mangelnder personeller oder sächlicher Hilfsmittel seine Aufgaben nicht mit der Gründlichkeit erfüllen kann, die er für erforderlich hält, wenn nicht für andere Verfahren Rechtsstillstand eintreten soll. In Grenzfällen kann das dazu führen, dass der Richter sich nicht mehr unabhängig fühlt, auch wenn ihm eine bestimmte Erledigungszahl nicht vorgeschrieben werden kann (vgl. Rn. 96).

105 **5. Untersuchungsausschüsse.** Parlamentarische Untersuchungsausschüsse sind in Art. 44 GG und den Länderverfassungen vorgesehen. Sie sind mit hoheitlichen Befugnissen ausgestattete Gremien des Parlaments mit der Aufgabe, Sachverhalte, deren Aufklärung im öffentlichen Interesse und in der Zuständigkeit des Parlaments liegt, zu untersuchen, zu bewerten und dem Parlament Bericht zu erstatten. Sie sind Organe des Parlaments und der Legislative zuzurechnen; sie haben sich im Rahmen der Zuständigkeit des Parlaments zu halten. Deshalb haben sie keine Befugnisse, die der rsprGewalt obliegen (Einl. Rn. 173 ff.).

106 Bei der verschiedenen Zwecksetzung ist es zulässig, dass sich ein Untersuchungsausschuss und ein Gericht gleichzeitig mit demselben Sachverhalt befassen (Einl. Rn. 174). Ein Nachprüfen von Akten der rsprGewalt durch Untersuchungsausschüsse ist unzulässig.

107 **XII. Rechtsprechende Gewalt.** Die richterliche Unabhängigkeit kann – paradoxerweise – auch durch Träger der rsprGewalt beeinträchtigt werden. Hierbei ist nicht nur an Präjudizien (Rn. 129) und an die Bindungswirkung der Entscheidung eines Rechtsmittelgerichts für die im Instanzenzug untergeordneten Gerichte (Rn. 135) zu denken. Im **Kollegialgericht** kann auch das Verhältnis des Vorsitzenden zu den Beisitzern problematisch werden.[288] Der Vorsitzende (§ 21 f Abs. 1) ist nicht Vorgesetzter der Beisitzer, sondern primus inter pares. Er hat allerdings die Kompetenz, die Termine anzusetzen (§ 216 Abs. 2 ZPO, § 213 StPO) und die Verhandlung zu leiten (§ 136 Abs. 1 ZPO, § 238 Abs. 1 StPO), ebenso die Beratung. Ihm kommt somit ein „richtunggebender Einfluss" zu, auch wenn bei der

---

[286] Vgl. *Höfig* ZRP 1970, 267.
[287] *Pfeiffer* DRiZ 1988, 85.
[288] *Schilken* JZ 2006, 860, 862; *Schütz* S. 74 ff.

Rechtsfindung im konkreten Fall die Aufgabe, Leistung und Verantwortung aller Mitglieder des erkennenden Gerichts gleich ist (§ 59 Rn. 15). Die Position des Vorsitzenden gewinnt gegenüber den Beisitzern dadurch an Gewicht, dass er in aller Regel dem Gerichtspräsidenten eine wesentliche Grundlage für die Beurteilung des Beisitzers liefert (Rn. 92; § 115 Rn. 10). Dass der Vorsitzende durch autoritäre Handlungsweise, etwa eigenmächtige Änderung des Urteilsentwurfs,[289] unzulässige Anforderungen an Voten[290] oder eine auf Belastbarkeit nicht Rücksicht nehmende Terminierung[291] in die Unabhängigkeit eines Beisitzers eingreift, dürften heute aber selten sein. Treten unter den Mitgliedern eines Spruchkörpers persönliche Spannungen auf, so ist es vor allem Sache des Präsidiums, bei der Geschäftsverteilung Abhilfe zu schaffen (Rn. 185).

Der **Einzelrichter** in Zivilsachen, gleich ob er in streitentscheidender oder in **108** vorbereitender Funktion tätig ist, repräsentiert den Spruchkörper und ist deshalb unabhängig von Weisungen des Kollegiums oder des Vorsitzenden. Das schließt nicht aus, dass der vorbereitende Einzelrichter die für ihn unverbindliche Meinung seiner Kollegen einholen kann, ob eine Beweisaufnahme durchzuführen oder die Sache zur Endentscheidung reif und deshalb an den (vollbesetzten) Spruchkörper abzugeben ist. Der beauftragte Richter (§§ 348, 348a, 375 ZPO, § 223 StPO) hat sich dagegen als ausführendes Organ des Spruchkörpers im Rahmen seines Auftrags zu halten (vgl. § 75 Rn. 14).

XIII. Öffentlichkeit. Eine Beeinträchtigung der richterlichen Unabhängigkeit **109** kann auch durch die Öffentlichkeit ergeben.[292] Es steht außer Frage, dass sich die RSpr der Öffentlichkeit stellen muss und dass Kritik an Richtern, Gerichten und Entscheidungen als Ausfluss der Meinungs- und Pressefreiheit nicht nur zulässig, sondern im demokratischen Staat auch notwendig ist. Dessen ungeachtet bergen die von Medien und gesellschaftlichen Machtgruppen gezielt oder ungezielt ausgehenden Einflüsse heute größere Gefahren für die richterliche Unabhängigkeit als die Dienstaufsicht.[293] Diesen Einwirkungen mögen in besonderem Maß ehrenamtliche Richter ausgesetzt sein, sie können sich aber auch auf Berufsrichter erstrecken. Darüber hinaus können sich Einflussnahmen auf Zeugen und Sachverständige ergeben, Betroffene können durch die öffentliche Meinung in der Wahrnehmung ihrer Interessen behindert werden. Es geht somit nicht allein um den Richterschutz, sondern in erster Linie um den Schutz des Verfahrens, das nach rechtsstaatlichen Erfordernissen für jeden Beteiligten „fair" (Einl. Rn. 221) durchgeführt werden muss. Das im anglo-amerikanischen Rechtskreis entwickelte Institut des **„Contempt of Court"**, das prozessbeeinflussende Publikationen, Missachtung des Gerichts und die Vorwegnahme gerichtlicher Entscheidungen verbietet und unter Strafe stellt, findet in unserer Rechtsordnung keine Parallele.[294] Zur Beeinträchtigung der richterlichen Unabhängigkeit durch Massenmedien auch § 16 Rn. 68. Vergleichbares gilt für Verbände. – Zu den Gefahren der Gerichtsöffentlichkeit Einl. Rn. 227, § 16 Rn. 68, § 169 Rn. 15, 53; § 172 Rn. 30. Zum Rechtsschutz. Rn. 187 ff.

G. Bindung des Richters „an Gesetz und Recht"

I. Bindung an Gesetz und Recht. Bindung an Gesetz und Recht als Verfas- **110** sungsprinzip: Der Richter ist **„nur dem Gesetz"** unterworfen, bestimmt § 1 in Übereinstimmung mit Art. 97 Abs. 1 GG und § 25 DRiG, während Art. 20 Abs. 3 GG die Bindung der RSpr an **„Gesetz und Recht"** ausspricht. Die Bindung des

---

[289] Vgl. DRiZ 1961, 352.
[290] Vgl. DRiZ 1976, 215; 137.
[291] Vgl. *Schneider* DRiZ 1970, 318.
[292] *Lamprecht* DRiZ 1989, 4; *Friske/Herr* DRiZ 1990, 331; *Schilken* JZ 2006, 860, 862, 864.
[293] *Papier* NJW 2001, 1091; *Geiger* DRiZ 1979, 65, 67.
[294] *Stürner* JZ 1978, 161; 1980, 1; *Teplitzky* MDR 1964, 728; *Rüping* ZZP 1975, 212, 219; *Rinck*, Ehrengabe für Heusinger, München 1968 S. 143; *Schwinge* DRiZ 1976, 300.

Richters „an das Gesetz" ist das unverzichtbare Korrelat zur sachlichen Unabhängigkeit, ja deren Voraussetzung, „Rechtfertigung und Schranke".[295] Sie ist zugleich ein tragender Bestandteil des Gewaltenteilungsgrundsatzes und der Rechtsstaatlichkeit[296] (Einl. Rn. 141) und ein Gebot der Rechtssicherheit (Einl. Rn. 228); die Formulierung „nur dem Gesetz" unterstreicht die sachliche Unabhängigkeit des Richters jenseits gesetzlicher Vorschriften. Die Wortwahl im Art. 20 Abs. 3 GG, dass die RSpr an Gesetz „und Recht" gebunden ist – eine sibyllinische Formel[297] – bringt demgegenüber nichts über die Bindung des Richters an das Gesetz Hinausgehendes, sie ist im Grunde tautologischer Natur:[298] Mit ihr sollte ein enger Gesetzespositivismus abgelehnt werden. „Die Formel hält das Bewusstsein aufrecht, dass sich Gesetz und Recht zwar faktisch im Allgemeinen, aber nicht notwendig und immer decken. Das Recht ist nicht mit der Gesamtheit der geschriebenen Gesetze identisch. Gegenüber den positiven Satzungen der Staatsgewalt kann unter Umständen ein Mehr an Recht bestehen, das seine Quelle in der verfassungsmäßigen Rechtsordnung als einem Sinnganzen besitzt und dem geschriebenen Gesetz gegenüber als Korrektiv zu wirken vermag; es zu finden und in Entscheidungen zu verwirklichen, ist Aufgabe der Rechtsprechung. Der Richter ist nach dem Grundgesetz nicht darauf verwiesen, gesetzgeberische Weisungen in den Grenzen des möglichen Wortsinns auf den Einzelfall anzuwenden. Eine solche Auffassung würde die grundsätzliche Lückenlosigkeit der positiven staatlichen Rechtsordnung voraussetzen, ein Zustand, der als prinzipielles Postulat der Rechtssicherheit vertretbar, aber praktisch unerreichbar ist. Richterliche Tätigkeit besteht nicht nur im Erkennen und Aussprechen von Entscheidungen des Gesetzgebers. Die Aufgabe der Rechtsprechung kann es insbesondere erfordern, Wertvorstellungen, die der verfassungsmäßigen Rechtsordnung immanent, aber in den Texten der geschriebenen Gesetze nicht oder nur unvollkommen zum Ausdruck gelangt sind, in einem Akt des bewertenden Erkennens, dem auch willenhafte Elemente nicht fehlen, ans Licht zu bringen und in Entscheidungen zu realisieren. Der Richter muss sich dabei von Willkür freihalten; seine Entscheidung muss auf rationaler Argumentation beruhen".[299]

111 Mit diesem Verständnis von „Recht" im Sinne des Art. 20 Abs. 3 GG als ein neben die geschriebene konkrete Norm tretendes Recht, als Wert-Vorordnung oder Wert-Überbau, als Sinnganzes, das aus der Gesamtheit der vorhandenen Rechtsnormen erschlossen wird, aus den der geschriebenen Rechtsordnung immanenten, in dieser sich niederschlagenden Wertvorstellungen,[300] ist sowohl der scheinbare Widerspruch zwischen „Gesetz" und „Recht" aufgelöst als auch ein wie immer ableitbares Naturrecht jenseits der verfassten Rechtsordnung abgelehnt. „Gesetz" und „Recht" sind also nicht Gegensätze, sondern „Recht" tritt als Ergänzung zum „Gesetz", als Wertordnung, gefunden aus der Gesamtheit des gesetzten Rechts und seinem darin sich erkennbar niederschlagenden Vorverständnis. Die Bindung an „Gesetz und Recht" in dieser Interpretation erfordert die Ausfüllung gesetzlicher Lücken im Wege der Rechtsfortbildung; zu deren Grenzen und den Grenzen der Justiziabilität von Streitfragen (z. B. der sog. „political questions"; § 132 Rn. 37 ff.).

112 **II. Keine Bindung an den Wortlaut.** Keine Bindung allein an den Wortlaut: Der Richter braucht am Wortlaut einer Norm nicht halt zu machen. Seine Bindung an das Gesetz bedeutet nicht Bindung an dessen Buchstaben mit dem Zwang zu wörtlicher Auslegung, sondern Gebundensein an Sinn und Zweck des Gesetzes.[301]

---

[295] BGHZ 67, 184, 187 = NJW 1977, 437.
[296] BVerfGE 34, 269, 286 = NJW 1973, 1221.
[297] Vgl. *Kaufmann,* FS Peters, 1974, S. 295.
[298] *von Münch/Kunig/Schnapp* Art. 20 GG Rn. 43; *Maunz/Dürig/Herzog* Art. 97 GG Rn. 4; Art. 20 IV, Rn. 49 ff.; *LR/Böttcher* Rn. 6; *Merten* S. 22; DVBl. 1975, 680; *Ipsen* S. 116, 120; *Starck* S. 48, 49.
[299] BVerfGE 34, 269, 286 = NJW 1973, 1221, sog. Soraya-Entscheidung.
[300] BVerfGE 39, 1, 41 = NJW 1975, 573.
[301] BVerfGE 35, 263, 279 = NJW 1973, 1491.

Der Richter ist kein Rechtsprechungsautomat.[302] Deshalb ist es Bestandteil der richterlichen Unabhängigkeit, dass der Richter bei der Auslegung und Anwendung von Normen einer vorherrschenden oder „herrschenden" Meinung nicht folgen muss. Er ist selbst dann nicht gehindert, eine eigene Rechtsauffassung zu vertreten und seinen Entscheidungen zugrunde zu legen, wenn alle anderen Gerichte – auch die im Rechtszug übergeordneten – den gegenteiligen Standpunkt einnehmen.[303] Die unabhängige Rechtsanwendung findet allerdings ihre Grenze im **Willkürverbot.** Eine fehlerhafte Gesetzesauslegung allein macht aber eine Gerichtsentscheidung nicht willkürlich. Willkür liegt erst vor, wenn eine offensichtlich einschlägige Norm nicht berücksichtigt oder der Inhalt einer Norm in krasser Weise missdeutet wird; wenn eine richterliche Entscheidung unter keinem denkbaren Aspekt rechtlich vertretbar ist und sich daher der Schluss aufdrängt, dass sie auf sachfremden Erwägungen beruht.[304] Von willkürlicher Rechtsanwendung kann allerdings nicht gesprochen werden, wenn das Gericht sich mit der Rechtslage eingehend auseinandersetzt und seine Auffassung nicht jeden sachlichen Grundes entbehrt.[305] In welchem Umfang ein Gericht RSpr und Literatur heranzieht, bleibt seinem pflichtgemäßen Ermessen im Rahmen der unabhängigen Entscheidungsfindung überlassen; ein Verstoß gegen das Willkürverbot liegt nicht schon dann vor, wenn sich das Gericht mit der von einem Verfahrensbeteiligten herangezogenen Entscheidung eines anderen Gerichts nicht näher befasst.[306] Willkür ist vielmehr zu verstehen als Maßnahme, die im Verhältnis zu der Situation, der sie Herr werden will, tatsächlich und eindeutig unangemessen ist.[307] Willkür kann auch darin liegen, dass das Gericht zu seinem Ergebnis auf einem methodischen Wege gelangt, der den für die Rechtsfindung verfassungsrechtlich bestehenden Rahmen überschreitet.[308] Willkür ist anhand objektiver Kriterien festzustellen, schuldhaftes Handeln des Richters ist nicht erforderlich;[309] vgl. § 16 Rn. 52.

III. Subjektive Wertvorstellungen. Andererseits erlaubt das „Recht" des Art. 20 Abs. 3 GG dem Richter aber nicht, sich von der Bindung an das geschriebene Gesetz zu lösen auf Grund seiner subjektiven Wertvorstellungen, die in der Gesamtheit der Rechtsordnung keinen Niederschlag gefunden haben.[310] Der Richter darf sich nicht an die Stelle des Gesetzgebers setzen.[311] Er kann allenfalls den Weg des Art. 100 GG einschlagen, wenn er Bedenken gegen ein ihn formell bindendes Gesetz hat (Rn. 118 ff.). Entsprechendes gilt für die Auslegung von Generalklauseln, Allgemeinbegriffen usw. Auch diese hat in der Bindung an das so zu verstehende „Gesetz und Recht" zu geschehen. Auf das Problem des gesetzeskorrigierenden Richterrechts kann hier nur hingewiesen werden.[312] Zur Rechtsfortbildung Rn. 138.

IV. Der Begriff „Gesetz". Zum „Gesetz" gehören: Bundes- und Ländergesetze im formellen Sinne, früheres Reichsrecht (Art. 125 GG), supranationales Recht, ratifizierte Staatsverträge, Völkerrecht (Art. 25 GG), Verordnungen des Bundes[313] und der Länder sowie der zuständigen weiteren Stellen, autonome Satzungen. Zum „Gesetz" gehören auch Observanzen und Gewohnheitsrecht.[314]

---

[302] BVerfG NJW 1995, 2703.
[303] BVerfGE 87, 273 = NJW 1993, 996.
[304] BVerfGE 87, 273 = NJW 1993, 996; BVerfG – K – NJW 1996, 1336.
[305] BVerfGE 87, 273, 279 = NJW 1993, 996; BVerfG – K – NJW 1996, 1336; 1999, 1387.
[306] BVerfG – K – NJW 1987, 2499.
[307] BVerfGE 80, 48, 51 = NJW 1989, 1917; E 83, 82, 84 = NJW 1991, 157; E 86, 59, 62 = NJW 1992, 1675; BVerfG – K –NJW 1999, 1387.
[308] BVerfGE 34, 269, 280 = NJW 1973, 1221; E 49, 304, 314 = NJW 1979, 305.
[309] BVerfGE 87, 273 = NJW 1993, 996.
[310] BGHSt 7, 238, 245 = NJW 1955, 840; BAG MDR 1962, 249; *von Münch* Art. 97 GG Rn. 15; *Rupp* NJW 1973, 1769; *Benda* DRiZ 1975, 169; *Schinkel* DRiZ 1978, 233; *Merten* S. 23 und DVBl. 1975, 679; *Klein* DRiZ 1972, 333; *Roth/Stielow* S. 26; *Geiger* DRiZ 1963, 172 f.
[311] *Wallis* DRiZ 1978, 40.
[312] Vgl. BVerfGE 34, 269 = NJW 1973, 1221; *Ipsen* S. 90 ff.
[313] BVerfGE 18, 52, 59.
[314] H. M., *Schmidt-Räntsch* § 25 DiRG Rn. 11; *LR/Böttcher* Rn. 6; a. A. *von Münch* Art. 97 GG Rn. 22.

115 **V. Gültigkeit des Gesetzes.** Die Bindung an das Gesetz befreit den Richter nicht von der Pflicht, die **formelle und materielle** Gültigkeit der Gesetze selbst zu prüfen.

116 **1. Formell.** Die formelle Prüfung der Gesetze bezieht sich auf das ordnungsgemäße Zustandekommen, insbesondere die Verkündung eines Gesetzes, vgl. dazu Art. 82 GG in Verbindung mit Gesetz vom 30. 1. 1950, BGBl. I S. 23. Die maßgebende „Ausgabe" des Gesetzblattes liegt vor, wenn dessen erstes Stück in den Verkehr gebracht ist ohne Rücksicht auf die konkrete Art.[315]

117 **2. Materiell.** Die materielle Prüfungskompetenz des Richters gegenüber Gesetzen wurde früher allgemein verneint, dann anerkannt.[316] Nach den Länderverfassungen nach 1945 und dem GG ist sie Bestandteil des Rechtsstaatsgedankens. Die Prüfung beinhaltet die Frage nach der Vereinbarkeit des jeweiligen Gesetzes mit höherrangigem Recht (die Frage des Verhältnisses des widersprechenden Inhalts einander gleichrangiger Rechtsnormen beantwortet sich nach den allgemeinen Auslegungsregeln). Nicht der richterlichen Prüfung unterliegen Fragen nach der Zweckmäßigkeit einer gesetzlichen Regelung oder der Geeignetheit eines Gesetzes zur Erreichung des erstrebten Zwecks.[317]

118 Die Kompetenz zur Bejahung der **Rechtmäßigkeit** eines Gesetzes steht jedem Richter uneingeschränkt zu. Der Richter kann jedoch nicht, wenn es für seine Entscheidung auf ein Gesetz ankommt, dessen Rechtmäßigkeit dahingestellt sein lassen. Kommt er zur Überzeugung der **Rechtswidrigkeit,** kann er diese grundsätzlich feststellen und das Gesetz dann bei seiner Entscheidung nicht mehr anwenden. Jedoch bestehen für diese **Verwerfungskompetenz** Einschränkungen, die sie im Ergebnis zur Ausnahme werden lassen:

119 Für Bundesgesetze (im formellen Sinne) gilt nach Art. 100 GG das negative Entscheidungsmonopol des BVerfG (§ 12 Rn. 18 ff.).

120 Verordnungen des Bundes können nach Art. 93 Abs. 1 Nr. 2 GG Gegenstand der Nachprüfung durch das BVerfG werden, unterliegen aber nicht Art. 100 GG.[318] Der Richter kann die Ungültigkeit der VO selbst feststellen und sie bei seiner Entscheidung unbeachtet lassen.[319]

121 Meinungsverschiedenheiten über das Fortgelten von Recht als Bundesrecht entscheidet allein das BVerfG, Art. 126 GG.

122 Bei Landesgesetzen (im formellen Sinne) ist nach Art. 100 Abs. 1 GG zu unterscheiden: Geht es um die Verletzung des GG oder um die Unvereinbarkeit eines Landesgesetzes mit einem Bundesgesetz, ist das BVerfG zuständig. Geht es um die Verletzung der Landesverfassung, ist das für Verfassungsstreitigkeiten des Landes errichtete Gericht zuständig. Fehlt eine landesrechtliche Regelung, ist das zuständige Gericht selbst zur Entscheidung berufen.

123 Verordnungen der Länder: Es gilt das zu Verordnungen des Bundes Gesagte entsprechend; vgl. aber § 47 VwGO.

124 Völkerrecht: Wird zweifelhaft, ob eine Regel des Völkerrechts auch Bundesrecht ist, bedarf es der Entscheidung des BVerfG (Art. 100 Abs. 2 GG; vgl. § 12 Rn. 28).

125 Besatzungsrecht: Früheres Besatzungsrecht besteht nicht mehr (Einl. Rn. 43). Das im Zuge der Wiedervereinigung zur Ablösung des Besatzungsrechts vertraglich Vereinbarte (vgl. § 20 Rn. 20 ff.) ist Völkerrecht.

126 EG-Recht: vgl. § 12 Rn. 49.

---

[315] BVerfGE 16, 6, 19 = NJW 1963, 1443; BGH NJW 1954, 1081.
[316] Vgl. RGZ 111, 320.
[317] BVerfGE 3, 162, 182 = NJW 1954, 27.
[318] BVerfGE 1, 184, 201 = NJW 1952, 497.
[319] BVerfGE 18, 52, 59.

VI. Verwaltungsvorschriften. Die Bindung des Richters an das Gesetz er- 127
streckt sich nicht auf Verwaltungsvorschriften; sie sind für ihn bei der Entscheidungsfindung unverbindlich (Einl. Rn. 211). Soweit der Richter nur die Einhaltung der Ermessensgrenzen einer Behörde nachzuprüfen hat, hat sich die Prüfung aber auf die Einhaltung der Verwaltungsvorschriften zu beschränken,[320] sofern diese ihrerseits rechtmäßig sind, was der Richter stets selbst nachzuprüfen hat.

VII. Allgemeine Rechtsgrundsätze. Auch allgemeine Rechtsgrundsätze **und** 128
Auslegungsregeln gehören nicht zu den „Gesetzen", ebenso wenig Usancen und Handelsbräuche.[321]

VIII. Präjudizien. Der Richter ist nicht an früher ergangene Gerichtsentschei- 129
dungen (Präjudizien) gebunden (vgl. Rn. 131). Etwas anderes gilt nur dann, wenn sich eine Anzahl von gleich lautenden Entscheidungen (stRSpr) oder im Extremfall auch nur eine Entscheidung zum Gewohnheitsrecht fortentwickelt haben[322] – an Gewohnheitsrecht ist der Richter gebunden (Rn. 114).

Ein besonderes **Richterrecht**[323] zwischen oder neben verbindlichem Gewohn- 130
heitsrecht einerseits und der nicht verbindlichen stRSpr andererseits ist nicht als „Gesetz" im Sinne des § 1 anzuerkennen.[324] Richterliche Entscheidungen gelten nur für den jeweiligen Einzelfall in den Grenzen der Rechtskraft, sind also als Richterspruch, wenn auch im Einklang mit einer unangefochtenen stRSpr, rechtlich nicht allgemein gültig, und Letzteres ist gerade das Charakteristikum des „Gesetzes".[325] Höchstrichterliche Urteile erzeugen keine gesetzesgleiche Rechtsbindung, ihr Geltungsanspruch über den Einzelfall hinaus beruht allein auf der Überzeugungskraft ihrer Gründe und den Kompetenzen des Gerichts.[326]

Der Richter hat jede einzelne Sache jeweils neu nach seiner Rechtsauslegung zu 131
entscheiden. Bei der Auslegung und Anwendung von Normen kann er von früheren Entscheidungen abweichen, auch von einer herrschenden stRSpr. Er ist selbst dann nicht gehindert, eine eigene Rechtsauffassung zu vertreten und seinen Entscheidungen zugrunde zu legen, wenn alle anderen Gerichte – auch die im Rechtszug übergeordneten – den gegenteiligen Standpunkt einnehmen; die Rechtspflege ist wegen der Unabhängigkeit der Richter konstitutionell uneinheitlich,[327] ungeachtet dessen, dass frühere Entscheidungen oberster Gerichte eine wesentliche Hilfe darstellen können und der Gedanke der Rechtssicherheit (Einl. Rn. 228) für ihre Beachtung sprechen kann. Die Freiheit gegenüber Präjudizien ist aber eingeschränkt:

Der Richter ist an die Formel (nicht an die Gründe) **rechtskräftiger Urteile** 132
anderer Gerichte gebunden mit der Wirkung, dass er nicht davon abweichend entscheiden darf; als Ausformung des Gedankens der Rechtssicherheit ist diese Bindung mit der Unabhängigkeit vereinbar.[328]

Auch die für den Richter verbindliche **Tatbestandswirkung** verstößt nicht ge- 133
gen die Unabhängigkeit.[329] Sie besteht darin, dass der Richter Hoheitsakte, für deren Anfechtung er nicht zuständig ist, die aber eine Rechtswirkung entfalten, seiner Entscheidung zugrunde zu legen hat (§ 13 Rn. 22), z.B. Verwaltungsakte, aber auch Gerichtsurteile, etwa Strafurteile oder Gestaltungsurteile.

---

[320] Vgl. BFH NJW 1979, 392.
[321] *BL/Hartmann* Rn. 3.
[322] Vgl. *Merten* DVBl. 1975, 683; *Enneccerus/Nipperdey* S. 162 f.; *Aden* JZ 1994, 1109.
[323] Der Begriff ist uneinheitlich, vgl. *Ipsen* S. 26.
[324] BAG DRiZ 1980, 61; *Merten* S. 21; DVBl. 1975, 683; *Roth/Stielow* S. 84; *Esser* S. 184, 193; *Ipsen* S. 60.
[325] Zur Problematik *Redeker* NJW 1972, 409; *Hattenhauer* ZRP 1978, 83; *Haverkate* ZRP 1978, 88; *Weitnauer*, BAG-Festschrift, S. 617.
[326] BVerfGE 84, 212, 227 = NJW 1991, 2549.
[327] BVerfGE 87, 273 = NJW 1993, 996.
[328] *Maunz/Dürig/Herzog* Art. 97 GG Rn. 36.
[329] *Maunz/Dürig/Herzog* Art. 97 GG Rn. 30, 35.

134 Eine Sonderregelung ist § 31 BVerfGG, welche die weitgehende Bindung der Entscheidungen des BVerfG anordnet.[330]

135 Soweit ein **Rechtsmittelgericht** eine Entscheidung aufhebt und **zurückverweist,** ist das Instanzgericht an die dem aufhebenden Urteil zugrundeliegende Beurteilung gebunden[331] (vgl. § 563 Abs. 2 ZPO, § 358 Abs. 1 StPO). Entsprechendes gilt für Vorlageentscheidungen (vgl. § 138 Abs. 1 GVG). Die Bindung erstreckt sich auch auf die Auffassung des Rechtsmittelgerichts, ein Gesetz sei nicht verfassungswidrig (§ 12 Rn. 30).

136 Die gesetzlich angeordnete Bindung des Richters an Entscheidungen anderer Gerichte ist verfassungsmäßig.[332]

137 **IX. Vorlagepflicht.** Eingeschränkt ist die Unabhängigkeit auch dadurch, dass der Richter nicht stets selbst entscheiden darf, sondern in gesetzlich normierten Fällen im Interesse der Rechtseinheit die Sache einem im Instanzenzug höheren Gericht zur Entscheidung **vorlegen** muss (§ 12 Rn. 18, 54; § 121 Rn. 10, 13).

138 **X. Entscheidungszwang.** Die Bindung des Richters an das Gesetz bedeutet nicht, dass der Richter bei Fehlen eines einschlägigen Gesetzes die Entscheidung verweigern kann (Einl. Rn. 213). Er muss Lücken im Wege der Rechtsfortbildung (§ 132 Rn. 37) schließen.

139 **XI. Gewissenskonflikte.** Die Bindung des Richters nur an das Gesetz bringt ein Höchstmaß an richterlicher Unabhängigkeit und innerer Freiheit. Indessen kann in Grenzfällen die Anwendung des Gesetzes den Richter auf Grund seiner eigenen Wertung in Gewissenskonflikte bringen. Für den Fall, dass er das anzuwendende Gesetz für verfassungswidrig hält, bietet die Vorlage nach Art. 100 GG (Rn. 118 ff.) die Möglichkeit der Abhilfe. Wenn das BVerfG die Verfassungsmäßigkeit bejaht (entsprechendes gilt für die ausnahmsweise Bindung an Präjudizien, Rn. 132 ff.), muss der Richter dieser Auffassung gegen sein Gewissen folgen;[333] die Freiheit seiner Gewissensentscheidung muss trotz Art. 4 GG zurücktreten hinter die Rechtssicherheit. Dies entspricht der vom Richter freiwillig übernommenen Amtspflicht, die geltenden Gesetze anzuwenden.[334] Auch die Möglichkeit einer Selbstablehnung besteht nicht.

140 Ein Gewissenskonflikt kann auch entstehen, wenn der Richter bei Kollegialentscheidungen **überstimmt** wird. Nach außen hin muss er auf Grund des Beratungsgeheimnisses die Entscheidung mittragen (§ 193 Rn. 4), er muss auch die Entscheidung unterzeichnen (§ 195 Rn. 6). Die Möglichkeit der Bekanntgabe seiner abweichenden Meinung (sog. **dissenting vote**) besteht nur nach § 30 BVerfGG (§ 193 Rn. 5).

H. Persönliche Unabhängigkeit

141 **I. Begriff.** Die persönliche Unabhängigkeit gibt dem Richter gegenüber seinem Dienstherrn eine gesicherte Rechtsstellung. Der Richter soll nicht Gefahr laufen, bei Erlass von Entscheidungen, die seinem Dienstherrn nicht gefallen, persönliche Nachteile hinnehmen zu müssen. Seine sachliche Unabhängigkeit soll somit zusätzlich abgesichert werden.[335] Art. 97 Abs. 2 GG garantiert den „hauptamtlich und planmäßig endgültig angestellten Richtern" Schutz gegen Entlassung, Amtsenthebung und Versetzung. Das DRiG konkretisiert diese Verfassungsbestimmung und erstreckt die persönliche Unabhängigkeit in beschränktem Umfang auch auf andere Richter.

---

[330] *Klein* NJW 1977, 697.
[331] *Tiedtke* JZ 1978, 626.
[332] BVerfGE 12, 67 = NJW 1961, 655.
[333] *von Münch/Kunig/Meyer* Art. 97 GG Rn. 23; *LR/Böttcher* Rn. 13.
[334] *Schmidt-Räntsch* § 25 DRiG Rn. 22.
[335] BVerfGE 14, 56, 69 = NJW 1962, 1611; *Schilken* JZ 2006, 860, 861.

II. Richter auf Lebenszeit, auf Zeit. Hauptamtlich und planmäßig angestellte Richter sind im Sinne des DRiG, das vier Rechtsformen des Richterdienstes kennt (§ 8 DRiG), die Richter aL und aZ.[336] Sie sind Inhaber einer haushaltsrechtlich eingerichteten Planstelle.[337] Richter aL ist die normale Statusform des Richterverhältnisses (vgl. § 28 Abs. 1 DRiG). Richter aZ können nur unter Voraussetzungen und für Aufgaben, die bundesgesetzlich bestimmt sind, ernannt werden (§ 11 DRiG); solche Richter kennt nur § 4 BVerfGG. Richter aL und aZ erhalten mit ihrer Ernennung, die die Begründung des Richterverhältnisses und die Erlangung des abstrakten Richteramtes bewirkt, zugleich ein konkretes Richteramt an einem bestimmten Gericht übertragen (§ 27 Abs. 1 DRiG).

Die Sicherung des Richters aL und aZ gegenüber **Entlassung** (Ausscheiden aus dem Richterverhältnis, § 21 DRiG), **Versetzung** (Verlust des konkreten Richteramtes und Übertragung eines anderen konkreten Richteramtes, §§ 30, 31, 32 DRiG), **Amtsenthebung** (Wegnahme des konkreten Richteramtes ohne Übertragung eines anderen konkreten Richteramtes bei Belassung des abstrakten Richteramtes, §§ 30, 32 DRiG) und Versetzung in den Ruhestand wegen Dienstunfähigkeit (§ 34 DRiG) besteht darin, dass diese Maßnahmen an enge, tatbestandlich normierte Voraussetzungen geknüpft sind und – mit einer Ausnahme – gegen den Willen des Betroffenen nur ergriffen oder als gesetzliche Folge geltend gemacht werden können, wenn eine rechtskräftige richterliche Entscheidung vorausgegangen ist (§ 21 Abs. 3, § 30 Abs. 2, § 34 DRiG). Die Ausnahme bildet die Versetzung oder Amtsenthebung wegen **Veränderung der Gerichtsorganisation**;[338] hierbei bleibt dem Richter jedoch das volle Gehalt und dessen Steigerung in den Dienstaltersstufen erhalten (§§ 30 Abs. 1 Nr. 4, 32, 33 DRiG, Art. 97 Abs. 2 GG). Eine Veränderung in der Einrichtung der Gerichte oder ihrer Bezirke liegt jedoch nicht bereits darin, dass der Haushaltsgesetzgeber die Planstellen den einzelnen Gerichten unmittelbar zuweist und dabei, etwa um unterschiedlichen Geschäftsanfall auszugleichen, periodisch Veränderungen vornimmt.[339] Versetzungen auf solcher Grundlage wären ein Eingriff in die richterliche Unabhängigkeit. Erforderlich ist vielmehr eine sich auf die Zuständigkeit auswirkende Änderung der Gerichtsorganisation[340] wie Errichtung und Zusammenlegung von Gerichten, Änderungen des Bezirks, Konzentrationen. Die Versetzung im Interesse der Rechtspflege (§§ 30 Abs. 1 Nr. 3, 31 DRiG), in ein anderes Richteramt oder in den einstweiligen oder endgültigen Ruhestand, um eine schwere Beeinträchtigung der Rechtspflege abzuwenden, hat zur Voraussetzung, dass Tatsachen außerhalb der richterlichen Tätigkeit eine Maßnahme dieser Art zwingend gebieten; „missliebige" richterliche Tätigkeit ist kein Versetzungsgrund.

Von der Versetzung ist die **Abordnung** als die vorübergehende Beschäftigung an einer anderen Stelle zu unterscheiden (§ 37 DRiG). Ein Richter aL oder ein Richter aZ darf ohne seine Zustimmung längstens für zusammen drei Monate innerhalb eines Geschäftsjahres an ein anderes Gericht desselben Gerichtszweigs zur Vertretung abgeordnet werden. Er behält während dieser Zeit sein konkretes Richteramt. Zuständig für die Abordnung ist die oberste Dienstbehörde.[341]

Keine Versetzung im begrifflichen Sinne ist die durch das Präsidium vorgenommene Zuteilung eines Richters an einen **auswärtigen Spruchkörper** desselben Gerichts (vgl. §§ 78, 93 Abs. 2, 116 Abs. 2, 130 Abs. 2 GVG). Eine derartige Maßnahme kann zwar in ihrer praktischen Auswirkung einer Versetzung gleichkommen,

---

[336] BVerfGE 3, 213, 224 = NJW 1954, 30.
[337] BVerfGE 4, 331, 345 = NJW 1956, 137.
[338] Vgl. BVerfG 14. 7. 2006 – 2 BvR 1058/05 – ; BGH NVwZ-RR 2004, 466.
[339] Hierzu *Wittreck* thürVBl. 2005, 245; vgl. zu solchen Auflösungserscheinungen auch *Arenhövel* DRiZ 2004, 306; *Gröschner* NJW 2005, 3691; *Neumann* DRiZ 2006, 1.
[340] *Wittreck* aaO.
[341] BGH DRiZ 1975, 22.

sie bedarf aber als Maßnahme der Geschäftsverteilung nicht der Zustimmung des Richters[342] (zum Rechtsschutz Rn. 183). Zum umgekehrten Fall der Heranziehung eines nicht zum Gericht gehörenden Richters durch das Präsidium § 22 Rn. 16.

146 Wird ein planmäßig angestellter Richter durch **Nichtberücksichtigung** bei der Geschäftsverteilung praktisch von einer richterlichen Tätigkeit ausgeschlossen, läuft dies auf eine Amtsenthebung hinaus und verstößt gegen Art. 97 Abs. 2 Satz 1 GG[343] (vgl. § 21 e Rn. 93).

147 Zulässig ist, einen mit **Gerichtsverwaltungsaufgaben** betrauten Richter von der Mitarbeit in der Verwaltung gegen seinen Willen freizustellen, da diese Tätigkeit nicht der Unabhängigkeitsgarantie unterliegt und der dienstrechtliche Status des Richters dadurch nicht berührt wird.[344] Dasselbe gilt für den Entzug dienstaufsichtsrechtlicher Befugnisse (Rn. 41). Andererseits darf einem Richter gegen seinen Willen nicht dadurch eine richterliche Tätigkeit unmöglich gemacht werden, dass er mit seiner vollen Arbeitskraft in der Gerichts- oder Justizverwaltung eingesetzt wird. Der Richter ist in diesem Bereich nur zu einer Nebentätigkeit verpflichtet (§ 42 DRiG). Für die Frage, wann der Umfang einer Nebentätigkeit überschritten wird, ist von Bedeutung, ob der Richter sich in der Verwaltung durch Heranziehung unterstellter Beamter entlasten kann.[345]

148 Einem Richter, der bereits in ein Richteramt eingewiesen ist, kann ein **weiteres Richteramt** bei einem anderen Gericht übertragen werden, soweit ein Gesetz dies zulässt (§ 27 Abs. 2 DRiG, vgl. §§ 22 Abs. 2, 59 Abs. 2 GVG; § 22 Rn. 13 ff.). Das ist Heranziehung zu einer Nebentätigkeit.[346]

149 **III. Richter auf Probe, kraft Auftrags.** Die Richter auf Probe (§ 12 DRiG) und die Richter kraft Auftrags (§§ 14, 15, 16 DRiG) befinden sich dienstrechtlich in einer zeitlich begrenzten Entwicklungsstufe, die zum Richter aL, beim Richter aP auch zum Amt des Staatsanwalts hinführen soll. Sie haben noch kein konkretes Richteramt inne, ihre persönliche Unabhängigkeit ist daher nur in eingeschränktem Umfang gewährleistet. Dies ist verfassungsrechtlich zulässig.[347] Sie können bei einem Gericht, einer Behörde der Gerichtsverwaltung oder bei einer Staatsanwaltschaft, mit ihrer Zustimmung auch darüber hinaus, etwa in einem Ministerium, verwendet werden (§§ 13, 16 Abs. 2 DRiG) und sind einer durch Verfügung der obersten Dienstbehörde angeordneten Entlassung ausgesetzt (§§ 22, 23 DRiG). Da sie nicht die volle persönliche Unabhängigkeit besitzen, können sie nicht in einem mit mehreren (Berufs)richtern besetzten Spruchkörper den Vorsitz führen (§ 28 Abs. 2 DRiG, vgl. auch § 29 Abs. 1 Satz 2 GVG). Auch darf bei einer gerichtlichen Entscheidung nicht mehr als ein Richter aP oder kA mitwirken, er muss als solcher in der Entscheidung kenntlich sein (§ 29 DRiG, der auch für einen abgeordneten Richter gilt).

150 **IV. Ehrenamtliche Richter.** Ehrenamtliche Richter sind insoweit persönlich unabhängig, als sie vor Ablauf ihrer Amtszeit nur unter den gesetzlich bestimmten Voraussetzungen und gegen ihren Willen nur durch Entscheidung eines Gerichts abberufen werden können (§ 44 Abs. 2 DRiG). Dies genügt verfassungsrechtlichen Anforderungen.[348]

151 **V. Weitere Komponenten.** Im weiteren Sinn gehören zur persönlichen Unabhängigkeit weitere Regelungen des Richterdienstrechts, die dazu beitragen, den

---

[342] BGH NJW 1985, 1084; BayVGH NZS 1995, 332; *Kern* DRiZ 1958, 135, 136; *Schorn* DRiZ 1959, 139, 142; a. A. *Müller* NJW 1963, 614, 616.
[343] BVerfGE 17, 252, 260 = NJW 1964, 1019.
[344] BGH DRiZ 1977, 215.
[345] BGH DRiZ 1975, 23: Übertragung der Leitung eines Gerichtsgefängnisses.
[346] BGH NJW 1984, 129.
[347] BVerfGE 14, 156, 162 = NJW 1962, 1495.
[348] BVerfGE 26, 186, 198 = NJW 1969, 2192; E 27, 312, 322 = NJW 1970, 1227.

Richter für die Wahrnehmung seiner richterlichen Aufgaben innerlich freizumachen:

1. Beförderungsproblematik. Anzusprechen ist die Problematik der Beförderung. Der in dieser zynischen Form zu Unrecht dem preußischen Justizminister Leonhardt zugeschriebene Ausspruch: „Solange ich über Beförderungen bestimme, bin ich gerne bereit, den Richtern ihre sogenannte Unabhängigkeit zu konzedieren",[349] wird oft angeführt, um darzutun, dass es noch nicht gelungen sei, die Richter aus dem der Unabhängigkeit abträglichen Netz von Vorgesetzten- und Untergebenenbeziehungen zu befreien.[350] Laufbahn- und Karrieredenken können, sei es auch nur unbewusst, auf richterliches Handeln in unerwünschter Weise einwirken. Angesichts der Differenziertheit der Richterämter, die auch mit dem Hinweis auf die prinzipielle Gleichwertigkeit richterlichen Handelns nicht beseitigt werden kann (Rn. 31), muss es jedoch hervorgehobene Richterstellen geben, an deren Erlangung naturgemäß auch Auswirkungen im Sozialprestige und der Besoldung geknüpft sind. Beförderungen nach dem Ancienitätsprinzip widersprächen dem Leistungsgrundsatz (Art. 33 Abs. 2, 5 GG) und ließen auch einen Qualitätsverlust der Rechtsprechung befürchten. Wollte man Beförderungen ausschließlich in die Hand der Richter legen (Bestimmung der Spruchkörpervorsitzenden durch das Präsidium, Wahl der Gerichtspräsidenten durch die Richter des Gerichts), so würde dies zu einer Minderung der demokratischen Legitimation der Richter führen, die über die parlamentarische Verantwortlichkeit der exekutiven Spitze hergestellt wird. Die Mitwirkung des Präsidialrates als eines richterlichen Selbstverwaltungsgremiums bei Beförderungen (Rn. 36) ist ein brauchbarer Kompromiss,[351] die Verantwortung des Ministers bleibt dabei erhalten.[352] Die persönliche Unabhängigkeit wird auch nicht dadurch beeinträchtigt, dass die Beförderung von einer **Erprobung** im Abordnungswege abhängig gemacht wird.[353]

2. Besoldung. Zur persönlichen Unabhängigkeit gehört auch eine Besoldung, die eine ausreichende Alimentation darstellt. Eine Gefährdung der Unabhängigkeit liegt aber erst vor, wenn die Besoldung eindeutig unangemessen ist.[354] Der Forderung nach einer gegenüber der beamtenrechtlichen Besoldungsordnung eigenständigen Richterbesoldung, die deshalb begründet ist, weil es im richterlichen Dienst im Gegensatz zum Beamtenrecht an einer eigentlichen Laufbahn fehlt,[355] hat das Zweite Gesetz zur Vereinheitlichung und Neuregelung des Besoldungsrechts in Bund und Ländern vom 23. 5. 1975 (BGBl. I S. 1173) Rechnung getragen. Die Richterbesoldung muss als festes Gehalt gewährt werden. Das Aufsteigen im Gehalt innerhalb einer Besoldungsgruppe muss gesetzlich normiert sein und darf ohne Übertragung eines neuen Amtes nicht von Ermessensentscheidungen der Exekutive abhängen.[356] **Teilzeitbeschäftigung** ist dem Richter zu bewilligen, wenn hierdurch keine schwerwiegende Beeinträchtigung der Rechtsprechungstätigkeit des Gerichts eintritt.[357]

3. Arbeitszeitgestaltung. Zur persönlichen und auch sachlichen Unabhängigkeit gehört es, dass der Richter nicht zur Einhaltung allgemein festgesetzter **Dienststunden** verpflichtet ist. Zwar hat auch er, ebenso wie der Beamte, seine gesamte Kraft seinem Amte zu widmen. Aus seiner Unabhängigkeit folgt jedoch, dass er, soweit nicht bestimmte Tätigkeiten seine Präsenz erfordern (Sitzungen, Be-

---

[349] Zur Ehrenrettung *Leonhardts* DRiZ 1975, 316 und *Hülle* DRiZ 1976, 18.
[350] *Priepke* DRiZ 1978, 169.
[351] Vgl. *Kisker* DRiZ 1982, 81; *Maniotis* ZZP 1992, 63.
[352] HessVGH DRiZ 1980, 33.
[353] BGHZ 162, 333 = NVwZ 2005, 1223; DGH Hamm NVwZ-RR 2005, 74.
[354] BVerfGE 23, 321, 325; E 26, 141, 157 = NJW 1969, 1803; DRiZ 1976, 316.
[355] BVerfGE 32, 199, 214 = NJW 1972, 25.
[356] BVerfGE 12, 81, 88, 96 = NJW 1961, 915; E 26, 79, 93 = NJW 1969, 1808.
[357] BVerwG DRiZ 2006, 284.

ratungen, Abwicklung des Dezernats, Sofort- und Eilsachen), seine Arbeit nicht innerhalb fester Dienstzeiten und nicht an Gerichtsstelle zu erledigen braucht.[358] Vielmehr kann der Richter im Interesse einer sachgerechten Bearbeitung der seiner Entscheidung unterliegenden Fälle seine Arbeitszeit entsprechend seinem individuellen Arbeitsrhythmus selbst einteilen, und er kann diese Arbeit grundsätzlich auch außerhalb der Gerichtsstelle erledigen, ohne dass hierzu andererseits eine Pflicht bestünde.[359] Deshalb muss die Justizverwaltung dem Richter entsprechend seinem selbstgewählten Arbeitsrhythmus die sachlichen Voraussetzungen, etwa ein Dienstzimmer, zur Verfügung stellen; das gilt auch für Zeiten außerhalb der allgemeinen Dienststunden, wenn eine Einschränkung nicht durch die Notwendigkeit eines geregelten und finanzierbaren Dienstbetriebs gerechtfertigt ist.[360] Die Nichtanwendbarkeit arbeitszeitrechtlicher Vorschriften auf den Richter ist kein dem Verzicht zugängliches subjektives Recht oder „Privileg", sondern eine sachlich gebotene institutionelle Vorkehrung gegen vermeidbare Einflussnahmen der Verwaltung auf die allein den Richtern anvertraute Rechtsprechung.[361] – Die Befugnis, ihre Anwesenheit im Gerichtsgebäude selbstständig bestimmen zu können, entbindet die Richter jedoch nicht davon, Termine und Beratungen pünktlich wahrzunehmen (Rn. 68) und immer dann anwesend zu sein, wenn es die dienstlichen Belange notwendig machen. Im Einzelfall kann sich für den Richter auch die Pflicht ergeben, außerhalb der üblichen Dienstzeit tätig zu werden, wenn sein Amt es von ihm erfordert[362] (vgl. § 16 Rn. 80). Ist die richterliche Tätigkeit mit Publikums- und Amtsverkehr verbunden, wie dies in der freiwilligen Gerichtsbarkeit oft der Fall ist, kann der Dienstvorgesetzte Sprechstunden festsetzen, in denen der Richter erreichbar sein muss[363] (vgl. § 22 Rn. 36). – Mehrtägige Abwesenheit bedarf der Dienstbefreiung oder **Urlaubsgewährung.**[364] Dabei gehört es nicht zur Unabhängigkeit, dass ein Richter über den Zeitpunkt einer Beurlaubung selbst entscheiden kann.[365] Auch der Widerruf eines bewilligten Erholungsurlaubs durch den Dienstvorgesetzten zwecks fristgemäßer Absetzung der Urteilsgründe beeinträchtigt die richterliche Unabhängigkeit nicht.[366]

155 **4. Eingliederung in Behördenorganisation.** Aus der Eingliederung in eine Behördenorganisation ergibt sich, dass der Richter bei der Erledigung seiner Aufgaben auf die Ausstattung mit personellen und sachlichen Mitteln angewiesen ist (Schreibkräfte, Literatur, Dienstzimmer, Bürogeräte). Da diese Mittel jedoch in der Regel beschränkt sind, muss sich der Richter damit begnügen, dass er bei der Zuteilung in ermessensfehlerfreier Weise berücksichtigt wird.[367] Erst eine willkürliche Behandlung[368] oder eine Vorenthaltung unabdingbarer Arbeitsmittel können seine Unabhängigkeit berühren. Unabhängig davon muss der Richter aber zur Vermeidung von Verfahrensfehlern über solche technischen Hilfsmitteln verfügen, deren Nutzung das Gesetz vorschreibt.[369] Zum Protokollführer Rn. 75.

---

[358] BGHZ 113, 36 = NJW 1991, 1103 m. Anm. *Meyer-Stolte* Rpfleger 1991, 102; BVerwGE 78, 211 = NJW 1988, 1159; *Jaeger* MDR 1953, 944; differenzierend *Schröder* NJW 2005, 1160; krit. *Wittreck* NJW 2004, 3011, 3014; *Schilken* JZ 2006, 860, 864, 866f.; vgl. auch BTagsDrucks. 15/5823; im europäischen Vergleich DRiZ 2005, 337.
[359] BGH NJW 2003, 282.
[360] BGH aaO.
[361] BVerwGE 125, 365 = NVwZ 2006, 1074.
[362] Zum Bereitschaftsdienst *Herrmann* DRiZ 2004, 316.
[363] LG Berlin, 20. 6. 1977 DG 6/76; a. A. *Bonnet* DRiZ 1972, 28.
[364] VGH Mannheim NJW 1991, 2437.
[365] BGHZ 85, 145 = NJW 1983, 889.
[366] BGHZ 102, 369 = NJW 1988, 1094; DG SH SchlHA 2006, 91: nur dann nicht, wenn spätere Absetzung gegen gesetzliche Fristen verstößt.
[367] KG DRiZ 2004, 280; krit. *Schütz* S. 68f.: „Das nahezu unbegrenzte Unabhängigkeitsversprechen des Art. 97 GG wird von den tatsächlichen Gegebenheiten konterkariert."
[368] Vgl. BGH NJW 2005, 905.
[369] Audiovisuelle Vernehmung; BGH NJW 2007, 1475.

5. Weisungsbefugnisse. Der Richter ist gegenüber den nichtrichterlichen Bediensteten, die gemäß Geschäftsverteilung oder Einzelanordnung ihm zugeordnet sind, weisungsberechtigt, auch wenn ihm die Dienstaufsicht über sie nicht zusteht.[370]

I. Innere Unabhängigkeit

I. Begriff. Die **innere Unabhängigkeit** ist keine dem Richter gegebene Garantie, sondern eine ihm gestellte Aufgabe. Sie ist eine „geistige, ethische, willentliche, zuchtvolle Anstrengung".[371] Jenseits der rechtlichen Regelungen und Normierungsmöglichkeiten ist die innere Unabhängigkeit des Richters entscheidend für die Funktionsfähigkeit der RSpr im Sinne einer den Rechtsstaat verwirklichenden unparteilichen Rechtsfindung und ihrer Glaubwürdigkeit in unserem sozialen Rechtsstaat. Die Rechtspflege „steht und fällt mit der menschlichen und fachlichen Qualifikation der Richter".[372] Die Richter sind deshalb verpflichtet, gegenüber äußeren und inneren Einflüssen ihre Unabhängigkeit täglich neu zu gewinnen. Da die richterliche Unabhängigkeit nicht isolierte Abschirmung und Unangreifbarkeit bedeutet, ist es unvermeidlich, dass die Richter sozialadäquaten Einflüssen ausgesetzt sind.[373] Solche ergeben sich sowohl aus dem Bereich der Staatsgewalten als auch der Öffentlichkeit. Hingewiesen sei nur auf die Beförderungsproblematik (Rn. 152) und die Pressions- und Beeinflussungsversuche, die von modernen Kommunikationsmitteln ausgehen können (vgl. Rn. 109; Einl. Rn. 227; § 16 Rn. 68). Der Richter hat diesen Einflüssen standzuhalten. Selbst in Fällen, in denen er meint, bei pflichtgemäßer Handlungsweise negative Rückwirkungen auf sein berufliches Fortkommen befürchten zu müssen, wird von ihm erwartet, dass er einer solchen Versuchung widersteht.[374] Darüber hinaus hat der Richter sich einer ständigen Selbstkontrolle zu unterziehen und muss bemüht sein, soweit dies möglich ist, sich bei der Rechtsfindung von subjektiven Einstellungen freizumachen. Die von ihm verlangte kritische Distanz gegenüber sich selbst soll von innerer Gelassenheit und Festigkeit getragen sein.[375]

II. Soziologie und Psychologie. Gegenüber diesen an einem idealen Richterbild ausgerichteten Forderungen hat die Richtersoziologie und -psychologie empirisch gewonnene Erkenntnisse gebracht, die besonders an die Namen *Dahrendorf, Weyrauch, Görlitz, Kaupen, Rasehorn, Rottleuthner und Lautmann* geknüpft sind und aussagen dass 90% der Richter aus der Mittelschicht, vor allem aus Beamtenfamilien stammten und durch ihre Herkunft und Sozialisation im Sinne einer konservativ-autoritären Grundhaltung geprägt seien. Dieser Befund muss für jeden Richter Anlass sein, sein eigenes Vorverständnis zu reflektieren und sich der Bedingtheit seines eigenen Blickwinkels bewusst zu werden. Dazu gehört auch das ständige Bemühen, sich die vielfältigen, oft unbewussten Einwirkungen auf richterliche Entscheidungen bewusst zu machen, z.B. aus Herkunft, Ausbildung, Zugehörigkeit zu sozialen und anderen Gruppierungen und persönlichen Erlebnissen und Erfahrungen.

III. Der „politische Richter". Vom Ansatz einer Durchleuchtung der richterlichen Sozial- und Persönlichkeitsstruktur her, die den polemisch gebrauchten Vorwurf der **Klassenjustiz** neu belebte, ist der **„politische Richter"** in die Diskussion gekommen. Es hieße, einem Abbau des Rechtsstaats das Wort reden, wenn man mit hiermit den parteipolitisch judizierenden Richter oder auch nur den

---
[370] HessDGH 1/71 – Protokollführer bei auswärtigen Amtsgeschäften: *Weist* DRiZ 1967, 267.
[371] *Geiger* DRiZ 1979, 65; *Thomas* S. 25.
[372] *Baur* DRiZ 1971, 405.
[373] *Geiger* aaO.
[374] BGH NJW 1978, 185.
[375] Zu „Selbstverständlichkeiten im Richterberuf": *Degenhardt* DRiZ 1976, 347.

Richter forderte, der seine Aufgabe in sozialpolitischer Gestaltung und der Herbeiführung gesellschaftlicher Veränderungen durch Richterspruch sähe. Wenn dem politischen Richter vor dem Hintergrund eines Überdenkens des Verhältnisses von Recht und Politik[376] eine sinnvolle Funktion zukommen soll, liegt diese in der Einsicht, dass richterliches Handeln im Sinne eines erweiterten, aber ursprünglichen Politikbegriffs[377] oft auch eine politische Dimension hat oder gar als politisches Handeln begriffen werden kann. Dazu gehört auch die Erkenntnis, dass es keine wertfreie Rechtsanwendung gibt und jede richterliche Entscheidung auch voluntative Elemente enthalten kann. Das GG enthält in seinem Bekenntnis zur Menschenwürde und zum freiheitlich-demokratischen und sozialen Rechtsstaat eine in politischer Entscheidung geschaffene Wertordnung, die der Richter als Maßstab zu betrachten und im Einzelfall zu konkretisieren hat.[378] Hierzu bedarf es eines politisch und sozial aufgeschlossenen, nicht jedoch eines parteipolitisch indoktrinierten Richters.[379] Deshalb ist die Zurückdrängung eigener politischer Maßstäbe und Zielsetzungen jenseits der Nachvollziehung gesetzgeberischer Entscheidungen und Regelungen und der diesen zugrundeliegenden Erwägungen und Absichten geboten. Hierzu gehört letztlich auch die sich einer rechtlichen Normierung weitgehend entziehende Wahrung der Würde der rechtsprechenden Tätigkeit (vgl. § 178).

160 **IV. Richter und Sachverständiger.** Hierher gehört auch das Verhältnis des Richters zum Sachverständigen. Bei der starken Technisierung und Fachspezialisierung ist der Richter zunehmend zur Ermittlung von Erfahrungssätzen und von Tatsachenfeststellungen und -beurteilungen auf Sachverständige angewiesen, gelegentlich von ihnen abhängig. Der Sachverständige ist aber trotz der oft entscheidenden Einflussnahme, die seinem Gutachten zukommt, nur Richtergehilfe. Keinesfalls darf der Richter sich gegenüber dem Gutachten des Sachverständigen für überfordert erklären. Er muss dem Sachverständigen gegenüber seine Unabhängigkeit wahren, indem er dessen Gedankengänge kritisch nachvollzieht, notfalls mehrere Sachverständige beauftragt, divergierende Gutachten gegeneinander abwägt und sich eine eigene Überzeugung bildet.[380]

161 **V. Gesetzliche Regelungen.** Wenn auch die innere Unabhängigkeit in erster Linie eine Frage der Persönlichkeit ist, gibt es gesetzliche Bestimmungen, die ihrer Gewinnung und Erhaltung dienen. Nach § 39 DRiG hat der Richter sich innerhalb und außerhalb seines Amtes, auch bei politischer Betätigung, so zu verhalten, dass das **Vertrauen in seine Unabhängigkeit** nicht gefährdet wird. Diese Dienstpflicht legt dem Richter auch im privaten Bereich, wenn er nach außen in Erscheinung tritt, ein gewisses Maß an **Zurückhaltung** auf. Leitlinie auch seines privaten Verhaltens muss es sein, dass das Vertrauen der Öffentlichkeit in die Person des Richters oder in seine Amtsführung nicht Schaden nimmt, so dass seine RSpr nicht mehr glaubwürdig erscheint, dass er nicht (mehr) „über die moralische und persönliche Integrität und innere Unabhängigkeit verfügt, die unabdingbare Voraussetzung für die unparteiliche, neutrale, von Distanz und Gerechtigkeitsgefühl getragene Ausübung eines Richteramtes sind".[381] Das gilt einmal für private öffentliche **Meinungsäußerungen** von Richtern. Zwar genießt der Richter grundsätzlich wie jeder Staatsbürger das Grundrecht auf freie Meinungsäußerung. Als Staatsbürger kann der Richter außerdienstlich seine Meinung in Wort, Schrift und Bild frei äußern und verbreiten unabhängig davon, ob andere die von ihm vertretene Meinung für richtig oder falsch halten; Staat und Ge-

---

[376] Hierzu *Grimm* JuS 1969, 501.
[377] *Mayer-Maly* DRiZ 1971, 326.
[378] BVerfGE 42, 64, 78 = NJW 1976, 1391.
[379] *Pfeiffer* DRiZ 1979, 230; *Gilles* DRiZ 1983, 41; *Hill* DRiZ 1986, 81.
[380] Vgl. *Franzki* DRiZ 1991, 314; *Meyer* DRiZ 1992, 160; *Vierhaus* NVwZ 1993, 36; *Müller-Luckmann* DRiZ 1993, 71.
[381] BGH – DG des Bundes – NJW 1995, 2495 „Rotlichtmilieu".

sellschaft haben an unkritischen Richtern kein Interesse. Der Richter kann sich, soweit kein unmittelbarer Bezug zu konkreten, von ihm zu entscheidenden Rechtsstreitigkeiten besteht, mit der gebotenen Sachlichkeit und Distanz zu jedem Thema, auch zu rechtspolitischen Fragen äußern; auch die Erwähnung des Richteramts ist in der Regel erlaubt. Die Pflicht zu der durch das Richteramt gebotenen Mäßigung und Zurückhaltung gebietet ihm jedoch in besonderer Weise, eine klare Trennung zwischen Richteramt und seiner Teilnahme am politischen Meinungskampf einzuhalten. Er darf bei seinen privaten Äußerungen nicht den Anschein einer amtlichen Stellungnahme erwecken; er verletzt seine sich aus dem ihm anvertrauten Richteramt ergebende Pflicht, wenn er das Amt und das mit diesem auf Grund seiner verfassungsrechtlichen Ausgestaltung verbundene Ansehen und Vertrauen durch Hervorhebung dazu benutzt und einsetzt, um seiner Meinung in der politischen Auseinandersetzung mehr Nachdruck zu verleihen. Dafür ist ihm das Amt nicht anvertraut. Ob ein Richter diese sich aus seiner Rechtsstellung als Richter ergebenden Grenzen der Meinungsfreiheit beachtet oder überschritten hat, ist jeweils unter Berücksichtigung der konkreten Umstände des Einzelfalles zu entscheiden.[382] Ein bestimmtes Maß an Zurückhaltung ist vor allem dort erforderlich, wo das persönliche Bekenntnis mit dem Ansehen des Amtes in Konflikt geraten könnte:[383] Die Überzeugungskraft richterlicher Entscheidungen beruht nicht nur auf der juristischen Qualität ihrer Gründe, sondern in hohem Maße auch auf dem Vertrauen, das den Richtern von der Bevölkerung entgegengebracht wird; dieses Vertrauen fußt nicht zuletzt auf der äußeren und inneren Unabhängigkeit des Richters, seiner Neutralität und erkennbaren Distanz, die auch in aktuellen politischen Auseinandersetzungen spürbar bleiben müssen.[384] – Diese Grundsätze gelten auch für die Teilnahme des Richters am politischen Leben. Im Gegensatz zu der im Regierungsentwurf des DRiG vorgesehenen Regelung ist es dem Richter nicht verwehrt, sich über die bloße **Mitgliedschaft** in einer auf dem Boden der Verfassung stehenden **Partei** hinaus aktiv politisch zu betätigen; das gilt auch für gewerkschaftliche Betätigung.[385] Bei einer Kandidatur für den Bundestag oder einen Landtag ist er allerdings beurlaubt (§ 36 Abs. 1 DRiG); zum Mandat in kommunalen Vertretungskörperschaften Rn. 32. Das Für und Wider parteipolitischer Betätigung von Richtern ist vielfach erörtert worden.[386] § 39 DRiG, der Maß und Takt der Richter appelliert, ohne von vornherein ihr staatsbürgerliches Recht auf aktive politische Betätigung zu schmälern, ist eine abgewogene Lösung. Die in anderen Zusammenhängen geführten Diskussionen um das Tragen von Zeichen, die auf politische oder religiöse Überzeugungen hinweisen, sind von viel Toleranz geprägt.[387] Unter dem Aspekt des Vertrauens in die Unabhängigkeit und die Neutralität des Richters (Rn. 163) sind die Grenzen des Hinnehmbaren aber wesentlich enger zu ziehen.

§ 40 DRiG bestimmt, dass einem Richter eine **Nebentätigkeit** als Schiedsrichter, Schiedsgutachter oder Schlichter nur genehmigt werden darf, wenn er von den Parteien gemeinsam beauftragt oder von einer unbeteiligten Stelle benannt ist und für ihn zu der Sache keine dienstlichen Berührungspunkte bestehen. Auf derselben Linie liegt die Bestimmung, dass ein Richter weder außerdienstlich Rechtsgutach-

---

[382] BVerwGE 78, 216 = NJW 1988, 1748; *Zuck* MDR 1988, 280; krit. *Paehler* DRiZ 1988, 373.
[383] BVerfGE 39, 334, 366 = NJW 1975, 1641.
[384] BVerfG NJW 1989, 93; vgl. Nds-Dienstgerichtshof NJW 1990, 1497; *Sendler* NJW 1984, 689; *Rudolph* DRiZ 1987, 337; *Rottmann* DRiZ 1987, 317; *Hager* NJW 1988, 1694, DRiZ 1988, 325; Freie Meinung im Richteramt, 1987; Deutscher Richterbund DRiZ 1984, 116; *Pfeiffer* DRiZ 1988, 85; *Schmidt-Räntsch* § 39 DiRG Rn. 9 ff.
[385] BVerfG DRiZ 1984, 241.
[386] Zum Meinungsstand und rechtsvergleichend: *Heimeshoff* DRiZ 1975, 261.
[387] Vgl. beispielhaft zum Kopftuchstreit BVerfG NJW 2003, 3111; BVerwG NJW 2002, 3344; BAG NJW 2003, 1685.

ten erstatten noch entgeltliche Rechtsauskünfte erteilen darf (§ 41 DRiG). Im Übrigen ist die von einem Richter beantragte Genehmigung einer Nebentätigkeit, auch außerhalb des öffentlichen Dienstes, zu versagen, wenn zu besorgen ist, dass die Nebentätigkeit das Vertrauen in die Unabhängigkeit, Unparteilichkeit oder Unbefangenheit des Richters gefährdet oder sonst mit dem Ansehen des Richterstandes oder mit dem Wohle der Allgemeinheit unvereinbar ist (vgl. § 5 der VO über die Nebentätigkeit der Richter im Bundesdienst). Zwar ist der Richter von der Einhaltung von Dienststunden frei (Rn. 154), aber auch die Nebentätigkeitsgenehmigung entbindet ihn nicht von der Pflicht, Sitzungen und sonstige zeitgebundene richterliche Tätigkeit wahrzunehmen.[388]

163 §§ 40 und 41 DRiG tragen dem Umstand Rechnung, dass die richterliche Unabhängigkeit **Neutralität** und Distanz gegenüber Verfahrensbeteiligten verlangt[389] (Einl. Rn. 165; § 16 Rn. 31). Die Richterbank ist freizuhalten von Richtern, die dem rechtlich zu würdigenden Sachverhalt und den daran Beteiligten nicht mit der erforderlichen Distanz des unbeteiligten und deshalb am Ausgang des Verfahrens uninteressierten Dritten gegenüberstehen.[390] Dem entspricht es, dass ein Richter in bestimmten Fällen von der Ausübung des Richteramtes kraft Gesetzes ausgeschlossen ist (§ 41 ZPO, §§ 22, 23 StPO) und über die von einer Partei geltend gemachte **Ablehnung** hinaus (§ 42 ZPO, § 24 StPO) auch im Wege der „Selbstablehnung" (§ 48 ZPO, § 30 StPO) eine Entscheidung darüber herbeiführen kann, ob für eine Partei ein Grund vorliegt, der geeignet ist, Misstrauen gegen seine Unparteilichkeit zu rechtfertigen.[391] Dagegen hat ein Richter kein Selbstablehnungsrecht, wenn er meint, aus Gewissensgründen einem Gesetz nicht folgen zu können (Rn. 139).

J. Rechtsschutz bei Beeinträchtigung der richterlichen Unabhängigkeit durch die Dienstaufsicht

164 **I. § 26 Abs. 3 DRiG.** Nach §§ 26 Abs. 3, 62 Abs. 1 Nr. 4 e und 78 Nr. 4 e DRiG kann ein Richter mit der Behauptung, dass eine Maßnahme der Dienstaufsicht seine Unabhängigkeit beeinträchtige, das Dienstgericht für Richter anrufen. Dieser **besondere Rechtsschutz** sichert den Rang der richterlichen Unabhängigkeit für den Rechtsstaat (Rn. 1 ff.) auch rechtlich ab und vollendet ihn. Während der Beamte, der sich innerdienstlichen, verwaltungsgerichtlich nicht überprüfbaren Weisungen nicht fügen will, ein Disziplinarverfahren in Kauf nehmen muss, in dem die Rechtmäßigkeit der nicht befolgten Weisung oder nicht anerkannten Kritik (nur) inzident überprüft werden kann, wollte der Gesetzgeber dem Richter die Möglichkeit geben, von sich aus in jedem Falle ein selbstständiges gerichtliches Verfahren zur Nachprüfung einzuleiten, wenn er sich durch die Dienstaufsicht in seiner Unabhängigkeit beeinträchtigt fühlt. Er soll sich weder beugen noch das Risiko des Ungehorsams eingehen müssen.[392] Die Möglichkeit der Anrufung des Richterdienstgerichts ist damit auch ein Beitrag zur inneren Unabhängigkeit des Richters (Rn. 157 ff.). Nur deshalb ist auch gerechtfertigt, dass die Abgrenzung zwischen zulässiger Dienstaufsicht und unzulässiger Beeinträchtigung der richterlichen Unabhängigkeit nicht enumerativ geregelt ist (was ohnedies praktisch nicht möglich wäre).

165 **II. Maßnahme der Dienstaufsicht.** Der Begriff „Maßnahme der Dienstaufsicht" i. S. des § 26 Abs. 3 DRiG ist weit auszulegen,[393] da dem Richter ein umfassender Rechtsschutz gegeben werden soll. Der Begriff ist weiter als der des Verwal-

---

[388] BVerwGE 78, 211 = NJW 1988, 1159.
[389] BVerfGE 21, 139, 146 = NJW 1967, 1123.
[390] BVerfGE 46, 34, 37.
[391] Zu „Befangenheitsablehnung und Richterpersönlichkeit": *Schneider* DRiZ 1978, 42.
[392] BGHZ 42, 163, 171 = NJW 1964, 2415.
[393] BGHZ 113, 36 = NJW 1991, 1103; BGH NJW 1995, 731.

tungsaktes, er umfasst auch Verhaltensweisen rein tatsächlicher Natur. Bei der Begriffsbestimmung ist nicht auf Art und Inhalt der Maßnahme abzustellen. Ausschlaggebend ist vielmehr die Urheberschaft, also dass die Maßnahme von einer **Dienstaufsichtsbehörde** ausgeht,[394] nicht etwa vom Präsidium im Rahmen der Geschäftsverteilung (Rn. 84) – unabhängig davon, ob sie systematisch Aufsichtstätigkeit darstellt.[395] Auch Einflussnahmen, die sich auf die Tätigkeit des Richters nur mittelbar auswirken können oder beziehen,[396] etwa **Meinungsäußerungen** dienstaufsichtführender Stellen, die sich in irgendeiner Weise kritisch mit dem dienstlichen oder außerdienstlichen Verhalten eines Richters befassen, können Maßnahmen der Dienstaufsicht sein.[397] Das gilt insbesondere für **dienstliche Beurteilungen**[398] (Rn. 89), ebenso für einen Bericht über eine Geschäftsprüfung, der anderen Dienstaufsichtsorganen bekannt gegeben wird[399] (Rn. 62), nicht jedoch für unterschiedliche Rechtsauffassungen zwischen dem Inhaber der Dienstaufsicht und einem Richter, auch wenn die Differenzen öffentlich ausgetragen werden.[400] Maßnahmen zur Einleitung und Durchführung disziplinarrechtlicher Vorermittlungen können grundsätzlich nicht im Prüfungsverfahren nach § 26 Abs. 3 DRiG angefochten werden.[401]

Erforderlich ist aber, dass die Äußerung einen konkreten Bezug zur Tätigkeit eines bestimmten Richters oder einer bestimmten Gruppe von Richtern und einen **Bezug** zu deren **richterlicher Tätigkeit** hat. Der Dienstaufsichtführende muss entweder zu einem in der Vergangenheit liegenden Verhalten des Richters wertend Stellung nehmen oder sich in einer Weise äußern, die geeignet ist, sich auf die künftige Tätigkeit des Richters in bestimmter Richtung auszuwirken. Es muss sich um einen konkreten Konfliktsfall zwischen Justizverwaltung und Richter handeln.[402] Gibt die Dienstaufsichtsstelle ihre Auffassung zu einer Rechtsfrage kund, liegt darin, auch wenn die Stellungnahme durch den Antrag eines Richters ausgelöst ist, keine Dienstaufsichtsmaßnahme, wenn nur eine von einem bestimmten Vorgang losgelöste Meinungsverschiedenheit in einer abstrakten Rechtsfrage vorliegt, nicht dagegen ein konkreter Konfliktsfall zwischen Justizverwaltung und Richter und somit nicht ein gegen den Richter gerichtetes Verhalten.[403] Auch bei einem **Gespräch unter vier Augen** zwischen einem Gerichtspräsidenten und einem Richter, das der Klärung und Aufhellung der beiderseitigen Standpunkte dient, fehlt es an einem derartigen Konfliktsfall.[404]

Ohne Bedeutung ist es, ob eine Äußerung der Dienstaufsichtsstelle unmittelbar oder mittelbar an den Richter adressiert ist oder gegenüber einem **Dritten** erfolgt[405] (Rn. 49, 99). Auch der Leserbrief des Pressereferenten des Justizministers an eine Zeitung, der sich kritisch mit dem Verhalten eines Richters befasst, kann eine Dienstaufsichtsmaßnahme sein.[406] Unterlassungen können Maßnahmen der Dienstaufsicht sein, wenn für die Dienstaufsicht eine Pflicht zum Tätigwerden gegenüber dem Richter besteht.[407] Maßnahmen der Dienstaufsicht können auch vorliegen, wenn sie nicht die richterliche Tätigkeit, sondern die nichtrichterlich-dienstliche

---

[394] BGHZ 46, 66 = NJW 1966, 2156.
[395] BGH DRiZ 1977, 151.
[396] BGHZ 113, 36 = NJW 1991, 1103; Z 162, 333 = NVwZ 2005, 1223.
[397] BGH DRiZ 1998, 20.
[398] BGH Z 90, 41 = NJW 1984, 2531; Z 95, 313 = NJW 1986, 2705.
[399] BGHZ 76, 288 = NJW 1980, 1850.
[400] BGHZ 85, 145 = NJW 1983, 889.
[401] BGHZ 90, 34 = NJW 1984, 2534.
[402] BGH NJW 1984, 2471.
[403] BGH NJW 1984, 2471; NJW-RR 2002, 929.
[404] BGH DRiZ 1979, 378.
[405] BGHZ 47, 275, 283 = NJW 1967, 2054; Z 51, 280, 286 = NJW 1969, 2199; Z 76, 288 = NJW 1980, 1850; BGH NJW-RR 2005, 433.
[406] DG Düsseldorf DRiZ 1979, 375; DG Frankfurt NJW 1981, 930.
[407] *Hoepner* DRiZ 1964, 6, 11.

Tätigkeit[408] oder das außergerichtliche Verhalten eines Richters[409] zum Gegenstand haben.

168 **III. Zulässigkeit des Verfahrens.** Zulässigkeitsvoraussetzung für das Prüfungsverfahren nach § 26 Abs. 3 DRiG ist die **Behauptung** des antragstellenden Richters, dass die angefochtene Maßnahme seine Unabhängigkeit beeinträchtige. Während im Verwaltungsgerichtsprozess für eine zulässige Klage die Geltendmachung einer Rechtsverletzung in gewissem Umfang substantiiert sein muss (§ 42 Abs. 2 VwGO), reicht es für die Zulässigkeit der Anfechtung einer Dienstaufsichtsmaßnahme aus, dass die Beeinträchtigung der richterlichen Unabhängigkeit schlicht behauptet wird. Die Behauptung muss nur einleuchtend und nachvollziehbar sein,[410] sie darf nicht „aus der Luft gegriffen" sein.[411] Bei einem auf die richterliche Tätigkeit bezogenen Vorhalt besteht an der Möglichkeit der Beeinträchtigung kein Zweifel.[412] Auch diese weite Auslegung bezweckt, dem Richter einen möglichst weitgehenden Rechtsschutz zu gewähren.[413] Schon wenn ein Richter sich in seiner Unabhängigkeit subjektiv beeinträchtigt fühlt, soll er eine Sachentscheidung des Dienstgerichts herbeiführen können. Lediglich die willkürliche Behauptung einer Beeinträchtigung ließe einen Antrag nach § 26 Abs. 3 DRiG mangels Zulässigkeit scheitern.[414]

169 Der Rechtsschutz nach § 26 Abs. 3 DRiG besteht nicht nur, wenn eine Beeinträchtigung der **sachlichen,** sondern auch, wenn eine solche der **persönlichen** Unabhängigkeit behauptet wird.[415] Gerade dann, wenn Maßnahmen der Dienstaufsicht nicht durch die richterliche Tätigkeit des Betroffenen ausgelöst werden, kann eine Beeinträchtigung der persönlichen Unabhängigkeit in Frage kommen.[416] Zwar besteht in Sonderfällen einer Beeinträchtigung der persönlichen Unabhängigkeit eine spezielle Anfechtungsmöglichkeit (§ 62 Abs. 1 Nr. 4a bis d, f), jedoch ist nicht ausgeschlossen, dass ein Richter darüber hinaus die Beeinträchtigung seiner persönlichen Unabhängigkeit nach § 62 Abs. 1 Nr. 4e geltend machen kann. Zur Tenorierung Rn. 179.

170 **IV. Richterdienstgericht. Zuständig** für die Entscheidung über die Behauptung des Richters, eine Maßnahme der Dienstaufsicht beeinträchtige seine Unabhängigkeit, ist das **Dienstgericht für Richter.** Das für Richter im Bundesdienst gebildete Dienstgericht des Bundes ist ein besonderer Senat des BGH (§ 61 Abs. 1 DRiG). Es ist zugleich Revisionsinstanz für die Dienstgerichte der Länder (§ 62 Abs. 2 DRiG). Die Dienstgerichte in den Ländern sind ebenfalls anderen Gerichten anzugliedern; der Landesgesetzgebung ist es überlassen, ob die Spruchkörper bei Gerichten der ordentlichen Gerichtsbarkeit oder bei den Verwaltungsgerichten eingerichtet werden (§ 77 Abs. 1 DRiG). Das Verfahren vor den Dienstgerichten in den Ländern muss mindestens zweistufig sein (§ 79 Abs. 1 DRiG). Nach dem Prinzip der richterlichen Selbstverwaltung (Rn. 34) hat die Dienstaufsicht auf die Besetzung der Dienstgerichte, deren nichtständige Beisitzer dem Gerichtszweig des jeweils betroffenen Richters angehören müssen oder sollen (§ 61 Abs. 2 Satz 2, § 77 Abs. 2 Satz 3 DRiG), keinen Einfluss. Die **Mitglieder** des Dienstgerichts werden von dem **Präsidium** des Gerichts bestimmt, bei dem es errichtet ist, wobei auf die Nominierung der nichtständigen Beisitzer die Präsidien anderer Gerichte Einfluss nehmen können (§ 61 Abs. 3, § 77 Abs. 3 DRiG). Nur Richter aL kön-

---

[408] BGH DRiZ 1977, 215.
[409] BGHZ 51, 363, 367 = NJW 1969, 1302.
[410] BGHZ 162, 333 = NVwZ 2005, 1223; BGH NJW 2006, 692.
[411] BGHZ 113, 36 = NJW 1991, 1103.
[412] BGH NJW 2006, 692.
[413] *Schäfer* DRiZ 1970, 74.
[414] BGHZ 71, 9 = NJW 1978, 1425: „Die Zulässigkeit ... ergibt sich schon aus der nicht willkürlichen Behauptung, ... beeinträchtigt zu sein" – insoweit nicht veröffentlicht.
[415] *Hoepner* DRiZ 1964, 9.
[416] BGHZ 51, 363, 369f. = NJW 1969, 1302; BGH DRiZ 1973, 281.

nen Mitglieder von Dienstgerichten werden; Gerichtspräsidenten und ihre ständigen Vertreter sind ausgeschlossen (§ 61 Abs. 2, § 77 Abs. 2, 3 DRiG).

Die Dienstgerichte sind nicht nur gemäß §§ 62 Abs. 1 Nr. 4e, 78 Nr. 4e DRiG **171** zuständig, wenn ein Richter eine Maßnahme der Dienstaufsicht aus den Gründen des § 26 Abs. 3 DRiG anficht. Sie können im **Prüfungsverfahren** darüber hinaus in den in § 62 Abs. 1 Nr. 3, 4, § 78 Nr. 3, 4 DRiG aufgeführten Fällen, in denen die Rechtsstellung des Richters betroffen ist und es somit um Einzelaspekte der persönlichen Unabhängigkeit geht, von der obersten Dienstbehörde oder dem betroffenen Richter angerufen werden (§ 66 Abs. 3, § 83 DRiG). Außerdem sind sie bei einer beabsichtigten Versetzung im Interesse der Rechtspflege zuständig (§§ 62 Abs. 1 Nr. 2, 78 Nr. 2, 65, 83 DRiG). Schließlich entscheiden sie auch in Disziplinarsachen der Richter (§§ 62 Abs. 1 Nr. 1, 78 Nr. 1 DRiG).

Andererseits sind die Dienstgerichte nicht für alle das Richterverhältnis betref- **172** fenden Streitigkeiten zuständig. Für Streitfragen, die nicht in §§ 62, 78 aufgeführt sind, bleibt es bei der gemäß §§ 46, 71 Abs. 3 DRiG, § 172 BBG, § 126 BRRG gegebenen Zuständigkeit der allgemeinen Verwaltungsgerichte. Zu daraus entspringenden Kompetenzproblemen Rn. 173 ff.

V. Prüfungskompetenz. Zur Prüfungskompetenz der Richterdienstgerichte ist **173** auszugehen von §§ 71 Abs. 3 DRiG, 126 Abs. 1 BRRG, wonach für alle Klagen von Richtern aus dem Richterverhältnis der Verwaltungsrechtsweg gegeben ist. Das gilt jedoch insoweit nicht, als der Richter eine Beeinträchtigung seiner richterlichen Unabhängigkeit durch eine Maßnahme der Dienstaufsicht nach § 26 Abs. 3 DRiG geltend macht. Die Sache wird nicht dadurch insgesamt zu einem Unabhängigkeitsstreit, über den nur die Richterdienstgerichte zu entscheiden haben, dass der Richter gegen eine im Verwaltungsrechtsweg angegriffene Maßnahme der Dienstaufsicht auch einen Antrag auf Entscheidung des Richterdienstgerichts gestellt hat, weil er sich auch in seiner richterlichen Unabhängigkeit beeinträchtigt sieht. Vielmehr ist die Sache beim Richterdienstgericht nur in den Grenzen rechtshängig, die sich aus dem Klagegrund des § 26 Abs. 3 DRiG und der diesem entsprechenden Sachentscheidungsbefugnis des angerufenen Gerichts ergeben;[417] eine Verweisung des überschießenden Streitgegenstands in den Verwaltungsrechtsweg scheidet damit ebenfalls aus.[418] Im Verfahren nach § 26 Abs. 3 DRiG vor dem Richterdienstgericht geht es also nur um die **Vereinbarkeit der Maßnahme mit der richterlichen Unabhängigkeit.** Ihre Vereinbarkeit mit anderen Gesetzen und Rechtsvorschriften, also ihre Berechtigung im Übrigen, ist nicht im Verfahren nach § 26 Abs. 3 DRiG, sondern vor den Verwaltungsgerichten nachzuprüfen.[419] Verwaltungsgerichtlicher Rechtsschutz ist gegen alle Maßnahmen des Dienstherrn gegeben, die geeignet sind, einen Bediensteten in seiner individuellen Rechtssphäre – jenseits der richterlichen Unabhängigkeit – zu verletzen.[420] So unterliegt es nicht der Beurteilung durch die Dienstgerichte, ob im Einzelfall der Vorhalt oder die Ermahnung die angemessene und rechtmäßige Reaktion der Dienstaufsicht sind.[421] Auch der Widerruf eines bewilligten Erholungsurlaubs ist im Verwaltungsrechtsweg nachzuprüfen[422] (Rn. 154). – Eine Besonderheit ergibt sich bei **dienstlichen Beurteilungen** (Rn. 89). Wendet sich der Richter im Verwaltungsrechtsweg gegen ihre Rechtmäßigkeit, liegt ein einheitlicher Streitgegenstand vor mit der Folge, dass das VG auch zu überprüfen hat, ob ein Mangel unter dem Gesichtspunkt des Eingriffs in die richterliche Unabhängigkeit vorliegt.[423]

---

[417] BGH NJW 2002, 359; BVerwGE 67, 222 = NJW 1983, 2589.
[418] DGH Hamm NVwZ-RR 2005, 74.
[419] BGH NJW 2006, 692; 1674; 2002, 359.
[420] BGHZ 90, 41 = NJW 1984, 2531.
[421] BGH NJW-RR 2007, 281.
[422] BGHZ 102, 369 = NJW 1988, 1094.
[423] OVG Münster NVwZ-RR 2004, 874; VGH Mannheim NVwZ-RR 2005, 585.

174 Eine schriftliche **Missbilligung,** die gegen Richter schlechthin unzulässig ist (Rn. 46), unterliegt, auch wenn sie nicht die richterliche Tätigkeit betrifft, nach der RSpr stets der Nachprüfung durch das Dienstgericht.[424] Dies ist jedoch zu überdenken mit Rücksicht auf die Kompetenzabgrenzung zwischen Richterdienstgericht und Verwaltungsgericht, ersteres beschränkt auf den Zusammenhang zwischen Dienstaufsicht und richterlicher Tätigkeit (Rn. 173).

175 Die Zurückweisung der Dienstaufsichtsbeschwerde des Richters ist keine Maßnahme der Dienstaufsicht gegen ihn im Sinne des § 26 Abs. 3 DRiG.[425]

176 VI. Anfechtung. Führt die Anfechtung nach §§ 26 Abs. 3, 62 Abs. 1 Nr. 4 e DRiG zum **Erfolg,** hat das Dienstgericht die Unzulässigkeit der Maßnahme festzustellen (§ 67 Abs. 4 DRiG), während in den anderen Anfechtungsfällen des Prüfungsverfahrens (§ 62 Abs. 1 Nr. 4 a bis d, f DRiG) der Tenor auf Aufhebung der angefochtenen Maßnahme lautet (§ 67 Abs. 3 DRiG). Diese Unterscheidung erklärt sich daraus, dass der Ausspruch der Aufhebung auf Verwaltungsakte gemünzt ist (vgl. § 113 Abs. 1 Satz 1 VwGO), Maßnahmen der Dienstaufsicht aber auch rein tatsächliche Verhaltensweisen sein können.

177 Die Feststellung der Unzulässigkeit ist auch auszusprechen, wenn eine **dienstliche Beurteilung** erfolgreich angegriffen wird.[426] Der BGH hat offen gelassen, ob aus Gründen eines wirksamen Rechtsschutzes auch der Ausspruch der Verpflichtung zur Aufhebung der Beurteilung möglich ist.[427] An anderer Stelle[428] neigt er der Auffassung zu, es sei statthaft, über den Wortlaut von § 67 Abs. 4 DRiG hinaus unmittelbar die Vernichtung eines unzulässigen Zeugnisses anzuordnen (Folgenbeseitigungsanspruch). Kommt nur die Feststellung der Unzulässigkeit einzelner Passagen in Frage, hat das Dienstgericht in der Tatsacheninstanz auf eine geeignete Antragstellung hinzuwirken, durch die vermieden wird, dass eine unangefochten gebliebene Restbeurteilung einen missverständlichen oder falschen Eindruck vermittelt.[429]

178 Tritt ein Richter während des Prüfungsverfahrens in den **Ruhestand,** so entfällt sein Interesse, die Unwirksamkeit der angefochtenen Maßnahme feststellen zu lassen.[430] Handelt es sich um einen Vorhalt oder eine Ermahnung, ist allerdings zu bedenken, dass mit dem Ruhestand auch das Interesse der Dienstaufsicht an der Aufrechterhaltung der Maßnahme weggefallen ist. In Erledigungsfällen, bei denen eine Wiederholungsgefahr besteht, ist § 113 Abs. 1 Satz 4 VwGO entsprechend anwendbar.[431]

179 Da ein Richter bei der Anfechtung nach § 62 Abs. 1 Nr. 4 a bis d, f DRiG (Spezialfälle des Betroffenseins der persönlichen Unabhängigkeit) zusätzlich nach §§ 26 Abs. 3, 62 Abs. 1 Nr. 4 e DRiG vorgehen kann – etwa indem er behauptet, die angefochtene Maßnahme wirke sich nicht nur mittelbar auf seine Unabhängigkeit aus, sondern ziele, z. B. durch die Wahl des Zeitpunktes, auf deren Beeinträchtigung –, fragt es sich, wie beim Durchgreifen der verschiedenen Anfechtungsgründe angesichts der unterschiedlichen Regelungen in § 67 Abs. 3 und Abs. 4 DRiG der **Urteilstenor** zu lauten hat. Es gilt das Prinzip der Spezialität: Die Aufhebung der angefochtenen Maßnahme ist gegenüber der Unwirksamkeitsfeststellung dominant und hat Vorrang.

---

[424] BGHZ 90, 34 = NJW 1984, 2534.
[425] BGHZ 85, 145 = NJW 1983, 889.
[426] BGH DRiZ 1974, 163.
[427] BGH DRiZ 1976, 382.
[428] BGHZ 52, 287, 296 = NJW 1969, 2202.
[429] BGH DRiZ 1979, 378.
[430] BGH DRiZ 1976, 149.
[431] BGHZ 52, 287, 294 = NJW 1969, 2202.

K. Rechtsschutz bei Beeinträchtigung der richterlichen Unabhängigkeit außerhalb der Dienstaufsicht?

I. Problem. Der vor allem durch § 26 Abs. 3 DRiG geschaffene Rechtsschutz **180**
zum Schutz der richterlichen Unabhängigkeit gegenüber Maßnahmen der Dienstaufsicht (Rn. 164 ff.) ist optimal. Damit ist die „klassische" Gefahr für die richterliche Unabhängigkeit wirksam gebannt, sofern die Richter sie selbst zu verteidigen bereit sind. Es hieße jedoch die Augen vor der Wirklichkeit verschließen, wollte man annehmen, damit sei die richterliche Unabhängigkeit in vollem Umfange geschützt. Auch **jenseits der Dienstaufsicht** gibt es eine Vielzahl von Möglichkeiten und Versuchen, auf die RSpr Einfluss zu nehmen und die richterliche Unabhängigkeit zu beeinträchtigen. Sie können subtiler und drückender sein können als die Dienstaufsicht, die ja gerade durch die im DRiG vorgesehene Formalisierung und gerichtliche Kontrolle verrechtlicht und in der Verteidigung risikoloser, außerdem parlamentarischer Kontrolle und öffentlicher Kritik, auch von Verbänden, ausgesetzt ist.

II. Präsidium. Eine Beeinträchtigung der richterlichen Unabhängigkeit kann **181**
sich ergeben aus Beschlüssen des Präsidiums über die Geschäftsverteilung, durch die der Richter einer bestimmten Abteilung oder einem bestimmten Spruchkörper zugewiesen wird. Die Rechtsnatur von Präsidialbeschlüssen ist streitig (§ 21 e Rn. 102), unzweifelhaft ist aber, dass es sich nicht um Maßnahmen der Dienstaufsicht handelt (§ 21 e Rn. 105, 121). Nicht zu verkennen ist, dass das Präsidium, auch wenn es Organ der richterlichen Selbstverwaltung ist (Rn. 34, 84), gegenüber dem betroffenen Richter eine dienstherrnähnliche Funktion ausübt.[432] Nach h. M. ist der Verwaltungsrechtsweg eröffnet (§ 21 e Rn. 121). Ein Anrufungsgrund könnte vorliegen, wenn das Präsidium einen bisher in Zivilsachen tätigen Richter, der ein die Öffentlichkeit erregendes Urteil erlassen hat, als unmittelbare Reaktion hierauf in Strafsachen einsetzen will. Allerdings liegt eine Beeinträchtigung nur vor, wenn die Zuweisung eindeutig und ausschließlich **disziplinierenden** Charakter hat, da ein Richter kein Recht auf eine bestimmte Beschäftigungsart hat, vielmehr grundsätzlich für jede Tätigkeit im Rahmen seines konkreten Amtes verwendbar sein muss, und es für das Präsidium mannigfache Gründe geben mag, die seine Ermessensentscheidung tragen. Die Unabhängigkeit kann vom Präsidium weiter beeinträchtigt werden durch **Nichtberücksichtigung** eines Richters bei der Geschäftsverteilung (Rn. 146), ebenso dadurch, dass ein Spruchkörper unter Verletzung des Gleichheitssatzes völlig **überlastet wird** (Rn. 66, 104), während die allgemeine (gleichmäßig verteilte) Überlastung des Gerichts jedenfalls keine Beeinträchtigung durch das Präsidium darstellt.

Fehl geht die Auffassung, ein durch einen Präsidiumsbeschluss betroffener Rich- **182**
ter habe ausreichenden Rechtsschutz dadurch, dass er eine geschäftsplanmäßige Zuweisung nicht befolge, damit eine gegen ihn gerichtete Dienstaufsichtsmaßnahmen auslöse, diese gemäß § 26 Abs. 3 DRiG anfechte und dabei inzident eine Nachprüfung der Geschäftsverteilung erreiche.[433] Sie verkennt, dass Dienstaufsichtsmaßnahmen hier rechtmäßig sind, da ein Richter die Zuweisung von Geschäften durch einen Geschäftsverteilungsplan, der nicht nichtig ist, hinzunehmen hat, bis die Rechtswidrigkeit der Zuteilung festgestellt oder diese anderweitig aufgehoben wurde (§ 21 e Rn. 100).

Ein Präsidiumsbeschluss, der einen Richter gegen seinen Willen einem **deta- 183
chierten Spruchkörper** zuweist und ihm damit einen anderen Beschäftigungsort bestimmt, kann zwar faktisch versetzungsähnlichen Charakter haben, ist aber systematisch eine Maßnahme der Geschäftsverteilung, nicht des Dienstrechts, und gilt nur für längstens das Geschäftsjahr (wenn auch jeweils mit Verlängerungsmöglichkeit); der

---

[432] *Pentz* DRiZ 1977, 179 f.
[433] So *Müller* MDR 1977, 975, 977.

Präsidialbeschluss hat auch keine den bestehenden dienstrechtlichen Status des betroffenen Richters ändernde Wirkung. Für die Anfechtung gilt auch hier Rn. 181.

184 Der **Antrag** auf Feststellung der Unwirksamkeit des den antragstellenden Richter betreffenden Teils des Geschäftsverteilungsplans hat sich gegen das Land (Bund) zu richten (§ 21e Rn. 10). Hat die Anfechtung Erfolg, so muss das Präsidium, soweit die Unwirksamkeit des Geschäftsverteilungsplans festgestellt ist, eine andere Geschäftsverteilung treffen.

185 **III. Vorsitzender.** Analog § 26 Abs. 3 DRiG muss auch ein Beisitzer das Dienstgericht anrufen können, wenn er sich durch Maßnahmen des **Vorsitzenden** in seiner Unabhängigkeit beeinträchtigt fühlt (Rn. 107). Auch wenn der Vorsitzende im Rahmen seiner Funktionen (Rn. 77) selbst in richterlicher Unabhängigkeit handelt, übt er gegenüber den Beisitzern eine Organisationsbefugnis aus, die aus der Dienstherrngewalt abgeleitet ist.[434]

186 **IV. Präsidialrat, Richtervertretung.** Auch im Übrigen kann sich aus Maßnahmen der richterlichen Selbstverwaltung, z. B. des **Präsidialrats** (Rn. 85) und des **Richterrats** (Rn. 86), eine Beeinträchtigung der Unabhängigkeit ergeben mit der Folge entsprechender Anwendung von § 26 Abs. 3 DRiG, wenn diese Einrichtungen (rechtlich oder tatsächlich) ähnlich dem Dienstherrn oder Inhaber der Dienstaufsicht handeln oder mit diesem gemeinsam tätig sind.

187 **V. Legislative.** Bei Beeinträchtigungen der richterlichen Unabhängigkeit durch die Legislative (Rn. 101 ff.) scheidet eine entsprechende Anwendung des § 26 Abs. 3 DRiG aus. Die Gewaltenteilung verbietet Entscheidungen der einen Staatsgewalt gegenüber der anderen, die nicht rechtsförmlich vorgesehen sind. Auch eine Anrufung des BVerfG ist nicht möglich, da die richterliche Unabhängigkeit kein Grundrecht ist (Rn. 12).

188 Zwar ist die Respektierung der richterlichen Unabhängigkeit eine Rechtspflicht, die auf Grund ihres Verfassungsrangs nach Art. 92, 97 GG auch der Legislative obliegt. Sie ist jedoch mit keinen unmittelbaren rechtlichen Sanktionen bewehrt, abgesehen vom Fall der §§ 176 bis 178 GVG. Es gibt weder den angelsächsischen Contempt of Court (Rn. 109; § 16 Rn. 68) noch ist die Unabhängigkeit ein Recht im Sinne des Privat- oder Strafrechts (abgesehen von Grenzfällen der §§ 90 ff. StGB), auch kein Schutzgesetz im Sinne des § 823 Abs. 2 BGB. Etwas anderes gilt nur, wenn zugleich andere Rechte betroffen werden, z. B. bei Ehrverletzung, Nötigung usw.

189 **VI. Massenmedien, Verbände.** Bei Beeinträchtigungen der richterlichen Unabhängigkeit durch Massenmedien oder Verbände gilt das soeben Ausgeführte entsprechend; der Schutz der verfassungsrechtlich garantierten Unabhängigkeit reduziert sich letztlich auf die Frage nach dem rechtsstaatlichen Selbstverständnis und dem Respekt vor der verfassungsmäßigen Ordnung als Grundlage der Freiheiten nach Art. 5 und 9 GG (vgl. Rn. 109; § 16 Rn. 68).

190 **VII. Zuhörer.** Zur Einflussnahme auf die Rechtsfindung durch Zuhörer im Sitzungssaal oder Gruppen § 16 Rn. 68; § 169 Rn. 15, 53; § 172 Rn. 30.

191 **VIII. Gang in der Öffentlichkeit.** Zur Verteidigung der richterlichen Unabhängigkeit jenseits des unmittelbar rechtlich Fassbaren hat es sich als wirksam erwiesen, sich gegen Beeinträchtigungsversuche, auch im Nachhinein, an die Öffentlichkeit zu wenden, sei es durch das Gericht insgesamt, Richterräte oder Berufsorganisationen.[435]

192 **IX. Fürsorgepflicht.** Aus dem Fürsorgeanspruch des Richters gegenüber seinem Dienstherrn (§ 46 DRiG, § 79 BBG, § 48 BRRG) kann sich ein Anspruch ergeben, ihn vor Versuchen der Beeinträchtigung seiner Unabhängigkeit zu schüt-

---

[434] BVerfG – K – NJW 1996, 2149.
[435] *Stürner* JZ 1980, 6 f.

zen, jedoch nur, soweit damit keine Stellungnahme zum Inhalt seiner Entscheidung erforderlich ist (Rn. 63). Ein solches Eintreten zu unterlassen kann mit der Behauptung angefochten werden, dass in der Fürsorgepflichtverletzung ihrerseits eine Beeinträchtigung der richterlichen Unabhängigkeit liege. Die Befürchtung, dies liefe darauf hinaus, dass auf einem Umweg das Verhalten der Öffentlichkeit zum Gegenstand dienstgerichtlicher Nachprüfung gemacht werden könne[436], ist kein zureichender Grund, dem betroffenen Richter den Schutz zu versagen. Die Art und Weise, wie der Dienstherr einem angegriffenen Richter beizustehen hat, steht in seinem Ermessen, das das Dienstgericht nur auf einen etwaigen Fehlgebrauch hin nachprüfen kann.

L. Richterliche Verantwortlichkeit

I. Verhältnis zur Unabhängigkeit. Richterliche Unabhängigkeit bedeutet nicht Verantwortungsfreiheit. Eine Verantwortlichkeit des Richters kann sich auf zivilrechtlicher, strafrechtlicher, disziplinarrechtlicher und auch verfassungsrechtlicher Ebene ergeben. Allerdings weist sie im Vergleich zu der anderer Staatsbediensteter Besonderheiten auf, die durch den Grundsatz der richterlichen Unabhängigkeit bestimmt oder mitbeeinflusst sind. Hierzu gehört z.B. das Beratungsgeheimnis (vgl. § 193 Rn. 4, 7), durch das die Unabhängigkeit der Richter im Kollegialgericht zusätzlich geschützt wird, was aber nicht bedeutet, dass in einem gegen einen Richter geführten Verfahren nicht höherrangige Interessen der Rechtspflege seine Durchbrechung erlauben könnten (vgl. § 193 Rn. 12 ff.).

II. Zivilrechtlich. Für die zivilrechtlichen Verantwortlichkeit, bei der nach Art. 34 Satz 1 GG für eine in Ausübung eines öffentlichen Amtes begangene Amtspflichtverletzung der Staat gegenüber dem geschädigten Dritten in die Haftung anstelle des Staatsbediensteten, also auch des Richters, eintritt, gilt das „**Spruchrichterprivileg**" des § 839 Abs. 2 Satz 1 BGB. Ein Richter (Berufsrichter oder ehrenamtlicher Richter), der bei dem **Urteil in einer Rechtssache** seine Amtspflicht verletzt, kann nur verantwortlich gemacht werden, wenn die Pflichtverletzung in einer Straftat besteht. Die Bestimmung sollte nach den Motiven des Gesetzgebers[437] dem Schutz der Rechtskraft dienen. Rechtskräftig beendete Verfahren sollen im Interesse der Rechtssicherheit nicht in einem Amtshaftungsprozess erneut sollen aufgerollt werden. Unter ‚Urteil' werden demgemäß nur die Entscheidungen verstanden, durch die das Prozessrechtsverhältnis für die Instanz beendet wird, nicht nur die ausdrücklich als ‚Urteil' ergehenden Entscheidungen, sondern auch alle vergleichbaren instanzbeendenden Entscheidungen, die unter Anwendung materiellrechtlicher Normen zur rechtskräftigen oder rechtskraftähnlichen verbindlichen Beendigung eines durch Klage oder Anklage begründeten Prozessrechtsverhältnisses getroffen werden.[438] Hierunter fallen z.B. Kostenbeschlüsse nach § 91a ZPO[439] und Berichtigungsbeschlüsse nach § 319 ZPO.[440] Der Haftungsausschluss erstreckt sich auf den gesamten Inhalt der Entscheidung, z.B. die gesamten Entscheidungsgründe. Andererseits fallen weite Bereiche richterlicher Tätigkeit nicht unter den privilegierenden Urteilsbegriff, z.B. Streitwertfestsetzung,[441] Entscheidungen in der Zwangsvollstreckung, ebenso Anordnungen und Maßnahmen in der freiwilligen Gerichtsbarkeit, es sei denn, sie stellen eine urteilsvertretende Entscheidung dar, was anzunehmen ist, wenn „nach Sinn und Zweck der Regelung eine jederzeitige erneute Befassung des Gerichts mit der formell rechtskräftig

---

[436] *LR/Schäfer,* 23. Aufl., § 26 DRiG Rn. 8 im Anschluss an *Hoepner* DRiZ 1964, 6, 13.
[437] Vgl. *Tombrink* DRiZ 2002, 296.
[438] BGHZ 51, 326, 329 = NJW 1969, 876; BGHZ 64, 347, 349 = NJW 1975, 1829; vgl. *Tombrink* NJW 2002, 1325 m. w. N.
[439] BGHZ 13, 142 = NJW 1954, 1283.
[440] RGZ 90, 228, 230; *Palandt/Thomas* § 839 BGB Rn. 65; *Tombrink* DRiZ 2002, 298.
[441] OLG Koblenz OLGR 2005, 211.

entschiedenen Sache ausgeschlossen ist".⁴⁴² Die Haftung des Staates ist immer gegenständlich beschränkt; eine Abänderung des Tenors der Entscheidung kann nicht im Wege des Schadensersatzes verlangt, sondern nur auf Rechtsmittel. Deshalb ist ein Widerruf im Wege der Feststellungsklage nicht möglich,⁴⁴³ auch nicht gegen die Anstellungskörperschaft.⁴⁴⁴

195 Der Gesetzeszweck wird heute erweiternd auch auf den **Schutz der Unabhängigkeit** des Richters bezogen;⁴⁴⁵ es soll die richterliche Unbefangenheit und Entscheidungsbereitschaft gefördert werden. Der Richter soll nicht die Befürchtung hegen müssen, „dass sein Verhalten, auch soweit es von anderen als Fehlverhalten erachtet werden sollte, ihm angelastet und in der Weise zum Vorwurf gemacht werden kann, dass es als angeblich fehlerhaft zur Grundlage eines Ersatzanspruchs gemacht und insoweit zur Nachprüfung durch einen anderen Richter gestellt werden könnte".⁴⁴⁶ So ist wegen des Verfassungsgrundsatzes der richterlichen Unabhängigkeit auch außerhalb von § 839 Abs. 2 Satz 1 BGB eine Amtspflichtverletzung des Richters nur gegeben bei besonders groben Verstößen, was inhaltlich auf eine Haftung nur für Vorsatz oder grobe Fahrlässigkeit hinausläuft.⁴⁴⁷ Bedenken, dass damit der lückenlose Rechtsschutz des Art. 19 Abs. 4 GG (Einl. Rn. 198) beeinträchtigt werde, ist entgegenzuhalten, dass es sich um Entscheidungen und Maßnahmen handelt, die ein unabhängiger Richter in einem gesetzlich geregelten Verfahren trifft und die Eröffnung einer Überprüfungsmöglichkeit nur in einem Rechtsmittel bestehen kann, das aber nicht stets gegeben sein muss (Einl. Rn. 203).

196 Der schadensersatzpflichtige Dienstherr könnte gegebenenfalls nach § 46 DRiG i. V. mit § 78 BBG gegen den Richter Rückgriff nehmen. Ein solcher Rückgriff beinhaltet jedoch denknotwendig den Vorwurf gegen den Richter, in einer Rechtssache falsch entschieden zu haben. Das ist unzulässig (Rn. 40 ff.); dagegen kann sich der Richter nach § 26 DRiG wehren, was, von Extremfällen abgesehen, zur Unzulässigkeit des Vorwurfs führen muss mit der Folge auch einer Unzulässigkeit des Rückgriffs.

197 Bei Schäden infolge Verletzung individualschützender Vorschriften des **europäischen Gemeinschaftsrechts** durch letztinstanzliche Entscheidungen innerstaatlicher Gerichte hält es der EuGH indessen für unvereinbar mit dem Gebot wirksamen Rechtsschutzes, eine staatliche Haftung auszuschließen.⁴⁴⁸ Dem stehe weder der Grundsatz der Rechtskraft noch die richterlichen Unabhängigkeit entgegen, da es einerseits um einen anderen Streitgegenstand, andererseits nicht um eine persönliche Haftung, sondern die des Staates gehe. Auch der EGMR könne nach Art. 41 MRK bei Konventionsverletzungen eines nationalen Gerichts eine Entschädigung zusprechen. Unter Berücksichtigung der richterlichen Funktion komme die Haftung aber nur bei offenkundig gemeinschaftsrechtswidrigen Entscheidungen in Betracht. An diese Einschränkung des Spruchrichterprivilegs (Rn. 194) sind die deutschen Gerichte gebunden; persönliche Haftung und Rückgriff bleiben aber ausgeschlossen.

198 **III. Strafrechtlich.** Zur strafrechtliche Verantwortlichkeit des Richter wegen des Inhalts und der Folgen seines Spruchs ist der Auffassung, ein Richter müsse unbeschränkt verantwortlich sein, wenn er bei seiner richterlichen Tätigkeit gegen Strafgesetze verstoße,⁴⁴⁹ nicht zu folgen. Es gefährdet die richterliche Unabhängigkeit, wenn

---

⁴⁴² BGHZ 155, 306 = NJW 2003, 3052.
⁴⁴³ Str., vgl. *Köndgen* JZ 1979, 246; *Jakobs* JZ 1971, 279.
⁴⁴⁴ OVG München NJW 1988, 2636; *Hager* NJW 1989, 885.
⁴⁴⁵ *Grunsky*, FS Raiser, 1974, S. 150 ff.; krit. *Schütz* S. 142 ff.
⁴⁴⁶ BGHZ 50, 14, 19 = NJW 1968, 989; *Tömbrink* DRiZ 2002, 297.
⁴⁴⁷ BGHZ 155, 306 = NJW 2003, 3052; OLG Koblenz OLGR 2005, 211: Haftungsbeschränkung bereits auf tatbestandlicher Ebene; ähnlich BGH 21. 7. 2005 – III ZR 21/05 –: Unvertretbarkeit der Rechtsansicht; vgl. BGH NJW 2007, 224; krit. *Wollweber* DVBl. 2004, 511.
⁴⁴⁸ EuGH NJW 2003, 3539; vgl. auch 2006, 3337; *Kokott/Henze/Sobotta* JZ 2006, 633, 637 *Storr* DÖV 2004, 545.
⁴⁴⁹ *Bettermann*, Unabhängigkeit S. 575; krit. auch *Schütz* S. 134 ff.

ein Richter aus einer anderen Gesetzesvorschrift als der der Rechtsbeugung (§ 339 StGB) bestraft werden kann, falls ihm nicht gleichzeitig eine solche zur Last fällt.[450] Der BGH hat deshalb dem Tatbestand der **Rechtsbeugung** eine Begrenzungsfunktion beigemessen und diese mit Recht im Zusammenhang mit der Sicherung der richterlichen Unabhängigkeit gesehen.[451] Nicht jede unrichtige Rechtsanwendung ist deshalb eine ‚Beugung' des Rechts, sondern „nur der Rechtsbruch als elementarer Verstoß gegen die Rechtspflege soll unter Strafe gestellt sein. Rechtsbeugung begeht daher nur der Amtsträger, der sich bewusst und in schwer wiegender Weise von Recht und Gesetz entfernt. Selbst die (bloße) Unvertretbarkeit einer Entscheidung begründet die Rechtsbeugung nicht".[452] Rechtsbeugung kann nicht nur in Form von Sachentscheidungen, sondern auch durch einen Verfahrensverstoß begangen werden, auch durch krasse Verletzung des Beschleunigungsgebots.[453] Damit ist eine Bestrafung aus anderen Vorschriften als der der Rechtsbeugung nur möglich, wenn der Richter sich tateinheitlich einer Rechtsbeugung schuldig gemacht hat oder es um die Ahndung von Folgen geht, die durch eine mit der Rechtsbeugung verknüpfte weitere richterliche Tätigkeit unmittelbar herbeigeführt wurden. Im Zusammenhang mit in der ehemaligen DDR tätig gewesenen Richtern ist die Diskussion um die Rechtsbeugung neu entstanden.[454]

§ 336 StGB gilt auch für **ehrenamtliche Richter** (§ 11 Abs. 1 Nr. 3 i.V.m. § 339 StGB; früher überwiegend verneint). 199

IV. Disziplinarrechtlich. Auch Richter können wie Beamte disziplinarrechtlich verantwortlich gemacht werden. Eine eigenständige Richterdisziplinarordnung gibt es nicht. Das DRiG verweist für Richter im Bundesdienst auf die Bundesdisziplinarordnung (§ 63 Abs. 1 DRiG, für Richter im Landesdienst vgl. § 83 DRiG) und trifft nur in wenigen Punkten eine hiervon abweichende Sonderregelung (§§ 63 Abs. 2 und 3, 64 DRiG), die der Rechtsstellung der Richter Rechnung tragen soll. Auch gegenüber Richtern hat der Dienstvorgesetzte eine allerdings zusätzlich eingeschränkte Disziplinargewalt. Er kann durch Disziplinarverfügung einen Verweis aussprechen (§ 64 Abs. 1 DRiG), nicht dagegen, wie es gegenüber einem Beamten möglich ist, auch eine Geldbuße verhängen. Die Disziplinarbefugnis des Dienstvorgesetzten mag rechtspolitisch fragwürdig sein,[455] sie ist aber mit der richterlichen Unabhängigkeit vereinbar, weil der Richter sich zur Überprüfung an ein unabhängiges Gericht wenden kann und damit die Wahrung der richterlichen Unabhängigkeit auch gegenüber disziplinarrechtlichen Eingriffen in den Händen von unabhängigen Richtern liegt. 200

Materiell geht es im Disziplinarrecht um die Verfolgung von **Dienstvergehen,** also schuldhafter (vorsätzlicher oder fahrlässiger) Verletzungen von Dienstpflichten. Für Richter ergeben sich besondere Amtspflichten aus dem DRiG (§§ 38 bis 43) und daneben aus den Beamtengesetzen, auf die das DRiG und die Richtergesetze der Länder verweisen (vgl. § 46 DRiG, §§ 52 bis 78 BBG). Auch ein außerdienstliches Verhalten kann ein Dienstvergehen sein, wenn es nach den Umständen des Einzelfalls in besonderem Maße geeignet ist, Achtung und Vertrauen in einer für das Richteramt oder das Ansehen des Richtertums bedeutsamen Weise zu beeinträchtigen.[456] 201

Problematisch ist, ob das Verhalten eines Richters, das sich als **Spruchtätigkeit** darstellt, geahndet werden kann. Der Meinungsbogen spannt sich von der Auffas- 202

---

[450] *Eb. Schmidt* Rn. 17.
[451] BGHSt 10, 294, 298 = NJW 1957, 1158.
[452] BGH – Fall *Schill* – BGHSt 47, 105 = NJW 2001, 3275 m. krit. Anm. *Böttcher* NStZ 2002, 146; *Schiemann* NJW 2002, 112; *Schaefer* NJW 2002, 734.
[453] BGH aaO.; vgl. OLG Karlsruhe NJW 2004, 1469; hierzu *Albrecht* ZRP 2004, 259.
[454] Vgl. *Bemmann* JZ 1995, 123; *Scheffler* NStZ 1996, 67; *Gritschneder* NJW 1996, 1239; *Schmittmann* NJW 1997, 1426; *Schulz* NJW 1999, 3471.
[455] Vgl. BGH DRiZ 1977, 247; *Wandtke* DRiZ 1984, 430.
[456] Vgl. BGH NJW 2002, 834; dazu BVerfG NJW 2005, 1344.

sung, dass die disziplinare Verfolgung von Pflichtverletzungen, die im Rahmen richterlicher Entscheidungen begangen sind, jedenfalls dann unzulässig sei, wenn es am Vorsatz fehle[457] und dass der Richter wegen des sachlichen Inhalts seiner Entscheidung grundsätzlich disziplinarer Verantwortung nicht unterliege,[458] bis zu der Ansicht, nach Abschluss einer Sache sei ein gerichtliches Disziplinarverfahren bei jeder schuldhaften Pflichtverletzung eines Richters möglich, auch wenn er nur aus Fahrlässigkeit eine Rechtsverletzung begangen habe.[459] Nach *Geiger*[460] gibt es für die dienststrafrechtliche Verfolgung eines bei Ausübung des Richteramtes begangenen Dienstvergehens nur die Einschränkung, dass ein Disziplinarverfahren erst nach rechtskräftigem Abschluss des Anlassverfahrens eingeleitet werden darf, von Anfang an ein förmliches Verfahren vor dem Dienstgericht zu sein hat und der Disziplinarstraftatbestand evident, offenkundig und unentschuldbar sein muss.

203 Da Disziplinarsachen „potenzierte Dienstaufsichtssachen" sind,[461] ist es geboten, die Begrenzungen der Dienstaufsicht, wie sie sich aus § 26 Abs. 1 und 2 DRiG ergeben (Rn. 53 ff.), auch auf das Disziplinarverfahren zu übertragen.[462] Daraus folgt, dass auch der sachliche Gehalt richterlicher Tätigkeit im äußeren Ordnungsbereich und, falls ein offensichtlicher Fehlgriff vorliegt, auch im Kernbereich zum Gegenstand eines Disziplinarverfahrens gemacht werden kann.[463] Der Grundsatz der Verhältnismäßigkeit fordert, dass die Pflichtverletzung so schwerwiegend sein muss, dass Maßnahmen der Dienstaufsicht (Vorhalt und Ermahnung) nicht ausreichen. Auch wenn keine schwerere Maßnahme als ein Verweis zu erwarten ist, der durch Disziplinarverfügung ausgesprochen werden könnte, kann die Dienstaufsicht ein förmliches, vom Dienstgericht einzuleitendes Disziplinarverfahren beantragen.[464]

204 **V. Verfassungsrechtlich.** Das GG und die meisten Länderverfassungen kennen auch eine verfassungsrechtliche Verantwortlichkeit der Richter. Nach Art. 98 Abs. 2 GG kann ein Bundesrichter, der im Amt oder außerhalb des Amtes gegen die Grundsätze des GG oder gegen die verfassungsmäßige Ordnung eines Landes verstößt, auf Antrag des Bundestags **vor dem BVerfG angeklagt werden.** Das BVerfG kann mit Zweidrittelmehrheit des zuständigen Senats anordnen, dass der Richter in ein anderes Amt oder in den Ruhestand zu versetzen ist; im Falle eines vorsätzlichen Verstoßes kann es auf Entlassung erkennen.[465]

205 Vor Erlass des GG hatten Bremen (Art. 136, 138), Hessen (Art. 127 Abs. 2 und 4) und Rheinland-Pfalz (Art. 132) bereits ähnliche, in Bremen und Hessen sogar weitergehende, auf die demokratische Zuverlässigkeit, die richterliche Tätigkeit und die Persönlichkeit des Richters abstellende Regelungen getroffen. Art. 98 Abs. 5 Satz 2 GG ließ dieses Landesverfassungsrecht fortbestehen und ermöglichte gemäß Satz 1 den Ländern, eine Art. 98 Abs. 2 GG entsprechende Regelung für Landesrichter zu treffen. Solche Regelungen wurden darauf in den Verfassungen von Baden-Württemberg (Art. 66 Abs. 2), Hamburg (Art. 63 Abs. 3 und 4), Niedersachsen (Art. 40), Nordrhein-Westfalen (Art. 73) und Schleswig-Holstein (Art. 36 Abs. 2) geschaffen (für Berlin Art. 70 Abs. 2). Art. 98 Abs. 5 Satz 3 GG bestimmt allerdings, dass die Entscheidung über eine Richteranklage, auch soweit sie Landesrichter betrifft und sich auf Landesverfassungsrecht gründet, nur dem BVerfG zusteht. Entgegenstehendes Landesrecht (Zuständigkeit eines Staatsgerichtshofs) ist aufgehoben.

---

[457] Disziplinarsenat Essen DRiZ 1961, 350 m. zust. Anm. *Schumacher*.
[458] KG DRiZ 1968, 141.
[459] *Arndt* DRiZ 1974, 248; 1979, 144.
[460] DRiZ 1979, 65, 68.
[461] *Arndt* im BTagsRechtsausschuss, zit. nach DRiZ 1962, 117.
[462] *Schmidt-Räntsch* Vorbem. §§ 63, 64 DiRG Rn. 10.
[463] Vgl. OLG Hamm DRiZ 1974, 232 f.
[464] BGH DRiZ 1977, 247.
[465] Vgl. *Burmester* DRiZ 1998, 518.

Mit Ausnahme von Rheinland-Pfalz liegt das **Antragsrecht** für eine Richteran- 206
klage bei den Parlamenten (in Bremen daneben beim Senat). Deshalb kann man bei
der Richteranklage, deren Einrichtung gewährleisten soll, dass die Richter in Einklang mit dem Wert- und Ordnungssystem der Verfassung stehen und handeln,
auch von einer parlamentarischen oder politischen Verantwortlichkeit der Richter
sprechen.

Das Verfahren vor dem BVerfG ist ein „Verfahren eigener Art";[466] es ist weder 207
ein Straf- noch ein Disziplinarverfahren. In §§ 58 bis 62 BVerfGG ist es näher geregelt. Die Richteranklage ist unabhängig von einer strafrechtlichen oder disziplinaren Verfolgung (vgl. aber § 60 BVerfGG, der bei Anhängigkeit einer Richteranklage die Aussetzung eines gleichzeitig in Gang befindlichen Disziplinarverfahrens
vorsieht und bestimmt, dass die Verurteilung durch das BVerfG zur Einstellung des
Disziplinarverfahrens führt)

§§ 2 bis 9. (weggefallen)

§ 10. [Referendare]

[1]**Unter Aufsicht des Richters können Referendare Rechtshilfeersuchen erledigen und außer in Strafsachen Verfahrensbeteiligte anhören, Beweise erheben und die mündliche Verhandlung leiten.** [2]**Referendare sind nicht befugt, eine Beeidigung anzuordnen oder einen Eid abzunehmen.**

I. Zweck; Geltungsbereich. Die Vorschrift bezweckt die frühzeitige Ein- 1
übung der in **Ausbildung** befindlichen Juristen **in die praktische richterliche Tätigkeit.** Sie gilt nur für Rechtsreferendare (§ 5b DRiG); auf andere Ausbildungsverhältnisse ist § 10 ohne besondere gesetzliche Bestimmung nicht anwendbar. Eine Mindestausbildungszeit ist nicht vorgeschrieben, maßgebend ist allein der individuelle Ausbildungsstand.

Die in § 10 aufgeführten Tätigkeiten, die einem Referendar übertragen werden 2
können, sind richterliche Tätigkeiten im Sinne der Art. 92, 101 GG, §§ 1, 16
GVG. Frühere Fassungen erweckten deshalb Bedenken gegen die Verfassungsmäßigkeit,[1] die nunmehr dadurch ausgeräumt sind, dass die Tätigkeit des Referendars
„unter der Aufsicht des Richters" stattfindet.

Die Erledigung der in § 10 aufgeführten Tätigkeiten kann **jedem Referendar** 3
übertragen werden, der die fachlichen Voraussetzungen erfüllt; es ist nicht erforderlich, dass er gerade bei dem zuständigen Gericht/Richter seinen Vorbereitungsdienst planmäßig als Stationsreferendar ableistet.[2]

Auch in **Familiensachen** können Referendare tätig sein. Zwar sprechen die 4
Erwägungen des Gesetzgebers zur Einführung des Familienrichters, die zu einem
Verbot der Tätigkeit eines Richters aP geführt haben (§ 23b Rn. 89), gegen eine
Tätigkeit der Referendare in Familiensachen, auch mit Rücksicht auf die besondere
Verhandlungsatmosphäre und die Nichtöffentlichkeit der Verhandlung (§ 170
GVG). Der Gesetzgeber hat indessen kein solches Verbot ausgesprochen. Die nach
§ 10 erforderliche Aufsicht eines Richters richtet sich nach § 23b Abs. 3 Satz 2.

Die Vorschrift gilt nur für die Erledigung von richterlichen Aufgaben. Soweit ge- 5
richtliche Aufgaben dem **Rechtspfleger** obliegen, ist § 10 nicht anwendbar; es gilt
§ 2 Abs. 5 RPflG (zeitweilige Wahrnehmung von Rechtspflegeraufgaben). Die
Entscheidung darüber, ob eine Sache vom Richter oder vom Rechtspfleger zu erledigen ist (z.B. §§ 5, 7 RPflG), kann der Referendar nicht treffen. Zur Tätigkeit

---
[466] *Baur*, Justizaufsicht S. 42.
[1] OLG Celle NJW 1967, 993; *Boos* NJW 1967, 1869; *Herzog* JZ 1967, 286.
[2] *LR/Böttcher* Rn. 8.

als **Urkundsbeamter** der Geschäftsstelle § 153 Rn. 22. Außerdem gelten §§ 142 Abs. 3 GVG (staatsanwaltschaftliche Aufgaben), 139, 142 Abs. 2 StPO (Referendar als Verteidiger), 53 Abs. 4, 59 BRAO (Vertretung eines Rechtsanwalts).

6 **II. Zulässige Aufgaben.** Das Gesetz sieht nur einen beschränkten Teil von richterlichen Aufgaben als zur Erledigung durch Referendare zulässig an. Die Aufzählung ist **abschließend,** weitere Aufgaben können nach § 10 nicht übertragen werden. Zur Teilnahme an der Beratung § 193.

7 **1. Rechtshilfeersuchen.** Der Begriff ist weit auszulegen.[3] Hierher zählen alle Rechtshilfeersuchen im Sinne der §§ 156 ff. GVG, aber auch alle Amtshilfeersuchen, ebenso Tätigkeiten nach § 162 StPO, § 46 OWiG, soweit es sich nicht um die nachstehend aufgeführten Tätigkeiten handelt (Rn. 9 bis 11). Nur die eingehenden Rechtshilfeersuchen können erledigt werden, es kann kein Rechtshilfeersuchen nach außen erlassen werden; der Referendar kann auch kein Rechtshilfeersuchens nach § 158 Abs. 2 ablehnen.[4] Die Erledigung von Rechtshilfeersuchen durch Referendare ist auf allen Rechtsgebieten zulässig; das Verbot der Tätigkeit in Strafsachen bezieht sich nur auf die nachstehend aufgeführten Tätigkeiten (Rn. 9 bis 11).

8 Die Erledigungsmöglichkeit ist beschränkt durch das **Verbot, Eide abzunehmen.** Ist um eidliche Vernehmung ersucht oder ist sie erforderlich, kann der Referendar zwar die Vernehmung durchführen, danach muss aber der Richter die protokollierte Aussage (nochmals) verlesen lassen und dann die Beeidigung selbst vornehmen.[5] Auch die Entscheidung über die Beeidigung (§ 66 b StPO) kann der Referendar nicht treffen.

9 **2. Anhörung von Verfahrensbeteiligten.** Eine solche Anhörung kann vom Referendar jedoch nicht in Strafsachen erledigt werden nach dem ausdrücklichen Verbot in Satz 1. Der Begriff der „Strafsachen" ist dabei nicht nur auf die nach der StPO laufenden Verfahren beschränkt, sondern umfasst auch die Verfahren nach dem JGG und dem OWiG. Möglich ist die

10 **3. Erhebung von Beweisen,** und zwar aller Art.[6] Jedoch ist die Anordnung einer Beeidigung wie auch die Abnahme eines Eides durch Satz 2 ausdrücklich verboten, Entsprechendes gilt für die eidesstattliche Versicherung.[7]

11 **4. Leitung der mündlichen Verhandlung,** z.B. nach §§ 238 StPO, 136 ZPO, mit Rücksicht auf § 28 Abs. 2 Satz 2 DRiG jedoch nicht im Kollegialgericht.[8] Der Referendar kann weder die Urteilsformel verlesen noch die Urteilsgründe mündlich eröffnen, §§ 268 StPO, 311 ZPO.[9]

12 **III. Aufsicht der Richters.** Unter Aufsicht des Richters bedeutet einmal, dass sich der zuständige Richter zu vergewissern hat, dass der Referendar die dem Schwierigkeitsgrad der zu übertragenden Aufgabe entsprechende fachliche Qualifikation und Reife besitzt. Die Aufsicht beinhaltet aber vor allem, auf die sachgerechte und richtige Erledigung der Aufgabe hinzuwirken; dazu gehört auch die ordnungsgemäße Protokollierung, soweit gesetzlich vorgeschrieben. Die Aufsicht kann sich nicht nur auf die allgemeine Anleitung und Einführung sowie gelegentliche Überwachung des Referendars beschränken. Sie beinhaltet vielmehr, dass der Richter die Tätigkeit in jeder Phase beaufsichtigt, anwesend ist, sie verfolgt und gegebenenfalls sofort eingreift; die **ständige Anwesenheit** des Richters ist erforder-

---

[3] OLG Celle NJW 1967, 993; *LR/Böttcher* Rn. 7; *Booss* NJW 1967, 1870.
[4] *LR/Böttcher* Rn. 7; *MünchKommZPO/Wolf* Rn. 6.
[5] BGHSt 12, 92, 94 = NJW 1958, 2075.
[6] Vgl. *Pfeiffer/Buchinger* JA 2005, 138.
[7] *Katholnigg* Rn. 3.
[8] BL/*Hartmann* Rn. 3; *Wieczorek/Schreiber* Rn. 6; *Zöller/Gummer* Rn. 3; a. A. *MünchKommZPO/Wolf* Rn. 10; *Musielak/Wittschier* Rn. 10.
[9] OLG Oldenburg NJW 1952, 1310.

lich.¹⁰ Es genügt weder die nachträgliche Durchsicht des Protokolls¹¹ noch eine gelegentliche Anwesenheit des Richters oder ein umfassendes Abschlussgespräch. Zwar billigt § 10 dem Referendar ein größeres Maß an Eigenverantwortlichkeit und Selbstständigkeit zu.¹² Die Auffassung, hiermit sei eine Arbeit unter ständig kontrollierender Aufsicht des Richters nicht zu vereinbaren,¹³ überzeugt jedoch nicht, denn das Ausbildungsziel kann die Grenzen der Art. 92, 101 GG nicht überwinden. Hiernach können die richterlichen Tätigkeiten nicht auf den Referendar zu dessen alleiniger Verantwortung übertragen werden, sondern müssen Tätigkeiten eines Richters im Sinne des Art. 92 GG bleiben. Die Verantwortung kann und muss allein ein Richter tragen, und zwar der gesetzliche Richter der Art. 101 GG, § 16 GVG. Dies setzt aber begrifflich voraus, dass es seine, des Richters, Tätigkeit bleibt, er also ständig anwesend sein, sie ständig verfolgen (den Referendar begleiten) und jederzeit eingriffsbereit sein muss; er ist für die vollständige und richtige Erledigung allein voll verantwortlich.¹⁴ § 10 darf auch nicht zur Entlastung des Richters denaturiert werden.¹⁵

In der **Sitzungsniederschrift** muss dies dadurch zum Ausdruck kommen, dass 13 vermerkt wird bei den handelnden Personen: „Referendar X unter der Aufsicht des Richters Y gemäß § 10 GVG".¹⁶ Mit seiner Unterschrift unter das Protokoll beurkundet der Richter auch die ordnungsgemäße Aufsicht.

Die Aufsicht muss von dem Richter ausgeübt werden, der nach der Geschäfts- 14 verteilung konkret für die zu erledigende Aufgabe **zuständig** ist.

IV. Beauftragung aktenkundig. Die Beauftragung des Referendars ist, wenn 15 sie nicht schon aus dem auch vom Richter unterschriebenen Protokoll hervorgeht, **aktenkundig** zu machen. Sie steht im pflichtgemäßen Ermessen des Richters; es gilt § 1. Hierauf kann, wenn die Voraussetzungen des § 10 vorliegen, kein Rechtsmittel gestützt werden. Der Richter kann dem Referendar die Erledigung jederzeit, auch während der Durchführung, entziehen.

V. Weitere Entscheidungen. Sind bei Erledigung durch den Referendar **weitere** 16 **Entscheidungen** zu treffen, ist hierfür allein der Richter zuständig. Das gilt für die Anordnung der Beeidigung und die Abnahme des Eides (Satz 2). Auch Zwangsbefugnisse stehen dem Referendar nicht zu, z. B. Zeugniszwang. Auch die Entscheidung über die Öffentlichkeit (§§ 169 ff.) und die Sitzungspolizei (§§ 176 ff.) steht dem Referendar nicht zu, sondern obliegt dem Richter.¹⁷

VI. Nur ordentliche Gerichtsbarkeit. Die Vorschrift gilt unmittelbar nur für 17 die ordentliche Gerichtsbarkeit; vgl. § 2 EGGVG Rn. 14. Anwendbar ist sie aber auch in der freiwilligen Gerichtsbarkeit¹⁸ und über § 173 VwGO in der Verwaltungsgerichtsbarkeit.¹⁹

VII. Verfahrensfehler. Erledigt ein Referendar eine Aufgabe, die nach § 10 von 18 ihm nicht erledigt werden kann, ist diese Erledigung unwirksam.²⁰ Deshalb kann ein von einem Referendar abgenommener Eid nicht als Meineid bestraft werden,²¹ das Protokoll über eine von ihm vorgenommene eidliche Vernehmung darf nicht nach

---

[10] KG NJW 1974, 2094; *Thomas/Putzo/Hüßtege* Rn. 2; *BL/Hartmann* Rn. 3; *MünchKommZPO/Wolf* Rn. 12; *Oexmann* JuS 1976, 37; vgl. BVerwG DÖV 1980, 140.
[11] OLG Köln JMBlNRW 1973, 282 = NdsRpfl 1974, 86.
[12] BTagsDrucks. VI/2269 S. 7.
[13] *LR/Böttcher* Rn. 6; *Hahn* NJW 1973, 1782 f.
[14] OLG Köln JMBlNRW 1973, 282 = NdsRpfl 1974, 86.
[15] Vgl. *Booss* NJW 1967, 1870.
[16] Vgl. *Schultz* MDR 1972, 478; *Oexmann* JuS 1976, 37.
[17] *LR/Böttcher* Rn. 10; *Musielak/Wittschier* Rn. 9; *Katholnigg* Rn. 3; a. A. *Hahn* NJW 1973, 1783; *Oexmann* JuS 1976, 37; *Pfeiffer/Buchinger* JA 2005, 138.
[18] *MünchKommZPO/Wolff* Rn. 7; *Zöller/Gummer* Rn. 3; *Musielak/Wittschier* Rn. 7.
[19] *Musielak/Wittschier* Rn. 2.
[20] *BL/Hartmann* Rn. 3; *Meyer-Goßner* Rn. 6; *Katholnigg* Rn. 5; a. A. OLG Frankfurt NJW 1954, 207.
[21] RGSt 65, 206; BGHSt 10, 142, 143 = NJW 1957, 756; *LR/Böttcher* Rn. 10.

§ 251 StPO verlesen werden.[22] Kann eine Aufgabe nach § 10 ihrer Art nach zulässigerweise von einem Referendar erledigt werden, ist sie (zunächst) wirksam erledigt, auch wenn die Aufsicht (Rn. 12) nicht ordnungsgemäß ausgeübt wurde; es liegt aber wegen Verletzung des gesetzlichen Richters (Rn. 2) ein Anfechtungsgrund vor.[23] Verfahrensfehler im Rahmen der nach § 10 zulässigen Erledigung bei ordnungsgemäßer Aufsicht sind nach den allgemeinen Vorschriften zu beurteilen.

§ 11. (weggefallen)

§ 12. [Ordentliche Gerichte]

Die ordentliche streitige Gerichtsbarkeit wird durch Amtsgerichte, Landgerichte, Oberlandesgerichte und durch den Bundesgerichtshof (den obersten Gerichtshof des Bundes für das Gebiet der ordentlichen Gerichtsbarkeit) ausgeübt.

Übersicht

	Rn.		Rn.
A. Begriffsbestimmung	1	3. EG-Menschenrechte	65
I. Organisatorische Ausschließlichkeit	2	4. EG für Staatenimmunität	66
II. Funktionale Ausschließlichkeit	3	5. EFTA-Gerichtshof	67
III. Zuständigkeitserweiterung	4	6. EUROCONTROL	68
B. Die ordentlichen Gerichte	5	II. Gerichte der UN	69
I. Obligatorische Gerichte der Länder	5	1. Internationaler Gerichtshof	69
II. Obligatorische Gerichte des Bundes	6	2. Internationale Arbeitsorganisation	70
III. Fakultative ordentliche Gerichte	7	3. Pakt über Menschenrechte	71
1. Schifffahrtsgerichte	7	4. Petitionsverfahren UN-Charta	72
2. Bundesgericht für den gewerblichen Rechtsschutz	8	5. Internationaler Seegerichtshof	73
3. Wehrstrafgerichte	9	6. Internationale Strafgerichtsbarkeit	74
4. Oberste Landesgerichte	10	E. Gerichts- und Justizverwaltung	84
IV. Gemeinsamer Senat	11	I. Gerichtsverwaltung	85
V. Kompetenzkonfliktsgerichtshöfe	12	1. Begriff	85
VI. Keine anderen Gerichtsarten	13	2. Zuständigkeit	87
VII. Schiedsgerichte	14	3. Rechtsschutz	91
VIII. Rechnungshof	15	4. Selbstverwaltung	92
IX. Gerichte außerhalb Bundesrechts	16	5. Hausrecht	93
C. Verfassungsgerichtsbarkeit	17	6. Raumausstattung	101
I. Bundesverfassungsgericht	17	7. Raumverteilung	102
1. Vorlage nach Art. 100 GG	18	8. Ausgestaltung der Sitzungssäle	103
2. Verfassungsbeschwerde	33	II. Justizverwaltung	105
3. Bindungswirkung	41	1. Begriff	106
II. Landesverfassungsgerichte	42	2. Zuständigkeit, Rechtsschutz	107
D. Übernationale Gerichte	47	3. Akteneinsicht	108
I. Gerichte der Europäischen Gemeinschaften	48	4. Gerichtliche Veröffentlichungen	123
1. EuGH	50	5. Dienstaufsichtsbeschwerden	129
2. EURATOM, EGKS	64	6. Kosten	135
		III. Grenzfälle	139

A. Begriffsbestimmung

1 § 12 bestimmt, welche Gerichtsarten die **ordentliche streitige Gerichtsbarkeit** ausüben. Das bedeutet eine doppelte Ausschließlichkeit: Einmal kann die ordentliche streitige Gerichtsbarkeit nur durch die im § 12 aufgeführten Gerichte ausgeübt werden (organisatorische Ausschließlichkeit), zum anderen können diese Gerichte nur die ordentliche streitige Gerichtsbarkeit ausüben (funktionale Ausschließlichkeit). Der **Begriff** der „ordentlichen streitigen Gerichtsbarkeit" ist in § 12 vorausgesetzt. Er kommt, abgesehen von § 2 EGGVG nirgends vor; § 13

---

[22] BGHSt 12, 92, 94 = NJW 1958, 2075.
[23] A. A. *Thomas/Putzo/Hüßtege* Rn. 3: Unwirksamkeit.

Ordentliche Gerichte 2, 3 § 12

spricht von bürgerlichen Rechtsstreitigkeiten und Strafsachen. Ähnlich wie der des ordentlichen Rechtswegs in Art. 19 Abs. 4, 34 Satz 3 GG, § 40 Abs. 2 VwGO und der der ordentlichen Gerichtsbarkeit im Art. 95 Abs. 1 GG ist er nur historisch erklärbar und bezeichnet den Zugang zu den im § 12 genannten Gerichten und die dabei zu beachtenden Verfahrensregelungen und Garantien – im Gegensatz zur Zuständigkeit von Verwaltungsbehörden und Verwaltungsgerichten, die zur Zeit der Entstehung des GVG noch nicht im heutigen Sinne durch die Instanzen als Gerichte anzusehen waren. Wie damals ist auch heute der Begriff des ordentlichen Gerichts und des ordentlichen Rechtswegs im Grundsatz nur positivrechtlich zu ermitteln. Umfasst ist, was den in § 12 aufgeführten Gerichten sowie dem „ordentlichen" Rechtsweg oder den „ordentlichen" Gerichten zur Erledigung ausdrücklich zugewiesen ist. Die als abschließend gedachte Aufzählung des § 12 der für die ordentliche streitige Gerichtsbarkeit zuständigen Gerichte wurde komplettiert durch den früheren § 15, wonach die Gerichte Staatsgerichte sind (vgl. Einl. Rn. 55, 209), die Privatgerichtsbarkeit aufgehoben und die Ausübung einer geistlichen Gerichtsbarkeit in weltlichen Angelegenheiten ohne bürgerliche Wirkungen ist. Hinzu tritt § 16, wonach Ausnahmegerichte unstatthaft sind und niemand seinem gesetzlichen Richter entzogen werden darf. Diese institutionelle Regelung zusammen mit der Garantie der richterlichen Unabhängigkeit im § 1 sowie den früher im GVG, jetzt im DRiG enthaltenen Vorschriften zur Vervollständigung der richterlichen Unabhängigkeit gewährleisten mit dem Inkrafttreten des GVG einen umfassenden Rechtsschutz allein durch staatliche Gerichte und unabhängige Richter ohne Ansehen der Person für alle vom GVG erfassten Streitigkeiten. Indessen gilt § 12 nicht absolut; es handelt sich nur um eine grundsätzliche Regelung, die durch Bundesgesetze oder auf Grund bundesrechtlicher Ermächtigung auch durch Landesrecht geändert, ergänzt oder eingeschränkt (vgl. § 18) werden kann.

I. Organisatorische Ausschließlichkeit. Die Ausübung der ordentlichen 2 streitigen Gerichtsbarkeit durch andere Gerichtsarten als der des § 12 bedarf der ausdrücklichen gesetzlichen Ermächtigung, und zwar, da eine in Ausübung der Bundeskompetenz (Einl. Rn. 12) liegende abschließende Regelung vorliegt, einer bundesgesetzlichen Regelung oder Ermächtigung. Eine solche enthalten §§ 14 GVG, 8, 9 EGGVG. Darüber hinaus begründet Art. 95 Abs. 3 GG eine Entscheidungskompetenz des Gemeinsamen Senats aller obersten Gerichtshöfe des Bundes (vgl. Rn. 11). Auch das BVerfG kann Entscheidungen in der ordentlichen streitigen Gerichtsbarkeit treffen (Rn. 33 ff.), ebenso die Europäischen Gerichtshöfe (Rn. 48 f.).

II. Funktionale Ausschließlichkeit. Nur die „ordentlichen" Gerichte können 3 die „ordentliche streitige Gerichtsbarkeit" ausüben (funktionale Ausschließlichkeit). Darunter sind die Sachen zu verstehen, die nach § 13 in die Zuständigkeit der ordentlichen Gerichte fallen. Das GVG beschränkt seinen Geltungsbereich ausdrücklich auf die „ordentliche streitige Gerichtsbarkeit"; das bedeutet „bürgerliche Rechtssachen und Strafsachen". Hierin liegt eine aus der Rechtslage bei Erlass des GVG sich ergebende Beschränkung: „Die Fragen, ob und welche Mitwirkung den Gerichten noch in anderen Angelegenheiten beizulegen ist, insbesondere inwieweit das Hypotheken- und Grundbuchwesen als Gerichtsangelegenheit angesehen wird, – ob das Vormundschaftswesen und in welcher Art der Leitung der Gerichte unterstellt wird, – inwiefern überhaupt die Gerichte mit Sachen der nicht streitigen Gerichtsbarkeit zu tun haben – ob die Angelegenheiten der Justizadministration, die Kassenverwaltung, das Depositenwesen, die Zivilstandssachen usw. den Gerichten zugewiesen werden und welchen Gerichten die Verwaltung dieser Angelegenheiten, sowie in Ermangelung von Handelsgerichten die Führung der Handels-, Genossenschafts- und Schiffsregister übertragen wird – alle diese Fragen lässt der Entwurf unberührt. Wenn auch nicht verkannt werden kann, dass die verschiedenartige Regelung der Verhältnisse in den verschiedenen Bundesstaaten eine verschiedene

§ 12 4, 5   1. Titel. Gerichtsbarkeit

Rückwirkung auf die Stellung äußern muss, welche die Gerichte als Organe der streitigen Rechtspflege einnehmen und dass es deshalb wünschenswert gewesen wäre, die Bestimmungen des Entwurfs nicht ausschließlich auf die Ordnung der streitigen Gerichtsbarkeit zu beschränken, so kommt doch durchschlagend der Umstand in Betracht, dass bei der Verschiedenheit des materiellen Rechts in den einzelnen Bundesstaaten der Erweiterung des Entwurfs zu einem allgemeinen Gerichtsverfassungsgesetz unüberwindliche Schwierigkeiten entgegenstehen würden".[1]

4   **III. Zuständigkeitserweiterung.** Durch (Reichs-, jetzt:) Bundesgesetz (konnte und) kann die Zuständigkeit der ordentlichen Gerichte erweitert werden, soweit die Gesetzgebungskompetenz reicht, jetzt des Bundes (Art. 74 GG). Dies bedarf keiner weiteren Ermächtigung und keines Vorbehalts im GVG, eine Beschränkung ergibt sich aber aus der Gewaltenteilung, die grundsätzlich nur die Übertragung rechtsprechender Gewalt auf die Gerichte zulässt – bei aller Schwierigkeit exakter Definition (Einl. Rn. 145). Für die Sachen, für die derart die Zuständigkeit der ordentlichen Gerichte zusätzlich begründet wird, werden damit die Gerichte als ordentliche Gerichte nach § 12 GVG tätig und üben ordentliche Gerichtsbarkeit aus; für diese ist damit auch der ordentliche Rechtsweg eröffnet (§ 13 GVG). Um solche Sachen ist seit dem Inkrafttreten des GVG die Zuständigkeit der Gerichte wesentlich erweitert worden (vgl. § 27), so um viele Angelegenheiten der **freiwilligen Gerichtsbarkeit.** Soweit diese entsprechend § 1 FGG den (ordentlichen) Gerichten übertragen sind, ist für sie damit der ordentliche Rechtsweg im Sinne des § 13 GVG gegeben.[2] Die Möglichkeiten des Landesgesetzgebers, die Zuständigkeit der ordentlichen Gerichte zu erweitern, ist in §§ 3, 4 EGGVG geregelt; die Übertragung weiterer Aufgaben auf die ordentlichen Gerichte bedarf der bundesrechtlichen Ermächtigung.

B. Die ordentlichen Gerichte

5   **I. Obligatorische Gerichte der Länder.** AG, LG und OLG sind (obligatorische) Gerichte der ordentlichen Gerichtsbarkeit, und zwar Gerichte der Länder im Sinne von Art. 92 GG (Einl. Rn. 10). In jedem Land der BRep muss mindestens je eines dieser Gerichte bestehen. Ob es in einem Land mehr als ein Gericht einer Art gibt, ist vom Land im Rahmen seiner Organisationsgewalt zu entscheiden (Einl. Rn. 21). Dabei sind die Länder nach dem föderalistischen Staatsaufbau bei der Regelung auf ihr Gebiet beschränkt; übergreifende Regelungen können im Wege von Staatsverträgen getroffen werden, soweit sie bundesrechtlich vorgesehen sind (z.B. § 92 Abs. 2 GWB; vgl. Einl. Rn. 23, 25). § 12 bedeutet, dass diese Gerichte in jedem Land nicht nur institutionell bestehen müssen, sondern auch unter dieser Bezeichnung, wenn auch Zusatzbezeichnungen (z.B. Hanseatisches OLG) beigefügt werden;[3] nur das OLG in Berlin führt traditionell die Bezeichnung „KG" (Preuß. Gesetzsamml. 1879, 587). Jedes Gericht muss einen **Sitz** haben, und zwar innerhalb seines ebenfalls durch Landesrecht zu regelnden territorialen Zuständigkeitsbereichs. In der Ausgestaltung sind die Länder frei, zur Mindestgröße der AG Einl. Rn. 13. Jedes Gericht kann nur einen Sitz haben; unabhängig davon ist für AG die Einrichtung von Zweigstellen und Gerichtstagen möglich (§ 3 GVVO und Ausführungsgesetze der Länder); für LG und OLG sind detachierte Spruchkörper nur zulässig auf Grund besonderer gesetzlicher Regelung. Hiervon zu trennen sind die Abhaltung auswärtiger Sitzungen und die Vornahme von Amtshandlungen außerhalb der Gerichtsstelle (§ 22 Rn. 27). Das Gericht übt in seinem Bezirk grundsätzlich die volle Gerichtsgewalt (alle Aufgaben innerhalb seiner örtlich und sachlich gesetzlich vorgesehenen Zuständigkeit) aus mit Wirkung im gesamten Gebiet der

---

[1] *Hahn* I S. 25.
[2] BGHZ 4, 352 = NJW 1952, 424; Z 40, 1, 5 = NJW 1963, 2219; KG WM 1955, 1136; *Baur* S. 19; *Rosenberg/Schwab/Gottwald* § 11 III; *Bärmann* S. 39.
[3] *Hahn* I S. 47.

BRep (**einheitliches Rechtspflegegebiet,** Einl. Rn. 40). Konzentrationen sind nur auf Grund bundesrechtlicher Ermächtigung zulässig (§ 23 c Rn. 1).

II. Obligatorische Gerichte des Bundes. Obligatorisches Gericht der ordentlichen Gerichtsbarkeit ist der BGH als Gericht des Bundes (Art. 92 GG). Die Existenz des BGH ist verfassungsrechtlich verankert im Art. 95 Abs. 1 GG, unterliegt also nicht der Gestaltungsfreiheit des (einfachen) Bundesgesetzgebers. Die anderen Gerichtsarten des § 12 sind nicht verfassungsrechtlich abgesichert, sie unterliegen der Dispositionsbefugnis des Bundesgesetzgebers, z.B. Umstellung auf die sog. Dreistufigkeit (vgl. Einl. Rn. 126; § 23 Rn. 10). Erforderlich ist von Verfassungs wegen nur, dass in den Ländern „Gerichte" der Länder bestehen (Art. 92 GG). 6

III. Fakultative ordentliche Gerichte. 1. Schifffahrtsgerichte nach § 14 GVG (vgl. dort). 7

2. Bundesgericht für den gewerblichen Rechtsschutz (Bundespatentgericht), Art. 96 Abs. 1 GG: Von dieser Ermächtigung zu einem Bundesgericht hat der Bund Gebrauch gemacht durch das PatG (vgl. § 14 Rn. 14). 8

3. Art. 96 Abs. 2 GG lässt **Wehrstrafgerichte** für die Streitkräfte als Bundesgerichte zu. Von dieser Ermächtigung ist nicht Gebrauch gemacht.[4] Das WStG enthält nur materiellrechtliche Vorschriften. Für strafbare Handlungen von Angehörigen der Streitkräfte des Bundes sind die ordentlichen Gerichte nach allgemeinem Verfahrensrecht einschließlich GVG und JGG zuständig. Davon zu trennen sind die Wehrdienstgerichte (Truppendienstgerichte) zur Ahndung von Dienstvergehen von Soldaten nach §§ 68, 69 WDO und zur Entscheidung über Beschwerden von Soldaten nach der WBO.[5] 9

4. Fakultativ können die Länder als ordentliche Gerichte nach §§ 8, 9 EGGVG **Oberste Landesgerichte** errichten. Hiervon ist derzeit kein Gebrauch gemacht (§ 8 EGGVG Rn. 9). 10

IV. Gemeinsamer Senat. Nicht zu den ordentlichen Gerichten gehört der Gemeinsame Senat der obersten Gerichtshöfe nach Art. 95 Abs. 3 GG, er steht für die ihm übertragenen Entscheidungen über den einzelnen Gerichtsbarkeiten als besonderes bundesrechtliches RSprOrgan (vgl. § 123 Rn. 5). 11

V. Kompetenzkonfliktsgerichtshöfe. Spezialspruchkörper außerhalb der ordentlichen Gerichtsbarkeit waren die nach § 17a GVG a.F. vorgesehenen, heute nicht mehr zulässigen Kompetenzkonfliktsgerichtshöfe. 12

VI. Keine anderen Gerichtsarten. Über die angeführten Gerichtsarten hinaus dürfen ohne besondere bundesrechtliche Ermächtigung keine anderen Gerichtsarten für die Erledigung zur ordentlichen Gerichtsbarkeit gehörender Sachen eingerichtet werden, sie wären Ausnahmegerichte nach § 16. 13

VII. Schiedsgerichte. Schiedsgerichte (§§ 1025 ff. ZPO) sind Ausdruck der verfassungsrechtlich gewährleisteten Privatautonomie. Sie treten an die Stelle der staatlichen Gerichte und schließen die staatliche Gerichtsbarkeit aus (im Einzelnen § 13 Rn. 213 ff.). Schiedsgerichte sind im Grunde nur in den Rechtsstreitigkeiten des allgemeinen bürgerlichen Rechts zulässig, nicht etwa in vielen familienrechtlichen Streitigkeiten und im Öffentlichen Recht, da die Parteien nicht über den Streitgegenstand verfügen können. Sehr eingeschränkt sind schiedsrichterliche Verfahren im Arbeitsrecht zulässig, §§ 101 ff. ArbGG, 14

VIII. Rechnungshof. Nach Art. 114 Abs. 2 GG prüft der Bundesrechnungshof die Rechnung sowie die Wirtschaftlichkeit und Ordnungsmäßigkeit der Haushalts- und Wirtschaftsführung. Er hat eine Sonderstellung zwischen Verwaltung und Rechtsprechung. Einerseits genießen seine Mitglieder nach Art. 114 Abs. 2 15

---

[4] Vgl. DRiZ 1982, 192 und 1986, 112, 128.
[5] Vgl. *Giesen* NJW 1988, 1709.

GG richterliche Unabhängigkeit, andererseits übt er mangels Entscheidung von Rechtsstreitigkeiten keine Rechtsprechung aus. Verfassungsrechtlich und systematisch ist die Tätigkeit der Verwaltung zuzurechnen.[6]

16 **IX. Gerichte außerhalb Bundesrechts.** Eine Sonderstellung nehmen die Gerichte ein, die ihre Rechtsgrundlage nicht im GG, im Bundesrecht oder in einer bundesrechtlichen Ermächtigung haben, sondern auf supranationalen Normen beruhen. Die Übertragung von RSprKompetenz auf supranationale Gerichte ermöglichen Art. 23 Abs. 1 Satz 2, Art. 24 Abs. 1 GG, wonach Hoheitsrechte auf zwischenstaatliche Einrichtungen übertragen werden können (Rn. 47 ff.).

C. Verfassungsgerichtsbarkeit

17 **I. Bundesverfassungsgericht.** Das BVerfG gehört nicht zur ordentlichen Gerichtsbarkeit. Indessen folgt aus Art. 93 Abs. 1 Nr. 4a, Art. 100 GG, dass das BVerfG auch gegen Entscheidungen der ordentlichen Gerichte angerufen werden kann wie auch von den ordentlichen Gerichten selbst.

18 **1. Vorlage nach Art. 100 GG.** Die Gerichte der ordentlichen Gerichtsbarkeit sind an Gesetz und Recht gebunden (vgl. § 1 Rn. 110). Hält ein Gericht ein **Gesetz für nicht mit der Verfassung vereinbar,** muss es nach Art. 100 Abs. 1 GG in Verbindung mit §§ 80 ff. BVerfGG das Verfahren aussetzen und, wenn es sich um die Verletzung des GG handelt, die Entscheidung des BVerfG einholen; es kann nicht selbst ein Gesetz für verfassungswidrig erklären.[7] Das Verfahren nach Art. 100 GG ist die ausschließliche Möglichkeit zur Klärung der Verfassungsmäßigkeit von Gesetzen; Vorlagen nach §§ 121, 132 GVG sind unzulässig.[8] Der Normenkontrolle durch das BVerfG unterliegen alle Gesetze im formellen Sinne des Bundes und der Länder (auch Landesverfassungen), jedoch nur, wenn sie nach der Verkündung des GG (23. 5. 1949) verkündet worden sind (nachkonstitutionelles Recht). Vorkonstitutionelle Gesetze unterfallen Art. 100 GG, wenn der Gesetzgeber sie nach dem Inkrafttreten des GG in seinen Willen aufgenommen hat.[9] Zu den Gesetzen gehören auch Ratifikationsgesetze zu Staats- und völkerrechtlichen Verträgen. Art. 100 gilt auch bei Verstoß eines Landesgesetzes gegen ein Bundesgesetz[10] (Art. 100 Abs. 1 Satz 2 GG). Gesetze der ehemaligen DDR, die nach dem EV in Kraft bleiben, unterliegen nicht der Kontrolle nach Art. 100 GG.[11] Ein Verstoß eines Bundesgesetzes gegen Landesgesetze kann wegen Art. 31 GG nicht vorkommen; beim Verstoß eines Landesgesetzes gegen die maßgebende Landesverfassung hat das Gericht das für Verfassungsstreitigkeiten des Landes zuständige Gericht anzurufen (Art. 100 Abs. 1 Satz 1 GG). Zur Nachprüfung von Rechtsakten der EG Rn. 59, 62.

19 Verordnungen unterliegen nicht dem Entscheidungsmonopol des BVerfG nach Art. 100 GG. Hier ist jedes Gericht zur Entscheidung berechtigt, es kann auch nicht im Normenkontrollverfahren nach § 47 VwGO vorgehen, da ein Gericht in seiner RSprFunktion keine „Behörde" ist.[12]

20 Die Vorlage nach Art. 100 GG ist auch in Verfahren der **einstweiligen Verfügung** und des Arrestes zulässig (Rn. 35). Das vorlegende Gericht ist nicht gehindert, vor der Entscheidung des BVerfG vorläufigen Rechtsschutz zu gewähren, wenn dies im Interesse eines effektiven Rechtsschutzes geboten erscheint und die Hauptsache dadurch nicht vorweggenommen wird.[13]

---

[6] HessVGH NVwZ-RR 1994, 515.
[7] BVerfGE 78, 20 = NJW 1988, 1902.
[8] BVerfGE 6, 222 = NJW 1957, 625; BGHSt 14, 175 = NJW 1960, 1115; BVerwG NJW 1962, 459.
[9] BVerfGE 63, 181 = NJW 1983, 1968; E 64, 217; E 66, 248, 254 = NJW 1984, 1872.
[10] Vgl. *Jutzi* NVwZ 2000, 1390.
[11] BVerfGE 97, 117 = NJW 1998, 1699.
[12] Str.; wie hier *Kopp* § 47 VwGO Rn. 38 m. w. N.; *Redeker/von Oertzen* § 47 VwGO Rn. 33.
[13] BVerfG NJW 1992, 2749; OVG Berlin NVwZ 1996, 1239.

Zweifel an der Verfassungswidrigkeit eines Gesetzes rechtfertigen nicht die Vorlage nach Art. 100 GG.[14] Das Gesetzgebungsverfahren kann nicht zum Gegenstand eines Vorlageverfahrens gemacht werden, wenn nicht zugleich die Überzeugung von der Verfassungswidrigkeit des Gesetzes dargelegt wird.[15] Haushaltsgesetze können nicht vorgelegt werden.[16] Das Vorlageverfahren dient auch nicht dazu, eine Meinungsverschiedenheit zwischen dem Gericht und dem ihm im Instanzenzug übergeordneten Gericht über die verfassungsgemäße Auslegung einer Norm zu entscheiden.[17] Die Frage, wie eine Norm auszulegen ist, bleibt grundsätzlich den Fachgerichten überlassen; ist das Gericht der Auffassung, eine Norm sei nur bei einer bestimmten Auslegung mit der Verfassung vereinbar, muss es diese Auslegung seiner Entscheidung zugrunde legen und kann nicht das BVerfG anrufen.[18]

Die Vorlage an das BVerfG ist nur zulässig, wenn es für die Endentscheidung des Gerichts auf die Verfassungsmäßigkeit des Gesetzes **ankommt.** Alle anderen Voraussetzungen für eine Entscheidung müssen bereits geprüft sein, so dass es nur noch um die Anwendung der verfassungsrechtlich zweifelhaft gewordenen Norm geht; Erfolg oder Misserfolg des Begehrens, über das das Gericht zu entscheiden hat, dürfen nur noch von der Gültigkeit des Gesetzes abhängen. Das bedeutet, dass die Zulässigkeit des Verfahrens zuvor geprüft sein muss,[19] der Vorlagebeschluss muss also zur Zulässigkeit des Ausgangsverfahrens Stellung beziehen. Der Richter muss seine Überzeugung von der Verfassungswidrigkeit der Norm darlegen und seine Rechtsauffassung begründen. Die Begründung muss angeben (§ 80 Abs. 2 BVerfGG), inwiefern von der Gültigkeit der Rechtsvorschrift die Entscheidung des Gerichts abhängt und mit welchen übergeordneten Rechtsnormen sie unvereinbar ist.[20] Das Gericht muss die für seine Auffassung maßgeblichen Erwägungen nachvollziehbar darlegen und sich dabei mit nahe liegenden tatsächlichen und rechtlichen Gesichtspunkten auseinandersetzen.[21] Hierbei müssen die in Literatur und RSpr entwickelten Rechtsauffassungen berücksichtigt werden,[22] auf einschlägige Entscheidungen des BVerfG muss eingegangen werden,[23] gegebenenfalls auch auf die Entstehungsgeschichte einer Norm.[24] Der Vorlagebeschluss muss mit hinreichender Deutlichkeit erkennen lassen, dass das vorlegende Gericht bei Gültigkeit der beanstandeten Regelung zu einem anderen Ergebnis käme als im Falle ihrer Ungültigkeit und wie es dieses Ergebnis begründen würde.[25] Die Möglichkeit einer verfassungskonformen Auslegung muss erörtert werden.[26] Daher hat das vorlegende Gericht in den Gründen des Vorlagebeschlusses den Sachverhalt, soweit er für die rechtliche Beurteilung wesentlich ist, und die rechtlichen Erwägungen erschöpfend darzulegen. Die Beeinträchtigung Dritter, die nicht am Verfahren beteiligt sind, genügt nicht.[27] Entscheidungserheblich kann eine Norm auch dann sein, wenn sie mittelbar Schlüsse auf Auslegung oder Fortbestand einer unmittelbar entscheidungserheblichen Bestimmung zulässt.[28] Das BVerfG geht bei der Prüfung, ob eine Norm für die Entscheidung des Ausgangsverfahrens erheblich und die Vorlage insoweit zulässig ist, regelmäßig von der Rechtsansicht aus, die das vorlegende Gericht in der nach § 80 Abs. 2 BVerfGG erforderlichen Begründung

---

[14] BVerfGE 22, 373, 378 = NJW 1968, 99.
[15] BVerfG NVwZ-RR 1999, 481.
[16] BVerfGE 38, 121 = NJW 1975, 254.
[17] BVerfGE 22, 373 = NJW 1968, 99; BVerfG NJW-RR 2000, 1309.
[18] BVerfGE 78, 20 = NJW 1988, 1902; E 80, 54, 58; BVerfG NVwZ 2004, 974.
[19] BVerfGE 47, 146, 150 = NJW 1978, 1151.
[20] Zusammenfassend BVerfG – K – NJW 1999, 3549.
[21] BVerfGE 86, 52, 57 = NJW 1992, 2411.
[22] BVerfGE 65, 308, 316; E 94, 315, 325 = NJW 1996, 2717; BVerfG NJW 2004, 1233.
[23] BVerfGE 79, 240, 243 = NJW 1996, 2727.
[24] BVerfGE 92, 277, 312 = NJW 1992, 2411; BVerfG NJW-RR 2004, 1154; NVwZ 2005, 568.
[25] BVerfGE 98, 169, 199 = NJW 1998, 3337; BVerfG NJW 2002, 1707.
[26] BVerfGE 90, 145, 170 = NJW 1994, 1577; BVerfG – K – NZA 1999, 857; NVwZ 2004, 974.
[27] BVerfGE 67, 239 = NVwZ 1985, 481; *Aretz* NVwZ 1985, 472.
[28] BVerfGE 75, 166, 175 = NJW 1987, 2919; BVerfG NStZ-RR 2006, 323.

dargelegt hat. Eine Ausnahme gilt dann, wenn die Rechtsansicht des vorlegenden Gerichts offensichtlich unhaltbar ist.[29]

23 Eine Beweisaufnahme ist gegenüber der Vorlage vorrangig.[30] Der Gedanke der Subsidiarität der Verfassungsgerichtsbarkeit gegenüber Verfahren, deren abschließende Beilegung in die Gerichtsbarkeit der Fachgerichte gehört, greift grundsätzlich auch dann ein, wenn die Sache bei Verfassungswidrigkeit der vorgelegten Bestimmung entscheidungsreif wäre, eine andernfalls erforderliche Beweisaufnahme aber zu einem Ergebnis führen könnte, bei dem über die Verfassungswidrigkeit der Bestimmung nicht mehr entschieden werden müsste. Denn auch dann ist die Vorlage zur Entscheidung des Ausgangsverfahrens nicht unerlässlich. Eine Ausnahme gilt nur dann, wenn die Vorlagefrage von allgemeiner und grundsätzlicher Bedeutung für das Gemeinwohl ist und deshalb ihre Entscheidung dringlich ist.[31] Hängt die Entscheidung aber gleichzeitig davon ab, ob die für verfassungswidrig gehaltene Bestimmung mit europäischem Gemeinschaftsrecht vereinbar ist, steht es im Ermessen des vorlegenden Gerichts, welches Zwischenverfahren es zunächst einleitet.[32]

24 Die Vorlage nach Art. 100 GG ist zwingend mit einer **Aussetzung** des Verfahrens verbunden. Eine Aufhebung des Aussetzungsbeschlusses durch das vorlegende Gericht ist zulässig, wenn Ereignisse eintreten, die eine Entscheidung der verfassungsrechtlichen Frage für das zugrundeliegende Verfahren erübrigen. Das kann sich aus nachträglichen Prozesshandlungen der Prozessparteien ergeben, z.B. durch Prozessvergleich oder Klagerücknahme,[33] durch Anerkenntnis oder Verzicht,[34] anderweitige Klärung[35] oder zwischenzeitlich eingetretene Rechtsänderung.[36] Es ist in diesen Fällen zulässig, durch eine Fortsetzung des Verfahrens den Parteien Gelegenheit zu geben, den Rechtsstreit zu beenden. Hierdurch wird nicht in die durch die Vorlegung begründete Zuständigkeit des BVerfG eingegriffen; es besteht eine Verpflichtung, mindestens aber eine Befugnis des vorlegenden Gerichts zur Aufhebung seiner Vorlage.[37] Dasselbe gilt, wenn das vorlegende Gericht in Bezug auf die Gültigkeitsfrage oder die Entscheidungserheblichkeit seine Auffassung ändert oder sich einer ihm unterbreiteten gegenteiligen Ansicht anschließt.[38] Die Vorlage wird nachträglich gegenstandslos und damit unzulässig, wenn das BVerfG inzwischen die Rechtsfrage entschieden hat.[39]

25 Ein Aussetzungs- und Vorlagebeschluss nach Art. 100 GG kann nicht selbstständig angefochten werden.[40]

26 Die Aussetzungspflicht gilt nur für das vorlegende Gericht, nicht für andere Gerichte. Eine Aussetzung dort anhängiger Verfahren auch ohne erneute Vorlage liegt aber prozessökonomisch nahe, ebenso deshalb, weil die zu erwartende Entscheidung mit Gesetzeskraft für die Fachgerichte bindend und daher für Parallelverfahren vor den Fachgerichten vorgreiflich ist.[41] Der BGH[42] hält die Aussetzung ohne

---

[29] BVerfGE 88, 187 = NJW 1993, 2733; E 89, 132 = NJW 1994, 1465; BVerfG – K – NZA 1999, 857; NStZ-RR 2006, 323.
[30] BVerfGE 79, 256, 265 = NJW 1989, 891; BVerfG – K – NVwZ 1995, 158.
[31] BVerfGE 47, 146, 154 ff. = NJW 1978, 1151.
[32] BVerG NJW 2007, 51.
[33] BVerfGE 14, 140; E 49, 217, 219 = NJW 1979, 209; BVerfG – K – NVwZ 1995, 158.
[34] BGHZ 49, 213, 215 = NJW 1968, 503.
[35] BVerfGE 14, 140; BVerfG – K – NVwZ 1995, 158.
[36] BVerfGE 29, 325, 326.
[37] BVerfGE 51, 161, 165 = NJW 1979, 1649; BVerfG – K – NVwZ 1995, 158.
[38] BVerfG – K – NVwZ 1995, 158.
[39] BVerfGE 11, 64, 68 = NJW 1960, 1195; E 24, 63, 67; E 26, 44, 56 = NJW 1969, 1339.
[40] OLG Bremen NJW 1956, 387; OLG Köln MDR 1970, 582; OLG Karlsruhe FamRZ 1979, 845; OLG Düsseldorf NJW 1993, 411.
[41] BVerfGE 3, 58, 74 = NJW 1954, 21; BAG NZA 1989, 228; BFH NJW 1993, 2198; NVwZ-RR 1994, 479; OLG Hamburg NJW 1994, 1482; *BL/Hartmann* § 148 ZPO Rn. 29; *StJ/Roth* § 148 ZPO Rn. 15; a. A. BGHSt 24, 6 = NJW 1971, 202; OLG Frankfurt NJW 1979, 767; *Zöller/Gummer* § 148 ZPO Rn. 3a; *MünchKommZPO/Peters* § 148 ZPO Rn. 24; BayLSG NZA 1988, 413.
[42] NJW 1998, 1957.

Vorlage nur für zulässig, wenn das Gericht nicht von der Verfassungswidrigkeit des Gesetzes überzeugt ist.

Zur Vorlage ist nur der **Richter** berechtigt, nicht der Rechtspfleger.[43] Die Entscheidung über die Vorlage und die Vorlage selbst gehören zum Kernbereich richterlicher Tätigkeit und sind von der Unabhängigkeitsgarantie des § 1 umfasst. Zulässig vorlegen kann das mit der Sache befasste Gericht in der gesetzlich für die Hauptentscheidung vorgeschriebenen Besetzung,[44] und zwar in jeder Instanz. Maßgebend für die förmlichen Voraussetzungen ist der Verfahrensstand. War im Bußgeldverfahren schon Termin zur Hauptverhandlung beantragt worden (§ 72 OWiG), muss das Gericht also nach § 71 OWiG, § 411 Abs. 1 StPO verfahren und kann die Vorlage nur auf Grund mündlicher Verhandlung beschließen.[45] Die Vorlage erfolgt unmittelbar ohne Einhaltung des Instanzenzugs[46] oder des Dienstwegs, lediglich ihre technischen Einzelheiten können geregelt werden (vgl. Nr. 190 RiStBV).

Ist zweifelhaft, ob eine **Regel des Völkerrechts** Bestandteil des Bundesrechts ist und ob sie unmittelbar Rechte und Pflichten für den Einzelnen erzeugt (Art. 25 GG), ist ebenfalls die Entscheidung des BVerfG einzuholen (Art. 100 Abs. 2 GG). Die Vorlage ist bereits geboten, wenn das erkennende Gericht bei der Prüfung der Frage auf ernst zu nehmende Zweifel stößt, nicht erst, wenn das Gericht selbst Zweifel hat.[47] Art. 100 Abs. 2 GG soll nämlich im Interesse sowohl der staatenübergreifenden Einheitlichkeit und Verlässlichkeit der allgemeinen Regeln des Völkerrechts als auch der innerstaatlichen Rechtssicherheit eine divergierende Handhabung dieser Rechtssätze in Deutschland verhindern und der Gefahr ihrer Verletzung durch deutsche Gerichte vorbeugen. „Deshalb hat das Fachgericht hier nicht – wie bei der ihm anvertrauten Anwendung und Auslegung des Gesetzesrechts – einen Vertretbarkeitsspielraum bei der Würdigung ernst zu nehmender Zweifel", es verstößt bei objektiv ernst zu nehmenden Zweifeln bei Nichtvorlage gegen das Recht auf den gesetzlichen Richter.[48] Vorlagen dieser Art sind nur zulässig, wenn die Regel des Völkerrechts und die Frage, ob sie Bestandteil des Bundesrechts ist, für das Ausgangsverfahren entscheidungserheblich sind.[49] Das Vorlageverfahren erledigt sich, wenn aufgrund einer Veränderung der tatsächlichen Umstände die Entscheidungserheblichkeit des Bestehens oder der Tragweite der Regel entfällt.[50] Völkervertragsrecht haben die Fachgerichte selbst anzuwenden und auszulegen.[51]

Nach § 32 BVerfGG kann das BVerfG einen Zustand durch **einstweilige Anordnung** vorläufig regeln, wenn dies zur Abwehr schwerer Nachteile, zur Verhinderung drohender Gewalt oder aus einem anderen wichtigen Grund zum gemeinen Wohl dringend geboten ist. Dabei sind die Folgen, die eintreten würden, wenn eine einstweilige Anordnung nicht erginge, später aber die Verfassungswidrigkeit festgestellt würde, gegenüber den Nachteilen abzuwägen, die entstünden, wenn die einstweilige Anordnung erlassen, die Verfassungsmäßigkeit sich aber später herausstellen würde.[52] Ein strenger Maßstab ist anzulegen, wenn eine gesetzliche Regelung außer Kraft gesetzt werden soll.[53] Im Einzelfall ist eine gesetzesähnliche Anordnung möglich.[54]

---

[43] BVerfGE 30, 170 = NJW 1971, 605; E 55, 370 = NJW 1981, 674; E 61, 75 = NJW 1982, 2178.
[44] BVerfGE 54, 159 = NJW 1981, 912; E 98, 145 = NJW 1999, 1095; BVerfG NVwZ 2005, 801; OLG Düsseldorf NJW 1993, 411.
[45] BVerfGE 51, 401, 405 = NJW 1980, 38.
[46] *Priepke* DRiZ 1978, 170.
[47] BVerfGE 15, 25, 31 = NJW 1963, 435; E 16, 27, 32 = NJW 1963, 1732.
[48] BVerfGE 96, 68 = NJW 1998, 50; BVerfG – K – NJW 2001, 1848.
[49] BVerfG NJW 1999, 2106.
[50] BVerfG 8. 3. 2007 – 2 BvM 6/03 –.
[51] BVerfGE 99, 145, 160 = NJW 1999, 631; BVerfG – K – NJW 2001, 1848.
[52] BVerfGE 91, 328 = NJW 1995, 247.
[53] BVerfGE 83, 162, 171 = NJW 1991, 349; E 91, 328 = NJW 1995, 247; BVerfG – K – NJW 2002, 3313.
[54] Vgl. BVerfGE 88, 203 = NJW 1993, 1751.

30 Bejaht das BVerfG die Verfassungsmäßigkeit der vorgelegten Norm, ist der vorlegende Richter daran **gebunden** (§ 31 Abs. 2 BVerfGG; vgl. Rn. 41). Im Rahmen der Bindung an Präjudizien (§ 1 Rn. 135, 139) gilt dies auch für die Rechtsansicht jedes ihm im Instanzenzug übergeordneten Gerichts, ein Gesetz sei nicht verfassungswidrig.[55]

31 Ein verfassungswidriges Gesetz wird grundsätzlich für **nichtig** erklärt.[56] Bleiben aber mehrere Möglichkeiten, die Verfassungswidrigkeit zu beseitigen, wird es als mit dem GG unvereinbar erklärt; bis zur Neuregelung darf es nicht mehr angewendet werden, anhängige Verfahren sind auszusetzen.[57] Der Gesetzgeber ist verpflichtet, die Rechtslage unverzüglich mit dem GG in Einklang zu bringen.[58]

32 Trotz der Bindung nach § 31 BVerfGG ist eine **erneute Vorlage** nicht ausgeschlossen, wenn tatsächliche oder rechtliche Veränderungen eingetreten sind, die die Grundlage der früheren Entscheidung berühren und deren Überprüfung nahe legen.[59] Jedoch sind an die Begründung der erneuten Vorlage gesteigerte Anforderungen zu stellen. Sie muss vom Rechtsstandpunkt des BVerfG ausgehen und darlegen, inwiefern sich die für die verfassungsrechtliche Beurteilung maßgebliche Lage verändert haben soll.[60] Zulässig ist eine erneute Vorlage, wenn das BVerfG nicht in der Sache entschieden hatte.[61]

33 **2. Verfassungsbeschwerde.** Die Verfassungsbeschwerde kann nach Art. 93 Abs. 1 Nr. 4a GG, §§ 13 Nr. 8a, 90 ff. BVerfGG erhoben werden mit der Behauptung des Beschwerdeführers, durch die öffentliche Gewalt in einem Grundrecht oder einem seiner in den Art. 20 Abs. 4, 33, 38, 101, 103 und 104 GG enthaltenen Rechten verletzt zu sein. Nur auf diese bundesrechtlichen Vorschriften kann die Verfassungsbeschwerde gestützt werden, nicht auf landesverfassungsrechtliche Normen[62] und nicht auf Regelungen des Europäischen Gemeinschaftsrechts.[63] Unmittelbar **gegen ein Gesetz** kann sich ein Beschwerdeführer nur wenden, wenn er nicht nur irgendwann in der Zukunft („virtuell") von der Vorschrift nachteilig betroffen sein könnte,[64] sondern wenn er durch die angegriffene Norm selbst, gegenwärtig und unmittelbar in seinen Grundrechten betroffen ist, wenn klar abzusehen ist, dass sich seine Rechtsstellung auch ohne weiteren Vollzugsakt verändert[65] oder wenn ihn die Norm zu Dispositionen zwingt, die nicht mehr korrigiert werden können.[66] Setzt die angegriffene Vorschrift rechtsnotwendig oder auch nur nach der tatsächlichen Verwaltungspraxis einen besonderen Vollzugsakt voraus, muss der Beschwerdeführer zunächst diesen Akt angreifen und den gegen ihn eröffneten Rechtsweg erschöpfen, bevor er Verfassungsbeschwerde erhebt.[67] Gegen eine straf- oder bußgeldbewehrte Norm braucht der Beschwerdeführer aber nicht zunächst verstoßen.[68] Der „Normalfall" der Verfassungsbeschwerde ist die gegen **gerichtliche Endentscheidungen**, nicht jedoch gegen Zwischenentscheidungen wie Eröffnungsbeschluss[69] oder Anordnung einer medizinischen Un-

---

[55] BVerfGE 6, 222, 242 = NJW 1957, 625.
[56] BVerfGE 82, 126, 154 = NJW 1990, 2246; E 85, 191, 211 = NJW 1992, 964.
[57] BVerfGE 37, 217, 260 = NJW 1974, 1609; E 82, 126, 155 = NJW 1990, 2246; E 87, 234, 262 = NJW 1993, 643.
[58] BVerfGE 82, 126, 155 = NJW 1990, 2246.
[59] BVerfGE 94, 315, 323 = NJW 1996, 2717; BVerfG NJW 2002, 1707.
[60] BVerfG NJW 2002, 1707; 2004, 3620.
[61] BVerfG NVwZ 2005, 568.
[62] BVerfGE 41, 88, 118 = NJW 1976, 952; BVerfG – K – NJW 2001, 2161.
[63] BVerfGE 37, 271, 283 = NJW 1974, 1697; E 88, 103, 112 = NJW 1993, 1379.
[64] BVerfG – K – NJW 1995, 1606.
[65] BVerfGE 102, 197, 206 = NVwZ 2001, 790; E 110, 141 = NVwZ 2004, 597; BVerfG NVwZ 2004, 977.
[66] BVerfGE 79, 1, 20 = NJW 1992, 1303; BVerfG NVwZ 2004, 977.
[67] Zusammenfassend BVerfG – K – NJW 1993, 2367.
[68] BVerfGE 71, 25, 34 = NVwZ 1986, 289; E 97, 157, 165 = NJW 1998, 1385; BVerfG NVwZ 2004, 979.
[69] BVerfG – K – NJW 1995, 316.

tersuchung.⁷⁰ Der Ausschluss der Verfassungsbeschwerde gegen Zwischenentscheidungen beruht darauf, dass Verfassungsverstöße gewöhnlich noch mit der Anfechtung der Endentscheidung gerügt werden können.⁷¹ Dieser Grund fehlt, wenn bereits die Zwischenentscheidung einen bleibenden rechtlichen Nachteil für den Betroffenen zur Folge hat, der sich später nicht mehr oder jedenfalls nicht mehr vollständig beheben lässt.⁷² Das ist auch der Fall, wenn in einem selbstständigen Zwischenverfahren über eine für das weitere Verfahren wesentliche Rechtsfrage eine abschließende Entscheidung fällt, die im Hauptsacheverfahren keiner Nachprüfung mehr unterliegt.⁷³ Es ist aber nicht Aufgabe des BVerfG, in jedem Einzelfall nach Art einer Superinstanz seine Vorstellung von der richtigen Entscheidung an die Stelle derjenigen der ordentlichen Gerichte zu setzen. Ihm obliegt nur, die Beachtung der grundrechtlichen Normen und Maßstäbe durch die ordentlichen Gerichte sicherzustellen.⁷⁴ Deshalb ist die Verfassungsbeschwerde zweifach eingeschränkt:⁷⁵

a) Es gilt der Grundsatz der **Subsidiarität.** Nach § 90 Abs. 2 Satz 1 BVerfGG **34** kann die Verfassungsbeschwerde erst nach Erschöpfung des Rechtswegs erhoben werden. Sie ist unzulässig, wenn der Beschwerdeführer nicht zunächst den zulässigen Rechtsbehelf einlegt;⁷⁶ das erfordert auch, dass er über das Gebot der Erschöpfung des Rechtswegs im engeren Sinne hinaus alle nach Lage der Sache zur Verfügung stehenden prozessualen Möglichkeiten ergreift, um eine Korrektur der geltend gemachten Grundrechtsverletzung zu erwirken oder eine Grundrechtsverletzung zu verhindern.⁷⁷ Der Rechtsweg ist so lange nicht erschöpft, als der Beschwerdeführer in dem noch laufenden Verfahren vor den Gerichten mit seinem Begehren Erfolg haben kann.⁷⁸ Das ist auch der Fall, wenn die Sache an die Vorinstanz zurückverwiesen worden ist⁷⁹ oder durch Aufhebung eines angefochtenen Verwaltungsbescheides die Behörde erneut zu entscheiden hat.⁸⁰ Nicht erschöpft ist der Rechtsweg, wenn über einen Anspruch versehentlich nur teilweise entschieden worden ist und eine Urteilsergänzung nach § 321 ZPO in Betracht kommt;⁸¹ auch bei einem abgelehnten Hauptantrag ist der Rechtsstreit bezüglich eines Hilfsantrags weiter zu verfolgen, wenn dieser im Ergebnis auf dasselbe Ziel hinausläuft wie der Hauptantrag.⁸² Hat ein Beschwerdeführer bestehende Rechtsschutzmöglichkeiten nicht genutzt, ist die Verfassungsbeschwerde unzulässig.⁸³ Zu diesen notwendigerweise vorab zu ergreifenden Rechtsbehelfen gehören auch die Anschlussberufung⁸⁴ (§ 524 ZPO), der Antrag auf Wiedereinsetzung in den vorigen Stand,⁸⁵ die Nichtigkeitsklage (§ 579 Abs. 3 ZPO)⁸⁶ oder die nachträgliche Anhörung nach § 33a StPO,⁸⁷ der Antrag auf Änderung einer Aussetzungsanordnung nach § 69 Abs. 3 FGO,⁸⁸ ebenso ein Antrag auf gerichtliche Entscheidung nach

---

⁷⁰ BayVerfGH BtPrax 1995, 179.
⁷¹ BVerfGE 21, 139, 143.
⁷² BVerfGE 1, 322, 324; E 58, 1, 23.
⁷³ BVerfGE 24, 56, 61; E 58, 1, 23 = NJW 1982, 507; BVerfG NJW 2000, 1175 unter B, 1.
⁷⁴ Eingehend BVerfGE 42, 311, 316 = NJW 1976, 1677; E 49, 304, 314 = NJW 1979, 305.
⁷⁵ Eingehend *Schuppert* AöR 1978, 43 ff.
⁷⁶ BVerfGE 33, 192, 194.
⁷⁷ BVerfGE 68, 376 = NJW 1985, 2249; E 81, 22 = NVwZ 1990, 551; BVerfG – K – NJW 1995, 2839.
⁷⁸ BVerfGE 78, 58, 67 = NJW 1988, 2594.
⁷⁹ BVerfGE 78, 58, 67 = NJW 1988, 2594; BVerfG – K – NJW 2000, 3198.
⁸⁰ BVerfG NJW 2001, 216.
⁸¹ BVerfG NJW-RR 2000, 1664.
⁸² BVerfG NVwZ 2000, 666.
⁸³ StRSpr seit BVerfGE 22, 287, 291 f.
⁸⁴ BVerfG NJW 2006, 1505.
⁸⁵ BVerfGE 40, 88 = NJW 1975, 1355; E 42, 252 = NJW 1976, 1839; BVerfG NJW 2005, 3629.
⁸⁶ Vgl. BVerfGE 34, 204; BVerfG – K – NJW 1992, 496, 1030.
⁸⁷ BVerfGE 33, 192 = NJW 1972, 1227; E 42, 243 = NJW 1976, 1837; BVerfG NJW 2000, 273; 2003, 575.
⁸⁸ BVerfGE 49, 325 = NJW 1979, 539.

§§ 23 ff. EGGVG,[89] ein Abänderungsantrag nach § 80 Abs. 7 VwGO,[90] die Rüge der Verletzung des rechtlichen Gehörs nach § 321a ZPO[91] und ein Antrag auf Entscheidung der G-10-Kommission.[92] Gegen eine Entscheidung im Erbscheinverfahren ist die Verfassungsbeschwerde unzulässig, wenn der Antragsteller sein Ziel durch eine Klage auf Feststellung seines Erbrechts erreichen kann.[93] Von einem Rechtsmittel muss auch dann Gebrauch gemacht werden, wenn zweifelhaft ist, ob es statthaft ist und im konkreten Fall in zulässiger Weise eingelegt werden kann.[94] Auch solche Rechtsbehelfe müssen ergriffen werden, deren Zulässigkeit zum Zeitpunkt der Einlegung der Verfassungsbeschwerde in der fachgerichtlichen RSpr nicht eindeutig geklärt ist.[95] Unzumutbar ist die Einlegung eines Rechtsmittels allerdings, wenn dessen Zulässigkeit höchst zweifelhaft ist[96] oder angesichts einer eindeutigen Rechtslage ein anderes Ergebnis in der Rechtsmittelinstanz nicht zu erwarten ist.[97] Die Einlegung der außerordentlichen Beschwerde und der Gegenvorstellung, die der Rechtsmittelklarheit widersprechen, ist nicht mehr zu verlangen.[98] Eine Beschwerde gegen die Nichtzulassung der Revision muss eingelegt werden,[99] entsprechend bei Nichtzulassung der Rechtsbeschwerde;[100] dies gilt jedoch nicht bei offensichtlicher Aussichtslosigkeit,[101] wenn etwa in der Vergangenheit in gleich gelagerten Fällen erfolglos gegen die Nichtzulassung der Revision vorgegangen war und eine andere Entscheidung im Hinblick auf die gefestigte RSpr nicht erwartet werden kann.[102] Entsprechendes gilt für einen Antrag auf Zulassung der Berufung; die an seine Begründung zu stellenden Anforderungen dürfen nicht überspannt werden.[103] Auch muss ein Normenkontrollverfahren nach § 47 VwGO eingeleitet werden,[104] ebenso eine Feststellungsklage, dass eine RechtsVO des Bundes den Beschwerdeführer in seinen Rechten verletze.[105] Ein Befangenheitsantrag kann zu den notwendigen prozessualen Möglichkeiten gehören.[106] Auch muss der Beschwerdeführer geeignete Beweisanträge stellen, um ihn begünstigende Umstände einzuführen.[107]

35 Die Erschöpfung des Rechtswegs im **Eilverfahren** genügt nicht, wenn das Hauptsacheverfahren ausreichende Möglichkeiten bietet, der Grundrechtsverletzung abzuhelfen, und dieser Weg zumutbar ist; so wenn mit der Verfassungsbeschwerde ausschließlich Grundrechtsverletzungen gerügt werden, die sich auf die Hauptsache beziehen, wenn die tatsächliche und einfachrechtliche Lage durch die Fachgerichte noch nicht ausreichend geklärt ist und dem Beschwerdeführer durch die Verweisung auf den Rechtsweg in der Hauptsache kein schwerer Nachteil entsteht.[108] Er darf aber nicht auf das Hauptsacheverfahren verwiesen werden, wenn er die Verletzung

---

[89] BVerfGE 44, 353, 369 = NJW 1977, 1489; BVerfG NJW 2000, 3126.
[90] BVerfG NVwZ 2002, 848.
[91] BVerfG – K – NJW 2002, 3388; 2005, 3059; 2007, 3054; vgl. *Zuck* NVwZ 2005, 739.
[92] BVerfG – K – NVwZ 1994, 367.
[93] BVerfG – K – NJW-RR 2005, 1600.
[94] BVerfGE 91, 93 = NJW 1994, 2817.
[95] BVerfGE 70, 180, 185 = NJW 1986, 371; BVerfG NVwZ 2003, 858; NJW 2005, 3059.
[96] BVerfGE 64, 203, 206 = NJW 1983, 2492; BVerfG – K – NJW 1997, 649.
[97] BVerfG – K – NJW 1955, 1080.
[98] BVerfGE 107, 395 = NJW 2003, 1924; vgl. *Desens* NJW 2006, 1243, 1246.
[99] BVerfGE 16, 1 = NJW 1963, 1491; E 91, 93 = NJW 1994, 2817; zu Verfahrensgrundrechten BVerfG NJW 2004, 3029.
[100] BVerfG NJW 2004, 3696.
[101] BVerfG – K – NJW 1996, 45.
[102] BVerfGE 99, 202 = NJW 1999, 935.
[103] BVerfG NJW 2004, 2510.
[104] BVerfG – K – NVwZ 1994, 59.
[105] BVerfG 115, 81 = NVwZ 2006, 922; BVerfG NVwZ 2005, 79.
[106] BVerfG – K – NJW 1993, 2926.
[107] BVerfG – K – NJW 1997, 999; 2005, 3769.
[108] BVerfGE 86, 15 = NJW 1992, 1676; E 93, 1 = NJW 1995, 2477; E 104, 65 = NVwZ 2005, 78; BVerfG NJW 2002, 741.

von Grundrechten durch die Eilentscheidung selbst geltend macht[109] oder wenn die Entscheidung von keiner weiteren tatsächlichen oder einfachrechtlichen Aufklärung abhängt und die Voraussetzungen von § 90 Abs. 2 BVerfGG vorliegen.[110]

Nur ausnahmsweise kann vor Erschöpfung des Rechtswegs Verfassungsbeschwerde eingereicht werden, wenn diese von allgemeiner Bedeutung ist oder wenn ein schwerer und unabwendbarer Nachteil entstünde, falls zunächst auf den Rechtsweg verwiesen würde (§ 90 Abs. 2 Satz 2 BVerfGG), wenn die Erschöpfung des Rechtswegs nicht zumutbar wäre[111] oder wenn die Rechtslage über das Bestehen eines Rechtswegs im konkreten Fall so zweifelhaft ist, dass nicht zugemutet werden kann, den Rechtsweg (zunächst) weiter zu beschreiten.[112] Auch die Verfassungsbeschwerde gegen ein Gesetz ist subsidiär.[113]

Die Verfassungsbeschwerde ist binnen **Monatsfrist** nach Zustellung oder formloser Mitteilung der sonst nicht mehr anfechtbaren Entscheidung einzulegen (§ 93 Abs. 1 BVerfGG). Ein offensichtlich unzulässiges Rechtsmittel beeinflusst den Lauf und den Ablauf der Frist für die Erhebung der Verfassungsbeschwerde nicht.[114]

Die Verfassungsbeschwerde bedarf der **Begründung** (§ 92 BVerfGG). Dazu gehört, dass der Beschwerdeführer geltend macht, durch den angegriffenen Hoheitsakt in einem verfassungsbeschwerdefähigen Recht (Rn. 33) unmittelbar rechtlich[115] und gegenwärtig verletzt zu sein. Der Beschwerdeführer muss hinreichend substantiiert darlegen, dass eine solche Verletzung möglich erscheint,[116] bei behaupteter Verletzung des rechtlichen Gehörs also auch, was bei dessen ausreichender Gewährung vorgetragen worden wäre.[117]

b) Der **Prüfungsumfang** des BVerfG ist beschränkt. Die Feststellung und Würdigung des Tatbestandes, die Auslegung des einfachen Rechts und seine Anwendung auf den einzelnen Fall ist allein Sache der dafür zuständigen Fachgerichte.[118] Das BVerfG kann erst eingreifen, wenn spezifisches Verfassungsrecht verletzt ist. Dies ist nicht schon dann der Fall, wenn eine Entscheidung, am einfachen Recht gemessen, objektiv fehlerhaft ist. Grundsätzlich ist die Gestaltung des Verfahrens, die Feststellung und Würdigung des Tatbestandes sowie die Auslegung und Anwendung verfassungsrechtlich unbedenklicher Regelungen im einzelnen Fall Angelegenheit der zuständigen Fachgerichte[119] und der Nachprüfung durch das BVerfG entzogen. Ihm obliegt keine allgemeine und umfassende Rechtskontrolle,[120] sondern lediglich die Kontrolle, ob die angegriffene Entscheidung Grundrechte verletzt, grundrechtliche Normen und Maßstäbe nicht beachtet oder Auslegungsfehler erkennen lässt, die auf einer grundsätzlich unrichtigen Auffassung von der Bedeutung und Tragweite eines Grundrechts, insbesondere vom Umfang seines Schutzbereichs beruhen.[121] Das BVerfG greift nicht schon dann ein, wenn die Rechtsanwendung oder das eingeschlagene Verfahren Fehler enthalten[122] oder wenn die Anwendung des einfachen Rechts durch den zuständigen Richter zu einem Ergebnis geführt hat, über dessen „Richtigkeit" sich streiten lässt, es ist **keine**

---

[109] BVerfG NVwZ 2005, 1053; 1303.
[110] BVerfGE 93, 1 = NJW 1995, 2477.
[111] BVerfGE 49, 24, 51 = NJW 1978, 2235; BVerfG – K – NJW 2002, 51; NVwZ-RR 2007, 569.
[112] BVerfGE 63, 77 = NJW 1983, 1900.
[113] Vgl. BVerfGE 74, 69 = NVwZ 1987, 573.
[114] BVerfGE 91, 93 = NJW 1994, 2817; zur Dienstaufsichtsbeschwerde BVerfG NJW 2004, 2891.
[115] BVerfGE 96, 293 = NJW 1998, 293.
[116] BVerfGE 89, 151 = NJW 1993, 3047.
[117] BVerfGE 28, 17 = NJW 1970, 651; BVerfG – K – NVwZ 1994, 59.
[118] StRSpr, vgl. BVerfGE 87, 273, 280 = NJW 1993, 996; E 89, 214, 230 = NJW 1994, 36; E 89, 276, 284 = NJW 1994, 647; E 97, 89 = NJW 1998, 1697.
[119] BVerfGE 83, 1820 = NJW 1991, 1878.
[120] BVerfGE 81, 242 = NJW 1990, 1469.
[121] BVerfGE 18, 85, 92 = NJW 1964, 1715; 72, 122 = NJW 1986, 3129; E 81, 347 = NJW 1991, 413; E 89, 214, 230 = NJW 1994, 36; E 100, 214 = NJW 1999, 2657.
[122] BVerfGE 74, 102 = NJW 1988, 45.

Revisionsinstanz.[123] Zu Rechtsfehlern muss hinzukommen, dass die Rechtsanwendung bei verständiger Würdigung der das GG beherrschenden Gedanken nicht mehr verständlich ist und sich daher der Schluss aufdrängt, dass sie auf sachfremden Erwägungen beruht. Dabei soll die verfassungsrechtliche Feststellung von **Willkür** in einem objektiven Sinn verstanden sein; nicht subjektive Willkür führt zur Feststellung der Verfassungswidrigkeit, sondern die tatsächliche und eindeutige Unangemessenheit einer Maßnahme im Verhältnis zu der tatsächlichen Situation, deren sie Herr werden soll.[124] Das Gleiche gilt, wenn das Fachgericht zu seinem Ergebnis auf einem methodischen Weg gelangt, der den für die Rechtsfindung verfassungsrechtlich bestehenden Rahmen überschreitet.[125] Umgekehrt kann das BVerfG nicht eingreifen, wenn das Fachgericht in einer verfassungsrechtlich nicht zu beanstandenden Weise unter Berücksichtigung der gesetzlichen Systematik und der gesetzgeberischen Zielsetzung den Sinn einer Vorschrift ermittelt hat.[126] Bei der Wahrnehmung dieser Kontrollaufgaben lassen sich aber die Grenzen der Eingriffsmöglichkeiten des BVerfG nicht starr und gleich bleibend ziehen. Sie hängen namentlich von der Intensität der Grundrechtsbeeinträchtigung ab.[127] So ist wegen der Intensität des Eingriffs strafrechtlicher Sanktionen in die Sphäre des Verurteilten eine strengere verfassungsgerichtliche Kontrolle erforderlich; diese erstreckt sich auch darauf, ob die Auslegung des einfachen Rechts in ihren Einzelheiten grundrechtskonform ist.[128] Bei Eingriffen in die Meinungsfreiheit kann sich die Überprüfung nicht auf die Frage beschränken, ob die Entscheidung Fehler erkennen lässt, die auf einer grundsätzlich unrichtigen Anschauung von der Bedeutung des Grundrechts beruhen; das BVerfG hat vielmehr auch zu prüfen, ob sie bei der Feststellung und Würdigung des Tatbestandes sowie der Auslegung und Anwendung einfachen Rechts die verfassungsrechtlich gewährleistete Meinungsfreiheit verletzt hat.[129]

40 § 32 BVerfGG über die **einstweilige Anordnung** (Rn. 29) wird auch im Verfahren der Verfassungsbeschwerde angewendet.[130] Ist die Verfassungsbeschwerde nicht unzulässig und nicht offensichtlich unbegründet, also bei „offenem Ausgang", muss das BVerfG die Folgen, die eintreten würden, wenn eine einstweilige Anordnung nicht ergnge, die Verfassungsbeschwerde aber Erfolg hätte, gegenüber den Nachteilen abwägen, die entstünden, wenn die einstweilige Anordnung erlassen würde, der Verfassungsbeschwerde aber der Erfolg zu versagen wäre.[131] Dabei ist nicht nur die Schwere des Eingriffs, sondern auch das Interesse der Allgemeinheit zu berücksichtigen; wirtschaftliche Nachteile, die Einzelnen durch den Vollzug eines Gesetzes entstehen, können im Allgemeinen die Aussetzung zum gemeinen Wohl nicht begründen.[132] Darüber hinaus kann nach § 90 Abs. 2 BVerfGG das BVerfG ausnahmsweise schon vor der Erschöpfung des Rechtswegs über eine Verfassungsbeschwerde entscheiden, wenn sie von allgemeiner Bedeutung ist oder wenn dem Beschwerdeführer ein schwerer und unabwendbarer Nachteil entstünde, wenn er zunächst auf den Rechtsweg verwiesen würde. Die sofortige Entscheidung ist auch dann zulässig, wenn die Verfassungsbeschwerde von allgemeiner Bedeutung ist und die Erschöpfung des Rechtswegs auch im Hinblick auf den Sinn des Subsidiaritätsprinzips nicht geboten ist, um eine vorherige Klärung der tatsächlichen und rechtlichen Fragen durch die Fachgerichte zu gewährleisten.[133] Der verfassungs-

---

[123] BVerfG – K – NJW 1992, 35.
[124] BVerfGE 83, 82 = NJW 1991, 157; BVerfG NJW 1992, 1675.
[125] BVerfGE 34, 269, 280 = NJW 1973, 1221; E 49, 304, 314 = NJW 1979, 305.
[126] BVerfGE 36, 102, 113 = NJW 1974, 131; E 47, 168 = NJW 1978, 1309.
[127] BVerfGE 72, 122 = NJW 1986, 3129.
[128] BVerfGE 77, 240 = NJW 1988, 325.
[129] BVerfGE 93, 266, 292 = NJW 1995, 3303.
[130] BVerfGE 66, 39, 56 = NJW 1984, 601; BVerfG – K – DtZ 1995, 397.
[131] BVerfGE 91, 328, 332 = NJW 1995, 247; BVerfG – K – NJW 2002, 53.
[132] BVerfG NJW 1995, 771.
[133] BVerfGE 91, 294, 306 = NJW 1995, 511.

gerichtliche Eilrechtsschutz ist gegenüber dem fachgerichtlichen Eilrechtsschutz subsidiär.[134]

3. Bindungswirkung. Nach § 31 Abs. 1 BVerfGG **binden** die Entscheidungen des BVerfG die Verfassungsorgane des Bundes und der Länder sowie alle Gerichte und Behörden. Das bedeutet, dass die „sich aus dem Tenor und den tragenden Gründen der Entscheidung ergebenden Grundsätze für die Auslegung der Verfassung von den Gerichten und Behörden in allen zukünftigen Fällen beachtet werden müssen",[135] und zwar von den Richtern auch ungeachtet ihrer eigenen Rechtsauffassung.[136] Der Umfang der Bindungswirkung im einzelnen ist streitig.[137] Bindungswirkung entfalten nur Entscheidungen der beiden Senate und des Plenums, nicht der einzelnen Kammern des BVerfG.[138] Eine erneute Vorlage ist regelmäßig unzulässig, wenn das vorlegende Gericht die frühere Entscheidung des BVerfG nicht zum Ausgangspunkt seiner verfassungsrechtlichen Prüfung nimmt und auf dieser Grundlage nicht darlegt, welche inzwischen eingetretenen Veränderungen nach seiner Auffassung die erneute verfassungsrechtliche Prüfung einer bereits entschiedenen Vorlagefrage veranlassen[139] (Rn. 32). 41

II. Landesverfassungsgerichte. In fast allen Ländern der BRep bestehen Staats/ Verfassungsgerichtshöfe, deren Zuständigkeit auf Landesebene mit der des BVerfG für den Bund vergleichbar ist, vgl. die Verfassungen: Baden-Württemberg Art. 68, Bayern Art. 60 ff., Berlin Art. 72, Brandenburg Art. 112 f., Bremen Art. 139 f., Hamburg Art. 65, Hessen Art. 130 ff., Mecklenburg-Vorpommern Art. 52 ff., Niedersachsen Art. 54 f., Nordrhein-Westfalen Art. 75 f., Rheinland-Pfalz Art. 129 ff., Saarland Art. 96 f., Sachsen Art. 81, Sachsen-Anhalt Art. 74 ff., Thüringen Art. 79 f.; weitgehend sind auch Verfassungsbeschwerden vorgesehen (Bayern, Berlin, Brandenburg, Hessen, Mecklenburg-Vorpommern, Rheinland-Pfalz, Saarland, Sachsen, Thüringen). Schleswig-Holstein hat in Art. 44 Landesverfassung verfassungsrechtliche Streitigkeiten gemäß Art. 99 GG dem BVerfG übertragen. 42

Wie im Bundesstaat die Verfassungsbereiche des Bundes und der Länder grundsätzlich **selbstständig nebeneinander** stehen, so stehen auch die Verfassungsgerichtsbarkeiten von Bund und Ländern grundsätzlich selbstständig nebeneinander.[140] Das BVerfG ist keine zweite Instanz über oder neben den LandesVerfG.[141] So ist die Verfassungsbeschwerde vor dem BVerfG nicht subsidiär gegenüber der vor dem LandesVerfG; beide Rechtsbehelfe können nebeneinander eingelegt, beide Verfahren nebeneinander betrieben werden,[142] soweit nicht Landesrecht einen Ausschluss der Landes- bei Erhebung der Bundesverfassungsbeschwerde anordnet (§ 49 BerlVerfGHGesetz). 43

Die Prüfung der Vereinbarkeit von Landesrecht mit der Landesverfassung ist Sache des LandesVerfG.[143] Das gilt auch für die Wahrung der Grundrechte der Landesverfassung angesichts ihrer eigenständigen Bedeutung gegenüber denen des GG (Art. 142 GG). Andererseits fällt die Frage der Übereinstimmung von Landesrecht mit den Grundrechten des GG allein in die Prüfungskompetenz des BVerfG.[144] 44

---

[134] BVerfG NJW 2000, 1399.
[135] BVerfGE 19, 377, 392 = NJW 1966, 723; E 40, 88, 94 = NJW 1975, 1355; E 42, 258, 260.
[136] BVerfGE 47, 146, 156 = NJW 1978, 1151.
[137] Vgl. *Klein* NJW 1977, 697 ff.; *Sachs* NJW 1979, 344; DVBl. 1979, 389; *Ziekow* NVwZ 1995, 24; Jura 1995, 522.
[138] HessVGH NVwZ-RR 1995, 56.
[139] BVerfGE 65, 179 = NJW 1984, 970.
[140] BVerfGE 96, 231 = NJW 1998, 293.
[141] BVerfGE 60, 175, 209 = NJW 1982, 1579; E 64, 301, 317 = NJW 1984, 165; BVerfG – K – NVwZ 1994, 59.
[142] BVerfG – K – NJW 1996, 1464.
[143] BVerfGE 6, 376, 382 = NJW 1957, 1025; E 22, 267, 270 = NJW 1967, 1955; E 41, 88, 118 = NJW 1976, 952; E 60, 175, 209 = NJW 1982, 1579; E 64, 301, 317 = NJW 1984, 165.
[144] BVerfGE 60, 175, 209 = NJW 1982, 1579; BVerfG – K – NVwZ 1993, 1079.

Diese gespaltene Zuständigkeit besteht auch dann, wenn inhaltlich das gleiche Grundrecht sowohl in der Landesverfassung als auch im GG enthalten ist.[145]

45 Gegen Entscheidungen des LandesVerfG kann das BVerfG im Rahmen seiner allgemeinen Zuständigkeit angerufen werden, also z.B. bei Verletzung von Grundrechten des GG.[146] Entscheidungen des LandesVerfG über die Vereinbarkeit landesrechtlicher Vorschriften mit der Landesverfassung werden aber vom BVerfG nicht nachgeprüft.[147]

46 LandesVerfG können demnach zuständig sein für die Überprüfung von **Entscheidungen der Landesgerichte** (gegen Entscheidungen der Bundesgerichte kann nur das BVerfG angerufen werden). Geht es um Grundrechte des GG, besteht allerdings die ausschließliche Prüfungskompetenz des BVerfG. Enthalten die Landesverfassungen Grundrechte, sind diese für die Landesgerichte verbindlich, auch wenn sie im Übrigen (einfaches) materielles und prozessuales Bundesrecht anwenden. Deren Einhaltung durch die Landesgerichte kann das LandesVerfG auch überprüft werden, wenn sie mit den Grundrechten des GG inhaltsgleich sind.[148] Allerdings muss die verfassungsrechtliche Beschwer ausschließlich auf der Entscheidung eines Gerichts des Landes – und nicht auch des Bundes – beruhen. Eine Landesverfassungsbeschwerde gegen die Entscheidung eines Landesgerichts ist nicht zulässig, soweit ein Bundesgericht sie in der Sache ganz oder teilweise bestätigt hat oder soweit sie nach Zurückverweisung unter Bindung an Maßstäbe des Bundesgerichts erging.[149]

D. Übernationale Gerichte

47 Gerichte einer internationalen oder supranationalen Gerichtsbarkeit sind im GG nicht erwähnt. Das entspricht systematisch dem Prinzip der innerstaatlichen Justizhoheit (Einl. Rn. 28 ff.). Jedoch sind internationale Gerichtsbarkeiten mit einer Kompetenz auch für die BRep nach Art. 23, 24 GG bis an die Grenze des Art. 79 Abs. 3 GG zulässig.[150]

48 **I. Gerichte der Europäischen Gemeinschaften.** Die europäische Einigung hat ihre Rechtsform in der Europäischen Union (EU) gefunden, die auf dem Vertrag von Maastricht über die EU vom 7. 2. 1992 (BGBl. II S. 1253) beruht, fortentwickelt durch den Amsterdamer Vertrag vom 2. 10. 1997 (BGBl. 1998 II S. 387). Der EUV verleiht der EU weitreichende Kompetenzen in Verwaltung, Rechtsetzung und Rechtsprechung in die einzelnen Mitgliedsstaaten hinein, und einen „einheitlichen institutionellen Rahmen" (Art. 3) zur Wahrung und Weiterentwicklung des gemeinschaftlichen Besitzstandes. Die EU ist durch die vertraglichen Kompetenzen zur Rechtsetzung auch eine die nationalen Grenzen überschreitende und die Mitgliedsstaaten integrierende Rechtsgemeinschaft[151] mit einer weitreichenden Entscheidungskompetenz des Europäischen Gerichtshofs (EuGH) in Art. 35, 46 EUV, Art. 220 ff. EGV.

49 Das von den Organen der **EU gesetzte Recht** beansprucht für sich den absoluten **Vorrang** vor jeglichem nationalen Recht, das mit ihm nicht in Einklang steht, sei es Verordnungsrecht, Gesetzesrecht oder auch Verfassungsrecht. „Der Europäische Gerichtshof nimmt in dieser Frage einen glasklaren, ja unerbittlichen Standpunkt ein".[152] Jedes deutsche Gericht ist verpflichtet, das Gemeinschaftsrecht

---

[145] BayVerfGH NStZ-RR 1997, 39.
[146] BVerfGE 6, 445, 447 = NJW 1957, 1025; E 13, 132, 140 = NJW 1962, 29; BVerfG NVwZ 1994, 599.
[147] BVerfG – K – NVwZ 1994, 59.
[148] BVerfGE 96, 345, 363 = NJW 1998, 1296; vgl. HessStGH NJW 1999, 49; von *Zezschwitz* NJW 1999, 17; *Menzel* NVwZ 1999, 1134.
[149] BVerfGE 96, 345, 371 = NJW 1998, 1296; VerfGH Saarbrücken NJW-RR 2006, 561.
[150] BVerfGE 73, 339, 374 = NJW 1987, 577; E 89, 155, 174 = NJW 1993, 3047.
[151] *Hirsch* NJW 1996, 2457; NJW 2000, 1817.
[152] *Carstens* NJW 1978, 1724; *Masing* NJW 2006, 264.

uneingeschränkt wie innerstaatliches Recht anzuwenden.[153] Zudem sind die Vorschriften des deutschen Rechts „europarechtskonform" anzuwenden;[154] erforderlichenfalls sei von der Anwendung einer dem Gemeinschaftsrecht widersprechenden Bestimmung des nationalen Rechts abzusehen.[155] Selbst noch nicht in nationales Recht transformierte europarechtliche Richtlinien (Art. 249 EGV) sind ausnahmsweise dann als verbindlich anzuwenden, wenn die Bestimmung, um die es geht, nach Rechtsnatur, Systematik und Wortlaut geeignet ist, unmittelbare Wirkungen in den Rechtsbeziehungen zwischen den Mitgliedsstaaten und den einzelnen zu begründen.[156] Darüber hinaus sind bei verspäteter Umsetzung die Vorschriften des nationalen Rechts so weit wie möglich im Lichte von Wortlaut und Zweck der Richtlinie auszulegen.[157] Diese Grundsätze ändern aber nichts daran, dass gemeinschaftsrechtswidrige Urteile in Rechtskraft erwachsen können und dann keiner weiteren Überprüfung mehr zugänglich sind.[158] Der Durchsetzung einer bestandkräftig gewordenen Entscheidung der Kommission steht die Rechtskraft einer nationalen Gerichtsentscheidung aber nicht im Wege.[159]

1. Der **Europäische Gerichtshof** wurde durch den Vertrag zur Gründung der Europäischen Gemeinschaft (EGV) vom 25. 3. 1957 (BGBl. II S. 766), damals Art. 164 ff., gegründet, jetzt Art. 220 ff. Vorgeschaltet ist ihm ein **Gericht erster Instanz** (Art. 225 EGV i. V. m. Ratsbeschluss vom 24. 10. 1988, Amtsbl. L 319/1), zuständig u. a. für Klagen von natürlichen und juristischen Personen gegen an sie ergangene Entscheidungen; gegen dessen Entscheidungen kann ein Rechtsmittel zum EuGH eingelegt werden. Der EuGH sichert die Wahrung des Rechts bei der Auslegung und Anwendung des EGV (Art. 220 ff. EGV). Seine Entscheidungen sind für die deutschen Gerichte verbindlich in den Grenzen der EG-Vorschriften.[160]

a) Der EuGH entscheidet über einen möglichen Verstoß eines Mitgliedsstaates gegen eine Verpflichtung aus dem EGV (Art. 226 ff. EGV) und überwacht die Rechtmäßigkeit des Handelns der EG-Organe (Art. 230 EGV).

b) Nach Art. 230 Abs. 4 EGV kann jede natürliche oder juristische Person eines Mitgliedsstaates vor dem EuGH unter Ausschluss des innerstaatlichen Rechtswegs gegen ihr gegenüber ergangene Entscheidungen (Art. 249 EGV) durch Organe der EG sowie gegen Entscheidungen Klage erheben, die, obwohl sie als VO oder als eine an eine andere Person gerichtete Entscheidung ergangen sind, sie unmittelbar und individuell betreffen;[161] dazu: Praktische Anweisungen, Amtsblatt EU L 361/15 vom 8. 12. 2004.[162] Diese Möglichkeit **individualrechtlicher Anrufung des EuGH** mit der Folge auch der unmittelbaren Wirksamkeit seiner Entscheidung für die innerstaatliche individuelle Rechtssphäre ist das Neuartige gegenüber dem herkömmlichen Völkerrecht, nach dem Gerichtsentscheidungen international begründeter Gerichte nur zwischen den Staaten selbst wirken.

c) Nach Art. 234 EGV obliegt dem EuGH die **Vorabentscheidung** über die Auslegung des EGV und über die Gültigkeit und die Auslegung der Handlungen der Organe der EG. Beim Verfahren der Vorabentscheidung handelt es sich um ein prozessuales Zwischenverfahren im Interesse der Wahrung der Rechtseinheit innerhalb

---

[153] BVerfGE 37, 271, 280 = NJW 1974, 1697; E 75, 223, 244 = NJW 1988, 1459; EuGH NJW 1982, 1207.
[154] BAGE 83, 95 = NJW 1996, 3028; EuGH EuZW 2004, 151; zur Frage einer Vertragsverletzung bei Verstößen *Breuer* EuZW 2004, 199; *Meier* EuZW 2004, 335.
[155] EuGH EuZW 2007, 511.
[156] EuGH NJW 1994, 2473; BVerfGE 75, 223, 238 = NJW 1988, 1459; BGH NJW 1993, 3139; BAGE 83, 95 = NJW 1996, 3028.
[157] EuGH NJW 2006, 2465.
[158] EuGH EuZW 2006, 241 m. Anm. *Schmidt-Westphal/Sander*.
[159] EuGH EuZW 2007, 511.
[160] BVerfGE 31, 145, 174 = NJW 1971, 2122; zusammenfassend *Hatje* DRiZ 2006, 161.
[161] EuGH DVBl. 1994, 1124; EuZW 2004, 343; vgl. hierzu *Epiney* NVwZ 2004, 555.
[162] Internet: http://www.curia.europa.eu/de/instit/txtdocfr/index/htm.

der Gemeinschaft durch Kooperation zwischen nationaler und europäischer Gerichtsbarkeit. Die Zuständigkeit des EuGH zur Vorabentscheidung hat eine herausragende Bedeutung für die nationalen Rechtsordnungen und die nationale RSpr gewonnen, denn sie überlagert die nationale Gerichtsbarkeit insgesamt, ebenso wie die europäische Rechtsordnung das nationale Recht überlagert und verdrängt (Rn. 49). Hinweise zum Vorlageverfahren: Amtsblatt EU C 143/1 vom 11. 6. 2005.[163]

54 Stellt sich eine solche Auslegungs- oder Gültigkeitsfrage einem Gericht eines Mitgliedstaates und hält dieses Gericht eine Entscheidung darüber zum Erlass seines Urteils für erforderlich, so kann es, sofern gegen seine Entscheidung ein innerstaatliches Rechtsmittel gegeben ist,[164] diese Frage dem Gerichtshof zur Entscheidung vorlegen. Wird aber eine derartige Frage in einem schwebenden Verfahren einem einzelstaatlichen Gericht gestellt, dessen Entscheidung selbst nicht mehr mit Rechtsmitteln des innerstaatlichen Rechts angefochten werden kann,[165] so ist dieses Gericht zur Anrufung des Europäischen Gerichtshofs verpflichtet (Art. 234 EGV), wenn es nur bei den sich in einem bei ihm anhängigen Verfahren zur Hauptsache stellenden, entscheidungserheblichen Fragen i. S. des Art. 234 EGV für jeden erfahrenen und kundigen Juristen offensichtlich und vernünftigerweise nicht lediglich eine zweifelsfreie Antwort ergibt; letztinstanzliche nationale Gerichte haben immer dann vorzulegen, wenn auch nur der leiseste Zweifel hinsichtlich der Auslegung einer auf Gemeinschaftsrecht beruhenden Rechtsnorm besteht.[166] Nach der Rspr des EuGH sind aber auch nicht letztinstanzlich entscheidende nationale Gerichte zur Vorlage verpflichtet, wenn sie eine Norm des sekundären Gemeinschaftsrechts für ungültig halten.[167] Eine Vorlagepflicht entfällt, wenn die gleiche Rechtsfrage bereits Gegenstand einer Auslegung durch den Gerichtshof war. Die Entscheidung darüber, ob eine Vorschrift des Gemeinschaftsrechts auslegungsbedürftig ist, trifft allein das innerstaatliche Gericht; dieses ist daher auch befugt, eine vom EuGH bereits entschiedene Rechtsfrage als geklärt und damit nicht mehr vorlagebedürftig anzusehen.[168] Die Vorlagepflicht besteht auch dann nicht, wenn das Gericht feststellt, dass die gestellte Frage nicht entscheidungserheblich ist oder dass die gerichtliche Anwendung des Gemeinschaftsrechts derart offenkundig ist, dass für einen vernünftigen Zweifel keinerlei Raum bleibt; ob ein solcher Fall gegeben ist, ist unter Berücksichtigung der Eigenheiten des Gemeinschaftsrechts, der besonderen Schwierigkeiten seiner Auslegung und der Gefahr voneinander abweichender Gerichtsentscheidungen innerhalb der Gemeinschaft zu beurteilen.[169] Die Vorabentscheidung des EuGH ist verbindlich.[170]

55 Gegen eine Vorlageentscheidung ist kein innerstaatliches **Rechtsmittel** zulässig.[171] Jedoch kann das vorlegende Gericht die Anrufung des EuGH **zurücknehmen**,[172] wenn sich herausstellt, dass die Vorlagefrage nicht mehr für die Entscheidung des Rechtsstreits maßgeblich ist. Das kann der Fall sein, wenn die Sache sich durch Anerkenntnis oder durch Vergleich erledigt.[173]

56 Vorlagepflichtig sind alle innerstaatlichen **Gerichte,** auch die mitgliedstaatlichen Verfassungsgerichte, denn der Anwendungsvorrang des Gemeinschaftsrechts ist uneingeschränkt.[174] Nähere europarechtliche Normen über den Begriff des „Gerichts" bestehen nicht, es ist „Sache der Rechtsordnung jedes Mitgliedstaates zu

---

[163] AaO.
[164] BVerwG NJW 1986, 1448.
[165] Zum Zulassungsrechtsmittel *Epiney* NVwz 2004, 555, 557.
[166] EuGH NJW 1983, 1257; *Rabe* NJW 1993, 3.
[167] EuGH NJW 1988, 1451; *Herrmann* EuZW 2006, 232.
[168] BAGE 68, 320 = NZA 1992, 259.
[169] EuGH DVBl. 1983, 267; *Kokott/Henze/Sobotta* JZ 2006, 633, 634.
[170] BVerfGE 75, 223 = NJW 1988, 1459.
[171] BFHE 132, 217; VGH Mannheim NJW 1986, 3042; OLG Köln WRP 1977, 734.
[172] EuGH NJW 1978, 1741.
[173] EuGH NJW 1996, 447.
[174] HessStGH EuGRZ 1997, 213, 215; vgl. *Kokott/Henze/Sobotta* JZ 2006, 633, 634 f.

bestimmen, welches Gericht für die Entscheidung von Rechtsstreitigkeiten zuständig ist".[175] Der EuGH hat aber die nach deutschem innerstaatlichem Recht[176] als „gerichtsähnlich" angesehenen Vergabeüberwachungsausschüsse (§ 57c Haushaltsgrundsätzegesetz), jetzt Vergabekammern, §§ 102ff. GWB, als „Gericht" i.S. der Vorlagevorschrift des Art. 234 (früher Art. 177) EGV angesehen,[177] nicht aber das Gericht als Handelsregister führende Behörde.[178] Er hält es für eine ‚rein' gemeinschaftsrechtliche Frage, ob eine vorlegende Einrichtung Gerichtscharakter nach Art. 234 EGV hat.[179] Diese Auffassung ist europarechtlich bindend, eine Qualifizierung für die innerdeutsche Betrachtung ist damit nicht verbunden.[180]

Die Vorlagepflicht **entfällt im Eilverfahren,** auch dann, wenn die im Verfahren der einstweiligen Verfügung ergehende Entscheidung nicht mehr mit Rechtsmitteln angefochten werden kann, sofern es jeder Partei unbenommen ist, ein Hauptverfahren, in dem die im summarischen Verfahren vorläufig entschiedene Frage erneut geprüft werden und den Gegenstand einer Vorlage nach Art. 234 EGV bilden kann, entweder selbst einzuleiten oder dessen Einleitung zu verlangen.[181] Eine Vorlagepflicht besteht jedoch mit Rücksicht auf die notwendige einheitliche Anwendung des Gemeinschaftsrechts ausnahmsweise dann, wenn im Einzelfall durch die Entscheidung im Eilverfahren eine Gemeinschaftshandlung in ihrer Wirkung ausgesetzt würde.[182] Jedoch sind die nationalen Gerichte während des Vorlageverfahrens befugt, im Interesse eines effektiven Rechtsschutzes einen auf einer Gemeinschaftshandlung beruhenden Verwaltungsakt auszusetzen, wenn: a) erhebliche Zweifel an der Gültigkeit einer GemeinschaftsVO bestehen und die Frage gleichzeitig dem EuGH vorgelegt wird, b) dem Antragsteller ein schwerer und nicht wieder gutzumachender Schaden droht und c) das Gericht das Interesse der Gemeinschaft angemessen berücksichtigt.[183]

Kommt ein Gericht entgegen Art. 234 Abs. 3 EGV der Vorlagepflicht nicht nach, liegt darin angesichts der ausschließlichen Entscheidungsbefugnis des EuGH (Rn. 50) eine Verletzung des **gesetzlichen Richters** (§ 16 Rn. 42). Der Verstoß wird aber vom BVerfG nur beanstandet, wenn die Auslegung und Anwendung dieser Vorschrift bei verständiger Würdigung der das GG bestimmenden Gedanken nicht mehr verständlich erscheinen und offensichtlich unhaltbar sind.[184] Zur **Staatshaftung** § 1 Rn. 197.

d) Das **Verhältnis der Gerichtsbarkeiten zueinander**[185] bestimmt das BVerfG wie folgt:[186] a) Der EuGH ist kein Organ der BRep, sondern der EG. Soweit ihm durch die Zustimmungsgesetze zu den Gemeinschaftsverträgen Rechtsprechungsfunktionen aufgetragen sind, ist der EuGH Teil der innerstaatlichen Rechtsordnung der Bundesrepublik und „Gesetzlicher Richter" im Sinne Art. 101 GG.[187] – b) der EuGH ist ein **Gericht** im Sinne des Art. 101 Abs. 1 GG mit der Befugnis zur

---

[175] EuGH NJW 1997, 3365 Tz. 40.
[176] BRatsDrucks. 5/1993 S. 22; BTagsDrucks. 12/4636 S. 12.
[177] EuGH NJW 1997, 3365.
[178] EuGH EuZW 2001, 499.
[179] AaO. Tz. 23; vgl. *Epiney* NVwZ 2004, 555, 557.
[180] Zur Kritik *Pietzcker* NVwZ 1996, 313; *Boesen* NJW 1997, 350; *Heiermann/Ax* DB 1998, 505.
[181] EuGH NJW 1977, 1595; 1983, 2751; BVerfG NVwZ 1992, 360; OLG Frankfurt OLGZ 1994, 245; KG EuZW 1994, 541.
[182] Vgl. BVerfG – K – NJW 2007, 1521.
[183] EuGH NVwZ 1991, 460; NJW 1996, 1333; vgl. *Leupold* NVwZ 1995, 553; *Koch* NJW 1995, 2331; *Lenz* DRiZ 1995, 218; *Brinker* NJW 1996, 2851.
[184] BVerfG 73, 339 = NJW 1987, 577; E 82, 159, 194 = NVwZ 1991, 53; BVerfG – K – NJW 1997, 2512; 2006, 3049; 2007, 1521; vgl. BFH EuZW 2007, 551; *Kokott/Henze/Sobotta* JZ 2006, 633, 636; *Clausnitzer* NJW 1989, 641; *Rabe*, FS Redeker, 1993, S. 38; *Schiller* NJW 1983, 2736; *Wölker* EuGRZ 1988, 97; *Bertelsmann* NZA 1993, 781; *Lenz* NJW 1994, 2063.
[185] Hierzu *Hirsch* NVwZ 1998, 907; MDR 1999, 1; *Rupp* JZ 1998, 213.
[186] BVerfGE 73, 339 = NJW 1987, 577, sog. „Solange-II-Beschluss".
[187] AaO. S. 367; BVerfGE 75, 223, 234 = NJW 1988, 1459; vgl. *Kirchhoff* DStR 1989, 551.

Rechtsfortbildung.[188] Er ist durch die Verträge errichtet als hoheitliches Rechtspflegeorgan, das auf der Grundlage und im Rahmen normativ festgelegter Kompetenzen und Verfahren Rechtsfragen nach Maßgabe von Rechtsnormen und rechtlichen Maßstäben in richterlicher Unabhängigkeit grundsätzlich endgültig entscheidet. Seine Mitglieder sind zur Unabhängigkeit und Unparteilichkeit verpflichtet. Ihre Rechtsstellung ist normativ so ausgestaltet, dass sie Gewähr für persönliche Unabhängigkeit bietet. Das Verfahrensrecht des Gerichtshofs genügt rechtsstaatlichen Anforderungen. Es gewährleistet das Recht auf Gehör, dem Verfahrensgegenstand angemessene prozessuale Angriffs- und Verteidigungsmöglichkeiten und frei gewählten kundigen Rechtsbeistand.[189] – c) Es verletzt nicht Art. 19 Abs. 4 GG, dass gegen Urteile des EuGH **kein Rechtsweg vor deutschen Gerichten eröffnet** ist. Art. 19 Abs. 4 gewährleistet weder eine subsidiäre Gerichtsbarkeit deutscher Gerichte noch ihre internationale Auffangzuständigkeit gegenüber Entscheidungen internationaler Gerichte. – d) Der EuGH hat das **Monopol der abschließenden Entscheidung** über die Auslegung des EGV sowie über die Gültigkeit und Auslegung der dort genannten abgeleiteten gemeinschaftsrechtlichen Akte.[190] Seine Zuständigkeit ist ausschließlich, jedes innerstaatliche Gericht ist insoweit von jeder RSpr ausgeschlossen.[191] Seine Entscheidung ist für das vorlegende Gericht verbindlich, diese Bindung der innerstaatlichen Gerichte verletzt nicht Art. 19 Abs. 4 GG.

60 e) Im Gegensatz zu früher[192] hält das BVerfG mittlerweile im Hoheitsbereich der EG ein Maß an Grundrechtsschutz für erwachsen, der nach Konzeption, Inhalt und Wirkungsweise dem Grundrechtsstandard des GG im Wesentlichen gleichkommt. „Solange" die EG, insbesondere die RSpr des EuGH,[193] einen wirksamen Schutz der Grundrechte gegenüber der Hoheitsgewalt der Gemeinschaft generell gewährleistet, der dem vom GG als unabdingbar gebotenen Grundrechtsschutz im Wesentlichen gleich zu achten ist, zumal den Wesensgehalt der Grundrechte generell verbürgt, wird das BVerfG seine Gerichtsbarkeit über die Anwendbarkeit von abgeleitetem Gemeinschaftsrecht, das als Rechtsgrundlage für ein Verhalten deutscher Gerichte und Behörden in Anspruch genommen wird, nicht mehr ausüben und dieses Recht mithin nicht mehr am Maßstab der Grundrechte des GG überprüfen; entsprechende Vorlagen nach Art. 100 Abs. 1 GG sind somit unzulässig. Dies gilt nicht nur bei sekundärem Gemeinschaftsrecht mit unmittelbarer Geltung, sondern auch bei innerstaatlichen Normsetzungen, die zwingenden gemeinschaftsrechtlichen Vorgaben in Richtlinien[194] oder Rahmenbeschlüssen nach Art. 34 EUV[195] folgen.

61 f) Die in der Präambel des GG („als gleichberechtigtes Glied in einem vereinten Europa") und in Art. 23, 24 GG vorgesehene Offenheit für die europäische Integration (Rn. 47) hat zur Folge, dass grundrechtserhebliche Eingriffe auch von europäischen Organen ausgehen können. Die Ermächtigung zur Übertragung von Hoheitsrechten auf zwischenstaatliche Einrichtungen ermächtigt aber nicht dazu, wesentliche Strukturen des GG auszuhöhlen; ein solches Essentiale sind die Rechtsprinzipien, die dem Grundrechtsteil des GG zugrunde liegen. Wird einer zwischenstaatlichen Einrichtung Hoheitsgewalt eingeräumt, die den **Wesensgehalt** der vom GG anerkannten Grundrechte zu beeinträchtigen in der Lage ist, muss, wenn der

---

[188] BVerfGE 75, 223, 241 = NJW 1988, 1459.
[189] AaO. S. 367.
[190] AaO. S. 368.
[191] EuGH NJW 1988, 1451.
[192] BVerfGE 37, 271, sog. Solange-I-Beschluss; BVerfGE 52, 187 = NJW 1980, 519, sog. Vielleicht-Beschluss; vgl. *Tomuschat* NJW 1980, 2611.
[193] Zum Grundrechtsschutz durch den EuGH *Schwarze* NJW 2005, 3459; zur Pflicht nationaler Gerichte, bei der Anordnung der von Gemeinschaftsorganen beantragten Exekutivmaßnahmen den EU-Grundrechtsschutz zu gewährleisten, EuGH EuZW 2003, 14.
[194] BVerfG NVwZ 2004, 1346.
[195] *Masing* NJW 2006, 264 m. w. N.; vgl. auch *Hummrich* DRiZ 2005, 361.

nach Maßgabe des GG bestehende Rechtsschutz entfallen soll, statt dessen eine Grundrechtsgeltung gewährleistet sein, die nach Inhalt und Wirksamkeit dem Grundrechtsschutz, wie er nach dem GG unabdingbar ist, im Wesentlichen gleichkommt. Dies gebietet einen Individualrechtsschutz durch unabhängige Gerichte.[196]

g) Kompetenzkontrolle. Das Europäische Recht hat Vorrang vor dem nationalen Recht (Rn. 49), vorausgesetzt, den europäischen Rechtsetzungsorganen ist die Regelungskompetenz durch den Beitrittsakt übertragen worden (Rn. 47). Das BVerfG prüft, „ob Rechtsakte der europäischen Einrichtungen und Organe sich in den Grenzen der ihnen eingeräumten Hoheitsakte halten oder aus ihnen ausbrechen".[197] Dem schließen sich die deutschen Fachgerichte an.[198] Demgegenüber nimmt der EuGH zu dieser Frage die Entscheidungskompetenz in Anspruch. Darin liegt eine erhebliche Divergenz zwischen BVerfG und EuGH.[199] Es gibt keine Kompetenz-Kompetenz. Für die deutsche Gerichtspraxis zwingt dies zur Empfehlung, auf jeden Fall den Weg zum BVerfG einzuschlagen, „höchst vorsorglich" auch den zum EuGH. 62

h) Eine **Kompetenzerweiterung** hat der EuGH erfahren im Rahmen der polizeilichen und justiziellen Zusammenarbeit in Strafsachen (Art. 29 ff. EUV). Nach Art. 35 EUV, § 1 EuGHG vom 6. 8. 1998 (BGBl. I S. 2035 und Bekanntmachung vom 19. 4. 1999, BGBl. I S. 728) ist ein in den Grundsätzen von Art. 234 EGV (Rn. 54 ff.) entsprechendes Verfahren zur Vorabentscheidung auch eingeführt, soweit die Gültigkeit und die Auslegung der Rahmenbeschlüsse und Beschlüsse, die Auslegung von Übereinkommen oder die Gültigkeit und die Auslegung der dazugehörigen Durchführungsmaßnahmen aus diesem Bereich in Frage steht. 63

i) Auf der Grundlage von Art. 225 a EGV wurde das **Gericht für den öffentlichen Dienst der EU** eingerichtet, der zuständig ist für Streitigkeiten zwischen Beamten und anderen Bediensteten der europäischen Institutionen und ihren Anstellungsbehörden.[200] 63a

2. Art. 136 ff. **EURATOM**-Vertrag (BGBl. 1957 II S. 1014: Schaffung der Voraussetzungen für die Entwicklung von Kernindustrien) bilden einen Gerichtshof mit Verbindlichkeit der Entscheidungen für die Vertragsstaaten, ebenso Art. 31 ff. **EGKS**-Vertrag (BGBl. 1952 II S. 447: Schaffung eines gemeinsamen Marktes für Kohle und Stahl). 64

3. Aufgrund der Konvention zum Schutze der Menschenrechte und Grundfreiheiten (MRK) von 1950 (BGBl. 1952 II S. 685, 953) wurde neben einer Kommission für Menschenrechte der **Europäische Gerichtshof für Menschenrechte** (EGMR) errichtet.[201] Der Rechtsschutz vor dem EGMR wurde durch das Protokoll Nr. 11 vom 11. 5. 1994 zur MRK (BGBl. 1995 II S. 578) entscheidend umgestaltet.[202] Der EGMR soll die Einhaltung der Verpflichtungen sicherstellen, die die Vertragsstaaten in der MRK übernommen haben (Art. 19 MRK). Seine Zuständigkeit umfasst alle die Auslegung und Anwendung der MRK betreffenden Angelegenheiten (Art. 32 MRK). Angerufen werden kann er von der Kommission, von einem Mitgliedstaat wegen einer behaupteten Verletzung der MRK durch einen anderen Mitgliedstaat, aber auch von jeder natürlichen Person, nichtstaatlichen Organisation oder Personengruppe, die behauptet, durch einen Mitgliedstaat in einem 65

---

[196] BVerfGE 73, 339, 377 = NJW 1987, 577; E 89, 155, 174 = NJW 1993, 3047.
[197] BVerfGE 89, 155, 188 = NJW 1993, 3047.
[198] BGH NJW 1994, 2607; BFH NJW 1996, 126; *Hirsch* NJW 1996, 2460.
[199] *Büdenbender*, Das Verhältnis des Europäischen Gerichtshofs zum Bundesverfassungsgericht, 2005; *Grimm* RdA 1996, 66; *Hirsch* NJW 1996, 2457; *Sendler* NJW 1996, 825; *Steinberger*, FS Bernhardt, 1995, S. 1313, 1332; *Hummrich* DRiZ 2005, 361.
[200] Hierzu *Hakenberg* EuZW 2006, 391.
[201] Zusammenfassend *Glauben* DRiZ 2006, 172.
[202] Vgl. BTagsDrucks. 13/858; 13/1849; *Meyer-Ladewig* NJW 1995, 2813; 1998, 512; *Meyer-Ladewig/Petzold* NJW 1999, 1165.

in der MRK anerkannten Recht verletzt zu sein (Art. 34 MRK). Voraussetzung der auf 6 Monate befristeten Anrufung ist die Erschöpfung aller innerstaatlichen Rechtsbehelfe[203] (Art. 35 MRK). Kommt keine gütliche Einigung zustande (Art. 38, 39 MRK), entscheidet der EGMR, ob die MRK verletzt wurde (Art. 41 MRK). Die Mitgliedstaaten sind verpflichtet, das Urteil zu befolgen (Art. 46 MRK). Die Kompetenz des EGMR bedarf der Einordnung in das System der Gerichtsbarkeiten unter zwei Gesichtspunkten:

65a Die MRK und ihre Zusatzprotokolle gelten **innerstaatlich** als völkerrechtliche Verträge kraft Transformation im Range einfachen Gesetzesrechts.[204] Im Rahmen des methodisch Vertretbaren und im Sinne eines Mindeststandards beeinflussen sie damit auch die Auslegung des übrigen innerstaatlichen Rechts und die Bestimmung von Inhalt und Reichweite der Grundrechte und der rechtsstaatlichen Grundsätze des GG, selbst wenn es zeitlich nachfolgt,[205] auch deshalb, weil innerstaatliches Recht nach Möglichkeit völkerrechtskonform auszulegen ist.[206] Der Annahme, die MRK wende sich nur an den Gesetzgeber,[207] kann angesichts des eindeutigen Wortlauts von MRK und Ratifikationsgesetz nicht gefolgt werden.[208] Insoweit hat die innerstaatliche Rechtsanwendung auch die **Entscheidungen des EGMR** zu beachten, der völkervertragsrechtlich dazu berufen ist, den aktuellen Stand der Gewährleistungen der Konvention festzustellen und zu konkretisieren.[209] Diese Verpflichtung trifft auch die Gerichte; sie haben die Vertragstexte und die Judikate des EGMR zur Kenntnis zu nehmen und ihrer Entscheidung zu Grunde zu legen, soweit dies nicht gegen höherrangiges Recht verstößt; Abweichungen haben sie nachvollziehbar zu begründen.[210] Das **BVerfG** ist im Rahmen seiner Zuständigkeit auch dazu berufen, die Nichtbeachtung völkerrechtlicher Verpflichtungen nach Möglichkeit zu verhindern und zu beseitigen; gestützt auf das einschlägige Grundrecht kann deshalb in einem Verfahren vor dem BVerfG gerügt werden, ein Gericht habe eine Entscheidung des EGMR missachtet oder nicht berücksichtigt.[211] Im Strafverfahren kann eine Entscheidung des EGMR Wiederaufnahmegrund sein (§ 359 Nr. 6 StPO).

65b Solange die EU der Konvention nicht beitritt, können Rechtsakte von **Organen der EU** nicht vor dem EGMR angegriffen werden.[212] Indessen beansprucht der EGMR die Kompetenz zur Überprüfung nationaler Hoheitsakte einschließlich gerichtlicher Entscheidungen, auch wenn sie auf zwingenden, für die Mitgliedstaaten verbindlichen Vorgaben des Gemeinschaftsrechts beruhen; mit Ziel und Zweck der Konvention wäre es unvereinbar, den Staat aus seinen darin begründeten Verpflichtungen schon dann zu entlassen, wenn er Hoheitsbefugnisse auf eine internationale Organisation überträgt.[213] Ähnlich dem BVerfG (Rn. 60) nimmt der EGMR seine Kompetenzen aber zurück: es gilt die Vermutung, dass sich ein Mitgliedstaat seinen Verpflichtungen aus der MRK nicht entzieht, solange diese Organisation durch materielle und Verfahrensregeln die Grundrechte in einer Weise schützt, die dem Schutz durch die Konvention vergleichbar ist; für die EU ist dies anzunehmen.[214]

---

[203] EGMR NJW 1999, 1315.
[204] BVerfGE 10, 271 = NJW 1960, 1243; *Maunz*, Deutsches Staatsrecht S. 102; *Eb. Schmidt* JZ 1970, 36; *Hamann* Art. 25 B 1; *Herbst* NJW 1969, 547; *Müller-Gindullis* NJW 1973, 1219; *MünchKommZPO/ Wolf* Rn. 5; *Meyer-Goßner* Vorbem. zur MRK Rn. 3.
[205] *Ehlers* S. 88.
[206] BVerfGE 111, 307 = NJW 2004, 3407; zur Einschränkung *Meyer-Ladewig/Petzold* NJW 2005, 15.
[207] BGHSt 23, 82; *Henrichs* MDR 1955, 140; *Jeschek* NJW 1954, 783.
[208] *Eb. Schmidt* JZ 1970, 34.
[209] BVerfG aaO. S. 3409.
[210] BVerfG aaO. S. 3410; BVerfG NJW 2005, 1105; 1765.
[211] BVerfGE 111, 307 = NJW 2004, 3407, 3411.
[212] EGMR NJW 1999, 3107.
[213] EGMR NJW 2006, 197.
[214] AaO.

Diese Vermutung wird widerlegt, wenn im konkreten Fall der Schutz von Konventionsrechten offensichtlich[215] unzureichend ist.[216]

4. Das **Europäische Gericht für Staatenimmunität** ist im Zusammenhang 66 mit dem Europäischen Übereinkommen über Staatenimmunität vom 16. Mai 1972 (BGBl. 1990 II S. 34; vgl. § 20 Rn. 18) errichtet worden.[217] Das Übereinkommen geht grundsätzlich davon aus, dass ein Staat nicht der Gerichtsbarkeit eines anderen Staates unterliegt (§ 20 Rn. 3), führt aber auch Fälle auf, in denen sich ein Vertragsstaat auf die Staatenimmunität nicht berufen kann und sich implizit dem Gericht des anderen Staates unterwirft. Nach Art. 20 aaO. hat ein Vertragsstaat dann die gegen ihn ergangene Entscheidung eines Gerichts eines anderen Vertragsstaats zu erfüllen, wenn er nach dem Vertrag Immunität von der Gerichtsbarkeit nicht beanspruchen konnte (mit einer Vielzahl von Ausnahmeklauseln). Wenn eine gegen einen Vertragsstaat ergangene Entscheidung von diesem nicht erfüllt wird, kann die Partei, die sich auf die Entscheidung beruft, von dem zuständigen Gericht dieses Staates die Feststellung verlangen, ob nach Art. 20 die Entscheidung erfüllt werden muss (Art. 21). Die Zwangsvollstreckung ist aber ausgeschlossen (Art. 23). Zuständig für diese „moralische" Entscheidung ist das zuständige Gericht „dieses" Staates, also dessen, der verurteilt worden ist und nicht erfüllt hat. Die Zuständigkeit richtet sich nach innerstaatlichem Recht. Das Ratifikationsgesetz vom 22. 1. 1990 hat in Art. 2 das Landgericht, in dessen Bezirk die Bundesregierung ihren Sitz hat, für zuständig erklärt. Die Feststellung ist auf Grund einer Klage im streitigen Verfahren zu treffen. Soweit zwischen Vertragsstaaten des Übereinkommens über dessen Auslegung oder Anwendung Streitigkeiten entstehen, ist der internationale Gerichtshof in Den Haag zuständig (Art. 34). In Art. 4 eines Zusatzprotokolls wird ein Europäisches Gericht für Staatenimmunität errichtet, dessen Aufgabe es ist zu entscheiden, a) ob die Entscheidung, die gegen einen Staat als Vertragspartei ergangen ist, erfüllt werden muss, b) über Streitigkeiten zwischen Vertragsparteien über die Auslegung oder die Anwendung des Übereinkommens. Das Europäische Gericht für Staatenimmunität besteht aus den Mitgliedern des Europäischen Gerichtshofs für Menschenrechte und, für jeden dem Protokoll beigetretenen Nichtmitgliedstaat des Europarats, aus einer Persönlichkeit, die die für Mitglieder des genannten Gerichtshofs erforderliche Befähigung hat. Dieses Zusatzprotokoll bedarf jedoch der gesonderten Ratifikation; mehrere Staaten haben es ratifiziert, so dass das Gericht eingerichtet wurde. Die BRep ist dem Zusatzprotokoll nicht beigetreten mit der Begründung, die im Übereinkommen vorgesehenen Rechtswege zum Landgericht am Sitz der Bundesregierung und zum Internationalen Gerichtshof in Den Haag reichten zur Verwirklichung des Vertragszieles aus.[218]

5. Im Abkommen über den Europäischen Wirtschaftsraum (EWRA) vom 2. 5. 67 1992 (BGBl. 1993 II S. 267), in Kraft getreten am 1. 1. 1994,[219] wurde für die mitvertragschließenden EFTA-Staaten (Finnland, Island, Norwegen, Österreich und Schweden) der **EFTA-Gerichtshof** (EFTAG) eingesetzt: Art. 108 Abs. 2 EWRA i. V. mit dem Abkommen zwischen den EFTA-Staaten zur Errichtung einer Überwachungsbehörde und eines Gerichtshofs (Österreichisches BGBl. 1993, 7683). Der Gerichtshof ist zuständig für Streitfragen über die Anwendung des Abkommens ausschließlich unter den EFTA-Staaten selbst, er hat keine rechtliche Verbindung mit dem EuGH.[220]

---

[215] Hierzu krit. *Heer-Reißmann* NJW 2006, 192; *Bröhmer* EuZW 2006, 71.
[216] EGMR aaO.
[217] BTagsDrucks. 11/4307.
[218] BTagsDrucks. 11/4307 S. 31.
[219] *Streit* NJW 1994, 555.
[220] Literatur: *Gugerbauer* NJW 1994, 2743.

68 6. Nach dem Internationalen Übereinkommen über Zusammenarbeit zur Sicherung der Luftfahrt vom 13. 12. 1960 besteht in Brüssel die Europäische Organisation zur Sicherung der Luftfahrt **„EUROCONTROL"** (BGBl. 1962 II S. 2273) als rechtsfähige internationale Organisation. Sie hat den Luftverkehrssicherungsdienst über 7500 m Flughöhe und kann für ihre Dienstleistungen Benutzergebühren festsetzen. Für die Anfechtung der Festsetzung dieser Gebühren sind die belgischen Gerichte zuständig. Dadurch wird auch für deutsche Staatsbürger Art. 19 Abs. 4 GG nicht verletzt, weil dieser nur für Akte der staatlichen deutschen, an das GG gebundenen öffentlichen Gewalt gilt (Einl. Rn. 199). Für die Bediensteten von EUROCONTROL ist die Zuständigkeit deutscher Gerichte im Gründungsvertrag ausgeschlossen, es besteht Rechtsschutz beim Verwaltungsgerichtshof der internationalen Arbeitsorganisation; auch hiergegen bestehen keine Bedenken aus Art. 19 Abs. 4 GG. Entsprechendes gilt für die Bediensteten der Europäischen Schule.[221]

69 **II. Gerichte der UN. 1.** Die Fortentwicklung historischer Abkommen über die Austragung von Streitigkeiten zwischen Staaten durch Gerichte hat Art. 14 des Versailler Vertrags durch die Gründung des Ständigen Internationalen Gerichtshofs in Den Haag einen bedeutungsvollen Schritt vorangetrieben. Seine Kompetenz beschränkte sich auf die Beziehungen der Staaten zueinander ohne unmittelbare Wirkung gegenüber ihren Staatsbürgern; insoweit bedurfte es gegebenenfalls der innerstaatlichen Transformation. Daran hat auch die UN grundsätzlich festgehalten. Der **Internationale Gerichtshof der UN** (Art. 92 ff. UN-Charta) ist das Hauptrechtsprechungsorgan der UN.[222] Jedes Mitglied der UN ist Vertragspartei des Statuts des Gerichtshofs, das seinerseits Bestandteil der UN-Charta ist. Der Gerichtshof kann sich mit allen Angelegenheiten befassen, die ihm von den Parteien unterbreitet werden; er ist ferner für alle die Fälle zuständig, die in der UN-Charta oder in anderen internationalen Verträgen bezeichnet sind. Für die Verbindlichkeit der Entscheidungen des Gerichtshofs bedarf es aber des Einverständnisses der Prozessparteien.[223] Parteien können nur Staaten sein. Hier bewegt man sich auf „klassischem" völkerrechtlichem Boden; für die innerstaatliche Gerichtsverfassung hat der Gerichtshof keine Bedeutung.

70 2. Bei der **Internationalen Arbeitsorganisation** (IAO, ILO) in Genf, geschaffen durch Teil XIII des Versailler Vertrags, besteht ein eigenes Verwaltungsgericht, das 1946 entstanden ist aus der Übernahme des Ständigen Gerichts des Völkerbundes durch die IAO. Zuständig ist dieses Gericht für Streitigkeiten der etwa 25 000 Bediensteten aus etwa 20 internationalen Organisationen, während die UN selbst ein eigenes Verwaltungsgericht haben. Dieses Gericht ist allein zuständig für die Bediensteten aller Nationalitäten, auch für die Deutschen, in Bezug auf Sozial-, Verwaltungs- und Arbeitssachen. Wesentlich schwieriger ist die Funktion des Untersuchungsausschusses nach der Satzung der IAO. Dieser befasst sich auf Beschwerde mit der Vereinbarkeit innerstaatlichen Handelns, auch dem der Gerichte, mit der Satzung der IAO und den ratifizierten Abkommen, jedoch ohne unmittelbare Rechtswirkung: Die Entscheidungen des Untersuchungsausschusses haben nur die Wirkung einer Empfehlung an die jeweils betroffene Regierung. Auch besteht ein Klagerecht an den Internationalen Gerichtshof (Art. 33 IAO-Verfassung), aber auch nur im Verhältnis der Staaten zueinander.[224]

71 3. Im Rahmen der Bemühungen der UN um den **Schutz der Menschenrechte** ist der Internationale Pakt vom 19. 12. 1966 über bürgerliche und politische Rechte geschlossen worden (vgl. BGBl. 1973 II S. 1533). Er enthält auch gerichtsverfassungsrechtliche Normen (Behandlung von Haftsachen; Gleichheit aller vor

---

[221] BVerwG NJW 1993, 1409.
[222] zusammenfassend *Simma* DRiZ 2006, 181.
[223] Zur BRep *Zimmermann* ZRP 2006, 248.
[224] BVerwG NJW 1987, 2691.

dem Gericht; über Anklagen und zivilrechtliche Ansprüche und Verpflichtungen ist durch ein unabhängiges, unparteiisches gesetzliches Gericht in billiger Weise und öffentlich zu verhandeln; Mindestgarantie in Strafsachen hinsichtlich Sprache, Verteidigung, Beschleunigung, Anwesenheit; Art. 9 ff.). Ein unmittelbarer individueller Rechtsschutz ist jedoch nicht vorgesehen. Wohl aber wird ein Ausschuss für Menschenrechte errichtet (Art. 28). Im Fakultativprotokoll hierzu (in Kraft seit 22. 12. 1992, BGBl. 1992 II S. 1246) ist jedoch vorgesehen, dass Einzelpersonen sich an diesen Ausschuss wenden können mit der Behauptung, Opfer einer Verletzung eines in dem Pakt niedergelegten Rechts durch diesen Vertragsstaat zu sein. Der betroffene Staat hat dem Ausschuss gegenüber Stellung zu nehmen; der Ausschuss berät über die Eingabe und die Mitteilung des Staates in nicht öffentlicher Sitzung und teilt seine Auffassung dem betroffenen Vertragsstaat und der Einzelperson mit.

4. Das **Petitionsverfahren nach Art. 68 der UN-Charta** kann trotz gewisser gesamtpolitischer Wirkungen nicht als Mittel des individuellen Rechtsschutzes angesehen werden.[225]

5. Der **Internationale Seegerichtshof** (Anlage VI des UN-Seerechtsübereinkommens vom 10. 12. 1992, BGBl. 1994 II S. 1798; AusfG BGBl. 1995 I S. 778) mit Sitz in Hamburg ist primär für die Streitbeilegung zwischen Staaten zuständig, jedoch können vor seiner Meeresbodenkammer auch natürliche Personen und Unternehmen ihr Recht fordern.[226]

6. Internationale Strafgerichtsbarkeit.[227] Unabhängig von den Bemühungen um die friedliche Lösung von zwischenstaatlichen Konflikten und um die internationale Stärkung und Sicherung der Menschenrechte hat eine Bewegung eingesetzt, die Verfolgung und Ahndung von strafbaren Handlungen vor allem im Zusammenhang mit Kriegen, Bürgerkriegen und kollektiven Verfolgungen aus der einzelstaatlichen Kompetenz (Einl. Rn. 28 ff.) herauszulösen und internationalen Verfahren und Gerichten zu unterstellen.

Ein erster Ansatz war der in Art. 227 des **Versailler Vertrags** (RGBl. 1919 S. 687) eingesetzte Gerichtshof, bestehend aus 5 Richtern der Siegermächte, zur Entscheidung über die Anklage gegen den Deutschen Kaiser „wegen schwerster Verletzung des internationalen Sittengesetzes und der Heiligkeit der Verträge". Entscheiden sollte der Gerichtshof „auf Grundlage der erhabensten Grundsätze der internationalen Politik; Richtschnur ist für ihn, den feierlichen Verpflichtungen und internationalen Verbindlichkeiten ebenso wie dem internationalen Sittengesetze Achtung zu verschaffen". Die Strafe lag im Ermessen des Gerichtshofs. Die Regierung der Niederlande sollte ersucht werden, den dorthin geflüchteten vormaligen Kaiser auszuliefern. – Das Verfahren fand nicht statt, aber der Gedanke eines Internationalen Strafgerichtshofs hatte eine rechtsförmliche Anerkennung gefunden. Entsprechendes gilt für die im Art. 228 Versailler Vertrag vom Deutschen Reich den alliierten und assoziierten Mächten eingeräumte Befugnis, die wegen eines Verstoßes gegen die Gesetze und Gebräuche des Krieges angeklagten Personen (gemeint waren nur die aus den Verlierer-Staaten) vor ihre Militärgerichte zu ziehen mit entsprechender deutscher Auslieferungspflicht.

Das nächste Ereignis in der Entwicklung internationaler individueller Strafverfolgung außerhalb nationaler Gerichtsbarkeit waren die **Nürnberger Kriegsverbrecherprozesse** nach 1945. Im Zusammenhang mit der Gründung der UN schlossen 23 Staaten das Londoner Abkommen über die Verfolgung und Bestrafung der Hauptkriegsverbrecher der Europäischen Achsenmächte vom 8. August 1945, dessen Bestandteil die Charta des Internationalen Militärgerichtshofs bildet. Artikel 6 dieser Charta bezeichnet die Straftaten, unter anderem Verbrechen gegen den Frie-

---
[225] *Meissner*, Die Menschenrechtsbeschwerde vor den Vereinten Nationen, 1976 S. 17 ff.
[226] Vgl. *Schillhorn* NJW 1998, 2955; *Talmon* JuS 2001, 550; *Wolfrum* DRiZ 2006, 188.
[227] Literatur: *Kirsch* (Hrsg.), Internationale Strafgerichtshöfe, 2005.

den, Vorbereitung eines Angriffskriegs, Kriegsverbrechen, Verbrechen gegen die Menschlichkeit. Auf dieser Grundlage ist das Nürnberger Militärtribunal, zusammengesetzt aus Richtern der Siegermächte, zusammengetreten. Auch wenn die verhandelten Strafverfahren einmalig geblieben sind und ein vergleichbarer Gerichtshof, abgesehen von dem gleichzeitigen in Japan, nicht mehr getagt hat, wurde der Gedanke eines internationalen Strafgerichtshofs damit erstmals realisiert.

77 Inzwischen hat der Gedanke an eine **internationale Strafgerichtsbarkeit,** den nationalen Gerichten und dem Unwillen der Einzelstaaten entzogen, erhebliche Bedeutung erlangt. Die UN-Vollversammlung hatte mit der Verabschiedung der Konvention von 1948 über die Verhütung und Bestrafung von Völkermord (BGBl. 1954 II S. 729) eine Kommission zur Prüfung der Frage eines Internationalen Strafgerichtshofs eingesetzt.[228]

78 Im Zusammenhang mit den Menschenrechtsverletzungen bei den bewaffneten Auseinandersetzungen im ehemaligen Jugoslawien haben die Bestrebungen zur weltweiten Ahndung von Menschenrechtsverletzungen neue Impulse erhalten. Der Sicherheitsrat der UN hat mit Resolution Nr. 827 vom 25. 5. 1993[229] entsprechend Art. 7 UN-Charta den **Internationalen Gerichtshof für Kriegsverbrechen im früheren Jugoslawien** mit Sitz in Den Haag geschaffen, vor dem sich schwerer Verletzungen des humanitären Völkerrechts verdächtige Personen verantworten sollen. Das Statut enthält die Straftatbestände, vor allem: a) Verletzungen der 4 Genfer Konventionen vom 12. 8. 1949 über die Behandlung von Kriegsgefangenen und Kriegsverwundeten sowie über den Schutz der Zivilbevölkerung; b) Verstöße gegen die Gesetze und Gebräuche des Kriegs, vgl. die Haager Landkriegsordnung von 1907; c) Völkermord, vgl. die Antivölkermord-Konvention der UN von 1948 (BGBl. 1954 II S. 729); d) Verbrechen gegen die Menschlichkeit. Nach diesem Statut bleiben die nationalen Gerichte zuständig, solange das Tribunal ein Verfahren nicht an sich zieht – ihm gebührt der Vorrang. Nach dem Statut sind alle Staaten der UN verpflichtet, mit dem Gerichtshof und seinen Organen zusammenzuarbeiten, insbesondere alle Maßnahmen zu ergreifen, die nach innerstaatlichem Recht notwendig sind, um den Bestimmungen des Statuts nachzukommen. Dazu gehört die Verpflichtung der Staaten, Rechtshilfeersuchen zu entsprechen (Art. 29 des Statuts), z.B. Aufenthaltsermittlung von Personen; Vernehmung von Zeugen und Vorlegen von Beweismitteln; Zustellung von Schriftstücken; Festnahme oder Freiheitsentziehung von Personen; Übergabe oder Überstellung des Angeklagten an den Internationalen Gerichtshof. Die BRep hat, um die innerstaatlichen Voraussetzungen für die Erfüllung ihrer völkerrechtlichen Verpflichtungen in Bezug auf das Jugoslawien-Tribunal zu schaffen, das „Jugoslawien-Strafgerichtshof-Gesetz" vom 10. 4. 1995 (BGBl. I S. 485)[230] erlassen. Danach werden alle Rechtshilfeersuchen des Gerichtshofs erfüllt, auch Auslieferungen (vgl. § 21 Rn. 13), und auf sein Ersuchen sollen innerstaatliche Strafverfahren in jedem Stadium des Verfahrens auf den Gerichtshof „übergeleitet" werden. Mit der Verhandlung vor dem Gerichtshof entsteht ein innerstaatliches Verfahrenshindernis.[231] Das Tribunal hat inzwischen seine Arbeit aufgenommen und gegen verschiedene Angeklagte das Verfahren eröffnet.[232]

79 Der Sicherheitsrat der UN hat durch Resolution 955 (1994), gestützt auf Kap. VII der UN-Charta, einen **Internationalen Strafgerichtshof** eingesetzt zur Verfolgung von Personen, die für schwere Verstöße gegen das humanitäre Völkerrecht

---

[228] Vgl. *Ambos* ZRP 1996, 263; *Bartsch* NJW 1982, 480; *Goose* NJW 1974, 1305; *Grebing* GA 1976, 97 ff.; *Lauff* NJW 1981, 2611; *Reichart* ZRP 1996, 134; *Roggemann* ZRP 1996, 388; *Tomuschat* 60. DJT 1994 Sitzungsbericht Q 57.
[229] Abgedruckt BTagsDrucks. 13/57 S. 21.
[230] Vgl. BTagsDrucks. 13/207.
[231] Vgl. *Trautwein* NJW 1995, 1658; *Bericht* DRiZ 1995, 243.
[232] Literatur: *Roggemann,* Der Internationale Strafgerichtshof der Vereinten Nationen und der Krieg auf dem Balkan, 1994; *Roggemann* ZRP 1994, 297; NJW 1994, 1436; *Schomburg* StV 1994, 400; ZRP 1993, 308; *Trautwein* ZRP 1995, 87.

verantwortlich sind, die 1994 in **Ruanda** und von ruandischen Staatsangehörigen im Hoheitsgebiet von Nachbarstaaten begangen worden sind. Es gilt das für den Jugoslawien-Gerichtshof Gesagte entsprechend; die BRep hat durch das Ruanda-Strafgerichtshof-Gesetz (BGBl. 1998 I S. 843) die Voraussetzungen zur Erfüllung ihrer Verpflichtungen zur Zusammenarbeit mit diesem UN-Gerichtshof geschaffen.[233]

Die Bemühungen haben mit dem **Internationalen Strafgerichtshof** eine Institutionalisierung gefunden, wenn auch nicht unter dem Dach der UN, sondern nur auf der Grundlage völkerrechtlicher Vertragsabschlüsse von Einzelstaaten (vgl. § 21 GVG). Das Römische Statut eines Internationalen Strafgerichtshofs vom 17./18. 7. 1998 ist in Kraft seit 11. 4. 2002. Der Strafgerichtshof ist das Ergebnis eines zähen Ringens auf der Ebene der UN zwischen Weltgeltung und nationalstaatlicher Souveränität.[234] Der Gerichtshof ist kein Organ der UN, sondern, wenn auch in Einklang mit deren Zielsetzung, eine gemeinschaftliche Einrichtung der Staaten, die das Römische Statut unterzeichnet und ratifiziert haben, wenn auch in großer Zahl (vgl. § 21 Rn. 4). Daraus folgt die Kompetenz dieses Gerichtshofes nur für die Vertragsstaaten und deren Staatsangehörige, allgemein nur gegenüber Verdächtigen, die Verbrechen auf dem Gebiet eines Vertragsstaates begangen haben. Die Kompetenz des Gerichtshofes ist inhaltlich beschränkt auf die im Statut ausdrücklich bezeichneten Kriegsverbrechen und Verbrechen gegen die Menschlichkeit. Seine Tätigkeit unterliegt der Subsidiarität gegenüber den nationalstaatlichen Gerichten (vgl. § 21 Rn. 7). 80

Der Gerichtshof, auf völkervertraglicher Grundlage bestehend, bedarf zu seiner Tätigkeit der Mitwirkung der Vertragsstaaten (vgl. § 21 Rn. 11 ff.). 81

Gemessen an den internationalen Erwartungen ist der Gerichtshof mit seiner beschränkten Zuständigkeit unvollkommen und bleibt hinter den Möglichkeiten der Gerichtshöfe für Jugoslawien und Ruanda zurück. Aber er ist eine Hoffnung für zukünftige Generationen, ein großartiger Schritt auf dem Weg zu universalen Menschenrechten und der Herrschaft des Rechts.[235] 82

Die Schaffung internationaler Gerichtshöfe durch die UN hat jenseits ihrer Zielsetzung erhebliche Bedeutung für das **innerstaatliche Gerichtsverfassungsrecht.** Die Bindung der UN-Mitglieder auch an deren von den UN-Organen geregelte Kompetenzen schränken die überkommene Justizhoheit der Einzelstaaten als Ausdruck ihrer Souveränität (Einl. Rn. 28 ff.) ein, was aber im Rahmen der in Art. 24 GG vorgesehenen Übertragung von Hoheitsrechten liegt. Eine Grenze bildet Art. 79 Abs. 3 GG (Rn. 47). Das Auslieferungsverbot des Art. 16 Abs. 2 GG erhält eine Öffnung für Auslieferungen an einen Mitgliedstaat der Europäischen Union oder an einen internationalen Gerichtshof.[236] Trotz aller Abkommen und UN-Erklärungen zur Stärkung der Menschenrechte können auch aus Art. 101 bis 104 GG Fragen entstehen. Nimmt ein Internationaler Gerichtshof die Jurisdiktion gegen deutsche Staatsbürger in Anspruch, entsteht zudem für die BRep eine Schutzpflicht ihnen gegenüber (Einl. Rn. 36, 185); das muss auch für andere als Verfahrensbeteiligte in Anspruch Genommene gelten, z. B. Zeugen. 83

E. Gerichts- und Justizverwaltung

§§ 12 und 13 bestimmen nur, welche Gerichte als RSprOrgane nach dem GVG institutionell bestehen und die ordentliche Gerichtsbarkeit ausüben. Untrennbar mit der Notwendigkeit des institutionellen Bestehens dieser Gerichte verbunden ist die Verwaltungstätigkeit, die für die Existenz und die Funktionsfähigkeit dieser Gerichte unerlässlich ist. Darüber hinaus obliegen den Gerichten weitere Aufgaben aus der Natur der Sache oder auf Grund besonderer Zuweisung, die nicht dem Begriff 84

---

[233] BTagsDrucks. 13/7953.
[234] Zusammenfassend *Hummrich* DRiZ 2006, 185.
[235] UN-Generalsekretär *Annan*.
[236] Vgl. BTagsDrucks. 14/2668; BVerfGE 113, 273 = NJW 2005, 2289.

der RSpr (Einl. Rn. 145; § 1 Rn. 25) unterfallen, aber von den Gerichten als Institution oder von ihnen zugehörenden Personen zu erfüllen sind. Der hierfür verallgemeinernd gebrauchte Begriff der Justizverwaltung bedarf der Differenzierung.

85 **I. Gerichtsverwaltung. 1.** Gerichtsverwaltung ist die gesamte verwaltende Tätigkeit, mit der nicht unmittelbar die dem Gericht zugewiesenen Aufgaben der Rspr oder der Verwaltung nach außen hin erfüllt werden, sondern die der Bereitstellung der hierfür unerlässlichen materiellen und personellen Voraussetzungen dient. Gerichtsverwaltung hat das Rechtspflegeorgan zum Objekt, ist Verwaltung der Gerichte und wirkt nur innerhalb des Gerichtsaufbaus, im Gegensatz zur Justizverwaltung im engeren oder materiellen Sinne (Rn. 105) als öffentliche Verwaltung durch die Gerichte mit Außenwirkung.[237] In diesem Sinne decken sich die Begriffe mit § 4 DRiG.[238] Die Formulierung „Geschäfte der Justizverwaltung" in älteren Vorschriften (§ 4 EGGVG, § 13 GVVO) umfasst dagegen sowohl Gerichtsverwaltung als auch Justizverwaltung wie sie hier verstanden werden; so gebraucht ist „Justizverwaltung" ein Oberbegriff zur formellen Abgrenzung der Verwaltungsgeschäfte von der Rechtsprechung.

86 Zur Gerichtsverwaltung gehört die Bereitstellung der gesamten sachlichen Infrastruktur wie Gebäude, Einrichtung und Möblierung, Bürogeräte und Arbeitsmittel, Vordrucke usw. bis hin zur Literatur. Dazu gehört weiter die personelle Ausstattung, die gesamte Personalverwaltung (Ernennung, Einstellung, Entlassung, Beförderung, Disziplinargewalt) einschließlich der Dienstaufsicht. Zur Gerichtsverwaltung gehört auch die Organisation des Dienstbetriebs, und zwar sowohl dessen allgemeine Regelung, etwa durch Anordnungen zum Geschäftsgang oder die Aktenordnung, als auch dessen konkrete Durchführung (Bereitstellung des Geschäftsstellen- und Kanzleidiensts, der Protokollführer und Wachtmeister, Öffnung des Gebäudes; zum Hausrecht Rn. 93). Ausgenommen sind die zur Rspr. zählenden Aufgaben der richterlichen Selbstverwaltung (Rn. 92; § 1 Rn. 34). Über die der unmittelbaren Tätigkeit des Gerichts dienenden Funktionen hinaus gehören zur Gerichtsverwaltung auch die damit zusammenhängenden mittelbaren Aufgaben wie Haushalts-, Kassen- und Rechnungswesen, Statistik. Zur Gerichtsverwaltung gehört traditionell auch die Ausbildung des juristischen Nachwuchses,[239] auch der Studenten, ebenso der anderen Laufbahngruppen; zur Mitwirkung dabei ist der Richter verpflichtet. Dies gilt aber nicht für den Unterricht und für das Prüfungsverfahren,[240] die der Justizverwaltung zuzurechnen sind.[241] Die Stellungnahme zu Gesetzentwürfen sind traditionell Gerichtsverwaltung. Die allgemeine Rechts- und Amtshilfe der Gerichte (Art. 35 GG) gehört ebenfalls zur Gerichtsverwaltung; die Rechtshilfe der §§ 156 ff. GVG ist dagegen RSpr im formellen Sinne (§ 156 Rn. 23). Die Rechtshilfe mit dem Ausland ist der Justizverwaltung zuzurechnen.[242]

87 **2. Zuständigkeit.** Die Gerichtsverwaltung in diesem Sinne obliegt teils dem Haushaltsgesetzgeber, so die Bereitstellung der Mittel für Gerichtsgebäude und sächliche Ausstattung, die Bewilligung der Planstellen und das Dienstrecht einschließlich des Disziplinarrechts. Der Dienstbetrieb wird teils durch Rechtsverordnung geregelt. Die Tarifvertragspartner sind zuständig für den Abschluss der Tarifverträge, die u. a. der Ausgestaltung des Arbeitsverhältnisses dienen. Die Ernennung, Beförderung und Entlassung von Richtern und Beamten ist Sache der Regierung (oft im Zusammenwirken mit Richterwahlausschuss und Personalvertretungen), teilweise der Minister, die wiederum einzelne Bereiche auf nachgeordnete Behörden wie den OLG-

---

[237] *Wittreck* S. 11 ff.; bayVBl. 2005, 385; vgl. *Wolf* S. 54 f.; *Schmidt-Räntsch* § 4 Rn. 16.
[238] *Wittreck* S. 16.
[239] BGH DRiZ 1987, 195, 196; BGH DRiZ 1989, 462; DGH Niedersachsen DRiZ 1997, 63.
[240] DGH Niedersachsen DRiZ 1997, 63.
[241] Differenzierend *Wittreck* S. 468.
[242] Vgl. *BL/Hartmann* Anhang nach § 21.

Präsidenten übertragen. – Insgesamt lässt sich keine allgemeine Zuständigkeitsbestimmung für die einzelnen Aufgaben der Gerichtsverwaltung geben. Die für die Gerichtsverwaltung zuständigen Organe unterhalb der Ebene von Gesetzgeber oder Tarifvertragsparteien werden herkömmlich unter dem Begriff „Justizverwaltung" im formellen bzw. institutionellen Sinne zusammengefasst.[243]

Gerichtsverwaltung (und Justizverwaltung) sind nach der grundsätzlichen **Kompetenzverteilung zwischen Bund und Ländern** (Einl. Rn. 11) beim BGH und den anderen Bundesgerichten Bundessache, sonst Ländersache. Die Länder sind frei in der Ausgestaltung der Organisation von Gerichtsverwaltung und Justizverwaltung, soweit nicht bundesrechtlich zulässigerweise Bestimmungen getroffen sind (Einl. Rn. 21 ff.). Daraus folgt, dass die reichsrechtlichen Vorschriften aus der Zeit vor dem Inkrafttreten des GG in den Ländern als Landesrecht fortgelten und der Änderungskompetenz der Länder unterliegen, da dem Bund die Zuständigkeit fehlt (Art. 125, 74 GG); eine Ausnahme von der Gestaltungsfreiheit der Länder gilt lediglich für das AG nach § 22 Abs. 3. Von Bedeutung für die Organisation der Justizverwaltung sind noch immer die §§ 13 bis 18 GVVO 1935 (Anhang). Für die Bundesgerichte ist bisher nichts Abweichendes bestimmt; für die Gerichte der Länder gilt die GVVO fort,[244] soweit die Länder im Rahmen ihrer Gestaltungsfreiheit keine abweichende Regelung getroffen haben. Dort dem Reichsminister der Justiz eingeräumte Befugnisse sind für den Bereich des Bundes auf den BMdJ übergegangen, für den Bereich der Länder auf die jeweiligen Landesregierungen (Senate), die sie ihrerseits auf die Landesjustizverwaltung delegieren können. Wegen Zweifeln an der Gültigkeit wurde die GVVO durch Art. 21, 210 Abs. 2 Nr. 1 des 1. Gesetzes über die Bereinigung von Bundesrecht im Zuständigkeitsbereich des BMJ vom 19. 4. 2006 (BGBl. I S. 866) zum 24. 4. 2008 aufgehoben; die Übergangszeit soll bundes- und landesrechtliche Neuregelungen ermöglichen.[245] Die GVVO gilt nur für die ordentlichen Gerichte. Für die anderen Gerichtsbarkeiten enthalten die Verfahrensgesetze inhaltlich kaum abweichende Regelungen, so §§ 15, 34 ArbGG, 38 Abs. 2 VwGO, 9 Abs. 3, 30 Abs. 2, 38 Abs. 3 SGG, 31 FGO.

Grundregel ist, dass an der Spitze der gesamten Justizverwaltung im Bund der BMdJ, in den Ländern der Justizminister oder -senator steht; sein Zuständigkeitsbereich als **Landesjustizverwaltung** im formellen Sinne (Rn. 87) ergibt sich aus dem maßgebenden Organisationsakt der Regierung. Der Justizminister(-senator) ist im Allgemeinen uneingeschränkt für die ordentliche Gerichtsbarkeit zuständig, die Zuständigkeit für die anderen Gerichtsbarkeiten ist unterschiedlich (vgl. Einl. Rn. 38); in diesen Grenzen ist er zuständig als Spitze der Gerichtsverwaltung. Er hat, soweit nicht ausdrückliche Rechtsvorschriften bestehen, das Recht, alle Aufgaben selbst wahrzunehmen oder sie zu delegieren und die Verwaltungsorganisation zu bestimmen. In den Fällen der Delegation sowie dann, wenn Aufgaben auf Grund anderer Regelungen nicht dem Minister, sondern den ihm im allgemeinen Gerichts- und Behördenaufbau nachgeordneten Stellen übertragen sind, üben diese die Gerichtsverwaltung als **weisungsgebundene Organe** aus. Die in der Gerichtsverwaltung tätigen Richter sind nicht nach § 1 unabhängig, sie sind vielmehr weisungsgebunden; ihre Funktionen und Zuständigkeiten können in den Grenzen der allgemeinen Vorschriften jederzeit geändert werden (§ 1 Rn. 41). Die übergeordnete Behörde kann eine Sache an sich ziehen, sie auf eine andere nachgeordnete Behörde übertragen und Berichte anfordern.

Behörde der Gerichtsverwaltung unterhalb der Ebene des Ministers ist im Allgemeinen der jeweilige Gerichtspräsident für den Bezirk seines Gerichts; in dieser Funktion untersteht er den Weisungen des Präsidenten des übergeordneten Ge-

---

[243] *Wittreck* S. 15.
[244] VGH München NJW 2005, 3737.
[245] BTagsDrucks. 16/47 S. 51.

richts. Das gilt uneingeschränkt zwischen LG- und OLG-Präsident; bei AG-Präsidenten ist je nach Landesrecht nur der OLG-Präsident oder auch der LG-Präsident übergeordnet (Sonderregelung für das AG § 22 Abs. 3). Der OLG-Präsident untersteht nicht dem BGH-Präsidenten, sondern nur der Landesjustizverwaltung, da er die Funktionen in der Gerichtsverwaltung als Landesangelegenheiten ausübt. In seinen Funktionen innerhalb der Gerichtsverwaltung kann der Gerichtspräsident nach Maßgabe der §§ 4, 42 DRiG Richter zu Verwaltungsaufgaben heranziehen (Anhörungsrecht des Präsidiums nach § 21e Abs. 6), alle anderen Justizangehörigen uneingeschränkt nach Maßgabe des Rechts des öffentlichen Dienstes. Er hat das volle Weisungsrecht des Dienstvorgesetzten, auch gegenüber den in der Verwaltung tätigen Richtern (§ 1 Rn. 41). Auch der Gerichtspräsident selbst ist in dieser Funktion trotz seines Richterstatus nicht unabhängig, sondern Angehöriger einer Verwaltung und damit weisungsgebunden; er nimmt, da er zugleich richterliche Aufgaben wahrnimmt, eine Doppelstellung ein.[246]

91   3. Für den **Rechtsschutz** gegen Maßnahmen der Gerichtsverwaltung gelten die allgemeinen Vorschriften, hinsichtlich der Personalverwaltung die Vorschriften des Richterrechts, sonst die des Beamtenrechts und des Tarifrechts für Angestellte und Arbeiter. Im Rahmen des fiskalischen Handelns gilt das Bürgerliche Recht, ebenso das allgemeine Staatshaftungsrecht.

92   4. Teile der systematisch zur Gerichtsverwaltung gehörenden Aufgaben sind zur Garantie der richterlichen Unabhängigkeit (§ 1) und des gesetzlichen Richters (§ 16) als **richterliche Selbstverwaltungsangelegenheit** ausgestaltet. Die Bestimmung, welche Rechtsprechungsaufgaben der einzelne Richter zu erledigen hat, obliegt im Gegensatz zum allgemeinen öffentlichen Dienstrecht nicht dem Dienstvorgesetzten, sondern dem in richterlicher Unabhängigkeit handelnden Präsidium (§§ 21a ff.). Die richterliche Unabhängigkeit schließt auch die Weisungsbefugnis des Dienstvorgesetzten weitgehend aus. In diesen Zusammenhang gehören auch die Kompetenzen von Richterräten und Präsidialräten in Personalangelegenheiten der Richter und jedenfalls sie auch betreffenden allgemeinen Organisationsfragen (§ 1 Rn. 35).

93   5. Zur Gerichtsverwaltung gehört auch die **Hausverwaltung,** insbesondere die Ausübung des Hausrechts zur Aufrechterhaltung der Sicherheit und Ordnung im Gerichtsgebäude. Wem das Hausrecht an öffentlichen Gebäuden zusteht, richtet sich nach der allgemeinen Behördenorganisation. Ist nur eine Behörde (Gericht) im Gebäude untergebracht, steht dem Behördenleiter das Hausrecht zu, wenn nichts Abweichendes geregelt ist; Hausrecht und allgemeine Dienstaufsicht fallen dann zusammen. Bei mehreren Behörden in einem Gebäude entscheidet die übergeordnete Behörde, wem das Hausrecht zusteht. Stehen die Behörden im Verhältnis der Über/Unterordnung, hat im Zweifel der Leiter der übergeordneten Behörde das Hausrecht. Hinsichtlich des Inhalts des Hausrechts ergeben sich gegenüber den allgemeinen Regeln[247] Besonderheiten aus dem Gerichtsverfassungsrecht. Das Hausrecht ruht an den Sitzungssälen und den diesen funktional zugeordneten Räumen während der Dauer einer Gerichtsverhandlung;[248] es wird überlagert durch die Öffentlichkeit (§ 169 Rn. 22) und die Sitzungspolizei (§ 176 Rn. 3 ff.).

94   Die Ausübung des Hausrechts, insbesondere das Hausverbot,[249] darf auch nicht die **prozessualen Rechte von Verfahrensbeteiligten** beeinträchtigen. Das Interesse an Sicherheit und Ordnung im Gerichtsgebäude muss zurücktreten hinter das verfassungsmäßig garantierte rechtliche Gehör, zu dem die Wahrung aller prozessualen Rechte gehört (Einl. Rn. 215). Das gilt nicht nur für die unmittelbaren Beteiligten wie die Parteien des Zivilprozesses und den Angeklagten, sondern auch für Verfah-

---
[246] *Wolf* S. 56.
[247] *Ehlers* DÖV 1977, 737; *Zeiler* DVBl. 1981, 1000; *Knemeyer* VBlBW 1982, 249; *Wolf* S. 257.
[248] OLG Celle DRiZ 1979, 376.
[249] Die generelle Zulässigkeit bezweifelt VGH München NJW 1980, 2722, zu Unrecht.

rensbeteiligte im weiteren Sinne, auf deren Erscheinen die unmittelbaren Verfahrensbeteiligten ein Recht haben. Deshalb können auch Zeugen, Sachverständige und Rechtsanwälte nicht am Betreten des Gebäudes gehindert werden, auch nicht in Grenzfällen (Trunkenheit, extreme Erscheinungsweise). Hier ist notfalls der so Erscheinende in den Verhandlungssaal zu eskortieren bzw. in den Raum, in dem eine Erklärung abzugeben ist. Sache des verhandlungsleitenden Richters (Rechtspflegers, UdG usw.) ist es dann zu entscheiden, ob mit dem Erschienenen verhandelt oder ob er zurückgewiesen und aus dem Saal gewiesen wird. Erst dann kann der Hausrechtsinhaber alle zur Sicherheit und Ordnung erforderlichen Maßnahmen ergreifen, auch die zwangsweise Entfernung aus dem Gebäude. Vgl. auch Rn. 100.

Begehrt eine Person Einlass, die **außerhalb eines anhängigen Verfahrens** 95 mündlich zu Protokoll eine Erklärung abgeben, ein beim Gericht geführtes Register einsehen oder die im Gerichtsgebäude eingerichtete Rechtsberatung aufsuchen will, kann sie zurückgewiesen werden, wenn ihr Begehren nicht glaubhaft ist, wenn sie in äußerlich störender Art erscheint oder sie erkennbar nicht in der erforderlichen Verfassung ist (z. B. Trunkenheit, Geistesstörung).

Differenzierter sind die Befugnisse des Hausrechtsinhabers gegenüber Personen 96 zu sehen, die als **Zuhörer** zu einer öffentlichen Verhandlung kommen (§ 169). Sind im Zuhörerraum noch Plätze vorhanden (was der Vorsitzende allein entscheidet, § 169 Rn. 25), muss zur Wahrung der Öffentlichkeit der Verhandlung grundsätzlich jedem Einlassbegehrenden Zutritt gewährt werden (vgl. § 169 Rn. 29 ff.). Hier müssen das Hausrecht und das Interesse an Sicherheit und Ordnung im Gerichtsgebäude grundsätzlich zurücktreten hinter die Öffentlichkeit der Verhandlung (§ 169 Rn. 3 ff.). In Grenzfällen kann jedoch dem Interesse an ungestörtem Dienstbetrieb im gesamten Gerichtsgebäude, an ungestörtem Ablauf der konkreten und aller anderen Verhandlungen (Art. 103 GG) und an der persönlichen Sicherheit der im Gebäude anwesenden Personen gegenüber der Öffentlichkeit der Vorrang eingeräumt werden; die Möglichkeit des Zuhörens als Ausfluss der Öffentlichkeit der Verhandlung ist nicht absolut (§ 169 Rn. 12, 37) und schließt nicht Möglichkeiten des Hausrechtsinhabers aus, Maßnahmen zu treffen, die bei größtmöglicher Respektierung der Öffentlichkeit andere wesentliche Belange sichern.[250]

Ist der Zutritt zum Zuhörerraum durch einen besonderen, vom übrigen Gebäu- 97 de getrennten Eingang möglich, braucht einem Zuhörer nicht der Eintritt in das Gebäude insgesamt gestattet zu werden. Auch hier kann der Hausrechtsinhaber aber zum Schutz vor Gefährdung den Zutritt abhängig machen von einer **Durchsuchung** der Person und der mitgeführten Sachen auf Waffen und zur Störung geeignete Gegenstände (§ 169 Rn. 42 ff.). Er kann auch anordnen, Gepäck usw. außerhalb des Verhandlungsraums zu verwahren. Das Auffinden von Waffen und zur Störung geeigneter Gegenstände rechtfertigt aber für sich nicht die Verweigerung des Zutritts, wenn diese beschlagnahmt oder in Verwahrung genommen werden können. Auch das Abhängigmachen des Zutritts von Ausweiskontrolle, Personenfeststellung und Registrierung ist zulässig, es besteht kein Recht des Zuhörers auf Anonymität (§ 169 Rn. 39).

Auch wenn der Zuhörerraum nur durch das Gebäude zugänglich ist, muss 98 grundsätzlich jedem, der als Zuhörer an einer öffentlichen Verhandlung teilnehmen will, der Zutritt in dem zum Erreichen des Zuhörerraums notwendigen Umfang ermöglicht werden. Zu den zulässigen Kontrollen usw. Rn. 97; auch eine Aufenthaltskontrolle im Gerichtsgebäude, z. B. Laufzettel, ist hier zulässig, (§ 169 Rn. 41).

Das Hausrecht des Behördenleiters wird überlagert durch die sitzungspoli- 99 zeilichen Befugnisse des Vorsitzenden einer Gerichtsverhandlung nach §§ 169, 176. Der Behördenleiter darf einem Zuhörer nicht den Zutritt zum Sitzungssaal verwehren, solange dem keine sitzungspolizeiliche Anordnung entgegen-

---

[250] Vgl. OLG Koblenz NJW 1975, 1333.

steht.[251] Jenseits dieser Kompetenz des Richters besteht das Hausrecht des Behördenleiters aber fort (vgl. § 169 Rn. 21ff., § 176 Rn. 4, 10). Zulässig (und bewährt) ist es, bei einer mündlichen Verhandlung, bei der mit Störungen durch Zuhörer zu rechnen ist, **dem Vorsitzenden das Hausrecht** hinsichtlich des Sitzungssaales und der Zugänge für Zuhörer zu übertragen. Der Vorsitzende kann dann gegen Störer, die er kraft Sitzungspolizei aus dem Saal weist, zur Vermeidung weiterer Störungen kraft des Hausrechts ein Hausverbot für die Dauer der gesamten Verhandlung erlassen, was auf Grund der sitzungspolizeilichen Befugnisse nicht möglich wäre. Unabhängig davon entspricht in der Regel der vom Vorsitzenden untersagte Zutritt eines Zuhörers zum Verhandlungssaal auch dem Willen des Hausrechtsinhabers.[252]

100 Wird eine Person nicht in das Gerichtsgebäude eingelassen, kann sie nicht als säumig im Sinne der Verfahrensvorschriften angesehen werden. Andererseits können Schadensersatzansprüche entstehen, auch die Vorschriften über die Öffentlichkeit der Verhandlung können verletzt sein (§ 169 Rn. 55). Gleichermaßen kann die richterliche Unabhängigkeit beeinträchtigt sein, weil es dem Gericht nicht möglich war, die Sache zu verhandeln, die notwendige Sachaufklärung vorzunehmen usw. Da die Ausübung des Hausrechts allgemeine Gerichtsverwaltung und keine Regelung auf den Gebieten des § 23 Abs. 1 EGGVG ist (vgl. dort Rn. 54ff.), unterliegt sie der verwaltungsgerichtlichen Nachprüfung. Verfahrensbeteiligte haben ein **subjektives Recht auf Zugang** zum Gerichtsgebäude, soweit nicht Maßnahmen der Sitzungspolizei die Verhinderung des Zutritts decken. Dasselbe Recht steht Personen zu, die außerhalb eines anhängigen Verfahrens zulässigerweise einen Antrag stellen oder ein bei Gericht geführtes Register einsehen wollen (Rn. 95). Ein subjektives Recht auf Zuhören bei einer öffentlichen Verhandlung besteht nicht[253] (§ 169 Rn. 53). Zum **Rechtsweg** gegen ein Hausverbot § 13 Rn. 367.

101 6. Die zur Gerichtsverwaltung zählende Hausverwaltung umfasst auch die **Ausgestaltung der Diensträume,** funktionell und bezüglich Verkehrssicherheit.

102 7. Zur Gerichtsverwaltung gehört die generelle **Verteilung der Sitzungssäle** auf die einzelnen Spruchkörper und die Festlegung der allgemeinen Sitzungstage (§ 22 Rn. 25; § 169 Rn. 26). Sie erfolgt nach Erfahrungswerten, z.B. Zahl der üblicherweise zu erwartenden Verfahrensbeteiligten, Notwendigkeit von Vorführungen, Publikumsandrang. Von dieser Verteilung abzugehen besteht auch dann keine Pflicht, wenn im konkreten Fall ein ungewöhnlicher Andrang entsteht (vgl. § 169 Rn. 26); die Verwaltung kann allenfalls auf Anregung des Spruchkörpers oder eines Verfahrensbeteiligten versuchen, einen anderen Saal zur Verfügung zu stellen (vgl. § 1 Rn. 70). Die Zuweisung eines Sitzungssaales an einen Spruchkörper ist schlichtes Verwaltungshandeln. Ein Rechtsanspruch Verfahrensbeteiligter oder Dritter auf einen bestimmten Sitzungssaal (den allgemein bestimmten oder einen in Abkehr davon gewählten) besteht nicht, solange das rechtliche Gehör (Einl. Rn. 215), die Öffentlichkeit (§ 169) und ein faires Verfahren (Einl. Rn. 221) gewährleistet sind. Die Zuordnung der Sitzungssäle und ihre Benutzung ist nicht nach § 23 EGGVG anfechtbar (§ 23 EGGVG Rn. 150).

103 8. Auch über die **Ausgestaltung der Sitzungssäle** entscheidet die für die Gerichtsverwaltung zuständige Stelle (in Abhängigkeit von der Staatsbauverwaltung). Maßgeblich sind allein praktische Erfordernisse der Verhandlung, und zwar nach Erfahrungswerten. Das gilt für die Höhe und Ausgestaltung der Tische, die Wahl der Plätze für die Verfahrensbeteiligten, die Sitzgelegenheiten für Zeugen usw. Der Grundsatz des fairen Verfahrens (Einl. Rn. 221) markiert allerdings äußerste Gren-

---

[251] BGHSt 30, 350 = NJW 1982, 947.
[252] BGH aaO.
[253] Zum Hausverbot gegen Journalisten vgl. *Stober* DRiZ 1980, 3ff.

zen der Gestaltungsfreiheit: So darf ein Verfahrensbeteiligter auch nicht optisch als Objekt des Verfahrens erscheinen, weder im Verhältnis zu anderen Verfahrensbeteiligten (z.B. gleiche Sitzhöhe von Angeklagtem und StA) noch zur Öffentlichkeit (Pranger, Tribunal), wie auch Menschenwürde und rechtliches Gehör es gebieten, dass die psychologische Situation dessen, der vor Gericht erscheinen muss, nicht durch die Ausgestaltung des Sitzungssaales noch zusätzlich erschwert wird.

Ein **Kruzifix** (auch das sog. Schwurkreuz und Schwurkerzen) im Gerichtssaal **104** verstößt in Bezug auf Andersdenkende und Angehörige anderer Religionen gegen die Freiheit des religiösen Bekenntnisses nach Art. 4 GG. Es nimmt teil an der handelnden Bekenntnisfreiheit wie der Freiheit, kultischen Handlungen eines nicht geteilten Glaubens fernzubleiben.[254] Das BVerfG hat im Fall des Kruzifixes in einem Klassenzimmer für schulpflichtige Kinder darauf abgestellt, es bestehe „eine vom Staat geschaffene Lage, in der der einzelne ohne Ausweichmöglichkeiten dem Einfluss eines bestimmten Glaubens, den Handlungen, in denen dieser sich manifestiert, und den Symbolen, in denen er sich darstellt, ausgesetzt ist".[255] Diese Überlegungen treffen für einen Gerichtssaal gleichermaßen zu. Schon zuvor hat das BVerfG[256] angenommen, dass in dem Zwang, entgegen den eigenen religiösen oder weltanschaulichen Überzeugungen einen Rechtsstreit unter dem Kreuz zu führen, ein Eingriff in die Glaubensfreiheit eines jüdischen Prozessbeteiligten liegt, der darin eine Identifikation des Staates mit dem christlichen Glauben erblickte.[257] Der für das Kruzifix im Klassenzimmer für Bayern gefundene Kompromiss eines individuellen Widerspruchsrechts ist angesichts der naturgemäß wechselnden Anwesenheit von Verfahrensbeteiligten für einen Gerichtssaal nicht möglich.[258]

II. Justizverwaltung. Justizverwaltung im materiellen Sinne (vgl. Rn. 85) ist **105** eine Gesamtheit von Aufgaben und Funktionen, unabhängig von der für die Ausübung zuständigen Stelle.

1. Justizverwaltung im materiellen Sinne ist **Verwaltungstätigkeit** mit unmittel- **106** barer Außenwirkung gegenüber dem Bürger außerhalb eines anhängigen gerichtlichen Verfahrens. Sie hat Aufgaben zum Gegenstand, die nicht zur RSpr zählen, sondern zur allgemeinen öffentlichen Verwaltung, die aber aus Gründen der Zweckmäßigkeit oder der Sachkunde, wegen eines inneren Zusammenhangs oder auch der Tradition folgend den Gerichten oder am Gericht in bestimmten Funktionen tätigen Personen übertragen wurden. Durch die Übertragung werden die Geschäfte nicht Teil der RSpr.[259] Systematisch könnten sie auch anderen Verwaltungsbehörden übertragen werden, so Befreiung vom Ehefähigkeitszeugnis für Ausländer (§ 1309 BGB), Gestattung des mündlichen Verhandelns vor Gericht (§ 157 ZPO), Entscheidungen im Berufsrecht der Rechtsanwälte und Notare. Gerichten können aber Verwaltungsaufgaben nicht unbegrenzt übertragen werden, sondern nur solche, die in engem Zusammenhang mit Aufgaben der RSpr stehen (§ 4 EGGVG Rn. 3).

2. Die Zuständigkeit für Angelegenheiten der Justizverwaltung richtet sich in **107** erster Linie nach den einschlägigen Vorschriften (vgl. § 1309 Abs. 2 BGB); trifft das Gesetz keine konkrete Bestimmung (z.B. §§ 157, 299 ZPO), ist sie Sache allgemeiner Verwaltungsvorschriften oder der organisatorischen Regelungen im Einzelfall. Gegen Maßnahmen der Justizverwaltung ist, soweit nicht besondere Rechtsbehelfe eröffnet sind, wie in der BRAO und der BNotO, der Rechtsweg nach § 23 EGGVG gegeben, sonst nach § 40 VwGO.

---

[254] BVerfG 16. 5. 1995 – Kruzifix in staatlichen Pflichtschulen – E 93, 1, 15 = NJW 1995, 2477.
[255] AaO.
[256] BVerfGE 35, 366, 375 = NJW 1973, 2196.
[257] Zustimmend *E. Fischer* NJW 1974, 1185; wohl auch *Redeker* NJW 1995, 3369; – a. A. BayVerfGH DRiZ 1967, 275; VGH München NVwZ 1991, 1099; OLG Nürnberg NJW 1966, 1926; *Rüfner* NJW 1974, 491.
[258] So wohl aber *BL/Hartmann* § 220 ZPO Rn. 8; *Katholnigg* § 176 Rn. 5.
[259] So schon RGZ 82, 39, 43.

108 3. Bei der **Akteneinsicht** ist zu unterscheiden: Die Einsicht in Akten der **Gerichtsverwaltung** richtet sich, soweit nicht besondere Vorschriften bestehen, nach den allgemeinen verwaltungsrechtlichen Vorschriften (§ 29 VwVfG).[260] Das gilt auch für Rechtsstreitigkeiten um diese Akteneinsicht, das EGGVG gilt hier nicht. Im **gerichtlichen Verfahren** ist die Akteneinsicht teils ausdrücklich geregelt, so in § 299 ZPO (Rn. 109) und §§ 474 ff. StPO (Rn. 111), teils fehlen gesetzlichen Regelungen (Rn. 114). Weiter ist Akteneinsicht möglich im anhängigen Verfahren und nach rechtskräftiger Entscheidung, zudem durch Verfahrensbeteiligte und ihre Rechtsanwälte sowie Behörden und unbeteiligte Dritte. Stets kommt dem **Recht auf informationelle Selbstbestimmung**[261] (Einl. Rn. 189) Bedeutung zu. Es gewährleistet die Befugnis des Einzelnen, grundsätzlich selbst über die Preisgabe und Verwendung seiner persönlichen Daten zu bestimmen; mit Rücksicht auf die Gemeinschaftsbezogenheit und Gemeinschaftsgebundenheit der Person muss er aber auch Einschränkungen im überwiegenden Allgemeininteresse hinnehmen. Hierzu ist das Schutzinteresse gegen das Informationsinteresse abzuwägen, der Betroffene ist regelmäßig anzuhören.[262] Gegebenenfalls ist die Einsichtsmöglichkeit zu beschränken.[263]

109 **Zivilprozess:** Die **Parteien** (auch Prozessvertreter, Prozessbevollmächtigte, Streithelfer usw.) können die Prozessakten uneingeschränkt einsehen (§ 299 Abs. 1 ZPO). Dies bedarf keiner Genehmigung, die tatsächliche Durchführung obliegt der Geschäftsstelle oder dem erkennenden Richter. Bei Ablehnung durch die Geschäftsstelle ist die Erinnerung zum Prozessgericht eröffnet (§ 576 Abs. 1 ZPO), gegen eine in Unabhängigkeit ergehende Entscheidung des Richters findet die sofortige Beschwerde nach § 567 ZPO statt.[264] Zur Akteneinsicht im Zwangsvollstreckungsverfahren § 760 ZPO. Die Einreichung von Schutzschriften begründet kein Prozessrechtsverhältnis, daher richtet sich die Akteneinsicht nach den für Dritte geltenden Regeln (Rn. 110). Das rechtliche Interesse nach § 299 Abs. 2 ZPO ist für den benannten potenziellen Gegner stets zu bejahen; fehlt die Angabe eines Gegners, muss der Antragsteller glaubhaft machen, dass er als Gegner in Frage kommen kann.[265]

110 **Dritten** kann ‚der Vorstand des Gerichts' (§ 299 Abs. 2 ZPO), also der aufsichtführende Richter im Rahmen seiner Verwaltungszuständigkeit, die Akteneinsicht gestatten, und zwar bei Einwilligung der (aller) Parteien stets, anderenfalls nur bei glaubhaftem rechtlichem Interesse (Rn. 115), wozu auch die Vereinbarkeit mit dem informationellen Selbstbestimmungsrecht (Rn. 108) gehört. Zu beachten ist das ‚Vorrecht des Spruchrichters',[266] dem die Akten während des gesamten anhängigen Verfahrens zur Verfügung stehen müssen und ihm nur mit seiner der richterlichen Unabhängigkeit unterliegenden Zustimmung entzogen werden können; seine verweigerte Zustimmung unterliegt der sofortigen Beschwerde (Rn. 109). Demgegenüber ist die Verwaltungsentscheidung selbst, die auch auf den Spruchrichter delegiert sein kann, anfechtbar nach §§ 23 ff. EGGVG.[267] Die Entscheidung der Gerichtsverwaltung liegt in deren pflichtgemäßem Ermessen. Dabei kann dem durch zumutbare Verwaltungsmaßnahme nicht auf andere Weise zu wahrenden Geheimhaltungsinteresse der Parteien der Vorrang eingeräumt werden.[268] Der Ak-

---

[260] Vgl. *Thiele* DÖD 1978, 65; *Preussner* VBlBW 1982, 1.
[261] Volkszählungsurteil BVerfGE 65, 1 = NJW 1984, 419.
[262] BVerfG – K – NJW 2007, 1052.
[263] BVerfG aaO.
[264] *BL/Hartmann* § 299 ZPO Rn. 22; zum Antrag eines Gläubigers im Insolvenzverfahren OLG Celle ZInsO 2004, 204.
[265] Vgl. *Marly* BB 1989, 770.
[266] *BL/Hartmann* § 299 ZPO Rn. 23; *Holch* ZZP 1974, 22.
[267] BGH NZI 2006, 472; OLG Brandenburg NZI 2003, 36; OLG Celle NJW 2004, 863; OLGR 2004, 191; 2006, 725; OLG Dresden ZIP 2003, 39; OLG Frankfurt ZInsO 2005, 1327; KG NJW-RR 1991, 1085; OLG Stuttgart NZI 2002, 663.
[268] KG NJW 1976, 1326 = OLGZ 1976, 159.

Ordentliche Gerichte　　　　　　　　　　　　　　　　　　　　　111–114 § 12

teneinsicht kann auch die sonstige Arbeitsbelastung des Gerichts entgegenstehen, auch schwierige räumliche Verhältnisse, besonders in den Geschäftsstellen und Archivräumen. Auch bei offensichtlichem Missbrauch kann die Akteneinsicht verwehrt werden. – Im Anwendungsbereich von § 34 FGG ist auch die Entscheidung über die Akteneinsicht an Dritte der Rspr zugehörig und obliegt dem zur Sachentscheidung befugten Richter.[269]

Strafverfahren: Das Akteneinsichtsrecht des **Verteidigers** und des Beschuldigten ist in § 147 StPO umfassend geregelt unter Ausschluss des Rechtswegs nach §§ 23 ff. EGGVG. Wendet sich der Verletzte oder ein Dritter gegen die unbeschränkte Akteneinsicht durch den Beschuldigten, kann er entsprechend § 161 a Abs. 3 StPO die gerichtliche Entscheidung beantragen.[270] – Im Übrigen gelten §§ 474 ff. StPO. Für nicht verfahrensbeteiligte **Privatpersonen** und sonstige Stellen kann ein Rechtsanwalt Akteneinsicht und Auskünfte aus Akten erhalten (§ 475 StPO), wenn ein berechtigtes Interesse (Rn. 115) vorliegt und schutzwürdige Interessen der Betroffenen nicht entgegenstehen. Auch Privatpersonen selbst können unter diesen Voraussetzungen Akteneinsicht erhalten (§ 475 Abs. 4 StPO). Zuständig für die Genehmigung ist im anhängigen Verfahren der Vorsitzende des mit der Sache befassten Gerichts (§ 478 Abs. 1 StPO), der in richterlicher Unabhängigkeit entscheidet; seine Entscheidung ist im Falle des § 475 StPO unanfechtbar (§ 478 Abs. 3 Satz 2 StPO), §§ 23 ff. EGGVG sind nicht anwendbar. Im vorbereitenden Verfahren und nach rechtskräftigem Abschluss des Verfahrens ist die **StA** für die Entscheidung über eine Akteneinsicht zuständig (§ 478 Abs. 1 StPO). Gegen ihre Entscheidungen ist der Antrag auf gerichtliche Entscheidung nach § 161 a Abs. 3 Satz 2 bis 4 StPO zulässig (§ 478 Abs. 3 Satz 1 StPO); der Rechtsweg nach §§ 23 ff. EGGVG ist ausgeschlossen, auch nach Abschluss des Verfahrens.[271] Die **Wissenschaft** wird nach § 476 StPO regelmäßig ein aus Art. 5 Abs. 3 GG abzuleitendes Recht auf fehlerfreie Ermessensentscheidung haben. Gegen die Entscheidung des Vorsitzenden ist hier nach Maßgabe von § 304 StPO die Beschwerde eröffnet, gegen die Entscheidung der StA der Rechtsweg nach §§ 23 ff. EGGVG.[272] – Umgekehrt richtet sich der **Rechtsschutz eines am Verfahren Beteiligten** gegen die einem Dritten gewährte Akteneinsicht nach §§ 23 ff. EGGVG. So kann er geltend machen, er werde durch die Offenlegung der Akten in seinen Rechten verletzt und verlange die Rückgängigmachung einer Aktenversendung,[273] oder doch die Feststellung begehren, eine gewährte Akteneinsicht sei rechtswidrig gewesen.[274]　　111

Akteneinsicht durch nicht am Verfahren beteiligte **Behörden** und andere öffentliche Stellen: Gerichte, Staatsanwaltschaften und andere Justizbehörden erhalten Einsicht, wenn dies für Zwecke der Rechtspflege erforderlich ist (§ 474 Abs. 1 StPO). Die Zuständigkeit richtet sich nach § 478 StPO (Rn. 111). Rechtsbehelfe sind nicht eröffnet (vgl. § 23 EGGVG Rn. 25).　　112

Im Übrigen richtet sich die Akteneinsicht durch nicht am Verfahren beteiligte Behörden nach Art. 35 GG, soweit nicht spezialgesetzliche Regelungen bestehen[275] (vgl. §§ 12 ff. EGGVG; § 158 GVG Rn. 60). Der Dienstvorgesetzte des an einem Verfahren beteiligten Justizangehörigen kann stets die Akten des Gerichts einsehen.[276]　　113

Die **Gewährung** von Aktensicht ohne spezialgesetzliche Regelung ist Aufgabe der Justizverwaltung (Rn. 85). Sie liegt bei berechtigtem Interesse (Rn. 115) im　　114

---

[269] OLG Hamm OLGR 2004, 196.
[270] OLG Stuttgart NJW 2006, 2565.
[271] OLG Hamm wistra 2000, 118; NJW 2003, 768; KG 21. 5. 2001 – 4 VAs 14/01 –; 17. 9. 2001 – 4 VAs 24/01 –; OLG Frankfurt NStZ-RR 2005, 376.
[272] *KK/Franke* § 478 StPO Rn. 5; *Meyer-Goßner* § 478 StPO Rn. 4.
[273] OLG München OLGZ 1973, 360.
[274] BVerwGE 35, 225; E 38, 366; OLG Celle NJW 1992, 253; KG NJW-RR 1991, 1085.
[275] *Holch* ZZP 1974, 17.
[276] BGH DRiZ 1978, 186.

pflichtgemäßen Ermessen der Behörde (nicht des erkennenden Gerichts) und hat die informationelle Selbstbestimmung (Rn. 108) und das Vorrecht des Spruchrichters (Rn. 110) zu berücksichtigen. Gegen die Entscheidung ist der Rechtsweg nach §§ 23 ff. EGGVG eröffnet.

115 Ein **berechtigtes Interesse** an der Akteneinsicht ist einmal ein „rechtliches" Interesse, das sich unmittelbar aus der Rechtsordnung selbst ergibt und ein auf Rechtsnormen beruhendes oder durch solche geregeltes, gegenwärtig bestehendes Verhältnis einer Person zu einer anderen Person oder zu einer Sache voraussetzt.[277] Ein „berechtigtes" Interesse geht aber weiter und braucht sich nicht auf ein bereits vorhandenes Recht zu stützen und ist nicht durch den Gegenstand desjenigen Verfahrens begrenzt, in dessen Akten Einsicht begehrt wird.[278] Ein berechtigtes Interesse liegt z. B. vor, wenn das Ergebnis eines Gerichtsverfahrens oder wenn einzelne während des Verfahrens abgegebene Erklärungen oder entstandene oder vorgelegte Urkunden usw. für die Rechtsstellung des Antragstellers von Bedeutung sein können,[279] etwa zur Geltendmachung vermögensrechtlicher Ansprüche des Verletzten nach durchgeführtem Strafverfahren,[280] bei zu erwartendem Prozess mit dem gleichen Lebenssachverhalt,[281] bei einem Musterprozess oder bei Einsicht in Unfallakten durch einen RA als Vertreter einer Haftpflichtversicherung,[282] bei der Prüfung der Erfolgsaussicht einer Rechtsverfolgung durch einen Gläubiger nach Ablehnung oder Einstellung des Insolvenzverfahrens mangels Masse.[283] Ein berechtigtes Interesse besteht aber nicht, wenn durch die Einsicht Fakten über die wirtschaftliche Situation einer Prozesspartei ermittelt[284] oder Informationen für ein anderes Verfahren gesammelt werden sollen, das keinen Bezug zum Gegenstand dieses Verfahrens hat.[285] Bei gerichtlichen Sachverständigen ist ein rechtliches Interesse für solche Fragen anzunehmen, die in dem Gerichtsverfahren eine Rolle spielten. Es liegt wohl auch vor bei wissenschaftlichen Forschungen auf dem Gebiet, in das der Gegenstand des gerichtlichen Verfahrens oder dieses selbst gehört.[286] Entsprechendes gilt für Verbände usw., in deren Bereich das Verfahren nach seinem Gegenstand hineinreicht.[287]

116 Hat der des Antragsteller ein berechtigtes Interesse, ist im Rahmen der dann einsetzenden pflichtgemäßen Ermessensausübung weiter zu prüfen, ob die Akteneinsicht gegen **Geheimhaltungsbedürfnisse** im öffentlichen Interesse[288] (§ 158 Rn. 61), datenschutzrechtliche Vorschriften oder das informationelle Selbstbestimmungsrecht (Rn. 108) eines Verfahrensbeteiligten verstoßen kann. Dabei ist zu bedenken, dass im Interesse einer gerechten, wahrheitsgemäßen Sachaufklärung durch das Gericht eine weitgehende Offenheit und Ehrlichkeit der Verfahrensbeteiligten erforderlich ist, die oft nur erreicht werden kann in der subjektiven Gewissheit, dass die Ausführungen vertraulich bleiben. Deshalb ist bei der Rücksichtnahme auf die Belange der Verfahrensbeteiligten Großzügigkeit am Platze.[289] Wurden Vorgänge in einer nichtöffentlichen Verhandlung erörtert, ist regelmäßig keine Akteneinsicht möglich.[290] Geht es nur um Teile der Akten, kann durch Unkenntlichmachen der Namen und anderer individualisierender Merkmale geholfen werden.

---

[277] BGHZ 4, 323; OLG Frankfurt ZInsO 2005, 1327; OLG Hamm JMBlNRW 1996, 272.
[278] BGH NJW-RR 1994, 381.
[279] BGHZ 4, 323 = NJW 1952, 579; KG MDR 1976, 585.
[280] OLG Koblenz StrV 1988, 332.
[281] OLG Hamburg OLGZ 1988, 51.
[282] LG Regensburg NJW 1985, 816.
[283] BGH NZI 2006, 472; OLG Dresden ZIP 2003, 39; OLG Frankfurt ZInsO 2005, 1327; OLG Hamburg NJW-RR 2002, 408; OLG Stuttgart NZI 2002, 663.
[284] KG NJW 1988, 1738.
[285] OLG Brandenburg NZI 2003, 36.
[286] Vgl. BVerwG NJW 1986, 1277; BVerfG – K – NJW 1986, 1243; *Bayer* JuS 1989, 191.
[287] *Jessnitzer* Rpfleger 1974, 423.
[288] BGHSt 18, 369 = NJW 1963, 1627.
[289] Vgl. BVerfGE 34, 205, 209.
[290] KG MDR 1976, 583.

Die Akteneinsicht kann grundsätzlich nur **auf der Geschäftsstelle** des Gerichts 117 selbst oder im Wege der Aktenversendung an ein Rechtshilfegericht stattfinden.[291] Wenn um Akteneinsicht auf andere Weise nachgesucht wird, ist nach pflichtgemäßem Ermessen zu entscheiden. Weder ein Betroffener noch sein Verfahrensbevollmächtigter haben einen Rechtsanspruch darauf, dass die Akte dem Verfahrensbevollmächtigten zur Einsicht in sein Büro überlassen wird.[292] Bei der Ausübung des pflichtgemäßen Ermessens ist einerseits die Vermeidung von Aktenverlusten und die jederzeitige Verfügbarkeit der Akten sowie der Umstand zu berücksichtigen, dass der Akteninhalt nicht Dritten zugänglich werden darf, andererseits aber auch, dass ein ruhiges Aktenstudium, besonders bei umfangreichen Akten, oft auf einer Geschäftsstelle des Gerichts nicht möglich ist.[293] Weitere Erwägungen können sein die frühere Nichteinhaltung von Rückgabefristen,[294] die körperliche Behinderung eines RA,[295] technische Schwierigkeiten, z.B. Abspielen eines Videobandes.[296] Die Aktenversendung an das AG des Kanzleisitzes eines RA wird in aller Regel keinen Bedenken begegnen,[297] auch können die Akten einem bevollmächtigten Rechtsbeistand zur Mitnahme in seine Wohnung übergeben werden.[298]

Das für das Recht auf Akteneinsicht Gesagte gilt entsprechend für Anträge auf 118 Erteilung von **Auskunft** oder von **Abschriften.** Ein Anspruch auf vom Gericht herzustellende Abschriften (Fotokopien usw.) besteht nur in Ausnahmefällen, wenn die Bezugnahme auf die Akten in einem anderen Verfahren nicht ausreicht oder das Interesse sonst nicht mit eigenen Aufzeichnungen aus den Akten befriedigt werden kann, aber auch dann, wenn der für eine Einsicht erforderliche Aufwand derart unverhältnismäßig ist, dass die Verweisung hierauf einer Rechtsverweigerung gleichkommt.[299] In diesen Fällen kann dem Antrag gegen Gebühr (§§ 4, 12 JVKostO) entsprochen werden. Bei offensichtlichem Missbrauch kann die Erteilung von Abschriften usw. verwehrt werden:[300] Dasselbe gilt für umfangreiche Ablichtungen solcher Schriftstücke, die für den Prozessbetrieb völlig unerheblich sind und auch für die berechtigten Interessen des Antragstellers nicht relevant sind, ebenso bei sonstiger starker Belastung der Geschäftsstelle.

Eine Besonderheit gilt für **Urteile,** auch wenn sie noch nicht rechtskräftig sind, 119 und für Beschlüsse. Die Erteilung von Urteilsabschriften ist ein Unterfall der Akteneinsicht.[301] Bei berechtigtem Interesse ist stets eine Abschrift zu erteilen, so wenn es um einen Rechtsfall geht, der dem des Antragstellers ähnlich gelagert ist.[302] Dies gilt jedoch nur, soweit kein Interesse der Verfahrensbeteiligten an Geheimhaltung besteht, etwa bei Entscheidungen, die (abgesehen von der Urteilsformel) unter Ausschluss der Öffentlichkeit verkündet werden. Hier kann aber im Rahmen des arbeitstechnisch Möglichen durch Anonymisierung abgeholfen werden (vgl. Rn. 116).

Nach Abschluss des Verfahrens ist die Gewährung der Akteneinsicht mangels 120 ausdrücklicher gesetzlicher Regelung Sache der Justizverwaltung. Die Beteiligten des früheren Verfahrens haben ein Recht auf Akteneinsicht im gleichen Umfang

---

[291] OVG Münster NJW 1988, 221.
[292] BGH NJW 1961, 559; BFH NJW 1994, 751; VGH München BayVwBl. 1980, 94; DÖV 1982, 604; OLG Frankfurt NJW 1992, 846; OLG Hamm NJW 1990, 843; FamRZ 1991, 93.
[293] OLG Frankfurt aaO.
[294] *Schneider* MDR 1984, 108.
[295] BayVGH DÖV 1982, 604.
[296] BayObLG NJW 1991, 1070.
[297] OLG Dresden NJW 1997, 667.
[298] BVerfG NVwZ 1998, 836; anders OVG Münster NVwZ-RR 1997, 764.
[299] OLG Celle NJW 2004, 863; OLGR 2004, 191; 2006, 725.
[300] RG JW 1927, 1311.
[301] OLG Frankfurt NJW 1975, 2028; OLG Hamm NJW 1985, 2040; OLG Karlsruhe Justiz 1994, 150; vgl. *Alexandra Karas,* Dissertation Humboldt-Universität Berlin 1995.
[302] OLG München OLGZ 1984, 477.

wie während des Verfahrens. Auch für die Akteneinsicht durch Dritte gilt nichts anderes als während des Verfahrens.

121 Beim **Verlust von Akten** ist eine Rekonstruktion unter Heranziehung aller Hilfsmittel geboten. Bei prozessual erforderlichen Akten ist dafür das erkennende Gericht zuständig und auch inhaltlich entscheidungsbefugt, die Gerichtsverwaltung leistet Hilfe. Bei abgeschlossenen Verfahren und bei Verwaltungsakten liegt die Kompetenz bei der Gerichtsverwaltung.

122 Nicht unter den Begriff „Akteneinsicht" fällt die Einsichtnahme in **öffentliche Register,** die bei Gericht geführt werden, z. B. Grundbuch, Handelsregister, Vereinsregister usw. Die Voraussetzungen, unter denen in solche gesetzlich vorgesehenen Register Einsicht genommen werden kann, sind in den jeweiligen Verfahrensvorschriften geregelt, z. B. § 34 FGG, § 12 GBO, § 9 HGB. So ist über die Einsichtnahme in das Handelsregister vom Registergericht als RSprOrgan zu entscheiden, nicht durch die Verwaltung, mit der Folge des Ausschlusses des Rechtswegs nach § 23 EGGVG.[303] Einschränkungen der Einsichtsmöglichkeit können sich auch hier auf Grund der informationellen Selbstbestimmung ergeben[304] (Rn. 108, 111). Betrifft die Einsicht oder Auskunft kein öffentliches, sondern ein **internes Register,** ist dem gegenüber der Rechtsweg nach § 23 EGGVG eröffnet, so wenn ein Gläubiger Auskunft über anhängige Aktivprozesse seines Vollstreckungsschuldners verlangt.[305] – Das Grundrecht der **Pressefreiheit** gewährt grundsätzlich ein schutzwürdiges Interesse am Zugang zu Datensammlungen und Registern beim Gericht. Das Auffinden von Informationen über die persönlichen Verhältnisse Privater gehört jedoch nicht dazu; der Persönlichkeitsschutz der Eingetragenen ist bei der Genehmigung der Einsichtnahme zu berücksichtigen.[306]

123 **4. Gerichtliche Veröffentlichungen.** Soweit in Rechtsvorschriften die Gerichte verpflichtet oder befugt sind, Bekanntmachungen zu veröffentlichen, z. B. um Unbekannte zu ermitteln oder einen Vorgang zur allgemeinen Kenntnis zu geben, sind entweder die hierfür zu wählenden Veröffentlichungsorgane schon gesetzlich bestimmt (z. B. § 2061 BGB, § 10 HGB, § 204 ZPO, § 30 InsO, §§ 291, 371 StPO) oder vom Gericht selbst zu bestimmen (z. B. § 11 Abs. 1 HGB, § 204 Abs. 3 Satz 2 ZPO, § 816 Abs. 3 ZPO, § 40 Abs. 2 ZVG, § 131 StPO). Hat nach dem Wortlaut der Vorschrift die Veröffentlichung „in dem für Bekanntmachungen des Gerichts bestimmten Blatt" zu geschehen, ist die Bestimmung dieses Blattes Sache der jeweiligen Justizverwaltung, sofern nicht entsprechende Rechtsvorschriften, z. B. AGGVG, bestehen. Auch die in älteren Normen vorgeschriebene Veröffentlichung gerichtlicher Entscheidungen und Maßnahmen bedarf der Abwägung gegenüber dem informationellen Selbstbestimmungsrecht[307] (Rn. 108).

124 Die **Veröffentlichung gerichtlicher Entscheidungen** zur allgemeinen Information und für wissenschaftliche Zwecke insbesondere in Fachzeitschriften ist bei Wahrung der berechtigten Belange der Beteiligten zulässig[308] und für das Rechtsleben von essentieller Bedeutung:[309] „Gerichtliche Entscheidungen konkretisieren die Regelungen der Gesetze; auch bilden sie das Recht fort (§ 132 Abs. 4 GVG). Schon von daher kommt der Veröffentlichung von Gerichtsentscheidungen eine der Verjüngung von Rechtsnormen vergleichbare Bedeutung zu. Der Bürger muss zumal in einer zunehmend komplexen Rechtsordnung zuverlässig in Erfahrung bringen können, welche Rechte er hat und welche Pflichten ihm obliegen; die

---

[303] OLG München Rpfleger 1988, 487.
[304] Vgl. *Pardey* NJW 1989, 1647.
[305] OLG Brandenburg OLG-NL 2006, 18; 19.
[306] BVerfG NJW 2001, 503.
[307] BVerfGE 78, 77 = NJW 1988, 2031 zur öffentlichen Bekanntmachung der Entmündigung wegen Verschwendung oder Trunksucht.
[308] OVG Berlin NJW 1993, 676.
[309] Grundlegend BVerwGE 104, 105 = NJW 1997, 2694.

Möglichkeiten und Aussichten eines Individualrechtsschutzes müssen für ihn annähernd vorhersehbar sein. Ohne ausreichende Publizität der Rechtsprechung ist dies nicht möglich. Rechtsprechung im demokratischen Rechtsstaat und zumal in einer Informationsgesellschaft muss sich – wie die anderen Staatsgewalten – darüber hinaus auch der öffentlichen Kritik stellen. Dabei geht es nicht nur darum, dass in der Öffentlichkeit eine bestimmte Entwicklung der Rechtsprechung als Fehlentwicklung in Frage gestellt werden kann. Dem Staatsbürger müssen die maßgeblichen Entscheidungen auch deshalb zugänglich sein, damit er überhaupt in der Lage ist, auf eine nach seiner Auffassung bedenkliche Rechtsentwicklung mit dem Ziel einer (Gesetzes-)Änderung einwirken zu können. Das Demokratiegebot wie auch das Prinzip der gegenseitigen Gewaltenhemmung, das dem Grundsatz der Gewaltenteilung zu eigen ist, erfordert es, dass auch über die öffentliche Meinungsbildung ein Anstoß zu einer parlamentarischen Korrektur der Ergebnisse möglich sein muss, mit denen die rechtsprechende Gewalt zur Rechtsentwicklung beiträgt. Nicht zuletzt dient es auch der Funktionsfähigkeit der Rechtspflege für die Aufgabe der Fortentwicklung des Rechts, wenn über die Veröffentlichung von Gerichtsentscheidungen eine fachwissenschaftliche Diskussion ermöglicht wird".

Zur Erfüllung der Veröffentlichungspflicht[310] bedarf es der Auswahl der veröffentlichungswürdigen Entscheidungen, die primär den erkennenden Richtern selbst obliegt, als nobile officium jenseits der RSpr. Die Dienstaufsicht hat grundsätzlich keine Möglichkeit, regulierend einzugreifen, etwa auf die Auswahl Einfluss zu nehmen.[311] Die Gerichtsverwaltung ist jedoch gehalten, die Auswahl um die Entscheidungen zu ergänzen, an deren Veröffentlichung ein öffentliches Interesse besteht,[312] z.B. bei Anfragen aus der Öffentlichkeit.

Die Entscheidungen müssen ‚herausgabefähig' gemacht werden, vornehmlich durch Anonymisierung der Verfahrensbeteiligten zum Schutz ihrer Persönlichkeitsrechte[313] (Rn. 113). Für eine Anonymisierung der Namen der erkennenden Richter besteht hingegen kein Anlass. Das widerspräche dem Grundsatz der öffentlichen Urteilsverkündung durch das erkennende Gericht (§ 169 GVG), ebenso dem Richterbild des GG und des DRiG, das in Konsequenz der ausgeprägten richterlichen Freiheit und Unabhängigkeit auch das personelle Eintreten des Richters in der Öffentlichkeit für seine Entscheidungen beinhaltet. Der Richter übernimmt mit der Übernahme seines öffentlichen Amtes auch die Pflicht, sich Urteile namentlich zuordnen zu lassen.[314]

Alle an privater Veröffentlichung Interessierten müssen gleich behandelt werden, so Verlage, Verbände, einzelne Journalisten, einzelne Staatsbürger, auch Richter des Gerichts.[315] Urheberrechtsschutz genießen sog. amtliche **Leitsätze**.[316] Zur Kostenerstattung vgl. § 4 Abs. 3 JVKostO.[317] – Die Entscheidung der Gerichtsverwaltung über den Antrag eines Fachverlages auf Übersendung veröffentlichungswürdiger Entscheidungen ist wegen des systematischen Zusammenhangs mit Akteneinsicht (Rn. 114) und Presseinformation (Rn. 128) ein Justizverwaltungsakt nach § 23 EGGVG, kein im Verwaltungsrechtsweg anfechtbarer allgemeiner Verwaltungsakt.[318]

Presseinformationen über laufende Einzelverfahren wie auch über die allgemeine Situation beim Gericht sind Sache der Justizverwaltung (§ 1 Rn. 82) und

---

[310] BVerwG aaO.; *Huff* NJW 1997, 2651; *Albrecht* NJW-CoR 1998, 373.
[311] BVerwG NJW 1993, 675.
[312] Vgl. *Wittreck* S. 456 ff.
[313] Vgl. OLG Celle NJW 1990, 2570; OVG Bremen NJW 1989, 926 = JZ 1989, 633 m. zust. Anm. *Hofmann-Riem*; OVG Lüneburg DRiZ 1996, 252; *Hirte* NJW 1988, 1698; *MünchKommZPO/Wolf* § 169 GVG Rn. 53.
[314] Vgl. *Voth* MDR 1987, 199; zur Wirklichkeit krit. *Schütz* S. 53, 55.
[315] *Huff* NJW 1997, 2652.
[316] Vgl. BGHZ 116, 136 = NJW 1992, 1316; *Fischer* NJW 1993, 1228; a.A. *Huff* DRiZ 2007, 309.
[317] Vgl. AG Neustadt NJW-RR 1992, 1532; AG Berlin-Wedding NJW-RR 1992, 1531.
[318] A.A. OVG Bremen NJW 1989, 926; LG Berlin NJW 2002, 638.

meist in Presserichtlinien geregelt.[319] Sie unterliegen der gleichen Verpflichtung zur Rücksicht auf die persönlichen Belange der Verfahrensbeteiligten wie die Urteilsbekanntgabe und die Akteneinsicht (Rn. 108, 126), was auch zugleich die Grenzen der presserechtlich begründeten Informationspflicht markiert.[320] Insbesondere in Strafsachen gehören dazu Genauigkeit und Zurückhaltung. Während eines Ermittlungsverfahrens sind Vorverurteilungen zu vermeiden.[321] Zu beachten sind zwingende Geheimhaltungsvorschriften,[322] so das Verbot der Veröffentlichung von Anklageschriften (§ 353d Nr. 3 StGB), das nicht gegen die Verfassung verstößt.[323] Für steuerlich relevante Sachverhalte gilt §§ 30 Abs. 4 Nr. 5 AO,[324] für erhobene Sozialdaten ergeben sich Zweckbindung und Geheimhaltungspflicht aus § 78 SGB X. – Zu Presseerklärungen der **StA** ergänzend § 141 Rn. 28.

128a   Der **Rechtsschutz des Betroffenen** gegen Presseinformationen richtet sich nach § 23 EGGVG. Das Gericht wird als „Justizbehörde" tätig; es genügt eine schlicht-hoheitliche Tätigkeit (vgl. § 23 EGGVG Rn. 24, 30), als die sich die Presseinformation darstellt. Allerdings verneint das BVerwG etwa eine Maßnahme auf dem Gebiet des Strafrechts. Dies seien nur solche unmittelbar zur Ermöglichung und geordneten Durchführung der Strafverfolgung und der Strafvollstreckung; die in Rede stehende Amtshandlung müsse in Wahrnehmung einer Aufgabe vorgenommen werden, die der jeweiligen Behörde als ihre spezifische Aufgabe auf einem in der genannten Vorschrift aufgeführten Rechtsgebiet zugewiesen sei[325] (vgl. § 23 EGGVG Rn. 14). Presseerklärungen dienten demgegenüber nicht dazu, eine spezifische Aufgabe auf dem Gebiet der Strafrechtspflege zu erfüllen.[326] Diese Auffassung erscheint zu eng und versucht, Untrennbares zu trennen. Presseerklärungen wie auch ihre Ablehnung sind so eng mit dem Verfahren verknüpft, dass sie, auch nach dem Zweck der §§ 23ff. EGGVG (vgl. § 23 EGGVG Rn. 6), im Rechtsweg nach § 23 EGGVG anzufechten sind.[327] – Auch für die Überprüfung von Presseerklärungen der **StA** ist der Rechtsweg nach §§ 23ff. EGGVG gegeben,[328] dasselbe gilt für solche, die gemeinsam mit der Polizei[329] oder auch von der Polizei alleine abgegeben wurden[330] (vgl. § 23 EGGVG Rn. 18).

128b   Ebenso ist der **Presse** ist bei Verweigerung einer Auskunft, geltend gemacht nach dem Landespresserecht,[331] der Rechtsweg nach § 23 EGGVG eröffnet.[332] §§ 475, 478 StPO finden auf den Informationsanspruch der Medien keine Anwendung. Privatpersonen und sonstige Stellen im Sinne dieser Bestimmungen sind nur solche, deren Interesse an Auskunft und Einsicht im Zusammenhang steht mit der eigenen Rechtsverfolgung oder mit einer Tätigkeit auf dem Gebiet der

---

[319] Vgl. die Presserichtlinie des Sächsischen Justizministeriums NJW 1995, 2699 mit den „Beanstandungen" des Sächsischen Datenschutzbeauftragten NJW 1996, 977; Presserichtlinien für die Berliner Justiz NJW 1998, 1376.
[320] Eingehend *Kürschner* DRiZ 1981, 401; *Jarass* DÖV 1986, 721; *Wente* StV 1988, 216.
[321] Vgl. BVerwG NJW 1992, 62; OVG Koblenz NJW 1991, 2659; *Koch* ZRP 1989, 401.
[322] Vgl. OLG Schleswig NJW 1985, 1090 m. Anm. *Wente* NStZ 1986, 366.
[323] BVerfGE 71, 206 = NJW 1986, 1239; dazu *Bottke* NStZ 1987, 314.
[324] Hierzu VG Saarlouis NJW 2003, 3431.
[325] BVerwGE 69, 192 = NJW 1984, 2233.
[326] BVerwG NJW 1989, 412.
[327] OLG Hamm NJW 1981, 356; NStZ 1995, 412; OLG Karlsruhe Justiz 1980, 450; NJW 1995, 899; OLG Hamburg NJW 1965, 776; OLG Hamm NStZ 1995, 899; OLG Stuttgart NJW 2001, 3797; VGH Mannheim NJW 1973, 214; OVG NRW DÖV 1996, 255; *MünchKommZPO/Wolf* § 23 EGGVG Rn. 6, 43; *KK/Schoreit* § 23 EGGVG Rn. 28; *Wasmuth* NJW 1988, 1707; NStZ 1990, 138. – a. A. BVerwG NJW 1988, 412; 1989, 412; 1992, 62; VG Frankfurt StV 1997, 240; *Katholnigg* § 23 EGGVG Rn. 2.
[328] OLG Hamm NStZ 1995, 412.
[329] OLG Stuttgart NJW 2001, 3797; OLG Düsseldorf aaO. 1803.
[330] OLG Karlsruhe NJW 1995, 899.
[331] Vgl. *Groß* DÖV 1997, 133; *Berg* JuS 1998, 997.
[332] OLG Hamm NJW 1981, 356; OLG Karlsruhe Justiz 1980, 450; *Katholnigg* § 23 EGGVG Rn. 2; *MünchKommZPO/Wolf* § 23 EGGVG Rn. 43.

Rechtspflege oder der Rechtsberatung,[333] nicht aber mit der öffentlichen Berichterstattung. Eine Kompetenz des Bundesgesetzgebers, den Informationsanspruch der Presse seinerseits an ein „berechtigtes Interesse" zu binden, besteht nicht. Dabei ist für den Rechtsweg ohne Belang, ob das Gericht oder die StA von sich aus eine Presseerklärung abgibt, auf Anfrage einem einzelnen Pressevertreter Auskunft erteilt, diesem im Einzelfall Akteneinsicht gewährt oder ihm Ablichtungen von Aktenbestandteilen überlässt. Gleichermaßen bleibt unerheblich, ob sich das Medieninteresse auf ein Ermittlungsverfahren oder auf ein abgeschlossenes Strafverfahren bezieht. §§ 23 ff. EGGVG, nicht §§ 475, 478 StPO gelten auch, wenn ein Pressevertreter Akteneinsicht verlangt.[334]

5. Die Erledigung von **Dienstaufsichtsbeschwerden** ist hinsichtlich interner Folgen der Gerichts-, hinsichtlich des Bescheids nach außen der Justizverwaltung zuzurechnen.[335] Mit diesen beschweren sich Bürger oder Institutionen darüber, dass die Tätigkeit des Gerichts nicht den gewünschten, erforderlichen oder angemessenen Anforderungen entspreche und dass im Wege der Dienstaufsicht Abhilfe geschaffen werden solle, sei es in einem Einzelfall oder allgemein. Insoweit unterscheidet sich die DAufsBeschw von der Gegenvorstellung, die sich an das entscheidende Organ selbst wendet (vgl. Einl. Rn. 220), ebenso von den verfahrensrechtlich geregelten Rechtsmitteln. Die Abgrenzung zwischen DAufsBeschw und Gegenvorstellung oder Rechtsmittel ist nicht immer einfach, weder Adressat noch Formulierung können allein ausschlaggebend sein, abzustellen ist auf das wirklich Gewollte. Wendet sich der Absender gegen eine gerichtliche Entscheidung oder eine im förmlichen Gerichtsverfahren (noch) nachprüfbare Entscheidung (auch gegen einen nach §§ 23 ff. EGGVG anfechtbaren Justizverwaltungsakt), so ist eine solche Eingabe im Allgemeinen als Rechtsbehelf (Rechtsmittel) anzusehen ohne Rücksicht darauf, ob sie die vorgeschriebene Form und Frist erfüllt; Entsprechendes gilt für eine nach dem Verfahrensrecht mögliche Gegenvorstellung. Bei Meinungsverschiedenheiten zwischen Gericht und Dienstvorgesetzten über die Qualifikation einer Eingabe gebührt der Ansicht des Gerichts der Vorrang.

Es liegt im pflichtgemäßen Ermessen des Inhabers der Dienstaufsicht, was er auf Grund eine DAufsBeschw veranlasst. Grundsätzlich hat er sich (im Rahmen der allgemeinen Behördenorganisation auch durch Beauftragte) über den der Beschwerde zugrundeliegenden Sachverhalt zu informieren und zu entscheiden, ob etwas zu veranlassen ist (z.B. im personellen Bereich Hinweis, Ermahnung, dienstrechtliche Konsequenzen; im Organisatorischen z.B. Umorganisation, Rationalisierung, Personalausgleich). Das Vorgehen des Aufsichtführenden richtet sich danach, in welchem Umfange ihm die Dienstaufsicht zusteht. Fällt die Beschwerde in den weisungsfreien Bereich, besteht nur eine beschränkte Eingriffsbefugnis und dementsprechend Informationspflicht (vgl. § 1 Rn. 99).

Anonymen Eingaben hat der Dienstvorgesetzte nach pflichtgemäßem Ermessen nachzugehen (vgl. Nr. 8 RiStBV). Enthält die DAufsBeschw **Beleidigungen** oder grobe Ungehörigkeiten oder stammt sie von einem Handlungsunfähigen, richtet sich ihre Behandlung danach, ob es sich gleichwohl noch um einen ernst zu nehmenden Hinweis auf einen Missstand handelt. Anderenfalls ist nichts zu veranlassen, auch ein Bescheid ist dem Dienstvorgesetzten nicht zuzumuten[336] (Einl. Rn. 207).

Auf eine ernst zu nehmende DAufsBeschw ist dem Einsender ein **Bescheid** zu geben; ist dies innerhalb angemessener Zeit nicht möglich, empfiehlt sich ein Zwischenbescheid. In dem Bescheid ist der Gegenstand der Beschwerde, wie sie der Träger der Dienstaufsicht verstanden hat, das Ergebnis der Nachprüfung und das

---

[333] Vgl. BTagsDrucks. 14/1484 S. 26 ff.
[334] A. A. OVG Münster 15. 11. 2000 – 4 E 665/00 –.
[335] *Wittreck* S. 17; *Wolf* S. 55.
[336] Vgl. *Solbach* DRiZ 1979, 181 ff.; zur satirischen Form der DAufsBeschw BVerfG NJW 1989, 3148.

Veranlasste (oder dass nichts zu veranlassen sei) mit Gründen anzugeben. Hat der Dienstvorgesetzte disziplinarrechtliche Maßnahmen erwogen und ergriffen, kann dies jedoch wegen der Vertraulichkeit disziplinarrechtlicher Vorgänge dem Beschwerdeführer nicht mitgeteilt werden; hier ist allein die oft zu Unrecht gescholtene Klausel, das Erforderliche sei veranlasst, am Platze.

133 Bei **wiederholten** und **querulatorischen**[337] DAufsBeschw kann auf einen Bescheid verzichtet werden.[338] Sofern sie aber ein Verfahren des Absenders betreffen, insbesondere einen Rechtsbehelf darstellen können, darf ihre Behandlung im Hinblick auf die Rechtsschutzgarantie des Art. 19 Abs. 4 GG nur abgelehnt werden, wenn sie sich in Beleidigungen erschöpfen und nicht ersichtlich ist, dass zugleich auch ein sachliches Anliegen verfolgt wird.[339]

134 Der **Bescheid** auf eine DAufsBeschw ist kein Verwaltungsakt und eröffnet keinen Rechtsbehelf; lediglich eine weitere DAufsBeschw zur höheren Aufsichtsbehörde ist möglich (vgl. § 23 EGGVG Rn. 114).

135 6. Die Berechnung der bei Gericht anfallenden **Kosten** ist Sache der Justizverwaltung (§§ 19 GKG, 14 KostO). Die Vorstände der Justizbehörden und die Kostenprüfungsbeamten sind befugt, den Kostenansatz zu beanstanden und den Kostenbeamten zur Berichtigung anzuweisen (§§ 19 Abs. 5, 21 Abs. 2 GKG, 14 Abs. 6 KostO, 43 KostVfg). Der Ansatz ist Justizverwaltungsakt; dasselbe gilt für die Festsetzung der **Vergütung** oder der **Entschädigung** nach §§ 55 RVG, 4 JVEG. Zur Anfechtung § 30a EGGVG.

136 Justizverwaltungsakt ist auch der **Kostenansatz** in Justizverwaltungssachen (§ 1 JVKostO). Justizverwaltungskosten sind, wenn sie bei richtiger Sachbehandlung nicht entstanden wären, ebenfalls nicht zu erheben (§ 11 JVKostO). Über Einwendungen gegen den Ansatz von Justizverwaltungskosten erfolgt die richterliche Entscheidung durch das Amtsgericht, in dessen Bezirk die Justizverwaltungsbehörde ihren Sitz hat (§ 13 JVKostO).

137 Die **Festsetzung** der von dem unterlegenen Beteiligten dem Obsiegenden zu erstattenden außergerichtlichen Kosten ist verfahrensrechtlich dem Gericht als Organ der Rechtsprechung zugewiesen (§§ 103 ff. ZPO, 464b StPO, 13a FGG). Die Kostenfestsetzung erfolgt grundsätzlich durch den Rechtspfleger des ersten Rechtszuges (§ 21 Abs. 1 Nr. 1 RPflG).

138 Berühren Kostenansatz und Kostenfestsetzung die Interessen der Staatskasse, werden diese entsprechend den bundes- bzw. landesrechtlichen Bestimmungen (VV zur BHO/LHO, Vorprüfungsordnung, Vertretungsanordnung bzw. Vertretungserlass) von den Kostenprüfungsbeamten, Bezirksrevisoren oder der sonst bestimmten Stelle wahrgenommen.

139 **III. Grenzfälle.** Von den angeführten Aufgaben der Justizverwaltung zu trennen sind die vielen den Gerichten obliegenden Aufgaben, die zwar dem materiellen Rechtsprechungsbegriff (Einl. Rn. 145) nicht unterfallen, aber vom Gesetz bewusst und ausdrücklich den Gerichten als Aufgabe im Rahmen ihrer Funktion als Organ der rsprGewalt mit allen daraus folgenden Konsequenzen übertragen sind, insbesondere der Regelung der Rechtbehelfe und die Gewährleistung der richterlichen Unabhängigkeit. Das gilt einmal für die meisten Angelegenheiten der freiwilligen Gerichtsbarkeit, die, abgesehen von den sogenannten echten Streitsachen, materiell als Verwaltungstätigkeit anzusehen sind. Auch die im Vorfeld richterlicher Streitentscheidungen liegenden Entscheidungen, wie die über Prozesskostenhilfe (§§ 116 ff.) oder über die Bestellung eines Notanwalts (§ 78a ZPO) gehören trotz ihres mate-

---

[337] Vgl. *Günter* DRiZ 1977, 239; *Franzheim* GA 1978, 142; *Solbach* DRiZ 1979, 181; *Becher,* Die querulatorische Justizdienstaufsichtsbeschwerde, 1985; *Dinger/Koch,* Querulanz in Gericht und Verwaltung, 1991; LG Stuttgart NJW 1994, 1077.
[338] Vgl. VGH Kassel NJW 1968, 70.
[339] BVerfG – K – NJW 2001, 3615.

Zuständigkeit der ordentlichen Gerichte   § 13

riellen Verwaltungscharakters zur rsprTätigkeit der Gerichte und nicht zur Justizverwaltung. Die Abgrenzung kann im Einzelfall zweifelhaft sein. Maßgebend ist nicht die Bezeichnung im Gesetz, zumal in älteren Gesetzen, sondern der Charakter der dem Gericht zugewiesenen Tätigkeit.[340] So gehört die Führung des Schuldnerverzeichnisses nach § 915 ZPO nicht zur Justizverwaltung, sondern zur rsprTätigkeit.[341]

§ 13. [Zuständigkeit der ordentlichen Gerichte]

Vor die ordentlichen Gerichte gehören alle bürgerlichen Rechtsstreitigkeiten und Strafsachen, für die nicht entweder die Zuständigkeit von Verwaltungsbehörden oder Verwaltungsgerichten begründet ist oder auf Grund von Vorschriften des Bundesrechts besondere Gerichte bestellt oder zugelassen sind.

Übersicht

	Rn.		Rn.
A. Bedeutung des ordentlichen Rechtswegs	1	XI. Nebenansprüche, Zinsen	86
I. Geschichtliche Entwicklung	1	XII. Zwangsvollstreckung	87
II. Aktuelle Bedeutung des § 13	7	D. Abgrenzung zu den anderen Gerichtsbarkeiten	88
III. § 13 im System der Rechtswegregelungen	8	I. Verwaltungsgerichtsbarkeit	88
B. Bürgerliche Rechtsstreitigkeit, Begriff	9	1. Öffentlich-rechtlichen Streitigkeit	88
I. Das Abgrenzungsproblem	9	2. Parteistreitigkeit	89
II. Kriterium der Gleichordnung	13	3. Ungerechtfertigte Bereicherung	91
III. Kriterium der maßgebenden Rechtsnorm	14	4. Folgenbeseitigung	93
IV. Kriterium der erstrebten Rechtsfolge, Sachnähe des Gerichts	15	5. Daseinsvorsorge	94
V. Aktueller Meinungsstand	16	6. Privatrechtsgestaltender Verwaltungsakt	96
C. Grenzfälle	17	7. Akzessorischer Verwaltungsakt	97
I. Vorfragen	17	8. Öffentliche Aufträge	98
1. Vorfragenkompetenz	17	9. Rechtsnachfolge	99
2. Vorentscheidungen	19	10. Zuständigkeit der ordentlichen Gerichte kraft Zuweisung	100
3. Abgrenzung der Zivilgerichtsbarkeit zur Strafgerichtsbarkeit	27	II. Finanzgerichtsbarkeit	111
4. Strafgericht/Verwaltungsakt	34	III. Sozialgerichtsbarkeit	124
5. Verwaltungsgericht/Strafurteil	36	IV. Arbeitsgerichtsbarkeit	141
6. Arbeitsgericht	37	1. Abgrenzung im Allgemeinen	141
7. Verwaltungsgericht	38	2. Streitigkeiten im Tarifvertragsrecht	142
8. UWG, GWB	40	3. Arbeitskampf, Vereinigungsfreiheit	143
9. Gerichtsentscheidungen über Verwaltungsakte	41	4. Streitigkeiten zwischen Arbeitnehmer und Arbeitgeber	144
10. Vorfragenkompetenz Sozialgerichte	48	a) Begriff des Arbeitnehmers	145
11. Vorfragenkompetenz Finanzgerichte	50	b) Begriff des Arbeitgebers	157
12. Vorfragen in der freiwilligen Gerichtsbarkeit	52	c) Streitigkeiten aus dem Arbeitsverhältnis	158
II. Vorschaltinstanzen	60	d) Bestehen eines Arbeitsverhältnisses; Nachwirkungen	159
III. Vertragliche Ansprüche	61	e) Streitigkeiten im Zusammenhang; Gemeinsame Einrichtungen	162
IV. Gemischte Rechtsverhältnisse	69	f) Insolvenzsicherung	164
V. Haupt- und Hilfsanspruch	71	g) Entwicklungshelfer; freiwilligen soziales Jahr	165
VI. Aufrechnung	72	h) Arbeitnehmer aus gemeinsamer Arbeit	166
VII. Widerklage	82	i) Arbeitnehmererfindung	167
VIII. Stufenklage	83	j) Zusammenhangsstreitigkeiten	168
IX. Rechtsnachfolge, Mithaftung	84		
X. Rechtsschutzformen	85		

---

[340] RGZ 82, 39, 43; *BL/Hartmann* Anhang I nach § 21 GVG.
[341] OLG Oldenburg Rpfleger 1978, 267.

§ 13 1, 2 1. Titel. Gerichtsbarkeit

	Rn.		Rn.
5. Zuständigkeitsvereinbarung ...	173	IX. Mitgliedschaftsstreitigkeiten	192
6. Beschlussverfahren	174	X. Begräbniswesen	193
7. Rechtsnachfolge	175	XI. Religionsunterricht	194
8. Schiedsgerichte	179	XII. Patronatssachen	195
9. Honorarklage	180	XIII. Haftung	196
E. Rechtsweg in kirchlichen Angelegenheiten	181	XIV. Glockenläuten	197
I. Grundsätzliche Abgrenzung	181	XV. Kirchenbücher	198
II. Innerkirchlicher, nicht nachprüfbarer Bereich	183	XVI. Nicht öffentlich-rechtliche Religionsgemeinschaften	199
III. Wirkungen über den innerkirchlichen Bereich hinaus	184	F. Abgrenzung zur Vereins- und Verbandsgerichtsbarkeit	200
IV. Streitigkeiten mit Kirchenbeamten	185	G. Verfahrensrecht	209
V. Streitigkeiten anderer kirchlicher Bediensteter	186	H. Strafsachen	210
VI. Kirchliches Disziplinarrecht	187	I. Ausschluss und Erschwerung des ordentlichen Rechtswegs	211
VII. Kirchliches Vermögensrecht	188	I. Grundsatz	211
VIII. Den Kirchen übertragene staatliche Gewalt	190	II. Vereinbarter Ausschluss	212
		III. Schiedsgerichte	213
		J. Einzelfälle (alphabetisch)	301

A. Bedeutung des ordentlichen Rechtswegs

1 **I. Geschichtliche Entwicklung.** Schon ursprünglich lautete die Vorschrift: „Vor die ordentlichen Gerichte gehören alle bürgerlichen Rechtsstreitigkeiten und Strafsachen, für welche nicht entweder die Zuständigkeit von Verwaltungsbehörden oder Verwaltungsgerichten begründet ist oder reichsgesetzlich besondere Gerichte bestellt oder zugelassen sind." Obwohl die Bestimmung seither nur minimale redaktionelle Änderungen erfahren hat, hat sich ihre Bedeutung erheblich gewandelt. Ursprünglich eröffnete sie den einzigen allgemeinen Zugang zu Gerichten als Institutionen, die mit äußerer und innerer Unabhängigkeit zur Entscheidung von Rechtsstreitigkeiten berufen waren;[1] deshalb „ordentlich". Abgesehen von einigen Spezialspruchkörpern namentlich im Bereich des heutigen Sozialrechts gab es insbesondere keinen unabhängigen Gerichtszweig zur Entscheidung öffentlich-rechtlicher Streitfälle. Die gegen die im Allgemeinen verwaltungsimmanente und deshalb nicht unabhängige Administrativjustiz gerichtete Forderung in Abschnitt V Art. X § 182 der Paulskirchenverfassung vom 28. 3. 1849 („Die Verwaltungsrechtspflege hört auf; über alle Rechtsverletzungen entscheiden die Gerichte") war nicht verwirklicht. Eine Ausweitung des gerichtlichen Rechtsschutzes über bürgerlich-rechtliche Streitigkeiten und Strafsachen hinaus war nur möglich durch eine § 13 GVG erweiternd interpretierende Rechtsanwendung – eine Wurzel des heute nicht mehr anzuerkennenden „Zivilprozesssachen kraft Überlieferung" – oder durch gesetzliche Zuweisung auch solcher Streitigkeiten an die ordentliche Gerichtsbarkeit, die, ihrer Natur nach weder dem bürgerlichen Recht zugehörten noch Strafsachen waren. Nunmehr sind entsprechend der Aufgliederung in Art. 95 Abs. 1 GG neben den ordentlichen Rechtsweg die weiteren und gleichrangigen Rechtswege der Verwaltungs-, Finanz-, Arbeits- und Sozialgerichtsbarkeit getreten.

2 Vorläufer der heutigen **Verwaltungsgerichte** waren, soweit Gerichtsbarkeit überhaupt bestand, die ordentlichen Gerichte; sie übten die einzige externe Rechtskontrolle hoheitlicher Staatsgewalt aus und leiteten ihre Befugnis hierzu aus der sogenannten Fiskustheorie ab, indem sie öffentlich-rechtliche Streitfälle mit geldwertem Gegenstand als bürgerliche Rechtsstreitigkeiten erachteten. Daneben entwickelte sich in der zweiten Hälfte des 19. Jahrhunderts in einzelnen Ländern aus unterschiedlichen Quellen (teils nach französischem Beispiel, in Preußen namentlich unter Einfluss der Lehre Rudolf von Gneists) eine Art verwaltungsunabhängiger Rechtspflege, wobei in der unteren Instanz teilweise (vornehmlich im südwestdeutschen Bereich) gewählte Laien amtierten, in der oberen hingegen Rechtsprechung im heutigen Sinn – auch unter Heranziehung von Richtern der ordentlichen Gerichtsbarkeit – stattfand (Gründung des ersten Verwaltungsgerichtshofs in Baden mit Gesetz vom 5. 10. 1863, Hessen und Preußen folgten 1875). Außerdem wurden einzelne Spruchkörper mit Spezialzuständigkeit – vor allem im Bereich des heutigen Sozialrechts – gegründet (etwa ein Bundesamt für das Heimatwesen, ein Reichsversicherungsamt usw.). Allgemein sah erst Art. 107 WRV die Begründung von Verwaltungsgerichten vor; doch wurde diesem Auftrag nicht überall entsprochen. Bis 1933 verfuhren die Länder unterschiedlich; sie schufen

---

[1] *Kissel* DRiZ 1980, 83.

zwar durchweg – mit Ausnahme von Schaumburg-Lippe – sachlich unabhängige und nur dem Gesetz unterworfene Verwaltungsgerichte; diese blieben jedoch organisatorisch und dienstrechtlich der Verwaltung angegliedert. Ihre Zuständigkeit gründete teilweise auf einer Generalklausel (uneingeschränkt z. B. in Bremen, eingeschränkt etwa in Sachsen und Thüringen), im Übrigen auf gesetzliche Enumeration. Nach wesentlichen Einschränkungen in der NS-Zeit ordnete das KontrollratsG Nr. 36 vom 10. 10. 1946 die Wiedererrichtung von unabhängigen Verwaltungsgerichten an, überließ Verfassung, Zuständigkeit und Verfahren jedoch der Regelung in den einzelnen Zonen. Daraufhin ergingen in den Ländern der amerikanischen und französischen Zone einander ähnliche Verwaltungsgerichtsgesetze, in der britischen Besatzungszone die MilitärregierungsVO Nr. 165. Entsprechend der Gliederung in Art. 95 GG trat als erster Schritt zu einer bundeseinheitlichen Regelung im Oktober 1952 das Gesetz über das BVerwG (BGBl. I S. 625) in Kraft; im Übrigen wurde die allgemeine Verwaltungsgerichtsbarkeit in ihrer heutigen Gestalt erst 1961 durch die VwGO begründet.

Etwa gleichzeitig mit dem Aufkommen der allgemeinen Verwaltungsgerichtsbarkeit bildeten sich – unter weitgehender Beteiligung von Laien – auch Ansätze einer unabhängigen **Finanzgerichtsbarkeit** (Anordnung der Errichtung von Steuerschwurgerichten in Baden 1848/49, bayerisches Einkommen- und Kapitalrentensteuergesetz von 1856). Später zeigte sich eine im Sinne der Gewaltenteilung eher rückläufige Tendenz mit der Verlagerung der Rechtsbehelfskompetenz auf Verwaltungsangehörige, wenngleich von der Finanzverwaltung häufig getrennte Reklamations- oder Berufungskommissionen unter Laienbeteiligung; doch verlief die Regelung in den einzelnen Ländern sehr unterschiedlich. Bestrebungen zur Errichtung besonderer Steuergerichtshöfe in Preußen und Sachsen blieben letztlich erfolglos. Die Zuständigkeit auch in Finanzstreitigkeiten wurde durchweg den Oberverwaltungsgerichten zuerkannt. Reichseinheitliche Rechtsprechungsorgane zur Überprüfung der Steuerveranlagung wurden erst im Zusammenhang mit der großen Finanzreform 1918 durch das Gesetz über die Errichtung eines Reichsfinanzhofs vom 26. 7. 1918 (RGBl. S. 959) und durch die Reichsabgabenordnung vom 13. 12. 1919 (RGBl. S. 1993) geschaffen. Auf der unteren Ebene verzögerte sich der Gerichtsaufbau bis zur Verordnung über die Bildung der Finanzgerichte vom 5. 8. 1921 (RGBl. S. 1241). Auch war die richterliche Unabhängigkeit bei den ständigen Mitgliedern der Finanzgerichte nicht gewährleistet; sie waren nicht nur absetzbar und versetzbar, sondern mussten auch Bedienstete (Referenten) der Landesfinanzämter sein, damit der Kontakt zur Praxis gewährleistet schien. Auch der Reichsfinanzhof war, da zum Geschäfts- und Etatbereich des Finanzministeriums gehörig, nicht voll aus der Finanzverwaltung gelöst; der Minister ernannte die nichtrichterlichen Mitglieder und schlug die richterlichen zur Ernennung vor. Während der NS-Zeit gab es auch im Bereich der SteuerRSpr erhebliche Rückschritte. So wurden die Finanzgerichte durch sogenannte Anfechtungsabteilungen ersetzt, die den Oberfinanzpräsidenten unterstanden; die Zuständigkeit des Reichsfinanzhofs war eingeschränkt. Nach dem Zusammenbruch entwickelte sich eine neue Finanzgerichtsbarkeit zunächst in den einzelnen Zonen. Der frühere Reichsfinanzhof wurde in Bayern schon seit Juli 1949 mit Genehmigung der MilitärReg als oberster Finanzgerichtshof fortgeführt und erlangte bald die oberste Zuständigkeit für die gesamte US-Zone. Eine bundeseinheitliche Spitze der Gerichtsorganisation wurde erst wieder mit der Errichtung des Bundesfinanzhofs durch Gesetz vom 29. 6. 1950 (BGBl. I S. 257) erreicht; zu einer einheitlichen Verfahrensregelung, deren Erlass durch Art. 108 Abs. 6 GG geboten war, kam es über das sogenannte Vorschaltgesetz vom 22. 10. 1957 (BGBl. I S. 1746) mit der FGO vom 6. 10. 1965 (BGBl. I S. 1477).

Eine allgemeine **Sozialgerichtsbarkeit** hat sich erst spät und angesichts der vielfachen Zersplitterung dieses Rechtsgebiets sehr uneinheitlich entwickelt. Dies erklärt sich mit daraus, dass staatliche Sozialleistungen lange Zeit nicht als Erfüllung eines Rechtsanspruchs des Bedürftigen gewährt wurden, sondern von der öffentlichen Ordnung willen als Erfüllung der einseitigen staatlichen Pflicht, den Bedürftigen zu helfen. Auch heute noch ist die Regelung nicht einheitlich. Vor allem im Fürsorge- (jetzt Sozialhilfe-)Recht wurde der Bedürftige lange nur als Objekt staatlicher Hilfe ohne eigenen Rechtsanspruch betrachtet; durch § 4 BSHG wurde der Zugang zu den Verwaltungsgerichten generell eröffnet (jetzt §§ 17 SGB XII, 51 Abs. 1 Nr. 6 a SGG). Zur Entwicklung der besonderen Sozialgerichtsbarkeit kann hier nur angemerkt werden, dass verhältnismäßig früh gerade auf sozialrechtlichem Gebiet zumindest gerichtsähnliche Instanzen – zum Teil in Verquickung mit leitender Verwaltungstätigkeit – geschaffen wurden, deren Mitglieder sachlich und persönlich unabhängig waren (so das Bundesamt für das Heimatwesen 1870, das Reichsversicherungsamt 1884). In Kriegsopferversorgungsstreitigkeiten blieb es bis 1919 bei der Zuständigkeit der ordentlichen Gerichte in bestimmten Fällen, während im Übrigen die Verwaltungsentscheidungen unanfechtbar waren. Später wurden Versorgungsgerichte eingerichtet, an deren Spitze ein Reichsversorgungsgericht beim Reichsversicherungsamt stand; ab 1938 bestand außerdem in Wehrmachtssachen die besondere Zuständigkeit eines Wehrmachtsfürsorge- und Versorgungsgerichts. Wie in den anderen Bereichen der Verwaltungsgerichtsbarkeit traten während der NS-Zeit auch in der Sozialgerichtsbarkeit erhebliche Beschränkungen in Kraft (namentlich durch die Verordnung über die Vereinfachung des Verfahrens in der Reichsversicherung und der Arbeitslosenversicherung vom 28. 10. 1939 – RGBl. I S. 2110). Nach 1945 fielen mit dem Aufkommen einer echten Verwaltungsgerichtsbarkeit zunächst auch Streitigkeiten des Sozialrechts in deren Kompetenz. Eine umfassende Regelung von Gerichtsverfassung und Verfahren erfolgte 1953 im SGG, das aber eine auch heute noch nicht vollständig behobene Divergenz zwischen materiellem Sozialrecht und Sozialgerichtsbarkeit bestehen ließ.

5   Die **Arbeitsgerichtsbarkeit** ist aus der ordentlichen Gerichtsbarkeit hervorgegangen. Für die Entscheidung von arbeitsrechtlichen Streitigkeiten waren ursprünglich die ordentlichen Gerichte zuständig nach § 23 Nr. 2 GVG in unterschiedlichen früheren Fassungen: „Streitigkeiten zwischen Dienstherrschaft und Gesinde, zwischen Arbeitgebern und Arbeitern"; diese Zuständigkeit wurde teilweise ausgeschlossen durch Kaufmannsgerichte (RGBl. 1904 S. 266) und Gewerbegerichte (RGBl. 1890 S. 141; 1901 S. 353). Das Arbeitsgerichtsgesetz vom 23. 12. 1926 (RGBl. I S. 507) begann die Herauslösung der arbeitsrechtlichen Streitigkeiten aus der ordentlichen Gerichtsbarkeit. Das Verfahren wurde kodifiziert in Anlehnung an die ZPO; Arbeitsgerichte wurden als selbstständige Gerichte errichtet, in erster Instanz regelmäßig für den Bezirk eines AG, in zweiter Instanz als Landesarbeitsgerichte bei den LG und das Reichsarbeitsgericht als dritte Instanz als ein besonderer Senat beim Reichsgericht. Die Dienstaufsicht usw. oblag der Justizverwaltung im Einvernehmen mit den obersten Behörden für die Sozialverwaltung.[2] Nach der NS-Zeit (vgl. RGBl. 1934 I S. 319) entwickelte sich die Arbeitsgerichtsbarkeit zunächst auf Landesebene, nunmehr verselbstständigt. Die völlige Trennung der Arbeitsgerichtsbarkeit von der ordentlichen Gerichtsbarkeit wurde vollzogen durch das ArbGG vom 3. 9. 1953.[3]

6   Die Entwicklung ist somit gekennzeichnet durch das Hinzutreten von vier weiteren Gerichtsbarkeiten zur ordentlichen Gerichtsbarkeit als ursprünglich einziger Gerichtsbarkeit im heutigen Sinne. Diese fünf Gerichtsbarkeiten sind von Verfassungs wegen einander **gleichwertig** (Einl. Rn. 235), dennoch unterscheiden sie sich im Einzelnen in vielfältiger Weise in der personellen Zusammensetzung der Spruchkörper (Kollegium oder Einzelrichter, Berufsrichter und ehrenamtliche Richter) und der Verfahrensordnung (Untersuchungs- oder Verhandlungsgrundsatz, Rechtsmittelzüge, Anwaltszwang, Kostenrecht). Über das in den Gesetzestexten Geregelte hinaus ist ein historischer Faktor nicht zu verkennen: „Da jede Gerichtsbarkeit durch die ihr übertragenen Aufgaben eine spezifische Prägung und Sichtweise erfährt und – hiermit zusammenhängend – auch Gerichtstraditionen stil- und richtungsweisend wirken, schlägt sich dies auch in der Art der Konkretisierung und Fortentwicklung des Rechts nieder".[4] Vor diesem Hintergrund muss auch die Schlüssigkeit neuerer Überlegungen, die Gerichtsbarkeiten im Interesse der Kosteneinsparung organisatorisch, gerichtsverfassungsrechtlich und prozessrechtlich zusammenzuführen,[5] angezweifelt werden.

7   **II. Aktuelle Bedeutung des § 13.** § 13 hat seine ursprüngliche Bedeutung als den **Rechtsschutz** durch unabhängige Gerichte überhaupt erst eröffnende Norm verloren; er ist innerhalb des umfassenden Rechtsschutzsystems durch Gerichte nur noch maßgebend für die Bestimmung des Zugangs zu einem bestimmten Rechtsweg, nämlich dem ordentlichen. Er ist nicht mehr entscheidend für den Zugang zu einem Gericht überhaupt, sondern nur noch für die Bestimmung des Zugangs zu einer bestimmten Gerichtsbarkeit unter verschiedenen, einander gleichrangigen und gleichwertigen Gerichtsbarkeiten, also letztlich eine reine Zuständigkeitsnorm[6] (Einl. Rn. 235). Aber auch in dieser Funktion ist § 13 von erheblicher Bedeutung,

---

[2] JW 1927, 209, 217, 310, 1505.
[3] Vgl. BTagsDrucks. 3516 aus 1952 S. 22.
[4] *Schenke*, Festschrift 50 Jahre BGH, Band III S. 45.
[5] Vgl. BTagsDrucks. 16/1034; 16/1040; *Weth* NZA 2006, 182; *von Renesse* NZS 2004, 452.
[6] OVG Berlin NJW 1972, 839; vgl. *Bötticher* RdA 1960, 164; *Wolf* S. 117; *Krause* ZZP 1970, 296; *Stein* MDR 1966, 369; *Baur*, FS Fritz von Hippel, S. 13; *Franz* SchlHAnz 1970, 223; *Kolhosser* JR 1971, 265; *Grunsky* JZ 1971, 336; *Kissel* DRiZ 1980, 83.

denn seine Anwendung entscheidet über das anzuwendende Verfahrensrecht, die Zusammensetzung der Richterbank, den Instanzenzug usw. Seine Anwendung im Verhältnis zu den anderen Rechtswegregelungen ist Gegenstand vielfältiger und aufgefächerter RSpr und Literatur und Ursache für manche Odyssee eines rechtsuchenden Bürgers. Sie umfassend zu erörtern überforderte selbst eine Monographie.[7] Bei der verfassungsrechtlichen Gleichwertigkeit aller Rechtswege und der rechtsstaatlich einander gleichwertigen Einzelregelungen hat die Kritik an den Rechtswegstreitigkeiten volle Berechtigung.[8] Alle Bemühungen, diese Streitigkeiten möglichst zu vermeiden und zu begrenzen, sind legitim im Interesse eines möglichst effektiven Rechtsschutzes[9] (vgl. §§ 17 bis 17b).

III. § 13 im System der Rechtswegregelung. Im System der Rechtswegregelungen eröffnet § 13 den Rechtsweg für alle **bürgerlichen Rechtsstreitigkeiten** zu den ordentlichen Gerichten; zum Verhältnis zu den „besonderen" Gerichten § 14. Demgegenüber eröffnet § 40 VwGO für alle **öffentlich-rechtlichen Streitigkeiten** den Rechtsweg zu den VG, ausgenommen Streitigkeiten verfassungsrechtlicher Art, also zwischen (Staats-)Verfassungsorganen oder (Staats-)Verfassungsorganteilen über (Staats-)Verfassungsrecht, wobei das Verfassungsrecht den Kern und nicht die Vorfrage des Streits ausmacht; diese Streitigkeiten können hier unberücksichtigt bleiben. – §§ 13 GVG, 40 VwGO enthalten ausdrücklich den Vorbehalt einer **anderweitigen gesetzlichen Zuweisung** in einen anderen Rechtsweg. Sie sind ihrerseits in sich aufgespalten: Ein Teil der bürgerlichen Rechtsstreitigkeiten ist den Gerichten für Arbeitssachen in deren ausschließliche Zuständigkeit (§§ 2, 2a ArbGG) als eigenständiger Rechtsweg zugewiesen; vergleichbar ist ein Teil der systematisch § 40 VwGO unterfallenden öffentlich-rechtlichen Streitigkeiten dem Rechtsweg zu den Finanzgerichten und zu den Sozialgerichten zugewiesen. Hinzu kommt, dass gewisse Streitigkeiten ohne Rücksicht auf ihre systematische Qualität spezialgesetzlich einem anderen Rechtsweg zugewiesen sind (Rn. 100ff.).

B. Bürgerliche Rechtsstreitigkeit, Begriff

I. Das Abgrenzungsproblem. Für die Auslegung des § 13 GVG von zentraler Bedeutung ist der **Begriff der bürgerlichen Rechtsstreitigkeit** als eines aus dem allgemeinen Sprachgebrauch nicht abzuleitenden Begriffs, der historisch auf das „bürgerliche Recht", das ius civile, zurückzubeziehen ist. Sein Inhalt ist mit den üblichen Kriterien historischer, systematischer und teleologischer Interpretation nur unvollkommen zu ermitteln; dessen war man sich – wie die Materialien erweisen – schon frühzeitig bewusst. Der Begriff wurde als gegeben vorausgesetzt,[10] nachdem man sich vergeblich bemüht hatte, ihn näher zu definieren;[11] die Ausformung wurde der RSpr überlassen. Damit war schon in der Gesetzesentstehung der Grund gelegt für eine dem Verfahrensrecht und seinem Bedürfnis nach Klarheit und Rechtssicherheit zuwiderlaufende Ungewissheit über den einzuschlagenden Rechtsweg, die ein erhebliches Kostenrisiko und die Gefahr der Verfahrensverzögerung in sich birgt. Ein Versuch, die bürgerlich-rechtliche Streitigkeit neu zu definieren, könnte die ohnehin kaum mehr übersichtliche Lage nur weiter verwirren. Vorzuziehen ist eine Beruhigung des Problemfeldes durch Anlehnung an die bereits herausgebildete höchstrichterliche RSpr als die für die Praxis wichtigste Orientierungslinie.

Die **„bürgerliche Rechtsstreitigkeit"** ist ein prozessualer Begriff, der zwar an die Art der vorprozessualen materiellrechtlichen Beziehung der Parteien anknüpft,

---
[7] *Schenke,* Festschrift 50 Jahre BGH, Band III S. 46.
[8] Vgl. *Redeker* AnwBl. 1977, 108; *Kissel* DRiZ 1980, 83.
[9] BGHZ 70, 295, 298 = NJW 1978, 949.
[10] *Hahn* I S. 47ff.
[11] *Hahn* II S. 1139.

gleichwohl aber verselbstständigter Bestandteil des Bundesrechts ist und weder vom Landesrecht noch – unter dem Blickwinkel der lex fori – in Streitigkeiten mit Auslandsberührung von ausländischem Recht beeinflusst wird.[12] Nach h. M. sind bürgerliche Rechtsstreitigkeiten solche Streitfälle, in denen sich die Parteien über Rechtsfolgen (bei Feststellungsklagen über Rechtsverhältnisse) **des Privatrechts** auseinandersetzen; dabei beurteilt sich deren Einordnung als zivil- oder öffentlich-rechtlich nach der **Art der zugrundeliegenden Rechtsbeziehung.** Maßgebend ist die Natur des Rechtsverhältnisses, aus dem der Klageanspruch hergeleitet wird.[13]

11 **Privatrechtlich** ist ein Rechtsverhältnis, das unmittelbar nicht von der Zugehörigkeit der Beteiligten zu einem staatlichen oder aus der Staatsgewalt abgeleiteten Gemeinwesen beherrscht wird, sondern von ihren individuellen Interessen auf der Basis der **Gleichordnung.**[14] Umgekehrt (oder korrespondierend) wird die öffentlich-rechtliche Streitigkeit definiert als Streitigkeit aus einem Verhältnis, in dem der einzelne Beteiligte kraft seiner Unterwerfung unter die Gewalt des Staates (oder einer sonstigen öffentlichen Gemeinschaft) zu dieser öffentlichen Gewalt oder ihren Trägern oder den der gleichen Gewalt Unterworfenen steht (Rn. 88 ff.).

12 Die Kriterien für die Bestimmung der Rechtsnatur der Streitigkeit nach § 13 GVG und § 40 VwGO sind somit letztlich gleich. Damit entbehrt die Abgrenzung externer Anknüpfungsmöglichkeiten und erhält bei immer feiner werdenden Unterscheidungsversuchen zunehmend voluntative oder zufällige Züge, die sich für die Parteien in Grenzfällen gelegentlich dem Würfelspiel nähern. Auch Ansätze für allgemeinere Beurteilungskriterien über die Auflistung der RSpr hinaus können für sich allein keine Gewissheit geben, sondern machen stets eine Gesamtschau erforderlich.

13 **II. Kriterium der Gleichordnung.** Eine bürgerliche Rechtsstreitigkeit setzt grundsätzlich voraus, dass die am Rechtsverhältnis Beteiligten sich **rechtlich gleichberechtigt,** im Verhältnis der Gleichordnung, gegenüberstehen.[15] Das ist auch dann anzunehmen, wenn Körperschaften des öffentlichen Rechts zur Erreichung ihrer hoheitlichen Ziele sich bürgerlich-rechtlicher Formen bedienen[16] oder auf den Abschluss eines Vertrags zwischen Gleichgeordneten hinwirken.[17] Umgekehrt ist dann, wenn einer der Beteiligten dem anderen **hoheitlich gegenübertritt,** damit einseitig in den Rechtsbereich des Anderen eingreifen kann (Subjektionstheorie),[18] verbindliche Verwaltungsakte setzen und Zwangsbefugnisse ausüben kann,[19] seine Anordnungen unmittelbar ohne Inanspruchnahme der Gerichte zwangsweise durchsetzen kann, der ordentliche Rechtsweg ausgeschlossen,[20] ebenso, wenn in dem zu beurteilenden Verhältnis der einzelne Beteiligte unmittelbar kraft seiner Unterwerfung unter die Gewalt des Staates oder einer sonstigen Person des öffentlichen Rechts in Beziehung zu dieser öffentlichen Gewalt oder ihren Trägern oder zu den der gleichen Gewalt Unterworfenen steht.[21] Die Tätigkeit einer **Hoheitsverwaltung,** einer öffentlich-rechtlichen Behörde ist aber nicht stets schon deshalb auch Ausübung hoheitlicher Gewalt und damit als innerhalb eines öffentlich-rechtlichen Verhältnisses geschehend zu qualifizieren;[22] sie kann sich

---

[12] *StJ/Schumann,* 20. Aufl., Einl. Rn. 343.
[13] GemS BGHZ 67, 85; BVerwG NVwZ 1991, 774 mit Anm. *Bachof* JZ 1991, 621; BAGE 49, 303 = NJW 1986, 210.
[14] Vgl. BGHZ 67, 81 = NJW 1976, 1941; *StJ/Schumann,* 20. Aufl., Einl. Rn. 345; *MünchKomm-ZPO/Wolf* Rn. 7; *Eyermann/Rennert* § 40 VwGO Rn. 41 ff.; *Redeker/von Oertzen* § 40 VwGO Rn. 8.
[15] BGHZ 14, 222, 226 = NJW 1954, 1486; Z 67, 81, 86 = NJW 1976, 1941.
[16] BGHZ 14, 222 = NJW 1954, 1486; Z 20, 77 = NJW 1956, 670; BGH NJW 1992, 171.
[17] BGH NJW 1967, 1318.
[18] BGHZ 14, 222, 226 = NJW 1954, 1486; Z 41, 264 = NJW 1964, 1472; Z 66, 229 = NJW 1976, 1794; Z 67, 81 = NJW 1976, 1941.
[19] *Zöller/Gummer* Rn. 15.
[20] BGHZ 14, 222, 227 = NJW 1954, 1486.
[21] BGHZ 35, 175, 177 = NJW 1961, 1356.
[22] BGHZ 14, 222, 226 = NJW 1954, 1486.

auch auf privatrechtlicher Ebene abspielen[23] (vgl. Rn. 62). Hierfür bedarf es aber besonderer Umstände, wenn eine solche Behörde im Rahmen ihrer typischen hoheitlichen Aufgaben handelt.[24] So ist bei Streit um die Erteilung einer Prüfbescheinigung über den Schlagwetterschutz im Bergbau der Verwaltungsrechtsweg auch dann gegeben, wenn die Prüfstelle einer Person des privaten Rechts zugehört.[25] Andererseits steht der Annahme privatrechtlichen Handelns nicht entgegen, dass eine Behörde öffentlich-rechtlichen Bindungen unterliegt; **öffentlich-rechtliche Bindungen des privatrechtlichen Handelns sind nicht rechtswegbestimmend.**[26] Auch ist ein Rechtsverhältnis nicht schon deshalb öffentlich-rechtlich, weil es durch Verwaltungsakt begründet worden ist (vgl. Rn. 70, 96); es kommt allein auf den Inhalt und die daraus abgeleiteten Rechtsfolgen an, die von der Begründung scharf zu trennen sind, z.B. Anbietungspflicht des Importeurs an die Einfuhr- und Vorratsstelle einerseits, Inhalt des Vertrags nach der Annahme andererseits.[27] Umgekehrt kann ein Anspruch auch dann öffentlich-rechtlich sein, wenn die Beteiligten einander gleichgeordnet gegenüberstehen, z.B. Streitigkeiten zwischen Arbeitnehmer und Arbeitgeber im Sozialversicherungsrecht.[28]

III. Kriterium der maßgebenden Rechtsnorm. Die für das Rechtsverhältnis der Beteiligten als bürgerlich-rechtlich maßgebenden Rechtsnormen dürfen nach wohl h.M. nicht überwiegend der Gesamtheit dienen, also die Interessen der Gesamtheit gegenüber dem Einzelnen bevorzugen im allgemeinen Interesse.[29] Ein öffentlich-rechtliches Interesse aber macht die zu seiner Durchführung oder Wahrung gewählten Formen und Maßnahmen noch nicht deshalb allein zu öffentlich-rechtlichen.[30] Die Anwendung öffentlichen Rechts steht andererseits nicht unbedingt der Annahme der bürgerlich-rechtlichen Streitigkeit entgegen, wie umgekehrt es nicht entscheidend darauf ankommt, ob der Klageanspruch auf Rechtsvorschriften des bürgerlichen Rechts gestützt wird.[31] Entscheidend ist, durch welche Rechtssätze das Rechtsverhältnis maßgebend geprägt wird, wo der Schwerpunkt liegt.[32]

IV. Kriterium der erstrebten Rechtsfolge. Für die Qualifizierung des zwischen den Parteien bestehenden Rechtsverhältnisses als ein solches des bürgerlichen Rechts oder anderer Art ist die erstrebte Rechtsfolge in den seltensten Fällen ein exaktes Kriterium. Ein geltend gemachter vermögensrechtlicher Anspruch beinhaltet in Absage an die sog. **Fiskustheorie** noch nicht zwingend auch eine zugrunde liegende bürgerliche Rechtsstreitigkeit.[33] Auch das öffentliche Recht kennt Streitigkeiten über vermögensrechtliche Ansprüche, wie sich andererseits das bürgerliche Recht nicht auf vermögensrechtliche Ansprüche beschränkt.[34] Zwar ist oftmals die angestrebte Rechtsfolge ein deutliches Indiz für die Rechtsnatur, indessen ist der Rechtsweg zu den ordentlichen Gerichten immer dann ausgeschlossen, wenn die Aufhebung eines Verwaltungsakts begehrt oder in sonstiger Weise auf das hoheitliche Handeln eines Verwaltungsträgers Einfluss genommen werden soll.[35] – Die oft betonte Sachkunde und **Sachnähe des Gerichts,** denen bei der Abgren-

---

[23] BGHZ 20, 77 = NJW 1956, 670; Z 33, 251 = NJW 1961, 359; Z 34, 88 = NJW 1961, 606.
[24] BGHZ 4, 266 = NJW 1952, 466; Z 34, 88 = NJW 1961, 606; Z 57, 130 = NJW 1972, 210.
[25] BVerwG NVwZ-RR 1991, 330.
[26] BVerwG NVwZ 1990, 754; NVwZ 1991, 59; BezG Dresden DÖV 1992, 975.
[27] BGHZ 20, 77 = NJW 1956, 670.
[28] Vgl. GemS NJW 1974, 2087.
[29] BGHZ 49, 282 = NJW 1968, 893; BGH NJW 1997, 328; BVerwGE 5, 325; *BL/Hartmann* Rn. 8; *Redeker/von Oertzen* § 40 VwGO Rn. 6 ff.
[30] BGHZ 41, 264 = NJW 1964, 1472.
[31] BGHZ 49, 282 = NJW 1968, 893; Z 67, 81 = NJW 1976, 1941.
[32] BGHZ 49, 282 = NJW 1968, 893; Z 56, 365 = NJW 1971, 1842; Z 67, 81 = NJW 1976, 1941; BVerwGE 12, 64.
[33] Vgl. RGZ 129, 288.
[34] *Zöller/Gummer* Rn. 14.
[35] BGHZ 67, 81, 85 = NJW 1976, 1941.

zung der Rechtswege besondere Bedeutung zukomme,[36] ist indessen als Kriterium für den Einzelfall ungeeignet, auch angesichts der Rechtswegüberschreitungen und der besonderen Zuweisungen (vgl. Rn. 102); ihre Bedeutung liegt in den rechtspolitischen Vorüberlegungen für konkrete gesetzliche Zuweisungen und kann allenfalls in Zweifelsfragen stützend herangezogen werden.[37]

16 **V. Aktueller Meinungsstand.** In einer kaum noch überblickbaren Entwicklung der RSpr über viele Jahrzehnte, verbunden mit gleichermaßen umfangreicher wissenschaftlicher Literatur, ist, kulminierend und vorläufig abschließend, in vier Entscheidungen des GemS, folgende Gesamtkonzeption entwickelt worden:[38] Ob eine Streitigkeit öffentlich-rechtlich oder bürgerlich-rechtlich ist, richtet sich, wenn eine ausdrückliche Rechtswegzuweisung des Gesetzgebers fehlt, **nach der Natur des Rechtsverhältnisses, aus dem der Klageanspruch hergeleitet wird.** Entscheidend ist die wahre Natur des Anspruchs, wie er sich nach dem Sachvortrag des Klägers darstellt, und nicht, ob dieser sich auf eine zivilrechtliche oder eine öffentlich-rechtliche Anspruchsgrundlage beruft (vgl. § 17 Rn. 17). Dabei kommt es regelmäßig darauf an, ob die an der Streitigkeit Beteiligten zueinander in einem hoheitlichen Verhältnis der **Über- und Unterordnung** stehen und ob sich der Träger hoheitlicher Gewalt der besonderen Rechtssätze des öffentlichen Rechts bedient, oder ob er sich den für jedermann geltenden zivilrechtlichen Regelungen unterstellt. Doch kann aus einem Gleichordnungsverhältnis noch nicht ohne weiteres auf eine bürgerlich-rechtliche Streitigkeit geschlossen werden, weil auch dem öffentlichen Recht eine gleichgeordnete Beziehung zwischen Berechtigtem und Verpflichtetem nicht fremd ist. So liegt es im Wesen auch des **öffentlichen Vertrags,** dass sich die Vertragsparteien grundsätzlich gleichgeordnet gegenüberstehen. Für die Abgrenzung von öffentlich-rechtlichem und privatrechtlichem Vertrag kommt es daher auf dessen Gegenstand und Zweck an (vgl. Rn. 61). Die Rechtsnatur des Vertrags bestimmt sich danach, ob der Vertragsgegenstand dem öffentlichen oder dem bürgerlichen Recht zuzurechnen ist. Solche Verhältnisse werden als öffentlich-rechtlich angesehen, wenn die das Rechtsverhältnis beherrschenden Rechtsnormen überwiegend den Interessen der Allgemeinheit dienen, wenn sie sich nur an Hoheitsträger wenden oder wenn der Sachverhalt einem Sonderrecht der Träger öffentlicher Aufgaben unterworfen ist und nicht Rechtssätzen, die für jedermann gelten. Dabei ist zu beachten, dass im öffentlichen Recht oft nur eine verhältnismäßig geringe Regelungsdichte ohne durchformulierte Anspruchsnormen besteht, es ist nur unvollkommen kodifiziert. Dabei ist für den öffentlich-rechtlichen Vertrag zwischen einem Träger öffentlicher Verwaltung und einer Privatperson typisch, dass er an die Stelle einer sonst möglichen Regelung durch Verwaltungsakt tritt. Allein daraus, dass eine vertragliche Regelung zur Erbringung einer einem öffentlich-rechtlichen Rechtsträger auferlegten Pflicht gesetzlich vorgesehen ist, lässt sich noch nicht der öffentlich-rechtliche Charakter eines solchen Vertrags entnehmen, soweit nicht gegensätzliches ausdrücklich bestimmt ist. Auch aus der Bestimmung einer Aufgabe als öffentliche Aufgabe folgt noch nicht der öffentlich-rechtliche Charakter des zu ihrer Erfüllung abgeschlossenen Vertrags, z.B. eines Beschaffungsvertrags. Zwar wird im Allgemeinen eine öffentlich-rechtliche Aufgabe auch mit Mitteln des öffentlichen Rechts und mit öffentlich-rechtlichen Maßnahmen wahrgenommen und erfüllt werden. Die Beschaffung der erforderlichen Mittel für die Erfüllung hoheitlicher Aufgaben vollzieht sich aber grundsätzlich nach den Regeln des Privatrechts.

---

[36] GemS NJW 1974, 2087; BGHZ 67, 81 = NJW 1976, 1941; Z 72, 56 = NJW 1978, 2091; Z 103, 255 = NJW 1988, 1731; *Zöller/Gummer* Rn. 21 f.; *Wieczorek/Schreiber* Rn. 10.
[37] GemS NJW 1974, 2087.
[38] BGHZ 97, 312 = NJW 1986, 2359; Z 102, 280 = NJW 1988, 2295; Z 108, 284 = NJW 1990, 1527; NJW 1988, 2297; stRSpr, vgl. BGH NJW 1998, 2743.

C. Grenzfälle

I. Vorfragen. 1. Unumstritten ist im Grundsatz die Kompetenz des jeweils angerufenen Gerichts, über **Vorfragen** (bedingende – präjudizielle – Rechtsverhältnisse im Sinne der §§ 148 ZPO, 94 VwGO, 144 Abs. 2 SGG) **zu entscheiden,** die, wären sie Hauptfrage, in den Zuständigkeitsbereich eines anderen Gerichts fielen. Dies gilt für alle Gerichtsbarkeiten unabhängig davon, welchen Rechtsgebieten die Vorfragen zuzuordnen sind. Denn die Gerichte haben über den Streitgegenstand eine einheitliche und endgültige Entscheidung unter Würdigung des gesamten Sachverhalts zu treffen. Sie können den Rechtsstreit **aussetzen,** falls die Vorfrage den Gegenstand eines bei einem anderen Gericht anhängigen Prozesses bildet, sind hierzu aber regelmäßig nicht verpflichtet;[39] Ausnahmen ergeben sich gelegentlich kraft gesetzlich normierten Aussetzungszwanges.[40] Die Vorfragen-Kompetenz kollidiert nicht mit den gesetzlichen Zuständigkeitsregeln. Das die Vorfrage entscheidende Gericht greift nicht in die Kompetenz eines anderen Gerichts ein, weil die Entscheidung über die Vorfrage nicht in Rechtskraft erwächst.[41] Die Vorfragen-Kompetenz liegt auch im Sinne der Prozessökonomie, da sie hilft, Doppelprozesse zu vermeiden.[42]

Schwierigkeiten ergeben sich aber bei der Beurteilung, ob eine Vorfrage oder Hauptfrage betroffen ist.[43] Es kommt hierfür auf den Streitgegenstand an, das Klagebegehren, das die Hauptfrage bildet, und insoweit nach h. M. auf das schlüssige Vorbringen des Klägers (§ 17 Rn. 17). Abgesehen davon, dass gegen die formale Anknüpfung der Zuständigkeit an den schlüssigen Vortrag des Klägers im Interesse des Beklagtenschutzes Bedenken bestehen,[44] lässt sich allein mit dieser Anknüpfung die Trennung von Vor- und Hauptfragen doch nicht immer lösen. In problematischen Einzelfällen ist auf deren besondere Sachumstände abzustellen. Streitigkeiten darüber, ob Vor- oder Hauptfrage betroffen ist, kommen insbesondere im Verhältnis der Zivilgerichte zu den VG vor, und zwar, wenn zuvor ein Verwaltungsakt erging (vgl. Rn. 38).

2. Schwierig zu beantworten ist die Frage, ob und inwieweit das angerufene Gericht an **Vorentscheidungen** anderer Gerichte oder Verwaltungsbehörden über die Vorfrage **gebunden** ist.[45]

Urteile und Verwaltungsakte haben eine **Bindungswirkung** für andere Gerichte und Behörden in den Grenzen ihrer Rechtskraft.[46] Ist z.B. eine Ehe rechtskräftig geschieden, so muss in einem späteren Verfahren hiervon ausgegangen werden, ebenso wenn jemandem durch rechtsgestaltenden Verwaltungsakt die Beamteneigenschaft verliehen oder entzogen wird, ihm die Staatsbürgerschaft verliehen wird, ihm ein Patent oder eine Konzession erteilt wird usw. Das gilt auch für Entscheidungen im Normenkontrollverfahren nach § 47 VwGO.[47] Auch ein Negativattest ist ein bindender gestaltender Verwaltungsakt, wenn es nach den Umständen des

---

[39] BVerfG NStZ 1991, 88; vgl. BB 1990, 1044.
[40] Vgl. *Schmidt* NJW 1977, 10; *Keilholz* NJW 1977, 1330; *Kissel*, FS Pfeiffer, 1988, S. 189.
[41] Vgl. *Zöller/Gummer* Rn. 42; *StJ/Schumann*, 20. Aufl., Einl. Rn. 350.
[42] BGHZ 57, 96 = NJW 1972, 107; Z 70, 295 = NJW 1978, 949.
[43] Vgl. hierzu *Bachof* SJZ 1949, 378, 385; *Meiss* SJZ 1947, 82; MDR 1947, 222; *Bettermann* MDR 1947, 44; 224.
[44] Vgl. *Bötticher,* Festschrift, S. 511, 541.
[45] *Nicklisch,* Bindung; *Jesch,* Die Bindung des Zivilrichters an Verwaltungsakte, 1956; *Kuttner,* Urteilswirkungen außerhalb des Zivilprozesses, 1914; *Schwab* ZZP 1964, 124; *Bötticher,* Festschrift, S. 511; DVBl. 1960, 321 ff.; *Brox* ZZP 1960, 46; *Geiger,* Staatsbürger, 183; *Mohrbutter* JZ 1971, 283; *Bruns,* FS Lent, 1957, S. 107, jeweils m. w. N.
[46] BGH NJW 1992, 313; 1995, 2993; NJW-RR 2007, 398; BVerwGE 8, 283; *Zöller/Gummer* Rn. 44; *BL/Hartmann* Rn. 16; *Rosenberg/Schwab/Gottwald* § 10 II und § 14 IV 2; eingehend *Nicklisch* aaO.
[47] BGH DÖV 1982, 42.

Einzelfalls endgültig die Rechtslage klarstellen will und damit einer Genehmigung gleichzusetzen ist.[48]

21 Die gestaltenden Urteile oder Verwaltungsakte sind rechtserzeugende oder rechtsverändernde Tatbestände. Da das Gesetz die Gestaltung allein an das Vorliegen eines wirksamen Staatsaktes – und nicht an dessen inhaltliches Zustandekommen – knüpft, haben Gerichte und Behörden kraft ihrer Bindung an das Gesetz auch die Gestaltung anzuerkennen, solange der Staatsakt nicht in dem dafür vorgesehenen Verfahren förmlich aufgehoben oder zumindest ein Rechtsmittel mit aufschiebender Wirkung gegen ihn eingelegt ist.[49] Die **Tatbestandswirkung** eines Verwaltungsaktes setzt nicht seine Wirksamkeit gegenüber allen Adressaten oder Betroffenen voraus. Bei ihr geht es nicht um eine Bindung kraft Beteiligung am Verwaltungsverfahren, sondern darum, dass ein Bescheid als staatlicher Hoheitsakt mit dem von ihm in Anspruch genommenen Inhalt von allen rechtsanwendenden Stellen zu beachten und eigenen Entscheidungen zugrunde zu legen ist; hierfür genügt es, dass der Verwaltungsakt überhaupt existent geworden ist.[50] Für die bindende Gestaltungswirkung ist allein ausschlaggebend die durch den wirksamen Hoheitsakt entstandene (neue) Rechtslage, ohne dass außerhalb eines dafür vorgesehenen Rechtsmittelverfahrens überprüft werden kann, ob der Erlass des Hoheitsaktes rechtlich gerechtfertigt war (mit Ausnahme der immer überprüfbaren **Nichtigkeit, Rn. 23**). Selbst wenn bei rechtskräftiger Ehescheidung ein anderes Gericht oder eine Behörde der Ansicht wären, es habe gar kein Ehescheidungsgrund vorgelegen, oder wenn der Strafrichter bei einem wegen eines Beamtendelikts Angeklagten meint, dieser habe gar nicht zum Beamten ernannt werden dürfen, so ist dies unerheblich, weil eine Bindung an die Tatsache des erlassenen Hoheitsaktes und der durch ihn gestalteten Rechtslage besteht. Die Gestaltung ist in einem späteren Verfahren bereits Bestandteil des zugrundeliegenden Sachverhaltes. Insoweit kann man die bestehende Bindung auch als Tatbestandswirkung der gestaltenden Entscheidungen ansehen.[51]

22 Die **reine Tatbestandswirkung**, die jedem Urteil oder Verwaltungsakt zukommt, besagt nur, dass bei der Sachverhaltsermittlung in einem anderen Verfahren die Tatsache des ergangenen Urteils oder Verwaltungsaktes nicht zu leugnen ist. Es ist dem Gesetzgeber generell nicht verwehrt, Verwaltungsakten Tatbestandswirkung beizulegen; er darf auf diese Weise aber nicht den Rechtsschutz beliebig einschränken.[52] So ist nach §§ 580 Nr. 1 bis 5, 581 ZPO eine Wiederaufnahmeklage möglich, wenn eine rechtskräftige Verurteilung z.B. des Gegners wegen eines Eidesdeliktes stattgefunden hat; hier reicht allein die Tatsache der Verurteilung aus. Ob eine solche Tatbestandswirkung gewollt ist, ist durch Auslegung der gesetzlichen Norm zu ermitteln.[53] Die Gestaltungswirkung ist der Tatbestandswirkung insoweit gleichzusetzen, als jeweils nur das Vorliegen eines wirksamen Urteils oder Verwaltungsaktes als Tatsache genügt, um die Bindung auszulösen. Die Tatbestandswirkung aber, die für jede Art von Urteil oder Verwaltungsakt in Betracht kommen kann, ist nur dann von Bedeutung, wenn eine gesetzliche Norm tatbestandsmäßig gerade das Vorliegen eines Urteils oder Verwaltungsaktes fordert, während die Gestaltungswirkung rechtsgestaltender Urteile oder Verwaltungsakte grundsätzlich (Ausnahme Rn. 23, 24) Gerichte und Behörden immer bindet.

---

[48] Vgl. BGH VersR 1969, 447; BGHZ 1, 294, 301; BGH BB 1955, 876; BVerwGE 5, 312 = NJW 1958, 884; für eine nicht gewollte Bindung BGHZ 44, 325 = NJW 1966, 652; Bedenken generell bei *Scholz* NJW 1951, 645.
[49] BGH NJW 1991, 701; NJW-RR 2007, 398.
[50] BGH NJW 1998, 3055.
[51] *Geiger*, Staatsbürger, 183, 196; *Bötticher*, Festschrift, S. 511, 515; *Bachof* JZ 1952, 211, 213; *Eyermann/Rennert* § 42 VwGO Rn. 109; BGHZ 9, 129 = NJW 1953, 862; BayObLGSt 1971, 97.
[52] BVerfGE 83, 182 = NJW 1991, 1878.
[53] Vgl. *Brox* ZZP 1960, 46.

Keine Bindung an rechtsgestaltende Urteile und Verwaltungsakte besteht in 23 den seltenen Ausnahmefällen, in denen diese **nichtig** sind (und nicht nur anfechtbar), was der später angerufene Richter, wie allgemein bei Nichtigkeit, selbst entscheiden kann.[54] Nichtigkeit ist nach allgemeiner Ansicht nur dann gegeben, wenn das Urteil oder der Verwaltungsakt „auf so grobe Weise fehlerhaft ist, dass er gesetzlich überhaupt nicht gerechtfertigt werden kann und von jedermann als rechtsunwirksam zu erkennen ist".[55]

Bei Verwaltungsakten – auch bei rechtsgestaltenden – ergibt sich eine weitere Einschränkung dann, wenn das später mit der Sache befasste Gericht in eigener Zuständigkeit gerade dessen Rechtswidrigkeit (nicht nur dessen Rechtswirksamkeit) zu überprüfen hat, so z. B. in Strafverfahren, wenn der Straftatbestand auf die Rechtswirksamkeit abstellt, z. B. §§ 113, 352, 353 StGB,[56] oder in Zivilprozesssachen kraft Zuweisung z. B. die Frage einer Amtspflichtverletzung, die gerade auch bei rechtswidrigem Erlass eines Verwaltungsaktes gegeben sein kann, zu überprüfen ist[57] (Rn. 102). 24

Schließlich entfällt eine Bindung nach allgemeinen Grundsätzen auch dann, wenn 25 das (auch rechtsgestaltende) Urteil oder der (auch rechtsgestaltende) Verwaltungsakt und damit die Rechtswirkung von demjenigen **arglistig herbeigeführt** worden ist, zu dessen Gunsten die Entscheidung wirkt und ein Dritter hierdurch Nachteile erleiden würde – was ebenso gilt, wenn von beiden Parteien die Entscheidung arglistig herbeigeführt worden ist.[58]

Die Bindung der Gerichte an **lediglich feststellende** Urteile und Verwaltungs- 26 akte kann sich aus der Rechtskraft der Entscheidung ergeben[59] sowie aus deren Tatbestandswirkung (Rn. 22). Hier finden sich unterschiedliche Bindungen auch je nachdem, welche Gerichtsbarkeiten und Entscheidungen betroffen sind. Generell ist davon auszugehen, dass **rechtskräftige Urteile** jedes Gerichts andere Gerichte und Behörden binden, soweit unter denselben Parteien erneut über die bereits entschiedene Sache im Rahmen einer Vorfrage gestritten wird. Denn das später mit dieser Sache befasste Gericht ist schon inzident deshalb gebunden, weil die Parteien gebunden sind und wegen der Rechtskraftwirkung nicht mehr geltend machen können, der erste Rechtsstreit sei unrichtig entschieden.[60] Für die Bindungswirkung rechtskräftiger Entscheidungen ist es schon wegen der nach Art. 92, 95 GG bestehenden Gleichwertigkeit der Gerichte (Rn. 6) unerheblich, ob die Verfahrensmaximen der Gerichtsbarkeit des zweiten, über eine Vorfrage mit dem schon entschiedenen Rechtsstreit befassten Gerichts denjenigen entsprechen, auf Grund deren das erste Gericht entschieden hat. Es kann eine Bindung an eine rechtskräftigen Entscheidung nicht deshalb verneint werden, weil das über die rechtskräftig entschiedene Vorfrage urteilende Gericht im Rahmen der Offizialmaxime tätig wird, während die rechtskräftige Entscheidung in einem Verfahren mit Parteimaxime ergangen ist.[61] Dies muss auch für rechtskräftige Versäumnis-, Anerkenntnis- und Verzichtsurteile gelten.[62] Dies gilt auch, soweit eine Rechtskrafterstreckung auf Dritte (Personen oder Behörden) nach allgemeinen Grundsätzen in Frage kommt.[63]

---

[54] BGH NJW 1991, 701; *BL/Hartmann* Rn. 16; *Zöller/Gummer* Rn. 46.
[55] BGHZ 73, 114 = NJW 1979, 597.
[56] Vgl. *LR/Gollwitzer* § 262 StPO Rn. 17; *Lorenz* DVBl. 1971, 165, 172.
[57] Grundlegend BGHZ 9, 129 = NJW 1953, 862.
[58] *Bötticher,* Festschrift, S. 511, 537; *Schwab* ZZP 1964, 124, 159.
[59] Vgl. *Brox* ZZP 1960, 46; *Bötticher,* Festschrift, S. 511; *Geiger,* Staatsbürger S. 183; aber auch im Rahmen der Drittwirkung der Rechtskraft, *Schwab* ZZP 1964, 124.
[60] Vgl. grundsätzlich BGHZ 9, 329 = NJW 1953, 1103; Z 10, 220 = NJW 1953, 1667; Z 13, 378, 387; Z 15, 17 = NJW 1954, 1807; Z 20, 379 = NJW 1956, 1358; *Schwab* ZZP 1964, 124, 157; *Brox* ZZP 1960, 46; *Zöller/Gummer* Rn. 44; *Rosenberg/Schwab/Gottwald* § 14 IV 2, 3; *StJ/Leipold* § 322 ZPO Rn. 295 ff.
[61] *Bötticher,* Festschrift, S. 511, 517; 535 für feststellende Urteile.
[62] *Bötticher,* Festschrift, S. 511, 536 m. w. N.
[63] Vgl. hierzu *Schwab* ZZP 1964, 124.

27   **3. Abgrenzung der Zivilgerichtsbarkeit zur Strafgerichtsbarkeit.** Häufig muss der Zivilrichter über strafrechtliche Vorfragen entscheiden, z. B. innerhalb der Prüfung eines Anspruchs aus § 823 Abs. 2 BGB (Verletzung eines Schutzgesetzes, das einen Straftatbestand bildet). Der Zivilrichter ist hier in seiner Beurteilung frei. Er kann zwar nach § 148 ZPO den Rechtsstreit aussetzen, weil ein Strafverfahren anhängig ist, ist aber nach § 14 Abs. 2 Nr. 1 EGZPO, auch wenn ein Strafurteil während der Aussetzungsfrist ergangen ist, an die tatsächlichen Feststellungen des Strafrichters nicht gebunden, ebenso wenig wie an dessen rechtliche Beurteilung. Streitgegenstand im Strafverfahren ist nämlich ein anderer als im Zivilverfahren (hier Strafanspruch des Staates, dort Ansprüche der Parteien untereinander). Demgemäß erwächst auch bei rechtskräftiger Verurteilung im Strafprozess nur der staatliche Strafanspruch in Rechtskraft, nicht aber die ihm zugrundeliegenden Feststellungen des Gerichts, z. B. dass der Angeklagte einen Diebstahl tatsächlich begangen hat, ebenso wie bei einem Freispruch nicht in allseitige Rechtskraft erwächst, dass der Angeklagte den Diebstahl nicht begangen hat, sondern nur, dass kein staatlicher Strafanspruch besteht. Schon deshalb kommt eine Bindung anderer Gerichte an Entscheidungen der Strafgerichte, d. h. an deren Feststellungen und rechtliche Würdigungen, nicht in Betracht.[64] Bei engem rechtlichen und sachlichen Zusammenhang von Zivil- und Strafverfahren darf der Zivilrichter rechtskräftige Strafurteile aber nicht völlig unberücksichtigt lassen, sondern muss sich mit deren Feststellungen bei der eigenen Beweiswürdigung auseinandersetzen.[65]

28   Eine andere Frage ist, dass der Zivilrichter die Tatsache eines rechtskräftigen Strafurteils als solche zu beachten hat, was dann von Bedeutung ist, wenn eine zivilrechtliche oder zivilprozessuale Norm hieran eine Rechtsfolge knüpft, z. B. §§ 580, 581 ZPO. Dies aber ist nicht eine inhaltliche Bindung, sondern lediglich Tatbestandswirkung des Strafurteils[66] (Rn. 22)

29   Die Kompetenz des Strafrichters, über **zivilrechtliche Vorfragen** zu entscheiden, ist in § 262 StPO ausdrücklich normiert, aber mit der Einschränkung, dass der Strafrichter an die prozessualen Verfahrensgrundsätze der StPO gebunden ist, die wegen der Besonderheiten des Strafprozesses grundsätzlich auch dann gelten, wenn ein rechtskräftiges Zivilurteil vorliegt.[67] Die Schwierigkeiten ergeben sich deshalb gerade bei der Frage der Freiheit in der Entscheidung über Vorfragen bzw. der Bindung an rechtskräftige Zivilurteile. Unumstritten besteht Letztere bei Gestaltungsurteilen[68] (vgl. Rn. 20).

30   Hinsichtlich der einem Gestaltungsurteil nahekommenden Entscheidungen, die für und gegen alle Rechtskraft wirken, wie solche im Statusverfahren nach §§ 1600a ff. BGB, §§ 640 ff. ZPO, nimmt die RSpr überwiegend eine Bindung des Strafrichters an die Urteile, die Rechtskraft für und gegen alle wirken, an, d. h. sie verneint ein Recht des Strafrichters, in Verfahren wegen Verletzung der Unterhaltspflicht erneut zu prüfen, ob der im Wege des Statusverfahrens als Vater festgestellte Angeklagte tatsächlich der Vater des Kindes ist.[69] Das Gleiche gilt für die Unterhaltsverpflichtung des Ehemannes für das während des Bestehens der Ehe geborene Kind, dessen Ehelichkeit erfolglos angefochten wurde, und bei letzterem ist es gleich, ob wegen Fristversäumnis oder wegen tatsächlich festgestellter Vaterschaft.[70] Wird die

---

[64] *Bruns,* FS Lent, 1967, S. 107, 121; *Bachof* SJZ 1949, 378, 394; *Brox* ZZP 1960, 46, 58; vgl. auch *Bötticher,* Festschrift, S. 511, 524.
[65] BGH NJW-RR 2005, 1024.
[66] Vgl. *Bettermann* Anm. zu BGH MDR 1954, 35; 7; *Rosenberg/Schwab/Gottwald* § 10 II.
[67] BGHSt 5, 106 = NJW 1954, 81; OLG Bremen NJW 1964, 1286; *Rosenberg/Schwab/Gottwald* § 10 II.
[68] *Rosenberg/Schwab/Gottwald* § 10 II; *KK/Engelhardt* § 262 StPO Rn. 5.
[69] Vgl. BGH NJW 1975, 1232; OLG Stuttgart NJW 1973, 2305; 1975, 1233; OLG Hamm NJW 1975, 456; OLG Frankfurt FamRZ 1974, 162; ebenso *Rosenberg/Schwab/Gottwald* § 10 II; *KK/Engelhardt* § 262 StPO Rn. 4; vgl. auch *Eggert* MDR 1979, 448, der reine Tatbestandswirkung annimmt.
[70] Vgl. BGHZ 12, 166 = NJW 1959, 303; OLG Stuttgart NJW 1973, 2305.

Ehelichkeit nicht angefochten, so ergibt sich die Unterhaltspflicht bereits aus dem materiellen Recht, wobei allerdings das Strafverfahren mit einer Frist zur Erhebung der Ehelichkeitsanfechtungsklage ausgesetzt werden kann, wenn der Angeklagte die Ehelichkeit des Kindes bestreitet.

Wirkt die zivilgerichtliche Entscheidung nicht für und gegen alle, sondern nur zwischen den Parteien, besteht eine solche Bindung grundsätzlich nicht. Jedoch ist der Strafrichter insoweit gebunden, als er bei gegenteiliger Entscheidung die materielle Rechtskraft des Zivilurteils unter den Parteien nicht beeinträchtigen darf.[71] Ist etwa in einem Zivilverfahren zwischen A und B das Eigentum des A rechtskräftig festgestellt worden, hat A die Sache dem B weggenommen und wird nunmehr wegen Diebstahls angeklagt, so hätte eine andere Beurteilung durch den Strafrichter zur Folge, dass der Angeklagte für ein Verhalten bestraft würde, auf das er sich nach dem rechtskräftigen Urteil dem „Geschädigten" gegenüber berufen kann. Dasselbe gälte, wenn eine Unterhaltsklage gegen A vor dem Zivilgericht ohne Statusverfahren abgewiesen worden ist und er nun wegen Verletzung der Unterhaltsverpflichtung angeklagt wird.[72] A müsste zur Vermeidung von Strafe Unterhaltszahlungen erbringen, obwohl zwischen ihm und B rechtskräftig feststünde, dass er diese nicht schuldet. Der strafprozessuale Grundsatz der Wahrheitserforschung ohne Behinderung gestattet dem Strafrichter nicht, unter Verstoß gegen § 322 ZPO in die Rechtskraft eines Zivilurteils in der Weise einzugreifen, „dass es den Parteien oder einer von ihnen nicht mehr möglich ist, dem Urteil nach zu leben",[73] wenn sich der Angeklagte also anders verhalten müsste, als ihm durch das rechtskräftige Zivilurteil gestattet oder aufgegeben worden ist. Dies gilt ebenso bei abweisenden Statusurteilen, wobei Voraussetzung allerdings immer ist, dass das Zivilurteil vor der Tat, deren der Angeklagte beschuldigt wird, ergangen ist.[74] Anders liegt der Fall, wenn der Strafrichter den nach § 170 StGB Angeklagten freisprechen will trotz rechtskräftigen Unterhaltsurteils – ohne Vorliegen eines Statusurteils; es kann sich um jede gesetzliche Unterhaltsverpflichtung handeln, nicht nur um diejenige gegenüber einem Kind. Hier griffe ein Freispruch nicht in die Rechtskraft des zivilgerichtlichen Urteils ein. Der Obsiegende im Zivilverfahren (Unterhaltsberechtigter) könnte trotz des Freispruchs aus dem rechtskräftigen Urteil ohne Nachteil weiter vollstrecken. Allein die Vermeidung widersprechender Entscheidungen reicht für eine Bindung – wie auch sonst – nicht aus.[75]

Die **Vorfragenkompetenz** des Strafrichters nach § 262 StPO bezieht sich über ihren Wortlaut hinaus **auf alle anderen Gerichtsbarkeiten**.[76] Für die Bindung des Strafrichters an rechtskräftige Urteile anderer als der Zivilgerichte gelten die oben dargelegten Grundsätze entsprechend.[77]

Für die Bindung des Strafrichters an **Verwaltungsakte** gilt zusätzlich: Außer der immer zu beachtenden Wirkung eines rechtsgestaltenden Verwaltungsaktes, z.B. einer Genehmigung[78] (Rn. 20), ist auch die Tatbestandswirkung (Rn. 22) zu beachten. Stellt ein Straftatbestand (was durch Auslegung zu ermitteln ist) allein auf das Vorliegen eines Verwaltungsaktes ab, hängt also hiervon die Strafbarkeit ab, so genügt immer schon dieses Faktum ohne inhaltliche Überprüfbarkeit durch den

---

[71] *Schwab* NJW 1960, 2169, 2172; ZZP 1964, 124, 155; *Rosenberg/Schwab/Gottwald* § 10 II.
[72] Vgl. hierzu OLG Stuttgart NJW 1960, 2204, das eine Bindung an das Unterhaltsurteil des Zivilgerichts verneint; weitere Beispiele bei *Schwab* NJW 1960, 2169.
[73] *Schwab* aaO.
[74] *Bötticher*, Festschrift, S. 511, 524, der bereits den Straftatbestand so auslegen möchte, dass die rechtskräftige Feststellung des Zivilurteils in ihn einzubeziehen ist; a.A. wohl *LR/Gollwitzer* § 262 StPO Rn. 9 m.w.N.
[75] Ebenso *Schwab* ZZP 1964, 124, 155; BayObLG NJW 1967, 1287.
[76] H.M., vgl. BayObLG DÖV 1960, 877 f.; *LR/Gollwitzer* § 262 StPO Rn. 13; *KK/Engelhardt* § 262 StPO Rn. 2; *Kissel*, FS Pfeiffer, S. 189.
[77] Vgl. *Bruns*, FS Lent, 1957, S. 107.
[78] *Horn* NJW 1988, 2335.

Strafrichter. Überprüfbar bleibt nur, wie allgemein (Rn. 23), die Wirksamkeit/ Nichtigkeit des Verwaltungsaktes.[79] Ist der wirksame Verwaltungsakt **sofort vollziehbar,** so spielt es auch keine Rolle, ob er angefochten worden ist, weil in diesen Fällen die Anfechtung keine aufschiebende Wirkung nach § 80 VwGO hat:[80] Der Angeklagte hatte gegen ein Parkverbot – Allgemeinverfügung – verstoßen und sich im Verwaltungsverfahren gegen dieses mit dem Antrag auf seine Beseitigung gewandt, was unabhängig vom Ausgang jenes Verfahrens nichts ändern konnte, weshalb auch eine Aussetzung nicht in Betracht kam.[81] Hat dagegen die Anfechtung eines Verwaltungsaktes nach § 80 VwGO aufschiebende Wirkung, so kann eine Aussetzung erfolgen und wird oftmals zweckmäßig sein.

34 4. Die Bindung des Strafrichters an rechtsgestaltende oder feststellende Verwaltungsakte, von denen die Strafbarkeit als Tatbestandsmerkmal abhängt, und damit die mangelnde Überprüfbarkeit solcher Verwaltungsakte auf ihre Rechtmäßigkeit durch den Strafrichter, begegnet keinen verfassungsrechtlichen Bedenken; es muss aber gewährleistet sein, dass der streitige Verwaltungsakt generell auf seine Rechtmäßigkeit hin überprüfbar ist, wobei es ausreicht, dass hierfür das verwaltungsgerichtliche Verfahren zur Verfügung steht.[82]

35 Wird der Verwaltungsakt nach Abschluss des Strafverfahrens durch ein VG ex tunc **aufgehoben,** so ist eine Wiederaufnahme möglich.[83] Die Ansicht, die RSpr sei nach Art. 92 GG den Richtern übertragen, so dass ein Verwaltungsakt nie bindend sein könne,[84] übersieht, dass der Verwaltungsrechtsweg zur Überprüfung der Verwaltungsakte zur Verfügung steht. Der Angeklagte hat es in der Hand, diese Überprüfung herbeizuführen.

36 5. Den umgekehrten Fall der **Bindung des VG an ein Strafurteil** behandelt eine Entscheidung des BVerwG.[85] Es hob einen Verwaltungsakt auf, durch den dem Kläger – einem Zahnarzt – die Bestallung entzogen worden war. Zuvor war er strafrechtlich verurteilt worden und ihm für fünf Jahre untersagt worden, zahnärztliche Helferinnen auszubilden. Das BVerwG führt aus, das Strafgericht habe den gesamten Sachverhalt, der auch der Entscheidung der den Verwaltungsakt erlassenden Behörden zugrunde lag, nachgeprüft und sei unter Würdigung dessen nur zu einer Einschränkung der Berufsausübung gekommen. Indem dem Kläger durch Verwaltungsakt die Berufsausübung insgesamt untersagt worden sei, sei die Rechtskraft des Strafurteils „überspielt" worden und der Kläger im Grunde zu einer von dem Strafgericht gerade nicht gewollten weit höheren Strafe „verurteilt" worden, obwohl der Kläger auf das Strafurteil habe vertrauen können. Dass aber hier die Verwaltungsbehörden angesichts des verschiedenen Streitgegenstandes nicht im Rechtssinne an die strafgerichtliche Entscheidung gebunden waren, steht außer Zweifel; beide Entscheidungen hätten im Ergebnis auch nebeneinander bestehen können.[86] Jedenfalls ist daran festzuhalten, dass eine Bindung an die Feststellungen und Sachverhaltswürdigungen des Strafrichters genauso wenig für die VG wie für

---

[79] H.M., vgl. BGHSt 21, 74 = NJW 1966, 1668; BayObLGSt 1971, 97; differenzierend *Lorenz* DVBl. 1971, 165, der auf den jeweiligen Schutzbereich der Strafnorm abstellt; a.A. generell *Mohrbutter* JZ 1971, 215; vgl. auch OLG Frankfurt NJW 1969, 1917: Parkverbot für andere als Konsulatsfahrzeuge; BGHZ 14, 240 = NJW 1954, 1602: keine Bindung, wenn der Verwaltungsakt ins Leere geht, hier: Fristverlängerung nach Fristablauf; BVerwG DÖV 1955, 763: fehlende Rechtsgrundlage für einen Verwaltungsakt.
[80] BGHSt 23, 86 = NJW 1969, 203.
[81] Vgl. auch OLG Hamburg JZ 1970, 586; BayObLGSt 1971, 93; OLG Stuttgart MDR 1968, 1027; OLG Karlsruhe Justiz 1957, 354, jeweils bezüglich eines Hausverbots durch eine Behörde bzw. durch den Rektor einer Universität.
[82] BVerfGE 22, 21 = NJW 1967, 1221; zum Teil abweichend BayObLG DÖV 1960, 877; wie die h.M. BayObLGSt 1971, 97.
[83] BVerfG aaO.
[84] *Mohrbutter* JZ 1971, 213.
[85] E 15, 282 = DVBl. 1963, 673.
[86] *Ule* DVBl. 1963, 675; *Eyermann* JuS 1964, 269.

die Zivilgerichte besteht.[87] Den Strafurteilen kommt nach allgemeinen Grundsätzen lediglich eine Tatbestandswirkung zu, die nur dann von Bedeutung ist, wenn eine verwaltungsrechtliche Norm gerade auf das Vorliegen eines Strafurteils abstellt.

6. Arbeitsgericht. Für die Vorfragenkompetenz und Bindung der **ArbG** an Entscheidungen anderer Gerichte und an Verwaltungsakte gelten die gleichen Grundsätze wie bezüglich der Zivilgerichte. Problematisch sind auch hier die Fälle der **Drittwirkung** der Rechtskraft. Ist z.B. zwischen A und B im Zivilverfahren ein rechtskräftiges Urteil dahin ergangen, dass A und nicht B Inhaber der Fa. X ist und klagt nunmehr ein Angestellter gegen B auf Gehaltszahlung vor dem ArbG,[88] so könnte B ohne Annahme einer Bindung entsprechend verurteilt werden, obwohl er keine Möglichkeit hätte, die Funktion des Inhabers der Firma zu übernehmen. B könnte nur seinerseits auf eine Klage aus § 812 BGB gegen A verwiesen werden. Dieses schwer erträgliche Ergebnis spricht dafür, hier eine Bindung des ArbG anzunehmen, was für alle Fälle vergleichbarer Drittwirkung zu gelten hat.[89] Auch das BAG hat die Drittwirkung im obigen Sinne bejaht:[90] Die Grenze liegt nur in dem von einer oder beiden Parteien des Vorprozesses arglistig erschlichenen Urteil. Die Zuständigkeitszersplitterung darf nicht dazu führen, dass derjenige, der in einen bestimmten Rechtsweg gezwungen wird, inzident beteiligten Dritten in einem Verfahren vor einem anderen Gericht diese Entscheidung nicht entgegenhalten kann.[91]

7. Verwaltungsgericht. Auch im Verhältnis der **VG** zu anderen Gerichten und umgekehrt gelten diese Grundsätze. Ist aber in einem Verfahren vor dem ordentlichen Gericht der Bestand eines Verwaltungsakts entscheidungserheblich, ist immer zu prüfen, ob inhaltlich eine zivilrechtliche Streitigkeit vorliegt und somit im Rahmen der Vorfragenkompetenz entschieden werden kann, oder ob es in Wahrheit lediglich um die Beseitigung des Verwaltungsaktes geht und damit eine öffentlich-rechtliche Streitigkeit betroffen ist, für die das Zivilgericht nicht zuständig ist. Denn die allgemein anerkannte Vorfragenkompetenz (Rn. 17) darf nicht dazu führen, dass auf diesem Weg die Zuständigkeit der Verwaltungsbehörden und VG umgangen wird. Wird eine in ihrem Kern verwaltungsrechtliche Streitigkeit in einen zivilrechtlichen Anspruch eingekleidet mit dem Ziel, einen Verwaltungsakt inzident außer Kraft zu setzen, so handelt es sich nur äußerlich um das Problem der Vorfragenkompetenz, tatsächlich jedoch um eine dem Zivilgericht entzogene Rechtsstreitigkeit. Hier geht es nicht um die innerhalb der Begründetheit zu entscheidende Frage, inwieweit das angerufene Gericht etwa an Verwaltungsakte oder andere Entscheidungen gebunden ist, sondern allein darum, ob der Rechtsweg zulässig ist, was oftmals nicht hinreichend unterschieden wird.[92] Bereits die Rechtswegzuständigkeit fehlt, wenn die **Vorfrage in Wahrheit Hauptfrage** ist, den eigentlichen Kern der Streitigkeit bildet. Das RG ging dabei im Grundsatz davon aus, dass in einem zivilrechtlichen Streit um die Rechtswirksamkeit eines Verwaltungsakts, soweit überprüfbar, bei einer Klage gegen Privatpersonen regelmäßig eine Vorfrage betroffen sei, bei einer Klage gegen die Behörde dagegen eine Hauptfrage, so dass der Rechtsweg nicht zulässig sei.[93] In diesem Fall muss der Klä-

---

[87] Vgl. allgemein *Bruns*, FS Lent, 1957, S. 107, 121.
[88] *Schwab* ZZP 1964, 124, 156.
[89] Ebenso im Ergebnis *Bötticher*, Festschrift, S. 511, 527, 537; a.A. wohl *Brox* ZZP 1960, 46, 59, der eine ausdrückliche Entscheidung des Gesetzgebers für notwendig hält, um über die Rechtskraftwirkung inter partes hinaus eine Bindung an rechtskräftige Urteile durch andere Gerichte herbeizuführen; vgl. auch *Geiger*, Staatsbürger, 183, 208.
[90] BAG JZ 1961, 386 m. zum Teil abl. Anm. *Bötticher* JZ 1961, 387.
[91] So auch *Schwab* ZZP 1964, 124, 157.
[92] Vgl. *Bachof* SJZ 1949, 378 m.w.N.
[93] RGZ 130, 268; Z 154, 144; ähnlich RGZ 162, 231; BGHZ 5, 69; vgl. *Bettermann* MDR 1947, 44; 224; *Meiss* SJZ 1947, 86; MDR 1947, 222; *Bötticher* DRiZ 1952, 4; krit., aber im Ergebnis ebenfalls dem RG folgend *Bachof* SJZ 1949, 378; *BL/Hartmann* Rn. 16; *Zöller/Gummer* Rn. 45; *Eyermann/Rennert* § 40 VwGO Rn. 39.

ger Rechtsschutz im verwaltungsrechtlichen Verfahren über die Anfechtung des Verwaltungsaktes suchen. Eine Ausnahme ließ das RG dann zu, wenn der Verwaltungsakt willkürlich und daher offensichtlich nichtig war. In diesem Fall soll der Kläger nicht gezwungen sein, zunächst den Verwaltungsrechtsweg zu durchlaufen, weil der jedermann gegenüber nichtige Verwaltungsakt keine Rechtswirkungen zeigen kann[94] (Rn. 23).

39 Ebenso entscheidet der BGH. Für eine Klage auf Herausgabe eines Grundstücks, das dem Allgemeinverkehr durch Verwaltungsakt gewidmet wurde, ist, auch wenn die Klage auf zivilrechtliche Anspruchsgrundlagen gestützt wird, der Rechtsweg nur zu dem VG gegeben, weil das eigentliche Ziel der Klage die Aufhebung des widmenden Verwaltungsaktes ist.[95] Pfändet das Finanzamt wegen rückständiger Steuern eine Buchgrundschuld und wird dies in das Grundbuch eingetragen, so ist für eine Löschungsklage, begründet mit nicht bestehender Steuerschuld, das Zivilgericht nicht zuständig.[96] Anderes gilt nur, wenn die Wirksamkeit eines Hoheitsaktes, der zu der Maßnahme geführt hat, nur Vorfrage in einem Rechtsstreit zwischen Privatpersonen ist.[97] Neben der ausnahmsweisen Zuständigkeit der ordentlichen Gerichte bei Vorliegen nichtiger Verwaltungsakte (Rn. 23) greift eine weitere Ausnahme dann ein, wenn die Behörde selbst durch den Verwaltungsakt begünstigt ist.[98] Sinn dieser RSpr ist vor allem zu verhindern, die Kompetenz der Zivilgerichte über nur vordergründig privatrechtliche Ansprüche, insbesondere auch auf dem Weg über eine Amtshaftungsklage, missbräuchlich zu erweitern.[99] Auch wenn der Begriff **missbräuchlicher Zuständigkeitserschleichung** für die Abgrenzung der Bereiche Zulässigkeit und Begründetheit Schwierigkeiten mit sich bringt, ist der RSpr zuzustimmen, soweit der Kläger im Verwaltungsrechtsweg gleichwertigen Rechtsschutz findet.[100]

40 8. UWG, GWB. Schwierigkeiten bereiten in diesem Zusammenhang Klagen von Privaten gegen die öffentliche Hand aus **UWG oder GWB.** hat Entgegen anderslautender RSpr[101] ist die Kollision von Wettbewerbsrecht und öffentlichem Recht keine Frage der Zulässigkeit des Rechtswegs, vielmehr sind (innerhalb der Begründetheit einer Klage gegen die öffentliche Hand) die Eigengesetzlichkeiten des durch das UWG geschützten Wettbewerbs und des hoheitlichen Handelns zur Erfüllung öffentlicher Aufgaben in Beziehung zueinander zu sehen, um über die Frage einer Sanktion im Sinne des Wettbewerbsrechts entscheiden zu können.[102] Dies gilt sowohl dann, wenn ein auf Privatrechtsebene liegendes **Wettbewerbsverhältnis** besteht, d. h. wenn die öffentliche Hand auf einem Markt anbietet, auf dem die Nachfragenden die freie Wahl zwischen den Leistungen der öffentlichen Hand und denjenigen eines privaten Mitbewerbers haben, als auch, wenn dies z.B. bei Anschlusszwang nicht möglich ist und die Auswirkungen auf den privaten Wettbewerb demnach nach öffentlichem Recht zu beurteilen sind (vgl. Rn. 497).

41 9. **Gerichtsentscheidungen über Verwaltungsakte** Ist der Rechtsweg zu den Zivilgerichten oder VG trotz bestehender Vorfragen aus dem jeweils anderen Gebiet zulässig, stellt sich die Frage, inwieweit das angerufene Gericht bei der Beurteilung der Vorfrage an Vorentscheidungen des anderen Gerichts bzw. die Zivilgerich-

---

[94] RGZ 154, 144; 147, 179; 146, 369; 138, 259; 121, 225; weitere Fundstellen bei *Bettermann* MDR 1947, 44.
[95] BGHZ 48, 239 = NJW 1967, 2309.
[96] BGH NJW 1967, 563.
[97] Hierzu BGHZ 1, 146: Beschlagnahme eines Wagens des Klägers und Zuweisung an den Beklagten, von dem er herausverlangt wurde.
[98] BGHZ 5, 69 = NJW 1952, 626; OGH NJW 1949, 714.
[99] *Thieme* JZ 1957, 494; vgl. auch BGHZ 34, 99 = NJW 1961, 658 m. w. N.
[100] Vgl. krit. *Bachof* SJZ 1949, 378, 386.
[101] Vgl. KG NJW 1957, 1076 m. abl. Anm. *Schneider;* OLG München DVBl. 1956, 175; vgl. auch OLG Köln NJW 1974, 802 m. krit. Anm. *Scholz* NJW 1974, 781.
[102] *Mestmäcker* NJW 1969, 1.

te an Verwaltungsakte **gebunden** sind. Bezüglich rechtsgestaltender Urteile und Verwaltungsakte ergibt sich die Bindung aus allgemeinen Grundsätzen (Rn. 20). Wird z.B. ein Beamter oder Richter vorzeitig in den Ruhestand versetzt oder ein Widerrufsbeamter entlassen und stellt das VG rechtskräftig die Rechtswirksamkeit dessen fest, so muss das Zivilgericht hiervon ausgehen.[103] Bezüglich anderer Gerichtsentscheidungen,[104] auch für die feststellenden Urteile, gilt wie allgemein, dass Verwaltungsbehörden und Gerichte an Urteile der ordentlichen Gerichte und umgekehrt diese an rechtskräftige Entscheidungen der VG gebunden sind, wenn der zweite Rechtsstreit unter denselben Parteien oder deren Rechtsnachfolgern geführt wird (Rn. 26). Die Bindung der Parteien führt unmittelbar zu einer Bindung der Gerichte im Verhältnis zwischen ihnen.

Hat das VG einen (dem Rechtsstreit vor dem Zivilgericht zugrundeliegenden) **Verwaltungsakt aufgehoben,** so ist das Zivilgericht hieran gebunden. Der BGH erstreckt die Bindung auch auf die **Feststellung der Rechtswidrigkeit** des Verwaltungsaktes, da dessen Rechtswidrigkeit der Aufhebungsentscheidung immanent sei, so dass sie von der Rechtskraft erfasst werde, denn die Rechtswidrigkeit sei der einzige mögliche Grund für eine Aufhebung des Verwaltungsaktes.[105] Wenn auch die Feststellung der Rechtswidrigkeit des Verwaltungsaktes (nur) zur Begründung des Urteils gehört, in dem der Verwaltungsakt aufgehoben wird, und die Urteilsgründe nicht an der Rechtskraft teilnehmen,[106] so ist doch diese Feststellung der Rechtswidrigkeit die einzig mögliche Begründung des Urteils und bestimmt die Auslegung des Tenors.[107] Das betrifft jedoch nur die Rechtswidrigkeit des Verwaltungsakts als solche, nicht die für dessen Rechtswidrigkeit maßgebenden Gründe im Einzelnen.[108]

Auch umgekehrt hält der BGH das Zivilgericht nicht für befugt, die rechtskräftig **von den VG festgestellte Wirksamkeit oder Rechtmäßigkeit** eines Verwaltungsaktes zu überprüfen, wobei auch hier der Tenor durch die Gründe ausgelegt wird.[109] Konsequent ergibt sich eine Bindung auch an die Feststellung der Rechtmäßigkeit eines Verwaltungsaktes durch das VG, wenn sie in einem klageabweisenden Urteil aus den Gründen ersichtlich ist. So hatten die Kläger einen Antrag auf Erteilung der Erlaubnis für einen Omnibuslinienverkehr gestellt, der durch Verwaltungsakt abschlägig beschieden war. Das BVerwG entschied, dass ein Ermessensfehler der Behörde nicht gegeben und der Verwaltungsakt mithin rechtmäßig sei. Hieran sah sich der BGH gebunden, so dass nach seiner Ansicht eine Amtspflichtverletzung nicht vorlag.[110] Noch deutlicher ist ein weiteres Urteil:[111] „Wird durch rechtskräftiges Urteil des VG auf eine Anfechtungsklage hin der Verwaltungsakt aufgehoben, so ist damit zugleich seine Rechtswidrigkeit festgestellt; der Zivilrichter ist an diese Feststellung gebunden ... in gleicher Weise tritt eine Bindung ein, wenn die Wirksamkeit und Rechtmäßigkeit eines Verwaltungsaktes durch rechtskräftiges Urteil eines VG bejaht und deshalb die Anfechtungsklage aus sachlichen Gründen abgewiesen wird". Weiter stellt der BGH in Übereinstimmung mit der h.M. fest, dass die Zivilgerichte Verwaltungsakte auf ihre Rechtmäßigkeit hin überprüfen können, wenn es gerade auf diese – und nicht allein auf die Wirksamkeit – ankommt, wie in Zivilprozesssachen kraft Zuweisung, besonders relevant in Amtshaftungsprozessen (Rn. 102). Dies müsse jedoch seine Grenze an der Rechtskraft eines verwaltungsgerichtlichen Urteils finden, in dem hieran eine Bindung gegeben sei.

---

[103] Vgl. OLG Hamburg MDR 1954, 319; *Bettermann* MDR 1954, 7, 18.
[104] Vgl. *Geiger*, Staatsbürger, 183.
[105] Vgl. BGHZ 9, 329 = NJW 1953, 1103; Z 10, 220 = NJW 1953, 1667; Z 20, 379 = NJW 1956, 1358; *Helmut Schmidt* DÖV 1957, 103; *Bötticher*, Festschrift, S. 511, 539.
[106] *Bettermann* MDR 1954, 7; DVBl. 1957, 109; *Geiger* aaO. 200.
[107] *Bötticher*, Festschrift, S. 511, 539; ähnlich *Brox* ZZP 1960, 46, 58.
[108] BGHZ 20, 379 = NJW 1956, 1358.
[109] BGHZ 15, 17 = NJW 1954, 1807.
[110] BGH 15. 6. 1959 – III ZR 65 – bei *Geiger*, Staatsbürger, 190.
[111] BGH 12. 7. 1962 – III ZR 16/61– bei *Geiger* aaO. 193.

44 Über die Bindung der Zivilgerichte und VG an Vorentscheidungen des jeweils anderen Gerichts bei Parteiidentität hinaus besteht auch eine Bindung bei **Drittwirkung der Rechtskraft.** So sind die Verwaltungsbehörden im Enteignungsverfahren oder bei Steuerveranlagungen an ein zwischen A und B rechtskräftig ergangenes Zivilurteil, das das Eigentum des A an dem streitigen Grundstück feststellt, gebunden.[112] Auch wenn das VG im Normenkontrollverfahren z.B. einen Bebauungsplan für rechtswirksam erklärt hat, bindet diese Entscheidung durch die Rechtskraftwirkung das Zivilgericht.[113]

45 Schwieriger ist die Frage, inwieweit die ordentlichen Gerichte an **Verwaltungsakte** gebunden sind, wenn deren Bestand Vorfrage der Entscheidung ist und kein verwaltungsgerichtliches Urteil vorliegt.[114] Grundsätzlich dürfen die Zivilgerichte die Existenz eines Verwaltungsaktes nicht negieren, solange er nicht in dem dafür vorgesehenen Verfahren aufgehoben worden ist.[115] Dies folgt – anders als bei rechtskräftigen Gerichtsentscheidungen – nicht aus der nur formellen Rechtskraft, sondern allein aus der Tatbestandswirkung der Verwaltungsakte (Rn. 22), denn schon wegen des von einem Gerichtsverfahren abweichenden Verfahrens kann den Verwaltungsakten eine Rechtskraftwirkung entsprechend derjenigen eines Urteils nicht zukommen.[116] Dies gilt sowohl für gestaltende als auch für feststellende Verwaltungsakte.[117] Könnte das Zivilgericht über die Rechtswidrigkeit eines Verwaltungsaktes unabhängig von dessen Aufhebung in dem dafür vorgesehenen Rechtsweg entscheiden, so wäre dies ein unzulässiger Eingriff in fremde Zuständigkeit. Der durch einen Verwaltungsakt Beschwerte muss ihn im gesetzlichen Rechtsweg angreifen und kann, bevor dies nicht geschehen und der Verwaltungsakt aufgehoben worden ist, sich nicht auf die Anfechtbarkeit berufen. Das heißt, dass das Zivilgericht diese nicht selbst überprüfen kann.[118] Nur in diesem Sinn trifft die oftmals missverständliche Feststellung zu, Verwaltungsakte könnten von den Zivilgerichten nur auf ihre Nichtigkeit hin überprüft werden und nicht auf ihre Anfechtbarkeit/Rechtswidrigkeit. Ebenso wenig wie ein nichtiger Verwaltungsakt die Zulässigkeit des Rechtswegs zu dem Zivilgericht beeinträchtigen kann (Rn. 21, 23), kann er eine Bindung des Zivilrichters mit sich bringen.

46 Ausnahmsweise ist das Zivilgericht an die Tatbestandswirkung des Verwaltungsaktes **nicht gebunden** und kann demgemäß nicht nur seine Nichtigkeit, sondern auch seine Anfechtbarkeit überprüfen, wenn sie in Fällen der **Zivilprozesssachen kraft Zuweisung** (Rn. 24, 100) Gegenstand des Rechtsstreits wird, es sei denn, es liege bereits ein rechtskräftiges Urteil eines VG vor. Hängt, wie oftmals in Amtshaftungssachen oder Entschädigungsverfahren, die Entscheidung über eine Amtspflichtverletzung gerade davon ab, ob der erlassene Verwaltungsakt rechtswidrig ist, so muss das Zivilgericht dies überprüfen. Andernfalls müsste der Betroffene immer vor einer Amtshaftungsklage noch gegen den Verwaltungsakt im Verwaltungsrechtsweg vorgehen, obwohl dies, da er nicht den Verwaltungsakt beseitigen, sondern lediglich Schadensersatz verlangen will, nicht seinem Interesse entspricht. Die gesetzliche Zuweisung der Amtshaftungssachen an die Zivilgerichte wäre so mehr

---

[112] Beispiel bei *Bachof* SJZ 1950, 488, 495; *Schwab* ZZP 1964, 124, 158.
[113] BGH NJW 1980, 2814.
[114] Allgemein hierzu *Bachof* JZ 1952, 211; SJZ 1949, 378, 387; *Bötticher,* Festschrift, S. 520 m.w.N.; *Bettermann* MDR 1947, 44; *Mittenzwei,* Die Aussetzung des Prozesses zur Klärung von Vorfragen, 1971, 150; *Nicklisch,* Bindung, S. 129; *Rosenberg/Schwab/Gottwald* § 14 IV.
[115] *BL/Hartmann* Rn. 16.
[116] BGHZ 9, 129 = NJW 1953, 862; BSGE 18, 22, 26.
[117] BGHZ 66, 229 = NJW 1976, 1794.
[118] RGZ 147, 179 ff.; Z 164, 162 ff.; BGHZ 4, 68 = NJW 1952, 585; Z 48, 239 = NJW 1967, 2309; Z 73, 114 = NJW 1979, 597: behördliche Feststellung von Krankenhauspflegesätzen; BGH MDR 1972, 856: Vorzeitige Pensionierung eines unfallverletzten Beamten; BGHZ 39, 99 = NJW 1961, 658; zur Unbedenklichkeit der Bindung bei Nachprüfung auf Willkür hin vgl. BVerfGE 22, 21 = NJW 1967, 1221; zum Sonderfall des § 33 Abs. 4 GWB *Meyer* GRUR 2006, 27.

oder weniger illusorisch.[119] Im Übrigen betrifft eine Schadensersatzklage wegen Amtspflichtverletzung oder enteignungsgleichen Eingriffs einen anderen Streitgegenstand als die Klage, die auf Anfechtung und Aufhebung des Verwaltungsaktes gerichtet ist. Spricht der Zivilrichter Schadensersatz zu, weil der Verwaltungsakt rechtswidrig ergangen sei und hierin eine Amtspflichtverletzung liege, leugnet er nicht Existenz und rechtliche Wirkung des Verwaltungsaktes, sondern erkennt den Schadensersatz gerade deshalb zu.[120]

Was für die Bindung Zivilgerichte/Verwaltungsgerichte/Verwaltungsbehörden gilt, gilt gleichermaßen im Verhältnis zum ArbG (Rn. 37).

10. Vorfragenkompetenz, Sozialgerichtsbarkeit. Für die Sozialgerichtsbarkeit und ihr gegenüber gelten ebenfalls die allgemeinen Grundsätze über die Vorfragenkompetenz[121] (Rn. 17). Hierbei sind die Sozialgerichte in ihren Beziehungen zu anderen Gerichtszweigen parallel den VG zu behandeln. Es ist zunächst gegenüber den Zivilgerichten und den ArbG sowie umgekehrt zu beachten, dass die Zuständigkeiten nicht über die Vorfragenkompetenz unterlaufen werden dürfen. Ist die Vorfrage, vom Ziel des Rechtsstreits her gesehen, in Wahrheit Hauptfrage, so kann das angerufene Gericht nicht kraft Vorfragenkompetenz entscheiden, sondern muss den Rechtsstreit verweisen.[122] Im Rahmen dessen hat das Zivilgericht auch die Ermessensentscheidung des Sozialversicherungsträgers, ob er auf den Regressanspruch nach § 110 SGB VII verzichten will, zu überprüfen; der Wechsel des Verpflichteten durch Erbfolge ändert nichts an der Zuständigkeit – die Erbfolge ist lediglich Vorfrage[123] (Rn. 84). Eine Bindung der Sozialgerichte an Vorentscheidungen anderer Gerichte und Behörden und umgekehrt besteht gleichfalls wie bei den VG in ihren Beziehungen zu anderen Gerichtszweigen, gleich ob Gestaltungswirkung, Tatbestandswirkung oder Rechtskraftwirkung der Vorentscheidung betroffen sind. Eine Aussetzung ist nach § 114 Abs. 2 SGG bei Abhängigkeit eines Rechtsstreits von einer Vorfrage generell möglich. Ein Aussetzungszwang besteht grundsätzlich nur in den gesetzlich vorgesehenen Fällen.

Die Bindungen bezüglich Gestaltungsurteil, Statusurteil und rechtsgestaltenden Verwaltungsakten sowie kraft Tatbestandswirkung sind besonders im Bereich familien- und erbrechtlicher Vorentscheidungen (wofür im § 114 Abs. 1 SGG eine Aussetzungsmöglichkeit besonders normiert ist) vielfältig und im Grundsatz auch nicht umstritten. Die Grundsätze der BGH-RSpr sind auch hier anwendbar[124] (vgl. Rn. 20 ff.). Bei Parteiidentität sind die Sozialgerichte an rechtskräftige Urteile ebenfalls gebunden über die Bindung der Parteien sowie im Rahmen der Drittwirkung der Rechtskraft. Dies gilt auch, wenn nur eine der Parteien des rechtskräftig abgeschlossenen Verfahrens in dem Sozialgerichtsverfahren beteiligt ist, solange nicht Dritte, die an dem abgeschlossenen Verfahren nicht beteiligt waren, bei Berücksichtigung des rechtskräftigen Urteils in ihren Rechten beeinträchtigt werden können.

11. Vorfragenkompetenz, Finanzgerichtsbarkeit. Auch im Verhältnis der Finanzgerichte und Finanzbehörden gegenüber anderen Behörden und Gerichtszweigen ist die gegenseitige Vorfragenkompetenz, soweit gesetzlich nicht ausnahmsweise anderes bestimmt ist, nicht umstritten und kann auch aus § 204 AO und § 76 FGO entnommen werden. Soweit hieraus aber in der RSpr der Finanz-

---

[119] BGHZ 9, 129 = NJW 1953, 862; *Bachof* JZ 1952, 211; OVG Hamburg MDR 1954, 567 m. Anm. *Sieveking*.
[120] Vgl. OVG Hamburg MDR 1954, 567.
[121] Vgl. BSGE 18, 18, 21.
[122] Vgl. BGH NJW 1972, 1237: Durchgriffshaftung eines Alleingesellschafters für Arbeitgeberbeiträge zur Sozialversicherung; BGH NJW 1968, 251: Zuständigkeit der Zivilgerichte für Regressklagen aus § 640 RVO; BGH NJW 1972, 107 ff.
[123] BGH MDR 1971, 553.
[124] Grundlegend BGHZ 9, 329.

gerichte und im finanzrechtlichen Schrifttum abgeleitet wird, es bestehe grundsätzlich keine Bindung der Finanzgerichte und Finanzbehörden an Vorentscheidungen anderer Behörden und Gerichte,[125] kann dem in dieser Allgemeinheit nicht zugestimmt werden. Es gibt keinen Grund, die Finanzbehörden und -gerichte bezüglich der Bindung anders zu behandeln als die VG und Verwaltungsbehörden in ihrem Verhältnis zu anderen Gerichtszweigen[126] (Rn. 20ff.). Gerade im Bereich des Steuerrechts spielen Fragen des Zivilrechts, Handelsrechts, Arbeitsrechts, Verwaltungsrechts und Sozialrechts eine erhebliche Rolle, weil Steuerverpflichtungen oftmals an Rechtsverhältnisse aus diesen Bereichen anknüpfen. Die für eine Verneinung oft hervorgehobene Eigenständigkeit des Steuerrechts kann zwar dazu berechtigen, in solchen Fragen von der allgemeinen Beurteilung der für den jeweiligen Bereich zuständigen Gerichte im Hinblick auf die im Steuerrecht geltende wirtschaftliche Betrachtungsweise abzuweichen. Jedenfalls aber muss eine Bindung zwischen der Verwaltungs- und Zivilgerichtsbarkeit angenommen werden, wenn im Einzelfall bereits eine Vorentscheidung ergangen ist. So sind die Finanzbehörden und -gerichte an rechtsgestaltende Verwaltungsakte und Urteile, an Statusurteile und im Wege der Tatbestandswirkung, soweit ein Steuertatbestand auf das Vorliegen einer anderweitigen Entscheidung abstellt, gebunden. Eine Bindung an Leistungs- oder Feststellungsurteile anderer Gerichte ist ebenso im Rahmen der Rechtskraftwirkung oder Drittwirkung der Rechtskraft zu bejahen. Ist zwischen A und B rechtskräftig festgestellt, dass B Erbe ist, so kann die Erbschaftssteuer nicht von A verlangt werden, sondern muss, soweit Dritte nicht in Frage kommen, von B beansprucht werden, es sei denn, dass das Urteil zur Umgehung von Steuerverpflichtungen erschlichen worden ist.[127] Ebenso ist für die Grunderwerbsteuer zu entscheiden, wenn in einem Rechtsstreit der Obsiegende als Eigentümer des Grundstücks festgestellt worden ist, oder im Bereich des Gesellschaftsrechts, wenn jemand als Gesellschafter rechtskräftig festgestellt wurde usw. Eine solche Bindung kann gegenüber den Zivilgerichten auch nicht wegen der dort bestehenden Parteimaxime verneint werden, weil die Rechtskraftwirkung kraft Gesetzes gleichermaßen wie bei Urteilen, die auf Grund eines Offizialverfahrens ergehen, besteht (Rn. 26). An zivilrechtliche Vergleiche sind die Finanzbehörden und -gerichte ebenso gebunden, soweit diese tatsächlich durchgeführt werden.[128]

51 Die ordentlichen Gerichte sind umgekehrt an die Feststellungen der Finanzbehörden oder -gerichte über Bestehen und Fälligkeit einer Steuerforderung gebunden.[129] Dasselbe gilt für die allgemeinen Verwaltungsgerichte hinsichtlich der Feststellung, ob ein Beamter kindergeldberechtigt ist.[130]

52 **12. Vorfragen in der freiwilligen Gerichtsbarkeit.** Auch für die Gerichte der freiwilligen Gerichtsbarkeit gelten die Grundsätze zur **Vorfragen-Kompetenz**. Wird das Gericht in einer ihm zugewiesenen Angelegenheit tätig, so hat es Vorfragen aus der Zuständigkeit anderer Gerichtszweige selbstständig zu entscheiden und dafür notwendige Ermittlungen selbst anzustellen.[131] Ausnahmen bestehen nur bei anderweitiger gesetzlicher Regelung. Wird z.B. im Erbscheinsverfahren die Erbunwürdigkeit eines Beteiligten eingewandt, so kann dies nicht als Vorfrage überprüft werden, da §§ 2340ff. BGB hierfür die Anfechtung des Erbschaftserwerbs vor dem Prozessgericht vorsehen und nach § 2342 Abs. 2 BGB die Wirkung

---

[125] So BFH JZ 1954, 205; *Kühn/Kutter* § 88 AO Anm. 4; differenzierend *Tipke/Kruse* § 88 AO Anm. V 11 d.
[126] *Rosenberg/Schwab/Gottwald* § 16 IV.
[127] So RFHE 1, 3; allerdings wohl unbeachtet geblieben; *Schwab* ZZP 1964, 124, 159; *Bötticher*, Festschrift, S. 511, 537; a. A. *Brox* ZZP 1960, 26, 59.
[128] *Tipke/Kruse* § 88 AO Anm. V 11 c.
[129] Vgl. BGHZ 60, 64 = NJW 1973, 468.
[130] BVerwG NVwZ 2007, 844.
[131] BGHZ 5, 259, 263 = NJW 1952, 742.

der Anfechtung erst mit der Rechtskraft eintritt. Bis dahin muss im Erbscheinsverfahren von der Erbenstellung des Betroffenen ausgegangen werden, wobei sich allerdings in der Regel eine Aussetzung des Verfahrens rechtfertigen wird.[132] Entsprechendes gilt für die anerkannte oder rechtskräftig festgestellte Vaterschaft zu einem Kind, so dass auch hiervon im Rahmen einer Vorfrage ausgegangen werden muss. Im Übrigen kann allein die Möglichkeit, ein Rechtsverhältnis durch Entscheidungen der streitigen Gerichtsbarkeit feststellen zu lassen, z. B. das Nichtbestehen der Vaterschaft zu einem Kind im Statusprozess mit Wirkung gegenüber allen feststellen zu lassen, die Vorfragenentscheidung durch das Gericht der freiwilligen Gerichtsbarkeit nicht hindern.[133] Eine Ausnahme bezüglich der Prüfung der Nichtehelichkeit eines während der Ehe geborenen Kindes ergibt sich allerdings bei der Entscheidung des FamG über die elterliche Sorge nach der Ehescheidung (§ 1671 BGB). Hier kann die tatsächliche Abstammung des Kindes durch das FamG berücksichtigt werden, soweit es das Kindeswohl erfordert, auch wenn noch kein Anfechtungsverfahren durchgeführt worden ist.[134]

Die Bindung der Gerichte der freiwilligen Gerichtsbarkeit an Vorentscheidungen **53** anderer Gerichte und Behörden über das präjudizielle Rechtsverhältnis und umgekehrt deren Bindung an Entscheidungen der freiwilligen Gerichtsbarkeit folgen im Grundsätzlichen den obigen Darlegungen. Namentlich ist auch hier zu beachten, dass rechtsgestaltende Urteile und Verwaltungsakte jeder Gerichtsbarkeit die anderen Gerichtszweige und, was in dem Verfahren der freiwilligen Gerichtsbarkeit eine erhebliche Rolle spielt, auch diejenigen der eigenen Gerichtsbarkeit binden. Sie können (außer bei Nichtigkeit) nur in dem dafür vorgesehenen Verfahren überprüft werden. Nichtigkeitsgründe werden bei gestaltenden Verfügungen der freiwilligen Gerichtsbarkeit selten vorliegen.[135] Voraussetzung für eine Bindung der Prozessgerichte an rechtsgestaltende Verfügungen der freiwilligen Gerichtsbarkeit ist allerdings immer, dass das Gericht der freiwilligen Gerichtsbarkeit sachlich zuständig war.[136]

Bestellt das AG einen **Pfleger**,[137] Vormund, Betreuer oder nach § 29 BGB einen **54** Notvorstand,[138] muss das Prozessgericht von dessen Vertretungsmacht ausgehen, es hat auch eine zusätzliche festgesetzte Vergütung anzuerkennen.[139] Trägt das **Registergericht** einen Verein in das Vereinsregister,[140] eine AG oder GmbH in das Handelsregister oder eine Genossenschaft in das Genossenschaftsregister ein, so ist der Prozessrichter an die Rechtswirkungen der Eintragung gebunden, kann also z. B. die Rechtsfähigkeit des eingetragenen Vereins nicht mehr verneinen. Von der Bindung erfasst ist aber nur die Gestaltungswirkung selbst, nicht die rechtliche Beurteilung von zugrundeliegenden Rechtsverhältnissen durch den Richter der freiwilligen Gerichtsbarkeit, also z. B. nicht die vom Registerrichter vor verfügter Eintragung geprüfte Frage der Rechtswirksamkeit bzw. Nichtigkeit des Gesellschaftsvertrages. Hat das Nachlassgericht einen **Testamentsvollstrecker** ernannt, kann vom Prozessgericht oder auch in einem anderen Verfahren der freiwilligen Gerichtsbarkeit nicht mehr geprüft werden, ob diese Bestellung zu Recht erfolgt ist.[141]

---

[132] BayObLGZ 1973, 257 f.; vgl. auch KG NJW 1960, 633.
[133] Zur Aussetzungsmöglichkeit *Keidel/Schmidt* § 12 FGG Rn. 98.
[134] *Keidel/Schmidt* § 12 FGG Rn. 93.
[135] Vgl. *Keidel/Zimmermann* § 7 FGG Rn. 40.
[136] BGHZ 24, 48 = NJW 1957, 832.
[137] BGHZ 5, 240; RGZ 137, 324; LG Stuttgart ZZP 1956, 183.
[138] BGHZ 24, 48 = NJW 1957, 832.
[139] BGH FamRZ 1967, 462.
[140] RGZ 81, 206.
[141] OLG Hamburg NJW 1965, 1968; vgl. auch BGHZ 41, 23 = NJW 1964, 136 zur Frage der Ernennung eines neuen Testamentsvollstreckers nach Ausführung der Arbeiten durch den ersten Testamentsvollstrecker, die der BGH deswegen als gegenstandslos angesehen hat.

55 Umgekehrt ist das Gericht der freiwilligen Gerichtsbarkeit in gleicher Weise an Gestaltungsurteile und gestaltende Verwaltungsakte gebunden wie für die Zivilgerichte dargelegt (Rn. 20 ff.). Auch für die Tatbestandswirkung (Rn. 22) gilt Entsprechendes; gesetzliche Bindungen des Handelsregisterrichters ergeben sich aus §§ 117, 127, 133, 140 HGB.

56 Schwieriger stellt sich die Frage nach der Bindung der Gerichte der freiwilligen Gerichtsbarkeit an Leistungs- oder Feststellungsurteile der Gerichte der streitigen Gerichtsbarkeit, weil in dem Verfahren der freiwilligen Gerichtsbarkeit häufig Belange Dritter oder der Öffentlichkeit zu wahren sind. Es entspricht wohl h. M., dass eine Bindung jedenfalls auf Grund der **Rechtskraftwirkung** dann besteht, wenn in dem Verfahren der freiwilligen Gerichtsbarkeit sich **dieselben Parteien** oder ihre Rechtsnachfolger gegenüberstehen und nicht auch Dritte beteiligt sind oder in ihren Rechten beeinträchtigt werden können.[142] Hier ist die RSpr des BGH über die Bindung der Zivilgerichte an rechtskräftige Entscheidungen der VG entsprechend, wie generell für alle Gerichtszweige, zu übertragen[143] (Rn. 26, 38). Die Rechtskraft bindet die Parteien, und dies bewirkt die Bindung der Organe der freiwilligen Gerichtsbarkeit. Viel diskutiert ist in diesem Zusammenhang die Frage, ob der **Nachlassrichter** im Verfahren zur Erteilung eines **Erbscheins** an ein rechtskräftiges Urteil gebunden ist, das in einem Erbprätendentenstreit ergangen ist. Dem in dem Rechtsstreit Unterlegenen darf der Erbschein nicht erteilt werden. Dem Obsiegenden muss er erteilt werden, wenn nur die beiden Parteien als Erben in Frage kommen. Hält der Nachlassrichter dagegen einen Dritten für den Erben, so kann er diesem den Erbschein erteilen, denn gegen ihn wirkt die Rechtskraft des Urteils nicht.[144] Dritte sind nur im Rahmen der Drittwirkung der Rechtskraft gebunden, wenn also die durch Urteil festgestellten Beziehungen der Parteien des Rechtsstreits selbst durch eine in einem weiteren Verfahren abweichende Entscheidung tangiert werden würden. Ist nur ein Beteiligter im Verfahren der freiwilligen Gerichtsbarkeit vorhanden, so muss ein zu dessen Lasten ergangenes Urteil als bindend berücksichtigt werden, ein zu seinen Gunsten ergangenes immer dann, wenn Rechte der an dem Vorprozess nicht beteiligter Dritter nicht beeinträchtigt werden können.[145]

57 Das **Registergericht,** insbesondere das Handelsregistergericht, hat sich im Rahmen von Vorfragen häufig mit Entscheidungen aus der streitigen Gerichtsbarkeit, insbesondere mit Entscheidungen der Zivilgerichte, zu befassen, was damit zusammenhängt, dass die Eintragungen weitgehend auf Grund privatrechtlicher Rechtsverhältnisse erfolgen. Eine Bindung kraft Gesetzes an eine rechtskräftige oder vollstreckbare Entscheidung des Prozessgerichts, die eine Verpflichtung zur Mitwirkung bei einer Anmeldung zum Handelsregister oder ein Rechtsverhältnis, bezüglich dessen eine Eintragung zu erfolgen hat, feststellt oder die Vornahme einer Eintragung für unzulässig erklärt, findet sich in § 16 HGB. Nach § 127 FGG kann der Registerrichter eine beantragte Verfügung aussetzen, bis ein streitiges Rechtsverhältnis gerichtlich geklärt ist und, falls ein Rechtsstreit noch nicht anhängig ist, hierfür eine Frist setzen. Gebunden ist der Registerrichter, unabhängig davon, ob er ausgesetzt hat, durch die Rechtskraft eines Urteils grundsätzlich in der gleichen Weise wie für den Nachlassrichter ausgeführt. Wird rechtskräftig festgestellt, dass jemand nicht mehr Gesellschafter, Geschäftsführer oder Vorstandsmitglied ist, seine Prokura erloschen ist usw., so muss das Registergericht die Eintra-

---

[142] *Keidel/Schmidt* § 12 FGG Rn. 90; *Jansen/Briesemeister* § 12 FGG Rn. 31 unter der weiteren Voraussetzung, dass in dem Verfahren nicht auch öffentliche Belange zu berücksichtigen seien; *Rosenberg/Schwab/Gottwald* § 11 III 3 b.

[143] Vgl. insbesondere BGHZ 9, 329 = MDR 1954, 35; *Schwab* ZZP 1964, 124, 153.

[144] BayObLGZ 1956, 186; KG JR 1965, 20; *Keidel/Schmidt* § 12 FGG Rn. 94; *Schwab* ZZP 1964, 124, 154.

[145] *Rosenberg/Schwab/Gottwald* § 11 III 3.

gung (Löschung) entsprechend vornehmen.¹⁴⁶ Ebenso ist aber auch bei einer positiven Feststellung in einem Rechtsstreit zwischen der jeweiligen Gesellschaft und dem als solchen festgestellten Gesellschafter, Geschäftsführer usw. zu entscheiden, d. h. der Registerrichter darf eine Löschung nicht vornehmen bzw. muss den Obsiegenden als Gesellschafter, Geschäftsführer usw. eintragen. Denn für den Handelsregisterrichter geht es in diesen Fällen allein um die Beziehungen der Parteien, die sich auch in dem Zivilrechtsstreit gegenüber standen, nämlich um die Beziehungen der Gesellschaft zu ihren Gesellschaftern usw. Selbst wenn z. B. die Satzung der Gesellschaft die Bestimmung enthält, dass die Gesellschaft nur einen Geschäftsführer hat und geltend gemacht wird, ein im Verfahren nicht beteiligter Dritter sei Geschäftsführer, muss das Registergericht denjenigen eintragen, der in dem Rechtsstreit mit der Gesellschaft obsiegt hat, und darf den Dritten nicht ohne eine Satzungsänderung oder später wirksame Abberufung des Obsiegenden eintragen (Drittwirkung der Rechtskraft). Wird aber nur zwischen der Gesellschaft und dem Gesellschafter A die Nichtigkeit des Gesellschaftsvertrages rechtskräftig festgestellt und nicht auch im Verhältnis zu den übrigen Gesellschaftern, steht nur fest, dass A nicht Gesellschafter ist, nicht aber, dass auch mit den übrigen Gesellschaftern kein wirksamer Gesellschaftsvertrag vorliegt. Die Bindung des Registergerichts in dem genannten Umfang ergibt sich nicht nur aus rechtskräftigen Urteilen, sondern auch aus einstweiligen Verfügungen sowie aus lediglich vorläufig vollstreckbaren Entscheidungen.¹⁴⁷

Auch in **Grundbuchsachen** besteht eine Bindung, wenn zwischen A und B **58** rechtskräftig das Eigentum des A festgestellt worden ist und Dritte als Eigentümer nicht in Betracht kommen: A ist dann als Eigentümer einzutragen. Die Bindung ergibt sich entsprechend derjenigen des Nachlassrichters (Rn. 56).

In einem Verfahren nach § 3 FreihEntzG über die **Abschiebungshaft** kann das **59** Gericht der freiwilligen Gerichtsbarkeit die Ausländereigenschaft und auch ein Asylrecht des Betroffenen nicht überprüfen, sondern ist an den Verwaltungsakt über die Abschiebung gebunden, solange die Ausweisungsverfügung oder ihre Vollziehbarkeit nicht in dem dafür vorgesehenen Verwaltungsverfahren aufgehoben wird. Die von dem Gericht der freiwilligen Gerichtsbarkeit anzuordnende Abschiebungshaft setzt lediglich eine Pflicht des Betroffenen zur Ausreise voraus, die auf dem Verwaltungsakt der Ausweisungsverfügung beruht, der die ordentlichen Gerichte auf Grund seiner Tatbestandswirkung bindet. Das Gericht der freiwilligen Gerichtsbarkeit hat für die Frage der Anordnung der Haft auch davon auszugehen, dass die Verwaltungsbehörden oder -gerichte nach dem Grundsatz der Gesetzmäßigkeit der Verwaltung die im Hinblick auf ein Asylrecht gebotene verfassungskonforme Anwendung der Abschiebungsregelung beachtet haben. Dem ordentlichen Gericht ist nur eine Teilentscheidung im Rahmen des Verwaltungsvollzugs übertragen, wenn die Abschiebung ohne eine Freiheitsentziehung nicht durchführbar ist. Hieraus folgt, dass der Richter der freiwilligen Gerichtsbarkeit bei einem Haftantrag der Ausländerbehörde seine Bindung an wirksame vollziehbare Verwaltungsakte auch nicht dadurch umgehen kann, dass er sein Verfahren bis zur rechtskräftigen Entscheidung über einen Asylantrag aussetzt. Auch der vorläufige Rechtsschutz bei vollziehbaren Verwaltungsakten erfolgt ausschließlich in dem dafür vorgesehenen Rechtsmittelverfahren.¹⁴⁸

II. Vorschaltinstanzen. Es ist möglich, die Zulässigkeit der Anrufung des Ge- **60** richts abhängig zu machen von der vorherigen Entscheidung durch eine Verwaltungsbehörde, wenn nur nach dieser Entscheidung das Gericht uneingeschränkt angerufen werden und dieses den Sachverhalt in vollem Umfang nachprüfen kann (§ 16 Rn. 100).

---

¹⁴⁶ OLG Stuttgart OLGZ 1970, 419, 421; *Keidel/Winkler* § 127 FGG Rn. 46.
¹⁴⁷ *Baur* ZGR 1972, 424; *Keidel/Schmidt* § 12 FGG Rn. 95; vgl. *Jansen/Briesemeister* § 12 FGG Rn. 29.
¹⁴⁸ Vgl. BayObLGZ 1974, 177; 1976, 54; KG OLGZ 1975, 257.

61 **III. Vertragliche Ansprüche.** Bei der Geltendmachung vertraglicher Ansprüche kommt es für die Zulässigkeit des Rechtswegs zu den ordentlichen Gerichten darauf an, ob der zugrundeliegende **Vertrag bürgerlich-rechtlicher oder öffentlich-rechtlicher Art** ist (vgl. Rn. 16). Die ehemals strittige Frage, inwieweit sich ein Hoheitsträger nach Belieben seiner übergeordneten Stellung begeben und eine Regelung statt durch Verwaltungsakt durch öffentlich-rechtlichen Vertrag treffen kann (vgl. § 54 Satz 2 VwVfG), ist für die Abgrenzung zum ordentlichen Rechtsweg ebenso ohne Belang wie Fragen des zulässigen Inhalts öffentlich-rechtlicher Verträge. Wesentlich ist, wann ein Vertrag als öffentlich-rechtlich und wann als bürgerlich-rechtlich zu qualifizieren ist. Nicht entscheidend ist hierfür, ob die am Vertrag **beteiligten Personen** Rechtssubjekte des öffentlichen oder des privaten Rechts sind.[149] Auch juristische Personen des öffentlichen Rechts können untereinander oder mit Privatpersonen zivilrechtliche Verträge schließen. Ein öffentlich-rechtliches Verhältnis kann ausnahmsweise sogar zwischen Privaten vorliegen,[150] sofern zwischen ihnen öffentlich-rechtliche Berechtigungen und Verpflichtungen bestehen, die einer vertraglichen Ausgestaltung fähig sind.[151] Dies erfordert aber eine entsprechende gesetzliche oder behördliche Ermächtigung, ohne die Private nicht über öffentliche Rechte disponieren können. Für die Abgrenzung zwischen öffentlich-rechtlichen und privatrechtlichen Verträgen gleichfalls unmaßgeblich ist der **Charakter der Rechtsnorm,** auf die die Entscheidung im Einzelfall gestützt wird, zumal Regeln des öffentlichen Rechts häufig durch Anlehnung an Institute und Vorschriften des Zivilrechts geformt werden (z.B. Geschäftsführung ohne Auftrag, ungerechtfertigte Bereicherung, Verwirkung usw.). Ebensowenig kommt es darauf an, ob der aus dem Vertrag hergeleitete Anspruch vermögensrechtlicher Art ist.[152]

62 Die Praxis orientiert sich am **Gegenstand der Abmachung.** Dieser ist öffentlich-rechtlich, wenn er sich auf einen von der gesetzlichen Ordnung öffentlich-rechtlich geregelten Sachverhalt bezieht, das heißt, wenn seine Regelung im Fall einer normativen Gestaltung eine Norm des öffentlichen Rechts wäre,[153] wenn er sich auf einen von der gesetzlichen Ordnung öffentlich-rechtlich geregelten Sachverhalt bezieht,[154] wenn er sich in einem engen und unlösbaren Zusammenhang mit einem nach den Normen des öffentlichen Rechts zu beurteilenden Sachverhalt befindet,[155] z.B. Darlehensverträge nach § 91 SGB XII,[156] Erstreckung von Mitbestimmungsrechten,[157] Verzicht auf Erschließungskosten in einem Grundstückskaufvertrag[158] oder die Verschiebung öffentlich-rechtlicher Lasten und Pflichten vorsieht.[159] Dabei kann allerdings allein aus der **öffentlichen Zielsetzung** einer Aufgabe noch nicht der Schluss gezogen werden, die öffentliche Hand bediene sich auch öffentlich-rechtlicher Mittel zur Erreichung dieses Ziels.[160] Aus der öffentlichen Aufgabe folgt allein noch nicht der öffentlich-rechtliche Charakter der zur Erfüllung dieser Aufgabe abgeschlossenen **Beschaffungsverträge.** Zwar wird im Allgemeinen eine öffentlich-rechtliche Aufgabe auch mit Mitteln des öffentlichen Rechts und mit öffentlich-rechtlichen Maßnahmen wahrgenommen und erfüllt.[161] Bei Beschaf-

---

[149] BGHZ 32, 214 = NJW 1960, 1457.
[150] BGHZ 35, 175 = NJW 1961, 1356; Z 162, 78 = NVwZ 2006, 243; BAG NZA 2007, 53.
[151] Vgl. GemS NJW 1974, 2087.
[152] RGZ 103, 52, 56.
[153] BGHZ 32, 214 = NJW 1960, 1457; Z 162, 78 = NVwZ 2006, 243; BGH NJW 1974, 1709; BVerwGE 42, 331; BVerwG NJW 1976, 2360; *Bettermann* JZ 1966, 445; *Gern* VerwArch 1979, 219.
[154] BGHZ 32, 214 = NJW 1960, 1457.
[155] BGHZ 162, 78 = NVwZ 2006, 243; BVerwG NJW 1976, 2360; OLG Hamm NJW-RR 1991, 639.
[156] OLG Schleswig NVwZ 1988, 761.
[157] HessVGH NJW 1984, 1139.
[158] VGH München NJW 1992, 2652.
[159] BGHZ 56, 365 = NJW 1971, 1842; BVerwGE 32, 37.
[160] BGH NJW 1967, 1911.
[161] BGHZ 38, 49 = NJW 1963, 40.

fungsverträgen können sich die Verwaltungsbehörden grundsätzlich aber auch auf dem Boden des Privatrechts bewegen.[162] Sie vollziehen sich grundsätzlich nach den Regeln des Privatrechts, etwa im Falle des Vertrags zwischen Krankenkasse und Orthopäden über die Aushändigung orthopädischer Hilfsmittel an Versicherte[163] oder zwischen einem Badebetrieb und der gesetzlichen Krankenversicherung über die Vergütung der an Versicherte erbrachten Leistungen,[164] ebenso, wenn der Träger der Sozialhilfe mit privaten Heimen Pflegeleistungen vereinbart.[165] Entsprechendes gilt für Verpflichtungen oder Berechtigungen zu einer Leistung, die nicht nach Maßgabe des öffentlichen Rechts zu erbringen ist.[166] Beispiel ist die Gestaltungsfreiheit bei **Subventionen** und anderen Förderungsmaßnahmen, bei denen die Zuwendung, ist sie einmal durch Verwaltungsakt beschlossen, entweder kraft hoheitlicher Kompetenz oder durch Privatrechtsgeschäft geschehen kann (Rn. 458). Ergänzend kann zur Abgrenzung auch der **Vertragszweck** herangezogen werden.[167]

Umgekehrt ist ein Vertrag stets dann bürgerlich-rechtlich, wenn er sich im **fiskali-** 63 **schen Bereich** bewegt, wenn der Gegenstand des Vertrags so auch unter Privaten vereinbart werden könnte und keinen wesentlichen Einfluss durch die hoheitliche Tätigkeit und Zwecksetzung des Vereinbarten erhält (wenn Private genauso gut einen solchen Vertrag schließen könnten). So ist die Beschaffung von **Sachgütern** bürgerlich-rechtlich (wie Einkauf von Büromaterial), ebenso der Verkauf von städtischen Grundstücken an Bauinteressierte,[168] die Tätigkeit von öffentlichen Krankenanstalten und Universitätskliniken im Verhältnis zu den Patienten (Rn. 394), von öffentlichen, insbesondere kommunalen Sparkassen und Kreditanstalten, von öffentlichen Versorgungsbetrieben im Verhältnis zum Abnehmer (Rn. 483); Konzessionsverträge für das Verlegen von Leitungen auf Wegen und Straßen der Gemeinde,[169] Unterhaltung des Freibades der Gemeinde,[170] Eislieferung durch den städtischen Schlachthof,[171] Einräumung von Nutzungsrechten an Kartenwerken an einen Verlag.[172]

Die Übernahme der öffentlich-rechtlichen Stellplatzpflicht durch die Gemeinde 64 gegen Entrichtung eines Geldbetrages durch den bauwilligen Privaten ist öffentlich-rechtlich,[173] während der Vertrag, in dem die Gemeinde den Bauwilligen gegen eine Geldzahlung zur Schaffung öffentlichen Parkraums von der Stellplatzpflicht befreit, als bürgerlich-rechtlich gilt, da er nur die Voraussetzungen der öffentlich-rechtlichen Befreiung schaffe.[174] Die Überlassung von Bildern für eine Ausstellung ist bürgerlich-rechtlich.[175]

Maßgebend für die rechtliche Natur einer Vereinbarung ist in diesem Rahmen 65 stets der **Gesamtcharakter des Vertrages,** sein Schwerpunkt,[176] der Teil, der dem Vertrag das entscheidende Gepräge gibt;[177] regelmäßig geht es nicht an, einzelnen Klauseln einen Sondercharakter beizulegen,[178] etwa die Verstärkung oder

---

[162] BGH NJW 1979, 2615.
[163] GemS BGHZ 97, 312 = NJW 1986, 2359.
[164] GemS NJW 1988, 2297.
[165] BGH NJW 1993, 789.
[166] BGHZ 63, 119, 121 = NJW 1975, 106; BVerwG NJW 1976, 2360; VGH Mannheim NJW 1979, 1900.
[167] BVerwG MDR 1976, 874; BVerwGE 30, 65.
[168] Vgl. OVG Münster NVwZ-RR 2004, 776.
[169] BGHZ 15, 113 = NJW 1955, 104; anderes gilt im Verhältnis zu lizenzierten Betreibern von Telekommunikationsanlagen, BGHZ 162, 78 = NVwZ 2006, 243.
[170] VGH Mannheim DVBl. 1955, 745.
[171] BGH MDR 1962, 108.
[172] BGH NJW 1988, 337.
[173] BGHZ 32, 214 = NJW 1960, 1457.
[174] BGHZ 35, 69, 74 = NJW 1961, 355.
[175] BVerwG MDR 1976, 874.
[176] BGHZ 79, 132 = NJW 1981, 811; Z 116, 339 = NJW 1992, 1237; Z 162, 78 = NVwZ 2006, 243; OLG Hamm NJW-RR 1991, 639.
[177] OLG Schleswig NJW 2004, 1052 m. w. N.
[178] BGHZ 56, 365, 371 = NJW 1971, 1842; BVerwGE 42, 332 f.

frühere Fälligstellung einer öffentlich-rechtlichen Pflicht. Jedoch kann eine in sich geschlossene Vereinbarung über einen Gegenstand, den die Behörde durch Verwaltungsakt regeln könnte, nicht durch die Koppelung mit einem zivilrechtlichen Vertrag ihren öffentlich-rechtlichen Charakter verlieren.[179] Dem öffentlichen Recht sind deshalb generell solche Verträge zuzuordnen, die in der Hauptsache in engem Zusammenhang mit öffentlich-rechtlichen Ansprüchen und Verpflichtungen stehen und diese begründen, aufheben, ändern, konkretisieren oder ergänzen.[180] Grundstücksangelegenheiten sind privatrechtlich, wenn die Verwaltung im Rahmen fiskalischer Hilfsgeschäfte tätig wird, z.B. Grundstückserwerb für ein Verwaltungsgebäude. Darüber hinaus schließt nicht jegliche Verwirklichung öffentlicher Zwecke es aus, sie durch privatrechtliche Tätigkeit zu erfüllen; daran ändert auch nichts die notwendige Einschaltung von Beschlussgremien. Wenn aber mit dem Grundstückserwerb hoheitliche Zwecke verfolgt werden, z.B. Subventionierung ortsansässiger Gewerbetreibender und gleichzeitige Verfolgung städtebaulicher Ziele, ist der öffentlich-rechtliche Charakter zu bejahen.[181]

66 Unabhängig von der sich aus dem Gesamtcharakter ergebenden Natur eines Vertrages können die Vertragspartner in **Neben- und Zusatzverträgen und ergänzenden Absprachen** weitere Pflichten übernehmen, die gegenüber dem Hauptvertrag rechtlich verselbstständigt sind. Ihre Rechtsnatur ist unabhängig vom zugrundeliegenden Hauptvertrag zu beurteilen, wenn kein untrennbarer, bedingender Zusammenhang besteht, wenn er nicht die öffentlich-rechtliche Regelung verändert oder nur verstärkt.[182] Während die RSpr hier zunächst sehr weit ging mit der Bejahung selbstständiger, bürgerlich-rechtlich zu qualifizierender Verträge im Zusammenhang mit öffentlich-rechtlichem Handeln, insbesondere auf dem Bausektor, ist nun eine Tendenz zur Restriktion zu beobachten. So geht das BVerwG davon aus, dass die in einem Vertrag geregelte Geldleistungspflicht nicht losgelöst vom übrigen Vertragsinhalt beurteilt werden kann, und kommt zu dem Ergebnis, dass bei bewusster und gewollter enger Verknüpfung mit öffentlich-rechtlichen Bindungen und Pflichten das Versprechen dem öffentlich-rechtlichen Bereich zugerechnet werden muss,[183] wie es auch den untrennbaren Zusammenhang zwischen öffentlich-rechtlicher Beziehung und Übernahme von Kosten (Folgekostenvertrag) sehr weitgehend bejaht.[184] Dem folgt der BGH: Sollen durch selbstständige Zahlungen Hindernisse gegen die Erteilung der Bauerlaubnis ausgeräumt werden, die Fälligkeit von Anliegerkosten vorverlegt oder auf andere Weise eine bestehende öffentlich-rechtliche Pflicht verstärkt werden oder erweist sich ein Leistungsversprechen allgemein als vom öffentlichen Recht her bestimmt, spricht alles für eine Vereinbarung öffentlich-rechtlicher Art.[185]

67 Auch die vertraglich übernommene Verpflichtung zur **Rückzahlung, z.B. einer Subvention,** die ohnedies schon kraft öffentlichen Rechts besteht, ist öffentlich-rechtlicher Art;[186] der einen selbstständigen bürgerlich-rechtlichen Vertrag ausschließende enge Zusammenhang mit dem öffentlich-rechtlichen Verwaltungshandeln wurde auch gesehen in der unentgeltlichen Abtretung von Grundstücken mit der Zusage einer späteren Berücksichtigung bei den Anliegerbeiträgen[187] und ebenso für Rückabwicklungen.[188]

---

[179] OVG Münster KStZ 1973, 78.
[180] BVerwGE 22, 138; BGHZ 56, 365, 372 = NJW 1971, 1842; *Kopp/Schenke* § 40 VwGO Rn. 23.
[181] OVG Koblenz NVwZ 1993, 381.
[182] BGHZ 56, 365, 368 = NJW 1971, 1842.
[183] BVerwGE 22, 138 = NJW 1966, 219.
[184] BVerwGE 42, 331 = NJW 1973, 1895; BVerwG NJW 1976, 2360.
[185] BGHZ 56, 365, 372 = NJW 1971, 1842.
[186] BGHZ 57, 130, 133 = NJW 1972, 210.
[187] BGH NJW 1974, 1710; vgl. auch BGH NJW 1975, 1019.
[188] VGH Mannheim NVwZ 1991, 583.

Streitigkeiten aus öffentlich-rechtlichen Verträgen – sowohl auf Erfüllung als **68** auch wegen aller Arten von Leistungsstörungen – gehören stets vor die allgemeinen oder besonderen VG; dies gilt seit der Änderung des § 40 Abs. 2 VwGO durch das VwVfG auch für Schadensersatzansprüche aus solchen Verträgen. Werden jedoch Schadensersatzansprüche auf Verschulden bei Vertragsschluss **(culpa in contrahendo)** gestützt (vgl. § 311 BGB), gehören sie in den ordentlichen Rechtsweg, wenn sie in engem Zusammenhang mit Amtshaftungsansprüchen stehen. In solchen Fällen wird eine getrennte Beurteilung von (deliktischen) Amtspflichten und vorvertraglichen Pflichten dem Streitverhältnis nicht gerecht und vernachlässigt die sachliche Nähe der beiden Ansprüche.[189] Etwas anderes gilt jedoch, wenn ein Kläger die Erstattung einer Leistung verlangt, die er auf Grund eines Vertrags oder im Blick auf einen noch abzuschließenden Vertrag erbracht habe, denn derartige Erstattungs- und Bereicherungsansprüche stellen die Kehrseite des Leistungsanspruchs dar und sind im selben Rechtsweg zu verfolgen wie dieser.[190]

IV. Gemischte Rechtsverhältnisse. Von gemischten Rechtsverhältnissen **69** spricht man, wenn ein Anspruch auf mehrere Klagegründe gestützt werden kann oder gestützt wird und der eingeschlagene Rechtsweg nur für einen Teil dieser Klagegründe zulässig ist. Die Frage geht dahin, ob das angerufene Gericht den geltend gemachten Anspruch unter Berücksichtigung **aller dieser Klagegründe** prüfen kann oder nur hinsichtlich derer, für die der Rechtsweg zu ihm zulässig ist. Seit der Neuregelung der §§ 17 bis 17b (§ 17 Rn. 1, 2) ist sie dahin zu entscheiden, dass das angerufene Gericht zuständig ist, über alle Klagegründe zu entscheiden (§ 17 Rn. 48). Zur objektiven Klagenhäufung § 17 Rn. 49.

Davon zu trennen sind Rechtsverhältnisse im öffentlich-rechtlichen Bereich mit **70** **Doppelcharakter,** wo zwischen der öffentlich-rechtlichen Herbeiführung eines Rechtsverhältnisses einerseits und der daraus sich ergebenden Regelungsnotwendigkeit andererseits zu unterscheiden ist, sog. **Zweistufenlehre,**[191] z. B. Abschluss eines Benutzungsverhältnisses einerseits und Regelung des derart zustande gekommenen Benutzungsverhältnisses;[192] öffentlich-rechtliches Bewilligungsverfahren für eine **Subvention** einerseits, Gewährung der Subvention mit Rückzahlungspflicht andererseits (Rn. 458); auch Handlungen eines Hoheitsträgers, die im Verhältnis zum Leistungsempfänger öffentlich-rechtlich, im Verhältnis zum Wettbewerber privatrechtlich aufzufassen sind (Rn. 497). Hier ist für die jeweilige Tätigkeit des Hoheitsträgers der Rechtsweg selbstständig zu ermitteln. Die ordentlichen Gerichte können nicht die **Tätigkeit der Verwaltung** überprüfen. Soweit die Entscheidung (und ihre Vollstreckung), auch eine Feststellung, unmittelbar in die hoheitliche Tätigkeit eingreifen würde, ist der ordentliche Rechtsweg nicht gegeben.[193] Das Gleiche gilt für die sogenannte **schlichte Hoheitsverwaltung.**[194] Der Ausschluss des ordentlichen Rechtswegs gilt auch dann, wenn der auf privatrechtliche Grundlage gestützte Anspruch in den Bestand eines öffentlich-rechtlichen Rechtsverhältnisses eingreifen würde, z. B. Abwehranspruch gegen Geräuschimmissionen eines öffentlich-rechtlich gestalteten Kindergartens[195] oder Eingriff in die öffentlich-rechtlich betriebene Kanalisation.[196] Demgegenüber ist der ordentliche Rechtsweg eröffnet, wenn das durch den öffentlich-rechtlichen Vorgang begründete

---

[189] BGHZ 43, 34 = NJW 1965, 442; Z 76, 343 = NJW 1980, 1683; BGH NJW 1986, 1119; BVerwG NJW 2002, 2894; NVwZ 2003, 1383; VGH Mannheim NJW 2005, 2636; *BL/Hartmann* Rn. 68; *Dötsch* NJW 2003, 1430.
[190] BGH aaO.; BVerwG NJW 2002, 2894; OVG Koblenz NJW 2002, 3724; *Kopp/Schenke* § 40 VwGO Rn. 21; *Eyermann/Rennert* § 40 VwGO Rn. 121.
[191] BGHZ 98, 140 = NJW 1986, 2826; NJW 1992, 2423.
[192] Elektrizitätswerk, vgl. BGH NJW 1954, 1323.
[193] BGHZ 41, 264, 266 = NJW 1964, 1472; BGH NJW 1967, 2309; 1969, 1437.
[194] BGHZ 41, 264, 266 = NJW 1964, 1472; BGH NJW 1976, 570.
[195] BGH NJW 1976, 570.
[196] BGH LM 81 zu § 13 GVG.

Rechtsverhältnis privatrechtlich ausgestaltet ist, wofür die öffentliche Hand vielfach die Gestaltungsfreiheit hat, so Vermietung von kommunalen Versammlungsräumen, Zuteilung eines Standplatzes für ein Volksfest.[197] Voraussetzung ist jedoch, dass durch die Entscheidung im ordentlichen Rechtsweg nicht in die öffentlich-rechtliche Gestaltung eingegriffen wird.[198] Der ordentliche Rechtsweg ist auch zulässig, wenn Hoheitsträger sich am allgemeinen Wettbewerb beteiligen (Rn. 497).

71 **V. Haupt- und Hilfsanspruch.** Siehe § 17 Rn. 49.

72 **VI. Aufrechnung.** Eine ähnliche Problematik wie bei gemischten Rechtsverhältnissen ergibt sich, wenn der Beklagte in einem Rechtsstreit mit einer Forderung aufrechnet, für deren Geltendmachung im Klageweg ein anderer Rechtsweg zulässig wäre. Da in den Grenzen des § 322 Abs. 2 ZPO (entsprechend § 173 VwGO, § 141 Abs. 2 SGG) über die Gegenforderung rechtskraftfähig entschieden wird, stellt sich die Frage, ob diese Entscheidung durch das angerufene, an sich unzuständige Gericht geschehen kann. Die h.M. nimmt zu Recht an, dass die Aufrechnung, abgesehen von gesetzlichen oder vertraglichen Aufrechnungsverboten, materiell-rechtlich **wirksam erklärt werden** kann, gleich, ob die Gegenforderung klageweise nur vor einem anderen Gericht geltend gemacht werden könnte; sog. materiell- oder zivilrechtliche Theorie der Prozessaufrechnung.[199]

73 Ob das Gericht darüber hinaus über die Zulässigkeit der erklärten Aufrechnung, den Bestand der zur Aufrechnung gestellte Forderung und das Erlöschen der mit der Klage geltend gemachten Forderung entscheiden kann, ist differenziert zu sehen. Bejaht wird dies allgemein für die Aufrechnung mit Forderungen, die **unstreitig oder rechtskräftig festgestellt** sind ohne Rücksicht darauf, in welchem Rechtsweg sie selbstständig klageweise geltend zu machen wären[200] (vgl. § 17 Rn. 52). Ebenso kann das angerufene Gerichts über Zulässigkeit und Wirkung der Aufrechnung entscheiden, wenn innerhalb des gleichen Rechtswegs nur die Frage der **sachlichen Zuständigkeit** betroffen ist, auch wenn sie ausschließlich ist. So kann z.B. der Beklagte gegenüber einer vor dem LG erhobenen Klageforderung mit einer Aufrechnungsforderung aus Miete aufrechnen, für die an sich die Zuständigkeit des AG begründet wäre. Folgerichtig ist die Aufrechnung prozessual auch dann zulässig, wenn verschiedene **örtliche Zuständigkeiten** innerhalb einer Gerichtsbarkeit betroffen sind. Dies gilt nicht nur bezüglich allgemeiner und besonderer Gerichtsstände, sondern auch, wenn für die Gegenforderung an sich eine ausschließliche örtliche Zuständigkeit beispielsweise nach §§ 24, 29a, 893 Abs. 2 i.V.m. § 802 ZPO gegeben ist.[201] Hiergegen könnte allerdings eingewandt werden, dass eine Widerklage nach §§ 33 Abs. 2, 40 Abs. 2 ZPO in Fällen ausschließlicher Zuständigkeit für die Widerklageforderung im Gerichtsstand der Klageforderung nicht möglich ist und dies auch für die Aufrechnung als „unterentwickelte Widerklage" zu gelten habe. Doch macht es einen Unterschied, ob der Beklagte wegen seiner Gegenforderung einen selbstständigen Titel auf Grund erhobener Widerklage erreichen möchte oder aber lediglich die Klageforderung (meistens nur hilfsweise) zu Fall bringen will. Die ausschließlichen örtlichen Zuständigkeiten haben ihren Sinn jeweils in der besonderen Nähe des Gerichts zu der Streitsache. Wird aber mit einer Gegenforderung die Aufrechnung erklärt, für die bei ihrer klageweisen

---

[197] *Eyermann/Rennert* § 40 FGG Rn. 45 ff.; *Kopp/Schenke* § 40 FGG Rn. 16.
[198] BGHZ 5, 69 = NJW 1952, 624; Z 20, 80 = NJW 1956, 670; Z 24, 390 = NJW 1957, 1402.
[199] Vgl. BGHZ 16, 124 = NJW 1955, 497 m. Anm. *Lindenmair* LM 2 zu § 148 ZPO; BSG NJW 1963, 1844; 1969, 1368; BFHE 198, 55 = NJW 2002, 3126; OVG Hamburg MDR 1951, 314; RGZ 77, 412; *Schwab*, FS Nipperdey, 1965, S. 939, 955; *Henckel* ZZP 1961, 165, 176; JZ 1963, 681, 683; *Grunsky* JZ 1965, 391; *StJ/Leipold* § 145 ZPO Rn. 28; *Rosenberg/Schwab/Gottwald* § 106 IV 1; *Habscheid* ZZP 1965, 371.
[200] BGHZ 16, 124 = NJW 1955, 497; BFHE 198, 55 = NJW 2002, 3126; BSG NJW 1969, 1368; *Eyermann/Rennert* § 40 VwGO Rn. 38.
[201] Zu einem Fall des § 893 Abs. 2 ZPO vgl. RGZ 35, 379.

Geltendmachung ein ausschließlicher örtlicher Gerichtsstand gegeben wäre, so wäre bei Annahme der Unzulässigkeit der Aufrechnung die Erleichterung für die Partei jedenfalls nicht mehr gegeben. Eine einheitliche Entscheidung des angerufenen Gerichts ist deshalb vorzuziehen.[202]

Auch im Verhältnis der Zivil- zu den Landwirtschaftsgerichten besteht die Möglichkeit der prozessualen Aufrechnung. Die Landwirtschaftsgerichte sind lediglich Abteilungen der ordentlichen Gerichte, so dass nur die sachliche Zuständigkeit in Frage steht; unerheblich ist, dass das Verfahren vor den Landwirtschaftsgerichten ein solches der freiwilligen Gerichtsbarkeit ist.[203] **74**

Dagegen ist es nach h. M. unzulässig, über eine zur Aufrechnung gestellte **bestrittene** Gegenforderung zu entscheiden, die bei selbstständiger klageweiser Geltendmachung in einen **anderen Rechtsweg** gehört, weil gemäß §§ 322 Abs. 2 ZPO, 173 VwGO, § 141 Abs. 2 SGG eine solche Entscheidung in Rechtskraft erwachse und deshalb einen Übergriff in die Kompetenz der Gerichte eines anderen Rechtswegs bedeute, der wegen der gesetzlich geregelten Rechtswegzuständigkeiten nicht hingenommen werden könne.[204] Nur im Verhältnis zwischen ordentlicher und Arbeitsgerichtsbarkeit wurde vor der Novellierung der §§ 17 ff. nicht eine Frage des Rechtswegs, sondern der sachlichen Zuständigkeit angenommen (Rn. 141) und deshalb die wechselseitige Entscheidung über die Gegenforderung als zulässig angesehen. Im Verhältnis zu den anderen Gerichtsbarkeiten, so bei Aufrechnung mit einer bestrittenen öffentlich-rechtlichen Gegenforderung im Zivilprozessverfahren, bejahte der BGH eine **Aussetzungspflicht** des angerufenen Gerichts nach § 148 ZPO; für den umgekehrten Fall der Aufrechnung mit einer zivilrechtlichen Forderung gegen eine eingeklagte öffentlich-rechtliche Forderung kommen §§ 94 VwGO, 114 Abs. 2 SGG, § 74 FGO in Betracht.[205] Gleichzeitig soll, soweit kein rechtlicher Zusammenhang besteht, ein **Vorbehaltsurteil** nach § 302 ZPO möglich sein; nach der Entscheidung des für die Gegenforderung zuständigen Gerichts ist im Nachverfahren abschließend zu entscheiden.[206] Der BGH führt aus, dass einerseits die materiellrechtliche Folge der Aufrechnungserklärung auch bei prozessual unzulässiger Aufrechnung eintrete, dass aber andererseits die materiell-rechtlich wirksame Aufrechnung auch prozessual durchsetzbar sein muss; dem dürfe sich der Richter nicht mit der Begründung entziehen, über die Gegenforderung sei in einem anderen Rechtsweg zu entscheiden. Deshalb sei eine Aussetzung nach § 148 ZPO geboten. Soweit noch nicht geschehen, könne dem Beklagten eine Frist zur Klageerhebung in dem anderen Rechtsweg gesetzt werden. Erfolge eine Klage nicht innerhalb dieser Frist, könne die Aufrechnung nach § 279 ZPO (a. F., nach neuer Fassung kommen §§ 282 bzw. 296 ZPO in Betracht), in dem anhängigen Verfahren zurückgewiesen werden, was keine Rechtskraftwirkung nach § 322 Abs. 2 ZPO habe. **75**

Nach anderer Ansicht kann das angerufene Gericht auch bei einer rechtswegübergreifenden Aufrechnung kraft Sachzusammenhangs über die zur Aufrechnung gestellte Forderung entscheiden,[207] um eine doppelte Belastung der Parteien und Gerichte zu vermeiden. Dem ist spätestens nach der **Neuregelung der §§ 17 ff.** (§ 17 Rn. 1) zu folgen. Nach § 17 Abs. 2 Satz 1 entscheidet das Gericht den Rechtsstreit unter allen in Betracht kommenden rechtlichen Gesichtspunkten. **76**

---

[202] Vgl. hierzu eingehend *Schreiber* ZZP 1977, 395, 405.
[203] NJW 1964, 863.
[204] BGHZ 16, 124 = NJW 1955, 497; BAG NJW 1966, 1771; BVerwGE 77, 19 = NJW 1987, 2530; BSG NJW 1969, 1368; *Zöller/Gummer* § 17 Rn. 10; *StJ/Leipold* § 145 ZPO Rn. 35; *Rosenberg/Schwab/Gottwald* § 105 IV 6.
[205] Vgl. BFHE 198, 55 = NJW 2002, 3126.
[206] BGHZ 16, 124 = NJW 1955, 497 m. Anm. *Lindenmaier* LM 2 zu § 148 ZPO; BFH BB 1988, 1738; BVerwG NJW 1987, 2530; BSG NJW 1963, 1844; *Eyermann/Rennert* § 40 Rn. 38; *StJ/Leipold* § 145 ZPO Rn. 37; *Stein* MDR 1972, 733 ff., 735; *Lueke/Huppert* JuS 1971, 168, 170.
[207] *Baur*, FS von Hippel, 1967, S. 23, 24; *Rosenberg/Schwab/Gottwald* § 105 IV 6; *Eike Schmidt* ZZP 1974, 42.

Nach dem Zweck der Novelle, Rechtswegstreitigkeiten und Rechtswegaufspaltungen zu vermeiden sowie das Verfahren zu beschleunigen, auch unter Berücksichtigung der Gleichwertigkeit aller Gerichtsbarkeiten (Rn. 6), ist das Gericht als zuständig anzusehen, auch über die zur Aufrechnung gestellte rechtswegfremde Forderung zu entscheiden[208] (§ 17 Rn. 52).

77 Prozessual unzulässig ist die Aufrechnung aber, wenn für die Gegenforderung eine **Schiedsgerichtsvereinbarung** getroffen ist. Hier kommt auch der Gesichtspunkt des Sachzusammenhangs nicht zum Tragen, da nicht dem Einfluss der Parteien entzogene gesetzliche Regelungen zur Zuständigkeit eines anderen Gerichts für die Entscheidung über die Aufrechnungsforderung führen, sondern die Parteien selbst die Entscheidung über die Gegenforderung den staatlichen Gerichten entzogen haben. Ihre berechtigten Belange nötigen deshalb nicht zu einer einheitlichen Entscheidung des von dem Kläger angerufenen Gerichts, im Gegenteil muss gerade auf Grund der Parteivereinbarung dem Schiedsgericht die Entscheidung über die Gegenforderung erhalten werden.[209] Streitig ist, ob umgekehrt das Schiedsgericht über eine zur Aufrechnung gestellte Forderung entscheiden kann, die nicht Gegenstand des Schiedsvertrages ist.[210] Grundsätzlich wird man sich der Auffassung anschließen müssen, die eine Entscheidungskompetenz des Schiedsgerichts in diesem Fall verneint. Denn ohne eine Schiedsgerichtsvereinbarung muss keine Partei es hinnehmen, dass die Entscheidung über eine Forderung den staatlichen Gerichten entzogen wird. Da es aber für den Umfang der Schiedsgerichtsentscheidung auf den Parteiwillen und die Parteivereinbarungen ankommt, ist es zulässig, dass das Schiedsgericht dann auch über die Aufrechnungsforderung entscheidet, wenn der Kläger hiergegen keine Einwendungen erhebt.

78 Kann das **staatliche Gericht** nicht über eine von einer Schiedsgerichtsvereinbarung erfasste Gegenforderung entscheiden, darf dem Beklagten die Gegenforderung aber nicht durch die prozessual unzulässige, aber materiell wirksame Aufrechnung verlorengehen.[211] Diese Problematik stellt sich nur dann nicht, wenn die Schiedsgerichtsvereinbarung neben dem prozessualen auch ein materielles Aufrechnungsverbot enthält, was aber regelmäßig nicht anzunehmen ist.[212] Besteht kein sachlich-rechtliches Aufrechnungsverbot, so bietet sich die Lösung an wie sie der BGH für die Aufrechnung vor den ordentlichen Gerichten mit einer rechtswegfremden öffentlich-rechtlichen Gegenforderung entwickelt hat, nämlich in einer obligatorischen Aussetzung des Verfahrens nach § 148 ZPO mit Frist zur Klageerhebung vor dem Schiedsgericht.[213] Nicht gefolgt werden kann der Auffassung des BGH,[214] die Möglichkeit der obligatorischen Aussetzung führe hier nicht weiter, weil das Schiedsgericht seinerseits eine abschließende Entscheidung über die zur Aufrechnung gestellte Gegenforderung nur treffen könne, wenn es gleichzeitig über den Bestand der bei dem ordentlichen Gericht anhängigen Klageforderung entscheide, was ihm verwehrt sei. Das Schiedsgericht entscheidet nämlich lediglich über die kraft Parteivereinbarung ihm zugewiesene Forderung, indem es feststellt, ob diese bis zur Aufrechnung bestanden hat; über die Wirksamkeit der Aufrech-

---

[208] *Redeker/von Oertzen* § 40 VwGO Rn. 19; *Kopp/Schenke* § 40 VwGO Rn. 45.
[209] BGHZ 38, 254 = NJW 1963, 243 m. Anm. *Henckel;* in der Begründung zum Teil abweichend von BGHZ 23, 17 = NJW 1957, 591; *BL/Hartmann* § 1029 ZPO Rn. 22; *Grunsky* JZ 1965, 391, 398; *Rosenberg/Schwab/Gottwald* § 105 III.
[210] Dies wird bejaht von *BL/Hartmann* § 1029 ZPO Rn. 22; RGZ 123, 348; *MünchKommZPO/Damrau* § 387 Rn. 14; verneint von *StJ/Schlosser* § 1029 Rn. 31.
[211] BGHZ 23, 17 = NJW 1957, 591.
[212] BGHZ 38, 254 = NJW 1963, 243; *Eike Schmidt* ZZP 1974, 29 ff., 44 will generell von einem materiell-rechtlichen Aufrechnungsverbot ausgehen, bezieht sich hierzu jedoch zu Unrecht auf BGHZ 38, 257, denn der BGH geht dort gerade nicht von einem sachlich rechtlichen Aufrechnungsverbot aus, sondern erklärt ausdrücklich, dass ein solches Verbot in dem zu entscheidenden Fall nicht in Betracht komme.
[213] *Henckel* ZZP 1961, 165 ff., 185; *Lueke/Huppert* JuS 1971, 165 ff., 170.
[214] BGHZ 23, 17, 25 = NJW 1957, 591.

nung, d. h. über die Frage, ob die Klageforderung nach der Aufrechnung noch besteht, entscheidet danach das staatliche Gericht im Nachverfahren. – In der späteren Entscheidung des BGH,[215] in der er sich zum Teil gegen die frühere[216] wendet, ist zu dieser Frage nicht Stellung genommen.

Es kann auch ein schiedsgerichtliches **Vorbehaltsurteil** nach § 302 ZPO ergehen, was allerdings zumeist an einem rechtlichen Zusammenhang zwischen Klageforderung und Aufrechnungsforderung scheitern wird. Die Bedenken des BGH[217] gegen ein Vorbehaltsurteil, dass es mit Rücksicht auf die den Staatsurteilen zukommende Bedeutung nicht angängig sei, dem privaten Schiedsgericht ohne eine ausdrückliche gesetzliche Ermächtigung die Befugnis zuzusprechen, in dem anschließenden Schiedsgerichtsverfahren das Vorbehaltsurteil des Staatsgerichts aufzuheben, können nicht geteilt werden.[218] Selbst wenn man sich ihnen aber anschließt, so kann ein Vorbehaltsurteil gleichwohl ergehen und nach der Entscheidung des Schiedsgerichts über die Gegenforderung das Nachverfahren vor dem staatlichen Gericht durchgeführt werden.[219] In dem umgekehrten Fall, dass vor einem Schiedsgericht mit einer der Schiedsvereinbarung nicht unterworfenen Gegenforderung aufgerechnet wird, über die das Schiedsgericht mangels Einverständnisses des Klägers nicht entscheiden kann, kann ein Vorbehaltsschiedsspruch ergehen und das Schiedsgericht das Verfahren entsprechend § 148 ZPO aussetzen. Erfolgt eine Aussetzung nicht und wird über die Klageforderung ohne Berücksichtigung der Gegenforderung entschieden, so ist der Beklagte nicht gehindert, seine Forderungen durch eine neue Klage selbstständig geltend zu machen, da die zur Aufrechnung gestellte Forderung nicht „verbraucht" ist. – Nach der hier vertretenen Auffassung von der Entscheidungskompetenz des für die Klage zulässigerweise angerufenen Gerichts auch für die Entscheidung über die Aufrechnung (vgl. Rn. 76) gilt nichts anderes. Diese Auffassung beruht auf dem Gedanken der Gleichwertigkeit der Gerichtsbarkeiten, jedoch nur der staatlichen Gerichte untereinander. Angesichts der essentiellen Bedeutung, die dem Merkmal des „staatlichen" Gerichts unter rechtsstaatlichen Gesichtspunkten zukommt (vgl. Einl. Rn. 163; § 16 Rn. 62), muss der „Rechtsweg" zum Schiedsgericht als derart andersartig angesehen werden, dass eine Erweiterung der Entscheidungskompetenz des Schiedsgerichts durch Sachzusammenhang nicht angenommen werden kann.

Ist zwischen **Vertragspartnern aus verschiedenen Staaten** vereinbart, dass Klage aus einem bestimmten Rechtsverhältnis nur vor dem Heimatgericht des jeweils Beklagten zu erheben sei, so ist zu prüfen, ob diese Vereinbarung inzident auch ein vereinbartes prozessuales Aufrechnungsverbot enthält. Der BGH[220] bejaht dies zu Recht mit der Argumentation, die Parteien hätten gewollt, dass sie nur in ihrem Heimatstaat verklagt werden könnten, was nicht durch eine Aufrechnung unterlaufen werden dürfe. Dasselbe gelte auch für ein Zurückbehaltungsrecht wegen der Gegenansprüche. Ist zwischen den Parteien für alle Klagen aus einem Vertrag der Gerichtsstand des Heimatstaates nur einer Partei vereinbart, so sieht der BGH hierin generell auch die Vereinbarung eines prozessualen Aufrechnungsverbots gegenüber der aus einem anderen Schuldgrund erhobenen Klage vor dem Gericht des anderen Staates.[221] Der BGH begründet dies in Anlehnung an seine RSpr zu dem prozessualen Aufrechnungsverbot mit einer Forderung, für die die Parteien die Zuständigkeit eines Schiedsgerichts vereinbart haben[222] (vgl. Rn. 78). Hier wie dort habe die Gerichtsstandsvereinbarung nicht nur den Sinn in der Bequemlich-

---

[215] BGHZ 38, 254 = NJW 1963, 243.
[216] BGHZ 23, 17 = NJW 1957, 591.
[217] BGHZ 23, 17, 24 = NJW 1957, 591.
[218] StJ/*Schlosser* § 1029 ZPO Rn. 31.
[219] So BL/*Hartmann* § 1029 ZPO Rn. 22.
[220] NJW 1979, 2477.
[221] NJW 1973, 421 f.
[222] Vgl. BGHZ 38, 254 = NJW 1973, 243.

keit für die jeweilige Partei, wie bei der Vereinbarung innerstaatlicher örtlicher Zuständigkeiten, sondern bei einer Schiedsgerichtsvereinbarung wollten die Parteien ein Gericht ihres besonderen Vertrauens, und bei der Vereinbarung der Gerichte eines bestimmten Staates sei es ähnlich, da damit auch das Verfahrensrecht dieses Staates eingreife, ebenso sich die Anwendung materiellen Rechts nach dem IPR des jeweiligen Staates richte und schließlich derjenige Vertragspartner, der die Vereinbarung eines Gerichts seines Heimatstaates durchgesetzt habe, dessen Sprache spreche und dessen Funktionsweise besser kenne.[223] Diese Vorteile dürfen dem vertraglich Begünstigten in der Tat nicht durch die Aufrechnung in einem Rechtsstreit, der nicht in seinem Heimatstaat geführt wird, genommen werden.

81 Ein prozessuales Aufrechnungsverbot kann dagegen nicht angenommen werden, wenn nur eine Gerichtsstandsvereinbarung nach § 38 ZPO getroffen wurde.[224] Hier dient die Vereinbarung regelmäßig nur dem Interesse dessen, zu dessen Gunsten sie erfolgt ist, nur an seinem Wohnsitz oder einem ihm aus anderen Gründen günstigen Ort verklagt zu werden. Dieses Interesse entfällt, wenn er aus einem anderen Grund ohnehin einen Rechtsstreit vor einem anderen innerstaatlichen Gericht auf Klägerseite führen muss. Ist dagegen eine Gerichtsstandsvereinbarung zwischen den Parteien bezüglich der sachlichen Zuständigkeit getroffen worden, so kann auch hierin ein prozessuales Aufrechnungsverbot enthalten sein. Ob dies der Fall ist, muss durch Auslegung der Vereinbarung geprüft werden. Wird etwa für eine in die Zuständigkeit der LG fallende Forderung die Zuständigkeit des AG vereinbart, so ist zu prüfen, aus welchem Grund diese Vereinbarung getroffen wurde. Sollte sie lediglich zur Kostenersparnis wegen der vor dem AG nicht obligatorischen Anwaltsvertretung oder der erleichterten Verhandlung getroffen worden sein, so verlieren diese Aspekte ihre Bedeutung, wenn ohnehin ein Prozess zwischen den Parteien am LG anhängig ist.[225] Anders aber kann es sein, wenn die Parteien die amtsgerichtliche Zuständigkeit auch im Hinblick auf die Beschränkung des Instanzenzugs zur Kostenersparnis vereinbart haben, was allerdings nur bei der eventuellen Aufrechnung, die den Streitwert erhöht, von Bedeutung sein kann. – Ist zwischen den Parteien die Zuständigkeit des LG zulässigerweise vereinbart, obgleich an sich die Zuständigkeit des AG gegeben wäre, so kann dies seinen Grund nicht in der Einfachheit und Praktikabilität haben; vielmehr kann hier in der Regel nur geschlossen werden, dass die Parteien entweder die präsumtiv „bessere" RSpr des Kollegialgerichts im Blick haben (aber § 348 ZPO) oder die Möglichkeit einer höchstrichterlichen Entscheidung eröffnen wollen. Hier wird regelmäßig ein prozessuales Aufrechnungsverbot in der Parteivereinbarung zu sehen sein.[226]

82 **VII. Widerklage.** Die Widerklage ist ohne Rücksicht auf ihre allgemeine prozessuale Zulässigkeit im Hinblick auf die Zulässigkeit des Rechtswegs wie die Klage selbst zu behandeln und selbstständig zu beurteilen (§ 17 Rn. 50).

83 **VIII. Stufenklage.** Bei einer Stufenklage (vgl. § 254 ZPO) ist auf den jeweils zunächst zu entscheidenden Anspruch abzustellen; es gilt das zur Widerklage (Rn. 82) Gesagte entsprechend (§ 17 Rn. 51).

84 **IX. Rechtsnachfolge, Mithaftung.** Tritt die Rechtsnachfolge während des Verfahrens ein, ändert sich der Rechtsweg nicht (perpetuatio fori). Tritt die Rechtsnachfolge vor Rechtshängigkeit des Verfahrens ein, ist zu unterscheiden: Für die Rechtsnatur des Rechtsverhältnisses kommt es nicht auf die Person des Verpflichteten oder Berechtigten an, sondern auf die **Rechtsnatur der Verbindlich-**

---

[223] So auch schon BGHZ 19, 341 ff. = NJW 1956, 546.
[224] Vgl. BGHZ 38, 254 = NJW 1963, 243.
[225] *Schreiber* ZZP 1977, 395, 409.
[226] *Schreiber* ZZP 1977, 395, 410.

keit.[227] Das gilt auch für die erbrechtliche Rechtsnachfolge[228] wie auch für die **Abtretung.**[229] Die Zulässigkeit des Rechtswegs ändert sich auch nicht bei Schuldbeitritt und für die Inanspruchnahme des Vermögensübernehmers nach § 419 BGB a. F.,[230] ebenso wenig für die Durchgriffshaftung und für die Inanspruchnahme des Bürgen (vgl. Rn. 332 – zu dessen Ansprüchen Rn. 99) und bei einer Kostenübernahme.[231] Auch bei Haftung des Gesellschafters nach §§ 128, 176 HGB ändert sich der Rechtsweg nicht.[232]

X. Rechtsschutzformen. Zwischen Leistungs- und Feststellungsklage besteht 85 hinsichtlich der Zulässigkeit des Rechtswegs kein Unterschied.[233] Auch für Arrest, einstweilige Verfügung und einstweilige Anordnung richtet sich die Zulässigkeit des Rechtswegs nach dem für die Geltendmachung des Hauptanspruchs selbst. Auch der Rechtsweg für die Abänderungsklage (§ 323 ZPO) richtet sich nach dem für das abzuändernde Urteil; das Gleiche gilt für das Wiederaufnahmeverfahren.[234] Der Rechtsweg für eine negative Feststellungsklage richtet sich danach, welcher Rechtsweg für die entgegengesetzte Leistungsklage des Beklagten eröffnet wäre.[235]

XI. Nebenansprüche, Zinsen. Nebenansprüche folgen grundsätzlich dem 86 Rechtsweg für die Hauptansprüche.[236] Ist der ordentliche Rechtsweg für den Hauptanspruch ausgeschlossen, so ist er es grundsätzlich auch für den Nebenanspruch. So sind Ansprüche auf **Prozesszinsen** für öffentlich-rechtliche Geldforderungen im Rechtsweg vor den allgemeinen oder besonderen VG geltend zu machen.[237] Über Ansprüche auf Verzugszinsen und Säumniszuschläge, die eine Behörde gegen eine Privatperson wegen verspäteter Leistung (auch bei Erfüllung eines Rückforderungsanspruchs) geltend macht, haben die VG zu entscheiden.[238] Im umgekehrten Fall, bei Ansprüchen von Privatpersonen gegen die öffentliche Hand (z. B. auf Verzugszinsen wegen verzögerter Auszahlung einer Rente), hat das BSG die Zuständigkeit der Sozialgerichte bejaht, wenn der Zinsanspruch ohne Angabe eines selbständigen konkreten Tatbestands der Amtspflichtverletzung und ohne Angabe eines besonderen Verzugsschadens verfolgt wird.[239] Demgegenüber vertritt das BVerwG die Auffassung, dass über Ansprüche auf **Verzugszinsen,** die eine Privatperson aus einem öffentlich-rechtlichen Über- und Unterordnungsverhältnis geltend macht, immer die Zivilgerichte zu entscheiden haben, weil derartige Ansprüche nur aus Schadensersatz wegen Amtspflichtverletzung herrühren könnten.[240] Von der Zuständigkeit der Zivilgerichte geht auch der BGH aus;[241] dem wird beizupflichten sein. Auch ein Anspruch auf Ersatz eines sonstigen **Verzugsschadens,** der vom Berechtigten aus einem öffentlich-rechtlichen Verhältnis nicht vertraglicher Art hergeleitet wird, muss, wenn er im aktuellen Zusammenhang mit möglichen Ansprüchen aus Amtshaftung steht, im ordentlichen Rechtsweg geltend

---

[227] H. M.; vgl. BGHZ 72, 56, 58 = NJW 1978, 2091; *Haueisen* NJW 1975, 2070; 1977, 441.
[228] BGHZ 71, 181, 182 = NJW 1978, 1385; Z 72, 56, 58 = NJW 1978, 2091.
[229] RGZ 143, 94; OLG Oldenburg ZIP 1982, 1249; BSG SGb 1993, 70; OLG Rostock NVwZ-RR 2000, 234; *BL/Hartmann* Rn. 1.
[230] BGHZ 72, 56 = NJW 1978, 2091; Z 90, 187 = NJW 1984, 1622.
[231] BSG SGb 1981, 547.
[232] BGHZ 72, 56 = NJW 1978, 2091; BSGE 40, 96; BAG NJW 1980, 1710.
[233] RGZ 130, 290, 291.
[234] RG HRR 1929, 1528.
[235] OLG Hamm NJW-RR 1993, 64; OLG Naumburg OLGR 2005, 289.
[236] BGHZ 78, 274 = NJW 1981, 675.
[237] BVerwG NJW 1958, 1744.
[238] BVerwG ZBR 1964, 339.
[239] BSG NJW 1965, 1198.
[240] BVerwG NJW 1962, 1412; BVerwGE 37, 231 = MDR 1971, 605; OVG Münster MDR 1964, 955; ähnlich BSG NJW 1965, 1198.
[241] BGHZ 36, 344 = NJW 1962, 1012; BGH NJW 1972, 210.

gemacht werden.²⁴² Hingegen haben die allgemeinen oder besonderen VG über Zinsansprüche zu entscheiden, die anders als Verzugszinsen nicht als Schadensersatz aus Amtspflichtverletzung gefordert werden, sondern als Wertersatz für Nutzungen, die ein Träger öffentlicher Verwaltung aus Beträgen gezogen hat, die ihm zu Unrecht zugeflossen sind.²⁴³

87   **XII. Zwangsvollstreckung.** Für das Verfahren der Zwangsvollstreckung richtet sich der Rechtsweg nach der gerichtlichen Herkunft des Titels, aus dem die Zwangsvollstreckung betrieben wird, gleichgültig, ob der zu vollstreckende Anspruch dem öffentlichen oder dem privaten Recht zuzuordnen ist.²⁴⁴ Deshalb ist bei einem Titel, in dem sich der Schuldner nach § 794 Abs. 1 Nr. 5 ZPO der sofortigen Zwangsvollstreckung unterworfen hat, der Zivilrechtsweg auch dann gegeben, wenn die Unterwerfung einen Anspruch betrifft, der öffentlich-rechtlicher Natur ist.²⁴⁵ Umgekehrt richtet sich die Vollstreckung nach der VwGO, wenn die Unterwerfung in einem öffentlich-rechtlichen Vertrag erfolgte.²⁴⁶ Der Übergang der Sozialhilfesachen auf die Sozialgerichte nach § 51 Abs. 1 Nr. 4a und Nr. 6a SGG (Rn. 124) ändert nichts an der Zuständigkeit der Verwaltungsgerichte für die Vollstreckung aus bereits vorliegenden verwaltungsgerichtlichen Titeln.²⁴⁷ Für die Festsetzung der Zwangsvollstreckungskosten ist ebenfalls das Prozessgericht erster Instanz zuständig,²⁴⁸ ebenso wie für die Festsetzung der zu erstattenden Kosten²⁴⁹ und der Vergütung des Rechtsanwalts nach § 11 RVG. Bei verwaltungsgerichtlichen Zahlungstiteln (z. B. Kostenfestsetzungsbeschlüssen) ist für Vollstreckung stets das VG zuständig²⁵⁰ (§ 167 Abs. 1 Satz 2 VwGO), auch für Forderungspfändung und Erinnerung. Das gilt auch für die Abnahme der eidesstattlichen Versicherung nach §§ 807, 900 ZPO,²⁵¹ für die Anordnung der Haft nach § 901 ZPO, ebenso für Kostenerstattungsansprüche (Rückforderungsansprüche) für Leistungen zur Abwendung der Zwangsvollstreckung.²⁵² Für den Schadensersatzanspruch aus § 945 ZPO ist nach stRSpr des BGH wegen des Zusammenhangs mit den Amtshaftungsansprüchen jedoch stets der ordentliche Rechtsweg gegeben.²⁵³ Pfändet das Finanzamt wegen rückständiger Steuern eine Buchgrundschuld, so ist für eine auf Löschung des Pfändungsvermerks im Grundbuch gerichtete Klage, die auf Nichtentstehung oder Tilgung der Steuerschuld gestützt ist, der Rechtsweg zu den ordentlichen Gerichten nicht gegeben;²⁵⁴ vgl. Drittschuldner Rn. 338, Durchsuchung Rn. 341. Wird eine Hypothek durch Verwaltungszwang eingetragen, so ist auch über ihre Löschung nur auf dem Weg des Verwaltungsverfahrens zu entscheiden.²⁵⁵ Für **Vollstreckungsgegenklagen** (§ 767 ZPO), solche nach § 768 ZPO und Klagen auf Erteilung der Vollstreckungsklausel (§ 731 ZPO) bleibt die Zulässigkeit des Gerichtszweigs bestehen, der entschieden hatte.²⁵⁶ Für eine **Drittwiderspruchs-**

---

²⁴² BVerwG NJW 1971, 1053.
²⁴³ OVG Münster 1964, 955.
²⁴⁴ H. M., vgl. BGHZ 78, 274 = NJW 1981, 675; VGH München NJW 1983, 1992 m. w. N.; a. A. *Bettermann* NJW 1953, 1008; *Renck* NVwZ 1982, 547.
²⁴⁵ BGH NJW-RR 2006, 645.
²⁴⁶ Vgl. OVG Münster NVwZ-RR 2007, 140.
²⁴⁷ BVerwG NVwZ 2007, 845.
²⁴⁸ BGH NJW-RR 1988, 186; BAGE 42, 62; OLG Hamm MDR 1984, 589.
²⁴⁹ LSG Schleswig AnwBl. 1984, 567.
²⁵⁰ OVG Münster NJW 1986, 1190; a. A. LG Heilbronn NJW-RR 1993, 575.
²⁵¹ OVG Münster NJW 1984, 2484.
²⁵² Vgl. ArbG Passau NZA-RR 2007, 543; a. A. BFH BStBl. 1973 II S. 502.
²⁵³ BGHZ 63, 277 = NJW 1975, 540; Z 78, 127 = NJW 1981, 349; *Lemke* DVBl. 1982, 989; a. A. *Schwarz* NJW 1976, 215.
²⁵⁴ BGH NJW 1967, 563.
²⁵⁵ OLG Braunschweig NdsRpfl 1955, 32; *Wieczorek/Schreiber* Rn. 18.
²⁵⁶ RGZ 153, 216, 218; BGHZ 21, 18 = NJW 1956, 1356; OLG Braunschweig NdsRpfl 1955, 32; zum verwaltungsgerichtlichen Vergleich VGH München NVwZ-RR 2007, 353; a. A. OLG Hamburg NJW 1955, 552.

klage nach § 771 ZPO gilt dies nicht. Beim Antrag eines Finanzamtes auf Erteilung eines Vollstreckungsdurchsuchungsbefehls wegen Steuerschulden hat der BFH[257] die Zulässigkeit des Finanzrechtswegs bejaht und eine Einschaltung der ordentlichen Gerichte für unzulässig gehalten; dies wird für das Vollstreckungsverfahren wegen Steuerschulden allgemein zu gelten haben.[258] Vollstreckt das Finanzamt in Amtshilfe für andere Behörden (etwa wegen von diesen verhängter Bußgelder), ist auch hier die Kontrolle der Vollstreckung jener Gerichtsbarkeit zu unterstellen, die im Erkenntnisverfahren einzuschalten war.[259] Erließ eine Gemeinde nach §§ 28, 115 RVO a. F. für einen Träger der Sozialversicherung im Wege der Rechtshilfe einen Pfändungs- und Überweisungsbeschluss, so ist für Einwendungen des Schuldners gegen die Art und Weise der Zwangsvollstreckung der Rechtsweg zu den SG gegeben;[260] entscheidend ist, welcher Vollstreckungsordnung der Vollstreckungstitel zugeordnet werden muss.

D. Abgrenzung zu den anderen Gerichtsbarkeiten

I. Verwaltungsgerichtsbarkeit. 1. Begriff der öffentlich-rechtlichen Streitigkeit. Eine Legaldefinition der „öffentlich-rechtlichen Streitigkeit" gibt es trotz der grundlegenden Bedeutung des Begriffs für die Rechtswegabgrenzung nicht, ebenso wenig wie für die bürgerlichen Rechtsstreitigkeiten (Rn. 9). Der Gesetzgeber hat hiervon bei Erlass der VwGO bewusst abgesehen, um die Klärung der RSpr und Lehre zu überlassen.[261] Eine Interpretation hat deshalb auf allgemeine Kategorien des materiellen und des Prozessrechts zurückzugreifen (Rn. 13). Maßgeblich ist einmal die innere Natur des streitigen Rechtsverhältnisses, ermittelt aus den Rechtssätzen, die den Sachverhalt entscheidend prägen (Rn. 14). **Öffentlich-rechtlich** ist eine Rechtsbeziehung, in der die eine Seite der hoheitlichen Gewalt der anderen – des Staates oder einer anderen öffentlichen Körperschaft – unterworfen sein soll. Tritt eine solche Körperschaft dem anderen Streitteil als Hoheitsträger mit Gebot oder Verbot gegenüber, nimmt sie also einseitige Regelungsbefugnis kraft staatlicher Zuständigkeit oder Verleihung in Anspruch, so ist stets eine öffentlich-rechtliche Streitigkeit gegeben (Subjektionstheorie, Rn. 13). Begegnen sich hingegen die Parteien gleichberechtigt oder leitet eine von ihnen eine einseitige Regelungszuständigkeit allenfalls aus freiwilliger Unterordnung – etwa unter eine Satzungsbefugnis oder unter das Direktionsrecht eines Vorgesetzten – ab, so kann es sich auch um eine bürgerlich-rechtliche Streitigkeit handeln. Dann ist aber noch zu differenzieren nach der Art des strittigen Rechtsverhältnisses. Wird es von Rechtsnormen geregelt, die überwiegend dem Interesse der Allgemeinheit bzw. der Angehörigen einer öffentlich-rechtlichen Körperschaft dienen, so gehört es auch bei Gleichordnung der Streitbeteiligten dem öffentlichen Recht an. Berücksichtigen hingegen die bestimmenden Normen überwiegend das Interesse einzelner oder einer durch individuelle Rechtsakte begründeten und durch individuelle Beziehung zusammengehaltene Personengesamtheit, so ist der Streit bürgerlich-rechtlich (Interessentheorie; in der Begründung, wenn auch kaum im Ergebnis abweichend die sogenannte Sonderrechtstheorie;[262] vgl. Rn. 14). Eine eindeutige Abgrenzung für den konkreten Einzelfall lässt sich nach derart abstrakten Formeln freilich schwer treffen. Es muss daher auf das Überwiegen der privatrechtlichen oder der öffentlich-rechtlichen Elemente abgestellt werden. Abzulehnen ist wegen der Gleichrangigkeit aller Rechtswege die Ansicht, bei Konkurrenz von Zivil- und

---

[257] BStBl. 1977 II S. 183.
[258] *Rößler* NJW 1979, 2138.
[259] Ebenso *Rößler* aaO.
[260] VGH München NJW 1976, 260.
[261] *Redeker/von Oertzen* § 40 VwGO Rn. 6.
[262] *Kopp/Schenke* § 40 VwGO Rn. 11 m. w. N.

Verwaltungsrechtsweg fehle für ein Zivilverfahren das Rechtsschutzbedürfnis, weil der Verwaltungsprozess, sofern er zum gleichen Ziele führe, das einfachere Verfahren sei.[263]

89 **2. Parteistreitigkeiten.** Streitigkeiten zwischen gleichgeordneten Rechtssubjekten auf dem Gebiet des öffentlichen Rechts werden allgemein als Parteistreitigkeiten bezeichnet, wobei dieser Begriff sich in der VwGO freilich nicht findet. Gleichordnung besteht, wenn kein Beteiligter eine den anderen bindende Entscheidung über den Streitgegenstand fällen kann.[264] Dabei kommt es nur auf den jeweiligen Gegenstand an, nicht darauf, ob außerhalb des Streitfalls ein Beteiligter dem anderen übergeordnet ist. Daneben stehen etwa Streitigkeiten aus **ungerechtfertigter Bereicherung** oder auch Feststellungsklagen um streitige Verpflichtungen oder Berechtigungen zwischen zwei Hoheitsträgern (etwa zwischen zwei Gemeinden über wegerechtliche Instandsetzungspflichten oder die Teilung eines Steueraufkommens); desgleichen können im Gleichordnungsverhältnis stehen etwa Ansprüche aus öffentlichem Eigentum oder aus der Öffentlichkeit von Sachen. Die häufigsten Parteistreitigkeiten ergeben sich aus **öffentlich-rechtlichen Verträgen** (Rn. 61 ff.). Außervertragliche Parteistreitigkeiten des öffentlichen Rechts finden sich bei Streitigkeiten aus öffentlichem Eigentum,[265] aus der Öffentlichkeit von Sachen (z.B. über den Umfang von Gemeingebrauch und Sondernutzungen) oder aus dem Namensrecht einer Gebietskörperschaft.[266]

90 Desgleichen sind Ansprüche aus **Auftrag** oder **Geschäftsführung ohne Auftrag** als öffentlich-rechtliche Parteistreitigkeiten zu verfolgen, wenn der Kläger als Hoheitsträger für einen anderen Hoheitsträger tätig geworden ist.[267] Sind hingegen ein Hoheitsträger für eine Privatperson oder eine Privatperson für einen Hoheitsträger als Geschäftsführer tätig geworden, so handelt es sich ebenso um eine zivilrechtliche Beziehung wie wenn eine Behörde lediglich fiskalisch die Aufgaben einer anderen wahrgenommen hat.[268] Dass ein Hoheitsträger einer öffentlich-rechtlichen Pflicht nachkommt, hindert nicht die Annahme, dass er zugleich ein privates Geschäft eines Dritten besorgt.[269]

91 **3. Ungerechtfertigte Bereicherung.** Ansprüche aus ungerechtfertigter Bereicherung sind öffentlich-rechtlich, sofern sich die angeblich auszugleichende Bereicherung im Rahmen einer öffentlich-rechtlichen Beziehung ergeben hat.[270] Das gilt auch, wenn ein Rechtsnachfolger, z.B. der Erbe, in Anspruch genommen wird.[271] Ist jedoch die zugeflossene Leistung nicht im Rahmen eines bestehenden Rechtsverhältnisses geleistet worden, sondern an einen außenstehenden Dritten, ist der ordentliche Rechtsweg gegeben,[272] so, wenn der Anspruch darauf beruht, dass an eine dritte Privatperson auf Grund eines inzwischen aufgehobenen Strafurteils Leistungen erbracht worden sind.[273] Dasselbe gilt für den Anspruch nach § 822 BGB, auch wenn das Bestehen eines öffentlich-rechtlichen Rückerstattungsanspruchs gegen den Schenker als Vorfrage zu prüfen ist.[274]

---

[263] So aber BVerwGE 2, 142.
[264] *Kopp/Schenke* § 40 VwGO Rn. 24.
[265] Vgl. BVerwGE 27, 131; *Redeker/von Oertzen* § 40 VwGO Rn. 9.
[266] BVerwG NJW 1974, 1207.
[267] BVerwGE 32, 279 = NJW 1956, 925; BGH NJW 1986, 1109; VGH Mannheim NJW 1977, 1843; *Eyermann/Rennert* § 40 VwGO Rn. 76; *Redeker/von Oertzen* § 40 VwGO Rn. 16; krit. *Klein* DVBl. 1966, 166.
[268] *Eyermann/Rennert* aaO.
[269] Vgl. VGH Mannheim NVwZ-RR 2004, 473 m. w. N.
[270] BGH NJW 1986, 1109; BVerwG NJW 1980, 2538.
[271] BVerwG NVwZ 1991, 168; KG NJW-RR 2007, 144.
[272] BGHZ 71, 180 = NJW 1978, 1385; Z 73, 202 = NJW 1979, 763; OLG Karlsruhe NJW 1988, 1920; OLG Koblenz OLGZ 1989, 128.
[273] BGH NStZ-RR 1996, 204.
[274] KG NJW-RR 2007, 144.

Fließend ist der Übergang des Konditionsrechts zum Institut des öffentlich- **92** rechtlichen **Folgenbeseitigungsanspruchs**.[275] So werden öffentlich-rechtliche Erstattungs- und Rückforderungsansprüche teils als Unterfall des Folgenbeseitigungsanspruchs gesehen, teils nach den Grundsätzen der ungerechtfertigten Bereicherung behandelt.[276] Ein öffentlich-rechtlicher **Erstattungsanspruch** kommt in Betracht, wenn eine Körperschaft des öffentlichen Rechts durch einen nichtigen oder aufgehobenen Verwaltungsakt oder auf sonst rechtswidrige Weise etwas (z.B. Steuern, Gebühren, Beiträge) erlangt hat, das zurückzugewähren ist; hierher rechnen auch Ausgleichsansprüche nach Rücknahme eines Verwaltungsakts.[277] Ausgeklammert bleiben hier aber solche Erstattungsansprüche, die sich wie z.B. die Erstattung von Wahlkampfkosten als eine Art Aufwendungsersatz darstellen.[278] – Das Gegenstück des Erstattungsanspruchs ist der öffentlich-rechtliche **Rückforderungsanspruch**, mit dem eine Behörde die Rückgabe einer auf Grund einer öffentlich-rechtlichen Beziehung unrechtmäßig erbrachten Leistung fordert (z.B. im Sozialrecht). Allgemein sind Ansprüche auf Rückgewähr fehlerhafter Zahlungen die **Kehrseite der entsprechenden Leistungsansprüche;** deren Rechtsnatur bestimmt zugleich den Rechtsweg für den Erstattungs- bzw. Rückforderungsanspruch.[279] Das gilt auch für Streitigkeiten über den Erlass einer Forderung[280] und für Rückzahlungsvereinbarungen[281] (vgl. Rn. 67). Für den Streit über die Herausgabe einer Sache, an der durch Hoheitsakt die Gebrauchsüberlassung gewährt wurde, ist der Verwaltungsrechtsweg gegeben.[282]

4. Folgenbeseitigung. Der Folgenbeseitigungsanspruch richtet sich nicht auf **93** Entschädigung für einen rechtswidrigen Eingriff (mit der Folge zivilgerichtlicher Zuständigkeit), sondern auf die Wiederherstellung des ursprünglichen Zustands, d.h. auf die Beseitigung der unmittelbaren Beschwer, die durch ein ungerechtfertigtes hoheitliches Handeln entstanden ist. Aus dieser Zielsetzung auf einen wiederum nur durch hoheitliches Handeln zu erreichenden Erfolg ergibt sich, dass Folgenbeseitigungsansprüche im Gegensatz zu Entschädigungsansprüchen (die nicht auf die Rückgängigmachung fehlerhaften Verwaltungshandelns, sondern auf Geldausgleich gehen, Rn. 102 ff.) stets vor den VG, nie vor den ordentlichen Gerichten zu verfolgen sind. Auch hier – wie generell – kann die Zuständigkeit des Zivilrechtswegs für eine öffentlich-rechtliche Angelegenheit nicht dadurch begründet („erschlichen") werden, dass ein Klageantrag im äußeren Gewand eines bürgerlich-rechtlichen Schadensersatz-, Störungsabwehr- oder Bereicherungsanspruchs sich direkt gegen hoheitliches Verhalten richtet (vgl. Rn. 39). Das Verfahren eines ordentlichen Gerichts und seine vollstreckungsfähige Entscheidung dürfen niemals auf die Beseitigung, Unterlassung, Vornahme oder Änderung einer Amtshandlung gerichtet sein; insbesondere kommt insoweit kein Schadensersatz durch Naturalrestitution (§ 249 BGB) in Betracht. Der ausschlaggebende Grund hierfür liegt in der gesetzlich vorgeschriebenen Rechtswegaufgliederung, die eine Entscheidungsbefugnis auf dem Gebiet des öffentlichen Rechts grundsätzlich nur den VG zugemessen hat. Auch soweit den Zivilgerichten die Entscheidung über Streitigkeiten des öffentlichen Rechts durch **besondere Zuweisung** übertragen ist (Rn. 100), beschränkt sich ihre Zuständig-

---

[275] Vgl. dazu *Schmitt* DVBl. 1978, 974 ff.; *von Mangoldt* DVBl. 1974, 825; BVerwG DÖV 1971, 857 m. Anm. *Bachof.*
[276] *Redeker/von Oertzen* § 40 VwGO Rn. 18; vgl. OVG Lüneburg NVwZ 2004, 1513.
[277] OVG Lüneburg DVBl. 1986, 695.
[278] Vgl. BVerfGE 27, 152.
[279] BGHZ 87, 9 = NJW 1983, 2311; Z 103, 255 = NJW 1988, 1731; BVerwG NVwZ 1991, 168; DVBl. 1992, 620; 1483; NJW 1993, 215; BSG NVwZ 1984, 62; 1988, 92; NZA 1990, 867; *Eyermann/Rennert* § 40 VwGO Rn. 77.
[280] BSG NJW 1990, 342.
[281] BAG NJW 1991, 943.
[282] VGH München NVwZ-RR 1996, 1120 – Salvatorkirche München.

keit auf Ansprüche, mit denen eine das Verwaltungshandeln selbst unberührt lassende Form des Schadensersatzes, d. h. Geldausgleich, angestrebt wird.[283]

94 **5. Daseinsvorsorge.** Abgrenzungsschwierigkeiten zwischen Verwaltungs- und ordentlichem Rechtsweg können sich im Bereich der Leistungsverwaltung, insbesondere der sogenannten **Daseinsvorsorge,** ergeben. Die Nutzung der Leistungen von gemeindlichen und staatlichen Einrichtungen wie Gas-, Elektrizitäts-, Wasserwerken, Schwimmbädern, Verkehrsbetrieben usw. kann nach h. M. (Rn. 62) sowohl bürgerlich-rechtlich als auch öffentlich-rechtlich organisiert werden. Allein auf die öffentlich-rechtliche Zwecksetzung der Einrichtung (im Sinne einer Versorgung der Allgemeinheit mit gemeinnützigen Leistungen) kommt es nicht an, zumal insoweit eine Einordnung und Abgrenzung im Einzelfall nahezu unmöglich, jedenfalls für den Benutzer nicht hinreichend erkennbar wäre. Da sich Inhalte und Formen öffentlich-rechtlicher und privatrechtlicher Beziehungen, etwa im Bereich der ausgreifenden „schlichten Hoheitsverwaltung"[284] einander immer mehr angeglichen haben, lassen sich überzeugende Gründe für eine Konzentration der Streitigkeiten aus Beziehungen der Daseinsvorsorge allein bei den VG kaum mehr aufführen. Eine entsprechende Kompetenz und Sachnähe kann bei zivilrechtlicher Ausgestaltung des Nutzungsverhältnisses den ordentlichen Gerichten nicht abgesprochen werden. Ohnehin sind der Privatautonomie generell in sozial wichtigen Bereichen – etwa mit der Regelung von Monopolstellungen, der Inhaltskontrolle von allgemeinen Geschäftsbedingungen oder der Lehre von der Drittwirkung der Grundrechte – gewisse Grenzen gesetzt, die Kontrollmaßstäbe nähern sich solchen des Verwaltungsrechts an.[285] Weiter steht den Behörden der Leistungsverwaltung im öffentlichen Recht kein ähnlich geschlossenes Normensystem wie im bürgerlichen Recht zur Verfügung, so dass sie sich zur Erfüllung ihrer Aufgaben auch bei öffentlich-rechtlicher Ausgestaltung häufig an privatrechtliche Formen anlehnen müssen.[286]

95 Namentlich den Gemeinden als Trägern von Anstalten der Daseinsvorsorge sollte deshalb freigestellt sein, das Verhältnis zum Benutzer öffentlich-rechtlich oder privatrechtlich zu regeln, soweit gesetzlich nicht bestimmte Formen vorgeschrieben sind. Die materiell-rechtliche Frage, ob streitige Ansprüche begründet oder unbegründet sind, wird hiervon selten präjudiziert sein (Rn. 94). Im Zweifel ist dort, wo es sich um Einrichtungen mit Anschlusszwang oder von wichtiger Bedeutung für die Daseinsvorsorge handelt, von einer öffentlich-rechtlichen Ausgestaltung auszugehen; dem Privatrecht ist das Nutzungsverhältnis nur unterstellt, wo die Rechtsbeziehungen hinreichend eindeutig privatrechtlich geregelt sind.[287] So sind Volksfeste als öffentlich-rechtlich zu qualifizieren, was z. B. die Vergabe von Standplätzen angeht,[288] oder besondere Genehmigungen nach Gewerberecht, Öffnungszeiten usw. (vgl. Immissionen Rn. 370). Auch ein Vertrag über die werbemäßige Nutzung öffentlicher Straßen (Sondernutzungsrecht) ist öffentlich-rechtlich.[289] Streitigkeiten um die Vermietung öffentlicher Räume für private Veranstaltungen sollen dagegen in den ordentlichen Rechtsweg fallen.[290] Denkbar, wenn auch Ansatz zu zusätzlichen Schwierigkeiten wie bei der zu den Subventionsverhältnissen entwickelten Zwei-Stufen-Theorie (Rn. 70, 361), ist, dass sich die Zulassung zur Benutzung einer Einrichtung nach öffentlichem Recht, die Benutzung selbst (nach

---

[283] *Schmitt* DVBl. 1978, 973 unterscheidet primäres und sekundäres Rechtsschutzverlangen.
[284] Dazu u. a. *Schack* DÖV 1970, 40.
[285] So ließ schon BGHZ 52, 325 = NJW 1969, 2195 die die öffentliche Verwaltung bindenden Grundsätze, vor allem den Gleichheitssatz nach Art. 3 GG, auch dort gelten, wo ein Betrieb in der Form einer Gesellschaft des Privatrechts geführt wurde.
[286] Vgl. dazu *Redeker/von Oertzen* § 40 VwGO Rn. 21; *Ossenbühl* DVBl. 1974, 541.
[287] A. A. wohl BGHZ 41, 264 = NJW 1964, 1472.
[288] OVG Koblenz NVwZ 1982, 379.
[289] VGH Mannheim 14. 8. 1992 – 10 S 816/91 –.
[290] OLG München NZM 2006, 79.

Zulassung) hingegen nach Privatrecht richtet.[291] Ändert der Unternehmensträger die Organisationsform, so kann sich ein dem öffentlichen Recht zugehöriges Nutzungsverhältnis in ein solches des Privatrechts verwandeln und umgekehrt.[292]

6. Privatrechtsgestaltender Verwaltungsakt. Eine Berührung zwischen öffentlichem und Zivilrecht ergibt sich auch bei privatrechtsgestaltenden Verwaltungsakten (z.B. Anforderung der Überlassung zu Eigentum nach § 2 BLeistungsG oder Überleitungsanzeige nach § 93 SGB XII oder § 37 BAFöG). Hier sind die Verwaltungsakte selbst durch Anfechtungsklage vor den VG anzugreifen; der Zivilrechtsweg steht offen, soweit zwischen den Beteiligten Streitigkeiten aus dem durch Verwaltungsakt begründeten zivilrechtlichen Verhältnis entstehen (Rn. 70). 96

7. Akzessorischer Verwaltungsakt. Verwandt den privatrechtsgestaltenden sind die akzessorischen Verwaltungsakte, d.h. solche, die zur Wirksamkeit bestimmter privatrechtlicher Willenserklärungen vorausgesetzt sind, vor allem Genehmigungen, z.B. zum Schutz eines Betroffenen. Für die Anfechtung des Verwaltungsakts ist grundsätzlich der Verwaltungsrechtsweg zulässig, auch wenn der Betroffene bei einer Klage in dem für die Willenserklärung selbst maßgeblichen Rechtsweg alles das vorbringen kann, was im Rechtsstreit um den Verwaltungsakt maßgeblich wäre, denn die Genehmigung usw. dient einem öffentlich-rechtlichen Schutzzweck, auf dessen Durchsetzung der Kläger in dem dafür vorgesehenen Verwaltungsrechtsweg Anspruch hat. So hat das BVerwG die Klage einer Arbeitnehmerin gegen die Zustimmung nach § 9 MuSchG für zulässig gehalten.[293] Weitere Beispielsfälle bilden die Klage gegen die Zustimmung zur Kündigung nach dem SchwbG,[294] die Klage eines Verpächters gegen die Versagung der Genehmigung zur Kündigung eines Kleingartenpachtvertrags nach der KSchVO,[295] die Klage eines Pächters gegen die Erteilung dieser Genehmigung,[296] früher auch die Klage eines Vermieters gegen die Erteilung der wohnungsbehördlichen Tauschgenehmigung nach § 12 Abs. 4 WohnRBewG.[297] 97

8. Öffentliche Aufträge Eine Verzahnung von Zivil- und öffentlichem Recht findet sich auch im Falle der **normativen Begünstigung,** d.h. einer gesetzlichen Bevorzugung bestimmter Personen bei der Erteilung von öffentlichen Aufträgen. Hier ist der Verwaltungsrechtsweg eröffnet, soweit es im Rechtsstreit um den Inhalt und das Ausmaß des seiner Natur nach fürsorgerechtlichen Betreuungsverhältnisses geht, das zwischen dem Auftragsbewerber und der öffentlichen Hand besteht,[298] beispielsweise um die Zugehörigkeit des Antragstellers zum Kreis der normativ Bevorzugten. Hingegen kann die Erteilung des Zuschlags für ein bestimmtes Geschäft an einen nicht begünstigten Mitbewerber nicht vor dem VG angegriffen werden, da es sich hierbei um eine ausschließlich dem fiskalischen Bereich zugehörige Entscheidung handelt[299] (vgl. Rn. 319). 98

9. Rechtsnachfolge. Bei Rechtsnachfolge ändert sich an dem Charakter der strittigen Rechtsbeziehung und am einzuschlagenden Rechtsweg grundsätzlich nichts (Rn. 84). Eine Frage des materiellen und nicht des Prozessrechts ist etwa die Fortdauer einer öffentlich-rechtlichen Zustandshaftung im Fall der Rechtsnachfolge[300] 99

---

[291] Vgl. VGH München 23. 2. 2005 – 7 CE 05.159 –.
[292] BVerwG DÖV 1964, 710.
[293] BVerwGE 10, 148; a. A. OVG Münster MDR 1958, 272 m. abl. Anm. *Bettermann.*
[294] BVerwGE 8, 46.
[295] BVerwGE 4, 332.
[296] BayVGH VerwRSpr 1961, 809; insoweit a. A. BVerwGE 1, 134; E 4, 317 mit der Begründung fehlenden Rechtsschutzbedürfnisses.
[297] Vgl. BVerwGE 23, 359.
[298] BVerwGE 34, 213 ff.; E 7, 89.
[299] BVerwGE 14, 65.
[300] BVerwG NJW 1971, 1624 zur Geltung einer Abrissverfügung gegenüber dem Erwerber eines nicht genehmigten Bauwerks.

oder die Vererblichkeit einzelner öffentlich-rechtlicher Ansprüche und Verpflichtungen. Geht ein öffentlich-rechtlicher Anspruch durch Legalzession auf einen privaten Gläubiger über wie nach § 774 BGB eine Steuerforderung auf den Steuerbürgen, sind die Zivilgerichte zuständig, da der als Steuerforderung entstandene Anspruch in der Hand des Bürgen nur noch der Durchsetzung seines privatrechtlichen Rückgriffsanspruchs gegen den Hauptschuldner und damit nicht mehr öffentlichen Belangen dient[301] (vgl. Rn. 115).

100 **10. Zuständigkeit der ordentlichen Gerichte kraft Zuweisung.** Obgleich nicht unmittelbar zu § 13 GVG gehörig, sind im Rahmen der Abgrenzung von ordentlichem und Verwaltungsrechtsweg noch die wichtigsten jener Fälle aufzuführen, in denen durch besonderes Gesetz die Zuständigkeit der ordentlichen Gerichte für öffentlich-rechtliche Streitigkeiten begründet ist. Diese Zuweisung muss im Bereich der Bundeskompetenz stets durch, auch vorkonstitutionelles,[302] Bundesgesetz angeordnet sein. Im Bereich der Landeskompetenz kann sie durch Landesgesetz erfolgen oder muss in den Landesausführungsgesetzen zur VwGO ausdrücklich aufrechterhalten sein. Eine solche landesrechtliche Zuweisung wirkt nur für das Land, wenn also der Kläger den Rechtsstreit innerhalb des Landes anhängig macht;[303] sie wirkt aber dann auch für den Instanzenzug insgesamt. Die landesrechtliche Verweisungsvorschrift fällt unter § 545 Abs. 1 ZPO.[304] In diesen zugewiesenen Sachen sind vor den ordentlichen Gerichten grundsätzlich die Vorschriften der ZPO anzuwenden, §§ 253 ff. ZPO. Soweit jedoch die Rechtskraft der Entscheidung über die Parteien hinausgeht, ist die Inquisitionsmaxime des 6. Buches der ZPO (§§ 606 ff. ZPO) im öffentlichen Interesse anzuwenden.[305] Die Zuweisung ist eine rein funktionale (organisatorische); es wird der ordentliche Rechtsweg eröffnet (vgl. § 12 Rn. 4), im Verhältnis der verschiedenen Rechtswege zueinander sind §§ 17 ff. anwendbar.

101 Eine Zuweisung von öffentlich-rechtlichen Streitigkeiten an andere als die VG nur durch **Überlieferung** gibt es nicht mehr. Wohl aber kann die Zuweisung „ausdrücklich" auch dann sein, wenn sie zwar nicht unmittelbar ausgesprochen ist, sich der entsprechende Wille des Gesetzgebers jedoch „aus dem Gesamtgehalt einer Regelung und dem Sachzusammenhang der betroffenen Materien hinreichend deutlich ergibt".[306] Als Fälle der Zuweisung öffentlich-rechtlicher Materien an die ordentlichen Gerichte zu nennen sind vor allem:

102 **Amtshaftungsansprüche:** Für die Ansprüche auf Schadensersatz bei Amtspflichtverletzungen (Art. 34 Satz 1 GG, § 839 BGB) besteht der ordentliche Rechtsweg (Art. 34 Satz 3 GG, § 40 Abs. 2 Satz 1 VwGO), jedoch nur für Geldansprüche einschließlich Verzugsschaden;[307] für Ansprüche aus Amtshaftung im Übrigen, z.B. Vornahme, Aufhebung oder Unterlassung eines Verwaltungsaktes, ist der Verwaltungsrechtsweg gegeben.[308] Werden Amtshaftungsansprüche darauf gestützt, dass die Amtspflichtverletzung im Erlass eines rechtswidrigen Verwaltungsakts bestehe, haben die ordentlichen Gerichte im Gegensatz zur allgemeinen Regel (Rn. 20) den Verwaltungsakt ohne Rücksicht auf seine Rechtswirksamkeit zu überprüfen,[309] wenn er ohne gerichtliche Überprüfung bestandskräftig geworden ist, der Geschädigte es also unterlassen hat, ihn mit den zulässigen Rechtsbehelfen anzufechten. Dagegen steht

---

[301] BGHZ 90, 187 = NJW 1984, 1622; BGH NJW 1973, 1077; *Wieczorek/Schreiber* Rn. 21; *Rimmelspacher* JZ 1975, 165.
[302] GemS BVerwGE 37, 369 = NJW 1971, 1606.
[303] RGZ 109, 9; *BL/Hartmann* Rn. 3.
[304] BGHZ 21, 214, 217 = NJW 1956, 1399; *BL/Hartmann* aaO.
[305] OLG Hamburg NJW 1977, 214; *BL/Hartmann* Rn. 29.
[306] BVerwGE 40, 114; BGH NJW 1977, 716; vgl. dazu *Kopp/Schenke* § 40 VwGO Rn. 49 m.w.N.
[307] *Eyermann/Rennert* § 40 VwGO Rn. 117.
[308] *Eyermann/Rennert* aaO.
[309] H.M., BGH NJW 1991, 1168; 1994, 1950; vgl. *Jeromin* NVwZ 1991, 543; *Broß* VerwArch 1991, 593; *Nierhaus* JZ 1992, 211; abl. *Schröder* DVBl. 1991, 751; *Berkemann* JR 1992, 18.

die Rechtskraft eines gerichtlichen Urteils über die Klage gegen einen Verwaltungsakt wegen des Grundsatzes der Gleichwertigkeit aller Rechtswege (Einl. Rn. 235) einer solchen (erneuten) Überprüfung der Rechtmäßigkeit des Verwaltungsakts im Schadensersatzprozess entgegen (Rn. 41). Bei der Prüfung, ob der Geschädigte es schuldhaft unterließ, ein Rechtsmittel einzulegen (§ 839 Abs. 3 BGB), ist auf die Verhältnisse des Einzelfalles abzustellen. Der ordentliche Rechtsweg ist auch gegeben für den Rückgriffsanspruch des Dienstherrn gegen den Beamten (Art. 34 Satz 3 GG) und für dessen Anspruch auf Erstattung der Kosten, die entstanden sind, weil er aus Amtspflichtverletzung in Anspruch genommen wurde.[310] Der Beamte hat einen Freistellungsanspruch gegen den Dienstherrn vor den VG geltend zu machen; gleiches gilt für einen allgemeinen Schadensersatzanspruch des Dienstherrn gegen den Beamten (§ 78 Abs. 1 BBG).

Schadensersatzansprüche aus der Verletzung öffentlich-rechtlicher Pflichten (§ 40 Abs. 2 Satz 1 VwGO), etwa aus der Verletzung der Verkehrssicherungspflicht (Rn. 476). Die Zuweisung erfasst, wie § 40 Abs. 2 Satz 1 VwGO hervorhebt, nicht Schadensersatzansprüche aus öffentlich-rechtlichen Verträgen, jedoch solche aus culpa in contrahendo (Rn. 68). 103

Vermögensrechtliche Ansprüche aus öffentlich-rechtlicher Verwahrung (§ 40 Abs. 2 Satz 1 VwGO), etwa bei Sicherstellung oder Beschlagnahme nach ordnungsrechtlichen Vorschriften oder nach einer Pfändung im Wege der Verwaltungsvollstreckung. Erfasst sind auch Rückgabeansprüche nach Aufhebung oder Wegfall einer strafprozessualen Beschlagnahme,[311] auf Rückgabe einer Sicherheitsleistung[312] oder auf Freigabe sichergestellter oder freiwillig überlassener Vermögenswerte.[313] Strittig ist, ob Ansprüche auf Aufwendungsersatz erfasst sind; jedenfalls ein Folgenbeseitigungsanspruch kann vor dem VG verfolgt werden.[314] Die Zuweisung an die Zivilgerichte betrifft nur Ansprüche eines Privaten gegen den öffentlich-rechtlichen Verwahrer, nicht umgekehrt auch dessen Ansprüche gegen den einzelnen, z. B. auf Aufwendungsersatz, Lagerkosten usw.[315] 104

Ansprüche auf **Enteignungs- und Sozialisierungsentschädigung** (Art. 14 Abs. 3 Satz 4, 15 GG) sowie aus enteignendem und enteignungsgleichem Eingriff.[316] Die Zivilgerichte entscheiden auch über den Grund des Entschädigungsanspruchs, wenn allein dieser verfolgt wird; wird dagegen die Enteignungsverfügung selbst angefochten, sind für die Entscheidung über deren Rechtmäßigkeit, nicht auch über die Entschädigung, die VG zuständig. Für die Erstattung von Anwaltskosten, die in dem Verwaltungsverfahren über die Enteignungsentschädigung entstanden sind, ist der Zivilrechtsweg gegeben.[317] 105

Ebenfalls vor die Zivilgerichte gehören nach § 40 Abs. 2 Satz 1 VwGO Ansprüche aus **Aufopferung** für das gemeine Wohl; diese dienen dem Ausgleich eines Sonderopfers, das dem Einzelnen im Interesse der Allgemeinheit als besonders belastender Nachteil auferlegt ist.[318] Dementsprechend haben die ordentlichen Gerichte auch über Entschädigungsansprüche wegen rechtmäßiger Inanspruchnahme als Nichtstörer auf Grund von landesrechtlichen Zuweisungen im Polizei- und Ordnungsrecht zu entscheiden; das Gleiche gilt für Ansprüche auf Schadensausgleich gegen die BRep nach dem BPolG. 106

---

[310] BayObLG MDR 1984, 586.
[311] BGH NJW 2005, 988; OLG Koblenz MDR 2006, 470.
[312] OVG Münster NVwZ-RR 2005, 512.
[313] Vgl. OLG Nürnberg NStZ 2006, 654.
[314] *Kopp/Schenke* § 40 VwGO Rn. 64.
[315] *Kopp/Schenke* § 40 VwGO Rn. 67; *Redeker/von Oertzen* § 40 VwGO Rn. 44.
[316] Vgl. BGHZ 57, 370 = NJW 1972, 527; BGH NJW 1978, 1051.
[317] BVerwGE 40, 254.
[318] Vgl. *Eyermann/Rennert* § 40 VwGO Rn. 107; *Kopp/Schenke* § 40 VwGO Rn. 61; *Redeker/von Oertzen* § 40 VwGO Rn. 45.

107 Für den Anspruch auf Ersatz des Vertrauensschadens beim Widerruf eines rechtmäßigen Verwaltungsakts ordnet § 49 Abs. 5 VwVfG die Zuständigkeit des Zivilrechtswegs an; bei Rücknahme eines rechtswidrigen Verwaltungsakts ist dagegen eine zu erstattende Leistung im Wege der Folgenbeseitigung vor den VG einzuklagen.[319]

108 Sonstige Zuweisungen für Entschädigungsansprüche an die ordentlichen Gerichte sind in vielen Spezialgesetzen enthalten.[320] Im Allgemeinen wird dabei nur wegen der Höhe der Entschädigung in den ordentlichen Rechtsweg verwiesen, nicht aber wegen der Anfechtung des Eingriffsaktes selbst; gelegentlich wird aber auch der ordentliche Rechtsweg eröffnet für die Anfechtung von Verwaltungsakten, z.B. in §§ 62ff. GWB.

109 Im Verwaltungsvollstreckungsverfahren ist teilweise für die Anordnung der Erzwingungshaft und der Ersatzzwangshaft die Zuständigkeit des Zivilrichters angeordnet[321] (z.B. § 334 AO).

110 Nach § 23 EGGVG sind die ordentlichen Gerichte zuständig für Anfechtungs- und Verpflichtungsklagen in Bezug auf Justizverwaltungsakte auf dem Gebiet des bürgerlichen Rechts und Handelsrechts, des Zivilprozesses und der freiwilligen Gerichtsbarkeit. Zu den Einzelheiten § 23 EGGVG.

111 II. Finanzgerichtsbarkeit. Als weiteren Rechtsweg, der gegenüber dem der ordentlichen Gerichte abzugrenzen ist, nennt Art. 95 GG die Finanzgerichtsbarkeit. Deren Kompetenz erstreckt sich nach § 33 FGO auf: 1) öffentlich-rechtliche Streitigkeiten über Abgabenangelegenheiten, soweit die Abgaben der Gesetzgebung des Bundes unterliegen und durch Bundes- oder Landesfinanzbehörden verwaltet werden; 2) öffentlich-rechtliche Streitigkeiten über die Vollziehung von Verwaltungsakten in anderen als den in Nr. 1 bezeichneten Angelegenheiten, soweit die Verwaltungsakte durch Bundes- oder Landesfinanzbehörden nach den Vorschriften der AO zu vollziehen sind und soweit nicht ein anderer Rechtsweg ausdrücklich gegeben ist; 3) bestimmte öffentlich-rechtliche und berufsrechtliche Streitigkeiten über Angelegenheiten aus dem StBerG; 4) andere öffentlich-rechtliche Streitigkeiten, soweit für diese durch Bundes- oder Landesgesetz der Finanzrechtsweg eröffnet ist. Mit der Zuständigkeitsbeschränkung auf öffentlich-rechtliche Streitigkeiten ist auch hier (wie bei den VG und Sozialgerichten) die entscheidende Abgrenzung gegenüber der ordentlichen Gerichtsbarkeit getroffen. Wie die Sozialgerichte können auch die Finanzgerichte als besondere VG bezeichnet werden; ist eine Zuweisung an sie nicht ausgesprochen, liegt aber eine öffentlich-rechtliche Streitigkeit vor, so sind die allgemeinen VG zuständig.

112 Für den Rechtsweg zu den Finanzgerichten von zentraler Bedeutung ist der Begriff der **Abgabenangelegenheiten.** Hierunter fallen nach der Legaldefinition des § 33 Abs. 2 FGO alle mit der Verwaltung der Abgaben oder sonst mit der Anwendung der abgabenrechtlichen Vorschriften durch die Finanzbehörden zusammenhängenden Angelegenheiten. Ihnen stehen die Angelegenheiten der **Finanzmonopole** gleich. Das **Verhältnis zwischen den Finanzbehörden und dem Steuerpflichtigen** (Legaldefinition in § 33 AO) ist grundsätzlich öffentlich-rechtlich ausgestaltet und auf Subordination angelegt. Entsprechendes gilt für das Rechtsverhältnis der Finanzbehörden zu den sogenannten Haftungspflichtigen (§ 69 AO) und Duldungspflichtigen (§ 77 AO) sowie zu solchen Personen, die zu abgabenrechtlichen Hilfs- und Nebenpflichten herangezogen werden (§§ 90ff., 140ff., 149ff. AO) oder Auskünfte zu erteilen und Einsicht in Unterlagen zu gewähren haben (§§ 93ff. AO). Eine Komplikation in der Abgrenzung zum ordentlichen Rechtsweg kann sich vor allem bei Erstattungsansprüchen und dort ergeben,

---

[319] *Redeker/von Oertzen* § 40 VwGO Rn. 45a.
[320] Vgl. *Eyermann/Rennert* § 40 VwGO Rn. 103ff.
[321] Üb. bei *Redeker/von Oertzen* § 40 VwGO Rn. 53.

Für **Erstattungsansprüche** ist stets der Finanzrechtsweg gegeben, sowohl für **113** Ansprüche des Finanzamts als auch der Steuerpflichtigen.[322] Das gilt auch, wenn das Finanzamt von einem Abgabepflichtigen die Erstattung einer erhöhten Rückzahlung im Rahmen eines bestehenden Steuerverhältnisses begehrt. Ist aber eine Zahlung des Finanzamts an einen Dritten auf Grund einer Kontoverwechslung gezahlt worden, so ist für die Rückforderung der ordentliche Rechtsweg gegeben, da kein Steuerverhältnis zum Leistungsempfänger besteht[323] (vgl. Rn. 92). Ansprüche auf bereicherungsrechtliche Abwicklung von Zahlungen an den Steuerfiskus, die auf Grund privatrechtlicher Abmachungen auf die Steuerverbindlichkeit eines Dritten geleistet werden, gehören vor die Zivilgerichte.[324] Wer nicht selbst Beteiligter eines Steuerrechtsverhältnisses ist und mit seiner Zahlung keine eigene Steuerpflicht erfüllen will, kann nicht Inhaber eines öffentlich-rechtlichen Steuererstattungsanspruchs sein.

Bei der **Sicherung von Steueransprüchen** durch privatrechtliche oder privat- **114** rechtlich erscheinende Maßnahmen ist zu differenzieren. Pfändet das Finanzamt wegen rückständiger Steuern eine Buchgrundschuld und wird die Pfändung in das Grundbuch eingetragen, so ist für eine auf Zustimmung zur Löschung des Pfändungsvermerks gerichtete Klage des Grundschuldgläubigers (mit der das Nichtbestehen der Steuerschuld geltend gemacht wird) der Rechtsweg zu den Finanzgerichten gegeben.[325] Die ordentliche Gerichtsbarkeit ist zuständig beim Streit um die Anfechtung einer vom Finanzamt angeblich widerrechtlich erzwungenen Abtretung einer Hypothekenforderung.[326] Dasselbe gilt, wenn der Steuerpflichtige die Sicherheit selbst bestellt und zur Abwendung einer Zwangsbeitreibung einen Sicherungsübereignungsvertrag mit der Finanzbehörde geschlossen hat. Beim Streit um die Wirksamkeit eines solchen die Privatrechtslage umgestaltenden Vertrages handelt es sich nicht um eine öffentlich-rechtliche Abgabenangelegenheit.[327]

Streitigkeiten zwischen der Finanzbehörde und einem am betroffenen Steuer- **115** rechtsverhältnis nicht primär beteiligten **Dritten:** Hat der Dritte sich durch Schuldübernahme, Schuldbeitritt oder Steuerbürgschaft zum Einstehen für die Steuerschuld verpflichtet, handelt es sich um privatrechtliche Erklärungen, über die nach § 192 AO im Zivilrechtsweg zu streiten ist[328] (Rn. 84). Eine nach § 774 Abs. 1 BGB auf einen Steuerbürgen übergegangene Abgabenforderung ist im Zivilrechtsweg zu verfolgen (Rn. 99), entsprechendes gilt für andere Fälle der Legalzession (§§ 268, 426, 1143, 1150, 1225, 1249 BGB) von Abgabenansprüchen.[329] Die ordentlichen Gerichte sind auch zuständig für die Klage auf Zustimmung zur Löschung einer Hypothek, die für einen Steuergläubiger auf Grund privatrechtlicher Erklärungen eines nicht steuerpflichtigen Dritten bestellt ist.[330]

Auseinandersetzungen zwischen **Finanzbehörden** und **Privatgläubigern des** **116** **Steuerschuldners** (z.B. um das Rangvorrecht bei Pfändungen) sind ebenfalls vor den ordentlichen Gerichten auszutragen[331] (§ 320 AO). Gleiches gilt im Falle einer Drittwiderspruchsklage gegen eine Pfändung des Finanzamts (§ 262 AO), bei der Anordnung der Zwangsvollstreckung gegen einen Dritten auf Grund einer bürger-

---

[322] *Hübschmann/Birkenfeld* § 33 FGO Rn. 357, 381.
[323] A. A. BFH BStBl. 1974 II S. 369.
[324] BGH NJW 1984, 982; *Hübschmann/Birkenfeld* § 33 FGO Rn. 359.
[325] BGH NJW 1967, 563.
[326] *Hübschmann/Birkenfeld* § 33 FGO Rn. 335.
[327] *Hübschmann/Birkenfeld* § 33 FGO Rn. 386.
[328] *Hübschmann/Birkenfeld* § 33 FGO Rn. 97, 387; Schuldübernahme: RGZ 132, 228; Erstattungsanspruch eines Bürgen gegenüber dem Finanzamt nach Zahlung für eine Nichtschuld: BFH BB 1974, 1009.
[329] *Stolterfoth* JZ 1975, 658; *Hübschmann/Hepp/Spitaler* § 33 FGO Anm. 85 f.
[330] RGZ 129, 95.
[331] Vgl. BGH NJW 1961, 1681.

lich-rechtlichen Haftungs- oder Duldungspflicht (§ 191 Abs. 4 AO), bei der Klage eines Dritten auf vorzugsweise Befriedigung (§ 293 AO) sowie bei Rechtsstreitigkeiten über den Bestand einer vom Finanzamt gepfändeten Geldforderung (§§ 309, 314 AO). Bei einer Vollstreckungsgegenklage des Steuerschuldners steht hingegen der Finanzrechtsweg offen (vgl. Rn. 87); dies gilt auch, wenn das Finanzamt auf Grund des Einziehungsersuchens einer anderen Institution, etwa einer Innungskrankenkasse, tätig geworden ist[332] (§ 33 Abs. 1 Nr. 2 FGO).

117 Hat ein Erstattungsberechtigter seine Ansprüche an einen Dritten **abgetreten,** verweigert die Finanzbehörde aber die Auszahlung im Hinblick auf eine dem Zedenten gegenüber erklärte Aufrechnung, so ist die Zahlungsklage des Zessionars im Finanzrechtsweg zu verfolgen[333] (vgl. Rn. 84). Andererseits ist grundsätzlich die ordentliche Gerichtsbarkeit zuständig, wenn das Finanzamt gegen eine vom Steuerschuldner abgetretene zivilrechtliche Forderung mit einer Steuerforderung gegenüber dem neuen Gläubiger aufrechnet.[334]

118 In **Insolvenzangelegenheiten** ist der Verwaltungsakt, mit dem die Steuerbehörde ihren Anspruch feststellt (§ 251 Abs. 3 AO), zunächst mit Einspruch (§ 347 Abs. 1 Nr. 1 AO) und dann mit Klage zum Finanzgericht anfechtbar. Ob Gläubiger eines Erstattungsanspruchs auf Rückzahlung zu viel gezahlter Steuern der Insolvenzverwalter oder der Gemeinschuldner ist, ist ebenfalls vom Finanzgericht zu entscheiden.[335]

119 Ansprüche auf **Auskunft** und **Akteneinsicht:** Für die Klage auf Übersendung eines Betriebsprüfungsberichtes ist der Finanzrechtsweg gegeben.[336] Verweigert das Finanzamt einem Steuerpflichtigen Einsicht in einen bei einer Betriebsprüfung angeblich separat erstellten und der Staatsanwaltschaft zugeleiteten Ermittlungsbericht über nichtsteuerliche Straftaten, so ist für die Klage auf Akteneinsicht der Finanzrechtsweg auch dann gegeben, wenn der Betroffene lediglich die Namen der Informanten erfahren will, um gegen sie Strafanzeige zu erstatten.[337] Für die Klage des Betroffenen auf Einsicht in die Steuerfahndungs- und Strafverfahrensakten des Finanzamts ist ohnedies der Finanzrechtsweg offen.[338] Ebenso ist der Finanzrechtsweg eröffnet für eine Klage, mit der einer Finanzbehörde untersagt werden soll, auf den Namen des Klägers angelegte Steuerakten oder Teile davon demjenigen zugänglich zu machen, der als Haftender für Steuerschulden des Klägers in Anspruch genommen wird.[339] Für eine Klage, durch die einer Finanzbehörde untersagt werden soll, die von einem Gericht geforderte Auskunft über die steuerlichen Verhältnisse des Klägers zu erteilen, ist der Finanzrechtsweg hingegen nicht gegeben.[340] Streitigkeiten um Auskunftsersuchen der Steuerfahndung gehören nicht in den Finanzrechtsweg, sondern in den Rechtsweg nach § 23 EGGVG (vgl. dort Rn. 20); das gilt beispielsweise für eine Klage gegen das an einen Dritten gerichtete Auskunftsersuchen.[341] Der Anspruch auf Ersatz der anlässlich eines Auskunftsersuchens der Steuerfahndung entstandenen Kosten eines Bankinstituts gehört ebenfalls nicht in den Finanzrechtsweg, der nach § 33 Abs. 2 Satz 2 FGO für Straf- und Bußgeldverfahren ausgeschlossen ist, sondern als allgemeine öffentlich-rechtliche Streitigkeit vor die VG.[342]

120 **Pfändet** das Finanzamt eine Forderung des Steuerschuldners, so tritt es durch Erlass des Zahlungsverbots (§ 309 Abs. 1 AO) hoheitlich gegenüber dem Dritt-

---

[332] BFH DB 1976, 1044.
[333] BFHE 117, 23.
[334] BFH BStBl. 1968 II S. 384; vgl. auch BFH BStBl. 1969 II S. 178.
[335] BFH BStBl. 1968 II S. 496.
[336] BFH ZIP 1981, 535.
[337] BFH DB 1972, 516.
[338] BFH NJW 1985, 2440.
[339] BFH BB 1973, 125.
[340] BFH DStR 1975, 100.
[341] BFHE 138, 164 = NJW 1983, 2720; anders wohl BFH NJW 1987, 1040 L.
[342] BFH DB 1981, 1548; FG Hessen ZIP 1982, 828.

schuldner auf und begründet damit abgabenrechtliche Beziehungen, gegen Pfändungsverfügung und Zahlungsverbot ist mithin der Finanzrechtsweg eröffnet. Der Drittschuldner kann aber auch im Zivilrechtsweg gegen das Finanzamt auf Feststellung klagen, dass die Forderung nicht bestehe; auch muss das Finanzamt die Forderung vor dem Zivilgericht einklagen, um sie zu realisieren. Pfändet ein Privatgläubiger den Steuererstattungsanspruch seines Schuldners, so muss er ebenso wie sein Schuldner seine Forderung vor dem Finanzgericht einklagen; die Pfändung des Anspruchs berührt dessen Rechtsnatur nicht.[343] Tritt ein Erstattungsberechtigter seinen Zahlungsanspruch aus einem Ausfuhrerstattungsbescheid an einen Privaten ab, tritt der Zessionar in das öffentlich-rechtliche Verhältnis ein; er hat einen öffentlich-rechtlichen Anspruch zu verfolgen, für den das Finanzgericht zuständig ist. Nach § 287 Abs. 4 AO ist für die richterliche Anordnung der Durchsuchung das AG zuständig, in dessen Bezirk die Durchsuchung vorgenommen werden soll. Obwohl es sich um eine öffentlich-rechtliche Abgabenangelegenheit handelt, richtet sich das Rechtsmittelverfahren nach der ZPO.[344]

Wie allgemein für Ansprüche aus Amtshaftung sind auch im Bereich der Finanzverwaltung die ordentlichen Gerichte berufen zur Entscheidung über Ansprüche auf Geldersatz aus **Amtspflichtverletzung** (Rn. 102), etwa Schadensersatzforderungen, gestützt auf falsche Auskunft, den Erlass eines unbegründeten Haftungsbescheids[345] oder die Vollziehung eines unrichtigen Steuerbescheids.[346] Wird hingegen nicht auf Schadensersatz in Geld, sondern auf Wiedergutmachung oder Unterlassung eines Verwaltungsakts geklagt, so liegt eine öffentlich-rechtliche Streitigkeit vor.[347] Ein **Folgenbeseitigungsanspruch** als verschuldensunabhängiger Anspruch auf Beseitigung eines durch unrechtmäßiges Verwaltungshandeln geschaffenen Zustands fällt grundsätzlich in den Finanzrechtsweg (Rn. 92). Ein Schadensersatzanspruch wegen eines **unberechtigten Steuerarrests** (§§ 324 ff. AO) entsprechend § 945 ZPO ist vor den ordentlichen Gerichten zu verfolgen (Rn. 87).

Umgekehrt ist für **Schadensersatzansprüche der öffentlichen Hand** der ordentliche Rechtsweg nicht zulässig, so wenn ein Betriebsinhaber Meldepflichten nach der Abgabenordnung (§ 138 AO) nicht nachgekommen ist. Ist einer Gemeinde ein Anspruch auf Steuerausgleich (z. B. durch Nichtanmeldung der Eröffnung einer zweiten Betriebsstätte ein Anteil an der Gewerbesteuer) entgangen, so hat über die Ersatzpflicht nicht das ordentliche Gericht zu entscheiden.[348] Entsprechendes gilt, wenn eine Wohngemeinde den Anspruch auf Gewerbesteuerausgleich deshalb nicht innerhalb einer gesetzlichen Ausschlussfrist bei der Betriebsgemeinde anmelden kann, weil der Betriebsinhaber die auswärts wohnenden Arbeitnehmer nicht gemeldet hat.[349]

Die öffentlich-rechtlichen und berufsrechtlichen Streitigkeiten über **Angelegenheiten aus dem Bereich des StBerG** (§ 33 Abs. 1 Nr. 3 FGO) sind im wesentlichen solche um Erlaubnis, Untersagung und Verbot der Hilfeleistung in Steuersachen, um die Voraussetzungen der Berufsausübung sowie um die Bestellung zum Steuerbevollmächtigten und (des Steuerbevollmächtigten) zum Steuerberater sowie um Verwaltungsakte zur Durchsetzung der entsprechenden Bestimmungen. Die Rechte und Pflichten, die sich aus der Zugehörigkeit zu den Standesvertretungen (Berufskammern) ergeben, wie etwa die Beitragspflicht, gehören nicht vor die Finanzgerichte; sie fallen aber, da es sich um Vereinigungen des öffentlichen Rechts handelt, in die Zuständigkeit der VG. Eine Zuständigkeit der ordentlichen Gerichte

---

[343] BFH NJW 1988, 1407; *Hübschmann/Birkenfeld* § 33 FGO Rn. 379.
[344] KG NJW 1982, 2326.
[345] LG München BB 1959, 874.
[346] BGH BB 1963, 294.
[347] *Hübschmann/Birkenfeld* § 33 FGO Rn. 94.
[348] VersR 1968, 898.
[349] BGHZ 49, 282 = VersR 1968, 478.

ist allein im Bereich der Berufsgerichtsbarkeit gegeben (§§ 95 ff. StBerG). Der Instanzenzug besteht insoweit aus einer Kammer des LG, einem Senat des OLG und einem Senat des BGH; zur Hauptverhandlung sind jeweils Berufsangehörige als Beisitzer zuzuziehen. Die mit den berufsgerichtlichen Angelegenheiten befassten Kollegien müssen sonst in der Strafgerichtsbarkeit tätig sein. Nur beim Streit um die Amtsenthebung eines ehrenamtlichen Beisitzers entscheidet ein Zivilsenat des OLG bzw. BGH (§ 101 StBerG). Privatrechtliche Streitigkeiten zwischen Steuerberater und Mandant gehören vor die ordentlichen Gerichte. Für die Klage eines Lohnsteuerhilfevereins gegen ein Land, die darauf gerichtet ist, die Auszahlung von Steuererstattungsansprüchen an vorfinanzierende Kreditinstitute zu unterlassen, ist der Rechtsweg zu den ordentlichen Gerichten gegeben.

124 **III. Sozialgerichtsbarkeit.** Nach § 51 Abs. 1 SGG entscheiden die Gerichte der Sozialgerichtsbarkeit über **öffentlich-rechtliche Streitigkeiten** in Angelegenheiten der gesetzlichen Rentenversicherung (Nr. 1; SGB VI) und der Alterssicherung der Landwirte, mit einzelnen Ausnahmen der gesetzlichen Kranken- und der sozialen und privaten Pflegeversicherung, auch soweit Dritte betroffen werden (Nr. 2; SGB V und XI), mit Ausnahmen der gesetzlichen Unfallversicherung (Nr. 3; SGB VII), der Arbeitsförderung einschließlich der übrigen Aufgaben der Bundesagentur für Arbeit (Nr. 4; SGB III), der Grundsicherung für Arbeitsuchende (Nr. 4a; SGB II), in sonstigen Angelegenheiten der Sozialversicherung (Nr. 5; vgl. SGB IV), in Angelegenheiten des sozialen Entschädigungsrechts, ausgenommen Kriegsopferfürsorge nach §§ 25 bis 27 j BVG (Nr. 6), seit 1. 1. 2005 auch der Sozialhilfe (Nr. 6 a; SGB XII) und des Asylbewerberleistungsgesetzes, bei Feststellung von Behinderungen und ihrem Grad (Nr. 7). Ferner sind die Sozialgerichte zuständig für öffentlich-rechtliche Streitigkeiten auf Grund des AufwendungsausgleichsG (Nr. 8; Rn. 139) sowie für ihnen speziell durch Gesetz zugewiesene Materien (Nr. 10) zuständig. Auch hier stellt sich für die Abgrenzung zwischen Zivil- und Sozialrechtsweg die Frage der Unterscheidung von öffentlichem und privatem Recht. Das **Sozialrechtsverhältnis** ist gegenüber den daran beteiligten Arbeitgebern, Arbeitnehmern und freiwillig Versicherten grundsätzlich auf **Über- und Unterordnung** angelegt. Daneben sind aber insbesondere im Recht der Sozialversicherung öffentlich-rechtliche Befugnisse auf Personen des Privatrechts delegiert, z. B. auf die Bundesvereinigungen einiger Krankenkassenarten, die Verbände der gesetzlichen Unfallversicherung und auch privatrechtlich organisierte Zusammenschlüsse zur Bekämpfung bestimmter Krankheiten. Auf die Rechtsnatur der an einem Streitfall beteiligten Personen kommt es deshalb nicht entscheidend an; maßgeblich ist die Rechtsqualität des betroffenen Verhältnisses, eben der öffentlich-rechtliche Charakter der strittigen Beziehung und die sich daraus ergebenden Rechte und Pflichten, die sich auch nicht dadurch ändern, dass eine Forderung gepfändet wird[350] oder der Insolvenzfall eintritt. Andererseits ist aber der Sozialrechtsweg ausgeschlossen bei einer privatrechtlich ausgestalteten Rechtsbeziehung, etwa bei Streitigkeiten zwischen der Versorgungsanstalt des Bundes und der Länder mit den bei ihr versicherten Angestellten und Arbeitern;[351] insoweit sind die ordentlichen Gerichte zuständig.[352] Gleiches gilt für die Versorgungsanstalt der Deutschen Bundespost,[353] für die Bundesbahnversicherungsanstalt[354] und nach Maßgabe deren Statuts für Zusatzversorgungskassen.[355] Anders dagegen bei Streitigkeiten zwischen der Anstalt und den an ihr Beteiligten,[356] insoweit ist der Verwaltungsrechtsweg ge-

---

[350] BSG ZIP 1982, 1124.
[351] BGHZ 48, 35 = NJW 1967, 2057; BSG NJW 1972, 2151.
[352] OLG Hamm NJW-RR 1988, 155.
[353] BSGE 21, 5.
[354] BGH VersR 1963, 756.
[355] BVerwG DVBl. 1960, 70; BGH NZA-RR 2006, 430; BAG NZA 2005, 128.
[356] OLG Celle VersR 1978, 628.

geben. – Die Gerichte der Sozialgerichtsbarkeit sind aber darüber hinaus kraft besonderer gesetzlicher Zuweisung (vgl. Rn. 8, 100) in § 51 Abs. 2 SGG auch zuständig für die Entscheidung über **privatrechtliche Streitigkeiten,** nämlich solche in Angelegenheiten der gesetzlichen Krankenversicherung und der sozialen sowie der privaten Pflegeversicherung, auch soweit durch die Angelegenheit Dritte betroffen werden. Um solche Angelegenheiten handelt es sich jedoch nur, wenn die hierfür geltenden besonderen gesetzlichen Regelungen im Streit stehen. So liegt keine Angelegenheit der gesetzlichen Krankenversicherung vor, wenn eine gesetzliche Krankenkasse aufgrund wettbewerbsrechtlicher Vorschriften in Anspruch genommen wird, deren Beachtung auch jedem privaten Mitbewerber obliegt.[357]

Für die Abgrenzung zwischen privatrechtlichem und öffentlich-rechtlichem **Vertrag** ist anzumerken, dass im Bereich des Sozialrechts §§ 54 ff. VwVfG nicht gelten (§ 2 Abs. 2 Nr. 4 VwVfG); entsprechende Vorschriften sind im SGB X §§ 53 ff. enthalten. Generell kommt es darauf an, ob die vertragliche Regelung, wenn sie normativ geschähe, durch öffentlich-rechtliche Norm getroffen werden müsste oder nicht. Privatrechtlich ist z. B. der Sicherungsübereignungsvertrag mit einer Krankenkasse wegen Beitragsschulden,[358] öffentlich-rechtlich hingegen bei Subordinationsbeziehung ein Vertrag über Tilgung und Stundung von Beitragsschulden oder ein Vertrag über die Beteiligung an den Kosten für Heilmittel. Auf der Basis der Gleichordnung geschlossene öffentlich-rechtliche Verträge kommen z. B. zwischen verschiedenen Versicherungsträgern in Betracht.[359]

Bei Ansprüchen auf **Rückforderung** zu Unrecht gewährter öffentlich-rechtlicher Versicherungs- und Versorgungsleistungen (§ 50 SGB X) entscheiden innerhalb eines bestehenden Sozialversicherungs- oder Versorgungsverhältnisses grundsätzlich die Sozialgerichte,[360] und zwar auch dann, wenn die Leistungen durch unerlaubte Handlung erlangt sind[361] oder der Anspruch auf ungerechtfertigte Bereicherung gestützt wird.[362] Dies gilt auch, wenn auf ein vermeintlich bestehendes Versicherungsverhältnis geleistet wurde,[363] so wenn ein nicht Versicherungspflichtiger von einem Versicherungsträger Zahlungen erhalten hat.[364] Der Leistungsempfänger ist auch dann „in den öffentlich-rechtlichen Kreis der Sozialversicherung hineingetreten, von der er im eigenen Namen aus angeblich oder vermeintlich eigenem Recht versicherungsrechtlich Leistungen bezogen hat".[365] Innerhalb bestehender Erstattungsverhältnisse können solche Ansprüche mit **Rückforderungsbescheiden** durchgesetzt werden, die vor den Sozialgerichten anzufechten sind. Ein Anspruch auf Rückzahlung, der bereits mit Leistungsbescheid gegenüber einem Erblasser erhoben worden ist, bleibt auch gegenüber den Erben eine vor die Sozialgerichte gehörige öffentlich-rechtliche Forderung.[366] Das Gleiche gilt, wenn der Erblasser (ohne zur Rückzahlung aufgefordert zu sein) vor seinem Tod noch in den Besitz der bereits fälligen Zahlung gekommen war; auch hier sind für den Rechtsstreit des Versicherungsträgers gegen die Erben die Sozialgerichte zuständig. Auch der Anspruch des Sozialversicherungsträgers auf Rückerstattung fehlgegangener Rentenzahlungen an den Erben gehört vor die Sozialgerichte.[367] Entsprechend war die Haftung des Vermögensübernehmers nach § 419 BGB a. F. für Ansprüche gegen den Veräußerer auf Rückerstattung zu Unrecht empfangener Versorgungsleis-

---

[357] BGH NJW 2007, 1819.
[358] LSG Stuttgart NJW 1959, 2231.
[359] *Meyer-Ladewig/Keller* § 51 SGG Rn. 12.
[360] BVerwG DVBl. 1992, 1483.
[361] BGH NJW 1967, 156.
[362] BGHZ 102, 255 = NJW 1988, 1731.
[363] BGHZ 71, 180, 182 = NJW 1978, 1385.
[364] BSGE 32, 52.
[365] BGHZ 71, 180, 183 = NJW 1978, 1385.
[366] BSG NJW 1966, 1239.
[367] OLG Hamm NJW 1986, 2769.

tungen nicht im ordentlichen Rechtsweg, sondern vor den Sozialgerichten geltend zu machen[368] (vgl. Rn. 91).

127 Nur wenn der Empfänger die Leistungen außerhalb eines (etwa bereits erloschenen) öffentlich-rechtlichen Versicherungs-, Versorgungs- oder ähnlichen Verhältnisses erhalten hat, wenn also keine Rechtsnachfolge in eine bereits gegen den Erblasser gerichtete Verbindlichkeit stattgefunden hat, sind die Rückzahlungsansprüche als allgemeiner Bereicherungsanspruch bürgerlich-rechtlicher Art mit der Folge, dass sie vor den ordentlichen Gerichten zu verfolgen sind.[369] Wird ein **Erbe** auf Rückerstattung von Rentenzahlungen in Anspruch genommen, die noch vom Erblasser empfangen wurden, die aber erst für einen Zeitraum nach seinem Tod bestimmt waren, so soll es sich nach der RSpr des BSG um einen Zivilrechtsstreit handeln;[370] demgegenüber hat das BVerwG den Streit über die Rückzahlung vorzeitig an den Erblasser überwiesenen, bei seinem Tod noch nicht fälligen Ruhegelds in die Zuständigkeit der VG eingeordnet.[371] Die Auseinandersetzung um die Rückforderung von Versicherungsleistungen, bei deren Auszahlung der Erblasser bereits gestorben war, hat der BGH für bürgerlich-rechtlich gehalten.[372] Bürgerlich-rechtlich soll auch der Rückforderungsanspruch sein, den ein Versicherungsträger gegen einen irrtümlich für tot erklärten Versicherten richtet und mit dem die Erstattung von Rentenleistungen an die vermeintlich Hinterbliebenen begehrt wird;[373] entsprechendes gilt für die Rückforderung einer Verschollenheitsrente von dem zeitweilig vermissten Versicherten.[374] Bürgerlich-rechtlich sind nach der RSpr schließlich die Beziehungen zwischen dem Versicherungsträger und einem Dritten, der die für einen anderen bestimmte Rente nach dessen Tod von der Rentenzahlstelle abgeholt hat.[375]

128 **Streitigkeiten zwischen öffentlich-rechtlichen Körperschaften** im Sozialversicherungsbereich gehören vor die Sozialgerichte. Das gilt für Wettbewerbsstreitigkeiten, z.B. Mitgliederwerbung zwischen öffentlich-rechtlichen Krankenkassen[376] und für Rechtsstreitigkeiten zwischen einer Ersatzkasse und einer AOK über die Zulässigkeit von Maßnahmen auf dem Gebiet der Mitgliederwerbung.[377] Das Gleiche gilt für Streitigkeiten über die Abrechnung der Kosten einer stationären Behandlung eines Kassenpatienten. Schließt der Patient selbst den Behandlungsvertrag ab, während die Krankenkasse (über eine Abtretung des Versicherungsanspruchs des Patienten oder eine eigenen Kostenübernahmeerklärung) mit den Kosten belastet wird, so ist dieser Kostenanspruch des Krankenhausträgers sozialrechtlicher Natur. Aber auch wenn sich die Krankenkasse in die Behandlungsbeziehungen als Vertragspartei des Krankenhausträgers einschaltet, muss das Abrechnungsverhältnis über die Behandlungskosten nicht notwendig der zivilrechtlichen Qualifizierung des Behandlungsverhältnisses zwischen Patient und Krankenhaus folgen, sondern ist als sozialrechtlich anzusehen.[378] Der Sozialrechtsweg ist auch gegeben bei Streitigkeiten um Bewilligung und Auszahlung von Versicherungs-, Versorgungs- und Unterstützungsleistungen. Macht ein Versicherungträger Aufwendungen, zu denen ein anderer verpflichtet gewesen wäre, so fällt der Streit hierüber auch dann in die Zuständigkeit der Sozialgerichte, wenn die Ersatzpflicht aus zivil-

---

[368] BGH NJW 1978, 2091; BSG NJW 1987, 1846.
[369] BGHZ 73, 202 = NJW 1979, 763.
[370] BSG NJW 1961, 2278.
[371] BVerwGE 37, 314.
[372] BGHZ 73, 202 = NJW 1978, 1385 m. abl. Anm. *Bethge* NJW 1978, 1801; BGH NJW 1979, 763; OLG Freiburg NJW 1988, 1920.
[373] BSG MDR 1965, 861.
[374] BGH NJW 1963, 579.
[375] BSG MDR 1971, 429.
[376] BSG NJW 1985, 1420.
[377] GemS BGHZ 108, 284 = NJW 1990, 1527; BGH NJW 1998, 2743.
[378] BSGE 53, 62; BGHZ 89, 250 = NJW 1984, 1820.

rechtlichen Normen (wie vornehmlich aus Geschäftsführung ohne Auftrag) hergeleitet wird.[379] Für die Klage, mit der ein Sozialversicherungsträger von einem anderen eine Beteiligung an der Abfindungssumme verlangt, die dieser zur Abgeltung eines nach § 1542 RVO (§ 116 SGB X) auf ihn übergegangenen Schadensersatzanspruchs erhalten hat, ist der Rechtsweg zu den ordentlichen Gerichten gegeben.[380] Der allgemeine Verwaltungsrechtsweg steht offen für Ansprüche von Versicherungsträgern und Versorgungsbehörden auf Ersatz von Leistungen, zu denen die Sozialhilfeträger verpflichtet gewesen wären.[381] Streitigkeiten zwischen einer Berufsgenossenschaft und der Post über die Erstattung von Aufwendungen, die der Post durch Auszahlung von Renten aus der gesetzlichen Unfallversicherung entstehen, sind von den Sozialgerichten zu entscheiden;[382] es handelt sich nicht um Forderungen aus einem zivilrechtlichen Geschäftsbesorgungsvertrag, sondern um Auseinandersetzungen über ein öffentlich-rechtlich konzipiertes Rechtsverhältnis. Entsprechendes gilt für den Streit um Ersatzansprüche der Rentenversicherungsträger gegen die gesetzlichen Krankenkassen als Einzugsstellen. Schließlich ist der Rechtsweg zu den Sozialgerichten eröffnet, sofern ein Versicherungsträger die BRep – wenn auch unter dem Gesichtspunkt der Amtspflichtverletzung oder aus Auftragsrecht – auf Ersatz für übermäßig beschwerende Belastungen in Anspruch nimmt, die sein Vermögen aufzehren.[383]

129 Um Erstattung und Aufwendungsersatz geht es auch dann, wenn **Dritte** im Versicherungsfall Hilfe geleistet haben und vom Versicherungsträger schadlos gestellt werden wollen. Wer tätig geworden ist, um einen verletzten Versicherten der notwendigen ärztlichen Behandlung zuzuführen, und dabei selbst verletzt worden ist, kann als Geschäftsführer ohne Auftrag von der Krankenkasse Ersatz seiner Verwendungen nur im ordentlichen Rechtsweg verlangen.[384] Dasselbe gilt für den Ersatz von Gegenständen, die bei der Hilfeleistung für Versicherte verloren gegangen oder beschädigt worden sind.[385]

130 Kompetenzschwierigkeiten können weiter auftauchen bei der Verfolgung von **Schadensersatzansprüchen** aus der Verletzung von öffentlich-rechtlichen Pflichten (vgl. Rn. 102). Für Ansprüche, die nur aus dem Versicherungsverhältnis abgeleitet sind, nicht zugleich auch aus Amtspflichtverletzung, wurden ungeachtet § 40 Abs. 2 Satz 1 VwGO die Sozialgerichte als zuständig angesehen, so für Schadensersatzansprüche gegen die Bundesanstalt für Arbeit wegen einer falschen Auskunft über die Höhe des zu gewährenden Unterhaltsgelds[386] und wegen mangelnder Beratung oder Verletzung von Aufklärungspflichten durch einen Sozialversicherungsträger.[387] Dies kann so nicht aufrechterhalten werden.[388] Umgekehrt ist für den Schadensersatzanspruch einer Krankenkasse gegen ihr versicherungspflichtiges Mitglied wegen Verletzung von Auskunftspflichten der Sozialrechtsweg eröffnet.[389]

131 Auch für **Beitragsstreitigkeiten** stellt sich die Frage der Abgrenzung von Zivil- und Sozialgerichtsbarkeit. Grundsätzlich sind die Unternehmen automatisch Zwangsmitglieder der Versicherungsträger (§ 150 SGB VII); die Beiträge werden durch vollstreckbare Bescheide nach den §§ 168 f. SGB VII festgesetzt und erhoben. Ein Schuldnerwechsel berührt nicht die öffentlich-rechtliche Natur des An-

---

[379] BSGE 6, 197; E 16, 151; SGb 1983, 292.
[380] BGH NJW 1985, 2756.
[381] BSG MDR 1970, 179.
[382] BGH NJW 1967, 781.
[383] BGH NJW 1957, 1235.
[384] BGHZ 33, 251 = NJW 1961, 359; vgl. auch BGH MDR 1971, 474.
[385] BSG MDR 1971, 957.
[386] BSG SGb 1976, 329.
[387] BSG DB 1970, 839; für mangelnde Aufklärung über den Umfang des Anspruchs auf Familienkrankenpflege BayLSG, zitiert SGb 1978, 269.
[388] *Meyer-Ladewig/Keller* § 51 SGG Rn. 10 a, 39 Schadenersatzanspruch.
[389] BSG NJW 1978, 1702; *Meyer-Ladewig/Keller* aaO.

spruchs. Stirbt der Schuldner einer Beitragsforderung, gehört der Streit zwischen den Erben und dem Versicherungsträger über die Begründetheit des Anspruchs vor die Sozialgerichte. Das Gleiche gilt, wenn ein Kommanditist für Beitragsschulden der Gesellschaft in Anspruch genommen wird[390] sowie für den Fall der sog. Durchgriffshaftung gegen den Alleingesellschafter einer Kapitalgesellschaft wegen der von ihr geschuldeten Versicherungsbeiträge.[391] Hat ein Arbeitgeber die ihm nach dem Sozialversicherungsrecht obliegenden Pflichten auf einen nicht bei ihm angestellten Bevollmächtigten übertragen, ist für eine (auf § 823 Abs. 2 BGB gegründete) Schadensersatzklage des Versicherers gegen den Bevollmächtigten wegen Nichtabführung einbehaltener Beitragsanteile der Arbeitnehmer der Zivilrechtsweg offen;[392] an einer öffentlich-rechtlichen Haftungsbestimmung fehlt es hier. Entsprechendes gilt für die Inanspruchnahme des Geschäftsführers der Komplementär-GmbH einer GmbH & Co KG für rückständige Sozialversicherungsbeiträge der Arbeitnehmer.[393]

132 Verhältnismäßig unproblematisch ist die Rechtswegfrage, soweit **Ansprüche** im Streit sind, die nach § 116 SGB X, früher § 1542 RVO, auf einen Versicherungsträger **übergegangen** sind. Macht der Versicherer einen solchen Anspruch geltend, so hat er ihn im ordentlichen Rechtsweg zu verfolgen. Streiten mehrere Versicherungsträger über die Auseinandersetzung einer auf sie gemeinsam übergegangenen Forderung, so ist ebenfalls der ordentliche Rechtsweg eröffnet.[394] Auch wenn der Versicherer einen Rückgriffsanspruch nach § 640 RVO, jetzt § 110 SGB VII, gegen einen Unternehmer oder Betriebsangehörigen durchsetzen will, ist der ordentliche Rechtsweg einzuschlagen.[395] Folgerichtig ist auch der Streit um das an einen Sozialversicherungsträger gerichtete Verlangen, auf den Rückgriffsanspruch nach § 640 Abs. 2 RVO, jetzt § 110 SGB VII, zu verzichten, als zivilrechtlich einzustufen.[396] Bei der Rückgriffsforderung nach § 110 SGB VII handelt es sich nicht um einen originären Anspruch des Versicherungsträgers aus einer Pflichtverletzung ihm gegenüber; vielmehr steht der Anspruch dem Versicherer nur als mittelbar Geschädigtem zu, so dass er seine Grundlage im Zivilrecht hat.

133 Zweifelhaft kann die Rechtswegfrage werden, soweit sich Versicherungs- und Versorgungsträger zwar im Zusammenhang mit ihrem Aufgabenkreis, nicht aber im Rahmen bestehender Versicherungs- oder Versorgungsverhältnisse in den Rechtsverkehr begeben. Hier kommen zunächst Wettbewerbsstreitigkeiten in Betracht (vgl. Rn. 40, 124, 140, 497).

134 Für die Feststellung der **Insolvenzforderung** eines Sozialversicherungsträgers gegenüber sonstigen Gläubigern ist der Rechtsweg zu den Sozialgerichten eröffnet.

135 Zu den Angelegenheiten der Sozialversicherung gehören endlich auch die **Streitigkeiten, die aus dem Selbstverwaltungsrecht** der Versicherungsträger entstehen, etwa Auseinandersetzungen anlässlich der Wahlen zur Vertreterversammlung,[397] über staatliche Mitwirkungsrechte,[398] über die Genehmigung der Dienstordnung nach § 700 RVO[399] (jetzt § 144 SGB VII) und über die in Prozessstandschaft für eine Betriebskrankenkasse verfolgte Klage der Aufsichtsbehörde gegen den Arbeitgeber wegen fehlerhafter Verwaltung durch den Geschäfts-

---

[390] BSG SGb 1976, 144; MDR 1976, 259, 962.
[391] BGH LM 127 zu § 13 GVG.
[392] BGH LM 1 zu § 534 RVO.
[393] BGH DB 1975, 1466.
[394] BGHZ 28, 68 = NJW 1958, 1588.
[395] BGH NJW 1957, 384; BGHZ 57, 96 = NJW 1972, 107; BAG NJW 1968, 908; BSG JZ 1975, 127; a. A. *Rebe* BB 1974, 421.
[396] BGHZ 57, 96 = NJW 1972, 107; BSG MDR 1974, 610 m. zust. Anm. *Marschall von Bieberstein* JZ 1975, 118.
[397] BSGE 23, 92
[398] BSG NZA 1986, 375; *Meyer-Ladewig/Keller* § 51 SGG Rn. 39 Selbstverwaltung.
[399] BSG SGb 1975, 410.

Zuständigkeit der ordentlichen Gerichte 136 § 13

führer.[400] Der Rechtsschutz, der den allgemeinen Ortskrankenkassen gegen den Staat als Träger der Versicherungsaufsicht zusteht, begründet auch unter Berücksichtigung der Rechtsschutzgarantie des Art. 19 Abs. 4 GG keinen Anspruch gegen den Staat als Träger der Organisationsgewalt.[401] Bestreitet eine Allgemeine Ortskrankenkasse der LReg die Befugnis, durch eine Rechtsverordnung diese Allgemeine Ortskrankenkasse mit einer anderen zu vereinigen, so ist dies eine verfassungsrechtliche Streitigkeit und das Sozialgericht nicht zuständig.[402]

Für die **Ansprüche der im Gesundheitswesen tätigen Personen** und Institutionen gilt folgendes: Nach § 51 Abs. 1 Nr. 2, Abs. 2 Satz 1 SGG fällt in die Zuständigkeit der Sozialgerichte das gesamte **Kassenarztrecht,** auch, soweit es sich dabei um privatrechtliche Streitigkeiten handelt. Mangels spezieller Definition umfasst das Kassenarztrecht alles, was sich aus dem Zusammenwirken der Ärzte, Zahnärzte und Krankenkassen nach SGB V/§ 368 Abs. 1 RVO a. F. ergibt.[403] Dies gilt beispielsweise für Streitigkeiten über die Zulassung von Ärzten zur kassenärztlichen Versorgung, auch bei Nichtärzten wie z.B. Laboratorien oder bei Beteiligung einer selbstständig tätigen medizinisch-technischen Assistentin,[404] und aus ihrer späteren Teilnahme daran. Vor allem auch die Ansprüche der Kassenärzte auf Honorar (die sich nicht gegen die Versicherungsträger, sondern gegen die kassenärztlichen Vereinigungen richten) sind vor den Sozialgerichten zu verfolgen,[405] auch hinsichtlich der Gleichbehandlung.[406] Die öffentlich-rechtliche Natur dieser Ansprüche folgt im Wesentlichen aus der Organisation der **kassenärztlichen Vereinigungen als Körperschaften des öffentlichen Rechts,** die die Rechtsbeziehung zu den Mitgliedern trägt. Ein zivilrechtlicher Vergütungsanspruch des Arztes geht, falls er überhaupt besteht, mit der Zahlung des Versicherungsträgers an die kassenärztliche Vereinigung durch Erfüllung unter.[407] Gewissermaßen als Gegenstück ebenfalls vor das Sozialgericht gehört der Streit um die Rückforderung von Kassenarzthonorar, das nach erschlichener Zulassung an einen Nichtarzt gezahlt wurde,[408] ein solches Honorar kann durch Verwaltungsakt im Wege der öffentlich-rechtlichen Erstattung zurückgefordert werden. Ebenfalls in die Zuständigkeit der Sozialgerichte fallen Streitigkeiten über die Zulassung zur knappschaftsärztlichen Versorgung und über ihre Entziehung,[409] Streitigkeiten auf Grund der Beziehungen zwischen Ärzten und Ersatzkassen[410] sowie z.B. der Streit darüber, ob eine Berufsgenossenschaft einen Arzt zum Durchgangsarzt zu bestellen hat[411] und über die Heranziehung eines Kassenarztes zum ärztlichen Bereitschaftsdienst durch die kassenärztliche Vereinigung.[412] Zahlt die kassenärztliche Vereinigung für bestimmte Untersuchungsleistungen ein Honorar und streiten ein Krankenhausträger und der dort angestellte Arzt darüber, wer dieses Honorar zu beanspruchen hat, so sind nicht die Sozialgerichte, sondern die Gerichte für Arbeitssachen zuständig.[413] Für den Anspruch eines Vertragsarztes gegen eine Ersatzkasse wegen unzulässiger Inanspruchnahme vertragsärztlicher Behandlung auf Krankenschein ist der Sozialrechtsweg gegeben;[414]

---

[400] BSGE 35, 121.
[401] BSG MDR 1979, 788.
[402] BSG MDR 1979, 788.
[403] Vgl. BSGE 28, 218 = NJW 1968, 573.
[404] BSG NJW 1975, 1535.
[405] BSG NJW 1963, 410; BGH LM 1 zu § 51 SGG; a. A. LG Frankfurt NJW 1979, 1940 m. abl. Anm. *Wiethardt.*
[406] KG WuW 1989, 619.
[407] BGH aaO.
[408] BSG NJW 1975, 607.
[409] BSG NJW 1975, 605.
[410] BSGE 15, 168; 28, 218.
[411] BSG SGb 1975, 182.
[412] BSG NJW 1973, 1437.
[413] BAG NJW 1975, 1477.
[414] BSG NJW 1969, 573.

für Ansprüche eines Nicht-Kassenarztes aus Geschäftsführung ohne Auftrag steht hingegen, wie bei Aufwendungen eines Nichtarztes, der Zivilrechtsweg offen. Zum Kassenarztrecht gehören indessen keineswegs nur die Streitigkeiten über Vermögens- und Mitgliedsrechte; auch Disziplinarmaßnahmen fallen in die Zuständigkeit der Sozialgerichte,[415] ebenso wie etwa die Anfechtung von Wahlen zur Vertreterversammlung einer kassenärztlichen Vereinigung.[416] Begehrt ein Kassenarzt von einer Ersatzkasse die Unterlassung einer Behauptung, die diese Ersatzkasse der kassenärztlichen Vereinigung gegenüber aufgestellt hat, so ist für die Unterlassungsklage der Rechtsweg vor den Sozialgerichten gegeben, sofern die Ersatzkasse durch die erstrebte Entscheidung in der Wahrnehmung ihrer öffentlich-rechtlichen Tätigkeit unmittelbar beeinflusst wird.[417]

137 Grundsätzlich als bürgerlich-rechtlich einzuordnen sind Streitigkeiten zwischen Krankenhäusern und **einweisenden Sozialversicherungsträgern**; es handelt sich – auch bei Unfallverletzten[418] – um bürgerlich-rechtliche Verträge zugunsten der Versicherten nach §§ 328 ff. BGB.[419] Wiederum öffentlich-rechtlich sind hingegen Streitigkeiten zwischen Krankenhäusern und kassenärztlichen Vereinigungen über die Vergütung von Sachkosten für ambulant ausgeführte ärztliche Leistungen; insoweit sind die Sozialgerichte zuständig.[420] Bürgerlich-rechtlicher Natur sind die Ansprüche der **Apotheker** gegen die Krankenkassen auf Bezahlung der Rezepte der Kassenpatienten;[421] Entsprechendes gilt für die Ansprüche von Sanitätshäusern, Bandagisten und anderen Heilmittellieferanten[422] sowie Krankentransportunternehmen.[423] Dass diese Rechtsbeziehungen dem Zweck dienen, den Krankenkassen die Erfüllung ihrer öffentlich-rechtlichen Pflichten zu ermöglichen, ändert an dem privatrechtlichen Charakter nichts.

138 Für das Verhältnis zu den Arbeitsgerichten gilt: Der Sozialrechtsweg ist eröffnet in Angelegenheiten der **Grundsicherung für Arbeitsuchende** nach dem SGB II; Arbeitsgelegenheiten mit Mehraufwandsentschädigung („Ein-Euro-Jobs) nach § 16 Abs. 3 SGB II begründen kein in die Zuständigkeit der Arbeitsgerichte fallendes Arbeitsverhältnis (Rn. 144).

139 Für Streitigkeiten aus dem ersten Teil des Entgeltfortzahlungsgesetzes sind die ArbG berufen. Öffentlich-rechtliche, nach § 51 Abs. 1 Nr. 8 SGG in die Zuständigkeit der Sozialgerichte fallende Streitigkeiten sind dagegen solche über die Erstattungsansprüche des Arbeitgebers nach dem **Aufwendungsausgleichsgesetz** vom 22. 12. 2005 (BGBl. I S. 3686).

140 **Leistungserbringerverträge** haben im Sozialrecht große Bedeutung, vor allem Verträge zwischen Krankenkassen und Krankenhäusern, Apothekern und anderen Berufsgruppen, die Gesundheitsleistungen für die gesetzlich Krankenversicherten erbringen. An der öffentlich-rechtlichen Beziehung zwischen Versichertem und Krankenkasse ändert sich daran nichts. Die Rechtsbeziehungen zwischen Krankenkasse und Leistungserbringer gehören jedoch dem privaten Recht an. Allein der Umstand, dass der Leistungserbringer, der dem Versicherten Heil- oder Hilfsmittel aushändigt, damit nicht nur seine vertragliche Verpflichtung gegenüber der Krankenkasse erfüllt, sondern auch bei der Erfüllung der dem Versicherungsträger gegenüber dem Versicherten obliegenden öffentlich-rechtlichen Versorgungsverpflichtung mitwirkt, verleiht dem Beschaffungsvertrag noch keinen öffentlich-rechtlichen Charakter. Nach der Neufassung von § 51 SGG ist der Sozialrechtsweg

---

[415] BSG MDR 1963, 959.
[416] BSGE 23, 92.
[417] OLG Hamm NJW 1970, 518.
[418] OLG Stuttgart SGb 1977, 212 ff.
[419] BGHZ 33, 251, 253 = NJW 1961, 359; vgl. aber OLG Frankfurt VersR 1988, 305.
[420] OLG Stuttgart NJW 1970, 1238.
[421] BGHZ 34, 53 = NJW 1961, 405.
[422] BGHZ 36, 91 = DVBl. 1962, 298.
[423] LSG Celle SGb 1976, 344.

in Angelegenheiten der gesetzlichen Krankenversicherung jedoch auch gegeben für privatrechtliche Streitigkeiten und auch, soweit durch diese Angelegenheiten Dritte betroffen werden. Demgemäß sind die SG zuständig für Streitigkeiten zwischen Krankenkasse und Lieferanten über die Zulässigkeit der leihweisen Weitergabe von Hilfsmitteln nach Beendigung des Erstgebrauchs an andere Versicherte.[424] Dasselbe gilt für Streitigkeiten eines Dritten mit einem privatrechtlichen Repräsentanten von Leistungserbringern über dessen Handlungen, die sich auf die Art und Weise der Leistungserbringung beziehen.[425]

IV. Abgrenzung zur Arbeitsgerichtsbarkeit. 1. Sah man das Verhältnis zwischen ordentlicher und Arbeitsgerichtsbarkeit früher als ein solches der sachlichen Zuständigkeit an,[426] hat sich nach der Neufassung der §§ 17 ff. (§ 17 Rn. 1, 2) die Auffassung durchgesetzt, dass alle Gerichtsbarkeiten gleichwertig sind (Einl. Rn. 235) und dem zu Folge die Zuständigkeit von Arbeitsgerichten oder ordentlichen Gerichten eine Frage der **Zulässigkeit des Rechtswegs** ist.[427] Während über Jahrzehnte die Abgrenzung zwischen der ordentlichen Gerichtsbarkeit und der Verwaltungsgerichtsbarkeit im Vordergrund stand (vgl. Rn. 9, 13, 88), haben sich nun die Streitfragen schwerpunktmäßig verlagert auf die Abgrenzung zwischen der ordentlichen Gerichtsbarkeit und der Arbeitsgerichtsbarkeit. – Die ausschließliche Zuständigkeit der Arbeitsgerichte ist enumerativ geregelt in §§ 2, 2a ArbGG. Trotz der enumerativen Aufzählung besteht in Abkehr von allgemeinen Auslegungsgrundsätzen **keine Kompetenzvermutung** zugunsten der ordentlichen Gerichte, auch kann nicht, etwa von der geschichtlichen Entwicklung her, eine enge Auslegung des § 2 ArbGG vorgenommen werden. Vielmehr ist bei dessen Auslegung abzustellen auf den inneren Zusammenhang mit den dort aufgeführten Fallgruppen und die vergleichbare Rechts- und Interessenlage.[428] Ziel des ArbGG ist es, alle bürgerlich-rechtlichen Streitigkeiten auch prozessual im Rahmen des Arbeitsrechts zu erfassen, die in derart nahen Beziehungen zum Arbeitsverhältnis stehen, dass sie überwiegend durch das Arbeitsverhältnis bestimmt werden.[429]

2. Nach § 2 Abs. 1 Nr. 1 ArbGG sind die ArbG zuständig für „bürgerliche Rechtsstreitigkeiten zwischen Tarifvertragsparteien oder zwischen diesen und Dritten aus **Tarifverträgen** oder über das Bestehen oder Nichtbestehen von Tarifverträgen". Zum Begriff „bürgerliche Rechtsstreitigkeit" Rn. 9 ff. Um eine Streitigkeit aus einem Tarifvertrag oder über sein Bestehen handelt es sich nur, wenn die kollektivrechtliche Seite nicht nur Vorfrage, sondern Streitgegenstand des Verfahrens ist.[430] Gleichgültig ist hingegen, ob sich der Streit auf die obligatorischen oder normativen Teile des Vertrags bezieht. Unter die Bestimmung subsumierbar sind auch Streitigkeiten über die Auslegung des Vertrags, nicht nur über seine Gültigkeit. An dem Arbeitsrechtsstreit muss mindestens eine Tarifvertragspartei im Sinne des § 2 TVG als Hauptpartei (nicht nur als Streithelfer) beteiligt sein, auf die Wirksamkeit und Gültigkeitsdauer des Tarifvertrags kommt es hingegen schon deswegen nicht an, weil auch über sein Bestehen oder Nichtbestehen gestritten werden kann. Auch ein Rechtsstreit zwischen Tarifpartnern auf Feststellung des Inhalts von Tarif-

---

[424] BSG NJW 1989, 2773.
[425] Informationen nach § 129 Abs. 1 SGB V durch Apothekerverband; BGH NJW-RR 2004, 1119.
[426] BGHZ 8, 21 = NJW 1953, 252; BAGE 6, 300 = NJW 1959, 260.
[427] BGH NJW 1998, 909; BAGE 83, 40 = NJW 1996, 2948; BAG NZA 1999, 837; OLG Köln NJW-RR 1993, 639; OLG Frankfurt NJW-RR 1995, 319; *BL/Hartmann* § 14 Rn. 6; *Grunsky* § 1 Rn. 2; *Germelmann/Matthes* § 1 ArbGG Rn. 6; *MünchKommZPO/Wolf* § 17a Rn. 2; *Zöller/Gummer* Rn. 3; *Lueke*, FS Kissel, 1994, S. 709, 717; NZA 1996, 561; *Mayerhofer* NJW 1992, 1602; *Vollkommer*, FS Kissel, 1994 S. 1183, 1191.
[428] *Grunsky* § 2 ArbGG Rn. 3; *Germelmann/Matthes* § 2 ArbGG Rn. 6.
[429] BAGE 27, 78, 84; BAG NJW 1980, 1710; vgl. *Meissinger* RdA 1954, 406; *Müller* RdA 1968, 461; *Wenzel* ZRP 1973, 291.
[430] *Grunsky* § 2 ArbGG Rn. 58; BAGE 17, 95.

vertragsbestimmungen gehört vor die ArbG,[431] ebenso ein Streit über die Pflicht, über einen Tarifvertrag zu verhandeln.[432] Dritter im Sinne des § 2 Abs. 1 ArbGG kann jeder sein, auch das Mitglied einer Tarifvertragspartei im Streit mit dieser oder der Gegenpartei (z. B. Streit zwischen Arbeitgeberverband und einzelnen Arbeitgebern über die Auslegung des Tarifvertrags). Nicht zuständig sind die ArbG für andere Streitigkeiten zwischen tariffähigen Parteien und ihren Mitgliedern, die nicht Ausfluss eines Tarifvertrags sein können, z. B. Beitragszahlung, Zugehörigkeit zu einer Vereinigung (Rn. 143). An einer bürgerlichen Rechtsstreitigkeit fehlt es, wenn eine Tarifvertragspartei und die für die Allgemeinverbindlichkeitserklärung zuständige Behörde darüber streiten, ob ein Tarifvertrag für allgemeinverbindlich zu erklären ist oder erklärt wurde; dies ist eine öffentlich-rechtliche Streitigkeit, die zur Zuständigkeit der VG gehört. Es geht dabei um einen Normsetzungsakt, der mit der allgemeinen Leistungsklage, nicht mit der auf einen Verwaltungsakt gemünzten Anfechtungs- oder Verpflichtungsklage anzustreben ist.[433] Streitigkeiten um die Zustimmung der Behörde zu einem Tarifvertrag nach § 3 Abs. 2 BetrVerfG gehören vor die Arbeitsgerichte.[434]

143 3. Die ArbG sind nach § 2 Abs. 1 Nr. 2 ArbGG zuständig für bürgerliche Rechtsstreitigkeiten zwischen tariffähigen Parteien oder zwischen diesen und Dritten aus unerlaubten Handlungen, soweit es sich um Maßnahmen zum Zwecke des **Arbeitskampfes** oder um Fragen der **Vereinigungsfreiheit** einschließlich des hiermit im Zusammenhang stehenden Betätigungsrechts der Vereinigungen handelt. Mindestens einer der Streitteile muss tariffähig sein; sind beide dies nicht (z. B. Streit zwischen Arbeitnehmern aus unerlaubter Handlung anlässlich eines Streiks), so sind – außerhalb von § 2 Abs. 1 Nr. 3 ArbGG – die ordentlichen Gerichte zuständig. Nicht erforderlich ist, dass die Parteien auf verschiedenen Seiten des Arbeitskampfes stehen; auch Streitigkeiten rivalisierender Verbände auf der gleichen Seite gehören hierher. Der Begriff der unerlaubten Handlung ist wie bei § 32 ZPO weit auszulegen.[435] Er umfasst auch Widerrufsansprüche für (auch unverschuldete) ehrverletzende Behauptungen und Schadensersatzansprüche, die Verschulden nicht voraussetzen (z. B. § 945 ZPO). Als unerlaubte Handlung „im Zusammenhang mit einem Arbeitskampf" gelten dabei alle Angriffs- und Abwehrhandlungen im Arbeitskampf, auch Streik und Aussperrung selbst (jeder Art ohne Rücksicht auf ihre Rechtmäßigkeit oder Rechtswidrigkeit). Auf den Rechtsbegriff der unerlaubten Handlung im Sinne des BGB kommt es nicht an. Die unerlaubte Handlung muss „zum Zwecke des Arbeitskampfes", nicht nur gelegentlich seiner, begangen sein. „**Arbeitskampf**" ist weit zu verstehen; dazu gehören nicht nur die „klassischen" Formen Streik und Aussperrung, sondern jede kollektive Druckausübung im Arbeitsverhältnis zur Erreichung eines Ziels, z. B. Protestdemonstration, sog. Warnstreik, Sympathiestreik, „wilder" Streik, kollektive Arbeitsniederlegungen anderer Art, kollektive Ausübung eines Zurückbehaltungsrechts.[436] Es kommt auf das Ziel des Arbeitskampfes nicht an, auch politische Streiks, wiewohl nach der RSpr unzulässig, fallen darunter.[437] – Unerlaubte Handlungen, soweit es sich um Fragen der **Vereinigungsfreiheit** einschließlich des hiermit im Zusammenhang stehenden Betätigungsrechts der Vereinigung handelt, sind begrifflich weit auszulegen.[438] Zur Vereinigungsfreiheit gehört vor allem die Frage, ob Arbeitnehmer oder

---

[431] BAGE 17, 95.
[432] BAGE 14, 282.
[433] BVerwGE 80, 355 = NJW 1989, 1495.
[434] OVG Hamburg NZA 1989, 235.
[435] BAGE 30, 173; *Germelmann/Matthes* § 2 ArbGG Rn. 34.
[436] *Germelmann/Matthes* § 2 ArbGG Rn. 36, 37.
[437] *Germelmann/Matthes* aaO.; *Grunsky* § 2 Rn. 69; a. A. BGHZ 14, 347 = NJW 1954, 1804.
[438] BGH NJW 2000, 2358; BAG NZA 2000, 166; *Germelmann/Matthes* § 2 ArbGG Rn. 44; *Grunsky* § 2 ArbGG Rn. 71.

Arbeitgeber sich zu einer Koalition zusammenschließen dürfen, wie auch, ob dieses Recht beeinträchtigt wird. Aber um eine Frage der Vereinigungsfreiheit geht es nicht nur dann, wenn darüber gestritten wird, ob Arbeitnehmer oder Arbeitgeber sich in einer Koalition zusammenschließen dürfen oder sich in ihrem Koalitionsrecht beeinträchtigt fühlen, sondern auch bei dem Streit, ob eine Koalition in bestimmter Weise sich betätigen darf.[439] Auch Streitigkeiten miteinander konkurrierender Koalitionen gehören hierher, da alle Fragen des arbeitsrechtlichen Koalitionsrechts schlechthin in die Zuständigkeit der Arbeitsgerichte gehören.[440] Streitigkeiten einer Koalition mit einer politischen Partei, der im gesamten Verfassungsgefüge eine besondere Stellung eingeräumt ist, gehören jedoch vor die ordentlichen Gerichte.[441] Zum Betätigungsrecht gehören alle Fragen, die das Handeln der arbeitsrechtlichen Koalitionen betreffen, z.B. Zutrittsrecht einer Gewerkschaft in einen Betrieb,[442] gewerkschaftliche Werbung und Mitgliederbetreuung im Betrieb,[443] auch soweit es um die Abgrenzung der Befugnisse der Gewerkschaften gegenüber den Rechten des Unternehmers aus seinem Eigentum und dem Recht am eingerichteten und ausgeübten Gewerbebetrieb geht,[444] Wahl gewerkschaftlicher Vertrauensleute im Betrieb.[445] Auch Streitigkeiten über ehrverletzend empfundene Behauptungen über eine angebliche Nichteinhaltung von Tarifverträgen gehören hierher.[446] – Streitigkeiten zwischen den Koalitionen und ihren einzelnen Mitgliedern fallen nicht in die Zuständigkeit der Arbeitsgerichte, obwohl rechtspolitisch sehr vieles dafür spricht.[447] Das gilt einmal für Streitigkeiten aus der Mitgliedschaft unmittelbar, z.B. Beitrags- und andere Leistungsstreitigkeiten. Das gilt aber auch für Streitigkeiten um die Mitgliedschaft selbst, z.B. den Ausschluss aus einer Koalition.[448] Insgesamt sollte auf dem für das Arbeitsleben bedeutsamen Gebiet der Vereinigungsfreiheit eine umfassende Zuständigkeit der Arbeitsgerichte begründet werden, eine Betätigung als Koalition setzt aber den Zusammenhang mit der Vereinigungsfreiheit voraus, um den Rechtsweg zu den Arbeitsgerichten zu begründen; eine Beteiligung am allgemeinen Rechtsverkehr genügt nicht.[449] Der Streit um angeblich rechtswidrige **hoheitliche Eingriffe in einen Arbeitskampf** oder in die Koalitionsfreiheit gehört dagegen vor die VG, Schadensersatzansprüche aus Amtshaftung (§ 839 BGB) nach solchen Eingriffen vor die ordentlichen Gerichte. Nach Art. 34 Satz 3 GG darf der ordentliche Rechtsweg für Amtshaftungsansprüche nicht ausgeschlossen werden; diese Zuständigkeitsbestimmung lässt sich nicht auf eine Sperre gegenüber der Verwaltungsgerichtsbarkeit reduzieren.[450]

4. Nach § 2 Abs. 1 Nr. 3 ArbGG sind die ArbG zuständig für bürgerliche Rechtsstreitigkeiten **zwischen Arbeitnehmern und Arbeitgebern aus dem Arbeitsverhältnis**, wobei Buchst. a bis e aaO. eine Einzelaufzählung geben. Voraussetzung ist zunächst das Vorliegen einer bürgerlichen Rechtsstreitigkeit (Rn. 9ff.). Das Arbeitsverhältnis setzt grundsätzlich einen privatrechtlichen Vertrag der Partner voraus, der auf **Freiwilligkeit** beruht. Zwangsweise geleistete Dienste begründen kein Arbeitsverhältnis.[451] Das gilt auch für die Arbeitsleistung von Strafgefangenen

---

[439] BAGE 30, 122 = NJW 1979, 1844.
[440] *Germelmann/Matthes* § 2 ArbGG Rn. 46; *Grunsky* § 2 ArbGG Rn. 72; *Stahlhacke* RdA 1979, 402; *Dütz* RdA 1980, 81; a. A. BGH AP Nr. 1 zu § 1004 BGB; NJW 1971, 1655.
[441] BGH aaO.
[442] BAGE 30, 120 = NJW 1978, 605.
[443] BAGE 31, 318 = NJW 1979, 1847; E 41, 1 = NJW 1982, 2890.
[444] OLG Frankfurt NZA 2007, 710.
[445] BAGE 31, 166 = NJW 1979, 1847.
[446] BAG NZA 2002, 166.
[447] *Germelmann/Matthes* § 2 ArbGG Rn. 47; *Wenzel* AuR 1985, 329.
[448] BGHZ 87, 337 = NJW 1984, 906; *Germelmann/Matthes* aaO.; *Philippsen* NJW 1979, 1330; *Dütz* RdA 1980, 82; a. A. *Grunsky* § 2 ArbGG Rn. 73.
[449] BGH NJW 2000, 2358; BAG NZA 2002, 166.
[450] A. A. *Grunsky* § 2 ArbGG Rn. 65.
[451] BAG NJW 2000, 1438.

während des Vollzugs innerhalb und außerhalb der Vollzugsanstalt;⁴⁵² auch die Begründung, Ausgestaltung und Beendigung eines Ausbildungsverhältnisses im Rahmen von Resozialisierungsmaßnahmen fällt im Streitfalle nicht in die Zuständigkeit der Arbeitsgerichte,⁴⁵³ auch nicht Arbeitsgelegenheiten nach § 16 Abs. 3 SGB II⁴⁵⁴ („Ein-Euro-Job"). Die Wirksamkeit des Arbeitsverhältnisses ist aber nicht notwendig, wenn ein tatsächlicher Wille beider Seiten zur Leistung und Annahme von Arbeit vorliegt. Deshalb ist für ein hierdurch entstandenes **faktisches Arbeitsverhältnis,** das der Regelung der Rechtsfolgen eines übereinstimmend in Vollzug gesetzten Arbeitsvertrags dient, der Rechtsweg zu den Arbeitsgerichten eröffnet.⁴⁵⁵ Die ausschließliche Zuständigkeit der ArbG nach § 2 Abs. 1 Nr. 3 ArbGG ist nur begründet bei Prozessen zwischen Arbeitgebern und Arbeitnehmern und, in erweiternder Auslegung durch das BAG,⁴⁵⁶ in „bürgerlichen Rechtsstreitigkeiten, die im kollektiven Arbeitsrecht, insbesondere dem Tarifvertragsrecht wurzelnde Rechte oder Pflichten zum Gegenstand haben und Arbeitgeber oder Arbeitnehmer in ihrer Eigenschaft als Träger von Arbeitsverhältnissen betreffen" (z. B. bei Ansprüchen aus dem Verhältnis zwischen tarifgebundenen Arbeitgebern bzw. Arbeitnehmern und gemeinsamen Einrichtungen der Tarifvertragsparteien).

145 a) Der **Begriff des Arbeitnehmers** bestimmt sich nach § 5 ArbGG, wobei als Auslegungshilfe auch § 5 Abs. 2 BetrVerfG herangezogen werden kann. Arbeitnehmer sind danach Arbeiter und Angestellte sowie die zu ihrer Berufsausbildung Beschäftigten (Rn. 150); als Arbeitnehmer gelten ferner Heimarbeiter (Rn. 151) und die ihnen nach § 1 HAG Gleichgestellten (Rn. 151) sowie sonstige Personen, die wegen ihrer wirtschaftlichen Unselbstständigkeit als arbeitnehmerähnlich anzusehen sind (Rn. 152). Im Mittelpunkt der arbeitsgerichtlichen Zuständigkeit steht der „Arbeitnehmer". Seit mehr als 100 Jahren bemühen sich Gerichte und Wissenschaft, den für das Arbeitsrecht als Zentralbegriff anzusehenden Begriff des „Arbeitnehmers" zu konkretisieren, die Diskussion ist zum Verwirrspiel geworden⁴⁵⁷ und hat in großem Umfange sowohl RSpr hervorgebracht als auch eine Fülle von wissenschaftlichen und vor allem auch sozialpolitischen Auseinandersetzungen und Gesetzgebungsaktivitäten unter dem Stichwort der „Scheinselbstständigkeit".⁴⁵⁸ Vereinfacht kann man den zugrundeliegenden Unterschied dahin formulieren, dass der Arbeitnehmer vom Schutz des gesamten Arbeits- und Sozialrechts umfasst wird, während ‚Selbstständige' in Freiheit und Eigenverantwortung für sich selbst handeln und entscheiden. Dabei geht es letztlich um die Frage, ob ein für einen Auftraggeber Tätiger als dessen Arbeitnehmer anzusehen ist oder als ein dem Auftraggeber selbstständig gegenüberstehender Vertragspartner, was darüber entscheidet, ob zwischen den Vertragsparteien ein Arbeitsverhältnis besteht mit allen Konsequenzen der Anwendbarkeit der arbeitsrechtlichen und sozialversicherungsrechtlichen Schutzvorschriften, oder aber in der Person des für den Auftraggeber Tätigen ein freier, selbstständiger Unternehmer mit allen Chancen und Risiken des Marktes.⁴⁵⁹ Zu dieser Frage hat die **RSpr sich dahin verfestigt:** „Arbeitnehmer ist derjenige, der seine vertraglich geschuldete Leistung im Rahmen einer von Dritten bestimmten Arbeitsorganisation erbringt. Die Eingliederung in die fremde Arbeitsorganisation zeigt sich insbesondere daran, dass der Beschäftigte einem Weisungsrecht seines Vertragspartners (Arbeitgeber) unterliegt, das Inhalt, Durchführung, Zeit, Dauer und Ort der Tätigkeit betreffen kann. Für die Abgrenzung von

---

⁴⁵² BAGE 22, 1, 5; BAG AP Nr. 18 zu § 5 BetrVerfG.
⁴⁵³ BAGE 53, 336.
⁴⁵⁴ BAG NJW 2007, 1227 m. Anm. *Brötzmann*; 3303.
⁴⁵⁵ BAG NZA 2000, 385.
⁴⁵⁶ AP Nr. 14 zu § 5 TVG; BAGE 17, 59.
⁴⁵⁷ *Griebeling* NZA 1998, 1138 m. w. N.
⁴⁵⁸ Vgl. *Kissel*, Standortfaktor Arbeitsrecht, 1999 S. 109 ff. m. w. N.
⁴⁵⁹ *Kissel*, Standortfaktor Arbeitsrecht, 1999 S. 109.

Bedeutung sind demnach in erster Linie die Umstände, unter denen die Dienstleistung zu erbringen ist, nicht die Bezeichnung, die die Parteien ihrem Rechtsverhältnis gegeben haben, oder eine von ihnen gewünschte Rechtsfolge. Der jeweilige Vertragstyp ergibt sich aus dem wirklichen Geschäftsinhalt. Dieser wiederum folgt aus den getroffenen Vereinbarungen oder aus der tatsächlichen Durchführung des Vertrags. Widersprechen sich Vereinbarung und tatsächliche Durchführung, so ist letztere maßgebend. – Der Grad der persönlichen Abhängigkeit hängt auch von der Eigenart der jeweiligen Tätigkeit ab. Manche Tätigkeiten können sowohl im Rahmen eines Arbeitsverhältnisses als auch im Rahmen eines freien Mitarbeiterverhältnisses erbracht werden, andere regelmäßig nur im Rahmen eines Arbeitsverhältnisses. Letztlich kommt es zur Beantwortung der Frage, welches Rechtsverhältnis im konkreten Fall vorliegt, auf eine Gesamtwürdigung der maßgebenden Umstände des Einzelfalles an. Arbeitnehmer ist insbesondere der Mitarbeiter, der nicht wesentlich frei seine Tätigkeit gestalten und seine Arbeitszeit bestimmen kann".[460] Von Bedeutung für den Arbeitnehmerbegriff sind demnach in erster Linie die Umstände, unter denen die Leistung zu erbringen ist, und nicht die Modalitäten der Bezahlung sowie die wirtschaftliche Abhängigkeit,[461] ebenso wenig die steuer- und sozialversicherungsrechtliche Behandlung.[462] Dem hat sich der BGH angeschlossen:[463] Maßgebend für die Annahme eines Arbeitsverhältnisses ist der Grad der **persönlichen Abhängigkeit** bei der Erbringung einer Werk- oder Dienstleistung;[464] Arbeitnehmer ist, wer weisungsgebunden eine vertraglich geschuldete Leistung im Rahmen einer von seinem Vertragspartner bestimmten Arbeitsorganisation erbringt.

145 a Es kommt nicht darauf an, wie die Parteien ihr Rechtsverhältnis benannt haben, sondern wie es tatsächlich durchgeführt wird.[465] Widersprechen sich Vereinbarung und tatsächliche Durchführung, so ist Letztere maßgebend.[466] Die Grenze zwischen Arbeitnehmer und Selbstständigem lässt sich **nicht exakt normativ** regeln.[467] Selbstständig ist, wer im Wesentlichen frei seine Tätigkeit gestalten und seine Arbeitszeit bestimmen kann, vgl. § 84 Abs. 1 Satz 2 HGB[468] (vgl. Rn. 146). Fehlt es jedoch an einem für die unternehmerische Freiheit wesentlichen Entscheidungsspielraum, wird diese Tätigkeit in abhängiger Beschäftigung, also als Arbeitnehmer, ausgeübt, wobei es keine Rolle spielt, wenn diese Person wie ein Unternehmer auftritt und ihrerseits bis zu 100 Personen beschäftigt.[469] Es hat sich eine Grauzone aus ganz unterschiedlichen Motiven sowohl der Arbeitgeber als auch der Dienstleistungserbringer gebildet, die teilweise sozialpolitisch unerwünscht ist und deshalb zu Bemühungen um Bekämpfung der **Scheinselbstständigkeit** geführt hat. Der Begriff erfasst Dienstleistungen in formeller (vorgetäuschter) Selbstständigkeit, die aber konkret derart ausgestaltet sind, dass der Dienstleistende personell und wirtschaftlich in einer dem Arbeitnehmerbegriff unterfallenden Abhängigkeit vom Auftraggeber steht. Das hat zu Regelungen des Begriffs ‚Arbeitnehmer' im Sozialrecht geführt (§§ 7 bis 7c SGB IV), die zwar formell nicht für den arbeitsrechtlichen Arbeitnehmerbegriff gelten,[470] aber praktisch herangezogen werden. Ein Arbeitsverhältnis besonderer Art ist das **mittelbare** Arbeitsverhältnis, bei dem eine Person, die selbst Arbeitnehmer eines Dritten (Mittelsmannes) ist, im eigenen Namen

---

[460] BAG NZA 1998, 1665; BAGE 93, 310, 314 = NJW 2000, 1438; BAG NJW 2002, 2411.
[461] BAGE 69, 62 = NZA 1992, 1125.
[462] *Reinecke* NZA 1999, 731.
[463] NJW 1999, 648.
[464] BGH NJW 2002, 3317.
[465] BAGE 69, 62 = NZA 1992, 1125; BAG NZA 1993, 174.
[466] BAGE 90, 36 = NZA 1999, 374; BAG NZA 2001, 209; NJW 2002, 2411.
[467] *Schaub,* Handbuch des Arbeitsrechts S. 52 ff.; *Griebeling* NZA 1998, 1137, 1138.
[468] BAG NZA 2001, 210.
[469] LAG Hamm NZA-RR 2000, 318.
[470] *Kissel,* Standortfaktor Arbeitsrecht, S. 114 m. w. N.

Hilfskräfte einstellt, die mit Wissen des Dritten (seines Arbeitgebers) unmittelbar für diesen Arbeitsleistungen erbringen. Diese Hilfskräfte sind nicht Arbeitnehmer des Arbeitgebers des Mittelsmannes, ausgenommen Missbrauchsfälle zur Umgehung dieses Arbeitsverhältnisses, sondern Arbeitnehmer des Mittelsmannes selbst.[471]

145 b Nicht zu den Arbeitnehmern eines arbeitsrechtlichen Arbeitsverhältnisses gehören Personen, die (wenn auch in persönlicher Abhängigkeit) Dienste leisten auf der Grundlage einer **Vereinsmitgliedschaft**, als Mitgliedsbeitrag mit der Vereinssatzung als Rechtsgrund. Hierfür ist der Rechtsweg zu den Arbeitsgerichten nicht eröffnet[472] (vgl. Rn. 147).

146 **Freie Mitarbeiter** und damit nicht Arbeitnehmer sind dagegen solche Personen, die auf Grund eines Dienstvertrags tätig sind und ihre Arbeitszeit frei gestalten können.[473] Das Fehlen der persönlichen Abhängigkeit ist das Unterscheidungsmerkmal, was sich jedoch nach der Eigenart der jeweiligen Tätigkeit richtet;[474] zu berücksichtigen ist die Unterordnung unter andere im Dienst des Geschäftsherrn stehende Personen, die Bindung an feste Arbeitszeiten, die Rechtspflicht zum regelmäßigen Erscheinen, die Zulässigkeit von Nebentätigkeiten (im Gegensatz zur Pflicht, die gesamte Arbeitskraft dem Geschäftsherrn zur Verfügung zu stellen), der Ort der Erledigung der Tätigkeit, die Form der Vergütung (Einzelhonorar oder Monatsgehalt), die Frage der Abführung von Steuern und Sozialversicherungsbeiträgen, die Gewährung von Urlaub, das Bereitstellen von Arbeitsgeräten und das Führen von Personalunterlagen. Unerheblich ist, ob eine regelmäßige Überwachung stattfindet, ob Termine für die Ablieferung von Arbeitsergebnissen gesetzt sind, ob es sich um haupt- oder nebenberufliche, leitende oder untergeordnete, geistige oder körperliche, entgeltliche oder unentgeltliche Tätigkeit handelt. Wirtschaftliche Abhängigkeit ist weder erforderlich noch ausreichend.[475] Weder die Qualifikation als Nebentätigkeit noch die Anlage auf Dauer sind entscheidend.[476]

146 a **Dozenten und Lehrkräfte** sind dann keine freien Mitarbeiter, wenn sie arbeitnehmerähnlich (Rn. 152) beschäftigt werden, wenn sie also zwar nicht im gleichen Maße wie ein Arbeitnehmer in der Dienstgestaltung persönlich, aber wirtschaftlich abhängig sind und nach der Verkehrsanschauung in ihrer gesamten sozialen Stellung einem Arbeitnehmer vergleichbar sind.[477] Eine Honorarlehrkraft in einer Bildungseinrichtung ist freier Mitarbeiter, wenn der Inhalt der Dienstleistung und die Arbeitszeit im Einzelnen vertraglich geregelt und damit dem Weisungsrecht des Arbeitgebers entzogen sind; die Bindung an einen Rahmenlehrplan ist unerheblich, nur methodisch-didaktische Anweisungen des Arbeitgebers zur Gestaltung des Unterrichts können zur persönlichen Abhängigkeit führen.[478] Entscheidend ist, wie intensiv die Lehrkraft in den Unterrichtsbetrieb eingebunden ist und in welchem Umfang sie den Unterrichtsinhalt, die Art und Weise seiner Erteilung, ihre Arbeitszeit und die sonstigen Umstände der Dienstleistung mitgestalten kann.[479] Bei Streitigkeiten aus einem von einer staatlichen Fachhochschule erteilten Lehrauftrag ist jedoch der Verwaltungsrechtsweg gegeben.[480] Allgemein sind diejenigen, die an allgemeinbildenden Schulen unterrichten, in der Regel Arbeitnehmer, auch wenn sie ihren Unterricht nebenberuflich erteilen. Dagegen können Volkshochschuldozenten, die außerhalb schulischer Lehrgänge unterrichten, als freie Mitarbeiter beschäftigt werden, und zwar selbst dann, wenn es sich bei ihrem Unterricht um auf-

---

[471] Vgl. BAGE 39, 2000 = NJW 1983, 645; BAG NZA 2002, 787.
[472] BAG NZA 2002, 1412.
[473] AP Nr. 1 zu § 92 HGB.
[474] BAGE 41, 247 = NJW 1984, 1985; LAG Kiel NZA-RR 2005, 656.
[475] StRSpr, vgl. BAG NZA 1992, 407; 1994, 169.
[476] BAG NZA 1994, 169.
[477] BAG NJW 1997, 2404.
[478] BAG NZA 1992, 407.
[479] BAG NZA 1997, 600.
[480] BAG NZA 1994, 381.

einander abgestimmte Kurse mit vorher festgelegten Programmen handelt; Gleiches gilt für Lehrkräfte an Musikschulen. Volkshochschuldozenten, die außerhalb schulischer Lehrgänge unterrichten, und Musikschullehrer sind nur dann Arbeitnehmer, wenn die Parteien dies vereinbart haben oder im Einzelfall festzustellende Umstände vorliegen, aus denen sich ergibt, dass der für ein Arbeitsverhältnis erforderliche Grad der persönlichen Abhängigkeit gegeben ist.[481]

Eine **Familienhelferin** ist Arbeitnehmerin auch dann, wenn zwar das Weisungsrecht des Arbeitgebers nur sehr zurückhaltend ausgeübt wird und sie die Arbeitszeit im Wesentlichen frei gestalten kann, wenn aber Inhalt und Durchführung der geschuldeten Tätigkeit klar vorgegeben sind.[482]

Ein **Frachtführer** ist nicht als Arbeitnehmer oder arbeitnehmerähnlich anzusehen, wenn ihm trotz Unterzeichnung eines vorformulierten Vertragswerks weder Dauer noch Beginn und Ende der täglichen Arbeitszeit vorgeschrieben sind, wenn er nicht verpflichtet ist, Aufträge anzunehmen oder eine bestimmte Auftragsmenge zu erledigen.[483] Bei einem Transporteur mit eigenem Fahrzeug ist dann ein Arbeitsverhältnis anzunehmen, wenn beim Grad der persönlichen Abhängigkeit bei der Erbringung der Dienst- oder Werkleistung von einer sehr detaillierten und den Freiraum für die Erbringung der geschuldeten Leistung stark einschränkenden rechtlichen Vertragsgestaltung oder tatsächlichen Vertragsdurchführung auszugehen ist.[484] Ein **Kurierdienstfahrer,** der allein entscheidet, ob, wann und in welchem Umfang er tätig werden will, und für ausgeführte Frachtaufträge das volle vom Auftraggeber zu leistende Entgelt erhält, ist kein Arbeitnehmer des Unternehmens, das die Frachtaufträge annimmt und an die Kurierdienstfahrer weitergibt.[485]

Ob ein **Franchise-Nehmer** Arbeitnehmer oder Selbstständiger ist, richtet sich allein danach, ob er weisungsgebunden und abhängig ist oder ob er seine Chancen auf dem Markt selbstständig und im Wesentlichen weisungsfrei suchen kann. Die bloß verbale Typisierung der Vertragsart ist ohne Belang. Das BAG hat Arbeitnehmerähnlichkeit (Rn. 152) angenommen, wenn der Franchise-Nehmer auf Grund seiner vertraglichen Bindung wirtschaftlich abhängig war und die Gestaltung des Vertragsverhältnisses ihn derart beanspruchte, dass er daneben keine nennenswerte weitere Erwerbstätigkeit mehr ausüben konnte; er war exklusiv an das Warensortiment gebunden, und die Reglementierung und seine zeitliche Beanspruchung ließen es nicht zu, sich weitere Erwerbschancen auf dem Markt zu suchen.[486] Eine **Marktleiterin,** die einen Markt in einer Einzelhandelskette selbstständig als Franchise-Nehmerin leiten sollte, der gestattet war, einzelne Rechte und Pflichten aus dem Vertrag durch Dritte ausüben zu lassen und die in der Gestaltung ihrer Arbeitszeit im Wesentlichen frei war, hat der BGH[487] nicht als Arbeitnehmerin angesehen.

Der Rechtsweg zu den Arbeitsgerichten ist bei einer Streitigkeit zwischen dem Verein und einem **Amateurfußballspieler** über Transferzahlungen und über die Erteilung einer Freigabeerklärung nicht gegeben, da ein Amateurfußballer, auch wenn er Vereinsmitglied ist, weder Arbeitnehmer noch arbeitnehmerähnliche Person ist.[488] Vertragsamateure und Lizenzspieler sind hingegen Arbeitnehmer im Verhältnis zu ihrem Verein.[489] – Ein **Hausmeister** ist kein Arbeitnehmer, wenn ihm weder hinsichtlich des zeitlichen Rahmens noch bezüglich der Durchführung der ihm übertragenen Aufgaben Vorgaben gemacht werden. Arbeitnehmerähnlich wäre

---

[481] BAG NZA 1998, 595; kritisch *Rohlfing* NZA 1999, 1027.
[482] BAG NZA 1998, 873.
[483] BAG NZA 1999, 374.
[484] BAG NZA 1998, 364; vgl. OLG Rostock OLGR 2006, 401.
[485] BAG NJW 2002, 2125.
[486] BAGE 86, 178 = NZA 1997, 1126; BGH NJW 1999, 218; krit. *Bumiller* NJW 1998, 2953.
[487] NZA 2000, 390.
[488] ArbG Hannover NZA-RR 1998, 136; AG Neunkirchen NZA-RR 2000, 299.
[489] *Schaub* § 186 Rn. 98 ff.

die Stellung nur, wenn eine solche Bindung vorliegt, dass ohne diese Aufträge die wirtschaftliche Existenzgrundlage wegfiele.[490]

146 f Der **Kommissionär** ist nach § 383 HGB selbstständiger Gewerbetreibender und damit kein Arbeitnehmer. Ein Arbeitsverhältnis liegt jedoch dann vor, wenn Vereinbarungen getroffen und praktiziert werden, die zur Folge haben, dass der Kommissionär nicht mehr im Wesentlichen frei seine Tätigkeit gestalten und seine Arbeitszeit bestimmen kann. Die allein wirtschaftliche Abhängigkeit kann zwar die Rechtsstellung einer arbeitnehmerähnlichen Person begründen, nicht aber die Arbeitnehmereigenschaft.[491]

146 g Eine **Kundenberaterin** ist Arbeitnehmerin, wenn ihr die Schulungsaufgabe genau vorgeschrieben ist, auch danach, wieviel Zeit die Schulung in Anspruch nehmen darf und welche Funktionen dabei regelmäßig erläutert werden bei genauer Festlegung des Ablaufs der Unterweisung; die Dienste waren zu Zeiten zu erbringen, auf deren Lage sie keinen maßgeblichen Einfluss hatte.[492] – Eine **Motorradrennfahrerin** ist jedenfalls arbeitnehmerähnlich (Rn. 152), wenn sie an allen ihr vorgeschriebenen Rennen teilnehmen muss, ihr angesichts der zeitlichen Unregelmäßigkeit der ihr vorgeschriebenen Aktivitäten eine sonstige Erwerbstätigkeit nicht möglich ist und sie ihre Rechte am eigenen Bild abtreten musste.[493]

146 h Bei einem **Programmgestalter** einer Rundfunkanstalt ist zwischen dem vorbereitenden, einem journalistisch-schöpferischen oder künstlerischen und dem technischen Teil der Ausführung zu unterscheiden; je größer die gestalterische Freiheit ist, desto mehr wird die Gesamttätigkeit von journalistisch-schöpferischer Tätigkeit geprägt und tritt die persönliche Abhängigkeit zurück.[494] – Bei einem **Rundfunkgebührenbeauftragten** ist bei der Frage eines Arbeits- oder eines freien Dienstverhältnisses darauf abzustellen, inwieweit er seine Tätigkeit frei gestalten und seine Arbeitszeit bestimmen kann.[495]

146 i Ein **Rechtsanwalt** kann Arbeitnehmer eines anderen Rechtsanwalts sein, auch wenn er nach § 1 BRAO unabhängiges Organ der Rechtspflege ist (Rn. 69); maßgebend ist die Ausgestaltung des Dienstverhältnisses zwischen beiden wie Arbeitszuteilung, Überprüfung der Arbeitsergebnisse, Fristsetzung für Erledigungen, lohnsteuer- und versicherungsrechtliche Gestaltung.[496] So kann der Mitarbeitervertrag eines Rechtsanwalts, auch wenn er auf ‚freie' Mitarbeit lautet, als arbeitnehmerähnlich (Rn. 152) zu qualifizieren sein, wenn der so Beschäftigte in Wahrheit wirtschaftlich abhängig und sozial einem Arbeitnehmer vergleichbar ist.[497] Daneben kann die konkrete Ausgestaltung der Mitarbeit in der Kanzlei als Arbeitsvertrag angesehen werden.[498] Arbeitnehmerähnlich ist ein RA, der das volle Unternehmerrisiko nach außen trägt, dem aber kein angemessener Ausgleich gegenübersteht.[499]

146 k **Zeitungszusteller** sind überwiegend in arbeits-, finanz- und sozialrechtlicher Hinsicht Arbeitnehmer,[500] da sie nur geringe eigene Gestaltungsmöglichkeiten haben und sich die Weisungsgebundenheit (Rn. 145) in der Regel daraus ergibt, dass ihnen ein bestimmter Bezirk mit Kundenliste zugewiesen und ein zeitlicher Rahmen vorgegeben ist. Sie können aber auf Grund eines freien Dienst- oder Werkvertrags tätig sein, wenn die Zeitungszustellung so organisiert ist, dass ihnen ein größerer Gestaltungsspielraum verbleibt; das ist z.B. der Fall, wenn wegen der

---

[490] OLG Köln NJW-RR 1994, 192.
[491] BAG NZA 2000, 1359; 2003, 1112.
[492] BAG NZA 1999, 205.
[493] BAG NZA 1999, 1175.
[494] BAG NZA 1994, 769.
[495] BAG NZA 1999, 983.
[496] LAG Düsseldorf NZA-RR 2002, 567; OLG Brandenburg NJW 2002, 1659.
[497] OLG München NZA-RR 1999, 604; LAG Köln MDR 2006, 35.
[498] LAG Thüringen NZA-RR 1998, 296.
[499] LAG Hessen NZA-RR 1996, 64.
[500] BAG NZA 1998, 368.

Menge der auszutragenden Zeitungen die Einschaltung von Hilfskräften erforderlich erscheint.[501] Für die Zustellerin einer Sonntagszeitung ist wegen des geringen Umfangs der Tätigkeit und des geringen finanziellen Ertrags eine wirtschaftliche Abhängigkeit zu verneinen, so dass sie weder Arbeitnehmerin noch arbeitnehmerähnliche Person ist.[502] Für die Abgrenzung sind jedoch die Umstände des Einzelfalles maßgebend, auch wenn das Unsicherheit beinhaltet. Zeitungen können auch auf Grund eines freien Dienst- oder Werkvertrags ausgetragen werden, wenn z.B. in einem vorgegebenen Bezirk innerhalb eines vertraglich festgelegten Zeitrahmens bei geringer zeitlicher Inanspruchnahme eine einmal pro Woche erscheinende Zeitung zuzustellen ist und der Verpflichtete sich jederzeit von mithelfenden Familienangehörigen oder anderen Personen vertreten lassen kann.[503]

147 Nicht Arbeitnehmer und auch nicht arbeitnehmerähnlich (Rn. 152) sind neben allen **Selbstständigen** solche Personen, deren Beschäftigungsverhältnis objektiv vorwiegend durch **karitative oder religiöse** Beweggründe bestimmt ist (§ 5 Abs. 2 Nr. 3 BetrVerfG); deshalb sind hier nicht die ArbG, sondern die ordentlichen Gerichte zuständig, sofern Streit zwischen dem Beschäftigten und seiner Mutterorganisation entsteht, so z.B. bei Ordensangehörigen, ebenso Mitgliedern der Schwesternschaft vom Roten Kreuz.[504] Sie können jedoch im Verhältnis zu einem Dritten in einem Arbeitnehmerverhältnis stehen, auch wenn sie von ihrem Orden usw. entsandt werden, z.B. als Erzieher, Krankenpfleger.[505] Sind karitative oder religiöse Gründe lediglich Motiv der Arbeitsaufnahme, handelt es sich um ein allgemeines Arbeitsverhältnis.[506]

148 Unzuständig sind die ArbG weiter für Streitigkeiten aus dem Beschäftigungsverhältnis solcher Personen, deren Beschäftigung in erster Linie nicht ihrem Erwerb dient und die vorwiegend zur „**Heilung, Wiedereingewöhnung, sittlichen Besserung oder Erziehung** beschäftigt werden" (§ 5 Abs. 2 Nr. 4 BetrVerfG). Hierunter fallen Patienten, die in Krankenhäusern und Rehabilitationsanstalten beschäftigt werden, Strafgefangene (Rn. 144) und Schüler während eines Praktikums (das der allgemeinen Erziehung, nicht hingegen speziell der Berufsausbildung dient im Sinne von § 5 Abs. 1 Satz 1 ArbGG). Soweit hier nicht wie häufig öffentlich-rechtliche Beziehungen vorliegen, sind die ordentlichen Gerichte zuständig (z.B. bei privater Heilanstalt, privatem Erziehungsheim). Auch hier ist die Zuständigkeit der ArbG nur ausgeschlossen, soweit das Verhältnis zwischen dem Beschäftigten und der zu seiner Heilung, Erziehung usw. tätigen Institution betroffen ist. Wird er bei einem Dritten beschäftigt, so sind für Streitigkeiten aus diesem Außenverhältnis (etwa wegen Schadensersatzansprüchen) die ArbG zuständig.

149 Nicht Arbeitnehmer oder arbeitnehmerähnlich sind **Familienangehörige**, die allein auf Grund der verwandtschaftlichen Beziehung tätig sind (vgl. § 5 Abs. 2 Nr. 5 BetrVerfG, der insoweit einzuschränken ist). Nur wenn ausdrücklich oder stillschweigend ein Arbeitsvertrag geschlossen wurde, sind die ArbG zuständig. Maßgebend sind die Verhältnisse des Einzelfalles.[507]

150 Arbeitnehmer im Sinne des § 5 ArbGG sind auch alle zu ihrer **Berufsausbildung** beschäftigten Personen, wie Auszubildende, Volontäre, Praktikanten; anstelle des Arbeitsvertrages muss in diesem Falle ein Berufsausbildungsvertrag im Sinne des

---

[501] BAG aaO.
[502] ArbG Oldenburg NZA-RR 1997, 162.
[503] LG Darmstadt NZA-RR 2001, 631.
[504] BAGE 2, 289 = NJW 1956, 647; BAG NJW 1986, 2906; DB 1995, 2612; BVerwGE 24, 76 = AP Nr. 1 zu § 3 PersVG Ba-Wü.
[505] *Grunsky* § 5 ArbGG Rn. 7; *Germelmann/Matthes/Prütting* § 5 ArbGG Rn. 13.
[506] *Grunsky* § 5 ArbGG Rn. 8.
[507] LAG Mainz DB 2000, 2050; *Germelmann/Müller-Glöge* § 5 ArbGG Rn. 15; *Grunsky* § 5 ArbGG Rn. 12.

§ 3 BBiG geschlossen sein. Der Begriff „Berufsausbildung" ist weit auszulegen, er umfasst alle Bereiche der Berufsbildung nach § 1 Abs. 1 BBiG, auch Fortbildungs- und Umschulungsverhältnisse[508] auch in „sonstigen Berufsbildungseinrichtungen".[509] Auch hier genügt eine faktische Vertragsbeziehung, für die Zuständigkeit der ArbG kommt es auf Mängel des Vertrags nicht an. Die Abgrenzung zu jenen Personen, die zu ihrer Erziehung, nicht aber zur Berufsausbildung beschäftigt werden (Rn. 148), hat sich nach dem Beschäftigungsziel zu richten; daneben ist nach der Art der vom Beschäftigten zu erbringenden Gegenleistung zu differenzieren. Schuldet er nicht nur Dienstleistung, sondern daneben Geld, so wird es sich in aller Regel um ein schulähnliches Erziehungsverhältnis handeln. Unterliegt der Auszubildende dem Weisungsrecht des Ausbildungsbetriebs, entsteht zwischen diesen ein Ausbildungsverhältnis auch dann, wenn der Ausbildungsbetrieb allein aufgrund eines privatrechtlichen Vertrages mit einem Dritten tätig wird, so wenn die betriebliche Ausbildung Bestandteil eines Studiums ist.[510] Bloße Betriebspraktika von Studierenden im Rahmen eines kooperierenden Studiums begründen dagegen kein Ausbildungsverhältnis mit dem Betrieb.[511] Erfolgt die Ausbildung in einem Beamtenverhältnis (§ 1 Abs. 2 Nr. 2 BBiG) oder mit dem ausschließlichen Ziel einer späteren Verwendung als Beamter, so sind weder die ArbG noch die ordentlichen Gerichte, sondern die VG zuständig. Streitigkeiten über die Rückzahlung staatlicher **Ausbildungsbeihilfen** gehören auch dann in den Verwaltungsrechtsweg, wenn der Empfänger seine Rückzahlungspflicht in notarieller Urkunde anerkannt hat.[512]

151 Als Arbeitnehmer gelten gem. § 5 Abs. 1 Satz 2 ArbGG die in **Heimarbeit** Beschäftigten (Heimarbeiter und Hausgewerbetreibende, §§ 1 Abs. 1, 2 Abs. 1 und 2 HAG) und die durch Entscheidung des zuständigen Heimarbeitsausschusses oder der Arbeitsbehörde ihnen Gleichgestellten (§ 1 HAG).

152 Als Arbeitnehmer gelten ferner (§ 5 Abs. 1 Satz 2 ArbGG) sonstige Personen, die wegen ihrer wirtschaftlichen Unselbstständigkeit als **arbeitnehmerähnlich** anzusehen sind. Für die Arbeitnehmerähnlichkeit kommt es maßgeblich nicht auf die persönliche, sondern auf die **wirtschaftliche Abhängigkeit** an, und zwar zur Zeit der Entstehung des umstrittenen Anspruchs. Sie ist zu bejahen, wenn der Betroffene im Wesentlichen für einen Auftraggeber tätig ist und die hieraus fließende Vergütung seine Existenzgrundlage darstellt.[513] Die wirtschaftliche Abhängigkeit muss sich gerade aus dem strittigen Dienstverhältnis, d. h. aus der Bindung an einen einzigen Partner derart ergeben, dass ohne dessen Aufträge die wirtschaftliche Existenzgrundlage entfiele. Ist der Beschäftigte für mehrere Dienstberechtigte tätig, so kommt es für die Arbeitnehmerähnlichkeit nicht auf die Gesamttätigkeiten an, sondern speziell auf die Rechtsbeziehung zu dem Prozessgegner; nur wenn ein Schwerpunkt derart feststellbar ist, dass ohne die Einkünfte aus diesem Beschäftigungsverhältnis die wirtschaftliche Existenzgrundlage entfiele, sind die ArbG zuständig.[514] Bei sicherem sonstigem Einkommen (Pension, Unterhalt, Erfindervergütung) und Vermögen entfällt die Arbeitnehmerähnlichkeit, sofern der Beschäftigte ohne das vom Dienstberechtigten geschuldete Entgelt „auskömmlich leben" kann, notfalls auch unter zumutbarem Verkauf von Vermögensstücken.[515] Das BAG hält allerdings allein die wirtschaftliche Abhängigkeit für die Arbeitnehmerähnlichkeit nicht für ausreichend; hinzutreten muss, dass der Beschäftigte nach seiner sozialen

---

[508] BAG NZA 1999, 557.
[509] BAG NJW 1998, 402.
[510] „Berufsakademie"; BAG NZA 2006, 1432.
[511] LAG Hamm NZA-RR 2007, 97.
[512] BGH NJW 1994, 2620.
[513] BGH NJW 1999, 648; BAGE 19, 330; BAG NZA 2000, 1359; LAG Köln MDR 2006, 35.
[514] BAGE 66, 113 = NJW 1991, 1629.
[515] BAGE 14, 20.

Stellung dem Typ einer arbeitnehmerähnlichen Person entspricht.[516] Hierbei wird auf die Verkehrsanschauung abgestellt. Keine Arbeitnehmerähnlichkeit liegt vor bei bloßer Einräumung einer Verdienstmöglichkeit an einen Selbständigen, der Dritten gegenüber nach einer Gebührenordnung abrechnet.[517]

Abgrenzungsschwierigkeiten ergeben sich beim **Handelsvertreter**. Ist der Vertreter unselbstständig, kann er also seine Tätigkeit nicht im Wesentlichen frei gestalten und seine Arbeitszeit nicht selbst bestimmen, so gilt er als Angestellter (§ 84 Abs. 2 HGB); für Streitigkeiten mit seinem Auftraggeber sind die ArbG zuständig. Ist er hingegen selbstständig, so sind die ordentlichen Gerichte zur Entscheidung berufen. Anknüpfungspunkte für die Abgrenzung sind vor allem Weisungsfreiheit, Freiheit im Einsatz der Arbeitskraft, ein eigenes Unternehmen und eigenes Unternehmerrisiko.[518] Nach § 5 Abs. 3 ArbGG gilt auch der selbstständige Vertreter dann als Arbeitnehmer, wenn er vertraglich nicht für weitere Unternehmer tätig sein, d. h. Handelsvertretertätigkeit ausüben darf,[519] oder nach Art und Umfang der von ihm verlangten Tätigkeit nicht sein kann (Einfirmenvertreter, § 92a Abs. 1 HGB) und wenn er zusätzlich während der letzten 6 Monate des Vertragsverhältnisses (bei kürzerer Vertragsdauer während dieser) im Monatsdurchschnitt nicht mehr als 1000 Euro an Vergütung (ohne Vorschüsse) und an Aufwendungsersatz bezogen hat. Maßgeblich ist die Höhe der erworbenen Ansprüche.[520] In diesem Fall ist das ArbG aber dann nicht zuständig, wenn die Vertretertätigkeit lediglich nebenberuflich ausgeübt wird.[521] Dies folgt aus dem Sinn des § 92a HGB; er bezweckt den Schutz solcher Vertreter, die zu ihrem Auftraggeber in einer arbeitnehmerähnlichen Abhängigkeit stehen.[522] Außerhalb des Geltungsbereichs von § 5 Abs. 3 ArbGG sind stets die ordentlichen Gerichte zuständig.[523] Dies gilt auch dann, wenn bei einem über 1000 Euro hinausgehenden Einkommen des Einfirmenvertreters eine wirtschaftliche Abhängigkeit wie bei einer arbeitnehmerähnlichen Person bestehen sollte. Der Zweck der Regelung, gering verdienende, einem Arbeitnehmer vergleichbare Einfirmenvertreter zu schützen, entfällt aber, wenn die bisherige Tätigkeit für das Unternehmen endgültig eingestellt wird, um anderweitig den Lebensunterhalt zu verdienen.[524]

Nicht als Arbeitnehmer gelten nach § 5 Abs. 1 Satz 3 ArbGG Personen, die bei einer **juristischen Person** oder bei einer Personengesamtheit kraft Gesetzes, Satzung oder Gesellschaftsvertrags **vertretungsbefugt** sind und wenn es allein um die Organstellung geht und damit um das Rechtsverhältnis, das durch die Bestellung und die Abberufung als gesetzliches Vertretungsorgan durch körperschaftlichen Rechtsakt[525] (vgl. § 84 AktG, § 46 GmbHG) bestimmt ist. Deshalb ist zu unterscheiden zwischen der Übertragung und Entziehung gesetzlicher und satzungsrechtlicher Kompetenzen einerseits und andererseits dem Anstellungsvertrag zum Zwecke des Tätigwerdens als Vertretungsorgan als einem schuldrechtlichen gegenseitigen Vertrag.[526] Streitigkeiten zwischen diesen Personen und der juristischen Person oder Personengesamtheit sind im Rechtsweg vor den ordentlichen Gerichten zu entscheiden, ohne dass es darauf ankommt, ob der zugrundeliegende

---

[516] BAG aaO.; NZA 2000, 1359; vgl. auch BGHZ 68, 127 = NJW 1977, 853; LAG Köln MDR 2006, 35.
[517] BAG NJW 2007, 1709 (Beleghebamme).
[518] BAGE 18, 87; OLG Bremen OLGR 2005, 432; OLG Saarbrücken OLGR 2004, 572.
[519] OLG Köln OLGR 2005, 309.
[520] OLG Karlsruhe OLGR 2007, 179.
[521] LAG Frankfurt AP Nr. 2 zu § 92a HGB.
[522] BAG AP Nr. 1 zu § 92a HGB.
[523] BAG AP Nr. 1a zu § 92a HGB; BAGE 18, 87; Germelmann/Müller-Glöge § 5 ArbGG Rn. 28; Stahlhacke § 5 ArbGG Rn. 9; a. A. Grunsky § 5 ArbGG Rn. 22.
[524] OLG Frankfurt NZA-RR 1997, 399.
[525] Hierzu LAG Frankfurt NZA-RR 2007, 262.
[526] BAG NZA 1999, 987; 2002, 52.

Dienstvertrag materiellrechtlich sich als Arbeitsverhältnis darstellt,[527] diese Möglichkeit sieht das BAG als Ausnahmefall,[528] oder als freies Dienstverhältnis.[529] Beschränkungen der Vertretungsmacht im **Innenverhältnis** sind ohne Bedeutung,[530] ebenso wenig kommt es darauf an, welchen Gebrauch eine Organperson im Innenverhältnis von ihrer gesetzlichen Vertretungsbefugnis macht.[531] Die Vorschrift gilt auch für solche Dienstnehmer, die zum vertretungsberechtigten Geschäftsführer einer GmbH erst noch bestellt werden sollen, auch wenn diese Bestellung unterbleibt, denn in einem auf die Bestellung zum Organvertreter gerichteten Vertrag ist der Dienstnehmer nicht bis zur Bestellung Arbeitnehmer und erst danach nicht mehr Arbeitnehmer, genau wie sich der rechtliche Charakter eines Anstellungsverhältnisses eines Organvertreters nicht schon dadurch ändert, dass der Organvertreter abberufen wird.[532] Die Vorschrift ist auch anzuwenden auf den Geschäftsführer einer Vor-GmbH[533] und auf die Personen, die nach § 53 Abs. 1 KreditwesenG von ausländischen Kreditinstituten zu bestellen sind, die für den Geschäftsbereich des Kreditinstituts zur Geschäftsführung befugt sind.[534] Von der Arbeitsgerichtsbarkeit ausgenommen sind aber nur Organmitglieder in einem Rechtsstreit zwischen ihnen und der juristischen Person, deren Organ sie sind, nicht aber dann, wenn ein Organmitglied gegen ein Drittunternehmen klagt, mit dem es den Anstellungsvertrag geschlossen hat.[535] – Die Herausnahme dieser Personengruppe aus dem Arbeitnehmerbegriff gilt auch dann, wenn wegen der Besonderheiten des Einzelfalles das Rechtsverhältnis nach allgemeinen Grundsätzen als Arbeitsverhältnis angesehen werden müsste oder der Organvertreter an sich wegen wirtschaftlicher Unselbstständigkeit als arbeitnehmerähnliche Person (Rn. 152) anzusehen wäre.[536] Das schuldrechtliche Vertragsverhältnis ist ein Dienstvertrag gemäß § 611 BGB.[537] In der Bestellung zum Organ und dem Abschluss eines Geschäftsführerdienstvertrags eines bisher schon tätigen Mitarbeiters liegt im Zweifel die Aufhebung des bisherigen Arbeitsverhältnisses,[538] das auch nach Beendigung der Organstellung und Aufhebung des darauf bezüglichen Dienstvertrags nicht wieder auflebt. Endet die Organstellung durch Zeitablauf, Widerruf oder Amtsniederlegung, so besteht das Anstellungsverhältnis bis zu seinem Ablauf oder seiner Kündigung fort; der **Verlust der Organstellung** führt grundsätzlich nicht zum Übergang des zunächst begründeten freien Dienstverhältnisses in ein Arbeitsverhältnis, so dass die Gerichte für Arbeitssachen nicht für die Beurteilung der Rechtmäßigkeit einer nachfolgenden Kündigung des Anstellungsverhältnisses zuständig sind.[539] – Geht ein Rechtsstreit aber nicht (nur) um die Organstellung, sondern um eine weitere, davon unabhängige Rechtsbeziehung, dann ist der Rechtsweg zu den Arbeitsgerichten gegeben.[540] So kann nach Beendigung der Organstellung ein Arbeitsverhältnis bestehen, wenn der Dienstpflichtige vor seiner Organbestellung schon Arbeitnehmer des Dienstberechtigten gewesen und die Bestellung zum Organ erfolgt ist, ohne dass sich an den

---

[527] BAG NZA 2003, 1108; LAG Hamm ZIP 2004, 2251; LAG Mainz MDR 2005, 1420.
[528] NZA 1999, 839.
[529] So BGH NJW 1978, 1435; BGHZ 79, 291 = NJW 1981, 1270.
[530] BAG NZA 1997, 902; LAG Niedersachsen NZA-RR 2002, 491.
[531] BAG NJW 1999, 3731.
[532] BAG NJW 1998, 260.
[533] BAG NZA 1996, 952.
[534] BAG NZA 1998, 51.
[535] OLG Frankfurt NZA-RR 1997, 400.
[536] BAG NJW 1997, 3261; 2007, 396; NZA 1998, 1247; 2006, 1154; LAG Nürnberg NZA-RR 2007, 490.
[537] BAGE 49, 81; BAG NJW 1995, 675.
[538] BAG NJW 2003, 918.
[539] BAGE 24, 383, 392; E 55, 137 = NZA 1987, 845 mit zust. Anm. *Grunsky* ZIP 1988, 76; BAG NJW 1995, 675.
[540] BAG NZA 2002, 52; 2003, 1108; LAG Bremen NZA-RR 2006, 321; LAG Köln BB 2000, 2475; LAG Mainz MDR 2005, 1420.

Vertragsbedingungen etwas geändert hat. In diesem Fall kann das Arbeitsverhältnis durch die Organbestellung als nur suspendiert und mit dem Widerruf der Bestellung auf seinen ursprünglichen Inhalt zurückgeführt angesehen werden.[541] Im Zweifel liegt aber eine endgültige konkludente Aufhebung des bisherigen Arbeitsverhältnisses vor; für dessen Fortbestand muss es deutliche Anhaltspunkte geben.[542] Kein Fortbestand ist anzunehmen, wenn das vorgeschaltete Arbeitsverhältnis nur im Zusammenhang mit der Vorgründungsgesellschaft bestand.[543] – Der Geschäftsführer der Komplementär-GmbH einer KG ist kraft Gesetzes auch zur Vertretung der KG befugt.[544] – Diese Grundsätze kommen auch dann zur Anwendung, wenn die Organstellung im Falle der Verschmelzung erlischt und der Anstellungsvertrag auf den Übernehmer übergeht.[545] – Kommanditisten einer KG können Arbeitnehmer der KG sein, da sie von der organschaftlichen Vertretung der KG zwingend ausgeschlossen sind (§ 170 HGB); das gilt auch dann, wenn ihnen Prokura erteilt ist.[546] Die **Vertretungsbefugnis muss auf Gesetz,** Satzung oder Gesellschaftsvertrag beruhen, dies ist eng auszulegen;[547] Personen, denen nur rechtsgeschäftlich Vollmacht erteilt worden ist, fallen nicht unter die Vorschrift, auch wenn diese Vollmacht sehr weit reicht[548] wie z. B. die des Prokuristen; für letzteren ist stets die Arbeitsgerichtsbarkeit zuständig.[549] – Ausnahmsweise kann zur Organbestellung und dem dieser zugrundeliegenden Dienstvertrag ein zusätzlicher Dienstleistungsvertrag geschlossen sein, der eine Arbeitnehmerstellung beinhaltet;[550] dieser ist aber auch in der Rechtswegfrage isoliert vom Organverhältnis zu betrachten: Wird ein Arbeitnehmer zum Geschäftsführer einer konzernabhängigen Gesellschaft bestellt, so liegt darin noch keine stillschweigende Aufhebung des Arbeitsverhältnisses mit der Obergesellschaft.[551] Wird aber ein Arbeitnehmer eines Vereins zum Vorstandsmitglied bestellt und im Hinblick darauf ein Dienstvertrag mit höheren Bezügen abgeschlossen, so wird im Zweifel das bisherige Arbeitsverhältnis aufgehoben.[552] Ob die Vertretungsmacht bei Klageerhebung noch besteht, ist unerheblich; maßgeblich sind die Verhältnisse bei Entstehen des Anspruchs;[553] wird dem zum Arbeitnehmer gewordenen früheren Vorstandsmitglied jedoch wegen Vorfällen aus der Zeit der gesetzlichen Vertretungsbefugnis gekündigt, so sind die ArbG zuständig.[554] Denkbar ist eine Doppelstellung als gesetzlicher Vertreter und als Arbeitnehmer, z.B. Rendant und Vorstandsmitglied einer Sparkasse.[555] Für die gerichtliche Zuständigkeit kommt es dann darauf an, aus welcher Teilfunktion der umstrittene Anspruch herrührt. Ungeachtet der grundsätzlichen Unzuständigkeit der ArbG für Prozesse vertretungsberechtigter Personen mit ihren Anstellungskörperschaften kann nach § 2 Abs. 4 ArbGG das ArbG kraft Vereinbarung zur Entscheidung berufen werden.

Einer Abgrenzung bedarf es zwischen den Arbeitnehmern im Allgemeinen und **155** den **Beschäftigten im öffentlichen Dienst.** Beamte sind nicht Arbeitnehmer. Für Klagen aus dem Beamtenverhältnis und aus Vorwirkungen eines solchen wie

---

[541] BAGE 55, 137 = NZA 1987, 845; LAG Halle NZA-RR 2002, 42: LAG Hamm NZA-RR 2006, 46; LAG Bremen NZA-RR 2006, 321; LAG Nürnberg NZA-RR 2007, 490.
[542] BAG NJW 2007, 396; LAG Nürnberg NZA-RR 2007, 490.
[543] LAG Düsseldorf MDR 1994, 386.
[544] BAGE 107, 165 = NZA 2003, 1108 unter Aufgabe BAG NZA 1995, 1070; LAG Hamm ZIP 2004, 2251; OLG Hamm NZA-RR 1998, 372.
[545] BAG NJW 1995, 675.
[546] BAGE 19, 355, 362.
[547] BAG NJW 1997, 3261.
[548] BAG NJW 1997, 3261.
[549] BAGE 19, 355; BAG AP Nr. 14 zu § 5 ArbGG.
[550] BAG NZA 1997, 902.
[551] BAG NZA 1996, 200.
[552] BAG NJW 1996, 614.
[553] BAG AP Nr. 14 zu § 5 ArbGG.
[554] BAG AP Nr. 19 zu § 5 ArbGG.
[555] BAG AP Nr. 14 zu § 5 ArbGG.

Aufnahme in eine Anwärterliste[556] oder aus einem Studienförderungsvertrag mit der Bundespost[557] sind allein die VG zuständig (Rn. 326). Sie sind auch zuständig für eine Schadensersatzklage im Zusammenhang mit der Anbahnung eines Beamtenverhältnisses[558] und wegen Verstoßes gegen das Benachteiligungsverbot des § 15 AGG bei der Bewerbung als Richter oder Beamter.[559] Eine Ausnahme gilt kraft gesetzlicher Sonderbestimmung nur für den Rückgriffsanspruch des Dienstherrn bei Amtspflichtverletzungen, wofür nach Art. 34 Satz 3 GG der ordentliche Rechtsweg offensteht. Wird ein Beamter mit seinem Einverständnis von seinem Dienstherrn beurlaubt, ist die Begründung eines dem Privatrecht (auch hinsichtlich des Rechtswegs) zuzuordnenden Arbeitsverhältnisses neben dem fortbestehenden Beamtenverhältnis möglich.[560] – Über Streitigkeiten zwischen **Arbeitern und Angestellten des öffentlichen Dienstes** und ihrem Dienstherrn haben ausschließlich die ArbG zu entscheiden, auch dann, wenn der Bedienstete hoheitliche Aufgaben wahrnimmt und einer Musterdienstordnung unterstellt ist[561] (vgl. Rn. 337). Abgrenzungskriterium ist die Art der Begründung des Beschäftigungsverhältnisses, „der Charakter des Rechtsakts, der es begründet und infolgedessen seine es tragende Grundlage abgibt".[562] Nach § 6 Abs. 2 BBG und den entsprechenden Regelungen der Länder (ebenso §§ 46, 71 DRiG) wird das Beamtenverhältnis durch Aushändigung einer Ernennungsurkunde mit bestimmtem Inhalt begründet. Ist dieser Form nicht genügt, entsteht kein Beamtenverhältnis. Auch für Ansprüche aus nichtigen Beamtenverhältnissen sind die VG zuständig; eine Umdeutung in ein privatrechtliches Arbeitsverhältnis kommt insoweit nicht in Betracht. Dass es neben dem Beamtenverhältnis noch andere öffentlich-rechtliche Dienstverhältnisse mit einer Zuweisung an die Verwaltungsgerichtsbarkeit gebe, ist anzuerkennen.[563] Dies gilt auch für – selbst längerfristig bestellte – Lehrbeauftragte an Schulen und Hochschulen mit öffentlich-rechtlicher Lehrbefugnis.[564] Das Doktorandenverhältnis beruht nicht auf einem öffentlich-rechtlichen Vertrag, Streitigkeiten gehören vor die ordentlichen Gerichte.[565] Das Ausbildungsverhältnis, in dem Ausländer den juristischen Vorbereitungsdienst außerhalb des Beamtenverhältnisses ableisten, ist öffentlich-rechtlicher Natur, Streitigkeiten gehören vor die VG.[566] Für eine Streitigkeit zwischen einem Angestellten des öffentlichen Dienstes und seinem Arbeitgeber, die darauf abzielt, die Übertragung eines Beförderungspostens an einen verbeamteten **Konkurrenten** zu unterbinden und die eigene Umsetzung mit anschließender Höhergruppierung zum Gegenstand hat, ist der Rechtsweg zu den Arbeitsgerichten gegeben.[567] Macht der öffentliche Arbeitgeber gegen einen Arbeitnehmer im Defektenverfahren Erstattungsansprüche nach dem Erstattungsgesetz (BGBl. 1951 I S. 87, 109) durch Verwaltungsakt geltend, so sind nach § 13 Abs. 2 des Gesetzes die ArbG zuständig.[568]

156 Bei öffentlich-rechtlichen **Unterstützungs- und Versorgungskassen,** die Arbeitnehmern neben den Leistungen aus der Sozialversicherung weitere Bezüge gewähren sollen (§ 2 Abs. 1 Nr. 1 ArbGG), richtet sich die Rechtswegzuständigkeit nach der Satzung der jeweiligen Kasse. In der RSpr ist durchweg die bürgerlich-

---

[556] BAG AP Nr. 29 zu § 2 ArbGG.
[557] BAG AP Nr. 31 zu § 2 ArbGG – Zuständigkeitsprüfung.
[558] LAG Hamm NZA-RR 2006, 157.
[559] OVG Koblenz NVwZ 2007, 1099.
[560] BAG NZA 2002, 83.
[561] BAGE 2, 81; E 6, 257; *Germelmann/Matthes* § 2 ArbGG Rn. 58; *Germelmann/Müller-Glöge* § 5 ArbGG Rn. 8.
[562] BAGE 2, 83.
[563] BGH AP Nr. 1 zu § 611 BGB Fleischbeschauer-Dienstverhältnis, mit abl. Anm. *Denecke.*
[564] Vgl. BAG § 611 BGB Lehrer, Dozenten Nr. 3; BAG NVwZ 1983, 248.
[565] VGH Mannheim VBlBW 1981, 360.
[566] BAGE 62, 210 = NJW 1990, 663; BVerwG NVwZ 1992, 1208.
[567] OVG Koblenz NZA-RR 1998, 274.
[568] BVerwGE 38, 1; BAGE 21, 65.

rechtliche Natur der Versicherung bei den Zusatzversorgungsanstalten bejaht;[569] handelt es sich um ein bürgerlich-rechtliches Verhältnis, sind die Arbeitsgerichte zuständig, da es um Ansprüche aus dem Arbeitverhältnis geht.[570]

b) Prozessgegner des Arbeitnehmers muss ein **Arbeitgeber** sein. Dessen Definition ergibt sich aus der des Arbeitnehmers: Arbeitgeber ist jeder, der einen Arbeitnehmer oder eine arbeitnehmerähnliche Person beschäftigt.[571] Ein Kommanditist ist weder Arbeitgeber nach § 2 Abs. 1 Nr. 3a ArbGG noch dessen Rechtsnachfolger nach § 3 ArbGG, für einen Rechtsstreit eines Arbeitnehmers gegen den Kommanditisten der Arbeitgeber-KG sind die Gerichte für Arbeitssachen nicht zuständig.[572] Demgegenüber ist der persönlich haftende Gesellschafter einer KG auch Arbeitgeber,[573] auch bei Nachhaftung nach § 160 Abs. 1 HGB,[574] mit der Folge des Rechtswegs zu den Arbeitsgerichten. Das gilt auch dann, wenn ein Arbeitnehmer den Geschäftsführer einer GmbH aus einer unerlaubten Handlung in Anspruch nimmt, die mit dem Arbeitsverhältnis des Arbeitnehmers zur GmbH in Zusammenhang steht.[575] Der Rechtsweg zu den Arbeitsgerichten ist auch dann gegeben, wenn ein Arbeitnehmer die Gesellschafter seiner Arbeitgeberin (GmbH) im Wege des **Durchgriffs** in Anspruch nimmt.[576] Das Gleiche gilt, wenn ein Arbeitnehmer bei Vorliegen eines qualifiziert faktischen Konzerns das herrschende Unternehmen in Anspruch nimmt.[577] Auch die Inanspruchnahme eines Repräsentanten des Arbeitgebers als Vertreter ohne Vertretungsmacht (§ 179 BGB) fällt in den Rechtsweg zu den Arbeitsgerichten.[578] Jedoch ist für einen Rechtsstreit eines Arbeitnehmers gegen den Kommanditisten der KG als Arbeitgeberin auf Grund dessen Einstandspflicht nach § 171 HGB nicht der Rechtsweg zu den Arbeitsgerichten gegeben, weil der Kommanditist weder selbst Arbeitgeber ist noch Rechtsnachfolger im Sinne von § 3 ArbGG.[579]

c) Voraussetzung für die Zuständigkeit der ArbG ist weiter, dass der Rechtsstreit in den **Katalog des § 2 Abs. 1 Nr. 3 ArbGG** fällt. Das sind folgende Rechtsstreitigkeiten: aus dem Arbeitsverhältnis, über das Bestehen oder Nichtbestehen eines Arbeitsverhältnisses, aus Verhandlungen über die Eingehung eines Arbeitsverhältnisses und aus dessen Nachwirkungen, aus unerlaubten Handlungen, soweit diese mit dem Arbeitsverhältnis im Zusammenhang stehen, also nicht bei familiären Streitigkeiten[580] und nicht im Verhältnis zu Dritten,[581] oder über Arbeitspapiere.

d) Ein **Arbeitsverhältnis** liegt immer dann vor, wenn der Dienstverpflichtete Arbeitnehmer im Sinne des § 5 ArbGG ist (Rn. 144); maßgeblich sind die Verhältnisse bei Entstehen des umstrittenen Anspruchs. Auf die Rechtswirksamkeit der Vertragsbeziehung (z. B. Unwirksamkeit bei Schwarzarbeit) kommt es nicht an. Bei Dienstleistungen aus Geschäftsführung ohne Auftrag kann (soweit der Geschäftsherr hiervon nichts weiß) begrifflich kein (nur durch einverständliches Verhalten

---

[569] BVerfG – K – NJW 2000, 3341; BVerwGE 6, 200; BGHZ 48, 35 = NJW 1967, 2057 mit Anm. *Rupp* JZ 1967, 603; BGHZ 103, 378 = NVwZ-RR 1988, 103; BSGE 21, 5 = NJW 1964, 1590; BSG NJW 1972, 2151.
[570] BAGE 64, 272 = NZA 1990, 789; *Grunsky* § 2 Rn. 80; offengelassen in BGHZ 48, 35, 42 = NJW 1967, 2057; a. A. *Germelmann/Matthes* § 2 ArbGG Rn. 93; *Philippsen* NJW 1979, 1330.
[571] *Germelmann/Matthes* § 2 ArbGG Rn. 51; *Grunsky* § 2 ArbGG Rn. 85.
[572] BAG ZIP 1992, 1656.
[573] BAG NZA 1993, 617; NJW 2006, 453; 1372.
[574] BAGE 110, 372 = NJW 2004, 3287.
[575] BAG NJW 1996, 2886; OLG Nürnberg OLGR 2007, 148; LAG Frankfurt DB 1994, 1092; LAG Hamm NZA-RR 2005, 658 – L –.
[576] BAG NJW 1998, 261.
[577] Muttergesellschaft: LAG Berlin NZA-RR 1997, 24; alleiniger Kommanditist und alleiniger Gesellschafter der Komplementär-GmbH einer KG: BAG NZA 1996, 311.
[578] LAG Hamm NZA-RR 1997, 356.
[579] BAGE 70, 350 = NZA 1993, 862.
[580] BAG NJW 1996, 2678.
[581] LAG Nürnberg BB 1995, 2586.

von Arbeitgeber und Arbeitnehmer zu begründendes) Arbeitsverhältnis vorliegen; hier wie bei allen Fällen, in denen Arbeit ohne Direktionsrecht der Gegenseite erbracht wird, fehlt es bereits an der Arbeitnehmereigenschaft.[582] Bei gemischten Verträgen, bei denen Abreden über ein Arbeitsverhältnis und andere Absprachen zusammentreffen und eventuell voneinander abhängig sind, richtet sich die Zuständigkeit danach, welcher Teil des Vertragswerks umstritten ist.[583] Soll der Vertrag insgesamt aufgelöst werden, so ist derjenige Vertragstyp zugrunde zu legen, der die Auflösung rechtlich sinnvoll ermöglicht und wirtschaftlich überwiegt.[584] Ist eine ausschließliche Zuständigkeit der ordentlichen Gerichte begründet, so geht diese der allgemeinen Zuweisung an die Arbeitsgerichtsbarkeit vor, z.B. für Streitigkeiten um Werkmietwohnungen, die zwar mit Rücksicht auf das Bestehen eines Arbeitsverhältnisses vermietet werden, für die aber neben dem Arbeitsverhältnis ein Mietverhältnis nach den allgemeinen Vorschriften des Mietrechts besteht, während bei der **Werkdienstwohnung** der Arbeitsvertrag die alleinige Rechtsgrundlage für die Nutzung des Wohnraums ist und kein eigenständiges Mietverhältnis besteht, so dass auch hier die Arbeitsgerichte zuständig sind[585] (vgl. § 23 Rn. 16). Zu den Ansprüchen aus dem Arbeitsverhältnis gehören alle Ansprüche, die vom Arbeitnehmer oder vom Arbeitgeber **aus dem Arbeitsverhältnis** überhaupt geltend gemacht werden können. Herausragend sind naturgemäß die **Lohnansprüche.** Zu ihnen gehören auch die Lohnansprüche gegen einen ausländischen Arbeitgeber in der sich aus § 8 des Arbeitnehmerentsendegesetzes ergebenden Höhe und gegen den nach § 1a aaO. haftenden Unternehmer.[586] Hierher zählen weiter z.B. Ansprüche auf Gratifikation, Urlaub, betriebliche Altersversorgung, Einhaltung der Arbeitsschutzvorschriften; Ansprüche des Arbeitgebers z.B. auf ordnungsgemäße Erfüllung der Arbeitspflichten, Unterlassung von Wettbewerb, Schadensersatz usw. – Für die Streitigkeiten um die Einlösung von **Wechseln** oder Schecks, die zur Erfüllung von Verbindlichkeiten aus dem Arbeitsverhältnis begeben worden sind, sind die Arbeitsgerichte zuständig, denn § 46 Abs. 2 Satz 2 ArbGG über die Nichtanwendbarkeit der ZPO-Vorschriften über den Urkunden- und Wechselprozess schließt nur diese Verfahrensarten aus, ändert aber nichts am Rechtsweg selbst.[587]

160 Das Insolvenzverfahren ändert trotz der weitreichenden Zuständigkeit des AG (§§ 2, 4 InsO) nichts an den allgemeinen Rechtswegregelungen, wie dies vorher schon für das Konkursverfahren galt ohne Rücksicht auf die Prozessführungsbefugnis. So ist das ArbG zuständig für die Kündigungsschutzklagen (vgl. § 127 InsO) und für die Feststellung streitiger Forderungen (§ 179 InsO) aus dem Arbeitsverhältnis.[588] Zur Insolvenzsicherung vgl. Rn. 164. – Für Rechtsstreitigkeiten über den Anspruch des Pensionssicherungsvereins auf Übertragung von Vermögensteilen einer Unterstützungskasse (§ 9 Abs. 3 BetrAVG) sind die Gerichte für Arbeitssachen zuständig.[589]

161 Für die Zuständigkeit der ArbG beim Streit über das **Bestehen eines Arbeitsverhältnisses** (Buchst. b) sowie aus entsprechenden **Vorverhandlungen** und **Nachwirkungen** – wie Unterlassung von **Wettbewerb** – (Buchst. c) ergeben sich ebenso wenig Besonderheiten wie bei Streitigkeiten zwischen einem Arbeitgeber und einem Arbeitnehmer aus **unerlaubter Handlung** (Buchst. d). Letztere werden sich in aller Regel zugleich als Streitigkeiten „aus dem Arbeitsverhältnis" dar-

---

[582] *Grunsky* § 2 ArbGG Rn. 87.
[583] BAG AP Nr. 2 zu § 611 BGB – Gemischter Vertrag.
[584] BAGE 21, 340.
[585] BAG NZA 2000, 277.
[586] BAG NZA 2003, 62.
[587] BAG NJW 1997, 758; *Germelmann* § 46 ArbGG Rn. 26; *Grunsky* § 2 ArbGG Rn. 6; *Nägele* BB 1991, 1411; a.A. OLG Hamm NJW 1980, 1399.
[588] Vgl. BAGE 19, 355 = NJW 1968, 719; *Grunsky* § 2 Rn. 95; *Germelmann/Matthes* § 3 ArbGG Rn. 13.
[589] BAG AP Nr. 6 zu § 2 ArbGG 1979.

Zuständigkeit der ordentlichen Gerichte   162 § 13

stellen; ebenso können wettbewerbsrechtliche Verstöße eine unerlaubte Handlung sein.[590] Wird der Widerruf von ehrenkränkenden Behauptungen begehrt, reicht es für die Zuständigkeit des ArbG nicht aus, wenn die beanstandeten Behauptungen nur gelegentlich des Arbeitsverhältnisses gemacht werden, sondern es muss ein innerer Zusammenhang mit den arbeitsvertraglichen Pflichten bestehen.[591] – Vor die Arbeitsgerichte gehören die bürgerlichen Rechtsstreitigkeiten über **Arbeitspapiere** (§ 2 Abs. 1 Nr. 3 e ArbGG). Arbeitspapiere sind sämtliche Papiere und Bescheinigungen, die der Arbeitgeber dem Arbeitnehmer zu erteilen hat, z. B. Lohnsteuerkarte, Versicherungskarte und -nachweisheft, Urlaubsbescheinigung (§ 6 BUrlG), Verdienstbescheinigung, Zeugnis und Zwischenzeugnis. Die Streitigkeiten können auf Erteilung, Berichtigung, Herausgabe, aber auch Schadensersatz wegen Nichterteilung oder verspäteter Erteilung gerichtet sein. Hier ist abzugrenzen zwischen Arbeitsgerichten und Sozial- sowie Finanzgerichten.[592] Für Streitigkeiten um den Inhalt einer **Arbeitsbescheinigung** nach § 312 SGB III ist nach der RSpr zu unterscheiden:[593] Einerseits besteht die Pflicht des Arbeitgebers zur Erstattung der Arbeitsbescheinigung gegenüber der Arbeitsverwaltung auf öffentlich-rechtlicher Grundlage im Zusammenhang mit der Bewilligung von Leistungen mit der Folge des Rechtswegs zu den Sozialgerichten;[594] andererseits folgt aus der Fürsorgepflicht des Arbeitgebers gegenüber dem Arbeitnehmer die Pflicht des Arbeitgebers zur Hilfe für den Arbeitnehmer bei der Erlangung sozialrechtlicher Leistungen, gegebenenfalls durch Ausfüllung und Herausgabe der dazu benötigten Bescheinigungen, dabei handelt es sich um eine bürgerlich-rechtliche Streitigkeit, für die der Rechtsweg zu den Arbeitsgerichten eröffnet ist.[595] Für Erteilung und Inhalt einer Insolvenzgeldbescheinigung nach § 314 SGB III ist der Sozialrechtsweg gegeben,[596] ebenso für die Berichtigung einer nach § 98 SGB X zu erteilenden Auskunft[597] und für die Meldung zur Sozialversicherung.[598] Soweit der Arbeitnehmer die Korrektur der Angaben des Arbeitgebers auf der **Lohnsteuerkarte** oder eine bestimmte lohnsteuerrechtliche Behandlung fordert, sind dafür die Finanzgerichte zuständig.[599] Für Streitigkeiten über den Anspruch gegen die Gemeinde auf Ausstellung einer Lohnsteuerkarte ist ebenfalls der Finanzrechtsweg gegeben.[600]

e) Nach § 2 Abs. 1 Nr. 4 ArbGG haben die ArbG weiter über eine Reihe von 162
bürgerlichen Rechtsstreitigkeiten zwischen Arbeitnehmern oder ihren Hinterbliebenen und bestimmten Prozessgegnern zu entscheiden: Nach Buchst. a kann der betreffende Rechtsstreit mit dem Arbeitgeber über Ansprüche geführt werden, die mit dem Arbeitsverhältnis in **rechtlichem oder unmittelbar wirtschaftlichem Zusammenhang** stehen. Die redaktionell wenig geglückte Bestimmung, deren Wortlaut das Enumerationsprinzip überflüssig macht, soll insbesondere Streitigkeiten über Nebenleistungen des Arbeitgebers erfassen. Ein Zusammenhang mit dem Arbeitsverhältnis ist gegeben, wenn ein Anspruch auf dem Arbeitsverhältnis beruht oder durch dieses bedingt ist oder wenn der Anspruch seine Grundlage im Austauschverhältnis von Arbeit und Entgelt hat.[601] Hierher gehören z. B. verbilligter

---

[590] OLG Frankfurt NZA-RR 2005, 499; OLG Hamburg NZA 2003, 935; KG KGR 2005, 200; LAG Hamm NZA-RR 2007, 151.
[591] OLG Hamm NJW-RR 1988, 1022; OLG Düsseldorf NZA-RR 2003, 211; OLG München NZA-RR 2004, 1060.
[592] Hierzu *Germelmann/Matthes* § 2 ArbGG Rn. 77; *Grunsky* § 2 ArbGG Rn. 104.
[593] hierzu *Hoehl* NZS 2005, 631.
[594] BAGE 59, 169 = NJW 1989, 1947; BAG NZA 1992, 996; BSG NJW 1991, 2101.
[595] BAG NZA 2000, 1359.
[596] LAG Kiel NZA-RR 2004, 375.
[597] LSG Niedersachsen NZS 1994, 288.
[598] BAG NJW 2006, 171.
[599] BAG NJW 2003, 2629; LAG Kiel NZA-RR 2004, 493; a. A. FG München bei *Macher* NZA 2005, 512.
[600] OVG Münster NVwZ 1994, 178.
[601] OLG Braunschweig NJW-RR 1994, 64.

Einkauf,⁶⁰² Benutzung von Sport- und Sozialeinrichtungen, Parkplätzen, private Unfallversicherung, und ist in diesem Sinne weit auszulegen.⁶⁰³ Unter Buchst. b sind erfasst Prozesse zwischen Arbeitnehmern bzw. ihren Hinterbliebenen und (notwendig parteifähigen) **gemeinsamen Einrichtungen** der Tarifvertragsparteien oder **Sozialeinrichtungen** des privaten Rechts über Ansprüche aus dem Arbeitsverhältnis oder Ansprüche, die mit dem Arbeitsverhältnis in rechtlichem oder unmittelbar wirtschaftlichem Zusammenhang stehen; die Bestimmung umfasst auch Aktivprozesse der genannten Institutionen. Gemeinsame Einrichtungen der Tarifvertragsparteien (§ 4 Abs. 2 TVG) sind beispielsweise Sozialkassen, Urlaubskassen, Lohnausgleichskassen. Sie verlieren ihren Charakter nicht dadurch, dass auch die Arbeitnehmer einen Finanzierungsbeitrag leisten. Die Institutionen müssen privatrechtlich organisiert sein, damit alle öffentlich-rechtlichen Zuzsatzversorgungskassen als Prozessparteien ausscheiden. Der Wirkungsbereich der gemeinsamen Einrichtung muss nicht auf einen Betrieb beschränkt sein; auch Streitigkeiten mit überbetrieblichen derartigen Institutionen gehören vor die ArbG und nicht vor die ordentlichen Gerichte; diese sind aber wegen des Vorbehalts anderweitiger ausschließlicher Zuständigkeit zur Entscheidung berufen, etwa in Streitigkeiten über Wohnraum (Rn. 159) oder über dingliche Rechte an Grundstücken.

163 Nach § 2 Abs. 1 Nr. 6 ArbGG sind die Gerichte für Arbeitssachen zuständig auch für **Streitigkeiten zwischen gemeinsamen Einrichtungen** der Tarifvertragsparteien (im erläuterten Sinne) und Arbeitgebern. Der Begriff des Arbeitgebers ist weit auszulegen und umfasst auch den für die Verbindlichkeiten der Handelsgesellschaft gem. § 128 HGB in Anspruch genommenen Gesellschafter.⁶⁰⁴ Hierher gehört auch die Klage einer gemeinsamen Einrichtung gegen den Geschäftsführer einer GmbH auf Schadensersatz wegen einer von diesem begangenen unerlaubten Handlung.⁶⁰⁵

164 f) Nach § 2 Abs. 1 Nr. 5 ArbGG sind die ArbG weiter zuständig für bürgerliche Rechtsstreitigkeiten wegen Ansprüchen auf Leistungen der **Insolvenzsicherung**. Es handelt sich dabei um Prozesse zwischen dem Pensionssicherungsverein als Träger der Insolvenzsicherung (§ 14 BetrAVG) und einzelnen Arbeitnehmern bzw. ihren Hinterbliebenen wegen Versorgungsansprüchen im Fall des Konkurses des Arbeitgebers sowie bei einigen gleich gestellten Tatbeständen (im Einzelnen § 7 Abs. 1 BetrAVG). Soweit solche Ansprüche nicht Arbeitnehmern zustehen (§ 17 Abs. 1 Satz 2 aaO.), sind nicht die ArbG, sondern die ordentlichen Gerichte zuständig. Das Rechtsverhältnis zwischen dem Pensionssicherungsverein und den einzelnen Arbeitgebern (namentlich die Beitragspflicht) ist öffentlich-rechtlich ausgestaltet (§ 10 Abs. 1 aaO.) und unterfällt deshalb der Zuständigkeit der VG. Schadensersatzansprüche der Bundesanstalt für Arbeit aus § 826 BGB gegen den GmbH-Geschäftsführer einer insolventen GmbH wegen Insolvenzverschleppung, weil sie deshalb zu lange Konkursausfallgeld zahlen musste, klagt sie aus eigenem Recht ein, dafür ist der ordentliche Rechtsweg gegeben.⁶⁰⁶

165 g) § 2 Abs. 1 Nr. 7 ArbGG nimmt die in § 19 Abs. 1 **EntwicklHelferG** festgelegte Zuständigkeit der ArbG für bürgerliche Rechtsstreitigkeiten zwischen Entwicklungshelfern und Trägern des Entwicklungsdienstes auf. Die Sonderregelung war notwendig, da der Entwicklungshelfer zum Träger des Dienstes nicht in einem Arbeitsverhältnis steht; möglicherweise besteht ein Arbeitsverhältnis jedoch zu dem Projektträger.⁶⁰⁷ Entsprechendes gilt nach Nr. 8 für Streitigkeiten zwischen Helfern

---

⁶⁰² OLG Karlsruhe MDR 1992, 384.
⁶⁰³ OLG Karlsruhe NJW-RR 1992, 562.
⁶⁰⁴ BAGE 32, 187 = NJW 1980, 1710.
⁶⁰⁵ LAG Berlin NZA-RR 1999, 543.
⁶⁰⁶ BAG NZA 2002, 695.
⁶⁰⁷ BAG AP Nr. 1 zu § 611 BGB – Entwicklungshelfer.

und Träger des **freiwilligen sozialen Jahres** nach dem Gesetz vom 17. 8. 1964 (BGBl. I S. 640).

h) Nach § 2 Abs. 1 Nr. 9 ArbGG fallen Streitigkeiten zwischen Arbeitnehmern in die Zuständigkeit der ArbG, wenn sie „aus **gemeinsamer Arbeit**" herrühren oder „aus unerlaubten Handlungen, soweit diese mit dem Arbeitsverhältnis im Zusammenhang stehen". Aus gemeinsamer Arbeit können vertragliche wie außervertragliche Ansprüche entstehen (z. B. Geschäftsführung ohne Auftrag bei Hilfeleistung bei einem Unfall, Lohnabrechnung in einem Gruppenarbeitsverhältnis). Eine unerlaubte Handlung unter Arbeitnehmern steht dann im Zusammenhang mit dem Arbeitsverhältnis, wenn sie derart „zu dem Arbeitsverhältnis der Parteien in einer inneren Beziehung steht, dass sie in der besonderen Eigenart des Arbeitsverhältnisses und den ihm eigentümlichen Reibungen und Berührungspunkten wurzelt";[608] ein nur äußerer oder zufälliger Zusammenhang genügt nicht. So fehlt es an einem rechtswegbegründenden Zusammenhang, wenn ein Arbeitnehmer bei Betonmauerarbeiten von einem Stahlträger getroffen wird, den ein anderer Arbeitnehmer, der bei einem anderen Arbeitgeber beschäftigt ist, unzureichend gesichert hat.[609] Ist die unerlaubte Handlung auf dem Weg zu oder von der Arbeit, auf einem Betriebsausflug oder einer Betriebsfeier, bei innerbetrieblichen Auseinandersetzungen außerhalb der Arbeit (z. B. zwischen Streikposten und Arbeitswilligen) begangen, so ist der erforderliche Zusammenhang jedoch zu bejahen. Schuldhaftes Handeln ist nicht erforderlich; auch Gefährdungshaftung (etwa bei PKW-Fahrt zur Arbeitsstelle) reicht aus. Neben Ansprüchen auf Schadensersatz kommen auch solche auf Beseitigung oder Unterlassung in Betracht, die nur die rechtswidrige Störung eines absoluten Rechts und eventuelle Wiederholungsgefahr voraussetzen. Dass die Arbeitnehmer bei demselben Arbeitgeber beschäftigt sind, ist nicht notwendig vorausgesetzt.[610] Auch Ansprüche der Hinterbliebenen nach §§ 844, 845 BGB gehören hierher.[611]

i) Streitigkeiten im Zusammenhang mit **Urheber- und Erfinderrecht** gehören grundsätzlich vor die ordentlichen Gerichte, auch wenn ein Zusammenhang mit einem Arbeitsverhältnis besteht, mag dieses auch nicht mehr bestehen.[612] So ist auch für den Streit zwischen Arbeitnehmer und Arbeitgeber über die Nutzung von Computerprogrammen, die der Arbeitnehmer geschaffen oder eingebracht hat, der ordentliche Rechtsweg gegeben.[613] § 2 Abs. 2 ArbGG verweist davon abweichend Streitigkeiten auf Leistung einer festgestellten oder festgesetzten Vergütung für eine Arbeitnehmererfindung oder für einen technischen Verbesserungsvorschlag nach § 20 Abs. 1 ArbnErfG an die ArbG wie auch Urheberrechtsstreitigkeiten aus einem Arbeitsverhältnis, die ausschließlich Ansprüche auf Leistung einer vereinbarten Vergütung zum Gegenstand haben; Entsprechendes gilt für Zusammenhangsklagen wie Rechnungslegung oder Auskunft.[614] Wird ein solcher Anspruch zusammen mit einem anderen Anspruch vor dem ArbG geltend gemacht, ist der ordentliche Rechtsweg insgesamt gegeben;[615] entfällt jedoch die Rechtshängigkeit dieses Anspruchs, wird der Zuständigkeitsmangel geheilt.[616] Auch nachträglich kann zu dem Anspruch nach Abs. 2 ein weiterer Anspruch, der nicht vor die ArbG gehört, nicht vor dem Arbeitsgericht geltend gemacht werden.[617] Abs. 2 begründet keinen aus-

---

[608] BGH AP Nr. 48 zu § 2 ArbGG 1953.
[609] OLG Oldenburg NZA-RR 2000, 218; OLG Karlsruhe NJW-RR 1995, 64; vgl. BAG NZA 1996, 951.
[610] OLG Karlsruhe NJW-RR 1995, 64.
[611] *Germelmann/Matthes* § 2 ArbGG Rn. 112.
[612] BAG NZA 1997, 1181.
[613] BAG NZA 1996, 1342.
[614] *Grunsky* § 2 ArbGG Rn. 106; *Germelmann/Matthes* § 2 ArbGG Rn. 114.
[615] *Grunsky* § 2 ArbGG Rn. 108.
[616] *Grunsky* aaO.
[617] *Germelmann/Matthes* § 2 ArbGG Rn. 115.

schließlichen Gerichtsstand, eine Zuständigkeitsvereinbarung zu den ordentlichen Gerichten ist zulässig.[618] **Wettbewerbsprozesse** zwischen Arbeitgeber und Arbeitnehmer gehören, sofern sie mit dem Arbeitsverhältnis in Zusammenhang stehen, vor das Arbeitsgericht (Rn. 161); dies gilt auch, soweit ausgeschiedene Arbeitnehmer in Anspruch genommen werden.[619] Geschehen die Verstöße durch eine vom ausgeschiedenen Arbeitnehmer gegründete GmbH, ist diese Rechtsnachfolgerin im Sinne von § 3 ArbGG.[620]

168 j) Eine erweiterte – und nicht ausschließliche – Zuständigkeit der ArbG lässt § 2 Abs. 3 ArbGG zu. Danach können vor die Gerichte für Arbeitssachen auch nicht unter § 2 Abs. 1 und 2 ArbGG fallende Streitigkeiten gebracht werden, sofern der Anspruch mit einer bei einem ArbG anhängigen oder gleichzeitig anhängig werdenden bürgerlichen Rechtsstreitigkeit der in den Abs. 1 und 2 bezeichneten Art in rechtlichem oder unmittelbar wirtschaftlichem **Zusammenhang** steht und für seine Geltendmachung nicht die ausschließliche Zuständigkeit eines anderen Gerichts gegeben ist. Dieser rechtliche oder unmittelbar wirtschaftliche Zusammenhang ist anzunehmen, wenn Ansprüche auf demselben wirtschaftlichen Verhältnis beruhen oder wirtschaftliche Folgen desselben Tatbestandes sind; sie müssen innerlich eng zusammengehören, also einem einheitlichen Lebenssachverhalt entspringen.[621] In diesem Rahmen können die Parteien über den Rechtsweg disponieren, aber unter dem Aspekt der strengen Voraussetzungen für die Bestimmung des gesetzlichen Richters ist dies nicht zweifelsfrei.[622] Nach dieser Vorschrift wird insoweit auch ein eventueller Zuständigkeitsmangel durch rügelose Einlassung geheilt (§ 39 ZPO). Über den Rahmen des § 2 Abs. 3 ArbGG hinausgehende Zuständigkeitsvereinbarungen sind dagegen nicht möglich; rein zivilrechtliche Prozesse, die mit arbeitsgerichtlichen Streitigkeiten nicht zusammenhängen, können also nicht vor die Gerichte für Arbeitssachen gebracht werden;[623] vor die ArbG gehörende Rechtsstreitigkeiten können nicht im Wege der Zusammenhangsklage vor die ordentlichen Gerichte gebracht werden.[624]

169 Die so genannte Zusammenhangsklage nach § 2 Abs. 3 ArbGG setzt voraus, dass **für die Hauptklage das ArbG zuständig** ist;[625] ob der Hauptklage andere Prozessvoraussetzungen fehlen, ist dagegen gleichgültig. Die einmal bei Klageerhebung begründete Zuständigkeit des ArbG bleibt (entsprechend § 261 Abs. 3 Nr. 2 ZPO) auch dann erhalten, wenn die Rechtshängigkeit der Hauptklage durch Teilurteil (das auch ein Prozessurteil sein kann), Teilvergleich, Teilerledigungserklärung oder Teilklagerücknahme endet (str.). Eine nur scheinbare Ausnahme gilt, wenn der Kläger während des Prozesses den Klagevortrag dahin ändert, dass ein Arbeitsrechtsstreit nicht mehr vorliegt; da hiermit die Zuständigkeit des ArbG entfällt, kann auch die Zusammenhangsklage nicht länger zulässig sein.[626] Dasselbe gilt im Falle der (nicht nur teilweisen) Rücknahme der Hauptklage.[627] Ebenso ist § 2 Abs. 3 ArbGG unanwendbar in sic-non-Fällen[628] (§ 17 Rn. 21). Andernfalls läge die Wahl des Rechtswegs für den weiteren Streitgegenstand in der Hand des Klägers.[629]

---

[618] *Germelmann/Matthes* § 2 ArbGG Rn. 116.
[619] KG NJW-RR 1998, 563; OLG Frankfurt NZA-RR 2005, 499; OLG München NZA-RR 2004, 266; vgl. *U. Fischer* DB 1998, 1182.
[620] KG KGR 2005, 200.
[621] BAG NZA 2003, 62.
[622] *Huth* NZA 2000, 1275.
[623] BAG AP Nr. 5 zu § 528 ZPO.
[624] *Germelmann/Matthes* § 2 ArbGG Rn. 118.
[625] BAG AP Nr. 1 zu § 3 ArbGG.
[626] BAG AP Nr. 1 zu § 3 ArbGG; *Grunsky* § 2 Rn. 138.
[627] BAG NZA 2007, 110.
[628] BAGE 106, 273 = NJW 2003, 3365; LAG Mainz MDR 2005, 1420; LAG Berlin NZA-RR 2006, 98; LAG Hannover NZA-RR 2004, 324.
[629] Vgl. BVerfG NZA 1999, 1234.

Andererseits genügt es, wenn der zuständigkeitsbegründende Zusammenhang erst nachträglich hergestellt wird, also einer zunächst unzulässigen, vor die ordentlichen Gerichte gehörigen Zivilklage eine Arbeitsrechtsstreitigkeit nachgeschoben wird.[630] Auch bei Anhängigkeit der Hauptklage in der Berufungsinstanz kann noch eine Zusammenhangsklage unter den Voraussetzungen erhoben werden, unter denen auch sonst Klageerweiterung bzw. Widerklage in zweiter Instanz zulässig sind.

Die **Parteien** der Zusammenhangsklage müssen mit denen der Hauptklage nicht notwendig identisch sein, falls der in Abs. 3 geforderte Zusammenhang besteht.[631] Ohne dass dies in § 2 Abs. 3 ArbGG erwähnt wäre, kann auch ein Dritter die Zusammenhangsklage erheben, wenn nur auf der Gegenseite eine Partei des Hauptprozesses steht und der rechtliche oder unmittelbar wirtschaftliche Zusammenhang gegeben ist;[632] dies ist ein Gebot der Prozessökonomie. Sachliche Gründe, aus denen – anders als z. B. im Falle des § 2 Abs. 1 Nr. 1 ArbGG – an der Zusammenhangsklage ausschließlich die Parteien der Hauptklage beteiligt sein müssen, sind nicht anzuerkennen. 170

Zur Frage des **rechtlichen Zusammenhangs** sind jene Kriterien maßgeblich, die zu § 33 Abs. 1 ZPO (Zusammenhang zwischen Klage und Widerklage) entwickelt sind. Er kann durch den Streitgegenstand der Klage ebenso begründet werden wie durch die Verteidigung des Beklagten mit selbstständigen Gegenrechten (wie Aufrechnung oder kaufmännisches Zurückbehaltungsrecht). Der Begriff des **unmittelbar wirtschaftlichen Zusammenhangs** lässt sich nicht generell umschreiben oder eingrenzen; eine weitherzige Auslegung ist im Interesse der Prozessökonomie am Platz.[633] Es genügt, dass die Forderungen aus einem innerlich zusammengehörigen einheitlichen Lebensverhältnis herrühren; insoweit ist der Zusammenhang jedenfalls stets dann zu bejahen, wenn Konnexität i. S. des § 273 BGB besteht. 171

Die Zusammenhangsklage scheidet aus, wenn die **ausschließliche sachliche Zuständigkeit** eines ordentlichen Gerichts begründet ist; eine ausschließliche örtliche Zuständigkeit hindert hingegen die Erhebung der Zusammenhangsklage beim örtlich zuständigen ArbG nicht.[634] 172

5. Zuständigkeitsvereinbarung. Nach § 2 Abs. 4 ArbGG können auch **Streitigkeiten zwischen juristischen Personen und ihren gesetzlichen Vertretern** vor die ArbG gebracht werden; insoweit ist eine Zuständigkeitsvereinbarung nach § 38 ZPO erforderlich, die auch in rügeloser Einlassung nach § 39 ZPO liegen kann. Die Prorogation braucht nicht im Einzelfall getroffen zu werden; sie kann auch in einer Satzung,[635] nicht dagegen in einem Tarifvertrag enthalten sein; diese Möglichkeit scheidet deshalb aus, weil die gesetzlichen Vertreter nicht unter den Geltungsbereich des Tarifvertrags fallen.[636] An der Zuständigkeitsvereinbarung können nach dem eindeutigen Gesetzeswortlaut nur juristische Personen des Privatrechts beteiligt sein; eine erweiterte Auslegung auf vertretungsberechtigte Organe öffentlich-rechtlicher Körperschaften scheidet ebenso aus wie eine solche auf Vertreter nicht rechtsfähiger Personengesellschaften, selbst wenn diese parteifähig sind.[637] Diese Regelung mag unzweckmäßig erscheinen, sie ist dennoch eindeutig und hat in dem auf Rechtssicherheit besonders angelegten Prozessrecht Geltung zu behalten; um ein Regelungsversehen des Gesetzgebers kann es sich bei der offen 173

---

[630] *Grunsky* § 2 ArbGG Rn. 138; *Germelmann/Matthes* § 2 ArbGG Rn. 122.
[631] Vgl. KG KGR 2005, 138.
[632] *Grunsky* § 2 ArbGG Rn. 137; *Germelmann/Matthes* § 2 ArbGG Rn. 128.
[633] *Grunsky* § 2 ArbGG Rn. 143; *Germelmann/Matthes* § 2 ArbGG Rn. 119.
[634] *Grunsky* § 2 ArbGG Rn. 145.
[635] *Grunsky* § 2 ArbGG Rn. 148; *Germelmann/Matthes* § 2 ArbGG Rn. 137.
[636] *Grunsky* § 2 ArbGG Rn. 148.
[637] *Germelmann/Matthes* § 2 ArbGG Rn. 134; a. A. *Grunsky* § 2 ArbGG Rn. 149.

zutage liegenden Problematik nicht handeln.[638] Stets muss es sich um eine Rechtsstreitigkeit der in § 2 ArbGG genannten Art handeln. Es kann nur die fehlende Arbeitnehmereigenschaft ersetzt werden, nicht aber die Zuständigkeit des ArbG auf nicht arbeitsrechtliche Streitigkeiten ausgedehnt werden.

174   **6. Beschlussverfahren.** Während § 2 ArbGG die Zuständigkeit der Gerichte für Arbeitssachen im Urteilsverfahren (§§ 46 ff. ArbGG) umreißt, regelt § 2a ArbGG die **Zuständigkeit im Beschlussverfahren** nach den §§ 80 ff. ArbGG. Sie ist in kollektivrechtlichen Streitigkeiten des BetrVerfG und des MitbestG – mit aus § 2a ArbGG folgenden Einschränkungen – sowie beim Streit über die Tariffähigkeit und die Tarifzuständigkeit einer Vereinigung begründet. Maßgebend für die Auslegung des Begriffs „Angelegenheiten aus dem Betriebsverfassungsgesetz" (§ 2a Abs. 1 Nr. 1 ArbGG) ist der mit diesem Begriff verfolgte Zweck des Gesetzes, den Rechtsweg zu den ArbG und insbesondere ihre ausschließliche Zuständigkeit im Verhältnis zur ordentlichen Gerichtsbarkeit zu erweitern. Die Vorschrift ist immer einschlägig, wenn der Betriebsrat ein Beteiligungsrecht aus dem BetrVG für sich in Anspruch nimmt, auch wenn es um dem Betrieb zugeordnete Beamte geht.[639] Ebenso fällt hierher der Anspruch des unternehmensfremden Einigungsstellenbeisitzers, zu dem also kein Arbeitsverhältnis besteht, gegen den Arbeitgeber auf Honoraransprüche.[640] Ausdrücklich zugewiesen sind den ordentlichen Gerichten die Straf- und Ordnungswidrigkeitsverfahren nach den §§ 119 bis 121 BetrVerfG. Für Streitigkeiten aus dem **MitbestG** und dem **BetrVerfG 1952** sind nicht die ArbG, sondern die ordentlichen Gerichte zuständig, wenn um die Rechte und Pflichten der Arbeitnehmervertreter im Aufsichtsrat oder um daraus folgende Schadensersatzansprüche gestritten wird. Die ArbG haben nur dann zu entscheiden, wenn über die Wahl von Vertretern der Arbeitnehmer im Aufsichtsrat oder über deren Abberufung (mit Ausnahme derjenigen nach § 103 Abs. 3 AktG durch das Gericht aus wichtigem Grund) gestritten wird (§ 2a Nr. 3 ArbGG). Im Beschlussverfahren haben die ArbG auch zu entscheiden, wenn die Tariffähigkeit oder Tarifzuständigkeit einer Vereinigung strittig ist. In diesem Fall haben die Prozessgerichte, vor denen sich die entsprechende Problematik ergibt, keine Vorfragenkompetenz; nach § 97 Abs. 5 ArbGG haben sie ihr Verfahren bis zum Ende des Beschlussverfahrens auszusetzen.

175   **7. Rechtsnachfolge.** Nach § 3 ArbGG besteht die in den §§ 2 und 2a ArbGG begründete Zuständigkeit auch dann, wenn der Rechtsstreit durch einen **Rechtsnachfolger** oder in gesetzlicher Prozessstandschaft geführt wird. In diesem Fall haben die ArbG auch über die Rechtsnachfolge bzw. die Zulässigkeit der Verfolgung eines fremden Rechts zu befinden. Der Begriff der Rechtsnachfolge ist weit auszulegen.[641] Dabei ist Rechtsnachfolge sowohl Gesamt- als auch die Einzelnachfolge; gleichgültig bleibt, ob der Rechtsübergang auf Grund Gesetzes, Hoheitsakts (Pfändungsgläubiger) oder Rechtsgeschäfts stattgefunden hat. Von Bedeutung sind vor allem **Abtretung und Pfändung** von Ansprüchen aus einem Arbeitsverhältnis. Zwischen dem Pfändungsgläubiger und dem Drittschuldner als Arbeitgeber bestehen keine arbeitsrechtlichen Beziehungen, die die Zuständigkeit der ArbG begründen könnten. Nur soweit der Pfändungsgläubiger kraft des Überweisungsbeschlusses nach § 836 ZPO Ansprüche des Arbeitnehmers (Schuldners) gegen den Arbeitgeber (Drittschuldner) aus dem Arbeitsverhältnis geltend macht, sind die ArbG zuständig. Diese notwendige Beschränkung auf das aus dem Arbeitsverhältnis fließen-

---

[638] BAGE 85, 46 = NJW 1997, 1722; LAG Sachsen-Anhalt LAGE ArbGG 1979 § 2 Nr. 16 mit teils abl. Anm. *Gravenhorst*; *Germelmann/Matthes* § 2 ArbGG Rn. 134; *Grunsky* § 2 ArbGG Rn. 148; *Zöller/Gummer* § 38 ZPO Rn. 3, 41.
[639] LAG Nürnberg NZA-RR 2005, 655.
[640] BAG AP Nr. 4 zu § 2a ArbGG 1979.
[641] BAGE 53, 317 = NJW 1987, 2606; E 106, 10 = NJW 2003, 2554; BAG NJW 2000, 2690; NZA 2002, 695; BGH ZIP 2007, 94.

de Arbeitseinkommen führt dazu, dass die Arbeitsgerichte nicht zuständig sind darüber zu entscheiden, inwieweit bei der Ermittlung der pfändbaren Anteile dem beim Arbeitgeber erzielten Einkommen weitere Einkünfte bei anderen Arbeitgebern oder Rentenversicherungsträgern hinzuzurechnen sind.[642] Beim Anspruch aus § 840 ZPO geht es um einen eigenständigen gesetzlichen Anspruch des Pfändungsgläubigers gegen den Drittschuldner, für den die ArbG nicht zuständig sind.[643]

Rechtsnachfolger sind auch der **Erbe** einer Partei sowie ein Dritter, der aus einem Arbeitsvertrag nach § 328 BGB berechtigt ist[644] oder wenigstens von dem Schutzbereich eines Arbeitsvertrages mit Schutzwirkung für Dritte erfasst wird.[645] Wichtig ist dies namentlich für Ansprüche von Hinterbliebenen eines Arbeitnehmers und für Schadensersatzforderungen aus den §§ 844, 845 BGB, wenn die Tötung oder Verletzung des unmittelbar Geschädigten im Zusammenhang mit einem Arbeitsverhältnis steht.[646] Die Zuständigkeit der ArbG besteht ferner, wenn ein arbeitsrechtlicher Anspruch in **Prozessstandschaft** geltend gemacht wird; dies gilt über den Gesetzeswortlaut hinaus nicht nur bei gesetzlicher, sondern auch bei gewillkürter Prozessstandschaft.[647] Dasselbe gilt, wenn nach § 179 BGB ein **Vertreter ohne Vertretungsmacht** in Anspruch genommen wird.[648] Ebenso sind die Arbeitsgerichte zuständig, wenn der nach § 93 InsO einziehungsberechtigte **Insolvenzverwalter** Ansprüche aus dem Arbeitsverhältnis gegen einen persönlich haftenden Gesellschafter (Rn. 157) geltend macht.[649] Auch umgekehrt sind die Arbeitsgerichte zuständig, wenn der Insolvenzverwalter für einen arbeitsrechtlichen Anspruch nach §§ 60, 61 InsO persönlich haftet.[650] Der anfechtungsrechtliche Anspruch auf Rückgewähr einer auf einem Arbeitsverhältnis beruhenden Leistung gehört dem gegenüber in den Zivilrechtsweg.[651]

Vom Sinn des Gesetzes her sind zur Rechtsnachfolge auch die **Vermögensübernahme** nach § 419 BGB a. F., die Firmenfortführung und der Eintritt eines Gesellschafters in eine Einzelhandelsfirma nach §§ 25, 28 HGB sowie Schuldübernahme und Schuldbeitritt wie auch die Bürgschaft zu rechnen. Auch die Durchgriffshaftung bei Ansprüchen aus dem Arbeitsverhältnis ist hierher zu zählen,[652] ebenso die Verfolgung von Ansprüchen aus Verträgen zugunsten Dritter oder mit Schutzwirkung zugunsten Dritter.[653] Als Rechtsnachfolge ist auch der Forderungsübergang nach § 115 SGB X anzusehen, der Rechtsweg zu den Arbeitsgerichten besteht deshalb auch für eine Klage auf Zustimmung zur Auszahlung eines insoweit hinterlegten Betrags.[654]

Bei einem Betriebsübergang nach § 613a BGB tritt der Übernehmer als Arbeitgeber in die Arbeitsverhältnisse ein, so dass es bei der allgemeinen Zuständigkeit der ArbG nach § 2 bleibt.[655] § 3 ArbGG ist jedoch dann von Bedeutung, wenn der neue Betriebsinhaber aus einem Arbeitsverhältnis in Anspruch genommen wird, das vor der Übernahme schon beendet war.[656] Ebenso gilt § 3 ArbGG für Ansprüche

---

[642] BAG NJW 2002, 3121.
[643] BAGE 47, 138 = NJW 1985, 1181; Germelmann/Matthes § 3 ArbGG Rn. 8; str., vgl. Grunsky § 3 ArbGG Rn. 5.
[644] BGHZ 16, 339 = NJW 1955, 791; BAGE 19, 100.
[645] Grunsky § 3 ArbGG Rn. 6.
[646] Grunsky § 3 ArbGG Rn. 6.
[647] Grunsky § 3 ArbGG Rn. 8; Germelmann/Matthes § 3 ArbGG Rn. 15.
[648] BAGE 106, 10 = NJW 2003, 2554.
[649] ArbG Düsseldorf NZI 2004, 694; ArbG Münster NZA 2005, 182.
[650] BGH ZIP 2007, 94; BAG ZIP 2003, 1617: LAG Nürnberg NZA-RR 2005, 214; LAG Frankfurt NZA-RR 2007, 218.
[651] LAG Mainz NZA-RR 2005, 654.
[652] BAGE 55, 317 = NJW 1987, 2606; Germelmann/Matthes § 3 ArbGG Rn. 10; a. A. Grunsky § 3 ArbGG Rn. 6 a.
[653] BAGE 53, 317 = NJW 1987, 2606; BAG NJW 2000, 2690.
[654] BAGE 86, 122 = NZA 1997, 1070.
[655] Grunsky § 3 Rn. 6; Germelmann/Matthes § 3 ArbGG Rn. 11.
[656] Germelmann/Matthes aaO.; Grunsky aaO.

gegenüber der Konzernobergesellschaft der Arbeitgeberin,[657] für Schadenersatzansprüche des Entleihers gegen den Leiharbeitnehmer[658] und solche einer Tochtergesellschaft des Arbeitgebers.[659]

179 **8. Schiedsgerichte.** Nach § 4 ArbGG kann die Arbeitsgerichtsbarkeit in den Fällen des § 2 Abs. 1 und 2 ArbGG durch eine **Schiedsgerichtsvereinbarung** nach den §§ 101 ff. ArbGG ausgeschlossen werden. Für die hier allein interessierende Abgrenzung zur ordentlichen Gerichtsbarkeit sind die Bestimmungen ohne Belang. Die Aufhebungsklage gegen einen Schiedsspruch ist nicht an das ordentliche Gericht, sondern an das ArbG zu richten, das für die Geltendmachung des Anspruchs zuständig wäre (§ 110 Abs. 2 ArbGG).

180 **9. Honorarklage.** Die **Honorarklage** eines RA aus Vertretung vor dem Arbeitsgericht gehört in den Rechtsweg vor den ordentlichen Gerichten.[660] – Streitigkeiten über das Honorar eines RA aus der Vertretung vor Sozialgerichten gehören in den Sozialrechtsweg.[661] – Für den Anspruch des unternehmensfremden Einigungsstellenmitglieds auf Erstattung der Kosten, die bei der gerichtlichen Durchsetzung seines nach § 76 a BetrVerfG zustehenden Honoraranspruchs anfielen, ist der Rechtsweg zu den Arbeitsgerichten gegeben.[662]

E. Rechtsweg in kirchlichen Angelegenheiten

181 **I. Grundsätzliche Abgrenzung.** Aus dem Rechtsstaatsprinzip folgt die Garantie des umfassenden und effektiven Rechtsschutzes ausschließlich durch staatliche Gerichte bei öffentlich-rechtlichen wie privatrechtlichen Streitigkeiten (vgl. Einl. Rn. 162, 163). Das gilt im Grundsatz auch bei Streitbeteiligung von Kirchen (Religionsgesellschaften). Jedoch steht der verfassungsrechtlich gebotenen Justizgewährungspflicht gegenüber das verfassungsrechtlich gewährleistete Selbstbestimmungsrecht der Kirchen (Art. 140 GG, Art. 137 Abs. 3 WRV), wobei die Verfassung ausschließlich von „Religionsgesellschaften" spricht.[663] Die gesamte Diskussion pflegt aber den Begriff „Kirche" zu verwenden, der inhaltlich sich traditionell an der christlichen Kirche orientiert. Grundlegend für die Beurteilung des Verhältnisses zwischen Kirche und Staat ist der Beschluss des **BVerfG** vom 17. 2. 1965.[664] Danach sind die **Kirchen vom Staat unabhängige Institutionen,** die ihre Gewalt nicht von diesem ableiten und in deren innere Verhältnisse er deshalb nicht eingreifen darf. Auch ihr Charakter als Körperschaften des öffentlichen Rechts (im Gegensatz zu den Religionsgemeinschaften des Privatrechts) unterwirft sie keiner besonderen Kirchenhoheit des Staates oder gesteigerter Staatsaufsicht. Die kirchliche Gewalt ist insofern öffentliche, nicht aber staatliche Gewalt. Staatliche Gewalt üben die Kirchen nur dann aus, wenn sie vom Staat verliehene Befugnisse ausüben oder wenn ihre Maßnahmen den kirchlichen Bereich überschreiten oder in den staatlichen Bereich hineinreichen und in diesem unmittelbare Rechtswirkungen entfalten. In diesen Fällen wird ihr Selbstbestimmungsrecht eingeschränkt. Ob eine kirchliche Maßnahme dem innerkirchlichen Bereich angehört, soll sich nach der Ansicht des BVerfG (soweit nicht eine besondere Vereinbarung zwischen Staat und Kirche besteht) danach richten, „was materiell, der Natur der Sache oder Zweckbestimmung nach als eigene Angelegenheit der Kirche anzusehen ist", Maßnahmen im

---

[657] BAG NJW 2000, 2690.
[658] LAG Hamm NZA-RR 2004, 106 m. w. N.
[659] OLG Düsseldorf NZA-RR 2005, 103.
[660] BAGE 87, 29 = NJW 1998, 1092; *Zöller/Vollkommer* § 34 ZPO Rn. 5; *BL/Hartmann* § 34 ZPO Rn. 4; a. A. LAG Hamburg MDR 1995, 213; *MünchKommZPO/Patzina* § 34 ZPO Rn. 12.
[661] LSG Schleswig-Holstein NZS 1999, 56.
[662] BAGE 77, 273 = NZA 1995, 545.
[663] Zum Begriff vgl. BAGE 79, 319 = NZA 1995, 823.
[664] BVerfGE 18, 392 = NJW 1965, 1013; vgl. E 46, 73 = NJW 1978, 581 und E 53, 366, 400 = NJW 1980, 1895.

innerkirchlichen Bereich stellen danach keine Akte der öffentlichen Gewalt dar, sind nicht an das „für alle geltende Gesetz" im Sinne der Art. 140 GG, 137 Abs. 3 WRV gebunden und unterliegen deshalb auch nicht der Kontrolle staatlicher Gerichte.[665] Damit hat das BVerfG inzident auch den umfassenden Rechtsschutz des Art. 19 Abs. 4 GG in diesem Bereich verneint. – Diese RSpr ist auf Kritik gestoßen.[666]

Auf der Grundlage der RSpr des BVerfG geht der **BGH**[667] von dem Grundsatz aus: Aus der dem Staat obliegenden Justizgewährungspflicht folge, dass die staatlichen Gerichte grundsätzlich zur Entscheidung aller Rechtsfragen berufen sind, deren Beurteilung sich nach staatlichem Recht richtet. Insoweit könne es weder auf ein staatliches Einverständnis zur Inanspruchnahme der staatlichen Gerichte durch die Kirche ankommen noch sei die staatliche Gerichtsbarkeit gegenüber der kirchlichen Gerichtsbarkeit subsidiär. Die staatliche Justizgewährungspflicht habe deshalb sowohl gegen als auch zu Gunsten der Kirchen in gleicher Weise wie für und gegen alle Rechtssubjekte auf dem Staatsgebiet selbst dann zu gelten, wenn bei der Anwendung staatlicher Rechtssätze kirchliche Vorfragen zu klären seien. Das Selbstbestimmungsrecht der Kirchen setzt jedoch dem staatlichen Rechtsschutz Grenzen. Es kommt darauf an, ob und inwieweit die jeweils in Rede stehende Maßnahme vom kirchlichen Selbstbestimmungsrecht erfasst wird und die Schranken ‚des für alle geltenden Gesetzes' nicht überschreitet. Diese Frage entscheidet sich danach, was materiell (nach der Natur der Sache oder nach der Zweckbeziehung) als eigene Angelegenheit der Kirche anzusehen ist. „Dass dabei möglicherweise innergemeinschaftliche Regelungen oder Entscheidungen von präjudizieller Bedeutung sind für die Beurteilung des streitgegenständlichen Rechtsverhältnisses, steht dem nicht entgegen".

181a

Innerhalb dieses Selbstbestimmungsrechts ist den Kirchen das Recht zum Aufbau einer eigenen Gerichtsbarkeit gewährleistet,[668] ebenso eines Schiedsverfahrens.[669] So ist auch für den Antrag auf Aufhebung von Entscheidungen der Schieds- und Verwaltungsgerichte einer Religionsgemeinschaft der Rechtsweg zu den staatlichen Gerichten grundsätzlich nicht eröffnet; allenfalls unter engen Voraussetzungen wie bei Verletzung schwerwiegender staatlicher Interessen gibt es eine Notzuständigkeit.[670] Zur Bestimmung der der staatlichen Gerichtsbarkeit gezogenen Grenzen, eine weitgehend umstrittene Frage, hat sich eine Bereichslehre entwickelt: a) Der **kirchliche Innenbereich** (forum internum), z. B. Lehre, Verkündigung, Seelsorge, Kultus, Liturgie, ist von jeder staatlichen Gerichtsbarkeit befreit, wie auch von jeder anderen staatlichen Einflussnahme. b) Diese Befreiung gilt auch für den Innenbereich kirchlichen Verwaltungshandelns (Rn. 183). Die Befreiung der Kirchen von der staatlichen Gerichtsbarkeit hinsichtlich der gegen sie erhobenen Ansprüche führt umgekehrt dazu, dass auch für korrespondierende Ansprüche der Kirche kein Rechtsschutz durch die staatlichen Gerichte besteht,[671] abgesehen von der Abwehrmöglichkeit der Kirchen gegen Beschränkungen ihres Freiraums. So wurde eine Klage auf Räumung einer Pfarrerdienstwohnung als unzulässig abgewiesen, weil für das Dienstwohnungsverhältnis das kirchliche Verwaltungsgericht zuständig sei.[672] Das bedeutet zugleich, dass staatliche Zwangsmittel zur Durchsetzung der

182

---

[665] Vgl. *Eyermann/Rennert* § 40 VwGO Rn. 91; *Heckel,* FS Lerche, 1993, S. 213 ff.; *Kirchberg* NVwZ 1999, 734.
[666] *Grundmann* JZ 1966, 81; *Rüfner* S. 764 f.; *Hesse* aaO. S. 433 ff.; zum Ganzen: *von Campenhausen* AöR 1987, 623; *Weber* NJW 1989, 2217; *Steiner* NVwZ 1989, 410; *Sachs* DVBl. 1989, 487; *Listl* DÖV 1989, 409; *Ehlers* JuS 1989, 364; *Schenke,* FS Faller, 1984, S. 133; *Kästner,* Staatliche Justizhoheit und religiöse Freiheit.
[667] NJW 2000, 1555; dem folgend BGHZ 154, 306 = NJW 2003, 2097.
[668] Vgl. *Weber* NJW 1989, 2219; zur kirchlichen Gerichtsbarkeit *Wittreck* S. 254 ff.; *Schliemann* NJW 2005, 392.
[669] BGH aaO.; dazu *Nolte* NJW 2000, 1844.
[670] OLG Frankfurt NJW 1999, 3720; VG Neustadt NVwZ 1999, 797.
[671] *Weber* NJW 1989, 2218; *Renck* BayVwBl. 1984, 709.
[672] LG Berlin ZevKR 1988, 69; str.; anders AG Lüneburg ZevKR 1988, 215; LG Hanau NJW 1983, 2577; dazu BVerfG NJW 1984, 969.

Entscheidungen staatlicher Gerichte hier nicht eingesetzt werden können.[673] Andererseits kann das staatliche Gericht angerufen werden mit der Behauptung, eine kirchengerichtliche Entscheidung sei wegen der Zuständigkeit der staatlichen Gerichte unverbindlich.[674]

183 **II. Innerkirchlicher, nicht nachprüfbarer Bereich.** Dem nicht durch staatliche Gerichte überprüfbaren innerkirchlichen Bereich zugeordnet werden im Allgemeinen diejenigen Angelegenheiten, in denen die Kirchen **geistlich-seelsorgerisch** der Pflege, Bewahrung und Fortentwicklung der in ihnen verkörperten Glaubensidee dienen. Hierhin gehören alle religiösen innerkirchlichen Angelegenheiten im engeren Sinne wie kirchliche Lehre, Evangeliumsverkündigung und Sakramentsverwaltung, Kirchenstrafen und Kirchenzucht, Verweigerung eines kirchlichen Dispenses, Sakraments oder Begräbnisses, die Beziehungen der Kirche zu ihren Mitgliedern, die Verantwortung des Bischofs oder der Synode, die Pflichten des Pfarrers. Zum Bereich der kirchlichen Eigenständigkeit ist aber auch der für die Erfüllung des kirchlichen Auftrags notwendige äußere Rahmen zu rechnen wie die **Kirchenverfassung und -organisation** mitsamt dem in Art. 137 Abs. 3 Satz 2 WRV ausdrücklich erwähnten kirchlichen Ämterrecht.[675] Der Rechtsweg zu den staatlichen Gerichten ist daher nicht gegeben gegen die Teilung einer Kirchengemeinde,[676] die **Wahlen** zum Kirchenvorstand[677] bzw. zur Gemeindeleitung,[678] um die Amtsausübung nach innerorganisatorischem Kirchenrecht,[679] Sitzplatzvorrechte,[680] bei **Streit um das kirchliche Verfassungsrecht**,[681] Verleihung und Entzug der missio canonica.[682] Zum innerkirchlichen Bereich gehört auch die Regelung der zu schaffenden RSprEinrichtungen, auch der Verfahrensvertretung.[683]

184 **III. Wirkungen über den innerkirchlichen Bereich hinaus.** Soweit kirchliches Handeln über den innerkirchlichen Bereich nach außen tritt, die Kirche sich also in den allgemeinen Rechtsverkehr begibt oder ihre Tätigkeit Dritte betrifft, verlässt sie ihren innerkirchlichen Freiraum.[684] Sie unterliegt dann den für alle geltenden Gesetzen gemäß Art. 140 GG, Art. 137 Abs. 3 WRV,[685] so wenn die religiöse Lehre in Widerspruch zu staatlichen Bestimmungen gerät.[686] Diese Bindung an die für alle geltenden Gesetze gilt für alle kirchlichen Aktivitäten auf sozialem Gebiet, z. B. durch Diakonie und Caritas. Während die Entscheidung zur Übernahme solcher Aktivitäten zum Kernbereich kirchlicher Selbstbestimmung gehört,[687] ist die konkrete Ausgestaltung mit Außenwirkung dem allgemeinen Rechtsleben zuzurechnen. Mit dem Wirken der Kirchen über den innerkirchlichen Bereich hinaus und der Anwendbarkeit der für alle geltenden Gesetze ist auch für hier entstehende Streitig-

---

[673] Str., vgl. *Sperling* BayVwBl. 1989, 42; a. A. *Steiner* NVwZ 1989, 419.
[674] *Weber* NJW 1989, 2221, 2227.
[675] Vgl. dazu u. a. *Eyermann/Rennert* § 40 VwGO Rn. 92; *Redeker/von Oertzen* § 40 VwGO Rn. 33 f.; *Kopp/Schenke* § 40 VwGO Rn. 38 ff.; *Grundmann* aaO.; *Rüfner* S. 764 m. w. N.; BGHZ 22, 383, 390 = NJW 1957, 542; Z 34, 372 = NJW 1961, 1116.
[676] Vgl. BVerfGE 18, 385 = NJW 1965, 961.
[677] BVerfG – K – NJW 1999, 350; BVerwG NVwZ 1993, 672; OLG Naumburg NJW 1998, 3060; OVG Magdeburg NJW 1998, 3070; VG Neustadt NVwZ 1999, 796; OVG Münster NJW 1978, 905 = DVBl. 1978, 921 mit Anm. von *Tammler;* a. A. VG Aachen NJW 1972, 787 und BGH DÖV 1963, 394, der für die Vollstreckbarkeit eines Schiedsspruchs über die Vorstandswahl zum Vorsitzenden einer Kirchengemeinde den Verwaltungsrechtsweg für eröffnet erachtet.
[678] OVG Koblenz NJW 2004, 3731.
[679] BayVGH DVBl. 1985, 1073.
[680] OLG Köln NJW 1988, 1736.
[681] BGH NJW 1954, 1284; a. A. OLG Hamburg MDR 1955, 109: Zuständigkeit der VG.
[682] VG Aachen DVBl. 1974, 57.
[683] BVerwG NJW 1981, 1972.
[684] Eingehend *Weber* NJW 1989, 2220; *Listl* DÖV 1989, 411.
[685] BGHZ 22, 383, 387 = NJW 1957, 542.
[686] BVerwGE 24, 1: Verweigerung des zivilen Ersatzdienstes durch Angehörige der Zeugen Jehovas.
[687] Vgl. *Leisner* DÖV 1977, 475.

keiten der Rechtsweg zu den staatlichen Gerichten eröffnet. Das bedeutet jedoch nicht die ausschließliche und umfassende richterliche Beurteilung nach staatlichem Recht, vielmehr haben die staatlichen Gerichte auch die kirchenrechtlichen Vorschriften anzuwenden, soweit diese nicht im Gegensatz zum staatlichen Recht stehen – die „für alle geltenden Gesetze" gehen vor. Tritt z. B. ein kirchlich getragenes Unternehmen in einen vom Grundsatz der Gleichordnung geprägten Wettbewerb mit privaten Unternehmen, z. B. Versicherung, dann steht für Unterlassungsklagen nach dem UWG der ordentliche Rechtsweg offen.[688] Für die Klage gegen eine als Körperschaft des öffentlichen Rechts verfasste Kirche auf Widerruf und Unterlassung von öffentlichen kritischen Äußerungen ihres **Sektenbeauftragten** über andere Glaubensgemeinschaften ist der Verwaltungsrechtsweg gegeben.[689] Der Streit um ein Hausverbot bei einem kirchlichen Kindergarten gehört vor die ordentlichen Gerichte, wenn die Kirche zulässigerweise die Benutzung privatrechtlich ausgestaltet.[690]

IV. Streitigkeiten mit Kirchenbeamten. Die Kirchen haben Dienstherrnfähigkeit, vgl. § 135 BRRG.[691] In den Bereich der inneren Angelegenheiten der Kirche fallen nicht nur das kirchliche Amtsrecht einschließlich der Ämterhoheit, sondern auch das mit dem Amtsrecht untrennbar verbundene Dienstrecht der Geistlichen.[692] Die kirchlichen Ämter werden ohne staatliche Mitwirkung vergeben und auch entzogen, auch bestimmen die Kirchen frei, welche Anforderungen an die Amtsinhaber zu stellen sind und welche Rechte und Pflichten diese im Einzelnen haben; das Dienstrecht der Geistlichen gehört zu dem der staatlichen Gerichtsbarkeit entzogenen inneren Bereich der Kirchen.[693] Deshalb ist für Statusklagen der Geistlichen (Begründung, Fortbestehen und Beendigung des Dienstverhältnisses) keine Zuständigkeit der staatlichen Gerichte gegeben.[694] Auch die vermögensrechtlichen Auswirkungen kirchendienstrechtlicher Entscheidungen unterliegen nur dann der staatlichen Gerichtskontrolle, wenn die Kirche keine kirchliche Gerichtsbarkeit begründet und damit den staatlichen Rechtsweg offen lässt entsprechend § 135 Satz 2 BRRG;[695] der Rechtsstandpunkt der Kirche kann nicht als „Vorfrage" einer versorgungsrechtlichen Streitigkeit vom staatlichen Gericht überprüft werden.[696] Jedoch kann die Klage eines ausgeschiedenen Ordensmitgliedes auf Nachversicherung zu den staatlichen Gerichten erhoben werden.[697] Auch gegen die kirchengerichtliche Entscheidung über die Versetzung eines Pfarrers mangels gedeihlichen Wirkens in seiner Pfarrstelle kann die staatliche Gerichtsbarkeit nicht angerufen werden,[698] ebenso wenig kann die Zurruhesetzung eines Diakons angefochten werden.[699] Nicht vor den staatlichen Gerichten kann der Streit eines Pfarrers mit seiner Kirche über die Aufhebung eines kirchlichen Unterrichtsauftrags ausgetragen werden,[700] um die Auflösung des Treueverhältnisses eines Pastors,[701]

---

[688] BGH NJW 1981, 2811.
[689] BGHZ 148, 307 = NJW 2001, 3537; BGH NJW 2003, 1308; VGH München NVwZ 1994, 787.
[690] BVerwG NVwZ 1987, 677 m. Anm. *Erichsen* DVBl. 1986, 1203.
[691] *Steiner* NVwZ 1989, 411.
[692] BVerfG – V – NJW 1983, 2569.
[693] BVerwGE 66, 241 = NJW 1983, 2580 m. Anm. *Listl* DÖV 1984, 587.
[694] BVerfG – V – NJW 1983, 2569; BVerwGE 66, 241 = NJW 1983, 1441; BVerwG NJW 2003, 2112; vgl. auch BVerfG NJW 2004, 3099.
[695] BVerfG – K – NJW 1999, 349; BVerwGE 25, 226 = NJW 1967, 1672 m. Anm. *Weber*; E 66, 241 = NJW 1983, 1441; BVerwG NJW 1983, 2582; OVG Münster NJW 1994, 3368; OVG Koblenz NVwZ 1997, 802; *Eyermann/Rennert* § 40 VwGO Rn. 92, 93; *Listl* DÖV 1989, 415; *Petermann* DÖV 1991, 16; *Weber* NJW 1989, 2224.
[696] Ablehnung der „verkappten" Statusklage, BVerwGE 95, 379 = NJW 1994, 3367; vgl. *Haastert* DÖV 1996, 363.
[697] VGH München NVwZ-RR 1996, 447.
[698] BVerfG NVwZ 1989, 452.
[699] OVG NRW, vgl. *Petermann* DÖV 1991, 16 Fußn. 7.
[700] VGH Mannheim NVwZ-RR 1994, 422.
[701] VGH Kassel NZA 1995, 1201.

um die vorläufige Diensthebung wegen illoyalen Verhaltens,[702] um die in einer kirchlichen Einrichtung durchgeführte Ausbildung zur Katechetin,[703] jedoch bei schlichter Darlehensgewährung, wenn auch im Zusammenhang mit einer kirchlichen Ausbildung.[704] Auch für Vergütungsansprüche eines exklaustrierten Ordenspriesters ist der Rechtsweg zu den staatlichen Gerichten nicht eröffnet.[705] Der Zugang zu den staatlichen Gerichten kann jedoch durch eine kirchliche Regelung eröffnet werden.[706]

186 V. Streitigkeiten anderer kirchlicher Bediensteter. Für vermögensrechtliche Ansprüche kirchlicher Bediensteter, die nicht Geistliche oder Kirchenbeamte sind, ist die Zuständigkeit staatlicher, zumeist der ArbG nie ernsthaft bezweifelt worden, da hier die kirchliche Ämterhoheit unberührt bleibt.[707] Jedoch sind der inhaltlichen Nachprüfung durch die staatlichen Gerichte durch die Kirchenautonomie Grenzen gesetzt, wie bei den für das Kündigungsrecht relevanten kirchlichen Bestimmungen über die Loyalitätspflichten der im kirchlichen Dienst Tätigen.[708] Für die kirchenaufsichtsrechtliche Genehmigung eines Arbeitsvertrags ist der staatliche Rechtsweg nicht eröffnet.[709] Die Unzulässigkeit des staatlichen Rechtswegs gilt auch für Streitigkeiten aus dem kirchenrechtlichen Mitarbeitervertretungsrecht,[710] ebenso für Streitigkeiten darüber, welche Anforderungen an die Wählbarkeit von Arbeitnehmern zu kirchlichen Mitarbeitervertretungen aufgestellt werden dürfen.[711]

187 VI. Kirchliches Diziplinarrecht. Keiner Kontrolle durch staatliche Gerichte unterliegt auch das kirchliche **Disziplinarrecht**.[712] Die Entfernung eines Pfarrers aus dem Dienst im Rahmen eines Amtszuchtverfahrens kann auch nicht mit der Verfassungsbeschwerde angefochten werden,[713] ebenso wenig Entscheidungen in kirchlichen Lehrbeanstandungsverfahren[714] und disziplinarische Maßnahmen.[715]

188 VII. Kirchliches Vermögensrecht. Auch bei dem kirchlichen **Vermögensrecht** handelt es sich grundsätzlich um eine eigene innerkirchliche Angelegenheit, da das Kirchenvermögen der Existenz der Kirche und der Erfüllung kirchlicher Zwecke dient.[716] Das Selbstbestimmungsrecht der kirchlichen Körperschaften (Rn. 181) bedeutet auch freie Vermögensverwaltung ohne staatliche Vermögensaufsicht, also die alleinige Entscheidung der kirchlichen Stellen über die Organisation und Verwendung der materiellen kirchlichen Mittel für Aufgaben und Zwecke des kirchlichen Auftrags.[717] Auch Streitigkeiten über die Ausübung von Kontrollbefugnissen der Religionsgemeinschaft hinsichtlich des Finanzgebarens von Untergliederungen gehören deshalb nicht vor die staatlichen Gerichte.[718] Da das kirchliche Vermögensrecht infolge der Teilnahme der Kirchen am allgemeinen Rechtsverkehr aber über den innerkirchlichen Bereich hinaus auch in den staatlichen Bereich hineinwirkt, wird dem Staat zumindest das Recht zugestanden, bei der Regelung der vermögensrechtlichen Vertretung der kirchlichen juristischen

---

[702] VGH Kassel NJW 1999, 377.
[703] VG Stuttgart NVwZ 1985, 138.
[704] *Weber* NVwZ 1986, 363.
[705] BAGE 64, 131 = NJW 1990, 2082.
[706] BVerwG NJW 1983, 2582; OVG Lüneburg NVwZ 1991, 796.
[707] Vgl. *Grundmann* JZ 1966, 85; *Weber* NJW 1989, 2221; *Belling* NZA 2006, 1132.
[708] Vgl. BAGE 74, 325 = NZA 1994, 443.
[709] BAG AP Nr. 44 zu § 611 BGB Kirchendienst.
[710] BAGE 61, 376 = NJW 1989, 2284; E 71, 157 = NZA 1993, 597.
[711] BAGE 51, 238 = NZA 1986, 685; vgl. *Richardi*, FS Kissel, 1994, S. 970.
[712] Vgl. OVG Münster NJW 1978, 2111; *Rüfner* S. 780.
[713] BVerfG NJW 1980, 1041.
[714] BVerfG NJW 1980, 1041; vgl. dazu *Engelhardt* DRiZ 1979, 267; *Steiner* JuS 1980, 342.
[715] BVerfG – VorprA – NVwZ 1985, 105.
[716] Zur Kirchengutsgarantie nach Art. 140 GG, Art. 138 Abs. 2 WRV vgl. BVerwG NVwZ 1991, 774.
[717] Vgl. *Christian Meyer*, Kirchenvermögens- und Stiftungsrecht der evangelischen Kirche, HdbStKirchR 2. Band S. 99; zur Pfarrpfründe VG Augsburg BayVwBl. 1983, 632.
[718] VGH Mannheim DÖV 2006, 177.

Personen nach außen mitzuwirken, was heute weitgehend auf Grund der Kirchenverträge geschieht.[719] Rechtlich nachprüfbar ist demnach, ob die Vertretungsbefugnis der kirchlichen juristischen Personen ordnungsgemäß geregelt und ob in sonstigen in den staatlichen Bereich hineinwirkenden Regelungen rechtsstaatliche Grundsätze beachtet werden und sie nicht in Widerspruch zum verfassungsmäßigen Recht stehen.[720] Bei den Regelungen der Kirchenvermögensverwaltung handelt es sich nach h. M. um öffentliches Recht,[721] so dass für hieraus entspringende Streitigkeiten der Verwaltungsrechtsweg gegeben ist. Im Übrigen unterliegt auch das Kirchenvermögen grundsätzlich (außerhalb des innerkirchlichen Bereichs) den Schranken der für alle geltenden Gesetze, wie den Normen des bürgerlichen Rechts[722] einschließlich der Formvorschriften,[723] des Polizei-, Gesundheits-, Bau- und Planungsrechts. Streiten verschiedene kirchliche Körperschaften um Grundstückseigentum, ist der ordentliche Rechtsweg gegeben.[724]

189 Maßnahmen im innerkirchlichen Bereich können auch nicht durch eine **Amtshaftungsklage** der RSpr staatlicher Gerichte unterstellt werden; nur wenn ein Sachverhalt vorgetragen wird, der unabhängig davon, dass die Maßnahme in Wahrnehmung des geistlichen Auftrags der Kirche erging, ein Verhalten des Kirchenbeamten erkennen lässt, das Amtspflichten zuwiderläuft, die allgemein und jenseits des von der kirchlichen Ordnung Geforderten bestehen, ist eine auf Amtspflichtverletzung kirchlicher Beamter gestützte Klage zulässig.[725] Zulässig ist sie in solchen Angelegenheiten, in denen die Kirche ihre vom Staat übertragene Aufgaben erfüllt.

190 **VIII. Den Kirchen übertragene staatliche Gewalt.** Im Übrigen ist grundsätzlich die Zuständigkeit der VG gegeben, wo die Kirchen übertragene staatliche Gewalt ausüben;[726] das ist oft im Gebiet der so genannten **res mixtae**, der gemeinsamen Angelegenheiten von Staat und Kirche, der Fall. Hierin gehören Fälle, in denen der Staat den Kirchen seine Hoheitsgewalt für kirchliche Zwecke leiht, z. B. bei der Erhebung der **Kirchensteuer**.[727] Da in der Regel das Einzugsverfahren durch staatliche Behörden durchgeführt wird, kommt normalerweise Rechtsschutz (vor den Finanzgerichten) nur gegen diese in Betracht. Entscheiden kirchliche Stellen in Kirchensteuerangelegenheiten, handelt es sich infolge der Verleihung des Besteuerungsrechts durch den Staat aber nicht um innerkirchliche Angelegenheiten, sondern um Akte der öffentlichen Gewalt.[728] Gegen sie ist der Verwaltungsrechtsweg jedenfalls dann eröffnet, wenn durch Landesrecht keine Übertragung auf die FG erfolgt ist.[729] Kirchensteuerbescheide, die in allgemeinen Steuerbescheiden enthalten sind, können hierbei durch Anfechtungsklage vor den VG angefochten werden.

191 Als weitere res mixtae werden die Erfüllung sozial-fürsorgerischer Aufgaben im Bereich der Sozial- und Jugendhilfe und der Krankenversorgung sowie die Denkmalpflege angesehen. Für den Rechtsweg gelten hier auch bei Beteiligung kirchlicher Gemeinschaften die allgemeinen Grundsätze. Im Bereich der Denkmalpflege werden die staatlich-rechtlichen Erhaltungspflichten als ein für alle geltendes Gesetz vorrangig gegenüber der kirchlichen Selbstbestimmung angesehen.[730] Neben all-

---

[719] Vgl. *Meyer* aaO. S. 95 ff.; *Marx*, Kirchenvermögens- und Stiftungsrecht der katholischen Kirche, HdbStKirchR 2. Band S. 125 f.
[720] *Marx* aaO. S. 126.
[721] Vgl. *Marx* aaO. S. 126.
[722] OLG Düsseldorf NJW 1954, 1767.
[723] OLG Hamm NJW 1980, 843.
[724] BGH NJW 1989, 1351.
[725] Vgl. BGHZ 22, 383 = NJW 1957, 542: Amtshaftungsklage eines in den Ruhestand versetzten Pfarrers gegen seine Landeskirche; vgl. dazu auch *Thieme* JZ 1957, 494 ff.
[726] *Weber* NJW 1989, 2223.
[727] BVerfGE 30, 415 = NJW 1971, 931.
[728] BVerfGE 19, 288.
[729] Vgl. BVerwGE 7, 189; BVerwG DÖV 1968, 768; HessVGH NJW 1976, 642; *Listl* DÖV 1989, 412.
[730] Vgl. *Albrecht*, Kirchliche Denkmalpflege, HdbStKirchR 2. Band S. 209.

gemeinen Gesetzen (Baurecht; Denkmalschutzgesetze der Länder; Gesetz zum Schutze deutschen Kulturgutes gegen Abwanderung vom 6. 8. 1955) sind hier Regelungen vielfach in den neueren Kirchenverträgen enthalten.[731]

192 **IX. Mitgliedschaftsstreitigkeiten.** Im Zusammenhang mit der Kontrolle von Kirchensteuerbescheiden sind staatliche Gerichte auch zur Überprüfung der **Mitgliedschaft** in einer kirchlichen Gemeinschaft befugt, da Voraussetzung für die Entstehung der Kirchensteuerpflicht die mitgliedschaftliche Zugehörigkeit zu einer steuererhebenden Kirche oder Religionsgemeinschaft ist.[732] Zwar bestimmt die jeweilige Kirche selbst als eigene Angelegenheit darüber, wer ihr Mitglied ist.[733] Für den Erwerb der Mitgliedschaft knüpfen die Kirchensteuergesetze der Länder daher an die Regelungen der Religionsgesellschaften an, für den Kirchenaustritt enthalten sie jedoch eigene Bestimmungen, die mit der Vermeidung von Zwangsmitgliedschaft begründet werden.[734] Je nach der Gestaltung der Kirchensteuergesetze der Länder muss zur Erlangung oder Abänderung der amtlichen Bescheinigung über den Kirchenaustritt auf dem Verwaltungsrechtsweg[735] oder dem Zivilrechtsweg[736] vorgegangen werden. Da der Staat die innere Mitgliedschaft in einer kirchlichen Gemeinschaft nicht überprüfen darf, ist für Streitigkeiten über den Ausschluss eines Mitglieds aus einer Kirchengemeinde der Rechtsweg zu den staatlichen Gerichten nicht eröffnet.[737] Dagegen sind zur Entscheidung darüber, dass jemand nicht Mitglied einer Kirche ist, die staatlichen Gerichte berufen.[738]

193 **X. Begräbniswesen.** Gründung, Einrichtung und Betreiben kirchlicher Friedhöfe liegen im Selbstbestimmungsrecht der Kirchen. Das schließt zwar den Rechtsweg zu den staatlichen Gerichten grundsätzlich nicht aus, betrifft jedoch ganz überwiegend den hier nicht zu erörternden Verwaltungsrechtsweg.[739] Lediglich die Verkehrssicherungspflicht des Friedhofsträgers unterliegt grundsätzlich den Vorschriften des bürgerlichen Rechts (§§ 823 ff. BGB). Für diesbezügliche Streitigkeiten sind die Zivilgerichte zuständig[740] (vgl. Rn. 329).

194 **XI. Religionsunterricht.** Soweit **Geistliche** Religionsunterricht als Lehrfach an öffentlichen Schulen erteilen, üben sie eine öffentliche, ihnen vom Staat übertragene Aufgabe aus, mit der Folge, dass für Amtspflichtverletzungen das betreffende Land gem. Art. 34 GG, § 839 BGB haftet und insofern der Zivilrechtsweg gegeben ist.[741] Dasselbe gilt grundsätzlich für theologischen Unterricht an den staatlichen Universitäten. Die inhaltliche Gestaltung des Unterrichts ist jedoch von staatlicher Seite nicht überprüfbar. **Prüfungsentscheidungen** und andere pädagogische Wertungen sind in gleichem Umfang auf dem Verwaltungsrechtsweg nachprüfbar wie diejenigen in anderen Lehrfächern[742] mit der Besonderheit, dass materiell-rechtlich bei Fragen der Dogmatik – sollten diese erheblich werden – die kirchliche Auffassung zugrunde zu legen ist.[743] Dagegen haben die Kirchen das Recht, für ihre Geistlichen besondere Prüfungen abzuhalten; hierbei getroffene Entscheidungen sind als Teil der kirchlichen Ämtervergabe der staatlichen Ge-

---

[731] Vgl. im Einzelnen *Albrecht* aaO. S. 210.
[732] BVerfGE 19, 226 = NJW 1966, 103.
[733] BVerfGE 30, 415 = NJW 1971, 931; BFH NVwZ 1996, 517; VG Neustadt NVwZ 1999, 796.
[734] BVerfG aaO.
[735] Vgl. BVerwG NJW 1979, 2322; OVG Hamburg NJW 1975, 1900 ff.
[736] Vgl. OLG Frankfurt NJW 1977, 1732.
[737] Vgl. VG Hannover DVBl. 1976, 312.
[738] OLG Braunschweig FamRZ 1965, 228.
[739] Vgl. BVerwG NJW 1990, 2079; VGH München NVwZ 1991, 794; *Listl* DÖV 1989, 412; *Renck* DÖV 1992, 485; 1993, 517; *Sperling* DÖV 1993, 197; 1994, 207.
[740] *Engelhardt,* Bestattungswesen – Friedhofsrecht, HdbStKirchR 2. Band S. 789 f. m. w. N.; vgl. BGHZ 34, 206 = NJW 1961, 868.
[741] BGHZ 34, 20 = NJW 1961, 556; OLG Celle DVBl. 1974, 44.
[742] *Listl* DÖV 1989, 413.
[743] Vgl. *Rüfner* S. 772.

richtsbarkeit entzogen.[744] Rechtsakte kirchlicher Hochschulen und Fachhochschulen, denen ein staatlich verliehenes Prüfungs- oder Graduierungsrecht zugrunde liegt, können dagegen im Verwaltungsrechtsweg angefochten werden.[745]

XII. Patronatssachen. Zu den res mixtae (Rn. 190) zählen jedenfalls teilweise die Patronatssachen. Ein Patronat ist der Inbegriff von Befugnissen und Pflichten einer Person in Bezug auf eine Kirche oder ein kirchliches Amt aus einem besonderen, von ihrer Stellung in der Hierarchie unabhängigen Rechtsgrund.[746] Stehen dem Patron nur Befugnisse zu, treffen ihn aber keine vermögensrechtlichen Pflichten (lastenfreies Patronat), liegt eine Angelegenheit der Kirchen im engeren Sinn vor, für die eine Zuständigkeit staatlicher Gerichte im Streit zwischen Patron und Kirche nicht anzunehmen ist.[747] Bezüglich der Lastenpatronate nimmt die herrschende Meinung, die insoweit von der Fortgeltung der umfassenden staatsgesetzlichen und gewohnheitsrechtlichen Institutionalisierung des Patronats als staatlich-rechtlicher Rechtseinrichtung ausgeht, eine uneingeschränkte Zuständigkeit staatlicher Gerichte an.[748] Sie sind für alle Rechtsstreitigkeiten aus einem lastenpflichtigen Patronat zuständig.[749] Eröffnet ist grundsätzlich der Verwaltungsrechtsweg;[750] auch Ansprüche auf Tragung der **Kirchenbaulast** sind öffentlich-rechtlich und der Verwaltungsrechtsweg für ihre Geltendmachung eröffnet.[751] Im Geltungsbereich des ALR bleiben jedoch Zivilgerichte für Patronatsstreitigkeiten zuständig, da die Weitergeltung des § 577 Abs. 2 Satz 1 ALR, der den Rechtsweg vor den ordentlichen Gerichten eröffnet, allgemein bejaht wird.[752] Im Geltungsbereich des preußischen Staatsgesetzes betreffend Anordnungen kirchlicher Neu- und Reparaturbauten in katholischen Diözesen vom 24. 11. 1925 und des preußischen Staatsgesetzes betreffend die Kirchenverfassung der evangelischen Landeskirchen vom 8. 4. 1924 gehören dagegen Streitigkeiten über Bestehen oder Umfang von Kirchenbaulasten auf Grund eines Patronats kraft einer besonderen Zuständigkeitsregelung in diesen Gesetzen in den Verwaltungsrechtsweg.[753] Die besondere Zuständigkeitsregelung gilt aber nicht, wenn sich der Rechtsstreit nicht in der Patronatsbaulast erschöpft, sondern auch andere Verpflichtungen aus dem Patronat zum Gegenstand hat; für diese sind dann die VG zuständig.[754] Für Ansprüche der Kirchen auf **Staatsleistungen** ist grundsätzlich der Verwaltungsrechtsweg eröffnet;[755] RG[756] und zunächst auch BGH[757] hatten bürgerlich-rechtliche Streitigkeiten kraft Tradition angenommen.

XIII. Haftung. Aus der Qualifikation der Kirchen als Körperschaften des öffentlichen Rechts wird mangels eigener kirchenrechtlicher Vorschriften geschlossen, dass die Kirchen für Amtspflichtverletzungen ihrer Beamten entsprechend § 839 BGB i. V. m. Art. 34 GG haften und deshalb der Zivilrechtsweg auch eröffnet ist, falls die angegriffene Maßnahme nicht dem innerkirchlichen Bereich zuzuordnen ist[758] (vgl. Rn. 189). Andererseits (konsequent) verneinte das RG[759] den Zivilrechtsweg für die Klage eines katholischen Religionsunterricht erteilenden Lehrers

---

[744] *Rüfner* S. 782; BayVGH KirchE 2, 223; OVG Berlin ZevKR 1971, 297 ff.
[745] Vgl. *Baldus,* Kirchliche Hoch- und Fachhochschulen, HdbStKirchR 2. Band S. 622.
[746] BGH KirchE 3, 140 ff.; *Albrecht,* Patronatswesen, HdbStKirchR 2. Band S. 168.
[747] Vgl. *Rüfner* S. 772, ähnlich Albrecht aaO. S. 175.
[748] Vgl. im Einzelnen *Albrecht* aaO. S. 175 ff. m. w. N.
[749] LG Münster KirchE 4, 248 ff.
[750] BGH KirchE 7, 100; BayVGH BayVwBl. 1973, 584.
[751] *Eyermann/Rennert* § 40 VwGO Rn. 98.
[752] Vgl. *Albrecht* aaO. S. 180; LG Münster KirchE 4, 248 ff.
[753] Vgl. *Albrecht* aaO., S. 180; BGHZ 31, 115 = NJW 1960, 242.
[754] BGH KirchE 6, 186 ff.
[755] Vgl. BGH KirchE 7, 100.
[756] RGZ 111, 211; Z 165, 242.
[757] NJW 1953, 1141.
[758] Vgl. BGHZ 22, 383 = NJW 1957, 542.
[759] RGZ 143, 106 ff.

gegen den Pfarrer mit dem Ziel des Widerrufs beleidigender Eintragungen in eine von dem Pfarrer dienstlich zu führende Chronik mit der Begründung, dass die Kirche eine Körperschaft des öffentlichen Rechts und die Eintragung ein hoheitlicher Akt sei. – Für Klagen und Anträge gegen eine als Körperschaft des öffentlichen Rechts organisierte Religionsgesellschaft auf Unterlassung von kritischen Äußerungen über andere Religions- oder Weltanschauungsgemeinschaften ist der ordentliche Rechtsweg zu den staatlichen Gerichten gegeben, da die Teilnahme der Religionsgesellschaften an der öffentlichen Meinungsbildung sich anders vollzieht als der allgemeinen öffentlich-rechtlichen Körperschaften.[760]

197 **XIV. Glockenläuten.** Das **Läuten der Glocken** christlicher Kirchen wird traditionell als typische Lebensäußerung der Kirche angesehen, zusätzlich wird darauf hingewiesen, dass die Glocken als öffentliche Sache (res sacra) deren Widmung gemäß geläutet werden, das Glockenläuten sei deshalb öffentlich-rechtlich zu qualifizieren.[761] Das BVerwG[762] hat nach der Bedeutung des Glockenschlagens differenziert; das Zeitschlagen hat es als nichtsakral bewertet und damit nicht mehr dem Bereich kirchlicher Tätigkeit zugerechnet mit der Folge, dass insoweit der ordentliche Rechtsweg gegeben sei.[763] Mag auch mit dieser Differenzierung das Dilemma unterschiedlicher Rechtswege bei liturgischem und nichtsakralem Glockenläuten bestehen[764] mit gelegentlich schwierigen Abgrenzungsfragen, so dürfte doch der demgegenüber vorgetragene Vorschlag eines einheitlichen ordentlichen Rechtswegs[765] zu weitgehend sein.

198 **XV. Kirchenbücher.** Für Ansprüche auf Auskunft aus Kirchenbüchern, jedenfalls vor Einführung der staatlichen Personenstandsbücher[766] ist der Verwaltungsrechtsweg eröffnet, da Auskunft und Erteilung entsprechender Urkunden über den innerkirchlichen Bereich hinauswirken und insoweit Streitigkeiten aus der Verwaltung der Personenstandsbücher gleichzustellen sind.[767]

199 **XVI. Nicht öffentlich-rechtliche Religionsgemeinschaften.** Insgesamt nicht öffentlich-rechtlich ist das Wirken von Religionsgemeinschaften, die nicht Körperschaften des öffentlichen Rechts sind. Sie üben keine übertragene Staatsgewalt aus und unterhalten keine öffentlich-rechtlichen Dienstverhältnisse. Deshalb entfällt insoweit die Zuständigkeit der VG. Aber auch für sie gelten die Grundsätze der Unüberprüfbarkeit des inneren geistlichen Bereichs.[768]

F. Abgrenzung zur Vereins- und Verbandsgerichtsbarkeit

200 Eine Erschwernis des Zugangs zum ordentlichen Rechtsweg trotz Vorliegens einer bürgerlich-rechtlichen Streitigkeit ergibt sich oft im Recht der Vereine, Verbände und körperschaftlich organisierten Handelsgesellschaften. Dort ist häufig eine Vereins- oder Verbandsgerichtsbarkeit eingerichtet, die in Angelegenheiten betreffend den Zusammenschluss (wie Aufnahme und Ausschluss von Mitgliedern, Anfechtung von Vorstandsbeschlüssen, Strafmaßnahmen), die alleinige Kompetenz beansprucht. Dabei ist zu prüfen, ob diese lediglich in Satzung oder einem Sonderstatut als „Gericht", „Kommission" usw. errichteten Institutionen als Schiedsgericht im Sinne der

---

[760] OVG Bremen NVwZ 1995, 793; a. A. VGH München NVwZ 1994, 787.
[761] BGHZ 148, 307 = NJW 2001, 3537; BVerwGE 68, 62 = NJW 1984, 989 – Angelus-Läuten –; OLG Frankfurt DVBl. 1985, 861; str., vgl. *Isensee*, Rechtsschutz gegen Kirchenglocken, Gedächtnisschrift für Constantinesco, 1983; *Schachtschneider* NJW 1984, 991; *Goerlich* JZ 1984, 221; *Müssig* DVBl. 1985, 837; *Steiner* NJW 1989, 2222; *Lorenz* JuS 1995, 956, 957; *Lorenz* NJW 1996, 1855.
[762] BVerwGE 90, 163 = NJW 1992, 2779; BVerwGE NJW 1994, 956.
[763] Zustimmend *Zöller/Gummer* Rn. 29; *Eyermann/Rennert* § 40 VwGO Rn. 97.
[764] BVerwG aaO.; *Lorenz* JuS 1995, 497.
[765] *Lorenz* JuS 1995, 497; NJW 1996, 1857; jeweils m. w. N.
[766] *Listl* DÖV 1989, 412.
[767] Vgl. BayVGH BayVwBl. 1968, 213.
[768] Vgl. *Rüfner* S. 783 f.

§§ 1025 ff. ZPO anzusehen sind. Die RSpr legt den satzungsmäßig errichteten Schiedsgerichten auch ohne die Voraussetzungen des Schiedsvertrags nach § 1031 ZPO echte Schiedsgerichtsqualität bei.[769] Das erscheint nicht zweifelsfrei.[770] Schon vom Wortlaut des § 1066 ZPO her ist es zweifelhaft, ob Satzungen als „nicht auf Vereinbarung beruhende Verfügungen" (also einseitig gesetzte Rechtsakte) anzusehen sind. Vereinsgründung und Vereinsbeitritt ähneln mehr einer Vereinbarung als einer einseitigen Verfügung. Vor allem aber kann dem Einzelnen der staatliche Rechtsschutz gegen seinen Willen entzogen werden kann, wenn eine qualifizierte Mehrheit von Vereinsmitgliedern mit eventuellen Sonderinteressen dies beschließt. Dies wird auch der Schutzfunktion der §§ 1025 ff. ZPO nicht gerecht; § 1034 Abs. 2 ZPO bietet keinen ausreichenden Schutz.[771] Deshalb kann eine Schiedsgerichtsbarkeit nach §§ 1025 ff. ZPO im Recht der Vereine, Verbände und rechtsfähigen Handelsgesellschaften nur dort anerkannt werden, wo der Formvorschrift des § 1031 ZPO entweder durch eine besondere Vereinbarung oder durch eine besondere schriftliche Unterwerfungserklärung (deren Mangel aber nach § 1031 Abs. 6 ZPO geheilt werden kann) genügt ist. Nur dort können die Entscheidungen des Schiedsgerichts die Wirkung des § 1055 ZPO haben.

Eine echte Schiedsgerichtsbarkeit im Vereins- und Verbandswesen muss daneben auch den generellen rechtsstaatlichen Kriterien genügen, z. B. **Unabhängigkeit und Weisungsfreiheit** der Schiedsrichter, Ausgestaltung des Verfahrens entsprechend den Anforderungen der §§ 1025 ff. ZPO, insbesondere paritätische Besetzung durch die Streitteile.[772]

In jedem Falle ist die Kompetenz des Schiedsgerichts begrenzt. Einmal müssen die Parteien nach § 1030 ZPO berechtigt sein, über den Gegenstand des Streits einen Vergleich zu schließen. Unwirksam ist eine Schiedsgerichtsvereinbarung, soweit im Wege der Gestaltungsklage die Nichtigkeit oder Anfechtbarkeit des Beschlusses einer Mitgliederversammlung festgestellt werden soll. Zum anderen erfasst die Kompetenz nur vereinsinterne Streitigkeiten ohne Außenwirkung, also Streitigkeiten zwischen dem Verein und den Mitgliedern oder zwischen Mitgliedern über Rechte und Pflichten aus der Mitgliedschaft im statutarischen Bereich, nicht darüber hinaus.[773]

Soweit dem Vereins- oder Verbands-„Schiedsgericht" die echte Qualität als Schiedsgericht fehlt, ist ihm dennoch eine gewisse rechtliche Bedeutung nicht abzusprechen: In Angelegenheiten mit vereinsinternem Charakter (nur hier) verbietet es die in Art. 9 Abs. 1 GG, §§ 25, 32 BGB gewährleistete **Vereinsautonomie,** diese vereinsinterne Streitentscheidungsinstanz zu negieren. Ihre Entscheidungen, vor allem Vereinsstrafen, sind grundsätzlich als rechtlich verbindlich **anzuerkennen,** wenn sie auch nicht die Wirkung eines vollstreckbaren Titels haben können (§ 1060 ZPO ist nicht anwendbar). Jedoch muss ein Mindestmaß an staatlichem Rechtsschutz auf Grund des Rechtsstaatsgedankens gewährt werden. a) Das bedeutet für die Verbindlichkeit gegenüber den Mitgliedern die formell ordnungsgemäße Regelung und die Zustimmung der zu dieser Zeit vorhandenen Mitglieder. Differenziert zu sehen ist die Verbindlichkeit für dissentierende Mitglieder. Da sie sich im Allgemeinen durch Austritt freihalten können, ist die Aufrechterhaltung der Mitgliedschaft als Zustimmung zu werten, Entsprechendes gilt für später Eintretende. Bedeutet aber

---

[769] BGHZ 38, 155 = NJW 1963, 203; Z 43, 261 = NJW 1965, 1378; Z 48, 35 = NJW 1967, 2057; *BL/Hartmann* § 1066 ZPO Rn. 3, 5.
[770] *Kleinmann* BB 1970, 1076; *Schlosser* S. 116, 122; *Vollmer* S. 131.
[771] Krit. zur Legitimation etwa der satzungsmäßigen Schiedsgerichtsbarkeit im Sport *Westermann* JZ 1972, 537; für ein Korrektiv über eine verschärfte Prüfung der Sittenwidrigkeit *BL/Hartmann* § 1066 ZPO Rn. 5; vgl. BGHZ 144, 146 = NJW 2000, 1713: überstimmtes Mitglied ist jedenfalls dann nicht an die Schiedsklausel gebunden, wenn ein Austritt mit unzumutbaren Nachteilen verbunden wäre.
[772] OLG Frankfurt NJW 1970, 2250; OLG Oldenburg DVBl. 1967, 941 f. mit Anm. *Henke.*
[773] BGHZ 38, 155, 161; *BL/Hartmann* § 1066 ZPO Rn. 3; *K. Schmidt* JZ 1989, 1083.

der Verzicht auf die Mitgliedschaft erhebliche Nachteile hinsichtlich der Vereinstätigkeit, muss eine Distanzierungsmöglichkeit des verbleibenden Mitglieds gegenüber der Vereins- oder Schiedsgerichtsbarkeit angenommen werden.[774] – b) Inhaltlich folgt aus der Koalitionsautonomie eine nur eingeschränkte Kontrolldichte durch die staatlichen Gerichte, vor allem eine Missbrauchs- und Evidenzkontrolle, nicht die Kontrolle der Satzungsauslegung und der Vereinsbeschlüsse, ebenso wenig, ob ein vorsätzlicher Verstoß gegen die Satzung oder ein erheblicher Verstoß gegen die Grundsätze und Ordnung der Koalition vorliegt.[775] Die Entscheidungen können vor den staatlichen Gerichten, besonders bei Vereinsstrafen und Vereinsausschluss, bei aller grundsätzlichen Anerkennung der Vereinsautonomie, von den staatlichen Gerichten darauf voll nachgeprüft werden, ob die verhängten Maßnahmen eine Stütze im Gesetz oder in der Satzung haben, ob das satzungsmäßig vorgeschriebene Verfahren eingehalten wurde, auch sonst keine Gesetzes- oder Satzungsverstöße vorgekommen sind und ob die Maßnahme nicht grob unbillig oder willkürlich ist.[776] Außerdem wird überprüft, ob die Tatsachen, die der Entscheidung zugrunde gelegt wurden, bei objektiver und an rechtsstaatlichen Grundsätzen ausgerichteter Tatsachenermittlung zutreffend festgestellt worden sind.[777] Die Subsumtion des festgestellten Sachverhalts unter die herangezogenen Vorschriften gehört hingegen zu den Maßnahmen, die ein Verein in Ausübung seiner Vereinsgewalt eigenverantwortlich zu treffen hat und die gerichtlich daher nur in den genannten engen Grenzen nachprüfbar sind. Bei dieser gerichtlichen Nachprüfung kommt es allein auf die Begründung im verbandsrechtlichen Verfahren an, ein Nachschieben von Gründen ist unzulässig.[778] Eine stärkere Kontrolle von vereinsrechtlichen Entscheidungen findet durch die staatlichen Gerichte jedoch auch bei der Ablehnung von **Aufnahmeanträgen,** da statt, wo der Verein im wirtschaftlichen oder sozialen Bereich eine überragende Machtstellung innehat und/oder das Mitglied auf die Mitgliedschaft angewiesen ist.[779] Daneben kann geprüft werden, ob die Nichtaufnahme/der Ausschluss durch sachliche Gründe gerechtfertigt, also nicht unbillig ist. Dabei ist zwar der Vereinigung in Anerkennung ihrer Autonomie zur Wert- und Zielsetzung ein Beurteilungsspielraum zuzubilligen; das Gericht kann nicht ohne weiteres seine Überzeugung und seine Wertmaßstäbe an die Stelle derjenigen der Vereinigung setzen. Da aber eine Nichtaufnahme/Ausschließung umso eher unbillig sein wird, je gewichtiger für den Betroffenen die Mitgliedschaft ist, sind diesem Beurteilungs- oder Ermessensspielraum der Vereinigung enge Grenzen gesetzt.[780] – Gegen diese Selbstbeschränkung der RSpr sind Bedenken anzumelden, weil der Kern des Rechtsstreits damit doch von einer Institution entschieden werden kann, der die Unabhängigkeit fehlt (vgl. § 1036 ZPO) und für die die allgemeinen rechtsstaatlichen Garantien des Schiedsgerichtsverfahrens nicht unmittelbar und zwingend gelten.[781] Diesen Bedenken muss mit einer weitergehenden Nachprüfungskompetenz Rechnung getragen werden. Satzungsbestimmungen, die den Rechtsweg für Streitigkeiten zwischen dem Verein und seinen Mitgliedern oder zwischen Mitgliedern untereinander schlechthin ausschließen, sind deshalb nichtig und hindern nicht eine Klage auf Feststellung der Unwirksamkeit einer Vereinsmaßnahme. Ebensowenig sind zulässig Satzungsbestimmungen, die durch Androhung von Vereinsstrafen Druck zur Hinnahme der Vereinsentscheidung als endgültig ausüben.

---

[774] Vgl. BGHZ 144, 146 = NJW 2000, 1713.
[775] BVerfG – K – NJW 2002, 2227.
[776] BGHZ 87, 337 = NJW 1994, 918; BGH NJW 1997, 3368; *Gehrlein* ZIP 1994, 852.
[777] BGH aaO.
[778] BGH NJW 1990, 40.
[779] BGHZ 102, 265 = NJW 1988, 552; Z 105, 306 = NJW 1989, 1724; BGH NJW 1991, 485; NJW-RR 1992, 246.
[780] BGHZ 102, 265 = NJW 1988, 552; BGH NJW 1997, 3368.
[781] Vgl. *Hüffner* NJW 1978, 1305.

204 Fehlt es an den Voraussetzungen für eine Schiedsgerichtsbarkeit, so hat der vereinsinterne Instanzenzug lediglich die Bedeutung eines **Vorschaltverfahrens;** eine Klage im ordentlichen Rechtsweg ist vor Erschöpfung des vereinsinternen Instanzenzugs als zur Zeit unzulässig abzuweisen.[782] Unterlässt es das Mitglied, einen vereinsinternen Instanzenzug binnen einer satzungsmäßigen Ausschlussfrist anzurufen, so hielt das RG auch eine spätere gerichtliche Nachprüfung für unzulässig.[783] Diese RSpr hat der BGH zu Recht erheblich eingeschränkt.[784] Zwar hält er für den Fall eines Vereinsausschlusses grundsätzlich daran fest, dass eine gerichtliche Nachprüfung nur zulässig sei, wenn der Betroffene den vereinsinternen Instanzenzug zuvor erschöpft habe. Voraussetzung sei jedoch, dass er diese Folge auch ohne juristische Beratung durch Einblick in die Satzung habe erkennen können. Fehle es in der Satzung an einem ausdrücklichen Hinweis auf den drohenden Rechtsverlust, so sei das Nichtausschöpfen eines vereinsinternen Rechtswegs unschädlich.[785] Der Grundsatz des Vorrangs eines vereinsinternen Rechtsmittelzugs erfährt unter dem Gesichtspunkt der **Unzumutbarkeit** eine weitere Einschränkung dann, wenn das Beschreiten des vereinsinternen Rechtswegs unzumutbar erscheint oder wenn ein Vereinsorgan das in der Satzung vorgesehene Rechtsmittelverfahren verhindert oder ungebührlich erschwert, insbesondere verzögert.[786] Allerdings ist das unmittelbare Anrufen des ordentlichen Gerichts nicht schon dann zulässig, wenn das an sich zuständige Vereinsorgan nur in größeren zeitlichen Abständen zusammentritt; eine solche Erschwernis der Rechtsverfolgung ist, soweit angesichts der jeweiligen Bedeutung der Angelegenheit im Einzelfall tolerabel, grundsätzlich hinzunehmen.[787] Verfehlt erscheint es freilich, die Subsidiarität des ordentlichen Rechtswegs hinter der Entscheidung eines Vereinsorgans anzunehmen, das möglicherweise erst in einem Jahr zusammentritt.[788] Eine solche Ausgestaltung des vereinsinternen Rechtswegs gewährt keinen wirksamen Rechtsschutz mehr und ist deshalb unzumutbar.

205 Zum einstweiligen Rechtsschutz Rn. 221.

206 Festzuhalten bleibt, dass die Zuständigkeit eines Vereins- oder Verbandsgerichts sich stets nur aus der Unterordnung unter die Vereinsautonomie rechtfertigen lässt; **Dritte** (z.B. bei Sportvereinen Zuschauer) sind deshalb nicht an Bestimmungen über eine Vereinsgerichtsbarkeit gebunden. Die Rechtsfigur einer stillschweigenden Unterwerfung ist hier abzulehnen.[789] Anderes gilt, wenn ein individueller Schiedsvertrag zwischen dem Verein und einem Dritten besteht,[790] wobei Dritter auch ein Vereinsmitglied im Rahmen einer Individualstreitigkeit sein kann. Dann ist streitig, ob das Schiedsgericht nur aus Vereinsmitgliedern bestehen darf.[791]

207 Streitigkeiten im **Sport** sind auch bei Verbandsstrafen weitgehend Verbandsschiedsgerichten für interne Streitigkeiten und vertraglichen Schiedsgerichten im Verhältnis zu Dritten übertragen.[792] Angesichts des weitreichenden zentralen Regelwerkes für sportliche Veranstaltungen, an denen auch Nichtmitglieder der das Regelwerk tragenden Verbände und Vereine teilnehmen können, ist im Grundsatz anerkannt, dass sich auch Nichtmitglieder der Disziplinargewalt des ausrichtenden

---

[782] BGHZ 106, 67 = NJW 1989, 1212.
[783] Z.B. RGZ 85, 355.
[784] BGHZ 47, 172 = NJW 1967, 1268.
[785] Ebenso *Schlosser* S. 124 ff.
[786] BGHZ 47, 174 = NJW 1967, 1268; Z 106, 67 = NJW 1989, 1212; KG NJW 1988, 3159 m. Anm. *Vollkommer;* LG Hamburg NJW 1992, 440.
[787] Bei der zeitlichen Abgrenzung ebenfalls differenzierend *Schlosser* S. 128 f.
[788] So aber RG JW 1932, 1197.
[789] So aber z.B. *BL/Hartmann* § 1066 ZPO Rn. 3; vgl. RGZ 85, 180.
[790] Z.B. zwischen dem DFB und den einzelnen Linzenzspielern, vgl. OLG Frankfurt NJW 1973, 2208.
[791] Verneinend BGH NJW 1969, 750; *Kornblum* ZZP 1969, 484; *BL/Hartmann* § 1029 ZPO Rn. 5; ähnlich auch OLG Karlsruhe NJW 1957, 1036; bejahend OLG Hamburg MDR 1975, 409 m. zust. Anm. *Bettermann; von Bülow* NJW 1970, 585.
[792] Vgl. LG Frankfurt ZIP 1989, 599 m. Anm. *Schlosser* EWiR § 1025 Nr. 1/89; *Vollkommer* RdA 1982, 17; *Elten* SchlHAnz 1985, 33; *Deutsch* VersR 1990, 2; *Vieweg* NJW 1991, 1513.

Verbandes unterstellen können, jedenfalls soweit sie Einrichtungen des Verbands in Anspruch nehmen oder an dem in seinem Organisations- und Verantwortungsbereich nach seinen Regeln ausgeschriebenen und durchgeführten Sportbetrieb teilnehmen. Hierfür ist eine „Unterwerfung" nötig, die einen rechtsgeschäftlichen Unterwerfungsakt erfordert. „Außerhalb individueller Vertragsschlüsse kann dies rechtsverbindlich durch Teilnahme an einem nach der Sport- oder Wettkampfordnung des betreffenden Verbandes ausgeschriebenen Wettbewerb oder durch den Erwerb einer generellen Start- oder Spielerlaubnis des zuständigen Sportverbandes (Sportler- bzw. Spielerausweis, Lizenz o.ä.) geschehen, bei deren Erlangung der Sporttreibende das einschlägige Regelwerk des Verbandes anerkennt. In beiden Fällen muss der Sporttreibende eine zumutbare Möglichkeit der Kenntnisnahme von dem Inhalt dieses Regelwerkes haben".[793]

208   Bei **politischen Parteien** beurteilen sich innerparteiliche Beschlüsse und Maßnahmen nicht nach öffentlichem, sondern nach bürgerlichem Recht, so dass der ordentliche Rechtsweg gegeben ist; das gilt auch für Streitigkeiten zwischen einer Partei und ihren Mitgliedern. Abzuleiten ist dies u.a. aus § 37 ParteiG, der bestimmte Vorschriften des Vereinsrechts des BGB als auf Parteien nicht anwendbar erklärt.[794] Die politischen Parteien erfüllen zwar öffentliche Aufgaben (§ 1 ParteiG), sind aber weder Staatsorgane noch Körperschaften des öffentlichen Rechts.[795] Deshalb ist für die Klage auf Feststellung der Ungültigkeit von Wahlen eines Ortsverbandes der ordentliche Rechtsweg eröffnet;[796] das gilt auch für den Antrag auf einstweilige Verfügung mit dem Ziel, den Kreisverband einer politischen Partei zur Rücknahme eines beim Wahlleiter eingereichten Wahlvorschlags zu verpflichten,[797] und für die Klage einer politischen Partei gegen eine andere auf Unterlassung des Gebrauchs eines verwechslungsfähigen Namens.[798] – Nach § 14 ParteiG sind zur Schlichtung und Entscheidung von Streitigkeiten der Partei oder eines Gebietsverbandes mit einzelnen Mitgliedern und Streitigkeiten über die Auslegung und Anwendung der Satzung Schiedsgerichte zu bilden; die Vorschrift sieht die Notwendigkeit einer Schiedsgerichtsordnung vor mit zwingend vorgegebenen rechtsstaatlichen Mindestgarantien. Jedoch ist damit noch nicht entschieden, ob es sich dabei um Schiedsgerichte im Sinne der §§ 1025ff. ZPO handelt. Der Gesetzgeber hat das offen gelassen.[799] Genügt die Satzung des Parteischiedsgerichts den Vorgaben der §§ 1025ff. ZPO (abgesehen vom Formzwang des § 1031 ZPO, Rn. 200) und ist ein Wille zum Ausschluss des Rechtswegs zu den staatlichen Gerichten festzustellen, besteht ein ordentliches Schiedsgericht nach § 1025 ZPO, auch hier mit dem Vorbehalt (Rn. 202), dass die Verfahrensbeteiligten berechtigt sind, über den Streitgegenstand einen Vergleich zu schließen (§ 1030 ZPO). Das dürfte bei Verfahren über Mitgliedsbeiträge, über Parteiausschluss und Ordnungsmaßnahmen gegeben sein, nicht jedoch hinsichtlich Wahlanfechtungen.[800] – Kann der Satzung des Parteischiedsgerichts nur ein unechtes Schiedsgericht entnommen werden, das den ordentlichen Rechtsweg nicht ausschließt, ist zunächst das Verfahren vor dem Parteischiedsgericht durchzuführen, erst dann ist die Anrufung der staatlichen Gerichte zulässig;[801] das gilt jedoch nicht, wenn bei Unzumutbarkeit des vereinsinternen Rechtswegs oder im Falle der Verzögerung oder Behinderung (Rn. 204). Entscheidungen des Parteischiedsgerichts sind von den ordentlichen Gerichten **nicht**

---

[793] BGHZ 128, 93 = NJW 1995, 583, ‚Reitsport-Entscheidung'; OLG München NJW 1996, 2382 – L – ‚Katrin Krabbe'; vgl. *Haas/Adolphsen* NJW 1995, 2146; 1996, 2351.
[794] KG NJW 1988, 3159 m. Anm. *Vollkommer.*
[795] BVerfG – K – NJW 1988, 3260; OLG Frankfurt NJW 1970, 2250.
[796] KG NJW 1988, 3159 m. Anm. *Vollkommer.*
[797] LG Würzburg BayVwBl. 1984, 667 m. Anm. *Hofmann.*
[798] BGHZ 79, 265 = NJW 1981, 914.
[799] OLG Frankfurt aaO.; OLG Köln NVwZ 1991, 1116.
[800] *Vollkommer* NJW 1988, 3161.
[801] BGHZ 106, 67 = NJW 1989, 1212.

in vollem Umfange nachprüfbar. Wie sonst bei Entscheidungen von Verbandsorganen (Rn. 203) prüfen staatliche Gerichte unter Respektierung der Vereinsautonomie auch bei Maßnahmen der Organe politischer Parteien[802] nur nach, ob die Maßnahme eine Stütze im Gesetz oder in der Satzung hat, das satzungsmäßige Verfahren beachtet ist, sonst keine Gesetzes- oder Satzungsverstöße vorliegen und die Maßnahme nicht grob unbillig oder willkürlich ist. Die Gerichte haben auch darüber zu entscheiden, ob die der Entscheidung zugrunde liegenden Tatsachen bei objektiver und an rechtsstaatlichen Grundsätzen ausgerichteten Tatsachenermittlung zutreffend festgestellt sind, während die Subsumtion des festgestellten Sachverhalts unter die herangezogene Vorschrift zu den Maßnahmen gehört, die ein Verein in Ausübung seiner Vereinsgewalt eigenverantwortlich trifft und nur in den Grenzen von Willkür und Sittenwidrigkeit nachgeprüft werden können.[803] Nur hier stellt sich auch die Frage einer eingeschränkten Prozessvertretung, etwa nur durch Parteimitglieder, deren Zulässigkeit mit Rücksicht auf die Parteiautonomie und die staatliche Prüfungskompetenz zu bejahen ist.[804]

G. Verfahrensrecht

Jedes Gericht erster Instanz hat von Amts wegen die Zulässigkeit des Rechtswegs **209** als Prozessvoraussetzung zu prüfen; bei Unzulässigkeit ist von Amts wegen in den zulässigen Rechtsweg zu verweisen, vgl. §§ 17 bis 17 b.

H. Strafsachen

Unter Strafsachen, die vor die ordentlichen Gerichte gehören, sind alle Verfahren **210** zu verstehen, in denen nach dem jeweils geltenden materiellen und Verfahrensrecht eine Kriminalstrafe verhängt wird; wesentliches Merkmal der Kriminalstrafe ist das mit ihrer Verhängung verbundene Unwerturteil, der Vorwurf einer Auflehnung gegen die Rechtsordnung, ein „autoritatives Unwerturteil".[805] Kriminalstrafe ist stets die Freiheitsstrafe, auch die Geldstrafe als Sühne für kriminelle Straftaten.[806] Der Gesetzgeber ist jedoch nicht gehindert, das Strafrecht zu reduzieren und in einer rechtspolitisch anderen Wertung den Unrechtsgehalt bisheriger Straftatbestände zu ersetzen durch die Qualifizierung einer Verhaltensweise als bloße Ordnungswidrigkeit.[807] Ordnungswidrigkeiten fallen nicht unter § 13 GVG, ebenso wenig Ordnungsgelder, Erzwingungsmaßnahmen, Disziplinarmaßnahmen usw. Für Strafsachen ist der im § 13 GVG enthaltene Vorbehalt für die Zuständigkeit von Verwaltungsbehörden oder VG verfassungsrechtlich unzulässig.[808] Die Befugnisse der StA zur Einstellung des Verfahrens (§§ 153 ff. StPO) stehen dem nicht entgegen. Wenngleich die StA als Verwaltungsbehörde anzusehen ist (vgl. § 141 Rn. 8 f.), so ist die von ihr ohne die Mitwirkung des Gerichts vorgenommene Einstellung keine Strafsache im Sinne des § 13 GVG, da die Ausübung ihrer Befugnisse gerade nicht zur Verhängung einer Kriminalstrafe führt. – Vorverfahren sind in Strafsachen stets unzulässig (vgl. § 16 Rn. 100).

I. Ausschluss und Erschwerung des ordentlichen Rechtswegs

I. Grundsatz. Dem Rechtsstaatsprinzip immanent ist die uneingeschränkte **211** Gewährleistung des Rechtsschutzes durch staatliche Gerichte in allen Rechtsstrei-

---

[802] BGHZ 75, 158 = NJW 1980, 443.
[803] BGH NJW 1994, 2610.
[804] Vgl. *Vollkommer* NJW 1988, 3161; *Morlok* NJW 1991, 1162; *Henke* DVBl. 1967, 942; *Roellecke* DRiZ 1968, 117; *Hasenritter* ZRP 1982, 94; *Graf Kerssenbrock* ZRP 1989, 338; *Vollkommer,* FS Nagel, 1987, S. 474; NJW 1988, 3161; *Schiedermair* AöR 104, 210.
[805] BVerfGE 22, 49, 80 = NJW 1967, 1219.
[806] BVerfG aaO.
[807] BVerfG aaO. S. 78.
[808] *LR/Böttcher* Rn. 1.

tigkeiten[809] (Einl. Rn. 197). Zwar ist es zulässig, den Zugang zu den staatlichen Gerichten zu regeln einschließlich eines Vorschaltverfahrens (§ 16 Rn. 100), jedoch kann der vollständige Ausschluss des Rechtsschutzes durch staatliche Gerichte nur in engen Grenzen und unter besonderen Voraussetzungen zulässig sein. Verfassungsrechtliche Einschränkungen finden sich in Art. 10 GG und implicite in Art. 140 GG (Kirchenautonomie vgl. Rn. 181) und Art. 9 GG (Vereinsautonomie vgl. Rn. 200). Einfachgesetzliche Einschränkungen sind unzulässig (Art. 19 Abs. 4 GG).

212 **II. Vereinbarter Ausschluss.** Jedoch kann im Rahmen der Privatautonomie (Art. 2 GG) der **Ausschluss des Rechtswegs** einmal durch eine vertragliche Abrede bewirkt werden, welche die gerichtliche Verfolgbarkeit des Anspruchs ausschließt; ein solches pactum de non petendo, das eine atypische Naturalobligation schafft und dem strittigen Anspruch die Klagbarkeit nimmt, ist grundsätzlich zulässig, soweit die Vertragsparteien berechtigt sind, über den Anspruch einen Vergleich zu schließen, vgl. § 1030 ZPO.[810] Immer ist aber die Anrufung des ordentlichen Gerichts zur Nachprüfung der Wirksamkeit der Vereinbarung zulässig, die Beschränkungen, die für den Abschluss von Schiedsgerichtsverträgen gelten, sind hier entsprechend zu beachten. Vor allem sind bei der Prüfung der Wirksamkeit eines solchen Ausschlusses §§ 134, 138 BGB zu beachten, besonders unter dem Gesichtspunkt des Übergewichts der einen Partei gegenüber der anderen.[811]

213 **III. Schiedsgerichte.** Schiedsgerichte haben als Institution zur zivilrechtlichen Streiterledigung zunehmende Bedeutung; diese Entwicklung ist international im Kontext zu sehen mit dem 1985 von der UN-Vollversammlung verabschiedeten Modellgesetz über die internationale Handelsschiedsgerichtsbarkeit[812] und national mit den Bemühungen um außergerichtliche Streiterledigungen (Einl. Rn. 133). Die von 1879 stammende Regelung der Schiedsgerichtsbarkeit in §§ 1025 ff. ZPO a. F. ist zur Übernahme der UN-Regelung durch das Schiedsverfahrens-Neuregelungsgesetz vom 22. 12. 1997 (BGBl. I S. 3224) neu gestaltet worden. Dadurch sollte sichergestellt werden, dass die Schiedsgerichtsbarkeit einen der staatlichen Gerichtsbarkeit grundsätzlich gleichwertigen Rechtsschutz bietet.[813] Schiedsgericht ist ein Privatgericht, gebildet aus einer oder mehreren natürlichen Personen zur Entscheidung eines Rechtsstreits anstelle der staatlichen Gerichte. Grundlage der Bildung und Tätigkeit des Schiedsgerichts ist eine Schiedsvereinbarung, auch eine Satzung oder letztwillige Verfügung (vgl. § 1066 ZPO). Die Schiedsgerichtsbarkeit drängt die staatlichen Gerichtsbarkeit und damit des allgemeinen RSprMonopols des Staates zurück (Einl. Rn. 209). Dennoch ist ihre Einrichtung **Teil der Privatautonomie**[814] und wird im Rahmen der §§ 1025–1066 ZPO n. F. für bürgerlich-rechtliche Streitigkeiten ausdrücklich zugelassen. Eingeschränkt zulässig sind Schiedsgerichte im Arbeitsrecht (§ 101 ArbGG). Im Verwaltungsrecht ergibt sich die Zulässigkeit einer Schiedsvereinbarung grundsätzlich aus § 168 Abs. 1 Nr. 5 VwGO. Da ihr Wesen aber eine Gleichordnung der Parteien voraussetzt, ist es hier auf Beziehungen der Parteien auf dem Boden rechtlicher Gleichordnung beschränkt. In sozial- und steuerrechtlichen Streitigkeiten bedürfen Schiedsgerichte einer ausdrücklichen gesetzlichen Regelung.

214 Notwendige Grundlage der Tätigkeit eines Schiedsgerichts ist eine **Schiedsvereinbarung** der Parteien (§ 1029 ZPO), alle oder einzelne Streitigkeiten, die zwi-

---

[809] BGHZ 106, 336 = NJW 1989, 1477.
[810] RG JW 1930, 1062, vgl. auch aaO. 2052, 2053, 2212; OLG Celle NJW 1971, 288 m. w. N.; StJ/Schumann Vorbem. vor § 253 ZPO Rn. 90; a. A. OLG Celle OLGZ 1969, 1; Lent NJW 1949, 510; Rosenberg/Schwab/Gottwald § 172 III; dahingestellt in BGHZ 9, 138 = NJW 1953, 825; Z 10, 22 = NJW 1953, 1260.
[811] Vgl. LG Bonn NJW 1965, 2201.
[812] BTagsDrucks. 13/5274 S. 22.
[813] BTagsDrucks. 13/5274 S. 34; zweifelnd Voit JZ 1997, 120.
[814] BGHZ 65, 59 = NJW 1976, 109; StJ/Schlosser Rn. 4 vor § 1025.

schen ihnen in Bezug auf ein bestimmtes Rechtsverhältnis vertraglicher oder nichtvertraglicher Art entstanden sind oder künftig entstehen, der Entscheidung durch ein Schiedsgericht zu unterwerfen; sie kann in Form einer selbstständigen Vereinbarung (Schiedsabrede) oder in Form einer Klausel in einem Vertrag (Schiedsklausel) geschlossen werden. Das rechtsstaatliche Gebot der Gleichbehandlung der Parteien (§ 1042 Abs. 1 ZPO) gilt sowohl für das Verfahren als auch für den Abschluss des Schiedsvertrags[815]

Gegenstand der Schiedsvereinbarung kann jeder vermögensrechtliche Anspruch sein. Eine Schiedsvereinbarung über nichtvermögensrechtliche Ansprüche hat nur insoweit rechtliche Wirkung, als die Parteien berechtigt sind, über den Gegenstand des Streites zu verfügen, insbesondere einen Vergleich zu schließen (§ 1030 Abs. 1 ZPO), dazu rechnen auch die sogenannten echten Streitsachen der freiwilligen Gerichtsbarkeit. Eine Schiedsvereinbarung über den Bestand eines Mietverhältnisses über Wohnraum im Inland ist unwirksam mit Ausnahme von Wohnraum nach § 549 Abs. 2 Nr. 1 bis 3 BGB (§ 1030 Abs. 2 ZPO). Eine Schiedsvereinbarung, die sich auf eine Vollstreckungsabwehrklage bezieht, ist zulässig, wenn über die Einwendungen, die mit der Klage gegen den titulierten Anspruch geltend gemacht werden, nach dem Schiedsvertrag ein Schiedsgericht entscheiden soll,[816] anderenfalls ist sie unwirksam, da das Schiedsgericht nicht befugt ist, über Akte der Zwangsvollstreckung aus den vom staatlichen Gericht geschaffenen oder diesen gleichstehenden Vollstreckungstiteln zu entscheiden. Andererseits sind gestaltende Regelungen, die der Entscheidung durch die staatlichen Gerichte nicht zugänglich sind, z. B. Erbauseinandersetzungen,[817] einem Schiedsvertrag zugänglich.[818] Auch bei einer umfassenden Schiedsvereinbarung ist nicht anzunehmen, dass ein Gläubiger auf den besonderen Vorteil der vorläufigen Durchsetzung des Rechts aus dem **Wechsel** im Wechselprozess mit der Aussicht auf alsbaldige Titulierung des Anspruchs verzichtet; hiervon kann auch der Vertragspartner nicht ausgehen.[819] Die Abgrenzung des Schiedsgerichtsvertrags zum Schiedsgutachtervertrag (Rn. 220) ist nach der Willensrichtung der Beteiligten vorzunehmen. Wollten sie eine endgültige urteilsgleiche Entscheidung durch die von ihnen eingesetzte Instanz mit eingeschränkter Nachprüfung durch das staatliche Gericht, so handelt es sich um Schiedsgerichtsbarkeit im eigentlichen Sinne; andernfalls liegt nur die Vereinbarung eines Schiedsgutachtens vor, wobei die getroffene Regelung durch das ordentliche Gericht im Rahmen des § 319 BGB auf ihre Billigkeit geprüft werden kann.[820]

Der **Umfang** einer rechtlich möglichen Übertragung eines Rechtsstreits in die Zuständigkeit eines Schiedsgerichts richtet sich nach der Parteivereinbarung, die sich auf den Grund oder einen Teil des strittigen Anspruchs beschränken und die Kosten des Schiedsverfahrens selbst dann umfassen kann, wenn sich dieses Verfahren als unzulässig erweist.[821] Den Parteien kann auch die Befugnis vorbehalten sein, zwischen der staatlichen und der Schiedsgerichtsbarkeit zu wählen.[822] Steht das Wahlrecht beiden zu und wird Klage erhoben, ohne dass der Gegenseite eine Frist zur Entscheidung über den Rechtsweg gesetzt wurde, kann die Klage als unzulässig abzuweisen sein, wenn die Auslegung des Vertrags ergibt, dass eine prozesshindernde Einrede für den jeweiligen Beklagten begründet werden sollte, und wenn der Beklagte diese Einrede erhebt. Eine Schiedsabrede, die nur einer Partei die Anrufung des staatlichen Gerichts oder des Schiedsgerichts einräumt, benachteiligt den

---

[815] Vgl. BTagsDrucks. 13/5274 S. 34.
[816] LG Köln MDR 1995, 959 m. w. N.
[817] BGH NJW 1959, 1493.
[818] *MünchKommZPO/Münch* § 1029 Rn. 34.
[819] BGH NJW 1994, 136.
[820] BGH NJW 1959, 1493.
[821] BGH NJW 1973, 191 m. Anm. *Habscheid* KTS 1973, 235.
[822] Vgl. BGHZ 106, 336 = NJW 1989, 1477.

anderen Vertragsteil schon deshalb unangemessen und ist unwirksam, weil nach Anrufung des staatlichen Gerichts die Gegenseite durch Anrufung des Schiedsgerichts das Verfahren im Nachhinein unzulässig machen kann; dieses mit Kosten und Zeitverlust verbundene Risiko ist unzumutbar.[823] – Unzulässig ist es, die Entscheidung eines staatlichen Gerichts zur Nachprüfung durch ein Schiedsgericht zu stellen[824] oder das Anrufen eines ordentlichen Gerichts selbst für den Fall freizugeben, dass über denselben Streitgegenstand ein Schiedsspruch ergeht.[825] Derartige Abreden machen den Schiedsvertrag nichtig.[826]

217 Die Abrede, ein Schiedsgericht solle über Meinungsverschiedenheiten oder Streitigkeiten aus einem Vertrag entscheiden, bedeutet im Zweifel, dass das Schiedsgericht auch darüber zu entscheiden hat, ob der Hauptvertrag wirksam ist und welche Folgen gegebenenfalls seine Unwirksamkeit hat.[827] Auch können die Parteien dem Schiedsgericht die verbindliche Entscheidung über Wirksamkeit und Auslegung der Schiedsabrede **(Kompetenz-Kompetenz)** übertragen.[828] Das Schiedsgericht hat die Streitigkeit **im Umfang des Schiedsvertrags** in Übereinstimmung mit den Rechtsvorschriften zu entscheiden, die von den Parteien als auf den Inhalt des Rechtsstreits anwendbar bezeichnet wurden. Haben die Parteien die anzuwendenden Rechtsvorschriften nicht bestimmt, so hat das Schiedsgericht das Recht des Staates anzuwenden, mit dem der Gegenstand des Verfahrens die engsten Verbindungen aufweist. Es hat nur dann nach Billigkeit zu entscheiden, wenn die Parteien ausdrücklich dazu ermächtigt haben (§ 1051 ZPO). Die Parteien können das **Verfahren** im Grunde frei gestalten (§ 1042 Abs. 3 ZPO); im Übrigen bestimmt das Schiedsgericht das Verfahren nach freiem Ermessen (§ 1042 Abs. 4 ZPO), hilfsweise gilt die ZPO. Grundlegende rechtsstaatliche Verfahrensgrundsätze sind jedoch zu beachten: a) Unparteilichkeit und Unabhängigkeit der Schiedsrichter (vgl. § 1036 ZPO). – b) Gleichbehandlung der Parteien (§ 1042 Abs. 1 Satz 1 ZPO). – c) Rechtliches Gehör (§ 1042 Abs. 1 Satz 2 ZPO). – d) Rechtsanwälte dürfen als Bevollmächtigte nicht ausgeschlossen werden (§ 1042 Abs. 2 ZPO). Über diese ausdrücklich geregelten Verfahrensprinzipien hinaus sind auch die tragenden Prozessgrundsätze zu beachten, so die Prüfung der Partei- und Prozessfähigkeit von Amts wegen, denn ohne sie kann weder ein vollstreckungsfähiger Schiedsspruch ergehen noch ein wirksamer Schiedsvergleich geschlossen werden. Rechtshängigkeit (§ 261 ZPO) tritt durch die Einreichung der Klage beim Schiedsgericht nicht ein. Klageänderungen sind nach allgemeinem Prozessrecht zulässig, wenn der Schiedsvertrag sich auch auf den geänderten Anspruch erstreckt; Entsprechendes gilt für eine Widerklage. Klagerücknahme ist nach allgemeinem Prozessrecht zulässig, ohne die erforderliche Einwilligung des Beklagten muss das Schiedsgericht eine Entscheidung treffen.

218 Mit dem **Schiedsspruch** endet das schiedsrichterliche Verfahren, andere Möglichkeiten der Beendigung sind Schiedsvergleich, Klagerücknahme oder Beendigung des Verfahrens (§§ 1048 Abs. 1, 1056 ZPO). Der Schiedsspruch ist schriftlich abzufassen und von den Schiedsrichtern zu unterschreiben. Die Urteilsformel hat sich im Rahmen der gestellten Anträge zu halten; Inhalt des Schiedsspruchs kann der Gleiche sein wie bei einem Gerichtsurteil. Der Schiedsspruch ist zu begründen, wenn nicht ein Begründungsverzicht vorliegt. Jeder Partei ist ein von den Schiedsrichtern unterschriebener Schiedsspruch zu übersenden (§ 1054 ZPO). Sofern die Parteien nichts anderes vereinbart haben, hat das Schiedsgericht darüber zu ent-

---

[823] BGH NJW 1999, 282.
[824] BGH LM 16 zu § 1025 ZPO; a. A. StJ/Schlosser § 1029 ZPO Rn. 15; Zöller/Gummer § 1030 ZPO Rn. 17.
[825] A. A. BGH BGHR 2007, 517.
[826] BL/Hartmann § 1029 ZPO Rn. 14.
[827] BGHZ 53, 315 = NJW 1970, 1046.
[828] BGH ZIP 1995, 678.

scheiden, zu welchem Anteil die Parteien die Kosten des schiedsrichterlichen Verfahrens einschließlich der den Parteien erwachsenen und zur zweckentsprechenden Rechtsverfolgung notwendigen Kosten zu tragen haben (§ 1057 ZPO). Der Schiedsspruch hat unter den Parteien die Wirkung eines **rechtskräftigen Urteils** (§ 1055 ZPO). Aus dem Schiedsspruch findet die Zwangsvollstreckung statt, wenn er vom staatlichen Gericht für vollstreckbar erklärt wird (§ 1060 Abs. 1 ZPO). Inländische Schiedssprüche werden nur dann nicht für vollstreckbar erklärt, wenn einer der Aufhebungsgründe des § 1059 ZPO vorliegt (§ 1060 Abs. 2 ZPO). Die Anerkennung und Vollstreckung ausländischer Schiedssprüche richtet sich nach dem Übereinkommen vom 10. 6. 1958 über die Anerkennung und Vollstreckung ausländischer Schiedssprüche (BGBl. 1961 II S. 121); Vorschriften anderer Staatsverträge bleiben unberührt (§ 1061 ZPO).

Da der Schiedsspruch die Wirkung eines rechtskräftigen Urteils hat (§ 1055 ZPO), ist ein Rechtsmittel nicht zulässig. Es kann jedoch ein Antrag auf **Aufhebung** durch das staatliche Gericht gestellt werden (§ 1059 ZPO), jedoch nur aus folgenden Gründen: a) Unzulässigkeit eines Schiedsvertrags; – b) wenn der Antragsteller von der Bestellung eines Schiedsrichters oder von dem schiedsrichterlichen Verfahren nicht gehörig in Kenntnis gesetzt worden ist oder er aus einem anderen Grunde seine Angriffs- oder Verteidigungsmittel nicht hat geltend machen können; – c) wenn der Schiedsspruch eine Streitigkeit betrifft, die in der Schiedsabrede nicht erwähnt ist oder nicht darunter fällt oder die Grenzen der Schiedsvereinbarung überschritten sind; – d) wenn die Bildung des Schiedsgerichts oder das schiedsrichterliche Verfahren einer Bestimmung der §§ 1025 bis 1066 ZPO oder einer zulässigen Vereinbarung der Parteien nicht entsprechen; – e) wenn der Gegenstand des Streits nach deutschem Recht nicht schiedsfähig ist; – f) wenn die Anerkennung oder Vollstreckung des Schiedsspruchs zu einem Ergebnis führt, das der öffentlichen Ordnung (ordre public) widerspricht. – Die Aufhebung des Schiedsspruchs durch das staatliche Gericht hat zur Folge, dass wegen des Streitgegenstandes die Schiedsvereinbarung wieder auflebt (§ 1059 Abs. 5 ZPO). **219**

Haben die Parteien zulässigerweise einen **Schiedsgutachtervertrag** nur für **220** eine bestimmte (Vor-)Frage aus einem Rechtsverhältnis geschlossen (z. B. bezüglich der Preisbestimmung), so kann diese Frage von dem staatlichen Gericht, dem der Rechtsstreit im Übrigen zugewiesen ist, nicht entschieden werden. Denn hier geht es nicht um gesetzliche Zuständigkeiten und das Verhältnis gleichwertiger staatlicher Gerichte zueinander, sondern um eine diesen durch Vereinbarungen entzogene Rechtsstreitigkeit, sei es auch nur über eine streitige Vorfrage. Dem Kläger ist entsprechend §§ 356, 431 ZPO eine Frist zur Vorlage des einzuholenden Schiedsgutachtens zu setzen, wenn er, ohne dieses bereits eingeholt zu haben, Klage erhebt; lässt er die Frist verstreichen, so ist die Klage als unbegründet abzuweisen;[829] teilweise wird auch eine sofortige Abweisung als unzulässig für richtig gehalten.[830] Entsprechendes gilt, wenn die Entscheidung des Rechtsstreits vor dem staatlichen Gericht von einem streitigen Rechtsverhältnis abhängt, für das die Parteien einen Schiedsvertrag vereinbart haben. Auch hier darf der Parteiwille, den Rechtsstreit den staatlichen Gerichten zu entziehen, nicht über die Vorfragenkompetenz umgangen werden. Anders ist zu entscheiden und eine Vorfragenkompetenz zu bejahen, wenn die Parteien lediglich für das präjudizielle Rechtsverhältnis die Zuständigkeit eines besonderen staatlichen Gerichts vereinbart haben.

Das Schiedsgericht kann gegenüber dem früheren Recht[831] auf Antrag **vorläufige 221 oder sichernde Maßnahmen** in Bezug auf den Streitgegenstand anordnen (§ 1041

---

[829] Vgl. *BL/Hartmann* Grundzüge vor § 1025 ZPO Rn. 17; *StJ/Schlosser* vor § 1025 ZPO Rn. 40; *Dahlen* NJW 1971, 943; für eine sofortige Abweisung als derzeit unbegründet OLG Zweibrücken NJW 1971, 943; LG Göttingen NJW 1954; 560.
[830] *Habscheid* KTS 1972, 219; FS Lehmann, 1956 Band II S. 789 ff., 806 ff.
[831] BTagsDrucks. 13/5274 S. 44.

ZPO). Unabhängig davon und von einer Schiedsvereinbarung kann auch das staatliche Gericht vor oder nach Beginn des Schiedsverfahrens vorläufige oder sichernde Maßnahmen in Bezug auf den Streitgegenstand des schiedsrichterlichen Verfahrens anordnen (§ 1033 ZPO); eine generelle Subsidiarität der staatlichen gegenüber dem schiedsgerichtlichen Rechtsschutz besteht nicht.[832]

222 Wird ein ordentliches Gericht wegen eines Rechtsstreits angerufen, für den die Parteien einen Schiedsvertrag geschlossen haben, ist die **Klage als unzulässig** abzuweisen, wenn sich der Beklagte durch prozesshindernde Einrede auf den Schiedsvertrag beruft (§ 1032 ZPO); von Amts wegen ist eine Schiedsgerichtsklausel nicht zu berücksichtigen, es sei denn, dies ist von den Parteien vereinbart. Grundsätzlich wirkt der Schiedsvertrag nur zwischen den Beteiligten; an ihn gebunden sind aber auch Dritte, die Gesamtrechtsnachfolger einer Partei werden oder die aus einem Vertrag zugunsten Dritter Rechte herleiten.[833] Für den Fall der Sonderrechtsnachfolge sieht die RSpr in der Schiedsklausel eine Eigenschaft des abgetretenen Rechts selbst, die entsprechend § 401 BGB auf den Erwerber übergeht, sofern nichts Gegenteiliges vereinbart wird oder – z.B. wegen eines besonderen Vertrauensverhältnisses unter den Parteien[834]– den Umständen zu entnehmen ist. Der Formzwang des § 1031 ZPO soll nach seinem Zweck (Schutz vor übereiltem Verzicht auf den gesetzlichen Richter) für den Fall der Zession nicht gelten, denn hier ist es dem Erwerber zuzumuten, sich über das Bestehen einer – notwendig in gesonderter Urkunde vereinbarten – Schiedsklausel zu erkundigen.[835]

223 Beteiligte, die nicht selbst in die Rechtsstellung als Schuldner des streitigen Verhältnisses einrücken (so Bürgen, Mitschuldner, Garanten, Hypothekare), sind an die Schiedsklausel nicht gebunden, da ihre Verbindlichkeit selbstständig neben der Hauptschuld besteht und ein eigenes rechtliches Schicksal hat.[836] Fraglich bleibt die Erstreckung der Schiedsklausel auf solche Beteiligte, die für eigene Handlungen und Erklärungen etwa nach den §§ 179 BGB, 11 GmbHG, 41 AktG haften. Sie ist deshalb zu verneinen, weil aus den Voraussetzungen dieser Vorschriften sich jeweils nicht genügend sicher auf den notwendigen Willen des Erklärenden schließen lässt, auch für seine Person auf den gesetzlichen Richter zu verzichten. Aus den Vertragserklärungen lässt sich diese Willensrichtung nicht ableiten, da der vollmachtlose Vertreter (nach § 179 BGB) bzw. der Handelnde (nach den §§ 11 GmbHG, 41 AktG) gerade nicht selbst Vertragspartei wird.[837] Auch sonst fehlen dringende Gründe, die in derartigen Fällen eine Erstreckung der Schiedsklausel auf den für seine Erklärung Haftenden gebieten; sie ist deshalb zu verneinen.[838] Ein von einer oHG geschlossener Schiedsvertrag bindet nicht notwendigerweise auch die Gesellschafter, häufig wird er jedoch auch unter Berücksichtigung prozessökonomischer Gesichtspunkte in diesem Sinne auszulegen sein.[839] Der Insolvenzverwalter ist – abgesehen von dem Fall einer Anfechtungsklage[840] – an eine vom Gemeinschuldner getroffene Schiedsabrede gebunden.[841] Für oder gegen mehrere Beteiligte, die nach der ZPO wegen sonst fehlender Sachbefugnis notwendige Streitgenossen „aus einem sonstigen Grund" (§ 62 Abs. 1, 2. Alt. ZPO) sind, kann ein Schiedsspruch nur beantragt werden, wenn alle den Schiedsvertrag gemeinsam (oder nacheinander) geschlossen haben; andernfalls muss einheitlich vor dem ordentlichen Gericht

---

[832] BTagsDrucks. 12/5274 S. 38, *Zöller/Gummer* § 1033 ZPO Rn. 2.
[833] BGHZ 71, 162 = NJW 1978, 1585.
[834] RGZ 146, 52.
[835] BGHZ 71, 162 = NJW 1978, 1585.
[836] *BL/Hartmann* § 1029 ZPO Rn. 23; *StJ/Schlosser* § 1029 Rn. 33; vgl. BGHZ 68, 356 = NJW 1977, 1397.
[837] BGH LM 44 zu § 139 ZPO.
[838] BGHZ 68, 356 = NJW 1977, 1397; a. A. für § 11 GmbHG KG JW 1929, 2163.
[839] Str., vgl. *StJ/Schlosser* § 1029 Rn. 34; OLG Köln NJW 1961, 1312.
[840] BGH NJW 1956, 1920.
[841] BGHZ 24, 15 = NJW 1957, 791; *StJ/Schlosser* § 1029 Rn. 35.

verhandelt werden. Bei der Notwendigkeit nur einheitlicher Feststellung (§ 62 Abs. 1, 1. Alt. ZPO) ist dagegen eine Doppelspurigkeit zulässig.[842]

Erlischt ein Schiedsvertrag oder ist er wegen besonderer gesetzlicher Regelung **224** oder nach allgemeinen Grundsätzen (etwa § 138 BGB) unwirksam, so ist die staatliche Gerichtsbarkeit zur Entscheidung berufen. Eine Schiedsklausel tritt namentlich insoweit außer Kraft, als einer Klage in derselben Angelegenheit vor einem ordentlichen Gericht nicht mehr die Rüge der Unzulässigkeit entgegengehalten werden kann und als eine rechtskräftige Entscheidung des staatlichen Gerichts in derselben Angelegenheit ergeht. Eine Schiedsgerichtsvereinbarung wird weiter unwirksam, sofern eine Partei sie mit zureichender Begründung anficht oder von ihr zurücktritt, ferner im Fall einverständlicher Aufhebung, die jederzeit bis zur rechtskräftigen Vollstreckbarerklärung (§ 1060 ZPO), anschließend jedoch nicht mehr statthaft ist.[843] Eine Schiedsvereinbarung kann aus wichtigem Grund **gekündigt** werden, wenn die Partei wegen einer nach Vertragsschluss eingetretenen Verschlechterung ihrer wirtschaftlichen Verhältnisse die erforderlichen Kostenvorschüsse für das Schiedsverfahren nicht mehr aufbringen kann.[844]

nicht belegt. **225–300**

J. Einzelfälle (alphabetisch)

Abschleppunternehmen. Beauftragt die Polizei einen Abschleppunternehmer, **301** ein verbotswidrig geparktes Kraftfahrzeug abzuschleppen, entstehen in der Regel nur zwischen Polizei und Unternehmer Rechtsbeziehungen. Die Polizei ist zur Bezahlung der Abschleppkosten (privatrechtlich) verpflichtet[845] und kann sie ihrerseits vom Parkenden erstattet verlangen. Dieser Anspruch ist jedoch öffentlich-rechtlich und kann nicht im ordentlichen Rechtsweg geltend gemacht werden.[846] Daran ändert sich nichts, wenn der Abschleppunternehmer unmittelbar die Kosten vom Fahrzeugbesitzer beim Abholen einzieht, so dass ein Anspruch des Fahrzeugbesitzers gegen die Polizei auf Rückzahlung der Abschleppkosten nicht vor die ordentlichen Gerichte gehört.[847]

Abschöpfung, d.h. vom Importeur zu zahlende Differenz zwischen behördlich **302** festgesetztem Abgabepreis und Übernahmepreis im Rahmen von Einfuhrregelungen.[848] Für den Streit um eine Herabsetzung der Abschöpfungssätze (d.h. auf Gewährung einer Subvention) ist nach BVerwG[849] der Verwaltungsrechtsweg eröffnet.[850] Für den Anspruch auf Zahlung des Unterschiedsbetrags zwischen Übernahme- und Abgabepreis ist der ordentliche Rechtsweg gegeben,[851] ebenso bei Streitigkeiten über die Preisbemessung.[852] Vgl. Marktregelung (Rn. 406).

Abwässerbeseitigung. Vgl. Kanalisation (Rn. 379), Kläranlage (Rn. 386), Was- **303** serrecht (Rn. 490), Wasserversorgung (Rn. 494).

Abwehrklage. Vgl. Immission (Rn. 370) und Namensstreitigkeiten (Rn. 412). **304**

Abwerbung. Vgl. Wettbewerb (Rn. 497). **305**

Amtsvormundschaft. Für die Entscheidung von Rechtsstreitigkeiten, die sich aus **306** der Führung einer Amtsvormundschaft ergeben, sind die Zivilgerichte zuständig.[853]

---

[842] *StJ/Schlosser* § 1029 Rn. 33.
[843] *BL/Hartmann* § 1029 ZPO Rn. 27.
[844] BGH NJW-RR 1994, 1214.
[845] BVerwG DÖV 1973, 244; BGH NJW 1977, 628.
[846] HessVGH HessVGRspr 1981, 81; vgl. BVerwG NVwZ 1982, 309.
[847] VG Gelsenkirchen DAR 1980, 94; OVG Münster DAR 1980, 223.
[848] Vgl. BVerwG DÖV 1958, 419.
[849] NJW 1972, 2325 m. Anm. *Grave* NJW 1973, 292.
[850] Zur Erstattung von Abschöpfungsbeträgen vgl. BVerwG NJW 1957, 1687; 1959, 118.
[851] BGHZ 20, 77 = NJW 1956, 670.
[852] BVerwG NJW 1959, 212.
[853] VG Schleswig DAV 1967, 12.

307 **Anbauvertrag.** Hat sich eine Gemeinde anlässlich der Behandlung eines Baugesuchs vom Bewerber in einem sogenannten Anbauvertrag ohne rechtliche Grundlage eine Geldzuwendung versprechen lassen, die der Erfüllung der durch die Bautätigkeit vermehrten Verwaltungsaufgaben dienen soll, so ist für den auf die Nichtigkeit der Bestimmung gegründeten Anspruch auf Rückgewähr der Zuwendung der Rechtsweg zu den VG gegeben.[854] – Für den nach Veräußerung eines Anliegergrundstücks erhobenen Geldanspruch wegen Übereignung von Straßenland, das an die Erschließungsgemeinde unentgeltlich unter dem Vorbehalt der Verrechnung mit späteren Straßenbaukosten abgetreten wurde, sind gleichfalls die VG zuständig.[855]

308 **Anliegerbeiträge.** Für den Anspruch auf Verzinsung der zurückzuerstattenden Anliegerbeiträge ist der Verwaltungsrechtsweg gegeben.[856]

308a **Anwaltsgerichtshof** (früher Ehrengerichtshof für Rechtsanwälte) ist für alle Verwaltungsakte, die nach der BRAO ergehen, ausschließlich zuständig (§ 223 BRAO), eine einheitliche Verfahrensregelung und eine einheitliche Zuständigkeit sollte für die Anfechtung aller Maßnahmen bestehen, die auf dem Gebiet des Anwaltsrechts denkbar sind;[857] deshalb sind auch Feststellungs- und Unterlassungsklagen einzubeziehen.[858] Zuständigkeit besteht auch für die Klage, dass die BRAK Einwirkungen auf den Deutschen Anwaltsverein unterlassen soll, durch die kritische Äußerungen eines RA über die BRAK im AnwBl. unterbunden werden.[859] Ebenso besteht die Zuständigkeit für Rechtsstreitigkeiten um die Bezeichnung ‚Fachanwalt'.[860]

309 **Anweisung** an nachgeordnete Behörden oder Beamte ist grundsätzlich behördenintern und ohne Außenwirkung; deshalb können andere Personen daraus weder Rechte herleiten noch dagegen angehen (vgl. § 23 EGGVG Rn. 29). – Enthält das Schreiben einer staatlichen Behörde an gleich- und nachgeordnete Behörden eine Dienstanweisung, kann das Verlangen des davon Betroffenen, darin enthaltene ihm nachteilige Behauptungen zu widerrufen, nicht im ordentlichen Rechtsweg verfolgt werden.[861] Vgl. innerdienstliche Anordnung (Rn. 372).

310 **Apotheker.** Für Streitigkeiten zwischen einem Apotheker und einer Ortskrankenkasse über den Beitritt zu einem Vertrag über die Belieferung der Mitglieder der Kasse mit Arzneimitteln und die Bezahlung durch die Kasse unter wettbewerbsrechtlichen Gesichtspunkten ist der ordentliche Rechtsweg gegeben.[862] Dasselbe gilt für solche aus Verträgen zwischen der Ortskrankenkasse und Apothekern auf Beteiligung an der arzneimäßigen Versorgung der Kassenpatienten gegen taxmäßige Vergütung.[863] – Für eine Streitigkeit, ob eine Landesapothekerkammer zu Recht die Werbung eines Apothekers für unzulässig und standeswidrig hält und deshalb die Einleitung eines berufsgerichtlichen Verfahrens androhen darf, ist nicht der ordentliche Rechtsweg zulässig, weil dabei die Kammer in Ausübung einer öffentlich-rechtlichen Befugnis handelt.[864] Auch für einen Rechtsstreit zwischen der Apothekerkammer und dem Land (als Aufsichtsbehörde) über die Frage, ob die Durchsetzung des in der vom Land genehmigten Satzung enthaltenen Rabattverbots gegenüber den Apothekern gegen das GWB verstößt, ist trotz

---

[854] BGHZ 56, 365 = NJW 1971, 1842; BGH NJW 1972, 585; BVerwGE 22, 138 = NJW 1966, 219; abweichend noch BGH NJW 1961, 1355.
[855] BGH NJW 1974, 1709.
[856] OVG Münster MDR 1964, 955.
[857] BGHZ 34, 244 = NJW 1961, 922; BVerwG NJW 1984, 191; OLG München NJW 1995, 674.
[858] BVerwG NJW 1993, 2883; OVG Lüneburg NJW 1996, 869.
[859] OVG Münster NJW 1955, 3403.
[860] BVerwG NJW 1993, 2883.
[861] BGHZ 14, 222, 226 = NJW 1954, 1486.
[862] BGHZ 34, 53 = NJW 1961, 405; BGH NJW 1964, 2208, 2209.
[863] LG Köln MDR 1967, 225.
[864] OLG Koblenz WRP 1980, 224; OLG München WRP 1980, 171.

des eindeutigen kartellrechtlichen Inhalts dieser Streitigkeit nicht der ordentliche Rechtsweg gegeben: Die Beziehungen zwischen Land und Apothekerkammer einerseits und die zwischen Apothekerkammer und den Apothekern andererseits sind öffentlich-rechtlich, und die Zuständigkeit der ordentlichen Gerichte nach dem GWB setzt eine bürgerliche Rechtsstreitigkeit voraus[865] (vgl. Rn. 137, 313).

Arbeitgeberzuschuss nach § 405 RVO a. F., jetzt § 257 SGB V: Für den Anspruch auf Arbeitgeberzuschuss nach § 405 RVO ist der Rechtsweg zu den Sozialgerichten gegeben.[866] **311**

Arbeitsplatzdarlehen. Der Rückforderungsanspruch des Ausgleichsfonds aus einem gekündigten Darlehen ist zivilrechtlich, wenn der Fonds zuvor eine Ausfallbürgschaft gegenüber einem Kreditinstitut als Darlehensgeber eingelöst hatte und wenn er die nun auf ihn übergegangene Darlehensforderung verfolgt; wird der Kredit aber unzulässigerweise mit einem Leistungsbescheid zurückgefordert, so soll für die Anfechtung dieses Bescheids der Verwaltungsrechtsweg offen stehen.[867] **312**

Arzneimittel. Für die Klage eines Arzneimittelherstellers gegen eine seinen Umsatz benachteiligende Arzneimittel-Richtlinie: Rechtsweg zu den Sozialgerichten, da es um die Handhabung des dem Sozialrecht angehörigen Wirtschaftlichkeitsgrundsatzes nach § 368 e RVO a. F. geht. Der geltend gemachte Abwehranspruch richtet sich gegen eine Einwirkung, die auf Ausübung hoheitlicher Gewalt beruht, die Vollstreckung des Urteils würde eine hoheitliche Maßnahme betreffen.[868] Für Streitigkeiten aus einer Rahmenvereinbarung über die Belieferung von Patienten mit Arzneimitteln, die zwischen einem Verein von Apothekern und Trägern der Sozialhilfe, die Krankenhilfe nach § 37 BSHG zu gewähren haben, geschlossen ist, ist der ordentliche Rechtsweg gegeben.[869] Für die Klage eines Herstellers gegen einen privatrechtlich organisierten Apothekerverband auf Unterlassung und Schadenersatz wegen Informationen im Zusammenhang mit der „aut-idem"-Regelung des § 129 Abs. 1 SGB V sind ebenfalls die Sozialgerichte zuständig.[870] Vgl. Leistungserbringung Rn. 140, Krankenkassen Rn. 395. **313**

Arzt. Streitigkeiten aus den Versorgungseinrichtungen der Ärztekammern gehören nicht vor die ordentlichen Gerichte, da die Zugehörigkeit zu den Versorgungseinrichtungen Zwangscharakter hat.[871] Über den Anspruch auf Berichtigung eines amtsärztlichen Gutachtens ist von den VG zu entscheiden.[872] Für Honorarklagen eines Arztes gegen einen Kassenpatienten, der es versäumt hat, die erforderlichen Krankenscheine rechtzeitig vorzulegen, ist der ordentliche Rechtsweg gegeben.[873] Vgl. Kassenarztrecht (Rn. 136, 381), Krankenkassen (Rn. 395), Krankenhaus (Rn. 394). **314**

Arzthaftung wegen Behandlungsfehlern: Rechtsweg zu den ordentlichen Gerichten, da das Arzt-Patientenverhältnis, auch zwischen Kassenpatienten und Kassenarzt, privatrechtlich ausgestaltet ist[874] (§ 368 d Abs. 4 RVO a. F.). **315**

Aspirantenverträge. Für den Anspruch der BRep auf Rückzahlung von Studienförderungsmitteln (die sie auf Grund eines Vertrages z. B. nach den Richtlinien für die Gewährung von Studienbeihilfen an Nachwuchskräfte der Bundeswehr gewährt hat) ist nicht der ordentliche, sondern der Verwaltungsrechtsweg gege- **316**

---

[865] BGHZ 41, 194 = NJW 1964, 1518.
[866] GemS NJW 1974, 2087.
[867] BVerwGE 30, 211.
[868] BVerwGE 74, 251 = NJW 1987, 725 m. Anm. *Hohm* SGb 1987, 318; BSG NJW 1989, 2771; *Lecheler* NJW 1987, 725, 698.
[869] BGH NJW 2000, 872.
[870] BGH NJW-RR 2004, 1119.
[871] BVerwG NJW 1964, 463; OVG Münster NJW 1962, 694.
[872] BVerwG NJW 1970, 1990.
[873] AG Köln NJW 1995, 789.
[874] Eingehend *Tiemann* NJW 1985, 2169.

ben.[875] Ebenso sind Rechtsstreitigkeiten aus Studienförderungsverträgen der Bundespost mit Aspiranten für die Postbeamtenlaufbahn öffentlich-rechtliche Streitigkeiten nach § 40 VwGO.[876] Stellt ein Rechtsanwalt einen Assessor als Arbeitnehmer ein mit der Zusage einer Sozietät nach Ablauf einer Wartefrist, so sind Schadensersatzansprüche wegen Nichteinhaltung der Sozietätszusage vor dem ordentlichen Gericht, nicht vor dem ArbG zu verfolgen; dies gilt jedenfalls dann, wenn die Sozietätsabrede neben dem Arbeitsverhältnis eigenständige Bedeutung hatte.[877] Vgl. Ausbildung vor Beamtenverhältnis (Rn. 320), Studienförderung (Rn. 457).

317 **Atomschäden.** Anspruch aus § 38 Abs. 2 AtomG ist bürgerlich-rechtlich und fällt in die Zuständigkeit der ordentlichen Gerichte.[878]

318 **Aufklärung,** unterlassene. Wird ein Schadensersatzanspruch gegen eine Krankenkasse damit begründet, dass die Kasse ihre Auskunfts- und Beratungspflicht aus dem Versicherungsverhältnis verletzt habe, so ist der Rechtsweg zu den Sozialgerichten jedenfalls dann gegeben, wenn nur dieser Anspruch aus dem Versicherungsverhältnis, nicht aber gleichzeitig auch ein Anspruch aus Amtspflichtverletzung geltend gemacht wird.[879]

319 **Auftragsvergabe und -sperre.** Bei behördlichen Auftragsvergaben und Auftragssperren handelt es sich in aller Regel um bürgerlich-rechtliche Akte, die vor den VG nicht angefochten werden können; dies gilt auch dann, wenn die angefochtene Maßnahme in einer Weisung der übergeordneten Dienststelle an nachgeordnete Stellen innerhalb derselben Gebietskörperschaft besteht,[880] ebenso bei einem Ausschluss kraft gesetzlicher Sanktion.[881] – So handelt es sich bei dem Ausschluss eines Abschleppunternehmens (Rn. 301) von der Erteilung von Aufträgen durch die zuständige Verwaltungsbehörde regelmäßig nicht um eine öffentlich-rechtliche, sondern um eine privatrechtliche Maßnahme; gleiches gilt für Streichung von einer Liste mit Abschleppunternehmen, die im Bedarfsfall liegengebliebenen Kraftfahrern von der zuständigen Behörde mitgeteilt wird.[882] Ausnahmen können gelten, wenn die Behörde bei der Auftragsvergabe gleichzeitig spezielle öffentlich-rechtliche Verpflichtungen, etwa fürsorgerechtlicher Art zugunsten bestimmter Personen (z. B. §§ 74 BVFG, 68 BEG), zu beachten hat, da dann ein Streit „um den Inhalt und das Ausmaß der Bevorzugungspflicht" entsteht.[883] Außerdem hat das BVerwG die Möglichkeit einer hoheitlichen Qualifizierung von Auftragssperren für den Fall angedeutet, dass sie im Rahmen sicherheits- oder gewerbepolizeilicher Maßnahmen erfolgen.[884] So wäre etwa der Ausschluss von weiteren Abschleppaufträgen insoweit als öffentlich-rechtlich einzustufen, als es nur um die Inanspruchnahme von Nichtstörern bei polizeilichem Notstand ginge, also wenn die Polizei zur schnellen Beseitigung einer Gefahr für die öffentliche Sicherheit Fahrzeuge abschleppen lassen müsste und hierfür auf privatrechtlicher Basis dienstbereite Unternehmer nicht finden könnte.[885] – Enthält ein Schreiben einer staatlichen Baubehörde, das an gleich- und nachgeordnete Behörden gerichtet ist, eine Dienstan-

---

[875] BGH NJW 1972, 763.
[876] BAG RdA 1973, 206; BVerwGE 30, 65 = NJW 1968, 2023; a. A. LG München NJW 1968, 2016 m. Anm. *Schmidt* NJW 1969, 616.
[877] BAG NJW 1976, 206.
[878] OVG Münster NJW 1990, 3226; VG Köln NJW 1988, 1995, 1996.
[879] BSG DB 1970, 839.
[880] BVerwGE 5, 325 = NJW 1958, 394 m. Anm. *Stern* NJW 1958, 683 und *Bettermann* DVBl. 1958, 867; vgl. auch BGHZ 14, 222 = NJW 1954, 1486.
[881] OVG Lüneburg NVwZ-RR 2006, 845.
[882] BVerwG MDR 1973, 525; OLG Stuttgart BB 1973, 1142; a. A. OVG Münster DVBl. 1971, 115 m. abl. Anm. *Bettermann*.
[883] BVerwG DÖV 1970, 280; *Weber* JuS 1973, 651 m. w. N.; dazu auch BVerwGE 7, 89; E 14, 65; BVerwG MDR 1966, 536.
[884] BVerwGE 5, 327 = NJW 1958, 394.
[885] BVerwG DÖV 1973, 244.

weisung zum Ausschluss einer Firma von jeglicher Auftragserteilung, so soll allerdings das Verlangen des betroffenen Bauunternehmers auf Widerruf nicht im ordentlichen Rechtsweg verfolgt werden können.[886] Vgl. Leistungserbringung Rn. 140, Anweisung Rn. 309, innerdienstl. Anordnung Rn. 372, Kartellsachen Rn. 380, Kunst Rn. 397, Vergabeverfahren Rn. 474a.

Ausbildung vor Beamtenverhältnis und Beamtenanwartschaft. Ist ein Beamtenverhältnis noch nicht begründet, liegt eine Streitigkeit aus einer darauf angelegten vorbereitenden Rechtsbeziehung vor, so dass ist nach § 126 BRRG der Verwaltungsrechtsweg zulässig ist; es handelt sich bereits um „Klagen aus dem Beamtenverhältnis" im Sinn dieser Bestimmung. Dies gilt etwa für Streitigkeiten um Prüfungen, die den Zugang zu Laufbahnen des mittleren und gehobenen Beamtendienstes eröffnen,[887] für die Klage auf Zulassung zu einer Prüfung für das Lehramt an Gymnasien[888] und für eine Klage wegen Nichtzulassung zum Auswahlwettbewerb für den höheren auswärtigen Dienst der BRep.[889] Bei Streitigkeiten aus Prüfungsvorgängen (wie etwa dem der 2. juristischen Staatsprüfung) handelt es sich zwar nicht um Klagen „aus dem Beamtenverhältnis"; gleichwohl ist, da der hoheitliche Charakter des Prüfungsverfahrens nicht zweifelhaft ist, der Verwaltungsrechtsweg eröffnet.[890] – Eine Streitigkeit „aus dem Beamtenverhältnis" wird auch schon durch die Klage eines Arbeitnehmers begründet, der in die Anwärterliste der Bundesbahn für Beamte aufgenommen war, dessen Name dann aber gestrichen wurde.[891] Für Schadensersatzansprüche aus der Verletzung einer Zusicherung auf Einstellung als Beamter den ordentlichen Rechtsweg zu bejahen,[892] dürfte überholt sein. Vgl. Aspirantenverträge (Rn. 316). Überzahlte Ausbildungsbeihilfe nach dem LAG ist mit einem öffentlich-rechtlichen Erstattungsbescheid zurückzufordern; dieser ist vor den VG anzufechten.[893] Verträge zu dem Zweck, die Vorbildung des Beamtennachwuchses zu finanzieren, sind öffentlich-rechtliche Verträge (Rn. 16, 89) mit beiderseitigen Rechten und Pflichten. Ein daraus hergeleiteter Rückzahlungsanspruch ist öffentlich-rechtlicher Art und gehört vor die VG.[894] Streitigkeiten über die Rückzahlung staatlicher Ausbildungsbeihilfen gehören auch dann vor die VG, wenn der Empfänger seine Rückzahlungspflicht in notarieller Urkunde anerkannt hat.[895] 320

Ausfuhrvergütung. Für Klagen auf Ausfuhrvergütungen ist der Finanzrechtsweg gegeben;[896] dies gilt auch, wenn der Erstattungsberechtigte seinen Zahlungsanspruch an einen Dritten abgetreten hat.[897] 321

Auskunftei, private. Sie nimmt weder bei der Übermittlung personenbezogener Daten noch bei der Auskunftserteilung über Identität und berechtigtes Interesse der Datenempfänger öffentlich-rechtliche Funktionen wahr; für Auskunftsbegehren Betroffener steht der Verwaltungsrechtsweg nicht offen.[898] 322

Auskunftsklage. Wie bei der Akteneinsicht (Rn. 119) ist grundsätzlich die Gerichtsbarkeit zuständig, in deren Entscheidungsbereich das aufzuklärende Rechtsverhältnis fällt.[899] Dient eine Klage gegen das Jugendamt auf Auskunft über eine 323

---

[886] BGHZ 14, 222 = NJW 1954, 1486.
[887] BVerwGE 30, 172.
[888] VGH Mannheim DVBl. 1974, 49.
[889] OVG Münster ZBR 1969, 247.
[890] Z. B. BVerwGE 38, 105; E 40, 205; BVerwG DÖV 1961, 790.
[891] BAG AP Nr. 29 zu § 2 ArbGG 1953 – Zuständigkeitsprüfung m. zust. Anm. Wertenbruch.
[892] BGHZ 23, 36.
[893] BVerwGE 26, 221.
[894] BVerwGE 74, 78 = NJW 1986, 2589; BAG NJW 1991, 943.
[895] BGH NJW 1994, 2620.
[896] BFH DB 1976, 1316.
[897] BFH DStR 1976, 77.
[898] OVG Münster NJW 1981, 1285.
[899] Vgl. OVG Münster MDR 1958, 544.

Inkognito-Adoption in Wirklichkeit der Anfechtung dieser Adoption, sind deshalb nicht die VG, sondern die Zivilgerichte zuständig.[900] Ebenso sind die VG nicht für die Entscheidung zuständig, ob eine Behörde verpflichtet ist, dem an sie von einer StA gerichteten Auskunftsverlangen zu entsprechen; dies wäre ein Eingriff in die Zuständigkeit der ordentlichen Gerichte, die allein zu richterlichen Untersuchungshandlungen in einem Strafverfahren berufen sind.[901] Für die Klage eines Benutzers des Telegrammdienstes auf Auskunft über den Namen des beteiligten Beamten ist der Verwaltungsrechtsweg gegeben,[902] ebenso für eine Klage auf Benennung eines im diplomatischen Dienst tätig gewesenen Beamten[903] oder generell für eine Auskunftsklage gegen eine Behörde zur Vorbereitung eines Amtshaftungsanspruchs. Für den Anspruch eines Denunzierten auf Namensnennung des Denunzianten gegen das Finanzamt nach Einstellung des Steuerstrafverfahrens ist nicht der Finanzrechtsweg gegeben, sondern der nach § 23 EGGVG.[904] – Zu beachten bleibt weiter, dass durch eine Klage auf Erteilung oder Nichterteilung einer Auskunft nicht das Beweisverfahren einer anderen Gerichtsbarkeit beeinflusst werden darf. Vgl. Rn. 119 und § 23 EGGVG Rn. 109.

324 **Auslobung.** Setzt eine Behörde in Wahrnehmung ihrer Aufgaben eine Belohnung für die Vornahme einer Handlung oder das Herbeiführen eines Erfolges aus (vgl. § 657 BGB), so ist der ordentliche Rechtsweg zulässig. Dies gilt insbesondere auch bei Auslobungen durch Polizei und StA.[905]

324a **Baulast** ist eine vom Grundstückseigentümer gegenüber der Bauaufsichtsbehörde nach Landesrecht übernommene öffentlich-rechtliche Verpflichtung zu einem sein Grundstück betreffendes Tun, Dulden oder Unterlassen, das sich nicht schon aus öffentlich-rechtlichen Vorschriften ergibt. Streitigkeiten gehören vor die Verwaltungsgerichte.[906]

325 **Baunachfolgelasten.** Streitigkeiten aus Verträgen, durch die sich Bauwillige gegenüber einer Gemeinde zum Ersatz bestimmter Folgekosten eines Bauvorhabens verpflichten, sind von den VG zu entscheiden (vgl. Rn. 353). Aus den Verhandlungen einer Gemeinde mit einem Bauwilligen über den Abschluss eines öffentlich-rechtlichen Vertrags zur Abwälzung von Folgelasten der Bebauung können sich Pflichten der Gemeinde ergeben, deren Verletzung zur Haftung aus culpa in contrahendo führt. Zur Prüfung solcher Ansprüche waren früher die ordentlichen Gerichte berufen;[907] nach der Neufassung von § 40 Abs. 2 Satz 1 VwGO dürfte der Verwaltungsrechtsweg eröffnet sein.

326 **Beamte.** Für alle Klagen der Beamten, Ruhestandsbeamten, früheren Beamten und der Hinterbliebenen aus dem Beamtenverhältnis ist der Verwaltungsrechtsweg ebenso gegeben wie für Klagen des Dienstherrn (§ 126 BRRG, für Bundesbeamte § 172 BBG). Entsprechendes gilt nach §§ 46 und 71 Abs. 3 DRiG für Klagen aus dem Richterverhältnis. Die verwaltungsgerichtliche Zuständigkeit gilt insbesondere auch für eigenständige und unmittelbare Schadensersatzansprüche aus **Verletzung der Fürsorgepflicht.**[908] Daneben kann die Verletzung der Fürsorgepflicht aber auch einen Amtshaftungsanspruch begründen, der vor den Zivilgerichten zu verfolgen ist[909] – Für die Klage eines von einem Dienstunfall

---

[900] VG Stuttgart DAV 1970, 103.
[901] BVerwG NJW 1959, 1456.
[902] OVG Lüneburg DVBl. 1958, 323.
[903] OVG Münster MDR 1963, 871.
[904] FG Niedersachsen NStZ-RR 1997, 141.
[905] *Stober* DÖV 1979, 860.
[906] Vgl. BVerwG NJW 1993, 480; OVG Berlin NJW 1994, 2971; *Masloh* NJW 1995, 1993.
[907] BGH NJW 1978, 1802.
[908] BVerwGE 13, 17; offen gelassen in BGHZ 43, 178 = NJW 1965, 1177.
[909] BGHZ 29, 310 = NJW 1959, 1124; BVerwGE 18, 181, 183 f.; zur Doppelzuständigkeit *Kopp/Schenke* § 40 VwGO Rn. 78 m. w. N.

betroffenen Beamten auf Zahlung eines Schmerzensgeldes steht der Zivilrechtsweg offen, denn ein Anspruch auf Ersatz immateriellen Schadens kann nicht aus dem Beamtenrecht hergeleitet werden.[910] – Ein nichtiges Beamtenverhältnis kann in aller Regel nicht in ein Arbeitsverhältnis mit der Folge der Zuständigkeit der ArbG umgedeutet werden. – Bundesbeamte können nicht im Verwaltungsrechtsweg geltend machen, die dem Vermieter von Wohnungen, die mit Bundesmitteln für Bundesbedienstete errichtet wurden, erteilte Zustimmung zur Erhöhung der Miete sei rechtswidrig.[911] Andererseits sind die Beziehungen zwischen dem Dienstherrn und dem Beamten bzw. Angestellten, der eine Dienstwohnung innehat, nicht mietvertragsähnlich, sondern öffentlich-rechtlicher Natur und eröffnen den Verwaltungsrechtsweg.[912] – Für die Klage eines Beamten auf Genehmigung von Kindergeld ist der Rechtsweg zu den Sozialgerichten eröffnet.[913]

326 a Die **Beistandschaft** ist als bürgerlich-rechtliches Institut in den §§ 1712 ff. BGB geregelt. Auf die Führung der Beistandschaft sind nach § 56 Abs. 1 SGB VIII die Vorschriften des BGB anzuwenden, soweit das SGB nichts anderes bestimmt; das gilt auch für die dem Jugendamt übertragenen Aufgaben der Beistandschaft, § 55 Abs. 1 SGB VIII. Soweit das Jugendamt als Beistand auch öffentlich-rechtliche Pflichten treffen, die daraus resultieren, dass es als Behörde mit Beistandsaufgaben betraut ist, damit das in eine öffentlich-rechtliche Institution „zu setzende Vertrauen auf eine zweckentsprechende Amtsführung, auf die Vollständigkeit und Richtigkeit gegebener Auskünfte und Hinweise sowie auf die wahrheitsgemäße Weitergabe von Informationen" gewährleistet ist, ist, abgesehen von Schadensersatzansprüchen, der Verwaltungsrechtsweg gegeben.[914]

327 **Bergrechtliches Zwangsabtretungsverfahren.** Ein privatrechtlicher Vertrag liegt vor, wenn sich zwei Personen nach Einleitung, aber außerhalb eines bergrechtlichen Zwangsabtretungsverfahrens einigen, das Gelände dem Bergwerkseigentümer vorübergehend gegen Entgelt zu überlassen.[915]

328 **Berufsgenossenschaften.** Für Streitigkeiten zwischen Berufsgenossenschaften und der Post über die Erstattung von Aufwendungen, die der Post durch die Auszahlung von Renten aus der gesetzlichen Unfallversicherung entstehen, sind die Sozialgerichte zuständig.[916] Bei Streitigkeiten aus der Vollstreckung von Beitragsbescheiden einer Berufsgenossenschaft ist der Rechtsweg zu den Sozialgerichten gegeben, wenn sie Vollziehungsbeamten obliegt.[917] Der Rückgriffsanspruch der Versicherungsträger nach § 640 RVO (jetzt § 110 SGB VII) ist eine bürgerlich-rechtliche Regressforderung, für die der ordentliche Rechtsweg zulässig ist.[918]

329 **Bestattungs- und Friedhofswesen.** Der Friedhofsträger kann das Betriebsverhältnis öffentlich-rechtlich oder privatrechtlich ausgestalten. Im ersteren Fall ist der Rechtsweg zu den Verwaltungsgerichten, im letzteren zu den ordentlichen Gerichten gegeben.[919] Ist die Benutzung eines von einer Religionsgemeinschaft betriebenen Friedhofs bürgerlich-rechtlich geregelt, ist für Streitigkeiten um den Erlass einer Entgeltregelung der ordentliche Rechtsweg gegeben.[920] Die Entwidmung eines gemeindlichen Friedhofs ist ein gestaltender Verwal-

---

[910] BVerwGE 20, 199 = NJW 1965, 929; OLG Bremen OLGZ 1970, 458.
[911] BVerwGE 19, 308.
[912] AG Grevenbroich NJW 1990, 1305.
[913] BayVGH ZBR 1978, 68.
[914] OVG Münster NJW 2002, 458.
[915] BGH NJW 1973, 656.
[916] BGH NJW 1967, 781.
[917] BSGE 3, 204 = NJW 1957, 238; SG Hannover DVBl. 1970, 297.
[918] BGH NJW 1957, 384; 1968, 1429.
[919] VGH München NVwZ-RR 1995, 59.
[920] VGH Mannheim NVwZ-RR 1995, 59.

tungsakt, im Streitfalle ist der Verwaltungsrechtsweg gegeben.[921] Eine Kirchenstiftung ist kraft ihres Eigentums an einem Friedhof berechtigt (jedenfalls wenn kein gegenteiliges Herkommen besteht), gewerbliche Unternehmen von Bestattungshandlungen auf ihrem Friedhof auszuschließen. Für eine entsprechende Unterlassungsklage der Kirchenstiftung und für eine Widerklage des Bestattungsunternehmers (die auf ein Verbot an die Stiftung abzielt, ihn an der Tätigkeit auf dem Friedhof zu hindern) ist in Bayern der ordentliche Rechtsweg zulässig.[922] Entsprechendes gilt, soweit eine Kirchengemeinde sich unter Ausschluss von Berufsgärtnern die Grabpflege auf ihrem Friedhof durch eine Bestimmung der Friedhofsordnung vorbehält; auch hier ist der Rechtsweg eröffnet;[923] anders für einen gemeindeeigenen Friedhof.[924] – Streitigkeiten aus Friedhofsbenutzungsordnungen sind, auch soweit sie auf Erbbegräbnisrechten fußen, öffentlich-rechtlich.[925] Entsprechendes gilt für kirchliche Friedhöfe.[926] – Zur Klage von Bestattungsunternehmen gegen die Tätigkeit einer „städtischen Bestattung" in Bayern vgl. Wettbewerb (Rn. 497). Für den Anspruch einer Witwe gegen eine Kirchengemeinde auf Gewährung eines „ehrlichen Begräbnisses" für ihren Ehemann und auf Umbettung wurde der ordentliche Rechtsweg für zulässig gehalten;[927] dies dürfte indessen durch die neuere RSpr überholt sein. Für den Rechtsstreit zwischen Hinterbliebenen eines Verstorbenen über die Bestattungsart, Grabanlage und Grabpflege sind die ordentlichen Gerichte zuständig.[928] Vgl. Rn. 193.

330 Bodenreform und Siedlungswesen gehören dem öffentlichen Recht an, die Verwaltung handelt in Erfüllung staatlicher Sozialpflichten.[929] Die im Vollzug dieser Aufgaben vorgenommenen Geschäfte, z.B. Verpachtung von Siedlungsgrundstücken, gehören aber dem bürgerlichen Recht an.[930]

331 Bodenschätze. Verträge zwischen einer im Staatsbesitz befindlichen, aber privatrechtlich organisierten Gesellschaft zur Aufsuchung von Bodenschätzen und Privatfirmen über Sucharbeiten nach Kohle sind privatrechtlicher Natur; über Rechte und Darlehensverbindlichkeiten aus solchen Verträgen ist daher vor den ordentlichen Gerichten zu prozessieren.[931]

332 Bürgschaft. Der Streit um Rechte und Pflichten aus einer Bürgschaft gehört auch dann vor die ordentlichen Gerichte, wenn sie eine öffentlich-rechtliche Forderung sichert,[932] der Charakter der Hauptforderung ist ohne Einfluss auf die Rechtsnatur des sie absichernden selbstständigen Bürgschaftsvertrags.[933] Dasselbe gilt für eine Bürgschaft, die eine Überlassung zurückbehaltener Waren durch die Zollbehörde bewirken soll.[934]

333 Bundesanstalt für Arbeit. Für den Anspruch der Bundesanstalt für Arbeit auf Rückzahlung eines Darlehens, das ohne Zwischenschaltung eines Kreditinsti-

---

[921] BVerwG NVwZ 1993, 674.
[922] BGHZ 14, 294 = NJW 1954, 1483.
[923] BGHZ 19, 130 = NJW 1956, 548.
[924] RGZ 144, 285.
[925] BVerwGE 25, 364 = MDR 1967, 429; BVerwG MDR 1974, 961.
[926] Bad-WürttVGH ESVGH 2, 166; OVG Lüneburg DVBl. 1956, 238; *Kalisch* DVBl. 1952, 620; a. A. für vertraglich begründete Rechte *Jäckel* DÖV 1954, 141; allgemein zu Friedhofsordnungen *Bachof* AöR 1978, 82 ff.
[927] RGZ 106, 188.
[928] AG Grevenbroich NJW 1998, 2063.
[929] BVerwG VerwRSpr 1959, 539; BayObLGZ 1970, 148, 153 ff.
[930] BayObLG aaO.
[931] BVerwG DVBl. 1970, 735 m. abl. Anm. *Kopp* DVBl. 1970, 724; gegen VGH München DVBl. 1967, 383.
[932] BGHZ 90, 187 = NJW 1984, 1622; BFH BB 1974, 1009.
[933] OLG Frankfurt NVwZ 1985, 373; VGH München NJW 1990, 1006 m. zust. Anm. *Arndt;* a. A. KG NVwZ 1983, 572; *Kraushaar/Häuser* NVwZ 1984, 217.
[934] BFH BB 2004, 92.

tuts gewährt und wegen des Konkurses des Darlehensnehmers gekündigt worden ist, ist der Zivilrechtsweg jedenfalls dann eröffnet, wenn das Darlehen auf Grund einer ausdrücklich als „Darlehensvertrag" bezeichneten Vereinbarung zwischen der Bundesanstalt und dem Darlehensnehmer ausbezahlt worden ist. Das gilt selbst dann, wenn mit der Kündigung des Darlehens auch der öffentlich-rechtliche Bewilligungsbescheid aufgehoben worden ist.[935] – Ein auf ungerechtfertigte Bereicherung gestützter Anspruch gegen die Bundesanstalt für Arbeit auf Ersatz des Geldwertes von Beitragsmarken der Angestelltenversicherung, die der Erwerber gekauft hat, die vor ihrer Verwendung zur Beitragszahlung aber verbrannt sind, ist im Rechtsweg vor den Sozialgerichten zu verfolgen.[936]

Bundesbahn. Vgl. Deutsche Bahn AG (Rn. 336 a). **334**

Bundesschuldenverwaltung: Für Streitigkeiten über die Ablehnung der Eröffnung eines Schuldbuchkontos ist der Verwaltungsrechtsweg gegeben.[937] **335**

Bundeswehr. Für Klagen von Soldaten aus dem Wehrdienstverhältnis ist nach § 82 Abs. 1 SoldatenG der Verwaltungsrechtsweg eröffnet. Dies gilt auch für Schadensersatzansprüche eines Soldaten aus Verletzung der Fürsorgepflicht nach § 31 SoldatenG.[938] Für die Rückforderung zu viel bezahlten Gehalts eines Offiziers der Bundeswehr, der seine Einstellung erschlichen hat, sind die Zivilgerichte zuständig, da es sich um einen Schadensersatzanspruch aus Betrug handelt.[939] – Für den Anspruch der BRep auf Rückzahlung von Studienförderungsmitteln, die sie auf Grund eines nach den Richtlinien für die Gewährung von Studienbeihilfen an Nachwuchskräfte der Bundeswehr vom 21. 9. 1961 geschlossenen Vertrags gewährt hat, ist der ordentliche Rechtsweg nicht gegeben[940] (vgl. Rn. 316). Für Streitigkeiten zwischen einem Arzt und der BRep, die sich daraus ergeben, dass der Arzt als Mitglied einer kassenärztlichen Vereinigung an der Versorgung der Soldaten der Bundeswehr beteiligt ist, ist der Rechtsweg zu den Sozialgerichten eröffnet; um eine solche Streitigkeit handelt es sich, wenn dieser Arzt sich gegen einen militärischen Befehl wendet, durch den den Soldaten verboten wird, ihn bei Überweisungen in die freie ärztliche Praxis aufzusuchen.[941] – Die Verträge der BRep mit den Heimbetriebsleitern der Bundeswehrheime (Kantinen) über die Überlassung der Räume und des Inventars (Überlassungsverträge) und die Verträge der Heimbetriebsgesellschaft mbH mit den Heimbetriebsleitern über die Bewirtschaftung der Bundeswehrheime (Bewirtschaftungsverträge) sind bürgerlich-rechtlicher Natur.[942] – Die Klage aus einem Garnisonvertrag zwischen einer Gemeinde und der BRep als Rechtsnachfolgerin des Deutschen Reichs ist zivilrechtlich, da die Reichsbehörden nicht in Ausübung der Wehrhoheit gehandelt haben.[943] Eine scheinbar gegenteilige Entscheidung des BVerwG[944] geht nur wegen rechtskräftiger Verweisung durch ein LG von einer öffentlich-rechtlichen Streitigkeit aus. Gegen Immissionen von einem Truppenübungsplatz steht der Verwaltungsrechtsweg offen.[945] **336**

Deutsche Bahn AG. Durch das Bahnstrukturreformgesetz (BGBl. 1993 I S. 2378; vgl. Art. 87 e Abs. 3 GG) ist die Deutsche Bahn AG zum 1. 1. 1994 als neu gegründete AG des Privatrechts privatisiert worden. Trotz der ihr obliegenden Be- **336a**

---

[935] BGHZ 52, 155 = NJW 1969, 1434.
[936] BSG MDR 1973, 618.
[937] VG Frankfurt NJW-RR 1999, 1352.
[938] BVerwGE 44, 52; BVerwG DVBl. 1963, 677; NJW 1978, 717.
[939] OLG München MDR 1965, 988 m. Anm. *Maetzel*.
[940] BGH NJW 1972, 763.
[941] BGHZ 67, 92 = NJW 1976, 2303.
[942] BGH NJW 1979, 208.
[943] BGH MDR 1972, 503.
[944] BVerwGE 25, 299.
[945] *Kopp/Schenke* § 40 VwGO Rn. 29.

förderungspflicht für Personen und Reisegepäck (§ 10 AEG) ist die Personen- und Güterbeförderung durch die Bahn AG eine rein privatrechtliche Betätigung, Streitigkeiten gehören vor die ordentlichen Gerichte.[946] Das gilt auch für Immissionsabwehransprüche gegen die Bahn.[947] Auch Streitigkeiten um die Verpachtung von Bahnhofs-Verkaufsstellen gehören vor die ordentlichen Gerichte,[948] ebenso alle Wettbewerbsstreitigkeiten im Rahmen der dem Privatrecht zuzuordnenden Betätigungen der Bahn.[949] Demgegenüber ist die Eisenbahnverkehrsverwaltung (Art. 3 des BahnstrukturreformG), insbesondere als Aufsichts- und Genehmigungsbehörde nach dem Allgemeinen Eisenbahngesetz (BGBl. 1993 I S. 2378, 2396), öffentlich-rechtlich tätig. – Die Bundesbahn-Arbeitsverhältnisse sind auf die Deutsche Bahn AG übergegangen,[950] das bedeutet die Zuständigkeit der Arbeitsgerichte. Die Beamten des Bundeseisenbahnvermögens sind unmittelbare Bundesbeamte, für die der Verwaltungsrechtsweg ebenso gilt wie für die der Deutsche Bahn AG „zugewiesenen" Beamten.[951] – **Castor-Transporte** durch die Deutsche Bahn AG sind deren rein privatrechtliche Betätigung, so dass für einen Antrag auf Untersagung der Transporte durch das Gebiet einer Gemeinde die ordentlichen Gerichte zuständig sind.[952]

337 Dienstordnungsangestellte der Sozialversicherungsträger. Für Streitigkeiten aus dem Dienstverhältnis von Dienstordnungsangestellten der Sozialversicherungsträger (auch für die Nachprüfung von Dienststrafen) ist der Rechtsweg zu den Gerichten für Arbeitssachen gegeben.[953] Vgl. Rn. 155.

338 Drittschuldner. Der Rechtsweg, in dem der Gläubiger nach Pfändung und Überweisung die Erfüllung einer Forderung gegen den D. geltend macht, richtet sich nach der Rechtsnatur der Forderung, die durch die Überweisung zur Einziehung nicht verändert wird; für die Klage des Gläubigers gegen den D. bleibt der Rechtsweg allein zulässig, in dem auch der Schuldner seine Forderung gegen den D. geltend machen müsste. Hat ein Gläubiger die Forderung des Schuldners gegen seinen Dienstherrn auf Dienstbezüge sich pfänden und überweisen lassen, so ist für den Einziehungsrechtsstreit des Gläubigers gegen den Drittschuldner nach § 126 BRRG der Verwaltungsrechtsweg gegeben.[954] Wenn der Pfändungsgläubiger gegen den Arbeitgeber als Drittschuldner den gepfändeten Anspruch des Arbeitnehmers aus Auszahlung von Steuererstattungsansprüchen geltend macht, sind die Arbeitsgerichte zuständig.[955] Macht ein pfändender Gläubiger gegen den Drittschuldner wegen Verletzung der Pflicht nach § 840 ZPO zur Erklärung über die gepfändete Forderung Schadensersatzansprüche nach § 840 Abs. 2 ZPO geltend, so ist dafür der ordentliche Rechtsweg gegeben, auch wenn für die ursprüngliche Forderung ein anderer Rechtsweg gegeben gewesen sein sollte.[956]

339 Duldungsbescheid. Die Finanzverwaltung hat den Rückgewähranspruch nach § 11 AnfG außerhalb des Insolvenzverfahrens mit einem D. nach § 191 AO durchzusetzen. Für den D. ist der Finanzrechtsweg gegeben; dies gilt auch für eine vorbeugende negative Feststellungsklage.[957]

---

[946] VG Darmstadt NJW 1998, 771.
[947] BGH NJW 1997, 744.
[948] BGH NJW 1995, 2168.
[949] BGH NJW 1995, 2168; OLG Hamburg OLGZ 1994, 246.
[950] BAG NZA 1998, 165.
[951] BAGE 87, 24 = NZA 1998, 165; VGH Mannheim NVwZ-RR 1996, 540.
[952] VG Darmstadt NJW 1998, 771.
[953] BAG NZA 1988, 801 und 1992, 1144.
[954] VGH Kassel NJW 1992, 1253.
[955] LAG Hamm NZA 1989, 529.
[956] BAGE 47, 138 = NJW 1985, 1181; E 65, 139 = NJW 1990, 2643; BSG NJW 1999, 895; LAG Stuttgart NZA-RR 2005, 273.
[957] BGH MDR 2007, 232.

Durchgriffshaftung. Der Rechtsweg zur Geltendmachung der D. bestimmt sich **340** nach dem Charakter der Forderung, um deren Erfüllung es geht, der sich nicht ändert, wenn der Verpflichtete wechselt[958] (oben Rn. 48, 84, 131).

Durchsuchung. Der Rechtsweg gegen die Anordnung einer Durchsuchung richtet **341** sich nach den sie regelnden Vorschriften (vgl. §§ 102 ff. StPO, § 758 ZPO), mangels gesetzlicher Regelung nach deren jeweiliger Rechtsgrundlage. § 287 Abs. 4 AO bestimmt, dass das AG zuständig ist für die Anordnung der Durchsuchung. Jedoch ist im Rahmen des allgemeinen Verwaltungsvollstreckungsrechts (§ 169 VwGO, § 5 VwVG) der Rechtsweg zu den VG gegeben.[959] Für die Durchsuchungsanordnung zur Vollstreckung eines Bußgeldbescheides ist das AG zuständig.[960] Für den Erlass des Durchsuchungsbeschlusses bei Vollstreckung einer Beitragsforderung einer Ersatzkrankenkasse ist der Rechtsweg zu den Sozialgerichten gegeben,[961] ebenso, wenn die Gemeinde in Amtshilfe wegen einer Beitragsforderung vollstreckt;[962] andererseits ist der Verwaltungsrechtsweg gegeben, wenn die Gemeinde öffentlich-rechtliche Geldforderungen durch eigene Vollstreckungsbedienstete vollstreckt.[963]

Eigentum. Streitigkeiten um Bestehen, Umfang oder Inhalt des privaten Eigentums sind im ordentlichen Rechtsweg geltend zu machen, auch wenn beide Prozessbeteiligte öffentlich-rechtliche Körperschaften sind.[964] Ist das Eigentum Vorfrage im verwaltungsgerichtlichen Verfahren, kann eine Frist zur Klageerhebung vor dem Zivilgericht gesetzt werden.[965] Ein Anspruch auf Grundbuchberichtigung ist ebenfalls auf dem Zivilrechtsweg zu verfolgen.[966] **342**

Einstweiliger Rechtsschutz. Schadensersatzansprüche, die aus § 945 ZPO hergeleitet werden, sind auch dann vor den ordentlichen Gerichten geltend zu machen, wenn die zugrundeliegende einstweilige Anordnung von einem VG gemäß § 123 VwGO erlassen wurde (Rn. 87). **343**

Elektrizitätsversorgung. Der Anspruch auf Herstellung eines Stromanschlusses **344** und auf Zulassung zur Stromlieferung ist im öffentlichen Rechtsweg zu verfolgen,[967] auch wenn das Benutzungsverhältnis selbst privatrechtlich organisiert ist.[968] Für die Pflicht des Abnehmers, dem Versorgungsunternehmen die Kosten des Hausanschlusses zu erstatten, ist der ordentliche Rechtsweg auch dann zulässig, wenn das Elektrizitätswerk von der Gemeinde betrieben wird, sofern nur die Parteien ihre Rechtsbeziehungen im Weg der Gleichordnung durch Versorgungsvertrag geregelt haben[969] (vgl. Rn. 63). – Für Auseinandersetzungen über Konzessionsabgaben zwischen Elektrizitätsversorgungsunternehmen und Gemeinden sollen die ordentlichen Gerichte zuständig sein.[970] Zu Streitigkeiten über Leitungsrechte Rn. 452.

Enteignung. Streitigkeiten wegen Enteignung gehören vor die VG, ebenso solche **345** um „Rückenteignung". Ansprüche auf Enteignungsentschädigung sind aber im ordentlichen Rechtsweg geltend zu machen (Rn. 105). Ob eine Enteignung vorliegt, kann als Vorfrage vom ordentlichen Gericht entschieden werden,[971]

---

[958] BGHZ 90, 187 = NJW 1984, 1622.
[959] OVG Koblenz NJW 1986, 1188.
[960] VGH Mannheim NJW 1986, 1190.
[961] VG Braunschweig NJW 1981, 2533.
[962] OVG Hamburg NJW 1982, 2206; VGH Mannheim NJW 1984, 2239.
[963] VGH München NJW 1983, 1077.
[964] BGHZ 67, 152; Z 69, 284; vgl. auch VGH München GewArch 2004, 309.
[965] VGH München NVwZ-RR 2003, 542.
[966] BGH NJ 2005, 182.
[967] OVG Lüneburg BB 1965, 1207.
[968] BGHZ 23, 175 = NJW 1957, 627.
[969] BGH NJW 1954, 1323.
[970] BGHZ 15, 113 = NJW 1955, 104.
[971] BGHZ 15, 268 = NJW 1955, 179; BVerwG NJW 1972, 1433.

auch bei Enteignungen nach DDR-Recht.[972] Auch für Streitigkeiten über die Höhe der bei Rückenteignung dafür zu leistenden Entschädigung ist der ordentliche Rechtsweg gegeben.[973] Bei Requisitionen der Besatzungsmacht ist der ordentliche Rechtsweg nicht gegeben.[974] Verkauft ein Grundstückseigentümer angesichts eines drohenden Enteignungsverfahrens sein Grundstück an die öffentliche Hand, beurteilen sich nicht nur die vertraglichen Haupt- und Nebenpflichten, sondern auch die vorvertraglichen Pflichten allein nach Privatrecht.[975] Nutzungsbeschränkungen, die dem Eigentümer im öffentlichen Interesse auferlegt werden und die ihn unverhältnismäßig oder im Verhältnis zu anderen ungleich in unzumutbarer Weise belasten, lassen einen Aufopferungsanspruch entstehen, für den der ordentliche Rechtsweg gegeben ist.[976]

345 a Entsorgung. Für Abwehransprüche gegen eine entsorgungspflichtige Körperschaft wegen Verletzung einer aus § 6 VerpackungsVO folgenden Rücknahmepflicht ist der Verwaltungsrechtsweg gegeben.[977]

346 Erschließungskosten und -verträge. Erschließungsverträge nach § 124 BauGB sind auch dann öffentlich-rechtlich, wenn die Gemeinde die Erschließung nur teilweise oder unter bestimmten Auflagen und Sonderregeln in einzelnen Beziehungen überträgt.[978] Eine öffentlich-rechtliche Streitigkeit liegt auch vor bei der Klage eines privaten Erschließungsträgers auf Zahlung von Erschließungskosten, zu deren Übernahme sich der Eigentümer gegenüber der Gemeinde verpflichtet hat.[979] Die Rückforderung der auf Grund eines Vertrages des Grundstückseigentümers mit der Gemeinde geleisteten Vorauszahlung auf einen Erschließungsbeitrag gehört in den Verwaltungsrechtsweg.[980] Der Verwaltungsrechtsweg ist auch gegeben für einen nach Veräußerung eines Anliegergrundstücks erhobenen Geldanspruch aus der Übereignung von Straßenland, das „unentgeltlich" an die Erschließungsgemeinde unter dem Vorbehalt der Verrechnung auf die später entstehenden Straßenbaukosten abgetreten worden ist.[981] Streitigkeiten wegen der Verzinsung fälliger Erschließungsbeiträge gehören vor die VG.[982] Verpflichtet sich ein Baubewerber gegenüber der Gemeinde zur Zahlung eines verlorenen Zuschusses, damit diese in Änderung ihrer Planung den Entwässerungskanal zum Baugrundstück früher als vorgesehen verlegt, ist der Verwaltungsrechtsweg gegeben.[983]

347 Erstattungsansprüche sind die Kehrseite eines Leistungsanspruchs und teilen dessen Rechtsnatur, auch den Rechtsweg (Rn. 92). Erstattungsansprüche wegen Fehlbeständen am öffentlichen Vermögen gegen Beamte sind Klagen „aus dem Beamtenverhältnis" nach § 126 BRRG, § 172 BBG und gehören deshalb in die Zuständigkeit der VG.[984] Der Erstattungsanspruch eines öffentlich-rechtlichen Arbeitgebers gegen einen Angestellten oder Arbeiter des öffentlichen Dienstes ist dagegen ein arbeitsrechtlicher Anspruch auch dann, wenn er in Anwendung des ErstattungsG (i. d. F. vom 24. 1. 1951, BGBl. I S. 87, 109) durch Verwaltungsakt geltend gemacht wird; der Rechtsstreit hierüber ist vor den ArbG auszutragen.[985]

---

[972] BGH WM 2004, 598.
[973] BGHZ 76, 365 = NJW 1980, 1571.
[974] BGHZ 13, 145 = NJW 1954, 1321.
[975] BGH NJW 1981, 976.
[976] BGHZ 128, 204 = NJW 1995, 964; str., vgl. *Lege* NJW 1995, 2745; *Rinne* DVBl. 1994, 23; *Schenke* NJW 1995, 3145; *Schoch* JZ 1995, 768.
[977] VG Köln NVwZ 1998, 315.
[978] BGH NJW 1986, 1109.
[979] OLG Rostock NJW 2006, 2563.
[980] BVerwG DÖV 1976, 349.
[981] BGH NJW 1974, 1709.
[982] BVerwG NJW 1971, 1148.
[983] BGH NJW 1972, 585.
[984] Z. B. BVerwGE 52, 255.
[985] BVerwGE 38, 1 = DVBl. 1972, 82 m. abl. Anm. *Bettermann* unter Rückgriff auf BVerwGE 5, 220 = DVBl. 1958, 25; vgl. auch BAG AP Nr. 2 zu § 1 ErstattungsG; a. A.; *Kopp/Schenke* § 40 VwGO Rn. 21.

Ebenso ist für den Erstattungsanspruch gegen einen im öffentlichen Dienst beschäftigten Werkstudenten aus Amtspflichtverletzung der Zivilrechtsweg (vor den ordentlichen Gerichten) eröffnet.[986]

Festveranstaltungen können von einer öffentlich-rechtlichen Institution, z.B. Gemeinde, selbst veranstaltet werden; Streitigkeiten darüber gehören in den Verwaltungsrechtsweg. Soweit eine öffentlich-rechtliche Institution nur den „Rahmen" für die Tätigkeit Dritter bereitstellt, vor allem die Grundstücksflächen, Wasserversorgung, Kanalisation usw. (Jahrmärkte, Märkte, Messen, Kirmes usw.), bestehen insoweit privatrechtliche Beziehungen; was die Auswahl der zuzulassenden Dritten angeht, ist jedoch der Verwaltungsrechtsweg gegeben.[987] Streitigkeiten um die Veranstaltung überhaupt gehören vor die VG,[988] wenn etwa die gesamte Veranstaltung nicht ohne Verletzung zwingender nachbarrechtlicher Schutzvorschriften (Lärmschutz, Baurecht) durchgeführt werden kann.[989] Abwehransprüche der Anwohner wegen der von solchen Veranstaltungen ausgehenden störenden Immissionen gegen Festwirte usw. gehören vor die ordentlichen Gerichte; der Regelfall von Streitigkeiten liegt aber in Maßnahmen der veranstaltenden öffentlich-rechtlichen Einrichtung, normalerweise der Gemeinde, und gehört vor die VG, so wegen der Öffnungszeiten[990] oder des Lärmschutzes im Allgemeinen, wie auch durch ordnungsbehördliches Einschreiten im Einzelfall.[991] Vgl. Märkte und Messen (Rn. 405); Immissionen (Rn. 370). 348

Feuerwehr. Die eine Feuerwehr unterhaltende Gemeinde kann von der Bundesbahn, deren Lokomotiven durch Funkenflug einen Waldbrand verursacht haben, im Zivilrechtsweg Ersatz der Löschaufwendungen verlangen.[992] Ebenso ist der Zivilrechtsweg eröffnet für die Klage auf Ersatz von Schäden, die eine Feuerwehr grob fahrlässig einem Dritten zufügt, dessen Geschäft sie bei ihrem Einsatz mitbesorgt.[993] Für eine Klage auf Duldung eines Notwegs über ein städtisches Grundstück, das für den Feuerwehrdienst gewidmet ist, ist der ordentliche Rechtsweg nicht gegeben. Für die Klage auf Abwehr von Lärm einer Feueralarmsirene ist der Verwaltungsrechtsweg gegeben.[994] Die freiwillige Feuerwehr wird hoheitlich tätig, auch bei Übungen zur Erhaltung ihrer Einsatzbereitschaft. Dabei trifft die Bediensteten bei Einsätzen und Übungen die Verkehrssicherungspflicht als Amtspflicht gegenüber den betroffenen Verkehrsteilnehmern.[995] 349

Fleischbeschau. Ein freiberuflicher Tierarzt, der zum Fleischbeschautierarzt bestellt ist, steht zur Bestellungskörperschaft in einem öffentlich-rechtlichen Dienstverhältnis; für Ansprüche hieraus ist der Verwaltungsrechtsweg gegeben.[996] 350

Flugplatz. Die Tätigkeit öffentlicher Flughäfen ist der Sache nach ein Teil öffentlicher Verwaltung; dennoch ist ihnen keine hoheitliche Gewalt übertragen. Als öffentliche Unternehmen üben sie schlicht verwaltende Tätigkeit in privatrechtlichen Formen aus. Der Anspruch eines Luftfahrtunternehmens auf Benutzung eines dem allgemeinen Verkehr dienenden Flughafens ist deshalb Gegenstand einer bürgerlich-rechtlichen Streitigkeit.[997] Ebenso sind die nach der Luftver- 351

---

[986] OLG Hamburg MDR 1969, 227.
[987] BVerwG DÖV 1976, 860; OVG Münster DVBl. 1965, 527.
[988] OLG Karlsruhe MDR 1979, 238; a.A. BGHZ 41, 264 = NJW 1964, 1472 = JZ 1965, 313 m. Anm. *Ule* und *Fittschen*.
[989] VGH Stuttgart VBlBW 1985, 60; VGH München GewArch 1990, 218.
[990] OVG Münster NVwZ 1986, 64.
[991] OVG Lüneburg GewArch 1979, 236; OLG Karlsruhe VBlBW 1983, 147.
[992] BGH NJW 1963, 1825.
[993] BGHZ 63, 167 = NJW 1975, 207.
[994] BVerwGE 79, 254 = NJW 1988, 2396.
[995] OLG Düsseldorf NJW-RR 1994, 1444.
[996] BGHZ 22, 246 = NJW 1957, 261; BVerwGE 29, 166 = MDR 1968, 865; BSGE 6, 271; a.A. BAGE 13, 211; E 15, 242; OVG Lüneburg GewArch 1966, 183.
[997] BGH MDR 1970, 214.

kehrszulassungsordnung genehmigten Landegebühren im Zivilrechtsweg geltend zu machen.[998] Nachbarrechtsklagen gegen die Lärmbelästigung von einem Flugplatz sind, ohne dass es auf die planungsrechtlichen Regelungen des Fluglärmschutzgesetzes ankäme, vor den Zivilgerichten zu verfolgen.[999] Die Vergabe der Grasnutzung eines Militärflugplatzes kann durch privatrechtlichen Vertrag geschehen; Streitigkeiten hieraus entscheiden die ordentlichen Gerichte.[1000]

352 **Flurbereinigung.** Für den Anspruch auf Wegnahme von Obstbäumen usw. durch den bisherigen Eigentümer im Rahmen eines Flurbereinigungsverfahrens (§ 50 Abs. 2 FlurberG) sind die VG, und zwar die Flurbereinigungsgerichte nach § 140 FlurberG, auch dann zuständig, wenn er von einer Privatperson gegen eine andere Privatperson geltend gemacht wird; der Anspruch ist allein öffentlich-rechtlicher Natur.[1001] Rechtsstreitigkeiten um die Abfindung nach § 140 Satz 1 Flurbereinigungsgesetz sind nicht als Streitigkeiten über die Höhe der Enteignungsentschädigung nach Art. 14 Abs. 3 GG anzusehen.[1002]

353 **Förderprogramm.** Der ordentliche Rechtsweg ist gegeben, wenn ein privatrechtliches Kreditinstitut, das im Rahmen eines staatlichen Förderprogramms im eigenen Namen Gelder an Private ausgezahlt hat, aus eigenem Recht Rückzahlungsansprüche gegen die Empfänger geltend macht.[1003] Dasselbe gilt bei der Vergabe von Fördermitteln über eine staatlich beherrschte GmbH.[1004] Vgl. Subventionen (Rn. 70, 458).

354 **Folgekostenvertrag.** Für Streitigkeiten aus Verträgen, durch die sich Bauwillige gegenüber einer Gemeinde zum Ersatz bestimmter Folgekosten ihres Bauvorhabens verpflichten, ist der Verwaltungsrechtsweg eröffnet.[1005] Häufig, jedoch nicht immer, wird es sich um öffentlich-rechtliche Austauschverträge im Sinne des § 56 VwVfG handeln. Auch der Anspruch auf Wertersatz für eine Grundstücksfläche, die einer Gemeinde unter Vorbehalt der Verrechnung auf später entstehende Straßenbaukosten übertragen wurde, fällt in die Zuständigkeit der VG.[1006] Das Gleiche gilt für Streitigkeiten aus der Erklärung eines Bauherrn in einem Erschließungsvertrag, mit einem verlorenen Zuschuss den vorzeitigen Bau eines Entwässerungskanals entgegen der bisherigen Planung zu bewirken.[1007] Ist die Erhebung von Folgelasten oder Kulturbeiträgen mangels einer öffentlich-rechtlichen Rechtsgrundlage nicht zulässig, so ist für die Entscheidung, ob einer Gemeinde solche Ansprüche auf Grund eines privatrechtlichen Grundstückskaufvertrages zustehen, der Zivilrechtsweg gegeben.[1008] Ebenso ist der Zivilrechtsweg eröffnet, wenn sich ein Grundstückserwerber gegenüber dem Veräußerer verpflichtet hat, an eine Gemeinde Geldleistungen für die Baunachfolgelasten zu erbringen, und wenn die Gemeinde als begünstigte Dritte aus diesem Vertrag Ansprüche erhebt.[1009]

354a **Folgenbeseitigungsanspruch.** Anspruch auf Beseitigung, wenn durch einen hoheitlichen Eingriff in ein subjektives Recht ein rechtswidriger Zustand geschaffen worden ist, der noch andauert. Er richtet sich grundsätzlich auf die Wiederherstellung des Zustandes, der im Zeitpunkt des rechtswidrigen Eingriffs bestand, und zwar in natura.[1010] Für die Geltendmachung ist derjenige Rechtsweg zu be-

---

[998] BGH DVBl. 1974, 558; vgl. BGH LM 2 LuftVZO; dagegen *Ossenbühl* DVBl. 1974, 541.
[999] BGHZ 69, 105 = NJW 1977, 1917; Z 69, 118 = NJW 1977, 1920.
[1000] BGH NJW 1969, 1437.
[1001] BGHZ 35, 175 = NJW 1961, 1356.
[1002] BVerwGE 80, 340 = NVwZ 1989, 869.
[1003] BGH NJW 2000, 1042; 2003, 2451; BVerwG GewArch 2006, 432.
[1004] KG NVwZ-RR 2005, 512.
[1005] BVerwGE 42, 331 = NJW 1973, 1895; BGHZ 71, 386 = NJW 1978, 1802; NJW 1986, 1109.
[1006] BGH LM 133 zu § 13 GVG; BVerwG DVBl. 1970, 80.
[1007] BGH NJW 1972, 585.
[1008] OVG Lüneburg ZMR 1972, 24.
[1009] OLG München ZMR 1970, 46.
[1010] BVerwGE 69, 366, 371 = NJW 1985, 817; E 94, 100 = NVwZ 1994, 276.

schreiten, auf dem auch die Rechtswidrigkeit des dem Anspruch zugrunde liegenden beanstandeten Verwaltungshandelns geltend zu machen wäre.[1011] Das Begehren, Erschließungsmaßnahmen zu beseitigen, fällt in den Bereich hoheitlicher Tätigkeit, wenn es um die Planung und Anordnung von Maßnahmen geht, die durch schlicht hoheitliches handeln der Daseinsfürsorge getroffen wurden.[1012] Dasselbe gilt für die Beseitigung der Folgen unsachgemäßer Herstellung einer Straße für ein Anliegergrundstück.[1013] Vgl. Erstattung (Rn. 92).

Fontänenanlage. Für die Klage auf Unterlassung von Belästigungen durch Geräusche einer Fontänenanlage in einem öffentlichen Park ist der ordentliche Rechtsweg gegeben.[1014] 355

Forschungsaufträge. Die Vergabe von Forschungsaufträgen durch die öffentliche Hand geschieht regelmäßig auf der Grundlage eines ausschließlich privatrechtlichen Dienstvertrages; die Aufspaltung in einen öffentlich-rechtlichen Vergabeakt und ein zivilrechtliches Vollzugsgeschäft nach der Zwei-Stufen-Theorie (vgl. Rn. 70, 96) hat das BVerwG ausdrücklich abgelehnt.[1015] 356

Frachtverkehr. Besteht für Frachtvergütungen eine Tarifbindung und weicht das von den Vertragsparteien vereinbarte Entgelt von der behördlich festgesetzten Höhe ab, so ist bei Kenntnis bzw. bei mindestens grob fahrlässiger Unkenntnis der Vertragsparteien vom Preisverstoß der Differenzbetrag zwischen vereinbartem und festgesetztem Entgelt an den Bund bzw. die Bundesanstalt für Güterfernverkehr zu entrichten (§§ 31 Abs. 3 BSchiffVerfG, 23 GüKG); diese haben die Forderung im ordentlichen Rechtsweg zu verfolgen.[1016] 357

Fraktionen. Der Streit um das Bestehen einer Mitgliedschaft in einer Parlamentsfraktion ist eine öffentlich-rechtliche Streitigkeit nichtverfassungsrechtlicher Art, gegen den Beschluss einer Fraktion, eines ihrer Mitglieder auszuschließen, ist der Verwaltungsrechtsweg eröffnet.[1017] In den ordentlichen Rechtsweg gehört der Unterlassungsanspruch gegen eine Fraktion oder ihre Mitglieder wegen Äußerungen in einer Presseerklärung.[1018] 358

Führerschein. Das Begehren, einen im Weg der sofortigen Vollziehung eines Verwaltungsakts eingezogenen Führerschein wieder herauszugeben, ist ein öffentlich-rechtlicher Folgenbeseitigungsanspruch, der im Verwaltungsrechtsweg zu verfolgen ist.[1019] 359

Gemeingebrauch. Vgl. Straßen- und Wegerecht (Rn. 452). 360

Gemeindebetriebe und -einrichtungen. Nach der sog. Zweistufentheorie (Rn. 70, 96) ist bei der Benutzung von Einrichtungen der Gemeinde, die dem wirtschaftlichen, sozialen oder kulturellen Wohl ihrer Einwohner dienen, zu unterscheiden zwischen dem Anspruch auf Zugang zu der Einrichtung einerseits, der regelmäßig nach öffentlichem Recht zu beurteilen ist und deshalb in den Verwaltungsrechtsweg gehört, und andererseits den Modalitäten der Benutzung, die auch privatrechtlich ausgestaltet sein können (Rn. 95) und über die dann die ordentlichen Gerichte zu entscheiden haben; das gilt für Einrichtungen der kommunalen Daseinsvorsorge jeder Art einschließlich solcher Einrichtungen, die die Gemeinde nicht selbst betreibt, sondern von einer von ihr gegründeten und/oder beherrschten selbständigen juristischen Person des Privatrechts betreiben 361

[1011] BVerwGE 40, 313 = NJW 1973, 261; BAGE 60, 305 = NJW 1989, 2909.
[1012] OLG München OLGR 2006, 29.
[1013] OVG Bremen NVwZ-RR 2005, 361.
[1014] BGH DVBl. 1968, 148 m. abl. Anm. *Martens*.
[1015] BVerwGE 35, 103.
[1016] BGHZ 64, 159 = NJW 1975, 1283; BVerwGE 17, 242.
[1017] OVG Münster NJW 1989, 1105; NVwZ 1993, 399; VG Darmstadt NVwZ 1990, 104; a. A. VGH München NJW 1988, 2754; NVwZ 1989, 494, der die Innenrechtsbeziehungen der Fraktion dem bürgerlichen Recht zuordnet im Gegensatz zu ihren Außenrechtsbeziehungen.
[1018] OLG München NJW 1989, 910.
[1019] HessVGH DÖV 1963, 289.

lässt.[1020] Wird der Anspruch auf Zugang aber nicht gegen die Gemeinde gerichtet, sondern gegen die die kommunale Einrichtung betreibende privatrechtliche juristische Person, die ja ihrerseits dem Privatrecht unterfällt, dann ist der ordentliche Rechtsweg gegeben.[1021]

362 **Genossenschaft.** Das Rechtsverhältnis zwischen einem Prüfungsverband und der um Aufnahme nachsuchenden Genossenschaft ist bürgerlich-rechtlicher Natur. Für den Anspruch auf Aufnahme ist deshalb der ordentliche Rechtsweg gegeben.[1022]

362a **Geschäftsführung ohne Auftrag.** Der Rechtsweg für den Ersatzanspruch richtet sich nach der Rechtsnatur der Maßnahme, wenn sie der Geschäftsherr selbst vorgenommen hätte und die der Geschäftsführer für ihn vorgenommen hat.[1023] Vgl. Rn. 90.

363 **Geschäftsschädigung** durch Äußerung öffentlicher Stellen. Vgl. Widerruf und Unterlassung ehrverletzender Äußerungen (Rn. 499).

363a **Gewässerunterhaltung.** Die Pflicht zur Gewässerunterhaltung ist öffentlich-rechtlicher Natur. Drittbetroffene haben grundsätzlich keinen Rechtsanspruch gegen den Träger der Unterhaltungslast auf Erfüllung der Unterhaltungspflicht oder auf Vornahme bestimmter Unterhaltungsarbeiten; das bedeutet aber nur, dass die Unterhaltungspflicht gegenüber der Allgemeinheit zu erfüllen ist. Wird ein Betroffener durch eine Verletzung der Unterhaltungspflicht in seinem Eigentum geschädigt, so kann ein im ordentlichen Rechtsweg zu verfolgender zivilrechtlicher Schadensersatzanspruch gegeben sein, der auf allgemeinem Deliktsrecht beruht.[1024]

364 **Gewerbesteuer.** Hat eine Wohngemeinde den Anspruch auf Gewerbesteuerausgleich bei der Betriebsgemeinde deshalb nicht innerhalb der gesetzlichen Ausschlussfrist anmelden können, weil ihr ein Betriebsinhaber die auswärts wohnenden Arbeitnehmer nicht gemeldet hat, so ist für die Entscheidung des Streits, ob der Betriebsinhaber der Wohngemeinde den Ausfall an Steuerausgleich zu ersetzen hat, der Zivilrechtsweg nicht zulässig.[1025] Dasselbe gilt, wenn der Inhaber eines Gewerbebetriebs deswegen auf Gewerbesteuerersatz in Anspruch genommen wird, weil er in einer anderen Gemeinde eine andere Betriebsstätte eröffnet hat, ohne dies nach den Bestimmungen des Abgaben- und Gewerberechts zu melden.[1026]

365 **Grundstücksstreitigkeiten.** Für die Klage eines Grundstückseigentümers gegen die Gemeinde auf Herausgabe des Teils seines Grundstücks, über den sie ohne seine Zustimmung einen öffentlichen Weg angelegt hat, ist der ordentliche Rechtsweg jedenfalls dann unzulässig, wenn die Widmung nicht nichtig ist.[1027] Die Entfernung einer gemeindlichen Wasserleitung kann vor dem Zivilgericht nicht gefordert werden. Ist ein Grundstück in Bayern einer Gemeinde zum Straßenbau übertragen, wird dann aber vom Straßenbau abgesehen, ist für den Rückforderungsanspruch der Zivilrechtsweg jedenfalls dann eröffnet, wenn der fehlgeschlagene Übereignungsvertrag privatrechtlichen Charakter hatte.[1028] Verpflichtet sich ein zukünftiger Grundstückseigentümer gegenüber der Gemeinde zur Übereignung von Straßenland, das nach einer zuvor dem Eigentümer erteilten Auflage unentgeltlich abzutreten ist, so handelt es sich um einen öffentlich-

---

[1020] Zusammenfassend BVerwGE NVwZ 1991, 59.
[1021] BVerwG aaO.
[1022] BGHZ 37, 160 = NJW 1962, 1508.
[1023] BGH NJW 1997, 1636; BSGE 67, 100 = NJW 1991, 2373; BVerwG NJW 1989, 922; OLG Hamm FamRZ 1997, 1408.
[1024] BGHZ 125, 186 = NJW 1994, 3090.
[1025] BGHZ 49, 282 = NJW 1968, 893.
[1026] BGH NJW 1968, 1675.
[1027] BGHZ 48, 239 = NJW 1967, 2309.
[1028] BayObLG NJW 1967, 1664.

rechtlichen Vertrag; für Streitigkeiten sind die VG zuständig.[1029] Vgl. Eigentum (Rn. 342), Straßen- und Wegerecht (Rn. 452).

Güterfernverkehr und Gütertarife. Forderungen der Bundesanstalt für den Güterfernverkehr wegen Tarifverstößen nach § 23 GüKG sind im ordentlichen Rechtsweg geltend zu machen; im ordentlichen Rechtsweg ist auch das vorsätzliche Handeln des Forderungsberechtigten im Falle des § 23 Abs. 3 GüKG zu prüfen,[1030] und zwar ohne Rücksicht darauf, ob der Bescheid vor dem VG angegriffen ist oder nicht.[1031] – Vgl. Frachtverkehr (Rn. 357). **366**

Hausverbot. Die Rechtsnatur des von einer Behörde ausgesprochenen Hausverbots[1032] richtet sich nach dem Zweck, zu dem der vom Verbot Betroffene das Verwaltungsgebäude betreten will. Möchte er dies zur Wahrung öffentlich-rechtlicher Belange, ist auch das entgegenstehende Verbot als öffentlich-rechtlich zu qualifizieren.[1033] Will er den Eintritt hingegen aus anderen Gründen, so gehört das Verbot dem Privatrecht an. Erlässt eine Behörde ein Hausverbot gegenüber einem Handelsvertreter, um ihn vom Abschluss von Lieferverträgen auszuschließen, so ist der Zivilrechtsweg eröffnet.[1034] Dabei soll das Zivilgericht dann auch über eine innerdienstliche Anordnung mit entscheiden dürfen, die den Betroffenen in ehrenkränkender Weise belastet; auch solche innerdienstlichen Anordnungen sollen ihrem Gegenstand nach zivilrechtliches Gebiet betreffen, wobei es auf die Art ihrer Entstehung nicht ankommen soll.[1035] – Das als Ordnungsverfügung gegen den Besucher einer gemeindeeigenen Obdachlosensiedlung gerichtete Hausverbot ist mit der Anfechtungsklage vor den VG anfechtbar.[1036] Strittig ist die Einordnung der (vornehmlich gegen Obdachlose gerichteten) Bahnhofsverbote. Teils wird privatrechtlicher Charakter angenommen,[1037] teils ein Verwaltungsakt bejaht.[1038] Ersteres erscheint zutreffend, da sich die Beförderung von Reisenden auf privatrechtlicher Basis vollzieht, das Betreten des Gebäudes seinem äußeren Erscheinungsbild nach eine Vorstufe hierzu ist und für eine Differenzierung zwischen Reisewilligen und Nicht-Reisewilligen, abgesehen von praktischen Schwierigkeiten, kein überzeugender Anlass besteht. Das von einer Sparkasse (Anstalt des öffentlichen Rechts) für den Aktienshop ausgesprochene Hausverbot ist privatrechtlicher Natur, da die Rechtsbeziehungen zwischen den Beteiligten privatrechtlicher Natur sind.[1039] Das von der Universitätsverwaltung im Zusammenhang mit einer arbeitsrechtlichen Kündigung ausgesprochene Hausverbot ist grundsätzlich nicht öffentlich-rechtlicher, sondern privatrechtlicher Natur.[1040] Für den Streit über die Rechtmäßigkeit eines Hausverbots, das ein im § 51 Abs. 1 SGG genannter Verwaltungsträger erlässt, ist der Verwaltungsrechtsweg gegeben.[1041] Vgl. § 12 Rn. 93 ff. **367**

Hebammengebühren. Die Ansprüche freiberuflich tätiger Hebammen aus § 376a RVO a. F. gegen die Krankenkassen sind nicht vor den ordentlichen, sondern vor den Sozialgerichten zu verfolgen.[1042] **368**

[1029] BGH JZ 1973, 420 m. Anm. *Rüfner* LM 128 zu § 13 GVG.
[1030] BGHZ 38, 171 = NJW 1963, 102; BVerwGE 21, 334.
[1031] BGHZ 31, 88 = NJW 1960, 335.
[1032] Zur Problematik des behördlichen Hausverbots vgl. *Ehlers* DÖV 1977, 737; *Knemeyer* DÖV 1970, 596; *Bethge* Die Verwaltung 1977, 313; *Scholz* JuS 1976, 232; *Redeker/von Oertzen* § 40 VwGO Rn. 28; *Kopp/Schenke* § 40 VwGO Rn. 22.
[1033] BVerwGE 47, 247 = NJW 1975, 891; BGHZ 33, 230 = NJW 1961, 308; OVG Münster NVwZ-RR 1989, 316; *Bahls* DVBl. 1971, 275; *Bettermann* DVBl. 1971, 112; *Knemeyer* DÖV 1971, 302.
[1034] BVerwGE 35, 103 = JZ 1971, 96 m. Anm. *Stürner* = DVBl. 1971, 111 m. Anm. *Bettermann*.
[1035] BGH NJW 1967, 1911 – insoweit bedenklich – anders noch BGHZ 14, 222.
[1036] OVG Münster ZMR 1976, 376.
[1037] OLG Bremen VRS 23, 265; BayObLG JZ 1977, 311.
[1038] OLG Celle VRS 29, 20; 32, 202.
[1039] OVG Münster NJW 1955, 1573.
[1040] VGH Mannheim NJW 1994, 2500.
[1041] OVG Münster NVwZ-RR 1998, 595.
[1042] BGHZ 31, 24 = NJW 1959, 2304.

368a Hermes-Bürgschaft (Bürgschaft der BRep, vertreten durch die Hermes-Kreditversicherung AG, zur Absicherung der Exportfinanzierung). Behält der Bürgschaftsvertrag vor, die Bürgschaftssumme auf die Anzeige des Bürgschaftsfalles hin auszuzahlen, sie aber zurückzufordern, falls der ausländische Schuldner die Leistung des Bürgschaftsnehmers nicht abnimmt oder gegen die Forderung des Bürgschaftsnehmers Einwände erhebt, ist für die auf diesen Vorbehalt gestützte Rückforderung der ordentliche Rechtsweg gegeben.[1043]

369 Hochschulen. Die Universitäten und staatlichen Hochschulen sind Körperschaften des öffentlichen Rechts. Die Entscheidung über die **Zulassung zum Studium** (Begründung der Mitgliedschaft durch Immatrikulation) ist von den VG zu überprüfen,[1044] ebenso die Regelung der Benutzungsbedingungen z.B. von Bibliotheken und Instituten. Auch Streitigkeiten um Art, Inhalt, Ort und Zeit von Lehrveranstaltungen sind öffentlich-rechtliche Streitgegenstände. Für die Klage eines Studenten gegen einen Rektor auf Unterlassung eines seinen Zuständigkeitsbereich überschreitenden Verhaltens ist der Verwaltungsrechtsweg eröffnet.[1045] Als öffentlich-rechtlich einzustufen ist auch die Entscheidung über die Erteilung eines **Lehrauftrags,** selbst wenn es sich, wie regelmäßig, in der Durchführung um ein privatrechtliches Vertragsverhältnis handelt;[1046] daneben sind Lehraufträge gelegentlich auch ihrem Inhalt nach öffentlich-rechtlich ausgestaltet.[1047] Ebenso öffentlich-rechtlich ist das **Hausverbot,** das gegen einen ehemaligen Lehrbeauftragten erlassen wird, um die Umgehung der Beendigung des Lehrauftrags zu sichern[1048] (vgl. Rn. 367). Bewirbt sich jemand erfolglos um ein Lehrauftragsverhältnis, das nach der Bewerbung und der Rechtslage öffentlich-rechtlich oder privatrechtlich gestaltet werden kann, so ist eine Streitigkeit aus dem regelmäßig öffentlich-rechtlichen Bewerbungsverhältnis von den VG zu entscheiden.[1049] Öffentlich-rechtlich sind ferner Streitigkeiten um Äußerungen einer **Studentenvertretung** in Wahrnehmung ihrer wirklichen oder vermeintlichen Befugnisse[1050] oder auf Unterlassung bzw. Widerruf des Aufrufs eines AStA zum Vorlesungsstreik.[1051] Auch der Anspruch eines Hochschullehrers auf Unterlassung einer **Vorlesungsstörung** gegen bestimmte Studenten wird richtigerweise vor den VG zu verfolgen sein; das KG[1052] hat aus dem Gesichtspunkt eines Schutzes des allgemeinen Persönlichkeitsrechts die Zuständigkeit der ordentlichen Gerichte bejaht, dabei aber ausdrücklich offengelassen, ob daneben zwischen den Streitbeteiligten auch öffentlich-rechtliche Beziehungen bestanden. Jedenfalls öffentlich-rechtlicher Natur ist der Anspruch des Dozenten gegen die Hochschule auf Schutz gegen Störungen des Lehrbetriebs.[1053] Ein Streit zwischen Privaten aus einem Vertrag über einen **Studienplatztausch** gehört vor die ordentlichen Gerichte.[1054]

370 Immissionen. Für den auf Immissionen gestützten bürgerlich-rechtlichen Aufopferungsanspruch (den nachbarrechtlichen Ausgleichsanspruch) und den öffentlich-rechtlichen Entschädigungsanspruch aus enteignendem Eingriff bei Beeinträchtigung eines Grundstücks durch von einem anderen Grundstück ausgehende Immissionen bejaht der BGH den ordentlichen Rechtsweg auch

---

[1043] BGH NJW 1997, 328.
[1044] BVerwGE 42, 296.
[1045] VG Freiburg NJW 1976, 534 m. Anm. *Pieruth* NJW 1976, 1517; *Vehse* NJW 1977, 122.
[1046] BVerwGE 52, 313.
[1047] BVerwGE 49, 137.
[1048] VGH Mannheim DVBl. 1977, 223.
[1049] VGH Mannheim DVBl. 1974, 817.
[1050] OVG Münster DVBl. 1977, 994.
[1051] VG Braunschweig DVBl. 1974, 51.
[1052] DVBl. 1974, 379.
[1053] Vgl. VG Koblenz NJW 1973, 1244.
[1054] OLG München NJW 1978, 701; krit. *Gern* NJW 1979, 694.

dann, wenn die Immissionen beim Autobahnbau entstehen.[1055] Bei Unterlassungsklagen nachbarrechtlicher Art gegen Immissionen, die sich gegen eine Nutzung im öffentlichen Interesse richten, teilt der Abwehranspruch grundsätzlich die Rechtsnatur des Handelns, das die Immissionen verursacht.[1056] Bewirken Baumaßnahmen der Eisenbahn Erschütterungen und Lärmbelästigungen, handelt es sich um eine bürgerliche Rechtsstreitigkeit, die vor die ordentlichen Gerichte gehört, denn der Betrieb der Bahn ist privatrechtlich gestaltet.[1057] Gleiches gilt für einen gemeindlichen Zeltplatz, der auf der Grundlage von privatrechtlichen Mietverträgen vergeben wird.[1058] Der Anspruch auf angemessenen Geldausgleich wegen unzumutbarer, von einer benachbarten hoheitlichen oder hoheitlich zugelassenen Anlage verursachter Immissionen ist im Verwaltungsrechtsweg geltend zu machen.[1059] Wenn eine in Wahrnehmung öffentlicher Aufgaben betriebene Einrichtung Immissionen hervorruft, ist für die Abwehrklage der Verwaltungsrechtsweg gegeben: Feuerwehrsirene,[1060] Sportplatz,[1061] Flutlicht,[1062] Bolzplatz,[1063] Fischaufstiegshilfe.[1064] Jedoch muss eine zumindest konkludente Widmung für öffentliche Zwecke erfolgt sein.[1065] Richtet sich die Abwehrklage gegen ein privatrechtliches Unternehmen, das für seine die Immissionen hervorrufende Betätigung lediglich behördlicher Genehmigung bedarf (z.B. Haltestelle eines Omnibusunternehmens), ist der ordentliche Rechtsweg gegeben.[1066] Vgl. Festveranstaltung (Rn. 348).

Importgeschäfte. Vgl. Marktregelung (Rn. 406). **371**

Innerdienstliche Anordnungen. Grundsätzlich sind für Rechtsstreitigkeiten über Dienstanweisungen, auch soweit diese Maßnahmen gegenüber einem Bürger nahelegen oder anordnen, nur die VG zuständig.[1067] Werden Behördenangehörigen jedoch dienstliche Vorgänge zur Kenntnis gebracht, die dem Ansehen eines Außenstehenden abträglich sind, so kann der Widerrufsanspruch des Betroffenen von den ordentlichen Gerichten nicht mit der Begründung abgewiesen werden, dass es sich um ein behördliches Internum handele und dass für die Behördenangehörigen die Pflicht zur Amtsverschwiegenheit gelte; vielmehr kann über die Aufhebung einer innerdienstlichen Anordnung, die einen Bürger vom privatrechtlichen Geschäftsverkehr mit der Behörde ausschließt oder die ihn in diesem Geschäftsverkehr auf ehrenkränkende Weise belastet, im Zivilrechtsweg entschieden werden;[1068] gegenüber dieser insoweit zweifelhaften Entscheidung hat der BGH das Widerrufsverlangen eines Bauunternehmers wegen nachteiliger Äußerungen über ihn in einer Dienstanweisung nicht im ordentlichen Rechtsweg zugelassen.[1069] Vgl. Anweisung (Rn. 309), Auftragsvergabe (Rn. 319), Hausverbot (Rn. 367). **372**

Insolvenzanfechtung. Der insolvenzrechtliche Anfechtungsanspruch gehört als bürgerlich-rechtliche Streitigkeit vor die ordentlichen Gerichte.[1070] Nicht hierher **372 a**

[1055] BGHZ 48, 98 = NJW 1967, 1857.
[1056] BGH NJW 1997, 744.
[1057] BGH NJW 1997, 744.
[1058] BGHZ 121, 248 = NJW 1993, 1656.
[1059] HessVGH NVwZ-RR 1999, 4.
[1060] BVerwGE 79, 254 = NJW 1988, 2396.
[1061] BVerwGE 81, 197 = NJW 1989, 1291; OLG Koblenz NVwZ 1987, 1021.
[1062] VGH Mannheim VBlBW 1983, 25.
[1063] VGH München NVwZ 1987, 986.
[1064] OLG Frankfurt 18. 4. 2005 – 1 W 29/05 –.
[1065] VGH München NVwZ-RR 2004, 753.
[1066] BGH NJW 1984, 1242 m. Anm. *Bettermann* DVBl. 1984, 473.
[1067] BGH MDR 1958, 494.
[1068] BGH NJW 1967, 1911.
[1069] BGHZ 14, 222 = NJW 1954, 1486.
[1070] BGHZ 114, 315 = NJW 1991, 2147; BGH MDR 2007, 232; NJW-RR 2007, 398; OLG Hamm NJW-RR 2003, 1692.

gehört aber der Streit, ob ein Insolvenzgläubiger eine Aufrechnungsmöglichkeit durch anfechtbare Handlung erlangt hat.[1071]

373 Insolvenzsicherung. Der Streit um die Beitragspflicht nach § 10 BetrAVG ist im Verwaltungsrechtsweg zu entscheiden. Zwar ist der für die I. zuständige Versicherungsverein privatrechtlich organisiert, aber die Mittel werden auf Grund öffentlich-rechtlicher Verpflichtung erhoben, und der Verein setzt diese öffentlich-rechtliche Verpflichtung als beliehener Unternehmer hoheitlich durch.[1072] Ansprüche der BfA, die den Mitarbeitern eines insolventen Unternehmens Insolvenzgeld gezahlt hat, und deshalb später Schadensersatz von den Geschäftsführern wegen Insolvenzverschleppung fordert, sind im ordentlichen Rechtsweg geltend zu machen.[1073]

374 Jagdpachtvertrag nach § 11 Bundesjagdgesetz ist ein privatrechtlicher Vertrag, auf den ergänzend die BGB-Vorschriften über die Pacht Anwendung finden; das gilt auch, wenn der Fiskus Verpächter ist. Dementsprechend sind Rechtsstreitigkeiten um den Jagdpachtvertrag vor den ordentlichen Gerichten auszutragen,[1074] z. B. über das Bestehen oder Nichtbestehen eines bestimmten Jagdpachtvertrags;[1075] auch die Entscheidung darüber, ob jemand als Jagdverpächter berechtigt oder verpflichtet ist, einen bestimmten Pachtvertrag zustande zu bringen, ist in der Regel eine bürgerlich-rechtliche Streitigkeit, und zwar unabhängig davon, ob der Verpächter etwa eine juristische Person des bürgerlichen oder eine solche des öffentlichen Rechts, z. B. eine Jagdgenossenschaft, ist.[1076] Soweit sich Jagdgenossen (Eigentümer der Grundflächen, die nach § 9 Bundesjagdgesetz zu einem gemeinschaftlichen Jagdbezirk gehören) in ihren mitgliedschaftlichen Rechten durch die Jagdgenossenschaft verletzt fühlen, ist der Verwaltungsrechtsweg gegeben, da die Mitgliedschaftsrechte in der Jagdgenossenschaft dem öffentlichen Recht zuzuordnen sind.[1077] Der Streit zwischen einem Mitglied einer Waldkorporation und einzelnen Mitgliedern des Vertretungsorgans über das Verfahren bei der Jagdverpachtung ist hingegen nur dann bürgerlich-rechtlich, wenn die Körperschaft bürgerlich-rechtlicher Natur ist.[1078] Die Angliederungsverfügung nach § 5 Abs. 1 BJagdG begründet ein pachtähnliches Rechtsverhältnis, über dessen privatrechtliche Auswirkungen im ordentlichen Rechtsweg zu entscheiden ist,[1079] während die Verfügung selbst vor den VG anzufechten ist.

375 Jugendamt. Das Tätigwerden des Jugendamts als Amtspfleger oder Amtsvormund vollzieht sich auf privatrechtlicher Grundlage; der Verwaltungsrechtsweg ist daher insoweit nicht gegeben.[1080] Der von einem Jugendamt mit Pflegepersonen abgeschlossene Vertrag über die Unterbringung eines Minderjährigen außerhalb des Elternhauses in Familienpflege ist bürgerlich-rechtlicher Natur. Für den auf einen solchen Vertrag gestützten Zahlungsanspruch der Pflegeperson ist daher der Rechtsweg zu den ordentlichen Gerichten eröffnet.[1081] Dasselbe gilt für das Verhältnis eines Trägers der freien Jugendhilfe zum Betreuten, auch wenn er im Auftrag eines öffentlichen Trägers handelt.[1082] Ein Streit über die Beurkundungspflicht nach § 59 Abs. 1 Nr. 1 SGB VIII gehört dagegen vor die VG.[1083]

[1071] BGH EWiR 2005, 795; NJW-RR 2005, 1138; ZIP 2006, 2234.
[1072] VGH München NVwZ 1983, 165.
[1073] BAG 20. 3. 2002 – 5 AZB 25/01 –.
[1074] HessVGH NJW 1996, 474.
[1075] BayObLGZ 1962, 247.
[1076] Vgl. BGH Rd L 1955, 46; 1956, 162.
[1077] HessVGH NJW 1996, 474.
[1078] BayObLGZ 1966, 447.
[1079] OLG Celle OLGZ 1967, 305.
[1080] OVG Münster NJW 1979, 1220; a. A. OVG Hamburg NJW 1979, 1219.
[1081] KG MDR 1978, 413.
[1082] VG Gelsenkirchen NVwZ-RR 2004, 860.
[1083] LG Wuppertal FamRZ 2005, 1844.

Der Anspruch des Trägers eines Jugendamts gegen eine Gemeinde auf anteilige Kostenerstattung für eine Fürsorgeerziehung ist öffentlich-rechtlicher Natur und im Streitfall durch die VG zu entscheiden.[1084] Zur Beistandschaft Rn. 326a.

Justizbeitreibungsordnung. Die in § 1 JBeitrO genannten Ansprüche werden im Justizvollstreckungsweg eingezogen. Soweit über Vollstreckungsmaßnahmen Streit (insbesondere auch mit Dritten) entsteht, sind als Vollstreckungsgerichte diejenigen der ordentlichen Gerichtsbarkeit zuständig (vgl. § 6 Abs. 1 JBeitrO). **376**

Justizvollzug. Die Entscheidungen über die Rechtsverhältnisse, die auf Grund von Maßnahmen einer Justizvollzugsanstalt zwischen der Anstalt und dem Gefangenen entstehen, sind durchweg den ordentlichen Gerichten zugewiesen (vgl. § 23 EGGVG Rn. 154). Das gilt auch für Ansprüche auf Ersatz der Aufwendungen zur Wiederherstellung der Gesundheit eines Untersuchungsgefangenen, der einen Selbstmordversuch begangen hat.[1085] **377**

Kabelgesellschaften sind zwar bei der Weiterverbreitung von Rundfunkprogrammen und Mediendiensten privatrechtlich organisiert, aber gesetzlich auf eine Art und Weise in hoheitliche Funktionsbereiche eingebunden, dass die Tätigkeit der eines beliehenen Unternehmers gleichkommt. Für Rechtsstreitigkeiten zwischen einer Kabelgesellschaft und dem Betreiber einer Kabelanlage wegen des Anspruchs auf ein vertragliches Teilnehmerentgelt ist deshalb der Rechtsweg zu den Verwaltungsgerichten gegeben.[1086] **377a**

Kammern. Ein Angehöriger einer Berufskammer hat einen im Verwaltungsrechtsweg verfolgbaren Anspruch darauf, dass die Kammer sich auf die ihr gesetzlich zugewiesenen Aufgaben beschränkt.[1087] **378**

Kanalisation. Bau und Betrieb eines Kanals durch die Gemeinde sind eine öffentliche Aufgabe. Öffentliches Recht kommt zur Anwendung, wenn die Benutzung durch Satzung geregelt ist und sich Streitigkeiten aus dem Benutzerverhältnis ergeben. Ein Streit um die Entfernung eines Kanals aus einem privaten Grundstücks gehört in den Verwaltungsrechtsweg, weil in eine öffentlich-rechtliche Einrichtung eingegriffen werden soll.[1088] – Bürgerlich-rechtlich und damit in den ordentlichen Rechtsweg gehörig sind Werkverträge der Gemeinde mit Tiefbaufirmen zur Herstellung der Kanäle, ebenso der rechtsgeschäftliche Erwerb von Grundstücken, in die ein Kanal verlegt werden soll, oder von Leitungsrechten. Auf dem Gebiet des Kanalisationswesens werden öffentlich-rechtliche Benutzungsverhältnisse meist durch Verwaltungsakt, nämlich die einseitige Zulassung zur Benutzung der Einrichtung, begründet. Die **Kanalanschlussgebühr** ist eine durch Heranziehungsbescheid geltend zu machende öffentliche Last, deren Charakter sich nicht dadurch ändert, dass die Gemeinde sie in einem verwaltungsgerichtlichen Verfahren durch Vergleich herabsetzt.[1089] Durch die Zulassung entsteht zwischen der Gemeinde und dem an ihr Kanalisationsnetz angeschlossenen Hauseigentümer ein auf Dauer angelegtes gesetzliches Schuldverhältnis, auf Grund dessen die Gemeinde Abwässer aus dem Grundstück aufzunehmen und abzuleiten hat.[1090] Dieses Leistungsverhältnis ist geeignet, Schadensersatzansprüche nach allgemeinen Grundsätzen zu begründen, wie sie in den für das vertragliche Schuldrecht geltenden Vorschriften, insbesondere §§ 276 und 278 BGB, ihren gesetzlichen Niederschlag gefunden haben. Für solche **Schadensersatzansprüche** gegen eine Gemeinde ist auch nach Neufassung des § 40 Abs. 2 **379**

[1084] BayObLGZ 1964, 173, 180.
[1085] BGHZ 109, 354 = NJW 1990, 1604.
[1086] BGH NVwZ 2003, 506.
[1087] BVerwGE 64, 116 = NJW 1982, 1298; LG Koblenz NVwZ 1988, 94.
[1088] VGH München NVwZ-RR 1996, 343.
[1089] BGH Warn 1970, 647.
[1090] BGHZ 54, 299 = NJW 1970, 2208.

VwGO der ordentliche Rechtsweg gegeben;[1091] ebenso für Schadensersatzansprüche wegen fehlerhafter Anlage des Kanals oder wegen unzulänglicher Anpassung an steigende Anforderungen.[1092] Der Verwaltungsrechtsweg ist hingegen eröffnet für eine Abwehrklage, die sich gegen Störungen des Eigentums an einem der städtischen Abwasserkanalisation angeschlossenen Grundstück durch **Überschwemmungen** aus der Kanalisation richtet.[1093] Ebenso steht der Verwaltungsrechtsweg offen für eine Klage auf **Verlegung der Kanalisation** oder auf Herstellung von Schutzeinrichtungen gegen Störungen (z. B. durch Zuleitung verseuchten Wassers) jedenfalls dann, wenn die öffentliche Anlage durch solche Einrichtungen selbst wesentlich geändert würde, insbesondere Aufwendungen erforderte, die offensichtlich außerhalb der zur Verfügung stehenden Haushaltsmittel stehen oder wenn die Schutzeinrichtungen im Rahmen größerer und umfassenderer Planungen allenfalls eine kurzfristige Wirkung entfalteten, die in keinem Verhältnis zum Aufwand stünde.[1094] Vgl. Rn. 361. Nach § 1 Abwasserabgabengesetz (BGBl. 1976 I S. 2721; 1987 I S. 880) ist für das Einleiten von Abwässern in ein Gewässer eine Abgabe zu entrichten, die durch die Länder erhoben wird. Hierbei handelt es sich um eine öffentlich-rechtliche Geldleistung, für deren Geltendmachung der Rechtsweg zu den ordentlichen Gerichten nicht gegeben ist.[1095]

380 **Kartellsachen.** Nach § 87 Abs. 1 GWB sind in bürgerlichen Rechtsstreitigkeiten, die sich aus dem GWB oder aus Kartellverträgen und -beschlüssen ergeben,[1096] ausschließlich die LG zuständig; damit ist nicht nur die sachliche Zuständigkeit innerhalb des ordentlichen Rechtswegs geregelt, sondern auch der Rechtsweg selbst. Eine etwa in § 13 GVG vorbehaltene Zuweisung bürgerlicher Rechtsstreitigkeiten an VG oder Sozialgerichte gilt insoweit nicht.[1097] Im Übrigen gelten für die Abgrenzung der privat- zu den öffentlich-rechtlichen Streitigkeiten keine Besonderheiten. Gleichordnungsverhältnisse schließen nicht immer eine öffentlich-rechtlichen Streitigkeit aus. Für die Klage eines privaten Unternehmens gegen eine Körperschaft des öffentlichen Rechts (Vereinigung von Wettbewerbern des Unternehmens) auf Unterlassung eines Verwaltungshandelns gegenüber den ihrer öffentlichen Gewalt Unterworfenen und auf Auskunftserteilung zur Vorbereitung eines auf dieses Handeln gestützten Schadensersatzanspruchs ist der ordentliche Rechtsweg gegeben, wenn und soweit die Körperschaft dem Unternehmen auf dem Boden der Gleichordnung gegenübersteht und nach dem Vorbringen des Klägers das Verwaltungshandeln ihm gegenüber wettbewerbswidrig ist.[1098] Für eine Feststellungsklage zu einer öffentlich-rechtlichen Streitigkeit kartellrechtlichen Inhalts zwischen einer Körperschaft des öffentlichen Rechts (Landesapothekerkammer) und ihrer staatlichen Aufsichtsbehörde ist der Rechtsweg zu den ordentlichen Gerichten nicht gegeben;[1099] vgl. Rn. 497.

381 **Kassenarztrecht.** Das Verhältnis zwischen dem Kassenpatienten und dem Kassenarzt ist nach bürgerlichem Recht zu beurteilen, ist aber von öffentlich-rechtlichen Pflichten nach der RVO/SGB V umgeben. Der Kassenpatient ist nicht selbst Schuldner des Arzthonorars; vielmehr hat der Kassenarzt einen Anspruch gegen die zuständige kassenärztliche Vereinigung, die die von den Sozialversiche-

---

[1091] BGH MDR 1978, 298.
[1092] OLG Karlsruhe Justiz 1969, 120.
[1093] BGH DVBl. 1971, 736 in Abkehr von RGZ 170, 40 ff.
[1094] BGH MDR 1965, 196; 1969, 737.
[1095] So für Schleswig-Holstein BGH NJW 1991, 1686.
[1096] Hierzu *K. Schmidt* JZ 1976, 304; *von Winterfeld* NJW 1985, 1816.
[1097] BGHZ 34, 53 = NJW 1961, 405.
[1098] BGHZ 67, 81 = NJW 1967, 1941 mit krit. Anm. *Schimmelpfeng* NJW 1977, 1093.
[1099] BGHZ 41, 194 = NJW 1964, 1518.

rungen ihr überwiesene Gesamtvergütung an die Ärzte anteilig weiterleitet. Der Anspruch des Arztes gegen die kassenärztliche Vereinigung gehört dem öffentlichen Recht an; bei Streitigkeiten entscheiden die Sozialgerichte.[1100] Dasselbe gilt bei Streitigkeiten mit dem Kassenpatienten über einen von diesem zu entrichtenden Eigenanteil.[1101] – Vgl. Rn. 136, 314. Auch die Klage eines Kassenarztes gegen eine Kassenärztliche Vereinigung, mit der erstrebt wird, dieser zu untersagen, einem Mitbewerber des Klägers dessen Abrechnungsunterlagen zu überlassen, gehört vor die Sozialgerichte.[1102]

Kataster. Für das Begehren, eine Flurkarte abzuändern, ist nicht der Rechtsweg zu den ordentlichen Gerichten gegeben.[1103] **381a**

Kindergarten. Die Entscheidung über die Zulassung eines Kindes zum Besuch eines kommunalen Kindergartens gehört dem öffentlichen Recht an und ist von den VG nachprüfbar. Auch das Benutzungsverhältnis wird häufig nicht als privat-, sondern als öffentlich-rechtlich eingestuft, wobei teils von einem öffentlich-rechtlichen Vertrag, teils von der gebührenpflichtigen tatsächlichen Inanspruchnahme einer öffentlichen Einrichtung ausgegangen wird.[1104] Auch eine privatrechtliche Ausformung liegt aber in der Gestaltungsfreiheit der Gemeinde[1105] (vgl. Rn. 361). Bei Streitigkeiten um die Bereitstellung oder die Fortführung öffentlicher Kindertagesstätten (als Einrichtungen der Jugendhilfe) ist auch dann der Verwaltungsrechtsweg gegeben, wenn das Benutzungsverhältnis privatrechtlich geregelt ist.[1106] Bei dem Anspruch auf Erlass des Entgelts für die Mitbenutzung von Schulräumen durch einen privaten Kindergarten handelt es sich nicht um eine öffentlich-rechtliche Streitigkeit; zuständig sind die ordentlichen Gerichte.[1107] **382**

Kindergeld. Im Streit um die Rechtmäßigkeit einer Pfändung in den Anspruch auf Kindergeld ist der Verwaltungsrechtsweg gegeben, wenn die Pfändung auf Grund des Verwaltungsvollstreckungsrechts erfolgt.[1108] **383**

Kinderspielplatz. Für die Abwehrklage gegen die von einem Kinderspielplatz ausgehende Geräuschbelästigung ist der Verwaltungsrechtsweg gegeben, wenn der Spielplatz im Bebauungsplan vorgesehen, im Vollzug dieser Planung von der Gemeinde eingerichtet sowie in Dienst gestellt und damit einem öffentlichen Zweck gewidmet worden ist[1109] (vgl. Rn. 370). Die öffentliche Zweckbestimmung rechtfertigt es aber nicht, aus der Verletzung der Pflicht zur Sicherung des Spielplatzes entstehende Schadensersatzansprüche nach Amtshaftungsgrundsätzen zu beurteilen; maßgeblich sind vielmehr die zur zivilrechtlichen Verkehrssicherungspflicht entwickelten Kriterien.[1110] **384**

Klagerücknahme-Vertrag. Für die Klage aus einem Vertrag, der im Verfahren vor einer Verwaltungsbehörde über die Rücknahme eines öffentlich-rechtlichen Rechtsbehelfs geschlossen wurde, sind die ordentlichen Gerichte zuständig. Dies soll auch dann gelten, wenn aus der Vereinbarung auf die Rücknahme einer bereits anhängigen verwaltungsgerichtlichen Anfechtungsklage geklagt wird;[1111] richtiger dürfte aber sein, die Anfechtungsklage an einem vom VG zu beachtenden Verfahrenshindernis scheitern zu lassen. **385**

[1100] BGH NJW 1963, 410; ZZP 1969, 307; EWiR 2005, 795.
[1101] AG Hagen NZS 2005, 448.
[1102] BGH NJW 1999, 1786.
[1103] OLG München NJW-RR 1990, 1248.
[1104] VGH Kassel DVBl. 1977, 216; VG Wiesbaden DVBl. 1974, 243.
[1105] VGH Kassel HessVGRspr 1974, 69.
[1106] VGH Kassel NJW 1979, 886.
[1107] OVG Hamburg HambJVBl. 1974, 32.
[1108] BVerwGE 77, 139 = NJW 1987, 3272.
[1109] BGH NJW 1976, 570; BVerwG NJW 1973, 1710.
[1110] BGH NJW 1978, 1626.
[1111] OLG Bamberg DVBl. 1967, 55.

386 **Kläranlagen.** Die Errichtung einer öffentlichen Kläranlage ist, auch in ihrer Auswirkung auf das Eigentum eines Dritten, ein nach öffentlichem Recht zu beurteilender Vorgang.[1112] Dies wird begründet damit, dass die Kläranlage in Erfüllung öffentlicher Aufgaben errichtet werde, da sie Ausdruck staatlicher Daseinsvorsorge sei, und dass sie schließlich in einem öffentlich-rechtlichen Planungs- und Funktionszusammenhang stehe. Vgl. Rn. 95, 370, 379.

387 **Kleingarten, Kleinpachtland.** Zur Nachprüfung der Wirksamkeit der Kündigung eines Kleingarten- und Kleinpachtlandvertrages ist der ordentliche Rechtsweg eröffnet.[1113] Zugleich steht dem Pächter eines Kleingartens gegen die Erteilung der Genehmigung zur Kündigung der Verwaltungsrechtsweg offen;[1114] für seine Klage soll aber kein Rechtsschutzbedürfnis vorhanden sein.[1115] Ebenso steht dem Verpächter eines Kleingartens der Verwaltungsrechtsweg gegen die Versagung der Genehmigung offen.[1116] – Zur Entscheidung über Ansprüche eines Kleingärtners auf Zahlung einer angemessenen Entschädigung nach Kündigung des Pachtvertrags sind die ordentlichen Gerichte berufen; auf das vorgeschaltete Verwaltungsverfahren zur Festsetzung der Höhe der Entschädigung kann durch Vereinbarung der Beteiligten verzichtet werden.[1117] Für die Prüfung der Wirksamkeit der Kündigung von Kleinsiedlungsverträgen ist der ordentliche Rechtsweg nicht ausgeschlossen; auch eine Vereinbarung, dass über die Voraussetzungen zur Kündigung eines solchen Kleinsiedlungsvertrags eine vertraglich bestimmte Stelle „unter Ausschluss des Rechtswegs" entscheiden soll, stellt nur einen Schiedsgutachtervertrag dar, durch den der ordentliche Rechtsweg nicht ausgeschlossen wird.[1118]

388 **Koalitionsvertrag** ist eine Vereinbarung zwischen politischen Parteien über inhaltliche Zusammenarbeit und Regierungsbildung im parlamentarischen Rahmen. Ihre Zulässigkeit ist ebenso unangefochten wie ihre rechtliche Verbindlichkeit umstritten ist;[1119] indessen wird ihm ganz allgemein die Justiziabilität und erst recht die zwangsweise Durchsetzungsfähigkeit abgesprochen mit der Begründung, es handele sich um im Verfassungsrecht angesiedelte Absprachen – jedenfalls ist der ordentliche Rechtsweg in jedem Falle ausgeschlossen trotz der privatrechtlichen Natur der politischen Parteien.

389 **Kommunale Wohnungsvermittlung.** Vgl. Wettbewerb (Rn. 497).

390 **Konkurrentenklage.** Vgl. Auftragsvergabe (Rn. 319), Subventionen (Rn. 462), Wettbewerb (Rn. 497).

390a **Kontoführung.** Für Rechtsstreitigkeiten zwischen einer Partei und einer Sparkasse über den Abschluss eines Kontoführungsvertrags und die Einrichtung eines Girokontos ist der ordentliche Rechtsweg gegeben.[1120]

391 **Kontrollmitteilungen.** Die Weitergabe von Kontrollmitteilungen durch die Steuerfahndung ist eine Abgabenangelegenheit, für die der Finanzrechtsweg gegeben ist, wenn sie in keinem inneren Zusammenhang mit der Aufklärung von Steuerstraftaten steht.[1121]

392 **Konzessionsabgabe** für die Benutzung von Straßen und Wegen zum Verlegen und Unterhalten von Leitungen: ordentlicher Rechtsweg.[1122] Vgl. Elektrizitätsversorgung (Rn. 344).

[1112] BVerwG NJW 1974, 817.
[1113] BGH NJW 1959, 43.
[1114] BVerwGE 4, 317; E 1, 134.
[1115] BVerwG aaO.; das Rechtsschutzbedürfnis wird bejaht von BayVGH VerwRSpr 1961, 809.
[1116] BVerwGE 4, 332.
[1117] BGHZ 32, 1 = NJW 1960, 914; BVerwG MDR 1965, 323; SchlHAnz 1965, 219.
[1118] BGHZ 9, 138 = NJW 1953, 825.
[1119] *Kewenig* AöR 1965, 185; *Schenke* JA 1982, 57.
[1120] VG Hannover NJW 2001, 3354; a. A. OVG Münster NVwZ-RR 2004, 795.
[1121] FG Baden-Württemberg NJW 1997, 2406.
[1122] BGHZ 15, 113, 115 = NJW 1955, 104.

Koppelungsgeschäfte. Vgl. Auftragsvergabe (Rn. 319) und Folgekostenvertrag 393 (Rn. 353).

Krankenhaus. Das Rechtsverhältnis zwischen dem Patienten und dem Krankenhaus 394 ist in aller Regel privatrechtlich gestaltet; lediglich bei der Einweisung eines Kranken in ein städtisches Krankenhaus auf Grund öffentlicher Fürsorge ist ein öffentlich-rechtliches Verhältnis zwischen dem Kranken und der Stadtgemeinde anzunehmen.[1123] Eine privatrechtliche Beziehung besteht auch, soweit es sich um Kassenpatienten und um Krankenhäuser mit öffentlich-rechtlicher Trägerschaft handelt.[1124] Der Kassenpatient erhält eigene vertragliche Ansprüche aus einem zwischen dem Krankenhaus und der Krankenkasse geschlossenen Vertrag zugunsten Dritter nach § 328 BGB.[1125] Das gilt auch bei einer Notfalleinweisung mit der nachträglichen Kostenübernahme durch die Krankenkasse;[1126] bis dahin liegt Geschäftsführung ohne Auftrag nach den Bestimmungen des BGB vor. Der Privatpatient kann, namentlich beim sogenannten Belegarztvertrag, einen gespaltenen Arzt/Krankenhausvertrag schließen, wobei über Therapie und eventuell Operation ein Vertrag mit dem Arzt, über Verpflegung, Unterkunft und untergeordnete ärztliche und Pflegedienste ein Vertrag mit dem Krankenhaus geschlossen wird; beide Verträge sind dem Privatrecht zuzuordnen. – Als öffentlich-rechtlich sind hingegen Streitigkeiten zwischen Krankenhäusern und kassenärztlichen Vereinigungen (z. B. wegen Vergütung von Sachkosten für ambulante Behandlung) eingestuft worden;[1127] insoweit sind die Sozialgerichte zuständig. Die VG haben zu entscheiden, wenn Betriebskrankenkassen sich dagegen wenden, dass Universitätskliniken einzelnen Sozialversicherungsträgern verbilligte Pflegesätze einräumen.[1128] Der Vertrag zwischen einer juristischen Person des Zivilrechts und einer Gemeinde über die Errichtung und den Betrieb eines Krankenhauses, Schwesternheimes oder Altenheimes gehört dem Zivilrecht an.[1129] – Macht ein privater Pflegedienst geltend, er werde von einem privaten Krankenhausträger bei der Vermittlung von Patienten in die ambulante häusliche Pflege benachteiligt, ist der Rechtsweg zu den Sozialgerichten gegeben.[1130]

Krankenkassen. Die gesetzlichen Krankenkassen schulden ihren Versicherten 395 nicht nur die Freistellung von finanziellen Belastungen durch Krankheit, sondern (nach dem Naturalleistungsprinzip) Krankenpflege als Sachleistung. Sie haben deshalb Ärzte zu stellen, die sie aus dem Beitragsaufkommen der Mitglieder bezahlen. Zwischen den Krankenkassen und den Kassenärzten bestehen keine bürgerlich-rechtlichen Beziehungen; vielmehr stehen die Kassen und ihre Bundesverbände in öffentlich-rechtlichen Beziehungen zu den kassenärztlichen Vereinigungen und deren Bundesvereinigung; dorthin überweisen sie Gesamtvergütungen, die die kassenärztlichen Vereinigungen unter ihren Mitgliedern, den Kassenärzten, aufteilen. Hat eine Krankenkasse die einer anderen Krankenkasse obliegende gesetzliche Leistung erbracht, so ist für ihren Anspruch auf Erstattung ihrer Aufwendungen der Rechtsweg zu den Sozialgerichten gegeben.[1131] Mit Krankenhäusern schließen die Krankenkassen zugunsten ihrer Versicherten echte Verträge zugunsten Dritter.[1132] Bei Notfalleinweisungen liegt die Vertragserklärung der Krankenkasse in der Kostenübernahmemitteilung.[1133] – Wendet sich

---

[1123] BGHZ 4, 138 = NJW 1952, 382.
[1124] BGHZ 9, 145 = NJW 1953, 778.
[1125] BGHZ 1, 383 = NJW 1951, 798; Z 33, 251 = NJW 1961, 359.
[1126] OLG Düsseldorf NJW 1975, 596; vgl. auch OLG Stuttgart SGb 1977, 212.
[1127] OLG Stuttgart NJW 1970, 1238.
[1128] BVerwGE 15, 296.
[1129] OVG Münster NJW 1991, 61.
[1130] OLG Düsseldorf NJW-RR 2007, 501.
[1131] BSG NJW 1958, 886.
[1132] BGHZ 33, 251 = NJW 1961, 359; BGH NJW 1959, 816.
[1133] OLG Düsseldorf NJW 1975, 596; vgl. auch OLG Stuttgart SGb 1977, 212 ff.

eine Allgemeine Ortskrankenkasse an Kassenärzte mit der Empfehlung, statt eines als „kostspielig" bezeichneten Medikaments in größerem Umfang ein „preisgünstigeres" zu verschreiben, so ist für eine dagegen gerichtete Klage des Herstellers des ersten Medikaments auf Unterlassung, Widerruf usw. der Rechtsweg vor den ordentlichen Gerichten nicht zulässig[1134] (vgl. auch Rn. 313).

395 a Das Gesundheitsreformgesetz (BGBl. 1988 I S. 2477) hat die Streitigkeiten über Entscheidungen und Verträge der Krankenkassen und ihrer Verbände nach SGB V (Gesetzliche Krankenversicherung) den Sozialgerichten gemäß § 51 Abs. 2 SGG übertragen; das gilt für Erfüllungs- und Schadensersatzansprüche wie auch Unterlassungsansprüche.[1135] Die Beziehungen zwischen einer Krankenkasse und einem Leistungserbringer sind seit dem Jahre 2000 durch § 51 Abs. 2 Satz 1 Nr. 3 SGG umfassend den Sozialgerichten zugewiesen,[1136] auch wenn Angelegenheiten Dritter betroffen werden.[1137] Streitigkeiten zwischen Krankenkassen, Zahnärzten und Zahntechnikern sind Angelegenheiten des Kassen(zahn)arztrechts und im Sozialrechtsweg auszutragen.[1138] Auch über Ansprüche eines Krankenhausträgers gegen eine gesetzliche Krankenkasse aus (öffentlich-rechtlicher) Geschäftsführung ohne Auftrag wegen der stationären Behandlung eines Kassenpatienten haben die Sozialgerichte zu entscheiden.[1139] Auch für die Unterlassungsklage eines Wettbewerbsverbandes gegen eine Krankenkasse wegen Einrichtung einer Selbstabgabestelle für Dialysehilfsmittel sind die Sozialgerichte zuständig.[1140] Die **Mitgliederwerbung** hat durch die seit 1. 1. 1996 bestehende Wahlfreiheit für Versicherungspflichtige den Wettbewerb zwischen den Krankenkassen verschärft; wenn auch AOK und Ersatzkassen bei der Mitgliederwerbung im Gleichordnungsverhältnis einander gegenüberstehen, so ist dieses Gleichordnungsverhältnis dennoch durch öffentlich-rechtliche Regelungen geprägt, so dass für Streitigkeiten zwischen ihnen um die Zulässigkeit von Werbemaßnahmen der Rechtsweg zu den Sozialgerichten eröffnet ist.[1141] Macht jedoch ein privates Krankenversicherungsunternehmen, das sich mit einer gesetzlichen Krankenkasse im Wettbewerb um Mitglieder befindet, geltend, die gesetzliche Krankenkasse gehe bei der Mitgliederwerbung in unlauterer Weise vor, so handelt es sich dabei um eine bürgerlich-rechtliche Streitigkeit, für die die ordentlichen Gerichte zuständig sind.[1142] Eine bürgerlich-rechtliche Streitigkeit liegt auch vor, wenn ein Wettbewerbsverband wettbewerbsrechtliche Ansprüche geltend macht.[1143] – Die Zuweisung der Streitigkeiten über Entscheidungen der Krankenkassen usw. nach § 51 Abs. 1 Nr. 2, 3 SGG gilt auch, soweit durch diese Angelegenheiten Dritte betroffen werden, jedoch nur hinsichtlich der Maßnahmen, die unmittelbar der Erfüllung der den Krankenkassen usw. obliegenden öffentlich-rechtlichen Aufgaben dienen. Maßgebend ist, ob der Schwerpunkt des Rechtsstreits in einem Aufgabenbereich liegt, dessen Erfüllung den Krankenkassen usw. unmittelbar auf Grund der öffentlich-rechtlichen Bestimmungen des SGB V obliegt.[1144] – Vgl. Kassenarzt (Rn. 381); Wettbewerb (Rn. 497).

395 b Für den Unterlassungsanspruch gegen die Presseerklärung einer Krankenkasse wegen eines von ihr beanstandeten Verhaltens einer Kassenärztlichen Vereinigung ist der ordentliche Rechtsweg gegeben, da es sich um einen äuße-

---

[1134] BGH NJW 1964, 2208.
[1135] BSG NJW-RR 1995, 1275.
[1136] BGH NJW 2000, 2749.
[1137] BGH NJW 2001, 1796; 2003, 1194.
[1138] BSG NZS 1993, 35.
[1139] BGH NJW 1997, 1636.
[1140] OLG Zweibrücken NJW 1999, 875.
[1141] BGH NJW 1998, 2743.
[1142] BGH – GS – Z 66, 229 = NJW 1976, 1794; BGH NJW 1998, 3418.
[1143] BGH NJW 1998, 3418.
[1144] BGH NJW 2000, 874.

rungsrechtlichen Unterlassungsanspruch aus §§ 823, 824, 1004 BGB handelt, der nicht unmittelbar Angelegenheiten nach SGB V betrifft und auch nicht um eine Streitigkeit auf Grund eines gemeinsamen Gremiums von Ärzten und Krankenkassen und auch nicht der Sozialversicherung.[1145] Der Sozialrechtsweg wird als zulässig erachtet, wenn ein Dritter von einem Leistungserbringer die Unterlassung von Werbemaßnahmen in einer Publikation der Krankenkasse verlangt, wenn diese sich die Aussage zu eigen macht.[1146]

Krankentransport. Die dienstliche Anordnung einer Kommune an die von ihr betriebenen Kliniken, nur die städtische Feuerwehr zu Krankentransporten heranzuziehen, kann von einem ausgeschlossenen privaten Krankentransportunternehmen im ordentlichen Rechtsweg angegriffen werden.[1147] Erfolgt die Heranziehung durch eine hoheitlich handelnde Rettungsleitstelle, ist der Schadenersatzanspruch eines Privaten wegen Diskriminierung ein Amtshaftungsanspruch.[1148] Für Vergütungsansprüche privater Krankentransportunternehmen gegen eine gesetzliche Krankenkasse ist der ordentliche Rechtsweg eröffnet.[1149] Bei Streit um die Gleichbehandlung öffentlicher und privater Krankentransporte beim Verfahren der Kostenerstattung handelt es sich um eine Streitigkeit nach § 87 GWB, für die der Zivilrechtsweg gegeben ist; die Zuständigkeit der Kartellgerichte wird durch § 51 SGG nicht verdrängt.[1150] **395 c**

Kriegsopferfürsorge. Streitigkeiten über die Zahlung von Leistungen der Kriegsopferfürsorge und über die Rückerstattung von Überzahlungen sind, auch bei Eintritt einer Rechtsnachfolge, vor den VG auszutragen.[1151] **396**

Kunst und Künstler. Die öffentlich-rechtliche Zuständigkeitsregelung der Kunstpflege und deren öffentlicher Zweck rechtfertigen es nicht, den Vertrag zwischen einem Künstler und dem staatlichen Veranstalter einer öffentlichen Kunstausstellung um die Überlassung von Bildern für die Ausstellung für öffentlich-rechtlich zu halten; er gehört jedenfalls dann dem Privatrecht an, wenn die Beteiligten eine öffentlich-rechtliche Gestaltung ihrer vertraglichen Beziehungen nicht ausdrücklich vereinbart haben.[1152] Ebenso sind die ordentlichen Gerichte zuständig, wenn ein Künstler die Entscheidung der Jury einer staatlichen Ausstellung angreift, mit der er von der Teilnahme ausgeschlossen wird.[1153] Das Gleiche gilt für Ansprüche gegen einen subventionierten Veranstalter auf Teilnahme an künstlerischen Darbietungen.[1154] – Um eine öffentlich-rechtliche Streitigkeit handelt es sich hingegen, wenn die Entscheidung einer durch Verwaltungsvereinbarung geschaffenen Filmbewertungsstelle umstritten ist, von der die Ermäßigung des Vergnügungssteuersatzes abhängt.[1155] Auch wenn eine Behörde eine sogenannte Baueignungsliste mit den Namen jener Künstler führt, die für staatliche Aufträge in Betracht kommen (oder deren Arbeiten an öffentlichen Bauten durch Zuschüsse an den Bauträger gefördert werden sollen), so sind für die Überprüfung des Ausschlusses von dieser Liste die VG zuständig.[1156] Desgleichen handelt es sich um eine Streitigkeit des öffentlichen Rechts, wenn die BRep eine Spielfilmprämie in Form eines verlorenen Zuschusses zurückfordert, weil der zu fördernde Film nicht gedreht wurde (vgl. Rn. 460). Daneben kann sich, wenn **397**

[1145] BGH NJW 2003, 1192.
[1146] OLG Schleswig OLGR 2005, 733.
[1147] BGHZ 101, 72 = NJW 1988, 772.
[1148] BGH 25. 9. 2007 – KZR 48/05 –.
[1149] LG Köln NJW-RR 1988, 1016.
[1150] OLG Hamburg NJW-RR 1998, 404.
[1151] BVerwGE 23, 161; E 36, 252.
[1152] BVerwG MDR 1976, 874.
[1153] Bad-WürttVGH DVBl. 1976, 951.
[1154] OVG Berlin UFITA 1969, 313.
[1155] BVerwGE 23, 194.
[1156] OVG Lüneburg DVBl. 1972, 393.

Filmförderungsmittel des Bundes durch einen privatrechtlichen Kuratoriumsverein ausgezahlt werden (an den sie zurückfließen sollen), zwischen diesem und dem Förderungsnehmer wegen der Rückzahlung der Förderung und wegen Gewinnbeteiligung eine zivilrechtliche Streitigkeit ergeben.[1157]

398 Kurtaxe. Streitigkeiten um Kurtaxen gehören vor die VG.[1158]

399 Lastenausgleich. Ein in den Regelungsbereich des Lastenausgleichsrechts fallender Entschädigungsanspruch kann nicht unter dem Gesichtspunkt der Amtshaftungsklage (wegen einer Umsiedlung unter Druck von SS-Umsiedlungskommandos) vor den Zivilgerichten verfolgt werden;[1159] das Gleiche gilt für Klagen unter dem Gesichtspunkt der Enteignung oder des enteignungsgleichen Eingriffs.[1160] Der Anspruch des Ausgleichsfonds auf Rückzahlung von Darlehen, die nach dem Lastenausgleichsgesetz oder Soforthilfegesetz gewährt worden sind, z.B. Eingliederungs- und Existenzaufbaudarlehen, ist öffentlich-rechtlich,[1161] und zwar auch dann, wenn sich die Rückforderung gegen die gesamtschuldnerisch mithaftende oder nur bürgende Ehefrau richtet,[1162] und auch, wenn sich im Verhältnis zwischen dem eingeschalteten Bankinstitut und dem Darlehensnehmer privatrechtliche Ansprüche ergeben.[1163] – Hingegen gehört zur Zuständigkeit der ordentlichen Gerichte (da zivilrechtlich) der Rückforderungsanspruch des Ausgleichsfonds aus einem gekündigten Darlehen öffentlich-rechtlicher Natur, wenn es sich um ein von einem Kreditinstitut gewährtes, durch eine Bürgschaft des Ausgleichsfonds gesichertes Darlehen handelt und die Bürgschaft eingelöst ist; wird jedoch die Rückzahlung vom bürgenden Fond unzulässigerweise mit einem Leistungsbescheid verlangt, so ist der Verwaltungsrechtsweg eröffnet.[1164] – Streitigkeiten über die Fortzahlung von Leistungen, die auf Umstellungsgrundschulden zu entrichten (und nach § 105 LAG auf die Abgabenschuld zu verrechnen) waren, sind nicht vor den ordentlichen Gerichten auszutragen, da es sich beim Streitgegenstand nicht um eine bürgerlich-rechtliche, sondern um eine Abgabenforderung handelt.[1165] Ist zwischen geschiedenen Eheleuten streitig, wer von ihnen Eigentümer von zerstörtem oder verlorenem Hausrats- und Betriebsvermögen war und haben deshalb beide Antrag auf LAG-Entschädigung gestellt, ist eine Feststellungsklage zwischen ihnen zur Klärung der Eigentumsverhältnisse vor dem ordentlichen Gericht zulässig.[1166]

400 Lehrauftrag. Streitigkeiten aus Verträgen, die der öffentlich-rechtliche Träger einer Volkshochschule mit den Lehrern an (der Volkshochschule angegliederten) Musikhochschulen schließt, gehören vor die ordentlichen Gerichte.[1167] Vgl. Hochschule (Rn. 369).

400a Leistungsbeschaffungsverträge, abgeschlossen zwischen den Krankenkassen oder ihren Verbänden und privaten nichtärztlichen Leistungserbringern sind privatrechtlicher Natur, weil ihnen bei der Beschaffung von Waren und Leistungen, die sie zur Erfüllung ihrer gesetzlichen Aufgaben benötigen, hoheitliche Mittel nicht zu Gebote stehen.[1168]

401 Lieferprämien. Vgl. Marktregelung (Rn. 406).

[1157] BGH UFITA 1971, 135.
[1158] RGZ 121, 275.
[1159] BGHZ 22, 286 = NJW 1957, 504.
[1160] BGHZ 8, 256, 261 = NJW 1953, 461.
[1161] BVerwGE 30, 14; E 15, 234.
[1162] BVerwGE 35, 170.
[1163] BVerwGE 13, 307.
[1164] BVerwGE 30, 211.
[1165] BGH LM 1 zu § 105 LAG = LM 35 zu § 13 GVG.
[1166] BGHZ 27, 190.
[1167] BGH NJW 1980, 1046.
[1168] BGH NJW 1998, 825.

Lotterie- und Wettverträge. Veranstaltet der Staat Lotterien, Sportwetten usw., 402
sind die hierbei geschlossenen Verträge privatrechtlich auch dann, wenn sie nach
„amtlichen Spielbedingungen" abgewickelt werden.[1169] Die Entscheidung eines
als Aufsichtsbehörde tätigen Finanzministeriums über die Gewinnberechtigung
ist ein vor den VG angreifbarer Verwaltungsakt, nicht Vollzug einer privatrechtlichen Schiedsvereinbarung.[1170] Im Einzelnen ist die Ausgestaltung von Sportwetten und Zahlenlotto landesrechtlich geregelt.[1171]

Luftschutzanlage. Der Zivilrechtsweg ist unzulässig, wenn auf Beseitigung von 403
Grundstücksbeeinträchtigungen durch eine Luftschutzanlage geklagt wird; hat jedoch die öffentlich-rechtliche Widmung sich durch die Entwicklung erledigt (wie
bei einem verfallenden Luftschutzstollen aus dem zweiten Weltkrieg), so ist für
einen Abwehranspruch nach § 1004 BGB der ordentliche Rechtsweg eröffnet.[1172]

Manöverschäden. Greift eine Polizeibehörde im Wege der Ersatzvornahme ein, 404
wenn bei einem Manöver der amerikanischen Streitkräfte durch auslaufendes Öl
das Grundwasser zu verseuchen droht, dann kann die Behörde den öffentlich-rechtlichen Anspruch auf Erstattung ihrer Kosten nach Art. 12 des Ausführungsgesetzes zum NATO-Statut (BGBl. 1961 II S. 1186) vor den ordentlichen Gerichten geltend machen.[1173] Für einen entsprechenden Anspruch bei durch die
Bundeswehr verursachten Schäden sind die VG zuständig.

Märkte und Messen. Für Streitigkeiten über die Zulassung zur Benutzung öf- 405
fentlicher Märkte usw. nach den §§ 64 ff. GewO und über die Benutzungsmodalitäten sind die VG zuständig.[1174] Die Ersetzung eines öffentlichen Marktes durch
einen Privatmarkt fällt unter die Organisationsgewalt der Gemeinde und ist deshalb zulässig. Über den Anspruch eines früheren Standinhabers auf Zuweisung
eines Standes auf dem Privatmarkt ist auch bei Berücksichtigung eines früheren öffentlich-rechtlichen Benutzungsverhältnisses vom Zivilgericht zu entscheiden.[1175] Bezüglich Immissionen von öffentlichen und privaten Märkten gilt das
zu Festveranstaltungen Gesagte entsprechend (Rn. 348).

Marktregelung und -intervention. Die Tätigkeit von Einfuhr- und Vorratsstellen 406
ist schlicht hoheitliche Verwaltung und damit (soweit es etwa um die Entscheidung,
welche Güter angekauft werden sollen, um die Festsetzung der Übernahmepreise,
aber auch z. B. um den Widerruf von Empfehlungen oder Behauptungen geht) der
Beurteilung durch die Zivilgerichte entzogen.[1176] Abschluss und Abwicklung von
Marktregelungsverträgen hingegen sind nach der Zweistufenlehre (vgl. Rn. 70 und
Subventionen, Rn. 458) privatrechtliche Tätigkeiten der Verwaltung; insoweit sind
(sofern es sich um die Vorratshaltung und Verkäufe aus der Bundesreserve handelt)
die Zivilgerichte zuständig.[1177] Doch lässt die Übernahme von Getreide zum Erzeugermindestpreis wiederum lediglich öffentlich-rechtliche Beziehungen zwischen dem Antragsberechtigten und der Einfuhr- und Vorratsstelle entstehen; es
liegt kein Kaufvertrag – und damit kein Fall der Zuständigkeit der ordentlichen Gerichte – vor;[1178] ebenso fällt die Entscheidung über die Gewährung von Lieferprämien in die Zuständigkeit der VG,[1179] ebenso die über Ausgleichsabgaben.[1180] Für
den Anspruch eines Importeurs auf Zahlung der Differenz von Übernahme- und

---

[1169] BayVerfGH BB 1964, 326.
[1170] Bad-WürttVGH DRZ 1950, 260.
[1171] *Palandt/Sprau* § 763 BGB Rn. 3.
[1172] BGH MDR 1965, 985.
[1173] BGH NJW 1970, 1416.
[1174] LG Stuttgart BB 1970, 1118; OVG Münster DVBl. 1965, 527; BG Erfurt LKV 1993, 236.
[1175] BVerwG DÖV 1964, 710; OLG Frankfurt GewArch 2007, 87.
[1176] BGH NJW 1957, 670; 1597; DVBl. 1977, 102; BVerwGE 3, 205; BVerwG NJW 1958, 1107.
[1177] BVerwG NJW 1959, 213.
[1178] BVerwG DVBl. 1973, 417.
[1179] Zur Frühdruschprämie BVerwGE 3, 101.
[1180] HessVGH NJW 1972, 2062.

Abgabepreis hat der BGH[1181] den Rechtsweg vor den ordentlichen Gerichten für zulässig gehalten; demgegenüber hat das BVerwG[1182] die Zuständigkeit der VG bejaht, weil die Regelung über Kauf und Rückkauf die dem öffentlichen Recht zuzurechnende Funktion einer Preis- und Mengenschleuse habe, über die die Einfuhr gelenkt werde. Naturgemäß sind die ordentlichen Gerichte zur Entscheidung berufen, soweit es in Marktregelungsstreitigkeiten um Ansprüche aus Amtspflichtverletzung geht.[1183] Der ordentliche Rechtsweg ist gegeben für einen Anspruch der Bundesanstalt für landwirtschaftliche Marktordnung auf Zahlung eines zu ihren Gunsten zwischen Dritten vereinbarten Betrages wegen Nichteinhaltung der Bedingungen beim Absatz von Butterfett aus Lagerbeständen der EWG.[1184] Die Bundesanstalt handelt auch privatrechtlich, wenn sie als Marktordnungsstelle Verträge mit Handelsunternehmen abschließt, die kostenlose EG-Butter an Einzelhändler liefern und eine Werbekampagne für den Butterabsatz durchführen.[1185] Vgl. Abschöpfung (Rn. 302).

407 Medien, neue. Für Streitigkeiten der privaten Anbieter mit der Bayerischen Landeszentrale für neue Medien aus dem Programmbieterverhältnis ist der Rechtsweg zu den Verwaltungsgerichten gegeben.[1186] – Vgl. Rundfunk und Fernsehen Rn. 434.

408 Mehrwertsteuer. Für die Klage auf Ausstellung einer Rechnung nach § 14 Abs. 1 UStG sind die ordentlichen Gerichte zuständig, da es sich um eine Streitigkeit aus dem steuerpflichtigen zivilrechtlichen Geschäft handelt.[1187]

408 a Mietspiegel sollen nach § 2 Abs. 5 des Gesetzes über die Regelung der Miethöhe (BGBl. 1974 I S. 3603) von den Gemeinden erstellt werden. Sie sind schlichtverwaltende Tätigkeit und haben keine Außenwirkung,[1188] als Verlautbarungen ohne Regelungscharakter können sie in Streitigkeiten incident geprüft werden.[1189] Eine abstrakte gerichtliche Kontrolle ist unzulässig.[1190]

409 Müllabfuhr und Müllplätze. Für Benutzungs- und Gebührenstreitigkeiten sind dort, wo bei gemeindlichen Unternehmen grundsätzlich Anschluss- und Benutzungszwang besteht, regelmäßig die VG zuständig.[1191] Der Übergang von privater zu gemeindlicher Müllabfuhr durch Ortssatzung bedeutet weder gegenüber dem bisher tätigen Unternehmen noch gegenüber dem Hauseigentümer einen enteignenden Eingriff. Betreibt die Gemeinde hingegen die Abfuhr durch einen privatrechtlich organisierten Eigenbetrieb oder durch ein beauftragtes Unternehmen, so sind Streitigkeiten aus deren Beziehung zu den Benutzern vor den Zivilgerichten zu entscheiden. – Für eine Klage gegen Immissionen von einem gemeindlichen Müllabladeplatz ist nicht der Verwaltungs-, sondern der Zivilrechtsweg zulässig, sofern der Benutzung keine entsprechende öffentlich-rechtliche Widmung zugrunde liegt.[1192] Den Anspruch einer Gemeinde gegen den Benutzer einer von ihr betriebenen Müllkippe auf Ersatz ihrer Aufwendungen für die Beseitigung umweltgefährdenden Abfalls hat der BGH[1193] gleichfalls als bürgerlich-rechtlich eingestuft, sofern keine gemeindliche Satzung vorlag. Vgl. Immissionen (Rn. 370).

[1181] NJW 1956, 670.
[1182] NJW 1958, 1107.
[1183] BGH NJW 1962, 793.
[1184] BGH NJW 1983, 519.
[1185] OLG Frankfurt OLGZ 1986, 76.
[1186] BayVGH DVBl. 1992, 454.
[1187] BGH NJW 1975, 310.
[1188] BVerwG NJW 1996, 2046.
[1189] BayVGH DVBl. 1995, 162.
[1190] BVerwG aaO.
[1191] Vgl. zu Rechtsgrundlagen und Organisation BGH NJW 1964, 863.
[1192] BVerwG NJW 1967, 2128; VGH München BayVwBl. 1965, 390.
[1193] NJW 1975, 106.

Museen. Streitigkeiten um die Zulassung zur Benutzung öffentlicher Museen gehören wegen der öffentlich-rechtlichen Zweckbestimmung vor die VG, sofern entweder die Zulassung durch einen Rechtssatz öffentlich-rechtlich geregelt ist oder die gesamte Einrichtung durch einen Organisationsakt dem öffentlichen Recht unterstellt ist; ansonsten handelt es sich um eine zivilrechtliche Problematik. Entsprechend sind bei einem Streit zwischen einem Künstler und dem staatlichen Veranstalter einer öffentlichen Kunstausstellung um die Überlassung von Bildern auf Grund eines Vertrages die Zivilgerichte jedenfalls dann zuständig, wenn die Beteiligten eine öffentlich-rechtliche Regelung nicht ausdrücklich vereinbart haben.[1194] Vgl. Rn. 95. 410

Nachbarrecht. Vgl. Immissionen (Rn. 370), Straßen- und Wegerecht (Rn. 452). Für eine auf privatrechtlichen Vertrag gestützte Klage gegen den Nachbarn, auf die Einhaltung öffentlich-rechtlicher Abstandsflächen zu verzichten, ist der ordentliche Rechtsweg gegeben.[1195] Dasselbe gilt für eine Klage, mit der sich ein Grundstücksnachbar gegen die außerschulische Nutzung eines Schulhofs zu Spiel- und Kommunikationszwecken wendet.[1196] 411

Namensrechtstreitigkeiten. Die Klage einer Gemeinde auf Unterlassung der Benutzung eines nicht amtlichen Gemeindenamens (z. B. für die Bezeichnung eines Bahnhofs) ist dann öffentlich-rechtlich, wenn der Beklagte den Namen bei der Erfüllung öffentlich-rechtlicher Aufgaben und Pflichten benutzt.[1197] Wird der Gemeindenamen hingegen im Zivilrechtsverkehr unbefugt gebraucht und damit z. B. der Eindruck erweckt, die Gemeinde nehme am Wirtschaftsverkehr auf privatrechtlicher Grundlage teil, so handelt es sich um eine privatrechtliche Streitigkeit, um Namensschutz nach § 12 BGB. Entsprechend diesem Grundsatz ist für die Klage einer Gemeinde auf Benennung der Anschlussstelle der Bundesautobahn nach ihrem Namen der Verwaltungsrechtsweg gegeben.[1198] Für den Streit einer Gemeinde mit der Deutschen Bundespost um die Festlegung der Zustellungsanschrift für das Gemeindegebiet waren ebenfalls die VG zuständig;[1199] auch über vertragliche Ansprüche der Deutschen Bahn gegen eine Gemeinde auf Ersatz der Kosten für die Umbenennung eines Bahnhofs ist im Verwaltungsrechtsweg zu entscheiden.[1200] – Der ordentliche Rechtsweg ist zulässig, wenn eine politische Partei von einer Gewerkschaft auf Unterlassung des Gebrauchs der von ihr gewählten Abkürzung ihres Namens in Anspruch genommen wird.[1201] – Das Recht der Namensänderung ist öffentliches Recht (Namensänderungsgesetz vom 5. 1. 1938, BGBl. III 401-1); Streitigkeiten gehören insoweit in die Zuständigkeit der VG. Bei Streitigkeiten mit dem Standesamt über die Namensführung entscheiden nach § 48 PStG die Gerichte der freiwilligen Gerichtsbarkeit. Für Klagen von Privatpersonen gegen die öffentliche Hand wegen Störung der Namensführung im allgemeinen Rechtsverkehr nach § 12 BGB sind die ordentlichen Gerichte zuständig.[1202] 412

Neuland. Für die Klage eines Anliegers auf Feststellung seines Eigentums an dem durch Anlandungen entstandenen Neuland ist der ordentliche Rechtsweg zulässig; hingegen ist er ausgeschlossen für eine auf Zustimmung zur Inbesitznahme gerichtete Klage des Anliegers gegen die für den Wasserlauf unterhaltspflichtige 413

[1194] BVerwG MDR 1976, 874.
[1195] AG Cham NJW 1995, 1229.
[1196] LG Lüneburg NdsVBl. 1997, 66.
[1197] BVerwGE 44, 352 = NJW 1974, 1207.
[1198] HessVGH DVBl. 1977, 49.
[1199] OVG Münster DVBl. 1973, 318.
[1200] BGH NJW 1975, 2015.
[1201] BGHZ 43, 245 = NJW 1965, 859 zu den Abkürzungen GDP – GdP.
[1202] RGZ 147, 253.

Behörde; insoweit ist für die Besitzeinweisung der Verwaltungsrechtsweg eröffnet.[1203]

414 Niederschlagwasser. Für Abwehrklagen gegen Regenwasser, das von einer im schlicht hoheitlichen Bereich geschaffenen Anlage (z.B. einer Straße) auf ein anliegendes Grundstück überfließt, ist der ordentliche Rechtsweg verschlossen.[1204] – Vgl. Immissionen (Rn. 370).

415 Notar. In berufs- und dienstrechtlichen Streitigkeiten der Notare ist der Verwaltungsrechtsweg ausgeschlossen; nach § 111 BNotO entscheidet ein Senat für Notarsachen des OLG.[1205] Die Vorschrift gilt auch für Streitigkeiten beamteter Notare (vgl. Einl. Rn. 76) mit ihrem Dienstherrn.[1206] Verwahrt und verwaltet ein Notar als Treuhänder Baugelder von Beteiligten, so liegt darin keine Erfüllung eines privatrechtlichen Geschäftsbesorgungsvertrags, sondern die Wahrung öffentlich-rechtlicher Amtspflichten nach § 23 BNotO.[1207] Der ordentliche Rechtsweg kann nur über einen Anspruch aus Amtspflichtverletzung nach § 19 BNotO eröffnet sein. – Bei inländischen Notaren ist für die Kosteneinziehung der Verwaltungsrechtsweg ausgeschlossen (§ 155 KostO), Einwendungen gegen die Kostenberechnung sind nach § 156 KostO durch Beschwerde vor dem LG zu verfolgen.[1208] Zur Entscheidung der Frage, ob ein Anspruch auf eine notarielle Kostenrechnung besteht, ist nach dem Sachzusammenhang die ordentliche Gerichtsbarkeit zuständig,[1209] denn sämtliche Streitigkeiten zwischen dem öffentlich-rechtlichen Notar und seinem Klienten sind den VG entzogen (§ 19 Abs. 3 BNotO, 156f. KostO). Auch ein ausländischer Notar mit öffentlich-rechtlicher Amtsstellung kann seinen Anspruch in Deutschland nicht durch Klage vor den ordentlichen Gerichten verfolgen.[1210] Das Verlangen auf Vornahme von Amtshandlungen eines Notars, der eine Tätigkeit nach den §§ 23, 24 BNotO übernommen hat, kann nur im Weg der Beschwerde nach § 15 Abs. 2 BNotO verfolgt werden.[1211] Die Klage eines durch einen Notar Geschädigten gegen die Notarkammer, die von ihr abgeschlossene Vertrauensschadenversicherung zugunsten des Geschädigten in Anspruch zu nehmen, gehört in den ordentlichen Rechtsweg.[1212] Dagegen gehört dorthin nicht eine Klage oder einstweilige Verfügung, durch die einem Notar verboten werden soll, von ihm verwahrtes Geld auszuzahlen.[1213] Für vermögensrechtliche Streitigkeiten zwischen Notarverwalter und Notarkammer um Vergütung, Abrechnung (§ 59 BNotO) oder Haftung für Amtspflichtverletzungen, ist der ordentliche Rechtsweg entsprechend § 62 BNotO gegeben.[1214]

416 Notweg. Für die Klage auf Duldung eines Notwegs über ein dem Feuerwehrdienst gewidmetes Grundstück ist der Zivilrechtsweg nicht gegeben.[1215]

417 Obdachlose. Die unmittelbar bevorstehende Obdachlosigkeit ist ein Fall ordnungsbehördlichen Notstands. Das Entgelt für die zur Behebung der Obdachlosigkeit beanspruchten Räume (häufig des bisherigen Vermieters) wird vom Träger der Ordnungsbehörde geschuldet, der Erstattung des Verauslagten vom Obdachlosen verlangen kann;[1216] die Regelung ist im einzelnen durch Landesgesetze erfolgt. Bei

---

[1203] OGHZ 2, 21.
[1204] BGH JR 1972, 256 m. Anm. *Martens*.
[1205] Vgl. OVG Bremen NJW 1978, 966.
[1206] BGH NJW-RR 2007, 276; DNotZ 2007, 69.
[1207] Vgl. *Seybold/Hornig* § 23 BNotO Rn. 1 ff.; LG Dortmund NJW 1978, 550.
[1208] Vgl. dazu OLG Hamm NJW 1978, 2604.
[1209] *Weiß* DNotZ 1971, 75.
[1210] LG München I DNotZ 1968, 385.
[1211] BGHZ 76, 9 = NJW 1980, 1106.
[1212] BGH NJW 1992, 2433.
[1213] OLG Düsseldorf DNotZ 1983, 703.
[1214] BGH NJW 2000, 2428.
[1215] BGH NJW 1969, 1437.
[1216] Vgl. dazu *Hegel* und *Theuerkauf* ZMR 1964, 7, 225.

Einweisung wegen Obdachlosigkeit haben die Zivilgerichte nicht nur über den Ersatzanspruch der Ordnungsbehörde gegen den Polizeipflichtigen, sondern auch über den Erstattungsanspruch des Polizeipflichtigen gegen die Ordnungsbehörde wegen angeblich zu Unrecht geleisteter Entschädigung zu entscheiden.[1217] Ebenso sind die ordentlichen Gerichte zur Entscheidung berufen über den Anspruch des Hauseigentümers gegen die einweisende Behörde auf Entgelt sowie Schadens- und Aufwendungsersatz.[1218] Das als Ordnungsverfügung gegen den Besucher einer gemeindlichen Obdachlosensiedlung erlassene Betretungsverbot ist mit der Anfechtungsklage im Verwaltungsrechtsweg angreifbar.[1219]

Öffentliche Einrichtungen. Das Benutzungsverhältnis kann sowohl öffentlich-rechtlich als auch privatrechtlich geregelt sein.[1220] Der Anspruch auf Zulassung zu den öffentlichen Einrichtungen gehört aber auch dann dem öffentlichen Recht an, wenn das Benutzungsverhältnis selbst dem Privatrecht zugeordnet ist. Auch ein Streit darüber, ob solche Einrichtungen zu begründen oder aufrecht zu erhalten sind, gehört dem öffentlichen Recht an.[1221] Für die Unterlassungsklage gegen eine Gemeinde wegen Lärmbelästigung durch ein von ihr für Asylbewerber angemietetes Haus ist der Verwaltungsrechtsweg gegeben.[1222] Vgl. Rn. 94, 361.

Öffentliche Körperschaften. Stets werden solche Körperschaften nach den Vorschriften des öffentlichen Rechts durch einen staatlichen Hoheitsakt gebildet, rechtlich wirksam und aufgelöst. In aller Regel haben sie hoheitliche Befugnis zur Setzung von Normen und Verwaltungsakten sowie zur Anwendung von Zwangsmitteln; jedoch ist dies kein notwendiges Charakteristikum (bei nur beratenden Organen wie z.B. dem Bildungsrat), während umgekehrt privatrechtliche Organisationen mit hoheitlichen Zuständigkeiten beliehen werden können (z.B. die Börsenvorstände). In vermögensrechtlicher Hinsicht unterliegen die Körperschaften des öffentlichen Rechts, soweit besondere öffentlich-rechtliche Vorschriften (namentlich in Gestalt von Satzungen) fehlen, dem Privatrecht. So ist im Zweifel der Zivilrechtsweg für den Streit um Mitgliedsbeiträge und über die Gültigkeit von Wahlen zulässig.[1223] Ebenso steht der Zivilrechtsweg offen im Streit um die Zulässigkeit der Beteiligung einer öffentlich-rechtlichen Körperschaft an einer privatrechtlichen Vereinigung.[1224]

Öffentlichkeitsarbeit von Behörden. Der öffentliche Charakter einer solchen Aufgabe erlaubt nicht den Schluss, alle Maßnahmen, mit denen sie erfüllt wird, seien öffentlich-rechtlicher Natur. Bei Herausgabe einer Druckschrift ist das Rechtsverhältnis zwischen dem Herausgeber und dem Autor ein zivilrechtliches Vertragsverhältnis. Ein presserechtlicher Gegendarstellungsanspruch ist im ordentlichen Rechtsweg zu verfolgen[1225] (vgl. § 12 Rn. 128).

Ölverschmutzungsschäden. Ordentlicher Rechtsweg, § 6 Ölschadensgesetz (BGBl. 1988 I S. 1770).

Parkplatz. Wird aus einem öffentlichen Parkplatz eine Teilfläche als Sonderparkplatz für Gemeindebedienstete abgetrennt, so ist der von einem Kläger verfolgte Anspruch gegen die Gemeinde, ihm auf dieser Fläche wieder die bisherige Parkmöglichkeit einzuräumen, öffentlich-rechtlicher Natur und deshalb vor den VG zu verfolgen. Auf die Frage, ob eine straßenrechtliche Widmung vorlag oder

---

[1217] OVG Münster JZ 1957, 313.
[1218] BGH MDR 1976, 1003.
[1219] OVG Münster WuM 1975, 156.
[1220] OVG Münster NJW 1969, 1077; *Ossenbühl* DVBl. 1973, 291.
[1221] VGH Kassel NJW 1979, 886.
[1222] OLG Köln OLGZ 1993, 226.
[1223] RGZ 142, 166.
[1224] BGH MDR 1964, 210.
[1225] BVerwG DVBl. 1982, 636.

ob das Grundstück nur tatsächlich dem öffentlichen Verkehr zur Verfügung gestellt war, kommt es hierbei nicht an.[1226]

423 Parlament. Die Beantwortung einer kleinen Anfrage und ihr begehrter Widerruf können gerichtsfreie Hoheitsakte sein; andernfalls ist für die Klage eines Bürgers auf Widerruf der Verwaltungsrechtsweg gegeben.[1227]

423a Parlamentarischer Untersuchungsausschuss. Alle Maßnahmen eines parlamentarischen Untersuchungsausschusses sind dem öffentlichen Recht zuzuordnen (Einl. Rn. 173 ff., 208). Sofern sie überhaupt einer gerichtlichen Nachprüfung zugänglich sind, ist der Verwaltungsrechtsweg eröffnet.

424 Persönlichkeitsrecht. Für Ansprüche wegen Verletzung durch Äußerungen von Gemeindevertretern in öffentlichen Sitzungen von Ausschüssen ist der ordentliche Rechtsweg gegeben,[1228] ebenso in Parteigremien.[1229] Entsprechendes gilt für Äußerungen in Rundfunksendungen,[1230] in Theateraufführungen einer von einem öffentlich-rechtlichen Träger verwalteten Bühne[1231] und in Presseerklärungen im parlamentarischen Bereich.[1232]

425 Pflegesatzvereinbarungen im Sinne des § 93 BSHG (jetzt § 75 SGB XII) sind öffentlich-rechtliche Verträge.[1233] Der dadurch vorgegebene Verwaltungsrechtsweg ist aber dann nicht mehr gegeben, wenn der Hoheitsträger den ihm durch das öffentliche Recht zugewiesenen Aufgabenbereich eindeutig verlässt und der Sache nach in den Wettbewerb eingreift, z.B. durch eine Vertragsklausel das Marktverhalten Privater gegenüber Dritten regelt.[1234]

425a Pflegeversicherung. Die SG sind nach § 51 Abs. 1 Nr. 2, Abs. 2 Satz 3 SGG zuständig für Angelegenheiten der sozialen und der privaten Pflegeversicherung, auch soweit Dritte betroffen werden. Für Beitragsforderungen gegen Private ist deshalb der Rechtsweg zu den SG gegeben.[1235] Streitigkeiten über die Vergütung von Pflegeleistungen nach § 89 SGB XI sind bei privater und öffentlicher Pflegeversicherung von den SG zu entscheiden.[1236] Die Klage eines privaten Versicherungsunternehmens gegen ein Pflegeheim, gestützt auf abgetretene Rückforderungsansprüche des Versicherungsnehmers, fällt aber in den Zivilrechtsweg.[1237] Für Rechtsstreitigkeiten gegen Bescheide des Landeswohlfahrtsverbandes, durch die von zugelassenen Pflegeeinrichtungen eine Umlage gefordert wird, ist der Verwaltungsrechtsweg gegeben.[1238]

426 Politische Parteien und Vereinigungen. Die Parteien sind keine Staatsorgane und gehören nicht dem System der staatlichen Ämter an; sie treten dem Bürger auch nicht als Träger hoheitlicher Befugnisse entgegen. Deshalb ist für Rechtsstreitigkeiten wegen Aufnahme in eine politische Partei der Verwaltungsrechtsweg nicht gegeben.[1239] Entsprechendes gilt für den Streit über einen Parteiausschluss, andere Arten der Beendigung der Mitgliedschaft[1240] oder sonstige Auseinandersetzungen zwischen einer Partei und ihren Mitgliedern, z.B. über die Ungültigkeit von Wahlen eines Ortsverbandes,[1241] und Dritten, z.B. über die

---

[1226] BVerwG NJW 1974, 1916.
[1227] OVG Münster DVBl. 1967, 51; vgl. BVerfG – K – NVwZ 1993, 357; LG Hamburg NJW 1989, 231.
[1228] VG Frankfurt NVwZ 1992, 86.
[1229] BGH NJW 1961, 1625.
[1230] BGHZ 66, 182 = NJW 1976, 1198.
[1231] LG Frankfurt NJW 1987, 1411.
[1232] BGH NJW 1980, 780.
[1233] BGHZ 116, 339 = NJW 1992, 1237; BVerwG NJW 1994, 3027.
[1234] BGH NJW 1993, 789.
[1235] BSG DRiZ 1997, 496.
[1236] BGH NJW-RR 2005, 1138.
[1237] BSG NZS 2007, 34.
[1238] VGH Mannheim NVwZ-RR 1999, 38.
[1239] VGH Mannheim NJW 1977, 72.
[1240] BGHZ 73, 275 = NJW 1979, 1402.
[1241] KG NJW 1988, 3159.

Zuständigkeit der ordentlichen Gerichte 427 § 13

Zulässigkeit bestimmter im Wahlkampf aufgestellter Behauptungen. Die verfassungsrechtlich gebotene Autonomie der politischen Parteien hindert die staatlichen Gerichte, Ausschließungsbeschlüsse wegen parteischädigenden Verhaltens in vollem Umfang nachzuprüfen.[1242] Ehrverletzende Äußerungen in einem parteipolitischen Gremium sind jedoch vor den ordentlichen Gerichten verfolgbar, und zwar auch dann, wenn sie von Mitgliedern einer Gemeindevertretung gemacht wurden.[1243] Für Klagen von Parteien und politischen Vereinigungen gegen regierungsamtliche Zweifel an ihrer Verfassungstreue sind die VG zuständig.[1244] Das VG Berlin[1245] hat im Anschluss an *Pappermann*[1246] für Streitigkeiten aus der Überlassung von landeseigenen Räumen an politische Parteien den Verwaltungsrechtsweg für zulässig gehalten,[1247] da es sich um einen öffentlich-rechtlichen Vertrag in der „äußeren Hülle" eines privatrechtlichen Mietvertrags handele. Ebenso hat das OLG Hamburg[1248] die Klage einer politischen Partei gegen eine städtische Kommanditgesellschaft auf Feststellung, dass ihr eine Halle zur Durchführung einer Parteiveranstaltung vermietet werden müsse, für nur im Verwaltungsrechtsweg zulässig gehalten (vgl. Rn. 95, 361). Die Forderung politischer Parteien und Wählerverbände auf Sendezeit in Hörfunk und Fernsehen (vgl. § 5 ParteiG) ist im Verwaltungsrechtsweg geltend zu machen,[1249] während der behauptete Anspruch gegen privatrechtlich organisierte Presse auf Veröffentlichung von politischen, insbesondere Wahlanzeigen in den ordentlichen Rechtsweg gehört. Für die Klage, mit der eine politische Partei eine andere auf Unterlassung des Gebrauchs eines verwechslungsfähigen Namens in Anspruch nimmt, ist der ordentliche Rechtsweg gegeben.[1250] Vgl. auch Rn. 390a.

Polizei. Die Tätigkeit der Polizei ist grundsätzlich öffentlich-rechtlicher Natur. 427 Abgrenzungsprobleme ergeben sich zwischen der Zuständigkeit der ordentlichen Gerichte nach § 23 EGGVG und derjenigen der VG nach der Generalklausel des § 40 VwGO. Die Polizei kann doppelgleisig sowohl auf dem Gebiet der (repressiven) Strafrechtspflege als auch auf dem Gebiet der (präventiven) Gefahrenabwehr tätig werden. In solchen Fällen entscheidet sich die Rechtswegfrage danach, ob das Schwergewicht der polizeilichen Tätigkeit nach ihrer objektiven Zielrichtung auf dem Gebiet der präventiven Gefahrenabwehr liegt (dann sind nach § 40 VwGO die VG zuständig) oder auf dem der Strafverfolgung; im letzteren Fall sind die ordentlichen Gerichte zur Entscheidung berufen, denn die Polizeibehörden müssen entsprechend den in § 23 EGGVG genannten Justizbehörden behandelt werden, da die StPO ein eigenständiges polizeiliches Ermittlungsverfahren nicht kennt (vgl. § 23 EGGVG Rn. 18). Beruht die polizeiliche Festnahme einer Person nach Art und Zweck zumindest überwiegend nicht auf § 127 StPO, sondern auf präventivem Polizeirecht, so ist für die Klage auf Feststellung der Rechtswidrigkeit der Freiheitsentziehung der Verwaltungsrechtsweg gegeben, ohne dass eine Zuweisung an das OLG gem. § 23 EGGVG eingreift. Ebenso gehören Streitigkeiten über die Anordnung erkennungsdienstlicher Maßnahmen vor die VG (vgl. § 23 EGGVG Rn. 122). Umgekehrt betreffen

---

[1242] *Schiedermair* AöR 1979, 104, 200; BGH NJW 1980, 236.
[1243] BGH NJW 1961, 1625.
[1244] OVG Lüneburg NJW 1975, 76 m. Anm. *Bethge* NJW 1975, 662 zu Äußerungen eines Ministerpräsidenten; OVG Bremen NJW 1978, 1650 m. Anm. *Ladeur* zur Aufnahme in eine Liste des Verfassungsschutzes über verdächtige Vereinigungen.
[1245] JZ 1972, 86.
[1246] JZ 1969, 495.
[1247] Vgl. BVerwG DÖV 1969, 430.
[1248] MDR 1969, 677.
[1249] Vgl. BVerwG DVBl. 1971, 70; BayVerfGH DVBl. 1971, 73; OVG Hamburg NJW 1974, 1523; VGH Mannheim NJW 1976, 2177; OVG Münster NJW 1975, 2310 und NJW 1976, 125; OVG Berlin JR 1975, 173.
[1250] BGHZ 79, 265 = NJW 1981, 914.

Maßnahmen der „beobachtenden Fahndung" der Polizei im Schwergewicht die Strafverfolgung, so dass für Klagen auf Feststellung ihrer Rechtswidrigkeit nicht der Verwaltungsrechtsweg, sondern derjenige zu den ordentlichen Gerichten eröffnet ist.[1251] Gegen eine Sperrerklärung nach § 96 StPO im Bereich der Strafrechtspflege ist der Rechtsweg zu den VG eröffnet (§ 23 EGGVG Rn. 151 f.). Für Ansprüche aus einem öffentlich-rechtlichen Verwahrungsverhältnis ist grundsätzlich der Zivilrechtsweg zulässig nach § 40 Abs. 2 VwGO. Dies gilt auch bei einer Klage auf Herausgabe von Sachen, die im Rahmen eines strafrechtlichen Ermittlungsverfahrens sichergestellt wurden (Rn. 104); eine Zuständigkeit des OLG nach §§ 23 ff. EGGVG besteht hier nicht. Umgekehrt ist für Ansprüche einer Stadtgemeinde aus polizeilicher Sicherstellung (etwa wegen des Abschleppens, Unterstellens und Verschrottens eines PKW) der Verwaltungsrechtsweg eröffnet;[1252] es handelt sich hierbei nicht um Ansprüche aus öffentlich-rechtlicher Verwahrung im Sinne des § 40 Abs. 2 VwGO; der einem Abschleppunternehmen erteilte Auftrag der Polizei ist grundsätzlich nach Zivilrecht zu beurteilen; Streitigkeiten sind daher vor den ordentlichen Gerichten auszutragen (vgl. Rn. 301). Streitigkeiten um Auslobungen der Polizei sind im ordentlichen Rechtsweg vor den Zivilgerichten auszutragen (vgl. Rn. 324). Bei Untersuchung der Frage, ob die Rechtsbeziehungen des Trägers der Polizei zu einem Blutentnahmearzt öffentlich-rechtlich oder privatrechtlich ausgestaltet sind, ist, sofern eine ausdrückliche gesetzliche Regelung fehlt, entscheidend auf den Willen der Vertragsschließenden und auf eine feststellbar beständige Übung abzustellen. Das OLG München[1253] hat sie bei der Entscheidung über einen Rückforderungsanspruch wegen zu viel gezahlter Honorare für bis zum Erlass einer gesetzlichen Regelung privatrechtlich gehalten, obwohl der Arzt nach außen gegenüber Dritten öffentlich-rechtlich auftritt und der Träger der Polizei für sein Handeln nach Amtshaftungsgrundsätzen haftet. Werden durch Gesetz die Bestimmungen für anwendbar erklärt, die für Sachverständige gelten (z. B. § 24 Abs. 3 des nordrhein-westfälischen Polizeigesetzes), so werden öffentlich-rechtliche Beziehungen begründet. Demgemäß ist der Anspruch auf Vergütung dann ebenfalls öffentlich-rechtlicher Natur.[1254] Dieser Anspruch kann unter Ausschluss des ordentlichen Rechtswegs nur nach dem Gesetz über die Entschädigung von Zeugen und Sachverständigen (ZuSEG) geltend gemacht werden. Hat die Polizei zur Gefahrenabwehr ohne richterliche Anordnung eine Wohnung durchsucht, ist für den nachträglichen Rechtsschutz der Verwaltungsrechtsweg gegeben.[1255] Für die nachträgliche Überprüfung einer polizeilichen Ingewahrsamnahme ohne richterliche Anordnung ist der Verwaltungsrechtsweg gegeben,[1256] entsprechend für die Geltendmachung eines Anspruchs auf Herausgabe, da es sich hier nicht um eine Maßnahme im Rahmen der Strafrechtspflege, sondern des allgemeinen Polizeirechts handelt.[1257]

427a **Post.** Mit dem 1. 1. 1995 sind die aus der früheren Bundespost hervorgegangenen Unternehmen Deutsche Post AG, Deutsche Postbank AG und Deutsche Telekom AG (PostneuordnungsG BGBl. 1994 I S. 2325) entstanden. Sie nehmen privatwirtschaftlich die ihnen übertragenen Postdienstleistungen (§ 4 PostG BGBl. 1997 I S. 3294) wahr, die Beziehungen zu den Postbenutzern sind privatrechtlicher Natur (Art. 87 f Abs. 2 GG) und gehören im Streitfall vor die or-

---

[1251] OVG Münster JMBlNRW 1980, 47.
[1252] OVG Münster DVBl. 1973, 922.
[1253] NJW 1979, 608.
[1254] OLG Frankfurt NJW 1975, 705; vgl. auch BGH NJW 1976, 1154.
[1255] OLG Frankfurt NJW-RR 1994, 447.
[1256] OVG Bremen NVwZ-RR 1997, 474.
[1257] OLG Hamm NJW 1973, 1089; VG Darmstadt NVwZ 1996, 92; a. A. VGH Mannheim Justiz 1980, 33.

dentlichen Gerichte.[1258] Das gilt auch für den Postzeitungsdienst.[1259] Nicht ausdrücklich geregelt sind die Beziehungen der Postunternehmen außerhalb eines konkreten Benutzerverhältnisses; hier müssen aber für die Haftung gegenüber Dritten, etwa aus der Straßenverkehrssicherungspflicht, die gleichen Grundsätze Anwendung finden, also privatrechtliche Haftung.[1260] Diese privatrechtliche Haftung mit Rechtsweg zu den ordentlichen Gerichten gilt jetzt auch für die ‚Dienstfahrten' der Bediensteten der Post bei Brief- und Paketbeförderung im Gegensatz zum früheren Recht.[1261] Auch die Gebührenermäßigung nach § 144 KostO greift nicht, weil es sich um wirtschaftliche Unternehmen handelt.[1262] Der Post AG stehen auch andere private Unternehmen, die in Wettbewerb zu ihnen treten, in Gleichordnung und auf privatrechtlicher Ebene gegenüber. Für Streitigkeiten zwischen ihnen und Wettbewerbern, die ihrer Ansicht nach den zu ihren Gunsten noch fortbestehenden Beförderungsvorbehalt nicht achten, ist daher (ungeachtet der öffentlich-rechtlichen Natur des Beförderungsvorbehalts) der Rechtsweg zu den ordentlichen Gerichten gegeben.[1263] Die förmliche Briefzustelldienstleistung (§ 33ff. PostG) geschieht jedoch öffentlich-rechtlich;[1264] wegen der Haftung vgl. § 35 PostG. Demgegenüber ist die Regulierung des Postwesens eine hoheitliche Aufgabe des Bundes (§ 2 PostG) mit dem Rechtsweg zu den Verwaltungsgerichten.

Prätendentenstreit um die Auszahlung einer hinterlegten Summe ändert nichts an der Rechtsnatur der der Hinterlegung zugrunde liegenden Forderung.[1265] **427 b**

Presse. Um den Informationsanspruch der Presse gegen Behörden nach Landespressegesetzen durchzusetzen, steht der Weg der Verpflichtungsklage vor den VG offen.[1266] Dieselbe Zuständigkeit ist gegeben, wenn z.B. Pressevertretern die Teilnahme an Sitzungen einer Stadtgemeinde untersagt wird[1267] oder wenn ein Reisejournalist zu einer im öffentlich-rechtlichen Bereich veranstalteten Informationsfahrt der Bundesbahn nicht eingeladen wird.[1268] Zur Justiz vgl. § 12 Rn. 128. Der Streit um die Möglichkeit eines Kurzverfahrens zur Sicherung der Effizienz des Informationsanspruchs (etwa einer ausdehnenden Auslegung des § 123 VwGO) berührt Rechtswegprobleme nicht.[1269] Für Wettbewerbsklagen gegen Anzeigengeschäfte einer Stadtgemeinde in ihrem Amtsblatt ist der ordentliche Rechtsweg eröffnet.[1270] Der Verwaltungsrechtsweg ist gegeben für Ansprüche auf Unterlassung und Widerruf von Äußerungen, die in Presseerklärungen eines Trägers der Regionalplanung enthalten sind, sofern die Äußerungen eine Stellungnahme zu örtlichen Planungen enthalten und deshalb dem hoheitlichen Verwaltungshandeln zuzurechnen sind.[1271] Für den Gegendarstellungsanspruch ist der ordentliche Rechtsweg gegeben.[1272] Vgl. Rundfunk und Fernsehen (Rn. 434). **428**

Privatschulen. Siehe Schulwesen (Rn. 439). **429**

Prüfingenieure. Prüfingenieure, die zur Prüfung genehmigungspflichtiger Bauvorhaben anerkannt sind, stehen in einem öffentlich-rechtlichen Auftragsverhältnis (Beleihung) zur Baubehörde; Rechte, die aus diesem Verhältnis abgeleitet **430**

[1258] OLG Frankfurt NJW 1993, 2945; 1994, 1226.
[1259] BGH NJW 1995, 875.
[1260] OLG Karlsruhe NJW 1994, 1291.
[1261] Vgl. BGH NJW 1997, 1985.
[1262] OLG Zweibrücken MDR 1994, 214.
[1263] BGHZ 130, 13 = NJW 1995, 2295 – Remailing –.
[1264] Vgl. BFH NJW 1997, 3284; OLG Frankfurt NJW 1996, 3159.
[1265] BAGE 86, 122 = NJW 1997, 2774.
[1266] *Löffler/Burkhardt* § 4 LPG Rn. 169.
[1267] LVG Braunschweig DVBl. 1951, 44.
[1268] BVerwGE 47, 247 = NJW 1975, 891.
[1269] Vgl. *Löffler/Burkhardt* aaO. Rn. 174.
[1270] BGH GRUR 1973, 530.
[1271] HessVGH ESVGH 23, 215.
[1272] BGH NJW 1963, 1155; KG NJW 1967, 2215.

werden, können Gegenstand eines verwaltungsgerichtlichen Verfahrens sein.[1273] So fällt der Vergütungsanspruch gegen die Bauaufsichtsbehörde in die Zuständigkeit der VG.[1274] Dies gilt sogar, wenn die betreffende Gebührenordnung die Möglichkeit vorsieht, die Vergütung unmittelbar vom Bauherrn zu verlangen; in diesem Fall handelt es sich dem rechtlichen Gehalt nach um nichts anderes als eine Kurzschaltung zweier öffentlich-rechtlicher Ansprüche (nämlich des Anspruchs des Prüfingenieurs auf Grund des öffentlich-rechtlichen Beleihungsverhältnisses gegen die Bauaufsichtsbehörde und des gleichfalls öffentlich-rechtlichen Erstattungsanspruchs der Behörde gegen den Bauherrn). – Die durch Unfallverhütungsvorschriften der Berufsgenossenschaften vorgeschriebenen Überprüfungen ortsfester Druckgasbehälter durch die Sachverständigen der technischen Überwachung sollen eine privatrechtliche, nicht eine öffentlich-rechtliche Tätigkeit sein.[1275] Soweit der Prüfingenieur in öffentlich-rechtlichem Auftragsverhältnis tätig wird, ist gegen seine Tätigkeit der Verwaltungsrechtsweg eröffnet, z. B. bei Versagung einer Prüfplakette.[1276] Aus dem öffentlich-rechtlichen Charakter der Rechtsbeziehungen zwischen Prüfingenieur und beauftragender Behörde folgt, dass auch der Vergütungsanspruch eine öffentlich-rechtliche Forderung darstellt, für dessen Geltendmachung wie auch Rückforderung der Verwaltungsrechtsweg gegeben ist.[1277] Das Rechtsverhältnis zwischen einem Prüfungsverband und der um die Aufnahme nachsuchenden Genossenschaft ist bürgerlich-rechtlicher Natur, für den Anspruch auf Aufnahme ist deshalb der ordentliche Rechtsweg eröffnet (vgl. Rn. 362, 478).

431 Psychiatrisches Landeskrankenhaus, Rechtsbeziehung zum Patienten. VGH Mannheim[1278] sieht den Rechtsweg stets zu den Verwaltungsgerichten als gegeben an, weil diese Rechtsbeziehungen ihrer Natur nach dem öffentlichen Recht angehöre, auch wenn der Patient sich mit der Aufnahme einverstanden erklärt habe. Demgegenüber ist jedoch zu differenzieren:[1279] Soweit der Patient zwangsweise durch die öffentliche Hand eingewiesen wird, ist der Aufenthalt als öffentlich-rechtlich geprägt anzusehen mit der Folge des Verwaltungsrechtswegs.[1280] Begibt sich der Patient freiwillig in Behandlung, ist keine öffentlich-rechtliche Beziehung zu erkennen, der ordentliche Rechtsweg ist gegeben. Wird er vom Vormund (§ 1773 BGB) oder Betreuer (§ 1896 BGB) gegen seinen Willen in stationäre Behandlung verbracht, ist die Beziehung jedenfalls mit Rücksicht auf die erforderliche vormundschaftsgerichtliche Genehmigung (§§ 1800, 1631b und 1906 BGB) dem öffentlichen Recht zuzuordnen (vgl. Rn. 472).

431a Rechnungshof. Für Streitigkeiten zwischen Privatpersonen und dem Rechnungshof über die Aufrechterhaltung, die Wiederholung und den Widerruf personenbezogener Äußerungen in dessen Prüfungsmitteilungen oder -berichten ist der Verwaltungsrechtsweg eröffnet.[1281]

432 Rechtsanwälte. In berufsrechtlichen Streitigkeiten der Rechtsanwälte (z. B. um die Zulassung) ist der Verwaltungsrechtsweg ausgeschlossen; über die Maßnahmen der LJustizVerw entscheiden die Anwaltsgerichte (z. B. §§ 11, 16, 21, 28, 29, 35, 37, 57 BRAO). Das gilt auch bei Streit über die Zulassung als Europäischer Rechtsanwalt.[1282] Über Pflichtverletzungen des Anwalts wird im anwaltsgerichtlichen Verfahren entschieden (§§ 113 ff. BRAO). Für Rechtsstreitei-

---

[1273] BVerwG JR 1972, 305.
[1274] *Schmalzl* MDR 1975, 374.
[1275] OVG Lüneburg GewArch 1977, 222 mit Anm. *Gern.*
[1276] BayVGH NJW 1975, 1797.
[1277] OLG Hamm NVwZ 1989, 502.
[1278] NJW 1991, 2985; 2986.
[1279] Vgl. *Fischer/Mann* NJW 1992, 1539.
[1280] BGH NJW 1963, 40; NJW 1985, 677.
[1281] HessVGH NVwZ-RR 1994, 515.
[1282] OVG Magdeburg 21. 11. 2006 – 1 O 156/06 –.

ten, die aus Anträgen gegenüber der Rechtsanwaltskammer auf Einschreiten gegen einen Rechtsanwalt entstehen, sind nicht die Anwaltsgerichte zuständig, sondern die allgemeinen VG.[1283] Dasselbe gilt, wenn die Rechtsanwaltskammer im Zusammenhang mit einem Handeln in ihrem hoheitlichen Aufgabengebiet auf Unterlassung in Anspruch genommen wird.[1284] Für die Klage auf Auszahlung festgesetzter Pflichtverteidigergebühren ist der ordentliche Rechtsweg gegeben;[1285] zur Kostenfestsetzung im Übrigen Rn. 87.

Reichsgaragenordnung. Verpflichtet sich ein Bauherr gegenüber einer Gemeinde zur Zahlung eines Geldbetrages zum Bau einer Gemeinschaftsanlage, um seine Pflicht zur Schaffung von Einstellplätzen oder Garagen abzulösen, so ist für Streitigkeiten aus dieser Vereinbarung der ordentliche Rechtsweg eröffnet.[1286] Vgl. Rn. 64. **433**

Rundfunk und Fernsehen. Die Tätigkeit der öffentlich-rechtlich begründeten Rundfunkanstalten vollzieht sich im öffentlich-rechtlichen Bereich; sie erfüllen öffentlich-rechtliche Aufgaben mit Mitteln schlichter Hoheitsverwaltung.[1287] Auch das **Nutzungsverhältnis** zwischen dem Rundfunkhörer bzw. Fernsehteilnehmer und den Rundfunk- und Fernsehanstalten ist öffentlich-rechtlich organisiert.[1288] Für Streitigkeiten über **Rundfunkgebühren** ist der Verwaltungsrechtsweg eröffnet.[1289] Ebenso hat das BVerwG in der Klage eines Rundfunkteilnehmers auf Ausstrahlung einer bestimmten Sendung eine öffentlich-rechtliche Streitigkeit gesehen[1290] und das VG Mainz[1291] für eine Untersagungsklage; die Frage, ob öffentlich-rechtliche Rundfunkanstalten den Rundfunkteilnehmern Programmübersichten überlassen müssen, ist ebenfalls vor den VG zu klären.[1292] Die Vergabe von Aufträgen für die Herstellung von Sendungen und ganz allgemein die Programmgestaltung und Programmauswahl vollziehen sich im Allgemeinen in Formen des privaten Vertragsrechts.[1293] Ebenso werden die Verträge zur Rundfunk- und Fernsehwerbung zwischen den werbenden Unternehmen und einer von den Rundfunkanstalten getragenen Werbegesellschaft privatrechtlich geschlossen. Geht es wegen der Zulässigkeit einer Rundfunk- oder Fernsehsendung um widerstreitende Interessen des Rundfunks oder Fernsehens auf der einen und der **Privatsphäre** des Bürgers auf der anderen Seite, so handelt es sich nach stRSpr des BGH um zivilrechtliche Streitigkeiten.[1294] Diese in der Literatur überwiegend angegriffene Ansicht[1295] begründet der BGH damit, dass die Rechtsbeziehungen, bei denen es um die Abwägungen der Interessen der Sendeanstalten an freier Programmgestaltung gegenüber dem Schutz der Individualsphäre gehe, „auf der Ebene privatrechtlichen Miteinanders" geordnet seien. Die Grenze für vom Bürger hinzunehmende Rundfunk- oder Fernsehkritik werde vom Privatrecht gezogen; auch gehe es um die horizontale Spannungslage kollidierender Grundrechte der Funkanstalten und des einzelnen, nicht um die vertikale Gegenüberstellung der Einzelperson als Grundrechtsträger zum **434**

[1283] VGH Mannheim NJW 1982, 2011.
[1284] OLG Hamburg OLGR 2004, 385.
[1285] AG Kiel AnwBl. 1975, 103.
[1286] BGH MDR 1961, 580.
[1287] BVerfGE 31, 314 = NJW 1971, 1739; BVerfG NJW 1978, 1043; BVerwGE 22, 299.
[1288] BVerwG NJW 1966, 1282; *Buri* NJW 1972, 705; *Löffler*, Presserecht Bd. II S. 483; *Kopp* BayVwBl. 1988, 193.
[1289] BVerwG BayVwBl. 1968, 246; HessVGH VerwRSpr 1976, 12.
[1290] AfP 1978, 152.
[1291] NVwZ 1985, 136.
[1292] VG Hamburg NJW 1979, 2325.
[1293] RGZ 153, 6; *Kröger* NJW 1979, 2542.
[1294] U. a. BGHZ 37, 1 = NJW 1962, 1295; BGH NJW 1963, 484; 1976, 1198; BVerwG NJW 1994, 2500 m. Anm. *Hoffmann-Riem* JZ 1995, 402; OLG Koblenz NJW 1973, 251; OLG Frankfurt NJW 1971, 47; OLG Köln NJW 1973, 858.
[1295] U. a. *Bettermann* NJW 1977, 513 ff.; *Bethge* NJW 1973, 1508; *Buri* aaO.

Gemeinwesen. Diese RSpr führt zu einer Gleichstellung mit der privatrechtlich organisierten Presse in Fragen des Persönlichkeitsschutzes; sie passt sich der im Bereich des materiellen Rechts durch Landespressegesetze weitgehend angeordneten Anwendung der presserechtlichen Bestimmungen für das Rundfunkrecht (z.B. auch zur Gegendarstellung) an. Auch in **Wettbewerbsstreitigkeiten,** in die eine Rundfunkanstalt verwickelt wird, steht der Zivilrechtsweg offen.[1296] Vgl. Presse (Rn. 428), wegen Sendezeiten für politische Parteien vgl. Rn. 426.

435 **Rückerstattung.** Für Ansprüche auf Feststellung von Rückerstattungsschäden, die auf die Grundsätze der Enteignung (Art. 14 GG) und der Staatshaftung aus Amtspflichtverletzung (§ 839 BGB, Art. 34 GG) gestützt werden, ist der Rechtsweg zu den Zivilgerichten gegeben.[1297] Ebenso sind die ordentlichen Gerichte zuständig für die Entscheidung über Rückerstattungsansprüche wegen Nichtigkeit der Entziehungsmaßnahme[1298] und für die Regressansprüche des Erstattungspflichtigen gegen seinen Rechtsvorgänger.[1299]

436 **Schlachthof.** Die Benutzung von gemeindlichen Schlachthöfen vollzieht sich, zumal Benutzungszwang herrscht, in aller Regel im schlicht hoheitlichen Bereich, auch die Art der Benutzung ist durchweg durch eine öffentlich-rechtliche Satzung oder Anstaltsordnung geregelt[1300] (vgl. Rn. 95, 361).

437 **Schleusenanlagen.** Schleusen an Bundeswasserstraßen sind sogenannte „unselbstständige Anstalten"; der jedermann zustehende Anspruch, sie mit Wasserfahrzeugen zu benutzen, gehört dem öffentlichen Recht an.[1301] Auch ein Anspruch auf Zulassung der Benutzung einer Schleusenanlage zu gewerblichen Zwecken, etwa als Schiffsausrüster oder als Makler, beurteilt sich nach öffentlich-rechtlichen Kriterien.[1302] Die Art der Benutzung nach Zulassung wird überwiegend durch privatrechtlichen Vertrag geregelt[1303] (vgl. Rn. 95, 361).

438 **Schuldanerkenntnis.** Maßgebend für den Rechtsweg ist, ob die von den Beteiligten getroffene Regelung einen vom bürgerlichen oder vom öffentlichen Recht geordneten Sachbereich betrifft. Ist Gegenstand des S. die Rückerstattung von überzahlten Beamtenbezügen, ist es dem öffentlichen Recht zuzuordnen mit der Folge des Verwaltungsrechtswegs[1304] (vgl. Rn. 84). Für die Klage aus einem Scheck ist aber der ordentliche Rechtsweg stets gegeben.[1305]

439 **Schulwesen.** Für Streitigkeiten aller Art aus dem Unterricht an **öffentlichen** Schulen ist der Verwaltungsrechtsweg eröffnet. Bei **Privatschulen** ist die landesrechtliche Unterscheidung zwischen den staatlich anerkannten und den nur staatlich genehmigten Privatschulen vom BVerfG gebilligt.[1306] Einer staatlich nur **genehmigten** Privatschule sind Hoheitsbefugnisse nicht eingeräumt; hier ist lediglich „die freie Betätigung ... in den ihr wesensgemäßen Formen des Privatrechts gewährt".[1307] Eine die Abschlussprüfung betreffende Maßnahme einer solchen nur genehmigten Ersatzschule kann daher nur vor den ordentlichen Gerichten angegriffen werden,[1308] ebenso die disziplinäre Entlassung eines Schü-

---

[1296] BGH GRUR 1968, 314 zu Äußerungen in einer Rundfunkkritik; BGHZ 37, 1 = NJW 1962, 1295 zur gewerbsmäßigen Wiedergabe von Fernsehsendungen in Lichtspieltheatern; BGHZ 39, 352 = NJW 1963, 1742 zu Tonbandaufnahmen ohne Einwilligung.
[1297] BVerwGE 47, 7.
[1298] BGH WM 1968, 990.
[1299] BGHZ 8, 193 = NJW 1953, 302.
[1300] Vgl. BGH MDR 1973, 917.
[1301] BVerwGE 32, 299.
[1302] BVerwGE 39, 235.
[1303] Dahingestellt BVerwG aaO. S. 238.
[1304] BGHZ 102, 343 = NJW 1988, 1264.
[1305] ArbG Essen MDR 1988, 327.
[1306] BVerfGE 27, 195 = NJW 1970, 275.
[1307] BVerfG aaO.
[1308] BVerwGE 45, 117 = DVBl. 1974, 496; BayVGH JR 1973, 129.

lers.¹³⁰⁹ Für Streitigkeiten aus dem Bereich einer **als Ersatzschule anerkannten** Privatschule ist zu differenzieren je nach Art der umstrittenen Maßnahme. Entscheidend ist, ob die Schule mit der angefochtenen Maßnahme eine Funktion ausgeübt hat, die ihr aus ihrem eigenen privatrechtlichen Aufgabenbereich zukommt (die etwa den privatrechtlichen Vertrag zwischen Eltern bzw. Schüler und Schule betrifft) oder ob sie eine ihr übertragene staatliche Funktion im Rahmen der ihr verliehenen Kompetenz ausgeübt hat, Prüfungen abzuhalten und Zeugnisse auszustellen. Der Schulvertrag ist grundsätzlich als zivilrechtlicher Dienstvertrag ausgestaltet, die daraus folgenden Rechtsbeziehungen sind privatrechtlicher Natur.¹³¹⁰ Für Streitigkeiten aus der Verweisung eines Schülers von einer privaten Ersatzschule ist deshalb der ordentliche Rechtsweg gegeben;¹³¹¹ dasselbe gilt für andere disziplinäre Maßnahmen, die der Aufrechterhaltung eines geordneten, in der Form des Privatrechts organisierten Schulbetriebs dienen. Dagegen sind für Entscheidungen über Maßnahmen auf dem Gebiet des Prüfungs- und Zeugniswesens einer staatlich anerkannten privaten Ersatzschule nach Maßgabe der Beleihung die VG zuständig.¹³¹² – Werden Schulräume (etwa Turnhallen) außerhalb der Schulzeit Vereinen oder sonstigen Dritten zur Nutzung überlassen, so werden privatrechtliche Beziehungen begründet. Dementsprechend ist der von einem Kindergarten angestrengte Streit um den Erlass eines Entgelts für die Benutzung von Schulräumen keine öffentlich-rechtliche Streitigkeit.¹³¹³ Vgl. Rn. 429.

Schwerbehinderte. Ein Schwerbehinderter kann durch Klage vor dem VG Inhalt und Ausmaß der Verpflichtung eines öffentlichen oder privaten Unternehmens zur unentgeltlichen Personenbeförderung feststellen lassen.¹³¹⁴ Für eine Klage auf Entschädigung nach § 81 Nr. 2 SGB IX wegen eines Verstoßes gegen das Benachteiligungsgebot bei der Bewerbung auf Einstellung als Beamter sind die VG zuständig.¹³¹⁵

440

Siedlungsland. Die Entscheidung über die Bereitstellung von Siedlungsland im Rahmen eines staatlichen Siedlungsprogramms und über die Zuteilung solchen Landes an eine bestimmte Person gehört dem öffentlichen Recht auch dann an, wenn sich der spätere Vollzug dieser Entscheidung in privatrechtlichen Formen (beispielsweise als Verkauf oder Verpachtung) vollzieht.¹³¹⁶ Wird strittig, ob dem Siedler, der zunächst gepachtet hat, später Eigentum zu verschaffen ist, so handelt es sich um eine bürgerlich-rechtliche Streitigkeit.¹³¹⁷ – Vgl. Bodenreform (Rn. 330).

441

Sozialhilfe und Jugendwohlfahrt. Für den auf einen Pflegevertrag zwischen dem Jugendamt und einer Pflegeperson gestützten Zahlungsanspruch der Pflegeperson ist der ordentliche Rechtsweg gegeben.¹³¹⁸ Bei Streitigkeiten um die Bereitstellung oder die Fortführung einer öffentlichen Einrichtung der Jugendhilfe im Sinn des früheren § 5 Abs. 3 JWG (Kindertagesstätten mit kollegialer Arbeitsform) ist auch der Verwaltungsrechtsweg gegeben, wenn das Benutzungsverhältnis privatrechtlich geregelt ist.¹³¹⁹ Das Tätigwerden des Jugendamtes als Amtspfleger oder Amtsvormund vollzieht sich auf privatrechtlicher Grundlage;

442

---

¹³⁰⁹ BGH MDR 1961, 845.
¹³¹⁰ BVerwGE 17, 41; BGH DÖV 1961, 787 mit zust. Anm. *Heckel*; VGH München NVwZ 1982, 562.
¹³¹¹ BGH MDR 1961, 845; OVG Münster JZ 1979, 677 ff.; OVG Münster NJW 1998, 1579; VGH Kassel FamRZ 2007, 294; VGH Mannheim NJW 1971, 2089: jedenfalls nach Entwachsen aus der Schulpflicht.
¹³¹² OVG Koblenz VerwRSpr 1966, 671; VGH Kassel FamRZ 2007, 294.
¹³¹³ OVG Hamburg HambJVBl. 1974, 32.
¹³¹⁴ BVerwGE 37, 243.
¹³¹⁵ LAG Hamm NZA-RR 2006, 157.
¹³¹⁶ Vgl. BGHZ 36, 91; BayVGH VerwRSpr 1973, 1017; BayObLGZ 1970, 149 m.w.N.; wohl abweichend BGHZ 29, 76 ff.
¹³¹⁷ BayVGH aaO.
¹³¹⁸ KG MDR 1978, 413.
¹³¹⁹ VGH Kassel NJW 1979, 886.

der Verwaltungsrechtsweg ist daher insoweit nicht gegeben,[1320] wohl aber bei Zwangsunterbringung.[1321] Ansprüche auf Sozialhilfe, auch auf freiwillige Leistungen der Behörden, sind nach § 51 Abs. 1 Nr. 6 a SGG nunmehr im Sozialrechtsweg, nicht mehr im Verwaltungsrechtsweg,[1322] geltend zu machen. Dasselbe gilt für den Anspruch auf Rückerstattung von Sozialhilfeleistungen; er hat öffentlich-rechtlichen Charakter,[1323] seine Rechtsnatur ändert sich auch nicht durch einen auf Erbfall beruhenden Wechsel des Verpflichteten[1324] (vgl. Rn. 84). Für den Anspruch auf Ersatz von Leistungen, die eine Krankenanstalt in Geschäftsführung ohne Auftrag für einen Sozialhilfeträger erbracht hat, ist der Zivilrechtsweg zulässig.[1325] Für Klagen, die eine drittbegünstigende „Mietgarantie" gegenüber einem Vermieter zum Gegenstand haben, ist der ordentliche Rechtsweg gegeben.[1326] Durch die Überleitung von Unterhaltsansprüchen nach § 90 BSHG (§ 93 SGB XII) auf den Sozialhilfeträger änderte sich die Rechtsnatur des übergeleiteten Anspruchs nicht, für ihn ist der ordentliche Rechtsweg eröffnet.[1327] Der der ordentliche Rechtsweg ist auch gegeben, wenn nach § 48 SGB I der Träger der Sozialhilfe Geldleistungen ausgezahlt hat, weil der Unterhaltspflichtige seiner gesetzlichen Unterhaltspflicht nicht nachkommt, und dann dieser Unterhaltsschuldner aus ungerechtfertigter Bereicherung den Träger der Sozialhilfe in Anspruch nimmt, weil kein Unterhaltsanspruch bestand.[1328] Erstattungsansprüche nach § 102 SGB X für vorläufige Leistungen, die nach § 43 SGB I erbracht worden sind, sind nach § 114 SGB X im gleichen Rechtsweg wie der Anspruch auf Sozialleistungen geltend zu machen, also im Verwaltungsrechtsweg.[1329] Rückgriffsansprüche nach § 110 SGB VII haben privatrechtliche Natur und sind vor den ordentlichen Gerichten geltend zu machen.[1330] Für die Eingliederungshilfe für seelisch behinderte Kinder ist nach § 35 a SGB VIII der Verwaltungsrechtsweg gegeben, für die Eingliederungshilfe für behinderte Menschen nach §§ 53 ff. SGB XII dagegen der Rechtsweg zu den Sozialgerichten.[1331]

443 **Spielbank.** Die Rechtsbeziehungen zwischen einer im Besitz der öffentlichen Hand befindlichen Spielbank und den Besuchern sind, auch was die Frage der Zulassung angeht, grundsätzlich privatrechtlicher Natur. Der Verwaltungsrechtsweg steht auch dann nicht offen, wenn der Anspruch auf Abschluss von Spielverträgen mit einer gegen die Aufsichtsbehörde gerichteten Anfechtungs- oder Verpflichtungsklage durchgesetzt werden soll.[1332]

444 **Sportabzeichen.** Für die Klage auf Erteilung des Sportabzeichens steht der Zivilrechtsweg offen.[1333]

445 **Sporthallen.** Der Streit um die Zulassung zur Benutzung von Sporthallen ist öffentlich-rechtlich;[1334] die Art der Benutzung kann durch privatrechtlichen Mietvertrag geregelt werden. Vgl. Rn. 95, 361.

446 **Stasi-Unterlagen:** Nach dem Stasi-Unterlagen-Gesetz vom 20. 12. 1991 (BGBl. I S. 2272) ist der Rechtsweg zu den Verwaltungsgerichten gegeben.

[1320] OVG Münster NJW 1979, 1220; a. A. OVG Hamburg NJW 1979, 1219.
[1321] BGHZ 21, 214, 219 = NJW 1956, 1399.
[1322] BVerwG NJW 1961, 137.
[1323] BGH MDR 1971, 553; BVerwGE 38, 205.
[1324] BGH LM 116 zu § 13 GVG; BVerwGE 38, 205.
[1325] RGZ 150, 82.
[1326] BVerwGE 94, 229 = NJW 1994, 1169; demgegenüber stellt BVerwG NJW 1994, 2968 auf die konkreten Umstände ab; ähnlich VG Lüneburg NVwZ-RR 2005, 293.
[1327] BGHZ 78, 201 = NJW 1981, 48.
[1328] BGH MDR 1993, 468.
[1329] BVerwG NVwZ 1993, 358.
[1330] BGHZ 57, 96, 100 = NJW 1972, 107; Z 75, 328 = NJW 1980, 996.
[1331] OVG Lüneburg NordÖR 2006, 416.
[1332] OVG Koblenz NJW 1959, 2229; vgl. BGHZ 37, 363 = NJW 1962, 1671; BGH NJW 1967, 1660.
[1333] BVerwG MDR 1964, 622.
[1334] BVerwGE 31, 368; vgl. VGH München NJW 1969, 1078.

Steuerberater. Die gegen die Ansicht der Steuerberaterkammer gerichtete Klage, ein Bestandteil in der Firma eines Steuerberaters sei mit dem Berufsrecht nicht vereinbar, ist eine öffentlich-rechtliche Streitigkeit. Soweit jedoch der Streit darum geht, dass dieser Firmenbestandteil nicht wettbewerbswidrig ist, ist der ordentliche Rechtsweg gegeben.[1335] 447

Stiftungen. Als Stiftung des privaten Rechts ist jede auf Privatrecht beruhende Stiftung anzusehen, die nicht in das staatliche Verwaltungssystem in der Weise eingegliedert ist, dass sie einen organischen Bestandteil der staatlichen Ordnung bildet und daher als eine öffentlich-rechtlich gestaltete Institution zu betrachten ist. Entscheidend ist dabei nicht der Inhalt der Statuten, sondern die Gesamtheit der Umstände. Die unzutreffende Beurteilung der Rechtsnatur einer Stiftung durch die Genehmigungsbehörde ist unerheblich. Für einen Rechtsstreit über die Erfüllung eines Vermächtnisses ist der ordentliche Rechtsweg auch dann zulässig, wenn die beklagte Stiftung einwendet, sie brauche das Vermächtnis nach öffentlich-rechtlichen Landesstiftungsgesetzen nicht zu erfüllen.[1336] Maßnahmen der staatlichen Stiftungsaufsicht gehören dem öffentlichen Recht an. Soweit eine Behörde jedoch nicht im Rahmen der staatlichen Stiftungsaufsicht handelt, sondern im Rahmen der Stiftungsverwaltung einer privatrechtlich organisierten Stiftung, sind die Beziehungen zu Dritten privatrechtlich anzusehen.[1337] Die Tätigkeit von Stiftungen des Privatrechts unterfällt dem Privatrecht und gehört damit in den ordentlichen Rechtsweg auch dann, wenn es sich um eine vom Staat gegründete und/oder beherrschte Einrichtung handelt und der Staat durch sie Leistungen an den Bürger erbringt[1338] (vgl. § 1 EGGVG Rn. 153). Für den Streit der Destinatäre über die Änderung der Satzung einer Stiftung, die von der Stiftungsaufsichtsbehörde genehmigt ist, ist der ordentliche Rechtsweg gegeben.[1339] 448

Strafantrag. Für die Geltendmachung eines Anspruchs gegen eine Behörde auf Rücknahme eines Strafantrags wegen Verstoßes gegen den Gleichheitssatz ist nicht der Rechtsweg zu den Verwaltungsgerichten eröffnet, die Frage ist im Strafprozess zu entscheiden.[1340] Aus einem Prozessvergleich, in dem der eine Teil sich zur Rücknahme eines Strafantrags verpflichtet hat, kann im Zivilrechtsweg auf Erfüllung geklagt werden (vgl. Rn. 475). 449

Strafverfolgung, Entschädigung. Über die Verpflichtung zur Entschädigung (dem Grunde nach) hat das Strafgericht zu entscheiden (§§ 8, 9 StrEG). Gegen die Entscheidung der LJustizVerw zur Höhe ist dann der Rechtsweg zu den Zivilgerichten gegeben[1341] (§ 13 StrEG). 450

Strafvollzug und Untersuchungshaft. Der Streit darüber, ob Strafvollzugsbehörden Sozialversicherungsbeiträge zu entrichten haben, ist der Sozialgerichtsbarkeit zugewiesen.[1342] Für die Entscheidung über die Nachzahlung des durch eine rechtswidrige Ablösung eines Strafgefangenen von der Arbeit entgangenen Beschäftigungsentgelts sind nicht die StrafVollstrK, sondern die Zivilgerichte zuständig, da es sich der Sache nach um eine Frage der Amtshaftung (nicht der Folgenbeseitigung) handelt.[1343] Für eine Klage auf Herausgabe von Sachen, die gemäß § 83 StVollzG einbehalten sind (etwa Ausweispapiere), hat das OLG Frankfurt zwar den ordentlichen Rechtsweg für zulässig gehalten; die Klage musste jedoch ohne Erfolg bleiben, da über die Rechtmäßigkeit der Strafvollstre- 451

[1335] BGHZ 119, 246 = NJW 1993, 470.
[1336] BGH WM 1975, 198.
[1337] BGHZ 84, 352 = NJW 1982, 2369.
[1338] BVerwG NVwZ 1990, 754.
[1339] OLG Hamburg ZIP 1994, 1950.
[1340] VGH Mannheim NJW 1984, 75.
[1341] Vgl. *Galke* DVBl. 1990, 145.
[1342] OLG Hamm NJW 1966, 607.
[1343] OLG Frankfurt vom 12. 11. 1979 – 3 Ws 877/79 StVollZ –.

ckung (als einer Art verwaltungsrechtlicher Vorfrage) allein das nach § 109 StVollzG zuständige Gericht zu entscheiden hatte und das Zivilgericht diese Maßnahme respektieren musste.[1344] Für die Klage von Untersuchungshäftlingen (Mitgliedern der Baader-Meinhof-Bande) gegen Maßnahmen einer LReg zur Errichtung eines Prozessgebäudes ist der Verwaltungsrechtsweg nicht eröffnet[1345] (vgl. § 23 EGGVG Rn. 154ff.). Für Auskunftsbegehren eines Dritten über Maßnahmen zur Beschränkung des Postverkehrs von Gefangenen ist der Verwaltungsrechtsweg gegeben.[1346]

452 Straßen- und Wegerecht. Der Gemeingebrauch an einer Straße ist Ausdruck ihrer Gebundenheit für einen öffentlichen Zweck und gehört deshalb als Rechtsinstitut dem öffentlichen Recht an. Für Streitigkeiten um den **Benutzungsanspruch** an einer im Gemeingebrauch stehenden Straßenanlage ist der Verwaltungsrechtsweg auch dann gegeben, wenn es um die Abgrenzung gegenüber einem privatrechtlich entgeltlichen Benutzungsvertrag geht.[1347] Öffentlichrechtlich ist ebenso eine Streitigkeit, mit der ein Verkehrsteilnehmer sich gegen eine Einschränkung der Parkmöglichkeit auf einem bisher öffentlichen Parkplatz durch eine Gemeinde zugunsten ihrer Bediensteten wendet.[1348] Demgegenüber sind Auseinandersetzungen um die unentgeltliche Benutzung eines nicht im Gemeingebrauch stehenden Bahnhofsvorplatzes, auf dem jedoch tatsächlich öffentlicher Verkehr stattfindet, vor den ordentlichen Gerichten auszutragen.[1349] Auch eine ohne formelle Widmung dem allgemeinen Straßenverkehr zur Verfügung gestellte Straße ist öffentliche Einrichtung der Gemeinde, selbst wenn sie im Eigentum einer (von der Gemeinde allerdings völlig beherrschten) Wohnungsbaugesellschaft steht. Für Streitigkeiten über die Zulassung zur Benutzung einer solchen Straße ist der Rechtsweg zu den VG zulässig.[1350] Im Gegensatz hierzu sind Streitigkeiten über die (entgeltliche) **Sondernutzung** von Straßen, die über den Gemeingebrauch hinausgeht, regelmäßig als zivilrechtlich einzuordnen; zuständig ist darum die ordentliche Gerichtsbarkeit.[1351] Dementsprechend konstatiert § 8 Abs. 10 BFStrG, dass sich die Einräumung von Rechten zur Benutzung der Bundesfernstraßen nach bürgerlichem Recht richtet, wenn sie den Gemeingebrauch nicht beeinträchtigt. Allerdings kann nach BGH[1352] die Zuständigkeit der VG dann begründet sein, wenn es um solche Gebühren für Sondernutzungen geht, deren Erhebung öffentlich-rechtlich geregelt ist (z.B. durch Gemeindesatzungen oder Gebührenordnungen der Länder). Den Sondernutzungen entsprechen die **Leitungsrechte** von Versorgungsunternehmen innerhalb und unterhalb von Verkehrsräumen. Für Rechtsstreitigkeiten über sogenannte **Konzessionsabgaben** zwischen Elektrizitätsversorgungsunternehmen und Gemeinden sind die ordentlichen Gerichte zuständig.[1353] Auch für Streitigkeiten zwischen einer Straßenbaubehörde und einem Versorgungsunternehmen, wer die Kosten einer durch Straßenausbau erforderlich gewordenen Neuverlegung von Versorgungsleitungen zu tragen hat, ist der ordentliche Rechtsweg gegeben; dies gilt unabhängig davon, ob zwischen den Beteiligten vertragliche Be-

---

[1344] Beschluss vom 7. 2. 1980 – 1 W 31/79 –.
[1345] VG Stuttgart Justiz 1975, 278.
[1346] VGH Mannheim NJW 1997, 1866.
[1347] OVG Lüneburg DVBl. 1967, 923; LG Tübingen NVwZ 1990, 696.
[1348] BVerwG MDR 1974, 781.
[1349] BGHZ 20, 270 = NJW 1956, 1276.
[1350] OVG Lüneburg DVBl. 1964, 365.
[1351] KG MDR 1977, 315: Straßencafé; BGH NJW 1965, 387: Benutzungsentgelt für einen Omnibusbahnhof; BGH DVBl. 1961, 46: Vertrag einer Stadt mit Omnibusunternehmern über das entgeltliche Parken auf einem öffentlichen Platz; BGHZ 19, 85 = NJW 1956, 104: Platzmiete für einen festen Verkaufsstand.
[1352] NJW 1965, 387.
[1353] BGHZ 15, 113 = NJW 1955, 104.

ziehungen bestehen oder nicht.[1354] Das Verhältnis eines privaten Lizenznehmers nach § 69 TKG zum Wegeunterhaltspflichtigen oder Betreiber besonderer Anlagen an Verkehrswegen ist öffentlich-rechtlicher Natur.[1355]

Streitigkeiten, die sich aus der **Straßen- und Wegebaulast** ergeben, sind durchweg von den VG zu entscheiden. Für die Klage einer Gemeinde gegen einen früheren Eigentümer des Geländes auf Feststellung, dass dieser Kosten der Einrichtung eines Wanderwegs übernehme, der nach einer Ansiedlungsgenehmigung anzulegen war, dessen Anlegung durch den früheren Eigentümer aber wegen der Veräußerung des Grundstücks unmöglich geworden war, sind die VG zuständig.[1356] Eine Klage auf **Instandsetzung** einer öffentlichen Straße kann gegen die verkehrssicherungspflichtige Gemeinde nicht vor den ordentlichen Gerichten verfolgt werden (vgl. Rn. 476). Das gilt auch für ein Beweissicherungsverfahren.[1357] Lässt die BRep als Träger der Straßenbaulast beim Ausbau einer Bundesfernstraße eine Kiesgrube verfüllen, die unter Verletzung der §§ 9 und 9a BFStrG angelegt war, so kann sie die Kosten hierfür von dem Unternehmer der Kiesgrube nicht im Zivilrechtsweg erstattet verlangen.[1358] Klagen aus einem Vertrag über das Tragen von Straßenbaukosten, der vor In-Kraft-Treten des Erschließungsrechts nach dem BBauG a. F. geschlossen wurde, können allerdings vor den Zivilgerichten rechtshängig zu machen sein; derartige Ansprüche sind jedenfalls nach § 62 Abs. 3 BayBauO von 1901 bürgerlich-rechtlicher Natur.[1359] Für Folgekostenstreitigkeiten zwischen dem Träger der Straßenbaulast und einem Energieversorgungsunternehmen anlässlich einer straßenbaubedingten Verlegung einer Ferngasleitung ist der ordentliche Rechtsweg eröffnet.[1360]

Die **Verkehrssicherungspflicht** wird auch bezüglich öffentlicher Straßen nach stRSpr als eine privatrechtliche, aus der Schaffung einer Gefahrenlage folgende Verpflichtung angesehen. Folgerichtig ist für Ansprüche, die auf Geschäftsführung ohne Auftrag oder Bereicherung mit der Begründung gestützt werden, der Kläger habe die der beklagten öffentlich-rechtlichen Körperschaft obliegende Verkehrssicherungspflicht bezüglich einer öffentlichen Straße erfüllt, der Rechtsweg zu den ordentlichen Gerichten eröffnet worden.[1361] Vgl. Verkehrssicherungspflicht (Rn. 476).

Hinsichtlich des Rechtswegs problematisch erscheinen schließlich die Streitigkeiten zwischen wegerechtlich verantwortlichen Behörden und Anliegern sowie privaten Grundstückseigentümern. Für die Klage eines Grundstückseigentümers gegen eine Gemeinde auf **Herausgabe des Teils seines Grundstücks,** über den die Gemeinde ohne sein Zutun einen dem öffentlichen Allgemeinverkehr gewidmeten Weg angelegt hatte, ist der ordentliche Rechtsweg jedenfalls dann unzulässig, wenn die Widmung nicht nichtig ist.[1362] Hingegen ist für einen Anspruch auf Rückübereignung eines Grundstücks in Bayern, das zum Straßenbau übertragen wurde, nach Abstandnahme vom Straßenbau der ordentliche Rechtsweg eröffnet.[1363] Streitigkeiten aus einem Vertrag, in dem sich ein zukünftiger Grundstückseigentümer zur Übereignung von Straßenland gegenüber einer Gemeinde verpflichtet (wobei das Land zuvor nach einer gemäß § 7 Wohnsiedlungsgesetz dem früheren Eigentümer erteilten Auflage abgetreten werden soll-

---

[1354] BGHZ 37, 353 = NJW 1962, 1817; Z 52, 229 = NJW 1969, 1960.
[1355] BGHZ 162, 78 = NVwZ 2006, 243.
[1356] BVerwG ZMR 1972, 24.
[1357] OVG Schleswig NVwZ-RR 1992, 444.
[1358] BGH NJW 1975, 47.
[1359] BayObLGZ 1967, 178.
[1360] BGH NJW 1988, 1264; BGH DVBl. 2001, 913.
[1361] BGH NJW 1971, 1218; a. A. BayVGHE 23, 8.
[1362] BGHZ 48, 239 = NJW 1967, 2309.
[1363] BayObLG NJW 1967, 1664; BayObLGZ 1973, 173.

te), wurden für öffentlich-rechtlich gehalten.[1364] Ebenso ist für öffentlich-rechtlich erklärt worden der Streit um einen nach Veräußerung eines Anliegergrundstücks erhobenen Geldanspruch wegen Übereignung von Straßenland, das unentgeltlich an die Erschließungsgemeinde unter dem Vorbehalt der Verrechnung auf die später entstehenden Straßenbaukosten abgetreten wurde.[1365] Auch der Erstattungsanspruch eines Anliegers auf Rückzahlung von Kosten für den Straßenausbau ist öffentlich-rechtlich, selbst wenn er äußerlich in einen privatrechtlichen Kaufvertrag aufgenommen ist.[1366]

456 Lärmschutzmauern und ähnliches sind Anlagen, die zur Sicherung der Benutzung der benachbarten Grundstücke gegen Gefahren oder Nachteile nötig sein können. Über Ausgleichsansprüche nach § 17 BFStrG a. F. bzw. § 74 Abs. 2 VwVfG ist im Verwaltungsrechtsweg zu entscheiden.[1367] Für die Klage auf Duldung eines Notwegs über ein städtisches Grundstück, das für den Feuerwehrdienst gewidmet ist, ist der ordentliche Rechtsweg nicht gegeben (vgl. Rn. 416).

457 Studienförderung. Nach § 54 Abs. 1 BAföG ist für öffentlich-rechtliche Streitigkeiten aus der staatlichen Ausbildungsförderung der Verwaltungsrechtsweg gegeben. Bürgerlich-rechtliche Streitigkeiten, etwa aus der Überleitung von Unterhaltsansprüchen nach § 37 BAföG, sind vor den Zivilgerichten auszutragen.[1368] Für Klagen auf Bewilligung und auch auf Rückzahlung von Darlehen, die im Rahmen der Studienförderung nach dem Honnefer Modell als Pflicht- und als Zusatzdarlehen gewährt wurden, ist der Verwaltungsrechtsweg auch dann gegeben, wenn das (zuweilen privatrechtlich organisierte) Studentenwerk die Förderungsanträge entgegennimmt, prüft und nach Bewilligung des Darlehens durch den Förderungsausschuss der Universität den Zahlungsverkehr leitet; hierdurch kommt zwischen dem Studentenwerk und dem Bewerber kein privatrechtliches Darlehensverhältnis zustande.[1369] Auch für die Rückforderung zu Unrecht gezahlter Studienförderung ist nicht der ordentliche, sondern der Verwaltungsrechtsweg gegeben.[1370] Nichts anderes gilt, wenn eine Behörde mit einem **Aspiranten** für eine spätere Anstellung als Beamter einen Vertrag zur Studienförderung schließt. Scheidet hier der Geförderte vorzeitig aus, so sind für den vertraglichen Rückforderungsanspruch die VG zuständig, nicht die ArbG, da es sich um einen öffentlich-rechtlichen Vertrag handelt.[1371] Entsprechend hat der BGH für die Rückforderung von vertraglich gewährten Studienbeihilfen an Nachwuchskräfte der Bundeswehr den ordentlichen Rechtsweg versagt[1372] (vgl. Rn. 316).

458 Subventionen, staatliche Förderung. Das im Spannungsfeld von Marktwirtschaft und Wirtschaftslenkung angesiedelte Rechtsgebiet kann als Schulbeispiel für die Abgrenzungsschwierigkeiten zwischen Zivil- und Verwaltungsrecht (und damit auch zwischen dem ordentlichen und dem Verwaltungsrechtsweg angesehen werden. Im Wesentlichen handelt es sich darum, einen Kompromiss zwischen der Gesetzmäßigkeit der Verwaltung und dem Ziel zu finden, ohne Zwang eines Gesetzes und auch ohne schwerfälliges Verwaltungsverfahren konjunkturelle oder politische Entwicklungen, die von innen oder außen gestört erscheinen, zu glätten, sei es durch Verwaltungsmaßnahmen allein oder durch die Einschaltung von Bankinsti-

---

[1364] BGH JZ 1973, 420.
[1365] BGH NJW 1974, 1709.
[1366] OVG Münster ZMR 1973, 178.
[1367] BVerwGE 77, 295 = NJW 1987, 2884.
[1368] Dazu *Podewils* FamRZ 1977, 236.
[1369] OLG Frankfurt DVBl. 1980, 381; a. A. OLG Köln NJW 1967, 737 für das Studentendarlehen nach dem damaligen Erlass des BMdJ vom 1. 3. 1959.
[1370] BVerwGE 32, 283; OLG Köln NJW 1967, 735.
[1371] BVerwGE 30, 65 = NJW 1968, 2023 m. abl. Anm. *Schmidt* NJW 1969, 616; BAG RdA 1973, 206.
[1372] BGH NJW 1972, 763.

tuten im Auftrag der Wirtschafts- und Finanzbehörden. – Soweit die Subventionierung keine Dauerbeziehung zwischen dem Staat und dem Begünstigten schafft, liegt ein einheitliches öffentlich-rechtliches Verhältnis vor. Für Subventionen mit Dauerbeziehungen (z. B. in Gestalt eines Darlehens oder einer Bürgschaft) geht die Praxis hingegen von der „Zwei-Stufen-Lehre" aus (vgl. Rn. 70). Danach gehört bei Subventionen der öffentlichen Hand das Bewilligungsverfahren stets dem öffentlichen Recht an; die Vollziehung des Verwaltungsakts (die Hingabe der Förderungsmittel) kann dann jedoch vom Subventionsgeber öffentlich-rechtlich oder privatrechtlich geregelt werden. Dabei kann sich sogar eine Zweigleisigkeit des Rechtswegs ergeben, etwa bei der Rückforderung eines Aufbaudarlehens durch die auszahlende Bank nach Kündigung des Darlehensvertrages und zugleich durch die Ausgleichsbehörde mit Erlass eines Leistungsbescheides unter Androhung der Verwaltungsvollstreckung.[1373] In der Regel ist anzunehmen, dass sich eine Behörde bei Erfüllung einer ihr aufgetragenen öffentlichen Aufgabe öffentlich-rechtlicher Maßnahmen bedient und nicht privatrechtlich tätig wird[1374] (vgl. Rn. 13). Für eine privatrechtliche Gestaltung des Subventionsvollzuges soll hingegen sprechen, wenn die Förderungsmittel in der Form von Darlehen, Bürgschaften oder Gewährleistungen vergeben werden und wenn die Behörde die Bedingungen für Kündigungen, Verzinsung, Amortisation usw. wie bei einem privaten Darlehensnehmer in einer Schuldurkunde niederlegt.[1375]

An **Einzelfällen** aus der Fülle von Entscheidungen seien erwähnt: Eine **geldliche Zuwendung** der öffentlichen Verwaltung an Private bedarf nicht unter allen Umständen einer gesetzlichen Grundlage; sie kann auch allein auf Grund eines bewilligenden Verwaltungsakts vergeben werden. Ist die Bewilligung zu Unrecht erfolgt, so kann das Geleistete nur dann **zurückgefordert werden,** wenn vorher der bewilligende Bescheid durch Verwaltungsakt zurückgenommen wurde. Mit der Rücknahme des Bewilligungsbescheids kann die Rückforderung des zu Unrecht Geleisteten durch Verwaltungsakt verlangt werden; hierüber ist im Verwaltungsrechtsweg zu entscheiden.[1376] Kürzt der Bund eine Subvention wegen einer ihm entstandenen privatrechtlichen Schlepplohnforderung, so ist für die negative Feststellungsklage, diese Forderung bestehe nicht, der ordentliche Rechtsweg gegeben.[1377] Die **Rückforderung eines Aufbaudarlehens** durch die Lastenausgleichsbehörden beruht ebenso wie seine Gewährung auf öffentlichem Recht, auch wenn sich zwischen dem eingeschalteten Bankinstitut und dem Darlehensnehmer privatrechtliche Ansprüche ergeben. Dies folgt namentlich daraus, dass die Ausgleichsbehörde bei allen Änderungen der Darlehensbestimmungen (Stundung, Tilgung, Sicherheiten) eingeschaltet werden muss und dass sie eine Verrechnung mit anderen öffentlich-rechtlichen Ansprüchen vornehmen kann;[1378] auch kann das Ausgleichsamt die Rückforderung an sich ziehen.[1379] Ein Wiederaufbaudarlehen ist vom Abschluss des Darlehensvertrags ab allein nach bürgerlich-rechtlichen Vorschriften zu beurteilen. Nach diesem Zeitpunkt ist für privatrechtsgestaltende Verwaltungsakte (z. B. Zinsänderungsbescheide) kein Raum mehr; vielmehr darf auf den Inhalt des Darlehensvertrages, insbesondere auf Zinsfuß und Fälligkeit, nur mit privatrechtlichen Mitteln eingewirkt werden.[1380] In gewissem Gegensatz hierzu hat das BVerwG den Bescheid der Bewilligungsbehörden über den Antrag auf Herabsetzung der Zinsen eines öffentlichen Wohnungsbaudarlehens als Verwal-

---

[1373] BGHZ 57, 130 = NJW 1972, 210; BVerwGE 13, 307.
[1374] BGH NVwZ 1985, 517; OLG Naumburg NVwZ 2001, 354.
[1375] BGHZ 52, 155 = NJW 1969, 1434.
[1376] BVerwG NJW 1977, 1838.
[1377] OLG Hamburg VersR 1988, 1177.
[1378] BVerwGE 13, 307.
[1379] BVerwGE 32, 283.
[1380] BGHZ 40, 206 = NJW 1964, 196.

tungsakt qualifiziert, so dass für Streitigkeiten hierüber der Verwaltungsrechtsweg für zulässig erklärt wurde.[1381]

460 Hat die BRep einem **Filmhersteller** für ein Vorhaben eine Spielfilmprämie gewährt und verlangt sie Rückzahlung der Subvention, weil er den Film nicht hergestellt hat, so ist für diesen Anspruch der ordentliche Rechtsweg nicht gegeben.[1382] Hingegen ist der ordentliche Rechtsweg für zulässig erklärt, wenn die Filmförderungsmittel über einen Verein ausgezahlt sind und dieser Verein eine Gewinnbeteiligung aus einem mit dem Produzenten abgeschlossenen Förderungsvertrag fordert.[1383] Die Gewährung von **staatlichen Beiträgen** (zur Verbilligung von Handelsdünger) gegen die Übernahme der Verpflichtung, diese bei zweckwidriger Verwendung zu erstatten, erfolgt durch Verwaltungsakt auf Unterwerfung. Eine derartige Absprache bringt auch dann unmittelbare öffentlich-rechtliche Beziehungen zwischen dem Staat und dem Begünstigten hervor, wenn der Antrag auf Gewährung an eine private Stelle zu richten ist und diese die Zahlung (in „Weitergabe von Verwaltungsakten") anweist. Wird die **subventionierte Ware weiterveräußert,** so tritt auch der Empfänger im Wege des Verwaltungsakts „den es angeht" in eine öffentlich-rechtliche Beziehung zum Subventionsgeber; der Verkäufer gilt als dessen Bote, als „Überbringer des Verwaltungsaktes".[1384] Der Anspruch auf Rückzahlung eines Förderungszuschlages zum Milchauszahlungspreis ist öffentlich-rechtlich und kann durch Leistungsbescheid verfolgt werden; für die öffentlich-rechtliche Verpflichtung der Molkerei, unrechtmäßige Ausschüttungen zu erstatten und die Erstattungsbeträge zu verzinsen, bedarf es keiner gesetzlichen Grundlage.[1385] Gewährt eine staatlich errichtete GmbH an Privatpersonen zur Aufsuchung von Bodenschätzen öffentliche Mittel als Darlehen, so handelt es sich um ein privatrechtliches, nicht öffentlich-rechtliches Verhältnis; über einen Antrag auf Erlass des Darlehens kann deshalb nicht mit Verwaltungsakt entschieden werden. Eine entsprechende Verpflichtungsklage ist unzulässig.[1386] Für Streitigkeiten über die Subventionierung von Getreideimporteuren durch Ermäßigung der Abschöpfungssätze ist der Verwaltungsrechtsweg eröffnet; für Subventionsforderungen sind die VG zuständig, und es kann keinen Unterschied machen, ob der Kläger durch Zahlung nach Durchführung der vollen Abschöpfung oder durch Ermäßigung des Abschöpfungssatzes (Verschonungssubvention im Wege der Verrechnung) subventioniert wird.[1387]

461 Streitigkeiten über die Ablösung von öffentlichen **Wohnungsbaudarlehen,** die nach §§ 42 ff. des Zweiten WoBauG gewährt wurden und nach § 69 Abs. 1 dieses Gesetzes vorzeitig zurückgezahlt werden sollen, sind im ordentlichen Rechtsweg zu entscheiden.[1388] Wird für den Bau einer Wohnung ein Darlehen gewährt, das nicht im Sinn der WoBauG unter den Begriff öffentliche Mittel fällt, sondern aus Haushaltsmitteln stammt, die zur Wohnungsfürsorge für Angehörige des öffentlichen Dienstes eingesetzt werden, dann ist der Streit zwischen dem öffentlichen Darlehensgeber und dem Darlehensempfänger über die Pflicht zur sofortigen Rückzahlung nach **Kündigung** eine bürgerlich-rechtliche Streitigkeit.[1389] Der Anspruch der Bundesanstalt für Arbeit auf Rückzahlung eines Darlehens, das zur Förderung der ganzjährigen Beschäftigung in der **Bauwirt-**

[1381] BVerwGE 13, 47.
[1382] BGHZ 57, 130 = NJW 1972, 210.
[1383] BGH UFITA 1974, 135.
[1384] BVerwG NJW 1969, 809.
[1385] OVG Lüneburg SchlHAnz 1968, 287.
[1386] BVerwG DÖV 1971, 312.
[1387] BVerwG DVBl. 1973, 412.
[1388] BGH ZMR 1972, 194.
[1389] BVerwGE 41, 127 = DVBl. 1973, 416.

schaft gem. § 143b AVAVG ohne Zwischenschaltung eines Kreditinstituts gewährt und wegen des Konkurses des Darlehensnehmers gekündigt worden ist, ist jedenfalls dann ein vor den Zivilgerichten zu verfolgender und nicht das Konkursvorrecht aus § 61 Nr. 3 KO genießender privatrechtlicher Anspruch, wenn das Darlehen auf Grund einer ausdrücklich als Darlehensvertrag bezeichneten Vereinbarung zwischen Darlehensnehmer und der Bundesanstalt ausbezahlt worden ist. Das gilt selbst dann, wenn entsprechend dem Darlehensvertrag mit der Kündigung des Darlehens auch der öffentlich-rechtliche Bewilligungsbescheid aufgehoben worden ist.[1390]

Eine Besonderheit bietet die sogenannte **Konkurrentenklage** im Subventionsbereich. Nach BVerwG[1391] hat ein Dritter dann eine Anfechtungsmöglichkeit gegen die **Subventionierung** eines Konkurrenten, wenn er geltend macht, dass seine schutzwürdigen Interessen willkürlich vernachlässigt seien. Auch das VG und das OVG Berlin haben die Konkurrentenklage (eines Presseunternehmens) für zulässig erachtet.[1392] Für derartige Klagen ist der Verwaltungsrechtsweg eröffnet; auf ihre eigentliche Problematik, die Verletzung des Klägers in eigenen Rechten, ist hier nicht einzugehen. Um die Rechtsstellung eines Dritten geht es außerdem in der Person des sogenannten privaten Subventionsvermittlers: Weist etwa der Staat einer privaten Stelle öffentliche Mittel zur Verteilung zu (etwa dem Deutschen Sportbund im Rahmen der Sportförderung), so entstehen mit der Annahme dieser Gelder und der Übernahme der Verpflichtung, sie bei zweckwidriger Verwendung zu erstatten, öffentlich-rechtliche Beziehungen zwischen dem Staat und dem Vermittler, so wie – bei Weitergabe – zwischen dem Staat und dem Endempfänger; Streitigkeiten sind von den VG zu entscheiden.[1393] Anders liegen die Verhältnisse, wenn im Rahmen eines der bereits behandelten zweistufigen Subventionsverhältnisse der Staat z.B. gegenüber einer Bank eine Bürgschaft übernimmt, damit diese dem Subventionsempfänger ein Darlehen gewährt. Hier ist nur das Verhältnis zwischen dem Subventionsgeber und dem Subventionierten öffentlich-rechtlich geprägt; die Rechtsbeziehungen der Bank sowohl zum bürgenden Staat als auch zum Darlehensnehmer sind privatrechtlich ausgestaltet; Streitigkeiten sind von den ordentlichen Gerichten zu entscheiden.[1394] Vgl. Wohnungsbaudarlehen (Rn. 503).

Theater. Städtische Theater sind in aller Regel öffentliche Einrichtungen (vgl. Rn. 95, 361). Jedenfalls für den Bereich der nordrhein-westfälischen Gemeindeordnung gehört der Anspruch auf Zulassung zum Theaterbesuch nach OVG Münster[1395] auch dann dem öffentlichen Recht an, wenn das Benutzungsverhältnis selbst privatrechtlich geregelt ist.[1396] Die Festsetzung der Theaterpreise ist hingegen ein Akt des privaten nicht des öffentlichen Rechts.[1397] Ist die Erlaubnis zum Betrieb eines Theaterunternehmens von einer sogenannten Theaterkaution abhängig gemacht, so ist für den Anspruch auf deren Auszahlung der ordentliche Rechtsweg verschlossen.[1398] Zur Entscheidung der Frage, ob einem im Arbeitsverhältnis zu einer Staatsoper stehenden Tonregisseur Leistungsschutzrechte zustehen, sind nicht die ArbG, sondern die ordentlichen Gerichte zuständig.[1399]

[1390] BGH NJW 1969, 1434.
[1391] E 30, 191 = NJW 1969, 522 m. Anm. *Scholz* NJW 1969, 1044; *Selmer* NJW 1969, 1266; *Friauf* DVBl. 1969, 368; *Redeker/von Oertzen* § 42 VwGO Rn. 151.
[1392] DVBl. 1975, 268; 905.
[1393] BVerwG NJW 1969, 809.
[1394] Vgl. BVerwGE 13, 307.
[1395] NJW 1969, 1077.
[1396] Anders noch RG JW 1926, 2443.
[1397] BayVGH BayVwBl. 1971, 345.
[1398] RGZ 88, 417.
[1399] OLG Hamburg UFITA 1971, 243.

463a **Tierkörperbeseitigung.** Ein Unternehmervertrag über den Betrieb einer Tierkörperbeseitigungsanlage nach § 4 Abs. 1 Satz 2 TierkörperbeseitigungsG gehört dem öffentlichen Recht an mit der Folge des Verwaltungsrechtswegs.[1400]

464 **Trabrennsport.** Der gegen eine Dachorganisation von Trabrennsportvereinen gerichtete Anspruch auf Zulassung als Trabertrainer muss vor den ordentlichen, nicht vor den VG verfochten werden.[1401]

465 **Treuhandanstalt.** Sie ist eine rechtsfähige bundesunmittelbare Anstalt des öffentlichen Rechts, ihre Aufgabe ist die Privatisierung und Verwertung des ehemaligen „volkseigenen" Vermögens nach den Prinzipien der sozialen Marktwirtschaft, dabei handelt es sich um eine staatliche Aufgabe. In der Auswahl der Objekte und der Form ihrer auftragsgemäßen Privatisierung und Verwertung handelt die Treuhand in Erfüllung ihres staatlichen Auftrags, sie handelt öffentlich-rechtlich. Damit unterliegt sie den Bindungen des sog. Verwaltungsprivatrechts; gleiches gilt für das Vorfeld ihrer Tätigkeit, z.B. Zugehörigkeit zum „volkseigenen" Vermögen, Auswahl der zu verwertenden Objekte, aber auch ihre Berechtigung zur Veräußerung, etwa wegen angemeldeter Ausgliederungs- oder Rückgabeansprüche.[1402] Für Streitigkeiten aus den von der Treuhand abgeschlossenen Verträgen zur Veräußerung usw. ist indessen der ordentliche Rechtsweg gegeben,[1403] ebenso aus der Anbahnung von Vertragsabschlüssen, z.B. Einsicht in Ausschreibungsunterlagen[1404] oder für den Anspruch auf Unterlassung eines Vertragsabschlusses.[1405]

466 **Trimmpfade** hat das OLG Düsseldorf[1406] als Anlagen der schlichten Hoheitsverwaltung qualifiziert, so dass Ansprüche, etwa eines beeinträchtigten Grundstückseigentümers, soweit nicht auf Schadensersatz aus Amtspflichtverletzung gerichtet, vor den VG geltend zu machen sind. Vgl. Rn. 452.

467 **Tuberkulosehilfe.** Der Anspruch auf Rückzahlung zu Unrecht gezahlter T. kann nicht vor den ordentlichen Gerichten eingeklagt werden.[1407]

468 **Überleitungsanzeige.** Für die Klage gegen eine Überleitungsanzeige wegen Unterhaltsansprüchen im Sozialhilferecht, z.B. nach § 90 BSHG bzw. § 50 SGB I[1408] oder nach § 37 BAföG[1409] ist der Rechtsweg zu den VG gegeben.[1410] Diese haben nur die überleitungsrelevanten Umstände zu prüfen, grundsätzlich hingegen nicht Bestehen und Umfang der übergeleiteten Ansprüche, da die Anzeige nur einen Gläubigerwechsel bewirkt. Die VG können jedoch eine „erkennbar sinnlose Überleitungsanzeige" aufheben, wenn ein Unterhaltsanspruch des Auszubildenden gegen seine Eltern nach materiellem Recht offensichtlich ausgeschlossen ist[1411] („Negativ-Evidenz"). Den Unterhalt selbst hat die Behörde, wenn er in Frage gestellt wird, vor den für die verbindliche Beurteilung dieser Frage allein kompetenten Zivilgerichten einzuklagen.

469 **Umlegungsverfahren.** Für Streitigkeiten im Umlegungsverfahren sind nach § 217 BauGB die Gerichte für Baulandsachen zuständig.

470 **Umsatzsteuer.** Für Schadensersatzansprüche des Fiskus wegen Erschleichens von Umsatzsteuervergütungen hat das OLG Düsseldorf[1412] die ordentlichen Gerichte

---

[1400] BVerwG DVBl. 1995, 1088.
[1401] BVerwG DÖV 1977, 784 m. zust. Anm. *Wüst/Pelhak*; vgl. *Wüst/Pelhak* DÖV 1977, 115.
[1402] VG Berlin NJW 1991, 376; 1969; a.A. OVG Berlin NJW 1991, 715; *Weimar* DÖV 1991, 813.
[1403] KG NJW 1991, 2299.
[1404] BezG Dresden DtZ 1992, 220.
[1405] VG Berlin LKV 1991, 317.
[1406] VersR 1976, 1160.
[1407] OLG Düsseldorf MDR 1962, 141.
[1408] BVerwGE 34, 219; E 42, 198.
[1409] BVerwGE 49, 311, 316, 319.
[1410] BVerwG NJW 1992, 3313.
[1411] VerwGE 49, 311.
[1412] BB 1970, 247.

für zuständig gehalten, da zivilrechtliche Ansprüche auf Schadensersatz aus unerlaubter Handlung und ungerechtfertigter Bereicherung jedenfalls dann nicht durch einen öffentlich-rechtlichen Erstattungsanspruch verdrängt würden, wenn kein steuerrechtliches Verhältnis bestehe oder dieses nur nebensächlich sei. Vgl. Mehrwertsteuer (Rn. 408).

Universitätskliniken. Für Streitigkeiten über die Behandlung sozialversicherter 471 Patienten in Universitätskliniken ist der Rechtsweg zu den Zivilgerichten gegeben, da nach der Konstruktion des Vertrags zugunsten Dritter zivilrechtliche Beziehungen zwischen Klinik und Patient entstehen. Für die Ansprüche einer Universitätsklinik gegen eine Krankenkasse auf Ersatz der Kosten von Notbehandlung ist der ordentliche Rechtsweg gegeben, da es sich um Forderungen aus Geschäftsführung ohne Auftrag handelt.[1413] Die Festsetzung der Krankenhauspflegesätze kann nicht im ordentlichen Rechtsweg nachgeprüft werden.[1414] – Vgl. Krankenhaus (Rn. 394).

Unterbringung. Da die Unterbringung gegen den Willen der betroffenen Person 472 (oder auch bei ihrer Willenlosigkeit) nach den Unterbringungsgesetzen der Länder allein öffentlich-rechtliche Beziehungen begründet, kann die verwahrende Anstalt einen Untergebrachten nicht vor den ordentlichen Gerichten auf Erstattung der Unterbringungskosten in Anspruch nehmen. Entsprechendes gilt aber auch, soweit eine Unterbringung auf Veranlassung des Vormunds und mit Zustimmung des Vormundschaftsgerichts geschehen ist, denn auch hier handelt es sich letztlich um eine Maßnahme des Staates, der sich „dem Vormund" als Ausführungsorgan zur Verfügung stellt.[1415] Vgl. Rn. 431.

Untersuchungsausschuss. Für die Klage gegen die drohende Herausgabe von 472a Steuerakten an einen parlamentarischen Untersuchungsausschuss ist der Verwaltungsrechtsweg gegeben.[1416]

Verbände. Für den Streit um die Aufnahme einer Genossenschaft in einen Prü- 473 fungsverband sind die ordentlichen Gerichte zuständig (vgl. Rn. 362); hieran ändert nichts, dass die Prüfungsverbände ein ihnen von hoher Hand verliehenes Prüfungsrecht gegenüber ihren Mitgliedern haben und dass die Ablehnung des Aufnahmeersuchens auch durch die Staatsaufsicht nach den §§ 64, 64a GenG geprüft werden kann. Hat ein (Viehwirtschafts-)Verband nach dem Zusammenbruch des Deutschen Reichs die Geschäfte einer Reichsstelle (für Tiere und tierische Erzeugnisse) fortgeführt, so ist für Ansprüche auf Ersatz von Aufwendungen und Verlusten der Zivilrechtsweg verschlossen, da es sich dem wahren inneren Gehalt nach um Forderungen aus öffentlich-rechtlicher Geschäftsführung mit oder ohne Auftrag und aus einem öffentlich-rechtlichen Treuhandverhältnis handelt.[1417]

Verfassungsschutz. Für einen Anspruch auf Schutz der Individualsphäre gegen- 474 über Äußerungen des Verfassungsschutzamts steht der Verwaltungsrechtsweg offen.[1418]

Vergabe. Vergabe von Leistungen aller Art durch öffentlich-rechtliche Einrichtun- 474a gen an Private kann sich nach öffentlichem und privatem Recht vollziehen (Rn. 94, 95). Die Vornahme zur Verwirklichung öffentlicher Zwecke kann im Wege privatrechtlicher Handlungsformen vollzogen werden, auch dann, wenn öffentlich-rechtliche Gremien eingeschaltet werden müssen. Bei der Vergabe öffentlicher Subventionen und bei Zulassung zu öffentlichen Einrichtungen ist je-

---

[1413] BGHZ 23, 227 = NJW 1957, 710.
[1414] BGHZ 73, 114 = NJW 1979, 597.
[1415] BGHZ 53, 184 = NJW 1970, 811 im Anschluss an BVerfGE 10, 302 = NJW 1960, 811; LG Mannheim Justiz 1967, 32.
[1416] FG München NVwZ 1994, 100.
[1417] BGH NJW 1962, 1204.
[1418] BayVGH DVBl. 1965, 447 m. Anm. *Evers.*

doch im Zweifel der öffentlich-rechtliche Charakter der Vergabe anzunehmen, unbeschadet der Anforderungen, die einem Träger der öffentlichen Verwaltung auch bei Handlungen im Rahmen des sogenannten Verwaltungsprivatrechts bei Vornahme im Wege privatrechtlicher Formen obliegen.[1419] So ist bei den die Bauleitplanung ergänzenden städtebaulichen Verträgen privatrechtlicher Natur anerkannt, dass Letzteres nichts an der Maßgeblichkeit des Gebots angemessener Vertragsgestaltung ändert wie am Grundsatz der Verhältnismäßigkeit.[1420] Das **Vergabeverfahren** ist in §§ 97 ff. GWB (i. d. F. BGBl. 1998 I S. 2512; früher § 57a HaushaltsgrundsätzeG und RiLi 89/665/EWG, ABlEG L 395 vom 30. 12. 1985 S. 33) geregelt. Die Vergabe unterliegt der Nachprüfung durch Vergabekammern (§§ 102 f. GWB). Die Vergabekammer entscheidet, ob ein Antragsteller in seinen Rechten bei der Vergabe verletzt wurde. Ein bereits erteilter Zuschlag kann dabei nicht aufgehoben werden. Die Entscheidung der Vergabekammer ergeht durch Verwaltungsakt (§ 114 Abs. 3 GWB), gegen den die sofortige Beschwerde zulässig ist, über die das OLG entscheidet und die Einhaltung der Vergabevorschriften der öffentlichen Hand überprüft.[1421] Ein durch das Vergabeverfahren in seinen Rechten Verletzter kann Schadensersatz gegen den öffentlichen Auftraggeber vor den ordentlichen Gerichten geltend machen (§ 126 GWB). Für Streitigkeiten aus dem vergebenen Auftrag ist der ordentliche Rechtsweg gegeben. Der Zivilrechtsweg ist auch gegeben für die Überprüfung einer Vergabe unterhalb des Schwellenwerts des § 100 GWB;[1422] die Gegenmeinung sieht die Entscheidung über das Ob als erste, ein eigenständiges Verwaltungsverfahren bildende Stufe, die vor den VG zu überprüfen ist.[1423]

475 Vergleich. Ein Prozessvergleich ändert an dem zugrundeliegenden Rechtsverhältnis und damit an der Rechtswegzuständigkeit grundsätzlich nichts; deshalb bleiben Streitigkeiten über seine Wirksamkeit und Schadensersatzansprüche aus mangelhafter Erfüllung grundsätzlich bei dem alten Gerichtszweig,[1424] und zwar auch dann, wenn sie eine Amtspflichtverletzung enthalten[1425] (§ 40 Abs. 2 VwGO). Wird in einem VG-Verfahren wegen Anfechtung einer Anliegerbeitragsforderung durch Prozessvergleich ein Grundstückstausch zur Lösung öffentlich-rechtlicher Fragen vereinbart, so handelt es sich um einen öffentlich-rechtlichen Vertrag, über den vor den VG zu streiten ist;[1426] die VG vollstrecken aus vor ihnen geschlossenen Vergleichen auch dann, wenn bürgerlich-rechtliche Ansprüche Gegenstand des Vergleichs sind.[1427] Aus einem Prozessvergleich, in dem der eine Teil sich zur Rücknahme eines Strafantrags verpflichtet hat, kann im Zivilrechtsweg auf Erfüllung geklagt werden.[1428] Ist vor dem Strafgericht (z. B. bei Beleidigungen im Privatklageverfahren) ein Vergleich abgeschlossen, so fragt sich, ob vor dem Zivilgericht auf Feststellung der Unwirksamkeit geklagt werden kann.[1429] Die Frage wird zu verneinen sein; es handelt sich allein um den Streit über ein Verfahrenshindernis für die Fortsetzung des Strafverfahrens, der nur dort zu entscheiden ist. Hat ein Rückerstattungspflichtiger sich außerhalb eines

---

[1419] Vgl. BGHZ 91, 84 = NJW 1985, 197; OVG Koblenz NJW 2001, 698.
[1420] BGH NJW 2003, 888.
[1421] Vgl. OLG Brandenburg NVwZ 1999, 1142; vgl. *Otting* NJW 2000, 484.
[1422] BVerwG NJW 2007, 2275; hierzu *Krohn* NZBau 2007, 493; zust. *Ennuschat* NJW 2004, 2224; krit. *Burgi* NVwZ 2007, 737; OVG Lüneburg NVwZ-RR 2006, 843; VGH Mannheim 30. 10. 2006 – 6 S 1522/06 –; zum Rechtsschutz BVerfG NVwZ 2006, 1396.
[1423] OVG Bautzen NZBau 2006, 393; OVG Münster NvwZ-RR 2006, 223; 842; OVG Koblenz NZBau 2005, 411.
[1424] BayObLG MDR 1966, 935.
[1425] BGHZ 43, 34 = NJW 1965, 442 ist insoweit überholt.
[1426] BVerwG NJW 1976, 2360.
[1427] OVG Münster NJW 1969, 524.
[1428] BGH NJW 1974, 900 m. Anm. *Meyer* 1325; OLG München MDR 1967, 223.
[1429] RGZ 87, 80.

Erstattungsverfahrens mit dem Erstattungsberechtigten verglichen, so ist für den Anspruch aus dem Vergleich der Rechtsweg vor den ordentlichen Gerichten zulässig; es handelt sich nicht um einen Rückerstattungsanspruch.[1430] Auch Streitigkeiten über die Rechtswirksamkeit eines im Verwaltungsschätzverfahren abgeschlossenen Vergleichs gehören vor die ordentlichen Gerichte, denen die Frage der Bemessung der Enteignungsentschädigung generell überantwortet ist.[1431]

Verkehrssicherungspflicht. Auf Verletzung der V., vor allem bei Straßen, gegründete Schadensersatzansprüche gegen Körperschaften des öffentlichen Rechts steht der ordentliche Rechtsweg offen, da diese Ansprüche nach zivilrechtlichen Deliktsvorschriften zu beurteilen sind.[1432] Will eine öffentlich-rechtliche Körperschaft dieser Pflicht auf hoheitsrechtliche Weise genügen, so bedarf es dazu eines sich im Rahmen des Gesetzes haltenden ausdrücklichen Organisationsaktes, der der Allgemeinheit gegenüber kundzumachen ist.[1433] – Dies gilt jedoch nicht für Streitigkeiten um Maßnahmen zur Erfüllung der V., die keine Rechtspflicht zum Tätigwerden beinhalten, sondern nur das Einstehenmüssen für rechtswidriges und schuldhaftes Unterlassen nach allgemeinen deliktischen Vorschriften;[1434] die Herstellung und Unterhaltung öffentlicher Straßen unterliegt als Teil der Verwaltungstätigkeit dem öffentlichen Recht; eine aus der Verkehrssicherungspflicht abgeleitete Klage auf Instandsetzung eines von einer Gemeinde dem öffentlichen Verkehr gewidmeten Weges ist vor den ordentlichen Gerichten unzulässig[1435] (vgl. Rn. 454). **476**

Verkehrsunternehmen. Die durch das Gesetz über die unentgeltliche Beförderung im Nahverkehr begünstigten Personen (Kriegs- und Wehrdienstbeschädigte sowie andere Behinderte) können auch gegenüber privatmäßig selbstständig organisierten kommunalen Verkehrsbetrieben Inhalt und Ausmaß der Beförderungspflicht durch Klage vor den VG feststellen lassen.[1436] Ebenso ist generell der Anspruch auf Zulassung zur Benutzung gemeindlicher Verkehrsmittel vor dem VG selbst dann zu verfolgen, wenn das Benutzungsverhältnis seinem Inhalt nach privatrechtlich gestaltet ist (vgl. Rn. 95, 361). Die Preisgestaltung selbst – insbesondere die Rüge eines Verstoßes gegen den Gleichheitssatz – hat der BGH[1437] der Überprüfung durch die ordentlichen Gerichte für zugänglich gehalten. **477**

Vermessungsingenieure. Für ihre Honorare ist zu unterscheiden: Werden sie im privatrechtlichen Rahmen tätig, gilt der ordentliche Rechtsweg. Übernehmen sie aber Aufgaben der Landesvermessung (z. B. Grenzfeststellung und Vermessung für das Liegenschaftskataster), ist ihre Tätigkeit öffentlich-rechtlich und damit ihre Vergütung eine Verwaltungsgebühr, für die der Verwaltungsrechtsweg gegeben ist.[1438] Vgl. Rn. 362. **478**

Vermietung von Räumen und Plätzen. Häufig werden Räumlichkeiten in Gebäuden der öffentlichen Hand für Veranstaltungen beansprucht und vermietet. In derartigen Fällen fehlt es bislang an eindeutigen Abgrenzungskriterien zwischen privatrechtlicher und öffentlich-rechtlicher Betätigung der betroffenen Behörden. Klagt eine politische Partei gegen eine in der Rechtsform einer KG betrie- **479**

[1430] BGH MDR 1964, 916.
[1431] OLG Bamberg NJW 1973, 765.
[1432] BGHZ 60, 54 = NJW 1973, 460.
[1433] BGHZ 9, 373; Z 35, 112; Z 60, 54; Z 54, 165; wohl auch BVerwGE 14, 304 = NJW 1962, 1977; Spielplätze u. a. BGH NJW 1978, 1626; Schwimmbäder BGH NJW 1978, 1629; krit. *Bartlsperger* DVBl. 1973, 465; a. A. OLG Düsseldorf VersR 1976, 1160 für Trimmpfad.
[1434] OLG Frankfurt NVwZ 1992, 917.
[1435] BayKKGH NJW 1959, 1195.
[1436] BVerwGE 37, 243; a. A. sogar für das Benutzungsverhältnis bei einem rechtlich unselbstständigen städtischen Eigenbetrieb BadWürttVGH MDR 1960, 349.
[1437] Z 52, 325 = NJW 1969, 2195.
[1438] OLG Hamm MDR 1984, 677; OLG Dresden NZBau 2000, 88; a. A. OLG Karlsruhe VBlBW 1983, 218.

bene städtische Gesellschaft auf Abschluss eines Mietvertrags für eine gesellschaftseigene Halle, so handelt es sich um eine öffentlich-rechtliche Streitigkeit, die nur die „äußere Hülle" eines privatrechtlichen Mietvertrags trägt (vgl. Rn. 426). Teilweise wird indessen auch hier eine „Zwei-Stufen-Lehre" mit dem Verwaltungsakt der Zulassung zur Nutzung des Raums und dem anschließenden, dann unter Kontrahierungszwang stehenden Abschluss eines Mietvertrags vertreten[1439] (Rn. 70, 96). Entwickelt sich ein Rechtsstreit um den Erlass des Entgelts für die Mitbenutzung eines gemeindeeigenen Schulraums durch einen Kindergarten, so handelt es sich um eine bürgerlich-rechtliche Streitigkeit.[1440] Der Rechtsweg zu den Zivilgerichten ist ferner gegeben für den gegen einen Landkreis gerichteten Anspruch auf Unterlassung der Vermietung eines Raums im Kreisverwaltungsgebäude an einen Konkurrenten des Klägers, auch wenn der Landkreis mit dieser Vermietung eine ihm der Allgemeinheit gegenüber obliegende Verwaltungsaufgabe erfüllt.[1441] Im Fall der Verpachtung eines der Bereitstellung öffentlichen Parkraums dienenden gemeindeeignen Parkhauses an einen privaten Betreiber wurde ein solcher Streit allerdings als öffentlich-rechtlich angesehen.[1442] Vgl. Rn. 95.

480 Vermögensgesetz. Das **Vermögensgesetz** (Gesetz zur Regelung offener Vermögensfragen i. d. F. BGBl. 1997 I S. 1974, 3224) regelt die Durchsetzung der Rückübertragung von durch DDR-Unrecht entzogenen Vermögenswerten. Grundlage des Gesetzes wie der damit zusammenhängenden Gesamtheit der Regelungen ist die im Einigungsvertrag enthaltene Bewertung, dass der Erwerb von Rechten an Vermögenswerten, die auf Grund unlauterer Machenschaften in der DDR-Zeit (z. B. durch Machtmissbrauch, Korruption, Nötigung oder Täuschung von Seiten des Erwerbers) erlangt worden sind, nicht schutzwürdig und rückgängig zu machen ist. Aber in Fällen des ‚redlichen' Erwerbs durch DDR-Bürger an zurückzuübereignenden Immobilien ist ein „sozial verträglicher Ausgleich an die ehemaligen Eigentümer durch Austausch von Grundstücken mit vergleichbarem Wert oder durch Entschädigung herzustellen".[1443] Für die Rückübertragung ist ein besonderes Verwaltungsverfahren vorgesehen, für Streitfälle ist der Verwaltungsrechtsweg eröffnet (§§ 30 ff.). Die Zivilgerichte sind an eine Verwaltungsentscheidung in diesem Verwaltungsverfahren gebunden.[1444] Soweit jedoch ein unter Druck zustande gekommener Grundstücksverkauf wegen eines hiervon unabhängig gewesenen Beurkundungsmangels schon nach DDR-Recht nichtig war, dann ist für eine hierauf gestützte Klage auf Grundbuchberichtigung der ordentliche Rechtsweg gegeben.[1445] Ob überhaupt ein enteignender Vorgang stattgefunden hat, ist im ordentlichen Rechtsweg zu entscheiden.[1446] Für Ausgleichsansprüche wegen Werterhöhungen und für Nutzungsansprüche ist der ordentlichen Rechtsweg eröffnet (§ 7). Einzelfragen im Verhältnis zwischen potentiellem Rückerstattungsgegner und -berechtigtem sind im ordentlichen Rechtsweg auszutragen.[1447] Die umfangreiche und weit ausdifferenzierte RSpr kann hier im Einzelnen nicht aufgelistet werden.[1448]

481 Versicherungen. Für Streitigkeiten aus Versicherungsverträgen mit öffentlich-rechtlichen Versicherungsanstalten und ebenso für Wettbewerbsstreitigkeiten mit und zwischen solchen Anstalten sind grundsätzlich die ordentlichen Gerichte zu-

---

[1439] OVG Münster NJW 1969, 1077.
[1440] OVG Hamburg HambJVBl. 1974, 32.
[1441] Vermietung an einen Hersteller von KFZ-Schildern im Gebäude der KFZ-Zulassungsstelle – OLG Stuttgart MDR 1970, 338.
[1442] OVG Münster NVwZ 2006, 1085.
[1443] BVerfG NJW 1997, 447.
[1444] BGH NJW 1998, 3055.
[1445] BGHZ 120, 1198 = NJW 1993, 388; einschränkend Z 130, 231 = NJW 1995, 2707.
[1446] BGH DtZ 1996, 50.
[1447] BGHZ 124, 147 = NJW 1994, 457 m. Anm. *Haas* JZ 1994, 571.
[1448] Vgl. dazu *Messerschmidt* NJW 1997, 2725; 1998, 3016; 1999, 3302.

ständig.¹⁴⁴⁹ Die für die Beurteilung der Wirksamkeit der Kündigung eines Feuerversicherungsvertrags mit einem öffentlich-rechtlichen Feuerversicherer maßgebende Vorfrage, ob die Versicherung den Abschluss eines Vertrags wegen außergewöhnlicher Feuergefahr ablehnen kann, kann im verwaltungsgerichtlichen Verfahren zur Überprüfung gestellt werden.¹⁴⁵⁰

Versorgungsanstalt des Bundes und der Länder. Für Streitigkeiten aus den Rechtsbeziehungen zwischen der Versorgungsanstalt des Bundes und der Länder und den bei ihr Versicherten steht der ordentliche Rechtsweg offen (vgl. Rn. 156). Für Streitigkeiten aus dem Beteiligungsverhältnis zwischen der Anstalt und den an ihr beteiligten Körperschaften des öffentlichen Rechts ist jedoch der Verwaltungsrechtsweg eröffnet.¹⁴⁵¹ **482**

Versorgungsbetriebe und -leitungen. Für Streitigkeiten aus der Versorgung mit Energie und Wasser ist in aller Regel der Zivilrechtsweg eröffnet (vgl. Rn. 494). Die Rechtsbeziehungen zwischen der Gemeinde und dem Abnehmer regeln sich auch dann nach Kaufrecht, wenn die Versorgung kraft autonomer Satzung als öffentliche Einrichtung (Gemeindeanstalt) betrieben wird;¹⁴⁵² auch für Schadensersatzansprüche (z. B. aus der Lieferung schädlichen Leitungswassers) steht dann der ordentliche Rechtsweg offen. Desgleichen sind Streitigkeiten um die Kosten der Umstellung eines Hausanschlusses von Gleich- auf Wechselstrom vor den Zivilgerichten zu entscheiden; der BGH¹⁴⁵³ hat den ordentlichen Rechtsweg bejaht, sofern die Parteien einen Stromversorgungsvertrag schon geschlossen hatten. Die Frage, ob die zugrundeliegende Anschluss- und Versorgungspflicht privatrechtlich oder öffentlich-rechtlich sei, ist in der Entscheidung offengelassen; sie dürfte als öffentlich-rechtlich zu verstehen sein. Die Kostenpflicht bei der Neuverlegung von Versorgungsleitungen beim Ausbau einer Straße,¹⁴⁵⁴ wegen der Konzessionsabgaben für die Benutzung des Straßenraums durch Versorgungsunternehmen vgl. Straßen- und Wegerecht (Rn. 452). **483**

Versorgungskasse der Gemeinden. Die Rechtsbeziehungen zwischen einer übergemeindlichen Versorgungskasse und den ihr angehörigen Gemeinden und öffentlichen Sparkassen können öffentlich-rechtlich gestaltet sein. Maßgeblich ist die Art und Weise, in der die Kasse im Verhältnis zu den Beteiligten geordnet und organisiert ist, in welcher Weise der Aufgabenbereich geregelt wurde und „ob der Wille des Hoheitsträgers erkennbar geworden ist, das Unternehmen privatrechtlich oder als öffentliche Aufgabe zu führen".¹⁴⁵⁵ Das Versicherungsverhältnis der nicht beamteten öffentlichen Bediensteten zur Zusatzversorgungskasse der Gemeinden und Gemeindeverbände des Landes Hessen ist privatrechtlich ausgestaltet.¹⁴⁵⁶ **484**

Versteigerungserlös. Der Anspruch auf Herausgabe des Versteigerungserlöses einer vom Finanzamt zu Unrecht gepfändeten Sache ist im ordentlichen Rechtsweg zu verfolgen.¹⁴⁵⁷ **484a**

Verzugsschaden. Ein Anspruch auf Ersatz eines Verzugsschadens, der vom Berechtigten aus einem öffentlich-rechtlichen Verhältnis von anderer als vertraglicher Art hergeleitet wird, muss, wenn er in aktuellem Zusammenhang mit möglichen Ansprüchen aus Amtspflichtverletzung steht, im ordentlichen Rechtsweg geltend gemacht werden.¹⁴⁵⁸ Vgl. Rn. 86. **485**

---

¹⁴⁴⁹ RGZ 116, 31.
¹⁴⁵⁰ BGH NJW-RR 1988, 339.
¹⁴⁵¹ OLG Celle VersR 1978, 628.
¹⁴⁵² BGH NJW 1972, 300 m. krit. Anm. *Schwabe* NJW 1973, 455.
¹⁴⁵³ NJW 1954, 1323.
¹⁴⁵⁴ BGHZ 37, 353 = NJW 1962, 1817.
¹⁴⁵⁵ BGH MDR 1961, 123 unter Bejahung der öffentlich-rechtlichen Natur der Rechtsbeziehung.
¹⁴⁵⁶ BVerwG DVBl. 1960, 70.
¹⁴⁵⁷ FG Baden-Württemberg EFG 1994 Nr. 5 Entscheidung Nr. 246.
¹⁴⁵⁸ BVerwG NJW 1971, 1053.

486 Volksbücherei. Für den Anspruch einer Volksbücherei auf Rückgabe entliehener Bücher sind die ordentlichen Gerichte auch dann zuständig, wenn die Volksbücherei eine Anstalt des öffentlichen Rechts ist und die Benutzungsgebühren durch Gesetz geregelt sind.[1459]

487 Vorkaufsrecht. Die früher strittige Frage, ob das gemeindliche Vorkaufsrecht durch Verwaltungsakt oder durch privatrechtliche Willenserklärung ausgeübt wird,[1460] ist durch § 28 Abs. 2 BauGB im ersteren Sinn entschieden.[1461] Für die Anfechtung des Verwaltungsakts sind die VG zuständig, nicht die Kammern für Baulandsachen, denn ein Fall des § 217 BauGB liegt nicht vor.[1462] Der Verwaltungsakt ist auch dem auszuschließenden Käufer zuzustellen, damit er auch ihm gegenüber unanfechtbar werden kann (§§ 41 Abs. 1, 43 Abs. 1 VwVfG). Mit der Unanfechtbarkeit des Verwaltungsakts kommt der Kaufvertrag zwischen der Gemeinde und dem Veräußerer zustande. Die Ausübung des Vorkaufsrechts des Ausgebers einer Heimstätte (§ 11 RHG) war dagegen kein Verwaltungsakt, sondern eine privatrechtliche Erklärung;[1463] Entsprechendes gilt für das Vorkaufsrecht nach dem ReichssiedlungsG[1464] und für das Vorkaufsrecht nach dem HambAufbauG.[1465]

488 Vortrittslisten, die von einer Rechtsanwaltskammer herausgegeben werden, können nur nach § 223 BRAO angefochten werden.[1466]

488a Wahlkampfkosten. Für den Rechtsstreit über die Verteilung bereits ausgezahlter Wahlkampfkostenerstattung zwischen einer politischen Partei, die Mitglied einer anlässlich einer Landtagswahl begründeten Listenverbindung zwischen ihr und einer inzwischen aufgelösten politischen Vereinigung war, einerseits – und einer weiteren politischen Partei andererseits, die sich ihrerseits nach dieser Landtagswahl durch den Zusammenschluss einer weiteren Partei mit der zuvor unter anderem aus der Mehrzahl der Mitglieder der inzwischen aufgelösten politischen Vereinigung gebildeten weiteren Partei gebildet hat, ist der ordentliche Rechtsweg gegeben.[1467]

489 Warnmitteilungen. Die Eintragung in nur für den Dienstgebrauch bestimmten Warnmitteilungen (z.B. des Bundesausgleichsamts an die Ausgleichsämter zur Verhinderung mehrfacher Antragstellung) ist eine Maßnahme der öffentlichen Gewalt; der Rechtsweg zu den VG ist zulässig.[1468] Zur Aufhebung von innerdienstlichen Anordnungen, die einen Bürger vom Verkehr mit einer Behörde ausschließen, hat der BGH[1469] jedoch den Zivilrechtsweg für zulässig erklärt (vgl. Rn. 372). Gegen Warnungen vor Jugendsekten ist der Verwaltungsrechtsweg gegeben.[1470]

490 Wasserrechtsstreitigkeiten. Wasserrechtliche Streitigkeiten gehören grundsätzlich in die Zuständigkeit der VG; dies gilt auch für Prozesse zwischen Wasserverbänden und ihren Mitgliedern[1471] sowie Dritten.[1472] Für Schadensersatzansprüche, die ein Mitglied gegen den Verband wegen unerlaubter Handlung (Verletzung der Instandhaltungspflicht) erhebt, ist jedoch der Zivilrechtsweg er-

---

[1459] LG Berlin NJW 1962, 55.
[1460] Vgl. dazu BGH NJW 1973, 1278 einerseits; OVG Münster NJW 1968, 1298 andererseits.
[1461] Vgl. VGH Mannheim NVwZ 1992, 898.
[1462] Vgl. *Martens/Horn* DVBl. 1979, 146 ff.
[1463] OVG Lüneburg VerwRSpr 1974, 901.
[1464] OVG Lüneburg DÖV 1953, 220.
[1465] BVerwG NJW 1959, 64.
[1466] BVerwG NJW 1984, 191.
[1467] OLG Brandenburg NJW 1998, 910.
[1468] BVerwG MDR 1966, 533 = DVBl. 1966, 601 mit Anm. *Evers*; ebenso BGH NJW 1954, 1486; a.A. HessVGH DVBl. 1965, 452.
[1469] NJW 1967, 1911.
[1470] OVG Münster NJW 1996, 3355.
[1471] VGH Mannheim NVwZ 1992, 1228.
[1472] OLG München NVwZ 1990, 299.

öffnet.[1473] Auch für Ausgleichsansprüche, die ein gemäß § 96 PrWassG Unterhaltspflichtiger gegen einen anderen Unterhaltspflichtigen geltend macht, ist der ordentliche Rechtsweg gegeben.[1474] Gleiches gilt für den Streit zwischen den öffentlichen Körperschaften (z. B. BRep und Land), wem das Eigentum an der Wasserfläche eines Flusses zusteht.[1475] Auch für eine Klage auf Aufhebung eines Bescheides, durch den das Bestehen einer wasserrechtlichen Entschädigungspflicht festgestellt wird, ist der Verwaltungsrechtsweg eröffnet.[1476] Für den Streit darüber, wem durch Anschwemmung neu gewonnenes Land gehört, ist der ordentliche Rechtsweg gegeben (Rn. 413), nicht aber für Streitigkeiten zwischen Anliegern und dem Unterhaltspflichtigen darüber, ob eine Anlandung als Neuland vom Anlieger in Besitz genommen werden darf; hierfür sind die VG zuständig.[1477] Auch über die Nutzungsmöglichkeit einer Wasserstraße als einer öffentlichen Sache ist im Verwaltungsrechtsweg zu entscheiden.[1478] Ob ein Bundesland das Eigentum des Bundes an Seewasserstraßen und angrenzenden Mündungstrichtern der Binnenwasserstraßen nutzen darf, ist nicht im ordentlichen Rechtsweg, sondern vom BVerwG zu entscheiden.[1479]

Einer besonderen Erwähnung bedürfen die **wasserrechtlichen Entschädigungsansprüche**. Streitig ist, ob Entschädigungsansprüche gem. § 8 Abs. 3 Satz 2 WHG und entsprechende Entschädigungsansprüche nach § 8 Abs. 4 Satz 2 WHG ihrer Rechtsnatur nach auf Enteignungsentschädigung oder auf eine sonstige öffentlich-rechtliche Entschädigung gerichtet sind; hiervon hängt die Zulässigkeit des Rechtswegs ab. Nur wenn es sich weder um eine Enteignungsentschädigung noch um einen Anspruch aus Aufopferung handelt, ist der Verwaltungsrechtsweg gegeben. Der BayVGH[1480] hat im Falle einer nachbarrechtlich formalisierten Erlaubnis nach dem BayWG eine Enteignungs- oder Aufopferungsentschädigung ausdrücklich verneint und deshalb den Verwaltungsrechtsweg für eröffnet gehalten. Das BVerwG hat die Streitfrage offengelassen, den Verwaltungsrechtsweg aber jedenfalls dann bejaht, wenn der Kläger die Bewilligung oder Erlaubnis als solche angriff und eine Entschädigung nur subsidiär verlangte; konkret ließ das Gericht die Klage des Inhabers eines Wassertriebwerks im Verwaltungsrechtsweg zu, der die Festsetzung einer Entschädigung nach § 8 Abs. 3 Satz 2 zweiter Halbsatz WHG dem Grund nach verlangte, sich mit diesem Begehren aber auch gegen die einem Dritten erteilte Erlaubnis zur Ableitung von Quellwasser auf dem Grundstück eines Oberliegers wandte.[1481] Der Schadensersatzanspruch des Gewässeranliegers gegen den Unterhaltsverpflichteten ist im ordentlichen Rechtsweg geltend zu machen.[1482] Auch die Entschädigung für Schäden, die im Zusammenhang mit der Wassergefahr entstanden sind (aus enteignungsgleichem oder enteignendem Eingriff), sind im ordentlichen Rechtsweg zu verfolgen.[1483]

Erblickt ein Grundstückseigentümer in den Beschränkungen, die ihm durch die Festsetzung eines **Wasserschutzgebietes** auferlegt werden, eine entschädigungspflichtige Enteignung, ohne im Übrigen die Verwaltungsmaßnahme anzugreifen, so muss er den Entschädigungsanspruch vor dem Zivilgericht verfolgen; das Zivilgericht entscheidet dann auch darüber, ob und inwieweit eine

---

[1473] BGHZ 35, 209 = NJW 1961, 1623.
[1474] BGH NJW 1965, 1595; OVG Lüneburg SchlHAnz 1966, 69.
[1475] BGHZ 69, 284.
[1476] VG Saarlouis NVwZ-RR 1989, 666.
[1477] OGHZ NJW 1949, 546.
[1478] BGHZ 69, 284, 293.
[1479] BGH NVwZ 1987, 629.
[1480] Urteil vom 9. 8. 1967; bei *Wüsthoff/Kumpf*, Handbuch des Wasserrechts R 1129.
[1481] BVerwG VerwRSpr 1971, 521.
[1482] BVerwGE 75, 362 = NJW 1987, 2758.
[1483] BGH NJW 1992, 3230.

§ 13 493, 494   1. Titel. Gerichtsbarkeit

Enteignung vorliegt. Die zivilgerichtliche Zuständigkeit besteht unabhängig davon, ob die Verwaltungsbehörde über die Entschädigungsfrage durch Verwaltungsakt entschieden hat.[1484] Ebenso ist bei Streitigkeiten über die Gewährung von Entschädigung wegen Beeinträchtigung eines Gewerbebetriebs oder des Grundeigentums durch den Ausbau von Hochwasserschutzanlagen für Grund und Höhe des Anspruchs nicht der Verwaltungs-, sondern der Zivilrechtsweg gegeben.[1485] Für Streitigkeiten über eine von der Wasserbehörde festgesetzte Entschädigung, die der von einer wasserrechtlichen Bewilligung Begünstigte an den von nachteiligen Wirkungen der Bewilligung Betroffenen zu leisten hat, ist nicht der Verwaltungsrechtsweg, sondern der Rechtsweg zu den ordentlichen Gerichten gegeben. Dies bezieht sich nicht nur auf die Höhe, sondern auch auf den Grund des Entschädigungsanspruchs.[1486]

493 Die §§ 2, 3, 41 Abs. 1 Nr. 1 WHG sind **Schutzgesetze** zu Gunsten derjenigen, die auf das Wasser und seine Beschaffenheit angewiesen sind; gegenüber einer nicht behördlich zugelassenen Grundwasserbenutzung steht dem geschützten Personenkreis ein zivilrechtlich verfolgbarer Anspruch auf Unterlassung der rechtswidrigen Maßnahme auch dann zu, wenn diese Maßnahme von einem Land (zur Erschließung einer Thermalquelle) durchgeführt wird.[1487] Dagegen ist der Zivilrechtsweg verschlossen für eine Klage gegen den Träger der Straßenbaulast wegen Zuleitung von Niederschlagwasser aus einem Straßengraben auf ein tiefer gelegenes Grundstück.[1488]

494 Wasserversorgung. Die vertragliche Regelung eines Wasserbezugsrechts aus städtischen Leitungen kann öffentlich-rechtlich oder zivilrechtlich ausgestaltet sein; die Wahl ist der Gemeinde freigestellt; selbst wenn im Allgemeinen ein öffentlich-rechtliches Benutzungsverhältnis durch Satzung bestimmt ist, kann eine privatrechtliche Sonderregelung daneben über ein privates Bezugsrecht getroffen werden[1489] (vgl. Rn. 95, 361). In der RSpr des BGH wird aber generell die Wasserversorgung bislang als zivilrechtliche Beziehung gewertet. Selbst dann, wenn eine Gemeinde sie kraft autonomer Satzung als öffentliche Einrichtung betreibt, sollen sich die Rechtsbeziehungen zwischen der Gemeinde und den Abnehmern nach Kaufrecht regeln.[1490] Ein durch privatrechtlichen Vertrag begründeter Anspruch auf kostenlose Wasserlieferung wird nicht schon dadurch gegenstandslos, dass die Gemeinde die Wasserlieferung allgemein durch Satzung mit Anschluss- und Benutzungszwang regelt.[1491] Entsprechend ist ein im Bereich des gemeindeeigenen Wasserleitungsnetzes infolge Rohrbruchs aufgetretener Wasserschaden auch dann, wenn die Wasserversorgung der Gemeinde öffentlich-rechtlich geregelt ist, nicht nach Amtshaftungsgrundsätzen, sondern nach den Regeln der privatrechtlichen Verkehrssicherungspflicht zu beurteilen.[1492] Der ordentliche Rechtsweg ist auch gegeben für Schadensersatzansprüche wegen Verunreinigung des Leitungswassers.[1493] Zulässig ist der Rechtsweg vor den ordentlichen Gerichten für eine Klage, mit der ein Anspruch auf vertraglich unentgeltliche Wasserbelieferung durch die Gemeinde für die Zukunft geltend gemacht und außerdem Rückzahlung des Wasserzinses begehrt wird, den der Kläger auf Grund einer Inanspruchnahme durch Gebührenbescheide unter Vorbehalt geleistet hat.[1494]

[1484] BVerwG NJW 1972, 1433.
[1485] OVG Hamburg ZfW 1973, 184.
[1486] HessVGH ZfW 1976, 240.
[1487] OLG München NJW 1967, 570.
[1488] BGH LM 121 zu § 13 GVG = JR 1972, 256 m. Anm. *Mertens*.
[1489] BGH MDR 1966, 136.
[1490] BGH NJW 1972, 2300 m. krit. Anm. *Schwabe* NJW 1973, 455.
[1491] BGH NJW 1979, 2615.
[1492] OLG Karlsruhe VersR 1979, 59.
[1493] BGH MDR 1963, 839.
[1494] BGH NJW 1979, 2615 = DÖV 1980, 171 m. abl. Anm. *Bickel*.

Weiderecht. Für Streitigkeiten über Bestehen und Umfang eines Kommunweiderechts sind nicht die ordentlichen, sondern die VG zuständig.[1495] 495

Werbefunk ist traditioneller Bestandteil des Rundfunks und wird von dessen öffentlich-rechtlicher Aufgabe umfasst, Streitigkeiten gehören vor die VG.[1496] Vgl. Rn. 434. 496

Wettbewerb. Bisweilen besteht zwischen Rechtssubjekten des privaten und des öffentlichen Rechts ein Wettbewerbsverhältnis derart, dass beide sich konkurrierend an denselben Kreis potenzieller Kunden bzw. Abnehmer wenden. Dies gilt etwa bei privaten Krankenkassen und den öffentlich-rechtlich verfassten Ersatzkassen in der Werbung solcher Personen, die zwar eine versicherungspflichtige Tätigkeit ausüben, aber von der Versicherungspflicht befreit sind. Der Große Senat des BGH[1497] hat insoweit für einen auf § 1 UWG gestützten Unterlassungsanspruch eines privatrechtlichen Mitbewerbers gegen die Ersatzkasse den ordentlichen Rechtsweg für zulässig gehalten, da sich die öffentliche Hand bei Erfüllung öffentlicher Aufgaben in einen **vom Grundsatz der Gleichordnung geprägten Wettbewerb** mit privaten Unternehmen eingelassen habe. Hieran ändere sich nichts dadurch, dass die Leistungsbeziehungen zwischen der Ersatzkasse und ihren Mitgliedern öffentlich-rechtlich gestaltet seien; die dem Privatunternehmen drohenden Nachteile seien auch nicht unmittelbare Folge hoheitlicher oder schlicht verwaltender Tätigkeit. Unerheblich sei schließlich, ob das öffentlich-rechtliche Unternehmen als Kläger oder als Beklagter auftrete. – Ebenso ist der Zivilrechtsweg eröffnet für die Klage eines privaten Unternehmens gegen eine Körperschaft des öffentlichen Rechts, in der Mitbewerber des Unternehmens zusammengefasst sind, wenn Unterlassungs- und Schadensersatzansprüche nach den §§ 33 GWB, 1 UWG, 826 BGB wegen wettbewerbswidrigen Verwaltungshandelns verfolgt bzw. durch Auskunftsklage vorbereitet werden sollen. Dabei ist unerheblich, dass das wettbewerbswidrige Verhalten hoheitlicher Art ist und von den Mitgliedern der beklagten Körperschaft nur im Rahmen einer öffentlich-rechtlichen Streitigkeit beanstandet werden könnte[1498] (vgl. Rn. 128). Insoweit lehnt sich der BGH an die im Schrifttum entwickelte Lehre von der Doppelnatur des Verwaltungshandelns in diesem Bereich an (Rn. 70, 140). Danach soll dieselbe staatliche Handlung im Verhältnis zum Leistungsempfänger öffentlich-rechtlich, im Verhältnis zum Wettbewerber dagegen privatrechtlich sein. Es wird zwischen dem öffentlich-rechtlichen Innenverhältnis und dem privatrechtlichen Außenverhältnis unterschieden. Entsprechend wird der ordentliche Rechtsweg in Wettbewerbsstreitigkeiten für zulässig gehalten, wenn eine Stadtgemeinde ein eigenes Reisebüro und das städtische Passamt in ein und demselben Raum untergebracht hat und der Inhaber eines anderen Reisebüros die räumliche Trennung begehrt,[1499] wenn eine Gemeinde sich selbst als „schönsten Aussichtspunkt der Mosel" bezeichnet und sich damit wie ein privates Unternehmen am Wettbewerb beteiligt,[1500] wenn ein privater Reiseunternehmer gegen die öffentliche Hand klagt mit dem Ziel, dieser die Veranstaltung oder Vermittlung von Reisen zu verbieten[1501] oder wenn der Inhaber eines Bestattungsunternehmens sich gegen die Tätigkeit eines nicht privatrechtlich organisierten öffentlichen Bestattungsunternehmens einer Gemeinde wendet.[1502] Das BVerwG[1503] hat zwar den Verwaltungsrechtsweg für zulässig 497

[1495] OLG Stuttgart DÖV 1955, 313.
[1496] VGH München NVwZ 1987, 435.
[1497] BGHZ 66, 229 = NJW 1976, 1794.
[1498] BGH NJW-RR 1994, 1199.
[1499] BGH LM 25 zu § 1004 BGB.
[1500] OLG Koblenz WRP 1983, 225.
[1501] KG WRP 1986, 207.
[1502] BayKKGH MDR 1975, 587.
[1503] E 39, 329.

gehalten, wenn sich ein Bestattungsunternehmer gegen die konkurrierende Tätigkeit eines städtischen „Bestattungsordners" wendet. Dabei ist jedoch ausdrücklich darauf abgestellt, dass der Kläger eine „organisatorische Änderung durch dienstliche Anordnung" begehrte, nicht eine Änderung in der Art und Weise der Teilnahme der beklagten Gemeinde am privatwirtschaftlichen Wettbewerb, für die auch das BVerwG den ordentlichen Rechtsweg für gegeben hielt.[1504] Die Klage eines Apothekers auf Untersagung, dass eine Krankenkasse an ihre Mitglieder ein Versorgungsscheckheft herausgibt, in dem sich Hinweise auf direkte Bezugsquellen für Hilfsmittel befinden, die auch der Apotheker vertreibt, gehört in den ordentlichen Rechtsweg.[1505] Unterlassungsklagen von Heilbädern gegen öffentlich-rechtliche Krankenkassen wegen sachlich nicht gerechtfertigter Vergütung für Heilbehandlungen, die ausschließlich auf wettbewerbs- und kartellrechtliche Ansprüche gestützt werden, gehören vor die ordentlichen Gerichte.[1506] Für die Klage eines Verbraucherschutzverbandes gegen eine Ersatzkasse, mit der erstrebt wird, der Ersatzkasse zu untersagen, Endverbraucher anzurufen, um sie als Kunden zu werben, wenn diese nicht vorher einer telefonischen Kontaktaufnahme zugestimmt haben, ist der Rechtsweg zu den ordentlichen Gerichten eröffnet.[1507] Vgl. Krankenkassen (Rn. 395).

498 Der Zivilrechtsweg ist weiter eröffnet für den Unterlassungsanspruch eines Herstellers von KfZ-Kennzeichen, der sich dagegen wendet, dass ein Landkreis einen Raum im Verwaltungsgebäude der KfZ-Zulassungsstelle an einen Konkurrenten vermietet, auch wenn der Landkreis hiermit eine ihm der Allgemeinheit obliegende Verwaltungsaufgabe erfüllte.[1508] Desgleichen ist der Zivilrechtsweg eröffnet für den Unterlassungsanspruch eines Händlers von KfZ-Kennzeichen gegen einen Landkreis bezüglich des Verkaufs von Kennzeichen durch die Zulassungsstelle.[1509] Zulässig ist der ordentliche Rechtsweg schließlich für eine Wettbewerbsklage gegen Anzeigengeschäfte einer Stadtgemeinde in ihrem Amtsblatt.[1510] Für die Klage einer privaten Wohnungsmaklerin gegen die Tätigkeit einer kommunalen Wohnungsvermittlung hat das BVerwG allerdings den Verwaltungsrechtsweg für gegeben gehalten.[1511] Ebenso ist der ordentliche Rechtsweg unzulässig für eine auf Vorschriften des UWG gestützte Klage, mit der die Unterlassung einer Handlung verlangt wird, die in den Bereich der schlichten Hoheitsverwaltung einer Behörde fällt, wie Vertrieb von Steuerfibeln durch die Finanzämter.[1512] Zum Sozialrecht vgl. oben Rn. 140.

499 Widerruf und Unterlassung von ehrenkränkenden Behauptungen. Anzuknüpfen ist an den Charakter des konkreten Bezugsverhältnisses, in dem die beanstandeten Äußerungen gefallen sind.[1513] Sind die ehrenkränkenden Behauptungen im hoheitlichen Bereich der öffentlichen Verwaltung erhoben, so hat die Körperschaft den rechtswidrigen Störungszustand durch Richtigstellung unwahrer Behauptungen abzustellen; hier ist der Verwaltungsrechtsweg gegeben.[1514] Dabei ist durchweg die Zuständigkeit der VG auch dann zu bejahen, wenn die Vorwürfe nicht Inhalt eines Verwaltungsakts waren, sondern bei schlicht hoheit-

---

[1504] Vgl. auch die in der Anm. zu NJW 1978, 1539 erwähnte Entscheidung des BVerwG.
[1505] OLG Frankfurt NJW-RR 1994, 431.
[1506] OLG Schleswig WRP 1996, 622.
[1507] BGH MDR 1999, 112.
[1508] OLG Stuttgart MDR 1970, 338.
[1509] BGH DVBl. 1975, 655; OLG Stuttgart BB 1973, 536.
[1510] BGH GRUR 1973, 530.
[1511] NJW 1978, 1539.
[1512] KG NJW 1957, 1076.
[1513] Bad-WürttVGH Justiz 1975, 399.
[1514] BVerwG NJW 1988, 2399; HessVGH NVwZ-RR 1994, 700; OLG Dresden NVwZ-RR 1998, 343.

lichem Handeln erhoben wurden.[1515] Für eine Klage auf Widerruf dienstlicher Äußerungen eines **Beamten** gegen den Dienstherrn ist der Verwaltungsrechtsweg gegeben.[1516] Die durch Beziehungen in bürgerlich-rechtlicher Gleichordnung geprägten Äußerungen oder persönlichen Erklärungen des Amtsträgers können nur im ordentlichen Rechtsweg angegriffen werden.[1517] Der ordentliche Rechtsweg ist auch dann gegeben, wenn ein Bauunternehmer die Unterlassung ehrenrühriger Äußerungen eines Bürgermeisters begehrt, die dieser im Zusammenhang mit der Abwicklung privatrechtlicher Verträge zwischen der Gemeinde und dem Bauunternehmer abgegeben hat.[1518] Auch für die Forderung des Bürgermeisters auf Widerruf persönlicher Vorwürfe, die ein Mitglied der Gemeindevertretung ihm gegenüber erhoben hat, ist der ordentliche Rechtsweg gegeben.[1519] Ansprüche auf Widerruf oder Unterlassung rufgefährdender Erklärungen einer **Behörde gegenüber der Presse** sind auch dann im Verwaltungsrechtsweg zu verfolgen, wenn die Äußerung zwar Vorgänge aus dem fiskalischen Bereich zum Gegenstand hatte, aber zur Darstellung oder Rechenschaft über hoheitliche Verwaltungstätigkeit abgegeben wurde.[1520] Hierher zählt aber nicht die Aufklärung über Fragen der Gesundheit, auch wenn sie im öffentlichen Interesse liegt und der allgemeinen Daseinsvorsorge zugerechnet werden kann.[1521] § 839 BGB gibt dem Geschädigten gegenüber ehrenkränkenden Behauptungen in der Regel kein Recht, von dem Beamten persönlich zur Wiedergutmachung des Schadens die Abgabe einer Erklärung zu verlangen, die seiner Amtsführung zuzurechnen ist.[1522] Nur in Ausnahmefällen wird die Geltendmachung etwa eines Widerrufsanspruchs gegen den Beamten selbst zugelassen, so vor allem wegen eines rein persönlichen und daher den Zusammenhang mit der Amtsführung völlig zurückdrängenden Gepräges der beanstandeten Äußerung; für eine solche Klage sind dann die Zivilgerichte zuständig.[1523] Eine derartige Fallgestaltung ist etwa gegeben, wenn sich ein Hochschullehrer abschätzig über die Dissertation eines Assistenten geäußert hat und von diesem auf Widerruf seiner Äußerung in Anspruch genommen wird; der Widerruf ist dann eine höchst persönliche Leistung des Beklagten, „die ihm der Dienstherr nicht abnehmen kann".[1524] Für die Forderung von Widerruf oder Unterlassung von als herabsetzend empfundenen Ausführungen in einer gerichtlichen Entscheidung ist ausnahmsweise nicht der Verwaltungsrechtsweg gegeben: Gerichtliche Entscheidungen sind nur im Rahmen und nach Maßgabe der Vorschriften der für die jeweilige Gerichtsbarkeit geltenden Verfahrensvorschriften angreifbar, denn die verschiedenen Fachgerichtsbarkeiten stehen funktionell gleichwertig nebeneinander, wobei sich ihre jeweiligen Zuständigkeitsbereiche nicht überschneiden.[1525] – Zur Ehrverletzung durch ein Gerichtsurteil § 1 Rn. 195.

Für einen Unterlassungsanspruch, der sich gegen ehrverletzende Äußerungen wendet, die ein Mitglied einer **Gemeindevertretung** in einem Parteigremium macht, ist der Zivilrechtsweg gegeben.[1526] Für Ansprüche wegen Verletzung des

500

[1515] BGHZ – GS – 34, 99 = NJW 1961, 658; vgl. auch BVerwG NJW 1970, 1990; HessVGH VerwRSpr 1976, 5.
[1516] OVG Koblenz NJW 1987, 1660; OLG Koblenz OLGZ 1988, 370; VGH Mannheim NVwZ 1993, 285.
[1517] BVerwG NJW 1988, 2399; VGH Mannheim NVwZ 1993, 285; NJW 1990, 1808; HessVGH NVwZ-RR 1994, 700.
[1518] VGH Mannheim NVwZ-RR 1998, 413.
[1519] OLG Frankfurt NVwZ-RR 1999, 814.
[1520] BGH NJW 1978, 1860 m. w. N.
[1521] OLG Düsseldorf AfP 1980, 46.
[1522] BVerwG DÖV 1968, 429; BGHZ – GS – 34, 39 = NJW 1961, 658.
[1523] BVerwG aaO.
[1524] Bad-WürttVGH Justiz 1975, 399.
[1525] VGH München NJW 1995, 2940.
[1526] BGH LM 74 zu § 13 GVG; VGH Mannheim NJW 1990, 1808; HessVGH NJW 1988, 1683.

§ 13a   1. Titel. Gerichtsbarkeit

Persönlichkeitsrechts oder der Ehre durch eine Äußerung eines Gemeindevertreters ist der ordentliche Rechtsweg gegeben,[1527] fällt die Äußerung in einer Gemeinderatssitzung, sind die VG zuständig.[1528] Für Ansprüche auf Unterlassung und Widerruf von Äußerungen, die in Presseerklärungen eines Trägers der Regionalplanung enthalten sind, ist der Verwaltungsrechtsweg gegeben, wenn die Äußerungen eine Stellungnahme zu örtlichen Planungen enthielten und infolgedessen dem hoheitlichen Verwaltungshandeln zuzurechnen waren.[1529] Für eine Klage auf Unterlassung geschäftsschädigender Behauptungen, die der Obermeister einer Handwerksinnung im Namen der Innung aufgestellt hat, ist der Rechtsweg zu den ordentlichen Gerichten nicht gegeben, wenn der Obermeister mit diesen Behauptungen eine der Innung obliegende öffentliche Aufgabe erfüllt hat und der Wille, privatrechtlich tätig zu werden, nicht deutlich in Erscheinung getreten ist.[1530] Zur Beantwortung einer **kleinen Anfrage** im BTag und ihren begehrten Widerruf vgl. Rn. 423; zu Warnmitteilungen vgl. Rn. 489. Vor Behörden in einem bestimmten Verfahren abgegebene Äußerungen können jedenfalls dann mit der Unterlassungsklage vor den ordentlichen Gerichten angegriffen werden, wenn diese Äußerungen nach ihrem Inhalt nicht dazu bestimmt und deshalb auch nicht geeignet sind, sachliche Grundlage des verwaltungsbehördlichen Verfahrens zu werden.[1531] Eine Klage auf Widerruf der Äußerungen eines **Zeugen** vor dem VG ist in der Regel vor den ordentlichen Gerichten unzulässig.[1532]

501 **Wohnungsamt.** Wurde zwischen einem Wohnungsamt und einem Hauseigentümer eine Vereinbarung getroffen, dass die wohnungsbehördliche Genehmigung zur Vornahme baulicher Veränderungen nur unter bestimmten Auflagen erteilt wurde, so sind zur Entscheidung über den Anspruch auf Erfüllung der Gegenleistungen die VG zuständig.[1533]

502 **Zivildienst.** Ansprüche auf Schadensersatz wegen Verletzung von Fürsorgepflichten im Zivildienstverhältnis sind im Verwaltungsrechtsweg geltend zu machen; ebenso Schadensersatzansprüche der BRep gegen eine anerkannte Beschäftigungsstelle wegen Verletzung von Pflichten aus dem durch die Anerkennung begründeten verwaltungsrechtlichen Schuldverhältnis.[1534] Schadensersatzansprüche gegen einen Zivildienstleistenden wegen eines Kfz-Unfalls gehören in den ordentlichen Rechtsweg.[1535]

503 **Zusicherung.** Erfüllungs- und Schadensersatzansprüche aus einer nicht erfüllten Zusicherung sind dann im Verwaltungsrechtsweg geltend zu machen, wenn die Zusicherung Inhalt eines öffentlich-rechtlichen Vertrags ist.[1536]

§ 13 a. [Zuständigkeitskonzentration; auswärtige Spruchkörper]

Durch Landesrecht können einem Gericht für die Bezirke mehrerer Gerichte Sachen aller Art ganz oder teilweise zugewiesen sowie auswärtige Spruchkörper von Gerichten eingerichtet werden.

Gesetzesfassung: § 13 a eingefügt durch Art. 17 Nr. 1 des Ersten G über die Bereinigung von Bundesrecht im Zuständigkeitsbereich des Bundesministeriums der Justiz vom 19. 4. 2006 (BGBl. I S. 866).

[1527] VG Frankfurt NVwZ 1992, 86.
[1528] LG Oldenburg GRUR 1980, 1020.
[1529] HessVGH ESVGH 23, 215.
[1530] OLG Stuttgart BB 1972, 731; a. A. VG Düsseldorf DB 1968, 1533.
[1531] OLG Düsseldorf NJW 1972, 644.
[1532] BGH NJW 1965, 1803, wobei die Entscheidung nicht mit fehlender Rechtswegzuständigkeit, sondern mit fehlendem Rechtsschutzbedürfnis begründet wird.
[1533] OLG München OLGZ 1968, 54.
[1534] BGH NVwZ 1990, 1103.
[1535] VG Darmstadt NVwZ 1986, 331.
[1536] VGH Baden-Württemberg DVBl. 1981, 265.

Besondere Gerichte **1 § 14**

I. Öffnungsklausel. § 13a setzt die bislang als partielles Bundesrecht im Bei- 1
trittsgebiet geltende Maßgaberegelung aus Kap. III SG A Abschn. III Nr. 1
Buchst. n Abs. 1 der Anlage I zum EV (BGBl. 1990 II S. 889, 922, 925) inhaltlich
um in eine im gesamten Geltungsbereich des GVG anwendbare Öffnungsklausel,[1]
welche den Ländern die Einführung von **Zuständigkeitskonzentrationen** und
die **Einrichtung auswärtiger Spruchkörper** erlaubt (zur Notwendigkeit der
Ermächtigung durch Bundesrecht Einl. Rn. 21; § 16 Rn. 46; § 59 Rn. 1). Was die
Form betrifft, wurde indes der in der Maßgaberegelung noch vorgesehene Weg der
Verordnungs- und Delegationsermächtigung an die LReg aufgegeben. Statt dessen
verweist § 13a auf eine Regelung durch „Landesrecht". Sowohl die Zuständigkeitskonzentration als auch die Einrichtung auswärtiger Spruchkörper bedürfen
deshalb eines förmlichen Landesgesetzes (vgl. Einl. Rn. 21; § 16 Rn. 46; § 59
Rn. 1). Die Maßgaberegelung ist auch im Beitrittsgebiet nicht mehr anwendbar
(Art. 208 § 1 Abs. 1 Nr. 1 Buchst. a aa G vom 19. 4. 2006, BGBl. I S. 866).

II. Voraussetzungen. Unter welchen Voraussetzungen eine Zuständigkeitskon- 2
zentration oder eine Einrichtung auswärtiger Spruchkörper stattfinden darf, gibt
§ 13a dem entsprechend nicht vor; die Einschränkung im EV, dass die Maßnahme
für eine sachdienliche Erledigung der Sachen zweckmäßig sein muss, wurde nicht
übernommen. Als Regelung, die den gesetzlichen Richter tangiert, muss das Landesgesetz diesen Anforderungen gleichwohl genügen; dies ist auch verfassungsgerichtlich überprüfbar (Einl. Rn. 21). Auswärtige Spruchkörper außerhalb des durch
die Gerichtsorganisation festgelegten allgemeinen Gerichtsbezirks sind auch nicht
für Sachen zulässig, die bei diesem Gericht für die Bezirke mehrerer Gerichte konzentriert sind.

III. Ermächtigung. Spezielle Ermächtigungen lässt die Vorschrift unberührt.[2] 3
So können unter den jeweils bezeichneten Voraussetzungen durch RechtsVO eingerichtet werden auswärtige Strafkammern, § 78, auswärtige Strafvollstreckungskammern, § 78a Abs. 2, auswärtige Kammern für Handelssachen, § 93 Abs. 1
Satz 2, auswärtige Senate des OLG, § 116 Abs. 2. Konzentrationsermächtigungen
durch RechtsVO enthalten z. B. §§ 22c, 23c, 58, 74c Abs. 3, 74d, 78a Abs. 2.

§ 14. [Besondere Gerichte]

Als besondere Gerichte werden Gerichte der Schiffahrt für die in den Staatsverträgen bezeichneten Angelegenheiten zugelassen.

Übersicht

	Rn.		Rn.
I. Begriffsbestimmung	1	V. Andere besondere Gerichte	10
II. Zulässigkeit	2	VI. Weitere besondere Gerichte	13
III. Folge der Errichtung	3	1. Bundespatentgericht	14
IV. Gerichte der Schifffahrt	4	2. Wehrstrafgerichte	15
1. Binnenschifffahrtssachen	5	3. Disziplinar-, Ehrengerichte	16
2. Rheinschifffahrtsgerichte	7	VII. Arbeitsgerichte	17
3. Moselschifffahrtsgericht	8	VIII. Spruchkörper für Spezialaufgaben	18
4. Bundesoberseeamt	9	IX. Konzentration	22

I. Begriffsbestimmung. Besondere Gerichte sind solche Gerichte, die nicht 1
den im § 12 vorgeschriebenen Gerichtstypen entsprechen, aber zuständig sind für
Rechtsstreitigkeiten im Sinne des § 13 GVG, ohne Ausnahmegerichte im Sinne des
§ 16 darzustellen. Zur Bedeutung der „besonderen Gerichte" § 16 Rn. 16 ff.

---
[1] BTagsDrucks. 16/47 S. 49.
[2] BTagsDrucks. aaO.

Durch die Errichtung besonderer Gerichte wird ein besonderer Rechtsweg eröffnet, so dass das Verhältnis zwischen ihnen und den Gerichten des § 12 die Zulässigkeit des Rechtswegs und nicht die sachliche Zuständigkeit betrifft.[1]

2 II. Zulässigkeit. Da § 12 als abschließende bundesrechtliche Regelung der die ordentliche Gerichtsbarkeit ausübenden Gerichtstypen anzusehen ist, kann ein besonderes Gericht nur durch Bundesgesetz oder auf Grund eines Bundesgesetzes (Art. 72 Abs. 1 GG) errichtet werden. Besondere Gerichte des Bundes sind dabei nur zulässig in den Grenzen, in denen Art. 92, 95 und 96 GG Gerichte des Bundes zulassen. Besondere Gerichte der Länder bedürfen einer bundesgesetzlichen Ermächtigung; diese Ermächtigung kann nur durch Gesetz ausgeübt werden (Art. 101 Abs. 2 GG). Die Tendenz der Bundesgesetzgebung geht dahin, besondere Gerichte zurückzudrängen, jedoch dem Bedürfnis nach Spezialisierung durch besondere Spruchkörper innerhalb der ordentlichen Gerichte und durch Konzentrationsermächtigungen zu entsprechen. Eine bundesrechtliche Ermächtigung minderer Art enthält § 3 EGGVG in Verbindung mit §§ 3 EGZPO, 3 EGStPO: Soweit nach Bundesrecht die Landesgesetzgebung besondere Gerichte schaffen könnte, können diese Aufgaben bei den ordentlichen Gerichten belassen, aber die Zuständigkeit und das Verfahren abweichend vom allgemeinen Recht geregelt werden.

3 III. Folge der Errichtung. Die besonderen Gerichte treten anstelle der ordentlichen Gerichte des § 12 und **verdrängen** diese.[2] Mit ihrer Auflösung fallen diese Aufgaben wieder zurück an die allgemeinen ordentlichen Gerichte, ohne dass es noch einer besonderen Rückverweisung bedürfte, wie umgekehrt die ordentlichen Gerichte solange zuständig sind wie die zulässigen besonderen Gerichte noch nicht errichtet sind. Zur Geltung der §§ 156 ff. vgl. § 156 Rn. 19.

4 IV. Gerichte der Schifffahrt. § 14 lässt als besonderes Gericht nur Gerichte der Schifffahrt für die in den Staatsverträgen bezeichneten Angelegenheiten zu. Da diese Gerichte nicht im Katalog der zulässigen Bundesgerichte der Art. 95, 96 GG aufgeführt sind, können sie nur als Gerichte der Länder errichtet werden, wobei § 14 die ausreichende bundesrechtliche Ermächtigung darstellt. Soweit von § 14 kein Gebrauch gemacht wird, sind die ordentlichen Gerichte nach § 12 zuständig. Es bestehen folgende Schifffahrtsgerichte:

5 1. Schifffahrtsgerichte für **Binnenschifffahrtssachen** nach dem BSchiffVerfG. Diese (allgemeinen) Schifffahrtsgerichte sind jedoch nicht solche nach § 14, da sie nicht für die in Staatsverträgen bezeichneten Angelegenheiten zuständig sind, sondern nur für die im BSchiffVerfG aufgeführten Sachen. Sie sind keine besonderen Gerichte, sondern **Spezialspruchkörper** innerhalb der ordentlichen Gerichte des § 12 mit besonderer Bezeichnung und gesetzlicher Geschäftsverteilung.[3] Ihr Verhältnis zu den allgemein zuständigen Spruchkörpern ist nicht das der Zulässigkeit des Rechtswegs oder der sachlichen Zuständigkeit, sondern allein der geschäftsplanmäßigen Zuständigkeit. – Die Schifffahrtsgerichte sind zuständig für die Binnenschifffahrtssachen; das sind einmal die bürgerlichen Rechtsstreitigkeiten, die mit der Benutzung von Binnengewässern durch Schifffahrt oder Flößerei zusammenhängen und zum Gegenstand haben u. a. Schadensersatzansprüche aus unerlaubten Handlungen, vertragliche Schadensersatzansprüche aus einem Unfall, wegen Beschädigung der Ladung durch den Frachtführer[4] oder wegen Verletzung einer Amtspflicht zur Sicherung des Verkehrs; Ansprüche aus Bergung oder Hilfeleistung; Ansprüche wegen Zahlung der Lotsen-, Hafen- und anderer Gebühren und Vergütungen. Binnenschifffahrtssachen sind weiter Strafsachen wegen Taten, die auf oder an Binnen-

---

[1] RGZ 156, 291; *MünchKommZPO/Wolf* Rn. 2.
[2] RGZ 103, 103; BGHZ 38, 208; *Wieczorek/Schreiber* Rn. 1.
[3] RGZ 167, 307; BGHZ 45, 237, 240 = NJW 1966, 1511.
[4] BGHZ 82, 110 = NJW 1982, 1226.

gewässern unter Verletzung von schifffahrtspolizeilichen Vorschriften begangen sind sowie Bußgeldsachen wegen Zuwiderhandlungen gegen schifffahrtspolizeiliche Vorschriften, wenn die Verletzung dieser Vorschriften deren Schwerpunkt bildet. ‚Schifffahrtspolizeiliche Vorschriften' sind neben der DonauschifffahrtspolizeiVO alle dem Schutz der öffentlichen Sicherheit und Ordnung auf Binnengewässern dienende Rechtsnormen, darunter auch die GefahrgutVO Binnenschifffahrt (BGBl. 1994 I S. 3971). Beim umweltgefährdenden Beseitigen ölhaltiger Abfälle (§ 326 Abs. 1 Nr. 4a StGB) an Bord eines Binnenschiffs liegt der Schwerpunkt des Tatvorwurfs in der Verletzung schifffahrtspolizeilicher Vorschriften, wenn gerade deren Missachtung die (abstrakte) Gefahr der Gewässerverunreinigung begründet.[5]

In **erster Instanz** sind Schifffahrtsgerichte die AG ohne Rücksicht auf den Wert 6 des Streitgegenstandes; in Strafsachen nur, soweit nach dem GVG die AG ohnedies zuständig sind. Die AG führen lediglich die Bezeichnung „Schifffahrtsgericht". Für die Besetzung gelten keine Besonderheiten, jedoch sind bei der Geschäftsverteilung die Geschäfte der Schifffahrtsgerichte einem Richter oder Einzelnen von ihnen zu übertragen. **Rechtsmittelgericht** ist stets das OLG als „Schifffahrtsobergericht". In bürgerlichen Rechtsstreitigkeiten ist die Berufung ohne Rücksicht auf den Wert des Streitgegenstandes zulässig; die Revision geht an den BGH nach den allgemein dafür maßgebenden Vorschriften. In Strafsachen ist die Revision ausgeschlossen, aber nur, wenn in einer Binnenschifffahrtssache auch das Schifffahrtsgericht entschieden hat.[6] In beiden Instanzen besteht eine Konzentrationsermächtigung (vgl. § 23 c), auch können Staatsverträge über die Zuständigkeit geschlossen werden.

2. Rheinschifffahrtsgerichte sind „besondere" Gerichte nach § 14, da sie er- 7 richtet sind für die in der Mannheimer Akte (revidierte Rheinschifffahrtsakte, BGBl. 1969 II S. 597) aufgeführten Sachen.[7] Sie sind zuständig für die in der Rheinschifffahrtsakte in Art. 34 bis 34bis aufgeführten Rheinschifffahrtssachen: In Strafsachen die Untersuchung und Bestrafung aller Zuwiderhandlungen gegen die schifffahrts- und strompolizeilichen Vorschriften; in Zivilsachen Klagen wegen der Zahlung der Lotsen-, Hafen- usw. gebühren, wegen der Beschädigungen, die Schiffer und Flößer während ihrer Fahrt anderen verursacht haben.[8] Rheinschifffahrtsgericht erster Instanz ist das AG. Die Rechtsmittelzuständigkeit ist alternativ: Einmal ist zuständig für die Berufung und Beschwerde gegen Entscheidungen des Rheinschifffahrtsgerichts das OLG als „Rheinschifffahrtsobergericht" im gleichen Umfange wie das Schifffahrtsobergericht mit der Möglichkeit der Revision zum BGH nach den allgemeinen Vorschriften.[9] Statt des Rheinschifffahrtsobergerichts kann die Zentralkommission mit Sitz in Straßburg angerufen werden.[10] Sie entscheidet durch eine Berufungskammer. Sie besteht aus einem Richter je Vertragsstaat, der von der Zentralkommission auf 6 Jahre gewählt wird, unabhängig ist und „juristische Ausbildung oder Erfahrung in der Rheinschifffahrt" haben muss (Art. 45bis); mit Rücksicht hierauf ist die Berufungskammer „Gericht" im Sinne des GG. Über die zuständige Rechtsmittelinstanz entscheidet der das Rechtsmittel Einlegende, er kann nur den einen oder anderen Rechtsmittelzug wählen. Haben beide Prozessparteien bei verschiedenen Instanzen das Rechtsmittel eingelegt, entscheidet das zuerst angerufene Gericht (Art. 37bis). Im Übrigen gelten die Vorschriften für die Schifffahrtsgerichte entsprechend.

3. Das **Moselschifffahrtsgericht** ist, wie das Rheinschifffahrtsgericht, ein be- 8 sonderes Gericht nach § 14, da es besteht für die Moselschifffahrtssachen nach

---

[5] BGH NStZ-RR 1998, 367; OLG Nürnberg NStZ-RR 1997, 272.
[6] OLG Karlsruhe Justiz 1979, 446.
[7] *BL/Hartmann* Rn. 2; a. A. BGHZ 45, 237, 240 = NJW 1966, 1511; OLG Karlsruhe VersR 2004, 133; *LR/Böttcher* Rn. 2.
[8] Vgl. OLG Karlsruhe aaO.
[9] BGHZ 18, 267.
[10] Vgl. *Bauer*, FS Wiese, 1998, S. 1.

Art. 35 des Vertrags über die Schiffbarmachung der Mosel (BGBl. 1956 II S. 1838). Zuständig ist das AG als „Moselschifffahrtsgericht" und das OLG als „Moselschifffahrtsobergericht". Neben dem Moselschifffahrtsobergericht ist alternativ für Rechtsmittel auch der Berufungsausschuss der Moselkommission Trier zuständig. Es gilt das für die Rheinschifffahrtsgerichte und die Zentralkommission Gesagte entsprechend.

9 4. Für die Untersuchung von Seeunfällen, für die ein öffentliches Interesse vorliegt (Seeunfalluntersuchungsgesetz vom 6. 12. 1985, BGBl. I S. 2146) sind Untersuchungsausschüsse (**Seeämter**) und als Widerspruchsausschuss das Bundesoberseeamt eingesetzt. Seeämter und Oberseeamt sind keine Gerichte, das Verfahren gilt als Verwaltungsverfahren im Sinne des § 9 VwVfG.

10 **V. Andere besondere Gerichte.** Andere besondere Gerichte lässt die Vorschrift seit 1. 4. 1974 (BGBl. I S. 761) nicht mehr zu; zuvor konnten die Länder nach § 14 Nr. 2 a. F. **Gemeindegerichte** für die Verhandlung und Entscheidung von bürgerlichen Rechtsstreitigkeiten, deren Streitwert zuletzt 300 DM nicht überstieg, einrichten. Hiervon hatte nur Baden-Württemberg Gebrauch gemacht (Gesetz vom 7. 3. 1960, GBl. S. 73). Diese Gerichte waren besondere Gerichte.[11] Sie wurden zum 1. 1. 1972 aufgehoben; § 14 Nr. 2 wurde bedeutungslos.[12] – § 13a GVG a. F., der nur in der ehemaligen US-Besatzungszone (Baden-Württemberg, Bayern, Hessen, Bremen) galt, erlaubte als besondere Gerichte **Friedensgerichte**, zuständig für die erstinstanzliche Entscheidung in Zivil- und Strafsachen von geringer Bedeutung. Auch nach Aufhebung von § 13a durch das REinhG 1950 blieben die bestehenden Friedensgerichte, errichtet nur im früheren Württemberg-Baden, nach dessen Art. 8 Abs. 3 Nr. 93 zulässig, wurden jedoch vom BVerfG[13] wegen Verletzung des gesetzlichen Richters für nichtig erklärt.

11 Die hessischen **Ortsgerichte** (i. d. F. HessGVBl. 1980, 113 mit Änd.) sind keine Gerichte, sondern Hilfsbehörden der Justiz (§ 2 des Gesetzes), zuständig für Aufgaben der freiwilligen Gerichtsbarkeit und für Schätzungen, aber ohne Befugnisse zur Streitentscheidung.[14]

12 Auch die **Schiedsmänner** in den ehemals zu Preußen gehörenden Ländern Hessen, Nordrhein-Westfalen, Niedersachsen, Schleswig-Holstein, Saarland (Preuß. SchiedsmannsO, Preuß. Gesetzsamml. 1924, 751), sind keine besondere Gerichte. Zwar kann der Schiedsmann eine Sühneverhandlung über vermögensrechtliche Ansprüche durchführen, wenn eine Partei es beantragt, in der Verhandlung kann er freiwillig erschienene Zeugen und Sachverständige hören, auch kann er gegen nichterschienene Parteien, die sich nicht rechtzeitig entschuldigt haben, Ordnungsgeld festsetzen. Er kann jedoch den Streit nicht entscheiden, sondern nur einen Vergleich protokollieren, aus dem die Zwangsvollstreckung stattfindet.

13 **VI. Weitere besondere Gerichte.** Aufgrund anderer Vorschriften als § 14 bestehen folgende weitere besondere Gerichte innerhalb der ordentlichen Gerichtsbarkeit:

14 1. Das **Bundespatentgericht** (Art. 96 Abs. 1 GG, §§ 65 ff. PatG) entscheidet über Beschwerden gegen Beschlüsse der Prüfungsstellen oder Patentabteilungen des Patentamts sowie über Klagen auf Erklärung der Nichtigkeit oder Zurücknahme von Patenten und auf Erteilung von Zwangslizenzen. Rechtsmittelgericht ist der BGH, das Bundespatentgericht ist also nur in der ersten Instanz als besonderes Gericht ausgestaltet. In allen anderen Patentstreitigkeiten ist die allgemeine Zuständigkeit der ordentlichen Gerichte gegeben, vgl. § 139 PatG. – Das Bundespatent-

---

[11] BVerfGE 14, 56, 65 = NJW 1962, 1611.
[12] BTagsDrucks. 7/1586 S. 3.
[13] BVerfGE 10, 200, 213 = NJW 1960, 187.
[14] Vgl. BVerfGE 11, 192 = NJW 1960, 1659.

Besondere Gerichte   15–21 § 14

gericht ist auch zuständig als besonderes Gericht für Beschwerden gegen die Beschlüsse der Gebrauchsmusterstelle und der Gebrauchsmusterabteilungen nach § 18 GebrMG, der Prüfungsstellen und Warenzeichenabteilungen nach § 13 WZG sowie der Markenstellen und Markenabteilungen nach § 66 MarkenG.

2. Die **Wehrstrafgerichte**, die nach Art. 96 Abs. 2 GG eingerichtet werden 15 können als besondere Gerichte der Strafgerichtsbarkeit für die Angehörigen der Streitkräfte, sind nicht errichtet (vgl. § 12 Rn. 9).

3. Die **Ehren- und Berufsgerichte** sind keine besonderen Gerichte im Sinne des 16 § 14, sondern eine eigene Gerichtsbarkeit außerhalb der ordentlichen Gerichtsbarkeit, unabhängig davon, ob sie auf Landesrecht oder auf Bundesrecht (Art. 96 Abs. 4 GG) beruhen. Sie sind auch keine Ausnahmegerichte nach § 16, Art. 101 Abs. 2 GG (Einl. Rn. 163). Die frühere besondere Gerichtsbarkeit bei Verfolgung und Ahndung von **Dienstvergehen** der Beamten ist durch die Neuordnung im Bundesdisziplinargesetz vom 9. 7. 2001 (BGBl. I S. 1510) in die Verwaltungsgerichtsbarkeit überführt worden. Die Gerichte der Verwaltungsgerichtsbarkeit können angerufen werden gegen die Verhängung von Disziplinarmaßnahmen wegen eines Dienstvergehens, in schweren Fällen entscheiden sie unmittelbar über eine Disziplinaranklage.

VII. Arbeitsgerichte. Die Arbeitsgerichte wurden auf Grund der historischen 17 Entwicklung (§ 13 Rn. 5) weitgehend zu den besonderen Gerichten des § 14 gerechnet. Spätestens seit der Novelle zu den §§ 17 bis 17b (§ 17 Rn. 1) ist der Rechtsweg zu den Arbeitsgerichten als ein selbstständiger Rechtsweg zu einer selbstständigen Gerichtsbarkeit anzusehen (Einl. Rn. 235; § 13 Rn. 7).

VIII. Spruchkörper für Spezialaufgaben. Nicht zu den besonderen Gerich- 18 ten gehören **Spruchkörper**, die im Rahmen der Gerichtsorganisation des § 12 gesetzlich für Spezialaufgaben vorgeschrieben oder vorgesehen sind, wenn auch teilweise mit einer von der allgemeinen Regelung abweichenden Besetzung und Bezeichnung. Sie sind Spruchkörper der allgemeinen ordentlichen Gerichtsbarkeit (§ 16 Rn. 19).

Soweit keine besonderen Vorschriften bestehen (wie § 74e), stehen diese 19 Spruchkörper gleichberechtigt und gleichwertig neben den anderen Spruchkörpern des Gerichts. Das bedeutet, dass ihr Verhältnis zueinander nicht die Zulässigkeit des Rechtswegs betrifft, auch nicht die sachliche Zuständigkeit, sondern lediglich die (innergerichtliche) **geschäftsplanmäßige Zuständigkeit.** Während des Verfahrens ist, soweit nicht besondere verfahrensrechtliche Vorschriften entgegenstehen, die schlichte Abgabe von Spruchkörper zu Spruchkörper möglich, es bedarf keines Verweisungsbeschlusses.

Ist der **Spezialspruchkörper kraft Gesetzes** errichtet mit gesetzlich festgeleg- 20 tem Zuständigkeitsbereich, handelt es sich um eine gesetzliche Regelung der Geschäftsverteilung; in diesem Umfang hat das Präsidium keine Befugnisse (§ 21e Rn. 87ff.). Zu Strafsachen § 74e. Entsteht Streit darüber, ob eine Sache vor die gesetzlich geschaffenen Spezialspruchkörper oder einen anderen Spruchkörper gehört, ist dieser entsprechend § 36 Nr. 6 ZPO, § 14 StPO, § 46 Abs. 2 FGG usw. zu entscheiden, weil die Auslegung des Gesetzes nicht Sache des Präsidiums, sondern des Gerichts ist[15] (§ 21e Rn. 117). Das gilt z. B. für das Verhältnis der KfH zur allgemeinen Zivilkammer (§ 94 Rn. 9) und des Familiengerichts zur allgemeinen Prozessabteilung (§ 23b Rn. 96) wie auch der Baulandkammer zur allgemeinen Zivilkammer.[16] Das gilt auch, wenn das Gesetz die Einrichtung eines Spezialspruchkörpers nicht zwingend vorschreibt, sondern nur zu seiner Bildung ermächtigt.

Hat das **Präsidium** den Spezialspruchkörper aus Zweckmäßigkeitserwägungen 21 eingerichtet, gilt hinsichtlich seines Verhältnisses zu anderen Spruchkörpern das

---
[15] *Müller* DRiZ 1978, 15.
[16] BGHZ 40, 148, 152 = NJW 1964, 200; OLG Oldenburg MDR 1977, 497.

§§ 15, 16 1

Gleiche wie bei den gesetzlich vorgesehenen Spezialspruchkörpern. Entsteht jedoch hier Streit darüber, welcher Spruchkörper zuständig ist, ist dieser vom Präsidium zu entscheiden[17] (§ 21 e Rn. 116 ff.). Diese Zuständigkeit des Präsidiums besteht auch, wenn der Geschäftsverteilungsplan eine Lücke enthält oder auslegungsbedürftig ist.[18]

22 **IX. Konzentration.** Keine „besonderen" Gerichte sind die Gerichte der ordentlichen Gerichtsbarkeit, bei denen auf Grund einer Konzentrationsermächtigung (vgl. § 23 c) eine erweiterte Zuständigkeit für bestimmte Sachgebiete besteht; erweitert ist lediglich die örtliche Zuständigkeit.

§ 15. *(weggefallen)*

§ 16. [Ausnahmegerichte]

¹ **Ausnahmegerichte sind unstatthaft.** ² Niemand darf seinem gesetzlichen Richter entzogen werden.

Übersicht

	Rn.		Rn.
A. Regelungsinhalt	1	F. Staatliche Gerichte	72
B. Verbot von Ausnahmegerichten (Satz 1)	12	I. Schiedsgerichte	73
		II. Betriebsjustiz	74
I. Begriff	12	III. Vereins-, Verbandsgerichte	76
II. Gerichte für besondere Sachgebiete	16	IV. Ladendiebstahl	77
III. Verstoß	20	V. Schlichtungs-, Einigungsstellen	78
C. Verbot der Entziehung des gesetzlichen Richters	21	G. Effektivität, Funktionsfähigkeit	79
I. Regelungsinhalt	21	I. Zeitliche Voraussetzungen	80
II. Wirkungsbereich	24	1. Erreichbarkeit, Eildienst	80
III. Personeller Umfang	26	2. Entscheidung in angemessener Zeit; Beschleunigung	82
IV. Geschäftsverteilung	35	3. Rechtsstillstand	90
V. Überlastung des Richters	37	4. Schriftform, Begründung	91
VI. Bindungen	38	II. Durchsetzung der Grundrechte	93
VII. Vorlagepflicht	42	III. Justizgewährungspflicht	94
VIII. Zuständigkeit des Gerichts	44	IV. Durchsetzung	95
IX. Rechtzeitigkeit	47	H. Lückenloser Rechtsschutz?	98
X. Kollegium, Einzelrichter	48	I. Erschwerungen beim Zugang zum gesetzlichen Richter	99
XI. Neuregelungen	49	I. Vorschaltstellen	100
XII. Verstöße	50	II. Rechtsanwalt	101
D. Weitere Erfordernisse des gesetzlichen Richters	61	III. Fristen, Wiedereinsetzung	102
I. Staatliches Gericht	62	IV. Zuwarten	115
II. Unbeteiligter Richter	63	V. Finanzielle Erschwerungen	117
III. Wahrnehmungsfähigkeit	64	VI. Psychologische Erschwerungen	118
IV. Überlastung	66	VII. Gerichtssprache	119
E. Beeinflussung des Richters	67	VIII. Religiöse Neutralität	120
I. Einflüsse von Außen	68	J. Repressionsverbot	121
II. Einflüsse auf Verfahrensbeteiligte	70		

A. Regelungsinhalt

1 Die Vorschrift gewährleistet, wortgleich mit Art. 101 Abs. 1 GG und damit verfassungskräftig, den **gesetzlichen Richter** als wesentlichen Bestandteil des Rechtsstaatsprinzips[1] (Einl. Rn. 197). Gesetzestechnisch manifestiert sich diese Gewährleistung aus leidvoller historischer Erfahrung in zwei Verboten: Verbot der

---

[17] Vgl. OLG Koblenz NJW 1977, 1735, 1736.
[18] OLG Oldenburg NJW 1973, 810; OLG Koblenz NJW 1977, 1736.
[1] BVerfGE 40, 356, 361 = NJW 1976, 283; E 43, 154, 170.

Ausnahmegerichte und Verbot der Entziehung des gesetzlichen Richters. Die Gewährleistung des gesetzlichen Richters korrespondiert mit der richterlichen Unabhängigkeit (Art. 97 Abs. 1 GG, § 1 GVG), die nicht nur die persönliche Unabhängigkeit des Richters und seine sachliche Unabhängigkeit in der jeweils von ihm zu entscheidenden Sache beinhaltet, sondern auch das Verbot bedeutet, ihm eine Sache, für die er einmal zuständig war, zu entziehen. Dieser Regelungszusammenhang verwirklicht und sichert letztlich den Gleichheitssatz des Art. 3 GG.[2] Die Vorschrift gilt nur im Zusammenhang mit der Zuständigkeit und der Tätigkeit der staatlichen Gerichte; zum Recht auf Zugang zu einem staatlichen Gericht überhaupt Rn. 99. Die Vorstellungen vom konkrete Inhalt der Gewährleistung des gesetzlichen Richters haben sich im Laufe der Zeit allmählich verfeinert, im Zuge dieser Entwicklung hat die Forderung nach einer möglichst präzisen Vorherbestimmung auch der im Einzelfall an der gerichtlichen Entscheidung mitwirkenden Richter zunehmend stärkeres Gewicht gewonnen[3] (vgl. § 21g Rn. 5).

Mit der Garantie des gesetzlichen Richters will Art. 101 Abs. 1 GG der Gefahr **2** vorbeugen, dass die Justiz durch eine **Manipulation** der rechtsprechenden Organe **sachfremden Einflüssen** ausgesetzt wird. Es soll vermieden werden, dass durch eine auf den Einzelfall bezogene Auswahl der zur Entscheidung berufenen Richter das Ergebnis der Entscheidung beeinflusst werden kann, gleichgültig, von welcher Seite. Damit soll die Unabhängigkeit der Rechtsprechung gewahrt und das Vertrauen der Rechtsuchenden und der Öffentlichkeit in die Unparteilichkeit und Sachlichkeit der Gerichte gesichert werden. Dieses Vertrauen nähme Schaden, müsste der rechtsuchende Bürger befürchten, sich einem Richter gegenüber zu sehen, der mit Blick auf seinen Fall und seine Person bestellt worden ist.[4]

Hieraus folgt, dass **im Einzelnen bestimmt** werden muss, wer im Sinne dieser **3** Vorschrift „gesetzlicher Richter" ist. Art. 101 Abs. 1 Satz 2 GG enthält also nicht nur das Verbot, von Regelungen, die der Bestimmung des gesetzlichen Richters dienen, abzuweichen. Die Forderung nach dem „gesetzlichen Richter" setzt vielmehr einen Bestand von Rechtssätzen voraus, die für jeden Fall den Richter bezeichnen, der für die Entscheidung zuständig ist. Art. 101 Abs. 1 Satz 2 GG verpflichtet demnach auch dazu, Regelungen zu treffen, aus denen sich der gesetzliche Richter ergibt.[5]

Angesichts der Vielfalt der Gerichtsbarkeiten, der Verschiedenartigkeit der Orga- **4** nisation und Größe der Gerichte, der unterschiedlich großen Zahl der bei ihnen tätigen Richter, des verschiedenen Umfangs der Geschäftslast der Gerichte und des Wechsels der Geschäftslast innerhalb eines Gerichts ist es nicht möglich, diese Regelungen sämtlich im Gesetz nieder zu legen. Art. 101 Abs. 1 Satz 2 GG verlangt deshalb mit der Garantie des „gesetzlichen" Richters nicht stets ein formelles, im parlamentarischen Verfahren beschlossenes Gesetz. Zwar muss der Gesetzgeber die fundamentalen Zuständigkeitsregeln selbst aufstellen, also durch Prozessgesetze bestimmen, welche Gerichte mit welchen Spruchkörpern für welche Verfahren sachlich, örtlich und instanziell zuständig sind. Dem Gesetzgeber oder der von ihm ermächtigten Exekutive obliegt es außerdem, durch organisationsrechtliche Normen die einzelnen Gerichte zu errichten und ihren Gerichtsbezirk festzulegen.[6]

Ergänzend müssen aber **Geschäftsverteilungspläne** der Gerichte hinzutreten. **5** Darin sind die Zuständigkeiten der jeweiligen Spruchkörper festzulegen sowie diesen die erforderlichen Richter zuzuweisen. Für einen überbesetzten Spruchkörper muss schließlich in einem **Mitwirkungsplan** geregelt werden, welche Richter bei

---

[2] *Rinck* NJW 1964, 1652.
[3] BVerfG – Plenum – BVerfGE 95, 322 = NJW 1997, 1497; BGH – Vereinigte Große Senate – BGHZ 126, 63 = NJW 1994, 1735.
[4] BVerfG aaO.
[5] BVerfG aaO.
[6] BVerfG aaO. C, I, 2.

der Entscheidung welcher Verfahren mitwirken. Erst durch diese Regelung wird der gesetzliche Richter genau bestimmt.[7]

6 Auch die Geschäftsverteilungs- und Mitwirkungsregelungen müssen als Grundlagen zur Bestimmung des „gesetzlichen" Richters wesentliche Merkmale aufweisen, die gesetzliche Vorschriften auszeichnen. Sie bedürfen der Schriftform und müssen **im Voraus generell-abstrakt** die Zuständigkeit der Spruchkörper regeln. Da „gesetzliche" Richter auch die im Einzelfall zur Mitwirkung berufenen Richter sind, muss sich die abstrakt-generelle Vorausbestimmung bis auf die letzte Regelungsstufe erstrecken, auf der es um die **Person** des konkreten Richters geht. Auch hier gilt es, Vorkehrungen schon gegen die bloße Möglichkeit oder den Verdacht einer Manipulation der rechtsprechenden Gewalt zu treffen. Auch insoweit muss deshalb die richterliche Zuständigkeit „gesetzlich", das heißt in Rechtssätzen, bestimmt werden.[8]

7 Es gehört zum Begriff des gesetzlichen Richters, dass nicht für bestimmte Einzelfälle bestimmte Richter ausgesucht werden, sondern dass die einzelne Sache **„blindlings"** auf Grund allgemeiner, vorab festgelegter Merkmale an den entscheidenden Richter gelangt. Der rechtsstaatliche Grundsatz vom gesetzlichen Richter untersagt mithin die Auswahl des zur Mitwirkung berufenen Richters von Fall zu Fall im Gegensatz zu einer normativen, abstrakt-generellen Vorherbestimmung.[9]

8 Darüber hinaus müssen Regelungen über den gesetzlichen Richter, wenn sie ihre rechtsstaatliche Funktion wirksam erfüllen sollen, hinreichend bestimmt sein. Welche Richter in einem bestimmten Verfahren mitwirken, muss sich daraus **möglichst eindeutig** ergeben. Das schließt unterschiedliche Regelungskonzepte und unbestimmte Rechtsbegriffe nicht aus;[10] Bestimmtheit und Eindeutigkeit der Zuständigkeitsregelung fehlen nur dann, wenn die Regelung mehr als nach dem Regelungskonzept notwendig auf solche Begriffe zurückgreift. Dies ergibt sich daraus, dass Gerichte und einzelne Spruchkörper regelmäßig auch mit konkret nicht vorhersehbaren Tatsachen und Ereignissen wie Überlastung, ungenügende Auslastung, Wechsel oder Verhinderung einzelner Richter konfrontiert sind. Derartigen Umständen kann in den Regelungen zur Bestimmung des gesetzlichen Richters ebenso Rechnung getragen werden wie der Sicherung effektiver Tätigkeit der Rechtsprechungsorgane. Die Notwendigkeit einer eindeutigen und möglichst im Voraus genauen Bestimmung des gesetzlichen Richters steht deshalb auch nicht **Neuregelungen** entgegen, welche die bisherigen Bestimmungen zum gesetzlichen Richter ändern. Dies gilt auch bei einer Änderung der Zuständigkeit für bereits anhängige Verfahren, wenn die Neuregelung generell gilt, „also außer anhängigen Verfahren auch eine unbestimmte Vielzahl künftiger, gleichartiger Fälle erfasst und nicht aus sachwidrigen Gründen geschieht"[11] (Rn. 49).

8a Einer eindeutigen Vorausbestimmung des zuständigen Richters kann entgegenstehen, dass die Vielfalt der Lebenssachverhalte die Verwendung **auslegungsbedürftiger Begriffe** erfordert. Mit dem Gebot der normativen Vorausbestimmung des gesetzlichen Richters ist die Verwendung solcher Begriffe vereinbar, wenn die einzelne Regelung so beschaffen ist, dass sachfremden Einflüssen generell vorgebeugt wird; das ist der Fall, wenn Auslegungsprobleme, die sich bei der Handhabung der Begriffe im Einzelfall stellen können, mit den herkömmlichen juristischen Methoden zu bewältigen sind.[12] Hierher zählt z.B. die Vertretungsregelung für den Fall des Urlaubs, der Erkrankung oder der sonstigen Verhinderung eines Richters, wenn auf den Schwerpunkt einer Sache abgestellt wird oder einen Zusammenhang

---

[7] BVerfG aaO.
[8] BVerfG aaO. C, I, 3.
[9] BVerfG aaO
[10] BVerfG aaO. C, I, 4.
[11] Zusammenfassend BVerfG – K – NJW 2003, 345.
[12] BVerfGE 85, 337, 353 = NJW 1992, 1673; BVerfG NJW 1995, 2703.

mit anderen Sachen.¹³ „Der Richter wird in Fällen dieser Art zwar nicht unmittelbar durch die Zuständigkeitsnorm abschließend bestimmt. Er ist aber anhand der unbestimmten Begriffe in nachvollziehbarer Weise bestimmbar. Dies gilt unbeschadet der Möglichkeit der fehlerhaften Auslegung und Anwendung der Norm im einzelnen Fall",¹⁴ sofern nicht Willkür (Rn. 52) vorliegt.

Auslegungszweifel in Bezug auf die zur Vorausbestimmung des gesetzlichen Richters verwendeten Kriterien sind unschädlich, denn sie eröffnen nicht den Weg zu einer Besetzung der Richterbank von Fall zu Fall, sondern zu einem rechtlich geregelten Verfahren, das der Klärung der Zweifel dient. Jeder Spruchkörper hat bei auftretenden Bedenken die Ordnungsmäßigkeit seiner Besetzung zu prüfen und darüber zu entscheiden. Die in diesem Verfahren getroffene Entscheidung muss als Auslegung und Anwendung verfahrensrechtlicher Normen hingenommen werden, sofern sie nicht willkürlich ist.¹⁵

Aber die Geschäftsverteilungs- und Mitwirkungspläne dürfen keinen vermeidbaren Spielraum bei der Heranziehung der einzelnen Richter zur Entscheidung der Sache und damit **keine unnötige Unbestimmtheit** des gesetzlichen Richters lassen. Überall dort, wo dies nach dem gewählten Regelungskonzept ohne Beeinträchtigung der Effektivität der Rechtsprechungstätigkeit möglich ist, hat die Bestimmung des zuständigen Richters anhand von Kriterien zu erfolgen, die subjektive Wertungen weitgehend ausschließen.¹⁶

Das bedeutet für die Möglichkeit der Prozessverbindung mehrerer bei dem Gericht anhängiger Sachen nach **§ 147 ZPO**, dass bei Zuständigkeit mehrerer Spruchkörper des gleichen Gerichts von dieser Befugnis nicht spruchkörperübergreifend Gebrauch gemacht werden kann,¹⁷ wohl aber kann der Geschäftsverteilungsplan zulässigerweise abstrakt-generell anordnen, dass für Rechtsstreitigkeiten, die z. B. dieselbe Beklagte betreffen, der Spruchkörper zuständig ist, bei dem der erste Rechtsstreit/Rechtsmittel eingegangen ist.¹⁸ Ähnlich gebietet das Gebot der Bestimmtheit des gesetzlichen Richters auch die restriktive Auslegung der Möglichkeiten der Zuständigkeitsübertragung nach **§ 15 StPO**.¹⁹ Das gilt besonders für das zur Zuständigkeitsveränderung ermächtigende Merkmal, dass ‚von der Verhandlung vor diesem Gericht eine Gefährdung der öffentlichen Sicherheit zu besorgen' ist: Letztere muss auf Grund ihres Grades und des Ausmaßes der drohenden Schäden eine Situation begründen, die dem Fall der Verhinderung des zuständigen Gerichts vergleichbar ist und eine nachteilige Rückwirkung auf die Unbefangenheit der zur Urteilsfindung berufenen Personen ausüben kann, und diese Gefahr muss regelmäßig ihren Ursprung gerade in der Durchführung der Verhandlung vor dem an sich Zuständigen haben.

Das in Strafverfahren bei der Abgrenzung der erstinstanzlichen Zuständigkeit zwischen AG und LG nach § 24 GVG bestehende **Wahlrecht der StA** ist mit dem Bestimmtheitsgebot vereinbar, da das angerufene Gericht nicht an die Entscheidung der StA gebunden ist (§ 24 Rn. 21). Problematischer unter dem Aspekt der Vorausbestimmtheit des zuständigen Gerichts ist es, wenn nach §§ 7 ff. StPO mehrere Gerichte örtlich zuständig sind, denn hier kann die StA wählen, bei welchem der örtlich zuständigen Gerichte sie die Anklage erheben will.²⁰ Eine Rangordnung der einzelnen örtlichen Anknüpfungspunkte der §§ 7 bis 9 StPO besteht

---

[13] BVerfGE 95, 322 = NJW 1997, 1497.
[14] BVerfG aaO.
[15] BVerfG aaO.; BVerfG – K – NStZ 1998, 418; vgl. Foth NStZ 1998, 420.
[16] BVerfGE 95, 322 = NJW 1997, 1497.
[17] A. A. BL/Hartmann § 147 ZPO Rn. 8; mit Zustimmung der Parteien: Zöller/Greger § 147 ZPO Rn. 2; StJ/Leipold § 147 ZPO Rn. 15.
[18] BAG NZA 2002, 1350.
[19] BGHSt 47, 275 = NJW 2002, 1589.
[20] BGHSt 21, 212 = NJW 1967, 1045; St 26, 374 = NJW 1976, 2172; BayObLG NJW 1987, 309; OLG Hamm StV 1999, 240.

de lege lata nicht, wenn auch rechtspolitisch gefordert.[21] Grenze des Wahlrechts ist jedoch das Willkürverbot;[22] die Auswahl darf nicht auf unsachlichen, sich von den gesetzlichen Maßstäben völlig entfernenden Erwägungen beruhen.[23]

10 c Unbedenklich sind die prozessualen Regeln, nach denen ein Rechtsmittelgericht bei Aufhebung und **Zurückverweisung** das weitere Verfahren an einen anderen Spruchkörper oder an ein anderes Gericht verweisen kann, wie § 210 Abs. 3, § 354 Abs. 2 StPO. Hier wird der Schutzzweck der verfassungsrechtlichen Garantie des gesetzlichen Richters im Grundsatz nicht beeinträchtigt, weil zur gesetzlich vorgesehenen Entscheidungsfindung gehörend,[24] vom Extremfall der Willkür abgesehen.[25] Eine verfassungskonforme Auslegung dieser Regelungen erfordert jedoch besondere Gründe für die Veränderung des gesetzlichen Richters, so etwa, wenn nur an einem anderen Gerichtsort eine unvoreingenommene Verhandlung zu erwarten ist oder von dem bisherigen Richter nach der Art seiner Meinungsäußerung in der angefochtenen Entscheidung nicht erwartet werden kann, dass er sich die Auffassung des Rechtsmittelgerichts voll zu eigen macht.[26]

11 Das Gebot des gesetzlichen Richters wird nicht erst durch eine willkürliche Heranziehung eines Richters im Einzelfall verletzt, sondern auch schon bei Fehlen einer abstrakt-generellen, hinreichend klaren Regelung, aus der sich der im Einzelfall zur Entscheidung berufene Richter möglichst eindeutig ablesen lässt. Mängel der Regelung können nicht dadurch geheilt werden, dass im Einzelfall sachgerechte Erwägungen für die Heranziehung des einen und den Ausschluss des anderen Richters maßgebend waren. Der Verfassungsverstoß liegt nicht erst in der normativ nicht genügend vorherbestimmten Einzelfallentscheidung, sondern schon in der unzulänglichen Regelung von Geschäftsverteilung und Richtermitwirkung, die eine derartige Einzelfallentscheidung unnötigerweise erforderlich gemacht hat.[27]

B. Verbot von Ausnahmegerichten (Satz 1)

12 Das Verbot von Ausnahmegerichten entspricht schon frühem rechtsstaatliches Denken.[28] Es findet sich in Art. 9 § 42 der Paulskirchenverfassung von 1848 und Art. 7 der Preußischen Verfassung von 1850, nicht jedoch in der Reichsverfassung von 1871, aber wieder in Art. 105 WRV.

13 I. Begriff. Ausnahmegericht ist ein Gericht, das ad hoc eingerichtet ist, also für einen Einzelfall oder eine konkret bestimmbare Gruppe von Einzelfällen: es ist ein Unterfall der Entziehung des gesetzlichen Richters.[29] Sein Kennzeichen ist die Abweichung von der allgemeinen gerichtlichen Zuständigkeit in sachlicher, örtlicher oder personeller Hinsicht mit dem Ziel der Entscheidung von Einzelfällen in sachlicher oder personeller Bestimmung[30] im Gegensatz zur abstrakten und generellen, im voraus getroffenen Bestimmung der Zuständigkeit;[31] letztlich entscheidend ist also der Verstoß gegen den Gleichheitssatz, faktisch und/oder in der Ten-

---

[21] *Herzog* StV 1993, 612.
[22] OLG Hamm NStZ-RR 1999, 16; *Meyer-Goßner* § 7 StPO Vorbem. Rn. 10; *Heghmanns* StV 2000, 277.
[23] Vgl. BVerfGE 20, 336, 346 = NJW 1967, 99; *KK/Pfeiffer* § 7 StPO Rn. 2.
[24] Vgl. *LR/Böttcher* Rn. 18.
[25] BVerfGE 20, 336, 346; vgl. BVerfG - K - StV 2000, 537; *LR/Rieß* § 210 StPO Rn. 24.
[26] OLG Frankfurt NJW 2005, 1727; OLG Köln NStZ 2002, 35; OLG Hamburg JR 1979, 384; vgl. *KK/Tolksdorf* § 210 StPO Rn. 12; *Meyer-Goßner* § 210 StPO Rn. 10; *Seier* StV 2000, 586; *Marcelli* NStZ 1986, 59.
[27] BVerfGE 95, 322 = NJW 1997, 1497, C, I, 4.
[28] *Oehler* ZStrW 1952, 297; *Rinck* NJW 1964, 1649; *Eb. Schmidt* LehrK I Rn. 437 ff.; *LR/Böttcher* Rn. 1; *Weber-Fas* DRiZ 1977, 242.
[29] *Rinck* NJW 1964, 1649, 1652.
[30] BVerfGE 3, 213, 223 = NJW 1954, 30; E 8, 174, 182 = NJW 1958, 2011; E 10, 200, 212 = NJW 1960, 187.
[31] BGHZ 38, 208, 210 = NJW 1963, 446.

denz.³² Eine allgemeingültige Abgrenzung zum zulässigen besonderen Gericht (Rn. 16) lässt sich nicht ziehen. Prüfungsmaßstab ist allein der Gleichheitssatz in dessen Interpretation als Willkürverbot.³³ Ohne Bedeutung für das verfassungsrechtliche Verbot ist es, ob das Ausnahmegericht schon vor Entstehung des zu entscheidenden Vorgangs, z.B. Begehung einer strafbaren Handlung, eingerichtet wurde oder erst danach.³⁴

Ausnahmegerichte können **durch Gesetz** entstehen, sei es als besonders gekennzeichnete Gerichtsart in Abweichung von §§ 12 ff. GVG oder auch als ein mit besonderer Zuständigkeit ausgestatteter Spruchkörper innerhalb der allgemeinen Gerichtstypen. Ebenso kann ein allgemeiner Spruchkörper ein Ausnahmegericht darstellen, wenn ihm **durch die Geschäftsverteilung** ein Einzelfall oder eine Gruppe von Einzelfällen zugewiesen wird. Das Verbot des Ausnahmegerichts richtet sich sowohl an den Gesetzgeber in Bund und Ländern³⁵ als auch an die Justizverwaltung und an das Präsidium.

14

Das Verbot des § 16 gilt uneingeschränkt, auch in besonderen Situationen, z.B. bei Katastrophen oder im Verteidigungsfall (Art. 115a ff. GG). Für die RSprGewalt sind hier keine Sondervorschriften getroffen, abgesehen von Art. 96 Abs. 2 Satz 2 GG. Für solche Fälle nimmt das GG einen möglichen Stillstand der Rechtspflege durch die ordentlichen Gerichte bewusst in Kauf.³⁶

15

II. Gerichte für besondere Sachgebiete. Gerichte für besondere Sachgebiete („besondere Gerichte") sind keine Ausnahmegerichten und nach Art. 101 Abs. 2 GG zulässig. Sie rechtfertigen sich aus dem Bedürfnis nach besonders sach- und fachkundigen Gerichten.³⁷ Ihre Zuständigkeit besteht für alle in diese Sachgebiete fallenden Sachen, der Gleichheitssatz ist also gewahrt. Dabei kommt es für die verfassungsrechtliche Zulässigkeit allein darauf an, dass ein besonderes Sachgebiet umfasst ist. Eine örtliche Abgrenzung oder eine Abgrenzung nach personellen Merkmalen ist unzulässig, wenn auch bei manchen Sachgebieten ihrer Natur nach der betroffene Personenkreis allgemein individualisierbar ist, was aber eine notwendige Folge der Sachgebietsregelung und nicht ihr Inhalt und Ziel ist. Unter Sachgebiet muss ein sachlicher Bereich von nicht unbedeutendem Gewicht und Tragweite verstanden werden, z.B. die Schifffahrtssachen, die Patentsachen (§ 14 Rn. 4, 14) oder die Wehrdienstsachen.³⁸ Das Charakteristikum des „besonderen" Gerichts ist die sachliche Zuständigkeit in Abweichung von der allgemeinen für die Gerichtsbarkeit insgesamt geltenden Regelung; die rechtsstaatlichen Anforderungen an das Vorliegen eines „Gerichts" (Einl. Rn. 163 ff.) müssen uneingeschränkt vorliegen. Den besonderen Gerichten können bei ihrer Errichtung auch solche Verfahren zugewiesen werden, die bereits anhängig sind oder deren Streitgegenstand bereits vor Errichtung eingetreten war, soweit nicht hierin der wesentliche Inhalt der Errichtung, tendenziell oder quantitativ, gesehen werden muss oder die Wegnahme vom bisher zuständigen Gericht im Vordergrund steht.

16

Die Errichtung von Gerichten für besondere Sachgebiete steht unter **Gesetzesvorbehalt**³⁹ (Art. 101 Abs. 2 GG), erfordert also ein Bundesgesetz oder ein Landesgesetz aufgrund bundesgesetzlicher Ermächtigung (§ 14 Rn. 2).

17

---

³² Eingehend *Rinck* NJW 1964, 1649, 1651 f.
³³ *Rinck* NJW 1964, 1649, 1651 ff.; vgl. BVerfGE 8, 174, 182 ff. = NJW 1958, 2011; E 14, 56, 72 = NJW 1962, 1611.
³⁴ *LR/Böttcher* Rn. 5; *Eb. Schmidt* LehrK I Rn. 440.
³⁵ BVerfGE 6, 45, 50 = NJW 1957, 337; E 9, 223, 226 = NJW 1959, 871; E 10, 200, 213 = NJW 1960, 187; E 22, 49, 73 = NJW 1967, 1219.
³⁶ A. A. wohl z. T. *Böckenförde* NJW 1978, 1881.
³⁷ *Rinck* NJW 1964, 1649, 1652 f.
³⁸ BVerwG NVwZ 1993, 1108.
³⁹ Vgl. BVerfGE 18, 241, 257 = NJW 1965, 343; E 22, 42, 47; E 26, 186, 192 = NJW 1969, 2192; E 27, 355, 361.

18 Von „besonderen" Gerichten kann angesichts der Geltung des Art. 101 GG für alle Gerichtsbarkeiten nur gesprochen werden innerhalb der Zuständigkeit der einzelnen Gerichtsbarkeiten des Art. 95 GG. Das Verhältnis dieser vom GG jeweils als selbstständig und einander gleichwertig angesehenen Gerichtsbarkeiten zueinander fällt nicht unter Art. 101 Abs. 2 GG, auch nicht das zu den im GG zugelassenen anderen Bundesgerichten (Art. 96 GG). Es ist deshalb keine Zuweisung an ein besonderes Gericht, wenn gesetzlich ein von der allgemeinen Regelung abweichender Rechtsweg bestimmt wird, z.B. durch Zuweisung bestimmter verwaltungsrechtlicher Streitigkeiten an die ordentlichen Gerichte[40] oder der Notarsachen an die Zivilgerichte[41] (§ 13 Rn. 415).

19 Keine Gerichte für besondere Sachgebiete sind auch **Spezialspruchkörper**, die innerhalb der bestehenden Gerichtsorganisation durch das Präsidium aus Gründen der Spezialisierung eingerichtet werden oder auf gesetzlicher Geschäftsverteilung beruhen (z.B. §§ 23b, 74a ff., 78a, 94, 119 Abs. 2 GVG, § 91 GWB, vgl. § 14 Rn. 18). Sie sind dann zulässig und deshalb keine Ausnahmegerichte, wenn ihre Zuständigkeit sich nach abstrakten Merkmalen auf Grund einer bestimmten Materie bestimmt (Art des Delikts, Anspruchsgrundlage usw.), auch wenn dadurch Verfahren einbezogen werden, für die sonst ein anderes Gericht zuständig wäre.[42] Unzulässig sind jedoch Spezialspruchkörper, deren Zuständigkeiten sich primär personell bestimmen, also auf Einzelpersonen oder Personengruppen abgestellt wird, soweit dies sich nicht als notwendige Folge der Spezialmaterie ergibt. Auch die auf Grund von Konzentrationsermächtigungen zuständig gewordenen Gerichte sind keine „besonderen" Gerichte (vgl. § 74a Rn. 2).

20 III. Verstoß. Ist ein Gericht als Ausnahmegericht zu qualifizieren, ist der gesetzliche Richter entzogen;[43] die Entscheidung ist deshalb vom Rechtsmittelgericht aufzuheben, z.B. nach § 547 Nr. 1 ZPO, § 338 Nr. 1, 4 StPO.

C. Verbot der Entziehung des gesetzlichen Richters

21 I. Regelungsinhalt. Das systematisch als Grundsatzregelung vor das Verbot der Ausnahmegerichte in Satz 1 gehörende Verbot des Satz 2 gewährleistet, wortgleich mit Art. 101 Abs. 1 Satz 2 GG, den gesetzlichen Richter als ein Kernstück des Rechtsstaats (Rn. 1). Es gilt für alle Berufsrichter und alle ehrenamtlichen Richter gleichermaßen,[44] und zwar aller Gerichtsbarkeiten. Es gilt innerhalb aller Gerichtsbarkeiten für alle Tätigkeiten, die gesetzlich von **Richtern** in Ausübung der rsprGewalt zu erfüllen sind, so auch in Angelegenheiten der freiwilligen Gerichtsbarkeit,[45] für den (früheren) Untersuchungsrichter[46] und den Ermittlungsrichter, ebenso für den Eildienst.[47] Das Verbot gilt nur für Aufgaben, die durch Richter als Organe der rsprGewalt zu erledigen sind (vgl. Einl. Rn. 141), nicht z.B. für solche des Rechtspflegers. Zur Ausübung richterlicher Tätigkeit durch Referendare § 10; zur Rechtshilfe § 156 Rn. 23; § 157 Rn. 2. Umgekehrt gilt das Verbot für alle Aufgaben, die materiell zur RSpr gehören (Einl. Rn. 145 ff.) und deshalb nur durch einen Richter ausgeübt werden dürfen; werden solche Aufgaben anderen Organen übertragen, ist der gesetzliche Richter entzogen.[48] Entscheidet der funktionell unzuständige Rechtspfleger anstelle des Richters, ist die Entscheidung im Rechtsbehelfswege stets aufzuheben.[49]

---

[40] BVerfGE 4, 387, 399 = NJW 1956, 625; *KK/Pfeiffer* Rn. 2.
[41] BGHZ 38, 208 = NJW 1963, 446; *LR/Böttcher* Rn. 6.
[42] BayVerfGH NJW 1968, 101.
[43] *Rinck* NJW 1964, 1649, 1652.
[44] BVerfGE 48, 246 = NJW 1978, 2499; BVerfG – K – NZA-RR 1996, 26.
[45] BVerfGE 21, 139 = NJW 1967, 1123.
[46] BVerfGE 25, 336 = NJW 1969, 1104.
[47] *Fischer* DRiZ 1968, 341.
[48] Vgl. BVerfGE 20, 365, 369 = NJW 1967, 29; E 22, 49, 73 = NJW 1967, 1219; E 27, 18, 28 = NJW 1969, 1619.
[49] BGH NJW-RR 2005, 1299.

Das Verbot soll der Gefahr vorbeugen, dass die RSprOrgane durch „**Manipulie-** 22
rung" sachfremden Einflüssen ausgesetzt werden, gleichgültig von welcher Seite,
Exekutive, Legislative, RSpr[50] (Rn. 2). In jedem Einzelfall darf kein anderer als der
Richter tätig werden und entscheiden, der in den allgemeinen Normen der Gesetze und der Geschäftsverteilungspläne dafür vorgesehen ist. Es soll verhindert werden, dass im Einzelfall durch eine gezielte Auswahl von Richtern das Ergebnis der
Entscheidung beeinflusst wird.[51] Hierher gehören auch Verzögerungen bei der
Wahl des Nachfolgers für einen nach Ablauf seiner Amtszeit ausscheidenden Richter am BVerfG. Die gesetzliche Folge der weiteren Spruchtätigkeit des Richters,
dessen Amtszeit abgelaufen ist (§ 4 BVerfGG), darf nicht durch bewusste Verzögerung einer an sich möglichen Nachfolgerwahl ausgenutzt werden, um den Ausscheidenden noch an bestimmten Entscheidungen mitwirken zu lassen; die Initiative zu solchem Procedere darf auch nicht vom BVerfG selbst ausgehen.[52]

„Gesetzlicher" Richter bedeutet, dass der für die einzelne Sache zuständige Richter 23
sich **im Voraus** möglichst eindeutig aus einer allgemeinen Regelung ergibt; Kennzeichen der Gewährleistung des gesetzlichen Richters ist die normative, abstrakt-
generelle Vorherbestimmung des jeweils für die Entscheidung zuständigen Richters,
er muss sich „blindlings" ergeben (Rn. 6, 7). Zweifel können einmal durch Klarstellung durch das Präsidium beseitigt werden (§ 21 e Rn. 117), im Übrigen durch im
Verfahrensrecht vorgesehene Möglichkeiten, das zuständige Gericht durch das im
Rechtsmittelzug höhere Gericht zu bestimmen (vgl. § 36 ZPO, § 14 StPO). Der Gedanke des gesetzlichen Richters muss auch in der Anwendung des Verfahrensrechts
zum Tragen kommen. Das betrifft einmal die sog. „beweglichen Gerichtsstände" (vgl.
§ 24 Rn. 9), geht aber weit darüber hinaus. So ist es als Verstoß gegen den gesetzlichen
Richter anzusehen, wenn das Revisionsgericht ein freisprechendes Urteil des Tatge-
richts durch einen eigenen Schuldspruch ersetzt und dabei die den Schuldspruch tragenden Feststellungen auf Grund einer eigenen Würdigung des Beweisergebnisses
trifft;[53] ebenso, wenn das AG, bei dem die Anklage eingereicht worden ist, die Akten
dem LG zur Übernahme vorlegt, obwohl dessen Zuständigkeit offenkundig nicht
gegeben ist, und dieses das Hauptverfahren vor sich eröffnet.[54] – Die den Gerichten
eingeräumte Möglichkeit, die ziffernmäßige Besetzung des Spruchkörpers selbst zu
bestimmen[55] (so § 76 GVG i. d. F. RPflEntlG), ist nur dann unbedenklich im Hinblick
auf die notwendige Vorausbestimmtheit des gesetzlichen Richters, wenn die gesetzlichen Voraussetzungen streng unter diesem Aspekt angewendet werden.

II. Wirkungsbereich. Das Verbot wirkt in mehrfacher Hinsicht: Es begründet 24
ein subjektives **Recht des Bürgers,** einen Anspruch auf den ihm zustehenden
gesetzlichen Richter.[56] Es verbietet den anderen Staatsgewalten, dem Bürger „seinen" Richter durch unbefugte Eingriffe wegzunehmen.[57] Es enthält das Gebot an
den Gesetzgeber, die richterliche Zuständigkeit so eindeutig wie möglich durch
allgemeine Normen zu regeln.[58] Es begründet ein aus der Unabhängigkeit fließen-
des **Recht des Richters,** dass ihm nicht die Sachen entzogen werden, für die er
kraft allgemeiner Norm zuständig ist.

---

[50] Vgl. BVerfGE 82, 286 = NJW 1991, 217; BGHSt 42, 205 = NJW 1997, 204.
[51] BVerfGE 82, 286 = NJW 1991, 217.
[52] Es ging wohl nach Pressemeldungen um das Asylrecht, vgl. F. A. Z. vom 23. 9. 1995; kritisch *Wassermann* NJW 1996, 702; *Rüthers* NJW 1996, 1867; *Sangmeister* NJW 1996, 2561; *Höfling/Roth* DÖV 1997, 67; *Fromme* NJW 2000, 2978.
[53] BVerfG NStZ 1991, 499 m. Anm. *Foth* NStZ 1992, 444.
[54] BGHSt 38, 212 = NJW 1992, 2104.
[55] Vgl. BVerwG DVBl. 1986, 286.
[56] BVerfGE 26, 281, 291; E 40, 356, 360 = NJW 1976, 283; E 82, 286 = NJW 1991, 217.
[57] BVerfGE 17, 294, 299 = NJW 1964, 1020; E 21, 139, 145 = NJW 1967, 1123; E 30, 149, 152 = NJW 1971, 1039; E 40, 356, 360 = NJW 1976, 283.
[58] BVerfGE 17, 294, 298 = NJW 1964, 1020; E 19, 52, 59 = NJW 1965, 2291; E 21, 139, 145 = NJW 1967, 1123; E 27, 18, 34 = NJW 1969, 1619; E 40, 356, 361 = NJW 1976, 283.

25 Jedes Gericht hat, soweit Anlass zu Zweifeln besteht, seine sachliche, örtliche, funktionelle, geschäftsplanmäßige Zuständigkeit und die ordnungsgemäße Besetzung der Richterbank stets selbst **von Amts wegen** zu prüfen,[59] soweit nicht nach den Verfahrensgesetzen hiervon in einer dem Grundgedanken des gesetzlichen Richters nicht widersprechenden Weise abzusehen ist. Zur Wahrung des gesetzlichen Richters gehört auch die Beachtung der Vorschriften darüber, ob nach dem Verfahrensrecht der Einzelrichter oder ein Kollegium zu entscheiden hat, z.B. nach § 348 ZPO (vgl. § 75 Rn. 5). Maßgebend ist der Zeitpunkt des Erlasses der Entscheidung.[60] Dabei ist ohne Mitwirkung des Richters zu entscheiden, dessen Berechtigung zweifelhaft ist.[61]

26 **III. Personeller Umfang.** Das Verbot der Entziehung des gesetzlichen Richters bedeutet einmal, dass überall da, wo die Tätigkeit eines Richters erforderlich ist, auch ein solcher im Sinne des GG und des Verfahrensrechts personaliter tätig werden muss. Dazu gehört auch, dass der Richter generell zur Ausübung des Richteramts **geeignet** sein muss,[62] er darf auch **nicht überfordert** werden. Das ist jedenfalls dann nicht der Fall, wenn er formell die Befähigung zum Richteramt besitzt und etwa in anwaltlicher Berufstätigkeit hinreichende Sachkunde erworben hat.[63] Umgekehrt stellt die Tätigkeit jeder anderen, nicht derart rechtlich qualifizierten Person in richterlicher Funktion eine Entziehung des gesetzlichen Richters dar, z.B. die Tätigkeit eines Referendars, die nicht durch § 10 GVG gedeckt wird. Die **Überforderung** kann in diesem Zusammenhang nur quantitativ nach den dem Richter nach Gesetz und Geschäftsverteilung übertragenen Sachen beurteilt werden. Die oft beklagte Überlastung der Justiz (Einl. Rn. 124ff.) durch eine zu geringe Richterzahl liegt primär in der Hand des Haushaltsgesetzgebers und des Haushaltsvollzugs. Wenn die Selbstregulierungsmöglichkeiten innerhalb der Gesamtjustiz und der einzelnen Gerichte nicht mehr ausreichen, auch nicht die Versuche einer Prioritätssetzung unter Zurückstellung anderer Sachen, beginnt sich eine rechtsstaatlich unheilvolle Spirale zu drehen, die zu Untätigkeits-Rechtsbehelfen oder auch Schadensersatzansprüchen führen mag, aber in concreto nicht weiterhilft – eine außerordentlich bedenkliche Situation für die Funktionsfähigkeit der Justiz insgesamt und für das Vertrauen in den Rechtsstaat, was sich z.B. im Zusammenhang mit Haftentlassungen wegen verzögerlicher Sachbehandlung (Rn. 84) zeigt.

27 Das Verbot der Entziehung des gesetzlichen Richters bezieht sich sowohl auf den jeweiligen **Spruchkörper** als auch auf jeden einzelnen an der Entscheidung mitwirkenden **Richter**[64] (§ 192); zur kollegiumsinternen Geschäftsverteilung § 21g. Das Verbot bezieht sich auch auf die Zahl der mitwirkenden Richter[65] und die Zusammensetzung (z.B. § 29 GVG, § 220 BauGB).

28 Zur Gewährleistung des gesetzlichen Richters gehört es auch, dass der entscheidende Richter ordnungsgemäß **ernannt** bzw. **bestellt** ist, hier ist ein „error in procedendo" bei den Berufsrichtern im Allgemeinen nicht denkbar, auch nicht bei der Schöffenwahl[66] (zu Schöffen § 32 Rn. 1; § 36 Rn. 14; § 40 Rn. 15; § 42 Rn. 21; § 45 Rn. 1; zu Handelsrichtern § 108 Rn. 6; § 109 Rn. 5, 6; § 113 Rn. 2). Ist bei Berufsrichtern die Mitwirkung eines Richterwahlausschusses vorgesehen, berühren Verfahrensmängel bei der Wahl nicht den gesetzlichen Richter, es sei denn, es könne von einer Wahl im Rechtssinne nicht mehr gesprochen werden.[67] Bei irrtümlich

---

[59] BVerfGE 65, 152; E 89, 359 = NJW 1994, 648.
[60] BGH NStZ 1987, 132; BVerwG DVBl. 1985, 574.
[61] BVerfGE 46, 34 = NJW 1978, 37; E 82, 286 = NJW 1991, 217.
[62] BVerfGE 48, 300, 316 = NJW 1978, 1795.
[63] BVerfG aaO.
[64] BVerfGE 17, 294, 298 = NJW 1964, 1020; E 40, 356, 361 = NJW 1976, 283; stRSpr.
[65] BGHSt 43, 91 = NJW 1997, 2531.
[66] BVerfGE 31, 181, 184.
[67] BGH NJW 2004, 3784; 2005, 2317.

unterbliebener Mitwirkung gilt der Rücknahmegrund des § 19 Abs. 1 Nr. 2 DRiG; bis zur Ablehnung der Bestätigung ist das Gericht ordnungsgemäß besetzt.[68] Das Richterverhältnis muss auch noch andauern; ist das Richteramt erloschen, darf der ausgeschiedene Richter nicht mehr an der Verhandlung und Entscheidung mitwirken,[69] er ist nicht mehr gesetzlicher Richter. Zur nachträglichen Unterschrift § 195 Rn. 6.

Das **Geschlecht** der Richter ist ohne Bedeutung für die Frage nach dem gesetzlichen Richter (vgl. § 29 Rn. 4; Einl. Rn. 53). 29

Zum gesetzlichen Richter gehört auch die Frage seines **richterrechtlichen Status.** Nach § 28 Abs. 1 DRiG dürfen bei einem Gericht nur Richter aL tätig werden, soweit nicht ein Bundesgesetz etwas anderes bestimmt (dazu § 22 Abs. 5, § 59 Abs. 3). Vorsitzender eines Kollegialgerichts muss immer ein Richter aL sein (§ 28 Abs. 2 DRiG). Bei einer gerichtlichen Entscheidung darf nach § 29 DRiG nicht mehr als ein Richter aP oder kA oder abgeordneter Richter mitwirken (zum Richter aP § 1 Rn. 149; § 22 Rn. 8). Es darf nur ein Richter tätig werden, der dem Gericht zur Dienstleistung zugewiesen ist, z.B. nicht ein Richter nach Ablauf der Abordnung.[70] Gleichermaßen müssen die statusrechtlichen Voraussetzungen bei der Ausübung richterlicher Tätigkeit vollständig vorliegen, ihr nachträgliches Eintreten genügt nicht.[71] 30

Gesetzlicher Richter kann nur der unparteiische, unbefangene Richter sein;[72] er muss **unbeteiligter Dritter** sein. „Die richterliche Unparteilichkeit ist kein wertfreies Prinzip, sondern an den Grundwerten der Verfassung orientiert, insbesondere am Gebot sachgerechter Entscheidung im Rahmen der Gesetze unter dem Blickpunkt materialer Gerechtigkeit".[73] Das bedeutet, dass der Rechtsuchende nicht vor einem Richter stehen muss, der etwa wegen naher Verwandtschaft, Freundschaft oder auch Verfeindung mit Verfahrensbeteiligten die gebotene Neutralität und Distanz vermissen lässt.[74] Deshalb ist die Tätigkeit eines kraft Gesetzes ausgeschlossenen Richters (z.B. nach §§ 22, 23 StPO, § 41 ZPO) ein Verstoß gegen den gesetzlichen Richter.[75] Darüber hinaus ist eine zu enge personelle Verbindung der Gerichte mit den Stellen, über deren Anträge und Akte sie zu befinden haben, verfassungswidrig.[76] Zur Gewährleistung des unbeteiligten, unbefangenen gesetzlichen Richters muss das Verfahrensrecht Vorsorge dafür treffen, dass im Einzelfall ein Richter, der nicht die Gewähr der Unparteilichkeit bietet, von der Ausübung seines Amtes ausgeschlossen ist oder abgelehnt werden kann.[77] Die Möglichkeit der Ausschließung oder Ablehnung eines Richters gehört derart zum Inhalt des gesetzlichen Richters, dass diese auch bei Fehlen ausdrücklicher verfahrensrechtlicher Vorschriften anzuerkennen ist.[78] Sie ist Teil des deutschen „ordre public" und auch bei der Anerkennung ausländischer Urteile zu beachten.[79] 31

Bei **Ablehnung** (§ 42 ZPO, § 24 StPO usw.) oder sogenannter Selbstablehnung (§ 48 ZPO, § 30 StPO usw.) ist der Richter so lange noch der gesetzliche Richter (vgl. aber § 47 ZPO, § 29 StPO), bis über die Ablehnung stattgebend entschieden 32

---

[68] Vgl. BGH NJW 2004, 3784.
[69] OVG Münster NJW 1982, 1124.
[70] BAG NJW 1960, 1542.
[71] BSG NJW 1965, 1550.
[72] OLG Frankfurt NJW 1979, 1172.
[73] BVerfGE 42, 78 = NJW 1976, 1391.
[74] BVerfGE 21, 139 = NJW 1967, 1123; E 30, 149 = NJW 1971, 1029; E 89, 28 = NJW 1993, 2229; BVerfG – K – NJW 1998, 369; BGH NJW 1995, 1677; vgl. *KK/Pfeiffer* § 22 StPO Rn. 1; *Lamprecht* NJW 1993, 2222; *de Wall* NJW 1994, 843.
[75] BVerfGE 30, 165 = NJW 1971, 1033; E 31, 295; E 40, 268.
[76] BVerfG – K – NVwZ 1996, 885.
[77] BVerfGE 21, 139 = NJW 1967, 1123.
[78] BVerfGE 30, 149 = NJW 1971, 1029.
[79] OLG Köln ZZP 1978, 318; *Kornblum* ZZP 1978, 323.

ist,[80] weil erst mit der Entscheidung feststeht, dass der Richter nicht der „gesetzliche" ist.[81] Eine Bekanntgabe der für Verfahren und Entscheidung zuständigen Richter sieht § 222a StPO vor. Aus der gebotenen Vorsorge für die Möglichkeit einer Richterablehnung ist aber nicht zu folgern, „dass die Gerichte allgemein von sich aus die Verfahrensbeteiligten vor der Entscheidung darüber unterrichten müssen, welche Richter daran mitwirken werden. Eine solche Verpflichtung würde zwar den Parteien die Ausübung eines etwaigen Ablehnungsrechts erleichtern, weil ihnen die Erkundigungslast abgenommen würde. Sie besteht jedoch weder nach der einfachgesetzlichen Gesetzeslage und Rechtsprechungspraxis noch ist sie von Verfassungs wegen geboten".[82] Wird ein Ablehnungsgesuch fehlerhaft zurückgewiesen, so ist der gesetzliche Richter nur dann verletzt, wenn die Zurückweisung auf willkürlichen Erwägungen beruht.[83] Das Fehlen einer Rechtsmittelmöglichkeit gegen die Zurückweisung eines Ablehnungsgesuchs verstößt nicht gegen das Gebot des gesetzlichen Richters[84] (vgl. § 72 Rn. 2). Eine die Revision begründende Verletzung des gesetzlichen Richters liegt nicht vor, wenn ein Richter hätte abgelehnt werden können, falls der erst aus dem anzufechtenden Urteil ersichtliche Befangenheitsgrund bereits in der mündlichen Verhandlung bekannt gewesen wäre.[85] Liegen in der Person eines Richters Ablehnungsgründe vor, verstößt es gegen die Gewährleistung des gesetzlichen Richters, wenn die Sache zur Vermeidung einer Entscheidung hierüber bewusst auf einen Zeitpunkt terminiert wird, zu welchem dieser Richter verhindert ist.[86]

33 Zum gesetzlichen Richter gehört es, dass nur dann ein Richter als geschäftsplanmäßiger **Vertreter** tätig wird, wenn ein Fall der rechtlich anzuerkennenden Verhinderung vorliegt (§ 21e Rn. 140, 144 ff.).

34 Aus dem Verfassungsgebot des gesetzlichen Richters lässt sich nicht ableiten, dass im Falle der Zurückverweisung durch das Rechtsmittelgericht andere Richter über die Sache entscheiden müssten[87] (vgl. aber § 140a GVG, § 23 StPO, § 41 Nr. 6 ZPO und Rn. 10a).

35 **IV. Geschäftsverteilung.** Gesetzlicher Richter ist nur der Richter, der nach dem Geschäftsverteilungsplan (§ 21e) zuständig ist (vgl. aber § 22d). Das setzt einmal voraus, dass überhaupt für das Gericht ein Geschäftsverteilungsplan besteht – abgesehen von dem Fall, dass ein AG nur mit einem Richter besetzt ist, der für alle Sachen zuständig ist (§ 22 Rn. 22). Weiter ist Voraussetzung, dass der Geschäftsverteilungsplan nicht fehlerhaft ist (vgl. im Einzelnen § 21e). Das kann z.B. dann der Fall sein, wenn er unklar ist.[88] Auch die Geschäftsverteilung selbst als wesentlicher Faktor der Bestimmung des gesetzlichen Richters kann gegen das Verbot der Entziehung des gesetzlichen Richters verstoßen.[89] Das ist z.B. der Fall bei der unzulässigen Übersetzung eines Spruchkörpers (vgl. § 21e Rn. 129 ff.), ebenso bei einer Änderung der Geschäftsverteilung während des Geschäftsjahres ohne rechtfertigenden Grund (vgl. § 21e Rn. 108). Auch die Nichtverteilung von Geschäften durch das Präsidium (vgl. § 21e Rn. 92) entzieht dem davon Betroffenen den gesetzlichen Richter, ebenso die Nichtberücksichtigung eines Richters (§ 21e Rn. 93). Innerhalb der Geschäftsver-

---

[80] BGHSt 25, 122 = NJW 1973, 860 m. Anm. *Arzt* JR 1974, 75; dahingestellt in BGH NJW 1993, 400.
[81] *BL/Hartmann* § 547 ZPO Rn. 10; *Thomas/Putzo/Reichold* § 547 ZPO Rn. 6.
[82] BVerfG – K – NJW 1998, 369; a. A. BayObLG MDR 1978, 232.
[83] BVerfGE 31, 145 = NJW 1971, 2122; E 37, 67 = NJW 1974, 1279; BVerfG – K – NJW 1995, 2912; StV 2005, 478.
[84] BVerfGE 45, 363 = NJW 1977, 1815; BGHSt 27, 96 = NJW 1977, 1829; abl. *Schmidt-Leichner* NJW 1977, 1804.
[85] BGH NJW 1993, 400.
[86] BVerfG – K – NVwZ 2007, 691.
[87] BVerfGE 30, 149, 153 = NJW 1971, 1029; BVerwG JR 1971, 482.
[88] OLG Saarbrücken NJW 1968, 1041.
[89] BGHSt 27, 349 = NJW 1978, 1273.

teilung kann der gesetzliche Richter dann verletzt sein, wenn zu Unrecht ein Vertretungsfall angenommen wird[90] oder nicht der richtige Vertreter tätig wird.[91] Der gesetzliche Richter wird weiter verletzt, wenn der Vorsitzende eines Spruchkörpers nicht in der Lage ist, wegen anderweitiger Belastungen den Vorsitz überwiegend auszuüben (vgl. § 59 Rn. 12); ebenso, wenn bei einem Gericht mehr beigeordnete Richter tätig sind als dringend erforderlich (§ 22 Rn. 10, § 59 Rn. 18) oder bei vorzeitigem Widerruf einer Beiordnung (§ 70 Rn. 12).

Die Entziehung des gesetzlichen Richters kann auch darin liegen, dass der geschäftsplanmäßig zuständige Spruchkörper in einer zahlenmäßig oder institutionell unrichtigen Besetzung entscheidet. Einen solchen Verstoß hat das BVerfG darin gesehen, dass bei der Entscheidung über die Zulässigkeit der Nichtzulassungsbeschwerde, die ohne Mitwirkung der ehrenamtlichen Richter stattfindet (§ 72 a ArbGG), die Grenze zwischen Darlegungserfordernis und Begründetheit verwischt wurde mit der Folge, dass die ehrenamtlichen Richter nicht mitwirkten.[92] Umgekehrt kann die Entscheidung durch den Kollegialspruchkörper anstelle des nach dem Verfahrensrecht zuständigen Vorsitzenden oder Einzelrichters eine Verletzung des gesetzlichen Richters darstellen.[93] Vergleichbare Fragen treten auf bei **Fortsetzungsverhandlungen** (wenn nach durchgeführter Verhandlung eine weitere Verhandlung notwendig wird): Bei den berufsrichterlichen Mitgliedern des Spruchkörpers ist diese Frage durch die auf alle Sachen insgesamt bezogene Geschäftsverteilung geklärt, bei den ehrenamtlichen Richtern, mit denen der Spruchkörper überbesetzt ist, ist die Mitwirkung bei den einzelnen Sachen nach § 21 g zu regeln (anders § 50 GVG). Bei den ehrenamtlichen Richtern in der Arbeitsgerichtsbarkeit werden die ehrenamtlichen Richter, die den einzelnen Spruchkörpern durch das Präsidium zugeteilt sind, nach einer Liste für die jeweilige Sitzung herangezogen (§ 31 ArbGG), unter „Sitzung" ist der kalendermäßige Sitzungstag zu verstehen, nicht die einzelne Sache (anders § 50 GVG); für den Fall der Vertagung oder Verlegung eines Termins folgt daraus, dass für den neuen Sitzungstag die in der Reihenfolge der Liste nächstfolgenden ehrenamtlichen Richter herangezogen werden müssen.[94] Die für das Geschäftsjahr abstrakt-generell aufgestellte Regelung für die Heranziehung kann aber bestimmen, dass dieselben ehrenamtlichen Richter an einem Fortsetzungstermin mitwirken;[95] anderenfalls liegt in der Beibehaltung der Besetzung des Gerichts eine Abweichung von der Heranziehungsliste, die als Abweichung von der abstrakt-generellen Regelung eine Verletzung des gesetzlichen Richters darstellt.[96] 36

V. Überlastung des Richters. Die Überlastung des Richters (Spruchkörpers) kann dann eine Entziehung des gesetzlichen Richters darstellen, wenn hierdurch praktisch ein Rechtsstillstand eintritt (vgl. Rn. 26, 90). Dasselbe gilt für die längerfristige Nichtwiederbesetzung der Stelle eines Richters (vgl. § 59 Rn. 3, 13). Auch die in grundloser Nichterledigung einer Sache liegende Justizverweigerung entzieht den gesetzlichen Richter.[97] 37

VI. Bindungen. Der gesetzliche Richter ist verletzt, wenn ein Gericht, das an die Entscheidung eines anderen Gerichts **gebunden** ist, die Entscheidung selbst trifft, z.B. durch Verstoß gegen §§ 563 Abs. 2 ZPO, 358 StPO. Hierher gehört auch, wenn ein an die tatsächlichen Feststellungen der Vorinstanz gebundenes Revisionsgericht selbst den Sachverhalt erforscht und eine nach dem Stand des Verfah- 38

---

[90] BayObLGSt 1977, 141.
[91] BGH NJW 1974, 109; *LR/Böttcher* Rn. 25.
[92] BVerfG – K – NZA 1996, 26.
[93] VGH Mannheim NVwZ-RR 1997, 140.
[94] BVerfG – K – NZA 1998, 445; SächsVerfGH NZA-RR 1998, 461.
[95] BAGE 84, 189 = NJW 1997, 2133.
[96] BAGE 81, 265 = NZA 1996, 589.
[97] BVerfGE 3, 359, 364 = NJW 1954, 953; *LR/Böttcher* Rn. 22; str., vgl. *Bettermann*, Unabhängigkeit S. 559; *Klein* JZ 1963, 59.

rens gebotene Zurückverweisung an das Tatsachengericht zwecks weiterer Sachaufklärung unterlässt.[98]

39 Andererseits ist ein fehlerhafter **Verweisungsbeschluss,** der nach dem Verfahrensrecht das Gericht, an das verwiesen worden ist, bindet, keine Entziehung des gesetzlichen Richters. Etwas anderes gilt nur bei Willkür (Rn. 52).

40 Angesichts der Vielfalt der Gerichtsbarkeiten (Art. 92, 95, 96 GG), des Ineinandergreifens von Bundes- und Landesrecht sowie der Zulässigkeit von besonderen Gerichten (§ 14) und obersten Landesgerichten (§ 8 EGGVG) ist eine eindeutige gesetzliche Zuständigkeitsabgrenzung der Gerichte untereinander nicht immer möglich; deshalb verstößt es weder gegen den gesetzlichen Richter, wenn das angerufene Gericht über seine Zuständigkeit selbst entscheidet, noch, wenn einem Gericht die auch für andere Gerichte verbindliche Entscheidung darüber übertragen wird, wer im Zweifelsfall zuständig ist.[99]

41 Obwohl das Gebot der Gewährleistung des gesetzlichen Richters auch den Gesetzgeber bindet (Rn. 14), hindern es die verfassungsrechtlich vorgesehenen verschiedenen Gerichtsbarkeiten (Art. 95 Abs. 1 GG) nicht, bei der **Zuweisung von Aufgaben an die einzelnen Gerichtsbarkeiten** Zweckmäßigkeitserwägungen Raum zu geben. So bestimmt das GG an keiner Stelle verbindlich, welche Rechtsstreitigkeiten von den ordentlichen und welche von den anderen Gerichtsbarkeiten zu entscheiden sind; es besteht deshalb grundsätzlich die Möglichkeit, solche verwaltungsrechtlichen Streitigkeiten, die im Zusammenhang mit einer besonderen Rechtsmaterie stehen, im Interesse einheitlicher Beurteilung eines ganzen Sachgebiets bei den ordentlichen Gerichten zusammenzufassen[100] (Rn. 18).

42 **VII. Vorlagepflicht.** Ist ein Gericht zur Vorlage der Sache an ein anderes Gericht verpflichtet, ist dieses andere Gericht der „gesetzliche" Richter. Ein Gericht kann jemanden seinem gesetzlichen Richter auch dadurch entziehen, dass es eine Verpflichtung zur Vorlage außer acht lässt.[101] Das gilt für alle Vorlagepflichten, so nach § 121 Abs. 2, § 132 GVG,[102] dem RSprEinhG, § 28 Abs. 2 FGG. Eine Entziehung liegt auch in einer Verletzung des § 47 Abs. 5 VwGO,[103] ebenso in der Unterlassung notwendiger Vorlagen an den EuGH (§ 12 Rn. 58) oder nach Art. 100 Abs 1 oder 2 GG.[104] In allen Fällen liegt eine rechtswidrige Verletzung des gesetzlichen Richters aber nur vor im Falle der Willkür (Rn. 52), nicht etwa bei bloßem Irrtum.

43 Da kein verfassungsrechtlicher Anspruch auf eine Rechtsmittelmöglichkeit jenseits des normierten Prozessrechts besteht (§ 72 Rn. 2), kann eine gerichtliche Entscheidung über die **Nichtzulassung** eines Rechtsmittels oder dessen Unzulässigkeit nur dann den gesetzlichen Richter verletzen, wenn die sich aufdrängende Zulassung (z. B. § 543 Abs. 2 ZPO) unterbleibt und damit der übergeordneten Instanz keine Gelegenheit zur Entscheidung gegeben wird.[105] Da die Zulassung aber von Wertungen wie „grundsätzliche Bedeutung" abhängt, liegt eine Verletzung nur vor bei deren willkürlicher Verweigerung.[106]

44 **VIII. Zuständigkeit des Gerichts.** Zum gesetzlichen Richter gehören der zulässige Rechtsweg sowie die funktionale, sachliche und örtliche Zuständigkeit. Zur Rüge der Verletzung von Zuständigkeitsvorschriften bestehen oft Sonderregelungen. Der gesetzliche Richter kann verletzt sein, wenn die gebotenen Verfahren zur

---

[98] BVerfG NJW 1991, 2893 m. Anm. Foth NStZ 1992, 444.
[99] BVerfGE 6, 45, 52 = NJW 1957, 337; Rinck NJW 1964, 1650.
[100] BGHZ 38, 208 = NJW 1963, 446.
[101] BVerfGE 87, 282 = NJW 1993, 381; BVerfG – K – NJW 1999, 1020.
[102] BVerfGE 87, 282 = NJW 1993, 381; BVerfG NStZ 1995, 76; Kothe DÖV 1988, 284; Rüthers NJW 1984, 201; ZfA 1992, 199; Leisner NJW 1989, 2446.
[103] BVerwG DÖV 1984, 858 = DVBl. 1984, 343.
[104] BVerfGE 64, 1 = NJW 1983, 2766.
[105] BVerfG FamRZ 1991, 295.
[106] BVerfG – K – NJW 1999, 1390.

Bestimmung des zuständigen Gerichts (vgl. § 36 ZPO, § 14 StPO) nicht eingeleitet werden, ebenso, wenn bindende Verweisungsbeschlüsse (Rn. 39) oder Rechtswegentscheidungen nach §§ 17 ff. GVG nicht respektiert werden.

Die **sachliche Zuständigkeit** ist gesetzlich so eindeutig wie möglich zu regeln. **45** Das gilt sowohl für die erstinstanzliche als auch für die Rechtsmittelzuständigkeit. Nur der nach Maßgabe der Gesetze sachlich zuständige Richter ist der gesetzliche Richter; es gibt keinen Grundsatz, dass das im Instanzenzug „höhere" Gericht anstelle des „nachgeordneten" entscheiden könne, auch nicht, dass das mit mehr Richtern besetzte Gericht „besser" entscheide als das quantitativ geringer besetzte (vgl. § 29 Rn. 7). Bei der Verbindung von Verfahren (vgl. §§ 13 StPO, 147 ZPO) ist der gesetzliche Richter nur dann gewahrt, wenn die ihr zugrundeliegenden Erwägungen „sachgemäß und justizmäßig" sind.[107] Zu **„beweglichen"** Gerichtsständen § 24 Rn. 21.

Auch die **örtliche Zuständigkeit** muss sich im Voraus aus allgemeinen Regelungen so eindeutig wie möglich ergeben. Gleichzeitig beinhaltet die Bestimmung des gesetzlichen Richters auch, dass die geographische Abgrenzung der Gerichtsbezirke, die die örtliche Zuständigkeit festlegt, grundsätzlich durch Gesetz vorgenommen werden muss[108] (Einl. Rn. 21). **46**

IX. Rechtzeitigkeit. Zu den rechtsstaatlichen Grundvoraussetzungen gehört **47** die **Rechtzeitigkeit** gerichtlicher Entscheidungen (Rn. 80 ff.; Einl. Rn. 132). Eine unvertretbaren Verzögerung gerichtlicher Tätigkeit kann eine Verletzung des Anspruchs auf den gesetzlichen Richter sein, wenn auch kaum Reaktionsmöglichkeiten der Rechtsuchenden auf prozessualem Wege bestehen.

X. Kollegium, Einzelrichter. Auch das Verhältnis zwischen Kollegium und **48** Einzelrichter unterliegt den strengen Grundsätzen des gesetzlichen Richters. Wenn statt des zulässigerweise bestellten Einzelrichters die Kammer entscheidet, liegt hierin ein Verstoß gegen den gesetzlichen Richter;[109] ein Kollegium kann nicht als ein „besseres" Gericht angesehen werden (vgl. § 29 Rn. 7). Umgekehrt ist eine gesetzlich unzulässige Entscheidung durch den Einzelrichter statt durch das Kollegium auch ein Verstoß gegen den gesetzlichen Richter.[110] Eine ganz andere Frage ist es, inwieweit alle Mitglieder eines zur Entscheidung berufenen kollegialen Spruchkörpers auch aktiv an der Vorbereitung, Verhandlung und Entscheidungsfindung mitwirken. Jedes Kollegiumsmitglied ist erkennender Richter mit voller Verantwortung, bei einem jeden müssen alle Voraussetzungen des gesetzlichen Richters vorliegen (vgl. § 194 Rn. 8).

XI. Neuregelungen. Neuregelungen die das bisherige Recht über den gesetzlichen **49** chen Richter ändern (Gesetz, Geschäftsverteilungsplan), gelten vorbehaltlich des Grundsatzes der perpetuatio fori (§ 17 Rn. 9) auch für Fälle, die unter der Geltung des alten Rechts anhängig geworden sind oder hätten anhängig gemacht werden können[111] (vgl. § 1 EGGVG Rn. 4 ff.); es ist kein Verstoß gegen den gesetzlichen Richter, wenn das neue Recht – sei es auch für bereits verwirklichte Tatbestände – generell gilt, also außer anhängigen Verfahren auch eine unbestimmte Vielzahl künftiger gleichartiger Fälle erfasst.[112] Es gibt keine Zuständigkeitsfixierung auf einen bestimmten Zeitpunkt.[113]

---

[107] OLG Nürnberg MDR 1965, 678.
[108] BVerfGE 2, 307, 320 = NJW 1953, 1177; E 24, 155, 167 = NJW 1969, 1291; E 27, 18, 34 = NJW 1969, 1619; BVerfG – K – 14. 7. 2006 – 2 BvR 1058/05 –; VGH München NJW 2005, 3737; *Holch* DRiZ 1970, 183.
[109] OLG München MDR 1983, 498; OLG Koblenz MDR 1986, 151.
[110] OLG Schleswig NJW 1988, 69.
[111] BVerfGE 11, 139, 146 = NJW 1960, 1563; E 19, 52, 62 = NJW 1965, 2291.
[112] BVerfGE 24, 33, 54 = NJW 1968, 1467; BVerfG – K – NJW 2003, 345; BFH DB 1970, 715; BVerwG NJW 1979, 1374.
[113] OLG Hamm NJW 1977, 860.

50 XII. **Verstöße.** Ein Verstoß gegen das Verbot der Entziehung des gesetzlichen Richters macht die gerichtliche Entscheidung, der dieser Verstoß anhaftet, nicht nichtig oder wirkungslos[114] (vgl. § 22d Rn. 2f.). Er ist aber grundsätzlich ein Verfahrensmangel und macht die Entscheidung im ordentlichen Rechtsmittelverfahren **anfechtbar** (vgl. § 338 Nr. 1 StPO, § 557 Nr. 1 ZPO, § 133 Nr. 1 VwGO usw.). Der Verfahrensmangel muss sich aber auf die personelle Zusammensetzung des Gerichts beziehen, in der die anzufechtende Entscheidung gefällt wurde; auf Besetzungsmängel in der Person eines später durch einen Ergänzungsrichter (§ 192 GVG) abgelösten Richters ist der absolute Revisionsgrund ebenso wenig anwendbar wie auf solche bei einem bis zur Urteilsfindung nicht eingetretenen Ergänzungsrichter.[115]

50a Die Verletzung des gesetzlichen Richters muss als Rechtsverstoß **gerügt** werden, auch wenn das Gericht jederzeit von Amts wegen seine ordnungsgemäße Besetzung und Zuständigkeit zu prüfen hat. Ein Verzicht von Verfahrensbeteiligten auf den gesetzlichen Richter ist unwirksam; eine Heilung der falschen Besetzung nach § 295 Abs. 1 ZPO ist ausgeschlossen.[116] Aber die Geltendmachung der Besetzungsrüge kann präkludiert sein (§ 222b StPO), auch wenn das Gericht seine ordnungsgemäße Besetzung nicht von Amts wegen geprüft hat.[117] Hinsichtlich der Zuständigkeit des Gerichts können Sonderregelungen bestehen (vgl. §§ 513 Abs. 2, 545 Abs. 2 ZPO, 6a, 16 StPO). Bei Präklusion ist auch die Verfassungsbeschwerde ausgeschlossen,[118] im Übrigen ist sie bei Erschöpfung des Rechtswegs gegen eine letztinstanzliche Entscheidung möglich.[119] Die Rügepflicht setzt voraus, dass den Verfahrensbeteiligten Einsicht in die Unterlagen über die Heranziehung aller Richter (§ 21e Rn. 75) sowie in die Unterlagen über die Wahlen der ehrenamtlichen Richter gewährt wird.[120] Wird die Entscheidung nicht angefochten oder ist sie nicht mehr anfechtbar, entfaltet sie ihre volle Wirkung.

50b Die nicht als zufrieden stellend angesehenen prozessualen Möglichkeiten bei Verletzungen von Verfahrensgrundrechten und die dadurch bedingte große Zahl von Verfassungsbeschwerden führte mit dem Ziel einer **Selbstkontrolle des erkennenden Gerichts** zu Detailregelungen, z.B. § 321a ZPO[121] (Einl. Rn. 220) und Notkonstruktionen (Rn. 60).

51 Die Anfechtung einer Entscheidung kann jedoch nicht auf jeden sich ereignenden Verstoß gegen die Bestimmung des gesetzlichen Richters gestützt werden. Nach dem Sinn des Verfassungsverbots der Entziehung des gesetzlichen Richters, eine „Manipulierung" zu verhindern (Rn. 22), stellt nicht jeder „error in procedendo", also nicht jede irrtümliche Überschreitung der den Fachgerichten gezogenen Grenzen, einen Verstoß gegen Art. 101 Abs. 1 Satz 2 GG dar.[122] Nicht jede fehlerhafte Anwendung oder Nichtbeachtung einer einfachgesetzlichen Verfahrensvorschrift ist zugleich eine Verfassungsverletzung. Das gilt z.B. für die vertretbare Beantwortung einer gesetzlich nicht geregelten Zweifelsfrage bei der Schöffenheranziehung[123] oder die versehentliche fehlerhafte Zuteilung einer Sache.[124] Die Grenze zur Verfassungswidrigkeit ist erst überschritten, wenn die fehlerhafte Auslegung und Anwendung einfachen Rechts **willkürlich** ist.[125] Eine

---

[114] H.M.; vgl. BGHZ 37, 125 = NJW 1962, 1396.
[115] BGHSt 47, 220 = NJW 2002, 1508.
[116] BGH NJW 1993, 600.
[117] BGH NStZ 1996, 48.
[118] BVerfG NStZ 1984, 370; *Katholnigg* Rn. 9.
[119] *KK/Pfeiffer* Rn. 14.
[120] BFH BB 2001, 1568.
[121] Zur analogen Weiterentwicklung vgl. OLG Celle NJW 2003, 906.
[122] StRSpr, vgl. BVerfGE 87, 282 = NJW 1993, 381; BGH NJW 1993, 1607.
[123] BGH NStZ 1982, 476.
[124] BGH NStZ 1984, 181.
[125] StRSpr seit BVerfGE 3, 359 = NJW 1954, 593; E 87, 282 = NJW 1993, 381.

verfassungswidrige Zuständigkeitsentscheidung liegt darüber hinaus vor, wenn das Gericht Bedeutung und Tragweite von Art. 101 GG grundlegend verkennt[126] (§ 12 Rn. 39).

Ob Willkür vorliegt, entscheidet sich allein nach **objektiven Kriterien.** Ein Verstoß gegen die Gewährleistung des gesetzlichen Richters liegt nicht schon darin, dass die Rechtsanwendung oder das eingeschlagene Verfahren Fehler enthalten, hinzu kommen muss vielmehr, dass diese Fehler bei verständiger Würdigung der das GG beherrschenden Gedanken **nicht mehr verständlich** sind und sich deshalb der Schluss aufdrängt, dass sie auf **sachfremden Erwägungen beruhen.**[127] Das wird angenommen, „wenn eine offensichtlich einschlägige Norm nicht berücksichtigt oder der Inhalt einer Norm in krasser Weise missdeutet wird",[128] „wenn die Entscheidung des Gerichts sich bei der Auslegung und Anwendung einer Zuständigkeitsnorm so weit von dem sie beherrschenden verfassungsrechtlichen Grundsatz des gesetzlichen Richters entfernt hat, dass sie nicht mehr zu rechtfertigen ist"; wenn die Entscheidung „bei verständiger Würdigung der das Grundgesetz beherrschenden Gedanken nicht mehr verständlich erscheint und offensichtlich unhaltbar ist";[129] wenn die Maßnahme „objektiv unter keinem Gesichtspunkt vertretbar ist".[130] – Dem folgen die Revisionsgerichte aller Gerichtsbarkeiten.[131] Nur solche Rechtsfehler im Zusammenhang mit dem gesetzlichen Richter werden als relevant angesehen, die eine offensichtlich **grobe Fehlerhaftigkeit** darstellen: wenn ein Verfahrensverstoß von willkürlichen, sachfremden Erwägungen bestimmt wurde;[132] ein offensichtlicher Gesetzesverstoß;[133] ein „klar zutage liegender Gesetzesverstoß", ein willkürlicher Eingriff in die Besetzung des Gerichts.[134] Ein solcher Verstoß liegt z. B. vor, wenn der nach dem Geschäftsverteilungsplan berufene Richter sich für befangen hält, aber nicht die Entscheidung des dafür zuständigen Gerichts (§ 27 StPO) einholt, sondern der Vertreter unmittelbar tätig wird.[135] Umgekehrt ist es nicht willkürlich, wenn ein Instanzgericht der RSpr des BGH folgt, auch wenn eine andere Auslegung eines Gesetzes ebenso gut möglich ist.[136]

Keine relevante Verletzung des gesetzlichen Richters liegt vor bei einer **irrigen Auslegung** des Geschäftsverteilungsplanes[137] und überhaupt bei jeder fehlerhafte Rechtsanwendung, die noch vertretbar erscheint.[138] Willkür liegt auch nicht vor, wenn das Gericht sich mit der Rechtslage auseinandersetzt und seine Auffassung nicht jedes sachlichen Grundes entbehrt.[139]

Ermessensentscheidungen sind willkürlich nur dann, wenn sie sachfremd sind und auf von dem Gesetz sich völlig entfernenden Erwägungen beruhen.[140]

---

[126] BVerfGE 82, 286 = NJW 1991, 217; BVerfG NJW 1993, 381.
[127] BVerfGE 81, 132 = NJW 1990, 1103; E 87, 273 = NJW 1993, 996; BVerfG – K – NJW 1996, 1049; BGH NJW 1993, 1607; BGHSt 42, 205 = NJW 1997, 204; vgl. *Tombrink* NJW 2003, 2364.
[128] BVerfG – K – NJW 1994, 1645.
[129] BVerfGE 29, 45, 49.
[130] BVerfGE 42, 237, 242 = NJW 1976, 2128.
[131] BGHZ 85, 116 = NJW 1983, 671; BVerwG NJW 1988, 1339; BFH NJW 1992, 1062; BAGE 44, 221 = NJW 1984, 1990; str., vgl. *LR/Böttcher* Rn. 28.
[132] BGHSt 26, 206 = NJW 1976, 432; Z 37, 125 = NJW 1962, 1396; BGH NJW 1993, 1607.
[133] BGHSt 26, 393, 395 = NJW 1976, 2357.
[134] BGHSt 25, 66 = NJW 1973, 476; St 27, 105 = NJW 1977, 965.
[135] OLG Hamm MDR 1964, 77.
[136] BVerfGE 90, 22 = NJW 1994, 993.
[137] BGH NJW 1976, 1688; BVerwG NJW 1974, 1885.
[138] BGH GA 1976, 142; BGHSt 26, 206 = NJW 1976, 432; St 26, 393 = NJW 1976, 2357; St 27, 105 = NJW 1977, 965; BGH NJW 1976, 1668; BVerwG NJW 1974, 1885; *LR/Böttcher* Rn. 28; *Rieß* GA 1976, 133; DRiZ 1977, 289; *Kießling* DRiZ 1977, 326; krit. *Dahs* GA 1976, 353; *von Winterfeld* NJW 1972, 1399.
[139] BVerfGE 87, 273 = NJW 1993, 996; BVerfG – K – NJW 1994, 1645; 2002, 2859; *MünchKomm/Wolf* Rn. 24.
[140] *Rüping/Dornseifer* JZ 1977, 420.

55 Maßgebend ist allein der **objektive** Sachverhalt, eines Verschuldens der handelnden Person bedarf es nicht.[141] Umgekehrt reicht auch absichtsvolles Handeln nicht, wenn sich dies nicht objektiv niedergeschlagen hat.
56 Maßgebend ist die objektiv vorhandene Entziehung des gesetzlichen Richters. Hypothetische Erwägungen, ob der zuständige Richter genauso entschieden hätte, sind unzulässig und unerheblich, und zwar in jedem Falle.[142]
57 Auch Unterscheidungen nach der Art der richterlichen Tätigkeit, z. B. zwischen der Entscheidung selbst und der vorbereitenden Tätigkeit, sind grundsätzlich unzulässig.[143]
58 Hat jedoch ein **Rechtsmittelgericht** in ordnungsgemäßer Besetzung entschieden und dabei alle Tatfragen und Rechtsfragen selbst derart gewürdigt, dass sein Urteil auf eigenen Feststellungen und Würdigungen beruht, ist damit ein etwaiger Besetzungsfehler in der vorangegangenen Instanz **geheilt.**[144]
59 Diese Grundsätze gelten uneingeschränkt für alle **Berufsrichter** und auch für die Tätigkeit der **ehrenamtlichen Richter.**[145]
60 Um der Gefahr einer Ausuferung der **Besetzungsrügen** entgegenzuwirken und sie auf das verfassungsrechtlich gebotene Maß zurückzuführen, wurde für die erstinstanzlichen Strafverfahren vor dem LG und OLG die Rügepräklusion eingeführt[146] (§§ 222a, 222b, 338 Nr. 1 StPO); gegen diese Befristung der Besetzungsrüge bestehen keine verfassungsrechtlichen Bedenken.[147]

D. Weitere Erfordernisse des gesetzlichen Richters

61 Es wäre unvollständig, den gesetzlichen Richter schon und nur deshalb als gewahrt anzusehen, wenn die Verbote des § 16 eingehalten werden, also weder ein Ausnahmegericht entscheidet noch der Verfahrensbeteiligte dem nach der allgemeinen Zuständigkeitsregelung und nach der Geschäftsverteilung zuständigen Richter entzogen ist. Zum gesetzlichen Richter gehören, funktional verstanden, im Licht des Rechtsstaatsgedankens (Einl. Rn. 197 ff.) noch weitere Erfordernisse:[148] in der Person des entscheidenden Richters liegende äußere Voraussetzungen der Verhandlung; Effektivität; auch sozialstaatliche Überlegungen; der Zugang zum Gericht, wobei sich Überschneidungen mit dem Verfassungsgebot des rechtlichen Gehörs (Einl. Rn. 215), einer ebenfalls grundrechtsgleichen Garantie,[149] ergeben können.

62 **I. Staatliches Gericht.** Gesetzlicher Richter kann nur der eines staatlichen Gerichts sein als besonderes Organ im Sinne der Gewaltenteilung (Einl. Rn. 164), und zwar sachlich wie persönlich unabhängig (Einl. Rn. 166), unabhängig davon, ob es sich um Berufsrichter oder ehrenamtliche Richter handelt (Einl. Rn. 168).

63 **II. Unbeteiligter Richter.** Der Richter muss **unbeteiligter** Dritter sein (Rn. 31).

64 **III. Wahrnehmungsfähigkeit.** Der Richter muss zu den für die Entscheidung **erforderlichen Wahrnehmungen** selbst in der Lage sein, und zwar in voller Verantwortung. Deshalb ist ein (auch nicht erkennbar) Geisteskranker niemals gesetz-

---

[141] BVerfG – K – NJW 1996, 1049; OLG Hamm JMBlNRW 1963, 252; *Stree* NJW 1959, 2051; *Rinck* NJW 1964, 1652; *Arndt* NJW 1964, 1667; *LR/Böttcher* Rn. 28; a. A. *Bettermann,* Unabhängigkeit S. 565; *Kern* DRiZ 1959, 142; *Bruns* NJW 1964, 1888; zweifelnd OLG Celle MDR 1968, 169.
[142] A. A. für Fälle von „geringer" Bedeutung BGHZ 37, 125, 131 = NJW 1962, 1396; *Kohlhaas* NJW 1958, 1428.
[143] BGHZ 37, 125, 128 = NJW 1962, 1396; entsprechend BAG NJW 1960, 1542 zur Terminierung, wenn nicht auszuschließen ist, dass das Gericht anders besetzt gewesen wäre.
[144] BVerfGE 46, 188, 191; BVerwG DÖV 1965, 860.
[145] Vgl. BGHSt 27, 105 = NJW 1977, 965 m. abl. Anm. *Müller* NJW 1977, 1889.
[146] Vgl. *Wagner* JR 1980, 50.
[147] BVerfG – VorprA – NStZ 1984, 370.
[148] Vgl. BVerfGE 21, 139, 145 = NJW 1967, 1123.
[149] BVerfGE 43, 154, 170.

licher Richter. Das gilt auch, wenn ein Richter, sei es auch nur vorübergehend, durch **Schlaf** (§ 33 Rn. 6), Übermüdung usw. nicht in der Lage war, dem Geschehen in der Verhandlung zu folgen. Einer differenzierten Betrachtung bedarf es indessen bei Blindheit und Taubheit. Generell führen diese Gebrechen nicht dazu, dass der darunter leidende Richter nicht der gesetzliche Richter ist. Bei Schwerhörigkeit oder Taubheit muss gegebenenfalls mit technischen Hilfsmitteln oder mittels eines Gehörlosendolmetschers abgeholfen werden.[150] Etwas anderes gilt jedoch, wenn es auf die akustische Wahrnehmung im Zusammenhang mit der Tatsachenfeststellung ankommt.

Auch **Blindheit** steht der Bejahung des gesetzlichen Richters grundsätzlich 65 nicht entgegen. Eine Ausnahme gilt, wenn die Betrachtung mit den eigenen Augen für die Entscheidungsfindung durch nichts ersetzt werden kann, z.B. bei einer Augenscheinseinnahme, einer Skizze usw..[151] Indessen geht die RSpr dahin, dass die Mitwirkung eines blinden Richters bei einer tatrichterlichen Hauptverhandlung in Strafsachen unzulässig sei[152] und dass ein blinder Richter in einer erstinstanzlichen StrafK nicht als Vorsitzender mitwirken kann;[153] im Übrigen können aber grundsätzlich blinde Richter Tatrichter sein,[154] auch Vorsitzende einer BerufungsStrafK[155] oder einer Beschwerdekammer.[156] Eine „Vorlesekraft" ist ihm zu stellen.[157]

IV. Überlastung. Gesetzlicher Richter ist nur der Richter, der für die Erledi- 66 gung der ihm übertragenen Geschäfte die nötige Zeit hat. Beim **überlasteten Richter** besteht die Gefahr der Oberflächlichkeit und der Hektik, was sich sowohl auf die Qualität der Entscheidung als auch auf die Möglichkeit der Verfahrensbeteiligten, ihre prozessualen Rechte wahrzunehmen, nachteilig auswirken kann bis hin zur Verletzung des rechtlichen Gehörs (vgl. Rn. 26, 37).

E. Beeinflussung des Richters

Eng verbunden mit den institutionellen Voraussetzungen des gesetzlichen Rich- 67 ters, insbesondere seiner Neutralität (Rn. 31), ist die Problematik äußerer Einflüsse, welche die richterliche Tätigkeit behindern und die Verfahrensbeteiligten in der Wahrnehmung ihrer vom Verfahrensrecht formell gewährleisteten Rechte beeinträchtigen können.

I. Einflüsse von Außen. Zur Unabhängigkeit als Merkmal des gesetzlichen 68 Richters gehört nicht nur die sachliche und persönliche Unabhängigkeit im Verhältnis zur Dienstaufsicht (vgl. § 1), sondern auch die von allen anderen verfahrensfremden Versuchen, auf seine Entscheidung **Einfluss zu nehmen.** Hierzu gehören Stellungnahmen öffentlicher Institutionen und Amtsträgern sowie einflussreicher Gruppierungen jedweder Art, auch aus dem Ausland, zu schwebenden Verfahren und zu getroffenen Entscheidungen mit dem Ziel einer Beeinflussung des Gerichts für künftige Fälle. Hierher gehört auch die publizistische Erörterung schwebender Verfahren (vgl. § 1 Rn. 109), z.B. durch Meinungsäußerungen zu anstehenden Rechtsfragen, Würdigung von Zeugenaussagen oder Sachverständigengutachten, Qualifizierung der Verfahrensbeteiligten. Damit verbunden ist oft eine Vorverurtei-

---

[150] Nach h. M. liegt hierin ein Verstoß: BGHSt 35, 164 = NJW 1988, 1333; *BL/Hartmann* § 547 ZPO Rn. 7; *Meyer-Goßner* § 338 StPO Rn. 13; *KK/Kuckein* § 338 StPO Rn. 50.
[151] BVerfGE 20, 52 = NJW 1966, 1307; BGHSt 34, 236 = NJW 1987, 1210; BSG NJW 1965, 2422; BVerwG DVBl. 1982, 1144; BFH BB 1984, 1351.
[152] Vgl. BGHSt 34, 236 = NJW 1987, 1210; dazu *Fezer* NStZ 1987, 335; 1988, 375; zusammenfassend *Reichenbach* NJW 2004, 3160.
[153] BGHSt 35, 164 = NJW 1988, 1333; BGH MDR 1989, 308.
[154] BGH MDR 1989, 308; BVerwG DVBl. 1982, 1144; BFH BB 1984, 1351.
[155] BVerfG NJW 1992, 2075; OLG Zweibrücken NJW 1992, 2437; *KK/Pfeiffer* Einl. Rn. 58; *Th. Wolf* ZRP 1992, 15; *H. E. Schulze* MDR 1988, 736; 1991, 1083; 1995, 670.
[156] OLG Frankfurt ZMR 1995, 166.
[157] Hierzu *Vollert* DRiZ 1982, 335.

lung (unter Missachtung der Unschuldsvermutung des Art. 6 MRK), eine Neben- und Vorausjustiz.[158] Auch bestimmte Verhaltensweisen in der öffentlichen Verhandlung (§ 169 Rn. 13 ff., 38; § 172 Rn. 30), Briefsendungen, „Aktionen" gegen die Privatsphäre des Richters, Demonstrationen sind zu erwähnen. Solche Vorgänge erschweren eine vorurteilsfreie, nur aus dem Inhalt der mündlichen Verhandlung geschöpfte und nur dem eigenen Gewissen verantwortliche richterliche Entscheidung ebenso wie die ungehinderte Wahrnehmung der Rechte durch die Verfahrensbeteiligten. Dem entgegenzuwirken ist mit den Mitteln des Gerichtsverfassungsrechts weitgehend unmöglich. Es ist vielmehr eine Frage an die innere Unabhängigkeit des Richters, des Berufsrichters wie des ehrenamtlichen Richters[159] und des Respekts demokratischer Organe und gesellschaftlicher Gruppen vor der Selbstständigkeit der rsprGewalt als Wesenselement der rechtsstaatlichen Demokratie. Das anglo-amerikanische Rechtsinstitut des **„Contempt of Court"**, das solche Gefahren weitgehend bannt, fehlt im deutschen Rechtskreis (§ 1 Rn. 109) und ist nur rudimentär in § 178 enthalten. Nur teilweise Abhilfe ist möglich durch die Sitzungspolizei, ein partieller gesetzgeberischer Schritt ist das Verbot der Veröffentlichung der Anklageschrift[160] (§ 353 d Nr. 3 StGB).

69 Während bezüglich der Distanziertheit des Richters ein ausgefeiltes System von Ausschließung und Ablehnung besteht, werden rechtliche Konsequenzen bei Gefährdung der richterlichen Unabhängigkeit und der Rechte der Verfahrensbeteiligten nicht gezogen. Gegen Beeinträchtigungen der richterlichen Unabhängigkeit ist nur einem Berufsrichter, und nur teilweise, ein Abwehrrecht gegeben (§ 26 DRiG), die Verfahrensbeteiligten sind auf Rechtsmittelrügen bezüglich Verfahren und Urteilsinhalt beschränkt. Allenfalls kann die Nichtgewährung des rechtlichen Gehörs zu Konsequenzen führen. Beeinträchtigungen durch die Öffentlichkeit der Verhandlung können die Verfahrensbeteiligten nur durch Anregungen an das Gericht entgegentreten, ein Abwehrrecht gegen Öffentlichkeit ist ihnen nicht gegeben (vgl. § 169 Rn. 59). Auch Verstöße gegen die Grundsätze des **fairen Verfahrens** müssen sich, um relevant zu werden, auf konkret ausgeformte Verfassungsgrundsätze oder Verfahrensvorschriften beziehen. Vom hier zugrundeliegenden Verständnis von Tragweite und Inhalt des gesetzlichen Richters muss aber auch den nicht ausdrücklich in den Verfahrensgesetzen ausgeformten Prinzipien des fairen Verfahrens (Einl. Rn. 221) rechtliche Bedeutung zugesprochen werden unabhängig davon, ob Beeinträchtigungen vom Richter ausgehen, kommen, ob er ihnen zu Unrecht nicht entgegengewirkt oder ob es sich um Umstände handelt, auf die Einfluss zu nehmen dem Richter gar nicht möglich ist. In vielen Fällen wird gleichzeitig eine Beeinträchtigung des rechtlichen Gehörs vorliegen, die nicht nur von den erkennenden Richtern ausgehen muss. Es spricht vieles dafür, im Extremfall ein Verfahrenshindernis anzunehmen.[161]

70 **II. Einflüsse auf Verfahrensbeteiligte.** Für die Verfahrensbeteiligten gehört zum gesetzlichen Richter die uneingeschränkte Möglichkeit der **Wahrung aller prozessualen Rechte,** sowohl was den Sachvortrag angeht (unter Wahrung der prozessual zu bestimmenden Rechtzeitigkeit ihres Vorbringens) als auch die Heranziehung aller zur Sachaufklärung erforderlich erscheinenden Beweismöglichkeiten (fair trial, vgl. Einl. Rn. 221). Beeinträchtigungen können erfolgen durch Drohung gegen oder Einschüchterung von Zeugen und Sachverständigen oder deren Untertauchen (freiwillig oder nicht) wie auch plötzlich auftretende „Gedächtnislücken". Das kann aber auch der Fall sein durch die Abhängigkeit von bestimmten Sachver-

---

[158] *Köbl,* FS Schnorr von Carolsfeld, Köln 1972 S. 243; Bornkamm NStZ 1983, 102; *Hassemer* NJW 1985, 1921; Roxin NStZ 1991, 153; *Schaefer* NJW 1996, 496; vgl. BTagsDrucks. 10/4608.
[159] *Bockelmann* NJW 1960, 220; vgl. BGHSt 22, 289 = NJW 1969, 703.
[160] Vgl. BVerfGE 71, 206 = NJW 1986, 1239; *Wilhelm* NJW 1994, 1520.
[161] *Hillenkamp* NJW 1989, 2844 m. w. N.

ständigen wie auch durch die Nichterteilung von erforderlichen Aussagegenehmigungen (vgl. §§ 54 StPO, 376 ZPO; vgl. § 23 EGGVG Rn. 112). Entsprechendes gilt für Aussageverweigerungsrechte, die die Möglichkeiten justizförmiger Sachaufklärung beschränken, indem sie auf Grund einer Abwägung widerstreitender Rechtsgüter Ausnahmen von einer im Grundsatz für alle geltenden Bürgerpflicht statuieren.[162]

Auch faktische Beschränkungen des rechtlich uneingeschränkten Rechts auf einen Verteidiger bzw. Prozessvertreter (Rn. 101) sind zu beobachten, gegen die nur bedingt durch die Möglichkeit der Bestellung eines Pflichtverteidigers und eines Notanwalts (§ 78b ZPO) vorgegangen werden kann, während andererseits die Beschränkung der Zahl der Verteidiger für einen Angeklagten (§ 137 Abs. 1 StPO) verfassungsrechtlich unbedenklich ist.[163] **71**

F. Staatliche Gerichte

Gesetzlicher Richter kann nur der Richter der staatlichen Gerichtsbarkeit sein **72** (Einl. Rn. 199, 209). Deshalb kann weder eine Bestrafung durch eine andere Einrichtung als ein staatliches Gericht erfolgen noch kann dem Bürger zur Durchsetzung seiner Rechte der Weg zum staatlichen Gericht versagt, beschränkt oder erschwert werden (zu Vorschaltstellen Rn. 100).

I. Schiedsgerichte. Soweit es um privater Rechte geht, lassen §§ 1025 ff. ZPO **73** nichtstaatliche Schiedsgerichte zu, jedoch nur unter zwei Voraussetzungen. Hinsichtlich Zusammensetzung, Verfahrensweise und Entscheidung müssen rechtsstaatliche Mindesterfordernisse gewahrt sein. Die Vereinbarung des privaten Schiedsgerichts muss freiwillig sein, insbesondere darf nicht wirtschaftliche oder soziale Überlegenheit dazu ausgenutzt wird, den anderen Teil zum Abschluss des Schiedsvertrags zu bringen. Eine Sonderregelung enthalten §§ 4, 101 ff. ArbGG. Die Zulassung privater Schiedsgerichte stellt indes verfassungsrechtlich eine Ausnahme dar und wird dann bedenklich, wenn dadurch ganze Lebensbereiche der staatlichen Gerichtsbarkeit entzogen werden oder wenn sie derart an quantitativer Bedeutung gewinnt, dass eine Art „Konkurrenzsituation" zur staatlichen Gerichtsbarkeit eintritt, sei es auch nur als Flucht vor der zu langsam arbeitenden staatlichen Gerichtsbarkeit.[164]

II. Betriebsjustiz. Eine der Tätigkeit von Schiedsgerichten vergleichbare Verlagerung von originärer Zuständigkeit der staatlichen Gerichte ist im Arbeitsrecht im Zusammenhang mit **Betriebsbußen** festzustellen als Reaktion auf Pflichtverletzungen des Arbeitnehmers gegen die betriebliche Ordnung, stets also mit kollektivem Betriebsbezug.[165] Sie hat Sanktionscharakter. Voraussetzung für die Verhängung einer Betriebsbuße ist das Bestehen einer Betriebsbußenordnung; diese unterliegt der Mitbestimmung des Betriebsrats wie auch die Verhängung der Betriebsbuße im Einzelfall.[166] Die Betriebsbuße unterliegt der arbeitsgerichtlichen Nachprüfung in vollem Umfange daraufhin, ob für die Verhängung eine Rechtsgrundlage besteht, ob der Arbeitnehmer den die Betriebsbuße rechtfertigenden Tatbestand verwirklicht hat, ob die Mitbestimmung beachtet wurde wie auch das vorgeschriebene Verfahren; hinsichtlich Art und Höhe der Betriebsbuße findet eine Angemessenheitsprüfung statt.[167] **74**

Unter dem Gesichtspunkt des gesetzlichen Richters darf die Betriebsjustiz keine **75** den Maßnahmen staatlicher Institutionen gleiche Wirkungen haben (Eintragung in öffentliche Register, Vollstreckbarkeit der Entscheidungen). Gegen alle ihre Maß-

---

[162] BVerfGE 36, 193, 203 = NJW 1974, 356; E 49, 280, 283 = NJW 1979, 32.
[163] BVerfGE 39, 156 = NJW 1975, 1013; E 45, 354 = NJW 1977, 1629.
[164] Vgl. *Bull* DRiZ 1977, 138; *Ritter* NJW 2001, 3440; *Schuppert* DRiZ 2006, 82, 84.
[165] Vgl. BAGE 27, 366 = NJW 1976, 909; E 50, 29 = NZA 1986, 299.
[166] BAG aaO.
[167] Eingehend BAGE 63, 169 = NZA 1990, 193.

nahmen müssen uneingeschränkt die staatlichen Gerichte angerufen werden können, wenn auch die Arbeitnehmer erfahrungsgemäß die betrieblichen den staatlichen Sanktionen vorziehen und von der Anrufung der staatlichen Gerichte selten Gebrauch machen.[168] Auch muss gewährleistet sein, dass dem Betroffenen keine auch nur mittelbaren Nachteile entstehen, wenn er gegen die Maßnahme die staatlichen Gerichte anruft; so kann hierin insbesondere kein Grund für eine Kündigung des Arbeitsverhältnisses bestehen.[169]

76 **III. Vereins-, Verbandsgerichte.** Die gleiche Problematik besteht bei Vereins- und Verbandsgerichten und den entsprechenden Einrichtungen politischer Parteien, die in der Satzung oder in einem besonderen Statut vorgesehen sind zur Entscheidung von Streitigkeiten zwischen Mitgliedern untereinander oder dem Verband/Verein und einem Mitglied unter Ausschluss des Rechtswegs zu den staatlichen Gerichten. Mangels ausdrücklicher Vereinbarung zwischen den zukünftigen Streitteilen sind sie keine Schiedsgerichte nach §§ 1025 ff. ZPO, insbesondere haben ihre Entscheidungen nicht die Wirkung eines vollstreckbaren Urteils nach § 1040 ZPO (vgl. § 13 Rn. 200). Deshalb können, wenn das Mitglied die satzungsmäßigen Rechtsmittel ausgeschöpft hat,[170] ihre Entscheidungen vor den staatlichen Gerichten angegriffen werden, und zwar uneingeschränkt hinsichtlich der Einhaltung des satzungsmäßigen Verfahrens und des rechtlichen Gehörs. Inhaltlich wird die Kontrolle weitgehend darauf beschränkt, ob die Entscheidung dem Gesetz oder den guten Sitten widerspricht oder sonst offenbar unbillig ist (vgl. § 13 Rn. 203).

77 **IV. Ladendiebstahl.** Unter dem Gesichtspunkt des staatlichen RSpr-Monopols ist die Entwicklung bei Ladendiebstählen bedenklich.[171] Vom „Hausdetektiv" in teils rechtsstaatlich bedenklicher Weise mittels Durchsuchung usw.[172] überführten Ladendieben wird ein Hausverbot erteilt, eine „Bearbeitungsgebühr" abverlangt,[173] u. U. ihr Name durch Aushang oder durch die Rundsprechanlage veröffentlicht („Pranger"), registriert usw. zum „Ausgleich" für den Verzicht des Geschädigten auf eine Strafanzeige, mitunter sogar zusätzlich.

78 **V. Schlichtungs-, Einigungsstellen.** Gegen Schlichtungs- und Einigungsstellen (Einl. Rn. 133 ff.) sind nur dann keine Bedenken zu erheben, wenn sie weder rechtlich noch tatsächlich den Zugang zum staatlichen Gericht erschweren und kein Druck durch wirtschaftliche Übermacht oder die Verfahrensdauer vor den Gerichten besteht.

G. Effektivität, Funktionsfähigkeit

79 Untrennbar mit dem gesetzlichen Richter als Wesensmerkmal des Rechtsstaatsprinzips verbunden ist das Gebot der **Effektivität des gerichtlichen Rechtsschutzes** (Einl. Rn. 229). Dies folgt auch aus dem Verbot der Selbsthilfe (Einl. Rn. 209), ebenso gehört die Durchsetzbarkeit zu den wesentlichen Bestandteilen eines verfassungsmäßigen Rechts (Rn. 95). Unabdingbare Voraussetzung hierfür ist die organisatorisch-verfahrensrechtliche Funktionsfähigkeit der rsprGewalt. Ihre Gewährleistung ist verfassungsrechtliche Verpflichtung des Staates, ohne sie kann die Gerechtigkeit nicht verwirklicht werden.[174] Für das Strafrecht hat das BVerfG

---

[168] *Wolf* ZZP 1979, 86.
[169] *Nikisch* NJW 1964, 2387; *Arndt* NJW 1965, 26 gegen BAGE 16, 21 = NJW 1964, 1542; *Kissel*, Zukunft S. 163.
[170] Vgl. BVerfG NVwZ 2007, 326 m. w. N.
[171] Vgl. *Lange* JR 1976, 177; *Wollschläger* NJW 1976, 12; *Geerds* DRiZ 1976, 225; *Berckhauer* DRiZ 1976, 229; zum AE eines Gesetzes gegen den Ladendiebstahl: *Schoreit* JZ 1976, 49, 167; *Arzt* JZ 1976, 54; *Wolter* JZ 1976, 469; *Rössner* ZRP 1976, 141.
[172] Vgl. *Hoffmann-Riem* ZRP 1977, 277.
[173] Vgl. dazu BGHZ 75, 230 = NJW 1980, 119.
[174] BVerfGE 44, 353, 374 = NJW 1977, 1489; E 46, 214, 222 = NJW 1977, 2355; E 53, 152, 160 = NJW 1980, 1448; *Kloepfer* JZ 1979, 209 ff. m. w. N.

Ausnahmegerichte 80–82 § 16

wiederholt ausgesprochen, dass der Rechtsstaat sich nur verwirklichen kann, wenn sichergestellt ist, dass Straftäter im Rahmen der geltenden Gesetze verfolgt, abgeurteilt und einer gerechten Bestrafung zugeführt werden.[175] Entsprechendes gilt für alle anderen gerichtlichen Verfahren.[176] Diese Funktionsfähigkeit hat zeitliche, verfahrensrechtliche und materiellrechtliche Voraussetzungen und Inhalte:

I. Zeitliche Voraussetzungen. 1. Der Richter muss in einer der Bedeutung 80 des schutzbedürftigen Rechts und im Verhältnis zum konkreten Schutzbedürfnis angemessenen Frist **erreichbar** sein. Da zum effektiven Rechtsschutz auch der vorläufige Rechtsschutz in **Eilfällen** gehört,[177] beinhaltet das auch die Erreichbarkeit und Tätigkeitsbereitschaft des Gerichts in Not- und Eilfällen außerhalb der üblichen Bürostunden.[178] Hierzu gehören einmal die Fälle, in denen Personen in ihrer Freiheit hoheitlich beschränkt sind und einen gesetzlichen Anspruch auf gerichtliche Tätigkeit haben,[179] z.B. nach Art. 104 GG, §§ 115, 115a, 128, 165 StPO, § 902 ZPO. Hierzu gehören auch Unglücksfälle, ebenso Fälle, in denen einstweiliger Rechtsschutz geboten ist, z.B. durch Arrest oder einstweilige Verfügung, selbstständiges Beweisverfahren, Vollstreckungshandlungen; für die VG ist hier etwa die Tätigkeit bei Demonstrationsverboten bedeutsam. Für solche Fälle muss gegebenenfalls an jedem Tag zu jeder Zeit ein Richter (oder je nach Art der gebotenen Maßnahme ein anderer Gerichtsangehöriger, Rechtspfleger, Gerichtsvollzieher usw.), wenn auch unter zumutbaren äußeren Bedingungen, erreichbar und bereit sein.[180] Bei der Schleyer-Entführung ging am Samstag, 15. 10. 1977, um 14.00 Uhr ein Antrag auf Erlass einer einstweiligen Anordnung beim BVerfG ein, über den wegen der Drohung der Entführer bis Sonntag 9.00 Uhr entschieden sein musste. Auf 20.30 Uhr wurde die mündliche Verhandlung anberaumt und bis 24.00 Uhr durchgeführt, und am Sonntag morgen um 6.00 Uhr die Entscheidung verkündet.[181]

Die Einrichtung des **Eildienstes** und die Heranziehung der einzelnen Richter 81 hierzu obliegt allein der Entscheidung des Präsidiums in richterlicher Unabhängigkeit; im Wege der Dienstaufsicht können keine Weisungen erteilt werden (§ 21e Rn. 136). Die Justizverwaltung kann einen gemeinsamen Bereitschaftsdienst der Amtsgerichte einrichten (§ 22c). Für den zum Eildienst eingeteilten Richter sind Erreichbarkeit und angemessene Amtshandlungen zur Gewährleistung eines rechtzeitigen Rechtsschutzes Dienstpflicht.[182]

2. Die richterliche Entscheidung muss binnen angemessener, **zumutbarer Zeit** 82 ergehen, denn ein gerichtliches Verfahrens bedeutet für die Beteiligten und die Allgemeinheit Rechtsunsicherheit, zudem für den einzelnen Beteiligten psychische Belastung und Unsicherheit,[183] Schutzlosigkeit seiner Rechte, die Beeinträchtigung seiner Freiheit und seiner Dispositionsmöglichkeiten. „In einer schnelllebigen Zeit ist ein Gerichtsentscheid, der erst nach Jahren gefällt wird, u. U. eine Einladung dazu, die Gegenpartei geradezu mit Hilfe des Rechtes zu erpressen".[184] Zwar gibt es keine festen Grundsätze, die besagen, ab wann von einer überlangen, die Rechtsgewährung verhindernden Verfahrensdauer auszugehen ist; dies ist eine Frage der Abwägung im Einzelfalle anhand allgemeiner, von der verfassungsgerichtlichen RSpr ent-

---

[175] Vgl. BVerfGE 46, 214, 222 = NJW 1977, 2356; *Landau* NStZ 2007, 121.
[176] Vgl. EuGH NJW 2002, 2935.
[177] BVerfGE 46, 166 = NJW 1978, 693.
[178] Vgl. BGHSt 27, 334, 335 = NJW 1978, 899.
[179] BVerfGE 103, 142 = NJW 2001, 1121; E 105, 239 = NJW 2002, 3161; BVerfG – K – NJW 2004, 1442; StV 2006, 676; NVwZ 2006, 579.
[180] *Liska* DRiZ 1979, 278.
[181] BVerfGE 46, 160 = NJW 1977, 2255.
[182] Vgl. BVerfGE 103, 142 = NJW 2001, 1121; *Dombert* NJW 2002, 1627; *Beichel/Kieninger* NStZ 2003, 10.
[183] *Hillenkamp* JR 1975, 133 f.
[184] *Max Baumann*, Die sinnliche Justitia S. 177.

wickelter Kriterien.[185] Bei der Beurteilung der Angemessenheit ist die Bedeutung des Verfahrens für den Betroffenen von Belang, aber auch, ob die Ursachen einer Verzögerung in sachlichen Erfordernissen des konkreten Verfahrens oder in anderen, außerhalb des Verfahrens liegenden Umständen begründet sind.[186] Dennoch bleibt es Sache des unabhängigen Richters, „welchem der von ihm zu erledigenden vielfältigen Dienstgeschäfte er den Vorrang vor anderen einräumt, welche Mittel er im Einzelfall für die Förderung der Rechtssache geeignet hält und welche Gründlichkeit er der Sachbearbeitung widmet"; aber auch ein im Grundsatz zuzubilligender großzügiger Ermessensspielraum bei der Einteilung der Dienstgeschäfte „schließt strafrechtlich relevante Verstöße gegen das Beschleunigungsgebot nicht in jedem Falle aus".[187] Plastisch machen dies Fälle extremer Verfahrensdauer bis hin zum BVerfG, so 12 Jahre bei der Kleinbetriebsklausel,[188] 8 Jahre zur Mannesmann-Mitbestimmung;[189] der EGMR hat wegen 7 Jahren Verfahrensdauer vor dem BVerfG wiederholt die BRep der Verletzung von Art. 6 Abs. 1 MRK (Recht auf Entscheidung innerhalb angemessener Frist) gerügt und zu Entschädigungsleistungen verurteilt.[190] Der Pronuptia-Prozess dauerte 22 Jahre,[191] 6 Jahre die erste Instanz in einer Familiensache,[192] 7 Jahre ein aktienrechtliches Spruchstellenverfahren,[193] 11 Jahre ein Verfahren vor dem Finanzgericht,[194] 15 Jahre eine Nachbarstreitigkeit.[195]

83   Die zügige Abwicklung jedes gerichtlichen Verfahrens ist ein **Gebot der Rechtsstaatlichkeit**[196] (Art. 6 Abs. 1 MRK). Jeder Staat ist verpflichtet, sein Gerichtswesen so zu organisieren, dass die Verfahren in angemessener Zeit abgeschlossen werden können.[197] Auf Umstände innerhalb des staatlichen Verantwortungsbereichs, etwa Urteilsaufhebungen im Rechtsmittelzug, kann sich der Staat zur Rechtfertigung überlanger Verfahrensdauer nicht berufen.[198]

84   Besonders für **Strafverfahren** betont das BVerfG in stRSpr, dass Art. 2 Abs. 2 Satz 2 GG in Verbindung mit dem Rechtsstaatsprinzip einen Anspruch des Betroffenen auf angemessene Beschleunigung des mit einer Freiheitsentziehung verbundenen gerichtlichen Verfahrens begründet.[199] Ob die Verfahrensdauer noch angemessen ist, muss allerdings nach den Umständen des Einzelfalles beurteilt werden.[200] Für diese Bewertung betont das BVerfG das Interesse der Allgemeinheit an der Gewährleistung einer funktionstüchtigen Strafrechtspflege.[201] Dies gilt insbesondere im Zusammenhang mit der **Dauer der Untersuchungshaft** (§ 121 Abs. 1 StPO). Der Freiheitsanspruch des noch nicht verurteilten Beschuldigten ist den vom Standpunkt der Strafverfolgung aus erforderlichen und zweckmäßigen Freiheitsbeschränkungen ständig als Korrektiv entgegen zu halten; das Gewicht des Freiheits-

---

[185] BVerfG – K – NJW 1997, 2812.
[186] BVerfG – K – NJW 1999, 2582.
[187] BGHSt 47, 105 = NJW 2001, 3275 m. Anm. *Böttcher* NStZ 2002, 146; vgl. BVerfG – K – NJW 2005, 3488.
[188] BVerfGE 97, 160 = NJW 1998, 1475.
[189] BVerfGE 99, 367 = NJW 1999, 1535; vgl. *Raiser* RdA 1999, 396.
[190] EGMR NJW 1997, 2809; 2005, 41.
[191] *Skaupy* BB 1996, 1899.
[192] BVerfG FamRZ 1997, 871.
[193] BVerfG – K – NJW 1999, 2582.
[194] BFH NJW 1994, 2848.
[195] BVerfG – K – NJW 2000, 797.
[196] BVerfGE 85, 337; E 88, 118 = NJW 1993, 1635.
[197] EGMR NJW 1997, 2809; 2007, 1259; BVerfG – K – NVwZ 2004, 334.
[198] BVerfG – K – NJW 2005, 3485; NStZ 2005, 456.
[199] BVerfGE 36, 264, 273 = NJW 1974, 307; E 46, 194; BVerfG – K – NJW 2001, 2707; 2003, 2225; zusammenfassend *Krehl/Eidam* NStZ 2006, 1.
[200] BVerfGE 55, 349, 368 = NJW 1981, 1499; BVerfG – K – NJW 2001, 2702; 2003, 2225; 2004, 2398; BGHSt 46, 160 = NJW 2001, 1146; BGH NStZ 2004, 504; zum Streit über revisible Verfahrensfehler: BVerfG – K – NJW 2006, 672; BGH NJW 2006, 1529; hierzu *Strate* NJW 2006, 1489; *Niemöller* DRiZ 2006, 229.
[201] BVerfGE 51, 324 = NJW 1979, 2349; E 53, 152 = NJW 1980, 1448.

anspruchs vergrößert sich gegenüber dem Strafverfolgungsinteresse mit zunehmender Dauer der Untersuchungshaft.[202] Die Strafverfolgungsbehörden und die Gerichte müssen alle möglichen und zumutbaren Maßnahmen ergreifen, um die Ermittlungen zügig abzuschließen und eine Entscheidung über den Anklagevorwurf herbeizuführen.[203] Personelle Maßnahmen, die dem zuwiderlaufen, haben zu unterbleiben.[204] Es ist kein wichtiger Grund für die Dauer der U-Haft über 6 Monate hinaus, wenn der zuständige Spruchkörper überlastet ist.[205] In einem solchen Falle muss innerhalb des Gerichts durch Änderung der Geschäftsverteilung versucht werden, die Funktionsfähigkeit herzustellen.[206] Dabei kann jedoch nicht generell gefordert werden, einen bestimmten Aufgabenbereich auf Kosten anderer Bereiche als vorrangig einzustufen, etwa im Interesse einer zügigen Strafrechtspflege bestimmte Bereiche der Zivilrechtspflege zu vernachlässigen.[207] Auch in Zivilsachen fordert wirkungsvoller Rechtsschutz eine angemessene Personalausstattung.[208] Die möglicherweise betroffenen Grundrechte sind von so komplexem Verhältnis zueinander, dass in der Regel ein Fall von echter Entscheidungsfreiheit des Präsidiums nicht besteht. Aber auch dann, wenn die Haftsachen trotz Ausschöpfung aller gerichtsorganisatorischen Möglichkeiten nicht mehr innerhalb angemessener Frist bewältigt werden können, liegt kein Grund für eine Fortdauer der U-Haft vor: Der inhaftierte Beschuldigte hat es nicht zu vertreten, wenn seine Strafsache nicht binnen angemessener Zeit zur Verhandlung gelangt, weil dem Gericht die hierfür erforderlichen personellen und sächlichen Mittel fehlen. „Der Staat kann sich dem Untersuchungsgefangenen gegenüber nicht darauf berufen, dass er seine Gerichte nicht so ausstattet, wie es erforderlich ist, um die anstehenden Verfahren ohne vermeidbare Verzögerung abzuschließen. Es ist seine Aufgabe, im Rahmen des Zumutbaren alle Maßnahmen zu treffen, die geeignet und nötig sind, einer Überlastung der Gerichte vorzubeugen und ihr dort, wo sie eintritt, rechtzeitig abzuhelfen. Er hat die dafür erforderlichen – personellen wie sächlichen – Mittel aufzubringen, bereitzustellen und einzusetzen. Diese Aufgabe folgt aus der staatlichen Pflicht zur Justizgewährung, die Bestandteil des in Art. 20 Abs. 3 GG verankerten Rechtsstaatsprinzips ist";[209] vergleichbares gilt für den Strafvollzug[210] und den außer Vollzug gesetzten Haftbefehl.[211] Dieses **Beschleunigungsgebot** dient zwar in erster Linie dem Schutz des Beschuldigten, aber doch in gleichem Maße auch dem Interesse der Allgemeinheit an einer funktionstüchtigen Strafrechtspflege im Interesse der Sicherheit des Rechtsfriedens.[212] Beschleunigende Maßnahmen, die sich in der konkreten Verfahrenssituation zum Nachteil eines Beschuldigten auswirken, sind nicht ausgeschlossen, denn es liegt auch im öffentlichen Interesse, dass strafrechtliche Vorwürfe in angemessener Zeit der Klärung zugeführt werden.[213]

Wird gegen den Anspruch auf eine zeitlich angemessene Durchführung des Verfahrens[214] verstoßen, liegt ein Verfassungsverstoß vor, und zwar in der Form der Entziehung des gesetzlichen Richters. Das gilt auch dann, wenn die Verzögerung im Ermittlungsverfahren bei der StA liegt.[215]

---

[202] BVerfGE 53, 152 = NJW 1980, 1448; BVerfG – K – NJW 2006, 672; 677; 1336.
[203] BVerfGE 20, 45 = NJW 1966, 1259; E 36, 264 = NJW 1974, 307; BVerfG – K – NJW 1999, 2802; 2006, 677; 1336; vgl. *Jahn* NJW 2006, 652.
[204] BVerfG – K – NJW 2006, 677.
[205] Vgl. BGH NJW 1991, 3042 m. Anm. *Weider* StV 1991, 475.
[206] BVerfG – K – StraFo 2007, 18.
[207] A. A. OLG Frankfurt NJW 1996, 1485.
[208] BVerfG – K – NJW 1997, 2811; 2000, 797; vgl. auch NVwZ-RR 2001, 694 zu Eilsachen.
[209] BVerfGE 36, 264, 275 = NJW 1974, 307; BGHSt 38, 43 = NJW 1991, 3042.
[210] Vgl. BVerfGE 40, 276, 284 = NJW 1976, 37.
[211] BVerfGE 53, 152 = NJW 1980, 1448.
[212] BVerfGE 51, 324 = NJW 1979, 2349.
[213] BGHSt 26, 228, 232 = NJW 1976, 116.
[214] *Peters* JR 1978, 247.
[215] OLG Stuttgart MDR 1977, 426.

86 Die verfassungsrechtliche Forderung nach tunlichster Beschleunigung gilt über das Strafrecht hinaus für **alle Arten von gerichtlichen Verfahren**.[216] Auch im Disziplinarverfahren setzt jede vermeidbare Verzögerung den Beschuldigten Eingriffen und Belastungen aus, die fühlbar schwerer sind als bei ordnungsgemäßer Durchführung des Verfahrens und deshalb unvereinbar mit dem Grundsatz der Verhältnismäßigkeit werden können.[217] Das Beschleunigungsgebot des Art. 6 MRK gilt auch für Verwaltungsstreitverfahren.[218]

87 Aus dem rechtsstaatlichen Gebot zügiger Verfahrenserledigung folgt zunächst die Pflicht des Staates (des Haushaltsgesetzgebers) zur angemessenen personellen und sächlichen Ausstattung der Gerichte[219] und zu Regelungen, die ein zügiges Verfahren ermöglichen. Darüber hinaus können Verstöße auch konkrete Auswirkungen haben. Bei überlanger Dauer der U-Haft ist der Gefangene freizulassen (Rn. 84); überlange Dauer eines Strafverfahrens kann zu dessen Einstellung führen (Rn. 88). Unangemessene Verfahrensverzögerungen können eine Staatshaftung auslösen (Rn. 90). Art. 50 MRK gewährt materiellen Schadensersatz bei Verletzung von Art. 6 MRK. Außerdem sind nachhaltige Auswirkungen auf die Rechtstreue, das Rechtsverständnis und das Vertrauen in die Funktionsfähigkeit des Rechtsstaats möglich.

88 Die überlange Dauer eines **Strafverfahrens** ist als solche kein Verfahrensmangel im Sinne des Revisionsrechts.[220] Sie begründet grundsätzlich auch kein Verfahrenshindernis.[221] Die Belastung des Angeklagten durch eine lange Verfahrensdauer ist bei der Rechtsfolgenentscheidung, insbesondere bei der Strafzumessung, zu **kompensieren;**[222] zur revisionsgerichtlichen Überprüfung bedarf es grundsätzlich der Verfahrensrüge.[223] Wiegt aber das Ausmaß der Verfahrensverzögerung besonders schwer und hat es zu besonderen Belastungen des Betroffenen geführt, zu deren Ausgleich das gesetzlich zur Verfügung stehende Instrumentarium nicht ausreicht, ist ein **Verfahrenshindernis** von Verfassungs wegen anzunehmen, das zur Einstellung des Verfahrens zwingt.[224]

89 Der Anspruch auf zeitgerechte Entscheidung folgt auch individuell aus **Art. 19 Abs. 4 GG,**[225] wo der Staat belastend dem Bürger gegenübertritt, nicht nur im Strafrecht, sondern auch im gesamten öffentlichen Recht. Aber auch bei der Wahrung eigener Rechte gegenüber Privaten ist umfassender Schutz nicht gewährleistet, wenn Verzögerungen zu Nachteilen führten.

90 3. Ein **Rechtsstillstand** ist verfassungswidrig und eine Entziehung des gesetzlichen Richters.[226] Dies gilt für die Funktionsunfähigkeit eines Gerichts, aus welchen Gründen auch immer, sei es, dass ein Gericht nicht mit einem Richter besetzt ist, sei es, dass es an einer Bestimmung über die örtliche Zuständigkeit (Rn. 46) fehlt, sei es auch, dass durch die Geschäftsverteilung nicht alle Aufgaben verteilt worden sind (Rn. 35). Dies gilt auch für die Untätigkeit des Gerichts außerhalb

---

[216] BVerfG – K – NJW 1997, 2811; 2000, 797; 2004, 3320; BVerwGE 50, 278; BFH NJW-RR 1993, 5; *Finkelnburg,* Festgabe zum 25jährigen Bestehen des BVerwG, 1978 S. 174 ff.; *Kloepfer* JZ 1979, 209; *Schmitt Glaeser* DRiZ 1980, 289.
[217] BVerfGE 46, 17, 29 = NJW 1978, 152.
[218] NJW 1979, 477.
[219] BVerfG – K – NJW 2000, 797.
[220] Zusammenfassend zu den Folgen *Krehl/Eidam* NStZ 2006, 1, 8.
[221] BGHSt 24, 239 = NJW 1972, 402; St 46, 160 = NJW 2001, 1146; *KK/Pfeiffer* Einl. Rn. 12; *LR/Rieß* § 206 a StPO Rn. 56.
[222] BVerfG – K – NJW 1993, 3254; 1995, 1277; 2003, 2897; BGHSt 27, 274 = NJW 1978, 503 m. Anm. *Peters* JR 1978, 247; St 46, 160 = NJW 2001, 1146; BGH NStZ 2007, 539; zur Art und Weise BGH NJW 2007, 3294; *KK/Pfeiffer* Einl. Rn. 12; krit. *Kraatz* JR 2006, 403.
[223] BGHSt 49, 342 = NJW 2005, 518.
[224] BVerfG – K – NJW 2004, 2398; 2003, 2225; 1993, 3254; BGHSt 46, 160 = NJW 2001, 1146; *Hillenkamp* NJW 1989, 2842; *Schroth* NJW 1990, 29; *Vogelgesang* NJW 1994, 1845.
[225] *Kloepfer* JZ 1979, 213.
[226] *Arndt* DRiZ 1959, 171; *Joachim* DRiZ 1965, 186.

verfahrensrechtlicher Bestimmungen, etwa durch Nichtanberaumung eines vorgeschriebenen Termins oder durch Aussetzung oder Anordnung des Ruhens ohne verfahrensrechtliche Grundlage; es handelt sich um formelle Justizverweigerung.[227] Eine **Untätigkeitsbeschwerde** ist anzuerkennen[228] (vgl. Einl. Rn. 132), jedoch nur dann, wenn gegen die herbeizuführende Entscheidung der Rechtszug eröffnet wäre.[229] Stellt das Beschwerdegericht fest, dass die Untätigkeit rechtswidrig war, kann es aber nicht in der Sache entscheiden und auch das Gericht nicht zu bestimmten Handlungen anweisen,[230] sondern nur dahin, dem Verfahren in angemessener Frist Fortgang zu geben;[231] der dem Richter zustehende Gestaltungsspielraum (Rn. 82) entfällt damit.[232] Verstöße gegen das Beschleunigungsgebot können im gerichtlichen Verfahren[233] und im staatsanwaltschaftlichen Ermittlungsverfahren[234] die **Staatshaftung** begründen. Dies gilt nicht nur bei individuellem Verschulden des Richters (vgl. Einl. Rn. 194 ff.), sondern auch dann, wenn ein Organisationsverschulden der Justizverwaltung zu einer mangelnden personellen oder sachlichen Ausstattung geführt hat.[235] Jedoch kann die Staatshaftung nicht darauf gestützt werden, dass der Haushaltsgesetzgeber die Justiz unzureichend ausgestattet habe.[236]

4. Zur Rechtzeitigkeit als Faktor der Effektivität gehört auch, dass eine Entscheidung rechtzeitig in der vorgeschriebenen **schriftlichen Form** zu den Akten kommt,[237] vgl. § 275 StPO, § 315 ZPO. Hierher rechnet auch die gesetzlich vorgeschriebene Angabe der **Gründe**, auf die jeder Staatsbürger einen Anspruch hat, wenn durch eine Entscheidung in seine Rechte eingegriffen wird.[238] Der Begründungszwang gilt aber uneingeschränkt nur bei behördlichen Eingriffen, bei gerichtlichen Entscheidungen nur, soweit dies gesetzlich vorgeschrieben ist, dem GG lässt sich nicht entnehmen, dass jede – auch eine mit ordentlichen Rechtsmitteln nicht mehr anfechtbare letztinstanzliche – gerichtliche Entscheidung mit einer Begründung zu versehen ist.[239] Eine Begründungspflicht ergibt sich aber dann, wenn von dem eindeutigen Wortlaut einer Norm abgewichen wird und der Grund hierfür sich nicht schon eindeutig aus den erkennbaren Besonderheiten des Falles ergibt[240] oder wenn durch das Fehlen der Begründung der Zugang zu einer in der Prozessordnung vorgesehenen weiteren Instanz verschlossen würde.[241] – Ist das Fehlen von Gründen ein absoluter Revisionsgrund, so ist ein Urteil als „nicht mit Gründen versehen" anzusehen, wenn zwischen seiner Verkündung und dem Vorliegen der vollständigen Entscheidungsgründe mehr als fünf Monaten liegen.[242] Die Pflicht

---

[227] BGHSt 7, 205, 209 = NJW 1955, 680; BayVerfGH NJW 1991, 2895.
[228] OLG Frankfurt NJW 2007, 852 m. w. N.; OLG Rostock MDR 2005, 108; hierzu *Schneider* MDR 2005, 430; a. A. OLG München 28. 9. 2006 – 6 W 2112/06 –; OVG Bremen NJW 1984, 992; OVG Münster NVwZ-RR 1998, 340; VGH Mannheim NVwZ 2003, 1541.
[229] OLG Frankfurt NJW 1974, 1715 m. Anm. *Walchshöfer* 2291; OLG Hamm DRiZ 1974, 28; OLG Celle NJW 1975, 1230; OLG Karlsruhe NJW 1984, 985; OLGR 2007, 679; OLG Hamburg NJW-RR 1989, 1022; OLG Zweibrücken NJW-RR 2003, 1653; OLG Dresden NJW 2005, 652; KG NJW 2005, 374; OLG Rostock MDR 2005, 108; VGH München NVwZ 2000, 693; *Zöller/Gummer* § 567 ZPO Rn. 21; vgl. *Kissel* ZZP 1956, 3; Schneider MDR 2005, 108.
[230] A. A. OLG Naumburg FGPrax 2005, 26; NJ 2005, 278 – L –.
[231] Vgl. BVerfG – K – NJW 2005, 1105; 2685; OLG Karlsruhe OLGR 2007, 676; OLG Naumburg FamRZ 2006, 967; *Zöller/Gummer* § 567 ZPO Rn. 21 a.
[232] BVerfG – K – NJW 2005, 3488.
[233] LG München DRiZ 2006, 49.
[234] *Palandt/Sprau* § 839 BGB Rn. 140 m. w. N.; *Hörstel* NJW 1996, 497.
[235] BGH NJW 2007, 830; *Brüning* NJW 2007, 1094, 1096.
[236] BGH aaO.; KG NJW 2006, 1292; krit. *Brüning* aaO. 1097.
[237] BVerwG NJW 1976, 1955; OLG Saarbrücken NJW 1975, 941.
[238] BVerfGE 49, 24, 66 = NJW 1978, 2235.
[239] BVerfGE 50, 287, 290 = NJW 1979, 1161; BVerfGE 81, 97 = NJW 1990, 566.
[240] BVerfGE 81, 97 = NJW 1990, 566; BVerfG – K – NJW 1996, 1336.
[241] BVerfG – K – NJW 2001, 2161.
[242] GemS NJW 1993, 2603.

zur alsbaldigen schriftlichen Absetzung der Entscheidungsgründe ist Dienstpflicht des Richters und seinen anderen Pflichten gleichrangig.[243]

92 Die Begründung gerichtlicher Entscheidungen dient deren Rationalität und Kontrolle sowie der Einhaltung der Bindung an Gesetz und Recht. „Die Begründungspflichten nötigen die Entscheidungsinstanzen zu einer Selbstkontrolle, verbreitern die Konsensfähigkeit der Entscheidung und erleichtern es dem Betroffenen, diese zu akzeptieren. Begründungspflichten stehen damit nicht nur im Dienste der Rechtsstaatlichkeit, sondern auch der demokratischen Legitimität".[244] Der EGMR sieht es als Merkmal „einer guten Gerichtsverwaltung", dass gerichtliche Entscheidungen in angemessener Weise die Gründe angeben müssen, auf die sie sich stützen; der erforderliche Umfang der Begründung kann je nach der Natur der Entscheidung unterschiedlich sein und muss im Lichte der Umstände des Einzelfalles bestimmt werden.[245] Dem entgegen zeigt die Diskussion um die Beschleunigung und Entlastung der Justiz (Einl. Rn. 124 ff.) Tendenzen zur Einschränkung von Begründungsnotwendigkeiten, ungeachtet der Frage, ob nicht viele Urteile zu lang sind.[246]

93 **II. Durchsetzung der Grundrechte.** Die Notwendigkeit der Effektivität des Rechtsschutzes ist nicht nur zeitlich-formell. Der grundrechtliche Anspruch auf einen effektiven Rechtsschutz bedeutet auch, dass die Gerichte im jeweiligen Verfahren der **normativen Geltung der Grundrechte** tatsächliche Wirkung verschaffen müssen. „Sie haben nicht nur die negative Verpflichtung, mit der Verfassung nicht in Einklang stehende Eingriffe in grundrechtlich geschützte Bereiche zu unterlassen, sondern auch die positive Verpflichtung, die Grundrechte durchzusetzen." Deshalb hat die Anwendung des Verfahrensrechts wie des Gerichtsverfassungsrechts nicht nur der Sicherung eines geordneten Verfahrensgangs zu dienen, sondern sie ist im grundrechtsrelevanten Bereich auch das Mittel, dem Grundrechtsträger zu seinem verfassungsmäßigen Recht zu verhelfen. Demgemäß muss das Verfahrensrecht, damit auch das Gerichtsverfassungsrecht „im Blick auf die Grundrechte ausgelegt und angewendet werden. Bei mehreren Auslegungsmöglichkeiten ist diejenige zu wählen, die dem Gericht ermöglicht, die Grundrechte der Verfahrensbeteiligten durchzusetzen und zu verwirklichen"[247] (Einl. Rn. 184 ff., 197 a).

94 **III. Justizgewährungspflicht.** Das aus dem Rechtsstaatsprinzip folgende staatliche RSprMonopol mit dem korrespondierenden Verbot der Selbsthilfe (Einl. Rn. 209) hat nicht nur zeitliche Relevanz, sondern bedeutet auch staatliche Justizgewährungspflicht überhaupt.[248] Das angerufene Gericht ist verpflichtet, eine prozessual ordnungsgemäß zustande kommende und im Einklang mit dem materiellen Recht stehende Entscheidung zu treffen, auch da, wo keine unmittelbar „passende" Rechtsvorschrift besteht (Einl. Rn. 213). Justizgewährungspflicht und Entscheidungspflicht (§ 1 Rn. 138) gilt auch für Inzidentfragen.[249]

95 **IV. Durchsetzung.** Zur Effektivität des staatlichen Rechtsschutzes gehört auch die **Durchsetzung der gerichtlichen Entscheidungen.** Die Durchsetzung ist wesentlicher Bestandteil eines verfassungsmäßigen Rechts.[250] Es genügt nicht, dass eine gerichtliche Entscheidung ergeht, sie muss auch in die Lebenswirklichkeit umgesetzt werden. Nur so lassen sich das Verbot der Selbsthilfe und das staatliche Rechtsprechungs- und Gewaltmonopol rechtfertigen. Dies betrifft weniger die ge-

---

[243] *Rieß* NJW 1975, 88.
[244] *Kroitsch* NJW 1994, 1032.
[245] NJW 1999, 2429.
[246] *Meyke* DRiZ 1990, 58.
[247] BVerfGE 49, 252, 257 = NJW 1979, 538.
[248] BGHZ 67, 187 = DRiZ 1978, 185.
[249] BVerfGE 46, 34.
[250] BVerfGE 39, 294 = NJW 1975, 1501.

richtliche Entscheidung, die aus sich selbst heraus wirkt, z. B. Abgabe einer Willenserklärung (§ 894 ZPO), gerichtliche Feststellung (§ 265 ZPO) oder gerichtliches Gestaltungsurteil wie Ehescheidung (§ 1564 Satz 2 BGB). Schwieriger ist es, wenn eine Entscheidung der Vollstreckung bedarf. In Strafsachen wird von Amts wegen vollstreckt (§§ 449 ff. StPO), vgl. auch § 35 BVerfGG. Im Zivilprozess muss, soweit der Verurteilte es nicht vorzieht, freiwillig die ihm auferlegte Leistung zu erbringen, grundsätzlich die obsiegende Partei selbst die Zwangsvollstreckung betreiben, wenn auch unter Zuhilfenahme staatlicher Organe, vor allem des Gerichtsvollziehers. Ob eine Entscheidung vollstreckt wird, liegt allein in der Initiative der Partei. Der Staat hat mit der Entscheidung seine Tätigkeit zunächst abgeschlossen. Die zwangsweise Durchsetzung ist im Einzelnen gesetzlich geregelt, z. B. Herbeiführung einer Handlung (§§ 887, 888 ZPO), Befriedigung einer Geldforderung (§§ 803 ff. ZPO) oder Herausgabe von Sachen (§§ 883 ff. ZPO).

So untrennbar die notfalls zwangsweise Durchsetzung einer gerichtlichen Entscheidung zur Effektivität des staatlichen Rechtsschutzes gehört, bedarf es andererseits einer Abwägung der durch die Zwangsvollstreckung möglicherweise betroffenen Rechte und Positionen des Schuldners. Bei der Zwangsvollstreckung gegen öffentlich-rechtliche Institutionen ist im übergeordneten öffentlichen Interesse deren Aufgabenerfüllung zu berücksichtigen (vgl. § 882a ZPO, § 170 VwGO). Der Zwangsvollstreckung gegen Private setzt das Sozialstaatsgebot Grenzen (z. B. §§ 765a, 811 ff., 850 ff., 721, 813a ZPO, § 30a ZVG), das Gleiche gilt zum Schutze des Lebens und der körperlichen Unversehrtheit (Einl. Rn. 192). Hierher zählt auch die Immunität (vgl. §§ 18 f.). 96

So berechtigt solche der Zwangsvollstreckung entgegenstehende Überlegungen im Einzelfall sein mögen, ist doch nicht zu verkennen, dass sie dem Gläubiger im öffentlichen oder doch übergeordneten Interesse und ohne Ausgleich erhebliche Einschränkungen der Effektivität des staatlichen Rechtsschutzes abverlangen. Mangelnde Durchsetzung gerichtlicher Entscheidungen ist aber darüber hinaus eine Gefährdung des allgemeinen Vertrauens in die Rechtsordnung und in die Autorität der demokratisch legitimierten Organe und ihrer Aufgabenerfüllung.[251] Rechtsstaatlich bedenklich sind deshalb gelegentliche Erschwerungen in der Zwangsvollstreckung, wenn diese politisch inopportun erscheint, z. B. Verzögerung einer Zwangsräumung von „besetzten" Häusern trotz Vorliegens eines rechtskräftigen Räumungstitels. Notfalls muss der Gerichtsvollzieher nach § 758 Abs. 3 ZPO die Unterstützung durch polizeiliche Vollzugsorgane anfordern, diese muss ihm gewährt werden, mag sie auch, wie die Erfahrung zeigt, gelegentlich erheblichen Polizeieinsatz nötig machen und mit Gewaltakten verbunden sein. Aber die staatlichen Organe dürfen nicht der Gewalt weichen, sonst droht das Recht des Stärkeren, die Selbsthilfe wieder zurückzukehren. Die Effektivität wird auch durch Langsamkeit beeinträchtigt, vor allem wegen Überlastung der Vollstreckungsorgane. 97

H. Lückenloser Rechtsschutz?

Die Gewährleistung des gesetzlichen Richters ist nicht identisch mit einem lückenlosen Rechtsschutz vor den staatlichen Gerichten, sondern bedeutet Gewährleistung nur in den Grenzen, in denen durch Rechtsvorschriften überhaupt der Weg zum Gericht eröffnet ist (Einl. Rn. 204). Innerhalb dieser Grenzen kann indessen die Gewährleistung des gesetzlichen Richters eingeschränkt werden, jedoch nur auf verfassungsrechtlicher Grundlage. Das ist einmal der Fall bei der Befreiung von der Gerichtsbarkeit (§§ 18 ff. GVG sowie internationale Verträge, vgl. § 18 in Verbindung mit Art. 24, 25 GG). Auch in der verfassungsrechtlich gewährleisteten Immunität und Indemnität der Parlamentarier liegt eine Beschränkung des gesetzli- 98

---

[251] *Roellecke* JZ 1997, 583.

chen Richters (vgl. Art. 40 Abs. 2 Satz 2, Art. 46 GG und die entsprechenden Bestimmungen der Landesverfassungen; § 5 des Europa-AbgeordnetenG, BGBl. 1979 I S. 413). Zur Aussageverweigerung usw. vgl. Rn. 70.

I. Erschwerungen beim Zugang zum gesetzlichen Richter

99 Zur Gewährleistung des gesetzlichen Richters gehört es weiter, dass in den Grenzen, in denen eine Rechtsschutzmöglichkeit besteht, und über die verfassungsrechtlich zulässigen Beschränkungen hinaus keine Erschwerungen oder Behinderungen des Zugangs zum gesetzlichen Richter bestehen, weder formeller noch praktischer Art (vgl. Einl. Rn. 204), wobei solche Erschwerungen auch eine Beschränkung des rechtlichen Gehörs sein können. Als Grundprinzip ist festzuhalten, dass der Rechtsweg nicht nur nicht ausgeschlossen, sondern auch nicht in unzumutbarer, aus Sachgründen nicht mehr zu rechtfertigender Weise erschwert werden darf.[252] Das hat auch Bedeutung für die Anwendung der Verfahrensvorschriften, die nicht Selbstzweck sind. Auch sie dienen letztlich der Wahrung der materiellen Rechte der Prozessbeteiligten, sollen also die einwandfreie Durchführung des Rechtsstreits unter Wahrung der Rechte aller Beteiligten sicherstellen und „nicht behindern".[253] Es darf der Anspruch auf gerichtliche Durchsetzung des materiellen Rechts nicht durch übermäßig strenge Handhabung verfahrensrechtlicher Schranken unzumutbar verkürzt werden.[254] Das Gericht hat das Verfahrensrecht so anzuwenden, dass den erkennbaren Interessen des rechtsschutzsuchenden Bürgers bestmöglich Rechnung getragen wird. Legt ein Gericht den Verfahrensgegenstand in einer Weise aus, die das erkennbar verfolgte Rechtsschutzziel ganz oder in wesentlichen Teilen außer Betracht lässt, so liegt darin eine Rechtswegverkürzung, die den Rechtsschutzanspruch des Betroffenen nach Art. 19 Abs. 4 GG verletzt.[255] Auch im Europäischen Recht gilt, dass „der Zugang zu den Gerichten einer der wesentlichen Bestandteile einer Rechtsgemeinschaft ist und in der auf dem EG-Vertrag beruhenden Rechtsordnung dadurch garantiert wird, dass dieser Vertrag ein vollständiges Rechtsschutzsystem geschaffen hat".[256] Zu stützen ist dies „auf die gemeinsame Verfassungsüberlieferung der Mitgliedstaaten" sowie auf Art. 6, 13 MRK.[257]

99a Der Anspruch auf ungehinderten Zugang zum gesetzlichen Richter besteht auch in **Sondersituationen** (Rn. 15). Im Kriegsfall und in Fällen des Terrorismus gilt keine Einschränkung, auch nicht für unmittelbar Beteiligte. Eigene in solchem Zusammenhang festgenommene Staatsbürger muss der Staat nach den innerstaatlichen Rechtsvorschriften über Freiheitsbeschränkungen behandeln. Bei ausländischen Staatsbürgern (oder unklarer Staatszugehörigkeit) bedarf es der Klärung, ob sie als Kriegsgefangene nach Kriegsgefangenen-Völkerrecht zu behandeln sind oder nach dem allgemeinen innerstaatlichen oder völkerrechtlichen Strafverfahrensrecht, jeweils mit allen Konsequenzen. Jede andere Form der Freiheitsbeschränkung wäre rechtsstaatswidrig.

100 **I. Vorschaltstellen.** Das Verbot der Erschwerung des Zugangs zum Gericht gilt auch für Vorschaltstellen, deren Anrufung oder Entscheidung zur Voraussetzung gemacht wird für die Anrufung des gesetzlichen Richters.[258] In Strafsachen ist ein Vorverfahren oder Vorschaltverfahren bei Verwaltungsbehörden stets unzulässig.[259] Im Übrigen ist es dem Gesetzgeber nicht verwehrt, im Interesse der Rechtssicherheit

---

[252] BVerfGE 80, 103 = NJW 1989, 1985; E 88, 118, 123 = NJW 1993, 1635; BVerfG – K – NJW 2001, 4373; EGMR NJW 1999, 1173; BGHZ 72, 182, 188 = NJW 1979, 43.
[253] GemS BGHZ 144, 160 = NJW 2000, 2340.
[254] BVerfGE 84, 366 = NJW 1992, 105; BVerfG – K – NJW 1992, 1496.
[255] BVerfG – K – NJW 2002, 2699.
[256] EuG 1. erweiterte Kammer NJW 2002, 2089.
[257] EuGH Slg. 1986, 1651 Rn. 18.
[258] Rechtspolitisch vgl. *Seetzen* DRiZ 1980, 177.
[259] BVerfGE 22, 49, 81 = NJW 1969, 1219.

und eines geordneten Gangs der Rechtspflege die Anrufung der Gerichte von der Erfüllung bestimmter formeller Voraussetzungen abhängig zu machen, wenn dies den Weg zu den Gerichten nicht in unzumutbarer, sachlich nicht mehr zu rechtfertigender Weise erschwert (Einl. Rn. 204). Solche Vorschaltverfahren bedürfen jedoch der Regelung durch Bundesgesetz oder der bundesgesetzlichen Ermächtigung, so § 15a EGZPO,[260] § 24 EGGVG,[261] § 35 BJagdG, § 37 ArbnErfG, § 27a UWG. Vgl. auch §§ 68 ff. VwGO, § 44 FGO, § 78 SGG. Die Zulässigkeit solcher Vorschaltverfahren setzt aber wegen der Rechtsschutzgarantie durch staatliche Gerichte voraus, dass nach deren Abschluss das **Gericht uneingeschränkt angerufen** werden und dieses den Sachverhalt in vollem Umfange nachprüfen kann. Lehnt die vorgeschaltete Stelle eine Tätigkeit ab oder bleibt sie untätig, ist das Beschreiten des Rechtswegs zum Gericht unmittelbar zulässig, ebenso wenn sie ihre Tätigkeit für unzulässig erklärt, ohne dass deswegen erst noch der Verwaltungsrechtsweg beschritten werden müsste.[262] Möglich ist auch je nach Verfahrensregelung der Verzicht der Verfahrensbeteiligten auf die Entscheidung der Vorschaltinstanz.[263] Soweit die Verfahrensbeteiligten über das streitige Recht ein Schiedsgericht vereinbaren können, können sie im Rahmen der Vertragsfreiheit auch wirksam vereinbaren, dass vor Anrufung der staatlichen Gerichte ein Schlichtungsverfahren durchzuführen oder eine Güteinstanz anzurufen ist, wenn dadurch die Anrufung der ordentlichen Gerichte nicht unangemessen erschwert wird, z. B. durch verzögerliche Erledigung.[264]

II. Rechtsanwalt. Die Bedeutung des Rechtsanwalts für das Rechtswesen wie für den Rechtsschutz des einzelnen Staatsbürgers (vgl. § 1 BRAO) beinhaltet das Recht, sich stets vor dem Gericht durch einen RA vertreten zu lassen oder zumindest in seinem Beistand zu handeln.[265] Das gilt auch im kirchlichen Bereich.[266] Deshalb ist die Zurückweisung des RA eine verfassungswidrige Beschränkung des Zugangs zum gesetzlichen Richter, wenn nicht gesetzlich normierte Gründe in der Person des RA[267] vorliegen. Zu diesem Recht gehört auch grundsätzlich das Recht zur freien personellen Auswahl des RA (zu Beschränkungen vgl. §§ 78b, 121 ZPO, § 141 StPO; zur Beschränkung der Zahl der Verteidiger Rn. 71). Umgekehrt ist im **Anwaltszwang** (§ 78 ZPO) und in der Notwendigkeit einer Verteidigung (§ 140 StPO) keine Beschränkung des Zugangs zum gesetzlichen Richter zu sehen.[268]

III. Fristen, Wiedereinsetzung. Durch **Befristungen** kann der Zugang zum gesetzlichen Richter eingeschränkt und erschwert werden, jedoch **nicht in unzumutbarer,** aus Sachgründen nicht mehr zu rechtfertigender Weise[269] (Einl. Rn. 204). Das zur Fristwahrung einzureichende Schriftstück muss vollständig, also auch mit Unterschrift, rechtzeitig beim zuständigen Gericht eingehen, das Risiko trägt der Einreichende. Zum fristwahrenden Eingang bedarf es allerdings nicht der Mitwirkung eines Gerichtsangehörigen, entscheidend ist allein, ob und wann das Schriftstück in die Verfügungsgewalt des Gerichts gelangt ist.[270]

---

[260] Hierzu BVerfG – K – NJW-RR 2007, 1073; zur Klagabweisung als unzulässig BGHZ 161, 145 = NJW 2005, 437 m. Anm. *Rimmelspacher/Arnold* NJW 2006, 17; OLG Saarbrücken NJW 2007, 1292.
[261] BVerfGE 40, 237, 247 = NJW 1976, 34.
[262] BGHZ 32, 338 = NJW 1960, 1519.
[263] BGHZ 32, 1 = NJW 1960, 914.
[264] BGH NJW 1977, 2263; 1984, 669.
[265] BVerfGE 26, 66, 71 = NJW 1969, 1423; E 34, 293, 302 = NJW 1973, 696; E 39, 156, 163 = NJW 1975, 1013; *Vogel* NJW 1978, 1224; *Hamm* NJW 1996, 2185.
[266] *Weber* AnwBl. 1994, 345.
[267] Vgl. OVG Münster JMBlNRW 1979, 35; OLG Frankfurt NStZ-RR 2000, 212.
[268] BVerfGE 9, 194, 199 = NJW 1959, 1123; E 10, 264, 269 = NJW 1960, 331; BVerfG – K – NJW 1993, 3192; BVerwG DVBl. 1993, 790; BrandenbVerfG NJW 1995, 1018.
[269] BVerfGE 40, 237, 257 = NJW 1976, 34; E 41, 323, 326 = NJW 1976, 747; E 51, 354.
[270] BVerfGE 69, 381 = NJW 1986, 244; BGH NJW 1984, 1237; 1994, 1354.

103 Ist für mehrere Gerichte oder für ein Gericht zusammen mit einer anderen Behörde, z.B. Staatsanwaltschaft, eine **gemeinsame Briefannahmestelle** eingerichtet (§ 153 Rn. 5) oder auf der Absenderangabe des Gerichts vermerkt, so ist das Schriftstück bei dem Gericht, das an der gemeinsamen Annahmestelle beteiligt ist, auch mit dem Eingang bei dieser gemeinsamen Stelle eingegangen;[271] maßgebend ist die Adressierung.[272] Der Eingang bei einem anderen Gericht im gleichen Gebäude genügt aber nicht.[273] Ist der in die gemeinsame Briefannahmestelle eingelieferte Schriftsatz an ein falsches Gericht adressiert, geht er erst dann beim zuständigen Gericht ein, wenn er nach Weiterleitung durch das zunächst angegangene Gericht in die Verfügungsgewalt des zuständigen Gerichts gelangt.[274]

104 **Falschadressierung** oder Fehlleitung des Schriftstücks trotz richtiger Anschrift führt zur Nichtwahrung der Frist. Das irrtümlich adressierte Gericht oder das Gericht, an das das Schriftstück fehlgeleitet wurde, trifft keine Rechtspflicht, zur Heilung oder Vermeidung von hierdurch herbeigeführten Risiken oder Schäden durch außerordentliche Maßnahmen beizutragen;[275] es ist nur gehalten, das Schriftstück im ordentlichen Geschäftsgang an das zuständige Gericht weiterzuleiten.[276] Entsprechende Grundsätze gelten bei einer Rechtsmitteleinlegung beim unzuständigen Gericht.[277] Erhöhte Anforderungen sind zu stellen, wenn das Gericht mit der Sache bereits vorbefasst war; war dies nicht der Fall, bedarf es regelmäßig zunächst der Einsicht in die Akten.[278] Wird eine Rechtsmittelfrist versäumt, obwohl der Schriftsatz so zeitig bei einem bereits vorbefassten unzuständigen Gericht eingegangen ist, dass die rechtzeitige Weiterleitung an das Rechtsmittelgericht im ordentlichen Geschäftsgang noch ohne weiteres erwartet werden konnte, hat das Rechtsmittelgericht auf Antrag Wiedereinsetzung in den vorigen Stand zu gewähren.[279] **Unterfrankierte** Sendungen unter Zahlung von Nachporto anzunehmen ist das Gericht nicht verpflichtet.[280] Auch ist das unzuständige Gericht, an das der Rechtsmittelführer entgegen der ihm erteilten Rechtsmittelbelehrung das Rechtsmittel gesandt hat, nicht verpflichtet, den Schriftsatz weiter zu leiten.[281] Zur Wiedereinsetzung vgl. Rn. 114.

105 Mit dem Gebot, den Zugang zum Gericht nicht in unzumutbarer Weise zu erschweren (Rn. 99), untrennbar verbunden ist es, dass der Bürger die Fristen **voll ausnutzen** können muss,[282] und zwar bis 24.00 Uhr unabhängig von den Dienststunden und Öffnungszeiten des Gerichts.[283] Deshalb muss die Fristausnutzung durch Einrichtung eines **Nachtbriefkastens,** der den Tag des Einwurfs dokumentiert, ermöglicht werden.[284] Es besteht jedoch kein Zwang, den Nachtbriefkasten zu benutzen, es genügt auch der Einwurf in den allgemeinen Briefkasten, wobei aber der Absender für die Rechtzeitigkeit des Einwurfs die Beweislast trägt.[285] Fehlt

---

[271] BGH NJW 1983, 123; 1984, 1239.
[272] BGH NJW-RR 1993, 254.
[273] LG Frankfurt NJW 1992, 3043.
[274] BGH NJW-RR 1996, 443.
[275] BGH NJW 1987, 440; FamRZ 1992, 536; KG KGR 2006, 117.
[276] BVerfG – K – NJW 2002, 3693; BGH FamRZ 1997, 172; NJW 1998, 908; 2000, 737; 2004, 1655; 2005, 3776; OLG Hamm NJW 1997, 2829; OLG Düsseldorf NStZ-RR 1999, 147; KG KGR 2006, 229.
[277] OLG Oldenburg MDR 2007, 1036.
[278] Vgl. BGH 19. 9. 2006 – X ZB 31/05 –.
[279] BVerfG – K – NJW 2005, 2137; BGH NJW-RR 2004, 1655; MDR 2007, 1276; OLG Naumburg OLGR 2006, 781; OLG Celle OLGR 2004, 368; OLG Düsseldorf MDR 2004, 830.
[280] OVG Hamburg NJW 1995, 3137.
[281] OVG Greifswald NVwZ 1999, 201.
[282] BVerfGE 52, 203; E 74, 220 = NJW 1987, 1191.
[283] BVerfGE 41, 323 = NJW 1976, 747; E 42, 128 = NJW 1976, 1255; BVerwGE 18, 51 = NJW 1974, 1239.
[284] BVerfGE 42, 128 = NJW 1976, 1255.
[285] BAG AP Nr. 6 zu § 1 KSchG Krankheit.

ein Nachtbriefkasten, genügt der nachzuweisende Einwurf in den allgemeinen Hausbriefkasten des Gerichts.[286]

Die rechtsstaatlich gebotene Möglichkeit, Fristen voll auszunutzen, zwingt zur Anerkennung **moderner Kommunikationstechniken,** soweit keine überwiegenden anderen Belange verletzt werden. Dabei ist zu bedenken, dass die für Prozesserklärungen vorgeschriebene Schriftform nicht Selbstzweck ist.[287] Sie soll gewährleisten, dass aus dem Schriftstück der Inhalt der Erklärung und die Person des Erklärenden hinreichend zuverlässig zu entnehmen sind, und dokumentieren, dass das Schriftstück mit Wissen und Wollen des Berechtigten dem Gericht zugeleitet wurde und es sich nicht nur um einen Entwurf handelt.[288] Nach diesen Maßstäben lässt die RSpr neue technische Nachrichtenübermittlungsverfahren, mittels deren eine Prozesspartei oder ihr Bevollmächtigter formgebundene Erklärungen abgibt, prozessual zu, wenn Gleichwertigkeit mit der körperlichen Übermittlung eines handschriftlich unterzeichneten Schreibens besteht. Das gilt jedoch nicht, soweit es um den in bestimmter Weise vorgeschriebenen Nachweis einer Bevollmächtigung (z.B. § 80 Abs. 1 ZPO) geht[289] unbeschadet der Möglichkeit, eine Vollmacht auch durch Telegramm oder Telefax zu erteilen.[290]

106

Die Wahrung der Schriftform durch Verwendung moderner Kommunikationsmittel kann für eine **telefonische** Übermittlung grundsätzlich nicht gelten, da hier nur eine mündliche Übermittlung möglich ist. Denkbar ist die telefonische Erklärung zur Niederschrift der Geschäftsstelle, soweit dies prozessual vorgesehen ist (vgl. § 153 Rn. 17). Da die Erklärung zu Protokoll der Geschäftsstelle aber die persönliche Anwesenheit des Erklärenden voraussetzt, kann eine telefonische Erklärung im Allgemeinen nicht als wirksam angesehen werden mit Rücksicht auf die Prüfung der Identität des Erklärenden und die Ernstlichkeit der Erklärungen sowie zum Ausschluss von Missverständnissen, Irrtümern und Täuschungen.[291] Dem gegenüber sieht die RSpr die Protokollierung einer telefonisch abgegebenen Erklärung durch den UdG als zulässig und wirksam an, vgl. die Anerkennung eines fernmündlichen Einspruchs gegen einen Bußgeldbescheid, der zur Niederschrift der Verwaltungsbehörde eingelegt werden muss.[292] Zur Entgegennahme einer telefonischen Erklärung besteht aber keine Pflicht des UdG;[293] von einer solchen Entgegennahme und Protokollierung ist wegen der Gefahr von Missverständnissen und der fehlenden Möglichkeit, die Identität des Erklärenden zu prüfen, abzuraten.[294] Umgekehrt ist die telefonische Mitteilung der Verlängerung der Berufungsbegründungsfrist wirksam.[295]

107

Die Schriftsatzeinreichung durch **Telegramm,** auch die Einlegung und Begründung eines Rechtsmittels, ist zulässig, auch wenn eine eigenhändige Unterschrift nicht übermittelt werden kann.[296] Es muss aber in dem Sinne unterzeichnet sein, dass der Name des Erklärenden am Schluss mit übermittelt wird.[297] Zur Fristwahrung ist ausreichend, dass der Inhalt fernmündlich der zur Entgegennahme befugten Person des Gerichts durchgegeben wird und diese den Wortlaut in einem Aktenvermerk niederlegt.[298]

108

---

[286] OLG Hamm NJW 1976, 762.
[287] BGHZ 97, 283, 285 = NJW 1986, 1759; Z 101, 134, 137 = NJW 1987, 2588.
[288] GemS BGHZ 75, 348 = NJW 1980, 172.
[289] BGH ZIP 1994, 1214.
[290] BGH aaO.; BFH BB 1994, 1702.
[291] BGHSt 30, 64 = NJW 1981, 1627; BVerwG NJW 1964, 831.
[292] BGHSt 29, 173 = NJW 1980, 1290; vgl. auch OLG Schleswig MDR 1963, 1029.
[293] *StJ/Leipold* § 129a ZPO Rn. 12.
[294] *StJ/Roth* § 159 ZPO Rn. 7.
[295] BGH NJW-RR 1994, 444.
[296] BVerfGE 74, 228, 235 = NJW 1987, 2067; BGHSt 31, 7 = NJW 1982, 1470; BGHZ 87, 63 = NJW 1983, 1498; Z 101, 134, 138 = NJW 1987, 2588; BAGE 53, 105 = NJW 1987, 341; BFHE 163, 510; BSG NZS 1993, 515.
[297] BGH NJW 1966, 1077; *StJ/Leipold* § 130 ZPO Rn. 46.
[298] BGHSt 14, 233, 239 = NJW 1960, 1310; BGH MDR 1980, 332.

109 Das Gleiche gilt für den **Telebrief,** bei dem schriftliche Informationen auf fernmeldetechnischem Weg über Fernkopierer zwischen Postämtern übermittelt und anschließend als Fernkopie ausgeliefert werden.[299]

110 Ist das Gericht mit einem Empfangsgerät ausgestattet, können Schriftsätzen, auch die Einlegung und Begründung von Rechtsmitteln, durch **Fernschreiben** übermittelt werden.[300] Der Schriftsatz ist zu dem Zeitpunkt beim Gericht eingegangen, zu dem dessen Empfängerapparat ihn ausdruckt,[301] auch wenn die Fernschreibstelle im Zeitpunkt des Ausdrucks nicht besetzt ist.[302] Die Justizbehörde muss für die Funktionsfähigkeit des Gerätes auch nach Dienstschluss sorgen.[303] Zur Kontrolle der Rechtzeitigkeit müssen die Geräte die genaue Eingangszeit auf dem gerichtlichen Empfangsgerät vermerken können, nicht nur die Absenderangaben. Das Absendeprotokoll reicht zum Nachweis der Rechtzeitigkeit des Zugangs nicht aus. Es genügt der Eingang bei einer offiziell eingerichteten gemeinsamen Fernschreibstelle[304] (Rn. 103), nicht jedoch ein Eingang bei einer unzuständigen Stelle und die Weitergabe durch einen Boten an die zuständige Stelle.[305] Bei technischen Problemen des Empfangsgeräts gilt, dass Risiken und Unsicherheiten, deren Ursache allein in der Sphäre des Gerichts liegen, bei der Entgegennahme fristgebundener Schriftsätze nicht auf den rechtsuchenden Bürger abgewälzt werden können.[306]

111 Nach entsprechenden Grundsätzen sind Schriftsätze per **Telefax** zulässig.[307] Hier ist die Übermittlung der Unterschrift möglich und deshalb auch erforderlich.[308] Als Fernkopievorlage genügt eine Ablichtung des unterzeichneten Originals.[309] Eine Übermittlung unter Ausschluss privater Personen oder Einrichtungen als Zwischenempfänger zu fordern, steht mit § 130 Nr. 6 ZPO nicht im Einklang.[310] Ebenso kann das Telefax vom Privatanschluss eines Dritten abgesandt werden.[311] Beim Computerfax, bei dem eine Textdatei aus dem Computer unmittelbar auf ein Faxgerät des Gerichts gesandt wird, genügt eine eingescannte Unterschrift;[312] ein technisch mögliches Einscannen ist aber auch zu fordern.[313] Wird der Schriftsatz nicht unmittelbar aus dem Computer versandt, sondern als Ausdruck über das herkömmliche Faxgerät, genügt die eingescannte Unterschrift aber nicht.[314] Scheidet die Unterzeichnung technisch aus, genügt der (konkludente) Hinweis hierauf, wenn Zweifel am Urheber und dessen Willen, das Schriftstück in Verkehr zu bringen, nicht bestehen.[315] – Auch eine gerichtliche Entscheidung kann per Telefax zugestellt werden.[316]

---

[299] BVerfGE 74, 228 = NJW 1987, 2067; BGHZ 87, 63 = NJW 1983, 1498; Z 101, 134 = NJW 1987, 2588; BGH NJW 1990, 990; BAGE 53, 105 = NJW 1987, 341; BVerwG NJW 1987, 2098; DÖV 1991, 116; BFHE 163, 510; BSG NZS 1993, 515.
[300] BVerfGE 74, 228 = NJW 1987, 2067; BGHZ 97, 283 = NJW 1986, 1759; Z 101, 276, 279 = NJW 1987, 2586; BGHSt 31, 7 = NJW 1987, 1470; BAGE 53, 105 = NJW 1987, 341; BFHE 163, 510.
[301] BGHZ 101, 276 = NJW 1987, 2586; BGH NJW 1994, 1881.
[302] BVerfGE 52, 203 = NJW 1980, 580; BGHZ 101, 276 = NJW 1987, 2586; BSG NZS 1993, 515.
[303] BGH NJW 1992, 244.
[304] BGHZ 101, 276, 280 = NJW 1987, 2586; NJW 1990, 990.
[305] BGHZ 97, 283, 285 = NJW 1986, 1759; BGH NJW-RR 1988, 893.
[306] BVerfGE 69, 381, 386 = NJW 1986, 244; BGH NJW 1994, 1881; *Ebnet* NJW 1992, 2286.
[307] BVerfGE 74, 228, 235 = NJW 1987, 2067; BVerfG – K – NJW 1996, 2857; BGH NJW-RR 1997, 250; BAG NZA-RR 1997, 469.
[308] BGH NJW 1990, 188; 1992, 1655; BSG NJW 1986, 1778; BAGE 50, 348 = NJW 1986, 1778.
[309] OLG Dresden OLG-NL 2006, 95.
[310] *StJ/Leipold* § 130 ZPO Rn. 51.
[311] BAGE 61, 201 = NJW 1989, 1822; *Wolf* NJW 1989, 2592; *Ebnet* NJW 1992, 2985; *StJ/Leipold* aaO.; a. A. wohl OLG Dresden OLG-NL 2006, 95.
[312] BGHZ 144, 160 = NJW 2000, 2340.
[313] BGH NJW 2005, 2086.
[314] BGH NJW 2006, 3784; hierzu BVerfG – K – NJW 2007, 3117.
[315] BVerwG NJW 2006, 1989.
[316] OVG Hamburg NJW 1996, 1226; anders zum Widerspruchsbescheid OVG Münster NVwZ 1995, 395.

Zur Fristwahrung bedarf es der vollständigen Übermittlung. Sollte der Schriftsatz **112** eine Frist wahren und war er bis 24.00 Uhr noch nicht vollständig ausgedruckt, war nach herkömmlicher Auffassung nur der rechtzeitig ausgedruckte Teil zu berücksichtigen,[317] abgesehen vom Fall eines Defekts im gerichtlichen Empfangsgerät bei rechtzeitigem Beginn der Übermittlung.[318] Nach neuerer Auffassung kommt es allein auf rechtzeitigen und vollständigen Empfang und Speicherung der gesendeten Signale an.[319] Andererseits hat der Versender eines der Fristwahrung dienenden Schriftsatzes bei sich näherndem Fristablauf eine gesteigerte Sorgfaltspflicht hinsichtlich Versendungsart und Zugangskontrolle.[320] Er muss sich auch auf eine Belegung des Empfangsgeräts durch andere eingehende Sendungen einstellen.[321]

Die Möglichkeiten der **elektronischen** Datenweitergabe haben weitgehend **113** auch prozessuale Anerkennung bei Berücksichtigung aller prozessualen Spezifika erfordert[322] (vgl. §§ 130a, 299a, 371 ZPO; Gesetz zur Anpassung der Formvorschriften des Privatrechts usw., BGBl. 2001 I S. 1542).

War ein Verfahrensbeteiligter ohne Verschulden daran gehindert, eine Frist einzuhalten, muss ihm **Wiedereinsetzung** in den vorigen Stand in allen Verfahrensarten gewährt werden (vgl. § 233 ZPO, § 44 StPO). Bedeutung hat das im Zusammenhang mit den Postlaufzeiten. Bei der Fristwahrung darf der Staatsbürger auf die „übliche" Postlaufzeit vertrauen, ihm darf eine verzögerte Briefzustellung nicht als Verschulden angerechnet werden,[323] er braucht nicht mit außergewöhnlichen Verzögerungen zu rechnen, z.B. durch Poststreik.[324] Deshalb braucht bei einem hinsichtlich der **üblichen Postlaufzeiten** „rechtzeitigen" Posteinwurf nicht auch noch vorsorglich ein gleich lautendes Telefax abgeschickt zu werden.[325] Kein Verschulden liegt darin, dass ein Bürger vor einer nur vorübergehenden Abwesenheit von seiner ständigen Wohnung keine besonderen Vorkehrungen trifft wegen möglicher Zustellungen.[326] Das gilt nicht nur für den Fall des „ersten Zugangs" zum Gericht,[327] sondern auch für Fälle des Zugangs zu einer weiteren Instanz;[328] selbst dann, wenn der Bürger weiß, dass gegen ihn ein Verfahren anhängig ist.[329] Etwas anderes kann gelten, wenn weitere Umstände hinzutreten, etwa Drängen auf eine Entscheidung[330] oder Kenntnis vom Erlass einer Entscheidung, aber Antritt einer längeren Reise ohne Vorkehrungen zur Wahrung der Rechtsmittelfrist.[331]

IV. Zuwarten. Das Verbot, durch Fristen und Anforderungen an die Pünktlich- **115** keit den Weg zum gesetzlichen Richter in unzumutbarer Weise zu beschränken, führt zur Pflicht des Gerichts auf **Zuwarten im Gerichtssaal**. Grundsätzlich besteht eine Wartezeit des Gerichts auf einen Verfahrensbeteiligten von 15 Minuten,[332] unabhängig von der Frage, ob aus besonderen erheblichen Gründen eine **Verta-**

---

[317] Aber auch bei Unvollständigkeit kann der Form genügt sein, BGH NJW 2006, 3500.
[318] BVerfG NJW 1996, 2857; BGHZ 105, 40; BGH NJW 2001, 1581; BAG NZA 2003, 573.
[319] BGHZ 167, 214 = NJW 2006, 2263; BGH NJW 2007, 2045: „vor Ablauf von 23.59 Uhr".
[320] Beispielhaft BAG NZA 2003, 573: Fax-Absendung des mehr als 100 Seiten umfassenden Schriftsatzes um 23.30 Uhr des letzten Tages der Frist.
[321] BVerfG – K – NJW 2007, 2838.
[322] Vgl. *Dästner* NJW 2001, 3470; *Römermann/van der Moolen* BB 2000, 1640; *Schoenfeld* DB 2002, 1629; zum Mahnbescheidsantrag auf Datenträger OLG Karlsruhe NJW-RR 2007, 1222.
[323] BVerfGE 62, 334 = NJW 1983, 1479; BVerfG NJW 1994, 1854; BGHZ 105, 116 = NJW 1988, 3020; BGH DtZ 1993, 283.
[324] BAG NZA 1994, 1149; a. A. LSG Rheinland-Pfalz NJW-RR 1993, 1216.
[325] BVerfG – K – NJW 1995, 1210; NJW-RR 2000, 726; VGH Mannheim NJW 1996, 2882.
[326] BVerfGE 41, 332, 335 = NJW 1976, 1537; vgl. *Heyland* JR 1977, 402; BVerwG NJW 1975, 1547; BAG NJW 1972, 887; OLG Düsseldorf NJW 1980, 2721.
[327] Vgl. *Goerlich* NJW 1976, 1526.
[328] BVerfGE 44, 302, 306 = NJW 1977, 1233; E 50, 1 = NJW 1979, 641 m. Anm. *Herbert*.
[329] BVerfGE 40, 88, 92 = NJW 1975, 1355.
[330] VGH Mannheim NJW 1975, 1295.
[331] BGH NJW 1979, 984.
[332] BayObLG StV 1985, 6; OLG Frankfurt AnwBl. 1984, 108; vgl. OLG Hamburg Rpfleger 1960, 215; *Kaiser* NJW 1977, 1955.

gung der Sache geboten ist, etwa trotz § 228 StPO bei Verhinderung des Wahlverteidigers.[333] Wird dem Gericht rechtzeitig ein triftiger Grund für die Verspätung eines Verfahrensbeteiligten mitgeteilt, so ist, wenn und solange dies mit dem Interesse an der Einhaltung seiner Tagesordnung vereinbar ist, auch ein längeres Abwarten zumutbar.[334] Erscheint der Betroffene zwar verspätet, aber noch vor Beendigung der Hauptverhandlung, so darf er nicht mehr als abwesend behandelt werden.[335] – Umgekehrt kann von den Verfahrensbeteiligten nicht gefordert werden, ohne Benachrichtigung auf das Erscheinen des Gerichts länger als 15 Minuten zu warten.[336] Nicht ausreichender Aufruf der Sache führt zur Verletzung des rechtlichen Gehörs.[337]

116 Das zur Wartepflicht des Gerichts im Gerichtssaal Gesagte gilt auch für das Abwarten des Gerichts mit seiner **Entscheidung** auf eine angekündigte (weitere) Begründung eines Antrags.[338] Eine vor Ablauf der gesetzten Frist zur Stellungnahme ergehende Entscheidung verletzt Art. 103 Abs. 1 GG.[339]

117 V. Finanzielle Erschwerungen. Erschwerungen des Zugangs zum gesetzlichen Richter haben oft **finanzielle Ursachen**. Sie können begründet sein in den eingeschränkten Möglichkeiten, die mit der Inanspruchnahme des Gerichts und eines Rechtsanwalts zusammenhängenden Kosten aufzubringen. Die Bemessung der Verfahrenskosten darf nicht in einer Weise erfolgen, die es dem Betroffenen praktisch unmöglich macht, das Gericht anzurufen.[340] Abhilfe zu schaffen zur Herbeiführung der Chancengleichheit vor Gericht[341] ist im Allgemeinen Aufgabe des Gesetzgebers zur Verwirklichung des Sozialstaats. Hierher zählt vor allem die **Prozesskostenhilfe** (§§ 114 ff. ZPO, 14 FGG, 11a ArbGG, 142 FGO, 73a SGG, 166 VwGO) und für den vor- und außergerichtlichen Bereich das Beratungshilfegesetz. Hierher gehört auch die Möglichkeit der Herabsetzung des Gebührenstreitwerts (u. a. §§ 247 Abs. 2 AktG, 144 PatG). Eine Grenze der gesetzgeberischen Gestaltungsfreiheit bei der Verwirklichung des Sozialstaats ist erreicht, wo der Gleichheitssatz verletzt wird oder die Grundsätze des fairen Verfahrens die Beseitigung oder Vermeidung einer konkreten Erschwerung gebieten; der unbemittelten Partei darf die Rechtsverfolgung und Rechtsverteidigung im Vergleich zur bemittelten nicht unverhältnismäßig erschwert werden.[342] Das Sozialstaatsgebot erfordert eine weitgehende **Angleichung der Situation von Bemittelten und Unbemittelten** im Bereich des Rechtsschutzes; dem genügt der Gesetzgeber jedoch, wenn er den Unbemittelten demjenigen Bemittelten gleichstellt, der bei gleichen Prozesschancen vernünftigerweise den Rechtsweg beschreiten würde.[343] Auch bei der Prüfung entscheidungserheblicher Rechtsfragen dürfen die Anforderungen an die Erfolgsaussicht nicht überspannt werden.[344] Andererseits ist es dem Gesetzgeber nicht verwehrt, mit einer Gebührenregelung auch einer leichtfertigen oder missbräuchlichen Einlegung von Rechtsbehelfen entgegenzuwirken, wenn sie nicht dazu führt,

---

[333] OLG Hamm DRiZ 1977, 184.
[334] BGH NJW 1999, 724; BVerwG NJW 1979, 1619; OLG Hamburg AnwBl. 1981, 25 m. Anm. *Molketin* AnwBl. 1981, 200; OLG Düsseldorf StV 1995, 454.
[335] OLG Köln MDR 1980, 428.
[336] OLG Hamm MDR 1979, 159; a. A. OLG Düsseldorf NJW 1997, 2062.
[337] BVerfGE 42, 364 = NJW 1977, 1443; LG Hamburg NJW 1977, 1459; vgl. auch BGH NJW 1976, 196.
[338] OLG Karlsruhe Justiz 1978, 232: 11 Tage.
[339] BVerfGE 42, 243 = NJW 1976, 1837.
[340] Vgl. BVerfGE 11, 139, 143; NJW 1980, 1511.
[341] Vgl. *Hilden* ZRP 1977, 41; *König* ZRP 1978, 44; *Kloepfer* JZ 1979, 212; zur Mitwirkungspflicht der armen Partei vgl. aber auch *Schneider* MDR 1978, 269.
[342] BVerfGE 2, 336, 340 = NJW 1953, 1097; E 9, 124, 130 = NJW 1959, 715; E 35, 348, 354 = NJW 1974, 229; vgl. *Baumgärtel*, Gleicher Zugang zum Recht für alle, Köln 1976; *Kissel*, FS Schiedermair, 1976 S. 313.
[343] BVerfGE 81, 347 = NJW 1991, 413.
[344] BVerfG – K – NVwZ-RR 2007, 569; zu den verfassungsrechtlichen Anforderungen an die Entscheidung über Prozesskostenhilfe *Tombrink* DRiZ 2007, 183.

den Rechtsschutz vornehmlich nach Maßgabe wirtschaftlicher Leistungsfähigkeit zu eröffnen.[345] Daher verstößt es gegen Art. 3, 20 GG, wenn einem unbemittelten Rechtsmittelkläger, der nach Bewilligung der Prozesskostenhilfe die Frist für die Wiedereinsetzung versäumt, keine Wiedereinsetzung gewährt wird.[346] Weiter ist Prozesskostenhilfe auch da zu bewilligen, wo es verfahrensrechtlich nicht ausdrücklich vorgesehen ist.[347] Mittellosen Verfahrensbeteiligten sind auf Antrag Mittel für die Reise zum Ort der Verhandlung oder Vernehmung und für die Rückreise zu gewähren, wenn die Kosten nicht außer Verhältnis zum öffentlichen Interesse stehen.[348] Einem Beschuldigten, der die Kosten eines gewählten Verteidigers nicht aufzubringen vermag, ist in schwerwiegenden Fällen auf Kosten der Staatskasse ein Verteidiger zu bestellen.[349] Die Sozialstaatsklausel wirkt auch in das materielle Recht hinein. Sie erfordert, die Hemmung der Verjährung auch dann nach §§ 203, 209 BGB eintreten zu lassen, wenn ein ordnungsgemäß begründeter und vollständiger Antrag auf Bewilligung der Prozesskostenhilfe zwar noch innerhalb der Verjährungsfrist, aber so spät eingereicht wird, dass darüber vor Fristablauf nicht mehr entschieden werden kann.[350]

VI. Psychologische Erschwerungen. Hinzu treten psychologische Erschwerungen, vor allem solche schichtenspezifischer Art bis hin zur behaupteten „Klassenjustiz". Zur fast ausnahmslos dem Gesetzgeber obliegenden Beseitigung solcher Hemmnisse gehört es, dass der Rechtsuchende in die Lage versetzt wird, die verfahrensrechtlichen Wege zu erkennen, auf denen er sein Recht finden kann.[351] Dazu gehört insbesondere die **Rechtsmittelbelehrung**, die u. a. in §§ 35a StPO, 58 VwGO, 55, 105 FGO, 66 SGG, 9 ArbGG vorgeschrieben ist. Es besteht aber keine allgemeine verfassungsrechtliche Pflicht zur Rechtsmittelbelehrung,[352] auch wenn dies rechtspolitisch erwünscht ist.[353] 118

VII. Gerichtssprache. Die Gerichtssprache ist deutsch (§ 184). Deshalb ist dem gesetzlichen Richter grundsätzlich Genüge getan, wenn die Verhandlung in deutscher Sprache, erforderlichenfalls unter Hinzuziehung eines Dolmetschers (§ 185) stattfindet. Zwar kann die prozessuale Gleichberechtigung von Ausländern (Einl. Rn. 229; § 184 Rn. 5) nicht dazu führen, dass wegen der Notwendigkeit der Einschaltung eines Dolmetschers Fristen verlängert oder Schriftstücke in einer fremden Sprache übermittelt werden müssen,[354] in Grenzfällen ist aber auf die Fremdsprachigkeit Rücksicht zu nehmen, insbesondere Wiedereinsetzung zu gewähren, wenn die Rechtsmittelbelehrung oder eine prozessual erforderliche Belehrung nicht übersetzt war oder nicht voll verstanden werden konnte.[355] Wiedereinsetzung ist aber zu versagen, wenn der Betroffene sich nicht zureichend um die Verfolgung seiner Interessen gekümmert, z. B. sich nicht um eine alsbaldige Übersetzung bemüht hat, obwohl er nach Lage des Falles dazu Anlass hatte und in der Lage war.[356] 119

VIII. Religiöse Neutralität. In der BRep mit ihrer **religiös und weltanschaulich** neutralen Verfassung (Art. 4 GG) kann die Pflicht eines Verfahrensbeteiligten, vor Gericht zu erscheinen, mit religiösen Überzeugungen in Widerspruch 120

---

[345] BVerfGE 50, 217 = NJW 1979, 1345; *Busch* DVBl. 1979, 776; *Kissel* DRiZ 1980, 87.
[346] BVerfGE 22, 83, 86 = NJW 1967, 1267.
[347] BVerfGE 2, 336 = NJW 1953, 1097.
[348] OLG Stuttgart NJW 1978, 1120.
[349] BVerfGE 46, 202 = NJW 1978, 151.
[350] BGHZ 70, 235 = NJW 1978, 938 in Abkehr von der früheren RSpr.
[351] BGHZ 71, 367, 371 = NJW 1978, 2096.
[352] BVerfGE 93, 99 = NJW 1995, 3173; *BL/Hartmann* § 313 ZPO Rn. 51.
[353] Bundesregierung, vgl. DRiZ 1977, 284; *zur Megede* ZRP 1975, 28; *Bischof* ZRP 1978, 104; *Kniffka* DRiZ 1980, 105; *Nesselrodt* DRiZ 1982, 55; a. A. *Greger* JZ 2000, 131.
[354] VGH München NJW 1977, 1213; BayObLG NJW 1977, 1596.
[355] BayObLG NJW 1976, 2084; KG JR 1977, 129; VG Kassel NJW 1977, 543.
[356] BVerfGE 42, 120, 127; OLG Köln MDR 1979, 864.

geraten. Das beginnt mit der Ausgestaltung des Sitzungssaales (zum Kreuz § 12 Rn. 104) und geht bis zur Forderung nach Beachtung von Feiertagen der hier nicht traditionell verbreiteten Religionen. Indessen kann im Interesse der Funktionsfähigkeit des Gerichts nicht auf jede religiöse Überzeugung Rücksicht genommen werden; maßgebend können allein die gesetzlich geregelten Feiertage sein.[357]

J. Repressionsverbot

121 Zur Gewährleistung des gesetzlichen Richters im Sinne von ungehindertem Zugang des Bürgers zum Gericht zur Durchsetzung seiner Rechte (Rn. 99 ff.) und der Freiheit, alles zur Wahrung der Rechtsverfolgung als notwendig Angesehene ungehindert dem Gericht vorzutragen und alle prozessualen Rechte auszuüben (Rn. 70; Einl. Rn. 222), gehört auch, dass dem Bürger durch die Anrufung des staatlichen Gerichts keine Nachteile außerhalb des anhängig gewesenen Prozesses (z. B. Kostenlast, Zwangsvollstreckung) entstehen. Der verfassungsrechtlich verbürgte Rechtsschutz durch staatliche Gerichte (Einl. Rn. 197 ff.) würde sonst ausgehöhlt. Beispiel: Dem Arbeitnehmer wurde gekündigt, weil er dem vom Arbeitgeber für den Streit mit einem anderen betriebsangehörigen Arbeitnehmer vorgeschlagenen Vergleich nicht zustimmte und die staatlichen Gerichte anrief.[358] Der gutgläubige Anzeigeerstatter darf nicht mit dem Risiko des Schadensersatzes für den Fall belastet werden, dass seine Anzeige nicht zum Erweis des behaupteten Vorwurfs führt.[359] Die Erstattung einer Strafanzeige eines Arbeitnehmers gegen seinen Arbeitgeber kann keine eine Kündigung rechtfertigen, wenn sie nicht auf wissentlich unwahren oder leichtfertig gemachten falschen Angaben beruht.[360]

122 Sagt ein Arbeitnehmer im Rahmen eines Ermittlungsverfahrens der StA gegen seinen Arbeitgeber aus und übergibt er auf Aufforderung Unterlagen, so rechtfertigt dies grundsätzlich keine fristlose Kündigung. „Denn es ist mit dem Rechtsstaatsprinzip unvereinbar, wenn derjenige, der die ihm auferlegten staatsbürgerlichen Pflichten erfüllt und nicht wissentlich unwahre oder leichtfertig falsche Angaben macht, dadurch zivilrechtliche Nachteile erleidet".[361] Dieser Sicherung der staatsbürgerlichen Pflichten steht es auch entgegen, einem Arbeitnehmer deshalb zu kündigen, weil er wahrheitsgemäß die zuständige Behörde über Verstöße gegen Arbeitsschutzvorschriften informierte.[362] Ein entsprechendes Benachteiligungsverbot gilt auch für Zeugen in gerichtlichen Verfahren unter Privatpersonen. Eine tarifvertragliche Regelung der Lohnfortzahlung wegen persönlicher Arbeitsverhinderung bei Erfüllung allgemeiner staatsbürgerlicher Pflichten erfasst auch Zeugenaussagen.[363]

123 Die Gewährleistung der prozessualen Rechte (Rn. 70) wird zwar begrenzt durch das allgemeine Verbot des Rechtsmissbrauchs (Einl. Rn. 207). Darüber hinaus kann aber grundsätzlich jeder, der gerichtlichen Rechtsschutz begehrt, die Gerichte auch anrufen, allerdings mit dem Risiko der sich aus dem Prozessrecht ergebenden nachteiligen Folgen bei Unterliegen. Das ist die Konsequenz des allgemeinen Justizgewährungsanspruchs (Einl. Rn. 197a). Die Gewährleistung ungehinderten Zugangs zu den staatlichen Rechtspflegeverfahren verbietet, einem Klagewilligen eine über Offensichtlichkeit hinausgehende Rechtsprüfungspflicht aufzuerlegen. Deshalb haftet ein Kläger seinem Gegner außerhalb der schon im Verfahrensrecht vorgesehenen Sanktionen nicht nach dem Recht der unerlaubten Handlung für die

---

[357] Weitergehend Court of Appeal London EuGRZ 1977, 252.
[358] Leider vom BAG bestätigt; BAGE 16, 21 = NJW 1964, 1542; krit. *Nikisch* NJW 1964, 2387; *Arndt* NJW 1965, 26; *Söllner*, FS Herschel, S. 399.
[359] BVerfGE 74, 257 = NJW 1987, 1929.
[360] LAG Düsseldorf NZA 2002, 585.
[361] BVerfG – K – NJW 2001, 3474; zust. *Deiseroth* AuR 2002, 161.
[362] LAG Baden-Württemberg EzA KSchG § 1 Verhaltensbedingte Kündigung Nr. 8; vgl. *Hinrichs*, Arbeitsrecht der Gegenwart 1981, 35.
[363] BAG NZA 2002, 1105.

Folgen einer nur fahrlässigen Fehleinschätzung der Rechtslage.[364] Dem entspricht es, dass niemand sich nach rechtskräftiger Entscheidung gegen deren Richtigkeit wenden kann außerhalb der prozessualen Möglichkeiten (Einl. Rn. 210).

§ 17. [Rechtshängigkeit; Entscheidung des Rechtsstreits]

(1) ¹Die Zulässigkeit des beschrittenen Rechtsweges wird durch eine nach Rechtshängigkeit eintretende Veränderung der sie begründenden Umstände nicht berührt. ²Während der Rechtshängigkeit kann die Sache von keiner Partei anderweitig anhängig gemacht werden.

(2) ¹Das Gericht des zulässigen Rechtsweges entscheidet den Rechtsstreit unter allen in Betracht kommenden rechtlichen Gesichtspunkten. ²Artikel 14 Abs. 3 Satz 4 und Artikel 34 Satz 3 des Grundgesetzes bleiben unberührt.

Übersicht

	Rn.		Rn.
I. Überblick über die §§ 17 bis 17b	1	VII. Unzulässigkeit des Rechtswegs	35
II. Rechtsweg	3	1. Die Entscheidung	35
III. Prozessvoraussetzung	7	2. Bindung der Verweisung	37
IV. Rechtswegsperre	12	3. Folgen der Verweisung	42
V. Entscheidung über den Rechtsweg	16	4. Abweisung als unzulässig	44a
VI. Zulässigkeit des Rechtswegs	24	VIII. Bindung nach Rechtskraft	45
1. Vorabentscheidung	24	IX. Rechtsmittelbeschränkung	47
2. Anfechtbarkeit der Vorabentscheidung	25	X. Entscheidungskompetenz	48
3. Fehlen einer Vorabentscheidung	28	XI. Freiwillige Gerichtsbarkeit	53
4. Aussetzung des Verfahrens	34	XII. Andere Bereiche	60

Gesetzesfassung: §§ 17 bis 17b neu gefasst durch Art. 2 4. VwGOÄndG.

I. Überblick über §§ 17 bis 17b. Im Zuge gesetzgeberischer Bemühungen um Vereinfachung und Beschleunigung der Gerichtsverfahren wurden §§ 17 bis 17b umgestaltet.[1] Sie wurden für alle Gerichtsbarkeiten gültig (Rn. 5); außerdem wurden zur Eindämmung von **Rechtswegstreitigkeiten,** dem „Erbübel des deutschen Prozesses",[2] folgende Prinzipien eingeführt oder doch verdeutlicht: a) Prüfung der Zulässigkeit des eingeschlagenen Rechtswegs durch das angerufene Gericht von Amts wegen (Rn. 16, 24); b) Vorab-Entscheidung bei Streitigkeiten über den Rechtsweg, § 17a Abs. 3, Rn. 24); c) bei Unzulässigkeit des beschrittenen Rechtswegs wird von Amts wegen in den zulässigen Rechtsweg verwiesen (§ 17a Abs. 2 Satz 1, 2, Rn. 7, 16, 35) mit fortbestehender Rechtshängigkeit (§ 17b Abs. 1, Rn. 42); d) Bindung an die Verweisung (§ 17a Abs. 2 Satz 3, Rn. 37, 45); e) Verkürzung des Instanzenzugs in Rechtswegstreitigkeiten (§ 17a Abs. 5, Rn. 47); f) Rechtswegsperre während Rechtshängigkeit (§ 17 Abs. 1 Satz 2, Rn. 12); g) Bindung aller Gerichte an die rechtskräftige Entscheidung eines Gerichts über die Zulässigkeit des Rechtswegs (§ 17a Abs. 1, Rn. 45); h) Fortdauer der einmal bestehenden Zulässigkeit des Rechtswegs, perpetuatio fori (§ 17 Abs. 1 Satz 1, Rn. 9); i) umfassende Entscheidungskompetenz des Gerichts des zulässigen Rechtswegs (§ 17 Abs. 2, Rn. 48).

Die Gesamtkonzeption der §§ 17 bis 17b dient nicht nur einer Vereinfachung und Beschleunigung der Verfahren, sondern dokumentiert auch die verfassungsrechtlich durch Art. 95 GG vorgegebene **Gleichwertigkeit aller Rechtswege** (Einl. Rn. 235). Die Bindung aller Gerichte an eine rechtskräftige Bejahung des Rechtswegs und die stets von Amts wegen vorzunehmende und das andere Gericht bindende Verweisung bei Unzulässigkeit des Rechtswegs (§ 17a Abs. 1, 2) soll negative wie auch positive Kompetenzkonflikte zwischen Gerichten verschiedener

---

[364] BGH NJW 2003, 1034.
[1] BTagsDrucks. 11/7030 S. 17; *Kissel* NJW 1991, 945 ff.
[2] *Redeker* AnwBl. 1977, 108.

Rechtswege ausschließen (vgl. aber Rn. 41); deshalb bedurfte es nicht mehr eines Kompetenzkonfliktgerichtshofes (§ 17a GVG a. F.), der in der Praxis schon lange nicht mehr bestand.[3]

3   **II. Rechtsweg.** Der Begriff „Rechtsweg" ist im Gesetz nicht definiert. Er kann einen verfassungsrechtlichen Inhalt haben: die Möglichkeit, in einer streitigen Angelegenheit die staatlichen Gerichte anrufen zu können; dies ist unbeschränkt gewährleistet durch Art. 19 Abs. 4 GG und das allgemeine Rechtsstaatsprinzip, wonach in jeder Rechtsstreitigkeit das staatliche Gericht angerufen werden kann, der Zugang zum staatlichen Gericht nicht in unzumutbarer Weise erschwert werden darf (Einl. Rn. 204; § 16 Rn. 99) und die Gerichte eine umfassende Nachprüfungskompetenz haben (Einl. Rn. 197). Hieraus ergibt sich andererseits, dass §§ 17 bis 17b GVG die Eröffnung des Rechtswegs zu den innerstaatlichen staatlichen Gerichten überhaupt voraussetzen. Deshalb gelten sie nicht für das Verhältnis zu kirchlichen Gerichten,[4] zum BVerfG und den Staatsgerichtshöfen der Länder sowie zu den supranationalen Gerichten.

3a   Die zweite Bedeutung des Begriffs „Rechtsweg" ist eine prozessuale und liegt in der Abgrenzung der Zuständigkeit der einzelnen Gerichtsbarkeiten zueinander. Sie hat den Inhalt, dass für eine Streitigkeit eine bestimmte Gerichtsbarkeit nach den für sie maßgebenden gesetzlichen Regelungen zuständig und zur Entscheidung berufen ist (vgl. Art. 14 Abs. 3 Satz 4, Art. 34 Satz 3 GG, §§ 13 GVG, 40 VwGO, 33 FGO, 2 ff. ArbGG, 51 SGG); in diesem prozessualen Sinne ist „Rechtsweg" in den §§ 17 bis 17b zu verstehen.

4   Die Regelung des Rechtswegs ist **zwingenden Rechts.** Ist der Rechtsweg eröffnet, kann er nur durch besondere gesetzliche Zuweisung oder durch einen Schiedsvertrag ausgeschlossen werden.[5] Umgekehrt kann er, wenn er nicht eröffnet ist, auch nicht durch Parteivereinbarung eröffnet werden.[6] §§ 17 bis 17b werden weder durch rügelose Einlassung des Beklagten noch durch ein Teilanerkenntnisurteil ausgeschlossen.[7] Diese zwingende Natur verbietet Umgehungen und Erschleichungen (§ 13 Rn. 39). Das gilt vor allem für die Einkleidung öffentlich-rechtlicher Verhältnisse in die Form bürgerlich-rechtlicher Ansprüche[8] wie Schadensersatz-, Bereicherungs- und Unterlassungsanspruch,[9] Vollstreckungsabwehrklage,[10] Kostenbefreiungsanspruch.[11]

5   §§ 17 bis 17b gelten für **alle Gerichtsbarkeiten;** in §§ 173 VwGO, 155 FGO, 48 ArbGG und 202 SGG wird auf sie verwiesen. Das bedeutet inhaltlich gleiches Recht und betont zugleich die Gleichwertigkeit aller Gerichtsbarkeiten (Einl. Rn. 235). In die Regelung sind auch einbezogen die besonderen Gerichte des Art. 96 GG, § 14 GVG, soweit sie einen besonderen Rechtsweg darstellen (§ 14 Rn. 1); ihre Gerichtsqualität ist der der anderen Gerichte in allen Rechtswegen gleichwertig. Die Regelung gilt auch im Verhältnis des Rechtswegs nach der BNotO zum ordentlichen Rechtsweg,[12] der früheren Disziplinargerichte[13] und der Truppendienstgerichte[14] zu den Verwaltungsgerichten, der Anwaltsgerichtshöfe zu den ordentlichen Gerichten;[15] zur freiwilligen Gerichtsbarkeit und den anderen

---

[3] BTagsDrucks. 11/7030 S. 37.
[4] VerfgVerwEv Hannover NVwZ-RR 2001, 348.
[5] RGZ 111, 279; BL/Hartmann § 13 Rn. 1; Zöller/Gummer § 13 Rn. 5.
[6] RGZ 106, 245.
[7] OLG Nürnberg MDR 2007, 676.
[8] BGHZ 67, 81 = NJW 1976, 1941.
[9] BGHZ 14, 294 = NJW 1954, 1483.
[10] RGZ 170, 40.
[11] RGZ 130, 270.
[12] BGH NJW 1992, 2423.
[13] BVerwG NVwZ 1995, 84.
[14] Vgl. BVerwG DÖV 2005, 1047.
[15] AnwGH Naumburg NJW-RR 1995, 1206.

Bereichen der ordentlichen Gerichtsbarkeit Rn. 53 ff. Sie gilt nicht im Verhältnis zur Vergabekammer nach § 104 GWB.[16] Der Anwendungsbereich der §§ 17 bis 17b ist **auf die Frage des Rechtswegs beschränkt.** Innerhalb des Rechtswegs gelten sie nicht, so nicht innerhalb der ordentlichen Gerichtsbarkeit für das Verhältnis der Spezialspruchkörper untereinander und zu den allgemeinen Spruchkörpern,[17] der allgemeinen Spruchkörper zum Landwirtschaftsgericht in streitigen Landwirtschaftssachen,[18] zwischen den Gerichten verschiedener Instanzen oder hinsichtlich örtlicher und sachlicher Zuständigkeit[19] (§ 14 Rn. 18 ff.).

Trotz des auf den typischen Rechtsstreit zwischen Kläger und Beklagtem hinweisenden Wortlauts, auch der Verwendung des Begriffs „Rechtshängigkeit", ist der **Anwendungsbereich** der §§ 17 bis 17b dem Ziel der Neufassung entsprechend (Rn. 1, 2) weit zu fassen. Sie gelten auch für die **Eilverfahren** wie Arrest, einstweilige Verfügung und einstweilige Anordnung,[20] und zwar ohne Rücksicht darauf, ob das Hauptverfahren schon anhängig ist und vor welchem Gericht.[21] Das gilt auch ohne Einschränkung für Fälle mit großer Eilbedürftigkeit und/oder schwierigen Rechtsfragen, geht es doch um den gesetzlichen Richter.[22] §§ 17 bis 17b gelten weiter für das **selbstständige Beweisverfahren,** § 485 ZPO, für das **Mahnverfahren,** § 688 ZPO, und für die Verfahren nach §§ 23 ff. **EGGVG**[23] (vgl. § 28 EGGVG Rn. 2), ebenso für Strafsachen, nicht aber im Verfahren der **Prozesskostenhilfe,** weil die Sache in diesem Verfahren nicht ‚anhängig' wird.[24] Ferner gelten sie auch dann, wenn Zweifel bestehen, ob für eine Sache **überhaupt gerichtlicher Rechtsschutz** gegeben ist, z. B. in Gnadensachen (vgl. § 23 EGGVG Rn. 129). 6

III. Rechtsweg als Prozessvoraussetzung. Die Zulässigkeit des Rechtswegs ist Prozessvoraussetzung. Sie ist vom Gericht **von Amts wegen** zu prüfen,[25] aber nur in der ersten Instanz (§ 17a Abs. 5, Rn. 47). Diese Prüfung hat Vorrang vor der Prüfung aller anderen Prozessvoraussetzungen,[26] ausgenommen Rechtshängigkeit[27] und Immunität (§ 18 Rn. 3). Sie darf also nicht deshalb unterbleiben, weil es an einer anderen Prozessvoraussetzung fehle. Das ist offenkundig bei einer Prozessvoraussetzung, die nur in einem Rechtsweg zu beachten ist; dies gilt aber auch, wenn eine die in Betracht kommenden Rechtswege übergreifende Prozessvoraussetzung (etwa die Prozessfähigkeit) in Frage steht. Aus der Verknüpfung der Rechtswege mit dem gesetzlichen Richter folgt, dass nur der im zulässigen Rechtsweg zur Entscheidung berufene Richter über die Prozessvoraussetzung zu entscheiden hat, nicht der Richter einer anderen Gerichtsbarkeit.[28] 7

---

[16] OVG Weimar NVwZ 2005, 235.
[17] BGH NJW 1991, 231.
[18] OLG Koblenz OLGR 2006, 255.
[19] Vgl. OLG München NJW 1964, 1282.
[20] BGH NJW 2001, 2181; NJW-RR 2005, 142; KG NZA-RR 1998, 563; NJW 2002, 1594; HessVGH NJW 1996, 474; 1997, 211; OVG Münster NJW 1998, 1579; NVwZ 1994, 178; ThürOVG DÖV 1996, 423; VGH München BayVBl. 1993, 309; OVG Berlin NVwZ-RR 1998, 464; VGH München NVwZ-RR 2003, 74; OVG Hamburg NVwZ-RR 2000, 842; OVG Koblenz NZBau 2005, 411; VGH Kassel FamRZ 2007, 294; *MünchKommZPO/Wolf* § 17 Rn. 3; *Wieczorek/Schreiber* § 17a Rn. 7.
[21] BAG NJW 2000, 2524.
[22] A. A. VGH München NVwZ-RR 2003, 74.
[23] Vgl. BGH NJW 2003, 1165; KG GA 1985, 271; OLG Karlsruhe NJW 1988, 84; OLG Hamm NJW 1992, 2644; OLG Frankfurt NStZ-RR 2001, 44; 22. 12. 2006 – 20 VA 11/06 –; OLG Düsseldorf OLGR 2006, 407.
[24] BGH FamRZ 1991, 1172; OLG Karlsruhe OLGR 2007, 912; OVG Bautzen VIZ 1998, 702; *BL/Hartmann* § 17a Rn. 4; *Zöller/Gummer* Rn. 12 vor § 17; *MünchKommZPO/Wolf* § 17 GVG Rn. 3; str., vgl. VGH Mannheim NJW 1995, 1915 m. w. N.
[25] BGHZ 34, 372 = NJW 1961, 1116.
[26] *Wieczorek/Schreiber* § 17a Rn. 10.
[27] *Wieczorek/Schreiber* § 17 Rn. 5; *Zöller/Gummer* § 17 Rn. 3.
[28] H. M., vgl. BVerwGE 19, 20; BSG NJW 1965, 789; VGH Mannheim NJW 1991, 1905; *Müller* DVBl. 1959, 694; *Menger-Erichsen* VerwArch 1966, 72; a. A. *Krause* ZZP 1970, 308; *Stein* MDR 1966, 369.

8 Maßgebender Zeitpunkt für die Entscheidung über die Zulässigkeit des Rechtswegs ist der **der letzten mündlichen Verhandlung,**[29] nicht hingegen der der Entscheidungsverkündung.

9 Jedoch wird nach § 17 Abs. 1 Satz 1 die Zulässigkeit des beschrittenen Rechtswegs „durch eine nach Rechtshängigkeit eintretende Veränderung der sie begründenden Umstände nicht berührt", sog. **perpetuatio fori.** Das war schon in einzelnen Vorschriften geregelt (§§ 90 Abs. 3 VwGO, 261 Abs. 3 Nr. 2 ZPO, 66 Abs. 3 FGO, 48 Abs. 1 ArbGG, 94 Abs. 3 SGG, sämtlich a. F.) und ist hier zusammengefasst für alle Verfahren und gilt auch für die Zuständigkeit innerhalb der Gerichte des Rechtswegs.[30] Zu den den Rechtsweg begründenden Umständen gehören nicht nur solche tatsächlicher Art, sondern auch die den Rechtsweg regelnden gesetzlichen Bestimmungen. Ändern sich diese nach Eintritt der Rechtshängigkeit, kann die bei Rechtshängigkeit bestehende Zulässigkeit des Rechtswegs nicht nachträglich entfallen, wenn das Gesetz nicht selbst ausdrücklich Abweichendes bestimmt.[31] Nachträglich unzulässig werden kann der Rechtsweg aber bei Änderungen des Streitgegenstands.[32] Ergeben sich umgekehrt nach Eintritt der Rechtshängigkeit bei zunächst bestehender Unzulässigkeit des Rechtswegs nachträglich erst die die Zulässigkeit des Rechtswegs begründenden Umstände tatsächlicher oder rechtlicher Art, dann kann eine solche Veränderung, sofern sie vor der letzten mündlichen Verhandlung in der ersten Instanz eingetreten ist, noch zugunsten der Zulässigkeit des Rechtswegs berücksichtigt werden.[33] Sollte die Zulässigkeit erst zwischen der mündlichen Verhandlung und der Verkündung der Entscheidung, etwa durch Gesetzesänderung, eintreten, so wird nach § 156 ZPO die Wiedereröffnung der mündlichen Verhandlung anzuordnen sein. Der Grundsatz der perpetuatio fori gilt im Interesse der Prozessökonomie **nur rechtswegerhaltend;** gerade die Bemühungen der Novelle, Rechtswegstreitigkeiten zu begrenzen, gebieten die Berücksichtigung von nachträglich eintretenden, den Rechtsweg begründenden (heilenden) Umständen, um einen Streit um die Zulässigkeit des Rechtswegs zu beenden und eine Verweisung (§ 17a Abs. 2) zu vermeiden. Voraussetzung ist allerdings, dass noch keine Entscheidung über die Unzulässigkeit des Rechtswegs und damit verbunden eine Verweisung des Rechtsstreits (§ 17a Abs. 2) ausgesprochen worden ist.

10 Ist der Streit um die Zulässigkeit des Rechtswegs ausnahmsweise selbstständig in die Rechtsmittelinstanz gelangt (vgl. einerseits § 17a Abs. 5, andererseits § 17a Abs. 4, Rn. 25ff.) und treten erst hier die die Zulässigkeit begründenden Umstände ein, sind sie ebenfalls zugunsten der Zulässigkeit des Rechtswegs zu berücksichtigen, es gelten aber die jeweiligen Verfahrensvorschriften zur Zulässigkeit neuen tatsächlichen Vorbringens und der Berücksichtigung von Rechtsänderungen; eine Zulässigkeitsprüfung von Amts wegen ist in der Rechtsmittelinstanz, wo es um die Richtigkeit der Entscheidung geht, nach dem Grundgedanken des § 17a Abs. 5 ausgeschlossen.

11 Das zu Gesetzesänderungen Gesagte gilt entsprechend für Änderungen der RSpr, soweit sie für das Verfahren ausnahmsweise verbindlich sind.[34]

12 **IV. Rechtswegsperre.** Während der Rechtshängigkeit kann die Sache von keiner Partei anderweitig anhängig gemacht werden (§ 17 Abs. 1 Satz 2). Dies vermeidet Doppelprozesse und divergierende Entscheidungen und ist die Konsequenz

---

[29] BGH NJW 1992, 1757; KG NJW-RR 1991, 1009.
[30] BTagsDrucks. 11/7030 S. 37e; vgl. auch BGH NJW 2001, 2477; BFHE 209, 1 = DB 2005, 1313.
[31] StRSpr, vgl. BGH NJW 2002, 1351; BAG NZA 2007, 110; missverständlich BGH NJW 2000, 2749 – dazu krit. *Piekenbrock* NJW 2000, 3476.
[32] Vgl. BAG NZA 2007, 110.
[33] BVerwGE 124, 321 = NJ 2006, 284; OVG Lüneburg NordÖR 2006, 416; *Kissel* NJW 1991, 945, 948.
[34] Vgl. BGHZ 70, 295 = NJW 1978, 949.

aus der Bindung der Gerichte aller Gerichtsbarkeiten an die ergehende Entscheidung des erstangerufenen Gerichts über die Zulässigkeit des Rechtswegs (§ 17 a Abs. 1). Die Rechtswegsperre beginnt mit dem Eintritt der Rechtshängigkeit und dauert bis zu deren Beendigung. Die Rechtshängigkeit tritt ein mit Erhebung der Klage (§ 261 Abs. 1 ZPO; vgl. §§ 90 VwGO, 66 FGO, 94 SGG, 46 ArbGG). Da der Anwendungsbereich der §§ 17 bis 17b über das allgemeine Erkenntnisverfahren hinausgeht (Rn. 6), ist für andere Verfahrensarten, die das Institut der förmlichen Rechtshängigkeit nicht kennen, die vergleichbare Verfahrenssituation auslösend; vom Zweck der Sperrvorschrift her muss das die formalisierte Information des Verfahrensgegners sein, so die Zustellung des Arrestbeschlusses, die Ladung zur mündlichen Verhandlung über ein Arrestgesuch (§ 922 ZPO) oder im selbstständigen Beweisverfahren (§ 491 ZPO). Die Rechtshängigkeit endet mit Rechtskraft der Entscheidung, Zurücknahme eines Antrags, Vergleichsabschluss, Erledigung der Hauptsache, auch einseitiger Erledigungserklärung, wenn der Hauptsacheantrag nicht hilfsweise aufrechterhalten bleibt,[35] nicht aber mit einer Aussetzung des Verfahrens oder seinem Ruhen.

Die Rechtswegsperre gilt für „die Sache", also den Streitgegenstand, den gestellten Antrag, über den eine gerichtliche Entscheidung begehrt wird, und die zur Unterstützung dieses Antrags vorgetragenen Tatsachen. Die rechtshängige Sache kann nicht „anderweitig" anhängig gemacht werden, also vor einem anderen Gericht, in welchem Rechtsweg auch immer. Nach der Intention der §§ 17 bis 17b (Rn. 1, 2) ist der Begriff der „Sache" weit auszulegen. Die Rechtswegsperre erfasst nicht nur den geltend gemachten Anspruch selbst, z.B. Zahlungsanspruch mit dem Ziel eines vollstreckungsfähigen Titels oder Gestaltung eines Rechtsverhältnisses durch das Gericht. Sie gilt auch für Mahnverfahren, Arrest, einstweilige Verfügung und selbstständiges Beweisverfahren, ebenso für das Prozesskostenhilfe-Verfahren.[36] „Anderweitig" betrifft nicht nur das gleiche Prozessbegehren, z.B. erneutes Einklagen der Forderung, sondern auch Klageerweiterung (§ 264 ZPO), Klageänderung (§§ 263, 264 ZPO), nachträgliche Anspruchshäufung (§ 260 ZPO), Widerklage, Zwischenfeststellungsklage, ebenso ein die gleiche Sache betreffendes Begehren mit umgekehrter Zielrichtung, etwa eine negative Zwischenfeststellungsklage, oder die klageweise Geltendmachung einer bereits zur Aufrechnung gestellten Forderung. **13**

Die Rechtswegsperre betrifft alle „Parteien", die in den Prozess involviert sind: Kläger und Beklagte (einschließlich Rechtsnachfolger) und die, auf die sich die Rechtskraft erstreckt, Streitverkündete und auch Beigetretene. **14**

Dass die Sache nicht „anhängig gemacht werden" kann, beinhaltet ein Prozesshindernis, das von Amts wegen zu beachten ist. Es führt zur Abweisung der Klage als unzulässig, nicht zu einer Verweisung in den anderen schon beschrittenen oder gar den „richtigen" Rechtsweg (Rn. 7). Ergeht dennoch ein Urteil, ist es aber wirksam; es ist in der Rechtsmittelinstanz aufzuheben. Ein später rechtskräftig gewordenes Urteil unterliegt der Restitutionsklage. **15**

V. Entscheidung über den Rechtsweg. Das (jedes) angerufene Gericht erster Instanz hat **von Amts wegen** die Zulässigkeit des eingeschlagenen Rechtswegs zu prüfen und gegebenenfalls darüber zu entscheiden (Rn. 7). Diese Prüfung „versteht sich von selbst",[37] die früheren dies ausdrücklich aussprechenden Vorschriften (z.B. § 17 Abs. 1 Satz 1 GVG a. F.) sind mit der Neuregelung (Rn. 1, 2) weggefallen. **16**

Maßgebend für den zulässigen Rechtsweg ist die **Rechtsnatur des erhobenen Anspruchs,** wie sie sich aus dem tatsächlichen Vorbringen der klagenden Partei (des Antragstellers) ergibt. Stellt sich der Klageanspruch nach der ihm vom Kläger gegebenen tatsächlichen Begründung als Folge eines Sachverhalts dar, der nach **17**

---

[35] VGH München NJW 2005, 1450 gegen BVerwG NVwZ 1999, 404.
[36] VGH Mannheim NJW 1991, 707.
[37] BTagsDrucks. 11/7030 S. 37.

bürgerlichem Recht zu beurteilen ist, so ist für ihn der Rechtsweg zu den ordentlichen Gerichten eröffnet.[38] Entscheidend ist nicht die rechtliche, wenn auch übereinstimmende,[39] Einschätzung durch die Parteien, sondern allein die Qualität des Rechtsstreits nach der Beurteilung des (jeweiligen) Gerichts. Dabei stellt die h. M. nach der **Schlüssigkeitstheorie** allein darauf ab, welche rechtliche Qualifizierung sich aus dem Tatsachenvortrag des Klägers ergibt.[40] Es kommt allein auf den Vortrag des Klägers an, grundsätzlich aber nicht auf den des Beklagten.[41] Das Vorbringen des Beklagten ist nur zu berücksichtigen, wenn es unstreitig ist oder wenn es (ohne Beweisaufnahme) die wahre Natur des geltend gemachten Anspruchs erst erkennen lässt.[42]

18 Ergibt sich die Zulässigkeit des Rechtswegs schlüssig aus dem Vortrag des Klägers, ist dieser grundsätzlich auch dann maßgebend und bedarf keiner Beweiserhebung, wenn der Beklagte ihn bestreitet;[43] Beweis ist nur zu erheben, wenn zulässigkeitsbegründende Tatsachen streitig sind, die nicht zugleich auch für die Begründetheit der Klage relevant sind. Ist aber derselbe Vortrag rechtlich maßgebend sowohl für die Zulässigkeit des Rechtswegs als auch für die Begründetheit der Klage **(doppelrelevante Tatsachen)**, so wird innerhalb der Prüfung der Zulässigkeit des Rechtswegs der Klägervortrag unterstellt: Ist er **schlüssig**, so wird die Zulässigkeit des Rechtswegs **ohne Beweisaufnahme** angenommen.[44] Der Gefahr einer Rechtswegerschleichung könne mit dem Grundsatz von Treu und Glauben begegnet werden[45] oder dadurch, dass eine offensichtlich nicht gegebene Anspruchsgrundlage außer Betracht bleibt.[46]

19 Demgegenüber fordern grundsätzlich (Rn. 21) das BAG[47] und ein Teil der Literatur[48] die Beweiserhebung **(Beweiserheblichkeitstheorie)** mit der Begründung, dass kompetenzbegründende Tatsachen nicht anders als alle anderen rechtswegbegründenden Umstände bewiesen werden müssen, wenn sie in erheblicher Weise bestritten oder zweifelhaft sind. Dem ist zuzustimmen: es kann nicht allein der Kläger in der Hand haben, durch schlüssigen, aber nicht bewiesenen Vortrag die Zuständigkeit des Gerichts zu bestimmen.

20 Besondere Probleme wirft bei bürgerlich-rechtlichen Streitigkeiten die Abgrenzung des Rechtswegs zwischen **ordentlichen und Arbeitsgerichten** auf. Die Arbeitsgerichte sind nur zuständig, wenn zwischen den Parteien ein Arbeitsverhältnis besteht. Für dessen Vorliegen ließ das BAG zunächst allgemein nicht den Vortrag des Klägers genügen, sondern forderte die Beweiserhebung.[49] Diese RSpr ist inzwischen differenziert worden:

---

[38] GemS NJW 1974, 2087; BGHZ – GS – 66, 229, 232; NJW 1992, 1561; 1993, 789.
[39] BayObLGZ 1966, 194.
[40] BGHZ 85, 122 = NJW 1983, 1798; GemS BGHZ 102, 280 = NJW 1990, 1527; BGHZ 103, 255 = NJW 1988, 1731; Z 162, 78 = NVwZ 2006, 243; BGH NJW 1998, 2743; BVerwGE 22, 45; BVerwG NVwZ 1993, 358; BSG NJW 1990, 342; *BL/Hartmann* § 13 Rn. 12; *Eyermann/Rennert* § 40 VwGO Rn. 34; *Zöller/Gummer* § 13 Rn. 11; *Redeker/von Oertzen* § 40 VwGO Rn. 1; *Schmitt* DVBl. 1978, 980; *K. H. Schwab*, FS Zeuner, 1994, S. 501.
[41] StRSpr des BGH, vgl. BGHZ 133, 240 = NJW 1996, 3012; *BL/Hartmann* § 13 Rn. 12.
[42] *BL/Hartmann* § 13 Rn. 12; *Bötticher* JZ 1962, 317.
[43] BGHZ 133, 240 = NJW 1996, 3012.
[44] GemS BGHZ 97, 312 = NJW 1986, 2359; Z 102, 280 = NJW 1988, 2295; Z 108, 284 = NJW 1990, 1527; BGHZ 103, 257 = NJW 1988, 1731; BVerwGE 75, 112 = NJW 1987, 1283; *Zöller/Gummer* § 13 Rn. 11; *MünchKommZPO/Wolf* § 17 Rn. 12; *Rosenberg/Schwab/Gottwald* § 9 III, 2 und § 39 I, 2 a; *Schwab*, FS Zeuner, 1994, S. 499, 501; *Spellenberg* ZZP 1982, 17, 37.
[45] LAG Köln NZA-RR 1998, 373; *Hager*, FS Kissel, 1994 S. 327.; *Windel* ZZP 1998, 17.
[46] OLG Dresden NZA-RR 2005, 215; OLG Köln OLGR 2005, 685.
[47] BAGE 19, 355; BAG NJW 1994, 1172; 604.
[48] *Windel* ZZP 1998, 20; *Hager*, FS Kissel, 1994 S. 327; vgl. *Bötticher* ZZP 1959, 45, 52, JZ 1962, 317, Anm. zu AP Nr. 26 zu § 2 ArbGG 1953 Zuständigkeitsprüfung; Anm. zu AP Nr. 30 zu § 2 ArbGG 1953 Zuständigkeitsprüfung; *Scheuerle* JZ 1965, 63, 65; *Zeuner*, FS Bötticher, 1969, S. 405; *Lüke* JuS 1980, 645; *Krause* ZZP 1970, 289, 316.
[49] BAGE 19, 355; BAG NJW 1994, 600; 1172; 1995, 675.

a) Kann die Klage nur Erfolg haben, wenn der Kläger Arbeitnehmer ist („**sic-** **21** **non**'-Fall; Doppelrelevanz), soll schon der dahin gehende Vortrag des Klägers für den Rechtsweg zu den Arbeitsgerichten ausreichen.[50] Ein sic-non-Fall liegt z.B. vor, wenn bei einer Klage auf Unwirksamkeit der Kündigung auf Grund eines einheitlichen Klageantrags nicht nur zu entscheiden ist, ob das umstrittene Vertragsverhältnis durch Kündigung beendet worden ist, sondern auch, ob dieses Vertragsverhältnis ein Arbeitsverhältnis ist und ob bei Kündigung überhaupt ein Arbeitsverhältnis zwischen den Parteien bestand, denn anderenfalls wäre die Klage schon deshalb als unbegründet abzuweisen.[51] Betrifft eine Kündigungsschutzklage nicht nur die Frage, ob das zwischen den Parteien bestehende Vertragsverhältnis durch die Kündigung aufgelöst ist, sondern auch, ob das Vertragsverhältnis überhaupt ein Arbeitsverhältnis ist, liegt ebenfalls ein sic-non-Fall vor, denn der Klageerfolg vor dem Arbeitsgericht hängt nicht nur von der Wirksamkeit der Kündigung ab, sondern setzt voraus, dass im Zeitpunkt der Kündigung zwischen den Parteien ein Arbeitsverhältnis bestanden hat, der Klageerfolg also von Tatsachen abhängt, die zugleich für die Bestimmung des Rechtswegs entscheidend sind.[52] Kein sic-non-Fall liegt vor, wenn eine Bruttolohnforderung aus erbrachten Dienstleistungen geltend gemacht wird, auch wenn der Rechtsgrund der Dienstleistung (Arbeitsverhältnis oder Vereinsmitgliedschaft) umstritten ist.[53]

Hiergegen bleiben die oben (Rn. 19) erhobenen Bedenken,[54] wenn auch das **21a** BVerfG[55] hierin keine Entziehung des gesetzlichen Richters gesehen hat.

Die sic-non-RSpr soll auch gelten, wenn der Kläger entweder Arbeitnehmer **21b** oder arbeitnehmerähnliche Person (§ 13 Rn. 152) ist; insoweit ist eine Wahlfeststellung zulässig.[56]

b) Kann der geltend gemachte Anspruch sowohl auf einem Arbeitsverhältnis beru- **22** hen als auch auf einer anderen bürgerlich-rechtlichen Anspruchsgrundlage, dann kann sowohl eine Alternativität („**aut-aut**'-Fall) vorliegen als auch eine Mehrheit von Anspruchsgrundlagen, die sich nicht ausschließen („**et-et**'-Fall); in diesen Fällen ist der Rechtsweg zu den Arbeitsgerichten auch nach der neuen RSpr des BAG „nicht schon deshalb eröffnet, weil der Kläger behauptet, Arbeitnehmer zu sein", „andernfalls stünde der Rechtsweg weitgehend zur Disposition des Klägers".[57] Wenn die Frage nach der Beweiserhebung mit Rücksicht auf den unschlüssigen Vortrag des Klägers auch ausdrücklich offen blieb,[58] dürfte eine solche nach dem Gesamtduktus der Entscheidung aber gegebenenfalls notwendig sein. In der Literatur wird die Notwendigkeit einer Beweisaufnahme angenommen;[59] dem ist zuzustimmen (Rn. 19).

Die **negative Feststellungsklage** richtet sich gegen die entsprechende positive **23** Berührung des Beklagten und findet darin ihren Gegenstand. Hier ist auch der Vortrag des Beklagten heranzuziehen um zu klären, welcher Natur die von ihm beanspruchten Rechte sind. Für die Annahme einer bürgerlich-rechtlichen Streitigkeit reicht es noch nicht aus, dass sich der Kläger auf eine zivilrechtliche Anspruchsgrundlage beruft; andererseits ist es nicht erforderlich, dass ein zivilrecht-

---

[50] BAGE 83, 40 = NJW 1996, 2948; E 84, 377 = NZA 1997, 674; BAG NJW 1997, 542; 1722; NZA 2001, 285; 341; *Germelmann/Matthes/Prütting* § 48 ArbGG Rn. 33; *Reinecke* NZA 1999, 731; *Windel* ZZP 1998, 18.
[51] BAG NZA 2003, 517.
[52] BAG NJW 2001, 1373; 1374.
[53] BAG NJW 2003, 162; LAG Berlin NZA-RR 2006, 98.
[54] *Ganser-Hillgruber* RdA 1997, 355; *Kluth* NJW 1999, 342; *Lüke* JuS 1997, 217; *Wieser,* Arbeitsgerichtsverfahren Rn. 58 ff.
[55] BVerfG – K – NZA 1999, 1234; krit. *Kluth* NZA 2000, 463.
[56] BAG NJW 1997, 2973; NZA 1999, 53.
[57] BAGE 84, 377 = NZA 1997, 674.
[58] Vgl. *Reinecke* NZA 1999, 53.
[59] *Ascheid,* Urteils- und Beschlussverfahren, 1995 Rn. 90, 97; *Grunsky* § 2 Rn. 23 f.; *Hager,* FS Kissel, 1994, S. 327, 335; *Krasshöfer-Pidde/Molkenbur* NZA 1991, 623.

licher Klageanspruch schlüssig dargetan ist. Maßgebend ist vielmehr, dass der Parteivortrag, seine Richtigkeit unterstellt, Rechtsbeziehungen oder Rechtsfolgen ergibt, für die die Zuständigkeit der ordentlichen Gerichte besteht.[60]

24 **VI. Zulässigkeit des Rechtswegs. 1. Vorabentscheidung.** Ob der vom Kläger eingeschlagene Rechtsweg nach den dafür maßgebenden Kriterien zulässig ist, ist in erster Instanz stets von Amts wegen zu prüfen (Rn. 16). Rügt eine Partei die Zulässigkeit des Rechtswegs,[61] muss das Gericht vorab die von ihm angenommene Zulässigkeit des Rechtswegs aussprechen (§ 17a Abs. 3 Satz 2). „Vorab" bedeutet eine Entscheidung isoliert von Fragen sowohl der Zulässigkeit der Klage im Übrigen als auch der Begründetheit und vor der Entscheidung zur Hauptsache,[62] nicht notwendig vor Beginn der Verhandlung zur Hauptsache. Die Vorabentscheidung dient dem Ziel, die Frage der Rechtswegzulässigkeit zu einem möglichst frühen Zeitpunkt des Verfahrens in der ersten Instanz abschließend zu klären und das weitere Verfahren nicht mehr mit dem Risiko eines später erkannten Mangels des gewählten Rechtswegs zu belasten.[63] Dem entspricht in der Folge die Bindung anderer Gerichte (§ 17a Abs. 1) und die Nichtanfechtbarkeit der Hauptentscheidung hinsichtlich des Rechtswegs (§ 17a Abs. 5). Die Vorabentscheidung ergeht durch Beschluss, er kann ohne mündliche Verhandlung ergehen (§ 17a Abs. 4 Satz 1), auf jeden Fall ist den Parteien rechtliches Gehör zu gewähren. Der Beschluss ist mit Gründen zu versehen (Satz 2). Bei Klagehäufung und Eventualanträgen muss bei umfassender Zulässigkeitsrüge das angerufene Gericht über die Zulässigkeit des Rechtswegs hinsichtlich aller Anträge entscheiden.[64]

24a Bestehen ohne formell erhobene Parteirüge Zweifel an der Zulässigkeit des eingeschlagenen Rechtswegs, „**kann**" das Gericht dies vorab aussprechen (§ 17a Abs. 3 Satz 1); ob es das tut, liegt in seinem pflichtgemäßen Ermessen.[65] Welcher Grad von Zweifeln erreicht sein muss, bis das Gericht zu einem Vorab-Ausspruch verpflichtet ist, wird unterschiedlich gesehen.[66] Von der Gesamtkonzeption der §§ 17 bis 17b her, Zweifel an der Rechtswegzulässigkeit in einem möglichst frühen Prozessstadium durch vorweggenommenen isolierten und selbstständig anfechtbaren Beschluss zu klären, spricht vieles für ein möglichst weitgehendes Gebrauchmachen von der Vorabentscheidung. Andererseits werden aber durch ein Absehen hiervon keine anerkennenswerten Belange der Prozessparteien beeinträchtigt, da sie die Zulässigkeit rügen und damit die Pflicht des Gerichts zur Vorabentscheidung entstehen lassen können. Im Interesse der Rechtsklarheit der Konsequenzen eines unterbliebenen Beschlusses ist eine Pflicht des Gerichts zur Vorabentscheidung nur bei Rüge durch eine Prozesspartei anzunehmen.[67]

25 **2. Anfechtbarkeit der Vorabentscheidung.** Gegen den die Zulässigkeit des Rechtswegs aussprechenden Beschluss ist die **sofortige Beschwerde** gegeben,[68] und zwar nach den Vorschriften der jeweils anzuwendenden Verfahrensordnung[69] (§ 17a Abs. 4 Satz 3; vgl. §§ 567ff. ZPO, 146 VwGO, 128 FGO, 172 SGG, § 78 ArbGG). Vor dem LG besteht Anwaltszwang,[70] ebenso vor dem VGH.[71] Der befristete Rechtsbehelf vervollständigt das Konzept einer möglichst frühen Entschei-

---

[60] GemS BGHZ 102, 280 = NJW 1988, 2295.
[61] Zur Rügepräklusion *Brückner* NJW 2006, 13.
[62] BAG NZA 1992, 954.
[63] Vgl. BTagsDrucks. 11/7030 S. 36, 37.
[64] LAG Sachsen NZA-RR 2001, 604.
[65] BGHZ 114, 1, 3 = NJW 1991, 1686; Z 120, 204 = NJW 1993, 389.
[66] Vgl. *Boin* NJW 1998, 3747.
[67] A. A. *Boin* aaO.
[68] Für Eilverfahren zweifelnd BVerwG NVwZ 2005, 1201; 2006, 1291.
[69] Zur Besetzung bei Abhilfeentscheidungen vgl. LAG Kiel NZA-RR 2005, 601.
[70] OLG Saarbrücken NJW-RR 1998, 1611.
[71] OVG Münster NVwZ 2002, 885; OVG Koblenz NVwZ-RR 2004, 543; VGH Mannheim VBlBW 2004, 31.

dung über den Rechtsweg (Rn. 1). Den Verfahrensordnungen entgegen, die gegen Entscheidungen der Gerichte erster Instanz eine weitere Beschwerde nicht vorsehen, eröffnet § 17a Abs. 4 für alle Gerichtsbarkeiten konstitutiv die **weitere Beschwerde,** ebenfalls eine sofortige, gegen den Beschluss des oberen Landesgerichts (OLG, OVG/VGH, FG, LAG, LSG) zum jeweiligen obersten Gerichtshof des Bundes; besteht nach § 8 EGGVG ein oberstes Landesgericht, tritt dieses im Rahmen seiner Zuständigkeit an die Stelle des obersten Gerichtshofs des Bundes. Bei erstinstanzlichen Beschlüssen des Amtsgerichts entscheidet über die sofortige Beschwerde das LG (§§ 567 Abs. 1 ZPO, 72 GVG), eine weitere Beschwerde zum OLG ist nicht statthaft und damit keine Entscheidung eines „oberen Landesgerichts" erreichbar. Da aber die weitere Beschwerde des § 17a Abs. 4 Satz 4 im Zivilprozess als Rechtsbeschwerde zu behandeln ist (Rn. 26 a), soll hier das LG, wie nach § 574 Abs. 1 Nr. 2 ZPO, ebenfalls zur Zulassung der weiteren Beschwerde zum BGH befugt sein.[72]

Die weitere Beschwerde bedarf der **Zulassung** im Beschwerdebeschluss des oberen Landesgerichts; sie kann auch in den Gründen erfolgen.[73] Die weitere Beschwerde ist zuzulassen, wenn die Rechtsfrage grundsätzliche Bedeutung hat (ähnlich §§ 574 ZPO, 132 Abs. 2 Nr. 1 VwGO, 115 Abs. 2 Nr. 1 FGO, 72 Abs. 2 Nr. 1 ArbGG, 160 Abs. 2 Nr. 1 SGG; vgl. § 132 Rn. 31), oder wenn das Gericht von der Entscheidung eines obersten Gerichtshofes des Bundes oder des Gemeinsamen Senats der obersten Gerichtshöfe des Bundes abweicht (nicht des BVerfG und des EuGH); die Divergenzrechtsbeschwerde erstreckt sich im Gegensatz zu den sonstigen Regelungen in den Verfahrensgesetzen (§§ 132 Abs. 2 Nr. 2 VwGO, 115 Abs. 2 Nr. 2 FGO, 72 Abs. 2 Nr. 2 ArbGG, 160 Abs. 2 Nr. 2 SGG) auf alle obersten Gerichtshöfe des Bundes – ein Beitrag zur Einheitlichkeit der Rechtsprechung. Eine Nichtzulassungsbeschwerde ist nicht vorgesehen,[74] die Zulassungsvorschrift des § 17a Abs. 4 Satz 4 GVG ist eine Spezialregelung gegenüber den allgemeinen Verfahrensvorschriften der §§ 132 Abs. 3 VwGO, 115 Abs. 3 FGO, 72a ArbGG, 160a SGG.[75] Auch unter dem Aspekt der ‚greifbaren Gesetzwidrigkeit' (Einl. Rn. 220) ist die Beschwerde gegen die Nichtzulassung unzulässig.[76] Andererseits ist der oberste Gerichtshof des Bundes an die vom oberen Landesgericht ausgesprochene Zulassung gebunden, und zwar in jedem Falle (§ 17a Abs. 4 Satz 6), auch dann, wenn das obere Landesgericht nicht als Beschwerdegericht, sondern erstmals über die Zulässigkeit des Rechtswegs vorab entschieden hat.[77] Diese Regelung ist als **selbstständige Rechtsmittelregelung** anzusehen, deshalb kommt es auf den allgemein zulässigen Rechtsmittelweg nicht an. Dass gegen eine Sachentscheidung, so im Eilverfahren, ein Rechtsmittel nicht statthaft wäre, steht der Zulässigkeit der weiteren Beschwerde nicht entgegen.[78] Jedoch besteht auch hier die Begrenzung auf Bundesrecht entsprechend § 576 Abs. 1 ZPO.[79] Ist wegen Verfahrensfehlern der ersten Instanz ausnahmsweise erstmals vor dem OLG (oberes Landesgericht) über die Zulässigkeit des Rechtswegs zu entscheiden und nicht, wie im Normalfall, vor diesem Gericht als Beschwerdeinstanz, kann trotz des Fehlens einer „Beschwerdeentscheidung" die weitere Beschwerde an den BGH (oberster Gerichtshof) zugelassen werden.[80]

---

[72] BGHZ 155, 365 = NJW 2003, 2917.
[73] BAG NJW 2007, 3303.
[74] BTagsDrucks. 11/7030 S. 38; BVerwG NVwZ-RR 2004, 542; *Schwab* NZA 1991, 662.
[75] BAG NJW 2003, 1069.
[76] BGH NJW 2003, 433; BAG NJW 2002, 3725; 2005, 3231.
[77] BGH NJW 1993, 388; 2000, 1042.
[78] BGH NJW 2003, 1194; NJW-RR 2005, 142; VGH München NVwZ 1999, 1015; a.A. OLG Hamburg OLGZ 1994, 366; BVerwG NVwZ 2006, 1291 m. Anm. *Braun* NVwZ 2007, 49; OVG Berlin NJW 1991, 715; VGH Mannheim NVwZ-RR 2003, 159; VGH Kassel FamRZ 2007, 294.
[79] Vgl. BGHZ 133, 240 = NJW 1995, 3012.
[80] BGHZ 119, 246 = NJW 1993, 470; *Hoffmann* JR 1993, 150.

26a Die Beschwerdezulassung in § 17a Abs. 4 Satz 4 GVG betrifft jedoch nur die Voraussetzungen für den Beschwerdeweg zu den obersten Gerichtshöfen des Bundes, während die Vorschriften über das Verfahren der Einlegung der Beschwerde der entsprechenden Verfahrensordnung zu entnehmen sind. Im Anwendungsbereich der ZPO ist sie als Rechtsbeschwerde zu behandeln.[81] Für die Besetzung des Spruchkörpers bei der Zulassungsentscheidung gelten die allgemeinen Grundsätze (§ 75 Rn. 12); eine Zulassung durch den Einzelrichter ist somit rechtsfehlerhaft.[82]

27 Die Entscheidung des Beschwerdegerichts geht entweder dahin, dass die Beschwerde unbegründet ist; das Verfahren der ersten Instanz nimmt seinen Fortgang. Hält das Beschwerdegericht die Beschwerde für begründet, verneint es also die Zulässigkeit des Rechtswegs, verweist es in der Beschwerdeentscheidung den Rechtsstreit an das zuständige (erstinstanzliche) Gericht des zulässigen Rechtswegs. Bei einer erfolglosen Beschwerde bedarf es keiner Kostenentscheidung, da eine Gerichtsgebühr nicht entsteht und Kosten nicht erstattet werden;[83] andernfalls gilt § 17b Abs. 2.[84]

28 **3. Fehlen einer Vorabentscheidung. a)** Verletzt das Gericht die mit der Rechtswegrüge nach § 17a Abs. 3 Satz 2 entstandene **Pflicht zur Vorabentscheidung** durch Beschluss und entscheidet es über die Zulässigkeit des Rechtswegs erst mit der Entscheidung zur Hauptsache, obwohl diese von einer Partei gerügt wurde, liegt eine nach Form (Urteil statt Beschluss) und Inhalt (Entscheidung mit der Hauptsache statt vorab beschränkt auf die Rechtswegfrage) fehlerhafte Entscheidung vor. Durch diesen Verfahrensfehler tritt keine Bindung des Rechtsmittelgerichts an die Entscheidung über den Rechtsweg nach § 17a Abs. 5 ein. Die Beschränkung der Prüfungskompetenz des Rechtsmittelgerichts durch § 17a Abs. 5 rechtfertigt sich daraus, dass die Rechtswegfrage vorab im Beschwerdeverfahren geprüft wird; diese Rechtfertigung fehlt, wenn das Gericht erster Instanz das in § 17a Abs. 3 Satz 2 vorgesehene Verfahren nicht eingehalten hat mit der Folge, dass es an einer beschwerdefähigen Entscheidung fehlt. Hier kann die Bindungswirkung nicht eingreifen, sonst würde die vom Gesetz gewollte Möglichkeit, die Zulässigkeit des Rechtswegs auch im Falle der Bejahung durch das erstinstanzliche Gericht vom Rechtsmittelgericht nachprüfen zu lassen, auf Grund des Verfahrensfehlers des erstinstanzlichen Gerichts abgeschnitten.[85] Der Beklagte, der in der ersten Instanz die Unzulässigkeit des Rechtswegs geltend gemacht hatte, kann mit der **Berufung** die Zulässigkeit des Rechtswegs erneut rügen; dann muss das Berufungsgericht über die Zulässigkeit des Rechtswegs vorab durch Beschluss entscheiden.[86] Die Vorabentscheidung des Berufungsgerichts ist nur entbehrlich, wenn es die Zulässigkeit des Rechtswegs mit dem erstinstanzlichen Gericht bejaht und auch im Falle der Vorabentscheidung keinen Anlass gesehen hätte, gemäß § 17a Abs. 4 Satz 4 bis 6 die Beschwerde an den BGH zuzulassen.[87]

29 Wenn das Berufungsgericht die Vorabentscheidung unterlässt und auch erst mit der Hauptsache über den Rechtsweg entscheidet, kann der BGH über die Rechts-

---

[81] BGHZ 152, 213 = NJW-RR 2003, 277; Z 155, 365 = NJW 2003, 2917; BAG NJW 2002, 3725.
[82] BGH NJW-RR 2006, 286.
[83] BezG Dresden LKV 1992, 60.
[84] Vgl. OLG Köln NJW-RR 1993, 639.
[85] BGHZ 114, 1 = NJW 1991, 1686; Z 119, 246 = NJW 1993, 470 m. Anm. *Wolf* LM 3 zu § 17a GVG; Z 121, 367 = NJW 1993, 1799; Z 130, 159 = NJW 1995, 2851; BGH NJW 1999, 651; OLG Frankfurt NJW-RR 1997, 1564; BAG NZA 1992, 954; 996, 1342; BSG NZS 1996, 384; LSG NRW NZS 1997, 197; VGH Mannheim NVwZ-RR 1997, 325; VGH München NJW 1997, 1251; *Germelmann/Matthes/Prütting* § 48 ArbGG Rn. 59; *Zöller/Gummer* § 17a Rn. 18; *Schilken* ZZP 1992, 88.
[86] BGH NJW 1998, 2057; 1999, 651; BAG NZA 1992, 954 = AP Nr. 7 zu § 48 ArbGG 1979 m. Anm. *Vollkommer*; NJW 1995, 2310; BVerwG NJW 1994, 956.
[87] BGHZ 131, 169 = NJW 1996, 591; Z 132, 245 = NJW 1996, 1890; BGH NJW 1999, 651; OLG Frankfurt NJW-RR 1997, 1564; OLG Celle NVwZ-RR 1999, 1376; KG KGR 2005, 435.

wegfrage im Revisionsverfahren nicht entscheiden, denn § 17a Abs. 5 steht entgegen, auch wenn das Berufungsgericht angenommen haben sollte, es bedürfe keiner Vorabentscheidung, wenn das Urteil ohnedies revisibel sei und das Revisionsgericht auch über die Rechtswegfrage zu entscheiden habe.[88]

Statt der Berufung ist bei fehlerhaftem Unterbleiben der Vorabentscheidung **30** (Rn. 28) gegen das deshalb fehlerhafte Sachurteil auch die **sofortige Beschwerde** nach § 17a Abs. 4 Satz 3 zuzulassen entsprechend dem **Meistbegünstigungsgrundsatz** (Einl. Rn. 210), da sich Fehler des Gerichts nicht zum Nachteil eines Verfahrensbeteiligten wirken dürfen.[89] Die allein auf die Rechtswegentscheidung zielende Beschwerde hat auch für die Sachentscheidung den der Berufung eigenen Suspensiveffekt des § 705 Satz 2 ZPO.

Hält das Berufungs(Beschwerde)gericht den eingeschlagenen Rechtsweg für zu- **31** lässig, hat es zugleich über die Zulassung der weiteren Beschwerde zu entscheiden, denn nur auf diesem Wege kann der BGH über die Rechtswegfrage entscheiden.[90] Lässt es die weitere Beschwerde zu, hat es das Verfahren zur Hauptsache auszusetzen[91] (vgl. Rn. 34).

Hält das Berufungsgericht entgegen der ersten Instanz den eingeschlagenen **32** Rechtsweg **nicht für zulässig,** spricht es dies in einem Beschluss nach § 17a Abs. 2 aus und verweist den Rechtsstreit an das Gericht des zulässigen Rechtswegs, und zwar an das der ersten Instanz unter voller Aufhebung des angefochtenen erstinstanzlichen Urteils.[92] Zwar liegt ein erstinstanzliches Urteil in der Hauptsache vor, aber der Beklagte muss so gestellt werden, wie er gestanden hätte, wenn das erstinstanzliche Gericht ordnungsgemäß verfahren wäre. Dann wäre nur ein Beschluss über den Rechtsweg ergangen und keine Entscheidung in der Hauptsache, die Aufhebung dieses Beschlusses hätte die erste Instanz im richtigen Rechtsweg uneingeschränkt eröffnet wie bei einer schon erstinstanzlichen Verweisung nach § 17a Abs. 2.

b) Die **Ermessensentscheidung** nach § 17a Abs. 3 Satz 1 (Rn. 24a) unterliegt **33** keiner Überprüfung.[93] Hat das erstinstanzliche Gericht **stillschweigend** durch Erlass des Urteils zur Hauptsache den eingeschlagenen Rechtsweg bejaht, ist das Berufungsgericht, wenn der Beklagte nicht in erster Instanz die Zulässigkeit des Rechtswegs gerügt hat (Rn. 24), nach § 17a Abs. 5 gehindert, die Frage des Rechtswegs zu prüfen.[94] Dies gilt auch, wenn ein Amtshaftungsanspruch (vgl. Rn. 40) im Streit steht,[95] jedoch nicht, wenn das erstinstanzliche Gericht einen Antrag auf einstweiligen Rechtsschutz ohne Anhörung des Antragsgegners als unbegründet zurückgewiesen hat.[96]

4. Aussetzung des Verfahrens. Eine gesetzliche Vorschrift über die Ausset- **34** zung des Verfahrens in der Hauptsache bis zur Erledigung des Beschwerdeverfahrens gegen den Beschluss über die Zulässigkeit des Rechtswegs besteht nicht. Bei der Fortsetzung des Verfahrens in der Hauptsache könnte die Situation eintreten, dass das Instanzgericht mit Rücksicht auf seinen Beschluss über die Zulässigkeit des Rechtswegs auch in der Hauptsache entscheidet, aber nachträglich im Beschwerderechtszug gegen die instanzgerichtliche Entscheidung die Unzulässigkeit des Rechtswegs festgestellt wird. Eine Berücksichtigung der letzteren Entscheidung ist

---

[88] BGH NJW 1999, 651.
[89] BAG NZA 1992, 954; 1995, 595; BSG NZA 1994, 191; OLG Saarbrücken NJW 1995, 1562; LAG Hamm NZA 1992, 136; *Boin* NJW 1998, 3747; *Germelmann/Matthes/Prütting* § 48 ArbGG Rn. 59, 88; *Kissel* NZA 1995, 345; *Schaub* BB 1993, 1666, 1668; a.A. *Zöller/Gummer* § 17a Rn. 17.
[90] BGH NJW 1999, 651.
[91] BAG NZA 1992, 954; *Haas* JZ 1993, 1012; *Schaub* BB 1993, 1667.
[92] BGH NJW 1998, 2057; OLG Frankfurt NJW-RR 1997, 1564; OLG Düsseldorf NJW-RR 1998, 145 – L –; OLG Rostock NJW 2006, 2536.
[93] BGH NJW-RR 2005, 142; *Brückner* NJW 2006, 13; a.A. OLG Rostock NJW 2006, 2563.
[94] BGHZ 120, 204 = NJW 1993, 389; BGH NJW 1994, 387; BAG NZA 1996, 1342; NJW 1996, 3430.
[95] BSG NVwZ-RR 2004, 463.
[96] OLG Hamburg OLGR 2004, 385; OLG Frankfurt NZA 2007, 710.

in einem Rechtsmittelverfahren in der Hauptsache nicht möglich (§ 17a Abs. 5 GVG) – ein unerträgliches Ergebnis. Deshalb ist die Aussetzung des Verfahrens in der Hauptsache bis zur endgültigen Erledigung des Beschwerdeverfahrens geboten. Eine andere Ermessensentscheidung (§§ 148 ZPO, 94 VwGO, 74 FGO, 114 SGG) erscheint fehlerhaft, zumal mit Rücksicht auf die nur befristete Beschwerdemöglichkeit keine erhebliche Verfahrensverzögerung zu befürchten ist – es muss ausgesetzt werden.[97] Setzt das Gericht nicht aus, kann gegen die Nichtaussetzung Beschwerde eingelegt werden (§ 252 ZPO); wird nicht ausgesetzt und in der Hauptsache entschieden, und wird später auf Beschwerde hin die Rechtswegentscheidung korrigiert, dann ist zwar die Entscheidung im unzulässigen Rechtsweg ergangen und nach dem Grundgedanken des § 17a Abs. 5 unanfechtbar; andererseits aber kann dem Gericht des zulässigen Rechtswegs nicht durch eine fehlerhafte Nichtaussetzung die Entscheidungskompetenz genommen und den Verfahrensbeteiligten der gesetzliche Richter entzogen werden. Hier muss entgegen § 17b Abs. 5 ein Rechtsmittel gegen die Entscheidung im unzulässigen Rechtsweg zulässig sein mit der Rüge der Unzulässigkeit des Rechtswegs in Verbindung mit einem Verstoß gegen die Aussetzungspflicht.

35   **VII. Unzulässigkeit des Rechtswegs. 1. Die Entscheidung.** Stellt sich heraus, dass der eingeschlagene Rechtsweg unzulässig ist, fehlt es an einer Prozessvoraussetzung mit der Folge, dass kein Urteil zur Hauptsache ergehen kann. Nach früherem Recht war damit die Klage durch Urteil als unzulässig abzuweisen; (nur) auf Antrag des Klägers konnte das Gericht zugleich die Sache an das Gericht des ersten Rechtszugs verweisen, zu dem es den Rechtsweg für gegeben hielt. § 17a brachte eine Neuerung zur Vereinfachung des Verfahrens und zur Kostenersparnis.[98] Kommt das Gericht zu der Überzeugung, dass der eingeschlagene Rechtsweg nicht zulässig ist, spricht es dies nach Anhörung der Parteien von Amts wegen aus und verweist zugleich von Amts wegen den Rechtsstreit an das zuständige Gericht des zulässigen Rechtswegs (§ 17a Abs. 2 Satz 1). Die Verweisung ist aber nur zulässig, wenn der beschrittene Rechtsweg schlechthin, d. h. für den Klageanspruch mit allen in Betracht kommenden Klagegründen, unzulässig ist;[99] andernfalls, wenn also für auch nur einen in Frage kommenden Klagegrund der eingeschlagene Rechtsweg zulässig ist, liegt keine die Verweisung rechtfertigende Unzulässigkeit des Rechtswegs vor. – Dies gilt ausnahmsweise dann nicht, wenn diese Anspruchsgrundlage auf Grund des vorgetragenen Sachverhalts so offensichtlich nicht gegeben sein kann, dass für eine Klagabweisung mit Rechtskraftwirkung kein Bedürfnis besteht.[100] Sind innerhalb des zulässigen Rechtswegs mehrere Gerichte zuständig (sachlich oder örtlich), wird an das vom Kläger oder Antragsteller auszuwählende Gericht verwiesen oder, wenn die Wahl unterbleibt, an das vom verweisenden Gericht zu bestimmende (§ 17a Abs. 2 Satz 2). Eine Klageabweisung als unzulässig ist nicht mehr möglich; somit entfällt auch eine Möglichkeit des Klägers, die Rechtswegfrage in Form eines Urteils mit entsprechenden Anfechtungsmöglichkeiten klären zu lassen.[101] Hierdurch entsteht dem Kläger jedoch kein beachtenswerter Nachteil. Art. 19 Abs. 4 gewährt nur den Rechtsweg schlechthin, aber nicht die Möglichkeit, einen bestimmten Rechtsweg zu wählen. Der Kläger kann auch weiterhin eine von Amts wegen ergangene Entscheidung über die Zulässigkeit des Rechtswegs anfechten. Wenn er eine Verweisung nicht will, bleibt ihm nur die Möglichkeit, seine Klage zurückzunehmen.[102] Eine Ausnahme gilt jedoch für die (seltenen) Fälle, in denen

---

[97] BAG NZA 1992, 954.
[98] BTagsDrucks. 11/7030 S. 37.
[99] BGH NVwZ 1990, 1103; BVerwG NVwZ 1993, 358; OLG Rostock NVwZ-RR 2006, 223.
[100] AaO.
[101] BTagsDrucks. 11/7030 S. 37.
[102] AaO.

ein gesetzlich als zwingende Voraussetzung für die Klageerhebung vorgeschriebenes Vorschaltverfahren noch nicht durchgeführt ist; hier kann von einer Verweisung abgesehen und eine Klage als unzulässig abgewiesen werden.[103]

Die Entscheidung über die Unzulässigkeit des Rechtswegs und über die zugleich **36** vorzunehmende Verweisung an das zuständige Gericht im richtigen Rechtsweg ergeht durch Beschluss nach Anhörung der Parteien (§ 17a Abs. 4 Satz 1); er ist mit Gründen zu versehen (§ 17a Abs. 4 Satz 2) und zuzustellen[104] (§ 329 Abs. 3 ZPO). Bei unterbliebener Zustellung sind §§ 517, 548 ZPO entsprechend anzuwenden; die Beschwerdefrist beginnt dann fünf Monate nach der Verkündung oder nach der formlosen Mitteilung des Verweisungsbeschlusses.[105] Wird der Beschluss nicht rechtzeitig angefochten, wird er rechtskräftig und bindet gemäß § 17a Abs. 1 alle anderen Gerichte.[106] Gegeben ist gegen den Beschluss die sofortige Beschwerde (§ 17a Abs. 4 Satz 3; vgl. Rn. 25). Sie kann nur darauf gestützt werden, dass der Rechtsweg unrichtig beurteilt worden ist, nicht aber darauf, dass an ein anderes Gericht des Rechtswegs, z. B. AG statt LG, verwiesen worden ist.[107] Die Entscheidung des Beschwerdegerichts geht entweder dahin, dass wegen Unzulässigkeit des Rechtswegs die Beschwerde zurückgewiesen wird (Entsprechendes gilt für eine weitere Beschwerde). Sieht es den Rechtsweg als zulässig an, hebt es den Beschluss über die Verweisung auf, so dass der Rechtsstreit beim erstangerufenen Gericht anhängig geblieben ist.

2. Bindung der Verweisung. Der Verweisungsbeschluss ist für das Gericht, an **37** das der Rechtsstreit verwiesen worden ist, hinsichtlich des Rechtswegs bindend (§ 17a Abs. 2 Satz 3 GVG), und zwar in doppelter Hinsicht: Das Gericht, an das verwiesen wird, kann die Sache, auch wenn es anderer Auffassung ist als das verweisende Gericht, nicht an dieses zurückverweisen (**aufdrängende Verweisung**). Es kann auch nicht, wenn es einen anderen (weiteren) Rechtsweg als den, zu dem es gehört, für zulässig ansieht, nicht in diesen weiteren Rechtsweg weiterverweisen (**abdrängende Verweisung**). Die (abdrängende) Weiterverweisung ist nicht zulässig, auch nicht bei offensichtlicher Unrichtigkeit oder erheblichen Verfahrensfehlern (Rn. 39); es kann nur der Beschluss nach § 17a Abs. 4 angefochten werden. Damit ist ganz im Einklang mit der Konzeption der Neuregelung (Rn. 1, 2) ein Beitrag geleistet zur Abkürzung von Rechtswegstreitigkeiten und Beseitigung von Rechtswegunsicherheiten. Die Bindung der Verweisung gilt jedoch grundsätzlich **nur für das jeweilige Verfahren**.[108]

Die Bindung an den Verweisungsbeschluss gilt auch nur für die **Rechtsweg- 38 entscheidung selbst,** also die entschiedene Frage, welcher der Rechtswege zulässig ist, alle anderen Zulässigkeitsvoraussetzungen muss das Gericht, an das verwiesen worden ist, selbst prüfen.[109] Andererseits ist es an der Prüfung des Rechtswegs nicht durch ein Urteil gehindert, mit dem eine Klage wegen anderweitiger Rechtshängigkeit abgewiesen worden ist.[110] Innerhalb ‚seines' Rechtswegs ist das Gericht, an das verwiesen worden ist, nicht gehindert, den Rechtsstreit aus Gründen der örtlichen, sachlichen oder funktionellen Zuständigkeit weiter zu verweisen[111] oder abzugeben. Für eine Weiterverweisung innerhalb der ordentlichen Gerichtsbarkeit gilt dies auch dann, wenn sie zwischen Bereichen stattfindet, auf deren Verhältnis zueinander §§ 17ff. entsprechend anzuwenden sind (Rn. 55ff., 60). Verweist beispiels-

---

[103] BGH NJW 1993, 332.
[104] Vgl. BAG NZA 1992, 1047.
[105] BAG NZA 1992, 1047.
[106] BAG NZA 1993, 617.
[107] BAG NJW 1996, 742; VGH Mannheim Justiz 2006, 392.
[108] BGH NJW-RR 1992, 59; BAG NJW 1993, 751; BFH NVwZ 1991, 103.
[109] VG Berlin NVwZ 1995, 512.
[110] HessVGH NVwZ-RR 1999, 102 – L –.
[111] BAGE 70, 374 = NZA 1992, 1047; OLG Karlsruhe MDR 1995, 88; OLG Hamburg NStZ 1995, 252; OLG Frankfurt NJW 1998, 1165; VGH Mannheim Justiz 2006, 392; *BL/Hartmann* § 17a Rn. 12; *Wieczorek/Schreiber* § 17a Rn. 14.

weise das VG an das OLG, weil es dessen Zuständigkeit nach §§ 23 ff. EGGVG als gegeben ansieht, ist dieses an einer Weiterverweisung in einen anderen Rechtszug der ordentlichen Gerichtsbarkeit, etwa an die StVK, nicht gehindert[112] (vgl. § 28 EGGVG Rn. 2). Umgekehrt steht eine bindende Verweisung innerhalb des Rechtswegs nicht der Weiterverweisung in einen anderen Rechtsweg entgegen.[113]

39 Die Bindungswirkung tritt auch bei einem **fehlerhaften Verweisungsbeschluss** ein, so bei gesetzwidriger Verweisung[114] oder entgegen § 17a Abs. 4 Satz 2 fehlender Begründung.[115] Die die Bindungswirkung allgemein einschränkende RSpr zum Verweisungsbeschluss nach § 281 ZPO kann hier nicht übernommen werden.[116] Gegen den Verweisungsbeschluss nach § 17a Abs. 2 Satz 3 ist ein selbstständiges Rechtsmittelverfahren zur nächsthöheren Instanz vorgesehen, was dem Beschluss eine herausgehobene, sachurteilsähnliche Bedeutung beilegt. Es greifen nur die allgemeinen Grundsätze über nichtige Urteile. Eine Durchbrechung der gesetzlichen Bindungswirkung trotz des in § 17a Abs. 4 Satz 2 ff. vorgesehenen Instanzenzugs wird in Anbetracht der vom § 17a selbst eröffneten Überprüfungsmöglichkeit allenfalls **bei extremen Rechtsverstößen** als möglich angesehen.[117] Als ein solcher Rechtsverstoß wird es angesehen, wenn der Beschluss jeder Rechtsgrundlage entbehrt oder dazu führt, dass die Verweisung bei Auslegung und Anwendung der maßgeblichen Normen sich in einer nicht mehr hinnehmbaren Weise von dem verfassungsrechtlichen Grundsatz des gesetzlichen Richters entfernt hat,[118] wenn der Beschluss objektiv oder auch verfahrensrechtlich willkürlich zu Stande gekommen ist,[119] so bei Verweisung vor Klagezustellung,[120] wenn die Entscheidung bei verständiger Würdigung der das GG beherrschenden Gedanken nicht mehr verständlich erscheint und offensichtlich unhaltbar ist[121] oder auf einer Versagung des rechtlichen Gehörs beruht.[122] Im Übrigen ist ein Verweisungsbeschluss, der rechtskräftig wird, bindend, auch wenn er gesetzwidrig ist; auch die Art des Rechtsfehlers, auf dem die Gesetzwidrigkeit beruht, ist unerheblich.[123]

40 Keine Bindungswirkung entfaltet eine gegen § 17 Abs. 2 Satz 2 verstoßende Verweisung, da es sich hier um eine bindende verfassungsrechtliche Rechtswegbestimmung handelt. Das betrifft aber nur diesen rechtlichen Gesichtspunkt, wegen anderer bindet die Verweisung.[124]

41 Die Bindung an eine Verweisung schließt entgegen der gesetzgeberischen Intention (Rn. 2) einen **negativen Kompetenzkonflikt** zwischen Gerichten verschiedener Rechtswege nicht schlechthin aus,[125] so gerade beim Streit über die Bindungswirkung. Für diesen Fall ist § 36 Abs. 1 Nr. 6 ZPO (bzw. § 53 Abs. 1 Nr. 5 VwGO) entsprechend anwendbar; die Bestimmung trifft der oberste Gerichtshof des Rechtswegs, der zuerst darum angerufen wurde.[126]

---

[112] A. A. wohl OLG Hamm OLGR 2004, 196.
[113] OLG Bremen OLGR 2005, 432; OLG Karlsruhe OLGR 2004, 311.
[114] BGHZ 144, 21, 24 = NJW 2000, 1343; BGH NZA 2002, 1110; NJW 2002, 2474; NJW-RR 2004, 645.
[115] Vgl. LAG Köln NZA 1996, 280 – L –.
[116] *BL/Hartmann* § 17a Rn. 10.
[117] BGH NJW 2003, 2990; NZA 2002, 637; BAG NZA 1998, 1190; 2003, 683; vgl. *Tombrink* NJW 2003, 2364.
[118] BGH NJW 2000, 1343, 1344; NZA 2002, 637.
[119] BGHZ 144, 21, 25 = NJW 2000, 1343; BGH NJW 2002, 2474.
[120] BAG NJW 2006, 1371.
[121] BVerfGE 29, 45; BGH NJW 2002, 2474; BAG NJW 2006, 453; 1372; BHFE 204, 413; *Zöller/Gummer* § 17a Rn. 13; weitgehend BAG NJW 2006, 2798.
[122] BAG NJW 1996, 413; AP Nr. 60 zu § 36 ZPO; *Wieczorek/Schreiber* § 17a Rn. 15; *MünchKomm-ZPO/Wolf* § 17a Rn. 19; einschränkend BGH NJW 2003, 2990.
[123] BGH NJW 2000, 1343; BAG NZA 1999, 390.
[124] BGH NJW 2000, 1343; BAG NZA 1999, 390.
[125] Vgl. BAG NZA 1999, 390.
[126] BGH NJW 2003, 2990; 2001, 3631; NJW-RR 2002, 713; BVerwG NVwZ 2007, 845; BAG NJW 2006, 453; 1371; 2798; 2005, 3231; 2003, 1068; NZA 1999, 390; BFHE 204, 413.

3. Folgen der Verweisung. Nach Eintritt der Rechtskraft des Verweisungsbeschlusses wird der Rechtsstreit mit Eingang der Akten bei dem im Beschluss bezeichneten Gericht anhängig (§ 17b Abs. 1 Satz 1). Dieses „Anhängigwerden" bedeutet keine neue Rechtshängigkeit, sondern nur die formelle prozessuale Zuordnung des Rechtsstreits zu diesem Gericht.[127] Der Eingang der Akten vom verweisenden Gericht ist ein Formalakt; die Versendung der Akten durch das abgebende Gericht ist erst nach Eintritt der Rechtskraft des verweisenden Beschlusses zulässig.[128] Der Rechtsstreit wird bei dem Gericht, zu dem verwiesen worden ist, so anhängig, als ob er bei diesem Gericht von Anfang an anhängig gewesen wäre, alle erforderlichen Formvorschriften und sonstigen Voraussetzungen, auch ein eventuell erforderliches Vorverfahren gelten als erfüllt. Das Verfahren vor dem früheren und dem neuen Gericht bildet eine einheitliche Instanz mit der Folge, dass die bisherigen Prozesshandlungen der Parteien und des Gerichts, auch z.B. Beweisaufnahme und Anerkenntnis, genauso zu behandeln sind als seien sie vor oder von dem neuen Gericht vorgenommen worden; das gilt jedoch nur, soweit das Verfahrensrecht für das neue Gericht dem nicht entgegensteht. Bestand hat auch ein vom unzuständigen Gericht vor der Verweisung erlassener dinglicher Arrest.[129] Die dem Urteil notwendigerweise vorausgehende mündliche Verhandlung (§ 309 ZPO, § 112 VwGO usw.) muss vor dem neuen Gericht (erneut) stattfinden. 42

Die **Wirkungen der Rechtshängigkeit** der verwiesenen Sache bleiben trotz der Verweisung bestehen (§ 17b Abs. 1 Satz 2 GVG). Alle Wirkungen, die der Eintritt der Rechtshängigkeit hat, gelten bezogen auf den Zeitpunkt der Rechtshängigkeit der im unzulässigen Rechtsweg erhobenen Klage weiter als eingetreten. So gilt eine durch die ursprüngliche Klageerhebung eingetretene Fristwahrung fort, ebenso die Zulassung eines Drittbeteiligten und die Bewilligung der Prozesskostenhilfe.[130] Auch die materiellrechtlichen Wirkungen der Rechtshängigkeit bestehen fort wie Unterbrechung der Verjährung oder Anspruch auf Prozesszinsen.[131] Das nunmehr zuständige Gericht hat das Verfahren nach seinem Prozessrecht fortzusetzen, wodurch u.U. hinsichtlich der zunächst fortwirkenden prozessualen Situation Veränderungen entstehen. 43

Die im Verfahren vor dem Gericht des unzulässigen Rechtswegs entstandenen **Kosten** werden als Teil der Kosten behandelt, die bei dem Gericht erwachsen, an das der Rechtsstreit verwiesen wurde (§ 17b Abs. 2 Satz 1 GVG; vgl. § 281 Abs. 3 ZPO), die gesamten Prozesskosten beider Rechtswege bilden also eine Einheit. Das Gericht, an das verwiesen wurde, hat über die gesamten Kosten zu entscheiden einschließlich der durch die Anrufung des ersten Gerichts entstandenen Kosten. Dem Kläger sind jedoch die entstandenen Mehrkosten auch dann aufzuerlegen, wenn er in der Hauptsache obsiegt (§ 17b Abs. 2 Satz 2 GVG). „Mehrkosten" sind der Unterschied zwischen den Gesamtkosten vor beiden Gerichten und denjenigen Kosten, die dem Beklagten bei sofortiger Anrufung des Gerichts im richtigen Rechtsweg entstanden wären.[132] Wurde im arbeitsgerichtlichen Verfahren zunächst ein unzulässiger Rechtsweg beschritten, hat ein obsiegender Beklagter nach § 12a Abs. 1 Satz 3 ArbGG auch Anspruch auf Erstattung der ihm vor Verweisung entstandenen Kosten für einen Prozessbevollmächtigten.[133] 44

4. Abweisung als unzulässig. Hat das Gericht, anstatt zu verweisen (Rn. 35), die Klage wegen Unzulässigkeit des Rechtswegs oder eines anderen Verfahrenshindernisses (Rn. 7) als unzulässig abgewiesen, ist nach dem Grundsatz der Meistbe- 44a

---
[127] BTagsDrucks. 11/7030 S. 38.
[128] Vgl. § 706 ZPO zum Notfristattest; BAG NZA 1992, 1047.
[129] LAG Niedersachsen MDR 2006, 592 m. w. N.
[130] *BL/Hartmann* § 17b Rn. 4.
[131] Vgl. BVerwG 124, 385 = NVwZ 2006, 336.
[132] *StJ/Leipold* § 281 ZPO Rn. 40; *BL/Hartmann* § 281 ZPO Rn. 55.
[133] BAGE 112, 293 = NJW 2005, 1301.

günstigung sowohl das Rechtsmittel gegen das Urteil als auch die Beschwerde nach § 17a Abs. 4 eröffnet.[134] Das Rechtsmittelgericht hebt durch Urteil[135] die ergangene Entscheidung auf und verweist an das Gericht des zulässigen Rechtswegs.

45 **VIII. Bindung nach Rechtskraft.** Hat ein Gericht den zu ihm beschrittenen Rechtsweg „rechtskräftig" für zulässig erklärt, sind andere Gerichte an diese Entscheidung gebunden (§ 17a Abs. 1). Die zeitlich erste, rechtskräftig gewordene Entscheidung über die Zulässigkeit des Rechtswegs bindet diesbezüglich alle Gerichte aller Gerichtsbarkeiten. Diese Bindungswirkung ist die Konsequenz des gesetzgeberischen Prinzips der Gleichwertigkeit aller Gerichtsbarkeiten und des mit der Novelle (Rn. 1, 2) erstrebten Zieles, Rechtswegstreitigkeiten zu begrenzen. Sie wird vorbereitet und ergänzt durch die mit der Rechtshängigkeit eintretende Rechtswegsperre nach § 17 Abs. 1 Satz 2 (Rn. 12). Einer korrespondierenden Vorschrift für den Fall der Unzulässigkeit des Rechtswegs bedarf es nicht, da nach § 17a Abs. 2 Satz 1, 3 in diesem Falle bindend verwiesen wird.

46 Die Bindung aller anderen Gerichte aller Gerichtsbarkeiten an die Entscheidung über die Zulässigkeit des Rechtswegs tritt nach dem Wortlaut des § 17a Abs. 1 mit „Rechtskraft" der die Zulässigkeit des Rechtswegs aussprechenden Entscheidung ein. Eine ausdrückliche Entscheidung, wie im § 17a Abs. 3 vorgesehen, wird rechtskräftig mit Ablauf der Frist für die sofortige Beschwerde nach § 17a Abs. 4 Satz 3 oder mit der Unanfechtbarkeit der sie bestätigenden Beschwerdeentscheidung (Rn. 25). Wird die Zulässigkeit des Rechtswegs nicht vorab durch besonderen Beschluss nach § 17a Abs. 3 bejaht, sondern im Rahmen der erstinstanzlichen Entscheidung zur Hauptsache (Rn. 24), so tritt die Bindung nach § 17a Abs. 1 schon mit deren Erlass ein, auch wenn sie insgesamt noch mit Rechtsmitteln anfechtbar ist. Denn hinsichtlich der Zulässigkeit des Rechtswegs ist sie nicht anfechtbar (§ 17a Abs. 5, vgl. Rn. 47), insoweit also einer rechtskräftigen Entscheidung gleichzustellen.

47 **IX. Rechtsmittelbeschränkung.** Das Gericht, das über ein Rechtsmittel gegen eine Entscheidung in der Hauptsache entscheidet, prüft nicht, ob der beschrittene Rechtsweg zulässig ist (§ 17a Abs. 5). Diese Vorschrift schließt es aus, dass ein Rechtsmittelgericht, das in der Hauptsache angerufen wird, die Prozessvoraussetzung der Zulässigkeit des Rechtswegs noch nachprüfen kann, weder von Amts wegen noch auf Antrag und ohne Rücksicht darauf, ob das Urteil zu dieser Frage Ausführungen enthält oder nicht. Dies trägt wesentlich dazu bei, „dass die Frage der Rechtsweg-Zuständigkeit zu einem möglichst frühen Zeitpunkt des Verfahrens in der ersten Instanz abschließend geklärt und das weitere Verfahren nicht mehr mit dem Risiko eines später erkannten Mangels des gewählten Rechtswegs belastet wird".[136] Die ausdrücklich oder stillschweigend (Rn. 33) bejahende Entscheidung des Gerichts des ersten Rechtszugs hat das Rechtsmittelgericht stets als bindend hinzunehmen.[137] Das gilt auch, wenn ein im Instanzenzug vorhergehendes Rechtsmittelgericht zu Unrecht die Zulässigkeit des Rechtswegs geprüft und darüber entschieden hat.[138] Dies gilt aber nicht bei einem Verstoß gegen § 17a Abs. 3 Satz 2 (Rn. 28). Die Rechtsmittelbeschränkung gilt auch dann, wenn die angefochtene Entscheidung nach Bejahung des Rechtswegs die Klage wegen fehlenden Rechtsschutzinteresses als unzulässig abgewiesen hat.

48 **X. Entscheidungskompetenz.** Das Gericht des zulässigen Rechtswegs entscheidet den Rechtsstreit unter allen in Betracht kommenden rechtlichen Gesichts-

---

[134] OVG Bautzen SächsVBl 2005, 173.
[135] BGH NJW-RR 2005, 721; BSG NVwZ-RR 2000, 648; VGH München NVwZ-RR 2004, 224; a. A. OVG Bautzen aaO.
[136] BTagsDrucks. 11/7030 S. 36, 37.
[137] BTagsDrucks. aaO. S. 38; vgl. *Schwab* NZA 1991, 662.
[138] BGH NJW 1993, 389.

punkten (§ 17 Abs. 2 Satz 1 GVG). Dieser unscheinbare Satz wie auch seine amtliche Begründung,[139] dass das angerufene Gericht den Rechtsstreit grundsätzlich umfassend entscheidet, sofern der zu ihm beschrittene Rechtsweg auch nur für einen Klagegrund zulässig ist, lässt kaum erkennen, welche Abkehr von der herkömmlichen Rechtstradition im Interesse der Zielsetzung der Reform (Rn. 1, 2) sich dahinter verbirgt. Bei einem **gemischten Rechtsverhältnis,** bei dem ein Anspruch auf mehrere Klagegründe gestützt wird oder gestützt werden kann und der eingeschlagene Rechtsweg sich nur auf einen Teil der Klagegründe erstreckt, während im Übrigen ein anderer Rechtsweg gegeben ist (vgl. § 13 Rn. 69), war bis dahin ganz überwiegende Meinung und ständige Rechtsprechung, dass das angerufene Gericht nur die in „seinen" Rechtsweg gehörenden Klagegründe als Entscheidungsgrundlage berücksichtigen kann, und dass die Entscheidung auf andere Klagegründe, für die der Rechtsweg nicht gegeben ist, nicht gestützt werden kann. War also auf Grund der im jeweiligen Rechtsweg judizierbaren Klagegründe die Klage nicht begründet, so war sie als unbegründet abzuweisen, die Unzulässigkeit der Klage hinsichtlich der anderen, in einen anderen Rechtsweg gehörenden Gründe war durch Zwischenurteil oder in den Gründen des Endurteils auszusprechen, so dass die Rechtskraft der Entscheidung insoweit für den anderen Rechtsweg keine Wirkung entfaltete – eine Verweisung an das Gericht des anderen Rechtswegs war wegen dieser Gründe nicht zulässig.[140] Nunmehr ist bei einem gemischten Rechtsverhältnis das Gericht des Rechtswegs, der auch nur für einen der möglichen Klagegründe gegeben ist, befugt, aber auch verpflichtet, über alle anderen Klagegründe mitzuentscheiden, auch wenn sie bei isolierter Geltendmachung in einen anderen Rechtsweg gehören würden.[141] Eine wie immer konstruierte „Abgabe" (Teilverweisung) einzelner Entscheidungselemente an ein Gericht eines anderen Rechtswegs ist nicht zulässig, auch wenn dies wegen der Sachnähe zweckmäßig erschiene. Dies stellt eine erhebliche Vereinfachung des Verfahrens dar. Die rechtswegüberschreitende Kompetenz eines Gerichts gilt jedoch nicht in den Fällen des Art. 14 Abs. 3 Satz 4 und Art. 34 Satz 3 des GG, wo der ordentliche Rechtsweg von Verfassungs wegen zwingend angeordnet ist (§ 17 Abs. 2 Satz 2).

Diese umfassende Sachkompetenz des Gerichts gilt jedoch nur für gemischte Rechtsverhältnisse.[142] Für den Fall der **objektiven Klagenhäufung,** bei der selbstständige Ansprüche nur prozessual gemeinsam geltend gemacht werden (§ 260 ZPO), ist für jeden Anspruch die Zulässigkeit des Rechtswegs jeweils getrennt zu prüfen und nach § 17a Abs. 2, 3 zu entscheiden.[143] Das gleiche gilt für die **subjektive Klagenhäufung.**[144] Werden mehrere Ansprüche im Verhältnis von **Haupt- und Hilfsanspruch** geltend gemacht, dann ist zunächst über die Zulässigkeit des Rechtswegs allein hinsichtlich des Hauptanspruchs zu entscheiden. Bei Unzulässigkeit des Rechtswegs hierfür ist nach § 17a Abs. 2 zu verweisen ohne Rücksicht auf den Hilfsanspruch.[145] Ist der Rechtsweg für den Hauptanspruch zulässig, ist nach § 17a Abs. 3 zu verfahren und in der Sache zu entscheiden. Erst wenn sich der Hauptanspruch in der Sache als unbegründet herausstellt, muss auch über den Hilfsanspruch ohne Rücksicht darauf entschieden werden, ob dieser bei selbstständiger Geltendmachung in einen anderen Rechtsweg gehört, vorbehaltlich § 17

49

---

[139] BTagsDrucks. 11/7030 S. 37.
[140] Einhellige Rechtsprechung seit BGHZ 5, 105 = NJW 1952, 619; BVerwGE 18, 181.
[141] BGHZ 114, 1 = NJW 1991, 1686; *BL/Hartmann* Rn. 5; *MünchKommZPO/Wolf* Rn. 2; *Klimpe/Auerbach* AuR 1992, 114; *Schwab* NZA 1991, 663; *Schilken* ZZP 1992, 89; zur entsprechenden Anwendung auf die örtliche Zuständigkeit BGH NJW 2003, 828.
[142] BAG NZA 1999, 390; 837.
[143] BGHZ 114, 1 = NJW 1991, 1686; *MünchKommZPO/Wolf* § 17 Rn. 13.
[144] BGH NJW 1994, 2032; OLG Frankfurt NJW-RR 1995, 319.
[145] BGH NJW 1956, 1358.

Abs. 2 Satz 2.[146] Eine Verweisung hat aber zu erfolgen hinsichtlich eines im Berufungsverfahren neu eingeführten Hilfsantrags.[147]

50 Bei der **Widerklage** ist eine von der hinsichtlich der Klage völlig getrennte und selbständige Prüfung der Zulässigkeit des Rechtswegs nach § 17a vorzunehmen.[148] Sie ist eine selbständige Klage, so dass sie alle Sachurteilsvoraussetzungen erfüllen muss.[149] Es entspricht allgemeiner Meinung, dass § 33 ZPO und die ihm entsprechenden Vorschriften anderer Verfahrensordnungen lediglich den Gerichtsstand regeln und für die örtliche Zuständigkeit einen Gerichtsstand kraft Sachzusammenhangs begründen, im Übrigen aber die Zulässigkeit der Widerklage nicht berühren.

51 Bei der **Stufenklage** (§ 254 ZPO) ist auf den jeweils zunächst zu entscheidenden Anspruch abzustellen; das zur Widerklage Gesagte gilt entsprechend.

52 Die Frage der Rechtswegentscheidung hinsichtlich einer zur **Aufrechnung** gestellten Forderung ist weder im Text der §§ 17 bis 17b noch in den Materialien[150] erwähnt. Nach h. M. ist die Aufrechnung mit einer Gegenforderung in einem Prozess ohne Rücksicht auf den für diese Forderung bei selbstständiger Geltendmachung vorgeschriebenen Rechtsweg zulässig, wenn sie rechtskräftig festgestellt oder unstreitig ist mit der Folge der rechtskräftigen Entscheidung über sie (§ 322 Abs. 2 ZPO) und damit ihres Erlöschens (§ 389 BGB; § 13 Rn. 72, 73). Die Aufrechnung mit einer streitigen Forderung, für die bei selbstständiger Geltendmachung ein anderer Rechtsweg gegeben wäre, wird von der h. M. dagegen als unzulässig angesehen, nur teilweise wird eine Entscheidungskompetenz des angerufenen Gerichts kraft Sachzusammenhangs angenommen (vgl. § 13 Rn. 75 ff.). Jedoch muss die Frage, ob das im zulässigen Rechtsweg zur Geltendmachung einer Forderung angerufene Gericht auch über den Bestand einer zur Aufrechnung gestellten streitigen Forderung ohne Rücksicht darauf zu entscheiden hat, ob bei selbstständiger Geltendmachung dieser Aufrechnungsforderung ein anderer Rechtsweg gegeben wäre, sowohl im Gesamtzusammenhang der §§ 17–17b beantwortet werden, die unnötige Rechtswegstreitigkeiten wie auch Rechtswegaufspaltungen möglichst vermeiden wollen (Rn. 1, 2), als auch vor dem Verfassungsprinzip der Gleichwertigkeit aller Gerichtsbarkeiten. Deshalb ist das im zulässigen Rechtsweg angerufene Gericht als zuständig anzusehen, auch über den Bestand einer zur Aufrechnung gestellten streitigen Gegenforderung zu entscheiden, die bei selbstständiger Geltendmachung in einen anderen Rechtsweg gehört hätte, abgesehen vom § 17 Abs. 2 Satz 2.[151] Eine Entscheidung des **BGH** steht noch aus; unter Zugrundelegung des neuen § 17 Abs. 2 hat er jedoch in Abkehr von der früheren RSpr entschieden, dass das nach dem vergleichbaren § 32 ZPO örtlich zuständige Gericht den Rechtsstreit unter allen in Betracht kommenden rechtlichen Gesichtspunkten zu entscheiden hat.[152]

52a Eine solche rechtswegübergreifende Entscheidungskompetenz hat auch bereits Parallelen. So hat nach stRSpr das ordentliche Gericht über solche zur Aufrechnung gestellten Forderungen zu entscheiden, die an sich vor dem Arbeitsgericht, vor dem Gericht der freiwilligen Gerichtsbarkeit in Wohnungseigentumssachen oder vor dem

---

[146] *BL/Hartmann* Rn. 7; zweifelhaft *Zöller/Gummer* § 17a Rn. 13a: Verweisung hinsichtlich des Hauptantrags entfalte keine Bindungswirkung hinsichtlich eines Hilfsantrags.
[147] LAG Kiel NZA-RR 2004, 375.
[148] *Schwab* NZA 1991, 663; *MünchKommZPO/Wolf* § 17 Rn. 13.
[149] *StJ/Roth* § 33 ZPO Rn. 33; *BL/Hartmann* Rn. 6.
[150] BTagsDrucks. 11/7030 S. 37 ff.
[151] LAG München NZA-RR 1999, 438 – L –; HessVGH NJW 1995, 1107; *MünchKommZPO/Wolf* § 17 Rn. 15; *Schilken* ZZP 1992, 90; *Drygala* NZA 1992, 294; *Schenke/Ruthig* NZA 1995, 1993, 1374; *Gaa* NJW 1997, 3343; *Kissel* NZA 1995, 345, 354; *Lisseck* SAE 1993, 92; *Hoffmann* ZZP 1994, 3, 28; a. A.: BAGE 98, 384 = NJW 2002, 317; BVerwG NJW 1999, 160; BFHE 198, 55 = NJW 2002, 3126; OVG Lüneburg NVwZ 2004, 1513; *Mayerhofer* NJW 1992, 1605; *Rupp* NJW 1992, 3274; *BL/Hartmann* Rn. 9; *MünchKommZPO/Gottwald* § 322 ZPO Rn. 186; *Zöller/Gummer* § 17 Rn. 10; *Wieczorek/Schreiber* § 17 Rn. 8; *Windel* ZZP 1998, 3, 32.
[152] BGHZ 153, 173 = NJW 2003, 828; dazu *Kiethe* NJW 2003, 1294.

Landwirtschaftsgericht geltend gemacht werden mussten. Entsprechendes hat auch dann zu gelten, wenn zur Entscheidung über die Gegenforderung an sich das FamG berufen wäre;[153] auch über zur Aufrechnung gestellte streitige Unterhalts- und Zugewinnausgleichsansprüche, die in die Zuständigkeit der FamG gehören, kann im Verfahren der streitigen Gerichtsbarkeit entschieden werden.[154] Zum anderen haben die Strafgerichte die Befugnis, alle „Vorfragen" in eigener Zuständigkeit zu entscheiden, soweit nicht abweichende gesetzliche Regelungen bestehen.[155]

Noch offen bleibt damit, ob das angerufene Gericht auch die Pflicht hat, über eine **52 b** zur Aufrechnung gestellte streitige, rechtswegfremde Forderung auch zu entscheiden, oder ob die Mitentscheidung über eine solche Forderung in seinem Ermessen steht. Die Vorschriften, aufgrund deren die Praxis den Rechtsstreit aussetzte bis zur rechtskräftigen Entscheidung über solche Forderungen im für sie vorgeschriebenen Rechtsweg und/oder gleichzeitig ein Vorbehaltsurteil erließ, sind im Zuge der Neuregelung der §§ 17 bis 17 b nicht verändert worden (vgl. §§ 148 ZPO, 94 VwGO, 74 FGO, 114 SGG). Daraus ist zu folgern, dass zwar eine Entscheidungskompetenz besteht, aber auch die Möglichkeit bleibt, nach bisheriger Praxis zu prozedieren.

XI. Freiwillige Gerichtsbarkeit. Die Gerichte des ordentlichen Rechtswegs **53** sind auch zuständig für die Angelegenheiten der freiwilligen Gerichtsbarkeit (vgl. § 12 Rn. 4). Die freiwillige Gerichtsbarkeit ist damit im Zusammenhang mit der Zulässigkeit des Rechtswegs einerseits zu den Rechtswegen außerhalb der ordentlichen Gerichtsbarkeit abzugrenzen, andererseits ist innerhalb der ordentlichen Gerichtsbarkeit ihr Verhältnis zu den Zuständigkeiten nach § 13 GVG zu klären.

Für das **Verhältnis zu den anderen Rechtswegen** gilt: Da für die Angelegen- **54** heiten der freiwilligen Gerichtsbarkeit die Gerichte des ordentlichen Rechtswegs zuständig sind (vgl. § 12 Rn. 4), sind auf das Verhältnis zwischen freiwilliger Gerichtsbarkeit als Teil der ordentlichen Gerichtsbarkeit und den anderen Gerichtsbarkeiten die §§ 17 bis 17 b anzuwenden, mindestens entsprechend,[156] z. B. ist eine Verweisung vom Gericht der freiwilligen Gerichtsbarkeit an ein Gericht der Sozialgerichtsbarkeit möglich.[157]

Das („interne") Verhältnis von ordentlicher **streitiger Gerichtsbarkeit zur** **55** **freiwilligen** Gerichtsbarkeit ist jedoch nicht ein solches von verschiedenen Rechtswegen zueinander, vielmehr gehören die ordentliche streitige und die freiwillige Gerichtsbarkeit beide zur ordentlichen Gerichtsbarkeit[158] (vgl. § 12 Rn. 4). Zwar hat das 4. VwGOÄndG mit den neuen §§ 17 bis 17 b nur das Verhältnis der Rechtswege zueinander neu geregelt, nicht aber das zwischen streitiger ordentlicher und freiwilliger Gerichtsbarkeit. Hier sind die bestehenden Vorschriften formell unverändert geblieben und damit zunächst auch die überkommene Rechtspraxis. Die für die neuen §§ 17 bis 17 b maßgebenden grundsätzlichen Überlegungen (Rn. 1, 2) gelten indessen auch hier, so dass die §§ 17 bis 17 b, wenn auch nur entsprechend, anzuwenden sind.[159] Dies gilt auch im Verhältnis von allgemeinem Spruchkörper und Landwirtschaftsgericht in nicht streitigen Landwirtschaftssachen.[160]

---

[153] BGH NJW-RR 1989, 173.
[154] OLG München FamRZ 1985, 84.
[155] *Kissel*, FS Gerd Pfeiffer, 1988, S. 189 ff.
[156] *Baur* S. 20; *Jansen/von Schuckmann* § 1 FGG Rn. 130.
[157] OLG Hamm NJW 1992, 2643; *Keidel/Schmidt* § 1 Rn. 17; zu § 41 VwGO: BVerwG JR 1970, 76; OVG Lüneburg DÖV 1964, 495, 497.
[158] BayObLG NJW-RR 1991, 1356; *Keidel/Schmidt* § 1 FGG Rn. 12.
[159] BGH MDR 1996, 1290; NJW 2001, 2181; 2003, 1032; NJW-RR 2005, 721; BGHR § 17 a Rechtswegstreitigkeit 1; OLG Frankfurt NJW-RR 1994, 447; OLG Köln JMBlNRW 1996, 4; KG WM 1992, 35; 1994, 46; BayObLG NJW-RR 1991, 1356; *Keidel/Schmidt* § 1 FGG Rn. 19; *Zöller/Gummer* Rn. 11 vor § 17; *Thomas/Putzo/Hüßtege* Rn. 2.
[160] OLG Koblenz OLGR 2006, 255.

56 Die entsprechende Anwendung der §§ 17 bis 17b im Verhältnis der freiwilligen zur streitigen ordentlichen Gerichtsbarkeit wie auch zu den anderen Rechtswegen setzt aber voraus, dass eine Verweisung (Abgabe) nach den Verfahrensordnungen überhaupt möglich ist. Das ist der Fall bei den echten **Streitsachen** (§ 2 EGGVG Rn. 13) und bei den **Antragsverfahren.** Dem gegenüber können **Amtsverfahren** der freiwilligen Gerichtsbarkeit nicht in einen anderen Rechtsweg verwiesen werden.[161] Sie werden durch eigenständige Entschließung des zuständigen Gerichts der freiwilligen Gerichtsbarkeit von Amts wegen unabhängig von Anträgen Beteiligter eingeleitet und können nicht einem anderen Gericht „aufgedrängt" werden. Amtsverfahren sind daher, wenn das Verfahren der freiwilligen Gerichtsbarkeit unzulässig ist, von Amts wegen einzustellen, ohne dass es einer ausdrücklichen Entscheidung bedürfte.[162] Kann ein Verfahren der freiwilligen Gerichtsbarkeit sowohl auf Antrag als auch von Amts wegen eingeleitet werden, richtet sich die Verweisungsmöglichkeit nach der Art der Einleitung.

57 Die **Familiensachen** (§ 23b) haben innerhalb der ordentlichen Gerichtsbarkeit eine besondere Regelung erfahren hinsichtlich des entscheidenden Spruchkörpers (FamG) und auch des Verfahrensrechts. Teils unterliegen sie den zivilprozessualen Regelungen, teils denen der freiwilligen Gerichtsbarkeit (vgl. § 621a ZPO). Insgesamt gehören sie vor die ordentlichen Gerichte; die §§ 17 bis 17b gelten für sie sowohl hinsichtlich des Verhältnisses zwischen freiwilliger Gerichtsbarkeit und den Prozessgerichten der ordentlichen Gerichtsbarkeit als auch im Verhältnis zu den anderen Gerichtsbarkeiten.

58 In **Notarangelegenheiten** ist bei Streitigkeiten zwischen Notar und Beurkundungsbeteiligtem nach § 15 BNotO die Verweisung eines an die ordentlichen Gerichte herangetragenen Rechtsstreits über die Amtspflichten des Notars an das für Notarbeschwerden zuständige Gericht der freiwilligen Gerichtsbarkeit nach §§ 17ff. GVG möglich[163] (vgl. § 13 Rn. 415).

59 **Verfahren:** Ist im Zusammenhang mit einer zum Gericht der streitigen Gerichtsbarkeit oder einer anderen Gerichtsbarkeit erhobenen Klage die Frage des möglichen „Rechtswegs" als Angelegenheit der freiwilligen Gerichtsbarkeit zweifelhaft, so ist über die Zulässigkeit des Rechtswegs nach § 17a zu entscheiden, gegebenenfalls also an das Gericht der freiwilligen Gerichtsbarkeit zu verweisen (Rn. 35). Soweit in einem Antragsverfahren oder einer echten Streitsache der freiwilligen Gerichtsbarkeit die Frage des Rechtswegs zu den Gerichten der streitigen ordentlichen Gerichtsbarkeit oder einer anderen Gerichtsbarkeit sich stellt, ist ebenfalls nach § 17a zu verfahren. Die sofortige Beschwerde (§ 17a Abs. 4) gegen einen die Zulässigkeit des Rechtswegs betreffenden Beschluss nach § 17a Abs. 2, 3 ist ebenfalls gegeben. Soweit in Verfahren der freiwilligen Gerichtsbarkeit eine Beschwerde unbefristet zulässig ist, muss dennoch hinsichtlich der Entscheidungen über den Rechtsweg die sofortige Beschwerde als allein zulässig angesehen werden (§ 22 FGG).

60 **XII. Andere Bereiche.** Entsprechend anwendbar sind §§ 17ff. auch im Verhältnis anderer Bereiche der ordentlichen Gerichtsbarkeit zueinander, so zwischen Zivil- und Strafgerichtsbarkeit, Bußgeldverfahren[164] sowie Verfahren nach § 23 EGGVG.[165]

---

[161] *Wieczorek/Schreiber* § 17a Rn. 5.
[162] *Baur* S. 36.
[163] BGH NJW 2001, 2181.
[164] BGHR GVG § 17a Rechtswegstreitigkeit 1.
[165] KG NStZ-RR 2007, 124; OLG Jena 23. 2. 2005 – 1 VAs 1/05 –; OLG Brandenburg ZfStrVO 2004, 179 = NStZ 2004, 611 – L –; a. A. OLG Frankfurt NJW 1998, 1165; NStZ-RR 2004, 184; 2005, 13; 220; OLG Nürnberg NStZ 2006, 654; OLG Rostock 29. 8. 2003 – VAs 5/03 –; OLG Stuttgart NJW 2006, 2565; NStZ-RR 2002, 112; offen bei BGH NJW-RR 2005, 142 m. w. N.

§ 17a. [Rechtsweg]

(1) Hat ein Gericht den zu ihm beschrittenen Rechtsweg rechtskräftig für zulässig erklärt, sind andere Gerichte an diese Entscheidung gebunden.

(2) [1] Ist der beschrittene Rechtsweg unzulässig, spricht das Gericht dies nach Anhörung der Parteien von Amts wegen aus und verweist den Rechtsstreit zugleich an das zuständige Gericht des zulässigen Rechtsweges. [2] Sind mehrere Gerichte zuständig, wird an das vom Kläger oder Antragsteller auszuwählende Gericht verwiesen oder, wenn die Wahl unterbleibt, an das vom Gericht bestimmte. [3] Der Beschluß ist für das Gericht, an das der Rechtsstreit verwiesen worden ist, hinsichtlich des Rechtsweges bindend.

(3) [1] Ist der beschrittene Rechtsweg zulässig, kann das Gericht dies vorab aussprechen. [2] Es hat vorab zu entscheiden, wenn eine Partei die Zulässigkeit des Rechtsweges rügt.

(4) [1] Der Beschluß nach den Absätzen 2 und 3 kann ohne mündliche Verhandlung ergehen. [2] Er ist zu begründen. [3] Gegen den Beschluß ist die sofortige Beschwerde nach den Vorschriften der jeweils anzuwendenden Verfahrensordnung gegeben. [4] Den Beteiligten steht die Beschwerde gegen einen Beschluß des oberen Landesgerichts an den obersten Gerichtshof des Bundes nur zu, wenn sie in dem Beschluß zugelassen worden ist. [5] Die Beschwerde ist zuzulassen, wenn die Rechtsfrage grundsätzliche Bedeutung hat oder wenn das Gericht von der Entscheidung eines obersten Gerichtshofes des Bundes oder des Gemeinsamen Senats der obersten Gerichtshöfe des Bundes abweicht. [6] Der oberste Gerichtshof des Bundes ist an die Zulassung der Beschwerde gebunden.

(5) Das Gericht, das über ein Rechtsmittel gegen eine Entscheidung in der Hauptsache entscheidet, prüft nicht, ob der beschrittene Rechtsweg zulässig ist.

Gesetzesfassung: Vgl. § 17.

Die §§ 17 bis 17b enthalten in sich verzahnte Regelungen, die zu § 17 insgesamt erläutert sind. Im Einzelnen: Abs. 1: Rn. 45; Abs. 2 Satz 1, 2: Rn. 16, 35; Abs. 2 Satz 3: Rn. 37, 45; Abs. 3 Satz 1: Rn. 24; Abs. 3 Satz 2: Rn. 24, 28; Abs. 4 Satz 1, 2: Rn. 24; Abs. 4 Satz 3: Rn. 25; Abs. 4 Satz 4 bis 6: Rn. 26; Abs. 5: Rn. 47.

§ 17b. [Anhängigkeit nach Verweisung, Kosten]

(1) [1] Nach Eintritt der Rechtskraft des Verweisungsbeschlusses wird der Rechtsstreit mit Eingang der Akten bei dem im Beschluß bezeichneten Gericht anhängig. [2] Die Wirkungen der Rechtshängigkeit bleiben bestehen.

(2) [1] Wird ein Rechtsstreit an ein anderes Gericht verwiesen, so werden die Kosten im Verfahren vor dem angegangenen Gericht als Teil der Kosten behandelt, die bei dem Gericht erwachsen, an das der Rechtsstreit verwiesen wurde. [2] Dem Kläger sind die entstandenen Mehrkosten auch dann aufzuerlegen, wenn er in der Hauptsache obsiegt.

Gesetzesfassung: Vgl. § 17.

Die §§ 17 bis 17b enthalten in sich verzahnte Regelungen, die zu § 17 insgesamt erläutert sind. Im Einzelnen: Abs. 1: Rn. 42; Abs. 2: Rn. 44.

§ 18. [Exterritorialität von Mitgliedern der diplomatischen Missionen]

[1] Die Mitglieder der im Geltungsbereich dieses Gesetzes errichteten diplomatischen Missionen, ihre Familienmitglieder und ihre privaten Hausangestellten sind nach Maßgabe des Wiener Übereinkommens über diplomatische Beziehungen vom 18. April 1961 (Bundesgesetzbl. 1964 II S. 957 ff.) von der deutschen Ge-

richtsbarkeit befreit. ²Dies gilt auch, wenn ihr Entsendestaat nicht Vertragspartei dieses Übereinkommens ist; in diesem Falle findet Artikel 2 des Gesetzes vom 6. August 1964 zu dem Wiener Übereinkommen vom 18. April 1961 über diplomatische Beziehungen (Bundesgesetzbl. 1964 II S. 957) entsprechende Anwendung.

Übersicht

	Rn.		Rn.
I. Immunität, Exterritorialität	1	IV. Umfang der Immunität für Diplomaten	18
II. Personenkreis der Immunität gegen nicht Immune	9	1. Strafgerichtsbarkeit	18
1. Mitglieder der Missionen	10	a) Gegenständlicher Bereich	18
2. Familienmitglieder	13	b) Persönlicher Umfang	20
3. Private Hausangestellte	14	c) Verzicht	21
4. Durchreisende	15	2. Zivilgerichtsbarkeit	22
5. Dauer, Verzicht	16	a) Gegenständlicher Bereich	22
III. Personen, deren Entsendestaat nicht dem WÜD angehört	17	b) Persönlicher Umfang	25
		3. Andere Gerichtsbarkeiten	26
		4. Zwangsvollstreckung	27
		5. Beteiligung an Verfahren	29
		6. Zustellungen	30

1 **I. Immunität, Exterritorialität.** §§ 18 bis 20 regeln die Befreiung von der deutschen Gerichtsbarkeit im Rahmen der internationalen Beziehungen (wegen der inländischen Befreiung von der Gerichtsbarkeit vgl. § 16 Rn. 98). Der Sprachgebrauch für die Befreiung ist nicht einheitlich, man spricht von Exterritorialität, Immunität und Exemtion.[1] Im Folgenden wird entsprechend dem Sprachgebrauch in den Wiener Übereinkommen von **Immunität** gesprochen.

2 Während grundsätzlich alle Personen und Gegenstände im Bundesgebiet der deutschen Justizhoheit (Gerichtsbarkeit) unterliegen (Einl. Rn. 28 ff.), kann der Gesetzgeber entsprechend Art. 25 GG davon Befreiung einräumen. Solche Befreiungen verstoßen nicht gegen das **Rechtsstaatsprinzip,**[2] wenn auch nicht zu verkennen ist, dass sie Einschränkungen des verfassungsrechtlich gewährleisteten Rechtsschutzes und des Zugangs zum Gericht (§ 16 Rn. 98) zur Folge haben. Dies gebietet Zurückhaltung des Gesetzgebers beim Abschluss internationaler Abkommen über Immunität; der Grundgedanke der „praktischen Konkordanz"[3] fordert Behutsamkeit zugunsten der staatsbürgerlichen Rechte gegenüber Funktionsträgern fremder Staaten.[4] Zwar ist die Gewährung von Privilegien und Immunitäten an internationale Organisationen ein notwendiges Mittel, „um die Funktionsfähigkeit solcher Organisationen ohne einseitige Eingriffe von einzelnen Regierungen sicherzustellen";[5] die dadurch eintretenden Beschränkungen des Rechts auf Zugang zum Gericht (Art. 6 Abs. 1 EMRK) darf aber nicht in einer Weise und in einem Ausmaß eingeschränkt oder verkürzt werden, dass das Recht in seinem Wesensgehalt angetastet wird. Eine Beschränkung ist weiterhin nicht mit Art. 6 Abs. 1 EMRK vereinbar, wenn sie nicht ein berechtigtes Ziel verfolgt und wenn nicht ein angemessenes Verhältnis zwischen den angewandten Mitteln und dem verfolgten Ziel besteht.[6] Nicht zum Gerichtsverfassungsrecht gehört die Frage, ob ein Bürger, der wegen der Immunität keinen Rechtsschutz für seine Rechte erlangen kann, vom Staat hierfür einen Ausgleich fordern kann.

---

[1] Vgl. OLG München FamRZ 1972, 210, 211; *Habscheid* FamRZ 1972, 214 m.w.N.; *Jabloner/Fugger* NJW 1964, 712; *Fliedner* ZRP 1973, 263; Literatur: *Kreicker,* Völkerrechtliche Exemtionen, 2007.
[2] BAG RdA 1973, 205.
[3] BVerfGE 84, 133, 146 = NJW 1991, 1667.
[4] *Leipold,* FS Lüke, 1997 S. 353.
[5] EGMR NJW 1999, 1173.
[6] EGMR aaO.

Immunität bedeutet, dass die davon umfassten Personen usw. nicht der deutschen Gerichtsbarkeit unterliegen und keine gerichtliche Tätigkeit gegen sie entfaltet werden darf. Diese Befreiung ist in jeder Lage des Verfahrens **von Amts wegen** zu beachten.[7] Sie ist ein Verfahrenshindernis eigener Art[8] und vorrangig vor allen anderen Verfahrensvoraussetzungen zu prüfen.[9] Personen mit Immunität können weder strafrechtlich verfolgt noch zivilrechtlich verklagt oder verurteilt werden, es darf gegen sie kein Termin zur mündlichen Verhandlung anberaumt werden.[10] Gegen sie können keine Zwangsvollstreckungsmaßnahmen durchgeführt werden, es darf gegen sie kein Arrest und keine einstweilige Verfügung ergehen, keine Streitverkündung, keine Anordnung nach § 627 ZPO, kein Mahn- oder Vollstreckungsbescheid. Zulässig bleiben Verfügungen und Ladungen, die allein dem Zweck dienen, die streitige Frage der Gerichtsbarkeit zu klären, jedoch darf eine Beweiserhebung hierüber hoheitliche Befugnisse des fremden Staates nicht berühren.[11]

Diese Immunität ist seit Jahrhunderten im **Völkerrecht** üblich. Ihre Kodifizierung hat sie erfahren im **Wiener Übereinkommen** vom 18. 4. 1961 über diplomatische Beziehungen (WÜD), das Ergebnis einer Konferenz über diplomatischen Verkehr und Immunitäten, die auf Grund einer Resolution der XIV. Vollversammlung der UN in Wien vom 2. 3. bis 18. 4. 1961 stattgefunden hat. Das Übereinkommen stellt eine Kodifizierung des auf dem Gebiet des Gesandtschaftsrechts bestehenden Völkergewohnheitsrechts dar und bedeutet dessen Vereinheitlichung und fortschrittliche Entwicklung.[12] Es wird ergänzt durch ein Fakultativ-Protokoll über die obligatorische Beilegung von Streitigkeiten, nach dem Streitigkeiten über die Auslegung oder Anwendung des Übereinkommens der obligatorischen Gerichtsbarkeit des Internationalen Gerichtshofs unterliegen. Das Wiener Übereinkommen und das Fakultativ-Protokoll sind von der BRep ratifiziert worden[13] (BGBl. 1964 II S. 957) und mit Wirkung vom 11. 12. 1964 in Kraft (BGBl. 1965 II S. 147). Sie sind damit **innerstaatlich verbindliches Recht**[14] und von den Gerichten unmittelbar anzuwenden. Die früheren §§ 18 bis 21 GVG, die diese Materie regelten, waren damit weitgehend gegenstandslos; es wurde zunächst deren ersatzlose Streichung erwogen.[15] Im Interesse der Rechtsklarheit und als Hilfe für die Praxis wurde dann aber die Verweisung auf das WÜD aufgenommen[16] (BGBl. 1974 I S. 761). Anwendungshilfen sind Nr. 193 ff. RiStBV und das Rundschreiben des BMdI „Diplomaten und andere bevorrechtigte Personen"[17] (GMBl. 1993, 591). Zu beachten ist Art. 2 des Ratifikationsgesetzes, der die BReg ermächtigt, einerseits weitergehende diplomatische Vorrechte und Befreiungen zu gewähren, andererseits die nach dem WÜD bestehenden Vorrechte zu beschränken im Rahmen einer völkerrechtlichen Retorsion.

Ob die personellen und gegenständlichen Voraussetzungen der Immunität vorliegen und welche verfahrensrechtlichen Konsequenzen daraus zu ziehen sind, hat das jeweils mit einer Sache befasste **Gericht in richterlicher Unabhängigkeit zu entscheiden;** z.B. klagabweisendes Zivilurteil wegen Fehlens der Prozessvorausset-

---

[7] BVerfGE 46, 342, 359 = NJW 1978, 485; BGHSt 18, 1, 5 = NJW 1955, 1435; BGHZ 10, 350, 354 = NJW 1953, 1826.
[8] BGH NJW 1984, 2084; BayObLG NJW 1992, 641; *KK/Pfeiffer* Rn. 7; *Meyer-Goßner* Rn. 4.
[9] BGH NJW 1979, 1101; *Wieczorek/Schreiber* Rn. 4; *Zöller/Gummer* Rn. 3 vor §§ 18–20.
[10] OLG Hamburg MDR 1953, 109; *Steinmann* MDR 1965, 711; *Rosenberg/Schwab/Gottwald* § 19 II 1 a.
[11] BGH NJW-RR 2003, 1218 m. Anm. *Geimer* LMK 2003, 174.
[12] BTagsDrucks. IV/2285.
[13] Vgl. BTagsDrucks. IV/1586; IV/2285.
[14] *Fliedner* ZRP 1973, 265.
[15] BTagsDrucks. 7/226.
[16] Vgl. BTagsDrucks. 7/1586; *Fliedner* ZRP 1973, 265.
[17] Abgedruckt bei *Meyer-Goßner* Rn. 11; *Katholnigg* vor § 18 Rn. 3; *KK/Pfeiffer* Rn. 12; *LR/Böttcher* Rn. 9.

zung der deutschen Gerichtsbarkeit oder umgekehrt diese feststellendes Zwischenurteil nach § 280 ZPO;[18] Einstellung des Verfahrens nach § 206 a StPO. Das Gericht kann zur Klärung Auskünfte einholen, die aber nicht bindend sind. Das Fakultativ-Protokoll ist nicht auf die Gerichte anwendbar, sondern nur auf die Regierungen. Äußerstenfalls ist die Sache nach Art. 25, 100 Abs. 2 GG dem BVerfG vorzulegen (vgl. § 12 Rn. 28).

6 Gerichtliche Entscheidungen oder Maßnahmen, die die **Immunität verletzen, sind nichtig.**[19] Das gilt bei Zivilurteilen sowohl für eine verurteilende Entscheidung[20] als auch für eine klagabweisende Entscheidung.[21] Indessen ist die Anfechtung solcher Entscheidungen im Rechtsmittelweg dahin gehend zulässig, ob die Immunität besteht oder nicht.[22] Erkenntnisse, die unter Verletzung der völkerrechtlich anerkannten Grundsätze der Immunität erlangt sind, unterliegen einem strafprozessualen Verwertungsverbot.[23]

7 Die Immunität bezieht sich jedoch nur auf die gerichtliche Tätigkeit unmittelbar und deren Vollstreckung. Deshalb gehören **Ordnungsmaßnahmen** nach § 177 GVG nicht hierher (vgl. § 177 Rn. 23), wohl aber die Ahndung von Ungebühr nach § 178 GVG (vgl. § 178 Rn. 5).

8 Die Immunität steht jedoch der Ausübung privater Selbsthilfemöglichkeiten nicht entgegen.[24] Deshalb sind nicht nur **Notwehr** und **Selbsthilfe** (§§ 227 ff. BGB) zulässig,[25] sondern auch die Ausübung privater **Pfandrechte,** z. B. nach §§ 559, 647 BGB, oder eines Zurückbehaltungsrechts, ebenso ein Pfandverkauf nach §§ 1221, 1233 ff. BGB.[26] Die Immunität bezieht sich auch nicht auf die Vorschriften des allgemeinen Ordnungs(Polizei)rechts. So ist es z. B. zulässig, ein verbotswidrig geparktes Kraftfahrzeug trotz Immunität abzuschleppen, jedoch ist Art. 29 Abs. 2 WÜD über die gebührende Achtung zu berücksichtigen.

9 **II. Personenkreis.** Kreis der Personen mit Immunität, deren Entsendestaat Vertragspartei des WÜD ist (§ 18 Satz 1 GVG):

10 **1. Mitglieder** der im Geltungsbereich des GVG errichteten **diplomatischen Missionen,** soweit sie nicht Angehörige des Empfangsstaates sind oder in demselben ansässig sind (vgl. Art. 38). Das sind (Art. 1 b WÜD): Der Missionschef (Art. 1 a) sowie die Mitglieder des Personals der Mission.

11 Mitglieder des **Personals** der Mission sind im Einzelnen (Art. 1 c): Mitglieder des diplomatischen Personals, also die in diplomatischem Rang stehenden Mitglieder des Personals der Mission (Art. 1 d); weiter die Mitglieder des Verwaltungs- und technischen Personals der Mission (Art. 1 f); ebenso die Mitglieder des dienstlichen Hauspersonals der Mission (Art. 1 g).

12 **Diplomaten** sind nach Art. 1 e der Missionschef (Art. 1 a) und die Mitglieder des diplomatischen Personals der Mission (Art. 1 d).

13 **2. Familienmitglieder** der Mitglieder der diplomatischen Mission (Art. 37).

---

[18] RGZ 157, 389, 394.
[19] BayObLG FamRZ 1972, 212; OLG München FamRZ 1972, 210, 211; *KK/Pfeiffer* Rn. 7; *LR/Böttcher* Rn. 6; *Eb. Schmidt* Rn. 8; *Steinmann* MDR 1965, 711; *Rosenberg/Schwab/Gottwald* § 19 II 1 a; *BL/Hartmann* vor §§ 18 ff. Rn. 2; *Wieczorek/Schreiber* Rn. 10; *Zöller/Gummer* Rn. 3 vor §§ 18–20; offen bei BGH NJW-RR 2003, 1218; a. A. *Meyer-Goßner* Rn. 4; *Habscheid* FamRZ 1972, 214; *Weller* Rpfleger 2006, 364, 365.
[20] *BL/Hartmann* aaO.; a. A. *Schlosser* ZZP 1966, 168 ff.; *Meyer-Goßner* Rn. 4; *Katholnigg* vor § 18 Rn. 2.
[21] *BL/Hartmann* aaO.; a. A. *StJ/Grunsky* vor § 578 Rn. 10.
[22] RGZ 157, 389, 393; BGHZ 18, 1, 9 = NJW 1955, 1435; BayObLG FamRZ 1972, 212; OLG München FamRZ 1972, 210, 211.
[23] BGHSt 36, 396 = NJW 1990, 1799; vgl. BGHSt 37, 30 = NJW 1990, 1801.
[24] OLG Köln NJW 1996, 472.
[25] Vgl. *Bongartz* MDR 1995, 780.
[26] *Steinmann* MDR 1965, 712, 797.

3. Private Hausangestellte der Mitglieder der diplomatischen Mission (Art. 1 h). 14

4. Dieser Personenkreis genießt auch dann Immunität, wenn er nicht zu einer im 15 Geltungsbereich des GVG errichteten Mission gehört, aber auf der **Durchreise** ist (Art. 40). Im Übrigen wirkt die diplomatische Immunität allein im Empfangsstaat.[27]

5. Wegen der **zeitlichen Dauer** der Immunität vgl. Art. 9,[28] Art. 39, 43 bis 45. 16 Die Immunität einer Person, deren persönliche Mission erloschen ist, endet mit dem Ablauf der Frist des Art. 39 WÜD, auch wenn sie sich weiter im Bundesgebiet aufhält; sie kann auch dadurch enden, dass der Entsendestaat seit längerer Zeit handlungsunfähig ist und der diplomatischen Tätigkeit damit die Grundlage entzogen ist.[29] Zum Verzicht vgl. Art. 32 (Rn. 21, 23).

III. Der **Kreis der Personen mit Immunität,** deren Entsendestaat nicht dem 17 WÜD angehört (§ 18 Satz 2 GVG), ist mit dem der Vertragsstaaten des WÜK identisch. Jedoch kann die BReg nach Art. 2 des Gesetzes zum WÜK sowohl weitergehende Vorrechte und Befreiungen gewähren als auch Beschränkungen anordnen, vor allem im Wege der völkerrechtlichen Retorsion. Der Personenkreis kann sich auf Grund allgemeiner Regeln des Völkerrechts (vgl. § 20) erweitern auf Sonderbotschafter, also Personen, die ad hoc mit einem besonderen politischen Auftrag betraut werden und denen durch Einzelabsprache mit dem Empfangsstaat Immunität verliehen wird.[30] Diese Immunität ist aber kein persönlicher Strafausschließungsgrund, sondern lediglich ein Verfahrenshindernis, das nur bis zur Beendigung der Immunität besteht[31] (Rn. 19).

IV. Umfang der Immunität für Diplomaten. 1. Strafgerichtsbarkeit. 18 **a) Gegenständlicher Bereich**[32] **(Art. 31, 37 WÜD, Nr. 193 ff. RiStBV).** Für Diplomaten besteht uneingeschränkte Immunität von der Strafgerichtsbarkeit einschließlich Bußgeldverfahren. Dabei kennt die diplomatische Immunität grundsätzlich keine Ausnahmen für besonders gravierende Rechtsverstöße.[33] Die Wirkung der Immunität besteht darin, dass alle Handlungen unzulässig sind, die eine Ausübung der inländischen Gerichtsbarkeit darstellen. Es besteht ein Verfahrenshindernis, eine gleichwohl ergehende Entscheidung ist nichtig (Rn. 6). Die Immunität steht nicht nur einer Hauptverhandlung entgegen, sondern **jeder Ermittlungshandlung** z.B. polizeiliche, staatsanwaltschaftliche oder richterliche Untersuchungshandlung,[34] insbesondere Festnahme oder Haft (Art. 29 Satz 2), Durchsuchung und Beschlagnahme (Art. 22, 30), Blutprobe, Bestimmung des Gerichtsstandes,[35] „Lauschangriff".[36] Sie erstreckt sich nicht nur auf die Person unmittelbar, sondern auch auf ihre Dienst- und Wohnräume, ebenso sonstiges Eigentum wie auch auf Archive, Korrespondenz usw. (Art. 24). Dieser Schutz der Wohn- und Diensträume der immunen Person geht über die gegen sie unmittelbar gerichteten Verfahren hinaus: Auch wenn ein Strafverfahren sich gegen eine nichtimmune Person richtet, sind Durchsuchungen usw. in den geschützten Räumen unzulässig.[37] Diese Räume können aber Begehungsort im Sinne des § 3 StGB sein.[38]

---

[27] BVerfGE 96, 69 = NJW 1998, 50; vgl. dazu *Soppe/Volz* NStZ 1996, 576; *Beemelmans* NJ 1998, 243; *Faßbender* NStZ 1998, 144.
[28] Vgl. LG Heidelberg NJW 1970, 1514.
[29] OVG Münster NVwZ-RR 1999, 252.
[30] BGHSt 32, 275 = NJW 1984, 2048.
[31] OLG Düsseldorf NJW 1986, 2204.
[32] *Oehler* ZStrW 1979, 395 ff.
[33] BVerfGE 96, 68 = NJW 1998, 50.
[34] *Meyer-Goßner* Rn. 2.
[35] BGHSt 33, 97 = NJW 1985, 639.
[36] BGHSt 37, 30 = NJW 1990, 1801.
[37] BVerfG NJW 1963, 435; *KK/Pfeiffer* Rn. 5.
[38] RGSt 69, 54.

19 Die strafrechtliche Immunität gilt für die gesamte **Dauer** des Diplomatenstatus (Rn. 16). Da die Immunität nur ein **Verfahrenshindernis** darstellt, ist nach Beendigung des Status die Strafverfolgung zulässig,[39] wenn sie nicht ausdrücklich ausgeschlossen ist; einen solchen Ausschluss enthält Art. 39 Abs. 2 für die in Ausübung dienstlicher Tätigkeit als Mitglied der Mission vorgenommenen Handlungen.[40]

20 **b) Persönlicher Umfang.** Diplomaten (Rn. 12) genießen die Immunität uneingeschränkt (Art. 31 Abs. 1 Satz 1), im Gegensatz zur Amtsimmunität der Konsuln (§ 19 Rn. 4), ebenso die zum Haushalt des Diplomaten gehörenden Familienmitglieder, wenn sie nicht Angehörige des Empfangsstaates sind (Art. 37 Abs. 1); weiter auch die Mitglieder des Verwaltungs- und technischen Personals der Mission und die zu ihrem Haushalt gehörenden Familienmitglieder, wenn sie weder Angehörige des Empfangsstaates sind noch in demselben ständig ansässig sind (Art. 37 Abs. 2 Satz 1 erster Halbs.). Mitglieder des dienstlichen Hauspersonals genießen Immunität nur in Bezug auf ihre in Ausübung ihrer dienstlichen Tätigkeit vorgenommenen Handlungen und nur, wenn sie weder Angehörige des Empfangsstaates noch in demselben ständig anwesend sind (Art. 37 Abs. 3). Private Hausangestellte genießen keine Immunität (Art. 37 Abs. 4). Diplomaten, die Angehörige des Empfangsstaates oder in demselben ständig ansässig sind, genießen Immunität grundsätzlich nur in Bezug auf die in Ausübung der dienstlichen Tätigkeit vorgenommenen Amtshandlungen; andere Mitglieder der Mission bedürfen besonders verliehener Vorrechte (Art. 38).

21 **c) Verzicht.** Auf die Immunität kann **verzichtet** werden (Art. 32 Abs. 1). Für eine einzelne Beweiserhebung kann die befreite Person auch stillschweigend verzichten.[41]

22 **2. Zivilgerichtsbarkeit. a) Gegenständlicher Bereich.** Zur Zivilgerichtsbarkeit gehört die gesamte ordentliche einschließlich der freiwilligen Gerichtsbarkeit,[42] auch Personenstandssachen[43] und Insolvenz, ebenso die Arbeitsgerichtsbarkeit; auch hier besteht grundsätzlich Immunität[44] (Art. 31 Abs. 1 Satz 2 erster Halbs., vgl. Rn. 18). Es bestehen jedoch folgende Ausnahmen: **Dingliche Klagen** in Bezug auf privates, im Hoheitsgebiet des Empfangsstaates belegenes unbewegliches Vermögen, auch wenn es Zwecken der Mission des Entsendestaates dient; hierbei handelt es sich um Klagen im Gerichtsstand des § 24 ZPO;[45] das gilt auch für Grundbuchberichtigungsklagen.[46] Eine Ausnahme besteht weiter für Klagen in Nachlasssachen in privater Eigenschaft und Klagen im Zusammenhang mit einer privaten beruflichen Tätigkeit (vgl. aber das Berufsverbot des Art. 42).

23 Auf die Immunität kann allgemein **verzichtet** werden (Rn. 21). Außerdem kann für ein konkretes gerichtliches Verfahren auf die Immunität verzichtet werden. Dieser Verzicht ist eine prozessuale unwiderrufliche Willenserklärung, die sich auch aus den Umständen ergeben kann, z.B. Klagabweisungsantrag in der Sache ohne Rüge der fehlenden Gerichtsbarkeit. Der Verzicht umfasst alle Instanzen einschließlich Wiederaufnahmeverfahren, Abänderungsklagen (§ 323 ZPO), Vollstreckungsgegenklage (§ 767 ZPO). Er betrifft aber immer nur ein konkretes Verfahren, denselben Streitgegenstand (und nicht die sich anschließende Vollstreckung). Deshalb liegt in der Streithilfe durch eine immune Person nicht der Verzicht auf die Immunität für einen später gegen sie zu führenden Prozess, wohl aber in der Hauptintervention. Streitverkündung ist als Ausübung der deutschen Gerichtsbarkeit durch die Immunität ausgeschlossen. Zur Zwangsvollstreckung vgl. Rn. 27.

---

[39] *LR/Böttcher* Rn. 7; *KK/Pfeiffer* Rn. 6; *Katholnigg* vor § 18 Rn. 2.
[40] LG Heidelberg NJW 1975, 1514; OLG Düsseldorf NJW 1986, 2204.
[41] *Meyer-Goßner* Rn. 5; *KK/Pfeiffer* Rn. 4.
[42] OLG Köln NJW 1992, 320.
[43] LG Bonn FamRZ 1991, 1329 m. Anm. *Kimminich*.
[44] *Dahlhoff* BB 1997, 321.
[45] KG HRR 1933, 1522.
[46] BVerfGE 15, 25, 43 = NJW 1963, 435; BGH MDR 1970, 222.

Die Immunität gilt **nicht**, soweit der Immune **selbst** ein Verfahren anstrengt. In 24 diesem Falle kann er sich nicht in Bezug auf eine Widerklage, die mit der Hauptklage in unmittelbarem Zusammenhang steht, auf die Immunität berufen (Art. 32 Abs. 3); fehlt es an dem unmittelbaren Zusammenhang, unterfällt diese Widerklage wie eine selbstständige Klage der Immunität. Alle Einwendungen gegen die Klage, auch die Aufrechnung, das Geltendmachen von Einreden, Zurückbehaltungsrecht usw. sind uneingeschränkt zulässig. In diesem Falle ist auch die Zwangsvollstreckung uneingeschränkt zulässig, Art. 32 Abs. 4 gilt nur für den Verzicht auf die Immunität, nicht für die eigene Klage. „Anstrengen" eines Verfahrens ist weit auszulegen und betrifft alle Verfahren vor den ordentlichen und Arbeitsgerichten, auch einstweilige Verfügungen und Arreste, Verfahren der freiw. Gerichtsbarkeit usw. Eine Ausnahme gilt jedoch nach dem Sinn des WÜD: hat die Klage des Diplomaten rein defensiven Charakter (negative Feststellungsklage), so ist eine Widerklage als unzulässig anzusehen.[47]

b) Persönlicher Umfang der Immunität. Diplomaten und ihre Familienangehörigen genießen die Immunität im gleichen Umfang wie in Strafsachen (vgl. oben Rn. 20); Mitglieder des Verwaltungs- und technischen Personals der Mission und die zu ihrem Haushalt gehörenden Familienmitglieder jedoch nur für die in Ausübung ihrer dienstlichen Tätigkeit vorgenommenen Handlungen (Art. 37 Abs. 2 Satz 1 zweiter Halbs.); das Gleiche gilt für die Mitglieder des dienstlichen Hauspersonals (Art. 37 Abs. 3). Private Hausangestellte genießen keine Immunität (Art. 37 Abs. 4).

3. Andere Gerichtsbarkeiten. Für die Verwaltungsgerichtsbarkeit gilt die gleiche Regelung wie für die Zivilgerichtsbarkeit (Art. 31 Abs. 1 Satz 2). Die Finanz- und Sozialgerichtsbarkeit ist im WÜD nicht erwähnt. In Frage kommt hier wohl mit Rücksicht auf die vielen Befreiungen immuner Personen nur ein aktives Vorgehen ihrerseits, z. B. als Antragsteller auf Sozialhilfe.[48]

4. Zwangsvollstreckung. Für die **Zwangsvollstreckung** gerichtlicher Entscheidungen gilt grundsätzlich die Immunität im gleichen Umfang wie für das Erkenntnisverfahren; die deutsche Gerichtsbarkeit ist allgemeine Verfahrensvoraussetzung auch des gerichtlichen Vollstreckungsverfahrens.[49] Soweit nicht auf die Immunität ausdrücklich für die Zwangsvollstreckung verzichtet wird (ein solcher Verzicht liegt nicht schon im Verzicht für das Erkenntnisverfahren, Art. 32 Abs. 4), fehlt es an der Immunität für die Zwangsvollstreckung nur in den Fällen, in denen auch für das Erkenntnisverfahren die Immunität nach Art. 31 Abs. 1 ausgeschlossen ist (Rn. 22), für diese Verfahren fehlt die Immunität insgesamt (Art. 31 Abs. 3), nicht jedoch für den Ausschluss der Immunität nach Art. 37.[50] Immunität besteht nicht für die Zwangsvollstreckung in Verfahren, die der Immune selbst nach Art. 32 Abs. 3 angestrengt hat (Art. 32 Abs. 4; vgl. Rn. 24).

Die Zugriffsobjekte für die Zwangsvollstreckung sind jedoch beschränkt: Die 28 Zwangsvollstreckung muss durchführbar sein, ohne den reibungslosen Geschäftsablauf der Mission und die ungehinderte Wahrnehmung ihrer Aufgaben (Art. 25, vgl. § 20 Rn. 9) oder die Unverletzlichkeit der Person und der Wohnung des Immunen zu beeinträchtigen (Art. 31 Abs. 3); die Räumlichkeiten der Mission sind unverletzlich (Art. 22), ebenso Archive und Schriftstücke der Mission (Art. 24). Der persönliche Umfang der Immunität für die Zwangsvollstreckung entspricht der für das Erkenntnisverfahren. Wegen der Zustellungen an den Drittschuldner vgl. Rn. 30.

5. Beteiligung an Verfahren gegen nicht Immune. Die Immunität bezieht 29 sich auf die gesamte Ausübung der deutschen Gerichtsbarkeit, also auch im Zu-

---

[47] *Steinmann* MDR 1965, 707.
[48] OVG Münster NJW 1992, 2043.
[49] BVerfGE 46, 342, 359 = NJW 1978, 485.
[50] AG Bonn MDR 1971, 672.

sammenhang mit Verfahren gegen dritte Personen. Deshalb ist ein Immuner nicht verpflichtet, als **Zeuge** auszusagen (Art. 31 Abs. 2). Er kann zwar als Zeuge geladen werden, braucht aber nicht zu erscheinen; Zwangsmittel zur Erfüllung der Zeugenpflicht sind unzulässig. Entsprechendes gilt für die Tätigkeit als Sachverständiger. Die Parteivernehmung (§§ 445 ff. ZPO) gehört nicht hierher, sondern in die Parteirolle des Erkenntnisverfahrens.

30   **6. Zustellungen.** Sie unterfallen als Ausübung der staatlichen Gerichtsbarkeit der Immunität; sie sind nur im internationalen Rechtshilfeverkehr zulässig.[51] Eine Ausnahme gilt nur, wenn die Zustellung entgegengenommen wird unter Verzicht auf die Immunität.[52] Dies gilt auch für Zustellungen an den Drittschuldner, z.B. § 829 ZPO,[53] obwohl in der Praxis weitgehend und unbeanstandet unmittelbar zugestellt wird.[54]

§ 19. [Exterritorialität von Mitgliedern der konsularischen Vertretungen]

(1) ¹Die Mitglieder der im Geltungsbereich dieses Gesetzes errichteten konsularischen Vertretungen einschließlich der Wahlkonsularbeamten sind nach Maßgabe des Wiener Übereinkommens über konsularische Beziehungen vom 24. April 1963 (Bundesgesetzbl. 1969 II S. 1585 ff.) von der deutschen Gerichtsbarkeit befreit. ²Dies gilt auch, wenn ihr Entsendestaat nicht Vertragspartei dieses Übereinkommens ist; in diesem Falle findet Artikel 2 des Gesetzes vom 26. August 1969 zu dem Wiener Übereinkommen vom 24. April 1963 über konsularische Beziehungen (Bundesgesetzbl. 1969 II S. 1585) entsprechende Anwendung.

(2) Besondere völkerrechtliche Vereinbarungen über die Befreiung der in Absatz 1 genannten Personen von der deutschen Gerichtsbarkeit bleiben unberührt.

1   **I. Konsularische Immunität:** § 19 regelt die Immunität im konsularischen Bereich, während § 18 die Immunität der Diplomaten regelt. Die Immunität zugunsten des konsularischen Bereichs ist personell und gegenständlich wesentlich geringer; wegen der Immunität im Allgemeinen vgl. § 18 Rn. 1 ff. Maßgebend für die Immunität der Konsuln ist das **Wiener Übereinkommen** über konsularische Beziehungen (WÜK) vom 24. 4. 1963, mit Zustimmungsgesetz vom 26. 8. 1969 (BGBl. II S. 1585). Damit ist das WÜK **innerstaatliches verbindliches Recht** geworden und von den Gerichten unmittelbar anzuwenden; die ausdrückliche Erwähnung im § 19 dient der Rechtsklarheit (vgl. § 18 Rn. 4). Diese Regelung ist indessen nicht abschließend: Die Vorrechte nach dem WÜK sind nicht auf die Staaten beschränkt, die es **ratifiziert** haben; vielmehr gewährt § 19 Abs. 1 Satz 2 allen Staaten, die Konsuln in die BRep entsenden, die im WÜK enthaltenen Vorrechte. Außerdem ist in der Präambel bekräftigt, dass die Regeln des Völkergewohnheitsrechts auch weiterhin für alle Fragen gelten, die nicht ausdrücklich im WÜK geregelt sind. Für beide Anwendungsbereiche können nach Art. 2 des Zustimmungsgesetzes erweiterte Vorrechte eingeräumt wie auch im Wege der völkerrechtlichen Retorsion Einschränkungen vorgenommen werden. Darüber hinaus sind besondere völkerrechtliche Vereinbarungen über die konsularischen Vorrechte und Befreiungen möglich (Abs. 2), z.B. für Konsularagenturen (Art. 69 WÜK).

2   **II. Kreis der bevorrechtigten Personen.** Hier ist mehrfach zu unterscheiden: Berufsmäßige Mitglieder der konsularischen Vertretung (Art. 1 Abs. 1g, Art. 22), die nicht Angehörige des Empfangsstaates und dort nicht ständig ansässig sind (Art. 40 bis 57); der gleiche Personenkreis, der jedoch Angehöriger des Empfangsstaates oder dort ständig ansässig ist (Art. 71); Wahlkonsularbeamte (Art. 1 Abs. 2,

---

[51] *Wieczorek/Schreiber* Rn. 5.
[52] AG Bonn MDR 1965, 144.
[53] AG Bonn MDR 1961, 511; 1965, 145; 1966, 597.
[54] *Steinmann* MDR 1965, 798.

58 bis 68); Familienmitglieder (Art. 57, 58); durchreisende Konsularbeamte (Art. 54).

III. Dauer der Vorrechte. Wegen der **Dauer der Vorrechte** vgl. Art. 25 bis 27, 53. Ein Verzicht auf die Vorrechte ist in Art. 45 vorgesehen (vgl. § 18 Rn. 23). 3

IV. Umfang der Immunität. 1. Strafgerichtsbarkeit. a) Für Handlungen, die in Wahrnehmung konsularischer Aufgaben vorgenommen worden sind, besteht für Konsularbeamte und Bedienstete des Verwaltungs- und technischen Personals Immunität (sog. **Amtsimmunität,** Art. 43 Abs. 1; vgl. § 18 Rn. 20). Die Beurteilung, ob eine unter die Amtsimmunität fallende Handlung vorliegt, ist besonders bei Straßenverkehrsdelikten nicht immer einfach. Bei Fahrten mit Kraftfahrzeugen, die im Zusammenhang mit dienstlichen Obliegenheiten ausgeführt worden sind, kommt es entscheidend auf die Umstände des Einzelfalles an. Immunität kommt nur dann in Betracht, wenn der Gebrauch des Kfz in engem sachlichen Zusammenhang mit der Wahrnehmung der konsularischen Aufgaben stand;[1] wenn zwischen dem Zweck der Fahrt und der konsularischen Tätigkeit ein solcher innerer und äußerer Zusammenhang besteht, dass die Fahrt selbst noch der konsularischen Tätigkeit zuzurechnen ist, was bei der Heimfahrt von den Konsulatsräumen zur Privatwohnung im Allgemeinen zu verneinen ist.[2] Fahrten von und zu gesellschaftlichen Treffen sollten jedoch angesichts der Notwendigkeit vielfältiger Kontaktpflege grundsätzlich der konsularischen Tätigkeit zugerechnet werden.[3] Im Zweifel ist Immunität anzunehmen.[4] 4

b) Für **andere strafbare Handlungen** besteht keine Immunität, alle Konsuln usw. unterliegen uneingeschränkt der deutschen Strafgerichtsbarkeit. Ausgenommen sind nur Festnahmen, Verhaftungen und andere freiheitsbeschränkende Maßnahmen wie Blutentnahme. Sie sind gegen Konsularbeamte grundsätzlich unzulässig; zulässig sind sie dann, wenn es um eine schwere strafbare Handlung geht. Das ist nach dem Rundschreiben BMdI (§ 18 Rn. 4) der Fall, wenn das deutsche Strafrecht eine Freiheitsstrafe von mindestens drei Jahren androht.[5] Die im Vertragstext vorgesehene Anordnung durch die zuständige Justizbehörde ist für die Untersuchungshaft allein das Gericht (§ 114 StPO), bei Festnahmen ist hier nur die StA zuständig, nicht andere Behörden und Personen. Bei Untersuchungshaft und Festnahme besteht eine Benachrichtigungspflicht (Art. 42). In einem Strafverfahren gegen einen Konsularbeamten ist dieser verpflichtet, vor der zuständigen Behörde zu erscheinen; Zwangsmittel hierzu sind zulässig. Das Verfahren hat jedoch auf seine amtliche Stellung Rücksicht zu nehmen; bei Untersuchungshaft ist das Verfahren in kürzester Frist einzuleiten (Art. 41 Abs. 3). Die Strafvollstreckung unterliegt keinen Einschränkungen, auch nicht der Haftbefehl nach § 457 StPO. Strafverfahren gegen andere Konsularangehörige unterliegen keinen Einschränkungen. 5

Unverletzlich sind aber die **konsularischen Räumlichkeiten** (Art. 31) und die konsularischen Archive (Art. 1 Abs. 1k) und Schriftstücke (Art. 33); insoweit ist in keinem Falle eine Durchsuchung oder Beschlagnahme zulässig. 6

Wahlkonsularbeamte (Art. 1 Abs. 2) unterliegen der deutschen Gerichtsbarkeit uneingeschränkt (Art. 63); jedoch ist das Verfahren mit der ihnen auf Grund ihrer amtlichen Stellung gebührenden Rücksicht und (wenn der Betroffene festgenommen oder inhaftiert ist) in einer Weise zu führen, welche die Wahrnehmung der konsularischen Aufgaben möglichst wenig beeinträchtigt; bei Untersuchungshaft ist das Verfahren in kürzester Frist einzuleiten. Zu beachten ist, dass die konsularischen Archive und Schriftstücke jederzeit unverletzlich sind, sofern sie von anderen Pa- 7

---

[1] BayObLG NJW 1974, 431; LG Stuttgart NZV 1995, 441; OLG Karlsruhe NJW 2004, 3273.
[2] OLG Hamm GA 1967, 286; OLG Düsseldorf NVwZ 1997, 92; *LR/Böttcher* Rn. 10.
[3] A. A. AG Hannover NdsRpfl 1975, 127; OLG Hamburg NJW 1988, 2191.
[4] OLG Schleswig NStZ 1982, 122; *KK/Pfeiffer* Rn. 3; *Katholnigg* Rn. 6; *LR/Böttcher* Rn. 10.
[5] Zur Vorgeschichte *Jabloner/Fugger* NJW 1964, 712.

§ 19 8–11   1. Titel. Gerichtsbarkeit

pieren und Schriftstücken getrennt gehalten werden (Art. 61). Beschlagnahmen und Durchsuchungen sind dann unzulässig. Dasselbe gilt für die konsularischen Räumlichkeiten (Art. 59).

8   **Konsularbeamte,** die Angehörige des Empfangsstaates oder dort ständig ansässig sind, genießen mangels weitergehender besonderer Regelungen nur die Amtsimmunität (Art. 71 Abs. 1), nicht die anderen Mitglieder der konsularischen Vertretung (Art. 71 Abs. 2) und nicht die Familienmitglieder der Konsularbeamten.

9   **2. Zivilgerichtsbarkeit.** Für Handlungen, die in Wahrnehmung konsularischer Aufgaben vorgenommen worden sind, genießen Konsularbeamte und Bedienstete des Verwaltungs- und technischen Personals grundsätzlich Immunität (sog. **Amtsimmunität,** Art. 43). Die Amtsimmunität entfällt jedoch, wenn die Klagen aus einem Vertrag entstehen, den eine dieser Personen geschlossen hat, ohne dabei ausdrücklich oder sonst erkennbar im Auftrag des Entsendestaates zu handeln, oder wenn die Klage von einem Dritten wegen eines Schadens angestrengt wird, der aus einem im Empfangsstaat durch ein Land-, Wasser- oder Luftfahrzeug verursachten Unfall entstanden ist (Art. 43 Abs. 2). So ist auch zu vermuten, dass Verträge, die den außenwirtschaftlichen Belangen des Entsendestaates dienen, zu den konsularischen Amtsaufgaben gehören.[6] Die Prozessvertretung von Staatsangehörigen des Entsendestaates gehört nicht zu den Amtsaufgaben, ausgenommen unter den Voraussetzungen des Art. 5 Buchst. i WÜK.[7] – Die Amtsimmunität gilt auch für die Wahlkonsularbeamten (Art. 58 Abs. 2) und die Konsularbeamten, die Angehörige des Empfangsstaates oder dort ständig ansässig sind (Art. 71 Abs. 1), nicht jedoch für andere Mitglieder der konsularischen Vertretung, und nicht für die Familienmitglieder (Art. 71 Abs. 2). Auf die Immunität kann verzichtet werden (Art. 45; § 18 Rn. 23). Sie gilt dann nicht, wenn der von der Gerichtsbarkeit Befreite selbst ein Verfahren anstrengt (Art. 45 Abs. 3; vgl. § 18 Rn. 24). Für andere Handlungen besteht keine Immunität in der Zivilgerichtsbarkeit, auch nicht für die Zwangsvollstreckung. Zu beachten ist dabei lediglich die Unverletzlichkeit der konsularischen Räumlichkeiten (Art. 31) sowie der konsularischen Archive und Schriftstücke (Art. 33). Diese Unverletzlichkeit besteht auch bei Wahlkonsularbeamten (Art. 59, 61).

10   **3. Andere Gerichtsbarkeiten.** Für die Arbeitsgerichtsbarkeit gilt das für die Zivilgerichtsbarkeit Gesagte entsprechend. Die anderen Gerichtsbarkeiten sind im WÜK nicht ausdrücklich erwähnt (vgl. § 18 Rn. 26); eine Immunität ist nicht vorgesehen, ein Bedürfnis hierfür ist auch nicht vorstellbar.

11   **4. Zwangsvollstreckungsverfahren** (wegen der Strafvollstreckung vgl. Rn. 5). Das Zwangsvollstreckungsverfahren ist Teil der Ausübung der Gerichtsbarkeit (vgl. § 18 Rn. 27). Deshalb besteht dafür Immunität im gleichen Umfang wie für das Erkenntnisverfahren. Soweit also Immunität für das Erkenntnisverfahren besteht, ist auch eine Zwangsvollstreckung wegen eines darauf bezüglichen Vollstreckungstitels unzulässig, auch wenn ein dahin gehender Vollstreckungstitel vorliegt (er ist nichtig, vgl. § 18 Rn. 6). Zwar kann auf die Immunität verzichtet werden; ein Verzicht für das Erkenntnisverfahren erstreckt sich jedoch nicht auf das Vollstreckungsverfahren (Art. 45 Abs. 4), es bedarf vielmehr eines besonderen Verzichts. Soweit jedoch keine Immunität für das Erkenntnisverfahren besteht (Art. 43 Abs. 2), besteht auch keine Immunität für die Zwangsvollstreckung, sie ist zulässig. Vollstreckt werden darf jedoch nur unter Respektierung der Aufgaben der Vertretung (Art. 28) und ohne Störung des reibungslosen Geschäftsablaufs der Vertretung; unzulässig ist die Vollstreckung unter Eindringen in die konsularischen Räumlichkeiten (Art. 31), in die konsularischen Archive und hinsichtlich Schriftstücken (Art. 33) sowie Kuriergepäck (Art. 35); dieser Schutz besteht auch bei Wahlkonsularbeamten (Art. 59,

---

[6] LG Hamburg NJW 1986, 3034.
[7] OVG Münster NJW 1981, 1173.

61). Es gelten hier auch die Immunitätsvorschriften zugunsten fremder Staaten (vgl. § 20 Rn. 3, 9), so dass z.B. nicht in das Bankkonto vollstreckt werden darf, das zur Deckung der Ausgaben und Kosten des Konsulats bestimmt ist[8] (vgl. § 20 Rn. 9).

5. Beteiligung an Verfahren gegen andere Personen. Die Mitglieder der konsularischen Vertretung können als **Zeugen** geladen werden. Sie dürfen dadurch aber nicht in der Wahrnehmung ihrer Aufgaben behindert werden, auch soll, soweit möglich, ihre Aussage in ihrer Wohnung oder in den Räumlichkeiten der konsularischen Vertretung entgegengenommen werden (Art. 44 Abs. 2). Hinsichtlich der Aussagepflicht ist zu unterscheiden: Konsularbeamte können die Aussage verweigern, ohne dass gegen sie Sanktionen verhängt werden dürfen (Art. 44 Abs. 1 Satz 3). Bedienstete des Verwaltungs- oder technischen Personals dürfen demgegenüber die Aussage nur verweigern über Angelegenheiten, die mit der Wahrnehmung ihrer Aufgaben zusammenhängen (vgl. im einzelnen Art. 44).

6. Zu **Zustellungen** vgl. § 18 Rn. 30.

§ 20. [Weitere Exterritoriale]

(1) **Die deutsche Gerichtsbarkeit erstreckt sich auch nicht auf Repräsentanten anderer Staaten und deren Begleitung, die sich auf amtliche Einladung der Bundesrepublik Deutschland im Geltungsbereich dieses Gesetzes aufhalten.**

(2) **Im übrigen erstreckt sich die deutsche Gerichtsbarkeit auch nicht auf andere als die in Absatz 1 und in den §§ 18 und 19 genannten Personen, soweit sie nach den allgemeinen Regeln des Völkerrechts, auf Grund völkerrechtlicher Vereinbarungen oder sonstiger Rechtsvorschriften von ihr befreit sind.**

Übersicht

	Rn.		Rn.
A. Regelungsinhalt	1	II. Europäisches Gemeinschaft	17
B. Immunität auf Grund allgemeiner Regeln des Völkerrechts (Abs. 2)	2	III. Europäische Übereinkommen	18
		IV. Europol	19
I. Ausländische Staaten	3	V. Wiedervereinigung	20
II. Staatsoberhäupter	11	VI. NATO	21
III. Regierungsmitglieder	12	1. Strafsachen	25
IV. Ausländische Truppen	13	2. Zivilprozessuale Streitigkeiten	34
V. Staatsfahrzeuge	14	VII. UdSSR, GUS	37
C. Immunität auf Grund völkerrechtlicher Vereinbarungen	15	D. Immunität auf Grund anderer Vorschriften	38
I. Vereinte Nationen und ihre Organisationen	16	E. Eingeladene Staatsgäste	39

Gesetzesfassung: Geändert durch Art. 4 des 2. BZRÄndG vom 17. 7. 1984 (BGBl. I S. 990).

A. Regelungsinhalt

§ 20 ist eine **Ergänzung zu §§ 18, 19.**[1] Während §§ 18, 19 auf die bereits als unmittelbares Recht (§ 18 Rn. 4) geltenden WÜD und WÜK Bezug nehmen, sieht § 20 vier weitere Rechtsquellen vor, auf Grund deren Befreiungen von der deutschen Gerichtsbarkeit eintreten mit grundsätzlich gleichem Inhalt wie nach § 18.[2] Die Vorschrift ist infolge von Änderungen unsystematisch aufgebaut. Inhaltlich regelt sie völkerrechtliche Immunitäten von der deutschen Gerichtsbarkeit. Die Rechtsgrundlagen für solche Immunitäten sind in systematischer Reihenfolge: allgemeines Völkerrecht, völkerrechtliche Vereinbarungen, sonstige Rechtsvorschriften (so § 20 a. F.) und als Sonderfall die Immunität von eingeladenen Staatsgästen (Rn. 39).

---

[8] LG Stuttgart Justiz 1971, 385.
[1] BGH NJW 1979, 1101.
[2] Vgl. *Mann* NJW 1990, 618; *Hess* RIW/AWD 1989, 254.

B. Immunität auf Grund allgemeiner Regeln des Völkerrechts (Abs. 2)

2   Diese Immunität ergibt sich schon aus Art. 25 GG.[3] Allgemeine Regeln des Völkerrechts sind Regeln, die von der größten Zahl der Staaten, nicht notwendig der BRep, anerkannt werden,[4] eine gefestigte Praxis, die von den Staaten allgemein in der Überzeugung geübt wird, dazu von Völkerrechts wegen verpflichtet zu sein.[5] Ob Immunität besteht, haben die deutschen Gerichte in jeder Lage des Verfahrens von Amts wegen nach deutschem Recht in eigener Zuständigkeit und richterlicher Unabhängigkeit zu prüfen[6] (vgl. § 18 Rn. 5); sie sind an eine Auffassung des Auswärtigen Amtes nicht gebunden.[7] Im Zweifel ist die Frage nach Art. 100 Abs. 2 GG dem BVerfG vorzulegen (vgl. § 12 Rn. 28). Immunität ist danach anzunehmen für:

3   **I. Ausländische Staaten.** Ausländische Staaten, soweit nicht vom Europäischen Übereinkommen (unten Rn. 18) erfasst: Die Gewährung von Staatenimmunität, also Befreiung eines ausländischen Staates „als solchen" von der Gerichtsbarkeit, ist ein allgemein anerkanntes Gebot des Völkerrechts (vgl. Art. 25 GG), unbeschadet besonderer völkerrechtlicher Vereinbarungen[8] (vgl. unten Rn. 15). Indessen ist der Umfang streitig.[9] Die Theorie der absoluten **Staatenimmunität**[10] räumt einem ausländischen Staat völlige Befreiung von der innerstaatlichen Gerichtsbarkeit ein. Demgegenüber ist nach der herrschenden Theorie von der relativen oder beschränkten Staatenimmunität die Immunität nur dann gegeben, wenn der ausländische Staat in Ausübung hoheitlicher Gewalt gehandelt hat[11] (sog. acta jure imperii), nicht aber dann, wenn der ausländische Staat wie jede andere natürliche oder juristische Person gehandelt hat, also nichthoheitlich[12] (acta jure gestionis). Da Staaten als juristische Personen nicht selbst, sondern nur durch natürliche Personen handeln können, werden alle von staatlichen Organen vorgenommenen hoheitlichen Handlungen und von ihnen gesetzte Hoheitsakte nicht den handelnden Personen selbst, sondern dem Staat zugerechnet; deshalb umfasst die Staatenimmunität auch die insoweit handelnden natürlichen Personen, sogenannte funktionale Immunität.[13]

4   Die Qualifikation als hoheitliche oder nichthoheitliche Staatstätigkeit ist vom angerufenen deutschen Gericht nach deutschem Recht vorzunehmen (Rn. 2). Maßgebend für diese Unterscheidung ist die Natur der staatlichen Handlung oder des entstandenen Rechtsverhältnisses; es kommt darauf an, ob der ausländische Staat in Ausübung der ihm zustehenden Hoheitsgewalt oder wie eine Privatperson, also privatrechtlich, tätig geworden ist, auch deliktisch;[14] es kommt nicht auf den Zweck oder das Motiv der Staatstätigkeit an.[15] So ist eine polizeiliche Tätigkeit stets als hoheitlich zu qualifizieren,[16] ebenso Pass- und Staatsangehörigkeitssachen.

---

[3] *Bleckmann* NJW 1978, 1092.
[4] BVerfGE 16, 27, 33 = NJW 1963, 1732.
[5] BVerfGE 46, 342, 367 = NJW 1978, 485.
[6] BVerfGE 16, 27 = NJW 1963, 1732; BGH NJW 1979, 1101; OLG München NJW 1975, 2144.
[7] BGHSt 32, 275 = NJW 1984, 2048.
[8] Zu internationalen Organisationen vgl. *Kunz-Hallstein* NJW 1992, 3069.
[9] *von Schönfeld* NJW 1986, 2980.
[10] Vgl. BAG NZA 2001, 683.
[11] Vgl. *MünchKommZPO/Wolf* § 20 Rn. 11 ff.; *Beys*, FS Geimer, 2002.
[12] Vgl. BTagsDrucks. 11/4307 S. 30; BVerfGE 15, 25; E 16, 27, 61 = NJW 1963, 1732; E 46, 342, 364 = NJW 1978, 485; E 64, 1 = NJW 1983, 2766; BGHSt 39, 260 = NJW 1993, 3147; BVerwG NJW 1989, 678; BAGE 35, 370; OLG Frankfurt NJW 1981, 2650; *Rosenberg/Schwab/Gottwald* § 19 I 3a; *Katholnigg* Rn. 2; *Strebel* RabelsZ 1980, 66; *Esser* RIW/AWD 1984, 577; *Magiera* NJW 1985, 1745; *von Schönfeld* NJW 1986, 2980; *Geiger* NJW 1987, 1124; *Folz/Soppe* NStZ 1996, 576; zur Schiedsgerichtsbarkeit: *Langkeit*, Staatenimmunität und Schiedsgerichtsbarkeit, Heidelberg 1989.
[13] *Folz/Soppe* NStZ 1996, 578.
[14] AG Bonn NJW 1988, 1393 m. Anm. *Gündling* IPrax 1988, 338.
[15] BTags-Drucks. 11/4307 S. 30.
[16] BGH aaO.

Verträge mit deutschen Arbeitnehmern gehören zwar dem Privatrecht an, 5
es ist aber nach ihrem Aufgabengebiet zu unterscheiden. Das die Staatenimmunität
bestimmende Prinzip des Respekts vor fremder hoheitlicher Tätigkeit und der
Nichteinmischung in die Ausübung hoheitlicher Befugnisse des ausländischen Staates führt dazu, dass ein ausländischer Staat hinsichtlich arbeitsrechtlicher Bestandsschutz-Streitigkeiten solcher deutscher Angestellten, die nach dem Inhalt ihres Arbeitsverhältnisses originär hoheitliche Aufgaben wahrzunehmen haben, nicht der
deutschen Gerichtsbarkeit unterworfen ist. Die Überprüfung der Entlassung eines
für den ausländischen Staat in dessen hoheitlicher Tätigkeit beschäftigten Arbeitnehmers würde in Konflikt geraten mit dem völkerrechtlichen Grundsatz, dass die
diplomatischen und konsularischen Beziehungen nicht behindert werden dürfen.[17]
Das gilt auch für Personal, das nach dem Ermessen des fremden Staates die Sicherheit des geordneten Dienstbetriebs zum Gegenstand hat,[18] jedoch muss ein funktioneller Zusammenhang mit den konsularischen oder diplomatischen Aufgaben
bestehen, was bei lediglich technischen und handwerklichen Arbeiten (Haustechnik) nicht der Fall ist.[19] Hat der deutsche Arbeitnehmer keine hoheitlichen Aufgaben zu erfüllen, unterliegt der fremde Staat bei Bestandsschutz-Streitigkeiten der
deutschen Gerichtsbarkeit;[20] das gilt auch für Bestandsschutzstreitigkeiten mit einem ausländischen Arbeitnehmer.[21] Die Einordnung einer Tätigkeit als hoheitlich
oder nichthoheitlich ist nach deutschem Recht zu beurteilen.[22]

Mietverträge eines fremden Staates gehören dem Privatrecht an, aus ihnen kann 6
uneingeschränkt geklagt werden, auch auf Räumung.[23] Indessen ist zu beachten,
dass bei der Vollstreckung, besonders auf Grund der Immunität von Botschafts-
und Konsularräumen (§ 18 Rn. 28; § 19 Rn. 11) erhebliche Schwierigkeiten entstehen können[24] (vgl. auch Rn. 9). Reparaturverträge jedweder Art gehören dem
Privatrecht an;[25] auch hier können sich bei der Zwangsvollstreckung Schwierigkeiten ergeben.

Ein **Grundstückskauf** ist ohne Rücksicht auf den beabsichtigten Verwendungs- 7
zweck als nichthoheitliches Verhalten anzusehen.[26] Auch kann ein ausländischer
Staat, der die Vermittlung eines inländischen Maklers für den Kauf eines Konsulargebäudes in Anspruch nimmt, wegen der Gebührenklage gerichtlich im Inland in Anspruch genommen werden.[27] Zu dinglichen Klagen gilt § 18 Rn. 22 entsprechend.

Die Immunität des ausländischen Staates gilt aber nur für die gerichtliche Gel- 8
tendmachung und Durchsetzung von Forderungen. **Selbsthilferechte Privater**
können uneingeschränkt ausgeübt werden (§ 18 Rn. 8). Zum Verzicht auf die Immunität und die Möglichkeit einer Widerklage gegen die von ihm angestrengte
Klage gilt § 18 Rn. 23 f. entsprechend.[28]

Unabhängig vom Erkenntnisverfahren ist das **Zwangsvollstreckungsverfahren** 9
zu beurteilen. Auch wenn gegen einen ausländischen Staat ein Vollstreckungstitel
im Zusammenhang mit einem nichthoheitlichen Verhalten ergangen ist, gilt für die
Zwangsvollstreckung eine eigenständige partielle Exterritorialität.[29] Die Zwangs-

---

[17] BAGE 83, 262 = NZA 1996, 1229; E 113, 327 = NZA 2005, 1117; BAG NZA 2001, 684; LAG Frankfurt NZA-RR 1999, 383.
[18] *Steinmann* MDR 1965, 796.
[19] BAGE 113, 327 = NZA 2005, 1117.
[20] BAG NZA 1998, 813; 995.
[21] LAG Berlin NZA-RR 1998, 555.
[22] BAGE 113, 327 = NZA 2005, 1117; BAG NZA 2001, 683; 2002, 640.
[23] Vgl. auch *Buch* NZM 2000, 367.
[24] *Steinmann* MDR 1965, 796.
[25] BVerfGE 16, 27, 64 = NJW 1963, 1732.
[26] BVerfGE 15, 25, 43 = NJW 1963, 435; *Wieczorek/Schreiber* Rn. 6.
[27] OLG München MDR 1975, 411.
[28] *Steinmann* MDR 1965, 798.
[29] Vgl. BVerfG NJW 2007, 2605.

vollstreckung in Vermögensgegenstände des fremden Staates ist nach allgemeinem Völkerrecht zwar nicht schlechthin unzulässig, jedoch ohne Zustimmung des fremden Staates[30] unzulässig in solche im Gerichtsstaat belegenen Vermögensgegenstände, die im Zeitpunkt des Beginns der Vollstreckung hoheitlichen Zwecken des fremden Staates dienen.[31] Hierzu genügt die glaubhafte Erklärung, der Gegenstand diene der Aufrechterhaltung der Funktion der Vertretung; weder braucht der Verwendungszweck im Einzelnen dargelegt werden noch eine konkrete Gefährdung der Tätigkeit der Vertretung.[32] Die ungehinderte Wahrnehmung diplomatischer und konsularischer Aufgaben darf nicht beeinträchtigt werden, ebenso sind die Unverletzlichkeit der Person von bevorrechtigten Personen, der Räumlichkeiten der Missionen sowie der Archive und Schriftstücke zu beachten (vgl. § 18 Rn. 28; § 19 Rn. 11). So ist die Zwangsvollstreckung in Forderungen aus einem laufenden, allgemeinen Bankkonto der Botschaft eines fremden Staates, das im Gerichtsstaat besteht und zur Deckung der Ausgaben und Kosten der Botschaft bestimmt ist, unzulässig.[33] Entsprechendes gilt für die Arrestvollziehung.[34] Keine Maßnahme der Zwangsvollstreckung ist die Eintragung einer Arrestsicherungshypothek.[35]

10 Keine Immunität genießen **ausländische juristische Personen,** auch nicht solche des öffentlichen Rechts, auch nicht im Staatsbesitz;[36] so z. B. nicht eine staatliche Notenbank[37] oder ein Wirtschaftsunternehmen, auch wenn es vom Staat betrieben wird.[38]

11 **II. Staatsoberhäupter.** Staatsoberhäupter genießen Immunität,[39] bei Besuchen auch die sie begleitenden Angehörigen sowie ihr sonstiges Gefolge. Die Angehörigen der Staatsoberhäupter genießen im Übrigen keine Vorrechte, z. B. im Ausland studierende Kinder (Schreiben BMdI, vgl. § 18 Rn. 4, unter II A 1). Die Immunität der Staatsoberhäupter gilt nur für die **Dauer der Amtszeit,** danach gilt sie jedenfalls fort für früheres amtliches Handeln. Ob auch privates Handeln während der Amtszeit unter den Schutz der Immunität (als Verfahrenshindernis) fällt, ist völkerrechtlich umstritten und hat im Zusammenhang mit dem Fall Pinochet[40] eine breite Diskussion ausgelöst. Die Entwicklung geht im Übrigen dahin, dass bei schwersten Verbrechen (Völkermord, Verbrechen gegen die Menschlichkeit, Aggression), begangen in der Amtszeit, keine Immunität anerkannt wird. Sie ist gekennzeichnet durch die Kriegsverbrecherprozesse nach 1945 (§ 12 Rn. 76) und durch die Völkermordkonvention von 1948 (§ 12 Rn. 77), wonach Täter zu bestrafen sind „gleichviel, ob sie regierende Personen, öffentliche Beamte oder private Einzelpersonen" sind. Auch die Tribunale für Kriegsverbrechen in Ruanda und Jugoslawien (§ 12 Rn. 78, 79) sehen keine Immunität vor, ebenso wenig das Statut des Internationalen Strafgerichtshofs (§ 12 Rn. 80) und der derzeitige Entwurf der Völkerrechtskommission der UN für ein internationales Strafgesetzbuch, der ausdrücklich bestimmt, dass die amtliche Funktion nicht vor Bestrafung schützt.[41]

---

[30] Zu den Voraussetzungen dieses Verzichts BVerfG aaO.; BGH NJW-RR 2007, 1498; KG 7. 11. 2003 – 25 W 100/03 –; *Weller* Rpfleger 2006, 364, 367 m. w. N.; *Kleinlein* NJW 2007, 2591.
[31] BVerfGE 46, 342, 389, 392 = NJW 1978, 485; E 64, 40; *Bleckmann* NJW 1978, 1093.
[32] BGH NJW-RR 2006, 41; 425; 2003, 1218 m. Anm. *Geimer* LMK 2003, 174; BGH NJW-RR 2007, 1498; *Weller* aaO. 368.
[33] BVerfGE 46, 342, 364 = NJW 1978, 485; BGH NJW-RR 2006, 41; 425; vgl. dem gegenüber OLG Frankfurt OLGR 1999, 147; *Damian,* Staatenimmunität und Gerichtszwang, 1985; *Weller* aaO. 369.
[34] OLG Köln Rpfleger 2004, 478.
[35] OLG Köln aaO.
[36] BVerfGE 64, 1 = NJW 1983, 2766; BGHZ 18, 1, 9 = NJW 1955, 1435; OLG Frankfurt NJW 1981, 2650; *Rosenberg/Schwab/Gottwald* § 19 I a; *Münch* ZaöR 1964, 270; *Gramlich* NJW 1983, 2618; *Esser* RIW/AWD 1984, 577.
[37] LG Frankfurt NJW 1976, 1044.
[38] *Wolf* S. 50.
[39] Vgl. OLG Köln NJW 2000, 667.
[40] Vgl. *Paulus* NJW 1999, 2644; *Wirth* Jura 2000, 70; *Schädler* ZRP 2002, 182.
[41] *Fastenrath* F. A. Z. vom 18. 1. 1999; *R. Müller* F. A. Z. vom 28. 5. 1999.

III. Regierungsmitglieder. Chefs und Minister von **Regierungen** anderer 12
Staaten bei Besuchen in amtlicher Eigenschaft, sowie die sie begleitenden Angehörigen und ihr sonstiges Gefolge (Rn. 39; zum Sonderbotschafter § 18 Rn. 17) genießen Immunität, ebenso die Mitglieder temporärer Missionen und für entsprechende Vertreter des Entsendestaates nach der UN-Konvention vom 8. 12. 1969 (Beschluss der Generalversammlung 2530 – XXIV –) über Spezialmissionen.[42]

IV. Ausländische Truppen. Ausländische Truppen, die im Gebiet der BRep 13
stationiert sind, unterliegen grundsätzlich der deutschen Gerichtsbarkeit; die allgemeinen Regeln des Völkerrechts begrenzen die Gerichtsbarkeit insoweit nicht.[43] Sonderregelungen gelten jedoch für die NATO-Streitkräfte (vgl. Rn. 21 ff.); im Übrigen gelten nach allgemeinem Völkerrecht folgende Vorrechte und Befreiungen für Soldaten anderer Staaten: Vorrechte und Befreiungen genießen Besatzungen ausländischer Kriegsschiffe und anderer hoheitlichen Zwecken dienender Staatsschiffe und Luftfahrzeuge, solange sie sich an Bord oder mit Erlaubnis der deutschen Behörden in geschlossenen Abteilungen im Lande befinden. Die Schiffe oder Luftfahrzeuge oder die von geschlossenen Truppenteilen (Mehrzahl von Soldaten unter verantwortlicher Führung) an Land benutzten Unterkünfte dürfen von Vertretern des Empfangsstaates nur mit Zustimmung des Kommandanten oder Führers betreten werden. Sie genießen Befreiung von jeder Durchsuchung. Beschlagnahme, Pfändung oder Vollstreckung. Beschränkte Vorrechte und Befreiungen genießen geschlossene Truppenteile, wenn und solange sie sich mit Genehmigung der deutschen Behörden in dienstlicher Eigenschaft in der BRep aufhalten. Die angeführten allgemeinen völkerrechtlichen Grundsätze sind konkretisiert durch das Gesetz über die Rechtsstellung ausländischer Streitkräfte bei vorübergehendem Aufenthalt in der BRep vom 20. 7. 1995 (BGBl. II S. 554). Danach kann die BReg mit ausländischen Staaten Vereinbarungen über Einreise und vorübergehenden Aufenthalt fremder Streitkräfte in der BRep in Kraft setzen. Die Mitglieder der ausländischen Streitkräfte unterliegen stets hinsichtlich der Straf- und Zivilgerichtsbarkeit deutschem Recht. Von der Ausübung der deutschen Strafgerichtsbarkeit soll jedoch abgesehen werden, es sei denn, dass wesentliche Belange der deutschen Rechtspflege die Ausübung erfordert. Deutsche Behörden und Gerichte können Zwangsmaßnahmen gegenüber Mitgliedern ausländischer Streitkräfte anordnen und ausüben, auch vorläufige Festnahmen.

V. Staatsfahrzeuge. Fahrzeuge, die einem Staat gehören oder von ihm ver- 14
wendet werden und die ausschließlich staatlichen und nicht Handelszwecken dienen, sowie Ladungen, die einem Staat gehören und auf einem solchen Schiff befördert werden oder auch von privaten Schiffen, aber für staatliche und nicht für Handelszwecke, sind zum Teil von der deutschen Gerichtsbarkeit befreit. Sie unterliegen keiner Beschlagnahme, Arrest, keiner gerichtlichen Zurückhaltung und keinem gerichtlichen Verfahren „in rem"[44] (Abkommen über die Immunität von Staatsschiffen, RGBl. 1927 II S. 484; RGBl. 1936 II S. 303).

C. Immunität auf Grund völkerrechtlicher Vereinbarungen

Gemeint sind solche Vereinbarungen, die entweder zwischen anderen Vertrags- 15
staaten als denen des WÜD und WÜK geschlossen werden oder einen davon abweichenden Inhalt haben. Ohne Anspruch auf Vollständigkeit sind folgende Hauptgruppen zu unterscheiden[45] – bei aller Rechtfertigung der Gewährung von Immunität ist eine inflationäre Tendenz nicht zu verkennen.

---

[42] *Folz/Soppe* NStZ 1996, 577.
[43] OLG Nürnberg NJW 1975, 2151; *Schwenk* NJW 1963, 1426.
[44] Vgl. RGZ 157, 389, 395.
[45] Vgl. *MünchKommZPO/Wolf* § 20 Rn. 16.

16 I. Vereinte Nationen und ihre Organisationen. UN-Charta (BGBl. 1973 II S. 430) Art. 105; dazu: VO über die Gewährung von Vorrechten und Befreiungen an die Vereinten Nationen vom 16. 6. 1970 (BGBl. II S. 669); Statut des Internationalen Gerichtshofs (BGBl. 1973 II S. 430, 505) Art. 19; – Abkommen über die Vorrechte und Befreiungen der Sonderorganisationen der UN vom 21. 11. 1947 und über die Gewährung von Vorrechten und Befreiungen an andere zwischenstaatliche Organisationen vom 22. 6. 1954 (BGBl. II S. 639); zum Geltungsbereich vgl. BGBl. 1966 II S. 288; – VO vom 18. 3. 1971 (BGBl. II S. 129); – VO über die Gewährung von Vorrechten und Befreiungen an die Internationale Atomenergie-Organisation vom 30. 7. 1960[46] (BGBl. II S. 1993).

17 II. Europäische Gemeinschaft.[47] Protokoll über die Vorrechte und Befreiungen der Europäischen Wirtschaftsgemeinschaft vom 17. 4. 1957 (BGBl. II S. 753, 1182). – Protokoll über die Vorrechte und Befreiungen der Europäischen Atomgemeinschaft vom 17. 4. 1957 (BGBl. II S. 753, 1212). – Protokoll über die Vorrechte und Befreiungen der Europäischen Gemeinschaften vom 8. 4. 1965 (BGBl. II S. 1453, 1482). – Satzung des Europarates, Art. 40. – Übereinkommen über den Status der Westeuropäischen Union, der nationalen Vertreter und des internationalen Personals vom 11. 5. 1955 (BGBl. 1959 II S. 705) mit VO vom 19. 6. 1959 (BGBl. II S. 704). – Protokoll über die Satzung des Gerichtshofs der Europäischen Wirtschaftsgemeinschaft (BGBl. 1957 II S. 753, 1166), Art. 3. – Protokoll über die Satzung des Gerichtshofs der Europäischen Gemeinschaft für Kohle und Stahl (BGBl. 1952 II S. 455, 482), Art. 3 – Eurocontrol-Abkommen vom 13. 12. 1960[48] (BGBl. 1962 II S. 2274).

18 III. Europäisches Übereinkommen. Europäisches Übereinkommen **über Staatenimmunität** vom 16. Mai 1972 (BGBl. 1990 II S. 34; vgl. § 12 Rn. 66): Regelt für die dieses Übereinkommen ratifizierenden Mitgliedstaaten des Europarates (vgl. BGBl. 1990 II S. 1400) die Staatenimmunität abschließend. Es geht im Grundsatz aus von der völkerrechtlich bestehenden Staatenimmunität (Rn. 3) und regelt die Fälle, in denen ein Vertragsstaat vor den Gerichten eines anderen Staates ausnahmsweise keine Immunität beanspruchen kann – in allen anderen Fällen genießt ein Staat vor den Gerichten eines anderen Vertragsstaates Immunität. Immunität besteht nicht, wenn ein Vertragsstaat vor dem Gericht eines anderen Vertragsstaates ein Verfahren selbst anhängig macht, als Intervenient beitritt oder Widerklage erhebt; wenn er sich verpflichtet hat, sich der Gerichtsbarkeit des Staates zu unterwerfen; wenn er sich vor Geltendmachung der Immunität zur Hauptsache einlässt; wenn das Verfahren eine Verpflichtung betrifft, die auf Grund eines Vertrages besteht, die im Gerichtsstaat zu erfüllen ist; wenn das Verfahren einen Arbeitsvertrag betrifft und die Arbeit im Gerichtsstaat zu leisten ist; wenn der Staat sich mit einer oder mehreren Privatpersonen an einer Gesellschaft beteiligt, die ihren Sitz oder ihre Hauptniederlassung im Gerichtsstaat hat; wenn der Staat im Gerichtsstaat ein Büro usw. unterhält, durch das er auf gleiche Weise wie eine Privatperson eine gewerbliche, kaufmännische oder finanzielle Tätigkeit ausübt; wenn der Rechtsstreit ein gewerbliches Muster oder Modell, Warenzeichen, Dienstleistungsmarke usw. betrifft, das im Gerichtsstaat angemeldet ist und der Staat Anmelder usw. ist; bei Streitigkeiten um das Recht des Staates an unbeweglichem Vermögen, auf den Besitz oder Gebrauch solchen Vermögens durch den Staat oder daraus resultierende Pflichten, ebenso um das Recht an beweglichem und unbeweglichem Vermögen, das zu einer Erbschaft oder Schenkung gehört; bei Verfahren um den Ersatz eines Personen- oder Sachschadens, wenn das schädigende Ereignis im Gerichtsstaat eingetreten ist und der Schädiger sich in diesem Staat aufgehalten hat; bei

---

[46] *Wenckstern* NJW 1987, 1113.
[47] Lit.: *Sieglerschmidt* EuGRZ 1986, 445.
[48] Vgl. VGH Mannheim NJW 1980, 540.

Unterwerfung für künftige zivil- oder handelsrechtliche Streitigkeiten unter ein schiedsrichterliches Verfahren, wenn es um die Gültigkeit oder Auslegung dieser Schiedsvereinbarung geht. – Das Übereinkommen betrifft nur das Erkenntnisverfahren, die fehlende Staatenimmunität nach diesem Übereinkommen ermöglicht nicht auch die Zwangsvollstreckung. Das Übereinkommen enthält aber die grundsätzliche Rechtspflicht zur Erfüllung der gegen den Staat ergangenen Entscheidungen (Art. 20), es geht von der gutwilligen und loyalen Pflichterfüllung seitens des Vertragsstaats aus.[49] Zur Durchsetzung einer gegen einen fremden Staat ergangenen Entscheidung wird der obsiegenden Prozesspartei die Möglichkeit eröffnet, sich mit einem entsprechenden Feststellungsbegehren an das zuständige Gericht des verurteilten Staates zu wenden; das ist im Gebiet der BRep das LG am Sitz der BReg (Art. 2 RatifikationsG). Das im **Zusatzprotokoll** zu dem Abkommen vorgesehene Europäische Gericht für Staatenimmunität ist für die BRep mangels Ratifikation nicht zuständig.

IV. Europol. Nach dem **Europol-Immunitätsgesetz** vom 19. 5. 1998[50] **19** (BGBl. 1998 II S. 974) genießen die Mitglieder der Organe und des Personals sowie die Verbindungsbeamten dieser Europäischen Polizeibehörde zur Bekämpfung schwerwiegender grenzüberschreitender organisierter Kriminalität ('Europäischer FBI') Immunität. Die Mitglieder der Organe und des Personals von Europol genießen Immunität von jeglicher Gerichtsbarkeit hinsichtlich der von ihnen in Ausübung ihres Amtes vorgenommenen mündlichen und schriftlichen Äußerungen sowie Handlungen; die Immunität gilt auch nach Beendigung der Tätigkeit. Sie beinhaltet auch die Unverletzlichkeit aller ihrer amtlichen Papiere, Schriftstücke und anderen amtlichen Materials. Der Ratifikationsvorgang war Gegenstand heftiger Kontroversen mit fast ausnahmslos ablehnendem Inhalt. Kritisiert wurde die mangelnde Zusammenarbeit mit den nationalen Strafverfolgungsbehörden und deren Information, Mängel im Datenschutz, vor allem aber die fehlende rechtsstaatliche Kontrolle.[51]

V. Wiedervereinigung. Mit der Wiedervereinigung sind alle früheren Immunitäten vor deutschen Gerichten, die auf Besatzungsrecht beruhten, erloschen (Einl. Rn. 48). Dies konnte jedoch aus völkerrechtlichen, historischen und politischen Gründen nicht ersatzlos geschehen; es wurden deshalb in ergänzenden Verträgen und Notenwechseln besondere Regelungen über Immunitäten von Organen der früheren Besatzungsmächte wie auch für schon bestehende völkerrechtliche Vereinbarungen getroffen:[52] NATO, ehemalige westliche Besatzungsmächte (BGBl. 1990 II S. 1390) und UdSSR (BGBl. 1990 II S. 1254; 1991 II S. 256). **20**

VI. NATO. Die im Zusammenhang mit der Wiedervereinigung erlangte volle **21** Souveränität und damit auch die uneingeschränkte Justizhoheit (Einl. Rn. 28, 43) hat im Rahmen der Mitgliedschaft zum Nordatlantikvertrag (BGBl. 1955 II S. 29) und der darauf beruhenden Anwesenheit ausländischer, zur NATO gehörenden Truppen im Gebiet der BRep zu einem verzweigten System völkerrechtlicher Verträge über die Rechtsstellung dieser Truppen innerhalb der BRep geführt. Diese Sonderregelungen beziehen sich nach Art. I Abs. 1 NATO-Truppenstatut auf: a) Mitglieder der Truppe, das ist das zu den Land-, See- oder Luftstreitkräften gehörende Personal einer Vertragspartei, wenn es sich im Zusammenhang mit seinen Dienstobliegenheiten in dem Hoheitsgebiet einer anderen Vertragspartei innerhalb des Gebietes des Nordatlantikvertrags befindet, mit der Maßgabe jedoch, dass die

---
[49] BTagsDrucks. 11/5132 S. 4; 11/4307 S. 35.
[50] BTagsDrucks. 13/7391.
[51] Vgl. DRiZ 1998, 140; *Böse* NJW 1999, 2416; *Bull* DRiZ 1998, 32; *Hailbronner* JZ 1998, 283; *Herzog* ZRP 1998, 371; *Hirsch* ZRP 1998, 10; *Hölscheidt/Schotten* NJW 1999, 2851; *Lisken* DRiZ 1998, 75; *Ostendorf* NJW 1997, 3418; *Voss* DRiZ 1997, A 105.
[52] Vgl. *Raap* MDR 1991, 1129.

beiden beteiligten Vertragsparteien vereinbaren können, dass gewisse Personen, Einheiten oder Verbände nicht als eine „Truppe" im Sinne dieses Abkommens oder als deren Bestandteil anzusehen sind; b) Ziviles Gefolge, das ist das die Truppe einer Vertragspartei begleitende Zivilpersonal, das bei den Streitkräften dieser Vertragspartei beschäftigt ist, soweit es sich nicht um Staatenlose oder um Staatsangehörige eines Staates handelt, der nicht Partei des Nordatlantikvertrags ist, oder um Staatsangehörige des Staates, in welchem die Truppe stationiert ist, oder um Personen, die dort ihren gewöhnlichen Aufenthalt haben; c) Angehörige, das ist der Ehegatte eines Mitglieds einer Truppe oder eines zivilen Gefolges, sowie ein dem Mitglied gegenüber unterhaltsberechtigtes Kind; alle im Folgenden als „Mitglieder der Truppe usw." bezeichnet.

22 Von Bedeutung sind: a) NATO-Truppenstatut (**TrStatut**) vom 19. 6. 1951 (BGBl. 1961 II S. 1190); b) Gesetz zum NATO-Truppenstatut und zu den Zusatzvereinbarungen vom 18. 8. 1961 (BGBl. 1961 II S. 1183), zuletzt geändert durch Gesetz vom 28. 9. 1994 (BGBl. 1994 II S. 2594); c) Zusatzabkommen zum NATO-Truppenstatut (**ZusAbk**) vom 3. 8. 1959 (BGBl. 1961 II S. 1183, 1218), zuletzt geändert durch Gesetz vom 28. 9. 1994 (BGBl. 1994 II S. 2594, 2598); d) Unterzeichnungsprotokoll zum NATO-Zusatzabkommen vom 3. 8. 1959 (BGBl. 1961 II S. 1313), zuletzt geändert durch Gesetz vom 28. 9. 1994 (BGBl. 1994 II S. 2594, 2598); e) Notenwechsel vom 25. 9. 1990 zum TrStatut und ZusAbk mit Ratifikationsgesetz vom 3. 1. 1994 (BGBl. 1994 II S. 26), zuletzt geändert mit Notenwechsel vom 12. 9. 1994 und Ratifikationsgesetz vom 23. 11. 1994 (BGBl. 1994 II S. 3714).

23 Diese Regelungen sind vor der Wiedervereinigung abgeschlossen worden und galten demgemäß nur in den nach heutigem Sprachgebrauch „alten Bundesländer" und nicht in Berlin (vgl. Einl. Rn. 49). Im Zusammenhang mit der Wiedervereinigung und dem sogenannten „2+4-Vertrag" mit den ehemaligen Besatzungsmächten (BGBl. 1990 II S. 1317 Art. 5 Abs. 1 Satz 2, Art. 3; Einl. 48) ist klargestellt worden, dass diese Regelungen grundsätzlich nicht für die neuen Bundesländer und (Gesamt-)Berlin gelten. Die weitere Entwicklung dieser international heiklen Materie bedarf hier keiner weiteren Erörterung. Seit dem Gesetz vom 23. 11. 1994 (BGBl. 1994 II S. 3714) und dem mit diesem ratifizierten Notenwechsel besteht Klarheit, „dass die Truppen der Entsendestaaten, ihr ziviles Gefolge, ihre Mitglieder und Angehörigen in den Ländern Berlin, Brandenburg, Mecklenburg-Vorpommern, Sachsen, Sachsen-Anhalt und Thüringen die gleiche Rechtsstellung" haben wie in den alten Bundesländern. Ihre dienstlichen Tätigkeiten in den neuen Ländern bedürfen jedoch der Zustimmung der Bundesregierung.

24 Aufgrund dieses Vertragssystems ergeben sich in teilweiser Abweichung vom allgemeinen Völkerrecht (Rn. 13) für die zur NATO gehörenden Truppen usw. auf dem Gebiet der BRep Befreiungen von der deutschen Gerichtsbarkeit, geregelt gesetzestechnisch dadurch, dass die Gerichtsbarkeit den Militärbehörden dieser Truppen usw. teilweise zusteht; soweit die Gerichtsbarkeit den Militärbehörden nicht zusteht, besteht die Gerichtsbarkeit (Gerichtshoheit) der BRep. Im Grundsatz ist festzuhalten:

25 **1. Strafsachen.** Zu unterscheiden sind ausschließliche und konkurrierende Gerichtsbarkeit über Mitglieder der Truppe usw.:

26 a) Ausschließliche Gerichtsbarkeit (Art. VII Abs. 2 TrStatut): Der Aufnahmestaat/Entsendestaat hat die ausschließliche Gerichtsbarkeit in Bezug auf diejenigen Handlungen, einschließlich Handlungen gegen die Sicherheit dieses Staates, welche nach dessen Recht, jedoch nicht nach dem Recht des Entsendestaates/Aufnahmestaates strafbar sind; Handlungen gegen die Sicherheit eines Staates sind Hochverrat, Spionage oder Verletzung eines Gesetzes, das sich auf Amtsgeheimnisse dieses Staates oder auf Geheimnisse im Zusammenhang mit der Landesverteidigung dieses

Staates bezieht. Zu der Frage, ob eine Handlung nach dem Recht eines Staates strafbar ist, ist ein Clearing-Verfahren vorgesehen (Art. 17 ZusAbk).

b) Konkurrierende Gerichtsbarkeit. aa) Grundsatz. Der Aufnahmestaat hat 27 die Gerichtsbarkeit in Bezug auf die innerhalb seines Hoheitsgebietes begangenen, nach seinem Recht strafbaren Handlungen, der Entsendestaat die Straf- und Disziplinargerichtsbarkeit über alle seinem Militärrecht unterworfenen Personen (Art. VII Abs. 1 TrStatut).

bb) Konkurrenzregelung. (1) Die Militärbehörden des Entsendestaates haben 28 das Vorrecht in Bezug auf strafbare Handlungen, die nur gegen sein Vermögen oder seine Staatssicherheit oder nur gegen die Person oder das Vermögen eines anderen Mitglieds der Truppe oder des zivilen Gefolges oder eines Angehörigen gerichtet sind. Dieses Vorrecht besteht auch bei strafbaren Handlungen, die sich aus einer Handlung oder Unterlassung in Ausübung des Dienstes ergeben; diese Qualifizierung richtet sich nach dem Recht des Entsendestaates (Art. 18 ZusAbk). Dieses Vorrecht erstreckt sich aber nicht auf Personen, die Staatsangehörige des Aufnahmestaates sind oder dort ihren gewöhnlichen Aufenthalt haben, es sei denn, dass diese Personen Mitglieder der Truppe des Entsendestaates sind. – Bei allen sonstigen strafbaren Handlungen hat der Aufnahmestaat das Vorrecht (Art. VII Abs. 3, 4 TrStatut).

(2) Beschließt der bevorrechtigte Staat, die Gerichtsbarkeit nicht auszuüben, so 29 teilt er dies den Behörden des anderen Staates mit. Soweit der nichtbevorrechtigte Staat um Verzicht auf das Vorrecht ersucht, haben das die Behörden des bevorrechtigten Staates in wohlwollende Erwägung zu ziehen Art. 7 Abs. 3 c TrStatut; ein allgemeiner Verzicht der BRep ist in Art. 19 ZusAbk enthalten. – Zuständig für die in diesem Zusammenhang erforderlichen Erklärungen ist die StA (Gesetz vom 18. 8. 1961, BGBl. II S. 1183 Teil II Art. 3): Dieser Verzicht bezieht sich nur auf das Vorrecht zur Ausübung der konkurrierenden Gerichtsbarkeit, er lässt jedoch die deutsche Gerichtsbarkeit dem Grunde nach unangetastet. Mit dem Ausscheiden des Täters aus der Truppe usw. entfällt die Grundlage der Einschränkung der inländischen Gerichtsbarkeit zugunsten der ausländischen; die ausschließliche Gerichtsbarkeit fällt wieder an den Aufnahmestaat zurück.[53] Für die Rücknahme des von der BRep gewährten Verzichts auf das Vorrecht zur Ausübung der Gerichtsbarkeit genügt, da Art. 19 Abs. 3 ZusAbk keine Formerfordernisse aufstellt, eine mündliche oder fernmündliche Erklärung des Inhalts, dass die deutsche Behörde die (weitere) Strafverfolgung übernehmen wolle.[54]

cc) Freiheitsbeschränkungen. In den Fällen, in denen die Behörden eines 30 Entsendestaates die Gerichtsbarkeit ausüben, steht der Gewahrsam an Mitgliedern der Truppe usw. den Behörden dieses Staates zu. In den Fällen, in denen der BRep die Gerichtsbarkeit zusteht, steht der Gewahrsam an Mitgliedern der Truppe usw. grundsätzlich der BRep zu mit Modifikationen (Art. 22 ZusAbk). – Die Behörden des Aufnahmestaates unterrichten die Militärbehörden des Entsendestaates unverzüglich von der Festnahme eines Mitglieds einer Truppe oder eines zivilen Gefolges oder eines Angehörigen; eine solche Person bleibt, wenn sie einer strafbaren Handlung beschuldigt wird, falls sie sich in Händen des Entsendestaates befindet, in dessen Gewahrsam, bis sie von dem Aufnahmestaat, der die Gerichtsbarkeit auszuüben hat, unter Anklage gestellt wird (Art. VII Abs. 5b, c TrStatut). – Die Militärbehörden eines Entsendestaates können eine Person, die nicht ihrer Gerichtsbarkeit unterworfen ist, auch ohne Haftbefehl vorläufig festnehmen, wenn u. a. diese Person auf frischer Tat betroffen oder verfolgt wird, ihre Persönlichkeit nicht sofort festgestellt werden kann oder Fluchtverdacht besteht; die Festgenommenen werden unverzüglich dem nächsten deutschen Staatsanwalt, Polizeibeamten oder Richter

---

[53] BGHSt 28, 96 = NJW 1978, 2457; OLG Stuttgart NJW 1977, 1019.
[54] BGHSt 30, 379 = NJW 1982, 1239.

übergeben (Art. 20 ZusAbk). – Zu festgenommenen Personen hat der jeweils andere Staat Zutrittsrechte (Art. 23 ZusAbk).

31 Die Behörden des Entsendestaates vollstrecken Todesurteile nicht im Aufnahmestaat BRep (Art. 7 Abs. 7a TrStatut). Die Behörden des Entsendestaates führen in der BRep keine Strafverfolgungsmaßnahmen durch, die zur Verhängung der Todesstrafe führen können; sie unterrichten die deutschen Behörden unverzüglich, falls sie beschließen, Strafverfolgungsmaßnahmen durchzuführen, die zur Todesstrafe führen können (Art. 18 A ZusAbk). – Es gilt der Grundsatz „ne bis in idem" (Abs. 8).

32 **dd) Verfahrensrecht.** Wird ein Mitglied der Truppe usw. unter der Gerichtsbarkeit des Aufnahmestaates strafrechtlich verfolgt, so hat es das Recht auf alsbaldige schnelle Verhandlung, Unterrichtung vor der Verhandlung über die gegen ihn erhobenen Beschuldigungen, Belastungszeugen gegenübergestellt zu werden, Entlastungszeugen laden und vorführen zu lassen, wenn diese dem Aufnahmestaat unterstehen, Verteidigung nach eigener Wahl, Dolmetscher, Kontakt mit und Anwesenheit eines Vertreters des Entsendestaates (Art. VII Abs. 9 TrStatut, Art. 25 ZusAbk). Weitere Regelungen bestehen über den Ort der Hauptverhandlung (Art. 26 ZusAbk), Ladungen (Art. 37 ZusAbk), Wahrung von Amts- und Staatsgeheimnissen/Öffentlichkeit der Verhandlung (Art. 38 ZusAbk), Rechte der Zeugen und Sachverständigen (Art. 39 ZusAbk), Durchsuchungen und Beschlagnahmen (Art. 40 ZusAbk).

33 **ee) Rechtshilfe.** Die Behörden des Entsende- und Aufnahmestaates unterstützen sich gegenseitig bei der Festnahme von Mitgliedern der Truppe usw. und bei den Ermittlungen und unterrichten sich von dem Veranlassten (Art. VII Abs. 6a, b). Der Aufnahmestaat prüft wohlwollend Ersuchen des Entsendestaates um Unterstützung bei der Vollstreckung von Freiheitsstrafen (Art. VII Abs. 5a, 6a, b, 7b; Art. 3 ZusAbk). Einzelheiten regelt Art. 2 Nr. 2 des Gesetzes vom 28. 9. 1994 (BGBl. 1994 II S. 2594). – Unterrichtungspflichten bestehen bei Einleitung von Verfahren nach Art. 7 des Vierten StrafRÄndG vom 11. 6. 1957 (BGBl. 1957 I S. 597) nach Art. 21 ZusAbk.

34 **2. Zivilprozessuale Streitigkeiten.** Hier besteht **keine Besonderheit** für den NATO-Bereich; die deutsche Gerichtsbarkeit besteht uneingeschränkt mit Ausnahme allgemeiner völkerrechtlicher Regelungen[55] (Art. VIII Abs. 9). Es besteht lediglich eine Sonderregelung für Ansprüche wegen Schadenszufügung gegenüber anderen als den Vertragsparteien selbst in Ausübung des Dienstes der Truppe oder deren Verantwortlichkeit sowie für Ansprüche aus unbefugter Benutzung von Fahrzeugen des Entsendestaates: Die Geltendmachung, Prüfung und außergerichtliche Regelung der Entschädigungsansprüche oder die gerichtliche Entscheidung über sie erfolgt gemäß den Gesetzen und Bestimmungen des Aufnahmestaates (Art. VIII Abs. 5a TrStatut). Der Aufnahmestaat kann alle derartigen Ansprüche regeln und zahlt die Entschädigung in seiner Währung (Art. VIII Abs. 5b, 6 TrStatut; Art. 41 ZusAbk).

35 **Prozessual** enthält das ZusAbk Sonderregelungen über die Befreiung von der Sicherheitsleistung für Prozesskosten (Art. 31), Zustellungen (Art. 32, 36 i. V. m. Art. 2 Nr. 4 Gesetz vom 28. 9. 1994, BGBl. II S. 2594), Ladungen (Art. 37), Schutz bei dienstlicher Säumnis (Art. 33), Zwangsvollstreckung (Art. 34, 35), Wahrung von Amts- oder Staatsgeheimnissen, Öffentlichkeit der Verhandlung (Art. 38), Zeugen und Sachverständige (Art. 39).

36 **Zwangsvollstreckung:** Die Zwangsvollstreckung aus gerichtlichen Entscheidungen ist grundsätzlich nach deutschem Recht zulässig; die Militärbehörden gewähren Unterstützung (Art. 34 Abs. 1 ZusAbk). Bezüge, die einem Mitglied der Truppe usw. von seiner Regierung zustehen, unterliegen der Pfändung usw., soweit das auf dem Gebiet des Entsendestaates anwendbare Recht die Zwangsvollstreckung gestattet (Art. 34 Abs. 3 ZusAbk). Haft gegen Mitglieder einer Truppe oder eines zivilen Ge-

---

[55] Vgl. *Schwenk* NJW 1976, 1563.

folges oder gegen Angehörige werden von deutschen Behörden und Gerichten nur angeordnet, um eine Missachtung des Gerichts zu ahnden oder um die Erfüllung einer gerichtlichen oder behördlichen Entscheidung oder Anordnung zu gewährleisten, die der Betreffende schuldhaft nicht befolgt hat oder nicht befolgt; wegen einer Handlung oder Unterlassung in Ausübung des Dienstes darf eine Haft nicht angeordnet werden. Eine Verhaftung kann nur vorgenommen werden, nachdem die Militärbehörden für die Versetzung der betreffenden Person gesorgt haben (Art. 34 Abs. 2 ZusAbk).

VII. UdSSR, GUS. Art. 4 Abs. 1 Moskauer Vertrag (Einl. Rn. 48, oben Rn. 20) **37** sieht vor, dass zwischen BRep und UdSSR die Bedingungen und die Dauer des Aufenthaltes der sowjetischen Streitkräfte auf dem Gebiet der ehemaligen DDR und Berlins vertraglich geregelt werden. Das ist geschehen durch den Vertrag über die Bedingungen des befristeten Aufenthalts usw. der sowjetischen Truppen aus dem Gebiet der BRep vom 12. 10. 1990 (BGBl. 1991 II S. 258), in Kraft seit 6. 5. 1991 (BGBl. II S. 723), vorläufig anwendbar ab 3. 10. 1990 (BGBl. 1990 II S. 1254). Die Regelungen sind gegenstandslos geworden durch den bis 1994 durchgeführten vollständigen Abzug der sowjetischen Truppen.

D. Immunität auf Grund anderer Vorschriften

Befreiungen von der deutschen Gerichtsbarkeit auf Grund sonstiger **38** Rechtsvorschriften. Hierher zählen nicht die völkerrechtlichen Verträge, sondern rechtsförmlich einseitig vorgenommene Befreiungen durch deutsche innerstaatliche Rechtsetzung, vor allem auf Grund von Ermächtigungen in Ratifikationsgesetzen, z. B. Art. 2 der Ratifikationsgesetze zu den Wiener Übereinkommen (vgl. § 18 Rn. 4; § 19 Rn. 1).

E. Eingeladene Staatsgäste

Über das allgemeine Völkerrecht hinaus (Rn. 11) oder doch klärend gewährt **39** Abs. 1 den Repräsentanten anderer Staaten und deren Begleitung Immunität, wenn und solange sie sich auf amtliche Einladung der BRep im Geltungsbereich des GVG aufhalten. Die Vorschrift ist nur aus der zur Zeit ihrer Entstehung (1984) bestehenden deutschlandpolitischen Situation zu verstehen: Die Frage des Rechtscharakters der DDR im Verhältnis zur BRep war unter Berücksichtigung des Wiedervereinigungsgebots des GG umstritten. Der Staatsratsvorsitzende der DDR (Honnecker) war zum Staatsbesuch in die BRep eingeladen, gegen ihn lag in der BRep eine Strafanzeige wegen Freiheitsberaubung vor.[56] Es war ungewiss, ob er nach § 20 a. F. Immunität besaß.[57] Das Gesetz über die befristete Freistellung von der deutschen Gerichtsbarkeit (BGBl. 1966 I S. 453) war außer Kraft getreten (BGBl. 1970 I S. 493). Um den „erwarteten Besuch des Staatsratsvorsitzenden der DDR nicht durch die gegen Erich Honnecker gerichtete Strafanzeige zu stören",[58] erging die als „lex Honnecker" bezeichnete Änderung des § 20. Die Geschichte ist inzwischen durch die Wiedervereinigung (Rn. 20; Einl. Rn. 43 ff.) über diesen Anlass hinweggegangen. Nach dem Beitritt der DDR zur BRep (Einl. Rn. 43) steht den früheren Repräsentanten der DDR keine völkerrechtliche Immunität mehr zu.[59]

Abs. 1 betrifft, unabhängig von der Entstehungsgeschichte, alle Repräsentanten **40** anderer Staaten, vor allem Staatspräsidenten, Regierungschefs, Regierungsmitglie-

---

[56] *Blumenwitz* JZ 1985, 614.
[57] Später hat der BGH festgestellt, dass der Vorsitzende des Staatsrats der DDR als Staatsoberhaupt im Sinne des allgemeinen Völkerrechts anzusehen sei, BGHSt 33, 97 = NJW 1985, 639; *Truckenbrodt* DRiZ 1985, 423; abl. *Blumenwitz* JZ 1985, 614.
[58] *Blumenwitz* aaO.
[59] BVerfG DtZ 1992, 216; BGH NJW 1993, 141.

der, aber auch Manöverbeobachter nach der KSZE-Vereinbarung.[60] Voraussetzung ist, dass diese Personen sich auf Grund einer „Amtlichen Einladung" in der BRep aufhalten, eine „eindeutige Einladung" wurde im Gesetzgebungsverfahren besonders betont.[61] Die Immunität erstreckt sich auch auf die Begleitung dieser eingeladenen Personen, das sind die auf der vom Gastland akzeptierten Delegationsliste genannten Begleitpersonen.[62]

§ 21. [Ersuchen eines internationalen Strafgerichtshofes]

Die §§ 18 bis 20 stehen der Erledigung eines Ersuchens um Überstellung und Rechtshilfe eines internationalen Strafgerichtshofes, der durch einen für die Bundesrepublik Deutschland verbindlichen Rechtsakt errichtet wurde, nicht entgegen.

Übersicht

	Rn.		Rn.
I. Regelungsinhalt	1	V. Zusammenarbeit mit dem IStGH	11
II. Internationales Völkerstrafrecht	2	1. Allgemein	11
1. Kriegsverbrechen und UN	2	2. Auslieferung	13
2. Internationaler Strafgerichtshof und Völkerstrafgesetzbuch	3	3. Rechtshilfegesetz	14
III. Internationale Strafgerichtshof	4	VI. Immunität und IStGH	15
IV. Abgrenzung zur deutschen Gerichtsbarkeit	7	1. Statut des IStGH	15
1. Subsidiäre Zuständigkeit	7	2. Verhältnis zu §§ 18–20	16
2. Vorrang der deutschen Gerichtsbarkeit	8	3. Fremde Staatsverträge	17
3. Deutsche vor dem IStGH	9	4. Innerstaatliche Verfahren	18
4. Staatliche Schutzpflicht	10	5. Bürger von Nichtunterzeichnerstaaten	19
		6. UN-Gerichtshöfe	20
		7. Indemnität	21

Gesetzesfassung: Eingefügt durch Art. 4 G zur Ausführung des Römischen Statuts des Internationalen Gerichtshofes vom 17. Juli 1998, vom 21. 6. 2002 (BGBl. I S. 2144).

1 **I. Regelungsinhalt.** In § 21 GVG sind für den Sonderfall der internationalen Rechts- und Amtshilfe, bezogen auf Immunität genießende Personen (§§ 18 ff. GVG), die Konsequenzen gezogen aus der Entwicklung einer internationalen Strafgerichtsbarkeit, nämlich die partielle **Einschränkung der Immunität.** Diese gewichtige Einschränkung von seit langem und allgemein geltenden internationalen Regelungen zur Funktionsfähigkeit diplomatischer und konsularischer Personen und Institutionen, gerade auch auf internationaler Grundlage geschaffen, ist ein bedeutungsvoller Teil neuer internationaler Bemühungen um Frieden und Wahrung der Menschenrechte, der hier zur besseren Übersicht im Ganzen skizziert werden soll (vgl. auch § 12 Rn. 77 ff.):

2 **II. Internationales Völkerstrafrecht. 1.** Als Ergebnis einer langen ethischen und rechtswissenschaftlichen Entwicklung hat sich auch zwischen souveränen Staaten die Überzeugung herausgebildet über die Notwendigkeit von verbindlichen Regelungen zur Kriegsvermeidung und zum Schutz der Zivilbevölkerung im Kriegsfalle. Nach ersten Ansätzen einer dementsprechenden individuellen strafrechtlichen Verfolgung im Versailler Vertrag von 1919 (Art. 227) und dann in den Nürnberger und Tokioter Kriegsverbrecherprozessen nach 1945 kam es im Rahmen der **UN** und mit deren Autorität zur ad-hoc-Einsetzung von internationalen Gerichten gegen Kriegsverbrecher für Jugoslawien (1993) und Ruanda (1998, vgl. § 12 Rn. 74 ff.). Parallel dazu verlief auf der Ebene der UN eine Entwicklung zur

---

[60] BTagsProtokoll vom 7. 6. 1984 S. 5386.
[61] BTagsProtokoll aaO. S. 5384.
[62] BTagsDrucks. 10/1447 S. 14.

umfassenden internationalen Schaffung von Kriegsvermeidung und zum Schutz der Zivilbevölkerung im Kriegsfalle durch strafrechtliche Sanktionen auch individueller Art. Diese Entwicklung führte schließlich zum Statut des Internationalen Strafgerichtshofes **(IStGH)** vom 17. Juli 1998, in Kraft getreten am 11. 4. 2002, nachdem 60 Staaten das Übereinkommen ratifiziert haben[1] (Art. 126 IStGH-Statut; Zustimmungsgesetz für die Bundesrepublik Deutschland vom 4. 12. 2000, BGBl. II S. 1393).

2. Das Statut begründet die internationale Zuständigkeit dieses Gerichtshofes für die im (Horror-)Katalog des Art. 8 des Statuts aufgeführten schwersten Kriegsverbrechen, die weitgehend schon völkervertraglich oder völkergewohnheitsrechtlich anerkannt sind. Der deutsche Gesetzgeber hat das **Völkerstrafgesetzbuch** (VStGB) vom 26. 6. 2002 (BGBl. I S. 2254) als eigenständiges Regelungswerk geschaffen, in dem die Verbrechen des Völkerrechts und des Völkerstrafrechts unter Strafe gestellt werden, und zwar alle, auch die im Zuständigkeitskatalog des IStGH aufgeführten (Art. 6 ff. Statut), wie auch weiteres allgemeines Völkerrecht.[2] § 1 VStGB folgt dem Weltrechtsprinzip ohne Notwendigkeit eines Anknüpfungspunktes im Inland.[3] 3

III. Internationale Strafgerichtshof. Durch einen völkerrechtlichen Vertrag von 120 Staaten wurde am 17. Juli 1998 das **Römische Statut des Internationalen Strafgerichtshofes** (IStGH) vereinbart und von der BRep ratifiziert (BGBl. 2000 II S. 1393). Das Statut ist am 11. 4. 2002 in Kraft getreten, nachdem 60 Staaten das Übereinkommen ratifiziert haben (Art. 126 des Statuts). Mit diesem Gerichtshof wird internationales Neuland betreten. Durch einen multilateralen völkerrechtlichen Vertrag einzelner Staaten wird ein internationales Gericht eingesetzt mit umfassender Rechtsprechungskompetenz/Strafgewalt unmittelbar gegen einzelne Staatsbürger aller Vertragsstaaten, wenn sie auf dem Gebiet eines der Vertragsstaaten ein Delikt begangen haben. Erweitert ist diese Kompetenz ohne Rücksicht auf die Staatsangehörigkeit der Täter für Delikte, die auf dem Gebiet eines vertragschließenden Staates begangen wurden. 4

Der IStGH ist **kein Organ der UN,** wie es etwa deren Ständiger Internationaler Gerichtshof ist (§ 12 Rn. 69) oder die Tribunale für Jugoslawien und Ruanda (§ 12 Rn. 74 ff.), sondern als eigenständige Völkerrechtspersönlichkeit (Art. 4) ein Organ der vertragschließenden Staaten. 5

Der IStGH ist ein **internationales Gericht** mit umfassender Rechtsprechungskompetenz für die ihm ausdrücklich zugewiesenen **Strafsachen:** Verbrechen des Völkermordes, Verbrechen gegen die Menschlichkeit, Kriegsverbrechen, Verbrechen der Aggression (Art. 5 bis 10 Statut). In **personeller** Hinsicht erstreckt sich seine Kompetenz auf die **Staatsbürger** aller Konventionsstaaten und auf alle Täter (ohne Rücksicht auf ihre Staatsangehörigkeit) solcher in ihrem Hoheitsgebiet begangenen Straftaten (Art. 12 Abs. 2). Das Verfahren vor dem IStGH ist umfassend rechtsstaatlich geregelt (Art. 36 ff.). Der IStGH ergänzt jedoch nur die innerstaatliche Gerichtsbarkeit (Rn. 8). Seiner weltumspannenden Funktion gemäß sind die Vertragsstaaten zur Zusammenarbeit mit dem IStGH verpflichtet (Art. 86 ff.; Rn. 11). 6

IV. Abgrenzung zur deutschen Gerichtsbarkeit. 1. Der IStGH hat nach dem Statut grundsätzlich das Recht zur Einleitung und Durchführung eines Strafverfahrens wegen Kriegsverbrechen (Art. 53 ff.), insoweit haben die Vertragsstaaten Sou- 7

---

[1] Literatur: *Ambos* NJW 1998, 3743; *Bausback* NJW 1999, 3319; *Fastenrath,* Der Internationale Strafgerichtshof, JuS 1999, 632; *Harder/Wirth* ZRP 2000, 144; *Kinkel* NJW 1997, 2860; 1998, 2650; *Kreß* NStZ 2000, 617; *Lagodny* ZRP 2000, 175; *MacLean* ZRP 2002, 260; *Meißner,* Die Zusammenarbeit mit dem Internationalen Strafgerichtshof nach dem Römischen Statut, 2003; *Seidel/Stahn* Jura 1999, 14; *Uhle* NJW 2001, 1889; *Zimmermann* JZ 2001, 233; NJW 2002, 3068; ZRP 2002, 97. – Vgl. BTagsDrucks. 14/8527.
[2] BTagsDrucks. 14/8524.
[3] BTagsDrucks. 14/8524 S. 1.

veränitätsrechte auf ihn übertragen.[4] Jedoch ist seine **Zuständigkeit subsidiär:** Er „ergänzt die innerstaatliche Gerichtsbarkeit" (Präambel Abs. 10 und Art. 1 Satz 2 Statut). Kern dieser Subsidiarität ist Art. 17 Abs. 1 Statut, wonach ein Verfahren in drei Fällen nicht zulässig ist: a) Der Einzelstaat führt Ermittlungen oder eine Strafverfolgung durch, „es sei denn, der Staat ist nicht willens oder nicht in der Lage, die Ermittlungen oder die Strafverfolgung ernsthaft durchzuführen". – b) Wenn im Einzelstaat Ermittlungen durchgeführt worden sind und entschieden wurde, die betreffende Person strafrechtlich nicht zu verfolgen, „es sei denn, die Entscheidung war das Ergebnis des mangelnden Willens oder des Unvermögens des Staates, eine Strafverfolgung ernsthaft durchzuführen". – c) Wenn die betreffende Person wegen des Verhaltens, das Gegenstand des Tatvorwurfs ist, bereits gerichtlich belangt worden ist. Ob die genannten Voraussetzungen vorliegen, entscheidet allerdings in allen drei Ausnahmefällen der IStGH selbst.

8   2. Die deutsche Gerichtsbarkeit besteht entsprechend der Subsidiarität des IStGH in allen Fällen des deutschen Völkerstrafgesetzbuches (Rn. 3) originär und uneingeschränkt, sie hat **Vorrang.** Da für die Strafverfolgung im Inland wegen der Delikte nach dem VStGB die Notwendigkeit eines Anknüpfungspunktes im Inland nicht besteht, ist die deutsche Gerichtsbarkeit insoweit gegenüber den allgemeinen internationalen Grundsätzen erweitert um ausländische Staatsbürger, die solche Taten im Ausland begangen haben, für inländische Staatsbürger besteht die Zuständigkeit der deutschen Gerichte für Auslandstaten dieser Art ohnedies (vgl. auch § 6 StGB).

9   3. **Deutsche Staatsbürger** können mit den angeführten Vorbehalten vor den IStGH gestellt werden, sie sind damit der deutschen Gerichtsbarkeit entgegen dem allgemeinen internationalen Grundsatz (Einl. Rn. 29) entzogen. Das setzt naturgemäß voraus, dass der Staatsbürger vor dem IStGH erscheint, freiwillig oder zwangsweise. Die Durchführung des Strafverfahrens vor dem IStGH erfordert jedoch stets die Zulässigkeit nach den im IStGH-Statut normierten Voraussetzungen, also die Beachtung der Vorgreiflichkeit der innerstaatlichen Gerichtsbarkeit (Rn. 8).

10 4. Findet ein Verfahren vor dem IStGH gegen einen deutschen Staatsbürger statt, in welchem konkreten Verfahrensabschnitt auch immer, dann besteht trotz aller rechtsstaatlichen Ausgestaltung des Verfahrens (Rn. 8) die allgemeine **Schutzpflicht des Staates** für seine Staatsbürger vor ausländischen Gerichten (Einl. Rn. 36).

11 **V. Zusammenarbeit mit dem IStGH. 1.** Die Vertragsstaaten sind zur Zusammenarbeit mit dem Gerichtshof verpflichtet (Rechtshilfe, vgl. Art. 86 ff. Statut). Diese Zusammenarbeit ist weit zu verstehen, sie erstreckt sich auf die Verfolgung der in die Zuständigkeit des Strafgerichtshofs fallenden Straftaten und die Vollstreckung sowie alle damit zusammenhängenden Entscheidungen, z.B. Wiederaufnahmeverfahren, Entschädigung wegen Strafverfolgungsmaßnahmen.[5] Im Einzelnen sind geregelt: a) **Überstellung** an den IStGH von Personen, die sich im Inland aufhalten, zur Strafverfolgung und Strafvollstreckung (vgl. §§ 2 ff. IStGH-AusfG); die Überstellung bedarf bei Weigerung des Betroffenen der Zulässigkeitserklärung durch das OLG. – b) **Durchbeförderung** (§§ 34 ff. IStGH-AusfG), ebenfalls mit Zulässigkeitserklärung des OLG. – c) **Vollstreckung** von Entscheidungen und Anordnungen des Gerichtshofes (§§ 40 ff. IStGH-AusfG) durch die StA, bei Verfallsanordnungen bedarf es der Anordnung des OLG. – d) **Sonstige Rechtshilfe** (§§ 47 ff. IStGH-AusfG).

12 Die Erfüllung der Pflicht der Vertragsstaaten zur Zusammenarbeit mit dem IStGH ist elementare Voraussetzung für die Effektivität der ganzen Institution und ist ein Meilenstein in der Geschichte des Völkerrechts überhaupt.[6] In auf diese

---

[4] *Kreß* NStZ 2000, 619.
[5] BTagsDrucks. 14/8527 S. 40.
[6] *Wirth/Harder* ZRP 2000, 145.

Pflicht zur Zusammenarbeit entstehenden Streitigkeiten hat der IStGH die **Letztentscheidungskompetenz** (vgl. Art. 72 Abs. 7 Buchst. a, ii und Art. 87 Abs. 7 Statut). Besonders deutlich macht das Art. 59 Abs. 4 Satz 2 Statut für Haftentscheidungen.

2. Eine **Auslieferung** deutscher Staatsbürger an den IStGH, die ‚Überstellung',[7] **13** wird im Statut als auch innerstaatlich zulässige Pflicht jedes Vertragsstaates gegenüber dem IStGH vorausgesetzt und ist nach innerstaatlichem deutschen Recht auch ausnahmsweise zulässig. Dahinstehen kann, ob die Auslieferung an den IStGH eine solche an das ‚Ausland' ist[8] oder durch Art. 24 GG gedeckt wäre.[9] Art. 16 Abs. 2 GG hat im Zusammenhang mit der Schaffung internationaler Gerichte einen ergänzenden Satz 2 erhalten (BGBl. 2000 I S. 1633), wonach durch Gesetz eine abweichende Regelung für die Auslieferung an einen Mitgliedsstaat der EU oder an einen internationalen Gerichtshof getroffen werden kann.[10] Die Auslieferung eines Deutschen bedarf danach eines dies regelnden Bundesgesetzes, aus diesem Gesetz muss sich ergeben, dass und unter welchen Bedingungen Deutsche ausgeliefert werden dürfen. Die Voraussetzung eines solchen Gesetzes, dass bei den angeführten Mitgliedsstaaten der EU rechtsstaatliche Grundsätze gewahrt sind, werden angesichts des rechtsstaatlichen Standards in den Staaten der EU und „der bereits erreichten wie der noch angestrebten europäischen Integration" angenommen.[11] Bei der gesetzlichen Regelung der Zulässigkeit einer Auslieferung an einen Internationalen Gerichtshof ist der Gesetzgeber wegen seiner Schutzpflicht den eigenen Staatsbürgern gegenüber (Einl. Rn. 36) gehalten, die Möglichkeit einer Auslieferung „nur vorzusehen, wenn die Sicherung rechtsstaatlicher Gebote und insbesondere ein im Wesentlichen vergleichbarer Grundrechtsschutz gewährleistet sind.[12] Dieser Pflicht entspricht es, dass die Entscheidung zugunsten der Möglichkeit, Deutsche auszuliefern, konkret für jeden einzelnen internationalen Gerichtshof getroffen wird. Es kommt allerdings nur ein internationaler Gerichtshof in Betracht, der durch oder auf Grund eines völkerrechtlichen Vertrages, auch einer Maßnahme auf Grund der UN-Satzung, errichtet worden ist, der auch für die BRep bindend ist oder werden soll.[13] Die eine Auslieferung von Deutschen an den Internationalen Gerichtshof nach dem Römischen Statut zulassende gesetzliche Regelung kann in der Verfahrensausgestaltung im IStGH-Statut (Art. 36 ff.) gesehen werden; zur Nachprüfung durch die deutschen Gerichte im Auslieferungsverfahren werden die Überlegungen des BVerfG im ‚Solange-Beschluss II' (§ 12 Rn. 60) heranzuziehen sein werden.

3. Konkretisiert wird die Rechtshilfe für den IStGH durch das Gesetz zur Ausführung des Römischen Statuts des Internationalen Strafgerichtshofes vom 21. 6. **14** 2002 (BGBl. I S. 2144) und § 74a IRG. Eine Ablehnung von Rechtshilfe wegen eines Verstoßes gegen den ordre public (§ 73 IRG) ist mit dem Statut unvereinbar und nicht zulässig; es sieht in konkreten Fallgestaltungen, in denen ein Ersuchen des Gerichtshofes um sonstige Rechtshilfe mit wesentlichen Rechtsvorschriften oder legitimen Interessen des ersuchten Staates in Konflikt geraten könnte, eigene Lösungsmechanismen vor.[14]

VI. Immunität und IStGH. 1. Die Immunitätsvorschriften der §§ 18 bis 20 **15** betreffen die Einschränkungen der personellen deutschen Gerichtshoheit und damit auch der Zulässigkeit aller Rechtshilfemaßnahmen zugunsten anderer Staaten in

---

[7] Vgl. BTagsDrucks. 14/8527 S. 32, 40 ff.
[8] Vgl. BTagsDrucks. 14/8527 S. 41.
[9] *Kreß* NStZ 2000, 619.
[10] BTagsDrucks. 14/2668; 14/8527 S. 29; *Bausback* NJW 1999, 3319; *Uhle* NJW 2001, 3319.
[11] BTagsDrucks. 14/2668 S. 5.
[12] BTagsDrucks. 14/2668 S. 5.
[13] BTagsDrucks. aaO.
[14] BTagsDrucks. 14/8527 S. 37.

den vor diesen anhängigen Strafverfahren. §§ 18 ff. wie die zugrunde liegenden Wiener Abkommen sehen eine ausdrückliche Ausnahme für Straftaten nach dem Völkerstrafrecht nicht vor. Eine auf diese Normen gegründete Immunität widerspräche aber dem umfassenden personellen und sachlichen Weltgeltungsprinzip des Völkerstrafrechts und den mit der Institution des IStGH verbundenen Intentionen. Konsequent umfasst nach Art. 27 das Statut **alle Personen** „ohne jeden Unterschied nach amtlicher Eigenschaft", also auch Regierungschefs, Staatsoberhäupter und Parlamentarier, einzelstaatlichen Verfassungsregelungen wie z. B. Art. 46, 60 Abs. 4 GG entgegen.[15]

16 2. Die vom IStGH um Auslieferung ersuchte BRep ist somit nicht durch die ‚Befreiungen' nach den §§ 18 bis 20 und den allgemeinen völkerrechtlichen Verträgen über Exterritorialität daran gehindert, Rechtshilfe jeder Art gegenüber dem IStGH zu leisten. Das stellt § 21 entsprechend dem Gesagten klar. Nicht alle Unterzeichnerstaaten der Wiener Abkommen (§§ 18, 19) sind zwar Unterzeichner des IStGH-Statuts (z. B. USA, Israel, China); über das allgemeine Völkerrecht (vgl. § 18 Rn. 4) können die Unterzeichnerstaaten des IStGH-Statuts nicht verfügen. Jedoch wird die Strafbarkeit von Kriegsverbrechen durch internationale Gerichte inzwischen als Völkerrecht allgemein anerkannt, das als speziell das allgemeine Völkerrecht überlagert.

17 3. Bedauerlicherweise gibt es Unterzeichnerstaaten des IStGH-Statuts, die sich in völkerrechtlichen Einzelverträgen gegenüber anderen Staaten verpflichtet haben, deren Staatsangehörige nicht an den IStGH zu überstellen (das haben die USA in einigen Fällen durchgesetzt). Ein solches bilaterales Nichtanwendungsabkommen ist eine Verletzung des IStGH-Statuts.

18 4. **Innerstaatlich** gilt für die Verfahren um Straftaten nach dem Völkerstrafgesetzbuch, für die der IStGH subsidiär zuständig ist, jedoch mangels Anwendbarkeit des § 21 die Immunität. Damit besteht ein Verfahrenshindernis nach §§ 18 bis 20. Dies begründet die Zulässigkeit des Verfahrens vor dem IStGH, weil ein Staat nicht in der Lage ist, die Ermittlungen oder die Strafverfolgung durchzuführen (Art. 17 Abs. 1 Buchst. a IStGH-Statut).

19 5. Im Verhältnis zu Staatsangehörigen der Nichtunterzeichner des IStGH-Statuts gilt nicht die Entscheidungskompetenz des IStGH, da es sich um eine Vertragseinrichtung der vertragsangehörigen Staaten handelt (Rn. 5). Es muss deshalb bei der Exterritorialität bleiben.

20 6. Gegenüber den auf einem UN-Mandat beruhenden Internationalen Gerichtshöfen wie in Jugoslawien und Ruanda (Rn. 2) gilt die Rechtshilfepflicht uneingeschränkt, denn den UN-Beschlüssen ist nach der Gesamtkonstruktion der UN die allgemeine Völkerrechtsverbindlichkeit eigen.

21 7. Eine Form der völkerrechtlichen Immunität ist die **Indemnität,** wonach ein (auch ehemaliger) Amtsträger für amtliches Handeln nicht strafrechtlich belangt werden kann. Für völkerrechtswidrige Menschenrechtsverletzungen wird sie nach modernem Völkerrecht nicht mehr anerkannt[16] (§ 20 Rn. 11).

---

[15] *Kreß* NStZ 2000, 621, 622.
[16] *Kreß* ZRP 2000, 147; NStZ 2000, 621.

Zweiter Titel. Allgemeine Vorschriften über das Präsidium und die Geschäftsverteilung

§ 21a. [Präsidium]

(1) Bei jedem Gericht wird ein Präsidium gebildet.

(2) Das Präsidium besteht aus dem Präsidenten oder aufsichtführenden Richter als Vorsitzenden und

1. bei Gerichten mit mindestens achtzig Richterplanstellen aus zehn gewählten Richtern,
2. bei Gerichten mit mindestens vierzig Richterplanstellen aus acht gewählten Richtern,
3. bei Gerichten mit mindestens zwanzig Richterplanstellen aus sechs gewählten Richtern,
4. bei Gerichten mit mindestens acht Richterplanstellen aus vier gewählten Richtern,
5. bei den anderen Gerichten aus den nach § 21b Abs. 1 wählbaren Richtern.

Gesetzesfassung: Abs. 2 i. d. F. von Art. 1 Nr. 1 G vom 22. 12. 1999 (BGBl. I S. 2598).

I. Bedeutung von Präsidium und Geschäftsverteilung. 1. Gesetzliche **1** **Richter, Unabhängigkeit.** Der Zweite Titel des GVG (§§ 21a bis 21i) enthält mit den Vorschriften über das Präsidium und die Geschäftsverteilung ein Kernstück des Gerichtsverfassungsrechts im Rechtsstaat. Äußerlich betrachtet handelt es sich um Regelungen, die im wesentlichen Bildung, Zusammensetzung, Verfahren und Aufgaben eines besonderen richterlichen Selbstverwaltungsorgans betreffen. Die Bedeutung der eher unscheinbar mit Buchstaben bezeichneten §§ 21a bis 21i ist indessen beträchtlich. Die institutionelle Verfassungsgarantie des **gesetzlichen Richters** im Art. 101 Abs. 1 GG und § 16 Satz 2 GVG wird durch Einzelregelungen vollzogen, zugleich wird die **Unabhängigkeit** der Richter nach Art. 97 Abs. 1 GG durch organisatorische Regelungen innerhalb jedes Gerichts (unter den einzelnen, bei diesem Gericht tätigen Richtern) gefestigt. Die für die Bestimmung des gesetzlichen Richters ebenfalls bedeutsame Frage, welche Richter bei dem einzelnen Gericht überhaupt tätig sind, ist andererseits geregelt durch formalisierte Besetzungsvorschriften, vor allem durch die Vorschriften über die persönliche Unabhängigkeit des Richters (§ 1 Rn. 141 ff.), die Übertragung eines Richteramtes bei einem bestimmten Gericht (§ 1 Rn. 142; § 22 Rn. 12) und die Formalisierung von Versetzung und Abordnung (§ 1 Rn. 143). Beide Verfassungssätze müssen Anwendung und Auslegung der §§ 21a ff. durchdringen; in ihrem Lichte ist auch die geringste Organisationsnorm dieses Titels zu lesen. Das Verbot, dass **niemand „seinem" gesetzlichen Richter entzogen** werden darf, bedeutet, dass von vornherein auf Grund allgemeiner, für jedermann geltender Normen für jede einzelne Rechtsangelegenheit so eindeutig wie möglich feststehen muss, welcher Richter sie zu entscheiden hat; diese Regelung darf nicht willkürlich geändert werden. Das ist nötig, um die mögliche Gefahr zu bannen, dass der zur Entscheidung berufene Richter mit Rücksicht auf einen oder mehrere konkrete Rechtsfälle „gezielt" ausgewählt und damit die Entscheidung selbst beeinflusst wird (vgl. § 16 Rn. 22). Die Schutzfunktion der §§ 21a ff. ihrerseits erstreckt sich insbesondere darauf, dass niemand durch Maßnahmen innerhalb der Gerichtsorganisation dem gesetzlichen Richter entzogen wird.

„Gesetzlicher" Richter ist dem ursprünglichen Wortsinne nach der durch das **2** Gesetz unmittelbar als zuständig bestimmte Richter. Naturgemäß können aber nicht alle Regeln über den im konkreten Einzelfall zuständigen Richter unmittelbar im Gesetz selbst getroffen werden; das ist schon wegen der Vielzahl der Rechtswege, Gerichte, Spruchkörper und Richter, der unterschiedlichen Größe und der unterschiedlichen Geschäftslast der Gerichte nicht möglich, vor allem auch, weil diese Umstände naturgemäß in fortwährender Veränderung begriffen sind. Deshalb bedürfen die gesetzlichen Regelungen der Zuständigkeit (Zuständigkeitsnormen im engeren Sinne und „gesetzliche Geschäftsverteilung") der Ergänzung durch **Konkretisierung in der täglichen Praxis,** was gewisser Flexibilität bedarf, um auf wechselnde Situationen beim Gericht (z. B. Änderungen in der Belastung und der personellen Situation) im Interesse der Funktionsfähigkeit des Gerichts möglichst schnell reagieren zu können. Die Konkretisierung muss aber ihrerseits nach dem Grundgedanken des gesetzlichen Richters auf gesetzlicher Grundlage beruhen, die so ausgestaltet sein muss, dass **sachwidrige Einflüsse** in größtmöglichem Maße **ausgeschaltet** sind. Dem dienen §§ 21a ff., die den Zweck haben, das natürliche Spannungsverhältnis zwischen dem strengen Verfassungssatz und den praktischen Anforderungen der Gerichtsorganisation verfassungskonform zu lösen. Das geschieht einmal dadurch, dass jeweils für ein volles Kalenderjahr im Voraus ein Geschäftsverteilungsplan aufgestellt wird, der während seiner Geltungsdauer nur unter stark eingeschränkten, gesetzlich genau umschriebenen Voraussetzungen und nur aus sachbezogenen Gründen geändert werden darf. Zum anderen, und das ist entscheidend, wird dieser Geschäftsverteilungsplan nicht durch ein Exekutivorgan aufgestellt, sondern allein durch das Präsidium des Gerichts. Dieses ist ein zentrales Kollegialorgan der richterlichen Selbstverwaltung, bestehend aus von Richtern gewählten Richtern und handelnd in voller richterlicher Unabhängigkeit (Rn. 7).

3 Für den einzelnen Richter stellt die Gewissheit, ein bestimmtes Arbeitsgebiet oder die Zugehörigkeit zu einem bestimmten Spruchkörper nur in einem gesetzlich bestimmten Verfahren und unter gesetzlich festgelegten Voraussetzungen durch die sachbezogene Entscheidung eines vom Dienstherrn unabhängigen Kollegialorgans übernehmen oder aufgeben zu müssen, eine wesentliche Stärkung der persönlichen **Unabhängigkeit** dar. Eine zusätzliche rechtsstaatliche Sicherheit und Kontrolle besteht darin, dass jedes Gericht bei seiner (= vor seiner) Sachentscheidung auch die Frage zu prüfen und zu beantworten hat, ob die Richterbank ordnungsgemäß besetzt ist (vgl. § 16 Rn. 25), und dass Fehler bei der Geschäftsverteilung der Überprüfung durch die Rechtsmittelgerichte und letztlich durch das Bundesverfassungsgericht unterliegen.

4 **2. Überblick über die Regelung.** § 21b, ergänzt durch die Wahlordnung (§ 21b Rn. 23), betrifft die Wahl zum Präsidium, §§ 21a, 21c, 21d befassen sich mit der Zusammensetzung des Präsidiums, § 21i regelt Teilfragen aus dem besonderen Verfahrensrecht des Präsidiums, §§ 21f, 21g und 21h betreffen den Vorsitz in den Spruchkörpern, die Geschäftsverteilung im Spruchkörper und die Vertretung des Präsidenten. Das Herzstück der Regelung ist § 21e mit den wichtigen Vorschriften über die Aufgaben des Präsidiums und die Geschäftsverteilung. Außerhalb des Zweiten Titels finden sich im GVG weitere Vorschriften, die Aufgaben des Präsidiums betreffen oder für die Geschäftsverteilung bedeutsam sind, insbesondere: zum Vorsitz im Präsidium für bestimmte kleinere Amtsgerichte (§ 22a), zur Vertretung des Richters an einem nur mit einem Richter besetzten Amtsgericht (§ 22b), zum gemeinsamen Bereitschaftsdienstplan (§ 22c), zur Geschäftsverteilung in Familiensachen (§ 23b), zum Antragsrecht des Präsidiums bei gerichtsexterner Vertretungsregelung (§§ 70, 117), bei der nachträglichen Anordnung der Sicherungsverwahrung (§§ 74f, 120a), zur Besetzung der auswärtigen Strafkammern (§ 78 Abs. 2), zur Besetzung der Strafvollstreckungskammern (§ 78b Abs. 1) und zur Besetzung der Großen Senate beim BGH (§ 132 Abs. 5), zur Regelung der örtlichen Zuständigkeit für das Wiederaufnahmeverfahren in Strafsachen durch das

Präsidium des OLG (§ 140a), zur Zuweisung der Entscheidungen über die Amtsenthebung eines Handelsrichters an den ersten Zivilsenat des OLG (§ 113 Abs. 2 GVG). – Außerhalb des GVG gibt es verschiedene bundesrechtliche und landesrechtliche Normen zur Geschäftsverteilung, insbesondere zur Einrichtung von Spezialabteilungen, Spezialkammern und Spezialsenaten (vgl. § 21e Rn. 88).

3. Geltungsbereich. §§ 21a ff. gelten unmittelbar nur für die ordentlichen Gerichte (§ 12 GVG, § 2 EGGVG). Sie sind jedoch in einer Vielzahl von Verfahrensregelungen ausdrücklich für anwendbar erklärt worden (wenn auch teilweise mit geringfügigen Modifikationen), z.B.: § 6a ArbGG, § 4 FGO, § 6 SGG, § 4 VwGO, §§ 97, 105 BRAO, §§ 102, 107 BNotO, § 68 PatG, §§ 72, 80 WDO. Für die Richterdienstgerichte ist im DRiG ein Präsidium nicht vorgeschrieben und auch sonst die entsprechende Anwendung der §§ 21a ff. nicht bestimmt. Soweit die Landesrichtergesetze nicht eigene Regelungen enthalten, sind jedoch die Vorschriften der §§ 21a ff. entsprechend anzuwenden. Die §§ 21a ff. stellen damit im Grunde eine einheitliche Regelung für alle Gerichtsverfahren dar (vgl. § 2 EGGVG Rn. 19). 5

4. Entstehungsgeschichte. Über die Verteilung der bei einem Gericht nach der allgemeinen gesetzlichen Zuständigkeitsregelung anfallenden Verfahren auf die einzelnen dort tätigen Richter enthielt das GVG ursprünglich keine Vorschriften, das war dem Landesrecht überlassen. Eine reichseinheitliche Regelung erging mit der GVVO 1935 (fortgeltende Vorschriften sind abgedruckt im Anhang) mit weitgehender Entscheidungskompetenz der Gerichtspräsidenten. Nach Zwischenregelungen mit steigender Beteiligung der Richter an diesen Entscheidungen[1] wurde die Grundlage für die heutige Regelung von Präsidium und Geschäftsverteilung geschaffen durch das am 1. Oktober 1972 in Kraft getretene Gesetz zur Änderung der Bezeichnungen der Richter und ehrenamtlichen Richter und der Präsidialverfassung der Gerichte vom 26. Mai 1972 (BGBl. I S. 841). Mit diesem Reformgesetz hatte die wechselvolle Geschichte der Präsidialverfassung einen vorläufigen Endpunkt erreicht. Die Neuregelung hatte zum Ziel, die Selbstverwaltung der Gerichte durch eine Änderung der Vorschriften über das Präsidium zu stärken und gleichzeitig die Unabhängigkeit der Gerichte zu festigen.[2] Sie zeichnete sich vor allem durch folgende Änderungen gegenüber dem bis dahin bestehenden Rechtszustand aus: Präsidien bestehen nunmehr grundsätzlich bei allen Gerichten (bis dahin hatten die meisten Amtsgerichte kein eigenes Präsidium, die Geschäftsverteilung und die Vertretung wurde für sie vom Präsidium des übergeordneten Landgerichts beschlossen). Mit Ausnahme des Präsidenten, der den Vorsitz im Präsidium führt, werden alle Mitglieder des Präsidiums gewählt (bis dahin hatten den Präsidien überwiegend „geborene" Mitglieder, und zwar zumeist auf Grund ihrer herausgehobenen Funktionen – Senatspräsidenten, Direktoren, Oberamtsrichter – und zu einem kleineren Teil auf Grund ihres höchsten Dienstalters angehört, bei einem Teil der großen Kollegialgerichte wurde eine Minderheit der Mitglieder gewählt, wobei das Wahlverfahren nur unvollkommen geregelt war). Das Präsidium ist seit dem Gesetz vom 26. 5. 1972 für alle Aufgaben der richterlichen Geschäftsverteilung zuständig (bis dahin war ein Teil dieser Aufgaben, nämlich die Verteilung des Vorsitzes in den Spruchkörpern, einem besonderen Organ vorbehalten gewesen, dem Vorsitzendenkollegium, auch als Direktorium oder Senatorium bezeichnet). Erhebliche Veränderungen der §§ 21a bis 21i brachte sodann das Gesetz zur Stärkung der Unabhängigkeit der Richter und Gerichte vom 22. 12. 1999 (BGBl. I S. 2598). Sein Ziel war es, der Rechtsentwicklung der vergangenen 25 Jahre, vor allem der Fortentwicklung des Verständnisses von Gewaltenteilung und richterlicher Unabhängigkeit, Rechnung zu tragen. Hinzu trat die Auffassung, dass ein verändertes Anforderungsprofil Strukturveränderungen zur Steigerung der Effizienz der Justiz und der Eigenverantwortung der Richter notwendig mache, wozu auch gehöre, dass die Stellung des einzelnen Richters im zentralen Organ richterlicher Selbstverwaltung, dem Präsidium, den gestiegenen Anforderungen angepasst wird.[3] Vor diesem Hintergrund zielt das Gesetz darauf ab, die Stellung jedes einzelnen Richters zu stärken und einen angemessenen Ausgleich zwischen den Interessen der Rechtsprechung und 6

---

[1] *LR/Siolek* § 22a Rn. 1; *Schorn/Stanicki* S. 7 f.
[2] BTagsDrucks. VI/557 S. 15; weitere Gesetzgebungsmaterialien: BTagsDrucks. VI/2903, 3145, 3246; Beratungen im Bundestag: 159. Sitzung am 15. 12. 1971 Prot. S. 9140ff. und 178. Sitzung am 16. 3. 1972 Prot. S. 10325ff.
[3] BTagsDrucks. 14/597 S. 4.

denen der Justizverwaltung herzustellen.[4] Auch sollten überkommene Privilegierungen innerhalb der Richterschaft beseitigt werden.[5] Diese Änderungen betreffen: a) zahlenmäßige Zusammensetzung des Präsidiums (Rn. 12); b) Wegfall des Vorsitzenden-Quorums (§ 21a Rn. 14); c) Korrekturen am Wahlrecht und der Wählbarkeit (§ 21b Rn. 1, 8, 12; § 21c Rn. 5); d) Anhörung der Richter (§ 21e Rn. 43ff.); e) Abstimmung im Präsidium (§ 21e Rn. 73); f) fakultative Richteröffentlichkeit der Präsidiumssitzungen (§ 21e Rn. 60); g) spruchkörperinterne Geschäftsverteilung (§ 21g Rn. 22).

7 **II. Das Präsidium. 1. Organqualität.** Das Präsidium ist ein eigenständiges, zentrales **Organ richterlicher Selbstverwaltung** mit gesetzlich begrenzter Zuständigkeit. Seine Hauptaufgabe ist die Verteilung der Richterdienstgeschäfte im weitesten Sinne. Für den einzelnen Richter ist die Mitwirkung im Präsidium mit dem Richteramt verbunden; sie ist Teil seines Richteramtes. Anders als etwa die Mitwirkung im Richterrat ist demnach die Aufgabe, die sich aus der Zugehörigkeit zum Präsidium ergibt, dem Richter nicht im eigenen Interesse anvertraut, sondern im Interesse der Rechtspflege. Daraus folgt, dass einerseits Wahlpflicht besteht und dass andererseits der gewählte Richter die Wahl nicht ablehnen darf, sondern ebenso wie der von Amts wegen dem Präsidium angehörende Richter zur Mitarbeit im Präsidium verpflichtet ist. Die Zugehörigkeit zum Präsidium bedeutet eine hohe Verantwortung, denn mit der Geschäftsverteilung wird der „gesetzliche Richter" für jedes einzelne Verfahren vor Gericht wie auch die Aufgabenstellung jedes einzelnen Richters bestimmt. Da die Tätigkeit des Präsidiums Teil der Rechtsprechung ist, gilt für sie die Unabhängigkeitsgarantie des § 1 (vgl. § 1 Rn. 84; § 21e Rn. 20).

8 Die Zugehörigkeit zum Präsidium (unmittelbar oder repräsentativ) sowie die Erfüllung der Aufgaben des Präsidiums ist den Richtern anvertraut, auch zur Gewährleistung einer geordneten unabhängigen Rechtspflege. Daher kann die **Wahl** in das Präsidium **nicht abgelehnt** (§ 21b Rn. 16) und die Zugehörigkeit zum Präsidium nicht aufgegeben werden; die Teilnahme an den Sitzungen des Präsidiums ist richterliche Dienstpflicht.

9 **2. Präsidium bei jedem Gericht.** Ein Präsidium besteht **bei jedem Gericht**, auch wenn es nur eine Planstelle hat.[6] Die in diesem Zusammenhang benutzte Bezeichnung „Einmann-Amtsgericht"[7] ist nicht exakt und missverständlich. Zu unterscheiden ist zwischen der Zuweisung von Planstellen und der tatsächlichen Besetzung mit Richtern. Auch der einzige planmäßige Richter des sogenannten Einmann-Amtsgerichts ist gemäß § 21a Abs. 2 Nr. 5 rechtlich Mitglied des Präsidiums seines Gerichts. Zwar trifft es zu, dass bei den mit nur einem Richter besetzten Gerichten die wichtigste Aufgabe des Präsidiums, nämlich die Verteilung der Geschäfte (auf mehrere Richter) entfällt, so dass dem Präsidium des Einmann-Amtsgerichts im Regelfall mangels konkreter Aufgaben keine Bedeutung zukommt. Das gilt jedoch nicht uneingeschränkt. § 6a Nr. 1 ArbGG zeigt, dass der Gesetzgeber die Wahrnehmung von Präsidiumsaufgaben auch bei einem nur mit einem Berufsrichter besetzten Gericht für möglich hält. Eine Geschäftsverteilung wird auch beim Kleinst-Amtsgericht erforderlich, sobald diesem Gericht etwa wegen vorübergehenden Geschäftsandrangs zusätzlich zu dem Inhaber der einzigen Planstelle ein weiterer Richter zugewiesen wird. Ist dies ein nicht wählbarer Richter (Richter aP, § 12 DRiG, Richter kA, § 14 DRiG, oder ein planmäßiger Richter eines anderen Gerichts, der an das Einmann-Amtsgericht abgeordnet wird, § 37 DRiG), so besteht das Präsidium des Amtsgerichts nach § 21a Abs. 2 Nr. 5 aus dem (einzigen) wählbaren Richter, nämlich dem Planstelleninhaber, und dem zuständigen Präsi-

---
[4] AaO.
[5] BTagsDrucks. 14/979 S. 1, 4; 14/1875 S. 1.
[6] *MünchKommZPO/Wolf* Rn. 3; *Wieczorek/Schreiber* Rn. 8; *Zöller/Gummer* Rn. 5; *Thomas/Putzo/Hüßtege* Rn. 1; a.A. BL/*Hartmann* Rn. 2; KK/*Diemer* Rn. 6; LR/*Breidling* Rn. 1; *Meyer-Goßner* Rn. 2; *Schorn/Stanicki* S. 23f.; einschränkend *Katholnigg* m.w.N. Rn. 2.
[7] *Schorn/Stanicki* aaO.

denten gemäß § 22a. Ist vorübergehend an einem Gericht kein Richter wahlberechtigt, werden die Aufgaben des Präsidiums vom Präsidenten allein wahrgenommen.

3. Zustandekommen, Wahl. Die unterschiedliche Größe und Art der Gerichte – vom Einmann-Amtsgericht bis zu Kollegialgerichten mit über 200 Richterplanstellen – macht mehrere verschiedene Organisationsformen für die Präsidien erforderlich. Das ist wegen der damit verbundenen Unübersichtlichkeit zu bedauern, aber im Interesse der Sache, insbesondere einer effektiven Bewältigung der Aufgaben, geboten. Danach sind zu unterscheiden:

a) Das **Plenar-Präsidium** ist das nach dem Plenarprinzip zusammengesetzte „ungewählte" Präsidium (§ 21a Abs. 2 Nr. 5). Ihm gehören kraft Gesetzes alle wählbaren Richter an; diese sind kraft Amtes („geborene") Mitglieder des Präsidiums, sofern und solange sie die Voraussetzungen der Wählbarkeit (§ 21b Abs. 1) erfüllen. Eine Wahl findet nicht statt. Diese Form des Präsidiums besteht bei allen Gerichten mit einer bis sieben Richterplanstellen. Die Zahl der Präsidiumsmitglieder liegt bei diesen Präsidien nicht ein für alle Mal fest, sondern kann sich je nach der Zahl der vorhandenen wählbaren Richter verändern (vgl. auch § 22a).

b) Das **gewählte Präsidium** ist nach dem Repräsentativprinzip zusammengesetzt (§ 21a Abs. 2 Nr. 1 bis 4) und kommt je nach Größe des Gerichts in vier Organisationsformen mit jeweils festliegender Mitgliederzahl vor: 4 gewählte Mitglieder bei den Gerichten mit von 8 bis 19 Richterplanstellen, 6 gewählte Mitglieder bei den Gerichten mit 20 bis 39 Richterplanstellen, 8 gewählte Mitglieder bei den Gerichten von 40 bis 79 Richterplanstellen, und 10 gewählte Mitglieder bei den Gerichten mit 80 und mehr Richterplanstellen. Außerdem gehört dem Präsidium stets der Präsident des Gerichts, bei Gerichten ohne die Planstelle eines Präsidenten der aufsichtführende Richter an (Abs. 2). Mit Ausnahme der kleineren Gerichte mit bis zu 7 richterlichen Planstellen gestaltet das Gesetz damit das Präsidium nicht als Plenum der Richter, sondern legt das Repräsentationsprinzip zugrunde. Dabei wird differenziert nach der jeweiligen Gerichtsgröße, mit zunehmender Zahl der Richterplanstellen verringert sich der Repräsentationsgrad. Letzteres kann jedoch im Interesse der Funktionsfähigkeit hingenommen werden, man denke nur an das oft erforderliche schnelle Zusammentreten und an die Anwesenheitserfordernisse. Die Arbeitsfähigkeit des Präsidiums sollte durch die begrenzte Zahl seiner Mitglieder gewährleistet werden.[8]

Die **Größe des Präsidiums** bestimmt sich nach der Zahl der Richterplanstellen des Gerichts. **Planstellen** sind die im Haushaltsplan einzeln ausgewiesenen Stellen (im Gegensatz zu Pauschalansätzen für Personalkosten). Ein Amt nach § 27 DRiG darf nur zusammen mit der Einweisung in eine besetzbare Planstelle übertragen werden (§ 49 BHO). Wie viele Planstellen für das einzelne Gericht zur Verfügung stehen, kann im Haushaltsplan selbst festgelegt sein (z. B. für BVerfG und die obersten Gerichtshöfe). Enthält dieser nur die Summe der für die Gerichte verfügbaren Planstellen, ist es Sache der Justizverwaltung, die Planstellen den einzelnen Gerichten zuzuweisen. Nach Maßgabe dieser Festlegung können dann Richterämter nach § 27 DRiG übertragen werden. Zu den Richterplanstellen gehören auch die des Präsidenten, Vizepräsidenten usw.;[9] Teilzeitstellen sind als Vollstellen zu rechnen, da es bei Präsidium und Geschäftsverteilung nicht nur um Stellenverwaltung usw. geht, sondern auch um den persönlichen Diensteinsatz jedes Richters.[10] Zwar kann die Verteilung der Planstellen haushaltsrechtlich jederzeit geändert werden, sie ist aber mit Rücksicht auf § 27 DRiG und die persönliche Unabhängigkeit des Richters (§ 1

---

[8] BTagsDrucks. 14/979 S. 4.
[9] *Meyer-Goßner* Rn. 4; *Katholnigg* Rn. 3.
[10] A. A. *Katholnigg* Rn. 3.

§ 21 b

2. Titel. Präsidium und Geschäftsverteilung

Rn. 142 f.) nur möglich bei einer Vakanz oder bei gleichzeitiger Versetzung des Richters (§ 1 Rn. 143). Durch die Anlehnung an die Planstellenzahl ist die Größe des Präsidiums objektiv bestimmt, maßgebend ist der im § 21 d geregelte Stichtag. Entscheidend ist das Vorhandensein von Planstellen; ob die Planstellen bei diesem Gericht auch tatsächlich besetzt sind, ist ohne Bedeutung ohne Rücksicht auf die Dauer der Nichtbesetzung.[11] Ebenso wenig kommt es darauf an, ob ein Planstelleninhaber beim Gericht seiner Planstelle auch tätig oder z. B. abgeordnet ist. Maßgebend ist allein die abstrakte Zahl der Planstellen, nicht, wie in §§ 21 g, 22 Abs. 3, 22 b, mit wie vielen Richtern ein Gericht „besetzt" ist.

14 Die Novelle 1999 (Rn. 6) hat das System der sogenannten funktionalen Parität im Präsidium beseitigt, wonach bei den Kollegialgerichten die Hälfte der gewählten Präsidiumsmitglieder Vorsitzende Richter sein mussten (§ 21 a Abs. 2 Satz 2 a. F., sog. Vorsitzenden-Quorum). Dem lag die Überlegung zugrunde, dass die Vorsitzenden Richter in der Regel besonders berufs- und lebenserfahren seien, über größere Personalkenntnisse verfügen und Besonderheiten des Gerichts besser kennen;[12] ihre Mitwirkung sollte dem Ziel dienen, eine optimale Besetzung des Gerichts durch die Geschäftsverteilung zu gewährleisten.[13] Das Vorsitzenden-Quorum war rechtspolitisch umstritten (vgl. § 59 Rn. 15), seine Abschaffung sollte die darin gesehene „Privilegierung" der Vorsitzenden beseitigen.[14] Darüber ließe sich streiten, auch die geäußerte Erwartung einer Entlastung der Justiz erscheint rätselhaft, aber auf der Grundlage der verfassungsrechtlichen Gleichwertigkeit aller Richterämter[15] hat die Neuregelung ihren guten Sinn.[16]

15 **4. Vorsitzender.** Vorsitzender des Präsidiums ist kraft Gesetzes immer der Gerichtspräsident oder der dienstaufsichtführende Richter des Gerichts (§§ 59, 115, 124, 22 Abs. 3 GVG, § 19 a DRiG; Sonderregelung im § 22 a). Er ist bei den Präsidien nach § 21 a Abs. 2 Nr. 1 bis 4 das einzige Mitglied, das nicht gewählt wird. Damit ist sichergestellt, dass zwar einerseits den gewählten Mitgliedern regelmäßig ein Übergewicht zukommt, dass aber andererseits in gewissem Umfange Kontinuität gewahrt sowie Verwaltungserfahrung in die Arbeit des Präsidiums eingebracht werden können. Gleichwohl ist der Präsident als Mitglied und ständiger Vorsitzender des Präsidiums nicht etwa der verlängerte Arm der Justizverwaltung. Er ist in der Präsidiumsarbeit wie in seiner richterlichen Tätigkeit weisungsfrei und unabhängig und steht darin allen anderen Mitgliedern des Präsidiums gleich (primus inter pares). Das bezieht sich nicht nur auf die eigentliche Mitwirkung im Präsidium, also auf die Abstimmung, sondern auch und gerade auf die dem Vorsitzenden obliegenden vielfältigen vorbereitenden Tätigkeiten (Einberufung der Sitzungen, Einbringung von Vorschlägen).

§ 21 b. [Wahl zum Präsidium]

(1) ¹**Wahlberechtigt sind die Richter auf Lebenszeit und die Richter auf Zeit, denen bei dem Gericht ein Richteramt übertragen ist, sowie die bei dem Gericht tätigen Richter auf Probe, die Richter kraft Auftrags und die für eine Dauer von mindestens drei Monaten abgeordneten Richter, die Aufgaben der Rechtsprechung wahrnehmen.** ²**Wählbar sind die Richter auf Lebenszeit und die Richter auf Zeit, denen bei dem Gericht ein Richteramt übertragen ist.** ³**Nicht wahlberechtigt und nicht wählbar sind Richter, die für mehr als drei Monate an ein anderes Gericht abgeordnet, für mehr als drei Monate beurlaubt oder an eine Verwaltungsbehörde abgeordnet sind.**

---
[11] OLG Koblenz DRiZ 1996, 329.
[12] BVerwG DRiZ 1975, 375; *Zöller/Gummer* Rn. 9.
[13] BTagsDrucks. VI/3145 S. 3.
[14] BTagsDrucks. 14/597 S. 4; 14/979 S. 4; 14/1875 S. 9.
[15] BVerfGE 26, 72, 76.
[16] Vgl. *Kissel* NJW 2000, 460; DRiZ 1995, 125.

Wahl zum Präsidium 1 § 21b

(2) Jeder Wahlberechtigte wählt höchstens die vorgeschriebene Zahl von Richtern.

(3) ¹Die Wahl ist unmittelbar und geheim. ²Gewählt ist, wer die meisten Stimmen auf sich vereint. ³Durch Landesgesetz können andere Wahlverfahren für die Wahl zum Präsidium bestimmt werden; in diesem Fall erlässt die Landesregierung durch Rechtsverordnung die erforderlichen Wahlordnungsvorschriften; sie kann die Ermächtigung hierzu auf die Landesjustizverwaltung übertragen. ⁴Bei Stimmengleichheit entscheidet das Los.

(4) ¹Die Mitglieder werden für vier Jahre gewählt. ²Alle zwei Jahre scheidet die Hälfte aus. ³Die zum ersten Mal ausscheidenden Mitglieder werden durch das Los bestimmt.

(5) Das Wahlverfahren wird durch eine Rechtsverordnung geregelt, die von der Bundesregierung mit Zustimmung des Bundesrates erlassen wird.

(6) ¹Ist bei der Wahl ein Gesetz verletzt worden, so kann die Wahl von den in Absatz 1 Satz 1 bezeichneten Richtern angefochten werden. ²Über die Wahlanfechtung entscheidet ein Senat des zuständigen Oberlandesgerichts, bei dem Bundesgerichtshof ein Senat dieses Gerichts. ³Wird die Anfechtung für begründet erklärt, so kann ein Rechtsmittel gegen eine gerichtliche Entscheidung nicht darauf gestützt werden, das Präsidium sei deswegen nicht ordnungsgemäß zusammengesetzt gewesen. ⁴Im übrigen sind auf das Verfahren die Vorschriften des Gesetzes über die Angelegenheiten der freiwilligen Gerichtsbarkeit sinngemäß anzuwenden.

Übersicht

	Rn.		Rn.
I. Aktives Wahlrecht	1	III. Wahlsystem	12
1. Richter aL und Richter aZ	1	IV. Wahlzeit	13
2. Richter aP oder Richter kA	2	V. Wahlvorschläge	14
3. Zum Gericht abgeordnete Richter	3	VI. Wahl	15
4. Ehrenamtliche Richter	4	VII. Wahlanfechtung	17
5. Abgeordnete Richter	5	1. Anfechtungsrecht	18
6. Doppeltes Wahlrecht	6	2. Zulässigkeit	19
7. Maßgebender Zeitpunkt	7	3. Verfahren	20
II. Passives Wahlrecht	8	4. Wahlverstöße	21
1. Richter aL und aZ	8	VIII. Wahlordnung	23
2. Richter aP und kA	9		
3. Gerichtspräsident	10		
4. Vizepräsident	11		

Gesetzesfassung: Abs. 1 Satz 3, Abs. 2 und Abs. 3 i.d.F. von Art. 1 Nr. 2 G vom 22. 12. 1999 (BGBl. I S. 2598).

I. Aktives Wahlrecht. 1. Richter aL und Richter aZ (§§ 10, 11 DRiG, vgl. 1 § 1 Rn. 142 und § 22 Rn. 6), wenn ihnen bei diesem Gericht ein Richteramt übertragen ist (§ 27 DRiG, vgl. § 22 Rn. 12); wahlberechtigt sind auch die Präsidenten und Vizepräsidenten sowie die aufsichtführenden Richter und deren ständige Vertreter. Es kommt nicht darauf an, ob diesen Richtern nur dieses eine oder noch ein weiteres Richteramt (§ 27 Abs. 2 DRiG; vgl. § 22 Rn. 13) übertragen ist, es genügt, wenn ihnen auch an diesem Gericht ein Richteramt übertragen ist. Es kommt nicht darauf an, wie sie bei diesem Gericht verwendet werden; sie sind auch dann wahlberechtigt, wenn sie z.B. nur in der Verwaltung und überhaupt nicht in der RSpr tätig sind. Wahlberechtigt sind auch die Universitätsprofessoren, denen ein Richteramt im „Nebenamt" übertragen ist, auch wenn sie nur mit einem Bruchteil ihrer Arbeitskraft richterlich tätig sind. Zu den an ein anderes Gericht abgeordneten Richtern Rn. 5. Wahlberechtigt ist auch der **beurlaubte** Richter, wobei zwischen Erholungsurlaub und anderen Formen des Urlaubs (Mutterschaftsurlaub, Sonderurlaub, Freistellung, Beurlaubung mit oder ohne Dienstbezüge) kein Unterschied zu machen ist; frühere Streitfragen[1] sind durch den mit der Novelle 1999 eingefügten allgemein gehaltenen Satzteil „für mehr als drei Monate beurlaubt" ausgeräumt. Eine Beurlaubung ist aber nur dann für die aktive Wahlberechtigung unschädlich, wenn sie die Dauer von drei Monaten nicht übersteigt; bei längerer Dauer entfällt die Wahlberechtigung bis zum Ende der Beurlaubung. Der Sinn der Regelung besteht darin, dass ein längere Zeit abwesender Richter in Gefahr gerät, die in personeller und sachlicher Hinsicht erforderlichen, für die Wahl der Präsidiumsmitglieder maßgebenden Kenntnisse zu verlieren. Abzustellen ist aber auf den im Beurlaubungserlass ausgesprochenen Zeitraum. Übersteigt dieser drei Monate, entfällt die Wahlberechtigung von Anfang an („für"). Wird die Beurlaubung ohne Unterbrechung verlängert, sind die vorgängigen Zeiten ununterbrochener Beurlaubung hinzuzurechnen. Jede nach Ablauf der Beurlaubung wieder aufgenommene Tätigkeit beim Gericht in RSpr und/oder Verwaltung lässt das Wahlrecht sofort wieder aufleben. Aus Gründen der Rechtssicherheit hat diese Wirkung jede Tätigkeit, mag sie noch so kurz sein (abgesehen vom Fall des Missbrauchs). Für jede nach der Wiederaufnahme der Tätigkeit beim Gericht wieder eintretende Beurlaubung beginnt die Frist neu zu laufen.

2 **2. Richter aP oder Richter kA** (§§ 12, 14 DRiG; vgl. § 1 Rn. 149 und § 22 Rn. 6). Diesen Richtern kann nach § 27 DRiG kein Richteramt übertragen werden. Maßgebend ist für ihr Wahlrecht allein, dass sie bei dem Gericht „tätig" sind; es ist nicht erforderlich, dass sie in der RSpr tätig sind.

3 **3.** Richter (aller Art, § 8 DRiG) sind wahlberechtigt, wenn sie auf die Dauer von mindestens 3 Monaten **zu dem Gericht abgeordnet** sind und Aufgaben der RSpr wahrnehmen. Hinsichtlich der Dauer der Abordnung kommt es nur darauf an, welche Zeitbestimmung der Abordnungserlass enthält (die Abordnung muss immer auf bestimmte Zeit verfügt werden, § 37 Abs. 2 DRiG); es ist nicht erforderlich, dass die Abordnung am Wahltage bereits drei Monate gedauert hat. Wahlberechtigt ist also beispielsweise auch der Richter, der erst einen Tag vor der Wahl auf die Dauer eines Jahres an das Gericht abgeordnet wird. Ebenso ist derjenige Richter wahlberechtigt, dessen Abordnung am Tage nach der Wahl endet, sofern sie nur für mindestens drei Monate ausgesprochen war. Die Wahlberechtigung wird nicht dadurch ausgeschlossen, dass der abgeordnete Richter etwa überwiegend Verwaltungsaufgaben und daneben nur mit einem Teil seiner Arbeitskraft Rechtsprechungsaufgaben wahrnimmt; maßgebend ist, ob das Präsidium ihn mit Rechtsprechungsgeschäften betraut hat. In welchem Umfang der Richter an der Rechtsprechung beteiligt ist, spielt keine Rolle;[2] auch bei einem geringen, unbedeutenden Anteil darf gewählt werden. Die sogenannten wissenschaftlichen Mitarbeiter nehmen keine Rechtsprechungsaufgaben wahr. Deshalb darf ein an den BGH als wissenschaftlicher Mitarbeiter abgeordneter Richter nicht an der Wahl zum Präsidium des BGH teilnehmen. Wenn die Abordnung genau drei Monate umfasst, ist der an ein Gericht abgeordnete Richter doppelt wahlberechtigt, bei seinem Stammgericht und bei dem Gericht, zu dem er abgeordnet ist; das etwas kuriose Ergebnis folgt aus dem Wortlaut von § 21b Abs. 1 Satz 1 und 3 („mindestens drei" und „mehr als drei" Monate).

4 **4.** Kein Wahlrecht haben die **ehrenamtlichen** Richter.

5 **5.** Nicht wahlberechtigt sind ferner die Richter aL oder aZ, denen zwar bei dem Gericht ein Richteramt übertragen ist (Rn. 1), die aber am Wahltag entweder an eine Verwaltungsbehörde (ohne Rücksicht auf die Dauer) oder für die Dauer von mehr als drei Monaten an ein anderes Gericht **abgeordnet** sind. Verwaltungsbehörde ist dabei im weitesten Sinne zu verstehen, gemeint sind alle Träger öffentli-

---

[1] Vgl. *Heusch* ZRP 1998, 255.
[2] A. A. *Schorn/Stanicki* S. 43.

cher Gewalt mit Ausnahme der Gerichte, also beispielsweise nicht nur die Ministerien, sondern auch etwa die Verwaltungen des Bundestages oder des Bundesrates, der Wehrbeauftragte des Bundestages oder internationale Organisationen. Während also bei der Abordnung an eine Behörde die Wahlberechtigung sofort erlischt (richtiger: ruht, denn sie lebt mit der Beendigung der Abordnung automatisch wieder auf), gilt für die Abordnung an Gerichte die zeitliche Grenze wie unter Rn. 3 dargestellt.

6. Ein **doppeltes Wahlrecht** ist möglich. Ein Richter kann ein Richteramt gleichzeitig an mehreren Gerichten ausüben. Hier ist nicht nur an die Übertragung eines weiteren Richteramts an einem anderen Gericht nach § 27 Abs. 2 DRiG, §§ 22 Abs. 2, 59 Abs. 2 GVG zu denken, sondern auch an die Abordnung (§ 37 DRiG) mit einem Teil der Arbeitskraft. Grundsätzlich ist der Richter in diesen Fällen wahlberechtigt zum Präsidium beider oder aller Gerichte, denen er angehört. Das ist konsequent, denn der Richter wird von den Entscheidungen der Präsidien sämtlicher Gerichte, an denen er tätig ist, betroffen. Der Richter am AG oder LG, der mit einem Teil seiner Arbeitskraft an das OLG abgeordnet ist, nimmt an der Wahl beider Präsidien teil. Der Amtsrichter, der zum Mitglied einer auswärtigen Strafkammer oder der Strafvollstreckungskammer des LG (§§ 78, 78b Abs. 2 GVG) bestellt ist, nimmt an der Wahl zum Präsidium auch des LG teil.³ Hiervon macht der BGH eine Ausnahme für die der Verwaltungsgerichtsbarkeit zugehörigen Berufsrichter als Mitglieder der **Baulandkammern** beim LG und der Baulandsenate beim OLG (§§ 220, 229 BauGB): Sie sollen an der Wahl zum Präsidium des LG/OLG, dem sie als Baulandrichter angehören, nicht teilnehmen und dementsprechend auch nicht wählbar sein.⁴ Die Entscheidung verdient indessen keine Zustimmung, vielmehr ist das aktive und passive Wahlrecht der Baulandrichter zu bejahen.⁵ Zu Unrecht setzt die h. M. den ehrenamtlichen Richtern, die ohne Zweifel nicht wahlberechtigt sind, die „nebenamtlichen" Berufsrichter aus einer anderen Gerichtsbarkeit gleich. Auch das „Nebenamt" ist ein Richteramt im Sinne des Gesetzes; auf den Umfang, in dem jemand an einem bestimmten Gericht als Berufsrichter tätig ist, kommt es nicht an. Auch der teilzeitbeschäftigte Richter ist wahlberechtigt, ebenso Professoren, denen ein Richteramt übertragen ist (Rn. 1).

7. **Maßgebend für das Wahlrecht** ist allein der **Tag der Wahl.**⁶ Zum Präsidium wahlberechtigte Richter, die im Zeitpunkt der Wahl noch im Dienst sind, aber vor oder gleichzeitig mit Beginn der Amtszeit der neuen Mitglieder in den Ruhestand treten, sind wahlberechtigt, auch passiv, obwohl sie ihr Amt voraussichtlich nicht ausüben können. Formelle Voraussetzung für die Ausübung des aktiven und des passiven Wahlrechts ist die Eintragung in die Wahlverzeichnisse nach § 2 Abs. 1 WahlO (Rn. 24).

II. **Passives Wahlrecht. 1.** Wählbar (passiv wahlberechtigt) sind **nur die Richter aL und aZ,** denen bei dem Gericht ein Richteramt übertragen ist (Abs. 1 Satz 2, vgl. Rn. 1). Eine Ausnahme macht das Gesetz wiederum für Richter, die das ihnen übertragene Richteramt infolge einer Abordnung vorübergehend nicht ausüben. Sofern sie an eine Verwaltungsbehörde abgeordnet sind, auf welche Zeit auch immer, sind sie nicht wählbar; sofern sie an ein Gericht abgeordnet sind, sind sie nicht wählbar, wenn die Abordnung für eine längere Zeit als drei Monate ausgesprochen ist (Abs. 1 Satz 3, vgl. Rn. 5); Entsprechendes gilt für die Zeit einer Beurlaubung, die drei Monate übersteigt (Rn. 1).

---

³ *Feiber* NStZ 1984, 472; a. A. OLG Bamberg NStZ 1984, 471; *LR/Breidling* Rn. 1 m. w. N.
⁴ BGH NJW 1977, 1821.
⁵ OLG Frankfurt DRiZ 1973, 98, 155; *MünchKommZPO/Wolf* Rn. 6; a. A. jedoch die h. M., vgl. OLG Celle NdsRpfl 1975, 138; *Richter* DRiZ 1973, 192; 1974, 348; *Zöller/Gummer* Rn. 9; *Thomas/Putzo/Hüßtege* Rn. 3; *BL/Hartmann* Rn. 4.
⁶ Vgl. OLG Rostock 22. 3. 2004 – I Ws 70/04 –.

9   2. **Nicht wählbar** sind die **Richter aP**, die **Richter kA** und alle Richter, die an dem Gericht, dessen Präsidium gewählt werden soll, nur im **Abordnungsverhältnis** tätig sind. Die an das OLG abgeordneten Richter aL können demnach nicht in das Präsidium des OLG gewählt werden. Wenn die Abordnung wie regelmäßig für eine längere Zeit ausgesprochen wird als drei Monate, können sie auch bei ihrem „Stammgericht" nicht gewählt werden.

10   3. Nicht wählbar ist der **Präsident** des Gerichts. Das ist nicht ausdrücklich im Gesetz bestimmt, geht aber daraus hervor, dass er dem Präsidium bereits kraft Gesetzes angehört. Dasselbe gilt für den aufsichtführenden Richter, sofern er kraft Gesetzes Vorsitzender des Präsidiums ist.

11   4. Der **Vizepräsident** und der Vertreter des aufsichtführenden Richters sind ebenfalls wählbar,[7] wie sich aus den Worten „wenn er nicht selbst gewählt ist" in § 21 c Abs. 1 Satz 2 ergibt. Problematisch ist jedoch, dass der Vizepräsident den Präsidenten auch in seiner Eigenschaft als Vorsitzender des Präsidiums von Gesetzes wegen ständig vertritt (§ 21 c Abs. 1 Satz 1). Er ist also im Grunde ebenfalls „geborenes" Mitglied des Präsidiums. Ist der Vizepräsident (Vertreter) gewählt, so verringert sich bei einer Verhinderung des Präsidenten (aufsichtführenden Richters) auch die Zahl der Präsidiumsmitglieder um eines. Weiter wird das Gewicht der Verwaltung im Präsidium in einer den Absichten des Gesetzes wohl zuwiderlaufenden Weise verstärkt, wenn neben dem Präsidenten auch noch der gewählte Vizepräsident mit vollem Stimmrecht im Präsidium mitwirkt. Deshalb erscheint es angemessen, von der Wahl des Vizepräsidenten bzw. des Vertreters des aufsichtführenden Richters abzusehen; ähnliches gilt übrigens auch für die etwa bestellten weiteren dienstaufsichtführenden Richter und diejenigen Richter, die mit einem erheblichen Teil ihrer Arbeitskraft Verwaltungsaufgaben wahrnehmen, insbesondere die so genannten Präsidialrichter. Im Interesse einer sauberen „Gewaltentrennung" entspricht es deshalb an den meisten Gerichten gutem Brauch, sie nicht in das Präsidium zu wählen.

12   III. **Wahlsystem.** Die Wahl ist unmittelbar und geheim (Abs. 3 Satz 1). Mit der Novelle 1999 (§ 21 a Rn. 6) ist die Stimmabgabe vereinfacht und erleichtert. Jeder Wahlberechtigte wählt „höchstens" (Abs. 2) so viele Richter wie es der vorgeschriebenen Mitgliederzahl des Präsidiums (§ 21 a Rn. 12) entspricht. Er kann auch weniger Richter wählen, ist also entgegen dem früheren Recht nicht gezwungen, auf jeden Fall die volle Mitgliederzahl zu wählen, auch die nach seiner Auffassung nicht geeigneten Personen (vgl. Rn. 23 a). Stimmenhäufung ist aber andererseits nicht zulässig.[8] Gewählt sind die Richter, die die meisten Stimmen auf sich vereinen, bis die notwendige Zahl der Präsidiumsmitglieder erreicht ist (Abs. 3 Satz 2). Bei Stimmengleichheit entscheidet das Los (Abs. 3 Satz 4). Die nicht Gewählten bilden die „Vertreterliste" in der Reihenfolge ihrer Stimmzahlen, angeführt von dem, der durch Losentscheid nicht als „ordentliches" Mitglied gewählt wurde (vgl. § 21 c Rn. 7).

13   IV. **Wahlzeit.** Dem Interesse sowohl der Kontinuität, Stabilität, Autorität wie auch einer fortwährend sich erneuernden Legitimation ist dadurch Rechnung getragen, dass die Mitglieder des Präsidiums zwar auf vier Jahre gewählt werden, aber jeweils nach zwei Jahren die Hälfte ausscheidet. Es finden also, abgesehen von etwa nötig werdenden Nachwahlen, alle zwei Jahre Präsidiumswahlen statt, wobei jedoch nur die Hälfte der Mitglieder zu wählen ist. Die Wahl zum Präsidium muss vor Ablauf des Geschäftsjahres stattfinden und darf nicht in das neue Geschäftsjahr verlegt werden, auch wenn eine größere Anzahl von Richtern mit Ablauf des Geschäftsjahres ausscheidet.[9]

---

[7] *Schorn/Stanicki* S. 46; *Zöller/Gummer* Rn. 15; *BL/Hartmann* Rn. 4; *MünchKommZPO/Wolf* Rn. 12.
[8] *Kissel* NJW 2000, 460.
[9] HessVGH NJW 1987, 1219.

V. Wahlvorschläge. Wahlvorschläge gibt es nicht. Der Stimmzettel muss die 14
Namen aller wählbaren Richter enthalten. Jedoch sind private Wahlempfehlungen
möglich und insbesondere bei größeren Gerichten auch sinnvoll, damit Zufalls-
ergebnisse vermieden werden und unterschiedliche Interessen möglichst optimal
repräsentiert werden. Ein Präsidium, in dem beispielsweise kein Strafrichter mitwirkt oder kein Vertreter etwa bestehender auswärtiger Spruchkörper, wäre wohl
nicht ideal besetzt. Für eine etwaige „Wahlwerbung" gilt das Gebot äußerster
Neutralität und Zurückhaltung.[10]

VI. Wahl. Der **Wahlvorstand** wird vom amtierenden Präsidium bestellt (§ 1 15
WahlO), dabei handelt es sich um einen Organisationsakt der richterlichen Selbstverwaltung,[11] nicht um einen Verwaltungsakt. Eine Abberufung des einmal bestell-
ten Wahlvorstandes insgesamt oder einzelner Mitglieder ist nicht zulässig;[12] für ein
Verfahren auf Gewährung vorläufigen Rechtsschutzes gegen die Abberufung eines
Wahlvorstandes ist das VG erstinstanzlich zuständig.[13] Der Wahlvorstand ist ein
selbstständiges Organ der richterlichen Selbstverwaltung und handelt hinsichtlich
der Vorbereitung und Durchführung der Wahl in richterlicher Unabhängigkeit.[14]
Er sorgt für die ordnungsgemäße Durchführung der Präsidiumswahl. Zu seinen
Aufgaben gehört es auch, im Rahmen der Feststellung des Wahlergebnisses bei
Stimmengleichheit zwischen zwei oder mehreren wählbaren Mitgliedern des Gerichts durch Auslosung festzustellen, wer als gewählt gilt und wer in den Fällen des
§ 21c Abs. 2 (vgl. § 21c Rn. 9) als Nächstberufener nachrückt; mit der Durchführung der Wahl und der Bekanntgabe und gegebenenfalls Berichtigung des Wahlergebnisses enden die Aufgaben des Wahlvorstandes.[15]

Es besteht **Wahlpflicht.**[16] Wer wahlberechtigt ist, muss auch wählen. Der Wahl- 16
vorstand ist gehalten, der Dienstaufsicht die Namen derjenigen Richter, die an der
Wahl nicht teilgenommen haben, mitzuteilen. Ist die Teilnahme an der Wahl nicht
ausreichend entschuldigt, sind Maßnahmen der **Dienstaufsicht** (§ 26 DRiG) zulässig und geboten, denn die unentschuldigte Wahlweigerung ist ein Dienstvergehen und nicht anders zu beurteilen als die Versäumung sonstiger Dienstobliegenheiten. Die entschuldigte Nichtbeteiligung an der Wahl wird nur in seltenen
Ausnahmefällen vorkommen, denn mit der Möglichkeit, den Wahlakt auf zwei
Arbeitstage zu verteilen (§ 3 Wahlordnung) und der Briefwahl (§ 7 Wahlordnung)
ist praktisch auch fast allen beurlaubten, erkrankten oder dienstlich verhinderten
Richtern die Teilnahme an der Wahl möglich. Auch bei einem auswärtigen Wahl-
lokal stellt die Briefwahl eine ausreichende Möglichkeit der Stimmabgabe dar.[17] Die
Verletzung der Wahlpflicht ist auf die Wirksamkeit der Wahl ohne Einfluss. – Wer
gewählt ist, **muss das Amt ausüben.**[18] Es bedarf weder einer Annahme der Wahl,
noch ist die Nichtannahme oder Ausschlagung zulässig. Die Pflicht zur Ausübung
des Amtes gilt für die gesamte Dauer der Wahlzeit; eine Niederlegung des Amtes
ist nicht möglich.

VII. Wahlanfechtung. Abs. 6 regelt die Wahlanfechtung nur lückenhaft und 17
nicht in jeder Hinsicht befriedigend.[19]

---

[10] *Zöller/Gummer* Rn. 3.
[11] BVerwGE 50, 11 = NJW 1976, 1224.
[12] *Stanicki* DRiZ 1989, 58.
[13] HessVGH NJW 1987, 1219.
[14] AaO.
[15] BGHZ 112, 330 = NJW 1991, 1183.
[16] BVerwG DRiZ 1975, 375; *Schulz* DRiZ 1972, 302; *BL/Hartmann* Rn. 7; *KK/Diemer* Rn. 4;
Katholnigg Rn. 1; *Meyer-Goßner* Rn. 4; a. A. *Schickedanz* DRiZ 1996, 328.
[17] OLG München OLGR 2000, 326.
[18] BVerwG DRiZ 1975, 375; vgl. BVerfGE 41, 1, 18 = NJW 1976, 889; *Scholz* DRiZ 1972,
302.
[19] *Schorn/Stanicki* S. 61 ff.

18 1. Anfechtungsrecht. Anfechtungsberechtigt sind alle wahlberechtigten Richter, auch die mit doppeltem Wahlrecht (Rn. 6), darüber hinaus alle Richter, die in Abs. 1 Satz 1 aufgeführt sind, auch wenn sie für mehr als drei Monate an ein anderes Gericht abgeordnet, für mehr als drei Monate beurlaubt oder an eine Verwaltungsbehörde abgeordnet und daher nicht wahlberechtigt sind. Die Verweisung auf Abs. 1 Satz 1 in Abs. 6 Satz 1 ist ihrem Wortlaut nach dahin zu verstehen, dass die Richter, die in Abs. 1 Satz 1 bezeichnet sind, anfechtungsberechtigt sein sollen, auch wenn sie nach Abs. 1 Satz 3 nicht wahlberechtigt sind,[20] wobei der maßgebliche Zeitpunkt nicht der Wahltag, sondern die Ausübung des Anfechtungsrechts ist. Anfechtungsberechtigt kann also auch sein, wer die Voraussetzungen am Wahltag noch nicht erfüllt hat[21] oder danach das Wahlrecht verloren hat, etwa durch Versetzung.[22] Ein Richter am AG, den der Präsident des LG zum ständigen Mitglied einer StrafVollstrK bestellt hat, ist nicht berechtigt, die Wahl anzufechten, sofern man ihn nicht nach Abs. 1 Satz 1 für wahlberechtigt hält[23] (Rn. 6). Jeder Richter kann für sich alleine die Wahl anfechten, eine Teilanfechtung ist zulässig.

19 2. Zulässigkeit. Die Wahlanfechtung ist zulässig, sofern geltend gemacht wird, bei einer Wahl sei ein Gesetz verletzt worden. Der anfechtende Richter braucht nicht eine Verletzung eigener Rechte zu behaupten,[24] einer Beschwer bedarf es somit nicht. Gesetz im Sinne dieser Vorschrift ist jede Rechtsnorm, die auf die Wahl Bezug hat, also auch die Wahlordnung.[25] Es muss sich allerdings um eine wesentliche Vorschrift handeln, und die Verletzung darf nicht völlig unbedeutend sein. Begründet ist die Anfechtung, wenn die Rechtsverletzung erwiesen ist und wenn sie das Wahlergebnis beeinflusst haben kann.[26] Abzustellen ist auf die konkrete Rechtsverletzung unter Berücksichtigung des konkreten Ergebnisses der Wahl; bei Nichtzulassung einer wählbaren oder Zulassung einer nicht wählbaren Person (Fehler des Wahlverzeichnisses, Rn. 7) ist stets von einer Beeinflussung des Ergebnisses auszugehen.[27] Die Anfechtungsregelung ist entsprechend auf den Fall anzuwenden, dass aus anderen Gründen Streit über die rechtmäßige Zusammensetzung eines Präsidiums entsteht, insbesondere eine gesetzlich erforderliche Wahl unterlassen wurde und deshalb das Präsidium rechtswidrig zusammengesetzt ist.[28] Das gilt auch für die Feststellung des Nachrückens (§ 21c Rn. 9). Das Anfechtungsrecht ist **nicht an eine Frist** gebunden.[29] Dies ist nicht glücklich; im Interesse der Rechtssicherheit wäre es wünschenswert, das Anfechtungsrecht de lege ferenda zu befristen. Ausgleich für die unbefristete Anfechtungsmöglichkeit ist aber, dass nach Abs. 6 Satz 3 die Entscheidungen auch des fehlerhaft zusammengesetzten Präsidiums grundsätzlich als gültig behandelt werden.

20 3. Verfahren. Zuständig ist das örtlich zuständige OLG für die Anfechtung der Wahlen zum Präsidium des AG, des LG und des OLG, für die Wahl zum Präsidium des BGH ein Senat des BGH. Den zuständigen Senat des OLG bzw. des BGH hat das Präsidium im Wege der Geschäftsverteilung jeweils für ein Geschäftsjahr im Voraus zu bestimmen. Für das Anfechtungsverfahren gilt das FGG entsprechend einschließlich der Vorlagepflicht nach § 28.[30] Eine weitere Beschwerde ist nach der

---

[20] *Zöller/Gummer* Rn. 20; *LR/Breidling* Rn. 16; *Katholnigg* Rn. 5; a. A. *Meyer-Goßner* Rn. 5.
[21] A. A. *Schorn/Stanicki* S. 62.
[22] OVG Münster NJW 1988, 723.
[23] OLG Bamberg NStZ 1984, 471 m. Anm. *Feiber*.
[24] BVerwG DRiZ 1975, 375; ThürLSG 6. 4. 2006 – L 1 SF 51/06 –.
[25] OVG Münster NJW 1988, 723; ThürLSG aaO.
[26] *Zöller/Gummer* Rn. 21; *LR/Breidling* Rn. 15.
[27] ThürLSG 6. 4. 2006 – L 1 SF 51/06 –; OLG Rostock 22. 3. 2004 – I Ws 70/04 –.
[28] OLG Frankfurt DRiZ 1984, 196; OLG Koblenz DRiZ 1996, 329; *BL/Hartmann* Rn. 11 m. w. N.
[29] OLG Rostock 22. 3. 2004 – I Ws 70/04 –; kritisch *Schorn/Stanicki* S. 63.
[30] BGHZ 112, 330 = NJW 1991, 1183.

RSpr nicht zulässig.[31] Verfahrensbeteiligte im Wahlanfechtungsverfahren sind der Anfechtungskläger und das betreffende Präsidium.[32] Eine Kostenentscheidung erfolgt nur unter den Voraussetzungen des § 13a FGG.[33]

4. Wahlverstöße. Wie Abs. 6 Satz 3 klarstellt, führt auch die erfolgreiche Anfechtung nicht etwa zur Unwirksamkeit der Entscheidungen, die das fehlerhaft zusammengesetzte Präsidium zur Geschäftsverteilung getroffen hat. Die Besetzungsrüge kann in keinem Falle darauf gestützt werden, ein nicht ordnungsgemäß gewähltes Präsidium habe die zur Sachentscheidung im konkreten Rechtsfall berufene Richterbank besetzt. Diese Regelung ist im Interesse der Rechtssicherheit von großer Bedeutung.[34] Wahlverstöße führen demgemäß **niemals zur Ungültigkeit der Anordnungen des Präsidiums.** Die Anordnungen bleiben auch über die Auflösung hinaus in Kraft bis zur Änderung durch das neue Präsidium oder den Präsidenten nach § 21i Abs. 2. Auch hat der einzelne von einer Entscheidung des Präsidiums betroffene Richter in jedem Fall den vom anfechtbar gewählten Präsidium getroffenen Anordnungen Folge zu leisten.[35]

Wird die **Wahlanfechtung für begründet** erklärt, wird die Wahl rückwirkend unwirksam. Wenn diese Entscheidung auch nicht zur Ungültigkeit der vorher getroffenen Präsidiumsentscheidungen führt und auch keine Besetzungsrüge eröffnet (Rn. 21), so endet doch mit der Entscheidung über die Begründetheit der Wahlanfechtung das Amt der durch diese Wahl gewählten Präsidiumsmitglieder, sei es ein einzelnes Mitglied, mehrere Mitglieder oder, und das ist wohl der „Normalfall" (§ 23b Abs. 4 Satz 2), die Hälfte der Präsidiumsmitglieder. Das Präsidium besteht von der Entscheidung an nur noch aus dem Mitglied von Amts wegen (§ 21a Abs. 2) und den in der vorangegangenen Wahl gewählten Mitgliedern sowie, soweit die letzte Wahl nur teilweise ungültig ist, aus den ordnungsgemäß gewählten Mitgliedern. Nur in dieser Besetzung kann das Präsidium von da an die notwendig werdenden Präsidiumsentscheidungen aller Art (im Extremfall bis zum Ende ihrer Amtszeit) treffen (dann hilft nur noch § 21i Abs. 2). Die Beschlussfähigkeit des Präsidiums richtet sich nach § 21i Abs. 1: „mindestens die Hälfte seiner gewählten Mitglieder anwesend". Für die Berechnung dieser Hälfte ist jetzt auszugehen von den im Amt verbliebenen Präsidiumsmitgliedern, dem, wenn man so will, „Rumpf"-präsidium. Das Gesetz knüpft an die „gewählten", nicht an die „zu wählenden" Präsidiumsmitglieder an – ähnlich wie bei erschöpfter Vertreterliste. Die Nach-(Neu-)wahl der nach § 21b Abs. 4 Satz 2 ausgeschiedenen und nicht durch Neuwahl wirksam ersetzten Präsidiumsmitglieder muss alsbald stattfinden für die Vierjahresperiode, für die die für unwirksam erklärte Wahl bestimmt war; die jetzt gewählten Präsidiumsmitglieder werden damit für eine „Rest"zeit gewählt. – Werden die Erstwahl eines Präsidiums oder beide Wahlen des Zweijahresrhythmus für unwirksam erklärt, dann tritt mit der Entscheidung ein Vakuum ein, das nur über § 21i Abs. 2 (systemwidrig) geschlossen werden kann; alsbald ist eine Neuwahl aller Präsidiumsmitglieder vorzunehmen wie bei einer Erstwahl (vgl. § 21b Abs. 4 Satz 2, 3).

VIII. Wahlordnung. Eine Wahlordnung wird durch Rechtsverordnung der BReg mit Zustimmung des Bundesrats erlassen (Abs. 5). Es ist jedoch im Abs. 3 Satz 3 eine Öffnungsklausel vorgesehen, die es dem Landesgesetzgeber überlässt, ein anderes Wahlverfahren als das nach Abs. 3 Satz 2 zu bestimmen, gemeint ist das

---

[31] BGHZ 88, 143 = NJW 1983, 2945; BGH MDR 1984, 1008; OVG Münster NJW 1988, 723; ThürLSG 6. 4. 2006 – L 1 SF 51/06 –; OLG Rostock 22. 3. 2004 – I Ws 70/04 –; *LR/Breidling* Rn. 18; *Zöller/Gummer* Rn. 22; *Schorn/Stanicki* S. 67; *BL/Hartmann* Rn. 12; *Feiber* NStZ 1984, 471; a. A. OLG Celle NdsRpfl 1975, 138; VGH Kassel ESVGH 30, 15.
[32] BVerwGE 44, 172 = DÖV 1974, 96.
[33] ThürLSG 6. 4. 2006 – L 1 SF 51/06 –; OLG Rostock 22. 3. 2004 – I Ws 70/04 –.
[34] Vgl. auch BGH NJW 1976, 432.
[35] *Zöller/Gummer* Rn. 23.

Verhältniswahlrecht: Damit soll die Möglichkeit der Repräsentanz für kleinere Gruppen verbessert werden.[36] Ergeht ein solches Landesgesetz, kann die Landesregierung (mit Übertragungsmöglichkeit auf den Landesjustizminister) die entsprechende Wahlordnung erlassen.[37] Die nachfolgend abgedruckte (Bundes-)Wahlordnung gilt für alle Präsidiumswahlen, soweit nicht ein Land von der Möglichkeit einer Sonderregelung Gebrauch gemacht hat.

24 Die Anpassung von § 5 Abs. 3 WahlO an § 21 b Abs. 2 i. d. F. des Gesetzes vom 22. 12. 1999 erfolgte durch das OLG VertrÄndG[38] (vgl. Rn. 12).

Wahlordnung für die Präsidien der Gerichte

Vom 19. September 1972 (BGBl. I S. 1821);
zuletzt geändert durch Art. 209 Abs. 2 des Gesetzes vom 19. 4. 2006 (BGBl. I S. 866).

Auf Grund des § 21 b Abs. 5 des Gerichtsverfassungsgesetzes sowie auf Grund des § 10 Abs. 1 Halbsatz 1 des Einführungsgesetzes zum Gerichtsverfassungsgesetz, des § 4 der Verwaltungsgerichtsordnung, des § 4 der Finanzgerichtsordnung, des § 6 a des Arbeitsgerichtsgesetzes, des § 6 des Sozialgerichtsgesetzes, des § 47 der Bundesdisziplinarordnung, des § 36 e des Patentgesetzes und der §§ 97, 105 Abs. 1 der Bundesrechtsanwaltsordnung, jeweils in Verbindung mit § 21 b Abs. 5 des Gerichtsverfassungsgesetzes, sämtlich zuletzt geändert durch das Gesetz zur Änderung der Bezeichnungen der Richter und ehrenamtlichen Richter und der Präsidialverfassung der Gerichte vom 26. Mai 1972 (Bundesgesetzblatt I S. 841), verordnet die Bundesregierung mit Zustimmung des Bundesrates:

§ 1 Wahlvorstand. (1) [1] Der Wahlvorstand sorgt für die ordnungsmäßige Durchführung der Wahl der Mitglieder des Präsidiums. [2] Er faßt seine Beschlüsse mit Stimmenmehrheit.

(2) [1] Der Wahlvorstand besteht aus mindestens drei wahlberechtigten Mitgliedern des Gerichts. [2] Das amtierende Präsidium bestellt die erforderliche Zahl von Mitgliedern des Wahlvorstandes spätestens zwei Monate vor Ablauf des Geschäftsjahres, in dem eine Wahl stattfindet. [3] Es bestellt zugleich eine angemessene Zahl von Ersatzmitgliedern und legt fest, in welcher Reihenfolge sie bei Verhinderung oder Ausscheiden von Mitgliedern des Wahlvorstandes nachrücken.

(3) Das amtierende Präsidium gibt die Namen der Mitglieder und der Ersatzmitglieder des Wahlvorstandes unverzüglich durch Aushang bekannt.

§ 2 Wahlverzeichnisse. (1) [1] Der Wahlvorstand erstellt ein Verzeichnis der wahlberechtigten und ein Verzeichnis der wählbaren Mitglieder des Gerichts. [2] Die Verzeichnisse sind bis zum Wahltag auf dem laufenden zu halten.

(2) In das Verzeichnis der wählbaren Mitglieder des Gerichts sind auch die jeweils wegen Ablaufs ihrer Amtszeit oder durch Los ausscheidenden Mitglieder des Präsidiums aufzunehmen, sofern sie noch die Voraussetzungen des § 21 b Abs. 1 des Gerichtsverfassungsgesetzes erfüllen.

(3) In den Fällen des § 21 b Abs. 4 Satz 3 und des § 21 d Abs. 2 und 3 des Gerichtsverfassungsgesetzes nimmt der Wahlvorstand zuvor die Auslosung der ausscheidenden Mitglieder des Präsidiums vor.

(4) [1] Die Auslosung ist für die Richter öffentlich. [2] Zeitpunkt und Ort der Auslosung gibt der Wahlvorstand unverzüglich nach seiner Bestellung durch Aushang bekannt.

(5) [1] Über die Auslosung fertigt der Wahlvorstand eine Niederschrift, die von sämtlichen Mitgliedern des Wahlvorstandes zu unterzeichnen ist. [2] Sie muß das Ergebnis der Auslosung enthalten. [3] Besondere Vorkommnisse bei der Auslosung sind in der Niederschrift zu vermerken.

§ 3 Wahltag, Wahlzeit, Wahlraum. [1] Die Wahl soll mindestens zwei Wochen vor Ablauf des Geschäftsjahres stattfinden. [2] Der Wahlvorstand bestimmt einen Arbeitstag als Wahltag, die Wahlzeit und den Wahlraum. [3] Bei entsprechendem Bedürfnis kann bestimmt werden, daß an zwei aufeinander folgenden Arbeitstagen und in mehreren Wahlräumen gewählt wird. [4] Die Wahlzeit muß sich über mindestens zwei Stunden erstrecken.

---

[36] BTagsDrucks. 14/979 S. 4.
[37] Zu Schleswig-Holstein *Böttcher* Betrifft Justiz 2005, 22; *Zöller/Gummer* Rn. 3.
[38] BTagsDrucks. 14/9266, S. 42.

§ 4 **Wahlbekanntmachungen.** (1) ¹Der Wahlvorstand gibt spätestens einen Monat vor dem Wahltag durch Aushang bekannt:

1. das Verzeichnis der wahlberechtigten und das Verzeichnis der wählbaren Mitglieder des Gerichts,
2. das Ergebnis der Auslosung nach § 21 b Abs. 4 Satz 3 und § 21 d Abs. 2 und 3 des Gerichtsverfassungsgesetzes,
3. den Wahltag, die Wahlzeit und den Wahlraum,
4. die Anzahl der zu wählenden Richter,
5. die Voraussetzungen, unter denen eine Briefwahl stattfinden kann,
6. den Hinweis auf das Einspruchsrecht nach Absatz 3.

²Bestehen Zweigstellen oder auswärtige Spruchkörper, so sind die Wahlbekanntmachungen auch dort auszuhängen.

(2) Auf den Wahlbekanntmachungen ist der erste Tag des Aushangs zu vermerken.

(3) ¹Jedes wahlberechtigte Mitglied des Gerichts kann gegen die Richtigkeit der Wahlverzeichnisse binnen einer Woche seit ihrer Bekanntmachung oder der Bekanntmachung einer Änderung schriftlich bei dem Wahlvorstand Einspruch einlegen. ²Der Wahlvorstand hat über den Einspruch unverzüglich zu entscheiden und bei begründetem Einspruch die Wahlverzeichnisse zu berichtigen. ³Die Entscheidung des Wahlvorstandes ist dem Mitglied des Gerichts, das den Einspruch eingelegt hat, schriftlich mitzuteilen. ⁴Sie muß ihm spätestens am Tage vor der Wahl zugehen.

§ 5 **Wahlhandlung.** (1) Das Wahlrecht wird durch Abgabe eines Stimmzettels in einem Wahlumschlag ausgeübt.

(2) ¹Auf dem Stimmzettel sind die Anzahl der zu wählenden Richter sowie die Namen der wählbaren Richter in alphabetischer Reihenfolge untereinander aufzuführen. ²Nicht aufzuführen sind die Namen der Richter, die dem Präsidium angehören und deren Amtszeit noch nicht abläuft.

(3) Der Wähler gibt seine Stimme ab, indem er auf dem Stimmzettel einen oder mehrere Namen von Richtern ankreuzt und den Stimmzettel im verschlossenen Wahlumschlag in die Wahlurne legt.

§ 6 **Ordnung im Wahlraum.** (1) Die Richter können während der gesamten Wahlzeit im Wahlraum anwesend sein.

(2) ¹Der Wahlvorstand trifft Vorkehrungen, daß der Wähler den Stimmzettel im Wahlraum unbeobachtet kennzeichnet und in den Wahlumschlag legt. ²Für die Aufnahme der Umschläge ist eine Wahlurne zu verwenden. ³Vor Beginn der Stimmabgabe hat der Wahlvorstand festzustellen, daß die Wahlurne leer ist, und sie zu verschließen. ⁴Sie muß so eingerichtet sein, daß die eingelegten Umschläge nicht entnommen werden können, ohne daß die Urne geöffnet wird.

(3) Solange der Wahlraum zur Stimmabgabe geöffnet ist, müssen mindestens zwei Mitglieder des Wahlvorstandes im Wahlraum anwesend sein.

(4) ¹Stimmzettel und Wahlumschlag werden dem Wähler von dem Wahlvorstand im Wahlraum ausgehändigt. ²Vor dem Einlegen des Wahlumschlages in die Wahlurne stellt ein Mitglied des Wahlvorstandes fest, ob der Wähler im Wählerverzeichnis eingetragen ist. ³Die Teilnahme an der Wahl ist im Wählerverzeichnis zu vermerken.

(5) ¹Wird die Wahlhandlung unterbrochen oder wird das Wahlergebnis nicht unmittelbar nach Abschluß der Stimmabgabe festgestellt, so hat der Wahlvorstand für die Zwischenzeit die Wahlurne so zu verschließen und aufzubewahren, daß das Einlegen oder die Entnahme von Stimmzetteln ohne Beschädigung des Verschlusses unmöglich ist. ²Bei Wiedereröffnung der Wahl oder bei Entnahme der Stimmzettel zur Stimmzählung hat sich der Wahlvorstand davon zu überzeugen, daß der Verschluß unversehrt ist.

(6) ¹Nach Ablauf der Wahlzeit dürfen nur noch diejenigen Wahlberechtigten abstimmen, die sich in diesem Zeitpunkt im Wahlraum befinden. ²Sodann erklärt der Wahlvorstand die Wahlhandlung für beendet.

§ 7 **Briefwahl.** (1) ¹Den wahlberechtigten Mitgliedern des Gerichts, die
1. einem auswärtigen Spruchkörper oder einer Zweigstelle des Gerichts angehören oder für nicht mehr als drei Monate an ein anderes Gericht abgeordnet sind,

2. aus sonstigen Gründen an einer Stimmabgabe nach § 5 Abs. 3 verhindert sind und dies dem Wahlvorstand rechtzeitig anzeigen,

leitet der Wahlvorstand einen Stimmzettel und einen Wahlumschlag sowie einen größeren Freiumschlag zu, der die Anschrift des Wahlvorstandes und als Absender die Anschrift des wahlberechtigten Mitglieds des Gerichts sowie den Vermerk „Schriftliche Stimmabgabe zur Wahl des Präsidiums" trägt. [2] Er übersendet außerdem eine vorgedruckte, vom Wähler abzugebende Erklärung, in der dieser dem Wahlvorstand gegenüber versichert, daß er den Stimmzettel persönlich gekennzeichnet hat. [3] Die Absendung ist in der Wählerliste zu vermerken.

(2) In einem besonderen Schreiben ist zugleich anzugeben, bis zu welchem Zeitpunkt spätestens der Stimmzettel bei dem Wahlvorstand eingegangen sein muß.

(3) [1] Der Wähler gibt seine Stimme ab, indem er auf dem Stimmzettel einen oder mehrere Namen von Richtern ankreuzt und den Stimmzettel im verschlossenen Wahlumschlag unter Verwendung des Freiumschlages und Beifügung der von ihm unterzeichneten vorgedruckten Erklärung dem Wahlvorstand übermittelt. [2] Die Stimmabgabe kann vor dem Wahltag erfolgen.

(4) [1] Während der Wahlzeit vermerkt ein Mitglied des Wahlvorstandes die Absender der bei dem Wahlvorstand eingegangenen Briefe im Wählerverzeichnis, entnimmt den Briefen die Wahlumschläge und legt diese ungeöffnet in die Wahlurne. [2] Die vorgedruckten Erklärungen sind zu den Wahlunterlagen zu nehmen. [3] Briefe, die ohne die vorgedruckte Erklärung bei dem Wahlvorstand eingehen, sind mit den darin enthaltenen Wahlumschlägen sowie mit einem entsprechenden Vermerk des Wahlvorstandes zu den Wahlunterlagen zu nehmen. [4] Nach Ablauf der Wahlzeit eingehende Briefe sind unter Vermerk des Eingangszeitpunktes ungeöffnet zu den Wahlunterlagen zu nehmen.

§ 8 Feststellung des Wahlergebnisses. (1) [1] Unverzüglich nach Ablauf der Wahlzeit stellt der Wahlvorstand das Wahlergebnis fest. [2] Die Richter können bei der Feststellung des Wahlergebnisses anwesend sein.

(2) [1] Der Wahlvorstand öffnet die Wahlurne und entnimmt den darin befindlichen Wahlumschlägen die Stimmzettel. [2] Er prüft deren Gültigkeit und zählt sodann die auf jedes wählbare Mitglied des Gerichts entfallenden gültigen Stimmen zusammen.

(3) Ungültig sind Stimmzettel,

1. die nicht in einem Wahlumschlag abgegeben sind,
2. die nicht von dem Wahlvorstand ausgegeben sind,
3. aus denen sich der Wille des Wählers nicht zweifelsfrei ergibt,
4. die einen Zusatz oder Vorbehalt enthalten.

(4) Bei Stimmengleichheit zwischen zwei oder mehreren wählbaren Mitgliedern des Gerichts stellt der Wahlvorstand durch Auslosung fest, wer als gewählt gilt und wer in den Fällen des § 21 c Abs. 2 des Gerichtsverfassungsgesetzes als Nächstberufener nachrückt.

§ 9 Wahlniederschrift. (1) [1] Über das Wahlergebnis fertigt der Wahlvorstand eine Niederschrift, die von sämtlichen Mitgliedern des Wahlvorstandes zu unterzeichnen ist. [2] Die Niederschrift muß enthalten:

1. die Zahl der abgegebenen Stimmzettel,
2. die Zahl der gültigen Stimmzettel,
3. die Zahl der ungültigen Stimmzettel,
4. die für die Gültigkeit oder Ungültigkeit zweifelhafter Stimmzettel maßgebenden Gründe,
5. die Angabe, wie viele Stimmen auf jeden der wählbaren Richter entfallen sind,
6. die Namen der gewählten Richter,
7. das Ergebnis einer etwaigen Auslosung nach § 8 Abs. 4.

(2) Besondere Vorkommnisse bei der Wahlhandlung oder der Feststellung des Wahlergebnisses sind in der Niederschrift zu vermerken.

§ 10 Benachrichtigung der gewählten Richter. Der Wahlvorstand benachrichtigt unverzüglich die in das Präsidium gewählten Mitglieder des Gerichts schriftlich von ihrer Wahl.

§ 11 Bekanntgabe des Wahlergebnisses. Der Wahlvorstand gibt das Wahlergebnis unverzüglich durch Aushang bekannt.

§ 12 Berichtigung des Wahlergebnisses. ¹Offenbare Unrichtigkeiten des bekanntgemachten Wahlergebnisses, insbesondere Schreib- und Rechenfehler, kann der Wahlvorstand von Amts wegen oder auf Antrag berichtigen. ²Die Berichtigung ist gleichfalls durch Aushang bekannt zu machen.

§ 13 Aufbewahrung der Wahlunterlagen. Die Wahlunterlagen (Aushänge, Niederschriften, Stimmzettel, verspätet oder ohne vorgedruckte Erklärung eingegangene Wahlbriefe usw.) werden von dem Präsidium mindestens vier Jahre aufbewahrt; die Frist beginnt mit dem auf die Wahl folgenden Geschäftsjahr.

§ 14 Nachwahl. Ist in den Fällen des § 21c Abs. 2 des Gerichtsverfassungsgesetzes eine Nachwahl durchzuführen, weil kein Nächstberufener vorhanden ist, so gelten für die Durchführung der Nachwahl die Vorschriften dieser Verordnung entsprechend.

§ 15 Übergangsvorschrift. Besteht bei einem Gericht bei Inkrafttreten dieser Verordnung kein Präsidium, so nimmt bei der erstmaligen Bestellung des Wahlvorstandes der aufsichtführende Richter die Aufgaben nach § 1 Abs. 2 Satz 2 und 3 und Abs. 3 wahr.

§ 16 Berlin-Klausel. (aufgehoben)

§ 17 Inkrafttreten. Diese Verordnung tritt am 1. Oktober 1972 in Kraft.

§ 21c. [Vertretung der Mitglieder des Präsidiums]

(1) ¹Bei einer Verhinderung des Präsidenten oder aufsichtführenden Richters tritt sein Vertreter (§ 21h) an seine Stelle. ²Ist der Präsident oder aufsichtführende Richter anwesend, so kann sein Vertreter, wenn er nicht selbst gewählt ist, an den Sitzungen des Präsidiums mit beratender Stimme teilnehmen. ³Die gewählten Mitglieder des Präsidiums werden nicht vertreten.

(2) Scheidet ein gewähltes Mitglied des Präsidiums aus dem Gericht aus, wird es für mehr als drei Monate an ein anderes Gericht abgeordnet oder für mehr als drei Monate beurlaubt, wird es an eine Verwaltungsbehörde abgeordnet oder wird es kraft Gesetzes Mitglied des Präsidiums, so tritt an seine Stelle der durch die letzte Wahl Nächstberufene.

Gesetzesfassung: Abs. 2 i. d. F. von Art. 1 Nr. 3 G vom 22. 12. 1999 (BGBl. I S. 2598).

I. Vertretung bei Verhinderung. 1. Verhinderung. Für die Verhinderung 1 sowohl der gewählten Mitglieder als auch der Mitglieder kraft Amtes gilt dasselbe wie bei allen anderen Dienstobliegenheiten des Richters. Als Verhinderungsgründe kommen durch Krankheit, Urlaub oder Dienstreise bedingte Abwesenheit in Betracht. Sofern das Präsidiumsmitglied an der Gerichtsstelle anwesend ist, sind Verhinderungsfälle durch unaufschiebbare andere Dienstgeschäfte (Teilnahme an Sitzungen) denkbar. Die Teilnahme an den Sitzungen des Präsidiums sollte aber im Zweifel allen anderen Dienstgeschäften vorgehen. Das ist zwar im Gesetz nicht ausdrücklich so bestimmt, dürfte sich aber aus der Natur der Sache ergeben. Denn die Aufgaben des Präsidiums greifen über den Rahmen der anderen richterlichen Aufgaben etwa als Mitglied eines Spruchkörpers oder in einem sonstigen richterlichen Dezernat weit hinaus, sie betreffen das Gericht als Ganzes und das Verfassungsgebot des gesetzlichen Richters. Deshalb ist auch für den Präsidenten des Gerichts der Vorsitz im Präsidium eine besonders vordringliche Aufgabe, die anderen Justizverwaltungsgeschäften vorgeht. Der Vorsitzende sollte bei der Einladung auf den Sitzungsplan der Richter, die Mitglieder des Präsidiums sind, im Rahmen des Möglichen Rücksicht nehmen. Die Verhinderung festzustellen ist Sache des Vorsitzenden. Ein Vermerk im Sitzungsprotokoll genügt; er sollte aus Klarstellungsgründen auch bei offenkundiger Verhinderung aufgenommen werden.

2 **2. Rechtsfolgen der Verhinderung.** Hinsichtlich der Rechtsfolgen der Verhinderung unterscheidet das Gesetz zwischen dem Vorsitzenden (Präsidenten oder aufsichtführenden Richter) und den gewählten Mitgliedern des Präsidiums. Die **gewählten Mitglieder werden nicht vertreten** (Abs. 1 Satz 3). Die Zahl der im Präsidium mitwirkenden Richter vermindert sich dann entsprechend, und zwar notfalls bis auf die für die Beschlussfähigkeit erforderliche Zahl (§ 21i Abs. 1). Ist mehr als die Hälfte der gewählten Mitglieder verhindert, so hat der Präsident oder aufsichtführende Richter allein die unaufschiebbaren Anordnungen zu treffen (§ 21i Abs. 2 Satz 1). Die Vorschrift erwähnt nicht die nichtgewählten Mitglieder nach § 21a Abs. 2 Satz 1 Nr. 5. Bei diesem nach dem Plenarprinzip zusammengesetzten Präsidium versteht es sich von selbst, dass eine Vertretung nicht stattfinden kann, da alle wählbaren Richter Mitglieder des Präsidiums sind.

3 Der **Vorsitzende** wird im Falle der Verhinderung durch den Vizepräsidenten oder den sonst von der Justizverwaltung bestellten ständigen Vertreter des Präsidenten oder aufsichtführenden Richters (auch) im Präsidium vertreten. Es tritt die Vertretungsregelung des § 21h ein. Ist der Vertreter gewähltes Mitglied des Präsidiums, kann er für die Dauer der Vertretung im Amt des Vorsitzenden seine Rechte als gewähltes Mitglied nicht wahrnehmen; er ist insoweit verhindert und wird auch nicht vertreten (Rn. 2), so dass sich die Zahl der zur Mitwirkung an der Entscheidung des Präsidiums berufenen Mitglieder vermindert – ein unerwünschtes Ergebnis (§ 21b Rn. 11).

4 **II. Teilnahme des Vizepräsidenten.** Der Vizepräsident bzw. ständige Vertreter des Vorsitzenden hat das Recht, an den Sitzungen des Präsidiums teilzunehmen, allerdings ohne Stimmrecht (Abs. 1 Satz 2). Das Gesetz gesteht ihm jedoch ausdrücklich die beratende Stimme zu. Seine Teilnahme an den Sitzungen dient also nicht nur der Information des Vertreters und damit der ständigen Vorbereitung auf die Übernahme des Vorsitzes im Fall der Verhinderung des Präsidenten, sondern soll auch der Information und Meinungsbildung des Präsidiums nützen. Es versteht sich von selbst, dass es grundsätzlich zu den Dienstpflichten des Vertreters gehört, dieses bedeutsame Recht auch auszuüben. Der Vertreter wird bei Verhinderung oder Nichtausübung des Rechts aus § 21c Abs. 1 Satz 2 seinerseits nicht vertreten; es kann also immer nur der jeweilige Vertreter selbst mit beratender Stimme an den Sitzungen des Präsidiums teilnehmen.[1]

5 **III. Ausscheiden aus dem Präsidium. 1. Gründe.** Abs. 2 regelt den Wechsel der gewählten Mitglieder des Präsidiums. Nur in wenigen Fällen kann ein Mitglied aus dem Präsidium vor Ablauf der Wahlperiode ausscheiden: a) Ausscheiden aus dem Gericht (Versetzung, Ausscheiden aus dem aktiven Richterdienst); b) Abordnung an ein anderes Gericht für mehr als drei Monate; c) Beurlaubung von mehr als drei Monaten (§ 21b Rn. 1); d) Abordnung an eine Verwaltungsbehörde ohne Rücksicht auf die Dauer; e) Erlangung der Mitgliedschaft im Präsidium kraft Gesetzes (Ernennung zum Präsidenten oder aufsichtführenden Richter). Diese Aufzählung ist abschließend. Ein Ausscheiden wegen lang dauernder Krankheit oder ähnlichem gibt es ebenso wenig wie eine Niederlegung des Amtes.

6 Beruht das Ausscheiden aus dem Präsidium auf einem an sich vorübergehenden Umstand, etwa auf einer Abordnung oder Beurlaubung, tritt der damit ausgeschiedene Richter bei seiner Rückkehr an das Gericht nicht wieder in das Präsidium ein. Die einmal verlorene Mitgliedschaft lebt nicht wieder auf. Dies ergibt sich aus Abs. 2, wonach an die Stelle des ausgeschiedenen Mitglieds ein anderer Richter tritt.[2]

---

[1] Zöller/Gummer Rn. 7.
[2] Vgl. Driehaus DRiZ 1975, 42.

2. Nachrücken. Für das ausgeschiedene (gewählte) Mitglied tritt der durch die **7**
„letzte" Wahl Nächstberufene in das Präsidium ein. Durch die Einfügung des Wortes „letzte" (RpflVereinfG) ist eine früher durch die zeitversetzte Zusammensetzung des Präsidiums (vgl. § 21 b Rn. 13) entstandene Frage geklärt: Das nachrückende Präsidiumsmitglied wird wegen der höheren demokratischen Legitimation[3] der Liste der letzten Wahl entnommen, auch wenn nur eine Teilwahl war.[4] Scheidet ein Mitglied vor Ablauf der aktuellen Wahlperiode, aber nach Durchführung der Wahl für die nächste Wahlperiode aus, ist ebenfalls diese letzte Wahl maßgeblich; dass die dabei Gewählten ihr Amt erst später antreten, bleibt ohne Belang. Haben die zum Nachrücken Anstehenden, die noch wahlberechtigt sein müssen, die gleiche Stimmenzahl, entscheidet das Los, § 8 Abs. 4 WahlO. Ist die Nachrückliste erschöpft, muss eine Nachwahl stattfinden, § 14 WahlO.

Der Nachrückende tritt in die Amtszeit des Ausgeschiedenen ein, er bleibt also **8**
Mitglied bis zum Ende der Wahlzeit, die für den Ausgeschiedenen galt.

Scheidet ein gewähltes Mitglied des Präsidiums aus, bedarf es der **Feststellung,** **9**
wer konkret als Nächstberufener an seine Stelle in das Präsidium eintritt, weil nachrücken nur kann, wer noch wählbar ist.[5] Diese Feststellung hat das Präsidium zu treffen, da die Funktionen des Wahlvorstandes nach Abschluss der Wahl (§ 21 b Rn. 15) beendet sind.[6] Den Streit über die Feststellung hat entsprechend § 21 b Abs. 6 das OLG zu entscheiden.[7]

§ 21 d. [Größe des Präsidiums]

(1) **Für die Größe des Präsidiums ist die Zahl der Richterplanstellen am Ablauf des Tages maßgebend, der dem Tage, an dem das Geschäftsjahr beginnt, um sechs Monate vorhergeht.**

(2) ¹Ist die Zahl der Richterplanstellen bei einem Gericht mit einem Präsidium nach § 21 a Abs. 2 Nr. 1 bis 3 unter die jeweils genannte Mindestzahl gefallen, so ist bei der nächsten Wahl, die nach § 21 b Abs. 4 stattfindet, die folgende Zahl von Richtern zu wählen:
1. bei einem Gericht mit einem Präsidium nach § 21 a Abs. 2 Nr. 1 vier Richter,
2. bei einem Gericht mit einem Präsidium nach § 21 a Abs. 2 Nr. 2 drei Richter,
3. bei einem Gericht mit einem Präsidium nach § 21 a Abs. 2 Nr. 3 zwei Richter.
²Neben den nach § 21 b Abs. 4 ausscheidenden Mitgliedern scheidet jeweils ein weiteres Mitglied, das durch das Los bestimmt wird, aus.

(3) ¹Ist die Zahl der Richterplanstellen bei einem Gericht mit einem Präsidium nach § 21 a Abs. 2 Nr. 2 bis 4 über die für die bisherige Größe des Präsidiums maßgebende Höchstzahl gestiegen, so ist bei der nächsten Wahl, die nach § 21 b Abs. 4 stattfindet, die folgende Zahl von Richtern zu wählen:
1. bei einem Gericht mit einem Präsidium nach § 21 a Abs. 2 Nr. 2 sechs Richter,
2. bei einem Gericht mit einem Präsidium nach § 21 a Abs. 2 Nr. 3 fünf Richter,
3. bei einem Gericht mit einem Präsidium nach § 21 a Abs. 2 Nr. 4 vier Richter.
²Hiervon scheidet jeweils ein Mitglied, das durch das Los bestimmt wird, nach zwei Jahren aus.

Gesetzesfassung: Abs. 2, 3 i. d. F. von Art. 1 Nr. 4 G vom 22. 12. 1999 (BGBl. I S. 2598).

I. Regelungsinhalt. Die Vorschrift bestimmt den für die Größe des Präsidiums **1**
nach § 21 a Abs. 2 maßgeblichen Stichtag und regelt die Fälle, in denen sich die

---
[3] BTagsDrucks. 11/3621 S. 52.
[4] BGHZ 112, 330 = NJW 1991, 1183.
[5] BGH aaO.
[6] BGH aaO. m. w. N.; *LR/Breidling* Rn. 11; *MünchKommZPO/Wolf* Rn. 12; *Zöller/Gummer* Rn. 8; *BL/Hartmann* Rn. 5; *Meyer-Goßner* Rn. 3.
[7] BGH aaO.; OLG Frankfurt DRiZ 1984, 196; *BL/Hartmann* Rn. 5.

Zahl der Richterplanstellen in einer die Größe des Präsidiums beeinflussenden Weise erhöht oder verringert; sie ergänzt somit § 21 a Abs. 2.

2   **II. Regelungsgrundsatz.** Das Präsidium ist ein existentielles Organ der gesamten Gerichtsverfassung, denn ohne die Entscheidungen des Präsidiums gibt es keinen gesetzlichen Richter (§ 21 a Rn. 1, 2). Das gilt für die Notwendigkeit einer Jahresgeschäftsverteilung im Voraus wie auch für die im Laufe des Geschäftsjahres erforderlichen Reaktionen auf personelle Veränderungen innerhalb des Gerichts und eine veränderte Entwicklung der Geschäftsbelastung, numerisch wie nach Verfahrenseigenarten. Deshalb ist die ständige Existenz des Präsidiums und seine Funktionsfähigkeit rechtsstaatlich unverzichtbar (Stetigkeitsprinzip). Im Gegensatz zu anderen Gremien wie Richterrat und Präsidialrat (§§ 49 ff., 72 ff. DRiG) werden die Mitglieder des Präsidiums aber nicht einheitlich für eine gemeinsame Amtszeit gewählt. Die Amtszeit beträgt zwar für jedes gewählte Präsidiumsmitglied vier Jahre, aber sie ist zeitlich versetzt. Im Zweijahresrhythmus scheidet immer die Hälfte der Präsidiumsmitglieder (nach Ablauf ihrer vierjährigen Amtszeit) aus, für sie findet eine Neuwahl statt (§ 21 b Abs. 4). Das dient der Stetigkeit und der inneren Kontinuität.

3   Bei allem Bemühen um Stetigkeit des Präsidiums ist aber zu berücksichtigen, dass dessen zahlenmäßige Zusammensetzung gestaffelt ist nach der Zahl der richterlichen Planstellen bei dem Gericht (§ 21 a Abs. 2). Diese Zahl ist keine statische Größe, sondern unterliegt aus unterschiedlichen Gründen der Veränderung und muss mit der Staffelung der zahlenmäßigen Größe des Präsidiums koordiniert werden. Eine jeweils sofortige Anpassung durch Verringerung oder Erhöhung der Mitgliederzahl würde nicht nur erhebliche organisatorische Probleme mit sich bringen, sondern auch schwierige Fragen zur Bestimmung der ausscheidenden Mitglieder nach sich ziehen.

4   Abs. 1 stellt deshalb für die Größe des Präsidiums ab auf die Zahl der Richterplanstellen am Ablauf des Tages, der dem Tag um sechs Monate vorausgeht, an dem das Geschäftsjahr beginnt. Beginnt das Geschäftsjahr am 1. Januar, dann ist der Stichtag der 30. 6. des vorangehenden Jahres. Mit dieser Stichtagsbestimmung ist aber nur geregelt, dass sich innerhalb des Geschäftsjahres nichts an der zahlenmäßigen Zusammensetzung des Präsidiums ändert. Wie die personelle Besetzung an eine Veränderung der nach § 21 a Abs. 2 maßgebenden Zahl der Richterplanstellen nach diesem Stichtag anzupassen ist, ergibt sich dem gegenüber aus Abs. 2 und 3. Im Interesse der Stetigkeit stellt das Gesetz hier ab auf die nächste Wahl zum Präsidium im Rahmen des Zweijahresrhythmus nach § 21 a Abs. 4, sowohl für die Erhöhung als auch für Verringerung der Mitgliederzahl.

5   **III. Verringerung der Richterplanstellenzahl.** Verringert sich die Zahl der Richterplanstellen bis zum Stichtag unter die für die Mitgliederzahlen des Präsidiums des Gerichts bisher maßgebliche Zahl, dann bleibt es bis zur Neuwahl nach § 21 a Abs. 4 in den Gerichten mit mindestens 6 gewählten Präsidiumsmitgliedern (§ 21 a Abs. 2 Nr. 1 bis 3, § 21 d Abs. 1) bei der bisherigen Mitgliederzahl. Hat sich bei einem Gericht von damals mindestens 80 Planstellen die Planstellenzahl auf unter 80 verringert, scheidet zwar nach dem Zweijahresrhythmus nach § 21 b Abs. 4 die Hälfte, also 5 Richter, „planmäßig", aus. Zusätzlich und ausnahmsweise scheidet ein weiteres Mitglied aus, das durch das Los bestimmt wird (§ 21 d Abs. 2 Satz 2). Damit bleiben von den bisherigen 10 Präsidiumsmitgliedern nur noch 4 im Amt; es werden nun nach § 21 d Abs. 2 Satz 1 Nr. 1 vier Richter neu gewählt, und damit hat das Präsidium die durch die verringerte Richterplanstellenzahl unter 80 von § 21 a Abs. 2 Nr. 2 vorgeschriebene Mitgliederzahl von 8 erreicht. – Entsprechendes gilt bei verringerten Planstellenzahlen für die Präsidien bei bisher mindestens 40, höchstens 79 Richterplanstellen (§ 21 a Abs. 2 Nr. 2, § 21 d Abs. 2 Satz 1 Nr. 2 und Satz 2) und bisher mindestens 20 bis 39 Richterplanstellen (§ 21 a Abs. 2 Nr. 3, § 21 d Abs. 2 Satz 1 Nr. 3 und Satz 2).

IV. Erhöhung der Richterplanstellenzahl. Steigt die Zahl der Richterplanstellen bis zum Stichtag (§ 21 d Abs. 1) über die für die Mitgliederzahlen des Präsidiums des Gerichts bisher maßgeblichen Richtwerte, dann ist das von Relevanz nur für die Gerichte mit bisher weniger als 80 Richterplanstellen. Bis zur Neuwahl nach § 21 b Abs. 4 bleibt es in den Gerichten mit mindestens 80 Richterplanstellen bei der letzten Präsidiumswahl (§ 21 a Abs. 2 Nr. 2 bis 4, § 21 d Abs. 1) auch bei der bisherigen Mitgliederzahl. Hat sich bei einem Gericht von damals unter 39 Planstellen die Planstellenzahl auf mindestens 40 erhöht, scheidet nach dem allgemeinen Zweijahresrhythmus nach § 21 b Abs. 4 die (bisherige) Hälfte, also 4 Richter, „planmäßig", aus. Zu den verbleibenden 4 Mitgliedern werden 6 Richter hinzugewählt (§ 21 d Abs. 3 Satz 1 Nr. 1), so dass jetzt die neue Zahl von 10 Mitgliedern erreicht wird. Damit aber der auf „hälftig" abgestellte Zweijahresrhythmus in Zukunft erreicht wird, scheidet bei der folgenden Wahl im Zweijahresrhythmus neben den 4 verbliebenen „alten" Mitgliedern ein weiteres der 6 nachgewählten Mitglieder (durch Losentscheid) aus (§ 21 d Abs. 3 Satz 2), es werden dann 5 neue Mitglieder gewählt, so dass dann zwei Gruppen zu je 5 Mitgliedern mit gleicher Amtszeit vorhanden sind. – Entsprechendes gilt bei erhöhten Planstellenzahlen für die Präsidien bei bisher mindestens 20, höchstens 39 Planstellen (§ 21 a Abs. 2 Nr. 3, § 21 d Abs. 3 Satz 1 Nr. 2) und mindestens 8, höchstens 19 Planstellen (§ 21 a Abs. 2 Nr. 4, § 21 d Abs. 3 Satz 1 Nr. 3).

V. Sonderfälle. 1. Zum Präsidium eines Gerichts mit mindestens 8 und höchstens 19 Richterplanstellen (§ 21 a Abs. 2 Nr. 4) fehlt eine ausdrückliche Regelung für das Absinken der Richterplanstellen unter 8, wodurch das Plenarpräsidium (§ 21 a Abs. 2 Nr. 5) entsteht. Hier bedarf es keiner Übergangsfrist entsprechend § 21 d Abs. 2 bis zur nächsten Präsidiumswahl und keiner Berücksichtigung des Stetigkeitsprinzips, sondern die Umstellung auf das Plenarpräsidium kann sofort geschehen. Mit dem Wegfall der Mindestzahl von 8 Richterplanstellen tritt das Plenarpräsidium an die Stelle des bisher bestehenden repräsentativen Präsidiums nach § 21 a Abs. 2 Nr. 4.

2. Auch für den umgekehrten Fall, dass bei einem Plenarpräsidium bei einem Gericht mit unter 8 Richterplanstellen die Zahl auf mindestens 8 ansteigt, fehlt eine ausdrückliche Regelung. Hier tritt an die Stelle des Plenarpräsidiums nach § 21 a Abs. 2 Nr. 5 jetzt das repräsentative Präsidium nach § 21 a Abs. 2 Nr. 4 (evtl. Nr. 3 usw.). Zur Existenz dieses repräsentativen Präsidiums bedarf es der Durchführung des Wahlverfahrens, so dass ein sofortiges Entstehen des Präsidiums nicht möglich ist. Eine Orientierung am Zweijahressystem, wie sie § 21 d Abs. 3 zugrunde liegt, ist hier nicht möglich. Es muss deshalb früher gewählt werden, wobei auf das Geschäftsjahr (Rn. 9) abzustellen ist. Die Amtszeit des jetzt erstmals gewählten Präsidiums anstelle des Plenarpräsidiums beginnt damit am Beginn des nächsten Kalenderjahres, sofern die Wahl rechtzeitig vorgenommen werden kann, sonst erst mit dem nächsten Geschäftsjahr; eine Spaltung des Geschäftsjahres hinsichtlich des zuständigen Präsidiums erscheint mit dem Stetigkeitsprinzip nicht vereinbar. Bis dahin bilden alle wählbaren Richter das Plenarpräsidium, unabhängig von der Zahl der Richterplanstellen.

VI. Geschäftsjahr. Geschäftsjahr ist das Kalenderjahr. Das ist zwar im Gesetz nicht ausdrücklich bestimmt, der Begriff des Geschäftsjahres wird nirgends erläutert. Einige Ausführungsgesetze der Länder haben das Kalenderjahr zum Geschäftsjahr erklärt. In den übrigen Ländern gilt dies gewohnheitsrechtlich.[1] So ging auch § 10 Abs. 1 RpflAnpG vom 1. Januar als dem Beginn des Geschäftsjahres aus. Die Ansicht, das Präsidium könne das Geschäftsjahr abweichend festsetzen und damit

---

[1] *Katholnigg* Rn. 1; *LR/Breidling* Rn. 2; *Thomas/Putzo/Hüßtege* Rn. 1; *Schorn/Stanicki* S. 26.

auch seine eigene Amtszeit verlängern oder verkürzen,[2] verdient keine Zustimmung. Die Festsetzung des Geschäftsjahres unterliegt nicht der Gestaltungsautonomie des Präsidiums. Auch wäre unerträglich, wenn bei verschiedenen Gerichten unterschiedliche Geschäftsjahre gälten.

§ 21 e. [Aufgaben und Befugnisse des Präsidiums; Geschäftsverteilung]

(1) ¹Das Präsidium bestimmt die Besetzung der Spruchkörper, bestellt die Ermittlungsrichter, regelt die Vertretung und verteilt die Geschäfte. ²Es trifft diese Anordnungen vor dem Beginn des Geschäftsjahres für dessen Dauer. ³Der Präsident bestimmt, welche richterlichen Aufgaben er wahrnimmt. ⁴Jeder Richter kann mehreren Spruchkörpern angehören.

(2) Vor der Geschäftsverteilung ist den Richtern, die nicht Mitglied des Präsidiums sind, Gelegenheit zur Äußerung zu geben.

(3) ¹Die Anordnungen nach Absatz 1 dürfen im Laufe des Geschäftsjahres nur geändert werden, wenn dies wegen Überlastung oder ungenügender Auslastung eines Richters oder Spruchkörpers oder infolge Wechsels oder dauernder Verhinderung einzelner Richter nötig wird. ²Vor der Änderung ist den Vorsitzenden Richtern, deren Spruchkörper von der Änderung der Geschäftsverteilung berührt wird, Gelegenheit zu einer Äußerung zu geben.

(4) Das Präsidium kann anordnen, daß ein Richter oder Spruchkörper, der in einer Sache tätig geworden ist, für diese nach einer Änderung der Geschäftsverteilung zuständig bleibt.

(5) Soll ein Richter einem anderen Spruchkörper zugeteilt oder soll sein Zuständigkeitsbereich geändert werden, so ist ihm, außer in Eilfällen, vorher Gelegenheit zu einer Äußerung zu geben.

(6) Soll ein Richter für Aufgaben der Justizverwaltung ganz oder teilweise freigestellt werden, so ist das Präsidium vorher zu hören.

(7) ¹Das Präsidium entscheidet mit Stimmenmehrheit. ²§ 21 i Abs. 2 gilt entsprechend.

(8) ¹Das Präsidium kann beschließen, dass Richter des Gerichts bei den Beratungen und Abstimmungen des Präsidiums für die gesamte Dauer oder zeitweise zugegen sein können. ²§ 171 b gilt entsprechend.

(9) Der Geschäftsverteilungsplan des Gerichts ist in der von dem Präsidenten oder aufsichtführenden Richter bestimmten Geschäftsstelle des Gerichts zur Einsichtnahme aufzulegen; einer Veröffentlichung bedarf es nicht.

Übersicht

	Rn.		Rn.
A. Regelungsinhalt	1	5. Informationsrechte und Anhörungsrechte	57
B. Aufgaben und Befugnisse des Präsidiums im Allgemeinen	2	6. Beratung, Abstimmung	60
I. Rechtsstellung	2	7. Form der Beschlussfassung	73
II. Zuständigkeit	11	8. Protokollierung	74
III. Rechtsstellung der Mitglieder	18	9. Bekanntgabe, Offenlegung, Veröffentlichung	75
C. Verfahren des Präsidiums	27	D. Geschäftsverteilung (Allgemeines)	78
I. Allgemeines	27	I. Grundsätze, Rechtsnatur	78
II. Geschäftsordnung	29	1. Gestaltungsfreiheit	78
III. Einzelfragen	30	2. Gesetzliche Geschäftsverteilung	87
1. Vorsitz, Geschäftsführung	30	3. Vollständigkeitsprinzip	92
2. Sitzungen	36	4. Abstraktionsprinzip	94
3. Mitwirkungsrechte anderer	42	5. Bestimmtheitsgrundsatz	95
4. Anhörungspflichten	43	6. Stetigkeitsgrundsatz	96

---

[2] *Zöller/Gummer* Rn. 1; *MünchKommZPO/Wolf* Rn. 3; vgl. auch *BL/Hartmann* Rn. 2.

Aufgaben und Befugnisse; Geschäftsverteilung 1–3 § 21e

	Rn.		Rn.
7. Jährlichkeitsprinzip	97	E. Geschäftsverteilung, Einzelfragen	126
8. Vorauswirkungsprinzip	98	I. Besetzung der Spruchkörper	126
9. Grundsatz der sofortigen Vollziehung	100	1. Präsident (Abs. 1 Satz 3)	126
		2. Vorsitzende	127
10. Rechtsnatur	102	3. Beisitzer	128
II. Jahresgeschäftsverteilung	106	4. Überbesetzung	129
III. Änderungsbeschlüsse	108	5. Ermittlungsrichter	134
IV. Auslegung, Anwendung, Kompetenzkonflikte	116	6. Einzelrichter	135
		7. Bereitschaftsdienst (Eildienst)	136
V. Fehlerhafte Beschlüsse, Überprüfung	120	8. „NN"	137
1. Verfahrensbeteiligte	120	9. Teilkräfte	138
2. Betroffene Richter	121	10. Ergänzungsrichter	139
3. Richter des Gerichts allgemein	124	11. Vertretung	140
4. Dienstaufsicht	125	12. Fortdauernde Zuständigkeit	149
		II. Aufgabenverteilung	150
		1. Verteilungssysteme	150
		2. Besondere Spruchkörper	156

Gesetzesfassung: Abs. 2 und 7 bis 9 i. d. F. von Art. 1 Nr. 5 G vom 22. 12. 1999 (BGBl. I S. 2598).

A. Regelungsinhalt

Die Vorschrift stellt das Herzstück des Zweiten Titels dar. Ihre neun Absätze betreffen die Aufgaben und Befugnisse des Präsidiums, den Inhalt der richterlichen Geschäftsverteilung und das vom Präsidium bei der Geschäftsverteilung zu beachtende Verfahren. Die Regelung ist nicht erschöpfend (Rn. 27 ff.). Sie hat ihre Fassung durch die Reformgesetze vom 26. 5. 1972 und vom 22. 12. 1999 (§ 21 a Rn. 6) erhalten. Abs. 1 umschreibt die Hauptaufgabe des Präsidiums, den Geschäftsverteilungsplan aufzustellen, und Abs. 3 Satz 1 behandelt die Befugnis, diesen Plan zu ändern. Dabei werden, wie Abs. 1 deutlich macht, zwei Aufgabenbereiche unterschieden: die personellen Entscheidungen einerseits, also die Besetzung der Spruchkörper mit Richtern sowie die Bestellung der Ermittlungsrichter einschließlich der Bestellung von Vertretern für alle Richter, und die sachlichen Anordnungen andererseits, also die Verteilung der Geschäftsaufgaben auf die Spruchkörper oder die Richter. Die Vorschriften über das bei der Aufstellung und Änderung des Geschäftsverteilungsplans einzuhaltende Verfahren sind in Abs. 2, Abs. 3 Satz 2, Abs. 5 bis 9 enthalten. 1

B. Aufgaben und Befugnisse des Präsidiums im Allgemeinen

I. Rechtsstellung. Das Präsidium ist ein zentrales **Organ richterlicher Selbstverwaltung**[1] (vgl. § 21 a Rn. 7). Diese Bezeichnung ist indes weder hinreichend umspannend noch genau genug, um die Rechtsstellung des Präsidiums zu bestimmen. Sie bedarf der Präzisierung und Einschränkung. Dem Präsidium obliegt nicht die Verwaltung des Gerichts, auch nicht die Regelung der Angelegenheiten der Richter. Ihm ist nur ein ganz bestimmter, freilich bedeutsamer Ausschnitt der Verwaltung zur eigenständigen Wahrnehmung übertragen, und selbst dieser nur teilweise: die Verteilung der RSpr-Aufgaben und die Entscheidung über den Einsatz des dem jeweiligen Gericht für die Aufgaben der RSpr zur Verfügung stehenden richterlichen Personals. Das Gerichtspräsidium ist demnach ein eigenständiges, gewähltes oder nach dem Plenarprinzip zusammengesetztes kollegial verfasstes, weisungsfreies **Rechtspflegeorgan eigener Art** mit gesetzlich begründeter und gesetzlich begrenzter Zuständigkeit, das unmittelbar der RSpr dient. 2

Diese terminologische Einschränkung ist auch deshalb bedeutsam, weil die eher umfassenden Bezeichnungen wie „richterliche Selbstverwaltungskörperschaft"[2] ge- 3

---
[1] BTagsDrucks. VI/557 S. 15.
[2] *Schorn/Stanicki* S. 69.

eignet sein könnten, unterschwellig die rechtspolitisch wohl erörterungswürdigen (vgl. § 1 Rn. 35 ff.), aber nach geltendem Recht nicht realistischen Wünsche zu fördern, dem Gerichtspräsidium universale Befugnisse, die vordringliche Wahrnehmung richterlicher Interessen oder die weitere „Entmachtung" der eher hierarchisch strukturierten Justizverwaltung anzusinnen.[3]

4   Die besondere, **herausragende Stellung** des Gerichtspräsidiums, der im Bereich der Organisation des demokratisch verfassten Staates Vergleichbares nicht zur Seite gestellt werden kann, ist letztlich allein aus Art. 101 Abs. 1 Satz 2 GG und Art. 97 Abs. 1 GG herzuleiten und zu rechtfertigen. Das Gerichtspräsidium hat die Aufgabe, mit der Geschäftsverteilung den gesetzlichen Richter zu konkretisieren (vgl. § 21a Rn. 2). Es gibt ein Gerichtspräsidium, weil und soweit die Verfassungsgarantie des gesetzlichen Richters vollzogen werden muss, und zwar durch ein von der Justizverwaltung unabhängiges Organ. Das Präsidium ist mit einem etwas kühn ausgreifenden, im Kern aber zutreffenden Wort „Hüter und Vollstrecker der Verfassung".[4] Dies bedeutet einerseits eine Stärkung der Rechtsstellung des Präsidiums und andererseits eine klare Begrenzung seiner Rechtsstellung und Zuständigkeit.

5   Die Kennzeichnung als Rechtspflegeorgan eigener Art liegt nahe, denn das Präsidium ist nicht Gericht oder gerichtlicher Spruchkörper, also nicht Organ der RSpr (obwohl wie ein Gericht mit richterlicher Unabhängigkeit ausgestattet), auch nicht Behörde oder Organ der Justizverwaltung (obwohl seine Tätigkeit im materiellen Sinne Verwaltungstätigkeit ist), schließlich auch nicht Richtervertretung oder Organ richterlicher Standesinteressen (obwohl auch die sachgerechte, insbesondere möglichst gleichmäßige Behandlung der einzelnen Richter zu seinen Obliegenheiten gehört). Das Präsidium spricht nicht Recht, sondern es dient der RSpr, und zwar unmittelbar.

6   Das Präsidium ist – zusammen mit anderen Staatsorganen – **Justizgewährungsgarant.** Die Aufgabe, den gesetzlichen Richter zu verwirklichen, bestimmt und begrenzt seine Befugnisse in einem wichtigen Punkt. Das Präsidium hat vordringlich der RSpr zu dienen und sie überhaupt erst zu ermöglichen, indem es den einzelnen Richtern die richterlichen Geschäftsaufgaben zuordnet. Die Geschäftsverteilung ist den Richtern nicht um der Richter willen anvertraut, sondern im Interesse der Rechtspflege im Allgemeinen und des einzelnen Rechtsuchenden im Besonderen. Die Gerichte, deren Zuständigkeit durch Gesetz geregelt ist, in der erforderlichen Zahl und an den richtigen Orten einzurichten, sie mit Richtern auszustatten und funktionsfähig zu halten, obliegt der Justizverwaltung (Rn. 13) und dem Haushaltsgesetzgeber (§ 22 Rn. 18). Das Gerichtspräsidium aber ermöglicht dem einzelnen rechtsuchenden Bürger den Zugang zu „seinem" gesetzlichen Richter, indem es die Spruchkörper besetzt und die Geschäfte verteilt. Das bedeutet, dass die Tätigkeit des Präsidiums zunächst dem rechtsuchenden Bürger zu dienen hat, nicht dem Richter. Dass bei der Verteilung der Geschäfte auch der Geschäftskreis der einzelnen Richter gestaltet wird und deshalb sachgerecht verfahren und insbesondere der Gleichheitssatz gegenüber den betroffenen Richtern beachtet werden muss (Rn. 16), ergibt sich lediglich als Reflex aus der Aufgabe, an der Verwirklichung des gesetzlichen Richters mitzuwirken. Aufgabe des Gerichtspräsidiums ist es mithin auch, Justiz zu gewähren. Versagt es sich diesem gesetzlichen und letztlich verfassungsrechtlichen Auftrag, dem Bürger für „seine" Sache einen zuständigen Richter zu bestellen, so handelt es gesetzwidrig und betreibt **Justizverweigerung.**[5] Ein „Streik" des Präsidiums, dem für den Fall unzulänglicher personeller Ausstattung eines Gerichts und damit verbundener Überlastung der Richter gelegentlich

---

[3] Vgl. die zutreffende Kritik von *Holch* an *Schorn/Stanicki* Justiz 1976, 216.
[4] So *Schorn,* Die Präsidialverfassung S. 20.
[5] So zutreffend *Feiber* NJW 1975, 2005 m. w. N.; BVerwG NJW 2001, 3493.

Aufgaben und Befugnisse; Geschäftsverteilung 7–11 § 21e

das Wort geredet worden ist,⁶ darf demnach nicht zur Diskussion stehen (vgl. Rn. 92 ff.).

Das Präsidium ist mit voller **richterlicher Unabhängigkeit** ausgestattet 7 (Rn. 20) und an Weisungen gleich welcher Art nicht gebunden. Gebunden ist das Präsidium wie das Gericht an Gesetz und Recht. Auch der Grundsatz der Unparteilichkeit ist zu beachten.

Zu Zusammensetzung und Wahl des Präsidiums vgl. §§ 21a, 21b. 8

Das Präsidium wird nach außen hin **vertreten** durch seinen Vorsitzenden (vgl. 9 § 21a Abs. 2). Das Präsidium darf seine Aufgaben **nicht weiterübertragen,** sondern muss sie selbst in eigener Verantwortung ausüben. Es darf nicht etwa seinen Vorsitzenden oder einen Ausschuss ermächtigen, Geschäftsverteilungsanordnungen zu treffen.⁷ Davon zu unterscheiden ist jedoch die Möglichkeit, den Vorsitzenden, einen Berichterstatter oder einen Ausschuss mit vorbereitenden Tätigkeiten für die spätere Beratung und Beschlussfassung des Plenums zu betrauen. Die Delegation von vorbereitenden Befugnissen ist zulässig; nur die Delegation der Entscheidung ist verboten.⁸

Das Gerichtspräsidium ist **nicht rechtsfähig.** Es ist nicht Träger von Rechten 10 im Rechtssinne des Prozessrechts, es hat nur Pflichten und Zuständigkeiten und ist, ungeachtet seiner Unabhängigkeit, doch organisatorisch nur unselbstständiger Teil der Justiz. Demgemäß ist es auch **nicht parteifähig,** kann also nicht in eigenem Namen klagen oder verklagt werden. Eine etwaige Klage ist gem. § 78 Abs. 1 Nr. 1 VwGO gegen das jeweilige Land, bei Bundesgerichten gegen die BRep zu richten;⁹ zu Unrecht wurde gelegentlich die passive Parteifähigkeit des Präsidiums bejaht¹⁰ (vgl. auch Rn. 26, 123). Das Präsidium ist weder eine (Personen-)Vereinigung i. S. von § 61 Nr. 2 VwGO noch, ungeachtet seiner Organqualität, eine Behörde, die nach § 61 Nr. 3 VwGO parteifähig sein kann, sofern das Landesrecht dies bestimmt. Da für das Prüfungsverfahren vor den Richterdienstgerichten die VwGO gilt, kann auch bei der Überprüfung von Maßnahmen der Dienstaufsicht, die sich gegen das Präsidium richten (§ 26 Abs. 3 DRiG), nur der einzelne Richter als Mitglied des Präsidiums den Antrag auf Einleitung des Prüfungsverfahrens stellen. Nur in einem Ausnahmefall besteht (passive) Beteiligtenfähigkeit des Präsidiums nach FGG, nämlich bei der im Gesetz ausdrücklich geregelten Wahlanfechtung (vgl. § 21b Rn. 20). Hier ergibt sich die Notwendigkeit, das Präsidium als beteiligt am Wahlanfechtungsverfahren zu betrachten, unmittelbar aus der gesetzlichen Zulässigkeit einer Wahlanfechtung und dem dafür vorgesehenen Verfahren nach dem FGG, also aus § 21b Abs. 6, nicht indessen aus dem Umstand, dass dem Präsidium durch § 21e eigene Rechte und Pflichten zugewiesen worden sind.¹¹

II. Zuständigkeit. Das Präsidium hat nur begrenzte, gesetzlich genau bestimm- 11 te Zuständigkeiten. Sie sind im Wesentlichen in Abs. 1, 3, 4, 6 geregelt, ferner in § 21f Abs. 2, § 21i Abs. 2, § 22b, § 22c, § 70 Abs. 1, § 78 Abs. 2, § 78b Abs. 2, § 117, § 132 Abs. 6, § 140a Abs. 2. Außerhalb des GVG werden den Präsidien bestimmter Gerichte der ordentlichen Gerichtsbarkeit weitere Aufgaben übertragen, wie die Besetzung der Richterdienstgerichte und des Notarsenats (§ 61 Abs. 3 und § 77 Abs. 3 DRiG, §§ 102, 107 BNotO). Immer handelt es sich dabei um die (Verwaltungs-)Funktionen der Aufgabenverteilung und des Personaleinsatzes, begrenzt auf die richterlichen Aufgaben und das richterliche Personal. Im Interesse der optimalen Verwirklichung des gesetzlichen Richters und seiner Unabhängigkeit ist ein Teil der Verwaltungsbefugnis aus der umfassenden Zuständigkeit der Justiz-

---

⁶ *LR/Schäfer* [23. Aufl.] Rn. 23 ff. m. w. N.
⁷ BGHSt 3, 353 = NJW 1953, 353.
⁸ *Zöller/Gummer* Rn. 1.
⁹ Vgl. Bad-WürttVGH DRiZ 1973, 320, bestätigt durch BVerwGE 50, 11 = NJW 1976, 1224.
¹⁰ Vorinstanz: VG Freiburg DRiZ 1973, 319; OVG Münster 30. 5. 1980 – 12 B 427/80 –.
¹¹ So aber offenbar BVerwGE 44, 172, 174.

verwaltung herausgelöst und dem Organ Präsidium zur eigenverantwortlichen Wahrnehmung übertragen worden. Das Präsidium erfüllt damit eine Verwaltungsaufgabe.[12] Eine Ausnahme ist nur § 140a (vgl. dort Rn. 6). Diese Vorschrift überträgt dem Präsidium des OLG für eine bestimmte Verfahrensart (Wiederaufnahmeverfahren in Strafsachen) generell die an sich zur Zuständigkeit des Gesetzgebers gehörende Bestimmung des örtlich zuständigen Gerichts.

12 Soweit nicht das GVG oder andere Gesetze dem Präsidium Aufgaben ausdrücklich zuweisen, ist es grundsätzlich unzuständig und zu irgendwelchen Maßnahmen nicht befugt. Die Auffassung, mit dem Reformgesetz vom 26. 5. 1972 sei der Grundsatz der „**Allzuständigkeit** des Präsidiums" eingeführt worden,[13] trifft nicht zu. Das Gesetz hat lediglich die gesetzlichen Zuständigkeiten des Präsidiums erweitert; von der Einführung einer umfassenden Zuständigkeit kann nicht die Rede sein.[14] Daraus folgt, dass in Zweifelsfällen, in denen sich eine eindeutige Aufgabenübertragung auf das Präsidium nicht nachweisen lässt, von der Zuständigkeit der Justizverwaltung auszugehen ist.

13 Deshalb gehört es **nicht** zu den Aufgaben des Präsidiums, die **Zahl der richterlichen Dezernate,** Abteilungen und der ständigen Spruchkörper zu bestimmen (zu den Hilfsspruchkörpern Rn. 159; § 60 Rn. 10ff.). Die Zahl und die Art, ob beispielsweise ZivK oder StrafK, bestimmt die Justizverwaltung (§ 60 Rn. 2ff.), und zwar der Gerichtspräsident durch Verfügung, sofern nicht besondere Zuständigkeiten (Justizminister, LReg) oder Verfahren (Rechtsverordnung etwa bei der Einrichtung auswärtiger Spruchkörper) vorgesehen sind. Das gilt auch für die Errichtung von Zweigstellen[15] (Einl. Rn. 21), während deren Geschäftsverteilung Sache des Präsidiums ist. Die vereinzelt geäußerte Ansicht, es sei Sache des Präsidiums, anzuordnen, wie viele und welche Spruchkörper bei einem Gericht gebildet werden,[16] verdient keine Zustimmung. Sie wird schon unmittelbar durch das Gesetz widerlegt. Abs. 1 besagt, dass das Präsidium die Besetzung der Spruchkörper bestimmt, also **nur die Besetzung,** nicht ihre Einrichtung, die für Abs. 1 als geschehen vorausgesetzt wird, und § 130 Abs. 1 Satz 2 überträgt es ausdrücklich dem BMdJ, die Zahl der Senate beim BGH festzusetzen, entsprechend § 66 Abs. 2 PatG für das BPatentG. Im Übrigen bestehen auch an der Fortgeltung der §§ 7 Abs. 2, 8 Abs. 2 GVVO keine Zweifel (§ 12 Rn. 88). Schließlich haben mehrere Länder inzwischen ausdrücklich in Ausführungsgesetzen zum GVG die Zuständigkeit der Justizverwaltung insoweit klargestellt (eine Anhörung des Präsidiums sehen §§ 7 brandenburg GerichtsneuordnungsG, 3 saarl AGGVG vor). Die Geschäftsverteilung, die dem Präsidium obliegt, setzt das Bestehen der Spruchkörper voraus; dem Präsidium sind von vornherein bestimmte Daten vorgegeben, die nicht zu seiner Disposition stehen (Zahl und Art der Spruchkörper, der Richter, der Aufgaben); es hat zu verteilen, nicht selbst zu gestalten, seine Tätigkeit ist notwendig akzessorisch.[17] Diese Abhängigkeit des Präsidiums von vorgegebenen Tatsachen, die seiner Gestaltung und seiner Einflussmöglichkeit ganz oder weitgehend entzogen sind, ergibt sich auch unmittelbar aus dem Gesetz. So sieht § 21f vor, dass nur Vorsitzende Richter zu Vorsitzenden von Spruchkörpern bestellt werden dürfen; deren Ernennung obliegt aber nicht dem Präsidium. Nach Abs. 3 kann der Geschäftsverteilungsplan im Laufe des Geschäftsjahres geändert werden, wenn ein Rich-

---

[12] *Wolf* S. 136.
[13] *Stanicki* DRiZ 1972, 415; *Schorn/Stanicki* S. 72.
[14] *Wieczorek/Schreiber* Rn. 3; *Zöller/Gummer* Rn. 1; *LR/Breidling* Rn. 3; *Sowada* S. 249; vgl. auch *Weber-Grellet* ZRP 2003, 145.
[15] BayVerfGH NZS 1995, 332.
[16] *Stanicki* DRiZ 1976, 80; *Schorn/Stanicki* S. 128.
[17] *Holch* DRiZ 1976, 135; *Wieczorek/Schreiber* Rn. 3; vgl. im Übrigen auch BVerfGE 1, 439: Art. 101 GG wird nicht dadurch verletzt, dass eine an sich zuständige auswärtige StrafK durch Erlass des Justizministers aufgelöst wird.

terwechsel das erforderlich macht. Das Ausscheiden oder der Eintritt eines Richters in das Gericht wird aber von der Justizverwaltung durch Stellenbesetzung, Versetzung, Ernennung, Abordnung bewirkt, nicht vom Präsidium. Warum (auch nur rechtspolitisch) dann aber die Einrichtung der Spruchkörper dem Präsidium zustehen sollte, ist nicht einzusehen. Übrigens erhält die Zuständigkeit der Justizverwaltung für solche Organisationsangelegenheiten auch die Mitwirkungsrechte der Richtervertretungen; gegenüber dem unabhängigen Präsidium können solche nicht bestehen (vgl. Rn. 42).

Bei **Unterbesetzung,** bei der die Mindestbesetzung aller einzelnen Spruchkörper mit Richtern mit ihrer vollen, ungeteilten Arbeitskraft durch Vakanzen nicht mehr möglich ist, wird sich die Praxis deshalb mit Absprachen und gegenseitiger Rücksichtnahme im Rahmen einer ausgefeilten Vertretungsregelung in der Geschäftsverteilung helfen müssen oder mit Mehrfachzuweisungen von Richtern zu Teilen ihrer Arbeitskraft. Dies erscheint allerdings nicht nur verzögerlich für die Prozesserledigung und strapaziös für die betroffenen Richter, sondern begegnet auch gerichtsverfassungsrechtlichen Bedenken unter dem Aspekt der ordnungsgemäßen Geschäftsverteilung und damit des gesetzlichen Richters. Das Gesetz geht ungeschrieben von dem Normalfall aus, dass jedenfalls mindestens so viele Richter mit voller Arbeitskraft dem Gericht zur Verfügung stehen wie zu einer gesetzlichen Mindestbesetzung aller jeweils eingerichteten und damit von der Justizverwaltung zur ordnungsgemäßen Aufgabenerledigung für erforderlich gehaltenen Spruchkörper notwendig sind. Zur Berücksichtigung der persönlichen Situation Rn. 85; zu Personenschlüsseln und Personalbedarfsberechungssystemen § 22 Rn. 19 ff.

13 a

Der Zuständigkeitskatalog der Abs. 1, 3, 4, 6 sowie der der anderen oben genannten Vorschriften ist demnach der **Erweiterung nur durch Gesetz** fähig, wobei solche weiteren Zuständigkeiten u. U. auch landesrechtlich begründet werden können. Als Beispiel sei das Recht des Präsidiums auf Anhörung bei der Einrichtung von Spruchkörpern (Rn. 13) erwähnt. Im Übrigen ist er abschließend. So ist das Präsidium nur für die Regelung der Vertretung, nicht aber für die Feststellung der Verhinderung zuständig (Rn. 148); die Feststellung der Verhinderung gehört zu den Daten, die dem Präsidium vorgegeben sind. Auch eine umfassende Zuständigkeit, den Gerichtspräsidenten in allen Fragen der gerichtlichen Selbstverwaltung und der Gerichtsorganisation zu beraten, wie sie gelegentlich gefordert wird,[18] kann nicht bejaht werden. Im Einzelfall kann sich allerdings aus der Verantwortung des Präsidiums für die gesetzliche Geschäftsverteilung die Pflicht ergeben, darauf hinzuwirken, dass die Justizverwaltung einen besonderen, vom Gesetz geforderten Spruchkörper einrichtet (etwa für Bußgeldsachen).

14

Keine Rechte stehen dem Präsidium **gegenüber den nichtrichterlichen Bediensteten** des Gerichts zu. Die Geschäftsverteilung durch das Gerichtspräsidium kann immer nur die richterlichen Geschäfte, nicht etwa die der Geschäftsstellenbeamten oder der Rechtspfleger regeln.[19]

15

Da die Geschäftsverteilung der Funktionsfähigkeit des Gerichts dienen soll, hat das Präsidium die Aufgabe, die Richter im Rahmen des Möglichen entsprechend ihrer Eignung einzusetzen und möglichst gleichmäßig zu belasten. Entscheidungen des Präsidiums können für den davon betroffenen Richter von erheblicher Bedeutung sein. Das Gesetz erkennt dies durch weitgehende Anhörungspflichten (Abs. 2, Abs. 3 Satz 2, Abs. 5) an. Aus der Befugnis des Präsidiums ergibt sich auch eine gewisse **Fürsorgepflicht**[20] und **Gleichbehandlungspflicht** des Präsidiums gegenüber den von seinen Anordnungen betroffenen Richtern. Zur Mitwirkung des Richterrats Rn. 42, 49.

16

---

[18] Vgl. *Kopp/Schenke* § 4 Rn. 5.
[19] *Wieczorek/Schreiber* Rn. 3; *LR/Breidling* Rn. 4; *Wolf* S. 137.
[20] *Pentz* DRiZ 1975, 45.

17 Zur Rechtsnatur der Beschlüsse des Präsidiums und der Rechtsfolgen einer Verletzung der Pflichten des Präsidiums Rn. 102 ff., 120 ff.

18 **III. Rechtsstellung der Mitglieder.** Der in das Präsidium gewählte Richter **muss das Amt ausüben** (vgl. § 21 b Rn. 16), eine Nichtannahme der Wahl ist ebenso wenig zulässig wie eine Ausschlagung oder Niederlegung des Amtes.[21] Das gilt ebenso für die „geborenen" Mitglieder des Präsidiums, den Vorsitzenden und die Mitglieder des nach dem Plenarprinzip zusammengesetzten Präsidiums. Jedes Mitglied des Präsidiums ist verpflichtet, im Präsidium mitzuwirken. Die Tätigkeit im Präsidium ist Dienst (vgl. § 21 a Rn. 8). Der dem Präsidium angehörende Richter ist verpflichtet, an jeder Beratung und Beschlussfassung des Präsidiums teilzunehmen. Die Mitarbeit im Präsidium ist neben den eigentlichen richterlichen Aufgaben wahrzunehmen, eine Entlastung oder teilweise Freistellung von den sonstigen Aufgaben kommt nicht in Betracht. Zur Frage, ob Stimmenthaltung zulässig ist, vgl. Rn. 72. Da im Falle der Verhinderung (hierzu § 21 c Rn. 1) eine Vertretung der Mitglieder mit Ausnahme des Vorsitzenden nicht stattfindet, sollte die Mitwirkung im Präsidium allen anderen Dienstpflichten vorgehen. Dies gilt jedenfalls dann, wenn anders die Beschlussfähigkeit des Präsidiums (§ 21 i Abs. 1) nicht mehr gewahrt wäre, denn die Funktionsfähigkeit des Präsidiums ist für die gesamte Rechtspflege unabdingbar.[22]

19 Die Mitarbeit im Präsidium bedeutet eine hohe Verantwortung insbesondere auch für den Bestand der auf der Grundlage des Geschäftsverteilungsplans zustande kommenden gerichtlichen Entscheidungen.[23] Verantwortungsbewusstsein, Pflichtgefühl und Einsatzbereitschaft sind gefordert,[24] ferner Personalkenntnis, Kontaktfähigkeit, Erfahrung, Ausgewogenheit und Ansehen. Die Wahl (vgl. § 21 b) soll für die richtige Auswahl sorgen.

20 Die Tätigkeit im Präsidium ist **richterliche Tätigkeit**,[25] wenn auch nicht RSpr. Die Geschäftsverteilung ist dem Präsidium als richterliche Aufgabe zugewiesen. Sie ist untrennbar mit dem Richteramt der dem Präsidium angehörenden Richter verbunden, Teil der allgemeinen richterlichen Amtspflichten und von der richterlichen **Unabhängigkeit** umfasst[26] (§ 1 Rn. 84). Damit gilt für die Tätigkeit im Präsidium nichts anderes als für die spruchrichterliche Tätigkeit, auch was die Grenzen der Dienstaufsicht betrifft. Deshalb ist die Bitte des Dienstvorgesetzten an das Präsidium, einen Richter wegen seiner Tätigkeit in der Referendarausbildung „wirksam und nachhaltig" in seinem Dezernat zu entlasten, als Beeinträchtigung der richterlichen Unabhängigkeit der Mitglieder des Präsidiums unzulässig.[27] Da im Zuständigkeitsbereich des Präsidiums § 26 Abs. 2 DRiG gilt, ist es jedoch statthaft, die Präsidiumsmitglieder zur ordnungsgemäßen oder unverzögerten Erledigung der Amtsgeschäfte anzuhalten, beispielsweise, wenn das Präsidium gesetzwidrig Aufgaben unverteilt lässt (so genannter „Streik" des Präsidiums, vgl. Rn. 6), die Beschlussfassung über die Jahresgeschäftsverteilung über den 31. Dezember des Vorjahres hinaus verzögert oder sich sonstige greifbare Rechtsverletzungen oder offensichtliche Fehlgriffe[28] zuschulden kommen lässt. Ebenso kann das einzelne Mitglied im Wege der Dienstaufsicht dazu angehalten werden, seiner Pflicht zur Mitwirkung im Präsidium nachzukommen; die Nichtteilnahme an den Sitzungen des Präsidiums ohne Vorliegen eines Verhinderungsgrundes kann in den Grenzen des § 26 DRiG disziplinarisch verfolgt werden, so wie jede andere Dienstpflichtverletzung. Als höchst-

---

[21] BVerwGE 48, 251 = DRiZ 1975, 375.
[22] *Schorn/Stanicki* S. 155.
[23] *Müller* JZ 1976, 589.
[24] *Schorn/Stanicki* S. 71; *Rosso* DRiZ 1971, 6.
[25] BGHZ 46, 147; VGH Mannheim DRiZ 1980, 147.
[26] BGHZ 112, 197 = NJW 1991, 423; BVerwGE 50, 11 = NJW 1976, 1224; NJW 1987, 1215.
[27] BGH aaO.
[28] BGHZ 46, 147.

persönliches Recht steht die richterliche Unabhängigkeit aber nicht dem Präsidium als Kollegialorgan, sondern nur dem einzelnen Mitglied zu.[29] **Alle** Mitglieder des Präsidiums genießen in dieser Funktion den Schutz richterlicher Unabhängigkeit, nicht nur die gewählten, sondern auch der Vorsitzende des Präsidiums (vgl. § 21a Rn. 15), obgleich er als Gerichtspräsident auch Teil der Justizverwaltung ist.

Unabhängig ist der Richter als Mitglied des Präsidiums auch gegenüber seinen Wählern. An Weisungen, gleich welcher Art und gleich welcher Personen oder Gruppen, ist er nicht gebunden; er hat der Rechtspflege zu dienen, nicht Einzel- oder Gruppeninteressen der Richter.

Die Mitglieder des Präsidiums erhalten in der Vorbereitung der Präsidiumsbeschlüsse viele Informationen, besonders hinsichtlich persönlicher Verhältnisse einzelner Richter (z. B. Gesundheitszustand, dienstliche Belastbarkeit, persönliche Schwächen und seelische Belastungen), die für die Entscheidungen des Präsidiums unverzichtbar sind, aber aus Gründen des Persönlichkeitsschutzes der Vertraulichkeit bedürfen. Deshalb wurde vor Einführung der fakultativen Richteröffentlichkeit (Rn. 60) aus der damals anzunehmenden Nichtöffentlichkeit der Beratung und Abstimmung des Präsidiums eine entsprechende Verschwiegenheitspflicht weitgehend, wenn auch nicht unumstritten, dem § 43 DRiG entnommen.[30] Nachdem nunmehr Abs. 8 ohnehin die Herstellung einer Richteröffentlichkeit ermöglicht, kann für die Beratung und Abstimmung des Präsidiums nicht mehr die typische Situation, die dem § 43 DRiG zugrunde liegt, angenommen werden; das könnte nur dann gelten, wenn man mit Rücksicht auf die Beschränkung der Öffentlichkeit auf die Richter des Gerichts diese in den Anwendungsbereich des § 43 DRiG einbeziehen wollte. Das aber ist nicht angängig, da der Grundgedanke des Beratungsgeheimnisses, den für die an der Beratung und Abstimmung mit Entscheidungskompetenz teilnehmenden Richtern einen geschützten Bereich für eine unbefangene, offene und vertrauensvolle Erörterung zu gewährleisten (§ 193 Rn. 4), hier nicht anwendbar ist. Aber das anerkennenswerte Bedürfnis nach Vertraulichkeit von persönlichen Daten, wie es § 171b GVG beispielhaft näher bestimmt, besteht immer im Falle nicht richteröffentlicher Beratung und Abstimmung des Präsidiums und unterfällt der Amtsverschwiegenheit der Präsidiumsmitglieder, die sich aus §§ 46, 71 DRiG und den Regelungen des Rechts des öffentlichen Dienstes im Allgemeinen ergibt (§ 61 BBG, § 39 BRRG) und entsprechenden landesrechtlichen Vorschriften.[31] Einen zu berücksichtigenden Faktor bei der Bewertung eines Bestehens der Verschwiegenheitspflicht stellt aber die nach Abs. 8 vom Präsidium zugelassene Gegenwart von Richtern des Gerichts dar. Mit der Zulassung der Gegenwart von nicht-präsidiumsangehörigen Richtern gibt das Präsidium zu erkennen, dass die Beratung keine Erörterungen beinhaltet, die eine vertrauliche Behandlung im Sinne der Verschwiegenheitspflicht geboten erscheinen lassen; die Vertraulichkeit der Abstimmung entfällt hier ohnedies. Dann kann dann aber auch den Präsidiumsmitgliedern keine Verschwiegenheitspflicht auferlegt werden, jedenfalls nicht über das, was in der Sitzung richteröffentlich erörtert worden ist.[32] Soweit Dinge erörtert und Abstimmungen durchgeführt worden sind, für die die Richteröffentlichkeit nicht hergestellt war, wird man jedoch die Verschwiegenheitspflicht anzunehmen haben.

Eine bestehende Schweigepflicht gilt grundsätzlich gegenüber jedermann, also auch gegenüber den Richterkollegen. Ausgenommen sind lediglich Mitteilungen

---

[29] DGH Dresden NJW-RR 2000, 941.
[30] *Funk* DRiZ 1973, 261; *KK/Diemer* Rn. 17; *Kissel* (2. Aufl.) Rn. 22; *Röwer* DRiZ 1961, 178; *Schorn/Stanicki* S. 171; *Wieczorek/Schreiber* Rn. 20.
[31] So schon nach bisherigem Recht: *Arndt* DRiZ 1976, 43; *Fischer* DRiZ 1979, 203; *Katholnigg* Rn. 12; jetzt: *LR/Breidling* Rn. 76; *Zöller/Gummer* Rn. 29; a. A. *Thomas/Putzo/Hüßtege* Rn. 7; offen bei *BL/Hartmann* Rn. 25.
[32] *Kissel* NJW 2000, 460.

im dienstlichen Verkehr. Hierzu gehören aber keinesfalls alle Mitteilungen an andere Richter. Dass die Amtsverschwiegenheit im Bereich der Präsidiumsangelegenheiten besondere Bedeutung hat und keinesfalls gering geachtet werden darf, ergibt sich schon daraus, dass die Beratungsgegenstände weitgehend (auch) Personalangelegenheiten sind. Die optimale Besetzung der Spruchkörper und Aufgabenverteilung setzt voraus, dass (auch) die persönliche Eignung des Richters erörtert wird wie fachliche Qualifikation, gesundheitliche Leistungsfähigkeit, charakteristische Eigenarten, frühere negative oder positive Erfahrungen.[33] Ohne die Amtsverschwiegenheit der Präsidiumsmitglieder bei Erörterung solcher Fragen wäre eine ordnungsgemäße und verantwortungsbewusste Aufgabenerfüllung hier nicht möglich.

24 Dem einzelnen Mitglied des Präsidiums stehen besondere **Rechte auf Auskunft** über Verwaltungsvorgänge der Justizverwaltung oder auf Einsicht in die Personalakten nicht zu. Solche Rechte auf Information hat jedoch das Präsidium als Ganzes; es kann durch Beschluss auch ein Mitglied (etwa als Berichterstatter) ermächtigen, für das Präsidium diese Rechte auszuüben.

25 Gegenüber Maßnahmen, die in Bezug auf die Tätigkeit im Präsidium die richterliche Unabhängigkeit beeinträchtigen, kann jedes Mitglied des Präsidiums, nicht das Präsidium, gem. § 26 Abs. 3 DRiG das **Richterdienstgericht** anrufen[34] (Rn. 20); zur Anfechtung des Geschäftsverteilungsplans Rn. 121. Dagegen gibt es **keinen gerichtlichen Rechtsschutz innerhalb des Präsidiums** (Mitglied gegen Mitglied). In eine andere Richtung weist indes die verwaltungsgerichtliche RSpr. Der VGH Mannheim[35] hat die Klage eines Mitglieds des Präsidiums eines Sozialgerichts gegen den Vorsitzenden des Präsidiums zugelassen mit dem Ziel, festzustellen, dass der Vorsitzende verpflichtet sei, einen bestimmten Punkt auf die Tagesordnung einer Präsidiumssitzung zu setzen. Demnach soll gegen die Ablehnung eines im Präsidium gestellten Antrags, also eine rein interne Angelegenheit des Präsidiums, Rechtsschutz vor den VG gewährt werden. Diese Ansicht ist abzulehnen, weil ein Mitglied des Präsidiums nicht dadurch in seinen Rechten verletzt wird, dass der Vorsitzende irgendeinen Punkt nicht auf die Tagesordnung der Sitzung setzt. Denn im Präsidium wird nach Mehrheit entschieden, wie Abs. 7 zeigt, und entweder gibt es eine Mehrheit für die Behandlung des Tagesordnungspunktes oder es gibt keine; je nachdem wird der Punkt behandelt oder er wird nicht behandelt, gleichgültig, ob der Vorsitzende dies will oder nicht will. Es stellt eine Überziehung des Rechtswegs dar, derartige interne Meinungsbildung in einem richterlichen Organ gerichtlich zu überprüfen. Andernfalls könnte wohl das Mitglied A des Präsidiums das Mitglied B des Präsidiums vor dem VG belangen, weil es in einer bestimmten Weise abgestimmt habe. Zu Unrecht beruft sich der VGH Mannheim auf das BVerwG.[36] Dieses hatte es mit der Klage eines Richters zu tun, der gegen das Land klagte, weil das Präsidium ihm bei der Geschäftsverteilung ein anderes richterliches Dezernat zugewiesen hatte; das hat Außenwirkung und ist schon deshalb etwas völlig anderes als ein Streit innerhalb eines Präsidiums. Abwegig erscheint auch die Erwägung des VGH Mannheim, der Vorsitzende des Präsidiums sei hier passiv beteiligungsfähig, weil er natürliche Person (§ 61 Nr. 1 VwGO) sei. Der Präsident eines Gerichts ist als Vorsitzender eines Präsidiums nicht „natürliche Person" im Sinne von § 61 VwGO. Das Urteil des VGH Mannheim stellt der Sache nach einen schwerwiegenden Eingriff in die Autonomie des Gerichtspräsidiums dar. Bei der Anfechtbarkeit einer beschlossenen Maßnahme der Geschäftsverteilung selbst muss es verbleiben (Rn. 120 ff.). Verwaltungsgerichtlichen (Eil-)Rechtsschutz gegen das Präsidium gewährt aber auch das ThürOVG[37] einem Mitglied, das geltend macht, eine Maßnahme des Vorsitzenden oder der

---

[33] Vgl. BVerfGE 17, 252, 260.
[34] BGHZ 46, 147; DGH Dresden NJW-RR 2000, 941.
[35] VGH Mannheim DRiZ 1980, 147; zust. *Frauendorf* DÖV 1980, 553.
[36] BVerwGE 50, 11 = NJW 1976, 1224.
[37] ThürVBl. 2005, 110.

Mehrheit verletze sein Recht auf Teilnahme, ungehinderte Äußerung und Abstimmung, konkret durch Herstellung der Richteröffentlichkeit. Zum Streit über die Mitgliedschaft Rn. 32.

Fehlerhafte Handlungen des Präsidiums können einem davon **betroffenen Bürger Schaden** zufügen, ihn beispielsweise dadurch mit zusätzlichen Prozesskosten belasten, dass ein Urteil wegen unrichtiger Besetzung der Richterbank aufgehoben wird.[38] Ebenso kann einem Rechtsuchenden durch einen rechtswidrigen „Streik" des Präsidiums Schaden zugefügt werden (vgl. Rn. 6). Da die Pflicht zur sachgerechten Geschäftsverteilung und ordnungsgemäßen Besetzung der Richterbank dem Präsidium auch im Interesse der einzelnen Rechtsuchenden anvertraut ist, kommt bei einer Verletzung dieser Pflicht grundsätzlich ein Amtshaftungsanspruch nach § 839 Abs. 1 BGB, Art. 34 GG in Betracht.[39] In dem vom BGH entschiedenen Fall war entgegen § 21f ein Richter zum Vorsitzenden einer Kammer bestellt worden, der nicht zum VorsRichter ernannt war. Der BGH hat allerdings die Frage nicht abschließend entschieden, ob und gegebenenfalls unter welchen Voraussetzungen die fehlerhafte Besetzungsregelung die Verletzung einer drittbezogenen Amtspflicht darstellt. Man wird die Frage grundsätzlich bejahen müssen.[40]

C. Verfahren des Präsidiums

I. Allgemeines. Das Gesetz regelt das von dem Gerichtspräsidium bei Erfüllung seiner Aufgaben anzuwendende Verfahren nur unzusammenhängend und lückenhaft in Abs. 1 Satz 2, Abs. 2, Abs. 3 Satz 2, Abs. 5, Abs. 7 bis 9, ferner in § 21c Abs. 1 Satz 2, § 21i Abs. 1.

Eine die danach verbleibenden Lücken ausfüllende generelle Verweisungsnorm fehlt. Deswegen erscheint es nicht zulässig, allgemein auf die entsprechende Anwendung von Vorschriften für das Verfahren der Gerichte oder Verwaltungsbehörden zurückzugreifen, etwa ZPO, FGG, StPO, VwGO, VwVfG. Ebenso grundsätzlich unanwendbar sind §§ 169 bis 179 und insbesondere §§ 192 ff. GVG, weil sie ebenfalls ausschließlich gerichtliche Verfahren in einer bestimmten Rechtssache regeln.[41] Das Präsidium ist kein Gericht, sondern ein Rechtspflegeorgan eigener Art (Rn. 2). Das Verfahren des Präsidiums ist im allgemeinen gesetzlichen Rahmen seinem eigenen pflichtgemäßen Ermessen überlassen.[42] Dabei ist es einmal durch den Zweck des Verfahrens gebunden, nämlich die sachgerechte und ordnungsgemäße Erfüllung seiner Aufgaben, und zum anderen zur Beachtung allgemeiner Rechtsgrundsätze verpflichtet, die seiner Rechtsstellung (Rn. 2 ff.) und seinen Aufgaben (Rn. 11 ff.) adäquat sind.

II. Geschäftsordnung. Aus dem dargelegten Grundsatz der gesetzlich begründeten freien Disposition über das Verfahren, der wiederum aus der Eigenständigkeit (Autonomie) des Präsidiums folgt, ist zu entnehmen, dass das Präsidium befugt ist, sich eine Geschäftsordnung zu geben, die als **autonome Satzung** ohne Außenwirkung[43] das Verfahren regelt. Der abweichenden Auffassung,[44] die sich darauf stützt, dass das Gesetz anders als etwa § 58 Abs. 1 DRiG für die Richtervertretungen eine Geschäftsordnung nicht vorsieht, wird man nicht zustimmen können. Zwar ist das Präsidium nicht verpflichtet, eine Geschäftsordnung zu beschließen.

---

[38] Vgl. z. B. OLG Frankfurt FamRZ 1978, 520: Übertragung der Aufgaben des Familienrichters an Richter aP entgegen § 23b Abs. 3 Satz 2.
[39] BGH DRiZ 1978, 183.
[40] A. A. *Gerkan* JVBl. 1962, 99, 101.
[41] BGHSt 12, 227.
[42] BGHSt 12, 227; BGH – Dienstgericht – NJW 1995, 2494; BVerwGE 88, 159, 161.
[43] *Schorn/Stanicki* S. 174; h. M.; VGH Mannheim DRiZ 1980, 147 *LR/Breidling* Rn. 63; *Stanicki* DRiZ 1972, 51; 1978, 334; *BL/Hartmann* Rn. 27; *Zöller/Gummer* Rn. 30; *Frauendorf* DÖV 1980, 556.
[44] *Funk* DRiZ 1973, 265.

Unabhängig von der zu bejahenden Frage der Zulässigkeit stellt sich aber die Frage der Zweckmäßigkeit. Bei jedem Wechsel in der Zusammensetzung steht jedem Mitglied das Recht zu, Bestand und Inhalt der vorher beschlossenen Geschäftsordnung in Frage zu stellen und eine erneute Beschlussfassung herbeizuführen.

30 **III. Einzelfragen. 1. Vorsitz, Geschäftsführung.** Der Vorsitzende (§ 21a Abs. 2, § 21c Abs. 1, § 21h) vertritt das Präsidium nach außen und führt die Geschäfte des Präsidiums. In Notfällen handelt er anstelle des Präsidiums (§ 21i Abs. 2). Zu seinen Aufgaben gehört es, die Sitzungen des Präsidiums vorzubereiten, einzuberufen und zu leiten, die Beschlüsse des Präsidiums bekanntzugeben und auszuführen und die Akten des Präsidiums zu verwalten. Auch hat er dafür zu sorgen, dass dem Präsidium für seine Arbeit die erforderlichen räumlichen und sachlichen Mittel zur Verfügung stehen. Die für die Entscheidungen nötigen Unterlagen und Informationen hat er bereitzustellen. Die Geschäftsführung und Vertretung in diesem Sinne umfasst auch die Abgabe dienstlicher Äußerungen zu Fragen der Geschäftsverteilung, insbesondere etwa gegenüber der Staatsanwaltschaft und dem Revisionsgericht,[45] die Beantwortung von Anfragen, die Abwehr von Angriffen auf Mitglieder des Präsidiums, auch die Öffentlichkeitsarbeit, soweit das Präsidium betroffen ist. Im Innenverhältnis ist der Vorsitzende bei allen diesen Geschäften an alle rechtmäßigen Beschlüsse des Präsidiums gebunden, dessen Meinung er in Zweifelsfällen einholen wird. Da zu den Aufgaben des Vorsitzenden auch die Wahrnehmung der Rechte des Präsidiums gegenüber der Justizverwaltung gehört (etwa des Anhörungsrechts gem. Abs. 6), wird der Vorsitzende immer darauf Bedacht nehmen müssen, zwischen seinen beiden Funktionen als Vorsitzender des unabhängigen Präsidiums und als Teil der Justizverwaltung zu unterscheiden, beide Aufgaben korrekt und dem Gesetz gemäß zu erfüllen sowie etwaige Konflikte ausgewogen und pflichtgemäß zu lösen. Die Aufgaben, die ihm als Vorsitzenden des Präsidiums obliegen, kann der Präsident (oder sein ständiger Vertreter) nicht als Ganzes auf andere Personen übertragen, auch nicht auf den so genannten Präsidialrichter.[46] Es ist jedoch zulässig, dass sich der Präsident der vorbereitenden Mithilfe des Präsidialrichters oder anderer Personen bedient. Außerdem kann er ein Mitglied des Präsidiums bitten, als Berichterstatter für das Präsidium tätig zu werden.

31 Im Einzelnen soll der Vorsitzende die anstehenden Beratungen möglichst so vorbereiten, dass den Mitgliedern des Präsidiums rechtzeitig alle für die Meinungsbildung erforderlichen Informationen zur Verfügung stehen. Die Sitzungen soll er nach seinem pflichtgemäßen Ermessen so frühzeitig wie möglich und tunlichst so einberufen, dass alle Mitglieder sowie der Vertreter des Vorsitzenden (§ 21c Abs. 1 Satz 2) teilnehmen können.

32 Bei Zweifeln darüber, wer dem Präsidium angehört, wurde eine einstweilige Anordnung für zulässig erachtet, die dem Präsidenten aufgibt, einen Richter zur Sitzung des Präsidiums einzuladen.[47] Dies geht fehl. Der Richter, der meint, er gehöre dem Präsidium an, hat kein gerichtlich erzwingbares Recht darauf, zu den Sitzungen eingeladen zu werden. Das Präsidium ist ein eigenständiges Rechtspflegeorgan, in dessen Tätigkeit die VG nicht hineinwirken können (vgl. Rn. 25). Alle **Maßnahmen des Vorsitzenden** stehen unter dem Vorbehalt der Beschlussfassung des Präsidiums und sind nicht selbstständig anfechtbar. Anfechtbar sind nur die Beschlüsse des Präsidiums selbst (Rn. 120 ff.). Deshalb hat das Präsidium stets seine ordnungsgemäße Besetzung und die ordnungsgemäße Teilnahme und Vertretung aller Mitglieder zu prüfen und darüber zu entscheiden, wenn auch stillschweigend.

33 Eine **Sitzung ist einzuberufen,** wenn ein Bedürfnis hierfür besteht. Dieses kann sich auch daraus ergeben, dass ein Mitglied des Präsidiums die Beratung und

---
[45] BGH GA 1979, 222.
[46] BGH aaO.
[47] VG Schleswig DRiZ 1968, 144.

Beschlussfassung zu einer Maßnahme nach Abs. 3 Satz 1 unter Angabe von einleuchtenden Gründen für nötig hält.[48] Im Übrigen ergibt sich aus Abs. 1 Satz 2, dass eine Sitzung rechtzeitig vor dem Beginn des neuen Geschäftsjahres stattfinden muss, also mit geräumiger Frist zum Jahresende.

In allen Einzelfragen, auch der Einberufung, ist der Vorsitzende frei. Es gibt keinen Rechtsgrundsatz, dass die Einladungen grundsätzlich innerhalb bestimmter Fristen schriftlich unter Mitteilung der Tagesordnung und unter Beifügung statistischen Materials vorgenommen werden müssten,[49] wenngleich dies für nicht eilige und bedeutsame Sitzungen (Jahresgeschäftsverteilung) sowie u. U. bei streitigen Themen grundsätzlich erforderlich ist. **34**

Was die **Tagesordnung** angeht, so gehört es zwar zu den Aufgaben des Vorsitzenden, die Fragen, die der Erörterung und Beschlussfassung bedürfen, zu bezeichnen. Er hat aber kein unentziehbares Recht, über die Tagesordnung zu verfügen und gegen die Mehrheit des Präsidiums die Behandlung eines Punktes dadurch zu verhindern, dass er ihn zur Verhandlung nicht „zulässt". Der Vorsitzende eines Kollegiums kann überstimmt werden; der Meinungskampf zwischen dem Vorsitzenden und einem Mitglied des Präsidiums ist dabei nicht justitiabel[50] (vgl. hierzu Rn. 25). **35**

2. Sitzungen. Alle Sachentscheidungen des Präsidiums zur Geschäftsverteilung werden grundsätzlich in Sitzungen beraten und beschlossen, also unter gleichzeitiger Anwesenheit aller nicht verhinderten Mitglieder des Präsidiums in beschlussfähiger Zahl (§ 21 i). **36**

Es ist umstritten, ob die Beschlussfassung des Präsidiums auch im schriftlichen **Umlaufverfahren** stattfinden könne. Das wird teils verneint in Anknüpfung an den Begriff „Sitzung" im § 21 c Abs. 1 Satz 2 und „Beschlussfähigkeit" in § 21 i Abs. 1,[51] teils wird dem gegenüber aus Praktikabilitätsgründen angenommen, die Beschlussfassung sei zulässig, jedenfalls im Rahmen des Abs. 3.[52] Erforderlich sei die Unterschrift aller Präsidiumsmitglieder, die nicht verhindert seien.[53] Der Mittelweg des BVerwG[54] geht von der Überlegung aus, § 21 i Abs. 1 regele nicht allgemein und umfassend die Art und Weise des Entscheidungsverfahrens. Die Formulierung „anwesend" erkläre sich daraus, dass das Gesetz beispielhaft den typischen Fall der Beschlussfassung, nämlich auf der Grundlage einer Sitzung des Präsidiums, aufführe, ohne damit jedes andere Entscheidungsverfahren ausschließen zu wollen; der Vorschrift könne nicht entnommen werden, dass eine umfassende und abschließende Bestimmung über die Verfahrensgestaltung mit der Folge getroffen werden sollte, dass die grundsätzlich bestehende Verfahrensautonomie der Gerichtspräsidien ausnahmslos auf eine einzige Art und Weise der Beschlussfassung reduziert wäre. Deshalb sei es nicht ausgeschlossen, dass in geeigneten Fällen, z. B. bei eilbedürftigen und nicht umstrittenen Entscheidungen, aus Gründen der Vereinfachung und Beschleunigung auf eine Sitzung des Präsidiums verzichtet werden könne. Allerdings werde eine solche Verfahrensweise im Allgemeinen voraussetzen, dass alle an dem konkreten Beschluss mitwirkungsberechtigten und nicht durch Krankheit, Urlaub u. ä. verhinderten Mitglieder des Präsidiums mit einem Umlaufverfahren einverstanden sind; wünscht auch nur ein Mitglied die Beratung des Beschlussgegenstandes, so werde dies regelmäßig die Diskussionsbedürftigkeit zeigen mit der Folge, dass eine Sitzung stattzufinden habe. Dem hat sich der BGH „zu- **37**

---

[48] Ähnlich *Schorn/Stanicki* S. 154.
[49] So aber offenbar *Schorn/Stanicki* S. 153.
[50] Dies verkennen VG Sigmaringen DRiZ 1978, 344 m. zust. Anm. *Schorn/Stanicki* DRiZ 1978, 334 und VGH Mannheim DRiZ 1980, 147.
[51] *Feiber* HessJMBl. 1976, 223; *Müller* NJW 1978, 899, 900; *Thomas/Putzo/Hüßtege* Rn. 6.
[52] BVerwGE 88, 159; *Holch* Justiz 1976, 216; *Meyer-Goßner* § 21 i Rn. 1; *LR/Schäfer* (23. Aufl.) Rn. 66; *Schmidt* DRiZ 1973, 163; *Schorn/Stanicki* S. 164.
[53] *Meyer-Goßner* § 21 i Rn. 1.
[54] BVerwGE 88, 159 = NJW 1992, 254.

mindest im Bereich des § 21e Abs. 3 bei eilbedürftigen und nicht umstrittenen Entscheidungen" angeschlossen.[55]

38 Man kann als **wohl h. M.** zusammenfassen: Umlaufbeschlüsse sind zulässig, wenn alle nicht verhinderten Präsidiumsmitglieder zustimmen, was auch stillschweigend durch ihre Unterschrift unter den Beschlussentwurf geschehen kann; wenn ein Präsidiumsmitglied widerspricht, muss eine Verhandlung stattfinden. Voraussetzung ist weiter, dass zu treffende Entscheidungen eilbedürftig und unumstritten sind.[56]

39 Die Einführung der fakultativen Richteröffentlichkeit (Rn. 60) gibt aber Anlass, dies erneut zu überdenken. Das Umlaufverfahren verschließt einen Teil der Tätigkeit des Präsidiums von vornherein vor der Richteröffentlichkeit. Wenn auch nach dem Gesetzeswortlaut als Grundregel das Nicht-Zugegen-Sein der Richter des Gerichts anzusehen ist, steht die Herstellung der Richteröffentlichkeit doch im pflichtgemäßen Ermessen des Präsidiums (Rn. 62), das somit auch nicht vollkommen frei sein kann, zugunsten eines Umlaufverfahrens auf die Richteröffentlichkeit zu verzichten. Gründe „der Vereinfachung und Beschleunigung"[57] sind keine ausreichende Begründung für den Verzicht auf eine Sitzung. Eilbedürftigkeit steht der Richteröffentlichkeit nicht entgegen; die dazu erforderliche Bekanntgabe des Sitzungstermins kann entsprechend gehandhabt werden, etwa durch einen allgemeinen Hinweis, dass in Eilsachen der Sitzungstermin am Zimmer Nr. ... ausgehängt werde. Die allgemeine Formulierung, das Umlaufverfahren sei bei „nicht umstrittenen Entscheidungen"[58] vom § 21e nicht untersagt, sagt neben allen Bedenken zur Feststellung dieses Tatbestands allenfalls etwas über die Auffassung der Präsidiumsmitglieder aus, nichts aber über die anderer Richter des Gerichts, sei es auch nur zu der Frage, ob im Präsidium die zu treffende Entscheidung unumstritten sei. Hinzu kommt das Verbot der rückwirkenden Bestimmung des gesetzlichen Richters, das aber erfordert die genaue Festlegung des Zeitpunktes des Präsidiumsbeschlusses. Das bedeutet einmal, dass bei der Unterschriftsleistung des letzten Präsidiumsmitglieds dieser Zeitpunkt dokumentiert wird, denn erst dann ist der Beschluss wirksam; es genügt nicht, schon bei einer Mehrheit zustimmender Unterschriftsleistungen innezuhalten, denn nur wenn alle Mitglieder dem Umlaufverfahren zustimmen, ist es zulässig. Widerspricht ein Mitglied oder stimmt es nicht zu, bedarf es der Sitzung. Auch die Verhinderung eines Präsidiumsmitglieds bedarf der Klärung. Soweit in der Diskussion auf Krankheit und Urlaub abgestellt wird, ist das wohl unbedenklich, bedarf aber der Dokumentation. Aber wenn ein Beschluss sehr eilig ist, tritt ein praktisches Problem hinzu: Wer auch immer als Gerichtsangehöriger die Unterschriften einholt, trifft nicht jedes Mitglied auf Anhieb an, aus welchen Gründen auch immer; das reicht für die Annahme der Verhinderung nicht aus. Das Umlaufverfahren kann also Unsicherheiten und auch Verzögerungen bringen; die Bedenken hiergegen bestehen deshalb unverändert fort. Der Notweg des § 21i Abs. 2 in wirklich dringenden Fällen mag dogmatisch unbefriedigend sein, aber er ist klar und auch schnell.

40 Die **Sitzungen** werden vom Vorsitzenden **einberufen und geleitet** (Rn. 31ff.). Die Teilnahme ist Dienstpflicht für die Mitglieder (Rn. 18). Der Vorsitzende wird im Falle der Verhinderung durch seinen ständigen Vertreter **vertreten,** die übrigen Mitglieder werden nicht vertreten (§ 21c Abs. 1). Der ständige Vertreter des Vorsitzenden (Vizepräsident) soll an den Sitzungen stets teilnehmen (§ 21c Rn. 4).

---

[55] BGHSt 44, 161 = NJW 1999, 154; vgl. BGHSt 12, 402 = NJW 1959, 1093.
[56] *BL/Hartmann* Rn. 22; *Katholnigg* Rn. 12; *KK/Diemer* § 21i Rn. 1; *Meyer-Goßner* § 21i Rn. 1; *LR/Breidling* Rn. 75; *Wieczorek/Schreiber* Rn. 20; *MünchKommZPO/Wolf* Rn. 51; *Zöller/Gummer* § 21i Rn. 3.
[57] BGH aaO.
[58] BGH aaO.

Die fakultative Richteröffentlichkeit schließt nicht aus, dass das Präsidium „öffentliche" Sitzungen abhält, beispielsweise, um die Richter, den Personalrat, die Staatsanwaltschaft, auch die bei dem Gericht zugelassenen Rechtsanwälte, über bestimmte Pläne zur Geschäftsverteilung zu informieren oder sich seinerseits informieren zu lassen. Informationsveranstaltungen oder Anhörungen (hearings), die der Meinungsbildung des Präsidiums dienen, sind zulässig, solange sie sich im Rahmen der gesetzlichen Aufgaben des Präsidiums halten; sie können in Einzelfällen, etwa zur Erörterung geplanter grundlegender Änderungen im Geschäftsverteilungssystem (vgl. Rn. 150), sinnvoll sein. Außerdem können an den Sitzungen, aber nicht an Beratung und Abstimmung, diejenigen teilnehmen, die das Präsidium anzuhören wünscht. 41

3. Mitwirkungsrechte anderer. Aus dem Grundsatz der Eigenständigkeit und Unabhängigkeit folgt, dass die Entscheidungen des Präsidiums nicht von der Entschließung anderer Personen oder Einrichtungen abhängig gemacht werden dürfen. Das Präsidium kann bei der Geschäftsverteilung und damit bei der Bestimmung des gesetzlichen Richters nicht an die Mitwirkung anderer gebunden sein. Gerade deshalb soll es sich jedoch möglichst umfassend informieren und auch die Stellungnahme anderer in seine Erwägungen einbeziehen, und zwar über die im Gesetz ausdrücklich vorgeschriebenen Anhörungspflichten hinaus. Es ist legitim, wenn sich auch der Richterrat oder die Schwerbehindertenvertretung in Wahrung der ihnen anvertrauten Interessen an das Präsidium wenden. Deshalb besteht ein Anhörungsrecht des **Richterrats,** soweit Interessen der einzelnen Richter berührt werden können.[59] Dies ist konsequent, weil das Präsidium, obwohl von Richtern gewählt, gerade keine richterliche Interessenvertretung ist (Rn. 2 ff.). Dagegen kann ein Mitwirkungsrecht des Richterrats gegenüber dem Präsidium nicht anerkannt werden.[60] Dem steht die richterliche Unabhängigkeit des Präsidiums zwingend entgegen. Die Frage ist allerdings ohne praktische Bedeutung, denn Organisationsangelegenheiten, bei denen die Personalvertretungsgesetze eine Mitwirkung der Richtervertretung vorsehen (z. B. Bildung oder Aufhebung von Spruchkörpern), werden nicht vom Präsidium, sondern vom Gerichtspräsidenten oder anderen Organen der Justizverwaltung entschieden (Rn. 13). 42

4. Anhörungspflichten. Das Gesetz sieht in Abs. 2 sowie in Abs. 3 Satz 2 und Abs. 5 Anhörungspflichten vor. Weitere Anhörungspflichten können sich aus anderen Gesetzen ergeben (Rn. 49, 50). 43

Eine allgemeine Anhörungspflicht des Präsidiums enthält Abs. 2. Allen Richtern des Gerichts, die nicht Mitglieder des Präsidiums sind, muss vor der Geschäftsverteilung Gelegenheit zur Äußerung gegeben werden. Gemeint ist die Jahresgeschäftsverteilung, wie sich aus dem Aufbau des § 21 e ergibt. Zeitlich setzt dies voraus, dass Gelegenheit zur Äußerung in zumutbarer Frist vor der Beschlussfassung besteht. Die allgemeine Möglichkeit zur Äußerung, ob zur eigenen Verwendung des Richters, zu der anderer Richter oder zur Organisation der Geschäftsverteilung, ist wichtige Grundlage einer angemessenen Geschäftsverteilung, die umfassende Information erfordert. Die Verletzung dieser Pflicht hat indessen keine rechtlichen Folgen. 44

Konkreter ist die Anhörungspflicht nach Abs. 5. Soll ein Richter (Einzelrichter, Vorsitzender oder Beisitzer) einem anderen Spruchkörper zugeteilt werden, sei es im Rahmen der Jahresgeschäftsverteilung oder während des laufenden Geschäftsjahres, ist ihm Gelegenheit zur Stellungnahme zu geben. Dabei muss dem Richter seine beabsichtigte anderweitige Spruchkörper-Zugehörigkeit konkret vorab mitgeteilt werden, nur dann kann er seine zu berücksichtigenden Belange und Vorstel- 45

---

[59] *Pentz* DRiZ 1975, 46.
[60] BVerwG NJW 1987, 1215; a. A. *Pentz* aaO.

lungen wirksam zum Ausdruck bringen (zur Form Rn. 48). Bei späterer ihn betreffender Änderung ist die Gelegenheit zur Stellungnahme zu wiederholen. Sie muss auch eingeräumt werden, wenn sich zwar nicht die personelle Zugehörigkeit zu einem Spruchkörper ändert, aber die Zuständigkeit dieses Spruchkörpers. Es gilt als Grundsatz: Jeder von einer sachlichen oder persönlichen Änderung betroffene Richter soll sich vorher äußern können. Unterbleiben kann dies nur im Eilfall (Rn. 51).

46 Sollen Regelungen des Geschäftsverteilungsplanes während des Geschäftsjahres geändert werden (Abs. 3 Satz 1, vgl. Rn. 108), so ist den Vorsitzenden, deren Spruchkörper von der Änderung betroffen wird, Gelegenheit zur Stellungnahme zu geben (Abs. 3 Satz 2). Dazu muss ihnen die geplante Änderung genau mitgeteilt werden. Dies gilt nicht nur, wenn dem Vorsitzenden der Vorsitz eines anderen Spruchkörpers oder eine sonstige Aufgabe übertragen werden oder eine Aufgabe genommen werden soll, sondern auch, wenn die Besetzung oder die Geschäftsaufgaben ihres Spruchkörpers geändert werden. Insoweit werden sie auch als Repräsentanten ihres Spruchkörpers angehört mit der Folge, dass sie gehalten sind, die Beisitzer zu informieren und deren Äußerungen dem Präsidium zur Kenntnis zu bringen. Aber nicht nur der Vorsitzende, sondern jeder Richter des betroffenen Spruchkörpers muss nach Abs. 5 angehört werden, wenn er von der beabsichtigten Änderung (Abs. 3 Satz 2) berührt wird. Eine Änderung in dem hier verstandenen Sinne liegt sowohl bei einer Änderung im laufenden Geschäftsjahr als auch dann vor, wenn eine neue Jahresgeschäftsverteilung mit inhaltlichen Änderungen gegenüber der bisher geltenden beschlossen werden soll. Dies ist zwar dogmatisch nicht korrekt, denn nach dem Jährlichkeitsprinzip (Rn. 97) gilt jede Geschäftsverteilung nur für ein Jahr, so dass die neue streng genommen keine Änderung der alten darstellt. Aus Gründen des Schutzes der betroffenen Richter werden die Anhörungspflichten jedoch traditionell so verstanden, dass eine Anhörung nur dann entbehrlich ist, wenn die neue Jahresgeschäftsverteilung in Bezug auf den betreffenden Richter oder Spruchkörper wörtlich und inhaltlich der vorhergehenden gleicht.

47 Richter i.S. von Abs. 5 sind auch diejenigen, die im Laufe eines Geschäftsjahres bei dem Gericht **neu eintreten** (infolge Ernennung, Versetzung, Abordnung). Auch sie müssen (außer in Eilfällen) zur Frage ihrer richterlichen Verwendung angehört werden.[61] Das fordert zwar nicht der Wortlaut, aber der Sinn des Abs. 5.

48 Über **Art und Weise der Anhörung** befindet das Präsidium nach freiem Ermessen. Die Gelegenheit zur Äußerung kann mündlich oder schriftlich gegeben werden, auch die Übermittlung der Äußerung an das Präsidium ist frei. Es genügt, wenn der Vorsitzende des Präsidiums (der sich dafür auch eines Gehilfen, etwa des Präsidialrichters, bedienen darf) den betroffenen Richter über die geplante Änderung informiert und dessen Reaktion dem Präsidium zur Kenntnis bringt. Wünscht jedoch der Anzuhörende, sich mündlich unmittelbar gegenüber dem Präsidium zu erklären, so muss diesem Verlangen stattgegeben werden, sofern es nicht rechtsmissbräuchlich ist. Denn niemand kann gezwungen werden, ein gesetzlich garantiertes Anhörungsrecht nur schriftlich oder nur mittelbar auszuüben. Die Anhörung hat dann in einer Sitzung des Präsidiums zu geschehen.

49 Der **Richterrat** ist anzuhören, wenn er im Interesse und mit dem Einverständnis eines Richters zu einer bestimmten, diesen Richter belastenden Maßnahme der Geschäftsverteilung gem. § 52 DRiG, §§ 67, 68 Abs. 1 Nr. 3 BPersVG (und den entsprechenden Ländergesetzen) eine Gelegenheit zur Äußerung erbittet.[62] Auch in diesem Fall wird man dem Richterrat bzw. seinem Vorsitzenden die persönliche

---

[61] A.A. *Schorn/Stanicki* S. 159.
[62] Vgl. *Pentz* DRiZ 1975, 46.

mündliche Anhörung vor dem Präsidium nicht verwehren dürfen, es besteht aber kein Mitwirkungsrecht (Rn. 42).

Gem. § 95 Abs. 4 Satz 4 SGB IX ist die **Schwerbehindertenvertretung** außer 50 in Eilfällen auf Antrag eines betroffenen schwerbehinderten Richters zur Jahresgeschäftsverteilung oder zu einer Änderung der Geschäftsverteilung während des Geschäftsjahres „vor dem Präsidium des Gerichts" zu hören.[63] Dies beschränkt die sonst weitergehenden Rechte der Schwerbehindertenvertretung (Teilnahme an den Sitzungen der Richtervertretungen, Antrag auf Aussetzung von Beschlüssen, die die Interessen der Schwerbehinderten beeinträchtigen) gegenüber dem Präsidium auf das bloße Anhörungsrecht.

Die Anhörung kann **„in Eilfällen"** unterbleiben. Dies ist zwar nur in Abs. 5 51 bestimmt, gilt aber für alle gesetzlich vorgeschriebenen Anhörungen. Als Eilfall wird man nur die Situation werten können, dass die Anordnung innerhalb eines Zeitraums getroffen werden muss, zu dem der betroffene Richter oder Vorsitzende nicht für eine Anhörung zur Verfügung steht. Maßgebend ist das pflichtgemäße Ermessen des Präsidiums. Ein Eilfall kann durchaus auch bei der Beschlussfassung über die Jahresgeschäftsverteilung gegeben sein, wenn sich beispielsweise die Notwendigkeit einer bestimmten Anordnung oder eine Änderung der Planung erst im letzten Augenblick ergibt.[64]

Die Tatsache der Anhörung (nicht notwendig ihr Ergebnis) sollte im Protokoll 52 der Präsidiumssitzung (vgl. Rn. 74) oder in einem Vermerk zu den Akten des Präsidiums zu Beweiszwecken festgehalten werden.

Anhörung bedeutet zunächst nur **Kenntnisnahme** der von dem Anzuhörenden 53 vorgetragenen Tatsachen und Argumente. Das Präsidium soll Für und Wider kennen.[65] Die Anhörungspflicht stellt jedoch zugleich auch eine Pflicht dar, das Vorgetragene bei der Beratung und Entscheidung **in Erwägung zu ziehen.** In der Entscheidung selbst bleibt das Präsidium im Rahmen seines pflichtgemäßen Ermessens jedoch frei.[66] Das gilt auch für die Zuteilung eines Richters an einen auswärtigen (detachierten) Spruchkörper oder eine Zweigstelle[67] (vgl. § 1 Rn. 183).

Die Anhörung ist auch in diesem Falle durch den Vorsitzenden vorzunehmen, 54 wenn das Präsidium nicht beschlussfähig ist und der Vorsitzende eine Notanordnung nach § 21 i Abs. 2 trifft, denn die Anordnung nach § 21 i Abs. 2 steht in allen übrigen Voraussetzungen dem Präsidialbeschluss gleich. Die mangelnde Beschlussfähigkeit des Präsidiums muss von dem Eilfall des Abs. 5 (fehlende Erreichbarkeit des Anzuhörenden) unterschieden werden.

Die sachgerechte Anhörung setzt voraus, dass der Anzuhörende informiert ist. 55 Das Anhörungsrecht gibt deshalb nicht nur ein Recht zur Äußerung, sondern muss bei zweckgerechter Auslegung auch als Recht verstanden werden, die Äußerung vorbereiten zu können. Das Präsidium ist deshalb verpflichtet, Auskünfte zu geben, die der Anzuhörende braucht, um sich eine Meinung zu bilden, was auch durch den Vorsitzenden des Präsidiums vorbereitend geschehen kann. So müssen etwa einem Vorsitzenden auf Wunsch Einzelheiten zur Eignung eines Richters, der seinem Spruchkörper zugewiesen werden soll, mitgeteilt werden, wenn er sie nicht kennt (Lebensalter, Dienstalter, bisherige Verwendung usw.). Ein Recht auf Offenlegung der **Personalakten** hat das Präsidium indessen nicht generell.

Die **Verletzung der Anhörungspflichten** bleibt als solche folgenlos.[68] Die 56 ohne Anhörung beschlossenen Entscheidungen zur Geschäftsverteilung sind wirk-

---

[63] Vgl. zum vorangehenden wortgleichen § 25 Abs. 4 SchwbG *Pentz* DÖD 1974, 223, 226.
[64] Anders *Schorn/Stanicki* S. 157.
[65] BTagsDrucks. VI/557 S. 18.
[66] *Schorn/Stanicki* S. 156.
[67] BayVGH NZS 1995, 332.
[68] *Wieczorek/Schreiber* Rn. 22.

sam[69] und auch von dem Richter, dessen Anhörung unterlassen wurde, zu beachten (vgl. Rn. 100). Die Anhörung muss jedoch nachgeholt werden. Sie wird dem Präsidium u. U. Anlass geben, die Anordnung mit Wirkung für die Zukunft unter den allgemeinen Voraussetzungen zu ändern. Daraus folgt, dass die Verletzung der Anhörungspflicht nicht anfechtbar ist. Auch die ordnungsgemäße Besetzung der Richterbank wird durch die Verletzung der Anhörungspflicht nicht beeinträchtigt.

57 **5. Informationsrechte, Anhörungsrechte.** Sie sind im Gesetz nicht ausdrücklich geregelt, ergeben sich aber aus den Aufgaben des Präsidiums. Dem Präsidium steht das Recht zu, wahrheitsgemäß und vollständig über alle Tatsachen unterrichtet zu werden, die für die sachgerechte Erfüllung seiner gesetzlichen Aufgaben erforderlich sind. Dieses Recht richtet sich vornehmlich gegen die Justizverwaltung. Sie hat dem Auskunftsersuchen zu entsprechen, sofern es nicht rechtsmissbräuchlich ist. Das Präsidium kann aber auch andere Behörden um Stellungnahmen bitten, die im Rahmen der **Amtshilfe** zu erteilen sind. Ferner kann es einzelne Richter **befragen** oder sonstige sachgerechte Ermittlungen durchführen, dies alles, sofern und soweit es dies für die Geschäftsverteilung oder für die Entscheidungen nach § 140a nach pflichtgemäßem Ermessen für nötig hält. Diese formellen Informationsrechte stehen jedoch immer nur dem Präsidium als Ganzem zu, nicht einem einzelnen Mitglied, ausgenommen den Vorsitzenden (vgl. Rn. 24, 30), sie setzen also einen Mehrheitsbeschluss des Präsidiums voraus. Der Vorsitzende ist im Rahmen seiner Aufgabe zur Vorbereitung der Entscheidungen immer befugt, Informationen auch ohne vorangegangenen Beschluss zu beschaffen.

58 Soll ein Richter **für Aufgaben der Justizverwaltung** ganz oder teilweise **freigestellt** werden, so besteht ein über die Information hinausgehendes Recht des Präsidiums, angehört zu werden (Abs. 6). Gemeint ist die Freistellung eines Richters, für den die Wahrnehmung von Justizverwaltungsaufgaben (§ 4 Abs. 2 Nr. 1, 3 DRiG) nicht schon ohnehin zu seinem Richteramt gehört. Abs. 6 erfasst also nicht die Präsidenten, Vizepräsidenten sowie die aufsichtführenden Richter und deren ständige Vertreter, die für alle dem Gericht zugewiesenen Aufgaben der Gerichts- und der Justizverwaltung bereits von Gesetzes wegen zuständig sind.[70] Auf die hierdurch entstehende Belastung hat das Präsidium aber Rücksicht zu nehmen (Rn. 85, 126; § 21 f Rn. 5). Das Anhörungsrecht bezieht sich auch nur auf die Freistellung solcher Richter, die zuvor für Aufgaben der RSpr zur Verfügung und mithin zur Disposition des Präsidiums standen. Wird also ein Richter an einem LG, der an das Justizministerium zur Dienstleistung in der Justizverwaltung abgeordnet ist, zum Richter am OLG ernannt unter gleichzeitiger Verlängerung seiner Abordnung, so bedarf es einer vorherigen Anhörung des OLG-Präsidiums nicht. Kein Anhörungsrecht besteht ferner, wenn einem Richter Justizverwaltungsaufgaben übertragen werden, ohne dass damit eine Freistellung von seinen RSprAufgaben verbunden ist.

59 Dem Präsidium müssen zur Erfüllung seiner Aufgaben auch Umstände und Vorgänge aus dem vertraulichen **Personalbereich** offengelegt werden. Es darf Tatsachen aus den Personalakten erfahren und erörtern. Dies folgt aus seiner Stellung als Rechtspflegeorgan, das mit Aufgaben des Personaleinsatzes von Gesetzes wegen betraut ist und dabei gerade auch die persönlichen und fachlichen Eigenschaften der Richter bedenken muss.[71] Dem entspricht die strikte Amtsverschwiegenheit, die von seinen Mitgliedern gefordert wird (Rn. 22). Die Vermittlung der Informationen wird in der Regel durch den Vorsitzenden erfolgen, u. U. auch durch einen Beauftragten des Präsidiums (Berichterstatter). Den einzelnen Mitgliedern des Prä-

---

[69] Zöller/Gummer Rn. 51.
[70] Ein Fehlgriff ist die Verwaltungsvorschrift des JuM Baden-Württemberg, Justiz 2007, 134.
[71] BVerfGE 17, 252, 260.

sidiums steht ein Recht auf Einsicht in Personalakten oder Disziplinarvorgänge nur mit Einverständnis des betroffenen Richters zu.

6. Beratung und Abstimmung. Sie finden unter fakultativer Richteröffentlichkeit statt. Beratung und Abstimmung unterliegen nicht dem allgemeinen Öffentlichkeitsprinzip des § 169 GVG, es handelt sich nicht um Verhandlungen des erkennenden Gerichts, Zuhörer sind ausgeschlossen. Die Frage, ob Richter des Gerichts, über dessen Geschäftsverteilung beraten und abgestimmt wird, während der Beratung und Abstimmung des Präsidiums anwesend sein dürfen, hat Abs. 8 i. d. F. der Novelle 1999 (vgl. § 21a Rn. 6) durch die Einführung der fakultativen Richteröffentlichkeit geregelt. Sie hat das Gesetzgebungsverfahren erheblich belastet. Denn über lange Zeit war die absolute Nichtöffentlichkeit der Präsidiumssitzungen wohl h. M.[72] Demgegenüber wurde zunehmend die Auffassung vertreten, die Richter des Gerichts hätten das Recht, bei den Beratungen und Abstimmungen des Präsidiums anwesend zu sein.[73] In letztere Richtung geht wohl die Entscheidung des BGH,[74] wonach die Entscheidung des Präsidiums, richteröffentlich zu tagen, nicht offensichtlich rechtswidrig sei und keinen dienstaufsichtsrechtlichen Vorhalt rechtfertige.

Der Entwurf der Novelle 1999 der Regierungskoalition[75] sah die uneingeschränkte Richteröffentlichkeit vor mit der Möglichkeit des zeitweiligen Ausschlusses auf Antrag, soweit der Schutz der Persönlichkeitsrechte betroffener Richter dies geboten erscheinen lässt. Hiergegen rief der Bundesrat den Vermittlungsausschuss an[76] mit dem Ziel der jetzt Gesetz gewordenen Fassung des Abs. 8, die auch im ursprünglichen Gesetzentwurf des Bundesrats[77] mit diesem Wortlaut enthalten war. Die parlamentarische Diskussion spiegelt den langjährigen Meinungsgegensatz wider: a) Die volle Richteröffentlichkeit entspreche einem vielfach vorgetragenen Bedürfnis der Richterschaft. Die Möglichkeit des Präsidiums, seine Meinungsbildung in unbefangener Diskussion vorzubereiten, werde dadurch nicht behindert. Soweit es für die Entscheidung über die personelle Zusammensetzung von Spruchkörpern und deren Belastung mit Rechtssachen erforderlich ist, auf persönliche Eigenschaften der betroffenen Richter einzugehen, kann das Präsidium, wenn es dies für erforderlich hält, die Richteröffentlichkeit auf Antrag ausschließen.[78] b) Die Bundesratsvorlage[79] spricht ebenfalls von dem vielfach vorgetragenen Bedürfnis der Richterschaft und sieht auch keine Behinderung der unbefangenen Diskussion des Präsidiums in der Richteröffentlichkeit. Soweit auf persönliche Eigenschaften der betroffenen Richter einzugehen sei, könne dies in angemessener, sachlicher und schonender Weise geschehen. „Die durch Präsidiumsbeschluss hergestellte Öffentlichkeit kann sogar geeignet sein, sofern erforderlich, einen mäßigenden Einfluss auszuüben. Im Übrigen ist es dem Präsidium unbenommen, die Richteröffentlichkeit auf Teile der Sitzung im Einzelfall oder generell zu begrenzen. Der Schutz der Persönlichkeitsrechte betroffener Richterinnen und Richter soll zusätzlich mit der analogen Anwendung des § 171b GVG abgesichert werden". Der Vermittlungsausschuss ist dem Begehren des Bundesrats auf Herstellung der fakultativen Richter-

---

[72] Vgl. *Arndt* DRiZ 1976, 43; *BL/Hartmann* (58. Aufl.) Rn. 19; *Funk* DRiZ 1973, 260; *Holch* DRiZ 1973, 233; Justiz 1976, 216; *Katholnigg* Rn. 12; *Kissel* (2. Aufl.) Rn. 60 f.; *Kleinknecht/Meyer-Goßner* (44. Aufl.) Rn. 23; *LR/Schäfer* (24. Aufl.) Rn. 64; *Neumeyer/Hohm* NJW 1995, 3101; *Roewer* DRiZ 1961, 178; *Eb. Schmidt* § 64 Rn. 2; *Schorn* DRiZ 1962, 185, 187; *Wieczorek/Schreiber* Rn. 20.
[73] *Fischer* DRiZ 1979, 203; *Henke* DRiZ 1972, 285; *Knoche* DRiZ 1975, 404; *Menne* DRiZ 1973, 316; *Piorreck* DRiZ 1993, 213; *Schorn/Stanicki* S. 171; *Stanicki* DRiZ 1970, 119 und 1972, 414, 417; vgl. auch *Sowada* S. 425 ff.
[74] BGH NJW 1995, 2494; zustimmend *Piorreck* DRiZ 1995, 393.
[75] BTagsDrucks. 14/979.
[76] BRatsDrucks. 601/99 – Beschluss – Nr. 1.
[77] BTagsDrucks. 14/597.
[78] Regierungskoalition BTagsDrucks. 14/979 S. 5; Rechtsausschuss BTagsDrucks. 14/1875 S. 9.
[79] BTagsDrucks. 14/597 S. 5.

öffentlichkeit, wie ursprünglich vom Bundesrat gefordert,[80] gefolgt,[81] Bundestag und Bundesrat schlossen sich dem dann an. Aus der Regelung folgt:

62 Beratung und Abstimmung des Präsidiums unterliegen nicht dem allgemeinen Öffentlichkeitsprinzip des § 169 GVG, es handelt sich nicht um Verhandlungen des erkennenden Gerichts, Zuhörer sind ausgeschlossen. Das Präsidium kann beschließen, dass Richter des Gerichts zugegen sein können (Abs. 8). Dieser Beschluss ist ausschließlich eine nicht richteröffentlich zu treffende Mehrheitsentscheidung des Präsidiums (Abs. 7), ein besonderes Antragsrecht ist nicht vorgesehen. Die Entscheidung fällt unter die richterliche Unabhängigkeit[82] (§ 1 Rn. 84); die Herstellung der Richteröffentlichkeit steht im pflichtgemäßen Ermessen des Präsidiums.[83] Die Grundregel ist das Nicht-Zugegen-Sein anderer Richter, denn nach dem Gesetzeswortlaut kann das Präsidium das Zugegen-Sein-Können beschließen; ohne einen solchen Beschluss tagt das Präsidium nichtöffentlich. Folglich sind nichtöffentliche Sitzungen des Präsidiums grundsätzlich ordnungsgemäß.[84] Dem Gedanken der gesetzlichen Regelung entsprechend muss sich das Präsidium aber bewusst sein, dass auch Gründe für die Zulassung der Richteröffentlichkeit sprechen können.

63 Die Zulassung der Richteröffentlichkeit kann nur für Richter des Gerichts, dessen Geschäftsverteilung durch das Präsidium vorzunehmen ist, beschlossen werden. Maßgebend für die Entscheidung des Präsidiums sind die Überlegungen zum Schutz der Persönlichkeitsrechte der betroffenen Richter, die auch in § 171b Abs. 1 Satz 1 GVG angeführt sind.[85]

64 Die Zulassung braucht nicht notwendigerweise für alle Richter beschlossen zu werden, die Wortwahl „Richter des Gerichts" beinhaltet im Gegensatz zu der im Entwurf vorgesehenen „die Richter des Gerichts"[86] eine Entscheidungsfreiheit zum personellen Umfang der Richteröffentlichkeit aus sachlichen Gründen, z.B. hinsichtlich der Richter, die betroffen werden oder angehört (Rn. 43 ff.) worden sind. Auch besteht Entscheidungsfreiheit des Präsidiums hinsichtlich der Dauer der Richteröffentlichkeit („für die gesamte Dauer oder zeitweise"). Da es für die Entscheidung somit auf den konkreten Beratungsgegenstand ankommt, ist es bedenklich, wenn das Präsidium die Richteröffentlichkeit für die Zukunft generell zulässt mit der Möglichkeit einer Beschränkung für die einzelne Sitzung.[87]

65 Die Anwendbarkeit des § 171b GVG (Abs. 8 Satz 2) gibt dem Präsidium nach § 171b Abs. 1 Satz 1 GVG einen Bewertungsspielraum. Dies erfordert, immer auch unter diesem Gesichtspunkt abzuwägen, ob die Richteröffentlichkeit überhaupt oder individuell/zeitlich beschränkt herbeigeführt werden soll. Lediglich im Falle des § 171b Abs. 1 Satz 2 GVG und dessen Abs. 2 ist die Entscheidungsfreiheit eingeschränkt. Die Kenntnis eines Richters davon, dass solche relevanten persönlichen Umstände Gegenstand der Beratung des Präsidiums werden könnten, ist durch die vorherige notwendige Anhörung nach § 21e Abs. 2 gewährleistet.

66 Die Richteröffentlichkeit setzt voraus, dass den Richtern des Gerichts rechtzeitig bekannt wird, wann und wo das Präsidium richteröffentlich tagen wird. Fristen und Formvorschriften bestehen nicht. Die Bekanntgabe kann am Aushang vor einem Raum, der im Voraus allgemein dafür benannt worden ist (z.B. im Anhang des Jahresgeschäftsverteilungsplanes) oder einem ständigen Aushang an dem Tagungszimmer vorgenommen werden. Als Form dürfte der allgemeine Aushang genügen,

---

[80] BRatsDrucks. 601/99 – Beschluss – Nr. 1.
[81] BRatsDrucks. 734/99.
[82] BGH NJW 1995, 2494.
[83] *Kissel* NJW 2000, 460.
[84] VGH Mannheim NJW 2006, 2424.
[85] Krit. *Löbbert* SchlHA 2006, 65.
[86] BTagsDrucks. 14/597 S. 3; 14/979 S. 2.
[87] So aber ThürOVG thürVBl. 2005, 110.

auch Bekanntgabe im Intranet des Gerichts kommt in Betracht.[88] Fristen lassen sich schwer über die Zumutbarkeit für die Wahrnehmung durch interessierte Richter hinaus festlegen.

Verletzungen von Abs. 8, auch in Verbindung mit § 171 b GVG, berühren nicht die Wirksamkeit des Beschlusses des Präsidiums.[89] Das ist zwar nicht ausdrücklich geregelt, folgt aber bezüglich § 171 b GVG aus dessen Abs. 3 (vgl. § 171 b Rn. 17). Aus § 21 b Abs. 6 Satz 3 ist der allgemeine Grundsatz zu entnehmen, dass Verfahrensfehler keine Relevanz besitzen, soweit sie sich nicht unmittelbar auf die späteren Beschlüsse des Präsidiums auswirken. Zur Beeinträchtigung der Rechte von Präsidiumsmitgliedern Rn. 25. **67**

Die **Ausschließung und Ablehnung** von Mitgliedern des Präsidiums ist gesetzlich nicht vorgesehen. Sie ist auch nicht möglich. Sowohl Abs. 1 Satz 3 als auch § 21 a Abs. 2 Nr. 5 zeigen, dass ein Präsidiumsmitglied an der Mitwirkung in Angelegenheiten, die es selbst betreffen, nicht gehindert sein soll. Beim Plenarpräsidium muss jedes Mitglied notwendigerweise auch über seine eigene Verwendung entscheiden. Der Präsident muss seine eigene Aufgabe wählen, ohne sich dem wegen Befangenheit in eigener Sache entziehen zu dürfen. Da das Präsidium kein Gericht ist (vgl. Rn. 5), sind die dahin gehenden prozessualen Vorschriften unanwendbar.[90] **68**

Das Präsidium ist nur **beschlussfähig,** wenn mindestens die Hälfte seiner gewählten Mitglieder anwesend ist (§ 21 i Abs. 1). Gemeint ist die Hälfte der Mitglieder ohne den Vorsitzenden (vgl. § 21 i Rn. 2 ff.). Der Vertreter des Vorsitzenden wird daher nur mitgezählt, wenn er selbst gewähltes Mitglied ist (vgl. § 21 c; § 21 b Rn. 11) und der Vorsitzende (Präsident) nicht verhindert ist. Der Vorsitzende muss immer anwesend sein, ohne ihn ist das Präsidium in keinem Falle beschlussfähig. Wenn das Gesetz auf die „gewählten" Mitglieder abstellt, dann ist maßgebend allein die Zahl der gewählten und auch vorhandenen Mitglieder; eine Stellvertretung der gewählten Mitglieder, die verhindert sind, ist nicht zulässig (§ 21 c Abs. 1 Satz 3). Sollten weniger Richter als Präsidiumsmitglied gewählt sein als erforderlich oder sollte ihre Wahl unwirksam sein (§ 21 b Abs. 6, vgl. dort Rn. 22), sind diese unbesetzten Plätze nicht mitzurechnen. **69**

Der Vorsitzende bestimmt den Gegenstand der Beratung, leitet die Beratung, stellt die Fragen, erteilt und entzieht das Wort und sammelt die Stimmen. Bei all dem ist er frei, nach seinem Ermessen zu verfahren, solange das Präsidium ihn nicht durch Mehrheitsentscheidung bindet. § 194 ist nicht anwendbar,[91] enthält aber einen für Beratungen allgemein geltenden Grundsatz, der vorbehaltlich der Verfahrensautonomie des Präsidiums auch hier gilt. **70**

Für den wirksamen Beschluss ist **Stimmenmehrheit** der Anwesenden erforderlich; da die Mitwirkung im Präsidium Rechtsgewährung ist und nicht Ausübung eines Mitbestimmungsrechts (Rn. 6), haben Teilzeitrichter auch im Plenar-Präsidium eine volle Stimme. Bei Stimmengleichheit gibt entgegen früherem Recht nicht die Stimme des Vorsitzenden den Ausschlag, vielmehr gilt (Novelle 1999) nach Abs. 7 Satz 2 § 21 i Abs. 2 entsprechend. Damit kommt bei Stimmengleichheit kein Beschluss des Präsidiums zustande, es ist eine erneute Sitzung solange erforderlich, bis eine Mehrheit sich bildet. Sollte eine Mehrheits-Entscheidung des Präsidiums nicht rechtzeitig ergehen können, werden die nach § 21 e erforderlichen Anordnungen vom Präsidenten des Gerichts oder dem aufsichtführenden Richter nach § 21 i Abs. 2 unter den dort geregelten Besonderheiten getroffen. Die **71**

---

[88] *LR/Breidling* Rn. 72.
[89] *LR/Breidling* Rn. 73.
[90] BVerwG MDR 1976, 429; *BL/Hartmann* Rn. 22; *Katholnigg* Rn. 12; *KK/Diemer* § 21 a Rn. 3; *MünchKommZPO/Wolf* Rn. 58; *Schorn/Stanicki* S. 195; *Thürk* DRiZ 1963, 45; *Wieczorek/Schreiber* Rn. 20; *LR/Breidling* Rn. 67; a. A. *Wömpner* DRiZ 1982, 404; *Zöller/Gummer* Rn. 27.
[91] A. A. BGH NJW 1958, 550.

Art (geheim oder offen) und die Reihenfolge der Abstimmung zu regeln ist dem Ermessen des Präsidiums überlassen; § 197 gilt nicht.

72 **Stimmenthaltung ist unzulässig.**[92] Zwar ist § 195, der bei der Abstimmung des Richterkollegiums in Rechtssachen die Stimmenthaltung verbietet, nicht ohne weiteres anwendbar.[93] Die Sachlage ist jedoch für die Abstimmung im Präsidium in den entscheidenden Punkten derjenigen des erkennenden Gerichts zumindest ähnlich. Für die Mitgliedschaft im Präsidium besteht Wahlpflicht und Pflicht zur Annahme der Wahl und zur Ausübung des Amtes (vgl. Rn. 18). Das Präsidiumsmitglied, das eine Organwalterstellung hat, muss zur Beratung und Abstimmung erscheinen. Daraus folgt, dass es auch an der Abstimmung teilnehmen, also entweder mit „Ja" oder mit „Nein" stimmen muss. Nur dies kann der Gefahr begegnen, dass eine Entscheidung überhaupt nicht zustande kommt. Die der Rechtspflege dienende (Verwaltungs-)Aufgabe der Bestimmung des gesetzlichen Richters darf nicht durch Funktionsunfähigkeit des Präsidiums blockiert werden;[94] die Geschäftsverteilung muss beschlossen werden. Die Ersatzentscheidung des Präsidenten/aufsichtführenden Richters nach § 21i Abs. 2 stellt keinen Ausweg dar, denn sie betrifft nur den Fall, dass die für die Beschlussfähigkeit nötigen Mitglieder nicht anwesend sind. Im Übrigen ist kein ausreichender Grund für eine Stimmenthaltung ersichtlich. Von einem Richter wird erwartet, dass er sich entscheidet. Befangenheit wegen der Notwendigkeit, auch in eigener Angelegenheit zu entscheiden, lässt das Gesetz ohnehin nicht gelten (vgl. Rn. 68).

73 **7. Form der Beschlussfassung.** Hinsichtlich der Form der Beschlussfassung ist das Präsidium frei, nach pflichtgemäßem Ermessen die für das jeweilige Gericht am besten geeignete Gestaltung zu wählen, wobei höchstmögliche Genauigkeit sowie Klarheit und Verständlichkeit anzustreben sind. Wirksam ist der Beschluss sofort, er bedarf zu seiner Wirksamkeit nicht der schriftlichen Abfassung, wohl aber der Bekanntgabe. Allerdings ist die schriftliche Niederlegung (Beurkundung) zwingend erforderlich. Dies ergibt sich schon aus Abs. 9, denn „aufzulegen" ist nur ein Schriftstück. Um Zweifel über den genauen Wortlaut auszuschließen, sollte die schriftliche Niederlegung nicht nachgeholt werden, sondern gleichzeitig mit der Beschlussfassung erfolgen, entweder indem der Beschluss wörtlich in das Protokoll (vgl. Rn. 74) aufgenommen oder gesondert niedergeschrieben, von allen anwesenden Mitgliedern unterzeichnet und sodann als Anlage dem Protokoll beigefügt wird. Diese Beschlussurschrift verbleibt bei den Akten des Präsidiums. Geschäftsverteilungsbeschlüsse bedürfen keiner Begründung, auch wenn sie gegen das Votum eines Betroffenen (Rn. 43 ff.) gefasst wurden.[95] Bei den Änderungsbeschlüssen während des Geschäftsjahres (Abs. 3) muss der Anlass der Anordnung jedoch erkenntlich gemacht und ebenfalls urkundlich festgehalten werden, damit eine Überprüfung möglich ist.

74 **8. Protokollierung.** Da die Beschlussfassung in einer Sitzung erfolgt, bedarf sie zwingend der Protokollierung.[96] Die Verhandlungsniederschrift braucht als Mindesterfordernisse lediglich die Namen der anwesenden Präsidiumsmitglieder, den Inhalt der gefassten Beschlüsse und das Stimmverhältnis, mit dem sie gefasst wurden, zu enthalten, darf also als reines Ergebnisprotokoll geführt werden.[97] Für die Änderungsbeschlüsse ist jedoch auch der Anlass der Änderung in das Protokoll aufzunehmen, wenn er nicht schon im Beschluss enthalten ist. Über diese Mindestan-

---

[92] *Fischer* DRiZ 1978, 174; *BL/Hartmann* Rn. 22; *Katholnigg* Rn. 12; *Meyer-Goßner* Rn. 21; *LR/Breidling* Rn. 66; *MünchKommZPO/Wolf* Rn. 58; *Thomas/Putzo/Hüßtege* Rn. 7; *Wieczorek/Schreiber* Rn. 20; zweifelnd *Zöller/Gummer* Rn. 31; a. A. *LR/Schäfer* (24. Aufl.) Rn. 62; *Schorn/Stanicki* S. 163.
[93] BGHSt 12, 227, 228.
[94] Vgl. allgemein *Hoffmann-Riem* NJW 1978, 393.
[95] VGH Mannheim NJW 2006, 2424.
[96] BVerwG NJW 1984, 2961.
[97] BVerwG NJW 1984, 575.

forderungen hinaus ist das Präsidium hinsichtlich der inhaltlichen Gestaltung der Protokolle frei. Das Protokoll kann von einem Mitglied des Präsidiums oder von einem anderen Gerichtsangehörigen, z. B. dem Präsidialrichter, geführt werden. Es ist vom Vorsitzenden und vom Protokollführer zu unterschreiben. Einsicht kann nur Präsidiumsmitgliedern gewährt werden. Etwas anderes folgt auch nicht aus dem Anwesenheitsrecht der Richter des Gerichts nach Abs. 8, denn das Zugegen-Sein-Können beinhaltet nur körperliche Anwesenheit und Wahrnehmung des Geschehens.

9. Bekanntgabe, Offenlegung, Veröffentlichung. Die Präsidialbeschlüsse zur Geschäftsverteilung sind unverzüglich den davon betroffenen Richtern inhaltlich bekanntzumachen. Darüber hinaus ist die Unterrichtung der betroffenen Geschäftsstellen usw. erforderlich. Außerdem sind Abdrucke der Beschlüsse (nicht die Urschriften) und andere Inhalte des Protokolls auf einer Geschäftsstelle des Gerichts, die der Vorsitzende des Präsidiums bestimmt, **„zur Einsichtnahme aufzulegen"** (Abs. 9). Diese Offenlegung stellt eine mindere Form der Veröffentlichung dar und soll es jedermann ohne Darlegung eines Interesses ermöglichen, sich ungehindert über die Besetzung des Gerichts und die Aufgabenverteilung zu unterrichten, wenn er dies wünscht. Aufzulegen sind nicht nur die Jahresgeschäftsverteilung, wie der Wortlaut von Abs. 9 vermuten lassen könnte, sondern auch alle ändernden und ergänzenden Beschlüsse hierzu, die während des Geschäftsjahres ergehen (Abs. 3), ferner die Anordnungen nach § 21i Abs. 2 und § 22b sowie § 140a. Die gelegentlich geübte Praxis, nicht die Änderungsbeschlüsse selbst aufzulegen, sondern sie inhaltlich in den aufliegenden Geschäftsverteilungsplan einzuarbeiten, dürfte im Prinzip bedenkenfrei sein. Es ist aber zu beachten, dass nicht (nur) der gegenwärtige Stand der Geschäftsverteilung nach Abs. 9 aufzulegen ist. Vielmehr muss auch die frühere zeitliche Geltung einer inzwischen wieder geänderten Regelung überprüfbar sein, so dass bei großen Gerichten und zahlreichen Änderungen während des Geschäftsjahres es doch der Offenlegung einer möglichst geordneten und übersichtlichen Sammlung aller Beschlüsse bedürfen wird. Über den offengelegten Plan und die Änderungsbeschlüsse ist generell auf Antrag auch **Auskunft** zu geben, sofern dem Antragsteller eine Einsichtnahme nicht möglich oder nicht zuzumuten ist. Ein Anspruch auf Überlassung von Ablichtungen besteht aber nicht.[98] Die Einsichtsgewährung ist ein Justizverwaltungsakt nach § 23 EGGVG.[99] – Abs. 9 gilt nicht für die Liste der ehrenamtlichen Richter und der Schöffen, hier bleibt es beim Recht des Betroffenen, sich in zumutbarer Weise Kenntnis von der Zusammensetzung des erkennenden Spruchkörpers zu verschaffen.[100] In Strafsachen haben die zur Ablehnung von Richtern berechtigten Personen darüber hinaus auch Anspruch darauf, die Namen der zur Mitwirkung an einer konkreten Entscheidung berufenen Richter zu erfahren[101] (§ 24 Abs. 3 Satz 2 StPO); außerdem bestimmt **§ 222 a StPO** eine besondere Mitteilungspflicht über die Gerichtsbesetzung im konkreten Fall.

Einsicht in die Geschäftsverteilungsbeschlüsse, Protokolle usw., also in die Akten des Präsidiums, kann nur der Präsident oder aufsichtführende Richter gewähren.[102] Es handelt sich um einen Justizverwaltungsakt, der Rechtsweg nach §§ 23 ff. EGGVG ist gegeben.[103]

Das Präsidium ist nicht gehindert, im Einvernehmen mit der Justizverwaltung auch eine darüber hinausgehende Veröffentlichung wenigstens der Jahresgeschäftsverteilung vorzusehen. Die Geschäftsverteilungspläne der obersten Gerichtshöfe des

---
[98] OLG Frankfurt NStZ-RR 2006, 208.
[99] OLG Frankfurt aaO.
[100] Vgl. BAG AP Nr. 5 zu § 21e GVG.
[101] Für freiwillige Gerichtsbarkeit und Zivilprozess BayObLG MDR 1978, 232.
[102] Vgl. OLG Düsseldorf MDR 1979, 1043.
[103] Vgl. OLG Hamm NJW 1980, 1009; OLG Frankfurt NStZ-RR 2006, 208.

Bundes werden im Bundesanzeiger veröffentlicht. Ein Optimum an Publizität ist hier sogar erwünscht. Richtig präsentiert kann der Geschäftsverteilungsplan ein vorzügliches Mittel der Selbstdarstellung des Gerichts sein. Als besonderes Druckwerk mit zusätzlichen nützlichen Informationen über das Gericht kann er in größerer Auflage gedruckt und gegebenenfalls gegen einen Unkostenbeitrag an Rechtsanwälte, Behörden und Einrichtungen usw. abgegeben sowie auf einer jährlichen Pressekonferenz zu Beginn des Jahres der Presse vorgestellt werden.

D. Geschäftsverteilung (Allgemeines)

78 **I. Grundsätze, Rechtsnatur. 1. Gestaltungsfreiheit.** Der Geschäftsverteilungsplan weist den Richtern und den Spruchkörpern die RSprAufgaben zu, besetzt die Spruchkörper und regelt die Vertretung der Richter (Abs. 1 Satz 1). Vorausgesetzt ist die sich aus dem Verfahrensrecht ergebende Zuständigkeit des Gerichts, denn die Geschäftsverteilung kann nicht die gesetzliche Regelung der sachlichen oder örtlichen Zuständigkeit abändern.[104] Nicht zum Inhalt des Geschäftsverteilungsplanes gehören Aufgabenverteilung und Vertretungsregelung innerhalb der Spruchkörper; diese geschieht nach § 21g. Die inhaltliche Gestaltung des Geschäftsverteilungsplanes unterfällt dem pflichtgemäßen Ermessen des Präsidiums in richterlicher Unabhängigkeit.[105] Mehrere Faktoren sind zu beachten:

79 Das Präsidium muss **alle dem Gericht obliegenden Aufgaben** auf die Spruchkörper verteilen, auch wenn es das Gericht damit für überlastet ansieht (Rn. 92). Es muss allen Richtern des Gerichts, soweit sie nicht ausdrücklich für Verwaltungsaufgaben eingesetzt sind, RSprAufgaben übertragen (Rn. 93). Bei der Geschäftsverteilung ist die richterliche Unabhängigkeit zu wahren (Rn. 82), ebenso sind die Leistungsfähigkeit und die persönlichen Umstände der Richter zu beachten (Rn. 85).

80 Das Präsidium hat für die **optimale Erledigung** der anfallenden RSprAufgaben zu sorgen durch Einsatz des jeweils für die zu erfüllenden Aufgaben am besten geeigneten Richters. So gibt es kein Recht eines Richters auf die Erledigung bestimmter Rechtssachen oder deren Fortdauer.[106] Ein Richter muss grundsätzlich für jede Tätigkeit im Rahmen der gerichtlichen Zuständigkeit einsetzbar und einsatzbereit sein; für Änderungen seines bisherigen Aufgabengebietes kann es mannigfache sachliche Gründe geben. Das Präsidium ist dabei nicht gehindert, auch jenseits gesetzlich angeordneter Spezialspruchkörper (vgl. Rn. 88) für Rechtssachen aus besonderen Rechtsgebieten **spezielle Spruchkörper** einzurichten, wenn auch die Gefahren aus einer übermäßigen Spezialisierung nicht verkannt werden sollen, sowohl für die mögliche Verengung des Blicks auf die Gesamtrechtsordnung wie auch die langfristige Einsatzfähigkeit des Richters auf allen Gebieten des Rechts.[107] Zu beachten ist auch § 348 Abs. 1 Satz 2 Nr. 2 ZPO: Spezialkammern für die dort aufgeführten Streitigkeiten schließen den originären Einzelrichter aus.

81 Da dem Präsidium die Zahl der beim Gericht tätigen Richter und der vorhandenen Spruchkörper vorgegeben ist (Rn. 13), ist es angesichts seiner Pflicht, alle RSprAufgaben den Spruchkörpern zuzuteilen (Rn. 92), seine Aufgabe, unter möglichst gleicher Belastung aller Richter nach ihrer Einsatzfähigkeit (Rn. 85) die RSprAufgaben zu verteilen. Deshalb kann das Präsidium einen Richter mit einem **Teil seiner Arbeitskraft** verschiedenen Spruchkörpern zuteilen (Abs. 1 Satz 4). Hier ist aber Zurückhaltung geboten, da dies oft zu Überlastung führt und Konkurrenzen bei der Anwesenheit in den mehreren Spruchkörpern entstehen können, weshalb das Präsidium für den Fall der gleichzeitigen Inanspruchnahme für die ver-

---

[104] BGHSt 38, 376 = NJW 1993, 672 = JZ 1993, 477 m. Anm. *Kindhäuser.*
[105] BGH NJW 2000, 1580.
[106] OVG Hamburg NJW 1987, 1215; VG Trier DRiZ 1993, 401; *Zöller/Gummer* Rn. 6, 57.
[107] Vgl. *Ehricke* NJW 1996, 812; *Zeuner* JZ 1997, 480.

schiedenen Spruchkörper eine Vorrangregelung treffen muss.[108] Die Notwendigkeit einer Zuweisung nur zum Teil kann sich auch aus Umständen ergeben, auf die das Präsidium keinen Einfluss hat (Übertragung eines weiteren Richteramts bei einem anderen Gericht, § 27 Abs. 2 DRiG), teilweise Tätigkeit in der Justizverwaltung.[109]

Die **richterliche Unabhängigkeit** jedes einzelnen Richters ist zu wahren. Schon der Anschein einer auf Missbilligung oder ähnlichem beruhenden Regelung oder gar eine **versteckte Disziplinarmaßnahme** ist zu vermeiden. Das wäre der Fall, wenn das Präsidium einen bisher in Zivilsachen tätigen Richter, der ein die Öffentlichkeit erregendes Urteil erlassen hat, unmittelbar danach in Strafsachen einsetzt.[110] Der Eindruck der Disziplinierung muss aber eindeutig sein, denn es kann auch viele sachliche Gründe für eine Änderung des Aufgabengebiets eines Richters geben. 82

Zur Beeinträchtigung der Unabhängigkeit wäre es auch zu rechnen, wenn ein Richter nicht in einer seiner Einsatzfähigkeit entsprechenden Weise mit RSprAufgaben betraut wird, wenn ihn gar die Geschäftsverteilung überhaupt nicht berücksichtigt, das liefe auf eine unzulässige **Amtsenthebung** hinaus (Rn. 93). 83

Auf der Grenze zwischen richterlicher Selbstverwaltung innerhalb des Gerichts und Ausübung der Personalverwaltung liegt die Entscheidung des Präsidiums, einen Richter einem **detachierten Spruchkörper** zuzuweisen, was Versetzungscharakter haben kann (vgl. § 1 Rn. 183). 84

Es ist Rücksicht zu nehmen auf die **Einsatzfähigkeit,** Stärken wie Schwächen, jedes einzelnen Richters sowie auf seine für die Aufgabenerledigung als relevant erscheinende persönliche Situation.[111] Dazu gehört die verminderte Arbeitskraft eines Schwerbehinderten,[112] aber auch die Belastung durch eine Tätigkeit in Richterrat[113] und Präsidialrat,[114] ebenso des Präsidenten und des aufsichtführenden Richters durch Verwaltungsgeschäfte (Rn. 126; § 21 f Rn. 5). In diesem Rahmen kann sich das Präsidium nach pflichtgemäßem Ermessen auch an allgemein anerkannten Pensenschlüsseln und Systemen für die Personalbedarfsberechnung orientieren.[115] Eine verbindliche Aussage über das „normale" Richterpensum enthalten diese aber nicht (vgl. § 22 Rn. 19 ff.). Andererseits ist von jedem Richter in einem Richterkollegium zu verlangen, dass persönliche Spannungen „gemeistert" werden,[116] wenn auch bei nächster Gelegenheit eine Änderung der Geschäftsverteilung zweckmäßig sein kann. 85

Außerdem ist das Ermessen dadurch verengt, dass gewisse Grundvoraussetzungen dem Präsidium vorgegeben sind (vgl. Rn. 13). Die grundsätzliche Gestaltungsfreiheit wird weiter durch zahlreiche – letztlich immer auf das Verfassungsgebot des gesetzlichen Richters zurückzuführende – rechtliche Schranken begrenzt, die teilweise miteinander in Zusammenhang stehen. Es sind dies: der Vorrang gesetzlicher Sonderregelungen (Prinzip der gesetzlichen Geschäftsverteilung, Rn. 87), das Vollständigkeitsprinzip (Rn. 92), das Abstraktionsprinzip (Rn. 94), der Bestimmtheitsgrundsatz (Rn. 95), der Stetigkeitsgrundsatz (Rn. 96), das Jährlichkeitsprinzip (Rn. 97), das Vorauswirkungsprinzip (Rn. 98) und der Grundsatz der sofortigen Vollziehung (Geltungsgrundsatz, Rn. 100). Dagegen gilt für die Auswahl unter mehreren Richtern bei der Übertragung richterlicher Dienstgeschäfte nicht der Maßstab des Art. 32 Abs. 2 GG; das statusrechtliche Amt bleibt unverändert.[117] 86

---

[108] BGH NJW 1973, 1291.
[109] *Zöller/Gummer* Rn. 8.
[110] *Herr* DRiZ 1994, 409; *Sowada* S. 298 ff.
[111] Zu Teilzeitbeschäftigten im Bereitschaftsdienst VG Hannover 28. 2. 2007 – 13 A 3683/05 –.
[112] Vgl. BVerwG NJW 1985, 2779.
[113] BVerwG NJW 1987, 1217.
[114] *BL/Hartmann* Rn. 12.
[115] *Herrler* DRiZ 2001, 478; OVG Münster 14. 11. 2005 – 1 A 494/04 –.
[116] OVG Hamburg NJW 1987, 1215.
[117] VGH Mannheim NJW 2006, 2424.

87 **2. Gesetzliche Geschäftsverteilung.** Es gilt der Grundsatz der Gesetzesgebundenheit des Präsidiums. Bestimmte Fragen, die an sich zur inhaltlichen Gestaltung der Geschäftsverteilung gehören, sind gesetzlich geregelt, und zwar entweder im GVG oder in anderen Gesetzen. Diese gesetzlichen Regelungen haben absoluten Vorrang ebenso wie die Gesetze zur Zuständigkeit oder zur Besetzung. Der Geschäftsverteilungsplan darf sie nicht ändern oder unbeachtet lassen, sondern er muss sie vollziehen. Man spricht hier von gesetzlicher Geschäftsverteilung.[118] Die Abgrenzung zur gesetzlich begründeten Zuständigkeit ist zwar problematisch, für die hier interessierende Folgerung (strikte Bindung des Präsidiums) jedoch ohne Bedeutung. Die nachfolgende Aufzählung gesetzlicher Regelungen zur Geschäftsverteilung ist nicht vollständig (vgl. § 14 Rn. 20).

88 Hierzu gehört die Zuweisung von bestimmten Geschäftsaufgaben zu Spezialabteilungen oder **Spezialspruchkörpern**[119] wie zu den FamG und den Senaten für FamS[120] (§§ 23b, 119 Abs. 2), zu den Abteilungen, Kammern, Senaten für Bußgeldsachen (§ 46 Abs. 7 OWiG), zu den Kammern und Senaten für Baulandsachen (§§ 217, 218, 220, 229 BauGB), zu den Entschädigungskammern und -senaten (§ 208 BEG), zur KfH (§§ 93 ff.), zur WirtschaftsStrafK (§ 74 c), der SchwurG-Sachen zu einer bestimmten StrafK (§ 74 Abs. 2), zur StaatsschutzK (§ 74 a), nicht aber zum Staatsschutzsenat (§ 120 Rn 18), zu einer Kammer und einem Senat für Entscheidungen nach §§ 100 c ff. StPO (§§ 74 a Abs. 4, 120 Abs. 4 Satz 2), zu den Landwirtschaftsgerichten[121] (§ 2 LwVG), zu den Kartellgerichten (§§ 87 ff. GWB), zu den Kammern und Senaten für Disziplinarsachen (§ 45 BDG), zu den Kammern für Steuerberatersachen (§§ 95 ff. StBerG) und zu den Kammern für Patentanwaltssachen (§ 85 PatentanwaltsO); vgl. § 14 Rn. 5; § 116 Rn. 2 ff.; § 130 Rn. 2, 3. Auch außerhalb der Zuständigkeit von Spezialspruchkörpern bedarf es der Zuweisung bestimmter **gesetzlich vorgesehener Geschäfte.** Ein Überwachungsrichter muss bestellt werden (§ 148a StPO). Die Zuständigkeit nach Zurückverweisung ist zu regeln (§ 354 Abs. 2, 3, § 328 Abs. 2, § 210 Abs. 3 StPO). Zur gesetzlichen Geschäftsverteilung zählen auch §§ 74 f, 120 a, siehe dort.

89 Zur gesetzlichen Geschäftsverteilung in diesem Sinne sind ferner diejenigen Vorschriften zu rechnen, die das Ermessen des Präsidiums hinsichtlich der Eignung der Richter für bestimmte RSprAufgaben einschränken. Nach § 28 Abs. 1 DRiG dürfen nur Richter aL bei einem Gericht tätig sein dürfen, soweit nicht ein Bundesgesetz etwas anderes bestimmt (vgl. § 22 Rn. 8). Als Vorsitzender und demgemäß auch als Vertreter eines Vorsitzenden bei einem mit mehreren Berufsrichtern besetzten Gericht darf nur ein Richter aL eingesetzt werden (§ 28 Abs. 2 Satz 2 DRiG). Ein Richter aP darf im ersten Amtsjahr Geschäfte des Familienrichters (§ 23b Abs. 3 Satz 2) oder solche in Insolvenzsachen (§ 22 Abs. 6) nicht wahrnehmen und im ersten Jahr nach seiner Ernennung nicht zum Vorsitzenden eines SchöffenG bestellt werden (§ 29 Abs. 1 Satz 2). Zu weiteren Verwendungsbeschränkungen § 22 Rn. 6.

90 Schließlich enthalten Gesetze auch sonstige Bestimmungen über die inhaltliche Gestaltung des Geschäftsverteilungsplans: Richter aP, Richter kA und abgeordnete Richter müssen als solche im Geschäftsverteilungsplan kenntlich gemacht werden (§ 29 Satz 2 DRiG).

91 Nicht zur gesetzlichen Geschäftsverteilung gehören die gesetzlichen **Sollvorschriften,** die das Präsidium nicht unmittelbar binden, die es aber beachten soll und die seinen Ermessensspielraum derart beschränken, dass es nur aus wichtigen sachlichen Gründen von ihnen abweichen darf, wie etwa § 188 VwGO (Sozial-

---

[118] Vgl. *Kissel* DRiZ 1977, 113; *Bergerfurth* DRiZ 1978, 230 m. w. N.
[119] Zur Zuständigkeit besonderer Spruchkörper kraft Gesetzes *Rieß* GA 1976, 1.
[120] Vgl. hierzu *Kissel* DRiZ 1977, 113.
[121] BGHZ 12, 257; BVerfGE 42, 206 = NJW 1976, 1883.

Aufgaben und Befugnisse; Geschäftsverteilung 92, 93 § 21e

streitigkeiten sollen bei einer Spezialkammer zusammengefasst werden), § 37 JGG (Jugendrichter sollen erzieherisch befähigt und in der Jugenderziehung erfahren sein),[122] § 208 Abs. 3 BEG (der Vorsitzende oder einer der Beisitzer der Entschädigungskammer und der Entschädigungssenate soll dem Kreis der Verfolgten angehören), § 34 Abs. 2 JGG (Jugendrichter soll nach Möglichkeit zugleich familien- und vormundschaftsrichterliche Aufgaben übertragen erhalten), § 23b Abs. 2 Satz 1 (FamS sollen nach Personenkreis, nicht nach Sachgebieten verteilt werden).

3. Vollständigkeitsprinzip. Zu verteilen sind **alle Geschäftsaufgaben,** die 92
das Gesetz dem betreffenden Gericht zuweist. Für jede RSprAufgabe ist ein zuständiger Spruchkörper oder Richter zu bestimmen. Der Geschäftsverteilungsplan muss erschöpfend sein, er darf keine Lücken aufweisen.[123] Dies ergibt sich aus der Formulierung „die" (Geschäfte) in Abs. 1 Satz 1, die im Sinne von „sämtliche" gemeint ist und verstanden werden muss, und weiter aus dem verfassungsrechtlichen Anspruch auf den gesetzlichen Richter, den zu konkretisieren Aufgabe des Geschäftsverteilungsplans ist, und mithin aus der Justizgewährungspflicht des Präsidiums. Das Vollständigkeitsprinzip gilt ausnahmslos,[124] auch in Zeiten der Not oder eines Personalmangels. Es ist rechtswidrig, eine Geschäftsaufgabe deshalb unverteilt zu lassen, weil dem Gericht Richter fehlen und die baldige Erledigung der Aufgaben dadurch erschwert ist, denn damit würde das Präsidium sich eine Befugnis anmaßen, die nur dem Gesetzgeber zusteht. Dies ist inzwischen gesichert;[125] die Gegenmeinung[126] verdient keine Zustimmung. Das Präsidium schuldet nicht die Erledigung der Geschäftsaufgaben in angemessener Frist, sondern allein die Bereitstellung eines für die Erledigung zuständigen Richters. Nur wenn für bestimmte Geschäftsaufgaben überhaupt kein zuständiger Richter vorgesehen ist, wird der Geschäftsverteilungsplan „undurchführbar und gesetzwidrig". Es ist daran festzuhalten, dass die Verantwortung für die Folgen eines Richtermangels nicht dem Präsidium obliegt, dem die Zahl der Richter vorgegeben ist, sondern ausschließlich der Justizverwaltung und dem Haushaltsgesetzgeber.[127] Ebenso wenig steht es dem Präsidium zu, gesetzliche Aufgaben unberücksichtigt zu lassen, weil es diese für weniger bedeutsam hält.

Alle Richter, die für RSprAufgaben des jeweiligen Gerichts zur Verfügung ste- 93
hen, müssen eingesetzt werden. Dies ist die andere Seite des Vollständigkeitsprinzips und mit dem in Rn. 92 dargestellten Grundsatz untrennbar verbunden. Es verstößt gegen Verfassungsrecht (Art. 97 Abs. 2 Satz 1 GG), einen Richter im Wege der Geschäftsverteilung praktisch von seiner richterlichen Tätigkeit auszuschließen.[128] Auch hier zeigt sich, dass das Präsidium nicht befugt ist, unter Verstoß gegen das Prinzip vollständiger und lückenloser Geschäftsverteilung Daten zu korrigieren, die ihm vorgegeben sind, wie hier etwa die Anzahl oder die Qualifikation der von der Justizverwaltung zur Verfügung gestellten Richter. So wie es unzulässig ist, Aufgaben den Richtern mit der Begründung nicht zuzuteilen, ihre Erledigung erscheine in angemessener Zeit nicht gesichert, so darf das Präsidium nicht einen Richter, den es aus welchen Gründen auch immer für ungeeignet hält, von der RSpr fern-

---

[122] Dazu BGHSt 21, 70 = NJW 1966, 1037.
[123] OLG Karlsruhe MDR 1980, 690; *Müller* MDR 1978, 337.
[124] *Feiber* NJW 1975, 2005.
[125] BVerwG NJW 2001, 3493; BGH NJW 1979, 1052; BayVerfGH NJW 1978, 1515; KG JR 1982, 433; OLG Karlsruhe MDR 1980, 690; OVG Münster 14. 11. 2005 – 1 A 494/04 –; *Bockelmann* JZ 1952, 640; *Feiber* NJW 1975, 2005; *Katholnigg* Rn. 2; *Kissel,* Zukunft S. 30; *Rieß* JR 1978, 303; *Schorn/ Stanicki* S. 215; *Schultz* MDR 1976, 284; *Sowada* S. 251; BL/*Hartmann* Rn. 11; *Meyer-Goßner* Rn. 6; KK/*Diemer* Rn. 3; LR/*Breidling* Rn. 30; *Maunz/Dürig/Herzog* Art. 101 Rn. 53; *MünchKommZPO/Wolf* Rn. 21; *Thomas/Putzo/Hüßtege* Rn. 14; *Wieczorek/Schreiber* Rn. 5; *Zöller/Gummer* Rn. 12.
[126] *Breithaupt* DRiZ 1952, 128; *Heim* DRiZ 1953, 3; *Buschmann* RiA 1974, 165.
[127] *Feiber* aaO.
[128] BVerfGE 17, 225 = NJW 1964, 1019; *Katholnigg* Rn. 2; KK/*Diemer* Rn. 3; LR/*Breidling* Rn. 9; *MünchKommZPO/Wolf* Rn. 21; *Wieczorek/Schreiber* Rn. 5; *Zöller/Gummer* Rn. 3.

halten. Auch ungeeignete Richter muss das Gericht „ertragen",[129] dem Präsidium steht es nicht zu, sie „auszuschalten".

94 **4. Abstraktionsprinzip.** Der Geschäftsverteilungsplan muss die Aufgaben nach allgemeinen, abstrakten, sachlich-objektiven Merkmalen „blindlings", nicht speziell, sondern generell verteilen; es muss im Voraus so genau und eindeutig wie möglich feststehen, welcher Richter im Einzelfall zur Entscheidung berufen ist und welcher Richter im Vertretungsfalle für ihn eintritt (vgl. § 16 Rn. 6, 23). Durch geeignete Anordnungen muss auch Sorge dafür getragen werden, dass weder die StA noch die Geschäftsstelle oder die Registratur Einfluss auf die Zuteilung nehmen kann.[130] Das Abstraktionsprinzip gilt nicht nur für die Jahresgeschäftsverteilung, sondern vor allem auch für die Änderungsbeschlüsse während des Geschäftsjahres.[131] Es muss verhindert werden, dass für bestimmte Einzelsachen bestimmte Richter ausgesucht werden.[132] Die Verwendung allgemeiner Zuständigkeitsmerkmale schließt zwar einen Missbrauch nicht aus, erschwert ihn aber so erheblich, dass damit eine hinreichende Sicherung gegeben ist. Es gehört zwingend zum Begriff des gesetzlichen Richters (§ 16), dass die Zuteilung der Sachen sich nach allgemeinen Merkmalen richtet, um auf diese Weise eine willkürliche Besetzung des Gerichts zu vermeiden.[133] Insbesondere darf den Justizverwaltungsstellen, auch den Geschäftsstellenbeamten, kein unnötiger Entscheidungsspielraum gelassen werden, der eine bewusste, gezielte Richterbestellung ermöglicht.[134] Zur Frage der Verteilungssysteme im Einzelnen Rn. 150. Das Abstraktionsprinzip hängt eng zusammen mit dem Bestimmtheitsgrundsatz (Rn. 95).

95 **5. Bestimmtheitsgrundsatz.** Der Geschäftsverteilungsplan muss die zur Entscheidung der anhängig werdenden Verfahren berufenen Richter so eindeutig und genau wie möglich bestimmen. Vermeidbares Auslegungsermessen muss ausgeschaltet werden, jede unnötige Unbestimmtheit ist verboten[135] (§ 16 Rn. 6, 23). Das verfassungsrechtliche Erfordernis der Bestimmtheit des Richters fordert den Ausschluss sachfremder Einflüsse und damit – im Rahmen des Möglichen – die Eindeutigkeit der geschäftsverteilenden Regelung.[136] Der Bestimmtheitsgrundsatz bezieht sich nicht nur auf die Bezeichnung der Geschäfte, sondern auch auf die Richter (zum Problem „NN" Rn. 137). Hinsichtlich der Geschäftsaufgaben hängt mit dem Bestimmtheitsgrundsatz eng zusammen das allerdings nicht ohne weiteres erreichbare Ziel einer zwangsläufigen „Automatik" der Verteilungsregelung.

96 **6. Stetigkeitsgrundsatz.** Der Geschäftsverteilungsplan muss für die Dauer des Geschäftsjahres Bestand haben, er ist grundsätzlich unveränderbar. Das Präsidium ist für die Geltungsdauer des Plans an die von ihm getroffene Regelung gebunden und darf sie nicht nach freiem Ermessen, sondern nur unter den strengen Voraussetzungen des Abs. 3 Satz 1 oder aus anderen, eng begrenzten Gründen (Rn. 108 ff.) abändern. Das Stetigkeitsprinzip bedeutet mithin ein Verbot willkürlicher Änderung im Laufe des Geschäftsjahres und einer Besetzung der Richterbank „von Fall zu Fall".[137] Sachlich notwendige Regelungen, bei denen absehbar ist, dass sie nicht für das gesamte Geschäftsjahr Bestand haben, z.B. Bildung einer Hilfsstrafkammer oder Einteilung von Richtern, die für eine kürzere Zeit zugewiesen sind, hindert das Stetigkeitsprinzip nicht.[138] Man könnte auch noch in einem anderen Sinne vom

---

[129] BVerfGE 17, 252, 260 = NJW 1964, 1019.
[130] BVerwG NJW 1983, 2154; *Engelhardt* DRiZ 1982, 418; *KK/Diemer* Rn. 11.
[131] BGHSt 7, 23 = NJW 1955, 152.
[132] BGHSt 10, 179 = NJW 1957, 800.
[133] BGHSt 15, 116 = NJW 1960, 2109.
[134] BGHZ 40, 91 = NJW 1963, 2071.
[135] BVerfGE 17, 294, 299 = NJW 1964, 1020; E 18, 65, 69 = NJW 1964, 1667.
[136] BVerfGE 18, 344, 352 = NJW 1965, 1219; BGHSt 28, 290 = NJW 1979, 1052.
[137] BGHSt 10, 179 = NJW 1957, 800.
[138] BGH NJW 2000, 1580.

Grundsatz der Stetigkeit sprechen. Der Geschäftsverteilungsplan soll im Rahmen des Möglichen die Stetigkeit der RSpr sichern. Das bedeutet, dass sich das Präsidium auch bei den an sich frei möglichen „Änderungen" für ein neues Geschäftsjahr, also bei der Jahresgeschäftsverteilung, Zurückhaltung auferlegt. Dies ist aber kein zwingender Grundsatz der Geschäftsverteilung.

7. Jährlichkeitsprinzip. Der Geschäftsverteilungsplan ist nur als Jahresplan zulässig. Er wird für die **Dauer eines Geschäftsjahres** beschlossen[139] (Abs. 1 Satz 2) und tritt am Ende des Jahres automatisch außer Kraft.[140] Geschäftsjahr ist das Kalenderjahr (§ 21 d Rn. 9). Unzulässig und wirkungslos ist eine Regelung, die über die Dauer des betreffenden Kalenderjahres hinaus greift.[141] Ebenso unzulässig ist eine Geschäftsverteilung, die von vornherein nur einen bestimmten Zeitraum des Jahres erfasst.[142] Das Jährlichkeitsprinzip gilt grundsätzlich auch für Änderungsbeschlüsse. Eine im Laufe des Geschäftsjahres getroffene Änderung bleibt längstens bis zum 31. Dezember wirksam.[143] Eine kürzere Befristung ist ausnahmsweise möglich (Rn. 114). Das Außerkrafttreten der Geschäftsverteilung am Jahresende gilt auch für die Richter in laufenden Verfahren; es muss deshalb noch vor Ablauf des Geschäftsjahres die Geschäftsverteilung für das nächste Jahr beschlossen werden und eine Regelung für die in Zukunft anfallenden Verfahren getroffen werden, ebenso für die bei Abschluss des Geschäftsjahres noch anhängigen Verfahren ohne Bindung an die bisherige Regelung, auch was den Spruchkörper angeht. Es ist aber auch hier eine generell-abstrakte Regelung erforderlich, eine Einzelregelung ist ausgeschlossen (Rn. 94, 95). Jedoch kann angeordnet werden, dass ein zukünftig dem Spruchkörper nicht mehr angehörender Richter in den laufenden Verfahren, an denen er beteiligt war, weiter mitwirkt.[144]

8. Vorauswirkungsprinzip. Alle Geschäfte müssen **im Voraus verteilt** werden, und zwar durch das im Zeitpunkt der Beschlussfassung amtierende Präsidium. Der gesetzliche Richter muss vorbestimmt sein. Der vor dem Beginn des Geschäftsjahres zu beschließende (Abs. 1 Satz 2) Geschäftsverteilungsplan wirkt deshalb immer nur in die Zukunft, jede Rückwirkung ist unzulässig. Ein Änderungsbeschluss, der für eine zurückliegende Zeit die Zuständigkeit eines Richters oder Spruchkörpers bestimmt, ist begrifflich undenkbar und wirkungslos. Dem Präsidium ist nur die Befugnis eingeräumt, Anordnungen für die Zukunft zu treffen.[145] Deshalb gibt es auch keine rückwirkende nachträgliche Genehmigung etwa einer vom Vorsitzenden des Präsidiums ohne die Voraussetzungen des § 21i Abs. 2 „vorbehaltlich der Genehmigung des Präsidiums" getroffenen Maßnahme; eine solche „Genehmigung" vermag den Mangel einer nicht vorschriftsmäßigen Besetzung des Gerichts nicht zu heilen. Die in § 21i Abs. 2 Satz 3 erwähnte Genehmigung hat ebenfalls nur Vorauswirkung; vgl. § 21i Rn. 11.

Davon zu unterscheiden ist die Frage, ob Verfahren, die bereits in der Vergangenheit bei dem Gericht eingegangen sind, von dem dafür zuständigen Richter oder Spruchkörper aber noch nicht oder noch nicht abschließend bearbeitet worden sind, mit Wirkung für die Zukunft **einem anderen Richter oder Spruchkörper** zugewiesen werden dürfen. Dies ist zwar grundsätzlich unzulässig, weil es dem Abstraktionsprinzip widerspricht (Rn. 94). An sich sollen nicht Verfahren verteilt werden, die sich bereits konkretisiert haben, sondern die unbestimmten, erst

---

[139] BGH NJW 1999, 796.
[140] BVerwG NJW 1991, 1370.
[141] BGH NJW 1961, 1685.
[142] RGSt 38, 416.
[143] BGHSt 30, 371 = NJW 1982, 1470.
[144] BGHSt 33, 234 = NJW 1985, 2840.
[145] So schon 1892 RGSt 23, 166, 167.

künftig anhängig werdenden. Indessen sind Ausnahmen möglich, sofern ein zwingender sachlicher Anlass für die **Umverteilung** bereits anhängiger Sachen besteht, etwa eine deutliche Veränderung der dem Gericht zur Verfügung stehenden Zahl der Richter oder Spruchkörper, grundlegende neue gesetzliche Aufgaben, anders nicht zu behebende Überbelastung von Richtern oder Spruchkörpern. Das BVerwG[146] sieht für die Jahresgeschäftsverteilung – und nur für diese – keine rechtlichen Schranken, die gesamte am Ende eines Jahres vorhandene Geschäftslast anderweitig zu verteilen und folgert dies aus dem Jährlichkeitsprinzip und der zwangsläufig immer gegebenen Veränderlichkeit der für die Geschäftsverteilung maßgebenden Daten. Man wird aber zusätzlich fordern müssen, dass diese Regelung zugleich auch generell gilt, also außer den anhängigen Verfahren auch eine unbestimmte Vielzahl künftiger gleichartiger Fälle erfasst.[147] Einzelne Sachen dürfen nicht ausgesondert oder gesondert zugewiesen werden.[148] Zugelassen wird aber auch eine Umverteilung, die im Ergebnis erkennbar nur bestimmte bereits anhängige Verfahren oder gar nur eine einzelne Sache erfasst, solange die Regelung nach allgemeinen Kriterien erfolgt und nicht auf konkrete Verfahren zugeschnitten ist.[149] Insgesamt erscheint aber äußerste Zurückhaltung bei der Umverteilung bereits anhängiger Sachen geboten. Immer muss sie erforderlich und geeignet sein, einen ordnungsgemäßen Geschäftsablauf zu erhalten oder wiederherzustellen, insbesondere für Rechtsschutz in angemessener Zeit zu sorgen; ihre Notwendigkeit ist in nachvollziehbarer Weise zu dokumentieren.[150] Die Überprüfung ist nicht auf Willkür beschränkt.[151] Im Regelfall wird es möglich sein, den Ausgleich unterschiedlicher Belastung auch bei der Jahresgeschäftsverteilung allein durch die anderweitige Verteilung der Zuständigkeit für künftig eingehende (neue) Sachen zu steuern. Für Änderungsbeschlüsse gilt nichts anderes (Rn. 115).

100 **9. Grundsatz der sofortigen Vollziehung (Geltungsprinzip).** Dem Geschäftsverteilungsplan eignet per se und ohne eine besondere Anordnung die sofortige Vollziehbarkeit. Die Anordnungen der Geschäftsverteilung, also auch die ändernden und ergänzenden Beschlüsse, sind sofort und strikt zu befolgen, denn die Verwirklichung des verfassungsrechtlichen Gebots des gesetzlichen Richters duldet keine Unsicherheit und keine Suspendierung. Was immer der von einem Geschäftsverteilungsbeschluss betroffene Richter über Rechtmäßigkeit oder Zweckmäßigkeit des Beschlusses denken mag: Er bindet ihn, solange er besteht, allenfalls mit Wirkung für die Zukunft kann eine Abänderung erstrebt werden. Eine Ausnahme vom Grundsatz absoluter Geltung und sofortiger Vollziehbarkeit ist nur für nichtige Beschlüsse anzuerkennen. Der Richter darf es nicht ablehnen, ihm zugewiesene Geschäftsaufgaben wahrzunehmen, er hat sich an die zur Zeit geltende Geschäftsverteilung zu halten (§ 1 Rn. 182). Dieser Grundsatz ist, wie auch immer man über die Frage der Überprüfung und Anfechtbarkeit von Präsidialbeschlüssen denkt (Rn. 121), allgemein anerkannt.[152] Er folgt aus der Gesetzlichkeit des Richters, aus dem Bestimmtheitsgebot und dem Stetigkeitsgrundsatz, aber auch aus der Gesetzesgebundenheit des Richters, dem nicht erlaubt ist, sich seine Geschäftsaufgaben selbst auszusuchen und seine Zuständigkeit nach Belieben, Neigung oder Rechtsauffassung zu manipulieren.

---

[146] NJW 1991, 1370; im Ergebnis ebenso BFH DB 1970, 715.
[147] BVerfGE 24, 33, 54; BVerfG – K – NJW 2005, 2689.
[148] BVerfG – K – NJW 2003, 345; BVerwG NJW 1984, 2961; 1987, 2031; KG StV 1981, 14.
[149] BGHSt 44, 161 = NJW 1999, 154; St 49, 29 = NJW 2004, 865; BGH NJW 2000, 1580; NStZ 2007, 537; vgl. BFH 11. 7. 2006 – IX B 179/05 –; offen bei BVerfG – K – NJW 2005, 2689.
[150] BVerfG – K – NJW 2005, 2689; BGH NStZ 2007, 537.
[151] BVerfG aaO.
[152] Vgl. BVerfGE 31, 47, 54; BGH NJW 1987, 1197; BVerwGE 50, 11, 21 = NJW 1976, 1224; *Zöller/Gummer* Rn. 55; *Müller* DRiZ 1977, 214.

Dies bedeutet auch, dass kein VG befugt ist, durch **Aussetzung der sofortigen** 101
Vollziehung oder einstweilige Anordnung die Geschäftsverteilung zu suspendieren
oder zu ändern. Dies wäre ein unzulässiger Eingriff in die verfassungsrechtlich abgesicherte Autonomie des Rechtspflegeorgans Präsidium, das nicht einer Behörde
gleichzustellen ist[153] (Rn. 2 ff.).

10. Rechtsnatur. Die Rechtsnatur der Beschlüsse zur Geschäftsverteilung ist 102
umstritten, weit über die praktische Bedeutung, etwa für die Frage der Anfechtbarkeit (Rn. 121), hinaus. Das Gesetz schweigt hierzu; im Gesetzgebungsverfahren
wurde bei der Einführung der Offenlegungspflicht nach Abs. 9 bewusst unentschieden gelassen, ob der Geschäftsverteilungsplan eine Rechtsnorm sei.[154] Das
BVerfG hat die Frage offen gelassen,[155] ebenso das BVerwG.[156] Der BayVerfGH hält
zwar den Präsidiumsbeschluss über das Verhältnis von Hauptgericht zu Zweigstelle
für einen Rechtsetzungsakt,[157] den allgemeinen Geschäftsverteilungsplan sieht er
jedoch nicht als Rechtsvorschrift an.[158] Andere Gerichte behandeln ihn als Rechtsnorm.[159] Im Schrifttum gehen die Ansichten auseinander.[160]

Mit Rücksicht auf die Rechtsstellung des Präsidiums (Rn. 2 ff.) und seine Aufga- 105
be, durch den Geschäftsverteilungsplan den gesetzlichen Richter für zukünftige
Prozesse (überhaupt erst) zu bestimmen, kann man in der Geschäftsverteilung **keine RSpr** sehen.[161] Das Präsidium spricht kein Recht im Sinne des RSprBegriffs
(Einl. Rn. 145), sondern schafft erst die Voraussetzungen für RSpr durch den gesetzlichen Richter. Da das Präsidium keine Justizbehörde ist, sondern ein richterliches Selbstverwaltungsorgan (Rn. 2), ist der Geschäftsverteilungsplan auch **kein
Justizverwaltungsakt** im Sinne des § 23 EGGVG.[162] Er ist auch kein allgemeiner
Verwaltungsakt, weil er keinen Einzelfall regelt,[163] sondern gerade durch die Allgemeinheit seiner Regelung gekennzeichnet ist (Rn. 94). Schließlich kann man auch
nicht von einem öffentlich-rechtlichen Organisationsakt innerhalb der Justiz sprechen, denn dieser regelt die Einrichtung oder Bildung von Spruchkörpern, nicht
aber die Zuweisung von Aufgaben und die personelle Zusammensetzung von bestehenden Spruchkörpern. Auch der Versuch, die Geschäftsverteilung von ihren
Folgen her zu erfassen, nämlich in ihrer Doppelwirkung (Normcharakter gegenüber dem rechtsuchenden Bürger; Verwaltungsakt gegenüber den betroffenen
Richtern), bringt keine Klärung der Rechtsnatur selbst. Mit einem Anflug von Resignation bleibt deshalb nur anzunehmen, der Geschäftsverteilungsplan sei ein multifunktionaler gerichtlicher **Selbstverwaltungsakt „sui generis"** zur Bestimmung
des gesetzlichen Richters nach außen und der Aufgabenzuweisung nach innen.[164]

II. Jahresgeschäftsverteilung. Die Jahresgeschäftsverteilung, der Geschäftsver- 106
teilungsplan im eigentlichen Sinne, die schriftliche Gesamtdarstellung der Aufga-

---

[153] Im Ergebnis ebenso BVerwGE 50, 11, 18.
[154] BTagsDrucks. VI/557 S. 23.
[155] BVerfGE 17, 252 = NJW 1964, 1019; BVerfG NJW 1976, 325.
[156] BVerwGE 50, 11 = NJW 1976, 1224: „Organisationsakt"; abl. *Müller* MDR 1977, 975.
[157] NJW 1978, 1515.
[158] NJW 1986, 1673; vgl. OVG Lüneburg NJW 1984, 627; dagegen *Renck* NJW 1984, 2928:
Rechtsvorschrift eigener Art.
[159] VG Freiburg DRiZ 1973, 319; VGH Kassel DRiZ 1969, 122; wohl auch VGH Mannheim DRiZ
1973, 320: ebenso *Gloria* NJW 1989, 445 m. w. N.
[160] Nachweise bei *Kornblum*, FS Schiedermair, 1976 S. 331 ff.; *Schorn/Stanicki* S. 194 ff.; *MünchKomm-
ZPO/Wolf* Rn. 6 ff.; *Zöller/Gummer* Rn. 34; *LR/Breidling* Rn. 7.
[161] *Zöller/Gummer* Rn. 34.
[162] BVerwGE 50, 14; BayVerfGH NJW 1986, 1673; VGH Mannheim DRiZ 1973, 320; *Zöller/Gummer* Rn. 34; *LR/Böttcher* § 23 EGGVG Rn. 9.
[163] BGH NJW 1987, 1197; VGH München BayVwBl. 1981, 464; NJW 1994, 2308; *Schäfer*
BayVwBl. 1974, 325, 327.
[164] BayVerfGH NJW 1986, 1673; OVG Lüneburg NJW 1984, 627; *Zöller/Gummer* Rn. 34; *BL/Hartmann* Rn. 29; *Gloria* NJW 1986, 1673.

benzuweisung, Richterzuweisung und Vertreterregelung, ist unter Beachtung der dafür vorgeschriebenen Anhörungspflichten (Rn. 43 ff.) in einer Sitzung des Präsidiums rechtzeitig vor dem Beginn des Geschäftsjahres für dessen Dauer zu beschließen, schriftlich niederzulegen (Rn. 73 ff.) und alsbald offenzulegen (Rn. 75 ff.). Förmliche Beschlussfassung ist auch erforderlich, wenn – was wohl allenfalls bei kleinen Gerichten einmal vorkommen wird – die neue Jahresgeschäftsverteilung gegenüber der bisher geltenden keine inhaltlichen Abweichungen enthalten soll. Ohne einen entsprechenden Beschluss läge für das neue Geschäftsjahr keine Geschäftsverteilung vor, da die alte zufolge des Jährlichkeitsprinzips (Rn. 97) wirkungslos wird. Vor dem Beginn des Geschäftsjahres kann das Präsidium die Jahresgeschäftsverteilung frei abändern, die Bindung (Rn. 96) tritt erst mit dem Beginn des Geschäftsjahres ein.[165]

107   **Nicht zulässig** ist es, in der Jahresgeschäftsverteilung einen Richter nur für einen bestimmten, fest umgrenzten oder gar unbestimmten **Teil-Zeitraum** des Geschäftsjahres zuzuweisen,[166] also etwa bis zur Erledigung bestimmter Strafverfahren. Änderungen, die vor Beginn des Geschäftsjahres bereits abzusehen sind, etwa der Eintritt eines Richters in den Ruhestand, bleiben in der Jahresgeschäftsverteilung grundsätzlich unberücksichtigt; der Geschäftsverteilungsplan hat den Stand vom 1. Januar wiederzugeben, und diesen vollständig; spätere Veränderungen werden nach Abs. 3 erst beschlossen, wenn der Anlass dafür eingetreten ist[167] (vgl. aber Rn. 114). Steht etwa fest, dass der Vorsitzende A eines Spruchkörpers am 1. April in den Ruhestand tritt, so ist es unzulässig, in der Jahresgeschäftsverteilung als Vorsitzenden dieses Spruchkörpers ab 1. 4. zu bezeichnen „der auf die Planstelle A zu erwartende neue VorsRichter".[168] Die Zuweisung bestimmter Aufgaben an eine Person setzt voraus, dass das Präsidium diese Person kennt. Nur ausnahmsweise wird es deshalb möglich sein, eine Änderung bereits in den Jahresplan einzuarbeiten, falls der Anlass vor Beginn des Geschäftsjahres unzweifelhaft feststeht, seine Auswirkungen klar und die Änderungsmaßnahmen bereits jetzt der eindeutigen und abschließenden Regelung zugänglich sind (siehe auch Rn. 137).

108   **III. Änderungsbeschlüsse.** Alle Anordnungen der Jahresgeschäftsverteilung nach Abs. 1, aber auch die nicht der konstitutiven Beschlussfassung des Präsidiums unterliegende Bestimmung des Gerichtspräsidenten, welche richterlichen Aufgaben er wahrnimmt (Rn. 126), unterliegen zufolge des Jährlichkeitsprinzips und des Stetigkeitsgrundsatzes (Rn. 96, 97) der strikten **Veränderungssperre,** von der Abs. 3 Satz 1 nur unter vier eng begrenzten Voraussetzungen **Ausnahmen** gestattet. Es sind dies: Überlastung oder ungenügende Auslastung (Rn. 112), Richterwechsel (Rn. 113) oder dauernde Verhinderung einzelner Richter (Rn. 114).

109   Dieser Katalog ist jedoch um zwei weitere Änderungsanlässe zu ergänzen, die sich zwingend aus der Gesetzesgebundenheit der Geschäftsverteilung (Rn. 87) ergeben. Das Präsidium darf (und muss) die Geschäftsverteilung auch im laufenden Geschäftsjahr ändern, sofern und soweit dies nötig wird, weil dem Gericht **neue Geschäftsaufgaben** zugewiesen werden oder solche Aufgaben entzogen werden, etwa durch Inkrafttreten neuer gesetzlicher Regelungen oder eine verspätete Zuständigkeitsregelung nach § 140a. Weiter darf das Präsidium im Laufe des Geschäftsjahres **Fehler des Geschäftsverteilungsplans** korrigieren und versehentlich entstandene Lücken schließen,[169] sofern es sich dabei um Fehler und Lücken handelt, die die Rechtswidrigkeit des Geschäftsverteilungsplans zur Folge haben. Dies kann von Amts wegen, auf Anregung eines Beteiligten oder der Justizverwaltung

---

[165] BGHSt 13, 53 = NJW 1959, 1093.
[166] BGHSt 8, 252 = NJW 1956, 111.
[167] BGHSt 14, 321 = NJW 1960, 1475.
[168] Vgl. BGHSt 19, 116 = NJW 1964, 167.
[169] OLG Oldenburg NStZ 1985, 473 m. Anm. *Rieß*.

oder auf „Anfechtung" (Rn. 121) geschehen, alles selbstverständlich immer nur mit Wirkung für die Zukunft (Rn. 98).

Nicht hierunter fallen die **Berichtigung** von Schreibfehlern oder offensichtlichen Unrichtigkeiten, die keine Gestaltungsänderung darstellen und demgemäß entsprechend § 319 Abs. 1 ZPO immer zulässig und auch verfassungsrechtlich unbedenklich sind.[170] 110

Wie sich schon aus dem Wortlaut ergibt, muss Abs. 3 Satz 1 eng ausgelegt und entsprechend streng angewendet werden,[171] und zwar im doppelten Sinne. Enger Auslegung bedarf nicht allein die Wertung, ob ein Änderungsanlass gegeben ist („nur"), sondern ebenso auch die Wertung, ob der Anlass diese bestimmte Änderung rechtfertigt („nötig"). Die Auswirkungen des Änderungsanlasses sollen **so gering wie möglich** gehalten werden und nur so weit gehen wie unbedingt nötig. Die Schwierigkeiten liegen nicht so sehr darin, einen Änderungsgrund festzustellen, das ist in der Regel einfach und auch leicht nachprüfbar. Die Überbelastung eines Spruchkörpers oder Richters ergibt sich z. B. aus der Zählkartenstatistik, für den Richterwechsel gibt es Ernennungsurkunden oder Versetzungserlasse, die dauernde Verhinderung kann durch ein ärztliches Zeugnis belegt werden. Zu welchen Änderungen dieser Anlass jedoch zwingt, ist indessen weitgehend dem Ermessen des Präsidiums überlassen. Deshalb tut die RSpr gut daran, sich hier Zurückhaltung bei der mittelbaren Überprüfung (Rn. 120) aufzuerlegen. Dem pflichtgemäßen Ermessen des Präsidiums dürfen keine zu engen Fesseln angelegt werden; entscheidend ist immer, ob die Änderung sachlich begründet ist und dem Interesse der Rechtspflege dient.[172] Im Schrifttum wird teilweise eine stärkere Einschränkung des Ermessens bei Änderungsbeschlüssen gefordert,[173] doch verdient die großzügigere Beurteilung des BGH den Vorzug. Grundsätzlich steht die gesamte Geschäftsverteilung zur Disposition, eine Beschränkung der Regelungskompetenz auf den unmittelbaren Änderungsgrund besteht nicht.[174] Auch anhängige Verfahren können in die Änderung einbezogen werden,[175] es gilt aber auch hier das Verbot der Einzelzuweisung[176] (Rn. 99). Der Beschluss unterliegt nur der revisionsgerichtlichen Nachprüfung auf Willkür[177] (Rn. 120). Siehe ferner § 21g Rn. 38 zur vergleichbaren Frage der Änderung des spruchkörperinternen Mitwirkungsplans. 111

Die **Überlastung** und ihr Gegenstück, die **ungenügende Auslastung** eines Richters oder Spruchkörpers, erlaubt die Änderung nur, wenn sie so erheblich ist, dass der Ausgleich nicht bis zum Ende des Geschäftsjahres zurückgestellt werden kann. Die Gründe, die zu der ungleichen Belastung geführt haben, sind für Abs. 3 Satz 1 ohne Bedeutung. Ursache der Überlastung braucht nicht vermehrter Geschäftsanfall, sondern kann auch der Ausfall oder die Verhinderung eines Richters sein. Es muss sich um Gründe handeln, die nicht nur in einer vorübergehenden Verhinderung einzelner Richter sich erschöpfen; für Fälle voraussehbarer vorübergehender Verhinderung ist im Geschäftsverteilungsplan die Vertretung so zu regeln, dass eine ausreichende Besetzung der jeweiligen Spruchkörper mit Richtern gewährleistet ist.[178] Zu diesen **voraussehbaren Verhinderungen** gehört auch die vorübergehende Belastung des Vorsitzenden durch die Vorbereitung einer außer- 112

---

[170] BVerfGE 9, 231, 235.
[171] BGHSt 26, 382 = NJW 1976, 2029.
[172] BGHSt 27, 397 = NJW 1978, 1444; BGHR GVG § 21e Abs. 3 Änderung 4.
[173] *Müller* MDR 1978, 948; *Peters* JR 1979, 82.
[174] Vgl. BVerwG NJW 1982, 2394.
[175] BGHSt 30, 371 = NJW 1982, 1470; St 44, 161 = NJW 1999, 154; vgl. auch BGHR GVG § 21e Abs. 3 Änderung 4.
[176] BVerfG – K – NJW 2003, 345; BVerwG NJW 1984, 2961; *Feiber* MDR 1984, 676; *Sowada* S. 258; als ultima ratio der Rechtsgewährung offengelassen in BVerfG – K – NJW 2005, 2689.
[177] BVerwG NJW 1982, 2774.
[178] BGHSt 27, 209 = NJW 1977, 1696.

gewöhnlich umfangreichen Sache.[179] Ergibt sich jedoch im Laufe des Geschäftsjahres, dass die für die Vertretung getroffenen Anordnungen in Fällen der vorübergehenden Verhinderung nicht ausreichen, dann kann eine Ergänzung des Geschäftsverteilungsplanes vorgenommen werden. Keinesfalls darf aber aus einem solchen Grunde eine auf wenige Tage befristete geschäftsplanmäßige Änderung in der Besetzung eines Spruchkörpers vorgenommen werden.[180] Die Änderung kann darin bestehen, dass Geschäftsaufgaben unter Beachtung der allgemeinen Grundsätze (vgl. Rn. 94, 99) anders verteilt werden, soweit dies zur Entlastung oder Belastung erforderlich ist. Die Änderung kann auch darin bestehen, dass personelle Veränderungen vorgenommen werden, um der Überbelastung oder Unterbelastung abzuhelfen. Es kann sogar ein neuer Spruchkörper gebildet und besetzt werden.[181] Wurde ein Spruchkörper durch einen zweiten entlastet und tritt nun dessen Überlastung ein, kann er auch durch einen dritten Spruchkörper entlastet werden, eine Rückübertragung von Verfahren auf den ersten, nunmehr aufnahmefähigen Spruchkörper ist nicht erforderlich.[182] Unzulässig ist es aber, aus Anlass der Überbelastung eines Spruchkörpers während des Geschäftsjahres das System der Geschäftsverteilung (Rn. 150ff.) grundlegend zu ändern.

113 **Richterwechsel** i. S. von Abs. 3 Satz 1 ist jede Veränderung im Bestand der dem Gericht zugewiesenen Richter (nicht: Planstellen), bezogen auf den Beginn des Geschäftsjahres, sei es durch Freiwerden (Tod, Pensionierung, Versetzung) oder Besetzung von Planstellen oder durch Abordnungen.[183] Richterwechsel ist beispielsweise auch die Ernennung eines neuen Präsidenten. Dieser ist nicht gezwungen, die von seinem Vorgänger ausgefüllte richterliche Aufgabe zu übernehmen, sondern darf eine andere wählen (Abs. 1 Satz 3, Abs. 3 Satz 1). Durch den Richterwechsel in diesem Sinne muss sich nicht notwendig die Gesamtzahl der dem Gericht zugehörigen Richter gegenüber dem Stand am Beginn des Geschäftsjahres verändern. Auch die Ernennung eines an dem Gericht bereits tätigen Richters zum planmäßigen Richter aL kann, die Ernennung zum VorsRichter muss einen Anlass zur Änderung darstellen. Der Änderungsumfang aus Anlass eines Richterwechsels lässt sich nur schwer eingrenzen. Beim Ausscheiden des Richters A und dem Neueintritt des Richters B in das Gericht ist das Präsidium nicht nach Abs. 3 Satz 1 darauf beschränkt, B dem Spruchkörper X zuzuweisen, dem A angehört hatte. Das wird häufig schon aus rechtlichen Gründen nicht möglich sein (vgl. § 29 DRiG). In gleicher Weise darf und muss das Präsidium sein Ermessen bei der Änderungsentscheidung ausüben, soweit etwa die persönliche Eignung der Richter in Frage steht.[184] Auch etwa die Ausbildung des richterlichen Nachwuchses, die für sich genommen keinesfalls einen Änderungsanlass darstellt,[185] darf hier berücksichtigt werden.[186] Zwar meint *Peters*[187] in diesem Zusammenhang, ein LG sei kein Rangierbahnhof. Der veränderten Personallage muss aber im Interesse der Rechtspflege sachgerecht Rechnung getragen werden,[188] dazu muss u. U. auch „rangiert" werden. Auch eine Veränderung der Aufgabenzuweisung aus Anlass eines Richterwechsels ist nicht grundsätzlich ausgeschlossen, sofern sie sachbezogen geboten ist.

114 Die **dauernde Verhinderung** eines Richters als eigenständiger Änderungsgrund liegt vor, wenn sich die Zahl der Richter des Gerichts nicht geändert hat, aber es einem oder mehreren von ihnen tatsächlich oder rechtlich ganz oder teil-

---

[179] BGHSt 21, 174 = NJW 1967, 637.
[180] BGH NJW 1986, 1884.
[181] BGH NJW 1976, 60.
[182] BGH GVG § 21 e Abs. 3 Änderung 6.
[183] BGHSt 22, 237 = NJW 1968, 2388.
[184] BGHSt 19, 116 = NJW 1964, 167.
[185] BGHSt 26, 382 = NJW 1976, 2029; dazu *Rieß* JR 1977, 300.
[186] BGHSt 27, 397 = NJW 1978, 1444.
[187] JR 1979, 82.
[188] *Kröger* DRiZ 1978, 109.

weise unmöglich ist, die ihm im Geschäftsverteilungsplan übertragene Aufgabe zu erfüllen, und zwar auf voraussichtlich längere Zeit. Praktischer Hauptfall ist die länger dauernde Erkrankung. Die Grenzen zwischen dauernder und vorübergehender Verhinderung sind nach den Umständen des Einzelfalles zu ziehen; in der Regel wird man nur eine Verhinderung von mehr als zwei Monaten als dauernde bezeichnen können.[189] Maßgebend ist immer das vorausschauende Ermessen des Präsidiums. Bei nur vorübergehender Verhinderung ist kein Anlass für eine Änderung im Sinne von Abs. 3 Satz 1 gegeben, sondern es greift die im Geschäftsverteilungsplan vorgesehene Vertretungsregelung ein (Rn. 140). Ein Beschluss, der nur drei Termine eines einzigen Sitzungstages einem anderen als dem regelmäßigen Vertreter überträgt, kann nicht durch dauernde Verhinderung geboten sein und ist deshalb unzulässig.[190] Er lässt sich auch nicht unter dem Gesichtspunkt der Überlastung des Vertreters rechtfertigen, denn auch diese muss eine gewisse Dauer haben, bevor sie eine Änderung der Geschäftsverteilung rechtfertigt, und vor allem ist eine Änderung dann nur als generelle Regelung für die Zukunft möglich. Für den **Umfang der Änderungsanordnung** gilt hier im Prinzip das Gleiche wie für den Richterwechsel (Rn. 113). Eine Besonderheit der Änderung wegen dauernder Verhinderung eines Richters ist jedoch, dass sie nach h. M. von vornherein befristet werden kann (vgl. Rn. 107) auf die Dauer der Verhinderung. Das Präsidium darf in diesem Ausnahmefall die Geschäftsverteilung auf begrenzte Zeit ändern und dabei auch bestimmen, dass mit Wegfall des Änderungsgrundes die alte Regelung wieder von selbst in Kraft tritt.[191] Der BGH[192] hält einen Beschluss für zulässig, mit dem Richter A „für die Dauer der Erkrankung des Richters B", d.h. bis zu dessen Dienstantritt, dem Spruchkörper X zugeteilt wird. Dies erscheint jedoch im Hinblick auf das Bestimmtheitsgebot (Rn. 95) bedenklich und mit Abs. 9 unvereinbar. Wenn eine kalendermäßige Befristung nicht möglich ist, muss die Zuteilung ohne jede Befristung ausgesprochen werden. Der Dienstantritt des verhinderten Richters ist dann als das Ende der dauernden Verhinderung (ebenso wie der Beginn der dauernden Verhinderung) ein Grund, nunmehr die Geschäftsverteilung erneut nach Abs. 3 Satz 1 dadurch zu ändern, dass die Zuweisung des Richters A zum Spruchkörper X ausdrücklich aufgehoben wird. Schon wegen der durch Abs. 9 gebotenen Offenlegung der Änderungsbeschlüsse kann nur eine kalendermäßige Befristung für zulässig gehalten werden. Andernfalls wäre aus den offengelegten Präsidiumsbeschlüssen nicht zu ersehen, wie lange Richter A dem Spruchkörper X angehört hat. Das Ereignis „(Wieder-)Dienstantritt des Erkrankten" ist nämlich nur aus den Personalakten des erkrankten Richters oder aus anderen Unterlagen der Justizverwaltung zu ersehen, die der Offenlegung nach Abs. 9 nicht unterliegen.

Für alle die Jahresgeschäftsverteilung ändernden Beschlüsse gelten die allgemeinen Regeln für die Geschäftsverteilung, insbesondere auch die Beschränkungen für die Umverteilung bereits anhängiger Sachen (Rn. 99). Der Änderungsgrund muss im Beschluss oder im Protokoll festgehalten werden, damit überprüfbar ist, ob die Voraussetzungen des Abs. 3 für die ausnahmsweise zulässige Änderung der Geschäftsverteilung vorlagen. Bei Überlastung eines Spruchkörpers müssen deren Gründe in dem Beschluss oder in einer darin in Bezug genommenen Überlastungsanzeige nachvollziehbar dargelegt sein.[193] **115**

IV. Auslegung, Anwendung, Kompetenzkonflikte. Der Geschäftsverteilungsplan ist der Auslegung nach allgemeinen Grundsätzen zugänglich. Der Umstand, dass die Regelungen der Geschäftsverteilung der Auslegung bedürfen, tut **116**

---

[189] *Schorn/Stanicki* S. 138: drei Monate.
[190] OLG Frankfurt 30. 11. 1979 – 1 Ws B 267/79 OwiG –.
[191] BGHSt 21, 250 = NJW 1967, 1622.
[192] AaO.
[193] BVerfG – K – NJW 2005, 2689.

ihrer Wirksamkeit keinen Abbruch. Auslegungszweifel hinsichtlich der Kriterien, die zur Vorausbestimmung des gesetzlichen Richters (Rn. 98) verwendet werden, sind unschädlich, weil sie nicht den Weg zu einer Besetzung der Richterbank von Fall zu Fall eröffnen, sondern zu einem rechtlich geregelten Verfahren führen, das der Klärung von Zweifeln dient.[194] Dabei kann auch eine ausdehnende Auslegung in Betracht kommen.[195] Die Anwendung des Geschäftsverteilungsplans obliegt zunächst ausschließlich dem erkennenden Gericht. Der Richter oder Spruchkörper muss vor der Entscheidung einer konkreten Rechtssache in eigener Verantwortung prüfen, ob er dafür nach Gesetz und Geschäftsverteilungsplan zuständig ist (§ 21a Rn. 3); er darf die Sache nur entscheiden, wenn er sich für zuständig hält. Hält er sich nicht für zuständig, so leitet er die Sache an den zuständigen Richter oder Spruchkörper weiter.

117 **Meinungsverschiedenheiten** unter verschiedenen Spruchkörpern des gleichen Gerichts hinsichtlich der Auslegung einer Regelung des Geschäftsverteilungsplans oder hinsichtlich versehentlich verbliebener Lücken sind grundsätzlich nicht nach Maßgabe des § 36 Abs. 1 ZPO, § 14 StPO usw. durch das im Instanzenzug nächst höhere Gericht zu entscheiden, sondern **durch das Präsidium des Gerichts,** dem die Spruchkörper angehören. Denn eine solche Auseinandersetzung betrifft die Verteilung der Geschäfte unter den Mitgliedern des Gerichts durch den Geschäftsverteilungsplan, der in die Zuständigkeit des Präsidiums fällt.[196] Das gilt auch für die Zuständigkeit der allgemeinen Zivilkammer des LG im Verhältnis zur Berufungskammer, da insoweit keine gesetzliche Zuständigkeitsregelung besteht und eine Zivilkammer auch gleichzeitig als erstinstanzliche und Berufungskammer nach Maßgabe der Geschäftsverteilung zuständig sein kann.[197] Die Entscheidung ist für die beteiligten Spruchkörper und Richter verbindlich.[198] Sie kann, wenn sie im Rahmen des pflichtgemäßen Ermessens getroffen wurde und nicht willkürlich ist, keine Rechtsmittelrüge wegen Verletzung des gesetzlichen Richters begründen.[199] Etwas anderes gilt für die **gesetzliche Geschäftsverteilung,** wenn also durch Gesetz bestimmte Spruchkörper vorgesehen und mit konkret bezeichneten Aufgaben betraut sind. Hier besteht keine Verteilungskompetenz des Präsidiums, dieses hat damit auch keine Entscheidungskompetenz. Vielmehr geht es um die Anwendung ausdrücklicher gesetzlicher Zuweisungsvorschriften, über die das jeweilige Gericht und gegebenenfalls das im Rechtszug übergeordnete Gericht in eigener Verantwortung entscheiden muss.[200] Die Entscheidungskompetenz des Präsidiums fehlt deshalb für Zuständigkeitszweifel zwischen LG und KfH,[201] Baulandkammer und LG,[202] FamG und allgemeiner Prozessabteilung des AG,[203] FamS und allgemeinem Senat des OLG,[204] allgemeiner Strafkammer und Wirtschaftsstrafkammer;[205] Berufungs- oder Beschwerdekammer.[206] Bei Kompetenzkonflikten kommt hier die Anwendung der gesetzlichen Regeln über die Zuständigkeitsbestimmung in Betracht (vgl. § 23b Rn. 6; § 94 Rn. 9). Sind jedoch mehrere gleichartige gesetzliche

---

[194] BGH NJW 1999, 796.
[195] BGH DRiZ 1980, 147.
[196] BGH NJW 2000, 80; h. M., vgl.: *BL/Hartmann* Rn. 13; *KK/Diemer* Rn. 13; *Katholnigg* Rn. 2; *Meyer-Goßner* Rn. 22; *LR/Breidling* Rn. 22; *Thomas/Putzo/Hüßtege* Rn. 40; *Wieczorek/Schreiber* Rn. 9; *Zöller/Gummer* Rn. 38; vgl. BGH ZflR 2002, 80 m. Anm. *Vollkommer* EWiR 2002, 211; NJW 2003, 3636; a. A. *Müller* JZ 1976, 587; DRiZ 1977, 214; *MünchKommZPO/Wolf* Rn. 47.
[197] BGH NJW 2000, 80.
[198] BFH DB 1986, 1160; OLG Düsseldorf MDR 1984, 73; OLG Oldenburg MDR 1989, 649.
[199] BGHSt 25, 242 = NJW 1974, 154; BGHSt 26, 191 = NJW 1975, 2304.
[200] BGH NJW 2000, 80; 2003, 3636; *Zöller/Gummer* Rn. 38.
[201] OLG Braunschweig NJW-RR 1995, 1535; OLG Nürnberg NJW 1993, 3208.
[202] OLG Oldenburg MDR 1977, 497.
[203] BGHZ 71, 264 = NJW 1978, 1531; BGH NJW-RR 1990, 1026.
[204] BGHZ 71, 264 = NJW 1978, 1531.
[205] OLG München NJW 1979, 1839; OLG Düsseldorf MDR 1982, 689.
[206] OLG Frankfurt NStZ-RR 1996, 302.

Spezialspruchkörper eingerichtet, hat den Streit unter ihnen das Präsidium zu entscheiden.

Der Entscheidungszuständigkeit des Präsidiums im Fall des **Kompetenzkonflikts** bei nicht gesetzlich geregelter Zuständigkeit stehen das Abstraktionsprinzip, der Bestimmtheitsgrundsatz und das Vorauswirkungsprinzip nicht entgegen.[207] Zwar ist nicht zu verkennen, dass die Entscheidung eine Einzelfallzuweisung darstellt. Diese ist jedoch legitim, wenn und soweit sie der Beseitigung einer sonst verbleibenden objektiven Rechtsverweigerung durch negativen Kompetenzkonflikt dient und sich nur als Verwirklichung allgemeiner Geschäftsverteilungsregelungen darstellt. Dies ist der Fall, wenn das Präsidium – insofern im Grunde nur deklaratorisch – in Auslegung des von ihm verfassten Plans feststellt, dass die allgemeine Regel X für die konkrete Sache gilt und die Sache deshalb zur Zuständigkeit des Spruchkörpers Y gehört. Eine solche Entscheidung ist nicht willkürlich und deshalb unbedenklich. Die von *Heintzmann*[208] vorgenommene Unterscheidung zwischen Auslegung sowie Lückenausfüllung des Plans einerseits und sachlichen Voraussetzungen andererseits ist zu fein gestrickt und unpraktisch. Sieht etwa ein Geschäftsverteilungsplan die Zuständigkeit eines bestimmten Spruchkörpers X vor, wenn „juristische Personen des öffentlichen Rechts" als Beklagte in Anspruch genommen werden, und leugnen nun die Spruchkörper X und Y ihre Zuständigkeit für eine Klage gegen die „Central Bank of Nigeria", so ist es wenig sinnvoll, die Entscheidungsbefugnis des Präsidiums davon abhängig zu machen, ob die zitierte Bestimmung ausländische Personen des öffentlichen Rechts erfasst (Auslegungsfrage) oder ob die Zentralbank von Nigeria eine juristische Person des öffentlichen Rechts ist (sachliche Voraussetzung). In beiden Fällen muss dem Präsidium als neutralem, kollegial verfasstem Justizgewährungsgaranten (Rn. 6) die Möglichkeit zugestanden werden, Zuständigkeitsstreitigkeiten durch eine Entscheidung zu beenden, die zugleich auch eine generelle und für künftige Fälle wirkende Regelung darstellt.[209]

Unabhängig von der rechtlichen Zulässigkeit der Einzelfallentscheidungen im Zuständigkeitsstreit sollte allerdings die Geschäftsverteilung solche Streitigkeiten möglichst zu vermeiden trachten. Das kann durch generelle Kompetenzkonfliktsregeln oder durch generelle Auslegungsgrundsätze im allgemeinen Teil des Geschäftsverteilungsplans geschehen. Zulässig sind auch – vorbehaltlich besonderer gesetzlicher Regelungen wie § 222b StPO – zuständigkeitsperpetuierende Klauseln dahin, dass ein Spruchkörper mit der Sache befasst bleibt, wenn sich die Zuständigkeit eines anderen erst in einem bestimmten Verfahrensstadium oder nach einem bestimmten Zeitpunkt herausstellt, etwa nach der Eröffnung des Hauptverfahrens[210] oder sonst nach Vornahme einer Prozesshandlung. Dasselbe gilt für die Festlegung einer Abgabe als bindend.[211]

V. Fehlerhafte Beschlüsse, Überprüfung. 1. Verfahrensbeteiligte. Fehlerhafte Präsidialbeschlüsse können zur unmittelbaren Folge haben, dass das Gericht nicht ordnungsgemäß besetzt ist. Dies können die davon Betroffenen mit den allgemeinen Rechtsmitteln als Verfahrensmangel rügen (z.B. §§ 547 Nr. 1, 579 Abs. 1 Nr. 1 ZPO, § 338 Nr. 1 StPO). Die Gesetzmäßigkeit der Aufstellung und Abänderung des Geschäftsverteilungsplans unterliegt der Nachprüfung durch das Rechtsmittelgericht.[212] Sie ist allerdings stark eingeschränkt. Fehler bei der Wahl

---

[207] A.A. *Heintzmann* DRiZ 1975, 320 unter Hinweis auf einen nicht veröffentlichten Beschluss des BVerfG; *Weitl* DRiZ 1977, 112; *Müller* JZ 1976, 587, 588; DRiZ 1978, 14, 16.
[208] AaO.
[209] Im Ergebnis wie hier *Zöller/Gummer* Rn. 38; *Meyer-Goßner* Rn. 22; *Kopp/Schenke* § 4 Rn. 13; LR/*Breidling* Rn. 22 ff.
[210] BGH NStZ 1984, 181; KK/*Diemer* Rn. 11.
[211] *Sowada* S. 326 ff.
[212] BGHSt 3, 353 = NJW 1953, 353.

des Präsidiums können überhaupt nicht gerügt werden, wie sich aus § 21b Abs. 6 Satz 3 ergibt. Grobe Verfahrensfehler können der Besetzungsrüge zum Erfolg verhelfen, wenn sie unmittelbar die Unwirksamkeit des Beschlusses zur Folge haben. Das kann der Fall sein, wenn er nicht mit der erforderlichen Stimmenmehrheit der Mitglieder (Abs. 7) zustande gekommen ist (zu § 21i Abs. 2 dort Rn. 12), sowie generell bei willkürlichen Entscheidungen (vgl. § 16 Rn. 52) und offensichtlichen Rechtsverstößen. Inhaltliche Fehler des Geschäftsverteilungsplans begründen die Besetzungsrüge, wenn es sich um gesetzwidrige Anordnungen handelt. Ein Fehler in der Geschäftsverteilung hat nicht die Unwirksamkeit der gesamten Geschäftsverteilung zur Folge, sondern nur hinsichtlich des Richters, der zum Nachteil der Prozesspartei nicht ordnungsgemäß als „gesetzlicher" bestimmt war.[213] Die Verfahrensautonomie und die Gestaltungsfreiheit des Präsidiums (Rn. 28, 78) setzen jedoch der mittelbaren Anfechtung durch die Besetzungsrüge enge Grenzen, nämlich beschränkt auf Willkür[214] (vgl. § 16 Rn. 52ff.). Umgekehrt gibt es keinen Rügeverzicht nach § 295 ZPO angesichts des öffentlichen Interesses am gesetzlichen Richter.[215] Bei Erschöpfung des Rechtsmittelzugs kommt auch eine Verfassungsbeschwerde in Frage. Zu den Folgen einer fehlerhaften Anwendung des wirksamen Geschäftsverteilungsplanes durch das erkennende Gericht § 16 Rn. 50. – Ein unmittelbares Anfechtungsrecht der Verfahrensbeteiligten gegen den Geschäftsverteilungsplan selbst ist abzulehnen auf Grund seines Charakters als Selbstverwaltungsakt „sui generis" (Rn. 105), er ist im Verhältnis zu Verfahrensbeteiligten kein Verwaltungsakt, kein Justizverwaltungsakt und keine Entscheidung innerhalb eines gerichtlichen Verfahrens.[216] Die Rechte der Verfahrensbeteiligten sind durch die Möglichkeit der Besetzungsrüge ausreichend gewahrt.[217] Da die Geschäftsverteilung keine Rechtsnorm darstellt (Rn. 105), kann gegen sie auch nicht im Normenkontrollverfahren nach § 47 VwGO vorgegangen werden.[218] – Zur Amtshaftung vgl. Rn. 26.

121   2. Betroffene Richter. Die **unmittelbare Anfechtung** des Geschäftsverteilungsplanes ist im Gesetz nicht ausdrücklich vorgesehen. Nach früher h.M. war sie nicht zulässig,[219] und das gilt im Grundsatz auch heute noch.[220] Unter dem Einfluss der verwaltungsgerichtlichen Generalklausel (§ 40 VwGO, auch § 23 EGGVG) und vor allem der Rechtsschutzgarantie des Art. 19 Abs. 4 GG hat jedoch ein Umdenken eingesetzt: Am Anfang der Entwicklung steht die vom BVerfG als zulässig angesehene Verfassungsbeschwerde eines Richters.[221] Diesen hatte das Präsidium wegen mangelnder Eignung praktisch von jeder richterlichen Tätigkeit ausgeschlossen; seine Verfassungsbeschwerde, gestützt auf willkürlichen Ausschluss von der RSpr und damit Verletzung seiner Menschenwürde, hatte Erfolg, weil er damit im Widerspruch zu Art. 97 Abs. 2 Satz 1 GG ohne förmliche Amtsenthebung aus seinem Amt verdrängt worden sei. Die Subsidiarität der Verfassungsbeschwerde (vgl. § 12 Rn. 34), die über die Auffassung des BVerfG vom zulässigen Rechtsweg hätte Auskunft geben können, ist in der Entscheidung nicht erörtert.[222] Im Gegensatz dazu steht eine Entscheidung, die eine vergleichbare Verfassungsbeschwerde nicht an-

---

[213] *Rößler* BB 1991, 2343; *Offerhaus* DB 1991, 2574.
[214] BVerwG NJW 1984, 2961; 1988, 1339; BGH NJW 2000, 1580.
[215] BGHSt 35, 164 = NJW 1988, 1333; BGH MDR 1993, 269; *BL/Hartmann* § 295 ZPO Rn. 30; *Zöller/Greger* § 295 ZPO Rn. 4.
[216] BayVerfGH NJW 1986, 1673.
[217] BVerwG NJW 1982, 900.
[218] HessVGH NJW 1977, 1895; VGH München NJW 1979, 1471; OVG Lüneburg NJW 1984, 627; *BL/Hartmann* Rn. 30; *Wieczorek/Schreiber* Rn. 30; *Zöller/Gummer* Rn. 49; i. E. ebenso *MünchKommZPO/ Wolf* Rn. 64.
[219] BVerfGE 17, 252; BGH DRiZ 1973, 280; eingehend *LR/Breidling* Rn. 77 ff. m. w. N.
[220] BGHZ 93, 100 = NJW 1985, 1084.
[221] BVerfGE 17, 252 = NJW 1964, 1019, zurückhaltender E 15, 298 = NJW 1963, 899.
[222] Vgl. *LR/Breidling* Rn. 79.

nahm.[223] Sie nahm zwar nicht positiv zur Frage des möglichen Rechtswegs gegen eine Präsidiumsentscheidung Stellung, wohl aber kam die Verfassungsbeschwerde durch das Subsidiaritätsprinzip zu Fall. Wenn ein oberes Fachgericht[224] bereits die Justitiabilität von Präsidiumsentscheidungen bejaht habe, müsse der Beschwerdeführer zunächst diesen Rechtsweg ausschöpfen. Die Entscheidung diente einerseits als Beleg für das Bestehen eines Rechtswegs zur unmittelbaren Nachprüfung von Präsidialbeschlüssen,[225] andererseits wurde ihr Mangel in der Formulierung vom „möglicherweise bestehenden" Rechtsweg gesehen.[226] Innerhalb der Verwaltungsgerichtsbarkeit tendierte man zum verwaltungsgerichtlichen Rechtsschutz.[227] Einen Meilenstein setzte dann das BVerwG.[228] Die Geschäftsverteilung wirke auf die Rechtsstellung des einzelnen Richters ein, indem sie seine öffentlich-rechtlichen Berechtigungen und Verpflichtungen im Hinblick auf die von ihm wahrzunehmenden richterlichen Geschäfte regelt. Die Zuteilung oder Nichtzuteilung von Geschäften könne darum einen Richter in seinem Amtsrecht, in seiner persönlichen Rechtsstellung gegenüber dem Staat und damit in seinen Rechten verletzen. Zur Klärung stehe nach Art. 19 Abs. 4 GG der Rechtsweg offen, und zwar der **Verwaltungsrechtsweg**. Es handele sich um eine öffentlich-rechtliche Streitigkeit nichtverfassungsrechtlicher Art, § 40 VwGO. Der Rechtsweg nach § 23 EGGVG sei nicht gegeben, weil das Präsidium keine Justizverwaltungsbehörde sei und es um eine Anordnung abstrakt-genereller Art gehe. Auch die Zuständigkeit des Richterdienstgerichts nach § 78 DRiG sei nicht gegeben, weil es nicht um die Klärung von im Disziplinarverfahren erhobenen Vorwürfen gehe. Der Richter kann indessen nicht die Aufhebung des Geschäftsverteilungsplans begehren, sondern nur die Feststellung nach § 43 VwGO beantragen, ob sich aus dem Geschäftsverteilungsplan seine rechtliche Verpflichtung ergibt oder ergab, der dort getroffenen Regelung nachzukommen. – Die Entscheidung hat eine umfangreiche wissenschaftlich kontroverse Diskussion ausgelöst.[229] Das BVerwG hält an dieser Rechtsansicht seitdem fest.[230] Die Verwaltungsgerichte folgen dem BVerwG[231] bis hin zur Fortsetzungsfeststellungsklage[232] und zu einstweiligen Anordnungen.[233]

Der BGH hat sich dem BVerwG unter Aufgabe seiner früheren entgegengesetzten RSpr angeschlossen.[234] Das BVerfG meint, es entspreche „gefestigter verwaltungsgerichtlicher Rechtsprechung, dass dem Richter, der Rechtsverletzungen durch den Geschäftsverteilungsplan seines Gerichts geltend macht, für dessen Nachprüfung die Feststellungsklage vor den Verwaltungsgerichten zur Verfügung steht".[235] Der Auffassung, dass für den sich von der Geschäftsverteilung in seinen Rechten verletzt fühlenden Richter der Verwaltungsrechtsweg offen steht, ist zuzustimmen. Zwar wäre von der Sachnähe her das Richterdienstgericht vorzuziehen, dem steht aber das Enumerationsprinzip des § 62 DRiG entgegen, ebenso, dass die Entscheidungen des Präsidiums als einem richterlichen Selbstverwaltungsorgan

---

[223] BVerfG – VorprA – NJW 1976, 325.
[224] Scil. VGH Mannheim DRiZ 1973, 320.
[225] *Kornblum* NJW 1976, 325 unter Verweis auf BGH DRiZ 1973, 280.
[226] *Rottstedt* NJW 1976, 1306.
[227] VG Freiburg DRiZ 1973, 319; VGH Mannheim DRiZ 1973, 320.
[228] BVerwGE 50, 11 = NJW 1976, 1224.
[229] Vgl. *LR/Schäfer* (24. Aufl.) Rn. 83 ff.
[230] BVerwGE 67, 222 = NJW 1983, 2589; zust. *BL/Hartmann* Rn. 30; *MünchKommZPO/Wolf* Rn. 65; *Meyer-Goßner* Rn. 24; *Zöller/Gummer* Rn. 54; krit. *Kornblum*, FS Schiedermair, 1976, S. 331; NJW 1977, 666; *LR/Breidling* Rn. 79 f.; *Müller* MDR 1977, 975; *Pentz* DRiZ 1977, 179; *Wolf* DRiZ 1976, 364; a. A. *Fischer* DRiZ 1979, 203; *KK/Diemer* § 21 a Rn. 4.
[231] HessVGH DRiZ 1984, 62; OVG Hamburg DRiZ 1987, 1215; VGH München NJW 1994, 2308.
[232] VG Schleswig DRiZ 1991, 98.
[233] HessVGH DRiZ 1984, 62; VG Hannover NJW 1990, 3272; *BL/Hartmann* Rn. 32; *Zöller/Gummer* Rn. 56.
[234] BGHZ 90, 41 = NJW 1984, 2531; BGH NJW 1991, 425.
[235] BVerfG – K – DRiZ 1991, 100.

(Rn. 2) keine Maßnahmen der Dienstaufsicht nach § 26 DRiG darstellen.[236] Die Klage ist als Feststellungsklage (§ 43 VwGO) zu erheben. Sie bedarf nicht des Widerspruchs.[237] Die Klageerhebung hat keine aufschiebende Wirkung, die Geschäftsverteilung ist für den Richter verbindlich, bis ihre Rechtswidrigkeit festgestellt ist,[238] sofern nicht vorläufiger Rechtsschutz gewährt wird.[239]

123 Die Feststellungsklage ist nach dem Rechtsträgerprinzip bei Landesgerichten gegen das Land, nicht gegen das Präsidium zu richten,[240] bei Bundesgerichten gegen die Bundesrepublik. Das Präsidium ist nicht beteiligungsfähig[241] (Rn. 10). Hat die Anfechtung Erfolg, muss das Präsidium, soweit die Unwirksamkeit der Geschäftsverteilung festgestellt wird, eine andere Regelung treffen. Mit dieser Anfechtungsmöglichkeit ist der Rechtsschutz des betroffenen Richters ausreichend gewährleistet. Vorstellungen, er könne den Dienst unter Berufung auf eine fehlerhafte Geschäftsverteilung verweigern, dadurch eine Dienstaufsichtsmaßnahme gegen sich auslösen, diese dann nach § 26 Abs. 3 DRiG anfechten und dadurch eine Inzident-Nachprüfung der Geschäftsverteilung erreichen,[242] sind abwegig und würden nichts an der rechtswidrigen Dienstverweigerung ändern, denn ein Richter muss die Geschäftsverteilung befolgen, vom Extremfall der Nichtigkeit des Präsidiumsbeschlusses abgesehen (Rn. 100).

124 **3. Richter des Gerichts allgemein.** Können Richter des Gerichts nicht geltend machen, unmittelbar durch den Geschäftsverteilungsplan in ihrer Rechtsstellung beeinträchtigt zu sein, steht ihnen kein Anfechtungsrecht gegen den Geschäftsverteilungsplan zu. Soweit es um ihr aktives oder passives Wahlrecht zum Präsidium geht, enthält § 21b Abs. 6 Satz 1 die abschließende Regelung. Streitigkeiten um ihre konkrete Mitwirkung als gewählte Präsidiumsmitglieder bei der Geschäftsverteilung (z.B. Nichteinladung zur Sitzung) betreffen eine Maßnahme des Präsidiums als Rechtspflegeorgan eigener Art; hierzu Rn. 32.

125 **4. Dienstaufsicht.** Das Präsidium ist ein richterliches Selbstverwaltungsorgan, für dessen Mitglieder in ihrer Tätigkeit die richterliche Unabhängigkeit gilt (Rn. 7). Eingriffsmöglichkeiten der Dienstaufsicht sind damit im gleichen Maße eingeschränkt wie gegenüber richterlichen Verfahrensmaßnahmen und -entscheidungen. Der Kernbereich der richterlichen Tätigkeit des Präsidiums ist einer Kontrolle und Einwirkung im Wege der Dienstaufsicht entzogen.[243] Dieser Kernbereich ist weit zu fassen. „Er umfasst nicht nur den Inhalt der zu fassenden Beschlüsse, sondern alle ihr auch nur mittelbar dienenden – sie vorbereitenden oder ihr nachfolgenden – Sach- und Verfahrensentscheidungen,[244] somit auch das wesentliche zur Beschlussfassung führende Verfahren".[245] Denkbar wäre ein Einschreiten, wenn die Beschlussfassung für die Jahresgeschäftsverteilung nicht rechtzeitig erfolgt, die gegenüber den einzelnen Richtern bestehende Fürsorgepflicht[246] gröblich verletzt würde oder ein Richter nicht seinem Amt nach Inhalt und Umfang gemäß eingeteilt würde. Die Präsidiumsmitglieder können gegen Maßnahmen der Dienstaufsicht im Zusammenhang mit der Tätigkeit im Präsidium nach § 26 Abs. 3 DRiG vorgehen.

---

[236] BGHZ 46, 147; Z 93, 100 = NJW 1985, 1024; BGH NJW 1991, 425; *BL/Hartmann* Rn. 30; *Katholnigg* Rn. 15; *Zöller/Gummer* Rn. 54.
[237] *BL/Hartmann* Rn. 31.
[238] BGHZ 85, 154; BGH DRiZ 1978, 249.
[239] BVerwG NJW 1976, 1224; VGH München NJW 1994, 2308; *Zöller/Gummer* Rn. 56.
[240] *LR/Breidling* Rn. 80; a. A. *Zöller/Gummer* Rn. 56a.
[241] VGH Baden-Württemberg DRiZ 1973, 320; VG Trier DRiZ 1993, 401; a. A. HessVGH DRiZ 1984, 62; ThürOVG thürVBl. 2005, 110.
[242] *Müller* MDR 1977, 975, 977.
[243] BGH DRiZ 1995, 394; stRSpr, vgl. BGHZ 46, 147; Z 90, 41; Z 93, 238.
[244] Vgl. BGHZ 90, 41, 45 m. w. N.
[245] BGH DRiZ 1955, 394.
[246] BGHSt 29, 162 = NJW 1980, 951.

E. Geschäftsverteilung, Einzelfragen

I. Besetzung der Spruchkörper. 1. Präsident (Abs. 1 Satz 3). Die Verfü- 126
gungsbefugnis des Präsidiums über die Richter des Gerichts (Rn. 93) ist hinsichtlich des Präsidenten durch Abs. 1 Satz 3 beschränkt. Der Präsident bestimmt selbst, welche richterlichen Aufgaben er wahrnimmt. Diese Entscheidung hat das Präsidium hinzunehmen. Es ist aber nicht gehindert, in Übereinstimmung mit dem Präsidenten dessen richterliche Zuständigkeit − deklaratorisch − in den Geschäftsverteilungsplan aufzunehmen, ohne kenntlich zu machen, dass es sich dabei nicht um eine konstitutive Entscheidung des Präsidiums handelt. Denn Abs. 1 Satz 3 hat keine besondere Außenwirkung, er bindet lediglich das Präsidium im Innenverhältnis. Der **Präsident muss eine richterliche Aufgabe wahrnehmen** (§ 59 Rn. 7 ff.), nur in der Wahl der Art und des Umfangs ist er frei. Diese Freiheit gilt für den Präsidenten eines Kollegialgerichts auch nur mit Einschränkung: Er muss den Vorsitz eines Spruchkörpers übernehmen (§ 21f Abs. 1), kann sich also nicht etwa (nur) zum Ermittlungsrichter, zum Vertreter eines Vorsitzenden oder zum Beisitzer eines Spruchkörpers bestimmen. Und der Umfang seiner Tätigkeit wird weitgehend durch das Präsidium bestimmt. Seine Erklärung nach Abs. 1 Satz 3 geht nämlich lediglich dahin, er übernehme den Vorsitz im Spruchkörper X. Der Umfang seiner Tätigkeit als Vorsitzender des Spruchkörpers X wird dagegen weitgehend dadurch bestimmt, wie viele Beisitzer und welche Geschäftsaufgaben das Präsidium dem von ihm gewählten Spruchkörper zuweist. Jedoch sollte das Präsidium dabei berücksichtigen, mit welchem Anteil seiner Arbeitskraft der Präsident für RSprAufgaben zur Verfügung steht. Denn Sinn des Abs. 1 Satz 3 ist es, dem Präsidenten allein die Entscheidung zu überlassen, welche Arbeitsbelastung durch richterliche Aufgaben sich mit den Justizverwaltungsgeschäften und den Pflichten als Vorsitzender des Präsidiums angemessen vereinbaren lässt. Da auch er mindestens 75% der Vorsitzendengeschäfte selbst wahrnehmen muss (Rn. 127), hat das Präsidium diesen Spruchkörper entsprechend klein zu halten.

2. Vorsitzende. Jedem Spruchkörper ist ein **Richter als Vorsitzender** zuzu- 127
weisen. Dieser Vorsitzende muss zum VorsRichter aL bei diesem Gericht oder zum Vizepräsidenten dieses Gerichts ernannt sein. Ein Vorsitzender kann auch in mehreren Spruchkörpern den Vorsitz führen, wie sich aus Abs. 1 Satz 4 ergibt, sofern seine Arbeitsbelastung es ihm gestattet, in jedem dieser Spruchkörper einen richtungweisenden Einfluss auf die RSpr auszuüben (hierzu § 21f Rn. 4, § 59 Rn. 11). Das Präsidium muss bei der Geschäftsverteilung berücksichtigen, inwieweit die Arbeitskraft eines Vorsitzenden durch ihm anderweitig obliegende Geschäfte (etwa Verwaltungstätigkeit) in Anspruch genommen ist.[247] Wird einem Vorsitzenden der Vorsitz in mehreren Spruchkörpern übertragen, so muss das Präsidium im Geschäftsverteilungsplan regeln, welche Geschäftsaufgabe im Kollisionsfall (gleichzeitige Inanspruchnahme in mehreren Spruchkörpern) den Vorrang hat.[248] Jedem ordentlichen Vorsitzenden ist gemäß § 21f Abs. 2 ein Vertreter zu bestellen (vgl. § 21f Rn. 8 ff.). Unzulässig ist es, einem Spruchkörper einen „noch namenlosen" Vorsitzenden zuzuweisen[249] (vgl. Rn. 137).

3. Beisitzer. Jedem Spruchkörper sind mindestens so viele Beisitzer zuzuweisen, 128
dass der Spruchkörper in der vom Gesetz vorgeschriebenen Besetzung beschlussfähig ist. Zur Zuweisung weiterer Beisitzer über die gesetzliche Zahl hinaus (sog. Überbesetzung) Rn. 129 ff. Ein Richter kann auch mehreren Spruchkörpern zugewiesen werden (Abs. 1 Satz 4). Das soll allerdings nur ausnahmsweise und nur

---
[247] BGHZ 28, 338 = NJW 1959, 101.
[248] BGHSt 25, 163 = NJW 1973, 1291.
[249] BGHSt 19, 116 = NJW 1964, 167; St 28, 290 = NJW 1979, 1052; St 34, 379; *KK/Diemer* Rn. 4.

dann geschehen, wenn ein sachlicher Grund dies erfordert. Im Geschäftsverteilungsplan muss die **Mehrfachzuweisung** kenntlich gemacht werden, und zwar durch Angabe des Anteils (Bruchteils), mit dem der Richter dem Spruchkörper zugewiesen ist[250] („mit der Hälfte seiner Arbeitskraft"). Entsprechendes gilt für Richter, die nur mit einem Teil ihrer Arbeitskraft der RSpr zur Verfügung stehen (Rn. 138). Außerdem ist bei den Doppel- oder Mehrfachzuweisungen zu beachten, dass der Geschäftsverteilungsplan regeln muss, welche Zugehörigkeit im **Kollisionsfall** Vorrang hat.[251] Eine solche Regelung kann allgemein gefasst sein: „Soweit ein Richter mehreren Kammern angehört und von mehreren Kammern gleichzeitig benötigt wird, geht die Anforderung derjenigen Kammer vor, die zuerst in diesem Geschäftsverteilungsplan aufgeführt ist". Aufwendiger, aber klarer ist ein Vermerk im Zusammenhang mit der Regelung der personellen Besetzung des konkreten Spruchkörpers: „Die Tätigkeit des Richters A in der Kammer X hat Vorrang vor seiner Tätigkeit in der Kammer Y". Die Auffassung, bei fehlender Kollisionsregelung stelle der Präsident fest, welches Dienstgeschäft vorgeht,[252] ist bedenklich.[253] Im Übrigen gibt es keinen Grundsatz, dass die allgemeine Diensttätigkeit in der „eigenen" Kammer stets derjenigen als Vertreter in einer anderen Kammer vorgehe;[254] auch hat weder das früher anstehende noch das Dienstgeschäft des Gerichts höherer Ordnung in sich selbst begründeten, unbedingten Vorrang.[255] Darüber hinaus gelten für die Zuweisung der Beisitzer wie für die Besetzung überhaupt die allgemeinen Grundsätze (Rn. 78). Das Präsidium entscheidet nach pflichtgemäßem Ermessen. Es ist beispielsweise nicht gehindert, einen Spruchkörper nur mit männlichen Richtern[256] oder nur mit Richterinnen zu besetzen. Abgesehen von der (zulässigen) Beschränkung auf einen Teil der Arbeitskraft müssen die Beisitzer den Spruchkörpern aber ohne jede Einschränkung zugewiesen werden (§ 21 g Rn. 33); unzulässig ist mithin die Zuweisung nur für bestimmte Verfahren, einzelne RSprAufgaben des Spruchkörpers, nur für bestimmte Sitzungstage oder gar einzelne Termine an diesen Sitzungstagen.[257] Zu den Ausnahmen in den Fällen der „Reduzierung der Richterbank" Rn. 133. In die spruchkörperinterne Geschäftsverteilung (§ 21g) darf das Präsidium nicht eingreifen. §§ 28, 29 DRiG sind zu beachten. Soweit bei einem Gericht Richter aP, Richter kA oder abgeordnete Richter (früher irreführend und unzutreffend als „Hilfsrichter" bezeichnet) mitwirken dürfen, darf das Präsidium dem nicht überbesetzten Spruchkörper nur einen dieser Richter zuweisen.[258] Beim überbesetzten Spruchkörper (Rn. 129) ist die Zuweisung auch von zwei Richtern, die nichtplanmäßige Richter aL an diesem Gericht sind, zulässig, sollte jedoch nur ausnahmsweise und vorübergehend vorkommen, wenn dies aus wichtigen Gründen unumgänglich ist. Nach welchen Grundsätzen die „Hilfsrichter" an der Entscheidung mitwirken, hat in diesen Fällen die spruchkörperinternen Geschäftsverteilung festzulegen. Auch die Zuweisung der **ehrenamtlichen Richter** und der **Ergänzungsrichter** gehört zu den Aufgaben des Präsidiums (§ 192 Rn. 12).

129 **4. Überbesetzung.** Unter Überbesetzung eines Spruchkörpers versteht man die Zuweisung von mehr Richtern zu einem Spruchkörper als dieser nach dem Gesetz für die Entscheidung braucht, also über das Quorum des § 192 Abs. 1 hinaus. Die ZivK des LG beispielsweise ist nach § 75 mit drei Mitgliedern einschließlich des Vorsitzenden besetzt. Weist das Präsidium der ZivK drei Beisitzer zu, so ist sie

---

[250] Vgl. auch BGHSt 25, 239 = NJW 1974, 109.
[251] BGHSt 25, 163 = NJW 1973, 1291.
[252] BGHSt 25, 163 = NJW 1973, 1291; KK/Diemer Rn. 5.
[253] *Müller* NJW 1976, 1665.
[254] BGHSt 25, 163 = NJW 1973, 1291; BGH NStZ 1988, 325.
[255] BGHSt 18, 162 = NJW 1963, 1260.
[256] Vgl. OLG Köln NJW 1972, 911.
[257] OLG Frankfurt 30. 11. 1979 – 1 Ws B 267/79 OWiG –.
[258] Vgl. BVerfG DRiZ 1971, 27.

„überbesetzt". Wie die Richterbank dieser Kammer für die Verhandlung und Entscheidung einer konkreten Rechtssache tatsächlich besetzt ist, lässt sich bei Überbesetzung aus dem Geschäftsverteilungsplan nicht mehr ersehen, sondern nur aus der spruchkörperinternen Geschäftsverteilung (vgl. hierzu § 21 g Rn. 3).

Die grundsätzliche **Unzulässigkeit** der Überbesetzung wird nur vereinzelt vertreten,[259] wobei standes- oder besoldungspolitische Interessen (mehr Vorsitzendenstellen) nicht verhehlt werden. Dem kann nicht gefolgt werden. Bereits dem Gesetz selbst lässt sich entnehmen, dass es nicht zwingend geboten ist, einem Spruchkörper nur so viele Richter zuzuweisen, wie zur Entscheidung benötigt werden. § 21 g Abs. 2 ist nämlich überhaupt nur für den überbesetzten Spruchkörper sinnvoll und verständlich.[260] Hat eine Kammer nur zwei Beisitzer, so gibt es nichts darüber zu bestimmen, nach welchen Grundsätzen diese mitzuwirken haben; sie müssen an allen Verfahren mitwirken.

Im Hinblick auf Art. 101 Abs. 1 Satz 2 GG hat das BVerfG[261] für eine zulässige **130** Überbesetzung aber zunächst strenge **zahlenmäßige Voraussetzungen** entwickelt und damit überwiegend Zustimmung gefunden.[262] Es muss ausgeschlossen sein, dass innerhalb eines Spruchkörpers zwei getrennte, personell verschiedene Sitzgruppen gebildet werden können. Weiter muss ausgeschlossen sein, dass drei Spruchkörper mit je verschiedenen Beisitzern gebildet werden können.[263] Einem mit drei Richtern gesetzlich besetzten Spruchkörper dürfen danach höchstens vier, niemals fünf Beisitzer zugewiesen werden; einer Kammer ein oder allenfalls zwei Mitglieder über die gesetzlich vorgeschriebene Mitgliederzahl hinaus zuzuteilen ist grundsätzlich unbedenklich. Einem Spruchkörper, der gesetzlich mit fünf Mitgliedern entscheidet, dürfen dagegen auch mehr als zwei zusätzliche Richter zugewiesen werden, sofern nur die genannten beiden Möglichkeiten (zwei verschiedene Sitzgruppen oder drei verschieden besetzte Spruchkörper) ausgeschlossen sind. Ein Spruchkörper darf damit jeweils nur **weniger als das Doppelte seiner gesetzlichen Mitgliederzahl** haben. Schließlich darf auch diese eingeschränkte Überbesetzung nur beschlossen werden, wenn das Präsidium die Überbesetzung für unvermeidbar erachtet, um eine geordnete Rechtspflege zu gewährleisten.

Bei der Beurteilung, ob ein Spruchkörper im Sinne dieser RSpr überbesetzt ist, **131** sind auch diejenigen Richter mitzuzählen, die das Präsidium dem Spruchkörper nur **mit einem Teil ihrer Arbeitskraft** (Rn. 138) zugewiesen hat.[264] Eine Ausnahme findet sich „aus der Natur der Sache" jedoch für **Hochschullehrer**. Ist unter den sechs Richtern, die dem Senat eines OLG zugewiesen sind, ein Hochschullehrer (§§ 7, 4 Abs. 2 Nr. 3 DRiG), der sein Richteramt nur mit einem verhältnismäßig geringen Bruchteil seiner Arbeitskraft ausübt, wird unter bestimmten Voraussetzungen, insbesondere einer die willkürliche Besetzung ausschließenden senatsinternen Geschäftsverteilung, ein Verstoß gegen Art. 101 Abs. 1 Satz 2 GG verneint.[265] Dies mag die Verbindung von Forschung und RSpr und die erwünschte Richtertätigkeit von Universitätsprofessoren des Rechts erleichtern, kann aber rechtlich nicht überzeugen. Ob die Richteramtsbefähigung auf § 7 oder auf § 5 DRiG beruht, ist ohne Bedeutung. Es kann nicht von dem besonderen Status eines dieser sechs Richter abhängen, ob Art. 101 Abs. 1 Satz 2 GG verletzt ist.

---

[259] *Müller* DRiZ 1972, 356; 1973, 49; 1974, 41; *Höfig* DRiZ 1972, 424; *Schneider* DRiZ 1972, 424; anders *Arndt* NJW 1964, 1668: Überbesetzung bei Revisionsgerichten zulässig.
[260] *Schorn/Stanicki* S. 121.
[261] Vgl. E 17, 294; 18, 65; 18, 344; 22, 282.
[262] BGH GA 1977, 366; *LR/Schäfer* (24. Aufl.) § 21 f Rn. 6 ff.; *Schorn/Stanicki* S. 117 ff.; *KK/Diemer* Rn. 6; *Katholnigg* Rn. 4; *Meyer-Goßner* Rn. 5; BVerwGE 24, 315 = NJW 1967, 642; BFH BB 1962, 1110.
[263] BGHSt 33, 234 = NJW 1985, 2840.
[264] BGH 3. 5. 1977 – 5 StR 200/77 –, bei *Rieß* DRiZ 1977, 290; BGH NJW 1965, 1434; vgl. auch BVerfG – K – NJW 2004, 3482.
[265] BVerfG – VorprA – 16. 6. 1977 – 2 BvR 928/76 –; BGH NJW 1966, 1458, 1459; *KK/Diemer* Rn. 6.

132 Wenn nach den dargestellten Grundsätzen eine Überbesetzung gegeben ist, wird sie nicht dadurch unschädlich, dass im Zeitpunkt der Entscheidung Mitglieder des Spruchkörpers dienstunfähig **erkrankt oder beurlaubt** sind.[266]

133 Besonderheiten ergeben sich, wenn ein Spruchkörper je nach Verfahrensart mit unterschiedlich besetzter Richterbank entscheidet. Man spricht hier von **Reduzierung der Richterbank**[267] (vgl. auch § 21g Rn. 48). Eine unzulässige Überbesetzung könnte hier vermieden werden, indem das Präsidium dem Spruchkörper die Richter unter Beschränkung auf die jeweilige Besetzung zuweist und ausdrücklich zwischen den Aufgaben des Spruchkörpers, die eine unterschiedliche Besetzung erfordern, unterscheidet: „Dem Strafsenat gehören als Vorsitzender A und als Beisitzer B und C an; für die erstinstanzliche Zuständigkeit nach § 122 Abs. 2 GVG treten D und E hinzu". Vergleichbares ist bei der StrafVollstrK möglich, für die § 78b selbst abschließend die Voraussetzungen der unterschiedlichen Besetzung normiert. Ungleich schwieriger gestaltet sich dies bei § 76 Abs. 2 GVG. Hier ist die unterschiedliche Besetzung nicht im Voraus gesetzlich zwingend normiert, sondern hängt von einer jeweils konkret zu treffenden Entscheidung des Spruchkörpers selbst ab (§ 76 Rn. 5). Bei der Richterzuweisung an die StrafK zu unterscheiden zwischen den Richtern, die bei einer von drei Berufsrichtern zu treffenden Entscheidung beteiligt sind, und denen, die in der Zweierbesetzung mitwirken, ist schon unter dem Gesichtspunkt der gleichmäßigen Auslastung der Beisitzer kaum praktikabel. Ohne diese Unterscheidung wäre die Kammer jedoch, um die als bedenklich angesehenen Konstellationen auszuschließen, stets auf zwei Besitzer beschränkt, auch wenn diese – wie es zunehmend der Fall ist – nur mit Teilen ihrer Arbeitskraft zugewiesen sind.[268] Die Anwendung der oben (Rn. 130) dargestellten Begrenzungsregeln ist deshalb von vornherein nur dann sachgerecht, wenn man dabei die **Regelbesetzung** der Kammer mit drei Richtern als maßgeblich zugrunde legt.[269] Bei der internen Sitzgruppenbildung für die Spruchtätigkeit in reduzierter Besetzung eröffnet dies zwar auch die bislang an sich unerwünschten Möglichkeiten. Hinreichenden Ausgleich hierfür bietet indes, dass der Mitwirkungsplan nach § 21g Abs. 2 den jeweiligen Beisitzer in einer Art. 101 Abs. 1 Satz 2 GG genügenden Weise zu bestimmen hat.[270] Auf die Vorgabe des letztgenannten Weges beschränkt sich ebenso § 21g Abs. 3 für den **Einzelrichter** (Rn. 135), dessen gewollt weitreichender Einsatz die Problematik zeitgleicher Rechtsprechung in unterschiedlicher personeller Besetzung ungleich verstärkt.

133 a Nicht nur die sich aus der gesetzgeberischen Entscheidung für Besetzungsreduktion und Einzelrichter ergebenden Wertungswidersprüche (Rn. 133), sondern auch eine geänderte RSpr des BVerfG[271] (vgl. auch § 21g Rn. 9ff.) legen es nunmehr nahe, den überbesetzten Spruchkörper insgesamt nicht mehr an den herkömmlichen Regeln zahlenmäßiger Besetzungsbeschränkung zu messen, sondern daran, ob der nach § 21g Abs. 2 aufzustellende spruchkörperinterne **Mitwirkungsplan** den verfassungsrechtlichen Anforderungen an die Bestimmung der im Einzelfall zur Entscheidung berufenen Richter genügt.[272] Ausgehend von einem zwischenzeitlich überholten Rechtsverständnis, das für den überbesetzten Spruchkörper auf ab-

---

[266] BGH NJW 1965, 1715.
[267] BVerwGE 24, 315 = NJW 1967, 642; BVerwG NJW 1968, 811; *Seide* NJW 1973, 265.
[268] *Zöller/Gummer* Rn. 9.
[269] BVerfG – K – NJW 2004, 3482; BGH NJW 2004, 1118; *LR/Breidling* Rn. 11; *LR/Siolek* § 76 Rn. 10; *Zöller/Gummer* Rn. 9; *Böttcher/Mayer* NStZ 1993, 153; *Siegismund/Wickern* wistra 1993, 136; a. A. *Sowada* S. 229 ff.; *Schlothauer* StV 1993, 149.
[270] Vgl. BVerfG – K – NJW 2005, 2540; BGHSt 49, 130 = NJW 2004, 2992; BGH NJW 2000, 371 m. Anm. *Roth* NJW 2000, 3692 und *Katholnigg* JR 2000, 166.
[271] Plenarentscheidung BVerfGE 95, 322 = NJW 1997, 1497; bestätigt durch BVerfGE 97, 1.
[272] BGH NJW 2004, 1118; *BL/Hartmann* § 16 Rn. 7; *MünchKommZPO/Wolf* Rn. 15; *Thomas/Putzo/Hüßtege* Rn. 18; *Zöller/Gummer* Rn. 9; für Beibehaltung auch der absoluten Obergrenzen dagegen *Sowada* S. 267 ff.; offengelassen bei BVerfG – K – NJW 2004, 3482 m. Anm. *Peglau* wistra 2005, 92.

strakt-generelle Mitwirkungsregeln verzichtet hatte, sah die herkömmliche RSpr[273] den verfassungsrechtlichen „Lösungsansatz" zur Garantie des gesetzlichen Richters darin, schon der Überbesetzung als solcher Schranken zu setzen.[274] Ist nach nunmehr „verfeinerten" Vorstellungen von den Anforderungen an den gesetzlichen Richter der Mitwirkungsplan als Teilregelung zu begreifen, die im Zusammenspiel mit dem Geschäftsverteilungsplan die einzelne Sache nach abstrakt-generellen Merkmalen und „blindlings" den konkreten, zur Entscheidung berufenen Richtern zuweist,[275] kann eine Überbesetzung des Spruchkörpers jedenfalls den Schutzbereich von Art. 101 Abs. 1 Satz 2 GG nicht mehr tangieren. Dies gilt umso mehr, als die Neufassung von § 21g durch das Gesetz zur Stärkung der Unabhängigkeit der Richter und Gerichte vom 22. Dezember 1999 den Mitwirkungsplan statt dem Vorsitzenden dem Spruchkörper überantwortet und ihn so mit höherer Rechtsqualität versehen hat. – Es bleibt allein die Grenze der Arbeitskraft des Vorsitzenden (§ 59 Rn. 11).

5. Ermittlungsrichter. Die Funktion des Ermittlungsrichters (§ 162 StPO) gehört zu den Aufgaben der AG. Dass das Präsidium im Geschäftsverteilungsplan Ermittlungsrichter bestellen muss (Abs. 1 Satz 1), ergibt sich mithin schon aus der Pflicht, alle Geschäftsaufgaben zu verteilen. Die besondere Erwähnung des Ermittlungsrichters hat deshalb allenfalls für die Kollegialgerichte OLG und BGH (§ 169 StPO) Sinn, bei denen sonst nicht einzelne Richter, sondern Spruchkörper tätig werden. Im Übrigen darf die Erwähnung des Ermittlungsrichters nur beispielhaft verstanden werden. Selbstverständlich müssen auch z. B. Überwachungsrichter (§ 148a StPO) bestellt werden, wie eben das Präsidium für alle gesetzlichen Aufgaben die dafür zuständigen Richter bereitstellen muss (vgl. Rn. 92). Zum Ermittlungsrichter in Jugendsachen kann auch ein anderer Richter als der Jugendrichter bestellt werden.[276]

6. Einzelrichter. Der anstelle des kollegialen Spruchkörpers entscheidende Einzelrichter wird nicht durch das Präsidium bestimmt, sondern in der spruchkörperinternen Mitwirkungsregelung (§ 21g Rn. 45). Dies gilt, dem missverständlichen Wortlaut von § 21g Abs. 3 entgegen, nicht nur im Falle der Übertragung (§§ 348a, 526 ZPO; § 6 VwGO; § 6 FGO), sondern auch für den originären Einzelrichter (§§ 348, 568 ZPO; § 80a Abs. 2 OWiG), der von Anfang an kraft Gesetzes als Kammer bzw. Senat tätig wird.[277] Keine Rechtsprechungsaufgaben nimmt der „**Güterichter**" wahr (Einl. Rn. 137). Er kann nicht durch das Präsidium bestimmt werden;[278] es gilt Abs. 6.

7. Bereitschaftsdienst (Eildienst). Zu der Justizgewährungsaufgabe des Präsidiums (vgl. Rn. 6, 92) gehört es auch, für unaufschiebbare Geschäfte außerhalb der üblichen Dienstzeiten sowie an dienstfreien Tagen zuständige Richter bereitzustellen, soweit dafür ein Bedürfnis besteht. Das Präsidium kann zu diesem Zweck Bereitschaftsrichter bestellen oder Bereitschaftsspruchkörper bilden (Eildienst, Jourdienst) und muss dies tun, wenn mit einem Bedürfnis zu rechnen ist. Die möglichst durchgängige Erreichbarkeit eines Richters ist nämlich auch **verfassungsrechtliches Gebot,** so wegen des Richtervorbehalts bei freiheitsentziehenden Maßnahmen wie Haft und Unterbringung, Art. 104 Abs. 2 und 3 GG,[279] gleichermaßen zur praktisch wirksamen Gewährleistung päventiver Richtervorbehalte bei ande-

---

[273] BVerfGE 18, 344, 349; 22, 282, 286.
[274] Plenarentscheidung BVerfGE 95, 322 = NJW 1997, 1497.
[275] Plenarentscheidung aaO.
[276] Zum Streitstand *Reichenbach* NStZ 2005, 617.
[277] *BL/Hartmann* § 21g Rn. 7; vgl. a. *Hartmann* NJW 2001, 2577.
[278] A. A. *Wimmer/Wimmer* NJW 2007, 3243, 3246.
[279] Vgl. hierzu BVerfGE 105, 239 = NJW 2002, 3161.

ren Grundrechtseingriffen wie Durchsuchungen etc.;[280] schließlich zur effektiven Rechtsgewährung in Not- und Eilfällen, z.B. Arreste, einstweilige Verfügungen, einstweilige Anordnungen in Familiensachen (vgl. § 16 Rn. 80). So kann eine Strafverfolgungsbehörde grundsätzlich keine auf Gefahr im Verzug gestützte eigene Anordnung treffen, ohne sich zuvor um eine Anordnung des zuständigen Richters bemüht zu haben, was wiederum mit der verfassungsrechtlichen Pflicht der für die Bestellung von Ermittlungsrichtern und für die Geschäftsverteilung zuständigen Präsiden einhergeht, die Erreichbarkeit eines Richters, auch durch Einrichtung eines Eil- oder Notdienstes, sicherzustellen.[281] Verfassungsrechtlich besteht diese Verpflichtung für die Amtsgerichte angesichts der Art der ihnen zugewiesenen Geschäfte (vgl. nur §§ 919, 942 ZPO, 162 StPO) uneingeschränkt während der Tageszeit im Sinne der §§ 188 Abs. 1 ZPO, 104 Abs. 3 StPO.[282] Aber auch während der Nachtzeit dürfte dort unter den heutigen Lebensverhältnissen ein über den Ausnahmefall hinausgehender praktischer Bedarf, der zur Einrichtung eines Bereitschaftsdienstes zwingt,[283] nur ausnahmsweise zu verneinen sein. Ein solcher kann sich auch ad hoc aus einem konkret bevorstehenden Ereignis ergeben,[284] beispielsweise einer Demonstration oder einer öffentlichen Veranstaltung. Entscheidend für Ausmaß und Art der Regelung ist wie stets das pflichtgemäße Ermessen des Präsidiums unter Berücksichtigung der örtlichen und sonstigen Gegebenheiten. – Die Garantie des gesetzlichen Richters erfordert, dass der Name des Bereitschaftsrichters und seines Vertreters sowie der Zeitraum seiner Heranziehung anhand des Geschäftsverteilungsplans eindeutig bestimmbar sind. Der gelegentlich praktizierte formlose kollegiale Tausch der Termine unter den in den Bereitschaftsdienst einbezogenen Richtern ist deshalb nicht zulässig. Im Übrigen unterliegt auch der Bereitschaftsdienstplan dem Jährlichkeitsprinzip, es gelten die allgemeinen Anforderungen an Änderungsbeschlüsse[285] (Rn. 108 ff.). Festzulegen hat das Präsidium auch die Zeitpunkte von Beginn und Ende des Bereitschaftsdienstes. Zu regeln ist weiter die bei Anwesenheit des nach allgemeinem Geschäftsverteilungsplan zuständigen Richters auftretende Konkurrenzfrage.[286] Ob letzterer Vorrang haben soll, bleibt dem Beschluss des Präsidiums überlassen;[287] die Geschäftsverteilung ist insgesamt als Einheit zu betrachten, weshalb von einer „Amtsenthebung des regulären Richters"[288] nicht gesprochen werden kann. Im Falle der Konzentrations- oder Pool-Lösung (§ 22c Rn. 2f.) dürfte sich wegen des möglichen nicht nur Personen-, sondern auch Ortswechsels aus Gründen der Klarheit für Außenstehende der Vorrang des Bereitschaftsrichters empfehlen, wenn nicht zum festgelegten Zeitpunkt der nach allgemeinem Geschäftsverteilungsplan zuständigen Richter bereits mit der anstehenden Entscheidung befasst war. Zulässig ist die Verteilung der Geschäfte des Bereitschaftsdiensts auf mehrere Richter. Der Bereitschaftsdienst, in welcher Form auch immer, ist keine Nebentätigkeit im Sinne des § 42 DRiG, sondern die Zuweisung zusätzlicher richterlicher Geschäfte, hierfür ist allein das Präsidium zuständig.[289] Ob im Einzelfalle ein unaufschiebbares Geschäft vorliegt, entscheidet der Bereitschaftsrichter in richterlicher Unabhängigkeit. Zum zentralen Bereitschaftsdienst bei den Amtsgerichten vgl. § 22c.

---

[280] BVerfGE 103, 142 = NJW 2001, 1121.
[281] BVerfGE aaO.
[282] BVerfGE 105, 239 = NJW 2002, 3161; – K – NJW 2004, 1442; 2005, 1637; StV 2006, 676; *Zöller/Gummer* § 22c Rn. 1.
[283] BVerfG – K – NJW 2004, 1442; 2005, 1637; NVwZ 2006, 579.
[284] BVerfG – K – NVwZ 2006, 69; *Edinger* DRiZ 2006, 69.
[285] Für Erleichterungen *Falk* DRiZ 2007, 151, 154: Änderung auch bei vorübergehenden Verhinderungen wie Urlaub.
[286] *Meyer-Goßner* § 22c Rn. 5; *KK/Hannich* § 22c Rn. 1a; vgl. auch BTagsdrucks. 14/9266 S. 38f.
[287] A.A. *MünchKommZPO/Wolf [Erg.-Bd.]* § 22c Rn. 4.
[288] So *Falk* aaO. 153.
[289] BGH NJW 1987, 1198.

8. „NN". Es ist unzulässig, im Geschäftsverteilungsplan einem namentlich nicht 137 bekannten Richter Geschäftsaufgaben zuzuweisen. Das Präsidium darf nur einem Richter Zuständigkeiten übertragen, den es kennt (Rn. 107). Andernfalls verzichtet es darauf, sein Ermessen auszuüben. Die Angabe „NN" darf daher in einem Geschäftsverteilungsplan nicht vorkommen, sofern sie bedeuten soll, dass einem ganz bestimmten, namentlich noch nicht bekannten Richter diese bestimmte Aufgabe zugedacht ist.[290] Die Praxis weicht hiervon gelegentlich ab, wenn beim Beginn des Geschäftsjahres eine Planstelle frei ist. Der BGH[291] hat zwar nur ausgesprochen, die Geschäftsverteilung, die für eine bestimmte StrafK keinen Vorsitzenden nennt („NN"), sei „jedenfalls dann" gesetzwidrig, wenn für diesen keine Planstelle ausgewiesen ist. Doch ist darüber hinaus auch daran festzuhalten, dass bei einer an sich vorhandenen, jedoch nicht mehr oder noch nicht wieder besetzten Planstelle keinesfalls „NN" (als der auf diese Stelle zu Ernennende) eingesetzt werden darf. Nur wenn die Angabe „NN" bedeuten soll, dass über den Vorsitz dieser Kammer zum Beginn des Geschäftsjahres noch nicht entschieden werden kann, weil eine an sich vorhandene Planstelle vorübergehend unbesetzt ist, mag die Angabe zulässig sein.[292] Sie bedeutet in diesem Falle nichts anderes als den Vorbehalt einer Entscheidung nach Abs. 3, wenn der Richterwechsel, nämlich die Besetzung einer zur Zeit freien Planstelle, dies nötig macht.[293] Zur Vermeidung von Missverständnissen sollte in diesen Fällen jedoch besser die Angabe „zurzeit unbesetzt" gewählt werden. Bei länger dauernder Vakanz muss ohnehin einem anderen Vors-Richter der Vorsitz der verwaisten Kammer übertragen werden.[294] Ein Verstoß gegen das Gebot des gesetzlichen Richters ist in der Einsetzung eines namentlich noch nicht bekannten Richters, dem eine bestimmte freie Planstelle übertragen werden soll, auch deshalb zu sehen, weil in einem solchen Falle praktisch der Justizminister bei der Ernennung des Richters auf die freie Planstelle entscheidet, ob Bewerber A oder Bewerber B den Vorsitz in der StrafK X des LG übernimmt. Gerade um solche Einflüsse auf die konkrete Besetzung der Richterbank durch die Justizverwaltung auszuschließen, ist die Geschäftsverteilung dem Präsidium übertragen. Deshalb ist daran festzuhalten, dass die Zuweisung durch das Präsidium erst nach der Ernennung des Richters vorgenommen werden darf.[295] Eine aufschiebend durch das Wirksamwerden der Ernennung bzw. Abordnung bedingte Zuweisung eines namentlich bestimmten Richters ist aber zulässig.

9. Teilkräfte. Vielfach stehen Richter nur mit einem Teil ihrer Arbeitskraft 138 einem Spruchkörper zur Verfügung: Teilzeitkräfte (§ 48a DRiG und Ländergesetze); Hochschullehrer, denen das Richteramt lediglich als weiteres Hauptamt übertragen worden ist (§§ 7, 4 Abs. 2 Nr. 3, 41 Abs. 2 DRiG; vgl. Rn. 131); Richter, die für Verwaltungsaufgaben teilweise freigestellt sind (Abs. 6); Richter, die mehreren Spruchkörpern zugewiesen sind (Mehrfachzuweisung) oder denen weitere richterliche Aufgaben übertragen sind (wie etwa das Amt des Ermittlungsrichters); Richter, denen ein weiteres Richteramt an einem anderen Gericht übertragen ist (§ 27 Abs. 2 DRiG). In allen diesen Fällen muss der Geschäftsverteilungsplan erkennen lassen, mit welchem Bruchteil seiner Arbeitskraft der Richter dem jeweiligen Spruchkörper zugewiesen ist,[296] außerdem das Rangverhältnis bei gleichzeitiger Inanspruchnahme[297] (Rn. 127, 128). Schließlich ist zu beachten, dass nach herkömmlicher Betrachtung Teilkräfte bei der Frage der Überbesetzung voll mitgezählt werden müssen (Rn. 131).

---

[290] BGHSt 28, 290 = NJW 1979, 1052; BGH NJW 1988, 1397.
[291] BGHZ 28, 290 = NJW 1979, 1052.
[292] BGHSt 34, 379 = NJW 1988, 1397.
[293] Vgl. *Sowada* S. 286.
[294] Vgl. OLG Frankfurt MDR 1978, 162.
[295] *Thomas/Putzo/Hüßtege* Rn. 16.
[296] BGHSt 25, 239 = NJW 1974, 109.
[297] BGHSt 25, 163 = NJW 1973, 1291.

139 **10. Ergänzungsrichter.** Bei Verhandlungen von längerer Dauer kann der Vorsitzende die Zuziehung von Ergänzungsrichtern anordnen (§ 192 Abs. 2). Die Ergänzungsrichter und ggf. die Reihenfolge ihrer Heranziehung müssen vom Präsidium benannt werden, sofern dem Spruchkörper weitere Richter nicht zur Verfügung stehen. Streitig ist, ob die Ergänzungsrichter bereits im Voraus in der Jahresgeschäftsverteilung benannt werden müssen, wie von einigen Autoren[298] gefordert wird. Die Frage ist zu verneinen.[299] Es reicht aus, wenn der Ergänzungsrichter vom Präsidium erst dann benannt wird, wenn der Vorsitzende bereits angeordnet hat, dass für ein konkretes Verfahren Ergänzungsrichter zugezogen werden müssen. Der Ergänzungsrichter braucht nicht allgemeiner Vertreter eines Mitglieds des erkennenden Spruchkörpers zu sein; es genügt, wenn er Mitglied des Gerichts überhaupt ist.[300] Die Zuziehung des Ergänzungsrichters ist kein Vertretungsfall[301] und hat mit der Bestellung der Vertreter nichts zu tun. Die Benennung durch das Präsidium kommt indes nur bei dem nicht überbesetzten Spruchkörper in Betracht. Ist der Spruchkörper überbesetzt, muss der Vorsitzende zunächst aus den Reihen seiner überzähligen ordentlichen Beisitzer den oder die Ergänzungsrichter zuziehen; es gelten dann die Grundsätze des § 21 g.[302] Bei Gerichten, die mit der Notwendigkeit, Ergänzungsrichter einzusetzen, erfahrungsgemäß rechnen müssen, sollten diese, soweit möglich, allerdings doch schon im Geschäftsverteilungsplan genannt werden.[303] Denn es darf nicht verkannt werden, dass die ad hoc-Benennung, die nach der hier vertretenen Meinung zulässig ist, eine an sich unerwünschte Ausnahme vom Abstraktionsprinzip (vgl. Rn. 94) ist, wenn auch nur bedingt, denn ob der Ergänzungsrichter an der Entscheidung überhaupt mitzuwirken hat, steht bei seiner Heranziehung ja keineswegs fest.

139 a In der Jahresgeschäftsverteilung zu bestimmen hat das Präsidium die Person des nach §§ 29 Abs. 2, 76 Abs. 3 **hinzuzuziehenden Richters.** Die Gründe, die beim Ergänzungsrichter ausnahmsweise eine ad-hoc-Benennung zulassen, greifen hier nicht. Bedenken bestehen gegen die Einrichtung eines erweiterten SchöffenG als besonderer Spruchkörper[304] (vgl. § 29 Rn. 6, 16).

140 **11. Vertretung.** Das Präsidium regelt die Vertretung der Richter innerhalb des Gerichts (Abs. 1 Satz 1 sowie § 21 f Abs. 2 Satz 1), nicht die Vertretung innerhalb des Spruchkörpers, deren Regelung nach § 21 g Abs. 2 geschieht. Unter den Voraussetzungen des § 21 i Abs. 2 kann der Präsident die Vertretungsregelung im Wege der Eilanordnung treffen. § 22 b betrifft nur den Sonderfall einer über ein Gericht hinausgreifenden Vertretungsregelung bei kleinen AG. **Für jeden Richter ist ein ständiger Vertreter** zu bestimmen, dem die Erledigung der jeweiligen Geschäftsaufgabe obliegt, wenn der an sich dafür bestimmte Richter verhindert ist. Dabei sind auch die Grenzen des § 29 DRiG hinsichtlich der Tätigkeit von nicht aL angestellten Richtern zu berücksichtigen. – Vollständigkeitsprinzip (Rn. 92 f.), Bestimmtheitsgrundsatz (Rn. 95), Jährlichkeitsprinzip (Rn. 97), Vorauswirkungsprinzip (Rn. 98 f.) und Stetigkeitsgrundsatz (Rn. 96) sind auch hier zu beachten. **Für jeden Vertretungsfall** muss von vornherein im Geschäftsverteilungsplan ein Vertreter eindeutig bestimmt sein. Die **generell-abstrakte Vertretungsregelung** bedeutet, dass der Vertreter bestellt wird, bevor der Vertretungsfall eintritt. Die Vertreterbestellung ad hoc, also nach Eintritt des Vertretungsfalls, ist ebenso unzulässig

---

[298] *Schorn/Stanicki* S. 86 f.; *Katholnigg* Rn. 4; *Sowada* S. 364 ff.; vgl. LG Halle StV 2005, 208.
[299] BGHSt 26, 324 = NJW 1976, 1547; KK/*Diemer* Rn. 12; LR/*Breidling* Rn. 14; LR/*Wickern* § 192 Rn. 10; a. A. LG Halle StV 2005, 208.
[300] RGSt 59, 20; vgl. *Schorn/Stanicki* S. 86.
[301] BGHSt 26, 324 = NJW 1976, 1547.
[302] BGH NStZ-RR 2003, 14.
[303] Vgl. *Foth* DRiZ 1974, 87.
[304] *Sowada* S. 693 ff.

wie die Änderung der Geschäftsverteilung bei nur vorübergehender Verhinderung einzelner Richter.[305] Dies schließt ein, dass auch für den Fall der Verhinderung des geschäftsplanmäßigen Vertreters und des Vertreters des Vertreters usw. Vorsorge getroffen ist; es muss demgemäß eine **lückenlose Kette von Vertretern** gebildet werden, so dass alle Richter des Gerichts erfasst werden. Diese lückenlose so genannte **Ringvertretung** ist zwingend erforderlich.[306] Das Präsidium muss dazu die Reihenfolge der Heranziehung eindeutig und von vornherein festlegen, damit der gesetzliche Richter auch für den Vertretungsfall und alle weiteren Vertretungsfälle unzweifelhaft bestimmt ist.[307] Die nähere Art und Weise der Vertretungsregelung ordnet das Präsidium nach pflichtgemäßem Ermessen. Beispiel: Die Mitglieder der 4. StrafK werden vertreten durch die Mitglieder aller anderen StrafK in der Reihenfolge 5., 6., 1., 2. und 3. große StrafK, dann 2. und 1. kleine StrafK, auch wenn alle einbezogenen Spruchkörper nur mit der gesetzlichen Mindestzahl von Richtern besetzt sind.[308] Steht bei einer solchen durchgehenden Vertretungsregelung dennoch auf Grund außergewöhnlicher Umstände kein Vertreter zur Verfügung, kann nach § 21i Abs. 2 verfahren werden (vgl. § 21i Rn. 9). Zu den Besonderheiten für die Vertretung des Vorsitzenden § 21f Rn. 8ff. Auch der Kollisionsfall bei Mehrfachvertretung muss geregelt sein, vgl. Rn. 128, ebenso wie bei sonstigen Mehrfachzuweisungen.[309] Die Aufgabe, über **Ablehnungsgesuche** zu entscheiden (§ 27 Abs. 3 Satz 1 StPO, § 45 ZPO), braucht nicht demjenigen zugewiesen zu sein, der anstelle des Abgelehnten in der Sache zu entscheiden hätte; bei Kollegialgerichten kann auch ein anderer Spruchkörper bestimmt werden.[310] Fehlt eine ausdrückliche Regelung, entscheidet anstelle des Abgelehnten dessen planmäßiger Vertreter.[311]

Wie jede andere Regelung der Geschäftsverteilung kann die **Vertretungsregelung geändert werden,** wenn ein Anlass im Sinne des Abs. 3 Satz 1 gegeben ist (Rn. 108ff.). Das gilt insbesondere, wenn eine vorübergehende Verhinderung zur dauernden Verhinderung wird; zur Änderung der Geschäftsverteilung zwingt letztere aber nicht[312] (Rn. 142). **141**

Die Vertretungsregelung gilt für den Wegfall eines im Geschäftsverteilungsplan vorgesehenen Richters (etwa durch Tod, Versetzung, Abordnung) = Richterwechsel im Sinne von Abs. 3 sowie für jeden Fall der Verhinderung. Zum Begriff der Verhinderung Rn. 144; zur Feststellung der Verhinderung Rn. 145. Ob es sich um eine dauernde oder eine vorübergehende Verhinderung handelt, ist für diese Frage entgegen einer weit verbreiteten Meinung[313] grundsätzlich ohne Bedeutung. Das gilt auch für die längere Nichtwiederbesetzung einer durch das Ausscheiden eines Richters freigewordenen Stelle, auch hier ist der ausgeschiedene Richter nach den allgemeinen Regelungen der Geschäftsverteilung zu vertreten. Dies gilt gerade auch dann, wenn der Spruchkörper ohne Heranziehung von Richtern anderer Spruchkörper nicht mehr die für seine Entscheidungen erforderliche Mindestbesetzung aufweist.[314] Eine ganz andere Frage ist es, ob nicht in der längeren Nichtwiederbesetzung, z.B. wegen einer Stellenbesetzungssperre, ein eigenständiger Verstoß gegen den gesetzlichen Richter zu sehen ist, der seinerseits die Geschäftsverteilung fehlerhaft macht; das ist zu bejahen[315] (§ 59 Rn. 3). Der Unterschied hat nur Bedeutung dafür, ob eine Änderung der Geschäftsverteilung während des Geschäfts- **142**

---

[305] BGH GA 1979, 222.
[306] Vgl. *Sowada* S. 338 ff.
[307] BVerwG DÖV 1976, 747.
[308] BGH StV 1993, 397.
[309] *Rieß* DRiZ 1977, 291.
[310] OLG Karlsruhe MDR 2007, 853; OLG Schleswig OLGR 2006, 22.
[311] BGH NJW-RR 2007, 932.
[312] *Meyer-Goßner* Rn. 9.
[313] Vgl. *KK/Diemer* Rn. 9; *LR/Breidling* Rn. 16.
[314] A. A. OLG Frankfurt OLGR 2005, 797.
[315] Im Ergebnis *KK/Diemer* Rn. 9.

jahres möglich ist (Rn. 141); bei nur vorübergehender Verhinderung ist dies ausgeschlossen.

143 Richtiger Vertreter ist stets nur der regelmäßige, ständige, mithin der geschäftsplanmäßige Vertreter. Allein der Umstand, dass der Richter demselben Spruchkörper angehört, macht ihn für den Fall der Verhinderung eines anderen Mitglieds noch nicht zu dessen Vertreter; er muss im Geschäftsverteilungs- oder im internen Mitwirkungsplan als dessen Vertreter ausgewiesen sein.[316] Einen **„zeitweiligen" Vertreter,** der ad hoc eingesetzt wird, um bei vorübergehender Verhinderung eines Richters etwa eine bestimmte Sitzung wahrzunehmen, **darf es nicht geben,** abgesehen von dem Sonderfall des § 22b Abs. 3. Weniger streng ist die stRSpr des BGH, die sich gründet auf eine Entscheidung des BVerfG zum früheren Recht der Geschäftsverteilung.[317] Diese sah keine Verletzung des verfassungsrechtlich gewährleisteten gesetzlichen Richters, wenn der in richterlicher Unabhängigkeit nach damaligem Recht zuständige Gerichtspräsident in einem unvermeidlichen Falle „im Interesse reibungsloser Geschäftsabwicklung" einen Vertreter ad hoc bestellt. Diese Überlegungen aufgreifend hat unter dem jetzigen Recht erstmals der BGH[318] die Vertreterbestellung ad hoc ausnahmsweise als zulässig angesehen, weil einmal die Regelung des Abs. 3 nicht abschließend sei, vor allem aber „im Interesse einer reibungslosen Geschäftsabwicklung", „einer sachgerechten und raschen Durchführung des Verfahrens", nachdem die tatsächlich eingetretene Erschöpfung der Vertreterliste durch Ereignisse im Geschäftsjahr hervorgerufen worden war, die „weder voraus- noch absehbar" waren. Bestätigt wurde dies in einem Falle, wo zu Beginn des Geschäftsjahres nicht abzusehen war, dass die vorgesehene Vertretungsregelung nicht ausreichen würde.[319] Auf dieser Grundlage wurde dann die ad-hoc-Bestellung eines Vertreters trotz der grundsätzlichen Zulässigkeit deshalb als unzulässig angesehen, weil die Kammer nur mit der gesetzlichen Mindestzahl von Richtern besetzt war und lediglich vier Vertreter bestellt waren: „Dass eine solche Regelung bei Berücksichtigung der eigenen Dienstgeschäfte und der Möglichkeit eigener Verhinderung der Vertreter häufig, zumal in Haupturlaubszeiten, nicht ausreichen würde, lag auf der Hand und war schon vor Beginn des Geschäftsjahres abzusehen".[320] Entsprechend wurde entschieden bei Bestellung von insgesamt vier Vertretern für drei ordentliche Mitglieder einer Schwurgerichtskammer.[321] War die geschäftsplanmäßige Vertretungsregelung als ursprünglich ausreichend anzusehen, hat der BGH die ausnahmsweise Zulässigkeit einer Vertreterbestellung ad hoc bestätigt, so bei einer zwölf Richter aus vier Strafkammern erfassenden Vertretungsregelung.[322] Die ad hoc vorgenommene Vertreterbestellung eines Mitglieds einer Zivilkammer wurde anerkannt.[323] Man wird nach alledem von einer **gefestigten Rechtsprechung zur Zulässigkeit einer ad-hoc-Vertreterbestellung** dem Grunde nach sprechen können, die auch in der Literatur anerkannt ist.[324] Die Voraussetzungen der Zulässigkeit dieser ad-hoc-Vertreterbestellung im Einzelnen sind jedoch noch keineswegs endgültig geklärt.[325] Sie scheidet aber aus bei Unzulänglichkeiten des Geschäftsverteilungsplans, hier bedarf es einer auf Dauer geltenden Erweiterung der Vertreterreihe.[326]

---

[316] BGH NJW-RR 2007, 932.
[317] BVerfGE 31, 145, 163 = NJW 1971, 2122.
[318] St 27, 209 = NJW 1977, 1696.
[319] BGH NStZ 1986, 469.
[320] BGH NJW 1988, 1921.
[321] StV 1988, 194.
[322] BGH bei *Becker* NStZ-RR 2004, 225, 229.
[323] BGH NStZ 1991, 195; StV 1993, 398.
[324] *Holch* JR 1978, 37; *Schorn/Stanicki* S. 105; *LR/Breidling* Rn. 17; *Zöller/Gummer* Rn. 18; *KK/Diemer* Rn. 8; *Meyer-Goßner* Rn. 10; a. A. *Katholnigg* Rn. 5; *Müller* NJW 1978, 899; *MünchKommZPO/Wolf* Rn. 41.
[325] *Kissel* StV 1993, 398.
[326] *Sowada* S. 337 f.

Verhinderung als Voraussetzung für den Vertretungsfall ist jede tatsächliche 144
oder rechtliche Unmöglichkeit, die konkrete Aufgabe wahrzunehmen, deren Erfüllung dem Richter nach dem Geschäftsverteilungsplan obliegt. Begrifflich setzt sie voraus, dass der zu vertretende Richter dem konkreten Gericht noch angehört. Ist er aus dem Gericht vorübergehend oder dauernd ausgeschieden, so liegt kein Fall der Verhinderung vor. Die häufig vertretene Meinung, der Tod eines Richters sei ein Fall der (gar nur vorübergehenden)[327] Verhinderung, erscheint unzutreffend. Große praktische Bedeutung hat die terminologische Unterscheidung jedoch nicht, weil bei Wegfall des Richters bis zur Änderung der Geschäftsverteilung nach Abs. 3 Satz 1 ebenfalls die Vertretungsregelung eintritt (Rn. 142). Der Begriff der Verhinderung ist zeit- und aufgabenbezogen zu fassen. Bei mehreren auf einen Tag terminierten Sachen kann die Verhinderung auf die eine oder andere Sache beschränkt sein.[328] Der Richter, der verkehrsbedingt zu spät zur Sitzung (nach deren Beginn unter Heranziehung eines Vertreters) kommt, ist für diese erste Sache verhindert, nicht aber für die übrigen Sachen, vor deren Beginn er anwesend ist; vergleichbares gilt für die erfolgreiche Richterablehnung in einer Sache oder Erholung von einem Schwächeanfall. Ist ein Richter bei einer Sache von längerer Dauer an einigen Tagen nicht in der Lage, am Verfahren mitzuwirken, tritt noch keine Verhinderung ein, wenn dieses entsprechend „gestreckt" werden kann; wohl aber begründet diese zeitweilige Verhinderung den Vertretungsfall, wenn die weitere Mitwirkung des Richters nur durch die Verletzung von Verfahrensvorschriften (z.B. § 229 StPO) ermöglicht wird.[329] Der Vorsitzende, der wegen einer plötzlichen Heiserkeit nicht sprechen kann, ist verhindert, den Vorsitz zu führen, nicht aber, als Beisitzer mitzuwirken. Möglich ist also auch eine Teil-Verhinderung.[330] Verhinderungsgründe können vielfältiger Art sein. Der „klassische" Verhinderungsgrund ist die körperliche Abwesenheit: der Richter fehlt im Gericht. Ob die Abwesenheit auf Urlaub, Dienstbefreiung, Dienstreise, Krankheit oder anderen Gründen beruht, ist für den Vertretungsfall ohne Bedeutung. Eine Verhinderung trotz Anwesenheit im Gericht kann auf der Inanspruchnahme durch andere nach dem Geschäftsverteilungsplan vorgehende richterliche Dienstpflichten wie in den Fällen der Mehrfachzuweisung (Rn. 127, 128) beruhen oder durch andere Aufgaben (Verwaltungstätigkeit) bedingt sein.[331] Sonderfälle einer aufgabenbezogenen Teil-Verhinderung sind mangelnde Kenntnis umfangreicher Akten,[332] etwa dadurch verursacht, dass ein Richter nach längerer Krankheit gerade am Sitzungstag den Dienst wieder antritt. Auch kann sich eine Verhinderung daraus ergeben, dass ein Richter damit voll in Anspruch genommen ist, ein besonders umfangreiches Urteil abzusetzen.[333] In den Verfahrensgesetzen besonders geregelt sind die Verhinderungen infolge Richterausschließung und Richterablehnung (vgl. §§ 41 ff. ZPO, §§ 22 ff. StPO). Als Fälle einer rechtlichen Verhinderung kommen weiter die vorläufige Dienstenthebung[334] oder die Zeugenvernehmung eines Richters[335] in Betracht.

Zweifelhaft kann sein, ob die Verhinderung wie auch ihre Beendigung[336] einer 145
besonderen, förmlichen „**Feststellung**" bedarf. Das ist nicht nötig, aber unschädlich und unter Umständen sogar ratsam in allen Fällen unzweifelhafter, offensicht-

---

[327] Vgl. LR/Breidling § 21 f Rn. 27.
[328] Kissel, FS Rebmann, S. 65.
[329] BGH NStZ 1986, 518.
[330] BGH NJW 1970, 901.
[331] Kritisch Lerch DRiZ 1988, 256.
[332] Vgl. RGSt 56, 63; hierzu LR/Breidling § 21 f Rn. 26.
[333] BGH NJW 1974, 1572.
[334] BSG MDR 1963, 960.
[335] BGHSt 7, 74 = NJW 1955, 152.
[336] BGHSt 35, 55 = NJW 1988, 1922 m. Anm. Kissel NStZ 1988, 418; Kissel, FS Rebmann, S. 75.

licher Verhinderung.³³⁷ Maßgebend ist, ob der Verhinderungstatbestand bei einer objektiven Betrachtungsweise für einen außenstehenden Beobachter deutlich zutage tritt. Die Verhinderung des Richters und damit das Vorliegen des Vertretungsfalls sind offensichtlich, wenn der Richter nicht im Gericht anwesend ist (nicht erreichbar ist), also in den genannten „klassischen" Fällen der Verhinderung durch Urlaub, Erkrankung, Dienstreise usw..³³⁸ Hier handelt es sich nämlich um nach außen in Erscheinung tretende klar objektivierbare Sachverhalte, die jedermann ohne weiteres erkennen kann, wie etwa stationäre Krankenhausbehandlung.³³⁹ Entbehrlich ist die förmliche Feststellung der Verhinderung eines im Gericht anwesenden Richters auch dann, wenn sich die Verhinderung aus dem Geschäftsverteilungsplan ergibt, so bei der Vorrangregelung im Kollisionsfall³⁴⁰ (Rn. 127, 128).

146 Dagegen muss die tatsächliche Verhinderung (und ihre Beendigung) in allen anderen Fällen **förmlich festgestellt** werden.³⁴¹ Erst auf Grund der Feststellung darf der Vertreter tätig werden, und nur die Feststellung befreit den verhinderten Richter von der an sich ihm obliegenden Pflicht zur Wahrnehmung der konkreten Geschäftsaufgabe. Dies ist unabdingbar, um das gesetzwidrige Ergebnis zu vermeiden, dass jeder Richter dadurch, dass er sich aus seiner subjektiven Wertung heraus für verhindert erklärt, auch bereits verhindert ist. Eine eigene Erklärung des Richters wäre mit den tragenden Prinzipien des Geschäftsverteilungsrechts, insbesondere auch mit dem Bestimmtheitsgrundsatz (vgl. Rn. 95) nicht zu vereinbaren. Hier muss jede vermeidbare Unsicherheit ebenso ausgeschlossen werden wie die Möglichkeit einer Manipulation etwa durch unzulässige verdeckte Selbstablehnung des an sich zuständigen Richters. Sinn der Geschäftsverteilung ist es gerade, auszuschließen, dass der Richter seine Geschäftsaufgaben selbst wählt oder von ihrer Ausführung nach eigenem Befinden Abstand nimmt und sie einem Vertreter überlässt. Die Verhinderung infolge unzureichender Aktenkenntnis beispielsweise bedarf der Objektivierung durch den Formalakt der Verhinderungsfeststellung, denn hier enthält die Feststellung notwendigerweise eine Wertung, eine Ermessensentscheidung.³⁴² Ob und in welchem Umfang ein Richter Zeit benötigt, um sich auf eine Verhandlung vorzubereiten, ist eine Wertungsfrage, richtet sich nach den jeweiligen konkreten Umständen des Falles und entzieht sich jeder Beurteilung von außen. Maßgeblich sind Art und Umfang der zur Verhandlung anstehenden Sache sowie Arbeitsweise, Kenntnisse, Erfahrungen und persönliche Eigenschaften des Richters. Dies alles kann ein Außenstehender nicht übersehen und ist deshalb nicht offenkundig.³⁴³ Eine offensichtliche Verhinderung anzunehmen, wenn ein „Durchschnittsrichter" sich auf die Verhandlung nicht mehr vorbereiten kann,³⁴⁴ ist nicht zu billigen.³⁴⁵

147 Die Feststellung der Verhinderung darf nicht zur Regelung des Geschäftsverteilungsplans im Gegensatz stehen.³⁴⁶ Sie ist an sich formfrei, muss aber zu Beweiszwecken urkundlich festgehalten werden, damit sie für das Revisionsgericht nachprüfbar wird. Ein Aktenvermerk genügt. Der **Nachprüfung** des Revisionsgerichts unterliegt nur, ob der Rechtsbegriff der Verhinderung bzw. des Vertretungsfalles verkannt wurde.³⁴⁷

---

³³⁷ BGHSt 18, 162 = NJW 1963, 1260; St 30, 268 = NJW 1982, 1404; BGH StV 1989, 338; NJW-RR 2001, 38; BVerwG DÖV 1976, 747; NJW 1979, 1374; *Kissel*, FS Rebmann, 1989 S. 67.
³³⁸ BGH DRiZ 1980, 147, 148.
³³⁹ Vgl. BVerwG DÖV 1979, 299 = NJW 1979, 1374 – L –.
³⁴⁰ Vgl. BayObLGSt 1977, 141; BayVerfGH 30. 1. 2007 – Vf. 21-IV-06 –.
³⁴¹ BGHSt 21, 174 = NJW 1967, 637; BGH DRiZ 1980, 147; *KK/Diemer* Rn. 10; *Kissel*, FS Rebmann, S. 68; *Schrader* StV 1991, 540.
³⁴² BGH NJW 1974, 870.
³⁴³ BayObLG MDR 1980, 426.
³⁴⁴ HessDG DRiZ 1980, 311.
³⁴⁵ Berufungsentscheidung des HessDGH DRiZ 1980, 430; vgl. auch BGH NJW 1974, 870.
³⁴⁶ BayObLGSt 1977, 141.
³⁴⁷ *Schrader* StV 1991, 541; *Kissel*, FS Rebmann, S. 74 m. w. N.

Die Verhinderung förmlich festzustellen ist Sache des **Gerichtspräsidenten** 148
bzw. des aufsichtführenden Richters oder seines Vertreters nach § 21h[348] (vgl. aber
§ 21f Rn. 19). Er stellt auch seine eigene Verhinderung etwa durch Verwaltungsgeschäfte fest.[349] Der Gerichtspräsident wirkt insofern als ein nach der Gerichtsverfassung zuständiges Organ an der Bestimmung des gesetzlichen Richters mit,
und zwar in einer verfassungsrechtlich unbedenklichen Weise.[350] Das gilt auch in
nicht geregelten Kollisionsfällen (Rn. 128). Die Auffassung, wonach die Feststellung
Aufgabe des Präsidiums sein soll,[351] überzeugt nicht.[352] Sie beruht auf der angeblichen, gerade nicht gegebenen Allzuständigkeit des Präsidiums (Rn. 12ff.). Grundsätzlich hat die Feststellung der Verhinderung vor der Aufnahme der richterlichen
Tätigkeit zu geschehen.[353] In Strafsachen ist durch §§ 222a, 222b StPO ein selbstständiges Zwischenverfahren zur Überprüfung der Gerichtsbesetzung geschaffen
worden, in dessen Rahmen die Feststellung der Verhinderung noch erfolgen
kann.[354]

12. Fortdauernde Zuständigkeit. Das Präsidium kann anordnen, dass ein 149
Richter oder Spruchkörper oder auch ein Vorsitzender,[355] der in einer Sache tätig
geworden ist, für diese nach einer Änderung der Geschäftsverteilung zuständig
bleibt (Abs. 4). Die Regelung ergänzt Abs. 3 Satz 1 (vgl. Rn. 108ff.), gilt aber auch
für die „Änderungen", die die neue Jahresgeschäftsverteilung gegenüber der am
Ende des Vorjahres geltenden bringt, wobei keine Bedenken bestehen, nicht nur
(mit dem Gesetzeswortlaut) auf das Tätigwerden eines Richters, sondern auf den
Eingang der Sachen abzustellen. Diese ausdehnende Anwendung gerade in den
Jahresgeschäftsverteilungen ist allgemein üblich, etwa mit dem Satz: „Für die bis
zum 31. Dezember 2007 eingegangenen Sachen bleibt die nach der an diesem Tage
geltenden Geschäftsverteilung begründete Zuständigkeit eines Senats bis zur Erledigung der Sache bestehen". Die Vorschrift ist aus praktischen Gründen sinnvoll,
weil sie der Stetigkeit der RSpr dient, vielfach auch die unnötige Doppelbearbei-
tung vermeiden hilft. Sie ist verfassungsrechtlich unbedenklich, weil sie dem einmal
bestimmten gesetzlichen Richter seine Zuständigkeit belässt. Deshalb ist es in diesem Falle auch zulässig, einzelne, konkrete Verfahren von der Änderung auszunehmen, etwa, wenn sie bereits verhandelt worden sind, sich bereits in der Beweisaufnahme befinden oder unmittelbar zur Verhandlung oder Verkündung anstehen. Es
kann sogar aus den bisher zuständig gewesenen und nach dem Willen des Präsidiums für die bereits anhängigen Sachen zuständig bleibenden Richtern ein besonderer Spruchkörper zur Erledigung dieser Alt-Verfahren gebildet werden.[356]
Soweit die Anordnung fortdauernder Zuständigkeit davon abhängig gemacht wird,
dass ein Richter in den betreffenden Sachen bereits eine Prozesshandlung vorgenommen hat,[357] kann dem nicht ohne weiteres gefolgt werden. Zumindest für
die Jahresgeschäftsverteilung ist die Anordnung der fortdauernden Zuständigkeit
auch hinsichtlich der noch nicht bearbeiteten Sachen deshalb zulässig, weil das Präsidium insoweit frei ist, zu ändern, oder auch nur teilweise zu ändern. Im Übrigen

---

[348] BGHSt 21, 174 = NJW 1967, 637; St 30, 268 = NStZ 1982, 295; BGH DRiZ 1980, 147; StV 1989, 338; NJW-RR 1993, 1406; OLG Hamm JMBlNRW 1980, 67; *KK/Diemer* Rn. 10; *Kissel*, FS Rebmann, S. 69f.

[349] BGHSt 21, 174 = NJW 1967, 637.

[350] Vgl. BGHSt 25, 163 = NJW 1973, 1291; BGH NJW 1974, 870.

[351] *Stanicki* DRiZ 1973, 124; 357; *Schorn/Stanicki* S. 102ff.; *Müller* NJW 1974, 1662.

[352] Wie hier *KK/Diemer* Rn. 10; *Meyer-Goßner* Rn. 8; *Zöller/Gummer* Rn. 41; *LR/Breidling* § 21f Rn. 20, 22; *BL/Hartmann* Rn. 7; *MünchKommZPO/Wolf* Rn. 43; *Münn* DRiZ 1973, 233; *Rieß* DRiZ 1977, 292.

[353] BGHSt 21, 174.

[354] BGHSt 30, 268 = NJW 1982, 1404.

[355] BGH NJW-RR 1987, 124.

[356] BGH DRiZ 1980, 147.

[357] *Meyer-Goßner* Rn. 17; *LR/Breidling* Rn. 55; *KK/Diemer* Rn. 15.

ist tätig geworden nicht erst ein Richter, der eine Prozesshandlung vorgenommen hat, sondern auch derjenige, der schon auf andere Weise mit der Sache befasst war. Aus Gründen der Klarheit liegt es nahe, auf den Eingang der Sache abzustellen.

150 II. **Aufgabenverteilung. 1. Verteilungssysteme.** Im Rahmen der allgemeinen Grundsätze (Rn. 78 ff.) wählt das Präsidium das jeweilige Verteilungssystem für die Geschäftsaufgaben nach seinem pflichtgemäßen Ermessen. Je nach Art und Größe des Gerichts können sich ganz unterschiedliche Systeme und ihre Mischformen anbieten. Insbesondere bei Eingangsgerichten ist die Verteilung **nach Buchstaben** üblich (die Zuständigkeit des Richters oder Spruchkörpers richtet sich nach dem Anfangsbuchstaben des Namens des Beklagten, Klägers oder Angeklagten). Dabei bedarf es einer ausführlichen und sorgfältigen Festlegung allgemeiner Auslegungsgrundsätze schon im Geschäftsverteilungsplan. Welcher Anfangsbuchstabe maßgebend ist beispielsweise bei mehreren Beklagten oder bei einer Klage gegen die Firma „Vereinigte Möbelwerke Fischer & Co., Inh. Ludwig Schulze", muss so eindeutig wie möglich ein für allemal im Voraus festgelegt sein. In Strafsachen darf bei mehreren Angeklagten nicht eine von der StA gewählte Reihenfolge bestimmend werden.[358] Das Manipulationsverbot als tragender Grundsatz des gesetzlichen Richters (vgl. § 16 Rn. 2, 22) fordert, jede Manipulationsmöglichkeit tunlichst zu vermeiden, auch den bösen Schein. Hier kann etwa durch das Abstellen auf den Familiennamen des ältesten Angeklagten Klarheit geschaffen werden. Zulässig ist auch eine Regelung dahin, dass durch das nachträgliche Ausscheiden dieses Angeklagten die ursprünglich gegebene Zuständigkeit eines Spruchkörpers aufrechterhalten bleibt.[359] Als Verstoß gegen das Manipulationsverbot wurde z. B. angesehen, bei Reisesachen den Anfangsbuchstaben des Klägers als maßgebend festzulegen.[360]

151 Noch einfacher ist die Verteilung, die an den **Wohnsitz** eines Beteiligten anknüpft. Sie macht lediglich eine Stichtagsregelung erforderlich. Auch ist es zulässig, die Verteilung der Betreuungssachen wegen des erforderlichen unmittelbaren Eindrucks der Umgebung des Betroffenen (§ 68 Abs. 1 FGG) und der notwendigen Reisetätigkeit nach dem räumlichen Bereich vorzunehmen.[361]

152 Die Verteilung **nach Sachgebieten** bietet bei der Anwendung des Geschäftsverteilungsplans gewisse Schwierigkeiten, weil für die zunächst mit dem Eingang befassten Geschäftsstellen nicht immer ohne nähere Betrachtung der Klage oder Rechtsmittelschrift zu erkennen ist, um welche Spezialmaterie es sich handelt. Zur Verminderung der hier nicht seltenen Zuständigkeitszweifel und Abgrenzungsschwierigkeiten sind ebenfalls allgemeine Grundsätze im Geschäftsverteilungsplan nötig. Vollspezialisierung der Spruchkörper ist meist nur bei Rechtsmittelgerichten anzutreffen und sinnvoll. Die Teilspezialisierung gilt vielfach als besonders effektiv.[362] Von der zulässigen sachbezogenen Spezialisierung in diesem Sinne streng zu unterscheiden ist die unzulässige personenbezogene Einrichtung von Sondergerichten oder Standesgerichten (Art. 101 Abs. 1 Satz 1 GG). Es ist beispielsweise statthaft, Schadensersatzansprüche aus ärztlichen Kunstfehlern einem bestimmten Spruchkörper zur Bearbeitung zuzuweisen. Dagegen wäre es wohl verfassungswidrig, einem Spruchkörper alle Rechtsstreitigkeiten zu übertragen, in denen Ärzte Kläger oder Beklagte sind, gleichviel auf welchen Anspruchsgrund die Klage gestützt ist.[363] Demgegenüber können einem Spruchkörper alle diejenigen Rechts-

---

[358] Vgl. *LR/Breidling* Rn. 27; *Sowada* S. 320 ff.; jeweils m. w. N.
[359] BGHSt 38, 376 = NJW 1993, 672 = JZ 1993, 477 m. Anm. *Kindhäuser*.
[360] LG Frankfurt NJW 1988, 70; vgl. *Recken* NJW 1988, 679.
[361] *Coeppicus* ZRP 1996, 330.
[362] Vgl. *Rasehorn* ZRP 1972, 181.
[363] Vgl. BVerfGE 26, 186, 192 f.

streitigkeiten zugewiesen werden, bei denen eine juristische Person des öffentlichen Rechts beteiligt ist.[364]

Für **Rechtsmittelgerichte** kommt auch die Verteilung nach dem Gericht oder dem Spruchkörper der Vorinstanz in Betracht. Sie hat den Vorzug der Klarheit und Einfachheit. Von welchem Gericht oder welchem Spruchkörper der Vorinstanz die angefochtene Entscheidung erlassen wurde, ist auch für den Geschäftsstellenbeamten leicht erkennbar, niemand kann darüber streiten. **153**

Besonderer Betrachtung bedarf die Zulässigkeit eines Verteilungssystems, für das der **zeitliche Eingang der Sachen** bei dem Gericht maßgebend ist. Bei diesem auch **Rotationssystem** genannten Verteilungsprinzip werden die Klagen oder Rechtsmittel in der Reihenfolge ihres Eingangs bei Gericht bzw. nach der Reihenfolge der Registrierung reihum auf die Richter oder Spruchkörper verteilt. Das bietet den praktischen Vorteil einer gleichmäßigen Belastung der Spruchkörper bzw. Richter. Es ist jedoch bedenklich, soweit die Reihenfolge durch Außenstehende oder Gerichtsbedienstete manipulierbar erscheint. Es sind besondere Vorkehrungen nötig, die nach menschlichem Ermessen eine Missbrauchsmöglichkeit ausschließen. Unter solchen Kautelen erscheint das Rotationssystem zulässig,[365] anderenfalls unzulässig.[366] Fehlerhaft ist das Rotationssystem, wenn es dem Geschäftsstellenbeamten eine gezielte Richterbestellung ermöglicht[367] bzw. einen bestimmenden Einfluss eröffnet.[368] Das ist aber nur dann nicht der Fall, wenn eine eindeutige und überprüfbare Rangfolgenregelung für den Fall des gleichzeitigen Eingangs getroffen ist. Beispiel dafür:[369] Bei gleichzeitigem Eingang mehrerer Sachen versieht der geschäftsleitende Beamte des Gerichts alle diese Sachen mit einer fortlaufenden, jeden Tag mit 1 beginnenden Kennziffer. Hierbei ist ihm ausdrücklich zur Pflicht gemacht, die Sachen unabhängig von der Registratur und ohne Kenntnis des Registerstandes zu nummerieren und dabei keine Kenntnis von dem Inhalt der Eingänge zu nehmen. Alle Sachen gehen dann sofort an die Registratur. Dort werden sie, soweit es sich nicht um Spezialsachen handelt, die in der Geschäftsverteilung bestimmten Senaten zugewiesen sind, in der Reihenfolge der Kennziffern mit den Ordnungszeichen der Senate versehen, und zwar in der Weise, dass zu Beginn des Tages mit der Ordnungszahl begonnen wird, die auf die am Schluss des vorangegangenen Tages zuletzt eingesetzte Ordnungszahl folgt. Dass, insbesondere bei größeren Gerichten, stets der geschäftsleitende Beamte persönlich die Kennziffern vergibt, ist aus der RSpr. aber nicht abzuleiten, solange dies unter seiner Verantwortung erfolgt und die räumlich-organisatorische Trennung der Vergabe von Geschäftsstelle und Registratur gewährleistet ist. Auf der anderen Seite ist ein Rotationssystem fehlerhaft, bei dem die Bestimmung der Reihenfolge nicht nachzuvollziehen ist, so bei Verwendung eines unter Verschluss gehaltenen Zufallsgenerators.[370] **154**

Gleichzeitiger Eingang und manipulationsfreie Zuteilungsregelung werden besonders bei großen Gerichten steigende Bedeutung erlangen. Anträge und Klagen können in den Geschäftsstellen der einzelnen Kammern, mehreren Fax-Geräten, bei der Rechtsantragsstelle, durch die Post, unmittelbar persönlich oder durch Boten, Einwurf in den Briefkasten, einzeln oder auch gesammelt dem Gericht zugehen.[371] Hier kann eine einwandfreie Bestimmung der exakten Eingangsreihenfolge **155**

---

[364] BayVerfGH NJW 1984, 2813.
[365] Vgl. BAG NJW 1961, 1740; NZA 1999, 107; BGHZ 40, 91 = NJW 1963, 2071; OVG Berlin NJW 1999, 594; zum Mitwirkungsplan OVG Münster DRiZ 2002, 416; vgl. auch *Sowada* S. 319.
[366] BGHSt 15, 116 = NJW 1960, 2109.
[367] BGHZ 40, 91.
[368] BVerwGE 66, 359 = NJW 1983, 2154.
[369] BGHZ 40, 91.
[370] LG Berlin bei *Schröder* DRiZ 2006, 291.
[371] Tatbestand bei OVG Berlin NJW 1999, 594.

für jede am gleichen Tag eingehende Sache praktisch nicht vorgenommen werden, alle am gleichen Tage eingegangenen Sachen können als „gleichzeitig eingegangen" behandelt werden. Nur wie dann deren Reihenfolge „blindlings" festgelegt werden kann, ist die offene Frage. Will man nicht für jeden Tageseingang ein eigenes Verteilungssystem nach zusätzlichen Kriterien schaffen, was letztlich eine Abkehr vom Rotationsprinzip darstellt, wird wohl nichts anderes übrig bleiben als die exakte Tageszeit des Eingangs auf die Minute genau festzulegen und für die dann gleichzeitigen Eingänge ein Losverfahren durchzuführen.

156 **2. Besondere Spruchkörper.** Das Präsidium muss **Auffangspruchkörper** bereitstellen, also die Frage regeln, an welchen Spruchkörper zurückverwiesene Sachen gelangen sollen[372] (§ 60 Rn. 16).

157 Bei den **Baulandgerichten** hat die Zuweisung der Verwaltungsrichter nur deklaratorische Bedeutung; hier wird die Spruchkörperbesetzungsentscheidung von der obersten Landesbehörde getroffen.[373]

158 Das Präsidium besetzt auch die **Hilfsspruchkörper** (§ 60 Rn. 10 ff.). Diese hat es einzurichten, wenn dafür ein Bedürfnis besteht.[374]

§ 21 f. [Vorsitz in den Spruchkörpern]

(1) **Den Vorsitz in den Spruchkörpern bei den Landgerichten, bei den Oberlandesgerichten sowie bei dem Bundesgerichtshof führen der Präsident und die Vorsitzenden Richter.**

(2) [1] **Bei Verhinderung des Vorsitzenden führt den Vorsitz das vom Präsidium bestimmte Mitglied des Spruchkörpers.** [2] **Ist auch dieser Vertreter verhindert, führt das dienstälteste, bei gleichem Dienstalter das lebensälteste Mitglied des Spruchkörpers den Vorsitz.**

Übersicht

	Rn.		Rn.
I. Regelungsinhalt	1	III. Vertretung des Vorsitzenden	8
II. Vorsitzender	2	1. Für jeden Spruchkörper zu regeln	8
1. Für alle Spruchkörper	2	2. Mehrere Vertreter	9
2. Sonderfälle	3	3. Vertretungsfall	10
3. Vorsitz in mehreren Spruchkörpern	4	4. Nur Richter aL	11
4. Gerichtspräsident	5	5. Verhinderung	14
5. Jeder „Vorsitzende" muss einen Vorsitz führen	6	IV. Verstoß gegen die Vertretungsregelung	20
6. Hilfsspruchkörper	7		

I. Regelungsinhalt. § 21 f regelt den Vorsitz in den Spruchkörpern der Kollegialgerichte. Abs. 1 betrifft den ordentlichen Vorsitzenden, Abs. 2 regelt die Vertretung des Vorsitzenden.

2 **II. Vorsitzender. 1. Alle Spruchkörper** des LG, OLG und BGH müssen einen **ständigen ordentlichen Vorsitzenden** haben, der entweder zum Präsidenten des Gerichts oder zum Vorsitzenden Richter an diesem Gericht auf Lebenszeit (§ 28 Abs. 2 Satz 2 DRiG) ernannt worden ist (vgl. § 59). Die Amtsbezeichnungen sind § 19 a DRiG entnommen. Einen Richter, der nicht zum Vorsitzenden Richter an diesem Gericht ernannt ist, kann das Präsidium nicht zum ordentlichen

---

[372] Vgl. BGH NJW 1975, 743; OLG Karlsruhe MDR 1980, 690; OLG Düsseldorf StV 1985, 407; *Rieß* JR 1978, 302.
[373] Vgl. *Weist* DRiZ 1975, 336.
[374] *Wolf* S. 141; BGH GA 1977, 366.

Vorsitzenden eines Spruchkörpers bestellen.[1] Der nicht ausdrücklich erwähnte Vizepräsident darf und muss gleichfalls den Vorsitz eines Spruchkörpers führen. Der Grundsatz des Abs. 1 gilt ausnahmslos. Der Vorsitzende des Spruchkörpers hat grundsätzlich in allen Fällen den Vorsitz zu führen. Ist er dauernd verhindert, dann ist es Sache des Präsidiums, die Geschäftsverteilung der durch die Verhinderung entstandenen Situation anzupassen.[2] Eine Vertretung des Vorsitzenden durch den vom Präsidium bestimmten stellvertretenden Vorsitzenden ist nur dann zulässig, wenn der Vorsitzende zur Führung des Vorsitzes vorübergehend (Rn. 15) nicht in der Lage ist.[3]

2. Sonderfälle. Die Regelung ist auf die mit mehreren Berufsrichtern besetzten Kollegialgerichte von LG, OLG und BGH abgestellt, sie gilt nicht für das AG, auch nicht für das Schöffengericht (vgl. § 29). Sonderfragen ergeben sich für die nur mit einem Berufsrichter besetzten Spruchkörper des LG in Strafsachen (§§ 76, 78, 78b) sowie für die Kammer für Handelssachen (§§ 105, 106). Zu § 21f GVG ist ergänzend heranzuziehen § 28 Abs. 2 DRiG, wonach ein Richter auf Lebenszeit den Vorsitz führen muss, wenn das Gericht in einer Besetzung mit mehreren Berufsrichtern tätig wird.

3. Das Gesetz verbietet nicht, einem Vorsitzenden Richter den **Vorsitz mehrerer Spruchkörper** zu übertragen[4] oder ihm neben der Vorsitzendentätigkeit weitere Aufgaben, z.B. Ausbildungs- oder Prüfungstätigkeit zuzuweisen. Für den Präsidenten und den Vizepräsidenten versteht es sich von selbst, dass sie neben der Vorsitzendentätigkeit auch (bei größeren Gerichten sogar in ganz erheblichem Umfang) Verwaltungsaufgaben wahrzunehmen haben (vgl. § 59 Rn. 7, § 115 Rn. 3, § 124 Rn. 1). Für diese weiteren Aufgaben und für die Wahrnehmung des Vorsitzes in mehreren Spruchkörpern besteht indessen eine eindeutige Grenze hinsichtlich des Umfangs der Tätigkeit. Wie der BGH ständig entschieden hat, muss der Vorsitzende die Vorsitzendenfunktion in einem solchen Umfang ausüben, dass es ihm möglich ist, einen **richtunggebenden Einfluss** auf die Rechtsprechung des Spruchkörpers zu haben (§ 59 Rn. 12). Konkret bedeutet das, dass der Vorsitzende mindestens 75% der Aufgaben eines Vorsitzenden des jeweiligen Spruchkörpers selbst wahrnehmen muss. Sofern ein Vorsitzender Richter also mehreren Spruchkörpern vorsitzt, darf es sich dabei niemals um solche Spruchkörper handeln, deren Aufgabenbereich jeweils die volle Arbeitskraft eines Vorsitzenden Richters beansprucht (vgl. § 59 Rn. 14). Die Arbeitsbelastung der jeweiligen Spruchkörper muss also stets so abgestimmt sein, dass der Vorsitzende seine Aufgaben selbst in dem erforderlichen Umfang (mindestens 75%) ohne Schwierigkeiten wahrnehmen kann.[5] Es bestehen also keine Bedenken dagegen, wenn der Vorsitzende einer KfH mit besonders gering gehaltenem Geschäftskreis daneben noch den Vorsitz einer ebenfalls nur gering belasteten Zivilkammer übernimmt.

4. Für den **Präsidenten** muss je nach der Belastung durch Verwaltungsaufgaben ein kleiner Spruchkörper mit geringer Zuständig eingerichtet werden, dessen Vorsitzendengeschäfte der Präsident ohne weiteres zu mindestens 75% wahrnehmen kann. Dass ein Vorsitzender (auch der Präsident) neben dem Vorsitz eines Senats noch eine andere richterliche Aufgabe wahrnimmt, beispielsweise einem anderen Spruchkörper des gleichen Gerichts als Beisitzer angehört,[6] ist in dem vorstehend dargelegten Rahmen nicht ausgeschlossen. Keinesfalls darf aber ein Vorsitzender

---

[1] OLG Oldenburg StV 2001, 159; OLG Hamm NStZ-RR 2004, 146 – L –.
[2] BGHZ 164, 87 = NJW 2006, 154.
[3] BGH aaO.; NJW 1995, 335.
[4] BGHZ 88, 1 = NJW 1984, 129; BVerwG NJW 1986, 1366.
[5] BGH DRiZ 1978, 184; BSGE 40, 53 = DRiZ 1975, 377.
[6] BGHZ 88, 1 = NJW 1984, 129.

Richter oder der Präsident überhaupt keine Vorsitzendentätigkeit ausüben und etwa nur andere richterliche Aufgaben wahrnehmen (§ 21 e Rn. 126; § 59 Rn. 7 ff.).

6 5. **Jedem Vorsitzenden Richter** muss der **Vorsitz** in einem Spruchkörper übertragen werden. Es ist unzulässig, etwa einen Vorsitzenden Richter am LG lediglich mit den Aufgaben des Notarprüfers oder mit anderen Verwaltungsangelegenheiten zu betrauen.

7 6. Der besonderen Betrachtung bedarf der **Hilfsspruchkörper,** der nicht von der Justizverwaltung (§ 21 e Rn. 13), sondern vom Präsidium eingerichtet wird für Fälle der vorübergehenden Überlastung des zuständigen Spruchkörpers (§ 60 Rn. 11 ff.); darin sieht die wohl h. M. einen Sonderfall der Vertretung des überlasteten Spruchkörpers hinsichtlich eines Teils seiner geschäftsplanmäßigen Aufgaben im Interesse der Effektivität des Rechtsschutzes für alle in die Zuständigkeit des Spruchkörpers fallenden Sachen. Aus dieser Vertretungs-Sonderfunktion heraus wird gefolgert, Abs. 1 gelte nicht.[7] Dagegen ist einmal anzuführen[8] die Tendenz der neueren Gesetzgebung, dass von unvermeidlichen Ausnahmen abgesehen grundsätzlich jeder Spruchkörper mit einem Vorsitzenden Richter besetzt sein muss (vgl. die „Umwege" des § 10 Abs. 4 RpflAnpG i. d. F. BGBl. 1998 I S. 2030 mit Geltung bis 31. 12. 2004). Sieht man die Frage zum anderen nicht unter gerichtsorganisatorischem Blickwinkel, sondern unter dem des gesetzlichen Richters, dann entspricht bei der (noch?) herrschenden Doktrin von der Funktion des Vorsitzenden Richters (§ 59 Rn. 12, 15) nur dieser dem gesetzgeberischen Topos des Vorsitzenden, so dass jede Abweichung nur ganz ausnahmsweise zulässig sein kann und nicht als (wenn auch aus der Not der Praktiker geborenes) fast schon „normales" Mittel zum Ausgleich nicht vorhandener ausreichender personeller Ausstattung der Gerichte dienen kann.

8 III. **Vertretung des Vorsitzenden. 1.** Abs. 2 regelt die Vertretung des Vorsitzenden. Bei der Besetzung der Spruchkörper hat das **Präsidium** jeweils ein Mitglied des Spruchkörpers **zum Vertreter zu bestellen.** Das gilt auch für die sogenannten Präsidentensenate oder Präsidentenkammern. Der Präsident wählt nur aus, in welchem Spruchkörper er den Vorsitz übernimmt. Seinen Vertreter kann er nicht selbst bestimmen. Der Vertreter ist ständiger Vertreter für die Dauer seiner Bestellung. Er muss **ständiges Mitglied** des betreffenden Spruchkörpers sein, d. h. er muss diesem zur ständigen Dienstleistung zugewiesen sein; dies ist nicht der Fall bei einer Zuweisung nur zur Vertretung oder nur zu einem ganz geringen Bruchteil der Arbeitskraft.[9] Dazu hin wird Zuweisung für das Geschäftsjahr gefordert[10] (vgl. § 21 e Rn. 107). Dazu, ob er auch planmäßiger Richter des Gerichts sein muss, vgl. Rn. 12. Allerdings ist das Präsidium darin frei, etwa im turnusmäßigen Wechsel für jedes Geschäftsjahr einen anderen Richter des Spruchkörpers zum Vertreter zu bestellen. Das kann aus verschiedenen Gründen sinnvoll sein. Auch in der Auswahl ist das Präsidium nicht gebunden, sofern es die Eignung des betreffenden Richters für die Vertretung des Vorsitzenden sachgerecht bejaht. Die Praxis neigt zwar zumeist dazu, das dienstälteste Mitglied des Senats oder der Kammer als Vertreter auszuwählen. Das sollte aber keinesfalls zu einer die spezielle Eignung für die Vertretung des Vorsitzenden gering achtenden bequemen Regel werden.

---

[7] BGHSt 12, 104; St 18, 178 = NJW 1963, 548; St 21, 23 = NJW 1966, 940; St 31, 389 = NJW 1983, 2952; St 33, 303 = NJW 1986, 144; *BL/Hartmann* Rn. 4; *Frisch* NStZ 1984, 84; *KK/Diemer* Rn. 1; *Katholnigg* Rn. 2; *Meyer-Goßner* Rn. 12; *LR/Breidling* Rn. 12 ff.; *LR/Siolek* § 60 Rn. 11; *MünchKommZPO/Wolf* Rn. 2; *Thomas/Putzo/Hüßtege* Rn. 2; *Wieczorek/Schreiber* Rn. 2; *Zöller/Gummer* Rn. 2.
[8] So *Frisch* NStZ 1984, 86; *Schorn/Stanicki* S. 142; vgl. auch *Sowada* S. 351 ff.
[9] BGHSt 20, 61 = NJW 1965, 58.
[10] *MünchKommZPO/Wolf* Rn. 3.

2. Das Präsidium kann für den Fall der Verhinderung des regelmäßigen Vertreters **einen oder mehrere weitere Vertreter** des Vorsitzenden bestellen.[11] Zwar spricht Abs. 2 nur von „diesem Vertreter", doch ist dies nicht wörtlich zu nehmen. Bei der Bestellung mehrerer Stellvertreter muss das Präsidium deren Reihenfolge bestimmen.[12] Es besteht kein Recht der dienstältesten Mitglieder, auf keinen Fall von der Vertretung ausgeschlossen zu werden, vielmehr ist die Eignung entscheidend. Das Gesetz begreift die Vertretungsregelung nach dem Dienstalter als eine Hilfsregelung für den Fall, dass das Präsidium nichts anderes beschlossen hat; eine abweichende Bestimmung durch das Präsidium ist zulässig und hat Vorrang. Freilich wird ein Bedürfnis für die Einsetzung eines weiteren regelmäßigen Vertreters selten bestehen. Abs. 2 legt dem Präsidium die Verpflichtung auf, die Vertretung des Vorsitzenden zu regeln (ein Geschäftsverteilungsplan ohne die Bestimmung der Vertreter der Vorsitzenden wäre unvollständig), die Vorschrift will aber das Präsidium nicht einengen bei der Frage, **wie** es die Vertretung regelt. Deshalb ist es auch zulässig, durch den Geschäftsverteilungsplan einzelne Mitglieder des Spruchkörpers generell von der Vertretung des Vorsitzenden nach Abs. 2 Satz 2 auszunehmen, etwa die abgeordneten Richter (Rn. 12) oder die dem Senat als Richter im Nebenamt angehörenden Professoren, sofern das Präsidium nach pflichtgemäßem Ermessen ein Bedürfnis für eine solche Regelung bejaht. Die Vertretungsregelung kann unter den Voraussetzungen des § 21e Abs. 3 auch während des Geschäftsjahres geändert werden.

3. Für den Fall, dass der ordentliche (ständige) **Vertreter verhindert** ist und ebenso ein weiterer bestellter Vertreter (Rn. 9), regelt sich die weitere Vertretung gemäß Abs. 2 Satz 2 nach der Reihenfolge des Dienstalters, hilfsweise des Lebensalters. Hier gelten die üblichen Regeln. Dienstalter in diesem Sinne ist das allgemeine Dienstalter (vgl. § 20 Satz 1 DRiG). Es bestimmt sich regelmäßig nach dem Tag, an dem dem Richter das Richteramt übertragen worden ist, das er jetzt innehat. Nur wenn der Richter zuvor schon einmal ein anderes Amt mit mindestens dem gleichen Anfangsgrundgehalt innehatte, richtet sich das allgemeine Dienstalter nach dem Tag, an dem ihm jenes frühere Amt übertragen wurde (§ 20 Satz 2 DRiG). Auf das Lebensalter kommt es nur in den seltenen Fällen gleichen Dienstalters an.

4. Nur ein **Richter auf Lebenszeit** kann den Vorsitzenden vertreten. Dies ergibt sich aus § 28 Abs. 2 Satz 2 DRiG. Es gilt sowohl für vom Präsidium bestellte (ständige) Vertreter nach Abs. 2 Satz 1 als auch für die weitere Vertretung nach Abs. 2 Satz 2.

Nicht eindeutig geregelt ist dagegen die Frage, ob der Vertreter des Vorsitzenden ein planmäßiges Mitglied des Gerichts (§ 27 Abs. 1 DRiG) sein muss. Der Wortlaut von Abs. 2 verlangt eine derartige Einschränkung nicht. Es wird nur vorausgesetzt, dass es sich um ein (ständiges) Mitglied des Spruchkörpers handelt. Demnach könnte also auch ein **abgeordneter Richter** (§ 37 DRiG) den Vorsitzenden vertreten, sofern er nur dem Spruchkörper zugewiesen und Richter aL ist.[13] Die Frage hat insbesondere für die OLG Bedeutung wegen der dort ständig in namhafter Zahl im Abordnungsverhältnis beschäftigten Richter am AG oder LG. Für Abs. 2 Satz 1 könnte dies z.B. dann praktisch werden, wenn Vorsitzende Richter von LG oder Direktoren von AG an das OLG abgeordnet werden. Im Rahmen von Satz 2 kann es – etwa bei Richterablehnungen oder bei Abwesenheiten – vorkommen, dass der abgeordnete Richter als einziges Mitglied des Senats übrig bleibt und nunmehr zwei Vertreter aus anderen Senaten herangezogen werden müssen, um die

---

[11] *Katholnigg* Rn. 4; a. A. *Schorn/Stanicki* S. 90.
[12] OLG Hamm StV 1998, 6.
[13] *MünchKommZPO/Wolf* Rn. 5; *KK/Diemer* Rn. 3; *Wieczorek/Schreiber* Rn. 4.

Beschlussfähigkeit des Senats herzustellen. In diesen Fällen fragt es sich, ob der dem Senat angehörende „Hilfsrichter" den Vorsitz führt oder der dienstältere der beiden anderen planmäßigen Richter des Gerichts aus dem Vertretersenat. Durchaus häufig vorkommen kann auch die Situation, dass eilige Vorsitzendengeschäfte anfallen (z. B. Verlängerung der Berufungsbegründungsfrist) und vom Senat nur der „Hilfsrichter" zur Verfügung steht. Wenn der Hilfsrichter den Vorsitzenden des Senats vertreten kann, müsste hierfür kein Vertreter aus einem anderen Senat bemüht werden. Sowohl für Satz 1 als auch für Satz 2 ist nach dem Wortlaut von § 21f davon auszugehen, dass auch der abgeordnete Richter den Vorsitz im Spruchkörper führen und den Vorsitzenden vertreten kann. Er ist nämlich voll berechtigtes Mitglied des Spruchkörpers, und es besteht kein gesetzlicher Grund, ihn bei der Frage des Vorsitzes als ein Mitglied geringeren Rechts zu behandeln.[14]

13 In jedem Falle kann die Vertretung nach Abs. 2 Satz 2 nur durch ein geschäftsplanmäßiges ordentliches Mitglied des Spruchkörpers erfolgen, sei es auch nur das Einzige (übriggebliebene) nicht verhinderte Mitglied. **Sind alle Mitglieder des Spruchkörpers verhindert,** ist eine Vertretung nach Abs. 2 Satz 2 nicht möglich, eine Ersatzzuständigkeit anderer Vorsitzender als Vertreter gibt es nicht. Hier muss, soweit der Jahresgeschäftsverteilungsplan dies nicht bereits bedacht hat, das Präsidium zusammentreten und eine Regelung nach § 21e getroffen werden (evtl. nach § 21i Abs. 2).

14 5. Für den Begriff der **Verhinderung** und ihre Feststellung in Abs. 2 gelten die allgemeinen Grundsätze (§ 21e Rn. 144 ff.). Beim Vorsitzenden kann u. U. einmal ein spezieller Verhinderungsgrund vorliegen, der ihn nur bei der Ausübung der Vorsitzendentätigkeit, nicht bei der Mitwirkung im Übrigen behindert. Das klassische Beispiel ist die Heiserkeit oder eine sonstige vorübergehende körperliche Behinderung, die etwa die Verhandlungsführung (z. B. Sprechen) unmöglich macht. In solchen Fällen kann der Vertreter den Vorsitz übernehmen, und der Vorsitzende kann als Beisitzer mitwirken.[15]

15 Eine Vertretung kommt nur für Fälle der **vorübergehenden Verhinderung** in Betracht wie Krankheit, Urlaub, sonstiges Fernbleiben vom Dienst,[16] Unmöglichkeit der rechtzeitigen Sitzungsvorbereitung, in ganz engen Grenzen ausnahmsweise auch die vorübergehende Überlastung mit anderen Dienstgeschäften, auch in der Justizverwaltung.[17] Ob die Verhinderung „vorübergehend" ist, muss aus der Sicht des **Zeitpunkts,** zu dem die Vertretungsnotwendigkeit erstmals eintrit   lt werden. Vgl. im Einzelnen § 59 Rn. 13.

16 Keine nur „vorübergehende Verhinderung" ist es, wenn der Vorsitzende zusätzlich Verwaltungstätigkeit ausübt, die ihn für die richterliche Tätigkeit insoweit regelmäßig ausschließt, z. B. als Notarprüfer mit der dadurch bedingten Ausschließung in Verfahren nach § 156 KostO; hier wäre der Vorsitzende für (einen Teil der) in die Zuständigkeit seiner Kammer fallenden Streitsachen regelmäßig ausgeschlossen und nicht in der Lage, den richtungweisenden Einfluss (Rn. 4) zu gewährleisten – dies ist ein Mangel der Geschäftsverteilung, die den gesetzlichen Richter beeinträchtigt.[18]

17 Einer vorübergehenden Verhinderung des Vorsitzenden gleichgestellt ist die vorübergehende **Vakanz** einer Vorsitzendenstelle; hierzu § 59 Rn. 13, 3 ff.

18 Bewirken Maßnahmen der Geschäftsverteilung eine **Überlastung,** die den Vorsitzenden absehbar und auf Dauer an der Wahrnehmung seiner Aufgaben hindert, so bei

---

[14] A. A. *Katholnigg* Rn. 4; *LR/Breidling* Rn. 34; *Schorn/Stanicki* S. 89.
[15] BGH NStZ 1995, 19; *Katholnigg* Rn. 3 m. w. N.
[16] *BL/Hartmann* Rn. 5.
[17] BVerwG NJW 2001, 3493.
[18] OLG Hamm FGPrax 1998, 154.

Übertragung des Vorsitzes in einem weiteren Spruchkörper an einen bereits überlasteten Vorsitzenden, liegt kein Fall vorübergehender Verhinderung vor.[19] Eine vorübergehende Verhinderung ist es aber, wenn der Zuständigkeitsbereich eines Spruchkörpers nach der Geschäftsverteilung von vornherein so groß bemessen ist, dass **nicht alle Sachen unter dem Vorsitz** des ordentlichen Vorsitzenden entschieden werden können, er aber mindestens 75% seiner Aufgaben selbst wahrnimmt.[20] Hier sind Bedenken anzumelden: Von einer vorübergehenden Verhinderung kann dann nicht gesprochen werden, wenn das Gericht nicht mit einer ausreichenden Zahl von Vorsitzenden besetzt ist, ohne dass in absehbarer Zeit mit einer Verbesserung zuverlässig gerechnet werden kann. Bei lediglich unausgewogener Geschäftsverteilung muss das Präsidium die Geschäftsverteilung ändern (§ 21 e Rn. 108).

Kann die Vertretung innerhalb des Spruchkörpers erfolgen, **stellt** der Vorsitzende selbst seine **Verhinderung fest;**[21] auch kann sein geschäftsplanmäßiger Vertreter notfalls die Verhinderung feststellen. Die Auffassung, dass in der Regelung des Vorsitzenden, an bestimmten Sitzungstagen oder an bestimmten Sachen nicht mitzuwirken, die Feststellung der Verhinderung wegen Überlastung liege,[22] kann, abgesehen von den Bedenken gegen die Annahme einer vorübergehenden Verhinderung durch zu groß bemessenen Zuständigkeitsbereich (Rn. 18), nach der Novellierung des § 21 g nicht mehr aufrechterhalten werden.[23] Erfordert die Vertretung die Mitwirkung eines nichtständigen Spruchkörpermitglieds, ist für die Feststellung der Gerichtspräsident zuständig[24] (§ 21 e Rn. 148). 19

IV. Verstöße. Verstöße gegen die Vertretungsregelungen nach Abs. 1 und 2 begründen die Besetzungsrüge (Verstoß gegen den gesetzlichen Richter, vgl. § 16 Rn. 50 und § 21 e Rn. 120) in doppelter Hinsicht: a) der geschäftsplanmäßige Vorsitzende muss den Vorsitz auch ausüben (§ 59 Rn. 12); b) der geschäftsplanmäßige Vorsitzende darf nur vertreten werden bei einer lediglich vorübergehenden Verhinderung (Rn. 15). Ist er nicht nur vorübergehend verhindert, ist eine Vertretung nicht zulässig; es muss ein neuer Vorsitzender bestimmt werden (§ 59 Rn. 13). 20

§ 21 g. [Geschäftsverteilung innerhalb der Spruchkörper]

(1) ¹Innerhalb des mit mehreren Richtern besetzten Spruchkörpers werden die Geschäfte durch Beschluss aller dem Spruchkörper angehörenden Berufsrichter auf die Mitglieder verteilt. ²Bei Stimmengleichheit entscheidet das Präsidium.

(2) Der Beschluss bestimmt vor Beginn des Geschäftsjahres für dessen Dauer, nach welchen Grundsätzen die Mitglieder an den Verfahren mitwirken; er kann nur geändert werden, wenn es wegen Überlastung, ungenügender Auslastung, Wechsels oder dauernder Verhinderung einzelner Mitglieder des Spruchkörpers nötig wird.

(3) Absatz 2 gilt entsprechend, soweit nach den Vorschriften der Prozessordnungen die Verfahren durch den Spruchkörper einem seiner Mitglieder zur Entscheidung als Einzelrichter übertragen werden können.

(4) Ist ein Berufsrichter an der Beschlussfassung verhindert, tritt der durch den Geschäftsverteilungsplan bestimmte Vertreter an seine Stelle.

(5) § 21 i Abs. 2 findet mit der Maßgabe entsprechende Anwendung, dass die Bestimmung durch den Vorsitzenden getroffen wird.

---

[19] OLG Hamburg StV 2003, 11.
[20] BGH GS BGHZ 37, 210, 214; stRSpr; BGH NJW 1995, 335; OLG Rostock OLGR 2006, 633.
[21] BGHSt 30, 268; BGH NJW-RR 1993, 1406; NJW 1995, 335; *Katholnigg* Rn. 3; *KK/Diemer* Rn. 3; *Meyer-Goßner* Rn. 8; *Zöller/Gummer* Rn. 9.
[22] BGH NJW 1995, 335; a. A. BayObLGZ 1987, 228, 231; *Katholnigg* Rn. 3; *KK/Diemer* Rn. 3.
[23] OLG Rostock OLGR 2006, 633 fordert eine Regelung durch Beschluss nach § 21 g Abs. 1.
[24] BGHSt 30, 268.

(6) **Vor der Beschlussfassung ist den Berufsrichtern, die von dem Beschluss betroffen werden, Gelegenheit zur Äußerung zu geben.**

(7) **§ 21 e Abs. 9 findet entsprechende Anwendung.**

Übersicht

	Rn.		Rn.
A. Regelungsinhalt	1	3. Inhaltliche Regelung	32
B. Die spruchkörperinterne Geschäftsverteilung	4	4. Geltungsdauer der Regelung	38
		5. Veröffentlichung	39
I. Die Systematik	4	C. Bestellung des Berichterstatters	41
1. BGH	5	D. Bestellung des Einzelrichters	45
2. BVerfG	9	E. Reduzierte Richterbank	48
3. Novelle 1999	15	F. Rechtsbehelfe gegen die spruchkörperinterne Geschäftsverteilung	49
4. Zusammenfassung	16		
II. Die Regelung	21		
1. Kompetenz	21	G. Dienstaufsicht	51
2. Verfahren	25		

Gesetzesfassung: § 21 g i. d. F. von Art. 1 Nr. 6 G vom 22. 12. 1999 (BGBl. I S. 2598).

A. Regelungsinhalt

1   Die Vorschrift regelt die spruchkörperinterne Geschäftsverteilung, also welcher nach dem Geschäftsverteilungsplan des Gerichts (§ 21 e) dem einzelnen Spruchkörper zugeteilte Richter die diesem Spruchkörper zugeteilten Geschäfte zu erledigen hat. Die Vorschrift ist einmal eine Organisationsnorm, indem sie die Zuständigkeit für diese Aufgabenverteilung innerhalb der kollegial besetzten Spruchkörper (Kammer, Senat) dem Kollegium aller dem Spruchkörper geschäftsplanmäßig angehörenden Richter überträgt und gewisse (unvollständige) Richtlinien für die inhaltliche Gestaltung der Aufgabenverteilung und das dabei einzuhaltende Verfahren bestimmt. Diese Zuständigkeitsregelung hat zugleich eine gerichtsinterne Bedeutung: Sie legt fest, dass das Präsidium nicht befugt ist, in den Spruchkörper hinein zu regeln.[1] Sinn und Tragweite der Vorschrift erschöpfen sich in diesem organisatorischen Regelungsinhalt, soweit es sich um nicht überbesetzte Spruchkörper handelt (Rn. 3), soweit nicht die Zuständigkeit von „reduzierten Spruchkörpern" (Rn. 48) in Betracht kommt und soweit nicht die Zuweisung von Aufgaben an den streitentscheidenden Einzelrichter in Frage steht. Als Normzweck des § 21 g GVG kann außerdem angesehen werden, die richterliche Unabhängigkeit durch Minimierung der faktischen Abhängigkeit der Beisitzer von dem im Einzelfall ihre Beteiligung regelnden Vorsitzenden zu stärken, was zugleich der formalen Richtergleichheit im Kollegium, jedenfalls auch optisch, Rechnung trägt.[2] – In den anderen Fällen kommt der Vorschrift darüber hinaus die Aufgabe zu, den Grundsatz des **gesetzlichen Richters** durch einen Mitwirkungsplan zu sichern. Über die gerichtsverfassungsrechtliche Organisationsnorm hinaus enthält die Vorschrift mithin auch eine Konkretisierung des Verfassungsgebots des Art. 101 Abs. 1 Satz 2 GG[3] (vgl. § 16 Rn. 2, 22; § 21 a Rn. 1). Diese innerhalb des § 21 g zu treffende Unterscheidung zwischen dem gesetzlich besetzten Spruchkörper und dem überbesetzten Spruchkörper rechtfertigt sich aus folgender Überlegung:

2   Ist ein Kollegialspruchkörper „**gesetzlich besetzt**", also nach der Geschäftsverteilung gemäß § 21 e (nur) mit derjenigen Zahl von Mitgliedern, die das Gesetz für die Entscheidung vorsieht (Beispiel: eine Zivilkammer des Landgerichts gem. § 75 GVG mit dem Vorsitzenden A und zwei Beisitzern B und C), so sind A, B und C die gesetzlichen Richter, sofern diese Kammer im Einzelfall für die Entscheidung

---

[1] BVerwG NJW 1988, 1339.
[2] *Felix* BB 1992, 1004.
[3] OVG Hamburg NJW 1994, 274; *Seide* NJW 1973, 265; *KK/Diemer* Rn. 2; *MünchKommZPO/Wolf* Rn. 1.

einer Sache auf Grund des Geschäftsverteilungsplans zuständig ist. In diesem Falle ist jede Anordnung, die nach § 21g getroffen wird (es kann sich im Grunde nur um eine interne Arbeitsverteilung, etwa die Bestimmung des Berichterstatters handeln), von vornherein ungeeignet, die Bestimmung des gesetzlichen Richters zu tangieren, denn was auch immer angeordnet ist, es werden A, B und C entscheiden müssen. Die Regelung der Vertretung für Fälle der Verhinderung greift in diesen Fällen, weil ein Richter von außerhalb des Spruchkörpers herangezogen werden muss, über den jeweiligen Spruchkörper hinaus und ist deshalb gemäß § 21e Abs. 1 Satz 1 bzw. Abs. 3 Satz 1 vom Präsidium zu bestimmen.

Eine grundlegend veränderte Situation ergibt sich indessen, wenn der Spruchkörper **überbesetzt,** ihm also mehr als die gesetzliche Zahl der Richter zugewiesen ist (§ 21e Rn. 129), beispielsweise der Zivilkammer X außer dem Vorsitzenden A die Beisitzer B, C und D oder gar B, C, D und E angehören. In diesem Falle steht der gesetzliche Richter noch nicht fest, wenn für den einzelnen Streitfall die Zuständigkeit dieser Zivilkammer X nach dem Geschäftsverteilungsplan gegeben ist, denn es können nun A, B, C, aber z.B. auch A, D und E, entscheiden, vielleicht auch, wenn A verhindert ist, B, C und E usw. Hieraus erhellt, dass beim überbesetzten Spruchkörper für die Frage, welcher Richter im Einzelfall zur Entscheidung berufen ist, neben der Geschäftsverteilung durch das Präsidium nach § 21e Abs. 1, 3 (Zuweisung der Streitsache zur Zivilkammer X) absolut gleichrangig und gleichbedeutend die Anordnung nach § 21g tritt (die Zivilkammer X durch Richter A, C, E). Für die betroffene Partei ist nicht so sehr interessant, welche organisatorische Einheit, welcher Spruchkörper also, über ihren Fall befindet, sondern welchen konkreten Richtern ihre Sache anvertraut ist. Noch deutlicher wird das Problem bei der Anordnung nach Abs. 3. denn hier ist es nur ein Richter, der entscheidet. Ob dies der Richter B, der Richter C (oder gar D oder E) oder der Vorsitzende A selbst ist, dies von vornherein abstrakt festzulegen, ist durch Abs. 3 in die Hand des Kollegiums gegeben, dieses bestimmt also den gesetzlichen Richter, während die Geschäftsverteilung des Präsidiums mit der Bestimmung der zuständigen Kammer praktisch lediglich eine zahlenmäßige Begrenzung der möglicherweise zur Entscheidung berufenen Richter vorgenommen hat.

B. Die spruchkörperinterne Geschäftsverteilung

I. Die Systematik. Alle dem Spruchkörper angehörenden Berufsrichter (Kollegium) bestimmen **gemeinsam die spruchkörperinterne Geschäftsverteilung** (Abs. 1 Satz 1). Während nach früherem Recht diese Kompetenz allein dem Vorsitzenden des Spruchkörpers mit weitergehenden ad-hoc-Gestaltungsmöglichkeiten als denen des Präsidiums oblag,[4] hat die Novelle 1999 diese Kompetenz dem Kollegium übertragen. Diese bedeutungsvolle Neuregelung hat eine lange und kontroverse Vorgeschichte in RSpr und wissenschaftlicher Diskussion um die Kompetenz des Vorsitzenden, die sich sowohl um die Bestimmung des gesetzlichen Richters im Voraus nach abstrakten Merkmalen (sog. Automatik) als auch um die spruchkörperinterne Unabhängigkeit der Richter und die Verwirklichung der Gleichrangigkeit aller Richter drehte.[5] Die Frage der spruchkörperinternen Geschäftsverteilung bei einem überbesetzten Spruchkörper, die leicht gegenüber der Bedeutung der allgemeinen Geschäftsverteilung nach § 21e in den Hintergrund tritt und von außen als Gerichtsinternum missverstanden wird, hat zu zwei bedeutungsvollen höchstrichterlichen Entscheidungen geführt, die weit über den Regelungsgegen-

---

[4] Vgl. *Sangmeister* NJW 1998, 722.
[5] Vgl. *Eser,* FS Salger, 1995, S. 268, 269; *Sowada* S. 373 ff.; *Felix* BB 1991, 2193; 2413; 1992, 1001; 1995, 1665; NJW 1992, 217; 1607; ZIP 1993, 617; *Katholnigg* NJW 1992, 2256; *Kissel* JZ 1994, 1178; DRiZ 1995, 125; *Leisner* NJW 1995, 285; *Quack* BB 1992, 1; *Sangmeister* NJW 1995, 289; *E. Schneider* BB 1995, 1430; *Wiebel* BB 1992, 573.

stand des § 21g hinausgreifend grundsätzliche Fragen zum gesetzlichen Richter überhaupt klären:

5   **1. BGH.** Die Überlegungen um das Entscheidungsrecht des Vorsitzenden und die in der RSpr vor allem des BVerfG zum Ausdruck kommenden verschärften Anforderungen an die Vorausbestimmung des gesetzlichen Richters (vgl. § 16 Rn. 1) fanden ihren Höhepunkt in der Entscheidung des BGH – VGS – vom 5. 5. 1994:[6] „Die vom Vorsitzenden eines überbesetzten Zivilsenats des Bundesgerichtshofes nach § 21g Abs. 2 GVG aufzustellenden Mitwirkungsgrundsätze **müssen mit abstrakten Merkmalen regeln, welche Richter an der Entscheidung mitzuwirken haben.** Sie müssen ein System in der Weise ergeben, dass die Besetzung des Spruchkörpers bei der einzelnen Entscheidung im Regelfall aus ihnen ableitbar ist." Die Entscheidung stellt einen beachtlichen Fortschritt des von RSpr und Wissenschaft mit viel Filigranarbeit entwickelten Instituts des gesetzlichen Richters dar, das allein gründet auf Art. 101 Abs. 1 Satz 2 GG und dem gleich lautenden § 16 Satz 2 GVG. Vorangegangen war die rechtsstaatliche Präzisierung der Schöffenwahl[7] und die Klärung der Zulässigkeit einer ad-hoc-Vertreterbestellung.[8] Die Entscheidung hat die Anwendung des § 21g konsequent in das moderne rechtsstaatliche Verständnis vom gesetzlichen Richter integriert. Die VGS gehen von der Überlegung aus, dass die Regelungskompetenz des Vorsitzenden eine doppelte Zielrichtung hat. Einmal soll die Arbeit im Spruchkörper geordnet, stetig und sinnvoll ablaufen, es soll auch den Besonderheiten jeder Sache Rechnung getragen werden, es soll die Rechtsprechungstätigkeit des Spruchkörpers reibungslos und effektiv gestaltet werden, und da habe der Vorsitzende den besten Überblick (vgl. § 59 Rn. 12). Zum anderen habe der Vorsitzende dafür zu sorgen, dass die **Zusammensetzung der Richterbank ausreichend vorherbestimmt** ist. § 21g Abs. 2 GVG habe das Ziel zu verhindern, dass der Vorsitzende die mitwirkenden Richter für das einzelne Verfahren aussuche und so die Zusammensetzung des Spruchkörpers bestimme. Beide Ziele seien nicht immer deckungsgleich und könnten einander sogar widersprechen, wenn auch beide von anerkannt gleicher rechtsstaatlicher Bedeutung seien, was insbesondere die Rechtsprechung des BVerfG sowohl zum gesetzlichen Richter als auch zur erforderlichen Effektivität des Rechtsschutzes zeige. Die VGS konstatierten hinsichtlich der hier erforderlichen Abwägung einen Wandel im Verständnis des Gesetzes und einen Bedarf nach Präzision und Weiterentwicklung. Sie gehen aus vom Ziel des § 21g Abs. 2 GVG, nämlich **zu verhindern, dass der Vorsitzende die mitwirkenden Richter für das einzelne Verfahren aussucht** und so die Zusammensetzung des Spruchkörpers bestimmt. Die Vorschrift sei Teil des Regelwerks, welches das Vertrauen der Rechtsuchenden und der Öffentlichkeit in eine nach allen Seiten unabhängige, unparteiische und von sachfremden Einflüssen freie RSpr sichert; sie verstärke das Element der Vorhersehbarkeit bei der Besetzung der Richterbank. Daraus ergäben sich Verbindungen zur Gewährleistung des gesetzlichen Richters, die Vorschrift stelle eine zusätzliche Sicherung gegen sachfremde Einflüsse dar. Im Lichte der Verfassung betrachtet seien die Mitwirkungsgrundsätze nicht als unverbindlicher Rahmen oder als bloße Ermessensrichtlinie anzusehen, verlangt seien bindende Regelungen; andererseits sei ein gewisses Maß an Unbestimmtheit auch bei rein verfassungsrechtlicher Betrachtung unbedenklich.

6   Unter Berücksichtigung dieser Elemente, nämlich einerseits der präzisen Vorausbestimmung des gesetzlichen Richters, andererseits der Gewährleistung einer geordneten, stetigen und sinnvollen Arbeit im Spruchkörper, die auch den Besonderheiten jeder Sache Rechnung trägt, bestimmen die VGS die Anforderungen, die

---

[6] BGHZ 126, 63 = NJW 1994, 1735.
[7] BGHSt 33, 261 = NJW 1985, 2341 m. Anm. *Kissel* NStZ 1985, 490.
[8] BGH StV 1993, 398 m. Anm. *Kissel*.

§ 21g Abs. 2 GVG an den Inhalt der Grundsätze für die Mitwirkung der Richter an den einzelnen Verfahren stellt, wie folgt: „Erforderlich und genügend ist, dass die **Mitwirkungsgrundsätze mit abstrakten Merkmalen regeln,** welche Richter an der Entscheidung mitzuwirken haben. Sie müssen ... ein System in der Weise ergeben, dass die Besetzung des Spruchkörpers bei der einzelnen Entscheidung aus ihnen ableitbar ist und **Ermessensentscheidungen** des Vorsitzenden im Regelfall **entbehrlich** sind. Weiteres fordert das Gesetz nicht. Vielmehr steht es dem Vorsitzenden im Übrigen frei, die nach den Verhältnissen seines Spruchkörpers am geeignetsten erscheinende Methode zur Bewältigung des Geschäftsanfalls zu wählen".[9]

Vier Modelle stellt die Entscheidung für die Bestimmung der Mitwirkungsgrundsätze durch den Vorsitzenden in den Vordergrund: a) Für jeden Richter wird im Voraus bestimmt, an welchen Verfahren er als Mitglied des entscheidenden Spruchkörpers mitwirkt ohne Rücksicht auf die Eigenschaft als Berichterstatter. Die Verfahren müssen nach feststehenden Merkmalen bestimmt werden; hierfür kommen z.B. in Frage: Endziffern der Aktenzeichen; Wohnort des Beklagten, Angeklagten, Antragstellers usw. (bei mehreren nach der alphabetischen Reihenfolge); Sitz des Vordergerichts; Verfahrensart oder Streitgegenstand (Schwerpunkt). – b) Festlegung, welche Richter an welchem, vom Vorsitzenden im Voraus kalendermäßig festgelegten Sitzungstag mitsitzen. In welchen Verfahren sie dann konkret mitwirken, entscheidet der Vorsitzende durch die Terminierung. Das macht indessen notwendig, Grundsätze im Voraus für die Terminierung niederzulegen, was aber wenig Rücksicht auf die spruchkörperinterne Vorbereitung einer Sache nehmen lässt und damit unpraktikabel erscheint. – c) Die Teilnahme der Richter wird nach „ihren" fachlichen Schwerpunkten bestimmt, was allerdings wiederum Unter-Grundsätze erfordert; außerdem dürften solche Schwerpunkte nur in Ausnahmefällen auf mehr als ein Mitglied zutreffen, wenn dieses Merkmal aussagekräftig sein soll. – d) Es wird an die Bestimmung des Berichterstatters angeknüpft (Rn. 41), und damit für jeden Berichterstatter bestimmt, wer mit ihm sitzt. Damit aber bedarf es für die Bestimmung der Berichterstatter einer Annäherung an die Automatik.

Der Beschluss nimmt die hier angemerkten **Erschwerungen** und erforderlichen Unter-Grundsätze,[10] die bis zur Unpraktikabilität führen können, in seine Überlegungen auf. Er betont dennoch die Notwendigkeit, dass die konkrete Zusammensetzung der Spruchgruppe aus abstrakten Merkmalen ableitbar sein muss. Zur „**Erleichterung**" **für die Praxis** eröffnet er jedoch einige Möglichkeiten: Der Vorsitzende kann auch „**abstrakte Merkmale** wählen, welche eine **Wertung erforderlich** machen"; es sei „nicht ausgeschlossen, dass die Merkmale dem Vorsitzenden bei der Ausführung der Grundsätze einen gewissen Spielraum lassen". Hierher rechnet er Merkmale des Sachzusammenhangs, früherer Befassung oder der Eilbedürftigkeit. „Dass sie die Richterbank in der einzelnen Sache nicht automatisch festlegen, sondern einen wertenden Zuweisungsakt des Vorsitzenden erfordern, der sich freilich an dem abstrakten Merkmal zu orientieren hat, nimmt ihnen ihre Eignung nicht". Nicht schon bei Eingang einer Sache müsse festliegen, welche Richter an der Entscheidung mitzuwirken haben; es genüge, wenn sich ihre Person in dem Zeitpunkt aus den Grundsätzen ergebe, in denen sie tätig werden müssen. Diese sich von der Automatik entfernenden Überlegungen stützt der Beschluss darauf, dass die Mitwirkungsgrundsätze nicht ohne weiteres dem Vorbild des gerichtlichen Geschäftsverteilungsplanes zu folgen hätten, sowie auf eine weiche Interpretation des Begriffs „Grundsätze", die eben nicht „die Aufstellung eines perfektionistischen Regelwerks" erforderten und es nicht erforderlich machten, ein

---

[9] III, 2 der Gründe.
[10] III, 2a der Gründe.

„größtmögliches Maß an Vorherbestimmtheit bei der Zusammensetzung der Richterbank" zu gewährleisten. Mit diesen Überlegungen, dass Ermessensentscheidungen des Vorsitzenden im Rahmen des § 21g Abs. 2 im Regelfall entbehrlich seien und wertungserfordernde Merkmale zulässig seien, geht der Beschluss im Ergebnis hinter die aus dem Gebot des gesetzlichen Richters sich ergebende Notwendigkeit der „blindlings" konkret vorausbestimmten Zusammensetzung der Spruchgruppe allein auf Grund abstrakter Merkmale zurück und räumt dem Vorsitzenden ein jeweils aktuelles Ermessen bei der Zusammensetzung ein, ein „wertendes Zuweisungsrecht".[11] Indessen konnte sich der Beschluss insoweit im Einklang mit der damaligen RSpr des BVerfG sehen, wonach Art. 101 Abs. 1 Satz 2 GG einer Ermessensentscheidung des Vorsitzenden bei der Heranziehung der zum (überbesetzten) Spruchkörper gehörenden Richter nicht entgegenstehe;[12] die Beeinflussung der Zusammensetzung des Spruchkörpers innerhalb eines überbesetzten Spruchkörpers werde nur auf Willkür nachgeprüft.[13]

9 **2. BVerfG.** Weitere Klärung der Kontroverse um die Grenzen der Gestaltungsfreiheit des Vorsitzenden bei der Regelung der spruchkörperinternen Geschäftsverteilung brachte dann die Plenarentscheidung des BVerfG vom 8. 4. 1997[14] auf Grund einer Vorlage des 1. Senats.[15] Hiernach ist es grundsätzlich geboten, „für mit Berufsrichtern überbesetzte Spruchkörper eines Gerichts im Voraus nach abstrakten Merkmalen zu bestimmen, welche Richter an den jeweiligen Verfahren mitzuwirken haben. Aus dieser Vorausbestimmung muss für den Regelfall die Besetzung des zuständigen Spruchkörpers bei den einzelnen Verfahren ableitbar sein". Das BVerfG überträgt damit die aus der Gewährleistung des gesetzlichen Richters allgemein entwickelte Notwendigkeit der sich „blindlings" ergebenden Bestimmung des erkennenden Richters im Voraus nach abstrakt-generellen Merkmalen bis auf die letzte Regelungsstufe (§ 16 Rn. 6, 7) auch auf die spruchkörperinterne Mitwirkung als erkennender Richter. Spruchkörperintern ist also die Zusammensetzung der jeweils erkennenden Richterbank mit der gleichen Präzision und Regelungsdichte wie durch das Präsidium schriftlich im Voraus nach abstraktgenerellen Merkmalen hin zu einer sich „blindlings" ergebenden Zusammensetzung zu bestimmen.

10 Die Bedeutung dieser ohnedies höchst seltenen Plenarentscheidung des BVerfG (vgl. § 16 BVerfGG; es ist die dritte seit Gründung des BVerfG – die letzte vorangegangene Plenarentscheidung war die vom 11. 6. 1980 zu § 554b ZPO)[16] lassen es angezeigt erscheinen, den Anlass zu referieren. Die nach § 21g Abs. 2 bei einem BFH-Senat getroffene Regelung des Vorsitzenden ging dahin: Die Sitzungen waren für das Jahr durchgehend nummeriert. Bei Überbesetzung des Senats schied als überzähliges Mitglied je ein namentlich benannter Richter für die ziffernmäßig bestimmte Sitzung aus – er durfte aber weder Berichterstatter noch Mitberichterstatter in den zu entscheidenden Sachen sein. Die Person des Mitberichterstatters richtete sich nach der Endziffer des Aktenzeichens der Sache; die Person des Berichterstatters wurde nach pflichtgemäßem Ermessen vom Vorsitzenden bestimmt, insbesondere unter Berücksichtigung von Eilbedürftigkeit und Arbeitsbelastung. Auf die Tagesordnung der jeweils nächsten Sitzung wurden alle Sachen gesetzt, für die bis einschließlich Donnerstag der der nächsten Sitzung vorausgehenden Woche die Voten von Berichterstatter und Mitberichterstatter bei der Geschäftsstelle eingegangen waren. Der die Sache dem Plenum des BVerfG vorlegende 1. Senat sah hierin eine Regelung, die der Vorsitzenden „ein einzelfallbezogenes Ermessen bei der Bestimmung jedenfalls eines

---

[11] III 2 b der Gründe; a.A. *Katholnigg* NStZ 1994, 446.
[12] BVerfGE 18, 344, 351 = NJW 1965, 1219; E 22, 282, 286.
[13] BVerfGE 69, 112, 121 = NVwZ 1985, 647.
[14] BVerfGE 95, 322 = NJW 1997, 1497.
[15] NJW 1995, 2703.
[16] BVerfGE 54, 277 = NJW 1981, 39.

der mitwirkenden Richter einräumte", ohne dass es darauf ankomme, ob im konkreten Fall sachfremde Kriterien vorgelegen hätten. Die konkrete Besetzung der Richterbank hänge immer davon ab, wer Berichterstatter ist. Dessen Auswahl bestimmt zugleich jedenfalls einen der gesetzlichen Richter, so dass sie den Anforderungen genügen müsse, die für die Bestimmung des gesetzlichen Richters gelten. Das sei indes nicht der Fall. Der Berichterstatter werde nach dem Mitwirkungsplan durch den Vorsitzenden nach pflichtgemäßem Ermessen, insbesondere unter Berücksichtigung der Eilbedürftigkeit und Arbeitsbelastung, bestimmt. Damit sei keine durch unbestimmte Rechtsbegriffe rechtlich gesteuerte Entscheidung über den Berichterstatter vorgegeben, sondern eine einzelfallbezogene Ermessensentscheidung bei der Auswahl gewollt. Die nicht schriftlich fixierten Grundsätze der Vorsitzenden liefen darauf hinaus, „dass tunlichst alle Richter mit allen Rechtsgebieten, die dem Senat durch den Geschäftsverteilungsplan zugewiesen waren, befasst werden sollten. Das ist aber nichts anderes als die Zuteilung mit Blick auf den Einzelfall ohne Bindung an Merkmale, die die Auswahl des Berichterstatters unter Anwendung der herkömmlichen Auslegungsmethoden wenigstens bestimmbar und damit vorhersehbar gemacht hätte.".[17]

11 Die Plenarentscheidung des BVerfG weicht im Wege der Verdeutlichung und Fortbildung, wie es selbst formuliert, teilweise von früheren Entscheidungen ab, welche an die Bestimmung nach § 21 g Abs. 2 GVG durch den Vorsitzenden mindere formelle Anforderungen stellten (willkürfreie Ermessensausübung) als an die Geschäftsverteilung durch das Präsidium.[18] Ihre Bedeutung ist auch daran zu erkennen, dass das BVerfG den Fachgerichten eine „Übergangszeit" zur Anpassung an die geänderte „Rechtslage" einräumte.[19]

12 Die Entscheidung entsprach wohl auch der Tendenz der RSpr des BGH[20] und des BFH.[21] In der wissenschaftlichen Literatur wurde schon seit längerem überwiegend die Angleichung der Bestimmung nach § 21 g Abs. 2 an die nach § 21 e gefordert.[22]

13 Die Überlegungen der VGS des BGH (Rn. 5) sind damit nur sehr eingeschränkt in Einklang zu bringen. Zwar lässt die Formulierung des BVerfG, dass es „grundsätzlich" geboten sei, im Voraus nach abstrakten Merkmalen die Mitwirkung der Richter so zu bestimmen, dass „im Regelfall" die Besetzung des zuständigen Spruchkörpers ableitbar sei, eine gewisse erleichternde Öffnung von der Strenge der Automatik („blindlings", „normative Vorausbestimmung") vermuten; indessen lässt es damit nur Regelungen durch objektiv konkretisierbare Allgemeinbegriffe (**„unbestimmte Begriffe"**) und deren Auslegung unter Sicherung „vor sachfremden Einflüssen" zu. Eine darüber hinausgehende eigenständige ad hoc zu treffende Ermessens- oder Wertentscheidung bleibt unzulässig.

14 Mit Entscheidung vom 28. 10. 1997[23] hat dann das BVerfG erneut betont, dass es nach dem Gebot des gesetzlichen Richters grundsätzlich erforderlich ist, für mit Berufsrichtern überbesetzte Spruchkörper eines Gerichts im Voraus nach abstrakten Merkmalen zu bestimmen, welche Richter an den jeweiligen Verfahren mitzuwirken haben. a) Das könne in der Weise geschehen, dass der Mitwirkungsplan für die

---

[17] Vorlagebeschluss NJW 1995, 2703.
[18] So: BVerfGE 18, 344 = NJW 1965, 1219; E 22, 282; E 69, 112 = NVwZ 1985, 647.
[19] AaO. II, 3; ähnlich schon BGH – VGS – BGHZ 126, 63 = NJW 1994, 1735; BGH NJW 1995, 332; dazu krit. *Leisner* NJW 1995, 285, 288; *Sangmeister* NJW 1995, 289; 1998, 721.
[20] BGHSt 21, 250 = NJW 1967, 1622; dazu *Sangmeister* NJW 1995, 289, 291 f.
[21] BFHE 165, 492 = NJW 1992, 1061; BFH NVwZ-RR 1997, 74; vgl. *Felix* BB 1991, 2413; FS Gaul, 1992, 109 ff.; a. A. BVerwG NJW 1968, 811; vgl. *Felix* NJW 1992, 217.
[22] *Leisner* NJW 1995, 285 m. w. N. Fn. 1; *Martens* MDR 1994, 1179; *MünchKommZPO/Wolf* Rn. 3; *Quack* BB 1992, 1; *Rößler* DStZ 1994, 164; *Sangmeister* DStZ 1994, 35; NJW 1995, 289 mit eindrucksvollen historischen Hinweisen; *Schneider* BB 1995, 1430; *Wiebel* BB 1995, 1197; *Kissel* DRiZ 1995, 125, 129.
[23] BVerfGE 97, 1 = NJW 1998, 743.

Zusammensetzung der für die einzelne Sachen zuständigen Sitz- oder Spruchgruppe an die vorweg bestimmte Person des Berichterstatters anknüpft. – b) Die Zuständigkeit der Sitzgruppen könne aber auch nach anderen objektiven Merkmalen (z. B. Aktenzeichen, Eingangsdatum, Rechtsgebiet, Herkunftsgerichtsbezirk der Sache) generell im Voraus bestimmt werden. – c) Umgekehrt werde der Vorausbestimmung des gesetzlichen Richters nicht genügt, wenn im Mitwirkungsplan zunächst nur geregelt werde, welche Richter an welchen Sitzungstagen mitzuwirken haben, und erst die Terminierung der einzelnen Sache zu deren Zuordnung zur konkreten Sitzgruppe führe; bei einer solchen Regelung bleibe dem Vorsitzenden bei der Heranziehung der einzelnen Richter ein Entscheidungsspielraum, dessen es zur effektiven Bewältigung der Rechtsprechungsaufgabe angesichts der anderen zur Verfügung stehenden Mitwirkungssysteme nicht bedürfe.

15 **3. Novelle 1999.** Dem Wortlaut nach ändert die Novelle 1999 nichts an dem für die spruchkörperinterne Geschäftsverteilung maßgebenden System (Abs. 2, 1. Halbs.). Es bleibt bei der Bestimmung, „nach welchen Grundsätzen die Mitglieder an den Verfahren mitwirken". In dem Begriff „Grundsätze" kann aber nach der Plenarentscheidung des BVerfG keine weniger strenge Normierungsnotwendigkeit mehr gesehen werden als in der „Bestimmung" nach § 21e Abs. 1 Satz 1, so dass auch bei der spruchkörperinternen Geschäftsverteilung kein „Rest" einer ad-hoc-Entscheidungsmöglichkeit mehr besteht. Es bleibt auch hier bei der Notwendigkeit der sich **blindlings** ergebenden Bestimmung des erkennenden Richters im Voraus nach abstrakt-generellen Merkmalen **bis auf die letzte Regelungsstufe** (Rn. 9). Dafür spricht auch die verstärkte normative Anlehnung des § 21g an den § 21e. Die Verwendung abstrakter Merkmale, die eine Wertung erforderlich machen und gar dem jetzt zuständigen Kollegium einen gewissen Spielraum lassen (Rn. 8), ist nicht mehr zulässig.[24]

16 **4. Zusammenfassung.** Beim überbesetzten Spruchkörper ist die Bestimmung der jeweils zur Entscheidung berufenen Sitzgruppe nach **abstrakt-generellen Merkmalen** so genau zu bestimmen, dass sie sich **blindlings** bis auf die letzte Regelungsstufe ergibt, ohne dass noch ein Bewertungsspielraum besteht.[25] Der geschäftsplanmäßige Vorsitzende führt grundsätzlich den **Vorsitz** (§ 21 f Rn. 1) und wird erforderlichenfalls durch den geschäftsplanmäßigen Vertreter vertreten, der dann durch seinen spruchkörperintern festliegenden Vertreter vertreten wird. Für die Bestimmung der Beisitzer bestehen mehrere Möglichkeiten:

17 **a)** Es wird an die Bestimmung des **Berichterstatters** angeknüpft; dessen Bestimmung muss aber dann ihrerseits nach abstrakt-generellen Merkmalen bis auf die letzte Regelungsstufe vorbestimmt sein, sonst besteht die Gefahr, dass durch die Bestimmung des Berichterstatters Einfluss genommen werden kann auf die Bestimmung des weiteren Beisitzers. Deshalb kann die Zusammensetzung des Spruchkörpers mit genauer personeller Kennzeichnung nur unter der Prämisse der abstrakt-generellen Bestimmung des Berichterstatters an diesen anknüpfen[26] (vgl. Rn. 6, 9).

18 **b)** Für jeden einzelnen Richter wird die Bestimmung, an welchen Verfahren er teilnimmt, nach **abstrakt-generellen Merkmalen** festgelegt; dazu sind geeignet: Endziffern der (ebenfalls blindlings vergebenen) Aktenzeichen (Rotationssystem vgl. § 21e Rn. 154); Wohnort oder Anfangsbuchstabe von Verfahrensbeteiligten (Beklagter, Kläger oder Angeklagter), bei mehreren ist die alphabetische Reihenfolge maßgebend; bei Rechtsmittelgerichten Sitz des Vordergerichts; Verfahrensart oder Streitgegenstand (vgl. Rn. 6, 10). Das Rotationssystem bedarf der bei § 21e Rn. 154 dargestellten Vorkehrungen.[27]

---

[24] BVerfG – K – NJW 2004, 3482; BGH NJW 2000, 371; *Sowada* S. 434 ff.
[25] BGH NJW 2000, 371; OVG Münster DRiZ 2002, 416.
[26] BGH – VGS – BGHZ 126, 63 = NJW 1994, 1735.
[27] OVG Münster DRiZ 2002, 416; einschränkend *Sowada* S. 440 f.

c) Für die vorausbestimmten **Sitzungstage** des Spruchkörpers werden die einzelnen Sitzgruppen im Voraus festgelegt. Das aber genügt allein nicht.[28] Zusätzlich bedarf die Belegung der einzelnen Sitzungstage mit den zu verhandelnden Sachen (Terminierung) dann noch der im Voraus zu treffenden abstrakt-generellen Regelung bis auf die letzte Regelungsstufe (Rn. 6, 10). Anderenfalls könnte der Vorsitzende vorsehen, dass eine Sache auf einen Tag terminiert wird, an dem die Richter A und B als Beisitzer mitwirken, während am nächsten oder am vorhergehenden Sitzungstag die Richter C und D beteiligt sind. Damit hätte der Vorsitzende bei der Heranziehung der einzelnen Richter einen Entscheidungsspielraum, dessen es zur effektiven Bewältigung der RSprAufgabe angesichts der anderen zur Verfügung stehenden Mitwirkungssysteme nicht bedarf und dem deshalb die Gewährleistung des gesetzlichen Richters entgegensteht.[29] – Wichtig zum Ausschuss einer Manipulationsmöglichkeit ist auch, dass die einmal bestimmte Sitzgruppe für das weitere Verfahren bis zu seinem Abschluss zuständig bleibt. 19

d) Die Teilnahme der Richter wird nach **fachlichen Schwerpunkten** vorgenommen, auch können rechtlich oder tatsächlich zusammenhängende Sachen einer oder mehreren Sitzgruppen zugewiesen werden;[30] das erfordert abstrakt-allgemeine Untermerkmale für die fachliche Zuordnung (Rn. 7) und wird im Normalfall schwer praktikabel sein. 20

II. Die Regelung. 1. Kompetenz. Die spruchkörperinterne Geschäftsverteilung wird durch Beschluss aller dem Spruchkörper angehörenden Berufsrichter vorgenommen (Abs. 1 Satz 1). Das ist die wohl bedeutungsvollste Neuregelung der Novelle 1999, denn sie setzt an die Stelle des bis dahin für die Entscheidung zuständigen Vorsitzenden das gesamte Berufsrichter-Kollegium des Spruchkörpers. 21

Rechtspolitisch war die Entscheidungskompetenz des Vorsitzenden zur spruchkörperinternen Geschäftsverteilung schon länger umstritten. Im Entwurf des RpflVereinfG 1990[31] war eine Änderung des § 21g Abs. 3 dahin gehend vorgesehen, dass die Mitglieder des Spruchkörpers, und zwar vor Beginn des Geschäftsjahres für dessen Dauer (und damit abstrakt und eindeutig im Voraus) festlegen, nach welchen Grundsätzen der Einzelrichter im Rahmen des § 348 ZPO (a. F.) bestimmt wird, für den ja § 21g gilt (vgl. Rn. 45). Dem hat der Bundesrat widersprochen[32] mit der Begründung, es müsse gewährleistet sein, dass der Vorsitzende richtungweisenden Einfluss auf den Geschäftsgang ausüben müsse, er trage die besondere Verantwortung für eine zweckmäßige Organisation der Arbeit eines Spruchkörpers und für einen zügigen Geschäftsgang und habe die Geschäftsverteilung nach § 21g Abs. 2 und Abs. 3 zu koordinieren. Dem hat sich das Parlament[33] angeschlossen, ohne die frühere parlamentarische Diskussion[34] um die Notwendigkeit der automatischen Vorausbestimmung des gesetzlichen Richters auch bei § 21g wieder aufzugreifen. Der Deutsche Richterbund forderte eine Änderung des § 21g insgesamt dahin, dass anstelle des Vorsitzenden alle Mitglieder des Spruchkörpers über die konkrete Mitwirkung entscheiden.[35] Die Bundesratsinitiative von 1997 der Länder Hessen und Schleswig-Holstein mit dem Ziel, § 21g dahin zu ändern, dass die spruchkörperinterne Geschäftsverteilung durch alle dem Spruchkörper angehörenden Richter getroffen wird,[36] wurde nicht Gesetz. 22

Auch im Gesetzgebungsverfahren der Novelle 1999 war die Übertragung der Kompetenz zur spruchkörperinternen Geschäftsverteilung auf das Spruchkörper-Richterkollegium bei Zurückdrängung des Einflusses der Vorsitzenden Richter auf die Geschäftsverteilung (vgl. auch § 21a 23

---

[28] Entgegen BGHSt 21, 250 = NJW 1967, 1622.
[29] Vgl. BVerfGE 95, 322 = NJW 1997, 1497; BGH NJW 2000, 371 m. Anm. *Roth* NJW 2000, 3692.
[30] Vgl. BVerfGE 95, 322 = NJW 1997, 1497.
[31] BTagsDrucks. 11/3621 Art. 2 Nr. 2.
[32] BTagsDrucks. 11/3621 S. 72.
[33] BTagsDrucks. 11/8283.
[34] Vgl. *Sangmeister* BB 1993, 767; DStZ 1994, 37.
[35] DRiZ 1985, 228; vgl. *Bietz* DRiZ 1989, 106; *Eser*, FS Salger, 1995, S. 268; *Felix* BB 1991, 2193; 2413; 1992, 1001; NJW 1992, 217; 1607; ZIP 1993, 618; *Katholnigg* NJW 1992, 2256; *Kissel* DRiZ 1995, 125; *Quack* BB 1992, 1; *Sangmeister* BB 1993, 768; *Wiebel* BB 1992, 573.
[36] BRatsDrucks. 97/98.

Rn. 14; § 21e Rn. 71) nicht unumstritten. Für sie wurde geltend gemacht, es solle „die überkommene hervorgehobene Stellung der Vorsitzenden Richter zugunsten der Gleichrangigkeit der Richter zurückgefahren und gleiche Regelungen vorgesehen werden, die der Findung einvernehmlicher Lösungen für die Geschäftsverteilung und die anderen vom Präsidium zu entscheidenden Fragen unterstützen. Hierdurch werden die Eigenständigkeit und Unabhängigkeit der Rechtsprechung unterstrichen und zugleich die Motivation und richterliche Selbstverantwortung gestärkt. Auch sollen sachlich nicht mehr gerechtfertigte Privilegien, die sich häufig als Hindernis auf dem Wege des Wandels der Justiz erwiesen haben, überwunden werden".[37] Andererseits wurde geltend gemacht, die Kompetenzen der Vorsitzenden Richter im Rahmen der Geschäftsverteilung seien kein Privileg, sondern dienten der effizienten Wahrnehmung der Aufgaben des Präsidiums; das BVerfG habe die Differenzierung nach der Funktion der Richter in der Gerichtsverwaltung als folgerichtig und wesentlich bezeichnet; auf den Sachverstand und die Erfahrung der Vorsitzenden Richter könne bei der Geschäftsverteilung nicht verzichtet werden.[38] Die Diskussion macht deutlich, dass es letztlich um die Suche nach einer praktischen Konkordanz geht „von größtmöglicher Neutralität des ohne Ansehen von Person und Sache zur Entscheidung berufenen Richters einerseits und von höchstmöglicher Qualität der seine besondere Sachkunde und Erfahrung nutzenden Rechtsprechung andererseits".[39]

24 Für den mit mehreren Richtern besetzten Spruchkörper wird die spruchkörperinterne Geschäftsverteilung (Verteilung der Geschäfte auf die Mitglieder) durch Beschluss aller Berufsrichter vorgenommen (Abs. 1 Satz 1). Die Regelung gilt für alle Spruchkörper, die mit mehreren Richtern besetzt sind, ohne Rücksicht darauf, ob es sich um Berufsrichter oder ehrenamtliche Richter handelt. Die Entscheidung treffen aber nur die Berufsrichter ohne Rücksicht auf ihren amtsrechtlichen Status, sofern sie im Zeitpunkt der Beschlussfassung nach der allgemeinen Geschäftsverteilung dem Spruchkörper als ordentliche Mitglieder, nicht als deren Vertreter, angehören.

25 **2. Verfahren.** Im Gegensatz zum Präsidium ist für das über die spruchkörperinterne Geschäftsverteilung entscheidende Richterkollegium kein Vorsitzender ausdrücklich vorgesehen. Diese Aufgabe der „Geschäftsführung" (Anberaumung der Sitzung, Verhandlungs- und Abstimmungsleitung) fällt naturgemäß dem Vorsitzenden des Spruchkörpers zu. Die Beschlussfassung ist eine richterliche Tätigkeit im Rahmen der Aufgaben des Spruchkörpers. Im Verhinderungsfalle gilt die allgemeine geschäftsplanmäßige Vertretung.

26 Die Beschlüsse der Berufsrichter über die spruchkörperinterne Geschäftsverteilung haben die gleiche Bedeutung und Rechtsnatur wie die vom Präsidium beschlossene Geschäftsverteilung, die dafür geltenden Vorschriften sind entsprechend heranzuziehen. § 21e Abs. 1 Satz 3 über die Befugnis des Gerichtspräsidenten, selbst zu bestimmen, welche richterlichen Aufgaben er wahrnimmt, findet jedoch keine Anwendung. Eine solche Beschränkung der Zuständigkeit des Entscheidungsrechts des Richterkollegiums hätte der ausdrücklichen Regelung bedurft. Sie widerspräche auch dem der Neuregelung des § 21g zugrundeliegenden Prinzip, ebenso ist die Rechtsstellung des Präsidenten im System der Gerichtsverfassung nicht mit der eines Spruchkörpervorsitzenden vergleichbar.

27 Für die Beschlussfassung nach § 21g ist die Anwesenheit aller dem Spruchkörper zugehörigen Berufsrichter erforderlich. Ist ein Berufsrichter verhindert, wird er von dem nach dem Geschäftsverteilungsplan bestimmten **Vertreter** vertreten (Abs. 4). Hier ist darauf zu achten, dass der abwesende Richter Gelegenheit zur Äußerung nach Abs. 6 haben muss.

28 Vor der Beschlussfassung ist den betroffenen Berufsrichtern Gelegenheit zur Stellungnahme zu geben (vgl. § 21e Rn. 43).

---

[37] Entwurf des Bundesrats BTagsDrucks. 14/597 S. 4; RegEntw BTagsDrucks. 14/979 S. 4.
[38] LReg Baden-Württemberg BRatsDrucks. 601/2/99.
[39] *Eser*, FS Salger, 1995, S. 265.

Für die Abstimmung gilt das Mehrheitsprinzip, bei Stimmengleichheit entscheidet das Präsidium (Abs. 1 Satz 2). Der Beschluss bedarf der Schriftform.[40] 29

In Eilfällen ist § 21i Abs. 2 entsprechend anzuwenden, zuständig ist jedoch hier ausnahmsweise der Vorsitzende des Spruchkörpers (Abs. 5). 30

Die Beschlussfassung über die spruchkörperinterne Geschäftsverteilung ist eine den Richtern im Rahmen ihrer Rechtsprechungstätigkeit übertragene Aufgabe, sie handeln dabei in richterlicher Unabhängigkeit[41] (vgl. § 21a Rn. 7; § 21e Rn. 20). 31

3. Inhaltliche Regelung. Oberstes Ziel der spruchkörperinternen Geschäftsverteilung ist es, den geordneten stetigen und sinnvollen Geschäftsgang des Spruchkörpers zu sichern und für die zügige und ordnungsmäßige Erledigung der dem Spruchkörper zugewiesenen Geschäfte zu sorgen. Dabei sollen die Richter des Spruchkörpers sinnvoll und ihrer Leistungsfähigkeit entsprechend eingesetzt sowie gleichmäßig belastet werden.[42] 32

Das Spruchkörper-Richterkollegium ist bei der spruchkörperinternen Geschäftsverteilung an die personelle Ausstattung und an die sachlichen Zuweisungen durch das Präsidium gebunden. Das gilt auch für die Person des Vorsitzenden und die amtsrechtliche Rechtsstellung der anderen Berufsrichter (vgl. §§ 28, 29 DRiG). Aber innerhalb des Spruchkörpers kann das Präsidium zu Umfang und Art der Verwendung der Richter keine Regelungen treffen, das ist Sache des jeweiligen Spruchkörper-Richterkollegiums. Das gilt auch, wenn ein Richter dem Spruchkörper nicht mit voller Arbeitskraft zugewiesen wird, sondern nur mit einem Teil seiner Arbeitskraft. In solchen Fällen kann und darf das Präsidium nur den ziffernmäßigen Bruchteil der Arbeitskraft bestimmen, mit dem der betreffende Richter dem Spruchkörper zur Verfügung steht. Wie der Richter innerhalb der vorgegebenen Quantität dann qualitativ verwendet wird, bestimmt ausschließlich das Spruchkörper-Richterkollegium. Unzulässig wäre eine Zuweisung durch das Präsidium „für die Bearbeitung von Beschwerden", „ohne Berichterstattungen", „ohne Beweiserhebungen", „mit Ausnahme der Sitzungswahrnehmung" oder dergleichen. Eine rein quantitative und deshalb zulässige Beschränkung der Zuweisung durch das Präsidium ist es, wenn das Präsidium einem Spruchkörper, der mit unterschiedlicher Richterbesetzung tätig wird, einen oder mehrere Richter nur für die jeweils „große Besetzung" (Rn. 48) zuweist. 33

Im Beschluss über die Geschäftsverteilung werden die Geschäfte auf die Mitglieder verteilt (Abs. 1 Satz 1), genau wie es § 21e Abs. 1 Satz 1 für die Verteilung der Geschäfte des Gerichts auf die Spruchkörper durch das Präsidium vorschreibt. Aber § 21g Abs. 2 erster Halbsatz konkretisiert nach seinem Wortlaut diese Geschäftsverteilung auf **„Grundsätze"**, nach denen die Mitglieder an den Verfahren mitwirken; dieses Abstellen auf „Grundsätze" hat die Novelle 1999 aus dem früheren Gesetzestext von 1972 unverändert übernommen. Zum früheren Recht nahm die h. M. an, dass durch die Bezeichnung „Grundsätze" zum Ausdruck komme, es sei weniger als eine bis ins Einzelne gehende Geschäftsverteilung i.S. des § 21e erforderlich,[43] der (damals zuständige) Spruchkörper-Vorsitzende habe bei der Ausführung der Grundsätze Gestaltungsfreiheit, es bedürfe nicht der „Aufstellung eines perfektionistischen Regelwerks"[44] (vgl. Rn. 4ff.). Die wortgleiche Übernahme des früheren Sprachgebrauchs in das neue Recht hat aber die frühere Ansicht von der geringeren Voraus-Bindungswirkung der „Grundsätze" nicht sanktioniert; es spricht alles dafür, dass bei der Novelle 1999 diese Frage überhaupt nicht gesehen 34

---

[40] BGHSt 49, 139 = NJW 2004, 2992.
[41] BVerfGE 18, 344, 351 = NJW 1965, 1219; BGHZ 42, 163 = NJW 1964, 2415; BGH NJW 1966, 1458.
[42] BGHSt 29, 162 = NJW 1980, 951.
[43] BGH – VGS – BGHZ 126, 63 = NJW 1994, 1735; *Katholnigg* NJW 1992, 2258; *KK/Diemer* Rn. 2; *LR/Schäfer* (24. Aufl.) Rn. 4; *Wieczorek/Schreiber* Rn. 4.
[44] BGH – VGS – BGHZ 126, 63 = NJW 1994, 1735; *Katholnigg* NStZ 1994, 446.

wurde, denn es ging dem Gesetzgeber allein um die Verlagerung der Entscheidungskompetenz vom Vorsitzenden auf das Spruchkörper-Kollegium insgesamt. Unter den Grundgedanken des BVerfG von der erforderlichen abstrakt-generellen Regelung bis auf die letzte Regelungsstufe im Voraus (§ 16 Rn. 6 ff.) ist **auch im Rahmen des § 21g der strenge Regelungsmaßstab des § 21e zu fordern**[45] (Rn. 9 ff.). Inhaltlich muss der Beschluss über die spruchkörperinterne Geschäftsverteilung wie der Geschäftsverteilungsplan des Präsidiums ausgestaltet sein, als Regelung nach abstrakten Grundsätzen (vgl. § 21e Rn. 94), generell, nicht speziell, die nach menschlichem Ermessen Manipulationen unmöglich macht.

35 Zwingender Inhalt beim übersetzten Spruchkörper ist auch die **Vertretungsregelung** durch Richter innerhalb des Spruchkörpers nach abstrakten und von vornherein feststehenden Merkmalen. Diese Regelung darf aber nicht über die Richter des Spruchkörpers hinausgreifen.[46] Sind vom Präsidium die zur Vertretung der ständigen Spruchkörpermitglieder berufenen Vertreter aus anderen Spruchkörpern nicht einem bestimmten Richter des Spruchkörpers zugeteilt, dann muss spruchkörperintern vorausbestimmt werden, an wessen Stelle der externe Vertreter eintritt.

36 Zur **Verhinderung eines Mitglieds** des Spruchkörpers und damit des Vorliegens eines Vertretungsfalles vgl. § 21e Rn. 144 ff. Kann die Vertretung innerhalb des Spruchkörpers stattfinden, stellt der Vorsitzende oder sein Vertreter die Verhinderung fest (vgl. § 21f Rn. 19)

37 In der Wahl der **Gestaltungsmöglichkeiten** für die spruchkörperinterne Geschäftsverteilung besteht keine Beschränkung, wenn nur für jede Sache, die beim Spruchkörper anhängig wird, von vornherein feststeht, in welcher Besetzung sie bearbeitet wird (Rn. 16; vgl. § 21e Rn. 150).

38 **4. Geltungsdauer der Regelung.** Der Beschluss über die spruchkörperinterne Geschäftsverteilung muss nach Abs. 2, 1. Halbs., vor Beginn des Geschäftsjahres (§ 21e Rn. 106) für das Geschäftsjahr getroffen werden; mit dessen Ablauf tritt die Regelung ohne weiteres außer Kraft.[47] Das Jährlichkeitsprinzip (§ 21e Rn. 97) gilt uneingeschränkt auch für Änderungen.[48] Eine Änderung des spruchkörperinternen Geschäftsverteilungsplans ist während des Geschäftsjahres nur zulässig, wenn dies wegen Überlastung, ungenügender Auslastung, Wechsels oder dauernder Verhinderung einzelner Mitglieder des Spruchkörpers nötig wird[49] (Abs. 2, 2.. Halbs. entsprechend § 21e Abs. 3 Satz 1). Für diese Änderung gilt das für die Jahresregelung einzuhaltende Verfahren (§ 21e Rn. 108 ff.) entsprechend. Insbesondere kann über Erforderlichkeit, Art und Umfang einer Änderung nach pflichtgemäßem Ermessen entschieden werden, ein neu eintretender Richter braucht nicht an die Stelle des ausscheidenden treten.[50] Die Änderung kann, sofern sie nicht gezielt einzelne Sachen heraussucht, auch anhängige Sachen erfassen, selbst wenn diese bereits terminiert oder dem Einzelrichter zugewiesen sind.[51] Nach früherer Auffassung[52] konnte der Vorsitzende im Einzelfall von den getroffenen Regelungen abweichen, wenn hierfür ein sachlicher Grund vorlag auch über die Voraussetzungen einer Änderung der spruchkörperinternen Geschäftsverteilung hinaus; es konnten alle Umstände in Betracht kommen, die eine Vertretung rechtfertigten (Krankheit, Urlaub, Abordnung, vorübergehende Ar-

---

[45] BGH StV 1999, 639; *Katholnigg* Rn. 1; *LR/Breidling* Rn. 15; *Zöller/Gummer* Rn. 5; *Thomas/Putzo/Hüßtege* Rn. 2; *Kissel* NJW 2000, 460.
[46] Vgl. BGH DRiZ 1980, 147.
[47] BGHSt 49, 130 = NJW 2004, 2992.
[48] BGH aaO.
[49] Vgl. BGHSt 29, 162 = NJW 1980, 951.
[50] BGH NStZ-RR 2003, 14.
[51] BGH aaO.; NStZ 2001, 611; BayObLG NStZ-RR 2001, 49; HessVGH DRiZ 2000, 185.
[52] BGHSt 29, 162 = NJW 1980, 951.

beitsüberlastung usw.), die bei strikter Einhaltung der beschlossenen spruchkörperinternen Geschäftsverteilung zu Verzögerungen in der Bearbeitung der Sachen, teilweisem Leerlauf, ungleichgewichtiger Auslastung der Spruchkörpermitglieder und vermeidbarem Doppelaufwand führen würden. Dem kann angesichts der neueren RSpr nicht mehr gefolgt werden: entweder liegt ein Vertretungsfall vor oder aber es bedarf der Änderung der Geschäftsverteilung.

5. Veröffentlichung. Nach Abs. 7 i. V. m. § 21 e Abs. 9 sind alle Anordnungen **39** nach § 21 g in der vom Präsidenten oder aufsichtführenden Richter bestimmten Geschäftsstelle des Gerichts zur Einsichtnahme aufzulegen. Einer weitergehenden Veröffentlichung oder Mitteilung bedarf es nicht.

Über die Parteien hinaus können die Grundsätze von jedermann bei Vorliegen **40** eines anerkennenswerten Interesses eingesehen werden.[53]

C. Bestellung des Berichterstatters

Wenn die an einer Entscheidung zur Mitwirkung berufenen Richter nach einem **41** ordnungsgemäßen spruchkörperinternen Geschäftsverteilungsplan von Anfang an feststehen (Rn. 16 ff.), ist der Vorsitzende des Spruchkörpers in der Auswahl des Berichterstatters frei.[54] Einen **„gesetzlichen" Berichterstatter gibt es nicht.**[55] Es wird zwar geltend gemacht, der Berichterstatter sei, vor allem in Zeiten starker Arbeitsbelastung der Mitglieder des Spruchkörpers, besser informiert als die anderen Spruchkörpermitglieder; auch verlasse sich der „zweite" Beisitzer leicht auf den Berichterstatter, was zu einem bedenklichen Übergewicht des Berichterstatters auf die Entscheidungsfindung führen könne, weshalb die Bestellung des Berichterstatters stets nach Abs. 2 geregelt werden müsse.[56] Demgegenüber ist darauf abzustellen, dass alle an der Entscheidung mitwirkenden Richter zur umfassenden eigenen Vorbereitung und Befassung mit der Sache verpflichtet sind, so dass die Rolle des Berichterstatters in der Vorsichtung und Vorüberlegung besteht, die dann zur kritischen Diskussion im ganzen Spruchkörper steht (§ 194 Rn. 8). Keine Partei hat ein Recht darauf, dass dieser und nicht jener der drei erkennenden Richter dem Spruchkörper die Sache vorvotiert, vorträgt und das Urteil nach der gemeinsamen Beratung und Abstimmung entwirft. Deshalb kann der Vorsitzende diese Aufgabenverteilung innerhalb des ordnungsgemäß besetzten Spruchkörpers jederzeit ändern, beispielsweise auch selbst das Urteil entwerfen, auch wenn er zuvor ein anderes Mitglied des Spruchkörpers zum Berichterstatter bestellt hatte, was gelegentlich vorkommt und sich auch empfehlen kann, wenn z. B. der Berichterstatter erkrankt oder überstimmt worden ist. Das Wesentliche an der verfassungsrechtlich gebotenen Regelung zum gesetzlichen Richter ist also nur der Mitwirkungsplan.[57]

Etwas anderes muss allerdings **im überbesetzten Spruchkörper** (Rn. 3) dann **42** gelten, wenn die Funktion des Berichterstatters nach der spruchkörperinternen Geschäftsverteilung vorgreiflich ist für die Zusammensetzung des Spruchkörpers[58] (Rn. 17); in diesem Falle muss der Berichterstatter abstrakt-generell vorausbestimmt sein. Auch wenn der jeweilige Berichterstatter auch zugleich der Einzelrichter sein soll, bedarf es seiner abstrakt-generellen Vorausbestimmung.[59]

---

[53] BGH – VGS – BGHZ 126, 63 = NJW 1994, 1735; BayObLG MDR 1978, 232.
[54] BGH – VGS – BGHZ 126, 63 = NJW 1994, 1735.
[55] H. M., BGHSt 21, 250 = NJW 1967, 1622; BVerwGE 24, 315 = NJW 1967, 642; OVG Hamburg NJW 1994, 274; BL/Hartmann Rn. 7; KK/Diemer Rn. 1; Meyer-Goßner Rn. 2; LR/Breidling Rn. 18; MünchKommZPO/Wolf Rn. 5; Zöller/Gummer Rn. 4 f., der gleichwohl die Kompetenz des Gesamtspruchkörpers begründet sieht; für die Bestimmung im Mitwirkungsplan Sowada S. 456 ff., 459; differenzierend Roth S. 38, 184.
[56] Katholnigg NStZ 1994, 446; vgl. Roth S. 37; Sowada S. 449 ff.
[57] BGH MDR 1980, 843.
[58] BVerfGE 95, 322 = NJW 1997, 1497 unter C, I, 4 a.
[59] Vgl. BVerfGE 95, 322 = NJW 1997, 1497 unter C, I, 4 a.

43 Nicht § 21g GVG unterfällt die prozessuale Bestimmung des **beauftragten Richter** nach §§ 361 Abs. 1, 358a Satz 2 Nr. 1 ZPO;[60] die zugrundeliegende Anordnung über die Beweiserhebung durch einen beauftragten Richter anstelle des Kollegiums ist durch das Kollegium zu treffen.

44 Auch die Bestimmung des **vorbereitenden Richters** nach § 273 Abs. 2 ZPO unterfällt nicht § 21g, hier hat der Vorsitzende das Auswahlermessen.[61] Zum vorbereitenden Einzelrichter des § 527 ZPO Rn. 46.

D. Bestellung des Einzelrichters

45 Abs. 3 enthält eine Sonderregelung für die Bestimmung des anstelle des Kollegiums entscheidenden Einzelrichters (hierzu § 21e Rn. 135). Ein wesentliches Anwendungsgebiet dieser Vorschrift ist § 348a ZPO. Der Wortlaut des § 348a Abs. 1 ZPO, der für die Übertragung auf den Einzelrichter die Entscheidung der Zivilkammer vorsieht, könnte auf eine personelle ad-hoc-Zweckmäßigkeitsentscheidung hindeuten; das aber wäre angesichts der mit dieser Bestellung eintretenden Entscheidungskompetenz des Einzelrichters keine im voraus festliegende Bestimmung des gesetzlichen Richters. Deshalb muss auch im voraus nach Abs. 3 i. V. m. Abs. 2 für das Geschäftsjahr bestimmt werden, nach welchen Grundsätzen die Mitglieder des jeweils erkennenden Spruchkörpers als Einzelrichter mitwirken, also im Zeitpunkt der Verfahrensentscheidung der Übertragung auf den Einzelrichter „an der Reihe" sind; ebenso bedarf es der entsprechenden Vertreterregelung. Für diese Einzelrichterregelung gilt im Übrigen das Gleiche wie für die allgemeinen Mitwirkungsgrundsätze nach Abs. 2[62] (Rn. 32 ff.).

46 Das für den Einzelrichter nach § 348a ZPO Gesagte gilt auch für den Einzelrichter nach § 526 ZPO. Besondere Fragen wirft der vorbereitende Einzelrichter des Berufungsverfahrens auf. Dem vorbereitenden Richter nach § 273 Abs. 2 ZPO (Rn. 44) ist er nicht vergleichbar, als Folge der Zuweisung der Sache zur Vorbereitung werden ihm in § 527 Abs. 3 und 4 ZPO eigene Entscheidungskompetenzen verliehen. Auch wenn diese nur in bestimmten prozessualen Konstellationen zum Tragen kommen, ist er damit im Einzelfalle gesetzlicher Richter. Er ist deshalb ebenfalls den für den Einzelrichter – kraft Übertragung – geltenden Grundsätzen (Rn. 45) zu unterwerfen; seine Person ist im spruchkörperinternen Mitwirkungsplan abstrakt und generell zu bestimmen. Eine bloße ad-hoc-Zuweisung durch das Kollegium genügt nicht.[63] Allein die Unterschiede im Wortlaut von § 527 Abs. 1 Satz 1 ZPO und § 21g Abs. 3 GVG rechtfertigen keine andere Beurteilung.

47 Zum Einzelrichter kann auch der Vorsitzende im Rahmen des Abs. 3 bestellt werden. Auch diese Bestellung obliegt dem Spruchkörper-Richterkollegium in seiner Gesamtheit, nicht dem Vorsitzenden selbst; insoweit hat sich die Rechtslage durch die Novellierung des § 21g verändert. Die frühere Bestimmung „Auch der Vorsitzende hat in angemessenem Umfang als Einzelrichter tätig zu werden"[64] (§ 21g Abs. 3 Satz 2 a. F.) ist weggefallen, der Umfang der Einzelrichtertätigkeit des Vorsitzenden wird (abstrakt) vom Spruchkörper-Richterkollegium bestimmt.

E. Reduzierte Richterbank

48 Von reduzierter Richterbank (reduziertem Spruchkörper) spricht man, wenn ein gesetzlich von der Zahl der mitwirkenden Richter her festgelegter Spruchkörper

---

[60] *MünchKommZPO/Musielak* § 361 Rn. 4; *MünchKommZPO/Wolf* Rn. 5; *BL/Hartmann* Rn. 7; *Roth* S. 41.
[61] *Roth* aaO.
[62] HessVGH DRiZ 2000, 185.
[63] *MünchKommZPO/Rimmelspacher* (Erg.-Bd.) § 527 ZPO Rn. 8; *Thomas/Putzo/Reichold* § 527 ZPO Rn. 2; a. A. *BL/Hartmann* Rn. 7; *Zöller/Gummer* Rn. 9.
[64] Zur Kritik daran *Rössler* DStZ 1993, 626.

Vertretung des Präsidenten 1 **§ 21h**

für bestimmte Entscheidungen von Gesetzes wegen mit einer ziffernmäßig geringeren Zahl von Richtern als Spruchkörper entscheidet, z. B. der Einzelrichter (§ 21 e Rn. 135), die große StrafK nach § 76 GVG mit 2 statt mit 3 Berufsrichtern und die StrafVollstrK nach § 78 b (§ 21 e Rn. 133), vgl. auch den kleinen Senat des BGH nach § 139 Abs. 2. Hier bieten sich für die Geschäftsverteilung zwei Wege an: a) Das Präsidium regelt die Besetzung differenziert selbst (§ 21 e Rn. 133); b) Das Präsidium weist dem Spruchkörper die normale Besetzung zu ohne Regelung für die Fälle mit reduzierter Besetzung. Dann ist nach § 21 g so zu regeln, dass abstrakt im Voraus feststeht, welche Richter dem entscheidenden reduzierten Spruchkörper angehören (§ 21 e Rn. 133 a).

F. Rechtsbehelfe gegen die spruchkörperinterne Geschäftsverteilung

Die Verfahrensbeteiligten können Verstöße gegen die Ordnungsmäßigkeit einer Regelung nach § 21 g nur mit der Rechtsmittelrüge eines Verstoßes gegen den gesetzlichen Richter geltend machen (vgl. § 21 e Rn. 120). 49

Der vom Beschluss nach § 21 g in seiner dienstlichen Tätigkeit betroffene Richter des Spruchkörpers unterliegt, ob er nun selbst mit abgestimmt hat und unterlegen ist oder sein Vertreter (Rn. 27), nicht dem prozessual bindenden Mehrheitsprinzip des § 196 GVG, sondern kann den Beschluss als organisationsregelnd für seine berufliche Tätigkeit nach den Grundsätzen für die Anfechtung der allgemeinen Geschäftsverteilung (§ 21 e Rn. 121) anfechten. 50

G. Dienstaufsicht

Der Beschluss des Richterkollegiums nach § 21 g wird in richterlicher Unabhängigkeit gefasst (Rn. 31). Deshalb gelten für die Dienstaufsicht die gleichen weitgehenden Schranken, die auch für die allgemeine Geschäftsverteilung gelten (vgl. § 21 e Rn. 125). 51

§ 21h. [Vertretung des Präsidenten und des aufsichtführenden Richters]

¹Der Präsident oder aufsichtführende Richter wird in seinen durch dieses Gesetz bestimmten Geschäften, die nicht durch das Präsidium zu verteilen sind, durch seinen ständigen Vertreter, bei mehreren ständigen Vertretern durch den dienstältesten, bei gleichem Dienstalter durch den lebensältesten von ihnen vertreten. ²Ist ein ständiger Vertreter nicht bestellt oder ist er verhindert, wird der Präsident oder aufsichtführende Richter durch den dienstältesten, bei gleichem Dienstalter durch den lebensältesten Richter vertreten.

I. Regelungsinhalt. Die Vorschrift regelt (zusammen mit § 21 c Abs. 1) die Vertretung des Präsidenten und des aufsichtführenden Richters, soweit es die dem Präsidenten oder dem aufsichtführenden Richter **nach dem GVG** obliegenden Geschäfte betrifft, und nur, soweit es sich nicht um Aufgaben der Rechtsprechung handelt. Damit sind von § 21 h nur diejenigen Geschäfte erfasst, die dem Präsidenten bzw. aufsichtführenden Richter zur Wahrnehmung in richterlicher Unabhängigkeit als sogenannte justizförmige Verwaltungsaufgaben des GVG anvertraut sind,[1] insbesondere also der Vorsitz im Präsidium und die Eilentscheidungen nach § 21 i Abs. 2 als „Ersatz-" oder „Notpräsidium". Hierher zählt deshalb z. B. nicht das Ziehen der Lose durch den LG-Präsidenten bei Heranziehung der Schöffen nach § 77 Abs. 3 GVG; hierbei handelt es sich um „reine" Verwaltungstätigkeit[2] (§ 45 Rn. 14; § 77 Rn. 4). 1

---

[1] BGHSt 25, 257 = NJW 1974, 509.
[2] BGH aaO.

2 In seiner **Rechtsprechungstätigkeit** wird der Präsident oder aufsichtführende Richter gemäß §§ 21 f Abs. 2, 21 e Abs. 1 entsprechend der vom Präsidium getroffenen Regelung vertreten, als Vorsitzender eines Spruchkörpers also durch das vom Präsidium bestellte Mitglied des Spruchkörpers.

3 Die Vertretung in sonstigen („reinen") **Justizverwaltungsaufgaben** (Dienstaufsicht usw.) ist durch § 21 h nicht geregelt.[3] Sie richtet sich nach Landesrecht, hilfsweise nach § 13 GVVO (vgl. § 12 Rn. 87 ff., § 59 Rn. 9). Im Gegensatz zu der starren und klaren gesetzlichen Regelung des § 21 h ist es bei den übrigen („reinen") Justizverwaltungsaufgaben dem Präsidenten möglich, seine Vertretung anderweitig zu regeln, etwa bestimmte Aufgaben zu delegieren und an einen richterlichen Referenten zur ständigen Wahrnehmung zu übertragen.

4 Die Vertretung setzt eine vorübergehende **Verhinderung** voraus, hierzu § 21 e Rn. 144, § 21 f Rn. 15. Ist die Verhinderung nicht offenkundig, stellt sie der Präsident selbst fest (§ 21 f Rn. 19).

5 **II. Grundregel.** In erster Linie vertritt den Präsidenten oder dienstaufsichtführenden Richter der **als ständiger Vertreter bestellte Richter** (= Vizepräsident). Die Justizverwaltung kann mehrere ständige Vertreter bestellen, dann sind sie in der Reihenfolge ihres Dienstalters, hilfsweise ihres Lebensalters, beginnend mit dem Dienstältesten, zur Vertretung berufen (Satz 1). Dienstalter in diesem Sinne ist das allgemeine Dienstalter (vgl. § 20 Satz 1 DRiG; § 21 f Rn. 10).

6 **III. Verhinderung des Vertreters.** Bei Verhinderung des ständigen Vertreters (= Vizepräsidenten) und bei Fehlen eines ständigen Vertreters sind die übrigen Richter des Gerichts in der Reihenfolge des Dienstalters bzw. Lebensalters zur Vertretung des Präsidenten berufen. Es ist also immer ein Vertreter vorhanden (Grundsatz der lückenlosen Vertretung). Hier ist zu beachten, dass derjenige Richter, dem ein Richteramt mit höherem Grundgehalt übertragen ist, immer als **dienstälter** gilt als ein Richter einer niedrigeren Besoldungsstufe. Das heißt: Der Präsident des Landgerichts wird im Verhinderungsfalle in erster Linie von den Vorsitzenden Richtern seines Gerichts vertreten. Der dienstälteste Richter am Landgericht folgt in der Reihenfolge der Vertretung erst, wenn der dienstjüngste Vorsitzende Richter am Landgericht ebenfalls verhindert ist. Mit anderen Worten: ein Richter der Besoldungsstufe R 2 ist immer dienstälter als ein Richter der Besoldungsstufe R 1, unabhängig davon, wann er in sein Richteramt berufen worden ist. Dies ergibt sich nicht unmittelbar aus dem Gesetz, ist aber ein notwendiger und sinnvoller Grundsatz „hierarchischer" Ordnung mit gewohnheitsrechtlichem Charakter im Gegensatz zur RSpr (§ 21 f Rn. 10; § 132 Rn. 12) und kann auch aus § 20 DRiG abgeleitet werden.[4] Die Berufung in ein Richteramt, für das nach den Anmerkungen zu Anl. III iVm. Anlage IX zum BBesG eine Amtszulage gewährt wird, bedeutet, wie aus § 42 Abs. 2 Satz 2 BBesG, im Übrigen auch aus einer getrennten Planstellenausweisung zu folgern ist, statusrechtlich die Verleihung eines Amtes mit anderem Endgrundgehalt im Sinne von § 17 Abs. 2 Nr. 3 DRiG.[5] Sie ist damit bei der Bestimmung des allgemeinen Dienstalters zu berücksichtigen.

7 Ebenfalls nicht im Gesetz erwähnt ist, dass der zur Vertretung berufene Richter ein **Richter auf Lebenszeit** oder auf Zeit sein muss, dem bei dem betreffenden Gericht ein Richteramt übertragen ist. Ein abgeordneter Richter, ein Richter auf Probe oder ein Richter kraft Auftrags kann den Präsidenten oder aufsichtführenden Richter in den durch § 21 h geregelten justizförmigen Verwaltungsaufgaben der richterlichen Selbstverwaltung nicht vertreten.

---

[3] BGH aaO.
[4] *Zöller/Gummer* Rn. 4; *MünchKommZPO/Wolf* Rn. 5; *LR/Breidling* Rn. 7; *Schorn/Stanicki* S. 115; *Katholnigg* Rn. 3.
[5] OVG Koblenz NJW-RR 2001, 281; VGH Kassel ZBR 1994, 29; vgl. auch BVerwGE 40, 229; VGH München DVBl. 2000, 1140.

§ 21i. [Beschlussfähigkeit des Präsidiums]

(1) Das Präsidium ist beschlußfähig, wenn mindestens die Hälfte seiner gewählten Mitglieder anwesend ist.

(2) ¹Sofern eine Entscheidung des Präsidiums nicht rechtzeitig ergehen kann, werden die in § 21e bezeichneten Anordnungen von dem Präsidenten oder aufsichtführenden Richter getroffen. ²Die Gründe für die getroffene Anordnung sind schriftlich niederzulegen. ³Die Anordnung ist dem Präsidium unverzüglich zur Genehmigung vorzulegen. ⁴Sie bleibt in Kraft, solange das Präsidium nicht anderweit beschließt.

I. Regelungsinhalt. Die Entscheidungen des Präsidiums sind Entscheidungen eines Kollegialorgans. Sie bedürfen deshalb der Legitimation durch eine gewisse Mindestzahl anwesender Mitglieder. Diesem Grundsatz trägt Abs. 1 Rechnung. Danach ist das Präsidium nur beschlussfähig, wenn mindestens die Hälfte seiner gewählten Mitglieder anwesend ist. Abs. 2 regelt den Fall, dass die Beschlussfähigkeit fehlt, aber eine eilige Entscheidung getroffen werden muss. 1

II. Beschlussfähigkeit. Abs. 1 erwähnt nur die „gewählten" Mitglieder des Präsidiums. Das ist jedoch nur als Gegensatz zum Vorsitzenden des Präsidiums zu verstehen. Gemeint sind alle Mitglieder mit Ausnahme des Vorsitzenden. Dies ergibt sich daraus, dass das Gesetz den Vorsitzenden des Präsidiums bei der Frage der Beschlussfähigkeit überhaupt nicht erwähnt. Nach dem Sinn der Regelung sind alle diejenigen Mitglieder gemeint, die nicht (kraft Amtes) Vorsitzende des jeweiligen Präsidiums sind, also selbstverständlich auch die Richter, die nach dem Plenarprinzip dem „ungewählten" Präsidium angehören. 2

Der **Vorsitzende** des Präsidiums, also der Präsident oder aufsichtführende Richter oder deren Vertreter, wird bei der Feststellung der Beschlussfähigkeit nicht mitgezählt. Seine Anwesenheit setzt das Gesetz als selbstverständlich voraus,¹ denn der Präsident als Vorsitzender beruft das Präsidium ein, und ohne ihn kann eine Präsidiumssitzung nicht stattfinden. Es gibt deshalb keine Präsidiumsentscheidungen in Abwesenheit des Präsidenten (oder seines Vertreters nach § 21h). 3

Bei einem großen Präsidium mit 10 gewählten Mitgliedern (§ 21a Abs. 2 Nr. 1) beispielsweise ist die Beschlussfähigkeit gegeben, wenn außer dem Präsidenten (oder seinem Vertreter nach § 21h) wenigstens fünf gewählte Mitglieder anwesend sind, die gewählten Mitglieder können im Verhinderungsfalle nicht vertreten werden (§ 21c Abs. 1 Satz 3). Beim kleinen Präsidium (§ 21a Abs. 2 Nr. 4) müssen wenigstens zwei gewählte Mitglieder anwesend sein. Beim Plenarpräsidium bei einem Gericht mit höchstens 7 Richterplanstellen, bei dem keine Präsidiumsmitglieder gewählt werden (§ 21a Abs. 2 Nr. 5), muss mindestens die Hälfte der beim Gericht wählbaren Richter anwesend sein; der Vorsitzende wird für die Berechnung der erforderlichen Hälfte als geborenes Mitglied nicht mitgezählt. 4

III. Beschlussfassung. § 21i enthält zwar eine Regelung über die Beschlussfähigkeit, nicht aber über die Beschlussfassung. Für eine wirksame Beschlussfassung ist die Mehrheit der Anwesenden erforderlich (§ 21e Rn. 71); Stimmenthaltung ist nicht zulässig (§ 21e Rn. 72). Zur Form usw. vgl. § 21e Rn. 73. 5

IV. Umlaufverfahren. Vgl. § 21e Rn. 37. 6

V. Eilregelungen. 1. Voraussetzungen. Abs. 2 regelt den Fall, dass ausnahmsweise eine Entscheidung des Präsidiums nicht rechtzeitig ergehen kann (sog. Not- oder Eilzuständigkeit). In solchen Fällen kann der Präsident oder der aufsichtführende Richter allein entscheiden. Seine Entscheidung ersetzt dann den 7

---

¹ *Schorn/Stanicki* S. 161; *Katholnigg* Rn. 1.

Beschluss des Präsidiums. Sie ist allerdings nur vorläufiger Natur und bedarf der schnellstmöglich herbeizuführenden Billigung durch das Präsidium, um für die Zukunft wirksam zu bleiben. Voraussetzung für die Entscheidungsbefugnis des Präsidenten nach § 21i Abs. 2 Satz 1 ist einerseits eine besondere Eilbedürftigkeit, also die Notwendigkeit, noch am selben Tage, an dem das Bedürfnis nach einer Regelung auftritt, oder jedenfalls in kürzester Frist danach, eine bestimmte Maßnahme nach § 21e zu treffen. Weiter ist erforderlich, dass das Präsidium nicht in beschlussfähiger Besetzung noch rechtzeitig zusammentreten kann. Gegen diese Eilregelung bestehen unter dem Gesichtspunkt des gesetzlichen Richters keine Bedenken.[2]

8   **2. Zuständigkeit.** Abs. 2 Satz 1 erklärt den Präsidenten oder aufsichtführenden Richter für zuständig (für den Fall deren Verhinderung ihren Vertreter nach § 21h). Gemeint ist damit der Präsident oder aufsichtführende Richter im Sinne von § 21a Abs. 2 Satz 1, also in der Eigenschaft als Vorsitzender des Präsidiums mit der dieser Regelung zugrundeliegenden systematischen Nähe zum Präsidium und zur Geschäftsverteilung. Das hat Bedeutung für die dem § 22a unterfallenden AG. Beim AG mit Plenarpräsidium ist nicht der aufsichtführende Richter des AG für die Eilanordnung zuständig, weil er nicht Vorsitzender des Plenarpräsidiums ist, sondern der Präsident des übergeordneten LG oder der die Dienstaufsicht ausübende Präsident eines anderen AG.[3] Der Präsident, der die Geschäfte des Präsidiums führt, soll die Eilentscheidung treffen und sie gegenüber dem Präsidium vertreten. Nur so kann das weitere Verfahren (Vorlage an das Präsidium zur Billigung) sinnvollerweise durchgeführt werden, denn der aufsichtführende Richter des AG im Falle des § 22a ist überhaupt nicht in der Lage, von sich aus das Präsidium einzuberufen. Der Präsident oder aufsichtsführende Richter handelt in richterlicher Unabhängigkeit[4] (§ 21a Rn. 7).

9   **3. Inhalt der Regelung.** Möglich sind im Wege der Eilanordnung nach Abs. 2 **alle Maßnahmen**, die sonst das Präsidium zu treffen hätte, wie sich aus dem Hinweis auf § 21e ergibt. Außer in echten Notsituationen (Krisen, Krieg, Epidemien) wird es sich jedoch immer nur um weniger einschneidende Einzelanordnungen handeln können, insbesondere also um solche, die durch den plötzlichen Ausfall eines Richters während des Geschäftsjahres (§ 21e Abs. 3) nötig werden. Der Präsident als Notvertreter des Präsidiums hat auch grundsätzlich die gleichen Verfahrensregeln zu beachten wie das Präsidium (z.B. Anhörung der betroffenen Richter); er entscheidet nach pflichtgemäßem Ermessen.[5] Den Fall, dass der Präsident einen zeitweiligen Vertreter bestellen muss, sollte es allerdings nicht geben. Die Vertretungsregelung für alle Richter des Gerichts (vgl. § 21e Rn. 140ff.) sollte lückenlos sein, so dass sich auch bei einer Kette von Verhinderungen immer aus dem für das ganze Geschäftsjahr geltenden Geschäftsverteilungsplan der danach von vornherein bestimmte zuständige Vertreter ohne weiteres ergibt, ausgenommen im Extremfall beim Vorsitzenden (vgl. § 21f Rn. 13). Eine Maßnahme nach § 21i Abs. 2 setzt voraus, dass eine vorausschauende umfassende Vertreterregelung getroffen wurde (§ 21e Rn. 140), die vorhersehbare Überlastungen und Verhinderungen einzelner Richter und die Personallage berücksichtigt, z.B. auch in der Haupturlaubszeit, und die den Ausfall der gesamten Vertreterreihe nur bei einer außergewöhnlichen Häufung von Verhinderungsfällen denkbar erscheinen lässt.[6] Entspricht dem die in der Geschäftsverteilung vorgesehene Vertreterregelung nicht, dann be-

---

[2] BVerfG – VorprA – NJW 1982, 29.
[3] LR/*Breidling* Rn. 7; *Katholnigg* Rn. 2; KK/*Diemer* Rn. 2; MünchKommZPO/*Wolf* Rn. 7; *Wieczorek/ Schreiber* Rn. 4; a.A. Zöller/*Gummer* Rn. 5.
[4] Vgl. BVerfG – VorprA – NJW 1982, 29.
[5] BGH bei *Holtz* MDR 1977, 461.
[6] BGH StV 1987, 44, 415; 1993, 397.

darf es einer Ergänzung der Geschäftsverteilung nach § 21 e Abs. 3, eine Regelung nach § 21 i Abs. 2 ist unzulässig und verletzt den gesetzlichen Richter.[7]

4. Verfahren. Abs. 2 Satz 2, 3 regeln das bei der Eilanordnung zu beachtende Verfahren. Die Gründe für die Anordnung (und damit auch die Anordnung selbst) sind von dem Präsidenten als Vorsitzenden des Präsidiums unverzüglich schriftlich niederzulegen. Damit soll die Nachprüfung erleichtert werden, im Übrigen wird der Begründungszwang als Hilfsmittel wirken, die Zulässigkeit, die Voraussetzungen und die inhaltliche Angemessenheit der Eilanordnung sorgfältig zu prüfen. Alsdann muss die schriftliche Anordnung unverzüglich dem Präsidium vorgelegt werden. Das wird in der Praxis bedeuten, dass der Präsident in jedem Fall des § 21 i Abs. 2 das Präsidium für den Tag bzw. die Stunde einberufen muss, an dem es oder zu der es wieder ehestens beschlussfähig ist. Die Vorlage „zur Genehmigung" ist in Wirklichkeit eine Vorlage zur Kenntnisnahme und zur Entscheidung, ob die Anordnung für die Zukunft in Kraft bleiben soll. 10

5. Wirkung, Dauer. Die Eilanordnung des Präsidenten ersetzt den Präsidiumsbeschluss. Das bedeutet zunächst, dass sie die gleiche Wirkung hat wie jener und insbesondere nicht etwa bedingt erlassen ist oder noch einer nachträglichen Billigung durch das Präsidium bedürfte, um wirksam zu werden. Abs. 2 Satz 4 bestimmt demgemäß ausdrücklich, dass die Anordnung in Kraft bleibt, solange das Präsidium nicht anderweitig beschließt; die Vorlage soll die Möglichkeit der Überprüfung für die Zukunft sichern. Eine anderweitige Entscheidung (Aufhebung oder Abänderung) hat keine Rückwirkung, sie kann nur für die Zukunft Bedeutung erlangen.[8] Entweder hat nach Auffassung des Präsidiums der Präsident bei seiner Eilanordnung die Voraussetzungen von § 21 e Abs. 3 Satz 1 zu Unrecht bejaht. Dann muss das Präsidium die Eilanordnung ersatzlos für die Zukunft aufheben. Oder das Präsidium bejaht seinerseits ebenso wie der Präsident in der Begründung der Eilanordnung den Anlass des § 21 e Abs. 3 Satz 1. Dann kann das Präsidium gem. Satz 4 im Rahmen seines Ermessens aus demselben Anlass eine abändernde Anordnung treffen. Hält das Präsidium die Eilanordnung für richtig, sollte es klarstellend beschließen, dass zu einer abweichenden Entscheidung kein Anlass besteht.[9] 11

6. Fehlerhafte Entscheidungen. Fehlerhafte Entscheidungen unterliegen der gerichtlichen Überprüfung in derselben Weise wie fehlerhafte Geschäftsverteilungspläne[10] (§ 21 e Rn. 120), können also die Besetzungsrüge rechtfertigen. Die Annahme eines Eilfalles im Sinne von Abs. 2 Satz 1 unterliegt der Prüfung auf Ermessensfehler, sofern und so lange das Präsidium die Anordnung nicht bestätigt hat,[11] rückwirkende Heilung kommt aber nicht in Betracht[12] (Rn. 11). Nicht selbstständig gerügt werden können Verstöße gegen die Verfahrensbestimmungen der Sätze 2 und 3.[13] 12

§ 21 j. [Neuerrichtung von Gerichten]

(1) ¹**Wird ein Gericht errichtet und ist das Präsidium nach § 21 a Abs. 2 Nr. 1 bis 4 zu bilden, so werden die in § 21 e bezeichneten Anordnungen bis zur Bildung des Präsidiums von dem Präsidenten oder aufsichtsführenden Richter getroffen.** ²**§ 21 i Abs. 2 Satz 2 bis 4 gilt entsprechend.**

---

[7] LG Berlin StV 1994, 366.
[8] *Zöller/Gummer* Rn. 7; *LR/Breidling* Rn. 10.
[9] *Meyer-Goßner* Rn. 3.
[10] *MünchKommZPO/Wolf* Rn. 11.
[11] *BL/Hartmann* Rn. 6; *MünchKommZPO/Wolf* Rn. 11.
[12] A. A. *BL/Hartmann* Rn. 6: Genehmigung gemäß § 184 BGB.
[13] A. A. *BL/Hartmann* aaO.

(2) ¹Ein Präsidium nach § 21a Abs. 2 Nr. 1 bis 4 ist innerhalb von drei Monaten nach der Errichtung des Gerichts zu bilden. ²Die in § 21b Abs. 4 Satz 1 bestimmte Frist beginnt mit dem auf die Bildung des Präsidiums folgenden Geschäftsjahr, wenn das Präsidium nicht zu Beginn eines Geschäftsjahres gebildet wird.

(3) An die Stelle des in § 21d Abs. 1 bezeichneten Zeitpunkts tritt der Tag der Errichtung des Gerichts.

(4) ¹Die Aufgaben nach § 1 Abs. 2 Satz 2 und 3 und Abs. 3 der Wahlordnung für die Präsidien der Gerichte vom 19. September 1972 (BGBl. I S. 1821) nimmt bei der erstmaligen Bestellung des Wahlvorstandes der Präsident oder aufsichtsführende Richter wahr. ²Als Ablauf des Geschäftsjahres in § 1 Abs. 2 Satz 2 und § 3 Satz 1 der Wahlordnung für die Präsidien der Gerichte gilt der Ablauf der in Absatz 2 Satz 1 genannten Frist.

Gesetzesfassung: § 21j eingefügt durch Art. 17 Nr. 2 Erstes G über die Bereinigung von Bundesrecht im Zuständigkeitsbereich des BMJ vom 19. 4. 2006 (BGBl. I S. 866).

1 Das Gesetz setzt bei seinen Regelungen die Existenz der jeweiligen Gerichte voraus. Wird ein Gericht neu errichtet, bedarf es sofort einer Geschäftsverteilung zur Bestimmung des gesetzlichen Richters, um überhaupt RSpr ausüben zu können. Eine gesetzliche Regelung hierfür fehlte lange und wurde, mit Blick auf die Umgestaltung der Gerichtsorganisation im Beitrittsgebiet,[1] erst eingeführt durch § 30 RpflAnpG.[2] In der Folge der Aufhebung des RpflAnpG übernimmt § 21j nun den Inhalt der von Anfang an im gesamten Bundesgebiet geltenden[3] und als erhaltungswürdig anzusehenden[4] Vorschrift wortgleich in das GVG.

2 Bei der **Zusammenlegung** von Gerichten ist die Vorschrift auf das neu gebildete Gericht entsprechend anzuwenden. Auch wenn sie in der Form der „Aufnahme" eines Gerichts durch ein anderes erfolgt, liegt nicht nur eine nach § 21d zu behandelnde Veränderung der Richterzahl beim „aufnehmenden" Gericht vor, sondern eine Veränderung der Gerichtsorganisation, die wie eine Neuerrichtung zu anderen örtlichen Gerichtszuständigkeiten führt.

---

[1] BTagsDrucks. 12/2168 S. 37.
[2] Hierzu eingehend *Rieß* DRiZ 1993, 76.
[3] *Katholnigg* Rn. 4; *LR/Breidling* Rn. 11; *Rieß* DRiZ 1993, 76.
[4] BTagsDrucks. 16/47 S. 44, 49.

Dritter Titel. Amtsgerichte

§ 22. [Richter beim Amtsgericht]

(1) Den Amtsgerichten stehen Einzelrichter vor.

(2) Einem Richter beim Amtsgericht kann zugleich ein weiteres Richteramt bei einem anderen Amtsgericht oder bei einem Landgericht übertragen werden.

(3) ¹Die allgemeine Dienstaufsicht kann von der Landesjustizverwaltung dem Präsidenten des übergeordneten Landgerichts übertragen werden. ²Geschieht dies nicht, so ist, wenn das Amtsgericht mit mehreren Richtern besetzt ist, einem von ihnen von der Landesjustizverwaltung die allgemeine Dienstaufsicht zu übertragen.

(4) Jeder Richter beim Amtsgericht erledigt die ihm obliegenden Geschäfte, soweit dieses Gesetz nichts anderes bestimmt, als Einzelrichter.

(5) ¹Es können Richter kraft Auftrags verwendet werden. ²Richter auf Probe können verwendet werden, soweit sich aus Absatz 6, § 23 b Abs. 3 Satz 2 oder § 29 Abs. 1 Satz 2 nichts anderes ergibt.

(6) Ein Richter auf Probe darf im ersten Jahr nach seiner Ernennung Geschäfte in Insolvenzsachen nicht wahrnehmen.

Übersicht

	Rn.		Rn.
I. Zuständigkeit, Bezirk	1	IX. Tätigkeit an Gerichtsstelle und außerhalb	24
1. Zweigstelle	2	1. Grundsatz: Gerichtsstelle	24
2. Gerichtstag	3	2. Augenschein, Lokaltermine	27
II. Aufgaben des Richters beim AG	4	3. Verfahren außerhalb der Gerichtsstelle	29
III. Einzelrichter beim AG	5	4. Richterliche Tätigkeit im Ausland	32
IV. Status der Richter beim AG	6	X. Dienststunden des Gerichts	33
1. Richter aL, aP, kA im Allgemeinen	6	1. Stundenmäßige Festlegung	33
2. Mindestens ein Richter aL	7	2. Ständige Dienstbereitschaft	34
3. Höchstzahl Richter aP und kA	8	3. Fristsachen	35
4. Besetzungsfehler	10	4. Dienststunden der Richter	36
5. Abgeordneter Richter	11	XI. Allgemeine Dienstaufsicht (Abs. 3)	37
V. Richteramt beim AG	12	1. Inhalt	38
1. Allgemeine Regel	12	2. Zuständigkeit für die Dienstaufsicht	40
2. Weiteres Richteramt	13	3. Vertretung	44
3. Abordnung	15	4. Weisungsgebundenheit	45
VI. Heranziehung zu nichtrichterlichen Aufgaben	17	5. Richterliche Tätigkeit neben Dienstaufsicht	46
VII. Zahl der Richter beim AG	18		
VIII. Geschäftsverteilung	22		

Gesetzesfassung: Abs. 5 neu gefasst, Abs. 6 eingefügt durch Art. 12 Einführungsgesetz zur Insolvenzordnung vom 5. 10. 1994 (BGBl. I S. 2911).

I. Zuständigkeit, Bezirk. Das AG ist (neben dem LG) das erstinstanzliche Gericht der ordentlichen Gerichtsbarkeit; zur Zuständigkeit im Einzelnen §§ 23 ff. Während das GVG die sachliche und funktionelle Zuständigkeit regelt und die örtliche Zuständigkeit sich nach dem jeweiligen Verfahrensrecht richtet, obliegt die **Errichtung** der AG und die **Bestimmung ihres Bezirks** den Ländern im Rahmen ihres Organisationsrechts (Einl. Rn. 21). 1

1. Zweigstelle. Nach § 3 GVVO (hierzu § 12 Rn. 88) und den an deren Stelle getretenen landesrechtlichen Vorschriften können außerhalb des Sitzes des AG 2

§ 22 3, 4   3. Titel. Amtsgerichte

Zweigstellen errichtet[1] werden. Zweigstelle ist eine Außenstelle des AG für einen räumlich begrenzten Teil des AG-Bezirks, ein unselbstständiger Teil des Hauptgerichts.[2] Begrifflich muss die Zweigstelle von geringerer Kompetenz als das Hauptgericht sein.[3] Errichtung und Bestimmung des räumlichen Zuständigkeitsbereichs sind Sache der Justizverwaltung. Die Zweigstelle ist, wenn die LJV keine andere Bestimmung trifft,[4] für alle Aufgaben des AG zuständig, die in ihrem Bezirk anfallen. Die Einrichtung der Zweigstelle und die Zuweisung der ihr obliegenden Geschäfte sind Akte der Gerichtsorganisation;[5] da für die Bestimmung des gesetzlichen Richters wesentlich, haben sie Rechtssatzcharakter.[6] Sie ist kein Gericht neben dem AG, sondern nur eine örtlich besonders ausgewiesene Abteilung des AG. Die Verteilung der Dienstgeschäfte auf die einzelnen Richter und die Zuweisung von Richtern an die Zweigstelle obliegen dem Präsidium (§ 21 e); die Zuteilung eines Richters an die Zweigstelle ist trotz der darin liegenden Ortsveränderung für den Richter keine Versetzung[7] (vgl. § 1 Rn. 145). Die Zweigstelle ist „das" AG, so dass die Einreichung einer Berufungsschrift bei der Zweigstelle auch in einer Sache, die dort nicht bearbeitet wurde, fristwahrend ist[8] und umgekehrt. Zum hiervon zu unterscheidenden **auswärtigen Spruchkörper** § 13 a.

3 **2. Gerichtstag.** Nach § 3 GVVO (oder entsprechendem Landesrecht) kann auch die Abhaltung von Gerichtstagen außerhalb des Sitzes des AG angeordnet werden, aber nur innerhalb des Bezirks des AG und beschränkt auf den bei der Errichtung angegebenen Bereich. Soweit bei einem AG Sachen aus dem Bezirk mehrerer AG konzentriert sind (vgl. § 23 c Rn. 2), erstreckt sich der Bezirk des AG, bei dem konzentriert ist, für die konzentrierten Sachen auf den gesamten Bereich aller dieser AG; in diesen Sachen (und nur für sie) kann auch ein Gerichtstag des AG der Konzentration im Bezirk eines anderen, von der Konzentration umfassten AG, errichtet werden, also ein Gerichtstag des AG X, bei dem die FamS auch des AG Y konzentriert sind, beim AG Y. Gerichtstag ist die in regelmäßigen Zeitabständen wiederkehrende Anwesenheit des Richters und/oder Rechtspflegers an einem Ort außerhalb des Gerichtssitzes zur Erledigung von Amtshandlungen und zur Entgegennahme von Anträgen und Erklärungen; auch können in den Grenzen des Verfahrensrechts unvorbereitet spontane Streitsachen an das Gericht herangetragen werden.[9] Soweit das Präsidium nichts anderes beschließt, hat der nach der allgemeinen Geschäftsverteilung zuständige Richter für die von der Einrichtung des Gerichtstages umfassten Sachen auch den Gerichtstag wahrzunehmen. Zur Tätigkeit des Gerichts außerhalb der Gerichtsstelle im Übrigen vgl. Rn. 24.

4 **II. Aufgaben des Richters beim AG.** Die dem AG als Organ der rechtsprechenden Gewalt kraft Gesetzes obliegenden Aufgaben sind, wie bei allen Gerichten, stets von einem Richter wahrzunehmen, wenn nicht ausdrücklich andere Organe gesetzlich dafür zuständig erklärt sind, z.B. Rechtspfleger oder Urkundsbeamter der Geschäftsstelle. Diese (heutige) Selbstverständlichkeit ist der entscheidende Inhalt des Abs. 1, wenn auch verquickt mit der Regelung, dass das AG durch den Einzelrichter handelt (später verdeutlicht in Abs. 4). Zugleich besagt Abs. 1, dass die Leitung des AG einem Richter obliegt, keiner anderen Person also, und dass das AG bei einer Besetzung mit mehreren Richtern außerhalb der Rechtsprechungstätigkeit nicht kollegial geleitet wird, sondern nur von einem Richter. Die

---

[1] Und wieder aufgehoben, VGH München NJW 2005, 3737.
[2] BayVerfGH NJW 1978, 1515; BGHZ 93, 100 = NJW 1985, 1084.
[3] BayVGH NVwZ-RR 1996, 300.
[4] BayVGH aaO.
[5] BayVerfGH NJW 1978, 1515.
[6] BayVerfGH NJW 1978, 1515; Einl. Rn. 21; a. A. *LR/Siolek* Rn. 2; *Holch* DRiZ 1970, 184.
[7] BayVGH aaO.
[8] BayObLG NJW 1975, 946; *LR/Siolek* Rn. 2.
[9] *Müller* NJW 1963, 614.

von den vergleichbaren §§ 59, 115 und 124 abweichende Wortfassung bedeutet keine sachliche Verschiedenheit und ist nur historisch zu verstehen: Die Formulierung des Abs. 1, als einziger Absatz noch in der ursprünglichen Fassung erhalten, stammt aus einer Zeit, in der sowohl nach der geographischen Einteilung der AG-Bezirke als auch nach dem Geschäftsanfall viele AG mit einem Richter ausreichend besetzt waren. Hinzu kam die damals noch nicht ausgeprägte scharfe Trennung zwischen Rechtsprechung und Verwaltung und die historische Entwicklung des AG letztlich auch aus (wenn auch verschieden strukturierten) unteren Verwaltungsorganen, die auf der unteren Instanz in so genannten „kleinen" Rechtssachen auch Gericht waren.

III. Einzelrichter beim AG. Nach Abs. 4 in Verbindung mit Abs. 1 werden die Aufgaben der Rechtsprechung beim AG grundsätzlich vom Einzelrichter wahrgenommen, wenn nicht durch Gesetz ausdrücklich etwas anderes bestimmt ist. Das Einzelrichterprinzip (dem das AG weitgehend seine Entstehung verdankt), gilt für alle dem AG als Rechtsprechungsorgan durch Gesetz übertragenen Aufgaben; das sind nicht nur die bei Inkrafttreten des GVG bestehenden Aufgaben nach der ZPO und der StPO sowie des GVG selbst, sondern auch alle ihm danach übertragenen Aufgaben (dazu § 27), soweit nicht in Sondervorschriften eine andere Besetzung vorgeschrieben ist. Solche vom Einzelrichterprinzip abweichende Regelungen über die Besetzung der Richterbank beim AG enthalten: §§ 28 ff. GVG (SchöffenG), § 33 Abs. 2 JGG (JugendschöffenG), § 2 LwVG. Der Einzelrichter als Rechtsprechungsorgan für die dem AG obliegenden Aufgaben war von Anfang an im GVG verankert, aber nur für Zivilsachen. Alle anderen Gerichte waren ursprünglich ausnahmslos kollegial ausgestaltet, ebenso das AG in Strafsachen (vgl. Einl. Rn. 80; § 28 Rn. 1; zur weiteren Entwicklung § 75 Rn. 4 ff.). Entscheidet das AG in einer anderen Besetzung als vorgesehen, so gelten die allgemeinen verfahrensrechtlichen Anfechtungsmöglichkeiten; es liegt eine zunächst wirksame Entscheidung vor, jedoch ein Verstoß gegen den gesetzlichen Richter. 5

IV. Status der Richter beim AG. 1. Richter aL, aP, kA im Allgemeinen. 6
Von der Funktion des Richters als Organ der rechtsprechenden Gewalt zu trennen ist die statusrechtliche Stellung des einzelnen Richters (vgl. § 1 Rn. 141 ff.), die aber in verschiedener Hinsicht mit der Besetzung des Gerichts und damit auch mit dem gesetzlichen Richter verzahnt ist. Das GVG selbst enthält keine allgemeine Regelung über Anforderungen an den Status der Richter. Demgegenüber bestimmt § 28 Abs. 1 DRiG, dass bei einem Gericht grundsätzlich nur Richter aL tätig sein dürfen, soweit nicht ein Bundesgesetz etwas anderes bestimmt. Eine solche andere Bestimmung enthält § 22 Abs. 5 GVG, dass nämlich beim AG auch Richter aP (§ 13 DRiG) und kA (§ 14 DRiG) verwendet werden können; eine Verwendung von Richtern auf Zeit (§ 11 DRiG) ist beim AG unzulässig. Andere Personen dürfen erst recht nicht als Richter am AG tätig sein; eine Ausnahme für in Ausbildung befindliche Personen enthält § 10 GVG. Beschränkungen hinsichtlich der Verwendungsmöglichkeit von Richtern aP enthalten § 22 Abs. 6 (Insolvenzsachen), § 23b Abs. 3 Satz 2 (Familiensachen), § 29 Abs. 1 Satz 2 (Schöffengericht), § 348 Abs. 1 Nr. 1 ZPO (originärer Einzelrichter), § 6 Abs. 1 Satz 2 VwGO (Einzelrichter), § 28 Abs. 2 Satz 2 DRiG (kein Vorsitz im Kollegialgericht) und § 29 Satz 1 DRiG (zahlenmäßige Mitwirkung im Kollegialgericht). Beschränkungen für die Tätigkeit eines Richters kA enthalten § 28 Abs. 2 Satz 2 DRiG (kein Vorsitz im Kollegialgericht) und § 29 Satz 2 DRiG (zahlenmäßige Mitwirkung im Kollegialgericht) – vgl. § 1 Rn. 149. Im Übrigen können Richter aP und kA uneingeschränkt tätig sein.[10] § 70 Abs. 3 GVG gilt nicht für das AG. Die Richter aP und kA müssen im Geschäftsverteilungsplan kenntlich gemacht werden (§ 29 DRiG).

---

[10] BVerfGE 4, 331, 345 = NJW 1956, 137; *Löwisch* DRiZ 1964, 165.

7 **2. Mindestens ein Richter aL.** Das GVG enthält keine ausdrückliche Regelung über die höchstzulässige Zahl der bei einem Gericht tätigen Richter, die nicht Richter aL sind, ebenso wenig das DRiG.[11] Hier liegt eine Nahtstelle zwischen Gerichtsverfassung, Haushaltsrecht und Personallenkung: mindestens eine Planstelle für einen Richter aL muss für jedes AG vorgesehen sein. Im Falle der Vakanz kann zwar vorübergehend ein Richter aP oder kA allein die richterlichen Aufgaben des AG erfüllen, in den oben aufgezeigten Grenzen ist jedoch eine Vertretung nach § 22b GVG nötig. Stets kann es sich bei jeder Tätigkeit eines Richters, der nicht aL ist, nur um einen vorübergehenden Zustand handeln (vgl. Rn. 18).

8 **3. Höchstzahl für Richter aP und kA.** Bei einem Gericht, bei dem mehrere Richter tätig sind, muss die Zahl der Richter aL überwiegen. Es gilt allgemein der Grundsatz, dass als Richter bei einem Gericht nur Richter auf Lebenszeit tätig sein dürfen, soweit ein Bundesgesetz nicht etwas anderes bestimmt (§ 28 Abs. 1 DRiG), vgl. dazu § 22 Abs. 5 und 6, § 59 Abs. 3 GVG. Hiernach muss die Tätigkeit von Richtern aP und kA die Ausnahme sein,[12] auf einem ausreichenden sachlichen Grund beruhen[13] und weitestgehend vermieden werden,[14] in der Erkenntnis, dass die RSpr zur materiellen Verwirklichung der sachlichen Unabhängigkeit und der Stetigkeit grundsätzlich durch hauptamtlich und planmäßig angestellte Richter auszuüben ist. „Nur diesen garantiert Art. 97 Abs. 2 GG die persönliche Unabhängigkeit durch ihre Unabsetzbarkeit und Unversetzbarkeit, die den Richtern auf Probe (§ 12 DRiG) und den Richtern kraft Auftrags (§ 14 DRiG) fehlt. Es kann deshalb nicht ausgeschlossen werden, dass nichtplanmäßige Richter sich bei ihren Entscheidungen von dem Gedanken an die Zustimmung der vorgesetzten Dienststelle beeinflussen lassen. Die innere Unabhängigkeit eines Richters bleibt zwar eine Frage der Persönlichkeit und des Charakters des einzelnen Richters. Ihre Gewinnung und Erhaltung wird jedoch durch deren institutionelle Sicherung gefördert. Deshalb stellt nach dem Grundgedanken der Art. 97 und 92 GG die Verwendung des in seiner persönlichen Unabhängigkeit noch nicht gesicherten Richters die Ausnahme dar, die einer Rechtfertigung bedarf".[15] Diese Rechtfertigung liegt einmal darin, dass Richter vor ihrer Anstellung aL drei Jahre im richterlichen Dienst gewesen sein müssen (§ 10 DRiG); die Heranbildung des richterlichen Nachwuchses ist also in den zahlenmäßigen Grenzen, die sich aus dem späteren Bedarf an Richtern aL ergeben, rechtfertigender Grund für den Einsatz nach § 22 Abs. 5.[16] Legitim ist auch der Einsatz zur Bewältigung eines vorübergehenden, außergewöhnlichen Geschäftsandrangs, mag auch die Erledigung zeitlich nicht genau zu bestimmen sein,[17] oder wenn ein im Geschäftsverteilungsplan vorgesehener Vertreter neben seinen eigenen Aufgaben die Vertretung vorübergehend nicht bewältigen kann[18] (vgl. § 70 Abs. 1). Zulässig ist auch die Verwendung als Vertreter für einen erkrankten Richter aL, jedoch nur, soweit dessen Erkrankung oder verminderte Einsatzfähigkeit nur vorübergehender Natur ist. Dauernde Beeinträchtigungen der Arbeitsfähigkeit müssen durch neue Planstellen ausgeglichen werden.[19]

9 Der Grund für die Verwendung von Richtern aP oder kA ist stets kenntlich zu machen. Unterbleibt die Kenntlichmachung, ist dies dann unschädlich, wenn die

---

[11] Vgl. *Löwisch* DRiZ 1964, 164.
[12] Vgl. BVerfGE 4, 331, 345 = NJW 1956, 137; E 14, 156, 162 = NJW 1962, 1495; BVerfG DRiZ 1971, 27.
[13] BVerfGE 14, 156, 163 = NJW 1962, 1495; BVerfG – K – NJW 1998, 1053; BGHZ 95, 22; LR/*Siolek* § 59 ZPO Rn. 9; *MünchKommZPO/Wolf* § 70 ZPO Rn. 7; *Zöller/Gummer* § 70 ZPO Rn. 2.
[14] OLG Frankfurt 21. 6. 1993 – 20 W 218/93 –.
[15] BGHZ 130, 304 = NJW 1995, 2791.
[16] BVerfGE 14, 156, 162 = NJW 1962, 1495; E 15, 245, 248.
[17] BGH NJW 1966, 352.
[18] BVerfGE 14, 156, 164 = NJW 1962, 1495.
[19] BGHZ 34, 260 = NJW 1961, 830; BGH NJW 1966, 352.

Gesamtzahl der Richter aP oder kA nicht höher ist als die Zahl aller Fälle, in denen die Heranziehung eines solchen Richters nach dem Gesagten statthaft ist.[20] Andererseits ist aber die Verwendung von Richtern aP oder kA **nicht gerechtfertigt,** wenn die Arbeitslast des Gerichts deshalb nicht bewältigt werden kann, weil es nicht ausreichend mit Planstellen ausgestattet ist, oder weil es die Justizverwaltung verabsäumt hat, offene Planstellen binnen angemessener Frist zu besetzen.[21] Dabei macht es keinen Unterschied, ob der gleiche Richter aP oder kA tätig bleibt oder ein wiederholter personeller Wechsel eintritt; maßgebend ist allein die institutionelle Tätigkeit eines Richters aP oder kA. In diesen Fällen muss durch Schaffung der erforderlichen Zahl von Planstellen oder deren Besetzung Abhilfe geschaffen werden.[22] Wo es auf die Wahrung der Unabhängigkeit der rechtsprechenden Gewalt und die vollwertige Erledigung ihrer Obliegenheiten ankommt, haben fiskalische Gesichtspunkte zurückzutreten[23] (vgl. § 16 Rn. 82).

4. Besetzungsfehler. Ist nach dem Gesagten der Einsatz von Richtern aP oder kA unzulässig, liegt ein Fehler in der Besetzung des Gerichts, ein Verstoß gegen den gesetzlichen Richter nach § 16 vor, soweit ein anderer als ein Richter aL tätig wird. Der auf einer demnach unzulässigen Heranziehung von Richtern aP oder kA beruhende Verstoß gegen den gesetzlichen Richter (§ 16) gilt indessen nicht nur für den konkret Handelnden als Einzelrichter oder als Mitglied in einem Spruchkörper; der Mangel ergreift vielmehr die gesamte Geschäftsverteilung des Gerichts, weil eine Grenzziehung in der Weise, dass bei einem Teil dieser Richter die Zuziehung unzulässig ist und bei einem anderen Teil nicht, nach sachlichen Gesichtspunkten nicht vorgenommen werden kann.[24] Dies gilt nur dann nicht, wenn der tätig gewordene Richter aP oder kA ausdrücklich mit Rücksicht auf einen konkreten Vertretungsfall oder Geschäftsandrang herangezogen wurde und er sachlich und zeitlich darauf beschränkt ist[25] oder die Gesamtzahl der unterschiedslos bestellten Hilfsrichter nicht höher ist als die Zahl aller Fälle, in denen die Heranziehung eines Hilfsrichters wegen vorübergehenden Geschäftsandrangs, wegen Erkrankung eines Planrichters oder aus sonstigen zeitlich begrenzten Bedürfnissen statthaft war.[26] 10

5. Abgeordneter Richter. Beim AG können auch abgeordnete Richter (§ 37 DRiG) tätig sein (Rn. 15), sie müssen im Geschäftsverteilungsplan kenntlich gemacht werden (§ 29 DRiG). Es gilt keine Besonderheit gegenüber den anderen Richtern des Gerichts: Sind sie nicht Richter aL, greifen die angeführten Beschränkungen (vgl. Rn. 6 ff.). 11

V. Richteramt beim AG. 1. Allgemeine Regel. Jedem Richter aL ist ein **Richteramt bei einem bestimmten Gericht** zu übertragen (§ 27 Abs. 1 DRiG). Nur bei diesem Gericht kann der Richter richterliche Tätigkeit ausüben, nur für Geschäfte dieses Gerichts kann er vom Präsidium eingeteilt werden. Diese Vorschrift gilt nur für Richter aL (und Richter aZ, die aber in der ordentlichen Gerichtsbarkeit nicht tätig sein können). Richter aP und kA haben noch kein festes Richteramt, sie können verschiedenen Gerichten mit jeweils einem Teil ihrer Arbeitskraft zugeteilt werden, und diese Zuweisungen können geändert werden. Die Zuweisung an das jeweilige Gericht ist Sache der Justizverwaltung, während die 12

---

[20] BGHZ 34, 260 = NJW 1961, 830.
[21] BVerfGE 14, 156, 164 = NJW 1962, 1495; BGHZ 34, 260 = NJW 1961, 830.
[22] BGHSt 8, 159 = NJW 1955, 1805; St 9, 107 = NJW 1956, 960; St – GS – 14, 321 = NJW 1960, 1495; OLG Karlsruhe NJW 1968, 2389.
[23] BGHSt 8, 159 = NJW 1955, 1805.
[24] BGHSt 7, 205 = NJW 1955, 680; St 9, 107 = NJW 1956, 760; BGHZ 22, 142 = NJW 1957, 101; BGH NJW 1962, 1153; NJW 1966, 352; enger wohl BGH NJW 1972, 779 (nicht mit abgedruckt in BGHSt 24, 283).
[25] BGH NJW 1962, 1153.
[26] BGH NJW 1966, 352.

Übertragung konkreter richterlicher Aufgaben beim Gericht Sache der Geschäftsverteilung (§ 21e) ist.

13 **2. Weiteres Richteramt.** Eine Ausnahme von der Regel, dass einem Richter aL ein Richteramt bei (nur) einem bestimmten Gericht zu übertragen ist, enthält Abs. 2 (in Verbindung mit § 27 Abs. 2 DRiG): Einem (jeden) Richter beim AG kann zugleich ein weiteres Richteramt bei einem anderen AG oder bei einem LG übertragen werden. Die Übertragung kann auch nachträglich noch geschehen. Das „andere" AG braucht nicht im Bezirk des gleichen LG zu liegen, das LG, bei dem das weitere Richteramt übertragen wird, braucht nicht das dem ursprünglichen AG im Rechtsmittelzug übergeordnete zu sein.[27] Das weitere Richteramt kann auch das eines Vorsitzenden Richters am LG sein, wie das bis zur Änderung der Amtsbezeichnung der Richter (Einl. Rn. 95) ausdrücklich bestimmt war. Die Übertragung eines Richteramtes bei einem anderen Gericht als AG und LG ist nicht zulässig.[28] Vergleichbare Vorschriften sind §§ 59 Abs. 2, 78 Abs. 2. § 22 Abs. 2 dient dem personellen Ausgleich im Interesse einer möglichst gleichmäßigen Arbeitsbelastung der Richter wie auch einer ausreichenden Besetzung der verschiedenen Gerichte. – Die Übertragung eines weiteren Richteramtes hat doppelte Bedeutung. Sie ist für den einzelnen Richter statusrechtlicher Natur, die Garantie der richterlichen Unabhängigkeit (§ 1) umfasst beide Richterämter wie auch die Pflicht zur Dienstleistung usw. Auch ist der Richter bei beiden Gerichten aktiv und passiv wahlberechtigt, z.B. zum Präsidium (vgl. § 21b Rn. 6). Für die Übertragung ist weder nach § 22 Abs. 2 GVG noch nach § 27 Abs. 2 DRiG die Zustimmung des Richters erforderlich, ausnahmsweise aber dann, wenn die Übertragung seine Unabhängigkeit beeinträchtigt. Das ist der Fall, wenn mit der Übertragung des weiteren Richteramts diesem mehr als die Hälfte der Arbeitskraft des Richters zugewiesen werden soll[29] (vgl. § 1 Rn. 148).

14 Die **Übertragung mehrerer Richterämter** steht allein der Justizverwaltung (Anstellungsbehörde) zu, nicht etwa dem Präsidium des oder der Gerichte. Welcher Art das weitere Richteramt ist, ergibt sich aus der Ernennungsurkunde. Für die verschiedenen Gerichte, bei denen dem Richter je ein Richteramt übertragen ist, hat diese Doppelernennung unmittelbare gerichtsorganisatorische Bedeutung; über die Ernennung hinaus bedarf es keiner zusätzlichen besonderen Zuweisung zu den einzelnen Gerichten durch die Justizverwaltung.[30] Der Richter ist schon mit der Doppelernennung bei jedem der Gerichte, unabhängig vom konkreten Einsatz seiner Arbeitskraft, uneingeschränkt Richter im Sinne aller gerichtsverfassungsrechtlichen Vorschriften. Nunmehr ist es allein Sache des jeweiligen Präsidiums, in der Geschäftsverteilung den Aufgabenbereich des Richters zu bestimmen.

15 **3. Abordnung.** Von der Übertragung eines weiteren Richteramts ist die Abordnung des Richters (§ 37 DRiG) zu unterscheiden (§ 1 Rn. 144). Sie verändert den Status des Richters nicht, auch nicht das ihm bei einem bestimmten Gericht übertragene Richteramt. Jedoch wird durch die Abordnung der Richter je nach deren Umfang (auch) Richter des Gerichts, zu dem er abgeordnet wird, und zwar gerichtsverfassungsrechtlich uneingeschränkt; vgl. §§ 28, 29 DRiG und Rn. 11.

16 Von der Übertragung eines bestimmten Richteramts und der Abordnung zu trennen ist die gesetzlich dem Präsidium eingeräumte Möglichkeit, über das eigene Gericht hinaus **Richter heranzuziehen**: § 22b, § 22c, § 78 Abs. 2, § 78b Abs. 2, § 106. Während § 27 DRiG sowie §§ 22 Abs. 2 und 59 Abs. 2 GVG in erster Linie das Verhältnis des Richters zur Justizverwaltung betreffen, ist ein auf einer solchen (selbstständigen) Ermächtigung beruhender Beschluss des Präsidiums, über die Rich-

---

[27] *LR/Siolek* Rn. 7.
[28] *Schmidt-Räntsch* § 27 DRiG Rn. 16.
[29] BGHZ 67, 159 = NJW 1977, 248.
[30] BGHSt 24, 283 = NJW 1972, 779; BGH NJW 1977, 284.

ter des eigenen Gerichts hinaus Richter anderer Gerichte außerhalb dieser Gerichte heranzuziehen, ohne Weiteres und ohne Beteiligung der Justizverwaltung wirksam und für den Richter verbindlich. Es gelten lediglich die Vorschriften über die Geschäftsverteilung; nicht zulässig ist es, zu dieser geschäftsverteilungsmäßigen Übertragung einer richterlichen Aufgabe auch ein konkretes Richteramt zu übertragen. Deshalb kann sich der Richter auch nur mit den Mitteln des Rechts der Geschäftsverteilung (vgl. § 21e Rn. 121) und nicht des DRiG gegen die Übertragung einer solchen Aufgabe wenden; es handelt sich auch nicht um eine Abordnung. – Auch die Besetzung eines detachierten Spruchkörpers usw. des Gerichts ist nicht Abordnung, sondern Angelegenheit der allgemeinen Geschäftsverteilung (§ 1 Rn. 145).

VI. Heranziehung zu nichtrichterlichen Aufgaben. Der Richter ist grundsätzlich nur verpflichtet, Aufgaben der rsprGewalt wahrzunehmen. Im Gegensatz zum allgemeinen Recht des öffentlichen Dienstes ist er zu einer Nebentätigkeit (Nebenamt, Nebenbeschäftigung) nur in der Rechtspflege und in der Gerichtsverwaltung (§ 12 Rn. 84 ff.) verpflichtet (§ 42 DRiG; vgl. § 1 Rn. 147); diese Vorschrift gilt indessen nur für Richter aL, nicht für Richter aP (§ 13 DRiG) und nicht für Richter kA (§ 16 Abs. 2 DRiG). Zur allgemeinen Unvereinbarkeit nach § 4 DRiG vgl. § 1 Rn. 32.

VII. Zahl der Richter beim AG. Über die Zahl der bei einem AG notwendigen Richter sagt die Vorschrift nichts aus, ebenso wenig, wie diese Zahl festgesetzt und verlautbart wird (vgl. § 21a Rn. 13). Es muss jedoch mindestens ein Richter vorhanden sein, dem als Richter aL ein Richteramt an diesem AG übertragen ist. Nur vorübergehend kann durch Ausscheiden oder Verhinderung dieses Richters eine tatsächliche Vakanz eintreten mit der Notwendigkeit einer Vertretung nach § 22b. Diese Vertretung kann auch ein Richter aP oder kA wahrnehmen (vgl. Rn. 7). Im Übrigen bestimmt sich die Zahl der bei einem AG tätigen Richter nach dem Haushaltsgesetz und den von der Justizverwaltung in Ausführung des Haushaltsgesetzes getroffenen Anordnungen. Auch bei Unterbesetzung eines Gerichts besteht kein Anspruch der Richter auf personelle Verstärkung auf Grund der Fürsorgepflicht des Dienstherrn.[31] Hier im Haushaltsrecht liegt eine entscheidende Nahtstelle zwischen rechtsprechender Gewalt einerseits und den beiden anderen Staatsgewalten (Art. 20 Abs. 2 GG) andererseits. Dieser Bereich ist Gegenstand eingehender rechtspolitischer Diskussionen (vgl. § 1 Rn. 38) wie auch gelegentlicher gerichtlicher Entscheidungen im Zusammenhang mit dem gesetzlichen Richter (vgl. § 16 Rn. 66, 82). Die Problematik besteht darin, dass einmal nicht exakt die Zahl der Richter feststellbar ist, die erforderlich ist für die Erledigung der bei einem Gericht anfallenden richterlichen Tätigkeit in angemessener Zeit und bei einer zumutbaren, aber auch angemessenen Auslastung ihrer Arbeitskraft. Die richterliche Tätigkeit ist von der Aufgabenstellung her zu vielfältig und innerhalb der einzelnen Sachgebiete in ihrem konkreten Umfang zu wenig voraussehbar, um eine für alle Fälle verbindliche Berechnung zu ermöglichen. Hinzu kommt, dass die große Verantwortung und die geistige Leistung, die die richterliche Tätigkeit bedingen, sich jeder konkreten Messung entziehen.

Gleichwohl wird man auf allgemeine Zahlenwerte für die Ermittlung des Bedarfs an Richtern nicht verzichten können. Eine Kommission der Landesjustizverwaltungen hatte 1974 Grundsätze für die **Personalbedarfsberechnung** erarbeitet,[32] die an die Stelle eines letztlich auf das Jahr 1892 zurückgehenden Pensenschlüssels traten,[33] der heftig umstritten war.[34] Diese Personalbedarfsberechnung ging von der fiktiven

---

[31] HessVGH DRiZ 1978, 120.
[32] *Hückstädt/Lautebach* SchlHAnz 1976, 101 ff.
[33] Vgl. *Brück* DRiZ 1969, 141 ff.
[34] Vgl. DRiZ 1969, 214; *Thieme* DRiZ 1969, 239; Deutscher Richterbund DRiZ 1993, 121.

Frage aus, wie viele gleichartige richterliche Aufgaben (sog. Geschäftsvorfälle) von durchschnittlichem Schwierigkeitsgrad ein „durchschnittlicher" Richter (Staatsanwalt) in einem Jahr bearbeiten könnte, wenn er ausschließlich mit diesen Aufgaben betraut wäre auf der Grundlage einer Wochenarbeitszeit von 40 Stunden und 220 Arbeitstagen jährlich. Dieser Wert wurde in Beziehung gesetzt zu den aus der Statistik zu entnehmenden Geschäftsvorfällen (Eingängen) aller Art; Zuschläge erfolgten für die bei den Gerichten anfallende durch Richter zu erledigende Verwaltungsarbeit, Ausbildung usw.[35] Diese Berechnungsmethode war nicht unumstritten;[36] ihre Reformbedürftigkeit wurde alsbald anerkannt.[37] Den Versuch der Berechnung des Personalbedarfs auf einer analytisch gesicherten Basis unternahm deshalb das von den Justizverwaltungen initiierte Projekt „Pebbsy" (= Personalbedarfsberechnungssystem).[38] Zunächst für den richterlichen Dienst der ordentlichen Gerichtsbarkeit („Pebbsy I") wurde in sieben Ländern bei repräsentativ ausgewählten Gerichten der zeitliche Aufwand für die Bearbeitung der einzelnen anfallenden Geschäfte erfasst, jeweils ein Durchschnittswert in Minuten festgestellt und dieser in Beziehung zur geltenden Jahresarbeitszeit gesetzt.[39] – Bei allen Vorbehalten gegen einzelne Berechnungsfaktoren[40] und auch gegen statistisch-mathematische Messung richterlicher Arbeitslast wird es zum Nachweis des Personalbedarfs bei den Haushaltsberatungen nach aller (teilweise leidvoller) Erfahrung meist ohne zahlenmäßige Nachweise der Arbeitsbelastung nicht abgehen. Stets muss aber erinnert werden, dass es sich bei den so gewonnenen Zahlen nur um **Annäherungswerte** allgemeiner Art handelt, die auf dem Gesetz der großen Zahl beruhen, wo die Unterschiede im Schwierigkeitsgrad rechtlicher oder tatsächlicher Art usw. sich nach der Erfahrung ausgleichen. Je geringer jedoch die Zahl der anfallenden Sachen (Geschäftsvorfälle) bei einem Gericht ist, desto weniger aussagekräftig, leicht willkürlich sind diese Werte. Zudem beruhen sie auf den statistischen Erhebungen der Vergangenheit, denn es gibt keine Möglichkeit, das Ausmaß der zukünftigen Belastung der Justiz zuverlässig zu berechnen.[41] Außerdem berücksichtigen diese Werte nicht die individuelle Arbeitskraft des einzelnen Richters (z.B. gesundheitlicher Art) und die besonderen Verhältnisse bei den einzelnen Gerichten. Deshalb besteht Übereinstimmung, dass diese Werte nicht geeignet sind, die Belastbarkeit eines einzelnen Richters zu messen oder als Norm angesehen zu werden dafür, welche quantitative Arbeitsleistung von einem einzelnen Richter verlangt werden kann[42] (vgl. § 1 Rn. 66), und auch bei der Geschäftsverteilung nur mit größter Vorsicht herangezogen werden können[43] (§ 21 e Rn. 85).

20 Die so ermittelten Werte über die notwendige Ausstattung der einzelnen Gerichte mit Richtern und das sich daraus ergebende Fehlen von Richterstellen und/oder Richtern trotz vorhandener Stellen haben **keine unmittelbare gerichtsverfassungsrechtliche Relevanz**. Diese erhalten sie allenfalls dann, wenn durch eine zu geringe Richterzahl übermäßige Verzögerungen eintreten (vgl. § 16 Rn. 37, 66). Eine andere Frage ist es, wenn eine im Haushaltsplan vorgesehene Stelle nach ihrem Freiwerden nicht alsbald wieder besetzt wird, etwa wegen einer Haushaltssperre (vgl. § 59 Rn. 4).

---

[35] *Hückstädt/Lautebach* aaO.; zur Berechnung für Familienrichter *Bohnen* DRiZ 1977, 199.
[36] Vgl. Bezirksrichterrat OLG Frankfurt DRiZ 1969, 214 ff.; *Lempp* DRiZ 1976, 311; *Schaffer* DRiZ 1984, 81; 1985, 13; *Schoene* DRiZ 1984, 321.
[37] Justizministerium Baden-Württemberg S. 48 f.
[38] AaO. S. 18.
[39] Vgl. hierzu auch *Herrler* DRiZ 2001, 478; 2002, 284; 332; 2004, 229; *Maier-Peveling u.a.* DRiZ 2002, 123.
[40] Vgl. *Müller-Piepenkötter* DRiZ 2004, 237.
[41] Vgl. *Blankenburg/Morasch* DRiZ 1979, 197.
[42] *Brück* aaO.; HessMdJ DRiZ 1969, 164; *Hückstädt/Lautebach* aaO. S. 105; *Zöller/Gummer* § 21e Rn. 12; VG Köln DRiZ 1972, 322; BGHZ 69, 309 = NJW 1978, 760; OVG Bautzen ZBR 2001, 368; OVG Münster NJW 2002, 1592.
[43] A.A. *Hückstädt/Lautebach* aaO. S. 105.

Unabhängig von einer solchen Berechnung der erforderlichen Richterzahl ist je- 21
doch die verbindliche Festlegung der Zahl der Richter allein Sache des **Haushaltsgesetzgebers**. Der rechtspolitischen Forderung, dass die Zahl der erforderlichen
Richter durch richterliche Selbstverwaltungsorgane (vgl. § 1 Rn. 35) verbindlich zu
ermitteln und vom Haushaltsgesetzgeber ohne eigene Überprüfungs- und Entscheidungsmöglichkeit in den Haushaltsplan zu übernehmen sei, kann nicht gefolgt
werden; diese Regelung widerspräche dem Budgetrecht des Parlaments.[44] Bei einer
anderen rechtspolitischen Forderung, der so genannten Doppelvorlage[45] (§ 1
Rn. 38) bestehen diese Bedenken nicht. Sie geht dahin, dass die Berechnung des
Personalbedarfs durch die Gerichte mit Begründung und ungekürzt dem Parlament
vorzulegen sei, wenn die Regierungsvorlage des Haushaltsplans nicht den von den
Gerichten errechneten Bedarf vollständig in den Haushalt übernimmt. Die damit
verknüpfte Erwartung, das Parlament werde sich dann mit der Diskrepanz im Sinne
der Gerichte befassen, wird sich in der Praxis aber wohl nicht erfüllen.

VIII. Geschäftsverteilung. Ist das AG nur mit einem Richter besetzt, so ist er 22
für alle dem AG obliegenden richterlichen Aufgaben zuständig. Ist das AG mit
mehreren Richtern besetzt, dann sind die richterlichen Aufgaben des AG durch die
Geschäftsverteilung auf die einzelnen Richter aufzuteilen (§ 21e). Die Frage, wie
viele Richter bei dem einzelnen AG tätig sind und mit wie vielen Richtern das AG
„besetzt" ist (vgl. Rn. 18), wird von der Justizverwaltung entschieden durch die
Besetzung der für das AG vorhandenen Richterplanstellen und durch Zuweisung
von Planstellen an dieses Gericht, wie auch durch Abordnungen, die Zuweisung
und den Abzug von Richtern aP und kA, auch mit einem Teil ihrer Arbeitskraft
nach Maßgabe der allgemeinen Personalsituation. Im Wege der Geschäftsverteilung
kann nur auf dieser Grundlage eine Regelung getroffen werden (vgl. § 60
Rn. 2ff.). Das gilt auch für die Regelung der Vertretung, die durch Richter des
AG selbst (§ 21e Abs. 1), ausnahmsweise durch Richter eines anderen Gerichts
(§ 22b), durch abgeordnete Richter (Rn. 15) oder durch vorübergehend von der
Justizverwaltung zugewiesene Richter aP oder kA (Rn. 8) vorgenommen werden
kann, hier jedoch mit den genannten Beschränkungen (Rn. 6).

Die Bestimmung der **Zahl der** bei dem AG gebildeten **Spruchkörper** (Abtei- 23
lungen) ist unabhängig von der Zahl der beim AG tätigen Richter, da je nach
der Größe der einzelnen Abteilungen ein Richter für mehrere Abteilungen zuständig sein kann. Sie ist Sache der Justizverwaltung, nicht des Präsidiums (§ 21e
Rn. 13).

IX. Tätigkeit an der Gerichtsstelle und außerhalb. 1. Grundsatz: Ge- 24
richtsstelle. Der Richter des AG erfüllt seine gesamte richterliche Tätigkeit
grundsätzlich an der Gerichtsstelle seines AG (vgl. § 219 ZPO); das ist an dem
gesetzlich vorgeschriebenen Sitz des AG das konkrete Gebäude, in dem dem Richter durch die Justizverwaltung die konkreten Räume (Arbeitszimmer) zur richterlichen Tätigkeit zugewiesen sind.[46] Gerichtsstelle ist auch der Ort einer Zweigstelle
(Rn. 2) und eines Gerichtstags (Rn. 3), im Falle eines auswärtigen Spruchkörpers
dessen auswärtiger Sitz. Wird eine Konzentrationsermächtigung (vgl. §§ 13a, 23c)
ausgeübt, ist der Sitz des Gerichts, bei dem konzentriert ist, Gerichtsstelle für alle
von der Konzentration umfassten Sachen.

Auch die Zuweisung eines bestimmten **Sitzungssaales** und die Festlegung der 25
Sitzungstage ist mit Rücksicht auf die notwendige Koordinierung der Tätigkeit
aller Spruchkörper (Verteilung der Sitzungssäle, Protokollführung, Wachtmeister-

---

[44] *Kissel,* Zukunft S. 271.
[45] Vgl. *Görnert* DRiZ 1971, 410; 1972, 299; *Kissel,* Zukunft S. 275.
[46] OLG Nürnberg NJW 1966, 1926; zum Haftrichterdienst im Polizeipräsidium vgl. OLG Frankfurt
– Widerspruchsbescheid des Präsidenten – NJW 1991, 1903.

dienst, Sicherungsmaßnahmen, Ordnung im Gerichtsgebäude usw.) Sache der Justizverwaltung, ebenso die **Ausstattung** der Arbeitsräume und der Sitzungssäle (§ 12 Rn. 102 ff.). Der Richter kann nicht von sich aus von der so getroffenen Regelung abweichen, insbesondere nicht ohne Einweisung durch die Justizverwaltung andere Sitzungssäle benutzen (auch nicht etwa bei starkem Andrang von interessierten Zuhörern, vgl. § 169 Rn. 26); auch dann nicht, wenn er die Räume (etwa aus Gründen der Akustik, der Lichtverhältnisse, wegen Straßenlärms oder der Ausgestaltung) nicht für angemessen oder zweckmäßig ansieht (§ 1 Rn. 70). Er kann auch nicht andere (zusätzliche) regelmäßige Sitzungstage von sich aus einlegen, wie auch umgekehrt die Justizverwaltung nicht im Einzelfalle von den generell getroffenen Regelungen einseitig abweichen kann. Dies alles stellt eine Nahtstelle zur allgemeinen Geschäftsverteilung wie zur richterlichen Unabhängigkeit dar und ist im Grunde eine Frage der gemeinsamen Zusammenarbeit im Interesse eines reibungslosen, sachgemäßen Ablaufs der gesamten Justiztätigkeit.

26 Im Rahmen der Tätigkeit an der Gerichtsstelle und der vorgegebenen Räume und Sitzungstage bestimmt der Richter die **Uhrzeit** selbst, wann die Sitzung stattfindet, genau wie die Terminierung der einzelnen Sachen auf die einzelnen Sitzungstage und -stunden. Zu den Dienstpflichten gehört es, diese Termine dann auch tunlichst einzuhalten (§ 1 Rn. 67, 68).

27 **2. Augenschein, Lokaltermine.** Richterliche Tätigkeit außerhalb der Gerichtsstelle (Lokaltermine) ist möglich bei Augenscheinseinnahmen (§§ 219, 371 ff. ZPO, 86, 225 StPO) und bei einer Verhandlung mit einer am Erscheinen verhinderten Person (Verfahrensbeteiligte, Streithelfer, Zeugen usw.), z. B. wegen Krankheit (§§ 219 ZPO, 223 StPO), oder wenn auf Grund besonderer Vorschriften ihre Vernehmung besonders geregelt ist, z. B. Bundespräsident (§§ 219 Abs. 2 ZPO, 49 StPO), Abgeordnete und Minister (§ 382 ZPO, § 50 StPO). Ein Lokaltermin ist weiter möglich, wenn sonstige Handlungen erforderlich sind, die nicht an der Gerichtsstelle vorgenommen werden können (§ 219 ZPO).

28 Über die Erforderlichkeit einer richterlichen Tätigkeit außerhalb der Gerichtsstelle entscheidet das Gericht (Vorsitzender oder Kollegium bzw. Einzelrichter entsprechend dem jeweiligen Verfahrensrecht) nach pflichtmäßigem Ermessen[47] in richterlicher Unabhängigkeit (§ 1 Rn. 74). Ob die Anordnung und Durchführung der Tätigkeit außerhalb der Gerichtsstelle oder ihre Ablehnung selbstständig anfechtbar ist, entscheidet sich nach dem jeweiligen Verfahrensrecht, ebenso das Anwesenheitsrecht und die Anwesenheitspflicht der Verfahrensbeteiligten. Eine Verpflichtung zur Tätigkeit außerhalb der Gerichtsstelle kann sich allein aus dem Verfahrensrecht ergeben, wie der Richter es in richterlicher Unabhängigkeit anwendet. Über die Zweckmäßigkeit einer Tätigkeit außerhalb der Gerichtsstelle entscheidet allein der Richter im Rahmen seiner Unabhängigkeit. Er kann nicht angewiesen werden, etwa aus Gründen der Sparsamkeit die eine oder andere Form zu wählen oder etwa um die Vernehmung eines auswärtigen Zeugen im Wege der Rechtshilfe (§§ 156 ff.) zu ersuchen statt ihn an Ort und Stelle zu vernehmen. Auch die Frage, ob die Vernehmung einer größeren Zahl von Zeugen außerhalb der Gerichtsstelle im Interesse der Beschleunigung oder wegen anderer Vorteile gegenüber der Vernehmung an der Gerichtsstelle angezeigt ist (z. B. Vernehmung der Passagiere eines entführten Flugzeugs, das zum Abflug wieder bereit steht, im Flughafengebäude statt alle Zeugen unter starker Verzögerung und Sicherheitsvorkehrungen und erheblicher Verzögerung ihres Weiterflugs an die Gerichtsstelle verbringen zu lassen), ist vom Richter in richterlicher Unabhängigkeit zu entscheiden. Es ist jedoch seine Pflicht, in solchen Fällen vor seiner Entscheidung eine Abwägung der Interessenlage vorzunehmen.

---

[47] RGZ 56, 357, 359.

3. Verfahren außerhalb der Gerichtsstelle. Die Notwendigkeit hierfür kann 29
sich ergeben, wenn die an der Gerichtsstelle vorhandenen Räume nicht ausreichend sind, z.B. weil infolge räumlicher Beengtheit nicht allen Spruchkörpern im Gerichtsgebäude ein Sitzungssaal zugewiesen werden kann oder wenn die vorhandenen Räume angesichts der großen Zahl der Verfahrensbeteiligten keine genügende Aufnahmekapazität haben (z.B. Großinsolvenz mit vielen Gläubigern, Zwangsversteigerungsverfahren mit voraussehbar vielen Interessenten). Die Durchführung der gesamten Hauptverhandlung außerhalb der Gerichtsstelle kann weiter ausnahmsweise angezeigt sein bei voraussehbar großem Andrang von Zuhörern (hierzu § 169 Rn. 26); die Durchführung des gesamten Verfahrens außerhalb der Gerichtsstelle kann auch aus Gründen der Sicherheit, z.B. bei Fluchtgefahr oder Störungsgefahr angezeigt sein. Eine Hauptverhandlung ist auch außerhalb des Gerichtssitzes[48] oder des Gerichtsbezirks[49] zulässig. Bei allen Verhandlungen außerhalb der Gerichtsstelle, für die auch die Öffentlichkeit (§ 169) gilt, ist auf diese Verhandlung durch Aushang an dem Gebäude unter Angabe der Tagesordnung hinzuweisen.[50] Darüber hinaus ist § 219 ZPO nicht abschließend zu verstehen, wie auch die in den neueren Verfahrensvorschriften enthaltene Möglichkeit zeigt, dass Sitzungen auch außerhalb des Gerichtssitzes abgehalten werden können, wenn dies zur sachdienlichen Erledigung notwendig ist (§§ 102 Abs. 3 VwGO, 91 Abs. 3 FGO, 110 Abs. 2 SGG). Die Vorschrift enthält unverkennbar auch haushaltsrechtliche Sparerwägungen (vgl. Rn. 31), ebenso ist der Zusammenhang mit dem früheren § 166 GVG zu sehen, wonach das Gericht außerhalb seines Bezirks Amtshandlungen nur vornehmen durfte mit Zustimmung des Amtsgerichts des entsprechenden Ortes. Im Sinne einer modernen, „offenen" RSpr muss das Gericht die Freiheit haben, auch aus anderen Gründen im Interesse der Rechtsfindung außerhalb seiner Gerichtsstelle zu tagen,[51] wie ja auch die Justizverwaltung Gerichtstage und Zweigstellen bestimmen kann[52] (Rn. 2f.).

Zur Durchführung eines Termins außerhalb der Gerichtsstelle ist, wenn der Lo- 30
kaltermin nicht an einem allgemein zugänglichen Ort stattfindet, die Zustimmung des **Hausrechtsinhabers** erforderlich (vgl. § 169 Rn. 36). Das gilt auch dann, wenn er Verfahrensbeteiligter ist. Voraussetzung für die Wirksamkeit und verfahrensrechtliche Verwertbarkeit eines solchen Lokaltermins ist es, dass für alle Verfahrensbeteiligte der Zugang, die Teilnahme und die Wahrung aller Verfahrensrechte uneingeschränkt gewährleistet ist. Eine andere Frage ist es, ob bei einem Lokaltermin auch eine Anwesenheitspflicht besteht; das richtet sich nach dem einschlägigen Verfahrensrecht.

Für die Vornahme richterlicher Tätigkeiten außerhalb der Gerichtsstelle bedürfen 31
die Richter im Gegensatz zum allgemeinen öffentlichen Dienstrecht **keiner Anordnung oder Genehmigung** der Dienstreise oder des Dienstganges; dies kommt nach dem Amt des Dienstreisenden und dem Wesen des Dienstgeschäfts nicht in Betracht (§ 2 Abs. 1 Satz 2 BRKG). Entsprechende Vorschriften finden sich im Landesrecht für die Richter im Landesdienst.

4. Richterliche Tätigkeit im Ausland. Das Verfahrensrecht unterscheidet 32
nicht danach, ob sich die Tätigkeit des Richters außerhalb der Gerichtsstelle im Inland oder im Ausland vollzieht (vgl. § 1 Rn. 74). Da die richterlicher Tätigkeit aber Ausübung der Justizhoheit ist, endet die Befugnis hierzu grundsätzlich an der Staatsgrenze. Beweiserhebungen usw., die im Ausland notwendig werden, sind des-

---

[48] RGSt 39, 348.
[49] BGHSt 22, 250, 253 = NJW 1969, 105.
[50] LSG Stuttgart Justiz 1976, 87.
[51] BAG NJW 1993, 1029; NZA 1993, 382; vgl. *Däubler* BB 1993, 660; *Joost* BB 1993, 662; *Walker* NZA 1993, 491; *Schwerdtner* EWiR § 219 ZPO 1/93; *Hanau* EWiR § 219 ZPO 2/93; a.A. *Zöller/Stöber* § 219 ZPO Rn. 1.
[52] Wegen „fahrender" AG vgl. DRiZ 1966, 423.

halb grundsätzlich im Wege der internationalen Rechtshilfe vorzunehmen[53] (vgl. Einl. Rn. 33; § 156 Rn. 64). Die internationale Rechtshilfe fällt in den Bereich der Beziehungen zu ausländischen Staaten, für deren Pflege nach Art. 32 GG allein die BReg zuständig ist (vgl. § 1 Rn. 74). Im Zusammenhang mit der Verwaltungsentscheidung über die Stellung von Ersuchen um Rechtshilfe an ausländische Staaten wird keine Dienstaufsicht i. S. von § 26 DRiG über die Richter ausgeübt.[54] Bei Gewährung der internationalen Rechtshilfe (geregelt in vielen völkerrechtlichen Verträgen) kann von dem ausländischen Staat oder Gericht die Anwesenheit deutscher Verfahrensbeteiligter zugelassen werden; diese bedarf innerstaatlich, soweit es um die Richter geht, eines Beschlusses des Gerichts. Wenn auch der Beschluss über die Vornahme richterlicher Amtshandlungen im Ausland oder die Anwesenheit bei der Tätigkeit ausländischer, um Rechtshilfe ersuchter Gerichte in richterlicher Unabhängigkeit getroffen wird, kann eine Kollision mit der der Exekutive obliegenden Pflege der auswärtigen Beziehungen (Art. 32, 59 GG) eintreten. Die Frage, ob eine Zustimmung des ausländischen Staates zur Vornahme richterlicher Handlungen deutscher Richter auf seinem Staatsgebiet herbeigeführt wird oder von einer etwa bereits erteilten Zustimmung Gebrauch gemacht werden soll, fällt gleichermaßen in den Bereich der Beziehungen zu auswärtigen Staaten. Deshalb hat die BReg das Recht, einer richterlichen Tätigkeit im Ausland außenpolitische Bedenken entgegenzusetzen, die nur auf Willkür nachprüfbar sind. Der zuständige Landesjustizminister ist befugt und verpflichtet, auf Grund solcher Bedenken die Bewilligung von Dienstreisen und die Zahlung von Reisekosten zu verweigern.[55]

33 **X. Dienststunden des Gerichts. 1.** Die **Öffnungszeiten** (Dienstzeiten) der Gerichte insgesamt sind rechtssatzmäßig nicht festgelegt. Zu unterscheiden ist zwischen der Arbeitszeitregelung für die Justizangehörigen einerseits und der institutionellen Dienstzeit (Öffnungszeit) des Gerichts für den allgemeinen Dienstbetrieb im Verhältnis zum rechtsuchenden Bürger (sog. Publikum) andererseits. Für den allgemeinen Dienstbetrieb der Gerichte gelten, wie auch sonst in der öffentlichen Verwaltung üblich, selbstgesetzte Öffnungszeiten. Während jedoch manche Verwaltungsbehörden ihre Öffnungszeiten auf wenige Tagesstunden und bestimmte Werktage beschränken können, hat sich für die Gerichte weitgehend die Überzeugung durchgesetzt, dass sie während der gesamten, für die Justizangehörigen verbindlichen Arbeitszeit auch für Besucher zu öffnen sind. Gleichwohl können für bestimmte Aufgaben, z. B. Protokollierung von Anträgen, Einsicht in Register oder Akten, bestimmte Stunden festgesetzt werden, um einen geordneten Dienstbetrieb im Übrigen zu ermöglichen.

34 **2.** Für dringende, unaufschiebbare Anliegen muss darüber hinaus eine ständige Dienstbereitschaft des Gerichts bestehen, ganztags, auch nachts, wie auch an Sonn- und Feiertagen (vgl. § 16 Rn. 80; § 21 e Rn. 136). Während die organisatorischen Voraussetzungen für den allgemeinen Geschäftsbetrieb, auch in Eilsachen, eine Angelegenheit der Justizverwaltung sind, ist die Einrichtung eines richterlichen Eildienstes und die personelle Ausgestaltung Sache der Geschäftsverteilung. Ist ein besonderer **richterlicher Eildienst** nicht eingerichtet, so ist jeder Richter auch außerhalb der üblichen Dienststunden des Gerichts berechtigt und verpflichtet, die in seine geschäftsplanmäßige Zuständigkeit fallenden Eilsachen zu erledigen; ist er nicht erreichbar, tritt die allgemeine Vertretungsregelung ein.

35 **3.** Für **Fristsachen** (z. B. Rechtsmitteleinlegung) muss dafür Sorge getragen sein, dass der Bürger die Fristen voll ausschöpfen, also auch buchstäblich „bis zur

---

[53] *Schnigula* DRiZ 1984, 177.
[54] BGHZ 87, 385 = NJW 1983, 2769; Z 94, 150 = NJW 1986, 664.
[55] BGHZ 71, 9 = NJW 1978, 1425; die Verfassungsbeschwerde hiergegen wurde nicht angenommen, vgl. DRiZ 1979, 219; abl. *Arndt* DRiZ 1978, 300; *Rudolph* DRiZ 1979, 98.

letzten Minute" Fristsachen einreichen kann, z. B. durch das Vorhandensein eines uhrgesteuerten Nachtbriefkastens (§ 16 Rn. 102).

4. Eine weitere Ausnahme von den üblichen Dienststunden gilt für die **richter- 36 liche Tätigkeit:** Wann sie in concreto ausgeübt wird, entscheidet der Richter in richterlicher Unabhängigkeit, z. B. Dauer einer Verhandlung in den Abend hinein, Augenscheinseinnahme zur Nachtzeit (§ 1 Rn. 154), auch an den dienstfreien Tagen, ebenso an Feiertagen, vgl. § 216 Abs. 3 ZPO. Auf die Eigengesetzlichkeiten des allgemeinen Gerichtsbetriebs (Dienststunden der Bediensteten, Arbeitsschutz, Überstundenregelung, allgemeine Personalausstattung, Erreichbarkeit in Eilsachen usw.) ist hier jedoch im größtmöglichen Maße Rücksicht zu nehmen, auch auf konfessionelle Belange. Auch bei richterlicher Tätigkeit außerhalb der allgemeinen Dienststunden des Gerichts kann der Richter lediglich die richterliche Tätigkeit selbst bestimmen; Sache der Justizverwaltung ist es, die erforderlichen Hilfskräfte und die sachlichen Voraussetzungen für seine Tätigkeit zur Verfügung zu stellen. Geschieht dies nicht in dem möglichen Maße, kann eine Beeinträchtigung der richterlichen Unabhängigkeit vorliegen (§ 1 Rn. 155). Entsprechende Grundsätze gelten für die vorbereitende richterliche Tätigkeit.

XI. Allgemeine Dienstaufsicht (Abs. 3). Die „allgemeine Dienstaufsicht" ist 37 im Gesetz nicht näher definiert. Der Begriff war von Anfang an im GVG enthalten und gab schon bei der Beratung zu Zweifeln Anlass.[56] Zu unterscheiden sind Inhalt und Zuständigkeit; zum Hausrecht § 12 Rn. 93.

1. Inhalt. Allgemeine Dienstaufsicht ist die Aufsicht im Sinne des öffentlichen 38 Dienstrechts, beinhaltet also die Ausübung aller Pflichten und Rechte eines Vorgesetzten im Sinne des Rechts des öffentlichen Dienstes, z. B. § 55 BBG, § 37 BRRG; das bedeutet die „Pflicht zur Überwachung der Untergebenen, um sie zur treuen Erfüllung ihrer Pflichten anzuhalten und um das Begehen von Pflichtverletzungen zu verhindern".[57] Dazu gehört die Pflicht und die Befugnis, dafür zu sorgen, dass die dem Inhaber der Dienstaufsicht unterstellten Angehörigen des öffentlichen Dienstes die ihnen obliegenden **Dienstaufgaben ordnungsgemäß erledigen,** mit der Befugnis, Weisungen zu erteilen, Aufgaben im Einzelfalle an sich zu ziehen oder von der allgemeinen Verteilung abzuweichen; dazu gehört die Kontrolle der Einhaltung aller für die Aufgabenerfüllung maßgebenden Rechts- und Verwaltungsvorschriften sowie der für die Ordnung der Behörde geltenden Vorschriften, z. B. über die Arbeitszeit, ebenso die Kontrolle des korrekten äußeren Auftretens im Umgang mit anderen Personen, mit denen der Bedienstete dienstlich zu tun hat. Dazu gehört Recht und Pflicht, einen nicht ordnungsgemäß Tätigen zu ordnungsgemäßer Amtsführung zu ermahnen und notfalls die rechtlichen Konsequenzen daraus zu ziehen bzw. einzuleiten. Zur Dienstaufsicht gehören darüber hinaus alle Aufgaben, Befugnisse und Pflichten, die nach dem Recht des öffentlichen Dienstes einem Vorgesetzten weiter obliegen, z. B. Bewilligung von Dienstbefreiung und Urlaub, Genehmigung von Nebentätigkeiten, Anordnung von Dienstreisen, Erteilung von Aussagegenehmigungen. Zur Dienstaufsicht gehört auch die Erfüllung der **Fürsorgepflicht** des Dienstherrn gegenüber den Bediensteten. Zur Dienstaufsicht im weiteren Sinne gehört auch die Entscheidung über Einstellung und Entlassung, Versetzung und Abordnung sowie Beförderung. Zu beachten ist, dass die allgemeine Dienstaufsicht über Richter durch die richterliche Unabhängigkeit (§ 1) und die Regelung der Geschäftsverteilung (§§ 21 aff.) erheblich eingeschränkt ist. Zu Staatsanwälten vgl. § 147. Bei Rechtspflegern ist die Weisungsbefugnis durch § 9 RPflG eingeschränkt.

---

[56] *Hahn* I S. 67, 429 f.
[57] BVerwGE 83, 285 = NJW 1987, 3213.

39 Der Umfang der Befugnisse ergibt sich im Einzelnen aus dem jeweils verbindlichen Recht des öffentlichen Dienstes. Stets ist jedoch der aufsichtführende Richter der **Vorgesetzte** im Sinne des Beamtenrechts. Ob er auch die Aufgaben des Dienstvorgesetzten ausübt und mit Aufgaben des Dienstherrn im Übrigen betraut ist, richtet sich nach den einzelnen, teilweise recht unterschiedlichen Vorschriften und Übertragungsakten. Die allgemeine Dienstaufsicht nach Gerichtsverfassungsrecht beinhaltet weiter die Rechte und Pflichten, die sich aus dem bei dem Gericht nötigen Geschäftsablauf ergeben, also die **Geschäftsleitung** im weitesten Sinne (**Gerichtsverwaltung, Justizverwaltung,** § 12 Rn. 85 ff.). Das bedeutet das Recht und die Pflicht, innerhalb der von der allgemeinen Organisation der Justizverwaltung für das jeweilige Gericht gezogenen Grenzen einer selbstständigen Tätigkeit für einen optimalen Geschäftsablauf zu sorgen. Die Grenzen der Geschäftsleitung durch den die Dienstaufsicht führenden Richter ergeben sich einmal aus einer Vielzahl von Gesetzen und anderen Rechtsnormen, aus Verwaltungsvorschriften und aus der allgemeinen Behördenorganisation, zum Teil auch aus langjähriger Übung, mitunter auch unausgesprochenermaßen aus den Eigengesetzlichkeiten des Geschäftsbetriebs bei dem jeweiligen Gericht. Die allgemeine Dienstaufsicht umfasst in jedem Falle die Leitung des behördeninternen technischen Betriebsablaufs einschließlich Sitzungsdienst, Tätigkeit der Geschäftsstelle, Protokoll- und Wachtmeisterdienst, Poststelle, Sicherheit und Ordnung innerhalb des Gebäudes sowie die Verteilung der Dienstgeschäfte, nicht jedoch für die Richter (§ 21 e).

40 **2. Zuständigkeit für die Dienstaufsicht.** In wessen Zuständigkeit die Dienstaufsicht über die Richter fällt, ist im DRiG nicht und im GVG nur unvollkommen geregelt. Die Frage betrifft die **Organisationsgewalt,** sie ist deshalb für die Bundesgerichte bundesrechtlich, für die Gerichte der Länder durch Landesrecht zu regeln (Einl. Rn. 18). Für die Gerichte des Bundes gilt mangels einer späteren Regelung die GVVO 1935 (hierzu § 12 Rn. 88). Nach deren § 14 Abs. 1 Nr. 1 ist für die Ausübung der BMdJ zuständig. Soweit die Länder für ihre ordentlichen Gerichte keine Neuregelung getroffen haben, gilt auch für sie die GVVO weiter. Daraus ergibt sich für die Richter beim AG:

41 Ist das AG **mit einem Präsidenten besetzt,** übt dieser die Dienstaufsicht aus (§ 14 Abs. 1 Nr. 4 GVVO); dem Präsidenten des übergeordneten LG steht die Dienstaufsicht nicht zu (§ 14 Abs. 2 GVVO). § 22 Abs. 3 Satz 1 GVG, wonach die LJustizVerw die allgemeine Dienstaufsicht dem Präsidenten des übergeordneten LG übertragen kann, ist hier nicht anwendbar; sondern setzt voraus, dass das AG nicht mit einem Präsidenten besetzt ist. Die Dienstaufsicht des AG-Präsidenten erstreckt sich auch auf die Richter.[58]

42 Ist das AG **nicht mit einem Präsidenten besetzt,** dann kann die LJustizVerw die allgemeine Dienstaufsicht dem Präsidenten des übergeordneten LG (§ 22 Abs. 3 Satz 1) oder dem Präsidenten eines anderen AG im gleichen LG-Bezirk (§ 14 Abs. 3 GVVO; vgl. auch § 22a, § 22b Abs. 4 GVG) übertragen. Geschieht dies nicht und ist das AG mit mehreren Richtern besetzt, so hat sie einem von ihnen die allgemeine Dienstaufsicht zu übertragen, wie § 22 Abs. 3 Satz 2 als Ausnahme von der allgemeinen Regelungskompetenz der Länder bestimmt (vgl. § 12 Rn. 87). Dieser Richter ist „aufsichtführender" Richter, z.B. im Sinne des § 21a Abs. 2 (vgl. aber § 22a), seine Dienstaufsicht erstreckt sich jedoch nicht auf die Richter des AG (§ 15 GVVO). Ist das AG nur mit einem Richter besetzt, wird die Dienstaufsicht in diesem Fall von dem einen Richter des AG ausgeübt (§ 14 Abs. 1 Nr. 4 GVVO).

43 Die Übertragung der allgemeinen Dienstaufsicht durch die LJustizVerw ist eine **Organisationsanordnung,** die formlos möglich ist und für den, dem sie übertragen wird, grundsätzlich **keine Rechtsposition** begründet; vielmehr kann diese

---

[58] *Niehuus* DRiZ 1968, 277; a. A. *Weist* DRiZ 1968, 48.

Übertragung jederzeit geändert werden (vgl. § 1 Rn. 41). Etwas anderes gilt auch dann nicht, wenn mit der Übertragung der allgemeinen Dienstaufsicht eine Beförderung oder förmliche Ernennung verbunden ist. Auf die sonstigen statusrechtlichen Wirkungen der einmal vorgenommenen Ernennung hat die Entziehung der Dienstaufsicht jedoch keinen Einfluss.

3. Vertretung. Zur Vertretung in der allgemeinen Dienstaufsicht § 59 Rn. 9.   44

4. Weisungsgebundenheit. Bei Ausübung der allgemeinen Dienstaufsicht besteht Weisungsgebundenheit (§ 1 Rn. 41). Ob dem Präsidenten des AG der Präsident des LG oder unmittelbar nur der Präsident des OLG übergeordnet ist, wie dies § 14 Abs. 2 GVVO vorsieht, richtet sich nach Landesrecht (§ 12 Rn. 88).   45

5. Richterliche Tätigkeit neben Dienstaufsicht. Neben seiner Tätigkeit in Ausübung der Dienstaufsicht hat der Präsident oder aufsichtführende Richter des AG auch richterliche Tätigkeit auszuüben, er kann sich nicht auf Verwaltungsaufgaben beschränken (§ 21 e Rn. 126; § 59 Rn. 7).   46

Die Dienstaufsicht übt als **nächsthöhere Instanz** der OLG-Präsident aus über alle AG des OLG-Bezirks (§ 14 Abs. 1 Nr. 3 GVVO), damit hat er auch das Weisungsrecht gegenüber dem Präsidenten des AG, LG oder aufsichtführenden Richter des AG. Höhere Dienstaufsichtsbehörde gegenüber dem OLG-Präsidenten ist der Minister der Justiz (§ 14 Abs. 1 Nr. 1 GVVO).   47

In den **anderen Gerichtsbarkeiten** ist die Zuständigkeit für die Dienstaufsicht klarer geregelt, vgl. §§ 15, 34, 40 ArbGG, § 31 FGO, §§ 9 Abs. 2, 30 Abs. 2, 38 Abs. 3 SGG, § 38 VwGO.   48

§ 22 a. [Präsident des LG oder AG als Vorsitzender des Präsidiums]

Bei Amtsgerichten mit einem aus allen wählbaren Richtern bestehenden Präsidium (§ 21 a Abs. 2 Nr. 5) gehört der Präsident des übergeordneten Landgerichts oder, wenn der Präsident eines anderen Amtsgerichts die Dienstaufsicht ausübt, dieser Präsident dem Präsidium als Vorsitzender an.

Gesetzesfassung: Verweisung geändert durch das G zur Stärkung der Unabhängigkeit der Richter und Gerichte vom 22. 12. 1999 (BGBl. I S. 2598), berichtigt BGBl. 2000 I S. 1415.

Die Vorschrift trifft eine Sonderregelung für den **Vorsitz im Präsidium** (dazu § 21 a Rn. 15) beim AG. Während grundsätzlich der Präsident des Gerichts oder, soweit ein solcher nicht vorgesehen ist, der aufsichtführende Richter des Gerichts Vorsitzender des Präsidiums ist, wird hier für kleine AG der Vorsitz einem nicht zum Gericht gehörenden Richter übertragen. Rechtspolitischer Zweck ist der Ausgleich möglicher Spannungen und Ungewichtungen bei kleinen Gerichten und eine größtmögliche Objektivität.[1]   1

Die Sonderregelung gilt nur für **Gerichte mit weniger als 8 Richterplanstellen** (dazu § 21 a Rn. 11), ohne Rücksicht auf deren Zahl im Übrigen (vgl. § 21 a Rn. 9) und darauf, wie viele Planstellen besetzt sind und wie viele Richter am Gericht tätig sind, die nicht auf einer für dieses Gericht bestehenden Planstelle haushaltsrechtlich geführt werden, z.B. abgeordnete Richter. Sie gilt auch bei nur einem zum Präsidium wahlberechtigten Richter. Ob bei dem AG die Stelle eines aufsichtführenden Richters besteht und besetzt ist, bleibt ebenfalls ohne Belang; maßgebend ist allein die Zahl der Planstellen.   2

Bei diesen AG führt in Abweichung von der allgemeinen Regelung der **Präsident des übergeordneten LG** den Vorsitz im Präsidium. Ist jedoch die Dienstaufsicht dem Präsidenten eines anderen AG übertragen (§ 22 Rn. 42), dann hat dieser und nicht der Präsident des LG den Vorsitz. Die Vertretung des Präsidenten   3

---

[1] BTagsDrucks. VI/2903 S. 5.

(AG oder LG) richtet sich ausschließlich nach §§ 21 c, 21 h. Ein Anfechtungsrecht nach § 21 b Abs. 6 steht dem Präsidenten nicht zu, da er nicht kraft Wahl Mitglied des Präsidiums ist.[2]

4   **Erhöht sich die Zahl** der Richterplanstellen auf mindestens 8, endet (entgegen § 21 d) schon damit die Mitgliedschaft des Präsidenten des LG oder eines AG und seine Stellung als Vorsitzender, denn diese Funktion ist allein an die Planstellenzahl geknüpft.[3] Die vorher vom Plenarpräsidium beschlossene Geschäftsverteilung bleibt zunächst bestehen. Es ist jetzt möglichst schnell ein Präsidium nach § 21a Abs. 2 Nr. 4 (usw.) zu wählen, dem der aufsichtführende Richter oder, soweit nun neu vorhanden, der AG-Präsident kraft Amtes als Vorsitzender angehört. Nur dieses neue Präsidium kann die fortbestehende Geschäftsverteilung für die Zukunft ändern, bis dahin gilt die Notlösung des § 21 i Abs. 2. Zum umgekehrten Fall der Unterschreitung der mindestens 8 Richterplanstellen vgl. § 21 d Rn. 5.

5   Für die Eilregelung nach § 21 i ist in den Fällen des § 22a der Präsident (Rn. 3) in seiner Eigenschaft als Vorsitzender des Präsidiums zuständig (§ 21 i Rn. 8).

§ 22 b. [Vertretung von Richtern]

(1) **Ist ein Amtsgericht nur mit einem Richter besetzt, so beauftragt das Präsidium des Landgerichts einen Richter seines Bezirks mit der ständigen Vertretung dieses Richters.**

(2) **Wird an einem Amtsgericht die vorübergehende Vertretung durch einen Richter eines anderen Gerichts nötig, so beauftragt das Präsidium des Landgerichts einen Richter seines Bezirks längstens für zwei Monate mit der Vertretung.**

(3) [1] **In Eilfällen kann der Präsident des Landgerichts einen zeitweiligen Vertreter bestellen.** [2] **Die Gründe für die getroffene Anordnung sind schriftlich niederzulegen.**

(4) **Bei Amtsgerichten, über die der Präsident eines anderen Amtsgerichts die Dienstaufsicht ausübt, ist in den Fällen der Absätze 1 und 2 das Präsidium des anderen Amtsgerichts und im Falle des Absatzes 3 dessen Präsident zuständig.**

1   **I. Ständige Vertretung (Abs. 1).** Bei einem Gericht, das nur mit einem Richter „besetzt" ist, ist dieser Richter für alle anfallenden richterlichen Aufgaben zuständig, eine Geschäftsverteilung ist begrifflich nicht möglich. Es bedarf jedoch einer Regelung, wie dieser Richter im Verhinderungsfalle vertreten wird. Mit nur einem Richter „besetzt" ist ein AG, dem Gericht nur ein Richter ständig zur Dienstleistung zugewiesen ist ohne Rücksicht darauf, ob er eine Planstelle innehat oder nicht. Das Gesetz stellt hier nicht auf Planstellen ab (im Gegensatz zu §§ 21 a und 22 a), sondern auf die tatsächliche Situation. Bei einem solchen AG bedarf es keiner Geschäftsverteilung, weil hier nicht zweifelhaft sein kann, dass der einzige Richter stets der gesetzliche Richter für alle richterlichen Aufgaben des Gerichts ist (§ 21 a Rn. 9). Hier muss nur geregelt werden, wer den (einzigen) Richter des Gerichts (von außerhalb) vertritt. Ein Verhinderungsfall ist es auch, wenn der eine Richter in seinen Verwendungsmöglichkeiten rechtlich beschränkt ist (§ 22 Rn. 6). – Kommt zu dem einen Richter des AG ein weiterer Richter hinzu, bedarf es einer Geschäftsverteilung durch das ohnehin bestehende Präsidium (§ 21 a Rn. 9). Für eine Vertreterbestellung nach § 22 b Abs. 1 ist dann kein Raum mehr,[1] die beiden Richter vertreten sich gegenseitig; allenfalls kann eine Vertretungsregelung nach Abs. 2 erforderlich werden.

2   Die nach Abs. 1 notwendige Regelung (§ 21 e Abs. 1 Satz 1) für das mit nur einem Richter „besetzte" AG wird vom **Präsidium des LG** getroffen, und zwar nach

---

[2] LG Koblenz DRiZ 1966, 329; *Katholnigg* Rn. 1.
[3] *Katholnigg* Rn. 1.
[1] *LR/Siolek* Rn. 2; a. A. *Schorn/Stanicki* S. 24.

allgemeinen Grundsätzen.² Zur ausnahmsweisen Zuständigkeit des Präsidiums eines anderen AG siehe Rn. 8. Dieses Präsidium muss, da bei dem betroffenen AG kein anderer Richter zur Verfügung steht, einen Richter „seines Bezirks" mit der Vertretung beauftragen. Das kann jeder Richter sein, der im Bezirk des LG tätig ist, sei es beim LG oder bei einem AG, ohne Rücksicht auf seinen Status, auch ein Richter aP, ein Vorsitzender Richter beim LG oder entsprechend § 21 e Abs. 1 Satz 3 der Präsident selbst. Zu beachten sind aber die für einzelne Geschäfte bestehenden statusrechtlichen Voraussetzungen (§ 22 Rn. 6). Die Vertretung kann auf mehrere Richter verteilt werden, sowohl nach der Art der zu erledigenden Aufgaben als auch zeitlich. Empfehlenswert ist auch die Regelung einer „zweiten" Vertretung.

Die Vertreterbestellung ist weder eine Abordnung noch die Übertragung eines weiteren Richteramtes, sondern eine, wenn auch gerichtsübergreifende, Zuweisung richterlicher Aufgaben durch das Präsidium gemäß § 21 e (vgl. § 22 Rn. 16). Der zum Vertreter zu bestellende Richter ist vorher anzuhören (§ 21 e Abs. 5), seine Zustimmung ist jedoch nicht erforderlich. Eine Mitwirkung der Justizverwaltung ist nicht zulässig, ebenso wenig des Präsidiums des Gerichts, dem dieser Richter angehört. Jedoch ist die frühzeitige Information dieses Präsidiums zweckmäßig, damit es in der von ihm zu beschließenden Geschäftsverteilung auf die Belastung des Richters Rücksicht nehmen kann. 3

Die Justizverwaltung kann nicht einen Richter für den Vertretungsfall zu diesem AG abordnen; dies stünde im Widerspruch zu § 22 b, der für diesen Fall gerade die Regelungszuständigkeit des Präsidiums abschließend regelt. 4

II. Vorübergehende Vertretung (Abs. 2). Von der regelmäßigen Vertretung nach Abs. 1 zu unterscheiden ist die vorübergehend notwendige, nicht generell erforderliche Vertretung bei einem AG ohne Rücksicht darauf, mit wie vielen Richtern es „besetzt" ist oder wie viele Planstellen es hat. Eine solche Vertretungsnotwendigkeit ergibt sich dann, wenn durch eine Mehrzahl von Verhinderungen oder Überlastung des geschäftsplanmäßig zuständigen Richters und der geschäftsplanmäßig als Vertreter vorgesehenen Richter kein gesetzlicher Richter mehr am AG vorhanden ist oder der vertretungsbereite Richter in seiner Verwendungsmöglichkeit beschränkt ist (§ 22 Rn. 6). Die Vertretungsregelung nach Abs. 2 setzt eine Vertretungsnotwendigkeit voraus, die von einzelnen konkreten, im Rahmen der Aufstellung des Geschäftsverteilungsplanes nach § 21 e noch nicht vorhersehbaren Ereignissen bestimmt ist; es kann auf der Grundlage von Abs. 2 keine abstrakt-generelle Vertretungsregelung über die Dauer des Geschäftsjahres getroffen werden.³ Nur in dem genannten Notfall beauftragt das Präsidium des LG einen Richter „seines" Bezirks mit der Vertretung, es gilt das zu Rn. 3 Ausgeführte entsprechend. Die Regelung ist jedoch auf die Dauer von 2 Monaten beschränkt. Danach läuft die Vertretung kraft Gesetzes aus, sie kann jedoch erneut auf die Dauer von längstens zwei Monaten ausgesprochen werden.⁴ In diesem Wiederholungsfalle kann auch der gleiche Richter wiederum mit der Vertretung beauftragt werden, denn die Vorschrift dient nicht dem Schutz des Richters vor Unbequemlichkeit,⁵ sondern soll einen Orientierungspunkt setzen für die Abgrenzung der vorübergehenden Vertretung nach Abs. 2 zur dauernden nach Abs. 1.⁶ Hier kann auch die Justizverwaltung durch vorübergehende Abordnung eines Richters an das Gericht Abhilfe schaffen.⁷ 5

III. Vertretung in Eilfällen (Abs. 3). In Eilfällen kann der Präsident des LG einen zeitweiligen Vertreter bestellen (Abs. 3 Satz 1). Ein Eilfall liegt vor, wenn 6

---

² OLG Bremen NJW 1965, 1447.
³ VGH München NJW 1994, 2308.
⁴ A. A. *Meyer-Goßner* Rn. 2.
⁵ *LR/Siolek* Rn. 4.
⁶ *Stanicki* DRiZ 1972, 416; *Schorn/Stanicki* S. 100.
⁷ *LR/Siolek* Rn. 5.

§ 22 c   3. Titel. Amtsgerichte

durch den bis zum Zusammentritt des Präsidiums erforderlichen Zeitablauf eine dringend erforderliche Tätigkeit des „gesetzlichen" Richters nicht rechtzeitig (vgl. § 21 i Abs. 2 Satz 1) ermöglicht und damit die Gefahr der Entziehung des gesetzlichen Richters oder eine erhebliche Beeinträchtigung des Dienstbetriebs herbeigeführt würde. Die Eilzuständigkeit gilt für die Fälle des Abs. 1 und 2, jedoch ist stets nur die Bestellung eines „zeitweiligen" Vertreters zulässig. Das ist ein Vertreter, der ausdrücklich nur für eine bestimmte Frist, bestimmt nach einem Kalendertag oder einem bestimmten Ereignis, z. B. Genesung eines Richters oder längstens für zwei Monate (vgl. Abs. 2) bestellt wird. Für die Auswahl des Richters usw. gelten Rn. 2, 3 entsprechend.

7   Die Gründe für die getroffene Anordnung sind schriftlich niederzulegen (Abs. 3 Satz 2, vgl. § 21 i Abs. 2 Satz 2). Ob die tatsächlichen Voraussetzungen von Abs. 3 vorliegen, entscheidet der Präsident nach pflichtgemäßem Ermessen; seine Entscheidung ist lediglich auf eine Besetzungsrüge hin und nur unter dem Gesichtspunkt rechtlich fehlerhafter Beurteilung der Begriffe „Eilfall" und „zeitweiliger Vertreter" gerichtlich nachprüfbar.[8] Im Gegensatz zu § 21 i Abs. 2 ist eine unverzügliche Vorlage der Entscheidung an das Präsidium nicht ausdrücklich vorgeschrieben, ebenso wenig ist der dortige Satz 4 wiederholt, dass die Anordnung in Kraft bleibt, bis das Präsidium anderweit beschließt. Es stellt sich somit die Frage, ob das Gesetz hier eine Sonderregelung für das AG treffen wollte.[9] Dafür spricht, dass § 22 b Abs. 3 sonst wegen § 21 i Abs. 2 überflüssig wäre. Indessen muss hier ein Redaktionsversehen angenommen werden. Angesichts der mit der Neuregelung der §§ 21 a ff. GVG verfolgten gesetzgeberischen Absicht, den gesetzlichen Richter und die Befugnisse des Präsidiums zu stärken, ist bei § 22 b Abs. 3 entsprechend § 21 i Abs. 2 zu verfahren. Es wird nicht ersichtlich, warum die Eilentscheidung des Präsidenten für das AG gegenüber denen für LG und OLG dem Präsidium weitergehend entzogen sein sollte und das Präsidium diese nicht nachträglich soll ändern können.[10] Nur so kann der Primat des Präsidiums für die Bestellung des gesetzlichen Richters konsequent durchgesetzt werden. Deshalb hat der LGPräs die Vertreterbestellung entsprechend § 21 i Abs. 2 Satz 3 dem Präsidium vorzulegen, dem dann die weitere Regelung gebührt, insbesondere bei der Notwendigkeit einer Vertreterbestellung von längerer Dauer.[11] Nach § 21 i Abs. 2 Satz 4 gilt die Anordnung des LGPräs, solange das Präsidium nicht anderweitig beschließt.

8   **IV. Zuständigkeit eines anderen AG für die Vertretungsregelung.** Übt der Präsident eines anderen AG die Dienstaufsicht über das AG aus (§ 22 Rn. 42), steht die Zuständigkeit des Präsidenten des LG und des Präsidiums des LG nach Abs. 1 bis 3 dem Präsidenten bzw. dem Präsidium des anderen AG zu (Abs. 4). Herangezogen werden können nur Richter dieses (Präsidenten-)AG, „seines Bezirks", nicht Richter des LG oder anderer AG.[12]

9   **V. Umfang der Vertretungsregelung.** § 22 b regelt nur die Vertretung des verhinderten Richters in seinen richterlichen Aufgaben. Die Regelung der Vertretung in den ihm übertragenen Verwaltungsaufgaben, insbesondere die Führung der Dienstaufsicht, ist Sache der Justizverwaltung (vgl. § 4 GVVO).

§ 22 c [Bereitschaftsdienst]

(1) **¹Die Landesregierungen werden ermächtigt, durch Rechtsverordnung zu bestimmen, dass für mehrere Amtsgerichte im Bezirk des Landgerichts ein gemeinsamer Bereitschaftsdienstplan aufgestellt wird oder ein Amtsgericht Geschäf-**

---

[8] *LR/Siolek* Rn. 6.
[9] So *Meyer-Goßner* Rn. 2; *Zöller/Gummer* Rn. 4; *BL/Hartmann* Rn. 4.
[10] *LR/Siolek* Rn. 6.
[11] *LR/Siolek* Rn. 7.
[12] *LR/Siolek* Rn. 8; *Schorn/Stanicki* S. 93, 94.

te des Bereitschaftsdienstes ganz oder teilweise wahrnimmt, wenn dies zur Sicherstellung einer gleichmäßigeren Belastung der Richter mit Bereitschaftsdiensten angezeigt ist. ²Zu dem Bereitschaftsdienst sind die Richter der in Satz 1 bezeichneten Amtsgerichte heranzuziehen. ³In der Verordnung nach Satz 1 kann bestimmt werden, dass auch die Richter des Landgerichts heranzuziehen sind. ⁴Über die Verteilung der Geschäfte des Bereitschaftsdienstes beschließt nach Maßgabe des § 21e das Präsidium des Landgerichts im Einvernehmen mit den Präsidien der betroffenen Amtsgerichte. ⁵Kommt eine Einigung nicht zustande, obliegt die Beschlussfassung dem Präsidium des Oberlandesgerichts, zu dessen Bezirk das Landgericht gehört.

(2) **Die Landesregierungen können die Ermächtigung nach Absatz 1 auf die Landesjustizverwaltungen übertragen.**

Gesetzesfassung: § 22c eingefügt durch Art. 3 G zur Änderung des Rechtspflegergesetzes und anderer Gesetze vom 24. 6. 1994 (BGBl. I S. 1374); Abs. 1 neu gefasst durch Art. 20 Nr. 1 G zur Änderung des Rechts der Vertretung durch Rechtsanwälte vor den Oberlandesgerichten vom 23. 7. 2002 (BGBl. I S. 2850).

I. Allgemeines. Den Bereitschaftsdienst bei den Gerichten sprach das GVG ursprünglich nicht ausdrücklich an. Diesen bei Bedarf einzurichten blieb ohnehin originäre Pflicht des jeweiligen Präsidiums (§ 21e Rn. 136), gerichtsübergreifende Regelungen stellte man, wo notwendig, zunächst auf die zweifelhafte[1] Grundlage des § 22b Abs. 2. Klare Rechtsgrundlagen für einen zentralen Bereitschaftsdienst bei den AG zur Sicherstellung einer gleichmäßigeren Belastung der Richter schuf erstmals § 22c, in alter Fassung jedoch beschränkt auf dienstfreie Tage[2] und damit letztlich zu eng. Die in der Folge der verfassungsgerichtlichen Rechtsprechung (vgl. wiederum § 21e Rn. 136) erwartete vermehrte Inanspruchnahme vor allem der Ermittlungsrichter auch an Werktagen, aber außerhalb der üblichen Dienstzeiten war deshalb Anlass, in § 22c n. F. die Beschränkung auf dienstfreie Tage aufzugeben.[3]   1

II. Inhalt der Verordnungsermächtigung. § 22c Abs. 1 Satz 1 ermächtigt die LReg, durch RechtsVO zu bestimmen, dass für mehrere (also nicht zwingend für alle) AG im Bezirk eines LG   2

1. wie bisher ein AG Geschäfte des Bereitschaftsdienstes ganz oder teilweise wahrnimmt (Var. 2, „**Konzentrationslösung**"). Für welche (unaufschiebbaren) Geschäfte das zentrale AG den Bereitschaftsdienst wahrnimmt, hat sich aus der RechtsVO zu ergeben; für diese Geschäfte, jedoch nicht für die in derselben Sache weiter anfallenden Geschäfte zuständig wird das Konzentrationsgericht. Herangezogene Richter anderer Gerichte (Rn. 5) werden für das Konzentrationsgericht tätig.   3

2. oder stattdessen ein gemeinsamer Bereitschaftsdienstplan aufgestellt wird (Var. 1, „**Pool-Lösung**"). Letzterer bestimmt, was im Wortlaut kaum zum Ausdruck kommt, nach Sinn und Zweck aber zwingend ist, nicht nur den zuständigen Bereitschaftsrichter, sondern auch das im jeweiligen Zeitraum zuständige Bereitschaftsdienstgericht,[4] so dass die vom Gesetzgeber gewollte Lösung treffender als „Reih-um-Konzentration durch Präsidiumsbeschluss" zu bezeichnen wäre, deren rechtliche Folgen im Übrigen denen der „Konzentrationslösung" (Rn. 2) gleichkommen. Gerichtsorganisatorisch geht die Erwägung der Gesetzesbegründung, es könne zweckmäßigerweise das Gericht bestimmt werden, dem der für diesen Zeitraum eingeteilte Richter angehört, dann ins Leere, wenn nach Satz 3 Richter des LG herangezogen werden. Für externe Verfahrensbeteiligte wird der mit dieser Lösung verbundene häufige Wechsel des zuständigen Gerichts nur schwer durch-

---

[1] VGH München NJW 1994, 2308.
[2] Zum Begriff 3. Aufl. Rn. 2.
[3] BTagsDrucks. 14/9266 S. 38.
[4] BTagsDrucks. 14/9266 S. 38; *KK/Hannich* Rn. 2; *Meyer-Goßner* Rn. 2.

§ 22c 4–7 3. Titel. Amtsgerichte

schaubar sein. Welche Geschäfte der gemeinsame Bereitschaftsdienstplan erfassen soll, kann hier anders als bei der „Konzentrationslösung" nicht der Verordnungsgeber, sondern nur das Präsidium nach pflichtgemäßem Ermessen festlegen (§ 21 e Rn. 136).

4 **3.** In beiden Fällen muss die RechtsVO zur Sicherstellung einer gleichmäßigeren Belastung der Richter mit Bereitschaftsdiensten angezeigt sein. Dies ist der Fall, wenn bei Beschränkung auf gerichtsinterne Regelungen wegen unterschiedlicher Besetzung der AG die Richter des einen deutlich häufiger heranzuziehen wären als die des anderen oder wenn Zuständigkeiten mit hohem Anteil an Eilmaßnahmen, etwa solche für Freiheitsentziehungen, konzentriert wurden (§§ 23 c, 58). Unterschiedliche Lösungen für die einzelnen LG-Bezirke im Geltungsbereich der RechtsVO lässt die Ermächtigung zu, unzulässig ist aber eine über den LG-Bezirk hinausgreifende Konzentration.[5] Sachlich enthält der Begriff Bereitschaftsdienst eine Beschränkung auf die außerhalb der üblichen Dienstzeiten anfallenden unaufschiebbaren Geschäfte. Beginn und Ende des Bereitschaftsdienstzeitraums festzulegen ist nicht Aufgabe des Verordnungsgebers, sondern dem Präsidium im Rahmen seiner Entscheidung über die Erforderlichkeit (§ 21 e Rn. 136) vorbehalten.[6] Die LReg kann die Ermächtigung auf die LJustizVerw übertragen (Abs. 2).

5 **III. Heranziehung der Richter zum Bereitschaftsdienst.** Nach Abs. 1 Satz 2 sind die Richter der in die Regelung einbezogenen AG stets, nach Satz 3 die Richter des LG, auch die Vorsitzenden Richter,[7] dann heranzuziehen, wenn die RechtsVO dies bestimmt. Zuständig für eine in der RechtsVO vorgeschriebene Heranziehung, die zwingend zu erfolgen hat, aber nicht lückenlos alle Richter zu erfassen braucht, sondern auch sachlich gerechtfertigte Ausnahmen nach allgemein umschriebenen Merkmalen machen kann (etwa Richter aP im ersten Jahr nach der Ernennung), ist das Präsidium nach Maßgabe der Sätze 3 und 4.[8] Hat der Richter dabei für ein anderes Gericht tätig zu werden, handelt es sich allein um eine Aufgabenzuweisung kraft gesetzlicher Befugnis des Präsidiums (§ 22 Rn. 16), nicht aber um die Übertragung eines weiteren Richteramts nach §§ 22 Abs. 2, 59 Abs. 2 GVG, 27 Abs. 2 DRiG[9] oder um eine Abordnung nach § 37 DRiG. Richter des LG werden formell und der Sache nach als Amtsrichter tätig, es gilt § 22 d.[10]

6 **IV. Geschäftsverteilung.** Welcher der herangezogenen Richter – bei der „Pool-Lösung" auch: welches der einbezogenen Gerichte – welche Geschäfte wann zu erledigen hat, wird nach den Grundsätzen des § 21 e durch das Präsidium des LG beschlossen, das aber nunmehr, unter Ausräumung möglicher Bedenken gegen § 22 c a. F.,[11] Einvernehmen mit dem Präsidien der einbezogenen AG herzustellen hat (Abs. 1 Satz 4). Kommt eine Einigung nicht zustande, obliegt die Beschlussfassung dem Präsidium des übergeordneten OLG (Satz 5). Es gelten die allgemeinen Anforderungen an Geschäfts- und Bereitschaftsdienstpläne sowie deren Änderung[12] (§ 21 e Rn. 78 ff., 136). Zu beachten hat das Präsidium das Anliegen einer Verordnung nach § 22 c, eine möglichst gleichmäße Verteilung der Belastung zu erreichen.[13]

7 **V. Zuständigkeit im Bereitschaftsdienst.** Die Zuständigkeit des Bereitschaftsrichters erschöpft sich in den außerhalb der üblichen Dienstzeit anfallenden

---

[5] LR/*Siolek* Rn. 1.
[6] *Meyer/Goßner* Rn. 5; *Zöller/Gummer* Rn. 5; *Thomas/Putzo/Hüßtege* Rn. 1; a. A. wohl *Herrler* DRiZ 2004, 316, 318.
[7] *Meyer/Goßner* Rn. 3.
[8] Vgl. BTagsDrucks. 12/6243 S. 12; 14/9266 S. 38 f.
[9] So *MünchKommZPO/Wolf* Rn. 3; LR/*Siolek* Rn. 2; *Zöller/Gummer* Rn. 3.
[10] BTagsDrucks. 14/9266 S. 39; *MünchKommZPO/Wolf [Erg.-Bd.]* Rn. 6.
[11] LR/*Siolek* Rn. 6.
[12] OLG Jena 14. 10. 1998 – 6 W 243/98 –.
[13] *MünchKommZPO/Wolf [Erg.-Bd.]* Rn. 4.

unaufschiebbaren Geschäften (Rn. 4). Ob im Einzelfall ein solches vorliegt, hat der Bereitschaftsrichter in richterlicher Unabhängigkeit zu entscheiden.[14] Für Folgegeschäfte, die in derselben Sache anfallen und diese Voraussetzung nicht erfüllen, ist er nicht mehr zuständig, auch die Gerichtszuständigkeit (Rn. 3) bestimmt sich wiederum nach allgemeinen Vorschriften. Dies gilt auch bei Haftanordnungen, wenn das Bereitschaftsgericht ein anderes als das außerhalb des Bereitschaftsdienstes nach § 125 StPO örtlich zuständige AG ist. Zwar schreibt § 126 StPO für weitere Entscheidungen und Maßnahmen die örtliche Zuständigkeit des Richters (Gericht) vor, der den Haftbefehl erlassen hat. Jedoch beschränkt sich die Zuständigkeit dieses Gerichts nach § 22c wiederum ausdrücklich auf das unaufschiebbare Geschäft außerhalb der üblichen Dienstzeit. Der Widerspruch zwischen diesen beiden nicht aufeinander abgestimmten Vorschriften ist dahin aufzulösen, dass die auf § 22c beruhende Durchbrechung der allgemein begründeten örtlichen Zuständigkeit punktueller Art bleiben muss. Allein die Notwendigkeit einer einleitenden Eilmaßnahme kann nicht dazu führen, die in §§ 125, 126 StPO festgelegte örtliche Zuständigkeit für das gesamte weitere Ermittlungsverfahren zu verändern.[15]

§ 22d. [Handlungen eines unzuständigen Richters]

Die Gültigkeit der Handlung eines Richters beim Amtsgericht wird nicht dadurch berührt, daß die Handlung nach der Geschäftsverteilung von einem anderen Richter wahrzunehmen gewesen wäre.

Die Vorschrift enthält eine Regelung für den Fall der **Verletzung des Geschäftsverteilungsplans** (auch nach § 21i Abs. 2, § 22b Abs. 3, § 22c Abs. 1) und damit des gesetzlichen Richters, da immer dann, wenn die Handlung eines Richters nach der Geschäftsverteilung von einem anderen Richter wahrzunehmen gewesen wäre, auch ein Verstoß gegen den gesetzlichen Richter vorliegt (vgl. § 16 Rn. 35): Die Gültigkeit der Handlung eines Richters wird nach § 22d nicht dadurch berührt, dass sie unter Verletzung der Geschäftsverteilung und damit des gesetzlichen Richters vorgenommen wurde. Die Vorschrift regelt somit die **Folgen** der Verletzung des gesetzlichen Richters, jedoch mehrdeutig und unvollständig und nur für das AG. 1

Die Verletzung des gesetzlichen Richters macht, obwohl es sich um einen Verfassungsgrundsatz handelt, die davon betroffene Entscheidung **nicht ungültig** (nichtig), sondern nur im ordentlichen Rechtsmittelverfahren **anfechtbar.** Wird die Entscheidung nicht angefochten oder ist sie nach dem Verfahrensrecht unanfechtbar, entfaltet sie ihre volle Wirkung. Darüber hinaus führt nicht jeder Verstoß gegen den gesetzlichen Richter zur Aufhebung der Entscheidung im Rechtsmittelzug, sondern nur bei Willkür (§ 16 Rn. 50ff.). Wenn § 22d die Gültigkeit der Handlung des Richters trotz eines Verstoßes gegen das Gebot des gesetzlichen Richters ausdrücklich ausspricht, ist dies (lediglich) eine Bestätigung dieser h.M.[1] Dagegen ist der Vorschrift nicht zu entnehmen, ein Verstoß gegen den gesetzlichen Richter sei unbeachtlich.[2] Als allgemeiner Grundsatz wäre die Vorschrift in ihrer wörtlichen Beschränkung auf das AG hier fehl am Platze, im Übrigen bedurfte es angesichts der h.M. einer solchen auch noch auf das AG beschränkten Vorschrift nicht.[3] 2

---

[14] *LR/Siolek* Rn. 3; *Zöller/Gummer* Rn. 4.
[15] Im Ergebnis ebenso LG Ellwangen 2. 8. 2006 – 1 AR 8/06 – (n.v.).
[1] *Stanicki* FamRZ 1977, 684.
[2] BVerfGE 14, 56, 72 = NJW 1962, 1611; BGHZ 37, 125 = NJW 1962, 1396; OLG Bremen NJW 1965, 1447.
[3] *LR/Siolek* Rn. 3.

§ 23

3   Deshalb kann der Vorschrift nicht entnommen werden, die Anfechtung einer amtsrichterlichen Handlung wegen der Verletzung der Geschäftsverteilung solle ausgeschlossen sein (ganz abgesehen von der Frage, ob dies angesichts Art. 101 GG überhaupt in dieser Allgemeinheit zulässig wäre). Auch die Entscheidungen des AG, die unter Verstoß gegen den gesetzlichen Richter ergangen sind, unterliegen der Anfechtung im Rechtsmittelzug.[4] „Gültigkeit" einer Entscheidung ist etwas anderes als „Unanfechtbarkeit". Es bedarf hier nicht der Entscheidung, ob die nach allgemeinem Verfahrensrecht bestehende Unanfechtbarkeit einer Entscheidung trotz Verletzung des Verfassungsgrundsatzes des gesetzlichen Richters generell bestehen kann oder eine Anfechtungsmöglichkeit gegeben sein muss, unabhängig von der Anrufung des BVerfG (vgl. Einl. Rn. 220; § 16 Rn. 50a). Deshalb kann der Kritik, die Vorschrift sei ein verfassungsrechtlich bedenklicher Fremdkörper im GVG,[5] nicht zugestimmt werden.

4   Die Vorschrift regelt nur den Fall, dass eine wirksame Geschäftsverteilung beim AG besteht.[6] Die Fälle, in denen keine förmlich beschlossene oder eine fehlerhafte Geschäftsverteilung besteht, spricht § 22d nicht an; insoweit gelten auch für das AG die allgemeinen Grundsätze (vgl. § 16 Rn. 35).

5   Der Grundsatz des § 22d gilt nicht nur für den Richter am AG als Einzelrichter, sondern auch für das SchöffenG, also auch für den Fall, dass mehrere SchöffenG-Abteilungen bei einem AG bestehen und eine in der Sache tätig wird, für die die andere zuständig ist.[7] Gleichermaßen ist er auf Kollegialgerichte anwendbar.[8]

§ 23. [Zuständigkeit in Zivilsachen]

Die Zuständigkeit der Amtsgerichte umfaßt in bürgerlichen Rechtsstreitigkeiten, soweit sie nicht ohne Rücksicht auf den Wert des Streitgegenstandes den Landgerichten zugewiesen sind:

1. Streitigkeiten über Ansprüche, deren Gegenstand an Geld oder Geldeswert die Summe von fünftausend Euro nicht übersteigt;
2. ohne Rücksicht auf den Wert des Streitgegenstandes:
   a) Streitigkeiten über Ansprüche aus einem Mietverhältnis über Wohnraum oder über den Bestand eines solchen Mietverhältnisses; diese Zuständigkeit ist ausschließlich;
   b) Streitigkeiten zwischen Reisenden und Wirten, Fuhrleuten, Schiffern oder Auswanderungsexpedienten in den Einschiffungshäfen, die über Wirtszechen, Fuhrlohn, Überfahrtsgelder, Beförderung der Reisenden und ihrer Habe und über Verlust und Beschädigung der letzteren, sowie Streitigkeiten zwischen Reisenden und Handwerkern, die aus Anlaß der Reise entstanden sind;
   c) Streitigkeiten nach § 43 Nr. 1 bis 4 und 6 des Wohnungseigentumsgesetzes; diese Zuständigkeit ist ausschließlich;
   d) Streitigkeiten wegen Wildschadens;
   e) (weggefallen)
   f) (weggefallen)
   g) Ansprüche aus einem mit der Überlassung eines Grundstücks in Verbindung stehenden Leibgedings-, Leibzuchts-, Altenteils- oder Auszugsvertrag;
   h) das Aufgebotsverfahren.

---

[4] OLG Hamm MDR 1964, 77; OLG Neustadt MDR 1965, 225; OLG Bremen NJW 1965, 1447; *Schorn/Stanicki* S. 257.
[5] *Schorn/Stanicki* S. 258.
[6] LR/*Siolek* Rn. 6.
[7] LR/*Siolek* Rn. 5.
[8] OLG Hamburg NZG 1999, 1211; hierzu auch 2001, 624; *Meyer-Goßner* Rn. 1; *MünchKommZPO/Wolf* Rn. 1; *Zöller/Gummer* Rn. 1.

Zuständigkeit in Zivilsachen   1–3 § 23

Übersicht

	Rn.		Rn.
I. Regelungsinhalt: sachliche Zuständigkeit	1	a) Allgemeine Regelung	14
		b) „Wohnraum"	15
II. Zuständigkeitsregelung im allg.	3	c) Mietverträge	18
III. Zuständigkeit nach dem Geldwert ..	4	2. Wirtszechen, Fuhrlohn usw.	30
1. Streitwertgrenze	5	3. Wohnungseigentumsgesetz	31
2. Rechtspolitische Bedenken	6	4. Wildschaden	34
3. Keine ausschließliche Zuständigkeit	11	5. Leibgedinge, Leibzucht, Altenteil, Auszug	35
4. Adhäsionsverfahren	12	6. Aufgebotsverfahren	36
IV. Streitigkeiten ohne Rücksicht auf den Wert des Streitgegenstandes		7. Keine ausschließliche Zuständigkeit	37
1. Mietstreitigkeiten	14	V. Weitere Aufgaben des AG	38

Gesetzesfassung: Nr. 1, 2a zuletzt geändert durch Art. 3 RPflEntlG; in Nr. 2b ist das Wort „Flößern" gestrichen durch Art. 14 G zur Änderung der Haftungsbeschränkung in der Binnenschiffahrt vom 25. 8. 1998 (BGBl. I S. 2489). Euro-Umstellung in § 23 Nr. 1 durch Art. 1 Nr. 1 des ZivilprozessreformG vom 27. 7. 2001 (BGBl. I S. 1887); Nr. 2 Buchst. c aufgehoben durch Art. 5 Abs. 1 G zur Modernisierung des Schuldrechts vom 26. 11. 2001 (BGBl. I S. 3188, 3179). Nr. 2c in der Fassung von Art. 3 Abs. 1 Nr. 1 G zur Änderung des WEG vom 26. 3. 2007 (BGBl. I S. 378); in Kraft getreten 1. 7. 2007.

I. Regelungsinhalt. Die Vorschrift regelt die **sachliche Zuständigkeit** des 1 AG in bürgerlichen Rechtsstreitigkeiten (zum Begriff § 13 Rn. 9); die örtliche Zuständigkeit ergibt sich aus §§ 12 ff. ZPO. Die im § 23 geregelte Zuständigkeit des AG steht unter dem Vorbehalt, dass diese Streitigkeiten nicht dem LG zugewiesen sind (§ 71 Abs. 2, 3). Die Zuständigkeit des AG in Zivilsachen ist somit abgeleitet von der des LG. Zuständig für die Entscheidung bürgerlicher Rechtsstreitigkeiten ist grundsätzlich das LG; ein Teil dieser Streitigkeiten ist dem AG zugewiesen. Die Zuständigkeitsvermutung spricht für die des LG (vgl. § 71 Abs. 1 „... die nicht den Amtsgerichten zugewiesen sind").

Rechtshistorisch ist das AG entstanden aus dem Motiv des Gesetzgebers, dass 2 grundsätzlich ein Richterkollegium den Prozess entscheiden soll, dass aber eine Anzahl von Streitigkeiten dieser Besetzung, jedenfalls in der ersten Instanz, nicht bedürfe, und dass wegen dieser erstrebten Entscheidung durch den **Einzelrichter** man die Einrichtung des AG als nötig ansah[1] (vgl. § 75 Rn. 2). Der einzelrichterlichen Zuständigkeit sollten nach der ursprünglichen Konzeption diejenigen Streitigkeiten unterstellt werden, „welche wegen ihrer Geringfügigkeit der, Kräfte und Kosten unverhältnismäßig in Anspruch nehmenden, kollegialen Entscheidung nicht bedürfen, oder welche eine schnelle, durchgreifende, mit den Lokalverhältnissen vertraute Justiz erfordern und sich deshalb besonders zur einzelrichterlichen Bearbeitung eignen";[2] man leiste „dem rechtsuchenden Publikum einen großen Dienst, indem man ihm eine rasche, leicht zugängliche und billige Justiz sichere".[3] Diese Überlegungen haben in der Folgezeit ihre Bedeutung behalten, gerade in neuerer Zeit hat der Gedanke einer „billigen" RSpr zu einer erheblichen Aufgabenerweiterung des AG unter Entlastung des LG geführt (vgl. Rn. 5).

II. Zuständigkeitsregelung im Allgemeinen. Die Abgrenzung der Zustän- 3 digkeit zwischen AG und LG in bürgerlichen Rechtsstreitigkeiten erfolgt unter Verwendung von zwei Kriterien, einmal nach dem Geldwert des Gegenstandes einer Streitigkeit (Nr. 1, Rn. 4), zum anderen nach der Art der Streitigkeit ohne Rücksicht auf den Geldwert des Streitgegenstands (Nr. 2, Rn. 13 ff.).

---

[1] *Hahn* I S. 30.
[2] *Hahn* I S. 68.
[3] *Hahn* II S. 940.

4   **III. Zuständigkeit nach dem Geldwert.** Das AG ist zuständig für Streitigkeiten über Ansprüche, deren Gegenstand an Geld oder Geldeswert die Summe von 5000 Euro nicht übersteigt (Nr. 1). Im Gegensatz zum Recht vor dem 1. 3. 1993 wird nicht mehr zwischen vermögensrechtlichen und nichtvermögensrechtlichen Streitigkeiten unterschieden. Damit gehören alle bürgerlichen Rechtsstreitigkeiten in ihrer ganzen Breite ohne Rücksicht auf ihre Art (vom Kaufpreis bis zur Unterlassung einer Ehrverletzung) mangels ausdrücklicher Sonderregelungen (§ 23 Nr. 2, § 23a, § 23b, § 71 Abs. 2 usw.) grundsätzlich vor die AG bis zu einem Streitwert von 5000 Euro; dessen Ermittlung richtet sich nach §§ 3ff. ZPO. Mit dem Verzicht auf die Unterscheidung zwischen vermögensrechtlichen und nichtvermögensrechtlichen Streitigkeiten ist einmal eine systematische Vereinfachung der Zuständigkeitsabgrenzung eingetreten mit der Beseitigung mancher Zweifelsfrage; zum anderen sind in der Bewertung der Tätigkeit und der Bedeutung von AG und LG gewisse historische Vorurteile beseitigt worden, eine Entwicklung, die vor allem in der Schaffung des § 23a schon maßgeblich eingeleitet worden war (vgl. § 23a Rn. 3).

5   1. Die Streitwertgrenze von 10000 DM (seit 1. 3. 1993) und nunmehr 5000 Euro hat eine wechselvolle Geschichte.[4] Bei Inkrafttreten des GVG 1879 belief sich der Betrag auf 300 Mark. Er war im Laufe der Zeit, besonders durch den 1. Weltkrieg und die Entwicklung danach, erheblichen Schwankungen unterworfen. Durch das REinhG 1950 ist die Streitwertgrenze auf 1000 DM festgesetzt worden. Zum 1. 1. 1965 (BGBl. 1964 I S. 933 Art. 1 Nr. 2) wurde sie auf 1500 DM erhöht, ab 1. 1. 1975 auf 3000 DM. Mit dieser Erhöhung sollte ausgesprochenermaßen eine Entlastung des LG und des OLG erreicht werden, denn es war seit der letzten Streitwerterhöhung auf 1500 DM eine Verlagerung des Arbeitsanfalls vom AG zum LG festzustellen, und die Arbeitsbelastung zwischen AG und LG sollte gerechter verteilt werden.[5] Zum 1. 1. 1975 wurde der Streitwert auf 3000 DM festgesetzt (BGBl. 1974 I S. 3651), zum 1. 1. 1983 auf 5000 DM (BGBl. 1982 I S. 1615 Art. 1) und zum 1. 4. 1991 auf 6000 DM (RpflVereinfG), jeweils mit der Begründung, es sei notwendig, den Streitwert an die geänderten wirtschaftlichen Verhältnisse anzupassen. Zum 1. 3. 1993 ist die Streitwertgrenze auf 10000 DM angehoben worden (RPflEntlG), was weit über die Anpassung an die zwischenzeitlich eingetretene wirtschaftliche Entwicklung, insbes. Preis- und Lohnentwicklung, hinausging. Es war auch erklärtermaßen das gesetzespolitische Ziel, mit dieser beträchtlichen Erhöhung eine zusätzliche Zahl von Prozessen vom LG, das mit seiner Kammerbesetzung als personalintensiver und damit auch als „teurer" als der Einzelrichter des AG angesehen wurde, auf das AG zu übertragen. Zugrunde lag die Überlegung, dass der Aufbau einer funktionierenden rechtsstaatlichen Justiz in den neuen Bundesländern und die durch den Einigungsprozess erweiterten Aufgaben der Gerichte zusätzliche finanzielle und personelle Mittel erfordern; da die Justiz bereits am Rande der Belastbarkeit arbeite, seien personelle Ressourcen auf herkömmliche Weise nicht mehr zu gewinnen, es müssten deshalb alle Möglichkeiten zu einer Vereinfachung und Straffung der Gerichtsverfahren ausgeschöpft werden.[6]

6   2. Die Aufspaltung der erstinstanzlichen Zuständigkeit zwischen AG und LG grundsätzlich allein nach der Höhe des Streitgegenstandes begegnet erheblichen **rechts- und justizpolitischen Bedenken**. Sie beruhte auf einer doppelten Überlegung. Einmal ging man davon aus, dass Streitigkeiten mit einem geringen Streitwert einfach gelagert seien, zum anderen sollte ein angemessenes Verhältnis zwischen dem Streitwert und den Kosten der Rechtsverfolgung bestehen (vgl. Rn. 2); diese Argumentation kehrt bei Berufung und Revision wieder (dazu § 72 Rn. 9; § 133 Rn. 3). Da die später als das GVG geschaffenen anderen Gerichtsbarkeiten keine gespaltene erstinstanzliche Zuständigkeit kennen, sie also auf die ordentliche Gerichtsbarkeit beschränkt ist, hat diese Überlegung ihre Überzeugungskraft verloren (wenn sie jemals bestand).

7   Rechtspolitisch entscheidend erscheint, dass die für den Staat entstehenden Kosten einer Rechtsgewährung kein Argument für die unterschiedliche Ausgestaltung von Zuständigkeit und Rechtsmittelmöglichkeit sein können, allein abgestuft nach dem finanziellen Wert eines Streits; ebenso wenig kann es im Zeitalter des „mündigen" Staatsbürgers ein Argument sein, ihn davor bewahren zu wollen, hohe Kosten für einen (nicht von ihm) als geringwertig angesehenen

---

[4] Vgl. im Einzelnen BTagsDrucks. 7/853 S. 9.
[5] BTagsDrucks. 7/2769 S. 3.
[6] BTagsDrucks. 12/1217 S. 1, 17ff.; vgl. *Winters* ZRP 1982, 57; *Donnepp* ZRP 1982, 89; *Eyrich* ZRP 1982, 185; *Rieß* AnwBl. 1993, 51; *Hansens* NJW 1993, 493; *Markwardt* MDR 1993, 189; *Kissel* NJW 1993, 489.

Rechtsstreit zu bezahlen. Weiter ist zu bedenken, dass die Höhe des Streitwerts ohne Aussagekraft ist für die rechtliche oder tatsächliche Schwierigkeit eines Rechtsstreits, ebenso wenig für die Intensität, mit der die Prozessparteien den Rechtsstreit betreiben und ebenso wenig für seine persönliche Bedeutung oder wirtschaftliche Tragweite für die Prozessparteien oder darüber hinaus.[7]

Die Übertragung einer großen Zahl von Rechtsstreitigkeiten an das AG ohne Rücksicht auf den Streitwert (§ 23 Nr. 2, §§ 23 a und b), von erheblichem Schwierigkeitsgrad, auch teilweise großer gesellschaftlicher Bedeutung, ganz erheblicher vermögensrechtlicher Tragweite und tiefgreifender Bedeutung für die Persönlichkeitssphäre sowie die Aufgabe der „nicht vermögensrechtlichen" Streitigkeit (Rn. 4) haben den Argumenten für eine Zuständigkeitsaufteilung zwischen AG und LG an Überzeugungskraft genommen. Die Zuweisung der erstinstanzlichen Zuständigkeit für einen Teil der Streitigkeiten ohne Rücksicht auf den Wert des Streitgegenstandes (§ 71) konnte schon von Anfang an mit der Notwendigkeit einer schnellen Entscheidung, der Ortsnähe und Ortskunde des Gerichts allein nicht überzeugend begründet werden, auch für die teilweise Übertragung solcher Streitigkeiten auf das LG gab es keine Begründung. Dabei kann dahingestellt bleiben, ob die Lösung vor dem Hintergrund der Verkehrsverhältnisse zur Zeit des Inkrafttretens des GVG und des damaligen Verständnisses von den Aufgaben der RSpr seinerzeit überzeugen konnte. Bei den heutigen Verkehrsverhältnissen sind jedenfalls auch größere Entfernungen kein Hinderungsgrund für schnelle Entscheidungen. Entscheidend aber ist, dass eine solche Zuständigkeitsabgrenzung der inneren Logik entbehrt. Sie beruht nicht auf systematischen Gründen, sondern ist allein von zufälligen, weitgehend höchst subjektiven Wertvorstellungen, von finanziellen Erwägungen und mitunter auch von Vorurteilen bestimmt.[8] Bereits die durch das RPflEntlG völlig umgestaltete § 348 ZPO mit dem weitgehenden Einzelrichtersystem auch beim LG hat die Abgrenzung zwischen AG und LG als Eingangsinstanz „weitgehend eingeebnet".[9] §§ 348, 348 a in der Fassung des ZPO-RG vom 27. 7. 2001 setzten diese Entwicklung fort. **8**

Auch die Erwägung von der Notwendigkeit einer angemessenen Relation von Streitwert und Prozesskosten vermag (jedenfalls nicht mehr) zu überzeugen. Es ist ein Gebot des Gleichheitssatzes und der Verwirklichung des sozialen Rechtsstaates, dass alle Rechtsstreitigkeiten ohne Rücksicht auf die Höhe des Streitwertes oder die Art des Gegenstandes des Rechtsstreites als gleich bedeutsam zu behandeln sind. Das gilt einmal für den einzelnen betroffenen Staatsbürger, für seine Rechte, die der Staat zu gewährleisten und im Streitfall durch seine staatlichen Gerichte zu verwirklichen, durchzusetzen hat ohne Rücksicht auf die Höhe der Forderung oder die Art des geltend gemachten Rechts. Das gilt aber auch für das Rechtsgefühl des einzelnen Staatsbürgers, dass nämlich nicht das Gefühl aufkommen kann und darf, seine von ihm als bedeutsam empfundene Rechtssache werde als von geringerem Wert angesehen und weniger wichtig genommen als die Rechtssachen anderer mit höherem Streitwert. – Aus den gleichen Gründen sind auch erhebliche Bedenken geltend zu machen gegen die gelegentlich anzutreffenden oder geforderten Sonderregelungen für sogenannte Bagatellsachen, z. B. § 128 Abs. 3 ZPO a. F., das Schiedsverfahren des früheren § 510 c ZPO, § 495 a ZPO[10] oder die Forderung nach einem Friedensrichter.[11] Hierzu gehört auch die obligatorische Streitschlichtung nach § 15 a Abs. 1 Satz 1 Nr. 1 EGZPO.[12] **9**

So erscheint es nur konsequent, wenn im Zusammenhang mit der Verabschiedung des RPflEntlG der Bundesrat die Prüfung durch die BReg gefordert hat, inwieweit ein **dreigliedriger Gerichtsaufbau** weitere personelle Entlastungen ermögliche, und ob durch einen dreigliedrigen Gerichtsaufbau eine überzeugendere Abgrenzung zwischen den Zuständigkeiten des Amtsrichters, Einzelrichters, Schöffengerichts und der Kammer gefunden werden könne.[13] Damit knüpft der Bundesrat an die seit langem, wenn auch kontrovers, geführte Diskussion um den dreigliedrigen Aufbau der ordentlichen Gerichtsbarkeit an. Diese Diskussion hatte im Dezember 1971 mit einem Referentenentwurf des BMdJ für ein Gesetz zur Neugliederung der ordentlichen Ge- **10**

---

[7] *Kissel,* Dreistufigkeit S. 32 ff.; Zukunft S. 173; NJW 1974, 2083; ZRP 1976, 10.
[8] Vgl. *Kissel,* Dreistufigkeit S. 35.
[9] *Kramer* JZ 1977, 13.
[10] Vgl. *Stollmann* NJW 1991, 1719; *Heinrichs* NJW 1991, 2815; *Jestaedt* Der Staat 1993, 29; *Fischer* MDR 1994, 978; *Frank O. Fischer* MDR 1994, 978; *Kunze* NJW 1995, 2750; *Städing* NJW 1996, 691; *Redeker* NJW 1996, 1870; *Rottleuthner* NJW 1996, 2473; *Kuschel/Kunze* DRiZ 1996, 193; *Buß* NJW 1998, 337.
[11] *Kissel,* Dreistufigkeit S. 43 f., 47; Zukunft S. 134, 173, 200; NJW 1974, 2083; ZRP 1976, 10.
[12] Zur ratio legis *Zöller/Gummer* § 15 a EGZPO Rn. 4.
[13] BTagsDrucks. 12/1217 S. 62.

richtsbarkeit mit einem dreistufigen Aufbau (1. Justizreformgesetz) einen gewissen Höhepunkt erreicht, wenn es auch bis dato um den Entwurf still geworden war, wie auch die Reaktion der BReg auf diesen Beschluss des Bundesrats mehr als zurückhaltend genannt werden muss.[14]

10a Die Diskussion um Reformen in der Zivilgerichtsbarkeit im Gesamtrahmen einer Justizreform (vgl. Einl. Rn. 124 ff.) erreichte ihren Höhepunkt durch die im Regierungsprogramm für die 14. Legislaturperiode (begonnen Herbst 1998) enthaltene Absicht einer umfassenden Reform (Einl. Rn. 125). Die hochstreitige Diskussion über die Einführung der ‚Dreistufigkeit' (Einl. Rn. 126) verlagerte sich indes auf die ebenfalls propagierte Stärkung der Eingangsgerichte, die Konzentration der Mittelinstanz auf die Fehlerkorrektur und auf die Erweiterung des Einzelrichtersystems (Einl. Rn. 121, 129). Demgegenüber ist es um die Streitwerthöhen als Maßstab für die Abgrenzung der erstinstanzlichen Zuständigkeit zwischen AG und LG stiller geworden,[15] weitgehend auch als Maßstab für die Zulässigkeit von Rechtsmitteln (§§ 72, 119, 133 GVG i. V. mit §§ 511, 543, 544 ZPO, 26 Nr. 8 EGZPO). Daneben ist auf die Diskussion um eine ‚vereinfachte' Erledigung von Sachen mit geringem Streitwert hinzuweisen (Rn. 9; § 72 Rn. 9).

11 3. Die **Zuständigkeit des AG** für diese Streitigkeiten ist **nicht ausschließlich**; die Parteien können die sachliche Zuständigkeit des LG vereinbaren (§§ 38 ff. ZPO) oder durch rügelose Einlassung (§ 39 ZPO) herbeiführen. Umgekehrt kann auch eine solche Streitigkeit über 5000 Euro vor dem AG geltend gemacht werden, entweder auf Grund Parteivereinbarung,[16] rügeloser Einlassung (§ 39 ZPO) oder mangels Verweisungsantrags an das an sich zuständige LG (aber Belehrungspflicht des AG nach § 504 ZPO).

12 4. Eine Sonderregelung für die Geltendmachung von Schadensersatzansprüchen enthält § 403 StPO, das sogenannte **Adhäsionsverfahren.** Der Verletzte oder sein Erbe kann gegen den Beschuldigten einen aus der Straftat erwachsenen vermögensrechtlichen Anspruch, der zur Zuständigkeit der ordentlichen Gerichte gehört und noch nicht anderweit gerichtlich anhängig gemacht ist, im Strafverfahren geltend machen. Im Strafverfahren vor dem AG (§§ 24 bis 26) kann ein Anspruch auch insoweit geltend gemacht werden, als er die in § 23 Nr. 1 bestimmte Zuständigkeitsgrenze übersteigt, einer Zustimmung des Angeklagten bedarf es nicht.[17] Das Adhäsionsverfahren ist nicht zulässig im Verfahren gegen Jugendliche (§ 81 JGG), wohl aber gegen Heranwachsende (§ 109 JGG).

13 IV. **Streitigkeiten ohne Rücksicht auf den Wert des Streitgegenstandes.** Das AG ist in einer Reihe von Streitigkeiten ohne Rücksicht auf den Wert des Streitgegenstandes zuständig (Nr. 2). Sinn dieser Regelung war es, Streitigkei-

---

[14] BTagsDrucks. 12/1217 S. 75 – Zur Reformliteratur: *Belemann* ZRP 1970, 161; *Bluhm* DRiZ 1970, 361; *Held* AnwBl. 1970, 1; *Kessler* AnwBl. 1970, 282; *Mauritz/Bluhm* DRiZ 1970, 309; *Rentschler* DRiZ 1970, 292; *Rogge* DRiZ 1970, 149; *Schier* ZRP 1970, 157, AnwBl. 1971, 38; *Bender* DRiZ 1971, 51; *Linscheidt* DRiZ 1971, 217; *Jahn* DRiZ 1971, 238: *Matzen* AnwBl. 1971, 38; *Brangsch* AnwBl. 1972, 3; DAV AnwBl. 1972, 77; *Bauer* AnwBl. 1972, 107; *Blankenburg* und *Wolff* AnwBl. 1972, 176; *Franzki* DRiZ 1972, 80; *Heinecke* AnwBl. 1972, 76; *Humbert* JZ 1972, 234; *Joachim* DB 1972, 1067; *Kregel* JR 1972, 269; *Pinger* JR 1972, 226; *Rogge* DRiZ 1972, 185; *Rose* JVBl. 1972, 53; *Schaich* JR 1972, 319; *Schier* und *Eckl* NJW 1972, 177; *Zitscher* ZRP 1972, 89; *Kickler*, Der dreistufige Aufbau in der Ziviljustiz, Diss. Kiel 1972; *Bender*, Reform der Justizreform, Tübingen 1972; *Arndt* DRiZ 1973, 307; *Pinger* ZRP 1973, 182; *Oppe* ZRP 1973, 266; *Bender* ZRP 1974, 235; *Bender* SchlHAnz 1974, 65, DRiZ 1974, 103; Tatsachen zur Reform der Zivilgerichtsbarkeit, hrsg. von der BRAK, Band I und II Tübingen 1974 (vgl. NJW 1975, 1157); *Hanack* ZZP 1974, 405; Bericht der *Kommission für Gerichtsverfassungsrecht und Rechtspflegerrecht*, hrsg. vom BMdJ 1975; *Bender*, Zur Notwendigkeit einer Gesetzgebungslehre, dargestellt an aktuellen Problemen der Justizreform, Stuttgart 1974; *Kissel*, Der dreistufige Aufbau in der ordentlichen Gerichtsbarkeit, Frankfurt 1972; vgl. auch BTagsDrucks. 7/650 S. 81; *Stanicki*, Vorschläge zur Entlastung und Vereinfachung DRiZ 1983, 264; *Jahn*, Reform der Rechtspflege, FS Wassermann, 1985, S. 91 ff.; Auf dem Wege in die Dreistufigkeit, DRiZ 1988, 390; *Lange*, Überholte Zuständigkeitsregelungen in Zivilsachen DRiZ 1989, 41; *Caesar* DRiZ 1989, 231; *Lindemann*, Für den Alleinrichter erster Instanz ZRP 1989, 41; *Prüllage*, Streitwerterhöhung und Dreistufigkeit DRiZ 1990, 447; *Brachmann*, Thesen zur Justizreform NJ 1990, 86; Thesen einer Arbeitsgruppe NJW 1990, 1094; dazu *Gerhards* NJ 1990, 140.

[15] Vgl. *Hirte* ZRP 1999, 182.

[16] *Wieczorek/Schreiber* Rn. 3.

[17] *Meyer-Goßner* § 403 StPO Rn. 11.

ten, die „einer besonders raschen und auf Vertrautheit mit den lokalen Verhältnissen gestützten Entscheidung bedürfen", dem AG ohne Rücksicht auf den Wert des Streitgegenstandes zuzuweisen[18] (zu den rechtspolitischen Bedenken Rn. 6 ff.).

1. Mietstreitigkeiten (Nr. 2 a). a) Die Vorschrift regelt die Zuständigkeit des 14 AG für Streitigkeiten aus oder um ein Mietverhältnis (Haupt- oder Untermiete) über Wohnraum. Die Zuständigkeitsregelung über Mietverhältnisse beruht auf der Erwägung des Gesetzgebers, dass Mietstreitigkeiten einer besonders raschen und auf Vertrautheit mit den lokalen Verhältnissen gestützten Entscheidung bedürften[19] und dringlicher und zugleich einfacher Natur seien, so dass ihre Überweisung an die AG keinen Bedenken unterliegen könne.[20]

b) Wohnraum ist jeder zum Wohnen (insbes. dauerndem Aufenthalt, Schlafen, 15 Essen, Kochen) bestimmte Raum, der Innenteil eines Gebäudes, aber nicht notwendigerweise wesentlicher Bestandteil eines Grundstücks ist. Wohnraum ist daher auch ein Behelfsheim oder eine transportable Baracke. Nicht Wohnraum sind bewegliche Sachen und deren Innenräume, z. B. Wohnwagen oder Schiffskajüten.[21] Zum Wohnraum gehören auch die Nebenräume, z. B. Bad, WC, Flur, Kellerabteil, Abstellraum.[22] Nicht zum Wohnraum zählen die Räume des Beherbergungsgewerbes,[23] selbst wenn sie praktisch wie Wohnraum behandelt werden, z. B. längerfristige Anmietung einer Ferienwohnung, eines Chalets oder eines Hotelzimmers; andererseits rechnet aber zum Wohnraum auch ein Zimmer in einem Altersheim.[24] Der Regelung unterfallen auch Mietverhältnisse über Wohnraum in den von § 549 Abs. 2 und 3 BGB genannten Fällen.

Bei der Überlassung von Wohnungen/Wohnräumen im Zusammenhang mit 16 Dienst- oder **Arbeitsverhältnissen** ist zu unterscheiden:[25] a) Einfache Dienst/Werkmietwohnung, wenn lediglich mit Rücksicht auf ein Dienst/Arbeitsverhältnis vermietet wird, Arbeitsvertrag und Mietvertrag bestehen selbstständig nebeneinander[26] (§ 576 BGB). Hier gilt allgemeines Mietrecht und § 23 Nr. 2 a. – b) Funktionsgebundene Dienst/Werkdienstwohnung, wenn die Überlassung des Wohnraums einerseits und die Verpflichtung des Arbeitnehmers zum Bezug der Wohnung andererseits unmittelbare Bestandteile des Arbeitsvertrags sind, jedenfalls dann, wenn der Wohnraum in unmittelbarer Beziehung oder Nähe zur Stätte der Dienstleistung steht, so dass seine Überlassung nach der Art der Arbeitsleistung erforderlich ist (Hausmeister, Pförtner). Die Rechte und Pflichten hinsichtlich des Wohnraums beruhen dann auf der arbeitsvertraglichen Vereinbarung;[27] mietrechtliche Vorschriften sind nur entsprechend anwendbar (§ 576 b BGB). Hier sind für Streitigkeiten, jedenfalls nach Änderung des § 29 a ZPO zu einer Norm lediglich über die örtliche Zuständigkeit, die Arbeitsgerichte zuständig.[28]

Ist die Rechtsnatur des der Überlassung des Wohnraums zugrundeliegenden Vertrags 17 streitig, gelten die Grundsätze der sogenannten doppelrelevanten Tatsachen. Kann die Klage nur Erfolg haben, wenn ein Mietverhältnis über Wohnraum besteht, so beim Streit, ob die Form des § 568 Abs. 1 BGB einzuhalten war, ist die Zuständigkeit des AG gegeben, wenn ein zu Wohnzwecken dienendes Mietver-

---

[18] *Hahn* II S. 940.
[19] *Hahn* aaO.
[20] *Hahn* I S. 69.
[21] H. M., vgl. *Palandt/Weidenkaff* Einf. vor § 535 BGB Rn. 89.
[22] *Palandt/Weidenkaff* aaO.
[23] *Palandt/Weidenkaff* aaO.
[24] *Wieczorek/Hausmann* § 29 a ZPO Rn. 20.
[25] *Schaub* § 84 I.
[26] BAGE 64, 75 = NZA 1990, 539; BAGE 92, 336 = NZA 2000, 277.
[27] BAG aaO.
[28] A. A. BL/*Hartmann* Rn. 8.

hältnis schlüssig behauptet wird.[29] In allen anderen Fällen bedarf die bestrittene sachliche Zuständigkeit des Beweises.

18 c) § 23 Nr. 2 a gilt nur für Mietverträge über **Wohnräume.** Ob ein Mietverhältnis über Wohnraum vorliegt, ist nach dem Zweck zu beurteilen, den der Mieter mit der Anmietung des Mietobjekts vertragsgemäß verfolgt.[30] Deshalb ist die Anmietung von zum Wohnen geeigneten Räumen zum Betrieb einer Pension nicht als Wohnungsmietvertrag angesehen worden, ebenso wenig ein im Rahmen eines Werkförderungsvertrags geschlossener Mietvertrag zwischen dem Darlehensgeber und dem Bauherrn über von diesem zu errichtende Wohnungen, die bestimmungsgemäß an die Bediensteten des Darlehensgebers untervermietet werden sollten; gleiches gilt für einen im Rahmen des Bauherrenmodells zwischen dem Wohnungseigentümer und einem Vermietungsunternehmen zur Weitervermietung der Wohnung abgeschlossenen Mietvertrag, ebenso für einen Mietvertrag über Räume zum Betrieb eines Studentenwohnheims. Immer dann, wenn der vertragsgemäße Gebrauch der Mietsache durch den Mieter in der Weitervermietung und nicht im Wohnen liegt, liegt kein Mietverhältnis über Wohnraum vor.[31]

19 Die Regelung gilt nicht für Mietverhältnisse über andere Räume als Wohnräume im dargelegten Sinne, also z.B. über Geschäftsräume, Lagerräume, Fabrikhallen; bei Mischmietverhältnissen entscheidet der Schwerpunkt.[32] Sie gilt auch nicht für Mietverhältnisse über Grundstücke, auch wenn der Mieter berechtigt ist, darauf Wohnraum zu errichten.[33]

20 Nr. 2 a gilt nicht für Mietverhältnisse über andere Sachen, insbesondere nicht über bewegliche Sachen.

21 Die Regelung gilt nicht für Streitigkeiten aus dem **Wohnungseigentum,** dazu Rn. 31 (wohl aber gilt sie, wenn der Eigentümer einer Wohnung einen Mietvertrag darüber abgeschlossen hat).

22 Die Vorschrift gilt auch nicht für die Auseinandersetzung an der Ehewohnung zwischen geschiedenen oder getrennt lebenden Ehepartnern, vgl. dazu § 23 b Abs. 1 Satz 2 Nr. 8 GVG. Unanwendbar ist die Vorschrift auch auf andere Verträge, die eine Wohnraumüberlassung zum Gegenstand haben, z.B. gesellschaftsrechtlicher oder familienrechtlicher Natur, auch nicht auf einen erbrechtlichen Anspruch, z.B. aus Vermächtnis.[34]

23 Die Zuständigkeitsregelung gilt nicht für sogenannte **Kaufanwartschaftsverträge** (Anzahlung auf den Kaufpreis für einen Kaufvertrag über ein Wohnhaus; Besitzüberlassung; laufende Zahlung als „Miete", bei voller Zahlung des Kaufpreises tritt Eigentumsübergang ein): Hier handelt es sich um einen Kaufvertrag, auch in der streitigen Rückabwicklung, wenn nicht ausdrücklich aus dem Vertrag ein Mietverhältnis zu entnehmen ist.

24 Die Regelung gilt nicht für Pacht- und Leihverhältnisse.

25 In den Fällen eines **gemischten Vertrags** gilt die Regelung dann, wenn der Schwerpunkt des Vertrags auf dem mietrechtlichen Bestandteil liegt.[35]

26 Die Zuständigkeit des AG gilt einmal für Streitigkeiten über **Ansprüche aus einem Mietverhältnis** über Wohnraum auf Erfüllung (Überlassung/Benutzungseinräumung gemäß § 535 BGB); über den Wortlaut hinaus ist die Vorschrift anzuwenden, wenn es um eine Mietstreitigkeit geht, unabhängig von der rechtlichen Gestalt des Anspruchs.[36] Hierher gehört auch eine Streitigkeit über die Wiederauf-

---

[29] OLG Karlsruhe OLGR 2006, 206.
[30] BGHZ 94, 11 = NJW 1985, 1772.
[31] BGH aaO.
[32] OLG Frankfurt OLGR 2002, 218; OLG Köln ZMR 2001, 963.
[33] OLG München MDR 1979, 939.
[34] Vgl. BGH NJW 1964, 765.
[35] OLG Celle NJW 1983, 49; MDR 1986, 324; OLG Karlsruhe NJW-RR 1988, 401.
[36] BGHZ 89, 275 = NJW 1984, 1615 zum insoweit gleichlautenden § 29 a ZPO.

bauplicht des Vermieters nach Zerstörung der Mietsache sowie eine Streitigkeit um die räumliche Abgrenzung oder den Umfang des Mietvertrags;[37] Streitigkeiten wegen Benutzung, z. B. Unterlassen von Besitzstörungen; Ansprüche auf Entschädigung wegen Nichterfüllung oder nicht gehöriger Erfüllung, z. B. auf (auch rückständigen) Mietzins und Kautionen usw., auf Erstattung von Nebenkosten und Umlagen einschließlich der Streitigkeiten um einen Umlageschlüssel,[38] Verwendungsersatz; auf Rückgewähr von Leistungen, z. B. Sicherheitsleistungen oder Vorschüsse;[39] Verzugsschäden;[40] Ansprüche aus positiver Vertragsverletzung;[41] Ansprüche aus Renovierungspflichten, sei es auf Erfüllung oder Schadensersatz; Ansprüche auf Instandhaltung und Instandsetzung.[42] Hierher gehören auch Klagen auf Zustimmung zu einer Mieterhöhung nach § 558 BGB. Auch Ansprüche auf Mitbenutzung der Gemeinschaftsanlagen und ihr Umfang gehören hierher, auf Funktionsfähigkeit von Zentralheizung und zentraler Warmwasserversorgung, Aufzüge und deren Instandsetzung,[43] auf Kabelanschluss und Untersagung der Anbringung von Antennen usw.; Streitigkeiten wegen Zurückhaltung der von dem Mieter oder Untermieter in die Mieträume eingebrachten Sachen (§§ 562 b ff. BGB); Reinigungs- und Streupflichten; Verkehrssicherungspflichten des Vermieters gegenüber dem Mieter.[44] Gesetzlicher oder rechtsgeschäftlicher Übergang des Anspruchs auf einen Dritten oder dessen Überweisung zur Einziehung lassen die Zuständigkeit des AG unberührt.[45]

Auch die Klage auf **Räumung von Wohnraum** gehört hierher ohne Rücksicht darauf, auf welchen Rechtsgrund der Räumungsanspruch gestützt wird. Voraussetzung ist jedoch, dass von einem Mietverhältnis ausgegangen wird, das besteht oder bestanden hat. So ist die Zuständigkeit bei Herausgabeverlangen im Zusammenhang mit Grundstückskaufverträgen nicht gegeben,[46] wohl aber dann, wenn kein Mietverhältnis besteht, der Räumungsanspruch jedoch aus mietrechtlichen Vorschriften begründet ist.[47] – Der Übergang zum Bestandsrechtsstreit (unten Rn. 28) ist fließend. Wenn aber ein mietrechtlicher Herausgabeanspruch (§ 546 BGB) mit einem anderen materiellrechtlichen Herausgabeanspruch (z. B. §§ 812, 985, 1004 BGB) konkurriert, so ist auch für diese Ansprüche das AG zuständig, sonst könnte durch geschickte Qualifikation der Anspruchsgrundlage die vom Gesetz vorgeschriebene Zuständigkeit einseitig umgangen werden.[48] 27

Die Zuständigkeit des AG besteht weiter für Streitigkeiten über den **Bestand eines Mietverhältnisses** über Wohnraum.[49] Dazu gehört einmal der Streit um die Beendigung des Mietverhältnisses, aber auch um sein wirksames Zustandekommen.[50] Hierher zählt auch die Klage auf Fortsetzung des Mietverhältnisses nach §§ 574 ff., 576 a BGB, ebenso die Feststellungsklage über das Bestehen oder Nichtbestehen eines Mietvertrages. 28

Die Zuständigkeit des AG ist **ausschließlich** (Nr. 2 a zweiter Halbsatz), eine Prorogation (Rn. 11) ist unzulässig. Zusätzlich bestimmt § 29 a ZPO die ausschließliche örtliche Zuständigkeit des Gerichts, in dessen Bezirk sich die Mieträume befinden, ausgenommen die Fälle des § 549 Abs. 2 BGB. Diese doppelte aus- 29

---

[37] OLG Celle NJW 1954, 1370.
[38] LG Frankfurt MDR 1977, 933.
[39] OLG München NJW 1970, 955.
[40] OLG München aaO.
[41] *Wieczorek/Hausmann* § 29 a ZPO Rn. 32.
[42] BGH NJW 1963, 723.
[43] BGH NJW 1963, 713.
[44] OLG Düsseldorf MDR 2006, 327.
[45] OLG Karlsruhe NJW-RR 2002, 1167.
[46] OLG Braunschweig NdsRpfl 1983, 225.
[47] LG Göttingen ZMR 1990, 383.
[48] OLG Hamburg MDR 1986, 846; ähnlich OLG Celle NJW 1954, 1370.
[49] OLG Brandenburg OLGR 2001, 21.
[50] Hierzu KG NJW-RR 2000, 801.

schließliche Zuständigkeit gilt z.B. auch dann, wenn der Mieter die Wohnung bereits geräumt hat, sie ist unabhängig von der Mietdauer.[51]

30 **2. Streitigkeiten nach Nr. 2b.** Bei dieser Zuständigkeitsregelung stand die Eilbedürftigkeit der Entscheidung im Vordergrund. Die Formulierungen sind recht altertümlich, es ist nötig, sie auf die moderne Ausdrucksweise und die modernen Reise- und Verkehrsbedingungen zu übertragen. Die praktische Bedeutung der Vorschrift ist recht gering. Sie betrifft folgende Rechtsstreitigkeiten: a) Zwischen Reisenden und Wirten über **Wirtszechen.** Gemeint sind damit Streitigkeiten zwischen einem Gastwirt und einem nicht am Ort wohnhaften Gast über die Rechnung aus Übernachtung[52] und Verzehr von Speisen und Getränken, nicht die Haftung wegen eingebrachter Sachen (§ 701 BGB) oder um ein ausgeübtes Pfandrecht (§ 704 BGB), auch nicht entgangener Gewinn wegen abgesagter Gasthofmiete.[53] Es muss sich aber um einen gegenwärtig Reisenden handeln; ein Unternehmen, das eine Tagung in einem Hotel langfristig plant und ausrichtet, fällt nicht unter den Begriff des „Reisenden".[54] b) Zwischen Fuhrleuten, Schiffern und Auswanderungsexpedienten in den Einschiffungshäfen, über Streitigkeiten um **Fuhrlohn,** Überfahrtsgelder, aus der Beförderung der Reisenden und ihrer Habe sowie wegen Verlust und Beschädigung dieser Habe. c) Streitigkeiten **zwischen Reisenden und Handwerkern,** die aus Anlass der Reise entstanden sind; also vor allem im Zusammenhang mit der Reisevorbereitung, gedacht war wohl vor allem an Auswanderer und ihre Verpackungsprobleme. – Voraussetzung ist, dass die Reise noch andauert; das liegt im Begriff des Wortes „Reisender" und entspricht dem gesetzgeberischen Sinn dieser Zuständigkeitsregelung.[55] Ohne Bedeutung bleibt, ob die Reise aus beruflichen Gründen erfolgt oder nicht; Reisender ist auch, wer dies zur und in Ausübung seines Gewerbes tut.

31 **3. Streitigkeiten nach Nr. 2c.** Das AG ist sachlich ausschließlich zuständig für Streitigkeiten über a) die sich aus der Gemeinschaft der Wohnungseigentümer und aus der Verwaltung des gemeinschaftlichen Eigentums ergebenden Rechte und Pflichten der Wohnungseigentümer untereinander (§ 43 Nr. 1 WEG), b) die Rechte und Pflichten zwischen der Gemeinschaft der Wohnungseigentümer und Wohnungseigentümern (§ 43 Nr. 2 WEG), c) die Rechte und Pflichten des Verwalters bei der Verwaltung des gemeinschaftlichen Eigentums (§ 43 Nr. 3 WEG), d) die Gültigkeit von Beschlüssen der Wohnungseigentümer (§ 43 Nr. 4 WEG). Örtlich zuständig ist nach § 43 WEG das Gericht, in dessen Bezirk das Grundstück liegt. Das Gesetz zur Änderung des Wohnungseigentumsgesetzes vom 26. 3. 2007 (BGBl. I S. 370) hat diese Streitigkeiten, die nach § 43 WEG a. F. dem Verfahrensrecht der freiwilligen Gerichtsbarkeit unterlagen, nunmehr zu bürgerlichen Rechtsstreitigkeiten erklärt. auf welche die Vorschriften der ZPO Anwendung finden, vornehmlich, um die Pflicht des Gerichts zur Amtsermittlung nach § 12 FGG zu beseitigen.[56] Nr. 2 c erfasst lediglich die **Binnenstreitigkeiten** unter Beteiligung von Wohnungseigentümern, ihrer Gemeinschaft und dem Verwalter. Für Klagen Dritter gegen die Gemeinschaft oder gegen Wohnungseigentümer, die sich auf das gemeinschaftliche Eigentum, seine Verwaltung oder das Sondereigentum beziehen, bestimmt § 43 Nr. 5 WEG lediglich die ausschließliche örtliche Zuständigkeit des Gerichts, in dessen Bezirk das Grundstück liegt; hinsichtlich der sachlichen Zuständigkeit verbleibt es bei § 23 Abs. 1.[57]

---

[51] LG Mannheim NJW 1969, 1071.
[52] A. A. LG Frankfurt BB 1965, 268.
[53] LG Frankfurt aaO.; *BL/Hartmann* Rn. 9; *Zöller/Gummer* Rn. 13.
[54] LG Frankfurt aaO.
[55] A. A. *BL/Hartmann* aaO.; *Zöller/Gummer* aaO.
[56] BTagsDrucks. 16/887 S. 12.
[57] BTagsDrucks. 16/3843 S. 29.

§ 43 Nr. 6 WEG betrifft Zahlungsansprüche der Eigentümergemeinschaft bezogen auf das gemeinschaftliche Eigentum, vornehmlich gegen den einzelnen Eigentümer auf Hausgeld oder den Verwalter auf Schadenersatz und damit ebenfalls Binnenstreitigkeiten nach Nr. 2 oder 3 aaO.[58] Insoweit bestimmt die Vorschrift die ausschließliche örtliche Zuständigkeit für das Mahnverfahren abweichend von § 689 Abs. 2 ZPO. Die Verweisung auf § 43 Nr. 6 WEG in § 23 Nr. 2 c GVG ist dem gegenüber ohne Bedeutung, da das AG bereits allgemein nach § 689 Abs. 1 ZPO für das Mahnverfahren sachlich zuständig ist. Da sich örtliche und sachliche Zuständigkeit für das streitige Verfahren ebenfalls nach § 43 WEG bestimmen, bedarf es nach Widerspruch gegen den Mahnbescheid oder Einspruch gegen den Vollstreckungsbescheid keiner Verweisung. 32

Übergangsregelung: Nach § 62 WEG n. F. gilt die Vorschrift für die nach dem 1. 7. 2007 erstmals bei Gericht anhängig werdenden Verfahren.[59] Für die am 1. 7. 2007 bereits im ersten Rechtszug anhängig gewesenen Verfahren bleibt es beim bisherigen Recht, also beim Verfahren der freiwilligen Gerichtsbarkeit nach § 43 WEG a. F., ebenso beim bisherigen Rechtsmittelzug (sofortige Beschwerde und sofortige weitere Beschwerde nach § 45 WEG a. F., §§ 19, 28 FGG), auch wenn das Rechtsmittel nach dem 1. 7. 2007 eingelegt wird. 33

4. Streitigkeiten wegen **Wildschadens** (Nr. 2 d). Der Inhalt des Wildschadens (nicht Jagdschaden, § 33 BJagdG) und der Umfang der Ersatzpflicht ist in den §§ 29 ff. BJagdG geregelt. Die Länder können das Beschreiten des ordentlichen Rechtswegs nach § 35 BJagdG abhängig machen von einem vorgeschalteten Feststellungsverfahren vor einer Verwaltungsbehörde **(Vorverfahren),** das mit Anerkenntnis, Vergleich oder Vorbescheid enden kann; erst nach dessen Durchführung kann das ordentliche Gericht angerufen werden. Zuständig ist dann das AG. Die Länder haben von der Möglichkeit der Anordnung eines Vorverfahrens weitgehend Gebrauch gemacht. 34

5. Ansprüche aus einem mit der Überlassung eines Grundstücks in Verbindung stehenden **Leibgedings-, Leibzuchts-, Altenteils- oder Auszugsvertrag** (Nr. 2 g). Es geht dabei um die in Art. 96 EGBGB aufrechterhaltenen landesrechtlichen Rechtsinstitute, bei denen der Veräußerer (oder der auf andere Art das Eigentum Übertragende) eines Grundstücks sich oder einem Dritten wiederkehrende Leistungen oder Nutzungen zusichern lässt. Die Geltung der Vorschrift ist eingeschränkt. Sie gilt nicht für die Anwendung von Vorschriften des Anerbenrechts einschließlich der Versorgungsansprüche bei Höfen, Hofgütern, Landgütern und Anerbengütern (§ 1 Nr. 5 LwVG); hierfür ist das AG als Landwirtschaftsgericht zuständig. Sie gilt auch nicht, soweit es um die Nachfolge in einen Hof geht (vgl. § 18 HöfeO). Ihre Anwendung ist beschränkt auf die Ansprüche des Veräußerers/Übergebers auf Erfüllung seiner ausbedungenen Rechte und der der Abfindungsberechtigten; alle anderen Ansprüche, vor allem anderer Gläubiger, unterliegen der allgemeinen Zuständigkeitsregelung des GVG. 35

6. **Aufgebotsverfahren** (Nr. 2 h), §§ 946 ff. ZPO. Bei Aufgeboten, deren Zulässigkeit auf landesrechtlichen Vorschriften beruht, können die Länder das Aufgebotsverfahren abweichend von der ZPO regeln (§ 11 EGZPO). Dies ändert nichts an der Zuständigkeit des AG, da der Vorbehalt nur das Verfahren, nicht den Rechtsweg betrifft. Für die Anfechtungsklage gegen das Ausschlussurteil ist das LG ausschließlich zuständig (§ 957 Abs. 2 ZPO). 36

7. Die Zuständigkeit nach § 23 Nr. 2 ist mit Ausnahme der nach Nr. 2 a, c **nicht ausschließlich;** abweichende Vereinbarungen sind zulässig[60] (Rn. 11). 37

---

[58] BTagsDrucks. 16/3843 S. 27.
[59] Zum Eingang am 1. 7. 2007 LG Dortmund NJW 2006, 3137.
[60] Zöller/Gummer Rn. 5; BL/Hartmann Rn. 4.

§ 23a

V. Weitere Aufgaben des AG. Weitere Aufgaben des AG auf zivilrechtlichem Gebiet: §§ 23a, 23b, 27.

§ 23a. [Zuständigkeit in Kindschafts-, Unterhalts- und Ehesachen]

Die Amtsgerichte sind in bürgerlichen Rechtsstreitigkeiten ferner zuständig für
1. Streitigkeiten in Kindschaftssachen;
2. Streitigkeiten, die eine durch Ehe oder Verwandtschaft begründete gesetzliche Unterhaltspflicht betreffen;
3. Ansprüche nach den §§ 1615l, 1615m des Bürgerlichen Gesetzbuchs;
4. Ehesachen;
5. Streitigkeiten über Ansprüche aus dem ehelichen Güterrecht, auch wenn Dritte am Verfahren beteiligt sind;
6. Lebenspartnerschaftssachen;
7. Streitigkeiten nach dem Gewaltschutzgesetz, wenn die Parteien einen auf Dauer angelegten gemeinsamen Haushalt führen oder innerhalb von sechs Monaten vor der Antragstellung geführt haben.

Übersicht

	Rn.		Rn.
Vorbemerkung	1	III. Scheidung nach ausländischem Recht	31
A. Streitigkeiten in Kindschaftssachen (Nr. 1)	2	IV. Aufhebung der Ehe	32
I. Gesetzesgeschichte	3	V. Feststellung des Bestehens oder Nichtbestehens einer Ehe	33
II. Feststellung des Bestehens oder Nichtbestehens eines Eltern-Kind-Verhältnisses	4	VI. Klage auf Herstellung des ehelichen Lebens	34
III. Anfechtung der Vaterschaft	10	VII. Recht zum Getrenntleben	36
IV. Feststellung des Bestehens oder Nichtbestehens der elterlichen Sorge	11	VIII. Abschließende Regelung	37
		IX. Ausschließliche Zuständigkeit	38
B. Streitigkeiten über die gesetzliche Unterhaltspflicht	12	**E. Streitigkeiten aus dem ehelichen Güterrecht (Nr. 5)**	39
I. Gesetzesgeschichte	12	I. Gesetzesgeschichte	39
II. Begründet durch Ehe oder Verwandtschaft	13	II. Ansprüche im Einzelnen	40
III. Gesetzlicher Unterhaltspflicht, vertragliche Regelung	14	III. Abschließende Regelung	45
IV. Schadensersatzansprüche	15	IV. Nichtvermögensrechtliche Streitigkeiten	46
V. Nebenpflichten	16	V. Beteiligung Dritter	47
VI. Gesetzlicher Forderungsübergang, Überleitung	17	VI. Ausländisches Recht	50
VII. Erstattung, Bereicherung, Ausgleich	18	**F. Lebenspartnerschaftssachen (Nr. 6)**	51
VIII. Vereinbarung im Innenverhältnis	19	I. Bürgerliche Rechtsstreitigkeiten	51
IX. Kindergeld	20	II. Familiensachen	52
X. Bürgschaft	21	III. FGG-Verfahren	53
XI. Prozesskostenvorschuss	22	**G. Streitigkeiten nach dem Gewaltschutzgesetz**	55
XII. Anspruch des Pflichtigen auf Beitrag zum Unterhalt	23	I. Familiensachen	55a
XIII. Gestalt der Unterhaltsforderung	24	II. Gemeinsamer Haushalt	56
XIV. Ausländisches Recht	25	III. Streitigkeiten	58
XV. Familiensachen	26	**H. Umfang der Zuständigkeit**	59
XVI. Vereinfachtes Abänderungsverfahren	27	I. Vorbereitende und ergänzende Entscheidungen	59
C. Ansprüche nach §§ 1615l, 1615m BGB (Nr. 3)	28	II. Arrest, einstweilige Verfügung	60
D. Ehesachen (Nr. 4)	29	III. Zwangsvollstreckung	61
I. Zuweisung im Allgemeinen	29	IV. Nebenverfahren	62
II. Scheidung	30	V. Vollstreckbarerklärung ausländ. Entscheidungen	63

Gesetzesfassung: Nr. 2 neu gefasst, Nr. 4, 5 eingefügt durch Art. 5 Nr. 1 des 1. EheRG. In Nr. 3 ist die Angabe „§§ 1615k bis 1615m" ersetzt durch „§§ 1615l, 1615m", Art. 4 Abs. 2 des KindesunterhaltsG vom 6. 4. 1998 (BGBl. I S. 666). § 23a Nr. 6 eingefügt durch Art. 3 § 12

Nr. 1 G zur Beendigung der Diskriminierung gleichgeschlechtlicher Gemeinschaften: Lebenspartnerschaften vom 16. 2. 2001 (BGBl. I S. 266); Nr. 7 eingefügt durch Art. 3 Nr. 1 G zur Verbesserung des zivilrechtlichen Schutzes bei Gewalttaten und Nachstellungen sowie zur Erleichterung der Überlassung der Ehewohnung bei Trennungen vom 11. 12. 2001 (BGBl. I S. 3513).

Vorbemerkung. Die Vorschrift weist über § 23 hinaus weitere bürgerliche Rechtsstreitigkeiten (zum Begriff § 13 Rn. 9 ff.) dem AG zu ohne Rücksicht auf den Wert des Streitgegenstandes. § 23 a regelt nur die sachliche Zuständigkeit des AG im Verhältnis zum LG. Die Zuweisung an das Familiengericht beim AG kraft gesetzlicher Geschäftsverteilung ergibt sich aus § 23 b.

A. Streitigkeiten in Kindschaftssachen (Nr. 1)

Was unter Kindschaftssachen zu verstehen ist, definiert § 640 Abs. 2 ZPO. Alle Kindschaftssachen sind Familiensachen (§ 23 b Abs. 1 Nr. 12), die Zuständigkeit des AG ist ausschließlich (§ 621 Abs. 1 Nr. 10 ZPO). Die zivilprozessualen Verfahren in Kindschaftssachen sind nicht öffentlich (§ 170 GVG), die nach dem FGG ohnedies nicht. Rechtsmittelinstanz gegen Entscheidungen des AG in Kindschaftssachen ist das OLG (§ 119 Abs. 1 Nr. 1 a). Die ausschließliche Zuständigkeit des AG macht eine abweichende Parteivereinbarung unzulässig, eine rügelose Einlassung bei einem anderen Gericht ist unbedeutend, § 40 Abs. 2 ZPO, zur örtlichen Zuständigkeit § 640 a ZPO. Mit Rücksicht auf die besondere Bedeutung der zu den Kindschaftssachen gehörenden Verfahren um die Feststellung der Vaterschaft ist in § 1712 BGB vorgesehen, dass auf Antrag eines Elternteils das Jugendamt zum Beistand des Kindes wird. Außerdem kann das Gericht nach § 50 FGG einem minderjährigen Kind für ein seine Person betreffendes Verfahren einen Pfleger bestellen. Entsprechend dem allgemeinen Anliegen einer gütlichen Regelung von Streitigkeiten soll das Gericht in einem die Person des Kindes betreffenden Verfahren so früh wie möglich und in jeder Lage des Verfahrens auf ein Einvernehmen der Beteiligten hinwirken (§ 52 FGG).

I. Gesetzesgeschichte. § 23 a Nr. 1 wurde eingeführt durch Art. 4 NichtehelG mit Wirkung vom 1. Juli 1970. Die grundlegenden Änderungen der Rechtsstellung des nichtehelichen Kindes durch dieses Gesetz setzten sich im Verfahrensrecht fort. Nicht mehr der Unterhaltsanspruch des nichtehelichen Kindes gegen seinen Erzeuger steht im Vordergrund, es soll vielmehr möglichst für jedes nichteheliche Kind das Abstammungsverhältnis mit Wirkung für und gegen Dritte festgestellt werden, sei es durch Anerkennung der Vaterschaft oder durch gerichtliche Feststellung auf Grund Klage (§ 1600 a BGB); prozessual werden die Streitigkeiten um die Ehelichkeit von Kindern und um die Abstammung von nichtehelichen Kindern völlig gleichgestellt (§ 640 Abs. 2 Nr. 1 bis 3 ZPO). Im Zusammenhang damit wurde durch § 23 a Nr. 1 GVG die bisher gespaltene erstinstanzliche Zuständigkeit in Kindschaftssachen zwischen Amtsgericht und Landgericht einheitlich beim AG zusammengefasst. Bis dahin war für den Unterhaltsanspruch des nichtehelichen Kindes das AG zuständig (§ 23 Nr. 2 f a. F.), für die Klage auf blutmäßige Abstammung (und die entsprechende negative Feststellungsklage) das Landgericht. Auch die vergleichbaren Streitigkeiten der ehelichen Kinder, insbesondere die Ehelichkeitsanfechtung, gehörten zur Zuständigkeit des Landgerichts, während der Unterhaltsrechtsstreit auch der ehelichen Kinder zur Zuständigkeit des AG gehörte (§ 23 Nr. 2 e a. F.). Nunmehr ist für alle Kindschaftssachen das AG einheitlich zuständig. Maßgebend für die Begründung der Zuständigkeit des AG in allen Statussachen war die Überlegung, dass kein Anlass bestand, von der Zuständigkeit des AG in Unterhaltsprozessen abzugehen, so dass auch der Vaterschaftsfeststellungs-Prozess, den die Reform des Nichtehelichenrechts neu einführte, zweckmäßigerweise dem AG zuzuweisen sei, da dieser größtenteils an die Stelle des Unterhaltsprozesses trete, in dem im Allgemeinen schon die Abstammung des nichtehelichen Kindes geprüft worden war. Mit der erweiterten Zuständigkeit würden die Amtsgerichte nicht mit Fragen befasst, die sie bisher noch nicht entschieden hätten. Die Zuweisung der Vaterschaftssachen an die Amtsgerichte habe ferner den Vorzug, dass die Entscheidung in den Händen von Richtern liege, die in der Regel mit den örtlichen Verhältnissen besser vertraut seien als die Richter des LG, auch werde eine zusätzliche Belastung des LG vermieden. Danach erscheine es aber auch geboten, für die geringere Zahl der übrigen Rechtsstreitigkeiten in Kindschaftssachen, insbesondere für den Ehelichkeitsanfechtungs-Prozess, ebenfalls die Zuständigkeit des AG anzuordnen, denn auch hier stünden meist die Fragen der tatsächlichen Abstammung im Vordergrund; ein ausreichender Grund für eine unterschiedliche Behandlung der Kindschaftssachen bestehe nicht.[1] Durch das KindRG 1997 wurde ohne Änderung des Wortlauts der Begriff der „Kindschaftssachen" ausgedehnt durch Änderungen im materiellen Recht, vor allem durch die Angleichung des Rechts der ehelichen und nichtehelichen Kinder sowie von verheirateten und nicht miteinander verheirateten Eltern und durch die Begründung der Zuständigkeit des Familiengerichts auch für die Abstammungssachen nach § 1600 e BGB (vgl. Rn. 10).

4   **II. Feststellen des Bestehens oder Nichtbestehens eines Eltern-Kind-Verhältnisses.** Zu den Kindschaftssachen gehören Verfahren über die Feststellung des Bestehens oder Nichtbestehens eines Eltern-Kindes-Verhältnisses (§ 640 Abs. 2 Nr. 1 ZPO). Ob eine solche Klage erhoben ist, muss mit Rücksicht auf die zwingende Zuständigkeit des AG von Amts wegen nach dem mit der Klage verfolgten Ziel entschieden, und es muss demgemäß verfahren werden.[2] Eine beim LG erhobene Klage ist, wenn nicht nach § 281 ZPO an das AG verwiesen wird, als unzulässig abzuweisen. Hat ein unzuständiges Gericht entschieden, etwa das LG, gilt § 513 Abs. 2 ZPO. – Das Verfahren zur Feststellung des Bestehens oder Nichtbestehens eines Eltern-Kindes-Verhältnisses kann nur zwischen Eltern, Elternteil und Kind geführt werden; Verfahren gegenüber anderen Beteiligten oder von solchen eingeleitet gehören nicht hierher, sondern gegebenenfalls in das allgemeine Verfahren. Das Verfahren hat durch das KindRG 1997 erhebliche Änderungen erfahren. Herausragend ist die **einheitliche Zuständigkeit des FamG für Abstammungsverfahren** unabhängig davon, ob es sich um zivilprozessuale oder FGG-Verfahren handelt; die unterschiedliche Zuständigkeit des AG (Prozessabteilung) für die zivilprozessualen Kindschaftssachen und für die Abstammungssachen der freiwilligen Gerichtsbarkeit wurde zugunsten einer einheitlichen Zuständigkeit des FamG beseitigt,[3] die frühere Unterscheidung zwischen ehelicher und nichtehelicher Abstammung entfällt. – Das Verfahren zur Feststellung des Bestehens oder Nichtbestehens eines Eltern-Kindes-Verhältnis kann betreffen:

5   1. Streitigkeiten um das Faktum, welche Frau das Kind geboren hat und damit dessen Mutter ist (§ 1591 BGB). Denkbar ist hier eine Klage mit der Begründung, das Kind sei unterschoben.[4] Die genetische Abstammung (z. B. künstliche Befruchtung, Ei- oder Embryonenspende) begründet kein Eltern-Kind-Verhältnis; Fragen der genetischen Abstammung können nur im Wege der allgemeinen Feststellungsklage nach § 256 ZPO geklärt werden.[5]

6   2. Streitigkeiten darüber, ob die die Eigenschaft als Vater des Kindes begründende Ehe mit der Mutter im Zeitpunkt der Geburt bestanden hat (§ 1592 Nr. 1, § 1593 BGB), sowie über den Zeitpunkt der Geburt.

7   3. Verfahren zur Feststellung der Vaterschaft, wenn keine Vaterschaft nach § 1592 Nr. 1, 2 BGB besteht (§ 1600 d BGB).

8   4. Streitigkeiten um die Wirksamkeit oder Unwirksamkeit einer Anerkennung der Vaterschaft eines ehelichen oder nichtehelichen Kindes (§ 640 Abs. 2 Nr. 1, 2. Halbs. ZPO; vgl. § 1592 Nr. 2 BGB) wegen der Erfüllung der formellen Voraussetzungen der §§ 1595 ff. BGB; bei Unrichtigkeit der Anerkennung bedarf es der Anfechtung der Vaterschaft. Auch Streitigkeiten um die Gültigkeit einer Adoption (§ 1754 BGB) gehören hierher.

9   5. Die Abwehr der Berührung der Vaterschaft durch einen angeblichen Vater oder auch umgekehrt durch das Kind[6] gehört nicht hierher.

---

[1] BTagsDrucks. V/3719 S. 29.
[2] *StJ/Schlosser* § 640 ZPO Rn. 1.
[3] BTagsDrucks. 13/4899 S. 72.
[4] RGZ 76, 283.
[5] BTagsDrucks. 13/4899 S. 51, 82.
[6] *Lange* NJW 1970, 300.

III. Anfechtung der Vaterschaft. Kindschaftssachen sind Verfahren um die 10
Anfechtung der Vaterschaft (§ 640 Abs. 2 Nr. 2 ZPO), unverändert im streitigen
Verfahren nach der ZPO durchzuführen[7] mit Ausnahme des Verfahrens nach
§ 1600e Abs. 2 BGB (vgl. § 23b Rn. 83a). Hierzu sind berechtigt der Mann, dessen Vaterschaft nach § 1592 Nr. 1 und 2 BGB besteht, der Erzeuger,[8] die Mutter
und das Kind (§ 1600 BGB). Die Vorschrift gilt gleichermaßen für eheliche wie für
nichteheliche Kinder. Eine isolierte Anfechtung der Vaterschaftsanerkennung ist
(entgegen dem früheren Recht) nicht mehr vorgesehen.

IV. Feststellung des Bestehens oder Nichtbestehens der elterlichen Sor- 11
ge. Kindschaftssachen sind Verfahren um die Feststellung des Bestehens oder
Nichtbestehens der elterlichen Sorge der einen Partei für die andere (§ 640 Abs. 2
Nr. 3 ZPO). Auch hier wie bei Streitigkeiten über das Bestehen oder Nichtbestehen eines Eltern-Kindes-Verhältnisses (Rn. 4) unterfällt der Vorschrift nur ein
Rechtsstreit zwischen dem Kind und den Eltern oder dem Elternteil, dessen elterliche Sorge über das Kind streitig ist; Klagen eines dieser Beteiligten gegen Dritte
oder Klagen von Dritten unterfallen nicht dieser Vorschrift. Es kann sich nur um
Streitigkeiten um das Bestehen oder Nichtbestehen der elterlichen Sorge insgesamt
dem Grunde nach (§ 1626 BGB) handeln. Eine solche Streitigkeit kann bestehen
im Zusammenhang mit der Frage, ob die elterliche Sorge wegen tatsächlicher Verhinderung nicht ausgeübt werden kann oder ob sie ruht (§§ 1674, 1678 BGB) oder
ob die Volljährigkeit eingetreten ist. Andere Fragen über das Bestehen der elterlichen Sorge, etwa Übertragungen im Zusammenhang mit einem Scheidungsverfahren, richten sich nach § 23b Abs. 1 Satz 2 Nr. 2, ebenso die Zuständigkeit bei Unklarheiten in diesem Zusammenhang darüber, wem die Sorge zusteht. Soweit
Streitigkeiten darüber hinaus entstehen, etwa Berührung des Sorgerechts zu Unrecht im Widerspruch zur Entscheidung des FamG, ist eine entsprechende Klage
bei Vorliegen eines Rechtsschutzbedürfnisses möglich und unterfällt der Vorschrift,
nicht jedoch im Verhältnis der Ehepartner zueinander.

B. Streitigkeiten, die eine durch Ehe oder Verwandtschaft begründete gesetzliche Unterhaltspflicht betreffen (Nr. 2)

I. Gesetzesgeschichte. § 23a Nr. 2 wurde eingeführt mit Wirkung vom 1. 7. 1970 durch das 12
NichtehelG (Rn. 3); eine wesentliche inhaltliche Änderung war damit jedoch nicht verbunden.
Schon vorher war das AG zuständig für alle Ansprüche auf Erfüllung einer durch Ehe oder Verwandtschaft begründeten gesetzlichen Unterhaltspflicht (§ 23 Nr. 2e a. F.) wie auch für Ansprüche
der nichtehelichen Kinder (Ansprüche aus einem außerehelichen Beischlaf, § 23 Nr. 2f a. F., da
die nichtehelichen Kinder mit dem Erzeuger als nicht verwandt galten). Nunmehr verweist
§ 1615a BGB für den Unterhaltsanspruch des nichtehelichen Kindes auf die allgemeine Regelung
des Unterhaltsanspruchs unter Verwandten, und der Gesetzgeber hat die Zuständigkeit des Amtsgerichts für alle durch Ehe oder Verwandtschaft begründeten gesetzlichen Unterhaltspflichten
zusammengefasst im neuen § 23a Nr. 2. Nur in einem Punkt ging die Regelung über das bisherige Recht hinaus: die Zuständigkeit betraf nicht mehr nur Ansprüche auf Erfüllung der Unterhaltspflicht, sondern alle Streitigkeiten über eine Unterhaltspflicht. Die Vorschrift wurde geändert
mit Wirkung vom 1. Juli 1977 durch Art. 5 Nr. 1a des 1. EheRG. Der Wortlaut (früher: „Streitigkeit über eine ... Unterhaltspflicht") soll erreichen, dass die Zuständigkeit nicht nur die Zahlungspflicht, sondern auch Nebenpflichten umfasst, nämlich die Auskunftsansprüche, die durch
dieses Gesetz eingeführt wurden, §§ 1580, 1605 BGB.[9]

II. Begründet durch Ehe oder Verwandtschaft. Die Streitigkeiten müssen 13
die gesetzliche Unterhaltspflicht betreffen, begründet durch Ehe oder Verwandtschaft. Die Unterhaltspflicht durch Ehe folgt aus § 1360 BGB, im Falle des Ge-

---
[7] BTagsDrucks. 13/4899 S. 75.
[8] Vgl. BVerfG NJW 2003, 2151.
[9] BTagsDrucks. 7/650 S. 186.

trennlebens aus § 1361 BGB, nach Ehescheidung aus §§ 1569 ff. BGB, nach Aufhebung einer Ehe aus § 1318 BGB. Die Unterhaltspflicht durch Verwandtschaft folgt aus §§ 1601 ff. BGB, für das Kind, dessen Eltern nicht verheiratet sind, aus § 1615 a BGB.

14 **III. Gesetzliche Unterhaltspflicht, vertragliche Regelung.** Die gesetzliche Unterhaltspflicht betreffen einmal Streitigkeiten, die gerichtet sind auf Erfüllung oder Feststellung einer sich unmittelbar aus dem Gesetz ergebenden Unterhaltspflicht einschließlich aller Nebenverfahren (dazu § 23b Rn. 39 ff.). Hierher rechnet auch die Erstattung von Krankheitskosten, so dass der Rechtsstreit um die Auskehrung von privaten Versicherungsleistungen (Krankheitskosten einschl. Krankenhaustagegelder) sowie die aus der Nichterfüllung folgende Schadensersatzpflicht[10] dem Unterhalt zuzurechnen ist. Zu diesen Streitigkeiten gehören aber auch solche auf Grund einer **vertraglichen Unterhaltsregelung,** wenn der vertragliche Anspruch an die Stelle des gesetzlichen Unterhaltsanspruchs treten soll und dieser zweifelsfrei ist,[11] diesen also klarstellt, in der Höhe konkretisiert, näher regelt oder modifiziert.[12] Nicht hierher gehören demgegenüber die Streitigkeiten um eine vertragliche Unterhaltspflicht, die ohne das Vorliegen einer gesetzlichen Unterhaltspflicht eingegangen worden ist, z.B. im Zusammenhang mit Versicherungsverträgen, mit dem Erwerb von Grundbesitz, Gesellschaftsanteilen, einem Gewerbebetrieb oder Handelsgeschäft usw., Eintritt in eine freiberufliche Praxis oder deren Übernahme, vorweggenommene Erbfolge oder allgemeine Vermögensauseinandersetzung. Nicht hierher gehört auch ein vertraglich vereinbarter Unterhaltsanspruch dann, wenn diese Vereinbarung in einer umfassenden Vermögensauseinandersetzung enthalten ist, also mehr regelt als einen zweifelsfreien Unterhaltsanspruch.[13]

15 **IV. Schadensersatzansprüche.** In diesem Umfang fallen unter diese Vorschrift auch Schadensersatzansprüche des Unterhaltsberechtigten gegen den Unterhaltspflichtigen, die darauf gestützt sind, dass der Unterhaltspflichtige **Vermögen verschoben** habe, um sich seiner Unterhaltspflicht oder auch nur einer Erhöhung der laufenden Unterhaltsbeträge zu entziehen[14] (sog. „verkappter" Unterhaltsanspruch). Das Gleiche gilt für eine Klage auf Schadensersatz, die der unterhaltsberechtigte Ehegatte erhebt, weil der andere im Unterhaltsprozess Einkünfte verschwiegen hat.[15] Auch eine Klage auf Schadensersatz wegen Schlechterfüllung der Unterhaltspflicht gehört hierher,[16] ebenso auf Anwaltskosten wegen der Durchsetzung eines Unterhaltsanspruchs als Verzugsschaden,[17] auch eine Klage gegen ein Unterhaltsurteil, gestützt auf § 826 BGB.[18]

16 **V. Nebenpflichten.** Zu den Streitigkeiten im Sinne dieser Vorschrift gehören auch die sich auf **Nebenpflichten** zu den Unterhaltspflichten beziehenden Streitigkeiten, z.B. die Auskunftspflichten nach §§ 1361, 1580, 1605 BGB oder Sicherheitsleistung nach § 1585 a BGB,[19] auch nach § 836 Abs. 3 ZPO.[20] Hierher gerechnet wird auch die Auskunftsklage des Scheinvaters gegen die Mutter des Kindes.[21] Auch eine Schadensersatzklage, die auf die Verletzung eines familienrechtlichen Aus-

---

[10] BGH NJW 1994, 1416.
[11] RGZ 149, 29; h. M., vgl. BGH NJW 1979, 550; 2046; OLG Nürnberg FamRZ 1967, 157; OLG Hamm FamRZ 1978, 197; OLG München FamRZ 1978, 704; OLG Braunschweig FamRZ 1983, 197.
[12] BGH NJW 1979, 2517.
[13] OLG Nürnberg FamRZ 1967, 157.
[14] OLG Celle NdsRpfl 1958, 235.
[15] OLG Hamm NJW-RR 1991, 1349.
[16] OLG Schleswig FamRZ 1983, 394.
[17] OLG Dresden NJW 2006, 2128; OLG München NJW-RR 2006, 650.
[18] OLG Karlsruhe FamRZ 1982, 400.
[19] BGHZ 71, 264 = NJW 1978, 1531.
[20] A. A. OLG Nürnberg FamRZ 1979, 524.
[21] OLG Hamm FamRZ 2005, 1844.

kunftsanspruchs gestützt ist, betrifft die gesetzliche Unterhaltspflicht.[22] Auch Streitigkeiten darüber, ob der Unterhaltsempfänger verpflichtet ist zuzustimmen, dass der Unterhaltsleistende den geleisteten Unterhalt als Sonderausgaben gegenüber dem Finanzamt geltend machen kann, gehören hierher[23] (vgl. aber Rn. 46, 23) wie auch der Anspruch eines Ehegatten gegen den anderen auf Vorlage einer Verdienstbescheinigung des Arbeitgebers oder der Krankenkasse über Beitragsklasse und Beitragshöhe, um den Antrag auf Arbeitslosenhilfe zu belegen.[24]

VI. Gesetzlicher Forderungsübergang, Überleitung. Eine Streitigkeit betrifft auch dann eine gesetzlich begründete Unterhaltspflicht, wenn sie zwar nicht von dem Unterhaltsberechtigten selbst (wenn auch durch einen Vertreter) geltend gemacht wird, aber in seiner Person entstanden ist. Das kann der Fall sein in den Fällen der zulässigen Prozessstandschaft[25] (§ 1629 Abs. 3 BGB), vor allem aber in den Fällen eines **gesetzlichen Forderungsübergangs** (§ 1607 Abs. 2, 3 BGB), auch bei **Erbschaft**[26] und durch **Überleitung,** z.B. nach § 37 BAföG, § 95 SGB VIII oder § 94 SGB XII; in diesen Fällen ändert sich zwar nachträglich die Person des Anspruchsinhabers, das Gesetz stellt aber entscheidend darauf ab, dass der Anspruch den durch Ehe oder Verwandtschaft begründeten Unterhaltsanspruch betrifft.[27] Hierher gehören auch die Ansprüche des **Scheinvaters** nach erfolgreicher Anfechtung der Ehelichkeit auf Erstattung des geleisteten Unterhalts,[28] auf den der Unterhaltsanspruch des Kindes nach § 1607 Abs. 3 Satz 2 BGB ohne die Einschränkung des Abs. 2 Satz 1 übergeht.[29] Auch nicht unterhaltspflichtige Verwandte wie **Stiefeltern** sind nach § 1607 Abs. 3 Satz 1 BGB, wenngleich eingeschränkt, Legalzessionäre.[30] Streitigkeiten zwischen Ehepartnern aus einem Vertrag, den einer von ihnen zugunsten (auch) des anderen über eine Krankenhauszusatzversicherung abgeschlossen hat, gehören nicht hierher.[31]

VII. Erstattung, Bereicherung, Ausgleich. Die Unterhaltspflicht betrifft auch der Erstattungsanspruch des einen Elternteils gegen den anderen wegen des dem gemeinsamen **Kinde** gewährten Unterhalts[32] oder den Befreiungsanspruch.[33] Dabei ist es unerheblich, auf Grund welcher Anspruchsgrundlage dieser Erstattungsanspruch erhoben wird, z.B. aus ungerechtfertigter Bereicherung, Geschäftsführung ohne Auftrag, vertragliche Vereinbarung usw. Entscheidend ist allein, ob die von § 23a (wie auch von § 23b Abs. 1 Satz 2 Nr. 5, 6 GVG und § 621 Abs. 1 Nr. 4, 5 ZPO) vorausgesetzte Zuordnung zu Ehe und Verwandtschaft sowohl im Zeitpunkt der Leistung bestanden hat als auch noch im Zeitpunkt der Rückforderung besteht und dass mit dieser Zuordnung eine gesetzliche Unterhaltspflicht korrespondiert hat, die mit Wirkung ex tunc nicht beseitigt werden kann.[34] Deshalb gehört zu den Unterhaltsansprüchen nach § 23a ein **Bereicherungsanspruch,** der darauf gestützt wird, dass eine Unterhaltspflicht nicht (mehr) besteht; denn die Frage des Vorliegens

---

[22] OLG Karlsruhe FamRZ 1979, 170.
[23] OLG Koblenz FamRZ 1980, 685; AG Ravensburg FamRZ 1980, 681.
[24] BayObLG NJW 1985, 1787.
[25] Vgl. *Diederichsen* NJW 1977, 604.
[26] *Klauser* MDR 1979, 628.
[27] OLG Stuttgart NJW 1978, 57; OLG München NJW 1978, 550; OLG Hamm FamRZ 1977, 727; SchlHOLG SchlHAnz 1978, 58; OLG Frankfurt FamRZ 1980, 618; *BL/Hartmann* Rn. 3; § 621 ZPO Rn. 13; *Zöller/Gummer* Rn. 2; *Zöller/Philippi* § 621 ZPO Rn. 39b; *Diederichsen* NJW 1977, 1776; *Brüggemann* FamRZ 1977, 16; *Walter* FamRZ 1979, 267; a. A. *Rolland* § 621 ZPO Rn. 6.
[28] LG Flensburg 11. 8. 2005 – 1 O 4/05 –; *BL/Hartmann* § 621 ZPO Rn. 14; *Thomas/Putzo/Hüßtege* Rn. 11.
[29] *Palandt/Diederichsen* § 1607 BGB Rn. 17.
[30] OLG Frankfurt FamRZ 2003, 1301.
[31] BGH NJW 1980, 988.
[32] SchlHOLG SchlHAnz 1978, 69.
[33] BGH NJW 1984, 1624.
[34] BayObLG NJW 1979, 1050.

einer Bereicherung hängt entscheidend davon ab, ob ein Unterhaltsanspruch besteht, der Bereicherungsanspruch „betrifft" also einen Unterhaltsanspruch.[35] Auch der **Ausgleichsanspruch** eines Elternteils gegen den anderen mit der Behauptung, die diesem obliegenden gesetzlichen Unterhaltsleistungen für ein gemeinschaftliches eheliches Kind erbracht zu haben, gehört hierher.[36] Die gesetzliche Unterhaltspflicht betrifft dagegen nicht eine Schadenersatzklage des Scheinvaters gegen den wirklichen Vater auf Ersatz der Kosten für den Anfechtungsprozess.[37]

19 **VIII. Vereinbarung im Innenverhältnis.** Die gesetzliche Unterhaltspflicht betrifft auch der Anspruch aus einer Vereinbarung, die die Eltern zur Regelung der Frage getroffen haben, in welchem Umfange jeder von ihnen **im Innenverhältnis** die gesetzliche Unterhaltspflicht gegenüber dem Kind zu erfüllen hat.[38] Das Gleiche gilt für eine Vereinbarung, in der sich ein Ehegatte gegenüber dem anderen verpflichtet, gesetzliche Unterhaltsleistungen an das gemeinschaftliche eheliche Kind zu entrichten.[39] Auch ein Streit um vertraglich vereinbarte Kinderbetreuungskosten gehört hierher, wenn diese im Rahmen einer ohnedies bestehenden Unterhaltspflicht vereinbart wurden,[40] nicht aber bei selbstständiger Vereinbarung ohne sonstige unterhaltsrechtliche Beziehungen.[41]

20 **IX. Kindergeld.** Streitigkeiten der Eltern darüber, wem von ihnen das staatliche Kindergeld im Verhältnis zur auszahlenden Stelle zusteht, gehören nach § 3 BKGG zur Zuständigkeit des Vormundschaftsgerichts.[42] Da mit dem Kindergeld jedoch die Unterhaltslast für alle Unterhaltspflichtigen erleichtert werden soll und seine Zahlung die zivilrechtliche Unterhaltspflicht unberührt lässt, insbesondere der Unterhaltsanspruch der Kinder sich nicht erhöht, muss die Zahlung von Kindergeld allen Unterhaltspflichtigen zugute kommen; es muss, wenn das Kindergeld an einen von ihnen gezahlt wird, unter den Unterhaltspflichtigen ein Ausgleich stattfinden. Der Streit um diesen Ausgleich „betrifft" den gesetzlichen Unterhaltsanspruch nach § 23a.[43]

21 **X. Bürgschaft.** Unter § 23a fällt auch die Geltendmachung der nach § 774 BGB auf den **Bürgen** übergegangene Unterhaltsforderung, nicht jedoch die des Unterhaltsberechtigten gegen einen Bürgen für diese Unterhaltspflicht.

22 **XI. Prozesskostenvorschuss.** Zu den die gesetzliche Unterhaltspflicht betreffenden Streitigkeiten gehören auch solche um die Gewährung eines Prozesskostenvorschusses für persönliche, lebenswichtige Prozesse, z.B. zur Verteidigung gegen eine Ehelichkeitsanfechtungsklage[44] – diese Pflicht folgt aus der Unterhaltspflicht.[45] Im Verhältnis der Ehepartner untereinander ist sie ausdrücklich geregelt in § 1360a Abs. 4, § 1361 Abs. 4 BGB, vgl. auch §§ 127a, 620 Nr. 10 und 621f ZPO; der Anspruch entfällt aber mit der Scheidung.[46] Die Vorschrift ist auch einschlägig, wenn ein Unterhaltsanspruch im Wege der einstweiligen Verfügung geltend ge-

---

[35] BGHZ 71, 264 = NJW 1978, 1531; OLG München NJW 1978, 550.
[36] BGH NJW 1978, 2297.
[37] OLG Jena FamRZ 2003, 1125; a.A. OLG Koblenz Fam RZ 1999, 658; *Thomas/Putzo/Hüßtege* Rn. 11.
[38] BGH NJW 1978, 1925; FamRZ 1978, 770; 1979, 217; a.A. OLG München FamRZ 1978, 198; OLG Karlsruhe NJW 1978, 1273; OLG Stuttgart FamRZ 1978, 348.
[39] BGH NJW 1978, 1811.
[40] OLG Hamburg FamRZ 1985, 407.
[41] BGH FamRZ 1978, 873.
[42] OLG Hamm MDR 1980, 765; a.A. OLG Frankfurt FamRZ 1979, 1038.
[43] BGHZ 70, 151 = NJW 1978, 753; BGH FamRZ 1980, 345; OLG Frankfurt FamRZ 1978, 798; OLG Koblenz FamRZ 1979, 610; a.A. KG FamRZ 1978, 794.
[44] OLG Koblenz FamRZ 1982, 402.
[45] BGHZ 56, 92 = NJW 1971, 1262; *Palandt/Brudermüller* § 1360a BGB Rn. 7; *Diederichsen* NJW 1977, 607; *Knops* NJW 1993, 1237.
[46] OLG Düsseldorf FamRZ 1978, 124.

macht wird, unabhängig davon, ob dies zulässig ist.[47] Hierher zählt auch der Anspruch auf Rückzahlung eines geleisteten Prozesskostenvorschusses[48] wie der Streit über die Erstattung außerprozessualer Kosten für die Geltendmachung gesetzlicher Unterhaltsansprüche.[49]

XII. Anspruch des Pflichtigen auf Beitrag zum Unterhalt. Unter die Vorschrift, die als **Ausnahmevorschrift** zu § 23 Nr. 1 eng auszulegen ist, fallen nur die Streitigkeiten, die den gesetzlich begründeten Unterhaltsanspruch selbst unmittelbar betreffen, nicht jedoch solche Streitigkeiten, in denen die Unterhaltspflicht (nur) Vorfrage ist – hier ist gegebenenfalls nach § 148 ZPO zu verfahren. Deshalb gehört nicht hierher ein eigener Anspruch eines Elternteils gegen den anderen Elternteil auf Leistung eines angemessenen Beitrags zum Kindesunterhalt, soweit ein solcher Anspruch noch besteht,[50] wie die Ansprüche aus einer Bürgschaft (die Klage des Unterhaltsberechtigten gegen den Bürgen; zum Rückgriff des Bürgen Rn. 21). Nicht unter diese Vorschrift fallen auch Schadensersatzansprüche wegen Tötung oder Verletzung des Unterhaltspflichtigen[51] (§§ 823, 844, 845 BGB). Eine mit der Unterhaltspflicht zusammenhängende Nebenpflicht ist anzunehmen, soweit eine geltend gemachte **steuerliche Mitwirkungspflicht** im Zusammenhang mit dem sog. Realsplitting (§ 10 Abs. 1 EStG) steht, da dies im unmittelbaren Zusammenhang mit Unterhaltsleistungen zwischen den Ehegatten und/oder ehelichen Kindern steht. In Ausprägung des Grundsatzes von Treu und Glauben ist im Rahmen des zwischen geschiedenen Ehegatten bestehenden gesetzlichen Unterhaltsrechtsverhältnisses der Unterhaltsberechtigte gehalten, bei Maßnahmen mitzuwirken, die die finanzielle Belastung des Unterhaltsverpflichteten vermindern und damit seine Leistungsfähigkeit erhöhen, soweit dem Unterhaltsgläubiger daraus keine Nachteile erwachsen, wie umgekehrt für den Unterhaltsverpflichteten die Obliegenheit besteht, im Interesse der Unterhaltsbelange des Berechtigten den Steuervorteil des begrenzten Realsplittings nach § 10 Abs. 1 Nr. 1 EStG in Anspruch zu nehmen.[52] Hierher gehören Klagen auf Ersatz der außerprozessualen Kosten für die Geltendmachung des auf Grund des begrenzten Realsplittings bestehenden Steuererstattungsanspruchs.[53] Das gilt auch für die Dauer des Getrenntlebens. Streitigkeiten um andere steuerrechtliche Erklärungen oder Mitwirkungspflichten gehören nicht hierher: a) Eine Ehesache nach Abs. 1 Satz 2 Nr. 1 in Form der Herstellungsklage nach § 1353 Abs. 1 BGB (vgl. Rn. 34) ist auch bei noch verheirateten Ehepartnern abzulehnen, da sie grundsätzlich nur solche Ansprüche umfasst, die auf die persönliche Wiederherstellung der ehelichen Lebensgemeinschaft gerichtet sind, nicht auf vermögensrechtliche oder geschäftsmäßige Pflichten.[54] – b) Auch eine unterhaltsrechtliche Nebenpflicht wird abgelehnt. Solche steuerrechtlichen Erklärungen können zwar zu Steuerersparungen führen und damit, wie jeder Zu- oder Abfluss von Vermögen, die Höhe der Unterhaltsbemessung mittelbar beeinflussen, aber der Streit zwischen Eheleuten über Gewinn und Verlust von Geld oder vermögenswerten Gegenständen betrifft deshalb noch nicht die Unterhalts-

---

[47] Vgl. dazu OLG Düsseldorf NJW 1978, 895; FamRZ 1978, 427.
[48] OLG München FamRZ 1978, 601; OLG Hamm NJW 1978, 550; OLG Zweibrücken FamRZ 1981, 1090.
[49] OLG Braunschweig FamRZ 1979, 719.
[50] Vgl. OLG Koblenz FamRZ 1977, 262.
[51] OLG Bamberg DAR 1977, 300 = FamRZ 1978, 185 – L –.
[52] BGH NJW 1983, 1545; 1984, 195; h. M.: OLG Hamm FamRZ 1994, 704.
[53] OLG Zweibrücken NJW-RR 1993, 518.
[54] BayObLG FamRZ 1985, 948; OLG Hamburg FamRZ 1982, 507; OLG München FamRZ 1983, 614; OLG Hamm FamRZ 1983, 937; 1988, 518; OLG Düsseldorf FamRZ 1984, 805; OLG Stuttgart FamRZ 1992, 1447; OLG Naumburg OLGR 2000, 107; *Zöller/Philippi* § 606 ZPO Rn. 5; unklar OLG Rostock FamRZ 2004, 956; a. A. OLG Köln FamRZ 1989, 1174; LG München FamRZ 1978, 126; LG Fulda NJW-RR 1989, 838; LG Hannover FamRZ 1985, 405; *Walter* FamRZ 1979, 259; Prozess in Familiensachen S. 4; *Giesen* JR 1983, 89.

§ 23a 24–28   3. Titel. Amtsgerichte

pflicht.⁵⁵ – c) Schließlich betreffen diese Streitigkeiten auch nicht das eheliche Güterrecht (§ 23b Abs. 1 Satz 2 Nr. 9) unmittelbar. – Auch die Klage, mit der ein Ehepartner vom anderen einen Anteil am Lohnsteuerjahresausgleich verlangt, fällt nicht unter § 23a,⁵⁶ ebenso wenig das Begehren auf Übertragung eines Schadensfreiheitsrabatts.⁵⁷

24   **XIII. Gestalt der Unterhaltsforderung.** Es kommt nicht darauf an, in welcher **konkreten** Ausgestaltung die die Unterhaltspflicht betreffende Streitigkeit ausgetragen wird. Erfasst werden alle Formen der Unterhaltspflicht. Es kann sich handeln um eine Leistungsklage auf laufenden Unterhalt oder eine Summe für rückständigen Unterhalt oder sonstigen Unterhaltsbedarf; positive oder negative Feststellungsklage; Leistungsklage auf Kapitalisierung oder Abfindung aus besonderen Gründen (z.B. § 1585 Abs. 2 BGB); Prozesskosten (Rn. 22); Umzugskosten;⁵⁸ Beteiligung an den Mietkosten;⁵⁹ Abänderungsklage (Rn. 51); Klage auf Herausgabe eines Vollstreckungstitels nach Beendigung der Unterhaltspflicht; Klage auf Einwilligung zur Auszahlung eines hinterlegten Unterhaltsbetrages nach § 839 ZPO.⁶⁰ Alle Ansprüche gehören hierher, die im unterhaltsrechtlichen Verhältnis ihre Wurzel haben, also Befreiungs-, Schadensersatz- und Bereicherungsansprüche;⁶¹ so auch ein Anspruch auf Zustimmung zum Begehren von Versicherungsleistungen,⁶² ebenso eigentums- und bereicherungsrechtliche Ansprüche, zu deren Begründung die Nichtigkeit einer vertraglichen Unterhaltsregelung behauptet wird.⁶³

25   **XIV. Ausländisches Recht.** Zu den Streitigkeiten über die gesetzliche Unterhaltspflicht gehören nicht nur die nach deutschem Recht, sondern auch die nach hier anwendbarem **ausländischen** Recht.⁶⁴

26   **XV. Familiensachen.** Die Unterhaltsstreitigkeiten nach § 23a Nr. 2 sind durch § 23b Abs. 1 Satz 2 Nr. 5 und 6 insgesamt dem FamG zugewiesen;⁶⁵ die Zuständigkeit ist ausschließlich (§ 621 Abs. 1 Nr. 4 und 5 ZPO), es gilt § 40 Abs. 2 ZPO. Soweit dem gegenüber die Auffassung vertreten wird, eine Familiensache sei die Streitigkeit nur dann, wenn die Parteien zum Personenkreis der Ehegatten und Verwandten bzw. deren Rechtsnachfolgern gehören,⁶⁶ dürfte dies gegenstandslos sein; letztlich wird in diesem Zusammenhang nur erörtert, ob der Streit überhaupt die gesetzliche Unterhaltspflicht betrifft (vgl. Rn. 17, 18).

27   **XVI. Vereinfachtes Abänderungsverfahren.** Das vereinfachte Verfahren zur Abänderung von Unterhaltstiteln (§ 1612a BGB) gehört ebenfalls zu den Unterhaltsstreitigkeiten im Sinne des § 23a Nr. 2 (vgl. § 23b Rn. 69, 75).

C. Ansprüche nach den §§ 1615l, 1615m BGB (Nr. 3)

28   Die Vorschrift wurde eingeführt durch das NichtehelG (Rn. 3). Für die Ansprüche aus § 1615l und 1615m BGB (Unterhalt aus Anlass der Geburt, Beerdigungs-

---

⁵⁵ BayObLG aaO. m. w. N.; OLG Stuttgart FamRZ 1992, 1447; OLG München FamRZ 1983, 614; OLG Hamm FamRZ 1983, 937, MDR 1987, 855; FamRZ 1988, 518; OLG Düsseldorf FamRZ 1984, 805; NJW-RR 1990, 1027; OLG Naumburg OLGR 2000, 107; OLG Rostock FamRZ 2004, 956; *BL/Hartmann* § 621 ZPO Rn. 17; *Zöller/Philippi* § 621 ZPO Rn. 43.
⁵⁶ OLG Hamburg FamRZ 1982, 507.
⁵⁷ OLG Köln FamRZ 2003, 622.
⁵⁸ BGH FamRZ 1980, 45.
⁵⁹ SchlHOLG SchlHAnz 1979, 144.
⁶⁰ OLG Düsseldorf FamRZ 1988, 298.
⁶¹ BGHZ 71, 264 = NJW 1978, 1531; BGH NJW 1994, 1416.
⁶² LG Aachen FamRZ 1994, 310.
⁶³ OLG Hamm OLGR 2001, 279.
⁶⁴ Hierzu *BL/Hartmann* § 621 ZPO Rn. 16; zum Brautgeld OLG Saarbrücken NJW-RR 2005, 1306.
⁶⁵ *Musielak/Wittschier* Rn. 3; *Musielak/Borth* § 621 ZPO Rn. 61.
⁶⁶ Voraufl.; OLG Frankfurt FamRZ 2003, 1301; *BL/Hartmann* § 621 ZPO Rn. 14; *Zöller/Philippi* § 621 ZPO Rn. 42.

kosten) ist das AG aus Überlegungen des Sachzusammenhangs ohne Rücksicht auf den Wert des Streitgegenstandes zuständig.[67] Entsprechendes gilt für die nach § 1615o BGB im Eilverfahren geltend gemachten Ansprüche. Die Ansprüche sind FamS, § 23b Abs. 1 Nr. 13. Auch wenn sie gemäß § 1615n BGB nach dem Tod des Vaters gegen einen Rechtsnachfolger geltend gemacht werden, bleibt es bei der Zuständigkeit nach § 23a Nr. 3. Die Zuständigkeit des AG ist ausschließlich (§ 621 Abs. 1 Nr. 11 ZPO).

D. Ehesachen (Nr. 4)

I. Zuweisung im Allgemeinen. Die Zuweisung der Ehesachen (zum Begriff § 606 Abs. 1 ZPO) in die Zuständigkeit des AG (FamG) ist die wohl einschneidendste Veränderung der Abgrenzung zwischen LG und AG seit dem Inkrafttreten des GVG und führte zu einer Verlagerung mit erheblichen personellen Konsequenzen. Die Zuständigkeit des AG wurde durch das 1. EheRG mit Wirkung vom 1. 7. 1977 eingeführt und war Gegenstand kontroverser Auseinandersetzungen (§ 23b Rn. 1ff.); bis dahin war das LG für diese Streitigkeiten ausschließlich zuständig. **29**

II. Scheidung. Zu den Ehesachen gehören einmal die Verfahren auf Scheidung einer Ehe (§ 606 Abs. 1 ZPO). Das sind die Eheverfahren nach §§ 1564 bis 1568 BGB, §§ 622ff. ZPO. **30**

III. Scheidung nach ausländischem Recht. Den Verfahren auf Scheidung sind gleichzusetzen solche Verfahren, die bei Anwendbarkeit ausländischen Rechts nach den Regeln des internationalen Privatrechts[68] (vgl. Art. 17 EGBGB) der Ehescheidung des deutschen Rechts vergleichbar sind, z.B. Klage auf Trennung von Tisch und Bett.[69] **31**

IV. Aufhebung der Ehe. Zu den Ehesachen gehören weiter die Verfahren auf **Aufhebung** einer Ehe, §§ 1313ff. BGB, 631 ZPO. **32**

V. Feststellung des Bestehens oder Nichtbestehens einer Ehe. Zu den Ehesachen gehören weiter die Verfahren auf Feststellung des **Bestehens oder Nichtbestehens einer Ehe** (§ 632 ZPO), und zwar der Ehe als Institution unmittelbar; dieses Verfahren steht nur den Ehepartnern offen, nicht Dritten, auch nicht im allgemeinen Prozess.[70] Einzelne Folgen aus einer bestehenden Ehe unterfallen nicht dieser Vorschrift, z.B. nicht der Anspruch auf Unterhalt (Rn. 12ff.), aber auch nicht der Streit um das Recht zum Getrenntleben (Rn. 36). Auch Streitigkeiten über das Bestehen oder Nichtbestehen einer durch ein ausländisches Urteil geschiedenen Ehe gehören hierher (das Feststellungsinteresse jedoch wird meist fehlen mit Rücksicht auf die Sonderregelung im Art. 7 § 1 FamRÄndG). **33**

VI. Klage auf Herstellung des ehelichen Lebens. Zu den Ehesachen gehört die Klage auf Herstellung des ehelichen Lebens (§ 606 Abs. 1 ZPO). Die aus § 1353 BGB folgenden einzelnen Ehepflichten können im Wege der von der Rechtsprechung entwickelten Klage auf Herstellung des ehelichen Lebens geltend gemacht werden. Bedeutung hatte diese Klage in der Zeit vor dem Ehegesetz 1938, als es noch einen Scheidungsgrund des böslichen Verlassens gab. Rechtsprechung und Lehre bejahten auch später noch die Zulässigkeit, vor allem wegen des möglichen moralischen Drucks auf den Verurteilten. Die Klage ist, obwohl ein Anachronismus,[71] noch zulässig,[72] z.B. hinsichtlich der sich aus § 1353 BGB im Einzelnen **34**

---

[67] Vgl. BTagsDrucks. V/3719 S. 29.
[68] BGHZ 47, 324.
[69] BGH aaO.; OLG München NJW 1978, 1117; OLG Frankfurt FamRZ 1979, 814; *BL/Hartmann* Grdz. Rn. 1 vor § 606 ZPO; *Bosch* FamRZ 1977, 650; *Jayme* FamRZ 1978, 510.
[70] OLG Hamm FamRZ 1980, 706.
[71] *MünchKomm/Wacke* § 1353 BGB Rn. 44.

konkret ergebenden Pflichten entsprechend der Gestaltung des Ehelebens durch die Ehepartner (besonders nach § 1356 BGB), aber auch bei Meinungsverschiedenheiten über die konkrete Ausgestaltung der ehelichen Lebensgemeinschaft. Da es in den Fällen des mangelnden Einverständnisses keinen Stichentscheid eines Ehepartners mehr gibt, kann jeder von ihnen versuchen, im Wege dieser Herstellungsklage seine Ansicht durchzusetzen.[73]

35 Zu den Ehesachen gehören als besondere Form der Herstellungsklage die Klagen auf **Unterlassung** von Handlungen, die in Widerspruch stehen zu den sich aus der ehelichen Lebensgemeinschaft ergebenden Pflichten,[74] vor allem Klagen zur Abwehr von Angriffen auf den räumlich-gegenständlichen Bereich, in dem einem Ehepartner erst die Entfaltung als Ehepartner möglich ist.[75] Deshalb fallen Belästigungsverbote unter die Ehesachen.[76] Hierher rechnet auch die angestrebte Entfernung des ehestörenden Dritten aus dem gemeinschaftlichen ehelichen Lebensbereich.[77] Sind in diesen Fällen, wie vor allem im letzteren, Dritte beteiligt, so ändert dies nichts am Charakter der Streitigkeiten als Ehesachen, solange der Rechtsstreit nur zwischen den beiden Ehegatten schwebt. Richtet sich der Anspruch jedoch gegen einen Dritten, ist er insoweit keine Ehesache mehr, es gilt die allgemeine Zuständigkeitsregelung nach §§ 23, 71 GVG, auch wenn im Tatsächlichen wie in der Zielsetzung ein enger Zusammenhang besteht.[78] Das gilt auch für Schadensersatzansprüche, z.B. nach § 844 BGB. – Streitigkeiten um den **Ehenamen** sind, da dieser ein ganz wesentliches Element der ehelichen Gemeinschaft ist, zu den „Ehesachen" zu rechnen.[79] Eine Herstellungsklage ist jedoch ausgeschlossen, soweit für die geltend zu machende Pflicht eine besondere Regelung vorgesehen ist, also z.B. für Streitigkeiten aus dem ehelichen Güterrecht (Rn. 40), für Unterhaltsansprüche (Rn. 12 ff.) und alle die Kinder betreffenden Streitigkeiten (vgl. § 23 b).

36 VII. **Recht zum Getrenntleben.** Zu den Ehesachen gehört auch die Klage auf Feststellung eines Rechts zum Getrenntleben, gestützt auf § 1353 Abs. 2 BGB, und zwar als negativer Ausdruck der Klage auf Herstellung des ehelichen Lebens. Die Bedeutung dieser Klagen ist allerdings mit Rücksicht darauf, dass es für die Ehescheidung nicht mehr auf das Vorliegen einer schuldhaften Eheverfehlung ankommt, wesentlich zurückgegangen; das früher häufige Motiv für solche Klagen, nämlich die Vorbereitung des Scheidungsprozesses und Dokumentierung eines Scheidungsgrundes, ist entfallen.[80]

37 VIII. **Abschließende Regelung.** § 606 Abs. 1 ZPO definiert den Begriff „Ehesachen" **abschließend,** alle anderen Familiensachen (§ 621 ZPO) sind keine Ehesachen im Sinne des § 23 a Nr. 4, auch wenn sie nach § 623 Abs. 1 ZPO Folgesachen sind.

38 IX. **Ausschließliche Zuständigkeit.** Für die Ehesachen besteht beim AG der ausschließliche Gerichtsstand (§ 606 Abs. 1 ZPO). Die Ehesachen sind insgesamt dem FamG übertragen, vgl. § 23 b Abs. 1 Satz 2 Nr. 1.

---

[72] *Wacke* aaO.; *Palandt/Brudermüller* Einf. vor § 1353 Rn. 12; *Kleinschmidt* in *Kissel*, Ehe und Ehescheidung Band 1 S. 77; *Ambrock* JR 1978, 2 ff.; *Eckhardt* DRiZ 1978, 80.

[73] *Diederichsen* NJW 1977, 219; zum möglichen Inhalt der Herstellungsklage *Palandt/Brudermüller* aaO. Rn. 12 ff.; *Kleinschmidt* aaO.

[74] Vgl. OLG Karlsruhe Justiz 1978, 365.

[75] Vgl. *Riegel* NJW 1989, 2798.

[76] *MünchKommZPO/Finger* § 620 ZPO Rn. 68; *StJ/Schlosser* § 620 ZPO Rn. 7; *BL/Hartmann* § 620 ZPO Rn. 1, 14; *Johannsen/Henrich/Sedemund-Treiber* § 620 ZPO Rn. 18; a. A. OLG Düsseldorf FamRZ 1995, 183; *Zöller/Philippi* § 620 ZPO Rn. 55.

[77] OLG Celle NJW 1980, 711; OLG Stuttgart FamRZ 1980, 49; a. A. OLG Zweibrücken NJW 1989, 1614.

[78] A. A. OLG Celle aaO.

[79] *Bosch* FamRZ 1979, 914; a. A. OLG Braunschweig FamRZ 1979, 913.

[80] *Diederichsen* NJW 1977, 219.

E. Streitigkeiten aus dem ehelichen Güterrecht (Nr. 5)

I. Gesetzesgeschichte. Diese Zuständigkeit wurde eingefügt durch das 1. EheRG (Rn. 29). **39**
Die ursprüngliche Konzeption ging dahin, alle Streitigkeiten über Ansprüche aus dem ehelichen Güterrecht und sonstige vermögensrechtliche Ansprüche der Ehegatten gegeneinander hier aufzunehmen, jedoch nur, wenn Dritte nicht am Verfahren beteiligt sind, andernfalls sollte es bei der allgemeinen Zuständigkeitsverteilung zwischen AG und LG bleiben.[81] Im Laufe der Gesetzgebung wurde diese Konzeption in zwei Punkten geändert. a) Einmal wurde die Zuständigkeit des AG beschränkt auf güterrechtliche Streitigkeiten. Für diese Zuständigkeit sprach, dass güterrechtliche Fragen für die Entscheidung über andere Scheidungsfolgesachen vorgreiflich sein können, und außerdem das Familiengericht (§ 23b) in Angelegenheiten dieser Art besonders sachkundig sei. Sonstige vermögensrechtliche Ansprüche der Ehegatten untereinander wurden von der Zuständigkeit ausgenommen, da zu befürchten sei, der Familienrichter werde überfordert, wenn er auch alle anderen vermögensrechtlichen Ansprüche der Ehegatten gegeneinander zu entscheiden hätte; hinzu komme, dass der besondere Vorteil der Sachkunde des Familienrichters in familienrechtlichen Angelegenheiten bei der Behandlung anderer vermögensrechtlicher Streitigkeiten sich nicht auswirken werde.[82] – b) Die Zuständigkeit für die güterrechtlichen Streitigkeiten sollte auch dann bestehen, wenn Dritte am Verfahren beteiligt sind; dies erschien aus Gründen der Prozessökonomie zweckmäßig, wenn sich z.B. erst während eines Rechtsstreits ein Dritter beteiligt. Hinzu trat die Erwägung, dass das Familiengericht hier die besondere Sachkunde besitzt.[83]

II. Ansprüche im Einzelnen. Zu den Ansprüchen aus dem ehelichen Güter- **40** recht sind alle aus der **gesetzlichen Regelung** des ehelichen Güterrechts (§§ 1363 ff. BGB) entstehenden Ansprüche zwischen den Ehepartnern zu rechnen, sowohl bei bestehender Ehe als auch nach deren Beendigung. Die Zuständigkeit des AG ist ausschließlich (§§ 23b Abs. 1 Nr. 9 GVG, 621 Abs. 1 Nr. 8 ZPO), zum Verfahren § 621b ZPO. Hierher zählen z.B. Streitigkeiten über eine Bereicherung (§ 1457 BGB), auf Aufhebung der Gütergemeinschaft (§ 1447 BGB), auf Vermögensauseinandersetzung (soweit nicht die Hausratsteilung, vgl. § 23b Abs. 1 Satz 2 Nr. 8, eingreift), der Zugewinnausgleich (§§ 1372 ff. BGB) und die Auseinandersetzung des Gesamtgutes (§§ 1471 ff. BGB) einschließlich der Auskunftsansprüche (z.B. § 1379 BGB), Rückgängigmachung eines nach § 1365 BGB unwirksamen Geschäfts[84] oder Verfahren nach § 1368 BGB.[85] Hierher gehört der Anspruch auf Entschädigung für die Nutzung der im Güterstand der Gütergemeinschaft eingebrachten Wohnung.[86] Dagegen beruhen die gegenseitigen Ansprüche von Ehegatten, die Gütertrennung vereinbart haben, nicht auf den güterrechtlichen Vorschriften der §§ 1363 bis 1561 BGB, die Ehegatten sind vielmehr auf Vorschriften außerhalb des Güterrechts angewiesen. Diese Ansprüche sind somit allgemein vermögensrechtlicher und nicht güterrechtlicher Art.[87]

Hierher gehören auch die auf einen Anspruch aus dem ehelichen Güterrecht **41** sich beziehenden **Vollstreckungsmaßnahmen** nach § 888 ZPO, z.B. die Festsetzung von Zwangsmitteln zur Erzwingung einer Auskunft zur Vorbereitung eines bezifferten Zugewinnausgleichsanspruchs.[88] Umgekehrt gehört hierher auch die Drittwiderspruchsklage gegen eine Teilungsversteigerung, wenn das geltend gemachte Drittrecht im ehelichen Güterrecht wurzelt.[89]

---

[81] BTagsDrucks. 7/650 S. 186f.
[82] BTagsDrucks. 7/1361 S. 59.
[83] BTagsDrucks. aaO.
[84] OLG Frankfurt NJW-RR 1986, 1332.
[85] BGH FamRZ 1981, 1045 m. Anm. *Spall, Bosch.*
[86] OLG Köln NJW-RR 1993, 904.
[87] OLG Düsseldorf FamRZ 1978, 129.
[88] OLG Düsseldorf FamRZ 1978, 129.
[89] BGH NJW 1985, 3066; OLG Hamm FamRZ 1995, 1072; MDR 2001, 219; OLG München FamRZ 2000, 365; OLG Bamberg FamRZ 2000, 1167; OLG Hamburg FamRZ 2000, 1290; a. A. OLG Zweibrücken FamRZ 1979, 839; OLG Stuttgart FamRZ 1982, 401.

42 Da die Ehegatten nach § 1408 BGB nicht darauf beschränkt sind, lediglich einen der im Gesetz vorgesehenen Güterstände zu wählen und sich dabei der gesetzlichen Ausgestaltung des Güterstandes im ganzen zu unterwerfen, sondern auch einzelne güterrechtliche Beziehungen besonders regeln können, auch beschränkt auf einen einzelnen Gegenstand, sind auch Streitigkeiten aus solchen **Vereinbarungen** güterrechtliche Streitigkeiten. Haben z.B. Ehegatten eine Vereinbarung getroffen, durch die bestehende güterrechtliche Ansprüche modifiziert oder sonst die Auseinandersetzung güterrechtlicher Beziehungen geregelt worden sind, so stellt ein Streit über deren Wirksamkeit und Bestand zugleich einen Streit über die zugrundeliegenden güterrechtlichen Ansprüche und Rechtsbeziehungen der Ehegatten dar.[90] Immer aber ist Voraussetzung, dass es sich um die Regelung eines güterrechtlichen Verhältnisses handelt, die nur dann vorliegt, wenn die Vereinbarung den zwischen den Eheleuten bestehenden Güterstand als solchen verändert, d.h. Rechtsfolgen auslöst, die nur durch eine Änderung des bestehenden Güterstandes ermöglicht werden können.[91] Streitigkeiten im Zusammenhang mit solchen Vereinbarungen sind auch dann güterrechtlicher Natur, wenn es um den Wegfall ihrer Geschäftsgrundlage,[92] um ihre Nichtigkeit oder um Ansprüche auf Grund ihrer angeblichen Nichtigkeit[93] geht. Hierher gehören auch Ansprüche aus Vereinbarungen, durch die bestehende güterrechtliche Ansprüche nachträglich modifiziert werden, oder aus besonderen, bei Auflösung der Ehe getroffenen Vereinbarungen über die Auseinandersetzung der güterrechtlichen Beziehungen.[94]

43 Keine Ansprüche aus dem ehelichen Güterrecht sind solche, die auf schuld- oder sachenrechtlichen Rechtsgeschäften der Ehegatten beruhen, die den bestehenden Güterstand unberührt lassen.[95] Das gilt auch dann, wenn der Fortbestand der Ehe oder einzelner ehelicher Lebensbeziehungen Geschäftsgrundlage des Rechtsgeschäfts war. So fallen **Schenkungen** unter Ehegatten, soweit sie nicht den Güterstand umgestalten, nicht unter die güterrechtlichen Streitigkeiten.[96] Keine Ansprüche aus dem ehelichen Güterrecht sind weiter Ansprüche auf anteilige Erstattung einer gemeinsam geleisteten Mietkaution[97] und ein Schadensersatzanspruch, der sich auf Gegenstände des **Hausrats** bezieht.[98] Nicht zu den Ansprüchen der Nr. 5 zählt ein Auskunfts- und Zahlungsanspruch aus einem gemeinsam abgeschlossenen Unfallversicherungsvertrag mit der Behauptung, im Innenverhältnis stehe die Versicherungsleistung dem Kläger zu, da der zugrundeliegende Vertrag den Güterstand unverändert ließ;[99] das Gleiche gilt für die Vereinbarung, dass ein Ehepartner Einkünfte aus gesellschaftsrechtlichen Beteiligungen an den anderen abführen muss.[100]

44 Ansprüche, die in einer **Scheidungsfolgenvereinbarung** der Ehegatten zur Auseinandersetzung der güterrechtlichen Beziehungen begründet werden, gehören zum ehelichen Güterrecht,[101] auch wenn durch die Vereinbarung der Anspruch auf Ausgleich des Zugewinns durch einen vertraglichen Anspruch ersetzt wird.[102] Haben die Parteien im Rahmen einer **Scheidungsvereinbarung** eine Regelung dahin getroffen, dass die Ehefrau den ihr zustehenden Zugewinnausgleich ihrem geschiedenen Ehemann als Darlehen zur Verfügung stellt, so gehört ein Rechtsstreit

---

[90] BGH NJW 1980, 193.
[91] BGHZ 72, 85 = NJW 1978, 1923; Z 76, 305 = NJW 1980, 1626.
[92] BGH NJW 1980, 2477.
[93] BGH NJW 1980, 193; OLG Hamm OLGR 2001, 279.
[94] BGHZ 76, 305; BGH NJW 1978, 1923; 1981, 128; 1982, 941; OLG Zweibrücken OLGR 2000, 409.
[95] BGH NJW 1978, 1923; OLG Bamberg FamRZ 1984, 1117; OLG Stuttgart OLGR 2003, 409.
[96] BGH NJW 1980, 2477; LG Bonn FamRZ 1980, 359.
[97] OLG Hamm FamRZ 1980, 469.
[98] BGH NJW 1980, 192.
[99] OLG Bamberg FamRZ 1984, 1117.
[100] BayObLG FamRZ 1983, 198.
[101] BGHZ 72, 85 = NJW 1978, 1923; BGH NJW 1980, 2529; FamRZ 1984, 35.
[102] BGH FamRZ 1980, 1106.

aus dieser Vereinbarung zu den güterrechtlichen Streitigkeiten.[103] Auch Streitigkeiten, die sich im Hinblick auf einen Vertrag zwecks Regelung des Zugewinnausgleichs oder bei dessen Durchführung und Abwicklung ergeben, sind als Streitigkeiten aus dem ehelichen Güterrecht anzusehen, denn sie haben letztlich die zwischen den Eheleuten vorzunehmende güterrechtliche Auseinandersetzung zum Gegenstand.[104] Auch Rückzahlungsansprüche eines geschiedenen Ehegatten gegen den anderen Ehegatten nach § 812 BGB, die sich aus der Abwicklung einer Vereinbarung über den Zugewinn ergeben, sind als Streitigkeiten aus dem ehelichen Güterrecht anzusehen; mag auch der Klageanspruch vordergründig nach § 812 BGB zu beurteilen sein, so bleibt doch Gegenstand der Streitigkeit im Eigentlichen die güterrechtliche Auseinandersetzung.[105] Anders ist es bei Auseinandersetzungsansprüchen aus einem außergerichtlichen Scheidungsfolgenvergleich, soweit dieser unabhängig vom Güterrecht abgeschlossen wurde.[106] Ebenso wenig gehört hierher eine Streitigkeit aufgrund einer Vereinbarung der Ehegatten über ihre Berechtigung an einzelnen Vermögensgegenständen, die keinen güterrechtlichen Ausgleich zum Gegenstand hat.[107] Der Umstand allein, dass Ansprüche geltend gemacht werden, die auf Grund des ehelichen Zusammenlebens und der in Verbindung damit erfolgten Vermögensdispositionen entstanden sein könnten, macht eine Streitigkeit noch nicht zur güterrechtlichen.[108] Die Widerspruchsklage, mit der ein Ehegatte gemäß § 774 ZPO die Unzulässigkeit der Zwangsvollstreckung in das eheliche Gesamtgut geltend macht, ist dann keine güterrechtliche Streitigkeit, wenn der zugrunde liegende Vollstreckungstitel keine güterrechtliche Streitigkeit betrifft.[109]

III. Abschließende Regelung. Nicht unter die Regelung des § 23a Nr. 5 fallen **alle anderen vermögensrechtlichen Ansprüche der Ehegatten** gegeneinander, z. B. Schadensersatzansprüche aus unerlaubter Handlung, wegen Verletzung ehelicher Pflichten,[110] wegen unberechtigter Verfügung über Vermögensteile des anderen Ehegatten[111] oder auf Grund Schenkungswiderruf; Herausgabeansprüche, die auf Eigentum gestützt sind und nicht Sachen betreffen, die zum gemeinsamen Vermögen gehören;[112] Ansprüche aus dem Bestehen einer Gesellschaft unter Ehegatten;[113] Streitigkeiten über Auseinandersetzungs-, Schadensersatz- und Rechnungslegungsansprüche hinsichtlich eines zu Miteigentum erworbenen, inzwischen versteigerten Grundstücks;[114] allgemeine Streitigkeiten um die Auseinandersetzung des Miteigentums an einzelnen Sachen;[115] Ansprüche aus Auftrag oder Geschäftsbesorgung;[116] Ansprüche auf Darlehensrückzahlung oder aus einem Ausgleichsanspruch nach § 426 BGB wegen eines gemeinschaftlich aufgenommenen Darlehens;[117] Streitigkeiten um die erbrechtlichen Wirkungen des gesetzlichen Güterstandes (§ 1371 BGB). Wenn jedoch in einer Scheidungsfolgenvereinbarung Ansprüche zur einheitlichen Auseinandersetzung sowohl der güterrechtlichen als auch der allgemeinen vermögens-

---

[103] OLG Karlsruhe NJW 1979, 434.
[104] OLG Hamm FamRZ 1979, 1035.
[105] OLG Hamm FamRZ 1979, 1036.
[106] OLG Hamburg FamRZ 1978, 906.
[107] OLG Hamm FamRZ 2001, 1002.
[108] OLG Hamm FamRZ 1978, 906.
[109] BGH NJW 1979, 929.
[110] OLG Hamm FamRZ 1979, 607.
[111] BGH NJW 1980, 2476; OLG Hamm FamRZ 1980, 66; OLG Bamberg FamRZ 1986, 477; OLG Brandenburg FamRZ 2007, 293.
[112] OLG Karlsruhe FamRZ 1979, 609.
[113] SchlHOLG SchlHAnz 1979, 130; OLG Zweibrücken FamRZ 2001, 1011.
[114] BayObLG NJW 1980, 194.
[115] BGH FamRZ 1980, 1106; OLG Dresden OLGR 2001, 108; OLG Köln FamRZ 2005, 1851.
[116] SchlHOLG SchlHAnz 1979, 130.
[117] OLG Bremen FamRZ 1978, 791; BayObLG NJW-RR 1986, 6; OLG Karlsruhe FamRZ 1985, 101; 721; OLG Düsseldorf FamRZ 1986, 180; BGH FamRZ 1987, 1239; OLG Naumburg 12. 2. 1999 – 3 AR 1/99 –.

rechtlichen Beziehungen der Ehegatten begründet werden und keine Zuordnung bestimmter Ansprüche nur zu einer der beiden Regelungsbereiche möglich ist, so betrifft der Rechtsstreit hinsichtlich sämtlicher Ansprüche das eheliche Güterrecht.[118]

46 **IV. Nichtvermögensrechtliche Streitigkeiten. Nicht** unter diese Vorschrift fallen weiter alle dem Grunde nach nichtvermögensrechtlichen Streitigkeiten, auch wenn sie vermögensrechtliche Auswirkungen haben, wie z.B. die Geltendmachung des Anspruchs auf Mitwirkung bei der Abgabe einer Steuererklärung (Rn. 23).

47 **V. Beteiligung Dritter.** Die Zuständigkeit des AG nach § 23a Nr. 5 ist auch gegeben, wenn am Verfahren über eine güterrechtlichen Streitigkeit zwischen den Ehegatten ein **Dritter** beteiligt ist. Der Dritte kann einmal in allen Formen der §§ 64 bis 77 ZPO an dem Rechtsstreit beteiligt sein: Hauptintervention, Nebenintervention, Prätendentenstreit, Urheberbenennung. Darüber hinaus ist nach den für die Zuweisung dieser Streitigkeiten maßgebenden Überlegungen (Rn. 39) das AG auch für Streitigkeiten zwischen Dritten und einem Ehegatten über Ansprüche aus dem ehelichen Güterrecht zuständig.[119] Der Begriff der Beteiligung am Verfahren geht also über die zivilprozessualen Vorschriften der §§ 64 ff. ZPO hinaus bis hin zur echten Parteistellung.[120] Bei solchen Streitigkeiten kann es sich z.B. um die Herausgabepflicht nach § 1390 BGB handeln oder um die Haftung nach § 1437 BGB oder nach § 1480 BGB.[121] Die Zuständigkeit besteht auch, wenn Ehegatten güterrechtliche Ansprüche durch Vertrag zugunsten eines Dritten regeln und dieser seine Ansprüche als Begünstigter geltend macht.[122]

48 Steht jedoch ein Verfahren über Ansprüche aus dem ehelichen Güterrecht, an dem ein Dritter beteiligt ist, im **Verfahrensverbund** mit anderen Familiensachen, so muss es abgetrennt werden (§ 623 Abs. 1 Satz 2 ZPO), da sonst die einheitliche Kostenentscheidung (§ 93a ZPO) nicht möglich wäre und außerdem die erwünschte besondere Vertraulichkeit in Familiensachen (§ 170 GVG) hinsichtlich der verbundenen Verfahren beeinträchtigt würde.

49 Bei den Streitigkeiten über Ansprüche aus dem ehelichen Güterrecht kann es sich nur um materielle Ansprüche handeln, die als **zivilprozessuale Streitigkeiten** anzusehen sind (vgl. § 621a ZPO). Die im ehelichen Güterrecht gelegentlich vorgesehene Ersetzung der Einwilligung oder der Genehmigung zwischen Ehegatten gehört nicht hierher, sie obliegt dem Vormundschaftsgericht im Verfahren der freiwilligen Gerichtsbarkeit[123] (z.B. §§ 1365 Abs. 2, 1366 Abs. 3, 1369 Abs. 2 BGB).

50 **VI. Ausländisches Recht.** Zu den Streitigkeiten über Ansprüche aus dem ehelichen Güterrecht gehören nicht nur die nach deutschem Recht.[124] Die Ansprüche müssen sich als solche güterrechtlicher Art darstellen.[125]

F. Lebenspartnerschaftssachen (Nr. 6)

51 **I. Bürgerliche Rechtsstreitigkeiten.** Was zu den Lebenspartnerschaftssachen gehört, ist in § 661 Abs. 1 ZPO abschließend festgelegt. Bürgerliche Rechtsstreitigkeiten im Sinne des § 23a sind hieraus die Sachen, die zum Gegenstand haben
– die Aufhebung der Lebenspartnerschaft, § 15 LPartG (§ 661 Abs. 1 Nr. 1 ZPO),
– die Feststellung des Bestehens oder Nichtbestehens einer Lebenspartnerschaft (§ 661 Abs. 1 Nr. 2 ZPO),

---

[118] BGH NJW 1980, 2529.
[119] BTagsDrucks. 7/4361 S. 59.
[120] *BL/Hartmann* Rn. 6.
[121] BGHZ 76, 305, 307 = NJW 1980, 1626.
[122] BGH NJW 1983, 928 = JZ 1983, 346 m. Anm. *Walter*.
[123] Vgl. BGH FamRZ 1981, 1045; NJW 1982, 2556.
[124] Hierzu *BL/Hartmann* § 621 ZPO Rn. 16, 24.
[125] OLG Koblenz FamRZ 2002, 1344.

– die Verpflichtung zur Fürsorge und Unterstützung in der partnerschaftlichen Lebensgemeinschaft, § 2 LPartG (§ 661 Abs. 1 Nr. 3 ZPO),
– die durch die Lebenspartnerschaft begründete gesetzliche Unterhaltspflicht, §§ 5, 12, 16 LPartG (§ 661 Abs. 1 Nr. 4 ZPO),
– die gesetzliche Unterhaltspflicht für ein gemeinschaftliches minderjähriges Kind, §§ 9 Abs. 7 LPartG, 1754 BGB (§ 661 Abs. 1 Nr. 3d ZPO),
– die Ansprüche aus dem lebenspartnerschaftlichen Güterrecht, §§ 6–8 LPartG, auch wenn Dritte an dem Verfahren beteiligt sind (§ 661 Abs. 1 Nr. 6 ZPO).

II. Familiensachen. Alle Lebenspartnerschaftssachen sind **FamS** (§ 23b Abs. 1 52
Satz 2 Nr. 15). Die ausschließliche Zuständigkeit des AG für die **bürgerlichen Rechtsstreitigkeiten** und das weiter einzuschlagende Verfahren ergeben sich aus der Verweisung in § 661 Abs. 2 ZPO auf die Regelungen für gleichgeartete herkömmliche Familiensachen.[126] Hinsichtlich Nr. 1–3 sind dies die Vorschriften über die Ehesachen (§ 606 Abs. 1 ZPO); es gelten für die Aufhebung der Lebenspartnerschaft §§ 606–620g, 622–630 (nicht 631) ZPO, für die Feststellung des Bestehens oder Nichtbestehens § 632 ZPO, für die Verpflichtung zur Fürsorge und Unterstützung §§ 606–619 ZPO. Zu § 661 Abs. 1 Nr. 3d ZPO ist auf § 621 Abs. 1 Nr. 4 ZPO verwiesen, zu Nr. 4 auf § 621 Abs. 1 Nr. 5, zu Nr. 6 auf § 621 Abs. 1 Nr. 8 ZPO.

III. FGG-Verfahren. Zur freiwilligen Gerichtsbarkeit gehören dagegen die in 53
§ 661 Abs. 1 Nr. 3a bis c, 4a, 5 und 7 ZPO genannten Verfahren:

1. Nr. 3a bis c betreffen als Folge von § 9 Abs. 7 LPartG[127] die elterliche Sorge 54
für ein gemeinschaftliches Kind, den Umgang mit einem gemeinschaftlichen Kind und die Herausgabe eines gemeinschaftlichen Kindes. § 661 Abs. 2 ZPO verweist insoweit auf §§ 621 Abs. 1 Nr. 1–3, 621a ZPO; das AG ist nicht nach § 23a, sondern nach § 64 FGG sachlich zuständig (vgl. § 23b Rn. 8).

2. Nr. 4a betrifft den Versorgungsausgleich nach § 20 LPartG. Hierzu verweist 54a
§ 661 Abs. 2 ZPO auf §§ 621 Abs. 1 Nr. 6, 621a ZPO, so dass sich die sachliche Zuständigkeit des AG ebenfalls aus § 64 FGG ergibt.

3. Nr. 5 betrifft die Regelung der Rechtsverhältnisse an der gemeinsamen Woh- 54b
nung und am Hausrat bei Getrenntleben (§§ 13, 14 LPartG) und bei Aufhebung der Lebenspartnerschaft (§§ 17ff. LPartG). Insoweit verweist § 661 Abs. 2 auf §§ 621 Abs. 1 Nr. 7, 621a ZPO; die Zuständigkeit des AG ergibt sich dementsprechend nicht aus § 23a, sondern aus §§ 64 FGG, 11 HausratsVO.

4. Nr. 7 betrifft Entscheidungen nach §§ 6 Abs. 2 Nr. 4 LPartG, 1382, 1383 54c
BGB. § 661 Abs. 2 verweist insoweit auf §§ 621 Abs. 1 Nr. 9, 621a ZPO, das AG ist also ebenfalls nach § 64 FGG zuständig.

G. Streitigkeiten nach dem Gewaltschutzgesetz

Streitigkeiten nach dem Gewaltschutzgesetz, wenn die Parteien einen auf Dauer 55
angelegten gemeinsamen Haushalt führen oder innerhalb von sechs Monaten vor der Antragstellung geführt haben (Nr. 7).

I. Familiensachen. Streitigkeiten nach dem Gewaltschutzgesetz sind nach 55a
Maßgabe der in Nr. 7 enthaltenen Einschränkung **FamS** (§ 23b Abs. 1 Satz 2 Nr. 8a) und gleichzeitig Angelegenheiten der **freiwilligen Gerichtsbarkeit**[128] (§§ 621 Abs. 1 Nr. 13, 621a ZPO). Die sachliche Zuständigkeit des AG über § 23a zu begründen[129] erscheint deshalb systemwidrig (vgl. § 23b Rn. 8). – Erstmals ist

---

[126] Vgl. BT-Drucks. 14/3751 S. 58.
[127] *BL/Hartmann* § 661 ZPO Rn. 7.
[128] Hierzu BTagsDrucks. 14/5429 S. 22, 27; *BL/Hartmann* § 621 ZPO Rn. 31; § 621a ZPO Rn. 3; *Zöller/Gummer* Rn. 7; *Zöller/Philippi* § 621a ZPO Rn. 1; vgl. auch *Schumacher* FamRZ 2002, 645, 657.
[129] BTagsDrucks. aaO. S. 34.

das FamG damit auch für Streitigkeiten zuständig, die zwar im „sozialen Nahbereich",[130] aber nicht notwendigerweise in familienrechtlichen Beziehungen wurzeln müssen. Die Ähnlichkeit der Fälle mit denen des § 1361 b BGB soll diese Ausdehnung rechtfertigen,[131] was indes für Maßnahmen nach § 1 Abs. 1 GewSchG nicht zutrifft.[132]

56 **II. Gemeinsamer Haushalt.** Nr. 7 setzt voraus, dass die Parteien einen **auf Dauer angelegten gemeinsamen Haushalt** führen oder innerhalb von sechs Monaten vor der Antragstellung geführt haben. Der Begriff entspricht dem in § 563 Abs. 2 Satz 4 BGB.[133] Er bedeutet eine Lebensgemeinschaft, die keine weiteren Bindungen gleicher Art zulässt und sich durch innere Bindungen mit gegenseitigem Einstehen füreinander auszeichnet; der Unterschied zur „eheähnlichen Gemeinschaft" besteht darin, dass es auf geschlechtliche Beziehungen nicht ankommt.[134] Eine Wohn- und Wirtschaftsgemeinschaft genügt nicht, ebenso ist eine bloße Mitversorgung keine gemeinsame Haushaltsführung.[135] Auf Dauer angelegt ist der gemeinsame Haushalt, wenn die Parteien eine andauernde gemeinsame Haushaltsführung beabsichtigten und sich dies auch objektiv in Maßnahmen der Lebensführung niedergeschlagen hat.[136] Die Tathandlung nach § 1 GewSchG braucht demgegenüber nicht innerhalb eines gemeinsamen häuslichen Nahbereichs der Parteien geschehen sein.[137] – Auch im Verhältnis von Ehegatten und Lebenspartnern zueinander kann eine Streitigkeit nach dem Gewaltschutzgesetz vorliegen, ebenso im Verhältnis zwischen Eltern und volljährigen Kindern.[138]

57 Führen die Parteien keinen auf Dauer angelegten gemeinsamen Haushalt und haben sie ihn auch nicht innerhalb von sechs Monaten vor der „Antragstellung" geführt, ergibt sich die sachliche Zuständigkeit für Maßnahmen nach §§ 1, 2 GewSchG aus den allgemeinen Regeln der §§ 23 Nr. 1, 71 Abs. 1.[139] Dies gilt auch bei Ehegatten, die länger als sechs Monate getrennte Haushalte führen;[140] überzeugend ist diese Zuständigkeitsaufteilung nach Zeitablauf nicht.[141] Die Abwehr von Handlungen im Sinne von § 1 Abs. 1 und 2 GewSchG gegenüber dem anderen Ehegatten kann aber auch Ehesache nach § 23a Nr. 4 sein (Rn. 35); ferner kann hinsichtlich der Wohnung § 1361 b BGB eingreifen.

58 **III. Streitigkeiten. Streitigkeiten nach dem Gewaltschutzgesetz** sind Anträge der verletzten Person auf Schutzanordnungen (§ 1 GewSchG), Streitigkeiten um die Überlassung einer gemeinsam genutzten Wohnung zur alleinigen Benutzung (§ 2 GewSchG), ebenso solche um eine dem Täter hierfür zu entrichtende Nutzungsvergütung (§ 2 Abs. 5 GewSchG). Dies gilt aber nicht im Verhältnis einer **unter elterlicher Sorge, Vormundschaft oder Pflegschaft** stehenden Person zum Sorgeberechtigten, wenn erstere die verletzte Person ist. Hier belässt es § 3 Abs. 1 GewSchG bei den für das Sorgerechts-, Vormundschafts- oder Pflegschaftsverhältnis maßgebenden, ihrerseits die Zuständigkeit des Familien- oder des Vormundschaftsgerichts begründenden Vorschriften.[142] Den umgekehrten Fall, dass der Sorgeberechtigte die verletzte Person ist, erfasst die Ausnahmevorschrift nicht. Be-

---

[130] BTagsDrucks. aaO.
[131] BTagsDrucks. aaO.
[132] *Zöller/Gummer* § 23 b Rn. 23 a.
[133] BTagsDrucks. 14/5429 S. 20; *MünchKommZPO/Wolf [Erg.-Bd.]* Rn. 2.
[134] *Zöller/Gummer* Rn. 7.
[135] *Zöller/Philippi* § 621 ZPO Rn. 66 c.
[136] *MünchKommZPO/Wolf [Erg.-Bd.]* Rn. 2.
[137] BTagsDrucks. 14/5429 S. 18; *Zöller/Gummer* Rn. 7; a. A. *Zöller/Philippi* § 621 ZPO Rn. 66 e.
[138] AG Hamburg-Barmbeck FamRZ 2004, 473; einschränkend *Schumacher* FamRZ 2002, 645.
[139] BTagsDrucks. 14/5429 S. 22, 27; *Zöller/Gummer* Rn. 7; *Zöller/Philippi* § 621 ZPO Rn. 66 e.
[140] OLG Nürnberg MDR 2003, 336; OLG Hamm FamRZ 2004, 38; 2006, 1767; OLG Rostock FamRZ 2007, 742.
[141] AG Biedenkopf FamRZ 2003, 546 m. Anm. *Weil;* vgl. auch *Viefhues* FPR 2005, 32.
[142] Vgl. BTagsDrucks. 14/5429 S. 17, 32.

treuungsverhältnisse fallen nicht unter § 3 Abs. 1 GewSchG.[143] Keine Streitigkeit nach dem Gewaltschutzgesetz begründen schließlich die weitergehenden, d. h. der verletzten Person über §§ 1, 2 GewSchG hinaus zustehenden Ansprüche (§ 3 Abs. 2 GewSchG). So gelten für die ihr aus der Tat erwachsenen **Schadensersatz- oder Schmerzensgeldansprüche** §§ 23 Nr. 1, 71 Abs. 1.[144] Der Streit über einen solchen weitergehenden Anspruch kann aber seinerseits Familiensache sein, so wenn ein Anspruch hinsichtlich der **Ehewohnung** auf den gegenüber § 2 GewSchG weitergehenden und spezielleren[145] § 1361b BGB gestützt wird; hier gilt § 23b Abs. 1 Satz 2 Nr. 8.

H. Umfang der Zuständigkeit nach § 23a

I. Vorbereitende und ergänzende Entscheidungen. In die Zuständigkeit des AG gemäß § 23a fallen nicht nur die unmittelbaren Entscheidungen in der Hauptsache der aufgeführten Streitigkeiten, sondern auch alle diese Hauptentscheidung vorbereitenden und ergänzenden Entscheidungen und Verfahren, z.B. **Kostenfestsetzung** nach § 104 ZPO,[146] Streitwertbestimmung, Entschädigung der Zeugen, Sachverständigen und Dolmetscher. Hierher zählt auch das Verfahren der Prozesskostenhilfe[147] und die Geltendmachung von Ansprüchen auf Prozesskostenvorschuss (Rn. 22). Nicht hierunter fallen aber selbstständige Gebührenklagen von Rechtsanwälten gegen ihre Mandanten wegen der Vertretung in Unterhaltssachen[148] wie in allen FamS[149] wie auch die gegen einen Rechtsanwalt gerichtete Klage auf Rückgewähr beigetriebener Kosten eines Unterhaltsprozesses.[150] Unter § 23a fällt ein sich aus anderen Vorschriften ergebender **Auskunftsanspruch** hinsichtlich der im § 23a aufgeführten Ansprüche.[151] Auch **Abänderungsklagen,** die sich auf Entscheidungen oder Vergleiche in den im § 23a aufgeführten Streitigkeiten beziehen, fallen unter die Zuständigkeitsregelung des § 23a;[152] das Gleiche gilt für Wiederaufnahme- und Nichtigkeitsverfahren.[153] 59

II. Arrest, einstweilige Verfügung. Für **Arreste und einstweilige Verfügungen** gilt hinsichtlich des zu sichernden Anspruchs die Zuständigkeitsregelung des § 23a ebenfalls, soweit auf das Gericht der Hauptsache abgestellt wird (§§ 915, 936, 620 ZPO; vgl. § 23b Rn. 45, 46). 60

III. Zwangsvollstreckung. In Zwangsvollstreckungssachen gilt keine Besonderheit. Im Gegensatz zur Regelung der Zuständigkeit des Familiengerichts (Rn. 1 und § 23b Rn. 7, 14) betrifft § 23a nur die Zuständigkeit des AG allgemein ohne Rücksicht darauf, welcher Abteilung die Erledigung auf Grund der allgemeinen Geschäftsverteilung (§ 21e) obliegt. Weitgehend sind diese Streitigkeiten ohnedies (ausschließlich, § 802 ZPO) dem Prozessgericht (§§ 769, 887, 888, 890 ZPO), dem Prozessgericht des ersten Rechtszugs (§§ 724, 731, 732, 767, 768 ZPO) oder dem AG als generellem Vollstreckungsgericht (§§ 764, 765a, 766 ZPO) zugewiesen. Eine Besonderheit könnte sich allenfalls ergeben für solche Vollstreckungssachen, bei denen sich die sachliche Zuständigkeit nach der allgemeinen Aufteilung 61

---

[143] *MünchKommZPO/Wolf [Erg.-Bd.]* Rn. 3.
[144] BTagsDrucks. aaO. S. 22, 32; *Zöller/Gummer* Rn. 7; *Zöller/Philippi* § 621 ZPO Rn. 66e.
[145] BTagsDrucks. aaO. S. 21, 32; *Vießhues* FPR 2005, 32.
[146] Vgl. BGH NJW 1981, 346; OLG Hamm FamRZ 1988, 1291.
[147] *Walter* FamRZ 1979, 272.
[148] OLG Hamm MDR 1981, 1027; OLG Zweibrücken FamRZ 1982, 85.
[149] BGHZ 97, 79 = NJW 1986, 1178 = JZ 1986, 588 m. Anm. *Walter* = ZZP 1986, 471 m. Anm. *Sojka;* zur Festsetzung der Vergütung für die Beratungshilfe OLG Nürnberg MDR 2004, 1186.
[150] OLG Frankfurt FamRZ 1981, 978.
[151] Vgl. SchlHOLG SchlHAnz 1979, 37; OLG Bamberg FamRZ 1979, 938; *Walter* FamRZ 1979, 272.
[152] BGH FamRZ 1979, 907.
[153] OLG Düsseldorf FamRZ 1977, 725; OLG Braunschweig NJW 1978, 56; OLG Stuttgart FamRZ 1980, 379.

§ 23b　　　　　　　　　　　　　　　　　　　　　　　3. Titel. Amtsgerichte

zwischen AG und LG richtet, z.B. §§ 771 ff., 797 ZPO. Diese Streitigkeiten stehen indessen in keinem rechtlichen oder inneren Zusammenhang mit den im § 23a aufgeführten Streitigkeiten, so dass es bei der allgemeinen Zuständigkeitsabgrenzung zwischen AG und LG nach der Höhe des Streitwerts bleibt (§ 23 Nr. 1), auch wenn der zu vollstreckende Titel aus einer der im § 23a aufgeführten Rechtsstreitigkeiten stammt. Das gilt z.B. für die Drittwiderspruchsklage[154] (vgl. aber auch Rn. 41). Zur Frage, ob innerhalb der Zuständigkeit des AG nach § 23a das FamG für die Zwangsvollstreckung zuständig ist, vgl. § 23b Rn. 41 ff.

62　IV. Nicht unter die Zuständigkeitsregelung des § 23a fallen Rechtsstreitigkeiten, die sich aus einer Sache nach § 23a entwickeln, aber rechtlich von ihr unabhängig sind, z.B. eine einstweilige Verfügung gegen eine Prozesspartei auf Unterlassung der Zeugenbeeinflussung.[155]

63　V. Unter die Regelung des § 23a fällt auch die gerichtliche Vollstreckbarerklärung solcher **ausländischer Entscheidungen**, die eine Rechtsstreitigkeit nach § 23a betreffen[156] (vgl. § 23b Rn. 47).

§ 23 b. [Familiengerichte]

(1) ¹Bei den Amtsgerichten werden Abteilungen für Familiensachen (Familiengerichte) gebildet. ²Familiensachen sind:
1. Ehesachen;
2. Verfahren betreffend die elterliche Sorge für ein Kind, soweit nach den Vorschriften des Bürgerlichen Gesetzbuchs hierfür das Familiengericht zuständig ist;
3. Verfahren über die Regelung des Umgangs mit einem Kind, soweit nach den Vorschriften des Bürgerlichen Gesetzbuchs hierfür das Familiengericht zuständig ist;
4. Verfahren über die Herausgabe eines Kindes, für das die elterliche Sorge besteht;
5. Streitigkeiten, die die durch Verwandtschaft begründete gesetzliche Unterhaltspflicht betreffen;
6. Streitigkeiten, die die durch Ehe begründete gesetzliche Unterhaltspflicht betreffen;
7. Verfahren, die den Versorgungsausgleich betreffen;
8. Verfahren über Regelungen nach der Verordnung über die Behandlung der Ehewohnung und des Hausrats;
8a. Verfahren nach dem Gewaltschutzgesetz, wenn die Beteiligten einen auf Dauer angelegten gemeinsamen Haushalt führen oder innerhalb von sechs Monaten vor der Antragstellung geführt haben;
9. Streitigkeiten über Ansprüche aus dem ehelichen Güterrecht, auch wenn Dritte am Verfahren beteiligt sind;
10. Verfahren nach den §§ 1382 und 1383 des Bürgerlichen Gesetzbuchs;
11. Verfahren nach den §§ 10 bis 12 sowie nach § 47 des Internationalen Familienrechtsverfahrensgesetzes vom 26. Januar 2005 (BGBl. I S. 162);
12. Kindschaftssachen;
13. Streitigkeiten über Ansprüche nach den §§ 1615 l, 1615 m des Bürgerlichen Gesetzbuchs;
14. Verfahren nach § 1303 Abs. 2 bis 4, § 1308 Abs. 2 und § 1315 Abs. 1 Satz 1 Nr. 1, Satz 3 des Bürgerlichen Gesetzbuchs;
15. Lebenspartnerschaftssachen.

---

[154] OLG Hamburg FamRZ 1984, 804.
[155] OLG Frankfurt MDR 1978, 315.
[156] BGHZ 88, 113 = NJW 1983, 2775; OLG Hamm FamRZ 1989, 1199 m. Anm. *Gottwald* FamRZ 1990, 179; OLG Naumburg 5. 10. 2000 – 14 AR 3/00 –.

Familiengerichte § 23b

(2) ¹Sind wegen des Umfangs der Geschäfte oder wegen der Zuweisung von Vormundschafts-, Betreuungs- und Unterbringungssachen mehrere Abteilungen für Familiensachen zu bilden, so sollen alle Familiensachen, die denselben Personenkreis betreffen, derselben Abteilung zugewiesen werden. ²Wird eine Ehesache rechtshängig, während eine andere Familiensache nach Absatz 1 Satz 2 Nr. 6 bis 10 bei einer anderen Abteilung im ersten Rechtszug anhängig ist, so ist diese von Amts wegen an die Abteilung der Ehesache abzugeben; für andere Familiensachen nach Absatz 1 Satz 2 Nr. 2 bis 5 gilt dies nur, soweit sie betreffen

1. in den Fällen der Nummer 2 die elterliche Sorge für ein gemeinschaftliches Kind einschließlich der Übertragung der elterlichen Sorge oder eines Teils der elterlichen Sorge wegen Gefährdung des Kindeswohls auf einen Elternteil, Vormund oder Pfleger,
2. in den Fällen der Nummer 3 die Regelung des Umgangs mit einem gemeinschaftlichen Kind der Ehegatten nach den §§ 1684 und 1685 des Bürgerlichen Gesetzbuchs oder des Umgangs des Ehegatten mit einem Kind des anderen Ehegatten nach § 1685 Abs. 2 des Bürgerlichen Gesetzbuchs,
3. in den Fällen der Nummer 4 die Herausgabe eines Kindes an den anderen Elternteil,
4. in den Fällen der Nummer 5 die Unterhaltspflicht gegenüber einem gemeinschaftlichen Kind.

³Wird bei einer Abteilung ein Antrag in einem Verfahren nach den §§ 10 bis 12 des Internationalen Familienrechtsverfahrensgesetzes vom 26. Januar 2005 (BGBl. I S. 162) anhängig, während eine Familiensache nach Absatz 1 Satz 2 Nr. 2 bis 4 bei einer anderen Abteilung im ersten Rechtszug anhängig ist, so ist diese von Amts wegen an die erstgenannte Abteilung abzugeben; dies gilt nicht, wenn der Antrag offensichtlich unzulässig ist. ⁴Auf übereinstimmenden Antrag beider Elternteile sind die Regelungen des Satzes 3 auch auf andere Familiensachen anzuwenden, an denen diese beteiligt sind.

(3) ¹Die Abteilungen für Familiensachen werden mit Familienrichtern besetzt. ²Ein Richter auf Probe darf im ersten Jahr nach seiner Ernennung Geschäfte des Familienrichters nicht wahrnehmen.

Übersicht

	Rn.		Rn.
A. Einleitung		3. Zwangsvollstreckung	41
I. Das Familiengericht	1	4. Zwangsgeld	42
II. Spezialspruchkörper	4	5. Abwehrklage, Klausel	43
III. Familiengericht beim AG	6	6. Härteklausel	44
B. Familiengericht		7. Einstweilige Regelungen	45
I. Errichtung kraft Gesetzes	7	8. Arrest	46
II. Zuständigkeit im Allgemeinen	8	9. Vollstreckbarerklärung ausländischer Entscheidungen	47
III. Geschäftsverteilung	14	10. Rechtshilfe	48
IV. Verhältnis zu anderen Abteilungen		11. Selbstständ. Beweisverfahren	49
1. Spezialspruchkörper des AG	21	III. Ehesachen	50
2. Innerhalb des gleichen AG	22	IV. Elterliche Sorge	51
3. Örtliche Unzuständigkeit	23	V. Umgang	63
4. AbtFamS, Zivilprozessabt	24	VI. Herausgabe des Kindes	67
5. Abs. 2 Satz 2 (Rechtshängigkeit der Ehesache)	26	VII. Unterhaltspflicht	69
6. Falsche Verfahrensart	27	VIII. Unterhaltspflicht durch Ehe	76
7. Hausratsverteilung	28	IX. Versorgungsausgleich	77
8. Konzentration (§ 23 c)	29	X. Ehewohnung, Hausrat	79
9. Abgabe, Verweisung	31	XI. Gewaltschutzgesetz	80 b
C. Zuständigkeit des FamG		XII. Eheliches Güterrecht	81
I. Familiensachen, Begriff	34	XIII. §§ 1382, 1383 BGB	82
II. Nebenverfahren		XIV. Familienrechtsverfahrensgesetz	83
1. Vorbereitende, ergänzende Entscheidungen	39	XV. Kindschaftssachen	83
		XVI. §§ 1615 l, 1615 m BGB	83 a
2. Abänderung, Wiederaufnahme, Nichtigkeitsklage	40	XVII. Ehefähigkeit	83 b
		XVIII. Lebenspartnerschaften	83 c
		D. Ausschließliche Zuständigkeit	84

§ 23b 1   3. Titel. Amtsgerichte

	Rn.		Rn.
E. Familienrichter		**H. Zuständigkeitsstreitigkeiten**	
I. Einzelrichter	86	I. Abteilung desselben AG	94
II. Qualifikation	87	II. AbtFamS verschiedener AG	95
III. Berufsrichter	88	III. AbtFamS/allg. Abteilung	96
IV. Richter auf Probe	89	**I. Richterablehnung**	101
V. Vertretung	91		
F. Verfahrensrecht für das FamG	92	**J. Öffentlichkeit**	102
G. Rechtsmittelzug	93	**K. Staatsanwaltschaft**	103

Gesetzesfassung: Eingefügt durch Art. 5 Nr. 2 des 1. EheRG (Einl. Rn. 102). Die Vorschrift ist verfassungsgemäß (BVerfGE 53, 257, 312 = NJW 1980, 692, 697). An die Stelle „von „elterliche Gewalt" in Abs. 1 Satz 2 Nr. 2 ist „elterliche Sorge", an die Stelle von „persönlichen Verkehrs" ist „Umgangs" aaO. Nr. 3 getreten (Art. 9 § 2 G zur Neuregelung des Rechts der elterlichen Sorge vom 18. 7. 1979, BGBl. I S. 1061). Abs. 1 Satz 2 Nr. 3 neu gefaßt durch G vom 20. 2. 1986 (BGBl. I S. 301). Abs. 1 Satz 2 Nr. 11 eingefügt durch Art. 3 G vom 5. 4. 1990 (BGBl. I S. 701). Abs. 2 Satz 1 geändert durch Art. 2 BetreuungsG vom 12. 9. 1990 (BGBl. I S. 2002). Abs. 3 Satz 2 neu gefaßt durch Art. 3 Nr. 3 RPflEntlG. Abs. 1 Nr. 2 bis 5 neu gefaßt, Abs. 1 Nr. 12 und 13 eingefügt, Abs. 2 Satz 2 neu gefaßt durch Art. 4 KindRG vom 16. 12. 1997 (BGBl. I S. 2942). In Abs. 1 Satz 2 Nr. 13 ist die Angabe „§§ 1615k bis 1615m" ersetzt durch „§§ 1615l, 1615m" nach Art. 4 Abs. 2 KindesunterhaltsG vom 6. 4. 1998 (BGBl. I S. 666). In Abs. 1 Satz 2 ist Nr. 14 eingefügt durch Art. 1a BetreuungsrechtsÄndG vom 25. 6. 1998 (BGBl. I S. 1580). § 23b Abs. 1 Satz 2 Nr. 15 eingefügt durch Art. 3 § 12 Nr. 2 G zur Beendigung der Diskriminierung gleichgeschlechtlicher Gemeinschaften: Lebenspartnerschaften vom 16. 2. 2001 (BGBl. I S. 266). § 23b Abs. 1 Satz 2 Nr. 11 neu gefasst durch Art. 2 Abs. 2 Nr. 1, Abs. 2 Satz 2 geändert durch Art. 2 Abs. 2 Nr. 2 Buchst. a, Satz 3 und 4 eingefügt durch Art. 2 Abs. 2 Nr. 2 Buchst. b G zur Änderung von Vorschriften auf dem Gebiet der Anerkennung und Vollstreckung ausländischer Entscheidungen in Zivil- und Handelssachen vom 19. 2. 2001 (BGBl. I S. 288). § 23b Abs. 1 Satz 2 Nr. 8 neu gefasst und Nr. 8a eingefügt durch Art. 3 Nr. 2 Buchst. a, b G zur Verbesserung des zivilrechtlichen Schutzes bei Gewalttaten und Nachstellungen sowie zur Erleichterung der Überlassung der Ehewohnung bei Trennungen vom 11. 12. 2001 (BGBl. I S. 3513). § 23b Abs. 1 Satz 2 Nr. 11, Abs. 2 Satz 3 geändert durch Art. 2 Abs. 1 Nr. 1, 2 G zum Internationalen Familienrecht vom 26. 1. 2005 (BGBl. I S. 162).

A. Einleitung

1 **I. Das Familiengericht.** Die Abteilung für Familiensachen (das Familiengericht, FamG) als Spezialspruchkörper des AG für Familiensachen (FamS) wurde zum 1. Juli 1977 durch die Eherechtsreform 1976 geschaffen als eine für das deutsche Gerichtsverfassungsrecht völlig neue Einrichtung,[1] die sowohl den Gerichtsaufbau (Abgrenzung AG – LG) als auch die Rechtsmittelzüge und das Verfahrensrecht erheblich verändert hat. Maßgebend war der Überlegung, die Verwirklichung der Grundkonzeption des neuen materiellen Ehe- und Ehescheidungsrechts erfordere eine **einheitliche Zuständigkeit für Ehesachen und damit eng zusammenhängender Verfahren.** Die Herstellung der bisher fehlenden einheitlichen sachlichen Zuständigkeit für FamS und die Erledigung der Ehescheidung und der Scheidungsfolgen durch denselben Richter setzte eine alle diese Verfahren umfassende Zuständigkeit **eines Gerichts** voraus.[2] Dem entsprechend wurde durch § 23b dem FamG als Spruchkörper der ersten Instanz die Zuständigkeit für Ehescheidungssachen, die damit zusammenhängenden Folgeregelungen wie auch weitere familienrechtliche Streitigkeiten ausschließlich zugewiesen mit dem einheitlichem Rechtsmittelzug AG – OLG – BGH (§§ 119, 133 GVG). Innerhalb der Zuständigkeit des FamG gilt außerdem der Grundsatz der **Verfahrenskonzentration** (Entscheidungsverbund, §§ 623 ff. ZPO), wodurch sichergestellt wird, dass mit dem gerichtlichen Ausspruch Ehescheidung grundsätzlich auch die wichtigsten Scheidungsfolgen gleichzeitig mit geregelt werden. Einmal wird für die Verfahrensbeteiligten durch die gleichzeitige Verhandlung und Entscheidung aller Scheidungs- und Scheidungsfolgesachen von Anfang an klar, welche Tragweite eine Scheidung hat, etwa für die persönliche Rechtsstellung und Lebensführung, den Kontakt mit Kindern, die vermögensrechtlichen Lasten und

---

[1] Zur Vorgeschichte *Leonardy* DRiZ 1977, 353 ff.; zur historischen Entwicklung *Peschel-Gutzeit* NJW 2002, 2737.

[2] BTagsDrucks. 7/650 S. 78.

finanziellen Belastungen; dadurch können sie unter Umständen von einer unüberlegten Ehescheidung abgehalten werden, ein ehefreundlicher Aspekt im Sinne des Art. 6 Abs. 1 GG, § 1353 BGB. Darüber hinaus wird durch die Gleichzeitigkeit der Erledigung aller Sachen bei einem einzigen Gericht die seelische Belastung, die Ehe- und Familiensachen in aller Regel für die Betroffenen mit sich bringen, in zeitlich engen Grenzen gehalten. Die Zusammenfassung aller familienbezogenen Sachen bei einem einzigen Gericht führt weiter zu einer größeren Transparenz, die für das Verhältnis des Bürgers zum Gericht von nicht zu unterschätzender Bedeutung ist.

Hinzu treten auch prozessuale Überlegungen. Werden alle diese Verfahren und Aufgaben in die Hand eines Gerichts, des FamG, gelegt, kann sich dieses schon im Scheidungsverfahren einen Überblick über die gesamte Situation der Ehegatten und der gemeinsamen Kinder verschaffen. Es kann alle Entscheidungen, die gleichzeitig getroffen werden können, auch schon gleichzeitig treffen und so wesentlich früher eine endgültige, umfassende Klärung aller Streitigkeiten herbeiführen. Auch werden die gesamten Einzelentscheidungen in einen inneren Zusammenhang gestellt und können aufeinander abgestimmt werden. Sachlich Zusammenhängendes wird also nach Möglichkeit durch den gleichen Richter entschieden. Diese Zusammenfassung führt auch zu einer **Vereinfachung und Beschleunigung** der Verfahren, da nur einmal der Sachverhalt aufgeklärt und festgestellt werden muss. Sie führt außerdem zu einer gewissen begrüßenswerten **Spezialisierung** der Richter am FamG. 2

Zwar hat das 1. EheRG nicht das in der rechtspolitischen Literatur geforderte **umfassende zuständige Familiengericht** gebracht, wie es etwa in einigen ausländischen Rechten bekannt ist;[3] auch nicht das Gesetz zur Neuregelung des Rechts der elterlichen Sorge vom 18. 7. 1979 (BGBl. I S. 1061) mit der unveränderten Doppelgleisigkeit zwischen Vormundschaftsgericht und FamG. Der Fortschritt gegenüber dem bisherigen Rechtszustand ist aber dennoch unverkennbar.[4] Es soll hier auch dahingestellt bleiben, ob ein derart umfassend zuständiges FamG mit einem eigenständigen eigenen Verfahrensrecht insgesamt überhaupt rechtspolitisch wünschenswert ist.[5] Die Eherechtsreform 1976 hat sich aus zutreffenden Gründen für eine weniger umfassende Lösung entschieden. Einmal zwang die engere Zielsetzung der materiell-rechtlichen Reform nicht zu einer derart weitgehenden Umgestaltung der gesamten Gerichtsorganisation; die Entscheidung über eine weitergehende Zuständigkeit konnte der zukünftigen Entscheidung über einen **dreistufigen Gerichtsaufbau** insgesamt vorbehalten bleiben.[6] Ein besonderes Familienverfahrensrecht wurde als unvereinbar angesehen mit den Bestrebungen nach einer Vereinheitlichung aller Verfahrensordnungen.[7] – Mit dem **KindRG von 1997** hat eine umfassende Reform des Kindschafts- und Elternrechts stattgefunden mit der Zielsetzung: a) Die „Ehelichkeit" bzw. „Nichtehelichkeit" eines Kindes soll künftig kein der Person anhaftendes Statusmerkmal mehr sein. b) Die das heutige Abstammungsrecht prägende Unterscheidung zwischen ehelicher und nichtehelicher Abstammung soll zugunsten einer einheitlichen Regelung aufgegeben werden. c) Durch die gesetzliche Definition der Mutterschaft soll der Tatsache Rechnung getragen werden, dass wegen der Möglichkeit einer Ei- oder Embryonenspende die gebärende Frau nicht mehr in jedem Fall genetische Mutter des Kindes ist. d) Eine Vielzahl kostenträchtiger Anfechtungsprozesse soll durch die Einschränkung von Vaterschaftszurechnungen vermieden werden. e) Der Rechtsprechung des BVerfG zum Recht auf Kenntnis der eigenen Abstammung soll Rechnung getragen werden. f) Sorgerechtsregelung für nichtverheiratete und geschiedene Eltern. g) Stärkung der Rechtsposition des Kindes auch im gerichtlichen Verfahren.[8] Im Zuge dieser Bestrebungen wurde auch das Verfahrensrecht für die Kinder betreffenden familienrechtlichen Angelegenheiten vereinheitlicht[9] und die **Zuständigkeit des Familiengerichts in vier Bereichen erweitert:** a) Verfahren betreffend die elterliche Sorge für eheliche und nichteheliche Kinder; b) sämtliche auf Ehe und Verwandtschaft beruhenden Unterhaltsklagen; c) Abstammungsverfahren; d) Ansprüche nach §§ 1615k bis 1615m BGB. Damit ist ein weiterer, bedeutungsvoller **Schritt hin zum umfassenden Familiengericht** gemacht.[10] Jedoch hat der Gesetzgeber davon abgesehen, auch die Verfahren betreffend die Vormundschaft über Minderjährige in die Zuständigkeit des Familiengerichts zu überführen, weil dies einen zusätzlichen organisatorischen und kostenmäßigen Aufwand erfordere, der derzeit 3

---

[3] Vgl. BTagsDrucks. 7/650 S. 80; *Leonardy* DRiZ 1977, 353.
[4] Vgl. *Bosch* FamRZ 1980, 9.
[5] Vgl. *Wewer* FamRZ 2001, 268; *Peschel-Gutzeit* NJW 2002, 2737, 2742; zu rechtspolitischen Forderungen nach einem „Großen Familiengericht" *Schnorr/Wissing* ZRP 2003, 303.
[6] Vgl. *Brüggemann* FamRZ 1977, 6 unter e).
[7] BTagsDrucks. 7/650 S. 2, 79, 80.
[8] BTagsDrucks. 13/4899 S. 51, 13/8511 S. 65 ff.
[9] BTagsDrucks. 13/4899 S. 71.
[10] BTagsDrucks. 13/4899 S. 69, 72.

nicht vertretbar erscheine.[11] – Eine neue Entwicklung war die Begründung von Zuständigkeiten des Familiengerichts auch für Rechtsbeziehungen zwischen den Partnern **nichtehelicher Lebensgemeinschaften** dar. Das Gesetz zur Beendigung der Diskriminierung gleichgeschlechtlicher Gemeinschaften: Lebenspartnerschaften vom 16. 2. 2001 wies ihm Verfahrensgegenstände nach dem **LPartG** zu, die mit denen aus herkömmlichen Familiensachen gleichgelagert sind.[12] Das Gesetz zur Verbesserung des zivilrechtlichen Schutzes bei Gewalttaten und Nachstellungen sowie zur Erleichterung der Überlassung der Ehewohnung bei Trennung vom 11. 12. 2001 dehnte die Zuständigkeit des Familiengerichts auf Verfahren nach dem **GewSchG** aus, soweit sie wegen eines auf Dauer angelegten gemeinsamen Haushalts den sozialen Nahbereich der Beteiligten betreffen und deshalb (teilweise) Ähnlichkeit mit den Fallgestaltungen des § 1361 b BGB aufweisen.[13]

4   **II. Spezialspruchkörper.** Die Zusammenfassung der Familiensachen (FamS) bei einer Abteilung des AG bedeutet die Schaffung eines Spezialspruchkörpers; Entsprechendes gilt für das OLG (vgl. § 119). Maßgebend hierfür war die Überlegung, bei einem Richter, der sich „ausschließlich oder doch überwiegend mit Angelegenheiten dieser Art befasst", könne eine **besondere Sachkunde** erwartet werden; diese sei unentbehrlich für Entscheidungen, die sich nicht in reiner Rechtsanwendung erschöpften. Aber auch eine sinnvolle und befriedigende Erledigung der ehebezogenen Verfahren setze einen entsprechend qualifizierten Richter voraus.[14] Es solle ein Richter mit breit gestreuter Sachkunde handeln.[15] Der Gesetzgeber ist damit dem rechtspolitischen Trend zur **Spezialisierung der Richter** gefolgt.

5   Ihren Anfang genommen hat die Spezialisierung im Grunde mit der Schaffung verschiedener Gerichtsbarkeiten (Einl. Rn. 235). Im Bereich der ordentlichen Gerichtsbarkeit selbst ist sie schon vielfach eingeführt, sei es durch die Schaffung besonderer Spruchkörper, sei es durch Konzentrationsermächtigungen (vgl. § 23 c) oder durch die Schaffung von Spezialspruchkörpern im Wege der Geschäftsverteilung.[16] Solche Spezialisierungen haben sich als vorteilhaft erwiesen, sowohl für die Verfahrensbeschleunigung als auch für die Qualität und Einheitlichkeit der Rechtsprechung. Sie führen angesichts steigender Gesetzesflut und kaum noch überschaubaren Veröffentlichungen zu gesteigerter Sachkunde und Erfahrung der Richter. Sie führen auch zu einem umfassenderen Überblick über die technische Entwicklung und die Fortentwicklung der wirtschaftlichen, geistigen, technischen und sonstigen Lebensverhältnisse.[17] Die Spezialisierung mindert aber andererseits die allseitige Einsatzfähigkeit des Richters und vermag den Horizont zu verengen, woraus auch Bedenken entspringen.[18]

6   **III. Familiengericht beim AG.** Bei den AG werden Abteilungen für Familiensachen (Familiengerichte) gebildet, bestimmt § 23 b Abs. 1 Satz 1 GVG, die zentrale Vorschrift für das Familiengericht. Welches der herkömmlichen erstinstanzlichen Gerichte (AG oder LG) in Zukunft das einheitliche Familiengericht erster Instanz sein sollte, war in der rechtspolitischen Diskussion wie im Gesetzgebungsverfahren umstritten, besonders wegen der Fragen der Besetzung der Richterbank und des Rechtsmittelzuges. Der Gesetzgeber hat sich aus pragmatischen Gründen für das AG entschieden. Abgesehen von den Ehesachen sei das AG für die Mehrzahl der Familiensachen schon bisher zuständig. Es entscheide außer über die dem Familiengericht zuzuweisenden Vormundschaftssachen über Hausratssachen, Unterhaltsstreitigkeiten und selbst über güterrechtliche und sonstige vermögensrechtliche Ansprüche der Ehegatten, sofern seine Streitwertgrenze nicht überschritten wird. Das LG sei nur für die letzteren Verfahren zuständig, und dies auch nur dann, wenn seine Streitwertgrenze erreicht ist. Für die Durchführung des neu eingeführten Versorgungsausgleichs müsse eine Zuständigkeit ohnehin erst begründet werden. Im Hinblick auf das Übergewicht der bisherigen Zuständigkeiten des AG wäre es schon wegen der erforderlichen personellen und organisatorischen Umstellungen außerordentlich unzweckmäßig und würde zudem den Bestrebungen zur dringend erforderlichen Entlastung der LG zuwiderlaufen, wenn dem LG die gesamten familienrechtlichen Angelegenheiten übertragen würden. Das AG sei aber auch für die Erledigung der Familiensachen geeignet. Bereits heute liege das Scheidungsverfahren wie sonstige Ehesachen weitgehend in der Hand des **Einzelrichters,** der das Verfahren durchweg bis

---

[11] BTagsDrucks. 13/4899 S. 71.
[12] Vgl. BTagsDrucks. 14/3751 S. 58.
[13] BTagsDrucks. 14/5429 S. 34.
[14] BTagsDrucks. 7/650 S. 80, 186 ff.; 7/4361 S. 23, 59 ff.; *Vogel* FamRZ 1976, 487; *Sedemund-Treiber* DRiZ 1976, 331; *Brüggemann* FamRZ 1977, 5.
[15] BTagsDrucks. 7/650 S. 80.
[16] Vgl. *Kissel* DRiZ 1977, 114.
[17] *Kissel,* Dreistufigkeit S. 39 ff.; Zukunft S. 165 ff.; 210 ff.
[18] *J. Meyer* DRiZ 1987, 417.

zur Entscheidungsreife vorbereite. Es seien keine durchgreifenden Gründe ersichtlich, die es rechtfertigen könnten, dem mit nur einem Richter besetzten Spruchkörper nicht auch die Prozessentscheidung zu übertragen. Gegenüber dem geltenden Recht würden die Scheidungstatbestände vereinfacht. Es komme in der Regel nur noch auf die Feststellung des Scheiterns der Ehe an. Besondere rechtliche Schwierigkeiten könne deshalb nur die Anwendung der Härteklausel bieten (§ 1568 BGB), die jedoch von der Rechtsprechung in absehbarer Zeit präzisiert werden könne. Der Einwand, dass solche Ermessenserwägungen abgewogener von einem **Kollegium** vorgenommen werden könnten und deshalb ihm vorbehalten bleiben sollten, überzeuge nicht. Die Auffassung des völlig in den Sachverhalt eingearbeiteten Berichterstatters werde auch für die Ermessenserwägungen des Kollegiums immer besonderes Gewicht haben, zumal ihm regelmäßig als Einzelrichter bereits die Vorbereitung der Entscheidung der Kammer obliegen werde. Es komme hinzu, dass der künftige Familienrichter auf Grund seiner besonderen Qualifikation und seiner Erfahrung in den ausschließlich ihm anvertrauten Familiensachen außergewöhnlich gute Voraussetzungen für ein ausgereiftes und abgewogenes Urteil mitbringen werde. Aber auch die übrigen Familiensachen könnten unbedenklich von dem Familienrichter als Einzelrichter erledigt werden.[19] Darüber hinaus führe das Einzelrichtersystem in Familiensachen zu einem erheblich engeren Kontakt zwischen dem Gericht und den Ehegatten als es in dem Verfahren vor einem Kollegialgericht möglich wäre. In Übereinstimmung mit früheren Reformbestrebungen sei es ein dringliches Anliegen des Entwurfs, auch eine solche persönlichere und der Sachlage angemessene Gestaltung des Verfahrens zu ermöglichen.[20]

B. Familiengericht

I. Errichtung kraft Gesetzes. Das FamG ist ein Spezialspruchkörper des AG (Rn. 4); es handelt sich um einen gesetzlich zwingend vorgeschriebenen Spruchkörper. Das bedeutet, dass bei jedem AG, ausgenommen den Fall der Konzentration (§ 23c), eine Abteilung für FamS (FamG) kraft Gesetzes besteht. Eine Entscheidungsbefugnis des Präsidiums ist insoweit nicht gegeben. Es heißt im Gesetz nicht, dass eine solche Abteilung zu bilden sei, sondern „werden ... gebildet". Die AbtFamS besteht also auch dann, wenn sie im allgemeinen Geschäftsverteilungsplan (§ 21e) nicht ausdrücklich aufgeführt sein sollte. Sie ist für alle bei diesem Gericht anfallenden FamS kraft Gesetzes zuständig, das Präsidium kann keine abweichende Regelung treffen (Rn. 14).

II. Zuständigkeit im Allgemeinen. Bei der Bestimmung des § 23b über die Zuständigkeit des FamG handelt es sich um eine Regelung der Geschäftsverteilung (Rn. 21) innerhalb der Zuständigkeit des AG, die sich ihrerseits nur aus anderen Vorschriften ergeben kann. Das sind für die in § 23b aufgeführten zivilprozessualen Streitigkeiten § 23a GVG, für die aufgeführten Angelegenheiten der freiwilligen Gerichtsbarkeit § 64 FGG, § 11 HausratsVO.[21] Das beim AG gebildete FamG ist zuständig für die **Familiensachen.** Was solche FamS sind, ist in § 23b Abs. 1 Satz 2 GVG abschließend aufgezählt. Dabei handelt es sich teilweise um zivilprozessuale Streitigkeiten, nämlich Ehesachen (Nr. 1), Streitigkeiten über die Unterhaltspflicht (Nr. 5, 6), Streitigkeiten aus dem ehelichen Güterrecht (Nr. 9), Kindschaftssachen (Nr. 12, soweit nicht nach §§ 1600e Abs. 2 BGB, 621a Abs. 1 ZPO) und Ansprüche aus §§ 1615l, 1615m BGB (Nr. 13). Zu den FamS gehören aber auch teilweise Angelegenheiten der freiwilligen Gerichtsbarkeit, nämlich die Regelung der elterlichen Sorge (Nr. 2) und die Regelung des Umgangs mit einem Kind (Nr. 3), Herausgabe eines Kindes, für das die elterliche Sorge besteht (Nr. 4), Versorgungsausgleich (Nr. 7), Regelung der Rechtsverhältnisse an Ehewohnung und Hausrat (Nr. 8), Verfahren nach dem GewSchG (Nr. 8a; vgl. § 23a Rn. 55), Verfahren nach §§ 1382, 1383 BGB (Nr. 10), Verfahren nach den §§ 10 bis 12 sowie nach § 47 des Internationalen Familienrechtsverfahrensgesetzes (Nr. 11), Verfahren

---

[19] Vgl. im Einzelnen BTagsDrucks. 7/650 S. 80 f.
[20] BTagsDrucks. 7/650 S. 81.
[21] BGHZ 71, 264 = NJW 1978, 1531.

nach §§ 1303, 1308 und 1315 BGB (Nr. 14). Beide Elemente enthalten die Lebenspartnerschaftssachen (Nr. 15; vgl. § 23a Rn. 51 ff.). Von den Kindschaftssachen (Nr. 12) ist das Verfahren über den Antrag nach § 1600e Abs. 2 BGB Angelegenheit der freiwilligen Gerichtsbarkeit.

9 Mit der Aufnahme von Angelegenheiten der freiwilligen Gerichtsbarkeit greift § 23b über die ordentliche streitige Gerichtsbarkeit hinaus auch auf die Angelegenheiten der freiwilligen Gerichtsbarkeit über. Diese Abweichung von § 2 EGGVG ist sachlich gerechtfertigt und unterliegt angesichts der Gleichwertigkeit der Rechtswege auch gesetzestechnisch keinen Bedenken,[22] weil das GVG über den Wortlaut des § 2 EGGVG hinaus auch auf die echten Streitsachen der freiwilligen Gerichtsbarkeit anzuwenden ist (vgl. § 2 EGGVG Rn. 11) und es sich bei den der freiwilligen Gerichtsbarkeit unterliegenden FamS immer um echte Streitsachen handelt. **FamS sind aber nur die im § 23b ausdrücklich aufgeführten Verfahren.** Das gilt insbesondere für Vormundschaftssachen, für die das AG nach § 35 FGG zuständig ist. Nur ein Teil dieser Vormundschaftssachen ist dem FamG zugewiesen und in den Katalog der FamS übernommen worden (Rn. 8). Alle anderen Vormundschaftssachen unterliegen weiterhin den allgemeinen Regelungen des FGG (Rn. 16).

10 Es ist demnach beim AG zu unterscheiden zwischen der allgemeinen Zuständigkeit für ehe- und familienbezogene Sachen (u. a. die des § 23a GVG und §§ 35 ff. FGG) und den speziellen FamS (§ 23b GVG); nur für letztere ist das beim AG bestehende FamG zuständig mit seinen besonderen Verfahrensvorschriften und seinem besonderen Rechtsmittelzug (Rn. 92), während die in die allgemeine Zuständigkeit des AG fallenden Sachen der allgemeinen Geschäftsverteilung unterliegen, und den allgemeinen Verfahrensvorschriften, auch über den Rechtsmittelzug, der zum LG geht.

11 Die Zusammenfassung von zivilprozessualen Angelegenheiten und solchen der freiwilligen Gerichtsbarkeit zu FamS in der Zuständigkeit des FamG und ihre Verbindung als Folgesachen (§ 623 ZPO) bedeutet nicht, dass für alle diese Angelegenheiten auch ein einheitliches Verfahrensrecht gilt (Rn. 92). Für jede einzelne Angelegenheit gilt vielmehr das Verfahrensrecht entsprechend ihrer systematischen Einordnung. Die Charakterisierung der Sachen, ob zivilprozessuale Streitigkeit oder Angelegenheit der freiwilligen Gerichtsbarkeit, ergibt sich aus § 621a ZPO, verbunden mit der Verweisung in § 661 Abs. 2 ZPO. Die dort aufgeführten Sachen sind Angelegenheiten der freiwilligen Gerichtsbarkeit, da für sie grundsätzlich das FGG bzw. die HausratsVO anzuwenden ist; die ZPO nur gilt, soweit sie ausdrücklich für anwendbar erklärt ist. Alle anderen FamS sind zivilprozessuale Streitigkeiten, die sich nach der ZPO richten.

12 Über die **Geltung des GVG für FamS** ist allgemein nichts bestimmt. Unmittelbar gilt es nur für die zivilprozessualen Streitigkeiten. Seine Geltung für der freiwilligen Gerichtsbarkeit zugehörigen FamS ist lediglich in Teilbereichen kraft Verweisung im FGG (§§ 8, 10 FGG) oder durch § 621a ZPO angeordnet. Unterschiede im Ablauf des Verfahrens beschränken sich in Angelegenheiten der freiwilligen Gerichtsbarkeit im Wesentlichen auf die Frage, inwieweit sie öffentlich zu verhandeln sind (vgl. § 170).

13 Für **ehe- und familienbezogene Sachen insgesamt** bestehen damit vier verschiedene Anwendungsbereiche amtsgerichtlichen Verfahrensrechts: familiengerichtlicher Zivilprozess, familiengerichtliches Verfahren der freiwilligen Gerichtsbarkeit (abgesehen von weiteren Sondervorschriften, z. B. HausratsVO), allgemeiner Zivilprozess vor dem AG, allgemeines Verfahren der freiwilligen Gerichtsbarkeit vor dem AG. Hinzu tritt, dass ein Teil der ehe- und familienbezogenen Streitigkeiten noch in der erstinstanzlichen Zuständigkeit des LG verblieben ist mit den dort maßgebenden Verfahrensvorschriften.

---

[22] BTagsDrucks. 7/650 S. 188.

III. Geschäftsverteilung. Das FamG (AbtFamS) besteht, abgesehen vom Fall **14** der Konzentration (§ 23c), **kraft Gesetzes** bei jedem AG. Ebenfalls kraft Gesetzes ist diese AbtFamS (FamG) für die FamS im Sinne des § 23b Abs. 1 **zwingend zuständig**. In diesem Rahmen hat das Präsidium keine Möglichkeit abweichender Regelungen[23] (Rn. 7, 21). Ist das AG nur mit einem Richter besetzt, ist dieser kraft Gesetzes auch Richter der AbtFamS, es sei denn, er ist Richter aP im ersten Dienstjahr (Rn. 89), dann ist nach § 22b zu verfahren. In allen anderen Fällen muss das Präsidium einen Richter für die AbtFamS bestellen; unterbleibt eine solche Bestimmung, fehlt für die FamS der gesetzliche Richter. Der vom Präsidium bestellte Richter ist der Familienrichter des § 23b Abs. 3 Satz 1 während der Dauer dieser Funktion.[24] Die Auswahl des Familienrichters steht allein dem Präsidium zu, die Justizverwaltung hat keinen Einfluss darauf.[25] Zum Familienrichter kann ein Richter aP nur eingeschränkt bestellt werden (Rn. 89).

Das Gesetz entscheidet indessen nicht die Frage, **wie viele AbtFamS** beim AG **15** bestehen können. Es geht aber naturgemäß davon aus, dass wegen des Umfangs der Geschäfte mehrere AbtFamS gebildet werden können (§ 23 b Abs. 2 Satz 1). Grundsätzlich Sache der Justizverwaltung ist es daher, deren Zahl zu bestimmen. Offen bleibt damit aber die Frage, ob dem Richter der AbtFamS durch das Präsidium weitere Aufgaben übertragen werden können, etwa durch eine sachliche Erweiterung der AbtFamS oder durch personengleiche Besetzung der AbtFamS mit einer anderen Abteilung des AG. Aus den gesetzgeberischen Erwägungen für die Schaffung des FamG als einem gesetzlich eingerichteten Spezialspruchkörper (Rn. 4) ergibt sich, dass der Richter, dem die AbtFamS übertragen wird, sich möglichst mit seiner vollen Arbeitskraft den FamS widmen soll im Interesse sowohl der besonderen Sachkunde und Erfahrung als auch der sachlichen Förderung aller dieser Verfahren wie auch einer einheitlichen Rechtsprechung; die Ermächtigung zur Konzentration (§ 23 c) beruht ebenfalls auf diesen Überlegungen. Dies kommt auch darin zum Ausdruck, dass bei Vorhandensein mehrerer AbtFamS die Geschäfte nach dem Personenkreis, nicht nach Sachgebieten verteilt werden sollen[26] (§ 23 b Abs. 2 Satz 1). Aus alledem ergibt sich, dass der Richter der AbtFamS möglichst alle FamS des AG erledigen soll. Das bedeutet, dass eine zweite AbtFamS erst dann eingerichtet werden kann, wenn der Richter der ersten AbtFamS voll ausgelastet ist (und zwar nach seiner konkreten Einsatzfähigkeit) und außerdem die Geschäfte in FamS einen Umfang angenommen haben, der über die Arbeitskraft des einen Richters hinausgeht. Das bedeutet, dass der (ersten) AbtFamS solange alle FamS zugeteilt werden müssen, bis diese den für sie bestellten Richter voll auslastet; Entsprechendes gilt für die Einrichtung einer dritten und jeder weiteren AbtFamS.[27]

Das Präsidium ist jedoch nicht gehindert, der AbtFamS die **Vormundschaftssa- 16 chen** sowie die Betreuungs- und Unterbringungssachen ganz oder teilweise zuzuweisen (Abs. 2 Satz 1), auch wenn dadurch die Kapazität der (ersten) AbtFamS überschritten wird.[28] Dies ist sogar erwünscht, denn die dem Nicht-Familienrichter nach Abspaltung eines Teils der Vormundschaftssachen zu FamS „verbleibenden vormundschaftsgerichtlichen Aufgaben sind – vom Arbeitsanfall her gesehen – gering, so dass zu befürchten ist, dass der Vormundschaftsrichter auf diesem Gebiet nicht mehr hinreichende Erfahrungen sammeln kann, um seiner Aufgaben gerecht zu werden. Zudem liegt es nahe, dass der Vormundschaftsrichter bei der Entscheidung über Maßnahmen nach § 1666 BGB über Sachverhalte zu entscheiden hat, mit denen auch der

---

[23] BGHZ 71, 264, 269 = NJW 1978, 1531.
[24] Vgl. *Brüggemann* FamRZ 1977, 1.
[25] BTagsDrucks. 7/4361 S. 60.
[26] Vgl. BTagsDrucks. 7/650 S. 189.
[27] *Kissel* DRiZ 1977, 113; *Zöller/Gummer* Rn. 10.
[28] *Diederichsen* NJW 1977, 605.

Familienrichter befasst war".[29] Auf ähnlichen Überlegungen beruht die Konzentrationsermächtigung für die Vormundschaftssachen (§ 23c GVG). Durch Zuweisung an das FamG werden die Vormundschaftssachen aber keine FamS[30] (Rn. 9).

17 Die Möglichkeit der Erweiterung der Zuständigkeit des FamG um die Vormundschaftssachen gilt aber nicht für die Aufgaben des **Jugendrichters.** Zwar soll nach § 34 JGG der Jugendrichter nach Möglichkeit zugleich auch Vormundschaftsrichter sein. Wenn auch die Vormundschaftssachen zum Teil jetzt FamS geworden sind, so sind doch diese und die anderen FamS derart verschieden von den erzieherischen Aufgaben eines Jugendrichters nach dem JGG, dass ein innerer Zusammenhang mit FamS nicht gesehen werden kann; eine Zuweisung von Aufgaben des Jugendrichters an den Familienrichter ist trotz dessen Zuständigkeit für einen Teil der früheren Vormundschaftssachen, die jetzt FamS sind, und auch gegebenenfalls für weitere Vormundschaftssachen, nicht zulässig. Hier kommt nur die Tätigkeit des Familienrichters gleichzeitig auch in einer für Jugendsachen zuständigen Abteilung des AG in Frage unter den Voraussetzungen, die allgemein für die Tätigkeit des Familienrichters in einer anderen Abteilung des AG gelten.

18 Kann eine weitere AbtFamS errichtet werden (Rn. 15), regelt § 23b Abs. 2 Satz 1 die Abgrenzung der Geschäfte dieser beiden AbtFamS (und aller weiteren) zueinander. Alle FamS, die **denselben Personenkreis** betreffen, sollen derselben AbtFamS zugewiesen werden. Um den Gerichten nicht die Möglichkeit einer Geschäftsverteilung zu nehmen, die wegen der besonderen Umstände des Einzelfalles sachgerechter erscheine, hat sich der Gesetzgeber hier auf eine Soll-Vorschrift beschränkt.[31] Im Allgemeinen schließt die Vorschrift aber aus, die FamS etwa nach Sachgebieten unter mehrere Familienrichter aufzuteilen, z.B. einem Familienrichter alle Ehesachen, dem anderen alle Unterhaltsstreitigkeiten zuzuweisen.[32] Im Übrigen ist, soweit der Geschäftsanfall mehrere AbtFamS bei einem AG rechtfertigt, die Bestimmung ihrer Zahl und ihrer personellen Besetzung Sache des Präsidiums, ebenso die Aufteilung der einzelnen FamS auf die mehreren AbtFamS.

19 Eine **Erweiterung der Zuständigkeit** der AbtFamS über die FamS und Vormundschaftssachen usw. hinaus ist nicht zulässig. Die AbtFamS ist ein Spezialspruchkörper mit gesetzlich bestimmter Zuständigkeit; gerade die Erwähnung der Vormundschaftssachen usw. als Möglichkeit der Zuständigkeitserweiterung zeigt, dass eine abschließende Regelung der geschäftsverteilungsmäßigen Möglichkeiten gewollt war.[33]

20 Eine andere Frage ist es, ob der für die AbtFamS bestellte **Richter** zugleich andere als FamS und Vormundschaftssachen erledigen kann. Das kann nach dem Gesagten nur zulässig sein, wenn er in der ihm übertragenen AbtFamS nicht voll ausgelastet ist, obwohl alle FamS seiner (ersten) AbtFamS übertragen worden sind oder die anderen (zweiten und folgende) AbtFamS sämtlich voll ausgelastet sind und ihm nur die nächste (angefangene) AbtFamS übertragen wird. In diesem Sonderfall besteht ein berechtigtes Interesse daran, dass seine Arbeitskraft voll eingesetzt wird. Das kann zwar nicht dadurch geschehen, dass seiner AbtFamS andere Sachen übertragen werden. Es ist aber zulässig, ihn gleichzeitig für eine weitere Abteilung zum Richter zu bestellen, die andere Aufgaben des AG zu erfüllen hat. Nur haben in der Folgezeit die FamS den Vorrang. Jede Erweiterung der AbtFamS (auch die Notwendigkeit der Entlastung der bestehenden voll ausgelasteten AbtFamS) muss dazu führen, dass die „angefangene" AbtFamS aufgefüllt wird. Die Errichtung einer

---

[29] BTagsDrucks. 7/4694 S. 18; ähnlich der Bundestagsausschuss für Jugend, Familie und Gesundheit, BTagsDrucks. 7/4361 S. 60.
[30] *Diederichsen* NJW 1977, 605; *Vogel* FamRZ 1976, 488; *Sedemund-Treiber* DRiZ 1976, 332.
[31] BTagsDrucks. 7/4361 S. 60.
[32] Vgl. BTagsDrucks. 7/650 S. 189.
[33] *Kissel* DRiZ 1977, 114; a.A. *Vogel* FamRZ 1976, 488; *Diederichsen* NJW 1977, 602; *Bergerfurth* FamRZ 1976, 583; *Zöller/Gummer* Rn. 11.

Familiengerichte   21–22 § 23b

weiteren AbtFamS ist unzulässig, solange diese „angefangene" AbtFamS noch nicht in einem die Arbeitskraft des Richters voll in Anspruch nehmenden Umfang aufgefüllt ist.[34]

IV. Verhältnis zu anderen Abteilungen. Das Verhältnis der AbtFamS zu den anderen Abteilungen des AG ist von Bedeutung dafür, wie zu verfahren ist, wenn sich die Unzuständigkeit der zunächst mit einer Sache befassten Abteilung herausstellt und diese an die zuständige Abteilung abgeben will, und wie zu verfahren ist, wenn zwischen zwei Abteilungen Streit über die Zuständigkeit besteht. 21

1. Die AbtFamS ist eine Abteilung des AG, und zwar eine Spezialabteilung (Rn. 7), deren Besonderheit darin besteht, dass ihre Zuständigkeit im Gesetz selbst ausdrücklich festgelegt ist (Rn. 8) unter Ausschluss des Präsidiums (Rn. 14). Demgegenüber sind die Fragen ihrer Besetzung, des Anwaltszwangs, des Instanzenzugs sekundärer Natur und unterscheiden sie nicht grundsätzlich von den anderen Abteilungen des AG.[35] Die AbtFamS, das FamG, ist also ein gesetzlich errichteter **Spezialspruchkörper beim AG mit gesetzlich geregelter Geschäftsverteilung.**[36] Der Ansicht, die Abgrenzung des FamG zu den anderen Abteilungen der AG sei im Bereich der zivilprozessualen FamS eine Frage der sachlichen Zuständigkeit und im Bereich der FamS, die Angelegenheiten der freiwilligen Gerichtsbarkeit sind, eine solche der Zulässigkeit des Rechtswegs,[37] kann nicht zugestimmt werden.[38] Soweit das FamG zuständig ist für zivilprozessuale Streitigkeiten (§ 23 b Abs. 1 Satz 2 Nr. 1, 5, 6, 9, 12, 13; zu Nr. 8a, 15 siehe Rn. 8), begründet § 23 b nicht die sachliche Zuständigkeit des AG. Diese ergibt sich vielmehr schon aus § 23 a;[39] nach § 23 b Abs. 1 Satz 1 ist das FamG ausdrücklich eine Abteilung des sachlich zuständigen AG („FamG" ist nur eine gesetzliche Kurzbezeichnung für die dort primär gewählte Bezeichnung „Abteilung für Familiensachen"). §§ 621, 661 Abs. 2 ZPO begründen lediglich die „ausschließliche" Zuständigkeit des FamG, damit aber auch die ausschließliche sachliche Zuständigkeit des AG. Soweit das FamG zuständig ist für Angelegenheiten der freiwilligen Gerichtsbarkeit (§ 23 b Abs. 1 Satz 2 Nr. 2, 3, 4, 7, 8, 10, 11, 14, 15), ergibt sich die sachliche Zuständigkeit des AG aus § 64 FGG bzw. des FamG aus dem BGB, der ZPO oder der HausratsVO;[40] zu Nr. 8a wiederum Rn. 8. Daraus folgt, dass § 23 b keine Vorschrift über die sachliche Zuständigkeit des AG (AbtFamS) im Verhältnis zu anderen Gerichten ist[41] und erst recht nicht über die Abgrenzung des Rechtswegs zwischen einzelnen Gerichtsbarkeiten, sondern eine Regelung über die Verteilung bestimmter Streitigkeiten und Verfahren, die schon auf Grund anderer Vorschriften in die sachliche Zuständigkeit des AG oder des FamG fallen,[42] eine bestimmte, besonders bezeichnete Abteilung des AG. 21a

2. Im Verhältnis der **verschiedenen AbtFamS des gleichen AG** bleibt es bezüglich aller ihrer gesetzlichen Zuständigkeiten (einschließlich der ihnen übertragenen Vormundschaftssachen, Rn. 16) bei der nach dem allgemeinen Verfahrensrecht zulässigen formlosen **Abgabe.** In den zivilprozessualen FamS (Nr. 1, 5, 6, 9, 12, 15 in Verbindung mit § 661 Abs. 1 Nr. 1–4, 6 ZPO) ist die formlose Abgabe von ei- 22

---

[34] *Kissel* DRiZ 1977, 114.
[35] *Kissel* NJW 1977, 1035.
[36] BGHZ 71, 274; BGH NJW 1980, 1282; *Stanicki* FamRZ 1977, 683, 684; *Brüggemann* FamRZ 1977, 585; *Kissel* NJW 1977, 1034; *Schultz* MDR 1978, 112; *BL/Hartmann* Rn. 3; *Flieger* MDR 1978, 883; *Bergerfurth* DRiZ 1978, 232; *Walter* S. 81; *Zöller/Gummer* Rn. 3.
[37] *Jauernig* FamRZ 1977, 681; 761, 762; NJW 1978, 549; FamRZ 1978, 675.
[38] BGHZ 71, 264 = NJW 1978, 1531.
[39] *Bergerfurth* DRiZ 1978, 231; *BL/Hartmann* Rn. 5; *MünchKommZPO/Wolf* Rn. 1.
[40] BGHZ 71, 264 = NJW 1978, 1531.
[41] BGH aaO.; NJW 1984, 2040 – § 34 ZPO über Wahlgerichtsstände ist auf das Verhältnis von allgemeiner Prozessabteilung und FamG nicht anwendbar, BGHZ 97, 79 = NJW 1986, 1178 = FamRZ 1986, 347 mit Anm. *Bosch*.
[42] *BL/Hartmann* Rn. 5; *MünchKommZPO/Wolf* Rn. 1.

ner Zivilprozessabteilung an eine andere, nach der Geschäftsverteilung zuständige Abteilung desselben Gerichts uneingeschränkt zulässig.[43] Sie hat aber keine Bindungswirkung (Rn. 33). Im Streitfalle zwischen zwei AbtFamS hat das Präsidium zu entscheiden (Rn. 94). In den FamS der freiwilligen Gerichtsbarkeit (§ 23b Nr. 2, 3, 4, 7, 8, 8a, 10, 11, 12 in Verbindung mit § 1600e Abs. 2 BGB, 14, 15 in Verbindung mit § 661 Abs. 1 Nr. 5, 7 ZPO) ist zwischen mehreren AbtFamS die Abgabe zulässig wie auch sonst zwischen mehreren Vormundschaftsabteilungen des gleichen Gerichts.[44] Eine Bindung tritt auch hier nicht ein; im Streitfalle hat auch hier das Präsidium zu entscheiden (Rn. 94). Sonderfall: Rn. 26.

23 3. Im Verhältnis **mehrerer AbtFamS verschiedener AG** zueinander ist für den Fall der örtlichen Unzuständigkeit nach § 281 ZPO zu verfahren, auch in den Angelegenheiten der freiwilligen Gerichtsbarkeit als FamS[45] (§ 621a ZPO). Die Verweisung ist bindend.[46] Der Streit zwischen den AbtFamS verschiedener AG ist nach § 36 Abs. 1 Nr. 6 ZPO zu entscheiden (Rn. 95). Muss mit der örtlichen Verweisung jedoch eine Verbundsache zugleich in eine andere Verfahrensart übergeleitet werden, so geht die unter Rn. 27 dargestellte Regelung vor.

24 4. Bei der Frage nach dem Verhältnis der **AbtFamS zu den Zivilprozessabteilungen** des AG in den Zivilprozesssachen (Rn. 22) ist zu bedenken, dass es sich bei der AbtFamS trotz verschiedener Besonderheiten (gesetzliche Zuständigkeit, Rechtsmittelzug, Anwaltszwang) um eine gleichartige Abteilung des AG im Verhältnis zu den anderen Zivilprozessabteilungen handelt. Wird eine zivilprozessuale FamS vor der allgemeinen Zivilprozessabteilung anhängig, dann hat diese den Rechtsstreit an die AbtFamS formlos abzugeben, für eine Verweisung nach § 281 ZPO ist kein Raum.[47] Da sich die Zuständigkeit des FamG unmittelbar aus zwingender gesetzlicher Regelung ergibt, ist in FamS weder eine (funktionale) Gerichtsstandsvereinbarung zulässig noch kann entgegen dem sonstigen Verfahrensrecht die rügelose Einlassung vor der unzuständigen allgemeinen Prozessabteilung und umgekehrt an der gesetzlich begründeten (Geschäftsverteilungs-)Zuständigkeit etwas ändern. Die Abgabe ist nicht bindend (Rn. 33). Ein Zuständigkeitsstreit zwischen AbtFamS und allgemeiner Prozessabteilung ist mit Rücksicht auf die Sonderstellung des FamG im Rechtsmittelzug nach § 36 Abs. 1 Nr. 6 ZPO zu entscheiden (Rn. 96). – Das Gleiche gilt im umgekehrten Fall des Rechtshängigwerdens einer NichtFamS vor der AbtFamS.

25 Bei den **FamS der freiwilligen Gerichtsbarkeit** (Rn. 22) besteht im Verhältnis der AbtFamS zu den allgemeinen Abteilungen des AG für Angelegenheiten der freiwilligen Gerichtsbarkeit ebenfalls die Möglichkeit der formlosen **Abgabe**,[48] denn soweit das FamG nach den Verfahrensvorschriften des FGG oder der Spezialvorschriften zu verfahren hat, ist es in diesem Rahmen gleichermaßen als Abteilung für Angelegenheiten der freiwilligen Gerichtsbarkeit anzusehen (vgl. § 621a Abs. 1 Satz 1 ZPO); die Verfahrensbesonderheiten des § 621a Abs. 1 Satz 2 ZPO fallen demgegenüber nicht ins Gewicht. Die Abgabe ist nicht bindend[49] (vgl. Rn. 33). Bei Zuständigkeitsstreit um das Vorliegen einer FamS ist nach § 36 Nr. 6 ZPO zu entscheiden[50] (Rn. 96).

---

[43] BGHZ 6, 178 = NJW 1952, 879; Z 40, 148 = NJW 1964, 200; Z 63, 214 = NJW 1975, 450; *BL/Hartmann* § 281 ZPO Rn. 6; *MünchKommZPO/Prütting* § 281 ZPO Rn. 9; a. A. *Jauernig* aaO.
[44] *Habscheid* § 11 V 1; *Walter* S. 83; *Kissel* NJW 1977, 1036.
[45] BGHZ 71, 15 = NJW 1978, 888.
[46] BGH NJW-RR 1990, 816.
[47] BGHZ 71, 264 = NJW 1978, 1531; BGH MDR 2004, 698; OLG Bamberg FamRZ 1990, 180; *Zöller/Gummer* Rn. 7; *MünchKommZPO/Wolf* Rn. 13; krit. *Ewers* FamRZ 1990, 1373; a. A. *Jauernig* FamRZ 1977, 682.
[48] *Habscheid* § 11 V 1; *Keidel/Schmidt* § 1 Rn. 40.
[49] BGH NJW-RR 1990, 707.
[50] OLG Hamm NJW 1999, 432.

5. Eine Sonderregelung für das Verhältnis aller AbtFamS des **gleichen** AG zueinander enthält Abs. 2 Satz 2 (im Wesentlichen inhaltsgleich mit § 621 Abs. 2 Satz 1 ZPO; Unterschiede bestehen hinsichtlich § 23b Abs. 1 Satz 2 Nr. 5, 8a = § 621 Abs. 1 Nr. 4 und 13). Wird eine Ehesache (Abs. 1 Satz 2 Nr. 1) bei einer AbtFamS anhängig, dann sind die bereits bei einer anderen AbtFamS anhängigen, im Katalog des Abs. 2 aufgeführten FamS von Amts wegen an die AbtFamS der Ehesache abzugeben. Bei dieser zwingend vorgeschriebenen Abgabe macht es keinen Unterschied, ob es sich bei den anderen FamS um solche zivilprozessualer Art oder der freiwilligen Gerichtsbarkeit handelt; jede andere AbtFamS hat mit Rechtshängigwerden der Ehesache die bei ihr anhängige FamS an die für die Ehesache zuständige AbtFamS abzugeben, ihre Zuständigkeit endet mit der Rechtshängigkeit. Die Abgabe geschieht auf Grund dieser Spezialvorschrift in jeder Verfahrensart formlos und ist für die AbtFamS, die für die Ehesache zuständig ist, bindend. Zu § 23a Abs. 1 Nr. 11 vgl. Abs. 2 Sätze 3 und 4. Wird umgekehrt eine FamS bei einem anderen FamG als dem, bei dem bereits eine Ehesache anhängig ist, gilt diese Regelung nicht; vielmehr bestimmt § 621 Abs. 2 Satz 1 ZPO nur, dass das FamG, bei dem die Ehesache anhängig ist, ausschließlich auch für die dort genannten anderen FamS zuständig ist, die Vorschrift sagt aber nicht, auf welchem verfahrensrechtlichen Weg diese anderen FamS zu dem ausschließlich zuständigen FamG gelangen. Da die Ehesache eine zivilprozessuale FamS ist, sind die anderen zivilprozessualen FamS innerhalb des Gerichts abzugeben (Rn. 22), ebenso die der freiwilligen Gerichtsbarkeit (Rn. 25). Für das Verhältnis der bei **verschiedenen AG** anhängig werdenden FamS gilt § 621 Abs. 3 ZPO.

6. Wird eine FamS der freiwilligen Gerichtsbarkeit (Rn. 22) bei der allgemeinen Zivilprozessabteilung anhängig, dann ist angesichts der Geltung der Verfahrensregelungen der freiwilligen Gerichtsbarkeit für diese Verfahren (§ 621a ZPO) für die „Weiterleitung" dieser FamS das allgemeine Verhältnis zwischen dem Prozessrechtsweg und dem Verfahren der freiwilligen Gerichtsbarkeit maßgebend, also nicht formlose Abgabe (wie Rn. 24, 25), sondern Verweisung nach § 17a Abs. 2[51] (vgl. § 17 Rn. 55). Das gilt auch umgekehrt, wenn eine in eine andere Abteilung gehörende zivilprozessuale FamS zunächst als eine solche der freiwilligen Gerichtsbarkeit behandelt wurde. – Werden Ehesache und Folgesachen beider Verfahrensarten (§ 623 Abs. 1 ZPO) gemeinsam bei einer allgemeinen Prozessabteilung anhängig, käme nach Bisherigem für die zivilprozessuale Streitigkeit die formlose Abgabe an das FamG in Frage (Rn. 24), für die Angelegenheit der freiwilligen Gerichtsbarkeit die Verweisung nach § 17a. Die in der gesetzlichen Systematik deutlich werdende verfahrensrechtliche Leitfunktion der Ehesache (vgl. § 621 Abs. 2 und 3, § 626, § 629d ZPO) lässt es jedoch angezeigt erscheinen, den gesamten Verfahrenskomplex den Regeln der Ehesachen zu unterstellen, also insgesamt formlose Abgabe an das FamG. Sind aber Ehesache und Folgesache bei einer Abteilung der freiwilligen Gerichtsbarkeit anhängig geworden, ist für die Ehesache die Verweisung nach § 17a geboten, und damit auch für alle Folgesachen.

7. Wird, nachdem ein Antrag auf **Hausratsverteilung** bei dem nach § 11 Abs. 2 HausratsVO zuständigen FamG gestellt worden ist, bei einem anderen FamG eine Ehesache rechtshängig, so hat ersteres das Hausratsverfahren im ersten Rechtszug an das FamG der Ehesache von Amts wegen abzugeben, § 11 Abs. 3 HausratsVO. Insoweit gilt nichts anderes als in anderen FamS, §§ 621 Abs. 3 ZPO, 23b Abs. 2 GVG. § 11 Abs. 3 HausratsVO weist lediglich dahin gehend eine Besonderheit auf, als die Abgabe von Amts wegen nur erfolgen soll, wenn eine Hausratssache bei dem gemäß § 11 Abs. 2 HausratsVO „zuständigen" Gericht anhängig gemacht worden ist. Eine nur am Wortlaut orientierte Auslegung, die eine Abgabe gemäß § 11 Abs. 3 Haus-

---

[51] BL/Hartmann § 281 ZPO Rn. 5.

ratsVO dann ausschlösse, wenn die Hausratssache zunächst bei einem unzuständigen Gericht anhängig gemacht worden ist, verbietet sich aber im Interesse einer einheitlichen Behandlung aller FamS. Eine Abgabe gemäß § 11 Abs. 3 HausratsVO hat deshalb auch dann zu erfolgen, wenn das angerufene Gericht für die Hausratssache unzuständig ist, da es sich stets um ordentliche Gerichte, seien es Prozessgerichte oder Gerichte der freiwilligen Gerichtsbarkeit, handelt. In den verbleibenden Fällen (eine Ehesache ist nicht rechtshängig, vgl. Rn. 80) hat das Prozessgericht, wenn ein Beteiligter Ansprüche hinsichtlich der Ehewohnung oder des Hausrats in einem Rechtsstreit geltend macht, das Verfahren an das nach § 11 HausratsVO zuständige FamG abzugeben. Im umgekehrten Fall (eine Sache wird beim FamG anhängig gemacht, obwohl sie vor die allgemeine Prozessabteilung gehört) erfolgt Verweisung auf Antrag in entsprechender Anwendung des § 17a Abs. 2.

29 8. In den Fällen der **Konzentration** der FamS (§ 23c) gilt im Verhältnis der von der Konzentration ergriffenen AG zueinander folgendes: In den zivilprozessualen Sachen erstreckt sich die Konzentration nur auf die FamS, nicht auf die allgemeinen Zivilprozesse. Soweit das AG, bei dem das FamG gebildet ist, auch allgemein örtlich zuständig ist, ergibt sich keine Besonderheit; hier ist die formlose Abgabe uneingeschränkt zulässig. Liegt die allgemeine zivilprozessuale Zuständigkeit bei einem anderen AG, so kann dessen allgemeine Prozessabteilung an das FamG abgeben, das als solches auch für den Bezirk dieses Gerichts zuständig ist. Umgekehrt kann das FamG an das allgemeine Prozessgericht des anderen AG abgeben, da dieses im örtlichen Zuständigkeitsbereich des FamG liegt.

30 Ebenso erstreckt sich die Konzentration in Angelegenheiten der freiwilligen Gerichtsbarkeit nur auf solche, die ausdrücklich als FamS definiert sind (§ 23b Abs. 1 Satz 2 GVG, § 621a ZPO), gegebenenfalls auf Vormundschaftssachen. Soweit das AG, bei dem das FamG gebildet ist, auch allgemein örtlich zuständig ist, ergibt sich keine Besonderheit; hier ist die formlose Abgabe uneingeschränkt zulässig. Liegt die allgemeine örtliche Zuständigkeit für Angelegenheiten der freiwilligen Gerichtsbarkeit bei einem anderen AG, so kann dessen Abteilung der freiwilligen Gerichtsbarkeit an das FamG abgeben, das als solches auch für den Bezirk dieses Gerichts örtlich zuständig ist. Auch hier kann umgekehrt das FamG an das allgemeine Gericht für Angelegenheiten der freiwilligen Gerichtsbarkeit des anderen AG abgeben, da dieses im örtlichen Zuständigkeitsbereich des FamG liegt. In den FamS, die sich nach dem FGG richten (§ 621a ZPO), gelten, soweit es sich um die örtliche Zuständigkeit handelt, die allgemeinen Vorschriften, also Abgabe an das örtlich zuständige Gericht auch ohne Antrag.

31 9. Die Verweisung durch ein FamG an ein anderes AG wegen **örtlicher Unzuständigkeit** in einer FamS ist stets bindend, unabhängig davon, ob es sich um eine zivilprozessuale Streitigkeit oder eine Angelegenheit der freiwilligen Gerichtsbarkeit handelt, da § 621a ZPO insoweit einheitlich § 281 ZPO für anwendbar erklärt.[52] Zulässig ist die Verweisung sowohl an das AG insgesamt als auch an die AbtFamS (FamG) dieses AG (bei mehreren AbtFamS richtet sich die Zuständigkeit nach der gerichtsinternen Geschäftsverteilung; Rn. 14ff.). Bei Konzentration nach § 23c GVG ist als an die AbtFamS verwiesen anzusehen, die örtlich jeweils zuständig ist. Probleme können entstehen, wenn mit der Verweisung wegen örtlicher Unzuständigkeit zugleich ein Wechsel der Verfahrensart verbunden ist (Rn. 27). Hier ist § 621 Abs. 3 Satz 2, § 281 ZPO entsprechend anzuwenden.

32 **Verweist eine AbtFamS** eine zivilprozessuale Streitigkeit wegen sachlicher Unzuständigkeit **an das LG,** weil sie das Vorliegen einer FamS verneint und die sachliche Zuständigkeit des LG sich aus den allgemeinen Vorschriften (§ 71) ergibt, tritt die Bindungswirkung des § 281 ZPO ein.[53] Zweifelhaft ist, ob im umgekehr-

---

[52] BGHZ 71, 15 = NJW 1978, 888.
[53] OLG Frankfurt FamRZ 1988, 734; *Walter* S. 87ff.

ten Fall, wenn das **LG** eine FamS als gegeben ansieht, **an das AG** oder ausdrücklich an die AbtFamS des AG **verweisen** kann mit der Folge, dass die AbtFamS **bindend** zuständig ist, oder ob die Verweisung nur als an das AG insgesamt vorgenommen anzusehen ist mit der Folge, dass je nach der wirklichen Qualifikation des Rechtsstreits die AbtFamS oder die allgemeine Prozessabteilung zuständig ist (zur Entscheidungszuständigkeit für diesen Streit Rn. 94 ff.). Eine Meinung geht dahin, dass mit Rücksicht auf das Wort „Gericht" im § 281 ZPO nur an das AG insgesamt verwiesen werden könne mit der Folge, dass das FamG nicht gebunden und noch eine Abgabe innerhalb des AG an die allgemeine Prozessabteilung möglich sei, wie auch bei einer Entscheidung über einen Zuständigkeitsstreit.[54] Der Gegenansicht, unter „Gericht" im Sinne des § 281 ZPO sei das FamG zu verstehen,[55] ist zu folgen. Zwar ist die AbtFamS nur ein Spezialspruchkörper (wenn auch mit gesetzlich bestimmter geschäftsplanmäßiger Zuständigkeit) innerhalb der sich schon aus anderen Vorschriften ergebenden sachlichen Zuständigkeit des AG. Indessen ist auch unter Berücksichtigung der Bemühungen, Zuständigkeitsstreitigkeiten im Interesse eines effektiven Rechtsschutzes möglichst zu vermeiden, die besondere Ausgestaltung der AbtFamS derart verselbstständigt (z.B. § 23b Abs. 2 Satz 2 und Abs. 3 GVG, § 23c GVG, §§ 621, 621a, 628 ZPO, § 64 FGG), dass sie als „Gericht" im Sinne des § 281 ZPO verstanden werden muss.

Für die **zwischen den einzelnen Abteilungen des AG** (AbtFamS, allgemeine Prozessabteilung und allgemeine Abteilung für freiwillige Gerichtsbarkeit) mögliche Abgabe sieht das Gesetz keine § 281 ZPO entsprechende Bindungswirkung vor. Wenn auch eine gewisse Ähnlichkeit des Problems mit der der Verweisung vom LG an das AG (Rn. 32) besteht, so ist doch mangels jeglicher vergleichbarer Regelung eine entsprechende Anwendung des § 281 ZPO nicht angängig.[56] Hier muss im Streitfall das OLG entscheiden (Rn. 95). Etwas anderes gilt nur für die Fälle, in denen statt der formlosen Abgabe die Verweisung nach § 17a GVG erforderlich ist (Rn. 27). 33

C. Die Zuständigkeit des FamG

I. Familiensachen, Begriff. Das FamG ist zuständig für die in § 23b Abs. 1 34 Satz 2 GVG abschließend definierten FamS. Das bedeutet zweierlei. Einmal ist für diese FamS die **ausschließliche Zuständigkeit** des FamG zwingend (Rn. 84). Auch das Präsidium kann an dieser Zuständigkeit nichts ändern (Rn. 7, 14, 21). Zum anderen können grundsätzlich nur FamS (und Vormundschaftssachen) in die Zuständigkeit des FamG fallen; das Präsidium kann dem FamG keine weitergehenden Zuständigkeiten übertragen (Rn. 19). Terminologisch ist „FamS" der Oberbegriff. Darunter fallen die **Ehesachen** und die „**anderen FamS**" (so die Überschrift vor § 621 ZPO). Ehesachen sind in § 23b Abs. 1 Satz 2 Nr. 1 GVG aufgeführt; „andere FamS" sind alle anderen in § 23b Abs. 1 Satz 2 GVG aufgeführten Sachen, insoweit identisch mit denen des § 621 Abs. 1 ZPO. „**Folgesachen**" sind die „anderen FamS" dann, wenn über sie gleichzeitig und zusammen mit der Scheidungssache zu verhandeln und zu entscheiden ist (Legaldefinition § 623 Abs. 1 ZPO). Die „Scheidungssachen" (Überschrift vor § 622 ZPO) unterfallen den „Ehesachen". Nur für die FamS im Sinne des § 23b Abs. 1 Satz 2 GVG gilt die Zuständigkeit des FamG, die besondere Regelung des Rechtsmittelzuges, der

---

[54] BGH NJW 1980, 1282; incidenter schon BGH NJW 1979, 2517; BayObLG FamRZ 1980, 1034; 1981, 62; OLG München FamRZ 1979, 721; OLG Hamm FamRZ 1978, 906; OLG Frankfurt NJW-RR 1989, 6; OLG Zweibrücken FamRZ 2002, 1043.
[55] OLG Stuttgart FamRZ 1980, 607; OLG Düsseldorf Rpfleger 1979, 431; FamRZ 1980, 139; OLG Karlsruhe FamRZ 1980, 139; *Patzina* FamRZ 1989, 294.
[56] BGHZ 71, 264 = NJW 1978, 1531; BGH NJW 1980, 1283; NJW-RR 1990, 707; BayObLG FamRZ 1980, 384; 469; OLG Hamm FamRZ 1978, 906; *Klauser* MDR 1979, 630; *Walter* S. 86; *MünchKommZPO/Prütting* § 281 ZPO Rn. 9.

Entscheidungsverbund usw. Für die vom FamG zu erledigenden FamS gibt es jedoch **kein einheitliches Verfahrensrecht** (Rn. 8 ff.). Das bedeutet, dass die FamS teils als Zivilprozess-Sachen den Verfahrensvorschriften der ZPO, teils als Angelegenheiten der freiwilligen Gerichtsbarkeit dem FGG unterliegen, wenn auch jeweils mit Modifikationen.[57] Das FamG hat je nach Art des konkreten Verfahrens entweder ZPO oder FGG als Verfahrensrecht anzuwenden, im Entscheidungsverbund gleichzeitig, wenn auch getrennt nach der Art des jeweils regelungsbedürftigen Teiles.

35 Das 1. EheRG 1976, das das FamG erstmals einführte, hatte bewusst nicht alle ehe- und familienbezogenen Angelegenheiten zu FamS erklärt, sondern den Schwerpunkt auf die Verfahren gelegt, die unmittelbar die Ehe einschließlich der Ehescheidung betreffen. Deshalb wurden als FamS grundsätzlich nur solche Verfahren angesehen, an denen Ehepartner und ihre ehelichen Kinder beteiligt sind. Umgekehrt wurden solche Verfahren nicht FamS, die im Normalfall keinen unmittelbaren Zusammenhang mit der Ehe oder ihrer Auflösung haben.[58] Das KindRG 1997 hat in den neugefassten Abs. 2 Nr. 2 bis 5 und in den neu eingefügten Nr. 12 und 13 weitere ehe- und familienbezogene Verfahren zu FamS erklärt (Im Einzelnen Rn. 3). Die wünschenswerte Zusammenfassung weiterer Verfahren mit den FamS beim FamG im Wege der Geschäftsverteilung ist nur für Vormundschaftssachen zulässig (Rn. 16).

36 Die **Aufzählung** der FamS in Abs. 1 Satz 2 ist **abschließend**.[59] Alle anderen nicht im Katalog des § 23 b Abs. 1 Satz 2 GVG ausdrücklich als FamS aufgeführten ehe- und familienbezogenen Angelegenheiten bleiben somit allgemeine zivilprozessuale Streitigkeiten oder Angelegenheiten der freiwilligen Gerichtsbarkeit mit den sich daraus ergebenden allgemeinen gerichtsverfassungsrechtlichen und verfahrensrechtlichen Konsequenzen;[60] insoweit hat sich durch die Einführung des FamG nichts geändert.

37 Nicht zu den FamS gehören z. B. alle Streitigkeiten um das Namensrecht, das Erbrecht oder den Schenkungswiderruf und solche zwischen Kind und Eltern(teil) aus der Vermögensverwaltung (§ 1626 BGB), etwa auf Herausgabe nach Eintritt der Volljährigkeit oder Rechnungslegung. Zu den FamS gehört weiter nicht ein Rechtsstreit über den Anspruch, die Beeinflussung von Zeugen in einer FamS zu unterlassen.[61] Auch Ansprüche auf Anwaltshonorare für eine Vertretung in einer FamS[62] (vgl. § 23a Rn. 51) oder Vergütungsansprüche wegen geleisteter Beratungshilfe[63] sind keine FamS.

38 Ob ein Rechtsstreit eine FamS ist, richtet sich nach der Begründung des geltend gemachten Anspruchs, sog. **materielle Anknüpfung**[64] (vgl. auch § 17 Rn. 17); maßgebend ist das deutsche Recht.[65] Dass auf Grund der Verteidigung familienrechtliche Fragen eine Rolle spielen, ändert daran nichts.[66] Wegen der mit der Schaffung des FamG verfolgten Intentionen (Rn. 1, 2) wird man aber bei Zweifeln, ob ein Verfahren eine FamS zum Gegenstand hat, sich **im Zweifel für die Zuständigkeit des FamG**, für eine FamS, entscheiden müssen.[67] Dasselbe gilt, wenn

---

[57] BTagsDrucks. 7/650 S. 84; 13/4899 S. 74.
[58] BTagsDrucks. 7/650 S. 188.
[59] OLG München FamRZ 1978, 51; OLG Oldenburg FamRZ 1978, 130; vgl. *Bosch* FamRZ 1980, 9.
[60] BayObLG JR 1978, 25 m. w. N.
[61] OLG Frankfurt MDR 1978, 315.
[62] BGHZ 97, 79 = NJW 1986, 1178 = FamRZ 1986, 347 m. Anm. *Bosch* = JZ 1986, 587 m. abl. Anm. *Walter*.
[63] BGH NJW 1985, 2537; OLG Nürnberg MDR 2004, 1186.
[64] StRSpr, vgl. BGHZ 90, 1 = NJW 1984, 1188; BGH NJW 1985, 3066; NJW-RR 1989, 1343; BayObLG NJW-RR 1986, 6.
[65] BGH NJW 1983, 1913; OLG Hamm FamRZ 1993, 211.
[66] OLG Bamberg FamRZ 1989, 408.
[67] OLG Düsseldorf FamRZ 1978, 52; 129; OLG Zweibrücken FamRZ 2002, 1043; *Stanicki* FamRZ 1977, 685; *Bosch* FamRZ 1980, 9; wohl auch *Walter* S. 7.

ein einheitlicher prozessualer Anspruch auf verschiedene sachlich-rechtliche Anspruchsgrundlagen gestützt wird, von denen, für sich betrachtet, nur eine das Verfahren zur FamS machen würde.[68]

II. Nebenverfahren. 1. Zu den FamS gehört nicht nur die unmittelbare Entscheidung, es gehören vielmehr dazu auch alle die Hauptentscheidung **vorbereitenden und ergänzenden Entscheidungen** (vgl. § 23a Rn. 59ff.). So sind FamS auch das auf FamS bezügliche Kostenfestsetzungsverfahren,[69] die Streitwertfestsetzung,[70] die Festsetzung der Gebühren eines Rechtsanwalts gegen seinen Mandanten[71] und die Festsetzung der Entschädigung der Zeugen, Sachverständigen und Dolmetscher (§ 119 Rn. 19), ebenso die Geltendmachung von Ansprüchen auf Prozesskostenvorschuss für Verfahren, die FamS sind, und die darauf bezüglichen Auskunftsansprüche (Rn. 78) wie auch Honoraransprüche. Auch eine Klage auf teilweisen Ersatz der Kosten des Scheidungsverfahrens, gestützt auf eine Vereinbarung über deren hälftige Teilung, ist eine FamS.[72] Nicht hierher gehört die Festsetzung im Rahmen der Beratungshilfe[73] (vgl. § 23a Rn. 59). 39

2. Zu den FamS gehören alle Verfahren, die zu einer **Abänderung** der Hauptentscheidung führen sollen, also nicht nur die ordentlichen Rechtsmittel, sondern auch das Abänderungsverfahren, die Abänderungsklage nach § 323 ZPO,[74] das Wiederaufnahmeverfahren und die Nichtigkeitsklage[75] (vgl. § 23a Rn. 59). 40

3. Bei der Frage nach dem Vorliegen einer FamS im Zusammenhang mit der **Zwangsvollstreckung** ist im Gegensatz zu den Sachen, für die nach § 23a nur allgemein die Zuständigkeit des AG begründet ist, mit Rücksicht auf die gesetzliche Geschäftsverteilung (Rn. 14, 21) eine differenzierte Betrachtung nötig. Grundsätzlich ist das Verfahren der Zwangsvollstreckung aus einem Titel, der eine FamS zum Gegenstand hat, keine FamS.[76] Die Zwangsvollstreckung ist im Katalog der FamS nicht aufgeführt und gehört auch weder vorbereitend noch zur Verwirklichung logisch zwingend stets dazu. Auch die Gründe für die Einordnung einer Streitigkeit zur FamS (Rn. 1ff.) treffen nicht zu, wenn es nur noch darum geht, eine der Zwangsvollstreckung bedürftige Entscheidung durchzusetzen;[77] das gilt auch für die Beiordnung eines Rechtsanwalts für das Vollstreckungsverfahren.[78] Die **Drittwiderspruchsklage** ist jedoch FamS, wenn das der Durchführung der Zwangsvollstreckung entgegenstehende Recht materiell in einer FamS wurzelt (§ 23a Rn. 41) oder wenn der Streit über die Erstattung einer Avalprovision für eine Bankbürgschaft zur Abwendung der Vollstreckung aus einem Urteil wegen nachehelichen Unterhalts geht.[79] Eine **Widerspruchsklage,** mit der ein Ehegatte gemäß § 774 ZPO die Unzulässigkeit der Zwangsvollstreckung in das eheliche Gesamtgut geltend macht, ist keine FamS, wenn der Vollstreckungstitel, der Grundlage der Zwangsvollstreckung ist, keine FamS betrifft.[80] Anderes gilt dann, wenn das der Versteigerung entgegengehaltene Recht im ehelichen Güterrecht 41

---

[68] BGH NJW 1983, 1913; OLG Bamberg NJW-RR 1989, 517; *Walter* FamRZ 1983, 363; MDR 1984, 190.
[69] BGH NJW 1978, 1633.
[70] *Bischof* MDR 1978, 716.
[71] KG MDR 1978, 766.
[72] BGH NJWE-FER 1998, 63.
[73] OLG Nürnberg MDR 2004, 1186.
[74] BTagsDrucks. 7/650 S. 188.
[75] BGHZ 84, 24 = NJW 1982, 2449.
[76] OLG Düsseldorf FamRZ 1977, 725; 1978, 524.
[77] BGH NJW 1979, 1048; OLG Celle FamRZ 1979, 57; SchlHOLG SchlHAnz 1978, 173; 1979, 130; OLG Düsseldorf NJW 1978, 1012.
[78] SchlHOLG SchlHAnz 1979, 130.
[79] OLG Koblenz FamRZ 1995, 614.
[80] BGH NJW 1979, 929.

wurzelt.⁸¹ **Anfechtungsklagen** wegen Gläubigerbenachteiligung nach dem Anfechtungsgesetz und der Insolvenzordnung sind keine FamS. Das FamG ist im Zwangsvollstreckungsverfahren aber immer dann zuständig, wenn das Gesetz das **Prozessgericht** für zuständig erklärt, z.B. in §§ 769, 887, 888, 890 ZPO, 33 FGG,⁸² auch in den Fällen der §§ 724, 731, 732, 767, 768 ZPO, denn als Prozessgericht ist in FamS stets das FamG anzusehen⁸³ (vgl. § 23a Rn. 61). Dagegen gehören die dem **Vollstreckungsgericht** zugewiesenen Aufgaben nicht vor das FamG; das gilt auch für die Bewilligung von Prozesskostenhilfe ausschließlich für die Zwangsvollstreckung.⁸⁴ Der **Drittschuldnerprozess,** in dem der Kläger eine als FamS zu charakterisierende, ihm zur Einziehung überwiesene Forderung geltend macht, ist (die Zulässigkeit von Pfändung und Überweisung unterstellt) eine FamS.⁸⁵

42   4. Androhung und Festsetzung eines **Zwangsgeldes** nach § 33 FGG sind FamS.⁸⁶ Bei der **Herausgabevollstreckung** nach § 33 Abs. 2 FGG ist die gesamte gerichtliche Tätigkeit (Herausgabeanordnung, Androhung von unmittelbarem Zwang und besondere Verfügung von Gewalt) FamS, denn die Anordnung der Gewaltanwendung setzt eine erneute, am Kindeswohl orientierte sachliche Prüfung voraus;⁸⁷ das ist die originäre Aufgabe des FamG (Rn. 4). Mit Rücksicht auf die Unverletzlichkeit der Wohnung nach Art. 13 GG bedarf es bei der richterlichen Anordnung der Gewaltanwendung der Konkretisierung nach Rahmen, Grenzen und Ziel einer erforderlichen Durchsuchung.⁸⁸

43   5. FamS ist die **Vollstreckungsabwehrklage** nach § 767 ZPO gegen einen Titel, der eine FamS betrifft, da sie ausdrücklich dem Prozessgericht zugewiesen ist.⁸⁹ Andererseits ist das FamG auch dann nicht zuständig, wenn die Klage gegen einen vor dem allgemeinen Prozessgericht erwirkten Titel auf die Aufrechnung mit einem familienrechtlichen Anspruch gestützt wird.⁹⁰ Die Geltendmachung von Unkosten, die in Zusammenhang mit der gegen einen Unterhaltstitel gerichteten Vollstreckungsgegenklage entstanden sind, ist FamS.⁹¹ Das Verfahren über eine Vollstreckungsabwehrklage gegen eine Unterhaltsvollstreckung aus einem notariellen Scheidungsfolgenvertrag ist auch dann FamS, wenn die Scheidungsabsicht zunächst nicht durchgeführt wird.⁹² FamS ist auch die Klage gegen eine **Vollstreckungsklausel** nach § 768 ZPO⁹³ sowie das Klauselverfahren nach § 732 ZPO⁹⁴ (vgl. § 23a Rn. 61).

44   6. Die Zuständigkeit des Vollstreckungsgerichts (§ 764 ZPO) für die Anwendung der **Härteklausel** des § 765a ZPO ist für FamS nicht ausgeschlossen worden, so dass auch bei der Vollstreckung von Entscheidungen des FamG die Entscheidung bei der allgemeinen Abteilung des AG liegt, obwohl die der Zuständigkeit des FamG nahe gelegen hätte (vgl. Rn. 38).

45   7. **Einstweilige Regelungen,** die eine FamS betreffen, gehören zu den FamS. Das gilt sowohl für die einstweiligen Anordnungen nach §§ 620, 641d ZPO als

---

⁸¹ BGH NJW 1985, 3066.
⁸² OLG Düsseldorf FamRZ 1977, 725; 1978, 129; BayObLG FamRZ 1977, 736.
⁸³ OLG Düsseldorf FamRZ 1980, 378.
⁸⁴ BGH NJW 1979, 1048.
⁸⁵ OLG Hamm FamRZ 1985, 407; *Zöller/Philippi* § 621 ZPO Rn. 39b, 65.
⁸⁶ BGH NJW 1978, 1112; 1979, 820; BayObLG FamRZ 1977, 736; 2000, 1605 – L –; OLG Koblenz FamRZ 1977, 736; OLG München FamRZ 1977, 824; KG FamRZ 1978, 440; 1979, 720; *Walter* S. 66.
⁸⁷ BayObLG FamRZ 1995, 500; OLG Hamburg FamRZ 1996, 1093; *Keidel/Zimmermann* § 33 FGG Rn. 42.
⁸⁸ BVerfG – K – NJW 2000, 943.
⁸⁹ H.M., BGH NJW 1980, 188; 1393; 1981, 346; BayObLG NJW-RR 1992, 263.
⁹⁰ OLG Hamm FamRZ 1997, 1493 gegen NJW-RR 1989, 1415.
⁹¹ OLG Hamm FamRZ 1988, 1291.
⁹² OLG Köln NJWE-FER 1999, 190.
⁹³ *Brüggemann* FamRZ 1977, 16.
⁹⁴ OLG Düsseldorf FamRZ 1978, 427.

auch für solche einstweiligen Verfügungen nach §§ 935ff. ZPO, die über den Kreis des § 620 ZPO hinausgehen, z.B. in Unterhaltssachen.[95]

8. Das **Arrestverfahren** (§§ 916ff. ZPO) gehört, soweit es einen Anspruch sichert, der eine FamS ist, ebenfalls zu den FamS (vgl. § 23a Rn. 60). Zwar ist der unmittelbare Gegenstand des Verfahrens nur die Sicherung der Zwangsvollstreckung. Jedoch ist es in diesem Verfahren erforderlich, die Glaubhaftmachung des zu sichernden Anspruchs zu prüfen (§ 920 ZPO); bei der Entscheidung über das Arrestgesuch muss über den Anspruch befunden werden. Der Gegenstand des Arrestverfahrens weist einen so engen sachlichen Bezug zum Hauptanspruch auf, dass das Arrestverfahren ebenfalls als FamS einzuordnen ist.[96]

9. Auch die gerichtliche **Vollstreckbarerklärung** solcher **ausländischer Entscheidungen,** die eine FamS betreffen, ist FamS (vgl. § 23a Rn. 63).

10. Die AbtFamS ist auch zuständig für die Fälle des ersuchten Richters (z.B § 375 ZPO) und der **Rechtshilfe** (vgl. § 157 Rn. 3) in FamS. Es handelt sich um eine richterliche Tätigkeit im Rahmen einer anhängigen FamS, für die bei den handelnden Richtern die Qualifikation des Familienrichters vorliegen muss. Das Präsidium kann diese Rechtshilfesachen aber einem anderen als dem Familienrichter übertragen, bei der Einschränkung des Richters aP (Rn. 89) verbleibt es jedoch. In den Fällen der Konzentration ist nicht das allgemein örtliche Amtsgericht zuständig, sondern das (konzentrierte) FamG.

11. Als FamS ist auch das **selbstständige Beweisverfahren** (§§ 485ff. ZPO) anzusehen, wenn die darauf bezügliche FamS schon rechtshängig ist und das dafür zuständige FamG angerufen wird (§ 486 Abs. 1 ZPO). Wird das Gesuch jedoch zulässigerweise bei einem anderen Gericht angebracht (Abs. 2, 3 aaO.), ist das Beweisverfahren keine FamS.[97]

III. Ehesachen. FamS sind einmal die Ehesachen (Abs. 1 Satz 2 Nr. 1), also die Verfahren auf Scheidung einer Ehe, auf Aufhebung oder Nichtigerklärung einer Ehe, die Klagen auf Herstellung der ehelichen Lebensgemeinschaft und auf Feststellung des Rechts zum Getrenntleben (im Einzelnen § 23a Rn. 29ff.).

IV. Elterliche Sorge. Verfahren betreffend die elterliche Sorge für ein Kind (Abs. 1 Satz 2 Nr. 2): Das Personensorgerecht umfasst insbesondere die Pflicht und das Recht, das Kind zu pflegen, zu erziehen, zu beaufsichtigen und seinen Aufenthalt zu bestimmen (§ 1631 Abs. 1 BGB); das FamG hat bei Ausübung der Personensorge in geeigneten Fällen zu unterstützen (§ 1631 Abs. 3 BGB). Sind die Eltern verhindert, die elterliche Sorge auszuüben, so hat das FamG die im Interesse des Kindes erforderlichen Maßnahmen zu treffen (§ 1693 BGB). Alle das Sorgerecht betreffenden Verfahren sind FamS, soweit nach den Vorschriften des Bürgerlichen Gesetzbuchs hierfür das Familiengericht zuständig ist (Abs. 1 Satz 2 Nr. 2). Das KindRG 1997 hat die bisherige Beschränkung der Zuständigkeit auf eheliche Kinder verlassen. Mit dem Ziel des Gesetzes, eheliche und nichteheliche Kinder gleich zu behandeln, und den entsprechenden materiellrechtlichen Regelungen in den §§ 1626ff. BGB hat es die einheitliche Zuständigkeit des FamG für Sorgeregelungen geschaffen, ob sie nun eheliche oder nichteheliche Kinder betreffen.[98] Deshalb ist FamS auch das im Gesetz nicht ausdrücklich vorgesehene Verfahren zwischen nicht verheirateten Eltern um das gemeinsame Sorgerecht.[99] – Vgl. Art. 224 § 2 Abs. 3–5 EGBGB.[100]

---

[95] *Brüggemann* FamRZ 1977, 16; *Reischauer/Kirchner* ZRP 1998, 355.
[96] BGH NJW 1980, 191; SchlHOLG SchlHAnz 1978, 70; OLG Frankfurt NJW 1978, 1012; a.A. OLG Hamm NJW 1978, 57; *Flieger* MDR 1978, 884.
[97] LG Lüneburg FamRZ 1984, 69.
[98] BTagsDrucks. 13/4899 S. 72.
[99] OLG Stuttgart NJW-RR 2000, 812.
[100] Hierzu BVerfG NJW 2003, 955; BTagsDrucks. 15/1552; 1807.

52 Zu den FamS gehört die **Übertragung des Sorgerechts ganz oder teilweise** auf einen Elternteil, §§ 1671 Abs. 1, 1672, 1678, 1680, 1681 BGB wie auch die dahin gehenden Änderungen, § 1696 BGB. FamS ist das Verfahren über das **Ruhen** der elterlichen Sorge aus tatsächlichen Gründen wie auch das spätere Wiederaufleben, § 1674 BGB. FamS ist auch die Übertragung des Entscheidungsrechts auf einen Elternteil, wenn sich die Eltern in einer einzelnen Angelegenheit des Sorgerechts oder in einer bestimmten Art von Angelegenheiten der elterlichen Sorge **nicht einigen können**, § 1628 BGB. Verfahren zur Einschränkung der Alleinentscheidungsbefugnis eines Elternteils bei Getrenntleben (§§ 1687, 1687a BGB), ebenso der Mitentscheidungsbefugnis (§ 1687b BGB) sind FamS. **Auskunftsverlangen** eines Elternteils über die persönlichen Verhältnisse des Kindes (§ 1686 BGB) sind ebenfalls FamS.

53 Das Verfahren über Maßnahmen bei **Gefährdung des Kindeswohls** durch missbräuchliche Ausübung der elterlichen Sorge, durch Vernachlässigung des Kindes, durch ein verschuldetes Versagen der Eltern oder durch das Verhalten eines Dritten ist FamS (§ 1666 BGB).

54 **Namensrecht.** Treffen die Eltern des Kindes binnen eines Monats nach der Geburt des Kindes nicht die notwendige Bestimmung über den Namen des Kindes (§ 1617 Abs. 1 BGB), ist das Verfahren zur Übertragung des Bestimmungsrechts auf einen Elternteil (§ 1617 Abs. 2 BGB) FamS. Auch das Verfahren zur Ersetzung der Einwilligung der Namenserteilung durch den anderen Elternteil nach § 1618 BGB ist FamS.[101]

55 **Vertretung des Kindes.** Die elterliche Sorge umfasst die Vertretung des Kindes. Die Eltern vertreten das Kind grundsätzlich gemeinschaftlich (§ 1629 Abs. 1 BGB). Bei Getrenntleben der Eltern oder Anhängigkeit einer Ehesache kann vor einer Sorgerechtsregelung der Elternteil, in dessen Obhut sich das Kind befindet, Unterhaltsansprüche gegen den anderen Elternteil geltend machen. Das Verfahren zur Entziehung der Vertretung ist FamS (§ 1629 Abs. 2 BGB).

56 **Aufenthaltsbestimmung.** Die Aufenthaltsbestimmung ist Teil des elterlichen Sorgerechts. Eine mit Freiheitsentziehung verbundene Unterbringung des Kindes ist nur mit Genehmigung des FamG zulässig (§ 1631b Satz 1 BGB), also FamS. Dies gilt jedoch nur, soweit noch keine Vormundschaft oder Pflegschaft besteht; dann ist das Vormundschaftsgericht zuständig.[102] Streitigkeiten der Eltern über das Verlangen gegen Dritte, die den Eltern oder einem Elternteil das Kind widerrechtlich vorenthalten, sind FamS (§ 1632 Abs. 3 BGB). Streitigkeiten über das Verbleiben des Kindes im Haushalt eines Elternteils und dessen Ehegatten, wenn es der andere Elternteil auf Grund seines Aufenthaltsbestimmungsrechts wegnehmen will, sind FamS (§ 1682 BGB).

57 **Vermögenssorge** (§ 1626 Abs. 1 BGB). Das FamG kann anordnen, dass die Eltern ein Verzeichnis des Vermögens des Kindes einreichen und über die Verwaltung Rechnung legen, das Geld des Kindes in bestimmter Weise anlegen usw. und Sicherheitsleistung erbringen (§ 1667 BGB); alle darauf bezüglichen Verfahren sind FamS. FamS ist auch das Verfahren über die Vorlage eines Verzeichnisses über eine dem Kind anfallende Erbschaft (§ 1640 BGB) sowie bei Wiederheirat eines Elternteils die Einreichung des Verzeichnisses über das Kindesvermögen (§ 1683 BGB). Auch das Verfahren zur Erteilung der Genehmigung zu Rechtsgeschäften der Eltern für das Kind (§§ 1643 bis 1645 BGB), ist FamS; bei Pflegergeschäften ist aber das Vormundschaftsgericht zuständig.[103]

58 **Pflegschaft.** Die elterliche Gewalt erstreckt sich nicht auf Angelegenheiten des Kindes, für die ein Pfleger bestellt ist (§ 1630 Abs. 1 BGB). Streitigkeiten zwi-

---

[101] OLG Stuttgart FamRZ 1999, 1375.
[102] OLG Brandenburg RPfleger 2004, 43.
[103] BayObLG FGPrax 2004, 123; a. A. OLG Köln OLGR 2003, 290.

Familiengerichte | 59–63 § 23 b

schen Eltern und Pfleger bei Überschneidungen der wechselseitigen Sorgerechtsinhalte sind FamS (§ 1630 Abs. 2 BGB). Lebt das Kind in Familienpflege, ist ein Verfahren um den Umfang des Entscheidungsrechts der Pflegeperson FamS (§ 1688 BGB).

Anordnungskompetenz des FamG. Die §§ 1626 ff. BGB enthalten eine **59** Reihe von Eingriffsmöglichkeiten des FamG in das elterliche Sorgerecht (z. B. §§ 1629 Abs. 2 Satz 3, 1666, 1666a, 1674 Abs. 1, 1687 Abs. 2, 1687a, 1693 BGB) – vor dem KindRG bestehende entsprechende Kompetenzen des Vormundschaftsgerichts sind entfallen.[104] Soweit auf Grund solcher Maßnahmen des FamG eine Vormundschaft oder eine Pflegschaft anzuordnen ist, kann das FamG auch diese Anordnung treffen und den Vormund oder Pfleger auswählen (§ 1697 BGB). Damit ist die früher bestehende Doppelgleisigkeit zwischen Vormundschaftsgericht und FamG beseitigt. Über den Eingriff in die elterliche Sorge, die Anordnung der Vormundschaft oder Pflegschaft und die Auswahl des Vormundes oder Pflegers entscheidet nur noch einheitlich das FamG.[105] Dies gilt auch für die Ergänzungspflegschaft nach § 1909 BGB.[106] Für Verfahren zur Abänderung und Prüfung von gerichtlichen Entscheidungen (§ 1696 Abs. 2, 3 BGB) ist das FamG zuständig.[107]

Für die Frage, ob mit der das Sorgerecht einschränkenden Entscheidung des FamG **60** zugleich auch über die Anordnung der Vormundschaft/Pflegschaft und die Auswahl des Vormundes/Pflegers entschieden wird, ist zu unterscheiden: a) Handelt es sich um eine isolierte FamS, ist das Gericht nicht gehindert, in einer einheitlichen Entscheidung zugleich auch die Vormundschaft/Pflegschaft anzuordnen und den Vormund/Pfleger auszuwählen. – b) Ist die Sorgerechtssache eine Scheidungsfolgesache, kann einheitlich nur über die Übertragung auf einen Vormund/Pfleger, nicht jedoch die Auswahl des Vormunds/Pflegers entschieden werden. In den Entscheidungsverbund ist als Folgesache nur einbezogen das Verfahren über die Übertragung der elterlichen Sorge oder eines Teils der elterlichen Sorge auf einen Vormund oder Pfleger (§ 623 Abs. 3 ZPO); für die Auswahl bedarf es eines gesonderten Verfahrens, das auch FamS ist.

Für die förmliche Bestellung des Vormundes oder Pflegers (§§ 1789, 1915 **61** Abs. 1 BGB) ist unverändert das Vormundschaftsgericht zuständig, unstreitig auch im Falle der Ergänzungspflegschaft.[108]

Ersatzansprüche. Die im Zusammenhang mit der Ausübung der elterlichen **62** Sorge entstehenden wechselseitigen Ansprüche nach §§ 1664, 1648 BGB sind keine FamS. Als FamS gilt aber ein auf der Verletzung des Umgangsrechts gründender Schadensersatzanspruch gegen den anderen Elternteil.[109]

V. Umgang. Verfahren über die Regelung des **Umgangs mit einem Kind** **63** sind FamS, soweit nach den Vorschriften des BGB hierfür das FamG zuständig ist (Abs. 1 Satz 2 Nr. 3). Seit dem KindRG 1997 (Rn. 3) wird nicht mehr zwischen ehelichen und nichtehelichen Kindern unterschieden, jeder Elternteil hat das

---

[104] BTagsDrucks. 13/4899 S. 64, 109.
[105] BTagsDrucks. 13/4899 S. 109, 110.
[106] OLG Hamm FamRZ 2001, 717 m. abl. Anm. *Bestelmeyer*; im einzelnen str.; ausschließliche Zuständigkeit des FamG für die Anordnung: BayObLG FamRZ 2000, 568; 1111; 2001, 716; OLG Bamberg OLGR 2005, 331; OLG Köln Rpfleger 2003, 570; OLG Schleswig Rpfleger 2006, 541; OLG Stuttgart FamRZ 1999, 1601; OLG Zweibrücken FamRZ 2000, 243; teilweise Doppelzuständigkeit neben dem Vormundschaftsgericht: OLG Hamburg FamRZ 2001, 719; OLG Karlsruhe FamRZ 2000, 568; 2001, 41; KG FamRZ 2001, 719; OLG Stuttgart OLGR 2002, 10; FamRZ 2001, 364; *Bestelmeyer* FamRZ 2000, 1068; Doppelzuständigkeit für die Auswahl beläßt BayObLG FamRZ 2000, 568; für ausschließliche Zuständigkeit des Vormundschaftsgerichts OLG Karlsruhe OLGR 2006, 624; OLG Jena FamRZ 2003, 1311; offengelassen in BGH NJW 2005, 415; vgl. auch *Wolf* Rpfleger 2003, 557; 2005, 501, 511; *Servatius* NJW 2006, 334.
[107] OLG Hamm NJW 1999, 432; BayObLG FGPrax 1999, 61.
[108] BayObLG FamRZ 2000, 568; OLG Hamm FamRZ 2001, 717; *Wolf* Rpfleger 2003, 557.
[109] BGHZ 151, 155; OLG Karlsruhe FamRZ 2002, 1056; a. A. *Bernauer* FamRZ 2007, 248.

Recht auf Umgang mit dem Kind, und das Kind hat das Recht auf den Umgang mit jedem Elternteil, jeweils ohne Rücksicht auf das Sorgerecht[110] (§ 1684 BGB); in die Regelung sind auch Geschwister des Kindes und seine Großeltern einbezogen sowie Personen in sozial-familiärer Beziehung zum Kind[111] (§ 1685 BGB). Eine Streitigkeit über das Umgangsrecht anderer Personen als der in den §§ 1684, 1685 BGB Genannten mit dem Kinde gehört nicht zu den FamS der Nr. 3. Das FamG entscheidet im Streitfalle über den Umfang des Umgangsrechts und seine Ausübung sowie über Einschränkungen (§§ 1684 Abs. 3, 4, 1685 Abs. 3 BGB). Auch alle Streitigkeiten über die Ausübung des Rechts der Personensorge, den Umgang des Kindes auch für und gegen Dritte zu bestimmen (§ 1632 Abs. 2, 3 BGB), sind FamS. Dass die Vorschriften auf einen gemeinsam gehaltenen Hund nicht anwendbar sind, musste immerhin gerichtlich entschieden werden.[112]

64 Die konkrete Durchführung und auch die Durchsetzung der Regelungen über das Umgangsrecht richtet sich nach §§ 1632 Abs. 1, 1684 Abs. 2 bis 4 BGB. Die Regelung kann nach § 33 FGG vollstreckt werden; zuständig dafür ist auch das FamG. Eine Verletzung der Regelungen und Pflichten kann Konsequenzen nach § 1666 BGB nach sich ziehen.[113] Mit Rücksicht auf die menschlich besonders schwierige Situation sieht § 52a FGG über die allgemeine Regelung des § 52 FGG hinaus ein Vermittlungsverfahren des Gerichts zur Herbeiführung einer einvernehmlichen Regelung vor.

65 Nicht zu den FamS gehört die Entscheidung der Frage, wer die **Kosten des persönlichen Umgangs** zu tragen hat; hier ist grundsätzlich der allgemeine Prozessweg zu beschreiten. Haben aber die Eltern eines gemeinsamen Kindes dessen Umgang mit dem nichtsorgeberechtigten Elternteil in einem notariell beurkundeten Vertrag geregelt und auch die Kostentragung des mit dem Transport des Kindes verbundenen Aufwands getroffen, so ist der Streit über Ansprüche aus diesem Vertrag eine FamS.[114]

66 Zu den FamS zählen nicht nur Verfahren, durch die der Umgang mit dem Kind geregelt werden soll, sondern auch solche, die lediglich Maßnahmen nach § 33 FGG zur **Durchsetzung** einer von einem anderen Gericht getroffenen Entscheidung über den Umgang betreffen.[115]

67 **VI. Herausgabe des Kindes.** Verfahren über die Herausgabe eines Kindes, für das die elterliche Sorge besteht, sind FamS (Abs. 1 Satz 2 Nr. 4); die Unterscheidung zwischen ehelichen und nichtehelichen Kindern ist durch das FamRG 1997 entfallen. Das Recht, die Herausgabe eines Kindes von jedem zu verlangen, der es den Eltern oder einem Elternteil widerrechtlich vorenthält (§ 1632 Abs. 1 BGB), ist Teil des zum Sorgerecht gehörenden Rechts zur Aufenthaltsbestimmung (Rn. 56) und FamS (§ 1632 Abs. 3 BGB). Verlangt ein Elternteil die Herausgabe des Kindes von dem anderen Elternteil, liegt ebenfalls eine FamS vor. Dasselbe gilt, wenn die Eltern oder ein Elternteil das Kind vom Vormund herausverlangen, nicht aber im umgekehrten Fall. Die Vorschrift ist auch anwendbar, wenn ein sorgeberechtigter Elternteil gegen den früheren Sorgerechtsvormund auf Herausgabe des Kindes klagt.[116]

68 Eine Anordnung des FamG gemäß § 1632 Abs. 3 BGB auf Herausgabe wird nach § 33 FGG vollstreckt, also durch Zwangsgeld oder unmittelbaren Zwang. Zuständig für die **Zwangsvollstreckung** ist ebenfalls das FamG, wie sich aus dem Wort ‚Gericht' im § 33 FGG ergibt. Eine Gewaltanwendung kann nur das äußerste

---

[110] Vgl. BTagsDrucks. 13/4899 S. 68, 69; 13/8511 S. 67, 74.
[111] Zum Umgangsrecht des leiblichen Vaters BVerfGE 108, 82 = NJW 2003, 2151.
[112] OLG Bamberg MDR 2004, 37.
[113] Vgl. BTagsDrucks. 13/4899 S. 46, 69, 105.
[114] OLG Zweibrücken FamRZ 1997, 32.
[115] BGH NJW 1978, 1112; KG FamRZ 1978, 440; BayObLG FamRZ 2000, 1605 – L –.
[116] SchlHOLG SchlHAnz 1978, 146.

Mittel sein, wenn alle anderen Mittel keinen Erfolg versprechen oder ein alsbaldiges Einschreiten unbedingt geboten ist[117] (Rn. 42).

VII. Unterhaltspflicht. Streitigkeiten, die die **durch Verwandtschaft be-** 69 **gründete gesetzliche Unterhaltspflicht** betreffen (Abs. 1 Satz 2 Nr. 5), sind sämtlich FamS, die Unterscheidung zwischen ehelicher und nichtehelicher Kindschaft ist durch das KindRG 1997 entfallen (Rn. 3), ebenso die frühere Beschränkung auf Unterhaltspflichten gegenüber einem Kind. Damit sind unter Berücksichtigung auch des Abs. 1 Satz 2 Nr. 6 (Rn. 70) alle dem AG nach § 23a Nr. 2 zugewiesenen Unterhaltsstreitigkeiten auch FamS (§ 23a Rn. 26). Zu Begriff und Umfang des Unterhaltsanspruchs vgl. § 23a Rn. 13ff., 34ff.

Damit sind FamS alle auf **gesetzliche Unterhaltsansprüche** gestützte Unter- 70 haltsverfahren, die zwischen Eltern oder einem Elternteil einerseits und ihrem Kind andererseits anhängig werden ohne Rücksicht darauf, wer den Anspruch geltend macht oder ob es sich um eheliche oder nichteheliche Beziehungen/Kindschaft handelt. Darüber hinaus sind FamS aber auch alle anderen gesetzlichen Unterhaltsansprüche nach §§ 1601 ff. BGB, also entgegen früherem Recht[118] auch z.B. im Verhältnis zu Großeltern. Mit Rücksicht auf die besondere Bedeutung der Unterhaltsansprüche ist in § 1712 BGB vorgesehen, dass auf Antrag eines Elternteils das Jugendamt zum Beistand des Kindes wird. Außerdem kann das Gericht nach § 50 FGG einem minderjährigen Kind für ein seine Person betreffendes Verfahren einen Pfleger bestellen.

Nicht zu den FamS zählt der Anspruch eines Dritten, der einem Kind Unterhalt 71 geleistet hat, gegen den Unterhaltspflichtigen, gestützt etwa auf Geschäftsführung ohne Auftrag,[119] anders aber unter den Voraussetzungen von § 1607 Abs. 3 BGB.[120] Nicht zu den FamS gehören Unterhaltsansprüche eines Kindes gegen weitere Dritte, z.B. nach § 1371 Abs. 4 oder § 1963 BGB.[121]

Ansprüche aus einer **vertraglich begründeten Unterhaltspflicht** sind keine 72 FamS, wenn sie ohne Rücksicht auf eine bestehende gesetzliche Unterhaltspflicht vereinbart worden sind[122] (vgl. § 23a Rn. 14, 19), auch nicht aus einem Leibrentenvertrag aus Anlass der Ehescheidung ohne zweifelsfreien gesetzlichen Unterhaltsanspruch.[123] Anderes gilt jedoch für die in einer **Scheidungsvereinbarung** der Eltern festgelegten Ansprüche auf gesetzlich begründete Unterhaltsleistungen für die gemeinschaftlichen ehelichen Kinder. Eine solche Regelung betrifft die gesetzliche Unterhaltspflicht des jeweiligen Elternteils, die Ansprüche aus einer solchen Vereinbarung gehören deshalb zu den FamS.[124] Angesichts der weiten Fassung des § 23b fallen unter diese Vorschrift ganz allgemein alle Rechtsstreitigkeiten aus Unterhaltsverpflichtungen in Scheidungsfolgeregelungen, auch wenn die Vereinbarung nur zwischen den Eltern geschlossen und der Betrag der gesetzlich begründeten Unterhaltspflicht in der Vereinbarung vertraglich festgelegt worden ist.[125] Insgesamt geht die RSpr dahin, Ansprüche aus allen Vereinbarungen zwischen Ehegatten, die die Unterhaltspflicht gegenüber einem gemeinsamen Kind betreffen, als FamS anzusehen, so wenn ein Ehepartner in einem Vergleich dem anderen gegenüber die volle Unterhaltspflicht gegenüber dem gemeinsamen Kind übernimmt und der andere dann auf Freistellung klagt.[126] Auch die vertraglich gegenüber der

---

[117] BGHZ 67, 255, 262 = NJW 1977, 150; BayObLG NJW 1974, 2183.
[118] Vgl. BGH NJW 1978, 1633.
[119] BGH NJW 1979, 660.
[120] OLG Frankfurt FamRZ 2003, 1301.
[121] *Brüggemann* FamRZ 1977, 14.
[122] BGH NJW 1978, 1924; OLG Karlsruhe FamRZ 1986, 819.
[123] OLG Koblenz OLGZ 1978, 245.
[124] BGH NJW 1978, 1811; KG FamRZ 1978, 348; OLG München FamRZ 1978, 601.
[125] BGH NJW 1978, 1923, 1925.
[126] BGH NJW 1979, 552; 659.

geschiedenen Ehefrau übernommene Verpflichtung des Unterhaltsschuldners, zur Absicherung des der Höhe nach vereinbarten Unterhalts gemeinsamer ehelicher Kinder Lebensversicherungsverträge abzuschließen, ist jedenfalls dann FamS, wenn gesetzlich oder vertraglich ausgestaltete Unterhaltsansprüche der Kinder gesichert werden sollen.[127]

73 Soweit Ansprüche auf Erstattung, Bereicherung, Ausgleich, Schadensersatz usw. zu den Unterhaltssachen nach § 23a gehören (§ 23a Rn. 18), sind sie auch FamS. FamS sind auch alle auf eine FamS sich beziehenden Nebenverfahren (Rn. 39ff.). Zu den FamS gehören darüber hinaus auch alle Streitigkeiten, die zwar nicht unmittelbar die Unterhaltspflicht betreffen, wohl aber **Nebenpflichten** zum Unterhaltsanspruch (§ 23a Rn. 16) beinhalten; das sind vor allem die Auskunftspflichten, ebenso die Zahlung von Prozesskostenvorschüssen (vgl. § 23a Rn. 22).

74 Umstritten ist das Recht der Eltern zu bestimmen, in welcher Art und für welche Zeit im Voraus der Unterhalt gewährt wird, auch gegenüber volljährigen Kindern[128] (§ 1612 Abs. 2 Satz 1 BGB). Aus besonderen Gründen kann das FamG diese Bestimmung abändern[129] (§ 1612 Abs. 2 Satz 2 BGB).

75 Das vereinfachte Verfahren zur **Abänderung von Unterhaltstiteln** (§ 1612a BGB) ist ebenfalls FamS; das KindRG 1997 hat die dies ausschließende Regelung des § 641l Abs. 1 Satz 2 ZPO gestrichen.

76 **VIII. Unterhaltspflicht durch Ehe.** Streitigkeiten, die die durch Ehe begründete gesetzliche Unterhaltspflicht betreffen (Abs. 1 Satz 2 Nr. 6). Durch diese Vorschrift werden die Unterhaltsstreitigkeiten der Ehepartner, die gemäß § 23a Nr. 2 in die Zuständigkeit des AG fallen (§ 23a Rn. 12ff.), dem FamG zugewiesen. Dabei handelt es sich nur um die gesetzlichen Unterhaltsansprüche nach §§ 1360, 1361 BGB (bei bestehender Ehe) und nach §§ 1569ff. BGB (nach beendeter Ehe). Für die Frage, ob es sich um eine FamS handelt, ist allein entscheidend, dass der Unterhaltsanspruch auf Ehe gestützt wird. Es macht also keinen Unterschied, ob er während einer Ehe geltend gemacht wird oder nach Scheidung, Aufhebung oder Nichtigerklärung der Ehe. Das zu Streitigkeiten über die gesetzliche Unterhaltspflicht Ausgeführte (Rn. 69ff.) gilt entsprechend.

77 **IX. Versorgungsausgleich.** Verfahren, die den Versorgungsausgleich betreffen (Abs. 1 Satz 2 Nr. 7). Die Zuständigkeit des FamG für dieses Rechtsinstitut wurde im Interesse der einheitlichen Entscheidung über die Scheidungsfolgen begründet. Ursprünglich sollte das Verfahren ein zivilprozessuales sein;[130] die im weiteren Gesetzgebungsverfahren gefallene Entscheidung für die Einleitung des Verfahrens über den öffentlich-rechtlichen Versorgungsausgleich von Amts wegen und die damit einhergehende Notwendigkeit von Amtsermittlungen hat zu seiner Einordnung in die freiwillige Gerichtsbarkeit geführt[131] (§ 621a ZPO). Nr. 7 gilt naturgemäß nur für Verfahren über den Versorgungsausgleich zwischen den Ehepartnern; unberührt bleibt die Zuständigkeit der Sozialgerichte nach § 51 SGG. Die Übertragung des gesamten Regelungskomplexes auf die Gerichte ist trotz möglicher administrativer Teile verfassungsgemäß, da den Gerichten auch Aufgaben zugewiesen werden können, die nicht ohne weiteres zu ihren regelmäßigen und typischen Aufgaben gehören[132] (Einl. Rn. 142ff.).

78 Zu diesen Verfahren gehören nur die **unmittelbaren Streitigkeiten** über den Versorgungsausgleich wie die Grundentscheidung nach § 1587b BGB, der Ausschluss nach § 1587c BGB und das Ruhen nach § 1587d BGB. Hierher zählen

---

[127] BayObLG MDR 1983, 583.
[128] Hierzu BGHZ 104, 224 = NJW 1988, 1974.
[129] Vgl. OLG Köln FamRZ 1977, 54; *Schwerdtner* NJW 1977, 1268.
[130] BTagsDrucks. 7/650 S. 84.
[131] BTagsDrucks. 7/4361 S. 24, 59.
[132] BVerfGE 64, 175 = NJW 1983, 2812.

Familiengerichte $ 23b

auch die **Auskunftsansprüche** nach § 1587e BGB[133] (Rn. 39), darüber hinaus aber auch der Anspruch auf **Geldrente** nach § 1587g BGB, auf Abtretung nach § 1587i BGB und auf Abfindung nach § 1587l BGB. Ebenfalls gehört hierher der Anspruch auf Erfüllung einer Ausgleichsvereinbarung nach § 1587o BGB wie auch das Verfahren vor dem FamG auf Genehmigung einer solchen Vereinbarung. Ansprüche gegen Dritte auf Grund des Versorgungsausgleichs, etwa gegen Versicherungsträger, fallen nicht unter die FamS; sie sind auf dem für solche Streitigkeiten allgemein vorgesehenen Rechtsweg geltend zu machen. Ebenfalls nicht zu den FamS gehört der Streit der Ehepartner nach rechtskräftig durchgeführtem Versorgungsausgleich um Rentenbeträge, die der Versicherungsträger trotz Abtretung an den einen Ehepartner an den anderen versicherten Ehepartner ausgezahlt hat.[134] Auch Auskunftsansprüche, die ein Ehepartner nach rechtskräftiger Versagung des Versorgungsausgleichs vom anderen Ehepartner über dessen Versorgungsrechte verlangt, um einen Schadensersatzanspruch gegen einen Dritten wegen dieser Versagung geltend zu machen, sind keine FamS.[135]

X. Ehewohnung, Hausrat. Verfahren über die Rechtsverhältnisse der Ehewohnung und am Hausrat (Abs. 1 Satz 2 Nr. 8). Hierbei handelt es sich um das Verfahren nach der HausratsVO. Danach regelt der Richter bei mangelnder Einigung der Ehepartner anlässlich der Scheidung die Rechtsverhältnisse an der Wohnung und am Hausrat. Auf die nichteheliche Lebensgemeinschaft ist die HausratsVO nicht entsprechend anwendbar;[136] zur Lebenspartnerschaft § 23a Rn. 54b. Zum Hausrat gehören alle Sachen, die nach den Vermögens- und Lebensverhältnissen der Ehepartner für ihr Zusammenleben und das mit ihren Kindern sowie für ihre Wohn- und Hauswirtschaft bestimmt sind.[137] Auch **Kunstgegenstände** von hohem Wert können dementsprechend dazugehören,[138] ebenso ein **Hund**.[139] Ein **Pkw** gehört ausnahmsweise dann zum Hausrat, wenn er ganz oder überwiegend[140] dazu bestimmt ist, gemeinsam für das eheliche und familiäre Zusammenleben benutzt zu werden. Die Zuständigkeit des FamG beschränkt sich auf die Regelung selbst (wenn auch hier ausnahmsweise Dritte nach § 7 HausratsVO Beteiligte sind). Ein Streit um Besitz oder Mitbesitz an der Ehewohnung gehört nicht hierher.[141] Das FamG ist nicht auf die bloße Aufteilung des Hausrats beschränkt, es kann auch einem Ehegatten zugunsten des anderen **Ausgleichszahlungen** auferlegen; deren Geltendmachung ist FamS. Der Zweck der Regelung, Streitigkeiten über Rechtsverhältnisse am Hausrat schon bei Getrenntleben der Ehepartner bei den Gerichten zu konzentrieren, die diesen mit der Ehesache auf engste verknüpften Angelegenheiten örtlich und sachlich am nächsten stehen, spricht dafür, über den Wortlaut des § 1361a BGB hinaus nicht nur Herausgabeansprüche eines Ehegatten auf Grund Alleineigentums an Hausrat und Nutzungsstreitigkeiten hinsichtlich im Miteigentum der Ehepartner stehender Hausratsgegenstände dem Verfahren zu unterwerfen, sondern auch Streitigkeiten anderer Art, die daraus entstehen, dass sich getrennt lebende Ehepartner über die Benutzung und den Besitz von Hausratsgegenständen nicht einigen können. Dazu gehört auch der Anspruch auf Wiederherstellung der früheren Besitzverhältnisse nach eigenmächtigem Verbringen von Hausratssachen

---

[133] OLG Koblenz FamRZ 1978, 702; OLG Hamm NJW 1978, 2560; SchlHOLG SchlHAnz 1979, 37.
[134] SchlHOLG SchlHAnz 1980, 135.
[135] BGH NJW 1984, 2040.
[136] OLG Hamm NJW-RR 2005, 1168.
[137] Vgl. *Dörr* NJW 1989, 810.
[138] BGH NJW 1984, 1758 = JR 1984, 379 m. Anm. *Schubert*.
[139] OLG Bamberg MDR 2004, 37.
[140] BGH FamRZ 1983, 794; BayObLG FamRZ 1982, 399; OLG Frankfurt NJW-RR 1988, 133; OLG Koblenz OLGR 2005, 787; a. A. („auch") OLG Stuttgart FamRZ 1993, 1461; OLG Zweibrücken FamRZ 1991, 848; zum Streitstand *Brudermüller* FamRZ 2006, 1157, 1160.
[141] OLG Düsseldorf FamRZ 1980, 1138.

aus der ehelichen Wohnung,¹⁴² wobei die Beteiligung eines Dritten dem Rechtsstreit nicht den Charakter als FamS nimmt.¹⁴³ FamS ist auch der Anspruch des weichenden Ehegatten auf Nutzungsentschädigung für die im Miteigentum der Ehegatten stehende Wohnung nach § 1361 b BGB für die Dauer des Getrenntlebens,¹⁴⁴ während der auf § 745 BGB beruhende Anspruch nach endgültiger Trennung allgemeine Zivilsache ist.¹⁴⁵ Haben die Ehepartner **vertraglich** auseinandergesetzt, sind Streitigkeiten, in denen Ansprüche aus einem solchen Vertrag geltend gemacht werden, keine FamS;¹⁴⁶ ob zwischen den Ehepartnern eine wirksame Einigung über den Hausrat zustande gekommen ist und damit kein Raum mehr für das Hausratsverfahren besteht, hat das FamG als Vorfrage zu klären.¹⁴⁷ Keine FamS sind Streitigkeiten über die Rückschaffung von Hausratsgegenständen¹⁴⁸ oder die Herausgabe von nicht zum Hausrat gehörenden persönlichen Sachen.¹⁴⁹ Auch ein **Schadensersatzanspruch** zwischen Ehegatten nach ihrer Trennung oder anlässlich ihrer Scheidung, der sich auf Gegenstände des Hausrats bezieht, ist keine FamS,¹⁵⁰ ebenso wenig der Anspruch auf Auszahlung des Erlöses aus der Veräußerung eines Hausratsgegenstandes.¹⁵¹ Nach §§ 802, 893 Abs. 2 ZPO ist das FamG aber zuständig für den Schadensersatzanspruch, gestützt darauf, dass eine im Hausratsverfahren zugeteilte Sache bei der Zwangsvollstreckung auf Herausgabe nicht vorgefunden wird.¹⁵² Streitigkeiten um die Tilgung eines von den Ehepartnern aufgenommenen Darlehens zur Beschaffung von Hausrat sind nicht FamS.¹⁵³ Auch der Streit um eine Nutzungsentschädigung für ein Haus oder eine Wohnung, wenn der Charakter als Ehewohnung nicht mehr besteht, ist keine FamS.¹⁵⁴ Dasselbe gilt für Streitigkeiten mit **Dritten** in Verfolgung der durch das FamG getroffenen Regelung. Zu den FamS zählt aber das auf **Änderung einer bereits getroffenen Entscheidung** gemäß § 17 HausratsVO, z. B. bei Verlängerung einer Räumungsfrist.¹⁵⁵

80 Diese Regelung gilt indessen nur für den Hausrat. Für die Regelung hinsichtlich **persönlicher Sachen,** die nicht zum Hausrat gehören, ist die HausratsVO nicht anwendbar; es liegt daher auch keine FamS nach Nr. 8 vor, im Allgemeinen auch nicht nach Nr. 9. Wenn jedoch sowohl die Herausgabe von Hausratsgegenständen als auch von persönlichen Gegenständen begehrt wird, gebieten es der Grundsatz der Prozessökonomie wie die der Schaffung der FamG zugrundeliegenden Überlegungen, dass das FamG auch über die nicht zum Hausrat gehörenden persönlichen Sachen mit entscheidet.¹⁵⁶

80a Für die Zeit **vor dem Anhängigwerden des Scheidungsverfahrens** besteht nach § 18a HausratsVO die Möglichkeit einer einstweiligen Regelung; das gilt

---

¹⁴² BGH NJW 1983, 47.
¹⁴³ OLG Frankfurt FamRZ 1984, 1118.
¹⁴⁴ OLG Dresden NJW 2005, 3151; OLG Jena NJW 2006, 703; OLG Brandenburg NJW-RR 2006, 1302; *Brudermüller* FamRZ 2006, 1157, 1162.
¹⁴⁵ OLG Brandenburg OLGR 2001, 71; OLG Naumburg OLGR 2001, 141; AG Ludwigslust FamRZ 2005, 728; a. A. OLG München OLGR 2007, 616.
¹⁴⁶ BGH NJW 1979, 2156; OLG Karlsruhe NJW-RR 1995, 1473; FamRZ 2003, 621; NJW-RR 2007, 81; OLG Dresden FamRZ 2001, 173.
¹⁴⁷ OLG Koblenz FamRZ 1984, 1241; a. A. OLG Karlsruhe NJW-RR 2007, 81.
¹⁴⁸ OLG Bamberg FamRZ 1993, 335.
¹⁴⁹ OLG Karlsruhe FamRZ 1979, 609; *BL/Hartmann* § 621 ZPO Rn. 22; krit. *Wacke* FamRZ 1977, 528.
¹⁵⁰ BGH NJW 1980, 192; NJW-RR 1989, 195.
¹⁵¹ BGH NJW-RR 1989, 195.
¹⁵² OLG Karlsruhe Justiz 2000, 304; OLG Schleswig NJW-RR 2003, 1013; a. A. OLG Koblenz FamRZ 1982, 507.
¹⁵³ OLG Hamburg FamRZ 1988, 299.
¹⁵⁴ OLG Düsseldorf FamRZ 1985, 949; OLG Bamberg FamRZ 1990, 179; OLG Zweibrücken NJWE-FER 1998, 41.
¹⁵⁵ OLG München NJW 1978, 548.
¹⁵⁶ OLG Düsseldorf FamRZ 1978, 523; *Brudermüller* FamRZ 2006, 1157, 1161; a. A. OLG Düsseldorf FamRZ 1978, 358.

auch hinsichtlich der Ehewohnung.¹⁵⁷ Die Anwendung der Vorschrift setzt bei Auslandsbezug voraus, dass nicht nur schlechthin Hausrat herausverlangt wird, sondern dass hierfür materiellrechtliche Rechtsvorschriften maßgebend sind, die entsprechende („funktionsadäquate") Regelungen enthalten. Andernfalls liegt keine FamS vor, sondern eine allgemeine Prozesssache.¹⁵⁸

XI. Gewaltschutzgesetz. Verfahren nach dem Gewaltschutzgesetz (Abs. 1 Satz 2 Nr. 8 a). Durch das Gesetz zur Verbesserung des zivilrechtlichen Schutzes bei Gewalttaten und Nachstellungen sowie zur Erleichterung der Überlassung der Ehewohnung bei Trennungen vom 11. 12. 2001 wurden dem FamG die Schutzanordnungen nach § 1 GewSchG sowie die Streitigkeiten um Überlassung einer gemeinsam genutzten Wohnung nach § 2 GewSchG zugewiesen, soweit die Parteien einen auf Dauer angelegten gemeinsamen Haushalt führen oder innerhalb von sechs Monaten vor der Antragstellung geführt haben (im Einzelnen § 23a Rn. 55 ff.). Erstmalig wird damit das FamG für Streitigkeiten zuständig, deren Parteien nicht notwendiger Weise durch familienrechtliche Beziehungen verbunden zu sein brauchen. **80 b**

XII. Eheliches Güterrecht. Streitigkeiten über Ansprüche aus dem ehelichen Güterrecht, auch wenn Dritte am Verfahren beteiligt sind (Abs. 1 Satz 2 Nr. 9). Durch diese Vorschrift werden alle diese Rechtsstreitigkeiten, die nach § 23 a Nr. 5 in die Zuständigkeit des AG fallen, dem FamG zugewiesen. Klagen auf Auseinandersetzung der nach dem Tod des Erblassers als Liquidationsgemeinschaft fortbestehenden Gütergemeinschaft sind FamS.¹⁵⁹ Die Klage eines Ehegatten gegen den anderen auf Freistellung von Bankverbindlichkeiten ist jedoch keine FamS.¹⁶⁰ Vgl. auch § 23a Rn. 40 ff. **81**

XIII. §§ 1382, 1383 BGB. Verfahren nach den §§ 1382, 1383 BGB (Abs. 1 Satz 2 Nr. 10). Bei diesen Verfahren handelt es sich um die Stundung von Ausgleichsforderungen (§ 1382 BGB) und die Übertragung von Vermögensgegenständen (§ 1383 BGB) im Rahmen des Zugewinnausgleichs (§ 1378 BGB). Diese im Verfahren des FGG zu behandelnden Angelegenheiten (§ 621 a ZPO) wurden dem FamG wegen des Sachzusammenhangs zugewiesen, in dem diese güterrechtlichen Verfahren mit den anderen FamS stehen.¹⁶¹ **82**

XIV. Familienrechtsverfahrensgesetz. Verfahren nach den §§ 10 bis 12 und 47 des **Internationalen FamilienrechtsverfahrensG** (Abs. 1 Satz 2 Nr. 11). Das IntFamRVG (Art. 1 des Gesetzes zum Internationalen Familienrecht vom 28. 1. 2005, BGBl. I S. 162) enthält neu geordnet die Aus- und Durchführungsbestimmungen **82 a**

1. zur VO (EG) Nr. 2201/2003 vom 27. 11. 2003 über die Zuständigkeit und die Anerkennung und Vollstreckung von Entscheidungen in Ehesachen und in Verfahren betreffend die elterliche Verantwortung (ABl. EU Nr. L 338 S. 1). Diese „Brüssel IIa-VO" ist an die Stelle der VO (EG) Nr. 1347/2000 („Brüssel II") getreten und gilt für die EU-Staaten mit Ausnahme Dänemarks. Die Verweisung in Nr. 11 erfasst Verfahren über die Anerkennung (Art. 21 Abs. 3 VO, § 10 IntFamRVG) und die Vollstreckbarerklärung (Art. 28 VO, § 12 Abs. 1 IntFamRVG) ausländischer Entscheidungen, ergänzende inländische Regelungen zum Umgangsrecht (Art. 48 Abs. 1 VO, § 10 IntFamRVG), Bescheinigungen zur erleichterten **82 b**

---

¹⁵⁷ OLG Köln FamRZ 1987, 77; vgl. *Finger* NJW 1987, 1001; *Brudermüller* FamRZ 1987, 109; *Dörr* NJW 1989, 810.
¹⁵⁸ OLG Karlsruhe NJW 1997, 202; OLG Hamm FamRZ 1993, 211; OLG Köln FamRZ 1994, 1476.
¹⁵⁹ BGH NJW-RR 1998, 1219.
¹⁶⁰ OLG Nürnberg FamRZ 1994, 838.
¹⁶¹ Vgl. BTagsDrucks. 7/4361 S. 60.

Vollstreckung einer Entscheidung über das Umgangsrecht oder die Rückgabe eines Kindes im Ausland (Art. 41, 42 VO, § 10 IntFamRVG) und die Genehmigung der grenzüberschreitenden Unterbringung eines Kindes (Art. 56 VO, § 47 IntFamRVG).

82 c 2. zum Haager Übereinkommen vom 25. 10. 1980 über die zivilrechtlichen Aspekte internationaler Kindesentführung[162] (BGBl. 1990 II S. 207; § 11 IntFamRVG) und zum Europäischen Übereinkommen vom 20. Mai 1980 über die Anerkennung und Vollstreckung von Entscheidungen über das Sorgerecht für Kinder und die Wiederherstellung des Sorgeverhältnisses[163] (BGBl. 1990 II S. 220; § 12 IntFamRVG). Die Abkommen regeln Fragen des internationalen Verfahrensrechts bei Kindesentführungen und Probleme im Zusammenhang mit dem grenzüberschreitenden Umgangsrecht. Insbesondere sichern sie die Wiederherstellung des durch eine Entführung verletzten Sorgeverhältnisses bzw. die Anerkennung und Vollstreckbarkeitserklärung von Sorgerechtsentscheidungen im Verhältnis der Vertragsstaaten zueinander.[164]

82 d 3. Das örtlich zuständige FamG ergibt sich aus §§ 10–12, 47 IntFamRVG; die Sachen sind für den Bezirk eines OLG konzentriert bei dem FamG, in dessen Bezirk das OLG seinen Sitz hat. Die Sachen sind, soweit nicht eine Ehesache nach Art. 1 Abs. 1 a der VO (EG) Nr. 2201/2003 vorliegt, Angelegenheiten der freiwilligen Gerichtsbarkeit (§ 14 IntFamRVG).

83 **XV. Kindschaftssachen.** Die Kindschaftssachen (Abs. 1 Satz 2 Nr. 12; § 640 Abs. 2 ZPO; vgl. § 23 a Rn. 2 ff.) sind durch das KindRG 1997 zu FamS erklärt worden, zuständig ist damit das FamG und nicht mehr die Prozessabteilung des AG. Dies hat das Nebeneinander von prozessgerichtlicher Zuständigkeit für zivilprozessuale Kindschaftssachen und vormundschaftsgerichtlicher Zuständigkeit für die nach dem FGG zu erledigenden Abstammungsverfahren durch eine einheitliche familiengerichtliche Zuständigkeit ersetzt.[165] Zu den Kindschaftssachen gehören auch die Abstammungssachen nach § 1600 e BGB, die allerdings im Falle des § 1600 e Abs. 2 BGB im Verfahren nach dem FGG entschieden werden (§ 640 Abs. 1 erster Halbsatz; vgl. Rn. 8 und § 23 a Rn. 10). Wegen der Bestellung eines Beistandes für Verfahren um die Feststellung der Vaterschaft vgl. § 1712 BGB.

83 a **XVI. §§ 1615 l, 1615 m BGB.** Streitigkeiten über Ansprüche nach den §§ 1615 l, 1615 m BGB (Abs. 1 Satz 2 Nr. 13): Die Qualifizierung dieser Ansprüche als FamS durch das KindRG 1997 aus Gründen des Sachzusammenhangs vervollständigt die allgemeine Qualifikation der Unterhaltsansprüche (Abs. 1 Satz 2 Nr. 5, 6) als FamS. Damit ist für den Unterhalt des Kindes, dessen Eltern weder im Zeitpunkt seiner Geburt noch später verheiratet sind, und demjenigen des betreuenden Elternteils eine einheitliche Zuständigkeit des FamG gegeben.[166]

83 b **XVII. Ehefähigkeit.** Abs. 1 Satz 2 Nr. 14 betrifft Verfahren über die Befreiung vom Erfordernis der Volljährigkeit vor Eingehung der Ehe (§ 1303 BGB), über die Befreiung vom Eheverbot der durch Annahme als Kind zu begründeten Verwandtschaft (§ 1308 BGB) sowie über die Ersetzung der Zustimmung des gesetzlichen Vertreters bei Bestätigung der Ehe durch einen Minderjährigen (§ 1315 Abs. 1 BGB). Nach §§ 612 Abs. 1 Nr. 12, 621 a Abs. 1 ZPO handelt es sich um Angelegenheiten der freiwilligen Gerichtsbarkeit, die sachliche Zuständigkeit des AG folgt aus § 64 FGG.

83 c **XVIII. Lebenspartnerschaftssachen.** Siehe § 23 a Rn. 51 f.

---

[162] Teilnehmerstaaten: *BL/Hartmann* Schlussanh. V A 3 Übers. Rn. 1.
[163] Teilnehmerstaaten: *BL/Hartmann* aaO.
[164] BTagsDrucks. 11/5315 S. 8.
[165] BTagsDrucks. 13/4899 S. 117.
[166] BTagsDrucks. 13/4899 S. 117.

D. Ausschließliche Zuständigkeit des FamG

Die Zuständigkeit des FamG für die FamS ist **ausschließlich,** und zwar sachlich **84** wie örtlich. Die örtliche Zuständigkeit ergibt sich aus § 606 ZPO, § 36 FGG usw. In Angelegenheiten der freiwilligen Gerichtsbarkeit ist eine Vereinbarung über die sachliche Zuständigkeit nicht möglich, in den zivilprozessualen Streitigkeiten ist die Ausschließlichkeit ausdrücklich im Gesetz angeordnet (§§ 606 Abs. 1, 621 Abs. 1 ZPO, vgl. § 40 Abs. 2 ZPO), eine Prorogation ist unzulässig.

Eine **NichtFamS** kann nicht zusammen mit einer FamS geltend gemacht wer- **85** den (zum einheitlichen prozessualen Anspruch Rn. 38). Die Verbindung mehrerer Ansprüche, die teils FamS, teils NichtFamS sind, in einer Klage ist mindestens in entsprechender Anwendung des § 260 ZPO als nicht zulässig anzusehen; das gebietet die Regelung des § 621 ZPO und die Verschiedenheit der Rechtsmittelzüge.[167] Das gilt einmal für die kumulative Anspruchshäufung;[168] hier ist nach § 145 ZPO zu verfahren. Die Unzulässigkeit der Verbindung gilt auch bei **Haupt- und Hilfsansprüchen.**[169] Wird eine FamS lediglich hilfsweise geltend gemacht, hat das für den Hauptanspruch zuständige Gericht zunächst über diesen zu entscheiden; nach Abweisung dieses Anspruchs hat das Gericht dann an das FamG zu verweisen.[170] Wird umgekehrt der eine FamS betreffende Hauptantrag bei einem allgemeinen Gericht geltend gemacht, das nur für den Hilfsantrag zuständig ist, muss dieses den Rechtsstreit an das FamG verweisen.[171] Unzulässig ist die Geltendmachung einer FamS im Wege der **Widerklage** gegen eine NichtFamS vor einem anderen als dem FamG und umgekehrt.[172] Wird in einer FamS mit einer Forderung **aufgerechnet,** die keine FamS darstellt, ist das FamG auch über die Aufrechnung zu entscheiden befugt.[173] Aber auch die Aufrechnung mit einer Forderung aus einer FamS in einem Verfahren, für das das FamG nicht zuständig ist, ist zulässig; das angerufene allgemeine Gericht hat darüber zu entscheiden.[174] Die Streitigkeit über eine vertragliche Regelung, die Ehegatten in einer Vereinbarung für den Fall der Scheidung getroffen haben und die keine FamS betrifft, wird nicht allein dadurch zur FamS, dass in der Vereinbarung auch FamS geregelt worden sind.[175]

E. Der Familienrichter

I. Einzelrichter. Die Entscheidungen des FamG ergehen durch Familienrichter **86** (Abs. 3 Satz 1); das sind Einzelrichter (§ 22 Abs. 1). Die Regelung, dass die FamS vom Einzelrichter entschieden werden, war in der rechtspolitischen Diskussion wie im Gesetzgebungsverfahren umstritten, gleichzeitig damit auch die Frage, ob für die FamS das AG oder das LG (also die Kammer, § 75) zuständig sein soll. Überhaupt ist die Frage, ob ein Rechtsstreit durch einen Einzelrichter oder ein Kollegium entschieden werden soll, eine der grundsätzlichen Kontroversen in der rechtspolitischen Diskussion (§ 75 Rn. 2 ff.; zu den Motiven für den Einzelrichter beim FamG Rn. 6).

II. Qualifikation. Das Gesetz enthält keine besonderen fachlichen Merkmale **87** oder Voraussetzungen, die an den FamS entscheidenden Richter zu stellen sind, wenn auch diese Frage in der parlamentarischen Behandlung eine große Rolle gespielt hat.[176] Es sollte als Familienrichter nur ein „besonders qualifizierter erfahrener

---

[167] BGH NJW 1978, 426; 1979, 659; BayObLG FamRZ 2003, 1569.
[168] OLG Hamm FamRZ 1979, 607.
[169] BGH NJW 1978, 426; 1981, 2418.
[170] BGH NJW 1980, 1283; a. A. OLG Hamm FamRZ 1979, 607.
[171] BGH NJW 1980, 192.
[172] OLG Düsseldorf FamRZ 1982, 511; OLG Köln FamRZ 1992, 450; *Klauser* MDR 1979, 630.
[173] OLG Stuttgart FamRZ 1979, 717; OLG Köln FamRZ 1992, 450; *Walter* S. 109.
[174] BGH NJW-RR 1989, 173; BayObLG NJW-RR 1986, 6; OLG Stuttgart FamRZ 1979, 717; OLG München FamRZ 1985, 84; *Walter* S. 109; *Klauser* MDR 1979, 630.
[175] BGH NJW 1980, 1636.
[176] Vgl. *Bartsch* DRiZ 1983, 226.

Richter" tätig werden, Richter „mit breit gestreuter Sachkunde", „die bereits über hinreichende richterliche Erfahrung verfügen und besonders qualifiziert sind".[177] Die Erwägungen des Gesetzgebers zur wünschenswerten persönlichen Qualifikation des Familienrichters sind lediglich Motiv geblieben. Verbindliche Kraft haben sie nicht; es gibt auch kein besonderes Berufsbild des Familienrichters. Das Präsidium ist rechtlich frei in der Entscheidung, wen es im Rahmen der Geschäftsverteilung (§ 21e) zum Familienrichter bestellt. „Familienrichter" im Sinne des § 23b Abs. 3 ist der Einzelrichter des AG (§ 22 Abs. 1), wenn und solange er FamS entsprechend der Geschäftsverteilung entscheidet. Nur das Präsidium kann den Familienrichter bestellen, jeglicher Einfluss der Justizverwaltung ist ausgeschlossen.[178] Das Präsidium sollte es aber als nobile officium ansehen, nach Möglichkeit solche Richter zum Familienrichter zu bestellen, die in größtmöglichem Maße den Vorstellungen des Gesetzgebers über deren fachliche Qualifikation entsprechen,[179] wenn auch nicht zu verkennen ist, dass die ursprünglichen Überlegungen zum Familienrichter als neuem Richterbild[180] unter Berücksichtigung der gesellschaftspolitischen Bedeutung der FamS und ihrer Komplexität bis hin zu besoldungsrechtlicher Heraushebung[181] inzwischen in der Alltagsroutine verblasst sind und in der Neuregelung zur Verwendung von Richtern aP (Rn. 89) wohl ihren Abgesang gefunden haben.

88 **III. Berufsrichter.** Nur Berufsrichter als Familienrichter: Das FamG ist mit dem Familienrichter (Berufsrichter) besetzt (Abs. 3 Satz 1). In Übereinstimmung mit den Eherechts-Reformkommissionen ist davon abgesehen worden, eine Beteiligung von ehrenamtlichen Richtern vorzusehen.[182]

89 **IV. Richter auf Probe.** Der Gesetzgeber hat zwar darauf verzichtet, sachliche Voraussetzungen für die Tätigkeit als Familienrichter aufzustellen (Rn. 87), er hat jedoch ein formelles Kriterium für die Fähigkeit zum Familienrichter aufgestellt: Richter aP können nur eingeschränkt Familienrichter sein. Die ursprüngliche Fassung von § 23b Abs. 3 Satz 2, die einen Richter aP von der Tätigkeit als Familienrichter schlechthin ausschloss, hat allerdings seit 1. 3. 1993 durch Art. 3 Nr. 3 RPflEntlG eine wesentliche Lockerung erfahren: ein Richter aP darf (nur noch) im ersten Jahr nach seiner Ernennung Geschäfte des Familienrichters nicht wahrnehmen.[183] Die Vorschrift ist eine Sonderregelung gegenüber § 22 Abs. 5 GVG, wonach beim AG Richter aP schlechthin verwendet werden können. Sie ist absolut zu verstehen und gilt auch für die Vertretung von Familienrichtern und für den ersuchten Richter.[184] Handelt ein Richter aP im ersten Dienstjahr in einer FamS, ist das Verfassungsgebot des gesetzlichen Richters (Art. 101 GG) nicht erfüllt; die Entscheidung dieses Richters ist, wenn auch zunächst wirksam, mit einem Verfahrensmangel nach § 538 ZPO behaftet.[185] Hieran ändert auch nichts, wenn der Richter aP im ersten Dienstjahr vom Präsidium zum Familienrichter bestellt war; schon die Geschäftsverteilung leidet dann unter einem wesentlichen Mangel. Auch die Ersatzzuständigkeit jedes Richters am AG (§ 22d GVG) gilt nicht für die Tätigkeit eines Richters aP im ersten Dienstjahr. Ist ein AG nicht mit (genügend) Richtern aL besetzt, so ist die Vertretung des Familienrichters nach § 22b GVG zu regeln. Familienrichter kann im Übrigen nur werden ein Richter aL (§ 10 DRiG), ein Richter aZ (§ 11 DRiG) und ein Richter kA[186] (§ 14 DRiG).

---

[177] BTagsDrucks. 7/650 S. 80 ff.
[178] BTagsDrucks. 7/4361 S. 60.
[179] *Stanicki* FamRZ 1977, 683; *Theile* DRiZ 1977, 274; *BL/Hartmann* Rn. 11; *Zöller/Gummer* Rn. 31.
[180] *Theile* DRiZ 1977, 274.
[181] Vgl. BTagsDrucks. 7/4361 S. 23.
[182] Vgl. BTagsDrucks. 7/650 S. 82; 7/4361 S. 23.
[183] Vgl. *Schnitzler* FamRZ 1992, 507; *Kissel* NJW 1993, 490.
[184] *Bergerfurth* FamRZ 1982, 564; a. A. aus „Praktikabilitätsgründen" *Diederichsen* NJW 1977, 605.
[185] OLG Frankfurt FamRZ 1978, 520.
[186] A. A. *Diederichsen* NJW 1977, 605 Fußn. 50.

Das Verbot der Tätigkeit eines Richters aP im ersten Dienstjahr als Familienrichter gilt nicht nur für die FamS des § 23b Abs. 1 Satz 2 GVG unmittelbar, sondern auch für die Vormundschaftssachen, wenn und soweit sie nach § 23b Abs. 2 Satz 1 GVG der AbtFamS zugewiesen sind. § 23b Abs. 3 Satz 2 GVG spricht nicht von FamS, sondern von den Geschäften des Familienrichters; das sind alle Geschäfte, die zulässigerweise der AbtFamS übertragen sind[187] (§ 23b Abs. 2 Satz 1 GVG). Eine vergleichbare Vorschrift ist für das OLG nicht getroffen worden, auch abgeordnete Richter können uneingeschränkt Richter am Familiensenat sein (vgl. § 28 DRiG). – Zur Tätigkeit von Referendaren in FamS § 10 Rn. 4.

V. Vertretung. Sind bei einem AG mehrere Abteilungen für FamS (FamG) gebildet, sollten die Richter dieser AbtFamS (Familienrichter) sich tunlichst gegenseitig vertreten; dies entspricht am ehesten den Vorstellungen des Gesetzgebers von der fachlichen Qualifikation des Familienrichters (Rn. 87). Ist dies nicht möglich oder besteht nur eine Abteilung für FamS, sollten Richter zur Vertretung eingesetzt werden, die am ehesten über die Voraussetzungen verfügen, die der Gesetzgeber als wünschenswert ansah. Indessen ist das Präsidium bei der Regelung der Vertretung frei mit der Einschränkung, dass Richter aP im ersten Dienstjahr auch nicht als Vertreter in FamS eingesetzt werden dürfen (Rn. 89). Umgekehrt können Familienrichter auch als Vertreter für Richter anderer Abteilungen des AG eingesetzt werden.

F. Verfahrensrecht für das FamG

Die in § 23b als FamS in der ausschließlichen Zuständigkeit des AG/FamG zusammengefassten Sachen sind teils zivilprozessualer Natur (Nr. 1, 5, 6, 9, 12, 13 – ohne die Verfahren nach § 1600e Abs. 2 BGB –), teils Angelegenheiten der freiwilligen Gerichtsbarkeit (Nr. 2, 3, 4, 7, 8, 8a, 10, 14, 12 – im Verfahren nach § 1600e Abs. 2 BGB –; vgl. § 621 ZPO). Entsprechendes gilt für die Lebenspartnerschaftssachen (Nr. 15; vgl. § 23a Rn. 51 ff.). Zu Nr. 11 siehe Rn. 83. Da für das FamG kein einheitliches Verfahrensrecht geschaffen wurde[188] (Rn. 11), hat das FamG für die Erledigung der einzelnen Angelegenheiten jeweils das dafür maßgebende Verfahrensrecht anzuwenden, auch wenn diese Sachen im Entscheidungsverbund (§ 623 ZPO) zu erledigen sind. Indessen erfolgte eine gewisse Vereinheitlichung. Einmal sind auch für die Angelegenheiten der freiwilligen Gerichtsbarkeit statt der §§ 2 bis 6, 8 bis 11, 13, 16 Abs. 2 und 3 und § 17 FGG in FamS die entsprechenden Vorschriften der ZPO anzuwenden (§ 621a Abs. 1 Satz 2 ZPO). Weiter ist das Rechtsmittelverfahren vereinheitlicht (Rn. 93), ebenso der Anwaltszwang (Rn. 102) und die Kostenregelung (§ 93a ZPO, § 46 GKG, § 16 RVG). Mit Rücksicht auf die besondere Bedeutung der als Kindschaftssachen zu den FamS gehörenden Verfahren um die Feststellung der Vaterschaft und der Geltendmachung von Unterhaltsansprüchen ist in § 1712 BGB vorgesehen, dass auf Antrag eines Elternteils das Jugendamt zum Beistand des Kindes wird. Außerdem kann das Gericht nach § 50 FGG einem minderjährigen Kind für ein sein Person betreffendes Verfahren einen Pfleger bestellen. Entsprechend den allgemeinen Bemühungen um eine gütliche Regelung von Streitigkeiten soll das Gericht in einem die Person des Kindes betreffenden Verfahren so früh wie möglich und in jeder Lage des Verfahrens auf ein Einvernehmen der Beteiligten hinwirken (§ 52 FGG).

G. Rechtsmittelzug

Während nach der Grundkonzeption des GVG Rechtsmittelinstanz für die Anfechtung der Entscheidungen des AG in Zivilprozessen und Angelegenheiten der freiwilligen Gerichtsbarkeit das LG ist (§ 72 Rn. 3), ist Rechtsmittelinstanz gegen

---

[187] A. A. *Diederichsen* NJW 1977, 605 Fußn. 48.
[188] Vgl. BTagsDrucks. 7/650 S. 2, 79, 83 f.; 13/4899 S. 74.

die Entscheidungen des beim AG bestehenden FamG das OLG (§ 119 GVG, § 64 FGG); der einheitliche Rechtsmittelzug entspricht der einheitlichen erstinstanzlichen Zuständigkeit des AG/FamG für die FamS. Damit hat der Gesetzgeber das überkommene Gerichtsverfassungsrecht wesentlich umgestaltet (§ 119 Rn. 4). Soweit gegen die zweitinstanzlichen Entscheidungen des OLG in FamS ein Rechtsmittel zulässig ist, entscheidet hierüber der BGH (§ 133 Rn. 12 ff.).

H. Zuständigkeitsstreitigkeiten

94   I. **Abteilung desselben AG.** Ist zwischen **mehreren AbtFamS des gleichen AG** streitig, welche von ihnen nach der vom Präsidium beschlossenen Geschäftsverteilung über die FamS zuständig ist, handelt es sich um einen Streit zwischen gleichartigen Spruchkörpern des AG, den das Präsidium zu entscheiden hat[189] (Rn. 22; § 21e Rn. 117).

95   II. **AbtFamS verschiedener AG.** Besteht der Zuständigkeitsstreit zwischen mehreren **AbtFamS verschiedener AG** über die **örtliche** Zuständigkeit, so ist in den zivilprozessualen Streitigkeiten nach § 36 Abs. 1 Nr. 5, 6 ZPO zu verfahren; das Gleiche gilt auch für die FamS im Verfahren nach dem FGG, da für diese FamS statt der §§ 4, 5 FGG die für das zivilprozessuale Verfahren maßgebenden Vorschriften anzuwenden sind (§ 621a Abs. 1 Satz 2 ZPO). Zuständig für die Bestimmung des zuständigen Gerichts ist nach § 36 ZPO das im „Rechtszuge zunächst höhere Gericht"; das ist das OLG (Rn. 98). Zuständig ist der Senat für FamS.[190] Besteht der Kompetenzkonflikt zwischen Gerichten in verschiedenen OLG-Bezirken, gilt § 36 Abs. 2 ZPO.

96   III. **AbtFamS/allg. Abteilung.** Besteht beim **gleichen AG** zwischen einer **AbtFamS** und einer **anderen** (allgemeinen) **Abteilung** in einer Zivilprozesssache oder einer Angelegenheit der freiwilligen Gerichtsbarkeit Streit über die geschäftsplanmäßige Zuständigkeit und damit um die Frage, ob es sich um eine FamS handelt oder nicht, so geht es um den Konflikt zwischen einer Abteilung, deren Zuständigkeit auf der Geschäftsverteilung beruht, und einer Abteilung, deren Zuständigkeit unmittelbar auf Gesetz beruht (Rn. 21, 24). Aus der für die AbtFamS durch Gesetz festgelegten Zuständigkeit folgt, dass der Zuständigkeitsstreit nicht vom Präsidium (§ 21e Rn. 117) zu entscheiden ist, weil eben diese Zuständigkeit nicht auf der von ihm beschlossenen Geschäftsverteilung beruht. Die Entscheidung ist vielmehr entsprechend § 36 Abs. 1 Nr. 5, 6 ZPO zu treffen.[191] Das gilt aber nicht im Anwendungsbereich der §§ 5, 46 FGG.[192] Auch wenn zwischen der AbtFamS und einer Abteilung für Vormundschaftssachen streitig ist, ob es sich um eine der freiwilligen Gerichtsbarkeit zugehörige FamS handelt oder ob das Verfahren in die Zuständigkeit des Vormundschaftsgerichts fällt, ist § 36 Abs. 1 Nr. 6 ZPO entsprechend anzuwenden.[193]

97   Die Entscheidung ergeht auf **Vorlage** einer der beteiligten Abteilungen, der **Antrag einer Partei** ist nicht erforderlich.[194]

98   **Zuständig** ist **das OLG** (Rn. 95). Zwar ist das „im Rechtszuge zunächst höhere Gericht" (§ 36 ZPO) für die allgemeine Zivilprozessabteilung beim AG das LG (§ 72), andererseits aber für die AbtFamS das OLG (§ 119); in diesem Falle diver-

---

[189] *Johannsen/Henrich/Sedemund-Treiber* Rn. 12; *MünchKommZPO/Wolf* Rn. 14; *Zöller/Gummer* Rn. 6.
[190] BayObLG MDR 1983, 583; OLG Düsseldorf FamRZ 1977, 725.
[191] BGHZ 78, 108 = NJW 1981, 126; NJW-RR 1990, 1026; OLG Frankfurt FamRZ 1988, 734; OLG Bamberg FamRZ 1990, 179; OLG Naumburg OLGR 2000, 107; OLG Dresden OLGR 2001, 108; OLG Rostock FamRZ 2004, 956; *Johannsen/Henrich/Sedemund-Treiber* Rn. 14; *MünchKommZPO/Wolf* Rn. 14; *Zöller/Gummer* Rn. 6.
[192] BGH NJW-RR 1991, 253.
[193] BGH FamRZ 1980, 1107.
[194] H.M.; vgl. BGH NJW-RR 1991, 767; *Johannsen/Henrich/Sedemund-Treiber* Rn. 15; OLG Frankfurt FamRZ 1989, 518.

gierender Rechtsmittelzuständigkeit ist nach der gesamten Systematik des GVG das OLG als das „höhere" Gericht anzusehen.[195]

§ 36 ZPO gilt auch für einen Zuständigkeitsstreit zwischen der Zivilkammer des **99** LG und der AbtFamS; hier ist das OLG stets das „im Rechtszuge zunächst höhere Gericht"[196] (§ 119 Abs. 1 Nr. 1 a und 2). Wenn in einem Rechtsstreit Familiensachen und Nichtfamiliensachen geltend gemacht werden (Rn. 85), dann ist das FamG als zuständig zu bestimmen. Es hat bezüglich des nichtfamilienrechtlichen Teils die erforderlichen Entscheidungen (Prozessabweisung, Trennung, Verweisung) zu treffen.[197] Besteht der Zuständigkeitsstreit aber nicht nur über die Zugehörigkeit eines Zivilprozesses oder einer Angelegenheit der freiwilligen Gerichtsbarkeit zu dem einen oder anderen Spruchkörper, sondern auch darum, ob es sich um eine zivilprozessuale Streitigkeit oder eine Angelegenheit der freiwilligen Gerichtsbarkeit handelt, dann ist auch hier das OLG für die Entscheidung zuständig. Es ist sowohl für den zivilprozessualen Zuständigkeitsstreit nach § 36 ZPO (in Verbindung mit § 621 a ZPO) zuständig als auch für den über Angelegenheiten der freiwilligen Gerichtsbarkeit nach §§ 5, 46 FGG. Weiter ist für alle FamS § 36 ZPO anwendbar, da durch § 621 a Abs. 1 Satz 2 ZPO für die Angelegenheiten der freiwilligen Gerichtsbarkeit, die FamS sind, § 5 FGG ausgeschlossen und die entsprechende ZPO-Vorschrift für maßgeblich erklärt ist. Zwar ist § 46 Abs. 2 FGG wegen der Frage, wer für eine Vormundschaftssache zuständig ist, weiterhin anwendbar. Bei einem solchen divergierenden Rechtsmittelzug muss nach dem gesamten systematischen Aufbau der Gerichtsorganisation dem „höheren" Gericht der Vorrang eingeräumt werden, das ist das OLG.[198] Dabei bedarf es im Verhältnis zu den Abteilungen der freiwilligen Gerichtsbarkeit nicht des Vorliegens der Rechtskraft,[199] auch nicht in den FamS, die dem FGG unterliegen, da trotz der Verweisung in § 621 a ZPO hier eine Rechtskraft nicht möglich ist. Zuständig ist beim OLG in diesen Fällen der nach der allgemeinen, vom Präsidium beschlossenen Geschäftsverteilung für diese Fälle zuständige Senat, nicht zwingend der Senat für FamS, weil nicht feststeht, ob es sich um eine FamS handelt.[200]

Für die Entscheidung eines Zuständigkeitsstreits kommt es nicht auf die formelle **100** Behandlung an, sondern allein darauf, ob **materiell eine FamS** vorliegt[201] (Rn. 38). Zweifelhaft ist, wie das bestimmende Gericht zu entscheiden hat, wenn in einem Rechtsstreit FamS und NichtFamS geltend gemacht werden (vgl. Rn. 85). Nach einer Ansicht[202] soll in diesem Fall das FamG als zuständig bestimmt werden. Diesem soll es dann obliegen, bezüglich des nichtfamilienrechtlichen Teils die erforderlichen Entscheidungen (Prozessabweisung, Trennung, Verweisung) zu treffen. Hier wäre indes zu überlegen, ob das bestimmende Gericht hinsichtlich des nichtfamilienrechtlichen Teils – soweit möglich – das zuständige Gericht bestimmt und das Verfahren entsprechend § 145 ZPO trennt.[203]

I. Richterablehnung

Nach § 45 Abs. 2 ZPO in der Fassung des ZPO-RG vom 27. 7. 2001 entscheidet **101** über die Ablehnung eines Richters am AG nunmehr ein anderer Richter des AG. Der Senat für FamS ist für die Erstentscheidung bei Ablehnung eines Familienrichters damit nur noch bei Beschlussunfähigkeit des AG zuständig (§ 45 Abs. 3 ZPO). Anderer

---

[195] H. M., vgl. OLG Bamberg FamRZ 1990, 179; *MünchKommZPO/Wolf* Rn. 14; *Johannsen/Henrich/Sedemund-Treiber* Rn. 16.
[196] OLG Düsseldorf FamRZ 1977, 725.
[197] SchlHOLG SchlHAnz 1979, 192.
[198] OLG Koblenz NJW 1977, 1735; *Brüggemann* FamRZ 1977, 585; *Kissel* NJW 1977, 1036.
[199] SchlHOLG SchlHAnz 1978, 21.
[200] OLG Düsseldorf FamRZ 1977, 725; *Jauernig* FamRZ 1977, 765.
[201] BGH NJW 1979, 550; 1980, 191; vgl. BGHZ 76, 305 = NJW 1980, 1626; BGH NJW 1980, 2476; FamRZ 1980, 1106.
[202] SchlHOLG SchlHAnz 1979, 192.
[203] BGH NJW 1979, 659, 660.

Richter des AG ist zunächst der, den der Geschäftsverteilungsplan für Entscheidungen nach § 45 Abs. 2 ZPO bestimmt; trifft der Geschäftsverteilungsplan diesbezüglich keine Regelung, so ist der Vertreter des Abgelehnten berufen.[204] Wird das Gesuch für unbegründet erklärt, entscheidet über die sofortige Beschwerde bei Ablehnung eines Familienrichters der Senat für FamS, gegen dessen Beschluss nach §§ 574 ZPO, 119 GVG die zulassungsbedürftige Rechtsbeschwerde zum BGH statthaft ist.[205] Dieser Rechtsbehelf ist, wie sich aus § 574 Abs. 1 Nr. 2 ZPO ergibt, auch gegen eine Erstentscheidung des OLG nach § 45 Abs. 3 ZPO eröffnet.[206]

J. Öffentlichkeit

102 Zur Öffentlichkeit der Verhandlung in FamS § 170 GVG.

K. Staatsanwaltschaft

103 Nach früherem Eheverfahrensrecht war die Staatsanwaltschaft in allen Ehesachen zur Mitwirkung befugt; sie konnte der Verhandlung beiwohnen, sich über die zu erlassende Entscheidung gutachtlich äußern und zur Aufrechterhaltung der Ehe neue Tatsachen und Beweismittel vorbringen. Dies sollte der Unterstützung des Gerichts bei der Wahrheitsfindung dienen. Die Vorschrift (§ 607 ZPO a. F.) ist ersatzlos weggefallen.[207] Durch das EheschließungsrechtsG vom 4. 5. 1998 (BGBl. I S. 833) sind die Zuständigkeiten der Staatsanwaltschaft in Ehesachen (§ 24 EheG a. F., 632 ZPO usw. a. F.) entfallen.[208] § 631 Abs. 2 ZPO i. V. mit § 1316 BGB sieht jetzt nur noch in Eheaufhebungssachen eine Mitwirkung einer Verwaltungsbehörde vor. Ein letzter Mitwirkungsrest der Staatsanwaltschaft besteht nach § 138 Abs. 2 GVG.

§ 23 c. [Gemeinsames Amtsgericht in Familien-, Vormundschafts-, Betreuungs- Unterbringungs- und Handelssachen]

¹Die Landesregierungen werden ermächtigt, durch Rechtsverordnung einem Amtsgericht für die Bezirke mehrerer Amtsgerichte die Familiensachen sowie ganz oder teilweise die Vormundschafts-, Betreuungs-, Unterbringungs- und Handelssachen zuzuweisen, sofern die Zusammenfassung der sachlichen Förderung der Verfahren dient oder zur Sicherung einer einheitlichen Rechtsprechung geboten erscheint. ²Die Landesregierungen können die Ermächtigungen auf die Landesjustizverwaltungen übertragen.

Gesetzesfassung: Eingefügt durch Art. 5 Nr. 2 1. EheRG (vgl. Hinweis zu § 23a). Satz 1 geändert durch Art. 2 Nr. 1 BtG; „Handelssachen" eingefügt durch Art. 2 Nr. 1 G zur Umsetzung von Vorschlägen zu Bürokratieabbau und Deregulierung aus den Regionen vom 21. 6. 2005 (BGBl. I S. 1666).

1 **I. Konzentrationsermächtigungen im Allgemeinen.** Die Vorschrift enthält eine Konzentrationsermächtigung, wie sie in vielen weiteren Rechtsvorschriften enthalten ist. Sie ist verfassungsgemäß.[1] Konzentrationsermächtigungen räumen die Möglichkeit ein, in Abänderung der allgemeinen geographischen Gerichtsorganisation (vgl. § 12 Rn. 5) bestimmte Rechtsstreitigkeiten und andere Rechtssachen aus dem Bezirk mehrerer Gerichte bei einem Gericht zusammenzufassen. Da die Konzentration die örtliche und sachliche Zuständigkeit der betroffenen Gerichte verändert, bedarf sie der bundesrechtlichen Ermächtigung (Einl. Rn. 21). Der Grund

---

[204] *BL/Hartmann* § 45 ZPO Rn. 10; *Zöller/Vollkommer* § 45 ZPO Rn. 6.
[205] *BL/Hartmann* § 46 ZPO Rn. 9; *Zöller/Vollkommer* § 46 ZPO Rn. 14.
[206] *Zöller/Vollkommer* aaO. Rn. 14 a.
[207] Vgl. BTagsDrucks. 7/650 S. 202.
[208] Vgl. BTagsDrucks. 13/4898; 13/9416; *Bosch* NJW 1998, 2004.
[1] BVerfGE 53, 257, 312 = NJW 1980, 692; vgl. auch BVerfGE 30, 103 = NJW 1971, 795.

Gemeinsames Amtsgericht   2–5 § 23 c

für Konzentrationsermächtigungen besteht darin, dass besonders in Angelegenheiten, die weniger häufig vorkommen und Spezialgebiete betreffen, erfahrungsgemäß eine bessere Qualität der RSpr gewährleistet ist, wenn ein Gericht sich ständig damit befasst. Ebenso werden Konstanz der RSpr und eine an vielen praktischen Erfahrungen orientierte Rechtsfortentwicklung gewährleistet und die Spezialisierung der Richter gefördert (§ 23 b Rn. 2 ff.). Weiter stößt in Spezialmaterien und auf Rechtsgebieten, die nicht alltäglich die Gerichte beschäftigen, die Ausstattung einer Vielzahl von Gerichten mit der notwendigen Literatur auf finanzielle Grenzen. Dasselbe gilt für die Ausstattung mit besonderer Bürotechnik, z.B. in Registersachen. Schließlich wird auch der Gleichklang herbeigeführt in der Zusammenarbeit mit konzentrierten staatlichen oder kommunalen Verwaltungsbehörden. Gegen Konzentrationen bestehen aber auch in mehrfacher Hinsicht Bedenken: Die Gerichtsorganisation wird unübersichtlich. Manche Gerichte werden in ihrer Zuständigkeit so eingeschränkt, dass der Eindruck von Gerichten erster und zweiter Ordnung entstehen kann. Vor allem in ländlichen Gebieten wird der Weg zum Gericht für viele Bürger weiter.[2]

Wird von einer Konzentrationsermächtigung Gebrauch gemacht, ändert sich in 2 diesem Rahmen die örtliche Gerichtsorganisation. Zuständiges Gericht für die von der Konzentration ergriffenen Rechtsstreitigkeiten ist nur das durch die Konzentrationsregelung für zuständig erklärte Gericht; das ist bedeutsam u.a. auch für die Frage der Fristwahrung. Auch die Rechtsmittelzuständigkeit ändert sich; sie richtet sich allein nach dem durch die Konzentration zuständig gewordenen Gericht. Das gilt auch, wenn nur in der Rechtsmittelinstanz eine Konzentration vorgenommen wird, z.B. nach §§ 93, 94 GWB. Die Konzentration betrifft aber nur die Zuständigkeit der Gerichte, nicht die Gerichtseinteilung im Sinne des § 33a BRAO; hier ist entsprechend § 24 BRAO von einer auf die konzentrierten Sachen beschränkten Zweitzulassung bei dem Gericht auszugehen, bei dem konzentriert ist.[3]

II. Spezialisierung. Die Konzentrationsermächtigung des § 23 c beruht auf der 3 **angestrebten Spezialisierung** des Familienrichters (vgl. § 23 b Rn. 2 ff.) und dem öffentlichen Interesse an möglichst einheitlicher RSpr in FamS.[4]

III. Konzentration im Einzelnen. Konzentriert werden können einmal die 4 **FamS** (§ 23 b Abs. 1 Satz 2), und zwar nur **alle gemeinsam**. Zusätzlich zu den FamS können auch die **Vormundschafts-, Betreuungs- und Unterbringungssachen** ganz oder teilweise konzentriert werden. Die Konzentration der Vormundschafts-, Betreuungs- und Unterbringungssachen ist allerdings nicht isoliert, sondern nur in dem gleichen örtlichen Umfang zulässig wie die der FamS. Während jedoch die FamS nur insgesamt konzentriert werden können, ist das bei den Vormundschafts-, Betreuungs- und Unterbringungssachen nicht der Fall, sie können „ganz oder teilweise" konzentriert werden. Die teilweise Konzentration kann sich dabei nach Sachgebieten vollziehen oder nach bestimmten Personengruppen. „Ganz oder teilweise" können unabhängig davon auch die **Handelssachen** konzentriert werden, also die Rechtsstreitigkeiten des § 95, die nicht in die Zuständigkeit des LG fallen.[5] § 23 c ermöglicht nicht die Konzentration der Rechtshilfe.[6]

Zum Verhältnis der von der Konzentration ergriffenen AG untereinander § 23 b Rn. 29.

Der Gesetzgeber hat in § 23 c lediglich zur Konzentration ermächtigt, wenn sich 5 auch in den Materialien die Bemerkung findet, eine Konzentration füge sich in die Bestrebungen ein, „im Interesse einer leistungsfähigen Rechtspflege die kleineren

---
[2] *Kissel,* Dreistufigkeit S. 42 und Zukunft S. 166, 210.
[3] BGHZ 72, 349 = NJW 1979, 929.
[4] BTagsDrucks. 7/650 S. 189; vgl. BGHZ 72, 349, 353 = NJW 1979, 929.
[5] BTagsDrucks. 15/4231 S. 14.
[6] OLG Stuttgart FamRZ 1984, 716.

Gerichte aufzuheben und zu größeren Gerichtseinheiten zu gelangen. Es erscheint daher wünschenswert, dass die Länder von den Ermächtigungen in weitem Umfang Gebrauch machen".[7]

6 Das Gesetz spricht ohne weitere Einschränkung von der Möglichkeit der Konzentration für **mehrere AG-Bezirke.** Das bedeutet, dass die Konzentration für AG-Bezirke ohne Rücksicht auf die Grenzen der übergeordneten LG oder auch OLG erfolgen kann,[8] nur dürfen die Grenzen des Landes (ohne gesetzliche Grundlage) nicht überschritten werden (vgl. § 58 Rn. 7).

7 Die Länder sind darin frei, ob sie von der Konzentrationsermächtigung des § 23c Gebrauch machen. Eine die Konzentration anordnende RechtsVO kann nicht im Wege der Normenkontrolle nach § 47 VwGO überprüft werden, da dieser nur solche Rechtsvorschriften unterliegen, bei deren Vollzug im Verwaltungsrechtsweg anfechtbare oder erzwingbare Verwaltungsakte usw. ergehen können, für welche gemäß § 40 VwGO die sachliche Zuständigkeit der Verwaltungsgerichte gegeben ist; das ist aber bei FamS nicht der Fall.[9] Zu berücksichtigen haben die Länder die geographischen und infrastrukturellen Verhältnisse und Bedürfnisse der rechtsuchenden Bürger. In vielen Fällen kann für den Bürger durch die Konzentration ein weiterer Weg zum Gericht entstehen. Das ist gerade in FamS, die eine Vielzahl von Bürgern betreffen, besonders problematisch, weshalb hier ist Behutsamkeit geboten ist.[10] Die gerade im Zusammenhang mit moderner Verwaltungsstruktur vielzitierte „Bürgernähe" sollte bei Konzentrationsabsichten bedacht werden. Es darf nicht dazu kommen, dass die mit der Konzentration notwendigerweise zum Teil verbundene Erschwerung des Wegs zum Gericht zu einer Erschwerung auf der Suche des Bürgers nach seinem Recht wird und die Möglichkeit des persönlichen Kontakts des Bürgers zum Gericht (vgl. § 613 ZPO) in Frage stellt.[11] Für FamS kommt hinzu, dass eine Konzentration die gerade hier weitergehend als sonst vorgeschriebene persönliche Anhörung des Betroffenen (vgl. §§ 613 ZPO, 50a ff. FGG) erschweren kann.[12] Zur Zuständigkeit der LReg, der Form sowie zu den Voraussetzungen des Art. 80 GG vgl. § 58 Rn. 3.

§ 24. [Zuständigkeit in Strafsachen]

(1) **In Strafsachen sind die Amtsgerichte zuständig, wenn nicht**

1. **die Zuständigkeit des Landgerichts nach § 74 Abs. 2 oder § 74a oder des Oberlandesgerichts nach § 120 begründet ist,**

2. **im Einzelfall eine höhere Strafe als vier Jahre Freiheitsstrafe oder die Unterbringung des Beschuldigten in einem psychiatrischen Krankenhaus, allein oder neben einer Strafe, oder in der Sicherungsverwahrung (§§ 66 bis 66b des Strafgesetzbuches) zu erwarten ist oder**

3. **die Staatsanwaltschaft wegen der besonderen Schutzbedürftigkeit von Verletzten der Straftat, die als Zeugen in Betracht kommen, des besonderen Umfangs oder der besonderen Bedeutung des Falles Anklage beim Landgericht erhebt.**

(2) **Das Amtsgericht darf nicht auf eine höhere Strafe als vier Jahre Freiheitsstrafe und nicht auf die Unterbringung in einem psychiatrischen Krankenhaus, allein oder neben einer Strafe, oder in der Sicherungsverwahrung erkennen.**

---

[7] BTagsDrucks. 7/650 S. 189.
[8] *BL/Hartmann* Rn. 1.
[9] HessVGH NJW 1977, 1895.
[10] Vgl. DRiZ 1977, 26.
[11] Vgl. *Diederichsen* NJW 1977, 602; *Brüggemann* FamRZ 1977, 4.
[12] *Kissel,* Ehe und Ehescheidung Band 2 S. 42 ff.

Zuständigkeit in Strafsachen **1, 2 § 24**

Übersicht

	Rn.		Rn.
I. Regelungsinhalt	1	V. Prüfung der Zuständigkeit	21
II. Geschichte	2	VI. Nachträgliche Änderung	22
III. Zuständigkeit des AG in Strafsachen	3	VII. Höchstgrenze der Strafgewalt	
IV. Ausnahmen	5	1. 4 Jahre Freiheitsstrafe	24
1. §§ 74, 74a, 120 GVG	6	2. Geldstrafe	25
2. Höhere Strafe als 4 Jahre	7	3. Nebenstrafen, Nebenfolgen, Maßregeln	26
3. Unterbringung	8	4. Strafbefehl, beschleunigtes Verfahren	27
4. Abs. 1 Nr. 3	9	5. Überschreiten der Strafgewalt	28
a) Besondere Bedeutung	10	VIII. Jugendstrafsachen	29
b) Besonderer Umfang	18	IX. Ordnungswidrigkeiten	30
c) Schutzbedürftigkeit Verletzter	19		

Gesetzesfassung: Die abgedruckte Fassung beruht auf Art. 22 Nr. 1 EGStGB. Soweit Abs. 1 Nr. 2 und Abs. 2 ursprünglich die Unterbringung in einer sozialtherapeutischen Anstalt mit aufführten, sollte die Vorschrift in Ausnahme vom allgemeinen Zeitpunkt 1. 1. 1975 erst zum 1. 1. 1978 in Kraft treten (Art. 326 Abs. 5 Nr. 3a EGStGB). In der Folge hat diese Unterbringung eine Umwandlung erfahren von einer Maßregel der Besserung und Sicherung hin zu einer Vollzugsart, vgl. § 9 StVollzG. Durch G vom 22. 12. 1977 (BGBl. I S. 3104), § 2 Nr. 2b, wurde die Frist für das Wirksamwerden auf den 1. 1. 1985 gestreckt; durch G vom 10. 12. 1984 (BGBl. I S. 1654) Art. 3 Nr. 4 wurden die Worte „oder einer sozialtherapeutischen Anstalt" im Text des § 24 endgültig gestrichen. – Durch Art. 3 Nr. 4 RPflEntlG wurde in Abs. 1 Nr. 1 und Abs. 2 jeweils das Wort „drei" durch „vier" ersetzt. – Klammerzusatz in Abs. 1 Nr. 2: Art. 3 Nr. 1 G zur Einführung der nachträglichen Sicherungsverwahrung vom 23. 7. 2004 (BGBl. I S. 1838). Abs. 1 Nr. 3 geändert durch Art. 2 Nr. 1 des OpferrechtsreformG vom 24. 6. 2004 (BGBl. I S. 1354).

I. Regelungsinhalt. Die Vorschrift enthält die Abgrenzung der erstinstanzlichen Zuständigkeit in Strafsachen zwischen AG, LG und OLG; die Abgrenzung innerhalb der Zuständigkeit des AG zwischen dem Strafrichter (Einzelrichter) und dem SchöffenG regelt § 28. Quantitativ liegt der Schwerpunkt der Strafgerichtsbarkeit beim AG: 2005 beliefen sich die Neueingänge bundesweit bei den AG auf ca. 875 000 (ohne Ordnungswidrigkeiten), bei den LG auf ca. 14 500 und bei den OLG auf 13 Strafsachen.[1] 1

II. Geschichte. § 24 hat eine wechselvolle Geschichte, die mit der Besetzung der Gerichte untrennbar verbunden ist und hier nur knapp skizziert werden kann. Das GVG kannte in seiner ursprünglichen Fassung in der ersten Instanz nur SchöffenG beim AG, Strafkammer und Schwurgericht beim LG, Staatsschutzsenat beim RG. Die Zuständigkeit dieser Spruchkörper ausnahmslos von der alten Dreiteilung der Delikte in Übertretungen, Vergehen und Verbrechen aus. Übertretungen und kleinere Vergehen gehörten zum Schöffengericht (ein Berufsrichter, zwei Schöffen), Mord und einige andere schwere Verbrechen zum Schwurgericht (12 Geschworene, die allein über die Schuldfrage entschieden, und drei Berufsrichter), alle anderen Verbrechen und Vergehen gehörten zur großen Strafkammer (5 Berufsrichter), Hochverratssachen zum RG (zu diesem Sondergebiet § 74a). – In der Folgezeit war die Zuständigkeitsabgrenzung zwischen diesen Spruchkörpern Gegenstand wiederholter Änderungen, ebenso die personelle Ausgestaltung der Spruchkörper der ersten Instanz. Die ersten einschneidenden Änderungen brachte die Emminger-Reform (Einl. Rn. 80). Der Einzelrichter in Strafsachen wurde eingeführt für „geringere" Delikte; die erstinstanzliche Zuständigkeit der großen Strafkammer wurde beseitigt und auf das Schöffengericht übertragen, das in umfangreicheren Sachen als erweitertes Schöffengericht (§ 29 Rn. 9) zusammentrat; das alte Schwurgericht wurde durch ein zahlenmäßig geringer besetztes Schwurgericht ersetzt, bei dem jetzt die Geschworenen und die Berufsrichter über Schuld und Strafe gemeinsam berieten und entschieden. – Durch VO vom 14. 6. 1932 (Einl. Rn. 81) wurde wieder die erstinstanzliche Strafkammer beim LG eingeführt, aber besetzt auch mit ehrenamtlichen Richtern, und das erweiterte Schöffengericht wieder abgeschafft (§ 29 Rn. 9). Die nächste einschneidende Änderung brachte die am Anfang des 2. Weltkrieges ergangene VO vom 1. 9. 1939 (RGBl. I S. 1658), durch die sowohl die Schöffengerichte als auch die Schwurgerichte, 2

---
[1] Quelle: Statistisches Bundesamt.

ebenso die ehrenamtlichen Beisitzer in der Strafkammer abgeschafft wurden, deklariert als „kriegsbedingte" Vereinfachung. Geschaffen wurde aber das Sondergericht, besetzt mit 3 Berufsrichtern. Nach 1945 nahm die Entwicklung in den einzelnen Ländern und Besatzungszonen einen unterschiedlichen Verlauf,[2] aber mit der eindeutigen Tendenz der Wiedereinführung der ehrenamtlichen Richter in der Strafrechtspflege, in Bayern sogar mit Wiedereinführung der alten Schwurgerichte. Das REinhG 1950 stellte dann im Grund den Zustand von 1931 wieder her. Die erste große Änderung brachte dann das 1. StVRG 1974 mit der Abschaffung des alten Schwurgerichts und seiner Umformung in eine besondere Strafkammer (§ 74 Abs. 2) und die Aufhebung der Unterscheidung von Schöffen und Geschworenen (Einl. Rn. 97). Mit dem RPflEntlG ist zum 1. 3. 1993 durch Heraufsetzung der für die Zuständigkeitsabgrenzung maßgebenden Strafhöhen eine erhebliche Kompetenzerweiterung des AG eingetreten (Rn. 7, 21).

3   **III. Zuständigkeit des AG in Strafsachen.** § 24 regelt die Zuständigkeit des AG in Strafsachen und grenzt diese von der Zuständigkeit des LG und des OLG erstinstanzlich ab. Systematisch besteht eine **Vermutung für die Zuständigkeit des AG.** § 24 erklärt dieses für zuständig, „wenn nicht" die in Abs. 1 Nr. 1 bis 3 aufgeführten Ausnahmen vorliegen. Ob das AG durch den Einzelrichter oder durch das Schöffengericht entscheidet, richtet sich nach § 25. Grundsätzlich ist das Schöffengericht zuständig, wenn nicht nach § 25 der Einzelrichter zuständig ist.

4   **Strafsachen** nach § 24 sind alle Verfahren, die die Ahndung strafbarer Handlungen nach dem StGB oder anderer strafrechtlicher Normen zum Gegenstand haben und für die nicht ausdrücklich ein anderes Verfahren oder andere, besonders bezeichnete Gerichte vorgesehen sind. So zählen hierzu auch die Delikte des WiStrG, nicht aber die von Jugendlichen oder Heranwachsenden begangenen strafbaren Handlungen, für deren Ahndung nach § 33 JGG die Jugendgerichte zuständig sind, § 10 StGB, § 2 JGG (vgl. Rn. 26). Zu den Jugendschutzsachen siehe § 26. Nicht zu den Strafsachen im Sinne des § 24 gehören die Ordnungswidrigkeiten, §§ 67 ff. OWiG (Rn. 27). Zu den Strafsachen in Binnenschifffahrtssachen siehe § 14 Rn. 5. Für Feld- und Forstrügesachen kann das Landesrecht nach § 3 Abs. 3 EGStPO die ausschließliche Zuständigkeit des AG festlegen, ebenso die des Einzelrichters (§ 25 Rn. 9).

5   **IV. Ausnahmen von der Zuständigkeit des AG.** Der Ausnahmenkatalog, der die Zuständigkeit des AG ausschließt, ist dreifach untergliedert. Er unterscheidet nach der Art des Delikts (Nr. 1), nach der Höhe der zu erwartenden Strafe oder der Art der zu erwartenden Maßregel der Besserung und Sicherung (Nr. 2) und nach den Besonderheiten der Sache selbst (Nr. 3).

6   **1.** Zuständig ist das LG nach § 74 Abs. 2 für **Schwurgerichtsdelikte** und nach § 74a für **Staatsschutzdelikte,** auch bei Anwendung des § 74e,[3] das OLG nach § 120 für Friedensverrat, Hochverrat usw. (Nr. 1). Das AG ist hier unzuständig, wenn bei vorläufiger Bewertung die Wahrscheinlichkeit (hinreichender Verdacht) einer die Zuständigkeit eines höheren Gerichts begründenden Straftat besteht.[4]

7   **2.** Das AG ist weiter nicht zuständig, wenn im Einzelfall **eine höhere Strafe als vier Jahre Freiheitsstrafe zu erwarten** ist (Nr. 2). Dieses Strafmaß ist zugleich die Grenze der amtsgerichtlichen Strafgewalt überhaupt (Abs. 2). Hier ist bei der Eröffnung des Hauptverfahrens (§ 207 StPO) eine „überschlägige Prognoseentscheidung"[5] erforderlich auf Grund der allgemeinen Strafzumessungsgründe und unter Berücksichtigung des gesamten Ermittlungsergebnisses nach § 160 StPO. Maßgebend ist ausschließlich die Auffassung des Gerichts. Eine bloße Vermutung rechtfertigt noch nicht die Annahme der Unzuständigkeit; gegebenenfalls muss eine Hauptverhandlung so lange weitergeführt werden, bis ihr Ergebnis bestätigt,

---

[2] Vgl. *Eb. Schmidt,* LehrK I Rn. 569.
[3] *Katholnigg* Rn. 3.
[4] BayObLG JR 1978, 475; NStZ-RR 2000, 177.
[5] *Meyer-Goßner* Rn. 4.

dass der Angeklagte im angenommenen Sinne schuldig und eine den Strafbann des Gerichts übersteigende Rechtsfolge angezeigt ist.[6] Unberücksichtigt bleiben mögliche Nebenfolgen und Nebenstrafen (§§ 44, 45 StGB), ebenso Geldstrafen ohne Rücksicht auf die mögliche Höhe. Dies gilt auch, wenn die Ersatzfreiheitsstrafe, allein oder zusammen mit einer unmittelbar zu verhängenden Freiheitsstrafe, über vier Jahre hinausgehen könnte. Wäre eine Gesamtstrafe zu bilden, weil mehrere Taten angeklagt sind oder eine bereits verhängte Strafe einzubeziehen wäre, kommt es auf die Höhe der zu erwartenden Gesamtstrafe an.[7] Gegen diese „bewegliche" Zuständigkeitsabgrenzung sind verfassungsrechtliche Bedenken nicht zu erheben.[8]

3. Die Zuständigkeit des AG ist weiter ausgeschlossen, wenn die **Unterbringung** des Beschuldigten in einem psychiatrischen Krankenhaus (§ 63 StGB) allein oder neben einer Strafe oder in der Sicherungsverwahrung (§ 66 StGB) zu erwarten ist; dies bedeutet auch hier hinreichende Wahrscheinlichkeit bei vorläufiger Bewertung.[9] Das AG ist auch nicht zuständig für den Vorbehalt der Sicherungsverwahrung und deren Anordnung (§ 66a StGB) sowie für die nachträgliche Anordnung der Sicherungsverwahrung (§ 66b StGB); hierzu §§ 74f, 120a. Auf die Höhe der daneben zu erwartenden Freiheitsstrafe kommt es nicht an. Unzuständig ist das AG auch für das Sicherungsverfahren nach §§ 413ff. StPO, wenn die Unterbringung in einem psychiatrischen Krankenhaus beantragt ist.

4. In der ursprünglichen Fassung schloss Nr. 3 die Zuständigkeit des AG weiter (lediglich) dadurch aus, dass die StA wegen der **besonderen Bedeutung des Falles** Anklage beim LG erhebt; das zum 1. 9. 2004 in Kraft getretene OpferRRG brachte eine Ergänzung um die Varianten **besonderer Umfang des Falles** (Rn. 18) und **Schutzbedürftigkeit von Verletzten** (Rn. 19). Wenngleich nun an letzte Stelle gerückt, liegt in der „besonderen Bedeutung des Falles" der Schlüssel zum Verständnis der Vorschrift.

a) Die StA muss die Anklage zum LG erheben, wenn sie die **besondere Bedeutung des Falles** auf Grund eines Vergleichs mit gleichartigen Straffällen mittlerer Schwere annimmt,[10] wenn sich die Sache aus der Masse der durchschnittlichen Strafsachen nach oben heraushebt.[11] Kriterien sind das Ausmaß der Rechtsverletzung[12] oder die Auswirkung der Straftat auf die Allgemeinheit.[13] Eine geringe Strafewartung steht der Bedeutung des Falles nicht entgegen.[14] Andererseits begründet es noch keine besondere Bedeutung, wenn lediglich ein minderschwerer Fall ausscheidet.

Dieser Tatbestand der Zuständigkeitsabgrenzung zwischen AG und LG entbehrt der exakten Voraussehbarkeit und Bestimmtheit, wie sie im Allgemeinen als für die Bestimmung des gesetzlichen Richters notwendig angesehen werden (§ 16 Rn. 10). Er führt zu einer „**beweglichen Zuständigkeit**", gegen die unter dem Gesichtspunkt des gesetzlichen Richters nach Art. 101 GG, § 16 GVG Bedenken erhoben werden,[15] wie schon gegen Nr. 2 (Rn. 7), aber auch gegen §§ 26, 74

---

[6] OLG Düsseldorf MDR 1986, 872.
[7] BayObLG NStZ 1985, 470; StraFo 2000, 230; OLG Jena NStZ-RR 2003, 139; *LR/Siolek* § 25 Rn. 3; *Katholnigg* Rn. 4.
[8] *Sowada* S. 516 ff.; *Roth* S. 221 ff.
[9] BayObLG NStZ-RR 2000, 177; OLG Rostock 14. 5. 2004 – 1 Ss 44/04 –; OLG Koblenz 14. 2. 2005 – 1 Ss 17/05 –.
[10] *Meyer-Goßner* Rn. 8; *LR/Siolek* Rn. 17.
[11] OLG Zweibrücken NStZ 1995, 357; OLG Koblenz wistra 1995, 282; OLG Düsseldorf NStZ-RR 1997, 115; OLG Karlsruhe Justiz 1997, 403.
[12] BGH NJW 1960, 542; OLG Düsseldorf NStZ 1990, 292; OLG Karlsruhe Justiz 2001, 177.
[13] OLG Düsseldorf StV 1997, 13; *Eisenberg* NStZ 1990, 551; *Katholnigg* Rn. 5; *LR/Siolek* Rn. 17.
[14] OLG Hamburg NStZ 1995, 252.
[15] Nachweise bei *LR/Schäfer*, 24. Aufl., § 16 Rn. 7 ff.; *Rieß* GA 1976, 7, 8; *Roth* S. 110 ff.; *Schroeder* MDR 1965, 177; *Sowada* S. 585 ff.

Abs. 1, 74a Abs. 2, 74b, 78b Abs. 1 Nr. 2, 120 Abs. 2, 142a Abs. 2–4. Indessen können diese Bedenken nicht durchschlagen. Einmal ist es ein unabweisbares Bedürfnis der Praxis im Interesse eines sachgerechten und ökonomischen Einsatzes der unterschiedlich besetzten und leistungsfähigen Spruchkörper,[16] dass nicht alle Delikte katalogisiert bei einem einzigen bestimmten Spruchkörper zu verhandeln sind, ohne Rücksicht auf Schwere des Delikts, Schuldform des Täters, Schwere der Folgen usw. Vor allem aber verleiht die Vorschrift der StA kein uneingeschränktes und unüberprüfbares Auswahlermessen.[17] Das Merkmal „besondere Bedeutung" ist vielmehr als unbestimmter Rechtsbegriff zu verstehen, der einer objektiven Auslegung nach allgemeingültigen Grundsätzen bedarf und der sowohl die StA als auch das Gericht rechtlich bindet. Ob eine besondere Bedeutung des Falles gegeben ist, unterliegt daher vollumfänglich der gerichtlichen Nachprüfung. Es dürfte inzwischen h. M. sein, dass so verstanden und angewendet gegen die Vorschrift **keine verfassungsrechtlichen Bedenken** bestehen.[18] Eine Rechtfertigung für die Zuständigkeitsverschiebung unabhängig von der Strafewartung kann dabei durchaus im „besseren präventiven Wirkungspotential höherer Gerichte"[19] gesehen werden.

12 Kommt die StA zu dem Ergebnis, dass der Fall besondere Bedeutung hat, muss sie vor dem LG anklagen.[20] Ist dies nicht der Fall, muss sie vor dem AG anklagen. Bis zur Eröffnung des Verfahrens durch das Gericht ist sie an die getroffene Wahl nicht gebunden; sie kann durch Rücknahme der Anklage (§ 156 StPO) und deren erneute Erhebung beim anderen Gericht noch eine Änderung herbeiführen.[21] Die Entscheidung der StA ist für das Gericht, bei dem angeklagt wird, nicht bindend.[22] Es hat z. B. das LG selbst zu prüfen, ob ein Fall von besonderer Bedeutung vorliegt, und nur, wenn es dies bejaht, hat es auch vor dem LG nach § 207 StPO zu eröffnen, andernfalls vor dem AG nach § 209 StPO.[23] Klagt umgekehrt die StA beim AG an, weil sie keinen Fall von besonderer Bedeutung annimmt, ist das AG hieran nicht gebunden und kann die Sache dem LG nach § 209 Abs. 2 StPO vorlegen. Das LG, bei dem angeklagt oder dem nach § 209 Abs. 2 StPO vorgelegt wird, kann nur vor dem LG eröffnen, wenn die Voraussetzungen des § 24 gegeben sind; sind sie offenkundig nicht gegeben, kann in der Eröffnung eine Entziehung des gesetzlichen Richters liegen.[24]

13 Die Entscheidung über das Vorliegen der besonderen Bedeutung ist **anfechtbar** im Zusammenhang mit der Frage der Zuständigkeit des Gerichts; die Entschließung der StA selbst ist unanfechtbar. Verneint das Gericht bei der Eröffnung des Hauptverfahrens die besondere Bedeutung und eröffnet vor dem AG nach § 209 StPO, kann hiergegen die StA nach § 210 Abs. 2 StPO Beschwerde einlegen.[25] Hat das LG zu Unrecht eine besondere Bedeutung angenommen (oder auch die Prüfung übersehen) und vor dem LG eröffnet, dann kann mit der Begründung, das

---

[16] *Rieß* GA 1976, 8.
[17] *Moller* MDR 1966, 100f.
[18] BVerfGE 9, 223, 227 = NJW 1959, 871; E 22, 254, 260 = NJW 1967, 2151; BGHSt 9, 367 = NJW 1957, 33; St 13, 297 = NJW 1960, 56; St 21, 268, 271; BGH NJW 1958, 918; 1968, 710; OLG Karlsruhe Justiz 1977, 278; NStZ-RR 2000, 177; OLG Saarbrücken wistra 2002, 118; *v. Berg* S. 167 ff.; *KK/Hannich* Rn. 5; *Meyer-Goßner* Rn. 5; *LR/Schäfer*, 24. Aufl., § 16 Rn. 9; *Rieß* GA 1976, 8; *Katholnigg* Rn. 4. Vgl. zum besonders schweren Fall BVerfGE 45, 363, 370 = NJW 1977, 1815, zur besonderen Schwere der Schuld, § 57a StGB, BVerfG NStZ 1992, 585 und zur „grundsätzlichen Bedeutung der Rechtssache" § 132 Rn. 32.
[19] *Heghmanns* DRiZ 2005, 288, 290.
[20] BVerfGE 9, 223, 229 = NJW 1959, 871.
[21] BGHSt 14, 11 = NJW 1960, 542.
[22] BVerfGE 9, 223, 229 = NJW 1959, 871.
[23] OLG Karlsruhe NStZ-RR 2000, 60; OLG Hamburg NStZ 1995, 252; *Meyer-Goßner* Rn. 9; *Kleinknecht* NJW 1966, 215; *LR/Siolek* Rn. 24; *Engelhardt* DRiZ 1982, 419; a. A. SchlHOLG NStZ 1985, 74 m. Anm. *Otto*.
[24] BGH NJW 1992, 2104.
[25] OLG Nürnberg MDR 1960, 68; OLG Köln NJW 1970, 260; OLG Naumburg ZfSch 2001, 137.

AG habe entscheiden müssen, die Revision nicht auf § 338 Nr. 4 StPO gestützt werden;[26] es gilt § 269 StPO. Auch hier ist der Angeklagte jedoch seinem gesetzlichen Richter entzogen, wenn die Annahme der Zuständigkeit des Gerichts höherer Ordnung willkürlich, also unter keinem rechtlichen Gesichtspunkt vertretbar ist und deshalb auf sachfremden Erwägungen beruhend erscheint.[27] Ob das Revisionsgericht dies als fehlende Verfahrensvoraussetzung der sachlichen Zuständigkeit nach § 6 StPO von Amts wegen zu berücksichtigen hat oder ob es einer Verfahrensrüge bedarf, ist streitig.[28]

Ob ein Fall von besonderer Bedeutung vorliegt, ist jeweils nur nach dem **Einzelfall** und aufgrund einer Gesamtwürdigung[29] zu beurteilen. Zu berücksichtigen ist, dass es sich dabei um eine Ausnahme von der allgemeinen Regel handelt, die der Begründung bedarf, nicht nur in den Akten der StA,[30] sondern auch in der Anklageschrift selbst, um dem Gericht die Nachprüfung zu ermöglichen,[31] es sei denn, dies läge auf der Hand.[32] Zu bedenken ist auch, dass durch die ausnahmsweise Zuständigkeit des LG dem Angeklagten eine (zweite) Tatsacheninstanz verloren geht.[33]

Die besondere Bedeutung ergibt sich in der Regel aus dem **Ausmaß der Rechtsverletzung** und/oder ihren erheblichen **Folgen**,[34] wobei unverschuldete Folgen im Allgemeinen nicht zu berücksichtigen sind.[35] Besondere Bedeutung wurde angenommen bei gefährlicher Körperverletzung mit erheblichen Folgen,[36] Entführung einer Minderjährigen im Kfz und anschließender Vergewaltigung,[37] 42 Fällen des sexuellen Missbrauchs über eine Dauer von mehr als 8 Jahren an einem anfänglich 6 jährigen Kind mit erheblichen psychischen Folgen,[38] Diebstahl mit hohem Wert des Entwendeten;[39] Landfriedensbruch bei starker öffentlicher Beachtung,[40] Verletzung von Polizeibeamten, Sachbeschädigung durch Einwerfen von Schaufenstern und Plünderungen.[41]

Die Tatsache, dass **Täter oder Verletzter** an herausgehobener Stelle im öffentlichen Leben stehen oder **populär** sind (Prominente aus Politik, Wirtschaft, Medizin, Kunst, Sport usw.), ist für sich nach Art. 3 GG kein Grund für besondere Bedeutung,[42] auch nicht, wenn es sich um einen herausgehobenen Beruf handelt, z.B. Rechtsanwalt.[43] So wurde die besondere Bedeutung z.B. verneint bei einem Strafverfahren gegen einen Beamten wegen Hehlerei mit anschließend zu erwartendem Disziplinarverfahren.[44] Eine besondere Bedeutung kann hier allenfalls in Frage kommen, wenn sich durch die Stellung des Täters der Unrechtsgehalt der Tat

---

[26] BGHSt 9, 367, 368 = NJW 1957, 33; BGH GA 1980, 220.
[27] BGHSt 42, 205 = NJW 1997, 204; St 43, 53 = NJW 1997, 2689 m. krit. Anm. *Renzikowski* JR 1999, 166; St 44, 34 = NJW 1998, 2149; St 47, 16 = NJW 2001, 2984; St 47, 285 = NJW 2002, 2724.
[28] Vgl. BGHSt 47, 16 = NJW 2001, 2984.
[29] OLG Schleswig SchlHA 1967, 269; OLG Karlsruhe Justiz 2001, 177.
[30] So Nr. 113 RiStBV; *LR/Siolek* Rn. 21.
[31] BGH NStZ-RR 1998, 336.
[32] Vgl. OLG Hamburg NStZ 2005, 654.
[33] OLG Oldenburg NJW 1952, 568 = MDR 1952, 568 m. Anm. *Dallinger*; *LR/Siolek* Rn. 21.
[34] OLG Karlsruhe Justiz 1977, 279; vgl. Nr. 113 RiStBV.
[35] *Meyer-Goßner* Rn. 8; *Schroeder* MDR 1965, 177, 179.
[36] BGHSt 26, 29 = NJW 1975, 699.
[37] OLG Karlsruhe Justiz 1968, 210.
[38] OLG Zweibrücken NStZ 1995, 357.
[39] *LR/Siolek* Rn. 22.
[40] OLG Köln NJW 1970, 260.
[41] OLG Celle NdsRpfl 1982, 97.
[42] *KK/Hannich* Rn. 9; *LR/Siolek* Rn. 17; *v. Berg* S. 108 ff.; *Schroeder* MDR 1965, 177, 178; OLG Oldenburg NJW 1952, 839; OLG Nürnberg MDR 1960, 68; OLG Hamburg NStZ 1995, 252; a.A. wohl BGH NJW 1960, 542; SchlHOLG SchlHAnz 1969, 269.
[43] OLG Bamberg MDR 1957, 117; OLG Stuttgart Justiz 1977, 278; *Herlan* GA 1963, 100.
[44] OLG Oldenburg NJW 1952, 839.

erhöht,[45] etwa bei sexuellem Missbrauch durch einen Geistlichen und Lehrer[46] oder einen Arzt als Amtsträger in leitender Position,[47] nicht aber beim Vorwurf der Bestechlichkeit gegen einen Polizeibeamten ohne das Hinzutreten weiterer Umstände.[48] Jedoch kann eine besondere Bedeutung in Frage kommen, wenn die Rechtsverletzung dazu geführt hat, dass das Ansehen des Verletzten in der Öffentlichkeit erheblich beeinträchtigt wurde.[49] Das **Interesse der Öffentlichkeit** am Einzelfall kann die besondere Bedeutung ausnahmsweise dann begründen, wenn es überragend oder bundesweit ist, insbesondere wenn es ohnehin eine besondere Betroffenheit der Allgemeinheit widerspiegelt.[50] Lediglich regionales Aufsehen genügt dagegen nicht.[51]

17 Das Auftreten **schwieriger Rechtsfragen** ist für sich allein ohne Einfluss auf die Bedeutung des Falles.[52] Jedoch vermag das Interesse an einer alsbaldigen Entscheidung des BGH zur Herbeiführung der Rechtseinheit oder der Rechtsfortbildung die besondere Bedeutung zu begründen, soweit eine Vorlage nach § 121 nicht möglich erscheint oder nicht ausreicht;[53] das ist insbesondere der Fall bei einer Rechtsfrage, die über den Einzelfall hinaus in einer Vielzahl gleichgelagerter Fälle bedeutsam ist.[54]

18 b) Die Behandlung eines großen tatsächlichen **Umfangs der Sache,** einer zu erwartenden langen Verhandlungsdauer oder von Schwierigkeiten der Beweiswürdigung war zunächst streitig. Solche Umstände wurden oft als nicht geeignet angesehen, eine besondere Bedeutung zu begründen,[55] auch unter Verweis auf § 29 Abs. 2 als Abhilfemöglichkeit.[56] Nicht zuletzt schließlich im Hinblick darauf, dass der Gesetzgeber dann in § 76 Abs. 2 den Umfang oder die Schwierigkeit der Sache als Kriterium für die Notwendigkeit der Mitwirkung eines weiteren Berufsrichters bestimmt hat,[57] hat sich aber die Auffassung durchgesetzt, dass die eine Anklageerhebung vor dem LG veranlassende besondere Bedeutung auch im tatsächlich großen Umfang der Sache, z. B. hinsichtlich der Beweisaufnahme und der Beweiswürdigung, aber auch in Schwierigkeiten der Rechtsfrage liegen kann,[58] vor allem dann, wenn die Kapazität des AG gesprengt würde und die für Fälle von langer Verhandlungsdauer geeignetere und leistungsfähigere StrafK im Interesse auch der Verfahrensbeschleunigung benötigt wird.[59] Nr. 3 in der Fassung des OpferRRG bringt durch ausdrückliche Aufnahme des Kriteriums **besonderer Umfang des Falles** die gebotene Klarstellung. Erforderlich ist, dass sich das Verfahren nach der Zahl der Angeklagten oder der Delikte, nach dem Aufwand für die Beweisaufnahme oder nach der zu erwartenden Verhandlungsdauer deutlich aus der großen Masse der Verfahren heraushebt, die den gleichen Tatbestand betreffen; auch hier handelt es sich um einen unbestimmten, voller richterlicher Nachprüfung unterlie-

---

[45] BGH NJW 1960, 542; OLG Hamburg NStZ 1995, 252 m. w. N.; OLG Koblenz wistra 1995, 282; *Meyer-Goßner* Rn. 8.
[46] BGHSt 47, 16 = NJW 2001, 2984.
[47] OLG Karlsruhe Justiz 2001, 177.
[48] OLG Karlsruhe wistra 1997, 198.
[49] *Schroeder* MDR 1965, 177, 179; SchlHOLG SchlHAnz 1967, 269.
[50] Ähnlich *v. Berg* S. 180: erhebliche Störung des Rechtsfriedens.
[51] *Schroeder* MDR 1965, 177, 178; *KK/Hannich* Rn. 9; BGHSt 44, 34 = NJW 1998, 2149; OLG Karlsruhe NStZ-RR 2000, 60; OLG Saarbrücken wistra 2002, 118.
[52] OLG Bremen JZ 1953, 150; OLG Bamberg MDR 1957, 117; OLG Hamburg NStZ 1995, 252.
[53] BGH NJW 1960, 542; BGHSt 43, 54 = NJW 1997, 2689; St 47, 16 = NJW 2001, 2984; OLG Karlsruhe NStZ-RR 2000, 60; OLG Bremen JZ 1953, 150; SchlHOLG SchlHAnz 1956, 23; 1967, 269; *LR/Siolek* Rn. 20; *Meyer-Goßner* Rn. 8; *Schroeder* MDR 1965, 177, 179; *Busch* JZ 1953, 151.
[54] BGH NJW 1997, 2689; KG NStZ-RR 2005, 26.
[55] OLG Bamberg MDR 1957, 117; SchlHOLG SchlHAnz 1967, 269; *Katholnigg* Rn. 5 m. w. N.; *Schroeder* MDR 1965, 177.
[56] *Radtke/Bechtold* GA 2002, 586, 591 ff.
[57] BTagsDrucks. 12/3832 S. 43.
[58] BGH NJW 1960, 542; OLG Bremen JZ 1953, 150 m. Anm. *Busch;* OLG Düsseldorf NStZ 1990, 292; OLG Hamburg NStZ 1995, 252; *LR/Siolek* Rn. 18.
[59] OLG Karlsruhe Justiz 2001, 177; KG NStZ-RR 2005, 26; *KK/Hannich* Rn. 6.

genden Rechtsbegriff.⁶⁰ Es bedarf allerdings der Abgrenzung zu § 29 Abs. 2 (vgl. dort Rn. 12 ff.). Die Zuständigkeit des LG besteht nicht, wenn den aus dem Umfang der Sache entspringenden Erschwernissen durch Zuziehung eines zweiten Richters beim AG abgeholfen werden kann. Erst wenn der Umfang der Sache auch diesen Rahmen sprengt, wird § 24 Abs. 1 Nr. 3 anwendbar.⁶¹ Hiernach dürfte eine Zuständigkeitsverschiebung zum LG gerechtfertigt sein, wenn 6 oder mehr volle Verhandlungstage zu erwarten sind,⁶² ebenso bei einer Vielzahl von Angeklagten.⁶³

c) Schon vor dem Inkrafttreten des OpferRRG wurde im Zusammenhang mit **19** den Bemühungen um den **Opferschutz** gelegentlich angenommen, dass die Anklageerhebung beim LG nach Nr. 3 auch dann gerechtfertigt sei, wenn dadurch die mehrfache Vernehmung und die damit verbundene psychische Belastung des Opfers, namentlich von Kindern, durch Beschränkung des Verfahrens auf eine Tatsacheninstanz vermieden werde.⁶⁴ Mit dem Wortlaut der Bestimmung war dies nicht vereinbar.⁶⁵ Dies veranlasste den Gesetzgeber, in der Neufassung die Zuständigkeit des LG ausdrücklich auch vorzusehen bei **besonderer Schutzbedürftigkeit von Verletzten** der Straftat, die als Zeugen in Betracht kommen.⁶⁶ Auch insoweit handelt es sich um einen unbestimmten, voller richterlicher Nachprüfung unterliegenden Rechtsbegriff.⁶⁷ Verletzter ist im allgemeinen strafrechtlichen Sinne der Träger des durch die Tat unmittelbar angegriffenen Rechtsguts.⁶⁸ Maßgeblich ist die individuelle Schutzbedürftigkeit eines verletzten Zeugen im konkreten Strafverfahren.⁶⁹ Sie kann sich insbesondere daraus ergeben, dass das Opfer durch eine nochmalige Vernehmung in einer weiteren Tatsacheninstanz gravierende psychische Auswirkungen zu befürchten hat.⁷⁰

Der schutzbedürftige Verletzte muss als Zeuge **in Betracht kommen**. Danach **20** ist unerheblich, ob die StA die Vernehmung für geboten oder für entbehrlich hält. Es genügt die zum Zeitpunkt der Anklageerhebung bestehende nicht fern liegende Möglichkeit, dass das Opfer, sei es auf Beweisantrag eines Verfahrensbeteiligten, sei es von Amts wegen im Rahmen der Sachaufklärungspflicht nach § 244 Abs. 2 StPO, zur späteren Hauptverhandlung geladen werden muss.⁷¹ Bei Straftaten gegen die sexuelle Selbstbestimmung und gegen die körperliche Unversehrtheit liegt dies in aller Regel auf der Hand. Zur Begründung in der Anklageschrift Rn. 14.

V. Prüfung der Zuständigkeit. Die Prüfung, ob die Zuständigkeit des AG **21** nach § 24 gegeben ist, obliegt zunächst der StA bei der Erhebung der Anklage. Nach § 200 StPO hat die Anklageschrift auch das Gericht, vor dem die Hauptverhandlung stattfinden soll, anzugeben (zur Begründung Rn. 14). Die Entscheidung der StA ist für das Gericht nicht bindend (Rn. 12). Das Gericht, bei dem die Anklage eingereicht wird, hat selbst zu prüfen, ob seine Zuständigkeit oder die eines anderen Gerichts besteht. Klagt die StA beim AG an und hält dieses die Zuständigkeit des LG für gegeben, dann hat es die Akten dem LG zur Entscheidung über die Zuständigkeit vorzulegen (§ 209 Abs. 2 StPO). Klagt die StA beim LG an und hält

---

[60] BTagsDrucks. 15/1976 S. 19.
[61] Ebenso *Meyer-Goßner* Rn. 7; *v. Berg* S. 201.
[62] *Heghmanns* DRiZ 2005, 288, 290; StV 2003, 14; zur Jugendkammer BGH bei *Becker* NStZ-RR 2007, 1, 6: 7 Tage; krit. zu solchen Grenzen *v. Berg* S. 201 f.
[63] BGH bei *Böhm* NStZ 1983, 448, 450 (nicht abgedruckt in NStZ 1982, 508): 18 Angeklagte; zur Jugendkammer LG Frankfurt NStZ-RR 1996, 251: 10 Angeklagte.
[64] Zurückhaltend BGH StV 1995, 620; OLG Zweibrücken NStZ 1995, 357; *Böttcher/Mayer* NStZ 1993, 153, 157; *LR/Siolek* Rn. 7; *Siegismund/Wickern* wistra 1993, 138.
[65] BGHSt 47, 16 = NJW 2001, 2984; *Meyer-Goßner* Rn. 6; *Böhm* ZRP 1996, 259.
[66] Krit. hinsichtlich der Tauglichkeit *Heghmanns* DRiZ 2005, 288, 291.
[67] BTagsDrucks. 15/1976 S. 19.
[68] Vgl. BGHSt 31, 210; *Tröndle/Fischer* § 77 StGB Rn. 2.
[69] LG Hechingen NStZ-RR 2006, 51; *Meyer-Goßner* Rn. 6.
[70] BTagsDrucks. aaO.
[71] OLG Hamburg NStZ 2005, 654.

dieses die Zuständigkeit des AG für gegeben, eröffnet das LG das Verfahren vor dem AG (§ 209 Abs. 1 StPO).

22 VI. Nachträgliche Änderungen. Wird das Verfahren vor dem AG eröffnet, bleibt das AG grundsätzlich an die für die Eröffnung maßgebende Entscheidung gebunden, da anderenfalls die für eine geordnete Verfahrensentwicklung notwendige Kontinuität der einmal begründeten Zuständigkeit laufend in Frage gestellt werden könnte.[72] Kommt das AG im Laufe des Verfahrens zu der Auffassung, dass die zu treffende Entscheidung nach Abs. 1 Nr. 1 oder 2 in die sachliche Zuständigkeit eines höheren Gerichts fällt, hat es nach § 225 a StPO zu verfahren oder die Sache nach § 270 StPO an dieses höhere Gericht zu verweisen.[73] Hierzu muss eine in die Zuständigkeit des höheren Gerichts fallende Entscheidung wahrscheinlich sein. Diese Wahrscheinlichkeit darf das verweisende Gericht aber nur annehmen auf der Grundlage eigener Sachaufklärung. Vor Beginn oder Durchführung der Beweisaufnahme ist eine Verweisung grundsätzlich nicht zulässig. Insbesondere kommt eine Verweisung wegen unzureichender Strafgewalt (Nr. 2) nur in Betracht, wenn der Schuldspruch feststeht und auch keine Milderungsgründe mehr zu erwarten sind, die eine Strafe innerhalb der Strafgewalt des Amtsgerichts als ausreichend erscheinen lassen könnten.[74] Ohne Eintritt in die Beweisaufnahme darf nur verwiesen werden, wenn das Verfahren lediglich versehentlich vor dem Gericht niederer Ordnung eröffnet wurde und die Zuständigkeit des höheren Gerichts von vornherein anzunehmen war.[75] Veränderte Umstände bleiben ohne Belang bei Abs. 1 Nr. 3; über die dort genannten Voraussetzungen entscheidet die objektive Sachlage zum Zeitpunkt der Eröffnungsentscheidung.[76] – Das mit der Sache befasste höhere Gericht ist durch § 269 StPO an der Verweisung gehindert, auch im Falle der Abtrennung.[77]

23 Für das höhere Gericht ist grundsätzlich auch ein fehlerhafter Verweisungsbeschluss bindend;[78] das gilt ausnahmsweise dann nicht, wenn der Verweisungsbeschluss mit den Grundprinzipien der rechtsstaatlichen Ordnung in Widerspruch steht, wenn er offenbar unhaltbar und nicht mehr vertretbar erscheint,[79] wenn er willkürlich ist.[80] Willkür kann auch darin liegen, dass das verweisende Gericht sich über seine Verpflichtung zu hinreichender Sachaufklärung hinwegsetzt, ohne dass sich Anhaltspunkte für eine versehentliche Eröffnung ergeben[81] (vgl. Rn. 22). Der Verweisungsbeschluss ist dann aber nicht nichtig, es entfällt nur seine Bindungswirkung; das Gericht höherer Ordnung kann die Sache im Falle ihrer Unzuständigkeit zurückverweisen, ohne hieran durch § 269 StPO gehindert zu sein.[82] Diese Zurückverweisung hat allerdings keine bindende Wirkung; beharrt das Gericht niederer Ordnung auf seiner Auffassung, ist ein Zuständigkeitsstreit nach § 14 StPO gegeben.[83] Unabhängig davon kann in einer willkürlichen Verweisung eine Verletzung des gesetzlichen Richters liegen.[84]

---

[72] OLG Frankfurt NStZ-RR 1996, 338; *Gollwitzer* JR 1991, 38.
[73] Vgl. BGHSt 47, 311 = NJW 2002, 2483 m. Anm. *Rieß* NStZ 2003, 48.
[74] BGHSt 45, 58 = NJW 1999, 2604; OLG Karlsruhe NStZ 1990, 100 = JR 1991, 36 m. Anm. *Gollwitzer;* OLG Düsseldorf StraFo 1998, 274; OLG Saarbrücken NStZ-RR 2003, 377; LG Regensburg wistra 2006, 119.
[75] BGH NJW 1999, 2604; OLG Frankfurt NStZ-RR 1996, 339; 1997, 311; *LR/Gollwitzer* § 270 StPO Rn. 16.
[76] BGHSt 44, 34 = NJW 1998, 2149; St 47, 16 = NJW 2001, 2984; *KK/Hannich* Rn. 12; *Rieß* NStZ 2003, 48, 49.
[77] BGHSt 47, 116 = NJW 2002, 526.
[78] BGHSt 29, 216, = NJW 1980, 1586; St 45, 58 = NJW 1999, 2604 m. krit. Anm. *Bernsmann* JZ 2000, 215; OLG Frankfurt NStZ-RR 1997, 312; OLG Zweibrücken NStZ-RR 1998, 280.
[79] OLG Karlsruhe NStZ 1990, 100; OLG Frankfurt NStZ-RR 1996, 338 m. w. N.
[80] OLG Düsseldorf NStZ 1996, 206.
[81] OLG Stuttgart 9. 12. 2005 – 3 ARs 1/05 –.
[82] BGHSt 45, 58 = NJW 1999, 2604; OLG Bamberg NStZ-RR 2005, 377.
[83] BGH aaO.; OLG Bamberg aaO.
[84] BGHSt 40, 120 = NJW 1994, 2369; OLG Zweibrücken NStZ-RR 1998, 280.

Zuständigkeit in Strafsachen

VII. Höchstgrenze der Strafgewalt des AG. 1. Höchstens vier Jahre Freiheitsstrafe kann das AG (Einzelrichter oder SchöffenG) verhängen (Abs. 2). Das gilt ohne Rücksicht darauf, ob die Strafe für eine oder für mehrere Taten insgesamt ausgesprochen wird, auch für die Fälle der nachträglichen Gesamtstrafenbildung (§ 55 StGB, §§ 460, 462a Abs. 3 StPO). Abs. 2 verbietet dem AG aber nicht schlechthin, gegen denselben Angeklagten mehrere Strafen zu verhängen, die insgesamt eine Summe von mehr als vier Jahren ergeben. Das GVG enthält keinen Anhaltspunkt dafür, dass mehrere vom AG verhängte, nach § 55 StGB aber nicht gesamtstrafenfähige Strafen zusammengerechnet werden dürften oder müssten. Abs. 2 verbietet nur, bei gleichzeitiger Aburteilung mehrerer Straftaten gemäß § 53 Abs. 1 StGB oder bei Nachholung der unterbliebenen möglichen gleichzeitigen Aburteilung gemäß § 55 Abs. 1 StGB die angeführte Strafgrenze zu überschreiten. Daher ist es möglich, dass dasselbe AG gegen einen Angeklagten mehrere Strafen verhängt, die in ihrer Gesamtheit eine über vier Jahre Freiheitsstrafe liegende Summe erreichen. So kann das AG z.B. seine volle Strafgewalt ausschöpfen, auch wenn es zuvor gegen denselben Angeklagten in einem anderen Urteil bereits eine Freiheitsstrafe verhängt hatte, die gesamtstrafenfähig wäre, mit der eine Gesamtstrafe aber nicht gebildet werden kann, weil das erste Urteil noch nicht rechtskräftig ist.[85]

2. Geldstrafen kann das AG in den Grenzen der §§ 40 ff. StGB uneingeschränkt verhängen, allein oder neben einer Freiheitsstrafe, auch wenn die Ersatzfreiheitsstrafe allein oder zusammen mit der Freiheitsstrafe vier Jahre übersteigt.

3. In der Verhängung von **Nebenstrafen und Nebenfolgen** ist das AG nicht beschränkt. Von den **Maßregeln der Besserung und Sicherung** nach §§ 61 ff. StGB darf das AG nicht anordnen die Unterbringung in einem psychiatrischen Krankenhaus und die Sicherungsverwahrung.

4. Für das **Strafbefehlsverfahren** ergeben sich Einschränkungen der Strafgewalt aus § 407 Abs. 2 StPO; in der auf Einspruch hin stattfindenden Hauptverhandlung kann aber bis zur vollen Höhe des Abs. 2 erkannt werden. Für das **beschleunigte Verfahren** ergeben sich Einschränkungen der Strafgewalt aus § 419 Abs. 1 Satz 2 StPO. Im Falle der Verbindung mit anderen Verfahren gilt diese Beschränkung nur für die Einzelstrafen für diejenigen Taten, derentwegen das beschleunigte Verfahren eingeleitet worden ist. Die Beschränkung gilt auch nicht, wenn die im beschleunigten Verfahren verhängte Strafe in einem gewöhnlichen Strafverfahren nachträglich (§ 55 StGB) in eine Gesamtstrafe einbezogen wird.[86]

5. Überschreitet das AG seinen Strafrahmen, liegt eine Gesetzesverletzung im Sinne des § 337 StPO vor; die Überschreitung des Strafrahmens führt zur sachlichen Unzuständigkeit des Gerichts, die das Revisionsgericht von Amts wegen zu berücksichtigen hat.[87]

VIII. Jugendstrafsachen. § 24 gilt nicht für Strafsachen, die von Jugendlichen und Heranwachsenden begangen worden sind. Hier sind nach § 33 JGG ausschließlich die Jugendgerichte zuständig, also Jugendrichter (Einzelrichter), Jugendschöffengericht und Jugendkammer. Ihre Zuständigkeitsabgrenzung und ihre Strafgewalt richtet sich allein nach nach §§ 39 ff. JGG, so dass die Unterbringung in einem psychiatrischen Krankenhaus auch vom Jugendschöffengericht angeordnet werden kann,[88] selbst wenn allgemeines Strafrecht zur Anwendung kommt.[89] Das Verhältnis von Jugendgericht zum allgemeinen ordentlichen Gericht ist durch den Großen Senat des BGH[90] dahin bestimmt, dass es sich nicht um eine unterschiedliche sachliche Zu-

---

[85] BGHSt 34, 159 = NJW 1987, 1211; *Schnarr* NStZ 1987, 236.
[86] BGHSt 35, 251 = NJW 1989, 46.
[87] BayObLG StraFo 2000, 230; *LR/Siolek* Rn. 42; *Meyer-Goßner* Rn. 12.
[88] LG Bonn NJW 1976, 2312; OLG Saarbrücken NStZ 1985, 93.
[89] OLG Stuttgart NStZ 1988, 225.
[90] BGHSt 18, 79 = NJW 1963, 60.

ständigkeit handelt oder um besondere Gerichte, sondern nur um eine gesetzliche Geschäftsverteilung, so dass zwischen ihnen sowohl die Abgabe zulässig ist als auch §§ 209 und 269 StPO anwendbar sind.[91] Zu beachten ist, dass durch § 209a StPO für die Eröffnungszuständigkeit des § 209 StPO vor einem Gericht niederer Ordnung die Jugendgerichte zu einem Gericht höherer Ordnung erklärt worden sind. Die Eröffnung durch das Jugendgericht vor dem Erwachsenengericht steht aber der Rückverweisung nach § 270 Abs. 1 StPO nicht entgegen; § 6a StPO gilt hier nicht.[92] Die Vorschriften des GVG gelten im Übrigen, soweit das JGG keine Sonderregelung enthält, § 2 JGG.

30 **IX. Ordnungswidrigkeiten.** Obwohl nach § 46 OWiG das GVG auf das Ordnungswidrigkeitenverfahren so anzuwenden ist, als wären die Ordnungswidrigkeiten Strafsachen,[93] regelt § 68 OWiG die gerichtliche Zuständigkeit anstelle und abweichend von §§ 24, 25 GVG. Zuständig für die Entscheidung über den Einspruch gegen den Bußgeldbescheid der Verwaltungsbehörde ist stets das AG, und zwar der Strafrichter (Einzelrichter); eine Ausnahme macht § 83 GWB. Für Verfahren gegen Jugendliche und Heranwachsende gilt § 68 Abs. 2 OWiG. Zur Rechtsmittelzuständigkeit §§ 79ff. OWiG.

§ 25. [Zuständigkeit des Strafrichters]

Der Richter beim Amtsgericht entscheidet als Strafrichter bei Vergehen,
1. wenn sie im Wege der Privatklage verfolgt werden oder
2. wenn eine höhere Strafe als Freiheitsstrafe von zwei Jahren nicht zu erwarten ist.

Übersicht

	Rn.		Rn.
I. Regelungsinhalt	1	IV. Strafrichter anstelle Schöffengericht	7
II. Zuständigkeit des Strafrichters	3	V. Strafbefehlsverfahren	8
1. Privatklage	3	VI. Landesrecht	9
2. Straferwartung höchstens 2 Jahre	4	VII. Jugendsachen	10
3. Anklageerhebung vor Strafrichter	5		
III. Volle Strafgewalt des Strafrichters	6		

1 **I. Regelungsinhalt.** Die Vorschrift regelt innerhalb der durch § 24 bestimmten Zuständigkeit des AG die Zuständigkeitsabgrenzung zwischen **Schöffengericht und Strafrichter** (= Einzelrichter). Der Strafrichter wurde erstmals durch die Emminger-Reform eingeführt (§ 24 Rn. 2). Die Zuständigkeitsvermutung spricht für das Schöffengericht, indem § 28 bestimmt: „soweit nicht der Strafrichter entscheidet". Nur bei Vorliegen der Voraussetzungen des § 25 ist der Strafrichter zuständig, und nur bei Vergehen, nicht bei Verbrechen (§ 12 StGB).

2 Bei der Regelung des § 25 handelt es sich um eine **Zuständigkeitsbestimmung.**[1] Strafrichter und Schöffengericht sind zwar Spruchkörper des gleichen Gerichts, jedoch im Sinne der Vorschriften über die sachliche Zuständigkeit zwei verschiedene Gerichte.[2] Der Strafrichter ist gegenüber dem Schöffengericht ein Gericht „niederer Ordnung".[3] Deshalb kann das SchöffenG eine vor ihm angeklagte Sache nach § 209 Abs. 1 StPO vor dem Strafrichter eröffnen, und umgekehrt kann der

---

[91] So BGHSt 18, 173 = NJW 1963, 500; OLG Düsseldorf JMBlNRW 1963, 166; BayObLGSt 1974, 135; str.; vgl. *Rieß* GA 1976, 3; a. A. *Brunner* § 33 Rn. 1.
[92] BGHSt 47, 311 = NJW 2002, 2483 m. Anm. *Rieß* NStZ 2003, 48.
[93] *Göhler/Seitz* vor § 67 Rn. 29.
[1] BGHSt 19, 177 = NJW 1964, 506.
[2] BGHSt 18, 79 = NJW 1963, 60; St 18, 173 = NJW 1963, 500; St 19, 177 = NJW 1964, 506.
[3] RGSt 62, 265; BGHSt 19, 177 = NJW 1964, 506; *Katholnigg* Rn. 1; *Meyer-Goßner* Rn. 1.

Strafrichter bei einer bei ihm eingereichten Anklageschrift nach § 209 Abs. 2 StPO die Akten dem SchöffenG zur Entscheidung über die Zuständigkeit vorlegen (zur Rechtslage nach Eröffnung Rn. 6).

II. Zuständigkeit des Strafrichters. 1. Vergehen, wenn sie im Wege der **3 Privatklage** verfolgt werden (Nr. 1): Die im Wege der Privatklage verfolgbaren Straftaten ergeben sich aus § 374 StPO. Zuständig ist der Strafrichter aber nur, wenn diese auch im Wege der Privatklage nach §§ 374 ff. StPO verfolgt werden. Verfolgt die StA diese Delikte im Offizialverfahren nach § 376 StPO, ist Nr. 1 nicht anwendbar, sondern nur Nr. 2. Übernimmt die StA nach der die Zuständigkeit des Strafrichters begründenden Einleitung des Privatklageverfahrens die Verfolgung gemäß § 377 StPO, ändert sich nichts mehr an der einmal begründeten Zuständigkeit des Strafrichters, da die StA das Verfahren in seiner jeweiligen Lage übernimmt.[4]

2. Wenn eine höhere Strafe als Freiheitsstrafe von zwei Jahren nicht zu erwarten **4** ist (Nr. 2). Im Gegensatz zum früheren Recht („wenn die Tat mit keiner höheren Strafe ... bedroht ist") bestimmt sich die Zuständigkeit des Strafrichters allein nach der **zu erwartenden Strafe** entsprechend dem Eröffnungsbeschluss (§ 207 StPO). Die Möglichkeit zusätzlicher Strafen oder Maßnahmen schließt die Zuständigkeit des (Einzel)Richters nicht aus[5] (vgl. § 24 Rn. 7, 8). Ohne Bedeutung ist jedoch die Straferwartung, wenn die StA wegen der besonderen Bedeutung des Falles (§ 24 Rn. 9 ff.) angeklagt hat.[6] Entgegen dem früheren Recht, wonach die Zuständigkeit des Strafrichters (Einzelrichter) davon abhing, dass die StA die Sache als „von minderer Bedeutung" ansah, ist dies kein zulässiges Abgrenzungskriterium mehr.[7] Kein zulässiges Kriterium ist auch der Umfang der Sache[8] (§ 24 Rn. 18).

3. Da es sich bei der Abgrenzung zwischen Strafrichter und Schöffengericht um **5** eine Zuständigkeitsregelung handelt (Rn. 2), kann die StA in den Fällen der Nr. 2 nicht beim SchöffenG, sondern nur beim Strafrichter anklagen; in Frage kommt aber eine Anklage bei der Strafkammer nach § 24 Abs. 1 Nr. 3. Kommt von vornherein keine Freiheitsstrafe von mehr als zwei Jahren in Betracht, so ist die Erhebung der Anklage zum SchöffenG willkürlich.[9] Ein willkürlicher Verstoß (zum Begriff § 16 Rn. 52 ff.) gegen die Vorschriften über die sachliche Zuständigkeit verletzt den gesetzlichen Richter mit der Folge, dass das Verweisungsverbot des § 269 StPO nicht gilt.[10]

III. Volle Strafgewalt des Strafrichters. In der Hauptverhandlung steht auch **6** dem Strafrichter (Einzelrichter) die volle Strafgewalt des AG nach § 24 Abs. 2 zu; er kann, wenn sich nach Eröffnung des Hauptverfahrens herausstellt, dass die angemessene Strafe über die der Nr. 2 hinausgeht, nicht nach §§ 225 a, 270 StPO verfahren.[11]

IV. Strafrichter anstelle Schöffengericht. Da Strafrichter und SchöffenG im **7** Verhältnis der sachlichen Zuständigkeit zueinander stehen (Rn. 2), liegt ein **Verfahrensfehler** vor, wenn der Strafrichter anstelle des SchöffenG entschieden hat; das Revisionsgericht hat das Urteil aufzuheben und an das SchöffenG zurückzu-

---

[4] BGHSt 11, 56 = NJW 1958, 229; *LR/Siolek* Rn. 2; *Katholnigg* Rn. 2.
[5] *Katholnigg* Rn. 3; *LR/Siolek* Rn. 3.
[6] *Katholnigg* Rn. 3.
[7] H. M., OLG Oldenburg MDR 1994, 1139; OLG Hamm StV 1995, 182; 1996, 300; OLG Düsseldorf NStZ 1996, 206; OLG Köln NStZ-RR 1996, 178; OLG Koblenz StV 1996, 588; OLG Bremen NStZ-RR 1998, 53; *Katholnigg* Rn. 3; *KK/Hannich* Rn. 6; *Meyer-Goßner* Rn. 3; *LR/Siolek* Rn. 8; *Rieß* NStZ 1995, 376; *Sowada* S. 630; *Fischer* NJW 1996, 1044.
[8] OLG Hamm StV 1996, 300.
[9] OLG Düsseldorf NStZ 1996, 206.
[10] OLG Bremen NStZ-RR 1998, 53; OLG Düsseldorf aaO.
[11] BGHSt 16, 248 = NJW 1961, 2316; BayObLG NStZ 1985, 470 m. abl. Anm. *Achenbach*; OLG Düsseldorf NStZ-RR 2001, 222 m. abl. Anm. *Paeffgen* NStZ 2002, 195; *LR/Siolek* Rn. 12; *Meyer-Goßner* Rn. 4; a. A. für § 225 a StPO AG Höxter NStZ 1984, 474.

verweisen.¹² Im umgekehrten Falle (SchöffenG statt Strafrichter) liegt kein Verfahrensfehler vor, da das Schöffengericht gegenüber dem Strafrichter ein Gericht höherer Ordnung ist,¹³ ausgenommen Willkür¹⁴ (§ 24 Rn. 12).

8 **V. Strafbefehlsverfahren.** Die Zuständigkeitsabgrenzung zwischen Strafrichter und SchöffenG gilt auch für das Strafbefehlsverfahren. Da aber im Strafbefehlsverfahren höchstens eine Freiheitsstrafe von einem Jahr verhängt werden darf (§ 407 Abs. 2 Satz 2 StPO), andererseits aber der Strafrichter immer zuständig ist, wenn keine höhere Strafe als zwei Jahre zu erwarten ist (Rn. 4), kann es eine Zuständigkeit des SchöffenG im Strafbefehlsverfahren praktisch (ausgenommen § 408a StPO) nicht mehr geben.¹⁵

9 **VI. Landesrecht.** Die Zuständigkeit des Strafrichters kann gemäß § 3 EGStPO durch Landesgesetz dahin erweitert werden, dass in Forst- und Feldrügesachen das AG ohne die Zuziehung von Schöffen entscheiden kann, auch wenn sonst nach § 25 das Schöffengericht zuständig wäre.

10 **VII. Jugendsachen.** § 25 ist im Verfahren gegen Jugendliche und Heranwachsende nicht anwendbar (§ 24 Rn. 26).

§ 26. [Zuständigkeit in Jugendschutzsachen]

(1) ¹Für Straftaten Erwachsener, durch die ein Kind oder ein Jugendlicher verletzt oder unmittelbar gefährdet wird, sowie für Verstöße Erwachsener gegen Vorschriften, die dem Jugendschutz oder der Jugenderziehung dienen, sind neben den für allgemeine Strafsachen zuständigen Gerichten auch die Jugendgerichte zuständig. ²Die §§ 24 und 25 gelten entsprechend.

(2) In Jugendschutzsachen soll der Staatsanwalt Anklage bei den Jugendgerichten nur erheben, wenn in dem Verfahren Kinder oder Jugendliche als Zeugen benötigt werden oder wenn aus sonstigen Gründen eine Verhandlung vor dem Jugendgericht zweckmäßig erscheint.

Übersicht

	Rn.		Rn.
I. Doppelzuständigkeit	1	VII. Entsprechende Geltung der §§ 24, 25	11
II. Jugendschutzsachen	3	VIII. Geltung des JGG	12
III. Geltung nur für Erwachsene	5	IX. Fehlerhafte Anwendung des § 26	13
IV. Zuständigkeit des Jugendgerichts	6	X. Konzentration nach § 58	14
V. Wahlmöglichkeit	9		
VI. Anklage nicht bindend	10		

1 **I. Doppelzuständigkeit in Jugendschutzsachen.** Während für das Erwachsenenstrafrecht § 24 die Abgrenzung zwischen AG einerseits sowie LG und OLG andererseits abschließend regelt und das JGG für die von Jugendlichen und Heranwachsenden begangenen Straftaten die ausschließliche Zuständigkeit der Jugendgerichte begründet (§ 24 Rn. 2), schafft § 26 für die Jugendschutzsachen ausnahmsweise eine Doppelzuständigkeit, sowohl die der Jugendgerichte als auch der allgemeinen Strafgerichte. Durch diese Doppelzuständigkeit soll erreicht werden, dass bei Straftaten gegen Kinder und Jugendliche nicht stets die Hauptverhandlung vor dem Erwachsenengericht stattfinden muss, sondern den Besonderheiten des

---

¹² OLG Oldenburg NStZ 1994, 449; *Katholnigg* Rn. 1; *LR/Siolek* Rn. 15.
¹³ RGSt 62, 265; BGHSt 9, 367 = NJW 1957, 33; BGH VRS 23, 267; NJW 1968, 710; NStZ 1993, 197; OLG Bremen NStZ 1998, 53.
¹⁴ Zu den Folgen *Meyer-Goßner* § 269 StPO Rn. 8.
¹⁵ OLG Oldenburg NStZ 1994, 449; LG Stuttgart wistra 1994, 40; *KK/Fischer* § 407 StPO Rn. 1; *Meyer-Goßner* § 408 StPO Rn. 5, 6; a. A. *Fuhse* NStZ 1995, 165.

Falles durch das Verfahren vor dem Jugendgericht besser Rechnung getragen werden oder die besondere Sachkunde und Erfahrung des Jugendrichters eingesetzt werden kann, z.B. zur richtigen Würdigung der Aussagen von Belastungszeugen über Erlebnisse aus ihrer Jugendzeit[1] oder zur sachgemäßen Behandlung jugendlicher Zeugen.[2] Durch die Beschränkung auf die von Erwachsenen begangenen Straftaten unterscheidet sich § 26 von § 103 JGG, der bei gemeinsamer Begehung einer Straftat durch Erwachsene und Jugendliche oder Heranwachsende die Möglichkeit der Verbindung sowohl beim Jugendgericht als auch beim Erwachsenengericht vorsieht, und von § 32 JGG, der die Zuständigkeit bei der Begehung mehrerer Straftaten des gleichen Täters in verschiedenen Alters- und Reifestufen regelt.

Die Vorschrift gilt nur **innerhalb der allgemeinen Zuständigkeit des AG** nach § 24; für die in die Zuständigkeit des LG fallenden Sachen enthält § 74b eine entsprechende Regelung.

II. Jugendschutzsachen. 1. Jugendschutzsachen sind Straftaten, durch die ein Kind (bis zur Vollendung des 14. Lebensjahres) oder ein Jugendlicher (bis zur Vollendung des 18. Lebensjahres) verletzt oder unmittelbar gefährdet wurde, vgl. § 1 Abs. 2 JGG. Auf Straftaten gegen Heranwachsende (vom 18. bis zur Vollendung des 21. Lebensjahres) ist die Vorschrift nicht anwendbar.[3] Auf die Art des Deliktes kommt es nicht an; alle Straftaten fallen hierunter,[4] allein das Alter des Verletzten ist entscheidend. Kind oder Jugendlicher müssen durch die Straftat verletzt oder gefährdet worden sein. Vom Sinne der Vorschrift her sind diese Begriffe weit auszulegen, auch die mittelbare Verletzung gehört hierher. Nicht anwendbar ist § 26 jedoch, wenn die Straftat zum Tod des Kindes oder Jugendlichen geführt hat.[5]

2. Bei der Zuständigkeit für Verstöße Erwachsener gegen Vorschriften, die dem Jugendschutz oder der Jugenderziehung dienen, ist dagegen nicht nur auf Kinder und Jugendliche, sondern auch auf Heranwachsende (bis zur Vollendung des 21. Lebensjahres) abzustellen.[6] Hierher gehören die ausdrücklich dem Schutz dieser jungen Menschen dienenden Vorschriften wie §§ 174ff. StGB,[7] §§ 170, 171, 235, 236 StGB und die Vorschriften zum Schutz der gesundheitliche und seelische Entwicklung wie JArbSchG, JSchG.

III. Geltung nur für Erwachsene. Die Vorschrift gilt **nur für Straftaten Erwachsener.** Haben Jugendliche oder Heranwachsende solche Taten begangen, gilt uneingeschränkt die Zuständigkeit des Jugendgerichts ohne Rücksicht darauf, ob etwa bei einem Heranwachsenden nach § 105 JGG Erwachsenenstrafrecht Anwendung findet. Zu den Sonderfällen der §§ 32 und 103 JGG vgl. Rn. 1.

IV. Zuständigkeit des Jugendgerichts. Die Zuständigkeit des Jugendgerichts nach § 26 ist die **Ausnahme**. Die Zuständigkeiten von Jugendgericht und allgemeinem Strafgericht stehen nicht gleichwertig nebeneinander, wie sich aus Abs. 2 ergibt. Die Anklage gegen den Erwachsenen soll nur dann beim Jugendgericht erhoben werden, wenn eine der beiden dort genannten Voraussetzungen vorliegt. Daraus erhellt, dass die StA, die hierüber zunächst bei der Anklageerhebung nach § 200 Abs. 1 Satz 2 StPO zu entscheiden hat, nicht dann stets auch beim Jugendgericht anklagen muss, wenn diese Voraussetzungen vorliegen, sondern gleichwohl beim allgemeinen, grundsätzlich zuständigen Strafgericht anklagen kann.[8]

---

[1] BGHSt 13, 53 = NJW 1959, 1093.
[2] OLG Düsseldorf JMBlNRW 1963, 166.
[3] *LR/Siolek* Rn. 4.
[4] *Meyer-Goßner* Rn. 2.
[5] OLG Hamm JMBlNRW 1963, 34; OLG Düsseldorf JMBlNRW 1963, 166; *LR/Siolek* Rn. 6; *Meyer-Goßner* Rn. 2; *Katholnigg* Rn. 1.
[6] BGHSt 13, 53 = NJW 1959, 1053; *LR/Siolek* Rn. 5.
[7] BGH aaO.
[8] BGHSt 13, 297 = NJW 1960, 56; *LR/Siolek* Rn. 10.

7 1. Wenn in dem Verfahren **Kinder oder Jugendliche als Zeugen** benötigt werden. Dem steht gleich, wenn sie als Augenscheinsobjekt in Frage kommen.

8 2. Wenn **aus sonstigen Gründen eine Verhandlung vor dem Jugendgericht zweckmäßig** erscheint. Solche Gründe sind nach den der Vorschrift zugrundeliegenden Überlegungen (Rn. 1) dann gegeben, wenn es auf die besondere Fachkunde und Erfahrung des Jugendgerichts ankommt. Allgemeine Zweckmäßigkeitserwägungen, etwa Belastung der allgemeinen Strafgerichtsbarkeit oder besondere Verfahrensweise des Jugendgerichts, sind unzulässig.

9 **V. Wahlmöglichkeit.** Die Wahlmöglichkeit zwischen allgemeinem Strafgericht und Jugendgericht verstößt nicht gegen den Grundsatz der notwendigen **Bestimmtheit des gesetzlichen Richters** (vgl. § 24 Rn. 9). Denn die Wahlmöglichkeit der StA ist nicht uneingeschränkt, sondern wird durch die in Abs. 2 aufgestellten Kriterien eingeengt.[9]

10 **VI. Anklage nicht bindend.** Das von der StA ausgewählte Gericht ist an die Auswahl auch nicht gebunden. Ist vor dem Jugendgericht angeklagt, dann hat dieses nach § 209a Nr. 2b StPO zu überprüfen, ob die Jugendschutzsache vor das Jugendgericht gehört oder vor das Erwachsenengericht.[10] Verneint es die Zuständigkeit des Jugendgerichts, eröffnet es vor dem Erwachsenengericht.[11] Ist vor dem Erwachsenengericht angeklagt, kann dieses nicht vor dem Jugendgericht eröffnen, es kann jedoch nach § 209 Abs. 2 StPO verfahren. Das Jugendgericht kann dann vor sich oder vor dem allgemeinen Erwachsenengericht eröffnen.[12] Bindung tritt ein mit Eröffnung des Hauptverfahrens.[13]

11 **VII. Entsprechende Geltung der §§ 24, 25.** Ist die Zuständigkeit des Jugendgerichts nach § 26 gegeben ist, gelten für die Abgrenzung zwischen Jugendrichter und Jugendschöffengericht §§ 24, 25 entsprechend (Abs. 1 Satz 2). §§ 39, 40 JGG sind unanwendbar.

12 **VIII. Geltung des JGG.** Die Zuständigkeit des Jugendgerichts nach § 26 führt dazu, dass das gesamte Gerichtsverfassungsrecht nach dem **JGG maßgebend** ist, so z. B. die Vorschriften über die Besetzung und über die Öffentlichkeit (§ 48 JGG). Auch der Instanzenzug richtet sich allein nach dem JGG, soweit dieses Sondervorschriften enthält. Das bedeutet, dass alle Rechtsmittel gegen die Entscheidungen des Jugendgerichts beim AG (Jugendrichter und Jugendschöffengericht) einheitlich von der Jugendkammer der LG zu entscheiden sind (vgl. § 74b Rn. 5), eine abweichende Bestimmung in der Geschäftsverteilung ist unzulässig[14] und unwirksam. § 29 Abs. 2 über das erweiterte Schöffengericht ist nicht anwendbar.[15] Jedoch hat das Jugendgericht das für Erwachsene geltende materielle Strafrecht anzuwenden.

13 **IX. Fehlerhafte Anwendung des § 26.** Ist unter Verkennung der Voraussetzungen des § 26 die Zuständigkeit des allgemeinen Strafgerichts oder des Jugendgerichts **irrtümlich angenommen** worden, so rechtfertigt dies die Revision nur bei Willkür.[16]

14 **10. Konzentration nach § 58.** Sind Schöffengerichtssachen nach § 58 oder Jugendsachen nach § 33 Abs. 3 JGG konzentriert, so hat das nur Einfluss auf die örtliche Zuständigkeit. § 26, der allein die sachliche Zuständigkeit betrifft, bleibt uneingeschränkt anwendbar. Erst nach Entscheidung über die sachliche Zuständigkeit kommt die örtliche Konzentration zum Tragen.

---

[9] BGH aaO.; *LR/Siolek* Rn. 1; *Roth* S. 118ff.; *Sowada* S. 650ff.; a. A. *Moller* MDR 1966, 102.
[10] *Eisenberg* GA 2002, 579, 584.
[11] Vgl. *Rieß* NJW 1978, 2267.
[12] *KK/Hannich* Rn. 6; *Meyer-Goßner* Rn. 5; *LR/Siolek* Rn. 10; *Rieß* NJW 1978, 267.
[13] BGHSt 42, 39 = NStZ 1996, 346; OLG Saarbrücken NStZ-RR 2003, 377.
[14] OLG Saarbrücken NJW 1965, 2313; *LR/Siolek* Rn. 1, 13.
[15] *LR/Siolek* § 29 Rn. 1, 13.
[16] BGH bei *Herlan* GA 1971, 34; *LR/Siolek* Rn. 7; *Meyer-Goßner* Rn. 6; *Katholnigg* Rn. 2.

§ 26a. (weggefallen)

§ 27. [Sonstige Zuständigkeit und Geschäftskreis]

Im übrigen wird die Zuständigkeit und der Geschäftskreis der Amtsgerichte durch die Vorschriften dieses Gesetzes und der Prozeßordnungen bestimmt.

Übersicht

	Rn.		Rn.
I. Zuständigkeit des AG	1	13. Allgemeine Aufgaben	19
II. Zuständigkeiten im GVG	4	14. Landwirtschaftssachen	20
III. Prozessordnungen	5	15. Freiheitsentziehung	22
1. ZPO	6	16. Strafsachen	23
2. Kostensachen	7	17. Bußgeldverfahren	25
3. Insolvenzverfahren	8	18. Verfahren gegen Jugendliche	26
4. Schifffahrtssachen	9	19. § 287 AO	27
5. Freiwillige Gerichtsbarkeit	10	IV. Internationaler Rechtsverkehr	28
6. Grundbuchsachen	12	1. Auslieferung	28
7. Register	13	2. Rechtshilfeersuchen	29
8. Beurkundung	14	3. Unterhaltsansprüche	30
9. Personen- und familienrechtliche Sachen	15	4. Ausführungsgesetze	31
10. Öffentlich-rechtliche Feststellungen	16	V. AG als Auffangstation	32
11. Hinterlegung	17	VI. Landesrecht	34
12. Vertragshilfe	18		

I. Die Zuständigkeit des AG. §§ 23 und 23a regeln die Zuständigkeit des AG **1** in bürgerlichen Rechtsstreitigkeiten im Verhältnis zwischen AG und LG und setzen die Zuständigkeit der ordentlichen Gerichte nach § 13 voraus; eine Ausnahme gilt nur für die im § 23b Abs. 1 Satz 2 Nr. 2, 3, 4, 7, 8, 8a, 10, 11, 14 und 15 aufgeführten Angelegenheiten der freiwilligen Gerichtsbarkeit (§ 23b Rn. 8). Die §§ 24 bis 26 regeln die Zuständigkeit des AG in Strafsachen. Damit ist der Zuständigkeitsbereich des AG aber nicht erschöpft. Nach § 27 wird die **Zuständigkeit des AG im Übrigen,** also darüber hinaus, durch das GVG und durch die Prozeßordnungen (gemeint sind Bundesgesetze oder Landesgesetze auf Grund bundesgesetzlicher Ermächtigung) bestimmt (vgl. § 12 Rn. 4).

Die Vorschrift „ist überflüssig und unvollständig".[1] Überflüssig, weil es selbstverständlich ist, dass weitere Vorschriften des GVG und andere bundesrechtliche Regelungen dem AG Zuständigkeiten zuweisen können. Unvollständig, weil auch andere Arten von bundesrechtlichen Vorschriften dem AG Zuständigkeiten zuweisen können, die nicht den Charakter von traditionellen Prozessordnungen haben. Unvollständig auch deshalb, weil gelegentlich ein Bedürfnis bestehen kann, dem AG auch durch die Landesgesetzgebung Zuständigkeiten zuzuweisen; als Ermächtigungsgrundlage hierfür reicht aber § 27 nicht aus, der nur auf bundesrechtliche Vorschriften abstellt.

§ 27 ist lediglich klarstellend und nur historisch zu erklären. Er gab die Möglich- **3** keit, weitere Angelegenheiten reichsgesetzlich dem AG zuzuweisen und sie damit justiziabel zu machen, andererseits aber auch öffentliche Aufgaben ohne Rücksicht auf die damals noch nicht ausgeprägte Grenze zwischen Rechtsprechung und Verwaltung einer fachkundigen, objektiven staatlichen Stelle mit relativ breiter geographischer Streuung im Lande zur optimalen Erledigung zu übertragen. Manche der ursprünglichen Übertragungen beweisen die früher fehlende scharfe Trennung zwischen RSpr und Verwaltung und betrafen Verwaltungsaufgaben. Sie sind im Laufe

---

[1] *Eb. Schmidt* Anm. zu § 27.

der Zeit teilweise, aber nicht vollständig wieder abgebaut worden (vgl. Einl. Rn. 130).

4   **II. Zuständigkeit im GVG.** Das GVG selbst bestimmt weitere Zuständigkeiten des AG für die Rechtshilfe (§ 157).

5   **III. Prozessordnungen.** Die Zuständigkeit des AG wird über das GVG hinaus durch die „**Prozessordnungen**" bestimmt. Das waren bei Inkrafttreten des GVG nur die ZPO und die StPO; indessen ist im Laufe der Entwicklung bis heute eine Vielzahl von (reichs- und bundesrechtlichen) Gesetzen ergangen, die die Zuständigkeit des AG erweiterten. Hier können nicht alle außerhalb des GVG begründeten Zuständigkeiten des AG aufgeführt werden. Es kann nur aufgezeigt werden, in welchem Umfang die verschiedensten Sachgebiete dem AG zugewiesen sind.

6   1. In der **ZPO** ist die Zuständigkeit des AG zusätzlich bestimmt in folgenden Fällen: selbstständiges Beweisverfahren in dringenden Fällen neben dem Prozessgericht (§ 486); Mahnverfahren (§ 689); als Vollstreckungsgericht allgemein (§ 764); Entscheidung über Vollstreckungsklauseln usw. bei notariellen Urkunden (§ 797 Abs. 3); Anordnung des Arrestes neben dem Gericht der Hauptsache (§ 919); Erlass einer einstweiligen Verfügung als Gericht der Hauptsache (§ 937) oder in dringenden Fällen als Gericht der belegenen Sache (§ 942); in Schiedsgerichtssachen ist das AG nur ausnahmsweise zuständig (§ 1062 Abs. 4 ZPO).

7   2. In **Kostensachen** ist das AG über die allgemeinen prozessualen Vorschriften hinaus zuständig für die Entscheidung über Verwaltungsakte, die im Bereich der Justizverwaltung beim Vollzug des GKG, der KostO, des GVKostG, des JVEG usw. (§ 30a EGGVG). Das AG entscheidet hier als Gericht, so dass eine Überprüfung solcher Verwaltungsakte im Dienstaufsichtswege nicht zulässig ist. Gegen die Entscheidung des AG sind die in den jeweiligen Kostenregelungen vorgesehenen Rechtsmittel zulässig (Beschwerde und weitere Beschwerde).

8   3. Das AG ist weiter erstinstanzlich zuständig für das **Insolvenzverfahren** (§ 2 InsO), das Verfahren der Zwangsverwaltung und der Zwangsversteigerung (§§ 1, 163 ZVG).

9   4. Zur Zuständigkeit des AG in Schifffahrtssachen vgl. § 14.

10   5. Der größte Teil der über das GVG hinausgehenden, dem AG zugewiesenen Aufgaben betrifft Angelegenheiten der **freiwilligen Gerichtsbarkeit.** Das FGG von 1898 gilt nach seinem § 1 für „diejenigen Angelegenheiten der freiwilligen Gerichtsbarkeit, welche durch Reichsgesetz den Gerichten übertragen sind". Das FGG setzt also sowohl den Begriff „Angelegenheiten der freiwilligen Gerichtsbarkeit" (vgl. dazu § 17 Rn. 53 ff.) voraus als auch die durch Reichs (Bundes-)gesetz vorgenommene Übertragung dieser Angelegenheiten auf die Gerichte (nach der heutigen Systematik der ordentlichen Gerichte), hier speziell das AG (zur erstinstanzlichen Übertragung auf LG, OLG und BGH vgl. § 71 Rn. 16, § 119 Rn. 39). Diese Übertragung kann nach dem Vorbehalt des § 189 FGG auch durch Landesgesetz vorgenommen werden. Eine solche Zuweisung von Aufgaben der freiwilligen Gerichtsbarkeit an das AG ist z. B. geschehen im FGG selbst durch § 35 (Vormundschaftssachen), § 65 (Betreuungssachen), § 70 (Unterbringungssachen), § 72 (Nachlasssachen), § 125 (Handelsregister), § 55 BGB und § 159 FGG (Vereinsregister), § 161 (Güterrechtsregister). Eine vollständige Aufzählung kann hier nicht erfolgen.[2] Die Zuweisung führt mitunter dazu, dass das AG in einem speziellen Bereich seine Bezeichnung ändert, z. B. Vormundschaftsgericht, Nachlassgericht, Registergericht, Insolvenzgericht, im Allgemeinen jedoch bleibt es „Amtsgericht".

11   Indessen ist diese Übertragung von Sachen der freiwilligen Gerichtsbarkeit auf das AG **nicht bundeseinheitlich.** Der Landesgesetzgebung ist nach Art. 147

---

[2] Vgl. *Keidel/Schmidt* § 1 FGG Rn. 52 ff.

EGBGB, § 189 FGG vorbehalten, die dem Vormundschafts- oder dem Nachlassgericht obliegenden Verrichtungen anderen Behörden als den Gerichten zu übertragen. Eine solche andere Übertragung gilt in Baden-Württemberg. Hier sind diese Verrichtungen teils den staatlichen Notariaten übertragen (§ 1 Abs. 1, 2 LFGG Bad.-Württ.; vgl. Einleitung Rn. 76). Einige Aufgaben des Nachlassgerichts, z.B. die Vermittlung der Auseinandersetzung eines Nachlasses oder eines Gesamtguts, Versiegelung und Entsiegelung und die Aufnahme von Nachlassinventaren sind auch in anderen Bundesländern teilweise den Notaren übertragen. Weitere Aufgaben, insbesondere im Zusammenhang mit Nachlass- und Beurkundungstätigkeit, sind teilweise ebenfalls anderen Behörden übertragen (Ortsgerichten usw.).

6. Umfassend ist die Zuständigkeit des AG in **Grundbuchsachen** (§ 1 GBO) **12** einschließlich **Erbbaurecht**. Eine Sonderregelung gilt für die ehemaligen Länder Baden und Württemberg nach Art. 8 der Verordnung zur Änderung des Verfahrens in Grundbuchsachen vom 5. 8. 1935 (RGBl. I S. 1065; vgl. Einl. Rn. 76 und §§ 1 Abs. 1 u. 3, 26ff. LFGG Bad.-Württ.).

7. Auch das **Registerwesen** obliegt dem AG. Das gilt z.B. für das gesamte **13** Handelsregister (§ 125 FGG), das Vereinsregister (§ 21 BGB, § 159 FGG), Genossenschaftsregister (§ 10 GenG), Güterrechtsregister (§ 161 FGG), Schiffsregister (§ 1 SchiffsregisterO), Register für Pfandrechte an Luftfahrzeugen (§ 78 LuftFzgG).

8. In **Beurkundungssachen** ist die frühere bestehende Zuständigkeit der Ge- **14** richte neben der der Notare durch das BeurkG nahezu völlig beseitigt worden (abgesehen von den Fällen der Beurkundung innerhalb eines laufenden Verfahrens). Das AG kann nur noch die Anerkennung der Vaterschaft und die Übernahme von Unterhaltsverpflichtungen beurkunden (§ 62 BeurkG); daneben gilt noch ein eingeschränkter Vorbehalt für landesrechtliche Regelungen der Beurkundungszuständigkeit (§ 63 BeurkG).

9. In **personen- und familienrechtlichen Angelegenheiten** ist das AG über **15** §§ 23 ff. GVG und die Aufgaben des Vormundschaftsgerichts hinaus zuständig für Verschollenheitssachen (§ 14 VerschG), für Personenstandssachen (§§ 45 ff. PStG) und nach den RelKErzG.

10. Zuständig ist das AG als Gericht der freiwilligen Gerichtsbarkeit in einer **16** großen Zahl von Fällen der öffentlich-rechtlichen Feststellung von Tatsachen und Sachverhalten, z.B. für die Untersuchung von Sachen (§ 164 FGG), Dispache (§ 149 FGG), der Verwahrung von Sachen (§ 165 FGG) und Pfandverkauf (§ 166 FGG), freiwillige Versteigerungen (nach Landesrecht), Aufnahme von Verzeichnissen (Vermögensverzeichnis).

11. Dem AG übertragen sind die Aufgaben der **Hinterlegungsstelle, § 1 17** Abs. 2 HinterlO.

12. Nach dem **Vertragshilfegesetz** (BGBl. 1952 I S. 198), dem Flüchtlingshil- **18** feG und dem HeimkehrerG waren dem AG Aufgaben des Schuldnerschutzes übertragen.

13. Daneben ist das AG oft als staatliche Institution eingesetzt, wenn es darum **19** geht, bei aktiver oder passiver Ungewissheit Abhilfe zu schaffen oder zweifelsfreie Urkunden zu schaffen oder Erklärungen herbeizuführen, z.B. Notbestellung von Organen juristischer Personen (§ 29 BGB), Zwangseinberufung von Beschlussorganen juristischer Personen (§ 37 BGB); Vertreterbestellungen (§ 1141 Abs. 2 BGB); Bewilligung öffentlicher Zustellung bei ungewissem, unbekanntem oder unerreichbarem Adressaten (§§ 132 Abs. 2, 176 Abs. 2 BGB); Entgegennahme von eidesstattlichen Versicherungen in den Fällen der §§ 261 Abs. 1 BGB, 79, 163 FGG.

14. Das AG (§ 2 LwVG) ist als Landwirtschaftsgericht zuständig in **Landwirt- 20 schaftssachen** nach § 1 LwVG. Dazu gehören vor allem Angelegenheiten aus

Landpachtverträgen nach dem LandpachtverkehrsG (BGBl. 1985 I S. 2075) und der Landpacht im Übrigen; Einwendungen gegen das siedlungsrechtliche Vorkaufsrecht nach § 10 ReichssiedlungsG; Anerbenrecht. Auch nach dem LandwirtschaftsanpassungG (BGBl. 1991 I S. 1418) ist das AG als Landwirtschaftsgericht zuständig. Diese Zuständigkeit erstreckt sich auch auf das Verfahren in Höfesachen (§ 1 HöfeVfO). – Zuständig ist das AG in erster Instanz, und zwar ausschließlich (§ 2 LwVG), in der Besetzung mit einem Richter und zwei landwirtschaftlichen Beisitzern. Im zweiten Rechtszug ist das OLG, im dritten Rechtszug der BGH zuständig. Das AG (Entsprechendes gilt für OLG und BGH) ist als Landwirtschaftsgericht ein besonderer Spruchkörper (Spezialspruchkörper, vgl. § 14 Rn. 18, § 16 Rn. 19, § 21e Rn. 88) des AG mit gesetzlich festgelegter Zuständigkeit und besonderer Besetzung.

21 Das BundeskleingartenG (BGBl. 1983 I S. 210) hat in Abweichung vom früheren Recht (RGBl. 1919 S. 1371 mit Einigungsamt und unterer Verwaltungsbehörde) die Kleingartenpacht den allgemeinen Pachtvorschriften des BGB unterstellt.

22 15. Das AG ist zuständig zur Anordnung der **Freiheitsentziehung** (Unterbringung einer Person gegen ihren Willen oder im Zustande der Willenlosigkeit in einer Justizvollzugsanstalt, einem Haftraum, einer abgeschlossenen Verwahranstalt, einer abgeschlossenen Anstalt der Fürsorge, einer abgeschlossenen Krankenanstalt oder einem abgeschlossenen Teil einer Krankenanstalt), soweit diese Freiheitsentziehung auf Grund Bundesrechts angeordnet wird (§ 3 FreihEntzG). Diese Zuständigkeit des AG gilt auch dann, wenn die Freiheitsentziehung zunächst nicht auf richterlicher Anordnung beruhte, sondern von einer Verwaltungsbehörde unmittelbar herbeigeführt wurde und dann erst angefochten wird (§ 13 aaO.). Dies gilt jedoch nur für die Anfechtung der Unterbringungsmaßnahme selbst; wird nachträglich Klage erhoben auf Feststellung der Rechtswidrigkeit der Freiheitsentziehung, so gilt die Zuweisung an das AG jedenfalls dann nicht, wenn ein Verfahren wegen der Anordnung der Freiheitsentziehung beim AG nicht anhängig gewesen ist.[3]

23 16. Über die sich aus §§ 24 bis 26 GVG ergebende Zuständigkeit in **Strafsachen** hinaus ist das AG in einer Vielzahl von Fällen nach der **StPO** zuständig. Im gesamten Ermittlungsverfahren ist das AG ohne Rücksicht auf die Art des Deliktes zuständig für die Vornahme aller von der StA als erforderlich angesehenen richterlichen Untersuchungshandlungen (§§ 162ff. StPO). Untersuchungshandlungen sind dabei alle im Ermittlungsverfahren zulässigen Handlungen zur Förderung des Verfahrens oder zur Sicherung oder Vorwegnahme einer im Straferkenntnis zu erwartenden Maßnahme. Dazu gehören z.B. Anordnungen der Unterbringung zur psychiatrischen Begutachtung (§ 81 StPO), der körperlichen Untersuchung und Blutproben (§§ 81a, 81c StPO), molekulargenetische Untersuchungen und DNA-Analyse (§§ 81e ff.), Beschlagnahmen (§ 98 StPO), Überwachung der Telekommunikation (§ 100a StPO), Durchsuchungen (§§ 102ff. StPO), vorläufige Entziehung der Fahrerlaubnis (§ 111a StPO), vor allem aber der Erlass des Haftbefehls und Vorführungen (§§ 114, 115, 115a, 125, 126, 128 StPO), die einstweilige Unterbringung (§ 126a StPO) und Entscheidungen über Freiheitsentziehungen nach § 163c StPO. Auf Antrag eines Beschuldigten hat der Richter des AG einzelne Beweiserhebungen bei Gefahr des Verlustes des Beweismittels oder der Möglichkeit der Freilassung des Beschuldigten durchzuführen (§ 166 StPO). Darüber hinaus ist der Richter des AG während des gesamten Ermittlungsverfahrens „Notstaatsanwalt", er hat bei Gefahr im Verzug die erforderlichen Untersuchungshandlungen auch ohne Antrag vorzunehmen (§ 165 StPO). Neben der dem Richter übertragenen Zuständigkeit sind auch besondere Aufgaben der Geschäftsstelle (§ 153 GVG) des AG übertragen, so nach § 158 StPO (Entgegennahme von Strafanträgen und

---

[3] OVG Berlin NJW 1971, 637 m. Anm. *Olschewski* NJW 1971, 1195.

Strafanzeigen) und § 299 StPO (Rechtsmittelerklärung Verhafteter). – Eine große Zahl von Aufgaben des AG in Strafsachen ist inzwischen aufgegeben worden. So war bis zur Strafrechtsreform 1975 dem AG die Strafvollstreckung für die zur Zuständigkeit des AG gehörenden Strafsachen übertragen[4] (§ 451 Abs. 3 StPO a. F.).

Das AG ist zuständig für das **Strafbefehlsverfahren** (§§ 407 ff. StPO). 24

17. Im **Bußgeldverfahren** ist das AG ohne Rücksicht auf die Art der Ordnungswidrigkeit und die Höhe des Bußgeldbescheides zuständig für die Entscheidung über den Einspruch gegen den Bußgeldbescheid (§ 68 OWiG) und die gerichtliche Entscheidung, die beantragt wird gegen Anordnungen, Verfügungen und sonstige Maßnahmen, die von der Verwaltungsbehörde im Bußgeldverfahren getroffen werden (§§ 62 Abs. 1, 108 OWiG) einschließlich Wiederaufnahme des Verfahrens (§ 85 OWiG) und Einziehungsverfahren (§ 87 OWiG), Anordnung der Erzwingungshaft (§ 96 OWiG), über Einwendungen gegen die Vollstreckung (§ 103 OWiG) und für die bei der Vollstreckung notwendig werdenden gerichtlichen Entscheidungen (§ 104 OWiG). 25

18. In Verfahren gegen **Jugendliche und Heranwachsende** ist das AG zuständig nach §§ 39, 40, 107 JGG. Es entscheidet durch den Jugendrichter (Einzelrichter) oder durch das Jugendschöffengericht (§ 33 JGG) einschließlich der Entscheidungen im Vollstreckungsverfahren (§ 83 JGG). Im Gegensatz zur allgemeinen Regelung über die Zuständigkeit für die Strafvollstreckung (§ 451 StPO) ist der Jugendrichter auch Vollstreckungsleiter (§ 82 JGG). – Vgl. § 26 und § 24 Rn. 29. 26

19. Im Anschluss an den Beschluss des Bundesverfassungsgerichts vom 3. 4. 1979,[5] wonach auch bei der Zwangsvollstreckung nach § 758 ZPO, außer bei Gefahr im Verzug, Art. 13 Abs. 2 GG eine besondere richterliche Anordnung für die Durchsuchung der Wohnung des Schuldners zum Zwecke der Pfändung erfordert, hat das Gesetz vom 20. 8. 1990 (BGBl. I S. 1545) § 287 AO einen Abs. 4 angefügt, wonach auch hier für die richterliche Anordnung der Durchsuchung das Amtsgericht zuständig ist. In diesem Verfahren vor dem Amtsgericht ist die ZPO anzuwenden, auch ist der Rechtsmittelzug der ZPO gegeben.[6] 27

IV. Internationaler Rechtsverkehr. Von erheblichem Umfang ist die Zuständigkeit des AG im internationalen Rechtsverkehr. Es ist zuständig:

1. In der internationalen Rechtshilfe in Strafsachen, vgl. §§ 21, 22 und 39 Abs. 2 IRG. 28

2. Erledigung von Zustellungsanträgen und von Rechtshilfeersuchen nach dem HaagerZPrAbk (§ 2 AusfG, BGBl. 1958 I S. 939) sowie Vollstreckbarerklärung von Kostenentscheidungen nach Art. 18 sowie die Vollstreckbarerklärung von Entscheidungen nach dem Haager Übereinkommen, die Unterhaltspflicht gegenüber Kindern betreffend. 29

3. Einreichungsstelle für das Gesuch, mit dem ein Anspruch auf Gewährung von Unterhalt im Gebiet einer ausländischen Vertragspartei nach dem UN-Übereinkommen über die Geltendmachung von Unterhaltsansprüchen geltend gemacht wird (§ 3 AusfG, BGBl. 1959 II S. 149 und BGBl. 1971 II S. 105). 30

4. In den Ausführungsgesetzen zu vielen internationalen Verträgen ist das AG zum zuständigen Gericht bestimmt. 31

V. AG als Auffangstation. Die ursprünglich dem GVG innewohnende Tendenz, das LG als das Eingangsgericht und Grundsatzgericht anzusehen und das AG vorzuschalten für Kleinkriminalität und für Zivilprozesse von geringem Wert sowie 32

---

[4] Vgl. *Milz* DRiZ 1968, 378.
[5] BVerfGE 51, 97 = NJW 1979, 1539.
[6] KG NJW 1982, 2326; a. A. *Rößler* NJW 1983, 25.

für eine Vielzahl von Rechts- und anderen Problemen des täglichen Lebens im Interesse einer sachgerechten, juristisch zutreffenden und objektiven Erledigung, ist längst verlassen. Das AG hat sich zu einer Art Auffangstation für die Regelung von Rechtsfragen und Streitfragen sowie Problemen außerhalb des klassischen Rechtsstreits entwickelt, was der Garantie des Art. 19 Abs. 4 GG vergleichbar ist. Wenn auch die auf Art. 19 Abs. 4 GG notfalls allein gestützte Anrufung der ordentlichen Gerichte im Allgemeinen zur Zuständigkeit des LG gehören wird (§ 71 Abs. 1 GVG), so ist doch in der Gesetzgebung die Tendenz deutlich, nicht nur die sachliche Zuständigkeit des AG im herkömmlichen Zuständigkeitsbereich wesentlich zu erweitern, sondern das AG auch mit einer Vielzahl von Aufgaben zu betrauen, die über den Bereich der Streitentscheidung weit hinausgehen und gerichtsförmliche staatliche Daseinsvorsorge darstellen.

33   Die Funktion des **AG als Notgericht** oder Auffangstation (Rn. 32, vgl. z.B. §§ 165, 299 StPO, §§ 919, 942 ZPO) ist aber beschränkt auf die Zuständigkeit der ordentlichen Gerichtsbarkeit (§ 13 GVG und andere ausdrückliche Zuweisungen). Im Zuständigkeitsbereich der anderen Gerichtsbarkeiten kann das AG nur auf Grund ausdrücklicher Kompetenzzuweisungen tätig werden, wie in § 287 Abs. 4 AO und § 182a SGG (BGBl. 1998 I S. 638).

34   **VI. Landesrecht.** Darüber hinaus können auch durch **Landesrecht** unter der Voraussetzung einer dahin gehenden bundesrechtlichen Ermächtigung weitere Zuständigkeiten des AG begründet werden, z.B. nach §§ 3 EGGVG, 3 EGStPO, 11, 15 EGZPO, Art. 147 EGBGB, § 189 FGG.

Vierter Titel. Schöffengerichte

§ 28. [Zuständigkeit]
Für die Verhandlung und Entscheidung der zur Zuständigkeit der Amtsgerichte gehörenden Strafsachen werden, soweit nicht der Strafrichter entscheidet, bei den Amtsgerichten Schöffengerichte gebildet.

I. Schöffengericht/Strafrichter. Das **SchöffenG** ist der **erstinstanzliche** 1 **Spruchkörper** in Strafsachen beim AG, soweit nicht der Strafrichter (Einzelrichter) entscheidet. Die Zuständigkeit des AG in Strafsachen ist in § 24 geregelt, die Zuständigkeit des Strafrichters in § 25. Die **Vermutung der Zuständigkeit** spricht für das SchöffenG. Das SchöffenG in der Besetzung mit einem Berufsrichter und zwei ehrenamtlichen Richtern (§ 29), die alle in der Hauptverhandlung gleiche Rechte und gleiches Stimmrecht haben (§ 30), war in der ursprünglichen Fassung des GVG der einzige Spruchkörper des AG in Strafsachen, abgesehen von der Zuständigkeit eines Einzelrichters im Strafbefehlsverfahren. Erst die Emminger-Reform führte den Einzelrichter in Strafsachen ein (§ 24 Rn. 2).

II. Ehrenamtliche Richter. 1. Die **Beteiligung ehrenamtlicher Richter** 2 (sog. Laien) in der Strafrechtspflege ist deutsche Rechtstradition und vom GG stillschweigend anerkannt[1] (vgl. Einl. Rn. 168). Dem Verfassungsgebot, dass die rechtsprechende Gewalt durch staatliche Gerichte ausgeübt wird, entsprechen auch Spruchkörper, denen neben den Berufsrichtern auch andere Personen auf Grund ihrer Sachkunde für eine besondere Materie als Richter angehören; die Zuziehung von ehrenamtlichen Richtern überlässt das GG dem Ermessen des Gesetzgebers.[2] Jeder Deutsche ist **berechtigt und verpflichtet,** das Amt des Schöffen zu übernehmen[3] (§ 35 Rn. 2). – Über die Vorzüge und die gelegentlichen Probleme der Beteiligung ehrenamtlicher Richter an der Rechtsfindung kann hier nicht im Einzelnen referiert werden. Die Beteiligung ehrenamtlicher Richter an der Strafrechtspflege wird im Wesentlichen (abgesehen von der Rechtstradition und der Stärkung der Unabhängigkeit der Berufsrichter) mit folgenden **Erwägungen und Zielen** begründet: unmittelbare repräsentative Teilnahme des Volkes an der Rechtsprechung (Partizipation, Demokratisierung), und zwar auf möglichst breiter, repräsentativer Basis (§ 36); Erhaltung und Stärkung des Vertrauens des Volkes in die Strafrechtspflege, zugleich Kontrollfunktion (neben der Öffentlichkeit der Verhandlung nach §§ 169 ff. und korrespondierend mit der deutschen Sprache als Gerichtssprache nach §§ 184 ff.); Verbesserung der Rechtskenntnisse des Volkes und seines Verständnisses der Rechtsprechung und der Urteilsfindung und der dabei für den Richter auftretenden Probleme; Einbringung nicht-juristischer Wertungen und Überlegungen (sog. „gesunder Menschenverstand") in den Entscheidungsprozess im Interesse einer volksnahen, gegenwartsbezogenen, sozialstaatlichen Rechtsfindung; Notwendigkeit für die Berufsrichter, sich damit auseinanderzusetzen und die eigenen Überlegungen und Wertungen in eine allgemeinverständliche Form zu bringen (Plausibilitätskontrolle), um zu erreichen, dass die Entscheidungen auch von juristisch nicht Vorgebildeten nachvollzogen werden können;[4] Erweiterung des Informationsstandes der Berufsrichter durch die Sachkunde und Erfahrung der ehrenamtlichen Richter.

---

[1] BVerfGE 27, 312, 319 = NJW 1970, 1227; E 48, 300, 317 = NJW 1978, 1795.
[2] BVerfGE 42, 206, 208 = NJW 1976, 1883.
[3] BGHSt 9, 203 = NJW 1956, 1326.
[4] BTagsDrucks. 7/551 S. 54.

§ 28 3–6   4. Titel. Schöffengerichte

3   **2. Geschichte.** Schon bei Erlass des GVG war die gleichberechtigte Teilnahme von ehrenamtlichen Richtern an der Verhandlung und Entscheidung in Strafsachen so selbstverständlich, dass in der amtlichen Begründung zum Entwurf des GVG im Zusammenhang mit dem SchöffenG eingehende Äußerungen hierzu fehlen[5] (zu den SchwurG vgl. § 78). Auch bei späteren Änderungen des GVG ist das Institut des Schöffen niemals in Zweifel gezogen worden. Das gilt sowohl für die Emminger-Reform 1924 als auch für die Reform 1932; auch der Neuaufbau des demokratischen Rechtswesens ab 1945 war geprägt von einer umfangreichen Wiedereinführung ehrenamtlicher Richter (vgl. § 24 Rn. 2). Das REinhG 1950 hat die Beteiligung ehrenamtlicher Richter an der Rechtsprechung in Strafsachen als selbstverständlich vorausgesetzt, grundsätzliche Ausführungen hierzu fehlen in den Materialien.[6] Das 1. StVRG vom 9. 12. 1974 (Einl. Rn. 97), das die Schwurgerichtsverfassung wesentlich umgestaltete, bekannte sich mit aller Deutlichkeit zur Mitwirkung ehrenamtlicher Richter in der Strafrechtspflege,[7] während schon das StVÄG 1979 (Einl. Rn. 104), das die Schöffengerichtsverfassung erheblich umgestaltete, die Bedeutung der Mitwirkung ehrenamtlicher Richter zu betonen nicht mehr für nötig hielt. Auch in der Reformliteratur wird die Beteiligung ehrenamtlicher Richter an der Strafrechtspflege ganz überwiegend nicht angezweifelt.[8]

4   **3.** Über die Strafrechtspflege beim Schöffengericht, der Strafkammer und der Schwurgerichtskammer (§ 76) hinaus sieht das GVG die Beteiligung von ehrenamtlichen Richtern auch in der Zivilrechtspflege vor, und zwar bei den KfH (§§ 105 ff.) und in Verfahren in Landwirtschaftssachen (§ 2 LwVG).

5   **4.** Die Beteiligung von ehrenamtlichen Richtern an der Rechtsprechung geht aber weit über das GVG hinaus und ist ein fester Bestandteil des gesamten Rechtslebens. In den anderen Gerichtsbarkeiten sind seit ihrer Schaffung ehrenamtliche Richter in weit größerem Rahmen tätig als in der ordentlichen Gerichtsbarkeit. In der Arbeitsgerichtsbarkeit (§§ 6, 16, 35, 41, 45 ArbGG) und in der Sozialgerichtsbarkeit (§§ 12, 33, 38, 41 SGG) sind sie in allen Instanzen einschließlich der Großen Senate beteiligt. In der Finanzgerichtsbarkeit sind die erstinstanzlichen Senate mit ehrenamtlichen Richtern besetzt (§ 5 FGO). In der Verwaltungsgerichtsbarkeit sind in erster Instanz stets ehrenamtliche Richter tätig (§ 5 VwGO); für die zweite Instanz ist der Landesgesetzgebung die Beteiligung ehrenamtlicher Richter freigestellt[9] (§ 9 VwGO). Ebenso kann nach § 77 Abs. 4 DRiG durch Landesgesetz die Mitwirkung ehrenamtlicher Richter aus der Rechtsanwaltschaft beim Richterdienstgericht bestimmt werden.[10] Auch in den Ehren- und Berufsgerichten wirken ehrenamtliche Richter mit, vgl. §§ 95, 103, 110 BRAO. Beim BVerfG gibt es keine ehrenamtlichen Richter, wohl aber in den Verfassungs-/Staatsgerichtshöfen der Länder.

6   **III. Schöffengericht bei jedem AG.** SchöffenG werden nach § 28 bei den AG gebildet. Das bedeutet, dass bei jedem AG, abgesehen vom Fall der Konzentration nach § 58, ein SchöffenG kraft Gesetzes besteht (vgl. § 23b Rn. 7). Aufgabe des Präsidiums bleibt, für dessen personelle Besetzung zu sorgen. Die Bestimmung der Zahl der bei dem einzelnen AG bestehenden Schöffengerichtsabteilung ist Sache der Justizverwaltung (§ 21e Rn. 13), die Aufteilung der einzelnen Schöffengerichtssachen auf die verschiedenen Schöffengerichtsabteilungen und die Besetzung mit Berufsrichtern Sache des Präsidiums.

---

[5] *Hahn* I S. 80.
[6] Vgl. BTagsDrucks. 1. Wahlp. Nr. 530 Anl. I a S. 7; BTagsProtokoll 1. 3. 1950 S. 1435; 26. 7. 1950 S. 2870.
[7] BTagsDrucks. 7/551 S. 54.
[8] Vgl. DRB DRiZ 1979, 10; *Wolf* S. 226 ff.; *Rüping* JR 1976, 269; *Eb. Schmidt*, Geschichte S. 325 ff.; LehrK I Rn. 567 ff.; *Kühne* DRiZ 1975, 390; *Kissel*, Zukunft S. 91, 210; Dreistufigkeit S. 106, 109, 116; *Kern*, Geschichte S. 108, 213, 312; *Cappelletti*, FS Fritz Baur, 1981, 313; *Volk*, FS Hans Dünnebier, 1982, 373; *Jasper* MDR 1985, 110; kritisch *Kühne* ZRP 1985, 237; *Schulz*, Schöffenfibel; *Grabert-Zoebe*, Schöffen und Geschworene; *Klausa*, Ehrenamtliche Richter; krit. *Windel* ZZP 1999, 293 ff.; *Kramer* DRiZ 2002, 150; *Duttge* JR 2006, 358.
[9] Vgl. *Röper* DRiZ 1978, 16; krit. *Kramer* NVwZ 2005, 537.
[10] Krit. *Roller* ZRP 2006, 1; *Wittreck* NJW 2004, 3011.

IV. Gericht höherer Ordnung. Das SchöffenG ist gegenüber dem Strafrichter 7 (Einzelrichter) das Gericht „höherer Ordnung" (§ 25 Rn. 2, 7). Die Strafgewalt des SchöffenG ergibt sich aus § 24 Abs. 2.

§ 29. [Zusammensetzung; erweitertes Schöffengericht]

(1) ¹Das Schöffengericht besteht aus dem Richter beim Amtsgericht als Vorsitzenden und zwei Schöffen. ²Ein Richter auf Probe darf im ersten Jahr nach seiner Ernennung nicht Vorsitzender sein.

(2) ¹Bei Eröffnung des Hauptverfahrens kann auf Antrag der Staatsanwaltschaft die Zuziehung eines zweiten Richters beim Amtsgericht beschlossen werden, wenn dessen Mitwirkung nach dem Umfang der Sache notwendig erscheint. ²Eines Antrages der Staatsanwaltschaft bedarf es nicht, wenn ein Gericht höherer Ordnung das Hauptverfahren vor dem Schöffengericht eröffnet.

Übersicht

	Rn.		Rn.
I. Besetzung des Schöffengericht	1	3. Zuziehung des zweiten Richters	10
1. Richter beim AG	1	4. Vorsitzender	11
2. Schöffen	4	5. Voraussetzung der Zuziehung des zweiten Richters	12
II. Erweitertes Schöffengericht	6	6. Entscheidung über die Zuziehung	19
1. Personell erweitertes Schöffengericht	6	7. Rechtsmittelzug	21
2. Geschichte	9	8. Geltung der §§ 30 ff.	22

I. Besetzung des Schöffengerichts. Das SchöffenG ist in der Hauptverhandlung besetzt mit „dem Richter beim AG" als Vorsitzenden und zwei Schöffen.

1. Der **Richter beim AG** als Vorsitzender kann jeder Richter aL sein, der bei 1 diesem AG ein Richteramt innehat (§ 27 DRiG; § 22 Abs. 2 GVG), jeder Richter kA¹ (§ 14 DRiG), aber auch ein zum AG abgeordneter Richter und der Vertretungsrichter nach § 22b GVG.

Ein **Richter aP** (§ 12 DRiG) darf im ersten Jahr nach seiner Ernennung nicht 2 Vorsitzender sein (Abs. 1 Satz 2; § 22 Rn. 6). Damit soll gewährleistet werden, dass nur Richter mit einer gewissen Berufserfahrung den Vorsitz führen. Wird entgegen dieser Vorschrift ein Richter aP als Vorsitzender tätig, ist das SchöffenG nicht ordnungsgemäß besetzt (§ 338 Nr. 1 StPO).

Wer Vorsitzender des SchöffenG ist, bestimmt das Präsidium. Der Vorsitzende 3 kann daneben noch weitere Aufgaben wahrnehmen.

2. Die **Schöffen** sind ehrenamtliche Richter (§ 45a DRiG); ihre Rechtsstellung 4 richtet sich nach §§ 44, 45 DRiG und §§ 30 ff. GVG. Eine § 33 Abs. 3 JGG entsprechende Vorschrift, wonach jeweils ein Mann und eine Frau als Jugendschöffen tätig sein sollen, besteht für das SchöffenG nicht. Die frühere Fassung des § 29 (RGBl. 1922, 465; 1924, 303), wonach jeweils mindestens ein Mann im SchöffenG tätig sein soll (Einl. Rn. 53), wurde entgegen dem Entwurf des REinhG 1950 (Art. 1 Nr. 25) nicht mehr Gesetz. Es kommt deshalb für die ordnungsgemäße Besetzung des SchöffenG nicht darauf an, wie viele Männer oder Frauen jeweils mitwirken² (§ 16 Rn. 29; § 21e Rn. 128). Zur angemessenen Berücksichtigung von Männern und Frauen in der Vorschlagsliste § 36 Abs. 2. Das Geschlecht der Schöffen ist, ohne Rücksicht auf den Gegenstand des Strafverfahrens und das Geschlecht des Geschädigten oder Angeklagten, auch kein Ablehnungsgrund.³

Zwischen Berufsrichtern und Schöffen besteht **in der Hauptverhandlung** kein 5 Unterschied (§ 30). Es gelten auch für sie uneingeschränkt §§ 22 ff. StPO über die **Ausschließung und Ablehnung** (§ 31 StPO).

---
[1] *KK/Hannich* Rn. 2; *Meyer-Goßner* Rn. 1; *LR/Siolek* Rn. 3.
[2] Vgl. OLG Köln NJW 1972, 911.
[3] RG DRiZ 1929 Nr. 1120; BayObLG DRiZ 1980, 432.

6 **II. Erweitertes Schöffengericht. 1.** Ausnahmsweise kann in Schöffengerichtssachen für das nach der allgemeinen Geschäftsverteilung zuständige SchöffenG ein zweiter Richter zugezogen werden (Abs. 2); für dieses **personell erweiterte SchöffenG** hat sich der im Gesetz nicht enthaltene Begriff „erweitertes SchöffenG" eingebürgert. Es darf jedoch nicht verkannt werden, dass es sich hinsichtlich Zuständigkeit und Instanzenzug um das SchöffenG handelt, nur personell erweitert. Trifft die Geschäftsverteilung keine abweichende Regelung, gilt die Zuständigkeit der einzelnen Schöffengerichtsabteilungen auch für die Sachen, in denen die Zuziehung des zweiten Richters beschlossen wird. Jedoch kann die Geschäftsverteilung auch vorsehen, dass für diese Sachen eine besondere Abteilung gebildet wird. Um Bedenken wegen möglicher innergerichtlicher Kompetenzkonflikte[4] auszuräumen, hat der Geschäftsverteilungsplan dann gleichzeitig zu bestimmen, welcher Richter in diesem Falle über Eröffnung und Zuziehung des zweiten Richters beschließt (Rn. 17). Mit Rücksicht auf den vorausbestimmten gesetzlichen Richter ist ihr Bestehen auch bei der Auslosung der Schöffen bereits zu berücksichtigen.

7 Das erweiterte SchöffenG ist **kein** gegenüber dem SchöffenG **anderes Gericht**, sondern das gleiche Gericht in erweiterter Besetzung. Deshalb stehen die personell verschieden besetzten Spruchkörper „SchöffenG" auch nicht einander derart gegenüber, dass von dem erweiterten SchöffenG als dem Gericht höherer Ordnung gegenüber dem „normalen" SchöffenG gesprochen werden könnte[5] (vgl. § 28 Rn. 7). Ebenso wenig kann angenommen werden, es sei mit Rücksicht auf die zwei Berufsrichter ein „besseres" Gericht.[6] Die Zahl der zur Verhandlung und Entscheidung berufenen Richter ist im Gesetz anhand präziser Voraussetzungen exakt bestimmt; Abweichungen hiervon verletzen den gesetzlichen Richter nach Art. 101 GG, § 16 GVG und führen zur nicht ordnungsgemäßen Besetzung.[7]

8 Das erweiterte SchöffenG hat die gleiche **Zuständigkeit** (§§ 24, 25) und die gleiche **Strafgewalt** (§ 24 Abs. 2) wie das SchöffenG. Es gelten im Übrigen die allgemeinen für das SchöffenG geltenden Vorschriften.

9 **2. Geschichte.** Das erweiterte SchöffenG hat eine wechselvolle Geschichte. Zunächst nicht im GVG enthalten, wurde es durch die Emminger-Reform (Einl. Rn. 80) eingeführt, um wegen der gleichzeitigen Abschaffung der erstinstanzlichen Strafkammer die umfangreichen und schwierigen Verfahren sachgemäß ohne Überforderung des (einzigen) Berufsrichters erledigen zu können.[8] Die Revision ging – im Gegensatz zum Rechtsmittelzug gegen Entscheidungen des SchöffenG – zum RG. Bei der Wiedereinführung der erstinstanzlichen Strafkammer im Jahre 1932 (Einl. Rn. 81) wurde es beseitigt. Auch das REinhG 1950 sah das erweiterte SchöffenG nicht vor. Erst durch das 3. StrafRÄndG 1953 (Einl. Rn. 86) wurde es wieder eingeführt, und zwar wegen solcher Sachen, bei denen keine die Anklageerhebung vor dem LG rechtfertigenden besonderen Umstände (§ 24 Abs. 1 Nr. 3 a. F.) vorliegen, die aber wegen ihres Umfangs die Mitwirkung eines zweiten Richters erforderlich machen, um den (nur einen) Berufsrichter nicht zu überfordern, weil es ihm vielfach nicht möglich ist, die Verhandlung zu leiten und zugleich auch noch das Ergebnis für die Findung und Begründung des Urteils festzuhalten.[9] Damit ging eine Entlastung des BGH einher, weil die Revision entgegen dem früheren Recht nicht zum BGH führt, andererseits aber der Umfang nicht zur Anklageerhebung vor dem LG zwingt.[10]

10 **3.** Das erweiterte SchöffenG besteht aus dem geschäftsplanmäßigen Vorsitzenden und den beiden Schöffen sowie aus **einem zweiten Richter beim AG.** Für die-

---

[4] Vgl. *Sowada* S. 693 ff.
[5] RGSt 62, 265, 270; OLG Bremen NJW 1958, 432; OLG Düsseldorf JMBlNRW 1964, 260; KG JR 1976, 209; OLG Hamm MDR 1988, 696; *Dallinger* JZ 1953, 433; *Katholnigg* Rn. 3.
[6] OLG Bremen NJW 1958, 432; OLG Düsseldorf JMBlNRW 1964, 200; OLG Koblenz JurBüro 1979, 131; vgl. BAG NJW 1961, 1645.
[7] OLG Düsseldorf aaO.
[8] Vgl. *Dallinger* JZ 1953, 433.
[9] Amtl. Begründung; vgl. *Dallinger* JZ 1953, 433; *Kern* GA 1953, 45.
[10] *Dallinger* JZ 1953, 433; *Meyer/Wössner*, FS Sarstedt, 1981, S. 197 ff; *Diesberg/Hohendorf* DRiZ 1984, 261.

sen gelten keine besonderen Voraussetzungen; es kann jeder beim AG tätige Richter zugezogen werden, auch ein Richter aP im ersten Jahr nach seiner Ernennung. Welcher der Richter des AG zugezogen wird, hat der Geschäftsverteilungsplan zu bestimmen.

4. Vorsitzender des erweiterten SchöffenG ist der Vorsitzende des SchöffenG, zu dem der zweite Richter zugezogen wird. Vorsitzender kann nach § 28 Abs. 2 Satz 2 DRiG in Abweichung von der allgemeinen Regelung (Rn. 1, 2) nur ein Richter aL sein. Ist nach der Geschäftsverteilung nicht ein Richter aL Vorsitzender des SchöffenG, muss als zweiter Richter deshalb ein Richter aL zugezogen werden, dem dann kraft Gesetzes auch der Vorsitz zufällt.[11]   11

5. Voraussetzungen für die Zuziehung des zweiten Richters. Entweder ein dahin gehender Antrag der StA, gestützt auf den Umfang der Sache (Abs. 2 Satz 1; Rn. 13), oder die Eröffnung durch ein Gericht höherer Ordnung (Abs. 2 Satz 2; Rn. 18).   12

a) Die Zuziehung des zweiten Richters kann **auf Antrag der StA** beschlossen werden, wenn dessen Mitwirkung nach dem Umfang der Sache notwendig erscheint (Abs. 2 Satz 1). Der Antrag der StA ist zwingendes Erfordernis. Ohne Antrag der StA kann auch bei größtem Umfang die Zuziehung des zweiten Richters nicht beschlossen werden; gegebenenfalls ist bei der StA eine Antragstellung anzuregen. Eine Vorlage nach § 209 Abs. 2 StPO scheidet aus (Rn. 7). Bedenken gegen dieses staatsanwaltschaftliche „Vetorecht",[12] das nicht willkürlich ausgeübt werden darf und letztlich auch gerichtlicher Kontrolle unterliegt (Rn. 15), bestehen nicht. Den Antrag kann die StA bei Anklageerhebung stellen, er bleibt aber zulässig bis zum Eröffnungsbeschluss;[13] nach Eröffnung ohne Zuziehung ist er wirkungslos. Bis zur Eröffnung kann der Antrag auch noch zurückgenommen werden.[14] Gegen eine Zuziehung ohne Antrag der StA hat diese kein Beschwerderecht nach § 210 Abs. 2 StPO; es bezieht sich nur auf die Eröffnung selbst, nicht aber auf deren Modalitäten. Da eine gesetzliche Voraussetzung für die Zuziehung des zweiten Richters fehlt, ist das Gericht aber nicht ordnungsgemäß besetzt.[15]   13

Der Antrag setzt voraus, dass die Zuziehung des zweiten Richters notwendig erscheint. Abzustellen ist dabei allein auf den **Umfang der Sache**, z.B. Zahl der Angeklagten, Zahl der Delikte, große Beweisaufnahme, „Monstre"-Sachen.[16] Zum Verhältnis des Umfangs im Sinne dieser Vorschrift zum besonderen Umfang nach § 24 Abs. 1 Nr. 3 siehe § 24 Rn. 18. Eine „besondere Bedeutung" der Sache darf nicht berücksichtigt werden, sie ist allein für die Abgrenzung zwischen AG und LG von Bedeutung.[17]   14

Die Antragstellung steht nicht im freien Ermessen der StA, sondern ist an die Notwendigkeit der Zuziehung eines weiteren Richters wegen des Umfangs der Sache gebunden. Nur wenn diese Notwendigkeit gegeben ist, darf sie den Antrag stellen, muss ihn aber auch stellen. Unter Berücksichtigung dessen, vor allem aber im Hinblick auf die stets erforderliche gerichtliche Überprüfung der Auffassung der StA (Rn. 17), bestehen gegen den „beweglichen Gerichtsstand" keine Bedenken[18] (vgl. § 24 Rn. 11). Umgekehrt folgt hieraus aber auch, dass das SchöffenG dann, wenn die StA einen gebotenen Antrag nicht stellt (Rn. 13), die Eröffnung ablehnen muss.[19]   15

---

[11] *KK/Hannich* Rn. 9; *LR/Siolek* Rn. 3.
[12] *Sowada* S. 691 f.
[13] OLG Hamm MDR 1988, 696; *LR/Siolek* Rn. 5; *Dallinger* JZ 1953, 433.
[14] OLG Hamm aaO.; *KK/Hannich* Rn. 10; *LR/Siolek* Rn. 6; *Eb. Schmidt* Rn. 7; a. A. *Dallinger* JZ 1953, 433.
[15] *LR/Siolek* Rn. 5.
[16] SchlHOLG SchlHAnz 1956, 24.
[17] *KK/Hannich* Rn. 11; *LR/Siolek* Rn. 4; *Meyer-Goßner* Rn. 4; *Katholnigg* Rn. 4; *Kern* GA 1953, 45.
[18] *LR/Siolek* Rn. 5; kritisch *Roth*, S. 174 f.
[19] *Sowada* S. 692.

16 Zuständig für die **Entscheidung über die Zuziehung des zweiten Richters** ist der für die Eröffnung zuständige Richter des AG (§ 30 Abs. 2). Das ist mangels besonderer Bestimmung in der Geschäftsverteilung der Vorsitzende des SchöffenG,[20] die Geschäftsverteilung kann die Entscheidung nach § 29 Abs. 2 Satz 1 aber auch einem anderen Richter übertragen,[21] da das Gesetz die Zuständigkeit hierfür lediglich dem AG zuweist, nicht einem bestimmten Richter oder Kollegium. Die Entscheidung kann nur nicht von der Eröffnung dieser Sachen getrennt werden. Zu dem Fall, dass für diese Sachen eine besondere Abteilung gebildet ist, vgl. Rn. 6.

17 Der für die Entscheidung einschließlich Eröffnung zuständige Richter hat bei der Eröffnung über die Zuziehung des zweiten Richters zu entscheiden. Dabei hat er selbst zu prüfen, ob der Umfang der Sache die Zuziehung des zweiten Richters erfordert. Wird mit der Eröffnung dem Antrag der StA stattgegeben, so wird damit das SchöffenG zum erweiterten SchöffenG. Wird dem Antrag nicht stattgegeben, ist die Sache vor dem SchöffenG in der allgemeinen Besetzung (§ 29 Abs. 1) durchzuführen. Ein Beschwerderecht der StA nach § 210 Abs. 2 StPO besteht nicht, weil das erweiterte SchöffenG kein Gericht „höherer Ordnung" ist[22] (Rn. 7). Wird ein gebotener Antrag trotz Anregung nicht gestellt, ist die Eröffnung abzulehnen (Rn. 15).

18 b) Die Entscheidung über die Zuziehung eines zweiten Richters kann mit dem Eröffnungsbeschluss auch ohne Antrag der StA ergehen, wenn ein **Gericht höherer Ordnung** das Hauptverfahren vor dem SchöffenG **eröffnet** (Abs. 2 Satz 2). In diesem Falle des § 209 Abs. 1 StPO ist für die Entscheidung über die Zuziehung allein das eröffnende Gericht zuständig.[23] Voraussetzung für die Zuziehung ist auch hier der Umfang der Sache (Rn. 14). Ein Beschwerderecht der StA gemäß § 210 Abs. 2 StPO gegen den Zuziehungs- bzw. Nichtzuziehungsbeschluss besteht nicht,[24] sondern nur gegen die Eröffnung vor dem Gericht niederer Ordnung selbst. Ein Eventualantrag der StA für den Fall der Eröffnung vor dem SchöffenG ist zulässig, hat aber nur die Wirkung einer Anregung.

19 6. Über die Zuziehung ist **gleichzeitig mit der Eröffnung** (§ 207 StPO) zu entscheiden. Eine nachträgliche Änderung der einmal getroffenen Entscheidung ist nicht zulässig, da der Eröffnungsbeschluss den gesetzlichen Richter bestimmt.[25] Kommt eine Sache ohne Eröffnungsbeschluss vor das SchöffenG,[26] ist deshalb die Zuziehung nicht möglich, so im beschleunigten Verfahren (§ 417 StPO) und bei Erweiterung auf Grund einer Nachtragsanklage (§ 266 StPO). Bei der Zurückverweisung durch ein Rechtsmittelgericht gemäß § 328 Abs. 2, § 354 Abs. 2 StPO kann weder dieses noch das SchöffenG die Zuziehung beschließen.[27] Auch bei der Verweisung vom Strafrichter an das SchöffenG gemäß § 270 Abs. 1 StPO ist hierfür kein Raum, weil der Verweisungsbeschluss schon die Wirkung eines (abschließenden) Eröffnungsbeschlusses hat.

20 Eine Besonderheit gilt bei der **Verbindung nach § 237 StPO**. Ist nur für eine der verbundenen Sachen die Zuziehung beschlossen, müssen auch die anderen vor dem erweiterten SchöffenG verhandelt werden, ohne dass es eines dahin gehenden Zuziehungsbeschlusses bedürfte.[28]

21 7. Der **Rechtsmittelzug** gegen die Entscheidungen des erweiterten SchöffenG ist der gleiche wie gegen die des allgemeinen SchöffenG (zur Besetzung § 76

---

[20] OLG Hamm MDR 1988, 696.
[21] *LR/Siolek* Rn. 8; a. A. *Meyer* DRiZ 1969, 284.
[22] RGSt 62, 265, 270; KG JR 1976, 209; *LR/Siolek* Rn. 7.
[23] OLG Bremen NJW 1958, 432; KG JR 1976, 209; *LR/Siolek* Rn. 7; *Eb. Schmidt* Rn. 12; a. A. *Kern* GA 1953, 45.
[24] *Dallinger* JZ 1953, 434.
[25] OLG Bremen StV 1993, 350; *Dallinger* JZ 1953, 434.
[26] OLG Düsseldorf JMBlNRW 1964, 260.
[27] *LR/Siolek* Rn. 9.
[28] *Dallinger* JZ 1953, 433.

Befugnisse der Schöffen   1–3 § 30

Rn. 14). Wird eine vom erweiterten SchöffenG entschiedene Sache nach §§ 328, 354 StPO **zurückverwiesen,** ist erneut vom erweiterten SchöffenG zu entscheiden, auch wenn an ein anderes Gericht verwiesen wird. Auch die Entscheidungen nach §§ 439, 441 StPO sind vom erweiterten SchöffenG zu treffen, wenn es in der Sache entschieden hat. Zur Besetzung im Wiederaufnahmeverfahren vgl. § 140 a.

8. §§ 30 ff. gelten für das erweiterte SchöffenG uneingeschränkt.   **22**

§ 30. [Befugnisse der Schöffen]

(1) **Insoweit das Gesetz nicht Ausnahmen bestimmt, üben die Schöffen während der Hauptverhandlung das Richteramt in vollem Umfang und mit gleichem Stimmrecht wie die Richter beim Amtsgericht aus und nehmen auch an den im Laufe einer Hauptverhandlung zu erlassenden Entscheidungen teil, die in keiner Beziehung zu der Urteilsfällung stehen und die auch ohne mündliche Verhandlung erlassen werden können.**

(2) **Die außerhalb der Hauptverhandlung erforderlichen Entscheidungen werden von dem Richter beim Amtsgericht erlassen.**

I. Befugnisse der Schöffen während der Hauptverhandlung. Die Schöffen **1** haben während der Hauptverhandlung die gleichen richterlichen Befugnisse wie der Vorsitzende (die Berufsrichter im Falle des § 29 Abs. 2), sie üben „das Richteramt in vollem Umfange" aus. Sie haben vor allem das Recht der unmittelbaren Befragung nach § 240 StPO.

Hier ist zu fragen, wie weit die Schöffen **Kenntnis der Akten** und der **Ankla- 2 geschrift** haben dürfen. Für den Vorsitzenden ist die Kenntnis der gesamten Akten notwendige Voraussetzung für die Sachaufklärung in der Hauptverhandlung, auch für die beisitzenden Berufsrichter wird sie als selbstverständlich angesehen. Dies muss aber auch für die Schöffen gelten, soweit sie sich informieren wollen. Nur so können sie als Richter mit gleicher Verantwortung wie die Berufsrichter in der Hauptverhandlung tätig werden, ihr Fragerecht sachbezogen ausüben und an den während der Hauptverhandlung notwendig werdenden Entscheidungen wirklich mitwirken; ohne Aktenkenntnis sind etwa Entscheidungen über das Vorliegen eines Vereidigungsverbots (§ 60 Nr. 2 StPO), die Berechtigung einer Auskunftsverweigerung (§ 55 StPO) und die Zulässigkeit von Fragen (§ 242 StPO) nicht möglich.[1]

Nach anderer Auffassung ist eine Aktenkenntnis der Schöffen und insbesondere **3** eine Kenntnis der Anklageschrift, zumal mit der Darstellung des wesentlichen Ergebnisses der Ermittlungen, allerdings wegen der Gefahr der Verletzung des Unmittelbarkeitsgrundsatzes (§ 261 StPO) unzulässig. Es sei zu befürchten, dass die Schöffen nicht genügend zwischen dem unterscheiden, was Gegenstand der Hauptverhandlung war und was nicht, dass sich die Eindrücke, die ihnen aus verschiedenen Quellen zufließen, vermischen und dass sich ihre Ansicht über das Geschehene auch nach der Schilderung richtet, die ihnen die mitwirkenden Berufsrichter aus der Akte außerhalb der Beweisaufnahme gegeben haben.[2] Dies vermag nicht zu überzeugen. Einmal überrascht die Selbstverständlichkeit, mit der diese Gefahr bei den Berufsrichtern ausgeschlossen wird. Weiter wäre es gerade Aufgabe der Berufsrichter, in der Beratung dieser Gefahr, die nicht verborgen bleiben kann, entgegenzuwirken. Schließlich wird zu Unrecht die Fähigkeit der Berufsrichter in Zweifel gezogen, den Akteninhalt objektiv darzustellen und den Schöffen den Un-

---

[1] *Rüping* JR 1976, 269; *Schreiber,* FS Welzel, 1974, S. 939, 953 f.; *Hanack* JZ 1972, 314; *Terhorst* MDR 1988, 809; *Kemmer,* Befangenheit von Schöffen durch Aktenkenntnis, 1989; *Bittmann* DRiZ 1991, 207; *Volk,* FS Dünnebier, 1982, S. 383; *Lilie,* FS Rieß, 2002, S. 309; *Rieß* JR 1987, 389; *Novak* JR 2006, 459; *LR/Siolek* Rn. 8; *Meyer-Goßner* Rn. 2; zurückhaltend *Katholnigg* Rn. 2.
[2] RGSt 69, 120; BGHSt 13, 73 m. zust. Anm. *Eb. Schmidt* JR 1961, 31 und *Busch* LM 28 zu § 261 StPO; OLG Hamburg MDR 1973, 69.

terschied zwischen der Bedeutung des Akteninhalts und dem nach § 261 StPO Feststellbaren einsichtig zu machen.

4 Befürchtet wird auch, die Schöffen seien nicht ausreichend in der Lage, sich bei der Urteilsfindung von dem ihnen bekannten, nach § 261 StPO unverwertbaren Akteninhalt zu lösen, was im Einzelfall schon für die Berufsrichter nicht einfach sei,[3] so dass die notwendige Unbefangenheit fehle. Diese Überlegungen sind allenfalls eine Frage an die Auswahl der Schöffen und an die Zusammenarbeit zwischen Berufsrichter und Schöffen. Eine Unterscheidung zwischen den (nichtjuristischen) Fähigkeiten der Berufsrichter einerseits und der Schöffen andererseits widerspricht dem Grundsatz der gleichen Verantwortung und den das Institut des Schöffen tragenden Überlegungen. Sie birgt die Gefahr, das Institut des Schöffen als gleichberechtigter Richter ernsthaft in Frage zu stellen. Im Übrigen führt die heutige Gerichtsberichterstattung in den Medien ohnedies zu erheblichen Informationen über die zu verhandelnde Sache außerhalb der Hauptverhandlung (vgl. § 1 Rn. 109).

5 Allmählich treten die Bedenken gegen die Aktenkenntnis der Schöffen aber in den Hintergrund. Schon in einer älteren Entscheidung hat der BGH, wenn auch in einem obiter dictum, Bedenken geäußert, weil die im Gesetz nicht vorgesehene unterschiedliche Behandlung von Berufs- und ehrenamtlichen Richtern nicht überzeugend begründbar sei; auch den „Laienrichtern", die dazu berufen sind, alle schwierigen Fragen tatsächlicher und rechtlicher Art gemeinsam und gleichberechtigt mit den Berufsrichtern zu entscheiden, dürfe unbedenklich zugetraut werden, Sinn und Bedeutung der Anklageschrift zu verstehen.[4] In einer späteren Entscheidung lässt der BGH ausdrücklich offen, ob an der überkommenen RSpr festgehalten werden könne.[5] Inzwischen hält er es in Annäherung an die Literatur für zulässig, den Schöffen Kopien von Telefonüberwachungsprotokollen als Hilfsmittel zum besseren Verständnis der Beweisaufnahme zur Verfügung zu stellen, andernfalls bestünde die Gefahr, dass die Schöffen insbesondere in komplizierten Verfahren gegenüber den Berufsrichtern benachteiligt und zu bloßen Statisten werden.[6]

6 **II. Mitwirkung am Urteil.** Am Urteil (§ 260 StPO) wirken die Schöffen mit gleichem Stimmrecht wie die Berufsrichter mit; zur Abstimmung § 197. Das gilt auch für die Beschlüsse nach § 268a StPO über die Bewährungszeit usw. und nach § 268b StPO über die Fortdauer der Untersuchungshaft.

7 **III. Mitwirkung an der Entscheidung im Laufe der Hauptverhandlung.** Die Schöffen wirken grundsätzlich auch mit an den Entscheidungen während der Hauptverhandlung, die deren Gang selbst betreffen, z.B. nach §§ 228, 231a, 231b, 232, 233, 237, 242 StPO, aber auch an den Entscheidungen, die in keiner unmittelbaren Beziehung zur Urteilsfindung stehen und die ohne mündliche Verhandlung erlassen werden können. Dabei handelt es sich z.B. um die Entscheidungen über Zwangsmaßnahmen gegen Zeugen und Sachverständige nach §§ 51, 70, 77 StPO, über einen Haftbefehl gegen den nicht erschienenen Angeklagten nach § 230 Abs. 2 StPO,[7] über die Vorlage nach Art. 100 GG[8] und im Zusammenhang mit der Öffentlichkeit und der Sitzungspolizei, soweit sie nicht dem Vorsitzenden ausdrücklich obliegen, also etwa auch nach §§ 171a, 171b, 172, 173 Abs. 2, 174, 177, 178 GVG.

8 Demgegenüber entscheidet der Richter **außerhalb der Hauptverhandlung** ohne die Mitwirkung der Schöffen. Die Abgrenzung zwischen „während" und „außerhalb" ist damit entscheidend für die Zusammensetzung des Entscheidungs-

---

[3] *Schmidt* JZ 1970, 337; OLG Hamburg MDR 1973, 70.
[4] BGH 23. 2. 1960 – 1 StR 648/59 –; vgl. BGHSt 43, 36 = NJW 1997, 1792.
[5] BGH NJW 1987, 1209 = JR 1987, 389 m. Anm. *Rieß*.
[6] BGHSt 43, 36 = NJW 1997, 1792; zust. *Imberger-Bayer* JR 1999, 299; zurückhaltend *Katholnigg* NStZ 1997, 507; abl. *Lunnebach* StV 1997, 452.
[7] OLG Bremen MDR 1960, 244.
[8] BVerfGE 19, 71.

gremiums und damit für den gesetzlichen Richter. Soweit die Entscheidung nicht kraft Gesetzes während der Hauptverhandlung zu treffen ist (vgl. § 268b StPO), hängt es damit nach dem Gesetzeswortlaut allein vom Zeitpunkt der Entscheidung ab, in welcher Besetzung sie zu treffen ist.[9] Dies wiederum ist abhängig vom Zeitpunkt einer Antragstellung und/oder davon, wann der Vorsitzende die Sache für entscheidungsnotwendig hält. Eine solche ‚Steuerungsmöglichkeit' begegnet erheblichen Bedenken unter dem Verfassungsgebot der Gewährleistung des gesetzlichen Richters, das die genaue Vorausbestimmung des berufenen Richters erfordert (vgl. § 16 Rn. 6, 23).

Zugespitzt hat sich diese Problematik im Zusammenhang mit Entscheidungen zur **Untersuchungshaft**. Über lange Zeit war es h. M., dass die rein zeitliche Abgrenzung zwischen „während" und „außerhalb" auch für Entscheidungen über die Untersuchungshaft gilt.[10] Die Bedenken, ob dies den gesetzlichen Richter wahre, erhielten jedoch neues Gewicht in der Folge der RSpr des BGH[11] zur ähnlichen Besetzungsregelung in § 122: Die Notwendigkeit, über Haftfragen zu entscheiden, könne sich jederzeit ergeben, sei es auf Antrag eines Verfahrensbeteiligten oder auf Grund einer Prüfung der Haftvoraussetzungen von Amts wegen, sei es während der laufenden Hauptverhandlung oder während einer Unterbrechung. Je nach den Umständen könne die Entscheidung auch unverzüglich oder erst nach weiteren Ermittlungen und Prüfungen zu treffen sein. Während einer mit fünf Richtern durchgeführten Hauptverhandlung wären damit nach bisheriger Praxis zwei unterschiedlich besetzte Spruchkörper mit möglicherweise unterschiedlichen Mehrheitsverhältnissen nebeneinander für die Entscheidung der gleichen Haftfragen, etwa des sich aus der bisherigen Beweisaufnahme ergebenden dringenden Tatverdachts zuständig, ohne dass rechtliche Regelungen vorhanden wären, die eine hinreichende Vorausbestimmung des gesetzlichen Richters ermöglichen.[12]

Ungeeignet sei die Abgrenzung danach, ob die zu bescheidenden Anträge in oder außerhalb der Hauptverhandlung gestellt werden. Hier bestünde die Gefahr der Manipulation, weil die Verfahrensbeteiligten bestimmen könnten, ob die ‚kleine' oder die ‚große' Besetzung entscheidet; sie versage ohnehin, wenn zu einer Haftfrage mehrere Anträge teils in, teils außerhalb der Hauptverhandlung gestellt werden. Deshalb gebiete der Grundsatz des gesetzlichen Richters, dass der Senat in der für die Hauptverhandlungen vorgesehenen Besetzung entscheidet, auch wenn außerhalb der Hauptverhandlung entschieden werde.[13]

Einigkeit bestand in der Folge, dass das Gebot des gesetzlichen Richters eine wechselnde Besetzung auch des SchöffenG bei Haftentscheidungen ausschließt.

Streitig blieb die vom BGH offen gelassene Frage, ob die zu § 122 erhobene Forderung, es sei stets in der ‚großen' Besetzung zu entscheiden, auch im Falle der Beteiligung von Schöffen gilt. Teils wurde dies ungeachtet der praktischen Schwierigkeiten und möglicher Verfahrensverzögerungen bejaht.[14]

Andere Entscheidungen[15] haben dagegen dem Gebot der beschleunigten Bearbeitung von Haftsachen den Vorrang eingeräumt, insbesondere in der Erwägung, anders als beim Richterkollegium des OLG werde die Heranziehung der Schöffen zu allen außerhalb der Hauptverhandlung anstehenden Beschlussfassungen voraussehbar auf Schwierigkeiten stoßen und eine Fülle von Vertretungsfällen auslösen. Hier gebiete der Grundsatz des gesetzlichen Richters in Verbindung mit dem

---

[9] *Meyer-Goßner* Rn. 3 m. w. N.
[10] OLG Düsseldorf StV 1984, 159; SchlHOLG NStZ 1990, 198; LG Hamburg MDR 1973, 69; *Meyer-Goßner* Rn. 3 m. w. N.
[11] BGHSt 43, 91 = NJW 1997, 2531.
[12] BGH aaO.
[13] BGH aaO.
[14] OLG Köln NJW 1998, 2989; zust. *Siegert* NStZ 1998, 421.
[15] OLG Hamburg NJW 1998, 2988; OLG Jena StV 1999, 101; OLG Naumburg NStZ-RR 2001, 347.

grundrechtlich geschützten Anspruch des Angeklagten auf besondere Beschleunigung des Verfahrens stets, also auch bei Haftprüfungen während der Hauptverhandlung, die Entscheidung in der für Entscheidungen außerhalb der Hauptverhandlung vorgesehenen Besetzung.[16]

14 Die Verfassungsbeschwerde hiergegen blieb erfolglos;[17] die vorgenommene Abwägung der Erfordernisse des gesetzlichen Richters und der Beschleunigung von Haftsachen ist als Gesetzesauslegung innerhalb des den Fachgerichten eingeräumten Rahmens (vgl. § 12 Rn. 39ff.) verfassungskonform.

15 Damit ist geklärt, dass von Verfassungs wegen die Mitwirkung der Schöffen bei Haftentscheidungen nicht zwingend geboten ist. Zwar folgt aus der Gewährleistung des gesetzlichen Richters, dass sich die Besetzung des Gerichts unabhängig von Steuerungs- oder gar Manipulationsmöglichkeiten abstrakt-generell ergeben muss.[18] Es gibt jedoch keinen Grundsatz durchgehend einheitlicher Besetzung; diese kann entsprechend der jeweiligen Verfahrenssituation durchaus unterschiedlich sein, vgl. § 125 StPO. Soweit die unterschiedliche Besetzung an genügend präzise Vorgaben geknüpft ist, ist dem Gebot des gesetzlichen Richters Genüge getan (vgl. § 21e Rn. 133f.). Für Haftsachen ist allerdings aus den vom BGH angeführten Gründen (Rn. 9) eine einheitliche Besetzung zu fordern, unabhängig von Zeitpunkt und Verfahrensstand, also entweder stets mit oder stets ohne Schöffen.[19] Jede Zwischenlösung muss letztlich doch wieder auf die (beeinflussbare) Unterscheidung zwischen „während" und „außerhalb" der Hauptverhandlung abstellen, wiederum ein bedenklicher Unsicherheitsfaktor in der abstrakt-generellen Vorausbestimmung des gesetzlichen Richters. Dasselbe gilt für das Kriterium der Eilbedürftigkeit.[20] Solche Unterscheidungen stehen auch im Gegensatz zu der Auffassung von der gebotenen Kenntnis und Sachnähe der für die Haftentscheidung zuständigen Richter zum Gang der Hauptverhandlung.[21]

16 Vorzuziehen ist die Entscheidung ohne die Schöffen.[22] Das dient der Beschleunigung der Haftentscheidung, wenn die Schöffen nicht anwesend sind und erst herbeigerufen („koste es, was es wolle")[23] und oft durch Vertreter ersetzt werden müssten; das vermeidet unzumutbare Mehrbelastungen der Schöffen,[24] auch im Interesse einer allgemeinen Bereitschaft zum Schöffendienst (Einl. Rn. 168; § 28 Rn. 2); das schließt jede Einflussmöglichkeit auf die Zusammensetzung des Spruchkörpers aus. Welcher der beiden Alternativen der Vorzug zu geben ist, bleibt aber Rechtsfrage. Es steht nicht im freien Ermessen des einzelnen Spruchkörpers, welche Praxis er einschlägt.[25]

17 Geht man von Haftentscheidungen ohne die Mitwirkung der Schöffen aus, muss Entsprechendes auch für alle anderen gerichtlichen Entscheidungen jenseits der Urteilsfällung gelten, soweit sie nicht vom Gesetz als zur Urteilsfällung gehörig bestimmt sind wie § 268b StPO. Die Entscheidung ohne Schöffen ist anerkannt bei Aussetzung der Hauptverhandlung,[26] bei Unterbrechung,[27] ebenso, wenn die Entscheidung in keiner Beziehung zur Urteilsfällung steht und ohne mündliche Verhandlung ergehen kann,[28] so Entscheidungen über Beschlagnahmen und

---

[16] OLG Hamburg NJW 1998, 2988; zust. *Foth* NStZ 1998, 420.
[17] BVerfG – K – NJW 1998, 2962.
[18] Vgl. OLG Hamm StV 1998, 388.
[19] *Dehn* NStZ 1997, 607.
[20] *Katholnigg* Rn. 3; JR 1998, 172.
[21] *Siegert* NStZ 1998, 422; *Schlothauer* StV 1998, 146.
[22] A. A. *Dehn* NStZ 1997, 607; *Schlothauer* StV 1998, 146; *Sowada* NStZ 2001, 169.
[23] *Katholnigg* JR 1998, 36.
[24] *Bertram* NJW 1998, 2934, 2936; *Katholnigg* aaO.
[25] *Sowada* NStZ 2001, 169.
[26] Vgl. OLG Hamm StV 1998, 388; *LR/Siolek* Rn. 16.
[27] OLG Hamm aaO.
[28] *Katholnigg* Rn. 3; *Meyer-Goßner* Rn. 3; *LR/Siolek* Rn. 16, 29.

Durchsuchungen,²⁹ die Unterbrechung nach § 229 Abs. 2 StPO³⁰ und der Strafbefehl nach § 408 a StPO.³¹

„Volle" Besetzung erfordert die Haftentscheidung nach § 268b StPO entsprechend ihrem ausdrücklichen Wortlaut; das gilt auch für die Haftentscheidung wegen Nichterscheinens³² (§ 230 Abs. 2 StPO). Umgekehrt werden die nachträglich zu treffenden Entscheidungen ohne die Schöffen getroffen (vgl. §§ 319, 462a Abs. 2 StPO; § 8 Abs. 2 Satz 1 StrEG, § 51 Abs. 2 StPO). **18**

Soweit der Richter nach Abs. 2 zuständig ist, gilt das auch für die in diesem Verfahrensstadium gebotenen Vorlagen nach Art. 100 GG.³³ Im Zusammenhang mit der Hauptverhandlung müssen die Schöffen mitwirken.³⁴ **19**

§ 31. [Ehrenamt]

¹**Das Amt eines Schöffen ist ein Ehrenamt. ²Es kann nur von Deutschen versehen werden.**

I. Schöffenamt. 1. Das Amt des Schöffen ist ein **Ehrenamt** (Satz 1), vgl. §§ 44, 45 DRiG. Das bedeutet, dass der Schöffe in dieser Funktion nicht in einem festen Dienst- oder Arbeitsverhältnis steht, sondern für seine Rechtsstellung, den Erwerb und den Verlust seines Amtes nur die §§ 31 ff. GVG und §§ 44 ff. DRiG maßgebend sind. Er erhält dem Wesen des Ehrenamtes gemäß keine feste Vergütung für seine Tätigkeit, sondern lediglich eine Entschädigung für die ihm entstehenden Kosten und Verdienstausfall, vgl. § 55. **1**

2. Entsprechend dem Sinn der Beteiligung von Schöffen an der Strafrechtspflege (§ 28 Rn. 2) fordert das GVG für deren Berufung positiv lediglich die Eigenschaft als „**Deutscher**" (Rn. 10), nicht aber andere Eigenschaften, wie z.B. § 109 die Kaufmannseigenschaft der Handelsrichter oder § 35 JGG erzieherische Befähigung und Erfahrung in der Jugenderziehung.¹ Gelegentlichen rechtspolitischen Forderungen nach einer besonderen Qualifikation, z.B. für Schöffen in Wirtschaftsstrafsachen,² ist der Gesetzgeber nicht gefolgt. Auch an die körperlichen oder intellektuellen **Fähigkeiten** werden keine ausdrücklichen Anforderungen gestellt;³ es bestehen lediglich in engen Grenzen Tatbestände, bei deren Vorliegen eine Person nicht zum Schöffen berufen werden kann oder soll (§§ 32 bis 34). So ist z.B. die Unkenntnis der deutschen Sprache kein Hinderungsgrund für die Berufung zum Schöffen (Rn. 11), ebenso wenig Taubheit (Rn. 12); unbeschadet der bei den bei der Aufstellung der Vorschlagslisten anzustellenden Überlegungen (Rn. 11). Dagegen werden in anderen Gerichtsbarkeiten häufig bestimmte positive Merkmale und Eigenschaften gefordert, z.B. §§ 21, 37 ArbGG. **2**

3. Das GVG legt demgegenüber entscheidenden Wert auf die **allgemeine Repräsentanz** (§ 36 Rn. 9). Es enthält deshalb lediglich einen Katalog von Tatbeständen und Merkmalen, bei deren Vorliegen eine Person zum Schöffenamt unfähig ist (§ 32), nicht zum Schöffen berufen werden soll (§§ 33, 34) oder aber die Berufung zum Schöffen ablehnen kann (§ 35). Nicht einmal auf § 9 Nr. 2 DRiG (Gewähr, jederzeit für die freiheitliche demokratische Grundordnung einzutreten) wird Bezug genommen. **3**

---

²⁹ *Meyer-Goßner* Rn. 3; *LR/Siolek* Rn. 29.
³⁰ BGHSt 34, 154 = NJW 1987, 965; *LR/Siolek* Rn. 26; *Meyer-Goßner* Rn. 3.
³¹ *LR/Siolek* Rn. 1 m. w. N.
³² Vgl. *Dehn* NStZ 1997, 608 m. w. N.
³³ BVerfGE 24, 155, 165 = NJW 1969, 1291.
³⁴ BVerfGE 19, 71; *Katholnigg* Rn. 3.
¹ Vgl. dazu *Brunner* JR 1978, 499.
² *Kubsch* DRiZ 1984, 190; *Többens* NStZ 2000, 505.
³ RGSt 30, 399.

4. Der Schöffe ist in gleichem Maße wie der Berufsrichter **unabhängig,** § 45 Abs. 1 Satz 1 DRiG, § 1 GVG. Zur Sicherung dieser Unabhängigkeit enthält § 45 Abs. 1a DRiG ein allgemeines **Benachteiligungsverbot** für ehrenamtliche Richter.[4] Arbeitsrechtlich besteht gegenüber dem Arbeitgeber für die Zeit der Amtstätigkeit ein Anspruch auf Freistellung von der Arbeitsleistung; eine Kündigung wegen der Übernahme oder Ausübung des Amtes ist unzulässig. Vgl. § 55 Rn. 2. Der Schöffe hat wie der Berufsrichter das **Beratungsgeheimnis** zu wahren, §§ 45 Abs. 1 Satz 2, 43 DRiG.

5. Der Schöffe wird nicht in ein Ehrenbeamtenverhältnis berufen wie nach allgemeinem Beamtenrecht (vgl. §§ 177 BBG, 115 BRRG). Er kann sich auch nicht förmlich für dieses Amt bewerben, sondern wird gewählt (§ 42) aus dem Kreis der wählbaren Personen (§§ 32 bis 34). Die Ablehnung der Wahl ist nur beschränkt möglich (§ 35). Der Schöffe wird von der Wahl benachrichtigt und von den Sitzungstagen, für die er ausgelost ist (§ 45 Abs. 4). Außer der Vereidigung (Rn. 6) bedarf es keiner weiteren Formalien.

6. Der Schöffe ist vor seiner ersten Dienstleistung in öffentlicher Sitzung des Gerichts durch den Vorsitzenden zu **vereidigen,** § 45 Abs. 2 Satz 1 DRiG. Jedoch ist die Vereidigung nicht Teil der Hauptverhandlung, an der der Schöffe dann anschließend teilnehmen soll. Es verstößt daher nicht gegen das Gebot der Vereidigung in öffentlicher Sitzung, wenn bei der Vereidigung nicht die Verfahrensbeteiligten der ersten, ihr unmittelbar folgenden Hauptverhandlung anwesend sind, sondern es genügt, wenn Dritte im Sinne der allgemeinen Öffentlichkeitsvorschriften teilnehmen können.[5] Die Vereidigung gilt für die Dauer des Amtes; ist der Schöffe aber in mehrfacher Funktion ehrenamtlicher Richter (vgl. § 34 Rn. 7), ist er in jeder Funktion gesondert zu vereidigen. Dauer des Amtes ist jeweils die gesetzliche Amtsperiode; bei erneuter Berufung ist eine erneute Vereidigung nicht (mehr) nötig (§ 45 Abs. 2 Satz 2 DRiG). Über die Vereidigung ist nach § 45 Abs. 8 DRiG ein zu dem Schöffenakten zu nehmendes Protokoll zu fertigen; es gehört zu den Unterlagen nach § 222a Abs. 3 StPO.[6] Die Vereidigung des ehrenamtlichen Richters durch den Vorsitzenden ist Teil der unabhängigen richterlichen Tätigkeit, also Weisungen nicht zugänglich.[7] Die Vereidigung ist **ein für die Amtsfähigkeit konstitutiver Akt,** also zwingende Voraussetzung für die Ausübung des Schöffenamtes. Ist ein Schöffe nicht vereidigt, ist das Gericht nicht ordnungsgemäß besetzt.[8] Angesichts der hohen Bedeutung, die das GVG der Öffentlichkeit der Verhandlung (§§ 169 ff.) beimisst, ist auch eine Vereidigung in nichtöffentlicher Sitzung keine ordnungsgemäße Vereidigung.[9] Dem entspricht es, die Eidespflicht als zwingenden Inhalt der Schöffenpflichten (§ 56 Rn. 2 ff.) anzusehen. Bei **Verweigerung der Eidesleistung** macht der Schöffe sich einer Verletzung seiner Obliegenheiten gemäß § 56 schuldig. Verweigert er den Eid aus religiösen oder Gewissensgründen, kann ihm hieraus aber angesichts der Freiheitsgarantie des Art. 4 GG kein Nachteil entstehen;[10] Konsequenzen nach § 56 sind nicht möglich. Angesichts der fehlenden Eidesleistung ist der Schöffe aber andererseits zur Dienstleistung nicht geeignet. Er ist als verhindert (§ 47) und darüber hinaus als auf Dauer zur Amtsausübung ungeeignet anzusehen, was nach den Grundgedanken der §§ 33 ff., 52 dazu führt, dass er von der Schöffenliste zu streichen ist.[11]

---

[4] Hierzu *Schmidt-Räntsch* NVwZ 2005, 166.
[5] BVerwG NJW 1981, 1110.
[6] BGH NJW 2003, 2545.
[7] HessDG DRiZ 1980, 469.
[8] BVerfGE 31, 184; BGHSt 3, 175 = NJW 1952, 1305; St 4, 158 = NJW 1953, 1154; BGH NJW 2003, 2545; OLG Köln JMBlNRW 1976, 118; OLG Celle StV 1999, 201; vgl. auch BVerwG NVwZ 2005, 231.
[9] A. A. BVerwG NJW 1981, 1110.
[10] BVerfGE 79, 69 = NJW 1989, 827 = JZ 1989, 292 m. Anm. *Maurer*.
[11] BVerfG 6. 4. 1979 – 2 BvR 314/79 –.

7. Für den Schöffen gelten **nicht** die Vorschriften des DRiG über **Nebentätig-** 7 **keiten** und nicht das Verbot des § 4 DRiG über die mit dem Richteramt **unvereinbaren Aufgaben** der Gesetzgebung und Verwaltung.[12] Deshalb kann auch ein Mitglied einer kommunalen Vertretungskörperschaft, ein Landtagsabgeordneter oder ein Bundestagsabgeordneter Schöffe sein; hierin liegt auch kein Verstoß gegen den Grundsatz der Gewaltenteilung nach Art. 20 Abs. 2 Satz 2 GG, da dieser nicht absolut durchgeführt werden kann und beschränkte persönliche Verbindungen von Ämtern in der Rechtspflege und in der gesetzgebenden Gewalt nicht von Verfassungs wegen verbietet.[13]

Bei einer Tätigkeit im Bereich der Exekutive kommt es an auf deren Art und Aus- 8 maß und die damit verbundenen Pflichten einerseits sowie auf den Gegenstand des gerichtlichen Verfahrens und die sich daraus ableitenden Anforderungen an die Zusammensetzung der Gerichte andererseits.[14] Ergibt sich aus einer Gesamtbetrachtung die Gefahr eines generellen Widerstreits zwischen den verschiedenen Pflichten, so steht deren gleichzeitige Wahrnehmung nicht mit Art. 20 Abs. 2 und 92 GG in Einklang, denn das Prinzip der Gewaltenteilung verlangt nicht nur, dass die Gerichte organisatorisch hinreichend von den Verwaltungsbehörden getrennt sein müssen, sondern verbietet auch, dass die richterliche Neutralität durch eine personelle Verbindung zwischen Ämtern der Rechtspflege und Verwaltung in Frage gestellt wird.[15] Danach ist etwa die Mitgliedschaft in der Vollversammlung der Landwirtschaftskammer mit dem Beisitzeramt an einem Landwirtschaftsgericht vereinbar, nicht jedoch die Zugehörigkeit zum Kammervorstand[16] (vgl. auch Einl. Rn. 164).

II. Haftung. Der Schöffe ist im Sinne des Strafrechts, insbesondere der **Amts-** 9 **delikte** der §§ 331 ff. StGB, „Amtsträger" und „Richter" (§ 11 Abs. 1 Nr. 2, 3 StGB; vgl. § 1 Rn. 199). Für ihn gilt die **Staatshaftung** nach Art. 34 GG, ebenso das haftungsrechtliche Spruchrichterprivileg des § 839 Abs. 2 BGB,[17] jedoch mangels einer ausdrücklichen Vorschrift nicht die vermögensrechtliche Haftung des Berufsrichters (vgl. § 56 Rn. 11).

III. Qualifikation. 1. Das Schöffenamt kann nur von **Deutschen** versehen 10 werden (Satz 2); vgl. dazu Art. 116 GG, auf den auch § 9 Nr. 1 DRiG verweist. Ausländer können angesichts des eindeutigen Gesetzeswortlauts nicht Schöffe sein, anders jedoch Deutsche, die noch eine weitere Staatsangehörigkeit besitzen.[18] Ein Staatenloser ist nicht „Deutscher".[19] Wird eine Person zum Schöffen gewählt, die nicht Deutscher ist, ist die Wahl unwirksam. Wirkt eine solche Person an einer Entscheidung mit, ist sie zwar wirksam, aber anfechtbar wegen nicht ordnungsgemäßer Besetzung des Gerichts, § 338 Nr. 1 StPO. – Rechtspolitische Forderungen, auch Ausländern die Möglichkeit zu eröffnen, in der deutschen Gerichtsbarkeit als Schöffen tätig zu sein,[20] lassen sich kaum überzeugend begründen.[21]

2. Die Kenntnis der **deutschen Sprache** ist keine gesetzliche Voraussetzung für 11 das Schöffenamt; die Eigenschaft als „Deutscher" setzt begrifflich nicht die Beherrschung der deutschen Sprache (§ 184) voraus. Mangelnde Beherrschung der deutschen Sprache führt auch nicht zur Unfähigkeit zum Schöffenamt, auch nicht

---

[12] *LR/Siolek* § 34 Rn. 3.
[13] BGHSt 22, 85 = NJW 1968, 996; *Birmanns* NJW 1963, 144; *Liekefett* NJW 1964, 391; *Tsatsos* DRiZ 1964, 256; a. A. *Meier* NJW 1962, 1999.
[14] BVerfGE 54, 159, 167 = NJW 1982, 912.
[15] BVerfG aaO.
[16] BVerfG aaO.
[17] RG JW 1924, 192.
[18] RGSt 25, 415; *Meyer-Goßner* Rn. 2; *Katholnigg* Rn. 2.
[19] *Katholnigg* Rn. 2; *Meyer-Goßner* Rn. 2.
[20] Vgl. *Röper* DRiZ 1998, 195.
[21] *Jutzi* DRiZ 1997, 377; *Wassermann* NJW 1996, 1253; *LR/Siolek* Rn. 7 ff.

nachträglich gemäß §§ 52, 54.²² Ebenso wenig führt sie zu einem Besetzungsfehler oder zu einem Ablehnungsgrund. Es muss nach § 185 GVG verfahren (gedolmetscht) werden. Wohl aber kann die Unkenntnis der deutschen Sprache bei Aufstellung der Vorschlagslisten Berücksichtigung finden, ohne dass damit der Gleichheitssatz verletzt würde (§ 36 Rn. 5).

12 3. Kein Hinderungsgrund ist Schwerhörigkeit oder **Taubheit,** unbeschadet der im Einzelfall auftretenden Probleme. Auch hier muss gegebenenfalls mit den modernen technischen Hilfsmitteln zur Überwindung der Schwerhörigkeit oder mit Hilfe eines Gehörlosendolmetschers geholfen werden (vgl. § 16 Rn. 64). **Blindheit** ist ebenso wenig wie bei Berufsrichtern ein Grund, eine Person für nicht fähig zum Schöffenamt anzusehen unbeschadet der möglichen Schwierigkeiten im Einzelfall (vgl. § 16 Rn. 65; § 33 Rn. 5).

13 4. Vermehrt wird diskutiert, ob bestimmte **Weltanschauungen** oder innere Überzeugungen einen Schöffen über §§ 31 Satz 2, 32 hinaus zu dessen Unfähigkeit zum Schöffenamt führen können. Schon bisher zu verneinen war dies bei Mitgliedschaft in einer **verfassungsfeindlichen Partei.** Zwar setzt die Ernennung zum Berufsrichter voraus, dass die Person die Gewähr dafür bietet, dass sie jederzeit für die freiheitliche demokratische Grundordnung im Sinne des GG eintritt (§ 9 Nr. 2 DRiG), die Anwendung dieser Vorschrift auf Schöffen ist aber in §§ 44 ff. DRiG nicht angeordnet.²³ Unfähigkeit zum Schöffenamt besteht auch dann nicht, wenn der Schöffe **Überzeugungen** vertritt, die im Einzelfalle seine Urteilsbildung unsachlich beeinflussen können.²⁴ Den Belangen der Verfahrensbeteiligten ist durch die Befangenheitsvorschriften (§§ 22 ff. StPO) hinreichend Genüge getan; dissentierende Auffassungen in der Beratung sind hinzunehmen. Im Übrigen verbietet es das Verfassungsprinzip des gesetzlichen Richters, über den abschließenden Katalog der §§ 31, 32 hinaus und damit praeter legem Gründe für die Unfähigkeit zum Schöffenamt zu entwickeln, zumal sich kaum greifbare Kriterien finden lassen, um „unschädliche" Auffassungen von solchen abzugrenzen, die für eine gesetzesgemäße Entscheidung „gefährlich" werden können. Zu respektieren ist die Grundentscheidung des Gesetzgebers für eine allgemeine Repräsentanz aller gesellschaftlichen Gruppen im Schöffenamt (Rn. 3). Aus denselben Gründen ist eine Schöffin, die sich weigert, in der Hauptverhandlung das **Kopftuch** abzulegen, nicht unfähig zum Schöffenamt, auch wenn man darin das Zurschaustellen eines religiösen Symbols sehen will.²⁵ Es gilt nichts anderes als für den Geistlichen oder Ordensangehörigen, der auf der von seiner Gemeinschaft vorgegeben Tracht besteht. Auch eine Pflichtverletzung im Sinne von § 56 ist hierin nicht zu sehen. Das für Berufsrichter aus § 39 DRiG abzuleitende Gebot der Mäßigung und der strikten weltanschaulichen Neutralität gilt für ehrenamtliche Richter nicht²⁶ (§§ 44 ff. DRiG). Angesichts des vorrangigen gesetzgeberischen Ziels, einen möglichst repräsentativen Teil des Volkes in die Rechtspflege einzubeziehen, ist das Zurschaustellen religiöser Symbole durch einen Schöffen auch nicht dem Staat als Verletzung der Neutralitätspflicht zuzurechnen; der Schöffe personifiziert anders als der Berufsrichter nicht den Staat, er repräsentiert die pluralistische Gesellschaft.²⁷ Frage des Einzelfalles bleibt es, ob Verfahrensbeteiligte im Tragen des Kopftuchs einen Ablehnungsgrund sehen können.²⁸

---

²² RGSt 30, 399; *Katholnigg* Rn. 3; *LR/Siolek* Rn. 11; a. A. LG Bochum NJW 2005, 3227; LG Berlin 2. 11. 2005 – 501 Schöff 271/04 –; *Eb. Schmidt* Rn. 4; *Meyer-Goßner* Rn. 3; zur angestrebten Erweiterung von § 33 vgl. BTagsDrucks. 15/5950; 16/514.
²³ *Frehse* NZA 1993, 915.
²⁴ A. A. LG Dortmund NStZ 2007, 360 für den Extremfall einer Glaubensrichtung, die Frauen nur beschränkte Glaubwürdigkeit zugesteht; wenig überzeugend ist die Begründung mit § 45 Abs. 3 DRiG.
²⁵ So auch LG Bielefeld NJW 2007, 3014.
²⁶ Im Ergebnis a. A. LG Dortmund NJW 2007, 3013.
²⁷ *Groh* NVwZ 2006, 1023, 1026; *Bader* NJW 2007, 2964.
²⁸ LG Bielefeld aaO.

§ 32. [Unfähigkeit zum Schöffenamt]

Unfähig zu dem Amt eines Schöffen sind:
1. Personen, die infolge Richterspruchs die Fähigkeit zur Bekleidung öffentlicher Ämter nicht besitzen oder wegen einer vorsätzlichen Tat zu einer Freiheitsstrafe von mehr als sechs Monaten verurteilt sind;
2. Personen, gegen die ein Ermittlungsverfahren wegen einer Tat schwebt, die den Verlust der Fähigkeit zur Bekleidung öffentlicher Ämter zur Folge haben kann.

Gesetzesfassung: Die frühere Nr. 3 („Personen, die infolge gerichtlicher Anordnung in der Verfügung über ihr Vermögen beschränkt sind") wurde zum 1. 1. 1999 gestrichen durch Art. 12 EGInsO vom 5. 10. 1994 (BGBl. I S. 2911).

I. Tatbestände der Unfähigkeit zum Schöffenamt. Die Vorschrift enthält 1 eine Reihe von Tatbeständen, die zur Unfähigkeit für das Schöffenamt führen. Das bedeutet, dass solche Personen nicht in die Vorschlagsliste des § 36 aufgenommen und nicht zu Schöffen nach § 42 gewählt werden können. Werden sie dennoch in die Liste aufgenommen, ist nach § 39 Satz 2 und § 52 Abs. 1 zu verfahren. Werden sie dennoch gewählt, verstößt die Wahl gegen ein gesetzliches Verbot und ist unwirksam. Wirkt eine solche Person an einer Entscheidung mit, ist die Entscheidung zwar wirksam, aber anfechtbar, denn das Gericht ist nicht ordnungsgemäß besetzt, § 338 Nr. 1 StPO.[1] Wird sie nicht angefochten oder ist sie nicht anfechtbar, hat sie vollen Bestand.[2] Aus der Revisibilität des § 32 lässt sich jedoch keine Berechtigung herleiten, in der Hauptverhandlung Auskunft darüber zu verlangen, ob Gründe für eine Amtsunfähigkeit vorliegen. Die gerichtlicherseits gebotene Unterrichtung des Schöffen, solche Gründe offenzulegen, reicht zur effektiven Verhinderung der Mitwirkung ausgeschlossener Schöffen aus.[3]

II. Maßgebender Zeitpunkt. Maßgebend für die Beurteilung, ob Unfähigkeit 2 nach § 32 vorliegt, ist der **Zeitpunkt der tatsächlichen Amtsausübung**,[4] wohl aber ist eine solche Unfähigkeit schon bei der Aufstellung der Vorschlagslisten nach § 36 und der Schöffenwahl nach § 42 zu berücksichtigen.

III. Die zur Unfähigkeit zum Schöffenamt führenden Tatbestände. 3
1. Durch Richterspruch eingetretener **Verlust** der Fähigkeit zur **Bekleidung öffentlicher Ämter** (Nr. 1, 1. Alt.), vgl. dazu §§ 45 bis 45b StGB. Die Unfähigkeit zum Schöffenamt besteht für die Dauer des Verlusts nach § 45 StGB. Voraussetzung ist eine rechtskräftige Verurteilung, wie sich aus § 45a Abs. 1 StGB ergibt;[5] vor diesem Zeitpunkt kann Nr. 2 einschlägig sein.

2. Verurteilung wegen einer **vorsätzlichen Tat** zu einer Freiheitsstrafe von 4 mehr als sechs Monaten (Nr. 1, 2. Alt.). Auf die Art des Delikts kommt es nicht an, auch nicht darauf, ob die Freiheitsstrafe zur Bewährung ausgesetzt wurde, ob die Bewährungsfrist noch läuft oder ob die Strafe verbüßt wurde oder wird. Voraussetzung ist auch hier eine rechtskräftige Verurteilung, sonst kann nur Nr. 2 in Frage kommen. Freiheitsstrafe ist auch eine Jugendstrafe nach § 17 JGG.[6]

Die Vorschrift dient dazu, solche Personen vom Schöffenamt fernzuhalten, die 5 sich durch einen eigenen vorsätzlichen Gesetzesverstoß von nicht unerheblicher Intensität als ungeeignet erwiesen haben, über andere zu richten.[7] Ein Rechtsbruch

---

[1] *LR/Siolek* Vorbem. § 32 Rn. 3.
[2] *LR/Siolek* Vorbem. § 32 Rn. 4; *Eb. Schmidt* Rn. 6; a. A. *Steinbeck* GA 1976, 12; *Schorn*, Laienrichter S. 51 ff.
[3] BGH NStZ 1994, 139.
[4] RGSt 21, 292.
[5] *LR/Siolek* Rn. 4; *Eb. Schmidt* Rn. 9; *Meyer-Goßner* Rn. 3; a. A. *Schorn*, Laienrichter S. 49.
[6] *LR/Siolek* Rn. 5; *Meyer-Goßner* Rn. 3.
[7] *LR/Siolek* Rn. 5.

nicht unerheblicher Intensität kann sich sowohl aus einer einzelnen Handlung ergeben als auch aus mehreren Einzeldelikten, denen zusammen gesehen Gewicht zukommt. Deshalb genügt die Verurteilung wegen vorsätzlicher Taten zu einer Gesamtstrafe von mehr als sechs Monaten, auch wenn keine der ausgesprochenen Einzelstrafen für sich allein diese Höhe erreicht.[8] Die Gesamtstrafe muss sich aber aus Einzelstrafen wegen vorsätzlicher Taten zusammensetzen; fahrlässig begangene Delikte bleiben stets unberücksichtigt.[9] Treffen bei einer Gesamtstrafe Einsatzstrafen wegen vorsätzlicher und fahrlässig begangener Delikte zusammen, sind allein die Einsatzstrafen wegen vorsätzlicher Delikte zu berücksichtigen. Das kann in Grenzfällen Unsicherheit hervorrufen, ob die vorsätzlichen Taten einen „Anteil" von mehr als sechs Monaten an der Gesamtstrafe ausmachen. Hier ist im Interesse der Rechtsklarheit mangels anderer Anhaltspunkte am ehesten eine mathematische Verhältnisrechnung angezeigt.

6 Die auf Grund dieses Tatbestandes eintretende Unfähigkeit zum Schöffenamt endet mit der Tilgung der Strafe oder Tilgungsreife nach §§ 45 ff., 51 Abs. 1 BZRG. Das Schöffenamt ist in den Ausnahmeregelungen des § 49 Abs. 2 und § 52 BZRG nicht aufgeführt.

7 **3. Schweben eines Ermittlungsverfahrens** wegen einer Tat, die den Verlust der Fähigkeit zur Bekleidung öffentlicher Ämter zur Folge haben kann (Nr. 2; vgl. § 45 StGB). Es kommt nicht darauf an, ob im konkreten Falle mit dem Verlust nach § 45 Abs. 1 StGB oder der Aberkennung nach § 45 Abs. 2 StGB zu rechnen ist.[10] Zur Unfähigkeit zum Schöffenamt genügt die Verwicklung in ein Ermittlungsverfahren mit der abstrakten Möglichkeit des Verlustes nach § 45 StGB,[11] also wegen eines Tatbestands, der diese Rechtsfolge vorsieht, so bei allen Ermittlungen wegen eines Verbrechens. Einer vorherigen Streichung nach § 52 bedarf es nicht.[12] Das „Schweben" beginnt mit der Einleitung des Ermittlungsverfahrens (§ 160 StPO) durch die StA oder in ihrem Auftrag (§ 161 StPO), nicht nach § 163 StPO auf eigene Initiative der Polizei[13] oder nach § 183 GVG. Es endet mit einer Einstellung nach §§ 170 Abs. 2, 153 ff. StPO. Über den engen strafprozessualen Sinn hinaus erfasst der Begriff hier aber auch das Zwischen- und das Hauptverfahren, also den Zeitraum ab Anklageerhebung bis zur rechtskräftigen Ablehnung der Eröffnung nach § 204 StPO oder bis zum rechtskräftigen Urteil.

8 Gegenüber dem Recht bis zum REinhG 1950, das auf die Eröffnung des Hauptverfahrens abstellte, ist die Grenze erheblich vorverlegt. Es genügt, dass die StA den Anfangsverdacht des § 152 Abs. 2 StPO bejaht, der ihr Tätigwerden veranlasst, somit das Faktum der Einleitung des Ermittlungsverfahrens.[14] Zwar ging der BGH in einer Entscheidung[15] von Schöffenunfähigkeit ab Anklageerhebung aus, ohne auf den davorliegenden Zeitraum einzugehen, dennoch kann nicht gefordert werden, dass schon ein gewisses Ermittlungsergebnis vorliegen muss, das über den bloßen Verdacht hinausgeht und Anhaltspunkte für eine spätere Verurteilung bietet oder wenigstens eine spätere Verurteilung nicht ausgeschlossen erscheinen lässt. Dies würde die Subjektivität und die Beurteilungsdivergenz der verschiedenen Instanzen in die Prüfung der Unfähigkeit zum Schöffenamt hineintragen mit erheblichen Unsicherheiten bei der Frage nach der ordnungsgemäßen Besetzung des Gerichts.

---

[8] *LR/Siolek* aaO.; *Meyer-Goßner* Rn. 3; vgl. OVG Lüneburg MDR 1954, 126 zum vergleichbaren § 53 DBG, jetzt § 48 BBG.
[9] OLG Hamm NJW 1957, 1121.
[10] BGHSt 35, 28 = NJW 1988, 82.
[11] OLG Bremen MDR 1964, 244.
[12] BGHSt 35, 28 = NJW 1988, 82; *Katholnigg* JR 1989, 36.
[13] *LR/Siolek* Rn. 11; *Meyer-Goßner* Rn. 5.
[14] *LR/Siolek* Rn. 6.
[15] BGHSt 35, 28 = NJW 1988, 82.

Schon durch die bloße Einleitung eines Ermittlungsverfahrens wird also die Fä- 9
higkeit zu einem bedeutungsvollen Ehrenamt beseitigt, ohne dass eine richterliche
Nachprüfung möglich ist. Dazu entsteht der Eindruck, die StA könne durch die
Einleitung eines Ermittlungsverfahrens einen Schöffen von der Amtsausübung
fernhalten und damit auf den gesetzlichen Richter Einfluss nehmen. Hieraus abgeleitete Bedenken schlagen indessen nicht durch.[16] Die für die Strafrechtspflege und
ihr Ansehen wichtige Funktion des Schöffen erfordert das Vertrauen der Allgemeinheit[17] und der Verfahrensbeteiligten in seine Integrität und Objektivität, umgekehrt auch die innere persönliche Objektivität und Freiheit des Schöffen, unbe-
lastet durch einen auf ihm ruhenden schweren Verdacht. Beides ist bei einer
Person, die im Verdacht steht, eine derart schwerwiegende Straftat begangen zu
haben, nicht gegeben.[18]

Desweiteren aus § 44 Abs. 2 DRiG hergeleitete Bedenken, dass nämlich ein eh- 10
renamtlicher Richter gegen seinen Willen nur durch Entscheidung eines Gerichts
abberufen werden könne,[19] schlagen schon deshalb nicht durch, weil § 32 nach
dem Inkrafttreten des DRiG geändert wurde (1. StrRG 1969) und demgemäß eine
Sondervorschrift gegenüber § 44 DRiG darstellt.

Das Schweben eines Ermittlungsverfahrens als Grund für die Unfähigkeit zum 11
Schöffenamt ist temporärer Natur. Nur im Falle rechtskräftiger Verurteilung kann
ein (dann nach Nr. 1 zu bewertender) Unfähigkeitsgrund endgültig entstehen. Aus
den Nr. 2 zugrunde liegenden Überlegungen (Rn. 9) führt dieser Schwebezustand
gleichwohl zu einem Unfähigkeitsgrund ohne Einschränkung mit unbedingten und
unbefristeten Konsequenzen für die jeweils zu treffenden Entscheidung, so Nichtaufnahme in die Vorschlagsliste (§ 36), Berichtigung der Vorschlagsliste (§ 41),
Schöffenwahl (§ 42) und Streichung nach Wahl (§ 52). Der spätere Wegfall dieses
Unfähigkeitsgrundes erscheint allenfalls in drei Fällen reparabel: a) vor Aufstellung
der Vorschlagsliste (§ 36); b) vor Entscheidung des Ausschusses über die berichtigte
Vorschlagsliste (§ 41), wenn ein nach § 36 zunächst Vorgeschlagener dann gestrichen
werden soll; c) nach Streichung eines Gewählten (§§ 42, 52). In den beiden erstge-
nannten Fällen ist eine Korrektur ohne rechtliche Schwierigkeiten denkbar, ungleich schwieriger ist die denkgesetzlich mögliche Rückgängigmachung der Streichung von der Schöffenliste. Rückwirkend kann das nicht geschehen; dem „steht
schon der Umstand entgegen, dass die Frage, wer gesetzlicher Richter ist, im Augenblick seiner Amtstätigkeit beantwortet werden muss; deshalb kann ihre Beantwortung nicht von Entscheidungen abhängen, die nach Abschluss des gerichtlichen
Verfahrens ergehen".[20] Angesichts der streng formalisierten Vorschriften über die
Aufnahme in die Schöffenliste und die Heranziehung der Schöffen wie auch deren
Verlautbarung ist auch eine Korrektur kraft Gesetzes nicht vorstellbar. Denkbar ist
deshalb nur ein konstitutiver Rechtsakt, der zur Wiederaufnahme in die Schöffenliste für die Zukunft führt. Die Möglichkeit und die Pflicht hierzu wird teilweise angenommen;[21] in der Rechtsprechung blieb die Frage bis jetzt unentschieden.[22] Dies
ist indessen abzulehnen, da durch die erforderliche „Rückabwicklung" die gesamte
Systematik der Heranziehung von Schöffen in einer Weise durcheinander geriete,
die ihrer Bedeutung für die Bestimmung des gesetzlichen Richters widerspräche.[23]
An die Stelle des gestrichenen Hauptschöffen ist ein Hilfsschöffe getreten unter seiner gleichzeitigen Streichung von der Hilfsschöffenliste (§ 49 Abs. 2 Satz 1), letzte-

---

[16] Rechtspolitisch mit Recht strenger *Katholnigg* JR 1989, 38.
[17] BGHSt 35, 28 = NJW 1988, 82.
[18] OLG Bremen MDR 1964, 244.
[19] *Moller* MDR 1965, 534.
[20] BGHSt 35, 28 = NJW 1988, 82.
[21] OLG Bremen MDR 1964, 244.
[22] BGH aaO.
[23] *Katholnigg* Rn. 3; JR 1989, 36 ff.; *Meyer-Goßner* Rn. 5; wohl auch *LR/Siolek* § 52 Rn. 3.

rer müsste dann wohl wegen § 43 Abs. 1 als Hauptschöffe ausscheiden und erneut auf die Hilfsschöffenliste (zurück-)genommen werden (möglicherweise hat inzwischen auch noch eine Nachwahl nach § 52 Abs. 6 stattgefunden). Der zunächst gestrichene Hauptschöffe müsste auf seinen alten Listenplatz zurück.

12 **IV. Entscheidung über die Unfähigkeit.** Zweifel, ob die Voraussetzungen des § 32 vorliegen, sind bei Einspruch nach § 37 im Verfahren nach § 41 zu entscheiden. Dabei ist dem Betroffenen gemäß Art. 103 GG rechtliches Gehör zu gewähren, da es um seine Fähigkeit für das Schöffenamt geht. Obwohl die nach § 41 ergehende Entscheidung unanfechtbar ist, hindert sie nicht daran, später nach § 52 zu verfahren oder im Strafverfahren auf den Mangel eine Besetzungsrüge (Rn. 1) zu stützen. Der Betroffene hat keine Möglichkeit, von sich aus eine Nachprüfung mit dem Ziel anzustrengen, dass das Vorliegen der Voraussetzungen des § 32 für seine Person verneint wird. Die Wahl nach § 42, bei der dies eine Rolle gespielt hat, ist nicht anfechtbar. Auch gegen die Aufstellung der Vorschlagsliste nach § 36 kann er nicht vorgehen, da die ihn betreffende Feststellung seiner Unfähigkeit zum Schöffenamt keinen Verwaltungsakt darstellt, sondern lediglich Motiv ist für die Wahl zur Vorschlagsliste.

13 **V. Andere Regelungen.** Die Voraussetzungen für die Berufung zum ehrenamtlichen Richter und die Unfähigkeit zu diesem Amt gilt auch für die ehrenamtlichen Richter bei den **Strafkammern** und bei der Schwurgerichtskammer (§ 77). Die Regelungen für die ehrenamtlichen Richter **in den anderen Gerichtsbarkeiten** sind teilweise davon verschieden, vgl. §§ 21 ff. ArbGG, §§ 17 ff. FGO, §§ 16 ff. SGG, §§ 21 ff. VwGO.

§ 33. [Nicht zu berufende Personen]

Zu dem Amt eines Schöffen sollen nicht berufen werden:
1. Personen, die bei Beginn der Amtsperiode das fünfundzwanzigste Lebensjahr noch nicht vollendet haben würden;
2. Personen, die das siebzigste Lebensjahr vollendet haben oder es bis zum Beginn der Amtsperiode vollenden würden;
3. Personen, die zur Zeit der Aufstellung der Vorschlagsliste nicht in der Gemeinde wohnen;
4. Personen, die aus gesundheitlichen Gründen zu dem Amt nicht geeignet sind;
5. Personen, die in Vermögensverfall geraten sind.

Gesetzesfassung: Nr. 5 zum 1. 1. 1999 eingefügt durch Art. 12 EGInsO vom 5. 10. 1994 (BGBl. I S. 2911). § 33 Nr. 4 neu gefasst durch Art. 29 G zur Gleichstellung behinderter Menschen vom 27. 4. 2002 (BGBl. I S. 1467). Nr. 3 geändert durch Art. 1 Nr. 1 G zur Vereinfachung und Vereinheitlichung der Verfahrensvorschriften zur Wahl und Berufung ehrenamtlicher Richter vom 21. 12. 2004 (BGBl. I S. 3599).

1 **I. Sollvorschrift für die Schöffenberufung.** Während § 32 die absolute Unfähigkeit zum Schöffenamt regelt, enthalten die §§ 33 und 34 Tatbestände, bei deren Vorliegen eine Person **nicht** zum Schöffen **berufen werden „soll"**. Die Vorschrift richtet sich an die am Wahlvorgang beteiligten Institutionen. Maßgebend ist hier anders als bei § 32 nicht der Zeitpunkt der Amtsausübung, vielmehr sind je nach Hinderungsgrund unterschiedliche Zeitpunkte maßgeblich. Wird die Vorschrift nicht beachtet, ist die Wahl gleichwohl wirksam, das Gericht ist ordnungsgemäß besetzt.[1]

II. Personenkreis, der nicht berufen werden soll. Folgende Personen sollen nicht zu Schöffen berufen werden:

---
[1] BGHSt 30, 255; St 33, 261; *LR/Siolek* vor § 32 Rn. 3; § 33 Rn. 1; *Katholnigg* Rn. 1.

1. Die bei Beginn der Amtsperiode (§ 42 Abs. 1) das **25. Lebensjahr noch** **2** **nicht vollendet** haben würden (Nr. 1). Abzustellen ist allein auf den Beginn der Amtsperiode, nicht auf die Aufstellung der Vorschlagslisten oder den Zeitpunkt der Wahl. Berechnung des Alters: § 187 Abs. 2 Satz 2 BGB.

2. Personen, die das **70. Lebensjahr vollendet** haben oder bis zum Beginn der **3** Amtsperiode vollenden würden (Nr. 2). Es gilt im Übrigen das Rn. 2 Ausgeführte. Abzustellen ist hier allein auf das Alter, Alterserscheinungen können nach Nr. 4 berücksichtigt werden. Im Gegensatz zu den Berufsrichtern (vgl. §§ 48, 76 DRiG) gibt es für Schöffen keine bindende Altersgrenze, die zum Ausscheiden aus dem Amt führt. Vgl. auch § 35 Nr. 6.

3. Personen, die zur Zeit der Aufstellung der Vorschlagsliste **nicht in der Ge-** **4** **meinde wohnen** (Nr. 3). Sinn der Regelung ist nach h. M., eine gewisse örtliche Vertrautheit mit dem Gerichtsbezirk sicherzustellen,[2] so dass nicht der Wohnsitz nach § 7 BGB entscheidend ist, sondern der tatsächliche Aufenthalt.[3] Der Hinderungsgrund greift auch, wenn die Person in einer anderen Gemeinde innerhalb desselben LG-Bezirks wohnt, ungeachtet dessen, dass der nachträgliche Wegzug in eine andere Gemeinde innerhalb desselben LG-Bezirks kein Hinderungsgrund ist[4] und nach § 52 Abs. 2 Satz 1 Nr. 1 lediglich zu einem Antrag auf Streichung berechtigt (§ 52 Rn. 6a, 11).

4. Personen, die aus **gesundheitlichen** Gründen zu dem Amt **nicht geeignet** **5** sind (Nr. 4), und zwar ohne Rücksicht auf ihr Lebensalter. Maßgebender Zeitpunkt ist hier der der tatsächlichen Amtsausübung (§ 32 Rn. 2). Inhaltliche Änderungen gegenüber der a. F. („wegen geistiger oder körperlicher Gebrechen") bringt die Neufassung nicht.[5] Notwendig ist eine allgemeine Beurteilung, die alle Anforderungen, die an einen Schöffen zu stellen sind und gestellt werden, zu berücksichtigen hat. Dazu gehört sowohl die körperliche Fähigkeit, anwesend zu sein und zu bleiben und der Verhandlung zu folgen, als auch die intellektuelle Fähigkeit, geistig das Geschehen in der Verhandlung aufmerksam auch über eine längere Dauer zu verfolgen, und zwar möglichst objektiv und tolerant, und auch nervlich den Belastungen einer größeren, spannungsgeladenen Atmosphäre gewachsen zu sein. Einschränkungen der optischen oder akustischen Wahrnehmungsfähigkeit, insbesondere Taubheit oder Blindheit, machen den Schöffen aber nicht schon ungeeignet zu dem „Amt"; den Schöffen anders zu behandeln als den beisitzenden Berufsrichter besteht kein sachlicher Grund (vgl. § 31 Rn. 12, § 16 Rn. 64, 65). So wird auch der blinde Schöffe einer im Wesentlichen vom Urkundsbeweis beherrschten Hauptverhandlung in einer Wirtschaftsstrafsache ohne Weiteres folgen können, nötigenfalls mit Unterstützung durch eine Vorlesekraft (§ 249 Abs. 2 StPO). Erfordert dagegen die Beweisaufnahme in der konkreten Sache besondere sensorische Fähigkeiten, die dem Schöffen infolge seiner Behinderung fehlen, und ist er deshalb (voraussichtlich) nicht in der Lage, den Inbegriff der Hauptverhandlung vollständig zu erfassen, so liegt ein nach §§ 47, 49 zu behandelnder Verhinderungsfall vor (§ 47 Rn. 8). Damit verbundene organisatorische Schwierigkeiten im Einzelfall sind nicht zu verkennen, in Abwägung mit Art. 3 Abs. 3 Satz 2 GG aber hinzunehmen. Das BVerfG[6] hat aber auch im Lichte der durch Gesetz vom 27. 10. 1994 eingefügten Verfassungsbestimmung die gegenteilige Auffassung[7] bestätigt.

Damit ist noch nichts gesagt über die konkrete Amtsausübung des Schöffen. **6** Trotz allgemeiner Eignung können sich aus dem Verhalten eines Schöffen in der

---

[2] *LR/Siolek* Rn. 3.
[3] BGHSt 28, 61 = NJW 1978, 2162.
[4] BGH StV 1982, 60.
[5] BTagsDrucks. 14/7420, S. 33.
[6] BVerfG – K – NJW 2004, 2150; hierzu *Reichenbach* NJW 2004, 3160.
[7] Obiter BGHR GVG § 33 Nr. 4 Gebrechen 1; BVerfG – K – 7. 11. 1989 – 2 BvR 467/89 –.

Hauptverhandlung Verfahrensmängel ergeben, etwa wegen Unaufmerksamkeit, wenn der Schöffe nicht in der Lage ist, der Verhandlung ständig und uneingeschränkt zu folgen oder dies nicht getan hat[8] (vgl. § 31 Rn. 12). Das ist z. B. der Fall, wenn er in so tiefen **Schlaf** verfallen ist, dass er die Vorgänge in der Hauptverhandlung nicht mehr wahrnimmt,[9] jedenfalls wenn der Schlaf über einen nicht unerheblichen Zeitraum gedauert hat.[10] Erweckt der Schöffe infolge dauerhafter Erschöpfung den Eindruck, er stehe dem Gang der Hauptverhandlung und dem Schicksal des Angeklagten gleichgültig gegenüber, kann dies auch die Besorgnis der Befangenheit begründen.[11]

7 5. Personen, die in **Vermögensverfall** geraten sind (Nr. 5). Die Vorschrift ist an die Stelle des früheren § 32 Nr. 3 getreten, wonach unfähig zum Schöffenamt war, wer u. a. nach früherem Konkursrecht infolge gerichtlicher Anordnung in der Verfügung über sein Vermögen beschränkt war. „Vermögensverfall" ist kein der früheren Rechtslage entsprechender scharf umgrenzter Begriff, sondern erfordert die Bewertung der finanziellen Situation. Die Eröffnung des Insolvenzverfahrens (§ 27 InsO) oder die Anordnung von Sicherungsmaßnahmen (§ 21 InsO) indiziert aber den „Verfall". Nr. 5 liegt die Überlegung zugrunde, dass Schöffen u. U. auch über Personen richten, denen Insolvenzstraftaten vorgeworfen werden oder die auf andere Weise im Zusammenhang mit ihren schlechten wirtschaftlichen Verhältnissen straffällig geworden sind. Lebt ein Schöffe in eben solchen Verhältnissen, besteht die Gefahr einer mangelnden inneren Unabhängigkeit vor allem bei der Vermögenskriminalität.[12]

8 III. **Späterer Eintritt.** Stellt sich **nach dem maßgebenden Zeitpunkt** heraus, dass Umstände im Sinne des § 33 vorliegen oder treten sie danach erst ein, ist nach § 52 Abs. 1 zu verfahren. Lagen sie jedoch zu dem maßgebenden Zeitpunkt bereits vor und waren sie auch bekannt, kann nicht mehr nach § 52 Abs. 1 verfahren werden; es bleibt bei der Wahl.

9 IV. **Entscheidung; Verletzung der Vorschrift.** Zur Entscheidung über die Frage, ob die Voraussetzungen des § 33 vorliegen, gilt das zu § 32 Rn. 11 Gesagte entsprechend; eine Ausnahme gilt nur insoweit, als die Verletzung des § 33 **auf die ordnungsgemäße Besetzung des Gerichts keinen Einfluss** hat (Rn. 1). Die Person, die unter diese Vorschrift fällt, kann von sich aus, wenn sie in die Vorschlagsliste aufgenommen wird, Einspruch nach § 37 einlegen; bei der Entscheidung hierüber nach § 41 ist ihr rechtliches Gehör zu gewähren. Sie kann auch dem Wahlausschuss formlos von diesen Gründen Mitteilung machen und schließlich durch eine Mitteilung die Wirkungen des § 52 Abs. 2 (keine Heranziehung) zu erreichen suchen. Ein Recht zur Verweigerung der Dienstleistung als Schöffe besteht jedoch nicht.[13]

10 V. **Weitere Hinderungsgründe. 1.** Weitere Hinderungsgründe ergeben sich aus § 44a DRiG in der Fassung von Art. 27 des Ersten Gesetzes über die Bereinigung von Bundesrecht im Zuständigkeitsbereich des Bundesministeriums der Justiz vom 19. April 2006 (BGBl. I S. 866). Die Vorschrift übernimmt wortgleich § 9 des aufgehobenen Gesetzes zur Prüfung von Rechtsanwaltszulassungen, Notarbestellungen und Berufungen ehrenamtlicher Richter vom 24. 7. 1992 (BGBl. I S. 1386; vgl. EV Anlage II Kapitel III Sachgebiet A Abschnitt I Nr. 1, 2 und III Nr. 1, 2),

---

[8] BGH bei *Dallinger* MDR 1971, 723; *LR/Siolek* Rn. 4; *Rüping* JR 1976, 272.
[9] RGSt 60, 63.
[10] BGHSt 2, 14 = NJW 1952, 354; St 11, 74 = NJW 1958, 31; NStZ 1982, 41; BVerwG NJW 1986, 2721; 2001, 2898; BFH DB 1987, 144; *Günther* MDR 1990, 875; *Risse* BB 1987, 796; zweifelnd zu dieser Einschränkung *Hanack* JZ 1972, 315.
[11] LG Bremen StV 2002, 357.
[12] Vgl. BTagsDrucks. 12/3803 S. 63; 12/7303 S. 107; *LR/Siolek* Rn. 5.
[13] H. M., vgl. *LR/Siolek* Rn. 1; *Meyer-Goßner* Rn. 1.

der auf Vorschlag des Bundesrats[14] aufgenommen wurde. Damit sollte zur Stärkung des Vertrauens in die RSpr so weit wie möglich sichergestellt werden, dass niemand richterliche Funktionen ausübt, der in den **Machtapparat der DDR** verstrickt war. Wurden solche Personen ehrenamtliche Richter, sollte eine Möglichkeit bestehen, sie aus dem Richteramt zu entfernen.[15] Das in § 44b DRiG geregelte Abberufungsverfahren entspricht § 10 des Gesetzes zur Prüfung von Rechtsanwaltszulassungen, Notarbestellungen und Berufungen ehrenamtlicher Richter.

2. Geltungsbereich. §§ 44a, 44b DRiG gelten für alle ehrenamtlichen Richter **11** aller Gerichtsbarkeiten ohne zeitliche Begrenzung. § 41 DDR-RichterG, der die Abberufung regelte, ist mit Inkrafttreten des EV nicht mehr anwendbar, ebenso wenig § 36 aaO. i. V. m. §§ 8 Abs. 2, 16 Abs. 2 WahlO.

3. Hindernis für die Berufung zum Schöffen. Der Katalog des § 44a **12** DRiG erweitert die Gründe der §§ 33, 34 GVG, bei deren Vorliegen eine Person nicht zum ehrenamtlichen Richter (hier: Schöffen) berufen werden soll (dazu Rn. 1): a) Verstoß gegen Grundsätze der Menschlichkeit oder der Rechtsstaatlichkeit (Abs. 1 Nr. 1; vgl. EV Anlage I Kapitel XIX Sachgebiet A Abschnitt III Nr. 1 Abs. 5). b) Tätigkeit als Mitarbeiter des DDR-Staatssicherheitsdienstes oder dem gleichgestellte Person (Abs. 1 Nr. 2). Wenn der äußere Sachverhalt einer solchen Tätigkeit gegeben ist, braucht sie nicht unbedingt das Ausmaß der Nr. 1 zur Folge gehabt zu haben; andererseits ergibt sich nicht automatisch, dass jeder Kontakt zum Staatssicherheitsdienst eine Tätigkeit als ehrenamtlicher Richter ausschließen muss. Vielmehr ist in diesen Fällen zusätzlich zu prüfen, ob der Betroffene auf Grund dieser Tätigkeit für das Amt des ehrenamtlichen Richters nicht geeignet ist. Wann dies der Fall ist, muss in jedem Einzelfall besonders beurteilt werden.[16]

Für die Feststellung dieser Hinderungsgründe gelten die allgemeinen Vorschrif- **13** ten (vgl. § 36 Rn. 13). Zur Aufklärung des Sachverhalts und prophylaktisch kann die für die Berufung zuständige Stelle von dem Vorgeschlagenen eine entsprechende Erklärung verlangen (§ 44a Abs. 2 DRiG). Als „Vorgeschlagener" ist hier jede Person zu verstehen, die im Rahmen des gesamten Schöffenwahlverfahrens, beginnend mit den Vorschlägen für die Aufstellung der Vorschlagsliste durch die Gemeindevertretung, für eine Wahl vorgeschlagen wird. Als „für die Berufung zuständige Stelle" ist die Gemeindevertretung nach § 36 GVG, der Richter beim AG (§ 39 GVG) und der Schöffenwahlausschuss (§ 40 GVG) anzusehen.

4. Abberufung. Ein ehrenamtlicher Richter (gewählter Schöffe, § 42 GVG) ist **14** abzuberufen, wenn nachträglich die Gründe des § 44a Abs. 1 DRiG bekannt werden (§ 44b Abs. 1 DRiG). Für dieses Abberufungsverfahren gelten zwar gesetzessystematisch grundsätzlich die Vorschriften, die für Abberufungen der (jeweiligen) ehrenamtlichen Richter gelten; das wären hier die Vorschriften über die Streichung von der Schöffenliste nach § 52 Abs. 1 Nr. 2 GVG; jedoch gehen die Sonderregelungen des § 44b Abs. 3, 4 DRiG vor (Abs. 2). Das bedeutet für das Abberufungsverfahren:

a) Das Verfahren **beginnt** mit dem Antrag auf Abberufung oder Einleitung des **15** Abberufungsverfahrens von Amts wegen (Abs. 3 Satz 1 erster Halbsatz). Eine Konkretisierung dieses zur Einleitung des Verfahrens berechtigten Personen- oder Amtskreises fehlt, zuständig für die Einleitung von Amts wegen ist der Richter am AG (§ 52 Abs. 3 GVG), einen Antrag kann jede Behörde und jede Privatperson stellen, ohne dass diese Möglichkeit eine eigene Rechtsstellung in dem einzuleitenden Verfahren einräumt.

b) Zuständig für die Entscheidung über die Abberufung ist der Richter am AG **16** (§ 40 Rn. 3) nach Anhörung der StA und des betroffenen Schöffen (Abs. 2 i. V. m.

---
[14] Vgl. BRatsDrucks. 20/1/92.
[15] BRatsDrucks. aaO. S. 5.
[16] BRatsDrucks. aaO. S. 10.

§ 52 Abs. 3 GVG). Die Entscheidung ist unanfechtbar (Abs. 4 Satz 1, vgl. § 52 Abs. 4 GVG und dort Rn. 18). Der abberufene Schöffe kann aber, abweichend vom GVG, binnen eines Jahres nach Wirksamwerden der Abberufungsentscheidung die Feststellung beantragen, dass die Voraussetzungen des § 44a Abs. 1 DRiG nicht vorgelegen haben (Abs. 4 Satz 2); über diesen Antrag entscheidet das „nächsthöhere" Gericht (Abs. 4 Satz 3, also das LG, §§ 73, 76 Satz 2 GVG), ebenfalls durch unanfechtbaren Beschluss. Gibt es dem Feststellungsantrag statt, bedeutet dies eine immaterielle Rehabilitierung des Betroffenen, hat jedoch nicht zur Folge, dass er wieder in seine Rechtsstellung als ehrenamtlicher Richter eintritt.

17 **c) Einstweilige Regelung.** Abs. 3 Satz 1 sieht vor, dass bei Vorliegen eines Antrags auf Abberufung oder Einleitung eines dahin gehenden Verfahrens von Amts wegen (Rn. 15) bei dringendem Verdacht des Vorliegens eines Tatbestandes nach § 44a Abs. 1 DRiG angeordnet werden kann, dass der ehrenamtliche Richter bis zur Entscheidung des Abberufungsverfahrens sein Amt nicht ausüben darf. Es soll jedoch nicht in jedem Falle, in dem die Abberufung in Betracht kommt, eine solche einstweilige Regelung möglich sein, weil dies eine ordnungsgemäße Rechtspflege über Gebühr behindern oder gar gefährden könnte, vielmehr soll eine solche Anordnung nur dann getroffen werden, wenn der dringende Verdacht besteht, dass die Voraussetzungen für eine Abberufung gegeben sind, wenn also mit hoher Wahrscheinlichkeit vorauszusehen ist, dass die endgültige Abberufung erfolgen wird.[17] Zuständig für diese Anordnung ist bei Schöffen der Richter am AG (Rn. 16). Diese Entscheidung ist unanfechtbar (Abs. 3 Satz 2), auch die Anrufung des nächsthöheren Gerichts ist nicht vorgesehen. Eine vergleichbare Regelung im GVG fehlt.

§ 34. [Weitere nicht zu berufende Personen]

(1) **Zu dem Amt eines Schöffen sollen ferner nicht berufen werden:**
1. **der Bundespräsident;**
2. **die Mitglieder der Bundesregierung oder einer Landesregierung;**
3. **Beamte, die jederzeit einstweilig in den Warte- oder Ruhestand versetzt werden können;**
4. **Richter und Beamte der Staatsanwaltschaft, Notare und Rechtsanwälte;**
5. **gerichtliche Vollstreckungsbeamte, Polizeivollzugsbeamte, Bedienstete des Strafvollzugs sowie hauptamtliche Bewährungs- und Gerichtshelfer;**
6. **Religionsdiener und Mitglieder solcher religiösen Vereinigungen, die satzungsgemäß zum gemeinsamen Leben verpflichtet sind;**
7. **Personen, die als ehrenamtliche Richter in der Strafrechtspflege in zwei aufeinander folgenden Amtsperioden tätig gewesen sind, von denen die letzte Amtsperiode zum Zeitpunkt der Aufstellung der Vorschlagslisten noch andauert.**

(2) **Die Landesgesetze können außer den vorbezeichneten Beamten höhere Verwaltungsbeamte bezeichnen, die zu dem Amt eines Schöffen nicht berufen werden sollen.**

Gesetzesfassung: Abs. 1 Nr. 7 geändert durch Art. 1 Nr. 2 G zur Vereinfachung und Vereinheitlichung der Verfahrensvorschriften zur Wahl und Berufung ehrenamtlicher Richter vom 21. 12. 2004 (BGBl. I S. 3599).

1 **I. Sollvorschrift.** § 34 erweitert den Kreis der Personen, die **nicht zum Schöffen berufen werden „sollen".** Das unter § 33 Rn. 1 Gesagte gilt entsprechend.

II. Personen, die nicht zum Schöffen berufen werden sollen. Die Personen im Einzelnen:

---

[17] BRatsDrucks. aaO. S. 13.

Weitere nicht zu berufende Personen   2–8 § 34

1. Bundespräsident, Art. 54 ff. GG. Die Vorschrift ist sowohl Ausfluss des 2
Gewaltenteilungsprinzips (vgl. § 4 DRiG; dazu § 31 Rn. 7) als auch des Interesses
der Öffentlichkeit daran, dass der Träger dieses Amtes nicht, auch nicht nur vorübergehend, seiner Amtstätigkeit entzogen wird (vgl. auch Art. 55 GG). Maßgebender Zeitpunkt ist der der Schöffenwahl nach § 42.

2. Mitglieder der Bundesregierung und einer Landesregierung/Senat 3
(Nr. 2). Das zu Rn. 2 Gesagte gilt entsprechend. Abgeordnete fallen nicht hierunter; deren Berufung steht auch der Grundsatz der Gewaltenteilung nicht entgegen (§ 31 Rn. 7). Sie haben aber ein Ablehnungsrecht nach § 35 Nr. 1.

3. Beamte, die jederzeit einstweilig in den Warte- oder Ruhestand versetzt werden können (Nr. 3). Auch hierfür dürften die in Rn. 2 aufgeführten 4
Motive gelten, da es sich bei diesen sogenannten politischen Beamten um herausgehobene Amtsträger handelt. Ihre Stellung regelt § 36 BBG und gemäß § 31
BRRG das Landesrecht. Es kommt nur auf die Versetzbarkeit an. Auf Beamte dieser Art, die bereits im einstweiligen Ruhestand sind, findet die Vorschrift keine
Anwendung.

Alle **anderen Beamten** können uneingeschränkt Schöffen werden, wenn sie 5
nicht in den nachfolgenden Nummern ausdrücklich ausgenommen sind.[1] Eine
ganz andere Frage ist es, ob nicht bei der Aufstellung der Vorschlagsliste und bei
der Schöffenwahl auf die dienstlichen und damit öffentlichen Interessen Rücksicht
genommen wird, die bei bestimmten Beamten(-gruppen) durch die Schöffentätigkeit beeinträchtigt werden können. Das gilt besonders bei Angehörigen der Bundeswehr, die uneingeschränkt zum Schöffen berufen werden können (Rn. 12).

Ruhestandsbeamte können stets zu Schöffen berufen werden, wenn nicht an- 6
dere Hinderungsgründe bestehen, z. B. nach § 33 Nr. 2 oder 4.

4. Richter (Nr. 4). Gemeint sind hier nur Berufsrichter, die im aktiven Dienst 7
stehen, und zwar Richter aller Gerichtsbarkeiten. Die Vorschrift betrifft Richter auf
Lebenszeit, auf Probe, auf Zeit und kraft Auftrags. Richter im Ruhestand können
Schöffen sein. Eine Tätigkeit von Berufsrichtern auch als ehrenamtliche Richter
widerspricht den Prinzipien, die für das Institut des ehrenamtlichen Richters in der
Strafgerichtsbarkeit maßgebend sind (§ 28 Rn. 2), auch in verschiedenen Gerichtsbarkeiten[2] (§ 22 Nr. 2 VwGO). Deshalb ist die Vorschrift auf **Rechtspfleger** entsprechend anzuwenden, die inzwischen einen großen Teil der früher Richtern obliegenden Aufgaben übernommen haben und insoweit als „das Gericht" auftreten.
Es ist auch nicht auszuschließen, dass sie in den Strafsachen, zu denen sie herangezogen werden, zugleich in ihrer Eigenschaft als Rechtspfleger, etwa im Zusammenhang mit Gerichtskosten und der Vollstreckung, tätig sein müssen. Auf **ehrenamtliche Richter** ist die Vorschrift nicht anwendbar, wie sich aus § 35 Nr. 2
ergibt. Es ist also möglich, in mehreren Gerichtsbarkeiten gleichzeitig ehrenamtlicher Richter zu sein, auch Schöffe beim AG und bei den Spruchkörpern des LG
(vgl. aber § 77 Abs. 4), auch Handelsrichter. Für die dem Gericht zur Ausbildung
zugewiesenen **Referendare,** die zur selbständigen Wahrnehmung richterlicher Geschäfte nicht befugt sind (§ 10 GVG), gilt die Vorschrift nicht. Die nur zeitweilige
Wahrnehmung der Geschäfte eines Rechtspflegers (§ 95 Abs. 5 RPflG) steht der
Schöffentätigkeit nicht entgegen.

5. Beamte der StA (Nr. 4). Das sind alle hauptberuflich mit Aufgaben der 8
StA nach §§ 141 ff. GVG, den Vorschriften der StPO und anderen Verfahrensvorschriften betrauten Personen, auch Amtsanwälte. Nicht hierher gehören die
Ermittlungspersonen der StA (§ 152 GVG) ebenso wenig sonstige Beamte, Angestellte und Arbeiter bei der StA. Die Vorschrift dient einmal der vom DRiG ange-

---
[1] Vgl. BVerfGE 14, 56, 68 = NJW 1962, 1611.
[2] BSG NJW 1962, 1462; vgl. *Mellwitz* JR 1963, 454, 455.

strebten Trennung von Tätigkeiten des Richters und des Staatsanwalts (§ 122 DRiG) auch für die ehrenamtlichen Richter. Weiter kann es das Ansehen der Justiz und das von der Öffentlichkeit in sie gesetzte Vertrauen beeinträchtigen, wenn die gleiche Person teilweise als Staatsanwalt, teilweise als ehrenamtlicher Strafrichter auftritt. Zugleich vermeidet diese Trennung interne Spannungen. **Referendare** gehören, auch wenn sie im Rahmen ihrer Ausbildung bei der StA tätig sind (§ 5 b Abs. 1 Nr. 2 DRiG), nicht zu dem Personenkreis nach Nr. 4. Nach dem Grundgedanken der Vorschrift könnte zwar ihre Schöffentätigkeit während der StA-Station durchaus als systemwidrig angesehen werden, für sie spricht aber die gebotene weitreichende Repräsentanz aller Bevölkerungsgruppen im Schöffenamt (§ 36 Abs. 2 GVG). Bedenkt man, dass der fünfjährigen Amtszeit eines Schöffen nur wenige Monate der StA-Station gegenüber stehen, wäre es unverhältnismäßig, den Referendar deswegen vom Schöffenamt auszuschließen. Über §§ 22 Nr. 4, 30 StPO hinaus ist aber beim Einsatz des Referendars und vor allem bei Übertragung nach § 142 Abs. 3 GVG auf den äußeren Eindruck Rücksicht zu nehmen, gegebenenfalls nach § 54 GVG zu verfahren, wobei es Sache des Ausbilders ist, auf die erforderliche Antragstellung hinzuwirken.

9   **6. Notare (Nr. 4).** Das sind alle Notare nach der BNotO, auch Notarassessoren, ebenso Bezirksnotare und die Notarvertreter während der Zeit ihrer Bestellung. Diese Vorschrift bezweckt eine Trennung zwischen Rechtsberatung und RSpr; auch sollen die Notare nicht ihrer im öffentlichen Interesse liegenden Tätigkeit durch die Schöffentätigkeit entzogen werden.

10   **7. Rechtsanwälte (Nr. 4).** Maßgebend ist allein die Zulassung nach der BRAO ohne Rücksicht darauf, ob sie freiberufliche oder Syndikusanwälte sind und welchen Umfang ihre Anwaltstätigkeit hat. Anwaltsvertreter (§ 53 BRAO) gehören hierher während der Dauer ihrer Bestellung. Andere zur Rechtsberatung zugelassene Personen (z. B. nach § 157 ZPO) fallen nicht unter die Vorschrift, auch nicht Patentanwälte.[3] Grund ist auch hier die Trennung zwischen Rechtsberatung und RSpr.

11   **8. Gerichtliche Vollstreckungsbeamte (Nr. 5).** Das sind die Gerichtsvollzieher (vgl. § 154) und solche Beamte, die vorübergehend oder vorläufig (z. B. nach bestandener Prüfung) mit den Aufgaben eines Gerichtsvollziehers beauftragt sind, des weiteren die Vollziehungsbeamten der Justiz. Justizwachtmeister zählen nicht hierher, obwohl sie gelegentlich zu Vollstreckungshandlungen herangezogen werden können. Das Gesetz knüpft an den staatsrechtlichen Beamtenbegriff an, Angestellte werden von der Regelung nicht erfasst (anders als z. B. § 22 Nr. 3 VwGO, § 17 SGG, § 19 FGO).

12   **9. Polizeivollzugsbeamte (Nr. 5).** Der Begriff ist weit auszulegen. Hierher gehören die Beamten der Schutz- und Kriminalpolizei der Länder und des Bundes (Bundespolizei, Bundeskriminalamt), darüber hinaus alle Hilfsbeamten der StA sowie alle öffentlichen Bediensteten, denen neben ihren allgemeinen Dienstaufgaben auch vergleichbare Vollzugsaufgaben übertragen sind, z. B. Zollfahnder, Grenzzolldienst, Forstschutz. Angehörige der Bundeswehr sind keine Polizeivollzugsbeamten (vgl. Rn. 5).

13   **10. Bedienstete des Strafvollzugs (Nr. 5).** Das sind alle Beamten, Angestellten und Arbeiter, die im Strafvollzug tätig sind, auch in der Verwaltung, ohne Rücksicht auf ihre konkrete Tätigkeit, Ausbildung und Laufbahnzugehörigkeit.

14   **11. Hauptamtliche Bewährungs- und Gerichtshelfer (Nr. 5).** vgl. Einl. Rn. 72, 70. Eine nebenamtliche oder ehrenamtliche Tätigkeit reicht nicht aus, wohl aber ein Anstellungsverhältnis bei einem privaten Träger.

15   **12. Religionsdiener (Nr. 6).** Das sind nach heutigem Sprachgebrauch die Geistlichen (§ 53 Nr. 1 StPO, § 383 Nr. 4 ZPO, § 139 Abs. 2 StGB), also alle Per-

---

[3] *LR/Siolek* Rn. 10; zum ehrenamtlichen Richter als Parteiberater *Lemppenau* DRiZ 1992, 381.

sonen, die nach der Verfassung einer Religionsgesellschaft (Art. 140 GG, Art. 137 WRV) zur Vornahme gottesdienstlicher oder dementsprechender Handlungen berechtigt sind, und zwar nicht nur der Kirchen, die den Status einer öffentlich-rechtlichen Körperschaft haben, sondern auch z.B. die Pfarrer einer „Freien Christengemeinde".[4]

13. Mitglieder religiöser Vereinigungen. Mitglieder solcher religiöser Vereinigungen, die satzungsgemäß **zu gemeinsamem Leben** verpflichtet sind **(Nr. 6):** Hierher rechnen vor allem die Orden der katholischen Kirche, aber auch Kommunitätsformen anderer Kirchen, Glaubens- und Weltanschauungsgemeinschaften. 16

14. Personen, die zwei Amtsperioden als ehrenamtliche Richter tätig waren (Nr. 7). Wie mit der durch das 1. StVRG 1974 (Einl. Rn. 97) eingefügten a.F. soll hierdurch eine Schöffentätigkeit der gesamten Bevölkerung in größerem Umfang erreicht und verhindert werden, dass ständig dieselben Personen zu ehrenamtlichen Richtern gewählt werden.[5] Es gelten die folgenden Voraussetzungen: Einmal muss die Person in zwei aufeinanderfolgenden Amtsperioden als ehrenamtlicher Richter in der Strafrechtspflege tätig gewesen sein (als Schöffe oder Jugendschöffe, auch als Hilfsschöffe); eine ehrenamtliche Tätigkeit in der Zivilrechtspflege oder in den anderen Gerichtsbarkeiten reicht nicht aus. Dabei kommt es nicht auf die effektiven Sitzungsdienste an, sondern auf die formelle Zeit, für die sie zum ehrenamtlichen Richter gewählt war. Frühere Zeiten der Tätigkeit vor einer Unterbrechung finden keine Berücksichtigung. Da Nr. 7 nur auf die Amtsperiode abstellt, bewirkt deren Verlängerung von vier Jahren auf fünf Jahre durch das Gesetz vom 21. 12. 2004 (BGBl. I S. 3599) auch eine schrittweise Verlängerung der erforderlichen Zeitdauer der Tätigkeit. Bei der erstmalig nach dem ÄnderungsG durchzuführenden Schöffenwahl (vgl. § 6 EGGVG) greift der Hinderungsgrund bereits nach acht Jahren Tätigkeit, bei der zweiten nach neun Jahren und erst ab der dritten schließlich nach zehn Jahren. Zweitens muss die letzte der beiden Amtsperioden zum Zeitpunkt der Aufstellung der Vorschlagslisten noch andauern. Ist sie abgelaufen und die Person für die Folgeperiode nicht zum Schöffe gewählt, besteht der Hinderungsgrund nicht mehr. 17

15. Höhere Verwaltungsbeamte nach Maßgabe des Landesrechts (Abs. 2). Dies meint Beamte, die der Laufbahngruppe des höheren Dienstes (§§ 19 BBG, 13, 14 BRRG) angehören. Das Bundesrecht legt dem Landesgesetzgeber keine nähere Beschränkung auf. Es können demnach nicht nur Landesbeamte, sondern auch Bundesbeamte in eine solche Regelung einbezogen werden. Mit dem Gedanken des § 36 Abs. 2 bleibt aber abzuwägen. 18

III. Entscheidung; Verletzung der Vorschrift. Dazu, ob die Voraussetzungen des § 34 vorliegen usw., gilt § 33 Rn. 9 entsprechend. 19

§ 35. [Ablehnung des Schöffenamtes]

Die Berufung zum Amt eines Schöffen dürfen ablehnen:
1. Mitglieder des Bundestages, des Bundesrates, des Europäischen Parlaments, eines Landtages oder einer zweiten Kammer;
2. Personen, die in der vorhergehenden Amtsperiode die Verpflichtung eines ehrenamtlichen Richters in der Strafrechtspflege an vierzig Tagen erfüllt haben, sowie Personen, die bereits als ehrenamtliche Richter tätig sind;
3. Ärzte, Zahnärzte, Krankenschwestern, Kinderkrankenschwestern, Krankenpfleger und Hebammen;
4. Apothekenleiter, die keinen weiteren Apotheker beschäftigen;

---
[4] OLG Köln MDR 1970, 864.
[5] BTagsDrucks. 7/551 S. 99.

5. Personen, die glaubhaft machen, daß ihnen die unmittelbare persönliche Fürsorge für ihre Familie die Ausübung des Amtes in besonderem Maße erschwert;
6. Personen, die das fünfundsechzigste Lebensjahr vollendet haben oder es bis zum Ende der Amtsperiode vollendet haben würden;
7. Personen, die glaubhaft machen, daß die Ausübung des Amtes für sie oder einen Dritten wegen Gefährdung oder erheblicher Beeinträchtigung einer ausreichenden wirtschaftlichen Lebensgrundlage eine besondere Härte bedeutet.

Gesetzesfassung: Nr. 1 und Nr. 7 i. d. F. Art. 2 RpflVereinfG.

1 **I. Ablehnung des Schöffenamtes im Allgemeinen.** Während § 32 die Unfähigkeit zum Schöffenamt regelt und §§ 33, 34 Vorschriften darüber enthalten, wer nicht zum Schöffen berufen werden soll, eröffnet § 35 einem Personenkreis, der uneingeschränkt zum Schöffen berufen werden kann, die Möglichkeit, diese Berufung abzulehnen. Der Katalog der Ablehnungsmöglichkeiten ist abschließend. Andere Ablehnungsgründe und andere Ablehnungsberechtigte gibt es nicht. Alle anderen Personen sind verpflichtet, das Amt des Schöffen auszuüben und unterliegen den in § 56 vorgesehenen Sanktionen für den Fall des unentschuldigten Ausbleibens oder anderer Obliegenheitsverletzungen. Sie können lediglich ausnahmsweise nach § 54 von der Dienstleistung an bestimmten Sitzungen entbunden werden.

2 Diese Verpflichtung zur Ausübung des Schöffenamts ist Bestandteil **staatsbürgerlicher Pflichten,** gegen die verfassungsrechtliche Bedenken nicht zu erheben sind[1] (vgl. Art. 3, 12 Abs. 2 GG). Es ist jedoch nicht zu übersehen, dass die Bereitschaft zum Schöffenamt im Schwinden ist. Erwähnt seien nur immer wieder berichtete Schwierigkeiten, die sich aus dem Fernbleiben vom (selbstständigen oder unselbstständigen) Arbeitsplatz ergeben, vor allem bei mehrmonatigen, teilweise mehrjährigen Mammutprozessen. Hinzu kommt die nervliche Belastung in Hauptverhandlungen, besonders wenn sie in einer gespannten Atmosphäre stattfinden, oder in Verfahren der Organisierten Kriminalität, in denen es auch zu persönlichen Bedrohungen und Störungen der Privatsphäre (Störanrufe, Schmierereien usw.) kommen kann mit zusätzlicher Belastung durch Maßnahmen zum persönlichen Schutz. Die Berichterstattung in den Medien, von Schöffen gelegentlich, zumindest subjektiv, als Druck auf die Rechtsfindung empfunden, und die Kritik an Verhandlung und Entscheidung tun ein übriges. Umso größer müssen die Anstrengungen sein, dass sich weder Berufsschöffen herausbilden (§ 34 Rn. 17) noch bestimmte Bevölkerungsgruppen über- oder unterrepräsentiert sind (§ 36), denn das müsste das Institut des ehrenamtlichen Richters diskreditieren und dessen Funktionsfähigkeit und rechtspolitische Rechtfertigung insgesamt in Frage stellen.

3 **II. Die Ablehnungsberechtigten im Einzelnen. 1. Mitglieder des Bundestags, des Bundesrats, des Europäischen Parlaments, eines Landtags** (Bürgerschaft eines Stadtstaates) oder einer zweiten Kammer nach Nr. 1. Es ist Sache des Abgeordneten, das Schöffenamt abzulehnen, rechtlich ist er nicht gehindert, es auszuüben (§ 31 Rn. 7).

4 **2.** Personen, die in der vorhergehenden Amtsperiode die Verpflichtung eines **ehrenamtlichen Richters** in der Strafrechtspflege (nicht in anderen Bereichen oder Gerichtsbarkeiten) an 40 oder mehr Tagen erfüllt haben (Nr. 2, 1. Alt.), also als ehrenamtliche Richter zu Sitzungen herangezogen waren. Vorhergehende Amtsperiode ist nur die, welche der Amtsperiode, für die die Ablehnung der Berufung in Frage steht, unmittelbar vorausgeht. Frühere Amtsperioden bleiben hier außer Betracht. Die Tätigkeit in zwei unmittelbar vorhergehenden Amtsperioden wird nach § 34 Nr. 7 relevant.

---

[1] BGHSt 9, 203 = NJW 1956, 1326; vgl. BVerfG NJW 1980, 2179.

3. Personen, die bereits **als ehrenamtliche Richter tätig** sind (Nr. 2, 2. Alt.). 5
Diese Tätigkeit kann in der ordentlichen Gerichtsbarkeit, aber auch in den anderen
Gerichtsbarkeiten oder in Ehren- und Berufsgerichtsbarkeiten abgeleistet werden.
Der Ablehnungsgrund gilt nur während der Amtsperiode in dieser anderen ehren-
amtlichen Tätigkeit.

4. Heil- und Heilhilfsberufe in der Humanmedizin (Nr. 3), nicht Tierärzte. 6
Ärzte und Zahnärzte müssen nach den einschlägigen Rechtsvorschriften approbiert
sein, Krankenschwestern und Krankenpfleger müssen anerkannt sein nach den
staatlichen Berufsregelungen,[2] ebenso die Hebammen. Heilpraktiker gehören nicht
zu diesem Personenkreis.[3]

5. Apothekenleiter (Nr. 4), wenn sie keinen weiteren Apotheker beschäftigen. 7
Die Beschäftigung von sonstigem Personal beseitigt den Ablehnungsgrund nicht, da
die Vorschrift neben der Arzneimittelversorgung gerade auch die Ausübung der
dem Apotheker obliegenden Aufsichtspflicht sichern will.

6. Personen (Männer und Frauen), die glaubhaft machen, dass ihnen die unmit- 8
telbare persönliche **Fürsorge für ihre Familie** die Ausübung des Amtes in besonderem Maße erschwert (Nr. 5). Geschützt wird hier nur die persönliche Betreuung, nicht die Beschaffung der finanziellen Mittel.[4] In Abhängigkeit von deren
Ausmaß kann Fürsorgebedürftigkeit eines einzelnen Familienangehörigen genügen.
Familie ist der durch Verwandtschaft und Schwägerschaft verbundene Personenkreis
(§§ 1589, 1590 BGB).

7. Personen, die das **65. Lebensjahr vollendet** haben oder es bis zum Ende der 9
Amtsperiode vollendet haben würden (Nr. 6); vgl. auch § 33 Nr. 2.

8. Gefährdung oder erhebliche Beeinträchtigung der wirtschaftlichen 10
Lebensgrundlage (Nr. 7): Da sich die Ablehnungsgründe der Nr. 1 bis 6 als unverhältnismäßig restriktiv erwiesen hatten, sollten durch die Erweiterung um Nr. 7
extreme Belastungen, die die wirtschaftliche Existenz des Betroffenen oder eines
Dritten ernstlich gefährden, berücksichtigt werden.[5] Auf andere als wirtschaftliche
Härten kann die Vorschrift nicht ausgedehnt werden.[6] Davon abweichend berücksichtigt § 24 Abs. 2 VwGO alle „besonderen Härtefälle",[7] wozu auch außergewöhnliche seelische Belastungen zählen.[8]

9. Allgemeine Unzumutbarkeit? Da das Schöffenamt zu den allgemeinen 11
staatsbürgerlichen Pflichten zählt (Rn. 2), kann es nur aus ausdrücklich normierten
Gründen abgelehnt werden. Die Erweiterung der ursprünglichen Ablehnungsgründe um Fälle der Gefährdung oder der erheblichen Beeinträchtigung der wirtschaftlichen Lebensgrundlage (Nr. 7) hat zugleich klargestellt, dass andere als die im
Gesetz aufgeführten Gründe nicht zur Ablehnung berechtigen. Anlässlich des Urteils in der Strafsache Deckert im Zusammenhang mit der „Auschwitzlüge"[9] und
der sich anschließenden Diskussion und Kritik[10] ist die Frage virulent geworden, ob
Personen aus **Gewissensgründen** den Dienst als Schöffen überhaupt, bei einem
bestimmten Gericht oder in einem bestimmten Spruchkörper ablehnen können.
Soweit es um die Berufung zum Schöffen überhaupt geht, ist dies zu verneinen.
Rechtsprechung ist ein essentieller Teil der Verfassungsordnung, die Mitwirkung

---

[2] BTagsDrucks. 7/551 S. 99.
[3] *LR/Siolek* Rn. 5.
[4] BTagsDrucks. 7/551 S. 99; *LR/Siolek* Rn. 7.
[5] BTagsDrucks. 11/8283 S. 50.
[6] *Katholnigg* Rn. 4; *Meyer-Goßner* Rn. 2.
[7] Vgl. OVG Greifswald NVwZ-RR 2003, 70; HessVGH NVwZ 1988, 161; VGH München NVwZ 1984, 593; OVG Münster NVwZ-RR 1995, 340; *Weigert* BayVBl. 1988, 747.
[8] OVG Greifswald NVwZ-RR 1998, 784.
[9] LG Mannheim NJW 1994, 2494; aufgehoben durch BGH NJW 1995, 340.
[10] *Bertram* NJW 1994, 2397; *Sendler* ZRP 1994, 377; *Herr* DRiZ 1994, 405; *Voss* DRiZ 1994, 445; *Wassermann* NJW 1995, 303.

daran ist Bürgerpflicht wie Akt der Selbsterhaltung. Auch die Ablehnung der Schöffentätigkeit bei einem bestimmten Gericht oder Spruchkörper kommt nicht in Betracht.[11] Zwar sind die gesetzlichen Schöffenpflichten auch vor dem Hintergrund der verfassungsrechtlichen Respektierung der Gewissensentscheidung (Art. 4 GG) zu sehen, aber nur in Konkordanz mit der kollidierenden verfassungsrechtlichen Gewährleistung des gesetzlichen Richters (Art. 101 GG). Für die gewählten Schöffen (§ 42) wird die Reihenfolge ihrer Sitzungsteilnahme für das Geschäftsjahr durch das Los im Voraus bestimmt (§ 45). Jede Änderung in dieser Reihenfolge bedeutet eine Änderung des vorausbestimmten gesetzlichen Richters, dessen Kernstück gerade diese Vorausbestimmung ist. Hierin kann nicht gezielt aus subjektiven Gründen eingegriffen werden, ohne das Rechtsinstitut des gesetzlichen Richters selbst in Frage zu stellen. Im Übrigen würde dies auch den Sinn der ehrenamtlichen Mitwirkung überhaupt in Frage stellen, der gerade darin liegt, dass Schöffen in effektiver Unabhängigkeit bei Sitzungsteilnahme, Beratung und Abstimmung die Berufsrichter kontrollieren.[12] Zu bedenken wäre, ob nicht dies die Gewissensentscheidung des Schöffen erst zum Tragen bringt.

12 **III. Geltendmachung der Ablehnung.** Das Verfahren der Ablehnung richtet sich nach § 53.

§ 36. [Vorschlagsliste]

(1) ¹Die Gemeinde stellt in jedem fünften Jahr eine Vorschlagsliste für Schöffen auf. ²Für die Aufnahme in die Liste ist die Zustimmung von zwei Dritteln der anwesenden Mitglieder der Gemeindevertretung, mindestens jedoch der Hälfte der gesetzlichen Zahl der Mitglieder der Gemeindevertretung erforderlich. ³Die jeweiligen Regelungen zur Beschlussfassung der Gemeindevertretung bleiben unberührt.

(2) ¹Die Vorschlagsliste soll alle Gruppen der Bevölkerung nach Geschlecht, Alter, Beruf und sozialer Stellung angemessen berücksichtigen. ²Sie muß Geburtsnamen, Familiennamen, Vornamen, Tag und Ort der Geburt, Wohnanschrift und Beruf der vorgeschlagenen Personen enthalten.

(3) ¹Die Vorschlagsliste ist in der Gemeinde eine Woche lang zu jedermanns Einsicht aufzulegen. ²Der Zeitpunkt der Auflegung ist vorher öffentlich bekanntzumachen.

(4) ¹In die Vorschlagslisten des Bezirks des Amtsgerichts sind mindestens doppelt so viele Personen aufzunehmen, wie als erforderliche Zahl von Haupt- und Hilfsschöffen nach § 43 bestimmt sind. ²Die Verteilung auf die Gemeinden des Bezirks erfolgt durch den Präsidenten des Landgerichts (Präsidenten des Amtsgerichts) in Anlehnung an die Einwohnerzahl der Gemeinden.

Gesetzesfassung: Abs. 4 i. d. F. Art. 2 Nr. 1 StVÄG 1987. § 36 Abs. 1 geändert durch Art. 1 Nr. 3 G zur Vereinfachung und Vereinheitlichung der Verfahrensvorschriften zur Wahl und Berufung ehrenamtlicher Richter vom 21. 12. 2004 (BGBl. I S. 3599).

1 **I. Geschichte.** Das Verfahren zur Berufung der Schöffen hat wiederholt Änderungen erfahren. Ursprünglich wurden die Schöffen anhand einer Urliste, auf der alle zum Schöffenamt wählbaren Personen verzeichnet waren, durch den Schöffenwahlausschuß auf die Dauer eines Jahres gewählt. Im Interesse der Verwaltungsvereinfachung und Kostenersparnis wurde dann die **Wahlzeit** der Schöffen auf zwei Jahre verlängert. Das REinhG 1950 ist von der Urliste abgegangen und hat die **Vorschlagsliste** eingeführt. Durch das 1. StVRG 1974 (Einl. Rn. 97) wurde die Amtszeit auf 4 Jahre verlängert. Eine Verlängerung auf fünf Jahre brachte das G zur Vereinfachung und Vereinheitlichung der Verfahrensvorschriften zur Wahl und Berufung ehrenamtlicher Richter vom 21. 12. 2004 (BGBl. I S. 3599). – Die personelle Auswahl der ehrenamtlichen Richter (also Schöffen und Geschworenen) war zwar Gegenstand ständiger kritischer Auseinandersetzungen, insbe-

---

[11] A. A. *Lisken* NJW 1997, 34.
[12] LG Karlsruhe NJW 1996, 606 = JR 1996, 127 m. zust. Anm. *Foth; Wacke* NJW 1995, 1199.

sondere wegen der geringen Zahl von Arbeitern,[1] führte indessen zunächst zu keinen Reformen. In der NS-Unrechtszeit wurden dann ganze Bevölkerungsgruppen vom Schöffenamt ausgeschlossen, nämlich „Nichtarier" und „volksfeindliche" Personen,[2] schließlich Frauen (Einl. Rn. 53); die „Reformvorstellungen" liefen auf den „arischen männlichen" Schöffen hin.[3] Mit dem demokratischen Wiederaufbau nach 1945 kehrte man wieder zu den alten Grundsätzen der Schöffenauswahl zurück. Aber auch jetzt war eine **disproportionale Zusammensetzung** der Schöffen nicht zu verkennen, so dass der Gesetzgeber sich zum Einschreiten gezwungen sah durch Schaffung des reformierten § 36 insbesondere Abs. 2 im 1. StVRG 1974. Noch einen Schritt weiter geht der schließlich durch Art. 2 Nr. 1 des G zur Vereinfachung und Vereinheitlichung der Verfahrensvorschriften zur Wahl und Berufung ehrenamtlicher Richter vom 21. 12. 2004 (BGBl. I S. 3599) eingefügte § 44 Abs. 1a DRiG, der für alle Verfahren zur Wahl, Ernennung oder Berufung ehrenamtlicher Richter eine angemessene Berücksichtigung von Frauen und Männern verlangt.

II. Die Vorschlagsliste. 1. Die Vorschlagsliste, aus der die Schöffen nach § 42 gewählt werden, ist **von der Gemeinde aufzustellen** (Abs. 1 Satz 1). Bei kommunalen Gebietsreformen ist Gemeinde im Sinne des § 36 Abs. 1 die selbstständige Gemeinde in dem Zeitpunkt, zu dem nach § 57 die Vorschlagslisten aufzustellen sind. Spätere Änderungen, etwa durch Zusammenlegung oder Neugründung von Gemeinden, bleiben ohne Einfluss auf Bestand und Ordnungsgemäßheit der Vorschlagsliste als Grundlage des weiteren Verfahrens.

2. Zuständig für die Aufstellung ist die **Gemeindevertretung** (Abs. 1 Satz 2), also die Instanz, die erfahrungsgemäß die beste personelle Kenntnis der Einwohner hat und dadurch am ehesten gewährleistet, dass im öffentlichen Leben erfahrene und für das Schöffenamt geeignete Personen zur Wahl stehen.[4] „Gemeindevertretung" sind in Berlin die Bezirksverordnetenversammlungen,[5] in Hamburg die Bezirksversammlungen.[6] Vgl. § 4a EGGVG.

3. Die Aufstellung der Liste geschieht durch **Wahl.** Das Erfordernis einer Mehrheit von zwei Dritteln der gesetzlichen Mitgliederzahl hat das ÄnderungsG vom 21. 12. 2004 (siehe Gesetzesfassung) aufgegeben; es genügt eine Mehrheit von zwei Dritteln der anwesenden Mitglieder, mindestens aber der Hälfte der gesetzlichen Mitgliederzahl (Übergangsvorschrift: § 6 Abs. 1 EGGVG). Das Wahlverfahren im Einzelnen und die Voraussetzungen wirksamer Beschlussfassung richten sich, wie Abs. 1 Satz 3 klarstellt,[7] nach dem für die jeweilige Gemeindevertretung geltenden Gemeindeverfassungsrecht. Die Wahl setzt erfahrungsgemäß vorbereitende Gespräche und die Erstellung vorbereitender Listen durch die Verwaltung voraus, wogegen keine Bedenken bestehen. Zustande kommen muss eine einheitliche Liste, die auch in der urkundlichen Verbindung mehrerer Einzelvorschläge bestehen kann,[8] wenn eindeutig klar ist, inwieweit sie die erforderliche Mehrheit erreicht haben.

4. Bei der Wahl sind die Gemeindevertreter **frei,** soweit nicht § 31 Satz 2 und §§ 32 bis 34 einer Wahl auf die Vorschlagsliste entgegenstehen. Soweit unter Verstoß gegen § 31 Satz 2, § 32 Personen gewählt wurden, stellt dies einen Gesetzesverstoß dar (§ 31 Rn. 10; § 32 Rn. 1). Kein Gesetzesverstoß ist die Wahl von Personen, die nach §§ 33, 34 nicht gewählt werden sollen (§ 33 Rn. 1). Nach § 35 ablehnungsberechtigte Personen können gewählt werden, was aber wegen der möglichen Ablehnung wenig empfehlenswert ist. Da nur die in der Vorschlagsliste aufgeführten Personen gewählt werden können, kommt ihrer Aufstellung entscheidende Bedeutung zu für die Repräsentanz der gesamten Bevölkerung, die persönli-

---

[1] Vgl. *Rüping* JR 1976, 270.
[2] DJ 1933, 675 unter B II in Verbindung mit RGBl. 1933 I S. 188; *Rüping* aaO.
[3] *Rüping* aaO.
[4] BGHSt 12, 197 = NJW 1959, 349 m. Anm. *Martin.*
[5] BGH NStZ 1986, 84 = StV 1986, 49 m. Anm. *Danckert.*
[6] BGH NJW 1986, 1358; OLG Hamburg StV 1985, 227.
[7] BTagsDrucks. 15/411 S. 8.
[8] BGHSt 12, 197 = NJW 1959, 349.

che Eignung der Schöffen und die Berücksichtigung der Umstände, die einer Berufung zum Schöffen entgegenstehen können. Deshalb fordert der BGH eine eigenständige Entscheidung der Gemeindevertretung über die Vorschlagsliste dahin, dass sie „durch eine individuelle Vorauswahl die Gewähr für die Heranziehung erfahrener und urteilsfähiger Personen als Schöffinnen und Schöffen bietet".[9] Die Gemeindevertretung sollte darauf achten, dass nur solche Personen auf die Vorschlagsliste kommen, die den Anforderungen des Schöffenamtes uneingeschränkt gerecht werden. Im Interesse einer wirkungsvollen, zügigen Rechtspflege sollte auf die Wahl blinder oder tauber Personen und solcher, die die deutsche Sprache nicht beherrschen (§ 31 Rn. 11, 12), verzichtet werden. In größeren Gemeinden gestaltet sich die Aufstellung der Vorschlagslisten aber immer schwieriger und führt zu manchen zufälligen Vorschlägen. So wurde beispielsweise in Frankfurt am Main schon per Zufallsgenerator eine Personenliste unter Berücksichtigung der Merkmale des Abs. 2 zusammengestellt, die dem Wahlgremium zugeleitet wurde. Zum Erfordernis der Repräsentanz Rn. 9.

6   Dem dargestellten Verfahren wird gelegentlich entgegengehalten, es ermögliche **parteipolitische Einflüsse** auf die Aufstellung der Listen, was auch die Unabhängigkeit der so Gewählten beeinträchtigen könne.[10] Dem wird aber das Quorum in aller Regel nachhaltig entgegenwirken,[11] auch noch das nunmehr abgesenkte (Rn. 4), ebenso die Notwendigkeit, mehr Vorschläge zu machen als Schöffen zu wählen sind (Rn. 12).

7   5. Aufzustellen ist die Liste **in jedem 5. Jahr,** und zwar in dem Jahr vor Beginn der neuen Amtsperiode der Schöffen nach § 42 Abs. 1. Die Fristen werden im Einzelnen nach § 57 festgesetzt. Übergangsvorschrift zur Verlängerung der Amtsperiode von vier auf fünf Jahre durch das ÄnderungsG vom 21. 12. 2004 (vgl. Gesetzesfassung): § 6 Abs. 2 EGGVG.

8   6. Die Vorschlagsliste ist **in jeder Gemeinde,** die zum Bezirk des AG gehört, aufzustellen, vgl. § 39 Satz 1. Gehört eine Gemeinde zu mehreren AG-Bezirken, ist in der Gemeinde für jedes zuständige AG eine Vorschlagsliste aufzustellen.[12]

9   **III. Repräsentanz der gesamten Bevölkerung.** Die Vorschlagsliste soll alle Gruppen der Bevölkerung (gemeint ist: der jeweiligen Gemeinde) nach Geschlecht (vgl. Rn. 1; § 29 Rn. 4), Alter, Beruf und sozialer Stellung angemessen berücksichtigen (Abs. 2 Satz 1). Dies ist die Konsequenz aus dem Repräsentationsgedanken (§ 28 Rn. 2). Deshalb ist es unzulässig, die Auswahl der in die Vorschlagsliste aufzunehmenden Personen etwa anhand von Anfangsbuchstaben der Namen oder nach Straßen vorzunehmen oder sich auf einen nach anderen Merkmalen bestimmten Teil der Bevölkerung zu beschränken, weil damit andere Personen von vornherein von der Wahl ausgeschlossen werden und die Vorschlagsliste nicht mehr repräsentativ für die Gesamtbevölkerung ist[13] (zu den Folgen aber Rn. 13, 14). Innerhalb dieses Rahmens ist Abs. 2 Satz 1 nur Sollvorschrift. Nichts anderes gilt für § 44 Abs. 1 a DRiG.[14]

10   **IV. Inhalt der Liste.** Der notwendige Inhalt der Vorschlagsliste besteht aus Geburtsnamen, Familiennamen, Vornamen, Tag und Ort der Geburt, Wohnanschrift und Beruf der vorgeschlagenen Personen (Abs. 2 Satz 2). In dieser Aufzählung fehlen die Angaben über die Eigenschaft als Deutscher (§ 31 Satz 2), die Dauer der Wohnzeit in der Gemeinde (§ 33 Nr. 3) und die vorangegangene und gegenwärtige Tätigkeit als ehrenamtlicher Richter (§ 34 Abs. 1 Nr. 7), was für die Frage eines

---

[9] BGHSt 38, 47 = NJW 1991, 3043; krit. *Katholnigg* NStZ 1992, 73.
[10] *Eb. Schmidt,* LehrK I Rn. 576; *Potrykus* DRiZ 1952, 202; *Liekefett* NJW 1964, 391.
[11] BGHSt 38, 47 = NJW 1991, 3043.
[12] *Oetker* GA 1903, 97.
[13] BGHSt 30, 255 = NJW 1982, 293; *Katholnigg* StV 1982, 7.
[14] BTags-Drucks. 15/411 S. 9.

Einspruchs (Rn. 11) jedoch keine große Bedeutung hat, da diese Umstände schon durch die Verwaltung nachprüfbar sind. Die Vorschrift ist Rechtsgrundlage für die Bekanntgabe dieser persönlichen Daten.

V. Offenlegung. Zur Ermöglichung des Einspruchs (§ 37) und damit der größtmöglichen Sicherung vor der Aufnahme von Personen, die unfähig zum Schöffenamt sind oder nicht berufen werden sollen, ist die Offenlegung der von der Gemeindevertretung gewählten Vorschlagsliste vorgeschrieben (Abs. 3). Die Offenlegung ist vorher anzukündigen (Abs. 3 Satz 2), auch wenn bei der Ankündigung die Liste noch nicht besteht; zwischen Ankündigung und Offenlegung braucht keine Frist zu liegen.[15] Die Offenlegungsfrist von einer Woche ist dahin auszulegen, dass sie einen Zeitraum von 7 Tagen umfasst, nicht erforderlich ist die Offenlegung an 7 Werktagen.[16] Voraussetzung ist dabei aber, dass an 5 Werktagen eine effektive Einsichtsmöglichkeit bestand; war das, etwa wegen Feiertagen, innerhalb einer Woche nicht der Fall, muss die Offenlegung entsprechend verlängert werden.[17] Allein eine Frist von nur 5 Arbeitstagen genügt aber nicht.[18] Einsicht in die Liste kann jedermann nehmen ohne Rücksicht auf Alter, Wohnsitz usw. Die Auflegung zur Einsicht geschieht in der Weise, in der nach dem jeweiligen Kommunalrecht auch in anderen Fällen öffentlich ausgelegt wird, u. U. durch Aushang. Der Zeitpunkt der Auflegung ist vorher öffentlich bekannt zu machen, und zwar ebenfalls so, wie auch andere öffentliche Bekanntmachungen nach Gemeinderecht bekannt zu machen sind. – Eine besondere Benachrichtigung der für das Schöffenamt Vorgeschlagenen ist nicht vorgesehen, aber auch nicht ausgeschlossen. Sie hat den Vorteil, dass die Vorgeschlagenen noch vor der Wahl auf die ihrer Wahl entgegenstehenden Umstände nach §§ 32 bis 35 hinweisen können und gegebenenfalls das Verfahren nach §§ 52, 53 entbehrlich wird.[19]

VI. Mindestzahl. Die Mindestzahl der Personen, die auf der Vorschlagsliste enthalten sein müssen, regelt Abs. 4 Satz 1: mindestens doppelt so viele wie erforderlich. Das beruht auf der Überlegung, dass von einer echten Wahl nur gesprochen werden kann, wenn erheblich mehr Personen vorgeschlagen werden als zu wählen sind. Die Mindestzahl, die die Vorschlagsliste aufweisen muss, ist orientiert am Bezirk des Amtsgerichts insgesamt. Die Bestimmung, wieviele Personen jede Gemeinde im Einzelnen vorzuschlagen hat, wird vom Präsidenten des Landgerichts (Amtsgerichts) vorgenommen, vgl. § 43, und zwar in Anlehnung an die Einwohnerzahl der einzelnen Gemeinden. Durch die Formulierung „in Anlehnung" an die Einwohnerzahl ist es nicht erforderlich, exakte prozentuale Verhältniszahlen für die einzelnen Gemeinden festzulegen. Dem zuständigen Präsidenten ist es vielmehr überlassen, entsprechend den jeweiligen Einwohnerzahlen annähernde Proportionalität herzustellen. Eine Berücksichtigung anderer Faktoren (etwa Entfernung usw.) ist nicht zulässig.

VII. Keine Nachprüfung der Wahl. Die Wahl auf die Vorschlagsliste ist nach den Regelungen des GVG einer Nachprüfung im Einzelnen entzogen. Demjenigen, der nicht gewählt wurde, ist ein Rechtsbehelf auch dann nicht eröffnet, wenn im Zusammenhang mit der Wahl zu Unrecht Umstände als vorliegend angenommen wurden, die einer Wahl nach § 31 Satz 2, §§ 32 bis 34 entgegenstehen. Eine Nachprüfung ist nur möglich, soweit Einspruch im zulässigen Umfang eingelegt wurde (§ 37), ebenso ist zu überprüfen, ob die Vorschlagsliste ordnungsgemäß ausgelegt war (§ 39 Satz 2). Darüber hinaus kann der Wahlausschuss prüfen, ob die Vorschlagsliste mit der erforderlichen Mehrheit zustande gekommen ist, jedoch dann

---

[15] BGHSt 43, 96 = NJW 1997, 3034.
[16] BayObLG StV 1998, 8.
[17] BGH StV 2001, 156.
[18] BGHR GVG § 36 Abs. 3 Vorschlagliste 1.
[19] Vgl. BTagsDrucks. 10/1313 S. 54; abgelehnt BTagsDrucks. 10/6592 S. 25.

nicht, wenn dies bereits die Gemeindevertretung bzw. das zuständige Organ beurkundet hat. Unter dem Aspekt des Zugangsrechts zu öffentlichen Ämtern (Art. 33 Abs. 2 GG) hat aber das Brandenburgische VerfG[20] gegen die Aufnahme oder Nichtaufnahme in eine Wahlliste den Rechtsweg zu den VG für möglich gehalten.

14 **VIII. Verstöße.** Verstöße gegen § 36 haben keinen Einfluss auf die ordnungsgemäße Wahl der Schöffen und Besetzung der Gerichte, soweit sie außerhalb des Einflussbereichs des Gerichts liegen und nicht der Prüfungspflicht nach § 39 unterliegen.[21] Das gilt für eine geringere Zahl als die nach § 36 Abs. 4 Satz 1 erforderliche,[22] für Fehler im Vorfeld der Aufstellung der Vorschlagsliste, etwa bei der Form der öffentlichen Bekanntmachung,[23] und für das Stimmenverhältnis nach Abs. 1 Satz 2.[24] Auch der Verstoß gegen Abs. 2 (Repräsentanz) kann eine Revision nicht begründen.[25] Dasselbe gilt, wenn die Vorschlagsliste einer Gemeinde fehlt;[26] ob für die Wahl der Hilfsschöffen etwas Anderes gilt, wenn der Nahbereich des § 42 Abs. 1 Satz 2 nicht einbezogen wurde, bleibt offen[27] (vgl. § 39 Rn. 1). – Soweit dem Richter nach § 39 Abs. 1 Satz 2 **Prüfung und Abstellung** von Mängeln obliegen, also bei fehlender Bekanntmachung oder Auslegung sowie bei mangelnder Wahrung der Auslegungsfrist, ist dagegen die Besetzungsrüge begründet, wenn die Entscheidung des Richters, den Mangel nicht zu beanstanden, willkürlich war.[28]

15 **IX. Einheitliche Liste für AG und LG.** Die Vorschlagsliste nach § 36 gilt nach § 77 auch für die Schöffen beim LG, es handelt sich also um eine einheitliche Liste für alle Schöffen bei AG und LG. Die Aufstellung der Vorschlagslisten für die Wahl der Jugendschöffen richtet sich nach § 35 JGG. In den anderen Gerichtsbarkeiten ist die Aufstellung der Vorschlagslisten anders geregelt, vgl. §§ 20, 37, 43 ArbGG, § 25 FGO, § 14 SGG, § 28 VwGO.

16 **X. Nicht rechtzeitige Liste.** Kommt eine Vorschlagsliste nicht rechtzeitig zustande, fehlt dem Ausschuss (§ 40) eine zwingende Voraussetzung für die Wahl der Schöffen (§§ 41, 42). Er kann deshalb nicht wählen, sondern muss abwarten, bis die Vorschlagsliste von der zuständigen Vertretungskörperschaft aufgestellt worden ist;[29] auch eine Not- oder Eilzuständigkeit eines anderen Gremiums ist für diesen Fall nicht gegeben. Das kann dazu führen, dass zu Beginn der neuen Amtsperiode keine Schöffen berufen sind, denn die Amtszeit der bisherigen Schöffen wird, abgesehen vom Sonderfall des § 50, nicht bis zur Wahl der neuen Schöffen verlängert,[30] wie z. B. nach § 26 Abs. 2 FGO, § 29 Abs. 2 VwGO, § 13 Abs. 3 SGG; vgl. auch § 4 Abs. 4 BVerfGG. Das bedeutet, dass das Schöffengericht wie auch die Strafkammer und die Schwurgerichtskammer nicht funktionsfähig sind, also teilweise Rechtsstillstand eintritt. Eine Erzwingung der rechtzeitigen Aufstellung der Listen oder ein Eintrittsrecht anderer Stellen sieht das GVG nicht vor. Dem Vorschlag, § 50 entsprechend anzuwenden,[31] kann wegen einer grundlegend verschiedenen Sachlage nicht gefolgt werden. Nötigenfalls ist die Kommunalaufsicht einzuschalten.

---

[20] NJW 1997, 2942.
[21] StRSpr, vgl. BGHSt 43, 96 = NJW 1997, 3034; *LR/Siolek* Rn. 4, 14; *Meyer-Goßner* Rn. 5; *Katholnigg* Rn. 5; *Rieß* DRiZ 1977, 292.
[22] BGHSt 22, 122 = NJW 1968, 1436; *Katholnigg* Rn. 5; *LR/Siolek* Rn. 14.
[23] BGH NStE Nr. 3 zu § 36 GVG; *LR/Siolek* Rn. 14; *Katholnigg* Rn. 4.
[24] *LR/Siolek* Rn. 14.
[25] BGHSt 30, 255; St 38, 47; BGH NStZ 1986, 210; *Katholnigg* Rn. 7.
[26] BGHSt 33, 290 = NJW 1986, 1356 m. abl. Anm. *Seebode* JR 1986, 474; BGH NStZ 1986, 565; StV 2001, 156.
[27] BayObLG StV 1998, 8.
[28] BGHR GVG § 36 Abs. 3 Vorschlagsliste 1; BGH StV 2001, 156; BayObLG StV 1998, 8 m. abl. Anm. *Bockemühl;* zur Abgrenzung BGHR GVG § 36 Abs. 3 Bekanntmachung 1.
[29] BGHSt 26, 393 = NJW 1976, 2357.
[30] Weitergehend *Rieß* JR 1977, 301.
[31] *LR/Siolek* § 50 Rn. 3.

§ 37. [Einspruch gegen die Vorschlagsliste]

Gegen die Vorschlagsliste kann binnen einer Woche, gerechnet vom Ende der Auflegungsfrist, schriftlich oder zu Protokoll mit der Begründung Einspruch erhoben werden, daß in die Vorschlagsliste Personen aufgenommen sind, die nach § 32 nicht aufgenommen werden durften oder nach den §§ 33, 34 nicht aufgenommen werden sollten.

Um zu erreichen, dass die Vorschlagsliste (§ 36) nur Namen von solchen Personen enthält, die uneingeschränkt zu Schöffen wählbar sind, sieht § 37 die Möglichkeit vor, gegen die nach § 36 Abs. 3 aufgelegte Liste **Einspruch** einzulegen mit der **Begründung,** dass Personen aufgenommen sind, die nach § 32 nicht aufgenommen werden durften oder nach den §§ 33, 34 nicht aufgenommen werden sollten; mitzulesen ist § 31 Satz 2 (deutsche Staatsangehörigkeit). Mit anderer Begründung kann gegen die Vorschlagsliste nicht nach § 37 Einspruch erhoben werden, etwa wegen des Leumunds oder mangelnder Qualifikation eines Vorgeschlagenen, wegen formeller Verstöße bei der Aufstellung der Liste, wegen Ablehnungsmöglichkeiten nach § 38 oder mit dem Ziel der personellen Erweiterung. Was § 36 Abs. 3 betrifft, ist in einem Einspruch aber die Anregung zur Überprüfung nach § 39 Satz 2 zu sehen. 1

Der Einspruch ist **schriftlich** oder zu Protokoll einzulegen. Adressat ist der Ausschuss nach §§ 40, 41. Der Einspruch ist deshalb an ihn zu richten, genauer: an das AG, bei dem er gebildet ist. Es genügt aber, wenn der Einspruch bei der Gemeinde rechtzeitig eingeht. Will der Einspruchserhebende den Einspruch zu Protokoll erklären, ist dafür das AG zuständig (§ 153). 2

Der Einspruch muss **binnen einer Woche,** gerechnet vom Ende der Auflegungsfrist, eingegangen sein. Der letzte Tag der Auflegungsfrist wird bei der Fristberechnung nicht mitgezählt, § 187 Abs. 1 BGB. Zur Fristberechnung § 188 Abs. 2 BGB. Wiedereinsetzung bei Fristversäumnis ist nicht möglich. Vorzeitiger Einspruch ist zulässig. 3

Einspruchsberechtigt ist jedermann, nicht nur Gemeindebewohner. Geschäftsfähigkeit ist erforderlich. Auch eine in die Liste aufgenommene Person kann, wenn bei ihr ein Hinderungsgrund besteht, Einspruch einlegen. Wer nicht in die Vorschlagsliste gewählt wurde, kann dagegen in keinem Falle Einspruch einlegen (§ 32 Rn. 11; § 36 Rn. 11). 4

Die **Entscheidung** über den Einspruch trifft der Ausschuss nach §§ 40, 41. 5

§ 38. [Übersendung der Vorschlagsliste]

(1) Der Gemeindevorsteher sendet die Vorschlagsliste nebst den Einsprüchen an den Richter beim Amtsgericht des Bezirks.

(2) Wird nach Absendung der Vorschlagsliste ihre Berichtigung erforderlich, so hat der Gemeindevorsteher hiervon dem Richter beim Amtsgericht Anzeige zu machen.

Der Gemeindevorsteher **sendet nach Ablauf der Einspruchsfrist** die Vorschlagsliste mit den Einsprüchen (soweit sie bei der Gemeinde eingelegt worden sind) „an den Richter beim AG des Bezirks". Der Zeitpunkt bestimmt sich nach § 57. Zulässig ist auch die Übersendung durch den Vorsteher der Gemeindevertretung. „Richter beim AG" ist hier der Vorsitzende des Einspruchsausschusses nach § 40 Abs. 2; es genügt die Übersendung an das AG. Der Ausschussvorsitzende hat den rechtzeitigen Eingang der Listen zu überwachen und gegebenenfalls anzumahnen; Zwangsbefugnisse stehen ihm aber nicht zu. Notfalls ist die Kommunalaufsicht einzuschalten. Vgl. § 36 Rn. 16. 1

2 Die **Berichtigung** der Vorschlagsliste (Abs. 2) wird erforderlich, wenn nachträglich Gründe bekannt werden oder eintreten, die die Unfähigkeit zum Schöffenamt nach § 31 Satz 2 oder § 32 herbeiführen oder nach §§ 33, 34 die Wahl hindern sollen, ebenso wenn ein Ablehnungsberechtigter (§ 35) von diesem Recht Gebrauch macht (§ 53). Dasselbe gilt, wenn der Vorgeschlagene verstorben ist. Der Wegzug aus dem Gemeindegebiet (vgl. § 33 Rn. 4) nach Aufstellung der Liste ist innerhalb des LG-Bezirks kein Berichtigungsfall. Andere Gründe rechtfertigen keine Berichtigung. Insbesondere ist eine Nachwahl unzulässig.

3 **Zuständig für die Berichtigung** ist der Ausschuss nach §§ 40, 41. Werden Gründe vor der Absendung bekannt, sind sie mit der Übersendung mitzuteilen; danach eintretende oder bekannt werdende Umstände hat der Gemeindevorsteher dem Vorsitzenden des Einspruchsausschusses mitzuteilen (Abs. 2).

§ 39. [Vorbereitung der Ausschußberatung]

¹Der Richter beim Amtsgericht stellt die Vorschlagslisten der Gemeinden zur Liste des Bezirks zusammen und bereitet den Beschluß über die Einsprüche vor. ²Er hat die Beachtung der Vorschriften des § 36 Abs. 3 zu prüfen und die Abstellung etwaiger Mängel zu veranlassen.

1 Der Richter beim AG (Vorsitzender nach § 40 Abs. 2) stellt die von den einzelnen Gemeinden übersandten Vorschlagslisten zu der für die Wahl nach § 42 verbindlichen Vorschlagsliste zusammen. Dies ist eine reine Sichtungsarbeit, eine **Entscheidungsbefugnis steht ihm nicht** zu. Dazu hat er zu prüfen, ob die Listen sämtlicher Gemeinden des Bezirks vorliegen; ist das nicht der Fall, hat er sie nachzufordern,[1] notfalls unter Einschaltung der kommunalen Aufsichtsbehörde. Fehlt aber dennoch bei der Schöffenwahl (§ 42) die Liste einer Gemeinde, ist das Vorgehen des Schöffenwahlausschusses zwar fehlerhaft, das führt aber grundsätzlich nicht zur fehlerhaften Besetzung des Gerichts. Denn die gewählten Schöffen waren auf der Liste des Bezirks vorgeschlagen und durch den richtig besetzten Wahlausschuss in gesetzmäßiger Weise gewählt worden, ihrer Wahl als solcher haftet kein Fehler an. Das Fehlen der Liste macht auch nicht die gesamte Wahlhandlung ungültig (§ 36 Rn. 14). Einmal wäre die Rechtssicherheit nachhaltig gefährdet, wenn jeder bei der Wahl der Schöffen vorkommende Fehler eine erfolgreiche Besetzungsrüge nach sich zöge; Fehler bei der Besetzung des Gericht führen auch sonst nicht in jedem Falle zur Aufhebung des Urteils. Entscheidend ist aber der Inhalt der Garantie des gesetzlichen Richters, die verbietet, dass im Einzelfall durch eine ad-hoc-Auswahl der zur Entscheidung berufenen Richter deren Ergebnis beeinflusst wird. Eine solche Möglichkeit scheidet dann aus, wenn die Zahl der auf der fehlenden Liste erforderlichen Namen verhältnismäßig geringfügig ist im Verhältnis zum Gesamtumfang der Vorschlagsliste. Eine Grenze wäre nur da erreicht, wo das Vorgehen des Wahlausschusses als willkürlich einzustufen wäre (§ 36 Rn. 14).

2 Der Richter hat zu **prüfen,** ob bei jeder der ihm übersandten Listen (§ 38) die Vorschriften des § 36 Abs. 3 beachtet wurden (Satz 2). Mit dieser Konkretisierung des Umfangs seiner Prüfungspflicht ist zugleich der horizontale Verantwortungsbereich zwischen den Gemeinden und der Justiz abgesteckt: Was außerhalb der Prüfungspflicht des Richters liegt, hat keine Relevanz für die Ordnungsmäßigkeit der Schöffenwahl[2] (§ 36 Rn. 14). Die Prüfung erstreckt sich auf die Frage, ob die Vorschlagsliste zu jedermanns Einsicht ordnungsgemäß aufgelegt und der Zeitpunkt bekannt gemacht war (§ 36 Rn. 11). War das nicht geschehen, hat er die Abstellung der aufgetretenen Mängel zu veranlassen, also die ordnungsgemäße und fristgerechte Auflegung, wozu der Gemeindevorstand verpflichtet ist.

---

[1] BGHSt 33, 290 = NJW 1986, 1356.
[2] *Katholnigg* Rn. 2.

Ausschuss **§ 40**

Der Richter hat weiter die **Vollständigkeit der Angaben** in der Vorschlagsliste 3
nach § 36 Abs. 2 Satz 2 zu prüfen, damit später der Wahlausschuss seiner Pflicht
nach § 42 Abs. 2 nachkommen kann.

Der Richter hat auch von Amts wegen eine unbeschränkte **Auskunft aus dem** 4
Zentralregister für Zwecke der Rechtspflege (§ 41 Abs. 1 Nr. 1 BZRG) einzuholen, um festzustellen, ob der Unfähigkeitsgrund des § 32 Nr. 1 vorliegt. Wegen der großen Zahl der nach § 36 Abs. 4 auf die Vorschlagsliste aufzunehmenden Personen bedeutet dies zwar eine erhebliche Erschwernis. Darüber, ob ein Unfähigkeitsgrund nach § 32 Nr. 1 vorliegt, muss aber grundsätzlich vor dem Wahlvorgang Klarheit bestehen. Die in § 52 eröffnete Möglichkeit, Personen, deren Unfähigkeit später bekannt wird, von der Schöffenliste zu streichen, ändert hieran nichts. Die Prüfung der Frage der Unfähigkeit und die Entscheidung hierüber würde nur vom Ausschuss auf den Richter beim AG verlagert und darüber hinaus riskiert, dass eine Person trotz gravierenden Unfähigkeitsgrunds gewählt und auch als Schöffe tätig wird.

Weitergehende Pflichten zur Prüfung der Voraussetzungen des § 36, z.B. Abs. 2 5
Satz 1 und Abs. 4, hat der Richter **nicht**.[3] Er hat die Vorschlagsliste auch nicht
darauf zu prüfen, ob die darin aufgeführten Personen als Schöffen wählbar sind.[4]

Bei **Einsprüchen** nach § 37 hat der Richter (§ 40 Abs. 2) den Sachverhalt so 6
aufzuklären, dass der Ausschuss beschließen kann, insbesondere von Amts wegen
Erkundigungen über solche Umstände einzuziehen, die einer Wahl entgegenstehen
könnten.

§ 40. [Ausschuss]

(1) **Bei dem Amtsgericht tritt jedes fünfte Jahr ein Ausschuß zusammen.**

(2) [1]**Der Ausschuß besteht aus dem Richter beim Amtsgericht als Vorsitzenden und einem von der Landesregierung zu bestimmenden Verwaltungsbeamten sowie sieben Vertrauenspersonen als Beisitzern.** [2]**Die Landesregierungen werden ermächtigt, durch Rechtsverordnung die Zuständigkeit für die Bestimmung des Verwaltungsbeamten abweichend von Satz 1 zu regeln.** [3]**Sie können diese Ermächtigung durch Rechtsverordnung auf oberste Landesbehörden übertragen.**

(3) [1]**Die Vertrauenspersonen werden aus den Einwohnern des Amtsgerichtsbezirks von der Vertretung des ihm entsprechenden unteren Verwaltungsbezirks mit einer Mehrheit von zwei Dritteln der anwesenden Mitglieder, mindestens jedoch mit der Hälfte der gesetzlichen Mitgliederzahl gewählt.** [2]**Die jeweiligen Regelungen zur Beschlussfassung dieser Vertretung bleiben unberührt.** [3]**Umfaßt der Amtsgerichtsbezirk mehrere Verwaltungsbezirke oder Teile mehrerer Verwaltungsbezirke, so bestimmt die zuständige oberste Landesbehörde die Zahl der Vertrauenspersonen, die von den Vertretungen dieser Verwaltungsbezirke zu wählen sind.**

(4) **Der Ausschuß ist beschlußfähig, wenn wenigstens der Vorsitzende, der Verwaltungsbeamte und drei Vertrauenspersonen anwesend sind.**

Übersicht

	Rn.		Rn.
I. Ausschuss	1	V. Folgen von Fehlern des Ausschusses	
II. Zusammensetzung	3	1. § 21 b	22
1. Richter beim AG	3	2. Mangelnde Beschlussfähigkeit	23
2. Verwaltungsbeamter	4	3. Teilnahme	24
3. Vertrauenspersonen	8	4. $^2/_3$-Mehrheit	25
III. Beschlussfähigkeit	13	5. Öffentliche Wahl	26
IV. Fehler bei der Bestellung	15	VI. Wahl der Jugendschöffen	27

---

[3] BGHSt 22, 122 = NJW 1968, 1436; *Meyer-Goßner* Rn. 1; *LR/Siolek* Rn. 3; *Katholnigg* Rn. 3.
[4] BayObLG StV 1998, 9.

Gesetzesfassung: § 40 neu gefasst durch Art. 1 Nr. 4 des zur Vereinfachung und Vereinheitlichung der Verfahrensvorschriften zur Wahl und Berufung ehrenamtlicher Richter vom 21. 12. 2004 (BGBl. I S. 3599).

1 **I. Ausschuss.** Zur Entscheidung über die Einsprüche (§ 41) und zur Wahl der Schöffen aus der Vorschlagsliste (§ 42) wird beim AG ein Ausschuss gebildet (Abs. 1). Er wird jedes fünfte Jahr zusammengesetzt, und zwar im Jahr vor dem Beginn der neuen Amtsperiode der Schöffen (vgl. § 57); Übergangsvorschrift zur Verlängerung der Amtsperiode von vier auf fünf Jahre durch das ÄnderungsG vom 21. 12. 2004 (vgl. Gesetzesfassung): § 6 Abs. 2 EGGVG. Der Ausschuss ist kein Dauerausschuss, sondern tritt nur zu diesem Zeitpunkt für diese Aufgaben zusammen und ausnahmsweise nach § 52 Abs. 6. Seine Mitglieder müssen jedes fünfte Jahr neu bestellt werden, auch wenn die gleichen Personen wieder bestellt werden sollen.

2 **Bei jedem AG** ist dieser Ausschuss zu bilden, auch wenn das AG wegen der Konzentration nach § 58 kein SchöffenG hat. Das hat auf die Funktionen nach § 41 keinen Einfluss, und die nach § 42 vorzunehmende Wahl bestimmt die Schöffen für das gemeinsame SchöffenG.

3 **II. Zusammensetzung. 1. Dem Richter beim AG** als Vorsitzenden. Die Tätigkeit in diesem Ausschuss ist nicht der Justizverwaltung, sondern der RSpr zuzurechnen.[1] Deshalb ist es bei einem mit mehr als einem Richter besetzten AG Sache des Präsidiums, den hierfür zuständigen Richter zu bestellen.[2] Es muss kein Richter aL sein. Die Unabhängigkeitsgarantie des § 1 gilt auch für diese Funktion.

4 **2. Einem von der Landesregierung bestimmten Verwaltungsbeamten.** Eine nähere Qualifizierung dieses Verwaltungsbeamten ist vom Gesetz nicht vorausgesetzt; es kommt daher weder auf seine Laufbahngruppe, seinen Dienstherrn noch seinen Tätigkeitsbereich an. Er braucht auch nicht namentlich bezeichnet zu werden, es genügt die Bestimmung des jeweiligen Trägers eines bestimmten Amtes, z. B. Landrat, Stadtrechtsrat.[3]

5 Die Bestellung obliegt der Landesregierung. Eine originäre Zuständigkeit anderer Stellen etwa auf Grund einer historischen Betrachtung[4] kann angesichts der Änderung (siehe Gesetzesfassung) nicht anerkannt werden. Abs. 2 Satz 2 und 3 enthalten nunmehr eine Ermächtigung zur Übertragung der Zuständigkeit durch RechtsVO auf andere Instanzen.

6 Zulässig und zweckmäßig ist die Bestellung eines **Vertreters** dieses Verwaltungsbeamten wegen der Beschlussfähigkeit des Ausschusses, vgl. Abs. 4. Hilfsweise tritt der nach allgemeinem Organisationsrecht zuständige Vertreter an seine Stelle.[5] Nach der RSpr soll es zulässig sein, den Verwaltungsbeamten zu ermächtigen, selbst seinen Stellvertreter zu bestellen;[6] angesichts der Bedeutung, die die Vorschrift der Bestellung des Verwaltungsbeamten selbst beilegt, erscheint dies nur schwer vertretbar.

7 Nur „ein" Verwaltungsbeamter gehört dem Ausschuss an, auch wenn der Bezirk des AG sich auf mehrere untere Verwaltungsbezirke erstreckt.[7] Er braucht nicht im Bezirk des AG zu wohnen (anders Abs. 3) oder tätig zu sein. Die Landesregierung bzw. die durch RechtsVO nach Abs. 2 Satz 2, 3 bestimmte Instanz hat uneingeschränktes Auswahlermessen, zur Einschränkung durch RechtsVO ist die Landesregierung nicht ermächtigt.

---

[1] BGHSt 29, 284 = NJW 1980, 2369; OLG Stuttgart NJW 1985, 2343; *Katholnigg* Rn. 2.
[2] BGH aaO.; *Katholnigg* NStZ 1981, 31; *Katholnigg* Rn. 3; *LR/Siolek* Rn. 2; *Meyer-Goßner* Rn. 3.
[3] *Meyer-Goßner* Rn. 4; *LR/Siolek* Rn. 4; *Katholnigg* Rn. 3.
[4] *Hruschka*, FS Larenz, 1973, S. 181; *LR/Siolek* Rn. 3.
[5] *LR/Siolek* Rn. 4; *Katholnigg* Rn. 3.
[6] BGHSt 12, 197 = NJW 1959, 349.
[7] BGHSt 26, 206 = NJW 1976, 432.

3. Sieben Vertrauenspersonen aus den Einwohnern des AG-Bezirks (Abs. 3 **8**
Satz 1). Sie müssen ihren Wohnsitz (§ 7 BGB) im Bezirk des AG haben, und zwar
während der Dauer ihres Amtes, sonst ist eine Nachwahl nötig. Auch Mitglieder der
Vertretungskörperschaft, die die Vertrauenspersonen wählen, können selbst Vertrauensperson sein; es gibt keine Bestimmung des GVG, wonach dies nicht zulässig wäre.[8]

Die **Wahl** wird von der Vertretung des dem AG-Bezirk entsprechenden unteren **9**
Verwaltungsbezirks vorgenommen. Wer das ist, richtet sich nach der landesrechtlichen Verwaltungsorganisation und kann durch Landesgesetze klargestellt werden
(vgl. § 4a EGGVG). Im Allgemeinen ist der entsprechende untere Verwaltungsbezirk die Behörde, die in der untersten Instanz Aufgaben der Staatsverwaltung und
der kommunalen Selbstverwaltung ausübt und ein parlamentarisches Gegenüber hat
(vgl. Art. 28 GG); das sind im Allgemeinen die Landkreise und kreisfreien Städte.
Diese Befugnis ist durch das GVG ausdrücklich der Vertretungskörperschaft zugewiesen; es ist deshalb unzulässig, dass ein anderes Gremium dieser Bezirke, etwa der
Kreisrat/Landrat oder der Kreisausschuss, diese Befugnis ausübt,[9] auch dann nicht,
wenn ihm nach dem kommunalen Verfassungsrecht in Eilfällen die Befugnisse der
Vertretungskörperschaft zustehen[10] und ohne Rücksicht darauf, ob seine Mitglieder
ausschließlich aus Mitgliedern der Vertretungskörperschaft zusammengesetzt sind.[11]
Ist der Bezirk des AG nicht identisch mit dem dieser untersten Verwaltungsbehörde, ist eine Quotelung der Zahl der Vertrauenspersonen vorzunehmen (Abs. 3
Satz 3). Rechtlich vertretbare Differenzen bei der Auslegung und Anwendung ineinandergreifender bundesrechtlicher und landesrechtlicher Vorschriften über den
Begriff „Verwaltungsbezirk" berühren die Wirksamkeit einer vorgenommenen
Schöffenwahl grundsätzlich nicht.[12]

Die erforderliche Zahl von Vertrauenspersonen wird von dem Vertretungsgremi- **10**
um mit einer Mehrheit von $^2/_3$ der anwesenden Mitglieder, mindestens aber mit
der Hälfte der Mitgliederzahl gewählt (Abs. 3 Satz 1). Weitere Einzelheiten des
Wahlverfahrens sind im GVG nicht geregelt und richten sich nach dem jeweiligen
Kommunalrecht (Abs. 3 Satz 2). Darauf beruhende Fehler im Wahlverfahren beeinträchtigen nicht die ordnungsgemäße Besetzung des Gerichts.[13] Wird aber die Wahl
nicht von der „Vertretung" der Gebietskörperschaft vorgenommen, sondern z. B.
vom Kreisausschuss, dann ist die Wahl nichtig und führt dazu, dass ein Schöffenwahlausschuss nicht besteht mit der Folge, dass die von ihm durchgeführte Schöffenwahl unwirksam ist.[14]

Für die gewählten Vertrauenspersonen werden zweckmäßigerweise **Stellvertre-** **11**
ter gewählt (vgl. Abs. 4) unter den gleichen Voraussetzungen wie die Vertrauenspersonen selbst.[15]

Die **Rechtsstellung der Vertrauenspersonen** ist nicht näher geregelt. Gemäß **12**
§ 56 besteht aber eine bundesrechtliche Pflicht zur Übernahme dieser Aufgabe. Die
persönlichen Voraussetzungen für die Wahl sind in Abs. 3 nicht abschließend geregelt. Von den Personen, die die Schöffen wählen sollen, müssen die gleichen persönlichen Voraussetzungen gefordert werden wie von den Schöffen selbst; deshalb sind
die §§ 31 Satz 2 und 32 bis 34 entsprechend anzuwenden, aber auch § 35.[16] Soweit
für die Anwendung der §§ 32 bis 35 eine landesrechtliche Übernahme vorausgesetzt
wird,[17] entstünde eine Legitimationslücke. Auch §§ 55, 56 sind anwendbar.

---

[8] BGH NStZ 1981, 150.
[9] BGHSt 20, 37, 40 = NJW 1964, 2432.
[10] A. A. BGHSt 20, 309 = NJW 1966, 359.
[11] A. A. BGH aaO.
[12] BGHSt 37, 264 = NJW 1991, 1764.
[13] BayObLG MDR 1989, 842 = JR 1990, 81 m. zust. Anm. *Katholnigg*.
[14] BayObLG StV 1988, 11.
[15] BGHSt 12, 197 = NJW 1959, 349; *LR/Siolek* Rn. 8.
[16] *Katholnigg* Rn. 4; a. A. *Eb. Schmidt* Rn. 4.
[17] *Meyer-Goßner* Rn. 5; *LR/Siolek* Rn. 9.

13 **III. Beschlussfähigkeit.** Der **Ausschuss ist beschlussfähig,** wenn mindestens der Vorsitzende, der Verwaltungsbeamte (oder sein bestellter Vertreter) und drei Vertrauenspersonen (oder ihre Vertreter) anwesend sind (Abs. 4). Die Beschlussfähigkeit setzt aber voraus, dass der Ausschuss insgesamt nach Abs. 2 vollständig bestellt ist, sonst kann er nicht entscheiden.[18]

14 Die **Verhandlung** des Ausschusses ist, da die Voraussetzungen des § 169 nicht vorliegen und keine Sondervorschrift besteht, **nicht öffentlich.**[19] Der Vorsitzende leitet die Verhandlung einschließlich der notwendigen Ermittlungen und Anhörungen sowie die Beratung und Abstimmung nach §§ 192 ff. Die Beratungen unterliegen dem Beratungsgeheimnis.

15 **IV. Fehler bei Bestellung. 1.** War der Ausschuss bei seiner Entscheidung nicht nach Abs. 1 vollständig bestellt, waren auch nicht Stellvertreter bestellt, kann er keine Beschlüsse fassen ohne Rücksicht auf die Beschlussfähigkeit der Erschienenen (Rn. 13). Mit einem solchen Mangel behaftete Beschlüsse sind unwirksam, ebenso sind die darauf beruhenden Schöffenwahlen mit einem Fehler behaftet mit der Folge, dass die mit einem solchen Schöffen besetzten Gerichte nicht ordnungsgemäß besetzt sind (§ 338 Nr. 1 StPO). Das gilt erst recht, wenn der Ausschuss als solcher gar nicht besteht oder wenn die Vertrauenspersonen von einem unzuständigen Gremium gewählt worden sind[20] (vgl. Rn. 10).

16 **2.** War der Vorsitzende des Ausschusses (Rn. 3) nicht durch das Präsidium bestellt oder hat ein anderer Richter des AG als der im Geschäftsverteilungsplan vorgesehene den Vorsitz geführt, war der Ausschuss nicht ordnungsgemäß besetzt. Das kann dadurch geschehen, dass gemäß § 117 JGG die Wahl der Jugendschöffen gleichzeitig mit den Schöffen vorzunehmen ist und für die Wahl der Jugendschöffen der (ein) Jugendrichter nach § 35 Abs. 4 JGG den Vorsitz führt.[21] Bei fehlerhaft besetztem Präsidium gilt für den von diesem bestellten Vorsitzenden die salvatorische Klausel des § 21 b Abs. 6 Satz 3. Bei anderen Richtern des AG, die nicht nach der Geschäftsverteilung zum Vorsitzenden bestellt sind, sind die Beschlüsse des Ausschusses nach § 22 d nicht unwirksam, die Schöffenwahl ist gültig.[22]

17 **3.** Sind mehr Mitglieder bestellt als nach dem Gesetz vorgeschrieben, ist der Ausschuss **überbesetzt,** was die nichtordnungsgemäße Besetzung bedeutet und damit auch die Schöffenwahl fehlerhaft macht mit der Folge des nicht ordnungsgemäß besetzten Gerichts. Erfolgte die Wahl aber einstimmig, war die Überbesetzung rechnerisch nicht ursächlich für das Wahlergebnis,[23] so dass der Mangel keine Bedeutung hat und die Schöffenwahl ordnungsgemäß ist.[24]

18 **4.** Umstritten ist, welche Folgen im Übrigen ein **Fehler bei der Bestellung des Ausschusses** auf die Wirksamkeit der folgenden Schöffenwahl und damit auf die ordnungsgemäße Besetzung des Gerichts hat, dem diese Schöffen dann zugeteilt werden. Es wird die Auffassung vertreten, durch Fehler bei der Berufung der Mitglieder des Ausschusses sei dieser nicht ordnungsgemäß besetzt; wegen dieses Mangels sei die Wahl der Schöffen nicht ordnungsgemäß erfolgt, weshalb auch das mit diesen Schöffen besetzte Gericht nicht ordnungsgemäß besetzt sei. Dies führe zu einem absoluten Revisionsgrund nach § 338 Nr. 1 StPO.[25] Allerdings sei eine Hei-

---

[18] BVerfGE 31, 181, 184; BGHSt 12, 197 = NJW 1959, 349; St 20, 37 = NJW 1964, 2432; OLG Frankfurt NJW 1971, 1327; *LR/Siolek* Rn. 10.
[19] *LR/Siolek* § 41 Rn. 4; *Meyer-Goßner* § 41 Rn. 1; *Katholnigg* Rn. 1.
[20] BGHSt 20, 37 = NJW 1980, 2365.
[21] Vgl. BGHSt 26, 206 = NJW 1976, 432.
[22] BGHSt 29, 283 = NJW 1980, 2364.
[23] Vgl. BGHSt 12, 227 = NJW 1959, 685; St 26, 206 = NJW 1976, 432.
[24] *LR/Siolek* Rn. 17.
[25] BVerfGE 31, 181, 184; BGHSt 20, 37 = NJW 1964, 2432; St 29, 283 = NJW 1980, 2364; OLG Frankfurt NJW 1971, 1327; *Eb. Schmidt* Rn. 5.

lung dadurch möglich, dass nachträglich die für die Bestimmung der Mitglieder des Ausschusses zuständigen Stellen deren Bestellung/Wahl ordnungsgemäß vornehmen und der nunmehr ordnungsgemäß zusammengesetzte Ausschuss die von dem Ausschuss früher getroffenen Entscheidungen/Wahlen wiederholt. Die Heilung könne jedoch nicht mit rückwirkender Kraft geschehen.[26] Jedenfalls letzterem ist beizupflichten; die gelegentlich angenommene Heilung mit rückwirkender Kraft nach Maßgabe des kommunalen Verfassungsrechts[27] widerspräche der Gewähr des im Voraus bestimmten gesetzlichen Richters.

Folgt man dieser strengen Auffassung, belastet dies die Verhandlung und Entscheidung des SchöffenG und der StrafK während der gesamten Amtsperiode der Schöffen mit der Unsicherheit, ob bei der Bestellung des Wahlausschusses bislang unentdeckte, zur Aufhebung des Urteils führende Fehler unterlaufen sind. Wie in anderen Fallgestaltungen auch wird Abhilfe darin gesucht, Besetzungsrügen auf wesentliche Mängel zurückzudrängen.[28] Ein gesetzliches Beispiel bilden §§ 65, 73 Abs. 2, 88, 93 ArbGG, wonach auf Mängel bei der Berufung der ehrenamtlichen Richter kein Rechtsmittel gestützt werden kann. Ebenso hat nach § 21b Abs. 6 Satz 3 eine Gesetzesverletzung beim Zustandekommen des Präsidiums keine negativen Auswirkungen auf die Besetzung der Spruchkörper. Der BGH[29] hat diese Vorschrift analog angewendet auf Fehler bei der Bildung des Ausschusses nach § 40, allerdings einschränkend dahin, dass der Fehler nicht so schwerwiegend sein dürfe, dass von einer Wahl des Ausschusses im Rechtssinne überhaupt nicht mehr gesprochen werden könne. Solche schwerwiegenden Fehler wurden darin gesehen, dass ein Wahlausschuss entscheidet, der als solcher gar nicht besteht,[30] oder die Vertrauenspersonen von einem unzuständigen Gremium gewählt wurden[31] (vgl. Rn. 10). **19**

Ob diese Einschränkung geboten ist, bleibt fraglich. Der Ausschuss nach § 40 bestimmt nicht selbst den gesetzlichen Richter, sondern wählt nur die Schöffen (vergleichbar der Anstellungsbehörde bei Berufsrichtern), die erst in dem Verfahren nach §§ 44, 45 zum gesetzlichen Richter werden. Dies spricht dafür, den Gedanken des § 21b Abs. 6 Satz 3 auf die Zusammensetzung des Ausschusses nach § 40 uneingeschränkt anzuwenden.[32] Dies stünde auch im Einklang damit, dass Fehler bei der Aufstellung der Vorschlagsliste keinen Einfluss auf die Gültigkeit der Schöffenwahl selbst haben, weil sie außerhalb des Verantwortungs- und Nachprüfungsbereichs der Gerichte liegen (§ 36 Rn. 14). Auch Fehler bei der Wahl der Vertrauenspersonen liegen so weit im Vorfeld der Schöffenwahl, dass den Gerichten keine Nachprüfungspflicht anzulasten ist.[33] **20**

Der Wahlausschuss hat für die Bestimmung des gesetzlichen Richters nur eine vorbereitende Entscheidung zu treffen; entspricht sein Verfahren im Übrigen dem gesetzlichen Maßstab, hat er keinerlei Einfluss darauf, welcher Schöffe mit welcher Sache befasst wird.[34] **21**

V. Folgen von Fehlern des Ausschusses. 1. Eine ganz andere Frage ist es, welche Wirkungen die Fehler haben, die der Ausschuss selbst bei seiner Tätigkeit begeht, denn hier kann der Grundsatz des § 21b Abs. 6 Satz 3 nicht angewendet werden.[35] **22**

---

[26] BGHSt 20, 37 = NJW 1964, 2432.
[27] BGHSt 20, 309 = NJW 1966, 359.
[28] *LR/Siolek* Rn. 11 ff.; *Rieß* DRiZ 1977, 289; vgl. auch BTagsDrucks. 8/976 S. 25.
[29] BGHSt 26, 206 = NJW 1976, 432.
[30] BVerfGE 31, 181, 184; BGHSt 29, 283 = NJW 1980, 2364.
[31] BGHSt 20, 37 = NJW 1964, 2432.
[32] *Meyer-Goßner* Rn. 7; *Katholnigg* Rn. 6; *LR/Siolek* Rn. 13.
[33] Vgl. *LR/Siolek* Rn. 19.
[34] BVerfG NJW 1982, 2368; BVerwG NJW 1988, 219.
[35] BGHSt 26, 393 = NJW 1976, 2357 konsequent differenzierend zu BGHSt 26, 206 = NJW 1976, 432.

23 2. Fehlte die Beschlussfähigkeit (Rn. 13), konnte der Ausschuss keine wirksamen Beschlüsse fassen. Dennoch gefasste Beschlüsse sind unwirksam, ebenso sind die darauf beruhenden Schöffenwahlen mit einem erheblichen Fehler behaftet mit der Folge, dass die mit diesen Schöffen besetzten Gerichte nicht ordnungsgemäß besetzt sind (§ 338 Nr. 1 StPO).

24 3. Haben an der Sitzung (nicht an der Wahl) mehr Personen teilgenommen als das Gesetz vorsieht, liegt lediglich ein Verstoß gegen die Nichtöffentlichkeit der Ausschusssitzung (Rn. 14) vor, der keine Auswirkung auf die Ordnungsmäßigkeit der Schöffenwahl hat.[36] Zur Wahl durch einen „überbesetzten" Ausschuss Rn. 17.

25 4. Zur fehlenden Mehrheit vgl. § 42 Rn. 13.

26 5. Erfolgt die Wahl durch den Ausschuss fehlerhaft öffentlich (vgl. Rn. 14), berührt dies ihre Wirksamkeit nicht.

27 **VI. Wahl des Jugendschöffen.** Vorstehende Ausführungen gelten auch für den Ausschuss, soweit er die Jugendschöffen nach § 35 JGG zu wählen hat. Jedoch hat der Jugendrichter stets den Vorsitz (§ 35 Abs. 4 JGG); gibt es mehrere Jugendrichter, hat das Präsidium den zuständigen Jugendrichter zu bestimmen, der auch ein Richter aP sein kann. Führt ein anderer Richter den Vorsitz, sind die Entscheidungen des Ausschusses fehlerhaft (vgl. Rn. 16).

§ 41. [Entscheidung über Einsprüche]

¹Der Ausschuß entscheidet mit einfacher Mehrheit über die gegen die Vorschlagsliste erhobenen Einsprüche. ²Bei Stimmengleichheit entscheidet die Stimme des Vorsitzenden. ³Die Entscheidungen sind zu Protokoll zu vermerken. ⁴Sie sind nicht anfechtbar.

1 Der Ausschuss nach § 40 entscheidet über die gegen die Vorschlagsliste gemäß § 37 erhobenen **Einsprüche,** und zwar, soweit sie rechtzeitig eingelegt worden sind und sich auf die im § 37 abschließend geregelten Gründe stützen. Der Ausschuss hat den Sachverhalt aufzuklären, soweit dies noch nicht durch den Vorsitzenden vorbereitend geschehen ist (vgl. § 39 Rn. 6). Hält er den Einspruch für unzulässig oder unbegründet, weist er ihn zurück. Sieht er einen Einspruch als begründet an, ist die davon betroffene Person von der Vorschlagsliste zu streichen („berichtigen").

2 Der Ausschuss trifft seine Entscheidungen mit einfacher **Mehrheit** der anwesenden Mitglieder, Stimmenthaltungen werden nicht berücksichtigt; bei Stimmengleichheit entscheidet die Stimme des Vorsitzenden (Satz 2). Zur Beschlussfähigkeit § 40 Abs. 4.

3 **Die Entscheidungen sind zu Protokoll** zu vermerken (Satz 3). Nur die Protokollierung der Entscheidungen ist notwendig, nicht der Gang der Verhandlungen usw. Es ist aber zweckmäßig, die Gründe mit zu protokollieren, ebenso das Stimmenverhältnis. Wer das Protokoll führt, ist nicht geregelt; ein Urkundsbeamter nach § 153 GVG, § 271 StPO ist nicht erforderlich, das Protokoll kann auch durch ein Mitglied des Ausschusses geführt werden. Das Protokoll hat nicht die Beweiskraft nach §§ 273, 274 StPO.[1]

4 Vorschriften über das **Verfahren** vor dem Ausschuss fehlen. Die Verhandlung ist nicht öffentlich (§ 40 Rn. 14). Seine Entscheidungsgrundlagen findet der Ausschuss im Wege des Freibeweises. Eine Anhörung des Einspruchsführers ist nicht notwendig, wohl aber der Person, gegen deren Fähigkeit zum Schöffenamt Bedenken geltend gemacht werden, wenn der Ausschuss diese für begründet hält und

---

[36] BGHSt 26, 206 = NJW 1976, 432.
[1] BGH aaO.

dem Einspruch stattgeben will (vgl. § 32 Rn. 11). Die Entscheidung ist dem Einspruchsführer formlos bekannt zu machen.

Die Entscheidung des Ausschusses ist **unanfechtbar** (Satz 4). Dies hat einmal 5
Bedeutung für den Einspruchsführer, die für die Aufstellung der Vorschlagsliste zuständige Vertretungskörperschaft und den Ausschuss. Darüber hinaus ist die Entscheidung auch nach § 336 Satz 2 StPO der Nachprüfung durch das Revisionsgericht entzogen (vgl. § 45 Rn. 1), so dass eine Besetzungsrüge nicht darauf gestützt werden kann, dass die Entscheidung des Ausschusses unrichtig sei.

§ 42. [Schöffenwahl]

(1) ¹Aus der berichtigten Vorschlagsliste wählt der Ausschuß mit einer Mehrheit von zwei Dritteln der Stimmen für die nächsten fünf Geschäftsjahre:
1. die erforderliche Zahl von Schöffen;
2. die erforderliche Zahl der Personen, die an die Stelle wegfallender Schöffen treten oder in den Fällen der §§ 46, 47 als Schöffen benötigt werden (Hilfsschöffen). ²Zu wählen sind Personen, die am Sitz des Amtsgerichts oder in dessen nächster Umgebung wohnen.

(2) Bei der Wahl soll darauf geachtet werden, daß alle Gruppen der Bevölkerung nach Geschlecht, Alter, Beruf und sozialer Stellung angemessen berücksichtigt werden.

Übersicht

	Rn.		Rn.
I. Wahl	1	VI. Mehrheit bei der Wahl	13
1. Vorschlagsliste verbindlich	2	VII. Allgemeine Repräsentanz	15
2. Grundlage der Wahl	4	VIII. Wahlverfahren	17
3. Amtsperiode	4a	IX. Keine isolierte Anfechtung	21
II. Wahl der erforderlichen Zahl von Schöffen	5	X. Schöffenliste	23
III. Wahl der Hilfsschöffen	7	XI. Jugendschöffen	24
IV. Ergänzungsschöffen	11	XII. Andere Gerichtsbarkeiten	25
V. Nicht gleichzeitig mehrfaches Schöffenamt	12		

Gesetzesfassung: Abs. 1 Nr. 2 Satz 1 i. d. F. Art. 2 Nr. 1 StVÄG 1979 (BGBl. 1978 I S. 1645). Abs. 1 geändert durch Art. 1 Nr. 5 G zur Vereinfachung und Vereinheitlichung der Verfahrensvorschriften zur Wahl und Berufung ehrenamtlicher Richter vom 21. 12. 2004 (BGBl. I S. 3599).

I. Wahl. Wichtigste Aufgabe des Ausschusses nach § 40 ist die Wahl der Schöf- 1
fen und Hilfsschöffen. Grundlage ist die berichtigte Vorschlagsliste (§ 41).

1. Die Vorschlagsliste ist für den Ausschuss **verbindlich.** Er kann nur Personen 2
wählen, die auf der vom Richter des AG nach § 39 aus den einzelnen Vorschlagslisten der Gemeinden im Bezirk des AG zusammengestellten und gegebenenfalls nach § 41 berichtigten Liste stehen. Der Ausschuss ist nicht befugt, aus Vorschlagslisten solcher Gemeinden zu wählen, die nicht zum Bezirk des AG gehören.[1] Die Wahl anderer Personen ist unzulässig und führt dazu, dass das Gericht nicht ordnungsgemäß besetzt ist. Das gilt auch dann, wenn die Personen anderen Listen entnommen werden, z. B. früheren Listen oder der Vorschlagsliste für Jugendschöffen und umgekehrt.[2] Der Mangel betrifft aber nur die Wahl dieser Personen, nicht die der anderen Gewählten, denn jede Einzelwahl eines Schöffen durch den Schöffenwahlausschuss ist eine für sich zu betrachtende Entscheidung.[3] Wenn die Liste er-

---

[1] BGHSt 26, 393 = NJW 1976, 2357; St 29, 144 = NJW 1980, 1175; BGH NStZ 1991, 546.
[2] Vgl. BGHSt 26, 393 = NJW 1976, 2357.
[3] BGHSt 29, 144 = NJW 1980, 1175; BGH NStZ 1991, 546.

schöpft ist, können keine weiteren Schöffen mehr gewählt werden, auch wenn der Bedarf noch so groß ist. Hier muss, da das Verfahren nach § 52 Abs. 6 nicht mehr praktikabel ist, mit einer stärkeren Inanspruchnahme der vorhandenen Schöffen zu helfen versucht werden; eine Nachwahl auf die Vorschlagsliste des § 36 durch die Vertretungskörperschaft ist nicht zulässig.

3   Solange die Vorschlagsliste nicht vorliegt, ist die Wahl nicht möglich (§ 36 Rn. 16).

4   2. Grundlage der Wahl ist die Vorschlagsliste in **berichtigter Fassung.** Die von der Gemeindevertretung aufgestellte Liste wird einmal berichtigt, wenn einem Einspruch stattgegeben wird (§ 41 Rn. 1). Werden dem Ausschuss darüber hinaus Gründe bekannt, nach denen eine Person unfähig zum Schöffenamt ist (§ 31 Satz 2, § 32) oder nicht gewählt werden soll (§§ 33, 34), ist er verpflichtet, diese von Amts wegen von der Vorschlagsliste zu streichen. Ob solche Gründe nach § 38 Abs. 2 bekannt werden oder auf andere Art, macht keinen Unterschied. Auch eine Ablehnungserklärung nach § 35 führt zur Berichtigung.

4a 3. Übergangsvorschrift zur Verlängerung der **Amtsperiode** von vier auf fünf Jahre durch das Gesetz vom 21. 12. 2004: § 6 Abs. 2 EGGVG.

5   **II. Wahl der erforderlichen Anzahl von Schöffen.** Der Ausschuss hat die erforderliche Zahl von Schöffen (im Sprachgebrauch Hauptschöffen im Gegensatz zu den Hilfsschöffen) zu wählen (Abs. 1 Nr. 1). Zur erforderlichen Zahl vgl. §§ 43, 58 Abs. 2, 77 Abs. 2, 78 Abs. 3. Zu wählen sind einmal die Schöffen für das SchöffenG, außerdem zu einer besonderen Schöffenliste, aber ebenfalls aus der einheitlichen Vorschlagsliste, die Schöffen für das LG (§ 77 Abs. 2). Für die Strafkammern und die Schwurgerichtskammer wird zu einer einheitlichen Liste gewählt. Die Zahl der zu wählenden LG-Schöffen bestimmt sich nach § 77 Abs. 2 Satz 1. Die Reihenfolge, in der Schöffen zu Sitzungen herangezogen werden, wird sodann nach §§ 45, 77 Abs. 1, 3 ermittelt.

6   Eine Person kann nicht **gleichzeitig** Schöffe beim AG und beim LG sein (§ 77 Abs. 4; vgl. § 34 Rn. 7).

7   **III. Wahl der Hilfsschöffen.** Der Ausschuss hat weiter die **Hilfsschöffen** zu wählen. Das sind die Schöffen, die an die Stelle wegfallender Schöffen (§§ 52, 53) treten oder in den Fällen der §§ 46, 47 (Bildung eines weiteren SchöffenG oder Anberaumung außerordentlicher Sitzungen) benötigt werden. Zur erforderlichen Zahl vgl. § 43. Die Reihenfolge, in der die gewählten Hilfsschöffen herangezogen werden, wird sodann wie bei den Hauptschöffen ausgelost (§ 45 Abs. 2 Satz 4). Sie bleibt stets maßgebend ohne Rücksicht darauf, aus welchem Grund die Heranziehung eines Hilfsschöffen nötig wird.

8   Die Hilfsschöffen für das AG werden vom Ausschuss jedes AG gewählt. Die Hilfsschöffen für das LG werden im Gegensatz zu dessen Hauptschöffen vom Ausschuss beim AG gewählt, in dessen Bezirk das LG seinen Sitz hat (§ 77 Abs. 2 Satz 2), und zwar insgesamt nur aus der Vorschlagsliste für dieses AG. Die Wahl aus einer für einen anderen AG-Bezirk aufgestellten Liste macht die Wahl ungültig.[4]

9   Bei der Wahl der Hilfsschöffen, auch der des LG, sind solche Personen zu wählen, die **am Sitz des AG** oder in dessen **nächster Umgebung** wohnen (Abs. 1 Nr. 2 Satz 2). Dies dient in Eilfällen der schnellen Erreichbarkeit durch das Gericht und der Erleichterung kurzfristigen Erscheinens, zumal den Hilfsschöffen nicht, wie den ordentlichen Schöffen, die Sitzungstage längere Zeit im Voraus (§ 45) bekannt sind[5] (vgl. auch § 54 Abs. 2 Satz 3). Trotz des Wortlauts „sind zu wählen" handelt es sich nicht um eine zwingende Vorschrift, so dass ihre Verletzung keinen

---

[4] BGHSt 29, 144 = NJW 1980, 1175 = DRiZ 1981, 99 m. Anm. *Röper;* St 29, 283 = NJW 1980, 2364.
[5] BTagsDrucks. 8/976 S. 29.

Einfluss auf die ordnungsgemäße Besetzung des Gerichts hat.[6] Über die Vorschlagsliste des eigenen Bezirks darf aber auch bei den Hilfsschöffen für das LG nicht hinausgegangen werden.[7]

Fälle der Heranziehung eines Hilfsschöffen sind im Einzelnen: a) Verhinderung eines Hauptschöffen nach § 47, 2. Alt., § 54 Abs. 1, Abs. 2 Satz 1; das Gleiche gilt für die Verhinderung eines Ergänzungsschöffen oder eines vorgehenden Hilfsschöffen; b) Anberaumung außerordentlicher Sitzungen, § 47, 1. Alt.; c) Notwendigkeit der Heranziehung von Ergänzungsschöffen, §§ 48, 192; d) Bildung einer weiteren SchöffenG-Abteilung (§ 46); in diesem Fall wird der bisherige Hilfsschöffe zum Hauptschöffen; e) Wegfall eines Hauptschöffen durch Tod (vgl. § 52 Rn. 4), Streichung von der Liste (§ 52) oder wirksame Ablehnung (§ 53). In diesen Fällen tritt der Hilfsschöffe an die Stelle des wegfallenden Hauptschöffen und folgt diesem in dessen Einteilung nach § 45; zugleich ist der Hilfsschöffe von der Hilfsschöffenliste zu streichen (§ 49 Abs. 2). War er jedoch vor dem Eintritt in die Funktion des Hauptschöffen noch als Hilfsschöffe oder Ergänzungsschöffe zugezogen, muss er diese Funktion noch (zusätzlich) ausüben (§ 52 Abs. 5).

IV. Ergänzungsschöffen. Zu Ergänzungsschöffen §§ 48, 192.

V. Nicht gleichzeitig mehrfaches Schöffenamt. Dieselbe Person kann nicht gleichzeitig zum Hauptschöffen und zum Hilfsschöffen gewählt werden (vgl. § 77 Abs. 4).

VI. Mehrheit bei der Wahl. Die Wahl jedes einzelnen Schöffen setzt eine $^2/_3$-Mehrheit voraus. Auszugehen ist von der Zahl der abgegebenen Stimmen (§ 40 Abs. 4). Wird diese Mehrheit nicht erreicht, ist die betreffende Person nicht gewählt. Wird sie dennoch als Schöffe eingeteilt, ist das Gericht nicht ordnungsgemäß besetzt.[8]

Wahlberechtigt sind auch die Mitglieder des Ausschusses, die selbst auf der Vorschlagsliste stehen. Sie können auch für sich selbst ihre Stimme abgeben, das Gesetz enthält keinen Ausschließungsgrund.[9]

VII. Allgemeine Repräsentanz. Bei der Wahl soll der Ausschuss darauf achten, dass **alle Gruppen der Bevölkerung** angemessen berücksichtigt werden (Abs. 2; vgl. § 36 Rn. 9); ein Verstoß gegen diese Vorschrift hat indessen keinen Einfluss auf die Ordnungsgemäßheit der Wahl.[10]

Der Ausschuss ist bei der Wahl im Übrigen frei. Er kann dieselben Überlegungen anstellen wie sie auch schon bei der Aufstellung der Vorschlagsliste zulässig sind (vgl. § 36 Rn. 3).

VIII. Wahlverfahren. 1. Wie die Mitglieder des Ausschusses vom Vorsitzenden über die Listen informiert werden, ist nicht geregelt. Sie müssen mindestens Gelegenheit erhalten, vor der Sitzung die Listen beim AG einzusehen. Die Beschaffung der für die Wahl erforderlichen Informationen (Rn. 15 f.) bleibt über die Mindestangaben nach § 36 Abs. 2 Satz 2 hinaus Sache des einzelnen Mitglieds, womit es zumeist überfordert sein dürfte.

2. Auch über das vom Ausschuss bei der Wahl einzuschlagende Verfahren enthält das Gesetz keine konkreten Vorschriften. Es muss ein nach dem allgemeinen Sprachgebrauch als „Wahl" anzusehender Vorgang sein – im Gegensatz zu einem Losverfahren. Dies spielte im sog. Frankfurter Schöffenroulette eine Rolle:[11] Der

---

[6] *LR/Siolek* Rn. 12.
[7] BGHSt 29, 144 = NJW 1980, 1175.
[8] BGHSt 33, 41 = NJW 1984, 2839.
[9] *Katholnigg* Rn. 2; *LR/Siolek* Rn. 4; *Oetker* GA 1903, 112.
[10] BGH NJW 1986, 1358 = JR 1985, 388 m. Anm. *Katholnigg*; *LR/Siolek* Rn. 14; *Meyer-Goßner* Rn. 6.
[11] Dazu *Kissel* NStZ 1985, 490.

Ausschuss hatte rund 850 Schöffen aus einer Vorschlagsliste von knapp 2350 Namen zu wählen. In der Überzeugung, die Vorschlagsliste entspreche dem Repräsentationserfordernis des § 42 Abs. 2 (vgl. § 36 Rn. 9), beschloss er einstimmig, die erforderliche Zahl der Schöffen und Hilfsschöffen im Wege des Losverfahrens auszuwählen. Diese „Wahl" erklärte der BGH[12] für nichtig, erteilte jedoch der Auffassung eine Absage, dass auch die Entscheidungen, an denen die so Ausgewählten mitgewirkt haben, nichtig seien. Es handele sich um Fälle nicht ordnungsgemäßer Besetzung, für die nach allgemeinen Regeln die Besetzungsrüge eröffnet sei[13] (vgl. Rn. 21). Das BVerfG[14] hat sich dem angeschlossen. – In einer zweiten Entscheidung hat der BGH[15] die Anforderungen an die „Wahl" präzisiert. Er billigte ein abgewandeltes Verfahren, in dem a) für jeden auf der Vorschlagsliste enthaltenen Namen eine Karteikarte angelegt wurde mit den Merkmalen nach § 42 Abs. 2; b) 40 Umschläge entsprechend der Repräsentativ-Forderung des § 42 Abs. 2 aufgelegt wurden (Männer und Frauen in je vier Altersstufen und fünf Berufsgruppen) und in diese die entsprechenden Karteikarten aller Vorgeschlagenen eingelegt wurden; c) der Vorsitzende jeweils aus den 40 Umschlägen einzelne Karteikarten zog und vorschlug, den darauf Verzeichneten zu wählen; d) sofern sich kein Widerspruch erhob, diese Person als gewählt protokollieren ließ, andernfalls eine Abstimmung durchführte; e) schließlich die Mitglieder des Wahlausschusses einstimmig erklärten, nach Überprüfung des Wahlergebnisses sei ihrer Ansicht nach eine angemessene Berücksichtigung aller Bevölkerungsgruppen erreicht, so dass keine Änderung am Wahlergebnis erforderlich sei und dieses aufrechterhalten bleiben könne. Damit habe der Ausschuss seinen Willen zum Ausdruck gebracht, bestimmte Personen in das Schöffenamt zu berufen, das Losziehen war nur eine den Wahlakt vorbereitende Handlung.

19 Entscheidend ist, dass der Wahlausschuss eine „Wahl" selbstständig und in eigener Entscheidung und Verantwortung vornimmt.[16] Davon kann nicht gesprochen werden, wenn der Wahlausschuss sich darauf beschränkt, die von anderen Gremien getroffene Auswahl zu übernehmen und nur formal nachzuvollziehen, z.B. durch unveränderte Übernahme der vorbereitend von den einzelnen Fraktionen des Stadtparlaments jeweils aufgestellten „Vorschlags"-Listen.[17] Eine „Wahl" liegt erst recht nicht vor, wenn im Gesetz nicht vorgesehene Gremien verbindlich die Auswahl der Schöffen getroffen und eine zuvor anteilmäßig bestimmte, festgelegte und zuerkannte Anzahl von Personen ausgewählt und abschließend eine Liste niedergelegt haben, deren Gesamtzahl genau der zu wählenden Anzahl von Schöffen entsprochen hat, und diese Listen anschließend unverändert in der eigentlichen Wahlsitzung des Schöffenwahlausschusses eingebracht und übernommen wurden.[18]

20 3. Zur Beschlussfähigkeit des Ausschusses § 40 Abs. 4; §§ 194ff. sind entsprechend anzuwenden. Eine Protokollierung ist entgegen § 41 Satz 3 und § 45 Abs. 4 nicht vorgeschrieben, aber dringend anzuraten wegen möglicher späterer Rügen. Stellt der Ausschuss fest, dass beim Wahlvorgang ein Fehler unterlaufen ist, der sich auf die ordnungsgemäße Besetzung der gerichtlichen Spruchkörper auswirken kann, hat er das Recht und die Pflicht, diesen durch Wiederholung der Schöffenwahl zu beheben.[19]

---

[12] BGHSt 33, 41 = NJW 1984, 2839 = JR 1985, 80 m. krit. Anm. *Katholnigg*; vgl. *Vogt/Kurth* NJW 1985, 103.
[13] BGHSt 33, 126 = NJW 1985, 926.
[14] BVerfG – VorprA – NJW 1985, 125.
[15] BGHSt 33, 261 = NJW 1985, 2341.
[16] *Meyer-Goßner* Rn. 5.
[17] BGHSt 35, 190 = NJW 1988, 3164.
[18] LG Koblenz StV 1988, 246.
[19] BGH NStZ-RR 1999, 49.

IX. Keine isolierte Anfechtung. Die Wahl ist nicht isoliert anfechtbar.[20] Verstöße gegen zwingendes Recht können jedoch mit der Rüge des nicht vorschriftsmäßig besetzten Gerichts nach § 338 Nr. 1, § 222b StPO geltend gemacht werden, denn nur die Schöffen, die auf rechtswirksame Weise gewählt worden sind, sind der gesetzliche Richter.[21] Die hierauf ergehende Entscheidung, die eine Schöffenwahl insgesamt für nichtig erklärt, hat nur Rechtskraftwirkung für das Verfahren, in dem sie ergangen ist, sie wirkt nicht für und gegen alle. Dennoch wird man mit dem BGH[22] im Interesse der Rechtssicherheit eine „Nachholwahl" insgesamt für zulässig und geboten ansehen müssen, die ex nunc die Schöffen und Hilfsschöffen für den Rest der Amtszeit neu wählt, und zwar durch den bisherigen Ausschuss auf der Grundlage der ursprünglichen, aber berichtigten Vorschlagsliste. Durch diese Nachholwahl tritt für die bisher „Gewählten" insgesamt der Verlust des Schöffenamtes ein.

Indessen ist nicht jede Schöffenwahl ungültig, bei der ein Fehler vorkommt. Ungültig ist eine Schöffenwahl nur, wenn sie an einem besonders schwerwiegenden Fehler leidet und dies bei verständiger Würdigung aller in Betracht kommenden Umstände offenkundig ist.[23] Einzelfälle der Ungültigkeit: Wenn ein Schöffenwahlausschuss entschieden hat, der nicht ordnungsgemäß bestellt war, oder wenn die Vertrauensperson von einem unzuständigen Gremium gewählt worden ist (§ 40 Rn. 18); wenn Hilfsschöffen aus den für andere AG-Bezirke aufgestellten Vorschlagslisten gewählt werden (Rn. 8); wenn von einer „Wahl" nicht gesprochen werden kann (Rn. 18); wenn die erforderliche 2/3-Mehrheit fehlt (Rn. 13) oder wenn eine Person gewählt wird, die nicht auf der Vorschlagsliste stand (Rn. 2). Diese Mängel der Schöffenwahl begründen aber nicht auch schon die Nichtigkeit der Entscheidung. Sie berühren nicht die Gerichtseigenschaft des fehlerhaft besetzten Spruchkörpers und sind kein derart schwerer, offen zutage liegender Mangel, dass es „bei Berücksichtigung der Belange der Rechtssicherheit und des Rechtsfriedens vom Standpunkt der Gerechtigkeit aus schlechthin unerträglich wäre, das so zustande gekommene Urteil" gelten zu lassen. Die Revision kann allerdings auf diese Mängel gestützt werden, das Revisionsgericht hat sie auf Rüge hin zu beachten.[24] Für die Zulässigkeit der Rüge gelten keine Besonderheiten, es gilt auch die Rügepräklusion.[25] Auch soweit ein Fehler bei der Schöffenwahl auf Willkür beruht, kann die verfassungsrechtlich relevante Verletzung des gesetzlichen Richters vorliegen (vgl. § 16 Rn. 51). Die Verfahrensbeteiligten haben Anspruch auf Einsicht in die Wahlunterlagen.[26] – Andererseits beeinträchtigt es die Gültigkeit der Schöffenwahl nicht, wenn der Richter (§ 40 Abs. 2) nicht vom Präsidium bestellt war (§ 40 Rn. 16), wenn der Schöffenwahlausschuss wählt, obwohl die Vorschlagsliste einer Gemeinde fehlt (§ 39 Rn. 1), wenn der Schöffenwahlausschuss bewusst eine Vorschlagsteilliste aus einem Gemeindebezirk unberücksichtigt lässt,[27] wenn im gleichen Wahltermin auch solche Personen gewählt werden, die nicht auf einer Vorschlagsliste stehen und deshalb nicht gewählt werden durften (Rn. 2), oder wenn die Schöffen für die große und die kleine StrafK getrennt gewählt wurden.[28]

---

[20] OLG Stuttgart MDR 1985, 869; LR/Siolek Rn. 15; Meyer-Goßner Rn. 7.
[21] BVerfGE 31, 181, 183.
[22] BGHSt 33, 261 = NJW 1985, 2341; vgl. auch LG Frankfurt NJW 1985, 157; a.A. LG Frankfurt NJW 1985, 155; 928.
[23] BVerfGE 31, 181, 183; BFH BB 2001, 1568; BGHSt 29, 283 = NJW 1980, 2364; St 33, 41 = NJW 1984, 2839 = JR 1985, 80 m. krit. Anm. *Katholnigg*; St 33, 261 = NJW 1985, 2341; St 35, 190 = NJW 1988, 3164; NStZ 1991, 546; StV 2001, 156.
[24] Vgl. BFH NVwZ 2002, 381.
[25] BGHSt 33, 126 = NJW 1985, 926 = JR 1985, 346 m. Anm. *Katholnigg*.
[26] BFH BB 2001, 1568; NVwZ 2002, 381.
[27] BGH StV 1987, 285.
[28] BGH GA 1976, 141; NStZ 1991, 546.

23 X. **Schöffenliste.** Die Namen der Gewählten sind in die Schöffenliste aufzunehmen, §§ 44, 77 Abs. 2 Nr. 5.

24 XI. **Jugendschöffen.** Die Vorschrift gilt auch für die Wahl der Jugendschöffen und Jugendhilfsschöffen. Während jedoch für die Wahl der Schöffen kein bestimmter Anteil an Frauen vorgeschrieben ist (vgl. Rn. 15; § 36 Rn. 1, 9), bestimmt § 35 Abs. 1 Satz 2 JGG ausdrücklich, dass eine gleiche Anzahl von Frauen und Männern gewählt werden soll.

25 XII. **Andere Gerichtsbarkeiten.** In den anderen Gerichtsbarkeiten werden die ehrenamtlichen Richter aus den Vorschlagslisten (§ 36 Rn. 15) teils ebenso von Wahlausschüssen (§§ 23, 26 FGO, § 26 VwGO), teils von der LReg (§ 13 SGG) oder von der obersten Arbeitsbehörde (§§ 20, 37, 43 ArbGG) bestimmt.

§ 43. [Bestimmung der Schöffenzahl]

(1) **Die für jedes Amtsgericht erforderliche Zahl von Haupt- und Hilfsschöffen wird durch den Präsidenten des Landgerichts (Präsidenten des Amtsgerichts) bestimmt.**

(2) **Die Zahl der Hauptschöffen ist so zu bemessen, daß voraussichtlich jeder zu nicht mehr als zwölf ordentlichen Sitzungstagen im Jahr herangezogen wird.**

1 I. **Festsetzung der Zahl der Hauptschöffen. 1. Zuständigkeit.** Die **Zahl** der vom Ausschuss zu wählenden Hauptschöffen und Hilfsschöffen für jedes AG wird vom **Präsidenten** des übergeordneten LG, bei Präsidenten-AG (§ 22 Rn. 41) vom AG-Präsidenten bestimmt. Die Bestimmung ist der Justizverwaltung zuzurechnen, es ist kein in richterlicher Unabhängigkeit vorzunehmender Akt etwa der Geschäftsverteilung.[1]

2 2. **Berechnung.** Die Zahl ist orientiert am **voraussichtlichen Geschäftsanfall**, also an der Zahl der voraussichtlichen jährlichen Sitzungstage, nicht an der Amtsperiode des § 42. Sitzungstage sind auch die Folgetage bei mehrtägigen Strafsachen; da es um die zeitliche Inanspruchnahme der Schöffen geht, ist ein entsprechender Anteil zu berücksichtigen, Als Richtwert sieht das Gesetz vor, dass die Zahl der Hauptschöffen so zu bemessen ist, dass **jeder Hauptschöffe** voraussichtlich zu **nicht mehr als 12 Sitzungstagen** im Jahr herangezogen wird; diese Zahl hat im Laufe der Zeit geschwankt, zunächst waren es „mindestens" 12.

3 Die Gesetzesfassung stellt klar, dass es sich um eine (voraussichtliche) Höchstzahl handelt, die **nicht bindend** ist. Es ist zulässig, den Schöffen auch zu mehr Sitzungstagen heranzuziehen, ohne dass dadurch die ordnungsgemäße Besetzung des Gerichts in Frage gestellt würde. Obwohl die Vorschrift nur den Schutz des ehrenamtlichen Richters vor übergroßer Inanspruchnahme bezweckt[2] (vgl. auch § 34 Abs. 1 Nr. 7, § 35 Nr. 2 und § 52 Abs. 2), kann der darüber hinaus herangezogene Schöffe nicht die Dienstleistung verweigern.[3] Andererseits sind diese zwölf Tage nach § 45 Abs. 2 Satz 3 als Richtwert vorgesehen, wohl in der Überlegung, dass der Schöffe durch eine gewisse Häufigkeit die nötige Vertrautheit mit dieser Tätigkeit erwirbt.[4]

4 Die Bestimmung der Zahl setzt voraus, die Zahl der voraussichtlichen Sitzungstage (Rn. 2) pro Jahr zu schätzen, wobei mit Rücksicht auf die fünfjährige Amtsperiode ein gewisses arithmetisches Mittel, langfristige Erfahrungswerte und eine Geschäftsanfall-Prognose zugrunde zu legen sind, um Überlastungen und Unterbe-

---

[1] BGHSt 25, 257 = NJW 1974, 509.
[2] BTagsDrucks. 7/2600 S. 10.
[3] LR/*Siolek* Rn. 2.
[4] BGH NJW 1974, 155; LR/*Siolek* Rn. 2.

schäftigung zu vermeiden. Die Zahl ist mit 2 zu multiplizieren wegen der stets erforderlichen zwei Schöffen und dann durch den Richtwert 12 (Tage je Schöffe) zu dividieren.

II. Festsetzung der Zahl der Hilfsschöffen. Die Zahl der erforderlichen 5
Hilfsschöffen ist ungleich schwieriger zu errechnen. Zwar sind auch bei ihnen die 12 Sitzungstage als Richtwert anzustreben; da sie aber nicht wie ein Hauptschöffe voll in Anspruch genommen werden, sondern zumeist nur vertretungsweise, wird diese Zahl wohl nur bei den in die Hauptschöffenliste Einrückenden erreicht werden. Andererseits ist einzukalkulieren, und das ist mit erheblicher Unsicherheit behaftet, wie viele Vertretungsfälle und andere Heranziehungsfälle (§ 42 Rn. 10) in den kommenden fünf Jahren eintreten können. Da eine Nachwahl (§ 52 Abs. 6) erheblichen Verwaltungsaufwand mit sich bringt, erscheint insgesamt Großzügigkeit angezeigt.

III. Fehler. Da das Gesetz auf die voraussichtliche Entwicklung abstellt, kann 6
aus einer sich als unrichtig erweisenden Schätzung oder Übervorsichtigkeit kein Einwand gegen die ordnungsgemäße Besetzung des Gerichts hergeleitet werden, wenn sich die Bestimmung der Zahl im Rahmen einer vertretbaren Anwendung des Abs. 2 hält, also kein Ermessensmissbrauch vorliegt.[5]

§ 44. [Schöffenliste]

Die Namen der gewählten Hauptschöffen und Hilfsschöffen werden bei jedem Amtsgericht in gesonderte Verzeichnisse aufgenommen (Schöffenlisten).

Bei jedem AG werden getrennte **Schöffenlisten** der nach § 42 gewählten 1
Schöffen geführt: je eine Liste für die Hauptschöffen, die Hilfsschöffen, die Jugendschöffen und die Jugendhilfsschöffen (vgl. § 35 Abs. 5 JGG).
In sich sind diese Listen **jeweils einheitlich** zu führen, auch wenn ein AG meh- 2
rere SchöffenG-Abteilungen hat. Nähere Anweisungen für die Listenführung gibt das Gesetz nicht. Enthalten sein müssen die Mindestangaben nach § 36 Abs. 2 Satz 2, im Übrigen empfiehlt sich die alphabetische Reihenfolge.
Die **Führung der Schöffenlisten** obliegt dem **UdG (Schöffengeschäftsstel-** 3
le) nach § 45 Abs. 4.
Änderungen der Schöffenliste können sich ergeben durch die Streichung von 4
Schöffen nach §§ 52, 53 oder durch deren Tod, bei Hilfsschöffen außerdem durch Auslosung zum Hauptschöffen nach § 46 oder durch Nachrücken gemäß § 49 Abs. 2.
Aus der **Hauptschöffenliste** werden die Schöffen zur Teilnahme an den Sitzun- 5
gen ausgelost, § 45 Abs. 2. Aus der **Hilfsschöffenliste** werden einmal die Schöffen neu ausgelost, wenn ein weiteres SchöffenG (= Abteilung) während des Geschäftsjahres gebildet wird, § 46; sie werden dann von der Hilfsschöffenliste gestrichen. Zum anderen werden nach der durch Los bestimmten Reihenfolge der Hilfsschöffenliste die Hilfsschöffen zur Teilnahme an der Sitzung nach § 49 Abs. 1 sowie als Ergänzungsschöffen nach § 48 herangezogen; auch rücken sie bei Streichung eines Hauptschöffen nach dieser Reihenfolge gemäß § 49 Abs. 2 auf die Hauptschöffenliste nach.
Bei **Erschöpfung der Hilfsschöffenliste** ist nachzuwählen, § 52 Abs. 6. 6
Zu den **Schöffenlisten beim LG** § 77 Abs. 2, 3. 7
Einsicht in die Schöffenliste: Die Schöffenliste gehört zu den für die Beset- 8
zung des Gerichts maßgebenden Unterlagen, in die nach § 222a StPO Einsicht

---
[5] BGH NJW 1974, 155; 1978, 1444.

§ 45 1   4. Titel. Schöffengerichte

genommen werden kann. Auf diese Einsicht besteht ein Rechtsanspruch;[1] er richtet sich ausschließlich gegen die Justizverwaltung.[2] Es gilt das zu § 21e Abs. 9 Gesagte entsprechend (dort Rn. 75, 76). Der Rechtsweg nach §§ 23ff. EGGVG ist eröffnet. Dasselbe gilt für die Einsicht in die Schöffenakten.[3]

§ 45. [Feststellung der Sitzungstage]

(1) **Die Tage der ordentlichen Sitzungen des Schöffengerichts werden für das ganze Jahr im voraus festgestellt.**

(2) [1]**Die Reihenfolge, in der die Hauptschöffen an den einzelnen ordentlichen Sitzungen des Jahres teilnehmen, wird durch Auslosung in öffentlicher Sitzung des Amtsgerichts bestimmt.** [2]**Sind bei einem Amtsgericht mehrere Schöffengerichte eingerichtet, so kann die Auslosung in einer Weise bewirkt werden, nach der jeder Hauptschöffe nur an den Sitzungen eines Schöffengerichts teilnimmt.** [3]**Die Auslosung ist so vorzunehmen, daß jeder ausgeloste Hauptschöffe möglichst zu zwölf Sitzungstagen herangezogen wird.** [4]**Satz 1 gilt entsprechend für die Reihenfolge, in der die Hilfsschöffen an die Stelle wegfallender Schöffen treten (Hilfsschöffenliste); Satz 2 ist auf sie nicht anzuwenden.**

(3) **Das Los zieht der Richter beim Amtsgericht.**

(4) [1]**Die Schöffenlisten werden bei einem Urkundsbeamten der Geschäftsstelle (Schöffengeschäftsstelle) geführt.** [2]**Er nimmt ein Protokoll über die Auslosung auf.** [3]**Der Richter beim Amtsgericht benachrichtigt die Schöffen von der Auslosung.** [4]**Zugleich sind die Hauptschöffen von den Sitzungstagen, an denen sie tätig werden müssen, unter Hinweis auf die gesetzlichen Folgen des Ausbleibens in Kenntnis zu setzen.** [5]**Ein Schöffe, der erst im Laufe des Geschäftsjahres zu einem Sitzungstag herangezogen wird, ist sodann in gleicher Weise zu benachrichtigen.**

Übersicht

	Rn.		Rn.
I. Geschichte	1	7. Los-Ziehen	14
II. Bestimmung der Schöffen	2	8. Protokoll	15
III. Feststellung der ordentlichen Sitzungstage (Abs. 1)	3	V. Jährliche Auslosung	16
IV. Auslosung (Abs. 2)	7	VI. Reihenfolge der Hilfsschöffen	17
1. Zettel, Urne	8	1. Wegfallende Hauptschöffen	18
2. Mehrere SchöffenG beim AG	9	2. Neubildung eines SchöffenG	19
3. 12 Sitzungstage	10	3. Heranziehung nach § 49	20
4. Öffentliche Sitzung	11	VII. UdG (Schöffengeschäftsstelle)	21
5. Losvorgang	12	VIII. Benachrichtigung der Schöffen	22
6. Auslosung und gesetzliche Richter	13	IX. Einsicht	24

Gesetzesfassung: Abs. 2 Satz 2, 3 und 4 sowie Abs. 4 i. d. F. Art. 2 Nr. 2 StVÄG 1979 (BGBl. 1978 I S. 1645).

1 **I. Geschichte.** Die Vorschriften über die Bestellung der Schöffen sind durch das StVÄG 1979 vom 5. 10. 1978 (BGBl. I S. 1645) wesentlich umgestaltet worden. Ziel war neben einer Straffung und Beschleunigung der Strafverfahren durch prozessuale Maßnahmen (Einl. Rn. 97) auch die exakte Zuständigkeitsabgrenzung der Spruchkörper des LG (vgl. § 74e GVG) und die Verringerung der Zahl der Urteilsaufhebungen wegen Fehlern in der Besetzung des Gerichts.[1*] Einmal wurde für die erstinstanzlichen Verfahren vor dem LG und dem OLG die **Rügepräklusion** eingeführt. Die revisionsrechtliche Überprüfung der Besetzung des Gerichts ist nunmehr davon abhängig, dass ein Prozeßbeteiligter den Einwand der vorschriftswidrigen Besetzung rechtzeitig zu

---

[1] BVerwGE 12, 261 = NJW 1961, 1989; *LR/Siolek* Rn. 3; *Katholnigg* § 45 Rn. 8; *Meyer-Goßner* Rn. 3.
[2] OLG Düsseldorf MDR 1979, 1043.
[3] *Katholnigg* § 45 Rn. 8; *LR/Siolek* § 45 Rn. 3; wohl auch OLG Düsseldorf MDR 1989, 1043; OLG Hamm NJW 1980, 1009; a. A. BVerwGE 12, 261 = NJW 1961, 1989.
[1*] BTagsDrucks. 8/976 S. 24 ff.; *Katholnigg* NJW 1978, 2375.

Beginn der Hauptverhandlung geltend macht[2] (§§ 222a, 222b, 338 Nr. 1 StPO). Zum anderen sollte eine Vereinfachung der Vorschriften über die Heranziehung der Schöffen **Ursachen für Besetzungsfehler** ausräumen, da eine nicht geringe Zahl von Besetzungsfehlern bei der Heranziehung von Schöffen auf missverständlichen und unklaren Gesetzesfassungen beruhte.[3] So wurde das Nebeneinander von Strafkammer- und Schwurgerichtsschöffen aufgehoben und durch eine einheitliche Schöffenliste für alle Spruchkörper des LG ersetzt (vgl. § 77 Rn. 1). Die unterschiedliche Heranziehung von Schöffen für außerordentliche Sitzungen und für ordentliche Sitzungen, bei denen die Zuziehung anderer als der zunächst berufenen Schöffen erforderlich wurde (§§ 48, 49a. F.), wurde beseitigt. Vereinheitlicht wurden die Bestimmungen über die Reihenfolge der Schöffen und über Streichung und Nichtheranziehung. Jedoch musste das Nebeneinander von ordentlichen und außerordentlichen Sitzungen aufrechterhalten bleiben, damit sich die Hauptschöffen in ihrer Planung auf die ordentlichen Sitzungen einstellen können. Auch die Einrichtung des Hilfsschöffen neben dem Hauptschöffen blieb, weil nur so gewährleistet werden kann, dass bei Ausfall eines Schöffen auf einen leicht erreichbaren Personenkreis zurückgegriffen werden kann. Technische Verrichtungen wurden einem zur Schöffengeschäftsstelle bestellten UdG übertragen. Das Verhältnis der Ergänzungsschöffen zu den Hilfsschöffen wurde ausdrücklich geregelt (§ 48 Abs. 2). Geregelt wurde weiter die Bildung eines weiteren Spruchkörpers während des Geschäftsjahres (§ 46), die Verringerung der Zahl der Schöffen auf der Liste (§ 49 Abs. 2, § 52 Abs. 6) und die Unerreichbarkeit eines Schöffen (§ 54 Abs. 2). Die Entscheidung über die Verhinderung wurde im Allgemeinen dem Revisionsangriff entzogen (§ 336 Satz 2 StPO, vgl. § 54 Rn. 16, 17). Schließlich erhielten die Schöffen eine Sicherung gegen übermäßige Belastung (§ 52 Abs. 2). – Eine Vereinfachung der Schöffenauswahl durch die Gemeinden (§ 36) und des Wahlverfahrens (§ 40), verbunden mit einer Verlängerung der Amtsperiode von vier auf fünf Jahre, sowie eine ansatzweise Vereinheitlichung des Rechts der ehrenamtlichen Richter in allen Gerichtsbarkeiten brachte zuletzt das Gesetz zur Vereinfachung und Vereinheitlichung der Verfahrensvorschriften zur Wahl und Berufung ehrenamtlicher Richter vom 21. 12. 2004 (BGBl. I S. 3599).

II. Bestimmung der Schöffen. Die **Bestimmung** der jeweils in einer Sache tätigen **Schöffen** geschieht mit Rücksicht auf die notwendige Vorausbestimmung des gesetzlichen Richters[4] (§ 16 Rn. 23) in einem zweiteiligen Verfahren. Zunächst werden die Tage der ordentlichen Sitzungen für das ganze Jahr im Voraus festgestellt (Abs. 1), dann wird die Reihenfolge, in der die Hauptschöffen an den einzelnen ordentlichen Sitzungen teilnehmen, durch das Los bestimmt (Abs. 2). Anders als bei Berufsrichtern (§ 21g Rn. 19) kann die Terminierungspraxis also die Besetzung des Gerichts beeinflussen. Diese ausnahmsweise Zuständigkeitsbestimmung durch Terminierung findet ihre Rechtfertigung in der Abwägung des Verfahrensgrundrechts auf den gesetzlichen Richter mit den berechtigten Belangen eines ehrenamtlich tätigen Richters, dem eine Heranziehung, die nicht von vornherein zeitlich festliegt, sondern unvorhersehbar in Abhängigkeit von Merkmalen der eingegangenen Sachen erfolgt, schwerlich zuzumuten ist.[5]

III. Feststellung der ordentlichen Sitzungstage (Abs. 1). Zur Terminologie: Das Gesetz spricht teils von „Sitzung" (§§ 46, 47, 49 Abs. 1, 50, 52 Abs. 2 Satz 1, 54 Abs. 2, 56), teils von „Sitzungstag" (§§ 35, 45, 49 Abs. 4, § 52 Abs. 2 Satz 1, 3, § 54 Abs. 1). Beide Begriffe sind inhaltsgleich, gemeint ist jeweils der Kalendertag, an dem das Gericht tätig werden soll oder wird,[6] nicht die einzelne zur Verhandlung anstehende Strafsache. Zur mehrtägigen Sitzung in einer einzelnen Strafsache vgl. § 50.

Für das **ganze Jahr** (und jedes Jahr neu) werden die ordentlichen Sitzungstage des SchöffenG (aller SchöffenG-Abteilungen) **im Voraus festgestellt** (Grundsatz der Stetigkeit der SchöffenG-Verhandlungstage), und zwar genau nach Kalendertagen oder wiederkehrend nach Wochen und Wochentagen. Die Zahl usw. orientiert

---

[2] Vgl. BTagsDrucks. 8/976 S. 25 ff.
[3] BTagsDrucks. 8/976 S. 25, 28.
[4] BAG NZA 2000, 733.
[5] A. A. *Roth* S. 199 ff.; NJW 2000, 3692; krit. *Sowada* S. 729 ff.; vgl. *Katholnigg* JR 1997, 285.
[6] LR/*Siolek* Rn. 6.

sich an den Erfahrungen der letzten Jahre und der Erwartung der zukünftigen Geschäftsentwicklung. Es sind stets feste Sitzungstage festzustellen, auch wenn ein geringer Geschäftsanfall erwartet wird, und zwar für jeden Spruchkörper, bei mehreren SchöffenG-Abteilungen also für jede von ihnen, aber auch für SchöffenG und JugendschöffenG getrennt.[7] Es ist unzulässig, etwa wegen voraussichtlich geringer oder ungewisser Belastung zunächst von der Festlegung von Sitzungstagen überhaupt abzusehen; ordentliche Sitzungstage sind nur die vor Beginn des Geschäftsjahres festgesetzten.[8] Das gilt auch für den nach § 140a zuständigen Spruchkörper in Wiederaufnahmesachen und für den Spruchkörper für zurückverwiesene Sachen nach § 354 Abs. 2 StPO. Sind diese Sachen aber einem Spruchkörper mit zugleich allgemeiner Zuständigkeit zugewiesen, ist es bei Ungewissheit über den zukünftigen Geschäftsanfall zulässig, lediglich den Spruchkörper in der Geschäftsverteilung zu errichten und die Berufsrichter zu bestimmen und im Bedarfsfalle nach § 47 (außerordentliche Sitzung) zu verfahren.[9]

5 Die Feststellung der ordentlichen Sitzungstage ist eine Maßnahme der **Justizverwaltung**.[10]

6 Eine **Änderung** der festgestellten Sitzungstage ist grundsätzlich nicht möglich. Ausnahmen bilden die Einrichtung eines neuen SchöffenG (= Abteilung), vgl. § 46, und die Verringerung der Zahl der SchöffenG-Abteilungen. Bei gleich bleibender Zahl von SchöffenG-Abteilungen bleibt bei höherem Bedarf nur durch die Anberaumung außerordentlicher Sitzungen nach § 47. Ist der Geschäftsanfall zu gering, können Sitzungstage ausfallen, indem auf diese Tage keine Sitzungen anberaumt werden. Die für diesen Sitzungstag ausgelosten Schöffen werden dann „übersprungen".[11]

7 **IV. Auslosung (Abs. 2).** Die Reihenfolge, in der die Hauptschöffen an den einzelnen Sitzungen teilnehmen, wird durch die Auslosung bestimmt (Abs. 2 Satz 1). Daran nehmen **alle** nach § 42 gewählten, auf der Hauptschöffenliste aufgeführten **Hauptschöffen** teil. Alle sind sie den einzelnen Sitzungstagen zuzulosen, es kann kein Schöffe „zurückgehalten" werden, um etwa die Auslastungsnorm von 12 Sitzungstagen (Rn. 10) zu gewährleisten.[12] Grundlage kann nur eine einheitliche Hauptschöffenliste sein, getrennte Listen für die einzelnen Spruchkörper beim AG sind unzulässig[13] (§ 44 Rn. 1).

8 1. Die Auslosung setzt begrifflich voraus, dass die Namen aller nach § 42 gewählten Hauptschöffen auf einzelnen **Zetteln** niedergeschrieben, in ein von außen nicht einsehbares Behältnis (sog. **Urne**) gelegt und dann ohne die Möglichkeit des vorherigen Erkennens „blind" entnommen werden.

9 2. Bestehen bei einem AG **mehrere SchöffenG** (= Abteilungen), kann eine gemeinsame Auslosung für alle Abteilungen dergestalt erfolgen, dass die nächstausgelosten Schöffen immer für den zeitlich folgenden Sitzungstag gleich welcher Abteilung herangezogen werden. Haben dabei mehrere SchöffenG ihren Sitzungstag am selben Tag, muss die Reihenfolge der Heranziehung der Schöffen zu diesen Sitzungen gemäß Abs. 1 im Voraus festgelegt werden, z.B. beginnend mit der SchöffenG-Abteilung mit der niedrigsten Ordnungszahl,[14] um die Vorausbestimmung des gesetzlichen Richters zu gewährleisten.[15] Statt dessen kann die Auslosung

---

[7] BGHSt 15, 107 = NJW 1960, 1918.
[8] BGH aaO.
[9] *LR/Siolek* Rn. 2, 3; *Meyer-Goßner* Rn. 1; *Katholnigg* Rn. 1; a. A. *Sieg* NJW 1980, 2453.
[10] H.M.; RGSt 64, 50, 51; BayObLG NJW 1961, 568; *LR/Siolek* Rn. 5; *Meyer-Goßner* Rn. 1; *Katholnigg* Rn. 1.
[11] Vgl. BGH NJW 2002, 2963; *Meyer-Goßner* Rn. 7; *Katholnigg* Rn. 1.
[12] OLG Celle, NStZ 1991, 350 mit zust. Anm. *Katholnigg*.
[13] *Rieß* DRiZ 1977, 292; *Katholnigg* NJW 1978, 2377.
[14] BGH NJW 1973, 1139, 1140.
[15] Vgl. OLG Hamm NJW 1956, 1937.

nach Abs. 2 Satz 2 aber auch so geschehen, dass im Ergebnis jede Abteilung ihre eigenen Schöffen erhält.[16]

3. Die Auslosung ist so vorzunehmen, dass jeder ausgeloste Hauptschöffe **möglichst zu 12 Sitzungstagen herangezogen** wird (Abs. 2 Satz 3). Hierbei handelt es sich nur um eine Richtzahl, deren Verletzung keinen Einfluss auf die ordnungsgemäße Besetzung des Gerichts hat[17] (§ 43 Rn. 3). **10**

4. Die **Auslosung** wird **in öffentlicher Sitzung** des AG vorgenommen (Abs. 2 Satz 1). Die §§ 169 ff. gelten; der auslosende Richter (Abs. 3) hat die Befugnisse des Vorsitzenden nach diesen Vorschriften. Die Anforderungen an die Herstellung der Öffentlichkeit sind hier nicht geringer als nach §§ 169 ff. GVG.[18] Die Rechtsprechung ist streng. Es genügt nicht, wenn der Auslosungstermin zu Beginn der Sitzung auf dem vor dem Zimmer gelegenen Flur ausgerufen wird, aber eine Bekanntmachung der öffentlichen Sitzung durch Aushang nicht erfolgt war und auch die Wachtmeister in der Pförtnerloge des Gerichtsgebäudes über diese Sitzung nicht in Kenntnis gesetzt waren.[19] Ebenso wenig genügt die tatsächliche Zutrittsmöglichkeit für jedermann während der gesamten Dauer der Sitzung und der Aufruf zu Beginn der Sitzung, wenn es unterlassen wurde, an oder neben der Tür zum Sitzungszimmer einen Aushang anzubringen;[20] der Aushang ist unentbehrlich.[21] Bei entsprechendem Hinweis im Aushang genügt aber die Möglichkeit, sich über ein Vorzimmer oder durch Klopfen Einlass verschaffen zu können.[22] Die Verletzung der Vorschriften über die Öffentlichkeit führt dazu, dass die Besetzung des Gerichts, weil auf einem Gesetzesverstoß beruhend, nicht ordnungsgemäß ist, § 338 Nr. 1 StPO.[23] **11**

5. Im Übrigen enthält das Gesetz keine näheren Vorgaben zur Ausgestaltung des **Losvorgangs** im Einzelnen. Auszugehen ist vom Zweck des Auslosens. Jeder Einfluss auf die konkrete Besetzung der Richterbank für eine einzelne Sache soll ausgeschlossen, der gesetzliche Richter im Voraus auf Grund genereller Merkmale genau bestimmt sein (§ 16 Rn. 23). Soweit dies gewährleistet ist, hat der auslosende Richter (Rn. 14) Gestaltungsfreiheit.[24] Die Auslosung kann für jeweils einzelne Tage vorgenommen werden mit der Folge, dass die Zettel jedes Mal wieder in die Urne gelegt werden, bis der einzelne Schöffe 12 mal ausgelost ist, eine paarweise Auslosung ist nicht zulässig.[25] Es kann auch vor dem Losziehen festgelegt werden, dass der ausgeloste Schöffe für im Voraus schon genau festgelegte (bis zu 12) Sitzungstage herangezogen wird.[26] Für die Auslosung darf allein das Zufallsprinzip maßgebend sein; Mängel des Losverfahrens liegen vor, wenn zusätzlich ein wie auch immer gestaltetes „ordnendes" Prinzip auf das Ziehungsergebnis einwirkt.[27] **12**

6. Die **Auslosung** ist für den Sitzungstag (die Sitzungstage), für den (die) sie vorgenommen wurde, **verbindlich**, sie konkretisiert den gesetzlichen Richter. Eine Abweichung ist nur bei einer mehrtägigen Sitzung in einer Strafsache zulässig (§ 50). Wird nach einer Unterbrechung der Sitzung innerhalb der Fristen des § 229 StPO weiter verhandelt, gilt dies als eine Sitzung. Muss jedoch nach § 229 Abs. 3 StPO die Hauptverhandlung neu beginnen, dann sind für die neue Verhandlung **13**

---

[16] BTagsDrucks. 8/976 S. 62.
[17] BGH NJW 1974, 155.
[18] BGH NStZ 2006, 512; *Meyer-Goßner* Rn. 4; a. A. *LR/Siolek* Rn. 15.
[19] BGH NStZ 1984, 89.
[20] LG Bremen StV 1982, 461.
[21] BGH NStZ 1985, 514.
[22] BGH NStZ 2006, 512; hierzu BVerfG NJW-RR 2006, 1653.
[23] BGH aaO.; LG Bremen aaO.
[24] KG JW 1930, 2590.
[25] *Hirsch* JW 1930, 2590.
[26] BGH NJW 1955, 997; *Miebach* NStZ 1992, 226 Nr. 14.
[27] LG Braunschweig NJW 1990, 1191.

die Schöffen heranzuziehen, die für diesen neuen Sitzungstag ausgelost sind,[28] und zwar auch dann, wenn dieser Tag ursprünglich schon als Fortsetzungstag bestimmt war;[29] gegebenenfalls ist nach § 47 (außerordentliche Sitzung) zu verfahren.

14 7. Das **Los zieht der Richter** beim AG (Abs. 3, vgl. § 40 Abs. 2). Ist das AG mit mehreren Richtern besetzt, wird der Richter vom Präsidium bestellt, ebenso sein Stellvertreter (vgl. § 40 Rn. 3; anders § 77 Abs. 3 Satz 1). Bei dieser höchstpersönlichen[30] Tätigkeit handelt es sich nicht um RSpr, sondern um reine Verwaltung[31] (vgl. § 21h Rn. 1). Soweit dem Richter Fehler unterlaufen, kann er diese durch Wiederholung der davon betroffenen Teile heilen (vgl. § 42 Rn. 19). Andernfalls führt der Fehler zur nichtordnungsgemäßen Besetzung des Gerichts (vgl. § 40 Rn. 17ff.); so wenn eine Auslosung nicht stattgefunden hat.[32] Dagegen kann der Umstand, dass das Ziehen der Lose als formale Verwaltungstätigkeit von einem unzuständigen Richter vorgenommen wurde, die Besetzungsrüge nicht begründen[33] (vgl. § 40 Rn. 16).

15 8. Der UdG (Schöffengeschäftsstelle) nimmt ein **Protokoll über die Auslosung** auf (Abs. 4 Satz 2). § 271 StPO ist entsprechend anzuwenden. Das Protokoll hat aber nicht die Beweiskraft des § 274 StPO, seine Unrichtigkeit kann bewiesen werden.[34]

16 **V. Jährliche Auslosung.** Obwohl die Amtszeit der Schöffen 5 Jahre beträgt (§ 42 Abs. 1), ist die Auslosung, wie die Feststellung der Sitzungstage (Rn. 4), jährlich vorzunehmen. Es ist unzulässig, die Schöffen in einem Wahlgang für alle 5 Jahre auszulosen.[35] Eine Auslosung für die gesamte Amtszeit im Voraus, aber getrennt für jedes Jahr, hält der BGH für zulässig;[36] dies ist aber zumindest unzweckmäßig wegen der jährlich neu festzustellenden ordentlichen Sitzungstage.

17 **VI. Reihenfolge der Hilfsschöffen.** Auch die Reihenfolge, in der die Hilfsschöffen an die Stelle **wegfallender Hauptschöffen** treten, wird durch das Los entsprechend Abs. 2 Satz 1 bestimmt. Unzulässig ist hier jedoch deren Aufteilung auf die einzelnen Abteilungen, es ist nur eine einheitliche Auslosung für das gesamte AG zulässig (Abs. 1 Satz 4) mit der Folge einer einheitlichen Liste der Hilfsschöffen.[37] Nach Auffassung des BGH sind die Hilfsschöffen nicht für jedes Geschäftsjahr, sondern nur einmal für die gesamte fünfjährige Wahlperiode auszulosen.[38] Das entnimmt der BGH der Verweisung im Abs. 2 Satz 4 auf Abs. 2 Satz 1, die sich nicht auf den darin enthaltenen Relativsatz „des Jahres" beziehe, da die Hilfsschöffen nicht für die einzelnen Sitzungen des Jahres auszulosen seien, sondern nur „die Reihenfolge, in der die Hilfsschöffen an die Stelle wegfallender Schöffen treten", durch das Los zu bestimmen sei. Das erscheint nicht zwingend, indessen wird die Praxis folgen. Im Übrigen sollte nach den Motiven des Gesetzgebers die Reihenfolge, in der die Hilfsschöffen zur Tätigkeit eines Hauptschöffen **herangezogen** werden, für alle Fälle solcher Heranziehung durch das Los bestimmt werden[39] (vgl. § 42 Rn. 7). Dies erscheint jedoch nicht konsequent durchgeführt:

18 1. Nach § 45 Abs. 2 Satz 4 wird die Reihenfolge, in der die Hilfsschöffen an die Stelle **„wegfallender" Hauptschöffen** treten, durch das Los bestimmt. Es ist also

---

[28] RGSt 65, 298.
[29] BGH NJW 2002, 2963 m. Anm. *Katholnigg* JR 2003, 30.
[30] Vgl. *Meyer-Goßner* Rn. 12.
[31] BGHSt 3, 68 = NJW 1952, 1265; St 25, 257 = NJW 1974, 509; *Meyer-Goßner* Rn. 12.
[32] BGH NStZ 1984, 274.
[33] BGHSt 25, 257 = NJW 1974, 509 = JR 1975, 206 m. Anm. *Kohlhaas*; *Katholnigg* Rn. 9; *KK/Hannich* Rn. 12; *Meyer-Goßner* Rn. 15.
[34] RGSt 64, 50; *LR/Siolek* Rn. 17.
[35] *Katholnigg* Rn. 2.
[36] Vgl. *Rieß* DRiZ 1977, 293; *LR/Siolek* Rn. 12.
[37] *Meyer-Goßner* Rn. 10; *Katholnigg* NJW 1978, 2377; *LR/Siolek* Rn. 14.
[38] BGHSt 36, 138 = JR 1989, 179 m. zust. Anm. *Katholnigg*; BGHSt 37, 141 = NJW 1991, 50.
[39] BTagsDrucks. 8/976 S. 62, 63.

die Reihenfolge der Hilfsschöffen durch das Los zu bestimmen dergestalt, dass der erstgezogene auf Platz 1 usw. steht. Die Vorschrift beschränkt sich indessen auf Fälle des Wegfalls, also Tod, Streichung von der Liste nach §§ 52, 53 und Entbindung nach § 54.

2. Bei **Neubildung eines SchöffenG** (= Abteilung) sind demgegenüber die erforderlichen Hauptschöffen nach § 46 aus der Hilfsschöffenliste auszulosen. Sie werden also nicht nach Maßgabe der durch das Los bereits bestimmten Reihenfolge (§ 45 Abs. 2 Satz 4) herangezogen, vielmehr erfolgt eine neue, selbstständige Auslosung auf der Grundlage der ursprünglichen Hilfsschöffenliste (§§ 42, 44). Die so ausgelosten neuen Hauptschöffen sind aus der Liste der Hilfsschöffen zu streichen; dass sie bereits nach § 45 Abs. 2 ausgelost waren und in der „Reihenfolge" standen, bleibt unbeachtlich.

3. Die **Heranziehung nach § 49** setzt wiederum eine Reihenfolge der Hilfsschöffen voraus. Nach dem Sinn der Regelung handelt es sich dabei um die bereits nach § 45 Abs. 2 Satz 4 ausgeloste Reihenfolge, auch wenn der Wortlaut des § 45 Abs. 2 Satz 4 nahezulegen scheint, dass diese nur für Fälle des Wegfalls eines Hauptschöffen festzulegen ist.

VII. UdG (Schöffengeschäftsstelle). Der UdG (Schöffengeschäftsstelle) ist durch das StVÄG 1979 (Rn. 1) institutionalisiert worden. Seine Aufgabe ist einmal die Führung der Schöffenliste (Abs. 4 Satz 1), und zwar der Liste nach § 44, der Liste, die sich aus der Auslosung der Hauptschöffen nach Abs. 2 Satz 1 ergibt, und der Liste über die nach Abs. 2 Satz 4 ausgeloste Reihenfolge für die Heranziehung der Hilfsschöffen. Außerdem hat der UdG das Protokoll über die Auslosung aufzunehmen (Rn. 15) und den Eingang der Anordnung oder Feststellung der Notwendigkeit einer Heranziehung von Hilfsschöffen zu beurkunden (§ 49 Abs. 3). Voraussetzung für diese Tätigkeit ist die Urkundsbeamteneigenschaft nach § 153.[40] Weitere im RegEntw für den UdG vorgesehene Aufgaben sind ihm nicht übertragen worden (Rn. 22), so dass die ganze Institution der Schöffengeschäftsstelle weitgehend nichtssagend geblieben ist. Auf keinen Fall darf die Schöffengeschäftsstelle die durch die Auslosung festgelegte Schöffenbesetzung ändern, was immerhin der BGH aussprechen musste.[41]

VIII. Benachrichtigung der Schöffen. Der Richter beim AG (Rn. 14), nicht der jeweilige Vorsitzende des SchöffenG, **benachrichtigt** die Schöffen von der Auslosung, sowohl die Hauptschöffen als auch die Hilfsschöffen (Abs. 4 Satz 3). Diese Nachricht bedarf keiner Form, insbesondere keiner förmlichen Zustellung. Jedoch muss, soweit später Maßnahmen nach § 56 ergriffen werden sollen, der Zugang dieser Nachricht nachgewiesen werden. Die im RegEntw zur Entlastung des Richters vorgesehene Übertragung dieser Aufgaben und anderer Nachrichten auf den UdG[42] ist nicht Gesetz geworden, weil eine Benachrichtigung durch die Schöffengeschäftsstelle nicht der Stellung der ehrenamtlichen Richter entspreche.[43] Wohl aber hat der UdG diese Benachrichtigungen vorzubereiten.

Mit der Nachricht von der Auslosung (Rn. 22) sind die Hauptschöffen von den Sitzungstagen, an denen sie tätig werden müssen, unter Hinweis auf die gesetzlichen Folgen des Ausbleibens (vgl. § 56) in Kenntnis zu setzen (Abs. 4 Satz 4). Eine Form ist dafür nicht vorgeschrieben. Ein Schöffe, der erst im Laufe des Geschäftsjahres zu einem Sitzungstag herangezogen wird, ist sodann in gleicher Weise (Rn. 22) zu benachrichtigen (Abs. 4 Satz 5). Die Auslosung ist für den Schöffen nicht anfechtbar.[44]

---

[40] BTagsDrucks. 8/976 S. 62.
[41] BGH StV 1982, 358.
[42] BTagsDrucks. 8/976 S. 62.
[43] Vgl. BTagsDrucks. 8/976 S. 103, 110 mit 8/1844 S. 16, 33.
[44] Vgl. BVerwG NVwZ 1989, 958.

24 IX. **Einsicht.** In die Schöffenliste ist **jedermann Einsicht** zu gewähren; das gilt auch für die Festlegung der Sitzungstage (Rn. 4) und das Protokoll über die Auslosung (Rn. 11). Es gilt das § 44 Rn. 8 Gesagte entsprechend.

§ 46. [Bildung eines weiteren Schöffengerichts]

¹ Wird bei einem Amtsgericht während des Geschäftsjahres ein weiteres Schöffengericht gebildet, so werden für dessen ordentliche Sitzungen die benötigten Hauptschöffen gemäß § 45 Abs. 1, 2 Satz 1, Abs. 3, 4 aus der Hilfsschöffenliste ausgelost. ² Die ausgelosten Schöffen werden in der Hilfsschöffenliste gestrichen.

Gesetzesfassung: § 46 i. d. F. Art. 2 Nr. 3 StVÄG 1979 (BGBl. 1978 I S. 1645).

1 I. **Bildung eines zusätzlichen Schöffengerichts.** Die Zahl der beim AG tätigen einzelnen ständigen SchöffenG (= Abteilungen) wird vom Präsidenten des AG/LG jährlich im Voraus festgesetzt (§ 21 e Rn. 13). § 46 regelt den Fall, dass während des Geschäftsjahres ein zusätzliches SchöffenG gebildet werden muss; für dieses waren naturgemäß bei Beginn des Geschäftsjahres keine Sitzungstage festgestellt (§ 45 Abs. 1), erst recht keine Schöffen für diese Sitzungstage ausgelost (§ 45 Abs. 2). Die für das neu gebildete SchöffenG nötigen Schöffen müssen nach Satz 1 **neu ausgelost** werden entsprechend § 45 Abs. 1 (Feststellung der Sitzungstage für dieses SchöffenG), Abs. 2 Satz 1 (Auslosung, jedoch nicht mit dem Ziel der 12 Sitzungstage, § 45 Rn. 10), Abs. 3 und 4.

2 Die Auslosung erfolgt weder aus der ursprünglichen Schöffenliste der §§ 42, 44 noch aus der Liste der ausgelosten Hauptschöffen, sondern zur Vermeidung einer zu großen Belastung der bereits ausgelosten Hauptschöffen¹ aus der **Liste der Hilfsschöffen.** Sie geschieht speziell für dieses neugebildete SchöffenG (vgl. § 45 Rn. 19).

3 Durch die Auslosung der Hauptschöffen für das neugebildete SchöffenG werden die **bisherigen Hilfsschöffen zu Hauptschöffen;** sie werden aus der Hilfsschöffenliste gestrichen (Satz 2). Indessen geht eine Dienstleistung, zu der sie noch als Hilfsschöffe herangezogen wurden, der Tätigkeit als Hauptschöffe beim neuen SchöffenG vor (§ 52 Abs. 5). Das kann vorübergehend zu einer doppelten Inanspruchnahme führen, bei Gleichzeitigkeit auch zu einer Verhinderung in der Funktion als Hauptschöffe.

4 Bei **Auflösung** eines SchöffenG (= Abteilung) im Laufe des Geschäftsjahres wird die hierfür vorgenommene Schöffenauslosung gegenstandslos, wenn durch die Auslosung jedes SchöffenG „seine" Schöffen erhielt (§ 45 Abs. 2 Satz 2; vgl. § 45 Rn. 9). Die Schöffen können nicht für andere Abteilungen herangezogen werden und rücken auch nicht auf die Hilfsschöffenliste; sie nehmen erst wieder an der Auslosung für das nächste Geschäftsjahr teil. Wurde die Auslosung gemeinsam für alle SchöffenG vorgenommen, ändert sich an dem Heranziehungsmodus nichts.

5 Die allgemeine Hilfsschöffenliste ist auch für das neugebildete SchöffenG uneingeschränkt maßgebend.

6 II. **Bildung eines Hilfs-Schöffengerichts.** Das Gesetz enthält keine Regelung, wie bei Bildung eines (nicht ständigen) Hilfsspruchkörpers die Schöffen heranzuziehen sind. Ein Hilfsspruchkörper wird im Allgemeinen dann und nur befristet gebildet, wenn der ordentliche Spruchkörper überlastet ist. Die Einrichtung des Hilfsspruchkörpers ist Sache des Präsidiums (vgl. § 60 Rn. 10 ff.). Es hat auch die personelle Ausstattung mit den Berufsrichtern vorzunehmen und die auf den Hilfsspruchkörper übergehenden Sachen nach allgemeinen Merkmalen zu bestimmen.²

---

¹ BTagsDrucks. 8/976 S. 103.
² BGHSt 15, 116 = NJW 1960, 2109.

Zu den Sitzungen des Hilfsspruchkörpers sind grundsätzlich die **Hauptschöffen** 7
heranzuziehen, die an diesen Tagen an den Sitzungen des ordentlichen Spruchkörpers ausgelost sind; der Hilfsspruchkörper vertritt den ordentlichen Spruchkörper in solchen Geschäften, die dieser nicht selbst erledigen kann[3] (§ 60 Rn. 10). § 46 ist auf den Hilfsspruchkörper nicht anwendbar. Diese Vorschrift passt, wie schon die Verweisung auf § 45 Abs. 1 zeigt, nur auf die Bildung neuer ständiger Spruchkörper, während der Hilfsspruchkörper nur für eine begrenzte Zeit errichtet wird.

Es wäre unzweckmäßig, für diese oft kurz bemessene Zeitspanne Schöffen aus- 8
zulosen, die in der Hilfsschöffenliste zu streichen wären und für den gesamten Rest der Wahlperiode Hauptschöffen würden. Bei mehrfacher Bildung solcher kurzlebiger Spruchkörper käme es zu einer Aufblähung der Hauptschöffenliste weit über die erforderliche Zahl hinaus und zu einer vorschnellen Verringerung der Zahl der Hilfsschöffen, die eine Ergänzungswahl erforderlich machen könnte.[4] Zusammenfassend hat der BGH[5] klargestellt:

a) Für den Hilfsspruchkörper werden keine eigenen Hauptschöffen aus der 9
Hilfsschöffenliste ausgelost; die für den Hauptspruchkörper ausgelosten Schöffen sind auch zu den Sitzungen des Hilfsspruchkörpers einzuberufen.

b) Werden die ausgewählten Schöffen durch eine Terminierung des Haupt- 10
spruchkörpers von diesem benötigt und lag diese Terminierung vor der Terminierung des Hilfsspruchkörpers, liegt beim Hilfsspruchkörper eine außerordentliche Sitzung vor (§ 47).

c) Werden die ausgewählten Schöffen für die Sitzung des Hauptspruchkörpers 11
nicht benötigt, sind sie für die des Hilfsspruchkörpers heranzuziehen.

d) Findet der erste Verhandlungstag des Hilfsspruchkörpers nicht an einem or- 12
dentlichen Sitzungstag des Hauptspruchkörpers statt, ist der jeweilige ordentliche Sitzungstag mit seiner Schöffenbesetzung (§ 45 Abs. 2) nach vorne oder hinten zu verlegen. Maßgeblich für die Schöffenbesetzung ist stets der zeitnächste freie Sitzungstag in dem Sitzungszeitraum, in dem die Hauptverhandlung des Hilfsspruchkörpers beginnen soll; liegt dieser genau zwischen zwei freien, vom Hauptspruchkörper für einen Verhandlungsbeginn nicht benötigten Sitzungstagen, so wird regelmäßig der frühere ordentliche Sitzungstag die Schöffenbesetzung zu bestimmen haben, insoweit handelt es sich um einen nach hinten verlegten Sitzungstag. Die Vor- bzw. Rückverlegung ist nur bezüglich des unmittelbar zeitlich vorangehenden oder nachfolgenden Sitzungstags zulässig.

e) Steht kein freier (nach dem Gesagten) zeitnaher Sitzungstag zur Verfügung, 13
muss eine außerordentliche Sitzung nach § 47 anberaumt werden; es kommt auf die konkrete Geschäftslage beider Spruchkörper im Zeitpunkt der Terminierung an.

Mit der **Auflösung des Hilfsspruchkörpers** endet die Mitgliedschaft aller ihm 14
angehörenden Richter, auch der für ihn bestellten Schöffen. Dies gilt auch wenn ein zunächst als Hilfsspruchkörper gebildeter Spruchkörper sich als ständig notwendig herausstellt und institutionalisiert wird. Darin liegt keine Fortsetzung des Hilfsspruchkörpers, sondern die Einrichtung eines neuen Spruchkörpers nach § 46 Satz 1, so dass die Schöffen neu auszulosen sind.[6]

§ 47. [Außerordentliche Sitzungen]

Wenn die Geschäfte die Anberaumung außerordentlicher Sitzungen erforderlich machen oder wenn zu einzelnen Sitzungen die Zuziehung anderer als der zu-

---

[3] BGHSt 41, 175 = NJW 1996, 267.
[4] BGHSt 31, 157 = NJW 1983, 185; BGH StV 1986, 49; *Jungfer* StV 1983, 10; *Meyer-Goßner* Rn. 1; § 77 Rn. 6; krit. *Katholnigg* Rn. 1 m.w.N.; GA 1983, 180; *LR/Siolek* § 77 Rn. 4.
[5] BGHSt 41, 175 = NJW 1996, 267; BGH NStZ 2007, 537.
[6] BGHSt 22, 209 = NJW 1968, 1974.

nächst berufenen Schöffen oder Ergänzungsschöffen erforderlich wird, so werden Schöffen aus der Hilfsschöffenliste herangezogen.

Gesetzesfassung: § 47 i. d. F. Art. 2 Nr. 3 StVÄG 1979 (BGBl. 1978 I S. 1645).

1 **I. Regelungsinhalt.** Die Vorschrift enthält 3 Tatbestände, bei deren Vorliegen die Zuziehung von Hilfsschöffen erforderlich wird: Anberaumung außerordentlicher Sitzungen, Zuziehung anderer als zunächst berufener Schöffen, Zuziehung anderer als zunächst berufener Ergänzungsschöffen. Zur Zuziehung anderer als der zunächst berufenen Hilfsschöffen § 54 Abs. 2.

2 **II. Außerordentlicher Sitzungen. 1.** Außerordentliche Sitzungen werden anberaumt, wenn die dem SchöffenG (= Abteilung) obliegenden Aufgaben nicht in den jährlich im Voraus festgestellten Sitzungen (§ 45 Rn. 3, 4) erledigt werden können, aber weder eine neue Abteilung gebildet (§ 46) noch ein Hilfsspruchkörper eingerichtet (§ 46 Rn. 6) wird. Werden lediglich mehr Sitzungstage für eine einzelne Sache benötigt, gilt § 50. Außerordentliche Sitzungen sind **zusätzliche Sitzungen,** die wegen eines zusätzlichen konkreten Bedarfs an Hauptverhandlungstagen anberaumt werden, weil die ordentlichen Sitzungstage für eine sachgemäße Terminierung und Verhandlung der anhängigen Sachen nicht ausreichen.[1] Die Anberaumung einer außerordentlichen Sitzung deshalb, um die ordentliche Sitzung (auf Vorrat) für künftige Sachen freizuhalten, ist unzulässig.[2] Eine außerordentliche Sitzung liegt nicht vor, wenn lediglich der normale Sitzungstag verlegt wird oder im Hinblick auf die außerordentliche Sitzung von vornherein unbesetzt bleibt.[3] Sie liegt auch dann nicht vor, wenn der Vorsitzende eine Sache, etwa wegen voraussichtlich längerer Dauer, auf einen vor dem ordentlichen Sitzungstag liegenden Tag und die folgenden Tage anberaumt und dabei den ordentlichen Sitzungstag einbezieht, diesen also frei von anderen Sachen lässt. Es liegt dann lediglich eine Vorverlegung des ordentlichen Sitzungstags vor, der mit den dafür ausgelosten Hauptschöffen durchzuführen ist.[4] Allgemein handelt es sich um eine Verlegung nach vorne oder nach hinten, wenn ein unmittelbar nachfolgender oder vorangehender freier Sitzungstag nicht genutzt wird.[5] Bei Verlegung des ordentlichen Sitzungstags ist die anschließend auf den freigewordenen Tag gelegte Hauptverhandlung in anderer Sache eine außerordentliche Sitzung.[6] Keine Verlegung des ordentlichen Sitzungstags ist es dagegen, wenn kein unmittelbar nachfolgender oder vorangehender freier Sitzungstag mehr zur Verfügung steht, auch wenn diese nur mit Fortsetzungsverhandlungen belegt sind.[7]

3 **2.** Die Anberaumung einer außerordentlichen Sitzung liegt im **pflichtgemäßen Ermessen** des Vorsitzenden.[8] Eine bestimmte Rangordnung für die Sachen, die auf den ordentlichen Sitzungstag und die auf den außerordentlichen Sitzungstag terminiert werden, besteht nicht.[9] Der Vorsitzende kann einzelne außerordentliche Sitzungen anberaumen, er kann sie aber auch regelmäßig, z. B. auf einen bestimmten Werktag jeder Woche, bestimmen. Auf die Frage der ordnungsgemäßen Besetzung des Gerichts hat es keinen Einfluss, wenn sich nachträglich herausstellt, dass der Vorsitzende die Dauer der Sache, für die er statt des ordentlichen Sitzungstags

---

[1] BGH NStZ-RR 2005, 348.
[2] BGHSt 37, 324 = NJW 1991, 1964; St 50, 132 = NStZ 2005, 704.
[3] BGH NStZ-RR 2005, 348; *Rieß* DRiZ 1977, 293; *Katholnigg* NStZ 1984, 233.
[4] BGHSt 11, 54 = NJW 1958, 32; St 15, 107 = NJW 1960, 1918; St 16, 63 = NJW 1961, 1413; St 41, 175 = NJW 1996, 267; BGH GA 1980, 68; NJW 1998, 390; *Kern* JZ 1958, 218; *Parsch* NJW 1961, 1879; *Katholnigg* NStZ 1984, 233.
[5] BGHSt 50, 132 = NStZ 2005, 704; BGH NStZ-RR 2005, 348.
[6] Vgl. BGH StV 2000, 242.
[7] BGHSt 50, 132 = NStZ 2005, 704.
[8] BGHSt 37, 324 = NJW 1991, 1964; BGH NStZ-RR 2005, 348.
[9] BGH NStZ-RR 2005, 348; *Rieß* DRiZ 1977, 293.

Außerordentliche Sitzungen 4–8 § 47

eine außerordentliche Sitzung anberaumt hat, überschätzt hat[10] oder sonst die für die Anberaumung der außerordentlichen Sitzung maßgebenden Erwartungen nicht eingetreten sind.

3. Wird eine außerordentliche Sitzung **verlegt,** ist der neue Termin eine andere 4 außerordentliche Sitzung,[11] es bedarf einer erneuten Heranziehung von Hilfsschöffen.

III. Zuziehung anderer als der zunächst berufenen Schöffen. Dies wird 5 erforderlich, wenn der für die Sitzung ausgeloste Schöffe vorübergehend verhindert ist, er also „vertreten" werden muss. Während Berufsrichter bei ihrer Verhinderung durch einen in der Geschäftsverteilung konkret bestimmten Richter vertreten werden (§ 21e Rn. 140), sieht das Gesetz für verhinderte Schöffen keine personal bestimmte Vertretung vor, sondern lässt an die Stelle der verhinderten Schöffen Hilfsschöffen nach § 47 treten. Die endgültige Verhinderung eines Schöffen durch Tod oder Streichung von der Liste fällt nicht unter § 47, sondern unter § 49 Abs. 2 (Nachrücken eines Hilfsschöffen auf die Hauptschöffenliste). Die Regelung des § 47 gilt sowohl für die ordentlichen Sitzungstage (§ 45 Abs. 1) als auch für die außerordentlichen Sitzungen (Rn. 2).

1. Die Fälle der **vorübergehenden Verhinderung** des zunächst berufenen 6 Schöffen sind: a) Ausbleiben zur Sitzung (§ 54 Abs. 2 Satz 2) ohne Rücksicht auf den Grund, z.B. sowohl Krankheit als auch Vergessen oder „Drücken"; die Tatsache, dass der Schöffe nicht rechtzeitig zur Sitzung erscheint, rechtfertigt ohne weitere Ermittlungen die Anwendung des § 47;[12] b) Unerreichbarkeit (§ 54 Abs. 2 Satz 1); c) Entbindung vom Schöffenamt (§ 54 Abs. 1); hat der Schöffe im Voraus glaubhaft angegeben, er sei verhindert, bedarf es nicht erst der Entbindung nach § 54 Abs. 1, sondern es kann von der Verhinderung ausgegangen werden; d) Ausschließung oder Ablehnung nach §§ 22, 24, 31 StPO, jedoch beschränkt auf die einzelne Strafsache, nicht für den gesamten Sitzungstag, wenn noch weitere Sachen anstehen;[13] e) vorgehende Schöffenpflichten, vgl. § 52 Abs. 5. – Das Gebot des gesetzlichen Richters macht es nicht erforderlich, bei vorhersehbarer Verhinderung eines Schöffen so zu terminieren, dass eine Verhinderung entfällt; gegen die Heranziehung des Hilfsschöffen bestehen hier keine Bedenken.[14]

2. Die Vorschrift ist auch anwendbar, wenn ein Schöffe zwar erscheint, es sich 7 aber vor oder während der Sitzung herausstellt, dass er für die **Mitwirkung an der Sitzung dauernd ungeeignet** ist. Wann dies der Fall ist, besonders bei körperlichen oder geistigen Gebrechen, kann mitunter zweifelhaft sein (§ 33 Rn. 5ff.). In diesen Fällen empfiehlt es sich, die Verhandlung zunächst nicht zu eröffnen, sondern die zeitlich schnell mögliche, unanfechtbare Streichung des Schöffen von der Schöffenliste (§ 52 Abs. 1) anzuregen, für die nicht der Vorsitzende, sondern der Richter nach § 52 Abs. 3 zuständig ist. Hierdurch wird zweifelsfrei und den Anforderungen an den gesetzlichen Richter entsprechend geklärt, ob der Schöffe an der Sitzung teilnehmen kann oder nicht. Rein vorsorglich kann schon der nach § 49 Abs. 1 heranzuziehende Hilfsschöffe herbeigerufen werden, der im Normalfall auch als Hauptschöffe nachrückt (§ 49 Abs. 2). Die durch diese Verfahrensweise eintretende geringfügige Verzögerung ist in Kauf zu nehmen gegenüber dem Risiko, dass ein nicht ordnungsgemäß besetztes Gericht tätig wird.

3. Ist die Streichung nicht zu erreichen oder ist die Ungeeignetheit des erschie- 8 nenen Schöffen nur **vorübergehender Natur,** insbesondere eine solche nur mit

---

[10] BGHSt 16, 63 = NJW 1961, 1413; *LR/Siolek* Rn. 4.
[11] BGHSt 17, 176 = NJW 1962, 1167.
[12] BGH bei *Holtz* MDR 1977, 639; *LR/Siolek* Rn. 8.
[13] BGH NJW 1958, 557.
[14] BGH MDR 1980, 815.

§ 48 1, 2

Rücksicht auf die Eigenart des konkreten Verfahrens, z.B. Taubheit oder Blindheit bei einer Sache, bei der die eigene körperliche Wahrnehmung durch nichts ersetzt werden kann (vgl. § 16 Rn. 64f.), dann ist dies vom Vorsitzenden aktenkundig zu machen und nach §§ 47, 49 zu verfahren.[15] Zweckmäßigkeitsüberlegungen des Gerichts rechtfertigen aber niemals das Verfahren nach § 47, ausgenommen der Fall des § 54 Abs. 2 Satz 3.

9 IV. Zuziehung anderer als der zunächst berufenen Ergänzungsschöffen. Erforderlichkeit der Zuziehung anderer als der zunächst berufenen Ergänzungsschöffen, vgl. §§ 48, 192. Es gilt das für die Verhinderung des Hauptschöffen Gesagte entsprechend.

10 V. Bestimmung des heranzuziehenden Hilfsschöffen. Der erforderliche Hilfsschöffe wird aus der Hilfsschöffenliste herangezogen, und zwar nach der Reihenfolge, wie sie durch das Los nach § 45 (vgl. § 45 Rn. 17 ff.) bestimmt ist (§ 49 Abs. 1, 4). Das Verfahren im Einzelnen richtet sich nach § 49 Abs. 3. Im Interesse der beschleunigten Durchführung der Sitzung sieht § 54 Abs. 2 Satz 3 vor, dass schwer herbeizuholende Hilfsschöffen als nicht erreichbar angesehen werden können. Eine Formvorschrift für die Heranziehung des Hilfsschöffen besteht nicht.

11 Die konkrete Heranziehung eines Hilfsschöffen wird wirksam mit dem Eingang nach § 49 Abs. 3 (vgl. § 49 Rn. 4ff.). Sie wird nicht dadurch hinfällig, dass der nach § 47 ausgeschiedene Schöffe danach, aber noch vor Eintritt in die Hauptverhandlung, in der Schöffenliste gestrichen und hier nach § 49 Abs. 2 durch einen anderen Hauptschöffen ersetzt wird.[16]

12 VI. Verhinderung eines Hilfsschöffen. Ist ein Hilfsschöffe verhindert, so tritt an seine Stelle der nächstfolgende Hilfsschöffe, § 49.

§ 48. [Zuziehung von Ergänzungsschöffen]

(1) **Ergänzungsschöffen (§ 192 Abs. 2, 3) werden aus der Hilfsschöffenliste zugewiesen.**

(2) **Im Fall der Verhinderung eines Hauptschöffen tritt der zunächst zugewiesene Ergänzungsschöffe auch dann an seine Stelle, wenn die Verhinderung vor Beginn der Sitzung bekannt wird.**

Gesetzesfassung: § 48 i. d. F. Art. 2 Nr. 3 StVÄG 1979 (BGBl. 1978 I S. 1645).

1 Ergänzungsschöffen (§ 192 Abs. 2, 3) werden nicht wie Hauptschöffen im voraus nach § 45 ausgelost, da nicht voraussehbar ist, ob und an welchen Sitzungstagen Ergänzungsschöffen nötig werden und die Zuziehung nicht ein Akt der Justizverwaltung (§ 45 Rn. 5), sondern der Rechtsprechung ist. Ergänzungsschöffen werden aus der **Hilfsschöffenliste** herangezogen. Mit der Anordnung des Vorsitzenden über die Zuziehung von Ergänzungsschöffen nach § 192 Abs. 2 ist nach § 49 Abs. 3 zu verfahren. Die Zuziehung (§ 49 Abs. 3 Satz 3) als Ergänzungsschöffe gilt als Heranziehung nach § 49 Abs. 4, auch wenn der Ergänzungsschöffe nur in dieser Funktion eingesetzt war.

2 Bei **Verhinderung des Hauptschöffen** tritt der zugewiesene (§ 49 Abs. 3 Satz 3) Ergänzungsschöffe an dessen Stelle. War die Zuziehung mehrerer Ergänzungsschöffen angeordnet, bestimmt sich deren Reihenfolge des Eintretens an die Stelle eines Hauptschöffen nach ihrer Reihenfolge auf der Hilfsschöffenliste. Das Eintreten des Ergänzungsschöffen an die Stelle des Hauptschöffen wird in der Regel aktuell, wenn der Hauptschöffe während der Sitzung ausfällt. Der Eintritt des Ergänzungsschöffen anstelle des Hauptschöffen vollzieht sich aber auch dann, wenn

---
[15] BGHSt 10, 252 = NJW 1957, 1118; vgl. auch BGHSt 22, 289 = NJW 1969, 703.
[16] BGH aaO.

Heranziehung aus der Hilfsschöffenliste 1 § 49

die Verhinderung der Hauptschöffen **schon vor Beginn der Sitzung bekannt wird** (Abs. 2). Das bedeutet, dass hier ausnahmsweise der Hauptschöffe nicht durch einen Hilfsschöffen nach § 49 ersetzt wird, sondern durch den Ergänzungsschöffen. Mit der Heranziehung des Ergänzungsschöffen anstelle des Hauptschöffen muss ein neuer Ergänzungsschöffe nach Abs. 1 zugewiesen werden; maßgebend für die Reihenfolge ist nach § 49 Abs. 3 Satz 1 der Eingang der Feststellung der Verhinderung des Hauptschöffen, was hier gleichbedeutend ist mit dem Nachrücken des Ergänzungsschöffen und damit der Notwendigkeit der Zuziehung eines neuen Ergänzungsschöffen nach § 48 Abs. 1. Entsprechendes gilt, wenn der an die Stelle des Hauptschöffen getretene Ergänzungsschöffe ebenfalls verhindert ist.[1] – Zur Feststellung der Verhinderung siehe § 192 Rn. 18.

§ 49. [Heranziehung aus der Hilfsschöffenliste]

(1) **Wird die Heranziehung von Hilfsschöffen zu einzelnen Sitzungen erforderlich (§§ 47, 48 Abs. 1), so werden sie aus der Hilfsschöffenliste in deren Reihenfolge zugewiesen.**

(2) ¹**Wird ein Hauptschöffe von der Schöffenliste gestrichen, so tritt der Hilfsschöffe, der nach der Reihenfolge der Hilfsschöffenliste an nächster Stelle steht, unter seiner Streichung in der Hilfsschöffenliste an die Stelle des gestrichenen Hauptschöffen.** ²**Die Schöffengeschäftsstelle benachrichtigt den neuen Hauptschöffen gemäß § 45 Abs. 4 Satz 3, 4.**

(3) ¹**Maßgebend für die Reihenfolge ist der Eingang der Anordnung oder Feststellung, aus der sich die Notwendigkeit der Heranziehung ergibt, bei der Schöffengeschäftsstelle.** ²**Die Schöffengeschäftsstelle vermerkt Datum und Uhrzeit des Eingangs auf der Anordnung oder Feststellung.** ³**In der Reihenfolge des Eingangs weist sie die Hilfsschöffen nach Absatz 1 den verschiedenen Sitzungen zu oder überträgt sie nach Absatz 2 in die Hauptschöffenliste.** ⁴**Gehen mehrere Anordnungen oder Feststellungen gleichzeitig ein, so sind zunächst Übertragungen aus der Hilfsschöffenliste in die Hauptschöffenliste nach Absatz 2 in der alphabetischen Reihenfolge der Familiennamen der von der Schöffenliste gestrichenen Hauptschöffen vorzunehmen; im übrigen ist die alphabetische Reihenfolge der Familiennamen der an erster Stelle Angeklagten maßgebend.**

(4) ¹**Ist ein Hilfsschöffe einem Sitzungstag zugewiesen, so ist er erst wieder heranzuziehen, nachdem alle anderen Hilfsschöffen ebenfalls zugewiesen oder von der Dienstleistung entbunden oder nicht erreichbar (§ 54) gewesen sind.** ²**Dies gilt auch, wenn er selbst nach seiner Zuweisung von der Dienstleistung entbunden worden oder nicht erreichbar gewesen ist.**

Gesetzesfassung: § 49 i. d. F. Art. 2 Nr. 3 StVÄG 1979 (BGBl. 1978 I S. 1645).

I. Reihenfolge der Heranziehung als Hilfsschöffe. Die Vorschrift regelt die 1 Reihenfolge, in der die Hilfsschöffen im Falle ihrer Heranziehung aus der Hilfsschöffenliste zugewiesen werden. Das Gesetz unterscheidet terminologisch zwischen der **Heranziehung** (abstrakte richterliche Anordnung, auf Grund deren ein Hauptschöffe durch einen Hilfsschöffen ersetzt wird) einerseits und andererseits der **Zuweisung** (personelle Individualisierung des konkreten Hilfsschöffen, der aus Anlass der Heranziehung tätig wird oder an die Stelle eines Hauptschöffen tritt). Während die Heranziehung eine richterliche Entscheidung ist, ergibt sich die Zuweisung automatisch aus der Reihenfolge der Hilfsschöffenliste ohne jede weitere Entscheidungsmöglichkeit oder Entscheidungszulässigkeit. Weder der Richter noch der UdG hat hier irgendwelche Entscheidungs- oder Prüfungsmöglichkeiten;[1*] es herrscht Automatik im Interesse der abstrakten Vorausbestimmung des gesetzlichen Richters (§ 16 Rn. 23). Im Sinne dessen legt § 49 Abs. 1 fest, dass bei Erforder-

---
[1] BGHR GVG § 48 Verhinderung 1.
[1*] So schon für das frühere Recht BGH GA 1979, 58.

lichkeit der Heranziehung eines Hilfsschöffen nach §§ 47, 48 dieser aus der Hilfsschöffenliste in deren Reihenfolge zugewiesen wird, d.h. in der Reihenfolge, in der die Hilfsschöffen auf Grund des Auslosungsvorgangs (§ 45 Rn. 17) auf der Liste stehen. Im Interesse der möglichst gleichmäßigen Belastung aller Hilfsschöffen folgt die Liste einem rotierenden System (Abs. 4; Rn. 10). Sie wird unter Beibehaltung der ausgelosten Reihenfolge immer wieder dadurch „aktualisiert", dass ein zugewiesener Hilfsschöffe mit der Zuweisung an den Schluss der Liste tritt. Beim nächsten Heranziehungsfall wird der nach ihm an die erster Stelle gerückte Hilfsschöffe zugewiesen. Auf diese Weise rückt ein an den Schluss der Hilfsschöffenliste getretener Hilfsschöffe also durch jeden späteren Heranziehungsfall wieder um eine Position auf, bis er erneut an die erste Stelle gelangt.

2   **II. Reihenfolge des Heranziehens als Hauptschöffen.** Auch die Reihenfolge, in der bei Streichung eines Hauptschöffen von der Schöffenliste (§ 52) an dessen Stelle ein Hilfsschöffe **als Hauptschöffe nachrückt,** richtet sich nach der Reihenfolge der Hilfsschöffenliste (Abs. 2 Satz 1), die zunächst durch die Vornahme bereits angeordneter Streichungen (§ 52) auf den neuesten Stand zu bringen ist.[2] Derjenige Hilfsschöffe wird Hauptschöffe, der nach der Reihenfolge der Hilfsschöffenliste an nächster Stelle steht. Dies ist auch hier der an „bereitester" Stelle Stehende, also der Hilfsschöffe, der nach Heranziehung und damit „Verbrauch" seiner Vorgänger (Rn. 1, 10) nunmehr als nächster zur Verfügung steht[3] (zu Fehlern bei der Heranziehung der vorangegangenen Schöffen Rn. 13). Dieser neue Hauptschöffe tritt in die Stelle des gestrichenen Hauptschöffen und damit auch in dessen Auslosung für die einzelnen Sitzungen (§ 45 Abs. 2) unmittelbar kraft Gesetzes ein.[4] Die Schöffengeschäftsstelle (§ 45 Abs. 4) benachrichtigt den neuen Hauptschöffen von dem Nachrücken auf die Hauptschöffenliste und von den Sitzungstagen, an denen er tätig werden muss, unter Hinweis auf die gesetzlichen Folgen des Ausbleibens (Abs. 2 Satz 2). Eine Form ist für diese Nachricht nicht vorgeschrieben.

3   Mit dem Eintritt als Hauptschöffe ist die Person **von der Hilfsschöffenliste zu streichen** (Abs. 2 Satz 1 zweiter Halbsatz). Damit verringert sich die Hilfsschöffenliste (vgl. aber § 52 Abs. 6), während die Liste der Hauptschöffen zahlenmäßig gleich bleibt.

4   **III. Verfahren der Heranziehung der Hilfsschöffen. 1.** Für die **Reihenfolge,** in der die benötigten Hilfsschöffen aus der Hilfsschöffenliste zugewiesen werden, ist allein maßgebend der Zeitpunkt, zu dem bei der Schöffengeschäftsstelle (§ 45 Abs. 4) die **richterliche Anordnung** oder die Feststellung eingeht, aus der sich die Notwendigkeit der Heranziehung ergibt[5] (Abs. 3 Satz 1), nicht etwa der Eingang eines Befreiungsantrags des Schöffen oder der Nachricht von der Verhinderung. Fälle der Anordnung sind z.B. Anberaumung einer außerordentlichen Sitzung (§ 47), Zuziehung eines Ergänzungsschöffen (§ 48 Abs. 1), Entbindung eines Schöffen von der Dienstleistung (§ 54), Feststellung über das Nichterscheinen eines Schöffen oder über die Streichung von der Schöffenliste. Es werden also alle Fälle der zeitlichen oder dauernden Verhinderung oder der Nichterreichbarkeit einheitlich behandelt, nicht aber die Bildung eines neuen SchöffenG, vgl. § 46.

5   **2.** Mit Rücksicht auf die Bedeutung des Eingangs der Anordnung oder Feststellung hat die Schöffengeschäftsstelle Datum und Uhrzeit (Stunde und Minute) des Eingangs zu vermerken (Abs. 3 Satz 2); bei gleichzeitigem Eingang (Rn. 6) sollte dies zusätzlich vermerkt werden.

---

[2] KG StV 1984, 504.
[3] BGHSt 30, 244 = NJW 1982, 294; BGH NStZ 1985, 135; *LR/Siolek* Rn. 3; *Meyer-Goßner* Rn. 3; *Rieß* JR 1982, 258.
[4] BGH NStZ 1985, 135.
[5] BGH aaO.

3. Zuzuweisen ist der Hilfsschöffe, der im Augenblick des Eingangs der Heranziehung an **bereitester Stelle** steht (Abs. 4; Rn. 1 f.; 10) ohne Rücksicht darauf, ob er zur Dienstleistung in der Lage ist usw.; maßgebend ist allein der Listenplatz. Rückt dieser Hilfsschöffe an die Stelle eines weggefallenen Hauptschöffen, wird er deshalb zunächst in jedem Falle Hauptschöffe. Umstände, die zu seinem dauernden Wegfall usw. führen, stehen seinem Eintritt als Hauptschöffe nicht entgegen, sondern lösen nur ihrerseits erneut die allgemeinen Folgen der endgültigen oder vorübergehenden Verhinderung usw. eines Hauptschöffen aus. Gehen mehrere Anordnungen oder Feststellungen **gleichzeitig** ein, so hat das Nachrücken von der Hilfsschöffenliste auf die Hauptschöffenliste nach Abs. 2 den Vorrang; sind auch hierfür mehrere Anordnungen oder Feststellungen gleichzeitig eingegangen, ist maßgebend für die Reihenfolge der Heranziehung die alphabetische Reihenfolge der Familiennamen der von der Hauptschöffenliste gestrichenen Hauptschöffen (Abs. 3 Satz 4 erster Halbsatz). Sind die Anfangsbuchstaben der Familiennamen gleich, ist die weitere Buchstabenfolge maßgebend, längere Familiennamen sind dann entscheidend. Bei dem unwahrscheinlichen Fall der gleichen Familiennamen sind hilfsweise die Vornamen maßgebend.[6] Sind auch diese gleich, muss das Los nach § 45 Abs. 3 entscheiden.[7] Auf das Geburtsdatum abzustellen[8] erscheint nicht zulässig, da eine gesetzliche Festlegung, ob der ältere oder der jüngere Hilfsschöffe vorgeht, nicht getroffen ist.

Erst wenn die Übertragung von der Hilfs- auf die Hauptschöffenliste erledigt ist, werden die mit den dahin gehenden Feststellungen/Anordnungen gleichzeitig eingegangenen Feststellungen/Anordnungen über die Heranziehung von Hilfsschöffen zu einzelnen Sitzungen erledigt. Sind auch hier mehrere gleichzeitig eingegangen, ist maßgebend für die Reihenfolge der Hilfsschöffen die alphabetische Reihenfolge der Familiennamen der an erster Stelle Angeklagten (Abs. 3 Satz 4 zweiter Halbsatz). Zugrunde zu legen ist allein die Anklageschrift, die Grundlage der Sitzung ist, ohne Rücksicht darauf, ob auch gegen diesen Angeklagten noch zu verhandeln ist.

Werden **gleichzeitig** für die gleiche Sitzung mehrere Hilfsschöffen benötigt, so richtet sich die Reihenfolge ihrer Heranziehung nach ihrer Reihenfolge auf der Hilfsschöffenliste, einer besonderen Regelung bedarf es nicht.[9]

4. Die Ermittlung der Reihenfolge der heranzuziehenden Hilfsschöffen usw. obliegt der Schöffengeschäftsstelle (Abs. 3 Satz 3), ebenso die förmliche Zuziehung und die formlosen Benachrichtigungen.

IV. Erneute Heranziehung. Um eine möglichst gleichmäßige Belastung der Hilfsschöffen zu erreichen und die Reihenfolge ihrer Heranziehung möglichst klarzustellen, bestimmt Abs. 4, dass die Hilfsschöffen, die einem Sitzungstag zugewiesen waren, **an den Schluss der Hilfsschöffenliste rücken** und erst dann wieder herangezogen werden, wenn alle anderen Hilfsschöffen vor ihnen ebenfalls inzwischen einer Sitzung zugewiesen worden waren (Abs. 4 Satz 1, 1. Alt.; Rn. 1 f.). Dabei stellt das Gesetz klar, dass es nicht darauf ankommt, dass der Hilfsschöffe tatsächlich als Schöffe tätig war: es genügt das Faktum der Zuweisung. Das bedeutet, dass der Hilfsschöffe auch dann an den Schluss rückt, wenn er einer Sitzung zugewiesen war, die dann ausfiel, oder wenn er als Ersatzschöffe nicht nach § 192 Abs. 2 einzutreten brauchte. Selbst wenn er nach seiner Zuweisung von der Dienstleistung für die Sitzung, der er zugewiesen war, entbunden wurde oder unerreichbar war, ist dies eine Zuziehung mit der Folge, dass er an den Schluss der Liste rückt (Abs. 4 Satz 2); sein Listenplatz ist „verbraucht".

Entsprechendes gilt für die Zuweisung der ihm dann vorgehenden Hilfsschöffen. Sie gelten als herangezogen mit der Folge des „Verbrauchs" des Listenplatzes und

---

[6] BTagsDrucks. 8/1844 S. 33; *Katholnigg* NJW 1978, 2378 Fußn. 25.
[7] *Meyer-Goßner* Rn. 3.
[8] BTagsDrucks. aaO.; *LR/Siolek* Rn. 8; *Katholnigg* Rn. 5; JR 1980, 173.
[9] BTagsDrucks. 8/976 S. 64.

§ 50 1, 2   4. Titel. Schöffengerichte

rücken ihrerseits an den Schluss, wenn sie herangezogen waren, ohne Rücksicht auf eine tatsächliche Dienstleistung, also auch bei Entbindung nach § 54 oder bei Nichterreichbarkeit (Abs. 4 Satz 1, 2. Alt.).

12   Dieser „Verbrauch" des Listenplatzes setzt jedoch voraus, dass der Schöffe herangezogen war (Abs. 3 Satz 3). Eine bloß **vorsorgliche Ladung** für den Fall, dass eine Heranziehung nötig werden könnte und dann die Hilfsschöffen sofort einsetzbar sind, hat diese Wirkung nicht.[10]

13   Sind bei der Heranziehung der vorangegangenen Hilfsschöffen **Fehler unterlaufen,** hat dies jedoch nicht zur Folge, dass die spätere Heranziehung des dadurch an die bereiteste Stelle getretenen Hilfsschöffen fehlerhaft wäre. Andernfalls müsste bei der Prüfung der Frage, welcher Hilfsschöffe an der Reihe ist, jeweils untersucht werden, ob die nach der Reihenfolge der Schöffenliste bereits früher herangezogenen Vorderleute zu Recht in Anspruch genommen wurden.[11] Im Interesse der Klarheit und Rechtssicherheit gilt dies auch im Falle des Nachrückens eines Hilfsschöffen zum Hauptschöffen.[12]

14   **V. Kollisionsfälle.** Zu einer möglichen Kollision zwischen der Heranziehung als Hilfsschöffe und der Dienstleistung als nachgerückter Hauptschöffe vgl. § 52 Abs. 5. Ist ein Hauptschöffe an einer einzelnen Sitzung verhindert und wird gleichzeitig seine Streichung von der Schöffenliste insgesamt nach § 52 betrieben, so ist wegen der Einzelverhinderung zunächst ein Hilfsschöffe heranzuziehen, während erst nach der Streichung ein Hilfsschöffe als Hauptschöffe nachrückt. Auch wenn dieses Nachrücken als Hauptschöffe noch vor der Sitzung geschieht, hat der bereits vorher für die Einzelverhinderung herangezogene Hilfsschöffe diese Sitzung wahrzunehmen, der neue Hauptschöffe nimmt erst an den folgenden Sitzungen teil[13] (vgl. § 47 Rn. 11).

§ 50. [Mehrtägige Sitzung]

Erstreckt sich die Dauer einer Sitzung über die Zeit hinaus, für die der Schöffe zunächst einberufen ist, so hat er bis zur Beendigung der Sitzung seine Amtstätigkeit fortzusetzen.

1   Der Begriff der „Sitzung", zu der ein Schöffe herangezogen wird, geht zwar aus von einem bestimmten Kalendertag (§ 45 Rn. 3), ist aber auch mit den einzelnen Strafsachen verbunden, die auf diesen Tag anberaumt sind. Erstreckt sich diese Sitzung über den Kalendertag hinaus, sei es, weil eine größere Sache nicht an diesem Tag beendet werden konnte, sei es, dass nicht alle zunächst an diesem Tag vorgesehenen Sachen erledigt werden konnten, muss sie also **an einem späteren Tag fortgesetzt** werden, so umfasst die Heranziehung der Schöffen zum ursprünglichen Sitzungstag nach § 50 auch die Mitwirkung an den noch zu erledigenden Teilen dieser Sitzung an späteren Tagen, vgl. § 226 StPO. Davon zu trennen ist die Anberaumung außerordentlicher Sitzungen wegen solcher Sachen, die wegen des Geschäftsanfalls ohnedies nicht auf die festgestellten Sitzungstage terminiert werden konnten.

2   Zu den fortgesetzten Sitzungen mit den ursprünglich herangezogenen Schöffen gehört auch der Fall, dass eine **Sitzung unterbrochen** und innerhalb der Fristen

---

[10] *Katholnigg* NJW 1978, 2378; für das frühere Recht BGH JR 1978, 211 m. Anm. *Meyer; Katholnigg* GA 1978, 121.
[11] BGHSt 9, 203 = NJW 1956, 1326; BGH JR 1978, 210 m. Anm. *Meyer* = GA 1978, 120 m. Anm. *Katholnigg; LR/Siolek* Rn. 10; *Meyer-Goßner* Rn. 4; *Rieß* DRiZ 1977, 295; vgl. auch BFH NVwZ 2002, 381.
[12] A. A. wohl *Rieß* JR 1982, 258 mit eindrucksvoller Darstellung der Schwierigkeiten.
[13] BTagsDrucks. 8/976 S. 64.

des § 229 StPO fortgesetzt wird.[1] Wird jedoch die Frist des § 229 StPO überschritten und deshalb ein Neubeginn der Hauptverhandlung erforderlich, können die früheren Schöffen nicht mehr mitwirken. Es müssen die Schöffen herangezogen werden, die für den ersten Sitzungstag der neuen Verhandlung ausgelost sind (vgl. § 45 Rn. 13).

Die Vorschrift ist auch anwendbar, wenn die einzelnen Sachen **im folgenden** 3 **Geschäftsjahr** fortgesetzt werden müssen, auch wenn dann schon die Amtszeit der Schöffen abgelaufen ist.[2] Insoweit beinhaltet § 50 eine auf den Einzelfall bezogene Verlängerung der Amtsperiode,[3] die aber nicht auf andere Fälle übertragen werden kann (vgl. § 36 Rn. 16).

§ 50 als Ausnahmevorschrift darf nicht dazu missbraucht werden, die Tätigkeit 4 bestimmter Schöffen zu verlängern, etwa durch übermäßige Terminsanberaumung auf einen Tag. Unzulässig ist es auch, ohne Not eine Hauptverhandlung an einem der letzten Tage des Geschäftsjahres anzuberaumen, um in diesem Termin den Angeklagten nur kurze Zeit zur Person zu vernehmen, während die Hauptverhandlung im Übrigen in der alten Besetzung erst im neuen Jahr stattfinden soll.[4]

In einer Ausnahmesituation kann es vorkommen, dass durch solche fortgesetzte 5 Verhandlungen ein Schöffe oder Hilfsschöffe **gleichzeitig an zwei „Sitzungen"** teilnehmen muss; hiergegen bestehen keine Bedenken.[5]

Die Vorschrift gilt auch für Ergänzungsschöffen. 6

§ 51. (weggefallen)

§ 52. [Streichung von der Schöffenliste]

(1) [1]Ein Schöffe ist von der Schöffenliste zu streichen, wenn
1. seine Unfähigkeit zum Amt eines Schöffen eintritt oder bekannt wird, oder
2. Umstände eintreten oder bekannt werden, bei deren Vorhandensein eine Berufung zum Schöffenamt nicht erfolgen soll.

[2]Im Falle des § 33 Nr. 3 gilt dies jedoch nur, wenn der Schöffe seinen Wohnsitz im Landgerichtsbezirk aufgibt.

(2) [1]Auf seinen Antrag ist ein Schöffe aus der Schöffenliste zu streichen, wenn er
1. seinen Wohnsitz im Amtsgerichtsbezirk, in dem er tätig ist, aufgibt oder
2. während eines Geschäftsjahres an mehr als 24 Sitzungstagen an Sitzungen teilgenommen hat.

[2]Bei Hauptschöffen wird die Streichung nur für Sitzungen wirksam, die später als zwei Wochen nach dem Tag beginnen, an dem der Antrag bei der Schöffengeschäftsstelle eingeht. [3]Ist einem Hilfsschöffen eine Mitteilung über seine Heranziehung zu einem bestimmten Sitzungstag bereits zugegangen, so wird seine Streichung erst nach Abschluß der an diesem Sitzungstag begonnenen Hauptverhandlung wirksam.

(3) [1]Ist der Schöffe verstorben oder aus dem Landgerichtsbezirk verzogen, ordnet der Richter beim Amtsgericht seine Streichung an. [2]Im Übrigen entscheidet er nach Anhörung der Staatsanwaltschaft und des beteiligten Schöffen.

(4) Die Entscheidung ist nicht anfechtbar.

(5) **Wird ein Hilfsschöffe in die Hauptschöffenliste übertragen, so gehen die Dienstleistungen vor, zu denen er zuvor als Hilfsschöffe herangezogen war.**

---
[1] *LR/Siolek* Rn. 1.
[2] *LR/Siolek* Rn. 2; *Katholnigg* Rn. 2; *Meyer-Goßner* Rn. 1.
[3] BGHSt 8, 250 = NJW 1956, 110.
[4] BGHSt 19, 382 = NJW 1964, 1866; *LR/Siolek* Rn. 4; *Katholnigg* Rn. 2.
[5] Vgl. zur Überschneidung von Schwurgerichtstagungen BGHSt 26, 21 = NJW 1975, 177.

(6) ¹Hat sich die ursprüngliche Zahl der Hilfsschöffen in der Hilfsschöffenliste auf die Hälfte verringert, so findet aus den vorhandenen Vorschlagslisten eine Ergänzungswahl durch den Ausschuß statt, der die Schöffenwahl vorgenommen hatte. ²Der Richter beim Amtsgericht kann von der Ergänzungswahl absehen, wenn sie in den letzten sechs Monaten des Zeitraums stattfinden müßte, für den die Schöffen gewählt sind. ³Für die Bestimmung der Reihenfolge der neuen Hilfsschöffen gilt § 45 entsprechend mit der Maßgabe, daß die Plätze im Anschluß an den im Zeitpunkt der Auslosung an letzter Stelle der Hilfsschöffenliste stehenden Schöffen ausgelost werden.

Übersicht

	Rn.		Rn.
I. Streichung von der Schöffenliste	1	2. Heranziehung während des Prüfungsverfahrens	16
II. Grundsätze bei Streichungen	3	3. Unanfechtbarkeit	18
1. Unfähigkeit zum Schöffenamt	4	IV. Wirkung der Streichung	20
2. Berufung soll nicht erfolgen	6	V. Nachrücken des Hilfsschöffen als Hauptschöffe	21
3. Streichung auf Antrag	10		
III. Verfahren bei Streichungen	15	VI. Nachwahl von Hilfsschöffen	22
1. Zuständigkeit	15		

Gesetzesfassung: § 52 Abs. 1, 2, 5 und 6 i.d.F. Art. 2 Nr. 4 StVÄG 1979 (BGBl. 1978 I S. 1645). Abs. 1–3 geändert durch Art. 1 Nr. 6 G zur Vereinfachung und Vereinheitlichung der Verfahrensvorschriften zur Wahl und Berufung ehrenamtlicher Richter vom 21. 12. 2004 (BGBl. I S. 3599).

1   **I. Streichung von der Schöffenliste.** Das Gesetz unterscheidet bei nachträglichem Eintreten oder Bekanntwerden von **Umständen, die einer Tätigkeit als Schöffe entgegenstehen,** zwischen Umständen dauernder und vorübergehender Art. Umstände dauernder Art führen zur **Streichung** von der Schöffenliste (§§ 52, 53), solche vorübergehender Art zur zeitweiligen Entbindung von der Dienstleistung an bestimmten Sitzungstagen (§ 54). Die in § 52 vorgesehene Streichung von der Schöffenliste (§§ 44, 45) hat zur Folge, dass der Schöffe nicht mehr als Hauptschöffe für Sitzungen ausgelost (§§ 45, 46) und trotz Auslosung nicht mehr tätig werden kann, und dass ein Hilfsschöffe nicht mehr auf die Hauptschöffenliste nachrücken (§ 49 Abs. 2) oder zu einzelnen Sitzungen herangezogen werden kann (§ 49 Abs. 1). Das Gesetz spricht nur von „der" Schöffenliste und unterscheidet nicht danach, ob der Schöffe im Zeitpunkt des Beschlusses über die Streichung Haupt- oder Hilfsschöffe ist. Die Streichung von der Schöffenliste hat demnach zur Folge, dass der Gestrichene sowohl als Hilfsschöffe ausscheidet als auch, wenn er inzwischen auf die Hauptschöffenliste übertragen worden ist, als Hauptschöffe.[1] Die Streichung von der Schöffenliste wirkt für den Rest der gesamten Amtsperiode,[2] eine bedingte oder befristete Streichung ist unzulässig.[3] Zum nachträglichen Wegfall eines Unfähigkeitsgrundes § 32 Rn. 11.

2   Voraussetzung ist jedoch, dass der Grund für die Unfähigkeit zum Zeitpunkt der Entscheidung über die Streichung noch andauert. Ist z.B. noch vor der Streichung das Ermittlungsverfahren im Falle des § 32 Nr. 2 eingestellt worden, ist keine Streichung mehr zulässig. Dass der Unfähigkeitsgrund, hätte er damals schon bestanden, nicht zur Wahl oder zur Auslosung hätte führen dürfen, ist ohne Belang.

3   **II. Grundsätze bei Streichungen.** Da durch die Streichung von der Schöffenliste der gesetzliche Richter tangiert wird (§ 16 Rn. 21), ist sie an strenge Voraussetzungen geknüpft, die nicht erweitert werden können.[4]

---

[1] BGHSt 30, 255 = NJW 1982, 293; *Katholnigg* StV 1982, 7.
[2] BGHSt 9, 203 = NJW 1956, 1326; St 10, 252 = NJW 1957, 1118.
[3] *Katholnigg* Rn. 2.
[4] BGHSt 9, 203 = NJW 1956, 1326.

1. Unfähigkeit zum Amt eines Schöffen (Abs. 1 Nr. 1): Das ist einmal der Fall 4 beim Tod des Schöffen. Für die Folgen (Nachrücken des Hilfsschöffen, Rn. 17) ist jedoch nicht der Zeitpunkt des Todes maßgebend, sondern der Zeitpunkt der Kenntnis des Gerichts.[5] Bis dahin gilt § 48 Abs. 2. Unfähigkeit tritt weiter ein in den Fällen des § 31 Satz 2 und des § 32.

Der Fall des Eintritts der Unfähigkeit (nach der Wahl zum Schöffen) wird 5 gleichbehandelt mit dem des (nachträglichen) Bekanntwerdens einer Unfähigkeit. Beachtlich ist aber nur ein Bekanntwerden nach dem Zeitpunkt der Schöffenwahl. War der Unfähigkeitsgrund nämlich schon dem Wahlausschuss bekannt und hat er dennoch die Vorschlagsliste nicht berichtigt (vgl. § 42 Rn. 4), so ist keine Streichung zulässig, weil dem Richter beim AG (Abs. 3) keine Änderung der Entscheidung des Ausschusses zusteht.[6]

2. Umstände, bei deren Vorhandensein eine **Berufung** zum Schöffenamt **nicht** 6 **erfolgen soll** (Abs. 1 Nr. 2): Hierbei handelt es sich um die in §§ 33 und 34 GVG sowie in § 44a DRiG aufgeführten Gründe. Maßgebend ist nicht, ob diese Gründe bei der Aufstellung der Vorschlagsliste oder bei der Schöffenwahl bestanden, sondern dass sie in dem Zeitpunkt (noch) bestehen, in dem über eine Streichung zu entscheiden ist (vgl. Rn. 2). So ist im Fall des **§ 33 Nr. 1** bei inzwischen erreichtem 25. Lebensjahr keine Streichung zulässig. Im Falle der **Nr. 2** ist eine Streichung auch nach Erreichen des 70. Lebensjahres unzulässig, da hierin eine Korrektur der Entscheidung des Schöffenwahlausschusses läge (vgl. Rn. 5). Wohnte der Schöffe zum Zeitpunkt der Aufstellung der Wahl nicht in der Gemeinde, **Nr. 3**, ist außerdem die in § 52 Abs. 1 Satz 2, Abs. 2 Satz 1 Nr. 1 zum Ausdruck kommende gesetzgeberische Entscheidung zu beachten. Eine Streichung ist unzulässig, wenn der Schöffe (inzwischen) wenigstens in einer Gemeinde im LG-Bezirk wohnt.

Eine Wohnsitzverlegung aus der Gemeinde im Laufe der Amtsperiode bleibt (in- 7 nerhalb des AG-Bezirks) von vornherein unbeachtlich, da § 33 Nr. 3 auf den Zeitpunkt der Aufstellung der Vorschlagsliste abstellt. Verlegt der Schöffe aber seinen Wohnsitz aus dem LG-Bezirk, ist er gemäß **§ 52 Abs. 1 Satz 2** von Amts wegen zu streichen,[7] jedoch nicht während einer länger dauernden Hauptverhandlung. Diese Streichung wegen Wohnsitzwechsels geschieht auch dann, wenn durch Änderung des Gerichtsbezirks der Wohnsitz des Schöffen außerhalb des LG-Bezirks zu liegen kommt.[8] Wenn ein Schöffe dagegen in einen anderen Verwaltungsbezirk verzieht, der zum gleichen LG-Bezirk gehört, sind die Voraussetzungen für eine Streichung von Amts wegen nicht gegeben, es gilt vielmehr § 52 Abs. 2 Satz 1 Nr. 1 (Rn. 11). Bei beruflich bedingtem längerem ständigen Auslandsaufenthalt sind alle Umstände des Einzelfalles zu prüfen, im Allgemeinen wird nur eine Anwendung des § 54 in Frage kommen.[9]

Bei **§ 33 Nr. 4** kommt es allein auf den derzeitigen geistigen oder körperlichen 8 Zustand an, ebenso bei **Nr. 5** auf die bei gegenwärtige Vermögenslage.

Erwirbt der Schöffe eine der in **§ 34 Nr. 1 bis 6** genannten Funktionen nach 9 der Schöffenwahl, führt dies uneingeschränkt zur Streichung. Waren die Gründe jedoch schon vorher vorhanden und sind erst nachträglich bekannt geworden, kommt es auch hier darauf an, ob bereits der Schöffenwahlausschuss sie kannte (Rn. 5). Hat der Schöffe diese Funktion inzwischen verloren, ist eine Streichung unzulässig. Im Falle der **Nr. 7** ist eine Streichung nur zulässig, wenn die Voraussetzungen dem Wahlausschuss nicht bekannt waren.

---

[5] BGH bei *Herlan* GA 1963, 101 zu § 49.
[6] *LR/Siolek* Rn. 2.
[7] Zu § 52 a. F. BGHSt 28, 61 = NJW 1978, 2162; *Hänle* Justiz 1974, 146; *LR/Siolek* Rn. 4.
[8] *Hänle* aaO.; *Meyer-Goßner* Rn. 1.
[9] BGHSt 28, 61 = NJW 1978, 2162.

10 3. Gründe, die dazu führen, dass ein Schöffe (Haupt- oder Hilfsschöffe) auf seinen **Antrag** (also nicht von Amts wegen) aus der Schöffenliste zu streichen ist, enthält § 52 Abs. 2.

11 Den Schöffen vor unzumutbare Härten schützen soll die durch das G vom 21. 12. 2004 in § 52 Abs. 2 eingefügte **Nr. 1**.[10] Danach ist der Schöffe auf seinen Antrag aus der Schöffenliste zu streichen, wenn er im Laufe der Amtsperiode seinen Wohnsitz in eine andere Verwaltungseinheit verlegt, die zwar zu einem anderen AG-Bezirk, jedoch noch zum selben LG-Bezirk (Rn. 7) gehört. Vor dem Hintergrund fortschreitender Konzentration (§ 58) schafft dies eine gewisse Erleichterung, da nach altem Rechtszustand ein Umzug innerhalb des LG-Bezirks unbeachtlich war.[11] Sie gilt nur für einen bereits tätigen, also bestellten Schöffen, der nachträglich seinen Wohnsitz wechselt. Für Schöffen der Strafkammern findet sie keine Anwendung (§ 77 Abs. 5).

12 Ebenfalls der Vermeidung einer übermäßiger Belastung der Schöffen (vgl. § 45 Rn. 1) dient **Nr. 2**. Hat ein Schöffe während eines Geschäftsjahres an mehr als 24 Sitzungstagen an Sitzungen teilgenommen, ist er auf seinen Antrag aus der Schöffenliste zu streichen, was für den gesamten Rest der Amtsperiode wirkt. Entgegen anderen Regelungen, z.B. § 49 Abs. 4, genügt aber nicht die bloße Heranziehung des Schöffen, sondern er muss auch mindestens an einer Sitzung je Sitzungstag teilgenommen haben. Die Sitzungen müssen also tatsächlich stattgefunden haben, wenn auch nicht notwendig ist, dass eine Strafsache vollständig verhandelt wurde; jeder Teil einer Hauptverhandlung genügt. Bei fortgesetzter Verhandlung nach § 50 zählt jeder Kalendertag. Auch die Anwesenheit in der Sitzung als Ergänzungsschöffe genügt, da nicht auf die unmittelbare Ausübung der Richterfunktion abgestellt wird, sondern auf die zeitliche Inanspruchnahme.

13 Während aber in den Fällen der Streichung von Amts wegen nach § 52 Abs. 1 die Streichung sofort wirkt, ist in den Fällen der Streichung auf Antrag nach Abs. 2 eine **Karenzfrist** im Interesse eines geordneten Geschäftsbetriebes beim Gericht vorgesehen. Die Streichung eines Hauptschöffen wird nur für solche Sitzungen wirksam, die später als zwei Wochen nach dem Tag beginnen, an dem der Antrag bei der Schöffengeschäftsstelle eingeht (Abs. 2 Satz 2). Das Abstellen auf den Eingang des Antrags für den Fristbeginn ist verfehlt, da die Frist äußerst kurz bemessen ist, besonders bei Notwendigkeit, die Begründetheit des Antrags zu prüfen. Zweckmäßiger wäre es gewesen, wie auch sonst auf die Streichungsanordnung des Richters abzustellen. – Der nach dieser Vorschrift gestrichene Hauptschöffe muss also noch bei den Sitzungen Dienst tun, die innerhalb von zwei Wochen nach dem Eingang des Antrags beginnen, auch wenn sie sich gemäß § 50 über diesen Zeitpunkt hinaus fortsetzen. Im Übrigen hat die Entscheidung nach § 54 Vorrang.[12]

14 Auch bei einem nach dieser Vorschrift von der Schöffenliste zu streichenden **Hilfsschöffen** ist eine Karenzfrist vorgesehen (Abs. 2 Satz 3). Ist ihm im Zeitpunkt des Zugangs seines Antrags bei der Schöffengeschäftsstelle bereits die Mitteilung über seine Heranziehung zu einem bestimmten Sitzungstag nach § 49 Abs. 2 zugegangen, so wird seine Streichung erst nach Abschluss der an diesem Sitzungstag begonnenen Hauptverhandlung (vgl. § 50) ohne Rücksicht auf deren Dauer wirksam. Ihm nach diesem Zeitpunkt zugehende Mitteilungen über seine Heranziehung sind nicht mehr wirksam.

15 **III. Verfahren bei Streichungen. 1.** Zuständig für die Streichung ist der Richter beim AG (vgl. § 40 Rn. 3). Ist der Schöffe verstorben oder aus dem LG-Bezirk verzogen, kann er nach Abs. 3 Satz 1 ohne Weiteres die Streichung anordnen. Im Übrigen hat er nach Abs. 3 Satz 2 vor der Streichung die Staatsanwaltschaft und den beteiligten Schöffen zu hören, schriftlich oder zu Protokoll der

---

[10] BTagsDrucks. 15/411 S. 9.
[11] BGH StV 1982, 60.
[12] BGH GA 1979, 271; *Meyer-Goßner* Rn. 3.

Geschäftsstelle; in den Fällen des Abs. 2 braucht der Schöffe aber nur zu etwaigen Einwänden der Staatsanwaltschaft gehört werden. In den Fällen des Abs. 1, die zur Streichung von Amts wegen führen, ist es gleichgültig, auf welche Weise dem Richter beim AG Umstände bekannt werden, die eine Streichung veranlassen könnten; irgendeines Antrags bedarf es nicht. Der Richter beim AG hat auch die zur Aufklärung des Sachverhaltes erforderlichen Ermittlungen von Amts wegen anzustellen.

2. Während der Dauer dieses **Prüfungsverfahrens** ist der Haupt- oder Hilfsschöffe weiterhin heranzuziehen. Allein durch dieses Verfahren wird § 54 Abs. 1 nicht anwendbar.[13] Auch wenn dringende Gründe für die Annahme sprechen, dass der Schöffe zu streichen ist, kann der Vorsitzende des SchöffenG vor oder während der Hauptverhandlung nur die Entscheidung nach § 52 herbeiführen. Er kann den Schöffen aber nicht allein deshalb als verhindert betrachten und ihn nach § 49 ersetzen lassen, da das eine Umgehung des § 52 wäre.

Stellt sich nach den Ermittlungen des Richters kein Grund für die Streichung heraus, wird der Schöffe weiter zu den Sitzungen herangezogen, es bedarf keiner förmlichen Feststellung. In die Prüfung kann jederzeit wieder, auch aus den früheren Gründen, eingetreten werden. Die Streichung jedoch muss, wenn das Gesetz auch keine besondere Formvorschrift hierfür vorsieht, schriftlich unter Angabe der Gründe erfolgen und der Schöffengeschäftsstelle mitgeteilt werden; die Wirkung tritt aber bereits mit der schriftlich niedergelegten Feststellung ein.

3. Die Entscheidung über die Streichung ist **nicht anfechtbar** (Abs. 4), ohne Rücksicht darauf, ob sie die Streichung feststellt oder ablehnt, und ohne Rücksicht darauf, ob ein dahin gehender Antrag gestellt worden ist oder nicht. Das bedeutet, dass mit der Entscheidung des Richters am AG für das Heranziehungsverfahren Klarheit geschaffen worden ist. Die gesetzliche Bestimmung der Nichtanfechtbarkeit bedeutet gemäß § 336 Satz 2 StPO, dass diese Entscheidung der Nachprüfung durch das Revisionsgericht entzogen ist. Eine Besetzungsrüge nach § 338 Nr. 1 StPO kann also nicht darauf gestützt werden, die Streichung sei zu Unrecht vorgenommen oder nicht vorgenommen worden (vgl. § 54 Rn. 16, 17).

Umgekehrt kann, wenn die Streichung abgelehnt wird, mit der Revisionsrüge nach § 338 Nr. 1 StPO geltend gemacht werden, der Schöffe, der an der Entscheidung mitgewirkt habe, sei gemäß § 31 Satz 2, § 32 unfähig zum Schöffenamt gewesen.[14] Die Voraussetzungen, unter denen nach §§ 33, 34 eine Person nicht zum Schöffen berufen werden soll, rechtfertigen jedoch auch in diesem Falle keine Besetzungsrüge[15] (vgl. § 33 Rn. 1).

IV. Wirkung der Streichung. Hat der Richter am AG die Streichung angeordnet, ist damit der Schöffe für den gesamten Rest der Amtsperiode gestrichen, und zwar unabänderlich. Der nach Abs. 1 gestrichene Hauptschöffe wird (soweit dies überhaupt praktisch noch möglich wäre) von der Streichung an nicht mehr herangezogen und nicht mehr ausgelost (vgl. Rn. 1). Er scheidet aus einem laufenden Verfahren aus.[16] An seine Stelle rückt (außer in einem laufenden Verfahren) gemäß § 49 Abs. 2 ein Hilfsschöffe nach. Entsprechendes gilt für die Streichung eines Hauptschöffen auf Antrag nach Abs. 2 mit der einzigen zeitlichen Ausnahme des Abs. 2 Satz 2 (Rn. 9). Ein gestrichener Hilfsschöffe rückt nicht mehr gem. § 49 Abs. 2 als Hauptschöffe nach und wird nicht mehr nach §§ 47, 48, 49 Abs. 1 zugewiesen mit einer Ausnahme: war er auf seinen Antrag nach Abs. 2 gestrichen worden, gilt die Karenzzeit nach Abs. 2 Satz 3 (Rn. 14).

---

[13] BGHSt 27, 105 = NJW 1977, 965 m. Anm. *Müller* NJW 1977, 1889; BGHSt 28, 61 = NJW 1978, 2162; BVerwG NJW 1963, 1219.
[14] BGH GA 1961, 206, 207; *LR/Siolek* Rn. 14.
[15] BGHSt 30, 255 = NJW 1982, 293; *Katholnigg* StV 1982, 8; *Meyer-Goßner* Rn. 5.
[16] *Katholnigg* Rn. 2.

21 **V. Nachrücken des Hilfsschöffen als Hauptschöffe.** Mit der Übertragung eines Hilfsschöffen auf die Hauptschöffenliste endet dessen Funktion als Hilfsschöffe, er wird von der Hilfsschöffenliste gestrichen (§ 49 Abs. 2 Satz 1, 2. Halbsatz, vgl. § 49 Rn. 3) und kann nicht mehr als Hilfsschöffe herangezogen werden, mit einer Ausnahme: war er vor der Übertragung auf die Hauptschöffenliste bereits zu einer Dienstleistung als Hilfsschöffe herangezogen, so hat er diese Dienstleistung nach Abs. 5 noch in vollem Umfange durchzuführen (vgl. § 46 Rn. 3; § 49 Rn. 14). In diesem Fall kann also kurzfristig eine doppelte Inanspruchnahme sowohl als Hilfsschöffe als auch als Hauptschöffe in Frage kommen. Fallen diese Heranziehungen zeitlich zusammen, so geht nach Abs. 5 die Tätigkeit als Hilfsschöffe vor, er ist also insoweit als Hauptschöffe verhindert (§ 47).

22 **VI. Nachwahl des Hilfsschöffen.** Während die Liste der Hauptschöffen durch das Nachrücksystem des § 49 Abs. 2 zahlenmäßig gleich bleibend ist, verringert sich durch dieses System ebenso wie durch Streichungen die Zahl der auf der Hilfsschöffenliste stehenden Hilfsschöffen. Um eine ausreichende Zahl von Hilfsschöffen zur Verfügung zu haben, auch zur Verhinderung übermäßiger Inanspruchnahme, sieht Abs. 6 Satz 1 vor, dass bei Verringerung der ursprünglichen Zahl der Hilfsschöffen auf die Hälfte (nicht erst: weniger als die Hälfte) eine **Ergänzungswahl** durchzuführen ist. Eine Ergänzungswahl kommt aber nur dann in Betracht, wenn eine wirksame Liste der Hilfsschöffen bestand und diese unter die gesetzlich festgelegte Mindestgrenze absinkt. Sie dient ausschließlich dem Ziel, solchen Veränderungen Rechnung zu tragen, die, was den Schöffenbestand angeht, erst im Laufe der Wahlperiode eintreten. War die Liste der Hilfsschöffen von Anfang an unwirksam, etwa wegen Unwirksamkeit der Wahl, ist keine Ergänzungswahl, sondern nur eine Nachholwahl insgesamt möglich[17] (vgl. § 42 Rn. 20).

23 Für die Ergänzungswahl ist der ursprüngliche Schöffenwahlausschuss (§ 40) zuständig. Gegebenenfalls müssen die bestellten Vertreter mitwirken, eine Ergänzung für den Rest der Amtszeit ist zulässig. Grundlage ist die frühere Vorschlagsliste (§ 36) unter Berücksichtigung der inzwischen veränderten persönlichen Verhältnisse (§ 42 Rn. 4), gegebenenfalls auch eine Ergänzungsliste.[18] Der Ausschuss wählt hieraus nach § 42 Abs. 1 Nr. 2 die gegenüber der ursprünglichen ziffernmäßigen Festlegung fehlende Zahl.

24 Von einer Ergänzungswahl kann der Richter beim AG nach pflichtgemäßem Ermessen **absehen,** wenn diese in den letzten 6 Monaten vor Ablauf der gesamten Wahlperiode stattfinden müsste (Abs. 6 Satz 2).

25 Hat eine Ergänzungswahl stattgefunden, dann wird die Reihenfolge der neugewählten Hilfsschöffen gemäß § 45 ausgelost. In der sich daraus ergebenden Reihenfolge werden die nachgewählten Hilfsschöffen an die bestehende (Rest-) Hilfsschöffenliste angefügt, und zwar an die Stelle, an der im Zeitpunkt der Auslosung der letzte Hilfsschöffe (vgl. § 49 Abs. 4) steht. Von da an handelt es sich wieder um eine einheitliche Hilfsschöffenliste.

§ 53. [Ablehnungsgründe]

(1) [1]Ablehnungsgründe sind nur zu berücksichtigen, wenn sie innerhalb einer Woche, nachdem der beteiligte Schöffe von seiner Einberufung in Kenntnis gesetzt worden ist, von ihm geltend gemacht werden. [2]Sind sie später entstanden oder bekannt geworden, so ist die Frist erst von diesem Zeitpunkt zu berechnen.

(2) [1]Der Richter beim Amtsgericht entscheidet über das Gesuch nach Anhörung der Staatsanwaltschaft. [2]Die Entscheidung ist nicht anfechtbar.

---

[17] Vgl. BGHSt 33, 261 = NJW 1985, 2341.
[18] *Katholnigg* Rn. 10.

Macht eine Person, die nach § 35 berechtigt ist, die Berufung zum Amt eines 1
Schöffen abzulehnen, von ihrem **Ablehnungsrecht Gebrauch,** ist dem stets stattzugeben, gegebenenfalls schon im Rahmen der Berichtigung der Vorschlagsliste (§ 42 Rn. 4). Nach der Wahl führt die Ablehnung dazu, dass die betreffende Person von der Schöffenliste gestrichen wird und ein Hilfsschöffe nachrückt (§ 49 Abs. 2). Die Streichung erfolgt für die gesamte restliche Amtsperiode und kann nicht rückgängig gemacht werden. Das Ablehnungsrecht ist auf den im § 35 aufgeführten Personenkreis beschränkt, eine Erweiterung, auch durch entsprechende Anwendung, ist unzulässig.[1]

Mit Rücksicht auf einen geordneten Geschäftsgang ist die Ausübung des Ableh- 2
nungsrechts jedoch **befristet.** Erklärt werden muss die Ablehnung spätestens innerhalb einer Woche, nachdem der Schöffe von seiner Einberufung in Kenntnis gesetzt worden ist (§ 53 Abs. 1 Satz 1). Damit ist bei Hauptschöffen der Zugang der Benachrichtigung gemäß § 45 Abs. 4 Satz 3, 4 bzw. 5 gemeint. Nicht erforderlich ist aber, dass der Hauptschöffe das Ablehnungsrecht schon im ersten Jahr seiner Einberufung ausübt, er kann dies auch noch in den späteren Jahren der gesamten Amtsperiode tun, jedoch unter Beachtung der Wochenfrist und mit der Folge, dass er von da an für den gesamten Rest der Amtsperiode von der Schöffenliste zu streichen ist. Bei ablehnungsberechtigten Hilfsschöffen ist für die Einhaltung der Wochenfrist maßgebend die Benachrichtigung von der Auslosung nach § 45 Abs. 4, andernfalls nach § 49.

Entsteht ein Ablehnungsgrund erst nach der Benachrichtigung von der Einberu- 3
fung oder wird er (was nur ausnahmsweise denkbar ist) erst später bekannt, dann ist dieser Zeitpunkt für die Wochenfrist maßgebend (Abs. 1 Satz 2). Bloße Rechtsunkenntnis zögert den Fristbeginn nicht hinaus.

Die Ablehnungserklärung kann entweder **schriftlich** abgegeben werden, dann ist 4
der Eingang bei der Schöffengeschäftsstelle maßgebend, oder mündlich zu Protokoll dieser Geschäftsstelle, dann ist der Zeitpunkt der Protokollierung maßgebend.

Über die Berechtigung der Ablehnung **entscheidet der Richter** beim AG 5
(Abs. 2 Satz 1; vgl. § 40 Rn. 3), und zwar nach Anhörung der Staatsanwaltschaft. Hält er die Ablehnung für berechtigt, ordnet er die Streichung von der Schöffenliste an, die mit dieser Anordnung eintritt. Lehnt er die Ablehnungserklärung als unberechtigt ab, besteht das Schöffenamt fort.

Die Entscheidung des Richters über die Berechtigung der Ablehnung ist **unan-** 6
fechtbar (Abs. 2 Satz 2). Das bedeutet einmal, dass derjenige, dessen Streichung der Richter abgelehnt hat, weiterhin uneingeschränkt seinen Dienst als Schöffe ausüben muss, auch wenn diese Entscheidung materiell unrichtig ist. Das bedeutet weiter, dass die Entscheidung nach § 336 Satz 2 StPO der Nachprüfung durch das Revisionsgericht entzogen ist, so dass eine Besetzungsrüge nach § 338 Nr. 1 StPO nicht darauf gestützt werden kann, der Ablehnung sei zu Unrecht stattgegeben oder nicht stattgegeben worden.

§ 54. [Entbindung vom Schöffenamt an einzelnen Sitzungstagen]

(1) ¹Der Richter beim Amtsgericht kann einen Schöffen auf dessen Antrag wegen eingetretener Hinderungsgründe von der Dienstleistung an bestimmten Sitzungstagen entbinden. ²Ein Hinderungsgrund liegt vor, wenn der Schöffe an der Dienstleistung durch unabwendbare Umstände gehindert ist oder wenn ihm die Dienstleistung nicht zugemutet werden kann.

(2) ¹Für die Heranziehung von Hilfsschöffen steht es der Verhinderung eines Schöffen gleich, wenn der Schöffe nicht erreichbar ist. ²Ein Schöffe, der sich zur Sitzung nicht einfindet und dessen Erscheinen ohne erhebliche Verzögerung ihres

---

[1] BGHSt 9, 203 = NJW 1956, 1326.

Beginns voraussichtlich nicht herbeigeführt werden kann, gilt als nicht erreichbar. ³Ein Hilfsschöffe ist auch dann als nicht erreichbar anzusehen, wenn seine Heranziehung eine Vertagung der Verhandlung oder eine erhebliche Verzögerung ihres Beginns notwendig machen würde. ⁴Die Entscheidung darüber, daß ein Schöffe nicht erreichbar ist, trifft der Richter beim Amtsgericht. ⁵§ 56 bleibt unberührt.

(3) ¹Die Entscheidung ist nicht anfechtbar. ²Der Antrag nach Absatz 1 und die Entscheidung sind aktenkundig zu machen.

Übersicht

	Rn.		Rn.
I. Vorübergehende Verhinderung	1	III. Nichterreichbarkeit	19
1. Hinderung an der Dienstleistung durch unabwendbaren Umstand	2	1. Nicht erreichbar	19
		2. Hilfsschöffen	22
2. Unzumutbarkeit der Dienstleistung	5	3. Mehrere Sachen am Sitzungstag	23
II. Verfahren bei der Entbindung	13	4. Entscheidung durch den Richter	24
1. Antrag	13	5. Anwendung des § 56	25
2. Zuständigkeit	14	6. Nicht anfechtbar	26
3. Nicht anfechtbar	16		

Gesetzesfassung: § 54 i. d. F. Art. 2 Nr. 5 StVÄG 1979 (BGBl. I S. 1645).

I. Vorübergehende Verhinderung. Während im Falle der dauernden Unfähigkeit zum Schöffendienst die Streichung von der Schöffenliste nach § 52 geschieht, ist der nur vorübergehend verhinderte Schöffe von der Dienstleistung an bestimmten Tagen **zu entbinden** (Abs. 1 Satz 1). Das bedeutet, dass an die Stelle dieses Schöffen, sei er Haupt- oder Hilfsschöffe, ein Hilfsschöffe nach §§ 47, 49 tritt. Die Vorschrift hat eine doppelte Funktion. Einmal wird der Schöffe durch die Entbindung von der Dienstleistung befreit und damit auch von der Gefahr, bei Nichterscheinen (Abs. 2) mit den Folgen des § 56 belastet zu werden. Zum anderen wird durch diese Entbindung der zunächst vorgesehene gesetzliche Richter geändert. Aus beiden Gründen ist bei der Anwendung dieser Vorschrift ein strenger Maßstab anzulegen. Bedeutung und Gewicht des Schöffenamtes verlangen, dass der Schöffe berufliche und private Interessen zurückstellt, soweit es ihm möglich und zumutbar ist. Das bedarf besonderer Betonung in einer Zeit schwindender Bereitschaft, für das Gemeinwesen Opfer zu bringen, und in einer Zeit, in der mit der Dienstleistung als Schöffe verknüpfte Beschwernisse bis zur persönlichen Gefährdung reichen können.[1] Deshalb definiert Abs. 1 Satz 2 auch, was **allein als Hinderungsgrund anerkannt** werden kann, wobei die geltend gemachten Gründe nicht nachgeprüft zu werden brauchen, wenn sie glaubhaft erscheinen.[2]

1. Hinderung an der Dienstleistung durch unabwendbaren Umstand. Das sind einmal **gesundheitliche Gründe,** die einer Teilnahme an der Sitzung entgegenstehen, z.B. bettlägerige Erkrankung, aber auch erhebliche Schwerhörigkeit.[3] Der Nachweis durch ein ärztliches Attest genügt auch ohne Angabe der Diagnose;[4] bei ernsthaften Zweifeln kann die Untersuchung durch einen Amts- oder Gerichtsarzt gefordert werden.[5] Dabei kommt es nicht darauf an, ob eine Erkrankung selbst verschuldet ist oder nicht.[6]

Ein unabwendbarer Umstand kann auch in einem wetterbedingten Zusammenbruch der **Verkehrsverhältnisse** liegen,[7] während jedoch die allgemeinen misslichen Verkehrsverhältnisse in Großstädten, besonders in Hauptverkehrszeiten, oder

---

[1] BGH NJW 1977, 443; vgl. auch *Kohlhaas* JR 1971, 342.
[2] BGH NStZ 1982, 476; *Meyer-Goßner* Rn. 3.
[3] BGHSt 22, 290.
[4] A. A. OLG Düsseldorf NJW 1992, 1712.
[5] Vgl. BGH NJW 1977, 443.
[6] BTagsDrucks. 8/976 S. 65.
[7] BTagsDrucks. aaO.

schwierige Parkplatzsuche voraussehbar sind und keinen Hinderungsgrund darstellen können.

Zu diesen unabwendbaren Umständen zählen auch **hoheitliche Freiheitsbe-** 4
schränkungen aller Art, z.B. U-Haft, Quarantäne, Unterbringung, unaufschiebbare öffentlich-rechtliche Dienstleistungen anderer Art, z.B. Wehrdienst, Wehrübungen, Katastropheneinsatz. Es reicht aber nicht die bloße Angabe, dienstlich verhindert zu sein.[8]

2. Unzumutbarkeit der Dienstleistung. In diesen Fällen ist die Dienstleis- 5
tung als Schöffe zwar möglich, aber unter solchen Erschwerungen oder Nachteilen, dass sie dem Schöffen auch unter Berücksichtigung der Bedeutung des Schöffenamtes (vgl. Rn. 1; § 28 Rn. 2) nicht zugemutet werden kann. **Gewissensbedenken** vermögen eine Unzumutbarkeit nicht zu begründen[9] (vgl. § 35 Rn. 11; § 56 Rn. 4). Eine **Ortsabwesenheit** vermag für sich allein keine Unzumutbarkeit zu begründen, auch wenn sie schon lange geplant war,[10] sonst könnte sich jeder Schöffe leicht der Dienstleistung entziehen. Es müssen vielmehr beachtliche Gründe dafür vorliegen, die es unzumutbar machen, die Ortsabwesenheit zu unterbrechen oder sie zu verschieben. Zwei Gründe spielen dabei vor allem eine Rolle:

Berufliche Gründe. Hier ist, wie überhaupt bei berufsbedingter Verhinderung, 6
ein strenger Maßstab anzulegen und nur ausnahmsweise eine Unzumutbarkeit anzunehmen. In der Wahrnehmung seiner beruflichen Aufgaben wird sich der Schöffe nicht selten vertreten lassen können;[11] häufig wird es sich dabei auch um eine kurzfristige Abhaltung handeln, die verschoben oder der durch eine Unterbrechung der Verhandlung nach § 229 StPO Rechnung getragen werden kann.[12] Auch ist einem Arbeitgeber wie auch einem selbstständigen Schöffen zuzumuten, mit Rücksicht auf die hohe Bedeutung des Schöffenamtes gewisse Erschwerungen des Betriebsablaufs oder der Berufstätigkeit in Kauf zu nehmen oder betriebsinterne Vorkehrungen zu treffen, die die Schöffentätigkeit ermöglichen. „Bei Beantwortung der Frage, ob ein Schöffe aus beruflichen Gründen verhindert ist, muss ein strenger Maßstab angelegt werden. Nicht jede Berufstätigkeit eines Schöffen am Sitzungstage kann ohne weiteres als Hinderungsgrund anerkannt werden. Sonst würden fast alle berufstätigen Personen für den Schöffendienst ausscheiden. Damit würde das Ziel des Gesetzes, in Strafsachen, die keine Bagatellsachen sind, Personen aus allen – der Rechtsordnung verbundenen – Bevölkerungskreisen als Laienrichter mitwirken zu lassen, weitgehend vereitelt. Das Amt des Schöffen muss ernstgenommen werden. Bedeutung und Gewicht dieses Amtes verlangen, dass der Schöffe berufliche Interessen zurückstellt, wenn und soweit es ihm möglich und zumutbar ist. Berufliche Gründe können daher nur ausnahmsweise die Auffassung rechtfertigen, der Schöffe sei verhindert. Dies gilt insbesondere, wenn er zu derjenigen Zeit, für die er zum Schöffendienst berufen wird, Berufsgeschäfte erledigen muss, die er nicht oder nicht ohne erheblichen Schaden aufschieben und bei denen er sich auch nicht durch einen anderen vertreten lassen kann, weil die Geschäfte ihrer Art nach eine Vertretung nicht zulassen oder ein geeigneter Vertreter nicht zur Verfügung steht".[13]

Die strenge Rechtsprechung des BGH hat ihren Höhepunkt erreicht in dem 7
Falle, in dem der Arbeitgeber eines Schöffen diesem und dem Gericht gegenüber erklärt hatte, der Antritt des Schöffenamtes werde zwangsläufig zur **Entlassung des Schöffen** führen.[14] Der BGH sah hierin keinen Grund für die Entbindung des

---

[8] OLG Hamburg MDR 1978, 244; 430.
[9] OLG Karlsruhe JR 1996, 128; so grundsätzlich *Katholnigg* Rn. 1.
[10] BGH bei *Dallinger* MDR 1975, 198; GA 1978, 119; OLG Hamburg MDR 1971, 683.
[11] BGHSt 21, 154 = NJW 1967, 165; *LR/Siolek* Rn. 8.
[12] BGH NJW 1977, 443.
[13] BGHSt 21, 154 = NJW 1967, 165; OLG Hamburg JR 1971, 341; BGH bei *Holtz* MDR 1976, 814; vgl. auch BGH bei *Becker* NStZ-RR 2004, 225, 230; weniger streng BVerwG DÖV 1980, 766.
[14] BGHSt 27, 344 = NJW 1977, 1169.

Schöffen, vielmehr verlangte er vom Richter, er müsse dem Versuch des Arbeitgebers, derart in die Rechtspflege einzugreifen, entgegentreten (vgl. § 26 ArbGG). Dieser Entscheidung kann indessen in ihrer Absolutheit nicht zugestimmt werden, denn eine solche Situation kann sich nicht nur auf die Amtsausübung des Schöffen, sondern auch nachteilig für den Angeklagten auswirken;[15] sie überspannt die zumutbaren Anforderungen in Verbindung mit der Tätigkeit als Schöffe.[16]

8   Auch bei einem beruflichen Auslandsaufenthalt muss genau geprüft werden, ob die dortige Anwesenheit des Schöffen unabweisbar ist; besonders strenge Voraussetzungen sind da zu stellen, wo es sich um ein laufendes Verfahren handelt.[17] Eine kurzfristige Ortsabwesenheit, etwa zur Teilnahme an einem Betriebsausflug, für dessen Organisation der Schöffe verantwortlich war, ist kein genügender Hinderungsgrund,[18] auch nicht die Teilnahme an „wichtigen" Tagungen oder als Protokollführer an einer auswärtigen Sitzung des Gesamtbetriebsrats.[19] Als beruflich bedingte Verhinderung wurden jedoch **anerkannt:** Teilnahme an Besprechungen und Auslandsdienstreisen bei genauer Darlegung der konkreten Unabweislichkeit; durch Bescheinigung der IHK nachgewiesene erhebliche wirtschaftliche Beeinträchtigung; Tätigkeit als eingearbeiteter Senatsprotokollführer bei mehrfachem Ausfall durch längere Sitzung; Ausfall der einzigen Telefonistin und Buchhalterin während des Weihnachtsgeschäfts, und bei einer Realschullehrerin bei längerer Hauptverhandlung wegen Abschlussarbeiten der Klasse.[20]

Die Tätigkeit als ehrenamtlicher Richter ist für Beamte (vgl. § 34 Abs. 1 Nr. 3 bis 5, Abs. 2) keine Nebentätigkeit im beamtenrechtlichen Sinne (§ 1 Abs. 4 BundesnebentätigkeitsVO) und bedarf deshalb nicht der Genehmigung durch den Dienstherrn. Für die zur Ausübung dieser Tätigkeit erforderliche Zeit ist Urlaub zu gewähren (§ 1 Abs. 1 Nr. 3 VO über den Sonderurlaub für Beamte und Richter im Bundesdienst).

9   Als **private Gründe** wurden anerkannt: Vorbereitung einer Betriebsversammlung bei Betriebsratsmitglied, sofern von der Teilnahme die Wiederwahl abhängt; ehrenvolle Verabschiedung nach langer Dienstzeit; unaufschiebbarer Krankenhausaufenthalt der Ehefrau; Betreuung eines Kindes bei längerer Hauptverhandlung.[21] Die Teilnahme an der Beerdigung eines Arbeitskollegen vermag jedoch einen Hinderungsgrund nicht abzugeben.[22]

10 **Urlaubsbedingte Ortsabwesenheit** ist im Allgemeinen ein genügender Grund für die Annahme der Unzumutbarkeit.[23] Trotz Bedenken erkennt der BGH an, dass bei Berufstätigen der Urlaub fast immer zeitlich in einen betrieblichen Urlaubsplan eingebunden, bei Hausfrauen vom Urlaub des Ehemannes und gegebenenfalls von den Schulferien abhängig ist und seine Verlegung erhebliche Schwierigkeiten mit Reisebüro und Quartierwirten zur Folge haben kann; Rückfragen und Nachforschungen hält er dann für geboten, wenn der Schöffe während des Geschäftsjahres bereits wegen eines nicht nur ganz kurzen Urlaubs von der Dienstleistung befreit worden war oder Anhaltspunkte dafür bestehen, dass er sich der Teilnahme an der Verhandlung zu entziehen versucht.[24] Im Ergebnis kommt dies allgemeiner Anerkennung der urlaubsbedingten Abwesenheit gleich.[25]

---

[15] *Dierks* NJW 1978, 1391; *Pohl* NJW 1978, 1868.
[16] Vgl. BGH MDR 1978, 626; *LR/Siolek* Rn. 8; *Katholnigg* Rn. 2; wohl auch *Meyer-Goßner* Rn. 5; a. A. *Meyer* JR 1978, 304.
[17] Vgl. BGHSt 28, 61, 62 = NJW 1978, 2162.
[18] *Rieß* DRiZ 1977, 293 Fußn. 104.
[19] *Rieß* DRiZ 1977, 293, 294.
[20] *Rieß* aaO.
[21] BGH NStZ 1982, 476; *Rieß* aaO.
[22] Anders BVerwG NVwZ 1984, 580 unter Hinweis auf § 30 Abs. 2 VwGO.
[23] OLG Braunschweig NJW 1965, 1240.
[24] BGH NJW 1977, 443.
[25] Vgl. *Rieß* DRiZ 1977, 293, 294; *LR/Siolek* Rn. 6.

Nicht als Verhinderung kann allein für sich die Tatsache angesehen werden, dass **11** Ermittlungen darüber angestellt werden, ob ein Schöffe von der Schöffenliste zu streichen ist (§ 52 Rn. 12).

Bei kurzfristiger Ladung von Schöffen, die insbesondere bei Hilfsschöffen im **12** Raum steht, kann bei der Beurteilung der Verhinderung nicht derselbe strenge Maßstab angelegt werden, der geboten ist, wenn sich der Schöffe schon geraume Zeit vorher auf die Sitzung einstellen kann.[26]

II. Verfahren bei der Entbindung. 1. Die Entbindung von der Dienstleistung **13** an bestimmten Sitzungstagen bedarf eines **Antrags** des Schöffen, der höchstpersönlich gestellt werden muss und die eigenverantwortliche Prüfung des Schöffen voraussetzt.[27] Der Antrag ist aktenkundig zu machen (Abs. 3 Satz 2), bedarf also keiner besonderen Form. Der Antrag ist grundsätzlich vor dem Zeitpunkt der Dienstleistung zu stellen, zu der der Schöffe herangezogen ist. Geht er nachträglich ein, ist er entweder als nachträgliche Entschuldigung im Sinne des § 56 Abs. 2 anzusehen oder als genügende Entschuldigung im Sinne des § 56 Abs. 1.

2. Zuständig für die Entbindung von der Dienstleistung ist der **Richter beim** **14** **AG** (vgl. § 40 Rn. 3); die Entscheidung ist also nicht dem jeweiligen Vorsitzenden des Schöffengerichts, sondern dem vom Präsidium des AG bestellten Amtsrichter übertragen. Es ist jedoch möglich, sie im Wege der Geschäftsverteilung dem jeweiligen Schöffengerichtsvorsitzenden zuzuweisen. Bei der Entbindung handelt sich um eine Ermessensentscheidung, die aktenkundig zu machen ist (Abs. 3 Satz 2). Mit einem hinreichend konkreten Vorbringen des Schöffen darf sich der Richter in der Regel begnügen, wenn er es für glaubhaft hält; eine weitere Nachprüfungspflicht besteht regelmäßig nicht.[28] Mit der Entscheidung über die Entbindung ist der Schöffe nicht mehr der gesetzliche Richter. Dabei muss es bleiben, auch wenn die Verhinderung später entfällt. Die Befreiung vom Schöffenamt kann weder angefochten (Rn. 16) noch widerrufen werden.[29]

Zulässig ist die Entbindung eines Hauptschöffen **schon im Voraus** für mehrere **15** Sitzungen, weil dessen Sitzungstage für das ganze Geschäftsjahr bereits festliegen. Für einen Hilfsschöffen kommt dies jedoch nicht in Betracht; denn für ihn lässt sich regelmäßig gar nicht voraussehen, ob und wann er im Einzelfall zur Dienstleistung berufen sein wird.[30]

3. Die Entscheidung des Richters über die Entbindung des Schöffen von der **16** Dienstleistung ist **nicht anfechtbar** (Abs. 3 Satz 1) ohne Rücksicht darauf, ob der Richter dem Antrag stattgibt oder nicht, also auch nicht anfechtbar durch den antragstellenden Schöffen oder die StA. Entgegen dem früheren Recht, das eine umfangreiche Judikatur und Literatur zur Frage anzuerkennender Hinderungsgründe hervorgebracht hat,[31] ist hierdurch nach § 336 Satz 2 StPO (i.d.F. Art. 1 Nr. 28 StVÄG 1979) im Interesse einer Einschränkung der Besetzungsrügen (§ 45 Rn. 1) die Entscheidung über eine Entbindung vom Schöffendienst auch der revisionsgerichtlichen Nachprüfung entzogen, so dass eine Besetzungsrüge nach § 338 Nr. 1 StPO nicht mehr darauf gestützt werden kann, der Richter habe zu Unrecht einem Entbindungsantrag stattgegeben oder nicht stattgegeben.

Allerdings ist durch Abs. 3 Satz 1 nur der behauptete Verstoß gegen § 54 Abs. 1 **17** der revisionsgerichtlichen Prüfung entzogen. Gewährleistet bleibt eine Anfechtbarkeit mit der Revision, soweit der verfassungsrechtliche Grundsatz des **gesetzlichen**

---

[26] *Rieß* DRiZ 1977, 294; *LR/Siolek* Rn. 5.
[27] BGHSt 28, 61 = NJW 1978, 2162.
[28] BGH NStZ 1982, 476; StV 1983, 11; vgl. BVerwG NVwZ 1984, 580; DÖV 1980, 766; BFH NVwZ 2002, 381; *Rieß* DRiZ 1977, 293, 294.
[29] BGHSt 30, 149 = NJW 1981, 2073; BGH StV 1983, 11; 497; OLG Frankfurt NJW 1996, 1687.
[30] OLG Hamm NJW 1957, 1121.
[31] Vgl. *Rieß* DRiZ 1977, 293.

Richters eingreift. Stellt sich die ungerechtfertigte Befreiung vom Schöffenamt zugleich als eine Entziehung des gesetzlichen Richters dar, ist der darin liegende Verstoß gegen Art. 101 Abs. 1 Satz 2 GG, § 16 GVG als Gesetzesverletzung nach § 337 i. V. m. § 338 Nr. 1 StPO revisionsrechtlich beachtlich. Da nach der Rechtsprechung des BVerfG[32] eine Entziehung des gesetzlichen Richters immer schon dann vorliegt, wenn die Maßnahme objektiv willkürlich ist, d. h. eine nicht mehr vertretbare Rechtsauslegung darstellt, ist ausreichend sichergestellt, dass eine grob fehlerhafte Behandlung von Entbindungsgesuchen durch das Revisionsgericht korrigiert werden kann,[33] während ein bloßer error in procedendo, also ein verzeihlicher Rechtsirrtum, keine Verletzung des gesetzlichen Richters bedeutet[34] (vgl. § 16 Rn. 51 ff.). Zeigt etwa ein zur Mitwirkung berufener Schöffe seine Verhinderung an und bringt er eine Entschuldigung vor, die als ausreichender Hinderungsgrund in Betracht kommt, dann kann allein darin kein willkürliches Verhalten gesehen werden, dass der Richter im Rahmen seiner Ermessensentscheidung die vorgebrachte Verhinderung für glaubhaft hält und anerkennt, ohne im Einzelnen zu erwägen, ob eine nähere Prüfung der Umstände nicht doch dazu geführt hätte, eine Verhinderung des Schöffen zu verneinen (Rn. 14). Willkür käme dagegen in Betracht, wenn der Schöffe erkennbar nur Ausflüchte vorbringt oder sachwidrige Gründe geltend macht, die von vornherein die Befreiung vom Schöffenamt nicht rechtfertigen können, und der Richter den Schöffen gleichwohl ohne weiteres von der Dienstleistung entbindet. Denn eine solche Entscheidung entfernt sich so weit von den gesetzlichen Beurteilungsmaßstäben, dass von einer grob fehlerhaften Sachbehandlung gesprochen werden müsste. – Die Revision, die einen Verstoß gegen Art. 101 Abs. 1 Satz 2 GG, § 16 Satz 2 GVG als Gesetzesverletzung nach §§ 337, 338 Nr. 1 StPO geltend machen will, muss Tatsachen vortragen, die die Annahme von Willkür in dem dargelegten Sinne begründen können;[35] nur in diesem Umfang ist die Behauptung schlüssig, dass die Befreiung vom Schöffenamt zugleich eine Entziehung des gesetzlichen Richters bedeutet.[36] Das Gesagte gilt auch für die Entbindung des Schöffen von der Dienstleistung. Zwar kann diese Entscheidung nicht rückgängig gemacht werden (Rn. 18), sie kann aber derart grob fehlerhaft sein, dass Art. 101 Abs. 1 Satz 2 GG verletzt wird, und auf diesen Fehler kann die Revision gestützt werden.[37]

18 Die Entscheidung des Richters über die Entbindung des Schöffen von der Dienstleistung wird mit ihrem Eingang bei der Schöffengeschäftsstelle (§ 49 Abs. 3 Satz 1) wirksam. Der Schöffe fällt mit dem Eingang der Feststellung bei der Schöffengeschäftsstelle für die betreffende Sitzung weg, er ist nicht mehr der gesetzliche Richter. An seine Stelle tritt derjenige Hilfsschöffe, der an bereitester Stelle auf der Liste steht (§ 49 GVG). Dabei bleibt es auch, wenn die Verhinderung später entfällt; die Befreiung von der Dienstleistung kann nicht widerrufen werden.[38]

19 III. Nichterreichbarkeit. 1. Neben der Verhinderung des Schöffen an der Dienstleistung (Abs. 1) sieht das Gesetz auch die Nichterreichbarkeit eines Schöffen als Verhinderung an mit der Folge des § 47 oder § 48 Abs. 2. Nichterreichbarkeit

---

[32] Vgl. BVerfGE 29, 45, 49.
[33] BTagsDrucks. 8/976 S. 66.
[34] BTagsDrucks. aaO. S. 59; BGHSt 31, 3 = NJW 1982, 1655; BGH NStZ 1982, 476; OLG Karlsruhe NStZ 1981, 272; OLG Hamm NStZ 2001, 611; *Rieß* NJW 1978, 2271; *Katholnigg* Rn. 9; NJW 1978, 2378; *LR/Siolek* Rn. 20; *Meyer-Goßner* Rn. 10.
[35] OLG Hamm NJW 1979, 135, 136.
[36] OLG Karlsruhe NStZ 1981, 272.
[37] BGHSt 31, 3 = NJW 1982, 1655; vgl. *Rieß* JR 1982, 256 f.
[38] BGHSt 30, 149 = NJW 1981, 2073 m. zust. Anm. *Katholnigg* NStZ 1981, 400 und *Rieß* JR 1982, 256; BGH StV 1983, 497; anders BGHSt 31, 3 = NJW 1982, 1655 für den Fall einer als Verstoß gegen das Verfassungsgebot des gesetzlichen Richters gewerteten Befreiung; in einer späteren Entscheidung – StV 1983, 11 – nahm er Unwiderruflichkeit an, da der Richter bei der Befreiung nicht das pflichtgemäße Ermessen überschritten habe und Anhaltspunkte für eine willkürliche Richterentziehung nicht vorlägen.

nach Abs. 2 Satz 1 liegt vor, wenn der Schöffe **nicht erreicht,** also benachrichtigt oder geladen werden kann,[39] wenn etwa Briefe als unzustellbar zurückkommen.

Nach Abs. 2 Satz 2 liegt Nichterreichbarkeit aber auch vor noch unter den beiden folgenden Voraussetzungen: Einmal, dass der Schöffe sich zur Sitzung **nicht einfindet**. Das bedeutet, dass der Schöffe nicht zur Terminsstunde und auch nach einem gewissen Zuwarten nicht erscheint. Auf die Gründe des Nichterscheinens kommt es nicht an, es genügt das Faktum, dass ohne ihn die Verhandlung begonnen werden kann. Dazu ist erforderlich, dass sein Erscheinen ohne erhebliche Verzögerung des Beginns der Sitzung voraussichtlich **nicht herbeigeführt werden** kann. Das bedeutet, dass das Gericht prüfen muss, ob der Schöffe telefonisch oder auf andere Weise (Polizei, Justizwachtmeister) in der dem Gericht bekannten Wohnung oder Arbeitsstelle herbeigerufen werden kann. Zu aufwendigen Nachforschungen ist das Gericht nicht verpflichtet, es muss lediglich versuchen, ohne erhebliche Verzögerung mit dem Schöffen Kontakt aufzunehmen. Deshalb liegt die Nichterreichbarkeit sowohl vor, wenn nur mit erheblicher Verzögerung für den Sitzungsbeginn Kontakt mit ihm hergestellt werden könnte, als auch, wenn zwar der Schöffe erreicht wird, aber das Abwarten auf sein Erscheinen eine erhebliche Verzögerung des Sitzungsbeginns verursachen würde.[40] Das Gesetz lässt hier das Gebot des gesetzlichen Richters in vertretbarer Weise zurücktreten hinter den Bedürfnissen einer zügigen Rechtsprechung (§ 16 Rn. 82ff.).

Wann von einer **erheblichen Verzögerung** gesprochen werden kann, lässt sich zwar nicht generell sagen. Die vom Grundsatz des rechtlichen Gehörs geprägte Rechtsprechung über das Zuwarten beim Nichterscheinen von Verfahrensbeteiligten (§ 16 Rn. 115) kann hier nicht herangezogen werden. Mit Rücksicht auf die Bedeutung eines pünktlichen Sitzungsbeginns für die Gesamtorganisation des Gerichts und für die zügige und rechtzeitige, Vertagungen vermeidende Erledigung auch der anderen anstehenden Sachen muss im Allgemeinen eine Viertelstunde als Grenze angesehen werden.

2. Für zugewiesene **Hilfsschöffen** gelten die vorstehenden Ausführungen entsprechend. Jedoch enthält Abs. 2 Satz 3 für Hilfsschöffen noch eine weitergehende Regelung. Der an sich nach § 49 Abs. 1 entsprechend der Reihenfolge der Hilfsschöffenliste heranzuziehende Hilfsschöffe ist als nicht erreichbar anzusehen, wenn seine Heranziehung eine Vertagung der Verhandlung oder auch nur eine erhebliche Verzögerung ihres Beginns notwendig machen würde. Das bedeutet, dass in der Reihenfolge der Hilfsschöffenliste (§ 49 Abs. 1) der Hilfsschöffe heranzuziehen ist, durch dessen Heranziehung der Beginn der anstehenden Verhandlung ohne erhebliche Verzögerung möglich ist. Die „übergangenen" Hilfsschöffen rücken in ihrer ursprünglichen Reihenfolge an das Ende der Liste (§ 49 Rn. 11).

3. Stehen an einem Sitzungstag mehrere Sachen an, so ist vor Beginn einer jeden Sache jeweils erneut zu prüfen, ob der zunächst berufene Schöffe inzwischen erreichbar/noch verhindert ist; denn wenn ein Schöffe nur für einen Teil der Sachen verhindert ist, so ist er für die Sachen, für welche er nicht verhindert ist, heranzuziehen und insoweit der gesetzliche Richter.[41] Findet sich der Haupt- oder übergangene Hilfsschöffe später ein, bleibt es bei der Feststellung der Nichterreichbarkeit, jedenfalls für die „laufende" Sache.[42]

4. Die **Entscheidung** darüber, ob ein Schöffe nicht erreichbar ist, trifft der Richter (Abs. 2 Satz 4, vgl. Rn. 14), nicht die Schöffengeschäftsstelle. Hat aber an einem Sitzungstag nur ein Schöffengericht Sitzung, für das Hilfsschöffen benötigt werden, können also Probleme bei der Rangfolge der Hilfsschöffen nicht auftreten,

---

[39] BTagsDrucks. 8/976 S. 65.
[40] *Katholnigg* NJW 1978, 2378.
[41] RGSt 62, 202; BGH NJW 1958, 557; BayObLG MDR 1979, 1044.
[42] BGHSt 22, 289 = NJW 1969, 703; *Katholnigg* Rn. 6; *Meyer-Goßner* § 56 Rn. 3.

§ 55 1, 2   4. Titel. Schöffengerichte

so wird es in Eilfällen als zulässig anzusehen sein, dass der Richter beim Amtsgericht vorab bestimmt, unter welchen Voraussetzungen ein Hilfsschöffe nicht erreichbar ist, und für diesen Fall bereits die Zuziehung des nächsten Hilfsschöffen anordnet; die Verantwortung muss aber auch dann beim Richter liegen.[43]

25 5. Mit der Entscheidung über die Nichterreichbarkeit des Schöffen ist nichts darüber gesagt, ob ein Hinderungsgrund vorlag oder nicht; die Entscheidung, ob wegen unentschuldigten Ausbleibens nach § 56 zu verfahren ist, ist unabhängig davon zu treffen (Abs. 2 Satz 5).

26 6. Die Entscheidung des Richters über die Nichterreichbarkeit eines Schöffen nach Abs. 2 ist **nicht anfechtbar** (Abs. 3 Satz 1; vgl. Rn. 16). Durch § 336 Satz 2 StPO ist dem Revisionsgericht die Nachprüfung dieser Entscheidung entzogen. Es können deshalb Revisionsrügen nach § 338 Nr. 1 StPO nicht darauf gestützt werden, die Entscheidung über die Entbindung von der Dienstleistung oder über die Nichterreichbarkeit eines Schöffen (und umgekehrt) sei fehlerhaft (vgl. Rn. 16, 17).

§ 55. [Entschädigung]

Die Schöffen und Vertrauenspersonen des Ausschusses erhalten eine Entschädigung nach dem Justizvergütungs- und -entschädigungsgesetz.

Gesetzesfassung: Art. 4 Abs. 16 Nr. 1 KostRMoG vom 5. 5. 2004 (BGBl. I S. 718).

1 Das Schöffenamt ist ein **Ehrenamt** (vgl. § 28 Rn. 2, § 31 Rn. 1). Deshalb erhalten die Schöffen keine Vergütung für diese Tätigkeit, sondern lediglich eine Entschädigung für Zeitversäumnis, Fahrtkosten, Aufwand sowie bare Auslagen nach §§ 15 ff. JVEG.

2 **Versicherungsrechtlich** ist sichergestellt, dass der Schöffe durch diese Tätigkeit keine Benachteiligung erleidet, vgl. das nachstehende Merkblatt.[1]

Merkblatt zur Information ehrenamtlicher Richterinnen und Richter über sozialversicherungsrechtliche Auswirkungen ihrer Tätigkeit und über die Möglichkeit weiterer Nutzung des Fünften Vermögensbildungsgesetzes

I. Gesetzliche Krankenversicherung. A. Auswirkungen auf das Bestehen des Versicherungsschutzes

1. Bei **pflichtversicherten** ehrenamtlichen Richterinnen und Richtern hat eine Unterbrechung der entgeltlichen Beschäftigung bis zu einem Monat keine Auswirkungen auf die Mitgliedschaft bei einem Träger der gesetzlichen Krankenversicherung. Die Versicherung gilt als fortbestehend. Leistungen werden erbracht, Beiträge brauchen nicht gezahlt zu werden. Wird die versicherungspflichtige Beschäftigung bei ehrenamtlichen Richterinnen und Richtern länger als einen Monat unterbrochen, ist es zur Aufrechterhaltung des Versicherungsschutzes erforderlich, sich freiwillig zu versichern. Die Beiträge hierfür sind aus eigenen Mitteln zu bestreiten; sie werden durch die Entschädigung nach dem Gesetz über die Entschädigung der ehrenamtlichen Richter – EhrRiEG – mit abgegolten. Die freiwillige Versicherung muss der Krankenkasse innerhalb von drei Monaten nach der Beendigung der Mitgliedschaft mitgeteilt werden.

2. **Freiwillig** versicherte ehrenamtliche Richterinnen und Richter müssen ihr Versicherungsverhältnis durch Weiterzahlung der Beiträge aufrechterhalten. Für Personen, die einen Anspruch auf Zahlung des Arbeitgeberzuschusses gemäß § 257 des Fünften Buches Sozialgesetzbuch haben, wird dieser Zuschuss bei Fernbleiben von ihrer Arbeit nicht gezahlt, soweit ehrenamtlichen Richterinnen und Richtern ausgefallenes Arbeitsentgelt vom Gericht erstattet wird. Die Beiträge müssen aus eigenen Mitteln bestritten werden (vgl. vorstehend Nr. 1 Abs. 2 Satz 2).

---

[43] BTagsDrucks. 8/976 S. 65, 66.
[1] Bundesverband ehrenamtlicher Richterinnen und Richter e. V.; http//www.schoeffen.de.

B. Auswirkungen auf die Krankenversicherungsleistungen

1. Bei Fortbestehen des Versicherungsverhältnisses werden für ehrenamtliche Richterinnen und Richter und ihre versicherten Familienangehörigen die satzungsmäßigen Sachleistungen ohne Einschränkung gewährt.
2. In der Regel wirkt sich die Unterbrechung der Beschäftigung auf die Geldleistungen nicht aus. Bei der Berechnung des für die Bemessung des Krankengeldes maßgebenden Regelentgelts bleiben die durch die Tätigkeit bei einem Gericht entstehenden Fehlzeiten unberücksichtigt.

II. Rentenversicherung. Wird das Arbeitsentgelt eines versicherungspflichtigen Arbeitnehmers infolge einer ehrenamtlichen Richtertätigkeit gemindert, so kann er bei seinem Arbeitgeber beantragen, dass der Beitrag zur Rentenversicherung nach dem Arbeitsentgelt (bis maximal zur Beitragsbemessungsgrenze) berechnet wird, das er ohne ehrenamtliche Tätigkeit erzielt hätte. Der Antrag kann nur für laufende und künftige Lohnberechnungszeiträume gestellt werden. Der Arbeitgeber führt dann den vollen Beitrag ab. Er behält jedoch den normalerweise von ihm zu tragenden Arbeitgeberanteil, der auf den Unterschiedsbetrag zwischen dem Arbeitsentgelt ohne ehrenamtliche Tätigkeit und dem Arbeitsentgelt mit einer ehrenamtlichen Tätigkeit entfällt, vom Lohn bzw. Gehalt des Versicherten ein. Für Heimarbeiter und Hausgewerbetreibende gilt das Gesagte entsprechende.

III. Gesetzliche Unfallversicherung. Für die ehrenamtlichen Richterinnen und Richter besteht Unfallversicherungsschutz gegen Körperschäden kraft Gesetzes (§ 2 Abs. 1 Nr. 10 SGB VII). Sie erhalten zu den Geldleistungen der gesetzlichen Unfallversicherung noch Mehrleistungen auf Grund von § 94 SGB VII.

Versicherungsfälle im Sinne der gesetzlichen Unfallversicherung sind u. a. auch die Wegeunfälle. Es handelt sich hierbei um Unfälle, die beim Zurücklegen des Weges nach und von dem Ort der versicherungsrechtlich geschützten Beschäftigung eintreten. Es muss ein Zusammenhang zwischen Arbeitsweg und Unfallereignis bestehen. Der Versicherungsschutz erlischt im Regelfall, wenn die ehrenamtlichen Richterinnen und Richter von dem unmittelbaren Wege zwischen ihrer Wohnung und dem Ort ihrer Tätigkeit abweichen.

Unfälle (auch Wegeunfälle) müssen zur Vermeidung von Nachteilen unverzüglich dem Gericht, bei dem die ehrenamtliche Richtertätigkeit ausgeübt wird, angezeigt werden.

IV. Vermögensbildung. Verringern sich durch die ehrenamtliche Richtertätigkeit die zusätzlichen vermögenswirksamen Leistungen des Arbeitgebers (§ 10 des Fünften Vermögensbildungsgesetzes), so besteht die Möglichkeit, den zulagenbegünstigten Jahreshöchstbetrag aus dem regulären Arbeitslohn nach § 11 des Fünften Vermögensbildungsgesetzes aufzufüllen: Der Arbeitgeber hat auf schriftliches Verlangen des Arbeitnehmers einen Vertrag über die vermögenswirksame Anlage von Teilen des Arbeitslohns abzuschließen und die anzulegenden Lohnteile an das Unternehmen oder Institut zu überweisen. Dadurch wird vermieden, dass sich wegen der ehrenamtlichen Richtertätigkeit der Anspruch auf Arbeitnehmer-Sparzulage verringert.

V. Weitere Auskünfte über Einzelheiten möglicher sozialversicherungsrechtlicher Folgen einer Unterbrechung der beruflichen Beschäftigung durch die ehrenamtliche Richtertätigkeit werden die Sozialversicherungsträger geben können.

Diese sind für die

Krankenversicherung	die Träger der gesetzlichen Krankenversicherung (Allgemeine Ortskrankenkasse, Betriebskrankenkassen, Innungskrankenkassen, Landwirtschaftliche Krankenkassen, Ersatzkassen, Bundesknappschaft, See-Krankenkasse),
Rentenversicherung	die Träger der gesetzlichen Rentenversicherung (Landesversicherungsanstalten, Bundesversicherungsanstalt für Angestellte, Bundesknappschaft, Seekasse, Bahn-Versicherungsanstalt),
Unfallversicherung	die Träger der gesetzlichen Unfallversicherung (Bundesausführungsbehörde und Ausführungsbehörden der Länder bei ehrenamtlicher Richtertätigkeit).

§ 56. [Unentschuldigtes Ausbleiben]

(1) ¹Gegen Schöffen und Vertrauenspersonen des Ausschusses, die sich ohne genügende Entschuldigung zu den Sitzungen nicht rechtzeitig einfinden oder sich ihren Obliegenheiten in anderer Weise entziehen, wird ein Ordnungsgeld festgesetzt. ²Zugleich werden ihnen auch die verursachten Kosten auferlegt.

(2) ¹Die Entscheidung trifft der Richter beim Amtsgericht nach Anhörung der Staatsanwaltschaft. ²Bei nachträglicher genügender Entschuldigung kann die Ent-

scheidung ganz oder zum Teil zurückgenommen werden. ³Gegen die Entscheidung ist Beschwerde des Betroffenen nach den Vorschriften der Strafprozeßordnung zulässig.

1 **I. Pflichtverletzungen.** Bei Verstößen gegen ihre Pflichten kann gegen Schöffen sowie gegen Vertrauenspersonen nach § 40 ein **Ordnungsgeld** festgesetzt werden, auch können ihnen die dadurch verursachten Kosten auferlegt werden. Die Vorschrift umfasst alle zu Schöffen gewählten Personen, auch solche, die nach §§ 31 ff. nicht gewählt werden können oder sollen oder ein Ablehnungsrecht haben, solange sie nicht von der Schöffenliste gestrichen sind. Die Rechtsnatur der Sanktionen nach § 56 ist umstritten. Auch wenn strafähnliche Elemente nicht zu verkennen sind (Rn. 9), wird man sie in erster Linie als **Erzwingungsmittel** zur Erfüllung der Schöffenpflichten anzusehen haben ähnlich § 51 StPO, § 380 ZPO, da die Möglichkeit der Abberufung wegen Pflichtverletzung nicht besteht (Rn. 12) und deshalb § 56 die einzige Möglichkeit ist, den Schöffen zur Teilnahme zu zwingen und so dem Angeklagten den gesetzlichen Richter zu gewährleisten, unbeschadet der Bedenken, die sich in einem solchen Fall gegen die Mitwirkung des Schöffen ergeben können.¹

2 1. Diese Sanktionen sind vorgesehen für den Fall, dass ein Schöffe sich **nicht oder nicht rechtzeitig zur Sitzung einfindet** (Abs. 1 Satz 1; dazu § 54 Rn. 20). Erforderlich ist aber, dass das Nichterscheinen ohne genügende Entschuldigung geschieht. Es ist darauf abzustellen, ob der Schöffe alles Zumutbare getan hat, um (rechtzeitig) zur Sitzung zu kommen. Entschuldigt ist er, wenn solche Gründe vorliegen, die bei rechtzeitiger Mitteilung zur förmlichen Entbindung nach § 54 geführt hätten. Dabei ist auf den jeweiligen Einzelfall abzustellen. Gründe, die bei einer längerfristigen, bekannten Teilnahmepflicht nicht für ein Fernbleiben als ausreichend angesehen werden können, können durchaus bei kurzfristiger Ladung entschuldigen.² Voraussetzung ist stets, dass der Schöffe ordnungsgemäß zur Teilnahme an der Sitzung aufgefordert worden ist, wenn auch formlos (vgl. § 45 Rn. 23; § 47 Rn. 10; § 49 Rn. 2, 9). Wurde der Schöffe von der Dienstleistung nach § 54 entbunden, fehlt es bereits an einer Pflicht zum Erscheinen; § 56 ist deshalb auch dann unanwendbar, wenn die Entbindung aufgrund unzutreffender Angaben des Schöffen erfolgte.³ – Zur rechtzeitigen Anzeige von Verhinderungen Rn. 8.

3 2. Die Sanktionen sind weiter vorgesehen, wenn der Schöffe sich seinen **Obliegenheiten in anderer Weise entzieht.** Das ist einmal der Fall, wenn er sich der Wahrnehmung des Schöffendienstes insgesamt entzieht, indem er sich generell weigert, als Schöffe tätig zu sein.⁴ Soweit er in diesem Zusammenhang auf Gründe verweist, die nach §§ 31 ff. erheblich sind, ist die dafür vorgesehene Entscheidung anzuregen; bis dahin ist der Schöffe zur Dienstleistung verpflichtet. Geht die Entscheidung dahin, dass seine Gründe nicht durchgreifen, muss er weiterhin Dienst leisten; im Verfahren nach § 56 sind diese vorangegangenen Entscheidungen bindend.⁵

4 Verweigert ein Schöffe den Schöffendienst aus **Glaubens- oder Gewissensgründen,** ohne zum Kreis der im § 34 Abs. 1 Nr. 6 oder § 35 Nr. 7 aufgeführten Personen zu gehören, kann dies angesichts des abschließenden Katalogs der §§ 31 ff. nicht dazu führen, dass er allgemein vom Schöffendienst befreit wird, die Weigerung stellt eine Obliegenheitsverletzung dar.⁶ Jedoch kann unter Berücksich-

---

¹ Vgl. OVG Greifswald NVwZ-RR 2003, 70; a. A. *Wolf* NJW 1979, 1176: Disziplinarmaßnahme.
² OLG Hamburg GA 1979, 146.
³ Vgl. OLG Frankfurt NJW 1996, 1687.
⁴ Vgl. OVG Berlin DRiZ 1979, 190; NJW 1979, 1175; *Wolf* NJW 1979, 1176.
⁵ A. A. OLG Köln MDR 1970, 864; *LR/Siolek* Rn. 1.
⁶ KG JR 1966, 188; *Nüse* DRiZ 1968, 87; *LR/Siolek* Rn. 4.

tigung von Art. 4 GG im Ausnahmefall geringes oder mangelndes Verschulden angenommen werden (vgl. Rn. 9; § 35 Rn. 11). Zum Tragen des Kopftuchs etc. § 31 Rn 13.

Eine Obliegenheitsverletzung kann weiter darin liegen, dass der Schöffe sich **5** weigert, den **Schöffeneid** zu leisten (im Einzelnen § 31 Rn. 6).

Auch die Weigerung, bei rechtzeitigem Erscheinen an der **Sitzung und der 6 Abstimmung teilzunehmen,** stellt eine Obliegenheitsverletzung dar. Lehnt jedoch ein Berufsrichter eine Beratung ab, die der Schöffe benötigt, um der Hauptverhandlung folgen zu können, handelt der Schöffe nicht schuldhaft, wenn er sich weigert, unter solchen Umständen weiter an der Verhandlung teilzunehmen.[7]

Der Schöffe ist auch verpflichtet, einen Wohnungswechsel anzuzeigen wie über- **7** haupt postalische und telefonische **Erreichbarkeit** sicherzustellen; tut er das nicht und wird er dadurch unerreichbar (§ 54 Rn. 19), liegt darin ebenfalls eine Obliegenheitsverletzung.

Zu den Obliegenheiten des Schöffen gehört es auch, möglichst frühzeitig seine **8 Verhinderung anzuzeigen,** damit die organisatorischen Maßnahmen, insbesondere Heranziehung der Hilfsschöffen, vorgenommen werden können, so dass die vorgesehene Sitzung ohne Verzögerung durchgeführt werden kann.[8] Insgesamt umfasst der Begriff „Obliegenheit" nur die **unmittelbaren prozessualen Mitwirkungspflichten,** die gewährleisten, dass die Hauptverhandlung in ordnungsgemäßer Besetzung des Gerichts durchgeführt werden kann.[9] So ist die Erklärung eines Schöffen, dass er an den weiteren Sitzungen des Gerichts nicht mehr teilnehmen werde, eine Obliegenheitsverletzung.[10] Der Bruch des Beratungsgeheimnisses kann aber ebenso wenig als Obliegenheitsverletzung nach § 56 geahndet werden[11] wie eine Meinungsäußerung, durch die der Schöffe die richterliche Neutralitäts- oder Zurückhaltungspflicht verletzt und die zu seiner Ablehnung führt.[12]

II. Auferlegung von Ordnungsgeld und Kosten. 1. Das **Ordnungsgeld 9** soll die Pflichtverletzung des Schöffen ahnden, ihn vor allem aber zur zukünftigen Beachtung seiner Pflichten anhalten (Rn. 1). Es kommt daher in der Regel nicht mehr in Betracht, wenn der Schöffe aus seinem Amt ausgeschieden ist.[13] Die Höhe beträgt nach Art. 6 EGStGB mindestens 5 und höchstens 1000 Euro, sie hat Schuldangemessenheit zu wahren.[14] Ist das Verschulden gering, kann entsprechend § 153 StPO von einem Ordnungsgeld – nicht von der Auferlegung der Kosten, Rn. 10 – abgesehen werden.[15] Eine Ersatzordnungshaft sieht § 56 nicht vor, sie ist deshalb nach Art. 8 EGStGB unzulässig. Zu Zahlungserleichterungen vgl. Art. 7 EGStGB.

2. Zu den **„verursachten Kosten"** gehören alle, die auf die Pflichtverletzung **10** des Schöffen zurückzuführen sind. Das sind bei notwendiger Vertagung einer Sitzung die Kosten der Ladungen und die Kosten der angereisten Verfahrensbeteiligten (auch Zeugen usw.), auch die ihnen durch eine Verzögerung des Beginns entstandenen erhöhten Kosten. Hierher rechnen auch die durch die Notwendigkeit der Heranziehung von Hilfsschöffen entstandenen besonderen Kosten (Porto, Fahrtkosten usw.), ebenso die Kosten der Vollstreckung des Ordnungsgeldes. Hat der Schöffe die Obliegenheitsverletzung nicht schuldhaft begangen

---

[7] LG Münster NJW 1993, 1088.
[8] VGH Kassel VerwRSpr 1976, 123.
[9] OLG Frankfurt NJW 1990, 3285.
[10] OLG Frankfurt NJW 1992, 3183.
[11] KG JR 1987, 302; *LR/Siolek* Rn. 5; *Meyer-Goßner* Rn. 4; *Katholnigg* Rn. 2; a. A. *Schmidt-Räntsch* § 45 DRiG Rn. 4.
[12] OLG Frankfurt NJW 1990, 3285; KG NStZ 1999, 427.
[13] Vgl. OVG Greifswald NVwZ-RR 2003, 70.
[14] Vgl. OLG Koblenz MDR 1993, 1229; *LR/Siolek* Rn. 12.
[15] KG 5. 4. 2000 – 4 Ws 30/00 –; *KK/Hannich* Rn. 6.

(Rn. 15, 17), sind die von ihm verursachten Kosten Teil der allgemeinen Verfahrenskosten.[16]

11 **Strafrechtlich** haftet der Schöffe auch nach den Amtsdelikten; für ihn gilt, soweit er vermögensrechtlich haftet, die Staatshaftung (vgl. § 31 Rn. 9). Jedoch besteht **keine** allgemeine **vermögensrechtliche Haftung** des Schöffen für von ihm durch Verletzung seiner Pflichten entstandene Schäden über § 56 GVG hinaus. Nach § 45 Abs. 9 DRiG gelten für Schöffen (nur) die Vorschriften des GVG. Nur für die Berufsrichter verweist § 46 DRiG auf die Haftungsvorschriften des Beamtenrechts, z.B. § 46 BRRG, § 78 BBG (vgl. § 1 Rn. 194), nicht aber für die Schöffen. Eine analoge Anwendung dieser Vorschriften kommt angesichts des eindeutigen Wortlauts nicht in Betracht. Auch eine ausdehnende Anwendung des § 56 GVG ist unzulässig angesichts seines eindeutigen Wortlauts wie auch seines Zwecks, die Tätigkeit des Schöffen zu erzwingen (Rn. 1).

12 3. Die Sanktionen des § 56 sind **für jeden einzelnen Fall** der Pflichtverletzung zulässig, eine Zusammenrechnung, z.B. nach §§ 52 ff. StGB, findet nicht statt.[17] Eine **Entbindung des Schöffen von seinem Amt** wegen grober Verletzung seiner Pflichten ist im GVG nicht vorgesehen,[18] im Gegensatz zu den anderen Verfahrensgesetzen (vgl. § 27 ArbGG, § 21 Abs. 1 Nr. 3 FGO, § 22 SGG, § 24 Abs. 1 Nr. 2 VwGO; vgl. auch §§ 112, 113 GVG).

13 III. Verfahren. 1. Zuständig ist der Richter beim AG (Abs. 2 Satz 1, vgl. § 54 Rn. 14). Die StA ist zu hören (Abs. 2 Satz 1), auch der Schöffe hat unabhängig vom Beschwerderecht nach Abs. 2 Satz 3 Anspruch auf rechtliches Gehör.[19]

14 2. Voraussetzung für die Sanktion ist im Falle des Nichterscheinens der Nachweis der **Ladung** (die nicht formgebunden ist, Rn. 2), der Hinweis auf die Folgen des § 56 in der Ladung (§ 45 Abs. 4 Satz 4) ist jedoch nicht erforderlich. Soweit es um andere Obliegenheitsverletzungen geht, muss dem Schöffen seine Schöffenpflicht in ihrer jeweiligen konkreten Ausgestaltung bekannt sein.

15 3. Der Richter hat zu prüfen, ob Umstände vorliegen, die eine **Entschuldigung** beinhalten (Anzeige des Schöffen zu den Akten, Anruf, Verkehrsverhältnisse usw.). Liegen solche Anhaltspunkte nicht vor, ist grundsätzlich die Sanktion zu verhängen, das Gesetz lässt keinen Ermessensspielraum.[20] Wohl aber wird in Ausnahmefällen, besonders bei Unerheblichkeit, von der Festsetzung abgesehen werden können (Rn. 9).

16 4. Die Entscheidung ergeht durch **Beschluss**. Die **Vollstreckung** obliegt dem Richter, vgl. § 179.

17 IV. Möglichkeiten des Schöffen. 1. Nachträgliche Entschuldigung. Er kann nachträglich (vor oder nach Erlass des Beschlusses, auch noch nach der Vollstreckung) die Gründe vorbringen, die sein Nichterscheinen bzw. seine Obliegenheitsverletzung als entschuldigt ansehen lassen; so ist auch eine „Beschwerde" zu verstehen, die sich inhaltlich als nachträgliche Entschuldigung darstellt.[21] Sieht der Richter diese Gründe als ausreichend an, hebt er den Beschluss wieder auf (Abs. 2 Satz 2), und zwar ganz oder zum Teil. Letzteres ist angezeigt, wenn die Pflichtverletzung jetzt in milderem Licht erscheint. So kann auf das Ordnungsgeld verzichtet werden bei Aufrechterhaltung der Kostentragungspflicht (Rn. 9). Die Entscheidung steht im pflichtgemäßen Ermessen des Richters.

---

[16] OLG Hamm MDR 1977, 865; *Meyer-Goßner* Rn. 5.
[17] KG bei *Nüse* DRiZ 1968, 87, 88.
[18] *Wolf* NJW 1979, 1176.
[19] Vgl. OVG Greifswald NVwZ-RR 2003, 70.
[20] LR/*Siolek* Rn. 6; *Katholnigg* Rn. 3.
[21] OLG Düsseldorf MDR 1983, 690.

2. Beschwerde (Abs. 2 Satz 2). Sie ist zulässig sowohl gegen den Beschluss als 18 auch gegen die Entscheidung über nachträglich vorgebrachte Entschuldigungsgründe. Durch die Beitreibung des Ordnungsgeldes (Rn. 16) wird sie nicht gegenstandslos.[22] Es gelten §§ 306 ff. StPO; die angefochtene Entscheidung ist in vollem Umfange nachprüfbar. Eine weitere Beschwerde ist unstatthaft (§ 310 Abs. 2 StPO). – Die StA hat kein Beschwerderecht.[23]

V. Andere Verfahrensvorschriften. Die anderen Verfahrensvorschriften ent- 19 halten, abgesehen von der Möglichkeit der Abberufung eines ehrenamtlichen Richters (Rn. 12), ebenfalls die Möglichkeit der Auferlegung von Ordnungsgeld wegen Pflichtverletzung, teilweise auch der dadurch entstandenen Kosten (vgl. § 28 ArbGG, § 30 FGO, § 21 SGG, § 33 VwGO).

§ 57. [Bestimmung der Fristen]

Bis zu welchem Tag die Vorschlagslisten aufzustellen und dem Richter beim Amtsgericht einzureichen sind, der Ausschuß zu berufen und die Auslosung der Schöffen zu bewirken ist, wird durch die Landesjustizverwaltung bestimmt.

Damit rechtzeitig vor dem Beginn der Amtsperiode der Schöffen (§ 42 Abs. 1) 1 und vor dem Beginn des Geschäftsjahres die Schöffen gewählt und ausgelost werden können, bedarf es der Einhaltung eines Zeitplans für die verschiedenen Stadien. Im Interesse der Einheitlichkeit und der Rechtzeitigkeit ist die Festlegung eines solchen Zeitplans der LJustizVerw übertragen. Deren Anordnung ist für alle am Verfahren Beteiligten verbindlich. Indessen hat sie keine Möglichkeit, diesen Zeitplan auch durchzusetzen. Zwangsbefugnisse hat nach § 56 nur der Richter am AG hinsichtlich der Amtsausübung der Vertrauensleute (§ 40 Abs. 3). Im Übrigen hat er auf lokaler Ebene auf die Einhaltung des Zeitplans hinzuwirken (vgl. § 36 Rn. 16; § 38 Rn. 1).

Zusätzlich zur Bestimmung des Zeitplans ist es empfehlenswert, über den Geset- 2 zeswortlaut hinaus Erläuterungen und Arbeitshinweise für die Vorbereitung und Durchführung der einzelnen Stadien der Schöffenwahl zu geben.

§ 58. [Gemeinsames Amtsgericht]

(1) ¹Die Landesregierungen werden ermächtigt, durch Rechtsverordnung einem Amtsgericht für die Bezirke mehrerer Amtsgerichte die Strafsachen ganz oder teilweise, Entscheidungen bestimmter Art in Strafsachen sowie Rechtshilfeersuchen in strafrechtlichen Angelegenheiten von Stellen außerhalb des räumlichen Geltungsbereichs dieses Gesetzes zuzuweisen, sofern die Zusammenfassung für eine sachdienliche Förderung oder schnellere Erledigung der Verfahren zweckmäßig ist. ²Die Landesregierungen können die Ermächtigung durch Rechtsverordnung auf die Landesjustizverwaltungen übertragen.

(2) ¹Wird ein gemeinsames Schöffengericht für die Bezirke mehrerer Amtsgerichte eingerichtet, so bestimmt der Präsident des Landgerichts (Präsident des Amtsgerichts) die erforderliche Zahl von Haupt- und Hilfsschöffen und die Verteilung der Zahl der Hauptschöffen auf die einzelnen Amtsgerichtsbezirke. ²Ist Sitz des Amtsgerichts, bei dem ein gemeinsames Schöffengericht eingerichtet ist, eine Stadt, die Bezirke der anderen Amtsgerichte oder Teile davon umfaßt, so verteilt der Präsident des Landgerichts (Präsident des Amtsgerichts) die Zahl der Hilfsschöffen auf diese Amtsgerichte; die Landesjustizverwaltung kann bestimmte

---

[22] OLG Düsseldorf NJW 1992, 1712.
[23] *LR/Siolek* Rn. 13; *Meyer-Goßner* Rn. 9; *Katholnigg* Rn. 7.

Amtsgerichte davon ausnehmen. ³Der Präsident des Amtsgerichts tritt nur dann an die Stelle des Präsidenten des Landgerichts, wenn alle beteiligten Amtsgerichte seiner Dienstaufsicht unterstehen.

(3) Die übrigen Vorschriften dieses Titels sind entsprechend anzuwenden.

Gesetzesfassung: Abs. 2 i. d. F. Art. 2 Nr. 2 StVÄG 1987.

1 **I. Konzentrationsermächtigung.** Die Vorschrift enthält eine **Konzentrationsermächtigung,** wie sie vergleichbar in vielen Vorschriften enthalten ist (vgl. § 23 c). Sofern die Zusammenfassung für eine **sachdienliche Förderung oder schnellere Erledigung** der Verfahren zweckmäßig ist, können im Einzelnen aufgeführte Strafsachen einem AG für den Bezirk mehrerer AG zugewiesen werden (Abs. 1 Satz 1). Im Zusammenhang mit SchöffenG kommt zu den allgemeinen Vorzügen einer Konzentration (vgl. § 23 c Rn. 1) hinzu, dass bei geringem Anfall von SchöffenG-Sachen bei einem AG der mit der Wahl von Schöffen verbundene erhebliche Aufwand unverhältnismäßig erscheint.

2 Voraussetzung für die Konzentration nach § 58 ist entweder die sachdienliche Förderung und/oder die schnellere Erledigung der Verfahren. Die Zusammenfassung muss also auf eine Förderung oder schnellere Erledigung der Verfahren hinzielen. Sie darf nicht etwa in der Absicht vorgenommen werden, im Einzelfall bestimmte Richter aus der Strafrechtspflege zu verdrängen. Ziel der Zusammenfassung muss vielmehr eine Verbesserung der amtsgerichtlichen Strafrechtspflege sein. Die Erfahrung lehrt, dass Richter, die ihre gesamte Arbeitskraft einem besonderen Sachgebiet zuwenden und dort spezielle Erfahrungen sammeln können, auf Grund ihrer besonderen Sachkunde rationeller und schneller arbeiten und die Materie tiefer durchdringen. In den nur mit einem oder zwei Richtern besetzten kleinen Amtsgerichten besteht nicht die Möglichkeit, Spezialdezernate zu bilden. „Programm" der Ermächtigung ist also die Bildung optimal ausgelasteter Sachdezernate auf dem Gebiet der amtsgerichtlichen Strafrechtspflege.[1]

3 **II. Zuständigkeit.** Die **Ermächtigung** zur Konzentration ist der **LReg** erteilt (Abs. 1 Satz 1), die sie ihrerseits durch RechtsVO auf die LJustizVerw übertragen kann (Abs. 1 Satz 2). Sie kann nur im Wege der RechtsVO ausgeübt werden. § 58 genügt den Anforderungen des Art. 80 GG.[2] Die RechtsVO, die die Konzentration herbeiführt, ist nicht nach § 47 VwGO nachprüfbar (vgl. § 23 c Rn. 7).

4 **III. Sachlicher Umfang. 1. Strafsachen,** und zwar ganz oder teilweise, soweit sie in die sachliche Zuständigkeit des AG, des Strafrichters oder des SchöffenG, fallen. Es können also sowohl alle Strafsachen konzentriert werden als auch nur einzelne abstrakt (sachlich, nicht örtlich) bestimmte Gruppen, z. B. Verkehrsstrafsachen oder Privatklageverfahren, auch alle durch Antrag und § 417 StPO eingeleiteten Verfahren.[3] Neben der Konzentration von Deliktsgruppen ist aber auch die nach Personengruppen zulässig, wenn sie nur abstrakt vorgenommen wird.[4] Wichtigster Anwendungsfall sind die SchöffenG-Sachen. Es ist jedoch unzulässig, nur die SchöffenG-Sachen zu konzentrieren, die vor dem erweiterten SchöffenG nach § 29 Abs. 2 zu verhandeln sind.[5]

5 **2. Entscheidungen bestimmter Art in Strafsachen.** Hier handelt es sich nicht um das gesamte Strafverfahren, sondern um Teile davon. Hierher zählen z. B. die Entscheidungen über Untersuchungshaft, Beschlagnahmen und Durchsuchungen. Es können auch die nur auf Grund einer Hauptverhandlung zu erlassenden Ent-

---

[1] BVerfGE 24, 155, 168 = NJW 1969, 1291.
[2] BVerfG aaO.
[3] OLG Köln NStZ-RR 2000, 273.
[4] OLG Nürnberg NStZ 1987, 37.
[5] *Dallinger* JZ 1953, 434; *Meyer-Goßner* Rn. 4; *LR/Siolek* Rn. 10.

scheidungen konzentriert werden, ebenso die Entscheidung über die Eröffnung des Hauptverfahrens.[6]

3. Rechtshilfeersuchen in strafrechtlichen Angelegenheiten von Stellen außerhalb des räumlichen Geltungsbereichs des GVG (dazu § 1 EGGVG Rn. 10 ff.). Zur Konzentration sonstiger Rechtshilfeersuchen § 157 Abs. 2.

IV. Örtlicher Umfang. Einem AG können die konzentrierfähigen Sachen für die Bezirke mehrerer AG zugewiesen werden. Von der Konzentration kann jeweils nur der gesamte Bezirk eines AG umfasst werden, örtliche Aufspaltungen jedweder Art sind nicht möglich. Die von der Konzentration erfassten AG brauchen aber weder dem gleichen LG-Bezirk noch dem gleichen OLG-Bezirk anzugehören.[7] Sie müssen nur innerhalb des Landes liegen.[8] Eine die Ländergrenzen übergreifende Konzentration bedarf einer gesetzlichen (staatsvertraglichen) Regelung.

V. Änderung der örtlichen Zuständigkeit. Durch die Konzentration ändert sich für die davon ergriffenen Sachen die **örtliche Zuständigkeit**. Das zuständiges Gericht für diese Sachen ist nur das ausdrücklich bezeichnete AG, die anderen AG sind unzuständig, was auch für die Wahrung von Fristen von Bedeutung ist. Die Konzentration bestimmt auch die örtliche Zuständigkeit der Rechtsmittelgerichte (vgl. § 23c Rn. 2). Voraussetzung der Konzentration ist aber die ohnedies im Bezirk bestehende örtliche Zuständigkeit, sie begründet keine zusätzliche örtliche Zuständigkeit.[9]

VI. Gemeinsames Schöffengericht. 1. Bei seiner Bildung für den Bezirk mehrerer AG würde die uneingeschränkte Anwendung der Vorschriften über die Schöffenwahl dazu führen, dass alle Schöffen nur aus dem Bezirk des AG, bei dem das gemeinsame SchöffenG gebildet ist, stammen und alle Entscheidungen vom Richter bei diesem AG getroffen würden. Um zu erreichen, dass entsprechend dem Grundgedanken der Zuziehung (§ 28 Rn. 2) Schöffen aus dem gesamten Bezirk des gemeinsamen SchöffenG an der RSpr mitwirken, bestimmt Abs. 2, dass der Präsident des dem AG, bei dem das gemeinsame SchöffenG besteht, übergeordneten LG die erforderliche **Zahl der Haupt- und Hilfsschöffen** bestimmt (vgl. § 43); unterliegen alle von der Konzentration erfassten AG der Dienstaufsicht eines AG-Präsidenten (§ 22 Rn. 41), so bestimmt dieser anstelle des LG-Präsidenten die Zahl der Haupt- und Hilfsschöffen (Abs. 2 Satz 3).

2. Außerdem bestimmt der Präsident die **Verteilung** der Hauptschöffen **auf die einzelnen AG-Bezirke**. Es müssen also Hauptschöffen aus jedem der von der Konzentration umfassten AG-Bezirke gewählt werden. Dabei ist keine schematische Quotelung vorgeschrieben, etwa nach der Zahl der Gerichtseingesessenen; vielmehr können Zweckmäßigkeitsüberlegungen, z.B. Kosten oder Verkehrsverbindungen, berücksichtigt werden. Es handelt sich dabei um eine reine Verwaltungsaufgabe.[10] – Die auf jeden der AG-Bezirke entfallenden Hauptschöffen werden aus der für den einzelnen AG-Bezirk zu erstellenden Vorschlagsliste (§§ 38, 39) getrennt gewählt, und zwar jeweils von dem bei jedem AG bestehenden Ausschuss nach § 40.

3. Die **Hilfsschöffen** für das gemeinsame SchöffenG werden grundsätzlich nur aus der Vorschlagsliste des AG gewählt, bei dem das gemeinsame SchöffenG gebildet ist (Abs. 2 Satz 1 i.V.m. § 42 Abs. 1 Nr. 2 Satz 2); diese Regelung soll bewirken, dass die Hilfsschöffen, die im Einzelfall kurzfristig zu den Sitzungen herangezogen werden sollen, nur kurze Wege zum Gericht zurückzulegen haben. Es wählt

---

[6] *LR/Siolek* Rn. 9.
[7] *LR/Siolek* Rn. 5.
[8] BVerfGE 24, 155, 168 = NJW 1969, 1291; E 30, 103, 107 = NJW 1971, 795.
[9] BGHSt 35, 344 = NJW 1989, 237.
[10] BGHSt 25, 257 = NJW 1974, 509.

der bei diesem AG gebildeten Ausschuss nach § 40. Jedoch sieht Abs. 2 Satz 2 vor, dass ausnahmsweise auch die Hilfsschöffen auf alle AG verteilt werden, nämlich dann, wenn der Sitz des gemeinsamen SchöffenG eine Stadt ist, die Bezirke der anderen AG oder Teile davon umfasst. Damit soll erreicht werden, dass in Großstädten mit mehreren AG, aber nur einem SchöffenG, die Hilfsschöffen ebenso wie die Hauptschöffen mit Rücksicht auf die besseren Verkehrsverhältnisse auf die ganz oder teilweise zum Stadtgebiet gehörenden AG verteilt werden; sie sind dann wie bereits die Hauptschöffen von den bei den betreffenden AG gebildeten Wahlausschüssen zu wählen.[11] Zuständig für die Bestimmung ist der Präsident des LG/AG. Damit Besonderheiten der örtlichen Verhältnisse Rechnung getragen werden kann, ist aber vorgesehen, dass die LJustizVerw bestimmte AG von dieser Regelung wieder ausnehmen kann.

12 4. Mit der Wahl der Haupt- und Hilfsschöffen ist das getrennte Verfahren abgeschlossen, es wird eine **gemeinsame Schöffenliste** (§ 44) gebildet. Die Auslosung der Haupt- und Hilfsschöffen (§ 45) ist dann für das konzentrierte SchöffenG einheitlich vorzunehmen; die Mitwirkung der Schöffen ist also nicht geografisch beschränkt.[12]

13 5. Als **Berufsrichter** können bei dem gemeinsamen SchöffenG nur Richter des AG tätig sein, bei dem dieses gemeinsame SchöffenG errichtet ist; das Präsidium dieses AG hat nicht die Befugnis, Richter der von der Konzentration umfassten anderen AG heranzuziehen (anders als z. B. nach §§ 78b, 106).

---

[11] BTagsDrucks. 10/1313 S. 56.
[12] LR/*Siolek* Rn. 8.

Fünfter Titel. Landgerichte

§ 59. [Besetzung]

(1) Die Landgerichte werden mit einem Präsidenten sowie mit Vorsitzenden Richtern und weiteren Richtern besetzt.

(2) Den Richtern kann gleichzeitig ein weiteres Richteramt bei einem Amtsgericht übertragen werden.

(3) Es können Richter auf Probe und Richter kraft Auftrags verwendet werden.

Übersicht

	Rn.		Rn.
I. Landgericht, Bezirk	1	b) Zahl und Aufgaben	11
II. Besetzung des LG	2	c) Vertretung	13
1. Präsident	3	d) Andere Aufgaben	14
a) „besetzt"	3	e) Kritik	15
b) Doppelstellung des Präsidenten	7	3. Weitere Richter	16
2. Vorsitzende Richter	10	III. Übertragung eines weiteren Richteramts (Abs. 2)	20
a) „besetzt"	10		

I. Landgericht, Bezirk. Das GVG sieht das LG als Gerichtsart der ordentlichen Gerichtsbarkeit mit fest umrissener Zuständigkeit vor (vgl. § 12 Rn. 5). **In jedem Land** der BRep muss **mindestens ein LG** bestehen; im Übrigen wird die Zahl, der Sitz und der Bezirk durch das Landesrecht bestimmt. Besondere bundesrechtliche Regelungen für die Änderung der Gerichtseinteilung enthalten das ZuständigkeitsänderungsG (mit Wirkung vom 24. 4. 2008 aufgehoben; Anhang) und das ZuständigkeitsergänzungsG. Die Regelungskompetenz des Landesgesetzgebers endet an der Landesgrenze, grenzüberschreitende Regelungen bedürfen bundesrechtlicher Ermächtigung. Die Errichtung eines ständigen **auswärtigen (detachierten) Spruchkörpers** ist als Abweichung von der allgemeinen örtlichen Zuständigkeitsregelung nur durch Gesetz oder auf Grund besonderer gesetzlicher Ermächtigung zulässig (vgl. §§ 13a, 78, 78a, 93 Abs. 2, 116 Abs. 2), jedoch als Ausfluss des landesrechtlichen Organisationsrechts nur durch Landesrecht. Zur Tätigkeit außerhalb des Gerichtssitzes § 22 Rn. 24 ff.; zu Konzentrationen § 23c. 1

II. Besetzung des LG. § 59 regelt die Besetzung des LG mit Richtern institutionell. Jedes LG muss einen Präsidenten (und nur einen) sowie Vorsitzende Richter und weitere Richter haben; die Zahl der beiden letzteren wird durch das Haushaltsrecht des einzelnen Landes bestimmt (§ 22 Rn. 18 ff.). 2

1. Mit einem **Präsidenten** muss das LG „besetzt" sein. **a)** Dies bedeutet, dass die Planstelle für einen Präsidenten stets zugewiesen, grundsätzlich aber auch „besetzt" sein muss. Die nach der Lebenserfahrung unvermeidlichen Vakanzen auf dieser Planstelle nimmt das Gesetz als selbstverständlich hin. Verzögert sich aber die **Wiederbesetzung** der Stelle über Gebühr, kann dies gegen die institutionelle Vorgabe des § 59 verstoßen, somit wegen der nach § 21f Abs. 1 zwingenden Vorsitzendentätigkeit des Präsidenten die verfassungsrechtliche Garantie des gesetzlichen Richters verletzen. In Frage stehen die rechtlichen Schranken bei der Ausübung der Justizhoheit und der staatlichen Organisationsgewalt, nicht subjektive Rechte einzelner Richter.[1] Die bis zur Besetzung einer freien Stelle verstreichende Zeit kann als eine die Vertretung des Präsidenten im Kammervorsitz rechtfertigende „vorübergehende" Vakanz (§ 21f Rn. 15) nur hingenommen werden, wenn ihre 3

---

[1] Vgl. OVG Saarlouis DRiZ 1993, 157.

§ 59 4, 5

Dauer auf den für eine Stellenbesetzung erforderlichen Verwaltungsabläufen und auf der Erfüllung der hierfür bestehenden rechtlichen Vorgaben beruht (wie Stellenausschreibung, Einschaltung anderer Gremien, z.B. Präsidialrat oder Richterwahlausschuss, in besonderen Fällen auch des Parlaments als Wahlgremium), die Wiederbesetzung also „unverzüglich",[2] ohne ungebührliche Verzögerung[3] vorgenommen wird. Verzögerungen aus anderen Gründen vermögen eine Vakanz nicht zu rechtfertigen und lassen diese als nicht mehr nur „vorübergehend" erscheinen mit der Folge, dass die Vertretung unzulässig und die Garantie des gesetzlichen Richters verletzt ist.[4]

4 Stets gesetzwidrig sind also **geplante Verzögerungen** der Wiederbesetzung, mögen sie generell vorgesehen sein oder im Einzelfall betrieben werden. Das gilt für Beförderungssperren[5] ebenso wie für Wiederbesetzungssperren.[6] Auch deren Verankerung in Haushaltsgesetzen der Länder verstößt, was Vorsitzende von Spruchkörpern betrifft, gegen die Garantie des gesetzlichen Richters.[7] Nicht mehr nur vorübergehend ist eine Vakanz auch bei einer sonstigen bewussten zeitlichen Verzögerung der Stellenbesetzung durch die Justizverwaltung, etwa als haushaltsrechtliche Sparmaßnahme.[8]

5 Außerhalb solcher geplanten Verzögerungen lassen sich naturgemäß keine allgemeingültigen Fristen für die Wiederbesetzung einer freien Stelle festlegen.[9] Zu rechtfertigen ist lediglich eine sich aus der Sache ergebende Unvermeidbarkeit der voraussichtlichen Vakanz, so dass sich der zulässige Zeitraum unterschiedlich bemessen kann, je nachdem, ob die Stelle durch Erreichen der Altersgrenze oder infolge unvorhersehbarer Ereignisse frei wurde und ob die Wiederbesetzung Maßnahmen der Justizverwaltung oder lediglich einen Präsidiumsbeschluss erfordert.[10] Wenn in der RSpr Zeiträume von 5 Monaten,[11] 6,5 Monaten[12] bzw. einem halbem Jahr oder länger[13] als erträglich angesehen werden und das BVerfG nach den Umständen auch 8 Monate noch nicht als ungebührliche Verzögerung ansah,[14] ist aber die äußerste Grenze auch für die Fälle erreicht, in denen der Eintritt der Vakanz nicht vorauszusehen war.[15] Strengere Maßstäbe sind demgegenüber anzulegen, wenn die Vakanz **vorhersehbar** war, vor allem bei altersbedingtem Eintritt in den Ruhestand. Hier kann im Allgemeinen bereits eine Vakanz von mehr als 3 Monaten nicht mehr als „vorübergehend" angesehen werden.[16] Der BGH spricht sogar von einer Wiederbesetzung „sogleich"[17] oder „unmittelbar" nach dem Ausscheiden,[18] das BVerwG von „unverzüglich",[19] nimmt aber an anderer Stelle[20] auch eine

---

[2] BGHSt 8, 17 = NJW 1955, 1447.
[3] BVerfG, vgl. *Ridder* NJW 1972, 1689.
[4] BGHZ 95, 22 = NJW 1985, 2336; BVerwG NJW 1986, 1366.
[5] BGHZ 95, 22 = NJW 1985, 2336; BGH NJW 1986, 2115.
[6] BGHZ 95, 246 = NJW 1985, 2337; Z 96, 258 = NJW 1986, 1349; *Katholnigg* Rn. 3; *BL/Hartmann* Rn. 5; *MünchKommZPO/Wolff* Rn. 6.
[7] BayVerfGH NJW 1986, 1326 dürfte dahin zu verstehen sein, dass das dort zu beurteilende Haushaltsgesetz hinreichend Spielraum bot, den verfassungsrechtlichen Anforderungen an eine Wiederbesetzung von Vorsitzendenstellen Rechnung zu tragen.
[8] OLG Hamburg NStZ 1984, 570 = JR 1985, 16 m. zust. Anm. *Katholnigg*.
[9] Vgl. *Sowada* S. 291 f.
[10] BVerfGE 18, 423; BVerwG NJW 2001, 3493; OLG Oldenburg StraFo 2001, 131; StV 2003, 12.
[11] BGHSt 8, 17 = NJW 1955, 1447.
[12] BGHSt 14, 11 = NJW 1960, 542.
[13] BVerwG NJW 2001, 3493.
[14] Vgl. *Ridder* NJW 1972, 1689; OLG Koblenz VRS 47, 270.
[15] Zum ähnlichen Fall erhöhter gesetzlicher Voraussetzungen für das Vorsitzendenamt BGH DRiZ 1978, 184.
[16] So OLG Frankfurt MDR 1978, 162 bei vier Monaten Vakanz; dem gegenüber BSG NJW 2007, 2717: 6 Monate.
[17] BGHZ 95, 246 = NJW 1985, 2337.
[18] BGHZ 96, 258 = NJW 1986, 1349.
[19] NJW 1986, 1366.
[20] 26. 3. 2003 – 4 B 19/03 –; ebenso BSG NJW 2007, 2717; BFH 8. 9. 2006 – II B 42/05 –.

Vakanz hin, die zu keinen wesentlich gewichtigeren Beeinträchtigungen führt als längerer Urlaub oder längere Krankheit, so drei Monate, je nach den konkreten Gegebenheiten aber auch einen längeren Zeitraum.[21]

Eine Vakanz kann bei einer **Konkurrentenklage** eintreten, wenn der Justizverwaltung die Ernennung des ausgewählten Bewerbers im Wege des einstweiligen Rechtsschutzes untersagt wird.[22] Da die Justizverwaltung hier rechtlich an der alsbaldigen Wiederbesetzung der Stelle gehindert und die Dauer der Vakanz ihrem Einflussbereich entzogen ist, begründet das Fehlen eines Präsidenten keinen Verstoß gegen den gesetzlichen Richter. Für den vom Präsidenten innegehabten Vorsitz in der Kammer gelten aber die allgemeinen Regeln (Rn. 13); das weitere Tätigwerden des Vertreters ist nur bei vorübergehender Vakanz zulässig, ansonsten hat das Präsidium einen anderen Vorsitzenden zu bestimmen. 6

b) Der Präsident hat eine **Doppelstellung** (§ 12 Rn. 90). Er ist sowohl Richter als auch Organ der Justizverwaltung. Als Richter hat er aktiv an der RSpr des LG teilzunehmen. Welche richterlichen Aufgaben er wahrnimmt, entscheidet er selbst (§ 21 e Abs. 1 Satz 3), dies kann aber nur der Vorsitz in einer Kammer sein (§ 21 f Abs. 1). Eine Geschäftsverteilung, die den Präsidenten von richterlichen Aufgaben ausnimmt, ist insgesamt mangelhaft. Die Vertretung im Spruchkörper wird in der Geschäftsverteilung bestimmt (§§ 21 e Abs. 1 Satz 1, 21 f Abs. 2 Satz 1). Alles zu den Aufgaben eines VorsRichters und zu dessen Vertretung Gesagte (Rn. 12 ff.) gilt auch für den LG-Präsidenten wie für den OLG-Präsidenten als Vorsitzenden eines Senats[23] (vgl. § 115 Rn. 3). Bei der Bemessung des Zuständigkeitsrahmens ist deshalb seinen Verwaltungsaufgaben Rechnung zu tragen (§ 21 f Rn. 5). Weiter ist der Präsident kraft Gesetzes Vorsitzender des Präsidiums (§ 21 a Abs. 2 Satz 1, § 22 a) sowie in Eilfällen zu Maßnahmen der Geschäftsverteilung berufen (§ 21 i Abs. 2, § 22 b Abs. 3, 4); die Vertretung regelt sich hier nach § 21 h. 7

Der **Richterpräsident** ist gesetzliches und auch verfassungsrechtliches Leitbild. Dies ist den Überlegungen mancher um „Effizienz" bemühter Rechtspolitiker, bei den Gerichten als „Führungskraft" einen reinen Administrator zu installieren, entgegen zu halten. Einfachgesetzlich hindern dies §§ 21 e Abs. 1 Satz 3, 21 f Abs. 1. Deren Zweck ist die weitere Absicherung der persönlichen und sachlichen Unabhängigkeit des Richters. Sie halten den Präsidenten im Lager der Richterschaft, führen ihm die notwendigen Rahmenbedingungen richterlicher Tätigkeit stets vor Augen und gewährleisten somit, dass er sich auch als Exekutivorgan und unmittelbarer Dienstvorgesetzter einer Amtsführung befleißigt, die, was die Achtung der richterlichen Unabhängigkeit angeht, außerhalb jeden Zweifels steht. Ohne Verletzung von Art. 92, 97 GG könnten die Vorschriften deshalb in ihrem Wesensgehalt auch nicht angetastet werden. Mit Blick auf Art. 101 Abs. 1 Satz 2 GG wäre es undenkbar, einem in der RSpr des Gerichts nicht tätigen Verwaltungsbeamten Mitwirkungsrechte im Präsidium und bei der den gesetzlichen Richter konkretisierenden Geschäftsverteilung einzuräumen. 8

Art und Umfang der dem Präsidenten obliegenden Aufgaben der **Gerichts- und Justizverwaltung** werden im Allgemeinen durch das Landesrecht bestimmt (vgl. § 12 Rn. 84 ff.). Landesrechtlich geregelt wird auch seine Vertretung hierin; § 21 h ist nicht anwendbar (§ 21 h Rn. 3). Bei diesen Geschäften besteht auch keine Unabhängigkeit (§ 1 Rn. 41, 45; § 12 Rn. 88). Ein **Präsidentenamt auf Zeit**[24] wäre, abgesehen von der Unvereinbarkeit mit Art. 22 Abs. 5 GG,[25] wegen der notwendigen Wahrnehmung auch richterlicher Aufgaben in der Rechtsprechung und 9

---

[21] Zur Rspr *Werner* NJW 2007, 2671.
[22] Vgl. hierzu VGH Mannheim NJW 1996, 2525; OVG Saarlouis NVwZ-RR 2003, 47; OVG Schleswig NVwZ-RR 2003, 321; *Landau/Christ* NJW 2003, 1648.
[23] BGHZ 49, 64 = NJW 1968, 501.
[24] Zu diesen Überlegungen *Münchbach* ZRP 2007, 156.
[25] BVerwG 27. 9. 2007 – 2 C 21.06 –.

im Präsidium (Rn. 7f.) auch nach Art. 97 Abs. 1 GG unzulässig,[26] jedenfalls in der Form, dass die Justizverwaltung über eine erneute Berufung entscheiden könnte. Darin läge eine Beeinträchtigung der persönlichen Unabhängigkeit des Präsidenten, die auch auf die Wahrnehmung der richterlichen Aufgaben ausstrahlt, da nicht mehr vom System her ausgeschlossen wäre, dass die Justizverwaltung sich bei den seinen Status betreffenden personellen Entscheidungen vom inhaltlichen Ergebnis seiner richterlichen Tätigkeit beeinflussen lässt.

10 2. Das LG ist weiter mit **Vorsitzenden Richtern** (§ 19a DRiG) besetzt. **a)** Die VorsRichter führen den Vorsitz in den Kammern (§ 21f Abs. 1), sie können aber auch als Beisitzer tätig sein, z. B. vertretungsweise,[27] ebenso als Vertreter nach § 22b bei AG des Bezirks (§ 22b Rn. 2). Im Übrigen gilt für eine Vakanz das unter Rn. 3ff. Ausgeführte entsprechend; auch freie Planstellen der VorsRichter müssen unverzüglich wieder besetzt werden.

11 **b)** Die Zahl der am LG tätigen VorsRichter wird durch den Haushaltsgesetzgeber und die Justizverwaltung bestimmt (§ 22 Rn. 18). Eine zu geringe Zahl gewinnt rechtliche Relevanz aber nicht nur dann, wenn übermäßige Verzögerungen bei der Bearbeitung der Verfahren eintreten (hierzu § 22 Rn. 20). Die Zahl muss auch so bemessen sein, dass genügend VorsRichter zur Verfügung stehen, um in **allen bestehenden Kammern (§ 60) den Vorsitz gesetzmäßig führen** zu können. Erfüllt ein Vorsitzender seine Aufgaben nicht den gesetzlichen Vorgaben (Rn. 11) entsprechend, kann die Kammer fehlerhaft besetzt sein mit der Folge der Entziehung des gesetzlichen Richters. Wenn etwa die Justizverwaltung dem Gericht bei dauerhaft angestiegenem Geschäftsanfall nur eine größere Zahl von Beisitzern zuteilt, ist ein Spruchkörper dann nicht mehr ordnungsgemäß besetzt, wenn dessen RSpr durch die starke Belastung und die Vielzahl der Beisitzer so umfangreich geworden ist, dass der ordentliche Vorsitzende nicht mehr in der Lage ist, sich in dem erforderlichen Maß an der Tätigkeit des Spruchkörpers zu beteiligen.[28] Dies gilt unabhängig von der Frage der Überbesetzung (§ 21e Rn. 129).

12 Der geschäftsplanmäßige Vorsitzende muss, damit er den Vorsitz gesetzmäßig ausübt, nicht nur der Kammer formell zugewiesen sein, sondern die Aufgaben des Vorsitzenden auch **tatsächlich wahrnehmen**. Ansonsten ist jedenfalls bei der Kammer, bei der er den Vorsitz nicht gesetzmäßig ausübt, der gesetzliche Richter verletzt (§ 16 Rn. 35). Die RSpr stellt nach anfänglicher Großzügigkeit[29] inzwischen strenge Anforderungen an die Ausübung der Vorsitzendenfunktionen:[30] Die Aufgaben eines Vorsitzenden sind durch ein Nebeneinander von Elementen sowohl der Über- als auch der Gleichordnung geprägt.[31] Einerseits obliegen ihm Verhandlungsleitung und andere Aufgaben organisatorischer Natur wie Terminsanberaumung, Sitzungspolizei, Leitung der Beratung und Abstimmung, Zustandekommen der Entscheidungsgründe.[32] Andererseits hat er in Gleichheit mit allen anderen Mitgliedern des Spruchkörpers bei der eigentlichen Rechtsfindung mitzuwirken. Dabei soll er zusätzliche Gewähr bieten für die Güte und Stetigkeit der RSpr innerhalb des Spruchkörpers. Wegen der Bedeutung, die der Vorsitzende für die RSpr des Spruchkörpers hat, ist sicherzustellen, dass für den Vorsitz Richter eingesetzt werden, die besonders qualifiziert und ausgesucht sind, denen eine größere Sachkunde, reifere Erfahrung und bessere Menschenkenntnis als den übrigen Mitgliedern des Spruchkörpers zukommt.[33]

---

[26] *Münchbach* aaO. 159.
[27] *LR/Siolek* Rn. 3.
[28] BGHZ 20, 355 = NJW 1956, 1238.
[29] Vgl. RGZ 130, 154; Z 132, 295; JW 1932, 1142; BGHZ 20, 355 = NJW 1956, 1238.
[30] BGHZ 37, 210 = NJW 1962, 1570; Z 49, 65 = NJW 1968, 501.
[31] *Sarstedt* JJahrb 8, 105 ff.; *Eser*, FS Salger, 1995 S. 267.
[32] BGH NJW 1992, 47; vgl. *Wieczorek/Schreiber* Rn. 9.
[33] Vgl. HessVGH NVwZ 1993, 282; OVG Schleswig NVwZ-RR 1999, 417.

Deshalb wird der Vorsitzende nur dann seinen Aufgaben in dem gesetzlich gebotenen Maße gerecht, wenn er durch den Umfang seiner Tätigkeit im Spruchkörper einen **richtunggebenden Einfluss** auf die RSpr dieses Spruchkörpers ausüben kann, nicht in irgendeiner Form des Dirigismus oder der Lenkung, sondern durch geistige Überzeugungskraft auf Grund Sachkunde, Erfahrung und Menschenkenntnis.[34] Ist das Arbeitsgebiet des Spruchkörpers von vornherein so groß bemessen, dass nicht alle Sachen unter dem Vorsitz des ordentlichen Vorsitzenden erledigt werden können, muss also zumindest sichergestellt sein, dass die Vorsitzendentätigkeit des ordentlichen Vorsitzenden den Regelfall bildet. Das bedeutet, dass sie mindestens **75%** der im Spruchkörper insgesamt erforderlich Vorsitzendentätigkeit umfassen muss.[35] Dabei sind alle Aufgaben zu berücksichtigen,[36] auch die mehr technischen und verwaltenden wie etwa die Anberaumung der Termine, ebenso die mündliche Verhandlung, die Urteilsberatung und -abfassung, die Mitwirkung an Prozesskostenhilfeentscheidungen, an Beweis- und Beschwerdebeschlüssen usw. Eine rein schematische Bestimmung des Beteiligungsgrads lehnt die RSpr aber zu Recht ab. Es ist eine Gewichtung der Aufgaben erforderlich; letztlich ist es dem pflichtgemäßen Ermessen des Vorsitzenden überlassen, auf welchem Wege er sich den richtungweisenden Einfluss auf die RSpr des Spruchkörpers verschafft.

c) Die **Vertretung des Vorsitzenden** (§ 21e Abs. 1 Satz 1), sei es wegen 13 Überlastung, sei es aus anderen Gründen, darf stets nur **vorübergehender** Natur sein, sonst ist der Spruchkörper nicht ordnungsgemäß besetzt[37] und der gesetzliche Richter entzogen (vgl. § 21f Rn. 20). Um dem zu begegnen, hat das Präsidium im Falle der nicht mehr nur „vorübergehenden" Verhinderung nach § 21e Abs. 3 einen anderen Vorsitzenden zu bestimmen,[38] auch bereits während des laufenden Geschäftsjahrs.[39] Was „vorübergehend" ist, lässt sich dabei nicht allgemeingültig definieren, weder von der Dauer noch von der verbleibenden Einflussmöglichkeit des Vorsitzenden her. Abzustellen ist darauf, ob die Gefahr besteht, dass die – aus der besonderen Qualifikation fließende – Notwendigkeit richtungweisenden Einflusses des Vorsitzenden umgangen und dadurch der gesetzliche Richter tangiert wird.[40] Bei **Krankheit** ist eine gewisse Unsicherheit über die Dauer hinzunehmen, weil deren Verlauf und Dauer durch ärztliche oder sonstige Maßnahmen nur beschränkt zu beeinflussen sind und keine Gefahr besteht, dass die Dauer der Verhinderung von menschlichen Entscheidungen abhängig ist, die die Belange der Rechtspflege nicht genügend berücksichtigen.[41] Ist jedoch die Erkrankung derart, dass in absehbarer Zeit nicht mit einer Wiederaufnahme des Dienstes zu rechnen ist, liegt keine nur „vorübergehenden" Verhinderung mehr vor. Auch die **Vakanz** der Stelle, etwa durch Tod oder Eintritt in den Ruhestand, ist nach h.M. systematisch als ein die Vertretung auslösenden Fall der Verhinderung anzusehen;[42] zu ihrer Natur als „vorübergehend" Rn. 3 ff. Entsprechendes gilt bei Abordnungen.[43]

---

[34] BGHZ 37, 210 = NJW 1962, 1570; Z 49, 64 = NJW 1968, 501; Z 88, 1 = NJW 1984, 129; BGH NJW 1992, 46; BGHSt 25, 54 = NJW 1973, 205; BVerwG NJW 1986, 1366; HessVGH DRiZ 1994, 180; *Eser* aaO.; *Kissel* DRiZ 1995, 127; *Wieczorek/Schreiber* Rn. 10.
[35] BGHZ 37, 210 = NJW 1962, 1570; BGH NJW 1984, 129; 1995, 335; *Wieczorek/Schreiber* Rn. 10.
[36] BGHZ 20, 355 = NJW 1956, 1238.
[37] BGHSt 21, 131 = NJW 1966, 2368; St 25, 54 = NJW 1973, 205; BGHZ 164, 87 = NJW 2006, 154; BGH NJW 1974, 1572.
[38] BGHSt 35, 357 = NJW 1989, 843; BGHZ 164, 87 = NJW 2006, 154; BSG NJW 2007, 2717.
[39] Offengelassen in BGHZ 164, 87 = NJW 2006, 154.
[40] BGH NJW 1974, 1573.
[41] BGHSt 35, 357 = NJW 1989, 843.
[42] BVerfGE 18, 423; NJW 1983, 1541; BGH NJW 1985, 2336; BVerwG NJW 1986, 1366; 2001, 3493; *LR/Siolek* § 21f Rn. 27; *MünchKommZPO/Wolf* Rn. 3.
[43] OLG Celle StV 1993, 66.

14   d) Dieselben Grundsätze gelten, wenn der Vorsitzende den **Vorsitz in mehreren Spruchkörpern** ausüben soll[44] (§ 21f Rn. 4) oder mit einem Teil seiner Arbeitskraft noch **andere Aufgaben**, z.B. in der Justizverwaltung zu erfüllen hat. Hier ist es Sache des Präsidiums, die Zuständigkeit des Spruchkörpers entsprechend kleiner zu bemessen.[45]

15   e) Die so gekennzeichnete **Stellung des Vorsitzenden** im kollegialen Spruchkörper ist nicht unumstritten. So hat das BVerfG betont, alle Mitglieder des Spruchkörpers trügen die gleiche Verantwortung wie der Vorsitzende; Aufgabe, Leistung und Verantwortung aller Mitglieder des erkennenden Gerichts seien gleich.[46] Auf die rechts- und standespolitische Diskussion kann hier nur hingewiesen werden;[47] zur Diskussion um die Änderung von § 21g vgl. § 21a Rn. 14; § 21g Rn. 4ff. Für die Zivilkammern hat die Neuregelung der Zuständigkeiten des **Einzelrichters** durch das ZPO-RG vom 27. 7. 2001 (§§ 348, 348a ZPO im ersten Rechtszug, § 526 ZPO in der Berufungsinstanz sowie § 568 ZPO für Beschwerdesachen) zu einer Relativierung der Grundsätze über die richtunggebende Einflussnahme des Vorsitzenden beigetragen. Ist gemäß §§ 348, 568 ZPO der originäre Einzelrichter zuständig, entzieht das Gesetz, anders als beim obligatorischen Einzelrichter nach § 348a ZPO und im Falle des § 526 ZPO, bereits die Bestimmung der durch den Einzelrichter zu entscheidenden Sachen jeglicher Einflussnahme durch den Vorsitzenden.[48] Die dem Kollegialgericht verbleibenden Zuständigkeiten dürften eine Besetzung der Zivilkammern mit Vorsitzenden und weiteren Richtern aber sachlich rechtfertigen.[49]

16   3. Das LG ist mit **„weiteren" Richtern** besetzt. Ihre Zahl wird ebenfalls vom Haushaltsgesetzgeber und der Justizverwaltung für jedes LG festgelegt (§ 22 Rn. 18) und muss so bemessen sein, dass die in den einzelnen Kammern anfallenden Sachen in angemessener Zeit (§ 16 Rn. 82) erledigt werden können. Zum erforderlichen ausgewogenen Verhältnis zwischen „weiteren" und VorsRichtern Rn. 11.

17   Beim LG dürfen grundsätzlich nur **Richter aL** tätig sein (§ 28 Abs. 1 DRiG); § 59 Abs. 3 gestattet wie § 22 Abs. 5 die Tätigkeit von Richtern aP und kA, nicht jedoch Richtern aZ. Beschränkungen für Richter aP und kA enthalten nur § 28 Abs. 2 DRiG, wonach Vorsitzender eines Kollegiums nur ein Richter aL sein darf, sowie § 70 Abs. 3 GVG, der landesrechtliche Vorschriften über den Richtern aL vorbehaltenen Aufgaben unberührt lässt. Im Übrigen können sie uneingeschränkt tätig sein, müssen aber in der Geschäftsverteilung kenntlich gemacht werden (§ 29 Satz 2 DRiG). Der Verstoß gegen die Kennzeichnungspflicht führt zu einem Besetzungsfehler. Zu Tätigkeitsbeschränkungen allgemein § 22 Rn. 6.

18   Zahlenmäßig besteht für die Tätigkeit von **Richtern aP oder kA** eine doppelte Beschränkung: a) Einmal darf nach § 29 Satz 1 DRiG an einer Entscheidung nicht mehr als ein Richter aP, ein Richter kA oder ein abgeordneter Richter teilnehmen. Bei einem Verstoß ist das Gericht nicht vorschriftsmäßig besetzt. – b) Zum anderen bestehen hinsichtlich der Gesamtzahl der bei einem Gericht zulässigerweise tätigen Richter aP oder kA die gleichen Beschränkungen wie beim AG. Sie dürfen nur

---

[44] BGHSt 25, 54 = NJW 1973, 205; BGH NJW 1974, 1572.
[45] BGHZ 37, 210 = NJW 1962, 1570; Z 49, 64 = NJW 1968, 501.
[46] BVerfGE 26, 72 = NJW 1969, 2191; allerdings standen besoldungsrechtliche Aspekte im Vordergrund, nicht die hier vorgenommene funktionale Betrachtung der Aufgaben.
[47] Vgl. *Sarstedt* JJahrb 8, 104, 117; *Lautmann* ZRP 1972, 129; *Kühne* DRiZ 1974, 116; *Müller* NJW 1974, 2242; DRiZ 1975, 181; *Schumacher* DRiZ 1975, 277; *Rasehorn* NJW 1977, 792; *Priepke* DRiZ 1978, 172; *Sendler* NJW 1983, 1456; *Meyke* DRiZ 1990, 287; *Meier-Scherling* DRiZ 1990, 494; *Kissel* DRiZ 1995, 125, 127; *Sangmeister* NJW 1995, 289, 296; ZRP 1995, 297; NJW 1998, 721, 728; *Sowada* S. 407ff.
[48] Vgl. hierzu *Zöller/Greger* vor § 348 ZPO Rn. 2.
[49] A. A. LG Frankfurt NJW-RR 2003, 215; hierzu BVerfG NJW 2003, 3264.

vorübergehend tätig sein (§ 22 Rn. 8, 9). Die Beschränkungen gelten jedoch nicht, wenn diese Richter nicht in der RSpr tätig sind, sondern zu Justizverwaltungsaufgaben herangezogen werden.

Beim LG können auch **abgeordnete Richter** (§ 37 DRiG) tätig sein, sie müssen im Geschäftsverteilungsplan kenntlich gemacht werden (§ 29 DRiG). Statusrechtlich ergeben sich für sie keine Besonderheiten gegenüber allen anderen Richtern des Gerichts (vgl. § 22 Rn. 11, 15). 19

III. Übertragung eines weiteren Richteramts (Abs. 2). Den Richtern am LG, also auch den VorsRichtern, kann ein weiteres Richteramt an einem AG übertragen werden (Abs. 2). Dies ist eine im Interesse der gleichmäßigen Arbeitsbelastung der Richter und der ausreichenden Besetzung aller Gerichte liegende Ausnahme von der Regel, dass einem Richter aL ein Richteramt bei (nur) einem bestimmten Gericht zu übertragen ist (§ 27 DRiG). Das AG, dem das weitere Richteramt zugeordnet ist, braucht nicht im gleichen LG-Bezirk zu liegen. Zulässig ist nur die Übertragung „eines" weiteren Richteramtes, nicht mehrerer. Im Einzelnen § 22 Rn. 12 ff. 20

§ 60. [Zivil- und Strafkammern]

Bei den Landgerichten werden Zivil- und Strafkammern gebildet.

I. Arten der Kammern. § 60 bezeichnet die Spruchkörper, die beim LG die RSpr ausüben; zugleich ist vorgeschrieben, dass bei jedem LG **ständig mindestens je eine Zivil- und eine Strafkammer** bestehen muss (zu nichtständigen Kammern Rn. 10 ff.). Die darüber hinausgehende Zahl von Kammern wird durch die Justizverwaltung bestimmt (Rn. 2 ff.). Soweit nicht ein Gesetz neben Zivil- und Strafkammer besonders benannte Spezialspruchkörper vorschreibt (§ 21 e Rn. 88), ist das Präsidium frei zu entscheiden, nach welchen Grundsätzen es die Aufgaben innerhalb der bestehenden Kammern verteilt; es kann für bestimmte Sachgebiete auch (fakultative) Spezialkammern bilden (§ 21 e Rn. 150 ff.). 1

II. Ständige Kammern. 1. Zahl der Kammern: Es muss bei jedem LG mindestens eine ZivK und eine StrafK bestehen, die in diesem Falle jeweils für alle Sachen, wenn auch u. U. in verschiedener Besetzung, zuständig sind. Die Zahl der ständigen Kammern darüber hinaus zu bestimmen ist nach h. M. Sache der Justizverwaltung.[1] Dem entspricht auch die Zuständigkeit zur Bestimmung der Zahl der erforderlichen Schöffen, vgl. §§ 43, 77. 2

Der h. M. ist zuzustimmen (vgl. § 21 e Rn. 13). Das GVG sagt zwar darüber, ob die Bestimmung der Zahl der Kammern Sache der Justizverwaltung oder des Präsidiums ist, unmittelbar nichts aus. Allgemein gilt jedoch, dass, abgesehen von den gesetzlich vorgeschriebenen Kammern, so viele Kammern zu bilden sind, dass die anfallenden Verfahren ordnungsmäßig erledigt werden können. Zu vermeiden ist dabei sowohl eine Überbesetzung in den einzelnen Kammern durch eine zu kleine als auch eine Mehrfachzuweisung der Richter wegen einer zu großen Zahl der Kammern.[2] Die Entscheidung über die konkrete Zahl der Kammern enthält damit sowohl haushaltsrechtliche Komponenten als auch solche der zweckmäßigen Geschäftsverteilung. Eine Bestimmung durch die Justizverwaltung entsprechend deren 3

---

[1] BGHSt 15, 217 = NJW 1961, 472; St 20, 132 = NJW 1965, 544; St 21, 260 = NJW 1967, 1868; *LR/Siolek* Rn. 6, 7; *Wieczorek/Schreiber* Rn. 3; *BL/Hartmann* Rn. 1; *Meyer-Goßner* Rn. 2; *KK/Diemer* § 21 e Rn. 1; *MünchKommZPO/Wolf* Rn. 1; *Kopp/Schenke* § 5 Rn. 4; *Eyermann/Geiger* § 5 Rn. 3; *Redeker/von Oertzen* § 5 Rn. 2; *Katholnigg* Rn. 2; *Helle* DRiZ 1974, 228; *Holch* DRiZ 1976, 228; *Pörner* DRiZ 1976, 315; a. A. *Schorn/Stanicki* S. 128; *Stanicki* DRiZ 1976, 80 – rechtspolitisch für die Zuständigkeit des Präsidiums: *Rudolph* DRiZ 1976, 206; *Müller* DRiZ 1976, 315.
[2] Vgl. BVerfGE 17, 294, 301 = NJW 1964, 1020; *Schorn/Stanicki* S. 129.

Entscheidungszuständigkeit für die Zuweisung von Richterstellen und Richtern bietet Gewähr der Kongruenz zwischen der Zahl der Kammern und der Zahl der VorsRichter und begegnet der Gefahr einer ordnungswidrigen Besetzung der Kammern (§ 59 Rn. 11). Andererseits könnte die Entscheidung durch das Präsidium infolge größerer Sachnähe und Kenntnis der personellen Leistungsfähigkeit der einzelnen Richter dem Gedanken des effektiven Rechtsschutzes, auch in zeitlicher Hinsicht, besser Rechnung tragen und unzumutbare Belastungen der einzelnen Richter möglichst vermeiden. Da über die personelle Ausstattung der Gerichte der Haushaltsgesetzgeber entscheidet (Einl. Rn. 170), drängt sich im Interesse der Kongruenz von personellen Ausstattungsmöglichkeiten und Zahl der Spruchkörper die Zuständigkeit der Justizverwaltung systematisch auf. Andernfalls hätte es das Präsidium in der Hand, durch die Einrichtung von Spruchkörpern über die verfügbaren Stellen für VorsRichter hinaus den Haushaltsgesetzgeber dahin gehend unter Druck zu setzen,[3] dass er entweder weitere Stellen bewilligt oder aber die Aufhebung von Entscheidungen wegen nicht ordnungsgemäßer Besetzung zu verantworten hat.

4 Dieses durch die Betrachtung der Gesetzgebungszuständigkeit gewonnene Ergebnis stimmt mit der **gegenwärtigen Gesetzeslage** überein. Die Bestimmung der Spruchkörper gehört zum Organisationsrecht (ist also aufgeteilt zwischen Bund und Ländern, vgl. § 12 Rn. 87). Für die Bundesgerichte besteht die Zuständigkeit des BMdJ (§ 130 Abs. 2 GVG, § 66 PatG). In den Ländern ist, soweit nach 1945 Neuregelungen ergangen sind, ausdrücklich die Zuständigkeit der Justizverwaltung angeordnet: § 5 Bad-WürttAGGVG; Art. 5 BayAGGVG; § 5 BerlAGGVG; § 7 BrandenburgGerNeuOG (mit Anhörungsrecht des Präsidiums); §§ 9, 15 BremAGGVG; §§ 11, 17 HambAGGVG; Art. 1 § 5 Meckl-VorpGerStrukturG; § 2 NdsAGGVG; § 3 SaarlAGGVG; § 9 SächsJustG). In den anderen Ländern gelten bislang §§ 7, 8 GVVO als Landesrecht fort (12 Rn. 88), die eine entsprechende Regelung enthalten. Vergleichbare Regelungen gelten ausdrücklich nach §§ 17 Abs. 1, 35 Abs. 3, 41 Abs. 3 ArbGG. Gegen die Vereinbarkeit dieser landesrechtlichen Vorschriften mit Bundesrecht können keine überzeugenden Einwendungen erhoben werden. Die Auffassung, § 21e GVG i.d.F. des G vom 22. 12. 1999 (vgl. § 21a Rn. 6) begründe bundesrechtlich die Allzuständigkeit des Präsidiums für alle diese Fragen, trifft nicht zu (§ 21e Rn. 12). Die Aufzählung der Aufgaben des Präsidiums im § 21e ist enumerativ; sie setzt gerade die anderweit zustande gekommene Zahl der zu besetzenden Spruchkörper voraus und ist damit akzessorisch.[4] Es ist zwar nicht zu verkennen, dass das Präsidium durch jede von der Justizverwaltung verfügte Erhöhung oder Verringerung der Zahl der Spruchkörper in Zugzwang gerät, jedoch ist dies gleichermaßen der Fall bei allen personellen Entscheidungen, bei Änderungen der Gerichtseinteilung sowie bei Konzentrationen und deren Aufhebung.[5] Die Zuständigkeit der Justizverwaltung bedeutet auch keinen Eingriff in den gesetzlichen Richter (§ 16). Es ist Sache des Präsidiums zu entscheiden, für welche (auch laufenden) Verfahren die Kammern, auch neu eingerichtete, zuständig sind, welche Aufgaben einer aufgelösten Kammer welchen anderen Kammern zufallen und mit welchen Richtern die einzelnen Kammern besetzt sind. Die Justizverwaltung bestimmt nur abstrakt die Zahl der Spruchkörper, das Raster, innerhalb dessen die Verteilungsfunktion des Präsidiums uneingeschränkt ist. Ein unzulässiger Einfluss auf den gesetzlichen Richter liegt darin nicht.[6]

5 2. Konkret zuständig für die Bestimmung der Zahl der Kammern ist im Allgemeinen der **LG-Präsident** als Organ der Justizverwaltung, der hier weisungsgebunden

---
[3] *LR/Siolek* Rn. 6.
[4] *Holch* DRiZ 1976, 136.
[5] *Holch* aaO.
[6] *Holch* aaO.

und nicht unabhängig ist (§ 59 Rn. 9). Die Kompetenz des Justizverwaltungsorgans besteht auch dann uneingeschränkt, wenn das Gesetz das Vorhandensein einer weiteren, besonderen Kammer erfordert, z. B. nach § 354 Abs. 2 Satz 1 StPO (vgl. Rn. 16). Ist aber **von Gesetzes wegen** ein Spruchkörper errichtet, dessen Aufgaben rechtlich nicht von den bestehenden Spruchkörpern wahrgenommen werden können, z. B. wegen der Besetzung, bedarf er zu seiner Existenz keines weiteren Errichtungsaktes der Justizverwaltung, sondern besteht kraft Gesetzes mit der ihm gesetzlich zugewiesenen Zuständigkeit (gesetzliche Geschäftsverteilung, vgl. § 21 e Rn. 88). Das Präsidium hat ihn mit der notwendigen Zahl von Richtern zu besetzen. Die Zuständigkeit des LG-Präsidenten usw. wird weiter überlagert durch die Möglichkeit der LJustizVerw, selbst die Einrichtung von Spruchkörpern anzuordnen, z. B. nach § 78 und § 103; diese Kammern bestehen mit diesem Organisationsakt der LJustizVerw im Sinne des § 21 e.

Ob an der Entscheidung der Justizverwaltung richterliche Gremien zu **beteiligen** sind, z. B. Anhörung des Präsidiums (§ 21 e Rn. 13) oder Beteiligung des Richterrats in Angelegenheiten der Organisation (§ 52 DRiG), bestimmt sich nach dem (bundes- oder landesrechtlichen) Organisationsrecht. 6

3. Die einzelnen Rechtsvorschriften enthalten keine Regelung über die **Form der Bestimmung** der Zahl der Spruchkörper. Als Organisationsakt bedarf sie grundsätzlich der Schriftform (evtl. Aktenvermerk), die Bekanntgabe an das Präsidium kann mündlich zur Niederschrift geschehen. Es kann jedoch ausnahmsweise eine formlose (stillschweigende) Bestimmung dann angenommen werden, wenn der Präsident an der Beschlussfassung des Präsidiums, die von der bisher bestimmten Zahl der Spruchkörper abweicht, teilnimmt, ohne Widerspruch kenntlich zu machen.[7] 7

4. Die Bestimmung der Zahl der Spruchkörper hat die Justizverwaltung rechtzeitig **im Voraus für das kommende Geschäftsjahr** zu treffen. Sie kann jedoch bei nicht vorausehbarer Entwicklung die Bestimmung im Laufe des Geschäftsjahres ändern.[8] 8

5. Legt das Präsidium seiner Geschäftsverteilung nach § 21 e **eine andere Zahl** von Spruchkörpern zugrunde als sie die Justizverwaltung bestimmt hat, so liegt mangels rechtmäßiger Festlegung dieser Zahl ein Gesetzesverstoß vor. Er macht die Geschäftsverteilung insgesamt fehlerhaft, da sich nicht sagen lässt, wie sie bei Zugrundelegung der rechtmäßig festgelegten Zahl von Spruchkörpern vorgenommen worden wäre. Zu den Folgen § 21 e Rn. 120. Von Willkür im Sinne der dortigen Ausführungen, die eine Verletzung des gesetzlichen Richters mit der Folge der Anfechtbarkeit der davon betroffenen Entscheidungen (das sind hier alle Entscheidungen des gesamten Gerichts) darstellen, ist dann zu sprechen, wenn die Mitglieder des Präsidiums sich bewusst über die zahlenmäßige Bestimmung der Justizverwaltungsorgane hinwegsetzen, aus welchen Gründen auch immer; dazu gehört angesichts der h. M. (Rn. 2) auch die Auffassung, das Präsidium sei selbst zur zahlenmäßigen Bestimmung zuständig. 9

III. Nichtständige Spruchkörper. 1. Hilfsspruchkörper. Ein Hilfsspruchkörper wird im Gegensatz zu den ständigen Spruchkörpern bei **vorübergehender Überlastung** eines bestimmten ständigen Spruchkörpers eingerichtet. Solche Fälle der Überlastung können entstehen durch vorübergehend erheblich gestiegene Geschäftsbelastung, aber auch durch ein Großverfahren, das den Spruchkörper derart belastet, dass er die anderen in seine Zuständigkeit fallenden Sachen nicht in angemessener Weise erledigen kann.[9] Die Bildung eines Hilfsspruchkörpers ist neben 10

---

[7] BGHSt 22, 94 = NJW 1968, 1242.
[8] BGHSt 20, 132 = NJW 1965, 544; *LR/Siolek* Rn. 7.
[9] H. M., vgl. BGHSt 33, 303 = NJW 1986, 144; St 41, 175 = NJW 1996, 267; *LR/Siolek* Rn. 8; *Katholnigg* Rn. 3.

§§ 21e, 21f eine weitere zulässige Form einer Regelung für die Verhinderung der Mitglieder des ordentlichen Spruchkörpers. Das heißt, der Hilfsspruchkörper vertritt den ordentlichen Spruchkörper in solchen Geschäften, die dieser nicht selbst erledigen kann.[10] Die Bildung eines Hilfsspruchkörpers ist jederzeit, auch schon zu Beginn des Geschäftsjahres zulässig.[11] Sie darf jedoch nicht im Ergebnis zur Bildung eines ständigen Spruchkörpers führen,[12] etwa bei voraussehbar ständiger Überlastung.[13] Die Beendigung der Überlastung muss absehbar sein, andernfalls ist die Bildung eines ständigen Spruchkörpers erforderlich und allein zulässig.[14]

11 Da der Hilfsspruchkörper zur vorübergehenden Entlastung eines bestimmten ständigen Spruchkörpers eingerichtet wird, ist es unzulässig, ihm auch Aufgaben anderer Spruchkörper zuzuweisen. Bedürfen weitere ständige Spruchkörper des Gerichts der Entlastung, müssen auch weitere Hilfsspruchkörper gebildet werden.

12 Die Dauer der Einrichtung eines Hilfsspruchkörpers muss **befristet** sein; dies ergibt sich aus seiner Natur als Maßnahme zur vorübergehenden Entlastung. Der Endtermin kann kalendermäßig bestimmt werden, aber auch, wie üblich, durch den Wegfall der Überlastung, z.B. Abschluss des Großverfahrens vor der ordentlichen Kammer oder Aufarbeitung aller dem Hilfsspruchkörper zugewiesenen Sachen.[15] Erforderlich ist, das Ende auf ein sicher eintretendes, vom Willen Einzelner unabhängiges Ereignis festzusetzen,[16] auch wenn es voraussichtlich nicht mehr im laufenden Geschäftsjahr eintreten wird.[17] Verzögert sich ein Großverfahren vor der ordentlichen StrafK, zu deren Entlastung die Hilfskammer gebildet wurde, entgegen der ursprünglichen Erwartung unvorhergesehen erheblich, macht dies nach der RSpr des BGH die Hilfskammer grundsätzlich nicht unzulässig. Unerwartete Verzögerungen sollten nach einer früheren Entscheidung nur dann zur Unzulässigkeit der Hilfskammer führen, wenn ihre Bildung deshalb von Willkür beeinflusst war, weil eine dauernde Mehrbelastung des Gerichts offen zutage lag.[18] Zwei Jahre später hat der BGH – es ging um dieselbe, noch fortdauernde HilfsStrafK[19] – deutlich engere Grenzen gezogen: „Eine Hilfsstrafkammer, die über das ihrer Einrichtung folgende Geschäftsjahr hinaus aufrechterhalten wird, verletzt in der Regel das Recht auf den gesetzlichen Richter".[20] Dem ist beizupflichten. Grundlage des Hilfsspruchkörpers ist es, dass er niemals an die Stelle einer ordentlichen StrafK treten, nicht zur ständigen Einrichtung werden und nur innerhalb eines bestimmten Zeitraums bestehen darf. Am Ende des zweiten Geschäftsjahres ist diese Grenze grundsätzlich erreicht, wenn nicht Außergewöhnliches eintritt.[21] Anders wäre es nur, wenn sich eine konkrete Sache, für die die HilfsStrafK gebildet wurde, lange hingezogen hätte.

13 **Zuständig** für die Einrichtung eines Hilfsspruchkörpers ist (im Gegensatz zu dem ständigen Spruchkörper; Rn. 2) das **Präsidium,** denn es handelt sich um eine Sonderform der Vertretungsregelung bei Überlastung[22] (§ 21e Abs. 3). Die Verzahnung zum Haushaltsrecht (Rn. 3) fehlt hier, da die Richter des Hilfsspruchkör-

---

[10] BGHSt 41, 175 = NJW 1996, 267.
[11] BGH NJW 2000, 1580.
[12] BGHSt 33, 303 = NJW 1986, 144.
[13] *Schorn/Stanicki* S. 141.
[14] *LR/Siolek* Rn. 9, 14.
[15] BGHSt 21, 260 = NJW 1967, 1868.
[16] BGH aaO.
[17] BGHSt 31, 389 = NJW 1983, 2952.
[18] BGH aaO.; a. A. *Frisch* NStZ 1984, 86; zweifelnd *Katholnigg* JR 1983, 520.
[19] Vgl. *Katholnigg* JR 1986, 261.
[20] BGHSt 33, 303 = NJW 1986, 144.
[21] Vgl. *Katholnigg* JR 1986, 260.
[22] H. M.; BGHSt 31, 389 = NJW 1983, 2952; *LR/Siolek* Rn. 12; *Katholnigg* Rn. 3; *Meyer-Goßner* § 21e Rn. 16; *Zöller/Gummer* Rn. 1; *Sowada* S. 342ff.; *Schorn/Stanicki* S. 141.

pers aus den Richtern des Gerichts genommen werden. Eine klare Kompetenzabgrenzung erlaubt auch daneben der Justizverwaltung keine Errichtung eines Hilfsspruchkörpers;[23] eine Doppelzuständigkeit von Justizverwaltung und Präsidium könnte den gesetzlichen Richter beeinträchtigen. Richtet die Justizverwaltung einen Hilfsspruchkörper ein, wird der Fehler aber geheilt, wenn das Präsidium diesen Hilfsspruchkörper besetzt.[24] Die Justizverwaltung kann umgekehrt durch die Bildung eines neuen ständigen Spruchkörpers den Anlass für die Errichtung des Hilfsspruchkörpers beseitigen. – Bei der Feststellung der Überlastung und der Beurteilung ihrer Dauer hat das Präsidium einen weiten Beurteilungsspielraum. Das Recht auf den gesetzlichen Richter ist erst verletzt, wenn offen zutage liegt, dass die Belastung von Dauer und nicht nur vorübergehend ist, und die Entscheidung deshalb als willkürlich erscheint.[25] Wie bei jeder Änderung des Geschäftsverteilungsplans sind die auf den Hilfsspruchkörper übergehenden Sachen nach allgemeinen Merkmalen zu bestimmen[26] (§ 21 e Rn. 99).

Das Präsidium hat die personelle Ausstattung des Hilfsspruchkörpers mit Richtern vorzunehmen; auch deren Vertretung ist zu regeln.[27] **Vorsitzender** des Hilfsspruchkörpers kann nur ein „Vorsitzender Richter" sein[28] (vgl. § 21 f Rn. 7); anders der BGH in stRSpr, der auf die Vertretungsfunktion der Hilfskammer entscheidend abstellt.[29] Zur Heranziehung von Schöffen § 46 Rn. 6 ff.

2. Bereitschaftsdienst (Eildienst). Das verfassungsrechtliche Gebot des gesetzlichen Richters erfordert es, dass in Eilfällen auch außerhalb der üblichen Dienstzeit des Gerichts ein Richter (Spruchkörper) erreichbar ist. Diesen Eildienst zu regeln ist Sache des Präsidiums, vgl. § 16 Rn. 81; § 21 e Rn. 136.

3. Auffangspruchkörper (Zurückverweisungsspruchkörper). Nach § 354 Abs. 2 Satz 1 StPO kann das Revisionsgericht u. a. eine Sache nach Aufhebung des Urteils an einen anderen Spruchkörper des Gerichts, dessen Urteil aufgehoben wird, zurückverweisen (zur Wiederaufnahmezuständigkeit § 140 a). Es ist Aufgabe des Präsidiums, unter mehreren StrafK des LG diese Aufgabe zu verteilen (§ 21 e Abs. 1). Der überwiegenden Meinung,[30] dass das Präsidium verpflichtet ist, solche Auffangspruchkörper zu bestimmen, ist zuzustimmen, damit das Revisionsgericht eine echte Wahlmöglichkeit nach § 354 StPO hat.[31] Ist eine solche Bestimmung nicht zu Beginn des Geschäftsjahres getroffen worden, kann sie bei Eintritt der Notwendigkeit noch für den Rest des Geschäftsjahres nachgeholt werden.[32] Besteht nur ein ständiger Spruchkörper der Art, wie er für das Auffangverfahren nötig wäre, ist die Justizverwaltung verpflichtet, einen weiteren Spruchkörper dieser Art als ständigen Spruchkörper zu errichten; eine Zuständigkeit des Präsidiums ist dafür nicht gegeben (Rn. 2). Die Einrichtung eines Hilfsspruchkörpers ist nicht zulässig, da es sich um eine ständige, wenn auch ziffernmäßig nicht voraussehbare Aufgabe und nicht um eine vorübergehende Entlastungsnotwendigkeit handelt. Wird ein ständiger Spruchkörper, der für die Zuständigkeit nach § 354 StPO bestimmt werden kann, nicht eingerichtet, ist nach § 15 StPO zu verfahren.[33]

---

[23] H.M.; vgl. BGHSt 21, 260 = NJW 1967, 1868; *Eb. Schmidt* Rn. 6; *LR/Siolek* Rn. 12.
[24] BGHSt 21, 260 = NJW 1967, 1868.
[25] BGH NJW 2000, 1580.
[26] BGHSt 15, 116 = NJW 1960, 2109; BGH NStZ 2007, 537.
[27] OLG Hamm JMBlNRW 1982, 45; h. M.
[28] *Schorn/Stanicki* S. 142; *Frisch* NStZ 1984, 88; 1987, 265.
[29] BGHSt 31, 389 = NJW 1983, 2952; St 33, 303 = NJW 1986, 144; *BL/Hartmann* § 21 f Rn. 3; *KK/Diemer* § 21 f Rn. 1; *LR/Siolek* Rn. 11; *Meyer-Goßner* § 21 f Rn. 12; *Zöller/Gummer* § 21 f Rn. 2; *Katholnigg* Rn. 3; JR 1983, 521; *MünchKommZPO/Wolf* § 21 f Rn. 2; einschränkend *Sowada* S. 358.
[30] Vgl. *Rieß* JR 1978, 302.
[31] BGH NJW 1975, 743.
[32] *Benz* MDR 1976, 805; *Rieß* JR 1978, 303; OLG München MDR 1977, 1037; JR 1978, 301.
[33] Vgl. hierzu OLG München MDR 1977, 1037 gegen JR 1978, 301; *Müller* MDR 1978, 337; *Meyer-Goßner* § 354 StPO Rn. 38.

17 **4. Auswärtige Spruchkörper.** Zu auswärtigen (detachierten) Spruchkörpern §§ 78, 93 Abs. 2 und § 12 Rn. 5, § 59 Rn. 1; zur gerichtlichen Tätigkeit außerhalb des Gerichtssitzes § 22 Rn. 24 ff.

§§ 61–69. (weggefallen)

§ 70. [Vertretung der Kammermitglieder]

(1) **Soweit die Vertretung eines Mitgliedes nicht durch ein Mitglied desselben Gerichts möglich ist, wird sie auf den Antrag des Präsidiums durch die Landesjustizverwaltung geordnet.**

(2) **Die Beiordnung eines Richters auf Probe oder eines Richters kraft Auftrags ist auf eine bestimmte Zeit auszusprechen und darf vor Ablauf dieser Zeit nicht widerrufen werden.**

(3) **Unberührt bleiben die landesgesetzlichen Vorschriften, nach denen richterliche Geschäfte nur von auf Lebenszeit ernannten Richtern wahrgenommen werden können, sowie die, welche die Vertretung durch auf Lebenszeit ernannte Richter regeln.**

1 **I. Vertretung (Abs. 1). 1. Allgemeine Vertretung.** Grundsätzlich müssen die Richter des Gerichts die anderen Richter des Gerichts vertreten, wenn diese verhindert sind (§ 21e Abs. 1; vgl. § 22b). Diese Mitvertretungspflicht ist Bestandteil der richterlichen Amtspflichten und bei der Bemessung der personellen Ausstattung des Gerichts stets mit zu berücksichtigen. Sie besteht jedoch nur für den Normalfall, so für die Vertretung in Krankheits- und Urlaubsfällen im allgemeinen Erfahrungsumfang.

2 **2. Notvertretung.** Es kann die Situation eintreten, dass die vorhandenen Richter aus erkennbar vorübergehenden Gründen nicht mehr alle Vertretungsfälle wahrnehmen können, vor allem bei einer übergroßen Zahl von Vertretungsnotwendigkeiten, mit der Gefahr temporärer Rechtsverweigerung (§ 16 Rn. 82 ff.). Für diesen Sonderfall, dass eine gerichtsinterne Vertretung nicht mehr ausreichend möglich ist, eröffnet § 70 Abs. 1 eine Notvertretung. Es kommt dabei nicht darauf an, welche Richter konkret vertreten werden müssen, entscheidend ist vielmehr, dass auf Grund der gesamten Vertretungsregelung des Gerichts unter Berücksichtigung des Präsidenten und der VorsRichter,[1] aber auch der zulässigerweise tätigen abgeordneten Richter,[2] nicht alle erforderlichen Vertretungsfälle abgedeckt werden können. Stets muss es sich um eine erkennbar vorübergehende Notsituation handeln. Kann die Vertretung deshalb nicht gerichtsintern wahrgenommen werden, weil das Gericht nicht mit einer seiner normalen Arbeitslast angemessenen Zahl von Richtern ausgestattet ist (§ 22 Rn. 18; § 59 Rn. 11, 16) oder weil versäumt wurde, offene Stellen bei unverzüglich wieder zu besetzen (59 Rn. 3), ist ein Vorgehen nach § 70 Abs. 1 unzulässig. Vielmehr muss hier durch Schaffung der erforderlichen Zahl von Planstellen und deren Besetzung Abhilfe geschaffen werden;[3] geschieht das nicht und wird etwa in unzulässigem Umfange mit abgeordneten Richtern gearbeitet, liegt ein Besetzungsfehler vor (vgl. § 22 Rn. 9f.). Immer muss es sich auch um echte Vertretungsfälle handeln. Die grundlose Beurlaubung eines Richters oder eine Übertragung anderer Aufgaben ohne triftigen Grund rechtfertigt nicht die Anwendung der Vorschrift,[4] auch nicht eine unüberlegte und planlose Urlaubsgewährung.

---

[1] RGSt 36, 379.
[2] *Schorn/Stanicki* S. 237.
[3] BGHZ 22, 142; BGH NJW 1966, 352; *Holch* DRiZ 1976, 137; *LR/Siolek* Rn. 1.
[4] BGH JR 1955, 424.

Die **Feststellung,** ob eine solche Notsituation gegeben ist, obliegt dem Präsidium nach pflichtgemäßem Ermessen, das nicht im Rechtsmittelzug nachprüfbar ist.[5] Mit Rücksicht auf die Bedeutung dieser Feststellung für den gesetzlichen Richter muss jedoch eine Ausnahme bei Willkür gemacht werden (§ 16 Rn. 50); für eine Beachtlichkeit schon eines (schlichten) Rechtsirrtums besteht kein Anlass.[6] In Eilfällen ist der Präsident zuständig, § 21 i Abs. 2. 3

Der Notfall berechtigt das Präsidium (in Eilfällen den Präsidenten), bei der LJustizVerw die Ordnung der Vertretung zu beantragen. Ob die LJustizVerw dem Antrag entspricht, steht in ihrem pflichtgemäßen, nicht nachprüfbaren Ermessen. Das Präsidium hat keinen Anspruch darauf, dass seinem Antrag entsprochen wird;[7] die Problematik gleicht der bei der Bestimmung der Zahl der Spruchkörper, vgl. § 60 Rn. 2. Der Antrag kann auch stillschweigend gestellt werden, so dadurch, dass das Präsidium ohne Widerspruch über die Verwendung eines vorübergehend neu zugewiesenen Richters beschließt.[8] 4

Ist der Antrag des Präsidiums **erfolglos,** bleibt es bei der Vertretungsregelung in der geltenden Geschäftsverteilung. Sache des einzelnen Richters ist es dann, in richterlicher Unabhängigkeit zu entscheiden, welche Sachen er aus der Zahl der insgesamt ihm als ordentlichem Richter wie als Vertreter zugewiesenen Sachen „herausgreift" und erledigt. Eine besondere Geschäftsverteilung für Eilfälle oder ähnliches ist unzulässig. 5

Will die LJustizVerw dem **Antrag entsprechen,** kann sie aber nicht konkret bestimmen, welcher Richter welche Aufgaben beim Gericht zu übernehmen hat. Sie kann dem Gericht lediglich für eine vorübergehende Zeit einen Richter zusätzlich zuweisen. Welchen Richter sie dafür auswählt, steht allein in ihrem Ermessen.[9] Die Zuweisung ist ein Richterwechsel im Sinne des § 21 e Abs. 3.[10] Sache des Präsidiums allein ist es dann, nach § 21 e Abs. 1 darüber zu entscheiden, wie dieser zusätzliche Richter eingeteilt wird.[11] Bei der Entschließung, welcher Kammer er zugeteilt werden soll, hat das Präsidium alle Umstände zu berücksichtigen, die auch sonst bei der Bestimmung der Mitglieder der Kammer von Bedeutung sein können. Keinesfalls muss er gerade in der Kammer eingesetzt werden, deren Situation Anlass zur Beiordnung war.[12] Es bedarf wie auch sonst einer konkreten namentlichen Zuweisung; unzulässig ist eine im Voraus generell getroffene Regelung, bei Verhinderung eines Richters trete die zugewiesene Ersatzkraft an seine Stelle.[13] 6

Das Präsidium ist frei in der Frage, ob es ein Bedürfnis für eine Vertretung nach Abs. 1 bejaht (Rn. 3). Verneint es dieses Bedürfnis, kann es die Zuweisung eines dem Gericht zusätzlich beigeordneten Richters zu einem Spruchkörper verweigern, so dass dieser Richter dann keine richterlichen Funktionen bei diesem Gericht ausüben kann.[14] Der dem ursprünglich zugrunde liegende Gedanke, dass vorübergehend zugewiesene Richter bei dem Gericht nur mit Zustimmung des Präsidiums eingesetzt, also nicht „aufgedrängt" werden dürfen, spielt in der Praxis aber keine Rolle mehr. Umgekehrt hat sich eine Bedeutung der Vorschrift, personellen Hilfeersuchen Nachdruck zu verleihen, angesichts der allgemeinen personellen Misere im Justizbereich als platonisch erwiesen. **Gerichtsverfassungsrechtlich** liegt die Relevanz der Vorschrift darin, dass hier die sonst rechtlich nicht eindeutig 7

---

[5] RGSt 23, 119; *LR/Siolek* Rn. 4.
[6] So aber RGSt 36, 379; *LR/Siolek* Rn. 4.
[7] *LR/Siolek* Rn. 6; *Holch* DRiZ 1976, 137; *Meyer-Goßner* Rn. 1; a. A. *Schorn/Stanicki* S. 221; *Stanicki* DRiZ 1976, 80.
[8] OLG Dresden GA 1928, 386.
[9] RGSt 57, 270.
[10] BGHSt 13, 53 = NJW 1959, 1093; *Schorn/Stanicki* S. 237.
[11] RGSt 42, 297; BGHSt 13, 53 = NJW 1959, 1093.
[12] RGSt 42, 295; BGHSt 22, 237 = NJW 1968, 2388.
[13] BGHSt 12, 159 = NJW 1959, 251.
[14] Vgl. *Müller* DRiZ 1963, 39.

abgegrenzte Zulässigkeit der vorübergehenden Verwendung von Richtern bei einem Gericht (vgl. § 22 Rn. 7 ff.; § 59 Rn. 18) klar normiert wird: Hat das Präsidium festgestellt, dass eine Vertretung gerichtsintern nicht mehr möglich ist, und den Antrag an die LJustizVerw gestellt, können gegen die darauf beruhende Tätigkeit eines abgeordneten Richters keine Bedenken gegen die ordnungsgemäße Besetzung des Gerichts insgesamt hergeleitet werden; ohne Bedeutung ist es dabei, ob es sich um einen abgeordneten Richter aL handelt oder um Richter aP oder kA.

8 **II. Beiordnung eines Richters (Abs. 2).** Neben den Richtern aL, die eine Planstelle beim LG innehaben (§ 27 Abs. 1 DRiG), können beim LG nach § 59 Abs. 3 auch **Richter aP und kA** tätig sein, jedoch nur in einer beschränkten Zahl und aus besonderen Gründen (§ 59 Rn. 18). Den Akt der Justizverwaltung, durch den die letztgenannten Richter zur Dienstleistung dem LG zugewiesen werden, nennt § 70 Abs. 2 „Beiordnung". Die Vorschrift hat nur Bedeutung für die Gerichtsverfassung; die statusrechtlichen Verhältnisse sind im DRiG geregelt. Sie betrifft nicht Richter aL, für diese gilt nur § 37 Abs. 2 DRiG. Der beigeordnete Richter ist vom Präsidium nach § 21 e einem bestimmten Spruchkörper zuzuteilen.

9 Das GVG betrachtet die Tätigkeit von Richtern, die nicht aL sind und kein Richteramt bei dem betreffenden Gericht haben, als **Ausnahme,** vgl. §§ 28 Abs. 1, 29 DRiG. Konsequent schreibt § 70 Abs. 2 vor, dass ein Richter aP oder kA nur **auf eine bestimmte Zeit** einem Gericht beigeordnet werden darf, nicht also auf Dauer (das unter § 22 Rn. 8 ff. Ausgeführte gilt entsprechend). Die Zeitspanne der Beiordnung kann kalendermäßig festgelegt werden. Es kann aber auch die Beendigung mit Eintritt eines bestimmten erwarteten, zeitlich aber noch ungewissen Ereignisses ausgesprochen werden, z. B. Genesung eines erkrankten Richters. Unzulässig ist es, die Beiordnung bis zur Beendigung eines erhöhten Geschäftsanfalls auszusprechen,[15] zulässig ist aber eine solche bis zur Beendigung eines bestimmten Großverfahrens oder während der Abordnung eines Planrichters dieses Gerichts.[16] Sinn der Vorschrift ist die Gewährleistung der Stabilität der Personalbesetzung und die gebotene Rücksicht auf unabhängiges und reibungsloses Arbeiten der RSpr, mit dem das Institut eines „fliegenden Assessors" nicht vereinbar wäre.[17] Die Auffassung, die Vorschrift solle in erster Linie die willkürliche Versetzung eines nicht auf Lebenszeit ernannten Richters durch die Justizverwaltung hindern, indem sie seine Stellung während seiner Beiordnung der eines Richters aL annähert,[18] mag historisch richtig sein, da das GVG ursprünglich auch das Statusrecht der Richter regelte (Einl. Rn. 51). Mit den Regelungen zum Schutz des Richters im DRiG hat Abs. 2 diese Bedeutung aber verloren.

10 **Fehlt** die notwendige Beiordnung auf bestimmte Zeit, wird sie etwa „bis auf weiteres" ausgesprochen, führt dies dazu, dass der Spruchkörper, dem der Richter angehört, nicht ordnungsgemäß besetzt ist.

11 Mit dem Ablauf der bestimmten Zeit **endet** die Beiordnung, also die Zugehörigkeit des Richters zu diesem Gericht (§ 21 e Abs. 3), und zwar unabhängig von der statusrechtlichen Situation. Sie kann nach Ablauf dieser Zeit erneut auf eine bestimmte Zeit ausgesprochen, also im Ergebnis verlängert werden, wenn die allgemeinen Voraussetzungen für eine Tätigkeit noch vorliegen. Es bedarf dann einer erneuten Beschlussfassung des Präsidiums.

12 Vor Ablauf der bei der Beiordnung bestimmten Zeit darf die Beiordnung **nicht widerrufen** werden. Die Beiordnung auf eine bestimmte Zeit ist auch nicht vereinbar mit dem **Vorbehalt** eines Widerrufs. Ein solcher Vorbehalt ist unwirksam, auf ihn kann eine Beendigung der Beiordnung für sich allein nicht gestützt werden.

---

[15] *LR/Siolek* Rn. 9.
[16] *LR/Siolek* Rn. 9.
[17] BGHSt 13, 53 = NJW 1959, 1093.
[18] BGH MDR 1961, 618; *LR/Siolek* Rn. 10; vgl. auch DGH Dresden NJW-RR 2000, 941.

Damit soll die Kontinuität der RSpr und eine sinnvolle Planung des Präsidiums ermöglicht werden. Jedoch kann die Vorschrift nur personelle Lenkungsmaßnahmen der Justizverwaltung für sich betreffen, nicht aber eintretende statusrechtliche Änderungen. Eine Ernennung zum Richter aL beendet die Beiordnung kraft Gesetzes (§ 27 Abs. 1 DRiG) ebenso wie das Ausscheiden aus dem Richterdienst. Dagegen ist der vorzeitige Widerruf der Beiordnung weder zulässig, weil der Richter bei einem anderen Gericht noch dringender benötigt wird, noch, weil der Richter auf seinen Wunsch hin eine andere Verwendung finden soll. Die Vorschrift hat keine personale Schutzfunktion zugunsten des Richters, sondern allein gerichtsverfassungsrechtliche Bedeutung hinsichtlich der Geschäftsverteilung und damit des gesetzlichen Richters,[19] der Individualschutz des einzelnen Richters obliegt dem DRiG.

Diese Zweckbestimmung bindet die LJustizVerw zwar in ihrer Entscheidungsfreiheit. Einen nach dem richterlichen Statusrecht zulässigen **Abzug** vor Ablauf der für die Beiordnung ursprünglich angegebenen Dauer hindert Abs. 2 indessen nicht. Gerichtsverfassungsrechtlich führt ein solcher vorzeitiger Widerruf zu einer ständigen tatsächlichen Verhinderung des Richters bei diesem Gericht und damit zu einer Änderung des gesetzlichen Richters durch eine Maßnahme der Justizverwaltung. Gleichwohl führt nicht jeder Verstoß der LJustizVerw gegen Abs. 2 zur Entziehung des gesetzlichen Richters, sondern nur, entsprechend der allgemeinen Regelung, die Willkür einer solchen personallenkenden Maßnahme[20] (§ 16 Rn. 50 ff.). Im Übrigen tritt die allgemeine Vertretungsregelung ein; ebenso liegt ein Grund zur Änderung der Geschäftsverteilung nach § 21e Abs. 3 vor.[21] 13

III. Vorbehalte für Landesrecht (Abs. 3). Das Landesrecht kann regeln, dass 14
bestimmte richterliche **Aufgaben nur von Richtern aL** wahrgenommen werden dürfen. § 59 Abs. 3 kann insoweit ganz oder teilweise außer Kraft gesetzt werden, aber nur für das LG; eine entsprechende Vorschrift für das AG fehlt (§ 22 Abs. 5). Das Landesrecht kann diese Bestimmung für bestimmte Streitsachen treffen (ähnlich § 23b Abs. 3), aber auch z.B. für den Bereitschaftsdienst. Im Rahmen des § 22b ist die Vorschrift nicht anwendbar.

2. Das Landesrecht kann bestimmen, dass die Richter des LG nur **durch Richter aL vertreten** werden können. Damit wird Abs. 1 eingeschränkt und Abs. 2 15
unanwendbar. Es kann auch die Heranziehung der Richter anderer Gerichte von der LJustizVerw auf das Präsidium übertragen oder auf andere Organe der Justizverwaltung.

3. Wirkt ein Richter mit, der nach Landesrecht nicht mitwirken darf, weil er 16
nicht Richter aL ist, dann ist das Gericht (der Spruchkörper) nicht ordnungsgemäß besetzt.

§ 71. [Zuständigkeit in Zivilsachen in 1. Instanz]

(1) **Vor die Zivilkammern, einschließlich der Kammern für Handelssachen, gehören alle bürgerlichen Rechtsstreitigkeiten, die nicht den Amtsgerichten zugewiesen sind.**

(2) **Die Landgerichte sind ohne Rücksicht auf den Wert des Streitgegenstandes ausschließlich zuständig**
1. **für die Ansprüche, die auf Grund der Beamtengesetze gegen den Fiskus erhoben werden;**
2. **für die Ansprüche gegen Richter und Beamte wegen Überschreitung ihrer amtlichen Befugnisse oder wegen pflichtwidriger Unterlassung von Amtshandlungen;**

---

[19] A. A. *LR/Siolek* Rn. 10.
[20] Vgl. DGH Dresden NJW-RR 2000, 941.
[21] BGHSt 13, 53 = NJW 1959, 1093.

3. für Schadensersatzansprüche auf Grund falscher, irreführender oder unterlassener öffentlicher Kapitalmarktinformationen.

(3) Der Landesgesetzgebung bleibt überlassen, Ansprüche gegen den Staat oder eine Körperschaft des öffentlichen Rechts wegen Verfügungen der Verwaltungsbehörden sowie Ansprüche wegen öffentlicher Abgaben ohne Rücksicht auf den Wert des Streitgegenstandes den Landgerichten ausschließlich zuzuweisen.

Gesetzesfassung: § 71 Abs. 2 Nr. 3 eingefügt durch Art. 3 Nr. 1 G zur Einführung von Kapitalanleger-Musterverfahren vom 16. 8. 2005 (BGBl. I S. 2437). Die Befristung nach Art. 9 Abs. 2 ist beseitigt durch Art. 12 des 2. Justizmodernisierungsgesetzes vom 22. 12. 2006 (BGBl. I S. 3416).

1 **I. Erstinstanzliche Zuständigkeit des Landgerichts.** Die Vorschrift regelt die erstinstanzliche Zuständigkeit des LG in bürgerlichen Rechtsstreitigkeiten (zum Begriff § 13 Rn. 9 ff.). Soweit das LG danach zuständig ist, entscheidet es durch die Zivilkammer (§§ 70, 75). Wegen der Abgrenzung zur Kammer für Handelssachen vgl. § 94.

2 § 71 begründet die **grundsätzliche Zuständigkeit des LG.** Für alle Streitigkeiten, die nicht ausdrücklich dem AG zugewiesen sind, ist das LG zuständig (§ 23 Rn. 1). Die Vorschrift regelt nur die Zuständigkeitsverteilung zwischen AG und LG; ob der Rechtsweg zu den ordentlichen Gerichten überhaupt zulässig ist, regelt § 13.[1] Durchbrochen wird die von § 71 vorgeschriebene Zuständigkeit des LG nur im Falle einer Gerichtsstandsvereinbarung. Soweit keine ausschließliche Zuständigkeit besteht (§ 40 Abs. 2 ZPO), können die Parteien anstelle des an sich zuständigen LG die Zuständigkeit des AG vereinbaren (§§ 38 ff. ZPO) oder durch rügelose Einlassung (§ 39 ZPO) eintreten lassen, wie es auch umgekehrt zulässig ist (§ 23 Rn. 11).

3 Der grundsätzlichen Zuständigkeit des LG entspricht auch die Systematik der ZPO. Sie geht aus vom Verfahren vor dem LG (§§ 253 ff. ZPO) und behandelt das Verfahren vor dem AG gleichsam als Anhang (§§ 495 ff. ZPO). Die tatsächlichen Verhältnisse sind umgekehrt: 2005 entfielen auf das AG 1,4 Mio neue Zivilsachen ohne Familiensachen (520 000), auf das LG 425 000.[2]

4 Für die Frage, ob ein Kollegium oder ein Einzelrichter entscheidet, hat die Abgrenzung AG/LG mit der Einführung des Einzelrichters beim LG (§ 75 Rn. 5 ff.) ihre Bedeutung weitgehend verloren. Ähnliches gilt für den Rechtsmittelzug (vgl. § 72 Rn. 3 f.; § 119 Rn. 2 ff.).

5 **II. Bürgerlich-rechtliche Streitigkeiten. Allgemeine Regelung.** Soweit nicht Sondervorschriften bestehen, richtet sich die Zuständigkeitsabgrenzung zwischen AG und LG allein nach dem **Streitwert.** Die frühere Abgrenzung nach vermögensrechtlichen und nichtvermögensrechtlichen Streitigkeiten ist entfallen (§ 23 Rn. 4). Die Streitwertgrenze beträgt z. Z. 5000 Euro (§ 23 Nr. 1; vgl. § 23 Rn. 5). Für Streitigkeiten bis einschließlich dieses Betrags ist das AG zuständig. Zum strafprozessualen Adhäsionsverfahrens nach § 403 StPO siehe § 23 Rn. 12.

6 **2. Sonderregelungen.** Für Streitigkeiten über 5000 Euro ist die Zuständigkeit des AG dann gegeben, wenn seine Zuständigkeit ohne Rücksicht auf den Wert des Streitgegenstandes angeordnet ist (vgl. § 23 Nr. 2). Umgekehrt gibt es Streitigkeiten, für die das **LG ohne Rücksicht auf den Wert des Streitgegenstandes** ausschließlich zuständig ist (Abs. 2). Diese Regelung hebt eine Reihe als besonders wichtig angesehener Rechtsstreitigkeiten hervor. Erreicht werden sollte damit insbesondere, dass diese in allen Instanzen von Kollegialgerichten entschieden werden;[3] dem entsprach es, im Interesse einer gleichmäßigen Rechtsprechung[4] ohne

---

[1] BGHZ 9, 322 = NJW 1953, 1064.
[2] Quelle: Statistisches Bundesamt.
[3] Vgl. BGH LM 3 zu § 71 GVG.

Rücksicht auf den Streitwert die Revision zu eröffnen (§ 547 Abs. 1 Nr. 2 ZPO i.d.F. bis zum WertgrenzenG 1964). Der ursprüngliche Sinn der ausschließlichen Zuständigkeit der LG, „die bessere und vor allem drittinstanzliche Prüfung dieser Ansprüche deshalb zu gewährleisten, weil es sich dabei häufig um weittragende Entscheidungen handelt, die über den Einzelfall hinaus Bedeutung für ganze Gruppen von Fällen gewinnen und die deshalb auch finanziell sich in besonders starkem Maße auswirken können",[5] wird heute durch den ohne Spezialzuständigkeit der Kammer originären (§ 348 Abs. 1 Nr. 2 k ZPO), ansonsten obligatorischen (§ 348 a ZPO) Einzelrichter sowie die Zulassungsrevision gegen Berufungsurteile des LG und des OLG (§ 542 ZPO) relativiert. Unterschiede ergeben sich letztlich nur noch für die Berufungsinstanz.

Die Regelung über die ausschließliche Zuständigkeit des LG kann nicht ausdehnend angewandt werden.[6]

Für die **Beurteilung,** ob ein Anspruch unter die dem LG ausschließlich zugewiesenen Rechtsstreitigkeiten fällt, kommt es nur auf den Antrag und den Tatsachenvortrag des Klägers an sowie darauf, welche wahre rechtliche Natur der Klageanspruch nach den als richtig unterstellten tatsächlichen Klagebehauptungen hat.[7] Es ist allein davon auszugehen, wie sich die materielle Rechtslage unter Zugrundelegung des behaupteten Sachverhalts objektiv richtig darstellt[8] (vgl. auch § 17 Rn. 17). Wird in einem Rechtsstreit vor dem AG eine Widerklage erhoben wegen einer Forderung, die in die ausschließliche Zuständigkeit des LG nach § 71 Abs. 2 fällt, muss nach § 506 ZPO auf Antrag an das LG verwiesen werden, andernfalls ist die Widerklage abzuweisen. Wird in einem Rechtsstreit vor dem AG eine Forderung zur Aufrechnung gestellt, die in die (auch ausschließliche) Zuständigkeit des LG nach § 71 Abs. 2 fällt, ändert dies nichts an der Zuständigkeit des AG.[9] Bei einer die erstinstanzliche Zuständigkeit des LG begründenden Klageänderung vor der Berufungskammer ist der Rechtsstreit an die erstinstanzliche Kammer des LG zu verweisen.[10]

3. Zuweisung im Einzelnen. Im Einzelnen sind Rechtsstreitigkeiten über folgende **Ansprüche dem LG ausschließlich** ohne Rücksicht auf die Höhe zugewiesen:

a) Ansprüche, die auf Grund der **Beamtengesetze** gegen den Fiskus erhoben werden (§ 71 Abs. 2 Nr. 1). Die Vorschrift hat ihre Bedeutung verloren, da im Recht des öffentlichen Dienstes nunmehr auch eine spezialgesetzliche Regelung über den Rechtsweg und die Zuständigkeit getroffen ist, vgl. § 126 BRRG, § 172 BBG, §§ 46, § 71 Abs. 3 DRiG.

b) Ansprüche **gegen Richter und Beamte** (einschl. Soldaten) wegen Überschreitung ihrer amtlichen Befugnisse oder wegen pflichtwidriger Unterlassung von Amtshandlungen[11] (§ 71 Abs. 2 Nr. 2). Umfasst sind die gesamten Ansprüche, die aus Amtshaftung (§ 839 BGB und entsprechende Vorschriften) gegen den Beamten geltend gemacht werden, auch wenn das Dienstverhältnis inzwischen beendet ist.[12] Das gilt auch dann, wenn die Klage zusätzlich auf § 826 BGB gestützt wird.[13] Nicht hierher gehören Ansprüche aus dem fiskalischen Bereich, z.B. die Gefährdungshaftung nach § 7 StVG.[14]

---

[4] BGHZ 2, 320 = NJW 1951, 762.
[5] BGHZ 23, 36 = NJW 1957, 539.
[6] BGHZ 2, 320 = NJW 1951, 762; BGH LM 5 zu § 71 GVG; BGHZ 15, 221 = NJW 1955, 181; Z 22, 79 = NJW 1956, 1876.
[7] BGHZ 16, 275 = NJW 1955, 707.
[8] BGH LM 9 zu § 547 ZPO.
[9] RG HRR 1927, 1476; *BL/Hartmann* Rn. 2; *Wieczorek/Schreiber* Rn. 2.
[10] Vgl. KGR 1999, 289; BGH NJW 2000, 80.
[11] Verfassungsrechtliche Bedenken: LG Bremen VersR 1978, 977.
[12] RGZ 33, 244.
[13] SG Hannover NJW-RR 1988, 614.
[14] *Schneider* NJW 1965, 1470.

11 Die ausschließliche Zuständigkeit des LG greift auch ein, wenn nach Art. 34 GG und entsprechenden landesrechtlichen Vorschriften für Amtspflichtverletzungen grundsätzlich die Anstellungskörperschaft haftet; das gilt im Gegensatz zur unmittelbaren Haftung des Beamten auch dann, wenn die Amtspflichtverletzung von einem Angestellten oder Arbeiter begangen worden ist. Die Vorschrift gilt für den Staat und alle Körperschaften des öffentlichen Rechts, die unter Art. 34 GG fallen. Dabei entscheidet nicht die Beklagtenrolle, auch Klagen der Anstellungskörperschaft, etwa eine negative Feststellungsklage, fallen unter diese Zuständigkeitsregelung.

12 Auch die **Rückgriffs- und Regressansprüche** gegen den Amtsträger fallen unter diese Zuständigkeit (vgl. Art. 34 Satz 3 GG), soweit nicht der Verwaltungsrechtsweg oder die Zuständigkeit der Arbeitsgerichte gegeben ist.

13 c) Schadenersatzansprüche auf Grund falscher, irreführender oder unterlassener **öffentlicher Kapitalmarktinformationen** (§ 71 Abs. 2 Nr. 3). Ergänzend zur hier begründeten ausschließlichen sachlichen Zuständigkeit des LG sieht § 32 b Abs. 1 Satz 1 Nr. 1 ZPO für diese Verfahren auch eine ausschließliche örtliche Zuständigkeit am Sitz des Emittenten oder Anbieters (im Inland) vor. Damit soll einmal die Beurteilung eines Sachverhalts, der erfahrungsgemäß eine Vielzahl von Klagen mit gleichgerichtetem Streitgegenstand nach sich zieht, aus Gründen der Prozessökonomie möglichst bei einem Eingangsgericht gebündelt werden.[15] Zweitens sind beide der genannten Vorschriften in ihren Voraussetzungen zu § 1 Abs. 1 Satz 1 Nr. 1 KapMuG parallel und erleichtern so auch die Herbeiführung eines Musterentscheids nach §§ 14, 16 KapMuG. – Zum **Musterverfahren** § 118.

14 Der Anspruch muss darauf beruhen, dass eine öffentliche Kapitalmarktinformation falsch oder irreführend war oder (pflichtwidrig) unterlassen wurde. Eine Beschränkung auf bestimmte materiellrechtliche Anspruchsgrundlagen besteht nicht.[16] Spezialgesetzliche Anspruchsgrundlagen des BörsG oder des WpHG kommen ebenso in Betracht wie eine unerlaubte Handlung nach § 823 Abs. 2 BGB durch Verletzung spezieller oder allgemein strafrechtlicher Schutzgesetze, so Betrug. Erfasst sind auch solche Kapitalanlagen, für die eine gesetzliche Prospektpflicht nicht besteht, also auch die Anlageformen des ungeregelten („grauen") Kapitalmarkts.[17] Ebenso sind nicht nur Klagen gegen den Emittenten selbst erfasst, sondern auch solche gegen jeden anderen Verantwortlichen, so gegen die emissionsbegleitende Bank oder ein nach § 31 BGB persönlich haftendes Organ.[18] Nicht anwendbar ist die Vorschrift aber, wenn der Schadenersatzanspruch auf die Verletzung eines Anlageberatungsvertrags gestützt wird, auch wenn der Anlageberater sich auf öffentliche Kapitalmarktinformationen bezogen hat.[19]

15 Eine nach dem Gesetzeszweck (Rn. 13) auch für § 71 Abs. 2 Nr. 3 verbindliche Definition der öffentliche Kapitalmarktinformation findet sich in § 1 Abs. 1 Satz 3 KapMuG; nur beispielhaft und nicht abschließend ist der Katalog in dessen Satz 4.[20] Erfasst sind alle für eine Vielzahl von Anlegern bestimmten Informationen über Tatsachen, die einen Emittenten von Wertpapieren oder einen Anbieter von sonstigen Vermögensanlagen betreffen. Die rechtliche Gestaltung der Vermögensanlage (Fondsbeteiligung, stille Gesellschaft etc.) bleibt ohne Belang. Die Adressaten brauchen selbstverständlich nicht bereits Anleger zu sein, es genügt, wenn die Information, etwa durch Prospekte, Werbematerial oder entsprechende Instruktion der Vermittler eine unbestimmte Zahl von Anlageinteressenten erreichen soll. In ob-

---

[15] BTagsDrucks. 15/5091 S. 33 f.
[16] BGH NJW 2007, 1364; *Maier-Reimer/Wilsing* ZGR 2006, 79, 85.
[17] BGH NJW 2007, 1364; 1365 zu § 32 b Abs. 1 Satz 1 Nr. 1 ZPO; OLG Koblenz NJW 2006, 3723; a. A. OLG München ZIP 2006, 1699; NJW 2007, 163.
[18] *Maier-Reimer/Wilsing* a. a. O. 86; *Plassmann* NZG 2005, 609, 610.
[19] BGH aaO.; a. A. OLG Koblenz aaO. m. insoweit abl. Anm. *Stöber*.
[20] BTagsDrucks. 15/5091 S. 20 f.

jektivem Sinne für den Anleger bestimmt sind auch nicht erteilte Informationen über Tatsachen, zu deren Offenbarung eine Rechtspflicht bestanden hätte. Tatsachen, die den Emittenten bzw. Anbieter betreffen, sind alle seine geschäftlichen Verhältnisse sowie äußere Umstände, die hierauf Einfluss haben können.

4. Landesrecht. Die ausschließliche Zuständigkeit des LG kann weiter durch die **Landesgesetzgebung** für folgende Streitigkeiten vorgesehen werden:

Ansprüche gegen den Staat wegen **Verfügungen der Verwaltungsbehörden,** soweit die Landesgesetzgebung sie dem LG zuweist (Abs. 3, 1. Alt.). Hierdurch wollte man der Landesgesetzgebung für die wichtigen Grenzgebiete des öffentlichen und des Privatrechts ermöglichen, die Zuständigkeit des Reichsgerichts zu begründen.[21] Voraussetzung für die Zuweisung ist, dass der Rechtsweg zu den ordentlichen Gerichten (§ 13) nicht nach Bundesrecht verschlossen ist. Die ausschließliche Zuständigkeit besteht aber nur dann, wenn die Verfügung der Verwaltungsbehörde selbst den Klagegrund bildet, der Anspruch sich also unmittelbar aus dieser ableitet. Ein sonstiges zwischen dem Kläger und dem Staat bestehendes Rechtsverhältnis, auf das sich eine Verwaltungsverfügung nur bezieht, genügt nicht.[22] Darauf, ob der Anspruch sich auf eine rechtmäßige oder rechtswidrige Verfügung stützt, kommt es nicht an.[23] Soweit das REinhG 1950 die Zuweisungsbefugnis auch auf Ansprüche gegen Körperschaften des öffentlichen Rechts erstreckt hat, bedarf es einer nachfolgenden ausdrücklichen Zuweisung auch dann, wenn entsprechende gegen den Staat gerichtete Ansprüche bereits zugewiesen waren.[24]

Ansprüche wegen **öffentlicher Abgaben,** soweit die Landesgesetzgebung die Zuständigkeit des LG ohne Rücksicht auf den Wert des Streitgegenstandes vorschreibt (Abs. 3, 2. Alt.). Der Begriff der „öffentlichen Abgaben" ist weit zu verstehen;[25] darunter fallen nach der herkömmlichen Definition[26] Steuern, Gebühren und Beiträge. Erfasst sind nicht nur Ansprüche auf Leistung (soweit nicht im Wege der Verwaltungsfestsetzung und -vollstreckung vorgegangen werden kann), sondern auch Streitigkeiten um Verzinsung, Verzugsgeld, Feststellungsklagen, Schadensersatzansprüche, Rückforderungen usw. Auch hier ist aber Voraussetzung, dass nicht bundesrechtlich ein anderer Rechtsweg vorgeschrieben ist. Weiter betrifft die Ermächtigung nur die sachliche Zuständigkeit; der Landesgesetzgeber hat keine Möglichkeit, auch die örtliche Zuständigkeit zu regeln oder eine Konzentration herbeizuführen.

III. Zuständigkeit des LG, geregelt außerhalb des GVG. In einer Vielzahl von bundesrechtlichen Vorschriften sind den LG vermögensrechtliche Streitigkeiten (ohne Rücksicht auf den Wert des Streitgegenstandes) ausschließlich zugewiesen, wenn auch gesetzessystematisch auf unterschiedliche Art.[27] Solche Abweichungen von der Abgrenzung der erstinstanzlichen Zuständigkeiten bedürfen der ausdrücklichen gesetzlichen Regelung. Alle diese Zuständigkeiten des LG sind ausschließliche, eine Zuständigkeitsvereinbarung ist weder in sachlicher noch in örtlicher Hinsicht zulässig.

IV. Angelegenheiten der freiwilligen Gerichtsbarkeit. In Angelegenheiten der freiwilligen Gerichtsbarkeit ist das LG grundsätzlich Beschwerdegericht (vgl. § 72 Rn. 15) und nur ausnahmsweise erstinstanzlich zuständig.[28]

---

[21] RGZ 92, 172; vgl. *Hahn* I S. 95.
[22] RGZ 139, 278.
[23] RG aaO.
[24] BGHZ 15, 221 = NJW 1955, 181.
[25] *BL/Hartmann* Rn. 11; *Wieczorek/Schreiber* Rn. 9.
[26] RGZ 92, 172.
[27] Übersichten bei *BL/Hartmann* Rn. 12; *Wieczorek/Schreiber* Rn. 10 ff.; *Zöller/Gummer* Rn. 7.
[28] Vgl. *Keidel/Schmidt* vor § 3 FGG Rn. 3, § 19 Rn. 41, 48; *Jansen* Vorbem. §§ 3 bis 7 FGG Rn. 4 ff.

§ 72. [Zuständigkeit in Zivilsachen in 2. Instanz]

(1) Die Zivilkammern, einschließlich der Kammern für Handelssachen, sind die Berufungs- und Beschwerdegerichte in den vor den Amtsgerichten verhandelten bürgerlichen Rechtsstreitigkeiten, soweit nicht die Zuständigkeit der Oberlandesgerichte begründet ist.

(2) ¹In Streitigkeiten nach § 43 Nr. 1 bis 4 und 6 des Wohnungseigentumsgesetzes ist das für den Sitz des Oberlandesgerichts zuständige Landgericht gemeinsames Berufungs- und Beschwerdegericht für den Bezirk des Oberlandesgerichts, in dem das Amtsgericht seinen Sitz hat. ²Dies gilt auch für die in § 119 Abs. 1 Nr. 1 Buchstabe b und c genannten Sachen. ³Die Landesregierungen werden ermächtigt, durch Rechtsverordnung anstelle dieses Gerichts ein anderes Landgericht im Bezirk des Oberlandesgerichts zu bestimmen. ⁴Sie können die Ermächtigung auf die Landesjustizverwaltungen übertragen.

Gesetzesfassung: § 72 neu gefasst durch Art. 1 Nr. 2 ZPO-RG vom 27. 7. 2001 (BGBl. I S. 1887). Abs. 2 angefügt durch Art. 3 Nr. 2b G zur Änderung des Wohnungseigentumsgesetzes vom 26. 3. 2007 (BGBl. I S. 370) mit Wirkung vom 1. 7. 2007; geändert durch Art. 5 Nr. 2 G zur Vereinfachung des Insolvenzverfahrens vom 13. 4. 2007 (BGBl. I S. 509).

1   **I. LG als Rechtsmittelinstanz in Zivilsachen.** Die Vorschrift regelt die Zuständigkeit des LG als Rechtsmittelgericht in bürgerlichen Rechtsstreitigkeiten (zum Begriff § 13 Rn. 9 ff.). Das LG ist zuständig für die Berufung und die Beschwerde gegen die **Entscheidungen des AG.** Die Statthaftigkeit dieser Rechtsmittel ergibt sich aus dem Verfahrensrecht. In den von den FamG entschiedenen Sachen ist das LG nicht Rechtsmittelgericht (§ 119 Abs. 1 Nr. 1).

2   **1.** Es besteht **kein verfassungsrechtliches Gebot** für die Eröffnung von Rechtsmittelmöglichkeiten. Weder Art. 19 Abs. 4 GG noch das Rechtsstaatsprinzip fordern einen Instanzenzug.[1] Es genügt, wenn in einem Streitfall einmal ein unabhängiges Gericht in vollem Umfang zur Nachprüfung angerufen werden kann, wie es auch für die Gerichtsqualität nicht auf eine Rechtsmittelmöglichkeit ankommt (Einl. Rn. 203). Auch der Gleichheitssatz hindert den Gesetzgeber nicht, bei der Ausgestaltung des Rechtsmittelzuges zwischen einzelnen Gruppen von Streitigkeiten zu differenzieren, wenn sich dafür sachliche Gründe finden lassen.[2]

3   **2.** Die grundsätzliche und ursprünglich klar durchgeführte Konzeption von GVG und ZPO beruhte auf folgender Aufteilung: Gegen Entscheidungen des AG ist das LG Rechtsmittelinstanz, und zwar abschließend (§§ 72, 119 GVG, §§ 511, 545 ZPO a. F.). Gegen Entscheidungen des LG in erster Instanz ist das OLG Rechtsmittelinstanz (§ 119); gegen dessen Rechtsmittelentscheidungen ist die Revision an das RG, jetzt BGH statthaft (§ 133).

4   **3.** Im Laufe der Zeit sind, was die abschließende Rechtsmittelzuständigkeit des LG für Entscheidungen des AG betrifft, weitreichende Änderungen eingetreten (vgl. § 119 Rn. 2 ff.). Eine tiefgreifende Neugestaltung brachte zuletzt das ZPO-RG vom 27. 7. 2001, das die Unterschiede in der Anfechtbarkeit von Rechtsmittelentscheidungen einerseits des LG und andererseits des OLG letztlich einebnete. Nach §§ 542, 543 ZPO findet nunmehr gegen die in der Berufungsinstanz erlassenen Endurteile, also gegen die des LG gleichermaßen wie gegen die des OLG, eine Zulassungsrevision statt; gegen Beschwerdeentscheidungen sowohl des LG als auch des OLG ist nach Maßgabe von § 574 ZPO die Rechtsbeschwerde statthaft. Revisions- und Rechtsbeschwerdegericht ist stets der BGH (§ 133). Ferner kann durch

---

[1] BVerfG stRSpr, vgl. BVerfGE 83, 24 = NJW 1991, 1283; E 89, 381 = NJW 1994, 1053; 96, 27 = NJW 1997, 2163; 104, 220 = NJW 2002, 2456; WM 1999, 1709; NJW 2000, 129; 2003, 1924; 2004, 1371; 1729; BGHSt 36, 139 = NJW 1989, 1869; BGH NJW 1990, 838.
[2] BVerfGE 19, 323 = NJW 1966, 339; BGH NJW 1979, 2046.

Landesgesetz – zeitlich beschränkt – über § 119 Abs. 1 Nr. 1 hinaus die Zuständigkeit des Oberlandesgerichts für Berufungen und Beschwerden gegen amtsgerichtliche Entscheidungen bestimmt werden.

II. Zuständigkeit. Die Rechtsmittel gegen Entscheidungen des AG werden von der Zivilkammer sowie der KfH entschieden. Welche Kammer zuständig ist, richtet sich nach der Geschäftsverteilung. Soweit eine KfH gebildet ist, ist sie kraft Gesetzes zuständig für die Berufung gegen Entscheidungen des AG, die Handelssachen im Sinne des § 95 sind (§ 100).

III. Berufung. Die Berufung ist zulässig nur gegen **Endurteile** des AG, wenn dies auch hier nicht ausdrücklich formuliert ist (vgl. § 511 ZPO). Endurteile sind Urteile, die den Prozess für die Instanz endgültig entscheiden (§ 300 ZPO); dazu gehören auch Teilurteile (§ 301 ZPO) sowie Ergänzungsurteile (§ 321 ZPO). Zwischenurteile sind nur anfechtbar, wenn dies ausdrücklich für zulässig erklärt ist; das ist der Fall für Grundurteile (§ 304 ZPO), für Vorbehaltsurteile (§§ 302, 599 ZPO) und für Zwischenurteile über prozesshindernde Einreden (§ 280 ZPO).

Die ursprüngliche Konzeption, nach der die Berufung zu einer erneuten Verhandlung des Rechtsstreits vor dem Berufungsgericht in den durch die Berufungsanträge bestimmten Grenzen führte (§ 525 ZPO a. F.), wurde durch §§ 529 Abs. 1, 522 Abs. 2 ZPO in der Fassung des ZPO-RG vom 27. 7. 2001 mittels grundsätzlicher Bindung an die Tatsachenfeststellungen der Vorinstanz und die Möglichkeit der Zurückweisung durch Beschluss eingeschränkt. Ebenso kann die Berufung nicht mehr auf die Unzuständigkeit des Gerichts des ersten Rechtszugs gestützt werden (§ 513 Abs. 2 ZPO).

Die **Berufung** ist zulässig, wenn der Wert des Beschwerdegegenstandes **600 Euro übersteigt** oder wenn das Gericht des ersten Rechtszugs sie im Urteil **zugelassen** hat (§ 511 Abs. 2 ZPO). Die Berufungssumme hat eine wechselvolle Geschichte.[3] Ursprünglich nicht vorgesehen wurde sie erst durch die EntlVO von 1915 als kriegsbedingte Vereinfachungsmaßnahme eingeführt, aber dann als Dauereinrichtung beibehalten. Maßgebend dafür war die Erwägung, sog. Bagatellsachen sollten von der Berufung ausgeschlossen sein, da hier die Aufwendungen außer Verhältnis zum erstrebten Erfolg stünden.

Gegen die **Berufungssumme** sind nach der RSpr des BVerfG[4] unter dem Gesichtspunkt des Gleichheitssatzes keine Bedenken herzuleiten. Rechtspolitisch war sie aber als alleinige Zulässigkeitsvoraussetzung umstritten. Weder die grundsätzliche Bedeutung eines Rechtsstreits, etwa für die Fortentwicklung des Rechts oder für eine Vielzahl gleichgelagerter Fälle, noch seine Schwierigkeit, seine Bedeutung für die Prozessparteien oder das Ausmaß nicht tolerierbarer Fehlentscheidungen lassen sich in irgendeiner Form am Umfang des Unterliegens ablesen[5] (§ 23 Rn. 6 ff.). Diesen Bedenken trägt nunmehr die durch das ZPO-RG zusätzlich eingeführte streitwertunabhängige **Zulassungsberufung** Rechnung.[6]

Zulassungsberufung und Zulassungsrevision eröffnen einen streitwertunabhängigen Rechtszug bis zum BGH (Rn. 4, 9), so dass die Sondervorschrift für Mietverhältnisse über Wohnraum (§ 511a Abs. 2 ZPO a. F.) und das Institut des Rechtsentscheids (§ 541 ZPO a. F.) entbehrlich wurden.

IV. Beschwerde. Inwieweit eine (nunmehr fristgebundene sofortige) Beschwerde gegen Entscheidungen des AG zulässig ist, richtet sich nach dem Verfahrensrecht, §§ 567 ff. ZPO.[7] Die Beschwerde gegen Entscheidungen über Kosten ist nur

---

[3] Vgl. BTagsDrucks. 7/853 S. 10; 12/3832 S. 39.
[4] Vgl. BVerfG NJW 1980, 386.
[5] Vgl. *Kissel*, Dreistufigkeit S. 72 ff.
[6] Vgl. BTagsDrucks. 14/4722 S. 59, 93.
[7] Zusammenstellung bei *BL/Hartmann* § 567 ZPO Rn. 4.

§ 73   5. Titel. Landgerichte

zulässig, wenn der Wert des Beschwerdegegenstandes 200 Euro übersteigt, § 567 Abs. 2 ZPO i. d. F. des KostRMoG.[8] Diese Vorschrift war (wie die Berufungssumme, Rn. 8) ursprünglich nicht im Gesetz vorgesehen. Zuständig für die Entscheidung über die Beschwerde ist die ZivK (vgl. Rn. 5). Soweit eine KfH gebildet ist, ist sie auch für die Beschwerde zuständig gegen Entscheidungen des AG in Handelssachen (§§ 95, 100 GVG, § 30 FGG).

12   **V. Streitigkeiten nach dem Wohnungseigentumsgesetz (Abs. 2).** Eine zur Ortsferne führende, sachlich kaum zu begründende und nur der im Gesetzgebungsverfahren zunächst angestrebten Rechtsmittelzuständigkeit des OLG entgegengesetzte[9] **Konzentration** der Entscheidungen über Berufungen und Beschwerden bestimmt Abs. 2 Satz 1 für Streitigkeiten nach § 43 Nr. 1 bis 4 und 6 WEG. ist. Es entscheidet das LG, in dessen Bezirk das OLG seinen Sitz hat, und zwar hinsichtlich aller Sachen aus dem Bezirk dieses OLG. Satz 2 schließt insoweit auch die Zuständigkeit des OLG für Sachverhalte mit Auslandsbezug (§ 119 Abs. 1 Nr. 1 b und c) aus. Zum **Gegenstand** dieser Streitigkeiten § 23 Rn. 31 f., zum **Übergangsrecht** § 23 Rn. 33.

13   Abs. 2 Satz 3 ermächtigt die LReg, durch RechtsVO anstelle des LG, in dessen Bezirk das OLG seinen Sitz hat, ein anderes LG zu bestimmen; die Ermächtigung kann auf die LJustizVerw übertragen werden (Satz 4). Dieses andere LG muss aber im Bezirk desselben OLG liegen. Ebenso muss es nach dem klaren Wortlaut von Abs. 2 Satz 3 bei der Zuständigkeit eines einzigen LG im Bezirk des OLG verbleiben; eine Aufteilung der Sachen auf zwei oder mehr LG im Bezirk des OLG ist nicht zulässig. Zu auswärtigen Spruchkörpern § 13 a.

14   **VI. Sonderzuständigkeiten. 1.** Entsprechend der allgemeinen Konzeption (Rn. 3) ist das LG darüber hinaus mit wenigen Ausnahmen zuständig für die **Rechtsmittel** gegen Entscheidungen des AG in allen Zivilsachen, z.B. nach § 6 InsO, § 96 ZVG, §§ 66 ff. GKG, §§ 32, 33, 56 RVG, § 5 GVKostG, § 4 JVEG.

15   **2.** Das LG ist auch zuständig für die Entscheidung über Beschwerden in Angelegenheiten der **freiwilligen Gerichtsbarkeit,** vgl. §§ 19 Abs. 2, 30 FGG, §§ 72, 81 GBO, § 76 SchiffsregisterO, § 54 BeurkG.

16   **3.** Die Zuständigkeit des LG als Beschwerdegericht ist **ausgeschlossen** in den von den FamG entschiedenen und in den anderen in § 119 Abs. 1 Nr. 1 genannten Sachen (vgl. § 119 Rn. 18), in Landwirtschaftssachen (§ 22 LwVG) sowie nach § 159 (Ablehnung der Rechtshilfe) und § 181 (Ordnungsmittel); hier ist das OLG zuständig.

17   **4.** Das LG entscheidet als nächsthöheres Gericht ausnahmsweise über die **Ablehnung** eines Richters (§ 45 Abs. 2 ZPO).

18   **5.** Das LG als allgemeines Rechtsmittelgericht ist weiter zuständig für die **Bestimmung der Zuständigkeit** nach § 36 ZPO; § 2 ZVG; §§ 5, 46, 194 FGG; § 1 GBO.

§ 73. [Allgemeine Zuständigkeit in Strafsachen]

(1) **Die Strafkammern entscheiden über Beschwerden gegen Verfügungen des Richters beim Amtsgericht, gegen Entscheidungen des Richters beim Amtsgericht und der Schöffengerichte sowie über Anträge auf gerichtliche Entscheidung in den Fällen des § 161 a Abs. 3 der Strafprozeßordnung.**

(2) **Die Strafkammern erledigen außerdem die in der Strafprozeßordnung den Landgerichten zugewiesenen Geschäfte.**

---

[8] Die Wertgrenze gilt nicht für die Rechtsbeschwerde, BGH MDR 2005, 237.
[9] Vgl. BTagsDrucks. 16/887 S. 9, 48; 16/3843 S. 29.

Allgemeine Zuständigkeit in Strafsachen   1–7 § 73

I. Zuständigkeit der StrafK im Allgemeinen. Die Zuständigkeit der StrafK 1
ist in §§ 73 ff. geregelt. Die StrafK hat sowohl erstinstanzliche als auch Rechtsmittelzuständigkeiten. Der Aufbau des Gesetzes ist unübersichtlich: die erstinstanzlichen Zuständigkeiten ergeben sich aus §§ 73 Abs. 2, 74 Abs. 1 und 2, 74a ff., auch 78a, die Rechtsmittelzuständigkeiten aus §§ 73 Abs. 1 und 74 Abs. 3. Weitere Aufgaben sind der StrafK zugewiesen in §§ 33 Abs. 2, 41 JGG, §§ 8, 9 StrEG.

II. StrafK als Beschwerdegericht. 1. Auch in Strafsachen besteht **kein ver-** 2
fassungsrechtliches Gebot für Rechtsmittelmöglichkeiten (§ 72 Rn. 2). Jedoch ist der von der BRep ratifizierte UNO-Pakt über bürgerliche und politische Rechte vom 19. 12. 1966 (BGBl. 1973 II S. 1533) zu beachten, nach dessen Art. 14 Abs. 5 jeder, der wegen einer strafbaren Handlung verurteilt worden ist, das Recht hat, das Urteil entsprechend dem Gesetz durch ein höheres Gericht nachprüfen zu lassen. Das Ratifikationsgesetz legt in Art. 1 Nr. 3 fest, dass Art. 14 Abs. 5 des Paktes derart angewandt wird, dass a) ein weiteres Rechtsmittel nicht in allen Fällen allein deshalb eröffnet werden muss, weil der Beschuldigte in der Rechtsmittelinstanz erstmals verurteilt worden ist, und b) bei Straftaten von geringer Schwere die Überprüfung eines nicht auf Freiheitsstrafe lautenden Urteils durch ein Gericht höherer Instanz nicht in allen Fällen ermöglicht werden muss. Demnach ist aus Art. 14 keine Rechtsmittelgarantie zu entnehmen („entsprechend dem Gesetz"), wohl aber scheint doch die rechtspolitische Tendenz dahin zu gehen.

2. Die StrafK entscheidet nach § 73 Abs. 1 über **Beschwerden** gegen Verfü- 3
gungen und Entscheidungen des **Richters beim AG,** sowohl des Straf(Einzel-)richters als auch des SchöffenG, soweit diese Verfügungen und Entscheidungen nach §§ 304 usw. StPO anfechtbar sind.

3. Die Beschwerdezuständigkeit der StrafK ist jedoch in doppelter Hinsicht **ein-** 4
geschränkt. Einmal treten an die Stelle der (allgemeinen) StrafK, von der § 73 spricht, die gesetzlich vorgeschriebenen und in ihrer Zuständigkeit geregelten Spezialkammern der §§ 74a bis 74c, vgl. § 74a Abs. 3, § 74b Satz 2, § 74c Abs. 2; angesichts der gesetzlich vorgeschriebenen Zuständigkeit der SchwurgerichtsK nach § 74 Abs. 2 muss auch deren die allgemeine StrafK ausschließende Zuständigkeit für diese Beschwerden angenommen werden.[1]

Zum anderen ist für Beschwerden gegen das AG das OLG zuständig nach 5
§§ 159, 181. Auch nach § 79 OWiG ist das OLG Rechtsmittelgericht. Weiter ergibt sich dessen Beschwerdezuständigkeit aus § 120 Abs. 3 GVG; letztere besteht aber nicht für Beschwerden gegen eine Verfügung im Überwachungsverfahren nach § 148a StPO, hier hat die Strafkammer des LG zu entscheiden[2] (vgl. § 120 Rn. 13).

III. Zwangsmaßnahmen nach § 161a Abs. 3 StPO. Die StrafK ist zustän- 6
dig für die Entscheidung über Anträge auf gerichtliche Entscheidung nach § 161a Abs. 3 StPO, wenn die StA gegen einen Zeugen oder Sachverständigen wegen dessen unberechtigtem Ausbleiben oder seiner Weigerung Zwangsmaßnahmen nach §§ 51, 70 oder 77 StPO verhängt; örtlich zuständig ist das LG, in dessen Bezirk die StA ihren Sitz hat. Diese Zuständigkeit besteht jedoch dann nicht, wenn das OLG nach § 120 erstinstanzlich zuständig ist (§ 120 Abs. 3), und auch dann nicht, wenn die Maßnahme vom GBA getroffen wurde (§ 135 Abs. 2).

IV. Die dem LG in der StPO zugewiesenen Geschäfte. Die StrafK ist wei- 7
ter zuständig für die dem LG in der StPO zugewiesenen Geschäfte (Abs. 2), soweit nicht ohnedies im Gesetz schon die StrafK für zuständig erklärt ist, z.B. im § 27 Abs. 2 StPO. Das sind im Verhältnis zum AG (Strafrichter wie SchöffenG) auch die

---

[1] *LR/Siolek* Rn. 4.
[2] BGHSt 29, 196 = NJW 1980, 1175; BayObLG MDR 1990, 652.

§§ 73a, 74   5. Titel. Landgerichte

dem „oberen" Gericht zugewiesenen Aufgaben, z. B. nach §§ 4, 12, 13, 14, 15, 19, 27 Abs. 4 StPO.

8 **V. Besetzung.** Die StrafK entscheidet in allen diesen Fällen in der Besetzung mit drei Berufsrichtern ohne Schöffen, § 76 Abs. 1.

§ 73 a. (weggefallen)

§ 74. [Zuständigkeit in Strafsachen in 1. und 2. Instanz]

(1) ¹Die Strafkammern sind als erkennende Gerichte des ersten Rechtszuges zuständig für alle Verbrechen, die nicht zur Zuständigkeit des Amtsgerichts oder des Oberlandesgerichts gehören. ²Sie sind auch zuständig für alle Straftaten, bei denen eine höhere Strafe als vier Jahre Freiheitsstrafe oder die Unterbringung in einem psychiatrischen Krankenhaus, allein oder neben einer Strafe, oder in der Sicherungsverwahrung zu erwarten ist oder bei denen die Staatsanwaltschaft in den Fällen des § 24 Abs. 1 Nr. 3 Anklage beim Landgericht erhebt.

(2) ¹Für die Verbrechen
1. des sexuellen Mißbrauchs von Kindern mit Todesfolge (§ 176 b des Strafgesetzbuches),
2. der sexuellen Nötigung und Vergewaltigung mit Todesfolge (§ 178 des Strafgesetzbuches),
3. des sexuellen Mißbrauchs widerstandsunfähiger Personen mit Todesfolge (§ 179 Abs. 7 in Verbindung mit § 178 des Strafgesetzbuches),
4. des Mordes (§ 211 des Strafgesetzbuches),
5. des Totschlags (§ 212 des Strafgesetzbuches),
6. *(aufgehoben)*
7. der Aussetzung mit Todesfolge (§ 221 Abs. 3 des Strafgesetzbuches),
8. der Körperverletzung mit Todesfolge (§ 227 des Strafgesetzbuches),
9. der Entziehung Minderjähriger mit Todesfolge (§ 235 Abs. 5 des Strafgesetzbuches),
10. der Freiheitsberaubung mit Todesfolge (§ 239 Abs. 4 des Strafgesetzbuches),
11. des erpresserischen Menschenraubes mit Todesfolge (§ 239 a Abs. 2 des Strafgesetzbuches),
12. der Geiselnahme mit Todesfolge (§ 239 b Abs. 2 in Verbindung mit § 239 a Abs. 2 des Strafgesetzbuches),
13. des Raubes mit Todesfolge (§ 251 des Strafgesetzbuches),
14. des räuberischen Diebstahls mit Todesfolge (§ 252 in Verbindung mit § 251 des Strafgesetzbuches),
15. der räuberischen Erpressung mit Todesfolge (§ 255 in Verbindung mit § 251 des Strafgesetzbuches),
16. der Brandstiftung mit Todesfolge (§ 306 c des Strafgesetzbuches),
17. des Herbeiführens einer Explosion durch Kernenergie (§ 307 Abs. 1 bis 3 des Strafgesetzbuches),
18. des Herbeiführens einer Sprengstoffexplosion mit Todesfolge (§ 308 Abs. 3 des Strafgesetzbuches),
19. des Mißbrauchs ionisierender Strahlen gegenüber einer unübersehbaren Zahl von Menschen (§ 309 Abs. 2 und 4 des Strafgesetzbuches),
20. der fehlerhaften Herstellung einer kerntechnischen Anlage mit Todesfolge (§ 312 Abs. 4 des Strafgesetzbuches),
21. des Herbeiführens einer Überschwemmung mit Todesfolge (§ 313 in Verbindung mit § 308 Abs. 3 des Strafgesetzbuches),
22. der gemeingefährlichen Vergiftung mit Todesfolge (§ 314 in Verbindung mit § 308 Abs. 3 des Strafgesetzbuches),

23. des räuberischen Angriffs auf Kraftfahrer mit Todesfolge (§ 316 a Abs. 3 des Strafgesetzbuches),
24. des Angriffs auf den Luft- und Seeverkehr mit Todesfolge (§ 316 c Abs. 3 des Strafgesetzbuches),
25. der Beschädigung wichtiger Anlagen mit Todesfolge (§ 318 Abs. 4 des Strafgesetzbuches),
26. einer vorsätzlichen Umweltstraftat mit Todesfolge (§ 330 Abs. 2 Nr. 2 des Strafgesetzbuches)

ist eine Strafkammer als Schwurgericht zuständig. ²§ 120 bleibt unberührt.

(3) Die Strafkammern sind außerdem zuständig für die Verhandlung und Entscheidung über das Rechtsmittel der Berufung gegen die Urteile des Strafrichters und des Schöffengerichts.

Übersicht

	Rn.		Rn.
I. Erstinstanzliche Zuständigkeit der StrafK	1	6. Besetzung	18
1. Verbrechen	2	7. Vorrang der SchwurG-Kammer	19
2. Straferwartung	3	8. Verhältnis zu Spezialkammern	20
3. Besonderer Bedeutung etc.	4	9. Verhältnis zur Jugendkammer	21
4. Jugendliche	5	III. StrafK als Rechtsmittelgericht (Abs. 3)	25
5. Gericht „höherer" Ordnung	6	1. Berufungsgericht	25
II. Schwurgericht (Abs. 2)	7	2. Besetzung	27
1. Geschichte, Name	7	3. Ausgestaltung der Berufung	29
2. SchwurG = StrafK	8	4. Strafgewalt	30
3. Sachliche Zuständigkeit	9	5. Jugendsachen	31
4. Entscheidungsumfang	11	6. Besondere Gerichte	32
5. Mehrere SchwurG-Kammern	12	IV. Revision	33

Gesetzesfassung: Abs. 1 i. d. F. Art. 22 Nr. 1 EGStGB 1974 in Verbindung mit Art. 326 Abs. 5 Nr. 3 b EGStGB. Abs. 1 Satz 2 geändert durch G vom 20. 12. 1984 (BGBl. I S. 1654), durch Art. 3 G vom 11. 1. 1993 (BGBl. I S. 50) und Art. 3 Nr. 6 RPflEntlG; Abs. 2 Satz 1 Nr. 22 und 23 i. d. F. Art. 3 des 18. StrafRÄndG (BGBl. 1980 I S. 373); Abs. 2 Satz 1 Nr. 2 neu gefaßt, Nr. 3 aufgehoben durch Art. 2 Abs. 2 des 33. StrafRÄndG vom 1. 7. 1997 (BGBl. I S. 1607); Abs. 2 Satz 1 Nr. 1, 2, 7, 8 und 10 geändert, Nr. 3, 24 bis 26 eingefügt, Nr. 9, 16 bis 23 neugefaßt, Nr. 6 aufgehoben durch Art. 2 des 6. StrafRÄndG vom 26. 1. 1998 (BGBl. I S. 164); Abs. 2 Satz 1 Nr. 3 geändert durch Art. 2 G vom 27. 12. 2003 (BGBl. I S. 3007). Abs. 1 Satz 2 in der Fassung von Art. 2 Nr. 2 des OpferrechtsreformG vom 24. 6. 2004 (BGBl. I S. 1354).

I. Erstinstanzliche Zuständigkeit der StrafK. Die **allgemeine erstinstanz-** 1 **liche Zuständigkeit** der StrafK ist in § 74 Abs. 1 geregelt; zu deren historischer Entwicklung § 24 Rn. 2. Die allgemeine Regelung wird durchbrochen durch Sonderregelungen, die eine Zuständigkeit besonderer Spruchkörper begründen (§ 74 Abs. 2, §§ 74 a bis 74 c).

1. Die StrafK ist zuständig für alle **Verbrechen,** die nicht zur Zuständigkeit des 2 AG oder des OLG gehören (Abs. 1 Satz 1). Zur Zuständigkeit des OLG gehören die im § 120 aufgeführten Verbrechen. Da andererseits die Zuständigkeit des AG nicht auf bestimmte Verbrechen beschränkt ist (so § 24 bis zum EGStGB 1974: wegen Rückfalls zum Verbrechen qualifizierte Delikte), hat Abs. 1 Satz 1 neben Satz 2 (Rn. 3, 4) im Verhältnis des LG zum AG keine selbständige Bedeutung mehr.

2. Zuständig ist die StrafK weiter für alle Straftaten (§ 12 StGB), bei denen eine 3 **höhere Strafe als vier Jahre** Freiheitsstrafe oder die Unterbringung in einem psychiatrischen Krankenhaus, allein oder neben einer Strafe, oder in der Sicherungsverwahrung **zu erwarten** ist (Abs. 1 Satz 2, 1. Alt., § 24 Abs. 1 Nr. 2; vgl. § 24 Rn. 7, 8), oder

3. bei denen die StA wegen der besonderen **Schutzbedürftigkeit** eines Verletz- 4 ten, des besonderen **Umfangs** oder der besonderen **Bedeutung** des Falles Anklage beim LG erhebt (Abs. 1 Satz 2, 2. Alt., § 24 Abs. 1 Nr. 3; vgl. § 24 Rn. 9 ff.).

5 4. In Verfahren gegen Jugendliche und Heranwachsende nach dem JGG ist die StrafK als Jugendkammer nach §§ 33 Abs. 2 und 107 JGG zuständig für die im § 41 JGG aufgeführten Delikte.

6 5. Soweit die StrafK in einer Sache entscheidet, die in die Zuständigkeit des AG fiele, liegt kein Verfahrensmangel vor, da sie das Gericht höherer Ordnung ist (vgl. § 25 Rn. 7).

II. Schwurgericht (Abs. 2)

7 1. Am Anfang des GVG stand das Schwurgericht als für die Schwerkriminalität zuständiger Spruchkörper beim LG mit 12 **Geschworenen,** die über die Schuldfrage entschieden („**Jury**"; Einl. Rn. 60 ff.). Doch von diesem alten Schwurgericht ist nur noch der Name erhalten geblieben.[1] Zunächst hat die Emminger-Reform (Einl. Rn. 80) das Jury-System abgeschafft, über die Schuldfrage wie über das Strafmaß entschieden nun die Berufsrichter und die Geschworenen gemeinsam; außerdem wurde die Zahl der Geschworenen von 12 auf 6 herabgesetzt. Der gesetzliche Katalog der Schwurgerichtssachen blieb ebenso wie das System der periodischen Tagungen. Das Amtsbezeichnungsgesetz (Einl. Rn. 95) änderte die Bezeichnung „Geschworener" in „**Schöffe**". Durch das 1. StVRG 1974 (Einl. Rn. 97) wurde das bis dahin periodisch tagende Schwurgericht in einen ständig tagenden Spruchkörper des LG umgewandelt. Außerdem wurde die Zahl der an einer Entscheidung mitwirkenden Schwurgerichts-Schöffen von 6 auf 2 verringert wie bei allen anderen erstinstanzlichen Strafkammern auch, weil die früher für das Übergewicht der Geschworenen maßgebend gewesenen Überlegungen entfallen seien.[2] Rechtspolitisch waren diese Änderungen nicht mehr umstritten,[3] in der Literatur wurden sie begrüßt.[4] Damit war das Schwurgericht in eine Strafkammer umgewandelt. Lediglich die Trennung zwischen den Schöffen für das Schwurgericht und denen für die allgemeinen Strafkammern blieb zunächst erhalten, wurde dann aber durch das StVÄG 1979 (Einl. Rn. 104) ebenfalls beseitigt durch Einführung einer einheitlichen Schöffenliste für die Schöffen aller Strafkammern beim LG. Die jetzige genaue Bezeichnung ist nach § 74 Abs. 2 „Strafkammer als Schwurgericht". Die im täglichen Sprachgebrauch verwendeten Kurzbezeichnungen „Schwurgericht" oder „Schwurgerichts-Kammer" sind aber unbedenklich.[5]

8 2. Das SchwurG ist eine StrafK des LG mit **gesetzlich geregelter Zuständigkeit** (Rn. 9). Ein SchwurG besteht bei jedem LG kraft Gesetzes (ausgenommen eine Konzentration nach § 74d); das Präsidium hat insoweit keine Entscheidungskompetenz (vgl. § 60 Rn. 5, § 23b Rn. 7, 14, § 28 Rn. 6).

9 3. Die **Zuständigkeit** des SchwurG ist in Abs. 2 Satz 1 für die dort aufgeführten Delikte zwingend festgelegt. Dabei macht es keinen Unterschied, ob es sich um Täterschaft oder Teilnahme (§§ 26, 27 StGB), um Vollendung oder Versuch handelt. Begünstigung oder Strafvereitelung fallen, wie andere Delikte auch, in die Zuständigkeit des SchwurG nur, wenn sie mit einem SchwurG-Delikt gemeinsam angeklagt werden.[6] Vor das SchwurG gehören mit Rücksicht auf die gesetzgeberische Absicht, die Schwerstkriminalität bei einer bestimmten StrafK zu konzentrieren, auch die Sicherungsverfahren, wenn die zugrundeliegende Tat zu denen in Abs. 2 gehört.[7] Anderes gilt für den Vollrausch nach § 323a StGB, auch wenn die im Rauschzustand begangene Tat zu denen des Abs. 2 gehört.[8] Die öffentliche Aufforderung nach § 111 StGB zu SchwurG-Delikten fällt nicht unter diese Zuständigkeit.[9]

10 Ist die **erstinstanzliche Zuständigkeit des OLG** nach § 120 gegeben, geht sie der des SchwurG vor (Abs. 2 Satz 2; vgl. § 120 Rn. 7). Das gilt auch dann, wenn

---

[1] BGHSt 26, 191 = NJW 1975, 2304.
[2] BTagsDrucks. 7/551 S. 54.
[3] Vgl. BTagsDrucks. 7/551 S. 150; 7/2600 S. 11.
[4] *Rieß* NJW 1975, 91.
[5] Vgl. BGHSt 26, 191 = NJW 1975, 2304; *LR/Siolek* Rn. 7.
[6] *LR/Siolek* Rn. 8; BayObLGSt 1957, 108.
[7] BGH NStZ-RR 2002, 104; OLG Stuttgart NStZ 1987, 292.
[8] OLG Stuttgart MDR 1992, 290.
[9] KG JR 1971, 255.

eines der dort angeführten Delikte zusammen mit einem SchwurG-Delikt angeklagt oder verhandelt wird.

4. Alle SchwurG-Sachen (Rn. 9) sind vom **SchwurG** zu erledigen. Dazu gehören sowohl die vor der Hauptverhandlung zu treffenden Entscheidungen, insbesondere die Eröffnung des Hauptverfahrens, als auch die Hauptverhandlung selbst, ebenso die nach § 73 zu treffenden Entscheidungen (vgl. § 73 Rn. 3) und die Zustimmung nach §§ 153 ff. StPO. **11**

5. Alle SchwurG-Sachen sind von der (einen) SchwurG-Kammer zu erledigen. Eine **zweite SchwurG-Kammer** darf nur eingerichtet werden, wenn die eine (erste) SchwurG-Kammer voraussichtlich[10] nicht in der Lage ist, den Geschäftsanfall zu bewältigen.[11] Sie darf grundsätzlich auch nur für den Anteil an Schwurgerichtssachen zuständig sein, der von der vorhandenen Kammer nicht bewältigt werden kann; deren Ausgleich untereinander ist nur möglich, solange die erste Kammer die Schwurgerichtssachen als eindeutigen Schwerpunkt, etwa ¾, ihrer Zuständigkeit behält.[12] Entsprechendes gilt für die Einrichtung weiterer SchwurG-Kammern (vgl. § 23b Rn. 15). Diese strenge Auffassung hat neben dem eindeutigen Gesetzestext auch die Gesetzesmaterialien für sich. Zweck dieser Konzentration ist es, eine möglichst einheitliche Beurteilung der Fälle von Schwerstkriminalität dadurch zu erreichen, dass bei der Aburteilung besonders erfahrene, mit spezieller Sachkunde ausgestattete Richter tätig werden, die ihr Erfahrungswissen aus fortdauernder ausschließlicher richterlicher Tätigkeit in SchwurG-Sachen schöpfen; die Konzentration sollte zugleich auch der zügigen Erledigung dienen.[13] Da es sich hier oft um Großverfahren handelt, werden die Richter zwar nicht immer durchgängig ausgelastet sein. Die zwischen großen Blöcken mitunter entstehenden freien Kapazitäten dürfen aber allenfalls dadurch genutzt werden, dass der SchwurG-Kammer in ganz untergeordnetem Umfang andere Sachen übertragen werden.[14] Dieser „Bodensatz" darf nicht die Bildung eines weiteren Spruchkörpers erforderlich machen.[15] **12**

Zur **Zuständigkeit** für die Einrichtung weiterer SchwurG-Kammern gilt das unter § 60 Rn. 1 Gesagte. **13**

Ist die SchwurG-Kammer dauerhaft nicht voll ausgelastet, können ihr auch **andere Strafsachen** zugewiesen werden, solange ein eindeutiger Schwerpunkt der Zuständigkeit (vgl. Rn. 12) bei den Schwurgerichtssachen verbleibt.[16] § 74 Abs. 2 hindert es jedoch nicht, die Richter mit einem Teil ihrer Arbeitskraft **anderen Kammern** des LG zuzuweisen. Auch ist es möglich, eine personengleiche weitere Kammer des LG zu bilden. Die Schöffen, die zu den Sitzungen des SchwurG ausgelost sind, können zu anderen Sachen aber nicht herangezogen werden. **14**

Eine Besonderheit gilt für den sog. **Auffangspruchkörper.** Wenn nach § 354 Abs. 2 StPO das Revisionsgericht die Sache an einen anderen Spruchkörper des gleichen Gerichts zurückverweist, muss für diesen Fall eine zweite SchwurG-Kammer bestellt sein;[17] gegebenenfalls ist bei Eintritt dieses Falles eine weitere SchwurG-Kammer zu bilden und zu besetzen, auch für den Rest des Geschäftsjahres[18] (vgl. § 60 Rn. 16). An die strengen Voraussetzungen einer zweiten SchwurG-Kammer im Übrigen ist die Einrichtung der Auffang-SchwurG-Kammer naturgemäß nicht gebunden. **15**

---

[10] *KK-Diemer* Rn. 3.
[11] BGHSt 27, 349 = NJW 1978, 1273= NJW 1978, 1594 m. zust. Anm. *Katholnigg;* krit. *Müller* MDR 1978, 686; *Staiger* JR 1978, 434; *LR/Siolek* Rn. 10; *Rieß* NJW 1975, 92.
[12] Vgl. BGHSt 31, 323 = NJW 1983, 2335; St 34, 379 = NJW 1978, 1273.
[13] BGHSt 27, 349 = NJW 1978, 1273.
[14] BGHSt 34, 379 = NJW 1988, 1397.
[15] *Rieß* NJW 1975, 92; *Katholnigg* Rn. 5; NJW 1978, 1595.
[16] Vgl. BGHSt 31, 323 = NJW 1983; *Meyer-Goßner* § 74c Rn. 1.
[17] BGH NJW 1975, 743; *LR/Siolek* Rn. 12.
[18] OLG München MDR 1977, 1037; *Benz* MDR 1976, 805.

16 Allein der Umstand, dass eine Auffang-SchwurG-Kammer vorhanden sein muss, rechtfertigt es aber nicht, ihr außer den zurückverwiesenen noch andere SchwurG-Sachen zuzuweisen, wenn für die Erledigung der normalerweise anfallenden SchwurG-Sachen die andere SchwurG-Kammer ausreicht.[19]

17 Wird nach § 354 Abs. 2 StPO an ein anderes LG zurückverwiesen, ist nicht dessen Auffang-SchwurG-Kammer, sondern die allgemeine SchwurG-Kammer zuständig. Eine davon abweichende Regelung durch die Geschäftsverteilung ist nur zulässig für den Fall der Überlastung. Ist das LG nach § 140a für ein Wiederaufnahmeverfahren aus einem anderen LG-Bezirk zuständig, ist ebenfalls die allgemeine SchwurG-Kammer des LG zuständig.

18 6. Das SchwurG ist, wie die StrafK, besetzt mit **3 Berufsrichtern** außerhalb sowie mit 3 Berufsrichtern und **2 Schöffen** in der Hauptverhandlung (§ 76 Abs. 2). Für die Heranziehung der Schöffen gilt die allgemeine Vorschrift des § 77. Auch für das SchwurG gilt, dass ein Vorsitzender Richter den **Vorsitz** führen muss (§ 21f Abs. 1), und dass bei den Berufsrichtern nicht mehr als ein Richter aP oder kA mitwirken darf (vgl. § 59 Rn. 12).

19 7. Im **Verhältnis zur allgemeinen StrafK** des LG weist § 74e der SchwurG-Kammer den Vorrang zu. Bis zur Eröffnung des Hauptverfahrens hat die allgemeine StrafK diesen Vorrang von Amts wegen zu prüfen (§ 6a Satz 1 StPO) und gegebenenfalls nach §§ 209, 209a StPO zu verfahren; umgekehrt hat das zunächst angegangene SchwurG gegebenenfalls nach § 209 Abs. 1 StPO vor der allgemeinen StrafK zu eröffnen. Nach Eröffnung des Hauptverfahrens darf die allgemeine StrafK ihre Zuständigkeit im Verhältnis zum SchwurG nur noch auf Einwand des Angeklagten prüfen, längstens bis zum Beginn seiner Vernehmung zur Sache (§ 6a Sätze 2 und 3 StPO), gegebenenfalls muss sie nach §§ 225a, 270 StPO verfahren, sonst bleibt sie zuständig.[20] Entsprechendes gilt für das SchwurG; es kann das Verfahren mit bindender Wirkung an die allgemeine StrafK verweisen[21] (§ 225a Abs. 4 StPO), andernfalls bleibt es bei der Zuständigkeit des SchwurG. Kommt die StrafK als Berufungsgericht zu der Auffassung, dass die vom AG entschiedene Sache vor das SchwurG gehört, gelten §§ 6a, 225a, 270 StPO entsprechend.[22] Auch bei der Zurückverweisung nach § 354 Abs. 2 StPO ist die Zuständigkeit des SchwurG zu beachten.[23]

20 8. Im **Verhältnis zu den Spezialkammern der §§ 74a, 74c** hat die SchwurG-Kammer nach § 74e ebenfalls den Vorrang. Es gilt Rn. 19.

21 9. **Verhältnis zur Jugendkammer. a)** Die **Jugendkammer** ist eine besondere, gesetzlich vorgeschriebene Strafkammer des LG (§ 33 Abs. 2 JGG), besetzt mit drei Berufsrichtern, die erzieherisch befähigt und in der Jugenderziehung erfahren sein sollen (§ 37 JGG), sowie zwei Jugendschöffen (§ 33b Abs. 1 JGG), die von dem Schöffenwahlausschuss des § 40 GVG, abweichend von §§ 36, 42 GVG, auf Vorschlag des Jugendhilfeausschusses (§ 35 Abs. 1 JGG) gewählt werden. Die Berufsrichter werden vom Präsidium bestellt (§ 21e GVG). Die **Jugendschutzkammer** ist eine allgemeine StrafK des LG, der durch das Präsidium im Wege der Geschäftsverteilung die Jugendschutzsachen des § 26 GVG zugeteilt sind, allein oder zusammen mit anderen Sachen.[24] Ist eine Jugendschutzkammer nicht eingerichtet, sind die allgemeinen StrafK nach den allgemeinen Verteilungsmaßstäben zuständig. Daneben ist auch die Jugendkammer zuständig (§ 26 Abs. 1 Satz 1 GVG), wenn die StA bei ihr Anklage erhebt (§ 26 Abs. 2 GVG).

---

[19] BGHSt 27, 349 = NJW 1978, 1273.
[20] *Meyer-Goßner* NStZ 1981, 171.
[21] *Meyer-Goßner* aaO.
[22] OLG Karlsruhe NStZ 1985, 423 m. zust. Anm. *Seebode; Gössel* NStZ 1987, 241; a. A. OLG Celle NStZ 1987, 240 = JR 1987, 34 m. abl. Anm. *Seebode; Meyer-Goßner* DRiZ 1989, 297.
[23] BGH NStZ-RR 2002, 104 m. w. N.
[24] *Meyer-Goßner* § 74b Rn. 2; *LR/Siolek* § 74b Rn. 2.

b) Die Jugendkammer ist **erstinstanzlich zuständig** für Verfehlungen Jugendlicher (§ 33 JGG) und Heranwachsender (§ 112 JGG), die u. a. nach den allgemeinen Vorschriften einschließlich § 74e GVG zur Zuständigkeit der Schwurgerichte gehören (§ 41 Abs. 1 Nr. 1 JGG). Die Jugendkammer verdrängt die Zuständigkeit des Schwurgerichts[25] wie auch die der allgemeinen StrafK. Zum Verhältnis zwischen Jugend- und Erwachsenengericht allgemein § 24 Rn. 26. 22

In Jugendschutzsachen (§ 26 Abs. 1 Satz 1) sind einmal die Erwachsenenstrafgerichte, also allgemeine StrafK, SchwurG-Kammer oder Jugendschutzkammer (Rn. 21) zuständig, daneben aber auch die Jugendgerichte (§ 26 Abs. 1 Satz 1, 2. Halbs.). Die Anklage vor dem Jugendgericht soll nur erhoben werden, wenn in dem Verfahren Kinder oder Jugendliche als Zeugen benötigt werden oder wenn aus sonstigen Gründen eine Verhandlung vor dem Jugendgericht zweckmäßig erscheint (§ 26 Abs. 2; § 26 Rn. 8; § 74b Satz 1). Liegen diese Voraussetzungen vor, muss vor der Jugendkammer angeklagt werden[26] (§ 74b Satz 2 mit Verweisung auf § 26 Abs. 2; § 26 Rn. 9). 23

Werden Strafsachen gegen Jugendliche und Erwachsene nach § 103 Abs. 1 JGG verbunden, ist grundsätzlich das Jugendgericht für alle zuständig (§ 103 Abs. 2 Satz 1 JGG). Ausgenommen sind Sachen, die in die Zuständigkeit der StaatsschutzK (§ 74a GVG) und der WirtschaftsStrafK (§ 74b GVG) fallen (§ 103 Abs. 1 Satz 2 JGG). Das SchwurG ist jedoch nicht zuständig.[27] 24

III. StrafK als Rechtsmittelgericht (Abs. 3). 1. Die StrafK ist zuständig für die Entscheidung über die **Berufung** (§§ 312 ff. StPO) gegen Urteile des Strafrichters (§ 25) und des SchöffenG (§ 29) einschließlich des erweiterten SchöffenG (§ 29 Abs. 2); zur Beschwerdezuständigkeit vgl. § 73. Über diese (funktionelle) Zuständigkeitsbestimmung hinaus beinhaltet die Vorschrift zugleich auch die unabänderliche Festlegung des konkreten Instanzenzugs. Maßgebend ist allein, welches Gericht in der vorhergehenden Instanz tatsächlich entschieden hat; der Rechtsmittelzug führt von diesem Gericht zu dem ihm durch die Gerichtsorganisation übergeordneten Gericht.[28] Es kommt nicht darauf an, welches Gericht in erster Instanz hätte entscheiden müssen, sondern welches **tatsächlich entschieden** hat. Das gilt sowohl für die sachliche als auch für die örtliche Zuständigkeit.[29] Das gilt auch bei Verbindung solcher Strafsachen, die an sich in die Zuständigkeit von Gerichten verschiedener Ordnungen fallen; der Rechtsmittelzug führt stets vom entscheidenden Gericht zu dem ihm übergeordneten, gleichgültig, in welcher der verbundenen Sachen das Urteil angefochten wird und ob die Anfechtung allein die Sache betrifft, die sonst ohne die Verbindung einen anderen Rechtsmittelweg genommen hätte.[30] 25

Auch bei Zuständigkeitsverstößen im Verhältnis zwischen Jugend- und Erwachsenengericht geht das Rechtsmittel stets an das für das entscheidende Gericht zuständige Rechtsmittelgericht. Das Rechtsmittel gegen ein Urteil des Jugendrichters geht auch dann an die Jugendkammer, wenn bei einem erstinstanzlichen Verfahren gegen Jugendliche und Erwachsene (§ 103 JGG) nur der Erwachsene ein Rechtsmittel einlegt.[31] Umgekehrt bestimmt sich die Rechtsmittelzuständigkeit nach dem Erwachsenengericht, wenn dort nach § 103 JGG angeklagt wurde und nur ein jugendlicher Mitangeklagter ein Rechtsmittel einlegt.[32] Da die erstinstanzliche Ent- 26

---

[25] BGHSt 42, 39 = NStZ 1996, 346; St 47, 311 = NJW 2002, 2483; *Brunner* JR 1996, 392; *Katholnigg* Rn. 3; NStZ 1996, 347; *LR/Siolek* Rn. 14.
[26] *Katholnigg* NStZ 1996, 347.
[27] *Katholnigg* aaO.
[28] BGHSt 22, 48 = NJW 1968, 952.
[29] BGHSt 18, 261 = NJW 1963, 965.
[30] BGHSt 22, 48 = NJW 1968, 952.
[31] BGH aaO.
[32] BayObLG NJW 1971, 953.

§ 74a

scheidung die Rechtsmittelzuständigkeit festlegt, hindert sie auch die nachfolgende Abgabe an ein anderes Gericht nach § 42 Abs. 3 JGG,[33] auch dann, wenn das Rechtsmittelgericht die Sache in den ersten Rechtszug zurückverwiesen hat.[34]

27 Auch wenn die StA nach der Entscheidung erster Instanz gemäß § 377 Abs. 2 StPO ein Privatklageverfahren übernimmt, bleibt der Rechtsmittelzug unverändert.[35]

28 **2. Besetzung.** Über die Berufung gegen Urteile des Strafrichters und des SchöffenG entscheidet die kleine StrafK (vgl. im Einzelnen § 76 Abs. 2).

29 **3. Ausgestaltung der Berufung.** Sie ist nach §§ 312 ff. StPO eine volle zweite Tatsacheninstanz mit neuer Hauptverhandlung und erneuter Beurteilung aller Tat- und Rechtsfragen, soweit das Urteil angefochten ist. Die früher uneingeschränkte Berufungsmöglichkeit gegen Urteile des AG ist durch das RPflEntlG (neue §§ 313, 322a StPO) eingeschränkt worden.

30 **4.** Die **Strafgewalt** der StrafK als Berufungsgericht entspricht der des Spruchkörpers der ersten Instanz (§ 24 Rn. 24, 28). Stellt sich in der Berufungshauptverhandlung heraus, dass die amtsgerichtliche Strafgewalt nicht ausreicht oder wegen einer in die erstinstanzliche Zuständigkeit des LG fallenden Tat zu verurteilen wäre, ist die Berufungskammer sachlich unzuständig und hat die Sache nach § 328 Abs. 2 StPO an die große Strafkammer zur erstinstanzlichen Verhandlung zu verweisen.[36] Eine „Überleitung" scheidet auf Grund der unterschiedlichen Besetzung nunmehr aus (zur großen Jugendkammer in Jugendschutzsachen § 74b Rn. 5). Eine die Strafgewalt sprengende nachträgliche Gesamtstrafenbildung kann aber dem Beschlussverfahren überlassen bleiben.[37]

31 **5.** In Strafsachen gegen Jugendliche und Heranwachsende ist die Jugendkammer einheitlich Berufungsgericht gegen die Entscheidungen des Jugendrichters und des JugendschöffenG, § 41 Abs. 2, § 108 JGG.

32 **6.** Einen von § 74 abweichenden Rechtsmittelzug gibt es teilweise bei den besonderen Gerichtsbarkeiten, vgl. § 14 Rn. 6 ff.

33 **IV. Revision.** Gegen die Berufungsurteile der StrafK ist die Revision zum OLG zulässig, § 121 Abs. 1 Nr. 1 b.

§ 74a. [Zuständigkeit der Staatsschutzkammer]

(1) **Bei den Landgerichten, in deren Bezirk ein Oberlandesgericht seinen Sitz hat, ist eine Strafkammer für den Bezirk dieses Oberlandesgerichts als erkennendes Gericht des ersten Rechtszuges zuständig für Straftaten**
1. des Friedensverrats in den Fällen des § 80a des Strafgesetzbuches,
2. der Gefährdung des demokratischen Rechtsstaates in den Fällen der §§ 84 bis 86, 87 bis 90, 90a Abs. 3 und des § 90b des Strafgesetzbuches,
3. der Gefährdung der Landesverteidigung in den Fällen der §§ 109d bis 109g des Strafgesetzbuches,
4. der Zuwiderhandlung gegen ein Vereinigungsverbot in den Fällen des § 129, auch in Verbindung mit § 129b Abs. 1 des Strafgesetzbuches und des § 20 Abs. 1 Satz 1 Nr. 1 bis 4 des Vereinsgesetzes; dies gilt nicht, wenn dieselbe Handlung eine Straftat nach dem Betäubungsmittelgesetz darstellt,
5. der Verschleppung (§ 234a des Strafgesetzbuches) und
6. der politischen Verdächtigung (§ 241a des Strafgesetzbuches).

---

[33] BGHSt 10, 177 = NJW 1957, 838.
[34] BGHSt 18, 261 = NJW 1963, 965.
[35] BGHSt 11, 56 = NJW 1958, 229.
[36] BayObLG NStZ-RR 2000, 177; StraFo 2000, 230; zur analogen Anwendung von § 225a StPO *Hegmann* NStZ 2000, 574.
[37] BGH NJW 1987, 1212; bei *Miebach* NStZ 1990, 24; OLG Jena NStZ-RR 2003, 139.

(2) Die Zuständigkeit des Landgerichts entfällt, wenn der Generalbundesanwalt wegen der besonderen Bedeutung des Falles vor der Eröffnung des Hauptverfahrens die Verfolgung übernimmt, es sei denn, daß durch Abgabe nach § 142 a Abs. 4 oder durch Verweisung nach § 120 Abs. 2 Satz 2 die Zuständigkeit des Landgerichts begründet wird.

(3) In den Sachen, in denen die Strafkammer nach Absatz 1 zuständig ist, trifft sie auch die in § 73 Abs. 1 bezeichneten Entscheidungen.

(4) Für die Anordnung von Maßnahmen nach § 100 c der Strafprozessordnung ist eine nicht mit Hauptverfahren in Strafsachen befasste Kammer bei den Landgerichten, in deren Bezirk ein Oberlandesgericht seinen Sitz hat, für den Bezirk dieses Oberlandesgerichts zuständig.

(5) Im Rahmen der Absätze 1, 3 und 4 erstreckt sich der Bezirk des Landgerichts auf den Bezirk des Oberlandesgerichts.

Gesetzesfassung: Art. 2 Nr. 6 StVÄG 1979. Eingeschränkte Geltung des Abs. 1 in Berlin (Art. 324 Abs. 5 EGStGB) mit dem 6. ÜberleitungsG (BGBl. 1990 I S. 2106) § 1 entfallen. Abs. 1 Nr. 4 i. d. F. Art. 3 BtMG. In Abs. 1 Nr. 4 die Worte „Abs. 1 Satz 1 Nr. 1 bis 4" zu § 20 VereinsG eingefügt durch das Sechste StrafrechtsreformG vom 26. 1. 1998 (BGBl. I S. 164) Art. 2. § 74a Abs. 1 Nr. 4 geändert durch Art. 2 Nr. 1 des 34. StrÄndG vom 22. 8. 2002 (BGBl. I S. 3390). Abs. 4 eingefügt, neuer Abs. 5 geändert durch Art. 2 Nr. 1 G zur Umsetzung des Urteils des Bundesverfassungsgerichts vom 3. März 2004 (akustische Wohnraumüberwachung) vom 24. 6. 2005 (BGBl. I S. 1841).

I. Staatsschutzkammer. Die Vorschrift schafft für die im Abs. 1 aufgeführten sogenannten **Staatsschutzdelikte** gesetzlich zwingend einen Spezialspruchkörper beim LG; sie ist eine Zuständigkeitsregelung mit wechselhafter Geschichte. In Fortführung von Art. 75 der Reichsverfassung oblag nach § 136 GVG in der ursprünglichen Fassung die Zuständigkeit in Staatsschutzsachen dem RG.[1] In den Fällen des Hoch- und Landesverrats, soweit sie gegen Kaiser und Reich gerichtet waren, war das RG für die Untersuchung und Entscheidung in erster und letzter Instanz zuständig. Die Bedenken, die im Gesetzgebungsverfahren dagegen erhoben wurden, dass nur eine Instanz zur Verfügung stehe,[2] fanden ebenso wenig Eingang in das Gesetz wie der Vorschlag, Geschworene auch an diesen Verhandlungen zu beteiligen.[3] Daran änderte sich bis zum Ende des 1. Weltkriegs nichts, auch spätere Änderungen des materiellen Staatsschutzrechts ließen diese Zuständigkeit unberührt. Konsequenzen hatte die Ermordung *Rathenaus*. Durch VO vom 26. 6. 1922 (RGBl. S. 521), gestützt auf Art. 48 WRV, wurde einem beim RG neu errichteten Staatsgerichtshof die Zuständigkeit für Gewalttaten gegen die republikanische Staatsform oder gegen Regierungsmitglieder übertragen, auch die Zuständigkeit in Strafsachen wegen öffentlicher Verherrlichung von solchen Gewalttaten oder Aufforderung dazu sowie öffentlicher Strafsachen wegen Beschimpfung von Mitgliedern der republikanischen Regierung. Schon durch VO vom 29. 6. 1922 (RGBl. I S. 532) wurde die Zuständigkeit auf die Zugehörigkeit zu Vereinigungen ausgedehnt, die auf die Ermordung von Regierungsmitgliedern abzielen, ebenso auf das strafbare Wissen von solchen Vereinigungen, ohne es anzuzeigen. Diese beiden VO traten außer Kraft durch das RepublikschutzG vom 21. 7. 1922 (RGBl. I S. 585). Es wurde ein aus neun Mitgliedern bestehender Staatsgerichtshof zum Schutz der Republik beim RG errichtet, dessen Mitglieder der Reichspräsident berief und von denen drei dem RG angehören müssen. Dem Staatsgerichtshof, dessen Entscheidungen unanfechtbar waren, wurden auch die im RepublikschutzG neu normierten Hochverratssachen aus der bisherigen Zuständigkeit des RG zugewiesen. Durch das Gesetz zur Abänderung des Gesetzes zum Schutz der Republik vom 31. 3. 1926 (RGBl. I S. 190) wurden zum 1. 4. 1926 wieder die ordentlichen Gerichte zuständig, also nach § 134 GVG i. d. F. des RG.[4] Mit diesem Datum waren in Staatsschutzsachen nur noch das RG und die OLG zuständig, entsprechend deren Abgrenzung durch die Emminger-Reform (Einl. Rn. 80). Dies blieb so bis zum Ende des Rechtsstaates 1933. Stichworte wie Sondergerichte (RGBl. 1933 I S. 136) und Volksgerichtshof, geschaffen nach dem Reichstagsbrandprozess (Gesetz vom 24. 4. 1934, RGBl. I S. 341) markieren die weitere Entwicklung.[5] – Der demokratische Wiederaufbau nach 1945 führ-

---

[1] *Hahn* I S. 137, II S. 1335 ff.
[2] *Hahn* I S. 616 ff.
[3] *Hahn* I S. 826.
[4] Zum Ganzen *Wagner*, FS Dreher, 1977, S. 625 ff.
[5] *Wagner* aaO.; kennzeichnend JW 1934, 1761.

te in der Erkenntnis, dass den Anfängen gewehrt werden müsse, zunächst im Landesrecht zu Strafbestimmungen zum Schutz der neuen demokratischen Verfassungen. Dann brachte Art. 143 GG a. F. neue Straftatbestände für Hochverrat und zugleich die Zuständigkeit für die Verfolgung durch das für den Sitz der Bundesregierung zuständige OLG, bei Angriffen lediglich gegen die Verfassungsordnung eines Landes die Zuständigkeit des obersten Strafgerichts in diesem Land. Das REinhG 1950 begründete durch § 134 GVG die Zuständigkeit des BGH für die Untersuchung und Entscheidung in Fällen des Hochverrats und der Parlamentssprengung, und zwar in erster und letzter Instanz. In Verfahren wegen Hochverrats, die sich gegen die verfassungsmäßige Ordnung eines Landes richten, konnte die Sache vom BGH an das OLG abgegeben werden oder die Zuständigkeit des OLG durch Abgabe vom Oberbundesanwalt an die Landes-StA begründet werden (§ 120). – Die erste Änderung trat dann ein, als das 1. StrafRÄndG vom 30. 8. 1951 (BGBl. I S. 739) mit neuen materiellrechtlichen Tatbeständen zum Staatsschutz (Hochverrat, Staatsgefährdung, Landesverrat) auch eine besondere Zuständigkeitsregelung einführte. Ein neu gefasster § 134 GVG ließ die Zuständigkeit des BGH für die Aburteilung von Hoch-, Verfassungs- und Landesverrat, Parlamentsnötigung und eine in diesem Zusammenhang begangene Straftat nach § 139 StGB in erster und letzter Instanz unverändert, ebenso die von der originären Zuständigkeit des BGH abgeleitete Zuständigkeit des OLG. Ein neuer § 74a erklärte jedoch eine StrafK des LG für zuständig für eine andere, im Einzelnen aufgeführte Gruppe von Staatsschutzdelikten. Vorgesehen wurden aber mehrere Möglichkeiten, hiervon abzuweichen. Einmal konnte der Oberbundesanwalt das Verfahren – wie bisher schon – an die Landes-StA abgeben, wenn die Tat sich überwiegend gegen die Interessen eines Landes richtet (§ 134a), mit der Folge, dass für die Verhandlung und Entscheidung dieser Sache im ersten und letzten Rechtszug das OLG zuständig wurde (§ 120). Andererseits konnte der Oberbundesanwalt die Verfolgung der im § 74a aufgeführten Delikte, für die in Sicht die StrafK des LG zuständig ist, übernehmen wegen der besonderen Bedeutung des Falles; durch diese Übernahme wurde die Zuständigkeit des BGH in erster und letzter Instanz begründet. – Das Unbehagen an der Zuständigkeit des BGH und des OLG in erster und letzter Instanz führte zu der Entschließung des Parlaments an die Bundesregierung, einen Gesetzentwurf des Inhalts vorzulegen, dass an der Entscheidung im ersten Rechtszug auch in diesen Sachen ehrenamtliche Richter mitwirken, und dass gegen diese Entscheidungen das Rechtsmittel der Revision eröffnet wird.[6] Diese Forderung wurde indessen lange Zeit übergangen. Das 4. StrafRÄndG vom 11. 6. 1957 (BGBl. I S. 597) enthielt lediglich eine Erweiterung des Katalogs des § 74a Abs. 1 und die Klarstellung, dass diese StrafK auch für die Entscheidungen nach § 73 zuständig ist.[7] Auch das 8. StrafRÄndG vom 25. 6. 1968 (BGBl. I S. 741), das eine Umgestaltung des materiellen Staatsschutzrechtes und eine Neufassung der Zuständigkeitskataloge für BGH und StaatsschutzK brachte, behielt die Übernahmebefugnis der GBA bei den Delikten des § 74a wie auch die Abgabemöglichkeit der generell in die Zuständigkeit des BGH fallenden Sachen an das OLG bei. OLG und BGH entschieden aber weiterhin jeweils in erster und letzter Instanz. Erst mit dem Gesetz zur allgemeinen Einführung eines zweiten Rechtszugs in Staatsschutz-Strafsachen vom 8. 9. 1969 (BGBl. I S. 1582) entfiel die erstinstanzliche Zuständigkeit des BGH und ging nach § 120 auf die OLG über;[8] gegen deren Urteile wurde die Revision zum BGH zulässig. Im Interesse der Einheitlichkeit der Strafverfolgung blieb der GBA auch für diese Verfahren weiter zuständig, konnte sie jedoch an die StA des Landes abgeben, wie es auch bei seiner Befugnis blieb, Sachen aus dem Zuständigkeitsbereich des § 74a an sich zu ziehen. Zur verfassungsrechtlichen Absicherung wurde Art. 96 GG durch Abs. 5 ergänzt, der bestimmt, dass die OLG in den erstinstanzlichen Strafsachen Gerichtsbarkeit des Bundes ausüben (BGBl. 1969 I S. 1357). Das Gesetz zur Bekämpfung des Terrorismus vom 19. 12. 1986 (BGBl. I S. 2566) hat die Zuständigkeit der OLG und des GBA erweitert um sog. gemeinkriminelle Delikte (§ 120 Abs. 2).

2   Die **StaatsschutzK** ist für die im Abs. 1 aufgeführten sogenannten Staatsschutzdelikte ein gesetzlich zwingend vorgesehener **Spezialspruchkörper** des LG. Die StaatsschutzK besteht kraft Gesetzes mit der im Gesetz vorgesehenen erstinstanzlichen Zuständigkeit. Es handelt sich nicht um ein durch Art. 101 GG, § 16 GVG verbotenes Ausnahmegericht, sondern um einen Spezialspruchkörper mit gesetzlich bestimmter Zuständigkeit[9] (vgl. Art. 101 Abs. 2 GG). Die Regelung ent-

---

[6] Protokoll BTagsSitzung 11. 7. 1951 S. 6485; *Dallinger* JZ 1951, 624.
[7] *Kleinknecht* JZ 1957, 407.
[8] *Fischer* NJW 1969, 449; *Martin* NJW 1969, 713.
[9] BGHSt 13, 378 = NJW 1960, 493; *Dallinger* JZ 1951, 622; *Woesner* NJW 1961, 535; *Kohlhaas* NJW 1970, 21; *Wagner* GA 1957, 162.

spricht damit denen für die SchwurgerichtsK (§ 74 Abs. 2) und die Wirtschafts-StrafK (§ 74c). Das Präsidium hat Regelungskompetenzen nur hinsichtlich der personellen Besetzung (vgl. § 74 Rn. 8); zur Errichtung weiterer StaatsschutzK Rn. 9. Die StaatsschutzK besteht bei jedem LG, in dessen Bezirk ein OLG seinen Sitz hat. Zur örtlichen Zuständigkeit Rn. 13. Maßgebend für die Schaffung der Spezialkammer und ihre örtliche Konzentration war die Überlegung, es gelte, die überörtlichen Zusammenhänge, die einheitlichen Methoden und nach Möglichkeit die eigentlichen Drahtzieher verfassungsfeindlicher Bestrebungen zu erkennen; deshalb müsse der örtliche Bezirk der StrafK für diese Delikte möglichst groß sein.[10] – Nicht in die Zuständigkeit der StaatsschutzK fallen die Sachen des § 74a Abs. 4 (Rn. 16).

II. Sachliche Zuständigkeit. Die **sachliche Zuständigkeit** der StaatsschutzK 3 erstreckt sich auf die in Abs. 1 im Einzelnen aufgeführten Delikte, und zwar gleichermaßen auf Täter, Teilnehmer usw. (vgl. § 74 Rn. 9). Im Falle der Nr. 4 kommt es angesichts des weitgefassten Gesetzeswortlautes auf die Art der Straftaten nicht an,[11] abgesehen von den Delikten nach dem BtMG, bei denen eine besondere Kenntnis der örtlichen Drogenszene notwendig erscheint.[12] Die Ausnahme hinsichtlich der BtM-Kriminalität gilt umfassend, also auch dann, wenn mit dem Verstoß gegen das BtMG auch Verstöße gegen andere Vorschriften zusammentreffen ohne Rücksicht auf den Schwerpunkt.[13]

Die in Abs. 1 aufgeführten Delikte sind durch Art. 7, 8, 12 des 4. StrafR-ÄndG 4 vom 11. 6. 1957, zuletzt geändert durch Art. 147 EGStGB, teilweise und mit Modifikationen auch auf Straftaten gegen die nichtdeutschen Vertragsstaaten des Nordatlantikpaktes, ihrer in der BRep stationierten Truppen und der im Land Berlin anwesenden Truppen einer der Drei Mächte anwendbar. In dem Umfang ihrer Anwendbarkeit gilt auch § 74a.

1. Die Zuständigkeit des **AG** ist für diese Delikte durch § 24 Abs. 1 Nr. 1 ausge- 5 schlossen. Entscheidet das AG, hat das Berufungsgericht nach § 328 Abs. 2 StPO zu verfahren[14] (vgl. § 74 Rn. 29). Auch die Zuständigkeit der **anderen StrafK** des eigenen LG und der StrafK der **anderen LG** im Bezirk des gemeinsamen OLG ist ausgeschlossen. Im Verhältnis zu diesen ist die StaatsschutzK nach § 74e Gericht „höherer" Ordnung mit den sich aus §§ 209, 225a und 270 StPO ergebenden verfahrensrechtlichen Konsequenzen. Jedoch gehen der Zuständigkeit der Staatsschutzk das SchwurG und die WirtschaftsStrafK ihrerseits nach § 74e vor. Umgekehrt ist die Zuständigkeit der StaatsschutzK ausgeschlossen, soweit das **OLG** nach § 120 als Gericht höherer Ordnung zuständig ist. Das OLG ist auch insgesamt zuständig, wenn ein in seine Zuständigkeit fallendes Delikt mit einem solchen des § 74a Abs. 1 zusammentrifft oder wenn Verfahren verbunden werden, von denen eines unter § 120 fällt. Zur Zuständigkeit des OLG auf Grund Übernahme der Strafsachen durch den GBA Rn. 10. Wegen des Verhältnisses der StaatsschutzK zum Jugendgericht Rn. 7.

Wird eine Sache vor der StaatsschutzK angeklagt und hält diese das OLG nach 6 § 120 für zuständig, hat sie nach § 209 Abs. 2 StPO zu verfahren, nach Eröffnung des Hauptverfahrens nach §§ 225a, 270 StPO; hierzu und zu dem Fall, dass sie eine „besondere Bedeutung" annimmt, § 120 Rn. 9, 10. Sieht das OLG bei einer vor ihm angeklagten Sache die Zuständigkeit der StaatsschutzK nach § 74a Abs. 1 als

---

[10] BGHSt 13, 378 = NJW 1960, 493; *Dallinger* JZ 1951, 621.
[11] Vgl. OLG Karlsruhe NJW 1978, 840.
[12] BTagsDrucks. 8/3551 S. 48, 54.
[13] LG Frankfurt StV 1990, 490; *LR/Siolek* Rn. 6; *Katholnigg* NStZ 1981, 417, 420; hinsichtlich des Schwerpunkts offengelassen von OLG Oldenburg NStZ-RR 2004, 174.
[14] Vgl. BGH NStZ 2000, 387; OLG Brandenburg NStZ 2001, 611 m. Anm. *Meyer-Goßner*.

§ 74a 7–14   5. Titel. Landgerichte

gegeben an und verneint es entgegen dem Antrag des GBA die „besondere Bedeutung", hat es nach § 209 Abs. 1 StPO zu verfahren.

7   2. Im Rahmen des Zuständigkeitsbereichs nach Abs. 1 ist im Gegensatz zur allgemeinen Regelung die Zuständigkeit der **Jugendgerichte** dann ausgeschlossen, wenn sich das Verfahren sowohl gegen Jugendliche und/oder Heranwachsende als auch gegen Erwachsene richtet (§ 103 Abs. 2 JGG). Richtet es sich nur gegen Jugendliche und/oder Heranwachsende, bleibt es bei der vorrangigen Zuständigkeit der Jugendgerichte.[15]

8   3. In die Zuständigkeit der StaatsschutzK fallen alle diese Sachen betreffenden Entscheidungen während und außerhalb der Hauptverhandlung. Sie ist auch zuständig für die nach § 73 Abs. 1 zu treffenden Entscheidungen, soweit sie sich auf Strafsachen beziehen, die in die Zuständigkeit der StaatsschutzK fallen (Abs. 3). Das gilt auch für die Zustimmung nach §§ 153 ff. StPO, soweit nicht nach §§ 153 c Abs. 5, 153 d, 153 e StPO der GBA zuständig ist.

9   4. Alle Staatsschutzsachen sind von einer StaatsschutzK zu erledigen.[16] Wegen der Eröffnung einer **zweiten StaatsschutzK** gilt das zum SchwurG Gesagte (§ 74 Rn. 12 ff.) entsprechend,[17] ebenso bei mangelnder Auslastung der Richter der StaatsschutzK (§ 74 Rn. 16).

10   **III. Übernahme durch den GBA.** Ausnahmsweise kann der StaatsschutzK die Zuständigkeit dadurch entzogen werden, dass der **GBA** nach Abs. 2 wegen der besonderen Bedeutung des Falles **die Verfolgung übernimmt** mit der Folge, dass das OLG zuständig wird. Zum Begriff „besondere Bedeutung" § 120 Rn. 2, 6. Das Übernahmerecht besteht trotz § 74 e auch dann, wenn eine Sache gleichzeitig unter § 74 Abs. 2 fällt[18] oder unter § 74 c. Zur Verfahrensweise, wenn die StaatsschutzK eine besondere Bedeutung bejaht, vgl. § 120 Rn. 10.

11   Die Übernahme durch den GBA ist jedoch nach Abs. 2 zweiter Halbsatz in zwei Fällen unzulässig: a) Wurde die Zuständigkeit der StaatsschutzK dadurch begründet, dass der GBA eine zunächst von ihm nach § 74 a Abs. 2 übernommene Sache wieder an die Landes-StA abgegeben hatte, weil eine besondere Bedeutung der Sache nicht mehr vorliegt (§ 142 a Abs. 4), ist eine zweite Übernahme unzulässig. b) Weiter ist die Übernahme unzulässig, wenn zuvor das OLG, bei dem eine unter § 74 a fallende Sache angeklagt war, die besondere Bedeutung verneint und deshalb die Sache bei der Eröffnung des Hauptverfahrens an das LG verwiesen hatte (§ 120 Abs. 2 Satz 2).

12   **IV. Besetzung.** Die StaatsschutzK als StrafK des LG verhandelt und entscheidet in der durch § 76 vorgesehenen Besetzung. Für die Auswahl und Heranziehung der Haupt- und Hilfsschöffen gelten keine Besonderheiten.[19] Es wirken aber nur Schöffen aus dem LG-Bezirk mit, in dem die StaatsschutzK errichtet ist.

13   **V. Örtliche Zuständigkeit.** Die örtliche Zuständigkeit der StaatsschutzK umfasst den gesamten Bezirk des OLG, an dessen Sitz sie besteht (Abs. 5). Ursprünglich kam dem nur die Bedeutung einer örtlichen Konzentration zu.[20] Die Vorrangregelung des § 74 e, die auch im Verhältnis zu den StrafK der anderen LG im Bezirk des OLG gilt (Rn. 5), hat dies verändert.

14   **VI. Wiederaufnahme.** Die Zuständigkeit der StaatsschutzK beim LG am Sitz des OLG schließt im Wiederaufnahmeverfahren die Anwendung des § 140 a Abs. 1 nicht aus, es ist nicht nach § 140 a Abs. 3 zu verfahren. Die anderen LG im OLG-

---

[15] BTagsDrucks. 8/976 S. 70.
[16] *Rieß* GA 1976, 4.
[17] Vgl. auch *Wagner* GA 1957, 164.
[18] LR/*Siolek* § 74 a Rn. 11.
[19] *Dallinger* JZ 1951, 621.
[20] BGHSt 13, 378 = NJW 1960, 493.

Bezirk bestehen unverändert fort. Der Sinn des § 140a Abs. 1, die Entscheidung im Wiederaufnahmeverfahren einem anderen Gericht im organisatorischen Sinne zu übertragen, um auch durch die räumliche Trennung der Spruchkörper den Eindruck möglicher Voreingenommenheit zu vermeiden, fordert die Anwendung des § 140a Abs. 1 auch hier. Soweit der örtlichen Konzentration nach § 74a der Gedanke einer besonderen richterlichen Sachkunde zugrunde liegt, kommt dem hier keine praktische Bedeutung zu, da erfahrungsgemäß nur eine StaatsschutzK nach § 74a im Bezirk des OLG besteht und deshalb jede andere Kammer nicht über diese Sachkunde verfügen wird.

VII. Rechtsmittel. Gegen Urteile der StaatsschutzK ist die Revision zum BGH zulässig, §§ 333 StPO, 135 GVG. Über Beschwerden gegen Verfügungen und Entscheidungen entscheidet in Abweichung vom allgemeinen Rechtsmittelzug das OLG, in dessen Bezirk die Landesregierung ihren Sitz hat, § 120 Abs. 4 Satz 1. **15**

VIII. Akustische Wohnraumüberwachung (Abs. 4). 1. Die Zuständigkeit der StaatsschutzK für Entscheidungen im Zusammenhang mit dem Einsatz technischer Mittel zum Abhören und Aufzeichnen des in einer Wohnung nichtöffentlich gesprochenen Worts (§§ 100d Abs. 2, 3 und 6, 101 Abs. 1, § 100c Abs. 1 Nr. 3 StPO a. F.) wurde in der Folge des „Abhörurteils" des BVerfG[21] beseitigt (Gesetz vom 24. 6. 2005, BGBl. I S. 1841). § 74a Abs. 4 ändert, was die örtliche Zuständigkeit betrifft, zwar nichts an der Konzentration dieser Sachen beim LG, in dessen Bezirk ein OLG seinen Sitz hat, schreibt aber nun die Zuständigkeit **einer Kammer** vor, die **nicht mit Hauptverfahren in Strafsachen befasst** ist. Dies bezweckt, jede mögliche Beeinträchtigung des Anspruchs auf rechtliches Gehör auszuschließen, die dadurch entstehen könnte, dass ein in der Hauptsache erkennendes Gericht über Erkenntnisse verfügt, die dem Angeklagten infolge notwendiger Zurückstellung seiner Benachrichtigung (§ 101 Abs. 5, 6 StPO) vorenthalten werden.[22] So liegt eine Verschlechterung der Rechtsschutzposition des Angeklagten bereits in der aus seiner Sicht begründeten Sorge, das Gericht werde sich dem Erkenntniswert ihm selbst gegenüber geheimgehaltener Informationen nicht verschließen können, auch wenn es formal an einer Verwertung der Erkenntnisse im Rahmen der Begründung seiner Entscheidung gehindert ist.[23] **16**

Abs. 4 enthält damit eine gesetzliche Regelung der **Geschäftsverteilung** (§ 21 e Rn. 87 f.), errichtet aber, anders als etwa Abs. 1 und § 74 Abs. 2, ungeachtet des unklaren Wortlauts keinen besonderen Spruchkörper kraft Gesetzes,[24] was angesichts des offen zu Tage liegenden äußerst geringen Geschäftsanfalls[25] auch wenig zweckmäßig wäre (vgl. § 74 Rn. 14). Wie sich aus Abs. 4 selbst ergibt, kann die Kammer, anders als etwa die SchwurG-Kammer, in identischer Eigenschaft grundsätzlich unbegrenzt auch andere Sachen entscheiden. Das Präsidium hat deshalb zu bestimmen, welchem bestehenden Spruchkörper des Gerichts es die Sachen zuweist; es hat nicht eine „Kammer nach § 110c StPO" personell zu besetzen. Das Ermessen des Präsidiums ist aber in zweifacher Hinsicht gesetzlich beschränkt. Einmal sind alle Anordnungen nach § 100c StPO von „einer" Kammer zu erledigen. Damit schreibt das Gesetz eine Spezialzuständigkeit vor; das Präsidium darf die Geschäfte also nicht auf mehrere Kammern verteilen. Zum Anderen darf diese Kammer nicht mit Hauptverfahren in Strafsachen befasst sein. **17**

2. Das **Hauptverfahren in Strafsachen** ist begrifflich die gerichtliche Untersuchung einer Strafsache vom Eröffnungsbeschluss (§ 207 StPO) bis zum rechtskräfti- **18**

---

[21] BVerfGE 109, 279 = NJW 2004, 999.
[22] BTags-Drucks. 15/4533 S. 20.
[23] BVerfG aaO.
[24] A. A. Meyer-Goßner Rn. 7.
[25] 2005 z. B. 7 Ermittlungsverfahren bundesweit (Pressemitteilung BMJ vom 27. 9. 2006).

§ 74b 1   5. Titel. Landgerichte

gen Abschluss.²⁶ Der für die Angelegenheiten nach Abs. 4 zuständigen Kammer dürfen daneben also weder die Staatsschutzsachen des Abs. 1 noch sonstige erstinstanzliche Verfahren zugewiesen sein. Auch die Berufungssachen nach § 74 Abs. 3 scheiden aus. Der Gesetzeszweck (Rn. 16) trifft auf diese gleichermaßen zu; die Strafsachen, in denen eine akustische Wohnraumüberwachung zulässig ist, beschränken sich weder auf Staatsschutzsachen noch auf solche, in denen eine erstinstanzliche Zuständigkeit des LG aus anderen Gründen zwingend wäre (§ 100 c Abs. 2 StPO). Es ist auch nicht ausgeschlossen, dass ein Verfahren in der Berufungsinstanz gelangt, ohne dass der Angeklagte bereits von der Maßnahme benachrichtigt wurde (§ 101 Abs. 5, 6 StPO). Möglich ist die gleichzeitige Zuweisung der Beschwerdesachen nach § 73 Abs. 1 oder der Zuständigkeiten der Strafvollstreckungskammer nach § 78 a. Da es sich um strafrechtliche Angelegenheiten handelt, muss die Kammer nach der grundsätzlichen Unterscheidung in § 60 aber StrafKsein.²⁷ Eine weitere Einschränkung ergibt sich aus dem Sinn der Regelung, den Einfluss persönlicher Erkenntnisse auf die Entscheidungsfindung zu verhindern. Richter, die der nach Abs. 4 zuständigen Kammer zugewiesen sind, dürfen auch nicht gleichzeitig einer anderen Kammer angehören, die mit Hauptverfahren in Strafsachen befasst ist.

19   3. Bei den **Zuständigkeiten** im Einzelnen handelt es sich um die Entscheidung über die Anordnung der akustischen Wohnraumüberwachung (§ 100 c Abs. 1 StPO), die Verlängerung bis zur Dauer von sechs Monaten (§ 100 d Abs. 1 StPO), die Zurückstellung der Benachrichtigung des Betroffenen über sechs Monate hinaus bis zu 18 Monaten (§ 101 Abs. 6, 7 Satz 1 StPO) sowie die Überprüfung der Rechtmäßigkeit der Anordnung und der Art und Weise des Vollzugs (§ 101 Abs. 7 Satz 2 StPO). Die Kammer entscheidet im vorbereitenden Verfahren anstelle des Ermittlungsrichters, auch im Falle des § 169 StPO.²⁸ Im Hauptverfahren entscheidet sie anstelle des für die Hauptsache zuständigen Gerichts, ausgenommen die Überprüfung der Rechtmäßigkeit nach Benachrichtigung des Angeklagten (§ 101 Abs. 7 Satz 4 StPO).

20   4. Für die örtliche Zuständigkeit gilt Abs. 5 (Rn. 3). Die Besetzung regelt § 76 Abs. 1, bei Gefahr im Verzug ist eine Anordnung durch den Vorsitzenden möglich (§ 100 d Abs. 1 StPO). Rechtsmittel: § 120 Rn. 17.

§ 74 b. [Zuständigkeit in Jugendschutzsachen]

¹In Jugendschutzsachen (§ 26 Abs. 1 Satz 1) ist neben der für allgemeine Strafsachen zuständigen Strafkammer auch die Jugendkammer als erkennendes Gericht des ersten Rechtszuges zuständig. ²§ 26 Abs. 2 und §§ 73 und 74 gelten entsprechend.

1   **I. Jugendschutzsachen.** §§ 73 bis 76 über die Zuständigkeit und die Besetzung des Gerichts in Strafsachen gelten nur für Strafsachen gegen Erwachsene, während Zuständigkeit und Besetzung des Gerichts in Strafsachen gegen Jugendliche und Heranwachsende in §§ 33, 41, 103, 112 JGG geregelt sind: zuständig ist stets das Jugendgericht. Diese abgesehen von § 103 JGG strenge Abgrenzung durchbricht § 74 b. In Jugendschutzsachen (zum Begriff § 26 Rn. 3 ff.) ist neben der für allgemeine Strafsachen gegen Erwachsene in erster Instanz gemäß § 74 zuständigen Strafkammer auch die Jugendkammer als erkennendes Gericht erster Instanz zuständig (Satz 1); zu den Gründen dieser § 26 entsprechenden Zuständigkeitsregelung § 26 Rn. 1. Diese Doppelzuständigkeit gilt auch für die Schwurgerichtssachen,²⁸ nicht jedoch für Staatsschutzsachen nach § 74 a und auch nicht für Wirtschaftsstrafsachen (vgl. § 74 e Rn. 10).²

---

²⁶ *Meyer-Goßner* Einl. Rn. 64.
²⁷ *Meyer-Goßner* Rn. 7.
²⁸ *KK/Nack* § 100 d StPO Rn. 7; *Meyer-Goßner* § 100 d StPO Rn. 1.

II. Doppelzuständigkeit. Die Doppelzuständigkeit besteht auch dann, wenn beim LG eine **Jugendschutzkammer** gebildet ist. Denn diese ist ein allgemeines Strafgericht im Sinne der §§ 73, 74 mit einer durch die Geschäftsverteilung begründeten Spezialisierung, sie ist kein Jugendgericht (§ 74 Rn. 19). Eine andere Frage ist es aber, ob bei Bestehen einer Jugendschutzkammer mit ihren Spezialkenntnissen ein Bedürfnis und damit ein rechtfertigender Grund nach Satz 2 für die Inanspruchnahme des Jugendgerichts besteht.[1]

III. Kein Wahlrecht. Die Doppelzuständigkeit von Strafkammer und Jugendkammer gibt der StA kein uneingeschränktes Wahlrecht, vielmehr gilt § 26 Abs. 2 entsprechend (Satz 2; vgl. dazu und zur gerichtlichen Entscheidungsbefugnis über die Zuständigkeit § 26 Rn. 6 ff.; § 74 Rn. 21).

Ist die Jugendkammer nach § 74b zuständig, gilt das gesamte besondere Gerichtsverfassungsrecht nach dem JGG, so über die Besetzung der Jugendkammer, die Nichtöffentlichkeit der Verhandlung usw., auf den Erwachsenen ist jedoch das allgemeine Erwachsenenstrafrecht anzuwenden (§ 26 Rn. 12).

Hat in erster Instanz das gemäß § 26 zuständig gewordene Jugendgericht des AG (§ 33 JGG) entschieden, ist stets die Jugendkammer Rechtsmittelgericht, § 41 Abs. 2 JGG,[2] wie auch im Falle des § 103 JGG, wenn nur ein Erwachsener Berufung einlegt.[3] Hat dabei die große Jugendkammer als Berufungsgericht gegen ein Urteil des Jugendschöffengerichts ihren Strafbann überschritten (§ 26 Rn. 2; § 74 Rn. 30), bleibt entgegen der Rechtslage beim Erwachsenengericht (§ 76 Rn. 16) eine Umdeutung in ein erstinstanzliches Verfahren möglich.[4]

§ 74c. [Zuständigkeit der Wirtschaftsstrafkammer]

(1) [1]Für Straftaten

1. nach dem Patentgesetz, dem Gebrauchsmustergesetz, dem Halbleiterschutzgesetz, dem Sortenschutzgesetz, dem Markengesetz, dem Geschmacksmustergesetz, dem Urheberrechtsgesetz, dem Gesetz gegen den unlauteren Wettbewerb, dem Aktiengesetz, dem Gesetz über die Rechnungslegung von bestimmten Unternehmen und Konzernen, dem Gesetz betreffend die Gesellschaften mit beschränkter Haftung, dem Handelsgesetzbuch, dem SE-Ausführungsgesetz, dem Gesetz zur Ausführung der EWG-Verordnung über die Europäische wirtschaftliche Interessenvereinigung, dem Genossenschaftsgesetz, dem SCE-Ausführungsgesetz und dem Umwandlungsgesetz,
2. nach den Gesetzen über das Bank-, Depot-, Börsen- und Kreditwesen sowie nach dem Versicherungsaufsichtsgesetz und dem Wertpapierhandelsgesetz,
3. nach dem Wirtschaftsstrafgesetz 1954, dem Außenwirtschaftsgesetz, den Devisenbewirtschaftungsgesetzen sowie dem Finanzmonopol-, Steuer- und Zollrecht, auch soweit dessen Strafvorschriften nach anderen Gesetzen anwendbar sind; dies gilt nicht, wenn dieselbe Handlung eine Straftat nach dem Betäubungsmittelgesetz darstellt, und nicht für Steuerstraftaten, welche die Kraftfahrzeugsteuer betreffen,
4. nach dem Weingesetz und dem Lebensmittelrecht,
5. des Subventionsbetruges, des Kapitalanlagebetruges, des Kreditbetruges, des Bankrotts, der Gläubigerbegünstigung und der Schuldnerbegünstigung,
5 a. der wettbewerbsbeschränkenden Absprachen bei Ausschreibungen sowie der Bestechlichkeit und Bestechung im geschäftlichen Verkehr,
6. a) des Betruges, des Computerbetruges, der Untreue, des Wuchers, der Vorteilsgewährung, der Bestechung und des Vorenthaltens und Veruntreuens von Arbeitsentgelt,

---

[1] *LR/Siolek* Rn. 1.
[2] BGHSt 22, 48, 49 = NJW 1968, 952; *Meyer-Goßner* Rn. 4; *LR/Siolek* Rn. 4.
[3] BGH aaO.; *Meyer-Goßner* Rn. 4.
[4] OLG München 15. 2. 2005 – 4 St RR 1/05 –.

b) nach dem Arbeitnehmerüberlassungsgesetz und dem Dritten Buch Sozialgesetzbuch sowie dem Schwarzarbeitsbekämpfungsgesetz,

soweit zur Beurteilung des Falles besondere Kenntnisse des Wirtschaftslebens erforderlich sind,

ist, soweit nach § 74 Abs. 1 als Gericht des ersten Rechtszuges und nach § 74 Abs. 3 für die Verhandlung und Entscheidung über das Rechtsmittel der Berufung gegen die Urteile des Schöffengerichts das Landgericht zuständig ist, eine Strafkammer als Wirtschaftsstrafkammer zuständig. ²§ 120 bleibt unberührt.

(2) In den Sachen, in denen die Wirtschaftsstrafkammer nach Absatz 1 zuständig ist, trifft sie auch die in § 73 Abs. 1 bezeichneten Entscheidungen.

(3) ¹Die Landesregierungen werden ermächtigt, zur sachdienlichen Förderung oder schnelleren Erledigung der Verfahren durch Rechtsverordnung einem Landgericht für die Bezirke mehrerer Landgerichte ganz oder teilweise Strafsachen zuzuweisen, welche die in Absatz 1 bezeichneten Straftaten zum Gegenstand haben. ²Die Landesregierungen können die Ermächtigung durch Rechtsverordnung auf die Landesjustizverwaltungen übertragen.

(4) Im Rahmen des Absatzes 3 erstreckt sich der Bezirk des danach bestimmten Landgerichts auf die Bezirke der anderen Landgerichte.

Gesetzesfassung: Neu gefaßt durch Art. 2 Nr. 7 StVÄG 1979 (BGBl. 1978 I S. 1645). Abs. 1 Nr. 1 geändert durch Art. 8 Nr. 2 2. G zur Bekämpfung der Wirtschaftskriminalität (BGBl. 1986 I S. 721), § 16 EWIV-AusführungsG (BGBl. 1988 I S. 514) und Art. 9 G zur Stärkung des Schutzes des geistigen Eigentums und zur Bekämpfung der Produktpiraterie (BGBl. 1990 I S. 422); Abs. 1 Nr. 5 i. d. F. Art. 8 Nr. 2 2. G zur Bekämpfung der Wirtschaftskriminalität (BGBl. 1986 I S. 721); im Abs. 1 letzter Halbsatz das Wort „große" gestrichen durch Art. 3 Nr. 7 RPflEntlG; in Abs. 1 Nr. 2 die Worte „und nach dem Wertpapierhandelsgesetz" eingefügt durch Art. 12 des Zweiten FinanzmarktförderungsG vom 26. 7. 1994 (BGBl. I S. 1749); in Abs. 1 Nr. 1 das Wort „Warenzeichengesetz" durch das Wort „Markengesetz" ersetzt durch Art. 7 des Markenrechtsreformg vom 25. 10. 1994 (BGBl. I S. 3082); in Abs. 1 Nr. 1 die Worte „und dem Umwandlungsgesetz" eingefügt durch Art. 14 G zur Bereinigung des Umwandlungsrechts vom 20. 10. 1994 (BGBl. I S. 3210); Abs. 1 Nr. 5 a eingefügt durch Art. 2 G zur Bekämpfung der Korruption vom 13. 8. 1997 (BGBl. I S. 2038); in Abs. 1 Nr. 5 die Worte „des Computerbetruges," gestrichen und in Abs. 1 Nr. 6 hinter „des Betruges," eingefügt durch Art. 5 G zur Änderung und Ergänzung des Strafverfahrensrechts vom 2. 8. 2000 (BGBl. I S. 1253). § 74c Abs. 1 Nr. 6 neu gefaßt durch Art. 7 G zur Erleichterung der Bekämpfung von illegaler Beschäftigung und Schwarzarbeit vom 23. 7. 2002 (BGBl. I S. 2787); Buchstabe b geändert durch G zur Intensivierung der Bekämpfung der Schwarzarbeit vom 23. 7. 2004 (BGBl. I S. 1842). § 74c Abs. 1 Nr. 1 geändert durch Art. 3 G zur Einführung der Europäischen Gesellschaft vom 22. 12. 2004 (BGBl. I 3675) und durch Art. 5 Nr. 1 G zur Einführung der Europäischen Genossenschaft vom 14. 8. 2006 (BGBl. I S. 1911). Abs. 1 Satz 2 angefügt durch Art. 3 Nr. 1 2. JustizmodernisierungsG vom 22. 12. 2006 (BGBl. I S. 3416).

1 **I. Wirtschaftsstrafkammer.** Der durch Gesetz vom 8. 9. 1971 (BGBl. I S. 1513) eingeführte § 74c ist Teil der Bemühungen zur **Bekämpfung der Wirtschaftskriminalität.** Maßgebend war die Überlegung, dass Wirtschaftsdelikte besondere Anforderungen an Sachaufklärung und Strafverfolgung stellen. „Es handelt sich um einen bestimmten Kreis von Straftaten, die innerhalb des Wirtschaftsbereichs verübt werden und zumeist eine besonders schwere Sozialschädlichkeit aufweisen. Die Wirtschaftsstraftäter verfügen oftmals über eine erhebliche Intelligenz; häufig gehören sie einer höheren sozialen Schicht als die übrigen Straftäter an. In raffinierter und schwer zu durchschauender Weise missbrauchen sie die komplizierten Mechanismen des modernen Wirtschaftslebens. Zur sachgerechten und wirksamen Bekämpfung der Wirtschaftskriminalität müssen Fachkräfte eingesetzt werden, die die erforderlichen Kenntnisse und Erfahrungen im Wirtschaftsleben und für die Bekämpfung der Wirtschaftskriminalität besitzen. Hierfür muss in der Gerichtsverfassung die Voraussetzung geschaffen werden, um die Wirtschaftsstrafsachen bei bestimmten, mit richterlichen Fachkräften besetzten Strafkammern zusammenfassen zu können".¹ „Es dient der schnelleren und sachgerechten Ahndung von Wirtschaftsstrafsachen, wenn sie in der Hand von Richtern liegt, die auf diesem Gebiet besondere Kenntnisse und Erfahrungen besitzen und diese laufend erweitern und vertiefen können".² Die Vorschrift sah ursprünglich nur eine auf die örtliche Zuständigkeit beschränkte Konzentrationsmöglichkeit vor: durch Rechts-VO der Landesregierung konnten die im Katalog des § 74c aufgeführten Wirtschaftsstrafsachen zur sachdienlichen Förderung oder schnelleren Erledigung der Verfahren (vgl. § 58) einem LG für die Bezirke mehrerer LG ganz oder teilweise zugewiesen werden; bei Straftaten im Zusammenhang mit anderen Straftaten war auf das Schwergewicht der Straftaten abzustellen. Welche Kammer des LG zuständig war, ob insbesondere eine oder mehrere Spezialkammern für diese Wirtschaftsstrafsachen gebildet wurden, hatte das Präsidium zu entscheiden. Obwohl von der Möglichkeit der Konzentration und auch der Einrichtung von Spezialkammern weitgehend Gebrauch gemacht wurde, hat das StVÄG 1979 die Vorschrift umgestaltet in eine echte gesetzliche Zuständigkeitsregelung, was zugleich die einheitliche Zuständigkeitsabgrenzung zwischen den verschiedenen Spruchkörpern des LG nach § 74e nahe legte.³

II. Zuständigkeit. 1. Die WirtschaftsStrafK ist eine **StrafK des LG mit gesetzlich geregelter Zuständigkeit.** Eine WirtschaftsStrafK besteht (abgesehen vom Fall der Konzentration, Rn. 13) bei jedem LG kraft Gesetzes, insoweit ist eine Entscheidungskompetenz des Präsidiums (oder der Justizverwaltung) nicht gegeben (§ 74 Rn. 8). § 74c ändert aber nicht die allgemeine Zuständigkeit des LG in Strafsachen; Voraussetzung für die Zuständigkeit der WirtschaftsStrafK ist die Zuständigkeit des LG nach §§ 24, 74. Der Charakter einer Straftat im Sinne des § 74c Abs. 1 allein entzieht diese noch nicht dem AG und begründet eine Zuständigkeit des LG.⁴

2. Die **sachliche Zuständigkeit** besteht für die in Abs. 1 aufgeführten Delikte. Dabei macht es keinen Unterschied, ob es sich um Täterschaft oder Teilnahme, um Vollendung oder Versuch handelt. Begünstigung oder Strafvereitelung in Bezug auf diese Delikte gehören jedoch nicht hierher, es sei denn, sie werden damit verbunden; soweit andere Strafsachen mit solchen Wirtschaftsdelikten zusammen angeklagt werden, fallen sie in die Zuständigkeit der WirtschaftsStrafK (vgl. § 74 Rn. 9). Entgegen dem früheren Recht kommt es nicht darauf an, wo das Schwergewicht der Straftaten liegt. Innerhalb des Zuständigkeitskatalogs des Abs. 1 enthält **Nr. 3** zwei Besonderheiten: Fällt ein dort aufgeführtes Delikt mit einer Straftat nach dem Betäubungsmittelgesetz tateinheitlich zusammen, ist die Zuständigkeit der WirtschaftsStrafK ausgeschlossen. Dadurch soll verhindert werden, dass sie durch Betäubungsmitteldelikte, die fast stets mit Steuer- und Zolldelikten tateinheitlich zusammenfallen, überlastet werden.⁵ Ausgeschlossen ist die Zuständigkeit der WirtschaftsStrafK dabei aber nur innerhalb der Delikte nach Nr. 3; sind die dort genannten Delikte mit anderen Delikten des Abs. 1 verbunden, bleibt es bei der Zuständigkeit der WirtschaftsStrafK. Entsprechendes gilt für Steuerstraftaten, die die Kfz-Steuer betreffen. Indessen ist es dem Präsidium möglich, unter den Voraussetzungen seiner Kompetenz (Rn. 8) diese Delikte auch der WirtschaftsStrafK zuzuweisen. In **Nr. 4** ist von der Zielsetzung des § 74c her (Rn. 1) das gesamte Lebensmittelrecht aufgeführt; wenn demgegenüber nur das Wein"gesetz" aufgeführt wird, so ist dies doch im Sinne der Zielsetzung als Wein"recht" zu verstehen.

---

¹ BTagsDrucks. VI/2257 S. 1.
² BTagsDrucks. VI/670 S. 3.
³ BTagsDrucks. 8/976 S. 66.
⁴ OLG Karlsruhe NStZ 1985, 517.
⁵ BTagsDrucks. 8/976 S. 67.

4 Eine weitere Besonderheit enthält **Nr. 6**. Für die hier aufgeführten Delikte ist die WirtschaftsStrafK nur zuständig, „soweit zur Beurteilung des Falles besondere Kenntnisse des Wirtschaftslebens erforderlich sind". Dabei handelt es sich um eine unbestimmte Formulierung, die hinsichtlich des gesetzlichen Richters (§ 16) Bedenken erweckt und auch bei der Frage nach der Zuständigkeit, besonders im Hinblick auf eine Konzentration (Rn. 13) Zweifel aufwerfen kann. Diese Bedenken werden jedoch ausgeräumt dadurch, dass das Vorliegen dieser Voraussetzungen der richterlichen Kontrolle und Entscheidung unterliegt und § 74e GVG in Verbindung mit §§ 209, 225a und 269, 270 StPO das Rangverhältnis klarstellt. Die besonderen Kenntnisse des Wirtschaftslebens müssen „erforderlich", nicht nur wünschenswert sein;[6] sichergestellt werden kann dieses Spezialwissen[7] aber nur bei den Berufsrichtern (und nur durch das Präsidium), die Heranziehung der Schöffen zu den Sitzungen der WirtschaftsStrafK geschieht aus der allgemeinen Liste ohne Rücksicht auf dieses Erfordernis (Rn. 12).

5 Die Auslegung des Begriffs hat sich, anders als bei der „besonderen Bedeutung des Falles" nach § 24 Abs. 1 Nr. 3, ohne Rücksicht auf die Schwere der Tat allein an den Erfordernissen für die Erledigung des Verfahrens zu orientieren.[8] Maßgebend sind dabei die Motive, die der Schaffung der WirtschaftsStrafK zugrunde liegen (Rn. 1). Der Schadensumfang, die Zahl der Täter oder Geschädigten, die Stofffülle, der Umfang oder die Schwierigkeit der Ermittlungen oder sonstige Schwierigkeiten rechtlicher oder tatsächlicher Art vermögen die Zuständigkeit der WirtschaftsStrafK nicht zu begründen;[9] entscheidend kommt es darauf an, dass solche besonderen Fachkenntnisse erforderlich sind, die außerhalb allgemeiner Erfahrung liegen, sich auf besonderen Wirtschaftskreisen eigene oder geläufige Verfahrensweisen beziehen oder auf schwer zu durchschauende Mechanismen des modernen Wirtschaftslebens.[10] Ob dieses Merkmal vorliegt, ist bis zur Erhebung der Anklage von der StA in jeder Lage des Verfahrens zu prüfen. Mit der Einreichung der Anklageschrift geht diese Prüfung auf das Gericht über, ohne dass dieses an entsprechende Anträge der StA gebunden wäre. Kommt die allgemeine StrafK zu dem Ergebnis, dass diese Voraussetzung vorliegt, hat sie nach § 209 Abs. 2 StPO in Verbindung mit § 74e GVG vorzulegen. Wenn umgekehrt die WirtschaftsStrafK das Vorliegen verneint, hat sie nach § 209 Abs. 1 StPO zu verfahren. Nach Eröffnung des Hauptverfahrens ist aber nicht mehr gemäß §§ 6a, 225a, 270 StPO zu verfahren;[11] umgekehrt gilt § 269 StPO. Die Erforderlichkeit von Spezialwissen ist damit nur bis zur Entscheidung über die Eröffnung des Hauptverfahrens zu prüfen. Die Behauptung einer falschen Auslegung dieses Begriffs kann die Revision nicht begründen, es kann nicht geltend gemacht werden, die Sache habe wegen der Notwendigkeit besonderer Kenntnisse des Wirtschaftslebens vor die WirtschaftsStrafK gehört und umgekehrt,[12] abgesehen vom Fall der Willkür.[13]

6 3. Die WirtschaftsStrafK ist für diese Delikte **erst- und zweitinstanzlich** zuständig. Erstinstanzlich ist sie zuständig, soweit die Strafverfahren nach § 74 Abs. 1 in die erstinstanzliche Zuständigkeit des LG gehören. Zweitinstanzlich ist die WirtschaftsStrafK zuständig für die Verhandlung und Entscheidung über die Berufung gegen Urteile des SchöffenG (Abs. 1 a. E.), die Wirtschaftsstrafsachen nach Abs. 1 betreffen. Für die Zuständigkeit im Berufungsrechtszug genügt es, wenn der Verfahrensgegenstand im Eröffnungsbeschluss als Katalogtat nach § 74c gewürdigt

---

[6] *Sowada* S. 655.
[7] OLG Koblenz NStZ 1986, 327.
[8] Vgl. *Roth* S. 120f.
[9] OLG Koblenz NStZ 1986, 327; OLG München JR 1980, 77; *Rieß* JR 1980, 79.
[10] OLG München aaO.; *Rieß* aaO.
[11] *Rieß* NStZ 2003, 48, 49.
[12] *Rieß* NJW 1978, 2268.
[13] BGH NStZ 1985, 464.

wurde, eine Verurteilung deshalb ist nicht erforderlich.[14] Über die Berufung gegen Urteile des Strafrichters entscheidet nicht die WirtschaftsStrafK, sondern die kleine allgemeine StrafK auch dann, wenn es sich um eine Wirtschaftsstraftat handelt. Eine Zuweisung dieser Sachen an die WirtschaftsStrafK im Wege der Geschäftsverteilung ist wegen deren Natur als gesetzlicher Spruchkörper (Rn. 2, 8; § 74a Rn. 2) ohne Rücksicht auf personelle Stärke nicht zulässig.

4. Alle Wirtschaftsstraftaten des Abs. 1 sind von der WirtschaftsStrafK zu erledigen. Dazu gehören sowohl die vor der Hauptverhandlung zu treffenden Entscheidungen, insbesondere die Eröffnung des Hauptverfahrens, wie auch die Hauptverhandlung selbst. Auch die nach § 73 Abs. 1 zu treffenden Entscheidungen gehören hierher (Abs. 2, vgl. § 73 Rn. 3), ebenso die Zustimmungen nach §§ 153 ff. StPO. Bestehen Zweifel, ob die WirtschaftsStrafK oder eine andere StrafK zuständig ist (besonders im Falle des Abs. 1 Nr. 6), gebührt der WirtschaftsStrafK der Vorrang.[15] **7**

5. Alle Wirtschaftsstrafsachen sind von der (einen) WirtschaftsStrafK zu erledigen. Eine **zweite WirtschaftsStrafK** darf nur dann eingerichtet werden, wenn die erste WirtschaftsStrafK nicht in der Lage ist, den Geschäftsanfall zu bewältigen[16] (vgl. § 74 Rn. 15), abgesehen von der Auffang-Kammer (§ 74 Rn. 13). Indessen beanstandet der BGH es nicht, wenn Wirtschaftsstrafkammern neben den in § 74c aufgeführten Strafsachen auch allgemeine Strafsachen zugewiesen werden, wenn nur der Schwerpunkt ihrer Zuständigkeit eindeutig bei den Wirtschaftsstrafverfahren bleibt und ohne Zuweisung allgemeiner Strafsachen nicht möglicherweise weniger Wirtschaftsstrafkammern hätten gebildet werden müssen; es sei rechtlich möglich, allen Wirtschaftsstrafkammern einen geringen Anteil an allgemeinen Strafsachen zuzuweisen, um die Arbeitskraft auszuschöpfen, wenn etwa zeitliche Lücken im Zusammenhang mit den Besonderheiten von Großverfahren entstehen.[17] **8**

III. Verhältnis zu anderen Spruchkörpern. 1. Ist die erstinstanzliche Zuständigkeit des **OLG** nach § 120 gegeben, geht sie der der WirtschaftsStrafK vor. Das gilt auch dann, wenn eines der dort aufgeführten Delikte mit einer Wirtschaftsstrafsache verbunden ist. Abs. 1 Satz 2 stellt dies auch für den Fall der Evokation einer Straftat nach dem AWG (Satz 1 Nr. 3) gemäß § 120 Abs. 2 Satz 1 Nr. 4 klar; die Vorschrift entspricht § 74 Abs. 2 Satz[18] (vgl. § 120 Rn. 5). **9**

2. Im Verhältnis zu den **anderen StrafK des LG** kommt dem SchwurG der Vorrang vor der WirtschaftsStrafK zu, im Verhältnis zur Staatsschutzkammer und zu den allgemeinen StrafK des LG kommt der WirtschaftsStrafK der Vorrang zu, § 74e. Insoweit ist die WirtschaftsStrafK ein Gericht höherer Ordnung im Sinne der §§ 209, 225a und 269, 270 StPO. Das gilt nach dem unmittelbaren Wortlaut dieser Vorschriften nur für die Abgrenzung in erster Instanz, jedoch ist diese Regelung auch für die Abgrenzung in der Rechtsmittelinstanz entsprechend heranzuziehen.[19] **10**

3. In Strafverfahren **gegen Jugendliche und Heranwachsende** geht die Zuständigkeit des Jugendgerichts vor (§§ 41 Abs. 1 Nr. 1, 108 Abs. 1 JGG, vgl. auch § 102 JGG). Wenn jedoch gemäß § 103 Abs. 1 JGG Strafsachen gegen Jugendliche und Erwachsene verbunden werden und die Strafsache gegen den Erwachsenen ihrer Art nach vor die WirtschaftsStrafK nach § 74c gehört, ist diese auch für das Verfahren gegen den Jugendlichen zuständig[20] (§ 103 Abs. 2 Satz 2, 3 JGG). **11**

---

[14] OLG Stuttgart MDR 1982, 252; OLG Schleswig SchlHA 2005, 257.
[15] *LR/Siolek* Rn. 1.
[16] BTagsDrucks. 8/976 S. 67; *LR/Siolek* Rn. 8.
[17] BGHSt 34, 379 = NJW 1988, 1397.
[18] BTagsDrucks. 16/3038 S. 31.
[19] OLG Koblenz NStZ 1986, 425 m. zust. Anm. *Rieß*; OLG Düsseldorf JR 1981, 514 m. Anm. *Rieß*; *LR/Siolek* Rn. 9; *Rieß* JR 1980, 79; a. A. OLG München JR 1980, 77.
[20] Vgl. BTagsDrucks. 8/976 S. 70.

§ 74c								5. Titel. Landgerichte

12 **IV. Besetzung. Die Besetzung** regelt § 76. Für die Berufsrichter ist keine besondere Qualifikation vorgeschrieben, wohl aber wünschenswert sind wirtschaftsrechtliche Kenntnisse. Es ist allein Sache des Präsidiums, geeignete Richter zu finden und heranzuziehen. Auch für die Schöffen gelten keine Besonderheiten, so dass nicht gezielt Schöffen mit besonderen, an sich erwünschten Kenntnissen im Wirtschaftsleben herangezogen werden können; ihre Heranziehung geschieht, wie bei allen anderen Kammern des LG, aus der gleichen Schöffenliste auf Grund der allgemeinen Auslosung usw. gemäß § 77[21] (vgl. § 77 Rn. 5; zu den rechtspolitischen Forderungen § 31 Rn. 2).

13 **V. Konzentration.** Abs. 3 ermächtigt die LReg, zur sachdienlichen Förderung oder schnelleren Erledigung einem LG für die Bezirke mehrerer LG die im Abs. 1 aufgeführten Wirtschaftsstrafsachen ganz oder teilweise zuzuweisen. Zum Begriff „sachdienliche Förderung oder schnellere Erledigung" § 58 Rn. 2; zur Konzentration im Allgemeinen § 23 c Rn. 1.

14 1. Die Ermächtigung zur Konzentration ist der **LReg** erteilt, die sie durch RechtsVO auf die LJustizVerw übertragen kann (Abs. 3 Satz 2). Die Konzentrationsermächtigung kann nur im Wege der RechtsVO ausgeübt werden. Abs. 3 genügt den Anforderungen des Art. 80 GG (vgl. § 58 Rn. 3).

15 2. Die Wirtschaftsstrafsachen nach Abs. 1 können **ganz oder teilweise** konzentriert werden, also auch nur hinsichtlich einzelner der in Abs. 1 genannten Delikte, wobei auch zusätzliche einengende Merkmale aufgestellt werden können. Es muss sich jedoch um eine generelle Regelung handeln. Im Gegensatz zu § 58 müssen die Strafsachen insgesamt übertragen werden, es können nicht bestimmte Arten von Entscheidungen übertragen oder nicht übertragen werden.

16 3. Die Konzentration kann bei einem LG für die Bezirke mehrerer LG geschehen, also nur jeweils für einen **LG-Bezirk insgesamt,** nicht für Teile. Die LG-Bezirke müssen dabei nicht dem gleichen OLG-Bezirk zugehören, sie müssen nur innerhalb des gleichen Landes liegen; eine die Ländergrenzen übergreifende Konzentration bedarf der gesetzlichen Regelung (§ 58 Rn. 7).

17 4. Der **Bezirk des LG,** bei dem konzentriert ist, erstreckt sich hinsichtlich der Wirtschaftsstrafsachen auf die Bezirke der anderen LG (Abs. 4); es entsteht also ein sachlich begrenzter neuer LG-Bezirk, auch hinsichtlich § 4 Abs. 2 StPO.[22] Diese Rechtsfolge erstreckt sich auch auf die Zuständigkeit der StA nach § 142 Abs. 1 Nr. 2, so dass die Konzentration hinsichtlich der gerichtlichen Zuständigkeit zugleich eine Konzentration bei der staatsanwaltschaftlichen Zuständigkeit beinhaltet. Die WirtschaftsStrafK bleibt aber eine StrafK **nur des LG,** bei dem sie gebildet ist. Dies gilt z. B. hinsichtlich der Zuständigkeit des Präsidiums und der Heranziehung der Berufsrichter und der Schöffen nur aus diesem Bezirk (eine § 58 Abs. 2 entsprechende Vorschrift fehlt). Nach diesem LG richtet sich auch die Rechtsmittelzuständigkeit, nur bei diesem LG können fristwahrend Schriftsätze eingereicht werden.

18 **VI. Rechtsmittel.** Gegen die erstinstanzlichen Entscheidungen der Wirtschafts-StrafK ist **Revision** zulässig (§ 333 StPO, §§ 121 Abs. 1 Nr. 1 c, 135 GVG), gegen die in erstinstanzlichen Verfahren erlassenen Beschlüsse und Verfügungen die Beschwerde zum OLG (§ 304 StPO, § 121 Abs. 1 Nr. 2 GVG). Die Berufungsurteile der WirtschaftsStrafK unterliegen der Revision zum OLG (§ 333 StPO, § 121 Abs. 1 Nr. 1 b GVG); zur weiteren Beschwerde § 310 StPO.

---

[21] LR/*Siolek* Rn. 18.
[22] OLG Karlsruhe MDR 1976, 164.

§ 74 d. [Strafkammer als gemeinsames Schwurgericht]

(1) ¹Die Landesregierungen werden ermächtigt, durch Rechtsverordnung einem Landgericht für die Bezirke mehrerer Landgerichte die in § 74 Abs. 2 bezeichneten Strafsachen zuzuweisen, sofern dies der sachlichen Förderung der Verfahren dient. ²Die Landesregierungen können die Ermächtigung auf die Landesjustizverwaltungen übertragen.

(2) *(aufgehoben)*

Gesetzesfassung: Abs. 2 aufgehoben (Art. 2 Nr. 8, Art. 8 Abs. 8 StVÄG 1979, BGBl. 1978 I S. 1645).

I. Konzentrationsermächtigung. Die Vorschrift enthält eine Konzentrationsermächtigung für die LReg, einem LG für den Bezirk mehrerer LG die Aufgabe der SchwurG-Kammer zuzuweisen. Voraussetzung dafür ist, dass die Konzentration der sachlichen Förderung der Verfahren dient. Wenn auch im Gegensatz zu § 58 und § 74c Abs. 3 die „schnellere Erledigung" nicht ausdrücklich aufgeführt ist, ist diese doch dem Begriff der „sachdienlichen Förderung" zuzuordnen. Zum Begriff im übrigen § 58 Rn. 2; zur Konzentration im allgemeinen § 23c Rn. 1. Die Konzentrationsermächtigung ist der LReg erteilt, die sie ihrerseits auf die LJustizVerw übertragen kann (Satz 2; vgl. im Übrigen § 74c Rn. 14). 1

II. Sachlicher Umfang. Die Aufgaben der SchwurG-Kammer können nur insgesamt konzentriert werden, nicht für einen Teil der im § 74 Abs. 2 aufgeführten Delikte; und auch nur zur gesamten Erledigung, nicht nur bestimmte Arten von Entscheidungen. 2

III. Örtlicher Umfang. Die Konzentration kann nur für die Bezirke mehrerer LG geschehen, und zwar für jeweils den gesamten LG-Bezirk, nicht für einzelne Teile (vgl. im Übrigen § 74c Rn. 16). Die Konzentration hat nur Einfluss auf die örtliche Zuständigkeit; die SchwurG-Kammer, bei der konzentriert ist, bleibt eine StrafK des LG, bei dem sie besteht, z.B. hinsichtlich der Zuständigkeit des Präsidiums wie auch der Heranziehung der Berufsrichter und der Schöffen nur aus diesem Bezirk. Nach diesem LG richtet sich der Rechtsmittelzug und die Fristwahrung. Wegen der Bildung mehrerer SchwurG-Kammern bei dem gleichen LG gilt das zu § 74 Rn. 12 Gesagte entsprechend. 3

§ 74 e. [Vorrang bei Zuständigkeitsüberschneidungen]

Unter verschiedenen nach den Vorschriften der §§ 74 bis 74 d zuständigen Strafkammern kommt
1. in erster Linie dem Schwurgericht (§ 74 Abs. 2, § 74 d),
2. in zweiter Linie der Wirtschaftsstrafkammer (§ 74 c),
3. in dritter Linie der Strafkammer nach § 74 a
der Vorrang zu.

Gesetzesfassung: Art. 2 Nr. 9 StVÄG 1979.

I. Zuständigkeitsüberschneidungen. Die Vorschrift regelt mögliche **Überschneidungen** in der **Zuständigkeit** zwischen verschiedenen Spezialspruchkörpern des LG untereinander und zu den allgemeinen StrafK, um Verfahrensverzögerungen und Verfahrensleerlauf bei der Zuständigkeitsbestimmung und -überprüfung zu vermeiden.[1] Sie setzt die sachliche Zuständigkeit des LG insgesamt voraus und regelt nur innerhalb der sachlichen Zuständigkeit gesetzlich die Geschäftsverteilung (vgl. § 21e Rn. 88, 117) zwischen allgemeiner StrafK und SpezialStrafK;[2] zum 1

---

[1] BTagsDrucks. 8/976 S. 20.
[2] OLG Celle NStZ 1987, 240.

§ 74e 2–8　　　　　　　　　　　　　　　　　　　5. Titel. Landgerichte

Verhältnis der einzelnen Strafkammern zueinander bei Unzuständigkeit vgl. § 74 Rn. 19. Die Regelung beruht auf dem **Vorrangprinzip,** das die größtmögliche Klarheit bietet im Gegensatz zu dem Abstellen auf den Schwerpunkt des Verfahrens. Dieses Vorrangprinzip erfordert es, die Spruchkörper in eine bestimmte Rangfolge einzuordnen (wegen des Verhältnisses zu den Jugendgerichten Rn. 6 ff.). Dabei geht das Gesetz von der Reihenfolge: SchwurG – WirtschaftsStrafK – StaatsschutzK – allgemeine StrafK aus; diese Reihenfolge wird als technisches Ordnungsmittel verstanden, das **keine Wertordnung** der Kammern darstellt.[3]

2　　Die Feststellung der sachlichen Zuständigkeit, die besonders mit Rücksicht auf die Spezialkammern zu vielen Streitfragen und Unsicherheiten geführt hatte,[4] ist dadurch (und die Klarstellung des Rangs in §§ 6a, § 209a StPO) wesentlich vereinfacht. Denn diese hat jedes Gericht in jeder Lage des Verfahrens von Amts wegen zu prüfen, § 6 StPO, mit den sich daraus ergebenden verfahrensrechtlichen Konsequenzen, vgl. §§ 209, 225a, 269, 270 StPO.

3　　**II. Die Vorrangfolge im Einzelnen. 1.** Innerhalb der Zuständigkeit des LG gebührt der Vorrang stets der **SchwurG-Kammer.** Sie geht der Zuständigkeit der WirtschaftsStrafK und der StaatsschutzK vor (wobei letzterenfalls die Überlegung mitspielte, dass die schweren Fälle gemäß § 120 in die Zuständigkeit des OLG fallen). Zuständig ist die SchwurG-Kammer des örtlich zuständigen LG. Wird wegen mehrerer Delikte angeklagt (§§ 52, 53 StGB), ist die SchwurG-Kammer zuständig, wenn nur eine der Taten auch in den Zuständigkeitskatalog des § 74 Abs. 2 fällt ohne Rücksicht darauf, ob andere Delikte in den gesetzlichen Zuständigkeitskatalog anderer Spezialkammern fallen (§ 2 Abs. 1 Satz 2 StPO). Werden mehrere Personen gemeinschaftlich angeklagt, die nicht sämtlich Delikte nach § 74 Abs. 2 begangen haben, ist auch hier der Vorrang der SchwurG-Kammer gegeben.

4　　**2.** Betrifft die Strafsache kein Delikt nach § 74 Abs. 2, wohl aber ein solches, das in den gesetzlichen Zuständigkeitskatalog nach § 74c gehört, hat die **WirtschaftsStrafK** den Vorrang vor allen anderen StrafK entsprechend dem für die SchwurG-Kammer Ausgeführten.

5　　**3.** Liegen keine in den Katalog des § 74 Abs. 2 oder des § 74c fallenden Delikte vor, aber solche nach § 74a (nicht § 120), hat die **StaatsschutzK** des § 74c den Vorrang vor den allgemeinen StrafK des LG entsprechend dem zur WirtschaftsStrafK Ausgeführten. Zur Jugendschutzkammer Rn. 10.

6　　**III. Verhältnis zu Jugendgerichten.** Das Verhältnis der sachlichen Zuständigkeit zwischen den **StrafK** einerseits und den **Jugendgerichten** andererseits ist durch das Verhältnis der Spezialität gekennzeichnet: grundsätzlich gehen die Jugendgerichte den StrafK als Erwachsenengerichten vor (§ 103 JGG):

7　　**1.** Der Vorrang der Jugendgerichte gilt auch uneingeschränkt für das Verhältnis zwischen Jugendgericht und **SchwurG-Kammer.**[5] Auch wenn in einer Strafsache, bei der auch Delikte nach § 74 Abs. 2 angeklagt sind, neben Jugendlichen oder Heranwachsenden Erwachsene angeklagt sind, ist die Jugendkammer zuständig (vgl. § 74 Rn. 22).

8　　**2.** Das Verhältnis zwischen Jugendgericht und der **WirtschaftsStrafK** nach § 74c ist differenzierter. Ist nur gegen Jugendliche und Heranwachsende zu verhandeln, geht die Jugendkammer vor. Ist aber sowohl gegen Jugendliche oder Heranwachsende als auch gegen Erwachsene gemeinschaftlich zu verhandeln, treten die Jugendgerichte zurück und die WirtschaftsStrafK ist uneingeschränkt zuständig, auch bezüglich der Jugendlichen und Heranwachsenden[6] (§ 103 Abs. 2 JGG).

---

[3] BTagsDrucks. 8/976 S. 67.
[4] BTagsDrucks. 8/976 S. 20 ff.
[5] BGHSt 47, 311 = NJW 2002, 2483.
[6] Vgl. BTagsDrucks. 8/976 S. 21, 67; *LR/Siolek* Rn. 9.

3. Für das Verhältnis der Jugendgerichte zur **StaatsschutzK** nach § 74a gilt das 9
Gleiche wie das zur WirtschaftsStrafK Ausgeführte.

4. Die durch § 74b vorgenommene Erweiterung der Zuständigkeit der Jugend- 10
kammer auf Jugendschutzsachen gegen Erwachsene ohne Verbindung nach § 103
JGG betrifft die allgemeine Zuständigkeit der Jugendkammer und ändert nichts an
dem Vorrang der Jugendgerichte gegenüber den allgemeinen StrafK des LG; das
gilt auch gegenüber der SchwurG-Kammer (vgl. Rn. 7 und § 74b Rn. 1). Stehen
aber Delikte in Frage, die in den Zuständigkeitskatalog der WirtschaftsStrafK oder
der StaatsschutzK fallen, gilt auch hier deren Vorrang.

IV. Rechtsmittelinstanz. Die Rangregelung des § 74e gilt nicht nur für die 11
erstinstanzliche Zuständigkeit, sondern auch für die Rechtsmittelinstanz[7] (vgl.
§ 74c Rn. 10).

V. Sachliche Zuständigkeit. § 74e betrifft nur die sachliche, nicht die örtliche 12
Zuständigkeit.

VI. Verfahrensrechtliches. Die auf Grund einer Entscheidung über die sach- 13
liche Zuständigkeit gemäß § 74e gezogenen verfahrensrechtlichen Konsequenzen
sind nach §§ 225a Abs. 3 und 4, 210 StPO weitgehend unanfechtbar und damit
auch der revisionsgerichtlichen Nachprüfung gemäß § 336 Satz 2 StPO entzogen.[8]

§ 74 f. [Nachträgliche Anordnung der Sicherungsverwahrung]

(1) **Hat im ersten Rechtszug eine Strafkammer die Anordnung der Sicherungsverwahrung vorbehalten oder in den Fällen des § 66 b des Strafgesetzbuches und des § 106 Abs. 5 oder Abs. 6 des Jugendgerichtsgesetzes als Tatgericht entschieden, ist diese Strafkammer im ersten Rechtszug für die Verhandlung und Entscheidung über die im Urteil vorbehaltene oder die nachträgliche Anordnung der Sicherungsverwahrung zuständig.**

(2) **Hat in den Fällen des § 66 b des Strafgesetzbuches im ersten Rechtszug ausschließlich das Amtsgericht als Tatgericht entschieden, ist im ersten Rechtszug eine Strafkammer des ihm übergeordneten Landgerichts für die Verhandlung und Entscheidung über die nachträgliche Anordnung der Sicherungsverwahrung zuständig.**

(3) **In den Fällen des § 66 b des Strafgesetzbuches und des § 106 Abs. 5 und Abs. 6 des Jugendgerichtsgesetzes gilt § 462 a Abs. 3 Satz 2 und 3 der Strafprozessordnung entsprechend; § 76 Abs. 2 dieses Gesetzes und § 33 b Abs. 2 des Jugendgerichtsgesetzes sind nicht anzuwenden.**

Gesetzesfassung: Art. 3 Nr. 2 G zur Einführung der nachträglichen Sicherungsverwahrung vom 23. 7. 2004 (BGBl. I S. 1838).

I. Regelungsinhalt. § 74 f bestimmt die gerichtliche Zuständigkeit im ersten 1
Rechtszug für die Verhandlung und die Entscheidung über die Anordnung der im
Urteil vorbehaltenen Sicherungsverwahrung (§ 66a StGB) und über die nachträgliche Anordnung der Sicherungsverwahrung (§ 66b StGB), wenn die Anlasstat im
ersten Rechtszug vom AG oder vom LG abgeurteilt wurde. Hat das OLG die Anlasstat abgeurteilt, gilt § 120a, ebenso, wenn im Falle des § 66b StGB ein Urteil
des OLG mit dem eines anderen Gerichts zusammentrifft (Rn. 5). Das Verfahren
regelt § 275a StPO. Die Entscheidung ergeht aufgrund mündlicher Verhandlung
durch Urteil (§ 275 Abs. 2 StPO); sog. Hauptverhandlungslösung.[7] Gegen das Urteil findet – da nur die Strafkammer sachlich berufen sein kann (§ 24 Abs. 1 Nr. 2;

---

[7] BTagsDrucks. 8/976 S. 67.
[8] BTagsDrucks. 8/976 S. 59; *Rieß* NJW 1978, 2267.
[7] Vgl. BTagsDrucks. 15/2887 S. 2; 15/2945 S. 3, 5.

§ 74f 2–6   5. Titel. Landgerichte

dort Rn. 8) – nach allgemeinen Regeln die Revision zum BGH statt[8] (§ 135 Abs. 1).

2   Strafkammer im Sinne von § 74f ist auch die nach § 108 Abs. 3 Satz 2 JGG für die Anordnung der Sicherungsverwahrung gegen Heranwachsende (§ 106 Abs. 3–6 JGG) zuständige Jugendkammer.[9] Die Vorschrift greift also in die Jugendgerichtsverfassung ein; dies ergibt sich ausdrücklich aus Abs. 3.

3   **II. Strafkammer als Tatgericht.** Hat im ersten Rechtszug eine Strafkammer die Anlasstat abgeurteilt, begründet Abs. 1 die **Zuständigkeit derselben Strafkammer** auch für die Verhandlung und die Entscheidung über die im Urteil vorbehaltene Sicherungsverwahrung und über die nachträgliche Anordnung der Sicherungsverwahrung. Es handelt sich um einen Fall der gesetzlichen Geschäftsverteilung (§ 21e Rn. 87f.). Damit soll nach dem Willen des Gesetzgebers sichergestellt werden, dass die erneute Hauptverhandlung vor dem Gericht erfolgt, das sich bereits früher als Tatgericht mit dem Verurteilten und seiner Tat auseinandergesetzt hat und vor diesem Hintergrund seine weitere Entwicklung einschätzen kann.[10] Die gut gemeinte Regelung dürfte aber wegen der zu erwartenden Personalveränderungen während dazwischenliegender Zeiten längeren Strafvollzugs in vielen Fällen leer laufen. Ist die Kammer, die als Tatgericht geurteilt hatte, zwischenzeitlich aufgehoben, entscheidet die Kammer, die deren Geschäfte übernommen hat.

4   **III. Amtsgericht als Tatgericht.** Hat im ersten Rechtszug ein AG die Anlasstat abgeurteilt, entscheidet über die nachträgliche Anordnung der Sicherungsverwahrung (§ 66b StGB) nach Abs. 2 eine Strafkammer das ihm **übergeordneten LG.** Einen Vorbehalt der Sicherungsverwahrung (§ 66a StGB) kann das AG nicht aussprechen (§ 24 Rn. 8). Bei mehreren amtsgerichtlichen Verurteilungen ist das AG, nach welchem sich das örtlich zuständige LG bestimmt, gemäß Abs. 3, 1. Halbsatz, in Verbindung mit § 462a Abs. 3 Satz 2 StPO zu ermitteln (vgl. Rn. 5). Treffen Verurteilungen durch AG und LG zusammen, verbleibt es bei Abs. 1 („ausschließlich"); es ist stets das LG zuständig, das als Tatgericht entschieden hatte. Bei mehreren landgerichtlichen Verurteilungen bestimmt sich die örtliche Zuständigkeit dabei wiederum nach Abs. 3, 1. Halbsatz, in Verbindung mit § 462a Abs. 3 Satz 2 StPO (Rn. 5).

5   **IV. Urteile verschiedener Gerichte.** Aus Abs. 3, 1. Halbsatz, folgt in Verbindung mit § 462a Abs. 3 Satz 2 StPO eine Konzentration der **örtlichen Zuständigkeit** bei einem LG, wenn Verurteilungen durch verschiedene LG oder durch ein LG und ein außerhalb seines Bezirks liegendes AG (Rn. 4) zusammentreffen. Weiter ergibt sich in Verbindung mit § 462a Abs. 3 Satz 3, 2. Halbsatz StPO die Konzentration der **sachlichen Zuständigkeit** beim OLG, wenn eines der Urteile im ersten Rechtszug vom OLG erlassen wurde; es gilt dann § 120a. Die Konzentration greift nur bei der nachträglichen Anordnung der Sicherungsverwahrung (§ 66b StGB) ein, nicht aber bei der Anordnung der vorbehaltenen Sicherungsverwahrung (§ 66a StGB). Haben verschiedene Gerichte in ihren Urteilen jeweils einen Vorbehalt angeordnet, muss, da das Verfahren von vornherein als zweiaktiges Verfahren vor demselben Gericht angelegt ist, jedes Gericht gesondert hierüber entscheiden.[11]

6   **V. Besetzung der Strafkammer.** Bei der Verhandlung und Entscheidung über die nachträgliche Anordnung der Sicherungsverwahrung (§ 66b StGB; § 106 Abs. 5, 6 JGG) entscheidet die Kammer nach Abs. 3, 2. Halbsatz, stets in der Besetzung mit drei Berufsrichtern einschließlich des Vorsitzenden und zwei Schöffen (§ 76 Abs. 1 Satz 1 GVG; § 33b Abs. 1 JGG). Eine Besetzungsreduktion nach §§ 76 Abs. 2 GVG, 33b Abs. 2 JGG ist wegen der Schwere des Eingriffs ausge-

---

[8] BTagsDrucks. 15/2887 S. 18.
[9] BTagsDrucks. 15/2945 S. 19.
[10] BTagsDrucks. 15/2887 S. 15, 17; 15/2945 S. 5.
[11] BTagsDrucks. 15/2887 S. 18.

Besetzung der Zivilkammern   1, 2 § 75

schlossen.[6] Sie ist aber möglich bei der Verhandlung und Entscheidung über die Anordnung der vorbehaltenen Sicherungsverwahrung. Vgl. § 76 Rn. 3.

VI. Erlass eines Unterbringungsbefehls. Das nach § 74f zuständige Gericht 7 kann bis zur Rechtskraft seiner Entscheidung einen Unterbringungsbefehl erlassen (§ 275a Abs. 5 Sätze 1 und 3 StPO). In den eilbedürftigen Fällen des § 66b Abs. 3 StGB ist nach § 275a Abs. 5 Satz 2 StPO die Strafvollstreckungskammer (§§ 67d Abs. 6 StGB, 463 Abs. 5, 462, 462a Abs. 1 StPO) zuständig, bis der Antrag auf Anordnung der nachträglichen Sicherungsverwahrung bei dem nach § 74f zuständigen Gericht eingeht. Entsprechendes gilt für § 106 Abs. 6 JGG.

VII. Verhältnis zur StVK. Das nach § 74f zuständige Gericht ist im Verhältnis 8 zur StVK für die Dauer des Verfahrens nach § 275a StPO auch Gericht des ersten Rechtszugs entsprechend § 462a Abs. 6, 2. Alt. StPO.[7]

§ 75. [Besetzung der Zivilkammern]

Die Zivilkammern sind, soweit nicht nach den Vorschriften der Prozeßgesetze an Stelle der Kammer der Einzelrichter zu entscheiden hat, mit drei Mitgliedern einschließlich des Vorsitzenden besetzt.

Übersicht

	Rn.		Rn.
I. Zivilkammer als Spruchkollegium ...	1	V. Zivilkammer als grundsätzliches Rechtsprechungsorgan	15
II. Kollegium und Einzelrichter	2	1. Vorsitzender	16
III. Zuständigkeit des Einzelrichters	10	2. Beisitzer	18
1. Inhalt der Regelung	10	3. Geschäftsverteilung	19
2. Verfahrensfehler	12	VI. Abweichende Besetzung	20
IV. Beauftragter, ersuchter Richter	14		

I. Zivilkammer als Spruchkollegium. Die Zivilkammer entscheidet mit 3 1 Mitgliedern einschließlich des Vorsitzenden (Kollegialgericht) oder durch den Einzelrichter, wobei nach dem Wortlaut des Gesetzes („soweit nicht ...") der Einzelrichter die Ausnahme ist und einer ausdrücklich gesetzlich geregelten Entscheidungsermächtigung bedarf. Heute hat sich dies weitgehend umgekehrt (Rn. 15).

II. Kollegium und Einzelrichter. Ursprünglich entschied die ZivK nur als **Kollegialgericht.** 2 Die Diskussion um die Frage, ob der Einzelrichter oder das Kollegium einen Rechtsstreit entscheiden soll, hat von Anfang an die Diskussion um das GVG bewegt. Bezeichnend sind aus den Beratungen die folgenden Ausführungen:[1] „Der Werth und die Vorzüge der Kollegialverfassung sind allgemein anerkannt ... Der Einzelrichter wird zwar leicht eine gewisse Routine und einen praktischen Geschäftstakt erwerben und in Gegenständen des gewöhnlichen Lebensverkehrs, bei deren Beurtheilung Erfahrung, Lokal- und Personalkenntniß wichtig sind, eine rasche und energische Justiz ausüben. Er wird durch seinen häufigen unmittelbaren Verkehr mit dem Volke besonders geeignet sein, durch Rath, Belehrung und väterliche Autorität für vergleichsweise Erledigung von Streitigkeiten mit Glück zu wirken. Allein sich selbst überlassen ist er in der Regel von den Mitteln höherer wissenschaftlicher Fortbildung abgeschnitten und entbehrt der anregenden Einflusses, den das Zusammenwirken mit Berufsgenossen erzeugt. Die kollegiale Behandlung der Rechtsangelegenheiten dagegen ist eine Schule für Verbreitung theoretischer und praktischer Rechtsanschauungen unter allen Kollegialmitgliedern. Die geistig kräftigeren Mitglieder des Kollegiums üben einen bildenden Einfluss auf die minder befähigten Mitglieder, die wissenschaftlichen Strebungen und Errungenschaften Einzelner werden im Wege der kollegialen Berathung in gewissem Grade Gemeingut Aller. Das Uebergewicht der besseren Juristen paralysirt die Schwäche der geringeren Kollegialmitglieder, die Ersteren wissen in der Regel der richtigeren Ansicht den Sieg zu verschaffen, ungerechtfertigte Entschließungen zu verhüten und gewisse Präjudizien im Bewusstsein des Kollegiums zu begründen ...".

---

[6] BTagsDrucks. 15/2887 S. 18.
[7] BGHSt 50, 373 = NJW 2006, 1442.
[1] *Hahn* I S. 30.

3 Die Diskussion um die Wertigkeit und Qualität der Rechtsprechung durch den Einzelrichter einerseits und das Richterkollegium andererseits wurde schon bei Schaffung des GVG kontrovers geführt[2] und ist seitdem unverändert weitergegangen. Sie ist auch heute noch keineswegs ausgetragen; auch finanzielle Erwägungen spielen eine Rolle und solche standespolitischer Art, etwa durch drastische Verringerung der Richterzahl die Hebung des Ansehens der Richter (auch ihrer Besoldung) zu erreichen. Die Literatur, die kaum noch weitere Argumente, wohl aber interessante statistische und rechtssoziologische Ergebnisse erhoffen lässt, ist nicht mehr übersehbar und entflammt jeweils neu bei konkreten Gesetzesvorhaben. Das wurde deutlich im Zusammenhang mit der Emminger-Reform 1924[3] (Rn. 4). Das war 1971 so bei der Veröffentlichung des Entwurfs eines Gesetzes über den dreistufigen Aufbau[4] (vgl. § 23 Rn. 10); das wiederholt sich im Zusammenhang mit der ZPO-Entlastungs-Novelle zum 1.1. 1975 (Rn. 5), mit der Einführung des Familiengerichts (§ 23b Rn. 86) und schließlich beim RPflEntlG[5] (Einl. Rn. 115).

4 In der Folge der **Emminger-Reform 1924** (Einl. Rn. 80) wurde mit dem Ziel, die Prozesswirtschaftlichkeit zu steigern und der Prozessverschleppung entgegenzuwirken,[6] der **Einzelrichter auch beim LG** eingeführt (VO vom 13. 12. 1924, RGBl. I S. 135). Zunächst sollte er die gütliche Beilegung des Rechtsstreits versuchen. Kam ein Vergleich nicht zustande, so sollte er für eine erschöpfende Erörterung des gesamten Sach- und Streitverhältnisses sorgen, über Verweisungen, prozeßhindernde Einreden sowie im Versäumnisfalle, im Falle der Klagerücknahme, des Verzichts, des Anerkenntnisses usw. entscheiden. Im Übrigen sollte er durch seine vorbereitende Tätigkeit die Erledigung des Rechtsstreits in einer mündlichen Verhandlung ermöglichen. Im Einverständnis der Parteien konnte er auch anstelle des Prozessgerichts in der Sache instanzabschließend entscheiden (§ 348 ZPO a. F.).

5 Durch das am 1. 1. 1975 in Kraft getretene **Gesetz zur Entlastung der Landgerichte** (BGBl. 1974 I S. 3651) wurde die Entscheidungsbefugnis des Einzelrichters beim LG wesentlich erweitert. Nach dem (damals) neuen § 348 ZPO konnte die Zivilkammer den Rechtsstreit einem ihrer Mitglieder als Einzelrichter zur instanzabschließenden Entscheidung (§ 350 ZPO) übertragen, wenn nicht die Sache besondere Schwierigkeiten tatsächlicher oder rechtlicher Art aufweist oder die Rechtssache grundsätzliche Bedeutung hat. Grundsätzlich hatte also die Kammer zu entscheiden.[7]

6 Maßgebend für diese Regelung war die Absicht, das **LG zu entlasten** und die **Verfahren zu beschleunigen,**[8] andererseits durch die Entlastung des Kollegiums von den einfacheren Streitigkeiten eine intensivere Bearbeitung der bedeutenderen und schwierigen Prozesse zu erreichen.[9] Dabei ist die Übertragung auf den Einzelrichter dem Vorschlag der BReg[10] entgegen bewusst als Kann-, nicht als Muss-Vorschrift ausgestaltet worden, „weil eine solche flexible Regelung den Bedürfnissen der Praxis und den Besonderheiten des Einzelfalles besser gerecht wird. Ferner würde eine Mussvorschrift zur Folge haben, noch nicht voll eingearbeitete Richter aP in nicht vertretbarem Umfange als allein entscheidende Richter einzusetzen oder insoweit Sonderregelungen festzulegen".[11] Hieraus möglicherweise entspringende verfassungsrechtliche Bedenken im Hinblick auf den gesetzlichen Richter hat der Gesetzgeber gesehen, aber nicht geteilt.[12]

7 Das Gesetz hat die alte Diskussion um die Wertigkeit und Qualität der Entscheidung des Einzelrichters im Verhältnis zum Kollegialgericht erneut aufgebrochen.[13] Auch die Verfassungs-

---

[2] Vgl. *Hahn* I S. 206, 222.
[3] Vgl. *Volkmar* JW 1924, 350 und *Curtius* JW 1924, 358; *Kann* ZZP 1925, 120; *Paech* ZZP 1925, 306; *Püschel* Recht 1924, 393.
[4] *Kissel,* Dreistufigkeit S. 49ff. und Zukunft S. 55, 205.
[5] Vgl. *Rieß* AnwBl. 1993, 53; *Kissel* NJW 1993, 490; *Hansens* NJW 1993, 495.
[6] *Volkmar* JW 1924, 345 f.; *Püschel* Recht 1924, 392 f.
[7] Literatur: *Holch* DRiZ 1975, 275; LG-Präsident in Stuttgart AnwBl. 1976, 40; *Müller* DRiZ 1976, 43; 180; *Bischof* NJW 1977, 1897; *Bull* JR 1975, 450; *Schumacher* DRiZ 1975, 277; *Pohl* DRiZ 1975, 274; *Müller* DRiZ 1975, 181; 1976, 274; NJW 1975, 859; *Schneider* MDR 1976, 617; *Schultze* NJW 1977, 409; *Schwarz* SchlHAnz 1976, 87; *Rasehorn* NJW 1977, 789 ff.; *Naujoks* NJW 1976, 1672; *Schuster* BB 1975; 539; *Sendler* NJW 1983, 1451; *Friedl* BayVwBl. 1984, 555; *Rottleuthner* DRiZ 1987, 373; *Rottleuthner/Böhm/Gasterstädt/Stelzig* DRiZ 1989, 164; *Lindemann* ZRP 1989, 41; *Mattik* DRiZ 1989, 348; *Braun* BRAK-Mitteilungen 1990, 153. – Zur Problematik der Sitzungsvorbereitung im Kollegialgericht vgl. *Doehring* NJW 1983, 851; *von Stackelberg* MDR 1983, 364; *Herr* MDR 1983, 634; *Schultz* MDR 1983, 633.
[8] BTagsDrucks. 7/2729 S. 41 f.; 7/2769 S. 3.
[9] BTagsDrucks. 7/2769 S. 3.
[10] BTagsDrucks. 7/2729 S. 42.
[11] BTagsDrucks. 7/2769 S. 3.
[12] AaO. S. 4.
[13] Vgl. *Stötter* MDR 1975, 266; *Kramer* JZ 1977, 11, 12; *Schultze* NJW 1977, 409; *Holch* ZRP 1980, 38.

mäßigkeit der als Kann-Vorschrift ausgestalteten Übertragungsmöglichkeit auf den Einzelrichter wurde unter dem Gesichtspunkt des gesetzlichen Richters (vgl. § 16 GVG) in Zweifel gezogen.[14]

Das RPflEntlG (Einl. Rn. 115) hat die Entscheidungskompetenz des Einzelrichters erweitert in dem Bemühen, mehr Streitigkeiten durch Einzelrichter entscheiden zu lassen und Kammersitzungen im Interesse eines rationellen, sparsamen Personaleinsatzes zu reduzieren.[15] Die ZivK „soll" ohne Rücksicht auf den Streitwert „in der Regel" den Rechtsstreit einem ihrer Mitglieder als Einzelrichter übertragen, wenn die Sache keine besonderen Schwierigkeiten aufweist und die Rechtssache keine grundsätzliche Bedeutung hat (§ 348 Abs. 1 ZPO i. d. F. Art. 1 Nr. 5 RPflEntlG). Hinzu kam verstärkend und systematisch neu, dass auch der Vorsitzende in angemessenem Umfang als Einzelrichter tätig zu werden hat[16] (§ 21g Abs. 3 Satz 2; § 21g Rn. 47). Das „soll" hinsichtlich der Übertragung der Entscheidung auf den Einzelrichter statt des bisherigen „kann" machte deutlich, dass die ZivK für die Übertragung keine Ermessensfreiheit hat, sondern dass der Einzelrichter bei Vorliegen der Voraussetzungen des § 348 Abs. 1 ZPO allein der gesetzliche Richter ist (vgl. § 16 Rn. 48). **8**

Ihren bisherigen Höhepunkt erreichte die Entwicklung um die Entscheidungskompetenz des Einzelrichters im **ZPO-RG vom 27. 7. 2001**. Bereits in der vorgelagerten Diskussion um eine „Große Justizreform" (Einl. Rn. 124) und im Gesetzgebungsverfahren waren Überlegungen zur Erweiterung der Entscheidungskompetenz des Einzelrichters auf Ablehnung gestoßen.[17] Die „stärkere Nutzung der Binnenressourcen" der Justiz gab indes den Ausschlag für die Hinwendung zu einer grundsätzlichen Entscheidungszuständigkeit des Einzelrichters.[18] Die Literatur bleibt kritisch.[19] Jenseits der rechtspolitischen Bewertung bleibt als echtes verfassungsrechtliches Bedenken, ob allein die jeweilige Entscheidung des Präsidiums über die Bildung von Spezialkammern sachlicher Grund genug ist, um danach die Zuständigkeiten von originärem Einzelrichter und Kollegium abzugrenzen[20] (§ 348 Abs. 1 Satz 2 Nr. 2 ZPO). **9**

III. Zuständigkeit des Einzelrichters. 1. Erstinstanzlich ist der originäre Einzelrichter des § 348 ZPO von Gesetzes wegen zuständig, wenn die Sache nach dem Geschäftsverteilungsplan des Gerichts nicht in die Zuständigkeit einer Spezialkammer nach § 348 Abs. 1 Nr. 2 ZPO fällt und wenn der Richter, der nach dem Mitwirkungsplan der Kammer berufen wäre, nicht nach Nr. 1 Richter aP im ersten Jahr seiner Befassung mit Rechtsprechungsaufgaben in bürgerlichen Rechtsstreitigkeiten ist. Der originäre Einzelrichter scheidet auch dann aus, wenn der Kammer das Spezialgebiet nur teilweise zugewiesen ist.[21] Eine Vorlage zur Übernahme durch die Kammer in voller Besetzung sieht Abs. 3 vor. Scheidet der originäre Einzelrichter aus Gründen des § 348 Abs. 1 Satz 2 ZPO aus, muss das Kollegium die Sache, wenn sie keine besonderen, d.h. keine erheblich bzw. deutlich über dem Durchschnitt liegenden Schwierigkeiten aufweist[22] und keine besondere Bedeutung **10**

---

[14] Verneinend: *Müller* DRiZ 1976, 274; *Kramer* JZ 1977, 11 ff.; *Schultze* NJW 1977, 409; 2294; *Schneider* MDR 1976, 617; bejahend: OLG Köln NJW 1976, 1101; *Nagel* DRiZ 1977, 322; *Rasehorn* NJW 1977, 789 ff.; *Schneider* MDR 1976, 617.
[15] BTagsDrucks. 12/1217 S. 23, 64; 12/3832 S. 39.
[16] Vgl. *Rieß* AnwBl. 1993, 53; *Kissel* NJW 1993, 490.
[17] *Weber* ZRP 1997, 134; *Lindemann* ZRP 1999, 203; *Weiß* BRAK-Mitt. 1999, 61; *Deutscher Richterbund* DRiZ 1999, 427; 2000, 88.
[18] BTagsDrucks. 14/4722 S. 65, 69, 87.
[19] *Bork* WPR 2002, 1111; *Deutsch* NJW 2004, 1150; *Schnellhammer* MDR 2001, 1081; *Schneider* NJW 2001, 3756; MDR 2003, 555; 2004, 1269; vgl. hierzu auch *BL/Hartmann* vor § 348 ZPO Rn. 2.
[20] *Schneider* NJW 2001, 3756; MDR 2003, 901.
[21] OLG Celle OLGR 2007, 199.
[22] BTagsDrucks. 14/4722 S. 63, 89.

hat, nach § 348a ZPO auf den obligatorischen Einzelrichter übertragen.²³ In Berufungssachen kann die Kammer nach § 526 ZPO die Übertragung des Rechtsstreits auf den Einzelrichter beschließen, da der erstinstanzlich entscheidende Richter beim Amtsgericht Einzelrichter im Sinne von § 526 Abs. 1 Nr. 1 ZPO ist (§ 22 Abs. 1 GVG). Aus demselben Grund entscheidet in Beschwerdesachen auch stets der originäre Einzelrichter des § 568 ZPO, wenn er die Sache nicht dem Gesamtspruchkörper überträgt. Die Ausnahmen nach § 348 Abs. 1 Satz 2 ZPO gelten nicht, so dass auch der Richter aP im ersten Jahr seiner Verwendung als originärer Einzelrichter über sofortige Beschwerden gegen amtsgerichtliche Entscheidungen befinden kann.²⁴ Hinzuweisen ist ferner auf den vorbereitenden Einzelrichter im Berufungsverfahren (§ 527 ZPO), dem wie bisher bestimmte Entscheidungszuständigkeiten von Gesetzes wegen zugewiesen sind (Abs. 3) und der im Einverständnis der Parteien auch im Übrigen entscheiden kann (Abs. 4).

11 **Sonderfälle:** Wird ein Einzelrichter wegen **Befangenheit** abgelehnt, entscheidet über das Gesuch stets der Spruchköper in voller Besetzung.²⁵ Bei dem eigenständig geregelten Verfahren nach § 45 Abs. 1 ZPO handelt es sich weder um eine solche über eine Berufung oder eine Beschwerde nach §§ 526, 568 ZPO noch um einen Rechtsstreit im Sinne der §§ 348, 348a ZPO. Im **Zwangsvollstreckungsverfahren** vor dem Prozessgericht ist § 348 ZPO unanwendbar; maßgeblich ist die Besetzung im Erkenntnisverfahren.²⁶ Im strafprozessualen **Kostenfestsetzungsverfahren** (§§ 464b StPO, 21 RPflG) findet § 568 ZPO keine Anwendung.²⁷ Auch § 66 Abs. 6 GKG ist nur anwendbar, wenn ein Einzelrichter institutionell überhaupt vorgesehen ist.²⁸ Dagegen gilt § 568 ZPO auch in den **Familiensachen** der freiwilligen Gerichtsbarkeit, für die § 620c ZPO, auch in Verbindung mit § 64b Abs. 3 FGG, auf die sofortige Beschwerde im Sinne der ZPO verweist.²⁹ In den Beschwerdesachen der freiwilligen Gerichtsbarkeit eröffnet § 30 Abs. 1 Satz 3 FGG den Einsatz des fakultativen Einzelrichters.

12 **2.** Ist der originäre Einzelrichter zuständig und entscheidet die Kammer ohne erkennbare Übertragung in der Besetzung mit drei Richtern, liegt hierin ein Verstoß gegen den Grundsatz des **gesetzlichen Richters,** der zur Aufhebung der Entscheidung und zur Zurückverweisung zwingt.³⁰ Soweit §§ 348 Abs. 4, 348a Abs. 3, 526 Abs. 3, 568 Satz 3 ZPO bestimmen, dass auf eine erfolgte oder unterlassene Übertragung, Vorlage oder Übernahme ein Rechtsmittel nicht gestützt werden kann, gilt dies nicht im Falle der Willkür.³¹ Lässt also der originäre Einzelrichter des § 568 ZPO gegen seine Beschwerdeentscheidung gemäß § 574 Abs. 2 ZPO gleichgültig, ob nach Nr. 1 oder Nr. 2, die Rechtsbeschwerde zu, führt dies zur Aufhebung und zur Zurückverweisung von Amts wegen. Das Beschwerdegericht war objektiv willkürlich fehlerhaft besetzt, weil die Entscheidung von Rechtssachen mit grundsätzlicher Bedeutung dem Einzelrichter schlechthin untersagt ist; er hätte das Verfahren deshalb gemäß § 568 Satz 2 Nr. 2 ZPO

---

²³ *BL/Hartmann* § 348a ZPO Rn. 5; *MünchKommZPO/Deubner* [Erg.-Bd.] § 348a ZPO Rn. 3; BTagsDrucks. a.a.O., S. 90.
²⁴ BGH NJW 2003, 1875; *Zöller/Gummer* § 568 ZPO Rn. 2.
²⁵ BGH NJW 2006, 2492 m. Anm. *Hirtz* EWiR 2006, 735; NJW-RR 2007, 776; *BL/Hartmann* § 45 ZPO Rn. 4; *Zöller/Vollkommer* § 45 ZPO Rn. 2; *Musielak/Heinrich* § 45 ZPO Rn. 2; a.A. *Vossler* MDR 2006, 304.
²⁶ OLG Celle 4. 8. 2004 – 4 W 129/04 –.
²⁷ OLG Köln Rpfleger 2003, 685; a.A. OLG Düsseldorf NStZ 2003, 324.
²⁸ BGH NJW-RR 2005, 584.
²⁹ OLG Schleswig NJW-RR 2004, 156.
³⁰ BGH NJW 2003, 1875; OLG Celle MDR 2003, 523; 27. 1. 2003 – 2 W 1/03 –; zum umgekehrten Fall OLG Celle OLGR 2003, 373; zu Verweisungsbeschlüssen OLG Celle OLGR 2004, 370; OLG Frankfurt MDR 2003, 1375.
³¹ BGHZ 170, 180 = NJW 2007, 1466; vgl. BTagsDrucks. 14/4722 S. 89.

auf die mit drei Richtern besetzte Kammer übertragen müssen.³² Dieselben Grundsätze gelten für § 66 Abs. 4 GKG.³³ Eine gesetzlich nicht vorgesehene Anfrage, ob der vollbesetzte Spruchkörper an seiner Rechtsauffassung festhält, ändert hieran nichts.³⁴ Unerheblich bleibt, ob die Sache tatsächlich grundsätzliche Bedeutung hat.³⁵ Der Einzelrichter kann seine Entscheidung im Wege der Selbstkorrektur (vgl. Einl. Rn. 220) aufheben und die Sache dem vollbesetzten Spruchkörper übertragen.³⁶ Dagegen begründet es grundsätzlich keinen Verstoß gegen den gesetzlichen Richter, wenn der Einzelrichter des § 526 ZPO gegen sein Berufungsurteil nach § 543 Abs. 2 ZPO die Revision zulässt, da das Kollegium die Frage der grundsätzlichen Bedeutung bereits abweichend beurteilt hat und eine Vorlage zur Rückübernahme nur unter den einschränkenden Voraussetzungen des § 526 Abs. 2 ZPO in Betracht kommt;³⁷ zur Aufhebung kann es hier nur führen, wenn sich aus einer wesentlichen Änderung der Prozesslage die grundsätzliche Bedeutung der Sache ergibt und (wegen § 526 Abs. 3 ZPO) das Unterlassen der Vorlage greifbar gesetzwidrig ist. Dieselben Grundsätze gelten in Beschwerdeverfahren der freiwilligen Gerichtsbarkeit.³⁸ – **Rechtliches Gehör:** Die Übertragung auf den Einzelrichter bedarf keiner vorherigen Anhörung der Parteien.³⁹

Interne **Zuständigkeitsstreitigkeiten** zwischen dem Kollegialspruchkörper **13** und dem Einzelrichter, nunmehr vorgezeichnet durch die Einführung des originären Einzelrichters (§§ 348, 568 ZPO), sind in entsprechender Anwendung von § 348 Abs. 2 ZPO durch bindenden und unanfechtbaren Beschluss des Kollegialspruchkörpers zu entscheiden.⁴⁰

IV. Beauftragter, ersuchter Richter. Vom Einzelrichter scharf zu trennen sind **14** der beauftragte und der ersuchte Richter.⁴¹ Unter dem beauftragten Richter versteht man ein Mitglied des Kollegialgerichts, das einen ihm von diesem Kollegium erteilten Auftrag ausführt, z. B. nach § 375 ZPO;⁴² der nach § 10 GVG beauftragte Referendar ist kein beauftragter Richter.⁴³ Ersuchter Richter ist ein Richter, der nicht zum erkennenden Gericht (Kollegium oder Einzelrichter) gehört und von diesem im Rahmen der Amtshilfe um eine einzelne, genau bestimmte Amtshandlung ersucht wird (§§ 156, 157 GVG), z. B. Beweiserhebung nach § 375 ZPO. Weiter kennt das Gesetz den vorbereitenden Richter im Sinne von § 273 Abs. 2 ZPO, wiederum zu unterscheiden vom vorbereitenden Einzelrichter des § 327 ZPO.⁴⁴

V. Zivilkammer als grundsätzliches Rechtsprechungsorgan. §§ 348 Abs. 1, **15** 348a Abs. 1 ZPO normieren den grundsätzlichen Vorrang des Einzelrichters.⁴⁵ § 75 GVG, aus dessen Wortlaut umgekehrt auf eine grundsätzliche Zuständigkeit des Kollegiums als gesetzlicher Richter zu schließen wäre,⁴⁶ ist damit jedenfalls für

---

³² BGHZ 154, 200 = NJW 2003, 1254 m. zust. Anm. *Haentjens* NJW 2003, 2884 und abl. Anm. *Fölsch* NZI 2003, 399; BGH MDR 2003, 949; NJW 2003, 3712; 2004, 448; FamRZ 2004, 363; krit. *Schneider* MDR 2004, 1269, 1270; zu § 17a Abs. 4 BGH NJW-RR 2006, 286.
³³ OLG Köln OLGR 2006, 450.
³⁴ BGH NJW 2004, 223.
³⁵ BGH NJW-RR 2004, 1717.
³⁶ Vgl. OLG Hamburg MDR 2003, 1371 m. Anm. *Schütt*.
³⁷ BGH NJW 2003, 2900; 3768; 2004, 2301; 14. 9. 2004 – XI ZR 248/03 –.
³⁸ BayObLG FamRZ 2004, 1136.
³⁹ Vgl. BFHE 194, 38 = NVwZ-RR 2002, 160.
⁴⁰ BGHZ 156, 147 = NJW 2003, 3636; vgl. auch BGHZ 156, 320 = NJW 2004, 856; *Schneider* MDR 2004, 1269, 1272.
⁴¹ Vgl. *Schneider* DRiZ 1977, 13.
⁴² *Müller* DRiZ 1977, 305.
⁴³ *Hahn* NJW 1973, 1783.
⁴⁴ Zu der entstandenen Begriffsverwirrung BL/*Hartmann* vor § 348 ZPO Rn. 1, 4.
⁴⁵ BL/*Hartmann* § 348 ZPO Rn. 2; *Thomas/Putzo/Reichold* vor § 348 ZPO Rn. 1; *Zöller/Greger* vor § 348 ZPO Rn. 1.
⁴⁶ Vgl. noch OLG Frankfurt NJW 1977, 813; OLG Düsseldorf JMBl. NW 1979, 15.

§ 76   5. Titel. Landgerichte

die erste Instanz ausgehöhlt. Zu den deswegen erhobenen gerichtsverfassungsrechtlichen Bedenken § 59 Rn. 15. Gleichwohl gilt:

16   **1. Jede ZivK** muss nach der Geschäftsverteilung mit einem **Vorsitzenden Richter** im statusrechtlichen Sinne (§ 19a DRiG) besetzt sein (§ 21 f; vgl. § 59 Rn. 10). Vorsitzender kann nur ein Richter aL sein (§ 28 Abs. 2 Satz 2 DRiG). Die Aufgaben des Vorsitzenden ergeben sich teilweise aus dem GVG (z.B. § 21g), im Übrigen aus dem Verfahrensrecht. Die Aufgaben des Vorsitzenden muss der geschäftsplanmäßige Vorsitzende der ZivK selbst überwiegend wahrnehmen (§ 59 Rn. 12). Deshalb ist es auch unzulässig, bei einer zu geringen Zahl von Vorsitzenden Richtern im Verhältnis zur Zahl der ZivK einem Richter den Vorsitz in mehreren ZivK zu übertragen, wenn er dadurch nicht in der Lage ist, in allen ZivK die Aufgabe des Vorsitzenden zu erfüllen. Wegen der Zahl der Vorsitzenden Richter bei dem LG im Verhältnis zur Zahl der Spruchkörper und im Verhältnis zur Zahl der anderen Richter vgl. § 59 Rn. 6. Vorsitzender kann außerdem nur ein ständiges Mitglied des Gerichts sein, also nicht ein nach § 70 Abs. 1 beigeordneter Richter.[47] Zur Vertretung des Vorsitzenden § 21 f Abs. 2.

17   Auch in einem **Hilfsspruchkörper** (§ 60 Rn. 10ff.) kann nur ein Vorsitzender Richter im statusrechtlichen Sinne (§ 59 Rn. 10) den Vorsitz führen (§ 21 f Rn. 7; § 60 Rn. 14). Das gilt auch für die im Rahmen eines **Bereitschaftsdienstes** (§ 60 Rn. 15) eingerichteten Kammern und für die **Auffangspruchkörper** (§ 60 Rn. 16).

18   **2.** Neben dem Vorsitzenden gehören zur ZivK **zwei weitere Richter (Beisitzer**, vgl. § 59 Rn. 16ff.). Einer der beiden Beisitzer muss ein Richter aL sein, dem an diesem Gericht ein Richteramt übertragen ist (§ 27 Abs. 1 DRiG). Der zweite Beisitzer darf ein Richter aP oder kA sein (§ 59 Abs. 3) oder ein Richter aL, der bei einem anderen Gericht ein Richteramt innehat, aber hierher abgeordnet ist (§ 37 DRiG); die Mitwirkung dieser letztgenannten Richter muss im Geschäftsverteilungsplan kenntlich gemacht werden (§ 29 DRiG).

19   **3.** Von der ZivK als Spruchkörper zur Wahrnehmung der richterlichen Aufgaben zu trennen ist die im Geschäftsverteilungsplan vorzunehmende personelle Ausstattung des Spruchkörpers als gerichtsorganisatorischer Einheit. In dieser Bedeutung dürfen dem Spruchkörper **mehr Richter zugeteilt** werden als bei der Entscheidung unmittelbar mitwirken.[48] Zum **Verbot der Überbesetzung** § 21 e Rn. 129 ff.

20   **VI. Abweichende Besetzung.** Unabhängig von den Fragen der Besetzung der ZivK mit einem Einzelrichter oder als Kollegium ist für die ZivK des LG in verschiedenen Gesetzen eine besondere Besetzung vorgeschrieben: Kammer für Handelssachen (§ 105); Entschädigungskammer (§ 208 Abs. 3 BEG); Baulandkammer (§ 220 BauGB). In Beschwerdesachen der freiwilligen Gerichtsbarkeit eröffnet § 30 Abs. 1 FGG eine entsprechende Anwendung von § 526 ZPO, soweit die Zivilkammer entscheidet, nicht jedoch bei Zuständigkeit der KfH[49] (vgl. auch § 105).

§ 76. [Besetzung der Strafkammern]

(1) ¹**Die Strafkammern sind mit drei Richtern einschließlich des Vorsitzenden und zwei Schöffen (große Strafkammer), in Verfahren über Berufungen gegen ein Urteil des Strafrichters oder des Schöffengerichts mit dem Vorsitzenden und zwei Schöffen (kleine Strafkammer) besetzt.** ²**Bei Entscheidungen außerhalb der Hauptverhandlung wirken die Schöffen nicht mit.**

---

[47] *Eb. Schmidt*, LehrK I Rn. 4.
[48] BGHZ 20, 355 = NJW 1956, 1238.
[49] Vgl. OLG Zweibrücken NJW-RR 2006, 1076; BTagsDrucks. 14/4722 S. 130.

(2) ¹Bei der Eröffnung des Hauptverfahrens beschließt die große Strafkammer, daß sie in der Hauptverhandlung mit zwei Richtern einschließlich des Vorsitzenden und zwei Schöffen besetzt ist, wenn nicht die Strafkammer als Schwurgericht zuständig ist oder nach dem Umfang oder der Schwierigkeit der Sache die Mitwirkung eines dritten Richters notwendig erscheint. ²Ist eine Sache vom Revisionsgericht zurückverwiesen worden, kann die nunmehr zuständige Strafkammer erneut nach Satz 1 über ihre Besetzung beschließen.

(3) ¹In Verfahren über Berufungen gegen ein Urteil des erweiterten Schöffengerichts (§ 29 Abs. 2) ist ein zweiter Richter hinzuzuziehen. ²Außerhalb der Hauptverhandlung entscheidet der Vorsitzende allein.

Übersicht

	Rn.		Rn.
I. Besetzung der Strafkammer im Allgemeinen	1	IV. Entscheidungen außerhalb der Hauptverhandlung	18
II. Erste Instanz	2	V. Strafvollstreckungskammern	19
1. Große Strafkammer	2	VI. Überschneidungen	20
2. Reduzierte Besetzung	3	VII. Jugendgerichte	21
3. Vorsitz	13	VIII. Kein Einzelrichter	23
III. Rechtsmittelinstanz	14		

Gesetzesfassung: Abs. 1 als § 76 neu gefasst durch Art. 2 Nr. 3 StrafverfahrensänderungsG vom 27. 1. 1987 (BGBl. I S. 475). Durch Art. 3 Nr. 8 RPflEntlG geändert, Abs. 2 und 3 wurden eingefügt, **Abs. 2 zeitlich beschränkt** bis zum 28. 2. 1998 (Art. 15 Abs. 2 RPflEntlG). Verlängerungen erfolgten durch Art. 3 G vom 22. 12. 1997 (BGBl. I S. 3223) bis zum 31. 12. 2000, durch Art. 1 G zur Verlängerung der Besetzungsreduktion bei Strafkammern vom 19. 12. 2000 (BGBl. I S. 1756) bis zum 31. 12. 2002, durch Art. 24 des OLG – VertretungsänderungsG vom 23. 7. 2002 (BGBl. I S. 2850) bis zum 31. 12. 2004, durch Art. 12g Abs. 20 des 1. JustizmodernisierungsG vom 24. 8. 2004 (BGBl. I S. 2198) bis zum 31. 12. 2006 und durch Art. 5 des 2. JustizmodernisierungsG vom 22. 12. 2006 (BGBl. I S. 3416) **bis zum 31. 12. 2008**. In Abkehr von der ursprünglichen Zweckbestimmung (BRatsDrucks. 314/91) ist die Besetzungsreduktion nun auf Dauer angelegt (BTagsDrucks. 14/2992, 14/4542); das Zeitgesetz soll eines Tages im Gesamtkonzept einer Reform des Strafverfahrens aufgehen.[1] § 76 Abs. 2 Satz 2 eingefügt durch Art. 2 Nr. 1 G zur Verlängerung der Besetzungsreduktion bei Strafkammern vom 19. 12. 2000 (BGBl. I S. 1756).

I. Besetzung der Strafkammer im Allgemeinen. Bei der in § 76 geregelten 1 Besetzung der Strafkammer ist in doppelter Hinsicht zu unterscheiden: einmal zwischen erstinstanzlicher (Rn. 2 ff.) und zweitinstanzlicher Zuständigkeit (Rn. 14 ff.), zum anderen zwischen Entscheidung während der Hauptverhandlung und außerhalb der Hauptverhandlung (Rn. 18). Außerdem unterscheidet Abs. 1 Satz 1 zwischen der großen StrafK und der kleinen StrafK hinsichtlich der Besetzung; zur Zuständigkeit vgl. Rn. 2 ff. und Rn. 7. Die kleine StrafK ist gegenüber der großen StrafK ein Gericht „niederer" Ordnung, z. B. im Sinne des § 269 StPO.[2]

II. Erste Instanz. 1. Große Strafkammer. Auszugehen ist von der Besetzung 2 der StrafK in **erstinstanzlichen Strafsachen** (Abs. 1 Satz 1 erster Halbs.): drei Berufsrichter einschließlich des Vorsitzenden und zwei Schöffen (§ 77). In dieser Besetzung verhandelt und entscheidet die StrafK als große StrafK grundsätzlich in allen erstinstanzlichen Strafsachen (dazu § 73 Rn. 1) ohne Rücksicht darauf, ob es sich um die allgemeinen StrafK oder um die besonderen StrafK der §§ 74 Abs. 2, 74a bis 74c handelt.

2. Reduzierte Besetzung. Die genannte Besetzung gilt zwingend und ausnahmslos für die SchwurG-Kammer nach § 74 Abs. 2. Für die übrigen großen 3 StrafK sieht Abs. 2 befristet (vgl. Gesetzesfassung) zur „Entlastung" (= Personalein-

---

[1] BTagsDrucks. 14/3370 S. 3, 14/9266 S. 42; 15/3482 S. 73; 16/3038 S. 32 f.; vgl. auch *Laufhütte*, FS Salger, 1995, S. 343; *Meyer-Goßner*, FS Sarstedt, 1989, S. 1979.
[2] OLG Düsseldorf MDR 1993, 459.

sparung, vgl. Einl. Rn. 115) die **Möglichkeit einer reduzierten Besetzung** vor.[3] Bei der Eröffnung des Hauptverfahrens (§ 199 StPO) beschließt die große StrafK, „dass sie in der Hauptverhandlung mit zwei Richtern einschließlich des Vorsitzenden und zwei Schöffen besetzt ist, wenn nicht ..." (Abs. 2, 1. Halbs.). Der Normalfall ist also nach diesem Wortlaut die Besetzung mit zwei Berufsrichtern,[4] wenn nicht die Voraussetzungen für die als Ausnahmefall anzusehende Besetzung mit den drei Berufsrichtern vorliegen, geradezu eine Umkehrung des Grundsatzes des Abs. 1 Satz 1, 1. Halbs. Die Vorschrift gilt nur für die Hauptverhandlung und die auf Grund der Hauptverhandlung zu treffenden Entscheidungen, sonst ist stets durch 3 Berufsrichter zu entscheiden. Die Besetzungsreduktion scheidet auch aus bei der Verhandlung und Entscheidung über die nachträgliche Anordnung der Sicherungsverwahrung (§§ 66b StGB, 275a StPO, 74f Abs. 3 GVG). Anwendbar bleibt § 76 Abs. 2 jedoch im Verfahren über die Anordnung der vorbehaltenen Sicherungsverwahrung (§ 66a Abs. 2 StGB). – Mit dem Ablauf des 31. 12. 2008 (vgl. Gesetzesfassung) tritt die Sonderregelung nach dem Rechtszustand im Zeitpunkt der Drucklegung außer Kraft, die StrafK verhandelt und entscheidet dann nur noch nach Abs. 1. Eine vor diesem Termin begonnene Hauptverhandlung kann in der reduzierten Besetzung zu Ende geführt werden (Art. 14 Abs. 6 RPflEntlG), eine neue aber nicht mehr begonnen werden, ein entgegenstehender Beschluss ist wirkungslos.[5]

4   Die Voraussetzung für die – ausnahmsweise – Besetzung mit drei Berufsrichtern, also „nichtreduziert", ist es, dass die große StrafK beschließt, dass „nach dem Umfang oder der Schwierigkeit der Sache" die Mitwirkung eines dritten (Berufs)Richters „notwendig erscheint". Die Strafsache muss also über das „normale" Maß an Umfang und/oder Schwierigkeit einer erstinstanzlichen Strafsache vor dem LG hinausgehen.[6] Bei der Bewertung des **Umfangs** der Sache ist ein quantitativer Maßstab anzulegen, z.B. Zahl der Angeklagten und Verteidiger, auch Dolmetscher, Zahl der Delikte, Zahl der Zeugen und anderer Beweismittel, Notwendigkeit von Sachverständigengutachten, Umfang der Akten, zu erwartende Dauer der Hauptverhandlung[7] (vgl. § 29 Rn. 14). Die **Schwierigkeit** der Sache kann sich z.B. ergeben aus der Notwendigkeit umfangreicher (möglicherweise kontroverser) Sachverständigengutachten, zu erwartenden schwierigen Beweiswürdigungen, tatsächlicher und rechtlicher Kompliziertheit etwa in Wirtschaftsstrafsachen,[8] auch aus voraussehbar schwieriger Verhandlungsleitung wegen der Möglichkeit von Störungen und umfangreichen Sicherheitsvorkehrungen; schwierige Fragen der Strafzumessung und mögliche Maßnahmen der Besserung und Sicherung[9] sind ebenfalls zu berücksichtigen. Die **„besondere Bedeutung"** einer Sache rechtfertigt für sich allein nicht die Dreierbesetzung.[10]

5   Für die Entscheidung über die Mitwirkung eines dritten Berufsrichters ist darauf abzustellen, ob diese Mitwirkung **„notwendig erscheint"**. Das bedeutet eine Prognose im Zeitpunkt der zu treffenden Besetzungsentscheidung, später eintretende Änderungen können nicht mehr berücksichtigt werden.[11] Das bedeutet zugleich einen **weiten Beurteilungsspielraum** der Kammer, der es gestattet, alle Umstände des Einzelfalles zu berücksichtigen.[12] Andererseits besteht aber kein Ermes-

---

[3] Zu den Motiven *Haller/Janßen* NStZ 2004, 469.
[4] BGHSt 44, 328 = NJW 1999, 1644; *Böttcher/Mayer* NStZ 1993, 158.
[5] *Schlothauer* StV 1993, 150.
[6] *Rieß* AnwBl. 1993, 54.
[7] BGHSt 44, 328 = NJW 1999, 1644; BGH NJW 2003, 3644 m. Anm. *Weber* JR 2004, 171 und *Husheer* StV 2003, 658.
[8] BGH aaO.; *Katholnigg* Rn. 4.
[9] *Schlothauer* StV 1993, 147.
[10] *LR/Siolek* Rn. 9; *Kissel* NJW 1993, 139; *Siegismund/Wickern* wistra 1993, 139; a.A. *Schlothauer* StV 1993, 149.
[11] *Rieß* NStZ 1999, 369.
[12] BGHSt 44, 328 = NJW 1999, 1644; BGH NJW 2003, 3644; *LR/Siolek* Rn. 9; *Rieß* NStZ 1999, 369; *Katholnigg* JR 1999, 304.

sen.¹³ Erscheint die Mitwirkung des dritten Richters notwendig, muss seine Mitwirkung beschlossen werden. Im Zweifel gibt der BGH der Dreierbesetzung den Vorzug.¹⁴ Es komme „der Qualität der Entscheidung eine große Bedeutung zu. Deren Sicherung ist durch das Kollegialitätsprinzip in besonderer Weise gewährleistet. Die Mitwirkung mehrerer Berufsrichter ermöglicht es, die Aufgaben in der Hauptverhandlung sachgerecht zu verteilen, den Tatsachenstoff intensiver und von mehreren Seiten zu würdigen und Rechtsfragen grundsätzlich besser als nur unter Beteiligung von Laienrichtern zu lösen".¹⁵

Der **Beschluss über die Zweierbesetzung** ist „bei der Eröffnung des Hauptverfahrens" zu treffen. Er erfordert wie die Eröffnungsentscheidung selbst die „große" Besetzung mit drei Berufsrichtern (ohne die Schöffen, Rn. 18). Wird zunächst über die Reduktion und dann in reduzierter Besetzung über die Eröffnung beschlossen, ist der Eröffnungsbeschluss nicht wirksam.¹⁶ Der Beschluss über die Zweierbesetzung kann weder nachgeholt noch rückgängig gemacht werden,¹⁷ auch nicht durch eine andere Kammer, die nach der Eröffnung infolge einer Änderung der Geschäftsverteilung zuständig wird,¹⁸ ebenso wenig, wenn sich die maßgeblichen Umstände nachträglich verändern, etwa durch zwischenzeitliche Ankündigung einer Vielzahl von Beweisanträgen.¹⁹ Aufzuheben ist aber ein objektiv willkürlicher Beschluss²⁰ (vgl. Rn. 10). Der Beschluss ist kein Teil des Eröffnungsbeschlusses, sondern lediglich zeitlich mit ihm verknüpft, und soll sicherstellen, dass der gesetzliche Richter (Zweier- oder Dreierbesetzung) für das gesamte Hauptverfahren bereits bei dessen Beginn bestimmt ist.²¹ In Ergänzung des Wortlauts ist eine Beschlussfassung auch notwendig, wenn die Zuständigkeit des LG durch Verweisung nach §§ 225a, 270 StPO begründet wird.²² Keines Beschlusses bedarf es hingegen, wenn die Kammer nach Zurückweisung keinen Anlass sieht, die bisherige Besetzung zu ändern²³ (Abs. 2 Satz 2: „kann"). Der Beschluss muss dokumentiert werden, aber nicht in Ausfertigungen und Abschriften des Eröffnungsbeschlusses ersichtlich sein.²⁴ Die Mitteilungspflicht nach § 222a StPO gilt.

Der Beschluss ist von **Amts wegen** zu treffen, es bedarf keines Antrags oder einer Anregung.²⁵ Die Mitteilung der Anklageschrift nach § 201 StPO gewährt das rechtliche Gehör, denn auch ohne ausdrücklichen Hinweis müsse sich der Angeschuldigte dann auf eine Besetzungsreduktion einstellen.²⁶

Trotz der Wortwahl in Abs. 2, dass die StrafK die Besetzung mit zwei Richtern beschließt, „wenn nicht…", führt das (auch nur versehentliche) **Unterbleiben** der Beschlussfassung über die Zweierbesetzung dazu, dass das Verfahren unabänderbar in der Dreierbesetzung durchzuführen ist.²⁷

---

¹³ BTagsDrucks. 12/1217 S. 47; BGH aaO.
¹⁴ BGH aaO.
¹⁵ BGHSt 44, 328 = NJW 1999, 1644 – „goldene Worte", meint *Rieß* NStZ 1999, 370.
¹⁶ BGHSt 50, 267 = NStZ 2006, 298 m. Anm. *Rieß*; BGH NStZ-RR 2007, 317 – L –.
¹⁷ BTagsDrucks. 12/1217 S. 48; OLG Bremen StV 1993, 360; *Katholnigg* Rn. 5; *LR/Siolek* Rn. 4; *Böttcher/Mayer* NStZ 1993, 158; *Hansens* AnwBl. 1993, 200; *Siegismund/Wickern* wistra 1993, 139; *Schlothauer* StV 1993, 148.
¹⁸ BGH NStZ-RR 2006, 214.
¹⁹ BGH SraFo 2005, 162: jedenfalls nach Beginn der Hauptverhandlung; NStZ-RR 2005, 47: offengelassen für den Fall der Aussetzung der Hauptverhandlung.
²⁰ BGH NJW 2003, 3644; *Haller/Janßen* NStZ 2004, 469, 471.
²¹ BGHSt 44, 328 = NJW 1999, 1644.
²² BGHSt 44, 361 = NJW 1999, 1724; BGH NStZ-RR 2001, 244.
²³ BGH StraFo 2003, 134.
²⁴ BGH NStZ-RR 1999, 274.
²⁵ BGHSt 44, 328 = NJW 1999, 1644; *LR/Siolek* Rn. 8.
²⁶ BGH aaO.; *LR/Siolek* Rn. 8; *Meyer-Goßner* Rn. 4; *Rieß* NStZ 1999, 370; a.A. *Katholnigg* Rn. 5; *Schlothauer* StV 1993, 147.
²⁷ BGHSt 44, 361 = NJW 1999, 1724; BGH NStZ-RR 2001, 244; 2006, 214; LG Bremen StV 2004, 251; *LR/Siolek* Rn. 4; *Siegismund/Wickern* wistra 1993, 139.

9 Die im Abs. 2 enthaltene konkrete Bestimmungskompetenz verstößt nicht gegen das Erfordernis der abstrakt-generellen Vorherbestimmung des gesetzlichen Richters (§ 16 Rn. 23), da die Merkmale für die jeweilige Entscheidung konkret bestimmt sind und lediglich der Auslegung bedürfen. Zu den sich aus der Zweier/Dreierbesetzung ergebenden Konsequenzen für die Geschäftsverteilung § 21 e Rn. 133 und § 21 g Rn. 48.

10 Der Beschluss über die Zweierbesetzung ist **nicht selbstständig anfechtbar**.[28] Wohl aber ist er eine Regelung der Gerichtsbesetzung, auf deren Fehlerhaftigkeit die **Revision** nach § 338 Nr. 1 StPO gestützt werden kann. Auf einen Verstoß gegen § 76 Abs. 2 kann aber die Revision nur gestützt werden, wenn die Entscheidung der StrafK objektiv willkürlich ist, weil sie den ihr zustehenden Beurteilungsspielraum in unvertretbarer Weise überschreitet.[29]

11 Die **Präklusionsvorschrift** des § 222b StPO gilt auch für den Beschluss über die Zweier/Dreierbesetzung.[30]

12 Zur Abstimmung in der StrafK mit Zweierbesetzung vgl. § 196 Abs. 4.

13 **3. Vorsitz.** Den Vorsitz in der Großen StrafK, auch in der reduzierten Besetzung, wie in der Kleinen StrafK hat stets ein Vorsitzender Richter (§ 59 Rn. 10) zu führen, wenn er nicht in zulässiger Weise vertreten wird. Die mit der Zweierbesetzung angestrebte Entlastung (Rn. 3) trifft im Ergebnis nur den nicht mitsitzenden Beisitzer der StrafK. Die Heranziehung der beisitzenden Richter für beide Besetzungsformen der StrafK ist nach § 21 g zu regeln[31] (§ 21 e Rn. 133 f., § 21 g).

14 **III. Rechtsmittelinstanz.** Über die **Berufung** gegen Strafurteile des AG entscheidet die StrafK des LG (§ 76). Das gilt sowohl für die Urteile des Strafrichters/Einzelrichters (§ 25) als auch des SchöffenG (§ 28). Zuständig ist ausschließlich die Kleine StrafK; in Verfahren über Berufungen gegen ein Urteil des Strafrichters oder des SchöffenG in der Besetzung mit dem Vorsitzenden und zwei Schöffen (76 Abs. 1 Satz 1, 2. Halbs.). Im Verfahren gegen ein Urteil des erweiterten SchöffenG (§ 29 Abs. 2) ist stets ein zweiter Berufsrichter hinzuzuziehen (erweiterte Kleine StrafK, § 76 Abs. 3 Satz 1). § 76 Abs. 3 knüpft allein an die Tatsache an, dass das SchöffenG in der Besetzung mit zwei Berufsrichtern entschieden hat, ob es den zweiten Richter zu Recht nach § 29 Abs. 2 zugezogen hat, ist ohne Bedeutung.[32]

15 In der Geschäftsverteilung (§§ 21 e, 21 g) ist festzulegen, welche StrafK als erstinstanzliche Große StrafK und welche als Kleine StrafK eingerichtet werden. Soweit einer StrafK sowohl Aufgaben der Großen wie der Kleinen StrafK obliegen, ist die jeweilige konkrete personelle Zusammensetzung im Voraus zu regeln. Außerdem ist zu regeln, welcher Richter für die Berufungssachen gegen Urteile des erweiterten SchöffenG nach § 76 Abs. 3 Satz 1 hinzuzuziehen ist. Die erweiterte Kammer ist ein eigenständiger Spruchkörper, für die Bestimmung des hinzuzuziehenden Richters gilt deshalb § 21 e (dort Rn. 139), nicht § 21 g. – Diese Regelung bedeutet insgesamt, dass in erstinstanzlichen Strafsachen des AG der Revisionsrechtszug nur zum OLG eröffnet ist (§ 121 Abs. 1 Nr. 1, vgl. § 121 Rn. 2) unbeschadet des Zugangs zum BGH im Wege der Divergenzvorlage nach § 121 Abs. 2.

16 Die Begrenzung des **Strafbanns** nach § 24 Abs. 2 gilt auch für das Berufungsverfahren gegen Urteile des Einzelrichters oder des (auch erweiterten) SchöffenG, für die die Kleine StrafK nach § 76 Abs. 1 Satz 1 entgegen früherem Recht aus-

---

[28] BGHSt 44, 328 = NJW 1999, 1644; *Meyer-Goßner* Rn. 4; *KK/Diemer* Rn. 4; *LR/Siolek* Rn. 8; *Katholnigg* Rn. 6; *Siegismund/Wickern* wistra 1993, 136.
[29] BGH aaO.; NJW 2003, 3644 m. Anm. *Weber* JR 2004, 171 und *Husheer* StV 2003, 658; StraFo 2003, 134; NStZ-RR 2004, 175; BayObLG NStZ-RR 2001, 49; *Katholnigg* Rn. 6; *KK/Diemer* Rn. 5; *Schlothauer* StV 1993, 147.
[30] BGHSt 44, 328 = NJW 1999, 1644; St 44, 361 = NJW 1999, 1724; BGH NJW 2003, 3644; NStZ 2005, 465; *Katholnigg* Rn. 6; *Rieß* NStZ 1999, 370; *Sarstedt/Hamm* Rn. 333.
[31] *Schlothauer* StV 1993, 147.
[32] OLG Düsseldorf NStZ 1994, 97.

schließlich zuständig ist. Die vor dem RPflEntlG bis 1993 bestehende Möglichkeit, dass die Große StrafK als Berufungsgericht das Urteil des AG aufheben und dann selbst ohne Beschränkung des Strafbanns als erstinstanzliches Gericht ausdrücklich oder auch mittelbar durch Wahrung aller Verfahrensvorschriften für das erstinstanzliche Verfahren entscheiden konnte,[33] ist entfallen (zur Jugendschutzkammer § 74b Rn. 5). Die Berufungsstrafkammer kann jedoch, wenn sie eine (die Grenzen des § 24 Abs. 2 übersteigende) Strafe für angezeigt hält, unter Aufhebung des Urteils des AG die Sache nach § 328 StPO an die Große StrafK verweisen, die keiner Strafbannbeschränkung unterliegt (§ 74 Rn. 30).

Für **Beschwerden** ist die Große StrafK unverändert zuständig.[34]   17

IV. Entscheidungen außerhalb der Hauptverhandlung. Für alle nach dem   18
Verfahrensrecht außerhalb der Hauptverhandlungen zu treffenden Entscheidungen ist die Mitwirkung der Schöffen ausgeschlossen, es entscheidet der Vorsitzende der kleinen StrafK,[35] auch im Falle des Abs. 3, und es entscheiden die drei Berufsrichter der großen StrafK (Abs. 1 Satz 2, Abs. 3 Satz 2). Zu diesen Entscheidungen gehören z. B. die nach §§ 27 Abs. 2, 73, 119, 222b, 441 StPO; vgl. § 30 Rn. 8 ff.

V. Strafvollstreckungskammern. Die StrafVollstrK (§§ 78a, 78b) entscheiden   19
stets ohne Hauptverhandlung. Sie entscheiden ohne Schöffen, teilweise durch einen Richter, teilweise durch drei Richter, vgl. im Einzelnen § 78b.

VI. Überschneidungen. Überschneidungen in der Besetzungsregelung können   20
sich dadurch ergeben, dass nach § 237 StPO beim LG Sachen auch dann verbunden werden können, wenn sie teilweise in der ersten Instanz, teilweise in der zweiten Instanz hier anhängig sind. Ist für eine dieser Sachen die große StrafK zuständig, wird sie durch Verbindung nach § 237 StPO für die anderen Sachen mit zuständig, auch wenn diese (z.B. Berufung gegen ein Urteil des Strafrichters) von der kleinen StrafK zu entscheiden wären.[36]

VII. Jugendgerichte. Die Strafkammer (Jugendkammer, § 33 Abs. 2 JGG) ist   21
erstinstanzlich nach dem durch das RPflEntlG eingeführten § 33b Abs. 1 JGG mit drei Richtern einschließlich des Vorsitzenden und zwei Jugendschöffen besetzt (große Jugendkammer); allerdings ist mit dem gleichfalls befristet (Art. 15 Abs. 2 RPfl-EntlG, vgl. Gesetzesfassung und Rn. 3) eingeführten § 33b Abs. 2 JGG die Besetzung mit zwei Berufsrichtern entsprechend § 76 Abs. 2 geregelt.

Als Berufungsinstanz ist für die Berufung gegen Urteile des Jugendrichters (Straf-   22
richter als Einzelrichter, § 33 Abs. 3 JGG) die Jugendkammer in der Besetzung mit dem Vorsitzenden und zwei Jugendschöffen zuständig (kleine Jugendkammer, § 33b Abs. 1, 2. Halbs. JGG). Für Berufungen gegen Urteile des JugendschöffenG (§ 33 Abs. 2 JGG) ist die Jugendkammer (§ 41 Abs. 2 JGG) zuständig; sie ist im Gegensatz zur StrafK bei Berufungsentscheidungen über Urteile des (Erwachsenen-)SchöffenG (Rn. 14) mit drei Berufsrichtern einschließlich des Vorsitzenden und zwei Jugendschöffen besetzt (große Jugendkammer, § 33b Abs. 1, 1. Halbs. JGG). Die große Jugendkammer kann für die Berufungshauptverhandlung eine Besetzung mit zwei Berufsrichtern beschließen.[37]

VIII. Kein Einzelrichter. In Strafsachen vor dem LG gibt es **keinen Einzel-**   23
richter, § 30 Abs. 2 ist nicht entsprechend anwendbar. Eine **Ausnahme** gilt nur, soweit dies im Gesetz ausdrücklich vorgeschrieben ist. Das ist der Fall in § 141 Abs. 4 StPO, wonach der Vorsitzende (allein) über die Bestellung eines Verteidigers entscheidet, auch über eine Ablehnung der Bestellung.[38]

---

[33] BGHSt 21, 229 = NJW 1967, 1239; St 34, 159 = NJW 1987, 1211.
[34] *LR/Siolek* Rn. 17.
[35] Vgl. OLG Braunschweig NdsRpfl 2003, 357.
[36] Vgl. BGHSt 26, 271 = NJW 1976, 720.
[37] *Meyer-Goßner* Rn. 5; BayObLG NStZ-RR 2001, 49.
[38] OLG Karlsruhe NJW 1974, 110; OLG Hamm JMBlNRW 1975, 59; a. A. OLG Celle MDR 1971, 679.

§ 77. [Schöffen der Strafkammern]

(1) Für die Schöffen der Strafkammern gelten entsprechend die Vorschriften über die Schöffen des Schöffengerichts mit folgender Maßgabe:

(2) ¹Der Präsident des Landgerichts verteilt die Zahl der erforderlichen Hauptschöffen für die Strafkammern auf die zum Bezirk des Landgerichts gehörenden Amtsgerichtsbezirke. ²Die Hilfsschöffen wählt der Ausschuß bei dem Amtsgericht, in dessen Bezirk das Landgericht seinen Sitz hat. ³Hat das Landgericht seinen Sitz außerhalb seines Bezirks, so bestimmt die Landesjustizverwaltung, welcher Ausschuß der zum Bezirk des Landgerichts gehörigen Amtsgerichte die Hilfsschöffen wählt. ⁴Ist Sitz des Landgerichts eine Stadt, die Bezirke von zwei oder mehr zum Bezirk des Landgerichts gehörenden Amtsgerichten oder Teile davon umfaßt, so gilt für die Wahl der Hilfsschöffen durch die bei diesen Amtsgerichten gebildeten Ausschüsse Satz 1 entsprechend; die Landesjustizverwaltung kann bestimmte Amtsgerichte davon ausnehmen. ⁵Die Namen der gewählten Hauptschöffen und der Hilfsschöffen werden von dem Richter beim Amtsgericht dem Präsidenten des Landgerichts mitgeteilt. ⁶Der Präsident des Landgerichts stellt die Namen der Hauptschöffen zur Schöffenliste des Landgerichts zusammen.

(3) ¹An die Stelle des Richters beim Amtsgericht tritt für die Auslosung der Reihenfolge, in der die Hauptschöffen an den einzelnen ordentlichen Sitzungen teilnehmen, und der Reihenfolge, in der die Hilfsschöffen an die Stelle wegfallender Schöffen treten, der Präsident des Landgerichts; § 45 Abs. 4 Satz 3, 4 gilt entsprechend. ²Ist der Schöffe verstorben oder aus dem Landgerichtsbezirk verzogen, ordnet der Vorsitzende der Strafkammer die Streichung von der Schöffenliste an; in anderen Fällen wird die Entscheidung darüber, ob ein Schöffe von der Schöffenliste zu streichen ist, sowie über die von einem Schöffen vorgebrachten Ablehnungsgründe von einer Strafkammer getroffen. ³Im übrigen tritt an die Stelle des Richters beim Amtsgericht der Vorsitzende der Strafkammer.

(4) ¹Ein ehrenamtlicher Richter darf für dasselbe Geschäftsjahr nur entweder als Schöffe für das Schöffengericht oder als Schöffe für die Strafkammern bestimmt werden. ²Ist jemand für dasselbe Geschäftsjahr in einem Bezirk zu mehreren dieser Ämter oder in mehreren Bezirken zu diesen Ämtern bestimmt worden, so hat der Einberufene das Amt zu übernehmen, zu dem er zuerst einberufen wird.

(5) § 52 Abs. 2 Satz 1 Nr. 1 findet keine Anwendung.

Gesetzesfassung: § 77 i. d. F. Art. 2 Nr. 10 StVÄG 1979; Abs. 2 geändert durch Art. 2 Nr. 4 StrafverfahrensänderungsG 1987 (BGBl. I S. 475). § 77 Abs. 3 Satz 2 geändert, Abs. 5 eingefügt durch Art. 1 Nr. 7 G zur Vereinfachung und Vereinheitlichung der Verfahrensvorschriften zur Wahl und Berufung ehrenamtlicher Richter vom 21. 12. 2004 (BGBl. I S. 3599).

1 **I. Geltungsbereich.** Die Vorschriften für die Schöffen beim AG, §§ 30 ff., gelten grundsätzlich auch für die Schöffen bei den StrafK des LG, soweit nicht § 77 etwas Abweichendes bestimmt (Abs. 1). Das StVÄG 1979 beseitigte die Trennung zwischen Schwurgerichts-Schöffen einerseits und StrafK-Schöffen andererseits;[1] es gibt nur noch den **einheitlichen Schöffen** der StrafK, und zwar aller StrafK, der kleinen, der großen, der als Schwurgericht tätigen sowie der Spezial-StrafK der §§ 74a und 74c. Trotz der wünschenswerten Spezialisierung der Richter für letztere StrafK (vgl. § 74a Rn. 2; § 74c Rn. 1, 5) gibt es keine Spezial-Schöffen. Deshalb gilt auch die Vorschlagsliste des § 36 einheitlich sowohl für die Schöffen des SchöffenG beim AG als auch für die Schöffen aller StrafK, auch das Verfahren der §§ 37 bis 39 ist gemeinsam und einheitlich. Auch der Ausschuss nach § 40 ist mit seiner Aufgabe nach § 41 für die Schöffen der Strafkammern zuständig.

2 **II. Besondere Vorschriften für die Schöffen beim LG. 1.** Der Präsident des LG setzt die Zahl der für das LG erforderlichen **Hauptschöffen** entsprechend § 43 fest. Diese Gesamtzahl verteilt er auf die zum Bezirk des LG gehörenden AG-

---
[1] BTagsDrucks. 8/976 S. 29, 68.

Bezirke (Abs. 2 Satz 1), dabei ist auch der Bezirk einer auswärtigen StrafK zu berücksichtigen.² Für die Verteilung gilt das zu § 58 Rn. 10 Gesagte entsprechend. Die demnach in jedem AG-Bezirk zu wählenden Hauptschöffen hat der bei dem jeweiligen AG nach § 40 bestehende Ausschuss zu wählen aus der für diesen Bezirk bestehenden berichtigten Vorschlagsliste. Die Namen der gewählten Hauptschöffen werden von dem Richter beim AG (§ 40 Abs. 2) dem Präsidenten des LG mitgeteilt (Abs. 2 Satz 5), der sie zur Schöffenliste des LG zusammenstellt (Abs. 2 Satz 6, vgl. § 44). Diese Schöffenliste muss für alle StrafK des LG einschließlich SchwurG einheitlich aufgestellt werden.³

Die Zahl der erforderlichen **Hilfsschöffen** bestimmt der Präsident des LG (§ 43). Die Hilfsschöffen werden nur von dem Ausschuss (§ 40) bei dem AG gewählt, in dessen Bezirk das LG seinen Sitz hat (Abs. 2 Satz 2); hat das LG seinen Sitz außerhalb seines Bezirks, so bestimmt die LJustizVerw, welcher Ausschuss der zum Bezirk des LG gehörigen AG die Hilfsschöffen wählt (Abs. 2 Satz 3). Ist Sitz des LG eine Stadt, die Bezirke von zwei oder mehr zum Bezirk des LG gehörenden AG (oder Teile davon) umfasst, dann werden die Hilfsschöffen für dieses LG ausnahmsweise (entgegen Abs. 2 Satz 2) von den Wahlausschüssen aller genannter AG aus den Schöffenlisten jeweils ihres Bezirks gewählt (Abs. 2 Satz 4); die Hilfsschöffen für das LG sollen aus allen AG-Bezirken nach einer durch den LG-Präsidenten vorzunehmenden Aufteilung gewählt werden.⁴ Damit gilt für die Wahl der Hilfsschöffen hier ausnahmsweise die gleiche Regelung wie für die Wahl der Hauptschöffen. Um den örtlichen Verhältnissen aber Rechnung tragen zu können, hat die LJustizVerw die Möglichkeit, diese Grundregel zu durchbrechen. – Die Namen der gewählten Hilfsschöffen werden vom Richter beim AG (§ 40 Abs. 2) dem Präsidenten des LG mitgeteilt (Abs. 2 Satz 5). Der Aufstellung einer besonderen Liste der Hilfsschöffen bedarf es, anders als bei den Hauptschöffen, nicht, da nur ein Ausschuss wählt, abgesehen vom Sonderfall des Satzes 4. 3

2. Für die im Voraus festzulegenden ordentlichen Sitzungstage der einzelnen Strafkammern (§ 45 Abs. 1), auch wenn einer Strafkammer zugleich die Schwurgerichtssachen zugewiesen sind, werden die Hauptschöffen aus der einheitlichen Liste **ausgelost** (§ 45 Abs. 2); ebenso wird durch das Los die Reihenfolge bestimmt, in der die Hilfsschöffen an die Stelle wegfallender Schöffen treten. Das Los zieht der Präsident des LG (Abs. 3 Satz 1). Hierbei handelt es sich um eine Verwaltungstätigkeit (vgl. § 45 Rn. 14). Für die Vertretung des Präsidenten des LG gilt nicht § 21h, er kann sich vielmehr entsprechend seiner allgemeinen Vertretungsregelung in Verwaltungssachen und auch dann wirksam vertreten lassen, wenn er nicht verhindert ist.⁵ 4

Die Auslosung geschieht, wenn mehrere Strafkammern bestehen, nicht nur für die einzelnen Sitzungstage, sondern auch für die einzelnen Strafkammern. Es kann auch eine Auslosung getrennt nach Spruchkörpern vorgenommen werden, so dass jeder Schöffe sich auf „seinen" Spruchkörper einrichten kann.⁶ Grundlage der Auslosung ist die einheitliche Schöffenliste für alle Schöffen des LG (Rn. 1). Auch die Auslosung ist einheitlich. Alle für die verschiedenen StrafK des LG einschließlich Schwurgerichtskammer, WirtschaftsStrafK und StaatsschutzK erforderlichen **Schöffen werden einheitlich und gemeinsam ausgelost.** Es können auch nicht aus dieser einheitlichen Schöffenliste „besondere" Listen für Spezialisten-Schöffen für die StrafK der §§ 74 Abs. 2, 74a und 74c gebildet werden.⁷ 5

---

² BGHSt 34, 121 = NJW 1986, 2585 = NStZ 1987, 238 m. Anm. *Katholnigg* = StV 1987, 93 m. Anm. *Mehle*; *Meyer-Goßner* Rn. 2.
³ BGH NJW 1986, 1356 = JR 1986, 389 m. Anm. *Katholnigg*; *Meyer-Goßner* Rn. 2.
⁴ Vgl. BTagsDrucks. 10/1313 S. 56.
⁵ BGHSt 25, 257 = NJW 1974, 509.
⁶ BtagsDrucks. 8/976 S. 68.
⁷ *LR/Siolek* Rn. 1; a. A. *Brandes* MDR 1980, 371; dagegen mit Recht *Katholnigg* MDR 1980, 635.

§ 78   5. Titel. Landgerichte

Zur Neubildung einer Strafkammer während des Geschäftsjahres vgl. § 46. Bei Auflösung einer Strafkammer während des Geschäftsjahres entfällt die Heranziehung der dafür ausgelosten Hauptschöffen, sie können nicht auf andere Strafkammern „umverteilt" werden.[8] Zur Hilfsstrafkammer § 46 Rn. 6 ff.

6   3. Die Vorschriften über den **UdG** gelten entsprechend (§ 45 Abs. 4), jedoch hat der Präsident des LG die Benachrichtigungen vorzunehmen (Abs. 3 Satz 1 zweiter Halbsatz).

7   4. Die Entscheidung über die **Streichung von der Schöffenliste** (§ 52) sowie über die von einem Schöffen vorgebrachten **Ablehnungsgründe** (§ 53) trifft grundsätzlich eine StrafK (Abs. 3 Satz 2, 2. Halbs.). Nur dann, wenn der Schöffe aus dem LG-Bezirk verzogen ist (§ 52 Rn. 7), ordnet der Vorsitzende die Streichung an (1. Halbs.; vgl. Rn. 8). Ohne Konsequenzen bleibt der Umzug in einen anderen AG-Bezirk ohne Wechsel des LG-Bezirks (Abs. 5). Bestehen bei einem LG mehrere StrafK, muss die zuständige StrafK vom Präsidium bestellt werden. Dabei ist es nicht erforderlich, dass nur eine StrafK mit diesen Aufgaben betraut wird; so ist es zulässig, mehrere StrafK damit zu betrauen, auch alle StrafK, und zwar jede für die ihr durch die Auslosung zugeteilten Schöffen.[9]

8   5. Soweit im Übrigen der Richter beim AG für die Schöffen beim AG zuständig ist, tritt an dessen Stelle der Vorsitzende der StrafK; wegen seiner Bestellung gilt Rn. 7 entsprechend. Hierbei handelt es sich um die Aufgaben nach §§ 54 und 56. Der (geschäftsplanmäßige) Vorsitzende muss diese Aufgabe selbst wahrnehmen.[10] Auch die Auslosung nach § 47 obliegt dem Vorsitzenden, aber als Verwaltungsaufgabe[11] (vgl. Rn. 4), so dass es unschädlich ist, wenn der Präsident des LG diese Auslosung vornimmt.[12]

9   **III. Mehrfachbenennung.** Im Interesse der Heranziehung einer möglichst großen Zahl von Schöffen entsprechend dem zugrundeliegenden Gedanken (vgl. § 28 Rn. 2) wie auch zur Vermeidung von Überbelastungen einzelner Schöffen (§ 34 Rn. 17; § 45 Rn. 1; § 52 Rn. 12) darf ein ehrenamtlicher Richter für dasselbe Geschäftsjahr nur entweder als Schöffe **für das SchöffenG oder für die Strafkammer** bestimmt werden (Abs. 4 Satz 1), und auch nur in einem Gerichtsbezirk. Wird er dementgegen dennoch mehrfach bestimmt, ist diese Bestimmung nicht unwirksam: Er hat das Amt zu übernehmen, zu dem er zuerst einberufen wird (Abs. 4 Satz 2); die anderen Bestimmungen zum Schöffenamt werden dadurch unwirksam, es ist entsprechend § 52 zu verfahren. „Einberufen" ist ein Hauptschöffe mit der Nachricht nach § 45 Abs. 4 Satz 3, § 77 Abs. 3 Satz 1, ein Hilfsschöffe mit der Nachricht von seiner konkreten Heranziehung nach § 49 Abs. 3 Satz 3; Entsprechendes gilt für die Heranziehung eines Hilfsschöffen als Ergänzungsschöffe nach § 48. Bei gleichzeitiger Einberufung in beide Funktionen ist das Amt maßgebend, das der Schöffe in dieser Amtsperiode zuvor schon ausgeübt hatte; hilfsweise ist maßgebend der frühere Sitzungstag, zu dem er geladen ist, äußerstenfalls das Amt beim Gericht höherer Instanz und notfalls die Funktion als Hauptschöffe vor der des Hilfsschöffen.[13]

§ 78. [Auswärtige Strafkammern bei Amtsgerichten]

(1) **¹Die Landesregierungen werden ermächtigt, durch Rechtsverordnung wegen großer Entfernung zu dem Sitz eines Landgerichts bei einem Amtsgericht für den Bezirk eines oder mehrerer Amtsgerichte eine Strafkammer zu bilden und ihr für**

---

[8] OLG Hamm NJW 1956, 1937; BayObLG NJW 1961, 568; LR/*Siolek* Rn. 4.
[9] OLG Celle MDR 1972, 261.
[10] BGHSt 3, 68 = NJW 1952, 1265; BGH DRiZ 1967, 63.
[11] BGHSt 3, 68 = NJW 1952, 1265; BayObLG NJW 1961, 568.
[12] BayObLG NJW 1961, 568.
[13] LG Hamburg MDR 1968, 170.

diesen Bezirk die gesamte Tätigkeit der Strafkammer des Landgerichts oder einen Teil dieser Tätigkeit zuzuweisen. ²Die in § 74 Abs. 2 bezeichneten Verbrechen dürfen einer nach Satz 1 gebildeten Strafkammer nicht zugewiesen werden. ³Die Landesregierungen können die Ermächtigung auf die Landesjustizverwaltungen übertragen.

(2) ¹Die Kammer wird aus Mitgliedern des Landgerichts oder Richtern beim Amtsgericht des Bezirks besetzt, für den sie gebildet wird. ²Der Vorsitzende und die übrigen Mitglieder werden durch das Präsidium des Landgerichts bezeichnet.

(3) ¹Der Präsident des Landgerichts verteilt die Zahl der erforderlichen Hauptschöffen auf die zum Bezirk der Strafkammer gehörenden Amtsgerichtsbezirke. ²Die Hilfsschöffen wählt der Ausschuß bei dem Amtsgericht, bei dem die auswärtige Strafkammer gebildet worden ist. ³Die sonstigen in § 77 dem Präsidenten des Landgerichts zugewiesenen Geschäfte nimmt der Vorsitzende der Strafkammer wahr.

I. **Dekonzentrationsermächtigung.** § 78 enthält, ähnlich wie §§ 106, 116 1 Abs. 2, 130 Abs. 2, eine Dekonzentrationsermächtigung und beruht auf ähnlichen Erwägungen wie die Möglichkeit der Errichtung von Zweigstellen und Abhaltung von Gerichtstagen (vgl. dazu § 13a; § 22 Rn. 2, 3) – im Gegensatz zu den zahlreichen bestehenden Konzentrationsermächtigungen (vgl. § 23c). Während grundsätzlich die StrafK für den gesamten Bezirk des LG örtlich zuständig ist, kann nach Abs. 1 **bei einem AG** im Bezirk des LG eine **StrafK für diesen AG-Bezirk** oder mehrere AG-Bezirke gebildet werden (detachierte StrafK); die Regelung kann aber nur den/die AG-Bezirke in vollem Umfange umfassen, die Aufteilung eines AG-Bezirks ist nicht zulässig. Je nach Geschäftsanfall können für den gleichen abgegrenzten Bezirk auch mehrere detachierte StrafK gebildet werden, ebenso innerhalb eines LG-Bezirks auch für verschiedene AG-Bezirke verschiedene detachierte StrafK.

Die **Einrichtung** der detachierten StrafK obliegt der **LReg**; diese kann die Er- 2 mächtigung durch RechtsVO auf die LJustizVerw übertragen (Abs. 1 Satz 3). Die Bildung der detachierten StrafK muss durch RechtsVO geschehen (Abs. 1 Satz 1), ebenso die Aufhebung einer solchen StrafK.

Die Bildung der detachierten StrafK ist zulässig „**wegen großer Entfernung** 3 **zu dem Sitz des LG**". Ob diese Voraussetzung vorliegt, steht im pflichtgemäßen Ermessen der LReg (vgl. im Einzelnen § 58 Rn. 2, 3). Die Anordnung ist nicht nachprüfbar (§ 58 Rn. 3); erfolgte sie aus sachfremden Gründen, kann aber ein Verstoß gegen den gesetzlichen Richter vorliegen.[1]

Von der detachierten StrafK zu trennen ist die StrafK, die ausnahmsweise 4 außerhalb des Gerichtssitzes tagt (vgl. § 22 Rn. 24ff.).

II. **Sachliche Zuständigkeit.** Die Zuständigkeit der auswärtigen StrafK richtet 5 sich nach dem Inhalt der RechtsVO. Soweit diese keine ausdrückliche Einschränkung enthält, ist die auswärtige StrafK zuständig für die gesamten Aufgaben, die der StrafK beim LG obliegen (kleine wie große StrafK) – mit Ausnahme der Schwurgerichtssachen des § 74 Abs. 2 (Abs. 1 Satz 2); sie ist auch nicht zuständig für die Strafsachen, die in die Sonderzuständigkeit nach §§ 74a, 74c fallen.[2] Wohl aber gehören zu dieser Zuständigkeit nach §§ 41, 33 Abs. 2 JGG auch die Jugendsachen, und zwar alle Jugendsachen, auch die des § 74 Abs. 2.[3] Der auswärtigen StrafK kann aber durch die RechtsVO auch nur ein Teil der Strafsachen übertragen werden, dann müssen sie aber allgemein und nach sachlichen Merkmalen abgegrenzt sein. Es können auch Entscheidungen bestimmter Art (vgl. § 58 Rn. 5) übertragen oder von der Übertragung ausgenommen werden. Umgekehrt kann sowohl eine kleine als auch eine große StrafK detachiert werden.

---

[1] *LR/Siolek* Rn. 1; *Runck* NJW 1964, 1650.
[2] *LR/Siolek* Rn. 4; *Katholnigg* Rn. 2.
[3] OLG Karlsruhe Justiz 1978, 474.

6 Werden mehrere auswärtige StrafK für den gleichen Bezirk gebildet (Rn. 1), hat das Präsidium innerhalb der durch die VO vorgegebene Zuständigkeit die Geschäfte auf die einzelnen StrafK zu verteilen.

7 **III. Selbstständige Strafkammer.** Die auswärtige StrafK ist ein **selbstständiges Rechtsprechungsorgan** mit allen Aufgaben einer StrafK für einen örtlich abgegrenzten Bezirk.[4] Sie ist im Verhältnis zu den anderen StrafK des LG (und umgekehrt) ein **anderes Gericht**.[5] Das gilt z. B. im Falle der § 15 StPO,[6] § 27 Abs. 4 StPO[7] und § 354 Abs. 2 StPO.[8] Über einen Zuständigkeitsstreit zwischen auswärtiger StrafK und einer anderen StrafK des LG entscheidet das Präsidium nur, soweit es überhaupt eine Entscheidungskompetenz hat, sonst das OLG nach § 14 StPO.[9]

8 Zur **Fristwahrung** bei der auswärtigen StrafK genügt jedoch auch der Eingang eines Schriftsatzes beim Stammgericht.[10] Da die auswärtige StrafK eine StrafK des LG bleibt, können bei ihr wirksam (insbes. fristwahrend) auch Schriftstücke eingereicht und Erklärungen abgegeben werden, die nicht in ihre örtliche Zuständigkeit fallen. Diese Möglichkeit ist im Interesse der Bemühungen, dem Staatsbürger die volle Ausnutzung der Fristen zu gewährleisten (vgl. § 16 Rn. 102) und den Zugang zum Gericht nicht unnötig zu erschweren (vgl. § 16 Rn. 100 ff.), auszudehnen auf alle Strafsachen in der Zuständigkeit des LG, auch wenn die auswärtige StrafK dafür nicht zuständig ist. Das gilt jedoch nur innerhalb der Zuständigkeit des LG für Strafsachen; die auswärtige StrafK ist StrafK, nicht Teil des gesamten Gerichts (anders als die Zweigstelle, vgl. § 22 Rn. 2), so dass sie für andere Zuständigkeitsbereiche des LG keine Funktionen hat, auch nicht als Außenstelle. Deshalb können bei ihr keine Zivilsachen betreffenden Schriftstücke wirksam eingereicht werden (vgl. § 116 Rn. 16), wie umgekehrt bei einer auswärtigen KfH keine Schriftsätze in Strafsachen wirksam für das LG eingereicht werden können.[11]

9 **IV. Besetzung mit Berufsrichtern.** Die **personelle Besetzung** der auswärtigen StrafK obliegt dem Präsidium des LG (Abs. 2). Es kann nicht nur Richter des LG einteilen, sondern auch Richter beim AG des Bezirks der auswärtigen StrafK (Abs. 2 Satz 1), und zwar jeden Richter, auch einen Richter aP.[12] Die Zuweisung ist weder Versetzung noch Abordnung, sie setzt auch keine Übertragung eines weiteren Richteramtes nach § 27 Abs. 2 DRiG voraus (§ 22 Rn. 16).

10 **Vorsitzender** muss stets ein Vorsitzender Richter nach § 21f sein.[13]

11 Die Richter (Beisitzer) können bei entsprechendem Geschäftsanfall sowohl der auswärtigen StrafK als auch dem LG/AG gleichzeitig angehören.

12 Auch die **Vertretung** der Richter der auswärtigen StrafK bedarf der ausdrücklichen Regelung durch das Präsidium; die allgemeine Vertretungsregelung für das LG oder das AG gilt nicht.

13 Wegen des **Wahlrechts** der Richter der auswärtigen StrafK zum Präsidium usw. vgl. § 21b Rn. 6.

14 **V. Schöffen.** Die auswärtige StrafK hat ihre eigene **Schöffenliste**. Der Präsident des LG bestimmt die Zahl der erforderlichen Haupt- und Hilfsschöffen und verteilt sie auf die zum Bezirk der auswärtigen StrafK gehörenden AG-Bezirke

---

[4] BGHSt 18, 176 = NJW 1963, 548.
[5] BGHSt 18, 176 = NJW 1963, 548; BGH bei *Dallinger* MDR 1958, 566; KK/*Diemer* Rn. 2; LR/*Siolek* Rn. 6; a. A. *Meyer-Goßner* Rn. 2.
[6] LR/*Siolek* Rn. 8.
[7] LR/*Siolek* Rn. 9.
[8] BGH bei *Dallinger* MDR 1958, 566.
[9] OLG Hamm NJW 1956, 317; *Meyer-Goßner* Rn. 4; LR/*Siolek* Rn. 6.
[10] BGH NJW 1967, 107; BVerwG NJW 1959, 2134; OLG Düsseldorf JMBlNRW 1954, 230; OLG Celle NdsRpfl 1964, 254; *Meyer-Goßner* Rn. 2; LR/*Siolek* Rn. 10; a. A. *Müller* NJW 1963, 617.
[11] BGH bei *Dallinger* MDR 1973, 557.
[12] LR/*Siolek* Rn. 13.
[13] BGHSt 18, 176 = NJW 1963, 548.

(Abs. 3 Satz 1; vgl. § 77 Abs. 2 Satz 1). Die **Hauptschöffen** sind von jedem der bei den einzelnen AG bestehenden Ausschüsse (§ 40) aus der für diese AG bestehenden Vorschlagslisten zu wählen. Im Übrigen ist § 77 Abs. 2 entsprechend anzuwenden. Die Hauptschöffen werden für die vom Präsidenten des LG nach § 45 Abs. 1 festgestellten Sitzungstage nach § 45 Abs. 2 ausgelost. Das Los (§ 45 Abs. 3) zieht der Vorsitzende der auswärtigen StrafK. Die **Hilfsschöffen,** deren erforderliche Zahl der Präsident des LG nach § 43 Abs. 1 bestimmt, werden für die auswärtigen StrafK vom Ausschuss (§ 40) des AG gewählt, bei dem die auswärtige StrafK gebildet ist oder ihren Sitz hat (Abs. 3 Satz 2); die Auslosung der Reihenfolge obliegt dem Vorsitzenden der auswärtigen StrafK. Die sonstigen dem Präsidenten des LG zugewiesenen Geschäfte nimmt der Vorsitzende der auswärtigen StrafK wahr (Abs. 3 Satz 3), z.B. nach §§ 54, 56 (vgl. § 77 Rn. 8).

Bestehen mehrere auswärtige StrafK im gleichen Bezirk, so richtet sich die Auslosung der Schöffen nach den allgemeinen Grundsätzen (vgl. § 77 Rn. 5). Sind jedoch für die nach § 78 gebildete große und kleine StrafK mit Rücksicht auf den Geschäftsanfall die gleichen Sitzungstage festgesetzt, so dürfen für beide Kammern dieselben Schöffen zusammen ausgelost werden.[14]

---

[14] BGHSt 20, 296.

5a. Titel. Strafvollstreckungskammern

§ 78a. [Zuständigkeit]

(1) ¹Bei den Landgerichten werden, soweit in ihrem Bezirk für Erwachsene Anstalten unterhalten werden, in denen Freiheitsstrafe oder freiheitsentziehende Maßregeln der Besserung und Sicherung vollzogen werden, oder soweit in ihrem Bezirk andere Vollzugsbehörden ihren Sitz haben, Strafvollstreckungskammern gebildet. ²Diese sind zuständig für die Entscheidungen

1. nach den §§ 462a, 463 der Strafprozeßordnung, soweit sich nicht aus der Strafprozeßordnung etwas anderes ergibt,
2. nach den § 50 Abs. 5, §§ 109, 138 Abs. 3 des Strafvollzugsgesetzes,
3. nach den §§ 50, 58 Abs. 2 und § 71 Abs. 4 des Gesetzes über die internationale Rechtshilfe in Strafsachen.

³Ist nach § 454b Abs. 3 der Strafprozeßordnung über die Aussetzung der Vollstreckung mehrerer Freiheitsstrafen gleichzeitig zu entscheiden, so entscheidet eine Strafvollstreckungskammer über die Aussetzung der Vollstreckung aller Strafen.

(2) ¹Die Landesregierungen weisen Strafsachen nach Absatz 1 Satz 2 Nr. 3 für die Bezirke der Landgerichte, bei denen keine Strafvollstreckungskammern zu bilden sind, in Absatz 1 Satz 1 bezeichneten Landgerichten durch Rechtsverordnung zu. ²Die Landesregierungen werden ermächtigt, durch Rechtsverordnung einem der in Absatz 1 bezeichneten Landgerichte für die Bezirke mehrerer Landgerichte die in die Zuständigkeit der Strafvollstreckungskammern fallenden Strafsachen zuzuweisen und zu bestimmen, daß Strafvollstreckungskammern ihren Sitz innerhalb ihres Bezirkes auch oder ausschließlich an Orten haben, an denen das Landgericht seinen Sitz nicht hat, sofern diese Bestimmungen für eine sachdienliche Förderung oder schnellere Erledigung der Verfahren zweckmäßig sind. ³Die Landesregierungen können die Ermächtigungen nach den Sätzen 1 und 2 durch Rechtsverordnung auf die Landesjustizverwaltungen übertragen.

(3) Unterhält ein Land eine Anstalt, in der Freiheitsstrafe oder freiheitsentziehende Maßregeln der Besserung und Sicherung vollzogen werden, auf dem Gebiete eines anderen Landes, so können die beteiligten Länder vereinbaren, daß die Strafvollstreckungskammer bei dem Landgericht zuständig ist, in dessen Bezirk die für die Anstalt zuständige Aufsichtsbehörde ihren Sitz hat.

Übersicht

	Rn.		Rn.
I. Entstehung	1	2. § 23 EGGVG	10
II. Strafvollstreckungskammern	2	3. Ausschließliche Zuständigkeit	11
1. Verhältnis zu den anderen Strafkammern	2	V. Sachliche Zuständigkeit	12
2. Unterschiedliche Besetzung	3	1. Verurteilter in Strafhaft	12
III. Einrichtung der Strafvollstreckungskammer	4	2. §§ 462a, 463 StPO	13
		3. §§ 50 Abs. 5, 109 StVollzG	14
1. Am Sitz einer Anstalt	4	4. § 138 Abs. 3 StVollzG	15
2. Bestehen kraft Gesetzes	5	5. §§ 50, 58, 71 IRG	16
3. Mehrere Strafvollstreckungskammern	6	6. Aussetzung, § 454 StPO	17
4. Geschäftsverteilungsplan	7	VI. Örtliche Zuständigkeit	18
IV. Verhältnis zu den anderen Strafkammern	9	VII. Rechtsmittel	20
		VIII. Konzentrationsermächtigung	21
1. Jugendrichter	9	IX. Länderübergreifende Zuständigkeit	24

Gesetzesfassung: Abs. 1 neu gefaßt durch § 179 StVollzG vom 16. 3. 1976 (BGBl. I S. 581); Abs. 1 Satz 2 Nr. 2 i.d.F. Art. 2 G zur Änderung des StrafvollzugsG vom 20. 1. 1984 (BGBl. I

S. 97, 360); Abs. 1 Satz 2 Nr. 3 i. d. F. § 78 G über die internationale Rechtshilfe in Strafsachen vom 23. 12. 1982 (BGBl. I S. 2071); Abs. 1 Satz 3 i. d. F. Art. 3 des 23. StrafrechtsänderungsG vom 13. 4. 1986 (BGBl. I S. 393); Abs. 2 neuer Satz 1 mit Folgeänderungen i. d. F. § 78 G vom 23. 12. 1982 (BGBl. I S. 2071). § 78 a Abs. 1 Satz 2 Nr. 2 neu gefaßt durch Art. 12 Nr. 1 G über elektronische Register und Justizkosten für Telekommunikation vom 10. 12. 2001 (BGBl. I S. 3422). Abs. 1 Satz 2 Nr. 3 berichtigt durch Art. 2 Nr. 3 OpferrechtsreformG vom 24. 6. 2004 (BGBl. I S. 1354).

I. Entstehung. Die StrafVollstrK ist eine Spezialkammer des LG mit einem gesetzlich fest umrissenen Zuständigkeitsbereich (vgl. Rn. 13). Sie besteht nicht bei jedem LG, sondern nur bei solchen, in deren Bezirk Vollzugsanstalten (Rn. 4) unterhalten werden. Die StrafVollstrK wurde geschaffen durch Art. 22 Nr. 6 EGStGB 1974 mit Wirkung vom 1. 1. 1975; durch § 179 Nr. 2, 3 StVollzG in der Fassung 1976 wurden die §§ 78 a, 78 b an die Neuregelung des Strafvollzugs angepasst mit Wirkung vom 1. 1. 1977. Der Einrichtung lag die gesetzgeberische Absicht zugrunde, die während einer Freiheitsentziehung notwendig werdenden Entscheidungen im Interesse einer möglichst gleichmäßigen Behandlung aller Gefangenen einer Anstalt sowie einer möglichst großen Sachkunde und Erfahrung des Richters ortsnah zusammenzufassen.[1]

II. Strafvollstreckungskammer. 1. Die StrafVollstrK ist eine **StrafK des LG** mit gesetzlich geregelter Zuständigkeit und gesetzlich bestimmten Voraussetzungen ihres örtlichen Bestehens sowie einer von den sonstigen StrafK teilweise abweichenden Besetzung. Abgesehen von diesen Besonderheiten ist sie aber eine StrafK des LG, auf die die auch sonst für die StrafK geltenden Vorschriften anzuwenden sind. Über diese besonderen Vorschriften hinausgehend kann nicht von einem Sonderstatus der StrafVollstrK im Gefüge der StrafK gesprochen werden.[2] Über eine gesetzliche Bezeichnung ihrer Spezialzuständigkeit verfügt auch die WirtschaftsStrafK (§ 74 c); die Konzentrationsermächtigung des § 78 a Abs. 2 entspricht der für die SchwurG-Kammer (§ 74 d) und die WirtschaftsStrafK (§ 74 c Abs. 3). Dass sie nur im Beschlussverfahren entscheidet, ergibt sich aus der Natur der ihr zugewiesenen Sachen und ist bei anderen StrafK, je nach den ihnen zugewiesenen Materien, mitunter genauso. Die Besetzungsunterschiede gegenüber anderen StrafK (§ 78 b) liegen nur in der Beschränkung auf Berufsrichter insgesamt, während außerhalb der Hauptverhandlung die anderen StrafK ebenfalls ohne die Zuziehung von Schöffen entscheiden (§ 76 Abs. 1, 3).

2. Nach dem Wortlaut ist zweifelhaft, ob das Gesetz mit Rücksicht darauf, dass § 78 b Abs. 1 die in § 78 a Abs. 1 aufgeführten Zuständigkeiten aufspaltet mit der Folge einer unterschiedlicher Besetzung, von zwei selbständigen Spruchkörpern ausgeht, nämlich einer mit einem Richter („Einzelrichter") besetzten **kleinen** und von einer davon getrennten mit drei Richtern besetzten **großen StrafVollstrK,** oder von einer einheitlichen StrafVollstrK, die je nach der zur Entscheidung anstehenden Sache durch einen oder drei Richter entscheidet. Durch die Änderung des § 78 b durch § 179 StVollzG und das RPflEntlG ist eine Klärung zur **einheitlichen StrafVollstrK** hin eingetreten. Für eine einheitliche StrafVollstrK mit einer von der Sache her verschiedenen Besetzung spricht einmal die in § 78 b Abs. 1 Nr. 2 vorgesehene grundsätzliche Zuständigkeit des „Einzelrichters", dessen Einrichtung die StrafVollstrK im Hinblick auf einen Großteil einfach gelagerter Fälle entlasten sollte; nach dem Willen des Gesetzgebers ist die Kammer nur dann in der Besetzung mit drei Richtern zur Entscheidung berufen, wenn die Sache besondere Schwierigkeiten rechtlicher Art aufweist oder grundsätzliche Bedeutung hat.[3] Dem kann auch nicht entgegengehalten werden, § 78 a spreche im Gegensatz zum sonstigen Sprachgebrauch (vgl. §§ 74 Abs. 2, 74 a Abs. 1, 74 b, 74 c Abs. 1) von Kam-

---

[1] BGHSt 26, 118 = NJW 1975, 1238; BTagsDrucks. 7/550 S. 312, 318; *Schwind/Blau* S. 359, 362; *Treptow* NJW 1975, 1105; *Doller* DRiZ 1987, 264; krit. *Meyer-Goßner* ZRP 2000, 345.
[2] A. A. *Peters* GA 1977, 100.
[3] BTagsDrucks. 7/3998 S. 49; 12/1217 S. 48.

§ 78a 4–7   5a. Titel. Strafvollstreckungskammern

mern im Plural. Die Vorschrift spricht gleichzeitig auch von Landgerichten (im Plural), während § 78 b wie auch §§ 78a Abs. 3 GVG, § 462a StPO wieder von der StrafVollstrK im Singular sprechen. Auch der mit der Schaffung der §§ 78a und b verfolgten gesetzgeberischen Intention, dass möglichst alle den Vollzug betreffenden Entscheidungen von demselben Gericht entschieden werden, wird die einheitliche StrafVollstrK am besten gerecht, da hier (durch den der Dreier-Besetzung auch angehörenden Einzelrichter) mindestens eine Teilidentität gewährleistet ist. Eine solche unterschiedliche Besetzung einer Kammer je nach der Eigenart der zu treffenden Entscheidung ist auch nicht ungewöhnlich, vgl. § 29 Abs. 2 und § 76. Es ist deshalb davon auszugehen, dass es sich bei der StrafVollstrK **um einen Spruchkörper** handelt, der nach den jeweils gegebenen gesetzlichen Voraussetzungen in der **Besetzung mit einem Richter oder mit drei Richtern** tätig wird;[4] diese Auffassung ist verfassungsrechtlich nicht zu beanstanden.[5]

4 **III. Einrichtung der Strafvollstreckungskammer. 1. Am Sitz einer Anstalt.** StrafVollstrK bestehen nicht bei jedem LG, sondern nur bei solchen LG, in deren Bezirk Anstalten unterhalten werden (also tatsächlich bestehen), in denen Freiheitsstrafen oder freiheitsentziehende Maßregeln der Besserung und Sicherung vollzogen werden. Zu diesen Anstalten gehören sowohl die Justizvollzugsanstalten zur Vollziehung von Freiheitsstrafen sowie zur Unterbringung in Sicherungsverwahrung und in einer sozialtherapeutischen Anstalt (§ 139 StVollzG) als auch Anstalten anderer Träger, in denen nach Landesrecht die Unterbringung in einem psychiatrischen Krankenhaus oder einer Entziehungsanstalt (§ 138 StVollzG) vollzogen werden. Als Anstalt ist dabei nur eine **selbstständige Anstalt** zu verstehen; Zweigstellen werden der Hauptanstalt zugerechnet, ebenso Außenstellen.[6] Darüber hinaus werden StrafVollstrK bei solchen LG eingerichtet, in deren Bezirk andere Vollzugsbehörden ihren Sitz haben; hier ist an die Fälle zu denken, in denen Behörden der Bundeswehr Vollzugsorgan sind[7] und die Freiheitsstrafe nicht in einer Justizvollzugsanstalt vollzogen wird; § 462a StPO gilt auch für den Vollzug von Strafarrest unabhängig davon, ob er in Vollzugsanstalten der Justiz oder bei der Bundeswehr stattfindet.[8]

5 **2. Bestehen kraft Gesetzes.** Zur Entstehung der StrafVollstrK bedarf es keiner besonderen Anordnung der Errichtung (vgl. § 74 Rn. 8); sie besteht vielmehr kraft Gesetzes, wenn die gesetzlich vorgeschriebenen Voraussetzungen ihres Bestehens vorliegen; einer Anordnung bedarf es nur, wenn mehrere StrafVollstrK (vgl. Rn. 6) gebildet werden sollen. Das Präsidium hat die personelle Besetzung der StrafVollstrK zu regeln (§ 78b Abs. 2).

6 **3. Mehrere Strafvollstreckungskammern.** Entsprechend dem für die anderen SpezialStrafK des LG Ausgeführten ist die Einrichtung einer weiteren StrafVollstrK nur dann zulässig, wenn die eine (erste) nicht in der Lage ist, den Geschäftsanfall zu bewältigen (vgl. § 74 Rn. 12). Sind die Richter durch die Tätigkeit in der StrafVollstrK nicht voll ausgelastet, können sie mit einem Teil ihrer Arbeitskraft anderen Kammern des LG zugewiesen werden.[9]

7 **4. Geschäftsverteilungsplan.** Der Charakter der StrafVollstrK als einheitlicher Spruchkörper (Rn. 3) und die unterschiedliche Besetzung der StrafVollstrK nötigt

---

[4] OLG Hamm GA 1978, 335; OLG Karlsruhe MDR 1979, 1045; OLG Koblenz MDR 1981, 425; OLG Düsseldorf NStZ 1982, 301; OLG Hamm NStZ 1981, 452.
[5] BVerfG NStZ 1983, 44; OLG Koblenz NJW 1975, 1795; OLG Bremen NJW 1976, 69; KG JR 1976, 472; *LR/Siolek* Rn. 7 ff. vor § 78a; *KK/Diemer* Rn. 1; *Meyer-Goßner* § 78 b Rn. 1; *Treptow* NJW 1977, 1038; *Peters* JR 1977, 401; GA 1977, 102; *Schwind/Blau* S. 363; a. A. *Kömhoff* NStZ 1981, 421.
[6] BGHSt 28, 135 = NJW 1978, 2561.
[7] *LR/Siolek* Rn. 2.
[8] BGHSt 26, 391 = NJW 1976, 2356.
[9] *Peters* GA 1977, 103.

816

dazu, im Geschäftsverteilungsplan die StrafVollstrK stets mit drei Richtern zu besetzen und gemäß § 21 g zu regeln, nach welchen Merkmalen diese Richter als Einzelrichter zuständig sind[10] (§ 21 g Rn. 48).

Auch wenn je nach Eigenart einer Vollzugsanstalt Sachen, die in Dreierbesetzung **8** zu entscheiden sind, oft nicht anfallen werden, muss die StrafVollstrK stets mit drei Richtern besetzt sein. Den praktischen Bedürfnissen kann jedoch dadurch Rechnung getragen werden, dass ein Richter des am nächsten liegenden AG als Mitglied dieser StrafVollstrK bestellt wird und ihm geschäftsplanmäßig die Einzelrichtersachen für diese Anstalt übertragen werden; er kann dann am Ort als Einzelrichter tätig werden, formell im Rahmen einer auswärtigen Sitzung der Kammer.[11]

IV. Verhältnis zu anderen Strafkammern. 1. Wird gegen einen Jugendlichen **9** oder Heranwachsenden eine Jugendstrafe oder eine freiheitsentziehende Maßnahme des **Jugendstrafrechts** vollstreckt, ist für die in Abs. 1 Satz 2 Nr. 1 und 2 aufgeführten Entscheidungen ausschließlich der Jugendrichter zuständig (§§ 82, 83, 110 JGG). Das gilt auch dann, wenn nach § 103 JGG das Erwachsenengericht Jugendstrafe oder Maßnahmen des Jugendstrafrechts verhängt hat. Das gleiche gilt, wenn gemäß § 92 Abs. 2 JGG die Jugendstrafe nach den Vorschriften des Vollzugs für Erwachsene vollstreckt wird (Rn. 12). Soweit gemäß § 105 JGG jedoch Erwachsenenstrafrecht angewendet wird, ist auch die Zuständigkeit der StrafVollstrK gegeben (vgl. § 110 Abs. 1 JGG). Zu Nr. 3 siehe Rn. 16.

2. Nach **§ 23 Abs. 1 Satz 2 EGGVG** ist die Zuständigkeit des OLG im Voll- **10** zugsbereich noch teilweise gegeben,[12] nämlich für Anordnungen, Verfügungen oder sonstige Maßnahmen der Vollzugsbehörden im Vollzug derjenigen Freiheitsstrafen, die **außerhalb der Justiz** vollzogen werden (Rn. 4). Die Rechtsschutzmöglichkeit nach §§ 23 ff. EGGVG bestand bislang auch bei Anordnungen, Verfügungen oder sonstige Maßnahmen der Vollzugsbehörden im Vollzug der Jugendstrafe, des Jugendarrestes und der Maßregeln der Besserung und Sicherung gegen **Jugendliche**. Diese Ausgestaltung des Rechtswegs hat das BVerfG[13] aber als sachlich nicht zu rechtfertigende Erschwernis des Zugangs zum Gericht gewertet und nur noch für eine Übergangsfrist bis 30. 12. 2007 zugelassen. Der durch Gesetz vom 13. 12. 2007 (BGBl. I S. 2894) neugefasste § 92 JGG sieht nunmehr für nach dem 1. 1. 2008 anhängig werdende Verfahren auf gerichtliche Entscheidung die Zuständigkeit der Jugendkammer vor, in deren Bezirk die Vollzugsbehörde ihren Sitz hat.[14] Die Neuregelung des Rechtsschutzes war Sache des Bundesgesetzgebers. Nach Art. 74 Abs. 1 GG in der Fassung des Gesetzes vom 30. 6. 2006 (BGBl. I S. 2034) ist zwar die Gesetzgebungskompetenz für den Strafvollzug zwischenzeitlich auf die Länder übergegangen, unverändert bleibt aber die Kompetenz des Bundes für den gerichtlichen Rechtsschutz.[15]

3. Die StrafVollstrK unterliegen den allgemeinen Vorschriften über die StrafK **11** beim LG, sind aber SpezialStrafK, die für die ihnen zugewiesenen Aufgaben **ausschließlich zuständig** sind. Auch wenn sie nicht in § 74 e aufgeführt sind, so sind sie doch im Verhältnis zu allen anderen erkennenden Gerichten für ihren Zuständigkeitsbereich als „höherrangig" anzusehen.

V. Sachliche Zuständigkeit. 1. Erste Voraussetzung für die Zuständigkeit der **12** StrafVollstrK ist es, dass der **Verurteilte sich in Strafhaft** befindet (§ 462 a Abs. 1 Satz 1 StPO), auch Ersatzfreiheitsstrafe.[16] Dem steht es gleich, wenn die Strafvoll-

---

[10] *LK/Siolek* § 78 b Rn. 10.
[11] OLG Hamm NStZ 1981, 452.
[12] Zu den Gründen BTagsDrucks. 7/918 S. 102.
[13] BVerfGE 116, 69 = NJW 2006, 2093.
[14] Hierzu BTagsDrucks. 16/6293; 16/6978.
[15] Vgl. BTagsDrucks. 16/5373. S. 4 f.
[16] BGHSt 30, 223 = NJW 1982, 248.

streckung unterbrochen oder die Vollstreckung des Restes der Freiheitsstrafe zur Bewährung ausgesetzt wurde (Satz 2 aaO.); ist die Strafe voll verbüßt, entfällt jedoch die Zuständigkeit.[17] Die Zuständigkeit ist aber schon dann begründet, wenn der in Haft Befindliche rechtskräftig verurteilt worden ist.[18] Auch der Strafarrest nach dem WStG zählt hierher, gleichgültig, ob er durch die Justiz oder die Bundeswehr vollzogen wird.[19] Bei Vollzug von **Jugendstrafe** besteht keine Zuständigkeit der StrafVollstrK (§ 83 JGG), selbst dann nicht, wenn sie gegen einen (inzwischen) Erwachsenen und gemäß § 92 Abs. 2 JGG nach den Vorschriften über den Vollzug für Erwachsene vollzogen wird.[20] Aber mit der Abgabe der Vollstreckung einer nach den Vorschriften des Strafvollzugs für Erwachsene vollzogenen Jugendstrafe an die StA nach §§ 85 Abs. 6, 89a Abs. 3 JGG wird für die Entscheidung über die Aussetzung der Vollstreckung eines Restes dieser Jugendstrafe die StrafVollstrK zuständig.[21] Der JugendR ist auch zuständig, wenn das OLG im ersten Rechtszug zu Jugendstrafe verurteilt hat, § 462 Abs. 5 StPO findet insoweit keine Anwendung.[22]

13 2. **Zuständig** ist die StrafVollstrK für die in **§ 462a StPO** aufgeführten Entscheidungen, soweit sich nicht aus der StPO etwas anderes ergibt (Abs. 1 Satz 2 Nr. 1). Zuständig ist die StrafVollstrK somit nach § 462a Abs. 1 StPO für die Entscheidungen nach § 453 StPO (nachträgliche Entscheidungen, die sich auf eine Strafaussetzung zur Bewährung oder eine Verwarnung mit Strafvorbehalt beziehen, §§ 56a bis g, 58, 59a, 59b StGB einschließlich der damit zusammenhängenden Entscheidungen und Maßnahmen nach §§ 453a bis 453c StPO); weiter gehören hierher die Entscheidungen nach § 454 StPO (Entscheidung, ob die Vollstreckung eines Restes einer zeitigen Freiheitsstrafe zur Bewährung ausgesetzt werden soll, §§ 57, 58 StGB, sowie die Entscheidung, dass vor Ablauf einer bestimmten Frist ein solcher Antrag des Verurteilten unzulässig ist); auch gehören hierher die nach § 462 StPO zu treffenden Entscheidungen, so die nach § 450a Abs. 3 StPO (Nichtanrechnung von Auslieferungshaft) und nach §§ 458 bis 461 StPO, sowie über die Wiederverleihung verlorener Fähigkeiten und Rechte (§ 45b StGB), und die weiteren dort genannten Entscheidungen. Von dieser grundsätzlichen Zuständigkeit nach § 462a Abs. 1 StPO bestehen jedoch folgende **Abweichungen:** Einmal obliegen nach Abs. 5 diese Entscheidungen dem Gericht des ersten Rechtszugs, wenn das Urteil von einem OLG im ersten Rechtszuge erlassen ist (also nicht notwendigerweise das der StrafVollstrK übergeordnete OLG); das OLG kann aber die nach § 462a StPO zu treffenden Entscheidungen ganz oder zum Teil an die StrafVollstrK abgeben. Die Zuständigkeit der StrafVollstrK ist weiter ausgeschlossen, wenn das Gericht erster Instanz nach § 462a Abs. 2 Satz 2 StPO abgegeben hat. Die StrafVollstrK kann auch selbst die Sache abgeben (Abs. 1 Satz 3 aaO.). Ihre Zuständigkeit wird für Zusammenhangssachen nach § 462a Abs. 4 StPO erweitert. Im Übrigen entscheidet das Gericht erster Instanz (§ 462a Abs. 2 StPO). – Diese gesetzliche Regelung ist wenig übersichtlich und Anlass zu vielen Zuständigkeitsstreitigkeiten;[23] hier muss auf die Erläuterungen zu § 462a StPO verwiesen werden. Die Vorschriften über die Zuständigkeit für die Strafvollstreckung nach § 462a StPO gelten gemäß § 463 StPO entsprechend für die Vollstreckung von Maßregeln der Besserung und Sicherung.

14 3. Entscheidungen nach §§ 50 Abs. 5, 109 StVollzG: Hierbei handelt es sich um die gerichtliche Entscheidung über Anträge gegen eine Maßnahme zur Regelung einzelner Angelegenheiten auf dem Gebiete des Strafvollzugs einschließlich der Er-

---

[17] OLG Stuttgart Justiz 1979, 67.
[18] LG Bonn NStZ 1982, 349.
[19] BGHSt 26, 391 = NJW 1976, 2356.
[20] BGHSt 24, 332; 27, 25; 329; *Schmidt* NJW 1975, 1490; *Jähnke* DRiZ 1977, 236; *Peters* JR 1979, 83.
[21] BGH NStZ 1997, 225; OLG Düsseldorf NStZ 1992, 606; JR 1997, 212 m. Anm. *Böhm*; vgl. auch *Heinrich* NStZ 2002, 182.
[22] OLG Düsseldorf NStZ 2001, 616
[23] Vgl. *Jähnke* DRiZ 1977, 236; *Doller* MDR 1977, 272; *Stromberg* MDR 1979, 353.

hebung eines Haftkostenbeitrags, wenn der Antragsteller geltend macht, durch die Maßnahme oder ihre Ablehnung oder Unterlassung in seinen Rechten verletzt zu sein; vgl. im Einzelnen §§ 109 ff., 50 Abs. 5 StVollzG. In diesem Umfang tritt die StrafVollstrK an die Stelle des sonst nach §§ 23 ff. EGGVG zuständigen OLG. Die Zuständigkeit der StrafVollstrK gilt jedoch nur beim Vollzug von Freiheitsstrafe oder Sicherungsverwahrung in einer Justizvollzugsanstalt (§§ 139, 108 ff., 130 StVollzG). Wird Freiheitsstrafe außerhalb einer Justizvollzugsanstalt vollzogen (Rn. 4), ist das StVollzG nicht anwendbar (§ 1 StVollzG), es bleibt bei der Zuständigkeit des OLG nach § 23 Abs. 1 Satz 2 EGGVG.[24] Auf die Vollstreckung von **Jugendstrafe** ist § 109 StVollzG nicht anwendbar; vgl. Rn. 10. Unter § 109 StVollzG fällt aber der Vollzug einer Jugendstrafe nach den Vorschriften des Strafvollzugs für Erwachsene nach § 92 Abs. 2 JGG.[25] – Inhaltlich gehören in diese Zuständigkeit alle Maßnahmen des alltäglichen Ablaufs im Vollzug (Briefverkehr, Besuchsregelung, Beschäftigung, Einkauf, Entgelt, Kleidung) wie auch der grundsätzlichen Vollzugsgestaltung (Vollzugsplan,[26] Verlegung,[27] Urlaub) bis hin zur Größe der Zelle.[28]

4. Entscheidungen nach § 138 Abs. 3 StVollzG: Angelegenheiten bei Unterbringung in einem psychiatrischen Krankenhaus oder einer Erziehungsanstalt entsprechend denen im Strafvollzug (Rn. 14). Durch die Einbeziehung dieser Maßregeln in den Geltungsbereich der §§ 109 ff. StVollzG ist der subsidiäre Rechtsbehelf nach § 23 Abs. 1 Satz 2 EGGVG gegen Entscheidungen der psychiatrischen Krankenhäuser und Entziehungsanstalten nicht mehr gegeben, auch nicht beim Vollzug an Jugendlichen oder Heranwachsenden.[29]

5. Entscheidungen nach §§ 50, 58 Abs. 2 und 71 Abs. 4 IRG: Hierbei handelt es sich um Entscheidungen über die Vollstreckbarkeit eines ausländischen Erkenntnisses (§ 50 IRG), über die Haft zur Sicherung der Vollstreckung (§ 58 Abs. 2 IRG) und über die Zulässigkeitserklärung des Ersuchens an einen ausländischen Staat um Vollstreckung (§ 71 Abs. 4 IRG). Diese Entscheidungen wurden als Aufgabe des Strafvollstreckungsverfahrens im weiteren Sinne angesehen und deshalb den StrafVollstrK zugewiesen.[30] Diese ist auch zuständig, wenn der Verurteilte zur Tatzeit Jugendlicher oder Heranwachsender war[31] Wegen der Zuweisung dieser Sachen in LG-Bezirken, in denen keine StrafVollstrK besteht, vgl. Abs. 2 Satz 1.

6. Aussetzung der Vollstreckung mehrerer Freiheitsstrafen, § 454 StPO (Abs. 1 Satz 3): Die Vorschrift dient der Ergänzung des § 454b Abs. 3 StPO und stellt klar, dass für die nach dieser Vorschrift gleichzeitig zu treffenden Entscheidungen nur eine StrafVollstrK zuständig ist.[32]

VI. Örtliche Zuständigkeit. Örtlich zuständig ist die StrafVollstrK, in deren **Bezirk die Anstalt** liegt, in die der Verurteilte zu dem Zeitpunkt, in dem das Gericht mit der Sache befasst wird, aufgenommen ist (§§ 462a Abs. 1, § 463 Abs. 1 StPO), bzw. in deren Bezirk die beteiligte Vollzugsbehörde ihren Sitz hat[33] (§ 110 StVollzG). Vollzugsanstalt ist dabei nur eine selbstständige Vollzugsanstalt (Rn. 4). Das Gesetz knüpft allein an die Tatsache der Aufnahme des Verurteilten in eine

---

[24] *LR/Böttcher* § 23 EGGVG Rn. 64.
[25] BGHSt 29, 33 = NJW 1980, 351; *Peters* JR 1979, 523; *Calliess/Müller-Dietz* § 109 StVollzG Rn. 1.
[26] OLG Karlsruhe Justiz 2004, 495; vgl. BVerfG StraFo 2006, 429.
[27] Auch Ablehnung der Verlegung in ein anderes Bundesland, OLG Jena 23. 2. 2005 – 1 VAs 1/05 –; nicht aber die Verweigerung der Zustimmung nach § 26 Abs. 3 StVollstrO, OLG Stuttgart NStZ 1997, 103; KG NStZ-RR 2007, 124; OLG Hamburg hmbJVBl. 2004, 88; OLG Frankfurt NStZ-RR 2006, 253; OLG Schleswig NStZ-RR 2007, 324.
[28] Eingehend *Peters* JR 1977, 400.
[29] *LR/Böttcher* § 23 EGGVG Rn. 65.
[30] BTagsDrucks. 9/1338 S. 98; *LR/Siolek* Rn. 3; *Katholnigg* Rn. 3.
[31] KG NStZ 1999, 196 m. abl. Anm. *Eisenberg* 536.
[32] BTagsDrucks. 10/2720 S. 17.
[33] *Valentin* NStZ 1981, 129.

bestimmte Anstalt an[34] zu dem Zeitpunkt, zu dem das Gericht mit der Sache befasst wird (entsprechendes gilt bezüglich des Sitzes der Vollzugsbehörde nach § 110 StVollzG). Das ist der Fall, wenn der Antrag eines Verfahrensbeteiligten eingeht oder das Gericht von sich aus im Hinblick auf eine bestimmte erforderliche Entscheidung das Verfahren einleitet[35] oder die Akten bei ihm eingehen.[36] Eine Verschubung des Verurteilten danach ändert an der einmal begründeten Zuständigkeit nichts mehr.[37] Aber dadurch, dass der jeweilige Aufenthalt des Verurteilten während des Vollzugs durch den ohne Einflussmöglichkeit einer StrafVollstrK aufgestellten Vollzugsplan bestimmt wird, kann sich im Laufe des Vollzugs die Zuständigkeit verschiedener StrafVollstrK ergeben.[38] Eine nur vorübergehende Verlegung, etwa in ein Krankenhaus oder zur Wahrnehmung eines auswärtigen Termins, ändert jedoch nichts am „Aufenthalt",[39] während umgekehrt die erste Aufnahme, auch wenn sie nur als vorübergehend geplant war, die Zuständigkeit begründet.[40] Im Einzelnen ist auf die Kommentierungen zu § 462a StPO zu verweisen. – Angesichts dessen, dass eine einmal eingetretene Zuständigkeit für einen konkreten Anlass durch den Aufenthaltswechsel nicht verändert wird (das zum Zeitpunkt des Strafantritts bereits mit einer Sache befasste Gericht des ersten Rechtszugs wird allerdings verdrängt),[41] bestehen unter dem Gesichtspunkt des gesetzlichen Richters keine Bedenken,[42] mag dies auch dadurch die Tätigkeit der StrafVollstrK erschweren.[43]

19 Aus § 462a Abs. 4 Satz 1, 3 StPO folgt zur Vermeidung unerwünschter Zuständigkeitswechsel (Rn. 1) die Zuständigkeit einer StrafVollstrK für die nachträgliche Entscheidung in allen Fällen, „auch wenn die Zuständigkeit in dem Einzelverfahren, in dem die Entscheidungen zu treffen sind, an sich nicht gegeben wäre. Eine Entscheidungszersplitterung soll nämlich vermieden werden. Deshalb sind alle nachträglichen Entscheidungen bei einem Gericht … konzentriert, wobei die Zuständigkeit der Strafvollstreckungskammer stets die Zuständigkeit des Gerichts des ersten Rechtszugs verdrängt".[44]

20 **VII. Rechtsmittel.** Gegen die Entscheidung der StrafVollstrK ist im Rahmen der §§ 462a, 463 StPO nach § 453 Abs. 2 StPO teils die einfache, teils die sofortige Beschwerde, nach §§ 454 Abs. 3 und 462 Abs. 3 StPO die sofortige Beschwerde zulässig; im Rahmen der Zuständigkeit nach § 109 StVollzG die Rechtsbeschwerde nach § 116 StVollzG. Über die Beschwerde entscheidet das OLG, vgl. § 121 Abs. 1 Nr. 2, 3 GVG, § 117 StVollzG. Beschlüsse der StrafVollstrK über die Versagung der Prozesskostenhilfe für einen Antrag auf gerichtliche Entscheidung in Strafvollzugssachen unterliegen nicht der Beschwerde.[45] Hat anstelle der zuständigen StrafVollstrK das AG als Gericht des ersten Rechtszugs entschieden, gilt die Beschwerdeentscheidung der Rechtslage entsprechend als erstinstanzliche Entscheidung, ein an sich nicht statthaftes weiteres Rechtsmittel ist als Beschwerde gegen die landgerichtliche Entscheidung zu behandeln.[46]

21 **VIII. Konzentrationsermächtigung.** Zur Berücksichtigung besonderer örtlicher Gegebenheiten und im Interesse der sachgerechten Ausnutzung richterlicher

---

[34] OLG Hamburg MDR 1982, 251.
[35] BTagsDrucks. 7/550 S. 313.
[36] *Schmidt* NJW 1975, 1488.
[37] BGHSt 26, 165 = NJW 1975, 1847; St 30, 189 = NJW 1981, 2766; a. A. *Herzog* NJW 1976, 1077.
[38] BGHSt 26, 278; zur örtlichen Zuständigkeit in Abhängigkeit von Verlegungen *Roth* S. 133 ff.
[39] BGH NJW 1976, 249.
[40] *Schmidt* NJW 1975, 1489; 1976, 224; a. A. *Treptow* NJW 1976, 223.
[41] Vgl. BGH NStZ-RR 2007, 95.
[42] Zweifelnd *Treptow* NJW 1975, 1107.
[43] Vgl. *Schmidt* NJW 1975, 1488; 1976, 224; *Treptow* NJW 1976, 223.
[44] BGHSt 26, 118 = NJW 1975, 1238; St 28, 82 = NJW 1978, 2561; St 30, 263 = NJW 1982, 393; BGH NStZ 2001, 222; *Treptow* NJW 1975, 1105; *Schmidt* NJW 1975, 1489.
[45] OLG Frankfurt GA 1979, 65.
[46] OLG Düsseldorf NStZ-RR 2001, 111.

Kenntnisse und Erfahrungen enthält Abs. 2 Satz 2, 1. Halbs., eine **Konzentrationsermächtigung** an die LReg; das zu §§ 58 und 74c Ausgeführte gilt entsprechend.

Entsprechend dem Zweck des § 78a, eine möglichst ortsnahe Entscheidung zu treffen (Rn. 1), ermächtigt Abs. 2 Satz 2, 2. Alt. die LReg weiterhin, durch RechtsVO zu bestimmen, dass StrafVollstrK ihren Sitz innerhalb des Bezirks ihres LG auch oder ausschließlich an Orten haben, an denen das LG seinen Sitz nicht hat, wenn dies für eine sachdienliche Förderung oder schnellere Erledigung der Verfahren zweckmäßig ist (vgl. auch § 121 Abs. 3). Dies ändert nicht die Zugehörigkeit zum LG, auch nicht in der Bezeichnung. Die Kammer bleibt eine StrafVollstrK des LG, auch wenn sie am Sitz eines AG besteht und sich ganz oder teilweise aus Richtern dieses AG zusammensetzt. 22

Die Konzentrationsermächtigung wie auch die Ermächtigung zur Bestimmung eines Sitzes der StrafVollstrK außerhalb des Sitzes des LG kann durch RechtsVO auf die LJustizVerw übertragen werden; vgl. dazu § 58 Rn. 3. 23

IX. Länderübergreifende Zuständigkeit. Abs. 3 enthält die (reichlich unklare) Möglichkeit einer abweichenden Regelung der örtlichen Zuständigkeit. Die Regelungen, nach denen für die Errichtung einer StrafVollstrK allein maßgebend ist, ob im Bezirk des LG eine Vollzugsanstalt usw. unterhalten wird (Rn. 4 f.), und nach denen es für die örtliche Zuständigkeit der StrafVollstrK allein auf den Verwahrort des Verurteilten ankommt (Rn. 18), gelten auch dann, wenn die Strafvollstreckung außerhalb des Landes vorgenommen wird, dessen Organe (§ 451 StPO) für die Strafvollstreckung zuständig sind. Unterhält aber ein Land auf dem Gebiet eines anderen Landes eine Anstalt (vgl. § 150 StVollzG), ermächtigt Abs. 3 die beteiligten Länder zu einer Vereinbarung dahin, dass die StrafVollstrK bei dem LG zuständig ist, in dessen Bezirk die für die Anstalt zuständige Aufsichtsbehörde (außerhalb oder innerhalb des Landes, in dem die Vollzugsanstalt liegt) ihren Sitz hat, also nicht die StrafVollstrK des LG, in dessen Bezirk die Anstalt liegt. Damit wird die Möglichkeit geschaffen, dass auch bei Vollzug außerhalb des Landes eine StrafVollstrK innerhalb des Landes zuständig ist, und zwar die am Sitz der Aufsichtsbehörde für die außerhalb des Landes liegende Anstalt[47] – eine Möglichkeit, die einem sehr pointierten Föderalismus Rechnung zu tragen scheint. 24

§ 78 b. [Besetzung]

(1) **Die Strafvollstreckungskammern sind besetzt**
1. in Verfahren über die Aussetzung der Vollstreckung des Restes einer lebenslangen Freiheitsstrafe oder die Aussetzung der Vollstreckung der Unterbringung in einem psychiatrischen Krankenhaus oder in der Sicherungsverwahrung mit drei Richtern unter Einschluß des Vorsitzenden,
2. in den sonstigen Fällen mit einem Richter.

(2) **Die Mitglieder der Strafvollstreckungskammern werden vom Präsidium des Landgerichts aus der Zahl der Mitglieder des Landgerichts und der in seinem Bezirk angestellten Richter beim Amtsgericht bestellt.**

Übersicht

	Rn.		Rn.
I. Besetzung	1	III. Bestellung der Richter	11
II. Abgrenzung zwischen Einzelrichter und Kollegium	6	1. Vorsitzender	12
		2. Mitglieder aus dem LG	13
1. Gleiche StrafK	6	3. Mitglieder aus dem AG	14
2. Innerhalb der Kammer	7	4. Bei Konzentration	15
3. Einzelrichter statt Kollegium	8	5. Vertretung	16
4. Kollegium statt Einzelrichter	9	6. Keine besondere Qualifikation	20
5. Andere StrafK	10	IV. OLG als Beschwerdeinstanz	21

---

[47] BTagsDrucks. 7/1261 S. 34.

Gesetzesfassung: § 78b i.d.F. des StrafvollzugsG vom 16. 3. 1976 (BGBl. I S. 581), § 179 Nr. 3; Abs. 1 i.d.F. Art. 3 Nr. 8 RPflEntlG. In Abs. 1 Nr. 1 sind die Worte „im psychiatrischen Krankenhaus" ersetzt durch die Worte „in einem psychiatrischen Krankenhaus oder in der Sicherungsverwahrung" durch G zur Rechtsvereinheitlichung der Sicherungsverwahrung vom 16. 6. 1995 (BGBl. I S. 818).

1 **I. Besetzung. Die Besetzung** der einheitlichen StrafVollstrK (vgl. § 78a Rn. 3) ist unterschiedlich je nach der konkret zu erledigenden Aufgabe. Sie entscheidet aber stets **nur durch Berufsrichter,** eine Beteiligung von Schöffen ist nicht vorgesehen. Das beruht auf der Überlegung, dass es auf unüberwindliche Schwierigkeiten stoßen dürfte, die erforderliche Zahl unabhängiger, aber mit den besonderen Bedingungen des modernen Strafvollzugs und des Vollzugs freiheitsentziehender Maßregeln vertrauter Personen zu gewinnen.[1]

2 Die Besetzung der StrafVollstrK als einheitlicher Spruchkörper (§ 78a Rn. 3) richtet sich nach dem Gegenstand der zu treffenden Entscheidung (Abs. 1). Gegenüber der früher differenzierten Regelung, u.a. abgestuft nach der Dauer der Strafe, nach Schwierigkeit der zu treffenden Entscheidung oder ihrer grundsätzlichen Bedeutung, hat zum 1. 3. 1993 Art. 3 Nr. 9 RPflEntlG mit der Neufassung des Abs. 1 eine radikale Vereinfachung gebracht.

3 Die StrafVollstrK entscheidet in der **Besetzung mit drei Richtern** unter Einschluss des Vorsitzenden (Abs. 1 Nr. 1): a) in Verfahren über die Aussetzung des Restes einer lebenslänglichen Freiheitsstrafe; b) in Verfahren über die Aussetzung der Vollstreckung der Unterbringung in einem psychiatrischen Krankenhaus oder in der Sicherungsverwahrung. Zum „Verfahren über die Aussetzung" gehören auch alle weiteren mit der Aussetzung (d.h. der Frage der weiteren Vollstreckung) **im Zusammenhang** stehenden Entscheidungen, wenn damit incidenter die Fortdauer des Vollzugs berührt wird;[2] das gilt z.B. für die Umkehr der Vollstreckungsreihenfolge nach § 67 Abs. 2 StGB,[3] die Zulässigkeit der Vollstreckung,[4] den Widerruf der Aussetzung zur Bewährung nach § 453 StPO,[5] die Aufhebung der Aussetzung zur Bewährung nach § 454a Abs. 2 StPO,[6] die Unterbrechung nach § 454b Abs. 2 StPO,[7] die Erledigung einer Maßregel.[8] Eine mündliche Anhörung durch ein beauftragtes Kammermitglied bleibt möglich, wenn sie ausnahmsweise als ausreichend erscheint;[9] sie ist durch die mit drei Richtern besetzte Kammer anzuordnen.[10]

4 In allen anderen der StrafvollstrK obliegenden Entscheidungen ist der **Einzelrichter** zuständig (Abs. 1 Nr. 2). Das gilt für alle Strafvollzugssachen nach §§ 50 Abs. 5, 109, 138 Abs. 3 StVollzG.[11] Wird neben lebenslanger Freiheitsstrafe oder Unterbringung nach §§ 63, 66 StGB noch eine zeitige Freiheitsstrafe oder eine sonstige freiheitsentziehende Maßregel vollstreckt, ist auch insoweit der Einzelrichter zuständig;[12] wegen des „Verbunds" gilt dies jedoch nicht für die Entscheidung über die Aussetzung einer vorweg vollzogenen zeitigen Freiheitsstrafe.[13]

5 Der Einzelrichter ist auch zuständig für die Entscheidungen nach §§ 50, 58 Abs. 2 und 71 Abs. 4 IRG.[14]

---

[1] BTagsDrucks. 7/550 S. 319.
[2] *LR/Siolek* Rn. 3; *Katholnigg* Rn. 2; *Meyer-Goßner* Rn. 5.
[3] OLG Hamm NStZ 1994, 207.
[4] OLG Hamm NStZ-RR 1999, 126.
[5] OLG Hamm NStZ 1994, 146.
[6] *LR/Siolek* Rn. 3.
[7] *LR/Siolek* Rn. 3.
[8] OLG Hamm NStZ 1994, 207.
[9] OLG Nürnberg NStZ-RR 2004, 318; OLG Düsseldorf JMBl. NW 2001, 216; OLG Zweibrücken 5. 10. 2005 – 1 Ws 383/05 –.
[10] OLG Hamburg 8. 11. 2002 – 2 Ws 186/02 –.
[11] *Katholnigg* Rn. 3; *Meyer-Goßner* Rn. 6; *LR/Siolek* Rn. 4.
[12] *Meyer-Goßner* Rn. 5; *LR/Siolek* Rn. 3.
[13] OLG Hamburg 6. 11. 2002 – 2 Ws 196/02 –.
[14] OLG München NStZ 1995, 207; *Katholnigg* Rn. 2; *LR/Siolek* Rn. 4; *Meyer-Goßner* Rn. 6.

Besetzung   6–13 § 78b

II. Abgrenzungsprobleme zwischen Einzelrichter und Kollegium. 6
1. Einzelrichter und Drei-Richter-Kollegium sind je in ihrem Zuständigkeitsbereich der gesetzliche Richter. Sie bilden aber die **gleiche StrafK** und stehen sich nicht wie selbstständige StrafK gegenüber (§ 78a Rn. 3). Das Dreierkollegium ist auch kein höherrangiges Gericht im Sinne des § 74e.[15]

2. Besteht innerhalb der StrafVollstrK **Streit** darüber, **ob der Einzelrichter** 7
oder das Kollegium zuständig ist, ist deshalb § 14 StPO nicht anwendbar, auch nicht rechtsähnlich. Ebenso wenig ist eine Bestimmung durch das Präsidium (§ 21e Rn. 117) möglich, da es sich um eine gesetzlich zwingend vorgeschriebene Zuständigkeit handelt. Die bindende Kompetenz zur Streitentscheidung muss dem Kollegium zuerkannt werden (vgl. § 75 Rn. 13).

3. Hat der **Einzelrichter anstelle des Kollegiums** entschieden, war das Ge- 8
richt nicht ordnungsgemäß besetzt.[16] Der Auffassung, es liege in diesem Falle im Ermessen des Beschwerdegerichts, ob es in der Sache selbst entscheidet (§ 309 StPO) oder wegen dieses Mangels zurückverweist,[17] kann nicht gefolgt werden. Die zahlenmäßig unzureichende Zusammensetzung des Spruchkörpers ist ein so schwerwiegender Verstoß gegen den gesetzlichen Richter, dass Aufhebung und Zurückverweisung geboten sind.[18] Die Motive zum StVollzG gingen zwar dahin, dass allein wegen der nicht ordnungsgemäßen Besetzung der StrafVollstrK eine Zurückverweisung nicht erfolgen solle;[19] diese Überlegungen sind jedoch nicht Gesetz geworden.

4. Hat das **Dreier-Kollegium statt des Einzelrichters** entschieden, war dies 9
ebenfalls nicht der gesetzliche Richter;[20] es gilt das Gleiche wie im Verhältnis von Einzelrichter zur Zivilkammer (§ 75 Rn. 8; § 16 Rn. 48). Der Ansicht, dem Rechtsgedanken des § 269 StPO entsprechend liege hierin kein beachtlicher Rechtsfehler,[21] abgesehen vom Fall der Willkür,[22] steht entgegen, dass die große StrafVollstrK gegenüber der kleinen kein Gericht höherer Ordnung ist[23] (Rn. 6; § 78a Rn. 3).

5. Hat eine **andere StrafK als die StrafVollstrK** entschieden, dann hat ein 10
sachlich nicht zuständiges Gericht entschieden, die Entscheidung ist fehlerhaft. Auch umgekehrt hat ein sachlich unzuständiges Gericht entschieden, wenn die StrafVollstrK eine Sache entschieden hat, die nicht in den Zuständigkeitsbereich des § 78a fällt.

III. Bestellung der Richter. Die Richter werden vom Präsidium des LG aus 11
der Zahl der Mitglieder des LG und der in seinem Bezirk angestellten Richter beim AG bestellt (Abs. 2).

1. Vorsitzender der StrafVollstrK muss ein Vorsitzender Richter sein, § 21f 12
Abs. 1. Seine Vertretung ist nach § 21f Abs. 2 zu regeln.

2. Die **weiteren Mitglieder** der StrafVollstrK (Beisitzer, Einzelrichter) können 13
einmal Mitglieder des LG sein. Angesichts der Wortwahl ist es nicht erforderlich, dass sie Richter auf Lebenszeit sind, auch Richter auf Probe und kraft Auftrags können bestellt werden wie auch zum Landgericht abgeordnete Richter. Bei der Entscheidung des Kollegiums darf aber nicht mehr als ein Richter auf Probe mitwirken, vgl. § 29 DRiG und § 59 Rn. 18.

---
[15] A. A. wohl *LR/Siolek* Rn. 5.
[16] *Peters* JR 1977, 400; *LR/Siolek* Rn. 13; *Meyer-Goßner* Rn. 8.
[17] OLG Hamm NStZ 1992, 407; OLG Frankfurt StV 1989, 491.
[18] OLG Düsseldorf GA 1991, 322; OLG Koblenz OLGSt GVG § 78b Nr. 1; OLG Hamburg 6. 11. 2002 – 2 Ws 196/02 –; vgl. OLG Hamm NStZ 1994, 146; OLG Karlsruhe Justiz 1998, 603.
[19] BTagsDrucks. 7/3998 S. 49.
[20] OLG Koblenz NStZ 1984, 284 – L–; OLG Düsseldorf NStZ 2000, 444.
[21] OLG Düsseldorf NStZ 1984, 477; *LR/Siolek* Rn. 12.
[22] *Peters* JR 1977, 400.
[23] OLG Düsseldorf NStZ 2000, 444 unter Aufgabe der früheren Rspr.

14 3. Zu Mitgliedern der StrafVollstrK, nicht aber zum Vorsitzenden, können auch Richter eines AG bestellt werden, das im Bezirk des LG liegt. Im Gegensatz zu den Richtern beim LG muss es sich um Richter handeln, die bei diesem AG „angestellt" sind, also ein Richteramt im Sinne des § 27 DRiG innehaben, das können nur Richter auf Lebenszeit sein.[24] Zum AG abgeordnete Richter gehören nicht zu diesem Personenkreis.[25]

15 4. Ist von der **Konzentrationsermächtigung** des § 78a Abs. 2 Gebrauch gemacht worden, dann ist zwar der örtliche Zuständigkeitsbereich dieser StrafVollstrK identisch mit den Bezirken der LG, die von der Konzentration umfasst werden. Gleichwohl handelt es sich aber um eine StrafVollstrK des Gerichts, bei dem sie errichtet ist. Das Präsidium kann deshalb nur Richter aus diesem LG-Bezirk (einschließlich der zu ihm gehörenden AG) zu Mitgliedern der StrafVollstrK bestellen (vgl. § 58 Rn. 13; § 74c Rn. 17).

16 5. Das Präsidium hat auch die **Vertretung** der beisitzenden Richter (Einzelrichter) der StrafVollstrK zu regeln, und zwar abschließend. Soweit ein Richter beim AG der StrafVollstrK zugewiesen ist, gilt die für das AG bestehende Vertretungsregelung nicht auch für die StrafVollstrK.

17 Die Kompetenz des Präsidiums des LG, auch Richter des AG zu Mitgliedern einer Strafkammer des LG zu bestellen, ist ein Sonderfall (vgl. § 22 Rn. 16).

18 Die Entscheidung des Präsidiums des LG geht der Geschäftsverteilung des AG vor. Für die Übertragung bedarf es nicht einer Doppelernennung nach § 22 Abs. 2.[26]

19 Innerhalb der StrafVollstrK (vgl. § 78a Rn. 3) ist die Tätigkeit der einzelnen Richter nach § 21g zu regeln. Soweit die Dreier-Besetzung vorgeschrieben ist, gelten hier keine Besonderheiten. Die Tätigkeit der Kammermitglieder als Einzelrichter ist ebenfalls nach § 21g zu regeln (vgl. § 21g Rn. 45ff.; § 21e Rn. 133f.). Eine ausdrückliche Vorschrift über die Tätigkeit des Vorsitzenden auch als Einzelrichter (vgl. § 21g Abs. 3 Satz 2) fehlt, sie ist jedenfalls zulässig.

20 6. Das Gesetz enthält keine besonderen **Qualifikationsmerkmale** für die bei der StrafVollstrK tätigen Richter. Das Präsidium sollte aber bei der Besetzung die für die Errichtung der StrafVollstrK maßgebenden Motive des Gesetzgebers (§ 78a Rn. 1) im größtmöglichen Rahmen berücksichtigen.

21 **IV. OLG als Beschwerdeinstanz.** Für das OLG als Beschwerdeinstanz (vgl. § 78a Rn. 20) bestehen keine Sondervorschriften, es gibt insbesondere keinen gesetzlich vorgeschriebenen Spezialsenat für Strafvollstreckung. Zweckmäßig ist es jedoch, diese Zuständigkeit bei einem Senat zu konzentrieren.[27]

---

[24] OLG Koblenz NStZ 1982, 301.
[25] *LR/Siolek* Rn. 9.
[26] *Meyer-Goßner* Rn. 9.
[27] Weitergehend *Peters* GA 1977, 103.

Sechster Titel. Schwurgerichte

§§ 79–92. (weggefallen)

Siebenter Titel. Kammern für Handelssachen

§ 93. [Bildung]

(1) ¹Die Landesregierungen werden ermächtigt, durch Rechtsverordnung bei den Landgerichten für deren Bezirke oder für örtlich abgegrenzte Teile davon Kammern für Handelssachen zu bilden. ²Solche Kammern können ihren Sitz innerhalb des Landgerichtsbezirks auch an Orten haben, an denen das Landgericht seinen Sitz nicht hat.

(2) Die Landesregierungen können die Ermächtigung nach Absatz 1 auf die Landesjustizverwaltungen übertragen.

Gesetzesfassung: § 93 neu gefasst durch Art. 17 Nr. 3 des Ersten G über die Bereinigung von Bundesrecht im Zuständigkeitsbereich des Bundesministeriums der Justiz vom 19. 4. 2006 (BGBl. I S. 866).

I. Geschichte. Die detaillierte und umfangreiche Regelung der Kammer für Handelssachen (KfH) mit 21 Paragraphen steht in einem jedenfalls quantitativ nicht ganz ausgewogenen Verhältnis zu der Regelung für die allgemeinen Zivilprozesssachen vor dem LG mit 6 Paragraphen (auf 10 allgemeine Zivilprozesssachen entfallen etwa 1,5 bis 2 Handelssachen) und ist zum Teil nur historisch erklärbar. Die (später verwirklichte) Forderung nach Einführung besonderer Spruchkörper für Handelssachen beruhte einmal auf starkem französischen Einfluss, zum anderen auf der Entwicklung zur deutschen Rechtseinheit auf handelsrechtlichem Gebiet.[1] Diese begann materiellrechtlich mit dem Allgemeinen Deutschen Handelsgesetzbuch (ADHGB), das auf Empfehlung der Bundesversammlung des Deutschen Bundes vom 31. Mai 1861 zunächst partikularrechtlich in Kraft gesetzt worden war, dann aber durch Gesetz vom 5. Juni 1869 (BGBl. S. 379) zum Gesetz des Norddeutschen Bundes und durch Reichsgesetz vom 16./22. 4. 1871 (RGBl. S. 63, 87) zum Reichsgesetz wurde.[2] Das ADHGB sah in Art. 3 fakultativ schon ein besonderes Handelsgericht vor und verwies nur „in Ermangelung eines besonderen Handelsgerichts" die Rechtsstreitigkeit an das „gewöhnliche" Gericht.[3] Einige Staaten des Deutschen Reichs hatten solche Handelsgerichte bereits vor Inkrafttreten des GVG eingeführt.[4] Schon vor dem GVG war auch eine über die einzelnen Staaten hinausgehende oberste Rechtsmittelinstanz vorhanden. Am 5. 8. 1870 wurde in Leipzig das Bundesoberhandelsgericht für den Norddeutschen Bund eröffnet (Gesetz vom 12. 6. 1869, BGBl. S. 201), dessen Zuständigkeit mit Wirkung vom 1. 1. 1871 auf Hessen-Darmstadt, Baden, Württemberg und Bayern ausgedehnt wurde. Mit der Gründung des Deutschen Reichs 1871 wurde das Bundesoberhandelsgericht zum Reichsoberhandelsgericht in Leipzig,[5] dessen Zuständigkeit auch sachlich erweitert wurde.[6] Zum 1. 10. 1879, mit dem Inkrafttreten des GVG, ging das Reichsoberhandelsgericht im RG auf, §§ 14, 19 EGGVG. – In den Beratungen zum GVG nahmen die Handelssachen einen breiten Raum ein.[7] Die um diese Zeit sehr starken Bemühungen um die Schaffung einer besonderen Handelsgerichtsbarkeit werden in den Materialien wie folgt zusammengefasst, und die damalige rechtspolitische Diskussion hat nichts von ihrer Aktualität eingebüßt: „Das Verlangen des Handelsstandes nach Handelsgerichten gründet sich vor-

---
[1] Vgl. *Hahn* I S. 108 ff.
[2] *RGRK/HGB/Brüggemann* Allg. Einl. Rn. 5 ff.
[3] *Hahn* I S. 109.
[4] *Hahn* I S. 110.
[5] Plenarbeschluss vom 2. September 1871 – ROHG 2, 448; vgl. *Brüggemann* aaO.
[6] *Kern*, Geschichte S. 83; *Sommermeyer* S. 18 ff.; *Weil* S. 10; *Silberschmidt* ZHR Band 55–1904 – Beilage.
[7] *Hahn* I S. 290 ff., II S. 1098 ff.

nehmlich darauf, dass bei der Beurtheilung von Handelssachen das Gewohnheitsrecht und die für den Abschluss und die Auslegung der Rechtsgeschäfte maßgebenden Gebräuche eine hervorragendere Stelle einnehmen, als auf anderen Rechtsgebieten, dass überdies das Gewohnheitsrecht in Handelssachen noch jetzt in beständiger Neubildung begriffen sei und dass die Kenntniß dieses fortwährend in der Entstehung begriffenen Gewohnheitsrechts sowie der im Verkehrsleben sich wandelnden Gebräuche nur denjenigen zuverlässig und vollständig bekannt sei, welche berufsmäßig Handel treiben. Hinzu komme, dass das deutsche Handelsgesetzbuch sich in einer Reihe von Bestimmungen an das eigene sachverständige Ermessen des Richters wende in Bezug auf Dinge, welche eine kaufmännische Geschäftserfahrung voraussetzen oder bei denen das Urtheil durch solche wenigstens erheblich berichtigt werde. Nicht unwesentlich sei auch der Gesichtspunkt, dass Kaufleute Scheu trügen, vor Gerichten, welche mit Berufsgenossen besetzt sind, Ansprüche und Einreden geltend zu machen, die ihren kaufmännischen Ruf schädigen könnten. Das aus eigener täglicher Anschauung gewonnene Verständniß des Kaufmanns für die Handels- und Verkehrseinrichtungen überhaupt, die ihm anerzogene, durch eigene Erfahrung ausgebildete und stets in Übung erhaltene Fähigkeit, zu erkennen, worauf es bei der Geschäftsoperation von den Betheiligten abgesehen war, und darin das richtige Material für oder gegen den guten Glauben in den erhobenen Ansprüchen und Einreden zu finden, diese Eigenschaften seien es vornehmlich, welche den Kaufmann zum Richter in allen Handelssachen in hervorragender Weise geschickt machten. Die dem Handelsrichter abgehende Kenntniß des geschriebenen Rechts könne nöthigenfalls durch die entsprechende Rechtsbelehrung eines dem Handelsgerichte beizuordnenden gelehrten Richters ersetzt werden. ...

... Der Standpunkt, welchen der Entwurf diesen verschiedenen Ansichten gegenüber einnimmt, ist folgender: die Frage der Einrichtung von Handelsgerichten ist nicht von einem prinzipiellen Standpunkte aus zu entscheiden. Man kann weder behaupten, dass Handelssachen nothwendig nur von Handelsgerichten abgeurtheilt werden dürften, noch dass Handelsgerichte für die Rechtsprechung in Handelssachen überhaupt nicht geeignet seien. Die Erfahrung lehrt, dass die Handelsgerichte, wo sie bestehen, meistens mit gutem Erfolge thätig sind, und dass namentlich der Handelsstand, also gerade die zunächst betheiligten Kreise, zu den Handelsgerichten großes Vertrauen haben. Der Vorzug der Handelsgerichte liegt darin, dass durch die Errichtung der Handelsgerichte die sachgemäße Urtheilsfällung in Handelssachen insofern gefördert wird, als die kaufmännischen Mitglieder dem rechtsgelehrten Richter die Handhabung der kaufmännischen Geschäfte erläutern, ihn mit der Ausdrucksweise und den Gebräuchen des Handelsstandes vertraut machen und ihm das Verständniß des Zweckes der einzelnen Geschäftsbetriebe erleichtern. Gerichte, bei welchen tüchtige und erfahrene Kaufleute mitwirken, werden in Handelssachen ohne Weiteres und mit Sicherheit zu einem sachgemäßen, die Gestaltung des kaufmännischen Verkehrs richtig würdigenden Urtheil gelangen können, während ein nur mit rechtsgelehrten Richtern besetztes Gericht in vielen Fällen nur durch das umständliche und weniger sichere Mittel der Vernehmung von Sachverständigen sich die nothwendigen Grundlagen des Urtheils verschaffen kann. Der Entwurf glaubt hiernach der neueren der Errichtung von Handelsgerichten günstigen Zeitströmung insoweit Rechnung tragen zu müssen, dass er die Errichtung von Handelsgerichten gestattet, ohne aber als Konsequenz dieses Vorgehens anzuerkennen, dass alle Handelssachen und dass Handelssachen an allen Orten von Handelsgerichten abgeurtheilt werden müssten. Die Errichtung von Handelsgerichten und die Abgrenzung ihrer Zuständigkeit ist wesentlich eine Frage der Zweckmäßigkeit, und der Gesetzgeber muss auch solche Gründe in Berücksichtigung ziehen, welche in dieser oder in jener Beziehung eine Beschränkung der handelsgerichtlichen Thätigkeit angemessen erscheinen lassen.".[8]

2 Demgemäß sah der Regierungsentwurf zunächst vor, dass die Handelsgerichte als besondere Gerichte erster Instanz neben AG und LG mit einheitlicher sachlicher Zuständigkeit treten sollten und das OLG für sie einheitliche Rechtsmittelinstanz sein sollte (§§ 81 ff. Entwurf). Im Reichstag wurde dann jedoch die Errichtung besonderer Handelsgerichte überhaupt abgelehnt. Es sollte über alle Handelssachen in gleicher Weise wie über alle anderen bürgerlichen Rechtsstreitigkeiten auch von AG und LG nach den allgemeinen Zuständigkeitsbestimmungen entschieden werden. Auf Intervention des Bundesrats wurde dann aber im Laufe der Gesetzgebung die heutige Konstruktion gefunden, dass die KfH eine besondere Kammer des Landgerichts ist im Rahmen der allgemeinen Zuständigkeit des Landgerichts.[9] – Die KfH war zunächst nur erstinstanzlich zuständig im Rahmen der erstinstanzlichen Zuständigkeit des LG, erst durch Gesetz vom 1. 6. 1909 (RGBl. S. 475) wurde die KfH für die Handelssachen in der gesamten Zuständigkeit des LG

---

[8] *Hahn* I S. 111, 112.
[9] Eingehend *Hahn* II S. 1098 ff.

zuständig, also auch, soweit das LG als Rechtsmittelgericht zuständig ist. Seitdem sind an der Regelung der KfH keine wesentlichen Änderungen mehr eingetreten. Auch in der rechtspolitischen Diskussion ist ihr Bestand dem Grunde nach außer Zweifel; sie hat sich bewährt.[10] Allenfalls werden einzelne Änderungen vorgeschlagen.[11]

II. Spezialzivilkammer. Die KfH ist eine **Spezial-ZivK des LG.** Ihre Besonderheit geht in drei Richtungen: Sie besteht nicht bei jedem LG (§ 93); wo sie besteht, ist ihre geschäftsplanmäßige Zuständigkeit vom Gesetz selbst festgelegt (§ 95); ihre Besetzung unterscheidet sich von der der ZivK (§ 105). 3

III. Bildung. Die KfH besteht **nicht bei jedem LG** und auch **nicht kraft Gesetzes** (vgl. § 60 Rn. 1). Sie wird vielmehr konstitutiv durch LandesVO gebildet. Nach ursprünglichem Wortlaut war hierfür die „Landesjustizverwaltung" zuständig; das war zunächst die LReg (Gesetz vom 1. 7. 1960, BGBl. I S. 481), die diese Befugnis auf die oberste Landesbehörde übertragen konnte. Wegen Zweifeln, ob die LandesVOen dem Zitiergebot Genüge tun,[12] wurde die Regelung durch eine Verordnungs- und Delegationsermächtigung unmittelbar im GVG ersetzt. Die Bildung der KfH hat im Wege einer RechtsVO zu geschehen, denn es handelt sich um eine die Bestimmung des gesetzlichen Richters betreffende Regelung der Gerichtsorganisation (vgl. Einl. Rn. 21 f.). Diese bundesrechtliche Kompetenzregelung schließt eine Regelung durch Landesgesetz aus. Soweit das AG nach § 23 zuständig ist, bleibt es bei seiner Zuständigkeit unbeschadet der Möglichkeit, in den allgemeinen Grenzen die Zuständigkeit des LG zu vereinbaren oder herbeizuführen (vgl. § 23 Rn. 11) und damit auch die Zuständigkeit der KfH. 4

Ob ein **Bedürfnis für die Bildung** einer KfH vorhanden ist, entscheidet der Verordnungsgeber, zweckmäßigerweise unter Beteiligung der IHK, vor allem unter Berücksichtigung der Zahl der zu erwartenden Handelssachen, aber z.B. auch der strukturellen Verhältnisse, nach pflichtgemäßem Ermessen, das nicht nachprüfbar ist. Insbesondere ist die Verordnung über die Bildung von KfH nicht nach § 47 VwGO nachprüfbar (vgl. § 23 c Rn. 7). 5

Bei Vorhandensein dieses Bedürfnisses **können** (nicht müssen) KfH bei den LG gebildet werden, und zwar (nur) bei den LG, bei denen dieses Bedürfnis als vorhanden angenommen wird. Dabei macht die Formulierung des Gesetzes deutlich, dass auch die konkrete **Zahl der** bei dem jeweiligen LG **zu errichtenden KfH** zu bestimmen ist; es genügt also nicht, das Bedürfnis festzustellen und die Errichtung von KfH generell anzuordnen, und es dann etwa dem Präsidenten des LG zu überlassen (vgl. § 60 Rn. 5), entsprechend dem Geschäftsanfall die Zahl der KfH zu bestimmen. Diese Regelung hat zur Folge, dass die LJustizVerw je nach der Entwicklung der Geschäftszahlen die Zahl der bestehenden KfH immer wieder überprüfen und die Regelung ändern muss (vgl. § 94 Rn. 12). 6

IV. Örtliche Zuständigkeit. Während der sachliche Umfang der geschäftsplanmäßigen Zuständigkeit der KfH sich aus § 95 abschließend ergibt, ist die **örtliche Zuständigkeit** der KfH mit der des LG identisch. Die KfH kann aber auch für einen örtlich abgegrenzten Teil des LG-Bezirks gebildet werden. Sie ist dann ausnahmsweise nur für den abgegrenzten Bezirk örtlich zuständig, nicht für den übrigen Bezirk des LG. Besteht für den übrigen Bezirk des LG eine weitere KfH, dann haben beide KfH im gleichen LG-Bezirk eine verschiedene örtliche Zuständigkeit, auf die z.B. § 281 ZPO voll anwendbar ist. Besteht für einen Teil des LG-Bezirks keine KfH, ist für diesen Teil die allgemeine ZivK auch für die Handelssachen zuständig. Über den Bezirk des LG hinaus kann die LJustizVerw den Bezirk der KfH nicht ausdehnen; eine Konzentration erfordert nach § 13 a ein Landesgesetz. 7

---

[10] Vgl. *Sommermeyer* S. 75, 164; *Meyer* DRiZ 1977, 280.
[11] GVG-Kommissionsbericht S. 113 ff.; *Kissel*, Dreistufigkeit S. 58.
[12] Vgl. BTagsDrucks. 16/47 S. 48 f.

8 **V. Sitz.** Der Sitz der KfH ist grundsätzlich am Sitz des LG, auch wenn sie nur für einen örtlich abgegrenzten Teil des LG-Bezirks gebildet ist. In Abkehr von dieser allgemeinen Regelung kann aber auch bestimmt werden, dass **„auswärtige Kammern"** gebildet werden, und zwar innerhalb des LG-Bezirks an einem Ort, an dem das LG nicht seinen Sitz hat (Abs. 2); es muss nicht einmal ein Ort sein, an dem ein AG besteht. Eine auswärtige Kammer (vgl. § 78) kann nur für einen Teil des LG-Bezirks gebildet werden und muss in diesem ihren Sitz haben. Zulässig ist auch die Bildung mehrerer auswärtiger KfH innerhalb des LG-Bezirks; jede KfH hat dann an einem anderen Ort ihren Sitz. Dieser Ort ist der partielle Sitz des LG für Handelssachen in dem von der LJustizVerw örtlich abgegrenzten Bereich mit den sich daraus ergebenden verfahrensrechtlichen Folgen. Er ist auch Gerichtsstelle für die KfH (§ 22 Rn. 24). Zum Verhältnis der auswärtigen Kammer zu den anderen Kammern vgl. § 78 Rn. 7; zur Einreichung von Schriftstücken, insbesondere der Fristwahrung, vgl. § 78 Rn. 8.

§ 94. [Zuständigkeit]

Ist bei einem Landgericht eine Kammer für Handelssachen gebildet, so tritt für Handelssachen diese Kammer an die Stelle der Zivilkammern nach Maßgabe der folgenden Vorschriften.

1 **I. Spezialkammer.** Die KfH ist eine **Spezialkammer des LG,** die für die Handelssachen (§ 95) an die Stelle der an sich nach §§ 71, 72 sachlich und örtlich zuständigen ZivK tritt, wenn ein Antrag auf Verhandlung vor der KfH nach § 96 gestellt wird. Die KfH tritt an die Stelle der ZivK, deren allgemeine Zuständigkeit vorausgesetzt wird, und zwar in vollem Umfang, also auch für Arreste und einstweilige Verfügungen sowie alle Neben- und Folgeentscheidungen (vgl. § 95 Rn. 25), ebenso für die Entscheidung der Rechtsmittel (§ 100).

2 **II. Verhältnis zur Zivilkammer.** Das Verhältnis zwischen ZivK und KfH ist nicht übersichtlich und klar ausgestaltet. KfH und ZivK sind **gleichwertige Spruchkörper** des LG in Zivilsachen trotz der unterschiedlichen Besetzung (§§ 75, 105). Ihre Abgrenzung ist keine Frage der sachlichen,[1] sondern der **geschäftsplanmäßigen Zuständigkeit.**[2] Deshalb gelten die allgemeinen Vorschriften über die sachliche Zuständigkeit nicht im Verhältnis zwischen ihnen, z. B. nicht §§ 280, 281, 282 Abs. 3 ZPO;[3] §§ 97, 98 GVG enthalten eine spezielle Regelung.

3 Auch **Gerichtsstandsvereinbarungen** (§§ 38 ff. ZPO), welche die Zuständigkeit der KfH erweitern, sind nicht möglich[4] (vgl. § 98 Abs. 4).

4 Die Gleichwertigkeit beider Kammerarten gilt für alle bürgerlichen Rechtsstreitigkeiten (vgl. § 13 Rn. 9), für die das LG zuständig ist.[5] Eine Ausnahme gilt nur für die KfH mit örtlich beschränkter Zuständigkeit[6] (§ 93 Rn. 7).

5 **III. Verletzung der Zuständigkeitsabgrenzung.** Aus der Gleichwertigkeit folgt, dass eine Verletzung der Zuständigkeitsabgrenzung zwischen KfH und allgemeiner ZivK in bürgerlichen Rechtsstreitigkeiten grundsätzlich ohne Einfluss auf die Entscheidung bleibt. Hat die KfH statt der zuständigen ZivK entschieden oder umgekehrt, rechtfertigt dies, soweit kein willkürlicher Verstoß vorliegt, kein Rechtsmittel.[7]

---

[1] RGZ 48, 27; OLG München NJW 1967, 2165; *Rosenberg/Schwab/Gottwald* § 33 II 1; *BL/Hartmann* § 97 Rn. 1; *MünchKommZPO/Wolf* Rn. 1; *Zöller/Gummer* Rn. 1 vor § 93.
[2] *Gaul* JZ 1984, 58; *Mertins* DRiZ 1985, 348.
[3] RG aaO.; RG Gruch 37, 766.
[4] *BL/Hartmann* § 95 Rn. 1; *Thomas/Putzo/Hüßtege* Rn. 1 vor § 93; *Zöller/Gummer* Rn. 4 vor § 93; *Rosenberg/Schwab/Gottwald* aaO.; *MünchKommZPO/Wolf* § 95 Rn. 1.
[5] *Rosenberg/Schwab/Gottwald* aaO.
[6] RGZ 48, 27; *Wieczorek/Schreiber* § 93 Rn. 3.
[7] RGZ 48, 27; RG Gruch 37, 765; *Rosenberg/Schwab/Gottwald* § 33 II 1; *Wieczorek/Schreiber* Rn. 2; *Thomas/Putzo/Hüßtege* Rn. 1 vor § 93; *Zöller/Gummer* Rn. 3 vor § 93; *Bergerfurth* DRiZ 1978, 231.

Der Grundsatz von der Gleichwertigkeit beider Kammerarten gilt aber nur für bürgerliche Rechtsstreitigkeiten, nicht für die Zuständigkeit in Angelegenheiten der **freiwilligen Gerichtsbarkeit.** Hier ist die KfH ausschließlich zuständig; entscheidet an ihrer Stelle die ZivK, ist das ein beachtlicher Rechtsfehler. Dass die Entscheidung auf diesem auch stets beruhe,[8] ist nach der Neufassung von §§ 545, 547 Abs. 2 ZPO durch das ZPO-RG vom 21. 7. 2001 aber nicht mehr anzunehmen.[9]

IV. „Das" LG. Beide Kammerarten sind „das" LG, z.B. für die Verweisungen nach § 281 ZPO ohne Rücksicht auf die geschäftsplanmäßige Zuständigkeit. Soweit die Frage der Zulässigkeit des Rechtswegs, auch im Verhältnis zu Angelegenheiten der freiwilligen Gerichtsbarkeit, in Frage steht, ist zu unterscheiden: Die Verneinung der Zulässigkeit des Rechtswegs durch Urteil ist für beide Kammerarten verbindlich ohne Rücksicht auf die Einhaltung der geschäftsplanmäßigen Zuständigkeit. Die Bejahung der Zulässigkeit des Rechtswegs (§ 17a Abs. 3 GVG) wirkt für beide Kammerarten, gegebenenfalls ist nach §§ 97, 98 GVG zu verweisen. Entsprechendes gilt für Entscheidungen zur sachlichen und örtlichen Zuständigkeit. 6

V. Zuständigkeit der KfH. Voraussetzung für die geschäftsplanmäßige Zuständigkeit der KfH ist das Vorliegen sowohl einer **Handelssache** (§ 95) als auch eines **Antrags** des Klägers auf Verhandlung vor der KfH (§ 96; zu den Möglichkeiten des Beklagten vgl. § 98). Fehlt es zu Beginn des Verfahrens an einem dieser Erfordernisse, ist die KfH nicht zuständig. Die Regelung, wie zu verfahren ist, wenn diese Voraussetzungen fehlen und dennoch der Rechtsstreit vor der KfH zur Verhandlung ansteht (und entsprechend im umgekehrten Falle), ist nicht übersichtlich und entbehrt teilweise der inneren Logik. Auszugehen ist davon, dass das Verhältnis zwischen KfH und ZivK nicht eine Frage der sachlichen (vgl. Rn. 3), sondern lediglich der geschäftsplanmäßigen Zuständigkeit ist. Während aber im Allgemeinen bei fehlender geschäftsplanmäßiger Zuständigkeit zwischen verschiedenen Spruchkörpern des gleichen Gerichts die formlose Abgabe das Gegebene ist, um die Sache an den nach der Geschäftsverteilung zuständigen Spruchkörper zu bringen, enthalten die §§ 97 ff. Vorschriften über die „Verweisung" zwischen KfH und ZivK. Das zwingt zu dem Schluss, dass im Verhältnis zwischen KfH und ZivK die sonst übliche formlose Abgabe nur vor Eintritt der Rechtshängigkeit zulässig ist (wenn z.B. der Antrag nach § 96 nach der Einreichung der Klageschrift, aber vor ihrer Zustellung, gestellt wird); nach Rechtshängigkeit ist nur noch die förmliche Verweisung nach §§ 97 ff. zulässig, wenn auch entgegen der sonstigen Regelung der Verweisung (vgl. § 281 ZPO) auch von Amts wegen. Zur bindenden Wirkung der Verweisung § 102. 7

VI. Gesetzliche Geschäftsverteilung. Die Zuständigkeitsabgrenzung zwischen ZivK und KfH innerhalb der Zivilsachen in der sachlichen und örtlichen Zuständigkeit des LG wird nicht durch den vom Präsidium beschlossenen Geschäftsverteilungsplan (§ 21 e) bestimmt wie sonst zwischen den einzelnen, auch spezialisierten Kammern. Vielmehr ist die (geschäftsverteilungsmäßige) Zuständigkeit der KfH vom Gesetz abschließend im § 95 festgelegt. Das bedeutet, dass bei **Streit** über die Frage, **ob die KfH oder die ZivK zuständig** ist, hierüber nicht das Präsidium des LG entscheiden kann (vgl. dazu § 21 e Rn. 117), sondern die Entscheidung nach § 36 Nr. 6 ZPO zu treffen ist.[10] 8

---

[8] RGZ 48, 27; BayObLG NJW 1974, 245; 1988, 1099; MDR 1991, 1090; OLG Köln MDR 1983, 239; OLG Hamm Rpfleger 1990, 426 m. Anm. *Buchberger;* OLG Frankfurt NJW-RR 2001, 538; OLG Naumburg FGPrax 2000, 71.
[9] *Keidel/Meyer-Holz* § 30 FGG Rn. 5.
[10] BGHZ 71, 264 = NJW 1978, 1532; OLG Braunschweig NJW-RR 1995, 1535; OLG Frankfurt NJW 1992, 2900; OLG Nürnberg NJW-RR 2000, 568; OLG Brandenburg NJW-RR 2001, 63; 429; OLG Düsseldorf NJW-RR 2001, 1220; OLG Köln NJW-RR 2002, 426; OLG Stuttgart GmbHR 2005, 106; Justiz 2003, 150; OLGR 2002, 455: 1999, 98; OLG Schleswig NJW-RR 2003, 1650; OLG Celle OLGR 2004, 370; *BL/Hartmann* § 97 Rn. 3; *Bergerfurth* NJW 1974, 221; *Zöller/Gummer* § 102 Rn. 3; *Thomas/Putzo/Hüßtege* § 36 ZPO Rn. 26.

9 **VII. Mehrere KfH bei einem LG. 1.** Hat die LJustizVerw bei einem LG mehrere **KfH** gebildet sind (§ 93 Rn. 6), ist es **Sache des Präsidiums,** die Handelssachen nach § 95, und nur sie, zwischen den einzelnen KfH aufzuteilen[11] (§ 21 e). In diesem Rahmen ist auch das Präsidium bei einem Zuständigkeitsstreit zwischen den verschiedenen KfH zuständig zu entscheiden.

10 Die **erstmalige Bildung** einer KfH hat auf die laufenden Verfahren keinen Einfluss, da das rechtzeitige Antragserfordernis (§ 96) hier noch nicht erfüllt sein kann. Bei Errichtung einer weiteren KfH ist es dann Sache des Präsidiums zu bestimmen, für welche Handelssachen die einzelnen KfH zuständig sind und was mit den anhängigen Verfahren geschieht.

11 **2.** Die LJustizVerw kann auch umgekehrt jederzeit die Bildung von KfH rückgängig machen, sei es durch **Verringerung** der bei einem LG gebildeten Kammern oder überhaupt durch die **Auflösung** aller oder der einen KfH (vgl. § 93 Rn. 6). Bei einer Verringerung hat das Präsidium, wenn mehr als eine KfH bleibt, alle Handelssachen auf die verbleibenden KfH erneut zu verteilen; bleibt nur eine KfH, gehen alle Handelssachen auf diese KfH über. Bleibt keine KfH bestehen, gehen die bei den (der) aufgelösten KfH anhängigen Sachen in ihrem jeweiligen Verfahrensstand auf die ZivK (erster oder zweiter Instanz) über, die dann zuständig gewesen wäre, wenn keine KfH bestanden hätte. Solche Maßnahmen der LJustizVerw verändern zwar den gesetzlichen Richter, was sonst nur dem Präsidium möglich ist. Jedoch bestehen hiergegen keine Bedenken, da diese Folge auch sonst durch Änderung der Gerichtsorganisation unter Ausschaltung des Präsidiums eintritt.

12 **3.** Im Übrigen gelten hinsichtlich der **Geschäftsverteilung** für die KfH die allgemeinen Vorschriften der §§ 21 a ff.; dies gilt grundsätzlich auch für die Heranziehung der **Handelsrichter** zu den einzelnen Sitzungen. Vor der Neuregelung der Präsidialverfassung (dazu § 21 a Rn. 6) bestellte der LG-Präsident die Vorsitzenden und stellvertretenden Vorsitzenden der KfH und verteilte die Geschäfte auf mehrere KfH (§ 7 Abs. 4 GVVO); außerdem bestimmte er die Reihenfolge, in der die für jede KfH zu bestellenden 6 Handelsrichter an den Sitzungen teilnehmen und vertreten werden; bei mehreren KfH verteilte er auch die Handelsrichter auf die einzelnen Kammern (AVRJM DJ 1935, 549). Diese Regelung ist durch § 87 DRiG außer Kraft getreten,[12] ohne dass eine ausdrückliche Neuregelung getroffen worden wäre. Insoweit besteht eine Abweichung von der sonst bei ehrenamtlichen Richtern vorzufindenden Regelung, z.B. §§ 45 ff. GVG, § 30 VwGO, § 31 ArbGG, § 27 FGO, § 6 SGG. Das bedeutet, dass die allgemeinen Vorschriften über Geschäftsverteilung grundsätzlich für die KfH gelten, auch, was die Mitwirkung der Handelsrichter bei den Sitzungen angeht (§ 21 g). Die angesichts der früheren RSpr zur Überbesetzung von Spruchkörpern angemeldeten praktischen Bedenken, dies führe zu einer minimalen Zahl zugewiesener Handelsrichter und deren unzumutbar häufiger Heranziehung,[13] werden im Lichte der neueren Entwicklung gegenstandslos sein (§ 21 e Rn. 129 ff.). Solange sich, wie verfassungsrechtlich gefordert, aus der Geschäftsverteilung des Gerichts und der Kammer die in einer Sache mitwirkenden Handelsrichter „blindlings" ergeben, kommt der Frage, welche zahlenmäßige Ausstattung der einzelnen KfH noch in Kauf genommen werden kann,[14] keine ausschlaggebende Bedeutung mehr zu. Gegen die Festlegung der Zahl der Handelsrichter durch die LJustizVerw, wie üblich, bestehen keine Bedenken, da deren Verteilung auf die einzelnen Kammern Sache des Präsidiums ist (vgl. § 105 Rn. 3).

---

[11] *Schorn/Stanicki* S. 83.
[12] *Sommermeyer* S. 64 ff.
[13] *Sommermeyer* S. 63.
[14] Hierzu BGH NJW 1966, 1086 ; NJW-RR 1998, 700; *Zöller/Gummer* § 105 Rn. 2; *BL/Hartmann* § 105 Rn. 3; *MünchKommZPO/Wolf* § 105 Rn. 8.

Wie die einzelnen Handelsrichter zur rechtsprechenden Tätigkeit in der KfH 13
herangezogen werden, der sie zugeteilt worden sind, richtet sich nach § 21g Abs. 2.
Abzustellen ist dabei auf die Sitzungstage dieser Kammer (vgl. § 45), nicht auf einzelne Rechtsstreitigkeiten oder Gruppen davon. Die damit verbundene „Geschäftsverteilung durch Terminierung" ist bei ehrenamtlichen Richtern hinzunehmen[15] (im Einzelnen § 45 Rn. 2). Bei der Notwendigkeit zur Fortsetzung der Verhandlung einer Sache an einem anderen Sitzungstag müssen auf diese Weise möglicherweise andere Handelsrichter teilnehmen, aber das ist auch bei Berufsrichtern nichts Außergewöhnliches (vgl. § 309 ZPO); bei der Terminierung kann aber hierauf Rücksicht genommen werden.

Da die KfH und die ZivK stets dem gleichen LG-Bezirk angehören und der 14
Rechtsmittelzug zum OLG gleich ist, weil beide Kammerarten bürgerliche Rechtsstreitigkeiten entscheiden, bestehen für die Frage, welches Rechtsmittelgericht zuständig ist, wenn unter Verletzung der Zuständigkeitsabgrenzung zwischen KfH und ZivK statt einer Verweisung (§§ 96 ff.) in der Sache entschieden wurde, keine Schwierigkeiten (vgl. aber z. B. § 119 Rn. 9). Im Falle der einen LG-Bezirk übergreifenden Konzentration von Handelssachen (§ 93 Rn. 7) ist eine formelle Anknüpfung geboten.[16]

§ 95. [Begriff der Handelssachen]

(1) Handelssachen im Sinne dieses Gesetzes sind die bürgerlichen Rechtsstreitigkeiten, in denen durch die Klage ein Anspruch geltend gemacht wird:
1. gegen einen Kaufmann im Sinne des Handelsgesetzbuches, sofern er in das Handelsregister oder Genossenschaftsregister eingetragen ist oder auf Grund einer gesetzlichen Sonderregelung für juristische Personen des öffentlichen Rechts nicht eingetragen zu werden braucht, aus Geschäften, die für beide Teile Handelsgeschäfte sind;
2. aus einem Wechsel im Sinne des Wechselgesetzes oder aus einer der im § 363 des Handelsgesetzbuchs bezeichneten Urkunden;
3. auf Grund des Scheckgesetzes;
4. aus einem der nachstehend bezeichneten Rechtsverhältnisse:
   a) aus dem Rechtsverhältnis zwischen den Mitgliedern einer Handelsgesellschaft oder Genossenschaft oder zwischen dieser und ihren Mitgliedern oder zwischen dem stillen Gesellschafter und dem Inhaber des Handelsgeschäfts, sowohl während des Bestehens als auch nach Auflösung des Gesellschaftsverhältnisses, und aus dem Rechtsverhältnis zwischen den Vorstehern oder den Liquidatoren einer Handelsgesellschaft oder Genossenschaft und der Gesellschaft oder deren Mitgliedern;
   b) aus dem Rechtsverhältnis, welches das Recht zum Gebrauch der Handelsfirma betrifft;
   c) den Rechtsverhältnissen, die sich auf den Schutz der Marken und sonstigen Kennzeichen sowie der Geschmacksmuster beziehen;
   d) aus dem Rechtsverhältnis, das durch den Erwerb eines bestehenden Handelsgeschäfts unter Lebenden zwischen dem bisherigen Inhaber und dem Erwerber entsteht;
   e) aus dem Rechtsverhältnis zwischen einem Dritten und dem, der wegen mangelnden Nachweises der Prokura oder Handlungsvollmacht haftet;
   f) aus den Rechtsverhältnissen des Seerechts, insbesondere aus denen, die sich auf die Reederei, auf die Rechte und Pflichten des Reeders oder Schiffseigners, des Korrespondentreeders und der Schiffsbesatzung, auf die Haverei, auf den Schadensersatz im Falle des Zusammenstoßes von Schiffen, auf die Bergung und auf die Ansprüche der Schiffsgläubiger beziehen;

---

[15] Kritisch *Roth* S. 199 ff.
[16] Vgl. BGH DtZ 1993, 246.

§ 95   1   7. Titel. Kammern für Handelssachen

5. auf Grund des Gesetzes gegen den unlauteren Wettbewerb;
6. aus den §§ 44 bis 47 des Börsengesetzes (Reichsgesetzbl. 1908 S. 215).
(2) Handelssachen im Sinne dieses Gesetzes sind ferner die Rechtsstreitigkeiten, in denen sich die Zuständigkeit des Landgerichts nach § 246 Abs. 3 Satz 1 oder § 396 Abs. 1 Satz 2 des Aktiengesetzes, nach § 51 Abs. 3 Satz 3 oder § 81 Abs. 1 Satz 2 des Genossenschaftsgesetzes sowie nach § 10 des Umwandlungsgesetzes, § 2 des Spruchverfahrensgesetzes, § 87 des Gesetzes gegen Wettbewerbsbeschränkungen und § 13 Abs. 4 des EG-Verbraucherschutzdurchsetzungsgesetzes richtet.

Übersicht

	Rn.		Rn.
I. Handelssachen im Allgemeinen	1	7. Schutz der Marken und sonstigen Kennzeichen usw.	17
II. Handelssachen im Einzelnen	2	8. Erwerb eines Handelsgeschäfts	18
1. Gegen einen Kaufmann, für beide Teile ein Handelsgeschäft	2	9. Mangelnder Nachweis der Prokura usw.	19
2. Aus einem Wechsel	7	10. Rechtsverhältnisse des Seerechts	20
3. Aus Urkunden des § 363 HGB	8	11. Nach UWG	21
4. Aufgrund des Scheckgesetzes	9	12. Nach §§ 44 bis 47 BörsenG	22
5. Im Zusammenhang mit Handelsgesellschaften	10	13. Nach §§ 246, 396 AktG	23
6. Recht zum Gebrauch der Handelsfirma	16	14. Weitere Rechtsstreitigkeiten	24
		15. Folge-, Nebenentscheidungen	24
		16. Andere Gesetze	26

Gesetzesfassung: Abs. 1 Nr. 5 i. d. F. G zur Änderung wirtschafts-, verbraucher-, arbeits- und sozialrechtlicher Vorschriften vom 25. 7. 1986 (BGBl. I S. 1169). In Abs. 2 Nr. 1 die Worte „sowie nach § 10 und § 306 des Umwandlungsgesetzes" eingefügt durch Art. 14 G zur Bereinigung des Umwandlungsrechts vom 28. 10. 1994 (BGBl. I S. 3210). In Abs. 1 Nr. 4c die Worte „der Warenbezeichnungen, Muster und Modelle" ersetzt durch die Worte „der Marken und sonstigen Kennzeichen sowie der Muster und Modelle" durch Art. 2 MarkenrechtsänderungsG vom 19. 7. 1996 (BGBl. I S. 1014); die Wörter „Muster und Modelle" wiederum ersetzt durch „Geschmacksmuster" durch Art. 2 Abs. 1 GeschmacksmusterreformG vom 12. 3. 2004 (BGBl. I S. 390). In Abs. 1 Nr. 1 nach dem Wort „Handelsgesetzbuches" die Worte „sofern er in das Handelsregister oder Genossenschaftsregister eingetragen ist oder auf Grund einer gesetzlichen Sonderregelung für juristische Personen des öffentlichen Rechts nicht eingetragen zu werden braucht" eingefügt durch Art. 16 HandelsrechtsreformG vom 22. 6. 1998 (BGBl. I S. 1474). § 95 Abs. 1 Nr. 4 Buchst. f neu gefasst durch Art. 6 Drittes SeerechtsänderungsG vom 16. 5. 2001 (BGBl. I S. 898) iVm der Bekanntmachung des Inkrafttretens vom 10. 6. 2002 (BGBl. I S. 1944), Abs. 2 geändert durch Art. 5 SpruchverfahrensneuordnungsG vom 12. 6. 2003 (BGBl. I S. 838). Abs. 1 Nr. 5 geändert durch § 20 Abs. 2 G gegen den unlauteren Wettbewerb (UWG) vom 3. 7. 2004 (BGBl. I S. 1414). Abs. 1 Nr. 6 neu gefasst durch Art. 3 Nr. 2 G zur Einführung von Kapitalanleger-Musterverfahren vom 16. 8. 2005 (BGBl. I S. 2437); die Befristung nach Art. 9 Abs. 2 ist beseitigt durch Art. 12 des 2. JustizmodernisierungsG vom 22. 12. 2006 (BGBl. I S. 3416). Abs. 1 Nr. 4a und Abs. 2 geändert durch Art. 5 Nr. 2 G zur Einführung der Europäischen Genossenschaft vom 14. 8. 2006 (BGBl. I S. 1911). Abs. 2 erneut geändert durch Art. 6 G über die Durchsetzung der Verbraucherschutzgesetze bei innerstaatlichen Verstößen vom 21. 12. 2006 (BGBl. I S. 3367).

1   **I. Handelssachen im Allgemeinen.** § 95 bestimmt den Begriff der „Handelssache" und regelt damit die sachliche Zuständigkeit der KfH. Solche bürgerlichen Rechtsstreitigkeiten (zum Begriff vgl. § 13 Rn. 9 ff.) sind Handelssachen, in denen „durch die Klage" ein Anspruch geltend gemacht wird, der im Einzelnen im § 95 näher bestimmt wird. Maßgebend für die Beurteilung, ob eine Handelssache vorliegt, ist der Inhalt der Klageschrift, genauer: die Rechtsnatur des mit der Klage geltend gemachten Anspruchs, wie er sich aus dem Klageantrag in Verbindung mit den zur Begründung vorgetragenen Tatsachenbehauptungen, deren Richtigkeit unterstellt, bei Prüfung durch das Gericht ergibt; auf die Rechtsansicht der Parteien kommt es dabei nicht an[1] (vgl. § 17 Rn. 17, § 71 Rn. 8).

---

[1] BGHZ 16, 275 = NJW 1955, 707.

Begriff der Handelssachen   2–6 § 95

II. Handelssachen im Einzelnen. 1. Gegen einen Kaufmann im Sinne des   2
HGB, sofern er in das Handelsregister oder Genossenschaftsregister eingetragen ist, aus Geschäften, die **für beide Teile Handelsgeschäfte** sind (Nr. 1). Die formelle Anknüpfung an die Registereintragung durch das HandelsrechtsreformG (BGBl. 1998 I S. 1474) ohne Rücksicht auf die materiellen Voraussetzungen nach § 1 HGB ist gewählt worden, um Beweiserhebungen zur Kaufmannseigenschaft zu vermeiden.[2] Die Eintragungsnotwendigkeit gilt auch für Handelsgesellschaften (§ 6 HGB); dazu gehören oHG, KG, AG, KGaA, GmbH, Genossenschaft, Bergrechtliche Gewerkschaften;[3] der Versicherungsverein auf Gegenseitigkeit ist kein Kaufmann (§ 16 VersAufsG). Eine Ausnahme gilt, soweit auf Grund einer gesetzlichen Sonderregelung juristische Personen des öffentlichen Rechts nicht eingetragen zu werden brauchen, so kommunale Sparkassen, kommunale Versorgungs- und Verkehrsbetriebe, Deutsche Bundesbank, Kreditanstalt für Wiederaufbau.[4] Bei Prozessparteien mit Sitz im Ausland kommt es für die Kaufmannseigenschaft auf das Recht an ihrem Sitz an, hilfsweise auf die materiellrechtlichen Voraussetzungen der §§ 1 ff. HGB.[5]

Der Insolvenzverwalter ist kein Kaufmann (wie früher auch nicht der Konkurs-   3
verwalter) und in dieser Funktion nicht eintragungsfähig. Werden jedoch Prozesse um die vom Insolvenzschuldner vorgenommenen Geschäfte geführt, kommt es auf die Kaufmannseigenschaft des Insolvenzschuldners an,[6] auch bei der Anfechtung.[7] Schließt der Insolvenzverwalter selbst Geschäfte im Zusammenhang mit dem Insolvenzverfahren ab, unterfallen diese nicht § 95 Abs. 1 Nr. 1, da er nicht ein Handelsgewerbe betreibt (Rn. 6), sondern die Insolvenzmasse verwaltet.[8]

Die formelle **Kaufmannseigenschaft** des Beklagten muss **im Zeitpunkt der**   4
Klageerhebung vorhanden sein, es genügt nicht, dass sie (nur) bei Entstehung des Anspruchs vorlag.[9] Der spätere Wiedereintritt der Kaufmannseigenschaft hat für den Antrag des Klägers nach § 96 keine Bedeutung, wohl aber für die Verweisungsmöglichkeit nach § 98.

Bei **Klagenhäufung** gegen mehrere Beklagte muss die Kaufmannseigenschaft bei   5
allen Beklagten vorliegen, sonst ist die ZivK zuständig,[10] wenn nicht der Kläger die Klage teilweise zurücknimmt; die KfH kann jedoch nach § 145 ZPO abtrennen.

Neben der formellen Kaufmannseigenschaft des Beklagten ist für das Vorliegen   6
einer Handelssache nach Nr. 1 erforderlich, dass das **Geschäft für beide Teile ein Handelsgeschäft** ist. Zu diesem Begriff §§ 343, 344 HGB. Auf die Anspruchsgrundlage kommt es nicht an. Die Vertragsschließenden des Vertrags, aus dem der Anspruch geltend gemacht wird, müssen bei Abschluss dieses Vertrags Kaufleute gewesen sein, Kaufmann kraft Eintragung genügt, andererseits ist bei Vorliegen der materiellen Kaufmannseigenschaft eine Eintragung auch nicht erforderlich. Auch für einen als BGB-Gesellschaft auftretenden Vertragspartner liegt deshalb unter den Voraussetzungen von § 1 Abs. 2 HGB ein Handelsgeschäft vor[11] (vgl. auch Rn. 10). Es ist aber nicht Personenidentität zwischen Vertragschließenden und Pro-

---

[2] OLG Nürnberg NJW-RR 2000, 568.
[3] LG Braunschweig BB 1993, 545.
[4] Vgl. BTagsDrucks. 13/8444 S. 57, 83.
[5] *BL/Hartmann* Rn. 2; *Zöller/Gummer* Rn. 4; *Wieczorek/Schreiber* Rn. 2.
[6] *BL/Hartmann* Rn. 2; *Thomas/Putzo/Hüßtege* Rn. 2; *Zöller/Gummer* Rn. 3; so für das frühere Konkursrecht LG Tübingen MDR 1954, 502; LG Köln ZIP 1980, 1071; *Wieczorek/Schreiber* Rn. 2; *Rosenberg/Schwab/Gottwald* § 33 I 2a.
[7] Vgl. LG München EWiR 1999, 845 m. abl. Anm. *Schmitz*; LG Köln DB 2001, 1714.
[8] So zum früheren Recht LG Hamburg MDR 1973, 507; *Wieczorek/Schreiber* Rn. 2.
[9] *BL/Hartmann* Rn. 3; *MünchKommZPO/Wolf* Rn. 6; *Thomas/Putzo/Hüßtege* Rn. 2; *Zöller/Gummer* Rn. 3; *Wieczorek/Schreiber* Rn. 2; *Schriever* NJW 1978, 1472; a. A. *Müller* NJW 1970, 846.
[10] OLG Frankfurt NJW 1992, 2900; OLG Düsseldorf MDR 1996, 524; OLG Schleswig NJW-RR 2003, 1650; *Gaul* JZ 1984, 59; *BL/Hartmann* Rn. 2; *Zöller/Gummer* Rn. 2.
[11] Für Bau-Arbeitsgemeinschaft KG BauR 2001, 1790 m. Anm. *Theurer*; LG Berlin BauR 2003, 136 m. Anm. *Buscher*; OLG Frankfurt OLGR 2005, 257.

zessparteien erforderlich. Der Beklagte muss zwar eingetragener Kaufmann sein, ob er nun als ursprünglicher Vertragspartner oder als Rechtsnachfolger, Bürge usw. in Anspruch genommen wird.[12] Der Kläger braucht aber nicht selbst Kaufmann zu sein, wenn er seinen Anspruch nur von einem Kaufmann herleitet,[13] so wenn der Rechtsnachfolger gegen einen eingetragenen Kaufmann aus einer Vereinbarung klagt, die für seinen Vorgänger im Verhältnis zu dessen Kontrahenten ein beiderseitiges Handelsgeschäft war.[14] Die Voraussetzungen nach Nr. 1 liegen nicht vor bei der Klage gegen Dritte, so des Materialverkäufers gegen einen Dritten auf Grund des mit dem Käufer vereinbarten verlängerten Eigentumsvorbehalts.[15] Zu den Handelssachen gehören nur die Ansprüche, die unmittelbar aus dem beiderseitigen Handelsgeschäft hergeleitet werden; Ansprüche aus anderen Rechtsgründen fallen nicht unter diese Vorschrift, auch wenn sie nur eventuell geltend gemacht werden. Verpflichtet sich eine Personengesellschaft durch Handelsgeschäft, bleibt Handelssache auch der hierdurch begründete akzessorische Haftungsanspruch gegen einen Gesellschafter, wenn in seiner Person das Eintragungserfordernis erfüllt ist.[16] Zur widerklageweisen Geltendmachung einer Handelssache § 98, einer Nichthandelssache §§ 97 Abs. 2, 99.

7 2. Handelssachen sind **Ansprüche aus einem Wechsel** im Sinne des Wechselgesetzes (Nr. 2), ohne Rücksicht auf die Währung, in der der Wechsel ausgestellt, und ohne Rücksicht auf die Sprache, in der er abgefasst ist.[17] Der Anspruch aus einem Wechsel ist ohne Rücksicht darauf Handelssache, ob ein Kaufmann beteiligt ist.[18] Erforderlich ist die Geltendmachung der Rechte, wie sie im Wechsel selbst verbrieft sind, sei es im Wege des Wechselprozesses (§§ 602 ff. ZPO), der allgemeinen Zahlungsklage[19] oder der Feststellungsklage (§ 256 ZPO). Handelssachen sind auch die Ansprüche aus dem Wechsel, die nicht auf wechselrechtlicher Übertragung, sondern auf schlichter Zession beruhen, z. B. Art. 20 Abs. 1 Satz 2 WG. Auch der wechselrechtliche Bereicherungsanspruch aus Art. 89 WG gehört hierher, denn es handelt sich um einen Anspruch aus dem Wechsel, wenn auch nicht mehr auf Grund der strengen wechselrechtlichen Haftung.[20] Dagegen gehören andere Ansprüche in Bezug auf den Wechsel, z. B. eine Herausgabeklage, nicht hierher.

8 3. Zu den Handelssachen gehören die Ansprüche aus den im § 363 HGB bezeichneten Urkunden (Nr. 2, 2. Alt.). Das sind: kaufmännische Anweisungen; kaufmännische Verpflichtungsscheine; Konnossemente der Verfrachter; Ladescheine der Frachtführer; Lagerscheine der dazu ermächtigten Anstalten (OrderlagerscheinVO, RGBl. 1931 I S. 763); Transportversicherungspolicen. Es gilt das zum Wechsel Gesagte entsprechend.

9 4. Handelssachen sind die Ansprüche auf Grund des **Scheckgesetzes** (Nr. 3); es gilt das für den Wechsel Gesagte entsprechend.

10 5. Handelssachen sind nach näherer Bestimmung der Nr. 4a die **Ansprüche im Zusammenhang mit Handelsgesellschaften**; das sind oHG, KG, AG, GmbH, KGaA, ausdrücklich dazu erklärt werden Genossenschaft[21] und stille Gesellschaft

---

[12] So für Bau-Arbeitsgemeinschaft als Beklagte zutreffend LG Bonn BauR 2005, 138.
[13] LG Bielefeld NJW 1968, 2384; *Wieczorek/Schreiber* Rn. 2; *BL/Hartmann* Rn. 3; *Zöller/Gummer* Rn. 5.
[14] LG Bremen MDR 1994, 97.
[15] LG Hannover NJW 1977, 1246.
[16] KG BauR 2001, 1790 m. Anm. *Theurer*; LG Berlin BauR 2003, 136 m. Anm. *Buscher*; angesichts des Gesetzeswortlauts wenig überzeugend *Musielak/Wittschier* Rn. 6: es kommt auf die Gesellschaft an.
[17] RGZ 64, 164.
[18] RGZ 78, 317; *Wieczorek/Schreiber* aaO.; *BL/Hartmann* Rn. 4; *Müller* NJW 1970, 846; *Zöller/Gummer* Rn. 6.
[19] Vgl. RGZ 78, 316.
[20] *Thomas/Putzo/Hüßtege* Rn. 3; *Zöller/Gummer* Rn. 6; a. A. *Wieczorek/Schreiber* Rn. 3; *MünchKommZPO/Wolf* Rn. 7; *Canaris* WM 1977, 34.
[21] BTagsDrucks. 16/1025 S. 98; vgl. LG Mainz NZG 2003, 235; *Kießling* NZG 2003, 209.

(Rn. 13), nicht aber VVaG. Eine BGB-Gesellschaft wird zur Handelsgesellschaft, wenn die Voraussetzungen des § 1 Abs. 2 HGB vorliegen oder wenn eine Eintragung erfolgt (§§ 105 Abs. 2, 161 Abs. 2 HGB). Hierher zählen alle Ansprüche, die entstanden sind sowohl während des Bestehens der Handelsgesellschaft oder des Handelsgeschäfts als auch nach der Auflösung. Im Einzelnen handelt es sich um folgende Ansprüche, und zwar ohne Rücksicht darauf, ob die Gesellschafter, Vorstandsmitglieder, Liquidatoren oder auch deren Rechtsnachfolger[22] Kaufleute sind oder nicht:

a) Aus dem Rechtsverhältnis zwischen den Mitgliedern; das sind alle Gesellschafter, bei der KG auch der Kommanditist; Aktionäre der AG; Gesellschafter der GmbH usw. Zu diesen Ansprüchen gehören z.B. die nach §§ 109ff., 163 HGB; §§ 11 Abs. 2, 18 GmbHG, auch die Klage des Gesellschafters einer Handelsgesellschaft gegen einen Mitgesellschafter aus einem der Gesellschaft gewährten Darlehen ist eine Handelssache.[23]

b) Zwischen der Handelsgesellschaft und ihren Mitgliedern, z.B. nach §§ 110ff. HGB; §§ 26ff., 54ff., 199, 201, 245ff., 251, 255, 257 AktG; §§ 21, 23, 31, 61 GmbHG; §§ 18ff. GenG.

c) Zwischen dem stillen Gesellschafter und dem Inhaber des Handelsgeschäfts, §§ 230ff. HGB; die stille Gesellschaft ist zwar keine Handelsgesellschaft, ist aber in diese Regelung einbezogen worden. Sie setzt den Betrieb eines Handelsgewerbes voraus (§ 230 Abs. 1 HGB).

d) Zwischen den Vorstehern einer Handelsgesellschaft und der Handelsgesellschaft, auch deren Mitgliedern. Vorsteher sind die gesetzlichen Vertreter der Handelsgesellschaft, z.B. die zur Geschäftsführung befugten Gesellschafter in dieser Funktion, nicht in ihrer Funktion als Gesellschafter (dazu Rn. 11), Vorstandsmitglieder und Aufsichtsratsmitglieder der AG (§§ 76ff., §§ 95ff. AktG), Geschäftsführer und Aufsichtsratsmitglieder der GmbH (§§ 35ff., § 52 GmbHG), Vorstandsmitglieder der Genossenschaft (§ 24 GenG) usw. Vorsteher ist auch der faktische Geschäftsführer.[24] Der Anwendung der Vorschrift steht nicht entgegen, dass die Eigenschaft als Vorstandsmitglied nicht mehr besteht; entscheidend ist, dass das Rechtsverhältnis, aus dem jetzt Ansprüche geltend gemacht werden, entstanden ist, als die Vorstandseigenschaft noch bestand; das gilt z.B. für die Klage einer KG gegen einen früheren Geschäftsführer auf Rückzahlung von Tantiemen.[25] Hierunter fällt auch die Klage auf Zahlung der Vergütung bei Streit über die Wirksamkeit einer außerordentlichen Kündigung.[26]

e) Zwischen der Handelsgesellschaft oder deren Mitgliedern einerseits und den Liquidatoren der Handelsgesellschaft andererseits, vgl. §§ 145ff., 161 HGB; §§ 264ff. AktG; §§ 66ff. GmbHG; §§ 78ff. GenG usw.

6. Ansprüche aus dem Rechtsverhältnis, welches das Recht zum **Gebrauch der Handelsfirma** betrifft (Nr. 4b), §§ 17 bis 37 HGB. Wer solchermaßen das Recht zum Gebrauch der Firma für sich in Anspruch nimmt, muss Kaufmann sein (§ 17 HGB) ohne Rücksicht darauf, ob er die Firma aus eigenem Recht oder aus abgeleitetem Recht geltend macht (§ 22 HGB). Ohne Bedeutung ist es, worauf sich der Anspruch gründet und in welcher Form er geltend gemacht wird, z.B. Feststellungsklage auf das Recht zur Führung der Firma, Klage auf Unterlassung der Firmenführung oder Zufügung eines Unterscheidungszusatzes (§ 30 HGB).

7. Ansprüche aus den Rechtsverhältnissen, die sich auf den **Schutz der Marken und sonstigen Kennzeichen sowie der Geschmacksmuster** beziehen

---
[22] OLG Stuttgart 16. 11. 2004 – 14 AR 6/04 –.
[23] LG Osnabrück MDR 1983, 588.
[24] OLG Stuttgart NJW-RR 2005, 699.
[25] LG Düsseldorf DB 1975, 1019.
[26] *Pesch* NZA 2002, 957.

(Nr. 4c), also Ansprüche aus GeschmacksmusterG und MarkenG einschließlich der entsprechenden internationalen Verträge wie Pariser Übereinkunft und Madrider Markenabkommen. Soweit nach § 140 MarkenG die Streitsachen konzentriert werden, betrifft dies nur die örtliche Zuständigkeit der betroffenen LG; besteht bei dem LG, bei dem konzentriert wird, eine KfH, dann ist diese für diese Streitigkeiten zuständig, eine besondere Kammer für Marken-Streitsachen kann daneben nicht gebildet werden; wohl aber kann das Präsidium, wenn mehrere KfH gebildet sind, die Marken-Streitsachen bei einer KfH zusammenfassen. Nicht zu Nr. 4c gehören (systematisch kaum verständlich) Rechtsstreitigkeiten um Gebrauchsmuster, Patentstreitigkeiten und Ansprüche nach dem SortenschutzG.

18 8. Ansprüche aus dem Rechtsverhältnis, das durch den **Erwerb eines bestehenden Handelsgeschäfts** unter Lebenden zwischen dem bisherigen Inhaber und dem Erwerber entsteht (Nr. 4d). Das sind Streitigkeiten aus den Übertragungen nach §§ 22, 25 HGB, z.B. über die Wirksamkeit des Erwerbs oder die von dem Erwerb umfassten Teile, z.B. die Firma. Nicht hierher gehören die Ansprüche der Gläubiger oder gegen die Schuldner des Veräußerers des Handelsgeschäfts (§ 25 HGB).

19 9. Ansprüche aus dem Rechtsverhältnis zwischen einem Dritten und dem, der wegen **mangelnden Nachweises der Prokura oder Handlungsvollmacht haftet** (Nr. 4e), also Streitigkeiten um die Haftung des vollmachtlosen Vertreters nach § 179 BGB wegen fehlender Prokura (§ 48 HGB) oder Handlungsvollmacht (§ 54 HGB), aber auch bei negativer Feststellungsklage mit umgekehrtem Ziel. Die Haftung auf Grund weiterer Vorschriften, z.B. Delikt, steht der Anwendung nicht entgegen.[27] Auf die Kaufmannseigenschaft der Parteien kommt es nicht an. Die Vorschrift ist nicht anwendbar auf andere Fälle der Haftung gemäß § 179 BGB wegen fehlender Vertretungsmacht; wohl aber ist sie anwendbar auf die Geltendmachung einer Haftung des vor der Eintragung der GmbH für diese Handelnden[28] (§ 11 Abs. 2 GmbHG); das gilt auch für die persönliche Haftung der für die vor Eintragung der AG für diese Handelnden (§ 41 Abs. 1 Satz 2 AktG). Die Vorschrift ist aber nicht anwendbar auf Streitigkeiten zwischen Dritten und dem, den der angebliche Prokurist usw. zu vertreten vorgibt, etwa bei Streitigkeiten um die Wirksamkeit einer Vertretungsmacht und um die Haftung aus Anscheinsvollmacht oder wegen Rechtsscheins – hier kann Nr. 1 einschlägig sein. Nicht anwendbar ist die Vorschrift auch im Verhältnis zwischen dem Vertreter und dem (angeblich) Vertretenen über die Wirksamkeit einer Vertretungsmacht.

20 10. Ansprüche aus den Rechtsverhältnissen des **Seerechts** (Nr. 4f). Die Begriffsbestimmung ist unscharf. Die Anwendbarkeit der Vorschrift setzt, wie stets, die Zulässigkeit des ordentlichen Rechtswegs (§ 13) voraus; so ist sie nicht anwendbar auf die Rechtsverhältnisse, die dem Arbeitsrecht angehören und für die die Arbeitsgerichte nach § 2 ArbGG zuständig sind. Ebensowenig gehören Streitigkeiten hierher, für die die Schifffahrtsgerichte zuständig sind (vgl. § 14), also Binnenschifffahrts-, Mosel- und Rheinschifffahrtsgerichte. Voraussetzung für die Anwendung der Vorschrift ist weiter die Zuständigkeit des LG nach der allgemeinen Zuständigkeitsverteilung zwischen AG und LG (§ 94 Rn. 4). Unter diese Vorschrift fallen alle Ansprüche aus dem Seerecht (§§ 476ff. HGB), dem Binnenschiffsverkehrsgesetz (BGBl. 1953 I S. 1453 i.d.F. BGBl. 1969 I S. 65), dem Flößereigesetz (RGBl. 1895 S. 341 i.d.F. BGBl. 1974 I S. 469), dem Seemannsgesetz (BGBl. 1957 II S. 713 i.d.F. BGBl. 1990 II S. 885), dem Gesetz betreffend die Verpflichtung der Kauffahrteischiffe zur Mitnahme heimzuschaffender Seeleute (RGBl. 1902 S. 212; BGBl. 1957 II S. 713 i.d.F. BGBl. 1974 I S. 626). Die Formulierung „aus den

---

[27] Vgl. OLG Oldenburg NJW 1978, 951.
[28] LG Hannover NJW 1968, 56; *Wieczorek/Schreiber* Rn. 9; *BL/Hartmann* Rn. 10; *MünchKomm-ZPO/Wolf* Rn. 16; a.A. *Berkenbrock* JZ 1980, 21.

Rechtsverhältnissen des Seerechts" ist weit gefasst und beinhaltet die gesamte damit zusammenhängende Materie; dazu gehören nicht nur die sich unmittelbar aus den einschlägigen Vorschriften ergebenden Ansprüche, sondern auch solche auf Grund von Verträgen, die diesem Gesetz unterfallen, deliktische Ansprüche im Zusammenhang mit diesem Rechtsgebiet, solche aus Geschäftsführung ohne Auftrag und Bereicherungsansprüche.

11. Ansprüche auf Grund des **UWG** (Nr. 5, vgl. §§ 8 ff. UWG). Es ist nicht erforderlich, dass der Anspruch allein auf das UWG gestützt wird; es genügt hier ausnahmsweise, wenn auch die Generalklausel des § 1 UWG mit verletzt ist[29] ohne Rücksicht darauf, ob der Anspruch auch auf weitere Anspruchsgrundlagen gestützt wird, z.B. Vertrag oder Delikt. 21

12. Ansprüche aus den §§ 44 bis 47 **Börsengesetz** (Nr. 6); das sind die Fälle der **Prospekthaftung**, also Haftung der Ausgeber von Börsenpapieren aus unrichtigen Angaben in den Prospekten der zum Börsenhandel zugelassenen Papiere. 22

13. Rechtsstreitigkeiten, die nach § 246 Abs. 3 Satz 1 oder § 396 Abs. 1 Satz 2 **AktG** in die ausschließliche Zuständigkeit des LG fallen (Abs. 2), also Anfechtungsklagen gegen Hauptversammlungsbeschlüsse und Auflösungsklagen gegen die Gesellschaft sowie alle die Klagen, bei denen auf § 246 Abs. 3 AktG verwiesen wird: Nichtigkeitsklage gegen Hauptversammlungsbeschlüsse (§ 249 AktG) und gegen den festgestellten Jahresabschluss (§ 256 AktG); Anfechtung der Wahl von Aufsichtsratsmitgliedern (§ 251 AktG); Anfechtung des Beschlusses über die Verwendung des Bilanzgewinns (§ 254 AktG), des Beschlusses einer Kapitalerhöhung gegen Einlagen (§ 255 AktG), der Feststellung des Jahresabschlusses durch die Hauptversammlung (§ 257 AktG); Klage auf Nichtigerklärung der Gesellschaft (§ 275 AktG). Entsprechendes gilt für vergleichbare Klagen bei einer KGaA (§ 278 Abs. 3 AktG). Die KfH entscheidet weiter über eine Auflösungsklage nach § 396 AktG. 23

14. Zu den Handelssachen gehören kraft ausdrücklicher Bestimmung in Abs. 2 weiter die folgenden Rechtsstreitigkeiten: 24
§§ 51 Abs. 3 Satz 3, 81 Abs. 1 Satz 2 GenG (Anfechtung von Beschlüssen der Generalversammlung, Auflösungsklage),
§ 10 UmwG (Auswahl und Bestellung der Verschmelzungsprüfer),
§ 2 SpruchG (Ausgleichs- und Abfindungsansprüche von Aktionären und Anteilsinhabern nach §§ 304, 305, 320 b AktG u.a.),
§ 87 GWB (bürgerliche Rechtsstreitigkeiten nach dem GWB und den EG-Kartellregelungen),
§ 13 Abs. 4 EG-VSchDG (Beschwerde gegen bestimmte Anordnungen der Bundesanstalt für Verbraucherschutz).

15. Handelssachen sind nicht nur die Ansprüche und Rechtsstreitigkeiten selbst, sondern auch die darauf bezüglichen **Arreste und einstweiligen Verfügungen**, auch wenn die Hauptsache noch nicht anhängig ist, aber der Antrag nach § 96 gestellt wird;[30] die Zuständigkeit erstreckt sich auf den Anspruch aus § 945 ZPO.[31] Das Gleiche gilt auch für Kosten- und Gebührensachen, die mit Handelssachen im Zusammenhang stehen, auch Streitwertbestimmung, Entschädigung der Zeugen, Sachverständigen und Dolmetscher. Ebenso gehören dazu alle Verfahren, die zu einer Abänderung der Hauptentscheidung führen sollen, also die Abänderungsklage nach § 323 ZPO und das Wiederaufnahmeverfahren. In **Vollstreckungssachen** liegt eine Handelssache vor, wenn die Entscheidung ausdrücklich dem Prozessgericht obliegt, z.B. nach §§ 731, 769, 887, 888, 890 ZPO; zuständig ist die KfH 25

---

[29] *BL/Hartmann* Rn. 7; *MünchKommZPO/Wolf* Rn. 19; *Wieczorek/Schreiber* Rn. 11.
[30] *BL/Hartmann* § 94 Rn. 1; *MünchKommZPO/Wolf* § 94 Rn. 2; *Wieczorek/Schreiber* § 94 Rn. 1; *Thomas/Putzo/Hüßtege* § 94 Rn. 1; *Zöller/Gummer* § 94 Rn. 2.
[31] OLG Oldenburg NJW-RR 2002, 1724.

auch für eine Vollstreckungsgegenklage nach § 767 ZPO, wenn der titulierte Anspruch aus einem Verfahren vor der KfH stammt;[32] Entsprechendes gilt für Klagen gegen eine Vollstreckungsklausel nach § 768 ZPO. Eine Handelssache liegt auch vor, wenn gegen einen Formkaufmann die Abwendung der Zwangsvollstreckung aus einer Urkunde über ein beiderseitiges Handelsgeschäft begehrt wird.[33] Auch die gerichtliche Vollstreckbarerklärung solcher ausländischer Entscheidungen, die eine Handelssache betreffen, ist als Handelssache anzusehen; gleiches gilt für das Beweissicherungsverfahren (§ 485 ZPO) und das Verfahren zur Bewilligung der Prozesskostenhilfe, wenn mit dem Gesuch zugleich der Antrag nach § 96 gestellt wird. Es gilt im Grunde das Gleiche wie für den Umfang der Entscheidungszuständigkeit in Familiensachen (vgl. § 23a Rn. 59ff. und § 23b Rn. 39ff.).

26 16. Auch nach anderen Gesetzen kann eine Handelssache vorliegen, z.B. Streitigkeiten nach § 66 Abs. 2 WpÜG.

§ 96. [Antrag auf Verhandlung vor der Kammer für Handelssachen]

(1) **Der Rechtsstreit wird vor der Kammer für Handelssachen verhandelt, wenn der Kläger dies in der Klageschrift beantragt hat.**

(2) **Ist ein Rechtsstreit nach den Vorschriften der §§ 281, 506 der Zivilprozeßordnung vom Amtsgericht an das Landgericht zu verweisen, so hat der Kläger den Antrag auf Verhandlung vor der Kammer für Handelssachen vor dem Amtsgericht zu stellen.**

Gesetzesfassung: Abs. 2 i.d.F. Art. 2 Nr. 1 der Vereinfachungsnovelle vom 3.12.1976 (BGBl. I S. 3281) und Art. 2 Nr. 4 RpflVereinfG.

1 **I. Zuständigkeit der KfH nur auf Antrag.** Die geschäftsverteilungsmäßige Zuständigkeitsvermutung besteht innerhalb der Zuständigkeit des LG (§§ 71, 72) für die ZivK. Für eine Handelssache ist deshalb nicht ohne weiteres die KfH zuständig, sondern nur auf Antrag (Abs. 1). Das Gesetz legt diesem Antrag eine entscheidende Bedeutung bei. Ohne den rechtzeitig gestellten Antrag kann die KfH nicht zuständig werden, bei seinem Fehlen ist nach § 97 zu verfahren. Der Kläger hat also in einer Handelssache die freie Wahl, ob der Rechtsstreit vor der KfH oder der allgemeinen ZivK verhandelt werden soll (zu den Möglichkeiten des Beklagten § 98). Bestehen bei einem LG mehrere KfH (vgl. § 93 Rn. 6; § 94 Rn. 10), richtet sich deren Zuständigkeit allein nach der Geschäftsverteilung; ein Antrag, der Rechtsstreit möge von einer bestimmten KfH verhandelt werden oder zu ihr verwiesen werden, ist wirkungslos[1] (vgl. auch § 94 Rn. 3).

2 **II. Antragsstellung.** Der Antrag ist in der **Klageschrift** (§ 253 ZPO) zu stellen (Abs. 1); diesem Erfordernis ist genügt, wenn die Klage an die KfH adressiert ist.[2] Als zulässig ist es aber auch anzusehen, wenn der Antrag in einem gleichzeitig eingereichten Schriftsatz gestellt wird.[3] Eine spätere Antragstellung ist unzulässig.[4] Dieselben Grundsätze gelten im schriftlichen Verfahren[5] (§ 128 ZPO).

3 Wird der Anspruch im **Mahnverfahren** geltend gemacht, kann der Antrag nach § 96 schon im Mahngesuch gestellt werden (§ 690 Abs. 1 Nr. 5 ZPO). Er kann aber auch noch bei Überleitung in das streitige Verfahren (§ 696 Abs. 1 ZPO) ge-

---

[32] BGH LM 42 zu § 767 ZPO; *Zöller/Gummer* Rn. 17; *Wieczorek/Schreiber* Rn. 14; a.A. RGZ 45, 343.
[33] LG Stendal MDR 2005, 1423.
[1] *BL/Hartmann* Rn. 4.
[2] *Bergerfurth* NJW 1974, 221.
[3] OLG Brandenburg NJW-RR 2001, 429; *Bergerfurth* aaO.; *Thomas/Putzo/Hüßtege* Rn. 1; *Wieczorek/Schreiber* Rn. 1; *Zöller/Gummer* Rn. 1; *BL/Hartmann* Rn. 2; *Schriever* NJW 1978, 1038.
[4] OLG Frankfurt Rpfleger 1980, 231.
[5] *MünchKommZPO/Wolf* Rn. 5; a.A. *BL/Hartmann* Rn. 3; *Bergerfurth* NJW 1974, 222.

stellt werden, denn die erforderliche Bezeichnung des zuständigen Gerichts nach § 690 Abs. 1 Nr. 5 ZPO bezieht sich neben der örtlichen Zuständigkeit nur auf die Abgrenzung zwischen AG und LG, jedoch nicht auf die Abgrenzung zwischen ZivK und KfH als Frage der geschäftsplanmäßigen Zuständigkeit[6] (vgl. § 94 Rn. 2). Auch nach dem Zeitpunkt der Abgabe nach § 696 Abs. 1 ZPO ist die Antragstellung noch möglich. Als Klageschrift kann erst die Anspruchsbegründung nach § 697 Abs. 1 Satz 1 ZPO angesehen werden, so dass bis zu deren Einreichung der Antrag zulässig ist.[7] Nicht überzeugend ist die Ansicht, der Antrag sei in jedem Falle innerhalb der Frist des § 697 Abs. 1 Satz 1 ZPO zu stellen, da dieser Vorschrift keine Ausschlusswirkung zukommt[8] (vgl. § 697 Abs. 3 ZPO).

III. Spätere Antragstellung. Nach Eingang der Klageschrift (Rn. 2) kann der Antrag grundsätzlich nicht mehr gestellt werden.[9] Hiervon gelten aber **Ausnahmen:** Wird die Klage bei einem LG erhoben, bei dem zur Zeit der Klageerhebung keine KfH gebildet ist, kann der Antrag noch während des anhängigen Verfahrens gestellt werden, wenn nachträglich eine KfH gebildet wird, und zwar bis zur ersten mündlichen Verhandlung nach ihrer Bildung, im schriftlichen Verfahren bis zu dem Zeitpunkt, bis zu dem Schriftsätze eingereicht werden können (§ 128 Abs. 2 Satz 2 ZPO). Die Möglichkeit der Entscheidung durch die besonders sachkundige KfH (§§ 109, 114) darf nicht durch Zufälligkeiten der Gerichtsorganisation bei Klageerhebung mehr als nötig eingeschränkt werden.

Aus den gleichen Gründen kann der Antrag noch nachgeholt werden, wenn der Rechtsstreit an ein anderes LG verwiesen wird, bei dem anders als bei dem verweisenden Gericht eine KfH gebildet ist.[10] Der Antrag muss allerdings spätestens mit dem Antrag auf Verweisung gestellt werden.[11]

IV. Allgemeine Zuständigkeit. Wird der Antrag nicht rechtzeitig gestellt, kann der Kläger nicht mehr die Verhandlung vor der KfH erreichen;[12] zuständig ist die allgemeine ZivK. Der Kläger kann allenfalls die Klage zurücknehmen und erneut, dann aber mit rechtzeitigem Antrag nach § 96, die Klage erheben – ein umständlicher und kostspieliger Weg (vgl. § 269 ZPO). Zum Beklagten vgl. § 98.

V. Rücknahme. Der Antrag auf Verhandlung vor der KfH kann **nicht zurückgenommen** werden.[13]

VI. AG. Ist eine Handelssache **zunächst vor dem AG** anhängig geworden, und stellt der Kläger gemäß § 281 ZPO oder eine der Parteien gemäß § 506 ZPO den Antrag, den Rechtsstreit an das LG zu verweisen, muss entsprechend dem Grundgedanken des Abs. 1 der Kläger vor dem AG den Antrag stellen, dass die Sache vor der KfH verhandelt werden soll,[14] und zwar im Interesse der Beschleunigung auch außerhalb der mündlichen Verhandlung[15] (vgl. § 281 Abs. 2 Satz 1 ZPO). Nur der Kläger kann den Antrag stellen, der Beklagte ist auf die Möglichkeit des § 98 angewiesen. Die Belehrungspflicht des AG nach § 504 ZPO erstreckt sich nicht auf die mögliche Zuständigkeit der KfH. Im schriftlichen Verfahren

---

[6] *Bergerfurth* DRiZ 1978, 230; JZ 1979, 145.
[7] OLG Braunschweig NJW 1979, 223; OLG Frankfurt NJW 1980, 2202; OLG Düsseldorf NJW-RR 1988, 1472; OLG Nürnberg RPfleger 1995, 369; OLG München OLGR 1998, 161; KG KGR 1999, 278; vgl. OLG Brandenburg MDR 2005, 231; *Bergerfurth* JZ 1979, 145; *Zöller/Gummer* Rn. 3; *StJ/Schlosser* § 690 Rn. 11; *BL/Hartmann* Rn. 3; *MünchKommZPO/Wolf* Rn. 6.
[8] KG aaO.; OLG München aaO.; *Zöller/Gummer* aaO.
[9] OLG Brandenburg NJW-RR 2001, 429.
[10] A. A. LG Freiburg NJW 1972, 1902.
[11] *Wieczorek/Schreiber* Rn. 1; *Zöller/Gummer* Rn. 1; *Thomas/Putzo/Hüßtege* Rn. 1.
[12] *Bergerfurth* NJW 1974, 221; *Gaul* JZ 1984, 63.
[13] *Thomas/Putzo/Hüßtege* Rn. 1; *Wieczorek/Schreiber* Rn. 1; *MünchKommZPO/Wolf* Rn. 3; *Zöller/Gummer* Rn. 1; *Bergerfurth* NJW 1974, 221.
[14] *Bergerfurth* NJW 1974, 222.
[15] *Hansens* NJW 1991, 956.

(Rn. 3) vor dem AG ist der Antrag spätestens gleichzeitig mit dem Verweisungsantrag zu stellen. Hat der Kläger keinen Antrag auf Verhandlung vor der KfH gestellt, verweist das AG an das LG allgemein; der Kläger kann nicht mehr nachträglich noch die Verhandlung vor der KfH beantragen.

9 Liegen die Voraussetzungen der §§ 281, 506 ZPO vor, so verweist das AG auf einen Antrag des Klägers an die KfH des zuständigen LG[16] ohne eigene Prüfung, ob eine Handelssache vorliegt und ob bei dem LG überhaupt eine KfH gebildet ist; die Verhandlung findet dann vor der KfH statt. Besteht bei dem LG keine KfH, ist die allgemeine ZivK zuständig. Die Frage, ob eine Handelssache vorliegt, ist gegebenenfalls innerhalb des LG zu entscheiden (§§ 97 ff.); die Verweisung des AG bindet nur das LG insgesamt, nicht aber in der Frage, ob die ZivK oder die KfH zuständig ist.[17] Wegen der Bindung hinsichtlich der örtlichen Zuständigkeit gelten keine Besonderheiten (§ 281 ZPO), wohl aber tritt im Falle der nach § 93 Abs. 2 örtlich begrenzten KfH bei konkreter örtlicher Verweisung eine Bindung ein.

10 Bei Divergenzen zwischen Antrag des Klägers und dem Beschluss des AG ist maßgebend der Antrag des Klägers.[18] Hat das AG trotz eines wirksamen Antrags nach § 96 nur an das LG verwiesen, ist die Sache vor der KfH zu verhandeln. Fehlt demgegenüber ein Antrag des Klägers und hat das AG dennoch an die KfH verwiesen, dann ist nach § 97 zu verfahren.

11 **VII. Örtliche Unzuständigkeit.** Wird aus Gründen der **örtlichen Unzuständigkeit** von der KfH an ein anderes LG **verwiesen** (§ 281 ZPO), ist der Rechtsstreit auch dort vor der KfH zu verhandeln, soweit eine solche besteht, sonst vor der allgemeinen ZivK. Wird aber eine Handelssache von einem LG, bei dem keine KfH gebildet ist, an ein LG verwiesen, bei dem eine KfH besteht, kommt der Rechtsstreit vor der allgemeinen ZivK zur Verhandlung. Der Kläger kann die Verhandlung vor der KfH aber noch nachträglich beantragen (Rn. 5).

§ 97. [Verweisung an Zivilkammer wegen ursprünglicher Unzuständigkeit]

(1) **Wird vor der Kammer für Handelssachen eine nicht vor sie gehörige Klage zur Verhandlung gebracht, so ist der Rechtsstreit auf Antrag des Beklagten an die Zivilkammer zu verweisen.**

(2) [1]**Gehört die Klage oder die im Falle des § 506 der Zivilprozeßordnung erhobene Widerklage als Klage nicht vor die Kammer für Handelssachen, so ist diese auch von Amts wegen befugt, den Rechtsstreit an die Zivilkammer zu verweisen, solange nicht eine Verhandlung zur Hauptsache erfolgt und darauf ein Beschluß verkündet ist.** [2]**Die Verweisung von Amts wegen kann nicht aus dem Grund erfolgen, daß der Beklagte nicht Kaufmann ist.**

1 **I. Verweisung.** Die Vorschrift regelt die Verweisung des Rechtsstreits von der KfH an die ZivK, **wenn die KfH nicht zuständig** ist, wenn also keine Handelssache (§ 95) vorliegt (zum fehlenden Antrag nach § 96 siehe Rn. 2). Wenn auch die KfH nur im Rahmen der allgemeinen Zuständigkeit des LG tätig wird (§ 94 Rn. 1), so ist doch nach h. M. vorab über die Zuständigkeit der KfH zu verhandeln, und zwar vor der Entscheidung über die örtliche und sachliche Zuständigkeit des LG oder die Zulässigkeit des Rechtswegs.[1] Die Verweisung nach Abs. 1 (nicht zu verwechseln mit der formlosen **Abgabe**, Rn. 2; § 94 Rn. 8) setzt voraus, dass vor die KfH „eine nicht vor sie gehörige Klage zur Verhandlung gebracht" wird. Es

---
[16] *Thomas/Putzo/Hüßtege* Rn. 2; *Hübner* ZZP 1928, 492; a. A. KG OLGZ 33, 78; *Bergerfurth* NJW 1974, 222.
[17] H. M.; *BL/Hartmann* Rn. 4; *Thomas/Putzo/Hüßtege* Rn. 2; *Hübner* ZZP 1928, 492; *Zöller/Gummer* Rn. 4.
[18] A. A. LG Berlin ZZP 1953, 29.
[1] BGHZ 63, 214 = NJW 1975, 450; *BL/Hartmann* Rn. 3.

muss sich also um einen Rechtsstreit handeln, der keine Handelssache (§ 95) zum Gegenstand hat; eine Einschränkung findet sich nur in Abs. 2 Satz 2. „Zur Verhandlung gebracht" ist der Rechtsstreit mit der Zustellung der Klage (§ 271 ZPO) und der Terminsladung (§ 274 ZPO) oder der Einleitung des schriftlichen Vorverfahrens (§ 276 ZPO), auch der Anspruchsbegründung nach § 697 ZPO. Das Gleiche gilt bei Verweisung an die KfH nach § 98 GVG oder § 281 ZPO.

Ist die Sache ohne Antrag nach § 96 an die KfH gelangt, ist die schlichte Abgabe nach der allgemeinen Regelung der Geschäftsverteilung zulässig,[2] solange sie noch nicht „zur Verhandlung gebracht" ist (§ 94 Rn. 8). **2**

II. Antrag. Die Verweisung ist einmal möglich auf Antrag des Beklagten (Abs. 1), der nicht den Vorschriften des § 297 ZPO unterliegt.[3] Der Antrag ist befristet. Er kann nach § 101 Abs. 1 Satz 1 nur gestellt werden vor der Verhandlung des Beklagten zur Sache; §§ 282 Abs. 3, 296 Abs. 3 ZPO sind nicht anwendbar.[4] Zur Sache verhandelt der Beklagte nicht erst dann, wenn er zur Hauptsache verhandelt, sondern auch schon bei einer Verhandlung zu Fragen der Zulässigkeit der Klage usw. Dies ist anders als bei der Verweisung von Amts wegen nach Abs. 2, der auf die Verhandlung zur Hauptsache abstellt. **3**

Ist die **Klage gegen mehrere Beklagte** erhoben, dann muss jedem gegenüber eine Handelssache in subjektiver (Kaufmannseigenschaft) und objektiver Hinsicht nach § 95 vorliegen[5] (vgl. auch § 103); eine Zuständigkeit „kraft Sachzusammenhangs" ist abzulehnen, auch etwa bei Schuldner und Bürgen;[6] eine gemeinschaftliche Klage ist nur vor der ZivK möglich. Fehlt bei einem der Beklagten die Eigenschaft der Handelssache, kann er den Antrag auf Verweisung stellen; der Antrag wirkt nur für ihn, hier ist abzutrennen (§ 145 ZPO), soweit dies prozessual möglich ist (vgl. §§ 62, 69 ZPO), und zu verweisen[7] (vgl. Rn. 5; § 95 Rn. 5). Entsprechendes gilt, wenn der Kläger mehrere selbstständige Ansprüche gemeinsam geltend macht (**objektive Klagenhäufung, § 260 ZPO**). Stützt der Kläger aber einen einheitlichen Anspruch auf **mehrere Klagegründe**, ist die Zuständigkeit der KfH insgesamt gegeben, wenn auch nur einer der Klagegründe eine Handelssache ist[8] (vgl. § 17 Rn. 48); die KfH kann nicht über einzelne Klagegründe entscheiden und andere abtrennen und diese verweisen. Zu den Folgen einer **Widerklage** § 99. Der Kläger hat (auch als Widerbeklagter) kein Antragsrecht auf Verweisung des Rechtsstreits an die ZivK (da der Rechtsstreit ohnedies nur auf seinen Antrag zur KfH kommt), auch wenn keine Handelssache vorliegt und er sich geirrt hat[9] (vgl. aber § 99). **4**

III. Von Amts wegen. Die KfH kann den Rechtsstreit auch von Amts wegen an die ZivK verweisen (Abs. 2), und zwar ohne Antrag nach freiem Ermessen in zwei Fällen: a) wenn die Klage nicht vor die KfH gehört, wenn also keine Handelssache vorliegt; ob der Kläger einen Antrag auf Verhandlung vor der KfH gestellt hat, ist ohne Bedeutung. b) in dem Sonderfall, dass gegen die beim AG erhobene Klage, die eine Handelssache zum Gegenstand hat, eine **Widerklage** erhoben wird, die zur Zuständigkeit des LG gehört und das AG gemäß § 506 ZPO den Rechtsstreit an die KfH verwiesen hat, der den Gegenstand der Widerklage bildende Anspruch aber keine Handelssache ist. In Bezug auf den zweiten Fall ist der Vorschrift zu entnehmen, dass eine Widerklage, die keine Handelssache betrifft und die deshalb bei selbstständiger Geltendmachung nicht vor die KfH gehört, nicht **5**

---

[2] *Zöller/Gummer* Rn. 2.
[3] *Thomas/Putzo/Hüßtege* Rn. 2.
[4] LG Berlin NJW 1987, 139.
[5] *Gaul* JZ 1984, 59.
[6] *Gaul* aaO.
[7] *MünchKommZPO/Wolf* Rn. 7.
[8] *Brandi-Dohrn* NJW 1981, 2453; a. A. *BL/Hartmann* Rn. 5; *MünchKommZPO/Wolf* Rn. 5; *Gaul* JZ 1984, 59.
[9] *Thomas/Putzo/Hüßtege* Rn. 2; *Zöller/Gummer* Rn. 7.

vor der KfH erhoben werden kann, sondern nur vor der ZivK. Wird eine solche Widerklage dennoch erhoben, sieht Abs. 2 die Verweisung des (gesamten) „Rechtsstreits" an die ZivK vor. Auch bei Berücksichtigung der allgemeinen Zuständigkeitsvermutung für die ZivK ist jedoch im Interesse der Durchsetzung der Vorstellungen des Gesetzgebers von der Aufgabe der KfH (§ 93 Rn. 1 ff.) anzustreben, dass Handelssachen auch von der KfH entschieden werden. Anstelle der Totalverweisung des gesamten Rechtsstreits an die ZivK liegt deshalb die Abtrennung der Widerklage (§ 145 ZPO) und ihre Verweisung an die ZivK unter Aufrechterhaltung der Entscheidungskompetenz der KfH nahe.[10] Diese Überlegungen gelten sowohl für den hier geregelten Fall als auch für eine Widerklage unmittelbar[11] (§ 99 Rn. 7). Sonst hätte es der Beklagte in der Hand, dem Kläger einer zulässigerweise vor der KfH erhobenen Klage in einer Handelssache durch die Erhebung einer zur ZivK gehörigen Widerklage die Entscheidung durch die KfH zu nehmen. Entsprechendes gilt bei Trennungsmöglichkeit im Rahmen des Abs. 1 (Rn. 4).

6 Auch die Verweisungsmöglichkeit nach Abs. 2 ist aber **befristet.** Es darf noch nicht zur Hauptsache verhandelt und darauf ein Beschluss verkündet worden sein. Solange nur über prozesshindernde Einreden verhandelt worden ist, kann die Verweisung noch ausgesprochen werden. Aber auch die Verhandlung zur Hauptsache beendet noch nicht die Verweisungsmöglichkeit, sondern erst die Verkündung eines „darauf", also in der Hauptsache als Folge der Verhandlung verkündeten Beschlusses. Ein solcher Beschluss liegt z. B. in einem Aufklärungs- oder Beweisbeschluss, in der Anberaumung eines Verkündungstermins, aber auch in einem Vertagungs- oder einem Aussetzungsbeschluss. Nicht zu diesen Beschlüssen in der Hauptsache zählen z. B. Prozesskostenhilfe- und Streitwertbeschlüsse, die lediglich der Vorbereitung der ersten mündlichen Verhandlung dienen (§ 273 ZPO). Für diese Befristung gilt § 295 ZPO (Verlust des Rügerechts) nicht, sie ist unabdingbar.[12]

7 Eine Verweisung von Amts wegen kann **nicht** aus dem Grunde erfolgen, dass der **Beklagte nicht Kaufmann** ist (Abs. 2 Satz 2). Dies hat nur Bedeutung für § 95 Abs. 1 Nr. 1. Hier kann die Tatsache, dass das Geschäft wegen fehlender Kaufmannseigenschaft des Beklagten nicht für „beide" Teile ein Handelsgeschäft ist, nicht zur Verweisung von Amts wegen führen. Wohl aber ist die Berücksichtigung der fehlenden Kaufmannseigenschaft des Klägers nicht ausgeschlossen, so dass es von Amts wegen berücksichtigt werden kann, wenn eine Handelssache deshalb nicht vorliegt, weil wegen fehlender Kaufmannseigenschaft (auch) des Klägers das Geschäft nicht für „beide" Teile Handelsgeschäft ist. Auf eine **fehlende Eintragung** des Beklagten im Handelsregister kann eine Verweisung von Amts wegen gestützt werden.[13]

8 **IV. Zuständigkeit.** Zuständig für die Verweisung ist der Vorsitzende der KfH, § 349 Abs. 2 Nr. 1 ZPO. Es kann jedoch auch die Kammer auf Grund mündlicher Verhandlung den Verweisungsbeschluss erlassen.

9 **V. Anfechtbarkeit.** Der Verweisungsbeschluss ist **unanfechtbar,** auch wenn er im Falle des Abs. 1 ohne Antrag ergangen ist.[14] Unanfechtbar ist auch der Beschluss, durch den ein Antrag auf Verweisung zurückgewiesen wird, vgl. § 102.

10 **VI. Weitere Fälle.** Weitere Fälle der Verweisung durch die KfH an die ZivK: §§ 99, 104.

---

[10] A. A. *Gaul* JZ 1984, 62 m. w. N.
[11] Vgl. *Gaul* JZ 1984, 62 m. w. N.
[12] *BL/Hartmann* Rn. 6.
[13] OLG Hamburg TranspR 1999, 127; OLG Nürnberg NJW-RR 2000, 568; *BL/Hartmann* Rn. 7; *Thomas/Putzo/Hüßtege* Rn. 4; a. A. OLG Düsseldorf NJW-RR 2001, 1220; *Zöller/Gummer* Rn. 4.
[14] *Wieczorek/Schreiber* Rn. 1.

§ 98. [Verweisung an Kammer für Handelssachen]

(1) ¹Wird vor der Zivilkammer eine vor die Kammer für Handelssachen gehörige Klage zur Verhandlung gebracht, so ist der Rechtsstreit auf Antrag des Beklagten an die Kammer für Handelssachen zu verweisen. ²Ein Beklagter, der nicht in das Handelsregister oder Genossenschaftsregister eingetragen ist, kann den Antrag nicht darauf stützen, daß er Kaufmann ist.

(2) Der Antrag ist zurückzuweisen, wenn die im Falle des § 506 der Zivilprozeßordnung erhobene Widerklage als Klage vor die Kammer für Handelssachen nicht gehören würde.

(3) Zu einer Verweisung von Amts wegen ist die Zivilkammer nicht befugt.

(4) Die Zivilkammer ist zur Verwerfung des Antrags auch dann befugt, wenn der Kläger ihm zugestimmt hat.

Gesetzesfassung: Abs. 1 Satz 2 i. d. F. Art. 2 Nr. 5 RpflVereinfG.

I. Verweisung. Die Verweisung eines Rechtsstreits **von der ZivK an die KfH** (umgekehrter Fall zu § 97) ist zulässig, wenn vor der ZivK „eine vor die KfH gehörige Klage zur Verhandlung gebracht" worden ist (zu diesem Begriff vgl. § 97 Rn. 1). Es muss also eine **Handelssache** (§ 95) vorliegen, deren Verhandlung der Kläger nicht gemäß § 96 vor der KfH beantragt hatte, und die er auch nicht mehr nachträglich beantragen kann (§ 96 Rn. 5). In diesem Falle kann nur noch der Beklagte die Handelssache vor die KfH bringen. Der Begriff der „Rechtsstreitigkeit" ist nicht förmlich zwingend; § 145 ZPO ist anwendbar[1] (vgl. § 97 Rn. 4).

II. Formvorschriften. Der Antrag des Beklagten auf Verweisung unterliegt nicht den Formvorschriften des § 297 ZPO. Er kann nur vor der Verhandlung zur Sache gestellt werden (§ 101; vgl. § 97 Rn. 3).

III. Beschränkung des Antragsrechts. Die Beschränkung des Antragsrecht des Beklagten in Abs. 1 Satz 2 ist inhaltlich gegenstandslos.[2] Der Gesetzeswortlaut ist mit der Neufassung des § 95 Abs. 1 Nr. 1 durch das HandelsrechtsreformG (BGBl. 1998 I S. 1474) nicht koordiniert, der für die Qualifizierung eines Anspruchs als Handelssache grundsätzlich eine Eintragung des Beklagten fordert.

IV. Widerklage. Hat das AG gemäß § 506 ZPO einen vor ihm anhängig gewordenen Rechtsstreit an die ZivK verwiesen, so kann der Beklagte entgegen Abs. 1 dann nicht die Verweisung an die KfH fordern, auch wenn der Klageanspruch eine Handelssache darstellt, wenn er selbst dagegen eine Widerklage erhoben hat, die keine Handelssache ist. Nach der Konstruktion der KfH sollen nur solche Rechtsstreitigkeiten, die Handelssache nach § 95 sind, von der KfH entschieden werden, jedoch auf keinen Fall Nicht-Handelssachen etwa auf dem Umweg über eine Widerklage (§ 97 Rn. 5) oder eine objektive Klagenhäufung (§ 97 Rn. 4) „mitgezogen" werden können. Dem Beklagten entsteht durch die Unzulässigkeit der Verweisung nach Abs. 2 auch kein beachtlicher Nachteil, denn er hat es ja in der Hand, durch selbstständige klageweise Geltendmachung seiner Nicht-Handelssache vor der ZivK sich den Weg zur KfH für die gegen ihn erhobene Handelssache zu erhalten – im Gegensatz zum Kläger einer Handelssache vor der KfH, gegen den Widerklage mit einer Nicht-Handelssache erhoben wird (§ 97 Rn. 5).

V. Absatz 4. Liegt einer der beiden Versagungsgründe (Rn. 3, 4) nicht vor, dann hat die ZivK grundsätzlich dem Verweisungsantrag zu entsprechen. Abs. 4 stellt demgegenüber klar, dass bei Vorliegen eines der beiden Versagungsgründe die Verweisung auch dann abzulehnen ist, wenn der Kläger dem Antrag des Beklagten auf Verweisung zustimmt. Eine **Parteivereinbarung** über die Zuständigkeit der KfH ist unwirksam (vgl. § 94 Rn. 3).

---

[1] A. A. *Gaul* JZ 1984, 61.
[2] Ähnlich *Zöller/Gummer* Rn. 2.

6 **VI. Von Amts wegen.** Eine **Verweisung** durch die ZivK an die KfH von Amts wegen ist **ausgeschlossen** (Abs. 3) im Gegensatz zum umgekehrten Fall des § 97 Abs. 2.

7 **VII.** Die Entscheidung über den Antrag auf Verweisung, wie auch die Verweisung selbst sind **unanfechtbar** (§ 102), auch wenn das Gericht z.B. ohne Antrag verwiesen hat.

§ 99. [Verweisung an Zivilkammer wegen nachträglicher Unzuständigkeit]

(1) **Wird in einem bei der Kammer für Handelssachen anhängigen Rechtsstreit die Klage nach § 256 Abs. 2 der Zivilprozeßordnung durch den Antrag auf Feststellung eines Rechtsverhältnisses erweitert oder eine Widerklage erhoben und gehört die erweiterte Klage oder die Widerklage als Klage nicht vor die Kammer für Handelssachen, so ist der Rechtsstreit auf Antrag des Gegners an die Zivilkammer zu verweisen.**

(2) ¹Unter der Beschränkung des § 97 Abs. 2 ist die Kammer zu der Verweisung auch von Amts wegen befugt. ²Diese Befugnis tritt auch dann ein, wenn durch eine Klageänderung ein Anspruch geltend gemacht wird, der nicht vor die Kammer für Handelssachen gehört.

Gesetzesfassung: Im Abs. 1 wurde die Verweisung geändert durch Art. 2 Nr. 2 der Vereinfachungsnovelle vom 3. 12. 1976 (BGBl. I S. 3281).

1 **I. Erweiterung der Verweisungsmöglichkeit.** Die Vorschrift erweitert die Verweisungsmöglichkeit **von der KfH an die ZivK** (§ 97) in den Fällen, in denen nachträglich ein Anspruch in das vor der zuständigen KfH anhängige Verfahren eingeführt wird, der keine Handelssache ist. Hier soll die Möglichkeit einer Verweisung von der KfH an die ZivK bestehen mit dem Ziel, dass die KfH als Spezialspruchkörper nur für Handelssachen zuständig sein soll und alle Rechtsstreitigkeiten, die darüber, wenn auch nur teilweise, hinausgehen, von der ZivK entschieden werden.

II. Unterscheidung. Dabei sind **drei Fälle** zu unterscheiden:

2 1. **Klageerweiterung** nach § 256 Abs. 2 ZPO mit dem Antrag, ein im Laufe des Prozesses streitig gewordenes Rechtsverhältnis festzustellen (Zwischenfeststellungsklage);

3 2. Erhebung einer **Widerklage oder Zwischenfeststellungswiderklage** durch den Beklagten, und zwar jeglicher Art ohne Rücksicht auf ihren Inhalt.

4 3. **Klageänderung** (§ 263 ZPO, nicht im Falle des § 264 ZPO). Zwar ist die Klageänderung nicht auch im Abs. 1 ausdrücklich aufgeführt, aber die Vorschrift ist auch auf sie anzuwenden[1] (vgl. Abs. 2 Satz 2).

5 **III. Verweisung an Zivilkammer.** Gehört der mit der Zwischenfeststellungsklage, der Widerklage oder der Klageänderung geltend gemachte Anspruch nicht vor die KfH, ist er also keine Handelssache, so ist der Rechtsstreit auf Antrag des Gegners von der KfH an die ZivK zu verweisen, obwohl die Klage selbst vor die KfH gehört (Abs. 1), ohne eine Prüfung, ob die Zwischenfeststellungsklage usw. zulässig ist; diese Entscheidung obliegt dann der ZivK.

6 Der Antrag auf Verweisung ist vor der Verhandlung zur Sache zu stellen (§ 101), also bevor der jeweilige Gegner nach Erhebung der Zwischenfeststellungsklage usw. zur Sache verhandelt. Gegner ist bei der Zwischenfeststellungsklage und der Klageerweiterung der (ursprüngliche) Beklagte, bei der Widerklage der (ursprüngliche) Kläger, der in diesem Falle also auch dann die Verweisung des Rechtsstreits an die

---
[1] H. M.; *BL/Hartmann* Rn. 2; *Thomas/Putzo/Hüßtege* Rn. 2; *Wieczorek/Schreiber* Rn. 1; *Zöller/Gummer* Rn. 1.

ZivK erreichen kann, wenn die Sache vorher auf seinen Antrag (§ 96) vor die KfH gelangt ist.

Es ist dann der **gesamte Rechtsstreit** an die ZivK zu verweisen. Zur Widerklage gilt aber auch hier das unter § 97 Rn. 5 Ausgeführte; die KfH kann von der Abtrennungsmöglichkeit des § 145 ZPO Gebrauch machen, um ihre Zuständigkeit für die Klage zu erhalten.[2] Bei einer Klageerweiterung durch den Kläger besteht eine solche Notwendigkeit nicht (vgl. § 98 Rn. 4). 7

IV. Von Amts wegen. Neben der Verweisung auf Antrag des Gegners ist auch eine Verweisung von Amts wegen möglich unter den im § 97 Abs. 2 enthaltenen Einschränkungen (Abs. 2 Satz 1, vgl. § 97 Rn. 5): diese Verweisung ist also zulässig, solange noch nicht die Verhandlung zur Hauptsache erfolgt und darauf ein Beschluss verkündet ist; die Verweisung kann nicht auf die fehlende Kaufmannseigenschaft des Beklagten (muss hier verstanden werden als: des Gegners) gestützt werden (vgl. § 97 Rn. 7). Diese Verweisung von Amts wegen ist in allen drei Fällen (vgl. Rn. 2 ff.) zulässig, die Klageänderung ist hier im Gegensatz zu Abs. 1 ausdrücklich als Anwendungsfall aufgeführt. 8

Die Verweisung von Amts wegen steht im **pflichtgemäßen Ermessen** der KfH, zuständig ist der Vorsitzende (§ 349 Abs. 2 Nr. 1 ZPO; vgl. § 97 Rn. 8, auch wegen der Verweisung durch die Kammer). 9

V. Anfechtbarkeit. Der Verweisungsbeschluss ist **unanfechtbar** (§ 102). 10

VI. Aufrechnung. Die Vorschrift ist **nicht anwendbar** auf eine **Aufrechnung**; diese ändert nichts an der Zuständigkeit der KfH, auch wenn **die** zur Aufrechnung gestellte Forderung nicht zu den Handelssachen des § 95 gehört.[3] 11

§ 100. [Zuständigkeit in 2. Instanz]

Die §§ 96 bis 99 sind auf das Verfahren im zweiten Rechtszuge vor den Kammern für Handelssachen entsprechend anzuwenden.

I. KfH als Rechtsmittelinstanz. Die **KfH** ist nicht nur erstinstanzlich zuständig für die Handelssachen, sondern auch als **Rechtsmittelgericht für die Handelssachen,** in denen das AG als erste Instanz entschieden hat (vgl. § 94 Rn. 1). Diese Rechtsmittelzuständigkeit der KfH ergibt sich aus der Bestimmung, dass die KfH ohne Einschränkung an die Stelle der ZivK tritt (§ 94), und ist in dieser Form im Jahre 1909 eingeführt worden; bis dahin war die KfH nur erstinstanzlich zuständig[1] (vgl. § 93 Rn. 2). Für die Berufung gegen erstinstanzliche Entscheidungen der KfH bestehen beim OLG keine Besonderheiten, sie gelten dort als allgemeine Zivilsachen; das Präsidium kann im Rahmen der Geschäftsverteilung die Handelssachen bei Spezialsenaten zusammenfassen. 1

II. §§ 96 bis 99, 101, 102. § 100 erklärt die **§§ 96 bis 99** auch für das Verfahren in zweiter Instanz vor der KfH für **anwendbar.** Aber auch die **§§ 101, 102** sind entsprechend **anzuwenden,** auch wenn dies nicht ausdrücklich geregelt ist.[2*] 2

III. Entsprechende Anwendung. Die **entsprechende Anwendung** dieser Vorschriften im zweiten Rechtszuge **bedeutet,** dass auch hier wie in der ersten Instanz eine Handelssache nur dann vor die KfH kommt, wenn ein entsprechender Antrag gestellt wird, und dass nur Handelssachen vor die KfH kommen können. Die entsprechende Anwendung bedeutet weiter, dass bei der Anwendung dieser Vorschriften (Rn. 2) grundsätzlich an die Stelle des erstinstanzlichen Klägers der 3

---

[2] *BL/Hartmann* Rn. 2; *Thomas/Putzo/Hüßtege* Rn. 3; *Zöller/Gummer* Rn. 3; *MünchKommZPO/Wolf* Rn. 4.
[3] *Wieczorek/Schreiber* Rn. 1; *MünchKommZPO/Wolf* Rn. 6.
[1] *Kann* JW 1910, 700.
[2*] H. M.; vgl. *BL/Hartmann* Rn. 2; *MünchKommZPO/Wolf* Rn. 1.

§ 100 4–9 7. Titel. Kammern für Handelssachen

Berufungskläger (Beschwerdeführer) tritt und umgekehrt. Das gilt ausnahmsweise nicht angesichts der Bedeutung, die das Gesetz der Kaufmannseigenschaft beilegt, für die Kaufmannseigenschaft nach § 95 Abs. 1 Nr. 1; hier kommt es stets auf den Beklagten an ohne Rücksicht auf seine Parteirolle in der Rechtsmittelinstanz;[3] ebenso wenig im § 97 Abs. 2 Satz 2 (vgl. Rn. 6) und für § 98 Abs. 1 Satz 2 (Rn. 11). Im Einzelnen:

4 **1. Der Antrag auf Verhandlung vor der KfH** als Rechtsmittelgericht (§ 96) muss schon **in der Berufungsschrift** (§ 519 ZPO) vom Berufungskläger ohne Rücksicht auf die erstinstanzliche Parteirolle gestellt werden, er kann nicht mehr in der Berufungsbegründung oder einem späteren Schriftsatz nachgeholt werden.[4] Entsprechendes gilt für Beschwerden. Legen beide Parteien Berufung ein, dann kann jede den Antrag stellen. Wird der Antrag vom Berufungskläger nicht gestellt, hat er diese Möglichkeit für das gesamte weitere Verfahren verloren, auch wenn nach einer Aufhebung und Zurückverweisung (§ 538 Abs. 2 ZPO) erneut gegen ein Urteil des AG Berufung eingelegt wird.[5] Auch wenn nur von einem Berufungskläger der Antrag nach § 96 gestellt wird, ist die KfH für das gesamte Verfahren zuständig; das folgt aus der Gesamttendenz der §§ 96, 98, wonach in einer Handelssache jede der beiden Parteien die Sache vor die KfH bringen kann.[6]

5 **2. Verweisung von der KfH an die ZivK.** Kommt eine Berufungssache, die keine Handelssache betrifft, auf Antrag des Berufungsklägers vor die KfH, dann kann der Berufungsbeklagte (ohne Rücksicht auf seine Parteirolle in erster Instanz) die Verweisung an die ZivK (Berufungskammer) beantragen (§ 97 Abs. 1; vgl. im Einzelnen dort); die Frist des § 101 gilt auch hier (Rn. 2). Bei erstinstanzlicher Klagenhäufung von Handelssachen und anderen Ansprüchen gilt das nur, wenn sich in der Berufungsinstanz zumindest auch ein Anspruch befindet, der keine Handelssache ist; ist nur die Handelssache in der Berufung, besteht dieses Antragsrecht nicht. Stellt in einer Nicht-Handelssache, die auf Grund des Antrags des Berufungsklägers vor die KfH gekommen ist, der Berufungsbeklagte den Antrag auf **Verweisung** an die ZivK **nicht,** müsste die KfH die Sache entscheiden, obwohl die Frage der Entscheidung durch die KfH der Parteidisposition entzogen ist (§ 94 Rn. 3). Hier ist die Verweisung von Amts wegen entsprechend § 97 Abs. 2 möglich. Sie kann aber entsprechend § 97 Abs. 2 Satz 2 nicht aus dem Grunde erfolgen, dass der Beklagte nicht Kaufmann ist, und zwar der ursprüngliche Beklagte, nicht entscheidend ist die Stellung als Berufungsbeklagter[7] (vgl. Rn. 11).

6 **3. Erweiterung des Gegenstandes des Berufungsrechtsstreits im Laufe des Berufungsverfahrens:**

7 a) Ist der **Kläger auch Berufungskläger** und **erweitert** er zulässigerweise die Berufung (§§ 533, 263 ZPO) um einen Anspruch, der nicht Handelssache ist (vgl. § 99 Rn. 2, 4), kann der Berufungsbeklagte die Verweisung an die ZivK uneingeschränkt beantragen (§ 99 Abs. 1).

8 b) Ist der **erstinstanzliche Beklagte Berufungskläger** und erweitert er die Berufung im Wege der Widerklage (§ 533 ZPO, vgl. § 99 Rn. 3) um einen Anspruch, der nicht Handelssache ist, kann der Berufungsbeklagte (erstinstanzlicher Kläger) die Verweisung an die ZivK beantragen (§ 99 Abs. 1).

9 c) Legt der **Berufungsbeklagte Anschlussberufung** ein (§ 524 ZPO) und bezieht sich diese auf einen Anspruch, der nicht Handelssache ist, so kann der An-

---

[3] *Zöller/Gummer* Rn. 2.
[4] OLG Brandenburg MDR 2005, 231; *MünchKommZPO/Wolf* Rn. 2; *Zöller/Gummer* Rn. 1; *BL/Hartmann* Rn. 2; *Rosenberg/Schwab/Gottwald* § 33 II, 3; *Wieczorek/Schreiber* Rn. 2; *Thomas/Putzo/Hüßtege* Rn. 1; a. A. LG Köln NJW 1996, 2737, dagegen überzeugend E. Schneider NJW 1997, 992.
[5] *Wieczorek/Schreiber* Rn. 2.
[6] *Zöller/Gummer* Rn. 3; *MünchKommZPO/Wolf* Rn. 3; a.A. *BL/Hartmann* Rn. 2; *Thomas/Putzo/Hüßtege* Rn. 3: maßgebend ist die zuerst eingehende Berufung.
[7] *Zöller/Gummer* Rn. 2.

schluss-Berufungsbeklagte (und nur er) Verweisung an die ZivK beantragen (§ 99 Abs. 1). Das ist auch dann der Fall, wenn er als erstinstanzlicher Kläger in einer Klage Handelssachen und andere Ansprüche gemeinsam geltend gemacht hatte.

d) Wie in der ersten Instanz kann die KfH auch in der Rechtsmittelinstanz **von Amts wegen** durch den Vorsitzenden, u. U. auch durch die Kammer (vgl. § 97 Rn. 8) den Berufungsrechtsstreit an die ZivK verweisen, wenn nachträglich eine Sache vor sie gebracht wird, die keine Handelssache darstellt, vgl. im Einzelnen § 99 Rn. 8. **10**

4. Verweisung Zivilkammer an die KfH. Stellt der Berufungskläger trotz Vorliegens einer Handelssache keinen Antrag nach § 96 auf Verhandlung vor der KfH, so kann der Berufungsbeklagte diesen Antrag stellen (§ 98 Abs. 1 Satz 1). Bei der Frage, ob der „Beklagte" für die Zulässigkeit dieses Antrags Kaufmann im Sinne des § 95 Abs. 1 Nr. 1 sein muss (§ 98 Abs. 1 Satz 2), kommt es allein auf die Beklagteneigenschaft in erster Instanz an, nicht auf die Parteirolle in der Rechtsmittelinstanz, denn der Beklagte soll nur dann den Kläger, der ja selbst Kaufmann sein muss (§ 95 Abs. 1 Nr. 1) und nicht vor der KfH verhandeln will (es fehlt sein Antrag aus § 96), vor die KfH „zwingen" können, wenn er selbst Kaufmann ist. Das bedeutet, dass der Berufungsbeklagte die Verweisung an die KfH nur dann mit Erfolg im Rahmen des § 95 Abs. 1 Nr. 1 beantragen kann, wenn er in erster Instanz Kläger war; der Beklagte erster Instanz kann als Berufungsbeklagter den Antrag auf Verweisung an die KfH nur geltend machen, wenn er Kaufmann im Sinne des § 95 Abs. 1 Nr. 1 ist. **11**

Hatte der Berufungsbeklagte in erster Instanz gegen eine Handelssache Widerklage erhoben wegen eines Anspruchs, der auch in der Berufungsinstanz anhängig ist und keine Handelssache betrifft, dann kann er auch wegen der anhängigen Handelssache jetzt keine Verweisung an die KfH beantragen. **12**

Auch in der Berufungsinstanz kann die ZivK **nicht** an die KfH von Amts wegen verweisen (anders als im umgekehrten Falle, vgl. oben Rn. 10). **13**

In Handelssachen (§§ 125 bis 158 FGG; vgl. § 104 Rn. 9 ff.) ist die KfH stets Beschwerdegericht, § 30 Abs. 1 Satz 2 FGG.[8] **14**

§ 101. [Antrag auf Verweisung]

(1) ¹Der Antrag auf Verweisung des Rechtsstreits an eine andere Kammer ist nur vor der Verhandlung des Antragstellers zur Sache zulässig. ²Ist dem Antragsteller vor der mündlichen Verhandlung eine Frist zur Klageerwiderung oder Berufungserwiderung gesetzt, so hat er den Antrag innerhalb der Frist zu stellen. ³§ 296 Abs. 3 der Zivilprozeßordnung gilt entsprechend; der Entschuldigungsgrund ist auf Verlangen des Gerichts glaubhaft zu machen.

(2) ¹Über den Antrag ist vorab zu entscheiden. ²Die Entscheidung kann ohne mündliche Verhandlung ergehen.

Gesetzesfassung: Abs. 1 Satz 1 und 2 sowie Abs. 2 i. d. F. Art. 2 Nr. 6 RpflVereinfG.

I. Antrag. Die **Anträge auf Verweisung des Rechtsstreits** von der KfH an die ZivK und umgekehrt nach §§ 97 bis 99, auch in der Berufungsinstanz nach § 100, sind zeitlich nicht unbeschränkt zulässig, sondern im Interesse einer möglichst frühzeitigen Klärung der Zuständigkeit **befristet**. Diese Befristung steht im inneren Zusammenhang mit den Vorschriften, dass der Antrag auf Verhandlung vor der KfH schon bei Einleitung des Verfahrens gestellt werden muss (§§ 96, 100). Der Verweisungsantrag nach §§ 97 bis 99 ist nur vor der Verhandlung des Antragstellers zur Sache zulässig (Abs. 1). **1**

---

[8] BayObLG DB 1998, 1907.

2 **II. Prozessuale Willenserklärung.** Der Verweisungsantrag ist eine prozessuale Willenserklärung, die gegenüber dem Gericht abzugeben ist; er unterliegt nicht der Vorschrift des § 297 ZPO.[1] Allein die Zuständigkeitsrüge ist kein Antrag,[2] auch nicht verbunden mit dem Hinweis auf die zuständige Kammer.[3] Im Gegensatz zum Antrag nach § 96, der nicht widerruflich ist (vgl. § 96 Rn. 7), kann der Verweisungsantrag zurückgenommen werden, solange nicht über ihn entschieden ist;[4] unter dieser Voraussetzung auch noch nach der Verhandlung zur Sache bis zu dem Zeitpunkt, zu dem das Gericht noch von Amts wegen nach § 97 Abs. 2 verweisen kann.[5] Er kann nach Rücknahme noch bis vor Verhandlung zur Sache wiederholt werden.

3 **III. „Zur Sache".** Der Antrag muss vor der Verhandlung des Antragstellers **„zur Sache"** gestellt werden, also im allgemeinen Verfahren mündlich in der Verhandlung. Dieser Zeitpunkt ist noch nicht erreicht mit der Stellung der Anträge nach § 137 ZPO, da dadurch die Verhandlung erst „eingeleitet" wird. Andererseits liegt der Endzeitpunkt für die Antragstellung nicht erst in der Verhandlung zur Hauptsache (vgl. § 97 Abs. 2 GVG, §§ 280 Abs. 2, 282 Abs. 3 ZPO).

4 Da der Sinn der Vorschrift dahin geht, dass möglichst frühzeitig über die Zuständigkeit der zur Entscheidung berufenen Kammer Klarheit besteht, muss sich die Frage nach dem Zeitpunkt **„vor" der Verhandlung zur Sache** danach richten, in welcher Reihenfolge nach dem Inhalt der vorbereitenden Schriftsätze (§§ 273 ff. ZPO) die einzelnen Streitpunkte zu erörtern sind; dabei ist davon auszugehen, dass am Anfang der Erörterung die Frage der Zuständigkeit des Gerichts, hier der geschäftsplanmäßigen Zuständigkeit, zu erörtern und zu entscheiden ist.[6]

5 Demnach sind z.B. die Verhandlungen über einen zu Beginn des Prozesses gestellten Vertagungsantrag noch „vor" der Verhandlung zur Sache, ebenso über eine Richterablehnung.[7] „Danach" liegt aber schon die Verhandlung über die Zulässigkeit der Klage (§ 282 Abs. 3 ZPO), über die geschäftsplanmäßige Zuständigkeit,[8] über die Zulässigkeit der Berufung,[9] über die örtliche und sachliche Zuständigkeit wie über alle prozesshindernden Einreden, auch über einen Widerklageantrag oder über die Zulässigkeit der Berufung.

6 Im Interesse möglichst frühzeitiger Klärung der Zuständigkeit der KfH legt Abs. 1 Satz 2, 3 die Frist für die Stellung des Verweisungsantrags gegenüber Satz 1 vor. Ist dem Antragsteller vor der mündlichen Verhandlung eine Frist zur Klageerwiderung oder Berufungserwiderung gesetzt worden, so hat er den Verweisungsantrag auch innerhalb dieser Frist zu stellen;[10] ein verspäteter Antrag ist nur bei genügender Entschuldigung zuzulassen (Abs. 1 Satz 3, vgl. § 296 Abs. 3, 4 ZPO). Wird die Klageerwiderungsfrist auf Antrag des Beklagten verlängert, reicht eine Antragstellung innerhalb der verlängerten Frist,[11] anders, wenn eine erneute Fristsetzung zur Äußerung auf ergänzendes Klagevorbringen erfolgt.[12] Zum schriftlichen Verfahren vgl. § 96 Rn. 3.

7 **IV. Vorabentscheidung.** Ist der Verweisungsantrag gestellt, dann ist über ihn **vorab zu verhandeln und zu entscheiden** (Abs. 2 Satz 1), also vor jeder anderen Verhandlung und Entscheidung „zur Sache". Das bedeutet, dass die Entscheidung über diesen Antrag zu treffen ist, bevor über weitere Streitpunkte verhandelt

---

[1] *Wieczorek/Schreiber* Rn. 2.
[2] *Zöller/Gummer* § 98 Rn. 2; *Gaul* JZ 1984, 70.
[3] A. A. *van den Hövel* NJW 2001, 345.
[4] *Wieczorek/Schreiber* Rn. 2.
[5] *Wieczorek/Schreiber* aaO.
[6] BGHZ 63, 214 = NJW 1975, 450; *Thomas/Putzo/Hüßtege* vor § 93 Rn. 2 ff.
[7] *BL/Hartmann* Rn. 2; a. A. *Wieczorek/Schreiber* Rn. 3.
[8] OLG Bremen MDR 1980, 410.
[9] *BL/Hartmann* Rn. 2.
[10] Vgl. OLG Frankfurt OLGR 2001, 242.
[11] LG Düsseldorf MDR 2005, 709; a. A. LG Heilbronn MDR 2003, 231 m. Anm. *Willmerdinger*.
[12] LG Bonn MDR 2000, 724 m. Anm. *Schneider*.

und entschieden wird;¹³ die Frage nach einer Beschränkung der Verhandlung hierauf nach § 146 ZPO stellt sich nicht. Die Entscheidung kann ohne mündliche Verhandlung ergehen (Abs. 2 Satz 2).

Die Entscheidung ergeht durch **Beschluss,** vgl. §§ 281, 506 ZPO. Zuständig ist 8 der Vorsitzende (§ 349 Abs. 2 Nr. 1 ZPO); hat die Verhandlung vor der Kammer stattgefunden, ist diese zuständig. Wird entgegen Abs. 2 keine Entscheidung getroffen, sondern weiterverhandelt und eine Entscheidung zu anderen Fragen getroffen, dann gilt der Antrag als stillschweigend abgelehnt.

V. Anfechtbarkeit. Die Entscheidung, die die Verweisung ausspricht, wie auch 9 die über die Ablehnung des Antrags sind **unanfechtbar,** § 102.

VI. Berufungsverfahren. § 101 gilt auch für das Berufungsverfahren (vgl. 10 § 100 Rn. 2).

§ 102. [Unanfechtbarkeit der Verweisung]

¹**Die Entscheidung über Verweisung eines Rechtsstreits an die Zivilkammer oder an die Kammer für Handelssachen ist nicht anfechtbar.** ²**Erfolgt die Verweisung an eine andere Kammer, so ist diese Entscheidung für die Kammer, an die der Rechtsstreit verwiesen wird, bindend.** ³**Der Termin zur weiteren mündlichen Verhandlung wird von Amts wegen bestimmt und den Parteien bekanntgemacht.**

I. Anfechtbarkeit. Im Interesse einer möglichst frühzeitigen Klärung der ge- 1 schäftsplanmäßigen Zuständigkeit und in dem auf dem Grundsatz der Prozesswirtschaftlichkeit beruhenden Zweck, „der Verzögerung und Verteuerung der Prozesse durch Zuständigkeitsstreitigkeiten vorzubeugen"¹ (vgl. § 17 Rn. 1), ist die von der KfH an die ZivK oder umgekehrt vorgenommene **Verweisung unanfechtbar** (Satz 1). Gegen die dadurch ausgeschlossene Möglichkeit der Einlegung eines Rechtsmittels bestehen keine verfassungsrechtlichen Bedenken² (vgl. § 72 Rn. 2). Zu anderen Verweisungen und Abgabe vgl. Rn. 13, 14.

Unanfechtbar ist gleichermaßen die **Zurückweisung des Antrags** auf Verwei- 2 sung,³ ob dies nun durch Beschluss (§ 101 Rn. 8), ausnahmsweise durch Zwischenurteil (§ 280 ZPO) oder in den Gründen des Endurteils geschieht.

Diese Unanfechtbarkeit gilt auch für den Fall, dass über einen Antrag auf Ver- 3 weisung **nicht ausdrücklich entschieden** wird, er aber durch den weiteren Fortgang des Verfahrens, insbesondere durch spätere Entscheidung, als stillschweigend zurückgewiesen anzusehen ist (§ 101 Rn. 8).

Unanfechtbar ist eine solche Entscheidung nicht nur hinsichtlich inhaltlicher 4 Unrichtigkeit, sondern auch, wenn dem dabei eingeschlagenen Verfahren Mängel anhaften, so, wenn sie von der örtlich unzuständigen Kammer getroffen worden ist⁴ oder ohne Antrag einer Partei. Unanfechtbar ist auch ein Beschluss, mit dem ein Rechtsstreit nach vorangegangener Verweisung trotz der Bindung von der Kammer, an die verwiesen worden war, weiter verwiesen wird oder an die ursprüngliche (verweisende) Kammer wieder zurückverwiesen wird.⁵ Auch ein Beschluss, durch den die ZivK die durch ihren vorangegangenen Beschluss erfolgte Verweisung an die KfH wieder aufhebt, ist unanfechtbar, der Rechtsstreit bleibt vor der ZivK.⁶

---

¹³ *Thomas/Putzo/Hüßtege* Rn. 3.
¹⁴ *BL/Hartmann* Rn. 3; *Thomas/Putzo/Hüßtege* Rn. 2.
¹ BGHZ 63, 214 = NJW 1975, 450.
² OLG Hamburg MDR 1970, 1019; OLG Frankfurt NJW-RR 2002, 426; *BL/Hartmann* Rn. 3.
³ OLG Hamburg aaO.; MDR 1973, 507; *BL/Hartmann* Rn. 3; *MünchKommZPO/Wolf* Rn. 2.
⁴ *Wieczorek/Schreiber* Rn. 2.
⁵ OLG Nürnberg MDR 1973, 507.
⁶ OLG Nürnberg MDR 1973, 507; *Wieczorek/Schreiber* Rn. 2.

5 　Leidet ein Verweisungsbeschluss an schweren Rechtsfehlern, gelten die allgemeinen Grundsätze (vgl. Einl. Rn. 219), so bei Verletzung des rechtlichen Gehörs oder bei willkürlicher Verletzung des gesetzlichen Richters.[7]

6 　Die Unanfechtbarkeit der Entscheidung über die Verweisung beinhaltet gleichzeitig, dass auch ihretwegen **nicht die Haupt- (End) Entscheidung angefochten** werden kann.[8] Die Unanfechtbarkeit der Entscheidung entzieht sie jeder Nachprüfung, auch wenn sie zu Unrecht erlassen sein sollte, und macht damit nicht nur die Verweisung selbst, sondern auch die ihr zugrundeliegende Entscheidung über die Zuständigkeit unanfechtbar,[9] so dass sie weder von dem Gericht, an das der Rechtsstreit verwiesen wird, nachgeprüft, noch auch von dem verweisenden Gericht und den übergeordneten Instanzen geändert werden kann.[10] Eine **Ausnahme** muss jedoch gelten, wenn der **Verfahrensfehler willkürlich** im Sinne der RSpr zur Verletzung des gesetzlichen Richters ist und bei Verletzung des **rechtlichen Gehörs** (vgl. Rn. 5).

7 　**II. Von Amts wegen.** Soweit das Gericht von Amts wegen verweisen kann, gilt die Unanfechtbarkeit gleichermaßen.

8 　**III. Bindungswirkung.** Die **Verweisung** ist für die Kammer, an die verwiesen wird, **bindend** (Satz 2). Diese Bindung tritt ein hinsichtlich der Frage, ob die KfH oder die ZivK allgemein zuständig ist, nicht aber, welche der mehreren Kammern bei einem LG nach der Geschäftsverteilung zuständig sind. Die Bindung der Verweisung tritt darüber hinaus auch wegen sonstiger Zuständigkeitsfragen ein, wenn das verweisende Gericht die Zuständigkeit auch in dieser Hinsicht geprüft hat;[11] das gilt auch für die Frage, ob der Rechtsweg zu den ordentlichen Gerichten oder zu den Arbeitsgerichten gegeben ist.[12]

9 　Diese Bindung tritt auch ein, wenn **Verfahrensfehler** vorliegen, etwa ein notwendiger Antrag fehlt (vgl. Rn. 4); es liegt also Kongruenz zwischen der Unanfechtbarkeit für die Parteien und der Bindungswirkung für das Gericht vor, an das verwiesen wurde. Eine Ausnahme gilt bei Willkür (Rn. 5, 6).

10 　Die Bindungswirkung des § 102 setzt nicht die Rechtshängigkeit der Sache voraus; auch die Verweisung von der ZivK an die KfH im Prozesskostenhilfeverfahren ist bindend.[13]

11 　**IV. Terminsbestimmung.** Nach der Verweisung wird Termin zur weiteren mündlichen Verhandlung von Amts wegen bestimmt und den Parteien bekanntgemacht (Satz 3); es bedarf insoweit also keines Antrags der Parteien, vgl. § 216 ZPO.

12 　**V. Auftreten neuer Umstände.** Trotz der Bindung der Verweisung kann das Gericht, an das verwiesen worden ist, bei Auftreten neuer Umstände, z.B. einer Klageänderung, zurückverweisen[14] (vgl. § 99).

13 　**VI. Andere Verweisungen.** Andere Verweisungen als die zwischen KfH und ZivK des gleichen LG werden von § 102 nicht erfasst, so nicht die Verweisung von AG an KfH unmittelbar nach § 96 Abs. 2 GVG oder die Verweisung wegen örtlicher oder sachlicher Unzuständigkeit nach §§ 281, 506 ZPO; auch in diesen Fällen besteht Unanfechtbarkeit nach § 281 Abs. 2, § 506 Abs. 2 ZPO.

---

[7] Vgl. KG KGR 2000, 127; OLG Brandenburg NJW-RR 2001, 63; OLG Düsseldorf NJW-RR 2001, 1220; OLG Köln NJW-RR 2002, 426; BayObLG NJW-RR 2003, 357; OLG Stuttgart Justiz 2003, 150; OLG Celle OLGR 2004, 370; sehr weitgehend OLG Frankfurt OLGR 2001, 242; *MünchKommZPO/Wolf* Rn. 5; *BL/Hartmann* Rn. 3; *Zöller/Gummer* Rn. 4; *Gaul* JZ 1984, 64; *Herr* JZ 1984, 318.
[8] *Rosenberg/Schwab/Gottwald* § 33 II 1; *Zöller/Gummer* Rn. 4.
[9] *BL/Hartmann* Rn. 3; *MünchKommZPO/Wolf* Rn. 7; *Herr* JZ 1984, 318; a. A. *Gaul* JZ 1984, 65, 563.
[10] BGHZ 2, 279 = NJW 1951, 802.
[11] BayObLG NJW-RR 2003, 356; OLG Düsseldorf OLGR 2000, 203.
[12] BGHZ 63, 214 = NJW 1975, 450.
[13] OLG Hamburg MDR 1967, 409.
[14] *BL/Hartmann* Rn. 3.

VII. Abgabe. Von der Verweisung zu unterscheiden ist die formlose **Abgabe,** 14
die zulässig ist, wenn bei einem LG mehrere KfH gebildet sind und es nur darum
geht, die Sache an die nach der Geschäftsverteilung zwischen den einzelnen KfH
(vgl. § 94 Rn. 8) zuständige KfH zu bringen.[15] Diese Abgabe ist nicht bindend.[16]
Einen **Zuständigkeitsstreit** entscheidet hier das Präsidium (vgl. § 94 Rn. 10). Von
der Verweisung ist auch die zulässige „Abgabe" von KfH an ZivK und umgekehrt
zu unterscheiden (§ 94 Rn. 8; § 97 Rn. 2), die ebenfalls nicht die bindende Wirkung des § 102 hat. Entsteht hier ein Kompetenzkonflikt, ist dieser trotz des Fehlens
von bindenden Verweisungsbeschlüssen nach § 36 Nr. 6 ZPO zu entscheiden.[17]

VIII. Entgegengesetzte Verweisungsbeschlüsse. Ergehen entgegengesetzte 15
Verweisungsbeschlüsse, hat das OLG entsprechend § 36 Nr. 6 ZPO die zuständige
Kammer zu bestimmen (vgl. § 94 Rn. 9).

IX. Anwendbarkeit bei Rechtsmittelgericht. § 102 gilt auch für die KfH als 16
Rechtsmittelgericht (vgl. § 100 Rn. 2).

§ 103. [Hauptintervention]

Bei der Kammer für Handelssachen kann ein Anspruch nach § 64 der Zivilprozeßordnung nur dann geltend gemacht werden, wenn der Rechtsstreit nach den Vorschriften der §§ 94, 95 vor die Kammer für Handelssachen gehört.

In konsequenter Durchführung des Grundsatzes, dass nur Handelssachen vor der 1
KfH verhandelt werden sollen, aber alle anderen Zivilsachen (auch in Verbindung
mit Handelssachen) vor der ZivK (§ 97 Rn. 5), beschränkt § 103 die **Zuständigkeit der KfH für die Hauptintervention** des § 64 ZPO. Die Hauptintervention
(Einmischungsklage) kann nur dann vor der KfH erfolgen, wenn der Rechtsstreit,
also der zwischen den beiden anderen Parteien (Erst-Rechtsstreit), nach §§ 94, 95
vor die KfH gehört.

Schwebt der Erst-Rechtsstreit vor der KfH, dann kann der Anspruch nach § 64 2
ZPO ebenfalls vor der KfH geltend gemacht werden, wenn er auch für den Hauptintervenienten eine Handelssache ist; ist er für ihn keine Handelssache, dann gehört
er nicht vor die KfH, sondern vor die ZivK.[1] Gericht erster Instanz im Sinne des
§ 64 ZPO ist nicht der konkret nach der Geschäftsverteilung für den Erstprozess
zuständige einzelne Spruchkörper des Gerichts, sondern nur das Gericht in seiner
allgemeinen sachlichen und örtlichen Zuständigkeit; die Hauptintervention des
§ 64 ZPO wird durch eine selbstständige Klage geltend gemacht und begründet
einen selbstständigen Prozess.[2] Weiter ist erforderlich, dass der klagende Hauptintervenient den Antrag auf Verhandlung vor der KfH nach § 96 stellt.

Ist der **Erstprozess vor der ZivK anhängig,** ist aber die Hauptintervention 3
eine Handelssache, dann ist für die Hauptintervention dennoch die ZivK zuständig,
auch wenn der Erstprozess vor die KfH hätte gebracht werden können, da die gemeinsame Zuständigkeit für Erstprozess und Hauptinterventionsprozess erhalten
bleiben muss.[3] Der Hauptinterventionsprozess kommt nur dann vor die KfH, wenn
der Erstprozess noch später zulässigerweise vor die KfH kommt.[4]

§ 103 ist für die **Berufungsinstanz** ohne Bedeutung, da die Hauptintervention 4
beim Gericht erster Instanz eingelegt werden muss. Wird aber mit Rücksicht auf

---

[15] BGHZ 63, 214 = NJW 1975, 450; *Thomas/Putzo/Hüßtege* Rn. 3.
[16] A. A. *MünchKommZPO/Wolf* Rn. 9.
[17] OLG Braunschweig NJW 1979, 223.
[1] *StJ/Leipold* § 64 ZPO Rn. 15; *MünchKomm ZPO/Wolf* Rn. 2.
[2] *Rosenberg/Schwab/Gottwald* § 51 I; *BL/Hartmann* § 64 ZPO Rn. 4; *Thomas/Putzo/Hüßtege* § 64 ZPO Rn. 1.
[3] *Zöller/Gummer* Rn. 1; *BL/Hartmann* Rn. 2.
[4] *MünchKommZPO/Wolf* Rn. 3.

die Hauptintervention der schon in der Berufungsinstanz schwebende Erstrechtsstreit ausgesetzt (§ 65 ZPO) und kommt es nach der erstinstanzlichen Entscheidung der Hauptintervention in der Berufungsinstanz zu einer Verbindung nach § 147 ZPO, gilt § 103 uneingeschränkt. Im Übrigen sind der Erstrechtsstreit und die Hauptintervention selbstständige Verfahren.

5   Die **Nebenintervention** (§§ 66 ff. ZPO) hat für die Frage der Zuständigkeit der KfH keine Bedeutung, da sie keinen selbstständigen Rechtsstreit schafft und sich lediglich auf einen zwischen anderen Parteien anhängigen Rechtsstreit bezieht, auf dessen Beurteilung als Handelssache und Zuständigkeit der KfH die Nebenintervention ohne jeden Einfluss ist.

§ 104. [Verweisung in Beschwerdesachen]

(1) [1] Wird die Kammer für Handelssachen als Beschwerdegericht mit einer vor sie nicht gehörenden Beschwerde befaßt, so ist die Beschwerde von Amts wegen an die Zivilkammer zu verweisen. [2] Ebenso hat die Zivilkammer, wenn sie als Beschwerdegericht in einer Handelssache mit einer Beschwerde befaßt wird, diese von Amts wegen an die Kammer für Handelssachen zu verweisen. [3] Die Vorschriften des § 102 Satz 1, 2 sind entsprechend anzuwenden.

(2) Eine Beschwerde kann nicht an eine andere Kammer verwiesen werden, wenn bei der Kammer, die mit der Beschwerde befaßt wird, die Hauptsache anhängig ist oder diese Kammer bereits eine Entscheidung in der Hauptsache erlassen hat.

1   **I. Beschwerdeverfahren.** Die Vorschrift regelt **für das Beschwerdeverfahren** entsprechend § 100 i. V. mit §§ 96 bis 99 das Verfahren der **Verweisung von der KfH an die ZivK und umgekehrt** (zur Rechtsmittelzuständigkeit der KfH § 100 Rn. 1). § 104 ist anwendbar, sobald die KfH mit einer (sofortigen) Beschwerde befasst ist. „Befasst" ist die KfH mit der Beschwerde, wenn das AG sie gemäß § 572 ZPO der KfH vorlegt, nachdem der Beschwerdeführer in der Beschwerdeschrift oder in der protokollierten mündlichen Beschwerdeeinlegung (§ 569 ZPO) gemäß §§ 96, 100 GVG die Entscheidung durch die KfH rechtzeitig beantragt hat, ebenso, wenn der Beschwerdeführer die Beschwerde unmittelbar mit dem Antrag nach §§ 96, 100 beim Beschwerdegericht einlegt (§ 569 Abs. 1 Satz 1 zweite Alternative) und/oder wenn sie von der Geschäftsstelle nach Registrierung dem Vorsitzenden oder Berichterstatter (§ 21g) vorgelegt wird.[1] Die Vorschrift ist nur anwendbar auf bürgerliche Rechtsstreitigkeiten als Handelssachen im Sinne des § 13 GVG; ihre Anwendbarkeit in anderen Verfahrensarten bedarf der ausdrücklichen Zuweisung. Zu den Angelegenheiten der freiwilligen Gerichtsbarkeit Rn. 9. In Insolvenzsachen ist die Vorschrift nicht anwendbar.[2]

2   **II. KfH nicht zuständig.** Wird die **KfH** mit einer Beschwerdesache befasst, bei der es sich nicht um eine Handelssache (§ 95) handelt, hat sie auch ohne Rüge **von Amts wegen** an die ZivK zu **verweisen.** Der Begriff der vor die KfH „gehörenden" Beschwerde ist weit zu fassen. Nicht nur die in unmittelbarem Zusammenhang mit einem Prozess in einer Handelssache vor dem AG stehenden Beschwerden sind darunter zu verstehen, z.B. Streit über Zeugnisverweigerung (§§ 387, 390 ZPO), Anordnung der Verschwiegenheitspflicht (§ 174 GVG), wegen einer Handelssache beantragtes Beweissicherungsverfahren (§ 490 ZPO). Dazu sind auch die in einem indirekten Zusammenhang stehenden Beschwerden zu rechnen, wie z.B. in Kostensachen, auch Entschädigung der Zeugen (vgl. § 95 Rn. 25). Nicht hierher gehören indessen Beschwerden anlässlich der Zwangsvollstreckung

---

[1] Vgl. *Kann* JW 1910, 701.
[2] OLG Stuttgart Justiz 1966, 253.

eines eine Handelssache betreffenden Urteils, da das Vollstreckungsverfahren ein selbstständiges Verfahren darstellt; insoweit unterscheidet sich die zweitinstanzliche Zuständigkeit der KfH von der erstinstanzlichen (vgl. § 95 Rn. 25).

III. Zivilkammer nicht zuständig. Umgekehrt hat die **ZivK,** wenn sie als Beschwerdegericht in einer Handelssache befasst wird, diese an die KfH von Amts wegen zu verweisen, ohne dass es eines Antrags nach § 96 bedürfte.

IV. Verweisung von Amts wegen. Die Verweisung geschieht stets von Amts wegen, es bedarf keines Antrags, die Prüfung der Zuständigkeit von KfH oder ZivK ist von Amts wegen vorzunehmen. Sie unterliegt nicht den Einschränkungen, die in den §§ 97 Abs. 2, 98 Abs. 1 Satz 2 und 99 Abs. 2 Satz 1 enthalten sind.[3] Für den Verweisungsbeschluss ist der Vorsitzende zuständig (§ 349 Abs. 2 Nr. 1 ZPO).

V. Keine Verweisung wegen Zusammenhangs mit der Hauptsache. Im Interesse der Wahrung der Einheitlichkeit der Entscheidung kann eine Beschwerde trotz des Vorliegens der Voraussetzungen des Abs. 1 **nicht verwiesen** werden, wenn bei der nach Abs. 1 unzuständigen KfH oder ZivK die **Hauptsache anhängig** ist oder sie bereits in der Hauptsache eine Entscheidung getroffen hat (Abs. 2). Der Begriff der „Hauptsache" ist nicht eindeutig bestimmbar, der Begriff wird in vielfacher Bedeutung verwendet.[4] Gemeint ist der Rechtsstreit um die Sache, zu dem die Beschwerde in einem inneren Zusammenhang (Rn. 2) steht. Dazu gehört nicht nur die Entscheidung über den geltend gemachten Anspruch selbst, sondern auch die Entscheidung über Prozessvoraussetzungen oder über die Zulässigkeit eines Rechtsmittels.[5] Zur Hauptsache gehört dagegen z.B. nicht die Bestimmung des zuständigen Gerichts nach § 36 ZPO oder ein Verweisungsbeschluss. – Für den umgekehrten Fall, dass die Hauptsache bei einer anderen Kammer anhängig ist als die Beschwerde, ist eine dem Abs. 2 korrespondierende Verweisung nicht vorgesehen. Sie ist auch nicht schon deshalb zulässig, da Abs. 2 eine Ausnahme von der allgemeinen Zuständigkeitsregelung enthält, die unter dem Gesichtspunkt des gesetzlichen Richters eng auszulegen ist.[6]

Die Vorschrift gilt nur für das Verhältnis der KfH zur ZivK, nicht für die Zuständigkeit der einzelnen KfH und ZivK untereinander; eine dem Abs. 2 entsprechende Regelung kann nur durch das Präsidium in der Geschäftsverteilung getroffen werden (vgl. § 94 Rn. 10).

VI. Verweisung bindend und unanfechtbar. Die Verweisung ist unanfechtbar, § 104 Abs. 1 Satz 3 in Verbindung mit § 102 Satz 1. Der Verweisungsbeschluss ist bindend (Abs. 1 Satz 3 in Verbindung mit § 102 Satz 2).

VII. Doppelzuständigkeit. Ist nach der Prozesssituation sowohl die Zuständigkeit der ZivK als auch der KfH begründet, hat der Beschwerdeführer die Wahl bei der Einlegung. Gegebenenfalls ist nach § 36 ZPO zu verfahren (vgl. § 94 Rn. 9).

VIII. Beschwerden in Angelegenheiten der freiwilligen Gerichtsbarkeit. Im Rahmen der Zuständigkeit des AG für Angelegenheiten der freiwilligen Gerichtsbarkeit (vgl. § 27 Rn. 10 ff.) ist die KfH Beschwerdekammer für die Handelssachen, § 30 Abs. 1 Satz 2 FGG. Gemeint sind hier mit Handelssachen nicht die nach § 95 GVG (bürgerliche Rechtsstreitigkeiten im Sinne des § 13 GVG), sondern die in den §§ 125 bis 158 FGG aufgeführten Angelegenheiten. Das sind vor allem:

1. Führung des **Handelsregisters** (§§ 125 ff. FGG) sowie all der **Register,** für die auf diese Vorschriften für das Handelsregister verwiesen wird;[7] z.B. Genossenschaftsregister (§ 147 FGG, § 10 GenG; vgl. Rn. 15).

---

[3] *Wieczorek/Schreiber* Rn. 1.
[4] *Kann* JW 1910, 700.
[5] *Wieczorek/Schreiber* Rn. 2.
[6] A. A. *Zöller/Gummer* Rn. 2.
[7] KGJ 48 A 137.

11 Nicht hierher und damit nicht zu den Handelssachen gehört die Führung des **Vereinsregisters**[8] (§ 159 FGG), des Partnerschaftsregisters[9] (§ 160b FGG) und des Güterrechtsregisters (§ 161 FGG), weil bei ihnen nicht auf das für die Führung des Handelsregisters zuständige Gericht (§ 125 FGG) verwiesen wird;[10] nicht hierher gehören auch die nach dem GWB zu führenden Register, da sie nicht von dem für die Führung des Handelsregisters zuständigen Gericht, sondern von der Kartellbehörde zu führen sind, § 9 Abs. 4 GWB; Entsprechendes gilt für die Führung des Patentregisters (§ 30 PatG), des Registers für Geschmacksmuster (§ 19 GeschmMG), des Markenregisters (§§ 4, 32 MarkenG), des Registers für Gebrauchsmuster (§ 7 GebrMG), der Sortenschutzrolle (§ 28 SortenschutzG).

12 2. Zu diesen Handelssachen gehören weiter: Verfahren in **Firmensachen** (§§ 140 ff. FGG); Auflösung und Löschung von Gesellschaften (§§ 144 ff. FGG); sonstige Zuständigkeiten des AG nach § 145 FGG; Dispache (§§ 149 ff. FGG).

13 3. Zu den Handelssachen gehören weiter die Angelegenheiten, die nach anderen Gesetzen den Vorschriften des FGG über Handelssachen ausdrücklich unterstellt sind. Dazu gehören:

14 a) Angelegenheiten der Versicherungsvereine auf Gegenseitigkeit[11] (§§ 16, 30 VersAufsG).

15 b) Führung des **Genossenschaftsregisters**[12] (§ 10 GenG; vgl. Rn. 10).

16 c) Bestellung von **Notvertretern** für Handelsgesellschaften und die handelsrechtlichen juristischen Personen[13] (§§ 29 BGB, 85 AktG).

17 d) Die Zuständigkeit der KfH in diesem Bereich erstreckt sich auch auf die **Nebenentscheidungen** in diesen Handelssachen, insbes. Kostensachen[14] (vgl. auch § 95 Rn. 25).

18 e) Die Zuständigkeit der KfH für Handelssachen nach dem FGG ist jedoch teilweise **ausgeschlossen,** sei es durch diese Sachen ausdrückliche Zuweisung der Sache an die ZivK, wie z.B. in § 89 SchiffsregisterO und § 95 LuftfahrzeugG, sei es aus anderen Gründen wie die Anträge der Besitzer von Schuldverschreibungen auf Ermächtigung zur Einberufung einer Generalversammlung[15] (RGBl. 1899, 691).

19 f) Ob für eine **Beschwerde** die ZivK als allgemeines Beschwerdegericht der freiwilligen Gerichtsbarkeit (§ 30 Abs. 1 Satz 1 FGG) oder die KfH (nach § 30 Abs. 1 Satz 2 FGG) zuständig ist, ergibt sich unmittelbar aus dem Gesetz; diese Zuständigkeit ist von Amts wegen stets zu beachten. Im Verhältnis der ZivK und der KfH zueinander gilt aber in Angelegenheiten der freiwilligen Gerichtsbarkeit nicht § 104 GVG, da diese Vorschrift nur innerhalb der Zuständigkeit nach § 13 GVG für bürgerliche Rechtsstreitigkeiten anwendbar ist. Das FGG enthält keine ausdrückliche vergleichbare Vorschrift; § 5 FGG ist nur auf Streitigkeiten über die örtliche Zuständigkeit anwendbar.[16] Gegen eine analoge Heranziehung des § 104 GVG spricht, dass es sich hier um eine Sonderregelung auch innerhalb der bürgerlichen Rechtsstreitigkeiten handelt, die im Widerspruch steht zu der im Verfahren des FGG allgemein zulässigen formlosen Abgabe zwischen verschiedenen Gerichten der freiwilligen Gerichtsbarkeit, sogar bei sachlicher Unzuständigkeit.[17] Es muss

---

[8] Vgl. KGJ 29 A 109; *Keidel/Meyer-Holz* § 30 FGG Rn. 4; *Jansen/Briesemeister* § 30 FGG Rn. 6.
[9] OLG Frankfurt NJW-RR 2001, 538.
[10] *Keidel/Meyer-Holz* aaO.
[11] Vgl. KGJ 24 A 209 = OLG 5, 441; *Jansen/Briesemeister* § 30 FGG Rn. 6; *Keidel/Winkler* vor § 125 FGG Rn. 21.
[12] OLG Braunschweig OLG 19, 352; *KeidelMeyer-Holz* § 30 FGG Rn. 4.
[13] BayObLGZ 1956, 310; *Jansen/Briesemeister* aaO.; *Keidel/Meyer-Holz* aaO.
[14] *Jansen/Briesemeister* aaO.; *Keidel/Meyer-Holz* aaO.; KGJ 31 B 18.
[15] Vgl. KGJ 43 A 4 = Recht 1913 Nr. 1807; *Jansen/Briesemeister* aaO.
[16] KGJ 38 A 3; *Jansen/Müther* § 5 Rn. 5.
[17] *Jansen/von Schuckmann* § 1 FGG Rn. 143 f.; vgl. auch *Keidel/Meyer-Holz* § 30 FGG Rn. 5; LG Berlin Recht 1902, 211 Nr. 1009.

daher auch in diesen Fällen von der formlosen Abgabemöglichkeit Gebrauch gemacht werden; diese Abgabe ist jedoch nicht bindend. Gegen die Abgabe wie die Nichtabgabe ist die Beschwerde nach § 19 FGG statthaft.[18]

§ 105. [Besetzung]

(1) **Die Kammern für Handelssachen entscheiden in der Besetzung mit einem Mitglied des Landgerichts als Vorsitzenden und zwei ehrenamtlichen Richtern, soweit nicht nach den Vorschriften der Prozeßgesetze an Stelle der Kammer der Vorsitzende zu entscheiden hat.**

(2) **Sämtliche Mitglieder der Kammer für Handelssachen haben gleiches Stimmrecht.**

(3) *(aufgehoben)*

Gesetzesfassung: Abs. 3 aufgehoben durch Art. 1 Nr. 5 G vom 27. 7. 2001 (BGBl. I S. 1887).

I. Kollegialprinzip. Auch für die KfH gilt grundsätzlich das **Kollegialprinzip** 1 entsprechend § 75. Die Besonderheit der KfH ist aber, dass sie nicht mit drei Berufsrichtern besetzt ist, sondern mit einem Berufsrichter als Vorsitzenden und zwei ehrenamtlichen Richtern, den Handelsrichtern. Zu den Gründen für diese besondere Besetzung vgl. § 93 Rn. 1.

II. Vorsitz. Den **Vorsitz** in der KfH kann nur ein „Mitglied des LG" führen. Das 2 bedeutet, dass der Vorsitzende ein Richteramt am LG innehaben muss (§ 27 DRiG). Da nur ein Richter aL ein solches Richteramt innehaben kann (§ 22 Rn. 12), bedeutet dies, dass nur ein **Richter aL Vorsitzender** der KfH sein kann. Darüber hinaus gilt auch hier die Vorschrift des § 21 f Abs. 1, dass nur ein „Vorsitzender Richter" den Vorsitz führen kann (§ 28 Abs. 2 DRiG; vgl. § 75 Rn. 16), auch im Vertretungsfalle (§ 21 f Abs. 2). Wer Vorsitzender der KfH ist, bestimmt im Übrigen das Präsidium.[1] – Das gilt auch für Hilfsspruchkörper usw. (vgl. § 75 Rn. 17).

Für die **Geschäftsverteilung** in personeller Hinsicht (§ 21 e Rn. 127) gilt hin- 3 sichtlich der KfH keine Besonderheit (vgl. § 94 Rn. 10 ff.). Das bedeutet, dass die Bestimmung des Vorsitzenden und der beisitzenden Handelsrichter für jede KfH durch das Präsidium vorgenommen werden muss (wegen der Heranziehung vgl. § 94 Rn. 13, 14). Die Handelsrichter haben jedoch weder das aktive noch das passive Wahlrecht zum Präsidium. Bei der Regelung der Vertretung des Vorsitzenden (§ 21 f Abs. 2) kann ein Handelsrichter nicht zum Stellvertreter bestellt werden.

III. Ehrenamtliche Richter. Die Handelsrichter sind ehrenamtliche Richter 4 (§ 44 DRiG). Sie führen die Amtsbezeichnung „Handelsrichter". Diese Bezeichnung führten sie schon ab Inkrafttreten des GVG bis zur Schaffung des § 45a DRiG durch G vom 26. 5. 1972 (BGBl. I S. 841; vgl. Einl. Rn. 95), das die Amtsbezeichnung aller ehrenamtlichen Richter mit Ausnahme der Schöffen vereinheitlichte;[2] auch im GVG wurden die Handelsrichter in „ehrenamtliche Richter" umbenannt (Art. II Nr. 26 ff). Das G zur Änderung von Bezeichnungen der Richter und ehrenamtlichen Richter vom 22. 12. 1975 (BGBl. I S. 3176) führte in § 45a DRiG wieder die Bezeichnung „Handelsrichter" ein, machte die Änderung der einzelnen Vorschriften des GVG im Gesetz vom 26. 5. 1972 aber nicht rückgängig. Das bedeutet, dass das GVG sie als „ehrenamtliche Richter" bezeichnet, sie aber nach § 45a DRiG die Bezeichnung „Handelsrichter" führen.[3] – Zur fachlichen Qualifikation der Handelsrichter § 109.

---

[18] RGZ 48, 27.
[1] *BL/Hartmann* Rn. 2.
[2] Vgl. BTagsDrucks. VI/2903 S. 2 f.; VI/3246.
[3] Zur rechtspolitischen Frage der Amtsbezeichnung vgl. *Maier* DRiZ 1977, 280.

5 **IV. Stimmrecht.** Sämtliche Mitglieder der KfH haben gleiches Stimmrecht (§ 105 Abs. 2). Das bedeutet, dass bei der Beratung und Abstimmung (§§ 192 ff.) kein Unterschied zwischen dem vorsitzenden Berufsrichter und den ehrenamtlichen Richtern besteht. Diese sich aus dem System der KfH ergebende völlige Gleichberechtigung der ehrenamtlichen mit den Berufsrichtern beschränkt sich nicht nur auf das Stimmrecht (vgl. § 112), sondern auf die gesamte Teilnahme an der Rechtsfindung der KfH. Das bedeutet auch das uneingeschränkte Fragerecht usw. in der mündlichen Verhandlung (vgl. §§ 139, 396 Abs. 3 ZPO; vgl. § 30 GVG). Sie können auch als **beauftragte Richter** (§§ 278, 361, 375 ZPO) tätig werden,[4] nicht aber als Einzelrichter. Sie haben die Entscheidungen mit zu unterzeichnen,[5] sind jedoch nicht verpflichtet, die schriftlichen Gründe zu entwerfen, können dies aber freiwillig tun.

6 **V. Besetzung.** Grundsätzlich entscheidet die KfH in der **Besetzung mit drei Richtern,** soweit nicht nach den Vorschriften der Prozessgesetze anstelle der Kammer der Vorsitzende zu entscheiden hat (Abs. 1). Eine solche Sonderregelung enthält § 349 ZPO. Ursprünglich war, wie bei allen ZivK des LG, auch bei der KfH ein Einzelrichter nicht vorgesehen. Durch die VO vom 13. 2. 1924 (RGBl. I S. 135) wurde anlässlich der Einführung des Einzelrichters beim LG auch der Einzelrichter bei der KfH eingeführt,[6] der nur der Vorsitzende sein konnte. Dessen Zuständigkeit wurde durch das Gesetz zur Entlastung der LG vom 20. 12. 1974 (BGBl. I S. 3651; § 75 Rn. 5) durch den neuen § 349 ZPO wesentlich erweitert.

7 Während § 349 Abs. 1 die allgemeine Prozessförderungspflicht dem Vorsitzenden auferlegt, sind im § 349 Abs. 2 ZPO in beschränktem, abschließend geregeltem Umfang dem Vorsitzenden Entscheidungsbefugnisse als **Einzelrichter** übertragen, und zwar ohne Möglichkeit der Entscheidung gemeinsam mit den Handelsrichtern; deren Mitwirkung bedeutete eine Verletzung des gesetzlichen Richters. Die Stellung des Vorsitzenden ist hier eine andere als die des Einzelrichters nach § 348 ZPO. Die ZPO erwartet vom Vorsitzenden der KfH, dass er auch Fragen von grundsätzlicher Bedeutung allein entscheidet; die Mitwirkung der Handelsrichter will das Gesetz demgegenüber für die Fälle ermöglichen, in denen es auf ihre aus kaufmännischer Tätigkeit gewonnene besondere Sachkunde (§ 109) ankommt.[7]

8 Demgegenüber sind §§ 348, 348a ZPO nicht anwendbar (§ 349 Abs. 4 ZPO), so dass die KfH dem Vorsitzenden nicht wie im allgemeinen Zivilprozess die Sache zur alleinigen Entscheidung übertragen kann, erst recht nicht einem Handelsrichter. Eine Alleinentscheidung durch den Vorsitzenden ist nur im Einverständnis der Parteien zulässig (§ 349 Abs. 3 ZPO), ihnen ist es überlassen zu beurteilen, ob es zur Entscheidung ihres Falles der besonderen Sachkunde der Handelsrichter bedarf, oder ob es ausschließlich um Rechtsfragen geht.[8] Selbst wenn die Parteien mit der Entscheidung durch den Vorsitzenden einverstanden sind, steht es in dessen Ermessen, ob er allein entscheidet. „Dieses Ermessen hat der Vorsitzende entsprechend dem Zweck der Regelung daran auszurichten, ob der jeweilige Rechtsstreit Fragen aufwirft, für die es auf die besondere Sachkunde der Handelsrichter ankommt. Anders als bei dem Einzelrichter eines mit mehreren Berufsrichtern besetzten Spruchkörpers spielt es bei dieser Ausübung des Ermessens keine maßgebliche Rolle, ob der Rechtsstreit schwierige oder grundsätzliche Rechtsfragen aufwirft".[9] Im Rahmen der Zuständigkeit zur Alleinentscheidung kann der Vorsitzende auch einen Vorlagebeschluss nach Art. 100 Abs. 1 GG erlassen.[10]

---

[4] BGHZ 42, 163 = NJW 1964, 2416; *Zöller/Gummer* Rn. 3; *Thomas/PutzoHüßtege* Rn. 3.
[5] BGH aaO.; *Zöller/Gummer* Rn. 3.
[6] *Püschel* Recht 1924, 392 ff.
[7] BVerfGE 98, 145 = NJW 1999, 1095.
[8] BVerfG aaO.
[9] BVerfG aaO.
[10] BVerfG aaO.

Neben der Alleinentscheidungsbefugnis nach § 349 ZPO besteht die Befugnis 9
des Vorsitzenden zur alleinigen Entscheidung nach § 944 ZPO, während in Arrestsachen und einstweiligen Verfügungssachen grundsätzlich die KfH in voller Besetzung zu entscheiden hat. – Über ein **Ablehnungsgesuch** ist stets in der vollen Besetzung gemäß § 105 zu entscheiden.[11]

Soweit der Vorsitzende der KfH allein entscheidet, sind seine Entscheidungen in 10
Bezug auf die **Rechtsmittel** wie Entscheidungen der Kammer zu bewerten (§ 350 ZPO).

Soweit die KfH **Berufungsgericht** ist (vgl. § 100), kann nur der Vorsitzende 11
Einzelrichter oder vorbereitender Einzelrichter sein (§§ 526 Abs. 4, 527 Abs. 1 Satz 2 ZPO). Ebenso kann in Beschwerdesachen (§ 104) nur der Vorsitzende Einzelrichter nach § 568 ZPO sein.[12]

VI. Freiwillige Gerichtsbarkeit. In solchen Angelegenheiten der freiwilligen 12
Gerichtsbarkeit, in denen die KfH **Beschwerdegericht** ist (vgl. § 104 Rn. 9 ff.), gilt die Einzelrichterregelung der ZPO nicht, die Bestellung von Einzelrichtern und die Entscheidung durch sie ist unzulässig (§ 30 Abs. 1 Satz 3 FGG), auch die Entscheidung durch den Vorsitzenden nach § 349 Abs. 2 und 3 ZPO.[13] Wohl aber kann das Beschwerdegericht eines seiner Mitglieder zu einzelnen Beweiserhebungen und Anhörungen als beauftragten Richter einsetzen.[14] Über Beschwerden nach der KostO entscheidet der Vorsitzende allein.[15]

§ 106. [Auswärtige Kammer für Handelssachen]

Im Falle des § 93 Abs. 1 Satz 2 kann ein Richter beim Amtsgericht Vorsitzender der Kammer für Handelssachen sein.

Gesetzesfassung: Geändert durch Art. 17 Nr. 4 des Ersten G über die Bereinigung von Bundesrecht im Zuständigkeitsbereich des Bundesministeriums der Justiz vom 19. 4. 2006 (BGBl. I S. 866).

Der Wortlaut der Vorschrift durchbricht den Grundsatz, dass nur ein Vorsitzen- 1
der Richter beim LG auch Vorsitzender einer KfH sein kann (vgl. § 105 Rn. 2). Wenn eine KfH gemäß § 93 Abs. 1 Satz 2 ihren Sitz an einem Ort hat, an dem das LG nicht seinen Sitz hat, kann auch **ein Richter beim AG** Vorsitzender sein. Das bedeutet einmal, dass ausnahmsweise dem Richter kein Richteramt beim LG übertragen sein muss, und weiter, dass den Vorsitz auch ein Richter führen kann, der nicht „Vorsitzender Richter" im statusrechtlichen Sinne ist. Er muss zwar Richter auf Lebenszeit sein, braucht aber nicht sein Richteramt bei dem AG zu haben, an dessen Sitz oder in dessen Bezirk die auswärtige KfH ihren Sitz hat; er muss nicht einmal ein Richteramt bei einem AG im Bezirk des LG haben, bei dem die KfH gebildet ist. Von dieser gerichtsverfassungsrechtlichen Regelung zu trennen ist die Frage, wie dem Richter die Aufgabe des Vorsitzenden der KfH übertragen wird. Es ist nicht notwendig, nach § 22 Abs. 2 GVG, § 27 Abs. 2 DRiG zu verfahren. Aber auch das Präsidium des LG kann ihn mangels einer ausdrücklichen Ermächtigung, wie sie z.B. § 22b Abs. 2, § 78 Abs. 2 GVG vorsieht, nicht ohne weiteres heranziehen, denn damit würde es unzulässigerweise in den Status des Richters (er ist Richter an einem ganz bestimmten AG) und in die Befugnisse des Präsidiums dieses AG (§ 21a) eingreifen. Es ist vielmehr erforderlich, dass die Landesjustizverwal-

---

[11] H. M.; BayObLG MDR 1980, 237; OLG Schleswig OLGR 2004, 42.
[12] BL/Hartmann § 568 ZPO Rn. 4; Thomas/Putzo/Reichold § 568 ZPO Rn. 3.
[13] H. M., vgl. BayObLG NJW-RR 1999, 1519; OLG Naumburg FGPrax 2000, 71 m. w. N.; Keidel/Meyer-Holz § 30 FGG Rn. 4, 9; Bumiller/Winkler § 30 FGG Rn. 4; Müller NJW 1953, 1337; vgl. BTagsDrucks. 14/4722 S. 130.
[14] Keidel/Meyer-Holz § 30 FGG Rn. 7.
[15] OLG Köln MDR 2006, 349.

§ 107 1   7. Titel. Kammern für Handelssachen

tung den Richter zur Dienstleistung beim LG (teilweise oder mit voller Arbeitskraft) abordnet, und zwar mit seiner Zustimmung, § 37 DRiG. Erst dann kann das Präsidium des LG ihn mit dem Vorsitz betrauen – aber damit greift die LJustizVerw doch in die Regelungsfreiheit des Präsidiums ein (und mittelbar auch der abgeordnete Richter), die sonst uneingeschränkt besteht hinsichtlich der Tätigkeit abgeordneter Richter.

2   Gegen die Fortgeltung von § 106 bestehen jedoch durchgreifende Bedenken, da die Vorschrift dem keine Ausnahme zulassenden später geschaffenen § 21 f Abs. 1 widerspricht. Wird eine auswärtige KfH eingerichtet, muss diese auch mit einem zum Vorsitzenden Richter am LG ernannten Richter besetzt werden. Es ist nicht einsichtig, dass für die KfH ein anderer Rechtsgrundsatz gelten soll als für die kleinen Strafkammern oder für die auswärtigen Strafkammern. Für die auswärtigen Strafkammern hat der BGH schon 1962 entschieden, dass sie nicht „Kammern minderer Art" sein dürfen.[1] Derselbe Grundsatz muss auch für die auswärtigen KfH gelten, und zwar erst recht nach der Reform des Gerichtsverfassungsrechts von 1972. Jede KfH muss in gleicher Weise gesetzlich besetzt sein. Da Vorsitzender der KfH am Sitz des LG nur ein Vorsitzender Richter am LG sein darf,[2] kann Vorsitzender der auswärtigen KfH nicht ein Richter am AG sein. Das Gesetz geht in § 21 f Abs. 1 davon aus, dass nur Richter in dem entsprechenden Beförderungsamt den ständigen Vorsitz in einem Spruchkörper führen sollen. Ein so begründetes Prinzip verträgt keine Ausnahme, denn die gesetzlichen Garantien, die der Sicherung des gesetzlichen Richters und der Güte der Rechtsprechung dienen sollen, dürfen nicht gemindert werden. Demnach ist § 106 durch 21 f Abs. 1 obsolet geworden und sollte nicht mehr angewendet werden.[3] Die ausschließlich redaktionelle Änderung des Wortlauts von § 106[4] (vgl. Gesetzesfassung) ändert hieran nichts.

§ 107. [Entschädigung]

(1) **Die ehrenamtlichen Richter, die weder ihren Wohnsitz noch ihre gewerbliche Niederlassung am Sitz der Kammer für Handelssachen haben, erhalten Tage- und Übernachtungsgelder nach den für Richter am Landgericht geltenden Vorschriften.**

(2) **Den ehrenamtlichen Richtern werden die Fahrtkosten in entsprechender Anwendung des § 5 des Justizvergütungs- und -entschädigungsgesetzes ersetzt.**

Gesetzesfassung: Neu gefaßt durch G vom 9. 12. 1986 (BGBl. I S. 2326). Abs. 2 i. d. F. von Art. 4 Abs. 16 Nr. 2 des KostRMoG vom 5. 5. 2004 (BGBl. I S. 718).

1   Das Amt des Handelsrichters ist ein **Ehrenamt**. Dies war bei Inkrafttreten des GVG die einzige Aussage von § 111 a. F.; als Abs. 1 galt diese Regelung im § 107 weiter bis zur Neuregelung der Amtsbezeichnung und der Präsidialverfassung (BGBl. 1972 I S. 841 Art. II Nr. 27), nach der es durch die generelle Einführung der Bezeichnung „ehrenamtlicher Richter" (vgl. § 105 Rn. 4) ihrer nicht mehr bedurfte. Eine Vergütung für den mit der Ausübung dieses Amtes verbundenen Zeitaufwand war von Anfang an nicht vorgesehen[1*] und wird auch heute noch nicht gewährt. Als Spezialvorschrift schließt § 107 insoweit die Anwendung des JVEG, wie zuvor des EhrRiEG, aus (vgl. § 1 Abs. 1 Nr. 2 JVEG), und zwar ohne Verstoß gegen den Gleichheitssatz, da die Handelsrichter als einzige ehrenamtliche

---

[1] BGHSt 18, 176 = NJW 1963, 548.
[2] BGH DRiZ 1978, 183.
[3] A. A., die h. M., die § 106 als lex specialis ansieht; *Wieczorek/Schreiber* § 106 Rn. 1; *BL/Hartmann* Rn. 1; § 21 f Rn. 3; *Zöller/Gummer* Rn. 1; *MünchKommZPO/Wolf* § 21 f Rn. 2; Bedenken äußert *Schorn/Stanicki* S. 73, 82.
[4] BTagsDrucks. 16/47 S. 50.
[1*] *Hahn* I S. 121.

Richter in allen Gerichtsbarkeiten die Übernahme dieses Amtes ablehnen können.[2] Da nunmehr sämtliche anderen ehrenamtlichen Richter, in der ordentlichen wie in den anderen Gerichtsbarkeiten, für ihren Zeitaufwand usw. entschädigt werden (§§ 1 Abs. 1 Nr. 2, 15 ff. JVEG), ist dies rechtspolitisch aber nicht mehr begründbar.

Anfänglich war für die Handelsrichter auch keine Entschädigung für entstandene **Fahrtkosten** vorgesehen. Erst durch Gesetz vom 13. 12. 1923 (RGBl. I S. 1185) wurde die Erstattung von Reisekosten an Handelsrichter eingeführt. Diese Regelung ist jetzt im Abs. 2 enthalten, seit 1987 in Übereinstimmung mit dem für alle anderen ehrenamtlichen Richter geltenden Recht. 2

Die dem Handelsrichter zu erstattenden Unkosten werden vom Urkundsbeamten der Geschäftsstelle festgesetzt. Die Festsetzung kann angefochten werden nach § 30 a Abs. 1 EGGVG. 3

Der Handelsrichter genießt **Unfallversicherungsschutz** nach § 2 Abs. 1 Nr. 10 SGB VII. 4

§ 108. [Dauer der Ernennung]

Die ehrenamtlichen Richter werden auf gutachtlichen Vorschlag der Industrie- und Handelskammern für die Dauer von fünf Jahren ernannt; eine wiederholte Ernennung ist nicht ausgeschlossen.

Gesetzesfassung: Amtsdauer verlängert von drei auf vier Jahre durch Art. 2 Nr. 7 RpflVereinfG, auf fünf Jahre durch Art. 1 Nr. 8 G zur Vereinfachung und Vereinheitlichung der Verfahrensvorschriften zur Wahl und Berufung ehrenamtlicher Richter vom 21. 12. 2004 (BGBl. I S. 3599).

I. Ernennung. Bei den ehrenamtlichen Richtern (hier: Handelsrichter) ist zu unterscheiden zwischen der Ernennung zum Handelsrichter einerseits und der Übertragung konkreter richterlicher Tätigkeit auf der anderen Seite. 1

II. Ehrenamtliche Richter. Die Handelsrichter werden zu ehrenamtlichen Richtern ernannt, nähere Vorschriften über die Form fehlen im GVG. Da die Handelsrichter im Landesdienst tätig sind, ist es Sache des Landesrechts, nähere Regelungen zu treffen, besonders über die Form und die Zuständigkeit. Im Zweifel hat die Ernennung unter Aushändigung einer Urkunde entsprechend § 17 DRiG stattzufinden.[1] Der zu Ernennende muss mit der Ernennung einverstanden sein, eine Pflicht zur Übernahme dieses Amtes besteht – im Gegensatz zum Schöffenamt – nicht.[2*] 2

Die Ernennung wird auf die Dauer von **fünf Jahren** ausgesprochen, diese Frist ist bindend (für die Verlängerung der Amtsperiode, vgl. Gesetzesfassung, gilt § 6 Abs. 2 EGGVG). Während dieser Zeit kann der Handelsrichter gegen seinen Willen nur nach § 113 GVG, § 44 Abs. 2 DRiG seines Amtes enthoben werden. Auf seinen Antrag ist er aber jederzeit aus dem Amt zu entlassen. Das Amt endet kraft Gesetzes bei Verlust der Amtsfähigkeit wegen strafgerichtlicher Verurteilung nach § 45 StGB. Nach Ablauf der Amtszeit kann der Handelsrichter erneut, auch wiederholt, ernannt werden. 3

III. Gutachten. Die Ernennung setzt voraus, dass die Industrie- und Handelskammer den zu Ernennenden gutachtlich vorgeschlagen hat. Die ohne diese Voraussetzung vorgenommene Ernennung ist aber voll wirksam. 4

---

[2] OLG Celle Rpfleger 1975, 39; *BL/Hartmann* Rn. 1; *Sommermeyer* S. 158; *Weil* S. 14; zur rechtspolitischen Diskussion: *Scholz* DRiZ 1976, 239; *Weil* DRiZ 1976, 351; Vereinigung Berliner Handelsrichter DRiZ 1977, 24.

[1] A. A. *BL/Hartmann* Rn. 3.

[2*] *Wieczorek/Schreiber* Rn. 1; *Zöller/Gummer* Rn. 3; *BL/Hartmann* Rn. 3; OLG Celle NdsRpfl 1974, 210.

§ 109 1–4   7. Titel. Kammern für Handelssachen

5   **IV. Fachlichen Voraussetzungen.** Wegen der fachlichen Voraussetzungen für die Ernennung vgl. §§ 109 und 110. Eine Vereidigung findet nach § 45 DRiG statt.

6   **VI. Zuweisung.** Nach der Ernennung zum Handelsrichter ist es Sache des Präsidiums, den Handelsrichter im Rahmen der allgemeinen Geschäftsverteilung (§ 21 e) einer KfH zuzuweisen (vgl. § 94 Rn. 13).

§ 109. [Voraussetzungen der Ernennung]

(1) Zum ehrenamtlichen Richter kann ernannt werden, wer
1. Deutscher ist,
2. das dreißigste Lebensjahr vollendet hat und
3. als Kaufmann, Vorstandsmitglied oder Geschäftsführer einer juristischen Person oder als Prokurist in das Handelsregister oder das Genossenschaftsregister eingetragen ist oder eingetragen war oder als Vorstandsmitglied einer juristischen Person des öffentlichen Rechts auf Grund einer gesetzlichen Sonderregelung für diese juristische Person nicht eingetragen zu werden braucht.

(2) ¹Wer diese Voraussetzungen erfüllt, soll nur ernannt werden, wenn er
1. in dem Bezirk der Kammer für Handelssachen wohnt oder
2. in diesem Bezirk eine Handelsniederlassung hat oder
3. einem Unternehmen angehört, das in diesem Bezirk seinen Sitz oder seine Niederlassung hat.

²Darüber hinaus soll nur ernannt werden
1. ein Prokurist, wenn er im Unternehmen eine der eigenverantwortlichen Tätigkeit des Unternehmers vergleichbare selbständige Stellung einnimmt,
2. ein Vorstandsmitglied einer Genossenschaft, wenn es hauptberuflich in einer Genossenschaft tätig ist, die in ähnlicher Weise wie eine Handelsgesellschaft am Handelsverkehr teilnimmt.

(3) ¹Zum ehrenamtlichen Richter kann nicht ernannt werden, wer zu dem Amt eines Schöffen unfähig ist oder nach § 33 Nr. 4 zu dem Amt eines Schöffen nicht berufen werden soll. ²Zum ehrenamtlichen Richter soll nicht ernannt werden, wer nach § 33 Nr. 5 zu dem Amt eines Schöffen nicht berufen werden soll.

Gesetzesfassung: Neu gefaßt durch Art. 2 Nr. 8 RpflVereinfG. In Abs. 1 Nr. 3 die Worte „des § 36 des Handelsgesetzbuchs oder" gestrichen durch Art. 16 HandelsrechtreformG vom 22. 6. 1998 (BGBl. I S. 1474). Abs. 3 Satz 2 eingefügt durch Art. 12 EGInsO vom 5. 10. 1994 (BGBl. I S. 2911).

1   **I. Persönlichen Voraussetzungen.** Die Vorschrift enthält die persönlichen Voraussetzungen für die Ernennung zum Handelsrichter. Erforderlich ist zunächst, dass der zu Ernennende **Deutscher** ist (Abs. 1 Nr. 1; vgl. dazu Art. 116 GG, § 9 Nr. 1 DRiG und § 31 Rn. 10). Wegen der Kenntnis der deutschen Sprache vgl. § 31 Rn. 11. Bloße Ordnungsvorschrift bleibt § 44 Abs. 1a DRiG.

2   Der zu Ernennende muss das **30. Lebensjahr** vollendet haben (Abs. 1 Nr. 2). Ein Höchstalter ist nicht vorgesehen. Berechnung: § 187 Abs. 2 BGB.

3   Zwingendes **Hindernis** für die Ernennung ist die Unfähigkeit zum Amt eines Schöffen (Abs. 3, 1. Alt.); diese ist im § 32 geregelt (Unfähigkeit zur Bekleidung öffentlicher Ämter oder Schweben eines entsprechenden Ermittlungsverfahrens). Zwingendes Hindernis für die Ernennung ist weiter, wenn der zu Ernennende aus gesundheitlichen Gründen zu dem Amt nicht geeignet ist (Abs. 3, 2. Alt. i.V.m. § 33 Nr. 4 – dort nur als Sollvorschrift). Daneben ist als ungeschriebenes Merkmal die Prozessfähigkeit (§ 52 ZPO) zu fordern.

4   Zum Handelsrichter soll nicht ernannt werden, wer nach § 33 Nr. 5 wegen Vermögensverfalls nicht zum Amt eines Schöffen berufen werden soll (Abs. 3 Satz 2, vgl. § 33 Rn. 7).

Die in Abs. 1 und Abs. 3 Satz 1 aufgeführten Voraussetzungen sind zwingend. Ist 5
bei der Ernennung dagegen verstoßen worden, ist die Ernennung unwirksam, das
Gericht ist nicht ordnungsgemäß besetzt.[1] Im Gegensatz zu § 113 ist zwar hier ein
förmliches Verfahren über die Unwirksamkeit der Ernennung nicht ausdrücklich
vorgesehen; die Frage, ob ein Handelsrichter wirksam ernannt ist, kann also zusammen mit der Anfechtung eines Urteils, an dem er mitgewirkt hat, und nur mit
Wirkung für diesen Fall nachgeprüft werden. Zur analogen Anwendung des § 113
auf diesen Fall § 113 Rn. 2.

II. Vor- und Ausbildung. Das Gesetz verlangt für die Ernennung keine förm- 6
liche **fachliche Aus- und Vorbildung,** es stellt allein auf bestimmte Funktionen
im Wirtschaftsleben ab (Abs. 1 Nr. 3). Auch diese Voraussetzungen sind zwingender Natur („kann nur"…); fehlen sie, ist das Gericht nicht ordnungsgemäß besetzt.

1. Ernannt werden kann, wer als **Kaufmann** im Handelsregister eingetragen ist 7
oder war. Es genügt nicht die allgemeine Kaufmannseigenschaft nach §§ 1 ff. HGB,
vielmehr ist die Eintragung im Handelsregister erforderlich ohne Rücksicht auf die
Klassifikation des betriebenen Handelsgewerbes. Es ist die Eintragung als „Kaufmann" erforderlich, es genügt z.B. nicht die Ausübung einer anderen Tätigkeit, die
der eines Kaufmanns entspricht. Die Fortdauer der Eintragung ist nicht erforderlich; es genügt, dass er einmal (zu Recht) als Kaufmann eingetragen war.

2. Ernannt werden kann weiter (Abs. 1 Nr. 3), wer als **Vorstandsmitglied** einer 8
juristischen Person im Handels- oder Genossenschaftsregister (vgl. § 95 Rn. 2) eingetragen ist oder einmal eingetragen war. Er muss ordentliches Vorstandsmitglied
sein, die Funktion eines stellvertretenden Vorstandsmitglieds (§ 94 AktG) genügt
auch dann nicht, wenn uneingeschränkte Vertretungsmacht besteht;[2] auch die Eigenschaft als Mitglied des Aufsichtsrats genügt nicht, ebenso wenig die als Abwickler (§ 265 AktG). Bei der KGaA tritt der persönlich haftende Gesellschafter an die
Stelle der Vorstandsmitglieder, er wird durch die Eintragung (§ 282 AktG) Kaufmann. – Ein Vorstandsmitglied einer Genossenschaft soll aber nur ernannt werden,
wenn es hauptberuflich in einer Genossenschaft tätig ist, die in ähnlicher Weise wie
eine Handelsgesellschaft am Handelsverkehr teilnimmt (Abs. 2 Satz 2 Nr. 2).

3. Ernannt werden kann weiter, wer als **Geschäftsführer** einer juristischen Per- 9
son im Handels- oder Genossenschaftsregister eingetragen ist oder eingetragen war.
Es genügt auch hier nicht die Funktion des stellvertretenden Geschäftsführers (§ 44
GmbHG).

4. Ernannt werden kann, wer als **Prokurist** in das Handels- oder Genossen- 10
schaftsregister eingetragen ist oder war ohne Rücksicht auf die Rechtsform des
Handelsgeschäfts. Er soll aber im Unternehmen eine der eigenverantwortlichen
Tätigkeit des Unternehmers vergleichbare selbstständige Stellung einnehmen
(Abs. 2 Satz 2 Nr. 1).

5. Ernannt werden kann, wer als Vorstandsmitglied einer **juristischen Person** 11
des öffentlichen Rechts auf Grund einer gesetzlichen Sonderregelung nicht eingetragen zu werden braucht (hierzu § 95 Rn. 2).

Der Kreis der Personen, die zum Handelsrichter ernannt werden können, kann 12
über diese Aufzählung hinaus nicht erweitert werden. Gehört ein dennoch Ernannter nicht zu dem genannten Personenkreis, gilt das unter Rn. 5 Gesagte entsprechend, die Ernennung ist unwirksam.

III. Räumliche Nähe. Der zu Ernennende soll außerdem in einer gewissen 13
räumlichen Beziehung zum Gerichtssitz stehen (Abs. 2 Satz 1). Zum Handelsrichter
soll nur ernannt werden, wer entweder im Bezirk der KfH wohnt (Nr. 1; gemeint

---
[1] *Wieczorek/Schreiber* Rn. 13; *Zöller/Gummer* Rn. 1.
[2] *BL/Hartmann* Rn. 4; a. A. *Zöller/Gummer* Rn. 2; *Wieczorek/Schreiber* Rn. 5.

ist der Wohnsitz des § 7 BGB) oder im Bezirk der KfH eine Handelsniederlassung hat (Nr. 2) oder einem Unternehmen angehört, das in diesem Bezirk seinen Sitz oder seine Niederlassung hat (Nr. 3). Das Fehlen dieser Voraussetzung ist für die Wirksamkeit der Ernennung unschädlich.[3] Bei den Personen, die nicht mehr im Handelsregister eingetragen sind, ist allein auf die Wohnung (Wohnsitz) abzustellen. – Die Vorschrift entspricht dem allgemeinen Grundsatz, dass ehrenamtliche Richter im Bezirk des Gerichts wohnen sollen, dem sie zugeordnet werden (vgl. § 33 Nr. 3 GVG, § 21 Abs. 1 Satz 2 ArbGG, § 20 Satz 2 VwGO, § 17 Satz 2 FGO, § 16 Abs. 6 SGG). Dies ist schon wegen der Ortskenntnis und der Ortsnähe der ehrenamtlichen Richter zur Erleichterung der Rechtsfindung und aus verfahrenstechnischen Gründen sinnvoll; für die Handelsrichter kommt hinzu, dass ihre Kenntnis der herrschenden Handelsgebräuche und wirtschaftlichen Strukturen des Gerichtsbezirks für den Prozess vor der KfH besonders wertvoll ist. An der Vorschrift sollte deshalb trotz gelegentlich auftretender Schwierigkeiten bei der Gewinnung geeigneter Handelsrichter festgehalten werden.[4]

14 **IV. Verlust.** Zum nachträglichen Verlust der Ernennungsvoraussetzungen vgl. § 113.

§ 110. [Ehrenamtliche Richter an Seeplätzen]

An Seeplätzen können ehrenamtliche Richter auch aus dem Kreis der Schifffahrtskundigen ernannt werden.

1 Für **Seeplätze** gilt mit Rücksicht auf die dort erfahrungsgemäß jedenfalls teilweise wünschenswerte besondere Sachkunde (§ 114) eine Sonderregelung: Die Handelsrichter können auch **aus dem Kreis der Schifffahrtskundigen** ernannt werden. Diese Sonderregelung bedeutet, dass von dem Erfordernis der Kaufmannseigenschaft usw. nach § 109 Abs. 1 abgesehen werden kann, nicht aber von den anderen Voraussetzungen für die Ernennung.

2 Seeplätze sind **alle Hafenorte** ohne Rücksicht darauf, ob sie am Überseeverkehr, der Binnenschifffahrt oder auch nur der Fischerei orientiert sind.[1]

3 Wer als Schifffahrtskundiger anzusehen ist, ergibt sich aus § 2 SeemannsG.

§ 111. (weggefallen)

§ 112. [Rechte und Pflichten]

Die ehrenamtlichen Richter haben während der Dauer ihres Amts in Beziehung auf dasselbe alle Rechte und Pflichten eines Richters.

1 **I. Rechte und Pflichten.** Die Handelsrichter haben **alle Rechte und Pflichten wie die Berufsrichter** auch (§ 45 DRiG). Diese Voraussetzung und Konsequenz aus der Besetzung der KfH (§ 105) im Rahmen der Zuständigkeit des LG stellt § 112 ausdrücklich klar. Dies gilt jedoch nur unter Berücksichtigung der Tatsache, dass es sich um ehrenamtliche Tätigkeit handelt.

2 **II. Unabhängigkeit.** Die Handelsrichter sind **sachlich unabhängig** (§ 1 GVG, § 45 DRiG).

3 Die Handelsrichter sind auch **persönlich unabhängig.** Sie werden auf eine bestimmte Zeit ernannt (§ 108); vor Ablauf dieser Amtszeit können sie gegen ihren

---
[3] *BL/Hartmann* Rn. 10.
[4] A. A. BTagsDrucks. 8/2145 S. 39 Nr. 12.
[1] *Wieczorek/Schreiber* Rn. 1.

Willen nur durch ein Gericht ihres Amtes enthoben werden (§ 44 DRiG). Das ist der Fall bei Wegfall der für die Ernennung erforderlichen Eigenschaften und bei Dienstunfähigkeit (vgl. dazu § 113). Der Amtsverlust tritt weiter ein bei bestimmten strafgerichtlichen Verurteilungen (§ 45 StGB).

Die Vorschriften des § 36 DRiG über die Folgen der Übernahme einer Kandidatur für eine gesetzgebende Körperschaft oder der Annahme der **Wahl** zum Deutschen Bundestag oder einem Landesparlament oder der Ernennung zum Mitglied der **Bundesregierung** oder einer Landesregierung finden keine Anwendung. Eine ausdrückliche Anwendung ist nicht vorgeschrieben und der Grundsatz der Gewaltenteilung verbietet nicht, dass ein Parlamentsabgeordneter als ehrenamtlicher Richter tätig wird (vgl. § 31 Rn. 7). 4

Der Handelsrichter kann **nicht versetzt** (§§ 30, 31 DRiG) und nicht abgeordnet (§ 37 DRiG) werden; er kann auch nicht zur Gerichtsverwaltung herangezogen werden. Bei Veränderung der Gerichtsorganisation (vgl. § 32 DRiG) kann er seines Amtes enthoben werden. Als eine Änderung der Gerichtsorganisation ist es auch anzusehen, wenn die bei einem LG gebildete KfH aufgehoben wird (vgl. dazu § 93 Rn. 6); wird die Zahl der KfH nur verringert, so hat das Präsidium die Verteilung der Handelsrichter auf die einzelnen KfH (vgl. § 105 Rn. 3) zu ändern. Die nicht mehr eingeteilten Handelsrichter sind dann aus ihrem Amt zu entlassen.[1] 5

§ 31 DRiG (Versetzung im Interesse der Rechtspflege) ist entsprechend anwendbar mit der Maßgabe, dass nur die Amtsenthebung in Frage kommt. 6

III. Verfahrensrechtliche Rechte und Pflichten. Die Handelsrichter haben die gleichen verfahrensrechtlichen Rechte und Pflichten wie die Berufsrichter. Das bedeutet, dass sie bei der Beratung und Abstimmung (§§ 192 ff.) gleichberechtigt und gleichverpflichtet sind. Sie haben das Beratungsgeheimnis zu wahren (§ 45 Abs. 1, § 43 DRiG). Sie haben das uneingeschränkte Fragerecht und die Hinweispflicht (vgl. § 105 Rn. 5). Für sie gelten die Ausschließungs- und Ablehnungsgründe der §§ 41 ff. ZPO.[2] – Sie können jedoch nicht Vorsitzender der KfH sein (§ 105 Rn. 2), auch nicht stellvertretender Vorsitzender; sie können auch nicht als Einzelrichter entscheiden (vgl. § 105 Rn. 5, 8, 11). Wohl aber können sie als beauftragter Richter tätig sein; sie haben die Entscheidungen, an denen sie mitgewirkt haben, zu unterzeichnen, sind aber nicht verpflichtet, Urteilsentwürfe herzustellen (§ 105 Rn. 5). 7

IV. Mitwirkungspflicht. Zu den Pflichten des Handelsrichters gehört die **Mitwirkung in allen Verfahren,** zu denen er herangezogen wird, und die Ausübung aller damit verbundenen Obliegenheiten. Zu den Pflichten gehört weiter das Neutralitätsgebot des § 39 DRiG. Nicht anwendbar sind die strengen Nebentätigkeitsvorschriften für Richter (§§ 40, 41 DRiG) und die gemäß § 46 DRiG anwendbaren beamtenrechtlichen Vorschriften für sonstige Nebentätigkeiten (vgl. §§ 64 ff. BBG, § 42 BRRG). 8

V. Dienstaufsicht. Im Rahmen ihrer richterlichen Pflichten unterliegen die Handelsrichter der Dienstaufsicht wie die Berufsrichter auch (vgl. § 26 DRiG); auch können sie gegen eine Maßnahme der Dienstaufsicht gemäß § 62 Abs. 1 Nr. 4 Buchst. a, e DRiG das Richterdienstgericht anrufen. 9

VI. Disziplinargerichtsbarkeit. Als ehrenamtliche Richter unterliegen die Handelsrichter nach Maßgabe des Landesrechts der Disziplinargerichtsbarkeit wie die Richter.[3] Sie können daher auch bei grober Pflichtwidrigkeit **ihres Amtes enthoben** werden; eine dem § 56 entsprechende Vorschrift fehlt für Handelsrichter, sie kann auch nicht analog herangezogen werden. Die Richteranklage gegen sie 10

---

[1] A. A. *Wieczorek/Schreiber* Rn. 1.
[2] Vgl. OLG Naumburg NVwZ 2001, 956.
[3] *Sommermeyer* S. 32 f.

(Art. 98 Abs. 2, 5 GG) ist in den jeweils landesrechtlich gezogenen Grenzen möglich, jedoch nur mit dem Ziel der Amtsenthebung.

11 Eine **Ruhestandsversetzung** ist bei ihnen ausgeschlossen, da für sie keine Altersgrenze gilt. Wegen der Folgen der Dienstunfähigkeit vgl. § 113 Rn. 3. Nach § 45 StGB scheiden sie wie ein Berufsrichter aus dem Amt, ohne dass es eines formellen Aktes bedarf.

12 **Strafrechtlich haftet** der Handelsrichter auch nach den sog. Amtsdelikten der §§ 331 ff. StGB (vgl. § 31 Rn. 9). **Zivilrechtlich haftet** der Handelsrichter als ehrenamtlicher Richter nicht wie die Berufsrichter nach dem Recht des öffentlichen Dienstes (§ 46 DRiG i. V. mit § 78 BBG, § 46 BRRG), sondern nur nach allgemeinem privaten und öffentlichen Recht, Art. 34 GG, § 839 BGB; für Handelsrichter gilt ebenfalls das sog. Spruchrichterprivileg des § 839 Abs. 2 BGB (vgl. § 1 Rn. 194).

§ 113. [Amtsenthebung]

(1) **Ein ehrenamtlicher Richter ist seines Amtes zu entheben, wenn er**
1. eine der für seine Ernennung erforderlichen Eigenschaften verliert oder Umstände eintreten oder nachträglich bekanntwerden, die einer Ernennung nach § 109 entgegenstehen, oder
2. seine Amtspflichten gröblich verletzt hat.

(2) **Ein ehrenamtlicher Richter soll seines Amtes enthoben werden, wenn Umstände eintreten oder bekannt werden, bei deren Vorhandensein eine Ernennung nach § 109 Abs. 3 Satz 2 nicht erfolgen soll.**

(3) ¹**Die Entscheidung trifft der erste Zivilsenat des Oberlandesgerichts durch Beschluß nach Anhörung des Beteiligten.** ²**Sie ist unanfechtbar.**

(4) **Beantragt der ehrenamtliche Richter selbst die Entbindung von seinem Amt, so trifft die Entscheidung die Landesjustizverwaltung.**

Gesetzesfassung: Neufassung durch Art. 2 Nr. 9 RpflVereinfG. Abs. 2 eingefügt durch Art. 12 EGInsO vom 5. 10. 1994 (BGBl. I S. 2911).

1 **I. Regelungsinhalt.** Die Vorschrift enthält die Amtsenthebung im Zusammenhang mit Verlust oder Fehlen von Ernennungsvoraussetzungen wie auch wegen Amtspflichtverletzungen.

2 **II. Verlust oder Fehlen von Ernennungsvoraussetzungen. 1.** Verlust der für die Ernennung erforderlichen Eigenschaften (Abs. 1 Nr. 1 erste Alt.), also der zwingenden Voraussetzungen des § 109 Abs. 1 (vgl. § 109 Rn. 1 bis 3). Bei anfänglichem Fehlen dieser Eigenschaften liegt keine wirksame Ernennung vor (vgl. § 109 Rn. 5), eine Amtsenthebung ist also begrifflich nicht möglich. Im Interesse der Rechtsklarheit sollte aber das Verfahren nach § 113 mit feststellendem Inhalt als zulässig erachtet werden (vgl. § 62 Abs. 1 Nr. 3 a DRiG), wenn auch die Frage im jeweiligen Prozess, an dem der Handelsrichter teilgenommen hat, u. U. geprüft werden muss.

3 2. Amtsenthebung bei Eintreten oder nachträglichem Bekanntwerden von Umständen, die einer Ernennung nach § 109 entgegenstehen (Abs. 1 Nr. 1 zweite Alt.): Das sind die Negativmerkmale des § 109 Abs. 3 Satz 1 („kann nicht ernannt werden"): a) Unfähigkeit zum Schöffenamt (§ 109 Abs. 3 Satz 1 erste Alt. i. V. m. § 32, vgl. § 109 Rn. 3); – b) wer nach § 33 Nr. 4 (nur) nicht berufen werden soll, kann aber nach § 109 Abs. 3 Satz 1 zweite Alt. (weitergehend) nicht ernannt werden.

4 Das Fehlen der Soll-Voraussetzungen des § 109 Abs. 2 rechtfertigt nach h. M. nicht die Amtsenthebung.¹ Hiervon besteht eine Ausnahme für die Sollvorschrift des § 109 Abs. 3 Satz 2, wonach nicht zum Handelsrichter ernannt werden soll, wer nach § 33 Nr. 5 nicht zum Schöffen berufen werden soll (Vermögensverfall, vgl. § 33 Rn. 7). Wenn Umstände eintreten oder bekannt werden, bei deren Vor-

---

¹ *BL/Hartmann* Rn. 3; *Wieczorek/Schreiber* Rn. 2; *Zöller/Gummer* Rn. 1.

handensein die Ernennung deshalb nicht zum Handelsrichter erfolgen soll, dann soll die Amtsenthebung stattfinden (Abs. 2). Unterbleibt sie, ist die Fortdauer der Ernennung wirksam, auch ist der gesetzliche Richter nicht verletzt.

3. Gröbliche Verletzung der Amtspflichten (Abs. 1 Nr. 2). Zu denken ist z.B. an die Verletzung des Beratungsgeheimnisses und an wiederholtes unentschuldigtes Fernbleiben von Sitzungen,[2] fehlende Sicherstellung der telefonischen und postalischen Erreichbarkeit,[3] Verweigerung der Eidesleistung (§ 108 Rn. 5), aber auch schwerwiegendes Fehlverhalten außerhalb des Amtes, wenn es in die Amtsführung hineinwirkt[4] (vgl. auch § 56). „Gröbliche" Verletzung der Amtspflicht setzt schuldhaftes Handeln voraus, bei leichter Fahrlässigkeit können wiederholte Verstöße ausreichen, wohl aber erst nach Abmahnung durch den Vorsitzenden der KfH oder der Dienstaufsichtsinstanz.

III. Antrag auf Amtsenthebung. Liegen die Voraussetzungen für die Amtsenthebung vor, ist diese von der Ernennungsbehörde zu beantragen.[5]

IV. Zuständigkeit. Zuständig für die Entscheidung ist das im Rechtsmittelzug übergeordnete **OLG,** und zwar kraft ausdrücklicher (ungewöhnlicher) gesetzlicher Bestimmung der 1. Zivilsenat des dem LG, zu dem die mit dem Handelsrichter besetzte KfH gehört, im Rechtsmittelzug übergeordneten OLG. Die Entscheidung eines anderen Senats ist von einem unzuständigen Gericht getroffen.

Als einzige **Verfahrensregelung** schreibt Abs. 3 vor, dass der Beteiligte zu hören ist (vgl. Art. 103 Abs. 1 GG). Das Verfahren im Übrigen ist nicht geregelt. Bei Erlass des § 113 GVG im Jahre 1878 ging der Gesetzgeber von der Anwendung der ZPO aus. Wenn auch inzwischen in ähnlich gelagerten Fällen und Verfahren andere Verfahrensvorschriften ergangen sind (vgl. einerseits § 29 Abs. 2 EGGVG und andererseits § 62 Abs. 1 Nr. 3 DRiG in Verbindung mit § 66 DRiG), so ist doch angesichts des Unterbleibens ergänzender Regelungen davon auszugehen, dass auch weiterhin die ZPO anzuwenden ist.[6] Der Antrag ist dem Betroffenen zuzustellen, gleichzeitig ist ihm Gelegenheit zur Stellungnahme zu geben. Ob eine mündliche Verhandlung erforderlich ist, entscheidet das Gericht. Die Entscheidung ergeht durch Beschluss. Die Entscheidung ist unanfechtbar (Abs. 3 Satz 2). Diese Unanfechtbarkeit gilt auch in den anderen Gerichtsbarkeiten (vgl. § 21 Abs. 5 ArbGG, § 22 Abs. 2 SGG, § 24 Abs. 3 VwGO). Auch für eine Vorlagemöglichkeit bestehen keine gesetzlichen Voraussetzungen. Verfahrensfehler des Gerichts können deshalb nicht mit einem normalen Rechtsmittel gerügt werden, auch nicht die fehlende Zuständigkeit oder unterlassenes rechtliches Gehör. Nichtigkeitsklage und Wiederaufnahme des Verfahrens sind zulässig.

Von der statusrechtlichen entscheidenden Frage der Amtsenthebung, die mit Erlass des Beschlusses des OLG konstitutiv eintritt (Rn. 8), ist zu trennen die Frage nach der ordnungsgemäßen Besetzung des Gerichts, an dessen Entscheidungen der Betroffene bis dahin mitwirkt. Aus der Tatsache, dass das Gesetz bei einem Handelsrichter, der einmal wirksam ernannt worden ist, für den Amtsverlust die förmliche Amtsenthebung als notwendige Voraussetzung vorschreibt, ist zu folgern, dass bis zu dieser Entscheidung der Betroffene wirksam Handelsrichter bleibt, vom Fall des § 45 StGB oder der erkennbar totalen Dienstunfähigkeit abgesehen. Das bedeutet, dass bis zur (konstitutiven) Amtsenthebungs-Entscheidung das Gericht ordnungsgemäß besetzt ist.[7]

---

[2] BTagsDrucks. 11/3621 S. 54.
[3] OLG Frankfurt OLGR 2007, 179.
[4] *BL/Hartmann* Rn. 2.
[5] OLG Frankfurt OLGR 2007, 179; *MünchKommZPO/Wolf* Rn. 1; *BL/Hartmann* Rn. 5; *Zöller/Gummer* Rn. 2.
[6] *Wieczorek/Schreiber* Rn. 3.
[7] *BL/Hartmann* Rn. 6; *Zöller/Gummer* Rn. 3.

10 Die Amtsenthebung wirkt für und gegen alle. Mit dem Ablauf der Amtszeit des Handelsrichters endet ein anhängiges Enthebungsverfahren, auch kann dann weder eine Wiederaufnahme noch die Nichtigerklärung der Entscheidung beantragt werden. Die Aufhebung der Entscheidung im Wege der Wiederaufnahme, der Nichtigerklärung (oder der Verfassungsbeschwerde) hat für die Rechtsstellung des Handelsrichters rückwirkende Kraft, kann aber die Amtszeit nicht verlängern. Gerichtsverfassungsrechtlich hat sie aber nicht zur Folge, dass das Gericht rückwirkend nicht ordnungsgemäß besetzt war.

11 **V. Amtsenthebung auf eigenen Antrag.** Auf seinen eigenen Antrag kann der Handelsrichter von seinem Amt entbunden werden. Hierfür bedarf es des Vorliegens von beachtenswerten Gründen,[8] denn obwohl der Handelsrichter nicht zur Übernahme des Amtes verpflichtet ist, hat er es übernommen und damit auch die Pflicht, es ordnungsgemäß auszuüben und nicht beliebig „hinzuwerfen". Bei diesem Ausscheiden aus dem Amt bedarf es aber nicht einer gerichtlichen Entscheidung, da eine Beeinträchtigung der Unabhängigkeit bei freiwilligem Ausscheiden nicht in Frage steht. Die Entscheidung ist der LJustizVerw übertragen (Abs. 4), die förmlich die Amtsentbindung auszusprechen hat. Dieser Ausspruch ist konstitutiv und wirkt mit der Bekanntgabe an den Handelsrichter, der bis dahin alle Rechte und Pflichten des Handelsrichters hat. Die LJustizVerw handelt nach pflichtgemäßem Ermessen, gegen ihre Entscheidung ist der Rechtsweg nach §§ 23 ff. EGGVG eröffnet.[9]

§ 114. [Entscheidung auf Grund eigener Sachkunde]

Über Gegenstände, zu deren Beurteilung eine kaufmännische Begutachtung genügt, sowie über das Bestehen von Handelsgebräuchen kann die Kammer für Handelssachen auf Grund eigener Sachkunde und Wissenschaft entscheiden.

1 **I. Beweiserhebung.** Die Vorschrift enthält eine **Regelung für die Beweiserhebung** und gehört deshalb systematisch ins Verfahrensrecht. Zu erklären ist ihr Standort im GVG historisch als einer der wesentlichen Gründe für die Schaffung der KfH: die eigene Sachkunde und Wissenschaft der KfH ersetzt ein Sachverständigengutachten. Die Vorschrift gilt für die gesamte Tätigkeit der KfH sowohl in der ersten als auch in der zweiten Instanz. Mit Rücksicht auf die besondere Sachkunde der KfH (vgl. § 109 Abs. 1) ist nicht immer, wie sonst bei Fachfragen außerrechtlicher Art, die Einholung eines Sachverständigengutachtens erforderlich, vieles kann nach § 114 die KfH auf Grund eigener Sachkunde und Wissenschaft selbst entscheiden. Diese **eigene Sachkunde** tritt an die Stelle eines Sachverständigengutachtens[1] und darf nicht verwechselt werden mit offenkundigen Tatsachen (§ 291 ZPO) oder mit gerichtskundigen Tatsachen, also dem eigenen Wissen des Gerichts.[2]

2 Daraus folgt, dass in erster Instanz die auf der eigenen Sachkunde und Wissenschaft beruhenden Feststellungen der KfH als **Gutachten im prozessualen** Sinne gelten und auch in der Rechtsmittelinstanz als solches zu behandeln sind. Das Berufungsgericht kann ein weiteres Sachverständigengutachten einholen;[3] dazu verpflichtet ist es jedoch nur, wenn begründete Bedenken gegen die Sachkunde und Wissenschaft der KfH geltend gemacht werden oder wenn gegen diese Feststellungen der KfH gerichtete Beweisanträge sich auf tatsächliche Feststellungen beziehen oder aber nach allgemeinen Grundsätzen aus anderen Gründen die Einholung eines

---

[8] *MünchKommZPO/Wolf* Rn. 8.
[9] *BL/Hartmann* Rn. 7, *Wieczorek/Schreiber* Rn. 4.
[1] Vgl. BayObLG NStZ 1993, 347.
[2] Vgl. *BL/Hartmann* § 291 ZPO Rn. 5.
[3] RGZ 44, 31.

Entscheidung auf Grund eigener Sachkunde   3–7 § 114

Obergutachtens angezeigt ist. Das Berufungsgericht kann entgegen dem Parteivortrag aber seine Entscheidung auch auf die sachkundigen Feststellungen der KfH stützen.[4] Andererseits kann das Berufungsgericht, das diese Feststellungen der KfH als Sachverständigengutachten zu werten hat, diese Feststellungen nicht übergehen,[5] es muss also ein Obergutachten einholen, wenn es von den Feststellungen der KfH abweichen will und nicht ausnahmsweise der Fall des § 291 ZPO vorliegt oder die eigene Sachkunde des Berufungsgerichts ausnahmsweise ausreicht. Ist die **KfH als Berufungsgericht** tätig (§ 100), kann sie auf Grund ihrer eigenen Sachkunde und Wissenschaft auch von einem in erster Instanz erstatteten Gutachten abweichen,[6] ohne noch ein weiteres Sachverständigengutachten einholen zu müssen.

II. Sachverständigengutachten. In zwei Fällen kann die eigene Sachkunde und Wissenschaft der KfH ein Sachverständigengutachten ersetzen: 3

1. Wenn über Gegenstände zu entscheiden ist, zu deren Beurteilung eine **kaufmännische Begutachtung** genügt. Eine solche kaufmännische Begutachtung ist erforderlich, wenn ein zur Bewertung gestellter Sachverhalt oder eine streitige Tatsache sich auf den Handelsverkehr im weitesten Sinne bezieht.[7] Dabei ist es nicht erforderlich, dass die Handelsrichter gerade aus der Branche kommen, die in Frage steht.[8] 4

2. Wenn es um das **Bestehen von Handelsgebräuchen** geht, also um die „im Handelsverkehre geltenden Gewohnheiten und Gebräuche"[9] (§ 346 HGB). Hierher gehört nicht die Rechtsfrage, ob ein solcher Handelsgebrauch auch für Nichtkaufleute verbindlich ist, deren Beantwortung nicht den Charakter eines Gutachtens hat. 5

III. Darlegung. Soweit die KfH auf Grund eigener Sachkunde und Wissenschaft entscheiden will, hat sie dies **den Parteien inhaltlich darzulegen** (§ 139 ZPO), um ihnen nicht die sonst mögliche Befragung des Sachverständigen (§§ 402, 397, 411 Abs. 3 und 4 ZPO) abzuschneiden; es genügt, wenn einer der Richter die erforderliche Sachkunde besitzt.[10] 6

IV. Entscheidung über eigene Sachkunde. Ob die eigene Sachkunde und Wissenschaft genügt, entscheidet die KfH selbst, gegebenenfalls durch Mehrheitsbeschluss nach § 196.[11] 7

---

[4] RGZ 90, 102; Z 110, 47, 48.
[5] RG JW 1894, 20.
[6] *BL/Hartmann* Rn. 2.
[7] Vgl. RGZ 79, 292.
[8] *BL/Hartmann* Rn. 2; *Zöller/Gummer* Rn. 1.
[9] Vgl. RG JW 1894, 20; RGZ 44, 31.
[10] BGHSt 12, 18 = NJW 1958, 1596; *BL/Hartmann* Rn. 1; *Zöller/Gummer* Rn. 2; *Wieczorek/Schreiber* Rn. 2.
[11] *BL/Hartmann* Rn. 2; *Wieczorek/Schreiber* Rn. 2; *Zöller/Gummer* Rn. 2.

Achter Titel. Oberlandesgerichte

§ 115. [Besetzung]

Die Oberlandesgerichte werden mit einem Präsidenten sowie mit Vorsitzenden Richtern und weiteren Richtern besetzt.

1 **I. OLG, Bezirk.** Das GVG regelt das OLG als Gerichtsart der ordentlichen Gerichtsbarkeit mit fest umrissener Zuständigkeit. In jedem Land der BRep muss mindestens ein OLG bestehen; im Übrigen wird die Zahl, der Sitz und der Bezirk durch Landesrecht bestimmt (§ 12 Rn. 5). Die Errichtung eines ständigen auswärtigen (detachierten) Senats ist nach § 116 Abs. 2 zulässig (§ 116 Rn. 15). Zur Tätigkeit außerhalb des Gerichtssitzes § 22 Rn. 24 ff.

2 **II. Besetzung des OLG mit Richtern.** Jedes OLG muss einen Präsidenten, Vorsitzende Richter am OLG und weitere Richter am OLG haben; die Zahl der beiden letzteren bestimmt das Haushalts- und Organisationsrecht des jeweiligen Landes (§ 22 Rn. 18 ff.).

3 1. Mit einem **Präsidenten** muss das OLG „besetzt" sein, vgl. im Einzelnen § 59 Rn. 3. Der Präsident hat eine Doppelstellung (vgl. § 59 Rn. 7 f.). Er ist sowohl unabhängiger Richter als auch Organ der Justizverwaltung. Als Richter hat er an der RSpr des OLG teilzunehmen. Er bestimmt, welche richterlichen Aufgaben er wahrnimmt (§ 21 e Abs. 1 Satz 3); dies kann nur der Vorsitz in einem Senat sein. Auch für den OLG-Präsidenten gilt, dass er durch den Umfang seiner Tätigkeit im Spruchkörper einen richtunggebenden Einfluss auf die RSpr muss ausüben können und dass er mindestens 75% der gesamten Vorsitzendentätigkeit selbst wahrnehmen muss[1] (§ 59 Rn. 12). Die dem OLG-Präsidenten obliegenden Aufgaben der Gerichts- und Justizverwaltung werden im Allgemeinen durch das Landesrecht bestimmt (§ 59 Rn. 9), das auch regelt, in welchem Umfange er Weisungs- und Aufsichtsbefugnisse gegenüber den AG- und LG-Präsidenten hat.

4 2. Das OLG ist mit **VorsRichtern** am OLG (vgl. § 19 a DRiG) besetzt, mindestens muss ein solcher VorsRichter vorhanden sein. Sie führen den Vorsitz in den Senaten (§ 21 f). Es kann auf § 59 Rn. 10 ff. verwiesen werden.

5 3. Das OLG ist mit **„weiteren" Richtern,** den Richtern am OLG (§ 19 a DRiG) besetzt, vgl. § 59 Rn. 16. Im Gegensatz zu AG und LG können am OLG **nur Richter aL** tätig sein (§ 28 Abs. 1 DRiG, eine den §§ 22 Abs. 5 und 59 Abs. 3 GVG entsprechende Vorschrift fehlt). Auch kann ihnen entgegen § 22 Abs. 2, § 59 Abs. 2 GVG kein weiteres Richteramt bei einem anderen Gericht übertragen werden (§ 27 Abs. 2 DRiG).

6 4. Beim OLG können auch **abgeordnete Richter** (§ 37 DRiG) tätig sein, jedoch nur solche aL. Die abgeordneten Richter können ihr Richteramt (§ 27 Abs. 1 DRiG) beim AG oder LG innehaben, aber auch bei einem Gericht der anderen Gerichtsbarkeiten.[2] Für die Tätigkeit der früher so genannten „Hilfsrichter" bestehen aber in mehrfacher Hinsicht Beschränkungen:

7 a) Bei einer gerichtlichen Entscheidung darf nach § 29 DRiG **nur ein abgeordneter Richter** mitwirken.

Regelungen, die eine Mitwirkung von zwei abgeordneten Richtern zuließen, sind mittlerweile wieder außer Kraft getreten, so die durch das RPflEntlG ab 1. 3. 1993 geänderte Fassung des § 29 DRiG zum 1. 3. 1998, ebenso zum 31. 12. 2004 die Sondervorschrift des § 3 Abs. 1 RpflAnpG

---
[1] BGHZ 49, 64 = NJW 1968, 501 m. Anm. *Kern* JZ 1968, 568.
[2] BGH NJW 1960, 676.

für die OLG in den neuen Bundesländern. Verfassungsrechtlich war die Regelung nicht zu beanstanden.[3] Sie erlaubte aber nicht den Einsatz abgeordneter Richter uneingeschränkt bis zur gesetzlich festgelegten Obergrenze, sondern war auf ein unverzichtbares Maß beschränkt.[4] Auch nur bis 31. 12. 2004 konnte nach § 10 Abs. 4 RpflAnpG abweichend von § 21 f GVG ein nicht zum Vorsitzenden Richter am OLG ernannter Richter am OLG aL den Vorsitz führen und zusammen mit zwei zum OLG abgeordneten Richtern aL entscheiden.[5]

b) Die **Zahl** der insgesamt beim OLG tätigen abgeordneten Richter ist auf das „zwingend gebotene" Maß **zu beschränken,** ihre Zahl ist „so klein wie möglich zu halten"[6] (vgl. § 22 Rn. 8). Außerdem sind die abgeordneten Richter möglichst gleichmäßig auf alle Spruchkörper zu verteilen.[7] 8

c) Die Tätigkeit der abgeordneten Richter darf nur **vorübergehend** sein; sie ist nur aus folgenden Gründen zulässig: a) zur Bewältigung eines vorübergehenden außergewöhnlichen Geschäftsandrangs; b) zur Vertretung verhinderter Richter, wenn mit Rücksicht auf die Gesamtbelastung des Gerichts die in der Geschäftsverteilung vorgesehene Vertretungsregelung, vor allem bei einer Häufung von Vertretungsfällen, nicht ohne Beeinträchtigung der geordneten RSpr möglich ist; c) zur Fortbildung von Richtern (vgl. § 22 Rn. 8) und zur Erprobung, ob sie für eine Beförderungsstelle geeignet sind.[8] Der Grund für die Verwendung ist stets **kenntlich** zu machen. Die **Abordnung zu Erprobungszwecken** ist als sog. Drittes Staatsexamen teilweise umstritten,[9] anders ist aber diese zur Sicherung einer geordneten RSpr notwendige Aufgabe nicht zu lösen. Voraussetzung ist ein auf andere Weise nicht zu befriedigendes Bedürfnis, einen Richter zu Erprobungszwecken zu beschäftigen, das nur besteht, wenn die Überprüfung nicht schon im Rahmen einer aus sonstigem Anlass zulässigerweise zu übertragenden Beschäftigung stattfinden kann.[10] Auch ist diese Abordnung zulässig nur in den zahlenmäßigen Grenzen, die sich aus dem späteren Bedarf ergeben. Weiter besteht eine der Zweckbestimmung immanente zeitliche Grenze. Der Senat des OLG ist nicht ordnungsgemäß besetzt, wenn ein abgeordneter Richter mitwirkt, der für eine Planstelle am OLG erprobt und als geeignet befunden wurde und nur deswegen erneut oder weiterhin im bisherigen Status beschäftigt wird, weil er wegen einer Beförderungssperre nicht in eine Planstelle am OLG eingewiesen werden kann[11] (vgl. § 59 Rn. 3). 9

Dienstrechtlich ist die (wenn auch umstrittene) Verwaltungsübung, die Beförderung von Richtern von einer Erprobung beim OLG abhängig zu machen und auch die Beurteilung im Anschluss an die Erprobung zu berücksichtigen, frei von sachfremden Erwägungen und am Leistungsgrundsatz orientiert; ob es daneben zweckmäßigere oder besser mit dem Leistungsgrundsatz in Einklang stehende Auswahlmöglichkeiten gibt, liegt im Ermessen des Dienstherrn.[12] Vgl. auch § 1 Rn. 152. 10

Im Übrigen ist die Verwendung von abgeordneten Richtern nicht zulässig, wenn sie ihrer Art nach nicht nur **vorübergehender Natur** ist, auch dann, wenn jeweils ein fortlaufender personeller Wechsel eintritt. Ist die Arbeitslast des OLG derart, dass langfristig nicht ohne eine personelle Verstärkung auszukommen ist, dann ist 11

---

[3] BVerfG – K – DtZ 1996, 175.
[4] BVerfG – K – NJW 1998, 1053; BGHZ 130, 304 = NJW 1995, 2791; BVerwG NJW 1997, 674; OLG Frankfurt MDR 1993, 1010; HessVGH NVwZ-RR 1998, 269; 283; a. A. OLG Zweibrücken NStZ 1994, 356; OLG Stuttgart FamRZ 1994, 912; OLG Düsseldorf OLGZ 1994, 591; krit. *König* StV 1995, 39.
[5] Vgl. BTagsDrucks. 14/1124 S. 5.
[6] BVerfGE 14, 156, 162, 164 = NJW 1962, 1495.
[7] BVerfGE 14, 156, 164 = NJW 1962, 1495; BVerfG DRiZ 1971, 27.
[8] BVerfGE 4, 331, 345 = NJW 1956, 137; BVerfG DRiZ 1971, 27; BVerfG – K – DtZ 1996, 175; BGH NJW 1966, 253; BVerwG DRiZ 1977, 117; *Mösl* DRiZ 1967, 259; *Tiebing* DRiZ 1968, 120; *Keilholz* DRiZ 1972, 25.
[9] Vgl. DRiZ 1971, 434; *Schorn/Stanicki* S. 243 ff.
[10] BGH NJW 1966, 253.
[11] BGHZ 95, 22 = NJW 1985, 2336; *Gerhardt* AnwBl 1985, 362.
[12] BVerwG DRiZ 1978, 315; 1977, 177.

§§ 115a, 116

durch die Schaffung neuer Planstellen Abhilfe zu schaffen. Abhilfe durch abgeordnete Richter ist unzulässig und macht die gesamte Geschäftsverteilung fehlerhaft (vgl. § 22 Rn. 9f.).

12   5. Im Interesse der Verbindung von Wissenschaft und Praxis sind gelegentlich **Professoren im Nebenamt** als Richter tätig. Sie müssen die allgemeinen Voraussetzungen für die Ernennung zum Richter besitzen (§ 9 DRiG) und neben ihrem Hauptamt als beamteter Professor förmlich zum Richter aL ernannt sein, wenn sie am OLG als Richter tätig sein sollen (Rn. 5). Ihre Dienstbezüge erhalten sie aus ihrem Hauptamt als Professor, daneben eine nicht ruhegehaltfähige Zulage nach Vorbem. 2 zur Besoldungsordnung W (Anl. 2 zum BBesG). Durch die Ernennung zum Richter aL wird keine förmliche Verbindung mit dem Hauptamt als beamteter Professor hergestellt, beide Dienstverhältnisse sind völlig unabhängig voneinander. So ist z.B. der Wechsel der Universität ohne rechtlichen Einfluss auf die Rechtsstellung als Richter; auch sonstige dienstrechtliche Vorgänge sind jeweils getrennt zu sehen, es bedarf jeweils besonderer Entscheidungen im Richterverhältnis, etwa auch im disziplinarrechtlichen Bereich. Eine Sonderregel enthält § 41 Abs. 2 DRiG. Ein bestimmtes Mindestmaß der Richtertätigkeit besteht nicht.

§ 115a. (weggefallen)

§ 116. [Zivil- und Strafsenate, Ermittlungsrichter]

(1) ¹Bei den Oberlandesgerichten werden Zivil- und Strafsenate gebildet. ²Bei den nach § 120 zuständigen Oberlandesgerichten werden Ermittlungsrichter bestellt; zum Ermittlungsrichter kann auch jedes Mitglied eines anderen Oberlandesgerichts, das in dem in § 120 bezeichneten Gebiet seinen Sitz hat, bestellt werden.

(2) ¹Die Landesregierungen werden ermächtigt, durch Rechtsverordnung außerhalb des Sitzes des Oberlandesgerichts für den Bezirk eines oder mehrerer Landgerichte Zivil- oder Strafsenate zu bilden und ihnen für diesen Bezirk die gesamte Tätigkeit des Zivil- oder Strafsenats des Oberlandesgerichts oder einen Teil dieser Tätigkeit zuzuweisen. ²Ein auswärtiger Senat für Familiensachen kann für die Bezirke mehrerer Familiengerichte gebildet werden.

(3) **Die Landesregierungen können die Ermächtigung nach Absatz 2 auf die Landesjustizverwaltungen übertragen.**

Gesetzesfassung: Abs. 2 Satz 2 eingefügt durch Art. 2 RpflVereinfG, Abs. 2 Satz 1 geändert, Abs. 3 eingefügt durch Art. 17 Nr. 5 des 1. G über die Bereinigung von Bundesrecht im Zuständigkeitsbereich des Bundesministeriums der Justiz vom 19. 4. 2006 (BGBl. I S. 866).

1   **I. Ständige allgemeine Senate.** § 116 bezeichnet die Spruchkörper, die beim OLG die RSpr ausüben. Zugleich ist vorgeschrieben, dass bei jedem OLG **mindestens ein Zivilsenat und ein Strafsenat** bestehen muss. Die darüber hinausgehende Zahl von Senaten wird durch die Justizverwaltung bestimmt, im Allgemeinen durch den OLG-Präsidenten (vgl. § 60 Rn. 2ff.). Soweit das Gesetz nicht ausdrücklich Spezialsenate vorschreibt, ist das Präsidium frei zu entscheiden, nach welchen Grundsätzen es die Aufgaben auf die bestehenden Senate verteilt; es kann für bestimmte Sachgebiete auch (fakultative) Spezialsenate bilden, z.B. für Urheberrechtsstreitigkeiten, Fiskusprozesse usw. Einschränkungen bestehen nur da, wo schon das Gesetz einen ganz bestimmten Senat als zuständig erklärt, z.B. § 113 Abs. 3 GVG und § 7 Abs. 2 LwVG (erster Zivilsenat). Eine Konzentration auf der Ebene der AG oder LG hat keine Auswirkung, da das OLG für alle Rechtsmittel gegen Entscheidungen eines ihm im Rechtsmittelzug nachgeordneten Gerichts zuständig ist (vgl. § 119 Rn. 23).

II. Ständige Spezialsenate. Neben den nach Abs. 1 nötigen allgemeinen Senaten (die durch die Geschäftsverteilung spezialisiert sein können) schreiben einzelne Gesetze Spezialsenate ausdrücklich vor. Diese bestehen damit kraft Gesetzes, hängen nicht von einer Errichtung oder Bestimmung durch die Justizverwaltung ab und sind vom Präsidium nach § 21 e personell zu besetzen. Hierher gehören: 2

1. Senat für **Familiensachen**, vgl. § 119 Rn. 32. 3

2. Senat für **Baulandsachen**, § 229 BauGB in der Besetzung mit 3 Richtern des OLG einschließlich des Vorsitzenden und 2 hauptamtlichen Richtern eines OVG (Konzentrationsmöglichkeit nach § 229 Abs. 2 BauGB); diese Besetzung gilt auch für alle Beschwerdeentscheidungen.[1] 4

3. **Kartellsenat**, § 91 GWB mit Konzentrationsmöglichkeit nach § 92 GWB; Vergabesenat (§ 116 Abs. 3 GWB). 5

4. **Entschädigungssenat**, § 208 BEG mit Konzentrationsermächtigung nach § 208 Abs. 2 BEG. Der Vorsitzende oder einer der Beisitzer soll dem Kreis der Verfolgten angehören (§ 208 Abs. 3 BEG). 6

5. **Senat für Landwirtschaftssachen**, § 2 LwVG mit Konzentrationsermächtigung nach § 8 LwVG, in der Besetzung mit drei Richtern des OLG einschließlich des Vorsitzenden und zwei landwirtschaftlichen Beisitzern. 7

6. **Schifffahrtsobergericht.** Die im BSchiffVerfG vorgesehenen Schifffahrtsobergerichte, Rheinschifffahrts- und Moselschifffahrtsobergerichte (§§ 11, 15, 18b aaO.) sind keine Spezialsenate der OLG; es handelt sich um eine besondere Bezeichnung für das OLG selbst (vgl. § 14 Rn. 6). Gesetzlich ist ein Spezialsenat oder eine besondere Besetzung nicht bestimmt. Die Aufgaben dieser Gerichte sind im Rahmen der allgemeinen Geschäftsverteilung vom Präsidium nach § 21 e zuzuweisen. Von der Konzentrationsermächtigung des § 4 aaO. ist weitgehend Gebrauch gemacht, und zwar über die Ländergrenzen hinaus. 8

7. Senat für **Bußgeldsachen** (§ 46 Abs. 7 OWiG). 9

8. Für die Rechtsmittel in verschiedenen **ehren- und berufsgerichtlichen Verfahren** sind beim OLG besondere Spruchkörper gebildet, so z.B. nach § 100 BRAO, § 101 BNotO, § 96 StBerG, § 79 DRiG, § 73 WirtschaftprüferO, § 86 PatentanwaltsO. 10

9. Das OLG ist **Fideikommiss- und Fideikommissauflösungsbehörde (Fideikommisssenat)**. Rechtsgrundlage: Gesetz zur Vereinheitlichung der Fideikommissauflösung vom 26. 6. 1935 (RGBl. I S. 785); Gesetz über das Erlöschen der Familienfideikommisse und sonstiger gebundener Vermögen vom 6. 7. 1938 (RGBl. I S. 825); VO zur Durchführung und Ergänzung des Gesetzes über das Erlöschen der Familienfideikommisse und sonstiger gebundener Vermögen vom 20. 3. 1939 (RGBl. I S. 509); VO zur Verlängerung von Fristen des Fideikommiss- und Stiftungsrechts vom 4. 12. 1942 (RGBl. I S. 645); Bundesgesetz zur Änderung von Vorschriften des Fideikommiss- und Stiftungsrechts vom 28. 12. 1950 (BGBl. I S. 820). Gegen die Beschlüsse des Fideikommisssenats gab es ursprünglich die Beschwerde an das Oberste Fideikommissgericht, das beim früheren Reichsjustizministerium eingerichtet war. 11

III. Nichtständige Senate. Hinsichtlich der Einrichtung und Besetzung von Hilfssenaten sowie eines Bereitschaftsdienstes gilt das für die nichtständigen Kammern des LG Gesagte (§ 60 Rn. 10ff.) entsprechend. 12

IV. Verhältnis der Senate zueinander. Alle Senate des OLG stehen, soweit nichts Abweichendes bestimmt ist, gleichwertig nebeneinander. Ihr Verhältnis zueinander betrifft nicht das der Zulässigkeit des Rechtswegs und nicht der sachlichen 13

---

[1] OLG München NJW 1966, 893; SchlHLG SchlHAnz 1968, 76; OLG Koblenz NJW 1969, 899.

§ 116 14–16a   8. Titel. Oberlandesgerichte

Zuständigkeit, sondern die innergerichtliche geschäftsplanmäßige Zuständigkeit. Deshalb sind Entscheidungen der Spezialspruchkörper in Sachen, die nicht zu ihrer Zuständigkeit gehören (und umgekehrt) nicht unwirksam, und auch nur ausnahmsweise anfechtbar wegen Verletzung des gesetzlichen Richters (vgl. § 16 Rn. 50). Während des Verfahrens ist die schlichte Abgabe von Spruchkörper zu Spruchkörper möglich, für einen Verweisungsbeschluss ist kein Raum (vgl. auch § 14 Rn. 19).

14   Bei gerichtsinternem Streit über die Zuständigkeit eines Senats ist dieser grundsätzlich vom Präsidium zu entscheiden (vgl. § 21e Rn. 116 ff.; § 14 Rn. 21), und nur ausnahmsweise dann entsprechend §§ 36 ZPO, 14 StPO, 46 FGG usw., wenn die Zuständigkeit des Spezialsenats sich unmittelbar aus dem Gesetz ergibt (vgl. § 14 Rn. 20; § 21e Rn. 117).

15   **V. Auswärtige (detachierte) Senate.** Die Möglichkeit, außerhalb des Sitzes des OLG Senate zu bilden (Abs. 2), ist im Gegensatz zum vergleichbaren § 78 an keine besonderen Voraussetzungen gebunden; die Bildung steht im pflichtgemäßen Ermessen, bei dessen Ausübung sowohl die räumlichen Verhältnisse innerhalb des OLG-Bezirks zu berücksichtigen sind (sog. Bürgernähe) als auch die gesamte Bevölkerungs- und Infrastruktur, regionale Besonderheiten wie auch eine sinnvolle Personallenkung. Wegen der (wenn auch nur partiellen) Änderungen der örtlichen Zuständigkeit bedarf die Bildung einer RechtsVO (Einl. Rn. 21; zur Nachprüfung vgl. § 58 Rn. 3). Soweit ursprünglich die Zuständigkeit der „Landesjustizverwaltung" bestimmt war, wurde dies in der Neufassung durch die Verordnungs- und Delegationsermächtigung in Abs. 2 Satz 1 und Abs. 3 ersetzt (hierzu näher § 93 Rn. 4). Nach Abs. 2 Satz 1 können ein oder mehrere Senate gebildet werden für Zivil- und/oder Strafsachen. Ihre örtliche Zuständigkeit ist in der Anordnung zu bestimmen; sie kann sich auf einen oder mehrere LG-Bezirke erstrecken, aber nur auf diese insgesamt, die örtliche Aufteilung eines LG-Bezirks ist nicht zulässig. Auch die sachliche Zuständigkeit ist in der VO zu bestimmen. Sie kann sich auf alle in diesem Bezirk anfallenden Aufgaben des OLG erstrecken oder auf einen Teil davon. Die Vorschrift erlaubt es aber nicht, einem auswärtigen Senat Zuständigkeiten zuzuweisen, die außerhalb seiner in der VO bestimmten örtlichen Zuständigkeit liegen, z.B. für Sachen aus dem gesamten OLG-Bezirk. Dies wäre nur im Wege der Konzentration möglich, deren Zulässigkeit sich aus anderen Vorschriften ergeben muss. Bei Außensenaten für Familiensachen gibt Abs. 2 Satz 2 die Bindung an LG-Bezirke auf; sie können für die Bezirke mehrerer FamG ohne Rücksicht auf die Grenzen der LG-Bezirke gebildet werden.

16   Die auswärtigen Senate bleiben Spruchkörper des (einheitlichen) OLG, auch die Richter sind Richter des OLG. Für die Besetzung gelten die allgemeinen Vorschriften. Zuständig ist das Präsidium des OLG, das auch die sachliche Geschäftsverteilung vorzunehmen hat, wenn mehr als ein Straf- bzw. Zivilsenat errichtet wird. Die Zuweisung von Richtern an den auswärtigen Senat ist weder eine Abordnung noch die Übertragung eines weiteren Richteramts, sondern eine Maßnahme nach § 21e. Die Richter können gleichzeitig in einem auswärtigen Senat und einem Senat im Stammgericht tätig sein, Gleiches gilt für Vertretungsregelungen. Das Präsidium des OLG ist für diese Senate in vollem Umfange zuständig, die Richter haben z.B. das Wahlrecht zu diesem Präsidium uneingeschränkt.

16a   Zur **Fristwahrung** genügt die Einlegung des Rechtsmittels beim Stammgericht[2] (vgl. § 78 Rn. 8). Umgekehrt kann in den Grenzen der sachlichen Zuständigkeit des auswärtigen Senats ein Schriftstück auch bei ihm fristwahrend für das Stammgericht eingereicht werden.[3] Der auswärtige Senat tritt aber nicht insgesamt an die Stelle des Stammgerichts. Etwa kann bei dem auswärtigen Zivilsenat nicht wirk-

---

[2] BGH NJW 1967, 107.
[3] BAG NJW 1982, 1119; BFH DB 1982, 1653; OLG Karlsruhe NJW 1984, 744.

sam ein Antrag nach § 172 StPO gestellt werden.⁴ Ist auf Grund einer Parteivereinbarung eine Erklärung, z. B. Widerruf eines Vergleichs, gegenüber dem auswärtigen Senat abzugeben, genügt zur Fristwahrung nicht der Eingang beim Stammgericht.⁵

Hinsichtlich der örtlichen Zuständigkeit hat der auswärtige Senat dem gegenüber 17 die Stellung eines selbstständigen Gerichts⁶ (vgl. § 78 Rn. 7). Deshalb ist in einem **Zuständigkeitsstreit** zwischen einem Senat des Stamm-OLG und einem auswärtigen Senat nach §§ 36 ZPO, 14 StPO usw. zu verfahren, das Präsidium kann hier nicht entscheiden.⁷

Vom auswärtigen Senat zu unterscheiden ist das ausnahmsweise Tätigwerden 18 eines Senats außerhalb des Gerichtssitzes (vgl. § 22 Rn. 27 ff.).

VI. Ermittlungsrichter. Ist ein OLG nach § 120 zuständig, muss bei ihm 19 (mindestens) ein Ermittlungsrichter (§ 169 StPO) bestellt werden (Abs. 1 Satz 2). Da die Zahl der Ermittlungsrichter von Einfluss ist auf die Zahl der beim OLG für Aufgaben der RSpr zur Verfügung stehenden Richter, obliegt deren Festlegung darüber hinaus wie die der Spruchkörper der LJustizVerw⁸ (vgl. § 130 Abs. 1 Satz 2; § 60 Rn. 2). Der Ermittlungsrichter braucht nicht ein Richter des nach § 120 zuständigen OLG zu sein, es kann auch jeder Richter an einem anderen OLG, das in dem in § 120 bezeichneten Gebiet seinen Sitz hat, bestellt werden. Bei dieser Bestellung handelt es sich weder um eine Abordnung noch um die Übertragung eines weiteren Richteramts, sondern um eine Maßnahme nach § 21 e (vgl. § 22 Rn. 16). Zum Ermittlungsrichter kann aber nur bestellt werden, wer ein Richteramt (§ 27 DRiG) beim OLG hat.⁹

§ 117. [Vertretung der Senatsmitglieder]
Die Vorschrift des § 70 Abs. 1 ist entsprechend anzuwenden.

Die im § 70 Abs. 1 vorgesehene Möglichkeit, dass auf Antrag des Präsidiums die 1 **Regelung der Vertretung durch die LJustizVerw** vorgenommen wird, wenn die Vertretung innerhalb des Gerichts vorübergehend nicht durch die Richter des Gerichts selbst möglich ist, gilt nach § 117 auch für das OLG. Es gilt das zu § 70 Abs. 1 Ausgeführte entsprechend. Jedoch kann nur ein Richter aL als Vertreter beigeordnet werden (§ 115 Rn. 5); § 117 erklärt § 70 Abs. 2, 3 nicht für anwendbar.

Die ausdrückliche Bezugnahme auf § 70 Abs. 1 schließt es nicht aus, dass abge- 2 ordnete Richter auch aus anderen als Vertretungsgründen beim OLG tätig sein dürfen (vgl. § 115 Rn. 6).

§ 118. [Zuständigkeit in Kapitalanleger-Musterverfahren]
Die Oberlandesgerichte sind in bürgerlichen Rechtsstreitigkeiten im ersten Rechtszug zuständig für die Verhandlung und Entscheidung über Musterverfahren nach dem Kapitalanleger-Musterverfahrensgesetz.

Gesetzesfassung: Eingefügt durch Art. 3 Nr. 3 G zur Einführung von Kapitalanleger-Musterverfahren vom 16. 8. 2005 (BGBl. I S. 2437). Die Befristung in Art. 9 Abs. 2 ist entfallen durch Art. 12 des 2. JustizmodernisierungsG vom 22. 12. 2006 (BGBl. I S. 3416).

I. Allgemeines. 1. Das Musterverfahren wurde durch das KapMuG als neue 1 Verfahrensart eingeführt. Bei Sachverhalten, die erfahrungsgemäß eine Vielzahl von

---
⁴ OLG Karlsruhe Justiz 1980, 207.
⁵ BGH NJW 1980, 1753.
⁶ *LR/Franke* Rn. 4.
⁷ *Eb. Schmidt* Rn. 6; *Meyer-Goßner* Rn. 2; *LR/Franke* Rn. 4; *KK/Hannich* Rn. 6.
⁸ A. A. *LR/Franke* Rn. 3; *KK/Hannich* Rn. 5; *Schorn/Stanicki* S. 85.
⁹ A. A. – auch abgeordnete Richter aL – *LR/Franke* Rn. 3; *KK/Hannich* Rn. 5.

Klagen nach sich ziehen,[1] soll es effektiveren Rechtsschutz gewährleisten und gleichzeitig die Funktionsfähigkeit der Justiz erhalten, bleibt allerdings beschränkt auf bestimmte kapitalmarktrechtliche Streitigkeiten (Rn. 2f.). Bei der Ausgestaltung des Musterverfahrens hat der Gesetzgeber allen Lösungen eine Absage erteilt, die, wie etwa die „class action" nach US-Recht, eine Bindung auch der am Rechtsstreit unbeteiligten Betroffenen vorsehen.[2] Nach wie vor können Ansprüche nur durch individuelle Klage verfolgt werden, gleichermaßen bleibt der nach allgemeinen Vorschriften bestehende Rechtszug grundsätzlich erhalten. Eingangsgericht ist das LG (Rn. 2f.), das jedoch auf Parteiantrag eine Vorabentscheidung des OLG über solche tatsächlichen und rechtlichen Vorfragen herbeiführen kann, die in einer Mehrzahl rechtshängiger Sachen erheblich werden (§ 1 Abs. 1 KapMuG), und zwar auf der Grundlage eines hierzu ausgewählten **einzelnen Rechtsstreits** (Musterverfahren). Der „Musterentscheid" des OLG ist hinsichtlich der entschiedenen Fragen für alle Prozessgerichte und Verfahren nach Maßgabe von § 16 KapMuG bindend. – Die Geltungsdauer des KapMuG wurde wegen dieser einschneidenden Neuerungen für das deutsche Zivilprozessrecht auf Betreiben des Bundesrats zunächst auf fünf Jahre befristet;[3] es tritt nach gegenwärtigem Stand am 1. 11. 2010 außer Kraft (Art. 9 Abs. 2 des Gesetzes zur Einführung von Kapitalanleger-Musterverfahren i. d. F. von Art. 12 des 2. Justizmodernisierungsgesetzes; vgl. Gesetzesfassung). Ob sich die insgesamt verhältnismäßig komplizierte Regelwerk in der Praxis bewähren wird, ist offen.[4]

2. Gegenstand eines Musterverfahrens können sein:

a) Schadensersatzansprüche wegen falscher, irreführender oder unterlassener öffentlicher Kapitalmarktinformation (§ 1 Abs. 1 Satz 1 Nr. 1 KapMuG). Zu den von dieser Bestimmung erfassten Ansprüchen und zur ausschließlichen sachlichen und örtlichen Zuständigkeit des LG im ersten Rechtszug § 71 Rn. 14f.

b) Erfüllungsansprüche aus einem Vertrag, der auf einem Angebot nach dem WpÜG beruht (§ 1 Abs. 1 Satz 1 Nr. 2 KapMuG), d. h. auf einem öffentlichen Kauf- oder Tauschangebot, das den Erwerb von Wertpapieren, insbesondere Aktien, einer sog. Zielgesellschaft zum Gegenstand hat (§ 2 WpÜG). Für diese Rechtsstreitigkeiten folgt die ausschließliche sachliche Zuständigkeit des LG im ersten Rechtszug aus § 66 Abs. 1 Satz 1 WpÜG, örtlich ausschließlich zuständig ist nach § 32b Abs. 1 Nr. 2 ZPO das LG, in dessen Bezirk die Zielgesellschaft ihren Sitz hat, sofern dieser im Inland liegt. Die Sachen sind Handelssachen (§ 66 Abs. 2 WpÜG).

II. Verfahren. 1. Das Musterfeststellungsverfahren setzt mindestens **10 gleichgerichtete Musterfeststellungsanträge** von Klägern oder Beklagten in den bei einem oder mehreren Gerichten anhängigen Verfahren voraus, die gestellt werden müssen innerhalb von 4 Monaten nach Bekanntgabe des ersten Antrags (§§ 1, 4 Abs. 1 KapMuG); nicht entscheidend ist die Zahl der Kläger.[5] Unzulässige Anträge weist das LG zurück, zulässige macht es im Klageregister (BGBl. 2005 I S. 3092) bekannt (§§ 1 Abs. 3, 2 KapMuG). Mit der Bekanntmachung ist das betreffende Verfahren unterbrochen (§§ 3 KapMuG, 249 ZPO). Das LG, bei welchem der zeitlich erste Antrag einging, führt durch Beschluss die Entscheidung des OLG über die in den Anträgen bezeichneten Streitpunkte vor (§ 4 KapMuG). Dabei kann es sich sowohl um Rechtsfragen als auch um beweisbedürftige Tatsachenfragen handeln.

2. Das OLG macht das Musterverfahren im Klageregister bekannt; die LGe haben die bei ihnen anhängigen Verfahren, für welche die vorgelegten Streitpunkte erheblich werden, auszusetzen (§§ 6, 7 KapMuG). Weiter bestimmt es aus den

---

[1] Zum Anlass *Plaßmeier* NZG 2005, 609.
[2] BTagsDrucks. 15/5091 S. 13f.
[3] BTagsDrucks. 15/5091 S. 47; 15/5695 S. 22, 26.
[4] Krit. *Plaßmeier* a. a. O.; *Maier-Reimer/Wilsing* ZGR 2006, 79.
[5] OLG München ZIP 2007, 649; a. A. LG Stuttgart ZIP 2006, 1731.

beim vorlegenden LG anhängigen Sachen nach billigem Ermessen einen Musterkläger;[6] die übrigen Parteien in den ausgesetzten Verfahren haben die Stellung von Beigeladenen (§ 8 KapMuG). Das Verfahren richtet sich nach der ZPO, aufgrund mündlicher Verhandlung erlässt das OLG einen Musterentscheid (§ 14 KapMuG). Dieser bindet die Prozessgerichte bei ihren Entscheidungen in den anhängigen Sachen nach Maßgabe von § 16 KapMuG.[7]

III. Rechtsmittel. Gegen die Zurückweisung des Musterfeststellungsantrags 6 durch das LG als unzulässig (§ 1 Abs. 3 KapMuG) findet entsprechend § 252 ZPO die sofortige Beschwerde nach § 567 ZPO zum OLG statt.[8] Sie ist jedoch nicht mehr zulässig, wenn das LG bereits durch Endurteil in der Sache entschieden hat, da die Zurückweisung damit nicht mehr korrigierbar ist.[9] Der Vorlagebeschluss des LG ist unanfechtbar und für das OLG bindend (§ 4 Abs. 1 Satz 2 KapMuG); letzteres gilt jedoch nicht im Falle der das Recht auf den gesetzlichen Richter verletzenden Willkür. Gegen den Musterentscheid des OLG ist allen Beteiligten, auch den Beigeladenen, die Rechtsbeschwerde nach § 574 ZPO zum BGH eröffnet; die Sache hat stets grundsätzliche Bedeutung (§ 15 Abs. 1 Satz 1, 2 KapMuG). Die Rechtsbeschwerde kann nicht darauf gestützt werden, dass die Vorlage zu Unrecht erfolgt ist (§ 15 Abs. 1 Satz 3 KapMuG); auch hier gilt anderes bei Willkür (vgl. § 75 Rn. 12). Der BGH hat gegebenenfalls einen Musterrechtsbeschwerdeführer zu bestimmen (§ 15 Abs. 4 KapMuG).

§ 119. [Zuständigkeit in Zivilsachen]

(1) **Die Oberlandesgerichte sind in bürgerlichen Rechtsstreitigkeiten ferner zuständig für die Verhandlung und Entscheidung über die Rechtsmittel:**
1. **der Berufung und der Beschwerde gegen Entscheidungen der Amtsgerichte**
    a) **in den von den Familiengerichten entschiedenen Sachen;**
    b) **in Streitigkeiten über Ansprüche, die von einer oder gegen eine Partei erhoben werden, die ihren allgemeinen Gerichtsstand im Zeitpunkt der Rechtshängigkeit in erster Instanz außerhalb des Geltungsbereiches dieses Gesetzes hatte;**
    c) **in denen das Amtsgericht ausländisches Recht angewendet und dies in den Entscheidungsgründen ausdrücklich festgestellt hat;**
2. **der Berufung und der Beschwerde gegen Entscheidungen der Landgerichte.**

(2) **§ 23 b Abs. 1 und 2 gilt entsprechend.**

(3) **¹Durch Landesgesetz kann bestimmt werden, dass die Oberlandesgerichte über Absatz 1 hinaus für alle Berufungen und Beschwerden gegen amtsgerichtliche Entscheidungen zuständig sind. ²Das Nähere regelt das Landesrecht; es kann von der Befugnis nach Satz 1 in beschränktem Umfang Gebrauch machen, insbesondere die Bestimmung auf die Entscheidungen einzelner Amtsgerichte oder bestimmter Sachen beschränken.**

(4) **Soweit eine Bestimmung nach Absatz 3 Satz 1 getroffen wird, hat das Landesgesetz zugleich Regelungen zu treffen, die eine Belehrung über das zuständige Rechtsmittelgericht in der angefochtenen Entscheidung sicherstellen.**

(5) **Bestimmungen nach Absatz 3 gelten nur für Berufungen und Beschwerden, die vor dem 1. Januar 2008 eingelegt werden.**

(6) **¹Die Bundesregierung unterrichtet den Deutschen Bundestag zum 1. Januar 2004 und zum 1. Januar 2006 über Erfahrungen und wissenschaftliche Erkenntnisse, welche die Länder, die von der Ermächtigung nach Absatz 3 Gebrauch ge-**

---

[6] Zu den Bedenken *Plaßmeier* NZG 2005, 609, 611 f.
[7] Zu den aufgeworfenen Fragen *Maier-Reimer/Wilsing* ZGR 2006, 79, 112 ff.; *Möllers/Weichert* NJW 2005, 2737, 2740; zum Verfahrensgang auch *Kranz* MDR 2005, 1021.
[8] *Maier-Reimer/Wilsing* ZGR 2006, 79, 89; OLG München ZIP 2007, 649 zieht § 3 EGZPO heran.
[9] OLG München OLGR 2007, 779; KG 15. 2. 2007 – 4 SCH 1/06 KapMuG –; *Zöler/Gummer/Heßler* vor § 511 ZPO Rn. 11.

§ 119 1, 2   8. Titel. Oberlandesgerichte

macht haben, gewonnen haben. ²Die Unterrichtung dient dem Zweck, dem Deutschen Bundestag die Prüfung und Entscheidung zu ermöglichen, welche bundeseinheitliche Gerichtsstruktur die insgesamt sachgerechteste ist, weil sie den Bedürfnissen und Anforderungen des Rechtsverkehrs am besten entspricht.

Übersicht

	Rn.		Rn.
I. Rechtsentwicklung der Berufung zum OLG	1	2. Berufungssumme	22
1. Grundkonzeption	1	3. Konzentration	23
2. Art. III 3. MietRÄndG	2	V. Beschwerde gegen Entscheidungen des LG (Abs. 1 Nr. 2)	24
3. Kindschaftssachen	3	VI. Entscheidungen des AG mit Auslandsberührung (Abs. 1 Nr. 1 b, c)	25
4. Familiensachen	4	1. Allgemeiner Gerichtsstand im Ausland	25
5. Angelegenheiten der freiw. Gerichtsbarkeit	5	2. Anwendung ausländischen Rechts	28
6. ZPO-RG	6	3. Einlegung beim unzuständigen Gericht	30
II. Berufung in Familiensachen (Abs. 1 Nr. 1 a)	7	VII. Senat für Familiensachen	32
1. Endurteil	7	1. Geltung von § 23 b	33
2. Familiensachen	8	2. Zuständigkeit	34
3. Urteil des FamG	9	3. Präsidiumszuständigkeit	35
III. Beschwerde in Familiensachen (Abs. 1 Nr. 1 a)	17	4. Konzentrationsermächtigung	36
		5. Zuständigkeitsstreit	37
IV. Berufung gegen Entscheidungen der LG (Abs. 1 Nr. 2)	21	6. Besetzung	38
1. Erstinstanzliche Urteile des LG	21	VIII. Weitere Zuständigkeiten	39
		IX. Experimentierklausel	40

Gesetzesfassung: § 119 neu gefasst durch Art. 1 Nr. 6 ZPO-RG vom 27. 7. 2001 (BGBl. I S. 1887); „ferner" in Abs. 1 eingefügt in der Folge von § 118 (s. dort Gesetzesfassung).

1   **I. Rechtsentwicklung der Berufung zum OLG. 1.** Nach der **ursprünglichen Konzeption** des GVG war das OLG in Zivilprozesssachen die Rechtsmittelinstanz ausschließlich gegen erstinstanzliche Entscheidungen des LG, während der Rechtsmittelzug gegen Entscheidungen des AG beim LG endete (vgl. § 72 Rn. 3). Im Verfahren der freiwilligen Gerichtsbarkeit war es Gericht der weiteren Beschwerde gegen die Beschwerdeentscheidungen des LG (§ 28 FGG).

2   **2.** Eine **erste Auflockerung** des überkommenen Rechtsmittelzugs brachte Art. III des Dritten Mietrechtsänderungsgesetzes (BGBl. 1967 I S. 1248). Über die Berufung gegen Entscheidungen des AG in **Mietsachen** entschied zwar weiterhin das LG; dessen Berufungskammer hatte aber vorab den Rechtsentscheid des OLG einzuholen, wenn es sich bei der Entscheidung einer Rechtsfrage, die sich aus den §§ 556 a bis 556 c BGB ergibt (sog. Sozialklausel), um eine Frage von grundsätzlicher Bedeutung handelte und diese durch Rechtsentscheid noch nicht entschieden war oder wenn die Kammer von einer Entscheidung des BGH oder eines OLG abweichen wollte. Das angerufene OLG hatte seinerseits die Rechtsfrage dem BGH zur Entscheidung vorzulegen, wenn es von einer Entscheidung des BGH oder eines OLG abweichen wollte.[1] – Die Sozialklausel, früher zentrale Vorschrift des Mieterschutzes, verlor durch spätere Änderungen des Mietrechts an praktischer Bedeutung. Andere Rechtsfragen, z. B. Kündigung wegen Eigenbedarfs, außergerichtliche Mieterhöhungsverlangen, Geltendmachung von Mietnebenkosten, traten in den Vordergrund; auch die MietRSpr insgesamt gestaltete sich uneinheitlich und war für den betroffenen Bürger kaum mehr zu übersehen.[2] Aus Gründen der Rechtssicherheit und der Gleichheit vor dem Gesetz hat der Gesetzgeber, um der Rechtszersplitterung entgegenzuwirken,[3] durch G zur Änderung des Dritten G zur Änderung mietrechtlicher Vorschriften vom 5. 6. 1980 (BGBl. I S. 657) den vom LG herbeizuführenden Rechtsentscheid über die Fragen der Sozialklausel hinaus erstreckt auf alle Rechtsfragen, die sich aus einem Mietvertragsverhältnis über Wohnraum ergeben oder den Bestand eines solchen Mietvertragsverhältnisses betreffen.[4]

---

[1] *Schmidt-Futterer* NJW 1968, 919; *Pergande* NJW 1968, 132; *Kissel* ZRP 1976, 10.
[2] BTagsDrucks. 8/3783 S. 5; vgl. *Köhler* NJW 1979, 2505.
[3] BTagsDrucks. 8/3357; 8/3783 S. 5; BTagsProt. 212. Sitzung 18. 4. 1980 S. 17009.
[4] Vgl. *Dänzer-Vanotti* NJW 1980, 1777.

3. Eine wesentliche Änderung der überkommenen Rechtsmittelzuständigkeit des OLG trat zum 1. 7. 1970 ein im Zusammenhang mit der **Reform des Nichtehelichenrechts** (BGBl. 1969 I S. 1243). Das OLG wurde Berufungsinstanz für die erstinstanzlichen Entscheidungen des AG in Kindschaftssachen (vgl. § 23 a Rn. 3). Maßgebend war die Überlegung, es werde der Bedeutung der Kindschaftssachen für Kind und Eltern nicht gerecht, hier das LG letztinstanzlich entscheiden zu lassen. Wenn es auch in der Mehrzahl der Fälle um Tatsachenfragen gehe, könnten sich jedoch in einzelnen Fällen schwierige Rechtsfragen ergeben; vor allem aber sei es geboten, in diesem Bereich eine einheitliche Rechtsprechung zu gewährleisten, was nur durch eine (wenn auch eingeschränkte) Revision an den BGH herbeigeführt werden könne.[5]

4. Im Zusammenhang mit der **Eherechtsreform 1977** (vgl. Einl. Rn. 102 und § 23 b Rn. 1 ff.) hat das 1. EheRG zum 1. 7. 1977 die Zuständigkeit des OLG wesentlich erweitert. Nunmehr ist das **OLG die einheitliche Rechtsmittelinstanz für alle Entscheidungen des AG in Familiensachen;** das entspricht der einheitlichen Zuständigkeit des AG (Familiengericht) für alle Familiensachen (vgl. § 23 b Rn. 1 ff.). Zwar war aus dem Katalog der Familiensachen des § 23 b Abs. 1 Satz 2 für die Ehesachen (Nr. 1) das OLG schon zuvor Berufungsgericht wegen der seinerzeitigen erstinstanzlichen Zuständigkeit des LG; das Gleiche gilt für die Streitigkeiten aus dem ehelichen Güterrecht (Nr. 9), soweit diese die Zuständigkeitsgrenze des AG überschritten (§ 23 Nr. 1). Demgegenüber war für die Streitigkeiten aus dem ehelichen Güterrecht mit einem geringeren Streitwert und für die gesamten Unterhaltsstreitigkeiten (Nr. 5, 6) wegen der erstinstanzlichen Zuständigkeit des AG keine Rechtsmittelzuständigkeit des OLG gegeben, der Rechtszug endete beim LG. Das KindRG 1997 hat dazu die erstinstanzliche Zuständigkeit des FamG erheblich erweitert (vgl. § 23 b Rn. 3), auch um Verfahren, die bis dahin dem FGG folgten. Auch wurden die Kindschaftssachen zu FamS erklärt (vgl. § 23 b Rn. 3); an der bisherigen Berufungszuständigkeit des OLG sollte sich jedoch nichts ändern.[6] Da die Kindschaftssachen jetzt auch FamS sind, brauchten sie nicht mehr ausdrücklich im Gesetzestext aufgeführt zu werden.

5. Das GVG enthielt zunächst auch keine Vorschriften über die Zuständigkeit für Angelegenheiten der **freiwilligen Gerichtsbarkeit.** Dies hat sich mit dem 1. EheRG durch die Aufzählung auch solcher Angelegenheiten in § 23 b für das AG geändert (§ 23 b Rn. 9, 92), durch den Begriff „Familiensachen" im § 119 auch für das OLG. Damit wurde einmal die Beschwerdezuständigkeit für die zu den Familiensachen gehörenden Angelegenheiten der freiwilligen Gerichtsbarkeit im GVG geregelt, zum anderen der Beschwerderechtszug geändert. In den Familiensachen, die als Angelegenheit der freiwilligen Gerichtsbarkeit ausgestaltet sind, war das OLG nach § 28 FGG bis dahin nur zuständig für die weitere Beschwerde (Rechtsbeschwerde) gegen Beschwerdeentscheidungen des LG. Jetzt ist es (erste) Beschwerdeinstanz, so dass es die erstinstanzliche Entscheidung in vollem Umfange, nicht nur als Rechtsbeschwerde, zu überprüfen hat (§ 621 a ZPO, § 64 FGG).

6. Der Entwurf eines Gesetzes zur **Reform des Zivilprozesses**[7] verfolgte zunächst eine grundlegende Umgestaltung des Rechtsmittelzugs. Er sah eine Aufhebung von § 72 und eine Neufassung von § 119 Abs. 1 mit dem Ziele vor, in bürgerlichen Rechtsstreitigkeiten die Zuständigkeit des OLG für alle Berufungen und Beschwerden gegen Entscheidungen des AG und des LG zu begründen.[8] Das Vorhaben, das letztlich die Überlegungen zum dreistufigen Gerichtsaufbau wiederaufnahm (Einl. Rn. 126 ff.), stieß im Gesetzgebungsverfahren auf Widerstand[9] (Einl. Rn. 129); das ZPO-RG vom 27. 7. 2001 ließ den Beschlüssen des Rechtsausschusses folgend § 72 unberührt und erweiterte die Rechtsmittelzuständigkeit des OLG lediglich für amtsgerichtliche Streitigkeiten mit **Auslandsberührung** (§ 119 Abs. 1 Nr. 1 b und c; Rn. 25). Begründet wird diese Erweiterung mit dem Bedürfnis nach Rechtssicherheit und Rechtseinheitlichkeit,[10] was freilich angesichts der in §§ 542 ff. ZPO n. F. eröffneten Revision auch gegen Berufungsurteile des LG nicht verfängt.[11] Ein politischer Kompromiss war auch die in § 119 Abs. 3–6 enthaltene

---
[5] BTagsDrucks. V/3719 S. 30.
[6] BTagsDrucks. 13/4899 S. 72.
[7] BTagsDrucks. 14/4722.
[8] AaO. S. 64, 72.
[9] Vgl. BTagsDrucks. 14/4722 S. 154 f.
[10] BTagsDrucks. 14/6036 S. 118 f.
[11] *MünchKommZPO/Wolf* [Erg.-Bd.] Rn. 2.

§ 119 7–10   8. Titel. Oberlandesgerichte

Experimentierklausel[12] (Rn. 40), die bedeutungslos geblieben ist. Im Übrigen brachte die sprachliche Neufassung keine inhaltlichen Veränderungen.

7   **II. Berufung in Familiensachen (Abs. 1 Nr. 1 a). 1.** Wie in § 119 Abs. 1 Nr. 1 a. F. noch ausdrücklich erwähnt, muss ein **Endurteil** (§ 300 ZPO) vorliegen, Zwischenurteile sind grundsätzlich nicht berufungsfähig (vgl. § 72 Rn. 6). Im Übrigen richtet sich die Zulässigkeit der Berufung nach §§ 511 ff. ZPO. Das Urteil muss eine von einem FamG entschiedene Sache sein (Rn. 9).

8   2. Das OLG ist Berufungsinstanz für **alle Urteile des FamG** (Abs. 1 Nr. 1 a); dessen Zuständigkeit ist in § 23 b Abs. 1 Satz 2 abschließend geregelt (vgl. § 23 b Rn. 36). Im Entscheidungsverbund (§§ 623, 629 ZPO) ist allerdings § 629 a Abs. 2 ZPO zu beachten: wird das Urteil nur angefochten, soweit über eine Folgesache der freiwilligen Gerichtsbarkeit entschieden ist, tritt an die Stelle der Berufung die Beschwerde nach § 621 e ZPO.

9   3. Es kommt für die Berufungszuständigkeit des OLG in FamS nicht darauf an, ob eine FamS (§ 23 b Abs. 1 Satz 2) wirklich vorliegt; entscheidend ist allein, dass das **FamG das Endurteil** erlassen hat ohne Rücksicht auf die wahre Rechtsnatur der zugrunde liegenden Streitigkeit. Mit dieser Gesetzesfassung „in den von den Familiengerichten entschiedenen Sachen", eingefügt durch das UÄndG im Jahre 1986, ist die bis dahin streitige Frage, ob es auf die wahre Rechtsnatur der zugrunde liegenden Streitsache (materielle Anknüpfung) oder auf die Entscheidung eben durch das FamG **(formelle Anknüpfung)** ankomme, im letzteren Sinne entschieden.[13] Immer dann, wenn das FamG (§ 23 b Rn. 7) entschieden hat, ist das OLG Berufungsinstanz, ohne Rücksicht darauf, ob es sich um eine FamS handelt oder nicht.[14] Zweck der formellen Anknüpfung ist es, für die Betroffenen mehr Rechtssicherheit zu erreichen und ihnen die Frage, zu welchem Rechtsmittelgericht sie ihr Rechtsmittel einlegen müssen, mittels rein formaler Kriterien zu erleichtern.[15] Damit soll vermieden werden, dass eine Partei in Unsicherheit über die materielle Einordnung einer Rechtssache ihr Rechtsmittel beim unzuständigen Gericht einlegt.[16] Entsprechendes gilt für die Frage, welcher Senat des OLG zuständig ist. Aus der Verweisung des § 119 Abs. 2 auf § 23 b folgt die notwendige Existenz eines FamSenats (Rn. 33), der entsprechend der formellen Anknüpfung zuständig ist.[17]

10 Der Streit, wie der FamSenat zu verfahren hat, wenn die Entscheidung des FamG **keine FamS** betrifft,[18] ist durch § 513 Abs. 2 ZPO in der Fassung des ZPO-RG überholt. Die Vorschrift, nach der das Berufungsgericht die Zuständigkeit des Gerichts des ersten Rechtszugs selbst auf Rüge hin nicht mehr zu überprüfen hat, gilt, wie aus der Streichung der Sonderregelung für FamS in § 529 Abs. 3 ZPO a. F. zu folgern ist, auch für die Frage, ob eine FamS vorliegt.[19] Damit bestimmt der Grundsatz der formellen Anknüpfung (Rn. 9) endgültig auch die Entscheidungszuständigkeit im Verhältnis von FamSenat und Zivilsenat.[20] Hat das AG die Sache als FamS behandelt, bleibt der FamSenat daran gebunden, die Abgabe an den Zivilsenat scheidet aus. Da § 513 Abs. 2 ZPO auch die Zurückverweisung der Sache an die allgemeine Abteilung des AG als zuständiges erstinstanzliches Gericht hindert, muss der FamSenat nach Maßgabe von § 538 ZPO in der Sache entschei-

---

[12] *MünchKommZPO/Wolf [Erg.-Bd.]* Rn. 3; hierzu BTagsDrucks. 14/6036 S. 119.
[13] BTagsDrucks. 10/2888; *Jaeger* FamRZ 1985, 865.
[14] BGH NJW-RR 1988, 1260 m. abl. Anm. *Jauernig* FamRZ 1988, 1260; stRSpr, vgl. BGH NJW-RR 1995, 379; 380; OLG Nürnberg MDR 2004, 1186.
[15] BTagsDrucks. 10/2888 S. 13, 14.
[16] BGH NJW-RR 1993, 1282.
[17] BGH FamRZ 1989, 166.
[18] Vgl. 3. Aufl. Rn. 10 ff.
[19] *BL/Hartmann* § 513 ZPO Rn. 4; *MünchKommZPO/Rimmelspacher [Erg.-Bd.]* § 513 ZPO Rn. 16; *Zöller/Gummer* § 513 ZPO Rn. 7.
[20] *Bergerfurth* FamRZ 2001, 1493, 1494.

den. Seine Bindung erstreckt sich aber nur auf die Zuständigkeitsfrage, zu verfahren hat er nicht nach den besonderen Vorschriften für FamS, sondern nach allgemeinem Prozessrecht. Wegen Verstoßes gegen den gesetzlichen Richter kommt eine Zurückverweisung an die allgemeine Abteilung des AG aber dann in Betracht, wenn das FamG seine Zuständigkeit willkürlich angenommen hat; die Voraussetzungen von § 538 Abs. 2 Nr. 1 ZPO brauchen dafür nicht vorzuliegen.[21] Wird erstmals in der Rechtsmittelinstanz beim OLG ein nicht in die Zuständigkeit der FamG fallender Anspruch geltend gemacht und die Berufung im Übrigen zurückgenommen, so ist der Rechtsstreit ebenfalls unter Aufrechterhaltung der bisherigen Entscheidung auf Antrag an das zuständige erstinstanzliche Gericht zu verweisen.[22]

11 Hat die **allgemeine Abteilung** des AG in einer **FamS** entschieden, ist umgekehrt nach der formellen Anknüpfung das LG die Berufungsinstanz, auch z. B. hinsichtlich der Einlegung.[23] Das Vorliegen einer FamS kann das Berufungsgericht nicht mehr prüfen (§ 513 Abs. 2 ZPO). Eine Zurückverweisung an das FamG scheidet, wenn nicht Willkür vorliegt, aus; das LG verfährt nach den für FamS geltenden Vorschriften. Ist formell unklar, ob das AG als FamG oder als allgemeine Abteilung entschieden hat, dann kann nach dem allgemeinen Prinzip der **Meistbegünstigung** (Einl. Rn. 210) die Berufung entweder beim LG oder beim OLG eingelegt werden;[24] bei Vorliegen einer FamS hat das LG entsprechend § 281 ZPO an das OLG zu verweisen, bei Nichtvorliegen das OLG an das LG. An diesen Grundsätzen ändert § 513 Abs. 2 ZPO nichts.

12 Hat das **LG** in einer **FamS** fälschlicherweise als erste Instanz entschieden, ist entsprechend der Zivilsenat für die Berufung zuständig, er verfährt nach den für FamS geltenden Vorschriften.

13 Bei der Berufung in Familiensachen ist der **Entscheidungsverbund** (§§ 623, 629 ZPO) zu berücksichtigen. Enthält das Urteil gemäß § 629 ZPO sowohl den Ausspruch der Ehescheidung als auch Entscheidungen über Folgesachen, so kann das Urteil insgesamt, aber auch nur hinsichtlich der Entscheidung über einzelne Folgesachen angefochten werden. Dabei ist zu beachten, dass vor der Rechtskraft des Scheidungsausspruchs auch die Entscheidungen über die Folgesachen nicht wirksam werden (§ 629d ZPO), während umgekehrt mit Rücksicht auf die Möglichkeit der Anschlussberufung der Scheidungsausspruch nicht rechtskräftig werden kann, solange noch das Rechtsmittel über eine Folgesache anhängig ist.[25]

14 Gegen die Berufungsurteile des OLG in FamS ist die Revision zum BGH zulässig, wenn das OLG sie im Urteil zugelassen hat (§ 543 Abs. 1 Nr. 1 ZPO). Das Revisionsgericht ist an die Zulassung gebunden (§ 543 Abs. 2 Satz 2 ZPO). Die Zulassung der Revision durch den BGH (§§ 543 Abs. 1 Nr. 2, 544 ZPO) ist nach § 26 Nr. 9 EGZPO erst bei Berufungsurteilen möglich, die ab dem 1. 1. 2010 verkündet oder bekannt gemacht werden.

15 Im Entscheidungsverbund (vgl. § 629a Abs. 2 Satz 3 ZPO) ist nach § 629a Abs. 1 ZPO die Revision gegen das Berufungsurteil nicht statthaft, soweit über Folgesachen der in § 621 Abs. 1 Nr. 7 oder 9 ZPO bezeichneten Art entschieden ist, also bei Regelungen nach der HausratsVO oder bei Entscheidungen nach §§ 1382, 1383 BGB. Dies gilt auch dann, wenn das Urteil die Berufung als unzulässig verworfen hat.[26]

16 Bei Anfechtung des Berufungsurteils nur hinsichtlich einer Folgesache der freiwilligen Gerichtsbarkeit gilt § 629a Abs. 2 ZPO: an die Stelle der Revision tritt

---

[21] Zöller/Gummer Rn. 6.
[22] OLG Köln FamRZ 1990, 644.
[23] BGH NJW 1991, 231; FamRZ 1992, 665; MünchKommZPO/Wolf Rn. 5.
[24] StRSpr, vgl. BGH NJW-RR 1995, 379.
[25] BGH NJW 1980, 702; KG NJW 1980, 843; OLG Celle FamRZ 1980, 70; 176; Heintzmann FamRZ 1980, 112.
[26] BGH NJW 1980, 402; FamRZ 1980, 670.

entsprechend § 621e Abs. 2 ZPO die Rechtsbeschwerde. Sie ist nur statthaft in den in § 621e Abs. 2 ZPO genannten Familiensachen, also nicht gegen Entscheidungen nach der HausratsVO und nach §§ 1382, 1383 BGB (§ 621 Abs. 1 Nr. 7 oder 9 ZPO). Zulässig ist sie darüber hinaus nur, wenn sie entsprechend §§ 543, 544 ZPO zugelassen wurde; für die Zulassung durch den BGH gilt auch hier § 26 Nr. 9 EGZPO (Rn. 14). Keiner Zulassung bedarf eine statthafte Rechtsbeschwerde, wenn das OLG das Rechtsmittel als unzulässig verworfen hat (§§ 621e Abs. 3 Satz 2, 522 Abs. 1 Satz 4 ZPO).

17 **III. Beschwerde in Familiensachen (Abs. 1 Nr. 1a).** Beschwerde gegen eine Entscheidung des FamG ist in den Zivilsachen (§ 23b Rn. 8) die **sofortige Beschwerde** nach Maßgabe von § 567 ZPO. Diese ist auch in den FamS der freiwilligen Gerichtsbarkeit (§ 23b Rn. 8) gegeben, wenn das Gesetz es ausdrücklich bestimmt (vgl. § 620c ZPO). Gegen die Endentscheidungen in den FamS der freiwilligen Gerichtsbarkeit findet nach §§ 621e Abs. 1, Abs. 3 Satz 2, 517 ZPO die **befristete Beschwerde** statt, die in den Fällen des § 629a Abs. 2 Satz 1 ZPO auch gegen das Urteil einzulegen ist (Rn. 8). Eine Beschränkung ergibt sich aus § 14 HausratsVO. Liegt keine Endentscheidung vor, verbleibt es bei der **Beschwerde** nach §§ 19, 64 Abs. 3 FGG.[27] Die **sofortige Beschwerde** nach § 22 FGG ist gegeben in den Fällen des § 20a Abs. 2 FGG. Für die FamS nach § 23b Abs. 1 Satz 2 Nr. 11 ist auf die besonderen Regelungen in §§ 24ff., 40 IntFamRVG (BGBl. 2005 I S. 162) hinzuweisen.

18 Der Beschwerderechtszug geht in allen Beschlüssen, die das FamG erlassen hat, zum OLG ohne Rücksicht darauf, ob es sich um eine FamS handelt[28] (vgl. Rn. 8ff.). Die in § 571 Abs. 2 Satz 2 ZPO für die sofortige und in § 621e Abs. 4 Satz 1 ZPO für die fristgebundene Beschwerde getroffenen, dem § 513 Abs. 2 ZPO entsprechenden Regelungen haben zur Folge, dass die formelle Anknüpfung auch hier über die endgültige Entscheidungszuständigkeit im Verhältnis von Fam-Senat und Zivilsenat bestimmt (vgl. Rn. 10). Hat der Zivilrichter anstelle des zuständigen Gerichts der freiwilligen Gerichtsbarkeit entschieden oder umgekehrt, gilt § 17a Abs. 5 (vgl. § 17 Rn. 47, 55).

19 In die Zuständigkeit des OLG fallen auch die Beschwerden gegen (Neben-) Entscheidungen des AG, die die Hauptentscheidung vorbereiten oder ergänzen; das gilt z.B. für Beschwerden in Kostensachen,[29] für die Beschwerde des Dolmetschers gegen die Festsetzung seiner Entschädigung[30] und für die Gebührenfestsetzung nach § 11 RVG.[31] Auch im Rahmen der kombinierten Entscheidung nach § 643 ZPO gilt die Zuständigkeit des OLG für Beschwerden gegen einen Beschluss des AG, auch wenn sie sich gegen eine Entscheidung im Zusammenhang mit dem Regelunterhalt richtet.[32] Über eine Beschwerde nach § 4 Abs. 4 JVEG entscheidet aber auch in FamS das LG.[33]

20 **Rechtsbeschwerde** zum BGH (§ 133) ist gegen eine Beschwerdeentscheidung des OLG in Zivilsachen zulässig unter den Voraussetzungen von § 574 ZPO. Betrifft die Beschwerdeentscheidung des OLG eine Endentscheidung in einer FamS der freiwilligen Gerichtsbarkeit, gilt § 621e Abs. 2 ZPO: die Rechtsbeschwerde ist nicht statthaft in den FamS des § 621 Abs. 1 Nr. 7, 9 und 11 ZPO (Regelungen nach der HausratsVO, Verfahren nach §§ 1382, 1383 BGB, Maßnahmen nach dem

---

[27] *BL/Hartmann* § 621a ZPO Rn. 7; *Zöller/Philippi* § 621a ZPO Rn. 27 m.w.N.
[28] OLG Stuttgart NJW 2003, 3643.
[29] V.M., vgl. BGH NJW 1978, 1633; OLG München NJW 1971, 1321; FamRZ 1977, 824; OLG Hamm FamRZ 1972, 150; OLG Stuttgart Justiz 1974, 182; OLG Düsseldorf FamRZ 1977, 725; OLG Koblenz JurBüro 1978, 549.
[30] OLG Koblenz NJW 1974, 2055; OLG Düsseldorf FamRZ 1977, 725.
[31] Vgl. KG MDR 1978, 766.
[32] OLG Celle MDR 1971, 137.
[33] OLG Celle OLGR 2005, 660; OLG Frankfurt OLGR 2006, 896.

GewaltschutzG), und zwar auch dann nicht, wenn das OLG die Beschwerde als unzulässig verworfen hat.[34] Ist die Rechtsbeschwerde hiernach statthaft, bedarf sie keiner Zulassung, wenn das OLG die Beschwerde als unzulässig verworfen hat (§§ 621e Abs. 3 Satz 2, 522 Abs. 1 Satz 4 ZPO). Im Übrigen muss sie nach §§ 621e Abs. 2, 543 Abs. 2, 544 ZPO zugelassen sein. Für die Zulassung durch den BGH gilt § 26 Nr. 9 EGZPO. – Soweit die Bestimmungen des FGG nicht durch § 621e ZPO verdrängt werden (Rn. 17), ist gegen eine Beschwerdeentscheidung des OLG kein Rechtsmittel statthaft. §§ 27–30 FGG sind nicht anwendbar, da § 621a Abs. 1 Satz 1 ZPO den Vorschriften des GVG Vorrang einräumt. Für eine „weitere Beschwerde" gegen die dem OLG zugewiesene Beschwerdeentscheidung sieht § 133 aber keine Instanz vor.[35] Auch § 8 des Sorgerechtsübereinkommens-AusfG schließt eine weitere Beschwerde aus. Für die FamS nach § 23b Abs. 1 Satz 2 Nr. 11 ist auf die besonderen Regelungen in §§ 24ff., 40 IntFamRVG (BGBl. 2005 I S. 162) hinzuweisen.

IV. Berufung gegen Entscheidungen der LG (Abs. 1 Nr. 2). 1. In Frage 21 kommen nur erstinstanzliche Urteile des LG (§ 511 ZPO); zum Begriff **Endurteil** § 72 Rn. 6. Die Berufungsurteile des LG sind nach § 542 ZPO in der Fassung des ZPO-RG vom 27. 7. 2001 nunmehr, ausgenommen die Fälle des Abs. 2, mit der Zulassungsrevision anfechtbar, über die nach § 133 der BGH entscheidet. Für die Nichtzulassungsbeschwerde gilt § 26 Nr. 8 EGZPO.

2. Die Berufung ist **zulässig,** wenn der Wert des Beschwerdegegenstandes (Berufungssumme) 600 Euro übersteigt oder wenn das Gericht des ersten Rechtszugs die Berufung zugelassen hat (§ 511 ZPO, vgl. § 72 Rn. 8ff.). 22

3. Bei einer **Konzentration auf der Ebene der LG,** z.B. nach § 89 GWB, ist 23 als Berufungsgericht allein das OLG zuständig, das dem LG der Konzentration allgemein übergeordnet ist, auch wenn zu Unrecht eine Kartellsache angenommen wurde oder im Falle des § 143 Abs. 2 PatG eine Patentstreitsache.[36] Ob bei einer **Konzentration auf der Ebene des OLG** für ein Rechtsmittel das allgemeine OLG zuständig ist oder das OLG, bei dem die Streitsachen konzentriert sind, richtet sich grundsätzlich nach der Art des streitigen Rechtsverhältnisses. Hat jedoch ein Spezialspruchkörper in erster Instanz ausdrücklich in dieser Funktion entschieden hat, muss jedenfalls für die Fristwahrung das OLG, das für das Rechtsmittel gegen Sachen dieses Spezialspruchkörpers zuständig ist, stets als zuständig angesehen werden[37] und umgekehrt. Hat der Spezialspruchkörper nicht ausdrücklich als Spezialspruchkörper entschieden, dann kann das Rechtsmittel auch beim allgemein zuständigen OLG eingelegt werden.[38] Wenn das erstinstanzliche Gericht über ein einheitliches Klagebegehren sowohl unter rechtlichen Gesichtspunkten entschieden hat, die seine Spezialzuständigkeit begründen, als auch unter solchen, die zur allgemeinen Zuständigkeit gehören, dann ist das Rechtsmittel bei dem OLG des Spezialsenats einzulegen, der dann auch über die allgemeinen Fragen zu entscheiden hat. Ist das einzuhaltende Verfahren nur mit einer erheblichen Unsicherheit zu erkennen und kann dem Rechtsuchenden deshalb ein Irrtum nicht angelastet werden, ist jedoch auch eine Einlegung des Rechtsmittels beim allgemein zuständigen Gericht fristwahrend. Dies gilt etwa bei der Konzentration nach § 93 GWB mit Rücksicht auf die Unsicherheit, ob das LG als Kartellgericht entschieden hat oder entscheiden musste; es ist jedoch gegebenenfalls an das Kartell-OLG nach § 281 ZPO zu verweisen.[39] Eine solche Unsicherheit hat der BGH jedoch verneint bei

---

[34] BGH NJW 1980, 402; FamRZ 1980, 670.
[35] Zöller/Philippi § 621a ZPO Rn. 42.
[36] BGHZ 72, 1 = NJW 1978, 2245.
[37] OLG Celle MDR 1977, 939; OLG München MDR 1982, 62.
[38] BGHZ 49, 33, 37 = NJW 1968, 351.
[39] BGHZ 49, 33 = NJW 1968, 351; Z 71, 367 = NJW 1978, 2096.

einer Konzentration der Schifffahrtsobergerichte, da in Schifffahrtssachen nach der eindeutigen Regel des § 11 BSchiffVerfG nur das Schifffahrtsobergericht und nicht das allgemeine OLG zuständig sei.[40]

24 V. Beschwerde gegen Entscheidungen des LG (Abs. 1 Nr. 2). Nach der grundlegenden Umgestaltung der Rechtsmittelzüge durch das ZPO-RG vom 27. 7. 2001 ergibt sich eine Zuständigkeit des OLG als Beschwerdeinstanz in zivilprozessualen Rechtsstreitigkeiten nur noch hinsichtlich der **sofortigen Beschwerde** gegen Entscheidungen des LG im ersten Rechtszug (§§ 567 ff. ZPO). Soweit §§ 574 ff. ZPO gegen Beschwerdeentscheidungen des LG das weitere Rechtsmittel der Rechtsbeschwerde eröffnen, entscheidet nach § 133 der BGH.[41] Zulässig ist die sofortige Beschwerde nur, wenn dies im Gesetz ausdrücklich bestimmt ist oder wenn es sich um eine Entscheidung handelt, die eine mündliche Verhandlung nicht erforderte und durch die ein das Verfahren betreffendes Gesuch zurückgewiesen wurde (§ 567 Abs. 1 ZPO). Zur Beschwerde gegen Entscheidungen über Kosten, Gebühren und Auslagen vgl. § 567 Abs. 2 ZPO. Diese Einschränkung war ursprünglich nicht im Gesetz enthalten (vgl. § 72 Rn. 11). Zu den Bedenken gegen eine Abhängigkeit der Zulässigkeit eines Rechtsmittels vom Erreichen eines bestimmten Wertes § 72 Rn. 9. Für Angelegenheiten der freiwilligen Gerichtsbarkeit ergibt sich der Beschwerderechtszug aus §§ 19, 28 ff. FGG.

25 VI. Entscheidungen des AG mit Auslandsberührung (Abs. 1 Nr. 1 b, c). 1. In Ausnahme von §§ 72, 119 Abs. 1 Nr. 2 ist das OLG auch in zivilprozessualen Rechtsstreitigkeiten zuständig für die Verhandlung und Entscheidung über die Rechtsmittel der Berufung und der Beschwerde gegen amtsgerichtliche Entscheidungen, wenn eine Partei im Zeitpunkt der Rechtshängigkeit in erster Instanz ihren **allgemeinen Gerichtsstand im Ausland** hatte (§ 119 Abs. 1 Nr. 1 b; zum Gesetzeszweck Rn. 6). Für solche Fälle geht das Gesetz von einem zumindest potenziellen international-privatrechtlichen Bezug aus, weil sich das Gericht regelmäßig veranlasst sehen muss, anhand der Bestimmungen des internationalen Privatrechts über das einschlägige materielle Recht zu befinden; ob ein Rechtssatz des internationalen Privatrechts oder eine Bestimmung des ausländischen Rechts im konkreten Fall entscheidungserheblich ist, bleibt dem gegenüber unerheblich.[42] Einschlägig ist die Vorschrift auch im selbständigen Beweisverfahren[43] und im Verfahren der einstweiligen Verfügung.[44] Im **Vollstreckungsverfahren** fehlt aber wegen der Geltung der lex fori von vornherein jeder Auslandsbezug, so dass Nr. 1 b hier nicht anzuwenden ist.[45] In Streitigkeiten nach dem **WEG** n. F. gilt die Vorschrift nicht (§ 72 Abs. 2 Satz 2). Aber auch auf Streitigkeiten nach dem WEG a. F. ist sie nicht anzuwenden,[46] ebenso wenig in sonstigen Angelegenheiten der **freiwilligen Gerichtsbarkeit**[47] und in **Insolvenzsachen.**[48] – Zu korrigieren ist die etwas nachlässige Gesetzesformulierung dahin, dass es auf den allgemeinen Gerichtsstand der Partei zum Zeitpunkt des **Eintritts der Rechtshängigkeit** der

---

[40] MDR 1979, 475.
[41] Zur Richterablehnung OLG Stuttgart NJW-RR 2003, 494.
[42] BGH NJW 2003, 1672; 3278; NJW-RR 2004, 1073; 23. 3. 2004 – VIII ZB 111/03 –; OLG Köln OLGR 2004, 274; OLG Frankfurt OLGR 2005, 605; *MünchKommZPO/Wolf [Erg.-Bd.]* Rn. 4; *Zöller/Gummer* Rn. 15; BTags Drucks. 14/6036 S. 119.
[43] OLG Köln OLGR 2004, 316.
[44] OLG Frankfurt OLGR 2005, 605.
[45] BGH NJW-RR 2007, 547; 19. 3. 2004 – IXa ZB 23/03 –; OLG Stuttgart MDR 2005, 1253; im Ergebnis ebenso OLG Oldenburg OLGR 2003, 374; NJW-RR 2004, 499; a. A. OLG Köln OLGR 2004, 293; OLG Frankfurt DGVZ 2004, 92 m. zust. Anm. *Abramenko*; OLG Braunschweig Rpfleger 2005, 150; *Greiner* NZM 2006, 329.
[46] Für Beschlussanfechtungen OLG Düsseldorf NJW 2006, 1143; MDR 2007, 331; für Abwehransprüche NZM 2006, 826; für Entschädigungsansprüche OLG München OLGR 2007, 829.
[47] OLG Stuttgart NJW 2006, 1144; a. A. *Greiner* NZM 2006, 329.
[48] OLG Köln ZIP 2007, 2097.

Klage oder des Antrags nach §§ 253 Abs. 1, 263 Abs. 1 ZPO ankommt; Veränderungen nach diesem Stichtag, etwa eine nachträgliche Wohnsitzverlegung ins Ausland, wirken sich auf den Rechtsmittelzug nicht mehr aus.[49] Ob diese formal-abstrakte Anknüpfung den Gesetzeszweck verwirklichen kann, ist zu bezweifeln.[50] Der Grundsatz der Rechtsmittelklarheit wird andererseits keine andere Lösung zulassen.[51]

Wo der **allgemeine Gerichtsstand** der Partei liegt, ist allein nach den Grundsätzen der §§ 12 ff. ZPO und des EuGVVO[52] zu ermitteln, auf den sich nach ausländischem Recht ergebenden allgemeinen Gerichtsstand kommt es nicht an.[53] § 119 Abs. 1 Nr. 1 b ist nicht einschlägig, wenn neben einem inländischen auch ein ausländischer allgemeiner Gerichtsstand besteht[54] oder wenn wegen Exterritorialität im Ausland der inländische Wohnsitz nach § 15 ZPO fortbesteht.[55] Ein im Inland gelegener besonderer Gerichtsstand bleibt außer Betracht,[56] und zwar auch dann, wenn er wie der des § 29a ZPO ausschließlich ist.[57] Bei inländischen Niederlassungen ausländischer Unternehmen entscheidet, ob diese gemäß § 17 ZPO juristische Personen mit Sitz im Inland sind.[58] Der Gerichtsstand ist im Freibeweis zu klären.[59] Der Berufungsführer hat die Darlegungs- und Beweislast für die funktionelle Zuständigkeit des angerufenen Berufungsgerichts.[60] Auf die Wohnung im Sinne der Zustellungsvorschriften kommt es nicht an.[61] Ein in erster Instanz unangegriffen gebliebener inländischer bzw. ausländischer Gerichtsstand einer Partei ist ungeprüft auch für das Berufungsverfahren zugrunde zu legen und der Nachprüfung durch das Rechtsmittelgericht entzogen.[62] Die Zulassung neuen Vortrags hierzu widerspräche dem Postulat der Rechtsmittelklarheit.[63] Dies gilt auch dann, wenn der Rechtsmittelführer selbst einen anderen Gerichtsstand vorträgt.[64]

§ 119 Abs. 1 Nr. 1 b gilt bei ausländischem allgemeinem Gerichtsstand nur des Klägers (Antragstellers), nur des Beklagten (Antragsgegners) oder auch beider Parteien. Bei der **Streitgenossenschaft** (§§ 59 ff. ZPO) genügt es, wenn einem der Streitgenossen der allgemeine Gerichtsstand im Inland fehlt; eine Prozesstrennung in der Berufung findet nicht statt.[65] Scheidet dieser eine Streitgenosse nach Ablauf der Rechtsmittelfrist aus dem Verfahren aus, verbleibt es bei der Zuständigkeit des OLG.[66] Wird die Entscheidung, soweit sie ihn betrifft, nicht angefochten, ist dage-

---

[49] BGHZ 155, 46 = NJW 2003, 2686; BGH NJW 2003, 1672; 2006, 2782; NJW-RR 2004, 1073; 1505; *BL/Hartmann* Rn. 9; *Thomas/Putzo/Hüßtege* Rn. 9; *Zöller/Gummer* Rn. 14; *Heidemann* NJW 2002, 494.
[50] *Zöller/Gummer* Rn. 13, 15; insgesamt krit. *Brand/Karpenstein* NJW 2005, 1319, 1320; *von Hein* IPRax 2004, 90.
[51] Vgl. BGH MDR 2007, 1212.
[52] BGH ZIP 2007, 1626.
[53] OLG Köln OLGR 2004, 274; *BL/Hartmann* Rn. 9; *Zöller/Gummer* Rn. 14.
[54] BGH ZIP 2007, 1626; a. A. *MünchKommZPO/Wolf* [Erg.-Bd.] Rn. 5; *von Hein* IPRax 2004, 418; ZZP 116, 335, 350.
[55] BGH NJW 2006, 1810.
[56] *Hartmann* NJW 2001, 2577, 2588.
[57] BGH NJW 2003, 3278; *Heidemann* NJW 2002, 494.
[58] BGH NJW 2003, 1672; OLG Köln OLGR 2004, 274; OLG Celle NJW-RR 2004, 1411; OLG Frankfurt 25. 9. 2003 – 1 U 209/03 –; *Zöller/Gummer* Rn. 15.
[59] *MünchKommZPO/Wolf* [Erg.-Bd.] Rn. 5; OLG Karlsruhe OLGR 2003, 520.
[60] BGH NJW 2006, 1808; 19. 9. 2006 – X ZB 31/05 –.
[61] OLG Köln NJW-RR 2003, 864.
[62] BGH NJW 2006, 1808; 2782; NJW-RR 2004, 1073; 1505; 6. 12. 2005 – VIII ZB 48/05 –.
[63] BGH 15. 2. 2005 – XI ZR 172/04 –.
[64] BGH 10. 7. 2007 – VIII ZB 73/06 –.
[65] BGHZ 155, 46 = NJW 2003, 2686, BGH NJW 2003, 3278; 2006, 3715; OLG Köln NJW-RR 2003, 283; OLG Hamm NJW 2005, 3649; *BL/Hartmann* Rn. 9; *Zöller/Gummer* Rn. 14; für die einfache Streitgenossenschaft a. A. *MünchKommZPO/Wolf* [Erg.-Bd.] Rn. 6; vgl. auch *Heidemann* NJW 2002, 494.
[66] BGH aaO.; OLG Köln aaO.

gen nach dem Gesetzeszweck das LG zuständig. Eine **Widerklage** wirkt sich auf die Rechtsmittelzuständigkeit nicht aus.[67]

28 2. In weiterer Ausnahme von §§ 72, 119 Abs. 1 Nr. 2 ist das OLG auch zuständig für die Verhandlung und Entscheidung über die Rechtsmittel der Berufung und der Beschwerde gegen amtsgerichtliche Entscheidungen, wenn das AG **ausländisches Recht angewendet** und dies in den Entscheidungsgründen ausdrücklich festgestellt hat (§ 119 Abs. 1 Nr. 1c; zum Gesetzeszweck Rn. 6). Die Vorschrift ist eng gefasst und restriktiv auszulegen.[68] Ausländisches Recht ist das von einem fremden Staat gesetzte, weshalb die Anwendung des europäischen Gemeinschaftsrechts, des Völkerrechts oder des sonstigen internationalen Rechts keine Berufungs- oder Beschwerdezuständigkeit des OLG begründet.[69] Ebenso wenig ist der Fall erfasst, dass das AG ausländisches Recht nicht angewandt hat, aber hätte anwenden müssen, es genügt auch nicht, dass nach der Begründung der Entscheidung möglicherweise ausländisches Recht zur Anwendung gelangt ist.[70] In Streitigkeiten nach dem WEG ist die Vorschrift nicht anzuwenden (§ 72 Abs. 2 Satz 2).

29 Nach ausländischem Recht muss das AG die **Hauptfrage,** also den Bestand des geltend gemachten Anspruchs, beurteilt haben;[71] allein die Beurteilung einer Vorfrage genügt nicht.[72] Die Zuständigkeit des OLG ergibt sich deshalb auch nicht allein aus der Anwendung von Rückverweisungen im ausländischen internationalen Privatrecht.[73] Soweit das Gesetz hierüber eine ausdrückliche Feststellung des AG fordert, erscheint dies allerdings als sprachlicher Fehlgriff.[74] Ausreichen muss, dass die Gründe einen ausländischen Rechtssatz als entscheidungserheblich erkennen lassen.[75] Strenger ist die Auffassung des BGH, die eine ausdrückliche Erwähnung eines angewendeten ausländischen Rechtssatzes fordert.[76] Bei Teilanfechtung kommt es auf die Anwendung in dem angefochtenen Teil an.[77]

30 3. Ein beim **unzuständigen Gericht** eingelegtes Rechtsmittel ist unzulässig. Eine Verweisung analog § 17a Abs. 2 kommt nicht in Betracht.[78] Auch eine solche entsprechend § 281 Abs. 1 ZPO kann der Rechtsmittelführer nach Ablauf der Einlegungsfrist nicht mehr beantragen.[79] Ist das angegangene LG der Auffassung, dass das Rechtsmittel beim OLG einzulegen gewesen wäre oder umgekehrt, entscheidet es über die Wahrung der gebotenen Form (§§ 511 Abs. 1, 569 Abs. 1 ZPO), jedoch nur mittelbar über das zur Entscheidung berufene Gericht, weshalb auch für eine Zuständigkeitsbestimmung nach § 36 ZPO kein Raum bleibt.[80]

31 Nur wenn aufgrund eines Fehlers oder einer Unklarheit in der angefochtenen Entscheidung Unsicherheit darüber besteht, ob eine Partei einen allgemeinen Gerichtsstand im Inland hat bzw. ob das AG ausländisches Recht angewendet hat, greift der Grundsatz der **Meistbegünstigung** ein mit der Folge, dass das Rechts-

---

[67] BGH NJW 2006, 2782.
[68] *Thomas/Putzo/Hüßtege* Rn. 11.
[69] *BL/Hartmann* Rn. 10; *MünchKommZPO/Wolf [Erg.-Bd.]* Rn. 8; *Thomas/Putzo/Hüßtege* Rn. 12; *Zöller/Gummer* Rn. 16.
[70] BTagsDrucks. 14/6036 S. 119.
[71] *Thomas/Putzo/Hüßtege* Rn. 13.
[72] OLG Hamm OLGR 2002, 426; a. A. BGH NJW 2007, 1211; *Thomas/Putzo/Hüßtege* Rn. 16; *Zöller/Gummer* Rn. 16.
[73] A. A. *Brand/Karpenstein* NJW 2005, 1319, 1320.
[74] *Schneider* MDR 2002, 901, 905.
[75] *MünchKommZPO/Wolf [Erg.-Bd.]* Rn. 10; *Zöller/Gummer* Rn. 16.
[76] BGH NJW 2007, 1211; ebenso *Thomas/Putzo/Hüßtege* Rn. 17.
[77] *MünchKommZPO/Wolf [Erg.-Bd.]* Rn. 9; *Hartmann* NJW 2001, 2577, 2588.
[78] BGH NJW 2003, 2686; a. A. *MünchKommZPO/Wolf [Erg.-Bd.]* Rn. 7, 11; vgl. auch OLG Karlsruhe OLGR 2003, 520.
[79] BGH aaO.; KG KGR 2005, 84; vgl. OLG Rostock OLGR 2005, 1010; für analoge Anwendung *von Hein* IPRax 2004, 418.
[80] BGH NJW 2003, 3278; a. A. OLG Oldenburg NJW-RR 2004, 499 m. zust. Anm. *Abramenko* Rpfleger 2004, 473.

mittel entweder beim OLG oder beim LG eingelegt werden kann und ggf. das unzuständige Gericht entsprechend § 281 ZPO zu verweisen hat[81] (vgl. Einl. Rn. 210). Das Rechtsmittel kann vorsorglich bei beiden Gerichten eingelegt werden.[82] Es handelt sich dann um dasselbe Rechtsmittel, über das einheitlich zu entscheiden ist.[83] Zur Weiterleitung der Rechtsmittelschrift § 16 Rn. 104.

VII. Senat für Familiensachen. § 119 Abs. 2 bestimmt, dass § 23b Abs. 1, 2 entsprechend gilt. Die Verweisung ist die Konsequenz aus dem in § 23b zum Ausdruck gekommenen Anliegen des Gesetzgebers, für Familiensachen eine einheitliche Zuständigkeit zu schaffen, diese in die Hand von spezialisierten Richtern zu legen und die Erledigung von Ehescheidung und aller Scheidungsfolgen durch möglichst denselben Richter herbeizuführen (vgl. § 23b Rn. 2). **32**

1. Die entsprechende Geltung des § 23b Abs. 1, 2 bedeutet, dass bei dem OLG ein **Senat für Familiensachen kraft Gesetzes** besteht. Das Präsidium ist also nicht frei in der Errichtung eines Senats für Familiensachen, vielmehr besteht (mindestens) ein Senat für Familiensachen kraft Gesetzes. Für die Frage, ob ein zweiter (und weitere) Senate für Familiensachen gebildet werden können, gilt das zu für mehrere Abteilungen des AG für Familiensachen Gesagte entsprechend (§ 23b Rn. 15). Aus den gesetzgeberischen Erwägungen für die Schaffung besonderer Spruchkörper für Familiensachen ergibt sich, dass Richter, denen Familiensachen übertragen werden, sich diesen möglichst mit voller Arbeitskraft widmen sollen, also möglichst alle anfallenden Familiensachen erledigen sollen, und dass ein weiterer Spruchkörper für Familiensachen erst eingerichtet werden kann, wenn der erste Spruchkörper voll ausgelastet ist. Entsprechendes gilt für die Einrichtung weiterer Senate. Andere als Familiensachen kann das Präsidium dem Senat für Familiensachen nicht zuweisen; eine Ausnahme gilt nur für Vormundschaftssachen, die es dem Senat für Familiensachen zuweisen kann, auch wenn sich dadurch die Notwendigkeit der Einrichtung eines weiteren Senats für Familiensachen ergibt (str., vgl. § 23b Rn. 16). Sind die Richter eines Senats für Familiensachen mit diesen (einschl. der evtl. zugewiesenen Vormundschaftssachen) nicht voll ausgelastet, können sie gleichzeitig Mitglieder eines anderen Senats sein (vgl. § 23b Rn. 20). **33**

2. Der Senat für Familiensachen ist kraft Gesetzes zuständig für **alle Rechtsmittel gegen die Entscheidung des FamG** (Rn. 9, 18), eine Zuständigkeitsverteilung durch das Präsidium ist insoweit ausgeschlossen. Die zwingende Zuständigkeit des Senats für Familiensachen gilt auch für die Rechtsmittel gegen Nebenentscheidungen[84] (Rn. 19). Der Senat für Familiensachen ist kraft Gesetzes auch zuständig für die Bestimmung des zuständigen Gerichts nach § 36 ZPO (vgl. § 23b Rn. 95, 98). **34**

3. Im Rahmen dieser gesetzlichen Vorschriften über die Einrichtung und die Zuständigkeit des Senats für Familiensachen ist das Präsidium im Übrigen frei in der Besetzung des Senats, was die Zahl der Mitglieder über die gesetzliche Mindestzahl (§ 122) hinaus angeht. Damit hat das Präsidium einen mittelbaren Einfluss darauf, inwieweit ein Senat ausgelastet ist und wann ein neuer Senat für Familiensachen errichtet werden kann. Bestehen mehrere Senate für Familiensachen, dann sollen alle Familiensachen, die denselben Personenkreis betreffen, demselben Senat zugewiesen werden[85] (Abs. 2 i. V. mit § 23b Abs. 2 Satz 1; vgl. § 23b Rn. 18). **35**

4. Eine **Konzentrationsermächtigung,** wie sie § 23c für das AG vorsieht, besteht für das OLG nicht.[86] Wohl aber kann sich eine Überschneidung der Grenzen **36**

---

[81] Zöller/Gummer Rn. 16; vgl. auch BGH NJW 2003, 2686; OLG Köln NJW-RR 2003, 864; OLG Rostock OLGR 2005, 1010; OLG Düsseldorf ZMR 2005, 710; a. A. OLG Dresden MDR 2007, 420.
[82] OLG Köln NJW-RR 2003, 283; 864; vgl. auch BGH NJW 2004, 1049; *Heidemann* NJW 2002, 494.
[83] BGH 15. 2. 2005 – XI ZR 172/04 –.
[84] BGH MDR 1978, 737.
[85] Vgl. BTagsDrucks. 7/650 S. 190.
[86] A. A. *Diederichsen* NJW 1977, 602.

der OLG-Bezirke dadurch ergeben, dass die Konzentration nach § 23c auf der Ebene der AG über den Bezirk eines OLG hinausgeht (§ 23c Rn. 6). Hier ist zuständig das OLG, das für das AG zuständig ist, bei dem die Familiensachen konzentriert sind.

37 5. Für **Zuständigkeitsstreitigkeiten zwischen mehreren Senaten** des gleichen OLG und verschiedener OLG gilt das für die Streitigkeiten zwischen verschiedenen Abteilungen des AG Gesagte entsprechend (§ 23b Rn. 94ff.). Dies gilt auch für den Fall, dass sich am OLG ein allgemeiner **Zivilsenat** und der **Senat für FamS** über die Zuständigkeit streiten.[87] Hier entscheidet, wenn der Geschäftsverteilungsplan nichts anderes vorsieht, der Senat, der zuerst mit der Sache befasst war; seine Beteiligung am Streit schließt seine Entscheidung nicht aus.[88] § 36 Abs. 2 regelt auch den Zuständigkeitsstreit auf der Ebene der OLG,[89] so dass sich eine Zuständigkeit des BGH nur nach § 36 Abs. 3 ZPO ergibt. Nach denselben Grundsätzen entscheidet der Senat für FamS in einem Zuständigkeitsstreit mit der ZivK des LG.

38 6. Für die **Besetzung** der Senate für Familiensachen gilt keine Besonderheit. Die Sondervorschrift des § 23b Abs. 3 gilt nicht für das OLG (§ 119 Abs. 2). Rechtlich können alle am OLG tätigen Richter im FamSenat tätig sein, auch die nicht planmäßig am OLG angestellten (abgeordneten, § 115 Rn. 6) Richter. Die Vorstellungen des Gesetzgebers zur Qualifikation (§ 23b Rn. 87) sollten aber vom Präsidium tunlichst beachtet werden.

39 **VIII. Weitere Zuständigkeiten.** § 119 enthält keine abschließende Regelung der Zuständigkeit des OLG in Zivilsachen. In einer Vielzahl von Vorschriften sind **weitere Zuständigkeiten** des OLG begründet, teils erstinstanzlicher Art, teils als Rechtsmittelgericht, die hier nicht abschließend aufgezählt werden sollen. Zu erwähnen sind: Entscheidungen gemäß §§ 23ff. EGGVG; Wiederaufnahmeverfahren, wenn das angefochtene Urteil vom OLG erlassen war (§ 584 Abs. 1 ZPO); Bestimmung des zuständigen Gerichts, § 36 ZPO; Entscheidung über Ablehnungsgesuche, wenn das LG, in FamS das AG, durch Ausscheiden der abgelehnten Mitglieder beschlussunfähig geworden ist (§ 45 ZPO); Beschwerde gegen die Verweigerung der Rechtshilfe nach § 159 GVG und § 2 FGG; Beschwerden gegen sitzungspolizeiliche Maßnahmen nach § 181 Abs. 3 GVG, § 8 FGG; Rechtsmittel in Schifffahrtssachen (vgl. § 14 Rn. 6 und § 116 Rn. 8); Amtsenthebung eines Handelsrichters (§ 113 Abs. 3 GVG) und Abberufung eines landwirtschaftlichen Beisitzers (§ 7 Abs. 2 LwVG). In Angelegenheiten der freiwilligen Gerichtsbarkeit sind zu erwähnen: Zuständigkeitsbestimmung (§§ 5, 46, 199 FGG; § 1 Abs. 2 GBO), Entscheidung der Beschwerde gegen erstinstanzliche Entscheidungen des LG (vgl. dazu § 71 Rn. 16), obwohl § 19 Abs. 2 FGG nur das LG als Beschwerdeinstanz vorsieht, Entscheidung über die weitere Beschwerde (§ 28 FGG, § 79 Abs. 1 GBO, § 87 Abs. 1 SchiffsregisterO). Weitere Zuweisungen sind: Beschwerde und weitere Beschwerde gegen den Kostenansatz (§ 66 Abs. 3, 4 GKG); Entscheidung über die sofortige Beschwerde gegen Entscheidungen der Landwirtschaftsgerichte (§ 22 LwVG); Kartellsachen (§§ 63, 91, 93 GWB); Rechtsmittel in Entschädigungssachen (§ 208 BEG); Sofortige Beschwerde in Wertpapierbereinigungssachen (§ 34 Abs. 1 WertpapierberG); Rechtsmittel in Baulandsachen (§ 229 BauGB); Rechtsmittel in der Berufs- und Ehrengerichtsbarkeit, vgl. § 100 BRAO; §§ 95ff., 111 BNotO; § 79 DRiG; § 96 StBerG; Ungültigkeit oder Nichtigerklärung von Wahlen oder Beschlüssen der PatAnwKammer, § 83 PatAnwO; Anfechtung der Wahl zum Präsidium (§ 21b Abs. 6 Satz 2 GVG); Entscheidung über Anträge auf Anerkennung ausländischer Entscheidungen in Ehesachen, wenn die LJustizVerw abgelehnt hat

---

[87] BGHZ 71, 264, 266 = NJW 1978, 1531; BGH NJW 1978, 1925; 1980, 1282.
[88] Vgl. *BL/Hartmann* § 36 ZPO Rn. 10; *Zöller/Vollkommer* § 36 ZPO Rn. 4.
[89] BGH MDR 1999, 886.

(Art. 7 § 1 FamRÄndG); schiedsgerichtliches Verfahren (§ 1062 ZPO); Zuweisung auf Grund Landesrechts (§ 3 EGGVG).

IX. Experimentierklausel. Die sog. Experimentierklausel des § 119 Abs. 3 ermächtigt den Landesgesetzgeber, die Zuständigkeit des OLG für Berufungen und Beschwerden gegen amtsgerichtliche Entscheidungen über Abs. 1 Nr. 1 hinaus zu erweitern. Die nach Satz 2 möglichen örtlichen und sachlichen Einschränkungen der landesgesetzlich zu begründenden OLG-Zuständigkeit können beliebig kombiniert werden.[90] Jedoch muss sich aus dem Erprobungscharakter der Regelung (Abs. 5, 6) noch ein sachlicher Grund für die Differenzierung ableiten lassen. 40

Macht der Landesgesetzgeber von der Klausel Gebrauch, hat er sicherzustellen, also gesetzlich vorzuschreiben,[91] dass die amtsgerichtliche Entscheidung eine Belehrung des Anfechtungsberechtigten über das zuständige Rechtsmittelgericht enthält (§ 119 Abs. 4). Dies gilt nicht nur für die Fälle, in denen sich aus der landesrechtlichen Regelung eine von §§ 72, 119 Abs. 1 abweichende Berufungs- oder Beschwerdezuständigkeit des OLG ergibt, sondern für alle amtsgerichtlichen Entscheidungen des Landes.[92] Über die sonstigen Zulässigkeitsvoraussetzungen braucht nicht belehrt zu werden, das zuständige Rechtsmittelgericht ist aber konkret zu bezeichnen.[93] 41

Abs. 5 beschränkt die Geltung einer aufgrund Abs. 3 getroffenen landesgesetzlichen Regelung auf Rechtsmittel, die vor dem 1. 1. 2008 eingelegt werden, um hierdurch deren Erprobungscharakter Rechnung zu tragen,[94] weshalb die Regelung nunmehr gegenstandslos sein dürfte.[95] Die Beschränkung ergibt sich kraft Bundesrechts und braucht deshalb nicht Inhalt des Landesgesetzes werden. An weitergehender zeitlicher Einengung sind die Länder aber nicht gehindert (Abs. 3 Satz 2). – Abs. 6 nimmt die Unsitte auf, Instrumentarien politischer Willensbildung in den Verfahrensordnungen festzuschreiben. Gerichtsverfassungsrechtlich ist die Bestimmung unbeachtlich. 42

§ 120. [Zuständigkeit in Strafsachen in 1. Instanz]

(1) **In Strafsachen sind die Oberlandesgerichte, in deren Bezirk die Landesregierungen ihren Sitz haben, für das Gebiet des Landes zuständig für die Verhandlung und Entscheidung im ersten Rechtszug**
1. **bei Friedensverrat in den Fällen des § 80 des Strafgesetzbuches,**
2. **bei Hochverrat (§§ 81 bis 83 des Strafgesetzbuches),**
3. **bei Landesverrat und Gefährdung der äußeren Sicherheit (§§ 94 bis 100a des Strafgesetzbuches) sowie bei Straftaten nach § 52 Abs. 2 des Patentgesetzes, nach § 9 Abs. 2 des Gebrauchsmustergesetzes in Verbindung mit § 52 Abs. 2 des Patentgesetzes oder nach § 4 Abs. 4 des Halbleiterschutzgesetzes in Verbindung mit § 9 Abs. 2 des Gebrauchsmustergesetzes und § 52 Abs. 2 des Patentgesetzes,**
4. **bei einem Angriff gegen Organe und Vertreter ausländischer Staaten (§ 102 des Strafgesetzbuches),**
5. **bei einer Straftat gegen Verfassungsorgane in den Fällen der §§ 105, 106 des Strafgesetzbuches,**
6. **bei einer Zuwiderhandlung gegen das Vereinigungsverbot des § 129a, auch in Verbindung mit § 129b Abs. 1, des Strafgesetzbuches,**

---

[90] *BL/Hartmann* Rn. 15; *MünchKommZPO/Wolf [Erg.-Bd.]* § 119 Rn. 12.
[91] *MünchKommZPO/Wolf [Erg.-Bd.]* § 119 Rn. 13.
[92] *MünchKommZPO/Wolf* aaO.
[93] *MünchKommZPO/Wolf* aaO. Rn. 14; *Hartmann* NJW 2001, 2577, 2588 f.
[94] BTagsDrucks. 14/6036 S. 119.
[95] *Zöller/Gummer* Rn. 20.

§ 120　　　　　　　　　　　　　　　　　　　　8. Titel. Oberlandesgerichte

7. bei Nichtanzeige von Straftaten nach § 138 des Strafgesetzbuches, wenn die Nichtanzeige eine Straftat betrifft, die zur Zuständigkeit der Oberlandesgerichte gehört, und
8. bei Straftaten nach dem Völkerstrafgesetzbuch.

(2) ¹Diese Oberlandesgerichte sind ferner für die Verhandlung und Entscheidung im ersten Rechtszug zuständig
1. bei den in § 74a Abs. 1 bezeichneten Straftaten, wenn der Generalbundesanwalt wegen der besonderen Bedeutung des Falles nach § 74a Abs. 2 die Verfolgung übernimmt,
2. bei Mord (§ 211 des Strafgesetzbuches), Totschlag (§ 212 des Strafgesetzbuches) und den in § 129a Abs. 1 Nr. 2 und Abs. 2 des Strafgesetzbuches bezeichneten Straftaten, wenn ein Zusammenhang mit der Tätigkeit einer nicht oder nicht nur im Inland bestehenden Vereinigung besteht, deren Zweck oder Tätigkeit die Begehung von Straftaten dieser Art zum Gegenstand hat, und der Generalbundesanwalt wegen der besonderen Bedeutung des Falles die Verfolgung übernimmt,
3. bei Mord (§ 211 des Strafgesetzbuches), Totschlag (§ 212 des Strafgesetzbuches), Geiselnahme (§ 239b des Strafgesetzbuches), schwerer und besonders schwerer Brandstiftung (§§ 306a und 306b des Strafgesetzbuches), Brandstiftung mit Todesfolge (§ 306c des Strafgesetzbuches), Herbeiführen einer Explosion durch Kernenergie in den Fällen des § 307 Abs. 1 und 3 Nr. 1 des Strafgesetzbuches, Mißbrauch ionisierender Strahlen in den Fällen des § 309 Abs. 2 und 4 des Strafgesetzbuches, Herbeiführen einer Überschwemmung in den Fällen des § 313 Abs. 2 in Verbindung mit § 308 Abs. 2 und 3 des Strafgesetzbuches, gemeingefährlicher Vergiftung in den Fällen des § 314 Abs. 2 in Verbindung mit § 308 Abs. 2 und 3 des Strafgesetzbuches und Angriff auf den Luft- und Seeverkehr in den Fällen des § 316c Abs. 1 und 3 des Strafgesetzbuches, wenn die Tat nach den Umständen bestimmt und geeignet ist,
   a) den Bestand oder die äußere oder innere Sicherheit der Bundesrepublik Deutschland zu beeinträchtigen,
   b) Verfassungsgrundsätze zu beseitigen, außer Geltung zu setzen oder zu untergraben oder
   c) die Sicherheit der in der Bundesrepublik Deutschland stationierten Truppen des Nordatlantik-Pakts oder seiner nichtdeutschen Vertragsstaaten zu beeinträchtigen,
   und der Generalbundesanwalt wegen der besonderen Bedeutung des Falles die Verfolgung übernimmt,
4. bei Straftaten nach dem Außenwirtschaftsgesetz sowie bei Straftaten nach § 19 Abs. 2 Nr. 2 und § 20 Abs. 1 des Gesetzes über die Kontrolle von Kriegswaffen, wenn die Tat nach den Umständen
   a) geeignet ist, die äußere Sicherheit oder die auswärtigen Beziehungen der Bundesrepublik Deutschland erheblich zu gefährden, oder
   b) bestimmt und geeignet ist, das friedliche Zusammenleben der Völker zu stören,
   und der Generalbundesanwalt wegen der besonderen Bedeutung des Falles die Verfolgung übernimmt.
²Sie verweisen bei der Eröffnung des Hauptverfahrens die Sache in den Fällen der Nummer 1 an das Landgericht, in den Fällen der Nummern 2 bis 4 an das Land- oder Amtsgericht, wenn eine besondere Bedeutung des Falles nicht vorliegt.

(3) ¹In den Sachen, in denen diese Oberlandesgerichte nach Absatz 1 oder 2 zuständig sind, treffen sie auch die in § 73 Abs. 1 bezeichneten Entscheidungen. ²Sie entscheiden ferner über die Beschwerde gegen Verfügungen der Ermittlungsrichter der Oberlandesgerichte (§ 169 Abs. 1 Satz 1 der Strafprozeßordnung) in den in § 304 Abs. 5 der Strafprozeßordnung bezeichneten Fällen.

(4) ¹Diese Oberlandesgerichte entscheiden auch über die Beschwerde gegen Verfügungen und Entscheidungen des nach § 74a zuständigen Gerichts. ²Für Entscheidungen über die Beschwerde gegen Verfügungen und Entscheidungen des nach § 74a Abs. 4 zuständigen Gerichts sowie in den Fällen des § 100d Abs. 1

Zuständigkeit in Strafsachen in 1. Instanz   1 § 120

Satz 6 der Strafprozessordnung ist ein nicht mit Hauptverfahren in Strafsachen befasster Senat zuständig.

(5) ¹Für den Gerichtsstand gelten die allgemeinen Vorschriften. ²Die beteiligten Länder können durch Vereinbarung die den Oberlandesgerichten in den Absätzen 1 bis 4 zugewiesenen Aufgaben dem hiernach zuständigen Gericht eines Landes auch für das Gebiet eines anderen Landes übertragen.

(6) Soweit nach § 142 a für die Verfolgung der Strafsachen die Zuständigkeit des Bundes begründet ist, üben diese Oberlandesgerichte Gerichtsbarkeit nach Artikel 96 Abs. 5 des Grundgesetzes aus.

(7) Soweit die Länder aufgrund von Strafverfahren, in denen die Oberlandesgerichte in Ausübung von Gerichtsbarkeit des Bundes entscheiden, Verfahrenskosten und Auslagen von Verfahrensbeteiligten zu tragen oder Entschädigungen zu leisten haben, können sie vom Bund Erstattung verlangen.

Übersicht

	Rn.		Rn.
I. Erstinstanzliche Zuständigkeit des OLG	1	VI. Akustische Wohnraumüberwachung	18
II. Erweiterung der Zuständigkeit nach Abs. 2	2	VII. Örtliche Zuständigkeit	21
		VIII. Besetzung	23
III. Abgrenzungsprobleme Bund/Länder	8	IX. Geschäftsverteilung	24
IV. Entscheidungen im Zusammenhang	13	X. Örtlicher Gerichtsstand	27
		XI. Rechtsmittel	27
V. Beschwerdezuständigkeit für Staatsschutzkammer	17	XII. Gnadenrecht	29
		XIII. Erstattung	30

Gesetzesfassung: Abs. 1 Nr. 3 neu gefasst durch G vom 22. 10. 1987 (BGBl. I S. 2294); Abs. 1 Nr. 6 bis 8 eingefügt durch G vom 18. 8. 1976 (BGBl. I S. 2181); Abs. 2 neu gefasst durch G vom 19. 12. 1986 (BGBl. I S. 2566); Abs. 3 Satz 2 neu gefasst durch StVÄG 1987. Abs. 2 Satz 1 Nr. 3 neu gefasst durch Art. 2 des 6. StrafrechtsreformG vom 26. 1. 1998 (BGBl. I S. 164). Abs. 1 Nr. 6 neu gefasst durch Art. 2 Nr. 2 des 34. StrafrechtsänderungsG vom 22. 8. 2002 (BGBl. I S. 3390), Nr. 8 neu gefasst durch Art. 1 G zur Änderung des Gerichtsverfassungsgesetzes vom 26. 7. 2002 (BGBl. I S. 2914). In der unmittelbar vorangegangenen Neufassung durch Art. 4 G zur Einführung des Völkerstrafgesetzbuchs vom 26. 6. 2002 (BGBl. I S. 2253) beschränkte sich Nr. 8 auf Völkermord nach § 6 Völkerstrafgesetzbuch. Abs. 2 Satz 2 Nr. 2 geändert durch Art. 2 G vom 22. 12. 2003 (BGBl. I S. 2836). § 120 Abs. 4 Satz 2 eingefügt durch Art. 2 Nr. G zur Umsetzung des Urteils des Bundesverfassungsgerichts vom 3. März 2004 (akustische Wohnraumüberwachung) vom 24. 6. 2005 (BGBl. I S. 1841). Abs. 7 angefügt durch Art. 17 Nr. 6 Erstes G über die Bereinigung von Bundesrecht im Zuständigkeitsbereich des Bundesministeriums der Justiz vom 19. 4. 2006 (BGBl. I S. 866). Abs. 2 Satz 1 Nr. 4 eingefügt, Satz 2 geändert durch Art. 3 Nr. 2 2. JustizmodernisierungsG vom 22. 12. 2006 (BGBl. I S. 3416), erneut geändert durch Art. 8 Nr. 1 G zur Neuregelung der Telekommunikationsüberwachung vom 21. 12. 2007 (BGBl. I S. 3198).

I. Erstinstanzliche Zuständigkeit des OLG. § 120 Abs. 1 regelt die absolute   1
erstinstanzliche Zuständigkeit des OLG für die sog. **Staatsschutzdelikte;** zur historischen Entwicklung § 74a Rn. 1. Die Zuständigkeit betrifft alle im Abs. 1 aufgeführten Delikte; hierher gehören nicht nur Täterschaft, sondern auch die Teilnahmeformen (§§ 26, 27 StGB), auch versuchte Delikte. Begünstigung und Strafvereitelung hinsichtlich solcher Delikte fallen nicht unter diese Zuständigkeit, auch nicht die öffentliche Aufforderung hierzu (vgl. § 74 Rn. 9). Aus der Zuständigkeitsabgrenzung zwischen Bund und Ländern folgt, dass sich die sachliche Zuständigkeit des OLG auf **andere als Staatsschutzdelikte** nur dann erstreckt, wenn entweder Tateinheit mit dem Staatsschutzdelikt vorliegt oder ein sachlicher Zusammenhang zwischen den Delikten besteht; dies setzt eine einheitliche Tat im verfahrensrechtlichen Sinne voraus.[1] Die allgemeinen Regeln der Verbindung bei Zusammenhang (§§ 2, 3 StPO) sind nicht anwendbar.

---
[1] BGH NStZ 2007, 117.

2   II. Erweiterung der Zuständigkeit nach Abs. 2. 1. Die erstinstanzliche Zuständigkeit des OLG nach Abs. 1 kann sich nach Abs. 2 Satz 1 um die Delikte des § 74a erweitern, für die an sich die Staatsschutzkammer beim LG zuständig ist. Diese Erweiterung setzt voraus, dass der GBA wegen der „besonderen Bedeutung des Falles" nach § 74a Abs. 2 die Verfolgung übernimmt (Abs. 2 Satz 1 Nr. 1; Rn. 6). Hinzu kommen muss aber weiter entsprechend Art. 96 Abs. 5 GG, dass es sich um Delikte auf dem Gebiet des Staatsschutzes handelt. Straftaten der allgemeinen Kriminalität, mögen sie auch ein erhebliches Ausmaß annehmen und damit staatliche Sicherheitsinteressen berühren, scheiden als Anknüpfungspunkt für das Evokationsrecht des GBA aus[2] (Rn. 6, 8). Liegen die Voraussetzungen vor, ist die Übernahme durch den GBA zwingend.[3]

3   2. Bei Mord, Totschlag sowie den in § 129a Abs. 1 Nr. 2 und Abs. 2 StGB bezeichneten Straftaten, wenn ein Zusammenhang mit der Tätigkeit einer nicht oder nicht nur im Inland bestehenden Vereinigung besteht, deren Zweck oder Tätigkeit die Begehung von Straftaten dieser Art zum Gegenstand hat (sog. terroristische Vereinigung), kann der GBA wegen der besonderen Bedeutung des Falles die Verfolgung übernehmen und damit die erstinstanzliche Zuständigkeit des OLG begründen (Abs. 2 Satz 1 Nr. 2). Es gelten im Übrigen die gleichen Voraussetzungen wie bei Nr. 1.[4]

4   3. Bei der Begehung schwerer Kriminalität, wenn die Tat bestimmt und geeignet ist, den Bestand oder die innere oder äußere Sicherheit der BRep zu beeinträchtigen usw. und der GBA wegen der besonderen Bedeutung des Falles die Verfolgung übernimmt (Abs. 2 Satz 1 Nr. 3). Gegen Abs. 2 Satz 1 Nr. 3a, der vermehrt in Strafverfahren gegen rechtsextremistische Gewalttäter Bedeutung gewinnt, bestehen trotz der Verwendung für sich gesehen wenig aussagekräftiger unbestimmter Rechtsbegriffe keine verfassungsrechtlichen Bedenken.[5] Eine Gefährdung des Bestandes oder der inneren oder äußeren Sicherheit setzt nicht voraus, dass die Existenz des Staates, seiner Institutionen oder die freiheitlich-demokratische Grundordnung insgesamt in Frage stehen. Jedoch muss die Tat geeignet und bestimmt sein, die öffentliche Sicherheit in einer Weise zu gefährden, die über eine mit schweren Straftaten stets einhergehenden Gefährdung erheblich hinausgeht, so wenn das friedliche Zusammenleben gesellschaftlicher Gruppierungen empfindlich gestört und in Teilen der Öffentlichkeit ein Klima der Angst und der Einschüchterung sowie Zweifel an ausreichendem Schutz durch staatliche Sicherheitsorgane hervorgerufen werden,[6] so auch, wenn die Tat ihre besondere Prägung durch die Missachtung fundamentaler, von Verfassungs wegen geschützter Rechtsgüter wie Gleichheit und Menschenwürde erhält, etwa zum Ausdruck bringt, einzelnen Bevölkerungsgruppen sei das Recht zur gleichberechtigten Teilnahme am gesellschaftlichen Leben abzusprechen.[7] Stets muss die Gefährdung sich auf die Bundesrepublik als Gesamtstaat beziehen. Die innere Sicherheit der Bundesrepublik wird auch beeinträchtigt durch einen ihre Souveränität verletzenden Mord im Auftrag eines fremden Geheimdienstes.[8]

5   4. Bei Straftaten nach dem AWG (vgl. § 74c Abs. 1 Satz 1 Nr. 3) und nach §§ 19 Abs. 2 Nr. 2, 20 Abs. 1 KWKG (Nr. 4), jedoch wie bei Nr. 3 nur unter zusätzlichen Voraussetzungen. Die Tat muss entweder geeignet sein, die äußere Sicherheit oder die auswärtigen Beziehungen der Bundesrepublik Deutschland er-

---

[2] BGH NJW 1988, 1474; *Schnarr* MDR 1988, 91.
[3] BGHSt 46, 238 = NJW 2001, 1359; *Sowada* S. 669.
[4] *Schnarr* MDR 1988, 89; 1993, 589; *Kühl* NJW 1987, 737; *Dencker* StV 1987, 117.
[5] BGH NStZ 2000, 161 m. w. N.
[6] BGH aaO.
[7] BGHSt 46, 238 = NJW 2001, 1359; BGH NJW 2002, 1889; *Welp* NStZ 2002, 1, 6f.; 609; ablehnend *Schaefer* NJW 2001, 1621; *Schroeder* JR 2001, 391.
[8] BGH NStZ-RR 2006, 147.

heblich zu gefährden, also Belange des Staatsschutzes im Sinne von Art. 96 Abs. 5 Nr. 5 GG berühren, oder im Sinne von Art. 96 Abs. 5 Nr. 4 GG dazu bestimmt und geeignet sein, das friedliche Zusammenleben der Völker zu stören.[9] Die verwendeten unbestimmten Rechtsbegriffen unterliegen auch hier voller gerichtlicher Nachprüfung. Zusätzlich muss der Tat besondere Bedeutung zukommen. Die Vorschrift dient effektiverer Verfolgung der Proliferation von ABC-Waffen.[10]

5. Besondere Bedeutung des Falles. Die für die Begründung der erstinstanzlichen Zuständigkeit des OLG zusätzlich[11] erforderliche, vom GBA zu bejahende „besondere Bedeutung" des Falles erfährt gegenüber der im Sinne von § 24 (dort Rn. 9) unter dem Gesichtspunkt der Zuständigkeitsabgrenzung zwischen Bund und Ländern (Rn. 8) eine inhaltliche Bedeutungsverschiebung. Die Schwere der Tat und das Ausmaß der von ihr hervorgerufenen Beeinträchtigung von Individualrechtsgütern vermögen für sich die besondere Bedeutung nicht zu begründen, maßgeblich ist vielmehr die von der Tat ausgehende Gefährdung **bundesstaatlicher Belange.**[12] Es muss ein staatsgefährdendes Delikt von erheblichem Gewicht vorliegen, das die Schutzgüter des Gesamtstaates in derartiger Weise angreift, dass eine Aburteilung durch die Bundesgerichtsbarkeit geboten ist; ansonsten fallen Taten nach Abs. 2 auch dann in die Zuständigkeit der Länder, wenn sie sich gegen die Bundesrepublik als Gesamtstaat richten.[13] Eine besondere Bedeutung liegt vor bei einem die deutsche Souveränität verletzenden Mord im Auftrag eines fremden Geheimdienstes.[14] Eine besondere Bedeutung kann auch vorliegen, wenn die Tat das Erscheinungsbild der Bundesrepublik in den Staaten beeinträchtigt, die ihr durch gemeinsame Wertvorstellungen verbunden sind.[15] Andererseits können konkrete Tat- und Schuldschwere den Grad der Gefährdung mitbestimmen,[16] so dass die besondere Bedeutung fehlen kann, wenn die konkreten Tatfolgen gering blieben, ebenso bei Täterschaft Jugendlicher oder Heranwachsender.[17] Im Ermittlungsverfahren (Rn. 14) unterliegt die Annahme der besonderen Bedeutung durch den GBA wegen des sich verändernden Erkenntnisstands nur einer eingeschränkten Überprüfung auf Vertretbarkeit.[18]

Die erstinstanzliche Zuständigkeit des OLG nach § 120 **geht allen Zuständigkeiten der StrafK vor,** auch der des SchwurG.[19] Soweit eine Strafsache nach § 120 Abs. 1 oder 2 mit einem Delikt nach § 74 Abs. 2, § 74a oder § 74c verbunden ist oder sachlich zusammentrifft, ist das OLG insgesamt zuständig (vgl. Rn. 1). Auch gegenüber der Zuständigkeit der Jugendgerichte geht die des OLG nach § 120 vor, § 102 Satz 1 JGG, auch soweit nur gegen Jugendliche zu verhandeln ist.[20]

III. Abgrenzungsprobleme Bund/Länder. Die Zuständigkeit von OLG einerseits und GBA sowie Landes-StA andererseits bringt **Abgrenzungsprobleme bundesstaatlicher Art** mit sich. Für die Verfolgung der in § 120 Abs. 1 aufgeführten Delikte ist primär der GBA zuständig (§ 142a Abs. 1), übt also Justizhoheit des Bundes aus. Demgegenüber ist die Tätigkeit des OLG der Justizhoheit des Landes (Art. 92, 2. Halbsatz GG) zuzurechnen. Mit Rücksicht darauf, dass die Ankla-

---

[9] BTagsDrucks. 16/3038 S. 31.
[10] BTagsDrucks. 16/3038 S. 25.
[11] BGH NJW 2002, 1889.
[12] Vgl. *Sowada* S. 662.
[13] BGHSt 46, 238 = NJW 2001, 1359; NJW 2002, 1889; *Welp* NStZ 2002, 1, 7; 609.
[14] BGH NStZ-RR 2006, 147.
[15] BGH aaO.; BTagsDrucks. 16/3038 S. 31.
[16] *Welp* NStZ 2002, 609.
[17] BGH NStZ 2002, 1889 m. Anm. *Katholnigg* JR 2002, 345.
[18] BGHR GVG § 120 Abs. 2 Besondere Bedeutung 3; vgl. hierzu auch *Diemer* NStZ 2005, 666.
[19] OLG Düsseldorf NJW 1995, 343; KK/*Hannich* Rn. 2 m. w. N.
[20] BGH NStZ 2000, 161; OLG Düsseldorf NJW 1995, 343; KK/*Hannich* Rn. 12; LR/*Franke* Rn. 4; *Meyer-Goßner* Rn. 10; *Schoreit* NStZ 1997, 69; teilw. a. A. *Eisenberg* NStZ 1996, 263.

gebehörde des Bundes zudem noch einerseits die nach § 74a in die Zuständigkeit der Landes-StA fallenden Delikte übernehmen, also in die Landeskompetenz eingreifen kann, andererseits auch in ihre originäre Verfolgungszuständigkeit fallende Delikte an die Landes-StA zur Verfolgung abgeben kann, ist in Art. 96 Abs. 5 GG ausdrücklich bestimmt, dass die Gerichte der Länder Gerichtsbarkeit des Bundes ausüben können. Die einfachgesetzliche Regelung hierzu enthält § 120 Abs. 6 (vgl. Einl. Rn. 11; § 142a Rn. 2). § 120 konkretisiert damit die verfassungsrechtliche Kompetenzabgrenzung zwischen Bund und Ländern. Der Strafverfolgung durch den Bund können nur Taten unterliegen, die das staatliche Gefüge in länderübergreifender Weise treffen und die Rechtsgüter des Gesamtstaates derart beeinträchtigen, dass eine Ahndung durch die Landesjustiz der Bedeutung des Angriffs auf die bundesstaatliche Gesamtordnung nicht gerecht würde[21] (Rn. 6).

9 Hieraus ergeben sich Auswirkungen auf das im Falle der Unzuständigkeit anzuwendende Verfahren. Ob das OLG die Anklage rechtsfehlerfrei zugelassen hat, prüft das Revisionsgericht von Amts wegen. Hält sich das OLG entgegen § 120 Abs. 1 oder 2 für zuständig, liegt darin nicht nur Verstoß gegen eine einfachgesetzliche Regelung der sachlichen Zuständigkeit, sondern auch ein Eingriff in die nach Maßgabe von Art. 96 Abs. 5 GG konkretisierte verfassungsrechtliche Kompetenzverteilung zwischen Bund und Ländern. Dies begründet ein **Verfahrenshindernis,** auf das weder § 269 StPO noch – im Hinblick auf die Unanfechtbarkeit des Eröffnungsbeschlusses – § 336 Satz 2 StPO anwendbar ist.[22] Dieselben Grundsätze gelten, wenn das LG eine Tat aburteilt, die nach Abs. 1 oder 2 in die Zuständigkeit des OLG fällt.

10 Das in allen Fällen von Abs. 2 Satz 1 erforderliche Merkmal der **besonderen Bedeutung** ist ein unbestimmter Rechtsbegriff (vgl. § 24 Rn. 10); an die Annahme der besonderen Bedeutung durch den GBA ist das OLG nicht gebunden, sondern hat deren Vorliegen selbst zu prüfen.[23] Verneint es eine besondere Bedeutung, verweist es das Verfahren bei der Eröffnung an das LG oder AG (Abs. 2 Satz 2). Der spätere Eintritt von Umständen, die die zunächst abgelehnte besondere Bedeutung nachträglich rechtfertigen könnten, ist ohne Einfluss (§ 24 Rn. 20). Umgekehrt wird hier eine Vorlage des LG an das OLG nach §§ 209a, 225a Abs. 1 oder § 270 Abs. 1 StPO wegen „besonderer Bedeutung" nicht für möglich gehalten, da für die erstinstanzliche Zuständigkeit des OLG in jedem Falle die (vorherige) Übernahme durch den GBA zwingend erforderlich sei.[24] Indes kann die gerichtliche Zuständigkeit nicht von der Entscheidung eines Exekutivorgans abhängen.[25] Allein sachgerecht erscheint daher eine Verpflichtung des LG, die Sache entsprechend § 209 Abs. 2 StPO über StA und GBA dem OLG zur Entscheidung vorzulegen.[26] Die Ablehnung der Übernahme durch den GBA wäre für das LG nicht bindend; bejaht es weiterhin die besondere Bedeutung, besteht ein Verfahrenshindernis, wie es auch für das OLG besteht, wenn der GBA die besondere Bedeutung zu Unrecht bejaht (Rn. 9). – Die Erweiterung des Katalogs des Abs. 2 um Nr. 4 (vgl. Gesetzesfassung) erfolgte ohne Übergangsregelung. Dies wirft die Frage auf, ob eine „besonderen Bedeutung" in Abkehr von diesen allgemeinen Grundsätzen auch noch in Verfahren zu prüfen ist, in denen zum Zeitpunkt des Inkrafttretens das Hauptverfahren vor dem LG **bereits eröffnet** war. Auch wenn Änderungen des Verfahrensrechts grundsätzlich sofort wirksam werden und auch bereits anhängige Verfahren erfassen (§ 16 Rn. 49; § 1 EGGVG Rn. 4), ist dies zu verneinen.[27] Zwar bestand zum Zeitpunkt der Eröffnungsentscheidung des LG noch kein Anlass, die besondere Bedeutung zu prüfen

---

[21] BGHSt 46, 238 = NJW 2001, 1359.
[22] BGH aaO.; *Welp* NStZ 2002, 1.
[23] Vgl. BGH aaO.; BGH NStZ 2002, 1889.
[24] *Dencker* StV 1987, 118; *Kühl* NJW 1987, 747.
[25] Vgl. *Sowada* S. 669 ff.
[26] *Sowada* S. 674.
[27] A. A. OLG Stuttgart 30. 10. 2007 – 4 – 3 StE 1/07 –.

und die Sache gegebenenfalls vorzulegen. Die Erwägung, ein Hin- und Herschieben des Verfahrens allein wegen des Merkmals der „besonderen Bedeutung" auszuschließen, gilt hier jedoch gleichermaßen. Hinzu tritt, dass mit der Neufassung von § 17 Abs. 1 Satz 1 die **perpetuatio fori** als allgemeines, auch für die Zuständigkeit innerhalb des Rechtswegs Geltung beanspruchendes Rechtsprinzip anerkannt ist, das auch durch gesetzliche Zuständigkeitsänderungen nicht durchbrochen wird, wenn das Gesetz nicht ausdrücklich etwas anders bestimmt (§ 17 Rn. 9). Sie gilt auch dort, wo es um die Abgrenzung von Bundes- und Landesgerichtsbarkeit geht.[28]

Für die in § 120 Abs. 1 aufgeführten Delikte kann das OLG nicht die Zuständigkeit des LG begründen. Zwar kann der GBA nach § 142a Abs. 2, 3 das Verfahren wegen solcher Delikte teilweise stets, teilweise in Sachen von minderer Bedeutung an die LandesStA abgeben; das ändert aber nichts an der zwingenden erstinstanzlichen Zuständigkeit des OLG. Kommt aber das OLG auf eine Anklage zu der Überzeugung, dass kein Staatsschutzdelikt vorliegt, hat es das Hauptverfahren vor dem zuständigen Gericht niederer Ordnung zu eröffnen,[29] § 209 Abs. 1 StPO. Dasselbe gilt, wenn das OLG, bei dem unter anderem wegen Vergehens gegen § 129 a StGB Anklage erhoben ist, die Untersuchung zugleich mit der Zulassung der Anklage auf Gesetzesverletzungen beschränkt, die nicht seine erstinstanzliche Zuständigkeit begründen.[30]

Liegt keine **Staatsschutzsache** nach Abs. 2 vor, hat das OLG das Hauptverfahren ebenfalls entsprechend Satz 2 vor dem zuständigen Gericht niederer Ordnung zu eröffnen.[31] Nach Eröffnung des Hauptverfahrens muss das OLG die Sache entsprechend § 209 StPO an das LG verweisen, wenn es zu der Erkenntnis gelangt, bei der Zulassung der Anklage seine Zuständigkeit zu Unrecht bejaht zu haben; dagegen bleibt es entsprechend § 269 StPO bei der perpetuatio fori, wenn später im Hauptverfahren gewonnene neue Erkenntnisse ergeben, dass die Voraussetzungen von § 120 Abs. 1 und 2 nicht vorliegen.[32]

IV. Entscheidungen im Zusammenhang. Soweit das OLG nach Abs. 1 oder 2 zuständig ist, ist es nicht nur für die Verhandlung und Entscheidung der Verfahren selbst zuständig, sondern auch für die nach § 73 Abs. 1 **im Zusammenhang** mit diesen Delikten zu treffenden Entscheidungen (Abs. 3 Satz 1). Das gilt vor allem, wenn nach §§ 162, 165, 166 StPO der **Richter am AG** tätig geworden ist, dessen Zuständigkeit sich unbeschadet der Aufgaben des Ermittlungsrichters beim OLG oder BGH (§ 169 StPO) auch auf die Strafsachen nach § 120 erstreckt. War das OLG noch nicht mit dem Verfahren befasst, dann ist die Zuständigkeit nach § 120 Abs. 3 Satz 1 hier nur dann gegeben, wenn entweder der GBA oder für ihn ein Staatsanwalt tätig war oder der Richter am AG die Sache als unter § 120 fallend bezeichnet hat.[33] Führt der Richter am AG **Überwachungsmaßnahmen nach §§ 148, 148a StPO** durch, ist für dagegen erhobene Beschwerden stets das LG zuständig (§ 73 Rn. 5), auch dann, wenn es sich um Delikte nach § 120 GVG handelt. Dies folgt daraus, dass mit der Übertragung dieser Aufgaben auf den Richter beim AG dem Gesichtspunkt der Ortsnähe Vorrang gegeben werden sollte und dass zudem der mit Überwachungsmaßnahmen betraute Richter nicht mit dem Gegenstand der Untersuchung befasst werden darf.[34]

Das nach § 120 zuständige OLG entscheidet auch über Beschwerden gegen **Verfügungen der Ermittlungsrichter** des OLG nach § 169 Abs. 1 Satz 1 StPO

---

[28] Vgl. BGHSt 46, 238 = NJW 2001, 1359.
[29] Vgl. *Rieß* GA 1976, 13.
[30] BGHSt 29, 341 = NJW 1981, 180 m. Anm. *Dünnebier* NStZ 1981, 152.
[31] A. A. *Welp* NStZ 2002, 1, 4: Verfahrenseinstellung mangels verfassungsrechtlicher Anklagekompetenz des GBA, Abs. 2 Satz 2 gilt nur bei fehlender besonderer Bedeutung.
[32] BGHSt 46, 238 = NJW 2001, 1359; a. A. *Welp* aaO.
[33] *LR/Franke* Rn. 12.
[34] BGHSt 29, 196 = NJW 1980, 1175 – str.

(Abs. 3 Satz 2); zum Ermittlungsrichter beim BGH § 135 Abs. 2. Mit der Erhebung der Anklage durch den GBA beim OLG entfällt die Zuständigkeit des BGH zur Entscheidung über Beschwerden gegen Beschlüsse und Verfügungen des Ermittlungsrichters des BGH,[35] ebenso mit der Abgabe der Sache durch den GBA an die Landes-StA. Gleiches gilt, wenn das OLG die Zulassung der Anklage wegen Straftaten nach § 120 abgelehnt, aber wegen anderer Anklagepunkte das Hauptverfahren vor dem LG eröffnet hat. Mit dieser Eröffnung geht die Zuständigkeit für Haftentscheidungen vom OLG auf das LG über, die vom OLG erlassene Haftanordnung gilt als vom nunmehr zuständigen LG getroffene Entscheidung,[36] Beschwerdegericht ist nunmehr das OLG. Solange das Verfahren beim OLG anhängig ist, lassen allein Zweifel am Vorliegen eines durch die Bundesgerichtsbarkeit zu verfolgenden Staatsschutzdelikts eine Beschwerdezuständigkeit des BGH nicht entfallen.[37]

15 Soll **Untersuchungshaft über 6 Monate** hinaus aufrechterhalten werden, ist bei erstinstanzlicher Zuständigkeit des OLG nach § 120 der BGH für diese Entscheidung zuständig, bei Zuständigkeit der StaatsschutzK nach § 74a das OLG (§ 121 Abs. 4 StPO).

16 Kraft ausdrücklicher Vorschrift ist das nach § 120 zuständige OLG auch zuständig für das **Klageerzwingungsverfahren** in diesen Sachen (§ 172 Abs. 4 Satz 2 StPO) und für die Zustimmung zum Absehen von der Strafverfolgung nach § 153e StPO.

17 **V. Beschwerdezuständigkeit für Staatsschutzkammer.** Das OLG ist weiter zuständig für die Entscheidung über die Beschwerde gegen Verfügungen und Entscheidungen der StaatsschutzK des § 74a in Abweichung von dem allgemeinen örtlichen Rechtsmittelzug (Abs. 4 Satz 1). Es entscheidet auch über Beschwerden gegen Entscheidungen des Jugendrichters als Vollstreckungsleiter (§ 83 JGG), wenn ein Jugendlicher oder Heranwachsender im ersten Rechtszug vom OLG verurteilt wurde[38] (Rn. 7).

18 **VI. Akustische Wohnraumüberwachung.** In Abweichung vom allgemeinen örtlichen Rechtsmittelzug entscheidet das OLG nach Abs. 4 Satz 2 über die Beschwerde gegen Verfügungen und Entscheidungen des nach § 74a Abs. 4 zuständigen Gerichts, so über die Beschwerde gegen die Anordnung oder die Verlängerung einer akustischen Wohnraumüberwachung (§§ 100c Abs. 1, 100d Abs. 1 StPO) oder deren Ablehnung und die sofortige Beschwerde gegen die Entscheidung der StrafK über die Rechtmäßigkeit der Anordnung sowie der Art und Weise des Vollzugs (§ 101 Abs. 7 StPO).

19 Das OLG entscheidet ferner originär über die Verlängerung der Dauer der Anordnung über sechs Monate hinaus (§ 100d Abs. 1 Satz 6 StPO).

20 Um Staatsschutzsachen braucht es sich nicht zu handeln (§ 74a Rn. 17). Zur gesetzlichen Geschäftsverteilung Rn. 24.

21 **VII. Örtliche Zuständigkeit.** Örtlich zuständig für die im § 120 aufgeführten Strafsachen ist das OLG, in dessen Bezirk die LReg ihren Sitz hat (Abs. 1, 1. Halbsatz), und zwar für das Gebiet des gesamten Landes. Die Konzentration soll sicherstellen, dass in diesen Verfahren, in denen häufig schwierige tatsächliche Fragen und besondere Rechtsprobleme auftreten, Richter mit besonderer Sachkunde und breiter Erfahrung auf diesem Gebiet zur Verfügung stehen,[39] zumal die besondere Natur dieser Strafsachen von den erkennenden Richtern eine intime Sachkenntnis der in diesem Bereich maßgeblichen Vorgänge und Verhaltensweisen er-

---

[35] BGHSt 27, 253 = NJW 1977, 2175.
[36] BGHSt 29, 200 = NJW 1980, 1401.
[37] BGH NStZ 2000, 609.
[38] OLG Düsseldorf NStZ 2001, 616.
[39] BTagsDrucks. V/4086 S. 7; BGHSt 28, 103 = NJW 1979, 55.

fordert, „namentlich bei der Organisation, Steuerung und Tarnung staatsfeindlicher Angriffsmethoden, die alle Möglichkeiten menschlicher Erfindungsgabe und technischer Hilfsmittel einsetzen".[40]

Bei Einführung der Zuständigkeit der OLG nach § 120 waren aus diesen Überlegungen heraus zunächst nur vier OLG überhaupt als zuständig vorgesehen, mit Rücksicht auf den Widerstand der Länder[41] wurde schließlich aber für jedes Land ein OLG für zuständig erklärt.[42] Jedoch können die beteiligten Länder nach Abs. 5 Satz 2 durch Vereinbarung dem nach § 120 zuständigen OLG diese Aufgaben auch für das Gebiet eines anderen Landes übertragen. Hiervon ist Gebrauch gemacht: OLG Hamburg ist auch zuständig für Bremen; OLG Koblenz auch für das Saarland. Ob eine weitergehende Konzentration zweckmäßig ist,[43] erscheint zweifelhaft. 22

VIII. Besetzung. § 122 Abs. 2. 23

IX. Geschäftsverteilung. Für **Staatsschutzsachen** begründet § 120 Abs. 1–3, Abs. 4 Satz 1 nur die sachliche und örtliche Zuständigkeit des OLG. Es besteht jedoch keine Vorschrift darüber, dass alle diese Strafverfahren einem Senat zugewiesen sind, anders als etwa § 74 Abs. 2, § 74a usw. Es können deshalb auch mehrere Senate mit diesen Strafsachen beauftragt werden, nicht nur für den Fall der Zurückverweisung nach § 354 Abs. 2 StPO. Die für die örtliche Konzentration sprechenden Überlegungen (Rn. 21) legen es jedoch nahe, alle Sachen bei einem Senat zu konzentrieren, wobei im Interesse seiner Auslastung andere Sachen dazukommen können. 24

Anderes gilt, soweit das OLG zuständig ist für Entscheidungen im Zusammenhang mit der **akustischen Wohnraumüberwachung.** Für diese Sachen enthält § 120 Abs. 4 Satz 2 eine gesetzliche Regelung der Geschäftsverteilung (§ 21e Rn. 87f.). Nach dem unmissverständlichen Gesetzeswortlaut ist „ein" Senat zuständig. Um einen kraft Gesetzes errichteten Spezialspruchkörper handelt es sich aber nicht; das Präsidium hat die Sachen insgesamt einem Senat zuzuweisen (vgl. im Einzelnen § 74a Rn. 17). 25

Noch weitergehend wird die Zuständigkeit eines nicht mit Hauptverfahren in Strafsachen befassten Senats bestimmt (zu den Gründen § 74a Rn. 16). Dies schließt es aus, sie einem auch mit Staatsschutzsachen befassten Senat zuzuweisen. Ebenso wenig wäre die gleichzeitige Zuständigkeit des Senats für Entscheidungen über die Revision gegen Urteile des AG oder Berufungsurteile des LG (§ 121 Abs. 1 Nr. 1) mit der Vorschrift vereinbar. Auch das Revisionsverfahren gehört noch zum Hauptverfahren; der Zweck der Regelung, es generell auszuschließen, dass das in der Hauptsache erkennende Gerichts mit Maßnahmen befasst wird, die dem Angeklagten nicht bekannt sind, kommt hier gleichermaßen zum Tragen. So ist auf die Sachrüge die tatrichterlichen Beweiswürdigung darauf zu überprüfen, ob die Schlussfolgerungen noch auf einer festen Tatsachengrundlage beruhen[44] oder ob alle Beweise erschöpfend gewürdigt sind.[45] Aus der Sicht des Angeklagten kann deshalb auch im Revisionsverfahren die Besorgnis bestehen, dass sich das Gericht dem Erkenntniswert des informellen Beweismaterials nicht wird verschließen können.[46] Soweit kein diesen Anforderungen genügender Senat besteht, hat die Justizverwaltung ihn einzurichten. 26

X. Örtlicher Gerichtsstand. Für den örtlichen Gerichtsstand gelten die allgemeinen Vorschriften der §§ 7ff. StPO (Abs. 5 Satz 1). 27

---

[40] *Fischer* NJW 1969, 449, 451; *Martin* NJW 1969, 714.
[41] Vgl. BGHSt 28, 103 = NJW 1979, 55; *Fischer* NJW 1969, 451.
[42] Zu den Bedenken hiergegen vgl. *Fischer* NJW 1969, 451; *Martin* NJW 1969, 714; *Kohlhaas* NJW 1970, 21; *Wagner*, FS Dreher, 1977 S. 645.
[43] So aber *Vogel* NJW 1978, 1228; Erklärung der BReg DRiZ 1977, 380.
[44] BGH NStZ 1981, 33; 1986, 373.
[45] BGHSt 29, 18.
[46] BVerfGE 109, 279 = NJW 2004, 999.

§ 120a 1, 2   8. Titel. Oberlandesgerichte

28   **XI. Rechtsmittel.** Gegen die Urteile des OLG ist die **Revision** nach §§ 333 StPO, 135 Abs. 1 GVG, gegen Verfügungen und Beschlüsse des OLG ist die Beschwerde nur nach § 304 Abs. 4 StPO, § 135 Abs. 2 GVG zulässig. Andere Beschwerden sind unzulässig, so die isolierte Kostenbeschwerde nach § 464 Abs. 3 StPO.[47] Auch der Beschluss, mit dem die Ablehnung eines Richters als unzulässig verworfen oder als unbegründet zurückgewiesen wird (§ 28 Abs. 2 StPO), kann nicht mit der sofortigen Beschwerde zum BGH angefochten werden; deshalb kann auch eine Revision nicht darauf gestützt werden, das Gericht habe ein Ablehnungsgesuch zu Unrecht verworfen.[48]

29   **XII. Gnadenrecht.** In den von den OLG erstinstanzlich entschiedenen Verfahren steht, da es sich um Ausübung der Gerichtsbarkeit des Bundes handelt (Rn. 8), das Gnadenrecht nach § 452 StPO dem Bund zu, vgl. Art. 60 Abs. 2, 3 GG.

30   **XIII. Erstattung.** Ausdruck der Abgrenzung zwischen Bund und Land (Rn. 8 ff.) ist auch Abs. 7, der im Zuge einer Rechtsbereinigung (vgl. Gesetzesfassung) den Regelungsinhalt von Art. 3 des Gesetzes vom 8. 9. 1969 (BGBl. I S. 1582) in das GVG übernommen hat. Die Länder können vom Bund Erstattung verlangen, soweit sie auf Grund von Strafverfahren, in denen die OLG in Ausübung von Gerichtsbarkeit des Bundes entscheiden, Verfahrenskosten und Auslagen von Verfahrensbeteiligten zu tragen oder Entschädigungen zu leisten haben. Verfahrenskosten und Auslagen sind nur solche im Sinne des § 464 StPO, nicht aber der durch die Ausübung der Bundesgerichtsbarkeit entstandene Personalaufwand, ebenso wenig Gebäudekosten. Erstattung kann nicht nur verlangt werden, wenn das Land nach der ergangenen Entscheidung die Kosten und Auslagen zu tragen hat, sondern auch, soweit die vom Angeklagten zu tragenden Kosten bei diesem uneinbringlich sind. Vgl. auch § 142a Rn. 8.

§ 120a. [Nachträgliche Anordnung der Sicherungsverwahrung]

(1) Hat im ersten Rechtszug ein Strafsenat die Anordnung der Sicherungsverwahrung vorbehalten oder in den Fällen des § 66b des Strafgesetzbuches und des § 106 Abs. 5 oder Abs. 6 des Jugendgerichtsgesetzes als Tatgericht entschieden, ist dieser Strafsenat im ersten Rechtszug für die Verhandlung und Entscheidung über die im Urteil vorbehaltene oder die nachträgliche Anordnung der Sicherungsverwahrung zuständig.

(2) In den Fällen des § 66b des Strafgesetzbuches und des § 106 Abs. 5 und Abs. 6 des Jugendgerichtsgesetzes gilt § 462a Abs. 3 Satz 2 und 3 der Strafprozessordnung entsprechend.

Gesetzesfassung: Art. 3 Nr. 3 G zur Einführung der nachträglichen Sicherungsverwahrung vom 23. 7. 2004 (BGBl. I S. 1838).

1   **I. Regelungsinhalt.** § 120a bestimmt die gerichtliche Zuständigkeit im ersten Rechtszug für die Verhandlung und die Entscheidung über die Anordnung der im Urteil vorbehaltenen Sicherungsverwahrung (§ 66a StGB) und über die nachträgliche Anordnung der Sicherungsverwahrung (§ 66b StGB), wenn die Anlasstat im ersten Rechtszug vom OLG abgeurteilt wurde. Hat das AG oder das LG die Tat abgeurteilt, gilt § 74f. Zum Verfahren im Einzelnen § 74f Rn. 1.

2   **II. Zuständigkeit desselben Senats.** Abs. 1 begründet für die Verhandlung und die Entscheidung über die im Urteil vorbehaltene Sicherungsverwahrung und über die nachträgliche Anordnung der Sicherungsverwahrung die **Zuständigkeit desselben Strafsenats,** der im ersten Rechtszug die Anlasstat abgeurteilt hat. Wie

---
[47] BGHSt 26, 250 = NJW 1976, 523; St 27, 96 = NJW 1977, 1829.
[48] BGHSt 27, 96 = NJW 1977, 1829.

bei § 74f Abs. 1 handelt es sich um einen Fall der gesetzlichen Geschäftsverteilung (§ 21e Rn. 87f.). Siehe im Übrigen § 74f Rn. 3.

III. Zuständigkeitskonzentration. Aus Abs. 2 folgt in Verbindung mit § 462a **3** Abs. 3 Satz 2 StPO eine Konzentration der **örtlichen Zuständigkeit** bei einem OLG, wenn Verurteilungen durch verschiedene OLG zusammentreffen. Weiter ergibt sich in Verbindung mit § 462a Abs. 3 Satz 3, 2. Halbsatz StPO wie nach § 74f Abs. 3 (dort Rn. 5) die Konzentration der **sachlichen Zuständigkeit** beim OLG, wenn ein im ersten Rechtszug vom OLG erlassenes Urteil mit einem solchen des AG oder des LG zusammentrifft. Die Konzentration greift auch hier nur bei der nachträglichen Anordnung der Sicherungsverwahrung (§ 66b StGB) ein, nicht aber bei der Anordnung der vorbehaltenen Sicherungsverwahrung (§ 66a StGB); vgl. § 74f Rn. 5.

§ 121. [Zuständigkeit in Strafsachen in der Rechtsmittelinstanz]

(1) **Die Oberlandesgerichte sind in Strafsachen ferner zuständig für die Verhandlung und Entscheidung über die Rechtsmittel:**
1. der Revision gegen
   a) die mit der Berufung nicht anfechtbaren Urteile des Strafrichters;
   b) die Berufungsurteile der kleinen und großen Strafkammern;
   c) die Urteile des Landgerichts im ersten Rechtszug, wenn die Revision ausschließlich auf die Verletzung einer in den Landesgesetzen enthaltenen Rechtsnorm gestützt wird;
2. der Beschwerde gegen strafrichterliche Entscheidungen, soweit nicht die Zuständigkeit der Strafkammern oder des Bundesgerichtshofes begründet ist;
3. der Rechtsbeschwerde gegen Entscheidungen der Strafvollstreckungskammern nach den § 50 Abs. 5, §§ 116, 138 Abs. 3 des Strafvollzugsgesetzes und der Jugendkammern nach § 92 Abs. 2 des Jugendgerichtsgesetzes.

(2) **Will ein Oberlandesgericht bei seiner Entscheidung nach Absatz 1 Nr. 1a oder b von einer nach dem 1. April 1950 ergangenen, bei seiner Entscheidung nach Absatz 1 Nr. 3 von einer nach dem 1. Januar 1977 ergangenen Entscheidung eines anderen Oberlandesgerichts oder von einer Entscheidung des Bundesgerichtshofes abweichen, so hat es die Sache diesem vorzulegen.**

(3) ¹**Ein Land, in dem mehrere Oberlandesgerichte errichtet sind, kann durch Rechtsverordnung der Landesregierung die Entscheidungen nach Absatz 1 Nr. 3 einem Oberlandesgericht für die Bezirke mehrerer Oberlandesgerichte oder dem Obersten Landesgericht zuweisen, sofern die Zuweisung für eine sachdienliche Förderung oder schnellere Erledigung der Verfahren zweckmäßig ist.** ²**Die Landesregierungen können die Ermächtigung durch Rechtsverordnung auf die Landesjustizverwaltungen übertragen.**

Übersicht

	Rn.		Rn.
I. Allgemeine Rechtsmittelzuständigkeit	1	III. Beschwerden	8
II. Revisionen (Abs. 1 Nr. 1)	2	IV. Rechtsbeschwerden	9
1. Mit Berufung nicht anfechtbaren Urteile	2	V. Vorlagepflicht an den BGH	10
2. Berufungsurteile der StrafK	3	1. Beteiligte Gerichte	10
3. Urteile des LG erster Instanz in Sachen des Landesrechts	4	2. Sinn der Vorlagepflicht	13
4. JGG	7	3. Voraussetzungen der Vorlagepflicht	
		VI. Konzentrationsermächtigung	29

Gesetzesfassung: Abs. 1 Nr. 3, Abs. 2 und 3 i.d.F. § 179 StVollzG; Abs. 1 Nr. 3 geändert durch Art. 2 Nr. 2 G zur Änderung des StVollzG vom 20. 1. 1984 (BGBl. I S. 97). § 121 Abs. 1 Nr. 3 neu gefasst durch Art. 12 Nr. 2 G über elektronische Register und Justizkosten für Telekommunikation vom 10. 12. 2001 (BGBl. I S. 3422), geändert durch Art. 3 2. G zur

Änderung des Jugendgerichtsgesetzes und anderer Gesetze vom 13. 12. 2007 (BGBl. I S. 2894).

1 I. Allgemeine Rechtsmittelzuständigkeit. Die Vorschrift regelt die **allgemeine Rechtsmittelzuständigkeit des OLG in Strafsachen.** In Staatsschutzsachen besteht daneben eine Rechtsmittelzuständigkeit nach § 120 Abs. 3, 4. Weitergehende Zuständigkeiten in Strafsachen ergeben sich aus §§ 23, 35, 37 EGGVG, §§ 4, 12, 13, 15, 19, 27, 121, 126 a, 138 c, 172 StPO, § 79 OWiG (Rn. 28) und § 83 GWB, § 9 StrEG, § 13 IRG. Die Zuständigkeit nach § 121 im Einzelnen:

2 II. Revisionen (Abs. 1 Nr. 1). 1. Revision gegen die mit der Berufung nicht anfechtbaren **Urteile des Strafrichters** (Nr. 1 a). Gemeint sind damit nicht nur die Urteile des Strafrichters als Einzelrichter (§ 25), sondern auch des SchöffenG[1] (§ 28). Da aber alle diese Urteile heute mit der Berufung anfechtbar sind (anders als nach § 313 StPO a. F.: Übertretungen mit Geldstrafe geahndet), klärt die Vorschrift nur die Zuständigkeit für die Sprungrevision nach § 335 StPO; diese ist gegen Urteile des Einzelrichters wie des SchöffenG zulässig. Nicht gegen alle Urteile des AG ist die Revision zulässig. In Schifffahrtssachen ist sie ausgeschlossen (vgl. § 14 Rn. 6), im Rahmen des § 3 EGStPO kann sie bei Feld- und Forstrügesachen durch Landesrecht ausgeschlossen werden.[2]

3 2. Revision gegen die **Berufungsurteile der kleinen und großen StrafK** (Nr. 1b). Nach der Neufassung des § 76 GVG durch das RPflEntlG hat die große StrafK keine Berufungszuständigkeit mehr; für die Berufung gegen Urteile des Strafrichters oder des SchöffenG ist stets die kleine StrafK zuständig. Auch die Zuziehung des zweiten Berufsrichters bei Berufungen gegen die Urteile des erweiterten SchöffenG (§ 76 Abs. 3) macht die kleine StrafK nicht zur „großen" (vgl. § 76 Rn. 14). Die große StrafK ist jedoch noch für die Berufung in Jugendsachen z. T. zuständig (§§ 41 Abs. 1, 33b Abs. 1 JGG). Auch wenn das Berufungsgericht die Strafgewalt nach § 24 Abs. 2 überschritten hat, geht die Revision stets an das OLG (vgl. § 24 Rn. 24, 28). Hat das Berufungsgericht eine Verbindung von erst- und zweitinstanzlichen Sachen vorgenommen (§ 237 StPO), ist, da für die Revision nur ein Gericht zuständig sein kann, der BGH zuständig.[3]

4 3. Revision gegen **Urteile des LG in erster Instanz,** wenn die Revision ausschließlich auf die **Verletzung von Landesrecht** gestützt wird (Nr. 1 c); aber auch hier kann die Landesgesetzgebung nach Art. 99 GG, §§ 3, 6 EGStPO die Zuständigkeit des BGH begründen. „Landesgesetz" ist das von einem Land durch Gesetz oder RechtsVO geschaffene Recht.[4] Soweit die Revision neben der Verletzung von Landesgesetzen auch auf die Verletzung von Bundesrecht gestützt wird, ist insgesamt der BGH zuständig, da die Vorschrift „ausschließlich" auf Landesrecht abstellt. Dabei macht es keinen Unterschied, ob die Rüge der Verletzung von Bundesrecht Erfolgsaussicht hat. Im Interesse der Rechtsmittelklarheit muss das auch gelten für nur zum Schein erhobene Rügen der Verletzung von Bundesrecht[5] oder wenn eine offensichtlich unbegründete Verfahrensrüge erhoben wird.[6] Gibt es mehrere Revisionsführer, ist der BGH insgesamt zuständig, wenn auch nur einer von ihnen auch die Verletzung von Bundesrecht rügt.[7]

5 Als Ausnahme von der allgemeinen Revisionszuständigkeit ist Nr. 1 c **eng auszulegen;** die Vorschrift soll (vergleichbar § 545 Abs. 1 ZPO, §§ 8, 9 EGGVG) den

---

[1] *KK/Hannich* Rn. 3.
[2] BGHSt 4, 138 = NJW 1953, 1073.
[3] H. M., vgl. BGHSt 4, 207 = NJW 1953, 1313; BGH NJW 1955, 1198.
[4] Vgl. BVerfGE 18, 407 = NJW 1965, 1371.
[5] A. A. RGSt 40, 221; *KK/Hannich* Rn. 8.
[6] *LR/Franke* Rn. 10; *Eb. Schmidt* Rn. 6.
[7] H. M., vgl. BGHSt 4, 207 = NJW 1953, 1313.

BGH von der isolierten Anwendung von Landesrecht fernhalten. Deshalb kann sie nur gelten, wenn es in der Revisionsinstanz ausschließlich um die Anwendung von Landesrecht geht, auch unter Berücksichtigung der Prüfung des Revisionsgerichts von Amts wegen nach § 352 StPO.[8] Eine allein auf die Verletzung von Landesrecht gestützte Revision kann nicht schon per se die Zuständigkeit des BGH ausschließen; es muss vielmehr eindeutig sein, dass die Überprüfung des Urteils nur auf Grund Landesrechts in Frage kommen kann. Deshalb führt die allgemeine Sachrüge bei einer Verurteilung, die auch auf Bundesrecht beruht, stets zur Zuständigkeit des BGH.[9] Nicht mehr gefolgt werden kann der Auffassung, wonach die geltend gemachte Verkennung des Begriffs „Fahrlässigkeit" und „unmittelbare Täterschaft" im Zusammenhang mit Strafvorschriften des Landesrechts einer ausschließlichen Verletzung von Landesrecht entgegenstünde.[10]

Sieht das OLG seine Zuständigkeit nicht als gegeben an, hat es nach § 348 StPO **6** zu verfahren – und ebenso der BGH.[11] Gegen eine Revisionsentscheidung des OLG ist, auch wenn es seine Zuständigkeit zu Unrecht angenommen hat, kein Rechtsmittel mehr gegeben. Die Entscheidung ist voll wirksam, von fehlender Gerichtsbarkeit kann nicht gesprochen werden.[12]

4. In Sachen nach dem **JGG** schließt die Einlegung einer zulässigen Berufung **7** die Revision aus (§ 55 Abs. 2 JGG).

III. Beschwerden. Zuständig ist das OLG für die Entscheidung über **Be- 8 schwerden gegen strafrichterliche Entscheidungen,** soweit nicht die Zuständigkeit der StrafK oder des BGH begründet ist (Abs. 1 Nr. 2). Die Zulässigkeit der Beschwerde richtet sich nach dem Verfahrensrecht, vor allem §§ 304, 310 StPO. Die Zuständigkeit des OLG besteht nur, wenn nicht die StrafK zuständig ist (§§ 73, 74a Abs. 3, 74b Satz 2 und 74c Abs. 2) oder der BGH (§§ 135 Abs. 2, 159, 181). So ist z. B. für Beschwerden gegen Entscheidungen des vom LG ersuchten Richters zunächst das LG zuständig.[13]

IV. Rechtsbeschwerden. Für **Rechtsbeschwerden gegen Entscheidungen 9 der StrafVollstrK** nach §§ 116, 138 Abs. 2 StVollzG (vgl. § 78a Rn. 20) ist das OLG zuständig (§ 117 StVollzG). Zu § 92 JGG vgl. § 78a Rn. 10. Zur Zuständigkeit des OLG gehören auch die Rechtsbeschwerden gegen Urteile des AG in **Bußgeldsachen** (§ 79 OWiG).

V. Vorlagepflicht an den BGH. 1. Beteiligte Gerichte. Will ein (Strafsenat **10** eines) OLG bei der Entscheidung einer Strafsache nach Abs. 1 Nr. 1a oder b (Rn. 2, 3) oder Nr. 3 (Rn. 9) von einer Entscheidung eines anderen OLG oder des BGH (auch des Großen Senats des BGH) abweichen, ist die Sache dem BGH vorzulegen. Entsprechendes gilt, wenn es von einer Entscheidung des Gemeinsamen Senats der obersten Gerichtshöfe des Bundes abweichen will (§ 18 Abs. 2 RSprEinhG). Zu den OLG, deren Entscheidungen die Vorlagepflicht auslösen, gehört auch das zwischenzeitlich aufgelöste (§ 8 EGGVG Rn. 11) BayObLG, da bei ihm die Aufgaben der bayerischen OLG konzentriert waren (§ 9 EGGVG). Eine **Innendivergenz,** also die abweichende Entscheidung eines Senats desselben OLG, kann weder die Vorlagepflicht auslösen noch die Vorlage rechtfertigen, wie dies nach § 132 für den BGH gilt. Dem steht der Wortlaut entgegen (vgl. § 132 Rn. 1); auch wird eine solche Divergenz entschärft und zeitlich begrenzt dadurch,

---

[8] *LR/Franke* Rn. 12; a. A. *KK/Hannich* Rn. 9; *Meyer-Goßner* Rn. 1.
[9] KG JR 1957, 230; *LR/Franke* Rn. 12; *Meyer-Goßner* Rn. 1; a. A. *KK/Hannich* Rn. 9.
[10] RG JW 1911, 855; ähnlich BayObLG JW 1916, 501.
[11] Vgl. RGSt 67, 59.
[12] *KK/Hannich* Rn. 10; *Jauernig* NJW 1971, 1819; *Geppert* GA 1972, 165; a. A. OLG Hamm NJW 1971, 1623.
[13] OLG Karlsruhe Justiz 1979, 68.

dass ein anderes OLG, gleichgültig wie es sich entscheiden will, die Sache vorlegen muss.[14] Keine Vorlagemöglichkeit besteht bei divergierenden Entscheidungen des AG oder LG, die nicht im Rechtsmittelzug zum OLG gelangen können.[15] Von eigenen Entscheidungen kann ein Senat jederzeit abweichen. Keine Vorlagepflicht besteht auch bei Abweichung von den Gerichten der **anderen Gerichtsbarkeiten,** vom Reichsgericht und vom OGH, auch vom früheren Obersten Gerichtshof der DDR. Übten jedoch nach dem 3. 10. 1990 die BezG die RSpr anstelle der OLG aus (vgl. § 1 EGGVG Rn. 20), sind ihre Entscheidungen divergenzfähig mit der Folge der Vorlagepflicht. Im Übrigen besteht sie nur bei Divergenz zu Gerichten im Geltungsbereich des GVG.[16]

Soweit danach eine Vorlagepflicht institutionell besteht, kommt es nicht darauf an, ob der Senat, der entschieden hatte, noch besteht[17] oder ein früherer Feriensenat entschieden hat[18]

11 Divergenzen hinsichtlich der **Verfassungsmäßigkeit** einer Vorschrift oder ihrer Anwendung unterfallen nicht § 121. Sie sind vom jeweiligen Senat selbst zu entscheiden, etwa hinsichtlich verfassungskonformer Auslegung einer Vorschrift, oder dem BVerfG nach Art. 100 GG vorzulegen[19] (§ 12 Rn. 18). Bei **vorkonstitutionellem** Recht, für das das Entscheidungsmonopol des BVerfG nach Art. 100 GG nicht besteht, gilt § 121 uneingeschränkt.[20] Die Vorlagepflicht zum BGH besteht auch nicht bei Divergenz in der Auslegung des **Europäischen Gemeinschaftsrechts,** soweit die Kompetenz des EuGH reicht. Der EuGH hat die alleinige Kompetenz zur verbindlichen Auslegung des **EGV** und hierauf beruhender Rechtssetzungsakte (Art. 234 EGV; zuvor Art. 177). An seine Entscheidungen sind die nationalen Gerichte jeweils gebunden, sie können in Fragen des EG-Rechts ihm die Sache unmittelbar vorlegen.[21] Eine Vorlage an den BGH ist in diesem Rahmen nicht zulässig, ob nun der EuGH die Frage bereits entschieden hat oder noch nicht, denn das Recht eines nationalen Gerichts, den EuGH unmittelbar anzurufen (Art. 234 Abs. 2 EGV), darf nicht durch innerstaatliche Vorschriften beeinträchtigt werden, die das nationale Gericht an die rechtliche Beurteilung eines im Instanzenzug übergeordneten nationalen Gerichts binden.[22] Die Anrufung kann unterbleiben, wenn der EuGH in einem anderen Verfahren die Auslegungsfrage schon so beantwortet hat, wie sie das nationale Gericht in Divergenz zu einer Entscheidung eines anderen OLG oder des BGH entscheiden möchte,[23] ebenso, wenn auf der Hand liegt, dass nur eine Auslegung in Betracht kommt.[24] – Steht die Auslegung von Gemeinschaftsrecht auf dem Gebiet der polizeilichen Zusammenarbeit und der justiziellen Zusammenarbeit in Strafsachen auf der Grundlage von **Titel VI EUV** in Frage, ergibt sich die Vorlagepflicht aus Art. 35 EUV in Verbindung mit der Anerkennung seiner Zuständigkeit in § 1 EuGHG; es gelten dieselben Grundsätze.[25]

12 Die Vorlagepflicht nach § 121 Abs. 2 besteht nur für Urteile in Revisionsverfahren nach Abs. 1 Nr. 1 a und b, also nicht bezüglich auf Landesgesetz gestützter Revisionen nach Nr. 1 c. Sie besteht auch nicht für Beschwerdeentscheidungen nach

---

[14] StRSpr, BGHSt 22, 321 = NJW 1969, 887; *KK/Hannich* Rn. 22; *Meyer-Goßner* Rn. 9; *Eb. Schmidt* Rn. 12; *Schroth* JR 1990, 94; a. A. *LR/Franke* Rn. 43 ff.; vgl. NJW 1958, 51.
[15] Rechtspolitisch *Kissel* ZRP 1976, 10.
[16] OLG Hamm NJW 1954, 724.
[17] BGHSt 13, 46 = NJW 1959, 1501; St 17, 360 = NJW 1962, 1685; St 24, 208 = NJW 1971, 2272; St 25, 122 = NJW 1973, 860; *Kleinknecht* JZ 1959, 182.
[18] *LR/Franke* Rn. 39; *Schroth* JR 1990, 94.
[19] BVerfGE 6, 222 = NJW 1957, 625; BVerfG NJW 1962, 459; BGHSt 14, 175 = NJW 1960, 1115.
[20] *KK/Hannich* Rn. 33.
[21] Vgl. hierzu *Pache/Knauff* NVwZ 2004, 16.
[22] BGHSt 36, 92 = NJW 1989, 1437; a. A. *Herdegen* MDR 1985, 542.
[23] BGHSt 33, 76 = NJW 1985, 2904.
[24] BGH NJW 2002, 2653 zu § 42 IRG; *KK/Hannich* Rn. 13.
[25] BGH aaO. mit Anm. *Hecker* NStZ 2002, 663.

Nr. 2,²⁶ aber nach Abs. 1 Nr. 3 (Strafvollstreckung). Zu § 79 Abs. 3 OWiG Rn. 28. Die Vorlagepflicht betrifft **zeitlich** nur die beabsichtigte Abweichung von Entscheidungen, die in den Fällen des Abs. 1 Nr. 1a und b nach dem 1. 4. 1950 ergangen sind, im Falle des Abs. 1 Nr. 3 nach dem 1. 1. 1977. Ob die Entscheidungen veröffentlicht sind, hat keine Bedeutung.

2. Sinn der Vorlagepflicht. Sinn der Vorlagepflicht ist es, die durch den allgemeinen Gleichheitssatz gebotene Rechtsanwendungsgleichheit als eine Grundforderung des Rechtsstaats²⁷ anzustreben. Zwar ist der Richter grundsätzlich nicht an Entscheidungen anderer Gerichte, auch nicht der ihm im Instanzenzug übergeordneten gebunden (Präjudizien, vgl. § 1 Rn. 131), aber es ist legitim, im Interesse der **einheitlichen Rechtsanwendung** Divergenzen in der Revisions-RSpr zwischen den OLG untereinander und im Verhältnis zum BGH möglichst zu vermeiden; solche Divergenzen sind der **Rechtssicherheit** (vgl. Einl. Rn. 228), der **Voraussehbarkeit der Rechtsanwendung** und damit der Rechtsberatung ebenso abträglich wie dem Ansehen der Justiz insgesamt und mit dem Gedanken der Gerechtigkeit schwer vereinbar. Deshalb sieht Abs. 2 die Pflicht der OLG vor, unter bestimmten Voraussetzungen eine Sache dem BGH zur Entscheidung vorzulegen. Diesem Ziel der Einheitlichkeit der RSpr dienen z. B. auch §§ 79 Abs. 3 OWiG, 28 FGG, 79 GBO, 29 EGGVG, 543 Abs. 2 Satz 1 ZPO, 74 GWB, 42 IRG, 219 BEG, 145 BRAO, 72 ArbGG, 132 VwGO, 24 LwVG, 11 BSchiffVerfG, 87 Abs. 2 SchiffsregisterO. Innerhalb des BGH wird durch §§ 132, 138 eine einheitliche RSpr gewährleistet, zwischen den verschiedenen obersten Gerichtshöfen des Bundes durch das RSprEinhG, auch z. B. durch die vielen Konzentrationsermächtigungen. Die Vorlagepflicht hat sich uneingeschränkt **bewährt** und ganz erheblich zur Rechtseinheit beigetragen.²⁸ Sie stellt weder eine Gefahr für die Unabhängigkeit des einzelnen Richters dar (vgl. § 1 Rn. 137) noch ist sie geeignet, sein Ansehen zu schmälern durch den Zwang, auf eine eigene Entscheidung verzichten zu müssen, wie in der rechtspolitischen Diskussion gelegentlich vorgetragen wird. Die Bindung des Richters an ein im Instanzenzug übergeordnetes Gericht ist ein wesentliches Element der Rechtssicherheit und damit der Rechtsstaatlichkeit. Im Zweifel sollte stets vorgelegt werden; das wird dem Sinn des Gesetzes eher gerecht als gelegentlich sehr konstruiert anmutende Versuche, die Nichtvorlage zu begründen. Damit soll indessen nicht einer Ausdehnung der Vorlagepflicht über das zur Wahrung der Rechtseinheit notwendige Maß hinaus das Wort geredet werden,²⁹ denn der Spielraum der OLG für die Entwicklung eigener Rechtsgedanken darf im Interesse der Fortentwicklung der Rechtspflege nicht übermäßig eingeengt werden.³⁰

3. Voraussetzungen der Vorlagepflicht. a) Erste Voraussetzung der Vorlagepflicht ist das Vorliegen einer **vorangegangenen instanzbeendenden abweichenden Entscheidung** eines anderen OLG oder des BGH (Rn. 10). Dabei kann es sich sowohl um ein Urteil als auch um einen Beschluss handeln.³¹ Eine vorangegangene Entscheidung des BGH liegt vor, wenn ein Senat des BGH eine Entscheidung getroffen hat ohne Rücksicht darauf, ob es ein Zivilsenat oder ein Strafsenat war und welchem **Rechtsgebiet** die Entscheidung angehört;³² bei der abweichenden Entscheidung eines OLG-Senats muss es sich jedoch um eine Entscheidung handeln, die ihrerseits § 121 Abs. 1 Nr. 1a oder b oder Nr. 3 unterfällt.³³ Es ge-

---

²⁶ Vgl. BGHSt 12, 213.
²⁷ BVerfGE 66, 335 = NJW 1984, 2346; *M. Schulte*, Rechtsprechungseinheit als Verfassungsauftrag, 1986.
²⁸ Eingehend *LR/Franke* Rn. 34.
²⁹ *KK/Hannich* Rn. 14.
³⁰ BGH NJW 1963, 2085; BGH VRS 55, 420; BGH DRiZ 1979, 151 Nr. 24.
³¹ BGHSt 12, 213.
³² BGHSt 16, 7 = NJW 1961, 1124; St 16, 19 = NJW 1961, 1075.
³³ BGHSt 11, 152 = NJW 1958, 509; St 12, 213; St 13, 388 = NJW 1960, 494; *KK/Hannich* Rn. 19; *LR/Franke* Rn. 51.

nügt, wenn die frühere Entscheidung die Frage betrifft, ob die Anrufung des OLG überhaupt zulässig ist.[34] Ob die Entscheidung sich mit der nunmehr erheblich gewordenen Rechtsansicht eingehend auseinandersetzt oder sie nur, sozusagen stillschweigend, zugrunde legt, macht keinen Unterschied.[35] Die Vorlage ist auch dann zulässig, wenn das OLG, das von der Entscheidung eines anderen OLG abweichen will, bei Erlass des Vorlagebeschlusses übersehen hat, dass über die Rechtsfrage bereits eine seiner eigenen Rechtsauffassung entgegengesetzte Entscheidung des BGH ergangen ist.[36]

15 Betrifft die vorangegangene Entscheidung die Anwendung von **Bundesrecht,** erzeugt sie stets die Vorlagepflicht. Die Vorlagepflicht entsteht aber, trotz der fehlenden Vorlagepflicht im Falle des § 121 Abs. 1 Nr. 1c, auch bei der Anwendung von **Landesrecht,** wenn dieses mit Bundesrecht inhaltlich oder gar wörtlich übereinstimmt.[37] Auch die Divergenz in der Anwendung **ausländischen Rechts** führt zur Vorlagepflicht, da § 121 nicht auf die Anwendung innerstaatlichen Rechts abstellt; anders z. B. § 28 Abs. 2 FGG.[38] Zum **europäischen Recht** Rn. 11.

16 Die Vorlagepflicht entfällt, wenn die divergierende Entscheidung inzwischen **aufgegeben oder überholt** ist. Sie auf aufgegeben, wenn der gleiche Spruchkörper davon abgewichen ist,[39] nicht ein anderer Spruchkörper des gleichen Gerichts (vgl. Rn. 10), wohl aber, wenn der die Abweichung beabsichtigende Senat für diese Entscheidungen nunmehr allein zuständig ist. Nach h. M. gilt das auch, wenn das Gericht auf Anfrage erklärt, nicht mehr an der Entscheidung festzuhalten[40] (vgl. § 132 Rn. 28). Dem kann jedoch nicht zugestimmt werden. Es entspricht nicht der Autorität eines Urteils, dieses durch eine „schlichte" Auskunft, die nicht unter den förmlichen, nach außen erkennbaren Voraussetzungen der Entscheidungsfindung und mit rechtlichem Gehör der Verfahrensbeteiligten erarbeitet wurde und zu verantworten ist, in seiner rechtlichen Argumentation aufzuheben. Das Anfrageverfahren mag im Verhältnis der Senate des BGH untereinander praktikabel sein (vgl. § 132 Abs. 3), es kann aber nicht im Verhältnis zwischen den vielen am Vorlageverfahren nach § 121 beteiligten Gerichten im ganzen Bundesgebiet angewendet werden und ist auch nicht angemessen im Verhältnis zwischen OLG und BGH wie auch dem Ansehen höchstrichterlicher Entscheidungen abträglich. Überholt ist die frühere Entscheidung, wenn durch eine **spätere Gesetzesänderung** deren Basis weggefallen ist.[41] Vorzulegen ist aber, wenn in der anstehenden Sache noch das alte Recht anzuwenden ist,[42] es sei denn, der Gesetzgeber hätte mit einer Neufassung zugleich den Inhalt der zunächst unterschiedlich ausgelegten alten Fassung eindeutig klargestellt.[43] Ein gewandeltes Normverständnis allein lässt aber die Vorlagepflicht nicht entfallen, auch wenn es auf Gesetzesänderungen beruht.[44]

17 Hat ein Senat verschiedene Auffassungen vertreten, ist davon auszugehen, dass er mit der zeitlich jüngsten die frühere Entscheidung aufgegeben hat. bei divergierenden Entscheidungen verschiedener Senate besteht stets die Vorlagepflicht (Rn. 10),

---

[34] BGHSt 9, 272 = NJW 1956, 449.
[35] BGHSt 11, 31 = NJW 1958, 70; St 13, 66 = NJW 1959, 1187; St 23, 28, 29.
[36] BGH NJW 1989, 3160.
[37] BGHSt 23, 370, 372 = NJW 1971, 62; St 25, 347 = NJW 1974, 2140; St 26, 40 = NJW 1975, 1039; St 47, 181 = NJW 2002, 1280.
[38] Vgl. BGH NJW 1980, 532.
[39] BGHSt 26, 40 = NJW 1975, 1039.
[40] BGHSt 14, 319 = NJW 1960, 1533; St 17, 399 = NJW 1962, 2070; St 18, 268 = NJW 1963, 820; vgl. auch BGH NJW 1996, 3219; BayObLGSt 1975, 10; *Schröder* NJW 1959, 1520; *LR/Franke* Rn. 45; *KK/Hannich* Rn. 25; *Heußner* DRiZ 1972, 119; *Ulsenheimer* – zweifelnd – JZ 1973, 64; *Meyer-Goßner* Rn. 7; *Eb. Schmidt* Rn. 25; *Hanack* S. 302 ff., 307, 309; *Schultz* MDR 1972, 755.
[41] BGHSt 23, 377 = NJW 1971, 104; St 27, 5 = NJW 1976, 2354; St 44, 121 = NJW 1999, 157; *KK/Hannich* Rn. 28.
[42] BGHSt 47, 89 = NJW 2001, 3347.
[43] BGHSt 46, 17 = NJW 2000, 1880.
[44] BGH aaO.; *KK/Hannich* Rn. 29.

auch dann, wenn beim BGH die Anrufung des Großen Senats zu Unrecht unterblieben ist.[45] Gleiches gilt, wenn ein Senat von einem anderen abweicht, aber die späteren Entscheidungen weiterer Senate sich der ersten Ansicht anschließen,[46] da hier nur hypothetische Überlegungen angestellt werden können, die Streitfrage sei offenbar inzwischen beigelegt.

Die Vorlagepflicht entfällt, wenn nach der Entscheidung des anderen OLG eine Entscheidung des **BGH** zur gleichen Frage ergeht[47] oder die Entscheidung des anderen OLG sonst überholt[48] und das OLG sich der Ansicht des BGH anschließt.[49] Das gilt auch für spätere Entscheidungen des **BVerfG**.[50] In diesen Fällen ist dem Interesse nach höchstrichterlicher Klärung Genüge getan. **18**

Jedes Gericht hat im Falle der Divergenz der Vorlagepflicht zu genügen. Die Gewährleistung der einheitlichen Rechtsanwendung, die § 121 anstrebt (Rn. 13), macht es erforderlich, auch dann vorzulegen, wenn ein anderes OLG bereits früher trotz Divergenz zu einem anderen OLG nicht vorgelegt hat; das OLG, das jetzt von einem anderen OLG abweichen will, muss vorlegen.[51] Das gilt auch dann, wenn es an seiner früheren Entscheidung festhalten will, aber inzwischen ein anderes OLG davon abgewichen ist.[52] Die Vorlagepflicht entsteht aber nicht dadurch, dass nach einer Entscheidung des BGH eine hiervon abweichende Entscheidung eines OLG ergeht, aber ein anderes OLG sich wieder dem BGH anschließen will;[53] nur wenn es von der Ansicht des BGH abweichen will, muss vorgelegt werden.[54] Auch bei Meinungsverschiedenheiten darüber, ob eine Entscheidung sich zu Recht auf eine andere beruft oder in Wirklichkeit davon abweicht, ist vorzulegen.[55] **19**

b) Die Vorlagepflicht entsteht, wenn in Revisionssachen (Nr. 1 a und b) das OLG über die Revision selbst instanzabschließend entscheiden[56] und dabei von einer anderen Entscheidung abweichen will ohne Rücksicht darauf, ob es sich bei ihm um eine Sprungrevision nach § 335 StPO[57] oder um eine Revision nach durchgeführter Berufung handelt.[58] Die Vorlagepflicht betrifft sowohl die Entscheidung zur **Zulässigkeit** als auch zur **Begründetheit**.[59] Sie besteht auch für Entscheidungen nach § 206a StPO[60] und nach § 346 Abs. 2 StPO.[61] Nicht die Vorlagepflicht begründen jedoch Entscheidungen zur **Wiedereinsetzung,**[62] über **Gebühren** und Auslagen,[63] Entscheidungen nach § 305 a Abs. 2 StPO und die Zustimmung nach § 153 Abs. 2 StPO.[64] **20**

---

[45] BGHSt 5, 136 = NJW 1954, 202; St 10, 94 = NJW 1956, 351.
[46] A. A. OLG Frankfurt NJW 1976, 985 m. Anm. *Geisler* NJW 1976, 1986.
[47] BGHSt 13, 373 = NJW 1960, 302; St 27, 228 = NJW 1978, 228; BGH NJW 1977, 964.
[48] Vgl. BGHSt 43, 237 = NJW 1998, 465; St 45, 183 = NJW 1999, 3499; St 46, 17 = NJW 2000, 1880.
[49] BGHSt 21, 314 = NJW 1968, 60.
[50] BGHSt 44, 171 = NJW 1998, 3653; St 46, 17 = NJW 2000, 1880; OLG Hamm NJW 1976, 762.
[51] BGHSt 10, 94 = NJW 1956, 351; *KK/Hannich* Rn. 27; *LR/Franke* Rn. 49.
[52] BGHSt 5, 136 = NJW 1954, 202; St 9, 272 = NJW 1956, 1449; St 10, 94 = NJW 1956, 351; St 44, 107 = NJW 1998, 3577; *KK/Hannich* Rn. 27.
[53] BGH GA 1982, 126; *KK/Hannich* Rn. 26.
[54] BGHSt 13, 149 = NJW 1959, 1450; St 15, 151 = NJW 1955, 105; St 22, 213 = NJW 1968, 2253; BayObLGSt 1957, 388; 1974, 145; BayObLG NJW 1977, 261; *LR/Franke* Rn. 47.
[55] *LR/Franke* Rn. 48; a. A. OLG Oldenburg NJW 1964, 1333.
[56] BGHSt 12, 213.
[57] BGHSt 35, 14 = NJW 1988, 1800.
[58] BGHSt 2, 63; St 13, 388 = NJW 1960, 494; St 17, 280 = NJW 1962, 1628; St 17, 399 = NJW 1962, 2070.
[59] BGHSt 11, 152 = NJW 1958, 509; St 15, 203 = NJW 1961, 228; St 22, 213 = NJW 1968, 2253; BGH NJW 1977, 964.
[60] BGH NJW 1971, 106.
[61] BGHSt 11, 152 = NJW 1958, 509; St 15, 203 = NJW 1961, 228; St 22, 213 = NJW 1968, 2253; BGH NJW 1977, 964.
[62] BayObLG JR 1952, 207; GA 1971, 115; St 1966, 10.
[63] BayObLGSt 1975, 143.
[64] BGHSt 12, 213.

21   Die Entscheidung muss sich auf eine von der Tatfrage abzugrenzende **Rechtsfrage** beziehen;[65] dabei kommt es nicht darauf an, ob der Revisionsführer diese Rechtsfrage geltend macht oder ob sie sich bei der Prüfung von Amts wegen stellt.[66] Zu diesen Rechtsfragen gehören auch solche, die für die Zulässigkeit einer Revision von Bedeutung sind, auch dann, wenn die Revision ohnedies unbegründet ist.[67] Weiter gehören hierzu die **Auslegung einzelner Vorschriften** wie auch eines **Rechtsbegriffs,** der in verschiedenen Normen vorkommt,[68] die Auslegung **inhaltsgleicher Normen,**[69] auch wenn eine frühere Vorschrift durch eine inhaltsgleiche neue ersetzt wurde[70] oder auf dieser aufbaut;[71] ebenso die Auslegung **unbestimmter Rechtsbegriffe**[72] sowie Inhalt und Tragweite **allgemeiner Erfahrungssätze.**[73] Bei Abweichung in einer Tatfrage kommt eine Vorlage nicht in Betracht.[74]

22   c) Die Entscheidung, von der abgewichen werden soll, muss **erheblich** sein. Dies gilt einmal in dem Sinne, dass das vorlegende Gericht bei Befolgung der Ansicht, von der es abweichen will, zu einer anderen Fallentscheidung gelangen würde.[75] Kein Vorlegungsgrund ist es deshalb, wenn das OLG im Ergebnis zu derselben Rechtsansicht gelangt, jedoch mit abweichender Begründung.[76] Die in der früheren Entscheidung vertretene Rechtsauffassung muss aber auch für diese frühere Entscheidung Grundlage gewesen sein, diese getragen haben,[77] so schwierig im Einzelfall die Feststellung der Entscheidungserheblichkeit auch sein mag.[78] Sie muss in der früheren Entscheidung nicht ausdrücklich geäußert worden sein; es reicht nach Sinn und Zweck des Vorlageverfahrens aus, wenn diese Rechtsauffassung der früheren Entscheidung **stillschweigend** zugrunde gelegt ist, weil deren Ergebnis von der Bejahung oder Verneinung der Frage notwendig abhängt.[79] Die Entscheidungserheblichkeit ist aber nicht deshalb zu verneinen, weil der erkennende Senat mit einer anderen rechtlichen Begründung und dann ohne Vorlage zum gleichen Ergebnis gelangen könnte.[80] Rechtlich **unverbindliche Erwägungen** in einem Urteil („obiter dictum") begründen keine Vorlagepflicht,[81] ebenso wenig beiläufig getroffene Entscheidungen.[82] Auch Formulierungen, die **verallgemeinernd über den zu entscheidenden Fall hinausgehen,** führen selbst dann nicht zur Vorlagepflicht, wenn sie in dem Teil der Gründe stehen, auf dem die Entscheidung beruht,[83] ebenso wenig Ausführungen, bei denen es sich mit Rücksicht auf die Un-

---

[65] BGH NStZ 2000, 222; NJ 2001, 211; *KK/Hannich* Rn. 35 f.
[66] BGHSt 17, 205 = NJW 1962, 1211; St 22, 129 = NJW 1968, 1388.
[67] BGHSt 26, 106 = NJW 1975, 1237.
[68] BGHSt 6, 41 = NJW 1954, 969; St 18, 279 = NJW 1963, 1070; BGHZ 9, 179 = NJW 1953, 821; Z 48, 351 = NJW 1968, 105; BGH NJW 1963, 2085.
[69] BGHSt 15, 47 = NJW 1960, 2110; GemS BGHZ 60, 392 = NJW 1973, 1273; BAG NZA 1992, 750; *Schroth* JR 1990, 93.
[70] BGHZ 19, 355 = NJW 1956, 463.
[71] BGH NJW 1993, 3069.
[72] BGHSt 22, 192 = NJW 1968, 1787; St 22, 341 = NJW 1969, 939; St 27, 212 = NJW 1977, 1459.
[73] BGHSt 39, 291 = NJW 1993, 3081; zum „Gemeingebrauch" BGHSt 28, 165 = NJW 1979, 435.
[74] BGHSt 31, 86 = NJW 1982, 2455; St 31, 314 = NJW 1983, 1986.
[75] BGHZ 82, 34 = NJW 1982, 517; BGH NJW 2000, 1185; BVerwGE 65, 131 = NJW 1983, 1012; ähnlich BVerfGE 46, 283.
[76] BGH NStZ 2000, 222.
[77] StRSpr, BGHSt 17, 157 = NJW 1962, 972; St 18, 176 = NJW 1963, 548; St 27, 212 = NJW 1977, 1459; BGHZ 55, 137 = NJW 1971, 561; *KK/Hannich* Rn. 38.
[78] Vgl. die Bedenken bei *Hanack* S. 243 ff.; *Schröder* MDR 1960, 809; *Eb. Schmidt* JZ 1959, 518; *LR/Franke* Rn. 65 ff.
[79] BGH – GS – St 41, 187 = NJW 1996, 402; vgl. BGHSt 49, 230 = NJW 2004, 3634.
[80] BFH WPM 1974, 461.
[81] BGHSt 3, 234 = NJW 1953, 36; St 18, 156 = NJW 1963, 359; St 27, 212 = NJW 1977, 1459; BGHZ 96, 198 = NJW 1988, 59.
[82] BAG NJW 1991, 2100.
[83] BGHSt 18, 324 = NJW 1963, 1214; OLG Oldenburg NJW 1971, 819; OLG Köln NJW 1974, 377.

terschiedlichkeit des zugrundeliegenden Sachverhalts nur um allgemeine, über die beurteilten Fälle hinausgehende Rechtsausführungen handelt.[84] Auch **Hinweise** führen nicht zur Vorlagepflicht,[85] ebenso wenig ein veröffentlichter Leitsatz, auf dem die Entscheidung aber nicht beruht.[86] Eine nur anlässlich eines Verfahrens aufgetretene Rechtsfrage kann nicht zur Vorlage führen, selbst wenn eine Entscheidung des BGH im Interesse der einheitlichen RSpr wünschenswert wäre.[87]

d) Vorlageverfahren. Die Vorlage durch das OLG geschieht durch Beschluss auf Grund mündlicher Verhandlung, wie sie für die zu entscheidende Sache verfahrensrechtlich, auch hinsichtlich der Besetzung, vorgeschrieben ist. Der Vorlage muss eine Hauptverhandlung vorausgehen, wenn das OLG die beabsichtigte Entscheidung über die Revision nur durch Urteil treffen kann.[88] Den Verfahrensbeteiligten ist zu der beabsichtigten Abweichung und der Vorlage das rechtliche Gehör zu gewähren. In dem Beschluss hat das Gericht die zu entscheidende Rechtsfrage darzulegen und zu begründen, auch hinsichtlich der Entscheidungserheblichkeit.[89] Die Rücknahme des Vorlagebeschlusses ist zulässig (ebenfalls durch Gerichtsbeschluss), wenn es nachträglich nicht mehr auf die vorgelegte Rechtsfrage ankommt. Bei Überholung (Rn. 18) erledigt sich die Vorlage.

23

Verletzt das OLG seine Vorlagepflicht und entscheidet in der Sache, ist diese Entscheidung voll wirksam; das Gesetz sieht keinen besonderen Rechtsbehelf vor.[90] Wenn auch die Einhaltung der Vorlagepflicht zur Wahrung des gesetzlichen Richters gehört (§ 16 Rn. 42), kann dies der Rechtskraft der Entscheidung nicht entgegenstehen.[91] Indessen wird das BVerfG in Fällen der Willkür[92] bei Nichtvorlage auch eine rechtskräftige Entscheidung auf Verfassungsbeschwerde hin aufheben (§ 16 Rn. 42). Die Entscheidung, die unter Verletzung der Vorlagepflicht ergangen ist, ist aber divergenzrelevant. Will ein OLG später von ihr abweichen, muss es auch dann vorlegen, wenn es sich der früheren („übergangenen") Entscheidung anschließen will; umgekehrt muss aber auch dann vorgelegt werden, wenn sich das OLG der späteren Entscheidung anschließen will, denn deren Divergenz zur früheren Entscheidung besteht fort (Rn. 19).

24

Die Vorlage hat, solange der BGH noch nicht entschieden hat, keine Sperrwirkung für die anderen OLG. Sie können, wenn sie der Entscheidung, von der das vorlegende OLG abweichen will, folgen wollen, dies tun. Wollen sie aber ebenfalls abweichen, müssen auch sie vorlegen und können nicht abwarten, bis die Entscheidung ergeht; das wäre eine unzulässige Aussetzung.[93]

25

e) Entscheidung des BGH. Der BGH prüft, ob die Vorlage zulässig ist, also ein Fall der Divergenz vorliegt, und ob es für die Entscheidung des vorlegenden OLG über die Revision auf die Vorlagefrage ankommt.[94] Ist das nicht der Fall, gibt er die Sache an das vorlegende Gericht zurück, wenn er dessen Ansicht für schlechthin unvertretbar hält,[95] oder wenn er der Auffassung ist, die beabsichtigte Entscheidung könne getroffen werden, ohne sich mit anderen Entscheidungen in Widerspruch zu setzen.[96] Die Sache wird auch dann zurückgegeben, wenn sich das

26

---

[84] BGHSt 28, 165 = NJW 1979, 435.
[85] BGHSt 7, 314 = NJW 1955, 997; St 15, 78 = NJW 1960, 2063; OLG Stuttgart NJW 1976, 1904.
[86] BayObLG NJW 1972, 302.
[87] BGH NJW 1961, 1487.
[88] BGHSt 29, 310 = NJW 1980, 2365.
[89] BGHSt 12, 166 = NJW 1959, 303; St 26, 384 = NJW 1976, 1755.
[90] BVerfGE 69, 112 = NVwZ 1985, 647.
[91] *KK/Hannich* Rn. 41a.
[92] BVerfG NJW 1992, 2075.
[93] Für Aussetzung aber OLG Stuttgart StV 2004, 142.
[94] BGH NStZ 1985, 217; *KK/Hannich* Rn. 43.
[95] BGHSt 22, 94 = NJW 1968, 1242; St 27, 168 = NJW 1977, 1598; St 47, 81 = NJW 2002, 1280; NStZ 2000, 222.
[96] BGH NJW 1977, 114.

Verfahren bei dem vorlegenden Gericht durch Zurücknahme des Antrags oder in anderer Weise erledigt.[97] Davon ist jedoch eine Ausnahme zu machen, wenn damit zu rechnen ist, dass sich die Vorlagefrage jederzeit wieder stellen kann, jedoch auch in den künftigen Fällen eine rechtzeitige Entscheidung voraussichtlich nicht möglich sein wird.[98] Das Verfahren erledigt sich auch durch eine Entscheidung des BVerfG mit Gesetzeskraft.[99] Gleiches gilt, wenn der BGH die Rechtsfrage inzwischen, wenn auch in einem anderen Verfahren, entschieden hat; für eine wiederholte Entscheidung derselben Rechtsfrage ist kein Raum.[100]

27 Hält der BGH die Vorlage für zulässig, entscheidet er über die vorgelegte Rechtsfrage durch Beschluss.[101] Das OLG ist an diese Entscheidung im weiteren Verfahren **gebunden.**[102] Fasst der BGH die gestellte Vorlegungsfrage weiter, ist die gesamte Antwort des BGH auf die weiter gefasste Frage für das OLG bindend.[103] Der BGH kann aber auch selbst über die **Revision insgesamt entscheiden;**[104] dazu muss den Verfahrensbeteiligten das rechtliche Gehör gewährt werden. Er kann dabei auch die Revision als unzulässig verwerfen, selbst wenn die Vorlagefrage nur die Begründetheit der Revision betraf, und ohne die vorgelegte Rechtsfrage zu entscheiden.

28 **f) Sonderregelung nach § 79 Abs. 3 OWiG.** Gegen Urteile und Beschlüsse ist nach § 79 Abs. 1 OWiG die Rechtsbeschwerde zulässig, für die die Vorschriften über die Revision entsprechend gelten (§ 79 Abs. 3 OWiG). Deshalb besteht in diesen Rechtsbeschwerdesachen die Vorlagepflicht des § 121 Abs. 2 GVG, und zwar im gleichen Umfang wie dort vorgesehen. Die Vorlagepflicht ist (entsprechend Rn. 14) auch dann gegeben, wenn die abweichende Ansicht des anderen OLG von diesem nicht als Gericht der Rechtsbeschwerde geäußert worden ist, weil es eine Rechtsbeschwerde für unzulässig hielt.[105] Auch ist § 121 Abs. 2 entsprechend anzuwenden auf Entscheidungen im Zulassungsverfahren, wenn es darum geht, ob die Rechtsbeschwerde verworfen werden muss.[106] Der BGH kann in der Sache selbst entscheiden.[107] Die Vorlage an den BGH setzt die Beschlussfassung des mit drei Richtern besetzten Bußgeldsenats voraus.[108]

29 **VI. Konzentrationsermächtigung.** Abs. 3 enthält eine Konzentrationsermächtigung für die Entscheidungen über eine Rechtsbeschwerde gegen Entscheidungen der StrafVollstrK. Sie erstreckt sich sachlich nur auf die Beschwerdeentscheidungen nach §§ 116, 138 Abs. 2 StVollzG gegen die Entscheidungen der StrafVollstrK im Rahmen des § 78a Abs. 1 Satz 2 Nr. 2 (vgl. § 78a Rn. 14, 15), nicht jedoch auf die Beschwerdezuständigkeit des OLG gegen andere Entscheidungen der StrafVollstrK nach § 78a Abs. 1 Satz 2 Nr. 1, für die sich die Zuständigkeit des OLG aus § 121 Abs. 1 Nr. 2 ergibt. Die Konzentrationsermächtigung entspricht der des § 78a Abs. 2. Erfasst sind dazu nun auch die Rechtsmittel gegen Entscheidungen der Jugendkammer nach § 92 Abs. 2 JGG (vgl. § 78a Rn. 10); von der Ermächtigung kann nach dem Gesetzeswortlaut nur einheitlich Gebrauch gemacht werden.

---

[97] BGH NJW 1979, 664.
[98] BGHSt 33, 310 = NJW 1986, 1444.
[99] BGH NJW 1977, 686.
[100] BGH NJW 1977, 964.
[101] BGHSt 17, 194 = NJW 1962, 1069.
[102] BGHSt 17, 205 = NJW 1962, 1211; *KK/Hannich* Rn. 47; *LR/Franke* Rn. 83.
[103] BGHSt 43, 277 = NJW 1998, 321.
[104] StRSpr, BGHSt 23, 141 = NJW 1970, 255; *KK/Hannich* Rn. 48; *LR/Franke* Rn. 81.
[105] BGHSt 9, 272 = NJW 1956, 1449.
[106] BGHSt 23, 365 = NJW 1971, 106; St 24, 208 = NJW 1971, 2272; St 26, 340 = NJW 1976, 1699.
[107] BGHSt 18, 156 = NJW 1963, 359; St 19, 242 = NJW 1964, 781.
[108] BGHSt 44, 144 = NJW 1998, 3211.

§ 122. [Besetzung der Senate]

(1) Die Senate der Oberlandesgerichte entscheiden, soweit nicht nach den Vorschriften der Prozeßgesetze an Stelle des Senats der Einzelrichter zu entscheiden hat, in der Besetzung von drei Mitgliedern mit Einschluß des Vorsitzenden.

(2) ¹Die Strafsenate entscheiden über die Eröffnung des Hauptverfahrens des ersten Rechtszuges mit einer Besetzung von fünf Richtern einschließlich des Vorsitzenden. ²Bei der Eröffnung des Hauptverfahrens beschließt der Strafsenat, daß er in der Hauptverhandlung mit drei Richtern einschließlich des Vorsitzenden besetzt ist, wenn nicht nach dem Umfang oder der Schwierigkeit der Sache die Mitwirkung zweier weiterer Richter notwendig erscheint. ³Über die Einstellung des Hauptverfahrens wegen eines Verfahrenshindernisses entscheidet der Strafsenat in der für die Hauptverhandlung bestimmten Besetzung. ⁴Ist eine Sache vom Revisionsgericht zurückverwiesen worden, kann der nunmehr zuständige Strafsenat erneut nach Satz 2 über seine Besetzung beschließen.

Gesetzesfassung: Abs. 2 i. d. F. von Art. 8 VerbrechensbekämpfungsG vom 28. 10. 1994 (BGBl. I S. 3186). Abs. 2 Satz 4 eingefügt durch Art. 2 Nr. 2 G zur Verlängerung der Besetzungsreduktion bei Strafkammern vom 19. 12. 2000 (BGBl. I S. 1756).

Die Vorschrift regelt die Besetzung, in der die Senate des OLG die richterliche Tätigkeit des OLG wahrnehmen. Grundsätzlich werden sie tätig in der Besetzung mit 3 Mitgliedern einschließlich des Vorsitzenden. Nur ausnahmsweise entscheidet der Einzelrichter. In der Hauptverhandlung in Strafsachen erster Instanz entscheiden die Senate in der Besetzung mit 5 Richtern einschließlich des Vorsitzenden. **1**

I. Besetzung mit drei Richtern. Jeder Senat muss nach der Geschäftsverteilung mit einem Vorsitzenden Richter im statusrechtlichen Sinne (§ 19a DRiG) besetzt sein (§ 21f); vgl. § 75 Rn. 16 und § 115 Rn. 4. Neben dem Vorsitzenden gehören dem Senat zwei weitere Richter (Beisitzer) an. Einer von ihnen muss ein Richteramt am OLG innehaben (§ 27 Abs. 1 DRiG). Der zweite Richter kann ein zum OLG abgeordneter Richter sein, auch er muss aber Richter aL sein (§ 115 Rn. 6). **2**

II. Einzelrichter am OLG. Die Entscheidung durch den Einzelrichter ist in Strafsachen nicht vorgesehen, sondern nur in Bußgeldsachen (§ 80a OWiG). Ist danach der Einzelrichter zuständig, gilt dies auch für alle damit zusammenhängenden Entscheidungen wie Kostenentscheidungen nach Rücknahme und Entscheidungen nach § 346 Abs. 2 StPO,[1] ebenso für eine (nicht statthafte) weitere Beschwerde gegen solche Entscheidungen[2] oder gegen Entscheidungen über die Erzwingungshaft.[3] Dagegen verbleibt es für Entscheidungen nach § 181 Abs. 3 bei der Besetzung mit drei Richtern,[4] da insoweit weder ein „Verfahren über eine Rechtsbeschwerde" vorliegt noch überhaupt ein innerer Zusammenhang mit einer Bußgeldsache gegeben ist. Zur Besetzung im strafprozessualen Kostenfestsetzungsverfahren § 75 Rn. 11. **3**

In den zivilprozessualen Berufungssachen kann der Senat den Rechtsstreit unter den Voraussetzungen des § 526 ZPO auf den Einzelrichter zur Entscheidung übertragen (vgl. § 75 Rn. 10). In Beschwerdesachen gilt auch hier § 568 ZPO; wurde die angefochtene Entscheidung von einem Einzelrichter erlassen, entscheidet über das Rechtsmittel der originäre Einzelrichter, wenn er die Sache nicht dem Kollegialgericht überträgt.[5] Vorinstanzlicher Einzelrichter ist auch der nach § 349 Abs. 2 **4**

---
[1] OLG Hamm NJW 2000, 451.
[2] OLG Stuttgart NStZ-RR 2006, 148.
[3] OLG Hamm NStZ-RR 2006, 320; OLG Rostock NStZ 2006, 245.
[4] OLG Hamm NStZ 2001, 116; a. A. nach der Neufassung von § 80a OWiG OLG Köln NJW 2006, 3298; OLG Jena VRS 110, 20.
[5] Vgl. OLG Köln OLGR 2003, 107; OLG Düsseldorf OLGR 2003, 187.

und 3 ZPO anstelle der KfH entscheidende Vorsitzende.[6] Soweit dagegen argumentiert wird, der Wortlaut von §§ 348 ff. ZPO unterscheide zwischen Einzelrichter und Vorsitzendem, lasse daher eine solche Gleichstellung nicht zu,[7] vermag dies nicht zu überzeugen. Sachliche Gründe, Entscheidungen des Vorsitzenden der KfH in der Rechtmittelinstanz anders zu behandeln als solche des originären oder obligatorischen Einzelrichters, dürften sich nicht finden lassen (vgl. § 350 ZPO). Maßgeblich ist vielmehr, dass in der Vorinstanz kein Kollegialgericht entschieden hat; die Einschränkungen in §§ 526 Abs. 1 Nr. 1, 568 Abs. 1 Satz 1 ZPO finden ihren Grund nur darin, Entscheidungen des Einzelrichters über solche einer Kammer in voller Besetzung auszuschließen.[8] Im Berufungsverfahren gilt weiter § 527 ZPO (vgl. § 75 Rn. 10). – Für die Beschwerde in den Familiensachen der freiwilligen Gerichtsbarkeit eröffnet § 621 e Abs. 1 und 3 Satz 2 ZPO den entscheidenden und den vorbereitenden Einzelrichter nach §§ 526, 527 ZPO. Im Übrigen entscheidet in Angelegenheiten der freiwilligen Gerichtsbarkeit der Senat in der Besetzung mit drei Richtern (vgl. § 30 Abs. 1 Satz 3 FGG), mangels Institution des Einzelrichters auch im Anwendungsbereich von §§ 14 KostO, 66 GKG.[9] Dasselbe gilt für Beschwerden gegen Entscheidungen des Vorsitzenden nach AVAG,[10] EuGVVO[11] und EuGVÜ.[12]

5   **III. Strafsachen erster Instanz. 1.** Über die **Eröffnung des Hauptverfahrens** entscheidet der Strafsenat in der Besetzung mit 5 Richtern einschließlich des Vorsitzenden (Abs. 2 Satz 1). Alle Beisitzer müssen Richter aL sein; mindestens 4 von ihnen müssen ein Richteramt an diesem OLG innehaben (§ 27 Abs. 1 DRiG), höchstens ein abgeordneter Richter aL kann mitwirken (§ 29 DRiG, vgl. § 115 Rn. 7).

6   **2.** Die **Besetzung** des Strafsenats **in der Hauptverhandlung** ist unterschiedlich (Abs. 2 Satz 2, vgl. § 76 Abs. 2). Der Strafsenat ist mit 3 Richtern einschließlich des Vorsitzenden besetzt, davon höchstens ein abgeordneter Richter aL, wenn nicht der Strafsenat bei Eröffnung des Hauptverfahrens in der Fünferbesetzung beschließt, dass nach dem Umfang oder der Schwierigkeit der Sache die Mitwirkung zweier weiterer Richter (Fünferbesetzung) notwendig erscheint. Nach dieser Regelung ist die Dreierbesetzung der Normalfall, die Fünferbesetzung die Ausnahme („wenn nicht").

7   Der Beschluss über die Notwendigkeit der Fünferbesetzung muss bei Eröffnung des Hauptverfahrens gefasst werden (das zu § 76 Rn. 6, 7 Gesagte gilt entsprechend). Wird ein solcher Beschluss nicht gefasst, gilt die Dreierbesetzung für das gesamte weitere Verfahren unabänderlich. Diese Konkretisierungskompetenz des Strafsenats zur Besetzung in der Hauptverhandlung verstößt nicht gegen das Erfordernis der abstrakt-generellen Vorherbestimmung des gesetzlichen Richters (§ 16 Rn. 23), da die Merkmale für die jeweilige Entscheidung konkret bestimmt sind und lediglich der Auslegung bedürfen. Zu den sich aus der Dreier/Fünferbesetzung ergebenden Konsequenzen für die Geschäftsverteilung § 21 e Rn. 133, § 21 g Rn. 48.

8   Der Beschluss über die Fünferbesetzung wie sein Unterbleiben ist nicht selbstständig anfechtbar, eine Revision wegen insoweit fehlerhafter Besetzung könnte

---

[6] KG KGR 2003, 54; OLG Dresden OLGR 2003, 452; OLG Köln OLGR 2003, 344; OLG Hamm MDR 2004, 109; *Greger* NJW 2002, 3049; *Feskorn* NJW 2003, 856; *Fölsch* MDR 2003, 308.
[7] BGHZ 156, 320 = NJW 2004, 856; OLG Karlsruhe NJW 2002, 1962; OLG Zweibrücken NJW 2002, 2722; OLG Frankfurt OLGR 2002, 250; OLG Celle 25. 9. 2002 – 11 W 45/02 –; OLG Schleswig OLGR 2003, 278; *BL/Hartmann* § 349 ZPO Rn. 1; § 568 ZPO Rn. 4; *Zöller/Gummer* § 568 ZPO Rn. 3.
[8] BTagsDrucks. 14/4722 S. 99, 111.
[9] OLG Frankfurt 25. 5. 2005 – 20 W 461/05 –; vgl. BGH NJW-RR 2005, 584.
[10] OLG Stuttgart OLGR 2003, 102; *Feskom* aaO.
[11] OLG Köln OLGR 2006, 208.
[12] OLG Köln OLGR 2002, 344.

nur auf Willkür gestützt werden (vgl. § 76 Rn. 10); die Präklusionsvorschrift des § 222b StPO gilt auch hier (vgl. § 76 Rn. 11).

Die Konkretisierung des Begriffs **„in der Hauptverhandlung"** als Bestimmung für die Gerichtsbesetzung ist nicht eindeutig, soweit nicht unmittelbar der Erkenntnisvorgang (§§ 226 ff. StPO) betroffen ist[13] oder eine ausdrückliche Regelung wie § 268b StPO und entgegengesetzt § 27 Abs. 2 StPO fehlt. Die h. M. geht dahin, dass eine ausdehnende Anwendung der Bestimmung über die Fünferbesetzung auf Entscheidungen außerhalb der Hauptverhandlung nicht möglich ist, so für Beschlüsse nach §§ 206b und 370 StPO sowie Entscheidungen nach §§ 441 Abs. 2 und 442 StPO.[14]

Für **Haftentscheidungen** hat der BGH die Fünferbesetzung auch „außerhalb" der Hauptverhandlung gefordert,[15] da es mit dem Gebot der generell-abstrakten Vorausbestimmung des gesetzlichen Richters (§ 16 Rn. 6, 23) nicht vereinbar ist, dass je nach dem Zeitpunkt der zu treffenden Entscheidung und/oder ihrer Veranlassung das Gericht in unterschiedlicher Besetzung entscheidet (vgl. § 30 Rn. 9 ff.). Die Entscheidung hat Kritik erfahren, weil sie im Gegensatz zum Wortlaut von Abs. 2 Satz 2 stehe und sich schon aus § 125 StPO ergebe, dass Haftentscheidungen innerhalb und außerhalb der Hauptverhandlung nicht in derselben Besetzung getroffen werden müssen.[16]

3. Über die **Einstellung des Hauptverfahrens** wegen eines Verfahrenshindernisses entscheidet der Strafsenat in der für die Hauptverhandlung bestimmten Besetzung (Abs. 2 Satz 3).

4. Entscheidet der Strafsenat mit 3 statt, wie beschlossen, mit 5 Richtern, ist er nicht ordnungsgemäß besetzt.[17] Auch im umgekehrten Falle, dass statt mit 3 mit 5 Richtern entschieden wird, liegt keine ordnungsgemäße Besetzung vor, da die konkret bestimmte Richterbank den gesetzlichen Richter darstellt und die Abweichung nicht gerechtfertigt werden kann mit der Begründung, die Entscheidung durch mehr Richter sei richtiger als die durch weniger Richter (vgl. § 29 Rn. 7).

IV. Geltung. Die **Besetzungsvorschrift des § 122** gilt für alle Aufgaben, die dem OLG obliegen, soweit nicht ausdrücklich eine andere Besetzung vorgeschrieben ist.[18] Das ist z.B. der Fall beim Senat für Baulandsachen (§ 116 Rn. 4) und beim Senat für Landwirtschaftssachen (§ 116 Rn. 7), ebenso bei Entscheidungen nach § 42 Abs. 3 RVG.

---

[13] *Foth* NStZ 1998, 262.
[14] Vgl. *KK/Hannich* Rn. 3; *Meyer-Goßner* Rn. 4, 5; *Bertram* NJW 1998, 2934; a. A. *Katholnigg* Rn. 5.
[15] BGHSt 43, 91 = NJW 1997, 2531; zustimmend *Schlothauer* StV 1998, 144; vgl. auch *Sowada* NStZ 2001, 169.
[16] *Katholnigg* Rn. 5; JR 1998, 34; *Foth* NStZ 1998, 262; *KK/Hannich* Rn. 3; *Meyer-Goßner* Rn. 4, 5.
[17] *KK/Hannich* Rn. 4.
[18] BGHZ 36, 144, 153 = NJW 1962, 583.

Neunter Titel. Bundesgerichtshof

§ 123. [Sitz]

Sitz des Bundesgerichtshofes ist Karlsruhe.

1   Der **BGH** ist ein obligatorisches Gericht des Bundes und das im Instanzenzug **höchste Gericht der ordentlichen Gerichtsbarkeit** (vgl. § 12 Rn. 6). Im GG ursprünglich als „oberes Bundesgericht" bezeichnet, ist er nun in Art. 95 GG (i. d. F. des Gesetzes vom 18. 6. 1968, BGBl. I S. 657) verankert als ein „oberster Gerichtshof". Der BGH wurde errichtet durch Art. 1 Nr. 52 REinhG (vgl. Einl. Rn. 86) zum 1. 10. 1950.[1]

2   Vorgänger war das RG, geschaffen durch § 123 GVG a. F.; als dessen Sitz war durch Gesetz vom 11. 4. 1877 (RGBl. S. 415) Leipzig bestimmt, wo es bis 1945 bestand[2] (vgl. Einl. Rn. 83). Der Sitz war seinerzeit umstritten zwischen Berlin und Leipzig (seit 1869 Sitz des Bundes- und später Reichsoberhandelsgerichts); die Entscheidung fiel für Leipzig als Gegengewicht gegen einen übermäßigen Zentralismus.[3] Die Tätigkeit des RG wurde durch Art. I Nr. 2 MilitärregierungsG Nr. 2 untersagt, durch KontrollratsG Nr. 4 erlosch das RG (vgl. Einl. Rn. 83). Nach 1945 waren zunächst im Zuge der Wiedereröffnung der Gerichte auf der Grundlage des alten GVG bzw. von den Ländern neu erlassener Gesetze (vgl. Einl. Rn. 83) die OLG oberste Instanz auf Länderebene. Für die britische Besatzungszone wurde dann der Oberste Gerichtshof für die britische Zone (OGH) geschaffen,[4] es folgte das Deutsche Obergericht für das Vereinigte Wirtschaftsgebiet.[5]

3   Als den **Sitz** des BGH, um den sich mehrere Städte bemüht hatten,[6] bestimmt § 123 **Karlsruhe**. Nach der Wiedervereinigung (Einl. Rn. 43) wurde in historischer Anknüpfung an das RG die Verlegung des BGH nach Leipzig angestrebt,[7] geblieben ist es bei einem detachierten Strafsenat (§ 130 Rn. 4).

4   Der BGH ist für das gesamte Bundesgebiet **einheitliche oberste Rechtsmittelinstanz** der ordentlichen Gerichtsbarkeit. In bürgerlichen Rechtsstreitigkeiten können jedoch, begrenzt auf Landesrecht, die zur Zuständigkeit des BGH gehörenden Revisionen einem obersten Landesgericht nach § 8 EGGVG, §§ 7, 8 EGZPO zugewiesen werden; von dieser Möglichkeit hatte Bayern Gebrauch gemacht mit dem zwischenzeitlich aufgelösten BayObLG (§ 8 EGGVG Rn. 11). Andererseits können dem BGH nach Art. 99 GG auch die Entscheidungen in solchen Sachen zugewiesen werden, die Landesrecht betreffen. Zur Nachprüfung der Entscheidungen des BGH durch das BVerfG bei Verfassungsbeschwerden vgl. § 12 Rn. 33 ff.

5   „Über" dem BGH, wenn auch nicht im allgemeinen Instanzenzug, steht der **Gemeinsame Senat der obersten Gerichtshöfe** des Bundes (Art. 95 Abs. 3 GG; Gesetz zur Wahrung der Einheitlichkeit der RSpr der obersten Gerichtshöfe des Bundes, RSprEinhG, abgedruckt im Anhang). Er wurde geschaffen durch das

---

[1] Zur historischen Entwicklung auch *Schubert/Glöckner* NJW 2000, 2971; *Müller/Fernholz* DRiZ 2000, 400.
[2] Hierzu *Wenzel* NJW 2004, 3388; zur Funktionsnachfolge in Wiederaufnahmesachen vgl. BGHSt 31, 365 = NStZ 1983, 424; KG NStZ 1981, 273 m. Anm. *Rieß*.
[3] *Arnold* DRiZ 1929, 310; *Landau* in: Vom Reichsjustizamt zum Bundesminister der Justiz, Köln 1977 S. 161, 209; *Buschmann* NJW 1979, 1970; Literatur: *Keßler* DRiZ 1975, 294; *Möhring* NJW 1975, 1820; 25 Jahre Bundesgerichtshof, München 1975; *Vogel* recht 1979, 126; *Pfeiffer* DRiZ 1979, 325; *Buschmann* NJW 1979, 1966; *Wadle* JuS 1979, 841; Der Bundesgerichtshof der Bundesrepublik Deutschland, von seinen wissenschaftlichen Mitarbeitern unter Mitwirkung von *Hannskarl Salger*.
[4] Hierzu *Rüping* NStZ 2000, 355.
[5] Vgl. dazu *Krumme* DRiZ 1978, 69 ff.
[6] Vgl. BTagsProtokoll vom 26. 7. 1950 S. 2867, 2887 ff.; *Sellert* NJW 1979, 1975.
[7] Vgl. *KK/Hannich* Rn. 4; *Klemmer* DRiZ 1993, 26.

16. ÄndG zum GG vom 18. 6. 1968 (BGBl. I S. 657) anstelle des ursprünglich vorgesehenen obersten Bundesgerichts.[8] Er entscheidet, wenn ein oberster Gerichtshof in einer Rechtsfrage von der Entscheidung eines anderen obersten Gerichtshofs oder des Gemeinsamen Senats abweichen will; sind nach den Gerichtsverfassungs- oder Verfahrensgesetzen der Große Senat oder die Vereinigten Großen Senate eines obersten Gerichtshofs anzurufen (vgl. § 132 GVG), so entscheidet der Gemeinsame Senat erst, wenn der Große Senat oder die Vereinigten Großen Senate von der Entscheidung eines anderen obersten Gerichtshofs oder des Gemeinsamen Senats abweichen wollen[9] (§ 2 RSprEinhG). Der Gemeinsame Senat entscheidet auch, wenn ein oberster Gerichtshof in einer Rechtsfrage von der Entscheidung eines anderen obersten Gerichtshofs aus einer Zeit abweichen will, in der dieser noch die Bezeichnung „oberstes Bundesgericht" trug.[10] Die Vorlagepflicht an den Gemeinsamen Senat ist im RSprEinhG nicht zeitlich zurückliegend begrenzt; es kann sich aber nur um Entscheidungen der obersten Gerichtshöfe (oberes Bundesgericht) handeln, nicht etwa auch des RG.[11]

Der Gemeinsame Senat entscheidet nur (inzident) über die vorgelegte Rechtsfrage (§ 15 RSprEinhG); das Verfahren im Übrigen bleibt beim obersten Bundesgericht, das an die Entscheidung des Gemeinsamen Senats gebunden ist (§ 16 aaO.). **6**

§ 124. [Besetzung]

Der Bundesgerichtshof wird mit einem Präsidenten sowie mit Vorsitzenden Richtern und weiteren Richtern besetzt.

Die Vorschrift bestimmt entsprechend § 59 Abs. 1, § 115 die Besetzung des BGH. Er ist mit einem **Präsidenten** besetzt, der sowohl Vorsitzender eines Senats ist als auch Organ der Justizverwaltung (vgl. § 59 Rn. 3f.; § 115 Rn. 3). Die Aufgaben des BGH-Präsidenten in der Justizverwaltung regeln sich nach Bundesrecht, insbesondere §§ 13ff. GVVO (hierzu § 12 Rn. 88). **1**

Hinsichtlich der **Vorsitzenden Richter** gilt das zu den Vorsitzenden Richtern am LG und OLG Gesagte entsprechend (§ 59 Rn. 10ff., § 115 Rn. 4). **2**

Die „**weiteren**" Richter müssen statusrechtlich Richter am BGH sein. Abgeordnete Richter (§ 115 Rn. 6) können nicht in der RSpr des BGH tätig sein. Dies ergibt sich aus § 125, der auf „Mitglieder" des BGH abstellt und darunter alle in der RSpr tätigen Richter versteht. Es werden jedoch beim BGH wissenschaftliche Mitarbeiter beschäftigt;[1] auf sie ist § 193 GVG anwendbar. **3**

§ 125. [Ernennung der Mitglieder]

(1) Die Mitglieder des Bundesgerichtshofes werden durch den Bundesminister der Justiz gemeinsam mit dem Richterwahlausschuß gemäß dem Richterwahlgesetz berufen und vom Bundespräsidenten ernannt.

(2) Zum Mitglied des Bundesgerichtshofes kann nur berufen werden, wer das fünfunddreißigste Lebensjahr vollendet hat.

---

[8] BTagsDrucks. V/2377; *Werner*, Organisationsrechtliche Fragen S. 104 ff.; *Schmidt-Räntsch* DRiZ 1968, 325; *Baur* JZ 1967, 84; *Hering* DÖV 1967, 153; *Maetzel* MDR 1968, 797; *Kloepfer* DVBl. 1975, 621; *Späth* BB 1977, 153; *Miebach* DÖV 1969, 745 und: Der Gemeinsame Senat der obersten Gerichtshöfe des Bundes, Berlin 1971; *Schulte*, Rechtsprechungseinheit als Verfassungsauftrag, Berlin 1986; *Wagner* SGb 1986, 473.
[9] Eingehend *Kissel*, FS 75 Jahre BFH S. 598 ff.
[10] GemS NJW 1972, 1411.
[11] Vgl. BFH NJW 1970, 831.
[1] *Bichelmeier*, Der juristische Mitarbeiter an den obersten Deutschen Gerichten, Köln 1970; *Herr* JVBl. 1971, 194; DRiZ 1972, 228; *Zuck* DÖV 1974, 305; *Hückstädt* DRiZ 1979, 275.

§§ 126–130   9. Titel. Bundesgerichtshof

Voraussetzung für die Ernennung zum Richter am BGH ist die allgemeine Qualifikation nach § 9 DRiG sowie ein Mindestalter von 35 Jahren (Abs. 2). Die Ernennung geschieht durch den Bundespräsidenten (Art. 60 GG in Verbindung mit Art. 58 GG, vgl. Anordnung des Bundespräsidenten über die Ernennung und Entlassung usw. vom 14. 7. 1975, BGBl. I S. 1915 i.d.F. BGBl. 1978 I S. 921). Vorausgehen muss die Berufung durch den BMdJ gemeinsam mit dem Richterwahlausschuss (Art. 95 Abs. 2 GG; RichterwahlG). Ein Verstoß gegen das Alterserfordernis führt dazu, dass das Gericht nicht ordnungsgemäß besetzt ist und der gesetzliche Richter verletzt wird. Zu Mängeln bei der Mitwirkung des Richterwahlausschusses § 16 Rn. 28.

§§ 126–129. (weggefallen)

§ 130. [Zivil- und Strafsenate; Ermittlungsrichter]

(1) ¹**Bei dem Bundesgerichtshof werden Zivil- und Strafsenate gebildet und Ermittlungsrichter bestellt.** ²**Ihre Zahl bestimmt der Bundesminister der Justiz.**

(2) **Der Bundesminister der Justiz wird ermächtigt, Zivil- und Strafsenate auch außerhalb des Sitzes des Bundesgerichtshofes zu bilden und die Dienstsitze für Ermittlungsrichter des Bundesgerichtshofes zu bestimmen.**

1   **I. Senate.** Beim BGH werden Zivil- und Strafsenate **(allgemeine Senate)** gebildet; es muss mindestens je ein Senat bestehen. Die darüber hinausgehende Zahl bestimmt der BMdJ, wie Abs. 1 Satz 2 eindeutig festlegt. Im Übrigen gilt das für die Errichtung von Kammern beim LG und Senaten beim OLG Gesagte entsprechend. Vgl. § 60 Rn. 2 ff.; § 116 Rn. 1.

2   **Spezialsenate** kraft Gesetzes (vgl. § 116 Rn. 2 ff.) bestehen beim BGH: Kartellsenat (§ 94 GWB), Senat für Landwirtschaftssachen (Besetzung mit 3 Mitgliedern des BGH einschließlich des Vorsitzenden und 2 landwirtschaftlichen Beisitzern, § 2 Abs. 2 LwVG), Bußgeldsenat (§ 46 Abs. 7 OWiG), Senat für Baulandsachen (vgl. § 230 BauGB), Senat für Entschädigungssachen (§ 208 Abs. 3 BEG) – nicht jedoch Familiensenat (eine dem § 119 Abs. 2 entsprechende Vorschrift fehlt; vgl. § 133 Rn. 14).

3   Besondere **Senate für Ehren-, Berufs- und Dienstrechtssachen** sind: Senat für Anwaltssachen (§ 106 BRAO), für Notarsachen (§ 106 BNotO), für Patentanwaltssachen (§ 90 PatentanwaltsO), für Steuerberatersachen (§ 97 StBerG), für Wirtschaftsprüfer (§ 74 WirtschaftsprüferO), Dienstgericht des Bundes (§§ 61, 79 DRiG; vgl. § 1 Rn. 170).

4   **II. Auswärtige (detachierte) Senate.** Der BMdJ kann Zivil- und/oder Strafsenate auch außerhalb des Sitzes des BGH (§ 123) bilden; an materielle Voraussetzungen ist dies nicht gebunden (entsprechend § 116 Abs. 2, anders z.B. § 78). Die Zuständigkeit der detachierten Senate muss vom BMdJ bestimmt werden. Sie können für bestimmte Sachgebiete oder für bestimmte geographische Bezirke zuständig sein, auch teilweise. Personelle Besetzung und gegebenenfalls Geschäftsverteilung regelt das Präsidium.[1] Die Senate bleiben Senate des BGH (vgl. § 116 Rn. 15 ff.). Z.Z. besteht ein **detachierter Strafsenat in Leipzig** (BAnz 1997 Nr. 125).

5   **III. Ermittlungsrichter.** In Staatsschutzsachen können die im vorbereitenden Verfahren dem Richter beim AG obliegenden Geschäfte vom Ermittlungsrichter des BGH wahrgenommen werden, wenn der GBA die Ermittlungen führt (§ 169 StPO, §§ 120, 142a GVG). Beim BGH wird deshalb mindestens ein Ermittlungsrichter bestellt, die Zahl weiterer Ermittlungsrichter bestimmt der BMdJ (Abs. 1

---

[1] *KK/Hannich* Rn. 5; *LR/Franke* Rn. 3.

Satz 2). Wer Ermittlungsrichter ist und wie sich die Aufgaben zwischen mehreren aufteilen, bestimmt das Präsidium, das aber nur Richter am BGH bestellen kann (vgl. § 116 Abs. 1 Satz 2, 2. Halbsatz). Der BMdJ kann auch den Dienstsitz für die Ermittlungsrichter bestimmen (Abs. 2 a. E.).

§§ 131, 131a. (weggefallen)

§ 132. [Große Senate; Vereinigte Große Senate]

(1) ¹Beim Bundesgerichtshof werden ein Großer Senat für Zivilsachen und ein Großer Senat für Strafsachen gebildet. ²Die Großen Senate bilden die Vereinigten Großen Senate.

(2) Will ein Senat in einer Rechtsfrage von der Entscheidung eines anderen Senats abweichen, so entscheiden der Große Senat für Zivilsachen, wenn ein Zivilsenat von einem anderen Zivilsenat oder von dem Großen Zivilsenat, der Große Senat für Strafsachen, wenn ein Strafsenat von einem anderen Strafsenat oder von dem Großen Senat für Strafsachen, die Vereinigten Großen Senate, wenn ein Zivilsenat von einem Strafsenat oder von dem Großen Senat für Strafsachen oder ein Strafsenat von einem Zivilsenat oder von dem Großen Senat für Zivilsachen oder ein Senat von den Vereinigten Großen Senaten abweichen will.

(3) ¹Eine Vorlage an den Großen Senat oder die Vereinigten Großen Senate ist nur zulässig, wenn der Senat, von dessen Entscheidung abgewichen werden soll, auf Anfrage des erkennenden Senats erklärt hat, daß er an seiner Rechtsauffassung festhält. ²Kann der Senat, von dessen Entscheidung abgewichen werden soll, wegen einer Änderung des Geschäftsverteilungsplanes mit der Rechtsfrage nicht mehr befaßt werden, tritt der Senat an seine Stelle, der nach dem Geschäftsverteilungsplan für den Fall, in dem abweichend entschieden wurde, zuständig wäre. ³Über die Anfrage und die Antwort entscheidet der jeweilige Senat durch Beschluß in der für Urteile erforderlichen Besetzung; § 97 Abs. 2 Satz 1 des Steuerberatungsgesetzes und § 74 Abs. 2 Satz 1 der Wirtschaftsprüferordnung bleiben unberührt.

(4) Der erkennende Senat kann eine Frage von grundsätzlicher Bedeutung dem Großen Senat zur Entscheidung vorlegen, wenn das nach seiner Auffassung zur Fortbildung des Rechts oder zur Sicherung einer einheitlichen Rechtsprechung erforderlich ist.

(5) ¹Der Große Senat für Zivilsachen besteht aus dem Präsidenten und je einem Mitglied der Zivilsenate, der Große Senat für Strafsachen aus dem Präsidenten und je zwei Mitgliedern der Strafsenate. ²Legt ein anderer Senat vor oder soll von dessen Entscheidung abgewichen werden, ist auch ein Mitglied dieses Senats im Großen Senat vertreten. ³Die Vereinigten Großen Senate bestehen aus dem Präsidenten und den Mitgliedern der Großen Senate.

(6) ¹Die Mitglieder und die Vertreter werden durch das Präsidium für ein Geschäftsjahr bestellt. ²Dies gilt auch für das Mitglied eines anderen Senats nach Absatz 5 Satz 2 und für seinen Vertreter. ³Den Vorsitz in den Großen Senaten und den Vereinigten Großen Senaten führt der Präsident, bei Verhinderung das dienstälteste Mitglied. ⁴Bei Stimmengleichheit gibt die Stimme des Vorsitzenden den Ausschlag.

Übersicht

	Rn.		Rn.
I. Regelungsinhalt	1	III. Divergenzvorlage	15
II. Großer Senat als Rechtsprechungsorgan	2	1. Inhalt	15
		2. Vorlagepflicht	16
1. GS beim BGH	2	3. Vorlageverfahren	25
2. GS für Zivilsachen	3	IV. Grundsatzvorlage	31
3. GS für Strafsachen	5	1. Inhalt	31
4. Bestellung der GS	7	2. Voraussetzung	32
5. Vereinigte GS	11		
6. Verfahren vor dem GS	12		

Gesetzesfassung: Art. 2 RpflVereinfG; Neufassung des § 132 ab 1. 1. 1992 unter Aufhebung der §§ 136, 137 und Änderung des § 138.

1 **I. Regelungsinhalt.** Die Vorschrift dient der Einheitlichkeit der Rechtsprechung, die ihrerseits durch das aus dem Rechtsstaatsgebot fließende Prinzip der Rechtssicherheit geboten ist[1] (vgl. § 121 Rn. 13). Sie konstituiert Große Senate und den Vereinigten Großen Senat zur Entscheidung von divergierenden Rechtsansichten verschiedener Senate sowie von Fragen grundsätzlicher Bedeutung. GS bestehen bei allen obersten Gerichtshöfen des Bundes. Sie sind für die Einheitlichkeit der Rechtsprechung und für die Rechtsfortbildung von ganz erheblicher Bedeutung, wenn auch die Zahl der anhängigen Verfahren quantitativ gering ist. Die Zuständigkeit, Zusammensetzung und der Entscheidungsprozess der GS bedarf angesichts der weitreichenden Bedeutung ihrer Entscheidungen klarer gesetzlicher Regelungen. Das RpflVereinfG hat die Vorschriften über die GS aller obersten Gerichtshöfe vereinheitlicht. Gesetzestechnisch ist es allerdings nicht den Weg einer für alle Gerichtsbarkeiten übereinstimmend geltenden, auch formell einheitlichen Regelung gegangen (vgl. § 2 EGGVG Rn. 19), sondern hat in jeder der 5 Verfahrensordnungen jeweils eine Vollregelung getroffen. In der Besetzungsregelung differieren diese gegenüber § 132 GVG aber nur geringfügig (§ 11 VwGO, § 11 FGO, § 45 ArbGG, § 41 SGG). Die Zuständigkeit zur Entscheidung von Divergenzen zwischen einzelnen Senaten und von Fragen grundsätzlicher Bedeutung zur Fortbildung des Rechts oder zur Sicherung einer einheitlichen Rechtsprechung ist inhaltlich einheitlich und entspricht dem früheren Recht (§ 132 Abs. 2, 4 GVG, § 11 Abs. 2, 4 VwGO, § 11 Abs. 2, 4 FGO, § 45 Abs. 2, 4 ArbGG, § 41 Abs. 2, 4 SGG – jeweils a. F.), ebenso, dass der GS nur über die Rechtsfrage entscheidet mit bindender Wirkung für den vorlegenden Senat (§ 138 Abs. 1 GVG, § 11 Abs. 7 VwGO, § 11 Abs. 7 FGO, § 45 Abs. 7 ArbGG, § 41 Abs. 7 SGG). – Eine entsprechende Anwendung des Vorlageverfahrens auf Entscheidungen anderer Gerichte scheidet aus, insbesondere im Verhältnis des Einzelrichters zum Kollegialspruchkörper.[2]

2 **II. Großer Senat als Rechtsprechungsorgan. 1. GS beim BGH.** Große Senate „werden" beim BGH „gebildet" (Abs. 1 Satz 1). Sie sind als Rechtsprechungskörper des BGH zwingend vorgeschrieben, bestehen also kraft Gesetzes institutionell-abstrakt und müssen entsprechend den gesetzlichen Vorgaben personell vom Präsidium besetzt werden (Abs. 6; vgl. Rn. 7). Die Zuständigkeit der GS ist vom Gesetz abschließend geregelt, das Präsidium kann keine Änderungen vornehmen. Aufgabe der GS ist die Entscheidung der ihnen vorgelegten Rechtsfrage (vgl. § 138), die Entscheidung über das Rechtsmittel im Übrigen hat der vorlegende Senat zu treffen. Die Tätigkeit der Mitglieder der GS ist Rechtsprechung in jeder Hinsicht, was vor allem die Unabhängigkeit, aber auch z.B. die Ausschließung und Ablehnung der Richter angeht (§§ 41 ff. ZPO, §§ 22 ff. StPO).

3 **2. GS für Zivilsachen. a)** Die **Zuständigkeit** des GS für Zivilsachen ist abschließend geregelt. Er entscheidet, wenn ein Zivilsenat in einer Rechtsfrage von der Entscheidung eines anderen Zivilsenats oder des GS für Zivilsachen abweichen will (Divergenzvorlage nach Abs. 2; Rn. 15) oder wenn ein Senat eine Frage von grundsätzlicher Bedeutung zur Entscheidung vorlegt (Abs. 4; Rn. 31). Für die „anderen" Senate ist gesetzlich festgelegt, ob sie als Zivil- oder Strafsenate gelten (Rn. 10). Die Vorlagepflicht besteht nur gegenüber Entscheidungen der Senate des BGH; die Abweichung von einer Entscheidung des früheren RG begründet keine

---

[1] *Baur* JZ 1953, 326; *Schröder* NJW 1959, 1517; *Maetzel* MDR 1968, 797; *Schulz* MDR 1968, 814; *Schmidt-Räntsch* DRiZ 1968, 325.
[2] BGH NJW 2004, 223.

Vorlagepflicht.³ Will ein Senat des BGH von der Entscheidung eines Senats eines anderen obersten Gerichtshofs oder des Gemeinsamen Senats der obersten Gerichtshöfe abweichen, ist die Sache dem Gemeinsamen Senat der obersten Gerichtshöfe des Bundes vorzulegen (§ 2 RSprEinhG; § 123 Rn. 5). Bei Abweichung von einer Entscheidung des BVerfG ist der GS nicht zuständig, es gilt die Bindungswirkung des § 31 BVerfGG. Zur Verbindlichkeit der Entscheidungen des EuGH § 12 Rn. 50.

b) Besetzung. Der GS für Zivilsachen besteht aus dem Präsidenten des BGH 4 und je einem Mitglied der Zivilsenate (Abs. 5 Satz 1). Diese gesetzliche Festlegung der Mitgliedschaft ist eindeutig und zwingend – ausgenommen das zusätzliche Mitglieds eines „anderen" Senats nach Abs. 5 Satz 2 (Rn. 10) – und beseitigt die fakultative stimmberechtigte Teilnahme des Vorsitzenden oder eines anderen Mitglieds der beteiligten Senate nach § 132 a. F. und die dabei aufgetretenen Probleme des gesetzlichen Richters. Je ein Mitglied „der" Zivilsenate gehört dem GS an. Alle Senate des Gerichts sind durch eines ihrer Mitglieder vertreten, was einerseits die Mitgliederzahl unter dem Gesichtspunkt des gesetzlichen Richters exakt bestimmt, andererseits aber auch dazu beiträgt, dass der Sachverstand und die Erfahrung aller Senate des Gerichts im Interesse der Kontinuität der Rechtsprechung und der Berücksichtigung des gesamten Rechtsstoffes in die Tätigkeit des GS einfließen.

3. GS für Strafsachen. a) Die **Zuständigkeit** des GS für Strafsachen ist eben- 5 falls abschließend. Er entscheidet, wenn ein Strafsenat in einer Rechtsfrage von der Entscheidung eines anderen Strafsenats oder des GS für Strafsachen abweichen will (Abs. 2). Das zum GS für Zivilsachen Gesagte (Rn. 3) gilt hier entsprechend.

b) Besetzung. Der GS für Strafsachen besteht aus dem Präsidenten des BGH 6 und je zwei Mitgliedern der Strafsenate (Abs. 5 Satz 1); diese gesetzliche Festlegung der Mitgliederzahl ist zwingend (Rn. 4). Die Verdopplung gegenüber den Mitgliedern der Zivilsenate ist deshalb gewählt worden, weil die Zahl der Strafsenate beim BGH wesentlich geringer ist als die der Zivilsenate und in den Vereinigten Großen Senaten ein Gleichgewicht zwischen den Großen Senaten hergestellt werden sollte.⁴ Vgl. im Übrigen Rn. 4.

4. Bestellung der GS. Die Mitglieder des GS werden vom Präsidium nach 7 § 21 e jeweils für das Geschäftsjahr bestellt (Abs. 6 Satz 1). Aus jedem Zivilsenat kann nur ein Richter, aus jedem Strafsenat können nur zwei Richter als ordentliche Mitglieder des GS bestellt werden, das muss aber auch geschehen. Das Präsidium hat insoweit keine Entscheidungsfreiheit, wohl aber für die Bestellung im Übrigen (§ 21 e Rn. 7, 20). So wird z.B. die Entsendung einer gleichen Zahl von Vorsitzenden und beisitzenden Richtern zu erwägen sein (vgl. § 21 a Satz 2), im Interesse der Kontinuität der Rechtsprechung wird weitgehend auf die jeweils dienstältesten abzustellen sein. Für jedes bestellte Mitglied ist auch die Vertretung zu regeln (§ 21 e Abs. 1 Satz 1), und zwar aus dem Kreise der jeweiligen Senatsmitglieder. Um allen Eventualitäten vorzubeugen (Verhinderung aller dem Senat angehörender Vertreter), ist aber auch eine hilfsweise Vertretung durch Mitglieder anderer Zivilsenate zulässig und erwägenswert; die gesetzliche Zahl der Richter des GS hat Vorrang vor der Verhinderung der Überrepräsentanz einzelner Senate.

Die Zahl der dem GS angehörenden Richter richtet sich nach den vorhandenen 8 Senaten im Zeitpunkt der Entscheidung des GS. Bei einer im Laufe des Geschäftsjahres eintretenden Erhöhung der Zahl der Senate muss das Präsidium ein neues Mitglied für den GS bestellen; der Wegfall eines Senats führt zum automatischen Ausscheiden des für diesen Senat zum GS bestellten Mitglieds. Scheidet ein zum Mitglied des GS bestelltes Mitglied des Senats aus diesem aus, endet auch seine

---

³ BFH NJW 1970, 831.
⁴ BTagsDrucks. 11/3621 S. 55.

„Repräsentanz" für diesen Senat im GS. Es ist ein neues Mitglied aus diesem Senat zu bestellen, bis dahin liegt ein Vertretungsfall vor. Eine Änderung der Verteilung der Geschäfte auf die einzelnen Senate hat keine Auswirkung. – Alle Senate müssen vertreten sein, ohne dass es auf eine personelle Mehrfachzugehörigkeit (vgl. § 21 e Abs. 1 Satz 4), also Teilidentität der Mitglieder mehrerer Senate ankommt.

9 Zusätzlich zu diesen Mitgliedern des GS aus allen Senaten des BGH gehört der Präsident des BGH kraft Gesetzes dem GS an (Abs. 5 Satz 1). Auch für den/die Senat/e, in denen er den Vorsitz führt, wird also – im Gegensatz zu den anderen obersten Gerichtshöfen (vgl. § 11 Abs. 5 VwGO, § 11 Abs. 5 FGO, § 45 Abs. 5 ArbGG, § 41 Abs. 5 SGG) – ein Mitglied dieses Senats zum ordentlichen Mitglied des GS bestellt. Bei der Vertretung des Präsidenten im Verhinderungsfalle ist zu unterscheiden zwischen seiner Mitgliedschaft und dem ihm obliegenden Vorsitz im GS: in seiner Mitgliedschaft wird er nicht vertreten, wohl aber (notwendigerweise) im Vorsitz (Abs. 6 Satz 3).

10 Ein weiteres, zusätzliches Mitglied tritt kraft Gesetzes in den GS ein, wenn ein **„anderer"** Senat vorlegt oder wenn von dessen Entscheidung abgewichen werden soll (Abs. 5 Satz 2). Unter dem „anderen" Senat ist ein Senat zu verstehen, der nach herkömmlicher Betrachtung weder Zivil- noch Strafsenat ist.[5] Diese „anderen" Senate sind: Dienstgericht des Bundes für die Richter im Bundesdienst (§ 61 DRiG); Senat für Anwaltssachen (§ 106 BRAO); Senat für Notarsachen (§ 106 BNotO); Senat für Patentanwaltssachen (§ 90 PatentanwaltsO); Senat für Wirtschaftsprüfersachen (§ 74 WirtschaftsprüferO); Kartellsenat (§ 94 GWB); Senat für Landwirtschaftssachen (§ 2 LwVG); Senat für Steuerberatersachen (§ 97 StBerG); Entschädigungssenat (§ 208 BEG). Sie sind ebenfalls durch ein vom Präsidium für das Geschäftsjahr einschließlich Vertreter zu bestellendes Mitglied im GS vertreten, und zwar kraft Gesetzes und zwingend. Es gilt das bei Rn. 4 Ausgeführte entsprechend.

11 **5. Vereinigte GS.** Die Vereinigten Großen Senate bilden (trotz des Plurals im Gesetzestext) einen einzigen einheitlichen Spruchkörper, der aus dem GS für Zivilsachen und dem GS für Strafsachen besteht (Abs. 1 Satz 2). Dieser Spruchkörper ist zuständig, wenn ein Zivilsenat von einem Strafsenat oder von dem GS für Strafsachen oder ein Strafsenat von einem Zivilsenat oder von dem GS für Zivilsachen oder ein Senat von den Vereinigten Großen Senaten abweichen will (Abs. 2); als Zivilsenat gilt hier auch der GS für Zivilsachen und als Strafsenat auch der GS für Strafsachen. Die Vereinigten Großen Senate bestehen aus dem Präsidenten des BGH und den (allen) Mitgliedern der GS für Zivilsachen und für Strafsachen.

12 **6. Verfahren vor dem GS.** Vorsitzender des GS ist kraft Gesetzes der Präsident des BGH (Abs. 6 Satz 3). Er wird, ebenfalls kraft Gesetzes, im Vorsitz vertreten durch das dienstälteste Mitglied des GS (Abs. 6 Satz 3). Bei Verhinderung des dienstältesten Mitglieds tritt das nächstdienstälteste Mitglied an seine Stelle. Wer „dienstältestes" Mitglied ist, ist im Gesetz nicht ausdrücklich festgelegt. Negativ lässt sich sagen, dass der Präsident nicht vertreten wird durch seine sonstigen Vertreter (Vizepräsident, Vertreter im Senat); ebenso wenig hat das Präsidium (entgegen § 21 f Abs. 2 Satz 1) hier die Kompetenz zur Vertretungsregelung. Ausgangspunkt für die Bestimmung des Dienstalters der Richter ist § 20 Satz 1 DRiG. Maßgebend ist der Tag, an dem dem Richter, der dem GS angehört, „sein", also das derzeit innegehaltene Richteramt, übertragen worden ist. Damit wird im Gegensatz zum früheren Recht nicht mehr zwischen Vizepräsident, Vorsitzenden Richtern und (beisitzenden) Richtern am BGH unterschieden,[6] so dass ein Richter am BGH im GS stellvertretend den Vorsitz führen kann, auch wenn ihm der Vizepräsident und Vorsitzende Richter angehören. Nicht uneingeschränkt Anwendung

---

[5] Die Begründung spricht von „echten" Revisionssenaten, BTagsDrucks. 11/3621 S. 55.
[6] KK/*Hannich* Rn. 26.

finden kann § 20 Satz 2, wonach dann, wenn der Richter zuvor ein anderes Richteramt oder ein vergleichbares Amt bekleidet hat, allgemein der Tag der Übertragung dieses Amtes maßgebend ist. Bei dem für den stellvertretenden Vorsitz im GS maßgebenden Dienstalter ist vielmehr im zwingenden Interesse einer funktionsgerechten Ausübung dieser Aufgabe auf die Ernennung zum Richter am BGH abzustellen. Bei gleichem Dienstalter entscheidet entsprechend § 21f Abs. 2 Satz 2 das Lebensalter.

Während das Verfahren vor dem GS im Übrigen im § 138 geregelt ist, ist im Abs. 6 Satz 4 ergänzend zur Regelung über den Vorsitz festgelegt, dass bei Stimmengleichheit (vgl. § 196) die Stimme des Vorsitzenden den Ausschlag gibt. Das bedeutet für den Vorgang der Abstimmung, dass nach Feststellung der Stimmengleichheit der Vorsitzende seine Stimme erneut (ohne Bindung an seine vorangegangene Stimmabgabe) abzugeben hat. Stimmenthaltung ist unzulässig (vgl. § 194 Rn. 4). 13

Für das Verfahren vor den Vereinigten GS gelten die Regeln für das Verfahren vor dem GS entsprechend. Den Vorsitz führt der Präsident, bei Verhinderung das dienstälteste Mitglied (Abs. 6 Satz 3). Bei Stimmengleichheit gibt die Stimme des Vorsitzenden (oder im Vertretungsfalle seines Vertreters) den Ausschlag (Abs. 6 Satz 4). Vgl. im Übrigen § 138. 14

III. Divergenzvorlage. 1. Inhalt. Der GS ist zuständig, wenn ein Senat in einer Rechtsfrage von der Entscheidung eines anderen Senats (oder mehrerer anderer Senate) oder des GS abweichen will (Abs. 2). Will ein Zivilsenat von der Entscheidung eines anderen Zivilsenats oder des GS für Zivilsachen abweichen, hat er dem GS für Zivilsachen vorzulegen. Will ein Strafsenat von der Entscheidung eines anderen Strafsenats oder des GS für Strafsachen abweichen, hat er dem GS für Strafsachen vorzulegen. Will ein Zivilsenat von der Entscheidung eines Strafsenats oder des GS für Strafsachen abweichen oder ein Strafsenat von der Entscheidung eines Zivilsenats oder des GS für Zivilsachen, ist den Vereinigten GS vorzulegen (Rn. 11). Allerdings ist eine **erneute Vorlage** an den GS nur zulässig, wenn in der Zwischenzeit neue rechtliche Gesichtspunkte aufgetreten sind, die bei der vorangegangenen Entscheidung des GS nicht berücksichtigt werden konnten oder neue Rechtserkenntnisse eine andere Beurteilung der entschiedenen Rechtsfrage rechtfertigen könnten.[7] Die Vorlagepflicht besteht grundsätzlich nicht, wenn ein Senat auf Grund einer Anfrage des GemS darüber entscheiden muss, ob er sich der Rechtsauffassung des Senats eines anderen obersten Gerichtshofs anschließt, der den GemS angerufen hat (§§ 11 ff. RSprEinhG). Soweit der vom GemS angefragte Senat in seiner daraufhin zu erlassenden Entscheidung von einer divergenzfähigen jüngeren Entscheidung eines anderen Senats des BGH abweichen will, muss er allerdings den GS des BGH anrufen, der dann sowohl die Rechtsfrage nach § 138 zu entscheiden hat, als auch dadurch zum „beteiligten" Senat im Verfahren vor dem GemS wird.[8] 15

2. Vorlagepflicht. Im Divergenzfall ist der jeweilige Senat zur Vorlage nach Abs. 2 verpflichtet, er darf nicht selbst entscheiden. Entscheidet ein Senat unter Verletzung seiner Vorlagepflicht, ist die Entscheidung zwar wirksam (vgl. § 121 Rn. 24), er verletzt jedoch durch die Nichtvorlage das Recht auf den gesetzlichen Richter (§ 16 Rn. 42). Die Entscheidung unter Verletzung der Vorlagepflicht hat aber dennoch zur Folge, dass ein Senat, der später von dieser Entscheidung abweichen will, der Vorlagepflicht auch dann unterliegt, wenn er der ersten „übergangenen" Entscheidung folgen will (vgl. § 121 Rn. 24). Die Vorlagepflicht gilt nur für 16

---

[7] BGH NJW 1977, 964; BFH BB 1971, 227; 462; vgl. *Schefold* NJW 1973, 123; *Seuffert* AöR 1979, 185; a. A. *Zöller/Gummer* Rn. 4; wie hier zur Vorlage nach Art. 100 GG BVerfGE 65, 179 = NJW 1984, 970.
[8] Vgl. *Kissel*, FS 75 Jahre BFH S. 595 ff.

Rechtsfragen (vgl. § 121 Rn. 21). Die Rechtsfrage muss entscheidungserheblich sein (§ 121 Rn. 22, § 138 Rn. 3); auf die Art der zu treffenden Entscheidung kommt es nicht an. – „Abweichung" bedeutet eine unterschiedliche Auslegung von Rechtsvorschriften oder Rechtsbegriffen, auch von solchen, die in verschiedenen gesetzlichen Bestimmungen enthalten, aber inhaltsgleich sind (§ 121 Rn. 21). Die Divergenzvorlage ist geprägt durch die Entscheidung, von der der vorlegende Senat erklärtermaßen abweichen will. Die Vorlagepflicht setzt voraus, dass der erkennende Senat solche abweichenden Entscheidungen kennt, wie auch immer diese Information im Vorfeld seiner Entscheidung erlangt wird. Soweit der vorlegende Senat mit seiner Entscheidung von weiteren als der von ihm ausdrücklich benannten Entscheidung abweichen würde, liegt auch hinsichtlich dieser Entscheidungen inhaltlich eine vorlagepflichtige Divergenz im Sinne der Einheitlichkeit der RSpr (Rn. 1) vor. Eine Erstreckung des Vorlageverfahrens auch auf diese Entscheidungen ist vom Gesetz nicht ausdrücklich vorgesehen, indessen auch nicht erforderlich. Jeder Senat ist im GS vertreten, die frühere Regelung, wonach der Divergenzsenat an der Sitzung des GS teilnehmen konnte (§ 132 Abs. 5 a. F.), ist entfallen (so jetzt aber noch die Regelung für den GemS, §§ 3, 4 RSprEinhG).

17 Von seiner **eigenen,** einer früheren Entscheidung zugrundeliegenden Rechtsansicht kann ein Senat jederzeit **abweichen,** ohne den GS anrufen zu müssen.[9] Das setzt jedoch Identität des Senats voraus, und zwar nach seiner Bezeichnung (nach Nummern oder gesetzlich vorgesehenen Spezialbezeichnungen, vgl. § 130 Rn. 2, 3). Bei allgemeinen Senaten ist ein inzwischen eingetretener vollständiger Wechsel in der Geschäftsverteilung erheblich, z. B. der Übergang der Ehesachen von einem auf den anderen Senat verpflichtet dann nicht zur Vorlage, wenn der Senat, der die frühere Entscheidung getroffen hat, nicht mehr für Ehesachen zuständig ist. Auch wenn ein nachträglich gebildeter Spezialsenat von der Entscheidung eines Senats vor dieser Bildung in einer der ihm jetzt allein obliegenden Spezialfragen abweichen will, bedarf es nicht der Vorlage.[10] Die Vorlagepflicht entfällt weiter, wenn der nunmehr allein zuständige Senat von der Entscheidung eines Senats abweicht, der ehemals zuständig war, es aber jetzt nicht mehr ist.[11]

18 Ist jedoch auf Vorlage des Senats eine Entscheidung des GS ergangen, dann muss er auch dann vorlegen, wenn er von seiner Ansicht jetzt abweichen will, auch wenn der GS ihm gefolgt war. Hat inzwischen ein anderer Senat die gleiche Rechtsansicht vertreten, kann der ursprüngliche Senat nicht mehr ohne Vorlage von seiner Ansicht abweichen.[12]

19 Es muss in einer vorangegangenen Entscheidung eine **Rechtsfrage** entschieden sein, von der der jetzt entscheidende andere Senat abweichen will. Auf die Art der vorliegenden Entscheidung kommt es nicht an (Urteil, Beschluss), auch nicht, ob diese ergangen ist im allgemeinen Rechtsmittelverfahren oder in einem Vorlageverfahren nach § 121 oder entsprechenden Vorschriften (vgl. § 121 Rn. 13). Entsprechendes gilt für die nunmehr anstehende Entscheidung.

20 Die Abweichung muss eine Rechtsfrage betreffen (vgl. § 121 Rn. 21). Die in der anderen Entscheidung enthaltene Rechtsansicht muss **entscheidungserheblich** sein (§ 121 Rn. 22). Obiter dicta genügen auch hier nicht.[13]

21 Die **Vorlagepflicht entfällt,** wenn die frühere Entscheidung „überholt" ist. Das ist einmal der Fall, wenn inzwischen der gleiche Senat von ihr abgewichen ist.[14] Sie entfällt weiter, wenn durch eine spätere Gesetzesänderung die Basis für die

---

[9] Vgl. BAG NJW 2002, 2582.
[10] H. M.; vgl. BGHSt 13, 169 = NJW 1959, 1378; St 19, 177 = NJW 1964, 506; BGHZ 28, 16 = NJW 1958, 1133; LR/Franke Rn. 12; Meyer-Goßner Rn. 14; KK/Hannich Rn. 6; Schroth JR 1990, 94.
[11] BVerfG NZA 1987, 206; BAGE 57, 55 = NJW 1988, 2816.
[12] Vgl. BGH NJW 1972, 1893.
[13] Vgl. BGH NStZ 2000, 439.
[14] RGSt 53, 190.

frühere Entscheidung entfallen ist[15] (vgl. auch § 121 Rn. 16). Die Vorlagepflicht entfällt weiter, wenn ein Senat sich abweichend von den Entscheidungen eines anderen Senats jetzt der Entscheidung des GS oder der Vereinigten GS seines Gerichtshofs oder einer Entscheidung des GemS der obersten Gerichtshöfe anschließen will.[16]

Die Vorlagepflicht entfällt nicht dadurch, dass ein anderer Senat unter **Verletzung der Vorlagepflicht** von einer früheren Entscheidung abgewichen ist (vgl. § 121 Rn. 19). 22

Keine Vorlagepflicht besteht nach h.M., wenn von der Entscheidung eines Senats abgewichen werden soll, der **nicht mehr besteht,** z.B. auch ein Feriensenat.[17] Dies mag praktischen Bedürfnissen entsprechen, weil sich dadurch die Zahl der Vorlagen vermindert, zumal hier auch keine Anfrage nach Aufrechterhaltung der früheren RSpr (Rn. 26) möglich ist. Indessen wird diese Praxis der Bedeutung der Entscheidung eines Senats des BGH nicht gerecht. Jeder Spruchkörper verkörpert schlechthin das Gericht,[18] alle Entscheidungen des BGH haben erheblichen Einfluss auf die Praxis der Instanzgerichte haben, so dass jede Entscheidung eines Senats auch weiter für die Frage der Einheitlichkeit der RSpr von Bedeutung ist. Die gleichen Überlegungen, die nach der RSpr des BGH dazu führen, dass eine Vorlagepflicht nach § 121 auch dann entsteht, wenn von der Entscheidung eines nicht mehr bestehenden Senats des BGH abgewichen werden soll (vgl. § 121 Rn. 11), gelten auch hier.[19] 23

Entscheidungen über die **Verfassungsmäßigkeit** von Vorschriften sind vom jeweiligen Senat selbst zu entscheiden oder dem BVerfG nach Art. 100 GG vorzulegen (vgl. § 12 Rn. 18; § 121 Rn. 11). 24

3. Vorlageverfahren. a) Zulässigkeit. Voraussetzung für die Zulässigkeit der Anrufung des GS bei beabsichtigter Abweichung von der Entscheidung eines anderen Senats ist die Durchführung des Vorlageverfahrens. Auf Anfrage des erkennenden Senats muss der Senat, von dessen Entscheidung abgewichen werden soll, erklärt haben, dass er an seiner Rechtsauffassung festhält (Abs. 3 Satz 1). Dieses Anfrageverfahren soll klären, ob im Zeitpunkt der nunmehr anstehenden Entscheidung überhaupt noch eine zu beseitigende Divergenz besteht. 25

b) Vorlagebeschluss. Das Vorlageverfahren beginnt mit der „Anfrage" des erkennenden Senats an den Senat, von dessen Entscheidung abgewichen werden soll, ob dieser an seiner Rechtsansicht festhält (Abs. 3 Satz 1). Haben mehrere Senate abweichend entschieden, ist bei allen ohne Rücksicht auf den Zeitpunkt ihrer Entscheidung anzufragen.[20] Diese „Anfrage" ist durch zu verkündenden Beschluss vorzunehmen (Abs. 3 Satz 3). Das rechtliche Gehör ist den Parteien gewährt, wenn zur entscheidenden Rechtsfrage, unabhängig von einer möglicherweise erforderlich werdenden Anrufung des GS, ausreichend Gelegenheit zur Stellungnahme gewährt war. 26

Die „Anfrage" ist den **Verfahrensbeteiligten** bekanntzugeben (vgl. § 329 ZPO; § 11 Abs. 1 Satz 2 RSprEinhG). Eine Anfechtungsmöglichkeit besteht nicht. Die Anfrage ist an den Senat zu richten, von dessen Entscheidung abgewichen werden soll. Soll von der von mehreren Senaten vertretenen Rechtsansicht abgewichen werden, bestehen zwei Möglichkeiten: a) Als ausschließlich maßgebend wird die zeitlich letzte divergierende Entscheidung betrachtet. Hält der letztentscheidende Senat an seiner Rechtsansicht fest, muss der GS entscheiden; hält er nicht fest, 27

---

[15] BGHSt 23, 377 = NJW 1971, 104; BGH NJW 1976, 2354; NStZ 2002, 160.
[16] BSG NJW 1973, 344; *Müller-Helle* NJW 1973, 1063.
[17] Vgl. BGHSt 17, 280 = NJW 1962, 1628; St 18, 200 = NJW 1963, 964; St 20, 77 = NJW 1965, 52; St 22, 113 = NJW 1968, 1246, 1789; *Meyer-Goßner* Rn. 8; *Kleinknecht* JZ 1959, 182.
[18] BGHSt 17, 360 = NJW 1962, 685.
[19] *LR/Franke* Rn. 17; *KK/Hannich* Rn. 7; *Eb. Schmidt* § 136 Rn. 4; MDR 1958, 815; *Schalscha* MDR 1959, 90; *Schaper* NJW 1963, 1885; *Schroth* JR 1990, 94.
[20] BTagsDrucks. 11/3621 S. 54.

ist der anfragende Senat nicht mehr gehindert, nach seiner Rechtsansicht zu entscheiden. b) Alle Senate sind am Anfrageverfahren gleichzeitig zu beteiligen;[21] soweit auch nur ein Senat an seiner Rechtsansicht festhält, besteht innerhalb des BGH eine Divergenz fort, die vom GS zu entscheiden ist, damit die Einheitlichkeit der Rechtsprechung (wieder) eintritt. Der letzteren Auffassung ist zu folgen, da ein Senat nicht über die Rechtsansicht auch der anderen Senate befinden kann; außerdem kann nur auf diesem Wege eine Divergenz im Gericht vermieden werden. – Kann der Senat, von dessen Entscheidung abgewichen werden soll, wegen veränderter Zuständigkeit (nicht personeller Besetzung) mit der Rechtsfrage nicht mehr befasst werden, tritt der Senat an seine Stelle, der nach dem Geschäftsverteilungsplan jetzt für den Fall, in dem abweichend entschieden wurde, zuständig wäre (Abs. 3 Satz 2). Entstehen Zweifel, welcher Senat nach dem geltenden Geschäftsverteilungsplan zuständig wäre, hat das Präsidium zu entscheiden[22] (vgl. § 21e Rn. 117). Ist durch eine Änderung der Geschäftsverteilung der anfragende Senat selbst zuständig geworden, bedarf es keiner Anfrage, der Senat kann selbst von der früheren Entscheidung abweichen (Rn. 17). Die **Rücknahme der Anfrage** ist zulässig, wenn es nachträglich nicht mehr auf die Rechtsfrage ankommt (vgl. § 121 Rn. 23); das gilt auch, wenn durch Änderung der Geschäftsverteilung ein anderer Senat, auf den das Ausgangsverfahren übergegangen ist, eine nicht mehr divergierende Rechtsansicht vertritt. Die Anfrage hat **keine Sperrwirkung** für die angefragten und die anderen Senate; sie können die Rechtsfrage im Sinne der früheren Rechtsansicht, von der abzuweichen beabsichtigt ist, entscheiden;[23] soweit sie ebenfalls abweichen wollen, haben auch sie das Vorlageverfahren durchzuführen.

28 c) **Reaktion des angefragten Senats.** Der angefragte (Divergenz-)Senat hat zu entscheiden, ob er noch für die Rechtsfrage zuständig ist und ob er die früher vertretene Rechtsansicht aufrechterhält. Er entscheidet durch zu verkündenden und den Parteien bekanntzugebenden Beschluss in der für Urteile erforderlichen Besetzung (Abs. 3 Satz 3). Wenn der angefragte Senat an seiner früheren Entscheidung **nicht festhält,** ist der anfragende Senat nicht mehr gehindert, auf der Grundlage seiner Rechtsansicht zu entscheiden, eine Anrufung des GS ist unzulässig (Abs. 3 Satz 1); andererseits kann er von der seiner Anfrage zugrunde liegenden Rechtsansicht auch nicht mehr frei abweichen.[24] Für den angefragten Senat hat das Nichtfesthalten die Folge, dass er in Zukunft seine Rechtsansicht nicht ändern kann, ohne seinerseits das Divergenz-Vorlageverfahren durchzuführen.[25] Bei **Festhalten** an der bisherigen Rechtsansicht hat nunmehr der anfragende Senat darüber zu entscheiden, ob er an seiner abweichenden Ansicht festhält und die Vorlage an den GS beschließt oder ob er dem angefragten Senat nunmehr selbst folgt – eine Divergenz besteht dann nicht mehr. Maßgebend für das weitere Verfahren ist allein die Entscheidung des angefragten Senats, ob er an seiner früheren Rechtsentscheidung festhält oder nicht; es ist nicht relevant, ob er den Gründen des Anfragebeschlusses im Einzelnen zustimmt oder nicht.[26]

29 Hält der anfragende Senat an seiner Rechtsansicht im Gegensatz zu der des angefragten Senats fest, hat der anfragende Senat die Sache dem GS zur Entscheidung vorzulegen. (Entsprechendes gilt bei Divergenzentscheidungen mehrerer Senate, Rn. 27). Der GS prüft dann zunächst, ob die Voraussetzungen für die Vorlage gegeben sind, ob also eine Divergenz in allen ihren geschilderten Voraussetzungen nach Auffassung des GS vorliegt.[27] Da aber der GS nur die vorgelegte Rechtsfrage

---

[21] Vgl. BSGE 29, 225.
[22] BTags-Drucks. 11/3621 S. 54.
[23] BGH NJW 1994, 2299; BGHR GVG § 132 Anfrageverfahren 1; BVerwG NJW 1976, 1420.
[24] BGHR GVG § 132 Anfrageverfahren 1; *LR/Franke* Rn. 21.
[25] *LR/Franke* Rn. 21; *KK/Hannich* Rn. 13.
[26] Vgl. dazu BGH NJW 1994, 856; ZIP 1996, 1426.
[27] *May* DRiZ 1983, 310.

zu entscheiden hat, während die Entscheidung des Rechtsstreits insgesamt wie auch deren Begründung Sache des vorlegenden Senats ist (§ 138 Rn. 1), kann der GS nicht darüber befinden, ob der vorlegende Senat die von ihm beabsichtigte Entscheidung mit einer anderen Begründung vornehmen und die Entscheidung der divergierenden Rechtsfragen vermeiden kann; es ist von der Rechtsansicht des vorlegenden Senats auszugehen, auch was die Gründe für die beabsichtigte Abweichung von der anderen Entscheidung angeht und die Rechtserheblichkeit der vorgelegten Frage für die Entscheidung selbst.

d) Verhältnis von Divergenz- und Grundsatzvorlage. Soweit eine Divergenz vorliegt, muss der GS angerufen werden (Rn. 16), in Fällen der Grundsatzbedeutung liegt die Vorlage im Ermessen des Senats (Abs. 4; Rn. 38). Liegen die Voraussetzungen für beide Anrufungsformen vor, ist die Divergenzvorlage vorgreiflich, auch wegen der möglichen erweiterten Besetzung hinsichtlich der „anderen" Senate (Rn. 10). Eine Doppelvorlage,[28] also Divergenz- und Grundsatzvorlage, ist zulässig, wobei die jeweiligen Zulässigkeitsvoraussetzungen zu erfüllen sind; die Besetzung zur Entscheidung der Divergenzvorlage ist maßgebend. **30**

IV. Grundsatzvorlage. 1. Inhalt. Der erkennende Senat kann eine Frage von grundsätzlicher Bedeutung dem GS zur Entscheidung vorlegen, wenn das nach seiner Auffassung zur Fortbildung des Rechts oder zur Sicherung einer einheitlichen Rechtsprechung erforderlich ist (Abs. 4). Während Abs. 2 im Interesse der Einheitlichkeit der RSpr eine Vorlagepflicht bei einer beabsichtigten Abweichung von einer vorliegenden Entscheidung statuiert, eröffnet Abs. 4 einem Senat eine (weitere) Möglichkeit der Vorlage an den GS bei Fragen von grundsätzlicher Bedeutung, zur Fortbildung des Rechts oder zur Sicherung einer einheitlichen RSpr, ohne das Verfahren nach Abs. 3. Die Vorlagemöglichkeit nach Abs. 4 ergänzt damit §§ 121 Abs. 2 und 132 Abs. 3; eine entsprechende Vorschrift gilt für die anderen Gerichtsbarkeiten (§ 45 ArbGG, § 11 FGO, § 41 SGG, § 11 VwGO). Flankierend treten die Vorschriften über die Zulassung der Rechtsmittel bei grundsätzlicher Bedeutung einer Rechtssache hinzu (§ 543 ZPO, § 80 OWiG, § 24 LwVG, § 72 ArbGG, § 115 FGO, § 160 SGG, § 132 VwGO, § 145 BRAO). **31**

2. Voraussetzung der Vorlage ist eine Frage von **grundsätzlicher Bedeutung.** Teilweise stößt dieser Begriff auf verfassungsrechtliche Bedenken, weil sein Inhalt unbestimmbar und wegen der letztlich ermessensabhängigen Entscheidung der gesetzliche Richter unbestimmt sei, teilweise wird die Bestimmung auch als problemlos oder doch praktisch abgeklärt betrachtet.[29] Jedenfalls haben sich in der RSpr zum inhaltsgleichen Begriff in den Vorschriften zur Zulassung der Revision (Rn. 31) einige eingängige Formulierungen als klärend und praktikabel herausgestellt. Eine Frage hat grundsätzliche Bedeutung, wenn sie in ihrer Bedeutung über die unmittelbaren Verfahrensbeteiligten hinausgeht.[30] Damit allein, dass eine Sache für eine Partei wirtschaftlich von Bedeutung ist, erlangt sie noch keine grundsätzliche Bedeutung.[31] Sie muss vielmehr z.B. für eine größere Anzahl von ähnlichen Fällen von Bedeutung sein können. Das ist der Fall, wenn die Frage voraussichtlich auch künftig mehr oder weniger häufig auftreten wird, so dass die jetzt ergehende Entscheidung für die Rechtsanwendung von zukunftsweisender Bedeutung ist,[32] wenn sie richtungweisend ist für eine Vielzahl von vergleichbaren Fällen,[33] **32**

---

[28] Vgl. BGHSt 33, 356 = NJW 1986, 1764; St 40, 360 = NJW 1995, 407.
[29] *Lousanoff* NJW 1977, 1042.
[30] BGHZ 2, 396 = NJW 1951, 762; NJW 1970, 1549; *Müller*, FS Herschel, S. 160; *Weyreuther*, Revisionszulassung und Nichtzulassungsbeschwerde Rn. 60).
[31] BGH NJW 1979, 219.
[32] *LR/Franke* Rn. 34.
[33] BAG GS NZA 1991, 749; BGHZ 151, 221 = NJW 2002, 3039; Z 152, 182 = NJW 2003, 65; BGHSt 46, 321 = NJW 2001, 202; BGH NJW 2002, 3092.

ebenso, wenn sich der gleiche Fall jederzeit wieder ereignen kann,[34] wenn sich die Frage über den vorgelegten Einzelfall hinaus jederzeit wieder stellen kann,[35] wenn sie allgemeine Bedeutung hat,[36] wenn das Bedürfnis besteht, die Sache über den Einzelfall hinaus für eine Vielzahl gleich oder ähnlich liegender Fälle richtungweisend zu lösen.[37] Bei Maßnahmegesetzen ist dies regelmäßig nicht der Fall.[38]

33 Die grundsätzliche Bedeutung kann über diese mehr quantitativen Merkmale hinaus auch dann vorliegen, wenn die Entscheidung für das Rechtsleben von wesentlicher, prägender Bedeutung ist, z.B. wegen der voraussehbaren Reaktion in der Rechtsgestaltung, der Steuerberatung, der Tarifgestaltung (Risikobeurteilung) in der Versicherung, wegen Auswirkungen auf das gesamte Arbeitsleben,[39] bei großer wirtschaftlicher Tragweite[40] oder bei großer und weittragender Bedeutung der Frage für die gesamte Rechtspflege, die ein Interesse der Allgemeinheit an deren beschleunigter Klärung begründet,[41] z.B. die Auslegung typischer Vertragsklauseln.[42] Dasselbe gilt, wenn zu erwarten ist, dass die Entscheidung dazu dienen kann, die Rechtseinheit in ihrem Bestand zu erhalten oder die Weiterentwicklung des Rechts zu fördern.[43] Die Frage der Verfassungsmäßigkeit einer Vorschrift kann nicht vorgelegt werden, hier ist ausschließlich nach Art. 100 GG zu verfahren (§ 12 Rn. 18).

34 Die Frage muss klärungsbedürftig sein.[44] Sie darf noch nicht höchstrichterlich entschieden sein.[45] Auch darf die Beantwortung nicht so gut wie selbstverständlich[46] oder so gut wie unbestritten sein,[47] nicht außer Zweifel stehen.[48] Nicht mehr klärungsbedürftig ist eine Rechtsfrage auch dann, wenn zur Auslegung vergleichbarer Regelungen schon höchstrichterliche Entscheidungen ergangen sind, die ausreichende Anhaltspunkte dafür geben, wie die konkret aufgeworfene Frage zu beantworten ist.[49] Die Frage darf auch nicht auf tatsächlichem Gebiet liegen.

35 Die Entscheidung der Frage von grundsätzlicher Bedeutung durch den GS muss erforderlich sein entweder zur Sicherung einer einheitlichen RSpr oder zur Fortbildung des Rechts.

36 Die Sicherung einer **einheitlichen RSpr** erfordert die Entscheidung, wenn unterschiedliche Entscheidungen zu erwarten sind und schon im voraus eine Divergenzvorlage (Rn. 15) vermieden werden soll;[50] ebenso, wenn schwer erträgliche Unterschiede in der RSpr entstehen oder fortbestehen,[51] z.B. wegen divergierender Entscheidungen der Instanzgerichte (vgl. § 121 Rn. 10) oder wegen der abweichenden Ansicht eines Senats, die wegen Nichterheblichkeit für die Entscheidung (§ 121; obiter dicta) nicht zur Divergenzvorlage führte.

37 Die **Fortbildung des Rechts** gehört nach der stRSpr des BVerfG zu den anerkannten Aufgaben und Befugnissen aller Gerichte, besonders der obersten Gerichtshöfe des Bundes. Dies folgt vor allem aus der rechtsstaatlich gebotenen Justizgewährungspflicht (§ 16 Rn. 94) und dem Entscheidungszwang (Einl. Rn. 213): „Die

---

[34] BGHSt 22, 58 = NJW 1968, 1056.
[35] BGHSt 47, 326 = NJW 2002, 2475 zu § 42 IRG.
[36] BVerwG NJW 1960, 1587; BVerwGE 13, 90 = NJW 1962, 218.
[37] BAGE 63, 211 = NZA 1990, 817; vgl. *KK/Hannich* Rn. 18; *Katholnigg* Rn. 11.
[38] Vgl. BSG NVwZ 2001, 473.
[39] BAGE 8, 314; E 12, 15; E 13, 1 = NJW 1962, 1694; *Müller*, FS Herschel, S. 160.
[40] BGHZ 2, 396 = NJW 1951, 762; BAGE 2, 26 = NJW 1955, 1128.
[41] BGHZ 13, 265 = NJW 1954, 1073.
[42] BGHZ 152, 182 = NJW 2003, 65; *Müller*, FS Herschel, S. 161.
[43] BVerwG NJW 1992, 1580.
[44] *Weyreuther*, Revisionszulassung und Nichtzulassungsbeschwerde Rn. 65.
[45] BAGE 2, 26 = NJW 1955, 1128; BSG NJW 1971, 78; BVerwG NVwZ-RR 2000, 457; *Tiedemann* MDR 1977, 813.
[46] BGHSt 17, 21 = NJW 1962, 824.
[47] BSG MDR 1976, 611.
[48] *Friedrichs* NJW 1976, 1876 m.w.N.
[49] BSG MDR 1993, 661.
[50] Vgl. BGH NJW 2002, 1208.
[51] BGHSt 24, 15 = NJW 1971, 389; OLG Hamm MDR 1978, 165.

Gerichte müssen bei unzureichenden gesetzlichen Vorgaben das materielle Recht mit den anerkannten Methoden der Rechtsfindung aus den allgemeinen Grundsätzen ableiten, die für das betreffende Rechtsverhältnis maßgebend sind. Das gilt auch dort, wo eine gesetzliche Regelung, etwa wegen einer verfassungsrechtlichen Schutzpflicht, notwendig wäre".[52] Nur so können die Gerichte die ihnen vom Grundgesetz auferlegte Pflicht erfüllen, jeden vor sie gebrachten Rechtsstreit sachgerecht zu entscheiden.[53] Die Aufgabe der RSpr kann es erfordern, „Wertvorstellungen, die der verfassungsmäßigen Rechtsordnung immanent, aber in den Texten der geschriebenen Gesetze nicht oder nur unvollkommen zum Ausdruck gelangt sind, in einem Akt des bewertenden Erkennens, dem auch willenhafte Elemente nicht fehlen, ans Licht zu bringen und in Entscheidungen zu realisieren. Der Richter muss sich dabei von Willkür freihalten, seine Entscheidung muss auf rationaler Argumentation beruhen. Es muss einsichtig gemacht werden, dass das geschriebene Gesetz seine Funktion, ein Rechtsproblem gerecht zu lösen, nicht erfüllt. Die richterliche Entscheidung schließt dann diese Lücke nach den Maßstäben der praktischen Vernunft und den fundierten allgemeinen Gerechtigkeitsvorstellungen der Gemeinschaft ... Fraglich können nur die Grenzen sein, die einer solchen schöpferischen Rechtsfindung mit Rücksicht auf den aus Gründen der Rechtsstaatlichkeit unverzichtbaren Grundsatz der Gesetzesbindung der Rechtsprechung gezogen werden müssen. Sie lassen sich nicht in einer Formel erfassen, die für alle Rechtsgebiete und für alle von ihnen geschaffenen oder beherrschten Rechtsverhältnisse gleichermaßen gälte".[54] Während die Befugnis zur Rechtsfortbildung im Grunde nicht (mehr) bestritten wird, sind ihre Grenzen, weil an der Nahtstelle zur gesetzgebenden Gewalt und zur Bindung des Richters an Gesetz und Recht (vgl. Art. 20, 97 GG), Gegenstand einer hier nicht näher darstellbaren wissenschaftlichen Diskussion[55] und Abgrenzungsversuchen in der RSpr.[56] Im Zusammenhang mit der Rechtsfortbildung, und von ihr weitgehend ausgelöst, steht die Diskussion um die ganz allgemeine Grenzziehung für die RSpr durch die Gesetzesbindung des Richters (vgl. § 1 Rn. 110 f.), die hier nicht näher erörtert werden kann. Sie wird unter vielfältigen Schlagworten geführt, dem einer entfesselten Dritten Gewalt,[57] einer Justizialisierung des öffentlichen Lebens[58] bis hin zum „Richterstaat",[59] aber auch dem eines „Reparaturbetriebs der Politik".[60]

Die Entscheidung, **ob** die Rechtsfrage dem GS **vorgelegt werden soll,** steht **38** im pflichtgemäßen Ermessen des erkennenden Senats[61] („kann, ... wenn das nach seiner Auffassung"). Er kann stattdessen auch selbst entscheiden, sofern nicht schon nach § 136 eine Vorlagepflicht besteht, und/oder bei den anderen in Frage kommenden Senaten deren Ansicht erfragen.[62] Der GS ist zur Entscheidung verpflichtet, wenn nicht ausnahmsweise der vorlegende Senat von unrichtigen Voraussetzungen ausgegangen ist, z.B. Verkennung der „Grundsätzlichkeit", oder die Vorlage nicht vertretbar (ermessensmissbräuchlich) ist. Deshalb kann der GS in vollem Umfange nachprüfen, ob es sich um eine Frage von grundsätzlicher Bedeutung handelt,[63] während die Frage, ob die Entscheidung des GS zur Fortbildung des

---

[52] Vgl. BVerfGE 81, 242, 256.
[53] BVerfGE 84, 212, 226 = NJW 1991, 2549.
[54] BVerfGE 34, 269, 287 = NJW 1973, 662.
[55] Vgl. FS 600 Jahrfeier Universität Heidelberg 1986; *Sendler* DVBl. 1988, 828; *Flume* ZIP 1992, 817; *Gusy* DÖV 1992, 461; *Boujong* GmbHR 1992, 207.
[56] Vgl. BAG NStZ 1994, 1083.
[57] *van Husen* AöR 78, 49 ff.
[58] *Böckenförde* Staat 1990, 1 ff.
[59] *Rüthers* NJW 2005, 2759.
[60] *von Münch* NJW 1996, 2073.
[61] Zu den Bedenken gegen eine solche Regelung vgl. *Maetzel* MDR 1968, 799.
[62] BGHSt 16, 351 = NJW 1962, 355.
[63] BTagsDrucks. 11/3621 S. 55; LR/*Franke* Rn. 40; *Katholnigg* Rn. 15; KK/*Hannich* Rn. 19; Zöller/*Gummer* Rn. 7; *Meyer-Goßner* Rn. 21; BL/*Hartmann* Rn. 7; vgl. BAGE 56, 289 = NZA 1988, 509; a. A. BVerwG DVBl. 1960, 312; BFH BStBl. II 1968, 285.

§ 133 1, 2   9. Titel. Bundesgerichtshof

Rechts oder zur Sicherung einer einheitlichen RSpr erforderlich ist, nur auf Ermessensfehler nachgeprüft werden kann.[64] Unzulässig ist die Vorlage, wenn die Rechtsfrage für die Entscheidung des vorlegenden Senats nicht erheblich ist[65] (vgl. § 121 Rn. 22). Die Rücknahme durch den vorlegenden Senat ist zulässig, etwa wenn die Frage durch eine zwischenzeitlich ergangene Entscheidung des GS ihre grundsätzliche Bedeutung verloren hat.

§ 133. [Zuständigkeit in Zivilsachen]

In bürgerlichen Rechtsstreitigkeiten ist der Bundesgerichtshof zuständig für die Verhandlung und Entscheidung über die Rechtsmittel der Revision, der Sprungrevision und der Rechtsbeschwerde.

Übersicht

	Rn.		Rn.
I. Zuständigkeit in Zivilsachen	1	4. Sonderregelungen	11
II. Revision; Rechtsentwicklung	2	5. Familiensachen	12
1. Zulassungsrevision	7	III. Rechtsbeschwerde	15
2. Nichtzulassungsbeschwerde	9	IV. Weitere Zuständigkeiten des BGH	20
3. Sprungrevision	10		

Gesetzesfassung: Neu gefasst durch Art. 1 Nr. 7 ZPO-RG vom 27. 7. 2001 (BGBl. I S. 1887).

1   **I. Zuständigkeit in Zivilsachen.** Die Vorschrift regelt die **Zuständigkeit des BGH in bürgerlichen Rechtsstreitigkeiten** (zum Begriff § 13 Rn. 9 ff.): Revision gegen die in der Berufungsinstanz erlassenen Endurteile (§ 542 Abs. 1 ZPO), Sprungrevision gegen die im ersten Rechtszug erlassenen Endurteile (§ 566 Abs. 1 ZPO) und Rechtsbeschwerde gegen Beschlüsse des LG oder des OLG (§ 574 ZPO). Die Neufassung von § 133 entspricht der grundsätzlichen Umgestaltung des Rechtsmittelzugs durch das ZPO-RG vom 27. 7. 2001. War der BGH zuvor nur Rechtsmittelinstanz bezüglich der Entscheidungen des OLG und ausnahmsweise – bei der Sprungrevision (§ 566a ZPO a. F.) – des LG, findet die Revision nunmehr statt gegen Berufungsurteile sowohl des OLG als auch des LG, die Sprungrevision gegen Urteile des LG und des AG. Die Rechtsbeschwerde kann sich gegen Beschlüsse des OLG wie des LG richten. Damit ist die bisherige „Filterfunktion" des OLG in weiten Bereichen entfallen.[1]

2   **II. Revision.** Die **Zulässigkeit der Revision** richtet sich nach §§ 542 ff. ZPO. Die Neuregelung durch das ZPO-RG vom 27. 7. 2001 führte zur Ausgestaltung als reine **Zulassungsrevision**. Gegen Berufungsurteile findet die Revision nur statt, wenn sie vom Berufungsgericht oder auf Nichtzulassungsbeschwerde vom BGH zugelassen wird (§ 543 Abs. 1 ZPO), die Sprungrevision bedarf neben der Wahrung der Berufungssumme (§ 511 Abs. 2 Nr. 1 ZPO) der Zulassung durch den BGH auf Antrag (§ 566 ZPO). Zuzulassen ist die Revision in allen Fällen nur dann, wenn entweder die Rechtsfrage grundsätzliche Bedeutung hat oder die Fortbildung des Rechts oder die Sicherung einer einheitlichen Rechtsprechung eine Entscheidung des Revisionsgerichts erfordert (§§ 543 Abs. 2 Satz 1, 566 Abs. 4 Satz 1 ZPO). Die Vorschriften gelten auch bei Urteilen in den zivilrechtlichen Familiensachen und bei Verbundurteilen (§ 629a ZPO; zu Besonderheiten Rn. 12 f.). Zu beachten ist aber § 26 Nr. 8, 9 EGZPO mit seinen mehrfach verlängerten

---
[64] BAG GS NZA 1992, 749.
[65] BGHSt 17, 21 = NJW 1962, 824; BGH NJW 2000, 1185 m. Anm. *Vollkommer* EWiR 2000, 1017; BGHSt 46, 321 = NJW 2001, 2266.
[1] Hierzu *Kirchhoff* ZInsO 2001, 729; *Kreft* ZPR 2003, 77.

Fristen.² Die Nichtzulassungsbeschwerde in Familiensachen ist ausgeschlossen, nunmehr soweit die anzufechtende Entscheidung vor dem 1. Januar 2010 verkündet oder gemacht worden ist, was im Ergebnis die Beibehaltung des überkommenen Rechtszustands bedeutet.³ Im Übrigen ist sie bis einschließlich 31. Dezember 2011 nur zulässig, wenn der Wert der geltend zu machenden Beschwer 20 000 Euro übersteigt.⁴ Voraussetzung ist stets das Vorliegen eines Endurteils (dazu § 119 Rn. 7).

In der Regelung der Zulässigkeit der Revision spiegelt sich das Verständnis von der **Aufgabe** 3 **des Revisionsgerichts** wider im Spannungsfeld zwischen Einzelfallgerechtigkeit einerseits und Wahrung der Rechtseinheit wie Rechtsfortbildung andererseits.⁵ Der Schwerpunkt hat sich im Laufe der Entwicklung verlagert. In den Materialien zur ZPO ist zwar entscheidend auf die Rechtseinheit abgestellt, jedoch wird die Individualgerechtigkeit als Hauptfunktion auch der Revision angesehen.⁶ So war auch bei Inkrafttreten der ZPO die Zulässigkeit der Revision in nichtvermögensrechtlichen Streitigkeiten unbeschränkt und in vermögensrechtlichen Streitigkeiten lediglich abhängig vom Erreichen der Revisionssumme (Wert des Beschwerdegegenstandes) von 1500 Mark (§ 508 ZPO a. F.). Ohne Rücksicht auf den Wert des Beschwerdegegenstandes war die Revision zulässig, wenn es sich um die Unzuständigkeit des Gerichts, die Unzulässigkeit des Rechtswegs oder der Berufung handelte oder wenn das Landgericht ohne Rücksicht auf den Wert des Streitgegenstandes zuständig war (§ 509 ZPO a. F.). Maßgebend für die Einschränkung der Revisionsmöglichkeit durch Schaffung einer Revisionssumme war die Befürchtung einer **Überlastung des Revisionsgerichts;** die weitere Entwicklung bestätigte diese anfänglichen Befürchtungen.⁷ Der Gesetzgeber versuchte der ständig steigenden Belastung des Revisionsgerichts immer wieder durch weitere Einschränkungen der Revisionsmöglichkeit Herr zu werden.⁸ Neben der Einführung der Begründungspflicht (RGBl. 1905 S. 536) und einer Regelung zur Beschränkung der Zuständigkeit in Beschwerdesachen wurde zunächst die Revisionssumme mehrmals angehoben, indessen ohne nachhaltigen Erfolg. Erstmals durch Art. I § 2 der Verordnung zur Entlastung des Reichsgerichts vom 15. 1. 1924 (RGBl. I S. 29) wurde eine systematisch neuartige Zulassungsbeschränkung eingeführt. Gegen das Urteil in einem Rechtsstreit, der die Scheidung oder Anfechtung einer Ehe oder die Herstellung des ehelichen Lebens zum Gegenstand hat, ist die Revision nur zulässig, wenn sie im Urteil des OLG für zulässig erklärt wurde; das OLG hat die Revision zuzulassen, wenn es von einer Entscheidung des RG oder, soweit eine solche noch nicht ergangen ist, von der Entscheidung eines anderen OLG abweicht, oder wenn von der Revision die Klärung einer Rechtsfrage von grundsätzlicher Bedeutung zu erwarten ist. Durch Notverordnung vom 14. 6. 1932 (RGBl. I S. 285) wurde diese Regelung (neben einer Beschränkung der Revisionsgründe) übernommen. An dieser Systematik der Einschränkung der Revisionen ist in der weiteren Entwicklung festgehalten worden. Das REinhG 1950 hat die Revision in nichtvermögensrechtlichen Streitigkeiten ausnahmslos von der Zulassung abhängig gemacht; in vermögensrechtlichen Streitigkeiten hat es die Revisionssumme auf 6000 DM festgelegt. Mit Rücksicht auf die weiter steigende Zahl von Revisionen und die daraus resultierende Gefahr für die RSpr des BGH wurde durch das G zur Entlastung des BGH vom 15. 8. 1969 (BGBl. I S. 1141; verlängert BGBl. 1972 I S. 1383) die Revisionssumme auf 25 000 DM erhöht; außerdem wurde dem BGH die Befugnis eingeräumt, für unbegründet erachtete Revisionen ohne mündliche Verhandlung und ohne Begründung durch einstimmigen Beschluss zurückzuweisen. Einen vorläufigen Schlusspunkt unter diese Entwicklung setzte die Revisionsnovelle vom 8. 7. 1975 (BGBl. I S. 1863), die die Zulassungsrevision in nichtvermögensrechtlichen Streitigkeiten und die Streitwertrevision unter Erhöhung der Revisionssumme auf 40 000 DM beibehielt mit der Möglichkeit, die Annahme der Revision abzulehnen, § 554b ZPO.⁹ Zum 1. 4. 1991 wurde die Revisionssumme auf

---

² Zur zeitlichen Begrenzung *Zöller/Gummer* § 26 EGZPO Rn. 12; *Wenzel* NJW 2002, 3353, 3359.
³ Vgl. BTagsDrucks. 14/4722 S. 126; zur Verfassungsmäßigkeit BGH NJW-RR 2006, 5.
⁴ Zur Wertgrenze BGH NJW 2002, 1899; 2720; NJW-RR 2003, 159; zur Verfassungsmäßigkeit BGH NJW-RR 2003, 645.
⁵ BTagsDrucks. VI/3252 S. 12 ff.
⁶ *StJ/Grunsky* vor § 545 Rn. 3; *Fischer* DRiZ 1978, 3; *Vogel* NJW 1975, 1299; *Kissel,* Dreistufigkeit S. 85 ff.; Zukunft S. 202.
⁷ *Vogel* NJW 1975, 1297; *Salger/Münchbach* DRiZ 1977, 263; BTagsDrucks. VI/3252 S. 12 ff.
⁸ *Fischer* DRiZ 1978, 4; *Buschmann* NJW 1979, 1971.
⁹ Vgl. *Vogel* NJW 1975, 1297; *Schneider* NJW 1975, 1537; *Lässig* NJW 1976, 269; DRiZ 1975, 347; *Schultz* MDR 1975, 726; *Arnold* JR 1975, 485; *Schreiber* AnwBl. 1975, 217; *Salger/Münchbach* DRiZ 1977, 263; *Fischer* DRiZ 1978, 2; *Schroeder* JurBüro 1975, 1014; *Tiedtke* WM 1977, 666; *Kaempfe* NJW 1979, 1134; *Kornblum* ZRP 1980, 185.

60 000 DM erhöht (Art. 1 Nr. 40 RpflVereinfG). Die im Entwurf des RPflEntlG (Einl. Rn. 115) wieder einmal vorgeschlagene Abschaffung der Streitwertrevision[10] wurde seinerzeit nicht Gesetz.[11] Die Kehrtwende vollzog schließlich das ZPO-RG vom 27. 7. 2001, das den Streitwert nunmehr zu einem ungeeigneten Kriterium für die Beschränkung von Rechtsmittelmöglichkeiten erklärte,[12] ohne sich jedoch hiervon in letzter Konsequenz trennen zu können (Rn. 2). – Die Beschränkungen der Zulässigkeit der Revision sind verfassungsrechtlich unbedenklich.[13]

4 Die Entwicklung ist gekennzeichnet durch eine starke **Zurückdrängung des individuellen Rechtsschutzes.** Die ursprüngliche Bedeutung der Revisionsentscheidung als Urteil für den Einzelfall tritt immer mehr zurück hinter die Auffassung, dass die Bedeutung des Revisionsgerichts bei allem Respekt vor der individuellen Rechtsuche und den Wirkungen der Revisionsentscheidung für die Prozessparteien unmittelbar doch vornehmlich auf der Rechtseinheit und der Rechtsfortbildung beruht.[14] Diese Überlegungen haben sich verdichtet zu der Auffassung, es müssten künftig die obersten Gerichtshöfe des Bundes mehr als bisher auf ihre „eigentlichen Aufgaben, nämlich die Erhaltung der Rechtseinheit und die Rechtsfortbildung ausgerichtet sein. Das Interesse der Prozessparteien an der Beseitigung von ihrer Ansicht nach unrichtigen Entscheidungen in den ersten beiden Instanzen, dem bisher durch die Streitwertrevision in gewissem Rahmen Rechnung getragen wurde, muss demgegenüber zurücktreten".[15] Diese Entwicklung ist aber insgesamt nicht unumstritten. Durch die Beschränkung des Revisionsgerichts auf Grundsatz- und Divergenzfragen sowie auf die Rechtsfortbildung werde das Revisionsgericht „ein Zwischending zwischen Universität (Erforschung von Grundsätzen) und Gesetzgeber (Fortbildung des Rechts)".[16] Es entspreche dem Menschenbild des GG, dass der einzelne Mensch im Mittelpunkt des rechtlichen Lebens stehe; zu dieser Stellung passe es nicht, „dass er in der Revisionsinstanz nur noch zum Lieferanten von Leitsätzen für die Allgemeinheit herabgewürdigt werde".[17] Wieder aufgeflammt ist diese Diskussion im Zusammenhang mit dem ZPO-RG.[18] Als fortbestehendes Element individuellen Rechtsschutzes wird vornehmlich § 543 Abs. 2 Satz 1 Nr. 2 ZPO gesehen, der die Zulassung der Revision zur Sicherung einer einheitlichen Rechtsprechung auch dann ermöglichen soll, wenn das Urteil an Mängeln von erheblichem Gewicht leidet, die geeignet sind, das Vertrauen in die Rechtspflege zu beschädigen[19] (vgl. Einl. Rn. 220). Verfassungsrechtliche Bedenken gegen die Neuregelung bestehen nicht; es liegt in der Gestaltungsfreiheit des Gesetzgebers, welche Zwecke er mit der Einrichtung von Rechtsmittelzügen verfolgt und welche Zugangsvoraussetzungen er aufstellt.[20]

5 Die Auffassung von der Aufgabe des Revisionsgerichts vornehmlich zur Wahrung der Rechtseinheit und Rechtsfortbildung wird verstärkt und bestätigt durch die neueren Regelungen über die **Vorlagepflicht** (vgl. § 121 Rn. 10 ff.) und über die Entscheidungen der Großen Senate (§§ 132, 138 GVG) und des Gemeinsamen Senats der obersten Gerichtshöfe (§ 123 Rn. 5).

6 Die Überlegungen zur Eindämmung der Arbeitslast des Revisionsgerichts und der Aufgabenstellung der Revision gelten nicht nur der ordentlichen Gerichtsbarkeit, sondern allen Gerichtsbarkeiten gleichermaßen. Das zeigte sich bei den Reform-

---

[10] Vgl. BTagsDrucks. 12/1217 S. 29.
[11] Vgl. BTagsDrucks. 12/3832 S. 39.
[12] BTagsDrucks. 14/4722 S. 59.
[13] BGH NJW 1965, 1965; MDR 1966, 134.
[14] Vgl. *Vogel* NJW 1975, 1299; *Salger/Münchbach* DRiZ 1977, 264.
[15] BTagsDrucks. 8/1567 S. 20; vgl. auch VI/3252; 7/444; *Vogel* NJW 1975, 1299.
[16] Anwaltschaft beim BGH, BRAK-Mitt. Januar 1972 S. 51.
[17] AaO; vgl. auch die Darstellung in BTagsDrucks. VI/3252 S. 13.
[18] *Zöller/Gummer* vor § 542 Rn. 5; § 543 ZPO Rn. 8, 14; DAV AnwBl. 2000, 178; vgl. auch *Dethloff* ZPR 2000, 428; *Büttner* MDR 2001, 1201; *Wenzel* NJW 2002, 3353.
[19] BTagsDrucks. 14/4722 S. 104.
[20] BVerfG – K – NJW 2004, 1371; 1729.

entwürfen für das Revisionsrecht in den anderen Gerichtsbarkeiten.[21] Der Reg-Entw,[22] ein einheitliches Revisionsrecht für alle obersten Gerichtshöfe zu schaffen, wurde aber nicht verwirklicht,[23] wenngleich das ZPO-RG schließlich Annäherungen brachte.

2. Zulassungsrevision. Zulässig ist die Revision, wenn das Berufungsgericht sie im Urteil zugelassen hat (§ 543 Abs. 1 Nr. 1 ZPO). Wie nach altem Recht muss das Berufungsgericht in seinem Urteil nicht ausdrücklich darüber befinden, ob es die Revision zulassen will oder nicht,[24] deshalb gibt es auch keine Möglichkeit der Urteilsergänzung nach § 321 Abs. 1 ZPO,[25] wohl aber der Berichtigung nach § 319 ZPO.[26] Eine Zulassung muss das Berufungsgericht aber, wenn nicht im Tenor, dann in den Gründen, ausdrücklich aussprechen. Enthält sich das Urteil einer Aussage, ist die Revision nicht zugelassen,[27] ebenso, wenn das Berufungsgericht irrtümlich von einer zulassungsfreien Revision ausgeht.[28] Das Berufungsgericht kann die Revisionszulassung beschränken auf einen von mehreren selbstständig zu bescheidenden Klageansprüchen[29] oder bei Geltendmachung nur eines Anspruchs auf einen Teil desselben, soweit ein Teilurteil zulässig wäre, gleichermaßen auf den Grund oder den Betrag eines Anspruchs.[30] Ebenso ist eine Beschränkung der Zulassung möglich auf eines von verschiedenen Verteidigungsmitteln, das tatsächlich oder rechtlich selbstständig und abtrennbar ist, z. B. Einwand des Mitverschuldens.[31] An die Zulassung ist das Revisionsgericht gebunden (§ 543 Abs. 2 Satz 1 ZPO). Die Überprüfung der Zuständigkeit des erstinstanzlichen Gerichts bleibt dem Revisionsgericht aber auch dann durch § 545 Abs. 2 ZPO entzogen, wenn zu dieser Frage die Revision zugelassen wurde.[32] 7

Nach § 543 Abs. 2 Satz 1 ZPO ist die Revision zuzulassen, wenn die Rechtssache grundsätzliche Bedeutung hat (§ 132 Rn. 32 ff.) oder die Fortbildung des Rechts (§ 132 Rn. 37) oder die Sicherung einer einheitlichen Rechtsprechung (§ 132 Rn. 36) eine Entscheidung des Revisionsgerichts erfordert. Zur Frage der Zulassung der Revision bei der Verletzung von Verfahrensgrundrechten und anderen schwerwiegenden Mängeln des Urteils Rn. 4; Einl. Rn. 220; sie wird aber nur im Rahmen der Nichtzulassungsbeschwerde Bedeutung erlangen.[33] 8

3. Gegen die Nichtzulassung gibt es wie bei §§ 72a ArbGG, 115 FGO, 160a SGG, 133 VwGO die **Nichtzulassungsbeschwerde** (§§ 543 Abs. 1 Nr. 2, 544 ZPO). Sie war zuvor schon mehrmals in Entwürfen der BReg enthalten,[34] jedoch hatte die Angst vor einer Überlastung des BGH ihre Einführung verhindert.[35] Im vorerst weitgehenden Ausschluss der Nichtzulassungsbeschwerde durch § 26 Nr. 8, 9 EGZPO spiegelt sich diese Angst nach wie vor wider.[36] Der BGH kann, soweit danach die Nichtzulassungsbeschwerde unzulässig ist, die unterlassene Zulassung 9

---

[21] Vgl. BTagsDrucks. VI/3252; 7/3654 S. 3; 8/1567; 12/1217 S. 29; 12/3832 S. 39.
[22] BTagsDrucks. 7/3596.
[23] Vgl. *Arnold* JR 1975, 488; *Lässig* NJW 1976, 269.
[24] BGH NJW 1980, 344; OLG Zweibrücken FamRZ 1980, 614 m. w. N.
[25] BGH NJW 1981, 2755; 1983, 929; MDR 1985, 43; zur Rechtsbeschwerde BGH NJW 2004, 779.
[26] BGHZ 78, 22 = NJW 1980, 2813; zur Berufung BGH NJW 2004, 2389; zur Rechtsbeschwerde BGH NJW 2005, 156.
[27] BGH NJW 1980, 344; für eine Verpflichtung auch zu ausdrücklicher Nichtzulassungsentscheidung *Volland* MDR 2004, 377.
[28] BHG NJW 2006, 791.
[29] BGHZ 48, 134 = NJW 1967, 2312; Z 69, 93 = NJW 1977, 1639; Z 76, 397 = NJW 1980, 1579.
[30] BGHZ 76, 397 = NJW 1980, 1579; BGH NJW 2004, 3264; NJW-RR 2005, 715.
[31] BGHZ 76, 397 = NJW 1980, 1579.
[32] BGH NJW-RR 2006, 930.
[33] Vgl. auch *Wenzel* NJW 2002, 3353.
[34] BTagsDrucks. VI/3252; 7/444 S. 24; 7/650 S. 83.
[35] BTagsDrucks. 7/3596 S. 3, 4.
[36] Vgl. BTagsDrucks. 14/4722 S. 126; 16/3038 S. 35.

nicht nachholen, selbst wenn das OLG die Frage übersehen hat oder hinsichtlich der Revisibilität von unrichtigen Voraussetzungen ausgegangen ist.[37]

10 4. Die **Sprungrevision** (§ 566a ZPO) ermöglicht die Einlegung der Berufung unmittelbar gegen die im ersten Rechtszug erlassenen Endurteile. Im Gegensatz zur allgemeinen Revision bedarf die Sprungrevision eines Zulassungsantrags an das Revisionsgericht, die Zulassungsgründe entsprechen denen des § 543 Abs. 1 Satz 2 ZPO.

11 5. **Sonderregelungen.** Gegen Urteile des OLG nach § 229 BauGB ist die Revision eröffnet (§ 230 BauGB). Gegen Urteile der Nichtigkeitssenate des BPatentG ist die Berufung (!) an den BGH zulässig (§ 110 PatG). In Entschädigungssachen besteht eine Zulassungsrevision zum BGH (§§ 208, 219 BEG). Zur Revision in Binnenschifffahrtssachen vgl. § 9 Abs. 2 BSchiffVerfG (§ 14 Rn. 6).

12 6. Für die Revision gegen Berufungsurteile des OLG in **Familiensachen** gelten ebenfalls §§ 543, 544 ZPO, jedoch ist die Nichtzulassungsbeschwerde derzeit nach § 26 Nr. 9 EGZPO ausgeschlossen (Rn. 2). Gegen Urteile des AG findet nach § 566 ZPO die Sprungrevision statt.

13 Soweit ein Urteil im Rahmen des **Entscheidungsverbundes** (§ 623 ZPO) die Entscheidungen mehrerer Familiensachen beinhaltet (§ 629 ZPO), ist für jeden dieser Entscheidungsteile die Zulässigkeit der Anfechtung mit der Revision gesondert zu prüfen. Hinsichtlich der Folgesachen des § 23b Abs. 1 Nr. 8 oder 10 GVG = § 621 Abs. 1 Nr. 7 oder 9 ZPO ist die Revision ausgeschlossen (§ 629a Abs. 1 ZPO), dies gilt auch im Falle der Zulassung im Urteil. Soll das Urteil nur angefochten werden, soweit darin über Folgesachen der im § 23b Abs. 1 Satz 2 Nr. 2 bis 4, 7, 8, 10 GVG = § 621 Abs. 1 Nr. 1 bis 3, 6, 7, 9 ZPO bezeichneten Art entschieden ist, dann ist § 621e ZPO entsprechend anzuwenden (§ 629a Abs. 2 ZPO); das bedeutet, dass an die Stelle der Revision die nur unter den Voraussetzungen von § 621e Abs. 2 ZPO zulässige Rechtsbeschwerde tritt (Rn. 15 ff.). – Ist bei einem die Entscheidung mehrerer Familiensachen enthaltenden Urteil (§ 629 ZPO) die Scheidungssache selbst mit der Revision angefochten, werden vor der Rechtskraft dieser Entscheidung die Entscheidungen über die Folgesachen auch nicht wirksam (§ 629d ZPO). Vgl. im Einzelnen §§ 629 ff. ZPO und § 119 Rn. 13.

14 Beim BGH besteht **kein besonderer Spruchkörper für Familiensachen kraft Gesetzes,** im Gegensatz zur Regelung für AG und OLG (§ 23b Abs. 1, § 119 Abs. 2). Maßgebend war für den Verzicht die Erwägung des Gesetzgebers, auch ohne ausdrückliche Regelung sei beim BGH die entsprechende Erledigung der Familiensachen sichergestellt.[38]

15 III. **Rechtsbeschwerde.** 1. Die durch das ZPO-RG vom 27. 7. 2001 eingeführte **Rechtsbeschwerde** ersetzt die bisherige weitere Beschwerde und ist, was ausschließliche Entscheidungszuständigkeit des BGH, Zulässigkeits- bzw. Zulassungsvoraussetzungen in § 574 Abs. 2 ZPO und Beschränkung auf die Rechtskontrolle nach § 576 ZPO betrifft, der Revision nachgebildet.[39] Von der sofortigen Beschwerde übernommen ist die Möglichkeit einstweiliger Anordnungen[40] (§§ 575 Abs. 5, 570 Abs. 3 ZPO). Statthaft ist die Rechtsbeschwerde:

a) Wenn dies im Gesetz ausdrücklich vorgesehen ist (§ 574 Abs. 1 Nr. 1 ZPO), so § 522 Abs. 1 Satz 3 ZPO, § 1065 Abs. 1 Satz 1 ZPO, § 7 InsO, § 15 AVAG.

b) Wenn das Beschwerdegericht, das Berufungsgericht oder das Oberlandesgericht im ersten Rechtszug sie im anzufechtenden Beschluss zugelassen hat (§ 574

---

[37] StRSpr, vgl. BGH NJW 1980, 344; 1983, 928; 1985, 978; vgl. auch FamRZ 2001, 417; zur Verfassungsbeschwerde gegen die Nichtzulassung *Schneider* NJW 1977, 1043.
[38] BTagsDrucks. 7/650 S. 190.
[39] Vgl. BTagsDrucks. 14/4722 S. 69, 116.
[40] Hierzu BGH NJW 2002, 1658.

Abs. 1 Nr. 2 ZPO); Rn. 7 gilt entsprechend. Danach kann die Rechtsbeschwerde sein: weiteres Rechtsmittel gegen die auf sofortige Beschwerde (§ 567 ZPO) ergangenen Entscheidungen des LG oder des OLG; erstes Rechtsmittel gegen die mit der sofortigen Beschwerde nicht anfechtbaren, weil im Berufungsrechtszug ergangenen Beschlüsse des LG oder des OLG; Rechtsmittel gegen sonstige Beschlüsse des OLG im ersten Rechtszug (vgl. § 1065 ZPO). Nicht statthaft ist die Rechtsbeschwerde also gegen die im ersten Rechtszug ergangenen Beschlüsse des AG oder des LG, des weiteren nicht, wenn das Gesetz, wie z.B. in § 522 Abs. 3 ZPO, ein Rechtsmittel ausschließt. Sie wird in diesen Fällen auch nicht dadurch eröffnet, dass der Beschluss sie zulässt, auch dann nicht, wenn das Beschwerdegericht über eine bereits unzulässige Beschwerde in der Sache entschieden hatte.[41]

Gleichermaßen Zulässigkeits- (§ 574 Abs. 1 Nr. 1, Abs. 2 ZPO) wie Zulassungsvoraussetzung (§ 574 Abs. 1 Nr. 2, Abs. 3 ZPO) ist aber weiter, dass die Rechtssache grundsätzliche Bedeutung hat oder die Fortbildung des Rechts oder die Sicherung einer einheitlichen Rechtsprechung eine Entscheidung des Rechtsbeschwerdegerichts erfordert, auch bei verwerfenden Beschlüssen nach § 522 Abs. 1 ZPO.[42] Dies entspricht den Gründen für die Zulassung der Revision (§§ 543 Abs. 2 Satz 1, 566 Abs. 4 Satz 1 ZPO; Rn. 8). In den Fällen des § 574 Abs. 1 Nr. 1 ZPO entscheidet hierüber der BGH, in denen der Nr. 2 ist er an die Zulassung gebunden (§ 574 Abs. 3 Satz 2 ZPO). Andererseits bindet nicht die irrtümliche Zulassung einer bereits kraft Gesetzes statthaften Rechtsbeschwerde; hier hat der BGH die Zulässigkeitsvoraussetzungen zu prüfen.[43] § 26 Nr. 8 EGZPO ist auf die Rechtsbeschwerde nicht entsprechend anwendbar, auch nicht bei Verwerfungsbeschlüssen nach § 522 Abs. 1 ZPO.[44] Abweichend vom Revisionsverfahren (§ 544 ZPO) sieht § 574 ZPO für das Rechtsbeschwerdeverfahren **keine Nichtzulassungsbeschwerde** vor; eine Ausnahme ergibt sich nur aus § 621e Abs. 2 Satz 1 ZPO (Rn. 18). Den Grund für die unterschiedliche Behandlung von Revision und Rechtsbeschwerde sieht der Gesetzgeber vornehmlich darin, dass Letztere in der Regel weniger bedeutsame Nebenentscheidungen betrifft.[45]

16

2. In den **Familiensachen** der freiwilligen Gerichtsbarkeit findet gegen Beschwerdeentscheidungen des OLG nach § 621e Abs. 2 ZPO die Rechtsbeschwerde nur statt gegen Endentscheidungen[46] nach § 621 Abs. 1 Nr. 1 bis 3, 6, 10 (in Verfahren nach § 1600e Abs. 2 BGB) und 12, also nicht in den Fällen von Nr. 7 (Regelungen nach der HausratsVO), 9 (Verfahren nach §§ 1382, 1383 BGB) und 13 (Maßnahmen nach dem GewaltschutzG). In letzteren Fällen endet der Rechtszug beim OLG; dem entsprechend sind Rechtsmittel gegen Entscheidungen nach § 621 Abs. 1 Nr. 7 und 9 ZPO auch dann ausgeschlossen, wenn sie im Entscheidungsverbund ergehen (Revision oder bei isolierter Anfechtung Rechtsbeschwerde, § 629a Abs. 1, Abs. 2 Satz 1 ZPO; Rn. 13) oder wenn das OLG eine Beschwerde als unzulässig verworfen hatte.[47] Erfolgt gleichwohl eine Zulassung, ist der BGH hieran nicht gebunden[48] (vgl. Rn. 15). Für die FamS nach § 23b Abs. 1 Satz 2 Nr. 11 gelten die besonderen Regelungen der §§ 28 ff., 40 IntFamRVG (BGBl. 2005 I S. 162).

17

---

[41] BGHZ 154, 102 = NJW 2003, 1531; Z 159, 14 = NJW 2004, 2224; BGH MDR 2004, 698; NJW 2004, 1112; 2003, 70; 211; 2002, 70; 3554; NJW-RR 2006, 286; 2005, 214; 1009; 2003, 1075.
[42] BGHZ 155, 21 = NJW 2003, 2172.
[43] BGH MDR 2005, 948.
[44] BGH NJW 2002, 3783; NJW-RR 2003, 132.
[45] BTagsDrucks. 14/4722 S. 116.
[46] BGH FamRZ 2003, 323; 748.
[47] *Zöller/Philippi* § 621e ZPO Rn. 85 m.w.N.
[48] BGH NJW 1984, 2364; FamRZ 2003, 748.

18 Ist danach die Rechtsbeschwerde statthaft, bedarf sie keiner Zulassung, wenn das OLG die Erstbeschwerde als unzulässig verworfen hatte[49] (§§ 621e Abs. 3, 522 Abs. 1 Satz 4 ZPO). In den anderen Fällen muss sie nach §§ 621e Abs. 2 Satz 1, 543 Abs. 2, 544 ZPO zugelassen sein; zu den Zulassungsgründen Rn. 8. Die Eröffnung einer **Nichtzulassungsbeschwerde** abweichend von § 574 ZPO wollte das Verfahren der Revision annähern; auch diese Nichtzulassungsbeschwerde ist derzeit aber durch § 26 Nr. 9 EGZPO ausgeschlossen (Rn. 2).

19 **3. Sonderregelungen.** Gegen Beschlüsse des OLG in Landwirtschaftssachen ist die Rechtsbeschwerde zulässig, wenn sie vom OLG wegen der grundsätzlichen Bedeutung zugelassen wird; in Ausnahmefällen ist sie ohne Zulassung möglich (§ 24 LwVG). In Patentsachen ist die Beschwerde an den BGH zulässig gegen Beschlüsse des Beschwerdesenats beim BPatentG (§ 100 PatG); Entsprechendes gilt für zugelassene Rechtsbeschwerden nach § 83 MarkenG, § 23 GeschmMG und § 35 SortenschutzG. In Wettbewerbssachen ist die Rechtsbeschwerde nach §§ 74, 84 GWB zulässig gegen Beschlüsse des OLG, sowie die Nichtzulassungsbeschwerde nach § 75 GWB (vgl. § 94 GWB und § 130 Rn. 2). Gegen Entscheidungen des OLG nach § 159 GVG, § 2 FGG in Rechtshilfesachen ist die Beschwerde zum BGH zulässig, aber nicht nach § 181 GVG. Unanfechtbar sind Entscheidungen des OLG in Verfahren der freiwilligen Gerichtsbarkeit.[50]

20 **IV. Weitere Zuständigkeiten des BGH.** Wiederaufnahmeverfahren (§ 584 ZPO); Entscheidungen über Ablehnungen von Richtern des OLG nach § 45 ZPO und entsprechenden Vorschriften, wenn das Gericht durch Ausscheiden der abgelehnten Richter beschlussunfähig geworden ist; Bestimmung des zuständigen Gerichts nach § 36 Abs. 3 ZPO; nach § 5 Abs. 1 Satz 2 FGG, anders als § 46 Abs. 2 FGG; nach § 1 Abs. 2 GBO; vgl. § 119 Rn. 39; Abberufung der landwirtschaftlichen Beisitzer beim BGH (§ 7 LwVG); Ungültigkeit oder Nichtigerklärung von Wahlen oder Beschlüssen des Präsidiums oder der Hauptversammlung der BRAK (§ 191 BRAO); sofortige Beschwerde nach § 84 PatentanwaltsO; Entscheidungen über Vorlagen der OLG im Interesse der Rechtseinheitlichkeit (vgl. § 121 Rn. 13); berufsgerichtliche Verfahren (vgl. § 119 Rn. 39).

§§ 134, 134a. (weggefallen)

§ 135. [Zuständigkeit in Strafsachen]

(1) **In Strafsachen ist der Bundesgerichtshof zuständig zur Verhandlung und Entscheidung über das Rechtsmittel der Revision gegen die Urteile der Oberlandesgerichte im ersten Rechtszug sowie gegen die Urteile der Landgerichte im ersten Rechtszug, soweit nicht die Zuständigkeit der Oberlandesgerichte begründet ist.**

(2) **Der Bundesgerichtshof entscheidet ferner über Beschwerden gegen Beschlüsse und Verfügungen der Oberlandesgerichte** in den in § 138d Abs. 6 Satz 1, § 304 Abs. 4 Satz 2 und § 310 Abs. 1 der Strafprozeßordnung bezeichneten Fällen, über Beschwerden gegen Verfügungen des Ermittlungsrichters des Bundesgerichtshofes (§ 169 Abs. 1 Satz 2 der Strafprozeßordnung) in den in § 304 Abs. 5 der Strafprozeßordnung bezeichneten Fällen sowie über Anträge gegen Entscheidungen des Generalbundesanwalts in den in § 161a Abs. 3 der Strafprozeßordnung bezeichneten Fällen.

Gesetzesfassung. Abs. 2 i. d. F. Art. 2 Nr. 11 StVÄG 1979 vom 5. 10. 1978 (BGBl. I S. 1645).

1 Der BGH ist in Strafsachen zuständig **nur als Rechtsmittelgericht,** eine erstinstanzliche Zuständigkeit ist entgegen dem früheren Recht (§ 74a Rn. 1) nicht

---

[49] Zum Unterschied zur Nichtfamiliensache BGH NJW-RR 2005, 1009; *Künkel* MDR 2006, 486, 487.
[50] BGH NJW-RR 2003, 644.

Zuständigkeit in Strafsachen 2–9 § 135

mehr gegeben. Der BGH ist zuständig für Revisionen, Beschwerden und ausnahmsweise Anträge nach § 161a StPO. Die Zuständigkeit im Einzelnen:

I. Revisionen. 1. Revisionen gegen Urteile der OLG (§ 120). 2

2. Revisionen gegen erstinstanzliche Urteile der LG (§ 74 Abs. 1, 2), soweit 3
nicht das OLG zur Entscheidung zuständig ist; letzteres ist nur der Fall, wenn die Revision ausschließlich auf die Verletzung von Landesrecht gestützt wird (§ 121 Rn. 4ff.).

3. Die im Art. 96 Abs. 2, 3 GG vorgesehene Zuständigkeit des BGH für Wehr- 4
strafgerichte ist nach Gesetzeslage nicht aktuell (§ 12 Rn. 9).

II. Beschwerden. 1. Beschwerden gegen einzelne abschließend aufgeführte 5
Entscheidungen des OLG. Gegen andere Beschlüsse und Verfügungen des OLG ist eine Beschwerde unzulässig, so z.B. gegen einen Beschluss, durch den das OLG als Beschwerdegericht einen Wiederaufnahmeantrag verwirft.[1] Unstatthaft ist auch eine Rechtsbeschwerde im strafrechtlichen Kostenfestsetzungsverfahren.[2] Auch gegen Entscheidungen des LG ist eine Beschwerde zum BGH nicht statthaft (vgl. § 121 Rn. 8). Die Beschwerdezuständigkeit des BGH gegen Entscheidungen des OLG **im Einzelnen:**

a) Beschlüsse nach § 138d Abs. 6 Satz 1 StPO: Sofortige Beschwerde gegen die 6
Ausschließung eines Verteidigers (§§ 138a, 138b StPO).

b) Beschwerden gegen die im **§ 304 Abs. 4 Satz 2 StPO** aufgeführten Be- 7
schlüsse und Verfügungen des OLG. Im Falle des § 304 Abs. 4 Satz 2 Nr. 1 StPO (Haft usw.) gilt diese Beschwerdemöglichkeit nur für die freiheitsbeschränkenden Entscheidungen unmittelbar. Sie ist nur ausnahmsweise wegen der besonderen Tragweite des Eingriffs in die persönliche Freiheit des Betroffenen eröffnet worden; der Ausnahmecharakter dieser Vorschrift gebietet ihre enge Auslegung.[3] Deshalb sind allein Beschränkungen, die dem U-Gefangenen gemäß § 119 StPO beim Vollzug der U-Haft auferlegt worden sind, nicht mit der Beschwerde zum BGH anfechtbar,[4] ebenso wenig die bei Haftverschonung angeordneten Auflagen.[5] Nicht anfechtbar sind auch Entscheidungen des OLG in sinngemäßer Anwendung von § 108 StPO.[6]
Auch die Anfechtungsmöglichkeit nach Nr. 4 aaO. (**Akteneinsicht** betreffend) 8
ist eng auszulegen; sie erstreckt sich nicht auf die Entscheidung über einen Antrag des Verteidigers, nicht nur ihm, sondern auch dem Angeklagten Abschriften und/oder Ablichtungen aus den Akten auszuhändigen.[7] Entscheidungen über einen Antrag auf Einsicht in vorbereitende Aufzeichnungen für die zukünftige Erstellung von Bestandteilen der Akten (Notizen des Protokollführers) sind nicht anfechtbar.[8]
– Anfechtbar sind nach Nr. 5 aaO. auch Beschlüsse des OLG über eine nachträgliche Gesamtstrafenbildung, soweit dem Verurteilten darin eine Strafaussetzung zur Bewährung versagt worden ist,[9] während Anordnungen bei der Aussetzung der Vollstreckung der Restfreiheitsstrafe über die Dauer der Bewährungszeit und über Auflagen nicht anfechtbar sind.[10]

c) Beschwerden gegen **Beschlüsse des OLG nach § 310 Abs. 1 StPO.** Dies 9
sind nur um Beschlüsse über Verhaftung und einstweilige Unterbringung, die das

---

[1] BGH NStZ 1981, 489.
[2] BGHSt 48, 106 = NJW 2003, 763 m. Anm. *Popp* NStZ 2004, 367.
[3] BGHSt 25, 120 = NJW 1973, 664.
[4] BGHSt 26, 270 = NJW 1976, 721.
[5] BGHSt 25, 120 = NJW 1973, 664.
[6] BGHSt 28, 349 = NJW 1979, 1418.
[7] BGHSt 27, 244 = NJW 1977, 2087.
[8] BGHSt 29, 394 = NJW 1981, 411.
[9] BGHSt 30, 168 = NJW 1981, 2311 m. Anm. *Gollwitzer* JR 1983, 85.
[10] BGHSt 30, 32 = NJW 1981, 695.

OLG im Rahmen seiner erstinstanzlichen Zuständigkeit nach § 120 Abs. 3 GVG erlassen hat, nicht andere (Beschwerde-)Entscheidungen in Haft- und Unterbringungssachen, auch nicht nach § 120 Abs. 4 GVG. Solange das Verfahren beim OLG anhängig ist, lassen allein Zweifel am Vorliegen eines durch die Bundesgerichtsbarkeit zu verfolgenden Staatsschutzdelikts eine Beschwerdezuständigkeit des BGH nicht entfallen.[11]

10   **d) Beschwerden** gegen **Verfügungen des Ermittlungsrichters des BGH** (vgl. § 130 Rn. 5), aber nur in den Fällen des § 304 Abs. 5 StPO: wenn sie die Verhaftung, einstweilige Unterbringung, Beschlagnahme oder Durchsuchung betreffen. Zur „Verhaftung" gehören allein solche Entscheidungen, die sich auf die Untersuchungshaft beziehen; die Anordnung der Erzwingungshaft (§ 70 Abs. 2 StPO) ist dagegen nicht beschwerdefähig.[12] Zur „Beschlagnahme" zählt auch eine Entscheidung nach § 111 d StPO, jedenfalls soweit sie der Sicherstellung des Verfalls von Wertersatz dient.[13] **Zeitlich** ist diese Zuständigkeit des BGH begrenzt auf die Dauer, während der der Ermittlungsrichter des BGH zuständig ist; mit der Erhebung der Anklage geht dessen Zuständigkeit auf das mit der Sache befasste Gericht über.[14] Die Beschwerdezuständigkeit des BGH entfällt darüber hinaus dann, wenn der Ermittlungsrichter dadurch seine Zuständigkeit verliert, dass der GBA die Ermittlungen nicht mehr führt (§ 169 Abs. 1 Satz 2 StPO), z.B. durch Abgabe nach § 142 a Abs. 2 GVG.[15] Mit der Anklageerhebung oder Abgabe durch den GBA verliert der BGH sofort seine Zuständigkeit, die Zuständigkeit des Rechtsmittelgerichts richtet sich nicht wie sonst[16] danach, welches Gericht in der Vorinstanz entschieden hat;[17] maßgebend ist vielmehr die zeitlich-konkrete Zuständigkeit des Ermittlungsrichters beim BGH, und zwar auch dann, wenn schon Beschwerde beim BGH eingereicht war. Von der Beendigung der Zuständigkeit des Ermittlungsrichters beim BGH ab sind dessen Verfügungen für die Beschwerdezuständigkeit zu behandeln wie Verfügungen des Ermittlungsrichters beim OLG mit der Folge, dass über die Beschwerde das OLG zu entscheiden hat[18] – unbeschadet der Befugnis des Ermittlungsrichters beim BGH, auch nach Abgabe der Sache durch den GBA noch die Zuständigkeit für Haftsachen nach § 126 Abs. 1 Satz 3 StPO zu übertragen.[19]

11   **III. Gegen Entscheidungen des GBA.** Anträge auf gerichtliche Entscheidung gegen Entscheidungen des GBA nach § 161 a Abs. 3 StPO, wenn in Fällen des unberechtigten Ausbleibens oder der unberechtigten Weigerung eines Zeugen oder Sachverständigen der GBA gegen diese die in §§ 51, 70 und 77 StPO vorgesehenen Zwangsmaßnahmen (§ 161 a Abs. 2 StPO) verhängt. Das gilt auch, wenn ein Beschuldigter zum Erscheinen gezwungen wird, um ihn Zeugen gegenüberzustellen.[20]

12   **IV. Haftfortdauer.** In Sachen, in denen ein OLG nach **§ 120 GVG** zuständig ist, ist der BGH für die Entscheidung über die **Haftfortdauer** über 6 Monate hinaus nach § 121 StPO zuständig (§ 121 Abs. 4 StPO). Es genügt, wenn die Ermittlungen eine der im § 120 GVG genannten Straftaten zum Gegenstand haben; es kommt nicht darauf an, ob auch der Haftbefehl auf den Verdacht einer solchen Straftat gestützt ist.[21]

---

[11] BGH NStZ 2000, 609.
[12] BGHSt 30, 52 = NJW 1981, 1221.
[13] BGHSt 29, 13 = NJW 1979, 1612.
[14] BGHSt 27, 253 = NJW 1977, 2175.
[15] BGH aaO.
[16] BGHSt 22, 48 = NJW 1968, 952.
[17] BGH NJW 1973, 477.
[18] *LR/Franke* Rn. 6.
[19] BGH NJW 1973, 475.
[20] BGH NStZ 1993, 246.
[21] BGHSt 28, 355 = NJW 1979, 1419.

Verfahren vor den Großen Senaten §§ 136–138

V. Weitere Zuständigkeiten des BGH in Strafsachen. Wiederaufnahmeverfahren (vgl. § 367 StPO, § 140a GVG); Entscheidung über Ablehnungen von Richtern des OLG nach § 27 Abs. 4 StPO; Bestimmung des zuständigen Gerichts nach §§ 13, 14, 15, 19 StPO; Entscheidungen über Vorlagen der OLG im Interesse der Rechtseinheitlichkeit (vgl. § 121 GVG und § 29 EGGVG); Bestätigung der Kontaktsperre nach §§ 35, 38 EGGVG. 13

§§ 136, 137. *(aufgehoben)*

§ 138. [Verfahren vor den Großen Senaten]

(1) ¹Die Großen Senate und die Vereinigten Großen Senate entscheiden nur über die Rechtsfrage. ²Sie können ohne mündliche Verhandlung entscheiden. ³Die Entscheidung ist in der vorliegenden Sache für den erkennenden Senat bindend.

(2) ¹Vor der Entscheidung des Großen Senats für Strafsachen oder der Vereinigten Großen Senate und in Rechtsstreitigkeiten, welche die Anfechtung einer Todeserklärung zum Gegenstand haben, ist der Generalbundesanwalt zu hören. ²Der Generalbundesanwalt kann auch in der Sitzung seine Auffassung darlegen.

(3) Erfordert die Entscheidung der Sache eine erneute mündliche Verhandlung vor dem erkennenden Senat, so sind die Beteiligten unter Mitteilung der ergangenen Entscheidung der Rechtsfrage zu der Verhandlung zu laden.

Gesetzesfassung. Abs. 2 Satz 1 i.d.F. Art. 5 Nr. 6 des 1. EheRG vom 14. 6. 1976 (BGBl. I S. 1421) und Art. 2 BtG; Abs. 1, 3 i.d.F. Art. 2 Nr. 11 RpflVereinfG. Abs. 2 Satz 1 neu gefasst durch Art. 3 § 12 Nr. 3 G zur Beendigung der Diskriminierung gleichgeschlechtlicher Gemeinschaften vom 16. 2. 2001 (BGBl. I S. 266).

I. Entscheidungskompetenz. Der GS (für die Vereinigten GS gilt Entsprechendes) entscheidet nur über die vorgelegte Rechtsfrage (Abs. 1 Satz 1). Er ist also kein Rechtsmittelgericht mit allgemein vorgesehener Nachprüfungskompetenz; seine Anrufung löst vielmehr nur ein **Zwischenverfahren** mit interimistischem Charakter aus, der Rechtshängigkeit ähnlich,[1] nach dessen Abschluss die Sache wieder, von der Bindung an die Entscheidung über die Rechtsfrage (Rn. 14) abgesehen, in die ausschließliche Zuständigkeit und Entscheidungsfreiheit des vorlegenden Senats zurückgeht.[2] Im Gegensatz zur Vorlage nach § 121 (§ 121 Rn. 27) kann der GS nicht das gesamte Verfahren entscheiden. Mit der Entscheidung über die Rechtsfrage ist das Zwischenverfahren abgeschlossen; auf der Grundlage dieser Entscheidung hat der vorlegende Senat dann die (Gesamt-)Entscheidung zu treffen. Diese Ausgestaltung beruht auf Novellen vom 17. März 1886 (RGBl. S. 61) und 28. Juni 1935 (RGBl. I S. 844) und unterscheidet sich grundlegend von der ursprünglichen Konzeption des GVG. Nach § 137 GVG in der ursprünglichen Fassung hatte ein Zivilsenat, wenn er von einer früheren Entscheidung eines anderen Zivilsenats abweichen wollte, die Verhandlung und Entscheidung der Sache an die Vereinigten Zivilsenate zu verweisen, womit das gesamte Verfahren einschließlich der Entscheidung an die Vereinigten Zivilsenate überging. 1

II. Zulässigkeit der Vorlage. Aus dem Verfassungsgebot des gesetzlichen Richters folgt, dass der GS zu prüfen hat, ob der anrufende Senat der **gesetzliche Richter** war. Das bedeutet einmal, dass dieser ordnungsgemäß besetzt gewesen sein muss, was die mitwirkenden Richter angeht. Jedoch hat der GS nicht die geschäftsplanmäßige Zuständigkeit des vorlegenden Senats zu prüfen; auch dessen irrige Annahme seiner Zuständigkeit führt in den Grenzen der Rechtsprechung zum ge- 2

---

[1] BGHZ 13, 265 = NJW 1954, 1073; BSGE 54, 223; *Maetzel* MDR 1966, 453; *Bötticher* ZZP 1971, 354.
[2] BAGE 44, 211 = NJW 1984, 1990.

§ 138 3–9   9. Titel. Bundesgerichtshof

setzlichen Richter (§ 16 Rn. 50 ff.) nicht zur Unzulässigkeit der Vorlage.[3] Auch die Form der Anrufung durch Beschluss (§ 132 Rn. 26) muss gewahrt sein.

3   Die Vorlage muss **sachlich zulässig** sein, es muss also entweder eine Divergenz vorliegen (vgl. § 132 Rn. 15) oder eine grundsätzliche Bedeutung der Sache (vgl. § 132 Rn. 32). Auch muss die Rechtsfrage für die Entscheidung des vorlegenden Senats erheblich sein[4] (vgl. § 132 Rn. 20; § 121 Rn. 22). Liegen die Zulässigkeitsvoraussetzungen nicht vor, ist die Vorlage durch Beschluss des GS für unzulässig zu erklären mit der Folge, dass das Verfahren insgesamt uneingeschränkt wieder beim vorlegenden Senat anhängig ist in dessen alleiniger und vollständiger Entscheidungskompetenz. Entstehen Zweifel an der Zulässigkeit der Anrufung des GS, so kann in entsprechender Anwendung der §§ 280, 303 ZPO über diese Frage vorab verhandelt und entschieden werden,[5] auch da, wo die ZPO für das Verfahren insgesamt nicht heranzuziehen ist.

4   Die Zulässigkeit der Vorlage und das weitere Verfahren vor dem GS ist abhängig von der fortbestehenden **Anhängigkeit** des Rechtsmittelverfahrens, in dem der Vorlagebeschluss ergangen ist. Mit einer wirksamen Rücknahme des Rechtsmittels vor Entscheidung des GS selbst wird auch der Anrufungsbeschluss gegenstandslos – der GS ist der Parteitaktik ausgeliefert.[6]

5   **III. Verfahren.** Wie in den Verfahrensregelungen der anderen obersten Gerichtshöfe des Bundes auch ist das Verfahren vor dem GS entgegen der (inoffiziellen) Überschrift unvollständig geregelt. So fehlt eine Vorschrift darüber, welche Verfahrensart ergänzend zur Regelung des GVG heranzuziehen ist; das ist die Verfahrensart, die für den vorlegenden Senat in der vorgelegten Sache maßgebend ist – das gilt auch für die Vereinigten GS (vgl. § 10 RSprEinhG).

6   Der GS hat neben der Zulässigkeit der Vorlage wie jedes Gericht seine **eigene ordnungsgemäße Besetzung** von Amts wegen zu prüfen.[7] Diese Prüfung hat ihre Bedeutung im Zusammenhang der Divergenzvorlage, abgesehen von der Beteiligung der „anderen" Senate (§ 132 Rn. 10), jedoch durch die Neuregelung der Besetzung weitgehend eingebüßt.

7   Aus der Funktion des GS, ausschließlich die vorgelegte Frage zu entscheiden (Rn. 1), ergibt sich die Konsequenz, dass er andere Fragen, die für die Entscheidung des vorlegenden Senats eine Rolle spielen könnten, z.B. die Rechtzeitigkeit und Formwahrung des eingelegten Rechtsmittels, nicht zu prüfen hat.

8   Der GS kann **ohne mündliche Verhandlung** entscheiden (Abs. 1 Satz 2). Das Gesetz geht also grundsätzlich von der mündlichen Verhandlung aus;[8] davon kann nach pflichtgemäßem Ermessen abgesehen werden, wenn z.B. die Rechtslage bereits erschöpfend, wenn auch kontrovers erörtert ist; ein ausdrückliches Einverständnis der Verfahrensbeteiligten ist nicht erforderlich (anders § 15 RSprEinhG). Wird eine mündliche Verhandlung anberaumt, gelten für die Ladung usw. die allgemeinen Vorschriften; der GS kann jedoch auch bei Nichterscheinen eines oder mehrerer Verfahrensbeteiligter entscheiden. Für die Verfahrensbeteiligten gelten die allgemeinen Vorschriften der Vertretung durch Rechtsanwälte vor dem BGH.

9   Das Gebot des **rechtlichen Gehörs** (Einl. Rn. 215) gilt auch hier und erfordert, dass den Verfahrensbeteiligten Gelegenheit gegeben wird, gegenüber dem GS ihre Auffassung zur vorgelegten Rechtsfrage vorzubringen. Diese Möglichkeit bestand zwar schon im vorangegangenen Verfahren vor dem vorlegenden Senat; indessen ist durch die Vorlage ein Teil der Entscheidung auf einen personell anders

---

[3] BAGE 44, 211 = NJW 1984, 1990.
[4] BVerwGE 16, 273; BSGE 51, 23.
[5] BAGE 44, 215 = NJW 1984, 1990.
[6] Vgl. BAGE 56, 95 = NJW 1988, 990; *Däubler* AuR 1987, 349; *Rüfner* DRiZ 1992, 457.
[7] BSG NZA 1985, 818.
[8] BTagsDrucks. 11/3621 S. 55.

zusammengesetzten Spruchkörper übergegangen, so dass erneut vor diesem rechtliches Gehör gewährt werden muss.[9] Hierzu bedarf es aber grundsätzlich nicht der mündlichen Verhandlung; es genügt, dass Gelegenheit zur schriftlichen Stellungnahme gegeben wird.[10]

Treten zeitlich nach dem Vorlagebeschluss wesentlich neue Rechtstatsachen ein, die für die Entscheidung des GS von Bedeutung sein können, z.B. Gesetzesänderungen oder Entscheidungen des BVerfG mit Gesetzeskraft, die eine die Entscheidung des GS nicht entbehrlich machen, sondern nur Entscheidungselemente verändern (Rn. 15), ist ebenfalls das rechtliche Gehör zu gewähren.[11] **10**

Der **GBA** ist vor allen Entscheidungen des Großen Strafsenats und der Vereinten GS zu hören; ebenso vor dem Großen Zivilsenat in Rechtsstreitigkeiten, die die Anfechtung einer Todeserklärung zum Gegenstand haben (Abs. 2). Seine schriftliche Stellungnahme ist den anderen Verfahrensbeteiligten zur Kenntnis zu geben mit der Gelegenheit zur Stellungnahme ihrerseits (Rn. 9). Erhält der GBA Gelegenheit zur mündlichen Stellungnahme vor dem GS, handelt es sich um eine mündliche Verhandlung, zu der auch die anderen Verfahrensbeteiligten zu laden sind und in der ihnen rechtliches Gehör zu gewähren ist.[12] **11**

IV. Entscheidung des GS. Die **Form** der Entscheidung ist im Gesetz nicht ausdrücklich geregelt. Sie ergeht durch Beschluss (vgl. § 132 Abs. 3 Satz 3) mit schriftlicher Begründung, der den Verfahrensbeteiligten in der für die abschließende Gesamtentscheidung vorgeschriebenen Form bekanntzumachen (zuzustellen) ist. **12**

Inhalt der Entscheidung: Der GS ist nicht darauf beschränkt, die vorgelegte Rechtsfrage mit „ja" oder „nein" zu beantworten, sondern befugt, im Interesse der Fortbildung des Rechts und der Sicherung einer einheitlichen RSpr eine differenzierte Antwort zu geben; die Beschlussformel muss nur im Ergebnis auch eine Beantwortung der gestellten Rechtsfrage enthalten.[13] **13**

Die Entscheidung des GS ist in der vorliegenden Sache für den Senat **bindend** (Abs. 1 Satz 3), jedoch nur, soweit die darin vertretenen Rechtsansichten für die Entscheidung erheblich sind.[14] In allen anderen Verfahren besteht diese Bindungswirkung unmittelbar nicht (anders als nach § 31 BVerfGG); der vorlegende wie jeder andere Senat muss aber, wenn er von der Entscheidung des GS abweichen will, nach § 132 Abs. 2 vorlegen, auch dann, wenn das ursprüngliche Verfahren nach der Entscheidung des GS auf andere Art als durch Entscheidung des vorlegenden Senats sein Ende gefunden hat, die Entscheidung des GS also nicht in die Senatsentscheidung Eingang gefunden hat.[15] **14**

Anderweitige Erledigung des Vorlageverfahrens: a) Rücknahme des Rechtsmittels, im Rahmen dessen der GS angerufen wurde (Rn. 4); b) Rücknahme der Vorlage durch den vorlegenden Senat (§ 132 Rn. 27, 28); c) Beim Eintreten neuer, für die Vorlage entscheidungserheblicher Tatbestände kann der GS die Sache nicht ohne eigene Entscheidung an den vorlegenden Senat zurückgeben[16] (Rn. 10). Als solche neuen Tatbestände werden z.B. eine nach Vorlage ergehende Entscheidung des BVerfG oder eine zwischenzeitliche, die Entscheidungserheblichkeit der Vorlagefrage berührende Gesetzesänderung angesehen. Hierdurch erledigt sich die Vor- **15**

---

[9] BGHZ 13, 265 = NJW 1954, 1073; BAG ZZP 1971, 351; *Müller* NJW 1957, 1016; *Arndt* NJW 1959, 6, 8; 1962, 1661; *Maetzel* MDR 1966, 453, 455; *Schultz* MDR 1972, 755; *LR/Franke* Rn. 8; a. A.: *Jagusch* NJW 1959, 265, 269; 1962, 1647; zweifelnd *Hamann* AnwBl. 1958, 145; *Eb. Schmidt* Rn. 5; *Sarstedt* S. 40.
[10] BGHZ 13, 265 = NJW 1954, 1073; *Katholnigg* Rn. 5; *Bötticher* ZZP 1971, 353.
[11] BGH aaO.; *Eb. Schmidt* Rn. 5.
[12] *LR/Franke* Rn. 10; *KK/Hannich* Rn. 5; *Meyer-Goßner* Rn. 3; *Wieczorek/Schreiber* Rn. 2; a. A. *Jagusch* NJW 1959, 269.
[13] BAGE 23, 292 = NJW 1971, 1668.
[14] BGHSt 17, 210 = NJW 1962, 1257.
[15] BAG NJW 1978, 2114.
[16] BGHZ 13, 265; BSGE 54, 223.

lage nicht von selbst, vielmehr verändert sich nur ein Entscheidungselement für den GS; die Vorlagesituation, der Rechtshängigkeit vergleichbar (Rn. 1), gebietet einen Ausspruch des GS zur Vorlagefrage unter Berücksichtigung der sich aus der eingetretenen Änderung ergebenden Rechtslage. Ist die Entscheidungserheblichkeit insgesamt weggefallen, ohne dass der anrufende Senat die Vorlage zurücknimmt, ist das Vorlageverfahren durch den GS für erledigt zu erklären.[17] Wenn aber nachträglich ein prozessuales Ereignis eintritt, das den Umfang der Sachprüfung durch den anrufenden Senat in einem Maße beschränkt, dass es auf die Vorlagefrage nicht mehr ankommt, dann endet die Zuständigkeit des GS ohne weiteres. Ein solcher Umstand ist z.B. das Anerkenntnis nach § 307 Abs. 1 ZPO; es kommt dann auf die Vorlagefrage nicht mehr an, weil das Gericht die Begründetheit der Klage nicht mehr prüfen darf.[18]

16 **V. Das weitere Verfahren.** Ob nach der Entscheidung des GS noch eine weitere Verhandlung vor dem vorlegenden Senat notwendig ist, richtet sich nach dem jeweiligen Verfahrensstand. Soweit die vorgelegte Rechtsfrage die Entscheidung des gesamten Verfahrens unmittelbar ermöglicht, bedarf es keiner erneuten mündlichen Verhandlung. Anders ist es, wenn damit erst eine Vorfrage geklärt ist, auf deren Grundlage nun weitere Entscheidungen zu treffen sind; hier bedarf es einer erneuten mündlichen Verhandlung, zu der die Beteiligten unter Mitteilung der ergangenen Entscheidung zur Rechtsfrage (vgl. Rn. 12) zu laden sind (Abs. 3) und in der ihnen das rechtliche Gehör zu gewähren ist.

17 **VI. Kein Rechtsbehelf.** Gegen die Entscheidung des GS gibt es keinen Rechtsbehelf. Als Entscheidung lediglich eines Urteilselements ist sie auch keiner Verfassungsbeschwerde zugänglich, sondern nur die auf ihrer Grundlage ergangene abschließende Entscheidung des vorlegenden Senats.[19]

§ 139. [Besetzung der Senate]

(1) **Die Senate des Bundesgerichtshofes entscheiden in der Besetzung von fünf Mitgliedern einschließlich des Vorsitzenden.**

(2) ¹**Die Strafsenate entscheiden über Beschwerden und Anträge auf gerichtliche Entscheidung (§ 161a Abs. 3 der Strafprozeßordnung) in der Besetzung von drei Mitgliedern einschließlich des Vorsitzenden.** ²**Dies gilt nicht für die Entscheidung über Beschwerden gegen Beschlüsse, durch welche die Eröffnung des Hauptverfahrens abgelehnt oder das Verfahren wegen eines Verfahrenshindernisses eingestellt wird.**

1 Die Vorschrift regelt die **Besetzung,** in der die Senate des BGH entscheiden. Alle Senate entscheiden in der Besetzung mit 5 Mitgliedern einschließlich des Vorsitzenden (Abs. 1), soweit nicht eine andere Besetzung ausdrücklich gesetzlich vorgeschrieben ist. Eine Entscheidung durch Einzelrichter ist unzulässig, ebenso die Mitwirkung von Hilfsrichtern (vgl. § 124 Rn. 3). Mangels Institution des Einzelrichters entscheidet auch im Anwendungsbereich von §§ 14 KostO, 66 GKG der Senat in voller Besetzung.[1]

2 Jeder Senat muss nach der Geschäftsverteilung mit einem **Vorsitzenden Richter** im statusrechtlichen Sinne (§ 19a DRiG) besetzt sein (§ 21f; vgl. im Übrigen § 75 Rn. 16; § 115 Rn. 4). Neben dem Vorsitzenden gehören dem Senat 4 weitere Bundesrichter an.

---

[17] BSG aaO.
[18] BAGE 56, 95 = NJW 1988, 990.
[19] BVerfGE 31, 55 = NJW 1971, 1212; *Oswald* DVBl. 1974, 191; *LR/Franke* Rn. 11; *BL/Hartmann* Rn. 3.
[1] BGH NJW-RR 2005, 584.

Die Strafsenate entscheiden in Revisionssachen stets in der Besetzung mit 3
5 Richtern einschließlich des Vorsitzenden. In Beschwerdeverfahren (§ 135 Abs. 2)
entscheiden sie grundsätzlich mit 3 Richtern einschließlich des Vorsitzenden (Abs. 2
Satz 1); mit 5 Richtern entscheiden sie über Beschwerden gegen Beschlüsse, durch
welche die Eröffnung des Hauptverfahrens abgelehnt oder das Verfahren wegen
eines Verfahrenshindernisses eingestellt wird (Abs. 2 Satz 2, vgl. § 304 Abs. 4 Nr. 2
StPO; § 135 Rn. 7).

In der Besetzung mit drei Richtern einschließlich des Vorsitzenden entscheiden 4
die Strafsenate auch über Anträge auf gerichtliche Entscheidung nach § 161a
Abs. 3 StPO (vgl. § 135 Rn. 11).

Entscheiden die Strafsenate in der Besetzung mit nur drei Richtern einschließ- 5
lich des Vorsitzenden, muss die Zusammensetzung dieses verkleinerten Senats nach
§ 21g Abs. 2 geregelt sein.²

Zur besonderen Besetzung von Spezialsenaten § 130 Rn. 2, 3. 6

§ 140. [Geschäftsordnung]

Der Geschäftsgang wird durch eine Geschäftsordnung geregelt, die das Plenum beschließt; sie bedarf der Bestätigung durch den Bundesrat.

Die Geschäftsordnung ist vom 3. 3. 1952 (BAnz Nr. 83)¹ mit Änderungen vom 1
15. 4. 1970 (BAnz Nr. 74) und vom 21. 6. 1971 (BAnz Nr. 114). Sie hat nicht den
Charakter eines Rechtssatzes und kann nicht von den gesetzlichen Vorschriften
abweichen.²*

---

² *Seide* NJW 1973, 266.
¹ Vgl. DRiZ 1963, 152.
²* Vgl. *Mellwitz* NJW 1962, 778.

9 a. Titel. Zuständigkeit für Wiederaufnahmeverfahren in Strafsachen

§ 140 a. [Zuständigkeit]

(1) ¹Im Wiederaufnahmeverfahren entscheidet ein anderes Gericht mit gleicher sachlicher Zuständigkeit als das Gericht, gegen dessen Entscheidung sich der Antrag auf Wiederaufnahme des Verfahrens richtet. ²Über einen Antrag gegen ein im Revisionsverfahren erlassenes Urteil entscheidet ein anderes Gericht der Ordnung des Gerichts, gegen dessen Urteil die Revision eingelegt war.

(2) Das Präsidium des Oberlandesgerichts bestimmt vor Beginn des Geschäftsjahres die Gerichte, die innerhalb seines Bezirks für die Entscheidungen in Wiederaufnahmeverfahren örtlich zuständig sind.

(3) ¹Ist im Bezirk eines Oberlandesgerichts nur ein Landgericht eingerichtet, so entscheidet über den Antrag, für den nach Absatz 1 das Landgericht zuständig ist, eine andere Strafkammer des Landgerichts, die vom Präsidium des Oberlandesgerichts vor Beginn des Geschäftsjahres bestimmt wird. ²Die Landesregierungen werden ermächtigt, durch Rechtsverordnung die nach Absatz 2 zu treffende Entscheidung des Präsidiums eines Oberlandesgerichts, in dessen Bezirk nur ein Landgericht eingerichtet ist, dem Präsidium eines benachbarten Oberlandesgerichts für solche Anträge zuzuweisen, für die nach Absatz 1 das Landgericht zuständig ist. ³Die Landesregierungen können die Ermächtigung durch Rechtsverordnung auf die Landesjustizverwaltungen übertragen.

(4) ¹In den Ländern, in denen nur ein Oberlandesgericht und nur ein Landgericht eingerichtet sind, gilt Absatz 3 Satz 1 entsprechend. ²Die Landesregierungen dieser Länder werden ermächtigt, mit einem benachbarten Land zu vereinbaren, daß die Aufgaben des Präsidiums des Oberlandesgerichts nach Absatz 2 einem benachbarten, zu einem anderen Land gehörenden Oberlandesgericht für Anträge übertragen werden, für die nach Absatz 1 das Landesgericht zuständig ist.

(5) In den Ländern, in denen nur ein Landgericht eingerichtet ist und einem Amtsgericht die Strafsachen für die Bezirke der anderen Amtsgerichte zugewiesen sind, gelten Absatz 3 Satz 1 und Absatz 4 Satz 2 entsprechend.

(6) ¹Wird die Wiederaufnahme des Verfahrens beantragt, das von einem Oberlandesgericht im ersten Rechtszug entschieden worden war, so ist ein anderer Senat dieses Oberlandesgerichts zuständig. ²§ 120 Abs. 5 Satz 2 gilt entsprechend.

(7) Für Entscheidungen über Anträge zur Vorbereitung eines Wiederaufnahmeverfahrens gelten die Absätze 1 bis 6 entsprechend.

Übersicht

	Rn.		Rn.
I. Zuständigkeit eines anderen Gerichts im Wiederaufnahmeverfahren	1	III. Bestimmung des zuständigen Spruchkörpers	11
1. Wiederaufnahmeverfahren	2	1. Bestimmung durch Präsidium	11
2. Anderes Gericht	3	2. Gesetzliche Spezialspruchkörper	12
3. Berufungsinstanz	4	3. Konzentrationen	13
4. Revisionsinstanz	5	4. Staatsschutzsachen	14
II. Bestimmung des zuständigen Gerichts	6	IV. Sonderregelungen	15
		1. OLG mit einem LG	16
		2. Land mit einem LG, Konzentration bei AG	19
		3. Erstinstanzliche Strafsachen OLG	20
		V. Zuständigkeit der StA	22

1 **I. Zuständigkeit eines anderen Gerichts im Wiederaufnahmeverfahren.** Im Wiederaufnahmeverfahren in Strafsachen (§§ 359 ff. StPO) entscheidet ein anderes Gericht mit **gleicher sachlicher Zuständigkeit** wie das Gericht, gegen dessen Entscheidung sich die Wiederaufnahme richtet (Abs. 1 Satz 1). Richtet sich ein Wiederaufnahmeantrag gegen ein Urteil des LG, das mit der Berufung nur beschränkt auf den Rechtsfolgenausspruch angefochten war, dann ist das andere Gericht mit gleicher sachlicher Zuständigkeit das nach Abs. 1 Satz 1 bestimmte AG.[1] – Die Vorschrift wurde in Fortentwicklung von § 23 StPO (auch § 354 Abs. 2 StPO; vgl. § 60 Rn. 16) eingefügt durch das 1. StVRG (vgl. Einl. Rn. 97; § 16 Rn. 34) mit der Begründung, ein anderes Gericht als dasjenige, von dem das angefochtene Urteil herrühre, gewährleiste eine bessere Ausgangslage für das Verfahren; auch liege es im Interesse der Rechtspflege, dass auch nur der Eindruck vermieden werde, das Gericht könne dem Wiederaufnahmebegehren nicht gänzlich unbefangen gegenübertreten.[2] Das Gesetz geht davon aus, dass (nur) ein Gericht mit der Sache vorbefasst war; für den seltenen Fall, dass zwei Gerichte gleicher sachlicher Zuständigkeit mit der Sache vorbefasst waren (das Urteil des zuerst zuständigen Gerichts wird z. B. vom Revisionsgericht aufgehoben und die Sache an ein anderes Gericht zurückverwiesen), sind nach dem Sinn und Zweck des § 140a beide vorbefassten Gerichte für das Wiederaufnahmeverfahren örtlich unzuständig.[3] – Die Vorschrift betrifft grundsätzlich nur die örtliche Zuständigkeit und lässt die sachliche Zuständigkeit wie auch die Verfahrensvorschriften unverändert.

1. Zum **Wiederaufnahmeverfahren**, für das § 140a die Zuständigkeit bestimmt (vgl. § 367 StPO), gehört sowohl die Entscheidung über Anträge zur Vorbereitung des Verfahrens (Abs. 7) wie das gesamte Verfahren selbst, also alle Entscheidungen nach §§ 360, 364a, 364b, 368 bis 373 StPO. Der Anwendungsbereich des § 140a geht über die Strafsachen nach der StPO hinaus. Nach seinem Sinn und den zugrundeliegenden rechtspolitischen Vorstellungen muss er auf **alle Strafsachen** angewendet werden, für die die ordentlichen Gerichte zuständig sind, also auch nach dem OWiG (§ 46 Abs. 1 OWiG) und dem JGG, ebenso nach dem GWB.[4] Den Anwendungsbereich des § 140a hat das jeweils mit der Sache befasste Gericht selbst zu entscheiden. Eine Entscheidung darüber etwa im Wege der Auslegung des Präsidialbeschlusses (vgl. § 21e Rn. 117) ist dem Präsidium versagt, da es um die Anwendung gesetzlicher Vorschriften geht; hier muss gegebenenfalls die Zuständigkeit nach § 14 StPO usw. bestimmt werden.

2. Ein **anderes Gericht** im Sinne des § 12 muss entscheiden. Es genügt nicht, wenn ein anderer Spruchkörper des gleichen Gerichts entscheidet;[5] es genügt auch nicht, wenn bei Bestehen eines auswärtigen Spruchkörpers das Stammgericht an dessen Stelle oder der auswärtige Spruchkörper anstelle eines Spruchkörpers des Stammgerichts entscheidet.[6] Das andere Gericht muss die gleiche sachliche Zuständigkeit haben wie das Gericht, gegen dessen Entscheidung die Wiederaufnahme sich richtet. Die Zuständigkeit besteht grundsätzlich für das gesamte Verfahren einschließlich § 370 Abs. 2 StPO. Das Gesetz stellt allein auf das Gericht ab, dessen Entscheidung angefochten wird. Die Rechtsmittelzuständigkeit für die im Wiederaufnahmeverfahren ergehenden Entscheidungen regelt § 140a nicht; hat z. B. nach § 140a ein anderes AG als das ursprüngliche entschieden, kann über die Berufung hiergegen das LG entscheiden, das schon im früheren Verfahren für die Berufung zuständig war, wenn es auch für Berufungen gegen Entscheidungen des „anderen" AG allgemein zuständig ist.[7] Besteht das Gericht nicht mehr, das die angefochtene

---

[1] OLG Oldenburg StV 1992, 102; vgl. auch KG 1. 8. 2001 – 1 Ss 148/01 –.
[2] BTagsDrucks. 7/2600 S. 11 gegen vielfältigen Widerstand, vgl. LG Bad Kreuznach NJW 1996, 1070; *LR/Franke* Rn. 1 vor § 140a; *Krägeloh* NJW 1975, 138; *Feiber* NJW 1986, 699.
[3] LG Bad Kreuznach NJW 1996, 1070; a. A. OLG Koblenz NJW 1996, 1072 – L –.
[4] BGH bei *Miebach* NStZ 1988, 209.
[5] OLG Karlsruhe MDR 1980, 252; *LR/Franke* Rn. 4; *Meyer-Goßner* Rn. 3; *Krägeloh* NJW 1975, 138.
[6] *LR/Franke* Rn. 4.
[7] OLG Nürnberg MDR 1977, 688; *LR/Franke* Rn. 5; *Meyer-Goßner* Rn. 3.

Entscheidung erlassen hat, ist § 140a nicht anwendbar,[8] hier ist das Gericht zuständig, auf das die Aufgaben des nicht mehr bestehenden Gerichts übergegangen sind; Entsprechendes gilt bei Neugründung eines Gerichts.

4 3. Bei Wiederaufnahme gegen ein Urteil, das in der **Berufungsinstanz** ergangen ist, ist nach Abs. 1 Satz 1 ein anderes für die Berufung sachlich zuständiges Gericht (LG) zur Entscheidung berufen. Das AG entscheidet jedoch, wenn das Berufungsgericht nach § 329 StPO ohne Eingehen auf die Schuld- und Straffrage entschieden hat[9] oder wenn die Berufung auf den Rechtsfolgenausspruch beschränkt war und sich der Wiederaufnahmeantrag gegen den Schuldspruch richtet.[10] Die Besetzung im Wiederaufnahmeverfahren richtet sich danach, in welcher Besetzung das Berufungsgericht ursprünglich (§ 76) entschieden hat; jedoch ist jetzt die Kleine zuständig, wenn nach § 76 Satz 1 a. F. die Große StrafK über ein Urteil des SchG entschieden hatte.[11]

5 4. Eine Ausnahme gilt für das Wiederaufnahmeverfahren bezüglich eines in der **Revisionsinstanz** (OLG, BGH) ergangenen Urteils. Hier entscheidet nicht das Revisionsgericht, sondern ein Gericht mit der sachlichen Zuständigkeit des Gerichts, gegen dessen Urteil die Revision eingelegt worden war (Abs. 1 Satz 2). Das Revisionsgericht ist also nicht zuständig für das Wiederaufnahmeverfahren, auch dann nicht, wenn mit dem Wiederaufnahmeantrag Mängel in der Revisionsinstanz geltend gemacht werden.[12] Im Übrigen findet jedoch keine Verschiebung in der funktionalen Zuständigkeit statt. Hat das nach Abs. 1 Satz 2 für die Wiederaufnahme zuständige Gericht die Wiederaufnahme des Verfahrens und eine erneute Hauptverhandlung nach § 370 Abs. 2 StPO angeordnet, dann muss das ein Revisionsgericht entscheiden.[13] Welches Revisionsgericht örtlich zuständig ist, regelt § 140a nicht. Der Sinn des § 140a spräche für ein anderes Revisionsgericht. Indessen ist Abs. 2 auf diesen Fall nicht anwendbar, so dass es bei der Zuständigkeit des Revisionsgerichts bleiben muss, das auch das frühere Revisionsurteil erlassen hatte. Allerdings muss entsprechend Abs. 4 Satz 1 in Verbindung mit Abs. 3 Satz 1 ein anderer Senat entscheiden[14] (vgl. Abs. 6), der für das OLG ebenfalls nach Abs. 2 zu bestimmen ist. Das Gesagte gilt entsprechend, wenn die Revisionsentscheidung in der Form eines Beschlusses ergangen ist.[15]

6 **II. Bestimmung des zuständigen Gerichts.** Welches „andere" Gericht zuständig ist, wird durch das Präsidium des OLG für die Gerichte innerhalb seines Bezirks bestimmt (Abs. 2). Mit der Geschäftsverteilung des Oberlandesgerichts hat dies nichts zu tun; es handelt sich überhaupt um keine Maßnahme der Geschäftsverteilung, sondern um eine generelle Regelung der **örtlichen Zuständigkeit** der Gerichte, die an sich dem Gesetz vorbehalten ist. Im Aufgabenkatalog des Präsidiums stellt die Vorschrift deshalb eine Ausnahme (§ 21e Rn. 11), ein „Kuriosum ersten Ranges" dar.[16] Das örtlich zuständige Gericht kann sonst nur für einen konkreten einzelnen Rechtsfall und nur unter begrenzten Voraussetzungen (z. B. § 36 ZPO, § 14 StPO, § 5 FGG; § 354 Abs. 2 StPO) durch ein im Rechtszug höheres Gericht bestimmt werden. Hier ist erstmals die generelle Regelung der örtlichen Zuständigkeit für eine bestimmte Verfahrensart dem Präsidium eines Obergerichts

---

[8] *LR/Franke* Rn. 4; a. A. *Meyer-Goßner* Rn. 12; OLG Naumburg MDR 1993, 1228.
[9] OLG Nürnberg MDR 1977, 688; *LR/Franke* Rn. 5.
[10] OLG Frankfurt NStZ-RR 2006, 275.
[11] *Meyer-Goßner* Rn. 6.
[12] BGH bei *Holtz* MDR 1977, 811; GA 1985, 419; StV 1999, 138; NStZ-RR 1999, 176; *LR/Franke* Rn. 6; *KK/Schmidt* Rn. 6; *Meyer-Goßner* Rn. 7.
[13] *LR/Franke* Rn. 6; *Meyer-Goßner* § 373 StPO Rn. 1.
[14] *LR/Franke* aaO.
[15] BGH GA 1985, 419; BGH bei *Pfeiffer/Miebach* NStZ 1985, 496 Nr. 31.
[16] *Feiber* NJW 1986, 699.

übertragen worden. Das ist systematisch befremdlich, in den Konsequenzen nicht restlos durchdacht und verfassungsrechtlich bedenklich.[17]

Das Präsidium des OLG muss die Regelung **vor dem Beginn des Geschäfts-** 7 **jahres** (§ 21e Rn. 97) treffen, und zwar so frühzeitig, dass die Präsidien der Gerichte, deren Zuständigkeit damit begründet wird, dies in ihrer Geschäftsverteilung berücksichtigen können; andernfalls besteht für das davon betroffene Gericht ein Änderungsgrund nach § 21e Abs. 3 Satz 1 (vgl. § 21e Rn. 109). Wegen des dem § 21e Abs. 1 Satz 2 angeglichenen Wortlauts („vor dem Beginn des Geschäftsjahres") gelten das Jährlichkeitsprinzip, der Stetigkeitsgrundsatz und das Vorauswirkungsprinzip (vgl. § 21e Rn. 96ff.).

Hinsichtlich der Art und Weise der Bestimmung ist das Präsidium des OLG, so- 8 weit Abs. 3 bis 5 keine Regelung treffen, im Rahmen **pflichtgemäßen Ermessens** frei. Es wird den Zweck der Vorschrift berücksichtigen müssen, ein unbefangenes Wiederaufnahmegericht zur Verfügung zu stellen (Rn. 1). Deshalb wird die Zuständigkeitsverteilung von Zeit zu Zeit geändert werden müssen, nicht notwendig aber jedes Jahr, da dies der Stetigkeit der Rechtspflege abträglich und unpraktisch wäre. Auf jeden Fall ist alljährliche neue Beschlussfassung nötig, wobei im Interesse der Klarheit eine Bezugnahme auf die frühere Regelung nicht als ausreichend angesehen werden kann. Im Fall einer **Änderung** (Neuverteilung) wird eine Übergangsregelung nötig werden, die bestimmt, was mit den Verfahren geschieht, die bei Beginn des Jahres schon bei dem bisher zuständigen Gericht eingegangen und möglicherweise in Bearbeitung genommen sind. Außer einem angemessenen Verhältnis zwischen Wechsel und Beständigkeit wird die geographische Situation und auch die unterschiedliche Belastung der Gerichte[18] zu berücksichtigen sein. Abänderungen während des Geschäftsjahres sind ausgeschlossen; § 21e Abs. 3 Satz 1 (Überlastung usw.) ist wegen des überwiegenden Interesses an einer Stetigkeit der örtlichen Zuständigkeit (wenigstens für ein Jahr) nicht anzuwenden. Einzig die Auflösung oder Neubildung von Gerichten als dem Präsidium vorgegebene Tatsachen machen zwingend eine Abänderung auch während des Geschäftsjahres nötig.

Zur Rechtsnatur der besonderen Präsidialanordnung nach § 140a wird man, an- 9 ders als für die Geschäftsverteilungsmaßnahmen (§ 21e Rn. 102ff.), den Normcharakter wegen der eindeutig gesetzesersetzenden Aufgabe und Wirkung der Zuständigkeitsregelung nicht bezweifeln können.

Für das **Verfahren** gelten grundsätzlich dieselben Regeln wie bei der Geschäfts- 10 verteilung (§ 21e Rn. 30ff.). Alle von der Entscheidung betroffenen Gerichte, aber auch die StA, deren Organisation betroffen wird (§ 143 Abs. 1), sind **anzuhören;** die Entscheidung ist in einer Sitzung zu treffen, Stimmenthaltung ist unzulässig. Zu Beschlussform und Protokollierung § 21e Rn. 73ff. Da der Beschluss ein Gesetz ersetzt, reicht die in § 21e Abs. 8 vorgesehene Offenlegung aber nicht aus, es ist vielmehr eine **Veröffentlichung** des Beschlusses (etwa im JMBl.) erforderlich.[19] Die Offenlegung auf der Geschäftsstelle des Oberlandesgerichts wäre für eine Regelung, die zahlreiche andere Gerichte betrifft, nicht sinnvoll; es muss einem Verteidiger möglich sein, das für ein Wiederaufnahmegesuch örtlich zuständige Gericht festzustellen, ohne eine Reise zum Sitz des OLG antreten zu müssen. Ein nicht veröffentlichter Beschluss ist unwirksam.

III. Bestimmung des zuständigen Spruchkörpers. 1. Das Präsidium des 11 OLG bestimmt nur das zuständige Gericht insgesamt, nicht den konkret **zuständigen Spruchkörper** innerhalb dieses Gerichts. Dessen Bestimmung ist Sache der

---

[17] *Feiber* aaO.; *Weiler* NJW 1996, 1042; krit. auch *Roth* S. 179ff.; a. A. LG Bad Kreuznach NJW 1996, 1070.
[18] BTagsDrucks. 7/2600 S. 11.
[19] *Feiber* NJW 1986, 700.

Geschäftsverteilung für dieses Gericht, das dafür zuständige Präsidium handelt hier nach pflichtgemäßem Ermessen. Es braucht die Wiederaufnahmesachen nicht einem einzigen Spruchkörper zuzuweisen, es kann sie auch nach allgemeinen Merkmalen auf verschiedene Spruchkörper aufteilen. Soweit das Präsidium Spezialspruchkörper gebildet hat, ist es nicht gezwungen, diesen auch die einschlägigen Wiederaufnahmesachen zuzuweisen.

12   2. Soweit das Gesetz selbst **Spezialspruchkörper** zwingend vorsieht (§ 74 Abs. 2, § 74c), sind diese auch kraft Gesetzes für die einschlägigen Wiederaufnahmeverfahren zuständig.

13   3. Sind Strafsachen bei einem Gericht für den Bezirk des OLG **durch VO konzentriert** (§ 74c Abs. 3, § 74d), stellt sich die Frage, ob die anderen LG noch Gerichte mit gleicher sachlicher Zuständigkeit sind. Das ist zu bejahen,[20] denn die Konzentration betrifft nur die örtliche Zuständigkeit, lässt aber die sachliche Zuständigkeit der LG unberührt.[21] Deshalb hat das Präsidium des OLG gemäß Abs. 2 ein anderes LG als zuständig zu bestimmen, auch wenn dieses nach der allgemeinen Zuständigkeitsverteilung durch die Konzentration für diese Strafsachen sonst nicht zuständig ist. Eine entsprechende Anwendung des Abs. 3 ist nicht möglich.[22] Bestehen auf Grund der Konzentration im Bezirk des OLG mehrere LG mit konzentrierter Zuständigkeit, ist aus den gleichen Überlegungen das Präsidium des OLG nicht auf diese LG beschränkt, sondern kann auch andere LG als zuständig bestimmen. Entsprechendes gilt für die Konzentration auf der Ebene der AG (§ 58). Jedoch kann durch VO der LReg entsprechend der Konzentrationsanordnung auch das für Wiederaufnahmesachen zuständige Gericht bestimmt werden.[23]

14   4. Die **Staatsschutzsachen** sind nach § 74a kraft Gesetzes für den gesamten Bezirk eines OLG bei einem LG konzentriert. Durch diese Konzentration haben die anderen LG im Bezirk des OLG die Zuständigkeit für Staatsschutzsachen verloren, und zwar nicht nur örtlich, da § 74e, wenn auch unmittelbar nur für das Verhältnis der StrafK untereinander, aber doch im gesamten Bezirk, für den die StaatsschutzK zuständig ist, ihr den Vorrang einräumt. Es fehlt deshalb im Sinne des Abs. 1 im Bezirk des OLG an einem „anderen" Gericht mit gleicher sachlicher Zuständigkeit. Deshalb besteht bei Anwendung des § 140a eine Gesetzeslücke, die entweder durch analoge Anwendung des Abs. 1 oder des Abs. 3 geschlossen werden muss, denn es besteht kein Anhalt dafür, dass die Strafsachen des § 74a von der Regelung des § 140a überhaupt ausgeschlossen sein sollten. Bei der Abwägung zwischen der entsprechenden Anwendung des Abs. 1 oder 3 ist abzustellen auf die für die Schaffung des § 74a einerseits maßgebenden Motive (§ 74a Rn. 2), die für eine Anwendung des Abs. 3 sprechen, und andererseits auf die für die Schaffung des § 140a maßgebenden Motive (Rn. 1), die für eine entsprechende Anwendung des Abs. 1 sprechen. Zu bedenken ist bei dieser Abwägung auch, dass das OLG-Präsidium in die gesetzlich vorgeschriebene örtliche Zuständigkeit eingreift und sowohl den gesetzlichen Richter verändert als auch in sonst nicht vorgesehener Weise die innere Organisation der Gerichte; die Vorschrift ist deshalb eng auszulegen, während umgekehrt die Verlagerung der Zuständigkeit innerhalb des gleichen Gerichts im Wiederaufnahmeverfahren schon geltendes Recht ist (vgl. Rn. 1; § 23 StPO). Nimmt man hinzu, dass die Motive des Gesetzgebers für die Schaffung des § 74a bei der Anwendung des Abs. 3 am besten verwirklicht werden, während andererseits der Grundgedanke des § 140a Abs. 1 ohnedies schon in Abs. 3, 5 und 6 aufgegeben ist, spricht alles dafür, für Staatsschutzsachen **§ 140a Abs. 3 entspre-**

---

[20] Entgegen BGHSt 29, 47 = NJW 1980, 131.
[21] Vgl. BGHSt 13, 378 = NJW 1960, 493.
[22] A. A. OLG Karlsruhe MDR 1980, 252 = JR 1980, 305 m. zust. Anm. *Rieß; LR/Franke* Rn. 8; *Meyer-Goßner* Rn. 3.
[23] Vgl. BGHSt 29, 47 = NJW 1980, 131.

chend anzuwenden.[24] Diese Konsequenz ergibt sich zwingend aus der gesetzlichen Konzentration; der Ausweg, durch VO der LReg ein weiteres LG als Wiederaufnahmegericht zu bestimmen, ist hier nicht möglich.

IV. Sonderregelungen. Das Ziel des § 140a, dass in Wiederaufnahmeverfahren 15 immer ein anderes Gericht entscheidet (Rn. 1), lässt sich dann nicht erreichen, wenn nicht mehr als ein im Rechtszug nachgeordnetes Gericht besteht. Deshalb enthält das Gesetz folgende Sonderregelungen:

1. Ist einem **OLG nur ein LG nachgeordnet,** kann das Präsidium dieses OLG 16 nicht ein anderes LG bestimmen, vielmehr muss entgegen der Regel (Rn. 3) ein **anderer Spruchkörper** des LG bestimmt werden (Abs. 3 Satz 1; Abs. 4 Satz 1). Diese Bestimmung durch das Präsidium des OLG ist für das LG unmittelbar verbindlich und stellt einen Eingriff in die Regelungskompetenz des Präsidiums des LG dar; dieses ist jedoch noch zuständig für die personelle Besetzung dieser Kammer.

Um die Entscheidung durch ein **anderes Gericht** zu ermöglichen, kann jedoch 17 durch RechtsVO der LReg die Bestimmungskompetenz des Abs. 2 auf das Präsidium eines anderen (benachbarten) OLG im Lande übertragen werden mit der Folge, dass dieses Präsidium ein LG seines Bezirks als zuständiges Gericht bestimmen kann in Abweichung von der allgemeinen Gerichtsorganisation (Abs. 3 Satz 2, 3).

Besteht in einem Land nur ein OLG mit nur einem LG (Bremen, Hamburg, 18 Saarland), sind die LReg ermächtigt (vgl. Einl. Rn. 23), mit einem benachbarten Land eine Vereinbarung (durch Staatsvertrag) zu schließen, dass die Aufgaben des Präsidiums einem benachbarten, zu diesem anderen Land gehörenden OLG übertragen werden mit der Folge, dass dieses ein LG seines Bezirks als zuständig erklären kann (Abs. 4 Satz 2).

2. Besteht in einem Land nur ein LG und sind die Strafsachen **bei einem AG** 19 konzentriert (Abs. 5, Berlin), gelten Abs. 3 Satz 1, Abs. 4 Satz 2 (Rn. 16, 18) entsprechend; es wird also konkret in die Geschäftsverteilung dieses AG eingegriffen.

3. In Wiederaufnahmeverfahren gegen **erstinstanzliche Entscheidungen des** 20 **OLG** (§ 120) ist § 140a nicht anwendbar; zuständig ist ein anderer Senat des OLG, der vom Präsidium des OLG im Rahmen der allgemeinen Geschäftsverteilung nach § 21e zu bestimmen ist (Abs. 6 Satz 1). Vgl. auch § 23 Abs. 2 StPO. Die Länder können, wie in § 120 Abs. 5 Satz 2 vorgesehen (§ 120 Rn. 22), länderübergreifende Regelungen treffen (Abs. 6 Satz 2).

Für die Wiederaufnahmeverfahren gegen erstinstanzliche Entscheidungen des 21 früheren Reichsgerichts ist das OLG des Tatorts zuständig.[25]

V. Zuständigkeit der StA. Die Aufgaben der StA gehen auf die StA über, die 22 für das nach Abs. 2 ff. bestimmte Gericht zuständig ist (Sequenzzuständigkeit, vgl. § 142 Rn. 2). Dies gilt jedoch nicht für die Vollstreckung des angefochtenen Urteils (vgl. § 360 StPO); hier bleibt die bisherige StA weiter zuständig, wie sich auch die Zuständigkeit der Gerichte für die Strafvollstreckung nicht ändert (vgl. § 462a StPO); § 451 Abs. 3 StPO ist anwendbar.

---

[24] *LR/Franke* Rn. 8a.
[25] Fall van der Lubbe; BGH NJW 1982, 1717 = NStZ 1982, 214; BGHSt 31, 365 = NStZ 1983, 424.

Zehnter Titel. Staatsanwaltschaft

§ 141. [Sitz]

Bei jedem Gericht soll eine Staatsanwaltschaft bestehen.

Übersicht

	Rn.		Rn.
I. Regelungsumfang	1	3. Zuständigkeit außerhalb des Strafverfahrens	19
II. Selbstständigkeit	2	a) Zivilsachen	19
III. Objektivität	3	b) Vertreter des Fiskus	20
IV. StA nicht rsprGewalt	8	4. Aufgaben außerhalb der ordentlichen Gerichtsbarkeit	21
V. Aufgaben der StA	10	VI. Organisation	22
1. Verfolgung strafbarer Handlungen	10	1. Terminologie	22
a) Strafverfahren	10	2. Länderkompetenz	23
b) JGG	11	3. StA nicht bei jedem Gericht	24
c) OWiG	12	4. Örtliche Sitzungsvertreter	26
d) Vollstreckung	13	5. Strafvollstreckung	27
e) Register	14	VII. Veröffentlichungen	28
f) Gnadenbehörde	15	VIII. Rechtsschutz	29
g) Amtshilfe	16	IX. Reformbestrebungen	30
h) Landesrechtliche Aufgaben	17		
2. Bestimmung des gesetzlichen Richters	18		

1 **I. Regelungsumfang.** §§ 141 bis 152 regeln die **StA als selbstständige Institution des Gerichtsverfassungsrechts**.[1] Ergänzungen finden sich in den AGGVG der Länder und in der von den Ländern weitgehend bundeseinheitlich erlassenen „Anordnung über Organisation und Dienstbetrieb der Staatsanwaltschaft (OrgStA)", veröffentlicht in den Verkündungsblättern der Länder.[2] Die **Aufgaben der StA** sind im GVG nicht geregelt, sie ergeben sich aus dem Verfahrensrecht, insbesondere der StPO. Hierzu gehört die Erforschung des Sachverhalts, sobald die StA von dem Verdacht einer strafbaren Handlung Kenntnis erhält, wobei sie nicht nur die zur Belastung, sondern auch zur Entlastung dienenden Umstände zu ermitteln hat (§ 160 StPO). Bieten die Ermittlungen genügenden Anlass zur Erhebung der öffentlichen Klage, so hat sie Anklage zu erheben (§§ 170, 152 Abs. 2 StPO), andernfalls hat sie das Verfahren einzustellen (§ 170 Abs. 2 StPO, vgl. §§ 153 ff. StPO). Sie hat an der Hauptverhandlung mitzuwirken (§ 226 StPO) und hat Rechtsmittelbefugnis (§ 296 StPO). Ihr obliegt die Zustellung und Vollstreckung aller gerichtlichen Entscheidungen (§ 36 StPO), insbesondere die Strafvollstreckung (§ 451 StPO), ebenso die Mitwirkung in allen nachträglichen Verfahren, z.B. Wiederaufnahmeverfahren und Verfahren nach § 462 StPO (vgl. Rn. 10 ff.).

2 **II. Selbstständigkeit.** Die StA ist selbstständiges Organ und vom Gericht unabhängig[3] (§ 150); auch ist eine scharfe funktionale Trennung zwischen Gericht und StA vorgenommen (§ 151; Ausnahme: Notstaatsanwalt, § 165 StPO). Die StA

---

[1] Zur Geschichte: *Hahn* I S. 143 ff.; *Kern,* Geschichte S. 53, 60, 66, 100; *Eb. Schmidt,* LehrK I Rn. 280 ff.; *Kohlhaas* S. 36; *Floegel* DRiZ 1935, 166; *Kern* DRiZ 1951, 119; *Börker* JR 1953, 237; *Bader* JZ 1956, 4; *Döhring* DRiZ 1958, 282; *Arndt* NJW 1961, 1615; *Krause* SchlHAnz 1969, 105; *Roxin* DRiZ 1969, 385; *Hans Günther,* StA – Kind der Revolution, Frankfurt usw. 1973; *Wagner* JZ 1974, 212; *Meckbach,* Inquisitionsrichter und Staatsanwalt, Diss., Augsburg 1977; *Gössel* GA 1980, 325; *Kintzi* DRiZ 1987, 457; *Rüping* GA 1992, 147; *Wohlers,* Entstehung und Funktion der Staatsanwaltschaft, 1994; *Roxin* DRiZ 1997, 109; *Hahn* NJW 1997, 306; *Rüping* StV 1997, 276.

[2] Z.B. JMBl. NRW 2002, 238; Justiz 2003, 627.

[3] Vgl. *Weiland* NStZ 1991, 574.

ist ein dem Gericht letztlich gleichgeordnetes Organ der Rechtspflege[4] (vgl. Rn. 9).

III. Objektivität. Nach dem Gesamtinhalt der auf die StA bezüglichen gesetzlichen Regelungen ist die StA vornehmlich als selbstständiges Organ dazu berufen, ebenso wie das Gericht und ebenso wie dieses an das Gesetz gebunden, zur Objektivität und vollständigen Aufklärung eines Sachverhalts sowie zur Wahrheit verpflichtet, aber mit anderer verfahrensrechtlicher Aufgabenstellung, auf die Ermittlung der Wahrheit und die Findung eines gerechten Urteils hinzuwirken,[5] wenn auch die Unabhängigkeit des Richters fehlt (§ 146). Diese Aufgabe (vgl. §§ 152, 160 StPO) hat ihr die Kennzeichnung „objektivste Behörde der Welt" eingebracht.[6] – Die Pflicht der StA zur Verfolgung strafbarer Handlungen besteht **nur im öffentlichen Interesse;** ihre Unterlassung kann daher in der Regel keine Amtspflicht gegenüber dem durch die Straftat Geschädigten verletzen.[7] Das GG kennt keinen grundrechtlichen Anspruch auf Strafverfolgung eines Dritten durch den Staat.[8] Andererseits können die Einleitung eines strafrechtlichen Ermittlungsverfahrens, die Vollziehung einer Durchsuchungsanordnung, die Entscheidung über die Erhebung der öffentlichen Klage usw., wenn sie unberechtigterweise vorgenommen werden, **Amtspflichtverletzungen** gegenüber dem Verdächtigen darstellen.[9] Das Richterprivileg des § 839 Abs. 2 BGB gilt nicht für den Staatsanwalt,[10] jedoch können solche Handlungen nicht auf ihre ‚Richtigkeit', sondern im Amtshaftungsprozess allein darauf überprüft werden, ob sie vertretbar waren. Die Vertretbarkeit darf nur verneint werden, wenn Entscheidung bei voller Würdigung auch der Belange einer funktionstüchtigen Strafrechtspflege nicht mehr verständlich ist.[11] Das muss auch gelten für Verfahrensverzögerungen.[12]

Diese zur Objektivität verpflichtende Stellung lässt es nicht zu, die StA verfahrensrechtlich als Partei anzusehen,[13] wenn auch in einzelnen Verfahrensabschnitten eine Polarität zu anderen Verfahrensbeteiligten, insbesondere zum Angeklagten, besteht und die Gleichheit der Verfahrensrechte von Angeklagtem und StA betont wird, z. B. in §§ 33, 118a, 120 Abs. 3, 127 Abs. 2, 163a Abs. 3, 168c, 168d, 210 Abs. 2, 224, 226, 257, 258, 296 StPO.

Diese die prozessuale **Waffengleichheit** zwischen StA und Angeklagtem dokumentierenden Vorschriften entbinden die StA aber nicht von ihrer Verpflichtung zur Objektivität und Wahrheitsfindung, die den Angeklagten naturgemäß nicht trifft. Damit stehen sich keine einander gleichgewichtigen Interessen gegenüber, keine gleich „berechtigten" Parteien. Andererseits ist auch keine völlige Waffengleichheit möglich. Es kann sich immer nur um eine gesetzliche Abwägung der Rechte und Pflichten der StA im Verhältnis zu den Möglichkeiten des Angeklagten und dem öffentlichen Interesse handeln.[14] Verletzungen des Prinzips der Waffen-

---

[4] BGHSt 24, 170 = NJW 1971, 2082.
[5] LR/Boll Rn. 14 vor § 141.
[6] Vgl. *Döhring* DRiZ 1958, 282, 285; *Wagner* JZ 1974, 212; *Kintzi* DRiZ 1987, 457; *Ulrich* DRiZ 1988, 368; *Schilken* Rn. 569; *Wolf* S. 294; *Roxin* DRiZ 1997, 113.
[7] BGH NJW 1996, 2373; OLG Düsseldorf NJW 1996, 530; VersR 1996, 709; LG Düsseldorf ZIP 1995, 282; a. A. *Vogel* wistra 1996, 219; NJW 1996, 3401.
[8] BVerfG – K – NJW 1993, 915.
[9] BGH NJW 1994, 3162; 1996, 2373.
[10] *Blomeyer* GA 1970, 1661.
[11] BGH NJW 1994, 3162; vgl. auch NJW 1989, 96; 1998, 751; 2000, 2672 m. Anm. *Fluck* NJW 2001, 202; OLG Dresden OLGR 2001, 551 m. Anm. *Thode* StV 2001, 581; OLG Rostock OLGR 2003, 73; OLG Düsseldorf NJW 2005, 1791; zust. *Lorz* NJW 2005, 2658.
[12] *Wohlers* JR 1994, 138.
[13] RGSt 60, 189; *Dünnebier* JZ 1958, 418; LR/Boll Rn. 19 vor § 141; *Meyer-Goßner* Rn. 8 vor § 141; *Heimeshoff* DRiZ 1966, 212; differenzierter *Blomeyer* GA 1970, 172; umfassend *Kelker* ZStW 118 (2006), 389.
[14] LR/Boll Rn. 20 vor § 141; *Meyer-Goßner* Rn. 9 vor § 141; *Schilken* Rn. 120; *Wolf* S. 295; *Müller* NJW 1976, 1063; *Sandermann* Diss. Köln 1975.

gleichheit führen deshalb nicht zu einem Prozesshindernis, etwa bei Kenntnis der StA vom Verteidigungskonzept.[15]

7 Von dem Denken in Parteirollen weitgehend geprägt war die Diskussion um den **Platz der StA** im Sitzungssaal. Wenn auch auf Grund der fehlenden Parteirolle die gleiche Sitzhöhe mit dem Angeklagten nicht systematisch zwingend geboten ist, so ist sie doch pragmatisch zur Dokumentierung der Waffengleichheit zweckmäßig.[16]

8 **IV. StA nicht rsprGewalt.** Die StA gehört nicht zur rsprGewalt im Sinne der Art. 92 ff. GG.[17] Die rsprGewalt ist den „Richtern" anvertraut, zu diesen gehören die Staatsanwälte nicht (Art. 92, 97 GG). Demgemäß bezeichnet das BVerfG die Staatsanwälte ausdrücklich als „Beamte".[18] Die Aufgaben der StA gehören auch materiell nicht zur RSpr im Sinne des Art. 92 GG (vgl. Einl. Rn. 145, 162 ff.). Ihrer Tätigkeit fehlt die Funktion der verbindlichen Entscheidung durch einen unbeteiligten Dritten; soweit die StA Strafverfahren einstellt, fehlt dieser Einstellung die Bestandskraft und Gültigkeitsgewähr.[19] Auch die Möglichkeit, auf die Bestimmung des gesetzlichen Richters Einfluss zu nehmen (vgl. Rn. 18), führt nicht dazu, ihre Tätigkeit der RSpr zuzuordnen, ebenso wenig ihre Verpflichtung zur Objektivität und vollständigen Wahrheitsermittlung (Rn. 4). Die StA ist im Sinne der Gewaltenteilung (vgl. Einl. Rn. 141) der **Exekutive** zuzurechnen.[20] Angesichts dessen ist die Frage nach der Zulässigkeit einer Gesetzesbestimmung, dass Generalstaatsanwälte **„politische" Beamte** sind mit der Möglichkeit, sie jederzeit ohne Angabe von Gründen in den einstweiligen Ruhestand zu versetzen (§§ 36 BBG, 31 BRRG), keine verfassungsrechtliche Frage, sondern eine solche des politischen Stils, der politischen Glaubwürdigkeit[21] und wohl auch der Sorge um eine eigenverantwortlich objektiv handelnde StA; rechtspolitisch spricht alles dafür, den Generalstaatsanwalt nicht zu den politischen Beamten zu zählen.[22] Landesrechtliche Bestimmungen, die auch die Leiter der nachgeordneten Staatsanwaltschaften zu politischen Beamten erklären, so der Generalstaatsanwaltschaft beim LG Berlin, sind mit § 31 BRRG nicht vereinbar.[23]

9 Die StA ist jedoch auf Grund ihrer Aufgabenstellung keine Verwaltungsbehörde im üblichen Sinne, sondern eine Institution sui generis, ein der RSprGewalt zugeordnetes **Organ der Rechtspflege;**[24] sie erfüllt gemeinsam mit dem Gericht die Aufgabe der Justizgewährung[25] und ist notwendiges Organ der Strafrechtspflege.[26] Darin liegt keine Vermengung im System der Gewaltenteilung.[27] Jedoch ist gesetz-

---

[15] BGH NJW 1984, 1907.
[16] Zur Diskussion *LR/Boll* vor § 141 Rn. 21; *Eb. Schmidt,* LehrK I Rn. 111 Fußn. 207.
[17] *LR/Boll* Rn. 15 vor § 141; *KK/Schoreit* § 141 Rn. 3; *Wolf* S. 294; *Schilken* Rn. 574; *Roxin* DRiZ 1997, 113.
[18] BVerfGE 32, 199, 216 = NJW 1972, 25; *Schmidt-Räntsch* § 122 Rn. 2; *Heimeshoff* DRiZ 1966, 212.
[19] StAÄG-Entw S. 28, 29.
[20] *LR/Boll* Rn. 15 vor § 141; *Katholnigg* Rn. 1 vor § 141; *Meyer-Goßner* vor § 141 Rn. 6; *Maunz/Dürig* Art. 92 Rn. 97; *Sarstedt* NJW 1964, 1753; *Blomeyer* GA 1970, 162; *Gaul* SchlHAnz 1969, 86; *Görcke* DRiZ 1964, 50; *Bucher* JZ 1975, 105; *Amelung* NJW 1979, 1688; *Krey/Pföhler* NStZ 1985, 145; *Faupel* DRiZ 2000, 312; a. A. *Fuhrmann* JR 1964, 418 m. w. N.; *Kohlhaas* S. 16, 46; *Gössel* GA 1980, 336; vgl. auch *Rautenberg* NJ 2003, 169; GA 2006, 356.
[21] Zur Diskussion vgl. *LR/Boll* § 147 Rn. 8; *Frank* DRiZ 1987, 449; *Kintzi* DRiZ 1987, 460; *Krey/Pföhler* NStZ 1985, 145; *Ulrich* DRiZ 1988, 370, 424.
[22] Deutscher Richterbund DRiZ 1998, 420, 499; *Günter* DRiZ 2002, 55; dem gegenüber *Faupel* DRiZ 2000, 312; *Rautenberg* DRiZ 2000, 141 ff.; GA 2006, 356; *Schaefer* NJW 1997, 1753; *Roxin* DRiZ 1997, 116; zu den aktuellen Vorschlägen des Deutschen Richterbunds *Hannich* DRiZ 2003, 249; *Kintzi* DRiZ 2003, 250.
[23] OVG Berlin NVwZ 2003, 882; vgl. auch *Pestalozza* NVwZ 2002, 1337.
[24] Amtliche Begründung zum 1. StVRG 1974 S. 38; *KK/Schoreit* § 141 Rn. 3; *Vogel* DRiZ 1974, 235, 236; *Roxin* DRiZ 1997, 114; StAÄG-Entw S. 29, 30.
[25] BVerfGE 9, 223, 228 = NJW 1959, 871.
[26] BVerfGE 32, 199, 216 = NJW 1972, 25; BGHSt 24, 170 = NJW 1971, 2082; so schon die Motive, vgl. *Hahn* I S. 142.
[27] A. A. *Meyer-Goßner* Rn. 7 vor § 141.

lich Vorsorge zu treffen, dass die besondere Bedeutung der StA auch bei der Ausgestaltung ihrer verfahrensrechtlichen Möglichkeiten wie auch des Statusrechts der Staatsanwälte funktionsgerecht zum Ausdruck kommt. Es gelten, soweit nicht Sondervorschriften bestehen (z.B. § 122 DRiG, §§ 37, 38 BBesG, § 95 BPersVG), für die Staatsanwälte die allgemeinen **beamtenrechtlichen Vorschriften**[28] (vgl. § 142 Rn. 1, 6; § 144 Rn. 9; §§ 145 bis 147). Außerhalb der unmittelbaren Tätigkeit des Staatsanwalts, wie sie sich aus den Verfahrensgesetzen ergibt, sind die beamtenrechtlichen Vorschriften anzuwenden, insbesondere über die Nebentätigkeit, und nicht die besonderen Vorschriften, die sich für Richter aus dem Grundsatz der Gewaltenteilung ergeben (vgl. § 1 Rn. 32 ff.). Staatsanwälte können jedoch nach § 34 Abs. 1 Nr. 4 GVG nicht Schöffen sein (vgl. § 34 Rn. 8). Zu den Pflichten des Staatsanwalts gehört, wie bei jedem Beamten, dass er sein Amt politisch neutral und unabhängig von sachfremden Einflüssen wahrnimmt. Gerade seine spezifische Aufgabe in der Strafrechtspflege unter Bindung an das Legalitätsprinzip gebietet ihm, sich bei politischer Betätigung derart zu verhalten, dass das Vertrauen der Allgemeinheit auf die strikte Sachlichkeit und Objektivität seiner Amtsführung nicht gefährdet wird.[29] Der Staatsanwalt unterliegt auch der allgemeinen beamtenrechtlichen Verschwiegenheitspflicht, z.B. auch dem Verbot der Veröffentlichung einer Anklageschrift (§ 353 d StGB); deshalb kann er sich, abgesehen von einem Dienstvergehen, auch der Verletzung eines Privatgeheimnisses oder des Dienstgeheimnisses schuldig machen, wenn er die ihm zur Weiterbildung oder zur allgemeinen dienstlichen Verwendung überlassenen Überstücke von Anklageschriften an Außenstehende weitergibt.[30] Zu Presseauskünften Rn. 28.

V. Aufgaben der StA. 1. Verfolgung strafbarer Handlungen. a) Schwerpunkt der Aufgaben der StA liegt auf der Verfolgung strafbarer Handlungen und ist vor allem in der StPO geregelt. Herausragend sind dabei vor allem das **Legalitätsprinzip** (§ 152 Abs. 2 StPO) und das **Anklagemonopol** (§ 152 Abs. 1 StPO, abgesehen vom Privatklageverfahren nach §§ 374 ff. StPO). Die StA ist im Strafverfahrensrecht das staatliche Organ, in dessen Händen die gesamte Ermittlung strafbarer Handlungen liegt bis zur Anklageerhebung, und von dem das öffentliche Interesse an der Aufklärung und Verfolgung strafbarer Handlungen auch während des gesamten gerichtlichen Verfahrens vertreten wird. Sie trägt vor allem die Verantwortung für die Rechtmäßigkeit und Ordnungsmäßigkeit wie auch für die Gründlichkeit des Ermittlungsverfahrens (vgl. Rn. 1) und dessen schneller Durchführung.[31] Eine Sonderregelung enthält § 138 Abs. 2 GVG über das Anhörungsrecht des GBA vor einer Sachentscheidung des Großen Senats oder der Vereinigten Großen Senate; Entsprechendes gilt nach § 13 Abs. 3 RSprEinhG vor dem Gemeinsamen Senat der obersten Gerichtshöfe. 10

b) In Verfahren vor den **Jugendgerichten** nach dem JGG ist die Zuständigkeit der StA die gleiche wie im Verfahren nach der StPO. Jedoch sind Jugendstaatsanwälte zu bestellen, die erzieherisch befähigt und in der Jugenderziehung erfahren sein sollen (§§ 36, 37 JGG). Hierbei handelt es sich um eine Ordnungsvorschrift,[32] deren Verletzung keine verfahrensrechtlichen Konsequenzen nach sich zieht. 11

c) Im Verfahren wegen **Ordnungswidrigkeiten** ist die Zuständigkeit der StA begrenzt. Grundsätzlich sind für die Verfolgung die Verwaltungsbehörden zuständig (§ 35 Abs. 1 OWiG). Die StA ist nur zuständig für die Verfolgung einer Tat auch unter dem rechtlichen Gesichtspunkt einer Ordnungswidrigkeit (§ 40 OWiG) oder wenn sie die Verfolgung übernimmt wegen einer mit einer Straftat zusammenhän- 12

---
[28] *Kern* DRiZ 1951, 119 ff.; hiergegen rechtspolitisch *Eb. Schmidt* DRiZ 1957, 273 ff.
[29] BVerwG NJW 1988, 1747.
[30] OLG Köln NJW 1980, 898.
[31] *Meyer-Goßner* Rn. 1, 3 vor § 141; *Kuhlmann* DRiZ 1976, 13.
[32] BGH bei *Herlan* GA 1961, 358; *Meyer-Goßner* § 142 Rn. 10.

genden Ordnungswidrigkeit (§§ 42, 63 OWiG). Stets ist die StA zuständig, sobald der Betroffene Einspruch gegen einen Bußgeldbescheid eingelegt hat (vgl. § 71 OWiG).

13 d) Der StA obliegen die gesamte **Vollstreckung** strafgerichtlicher Entscheidungen (vgl. §§ 36, 451, 463 StPO, § 91 OWiG, anders aber § 82 JGG) und die Aktenführung nach Maßgabe der landesrechtlichen Bestimmungen.

14 e) Die Führung des **Zentralregisters** und des Erziehungsregisters obliegt nunmehr dem Bundesamt für Justiz (§§ 1, 59 BZRG); vgl. Gesetz vom 12. 12. 2006 (BGBl. I S. 3171).

15 f) Die StA ist **Gnadenbehörde** nach Maßgabe des Landesrechts. Zu Gnadenentscheidungen § 23 EGGVG Rn. 129.

16 g) Im Rechtshilfeverkehr mit dem Ausland in strafrechtlichen Angelegenheiten nach dem IRG hat die StA weitgehende Zuständigkeiten, z. B. Vorbereitung der gerichtlichen Entscheidung über eine Auslieferung und deren Durchführung (§ 13), Ausschreibung (§ 18) und vorläufige Festnahme (§ 19).

17 h) Durch Landesrecht können der StA weitere Aufgaben übertragen werden; hierzu bei § 4 EGGVG.

18 **2. Bestimmung des gesetzlichen Richters.** Im GVG ist der StA eine Beteiligung eingeräumt bei Bestimmung des gesetzlichen Richters in den Fällen „beweglicher Zuständigkeiten", (§ 24 Abs. 1 Nr. 3, § 29 Abs. 2), auch wenn ihre Auffassung gerichtlicher Kontrolle unterliegt (§ 24 Rn. 11, 21; § 29 Rn. 17; § 120 Rn. 10). Mittelbar ist der Einfluss der StA auf den gesetzlichen Richter in den Fällen, in denen ihr vor personellen Entscheidungen ein Anhörungsrecht zusteht (§ 52 Abs. 3, § 53 Abs. 2, § 56); hierher gehört auch das Ablehnungsrecht (§ 24 Abs. 3 StPO).

3. Zuständigkeit außerhalb des Strafverfahrens. Außerhalb des Strafrechts bestehen Zuständigkeiten der StA in folgenden Fällen:

19 a) **Zivilsachen.** Die nach früherem Recht (§ 607 ZPO a. F.) bestehende Mitwirkungsbefugnis der StA in Ehesachen ist durch das 1. EheRG und das EheschließungsrechtsG von 1998 aufgehoben (vgl. § 23b Rn. 103), auch ihre Zuständigkeit in Entmündigungssachen ist durch die Aufhebung dieses Rechtsinstituts durch das BtG entfallen. Den Antrag auf ein **Aufgebotsverfahren** zur Toterklärung eines Verschollenen kann auch die StA stellen (§§ 2, 16 VerschG); sie kann auch die Aufhebung einer Todeserklärung beantragen (§ 30 Abs. 1 VerschG).

20 b) Nach Landesrecht ist die StA in vielen Fällen zum **Vertreter des Justizfiskus** bestellt, vor allem in Prozessen.

21 **4. Aufgaben außerhalb der ordentlichen Gerichtsbarkeit.** Die StA ist ein Rechtspflegeorgan (vgl. Rn. 9) innerhalb der **ordentlichen Gerichtsbarkeit.** Sie kann nur tätig werden auf Grund einer ausdrücklichen rechtlichen Grundlage und nicht in den anderen Gerichtsbarkeiten. In der Verwaltungsgerichtsbarkeit wird beim BVerwG ein Vertreter des Bundesinteresses bestellt; dieser kann sich zur Wahrung des öffentlichen Interesses an jedem Verfahren beteiligen und ist an Weisungen der BReg gebunden[33] (§ 35 VwGO). Beim OVG (VGH) und bei den Verwaltungsgerichten kann durch die LReg ein Vertreter des öffentlichen Interesses bestellt werden (§ 36 VwGO). In den anderen Gerichtsbarkeiten fehlt eine vergleichbare Institution.

22 **VI. Organisation. 1. Terminologie.** StA ist die Bezeichnung der Behörde, in der nach dem maßgebenden Organisationsrecht durch einen oder mehrere Staatsanwälte (§ 122 DRiG) die der StA oder „dem" Staatsanwalt gesetzlich übertrage-

---

[33] Vgl. *Schulz-Hardt* DVBl. 1972, 557; *Maihofer* DRiZ 1977, 304; *Frauenknecht* ZBR 1978, 277; *Lotz* DÖV 1978, 745; 914; *Schmidt-Jortzig* DÖV 1978, 913.

nen Aufgaben erfüllt werden. Unter „**Gericht**" ist nicht der einzelne RSprKörper als Verfassungsorgan gemeint (Einl. Rn. 161 ff.), sondern die organisatorische Einheit im Sinne des § 12 GVG.

2. Länderkompetenz. Mit Rücksicht auf die Abgrenzung der **Justizhoheit,** 23 zu der auch die Ausübung der Befugnisse der StA gehört, zwischen Bund und Ländern (Einl. Rn. 10 ff.), ist die Tätigkeit der StA bei den Gerichten der Länder Ländersache, beim BGH Bundessache, soweit nicht besondere Regelungen bestehen (vgl. § 142 a). Dies markiert auch die Zuständigkeiten und Grenzen der Organisationsgewalt für die StA. Die StA bei den Landesgerichten müssen landesrechtlich organisiert sein, die beim BGH bundesrechtlich. Deshalb bedarf es beim BGH einer besonderen StA (vgl. § 142 Rn. 5).

3. StA nicht bei jedem Gericht. § 141 erfordert nicht, dass bei jedem Ge- 24 richt als organisatorischer Einheit (Rn. 24) eine als selbstständige Behörde organisierte StA besteht, sondern nur, dass für jedes Gericht ein oder mehrere Beamte der StA bestimmt sind, die nach Maßgabe des landesrechtlichen Organisationsrechts alle dort anfallenden staatsanwaltschaftlichen Aufgaben erfüllen. Eine StA kann auch mit der Wahrnehmung der staatsanwaltschaftlichen Aufgaben bei mehreren Gerichten betraut werden, selbst dann, wenn es sich dabei um Gerichte verschiedener Ordnung handelt.[34] Nach Nr. 1 OrgStA (Rn. 1) sind selbstständige StA eingerichtet am Sitz der OLG und der LG. Die Einrichtung von Zweigstellen bei AG ist ausdrücklich den obersten Behörden der LJustizVerw vorbehalten (Nr. 1 Abs. 2 Satz 2 OrgStA). Die Organisation der StA bei den AG wird von dieser bundeseinheitlichen Regelung nicht berührt, unterfällt also allein dem Landesrecht (vgl. Rn. 25). Aus der Zuordnung der StA zum Gericht als organisatorischer Einheit folgt weiterhin, dass bei auswärtigen Spruchkörpern (z. B. §§ 78, 116) keine besonderen StA zu errichten sind. Vielmehr sind die dort anfallenden Aufgaben von der StA des LG oder einer nach Maßgabe des Landesrechts am Sitz des auswärtigen Spruchkörpers errichteten Zweigstelle dieser StA zu erledigen.

Dem Landesrecht ist es überlassen, in welcher Form die Wahrnehmung der 25 **staatsanwaltschaftlichen Aufgaben bei den AG** organisiert wird. Möglich ist die Wahrnehmung durch die StA des übergeordneten LG, die Bildung einer Zweigstelle der StA des LG bei einem AG für dessen Bezirk oder den von mehreren AG, die Bildung einer eigenständigen Amtsanwaltschaft für den Bezirk eines oder mehrerer AG oder von Zweigstellen einer selbstständigen Amtsanwaltschaft.

4. Örtlicher Sitzungsvertreter. Durch Landesrecht können auch Beamte des 26 gehobenen Justizdienstes als **örtliche Sitzungsvertreter** bestellt werden, wenn bei dem jeweiligen AG weder ein Staats- noch ein Amtsanwalt seinen Dienstsitz hat und soweit es sich nur um die Sitzungsvertretung der StA in Hauptverhandlungen vor dem Einzelrichter oder dem Jugendrichter handelt (vgl. § 142 Rn. 13). Bei einer auswärtigen Zweigstelle eines AG, an deren Ort sich weder ein Staatsanwalt noch ein Amtsanwalt befindet, kann mangels entgegenstehender Vorschriften auch dann ein örtlicher Sitzungsvertreter der StA bestellt werden, wenn das Stammgericht seinen Sitz am selben Ort wie die StA hat.[35]

5. Strafvollstreckung. Im Rahmen der Strafvollstreckung kann eine StA auch 27 Aufgaben bei einem anderen LG wahrnehmen (vgl. § 451 Abs. 3 Satz 1 StPO). Dies gilt selbst dann, wenn die beteiligte Strafvollstreckungskammer ihren Sitz in einem anderen Bundesland hat.[36] Im Beschwerdeverfahren vor dem OLG ist in diesen Verfahren die bei dem zuständigen OLG bestehende StA beteiligt (§ 143 Abs. 1 GVG), § 451 Abs. 3 Satz 1 StPO bezieht sich hierauf nicht.[37] Nach einer

---

[34] Vgl. RGSt 58, 105; *LR/Boll* Rn. 1; *Peters* S. 140; *Eb. Schmidt* Rn. 3.
[35] BayObLGSt 1979, 158.
[36] Vgl. *Meyer-Goßner* § 451 StPO Rn. 20.
[37] Vgl. *Meyer-Goßner* § 451 StPO Rn. 21.

Vereinbarung der Generalstaatsanwälte 1975 werden die Aufgaben der StA im Rahmen der Strafvollstreckung im Beschwerdeverfahren von der bei dem jeweils erkennenden OLG gebildeten StA wahrgenommen.

28 **VII. Veröffentlichungen der StA.** Zu Pressemitteilungen allgemein § 12 Rn. 128. Informationen durch die StA, insbesondere Presseinformationen und Presseerklärungen über laufende Strafverfahren haben besondere Bedeutung. Sie sind einerseits geboten auf Grund des Informationsbedürfnisses der Öffentlichkeit und haben andererseits die berechtigten Belange des von einem Strafverfahren Betroffenen zu wahren, so die Menschenwürde, die Unschuldsvermutung (vgl. § 16 Rn. 68), das Recht auf informationelle Selbstbestimmung,[38] das Recht auf ein faires Verfahren (Einl. Rn. 221) und die Vermeidung von Vorverurteilungen[39] (vgl. § 16 Rn. 68). Die StA ist bei ihren Informationen über Gegenstand und Umfang eines Verfahrens zur Wahrheit und Sorgfalt verpflichtet.[40] Bei der Frage, ob und in welchem Umfang die Presse über Ermittlungsverfahren informiert werden soll, ist eine Abwägung vorzunehmen zwischen der in den Pressegesetzen statuierten Pflicht zur Erteilung von Presseauskünften und dem allgemeinen Persönlichkeitsrecht (Geheimhaltungsinteresse) des jeweils Betroffenen; eine Veröffentlichung mit namentlicher Identifizierung des Verdächtigen ist im Ermittlungsstadium nur ausnahmsweise zu rechtfertigen,[41] etwa wenn dies der weiteren Aufklärung schwerer Straftaten dienen soll[42] oder beim Verdacht schwerwiegender, in der Öffentlichkeit diskutierter Verfehlungen von relativen Personen der Zeitgeschichte.[43] Es ist auch im Übrigen abzuwägen, ob das öffentliche Informationsinteresse nach der Gestaltung des Einzelfalles den Vorrang verdient und ob der mit einer Information beabsichtigte Eingriff in die Privatsphäre erforderlich ist und in angemessenem Verhältnis zur Bedeutung der Sache steht;[44] hierzu auch die verschiedentlich ergangenen Richtlinien für die Zusammenarbeit mit den Medien.[45] – Der Grundsatz des fairen Verfahrens gebietet vorherige Unterrichtung des Betroffenen.[46]

29 **VIII. Rechtsschutz.** Zum Rechtsschutz gegen Maßnahmen der StA § 23 EGGVG Rn. 31 ff., 122; speziell Akteneinsicht § 12 Rn. 111, Presseerklärungen § 12 Rn. 128a.

30 **IX. Reformbestrebungen.** Die Regelung des GVG über die StA ist nach wie vor Gegenstand rechtspolitischer Diskussionen.[47] Im Dezember 1976 wurde vom BMdJ der **Referentenentwurf** eines Gesetzes zur Änderung des Rechts der StA **(StAÄG)** herausgegeben.[48] Er geht davon aus, dass die geltenden gesetzlichen Vorschriften über Amt und Stellung der Staatsanwälte und die Organisation der StA den gewandelten rechtsstaatlichen Auffassungen nicht mehr gerecht werden. Insbesondere die §§ 141 bis 152 GVG seien in wesentlichen Teilen durch den Ausbau des Rechtsstaats und hier vor allem durch die Stärkung der Dritten Gewalt überholt. Auch die für Beamte geltenden bundes- und landesrechtlichen Vorschriften passten nicht in allen Bereichen für Staatsanwälte. Es sei deshalb geboten, das Amtsrecht der Staatsanwälte zu reformieren, ihre Rechte und Pflichten konkreter zu umschreiben und insbesondere die eigene Verantwortung des einzel-

---

[38] *Schoreit* DRiZ 1987, 467.
[39] *Lücke* AnwBl. 1981, 295; *Kock* ZRP 1989, 401; *Schaefer* NJW 2003, 2210.
[40] OLG Hamm NStZ 1995, 412; OLG Düsseldorf NJW 2003, 2536; OLG Celle NJW 2004, 1462.
[41] BGH NJW 1994, 1950; vgl. auch OLG Hamburg GRUR-RR 2005, 140; *Müller* NJW 2007, 1617.
[42] OLG Celle NJW 2004, 1462.
[43] OLG Düsseldorf NJW 2005, 1791, 1799.
[44] OLG Hamm NJW 2000, 1278; OLG Stuttgart NJW 2001, 3797; vgl. BGHZ 143, 199 = NJW 2000, 1036 m. w. N.
[45] Vgl. *Schroers* NJW 1996, 969; 979.
[46] VGH Kassel NJW 2001, 3802; LG Düsseldorf NJW 2003, 2536 m. Anm. *Becker-Toussaint* NJW 2004, 414; OLG Düsseldorf NJW 2005, 1791, 1800; *Huff* DRiZ 2003, 365.
[47] Vgl. Deutscher Richterbund DRiZ 1968, 357; 1970, 187; *Roxin* DRiZ 1969, 385; *Schoreit* DRiZ 1970, 226; *Brückner* DRiZ 1972, 407; *Gössel* GA 1980, 336, 348 ff.
[48] Vgl. *Kuhlmann* DRiZ 1977, 266; *Schultz* RuP 1977, 129; *Witte* DRiZ 1977, 197; Deutscher Richterbund DRiZ 1979, 6.

nen Staatsanwalts für den Verlauf und das Ergebnis des Ermittlungs- und Strafverfahrens stärker zu betonen. Der Entwurf wolle damit Gebiete neu ordnen und Probleme regeln, die in den Beratungen zum DRiG eine erhebliche Rolle gespielt haben, damals jedoch ausgeklammert worden seien.[49] Im Wesentlichen geht es dabei um Amt und Stellung des Staatsanwalts, Verfassung der StA (hierarchische Struktur), Neuordnung des Weisungsrechts, Geschäftsverteilung, Personalvertretung,[50] Punkte, die ebenso wie das Verhältnis zur Polizei auch in neuerer Zeit wieder aufgegriffen werden (vgl. im Einzelnen § 144 Rn. 10, § 145 Rn. 10, § 146 Rn. 10).

§ 142. [Sachliche Zuständigkeit]

(1) Das Amt der Staatsanwaltschaft wird ausgeübt:
1. bei dem Bundesgerichtshof durch einen Generalbundesanwalt und durch einen oder mehrere Bundesanwälte;
2. bei den Oberlandesgerichten und den Landgerichten durch einen oder mehrere Staatsanwälte;
3. bei den Amtsgerichten durch einen oder mehrere Staatsanwälte oder Amtsanwälte.

(2) Die Zuständigkeit der Amtsanwälte erstreckt sich nicht auf das amtsrichterliche Verfahren zur Vorbereitung der öffentlichen Klage in den Strafsachen, die zur Zuständigkeit anderer Gerichte als der Amtsgerichte gehören.

(3) Referendaren kann die Wahrnehmung der Aufgaben eines Amtsanwalts und im Einzelfall die Wahrnehmung der Aufgaben eines Staatsanwalts unter dessen Aufsicht übertragen werden.

Übersicht

	Rn.		Rn.
I. Regelungsumfang	1	6. Amtsanwaltschaft	9
		a) Personelle Regelung	9
II. Sachliche Zuständigkeit	2	b) Sachliche Zuständigkeit	10
1. Sequenzzuständigkeit	2	c) Kompetenzüberschreitungen	11
2. StA beim BGH	5	d) Örtliche Sitzungsvertreter	13
3. StA beim OLG	6	7. Rechtspfleger	14
4. StA beim LG	7	8. Not-Staatsanwalt	15
5. StA beim AG	8	9. Referendare	16

I. Regelungsumfang. Die Vorschrift regelt mit § 142a die sachliche Zuständigkeit, § 143 dagegen die örtliche Zuständigkeit. Die Regelung bezieht sich nur auf die Institution; zu den dem einzelnen Staatsanwalt obliegenden Aufgaben vgl. § 144 Rn. 6. – Eine abschließende Regelung der Amtsbezeichnungen der einzelnen Beamten der StA enthält das GVG nicht. Es muss beim BGH einen GBA und einen oder mehrere Bundesanwälte geben, bei den OLG und LG jeweils einen oder mehrere Staatsanwälte bzw. Amtsanwälte; die Regelung der Amtsbezeichnungen im Übrigen ist Sache der Länder, vor allem im Besoldungsrecht, soweit das übrige Bundesrecht, z.B. §§ 37, 38 BBesG, dafür noch Raum lässt. Zu den sonstigen persönlichen und rechtlichen Voraussetzungen vgl. § 122 DRiG und § 141 Rn. 9. Bundesanwalt und Staatsanwalt sind im GVG reine Funktionsbezeichnungen. Bundesanwalt ist also auch der OStA beim GBA und der vom Land dorthin abgeordnete Richter oder StA.[1]

---

[49] BTagsDrucks. 3/2785 S. 8, 9.
[50] Lit.: *Geisler* ZStW 1981, 1109; *Kintzi* DRiZ 1987, 457; *Krey/Pföhler* NStZ 1985, 145; *Zuberbier* DRiZ 1988, 254; *Ulrich* DRiZ 1988, 368; *Müller/Wabnitz* ZRP 1990, 429; *Hund* ZRP 1994, 470; *Schoreit* DRiZ 1995, 304; *Schaefer* NJW 1994, 2876; zur neueren rechtspolitischen Diskussion *Günter* DRiZ 2002, 55; *Hannich* DRiZ 2003, 249; *Kintzi* DRiZ 2003, 250; DAV DRiZ 2005, 74; *Rautenberg* GA 2006, 356.
[1] KK/*Schoreit* Rn. 7; *Meyer-Goßner* Rn. 5.

2   **II. Sachliche Zuständigkeit. 1.** Die sachliche Zuständigkeit der StA richtet sich nach der sachlichen Zuständigkeit des Gerichts, bei dem das Verfahren anhängig ist oder zu machen ist (sog. **Sequenzzuständigkeit**). Ändert sich im Laufe des Verfahrens die Zuständigkeit des Gerichts (z. B. nach §§ 12, 13, 209, 270, 354 StPO, § 140a GVG), so ändert sich gleichzeitig und im gleichen Umfang auch die Zuständigkeit der StA.[2] Jede StA hat sich auf ihren Zuständigkeitsbereich zu beschränken, sachlich wie örtlich. So kann z. B. die StA bei einem AG nicht gemäß § 377 StPO ein Privatklageverfahren übernehmen, das bei einem anderen AG anhängig ist, für das eine andere StA zuständig ist.[3] Ausnahmen gelten nur bei Gefahr im Verzug (§ 143 Abs. 2), bei Ausübung des Eintrittsrechts (§ 145) und bei Konzentrationen (§ 143 Abs. 4). Die LJustizVerw kann einen Staatsanwalt bei mehreren Gerichten bestellen, für alle oder nur für bestimmte Aufgaben[4] (personelle Konzentration). – Sonderstellungen haben die Zentrale Stelle der LJustizVerw zur Aufklärung nationalsozialistischer Gewaltverbrechen in Ludwigsburg[5] und die Zentrale Dokumentationsstelle der Landesjustizverwaltungen in Braunschweig, bis 1994 Zentrale Erfassungsstelle der Landesjustizverwaltungen in Salzgitter.[6]

3   Für die sachliche Zuständigkeit ist zu unterscheiden: Im Ermittlungsverfahren richtet sie sich danach, vor welches Gericht die Strafsache voraussichtlich gehören wird, wegen der die Ermittlungen geführt werden. Sobald Anträge an das Gericht zu stellen sind, insbesondere durch Erhebung der Anklage und im folgenden gerichtlichen Verfahren, ergibt sich die sachliche Zuständigkeit aus §§ 142, 142a. Fehlt die sachliche Zuständigkeit, dann ist bei den verfahrensrechtlichen Folgen zu unterscheiden zwischen relativer und absoluter Unzuständigkeit. **Relative Unzuständigkeit** liegt vor, wenn das Antragsrecht der StA für die Zuständigkeit des angegangenen Gerichts nicht verbindlich ist, sondern diesem die Möglichkeit gibt, an ein anderes Gericht zu verweisen; das ist z. B. der Fall, wenn bei Anklageerhebung eine „bewegliche" Zuständigkeit (vgl. § 141 Rn. 18) gegeben ist, z. B. nach §§ 24, 29, 74 GVG. Sieht das angegangene Gericht eine andere als seine Zuständigkeit als gegeben an, hat es an dieses Gericht zu verweisen. Damit verliert die anklagende StA ihre Zuständigkeit, sie war aber zunächst zuständig, ihre Amtshandlungen waren (und bleiben) voll wirksam.

4   **Absolute Unzuständigkeit** ist anzunehmen, wenn das angegangene Gericht, bei dem die handelnde StA besteht, für die beantragte oder vorgenommene Handlung oder das Verfahren (sachlich oder örtlich) nicht zuständig sein kann, wenn die StA bei einem anderen Gericht tätig wird als bei dem, bei dem sie besteht, und dieses Gericht unter keinem Gesichtspunkt zuständig sein kann. In diesem Falle führt die sachliche Unzuständigkeit der StA zur Unwirksamkeit ihrer Tätigkeit;[7] z. B. ist ein Antrag zurückzuweisen. Die Handlung muss von der zuständigen StA neu vorgenommen werden, wenn dies auch, soweit nicht eine Frist verstrichen ist, durch Genehmigung der früheren Handlung (ex nunc) geschehen kann. Eine Ausnahme gilt jedoch, wenn nach dem Verfahrensrecht die StA Anträge auch bei einem anderen Gericht stellen kann, z. B. im Ermittlungsverfahren nach § 162 StPO.

5   **2.** Die sachliche Zuständigkeit **der StA beim BGH**[8] (Abs. 1 Nr. 1) umfasst die in § 142a aufgeführten Aufgaben sowie die Aufgaben der StA in den Verfahren, die gemäß § 121 Abs. 2 und entsprechenden Vorschriften (§ 121 Rn. 13) sowie im

---

[2] *Meyer-Goßner* Rn. 1.
[3] BGHSt 11, 56 = NJW 1958, 229.
[4] RGSt 58, 105; *LR/Boll* Rn. 9.
[5] Hierzu *Schüle* JZ 1962, 241.
[6] AV vom 15. 11. 1961, NdsRpfl 1961, S. 263; *Sauer/Plumeyer*, Der Salzgitter Report, Esslingen 1991; DRiZ 1991, 144, 171.
[7] BGHSt 11, 56 = NJW 1958, 229.
[8] Hierzu *Fränkel* DRiZ 1960, 353 ff.; *Wagner* JZ 1962, 430 ff.; *Bucher* DRiZ 1963, 169; *Martin* DRiZ 1975, 314 ff. 1990, 219; Ehrengabe für Heusinger, 1968 S. 85; *Foth* DRiZ 1989, 458.

Sachliche Zuständigkeit 6–10 § 142

Rechtsmittelverfahren nach §§ 135 und 138 Abs. 2 beim BGH anhängig sind. Zuständig sind der GBA und ein oder mehrere Bundesanwälte (vgl. §§ 148, 149). Der GBA ist auch zuständig zur Entscheidung von Zuständigkeitsstreitigkeiten nach § 143 Abs. 3 GVG (entsprechend § 14 StPO).

3. Die sachliche Zuständigkeit der **StA beim OLG** (Abs. 1 Nr. 2) bezieht sich 6 auf die staatsanwaltliche Tätigkeit in allen Strafverfahren, die vor dem OLG anhängig sind (§§ 120, 121) oder voraussichtlich anhängig werden können. Zur Zuständigkeit in weiteren Sachen § 143 Abs. 4 und § 145, zur Entscheidung von Zuständigkeitsstreitigkeiten zwischen verschiedenen StA § 143 Abs. 3. Personell spricht das Gesetz nur von einem oder mehreren Staatsanwälten, die Regelung obliegt im Einzelnen dem Landesrecht. Das Bundesrecht sieht GStA, OStA und Staatsanwälte in den Ländern vor (BesGr R 1 ff. BBesG). Staatsanwälte müssen in einem öffentlich-rechtlichen Dienstverhältnis stehen, vgl. Art. 33 Abs. 4 GG; das gilt auch für Amtsanwälte. Nach § 122 Abs. 1 DRiG kann zum Staatsanwalt nur ernannt werden, wer die Befähigung zum Richteramt hat. Wird eine andere Person tätig, ist deren Tätigkeit fehlerhaft, z.B. liegt ein absoluter Revisionsgrund nach § 338 Nr. 5 StPO vor;[9] zu Referendaren Rn. 16. Ein Richter kann nicht gleichzeitig als Staatsanwalt tätig sein und umgekehrt (§ 151 GVG, § 4 DRiG). Ein Richter aL kann mit seiner Zustimmung zur StA abgeordnet werden (§ 37 DRiG), darf dann aber keine richterliche Tätigkeit ausüben. Richter aP können ohne ihre Zustimmung bei der StA verwendet werden (§§ 13, 19a DRiG), ebenso Richter kA (§ 16 Abs. 2 DRiG); auch sie können nicht gleichzeitig richterliche Tätigkeit ausüben. Auch ein abgeordneter Beamter kann die Aufgaben eines Staatsanwalts ausüben, wenn seine statusrechtliche Stellung der eines Staatsanwalts entspricht.[10]

4. Sachliche Zuständigkeit der **StA beim LG** (Abs. 1 Nr. 2): Es gilt das für das 7 OLG Gesagte entsprechend. Auch für die StA beim LG spricht das Gesetz nur von einem oder mehreren Staatsanwälten, die Einzelregelung obliegt dem Landesrecht.

5. Sachliche Zuständigkeit der **StA beim AG** (Abs. 1 Nr. 3): Soweit keine AA 8 besteht, gilt das zum LG Gesagte entsprechend. Nach Nr. 1 OrgStA besteht jedoch beim AG keine selbstständige organisierte StA, die Tätigkeit wird vielmehr durch eine Zweigstelle oder Außenstelle der StA beim übergeordneten LG ausgeübt oder auch durch Staatsanwälte dieser StA ohne besondere organisatorische Vorkehrungen. Zu örtlichen Sitzungsvertretern Rn. 13.

6. Amtsanwaltschaft. a) Personelle Regelung. Das Bundesrecht führt die 9 AA lediglich funktional auf, auch gelten die §§ 37, 38 BBesG nicht (vgl. aber BesGr A 12, 13 Anl. I BBesG). Die Regelung obliegt dem Landesrecht.[11] – §§ 144 bis 147 gelten, nicht jedoch § 122 DRiG.

b) Sachliche Zuständigkeit. Das GVG lässt die Wahrnehmung staatsanwaltlicher Aufgaben durch Amtsanwälte bei dem AG grundsätzlich uneingeschränkt 10 zu,[12] und zwar in allen Aufgabenbereichen, auch beim SchG,[13] in Jugendsachen[14] und in Strafverfahren vor dem AG, die Verbrechen zum Gegenstand haben.[15] Indessen beschränken die OrgStA das Tätigwerden der AA auf Strafsachen vor dem Strafrichter (Einzelrichter, §§ 24, 25), zudem auf einen enumerativen Katalog von Straftaten.[16] Eine gesetzliche Einschränkung ergibt sich aus § 142 Abs. 2. Unter „amtsrichterlichen Verfahren zur Vorbereitung der öffentlichen Klage" ist zu ver-

---

[9] RGSt 20, 40.
[10] KG NStZ 1995, 148.
[11] *Benkendorf* DRiZ 1976, 83 ff.; zur Laufbahn auch *Biesecke* RiA 2005, 12.
[12] Rechtspolitisch *Grohmann* ZRP 1986, 166; zur Geschichte der AA *Rüping* DRiZ 1999, 114.
[13] OLG Oldenburg NJW 1952, 1230.
[14] *LR/Boll* Rn. 27; OLG Hamm Rpfleger 1962, 182.
[15] OLG Hamm Rpfleger 1962, 182; *LR/Boll* Rn. 32.
[16] Im Einzelnen *LR/Boll* Rn. 33 f.

stehen die gerichtliche Tätigkeit im Rahmen der §§ 94ff., 112ff. und 162 StPO, wobei bei den sogenannten beweglichen Gerichtsständen (vgl. § 24 Rn. 11) bis zur Eröffnung des Hauptverfahrens eine Zuständigkeit auch des AG anzunehmen ist. Zur Mitwirkung der AA bei der Strafvollstreckung vgl. § 451 Abs. 2 StPO.

11   c) **Kompetenzüberschreitungen der AA.** Erklärungen gegenüber dem Gericht (Anträge), auch die Einlegung von Rechtsmitteln, welche die vom GVG für die Tätigkeit der AA gezogenen Grenzen überschreiten, sind unwirksam und schon deshalb vom Gericht zurückzuweisen oder nicht zu berücksichtigen,[17] und zwar auch dann, wenn sie vom Staatsanwalt ausdrücklich damit beauftragt ist.[18] Entsprechendes gilt für Beschränkungen, die in landesrechtlichen Gesetzen oder VO enthalten sind. Ebenso ist die AA sachlich nur zuständig für die Mitwirkung in der Hauptverhandlung vor dem AG; bei anderen Gerichten läge hierin eine vorschriftswidrige Abwesenheit der StA (§ 338 Nr. 5 StPO). Unschädlich ist aber die Vertretung der Anklage durch einen Amtsanwalt entgegen § 36 JGG vor dem Jugendschöffengericht.[19]

12   Enthalten innerdienstliche Regelungen, z.B. OrgStA, weitergehende Beschränkungen für die Tätigkeit der AA, sind diese verfahrensrechtlich unerheblich. Deshalb kann ein Amtsanwalt wirksam in der mündlichen Verhandlung vor dem SchöffenG auftreten.[20] Ebenso ist die Einlegung der Berufung wirksam, wenn sie beim AG in einer Strafsache eingelegt wird, deren Bearbeitung nach Nr. 23 OrgStA der AA nicht zusteht.[21] Dasselbe gilt für Einlegung und Begründung der Rechtsbeschwerde bzw. eines Zulassungsantrags.[22] Demgegenüber ist eine nachträglich gegenüber dem LG vorgenommene Beschränkung der Berufung mangels sachlicher Zuständigkeit unwirksam.[23]

13   d) **Örtliche Sitzungsvertreter** sind im GVG nicht vorgesehene Justizbeamte, denen die Wahrnehmung staatsanwaltschaftlicher Aufgaben in der Hauptverhandlung übertragen wird, nicht anderer staatsanwaltschaftlicher Aufgaben (vgl. § 141 Rn. 26); verfassungsrechtlich bestehen hiergegen keine Bedenken.[24] Ihre Tätigkeit ist beschränkt auf den Rahmen, in dem die Tätigkeit von Amtsanwälten zulässig ist. Die nähere Ausgestaltung ergibt sich aus dem Landesrecht. Zur Tätigkeit „in der Hauptverhandlung" gehört auch weder die Herbeiführung einer Hauptverhandlung[25] noch die Einlegung eines Rechtsmittels nach durchgeführter Hauptverhandlung.[26]

14   7. Dem **Rechtspfleger** sind durch § 31 RPflG Aufgaben des Staatsanwalts übertragen worden.

15   8. Bei **Gefahr im Verzug** kann der Richter die erforderlichen Untersuchungshandlungen auch ohne Antrag der StA vornehmen, wenn ein Staatsanwalt nicht erreichbar ist (sog. **Not-Staatsanwalt,** § 165 StPO).

16   9. **Referendaren** kann die Wahrnehmung staatsanwaltschaftlicher Aufgaben nach Abs. 3 übertragen werden, ähnlich § 10.[27] Zum Begriff „Referendar" vgl. § 10 Rn. 1, 19. Nicht erforderlich ist, dass der Referendar seine Ausbildung gerade

---

[17] BayObLGSt 1961, 75; BayObLG NJW 1974, 761; *Meyer-Goßner* Rn. 18; *LR/Boll* Rn. 37.
[18] BayObLG NJW 1974, 761; OLG Koblenz Rpfleger 1977, 214.
[19] OLG Karlsruhe NStZ 1988, 241; *Meyer-Goßner* Rn. 10; a.A. *Eisenberg* NStZ 1994, 69.
[20] BayObLGSt 1958, 140; *LR/Boll* Rn. 36.
[21] OLG Oldenburg NJW 1952, 1230; OLG Celle MDR 1957, 311; BayObLGSt 1958, 140, 144; *LR/Boll* Rn. 36.
[22] OLG Stuttgart Justiz 2003, 33.
[23] BayObLG NJW 1974, 761; *LR/Boll* Rn. 38.
[24] BVerfGE 56, 110 = NJW 1981, 1033.
[25] *LR/Boll* Rn. 38.
[26] OLG Koblenz Rpfleger 1977, 214; OLG Frankfurt Rpfleger 1978, 221; *Reiß* Rpfleger 1977, 214; *LR/Boll* Rn. 38.
[27] Vgl. *Landau/Globuschütz* NStZ 1992, 68; *Lenz* JuS 1992, 419.

bei der StA ableistet (§ 10 Rn. 3). Einmal kann ihnen die Wahrnehmung der **Aufgaben eines AA** übertragen werden, und zwar ganz oder teilweise; das Landesrecht kann dies näher regeln. Im Rahmen dieser Übertragung hat der Referendar die gleichen verfahrensrechtlichen Befugnisse wie ein AA. **Der StA vorbehaltene Aufgaben** können dem Referendar nur im Einzelfall zur Wahrnehmung übertragen werden, und zwar alle Aufgaben; eine Einschränkung wie im § 10 ist hier nicht vorgesehen. Deshalb können dem Referendar auch die Unterzeichnung der Anklageschrift, Rechtsmitteleinlegung und Einstellung des Verfahrens übertragen werden. Mit der h. M. ist (anders als bei der Wahrnehmung richterlicher Aufgaben, § 10 Rn. 12ff.) eine ständige Aufsicht des Staatsanwalts nicht erforderlich, sondern nur in einem solchen Maße eine Aufsicht und kontrollierende Information, dass das Ergebnis der Tätigkeit des Referendars als vollwertige Amtshandlung der StA anerkannt werden kann.[28] Deshalb bedarf es auch bei der Urteilsverkündung nicht der (zusätzlichen) Anwesenheit des Staatsanwalts.[29] Die Beauftragung des Referendars muss aktenkundig gemacht werden und sich aus dem jeweiligen Sitzungsprotokoll ergeben (vgl. § 10 Rn. 15). Werden dem Referendar Aufgaben der StA unzulässigerweise nicht nur im Einzelfall übertragen, hat dies auf die Wirksamkeit der von ihm vorgenommenen Handlungen keinen Einfluss. Geht er über den Rahmen der ihm übertragenen Tätigkeit hinaus, führt dies insoweit zur Unwirksamkeit seiner Handlungen.

§ 142 a. [Zuständigkeit des Generalbundesanwalts]

(1) ¹Der Generalbundesanwalt übt in den zur Zuständigkeit von Oberlandesgerichten im ersten Rechtszug gehörenden Strafsachen (§ 120 Abs. 1 und 2) das Amt der Staatsanwaltschaft auch bei diesen Gerichten aus. ²Können in den Fällen des § 120 Abs. 1 die Beamten der Staatsanwaltschaft eines Landes und der Generalbundesanwalt sich nicht darüber einigen, wer von ihnen die Verfolgung zu übernehmen hat, so entscheidet der Generalbundesanwalt.

(2) Der Generalbundesanwalt gibt das Verfahren vor Einreichung einer Anklageschrift oder einer Antragsschrift (§ 440 der Strafprozeßordnung) an die Landesstaatsanwaltschaft ab,
1. wenn es folgende Straftaten zum Gegenstand hat:
   a) Straftaten nach den §§ 82, 83 Abs. 2, §§ 98, 99 oder 102 des Strafgesetzbuches,
   b) Straftaten nach den §§ 105 oder 106 des Strafgesetzbuches, wenn die Tat sich gegen ein Organ eines Landes oder gegen ein Mitglied eines solchen Organs richtet,
   c) Straftaten nach § 138 des Strafgesetzbuches in Verbindung mit einer der in Buchstabe a bezeichneten Strafvorschriften oder
   d) Straftaten nach § 52 Abs. 2 des Patentgesetzes, nach § 9 Abs. 2 des Gebrauchsmustergesetzes in Verbindung mit § 52 Abs. 2 des Patentgesetzes oder nach § 4 Abs. 4 des Halbleiterschutzgesetzes in Verbindung mit § 9 Abs. 2 des Gebrauchsmustergesetzes und § 52 Abs. 2 des Patentgesetzes;
2. in Sachen von minderer Bedeutung.

(3) Eine Abgabe an die Landesstaatsanwaltschaft unterbleibt,
1. wenn die Tat die Interessen des Bundes in besonderem Maße berührt oder
2. wenn es im Interesse der Rechtseinheit geboten ist, daß der Generalbundesanwalt die Tat verfolgt.

(4) Der Generalbundesanwalt gibt eine Sache, die er nach § 120 Abs. 2 Nr. 2 bis 4 oder § 74 a Abs. 2 übernommen hat, wieder an die Landesstaatsanwaltschaft ab, wenn eine besondere Bedeutung des Falles nicht mehr vorliegt.

---

[28] *Meyer-Goßner* Rn. 13; *LR/Boll* Rn. 49.
[29] *Meyer-Goßner* Rn. 15; *LR/Boll* Rn. 48.

§ 142a 1–3 10. Titel. Staatsanwaltschaft

Übersicht

	Rn.		Rn.
I. Gesetzesgeschichte	1	3. Zeitpunkt der Abgabe	6
II. Zuständigkeit des Generalbundesanwalts	2	4. Unterbleiben der Abgabe	7
		5. Wirkung der Abgabe	8
III. Abgabe vom GBA an die Landes-StA	4	IV. Übernahme durch den GBA	9
1. § 142a Abs. 2 Nr. 1	4	V. Kompetenz-Kompetenz	12
2. Sachen von minderer Bedeutung	5	VI. Unzulässige Einflußnahme?	13

Gesetzesfassung. Abs. 1 Satz 2 und Abs. 2 i. d. F. Art. 3 G vom 18. 8. 1976 (BGBl. I S. 2181). Abs. 1 Satz 2 war in Berlin gemäß Anordnung BK/O (76) 8 der Alliierten Kommandatur Berlin vom 10. 9. 1976 unwirksam (GVBl. Berlin S. 1950). Diese eingeschränkte Geltung in Berlin ist jedenfalls mit § 1 des 6. Überleitungsgesetzes (BGBl. 1990 I S. 2106) entfallen. Abs. 4 geändert durch Art. 2 Nr. 2 G zur Bekämpfung des Terrorismus vom 19. 12. 1986 (BGBl. I S. 2566); Abs. 2 Nr. 1 Buchst. d i. d. F. des HalbleiterschutzG vom 22. 10. 1987 (BGBl. I S. 2294); Abs. 4 geändert durch Art. 8 Nr. 2 G zur Neuregelung der Telekommunikationsüberwachung vom 21. 12. 2007 (BGBl. I S. 3198).

1 **I. Gesetzesgeschichte.** Die Vorschrift wurde eingeführt durch G zur allgemeinen Einführung eines zweiten Rechtszugs in Staatsschutz-Strafsachen vom 8. 9. 1969 (BGBl. I S. 1582), das die Verlagerung der erstinstanzlichen Zuständigkeit des BGH auf die OLG brachte (vgl. § 74a Rn. 1). Mit § 142a sollte sichergestellt werden, dass durch die Einführung eines zweiten Rechtszugs für die bisher erst- und letztinstanzlichen Strafverfahren in Staatsschutzsachen die zentrale Ermittlungstätigkeit der Bundesanwaltschaft nicht beeinträchtigt wird. Um dies zu erreichen, musste das Gesetz dem GBA die rechtliche Möglichkeit verschaffen, auch vor den OLG als Ankläger aufzutreten.[1]

2 **II. Zuständigkeit des Generalbundesanwalts.** Der Generalbundesanwalt übt das **Amt der StA** aus **beim BGH** (§ 142 Abs. 1 Nr. 1). § 142a Abs. 1 Satz 1 erweitert die Zuständigkeit des GBA auf die Tätigkeit der StA beim OLG, soweit es sich um Delikte handelt, für die das OLG im ersten Rechtszug nach § 120 Abs. 1 und 2 zuständig ist.[2] Dieser Eingriff in die originäre Kompetenz der LandesStA (§ 142 Abs. 1 Nr. 2), der zugleich einen Eingriff in die Justizhoheit des Landes bedeutet, bedurfte der ausdrücklichen verfassungsrechtlichen Ermächtigung. Diese liegt darin, dass gemäß Art. 96 Abs. 5 GG im § 120 Abs. 6 bestimmt ist, dass die OLG im Rahmen ihrer erstinstanzlichen Zuständigkeit für solche Delikte, für deren Verfolgung der GBA zuständig ist, eine ihnen übertragene Gerichtsbarkeit des Bundes ausüben, somit also gerichtliche Tätigkeit und Tätigkeit des GBA die gleiche Bundesqualität im föderalistischen Aufbau haben (vgl. Einl. Rn. 11; § 120 Rn. 8). Demgemäß ist grundsätzlich die Landes-StA vor dem OLG in dessen erstinstanzlicher Zuständigkeit ausgeschlossen, soweit der GBA das Verfahren nicht abgibt (Rn. 4ff.). Zur Ausübung des Amtes der StA nach § 142a gehören **alle der StA in diesen Verfahren obliegenden Aufgaben,** insbesondere die Einleitung und Durchführung des gesamten Ermittlungsverfahrens, die Einstellung des Verfahrens, die Einreichung der Anklageschrift, die Mitwirkung in der Hauptverhandlung, die Rechtsmittelbefugnis sowie die Vollstreckung, ebenso die Mitwirkung in allen nachträglichen Verfahren, besonders im Wiederaufnahmeverfahren, ebenso das Verfahren nach § 462 StPO (vgl. § 141 Rn. 1, 10). Über Anträge auf gerichtliche Entscheidung gegen Entscheidungen des GBA nach § 161a Abs. 3 StPO entscheidet der BGH (vgl. § 135 Rn. 11).

3 **III. Abgabe vom GBA an die Landes-StA.** Die geschilderte Zuständigkeit des GBA ist jedoch nicht absolut. Vielmehr gibt er das Verfahren nach Abs. 2 in zwei Fällen an die Landes-StA ab, und zwar muss er unter diesen Voraussetzungen

---

[1] BTagsDrucks. V/4086 S. 8.
[2] *Rebmann* NStZ 1986, 289; zum „Fall Leuna" *Schaefer* NJW 2001, 2861.

abgeben,³ wenn nicht die eine Abgabe wiederum ausschließenden Voraussetzungen des Abs. 3 vorliegen:

1. Abzugeben ist einmal, wenn das Verfahren die im **§ 142a Abs. 2 Nr. 1** aufgeführten Delikte zum Gegenstand hat.

2. Die Abgabe geschieht weiter, wenn bei den anderen Delikten des § 120 Abs. 1 eine Sache von **minderer Bedeutung** vorliegt (Abs. 2 Nr. 2).

3. Zeitlich ist die Abgabe statthaft nur vor Einreichung der Anklageschrift nach § 170 Abs. 1 StPO oder der Antragsschrift nach § 440 StPO. Danach ist sie nicht mehr zulässig, wohl aber schon vorher, sobald nach dem Stand der Ermittlungen der GBA zu dem Ergebnis kommt, dass die Voraussetzungen des Abs. 2 gegeben sind und Abs. 3 die Abgabe nicht ausschließt.⁴ Vor dem Endtermin für die Abgabe kann der GBA auch eine vorher schon abgegebene Sache wieder an sich ziehen;⁵ vgl. aber § 74a Abs. 2, 2. Halbsatz.

4. Die **Abgabe unterbleibt** jedoch, wenn die Tat die Interessen des Bundes in besonderem Maße berührt (Abs. 3 Nr. 1); das ist der Fall, wenn eine Straftat nach ihrem faktischen Gewicht oder nach ihrer rechts-, verfassungs- oder allgemeinen politischen Bedeutung nicht mehr als Angelegenheit eines einzelnen Bundeslandes gewertet werden kann, sondern darüber hinausgehende Grundprinzipien der im GG festgelegten Verfassung und deren Durchsetzbarkeit in den Ländern oder die Sicherheit und Ordnung im Bundesgebiet tangiert. Die Abgabe unterbleibt weiter, wenn es im Interesse der Rechtseinheit geboten ist, dass der GBA die Tat verfolgt (Abs. 3 Nr. 2); damit soll sichergestellt werden, dass der GBA, dem kein Weisungsrecht gegenüber der Landes-StA zusteht, durch geeignete Antragstellung vor dem Gericht des Landes oder durch Rechtsmitteleinlegung auf die Rechtseinheit hinzuwirken in der Lage ist.⁶

5. Wirkung der Abgabe. Die Aufgaben der StA übt nunmehr nach § 142 Abs. 1 Nr. 2 die zuständige Landes-StA aus. Der Übergang der Zuständigkeit im staatsanwaltlichen Bereich hat keinen Einfluss auf die Zuständigkeit des OLG;⁷ wohl aber übt das OLG durch die Abgabe nicht mehr Gerichtsbarkeit des Bundes, sondern des Landes aus. Der Ermittlungsrichter des OLG wird zuständig (§ 169 Abs. 1 Satz 1 StPO; zur Beschwerdezuständigkeit § 135 Rn. 10). Das Gnadenrecht geht auf das Land über, § 452 StPO; auch entfällt der Anspruch auf Kostenerstattung (§ 120 Rn. 30).

IV. Übernahme durch den GBA. Umgekehrt kann der GBA eine Sache, für die die StaatsschutzK nach § 74a Abs. 1 zuständig ist (und damit auch die Landes-StA gemäß § 142 Abs. 1 Nr. 2), wegen der **besonderen Bedeutung des Falles** gemäß § 74a Abs. 2 übernehmen mit der Folge, dass das OLG nach § 120 Abs. 2 Satz 1 zuständig wird und dass damit insoweit die Landes-StA ausgeschlossen wird.

Auch hier ist aber im Interesse der größtmöglichen Zuständigkeit der Landes-StA vor den Landesgerichten vorgesehen, dass der GBA Sachen, die er zunächst nach § 74a Abs. 2 übernommen hatte, wieder an die Landes-StA abgibt, wenn eine besondere Bedeutung des Falles nicht (mehr) vorliegt (Abs. 4). Auch diese Rückgabe an die Landes-StA ist nur bis zur Einreichung der Anklageschrift entsprechend Abs. 2 (Rn. 6) möglich.⁸ Wenn der GBA nicht zurückgibt, aber das OLG zu der Auffassung kommt, dass eine besondere Bedeutung nicht vorliegt, verweist es bei der Eröffnung nach § 120 Abs. 2 Satz 2 an die StaatsschutzK. Um-

---

³ *Kohlhaas* NJW 1970, 21; *LR/Boll* Rn. 9.
⁴ *LR/Boll* Rn. 12.
⁵ *LR/Boll* Rn. 13.
⁶ BTagsDrucks. V/4086 S. 8; *Fischer* NJW 1969, 451.
⁷ *Katholnigg* Rn. 3.
⁸ *LR/Boll* Rn. 19.

gekehrt kann aber die StaatsschutzK, wenn bei ihr von der Landes-StA angeklagt wird, nicht die Sache an das OLG verweisen (§§ 209 Abs. 2, 225 a, 270 StPO), weil sie eine besondere Bedeutung annimmt;[9] sie hat die Sache zur Entscheidung vorzulegen. Im Einzelnen § 120 Rn. 9 ff.

11   Eine Übernahme (Rn. 9) ist aber dann nicht zulässig, wenn der GBA die nach § 74 a Abs. 2 übernommene Sache schon einmal nach Abs. 4 an die Landes-StA abgegeben hatte, weil keine besondere Bedeutung des Falles vorlag; ein Hin und Her ist also ausgeschlossen, auch wenn nunmehr eine besondere Bedeutung vorliegt. Weiter ist die Übernahme nach § 74 a Abs. 2 nicht zulässig, wenn der GBA die Sache vor dem OLG angeklagt hatte und dieses die Sache bei der Eröffnung des Hauptverfahrens nach § 120 Abs. 2 Satz 2 an das LG verwiesen hat, weil eine besondere Bedeutung des Falles nicht vorliege (§ 74 a Abs. 2, 2. Halbsatz, vgl. § 74 a Rn. 11).

12   **V. Kompetenz-Kompetenz.** Der GBA hat darüber hinaus noch eine Kompetenz-Kompetenz: können sich in den Fällen der Delikte des § 120 Abs. 1 der GBA und die Landes-StA nicht einigen, wer von ihnen die Verfolgung zu übernehmen hat, dann entscheidet der GBA[10] (Abs. 1 Satz 2).

13   **VI. Unzulässigen Einflussnahme?** Gegen diese **vielfältigen Möglichkeiten des GBA,** bei den gleichen Delikten die Zuständigkeit des LG oder des OLG herbeizuführen, sind Bedenken wegen der unzulässigen Einflussnahme auf den **gesetzlichen Richter** erhoben worden.[11] Diese Bedenken sind jedoch unberechtigt, da das OLG das Vorliegen des seine Zuständigkeit begründenden Merkmals der besonderen Bedeutung nach § 74 a Abs. 2 voll nachprüfen und die Sache bei der Eröffnung gegebenenfalls an das LG verweisen kann (§ 120 Abs. 2 Satz 2), während ein Wahlrecht des GBA bei den Delikten des § 120 Abs. 1 nicht besteht, sondern stets die Zuständigkeit des OLG begründet ist, auch wenn der GBA die StA-Zuständigkeit auf die Landes-StA nach § 142 a Abs. 2 überträgt.

§ 143. [Örtliche Zuständigkeit]

(1) Die örtliche Zuständigkeit der Beamten der Staatsanwaltschaft wird durch die örtliche Zuständigkeit des Gerichts bestimmt, für das sie bestellt sind.

(2) Ein unzuständiger Beamter der Staatsanwaltschaft hat sich den innerhalb seines Bezirks vorzunehmenden Amtshandlungen zu unterziehen, bei denen Gefahr im Verzug ist.

(3) Können die Beamten der Staatsanwaltschaft verschiedener Länder sich nicht darüber einigen, wer von ihnen die Verfolgung zu übernehmen hat, so entscheidet der ihnen gemeinsam vorgesetzte Beamte der Staatsanwaltschaft, sonst der Generalbundesanwalt.

(4) Den Beamten einer Staatsanwaltschaft kann für die Bezirke mehrerer Land- oder Oberlandesgerichte die Zuständigkeit für die Verfolgung bestimmter Arten von Strafsachen, die Strafvollstreckung in diesen Sachen sowie die Bearbeitung von Rechtshilfeersuchen von Stellen außerhalb des räumlichen Geltungsbereichs dieses Gesetzes zugewiesen werden, sofern dies für eine sachdienliche Förderung oder schnellere Erledigung der Verfahren zweckmäßig ist; in diesen Fällen erstreckt sich die örtliche Zuständigkeit der Beamten der Staatsanwaltschaft in den ihnen zugewiesenen Sachen auf alle Gerichte der Bezirke, für die ihnen diese Sachen zugewiesen sind.

(5) ¹Die Landesregierungen werden ermächtigt, durch Rechtsverordnung einer Staatsanwaltschaft für die Bezirke mehrerer Land- oder Oberlandesgerichte die Zuständigkeit für die Strafvollstreckung und die Vollstreckung von Maßregeln der Besserung und Sicherung ganz oder teilweise zuzuweisen, sofern dies für eine

---

[9] LR/Boll Rn. 19.
[10] Hierzu *Welp* NStZ 2002, 1, 7.
[11] *Woesner* NJW 1961, 533.

Örtliche Zuständigkeit   1–3 § 143

sachdienliche Förderung oder schnellere Erledigung der Vollstreckungsverfahren zweckmäßig ist. ²Die Landesregierungen können die Ermächtigung durch Rechtsverordnung den Landesjustizverwaltungen übertragen.

Gesetzesfassung. Abs. 4 eingefügt durch Art. 2 Nr. 12 StVÄG 1979; Abs. 5 eingefügt durch Art. 14 des 2. ZuständigkeitslockerungsG vom 3. 5. 2000 BGBl. I S. 6329.

I. Örtliche Zuständigkeit der StA. 1. Allgemeine Regelung. Für die örtliche Zuständigkeit der StA ist maßgebend die örtliche Zuständigkeit des Gerichts, für das die StA bestellt ist – **Sequenzzuständigkeit** entsprechend der sachlichen Zuständigkeit nach §§ 142, 142a (vgl. § 142 Rn. 2), und zwar für alle Aufgaben der Gerichte, auch im Zusammenhang mit der Strafvollstreckung. Es besteht Identität des Gerichtsbezirks mit dem Bezirk der StA. Nur die StA darf ermitteln, die in der Lage ist, bei dem Gericht, für das sie bestellt ist, als dem örtlich zuständigen Gericht Anklage zu erheben.¹ Zur örtlichen Zuständigkeit des Gerichts vgl. §§ 7 ff. StPO. Sind bei diesem Gericht gemäß §§ 58, 74a, 74c und 74d bestimmte Strafsachen konzentriert, dann ist die bei diesem Gericht gebildete StA auch für alle von dieser Konzentration erfassten Verfahren örtlich zuständig. Überträgt das Gericht gemäß § 462a Abs. 2 Satz 2 StPO die Bewährungsaufsicht auf ein zu einem anderen LG-Bezirk gehörendes Gericht, geht auch die Zuständigkeit der StA auf die StA dieses Gerichts über.² Die besonders geregelte erweiterte örtliche Zuständigkeit der StA im § 451 Abs. 3 StPO in Abweichung von der allgemeinen Sequenzzuständigkeit ist in der Eigenart des Verfahrens hier begründet.³ **1**

2. Eine ausdrückliche Regelung der örtlichen Zuständigkeit der StA bei **mehrfacher gerichtlicher örtlicher Zuständigkeit** (vgl. § 12 Abs. 1 StPO) ist nicht erfolgt. Nach Nr. 25 ff. RiStBV einigen sich in diesem Fall die beteiligten StA formlos und nach Zweckmäßigkeitsgesichtspunkten, wobei die Führung einheitlicher Ermittlungen als **Sammelverfahren** geboten ist, wenn der Verdacht mehrerer Straftaten besteht, eine Straftat den Bezirk mehrerer StA berührt oder im Zusammenhang mit einer Straftat im Bezirk einer anderen StA steht. Die Führung eines derartigen Sammelverfahrens obliegt der StA, in deren Bezirk der Verfahrensschwerpunkt liegt. Dieser bestimmt sich nach Nr. 26 Abs. 2 RiStBV wiederum nach der Zahl der Einzeltaten, der Täter oder der Zeugen, dem Sitz einer Organisation, dem Ort der geschäftlichen Niederlassung, soweit sie im Zusammenhang mit der Straftat zu sehen ist, dem Wohnsitz oder gewöhnlichen Aufenthaltsort des Hauptbeschuldigten, soweit diese für die Straftat von Bedeutung sind oder schließlich das Zusammenfallen von Wohnsitz und Tatort. An diese Schwerpunktstaatsanwaltschaft sollen die übrigen StA ihre Einzelverfahren abgeben und sich aller Amtshandlungen enthalten, bei denen keine Gefahr im Verzug ist (Nr. 27 RiStBV). Einigen sich die beteiligten StA nicht, so ist zunächst von dem gemeinsamen Generalstaatsanwalt zu entscheiden. Können sich gegebenenfalls mehrere Generalstaatsanwälte eines Landes nicht einigen, so entscheidet die übergeordnete LJustiz-Verw, im Übrigen ist nach § 143 Abs. 3 zu verfahren. Ist ein „Schwerpunkt" in diesem Sinne nicht gegeben, so ist die StA zuständig, die zuerst mit dem (Teil-)Sachverhalt befasst war. Obwohl hier im Ergebnis die StA über das zuständige Gericht bestimmt, liegt kein Verstoß gegen den gesetzlichen Richter vor, denn die Mehrfachzuständigkeiten ergeben sich bereits aus §§ 9 StGB, 7 ff. StPO. **2**

3. Nach Eröffnung der gerichtlichen Untersuchung ist nach § 12 Abs. 2 StPO zu verfahren.⁴ Ist bereits im Ermittlungsverfahren gemäß § 13 StPO eine Gerichtsstandsbestimmung durch den Bundesgerichtshof erfolgt, so liegt hierin **3**

---
¹ *Loh* MDR 1970, 812.
² LG München NStZ 1981, 453.
³ *Engel* NStZ 1987, 499.
⁴ Vgl. BGHSt 14, 179 = NJW 1960, 1069.

zwingend auch die Bestimmung der örtlich zuständigen StA,[5] die erst durch diese Entscheidung befugt und verpflichtet wird, die notwendigen Ermittlungen durchzuführen. Bei Übergang einer Strafsache von einem Gericht auf ein anderes außerhalb des Bezirks der ursprünglich zuständigen StA geht zugleich die örtliche Zuständigkeit auf die StA des neuen Gerichts über.

4 4. Die StA ist innerhalb der in ihre örtliche Zuständigkeit fallenden Sachen befugt, die darauf bezügliche Amtstätigkeit **im gesamten Geltungsgebiet des GVG** auszuüben.[6] Das gilt auch dann, wenn Gerichte in die Ermittlungen eingeschaltet werden, z. B. bei Beschlagnahmen, Durchsuchungen, Zeugenvernehmungen, Haftbefehlen.[7] In diesem Rahmen ist die StA auch rechtsmittelberechtigt.[8] Erst mit der Eröffnung des Hauptverfahrens ist nur noch handlungsberechtigt die StA bei dem Gericht, bei dem eröffnet ist; das gilt auch für die Gesamtstrafenbildung nach § 54 StGB. Im Falle der nachträglichen Gesamtstrafenbildung nach § 55 StGB ist jede StA, der die Strafvollstreckung für eine der Strafen obliegt, rechtsmittelberechtigt.[9]

5 **II. Notzuständigkeit.** Ein unzuständiger Staatsanwalt hat innerhalb seines Bezirks die Amtshandlungen vorzunehmen, bei denen Gefahr im Verzug ist (Abs. 2). Die Vorschrift gilt nach der Stellung im Gesetz unmittelbar nur für die fehlende örtliche Zuständigkeit, ist jedoch auf die fehlende sachliche Zuständigkeit entsprechend anzuwenden,[10] z. B. in Strafsachen des § 120. Gefahr im Verzug liegt vor, wenn durch das Abwarten auf das Tätigwerden des zuständigen Staatsanwalts die Aufklärung der Sache oder die Sicherung eines Beweismittels oder eines Verfall- oder Einziehungsgegenstandes gefährdet würde, und zwar auch dann, wenn die zuständige StA schon Ermittlungen führt. Der unzuständige Staatsanwalt hat sich in diesem Falle aber an seine örtliche Zuständigkeit zu halten, eine Überschreitung ist unzulässig.[11] Zum Richter als Not-Staatsanwalt vgl. § 165 StPO. Innerhalb der Notzuständigkeit kann der Staatsanwalt der Art nach alle Maßnahmen vornehmen, die der StA überhaupt obliegen, soweit die Voraussetzungen der Gefahr im Verzug vorliegen. Von der Notzuständigkeit des Staatsanwalts zu unterscheiden ist die Abordnung eines Staatsanwalts an eine andere StA für eine besondere Maßnahme, z. B. Vertretung in einer Hauptverhandlung[12] (vgl. § 145 Rn. 2).

6 **III. Unzuständigkeit.** Die Folgen der örtlichen Unzuständigkeit einer StA sind nicht ausdrücklich geregelt. Ganz allgemein ist die Nichteinhaltung der örtlichen Zuständigkeit ein dem Handeln anhaftender Fehler, der der Korrektur bedarf, sofern er nicht als unerheblich anzusehen ist oder dazu erklärt wird (vgl. § 20 StPO). Jede Maßnahme der StA ist Ausübung staatlicher Hoheitsgewalt und bedarf bei erheblicher Fehlerhaftigkeit gegenüber dem Adressaten der erkennbaren Korrektur; der Extremfall einer solchen Korrektur, die Annahme der totalen Unwirksamkeit und damit Unbeachtlichkeit, kann unter dem Aspekt der Rechtssicherheit (vgl. Einl. Rn. 228) nur im Ausnahmefall der erkennbaren Willkür angenommen werden.[13] Die fehlende örtliche Zuständigkeit führt vergleichsweise bei gerichtlichen Entscheidungen nicht zur Unwirksamkeit, sondern zur Anfechtbarkeit, und das auch nicht in allen Fällen (vgl. § 16 StPO). Vom Grundgedanken der Sequenzzuständigkeit (Rn. 1) können deshalb an die Folgen der örtlichen Unzuständigkeit

---

[5] Vgl. BGHSt 10, 255 = NJW 1957, 1160; St 18, 19 = NJW 1962, 2018.
[6] H. M.; *LR/Boll* Rn. 5; *KK/Schoreit* Rn. 2; *Meyer-Goßner* Rn. 1.
[7] *Loh* MDR 1970, 812.
[8] *Loh* aaO. S. 813.
[9] *Loh* aaO. S. 814.
[10] *LR/Boll* Rn. 6; *Meyer-Goßner* Rn. 2; *Katholnigg* Rn. 3.
[11] *Eb. Schmidt* Rn. 9.
[12] RGSt 58, 105; St 73, 86; *Eb. Schmidt* Rn. 10.
[13] OLG Düsseldorf NStZ-RR 1997, 110.

der StA keine strengeren Konsequenzen geknüpft werden.[14] So wird denn auch die Anklageerhebung durch eine örtlich unzuständige StA für wirksam angesehen[15] und führt zu gerichtlicher Tätigkeit, mit welchem Inhalt auch immer (vgl. § 142 Rn. 4). Die Amtshandlungen eines in der Hauptverhandlung auftretenden örtlich unzuständigen Staatsanwalts werden nicht nur für wirksam angesehen, sondern stellen auch keinen Revisionsgrund nach § 338 Nr. 5 StPO dar.[16] Die Maßnahmen des örtlich unzuständigen Staatsanwalts sind deshalb, vom Willkürfall abgesehen, wirksam, aber nach Maßgabe des Verfahrensrechts korrekturbedürftig.[17]

IV. Zuständigkeitsstreitigkeiten. Besteht ein Zuständigkeitsstreit (positiv oder negativ) innerhalb der gleichen StA, ist dieser vom Behördenleiter zu entscheiden (§ 147 Nr. 3); das Gleiche gilt im Verhältnis zwischen verschiedenen AA und zwischen AA und StA beim LG. Bei Streit zwischen mehreren StA innerhalb des gleichen OLG-Bezirks entscheidet der Leiter der StA beim OLG (§ 147 Nr. 3), zwischen mehreren StA verschiedener OLG-Bezirke, aber innerhalb des gleichen Landes die LJustizVerw (§ 147 Nr. 2). Bei Streitigkeiten zwischen StA verschiedener Länder entscheidet der ihnen gemeinsam vorgesetzte Beamte der StA (eine sehr theoretische Möglichkeit), nicht die LJustizVerw, andernfalls der GBA (Abs. 3). Solange ein zuständiges Gericht zu ermitteln ist, scheidet eine Zuständigkeitsbestimmung durch den BGH aus.[18]

V. Allgemeine Konzentrationsermächtigung. Im Interesse einer sachlichen Förderung oder schnelleren Erledigung der Verfahren (zu diesem Begriff vgl. § 58 Rn. 2) schafft Abs. 4 eine Rechtsgrundlage für **Schwerpunkt-StA,** und zwar über die ursprüngliche Beschränkung auf die Verfahren nach § 74 a hinaus für alle Arten von Strafsachen.[19] Die Zuständigkeitserweiterung nach Abs. 4 stellt eine Ausnahme gegenüber der allgemeinen Zuständigkeit nach Abs. 1 dar; sie verdrängt aber nicht die nach Abs. 1 zuständige StA, sondern begründet eine zusätzliche Zuständigkeit.[20] Die Konzentrationsermächtigung besteht nur innerhalb eines Landes und nur für die örtliche Zuständigkeit.[21] Sie hat einen dreifachen Inhalt: Für bestimmte Arten von Strafsachen (die ihrer Art und/oder Schwere nach im Einzelnen zu bezeichnen sind, wobei keine Aushöhlung einer StA eintreten darf); für die Strafvollstreckung in diesen Sachen (also keine isolierte Konzentration nur für die Strafvollstreckung); für die Bearbeitung von Rechtshilfeersuchen von Stellen außerhalb des Geltungsbereichs des GVG. Die Vorschrift ergänzt damit die für die Zuständigkeit der Gerichte bestehenden Konzentrationsmöglichkeiten der §§ 58, 74 c, 74 d, 78 a, vgl. auch § 23 c Rn. 3, ohne jedoch die örtliche Zuständigkeit der Gerichte zu verändern. Die Konzentration muss ausgesprochen werden für die Beamten einer bestimmten StA (§ 142), und zwar für alle Beamten, auch den Leiter dieser StA (§§ 145 ff. gelten). Die StA muss für die Verfolgung der Delikte sachlich nach § 142 zuständig sein, nur die Erweiterung der örtlichen Zuständigkeit ist möglich. Bei der Konzentration auf bestimmte Arten von Strafsachen bezieht sich die Konzentration nur auf diese Strafsachen; jedoch umfasst die dadurch begründete örtliche Zuständigkeit auch damit im Zusammenhang stehende Strafsachen.

Folge der Konzentration: Die örtliche Zuständigkeit der StA erstreckt sich in den ihr zugewiesenen Sachen auf alle Gerichte der Bezirke, für die ihr diese Sachen zugewiesen sind (Abs. 4, 2. Halbsatz). Die StA, bei der konzentriert ist, kann bei diesen Gerichten (und nur sie) alle Aufgaben der StA bei der Verfolgung der Straf-

---

[14] *LR/Boll* Rn. 10.
[15] OLG Düsseldorf aaO.
[16] RGSt 73, 86; *KK/Kuckein* § 338 StPO Rn. 72.
[17] OLG Düsseldorf aaO.; *Katholnigg* Rn. 1; *LR/Boll* Rn. 10; *Meyer-Goßner* Rn. 2 a.
[18] BGHR StPO § 13 a Anwendungsbereich 4.
[19] BTagsDrucks. 8/976 S. 12, 21; 8/1844 S. 33, 34; *LR/Boll* Rn. 11 ff.
[20] OLG Zweibrücken NStZ 1984, 233 m. krit. Anm. *Schoreit.*
[21] Vgl. LG Zweibrücken VRS 100, 28.

sachen wahrnehmen, also bis zur Rechtskraft des Urteils (einschließlich einer Wiederaufnahme) oder bis zur Einstellung. Diese Erweiterung ihrer Zuständigkeit gilt auch für § 152 GVG. Für die Strafvollstreckung in diesen Sachen bedarf es jedoch einer gesonderten Konzentration, sonst richtet sich diese nach der allgemeinen Regelung des § 451 StPO.

10 Zuständig für die Konzentration ist die LJustizVerw bei einer die Bezirke mehrerer OLG ergreifenden Konzentration, sonst der Leiter der StA beim OLG (§ 145). Eine Form für die Ausübung der Konzentration ist bundesrechtlich nicht vorgeschrieben,[22] auch nicht erforderlich, da sie keine Änderung der gerichtlichen Zuständigkeit herbeiführt und die Bestimmung der Bezirke der StA nicht dem Gesetzesvorbehalt unterliegt;[23] empfehlenswert ist die Veröffentlichung der Anordnung wegen § 152.[24]

11 **VI. Konzentrationsermächtigung für Vollstreckung.** Die örtliche Zuständigkeit der StA für die Strafvollstreckung einer Freiheitsstrafe oder einer Maßregel der Besserung und Sicherung (§ 451 StPO) bestimmt sich nach der Zuständigkeit des Gerichts erster Instanz[25] (Abs. 1, § 7 Abs. 1 StVollstrO); diese StA nimmt auch gegenüber der Strafvollstreckungskammer bei einem anderen LG die Aufgaben der StA wahr (§ 451 Abs. 3 Satz 1 StPO). Zur Vereinfachung erlaubt § 143 Abs. 4 GVG eine partielle Konzentration der örtlichen Zuständigkeit der StA (Rn. 8) auch für die Strafvollstreckung einschließlich den Maßregelungsvollzug (vgl. § 463 StPO). Zur Optimierung der Verfahrensabläufe bei den Vollstreckungsbehörden und Strafvollstreckungskammern[26] ermöglicht es Abs. 5, die Zuständigkeit für die Strafvollstreckung und die Vollstreckung von Maßregeln zur Besserung und Sicherung ganz oder teilweise einer StA für die Bezirke mehrerer LG oder OLG zuzuweisen.

§ 144. [Organisation]

Besteht die Staatsanwaltschaft eines Gerichts aus mehreren Beamten, so handeln die dem ersten Beamten beigeordneten Personen als dessen Vertreter; sie sind, wenn sie für ihn auftreten, zu allen Amtsverrichtungen desselben ohne den Nachweis eines besonderen Auftrags berechtigt.

1 **I. Die hierarchische Struktur der StA.** Aus der Regelung der §§ 144 bis 147 folgt der sogenannte hierarchische Aufbau der StA sowohl des Bundes wie der Länder. Es gelten die Grundsätze einer bürokratisch eingerichteten Behörde, d.h. der jeweilige Leiter einer StA verteilt zwar generell alle Aufgaben der Behörde auf die einzelnen Mitglieder, kann aber jederzeit von dieser allgemeinen Geschäftsverteilung abweichen und jede Entscheidung entweder selbst treffen oder sie im Einzelfall jedem Beamten seiner Behörde, der die Funktionen eines Staatsanwalts gesetzlich ausüben kann, zur selbstständigen Erledigung übertragen (vgl. § 145). Die Verteilung der Dienstgeschäfte ist im Einzelnen durch die OrgStA geregelt (vgl. Rn. 7). Danach arbeiten die einzelnen Staatsanwälte in weitem Umfang eigenverantwortlich und sind nur durch den Zeichnungsvorbehalt des Behördenleiters oder der Abteilungsleiter für bestimmte Entscheidungen beschränkt. Der Behördenleiter kann jedoch von dieser allgemeinen Regelung im Einzelfall abweichen. Ein Verstoß gegen diese Anordnungen berührt zwar die allein nach § 144 zu beurteilende Wirksamkeit der betreffenden Amtshandlung nicht, der Staatsanwalt handelt jedoch intern pflichtwidrig. Zur Zeichnungsbefugnis der Staatsanwälte im Einzelnen Nr. 12 ff. OrgStA.2

---

[22] *Katholnigg* NJW 1978, 2379.
[23] *Meyer-Goßner* Rn. 4; *KK/Schoreit* Rn. 7.
[24] Vgl. BTagsDrucks. 8/976 S. 68.
[25] Vgl. *Meyer-Goßner* § 451 StPO Rn. 6.
[26] BTagsDrucks. 14/640 S. 11.

Aus dem Aufbau der StA als monokratische Behörde folgt, dass der einzelne Staatsanwalt nicht als selbstständig handelndes Organ auftritt, sondern als Vertreter des seine Behörde nach außen verkörpernden Behördenleiters; er handelt als dessen Vertreter. Dies bedeutet, dass seine Handlungen hinsichtlich ihrer rechtlichen Wirksamkeit als Handlungen des Behördenleiters anzusehen sind, wobei ihre Wirksamkeit nach außen unabhängig davon ist, ob sie den für den inneren Dienstbetrieb getroffenen Anordnungen zuwiderlaufen.[1] So ist die Erklärung eines Sitzungsvertreters der StA in der Hauptverhandlung, einer Verfahrenseinstellung nach §§ 153, 153a StPO werde zugestimmt oder es werde auf Rechtsmittel verzichtet, wirksam, selbst wenn sie einer ausdrücklichen Weisung des Behördenleiters widerspricht.[2]

Zu dieser Vertretung sind alle Mitglieder des staatsanwaltschaftlichen Dienstes, also auch die der StA zugeteilten Richter aP befugt. Die Vertretungsbefugnis beinhaltet alle nach außen wirkenden Amtshandlungen der betreffenden StA im Rahmen ihrer sachlichen Zuständigkeit. Sie umfasst insbesondere auch die Rechte des Behördenleiters nach §§ 145, 147, wenn dieser die Übernahme der Amtsverrichtungen der nachgeordneten StA angeordnet hat, nicht dagegen dessen interne Weisungsbefugnis nach § 146. Letztere kann nur der jeweils zum Vertreter des Behördenleiters allgemein oder für den besonderen Fall behördenintern bestellte Staatsanwalt ausüben.[3] Daraus folgt, dass ein zur StA bei dem Oberlandesgericht gehöriger Staatsanwalt alle Amtshandlungen ausüben kann, die dem Generalstaatsanwalt nach § 145 zustehen, insbesondere ein Dienstgeschäft einer unterstellten StA an sich ziehen und selbst erledigen bzw. einer unterstellten StA bindende Weisungen erteilen (§ 147), unter der Voraussetzung, dass der Generalstaatsanwalt die Übernahme der Dienstverrichtungen zuvor angeordnet hat.

Andererseits ist aber der Nachweis eines besonderen oder generellen Auftrags bei der Ausübung der Amtsbefugnisse nicht erforderlich; es genügt, dass der Staatsanwalt für den Leiter seiner Behörde auftritt, was schon immer dann der Fall ist, wenn er als Mitglied der bestimmten StA handelt.[4]

Eine Beschränkung der Vertretungsbefugnis nach außen ist nicht möglich.[5] Solange ein Staatsanwalt einer StA zugeteilt ist und dieses Amtes auch nicht zeitweise enthoben ist, kann er nach außen wirksam vertreten, selbst wenn er dienstplanmäßig Urlaub hat. Die Erklärung des Behördenleiters gegenüber dem Gericht, ein bestimmter Staatsanwalt sei generell oder im Einzelfall oder nur nach vorheriger Rücksprache befugt, die Zustimmung zur Einstellung zu erklären oder auf Rechtsmittel zu verzichten, ist deshalb unwirksam, gleichwohl ausgesprochene Zustimmungen oder Verzichte rechtlich voll wirksam.[6]

II. Geschäftsverteilung. Für die Aufteilung der bei der einzelnen StA anfallenden Aufgaben auf die einzelnen Staatsanwälte gibt es keine bindende Geschäftsverteilung (wie etwa für Richter nach §§ 21a ff.) und **keinen** für den Beschuldigten **„gesetzlichen Staatsanwalt"** vergleichbar dem gesetzlichen Richter des § 16.[7] Das GVG überlässt die Geschäftsverteilung generell und im Einzelfall dem Leiter der StA (Rn. 1). Diese streng hierarchische Konstruktion ist rechtspolitisch umstritten. Angestrebt wird sowohl eine stärkere Fixierung der Selbstständigkeit und Selbstverantwortlichkeit des Staatsanwalts in der einzelnen Sache (vgl. § 146 Rn. 10) als auch eine Geschäftsverteilung, die zumindest dem Einzelzugriff des Leiters der StA grundsätzlich entzogen ist.

---

[1] Vgl. *Dünnebier* JR 1962, 467; *LR/Boll* Rn. 2; *KK/Schoreit* Rn. 3.
[2] BGHSt 19, 377 = NJW 1964, 1969; *LR/Boll* Rn. 2.
[3] *LR/Boll* § 146 Rn. 2.
[4] BayObLGSt 1958, 140; *Peters* S. 141; *Eb. Schmidt* Rn. 7.
[5] BGHSt 19, 377 = NJW 1964, 1969; *Meyer-Goßner* Rn. 2; *LR/Boll* Rn. 2; *KK/Schoreit* Rn. 3; *Katholnigg* Rn. 2.
[6] *Eb. Schmidt* Rn. 7.
[7] *Meyer-Goßner* § 145 Rn. 1; *KK/Schoreit* § 145 Rn. 8.

7 Nach den OrgStA wird für das Geschäftsjahr vom Behördenleiter **ein Geschäftsverteilungsplan** aufgestellt, in dem nach allgemeinen Merkmalen die Geschäfte verteilt werden. Im Einzelfall kann aber der zuständige Staatsanwalt wegen des besonderen Umfangs einer Sache von den sonstigen Dienstgeschäften entlastet werden, oder es kann die Bearbeitung einem anderen Staatsanwalt übertragen werden Diese Regelung schließt indessen Änderungen der Geschäftsverteilung während des Geschäftsjahres nach allgemeinen Merkmalen nicht aus.

8 Die Geschäftsverteilung hat nur innerdienstliche Bedeutung[8] und bleibt ohne verfahrensrechtliche Wirkungen.

9 Die Frage, ob ein **Staatsanwalt sich gegen eine Maßnahme der Geschäftsverteilung** rechtsförmlich wenden kann, richtet sich allein nach Beamtenrecht (vgl. § 141 Rn. 9). Es gibt kein Recht auf einen bestimmten Aufgabenbereich. Solange der dem Staatsanwalt übertragene Aufgabenbereich dem abstrakten Aufgabenbereich eines Beamten dieser Laufbahn und Besoldungsgruppe entspricht, kann von einer die Anfechtbarkeit begründenden Rechtsverletzung nicht die Rede sein; dabei kommt es nicht darauf an, ob die zu vergleichenden Aufgabengebiete bis in alle Einzelheiten gleichwertig sind.[9] Soweit diese Voraussetzungen vorliegen, handelt es sich bei einer Änderung der Geschäftsverteilung lediglich um einen unanfechtbaren behördeninternen Vorgang, der jedoch auf Ermessensfehler nachprüfbar ist.[10] Nach einer weitergehenden Auffassung sollen die Umstände, die mit der Änderung der Geschäftsverteilung einhergehen, diese zu einem anfechtbaren Verwaltungsakt machen können, insbesondere bei einer Reaktion auf ein dienstliches Fehlverhalten oder im Zusammenhang einer Auseinandersetzung mit dienstlichem Verhalten oder nach dem Eindruck der Änderung der Geschäftsverteilung in der Öffentlichkeit, gleichgültig, von wem ausgehend.[11] Dem kann im Interesse einer klaren Abgrenzung wie auch eines geordneten Dienstbetriebs (§ 80 VwGO) nicht gefolgt werden wie auch mit Rücksicht auf die nicht zwingend gegebene Einflussmöglichkeit des Behördenleiters auf diese Umstände.

10 **III. Reformen.** Während in der Literatur gelegentlich die Beseitigung der hierarchischen Struktur mit dem Ziel einer der richterlichen Unabhängigkeit gleichzusetzenden Unabhängigkeit des einzelnen Staatsanwalts gefordert wird, hält der StAÄG-Entw (§ 141 Rn. 30) an der hierarchischen Struktur zutreffend fest,[12] betont aber die personale Verantwortung des einzelnen Staatsanwalts stärker[13] (vgl. § 146 Rn. 10) und formalisiert die Geschäftsverteilung. Der Leiter der StA, dessen Kompetenz zur Geschäftsverteilung unbeschränkt bleibt, soll vor Beginn des Geschäftsjahres für dessen Dauer die Geschäfte nach allgemeinen Gesichtspunkten auf die einzelnen Staatsanwälte verteilen, muss aber vorher und soll vor jeder späteren Änderung die beabsichtigte Regelung mit dem Geschäftsverteilungsausschuss beraten sowie dem Abteilungsleiter und dem betroffenen Staatsanwalt Gelegenheit zur Äußerung geben; der Geschäftsverteilungsausschuss besteht aus von den Staatsanwälten der jeweiligen StA gewählten Staatsanwälten.[14] Die Reformbestrebungen des Deutschen Richterbunds greifen diese Überlegungen auf.[15]

§ 145. [Befugnisse der ersten Beamten]

(1) **Die ersten Beamten der Staatsanwaltschaft bei den Oberlandesgerichten und den Landgerichten sind befugt, bei allen Gerichten ihres Bezirks die Amtsverrichtungen der Staatsanwaltschaft selbst zu übernehmen oder mit ihrer Wahrnehmung einen anderen als den zunächst zuständigen Beamten zu beauftragen.**

---

[8] *LR/Boll* § 142 Rn. 22.
[9] VG Frankfurt NJW 1978, 1068.
[10] BVerwG ZBR 1975, 226.
[11] VG Frankfurt NJW 1978, 1068; dazu *Gönsch* JZ 1979, 16.
[12] AaO. S. 36 ff.
[13] AaO. S. 32.
[14] AaO. S. 5, 38 ff., 92 ff.; vgl. *Kuhlmann* DRiZ 1977, 269; *Schultz* RuP 1977, 130.
[15] Vgl. *Hannich* DRiZ 2003, 249.

(2) **Amtsanwälte können das Amt der Staatsanwaltschaft nur bei den Amtsgerichten versehen.**

1

Die Vorschrift konstituiert das sog. **„Devolutions- und Substitutionsrecht"** der Behördenleiter, das auf dem Grundsatz der Einheit der StA beruht und Ausfluss deren hierarchischen Aufbaus ist[1] (vgl. § 144 Rn. 1, 6). Danach können die „ersten Beamten" der StA beim LG oder OLG jeden ihnen unterstellten Staatsanwalt (zu den Amtsanwälten Rn. 3) mit der Wahrnehmung einer jeden staatsanwaltschaftlichen Aufgabe bei jedem Gericht ihres Bezirks beauftragen oder diese selbst übernehmen. „Erste" Beamte sind die nach Landesrecht bestellten Leiter der StA, im Verhinderungsfalle deren Vertreter; Entsprechendes gilt für den GBA. Andere Staatsanwälte haben dieses Recht nicht, es kann ihnen auch nicht übertragen werden. Diese Beschränkung bezieht sich nur auf die Anordnung der Übertragung der Amtsausübung; die Amtsausübung selbst kann jedem Staatsanwalt übertragen werden. Da die Ausübung des Amts der StA für den GBA usw. auf den BGH beschränkt ist (vgl. § 142 Rn. 5) und die Befugnisse des § 145 auch Ausfluss der Dienstaufsicht (§ 147; vgl. § 147 Rn. 2) sind, kann der GBA nur Bundesanwälte und diesen gleichgestellte Beamte beim GBA mit der Wahrnehmung der Aufgaben der StA gegenüber dem BGH oder dem erstinstanzlich zuständigen OLG beauftragen.[2] Die Substitutionsbefugnis bezieht sich nicht nur auf einen bestimmten Staatsanwalt,[3] sondern auch auf eine StA als Behörde.[4] Insoweit ermächtigt § 145 den ersten Beamten der StA beim OLG zur Durchbrechung der Sequenzzuständigkeit der StA (§ 142 Rn. 2). Eine Veränderung der gerichtlichen Zuständigkeit kann damit wegen der Gewährleistung des gesetzlichen Richters aber nicht einhergehen, auch nicht nach § 162 Abs. 1 StPO für richterliche Untersuchungshandlungen im Ermittlungsverfahren.[5]

Da § 145 nur den ersten Beamten der StA bei dem OLG bzw. LG das Devolutions- bzw. Substitutionsrecht einräumt, kann die **LJustizVerw** nicht staatsanwaltschaftliche Aufgaben an sich ziehen, um sie selbst zu erledigen, z.B. ein Rechtsmittel einlegen.[6] Sie kann dies nur über den GStA erreichen[7] oder, gestützt auf ihr Weisungs- und Leitungsrecht nach § 147, einer StA bzw. einzelnen Staatsanwälten ihres Dienstbereichs den Auftrag erteilen, Dienstverrichtungen anderer StA dieses Bezirks wahrzunehmen.[8] Damit wird der beauftragte Staatsanwalt für die Dauer und im Rahmen des Auftrages zu derjenigen Behörde abgeordnet, bei der er die ihm aufgetragenen Dienstgeschäfte zu erledigen hat.[9] Dies gilt nicht nur für ein einzelnes Dienstgeschäft, sondern das Substitutionsrecht des Justizministeriums kann auch im Hinblick auf bestimmte Gruppen von Strafsachen ausgeübt werden[10] ohne Rücksicht auf die sonstige örtliche Zuständigkeit.[11]

2

Auch auf die **Amtsanwaltschaft** beziehen sich die Rechte des § 145, und zwar sowohl für den Leiter der AA als auch für den Leiter der StA, die der AA übergeordnet ist. Inhaltlich sind die Rechte beschränkt durch Abs. 2, wonach Amtsanwälte das Amt der StA nur bei den AG versehen dürfen (vgl. § 142 Abs. 2); das gilt auch dann, wenn sie die Befähigung zum Richteramt haben;[12] sie können in die-

3

---

[1] *Peters* S. 141; *LR/Boll* Rn. 1.
[2] *LR/Boll* Rn. 2.
[3] OLG Stuttgart Justiz 1997, 222; *Katholnigg* Rn. 3.
[4] BGH NStZ 1998, 309; *LR/Boll* Rn. 5; *Jung* Justiz 1997, 222.
[5] OLG Zweibrücken NStZ-RR 2004, 304 m. Anm. *Steinmetz* SchlHA 2005, 147.
[6] *Meyer-Goßner* § 147 Rn. 1; *Katholnigg* Rn. 2.
[7] *Leverenz* SchlHAnz 1961, 39; *Eb. Schmidt* § 147 Rn. 4.
[8] *Henkel* S. 141.
[9] RGSt 44, 75; 105; *LR/Boll* Rn. 3, 6; *Eb. Schmidt* Rn. 8; a.A. *von Hippel* S. 241; *Henkel* S. 192.
[10] *LR/Boll* Rn. 4.
[11] RGSt 58, 105; *Meyer-Goßner* § 147 Rn. 1.
[12] *LR/Boll* Rn. 18.

sem Sonderfall aber von der LJustizVerw ausdrücklich mit der Wahrnehmung von Aufgaben der StA betraut werden.[13]

4 Die Befugnisse des § 145 stehen dem Leiter der StA allein im Interesse einer sachgerechten und ordnungsgemäßen Durchführung der Aufgaben der StA zu.[14] Deshalb hat **kein Verfahrensbeteiligter** ein **Recht auf Ausübung** dieser Rechte[15] oder einen Rechtsbehelf, etwa nach §§ 23 ff. EGGVG, gegen die Ausübung oder Nichtausübung.[16]

5 Die Befugnisse des § 145 sind auf den jeweiligen Zuständigkeitsbereich (§§ 143, 147) des Leiters der StA beschränkt,[17] jedoch **weder zeitlich noch inhaltlich.** Sie erstrecken sich auf alle Aufgaben und Befugnisse, z.B. Einlegung von Rechtsmitteln, Einstellung des Verfahrens, Rücknahme von bereits abgegebenen Erklärungen; die Übernahme kann in einer Strafsache sogar im Laufe der Hauptverhandlung vorgenommen werden.[18] Da in den Fällen einer Beauftragung u.U. keine gesetzliche Vertretungsbefugnis nach § 144 vorliegt, muss der beauftragte Staatsanwalt, wenn er örtlich nach § 143 unzuständig ist, dem Gericht gegenüber seinen Auftrag nachweisen.[19]

6 Besonders aktuell wird das Recht aus § 145 im Zusammenhang mit dem Problem des **„befangenen" Staatsanwalts,** wenn also in der Person des zuständigen Staatsanwalts die Voraussetzungen vorliegen, die bei einem Richter zu dessen Ausschließung oder Ablehnung führen können (§§ 22 ff. StPO). Auszugehen ist von der Aufgabenstellung der StA, als objektives Organ auf die Ermittlung der vollständigen Wahrheit (§ 160 StPO) und auf die Findung eines gerechten Urteils hinzuwirken (vgl. § 141 Rn. 4, 10). Problematisch ist die Stellung des StA in einem Strafverfahren, in dem er die Anklage vertritt und in der er als **Zeuge** benannt ist. Die bloße Benennung als Zeuge hat keinen Einfluss auf seine Funktion, ebenso wenig die bloße Beantwortung einer sachbezogenen Frage des Verteidigers.[20] Wird er aber als Zeuge vernommen, dann sind gegen seine Objektivität (§ 141 Rn. 4), auch aus dem aus dem Gedanken des fairen Verfahrens folgenden Gebot der Waffengleichheit (§ 141 Rn. 6), gegen seine weitere Tätigkeit als Sitzungsvertreter erhebliche Bedenken zu erheben. Der BGH lässt ein weiteres Auftreten des StA dann zu, wenn er nur über Vorgänge ausgesagt hat, die sich erst aus seiner dienstlichen Befassung mit der Sache ergeben haben und die Gestaltung des Verfahrens, insbesondere die äußeren Umstände der Vernehmung des Angeklagten betreffen, und wenn durch Zuziehung eines weiteren StA dafür Vorsorge getroffen wird, dass er seine Aussage im Schlussvortrag nicht selbst würdigen muss.[21] Als zulässig wird die weitere Sitzungsvertretung des Staatsanwalts angesehen, der nicht in der dem angefochtenen Urteil zugrundeliegenden Hauptverhandlung, sondern in einer früheren Hauptverhandlung als Zeuge vernommen worden ist.[22] Als zulässig wird seine weitere Tätigkeit auch angesehen, wenn sich seine Aussage nur auf die Tat eines Mitangeklagten bezieht und er die Anklage hinsichtlich der übrigen Angeklagten weiter vertritt.[23] In allen anderen Fällen wird die weitere Tätigkeit des StA als

---

[13] RGSt 51, 222.
[14] *LR/Boll* Rn. 12.
[15] OLG Hamm NJW 1969, 808; OLG Karlsruhe MDR 1974, 423; OLG Frankfurt NStZ-RR 1999, 81; *LR/Boll* Rn. 12; *Meyer-Goßner* Rn. 6.
[16] OLG Hamm aaO.; *LR/Boll* Rn. 12, 17; *Meyer-Goßner* aaO.; *KK/Schoreit* Rn. 7; *Kuhlmann* DRiZ 1976, 14; *Bruns* JR 1979, 32; *Frisch* S. 394; a. A. *Buckert* NJW 1970, 848.
[17] RGSt 73, 86; BGH NStZ 1995, 204.
[18] *LR/Boll* Rn. 10; *Kohlhaas* DRiZ 1965, 294, 295.
[19] *LR/Boll* Rn. 11; *Eb. Schmidt* Rn. 8.
[20] BGH NStZ 1986, 133.
[21] BGHSt 14, 265 = NJW 1960, 1358; St 21, 85 = NJW 1966, 2321; BGH StV 1989, 240; NStZ 1989, 583; NStZ 1990, 24; 2001, 107; 2007, 419; *LR/Dahs* vor § 48 StPO Rn. 40; für völligen Ausschluss: *Hanack* JR 1972, 81; *Bruns* JR 1980, 398.
[22] BGH NStZ 1994, 194.
[23] *Meyer-Goßner* vor § 48 StPO Rn. 17.

unzulässig angesehen. Sie bedeutet einen Verfahrensverstoß nach § 337 StPO und führt auf entsprechende Rüge zur Aufhebung des Urteils, wenn es darauf beruht.[24] Teils wird dies allerdings angezweifelt mit dem Hinweis, dass, wenn jede Vernehmung des StA als Zeuge zu seinem Ausschluss aus der Hauptverhandlung führt, der Angeklagte es in der Hand hat, mit Hilfe geeigneter Beweisanträge gerade den mit der Sache von Anfang an befassten und deshalb eingearbeiteten Anklagevertreter aus dem Verfahren zu entfernen.[25] Ein absoluter Revisionsgrund nach § 338 StPO liegt nicht vor.[26]

Ungleich schwieriger ist die Frage nach der allgemeinen Anwendbarkeit der §§ 22 ff. StPO auf den Staatsanwalt. Die §§ 22 ff. StPO gelten ihrem Wortlaut nach nicht für den Staatsanwalt[27] (vergleichbare Regelungen enthalten jedoch § 11 Nr. 4 Bad-WürttAGGVG, § 7 NdsAGGVG). Angesichts der Pflicht der StA zur Objektivität muss aber jedenfalls für die Fälle, in denen nach § 22 StPO eine Ausschließung des Richters kraft Gesetzes eintritt, wegen der Vergleichbarkeit der Situation die **entsprechende Anwendung** auf den Staatsanwalt angenommen werden.[28] Gleiches gilt für § 23 StPO jedenfalls dann, wenn der Staatsanwalt des Rechtsmittelverfahrens an dem angefochtenen Urteil als Richter mitgewirkt hat,[29] während gegen die Tätigkeit desselben Staatsanwalts in verschiedenen Instanzen keine derart gewichtigen Bedenken zu erheben sind, ebenso wenig im Wiederaufnahmeverfahren.[30] – Die Mitwirkung eines demnach ausgeschlossenen Staatsanwalts ist ein Verfahrensfehler, der nicht nur nach § 337 StPO beurteilt werden kann[31] mit der Folge, dass dieser Fehler nur dann unschädlich ist, wenn auszuschließen ist, dass die die Ausschließung herbeiführende Situation die objektive Bewertung durch den Staatsanwalt unbeeinflusst gelassen hat (was wohl nur sehr schwer vorstellbar ist). Vielmehr muss entsprechend dem Gedanken des § 338 Nr. 2 StPO ein Verstoß im Sinne des § 338 Nr. 5 StPO angenommen werden. 7

Eine **Ablehnung** des Staatsanwalts entsprechend § 24 StPO ist indessen nicht angängig.[32] Soweit dies in der Literatur befürwortet wird,[33] zeigt die dabei gemachte Einschränkung, dass die Maßstäbe für die Beurteilung der Befangenheit bei Richter und Staatsanwalt nicht die gleichen sein können und dass es sich um ein rechtspolitisches Problem handelt, das auf diese Weise nicht mit hinreichender Rechtsklarheit und Rechtssicherheit gelöst werden kann.[34] Im Vorverfahren, wo der Staatsanwalt – im Gegensatz zur Tätigkeit in der Hauptverhandlung – unmittelbar Entscheidungen von erheblicher Tragweite trifft, z.B. Einstellung des Verfahrens, Anklageerhebung und Anwendung von Zwangsmitteln, ist materiell ein Bedürfnis nach einer Ableh- 8

---

[24] BGHSt 14, 265 = NJW 1960, 1358; BGH NStZ 1983, 135; StV 1983, 497 m. Anm. *Müllerhoff*; bei *Miebach* NStZ 1990, 24; OLG Düsseldorf StV 1991, 59; *Katholnigg* Rn. 4 vor § 141; *Schlüchter* Rn. 66.1.
[25] Vgl. BGH NStZ 1989, 583.
[26] BGH NJW 1980, 845.
[27] BVerfGE 25, 336, 345 = NJW 1969, 1104; in JR 1979, 28 aus tatsächlichen Gründen nicht erneut entschieden; BGH NJW 1980, 845; BGH NJW 1980, 845; OLG Hamm NJW 1969, 808; OLG Karlsruhe MDR 1974, 423; Justiz 1978, 284; OLG Stuttgart NJW 1974, 1394; *LR/Wendisch* vor § 22 StPO Rn. 8; *Meyer-Goßner* vor § 22 StPO Rn. 3; *Katholnigg* vor § 141 Rn. 4, 5; *KK/Pfeiffer* § 22 StPO Rn. 16; *Kuhlmann* DRiZ 1976, 11; *Wendisch* S. 245.
[28] *Pawlik* NStZ 1995, 309, 311 m. w. N.
[29] OLG Stuttgart NJW 1974, 1394; *Kuhlmann* DRiZ 1976, 14; *Bruns* JR 1979, 31; anders BGH NStZ 1991, 595.
[30] *Oppe* DRiZ 1971, 23; a. A. *Frisch* S. 400.
[31] OLG Stuttgart aaO.; *KK/Pfeiffer* § 22 StPO Rn. 18; *Meyer-Goßner* vor § 22 StPO Rn. 7; *Fuchs* NJW 1974, 1396; *Bruns* JR 1979, 31, 32.
[32] BGH NJW 1980, 845; NStZ 1991, 595; vgl. *Müller-Gabriel* StV 1991, 235; OLG Hamm NJW 1969, 808; OLG Karlsruhe MDR 1974, 423; Justiz 1978, 284; *LR/Wendisch* vor § 22 StPO Rn. 10; *KK/Pfeiffer* § 22 StPO Rn. 16; *Meyer-Goßner* vor § 22 StPO Rn. 5.
[33] Vgl. *Bruns* JR 1979, 32, 397 und JR 1987, 305; *Kuhlmann* DRiZ 1976, 16; *Wendisch* S. 252 ff.; *Joos* NJW 1981, 100; *Tolksdorf*, Mitwirkungsverbot für den befangenen Staatsanwalt, Berlin 1989; *Arloth* NJW 1983, 207.
[34] So für die Hauptverhandlung auch *Frisch* S. 409.

§§ 145a, 146   10. Titel. Staatsanwaltschaft

nungsmöglichkeit nicht von der Hand zu weisen, jedoch nur als rechtspolitische Forderung. Wenn dem gegenüber schon nach geltendem Recht ein Ablehnungsrecht bejaht wird,[35] so führt dies bei einer entsprechenden Anwendung des § 27 StPO zu systematischen Ungereimtheiten im Verhältnis zu § 145 GVG; auch eine (sehr weit hergeholte) entsprechende Anwendung der §§ 23 ff. EGGVG führt jedenfalls zu erheblichen zeitlichen Verzögerungen, gibt andererseits der Ablehnung des Staatsanwalts ein optisches Gewicht über die Ablehnung des Richters hinaus, was dem Gedanken des Art. 92 GG widerspricht. Die Erwägung, die Mitwirkung eines „befangenen" Staatsanwalts ohne vorherige Ablehnung als Revisionsgrund nach § 337 StPO zu rügen, stellte einen völligen Bruch mit der Systematik der StPO dar und ist mit analoger Anwendung nicht zu rechtfertigen.

9   In diesen „Befangenheitsfällen" kommt lediglich eine **Ersetzung (Ablösung) nach § 145 GVG** in Frage entsprechend dem beamtenrechtlichen Grundsatz, dass ein Beamter sich der Amtstätigkeit zu enthalten hat bei eigener Beteiligung.[36] Auf eine solche Maßnahme nach § 145 können die Verfahrensbeteiligten hinwirken, ebenso das Gericht;[37] eine Hauptverhandlung ist zu unterbrechen, und auf schnellstmögliche Entscheidung des Leiters der StA hinzuwirken.[38] Sie haben jedoch keinen Anspruch auf die Maßnahme; deren Unterbleiben bietet keine Anfechtungsmöglichkeit nach §§ 23 ff. EGGVG (vgl. Rn. 4).

10 **Reformen.** Die Rechte des § 145 werden im StAÄG-Entw (vgl. § 141 Rn. 3) aufrechterhalten.[39] Eine gesetzliche Regelung der Ausschließung des Staatsanwalts[40] verfolgt der Deutsche Richterbund weiter.[41]

§ 145 a. (weggefallen)

§ 146. [Weisungsgebundenheit]

Die Beamten der Staatsanwaltschaft haben den dienstlichen Anweisungen ihres Vorgesetzten nachzukommen.

1   **I. Das Weisungsrecht. 1. Systematik.** Das im § 146 verankerte Weisungsrecht der „Vorgesetzten" des Staatsanwalts ist die wohl am meisten umstrittene rechtliche und rechtspolitische Frage des gesamten Rechts der StA. Systematisch folgt es aus der Beamtenstellung des Staatsanwalts (§ 141 Rn. 9, vgl. §§ 55 BBG, 37 BRRG). Zwar ist der Staatsanwalt in den ihm obliegenden Dienstgeschäften grundsätzlich frei, nach Maßgabe der Gesetze in eigener Verantwortung die ihm angemessen erscheinende Entscheidung zu treffen. Gleichwohl ist er nicht unabhängig im Sinne der richterlichen Unabhängigkeit (§ 1), wie es auch weder den „gesetzlichen" Staatsanwalt gibt (vgl. § 144 Rn. 6) noch der „unbefangene" Staatsanwalt gesetzlich gewährleistet ist (§ 145 Rn. 8). Auch in der einzelnen Sache selbst werden seine Befugnisse durch das Weisungsrecht des § 146 beschränkt.

2   **2. Zulässigkeit.** Das Weisungsrecht ist rechtlich zulässig. Zwar wird die Ansicht vertreten, das **externe Weisungsrecht** (der LJustizVerw) sei mit dem GG unver-

---

[35] *Frisch* S. 410 ff.
[36] *Frisch* S. 387; *KK/Pfeiffer* § 22 StPO Rn. 16.
[37] LG Mönchengladbach MDR 1987, 693; StV 1987, 333.
[38] OLG Zweibrücken NStZ-RR 2000, 348.
[39] Zustimmend *Schultz* RuP 1977, 132; *Kuhlmann* DRiZ 1977, 268; ablehnend *Eb. Schmidt* MDR 1964, 715; *Roxin* DRiZ 1969, 388; *Schoreit* DRiZ 1970, 227.
[40] StAÄG-Entw § 145a; vgl. *Schultz* RuP 1977, 133; *Schairer*, Der befangene Staatsanwalt, Berlin 1983; *H. Schneider* NStZ 1994, 457; *Hackner*, Der befangene Staatsanwalt im deutschen Strafverfahrensrecht, 1995; *Pawlik*, Der disqualifizierte Staatsanwalt, NStZ 1995, 309; *Reinhardt*, Der Ausschluss und die Ablehnung des befangen erscheinenden Staatsanwaltes, 1996; *Hilgendorf* StV 1996, 50.
[41] Vgl. *Hannich* DRiZ 2003, 249.

einbar, weil die StA als Organ der rsprGewalt gegenüber der LJustizVerw als Organ der Exekutive unabhängig sei.[1] Nach dem hier vertretenen Standpunkt, dass die StA der Exekutive zuzurechnen ist (§ 141 Rn. 8) können aber aus der Gewaltenteilung keine Bedenken hergeleitet werden.[2] Hinzu kommt, dass es durch eine solche Weisungsfreiheit im Ergebnis zu einem sog. ministerialfreien, der parlamentarischen Kontrolle entzogenen Raum käme, der nach der RSpr des BVerfG[3] bei Aufgaben von politischer Tragweite – zu der die Strafverfolgung gehört – unzulässig ist.[4] Erst recht können gegen das interne Weisungsrecht (durch behördenleitende Staatsanwälte) keine rechtlichen Bedenken erhoben werden.[5]

3. Grenzen des Weisungsrechts. Das Recht des Vorgesetzten zur Erteilung von Weisungen findet seine Grenze an „Gesetz und Recht" nach Art. 20 Abs. 3 GG,[6] am geltenden Strafrecht und Recht der Ordnungswidrigkeiten. Eine Weisung darf nicht etwas fordern, das gegen diese Normen verstößt. Das bedeutet für die Grenzbestimmung des Weisungsrechts über das allgemeine Beamtenrecht hinaus vor allem, dass das Weisungsrecht nur „justizmäßigen" Einflussnahmen dienen darf,[7] vor allem zur Beachtung des Legalitätsprinzips (§ 152 Abs. 2 StPO) in seinen jeweiligen Grenzen, an das alle Dienstvorgesetzten einschließlich LJustizVerw gebunden sind. Eine Weisung ist unzulässig, soweit sie eine Verletzung des Legalitätsprinzips beinhaltet[8] oder gar den Tatbestand des § 344 StGB verwirklichen könnte.[9]

Das Weisungsrecht ist daher angesiedelt in dem Bereich, in dem es um **Technik und Taktik der Ermittlungstätigkeit** geht,[10] um **Ermessens-, Auslegungs- und Zweifelsfragen**,[11] z. B. um Rechtsmitteleinlegung, Einstellung nach §§ 153 a ff. StPO, Einstellungsermessen bei § 47 OWiG,[12] im Rahmen des Opportunitätsprinzips.[13] Der Vorgesetzte kann aber „nicht Anklageerhebung trotz Fehlens eines hinreichenden Tatverdachts und nicht Einstellung des Verfahrens trotz Vorliegens des hinreichenden Verdachts anordnen; er kann nicht die Ignorierung von vorhandenem Entlastungs- oder Belastungsmaterial befehlen und nicht eine allen Erfahrungen und anerkannten Regeln widersprechende Beweiswürdigung verlangen. Wohl aber kann er, wenn die Sach- und Beweislage verschiedenartige Bewertungen der Erfolgsaussichten einer Anklageerhebung möglich und vertretbar macht, die Zugrundelegung der von ihm für richtig gehaltenen Beurteilung des hinreichenden Verdachts bindend vorschreiben".[14]

Auch in **Rechtsfragen kann eine Weisung erteilt werden.** Nach h. M. ist die StA und damit jeder Staatsanwalt wie auch die weisungsberechtigte Instanz

---

[1] *Eb. Schmidt* Rn. 7; *Bader* JZ 1956, 4; *Roxin* DRiZ 1969, 386; *Wagner* JZ 1974, 217; *Kohlhaas* S. 60; wohl auch *Henn* DRiZ 1972, 152; differenzierend *Krey/Pföhler* NStZ 1985, 145, 149; vgl. auch *Rautenberg* GA 2006, 356.
[2] BGHZ 72, 81 = NJW 1978, 2033; *Meyer-Goßner* vor § 141 Rn. 5 ff.; *LR/Boll* Rn. 14 ff.; *KK/Schoreit* Rn. 2; a. A. *Schultz* RuP 1977, 134; Deutscher Richterbund DRiZ 1968, 359; krit. auch *Maier* ZRP 2003, 387.
[3] E 9, 268, 281 = NJW 1959, 1171; E 22, 106, 113 = NJW 1967, 2005.
[4] *Sarstedt* NJW 1964, 1755; *Sträter* DRiZ 1965, 60; *Recken* DRiZ 1967, 348; *Blomeyer* GA 1970, 170; *Bucher* JZ 1975, 108; *Kuhlmann* DRiZ 1977, 267; a. A. *Roxin* DRiZ 1969, 387.
[5] Vgl. StAÄG-Entw – § 141 Rn. 37 – S. 45.
[6] BVerfGE 9, 223, 228 = NJW 1959, 871.
[7] BVerfG aaO.
[8] BGHSt 15, 155 = NJW 1960, 2346; OLG Celle NJW 1971, 1374; *LR/Boll* Rn. 18; *KK/Schoreit* Rn. 7; *Neumayer* DRiZ 1956, 133; *Lüttger* GA 1957, 216; *Dünnebier* JZ 1958, 419; 1961, 314, 315; *Bucher* DRiZ 1963, 169; *Eb. Schmidt* MDR 1964, 716; *Recken* DRiZ 1967, 347; *Roxin* DRiZ 1969, 386; *Eckl* ZRP 1973, 139.
[9] *Arndt* NJW 1961, 1616.
[10] *Eb. Schmidt* MDR 1964, 718.
[11] *LR/Boll* Rn. 19; *Meyer-Goßner* Rn. 3.
[12] BGHZ 72, 81 = NJW 1978, 2033.
[13] *Roxin* DRiZ 1969, 386.
[14] *Lüttger* GA 1957, 217 m. w. N.; *Sailer* NJW 1977, 1138.

(§ 147) grundsätzlich an eine **gefestigte RSpr** gebunden.[15] Diese Bindung ist rechtsdogmatisch nicht zwingend. Gerichtliche Entscheidungen sind jenseits ihrer Rechtskraft nicht verbindlich; sie wirken im Übrigen nur durch die Autorität des erkennenden Gerichts und ihre Argumentation, ihre Berücksichtigung und Befolgung sind zumeist geboten durch die Rücksichtnahme auf die Notwendigkeit der Rechtssicherheit (vgl. Einl. Rn. 228; § 1 Rn. 129 ff.; § 121 Rn. 13) und des Vertrauensschutzes. Deshalb ist die StA als rechtlich befugt anzusehen, von einer gefestigten RSpr abzuweichen, jedoch nicht willkürlich. Ihre starke Stellung im Strafverfahren mit der korrespondierenden Verantwortung gegenüber der Allgemeinheit wie gegenüber dem Beschuldigten, auch im Zusammenhang mit Vertrauensschutz und Rechtssicherheit, lässt eine Abweichung von einer gefestigten RSpr nur dann als berechtigt erscheinen, wenn gewichtige Gründe gegen eine solche RSpr entstanden sind oder doch die Überprüfung dieser RSpr im Rechtsmittelzug angezeigt erscheint. Indessen ist diese unterschiedliche Auffassung nicht von praktischer Bedeutung. Auch nach der h. M. hat die StA die Befugnis, gegen eine gefestigte RSpr im Rahmen eines vor Gericht anhängig gemachten Verfahrens wie auch im Ermittlungsverfahren anzugehen. Das Weisungsrecht des Dienstvorgesetzten zur Befolgung oder Nichtbefolgung einer gefestigten RSpr wird richtigerweise eingeschränkt und eine Anweisung hinsichtlich einer unhaltbaren Rechtsansicht als unzulässig angesehen. Bei streitigen Rechtsfragen geht aber seine Rechtsansicht vor; auch kann er die Anweisung erteilen, der die bisherige RSpr durch eine ihr zuwiderlaufende Anklageerhebung zur Überprüfung zu stellen oder in einem Musterverfahren durch eine (wenn auch seiner Rechtsauffassung entgegengesetzten) Anklageerhebung das öffentliche Interesse an der gerichtlichen Klärung einer streitigen Rechtsfrage wahrzunehmen.[16] Hier ist es legitim, dass letztlich die Ansicht der Spitze der Justizverwaltung, der politisch verantwortliche Minister, maßgebend ist (§ 147).

6   4. Für Hauptverhandlung. Besonders umstritten ist das Weisungsrecht im Zusammenhang mit der Hauptverhandlung. Da das Gesetz hierfür keine Einschränkung kennt,[17] hat der Vorgesetzte auch das Recht, Weisungen für die Hauptverhandlung zu erteilen; indessen hat es wenig praktische Bedeutung. Das Weisungsrecht gilt sowohl grundsätzlich für das jeweilige Verfahrensverhalten des Staatsanwalts als auch für den Schlussvortrag und die Anträge, und zwar sind Weisungen sowohl im Voraus[18] als auch in der Reaktion auf den jeweiligen Verfahrensstand zulässig. Die Unterscheidung zwischen Rechtsfragen, Tatfragen und Fragen der Beweiswürdigung, wie sie teilweise gemacht wird,[19] erscheint dabei nicht zulässig. Sie findet keine gesetzliche Stütze; auch systematisch ist ein Weisungsrecht insgesamt geboten (Rn. 2); schließlich ist eine Trennung zwischen Rechts- und Tatfragen oft nicht durchführbar.[20] Auch der Auffassung, nur der könne eine Weisung erteilen, der die Hauptverhandlung persönlich miterlebt habe,[21] kann nicht zugestimmt werden.[22] Jede Form der Information über die Vorgänge in der Hauptverhandlung genügt,[23] wie auch eine solche Beschränkung dem Eintrittsrecht (§ 145)

---

[15] BGHSt 15, 155 = NJW 1960, 2346; *Woesner* NJW 1961, 535; *Dünnebier* JZ 1961, 312; *Nowakowski*, Gutachten für den 45. DJT 1964 und Diskussion, vgl. Sitzungsbericht Teil D; a. A. *Meyer-Goßner* vor § 141 Rn. 11; *Lüttger* GA 1957, 211; *Eb. Schmidt* MDR 1961, 269; 1964, 716; *Faller* JZ 1961, 478; *Sarstedt* NJW 1964, 1757; *Roxin* DRiZ 1969, 387; auch zur daraus resultierenden Anklagepflicht *Bottke* GA 1980, 298; *Bloy* JuS 1981, 427; differenziert *Katholnigg* vor § 141 Rn. 6.
[16] *Lüttger* GA 1957, 217; *Sailer* NJW 1977, 1138.
[17] LR/*Boll* Rn. 28 ff.; KK/*Schoreit* Rn. 8; a. A. *Eb. Schmidt* Rn. 7; *Roxin* DRiZ 1969, 386; zur Geschichte: *Dünnebier* JZ 1958, 417; *Wagner* JZ 1974, 217.
[18] A. A. *Roxin* DRiZ 1969, 386.
[19] *Meyer-Goßner* Rn. 4.
[20] LR/*Boll* Rn. 29 f.
[21] Deutscher Richterbund DRiZ 1968, 360.
[22] *Dünnebier* JZ 1958, 417, 421.
[23] LR/*Boll* Rn. 32; *Kill* DRiZ 1963, 393.

fremd ist. Jedoch ergeben sich Einschränkungen über das oben (Rn. 3) Angeführte hinaus aus der Natur der Sache. Die im Voraus erteilte Weisung kann mit Rücksicht auf die immanenten Schranken des Weisungsrechts, insbesondere dem Legalitätsprinzip, sowie unter Berücksichtigung des § 261 StPO und der darauf bezüglichen Funktion der StA nur gelten unter der Voraussetzung, dass die Hauptverhandlung keine wesentliche Änderung des Sachverhalts ergibt.[24]

II. Zuständigkeit. Das Weisungsrecht steht den Vorgesetzten zu. Das sind nur die Personen, denen nach § 147 die Dienstaufsicht zusteht.[25]

III. Inhalt. Dienstliche Anweisungen sind sowohl generelle Anordnungen über den Dienstbetrieb usw. (z. B. RiStBV, OrgStA, Mitteilungspflichten) als auch konkrete Anweisungen für die Behandlung eines Einzelfalles,[26] z. B. über die Einlegung oder Nichteinlegung eines Rechtsmittels, auch für die Entschließung über Anklageerhebung oder Einstellung.[27] Die dienstlichen Anweisungen bedürfen keiner Form und nicht der Verwendung dieser Bezeichnung; auch eine „Bitte" des Vorgesetzten ist im Zweifel als Anweisung anzusehen.

IV. Pflicht zur Befolgung. Der Staatsanwalt ist im Innenverhältnis verpflichtet, den ihm erteilten Weisungen zu folgen; nach außen sind weisungswidrig vorgenommene Handlungen verfahrensrechtlich uneingeschränkt wirksam. Hat er Bedenken gegen die Rechtmäßigkeit (nicht: Zweckmäßigkeit) einer dienstlichen Anordnung, hat er diese unverzüglich bei seinem unmittelbaren Vorgesetzten geltend zu machen; wird die Anordnung dann aufrechterhalten, hat der Beamte sich an seinen nächsthöheren Vorgesetzten zu wenden. Bestätigt auch dieser die Anordnung, muss er sie ausführen, sofern nicht das ihm aufgetragene Verhalten strafbar oder ordnungswidrig und die Strafbarkeit für ihn erkennbar ist oder das ihm aufgetragene Verhalten die Würde des Menschen verletzt (§ 56 Abs. 2 BBG, § 38 BRRG). Dabei kommt es auf die objektive Strafbarkeit usw. an, die sich u. U. erst in einem späteren Verfahren herausstellt, nicht auf die subjektive Überzeugung des Staatsanwalts. Hier kann es zum Konflikt für den Staatsanwalt kommen, wenn er von der Strafbarkeit überzeugt ist, nicht aber der Vorgesetzte. Eine abstrakte Klärungsmöglichkeit ist nicht gegeben, insbesondere nicht nach §§ 23 ff. EGGVG.[28] Die Klärung kann nur (zu spät) im Weigerungsfalle durch ein Disziplinarverfahren, im Falle der Befolgung durch ein Strafverfahren gegen den Staatsanwalt herbeigeführt werden – ein zutiefst unbefriedigendes Ergebnis. Abhilfe kann geschaffen werden über § 145, wobei sich allerdings der Konflikt dann fortsetzen kann bis zum Selbsteintritt des Vorgesetzten. Andererseits kann aber eine Pflicht des Staatsanwalts zur Befolgung in solchen Fällen nicht gefordert werden; ihm ist das Recht einzuräumen, die Erledigung der Aufgabe zu verweigern mit der Folge des § 145. Aus einer solchen Weigerung kann ihm kein Vorwurf gemacht werden, sofern die von ihm vertretene Ansicht (was gegebenenfalls disziplinarrechtlicher Nachprüfung unterliegt) ernsthaft und nicht unvertretbar ist.

V. Reformbestrebungen. Das Weisungsrecht ist das in der rechtspolitischen Diskussion am meisten diskutierte und umstrittene Problem des Rechts der StA. Teilweise wird die Forderung erhoben, das Weisungsrecht völlig abzuschaffen, den einzelnen Staatsanwalt wirklich „unabhängig" zu machen.[29] Dem kann nicht gefolgt werden.[30] Hierdurch würde die StA dem Richter gleichgestellt, ohne der gleichen Rechtskontrolle im Rechtsmittelzug zu unterliegen wie er.[31]

---

[24] *LR/Boll* Rn. 30; *Henkel* S. 143; *Kern* DRiZ 1951, 122.
[25] *LR/Boll* Rn. 2; *Kuhlmann* DRiZ 1977, 267.
[26] H. M., vgl. RGSt 44, 77.
[27] *Lüttger* GA 1957, 216.
[28] *LR/Boll* Rn. 35; *KK/Schoreit* Rn. 12.
[29] *Hoberg* DRiZ 1953, 136; *Roxin* DRiZ 1969, 387; *Schoreit* DRiZ 1970, 228.
[30] Vgl. *Görcke* DRiZ 1964, 50; *Sarstedt* NJW 1964, 1755; *Heimeshoff* DRiZ 1966, 212; *Bucher* JZ 1975, 105.
[31] StAÄG-Entw. S. 45.

Außerdem hätte neben einem unabhängigen Richter ein ebenfalls unabhängiger und damit richtergleicher Staatsanwalt keinen sinnvollen Aufgabenbereich.[32] Im Ergebnis liefe die Entwicklung zum unabhängigen Staatsanwalt auf die Preisgabe des Anklageprozesses und die Wiederherstellung des Inquisitionsprozesses hinaus.[33] Mit Recht sieht deshalb der StAÄG-Entw von einer völligen Beseitigung des Weisungsrechts ab[34] und beschränkt sich auf die grundsätzliche Betonung der Eigenverantwortung des Staatsanwalts im Rahmen dienstlicher Anweisungen; solche Weisungen sind ihm schriftlich zu erteilen. Bei Bedenken des Staatsanwalts gegen die Rechtmäßigkeit einer Weisung ist die Einhaltung eines bestimmten Verfahrens vorgeschrieben, das in Sonderfällen dazu führen kann, dass der Staatsanwalt die Weisung nicht zu befolgen braucht. In der Hauptverhandlung ist der Staatsanwalt jedoch entgegen dem geltenden Recht (Rn. 6) weisungsfrei; das gilt nicht für Fälle der §§ 153 c und d StPO sowie im Zusammenhang mit Rechtsmitteln.[35] – Die Reformvorschläge des Deutschen Richterbunds, das externe Weisungsrecht auszuschließen, soweit die Sachbehandlung im konkreten Einzelfall in Frage steht, orientieren sich auch an den Überlegungen der Kommission der Europäischen Gemeinschaften im „Grünbuch zur Schaffung eines Europäischen Staatsanwalts" vom 11. 12. 2001, das als dessen wesentliches Merkmal die Unabhängigkeit hervorhebt.[36]

§ 147. [Dienstaufsicht]

Das Recht der Aufsicht und Leitung steht zu:
1. dem Bundesminister der Justiz hinsichtlich des Generalbundesanwalts und der Bundesanwälte;
2. der Landesjustizverwaltung hinsichtlich aller staatsanwaltschaftlichen Beamten des betreffenden Landes;
3. dem ersten Beamten der Staatsanwaltschaft bei den Oberlandesgerichten und den Landgerichten hinsichtlich aller Beamten der Staatsanwaltschaft ihres Bezirks.

1 **I. Aufsicht.** § 147 regelt die Zuständigkeit für die Ausübung des Rechts der Aufsicht und Leitung, ohne dieses selbst zu regeln; dieses Recht ergibt sich aus §§ 145, 146 wie aus dem allgemeinen Dienstrecht (vgl. § 141 Rn. 9). Das Leitungsrecht besteht vor allem im Weisungsrecht des § 146 sowie im Übernahme- und Übertragungsrecht des § 145. Das Aufsichtsrecht beinhaltet die Befugnis, die ordnungswidrige Ausführung eines Amtsgeschäfts zu rügen und zu seiner sachgemäßen Erledigung zu ermahnen (vgl. § 16 GVVO). Mit dem Aufsichtsrecht untrennbar verbunden ist das Recht, Berichte anzufordern, im Einzelfall wie generell. Die Entscheidung über Dienstaufsichtsbeschwerden (vgl. § 12 Rn. 129) ist Teil des Aufsichtsrechts, ebenso das Recht, Strafantrag nach § 194 Abs. 3 StGB zu stellen.[1] Die Zuständigkeit zur Entscheidung über andere dienstrechtliche Fragen, z.B. Aussagegenehmigung, richtet sich nach allgemeinem Beamtenrecht (vgl. § 61 BBG, § 39 BRRG).

2 **II. Zuständigkeit. 1. BMdJ (Nr. 1).** Ihm steht die Aufsicht zu über den **GBA** und die Bundesanwälte (vgl. § 148). Der GBA seinerseits ist im § 147 als aufsichtsberechtigt nicht ausdrücklich aufgeführt; gleichwohl steht ihm nach der hierarchischen Struktur der StA (vgl. § 142 Abs. 1 Nr. 1; § 142a) die Aufsicht über die

---

[32] *Görcke* DRiZ 1964, 50; *Blomeyer* GA 1970, 166 ff.; *LR/Boll* Rn. 9.
[33] *Blomeyer* GA 1970, 171; *LR/Boll* Rn. 9; hiergegen krit. *Maier* ZRP 2003, 387, 390.
[34] S. 41 ff.
[35] §§ 146 bis 146 b StAÄG-Entw; vgl. *Kuhlmann* DRiZ 1977, 267; *Schultz* RuP 1977, 133; *Krey/Pföhler* NStZ 1985, 145; *Singen,* Die Bindung des Staatsanwalts an Weisungen seiner Vorgesetzten, 1994; *Krumsiek,* Die Staatsanwaltschaft – ein Instrument der Politik, FS Stern, 1997 S. 649; *Rudolph* NJW 1998, 1205; *Schairer,* Gedanken zum externen Weisungsrecht, FS Lenckner, 1998 S. 739; *Roxin* DRiZ 1997, 109; *Hamm* NJW 1999, 3097; *Kintzi* DRiZ 1999, 393; *Rautenberg* DRiZ 2000, 141.
[36] Vgl. *Hannich* DRiZ 2003, 249; *Kintzi* DRiZ 203, 250.
[1] RGSt 57, 420.

Bundesanwälte im Sinne des § 148 zu[2] (vgl. §§ 13, 14 Abs. 1 Nr. 5, § 15 GVVO). – Der BMdJ und der GBA haben kein Weisungs- und Aufsichtsrecht über die Staatsanwälte im Landesdienst, auch nicht über Art. 84 GG.[3] Die Befugnisse des GBA nach §§ 74a, 120, 142a und 143 sind systematisch nicht dem Aufsichtsrecht, sondern dem Verfahrensrecht zuzuordnen.

2. LJustizVerw (Nr. 2). Ihr steht die Aufsicht zu über alle Staatsanwälte des Landes. Zu den inhaltlichen Grenzen § 146 Rn. 3. Entscheidungen der StA unterliegen im Anwendungsbereich des § 172 StPO nicht der Aufsicht. 3

3. Erste Beamte der StA (Nr. 3). Ihnen steht die Aufsicht zu über alle Staatsanwälte ihres Bezirks. „Erster" Beamter der StA ist der nach §§ 144, 145 bestellte Staatsanwalt (vgl. § 145 Rn. 1). Seine Aufsicht erstreckt sich auf seinen gesamten örtlichen Bezirk (vgl. § 143) einschließlich Außenstellen, auf die Amtsanwaltschaft auch dann, wenn diese besonders organisiert und für sie ein besonderer Leiter bestellt ist. 4

4. Eine Regelung für die **Amtsanwaltschaft** (vgl. § 142 Rn. 9) fehlt. Auch wenn für eine organisatorisch verselbstständigte AA ein besonderer Leiter bestellt ist, hat er nach dem GVG keine Befugnisse. Das Landesrecht kann dies jedoch vorsehen (vgl. § 14 Abs. 1 Nr. 7, § 15 GVVO). 5

§ 148. [Bundesanwälte]

Der Generalbundesanwalt und die Bundesanwälte sind Beamte.

Die Vorschrift sagt in ihrem unmittelbaren Wortlaut etwas nach Art. 33 Abs. 4 GG Selbstverständliches; im Übrigen betrifft sie nur die StA beim BGH, nicht die Staatsanwälte im Landesdienst, ist also unvollständig. Die Vorschrift ist nur historisch zu erklären. Ursprünglich bestimmt sie, dass Staatsanwälte zu den (früheren) nichtrichterlichen Beamten gehören, machte also den Funktionsunterschied zwischen Richter und Staatsanwalt auch statusrechtlich deutlich. Darüber hinaus bestimmte sie, dass zu Staatsanwälten beim RG, OLG und LG nur Beamte ernannt werden können, die die Befähigung zum Richteramt haben. Durch das DRiG ist die Vorschrift auf ihren heutigen Inhalt geschrumpft. 1

§ 148 bedeutet, dass die aufgeführten Staatsanwälte keine Richter sind, sondern Beamte (vgl. § 141 Rn. 9). Die Vorschrift bedeutet weiter, dass der GBA und die Bundesanwälte als ständige Einrichtung vorhanden sein müssen. Aus dem Zusammenhang mit § 149 und der Kompetenzabgrenzung zwischen Bund und Ländern (Einl. Rn. 10 ff.) ergibt sich weiter, dass sie Bundesbeamte sind. Es ist jedoch nicht erforderlich, dass sie Beamte aL sind. GBA und Bundesanwälte müssen die Befähigung zum Richteramt haben (§ 122 Abs. 1 DRiG, vgl. § 142 Rn. 6). 2

§ 149. [Ernennung der Bundesanwälte]

Der Generalbundesanwalt und die Bundesanwälte werden auf Vorschlag des Bundesministers der Justiz, der der Zustimmung des Bundesrates bedarf, vom Bundespräsidenten ernannt.

GBA und Bundesanwälte sind Bundesbeamte. § 149 regelt ihre Ernennung. Sie werden vom Bundespräsidenten ernannt (Art. 60 GG, § 10 BBG). Das Vorschlagsrecht steht dem BMdJ zu, der ausnahmsweise hierzu der Zustimmung des Bundesrats bedarf. Die Rechtsverhältnisse des GBA und der Bundesanwälte richten sich im Übrigen nach dem Beamtenrecht des Bundes. Der GBA, nicht die 1

---

[2] *LR/Boll* Rn. 4; *Martin*, Ehrengabe für Heusinger, München 1968 S. 98.
[3] OVG Münster JMBlNRW 1968, 23; *LR/Boll* aaO.; *Martin* aaO. S. 95.

§§ 150, 151

Bundesanwälte, kann nach § 36 Abs. 1 Nr. 5 BBG jederzeit in den einstweiligen Ruhestand versetzt werden (vgl. § 141 Rn. 8).

2 „Bundesanwalt" ist hier (ausnahmsweise, § 142 Rn. 1) keine Funktions-, sondern eine Statusbezeichnung; nur der ist Bundesanwalt, der dazu ausdrücklich ernannt ist (BesGr R 6,7 Anlage III BBesG). Die beim GBA neben den Bundesanwälten tätigen Oberstaatsanwälte beim BGH (vgl. BesGr R 3 Anlage III BBesG) sind keine Bundesanwälte im Sinne des § 149;[1] für ihre Ernennung ist das allgemeine Beamtenrecht maßgebend. Sie können jedoch alle Aufgaben eines Bundesanwalts wahrnehmen, denn sie besitzen die Qualifikation des § 122 Abs. 1 DRiG und sind beigeordnete Beamte nach § 144.[2]

§ 150. [Unabhängigkeit von den Gerichten]

Die Staatsanwaltschaft ist in ihren amtlichen Verrichtungen von den Gerichten unabhängig.

1 Gericht und StA stehen einander **funktional gleichwertig und unabhängig** gegenüber, jedes Organ übt seine Funktionen innerhalb seiner gesetzlichen Zuständigkeit originär aus,[1*] in eigener Verantwortung und selbstständig. Diese selbstverständlich erscheinende Funktionstrennung wurde vom Gesetz mit Rücksicht auf die historische Entwicklung, z. B. des Fiskalats alten Rechts, das weitgehend auf Grund gerichtlicher Anordnung tätig wurde,[2*] bei Erlass des GVG betont. Darüber hinaus ist die Vorschrift teilweise missverständlich, weil unvollständig. Auch innerhalb des verfahrensrechtlichen originären Zuständigkeitsbereichs der StA, also über das Antragsrecht an das Gericht hinaus, sind Mitwirkungsrechte des Gerichts vorgesehen, z. B. §§ 153 ff., 172, 175 StPO, vgl. auch § 458 StPO, obwohl diese Tätigkeiten trotz der Mitwirkung oder Genehmigung des Gerichts solche der StA bleiben.[3] Keine Frage der gegenseitigen Unabhängigkeit ist die nach der Bindung der StA an die höchstrichterliche RSpr (§ 146 Rn. 5). Der Unabhängigkeit steht auch nicht entgegen die beiderseitige gesetzlich vorgeschriebene Funktionshilfe, z. B. §§ 161, 162, 165 StPO.

2 § 150 stellt klar, dass **auch nach Erhebung der öffentlichen Klage** die StA weitere Ermittlungen selbst anstellen kann, obwohl das Verfahren auf das Gericht übergegangen ist.[4] Soweit das Gericht im Rahmen des § 202 StPO weitere Beweiserhebungen für erforderlich hält, hat es deshalb andererseits diese selbst vorzunehmen; richtet es die Bitte um die Beweiserhebung an die StA, wird diese in aller Regel die Beweise erheben, es handelt sich aber um eine freiwillige Unterstützung des Gerichts.[5]

3 Eine Folge der beiderseitigen Unabhängigkeit ist es, dass die StA in der Verhandlung zwar der **Sitzungspolizei** untersteht (vgl. § 176 Rn. 44), nicht aber der Ordnungsgewalt des Gerichts (vgl. § 177 Rn. 16). Ermittlungshandlungen des Gerichts können sich auch gegen die StA richten.[6]

§ 151. [Ausschluß von richterlichen Geschäften]

[1]Die Staatsanwälte dürfen richterliche Geschäfte nicht wahrnehmen. [2]Auch darf ihnen eine Dienstaufsicht über die Richter nicht übertragen werden.

---

[1] *LR/Boll* Rn. 2; *Wagner* JZ 1962, 430.
[2] Zweifelnd *Wagner* aaO.
[1*] KG JR 1966, 231; 1967, 69.
[2*] Vgl. *Eb. Schmidt* Rn. 2; *LR/Boll* Rn. 1.
[3] *LR/Boll* Rn. 2; zum umgekehrten Fall BGHZ 64, 347, 350 = NJW 1975, 1830.
[4] *LR/Boll* Rn. 5; a. A. *KK/Schoreit* Rn. 1.
[5] Vgl. *Nüse* DRiZ 1968, 85, 88; KG JR 1966, 231; 1967, 69; *LR/Boll* aaO.; a. A. LG Münster JR 1979, 40; *Peters* JR 1979, 41.
[6] Vgl. OLG Frankfurt NJW 1995, 1302.

I. Satz 1. Da die rsprGewalt nach Art. 92 GG den Richtern anvertraut ist (vgl. **1**
Einl. Rn. 162 ff.), und die Staatsanwälte keine Richter sind (§ 141 Rn. 8, 9), besagt
Satz 1 etwas (inzwischen) Selbstverständliches: **richterliche Aufgaben dürfen
nur von Richtern wahrgenommen** werden, und zwar durch Richter aL, aP
und kA (zu dem ein Staatsanwalt ernannt werden kann). Ein bei der StA verwendeter Richter aP (§ 13 DRiG) kann erst dann richterliche Aufgaben wahrnehmen,
wenn er nicht mehr als Staatsanwalt verwendet wird.[1] Umgekehrt können Richter
mit Aufgaben der StA betraut werden. Gesetzlich ist dies vorgesehen im § 165
StPO (sog. Notstaatsanwalt). Im Übrigen ist das möglich bei einem Richter aL mit
dessen Einverständnis (§ 37 DRiG), bei einem Richter aP und einem Richter kA
auch ohne dieses Einverständnis (§§ 13, 16 DRiG); jedoch dürfen sie nicht gleichzeitig als Richter und als Staatsanwalt verwendet werden, eine urkundlich nachweisbare Trennung ist erforderlich.

II. Dienstaufsicht über Richter. Dienstaufsicht über Richter darf Staatsan- **2**
wälten nicht übertragen werden (Satz 2). Die für die Dienstaufsicht über Richter
zuständigen Instanzen sind im DRiG abschließend geregelt, die Übertragung solcher Aufgaben auf einen Staatsanwalt würde gegen die Gewaltenteilung und gegen
§ 150 verstoßen. Das Verbot gilt nur für Richter, die richterliche Aufgaben wahrnehmen; soweit sie ausnahmsweise Aufgaben der StA wahrnehmen, gilt die allgemeine Regelung der Dienstaufsicht über Staatsanwälte.

§ 152. [Ermittlungspersonen der Staatsanwaltschaft]

(1) **Die Ermittlungspersonen der Staatsanwaltschaft sind in dieser Eigenschaft
verpflichtet, den Anordnungen der Staatsanwaltschaft ihres Bezirks und der dieser
vorgesetzten Beamten Folge zu leisten.**

(2) ¹**Die Landesregierungen werden ermächtigt, durch Rechtsverordnung diejenigen Beamten- und Angestelltengruppen zu bezeichnen, auf die diese Vorschrift
anzuwenden ist.** ²**Die Angestellten müssen im öffentlichen Dienst stehen, das
21. Lebensjahr vollendet haben und mindestens zwei Jahre in den bezeichneten
Beamten- oder Angestelltengruppen tätig gewesen sein.** ³**Die Landesregierungen
können die Ermächtigung durch Rechtsverordnung auf die Landesjustizverwaltungen übertragen.**

Gesetzesfassung. Ersetzung des Begriffs „Hilfsbeamter" durch „Ermittlungsperson" in
Art. 12a Nr. 2 des 1. JustizmodernisierungsG vom 24. 8. 2004 (BGBl. I S. 2198).

Übersicht

	Rn.		Rn.
I. Regelungsumfang	1	IV. Zuständigkeit für die Anordnung nach § 152	11
II. Ermittlungspersonen	2	V. Adressat der Anordnung	14
1. Kraft Bundesrecht	2	VI. Inhalt der Anordnung	15
2. Nach Landesrecht	3	VII. Befolgungspflicht	18
III. Folge der Bestellung zu Ermittlungspersonen	7	VIII. Reform	20
		IX. Richtlinien	21

I. Regelungsumfang. Die Vorschrift regelt höchst unvollständig das Verhältnis **1**
der StA als rechtlich allein maßgebendem Organ der umfassenden Aufklärung aller
Straftaten – jenseits der Zuständigkeit der Gerichte – gegenüber den Organen, die
sie zur Unterstützung ihrer Tätigkeit heranziehen kann und aus tatsächlichen
Gründen auch muss. Das Gesetz spricht von letzteren nunmehr als „Ermittlungs-

---
[1] *LR/Boll* Rn. 2.

personen der StA"; der überkommene Begriff „Hilfsbeamter" wurde nicht mehr als zeitgemäß erachtet.[1] Davon systematisch zu trennen sind die Behörden und Beamten des Polizeidienstes, auch die Hilfspolizeibeamten.[2] Diese haben sowohl die präventive Aufgabe der Verhütung von Straftaten nach Maßgabe des jeweiligen (landesrechtlichen) Polizeirechts als auch Straftaten zu erforschen und alle keinen Aufschub gestattenden Anordnungen zu treffen, um die Verdunkelung zu verhüten (§ 163 StPO), wie sie auch verpflichtet sind, Verlangen der StA nach Auskunft oder zu Ermittlungen jeder Art nachzukommen (§ 161 Satz 2 StPO). In diesem Umfang sind sie nach Maßgabe des jeweiligen für sie verbindlichen Organisationsrechts selbstständig. Demgegenüber sind die Ermittlungspersonen der StA in dieser Eigenschaft gegenüber der StA weisungsgebunden; andererseits gehen hier ihre Befugnisse weiter als die, die den Polizeibeamten im Allgemeinen eingeräumt sind. Solche Erweiterungen enthalten z.B. § 81a Abs. 2, § 81c Abs. 5, § 98 Abs. 1, § 100b Abs. 3, § 105 Abs. 1, § 111 Abs. 2, § 111e Abs. 1, § 111f Abs. 1, § 111l Abs. 2, 3, § 131 Abs. 2, 3, § 131c Abs. 1, § 132 Abs. 2, § 163d Abs. 2 StPO – wobei das Recht zu dieser Anordnung auch die Befugnis enthält, diese Anordnung selbst durchzusetzen, auch durch Anwendung unmittelbaren Zwangs.[3]

2   **II. Ermittlungspersonen. 1. Kraft Bundesrecht.** Wer Ermittlungsperson der StA ist, wird im GVG nicht unmittelbar festgelegt. Zu unterscheiden sind zwei Gruppen: Einmal diejenigen Personen, die **unmittelbar durch andere Gesetze** diese Funktion erhalten, z.B. § 19 BKAG, § 12 Abs. 5 BPolG, § 404 AO, § 37 Abs. 3 AußenwirtschG, § 25 BJagdG. In Verfahren nach dem OWiG werden nach Übernahme der Verfolgung durch die StA die mit der Ermittlung betrauten Angehörigen der Verwaltungsbehörde nicht kraft Gesetzes Ermittlungspersonen der StA, aber die Verwaltungsbehörde hat die Befugnisse der Ermittlungspersonen hinsichtlich Beschlagnahmen, Notveräußerungen, Durchsuchungen und Untersuchungen (§ 63 OWiG; vgl. auch § 53 Abs. 2 OWiG); die für die Verfolgung zuständige Verwaltungsbehörde hat, soweit nicht die StA das Verfahren übernimmt, nach § 46 Abs. 2 OWiG die gleichen Rechte wie die StA, kann also auch die Ermittlungspersonen nach § 152 GVG in Anspruch nehmen. Entsprechendes gilt für Finanzbehörden nach §§ 399, 402, 410 AO.[4]

3   **2. Nach Landesrecht.** Die überwiegende Zahl der Ermittlungspersonen wird **durch Landesrecht** bestimmt. Diese Bestimmung kann einmal durch Landesgesetz unmittelbar geschehen. Normalfall ist indessen die Bestellung auf Grund einer RechtsVO nach § 152 Abs. 2; der BReg steht ein solches Recht nicht zu.[5] Bestellt werden können auf diesem Wege nur Angehörige des öffentlichen Dienstes, wobei es auf den Dienstherrn nicht ankommt. Es können auch Bundesbedienstete bestellt werden, ebenso Bedienstete anderer Bundesländer, der Gemeinden usw. Die Bestimmung der Ermittlungspersonen ist indessen Ausübung landesrechtlicher Befugnisse, so dass nach dem föderalistischen Aufbau der BRep (vgl. Einl. Rn. 10) die Länder trotz des uneingeschränkten Wortlauts des § 152 nur im Rahmen ihrer allgemeinen Befugnisse die Bestimmung treffen können; zur Bezeichnung von Bediensteten des Bundes oder anderer Länder bedürfen sie der Zustimmung der für diese Bediensteten zuständigen Organe.[6]

4   Die **Bestellung kann nur nach Gruppenmerkmalen** vorgenommen werden, es können nicht einzelne Beamte oder Angestellte bestellt werden. – **Im Einzelnen** können bestellt werden: Beamte im Allgemeinen beamtenrechtlichen Sinne

---

[1] BTagsDrucks. 15/3482 S. 69; krit. *Knauer* NJW 2004, 2932.
[2] Vgl. *Ungerbieler* DVBl 1980, 409.
[3] BayObLG MDR 1964, 253; *LR/Boll* Rn. 9; *Krey* ZRP 1971, 225.
[4] Zu personellen Vermischungen in der Finanzbehörde *Hentschel* NJW 2006, 2300.
[5] *Kuhlmann* DRiZ 1977, 270.
[6] *Franz* NJW 1963, 1910; *LR/Boll* Rn. 22.

ohne Rücksicht auf Lebensalter, Laufbahnzugehörigkeit, Status (z. B. aL). Sie müssen auch nicht dem Polizei- oder sonstigen Vollzugsdienst angehören. Angestellte können seit dem 1. StVRG 1974 (vgl. Einl. Rn. 97) bestellt werden; diese Möglichkeit wurde eröffnet mit Rücksicht auf die gewandelte Personalstruktur des öffentlichen Dienstes.[7] Das Gesetz sieht jedoch zwingende Voraussetzungen vor für die Bestellung um sicherzustellen, dass nur solche Angestelltengruppen bestellt werden, die für die Ausübung dieser Tätigkeit geeignet erscheinen.[8] Sie müssen im öffentlichen Dienst stehen, das 21. Lebensjahr vollendet haben und mindestens zwei Jahre in den bezeichneten Beamten- oder Angestelltengruppen tätig gewesen sein (Abs. 2 Satz 2). Anzuknüpfen ist aber immer an eine im Rahmen des öffentlichen Dienstes auszuübende Funktion; Bedienstete privatisierter Unternehmen wie der Deutschen Post AG können deshalb auch dann nicht Ermittlungspersonen sein, wenn sie ihren beamtenrechtlichen Status behalten haben.[9]

Im Arbeitsverhältnis stehende Angehörige des öffentlichen Dienstes können nicht nach § 152 Abs. 2 zu Ermittlungspersonen bestellt werden.

Gegen die Bestellung zur Ermittlungsperson gibt es, obwohl dadurch der Amtsinhalt nachträglich umgestaltet wird, keinen Rechtsbehelf. Mit dem Ausscheiden des einzelnen Beamten oder Angestellten aus der Gruppe der zu Ermittlungspersonen Bestellten endet auch mit sofortiger Wirkung die Eigenschaft als Ermittlungspersonen.[10]

III. Folge der Bestellung zu Ermittlungspersonen. 1. Die Ermittlungspersonen sind **verpflichtet, den Anordnungen der StA Folge** zu leisten (vgl. Rn. 16); in diesem Rahmen sind sie Organ der StA und haben alle in den einschlägigen Gesetzen vorgesehenen Befugnisse der Ermittlungspersonen. Unberührt von der Funktion des § 152 bleibt ihr ursprünglicher Aufgabenbereich. Sie haben in diesem Aufgabenbereich weder die Befugnisse einer Ermittlungsperson noch unterliegen sie dem Legalitätsprinzip des § 152 Abs. 2 StPO.[11]

2. Die Ermittlungspersonen sind nicht schon wegen dieser Bestellung auch **Polizeibeamte** nach §§ 161, 163 StPO, wenn sie es nicht auf Grund ihrer allgemeinen Anstellung sind. Wohl aber können diese Aufgaben im Zusammenhang mit der Bestellung zur Ermittlungsperson übertragen werden, zusätzlich und ausdrücklich.

3. Schreiten die Ermittlungspersonen aus eigener Initiative über ihre unmittelbar sich aus § 152 ergebenden Pflichten hinaus ein, haben sie auch insoweit die Befugnisse einer Ermittlungsperson.[12]

4. Nicht geregelt ist das Verhältnis der sich aus § 152 ergebenden Pflichten zu den sich aus dem allgemeinen Dienstverhältnis (Hauptamt) ergebenden Pflichten. Maßgebend ist grundsätzlich das Dienstverhältnis zur Anstellungskörperschaft/Dienstherrn, z.B. Arbeitszeit, Urlaub, Amtsverschwiegenheit[13] usw. Lediglich in der konkreten Aufgabenerfüllung geht der Auftrag der StA den Aufgaben aus dem allgemeinen Dienstverhältnis vor.

IV. Zuständigkeit für Anordnungen an Ermittlungspersonen. 1. Sachlich zuständig für Anordnungen an Ermittlungspersonen ist die StA, also **jeder Staatsanwalt** (§ 144). Anordnungsberechtigt ist auch die AA angesichts der Formulierung „Staatsanwaltschaft" statt früher: „Staatsanwälte" und der ineinander verzahnten Aufgabenbereiche[14] (vgl. § 142 Rn. 10).

---

[7] BTagsDrucks. 7/2600 S. 12.
[8] BTagsDrucks. aaO.
[9] OLG Hamburg NStZ-RR 1996, 13.
[10] *LR/Boll* Rn. 25; *Eb. Schmidt* Rn. 5.
[11] RGSt 66, 339; BayObLG NJW 1954, 362; *LR/Boll* Rn. 30; *Meyer-Goßner* Rn. 5.
[12] A. A. *LR/Boll* Rn. 36.
[13] Str., vgl. *Görgen* DRiZ 1976, 296, 297.
[14] H. M., vgl. *LR/Boll* Rn. 19.

12   Anordnungsberechtigt ist **auch der GBA,** und zwar gegenüber allen Ermittlungspersonen im gesamten Bundesgebiet. Dies folgt daraus, dass der GBA „StA" ist (vgl. § 142 Abs. 1 Nr. 1) und § 152 keine Beschränkung enthält; dass der GBA kein Weisungsrecht gegenüber den StA der Länder hat (§ 147 Rn. 2), steht dem nicht entgegen, denn maßgebend ist seine Funktion als Staatsanwalt. Der Satzteil „und der dieser vorgesetzten Beamten" (Abs. 1) bedeutet eine Erweiterung der Anordnungsberechtigung über die örtlich zuständige StA hinaus.[15]

13   **2. Örtlich anordnungsberechtigt** ist die StA, zu deren Bezirk der Bezirk des Hauptamts der Ermittlungsperson gehört; die örtliche Zuständigkeit für die Anordnung wird erweitert dadurch, dass auch der der örtlich zuständigen StA vorgesetzte Beamte der StA (§ 147) die Anordnung treffen kann. Andere StA können nicht nach § 152 verfahren, auch nicht dadurch, dass sie die für den Amtsbezirk der Ermittlungsperson örtlich zuständige StA um Erteilung der Anordnung bitten. Sie können nur nach § 161 StPO verfahren oder nach allgemeinen Amtshilfegrundsätzen (vgl. § 156 Rn. 50) – wenn nicht der Weg über eine Anordnung des ihr vorgesetzten Beamten möglich ist.

14   **V. Adressat der Anordnung.** Adressat der Anordnung ist grundsätzlich die Behörde, bei der die Ermittlungsperson im Hauptamt tätig ist; das gebietet die Rücksicht auf die Funktionsfähigkeit des dortigen Behördenbetriebs. Eine individuelle Beauftragung einer ganz bestimmten Ermittlungsperson ist aber zulässig, so wenn diese schon für einen bestimmten, abgegrenzten Tat- oder Täterkomplex eingeteilt ist[16] oder in Eilfällen, am Tatort oder bei sonstigen wichtigen Gründen.[17]

15   **VI. Inhalt der Anordnung.** Inhaltlich hat die StA das uneingeschränkte Anordnungsrecht und das Recht zur Weisung im Einzelnen hinsichtlich Art und Umfang der vorzunehmenden Handlung zur Aufklärung einer strafbaren Handlung (§ 160 StPO). Die Ermittlungsperson ist lediglich Hilfsorgan, „verlängerter Arm"[18] der StA, wenn auch nicht zu leugnen ist, dass mit zunehmender Intensität der Kriminalität und der Verfeinerung der Aufklärungsmethoden diese rechtliche Betrachtung an der Lebenswirklichkeit weitgehend vorbeigeht[19] (vgl. Rn. 20).

16   Durch die Bestellung zur Ermittlungsperson unterstehen diese Beamten jedoch generell nicht dem Legalitätsprinzip (§ 152 StPO) und der Pflicht zur Erforschung strafbarer Handlungen nach § 163 StPO.[20] Wohl aber gilt für sie § 163 StPO, wenn sie in ihrem Hauptamt Polizeibeamte im Sinne dieser Vorschrift sind oder mit der Bestellung zur Ermittlungsperson der StA gleichzeitig zu Hilfspolizeibeamten bestellt werden.[21] Bei allen anderen richtet sich die Frage, ob sie jenseits der Weisungen der StA zum Einschreiten verpflichtet sind, nach ihrem Hauptamt.[22]

17   Das Weisungsrecht der StA erstreckt sich nicht auf Maßnahmen zur Verhinderung strafbarer Handlungen, auf präventivpolizeiliche Maßnahmen.[23] Höchst prob-

---

[15] Wie hier *Meyer-Goßner* Rn. 2; *Holland* MDR 1973, 376; *LR/Boll* Rn. 37; *Katholnigg* Rn. 2; *KK/Schoreit* Rn. 16; a. A. *Müller/Sax* Anm. 1 a.
[16] Vgl. Gemeinsame Richtlinie – Rn. 21 – unter B I; *LR/Boll* Rn. 38, 49; *Fuhrmann* JR 1964, 218; a. A. *KK/Schoreit* Rn. 14 m. w. N.
[17] *Meyer-Goßner* Rn. 2, 3.
[18] *LR/Boll* Rn. 25.
[19] Str.; *KK/Schoreit* Rn. 4 ff.; *Schoreit* ZRP 1982, 288; DRiZ 1991, 320; *Hoffmann* ZRP 1983, 80; *Lücke* DRiZ 1984, 149; *Füllkrug* ZRP 1984, 193; *Franzheim* DRiZ 1984, 90; *Kerl* DRiZ 1985, 4; *Uhlig* DRiZ 1986, 247.
[20] *LR/Boll* Rn. 29.
[21] *LR/Boll* Rn. 29 f.
[22] *Krause* JZ 1984, 548; früher zu den Beamten der postinternen Betriebssicherung BVerwG NJW 1989, 848.
[23] *Krey* ZRP 1971, 224; *Hertweck* DRiZ 1971, 308; *Kaiser* NJW 1972, 14.

lematisch und umstritten sind die Grenzfälle, in denen nach der konkreten Situation die Ermittlungspersonen **gleichzeitig aufklärend wie präventivpolizeilich** tätig werden sollen, z.B. bei Geiselnahme zur Ermöglichung der Flucht nach Begehen einer strafbaren Handlung.[24] Maßgebend sind hierfür die bei Rn. 21 abgedruckten Richtlinien, die naturgemäß nur eine allgemeine Regelung enthalten können. In ihrer konkreten Anwendung ist zu beachten, dass die staatlichen Aufgaben der Strafverfolgung und der Gefahrenabwehr prinzipiell gleichwertig nebeneinander stehen.[25] Im Falle ihrer Konkurrenz bedarf deshalb der Abwägung und der Gewichtung, in welchem Bereich sich das höher zu bewertende Rechtsgut befindet; im Zweifel ist Zurückhaltung der StA geboten.[26] Je stärker in der aktuellen Situation der präventivpolizeiliche Charakter hervortritt, desto geringer sind die Befugnisse der StA; im Extremfall muss der Prävention der Vorzug gegeben werden unter Verzicht auf Anordnungen nach § 152.

VII. Befolgungspflicht. Die Ermittlungsperson untersteht nur der sachlichen Weisung der StA. Erfüllt er in dieser Eigenschaft seine Amtspflichten nicht ordnungsgemäß, obliegt die Reaktion oder Ahndung dem Dienstvorgesetzten im Hauptamt auf Anregung der StA; in diesem Rahmen kann der Dienstvorgesetzte im Hauptamt auch Weisungen für die Erledigung der Anordnungen der StA erteilen. Im Übrigen haben die Dienstvorgesetzten keine Weisungsrechte, wenn sie nicht selbst auch Ermittlungspersonen sind. Ihre Vorgesetzteneigenschaft gibt ihnen für sich allein nicht das Recht, Anordnungen zu treffen, die nur eine Ermittlungsperson ausüben kann.[27]   **18**

Die **Verantwortung für die angeordnete Maßnahme** trägt die StA. Nach dem für sie maßgebenden Recht richtet sich auch die Möglichkeit von Rechtsbehelfen. Sie entscheidet auch über Sachaufsichtsbeschwerden gegen die Tätigkeit der Ermittlungsperson.[28] Etwas anderes gilt nur für das persönliche Verhalten der Ermittlungsperson gelegentlich der angeordneten Tätigkeit; insoweit ist die Zuständigkeit des allgemeinen Dienstvorgesetzten gegeben einschließlich der dafür maßgebenden Rechtsbehelfe.[29]   **19**

VIII. Reform. Die Grundkonzeption des § 152 GVG in Verbindung mit §§ 160, 170 StPO, dass die StA Herr des Verfahrens in allen Stadien ist und die Polizei grundsätzlich nur nach § 163 StPO in eigener Initiative tätig wird, sonst nur auf Anordnung der StA nach § 152 GVG, § 161 StPO, steht zur Praxis in krassem Widerspruch.[30] Deshalb wird die Frage aufgeworfen nach einer grundlegend neuen Ordnung des Verhältnisses zwischen StA und Polizei, etwa durch Abschaffung des Instituts des Hilfsbeamten überhaupt.[31]   **20**

---

[24] Vgl. dazu *Hirsch* ZRP 1971, 206; *Krey* ZRP 1971, 224; *Krey/Meyer* ZRP 1973, 1; *Scholler/Broß* ZRP 1976, 270.
[25] *KK/Schoreit* Rn. 18; *Krey* ZRP 1971, 226, 227.
[26] *Kaiser* NJW 1972, 15.
[27] *LR/Boll* Rn. 33 ff.; *Eb. Schmidt* Rn. 7.
[28] OLG Hamburg NJW 1970, 1700.
[29] *Meyer-Goßner* Rn. 8; *LR/Boll* Rn. 42 f.; *Schenke* VerwArch 1969, 341.
[30] *Kohlhaas* S. 33, 68; *Maas* DRiZ 1967, 7; *Roxin* DRiZ 1969, 388; *Kaiser* NJW 1972, 15; *Wagner* MDR 1973, 713; *Sessar* ZStrW 1975, 1033; *Kuhlmann* DRiZ 1976, 313; *Rupprecht* ZRP 1977, 275; *Gössel* GA 1980, 347; *Helmken* DRiZ 1981, 95.
[31] Zur Disskussion vgl.: *Leverenz* SchlHAnz 1963, 177; *Roxin* DRiZ 1969, 388; *Blomeyer* GA 1970, 174; *Kaiser* NJW 1972, 15; *Wagner* MDR 1973, 713; *Görgen* ZRP 1976, 63 und DRiZ 1976, 299; *Kuhlmann* DRiZ 1976, 265 und DRiZ 1977, 270; *Rupprecht* ZRP 1977, 275; *Sydow* ZRP 1977, 119; *Ulrich* ZRP 1978, 158; *Riegel* ZRP 1978, 14; *Blankenburg* ZRP 1978, 263; *Eyrich* DRiZ 1978, 368; *Geerds* GA 1978, 95; *Villwock* DRiZ 1979, 121; *LR/Boll* Rn. 46 ff.; *Franzheim* DRiZ 1984, 90; *Uhlig* StV 1986, 117; *Ernesti* ZRP 1986, 57; *Kniesel* ZRP 1987, 377; *Knemeyer/Deubert* NJW 1992, 3131; *Lilie* ZStrW 1994, 625; *Bindel* DRiZ 1994, 165; *Schaefer* NJW 1994, 2876 und FS Hanack, 1999 S. 191; *Jaeger/Winnen/Steffen* Tagungsbericht JZ 1995, 503.

IX. Richtlinien

21 **Gemeinsame Richtlinien der Justizminister/-senatoren und der Innenminister/-senatoren des Bundes und der Länder über die Anwendung unmittelbaren Zwanges durch Polizeibeamte auf Anordnung des Staatsanwalts**

A.

Im Hinblick auf die Verantwortung der Staatsanwaltschaft für das Ermittlungsverfahren und damit auch für die Vollständigkeit der Ermittlungen und ihre Rechtmäßigkeit umfasst die Leitungs- und Weisungsbefugnis des Staatsanwalts gegenüber der Polizei auch Anordnungen zur Anwendung unmittelbaren Zwanges.

Die Gefahrenabwehr ist Aufgabe der Polizei. In diesem Bereich besteht kein Raum für Anordnungen des Staatsanwalts.

B.

Für die Ausübung des Weisungsrechts zur Anwendung unmittelbaren Zwanges ergehen – unbeschadet der Vorschriften des § 161 StPO und § 152 GVG – folgende Richtlinien:

I

Der Staatsanwalt richtet, solange nicht ein bestimmter Beamter mit der Bearbeitung des konkreten Falles befasst ist, Weisungen grundsätzlich an die zuständige Polizeidienststelle.

Sind in einem konkreten Fall mehrere Polizeibeamte unter einem weisungsbefugten Beamten eingesetzt (z. B. Einsatzleitung, Sonderkommission), richtet der Staatsanwalt Weisungen grundsätzlich an den weisungsbefugten Beamten.

Dieser gibt – unabhängig davon, ob er selbst zu dem Kreis der nach § 152 GVG bezeichneten Beamten gehört – die Weisung an die ihm unterstellten Bediensteten weiter und veranlasst ihre Durchführung.

Ist eine polizeiliche Einsatzleitung gebildet, begibt sich der Staatsanwalt, der auf die Anwendung unmittelbaren Zwanges Einfluss nehmen will, grundsätzlich zur Einsatzleitung. Seine Weisungen soll er an den mit der Gesamtverantwortung betrauten Einsatzleiter richten. Besteht eine mehrstufige Einsatzleitung, hält sich der Staatsanwalt grundsätzlich bei der Gesamtleitung auf. Befindet er sich bei einem nachgeordneten Einsatzleiter, so wird er Weisungen nur im Rahmen der Befehlsgebung der übergeordneten Einsatzleitung und des Ermessensspielraums geben, der dem nachgeordneten Einsatzleiter eingeräumt ist.

II

Zur Art und Weise der Ausübung des unmittelbaren Zwanges soll der Staatsanwalt nur allgemeine Weisungen erteilen und deren Ausführung der Polizei überlassen.

Konkrete Einzelweisungen zur Art und Weise der Ausübung unmittelbaren Zwanges soll der Staatsanwalt nur erteilen, wenn
1. die Polizei darum nachsucht,
2. es aus Rechtsgründen unerlässlich ist oder
3. die Ausübung des unmittelbaren Zwanges Auswirkungen auf das weitere Ermittlungsverfahren hat.

Ob die Voraussetzungen zu Nr. 2 oder 3 gegeben sind, entscheidet der Staatsanwalt.

Die Erteilung konkreter Einzelweisungen setzt die genaue Kenntnis der jeweiligen Situation und der bestehenden Möglichkeiten für die Ausübung unmittelbaren Zwanges voraus. Dies bedingt in der Regel die Anwesenheit am Ort des Einsatzes oder der Einsatzleitung. Für konkrete Einzelweisungen zum Gebrauch von Schusswaffen ist die Anwesenheit am Ort des Einsatzes unerlässlich.

Bei konkreten Einzelweisungen soll der Staatsanwalt die besondere Sachkunde der Polizei berücksichtigen.

III

Ergeben sich bei einem einheitlichen Lebenssachverhalt gleichzeitig und unmittelbar Aufgaben der Strafverfolgung und der Gefahrenabwehr, so sind die Staatsanwaltschaft und die Polizei zuständig, die zur Erfüllung ihrer Aufgaben notwendigen Maßnahmen zu treffen.

In einem solchen Falle ist eine enge und vertrauensvolle Zusammenarbeit zwischen Staatsanwaltschaft und Polizei in ganz besonderem Maße erforderlich. Die partnerschaftliche Zusammenarbeit gebietet es, dass jede Stelle bei der Wahrnehmung ihrer Aufgaben auch die Belange der übrigen sich aus dem Lebenssachverhalt stellenden Aufgaben berücksichtigt. Schaltet sich die

Staatsanwaltschaft ein, so werden der Staatsanwalt und die Polizei möglichst im Einvernehmen handeln.

Dies gilt auch dann, wenn die Situation die gleichzeitige angemessene Wahrnehmung beider Aufgaben nicht zulässt. In diesem Falle ist nach dem Grundsatz der Güter- und Pflichtenabwägung jeweils für die konkrete Lage zu entscheiden, ob die Strafverfolgung oder die Gefahrenabwehr das höherwertige Rechtsgut ist.

Erfordert die Lage unverzüglich eine Entscheidung über die Anwendung unmittelbaren Zwanges und ist ein Einvernehmen darüber, welche Aufgabe in der konkreten Lage vorrangig vorzunehmen ist – gegebenenfalls auch nach Einschaltung der vorgesetzten Dienststellen –, nicht herzustellen, so entscheidet hierüber die Polizei.

Elfter Titel. Geschäftsstelle

§ 153. [Geschäftsstelle]

(1) Bei jedem Gericht und jeder Staatsanwaltschaft wird eine Geschäftsstelle eingerichtet, die mit der erforderlichen Zahl von Urkundsbeamten besetzt wird.

(2) ¹Mit den Aufgaben eines Urkundsbeamten der Geschäftsstelle kann betraut werden, wer einen Vorbereitungsdienst von zwei Jahren abgeleistet und die Prüfung für den mittleren Justizdienst oder für den mittleren Dienst bei der Arbeitsgerichtsbarkeit bestanden hat. ²Sechs Monate des Vorbereitungsdienstes sollen auf einen Fachlehrgang entfallen.

(3) Mit den Aufgaben eines Urkundsbeamten der Geschäftsstelle kann auch betraut werden,
1. wer die Rechtspflegerprüfung oder die Prüfung für den gehobenen Dienst bei der Arbeitsgerichtsbarkeit bestanden hat,
2. wer nach den Vorschriften über den Laufbahnwechsel die Befähigung für die Laufbahn des mittleren Justizdienstes erhalten hat,
3. wer als anderer Bewerber (§ 4 Abs. 3 des Rahmengesetzes zur Vereinheitlichung des Beamtenrechts) nach den landesrechtlichen Vorschriften in die Laufbahn des mittleren Justizdienstes übernommen worden ist.

(4) ¹Die näheren Vorschriften zur Ausführung der Absätze 1 bis 3 erlassen der Bund und die Länder für ihren Bereich. ²Sie können auch bestimmen, ob und inwieweit Zeiten einer dem Ausbildungsziel förderlichen sonstigen Ausbildung oder Tätigkeit auf den Vorbereitungsdienst angerechnet werden können.

(5) ¹Der Bund und die Länder können ferner bestimmen, daß mit Aufgaben eines Urkundsbeamten der Geschäftsstelle auch betraut werden kann, wer auf dem Sachgebiet, das ihm übertragen werden soll, einen Wissens- und Leistungsstand aufweist, der durch die Ausbildung nach Absatz 2 vermittelten Stand gleichwertig ist. ²In den Ländern Brandenburg, Mecklenburg-Vorpommern, Sachsen, Sachsen-Anhalt und Thüringen dürfen solche Personen weiterhin mit den Aufgaben eines Urkundsbeamten der Geschäftsstelle betraut werden, die bis zum 25. April 2006 gemäß Anlage I Kapitel III Sachgebiet A Abschnitt III Nr. 1 Buchstabe q Abs. 1 zum Einigungsvertrag vom 31. August 1990 (BGBl. 1990 II S. 889, 922) mit diesen Aufgaben betraut worden sind.

Übersicht

	Rn.		Rn.
I. Geschichtliche Entwicklung	1	3. Sonstige Aufgaben	12
		4. Aufgaben nach Landesrecht	13
II. Die Geschäftsstelle	3	III. Urkundsbeamter der Geschäftsstelle	14
1. Institut des Gerichtsverfassungsrechts	3	1. Erforderliche Zahl	14
2. Aufgaben der Geschäftsstelle des UdG	6	2. Aufgaben des UdG	15
a) In Zivilsachen	7	3. Bestellung zum UdG	19
b) In Strafsachen	8	4. Ausführungsbestimmungen	25
c) In Angelegenheiten der freiwilligen Gerichtsbarkeit	9	5. Rechtsstellung des UdG	26
		IV. Anwendbarkeit	28

Gesetzesfassung: § 153 i. d. F. des G zur Neuregelung des Rechts des Urkundsbeamten der Geschäftsstelle vom 19. 12. 1979 (BGBl. I S. 2306) ab 1. 1. 1981. Abs. 5 Satz 2 angefügt durch Art. 17 Nr. 7 Erstes G über die Bereinigung von Bundesrecht im Zuständigkeitsbereich des Bundesministeriums der Justiz vom 19. 4. 2006 (BGBl. I S. 866).

1   **I. Geschichtliche Entwicklung.**[1] Das GVG bestimmte ursprünglich in § 154 a.F., dass bei jedem Gericht eine Gerichtsschreiberei eingerichtet und dass die Geschäftseinrichtung beim RG durch den Reichskanzler, bei den Landesgerichten durch die LJVerw bestimmt wird. Auf eine

---

[1] Eingehend BTagsDrucks. 8/2024 S. 6 ff.

Bestimmung der Aufgaben des UdG im GVG wurde verzichtet, da sich diese, soweit von gerichtsverfassungsrechtlicher Relevanz, aus den Verfahrensgesetzen ergeben; auch eine nähere Regelung der Institution und Organisation der Gerichtsschreiberei wurde nicht für notwendig gehalten.[2] Die Gerichtsschreiberei sollte von Anfang an den Richter von Aufgaben entlasten, die wegen ihres minderen Schwierigkeitsgrades nicht unbedingt einen akademisch vorgebildeten Juristen erforderten. Mit Inkrafttreten des GVG übertrugen die Länder demgemäß den Gerichtsschreibern die gesamte Registraturtätigkeit, die Führung des Protokolls, die Aufnahme von Klagen und Anträgen, die Mitwirkung bei Zustellungen und die Erteilung vollstreckbarer Ausfertigungen. Sehr bald kam es zu weiteren Entlastungen der Richter. Mit der ZPO-Novelle vom 1. 6. 1909 (RGBl. I S. 475) wurden erstmals auch richterliche Geschäfte selbst, nämlich das Kostenfestsetzungsverfahren und die Erteilung des Vollstreckungsbefehls, zur selbstständigen Erledigung an den Gerichtsschreiber übertragen. Durch das als „kleine Justizreform" bezeichnete Reichsgesetz zur Entlastung der Gerichte vom 11. 3. 1921 (RGBl. I S. 229) wurden die LJVerw zur Übertragung weiterer richterlicher Geschäfte der streitigen und freiwilligen Gerichtsbarkeit auf den Gerichtsschreiber ermächtigt (vgl. Einl. Rn. 79). Davon machten alle Länder, wenn auch in unterschiedlichem Umfang, Gebrauch. Von besonderer Bedeutung für die weitere Entwicklung war vor allem die preußische Entlastungsverfügung vom 28. 5. 1923 (PrJMBl. S. 401), die erstmals die mit der Wahrnehmung richterlicher Geschäfte betrauten Gerichtsschreiber als „Rechtspfleger" bezeichnete. Am umfassendsten war die Ermächtigung auf dem Gebiet der freiwilligen Gerichtsbarkeit. Hier konnten die Justizverwaltungen fast alle Geschäfte, die nach reichsrechtlichen Vorschriften vom Richter wahrzunehmen waren, auf den Gerichtsschreiber übertragen. Die Vielfalt der einzelnen landesrechtlichen Entlastungsverfügungen führte schließlich zur Reichsentlastungsverfügung vom 3. 7. 1943 (DJ S. 339), die die Bestimmungen der Länder für das Reichsgebiet vereinheitlichte. Das REinhG 1950 (Einl. Rn. 85) übernahm schließlich unter Anpassung an den neuen Rechtszustand die seit dem Gesetz vom 9. 7. 1927 geltende Fassung. Waren bis dahin Geschäftsstellen nur bei den Gerichten eingerichtet, brachte Art. 2 Nr. 34 des 1. StVRG 1974 (BGBl. I S. 3393) auch deren Einrichtung bei jeder StA. Die Regelung, wer als UdG und insbesondere als Rechtspfleger tätig werden konnte, blieb zunächst Sache der Länder: der Reichsgesetzgeber hielt sich in dieser Frage zurück und beschränkte sich darauf, durch Reichsgesetz vom 9. 7. 1927 (RGBl. I S. 175) die „Gerichtsschreiberei" mit „Geschäftsstelle" und den „Gerichtsschreiber" mit „Urkundsbeamter der Geschäftsstelle" zu bezeichnen. Die Länder unterschieden zwischen dem mittleren und dem gehobenen Justizdienst. Das Preußische Gesetz über die Dienstverhältnisse der mit der Wahrnehmung der Geschäfte eines UdG betrauten Beamten vom 18. 12. 1927 (Preuß. Gesetzsamml. S. 209) unterschied zwischen den Beamten des schwierigen Bürodienstes (der sogenannten Rate A mit 3 Jahren Vorbereitungsdienst) und den Beamten des einfachen Bürodienstes (der Rate B mit 1 Jahr Vorbereitungsdienst), wobei die Beamten des schwierigen Bürodienstes zur Wahrnehmung aller UdG-Geschäfte einschließlich der Rechtspflegeraufgaben und die Beamten des einfachen Bürodienstes zur Protokollführung und zur Wahrnehmung der einfacheren UdG-Geschäfte befugt waren, geregelt in der Personal- und Dienstordnung für das Büro der preußischen Justizbehörden (Gerichte, Arbeitsgerichte und Staatsanwaltschaften) nebst der Dienstordnung für die Kanzlei – BuKo – vom 1. 3. 1928 (PrJMBl. S. 173). Ähnliche Regelungen gab es in den anderen Ländern. Das RPflG 1957 (vgl. Einl. Rn. 89) brachte neue Aufgaben für den Rechtspfleger und verselbstständigte seine Stellung im Gerichtsaufbau gegenüber den Richtern und den UdG einschließlich der Ausbildung. Durch das RPflG 1970 (Einl. Rn. 89) wurden dem Rechtspfleger weitere Aufgaben übertragen, so die ehemals dem UdG des gehobenen Justizdienstes vorbehaltene Erteilung von Vollstreckungsbescheiden (§ 20 Nr. 1 RPflG) und die Kostenfestsetzung (§ 21 RPflG).

Während sich die gesamte Entwicklung, die nach und nach zur Aufteilung der Geschäfte zwischen Rechtspfleger und UdG im nunmehr technischen Sinne führte, hinsichtlich des Instituts des Rechtspflegers und seiner Aufgaben in klarer Gesetzesform, wenn auch außerhalb des GVG vollzogen hat, blieb die Regelung des UdG zwar im GVG, aber zunächst im Grunde auf dem Zustand von 1879. Das GVG sagte nichts darüber, wer die Aufgaben des UdG wahrnimmt, wie die Aufgaben zwischen Rechtspfleger und UdG aufgeteilt sind; es enthielt auch ebenso wenig wie sonstiges Bundesrecht Regelungen über die Ausbildung der Personen, die die Tätigkeit des UdG ausüben.[3] Diese Situation wurde als unbefriedigend empfunden; auf Grund eingehender Reformerörterungen[4] erging das Gesetz zur Neuregelung des Rechts des UdG vom 19. 12. 1979[5] (BGBl. I S. 2306). Es geht davon

---

[2] *Hahn* I S. 154 ff.
[3] BTagsDrucks. 8/2024 S. 9.
[4] BTagsDrucks. aaO. S. 11.
[5] Vgl. *Buhro* NJW 1981, 907.

aus, dass der UdG wie Richter und Rechtspfleger ein Organ der Rechtspflege ist, dass es aber eines besonderen Gesetzes über UdG nicht bedarf. Wohl aber sollte im GVG selbst die so genannte Leitfunktion des mittleren Dienstes für den UdG gesetzlich verankert werden (Abs. 2 mit Ausnahmen, vgl. Rn. 19 ff.). Dazu wurden die Ausbildungsvoraussetzungen bundesrechtlich geregelt, auch wurden im Interesse der klaren Abgrenzung der Aufgaben bisher bestehende Generalvorbehalte zugunsten des Rechtspflegers dadurch beseitigt, dass die Geschäfte, die für eine Wahrnehmung durch den mittleren Dienst ungeeignet sind, dem Rechtspfleger übertragen wurden, Art. 2 UdG-Novelle.[6] – Der den Sparzwängen der öffentlichen Haushalte geschuldete § 36b RPflG idF des G vom 16. 6. 2002 ermöglicht es nunmehr den Ländern, eine Reihe bisher dem Rechtspfleger vorbehaltener Geschäfte durch Rechtsverordnung dem UdG zu übertragen.[7]

3 **II. Die Geschäftsstelle. 1.** Die Geschäftsstelle als **Institut des Gerichtsverfassungsrechts** ist die begriffliche Zusammenfassung des UdG des Gerichts/der StA (personelle Komponente), der der Geschäftsstelle oder dem UdG zugewiesenen Aufgaben (funktionale Komponente) und der zur Durchführung dieser Aufgaben erforderlichen weiteren Personen und der sachlichen Ausstattung (organisatorische Komponente). Die Geschäftsstelle im Sinne von § 153 umfasst alle Aufgaben der Rechtspflege, mit Ausnahme der richterlichen Geschäfte und der den Staats(Amts-)anwälten und Rechtspflegern übertragenen Funktionen. Geschäftsstellen gibt es nicht nur bei den Gerichten der ordentlichen Gerichtsbarkeit, sondern auch in der Verfassungs-, Verwaltungs-, Finanz-, Arbeits-, Sozial-, Patent- und Disziplinargerichtsbarkeit; ebenso bei den Schifffahrtsgerichten. Auch die bei Gericht eingerichtete Rechtsantragsstelle ist Teil der Geschäftsstelle.[8] Die ausdrückliche Einrichtung von Geschäftsstellen bei den StA brachte Art. 2 Nr. 34 des 1. StVRG 1974, da seit 1. 1. 1975 nach § 168b StPO staatsanwaltschaftliche Vernehmungen des Beschuldigten, der Zeugen und Sachverständigen im Ermittlungsverfahren möglichst nach den für richterliche Untersuchungshandlungen geltenden Vorschriften zu protokollieren sind, also unter Zuziehung eines UdG. Dennoch wurden auch schon vorher durch die Justizverwaltung bei den StA Geschäftsstellen eingerichtet (vgl. § 12 GVVO). Organisatorisch werden die Geschäftsstellen beim BGH und dem GBA durch den BMdJ, diejenigen der AG, LG, OLG sowie der StA durch die LJustizVerw eingerichtet.

4 Die Geschäftsstelle des Gerichts bzw. der StA bildet eine Einheit. Sie ist dem jeweiligen Gericht oder der StA zugeordnet. Jedoch ist eine enge oder unmittelbare Verbindung zwischen Geschäftsstelle und Gericht nicht zwingend.[9] Die Geschäftsstelle des Gerichts oder der StA ist durch die interne Geschäftsverteilung in Abteilungen (sog. Abteilungsgeschäftsstellen) gegliedert. Auch können Sachgebiets- oder Gruppengeschäftsstellen (für mehrere Abteilungen) errichtet werden. Die Aufteilung in Gruppen- oder Abteilungsgeschäftsstellen darf jedoch Dritte nicht benachteiligen (etwa bei der Anbringung von Anträgen). Deshalb sind vielfach, insbesondere für **Fristsachen,** ständig besetzte Eingangsstellen eingerichtet und Nachtbriefkästen angebracht. Eingangsstempel durch Justizwachtmeister genügt, falls dieser zur Entgegennahme von Schriftstücken befugt ist.[10] Es ist auch in größeren Gerichten zweckmäßig, alle die Aufgaben der Geschäftsstelle, die in der Entgegennahme und Beurkundung/Protokollierung von Anträgen der verschiedensten Art bestehen, in einer **Rechtsantragsstelle** zusammenzufassen (Rn. 3).

5 Bei mehreren Justizbehörden in einem oder in eng benachbarten Gebäuden empfiehlt sich die Einrichtung einer gemeinsamen Briefannahmestelle, die alle Schriftstücke für sämtliche ihr angeschlossenen Abteilungen fristwahrend entgegen-

---

[6] Vgl. BTagsDrucks. 8/2024 S. 15, 19.
[7] Hierzu *Wiedemann* NJW 2002, 3448.
[8] OLG Hamm Rpfleger 1960, 214.
[9] SchlHOLG SchlHAnz 1963, 278, wonach Beamte des Justizministeriums als UdG bestellt und zur Entgegennahme von Rechtsmittelschriften ermächtigt wurden.
[10] OLG Hamm Rpfleger 1958, 313.

nimmt, sofern durch Verwaltungsanordnung dies bestimmt ist;[11] zutreffende Adressierung wird dadurch aber nicht entbehrlich (vgl. § 16 Rn. 103). Insoweit ist die Briefannahmestelle als Geschäftsstelle sämtlicher Abteilungen der angeschlossenen Behörden anzusehen[12] unbeschadet der für Grundbuchsachen bestehenden Sonderregelung. Die Geschäftsstelle besteht für das (gesamte) Gericht, bei dem sie errichtet ist. Soweit Zweigstellen eines Gerichts bestehen oder Gerichtstage, ist die Geschäftsstelle des Stammgerichts auch die Geschäftsstelle für Zweigstelle und Gerichtstag, besonders hinsichtlich der fristwahrenden Einreichung von Schriftstücken oder formgerechten Abgabe von Erklärungen, nicht aber umgekehrt. Entsprechendes gilt für auswärtige Spruchkörper (vgl. § 78 Rn. 8; § 116 Rn. 16).

2. Aufgaben der Geschäftsstelle/des UdG. Der Geschäftskreis der Geschäftsstelle ist, soweit für das Verfahren von Bedeutung, in gesetzlichen Bestimmungen, namentlich in Prozessordnungen, im Übrigen in Rechts- und allgemeinen Verwaltungsvorschriften, Geschäfts- und Dienstordnungen, Geschäftsgangsbestimmungen sowie in Erlassen und Verfügungen geregelt. Die Geschäftsstelle erledigt alle bei Gericht und StA anfallenden Geschäfte, soweit sie nicht zum Funktionsbereich des Richters, Rechtspflegers, Staats- oder Amtsanwalts gehören. Sie hat diese Funktionsträger von allen ihnen nicht ausdrücklich zugewiesenen Aufgaben zu entlasten. Jedoch gehören zu den richterlichen Tätigkeiten im Bereich der RSpr auch die die Entscheidung vorbereitenden, begleitenden oder ihr nachfolgenden Arbeiten, die für die Rechtsfindung notwendig sind und mit ihr in einem unmittelbaren Sachzusammenhang stehen, etwa Terminsbestimmung (§ 216 ZPO), Ladung (§ 214 ZPO), Fristbestimmung (§ 224 ZPO). Die Zuständigkeit im Einzelnen:

a) In Zivilsachen. Die in der Führung des Protokolls bestehende Mitwirkung bei mündlichen Verhandlungen und Beweisaufnahmen (§§ 159 ff. ZPO); Pflicht zur Mitwirkung bei der Protokollberichtigung (§ 164 ZPO); Niederlegung von Schriftstücken auf der Geschäftsstelle (§§ 133, 134, 142, 364, 411, 875 ZPO, §§ 106, 144 ZVG, §§ 64, 150, 154, 175, 188, 194, 214, 234, 235 InsO); Entgegennahme von Klage, Klageerwiderung, Anträgen und sonstigen Erklärungen zu Protokoll der Geschäftsstelle (§§ 44, 103, 109, 117, 118, 129, 129a, 248, 381, 386 ff., 402, 406, 486, 496, 569, 573, 641 c, 702, 920, 924, 936, 947, 952 ZPO, § 66 GKG); Zustellung von Amts wegen (§§ 168, 176, 377, 699 ZPO); öffentliche Zustellung (§ 186 ZPO); Vermittlung von Zustellungen (§ 192 Abs. 3 ZPO); Ersatzzustellung durch Niederlegung auf der Geschäftsstelle (§ 181 ZPO); Erteilung von Zustellungsbescheinigungen (§ 169 ZPO); öffentliche Bekanntmachung (§ 30 InsO); Bewirken von Ladungen der Zeugen und Parteien (§§ 377, 497 ZPO); Bescheinigung der Verkündungs- oder Zustellungsdaten (§§ 311, 317 ZPO); Beglaubigung von Schriftstücken sowie die Erteilung von Ausfertigungen und Abschriften (§§ 299, 317 ZPO); Erteilung von vollstreckbaren Ausfertigungen (§§ 724, 725, 797 ZPO), soweit nicht die Zuständigkeit des Rechtspflegers nach § 26 RPflG gegeben ist; Vermittlung von Vollstreckungsaufträgen (§ 753 ZPO, § 161 GVG); Aktenanforderung und Aktenrücksendung sowie die Benachrichtigung bei eingelegten Rechtsmitteln (§§ 521, 541, 550, 565, 566 ZPO); Erteilung von Rechtskraft- und Notfristzeugnissen (§ 706 ZPO); Auskunftserteilung aus dem Schuldnerverzeichnis (§ 915b ZPO). Weiter können die Länder dem UdG durch RechtsVO die in § 36b Abs. 1 Satz 1 Nr. 2–4 RPflG aufgeführten Rechtspflegergeschäfte übertragen.

b) In Strafsachen. Führung des Protokolls bei den gerichtlichen Verhandlungen sowie bei der Vernehmung des Beschuldigten, der Zeugen und Sachverständigen durch die StA im Ermittlungsverfahren (§§ 86, 118a, 138d, 168, 168a, 168b, 226, 271 ff., 404 StPO); Führung der Schöffenliste (§ 45 GVG); Aufnahme von Erklärun-

---

[11] BGHZ 2, 31.
[12] BGH MDR 1960, 1001; NJW 1961, 361.

gen, Anträgen, Rechtsmitteln der Prozessbeteiligten außerhalb der gerichtlichen Verhandlung zu Protokoll der Geschäftsstelle (§§ 158, 299, 306, 314, 317, 347, 381 StPO) – vgl. hierzu jedoch die ausschließliche Zuständigkeit des Rechtspflegers nach § 24 RPflG für die Aufnahme von Erklärungen über die Einlegung und Begründung der Revision (§§ 341, 344, 345 StPO), der Rechtsbeschwerde (§ 79 OWiG, § 116 StVollzG), der weiteren Beschwerde (§ 310 StPO) und der Wiederaufnahme des Verfahrens (§ 366 StPO, § 85 OWiG); Mitwirkung bei Ladungen und Zustellungen (§§ 36, 37, 214 ff. StPO, §§ 160, 161 GVG); Aktenvorlage an die StA bei eingelegten Rechtsmitteln (§§ 320, 390 StPO); Beglaubigung und Erteilung von Ausfertigungen und Abschriften gerichtlicher Entscheidungen und von Auszügen aus ihnen (§§ 275, 406b, 451 StPO, § 91 OWiG); Erteilung der vollstreckbaren Ausfertigung des Kostenfestsetzungsbeschlusses (§ 106 OWiG). Nach § 36b Abs. 1 Nr. 5 RPflG können die Länder dem UdG durch RechtsVO auch die der StA als Vollstreckungsbehörde obliegenden Geschäfte des Rechtspflegers bei der Vollstreckung von Geldstrafen und Geldbußen übertragen, ausgenommen die Vollstreckung von Ersatzfreiheitsstrafen.

9 **c) In Angelegenheiten der freiwilligen Gerichtsbarkeit.** Entgegennahme von Anträgen und Erklärungen (§§ 11, 21 FGG); Erteilung von Rechtskraftzeugnissen (§ 31 FGG); Zustellung und Bekanntmachung gerichtlicher Verfügungen (§ 16 FGG); Gewährung von Akteneinsicht, Erteilung und Beglaubigung von Abschriften (§§ 34, 78 FGG); Aufnahme von Nachlassinventaren nach Landesrecht (§ 2003 BGB); Ladungen (§ 89 FGG); Erteilung von Ausfertigungen gerichtlich verwahrter Urkunden (§ 48 BeurkG). Vgl. hierzu § 36b Abs. 1 Nr. 1 RPflG.

10 **In Grundbuchsachen.** Entgegennahme der Eintragungsanträge oder -ersuchen und Beurkundung des Zeitpunktes des Eingangs für das ganze Grundbuchamt bei entsprechender Bestellung (§§ 1 bis 4 AVOGBO); Ausführung der Eintragungsverfügungen und Mitunterzeichnung der Eintragungen im Grundbuch sowie der Briefe über Grundpfandrechte (§§ 2, 3 AVOGBO); Gewährung der Einsicht in Grundbuch oder Grundakten (§ 12 GBO, §§ 43, 46 GBVfg); Erteilung von Abschriften aus Grundbuch oder Grundakten (§ 12 GBO, §§ 44, 45 GBVfg); Erteilung von Auskünften in den gesetzlich vorgesehenen Fällen (§ 4 Abs. 1 AVOGBO, § 45 Abs. 3 GBVfg); Entscheidung über Anträge auf Rückgabe von Urkunden (§ 10 GBO); Versendung von Grundakten an andere inländische Behörden (§ 4 AVOGBO, § 17 GeschBeh); Eintragungsverfügungen über die Zurückführung des Grundbuchs auf das Liegenschaftskataster (§ 4 Abs. 3 und 4 AVOGBO), ferner über die Berichtigung des Namens, Berufs oder Wohnsitzes natürlicher Personen, über die Eintragung oder Löschung des Konkurs- bzw. Vergleichsvermerks sowie über die Eintragung (nicht Löschung) des Zwangsversteigerungs- oder Zwangsverwaltungsvermerks (§ 4 Abs. 2 AVOGBO); Sorge für die Übereinstimmung des Handblatts mit den Grundbucheintragungen (§ 24 Abs. 4 GBVfg).

11 **In Registersachen.** Ausführung der Eintragungsverfügungen nebst der Herbeiführung verfügter Bekanntmachungen sowie die Unterzeichnung der Eintragungen im Handelsregister (§ 130 FGG, §§ 22 bis 37 HRVfg); ferner Unterschreiben der Berichtigungsvermerke (§ 17 Abs. 1 HRVfg); Erteilen von Abschriften der Eintragungen und der zum Register eingereichten Schriftstücke, Zeugnisse und Bescheinigungen nach § 9 HGB sowie deren Ausfertigung und Beglaubigung (§§ 29 bis 31 HRVfg.); Gestatten der Einsicht in das Register und die zum Register eingereichten Schriftstücke (§ 10 HRVfg); ebenso für das Genossenschaftsregister (§§ 26, 156 GenG, §§ 1, 26 GenRegVO, § 9 HGB, §§ 22 bis 37 HRVfg), das Güterrechtsregister (§ 1563 BGB, § 34 FGG, § 12 GBO), das Vereinsregister (§§ 69, 79 BGB, §§ 34, 162 FGG).

12 3. Zu den **sonstigen Aufgaben** gehören die Geschäfte des Kostenbeamten im Sinne der Kostenverfügung und eine Reihe selbstständiger Tätigkeiten wie das Führen der Register, der Geschäfts- und Verhandlungskalender, die Fristenüberwachung, das Erstellen statistischer Unterlagen, die Aktenführung, das Weglegen und Ausscheiden von Akten entsprechend der bundeseinheitlichen Aktenordnung und der Aufbewahrungsbestimmungen für die Akten, Aktenregister, öffentlichen Register, Grundbücher und Namensverzeichnisse.

4. Durch Landesrecht können der Geschäftsstelle/dem UdG weitere Aufgaben übertragen werden.

III. Urkundsbeamter der Geschäftsstelle. 1. Die Geschäftsstelle wird mit der erforderlichen Zahl von **UdG** besetzt (Abs. 1). Die Bestimmung der Zahl ist Sache der Justizverwaltung. Auch die Verteilung der Geschäfte unter mehreren UdG ist Sache der Justizverwaltung, es gibt keinen „gesetzlichen" UdG wie etwa den Richter. – Zum UdG kann nur bestellt werden, wer die Prüfung für den mittleren Justizdienst oder für den mittleren Dienst in der Arbeitsgerichtsbarkeit bestanden hat, bestimmt die Grundsatznorm des Abs. 2 Satz 1. Dieser konsequent und übersichtlich anmutende Grundsatz erleidet jedoch Durchbrechungen. Einmal können Aufgaben des UdG nicht nur auf die Genannten übertragen werden, sondern auch auf andere Personen (vgl. Rn. 20 ff.). Zum anderen ist eine Anzahl von Aufgaben des UdG ausdrücklich und ausschließlich dem Rechtspfleger übertragen, vgl. §§ 24, 29 RPflG, der insoweit dann ebenfalls UdG ist; die UdG-Neuregelung 1979 (Rn. 2) hat den Dualismus im Aufgabenbereich des UdG nicht beseitigt.

2. Zu den **Aufgaben des UdG** Rn. 6 ff. Der UdG ist, wie seine Bezeichnung sagt, Beamter, auch in den Fällen, in denen er kraft Gesetzes als prozessualer Vertreter einer Partei tätig wird, etwa bei der Vermittlung von „Aufträgen" zur Zustellung im Parteibetrieb (§ 192 Abs. 3 ZPO) oder zur Zwangsvollstreckung[13] (§ 753 ZPO).

Der Urkundsbeamte ist aber auch Urkundsperson, wie sich aus den verschiedenen gesetzlich zugewiesenen Aufgaben ergibt. Die **Führung des Protokolls** ist Urkundstätigkeit. Sinn der Protokollführung ist nicht etwa, dem Richter eine Schreibkraft beizugeben, vielmehr soll die Zuziehung des UdG eine erhöhte Gewähr dafür bieten, dass das Protokoll dem Gang der Verhandlung und dem Inhalt der abgegebenen Erklärungen entspricht. Als Urkundsperson steht er in dieser seiner Eigenschaft neben dem Richter und nicht unter demselben. Die Beweiskraft des Protokolls beruht auf der übereinstimmenden Beurkundung zweier Urkundspersonen, des Vorsitzenden und des UdG. Das Protokoll soll durch das Zusammenwirken beider Urkundspersonen zustande kommen. Abänderungen des Protokolls können gleichfalls nur durch das Zusammenwirken beider vorgenommen werden.[14]

Bei der Entgegennahme von Gesuchen, Erklärungen und Klagen **zu Protokoll der Geschäftsstelle** hat der UdG eine Vermittlerrolle zwischen Rechtsuchenden und Gericht. Hierbei erfüllt er zwei Funktionen, die einer Urkundsperson und die eines Rechtsbeistandes des Gesuchstellers. Er ist verpflichtet, auf sachdienliche und formentsprechende Anträge oder Erklärungen hinzuwirken. Bei der Aufnahme einer Klage hat er die Partei sachgemäß zu beraten.[15] Der UdG darf Gesuche nicht übernehmen oder wörtlich abschreiben oder sich gar vom Gesuchsteller diktieren lassen, sondern muss die vorgetragenen Beschwerden nach Form und Inhalt prüfen und hat auf die Anbringung sachgemäßer Anträge hinzuwirken.[16] Außerdem sollen durch die Tätigkeit des UdG die Gerichte von unsachgemäßen oder sinnlosen Anträgen entlastet werden,[17] der UdG hat eine Filterfunktion. Er ist nicht verpflichtet, sich bei der Protokollaufnahme den Wünschen des Antragstellers zu fügen;[18] er darf

---
[13] Siehe auch RGZ 17, 391; Z 46, 324.
[14] RGSt 1, 245; St 8, 143; St 18, 185; St 20, 425; St 22, 246; St 53, 107; St 60, 270.
[15] RG HRR 1933, 651.
[16] RGSt 2, 359; 444; St 4, 7; St 12, 367; St 27, 211; St 52, 277; RGZ 101, 428.
[17] SchlHOLG SchlHAnz 1980, 73.
[18] SchlHOLG aaO.

einzelne Formulierungen des Antragstellers ablehnen und umformulieren, aber bei Aussichtslosigkeit des Parteibegehrens nicht so weit gehen, die Aufnahme des Antrags zu Protokoll abzulehnen, falls der Gesuchsteller trotz Belehrung darauf besteht. Eine Ablehnung würde die Entscheidung des zuständigen Gerichts vorwegnehmen.[19]

18 Zur Urkundstätigkeit zählt auch das Herstellen von **Ausfertigungen, Abschriften und Zeugnissen.** Der UdG bezeugt mit seiner Unterschrift, dass das abgeschriebene Schriftstück genau mit dem Original übereinstimmt. Wesentlich hierbei ist nicht, dass er die Abschrift selbst hergestellt hat, sondern seine auf der Abschrift befindliche Beglaubigung.

19 **3. Bestellung zum UdG. a)** Die Eigenschaft als UdG tritt nicht kraft Gesetzes ein, es bedarf vielmehr der Betrauung mit den Aufgaben eines UdG, die keine besondere Form erfordert. Mit den Aufgaben des UdG kann im Normalfall betraut werden, wer nach Ableistung eines Vorbereitungsdienstes von 2 Jahren die Prüfung für den **mittleren Justizdienst** bestanden hat (Abs. 2 Satz 1, sog. Leitfunktion des mittleren Dienstes für den UdG, Rn. 2). Ein Gerichtsvollzieher, der die Laufbahnprüfung für den mittleren Justizdienst bestanden hat und unter Freistellung von seinen Dienstgeschäften im Gerichtsvollzieherdienst angewiesen worden ist, wieder im mittleren Justizdienst tätig zu sein, darf die Aufgaben eines Urkundsbeamten der Geschäftsstelle wahrnehmen.[20] Der Prüfung für den mittleren Justizdienst steht das Bestehen der Prüfung für den mittleren Dienst in der Arbeitsgerichtsbarkeit gleich. Sechs Monate des zweijährigen Vorbereitungsdienstes sollen auf einen Fachlehrgang entfallen; im Übrigen ist die Ausgestaltung der Ausbildung und des Prüfungswesens Sache der zu erlassenden Ausführungsvorschriften (Abs. 4). Mit dieser Grundsatzregelung hat der Gesetzgeber den Gedanken des Art. 33 Abs. 4 GG verwirklicht, jedoch mit den nachstehenden Ausnahmemöglichkeiten auch den tatsächlichen Gegebenheiten Rechnung getragen.

20 **b)** Mit den Aufgaben des UdG kann auch betraut werden, wer die **Rechtspflegerprüfung** oder die Prüfung für den gehobenen Dienst bei der Arbeitsgerichtsbarkeit bestanden hat (Abs. 3 Nr. 1). Damit können personelle Engpässe überbrückt (vgl. § 27 Abs. 1 RPflG), aber auch Aufgaben mit besonderer Schwierigkeiten gezielt auf die Rechtspfleger zurückübertragen werden. Zu originären Aufgaben des Rechtspflegers als UdG Rn. 14.

21 **c)** Mit den Aufgaben des UdG kann betraut werden, wer nach den bundesrechtlichen oder landesrechtlichen Vorschriften über den Laufbahnwechsel die Befähigung für den mittleren Justizdienst erhalten hat (Abs. 3 Nr. 2); ebenso „andere Bewerber" (Abs. 3 Nr. 3, vgl. § 4 Abs. 4 BRRG).

22 **d)** Weiter kann betraut werden, wer auf dem Sachgebiet, das ihm übertragen werden soll, einen Wissens- und Leistungsstand aufweist, der dem durch die Ausbildung zum mittleren Dienst vermittelten Stand (Rn. 19) **gleichwertig** ist (Abs. 5 Satz 1). Grund ist, dass nach früherem Recht als UdG auch geeignete Angestellten eingesetzt werden konnten, wovon weitgehend Gebrauch gemacht wurde, teils über 50%.[21] Die Betrauung erfordert eine sorgfältige Prüfung der Eignung, u. U. auch eine vorherige Einarbeitung.[22] Erfasst sind nicht nur Angestellte (vgl. VO über die Berufsausbildung zum/zur Justizfachangestellten vom 26. 1. 1998, BGBl. I S. 195), sondern auch Beamtenanwärter für den mittleren und gehobenen Justizdienst sowie Referendare.[23] Voraussetzung für eine prozessual wirksame Tätigkeit

---

[19] RG JW 1925, 2779.
[20] Vgl. OLG Hamm VRS 64, 445.
[21] Zahlenangaben BTagsDrucks. 8/2024 S. 9.
[22] BTagsDrucks. aaO. S. 18.
[23] BTagsDrucks. aaO. S. 18.

dieser Personen als UdG ist einmal, dass das Landesrecht dies vorsieht,[24] wenn auch Abs. 5 Satz 1 dem Landesrecht die Art dieser Regelung nicht vorschreibt.[25] Zum anderen müssen sie vor Aufnahme ihrer Tätigkeit mit der Aufgabe des UdG betraut worden sein, eine nachträgliche Betrauung genügt nicht.[26] Die Beauftragung ist nicht formgebunden,[27] sollte aber ausdrücklich ausgesprochen und aktenkundig gemacht werden.[28]

e) Der durch G vom 19. 4. 2006 (vgl. Gesetzesfassung) angefügte Abs. 5 Satz 2 **23** ermöglicht es als partielles Bundesrecht, die im **Beitrittsgebiet** nach Maßgabe von Kap. III SG A Abschn. III Nr. 1 Buchst. q der Anlage I zum EV außerhalb der Voraussetzungen von Abs. 2, 3 oder 5 Satz 1 vor dem 26. April 2006 mit den Aufgaben des UdG betrauten Personen weiterhin als solche einzusetzen.[29] Die Maßgaberegelung des EV ist nicht mehr anwendbar.

f) Eine Übergangsvorschrift zur Erweiterung des Personenkreises, der mit Aufgaben des UdG betraut werden kann, enthält Art. 3 des UdG-Neuregelungsgesetzes (Rn. 2). Weiter gelten die Vorschriften, die in Sonderfällen die Wahrnehmung von Aufgaben des UdG durch andere Personen vorsehen, unverändert fort, z.B. § 168 Satz 2 StPO. **24**

4. Ausführungsbestimmungen. Die Vorschriften zur Ausführung der Bestimmungen über die Einrichtung der Geschäftsstellen (Abs. 1), zur Ausbildung des mittleren Dienstes (Abs. 2) und zur Betrauung mit Aufgaben des UdG erlassen Bund und Länder für ihren Bereich (Abs. 4), je nach Inhalt der zu treffenden Regelung durch Rechtsnorm oder Verwaltungsvorschrift. **25**

5. Rechtsstellung des UdG. Der UdG ist Organ der Rechtspflege[30] und nicht **26** der Justizverwaltung, z.B. auch bei Zustellungen.[31] Im Rahmen seines Aufgabenbereichs übt er eine selbstständige staatliche Tätigkeit aus[32] und ist keinen Weisungen unterworfen, weder des Richters noch der Justizverwaltung, soweit nicht ausdrücklich Vorschriften darüber bestehen;[33] dies gilt auch für die Auswahl eines Postdienstleiters nach § 168 Abs. 1 Satz 2 ZPO.[34] Jedoch können der Richter oder der Rechtspfleger die Aufgaben wirksam vornehmen.[35] Umgekehrt kann der UdG nicht Aufgaben des Richters oder Rechtspflegers wahrnehmen, hier läge eine absolute Wirkungslosigkeit vor. Außerhalb des gesetzlich gewährten Bereichs der Weisungsfreiheit unterliegt der UdG dem allgemeinen Weisungs- und Aufsichtsrecht (vgl. § 22 Rn. 37ff.).

Für die **Ausschließung und Ablehnung** des UdG gelten die für den Richter **27** bestehenden Vorschriften entsprechend (§ 49 ZPO, § 31 StPO, § 86 PatG, § 4 Abs. 2 HRVfg, § 4 Abs. 4 AVOGBO).

IV. Anwendbarkeit. § 153 gilt nur für die **ordentliche Gerichtsbarkeit** und **28** die **Arbeitsgerichtsbarkeit**. Dies ist in Art. 3 Abs. 2 UdG-Neuregelungsgesetz (Rn. 2) bestimmt, ergibt sich aber schon aus allgemeinen Grundsätzen (§ 2 EGGVG).

---

[24] BGH NStZ 1984, 327; MDR 1985, 862.
[25] OLG Koblenz Rpfleger 1985, 77; OLG Dresden 30. 6. 2003 – 1 Ss 616/02 –; *Katholnigg* StV 1984, 110.
[26] OLG Hamburg MDR 1984, 337.
[27] OLG Bremen StV 1984, 109.
[28] *Katholnigg* StV 1984, 111.
[29] Hierzu BTagsDrucks. 16/47 S. 50.
[30] RGSt 46, 175; RGZ 110, 311, 315.
[31] BVerwG DRiZ 1970, 27; *LR/Boll* Rn. 12.
[32] RGSt 56, 100.
[33] *Zöller/Gummer* Rn. 11; a. A. BGH NJW-RR 1993, 1213; offen bei OLG Frankfurt OLGR 2002, 167.
[34] A. A. *BL/Hartmann* § 168 ZPO Rn. 5.
[35] *Zöller/Gummer* Rn. 11; *Wieczorek/Schreiber* Rn. 1.

Zwölfter Titel. Zustellungs- und Vollstreckungsbeamte

§ 154. [Gerichtsvollzieher]

Die Dienst- und Geschäftsverhältnisse der mit den Zustellungen, Ladungen und Vollstreckungen zu betrauenden Beamten (Gerichtsvollzieher) werden bei dem Bundesgerichtshof durch den Bundesminister der Justiz, bei den Landesgerichten durch die Landesjustizverwaltung bestimmt.

Übersicht

	Rn.		Rn.
I. Gesetzlicher Regelungsinhalt	1	IV. Öffentlich-rechtliche Tätigkeit	15
II. Gerichtsvollzieher	2	V. Kosten	18
1. Beamter	2	VI. Entschädigung	20
2. Neutralität	3	VII. Haftung	22
3. Dienstaufsicht	4	VIII. Vollziehungsbeamte der Justiz	25
4. Erinnerung, § 766 ZPO	5	IX. Andere Gerichtsbarkeiten	27
5. Dienst- und Geschäftsverhältnisse	8		
III. Aufgaben	10		

1 **I. Regelungsinhalt.** Dem Gerichtsvollzieher werden in einer Vielzahl von Vorschriften des Verfahrensrechts Aufgaben übertragen[1] (vgl. Rn. 10 ff.); das Vorhandensein von GerVollz in den Ländern ist bundesrechtlich zwingend vorgeschrieben. Die Regelung über den GerVollz gehört zur Gerichtsverfassung und damit zur Gesetzgebungskompetenz des Bundes nach Art. 74 Nr. 1 GG. Gleichwohl beschränkt sich das GVG auf eine Grundsatzregelung[2] und überlässt die Ausgestaltung im Übrigen den Ländern, und zwar der LJustizVerw. Hierdurch ist der Landesgesetzgeber bundesrechtlich von einer Regelung ausgeschlossen, die Regelung obliegt ausschließlich der Verwaltung. Die Regelung hat durch VerwAO der LJustizVerw[3] zu geschehen (vgl. Rn. 8); eine Ermächtigung zum Erlass einer RechtsVO enthält § 154 nicht.

2 **II. Gerichtsvollzieher. 1.** Als GerVollz bezeichnet das GVG die **Beamten,** die mit Zustellungen, Ladungen und Vollstreckung betraut sind. Es können also nur Beamte (im staatsrechtlichen Sinne) entsprechend Art. 33 Abs. 4 GG mit diesen Aufgaben betraut werden, ohne dass das Bundesrecht weitere Voraussetzungen aufstellt: GerVollz ist eine bundesrechtliche Funktionsbezeichnung. Der GerVollz ist nach Landesrecht im allgemeinen Beamter des mittleren Dienstes (vgl. BesGr A8, A9 Anl. I BBesG) in einer Sonderlaufbahn mit besonderer Ausbildung.

3 **2.** Der GerVollz als **Organ der Gerichtsverfassung** muss allen Beteiligten seiner Amtstätigkeit gegenüber neutral sein. Dem dient einmal § 155. Darüber hinaus wird aber mit Recht von einer **Neutralitätspflicht** des GerVollz bei Ausübung seiner Amtstätigkeit gesprochen, aus der sich u. a. ergibt, dass er nicht nur in der Zwangsvollstreckung die Belange des Gläubigers, sondern auch schutzwürdige Belange des Schuldners berücksichtigt.[4]

---

[1] Zu Reformen *Kern* ZZP 1967, 325; *Schilken* DGVZ 2003, 65; *Scholz* DGVZ 2003, 97; *Nesemann* ZZP 119, 87.
[2] Vgl. *Gaul* ZZP 1974, 241 ff.
[3] Vgl. BayVGH Rpfleger 1961, 285.
[4] *Pawlowski* ZZP 1977, 358 ff.

3. Der GerVollz untersteht der allgemeinen beamtenrechtlichen **Dienstaufsicht**;[5] 4 deren Aufgabe ist es, den GerVollz zur Einhaltung der einschlägigen Vorschriften anzuhalten und ihn insoweit auch zu überwachen. Auch generelle Weisungen für die Zukunft sind möglich, z. B. Bestimmung der Veröffentlichungsblätter.[6] Dagegen ist der GerVollz bei der Durchführung der ihm gesetzlich übertragenen Aufgaben im Einzelfall **selbstständig und eigenverantwortlich** tätig. Er untersteht hier der Aufsicht, aber nicht der Leitung des Dienstvorgesetzten;[7] Einzelweisungen können ihm nicht erteilt werden, weil sonst der Dienstvorgesetzte die Stelle eines Vollstreckungsorgans usw. annehmen würde. So ist es auch bei Arbeitsüberlastung Sache des GerVollz selbst, die Amtsgeschäfte nach der von ihm selbst zu beurteilenden Dringlichkeit zu erledigen.[8] Der Gerichtsvollzieher kann aber, da seine Tätigkeit nicht mit der des Richters vergleichbar ist, nicht Täter einer Rechtsbeugung sein.[9]

4. Soweit es um das vom GerVollz bei Zwangsvollstreckungen zu beobachtende 5 Verfahren geht oder um die Weigerung der Übernahme eines Auftrags, sind keine Maßnahmen der Dienstaufsicht zulässig (also auch keine DAufsBeschw); hier entscheidet über **Erinnerungen** das Vollstreckungsgericht (§ 766 ZPO), dessen Entscheidungen keine Maßnahmen der Dienstaufsicht sind.[10] Solche Entscheidungen können sich nur auf ein konkretes Vollstreckungsverfahren beziehen, dann aber auch für das dabei weiter einzuschlagende Verfahren;[11] allgemeine Anordnungen kann das Vollstreckungsgericht nicht an den GerVollz erlassen. – § 766 ZPO gilt auch für Zustellungen im Zusammenhang mit der Zwangsvollstreckung.[12] Im Vollstreckungsverfahren ist der Gerichtsvollzieher im Allgemeinen weder erinnerungs- noch beschwerdeberechtigt, soweit es sich um seine Amtshandlungen als Vollstreckungsorgan handelt und er selbst weder gebührenrechtlich beeinträchtigt noch persönlich betroffen ist.[13]

Soweit gegen Maßnahmen oder Unterlassungen des GerVollz **kein förmlicher** 6 **Rechtsbehelf** vorgesehen ist, bleibt nur die DAufsBeschw. Die Rechtmäßigkeit einer vom GerVollz ausgeführten Zustellung kann nicht nach § 23 EGGVG nachgeprüft werden (vgl. § 23 EGGVG Rn. 127).

Im Rahmen der Dienstaufsicht ergangene **Weisungen** an den GerVollz stellen ei- 7 nen im Verwaltungsrechtsweg anfechtbaren Verwaltungsakt dar, wenn die Weisung nicht nur die Art und Weise der Amtsführung betrifft, sondern den GerVollz auch in seiner persönlichen Rechtsstellung betrifft.[14] Gegen Entscheidungen nach § 766 ZPO ist der GerVollz nicht beschwerdeberechtigt, er muss sie befolgen. Das ergibt sich aus seiner Stellung als Vollstreckungsorgan, kraft deren er im Rahmen der Zwangsvollstreckung staatliche Funktionen hoheitlich ausübt, und zwar als Organ innerhalb des hierfür vorgesehenen institutionellen Rahmens. Der GerVollz untersteht bei der Zwangsvollstreckung der allgemeinen Dienstaufsicht der Justizverwaltung, in der einzelnen Vollstreckungssache der Sachaufsicht des Vollstreckungsgerichts, dessen Weisungen für ihn verbindlich sind, ebenso wie die Entscheidungen der im Instanzenzug übergeordneten Gerichte für das Vollstreckungsgericht. Der Auffassung, der GerVollz könne dann Rechtsmittel einlegen, wenn er sich bei der Befolgung einer gerichtlichen Anordnung der Notwehr des Schuldners aussetzen müsse, kann nicht zugestimmt werden. Sie würde voraussetzen, dass die Amtshandlung des

---

[5] *Gaul* ZZP 1974, 262 ff.
[6] RGZ 140, 423, 429; Z 145, 204, 213; BVerwG NJW 1983, 899; DRiZ 1983, 70.
[7] RGZ 145, 204, 213; BVerwG DVBl 1982, 1188; NJW 1983, 896.
[8] LG München DGVZ 1974, 157.
[9] OLG Düsseldorf NJW 1997, 2124.
[10] *Gaul* ZZP 1974, 251.
[11] *Gaul* aaO. S. 253.
[12] *Gaul* aaO. S. 276.
[13] OLG Düsseldorf NJW-RR 1993, 1280.
[14] BVerwG DGVZ 1987, 119; OVG Münster DGVZ 1987, 120; *Gaul* ZZP 1974, 274.

GerVollz für den davon betroffenen Schuldner einen rechtswidrigen Angriff bedeutet (in den anderen Fällen des zu erwartenden Widerstands des Schuldners, der nicht als Notwehr qualifiziert werden könnte, hat der GerVollz nach § 758 Abs. 3 ZPO vorzugehen). Ein solches Notwehrrecht des Schuldners gegen Tätigkeiten des GerVollz, die auf Entscheidungen des Gerichts beruhen, besteht aber nicht, denn der GerVollz handelt rechtmäßig gegenüber dem Schuldner, wenn er im Rahmen seiner Zuständigkeit unter Beachtung der wesentlichen Förmlichkeiten tätig wird in Befolgung verbindlicher gesetzlicher Vorschriften oder förmlicher Gerichtsentscheidungen, und zwar auch dann, wenn diese Gerichtsentscheidungen materiell fehlerhaft sein mögen.[15]

8 5. Die im § 154 vorgesehene **Regelung der Dienst- und Geschäftsverhältnisse** ist getroffen in der Gerichtsvollzieherordnung (GVO) und der Geschäftsanweisung für GerVollz (GVGA). Sie sind von den Ländern in bundeseinheitlicher Fassung erlassen und in den Landesverkündungsblättern bekannt gemacht, hinzutreten besondere Landesteile. Sie haben den Charakter einer Erläuterung und Kommentierung des allein maßgeblichen Gesetzes.[16]

9 Nach dieser Regelung sind die GerVollz den Amtsgerichten zugeordnet und haben einen örtlichen Zuständigkeitsbereich. Aufträge können den GerVollz unmittelbar oder durch eine bei dem Amtsgericht einzurichtende Verteilungsstelle übergeben werden. Der GerVollz muss bei Ausübung der ihm durch Gesetz übertragenen hoheitlichen Funktionen persönlich handeln. Büro- und Schreibhilfen darf er nur für den inneren Geschäftsbetrieb beschäftigen. Lehr- und Anlernverträge zur Ausbildung von Bürogehilfen darf er nur im Rahmen der dafür geltenden landesrechtlichen Bestimmungen abschließen. Die obersten Landesjustizbehörden oder die von ihr ermächtigten Stellen (in besonderen Eilfällen die aufsichtführenden Richter der Amtsgerichte) können zur Aushilfe im Gerichtsvollzieherdienst heranziehen (Hilfsbeamte): Beamte, die die Gerichtsvollzieherprüfung bestanden haben; Beamte, die sich in der Ausbildung für die Gerichtsvollzieherlaufbahn befinden, nach Maßgabe der Ausbildungsordnungen; Beamte, die die Prüfung für den gehobenen oder den mittleren Justizdienst bestanden haben. – Mit der Wahrnehmung einzelner Gerichtsvollziehergeschäfte können von dem aufsichtführenden Richter oder bei seiner Verhinderung vom Geschäftsleiter eines Amtsgerichts beauftragt werden (Hilfskräfte): Beamte, die die Prüfung für den gehobenen oder den mittleren Justizdienst, oder die die Prüfung für den Justizvollziehungsdienst bestanden haben; ausnahmsweise auch geeignete Beamte anderer Dienstzweige der Justizverwaltung. Hilfsbeamte und Hilfskräfte führen bei Ausübung des Gerichtsvollzieherdienstes ihre Amtsbezeichnung mit dem Zusatz „als Gerichtsvollzieher".

10 III. Aufgaben. 1. Zustellungen (§§ 168, 176, 192, 829, 845 ZPO; §§ 37, 38 StPO; § 132 Abs. 1 BGB). Zustellungsanträge eines an einem ausländischen Gerichtsverfahren Beteiligten (vgl. Art. 15 Verordnung (EG) Nr. 1348/2000; § 156 Rn. 65a) schließt § 1071 ZPO aus.

11 2. **Ladungen.** in bürgerlichen Rechtsstreitigkeiten (§ 214 ZPO) und in Strafsachen (§§ 38, 220, 222, 386 StPO);

12 3. **Zwangsvollstreckung,** soweit sie nicht den Gerichten zugewiesen ist (§§ 753 ff., 808 ff., 831, 845, 847, 854, 883, 885, 892, 909 ZPO); eidesstattliche Versicherung (§ 899 ZPO); Vorführungen und Verhaftungen (§§ 909, 888, 890, 933 ZPO, §§ 97, 98 InsO); Vollstreckung von Geldstrafen, Einziehung usw. (§ 459 StPO, §§ 48, 57, 61, 64 StVollstrO).

---

[15] OLG Düsseldorf NJW 1980, 1111; OLG Stuttgart DGVZ 1979, 58.
[16] OLG Hamm DGVZ 1977, 40, 41; *Polzius* DGVZ 1973, 161.

4. Außerhalb der Prozessordnungen ist der GerVollz zuständig für **freiwillige** 13 **Versteigerungen** (§§ 383, 1233 ff. BGB); Aufnahme von Wechsel- und **Scheckprotesten** (Art. 79 WG, Art. 55 Abs. 3 ScheckG); Aufgaben nach landesrechtlichen Vorschriften.

Soweit der GerVollz außerhalb der ihm in Rechtsvorschriften oder durch VerwAO 14 ausdrücklich übertragenen Aufgaben tätig wird, z. B. bei freiwilligen Versteigerungen oder Schätzungen, handelt es sich um eine **private Nebentätigkeit,** für die er nach dem jeweiligen Beamtenrecht eine Nebentätigkeitsgenehmigung benötigt.[17] Die Vergütung des GerVollz richtet sich hier allein nach den mit dem Auftraggeber getroffenen Absprachen, die allgemeine gesetzliche Regelung (Rn. 18 ff.) gilt hier nicht.

IV. Öffentlich-rechtliche Tätigkeit. Die Beziehungen zwischen GerVollz und 15 seinem Auftraggeber gehören trotz der gelegentlichen Formulierung „Auftrag" nicht dem Privatrecht, sondern stets dem öffentlichen Recht an. Er handelt als selbstständiges Organ der Rechtspflege.[18]

Daraus folgt: Der Auftraggeber hat kein Auswahlrecht hinsichtlich des tätig wer- 16 denden GerVollz. Der „Auftrag" an den GerVollz ist anzusehen als Antrag auf Vornahme einer öffentlich-rechtlichen Handlung,[19] die er nur aus Rechtsgründen ablehnen darf (vgl. § 766 Abs. 2 ZPO). Der Auftraggeber kann dem GerVollz keine Weisung erteilen für die Durchführung der Amtshandlung, wenn dies nicht ausnahmsweise ausdrücklich gesetzlich vorgesehen ist.[20] Zu achten ist aber auf Wirtschaftlichkeit der Vollstreckung auch zugunsten des Gläubigers.[21]

Der GerVollz ist **nicht der Vertreter des Auftraggebers,**[22] z. B. bei Empfang- 17 nahme der geschuldeten Leistung, des Versteigerungserlöses oder beim Erwerb von Pfandrechten, auch nicht z. B. bei Entgegennahme der Schuldnererklärung nach § 840 Abs. 3 ZPO, auch nicht bei der Einlagerung der gepfändeten Sache.[23] Deshalb wird der Schuldner gegenüber dem Gläubiger nicht frei, wenn der GerVollz gepfändetes Geld nicht an den Gläubiger abliefert. Auch soweit der GerVollz Pflichten des Gläubigers erfüllt, z. B. die Gegenleistung nach § 756 ZPO anbietet, ist er nicht Vertreter des Gläubigers, sondern handelt als Amtsträger.[24]

V. Kosten. Die Kosten für die Tätigkeit des GerVollz bestimmen sich nach dem 18 GVKostG. Die Gerichtsvollzieherkosten gehören zu den Kosten der Zwangsvollstreckung und sind zugleich mit dem zur Zwangsvollstreckung stehenden Anspruch beizutreiben (§ 788 ZPO). Die Kosten stehen der Landesjustizkasse zu, für die der GerVollz handelt. Zur Beteiligung des GerVollz an diesen Kosten Rn. 20. Eines Schuldtitels über diese Kosten bedarf es nicht. Ist der Anspruch aus dem Schuldtitel bereits getilgt, so können die noch rückständig gebliebenen Kosten der Zwangsvollstreckung allein auf Grund des Schuldtitels beigetrieben werden. Der GerVollz prüft auch die Kostenrechnung des Gläubigers und setzt unnötige Kosten ab (Glaubhaftmachung entsprechend § 104 Abs. 2 ZPO).

Rechtsbehelf gegen die Festsetzung der Kosten des GerVollz: Erinnerung (§ 5 19 GVKostG). Dabei geht es ausschließlich um die Berechtigung der Kostenforderung des Landes (vertreten durch den Bezirksrevisor). Dem GerVollz stehen in diesem

---

[17] *Mager* DGVZ 1970, 20.
[18] BVerwG NJW 1983, 896; OLG Frankfurt Rpfleger 1976, 367; LG Berlin MDR 1977, 146; *BL/Hartmann* vor § 154 Rn. 1; *BL/Hartmann* § 753 ZPO Rn. 3; *Fahlandt* ZZP 1979, 432 ff.
[19] Völlig h. M. seit RGZ 82, 85; vgl. BGH NJW-RR 2004, 788.
[20] Vgl. dazu LG Berlin MDR 1977, 146.
[21] Vgl. *Pawlowski* ZZP 1977, 345 ff.
[22] RGZ 156, 395 ff.; *BL/Hartmann* § 753 ZPO Rn. 3.
[23] RGZ 145, 204, 210.
[24] *BL/Hartmann* § 753 ZPO Rn. 7; *Fahlandt* ZZP 1979, 433 ff.; a. A. *StJ/Münzberg* § 753 Rn. 3.

20 **VI. Entschädigung.** Für seine Tätigkeit erhält der GerVollz neben seinen Bezügen als Beamter des mittleren Justizdienstes: als Vergütung einen Anteil an den durch ihn vereinnahmten Gebühren;[27] eine Entschädigung zur Abgeltung der Bürokosten nach landesrechtlichen Vorschriften;[28] reisekostenrechtliche Abfindung nach landesrechtlichen Vorschriften; Auslagenersatz nach der GVO und den landesrechtlichen Vorschriften.

21 Für Streitigkeiten über diese Entschädigung des GerVollz im Verhältnis zur Staatskasse ist der Verwaltungsrechtsweg gegeben.[29] Das gilt z.B. auch für die Anordnung, überhöhte Schreibgebühren zurück zu erstatten.[30]

22 **VII. Haftung.** Die Haftung des GerVollz richtet sich allein nach Amtshaftungsrecht, Art. 34 GG.[31] Auch im Verhältnis zum Adressaten seiner Tätigkeit (Schuldner, Zustellungsempfänger usw.) handelt der GerVollz stets hoheitsrechtlich; auch hier besteht nur die Amtshaftung.

23 Auch **gegenüber Dritten** wird der GerVollz **nur öffentlich-rechtlich** tätig mit der Folge der Haftung allein aus Art. 34 GG. Es kommt deshalb darauf an, ob der GerVollz Dritten gegenüber eine Amtspflicht hat. Das ist z.B. anerkannt nicht nur gegenüber Gläubiger und Schuldner (Auftraggeber, Adressat einer Zustellung usw.), sondern auch gegenüber einem Bieter in der Zwangsversteigerung.[32] Der Umstand allein, dass jemand dem auftraggebenden Gläubiger kraft Rechtsgeschäfts verpflichtet ist, im Falle der Nichterfüllung der zu vollstreckenden Forderung dafür einzutreten, bringt ihn nicht in Beziehung zur Amtstätigkeit des GerVollz,[33] auch nicht den Bürgen;[34] das gilt auch für eine Kreditversicherungsanstalt, die dem Gläubiger für den Eingang der beizutreibenden Forderung haftet;[35] auch nicht gegenüber einer Person, der auf Anordnung des Vollstreckungsgläubigers der GerVollz Geld abliefern soll.[36] Amtspflichten, Sachen Dritter nicht zu pfänden, sind nur dann zu bejahen, wenn nach Lage der Dinge vernünftigerweise kein Zweifel daran bestehen kann, dass Rechte dritter Personen der Inanspruchnahme entgegenstehen.[37] Eine Ausnahme besteht nur, wenn der GerVollz zur Durchführung seiner hoheitlichen Tätigkeit am Vollstreckungsverfahren völlig unbeteiligte Dritte für Hilfstätigkeiten in Anspruch nimmt, z.B. einen Möbeltransporteur für die Zwangsräumung oder einen Lagerhalter zur Aufbewahrung von gepfändetem Gut; hier haftet der GerVollz auch persönlich und privatrechtlich für die entstehenden Kosten.[38] Übernimmt der GerVollz die Sequestration, ist danach abzugrenzen, ob die allein hoheitliche Wegnahme des Sequestrationsobjekts bereits abgeschlossen war.[39]

24 Eine Haftung des Gläubigers für eine Amtspflichtverletzung des GerVollz besteht nicht, es sei denn, der Gläubiger habe seinerseits daran durch eigenes schuldhaftes Verhalten mitgewirkt.[40]

---

[25] LG Koblenz MDR 1978, 584.
[26] BVerwG DVBl 1982, 1188; NJW 1983, 896.
[27] Zum Rechtscharakter des Gebührenanteils BGHZ 146, 17 = NJW 2001, 434.
[28] Hierzu *Köhler* DGVZ 2002, 145; *Kühn* DGVZ 2001, 33.
[29] LG Koblenz MDR 1978, 584.
[30] BayVGH DGVZ 1979, 87.
[31] RGZ 161, 109, 111; OLG Frankfurt Rpfleger 1976, 367.
[32] RGZ 129, 23; RG JW 1931, 2427.
[33] RGZ 140, 43, 45.
[34] RGZ 147, 142.
[35] RGZ 138, 209; Z 140, 43, 45.
[36] RGZ 151, 109, 114.
[37] BGH NJW 1957, 544.
[38] StRSpr; vgl. LG Offenburg DGVZ 1978, 158.
[39] BGHZ 146, 17 = NJW 2001, 434.
[40] *BL/Hartmann* § 753 ZPO Rn. 10; *StJ/Münzberg* § 755 Rn. 5; RG JW 1912, 201.

VIII. Vollziehungsbeamte der Justiz. Die Beitreibung von Ansprüchen der 25
Staatskasse erfolgt im Verwaltungszwangsverfahren. Der Staat benötigt keinen Vollstreckungstitel im Sinne der ZPO, die Vollstreckung erfolgt durch seine eigenen Organe. Geregelt ist das Verfahren in der Justizbeitreibungsordnung. Die Beitreibung von Ansprüchen der Staatskasse in Justizangelegenheiten kann durch besondere Vollziehungsbeamte erfolgen, für deren Tätigkeit im Rahmen einer besonderen landesrechtlichen Dienstordnung die Vorschriften für den Gerichtsvollzieherdienst und sonstige landesrechtliche Rechts- und Verwaltungsvorschriften gelten. Die Vollziehungsbeamten der Justiz werden tätig auf Grund eines Auftrags der Vollstreckungsbehörde (Gerichtskasse, Landesjustizkasse u. a.). Für die Vollstreckung gelten im Wesentlichen die Vorschriften der ZPO (§ 6 JBeitrO). Die Beitreibung der genannten Ansprüche ist auch durch den Gerichtsvollzieher möglich (§§ 260 ff. GVGA). Für die Tätigkeit des Vollziehungsbeamten der Justiz gelten auch die Vorschriften des GVKostG sinngemäß (§ 11 JBeitrO).

Die Vollziehungsbeamten erhalten neben ihren Bezügen als Justizbeamte: als 26
Vergütung einen Anteil an den durch sie vereinnahmten Gebühren nach der VollstrVergV; reisekostenrechtliche Abfindung nach landesrechtlichen Vorschriften; Auslagenersatz nach den landesrechtlichen Dienstordnungen.

IX. Tätigkeit des GerVollz in den anderen Gerichtsbarkeiten. 1. Arbeits- 27
gerichtsbarkeit: § 9 ArbGG verweist auf die für die ordentliche Gerichtsbarkeit geltenden Vorschriften; der GerVollz ist hier im gleichen Umfange tätig wie in der ordentlichen Gerichtsbarkeit. Zustellungen erfolgen von Amts wegen (§ 50 ArbGG, §§ 166 ff. ZPO).

2. Finanzgerichtsbarkeit. Zustellungen werden ebenfalls von Amts wegen 28
nach §§ 166 ff. ZPO vorgenommen (§ 53 FGO); die Zwangsvollstreckung richtet sich zugunsten des Bundes usw. nach der AO (§ 150 FGO); wird gegen den Bund usw. vollstreckt, richtet sich die Vollstreckung nach dem 8. Buch der ZPO (§ 151 FGO), so dass auch hier der GerVollz zur Vollstreckung berufen ist. Vollstreckung wegen Geldforderungen: § 152 FGO.

3. Sozialgerichtsbarkeit. Soll zugunsten einer Bundesbehörde usw. vollstreckt 29
werden, richtet sich die Vollstreckung gem. § 200 SGG nach dem VwVG, eine Zuständigkeit des GerVollz ist nicht gegeben. Wird aber zugunsten einer Privatperson vollstreckt, gelten nach § 198 SGG die Vorschriften des 8. Buchs der ZPO, also auch die über die Tätigkeit des GerVollz. Zustellungen erfolgen nach der ZPO (§ 63 SGG).

4. Verwaltungsgerichtsbarkeit. Zustellungen geschehen von Amts wegen nach 30
§§ 166 ff. ZPO (§ 56 VwGO). Bei der Vollstreckung ist zu unterscheiden: Soll gegen den Bund usw. wegen einer Geldforderung vollstreckt werden (§ 170 VwGO), so verfügt das Gericht erster Instanz die vorzunehmende Vollstreckungsmaßnahme; das kann auch durch die Beauftragung eines GerVollz geschehen.[41] – Bei Vollstreckung zugunsten des Bundes usw. kann nach § 169 Abs. 1 VwGO von der Vollstreckungsbehörde (Vorsitzender des Gerichts erster Instanz) auch ein GerVollz in Anspruch genommen werden; die Vollstreckung darf dem GerVollz aber nicht insgesamt (pauschal) übertragen werden, sondern nur von Fall zu Fall.[42]

§ 155. [Ausschließung des Gerichtsvollziehers]

Der Gerichtsvollzieher ist von der Ausübung seines Amts kraft Gesetzes ausgeschlossen:
I. in bürgerlichen Rechtsstreitigkeiten:
  1. wenn er selbst Partei oder gesetzlicher Vertreter einer Partei ist oder zu einer Partei in dem Verhältnis eines Mitberechtigten, Mitverpflichteten oder Schadensersatzpflichtigen steht;

---

[41] *Eyermann/Schmidt* § 170 VwGO Rn. 6.
[42] OVG Münster NJW 1977, 727.

2. wenn sein Ehegatte oder Lebenspartner Partei ist, auch wenn die Ehe oder Lebenspartnerschaft nicht mehr besteht;

3. wenn eine Person Partei ist, mit der er in gerader Linie verwandt oder verschwägert, in der Seitenlinie bis zum dritten Grad verwandt oder bis zum zweiten Grad verschwägert ist oder war;

II. in Strafsachen:
1. wenn er selbst durch die Straftat verletzt ist;
2. wenn er der Ehegatte oder Lebenspartner des Beschuldigten oder Verletzten ist oder gewesen ist;
3. wenn er mit dem Beschuldigten oder Verletzten in dem unter Nummer I 3 bezeichneten Verwandtschafts- oder Schwägerschaftsverhältnis steht oder stand.

Gesetzesfassung: Nr. I 3 i. d. F. Art. 7 Nr. 1 AdoptionsG vom 2. 7. 1976 (BGBl. I S. 1749). Nrn. I 2 und II 2 neu gefasst durch Art. 3 § 12 Nr. 4 Buchst. a, b G zur Beendigung der Diskriminierung gleichgeschlechtlicher Gemeinschaften vom 16. 2. 2001 (BGBl. I S. 266).

1 **I. Ausschließungsgründe. 1.** Das für den GerVollz als Organ des Gerichtsverfassungsrechts geltende **Neutralitätsgebot** (vgl. § 154 Rn. 3) wird durch § 155 konkretisiert, indem der GerVollz von der Amtstätigkeit ausgeschlossen wird bei enger persönlicher Beziehung. Die **Ausschließungsgründe** entsprechen in bürgerlichen Rechtsstreitigkeiten § 41 Nr. 1 bis 4 ZPO, in Strafsachen § 22 Nr. 1 bis 3 StPO (jedoch ist der GerVollz als Vormund nicht ausgeschlossen). – Weitere Ausschließungsgründe ergeben sich aus §§ 450 ff. BGB und § 141 GVGA.

2 **2.** Eine **Ablehnung** des GerVollz (vgl. §§ 44, 48 ZPO, §§ 24, 30 StPO) ist nicht möglich;[1] verfassungsrechtlich ist dies unbedenklich.[2]

3 **II. Folgen der Ausschließung. 1.** Der GerVollz muss sich jeder Amtshandlung enthalten. An seine Stelle tritt der nach Landesrecht bestimmte Vertreter.

4 **2.** Die Folgen der Ausschließung auf eine dennoch vorgenommene Amtshandlung sind umstritten. Der Ansicht von der völligen Wirkungslosigkeit und Unbeachtlichkeit der Amtshandlungen[3] kann nicht zugestimmt werden. Sie verkennt das Wesen einer öffentlich-rechtlich vorgenommenen Amtshandlung und die Bedürfnisse der Rechtssicherheit; zudem gelten die Überlegungen, dass die Tätigkeit eines ausgeschlossenen Richters nicht unwirksam, sondern nur anfechtbar ist, auch hier. Deshalb ist die Wirksamkeit der Amtshandlung, aber Anfechtbarkeit (§ 766 ZPO) anzunehmen.[4]

5 **3.** Die Tätigkeit des GerVollz trotz Ausschließung stellt eine Amtspflichtverletzung dar, und zwar sowohl gegenüber dem Schuldner usw., als auch dem Gläubiger/Auftraggeber, z. B. wegen Rangverlustes bei Pfändung.

---

[1] BGH NJW-RR 2005, 149; LG Coburg DGVZ 1990, 89; LG Köln DGVZ 2001, 118; *BL/Hartmann* Rn. 1; *Zöller/Gummer* Rn. 1; *Wieczorek/Schreiber* Rn. 2; *LR/Boll* Rn. 1; *Rosenberg/Schwab/Gottwald* § 26 Rn. 14; *Musielak/Weth* § 49 ZPO Rn. 3; *Stein/Jonas/Bork* § 49 ZPO Rn. 5; vgl. auch *Kieselstein* DGVZ 2005, 40.
[2] BVerfG NJW-RR 2005, 365.
[3] *Zöller/Gummer* Rn. 1; *Wieczorek/Schreiber* Rn. 2; *Blomeyer* ZwVR § 4 I 3.
[4] *StJ/Münzberg* § 753 Rn. 4; *LR/Boll* Rn. 2; *Eb. Schmidt* Rn. 3; *BL/Hartmann* Rn. 1 nimmt hinsichtlich Zustellungen Unwirksamkeit an; ebenso *Rosenberg/Schwab/Gottwald* § 27 II 4.

Dreizehnter Titel. Rechtshilfe

§ 156. [Rechtshilfepflicht]

Die Gerichte haben sich in bürgerlichen Rechtsstreitigkeiten und in Strafsachen Rechtshilfe zu leisten.

Übersicht

	Rn.		Rn.
I. Grundlegung, Regelungsinhalt		2. Bindung	40
1. Grenzen behördlicher Tätigkeit	1	3. Form............................	44
2. Art. 35 GG................................	2	4. Abgrenzungen	46
3. Rechtshilfe, Amtshilfe	3	a) Beauftragter Richter	46
4. Bedeutung der §§ 156 ff.	6	b) Übergang der Zuständigkeit ...	47
II. Geltungsbereich	10	c) Staatsanwaltschaft	48
1. Zwischen ordentlichen Gerichten ..	10	VII. Ersuchen von Verwaltungsbehörden an Gerichte	51
2. Strafsachen	12	1. Spezialgesetzliche Regelung.........	51
3. Bürgerliche Rechtsstreitigkeiten.....	14	2. Allgemeine Grundsätze................	56
4. Erweiterungen	15	3. Mitteilungspflichten.....................	58
a) Andere Gerichtsbarkeiten	15	VIII. Ersuchen der Gerichte an Verwaltungsbehörden	59
b) Disziplinargerichte	16	1. Amtshilfe im Allgemeinen	59
c) Verfassungsgerichte	17	2. Geheimhaltung	60
d) Patentgerichte	18	IX. Schiedsgerichte	62
e) Besondere Gerichte	19	X. Auslandsbeziehungen	63
5. Begrenzungen	20	1. Zivilsachen	65
III. Rechtshilfe als Teil der Rechtsprechung	22	2. Strafsachen	66
IV. Organe der Rechtshilfe	29	3. Organe der EG	69
V. Inhalt der Rechtshilfe	30	4. Stationierungsstreitkräfte	70
VI. Rechtshilfeersuchen	34		
1. Inhalt	34		

I. Grundlegung, Regelungsinhalt. 1. Grenzen behördlicher Tätigkeit. 1 Jede staatliche Einrichtung kann nur tätig werden innerhalb ihrer sachlichen und örtlichen Zuständigkeit, die sich aus den für sie verbindlichen Organisations- und Verfahrensnormen ergibt. Wenn es zur Erfüllung ihrer Aufgaben notwendig ist, diesen Zuständigkeitsbereich sachlich oder örtlich zu überschreiten, kann sie das nicht selbst tun, sondern muss sich der unterstützenden Tätigkeit der Einrichtungen bedienen, die für die beabsichtigte Maßnahme sachlich und örtlich zuständig sind. Das Gleiche gilt, wenn eine staatliche Einrichtung eine Tätigkeit, die sie selbst vornehmen könnte, aus Zweckmäßigkeitserwägungen, z. B. wegen der räumlichen Entfernung oder fehlender eigener faktischer Möglichkeiten, durch eine andere Behörde ausführen lassen möchte. Für die Gerichte als Träger der staatlichen Gerichtsbarkeit ist dies nicht anders, obwohl sich die Gerichtsbarkeit jedes Gerichts auf das ganze Bundesgebiet (vgl. Rn. 8) erstreckt. Eine solche Hilfeleistung durch andere Stellen ist nichts Selbstverständliches. Besteht ein Verhältnis der Über- und Unterordnung, ergibt sich die Hilfspflicht zwar aus den allgemeinen Grundsätzen des Behördenaufbaus. In allen anderen Fällen bedarf es aber einer gesetzlichen Grundlage. Sie kann allerdings nur die unterstützende Tätigkeit durch innerstaatliche Einrichtungen und innerhalb des Staatsgebiets erfassen. Die Beziehungen zwischen den Staaten untereinander müssen in internationale Vereinbarungen geregelt werden (Rn. 63 ff).

2. Art. 35 GG. Eine allgemeine innerstaatliche Regelung der behördlichen 2 Hilfeleistung untereinander enthält Art. 35 Abs. 1 GG, wonach alle Behörden des

Bundes und der Länder sich gegenseitig Rechts- und Amtshilfe leisten. Zu diesen „Behörden" gehören auch die Gerichte.[1] Deren Einbeziehung in die wechselseitige Amtshilfe auch im Verhältnis zu Verwaltungsbehörden verstößt nicht gegen die Gewaltenteilung.[2] Die Begriffe „Rechtshilfe" und „Amtshilfe" sind nicht eindeutig definiert, der Sprachgebrauch in RSpr und Literatur, aber auch in einzelnen Gesetzen ist uneinheitlich.[3]

3. Rechtshilfe, Amtshilfe im Allgemeinen. Unter „**Rechtshilfe**" wird allgemein nur die Tätigkeit der Gerichte verstanden. Für wen Gerichte tätig werden können und müssen, in welchem Umfang und in welcher Art, wird jedoch nicht einheitlich beantwortet. Teils wird der Begriff begrenzt auf die gegenseitige Hilfstätigkeit nur der Gerichte untereinander allein im Bereich der rsprGewalt,[4] teils wird er erstreckt auf jede Tätigkeit der Gerichte für andere Stellen ohne Rücksicht darauf, in wessen Auftrag das ersuchte Gericht tätig wird.[5] Auch wird mitunter darauf abgestellt, ob die ersuchende Stelle selbst die Tätigkeit vornehmen kann oder nicht.[6]

Unter „**Amtshilfe**" wird die von Behörden für andere Behörden erbetene Hilfeleistung verstanden,[7] teilweise auch (materiell) alle außerhalb der rsprTätigkeit ersuchte Hilfe.[8] Andere Auffassungen sprechen davon, wenn funktional die ersuchende Stelle für die ersuchte Tätigkeit selbst zuständig ist[9] oder aber gerade umgekehrt die ersuchende Stelle keine Zuständigkeit hat und deshalb die ersuchte Stelle angeht.[10] Die Amtshilfe dient grundsätzlich nicht dem Schutz einzelner verfahrensbeteiligter Dritter, sondern dem Interesse der Allgemeinheit an einer effektiven Verwirklichung der Verwaltungsaufgaben.[11] Im Gegensatz zur Rechtshilfe ist es bei der Amtshilfe zwischen Verwaltungsbehörden nicht erforderlich, dass die ersuchende Behörde für die ersuchte Amtshandlung sachlich zuständig ist (vgl. § 5 Abs. 1 Nr. 1 VwVfG). So fehlt auch in aller Regel den Verwaltungsbehörden bei Amtshilfeersuchen an Gerichte gerade die eigene Zuständigkeit für die Vornahme der Amtshandlung; das allein sagt aber noch nichts darüber aus, ob das Amtshilfeersuchen der Verwaltungsbehörde an das Gericht zulässig ist.

Art. 35 GG begründet nur die allgemeine Pflicht zur gegenseitigen Rechts- und Amtshilfe, um auf diesem Gebiet die Einheit der im Bundesstaat in Bundes- und Ländergewalt geteilten Staatsgewalt herzustellen.[12] Art. 35 GG sagt jedoch nichts über **Inhalt und Umfang** der Rechts- und Amtshilfe aus, etwa über Befugnisse zur Anforderung von Rechts- und Amtshilfe, die Kosten, die Möglichkeiten der Ablehnung und den Rechtsbehelf dagegen. Hierfür maßgebend sind spezialgesetzliche Regelungen des Bundes- oder Landesrechts. Soweit solche nicht bestehen, enthalten die §§ 4 bis 8 VwVfG eine allgemeine bundesrechtliche Regelung, die in Ermangelung entsprechender landesrechtlicher Bestimmungen teilweise auch für die Länder gilt.[13] Aber auch soweit diese Vorschriften nicht unmittelbar anwendbar sind (vgl. §§ 1, 2 VwVfG), können sie entsprechend herangezogen werden, da sie

---

[1] *BL/Hartmann* vor § 156 Rn. 1; *LR/Boll* vor § 156 Rn. 4; *Wieczorek/Schreiber* Rn. 1; *Maunz/Dürig* Art. 35 Rn. 3.
[2] BVerfGE 7, 183, 188 = NJW 1958, 97; E 31, 43, 46 = NJW 1971, 1308.
[3] *LR/Boll* Rn. 2 vor § 156; OLG Celle NJW 1967, 993.
[4] *Maunz/Dürig* Art. 35 GG Rn. 3; *Forsthoff* S. 103; *Herzog* JZ 1967, 286; *Wieczorek/Schreiber* Rn. 2 vor § 156; *LR/Boll* Rn. 1; *Zöller/Gummer* Rn. 2.
[5] *Forsthoff* S. 103.
[6] RGZ 115, 368; KG DR 1940, 695; *BL/Hartmann* Rn. 3 vor § 156.
[7] *Forsthoff* S. 103.
[8] *Maunz/Dürig* aaO.
[9] Vgl. *BL/Hartmann* aaO.
[10] *Zöller/Gummer* Rn. 3.
[11] BVerwG NVwZ 1999, 535.
[12] BVerwGE 38, 336.
[13] *Naujoks* JZ 1978, 41.

weitgehend die zuvor entwickelten allgemeinen verwaltungsrechtlichen Grundsätze wiedergeben.[14]

4. Bedeutung der §§ 156 ff. Das GVG regelt als **Spezialgesetz** die Rechtshilfe (zum Begriff Rn. 10), und zwar abschließend. Steht keine Rechtshilfe in Frage, ist das VwVfG in den Grenzen seines Geltungsbereichs auch für den wechselseitigen Amtshilfeverkehr zwischen Gerichten und Verwaltungsbehörden anwendbar. Zu beachten ist jedoch der Ausschluss der Anwendbarkeit in § 2 Abs. 2 Nr. 2, Abs. 3 Nr. 1 VwVfG sowie der Vorrang spezialgesetzlicher Regelungen wie §§ 111 ff. AO, § 5 VwVfG. Neben Art. 35 GG liegt die fortdauernde Bedeutung von § 156 darin, dass er regelt, **für welche Rechtshilfeangelegenheiten** die Spezialvorschriften der §§ 157 ff. gelten. Soweit für die Beziehungen zwischen den Gerichten der Rechtshilfebegriff des § 156 nicht zutrifft oder es um Amtshilfe zwischen einem Gericht und einer Verwaltungsbehörde geht, sind die §§ 157 ff. nicht anwendbar. 6

Soweit § 156 die Pflicht zur gegenseitigen Rechtshilfe für die ordentlichen Gerichte untereinander **konstituiert**, hat er nur noch historische Bedeutung. Die gegenseitige Rechtshilfepflicht gehört zu den Anfängen der Deutschen Einheit. Durch Gesetz vom 20. Mai 1869 (Bundes-Gesetzblatt des Norddeutschen Bundes S. 305) ist die Rechtshilfe innerhalb Deutschlands für die Gerichte in bürgerlichen Rechtsstreitigkeiten und Strafsachen erstmals bundesgesetzlich begründet worden, da die Gerichtsgewalt an den Grenzen der deutschen Staaten endete.[15] Nach Erweiterung der Reichskompetenz auf die Gerichtsverfassung (Einl. Rn. 4) wurde die Regelung in das GVG übernommen, bevor es eine bundesgesetzliche Regelung der Rechts- und Amtshilfe für alle anderen staatlichen Einrichtungen gab, die in Art. 7 Nr. 3 WRV in Ansätzen und vollständig erst in Art. 35 GG Aufnahme fand. 7

Keine Frage der Rechtshilfe ist die nach der Geltung einer richterlichen Entscheidung außerhalb des Bezirks des Gerichts. Die Gerichtsgewalt jedes Gerichts erstreckt sich auf alle Sachen und Personen im gesamten Geltungsbereich des GVG, welchem Land der BRep sie auch angehören mögen (einheitliches Rechtspflegegebiet, vgl. Einl. Rn. 40; zu Auslandsbeziehungen Rn. 63). Daraus folgt, dass „die Entscheidungen eines deutschen Gerichts durch ganz Deutschland vollstreckbar sind, dass die Wirkungen der bei einem Gericht eingetretenen Rechtshängigkeit oder rechtskräftige Entscheidung vor jedem anderen Gericht desselben oder eines anderen Bundesstaates geltend gemacht werden können und dass die Ladungen eines deutschen Gerichts oder Staatsanwalts, sowie die von einem deutschen Gericht erlassenen Gebote oder Verbote auch von Personen, welche sich in einem anderen Bundesstaate befinden, zu befolgen sind, ohne dass es der Anweisung zur Folgeleistung seitens des für sie zuständigen Gerichts bedarf".[16] 8

Unter den Begriff „Rechtshilfe" fällt auch nicht die verfahrensrechtlich im Einzelnen geregelte Zusammenarbeit zwischen Gericht und anderen öffentlich-rechtlichen Institutionen wie mit der StA (vgl. Rn. 48) nach der StPO und anderen Verfahrensgesetzen und dem Jugendamt nach dem SGB VIII. 9

II. Geltungsbereich. 1. Für die Frage, ob §§ 156 ff. oder die Vorschriften des VwVfG bzw. die allgemeinen Grundsätze nach Art. 35 GG anzuwenden sind, kommt es maßgeblich an auf die Abgrenzung des Begriffs „Rechtshilfe" zur sonstigen Amtshilfe. Dabei ist zu unterscheiden zwischen den funktionalen und den materiellen Voraussetzungen, also einerseits nach den beteiligten Institutionen und andererseits nach der Art der ersuchten Tätigkeit. Rechtshilfe im Sinne der §§ 156 ff. liegt nur vor, wenn funktional auf beiden Seiten **ordentliche Gerichte beteiligt** sind (oder andere Gerichte oder Institutionen, die ihnen insoweit ausdrücklich gesetzlich gleichgestellt sind) und wenn die vom Gericht ersuchte Tätig- 10

---
[14] Vgl. *Schleicher* DÖV 1976, 531; *LR/Boll* vor § 156 Rn. 9.
[15] *Hahn* I S. 167.
[16] *Hahn* I S. 168.

keit ihrer Art nach **der RSprTätigkeit des Gerichts** und nicht der Justizverwaltung zuzurechnen ist[17] (Rn. 22).

11 Es muss sich bei der ersuchenden wie bei der ersuchten Stelle um ein Gericht der ordentlichen Gerichtsbarkeit handeln (§ 12), wozu auch der Gemeinsame Senat der obersten Gerichtshöfe nach § 9 RSprEinhG gehört. Auch zwischen Stammgericht und Zweigstelle sind Rechtshilfeersuchen möglich.[18] Weiter gelten §§ 156 ff. nur für die Tätigkeit der ordentlichen Gerichte in bürgerlichen Rechtsstreitigkeiten und in Strafsachen (§ 13 GVG, § 2 EGGVG). Ob eine solche Sache vorliegt, richtet sich nicht nach ihrer wahren Rechtsnatur, sondern allein danach, ob das ersuchende Gericht sie so wertet[19] (vgl. aber § 158). Sind nach § 194 Abs. 1 FGG oder landesrechtlichen Vorschriften für die Erledigung von Rechtshilfeersuchen andere Behörden als Gerichte zuständig, bleibt daneben die Zuständigkeit der Gerichte bestehen.[20]

12 **2. Strafsachen.** §§ 156 ff. gelten einmal für die Strafsachen im Sinne der §§ 13 GVG, 2 EGGVG. Hierzu gehören nicht nur die Verfahren von der Anklageerhebung ab, sondern auch die im Ermittlungsverfahren[21] (vgl. § 166 Abs. 2 StPO) und über alle Nachtragsentscheidungen, ebenso das Privatklageverfahren, z. B. im Falle des § 383 Abs. 1 StPO.[22]

13 Soweit die Gerichte noch in der **Strafvollstreckung** Aufgaben zu erfüllen haben (z. B. nach §§ 453–454 a, 458, 459 d StPO – abgesehen von §§ 82 ff. JGG), gehören diese Aufgaben ebenfalls zu den Strafsachen im Sinne der §§ 156 ff. Zwar gehört die Strafvollstreckung selbst nicht zu den Strafsachen, weil sie keine Aufgabe der RSpr ist[23] (vgl. § 451 StPO), aber die den Gerichten obliegenden Aufgaben im Zusammenhang mit der Strafvollstreckung stehen im inneren Zusammenhang mit dem Strafverfahren selbst und sind vom Gesetzgeber auch erkennbar der rsprGewalt zugerechnet worden.

14 **3. Bürgerliche Rechtsstreitigkeiten.** Bei dem Begriff „bürgerliche Rechtsstreitigkeiten und Strafsachen" in § 156 handelt es sich insgesamt nicht um eine abschließende Regelung, sondern lediglich um den Katalog der Zuständigkeiten der ordentlichen Gerichte bei Erlass des GVG. Die inzwischen wesentlich erweiterte Zuständigkeit der ordentlichen Gerichte führt auch zu einer entsprechenden Ausweitung der §§ 156 ff. Die Vorschriften gelten für alle den ordentlichen Gerichten zugewiesenen Aufgaben, und zwar nicht nur dann, wenn dies ausdrücklich vorgeschrieben ist (so § 2 FGG, § 46 OWiG), sondern auch bei Fehlen einer solchen gesetzliche Anordnung, wenn nicht umgekehrt eine ausdrückliche abweichende Regelung getroffen ist. So gelten §§ 156 ff. auch für Insolvenzsachen.[24] Die Möglichkeiten des Ersuchens wie des Ersuchtwerdens erweitert § 194 FGG.

15 **4. Erweiterungen. a) Andere Gerichtsbarkeiten.** Die §§ 156 ff. sind für die Gerichte der anderen Gerichtsbarkeiten weitgehend für anwendbar erklärt worden: §§ 14, 173 VwGO; §§ 13, 106 ArbGG; § 13 FGO; § 5 SGG. Die Anwendbarkeit der Vorschriften des GVG bedeutet ein Doppeltes. Die Gerichte dieser Gerichtsbarkeit können die Gerichte ihrer Gerichtsbarkeit entsprechend §§ 157 ff. um Rechtshilfe ersuchen, wobei an die Stelle des AG das erstinstanzliche Gericht dieser Gerichtsbarkeit tritt und an die Stelle des OLG das Gericht zweiter Instanz. Weiter können die Gerichte dieser Gerichtsbarkeit auch das AG (nicht aber die Gerichte

---

[17] OLG Celle NJW 1967, 393; *Meyer-Goßner* vor § 156 Rn. 1; *Zöller/Gummer* Rn. 2.
[18] OLG München MDR 1982, 763.
[19] *BL/Hartmann* Rn. 1.
[20] OLG Karlsruhe Rpfleger 1994, 255.
[21] *LR/Boll* Rn. 1.
[22] OLG Zweibrücken NJW 1966, 385.
[23] RGSt 20, 101.
[24] OLG Köln NZI 1999, 459; OLG Brandenburg OLGR 2002, 211.

der anderen Gerichtsbarkeiten) um Rechtshilfe ersuchen. Dabei können die Finanzgerichte und die Verwaltungsgerichte stets die AG um Rechtshilfe ersuchen. Für die Arbeitsgerichte (§ 13 Abs. 1 Satz 2 ArbGG) und die Sozialgerichte (§ 5 Abs. 2 Satz 3 SGG) ist dies dem gegenüber nur zulässig, wenn die ersuchte Handlung außerhalb des Sitzes des ersuchenden Sozial- oder Arbeitsgerichts vorzunehmen ist. „Sitz" des Arbeits- oder Sozialgerichts ist aber auch der Ort, an dem Gerichtstage eingerichtet sind.[25] Das Sozialgericht kann auch in Fällen, in denen es seinerseits von Sozialbehörden um Hilfe ersucht worden ist, unter den Voraussetzungen des § 5 Abs. 2 Satz 3 SGG das AG um Rechtshilfe ersuchen.[26]

b) Die §§ 156 ff. sind weiter anwendbar für die Richterdienstgerichte (§ 63 Abs. 1 DRiG) und für die Ehren- und Berufsgerichte sowohl nach Bundesrecht als auch nach Landesrecht mit Wirkung über die Landesgrenzen hinaus. Die Kompetenz des Landesgesetzgebers ergibt sich hier aus Art. 30, 70, 72, 74 GG. Zu solchen Gerichten vgl. §§ 99 Abs. 2, 137 BRAO, §§ 96 ff. BNotO, §§ 95 ff. StBerG, §§ 72 ff. WirtschaftsprüferO.

c) §§ 156 ff. gelten auch für das **BVerfG** (§§ 26, 27 BVerfGG) und die Staats- und Verfassungsgerichtshöfe der Länder nach Maßgabe der landesrechtlichen Regelung, insoweit auch über die Landesgrenzen hinaus;[27] das Gleiche gilt für die parlamentarischen Untersuchungsausschüsse des Bundes (Art. 44 GG) und der Länder.

d) Die §§ 156 ff. sind weiter anzuwenden im Verhältnis zum Patentamt und dem **Patentgericht** nach § 128 PatG,[28] § 21 GebrMG, § 95 MarkenG.[29]

e) Die §§ 156 ff. gelten unmittelbar nicht für die **besonderen Gerichte** nach § 14 GVG untereinander und im Verhältnis zu den anderen Gerichten. Hier wird noch die Anwendung des Rechtshilfegesetzes von 1869 (Rn. 7) angenommen. Indessen liegt eine entsprechende Anwendung der §§ 156 ff. nahe mit Rücksicht darauf, dass auch die besonderen Gerichte verfassungsrechtlich uneingeschränkt „Gerichte" sind, ihre Eigenheiten keine abweichende Regelung fordern und § 16 wie die Grundsätze des sozialen Rechtsstaats es gebieten, allen Gerichten möglichst gleiche Arbeitsbedingungen zu gewährleisten.

5. Begrenzungen der Rechtshilfe. Ersuchen der Gerichte an Einrichtungen, die keine Gerichte im Sinne der vorangegangenen Ausführungen sind, unterfallen nicht dem Rechtshilfebegriff der §§ 156 ff. (vgl. Rn. 59). Nicht zur Rechtshilfe gehört deshalb die **Konsulartätigkeit** für die Gerichte nach dem KonsularG. In dessen Rahmen, insbesondere §§ 15 bis 17, können die Gerichte, und zwar alle Gerichte, die Konsularbeamten im Ausland um Vernehmungen und Anhörungen ersuchen, um Zustellungen und um Verklarungen (zur Zuständigkeit für Verklarungen BGBl. 1978 I S. 765). Bei dieser Tätigkeit handelt es sich um Amtshilfe, und zwar innerstaatliche.[30]

Umgekehrt liegt auch dann keine Rechtshilfe vor, wenn **Verwaltungsbehörden** die Gerichte um Hilfe ersuchen; hier ist stets Amtshilfe gegeben ohne Rücksicht auf den Inhalt der ersuchten Tätigkeit. In einer Vielzahl von Gesetzen ist über die allgemeine Amtshilfepflicht hinaus (Rn. 2) Verwaltungsbehörden die Möglichkeit eingeräumt, das Gericht um Hilfe zu ersuchen, insbesondere um die Durchführung von Beweisaufnahmen und Mitwirkung bei der Vollstreckung; vgl. §§ 94, 284, 326, 334 AO, §§ 116, 135 FlurberG, § 57 GWB, § 191 BEG, § 5 der Bekanntmachung über die Beurkundung von Geburts- und Sterbefällen Deutscher im Ausland (RGBl. 1917, 55). Auch in den Fällen, in denen die Anwendung der

---

[25] OLG Hamm JMBlNRW 1964, 53.
[26] OLG Hamm JMBlNRW 1962, 98.
[27] *Zöller/Gummer* Rn. 4.
[28] Vgl. RG Gruch 1906, 1044.
[29] Vgl. RGZ 33, 423, 425; Z 64, 178, 180.
[30] BGHSt 26, 140 = NJW 1975, 1612.

§§ 156 ff. auf das Amtshilfeersuchen einer Verwaltungsbehörde an das Gericht ausdrücklich angeordnet ist (z.B. § 20 ZivildienstG; § 19 WehrpflichtG; § 317 LAG), handelt es sich materiell um Amtshilfe.[31] Keine Rechtshilfe kann auch privaten Schiedsgerichten geleistet werden (Rn. 62), auch nicht kirchlichen Gerichten[32] (§ 13 Rn. 181).

22 **III. Rechtshilfe als Teil der Rechtsprechung.** Rechtshilfe im Sinne der §§ 156 ff. setzt voraus, dass es sich bei der Tätigkeit, um die ersucht wird, um eine solche handelt, die der RSprTätigkeit des Gerichts zuzurechnen ist, die also eine richterliche Handlung erfordert.[33] Hierzu gehören alle zur Erledigung der den ordentlichen Gerichten obliegenden Verfahren (Rn. 14) erforderlichen und verfahrensmäßig vorgesehenen richterlichen Tätigkeiten.[34] Das sind vor allem die Ermittlung des maßgebenden Sachverhalts, vornehmlich Beweisaufnahmen,[35] die Ermittlung der beteiligten Personen und ihre Einbeziehung in das Verfahren, die Ermöglichung der Abgabe von das Verfahren betreffenden Erklärungen der Beteiligten, z.B. nach § 233 StPO.[36] Das Charakteristikum, das diese Tätigkeit als zur RSpr und nicht zur Verwaltung gehörig ausweist, ist ihre Institutionalisierung in den für die richterliche Tätigkeit geltenden Verfahrensgesetzen, die Möglichkeit zwangsweiser Durchsetzung, die Auferlegung unmittelbarer Pflichten und Lasten sowie die Bindung der Betroffenen an diesbezügliche Entscheidungen einschließlich der negativen Konsequenzen bei ihrer Nichtbefolgung.

23 Soweit diese Voraussetzungen erfüllt sind, handelt es sich bei der durch Gerichte für Gerichte geleisteten Rechtshilfe um **RSpr im verfassungsrechtlichen Sinne**; diese Tätigkeit wird sowohl von der richterlichen Unabhängigkeit umfasst[37] als auch vom Gebot des gesetzlichen Richters. Ebenso ist Art. 100 GG anwendbar.[38] Umgekehrt gehört bei aller Schwierigkeit der Abgrenzung im Einzelnen nicht zur Rechtshilfe die ersuchte Tätigkeit, die nicht mit der konkreten Durchführung eines gerichtlichen Verfahrens in unmittelbarem Zusammenhang steht, etwa lediglich gelegentlich einer solchen Tätigkeit erforderlich oder wünschenswert wird. Bei einer solchen Hilfstätigkeit handelt es sich nicht mehr um die Tätigkeit des Gerichts als Organ der rsprGewalt, sondern um die Tätigkeit des Gerichts als Teil (Behörde) der allgemeinen Staatsverwaltung. Es handelt sich um Amtshilfe, die weder von der richterlichen Unabhängigkeit noch vom Gebot des gesetzlichen Richters umfasst ist; Art. 100 ist aber auch hier anwendbar.[39] Wer diese Amtshilfe funktional bei dem ersuchten Gericht erfüllt, richtet sich nach der allgemeinen Behördenorganisation (Behördenleiter, Richter im Rahmen der Gerichtsverwaltung, Beamter des gehobenen Dienstes usw.). Gleiches gilt für die Zuständigkeit zur Anforderung solcher Amtshilfe, die aber in vielen Fällen kraft Sachzusammenhangs stillschweigend oder schon gewohnheitsrechtlich den Gerichtsangehörigen übertragen ist, die für das Verfahren zuständig sind, in dessen Zusammenhang um die Amtshilfe ersucht wird.

24 Nicht zur Rechtshilfe, sondern zur Amtshilfe rechnet z.B. die Erledigung einer Zustellung, das Ersuchen eines Gerichts, seine Anfrage zwecks Benennung eines Sachverständigen an eine im Bezirk des ersuchten Gerichts ansässige Auskunftsstelle weiterzuleiten[40] oder das Ersuchen um Benennung geeigneter Pfleger aus dem Be-

---

[31] OLG Frankfurt NJW 1957, 29.
[32] OVG Lüneburg NJW 1999, 1882.
[33] RG JW 1895, 98; RGSt 26, 338.
[34] OLG Köln JMBlNRW 1962, 99; *Berg* MDR 1962, 789.
[35] OLG Düsseldorf NStZ 1989, 39.
[36] Vgl. RGSt 46, 175.
[37] *Frössler* NJW 1972, 517.
[38] BVerfGE 7, 183, 186 = NJW 1958, 97.
[39] BVerfG aaO.
[40] OLG Köln JMBlNRW 1962, 99; vgl. *Berg* MDR 1962, 789; *Schneider* JVBl. 1969, 241.

zirk des ersuchten Gerichts. Rechtshilfe ist dagegen das Ersuchen, einen geeigneten Pfleger auszuwählen oder zu benennen, da dies trotz der noch notwendigen förmlichen Bestellung durch das ersuchende Gericht schon unmittelbar die Erledigung der gerichtlichen Aufgabe betrifft.[41]

Zur Rechtshilfe nach §§ 156 ff. gehört nicht die Gestellung eines **Arbeitszimmers** und eines Protokollführers für ein auswärtiges Gericht, das in den Räumen des ersuchten Gerichts tagt.[42] 25

Zur Rechtshilfe gehört nicht solche gerichtliche Tätigkeit, die eine Partei selbst bei einem auswärtigen Gericht beantragen kann oder zu veranlassen hat, z. B. nach § 160 GVG, § 1035 ZPO.[43] Ein Fall der Rechtshilfe liegt auch nicht vor, wenn bei Verhinderung eines Gerichts gesetzlich die Zuständigkeit eines anderen Gerichts begründet ist,[44] z. B. nach § 115 a StPO;[45] das gesetzlich zuständig gewordene Gericht übt eigene (originäre) Tätigkeit aus. 26

Nicht Rechtshilfe ist die Mitteilung von Akteninhalten (vgl. § 168), die Gewährung von **Akteneinsicht** (§ 299 Abs. 2 ZPO) oder eine Auskunft. Hierbei handelt es sich um Amtshilfe.[46] Rechtshilfe ist aber mit Rücksicht auf § 147 Abs. 5 StPO die Gewährung der Akteneinsicht auf der Geschäftsstelle sowie die Mitgabe der Akten nach § 147 Abs. 4 StPO.[47] 27

Nicht zur Rechtshilfe gehört eine ersuchte Tätigkeit im Rahmen der Vollstreckung (vgl. Rn. 13 und §§ 160, 162). 28

IV. Organ der Rechtshilfe. Ist die ersuchte Tätigkeit der rsprGewalt zuzurechnen, kommt nicht nur eine solche des Richters (Kollegiums), des beauftragten Richters oder des Einzelrichters in Betracht, sondern auch die des Rechtspflegers[48] (vgl. Rn. 44) oder des UdG,[49] z. B. zur Befragung gem. § 233 StPO.[50] Sonderfälle regeln § 758 Abs. 3 ZPO (Unterstützung des Gerichtsvollziehers durch polizeiliche Vollzugsorgane) und § 194 FGG (Organe der freiwilligen Gerichtsbarkeit). 29

V. Inhalt der Rechtshilfe. Es kann im Wege der Rechtshilfe nur um Tätigkeiten ersucht werden, die zur **sachlichen Zuständigkeit des ersuchenden Gerichts** selbst gehören, die es also auch selbst wirksam vornehmen kann, die es aber aus Zweckmäßigkeitsgründen der verschiedensten Art nicht selbst vornehmen will[51] (vgl. § 158 Rn. 37). Soweit das ersuchende Gericht selbst nicht zuständig ist, kann es auch nicht um Rechtshilfe ersuchen, sondern nur das Tätigwerden des anderen Gerichts anregen.[52] Ebenso liegt, wenn ein Gericht um eine Amtshandlung ersucht wird, die zu dessen eigener (originärer) Zuständigkeit gehört, nur eine Anregung vor, über die das ersuchte Gericht nach seinem eigenen nicht nach § 159 nachprüfbaren Ermessen zu entscheiden hat.[53] Deshalb kann das Prozessgericht nicht das Gericht der freiwilligen Gerichtsbarkeit um Bestellung eines Abwesenheitspflegers ersuchen.[54] Auch das Ersuchen um Eintragung nach § 941 ZPO ist 30

---

[41] A. A. OLG Jena OLG 5, 261.
[42] RG Recht 1927, 1257; *Wieczorek/Schreiber* Rn. 8; *LR/Boll* vor § 156 Rn. 17.
[43] *BL/Hartmann* vor § 156 Rn. 3.
[44] KG JR 1976, 253.
[45] *LR/Boll* vor § 156 Rn. 14.
[46] *Hahn* I S. 168; BGHZ 51, 193 = NJW 1969, 1302; OLG München OLGZ 1972, 360; *Holch* ZZP 1974, 15 ff.
[47] OLG Frankfurt NStZ 1981, 191.
[48] OLG Celle Rpfleger 1959, 161; OLG München Rpfleger 1973, 19; *Rosenberg/Schwab/Gottwald* § 21 I 1; *BL/Hartmann* Rn. 1; *Zöller/Gummer* Rn. 2; *Schneider* JVBl. 1969, 242; *Wieczorek/Schreiber* Rn. 6.
[49] RGSt 46, 175; OLG Hamm JMBlNRW 1957, 21; *Zöller/Gummer* aaO.; *Wieczorek/Schreiber* aaO.
[50] RGSt aaO.
[51] RG JW 1913, 214; 1930, 64; 1934, 1047; RGZ 133, 137; RGSt 52, 20.
[52] RGZ 133, 139; *Gaedeke* JW 1934, 1048.
[53] RG JW 1934, 1047.
[54] OLG Braunschweig NdsRpfl 1964, 62.

kein Rechtshilfeersuchen,[55] sondern eine Form gerichtlicher Fürsorge für den Gläubiger (mit Beschwerdebefugnis des ersuchenden Gerichts nach § 71 GBO gegen die Ablehnung der Eintragung).

31 Ob das Gericht eine Verfahrenshandlung selbst vornehmen muss oder sie im Wege der Rechtshilfe vornehmen lassen kann, richtet sich nach dem Verfahrensrecht, das grundsätzlich davon ausgeht, dass das Gericht selbst alle erforderlichen Verfahrenshandlungen vornimmt, die Erledigung im Rechtshilfeweg also die Ausnahme darstellt, die einer ausdrücklichen Ermächtigung bedarf. Die im Wege der Rechtshilfe zulässigen und üblichen Amtshandlungen betreffen vor allem Beweisaufnahmen (§§ 355, 362, 372 Abs. 2, 375, 402, 434, 451, 479 ZPO; § 15 FGG; §§ 63, 166 Abs. 2, 223, 289 StPO), einen Güteversuch (§ 278 ZPO), die Entgegennahme von Erklärungen bei Befreiung vom persönlichen Erscheinen (§§ 613, 640 ZPO, § 233 StPO). Möglich ist auch Rechtshilfe zwischen funktionell selbstständigen Abteilungen eines AG, z. B. Nachlassgericht, Grundbuchamt, Familiengericht.[56]

32 Die Entscheidung des Gerichts, ob es eine notwendige verfahrensrechtliche Maßnahme selbst durchführt oder im Rahmen des verfahrensrechtlich Zulässigen ein anderes Gericht um die Durchführung ersucht, steht im **pflichtgemäßen Ermessen** des Gerichts. Jedoch ist bei Rechtshilfeersuchen Zurückhaltung geboten. Das gilt einmal für den Strafprozess, wo das Gesetz davon ausgeht, dass das Gericht in der Regel alle zur Entscheidung erforderlichen Untersuchungshandlungen auch selbst vornimmt. Das Gleiche gilt für die in die persönliche Sphäre hineinreichende Tätigkeit der freiwilligen Gerichtsbarkeit. Das gilt aber auch für den Zivilprozess, wo gerade die angestrebte Straffung und Beschleunigung des Verfahrens und die Gewährleistung eines eingehenden Rechts- und Sachgesprächs zwischen Gericht und Verfahrensbeteiligten (vgl. §§ 139, 141, 279 ZPO) dafür sprechen, möglichst alle Beweise in Anwesenheit der Verfahrensbeteiligten vor dem erkennenden Gericht selbst zu erheben. Diese Frage der **Zweckmäßigkeit** ist indessen im Rahmen der §§ 156 ff. GVG ohne Bedeutung (§ 158 Rn. 37). Ein Rechtshilfeersuchen wird vor allem angezeigt sein, wenn dadurch eine erhebliche Erschwerung des Verfahrensablaufs vermieden oder eine erhebliche Kostenersparnis erreicht wird; Letzteres sollte jedoch angesichts der Bedeutung des unmittelbaren Eindrucks für die Rechtsfindung allein nicht den Ausschlag geben. Typische Rechtshilfe ist die Vernehmung eines weit entfernt wohnenden oder eines schlecht wegefähigen Zeugen oder Sachverständigen.

33 Jedoch ist es für ein Rechtshilfeersuchen nicht erforderlich, dass die ersuchte Amtshandlung außerhalb des Bezirks des erkennenden Gerichts vorzunehmen ist. LG oder OLG können durchaus ein AG des eigenen Bezirks (§ 157) um Rechtshilfe ersuchen; das gilt selbst dann, wenn beide Gerichte ihren Sitz am gleichen Ort haben (vgl. § 158 Rn. 5), obwohl hier kaum ein verständlicher Grund für das Rechtshilfeersuchen vorliegen dürfte. In den Fällen der **Konzentration** besteht auch uneingeschränkt die Möglichkeit des AG, bei dem konzentriert ist, das AG um Rechtshilfe zu ersuchen, dem durch die Konzentration die Zuständigkeit verloren gegangen ist.[57]

34 **VI. Rechtshilfeersuchen. 1. Inhalt.** Das Ersuchen muss die ersuchte Tätigkeit **genau und abschließend** bezeichnen (vgl. § 158 Rn. 16). Dem ersuchten Gericht darf vom ersuchenden Gericht grundsätzlich keine eigene Entscheidung überlassen oder übertragen werden, denn es ist lediglich der „verlängerte Arm" des ersuchenden Richters.[58] Deshalb muss ein Beweisbeschluss, der im Rechtshilfeweg

---

[55] BL/Hartmann Rn. 1.
[56] KG OLGZ 1969, 134; Zöller/Gummer Rn. 4.
[57] OLG Düsseldorf JMBlNRW 1968, 115; für § 2 InsO a.A. OLG Brandenburg OLGR 2002, 211 unter Hinweis auf BTagsDrucks. 12/2443 S. 110.
[58] BGH JZ 1953, 230; OLG Koblenz NJW 1975, 1036; OLG Karlsruhe Justiz 1977, 275; *Schwoerer* JZ 1953, 230.

erledigt werden soll, klar erkennen lassen, über welche streitigen Tatsachen der ersuchte Richter Beweis erheben soll.[59] Der Inhalt des Ersuchens darf nicht unklar sein[60] und muss das ersuchte Gericht in den Stand setzen, es ohne große Mühe und ohne eingehende Befassung mit der Sach- und Rechtslage zu erledigen – denn wer ersucht, muss eindeutig sagen, worum er ersucht.[61]

Vom ersuchten Richter kann nicht verlangt werden, dass er sich zur Erledigung des Rechtshilfeersuchens die entscheidungserheblichen streitigen Behauptungen, über die er Beweis erheben soll, aus den Akten des ersuchenden Gerichts „zusammenstoppelt".[62] Die Verweisung auf Blattposten der Akten genügt im Allgemeinen nicht.[63] Andererseits muss die Beweisfrage aber nicht so gefasst sein, dass der ersuchte Richter ohne jede Aktenkenntnis zur Erhebung des Beweises in der Lage ist; es ist ihm zuzumuten, dass er sich mit dem Sach- und Streitgegenstand vertraut macht, soweit dies zur zweckdienlichen Vernehmung erforderlich ist. Ausnahmsweise darf die Fassung des Ersuchens dahin gehen, „über den Hergang" etwa eines Unfalls Beweis zu erheben, wenn der Sachverhalt einfach gelagert ist[64] und die Beweisfrage dem ersuchten Richter eine sachgerechte Beweiserhebung auch ohne Angabe von Einzelheiten ermöglicht.[65] Die zu vernehmende Person muss genau bezeichnet sein.[66] Entsprechendes gilt für die Parteivernehmung nach §§ 445 ff. ZPO.

Die Anforderungen an die Bestimmtheit sind aber zu lockern, wenn nicht um eine Beweisaufnahme ersucht wird, sondern um die gesetzlich vorgesehene oder vom ersuchenden Gericht für zweckmäßig gehaltene (vgl. § 158 Rn. 38) **Anhörung** eines Verfahrensbeteiligten. So ist es bei Erhebungen in einem Prozesskostenhilfeverfahren ausreichend, dass sich der ersuchte Richter ohne große Mühe und ohne eingehende Befassung mit der Sach- und Rechtslage ein zutreffendes Bild darüber machen kann, was der Inhalt der Anhörung sein muss. Entsprechendes gilt für die im Rechtshilfeweg zulässigen Anhörungen nach §§ 141,[67] 613[68] oder 640 ZPO, auch für die im Rechtshilfeweg mögliche persönliche Fühlungnahme des Vormundschaftsgerichts mit dem Kind,[69] die Ermittlung des Einverständnisses des Vormundes,[70] Entgegennahme des Verzichts des Mündels auf Schlussrechnung des Vormundes,[71] Entlastungserklärung des Mündels für einzelne Verwaltungshandlungen,[72] Entgegennahme der Ausschlagung einer Erbschaft.[73]

Dem ersuchten Gericht darf grundsätzlich auch dann keine **eigene Entscheidungsbefugnis** übertragen oder Entscheidungsnotwendigkeit überlassen werden, wenn diese mit der ersuchten Tätigkeit in engem Zusammenhang steht. So obliegt die Entscheidung über die Vereidigung eines Zeugen im Zivilprozess allein dem ersuchenden Gericht (§§ 391, 479 ZPO, vgl. § 15 FGG), anders allerdings im Strafverfahren, wo das ersuchte Gericht entscheidet, wenn das Ersuchen die Verei-

---

[59] BAG NJW 1991, 1252; BAGE 92, 330; KG OLGZ 1990, 379; OLG Düsseldorf OLGZ 1973, 492; OLG Braunschweig Recht 1932 Nr. 811.
[60] RG JW 1899, 826; KG OLG 40, 375; OLG Braunschweig aaO.
[61] OLG Düsseldorf OLGZ 1968, 57.
[62] OLG Düsseldorf OLGZ 1973, 492; OLG Karlsruhe Justiz 1977, 275; OLG Koblenz BauR 2007, 934.
[63] OLG Düsseldorf OLGZ 1968, 57.
[64] OLG Oldenburg NJW-RR 1992, 64.
[65] OLG Koblenz NJW 1975, 1036; OLG Köln OLGZ 1966, 40; OLG Düsseldorf OLGZ 1973, 492; OLG Frankfurt NJW-RR 1995, 637.
[66] OLG Stettin OLG 27, 2.
[67] OLG Hamburg JW 1930, 1089; a. A. RG JW 1909, 21.
[68] OLG München OLGZ 1968, 57; KG NJW-RR 1990, 586.
[69] OLG Frankfurt OLGZ 1967, 345.
[70] OLG München OLG 31, 258; vgl. auch KG KGJ 43, 33.
[71] RGZ 115, 368; OLG Hamburg OLG 44, 179; a. A. KG KGJ 51, 42.
[72] OLG Kiel OLG 35, 383.
[73] KG KGJ 53, 253; BayObLGZ 1952, 291.

digung nicht verlangt[74] (§§ 59, 63 StPO). Auch über die Berechtigung einer Aussageverweigerung hat allein das ersuchende Gericht zu entscheiden[75] (§ 389 ZPO, § 15 FGG,), auch über sonstige Zwischenstreite (vgl. z.B. § 366 ZPO). Jedoch kann dem ersuchten Gericht die Auswahl eines Sachverständigen überlassen werden, wenn das Beweisthema genau gefasst ist[76] (vgl. § 405 ZPO). Das ersuchte Gericht ist auch an die Entscheidung gebunden, ob der Richter oder Rechtspfleger das Rechtshilfeersuchen auszuführen hat, wenn dies im Ersuchen vermerkt ist; in der Durchführung entgegen diesem Inhalt des Ersuchens liegt seine Ablehnung.[77]

38 Eine Rechtsmittelbelehrung ist grundsätzlich vom ersuchenden Gericht selbst vorzunehmen. Ebenso muss die Anregung zur Abgabe einer Erklärung durch einen Verfahrensbeteiligten vom Prozessgericht selbst ausgehen einschließlich der vorangehenden Belehrung. Auch die Beiordnung eines Rechtsanwalts für die auswärtige Beweisaufnahme (§ 121 ZPO) ist Sache des ersuchenden Gerichts.[78] Die Durchführung eines Erbauseinandersetzungstermins kann nicht insgesamt einem ersuchten Gericht übertragen werden.[79]

39 Soweit das Ersuchen über die so zu ziehenden Grenzen eines Rechtshilfeersuchens hinausgeht, liegt in Wirklichkeit eine **Verweisung oder Abgabe** vor, deren Zulässigkeit sich nach den allgemeinen Verfahrensvorschriften richtet, z.B. §§ 281, 696 ZPO; § 270 StPO.

40 **2. Bindung an das Rechtshilfeersuchen.** Das ersuchte Gericht ist in seiner Tätigkeit an das Ersuchen gebunden; es darf nicht darüber hinausgehen. So ist insbesondere die Erweiterung des Beweisbeschlusses unzulässig, weder personell noch thematisch (vgl. § 398 Abs. 2 ZPO). Andererseits ist aber zulässig die Erweiterung oder Umdeutung eines Rechtshilfeersuchens in einer Weise, die weder die Entscheidungsbefugnis des ersuchenden Gerichts einengt noch in dessen Leitungsfunktion eingreift, sondern nur Ausdruck der von diesem ersichtlich gewollten und beabsichtigten Verfahrensgestaltung ist, auch im Sinne einer Beschleunigung des Verfahrens. So können sich nachträglich Gründe ergeben, die es sachgemäß erscheinen lassen, die ersuchte Beweisaufnahme vor einem anderen Gericht durchzuführen (§ 365 ZPO). Ebenso können zwischenzeitliche personelle Veränderungen berücksichtigt werden, wenn das ersuchende Gericht ein Beweismittel zwar namentlich bezeichnet, aber doch entscheidend funktional bestimmt hat, z.B. den Geschäftsführer einer Gesellschaft oder den Leiter einer Klinik. Auch kann das Rechtshilfeersuchen eines Nachlassgerichts auf Entgegennahme einer Ausschlagungserklärung weit ausgelegt und auf den Rechtsnachfolger des Erben erstreckt werden.[80]

41 Innerhalb der vom Inhalt des Rechtshilfeersuchens gezogenen Grenzen stehen dem ersuchten Gericht uneingeschränkt die **Befugnisse** zu, die zur Erledigung des Rechtshilfeersuchens unmittelbar erforderlich sind, soweit sie auch dem ersuchenden Gericht selbst zustehen, so die Sitzungspolizei nach §§ 176 ff. und Zwangsmaßnahmen, um das Erscheinen und die Aussage eines Zeugen oder Sachverständigen herbeizuführen, z.B. nach §§ 400, 409 ZPO; §§ 51, 70, 77, 133, 134 StPO; auch nach §§ 230 Abs. 2, 233 StPO, wenn der Angeklagte schon vom Erscheinen in der Hauptverhandlung entbunden ist, nicht aber, wenn er erst vor dem ersuchten Richter erklären soll, ob er einen solchen Antrag stellt.[81] Entsprechendes gilt

---

[74] Vgl. *Meyer-Goßner* § 63 StPO Rn. 2, 4.
[75] Vgl. OLG Karlsruhe Justiz 1979, 68.
[76] OLG Düsseldorf MDR 1955, 426; *Schneider* JVBl. 1969, 241.
[77] SchlHOLG SchlHAnz 1955, 62.
[78] *Wieczorek/Schreiber* Rn. 10.
[79] KG KGJ 49, 86.
[80] BayObLGZ 1952, 75; *Schneider* JVBl. 1969, 242.
[81] BGHSt 25, 43 = NJW 1973, 204; OLG Hamburg GA 1968, 357; MDR 1972, 1056; OLG Frankfurt NJW 1974, 511.

für das Erzwingen des persönlichen Erscheinens des Betroffenen nach § 73 OWiG durch Vorführung.[82]

Soweit das ersuchte Gericht diese Befugnisse ausübt, ist Rechtmittelgericht das dem ersuchten Gericht im allgemeinen Rechtszug übergeordnete Gericht (anders als nach § 159). **42**

Wird das Gericht auf Ersuchen einer Verwaltungsbehörde tätig, stehen ihm zur zwangsweisen Durchführung des Ersuchens Zwangsmittel nur dann zu, wenn dies in der Regelung über die Amtshilfe ausdrücklich vorgesehen ist oder sie auch der ersuchenden Verwaltungsbehörde selbst zustehen.[83] **43**

3. Form des Rechtshilfeersuchens. Das Rechtshilfeersuchen ist von dem nach dem konkreten Verfahrensstand zuständigen RSprOrgan (Amtsrichter, Einzelrichter oder Kollegium) zu beschließen (vgl. § 362 ZPO), gegebenenfalls vom zuständigen Rechtspfleger oder UdG (vgl. Rn. 29; § 157 Rn. 11). Zum Adressaten des Rechtshilfeersuchens § 157. Für das Rechtshilfeersuchen bestehen keine ausdrücklichen Formvorschriften. Schriftform ist selbstverständlich; sie wird gewahrt durch Übersendung der Originalakten, aus denen sich das Rechtshilfeersuchen ergibt, aber auch durch ein isoliertes schriftliches Rechtshilfeersuchen, das alle notwendigen Angaben enthält. **44**

Die Vorschriften über das Rechtshilfeverfahren sind für die Tätigkeit der Gerichte vorrangig. Sind die Voraussetzungen für die Rechtshilfe gegeben, kann nicht der Weg der Amtshilfe beschritten werden. **45**

4. Abgrenzungen. a) Beauftragter Richter. Während bei der Rechtshilfe einzelne Verfahrenshandlungen durch ein fremdes Gericht erledigt werden, werden im Falle des beauftragten Richters (§ 75 Rn. 9) einzelne Verfahrenshandlungen einem Mitglied des erkennenden Gerichts selbst übertragen, soweit dies nach den einschlägigen Verfahrensregelungen zulässig ist (vgl. §§ 288, 361, 372, 375, 479 ZPO; §§ 63, 173, 223, 233, 289, 369, 415 StPO). **46**

b) Übergang der Zuständigkeit. Von der Rechtshilfe zu unterscheiden ist sowohl der Übergang der Zuständigkeit auf ein anderes Gericht kraft Gesetzes (Rn. 26) als auch die Möglichkeit der partiellen Übertragung von Zuständigkeiten von einem Gericht auf ein anderes, z.B. nach §§ 126 Abs. 1 Satz 3, 462a, 463 StPO; §§ 42 Abs. 3, 58 Abs. 3, 65 Abs. 1 JGG. **47**

c) Staatsanwaltschaft. Rechtshilfe im Sinne der §§ 156 ff. findet nicht statt zwischen **Gericht und StA**.[84] Zwar sind deren Beziehungen zueinander enger als die des Gerichts zu anderen Behörden. Die StA ist aber kein Gericht, beide sind voneinander unabhängig (§ 150). Das Zusammenwirken zwischen StA und Gericht ist durch die Verfahrensgesetze im Einzelnen und abschließend geregelt. Stellt die StA Anträge an das Gericht in Bezug auf ein konkretes Strafverfahren (vor allem Zustimmung zur Einstellung nach §§ 153 ff. StPO und von der Erhebung der öffentlichen Klage an), liegt begrifflich keine „Hilfe" durch das Gericht vor, sondern die StA stellt als Verfahrensbeteiligte Anträge auf gerichtliche Entscheidung. Soweit jedoch die StA im Rahmen der allgemeinen Ermittlungstätigkeit nach § 152 Abs. 2 StPO Anträge an das Gericht auf Untersuchungshandlungen gem. § 162 StPO stellt, handelt es sich um Amtshilfe.[85] Das Gericht hat hier nur die Zulässigkeit der ersuchten Handlung zu prüfen, nicht die Zweckmäßigkeit,[86] vgl. § 162 Abs. 2 StPO. Gegen die Ablehnung einer Untersuchungshandlung nach § 162 StPO ist **48**

---

[82] OLG Hamm JMBlNRW 1974, 53.
[83] OLG Düsseldorf NJW 1957, 1037.
[84] *Hahn* I S. 168; *BL/Hartmann* Rn. 1.
[85] *Meyer-Goßner* § 162 StPO Rn. 1; BVerfGE 31, 43, 46 = NJW 1971, 1308.
[86] *Meyer-Goßner* § 162 StPO Rn. 14, 17; BVerfG aaO.; LG Essen DRiZ 1975, 376; a. A. *Kubick* DRiZ 1976, 114.

die Beschwerde nach § 296 StPO gegeben. – Über diese Regelungen hinaus hat die StA im Verhältnis zum Gericht keine weitergehenden Rechte auf gerichtliches Tätigwerden (Amtshilfe) als andere Behörden auch, die nicht Gerichtsqualität haben.[87] Das Gleiche gilt in Steuerstrafsachen für die Finanzämter (vgl. § 399 Abs. 2 AO) und für die Verwaltungsbehörden nach § 46 Abs. 2 OWiG.

49 Das Verhältnis der **StA zueinander** bestimmt sich grundsätzlich nach den einschlägigen Verfahrensvorschriften, vgl. z. B. § 161a Abs. 4 StPO, andernfalls nach allgemeinen Grundsätzen der Amtshilfe.

50 Für das Verhältnis der StA zu anderen Behörden gelten weder §§ 156ff. GVG, da es sich nicht um Rechtshilfe handelt, noch die Vorschriften des VwVfG (§ 2 Abs. 2 Nr. 2 VwVfG), sondern allein die StPO.[88] Die StA kann nach § 161 StPO von allen öffentlichen Behörden Auskunft verlangen; diese sind zur Auskunft verpflichtet – wegen entgegenstehender Geheimhaltungspflichten[89] (Rn. 60, 61). Die StA hat weiter die Möglichkeit, beim Gericht einzelne Untersuchungshandlungen zu beantragen, §§ 94ff. StPO. Eine Sonderregelung enthält § 152 GVG für Ermittlungspersonen der StA. Im Übrigen ist die StA bei Durchführung ihrer Aufgaben, soweit nicht die Vorschriften des Verfahrensrechts ausreichen, auf die allgemeine Amtshilfepflicht anderer Behörden nach Art. 35 GG und die dazu entwickelten allgemeinen Grundsätze angewiesen. Diese Einschränkung wird indessen mit Rücksicht auf die Befugnisse der StA zur Aufklärung und Verfolgung strafbarer Handlungen kaum praktische Bedeutung haben. Hinzu kommt, dass die StA bei der Ermittlung und Untersuchung strafbarer Handlungen nicht an die Grenzen ihres Amtsbezirks (§ 141) gebunden ist; sie kann im gesamten Bundesgebiet Ermittlungen selbst durchführen[90] (vgl. § 162 StPO).

1 **VII. Ersuchen von Verwaltungsbehörden an Gerichte. 1.** In einer Vielzahl von Gesetzen ist Verwaltungsbehörden das Recht eingeräumt, in bestimmter Weise das Gericht um eine Tätigkeit zu ersuchen. Ohne Rücksicht auf den Inhalt des Ersuchens handelt es sich dabei stets um Amtshilfe (Rn. 21). Adressat des Ersuchens ist nicht das Gericht als Organ der RSpr, sondern als Organ der Justizverwaltung, allerdings ausgestattet mit den besonderen Durchsetzungsmitteln, die die Verfahrensgesetze für die Tätigkeit des Gerichts vorsehen. Für diese Ersuchen gelten §§ 156ff. nur, soweit dies ausnahmsweise angeordnet ist (vgl. Rn. 21), ansonsten die besonderen Vorschriften oder allgemeinen Grundsätze über die Amtshilfe. Soweit jedoch die ersuchte Tätigkeit ihrer Natur nach vom Richter durchzuführen ist, weil dies den für ihn maßgebenden Verfahrensvorschriften entspricht und auf diese (materiell) gezielt wird, gilt für die konkrete Durchführung die richterliche Unabhängigkeit, nicht aber die Garantie des gesetzlichen Richters.

52 Wie das Gericht hier eine ersuchte **Beweisaufnahme** konkret durchzuführen hat, bestimmt sich zunächst nach den in dem die Amtshilfe regelnden Gesetz selbst enthaltenen Vorschriften. Fehlen solche Vorschriften, kommen ZPO oder StPO in Frage. Maßgebend dafür, nach welchem Verfahrensrecht zu prozedieren ist, sind die Vorschriften des Rechtswegs, der für die Entscheidung in dem Verwaltungsverfahren eröffnet ist, in dem das Rechtshilfeersuchen ergangen ist; vgl. §§ 98 VwGO, 118 SGG, 46, 64 ArbGG, 82 FGO: im Zweifel ist die ZPO anzuwenden.

53 Wird um **Vollstreckungsmaßnahmen** ersucht zur Durchsetzung der von der Behörde vollstreckungsfähig festgesetzten Leistungen (z.B. nach § 5 VwVG; § 135 FlurberG), gelten für Zustellungen und Vollstreckungsmaßnahmen durch den GerVollz mangels spezialgesetzlicher Regelungen die für dessen Tätigkeit allgemein maßgebenden Vorschriften. Amtshilfe liegt auch vor, wenn diese Behörden um

---

[87] KG JW 1925, 2494.
[88] BGH NJW 1981, 1052.
[89] Vgl. *Ostendorf* DRiZ 1981, 4.
[90] *Hahn* I S. 168.

gerichtliche Tätigkeiten im Rahmen der Vollstreckung nachsuchen, z.B. um eine Eintragung ins Grundbuch oder um Herbeiführung einer eidesstattlichen Versicherung nach § 807 ZPO (z.B. nach § 284 AO). In allen diesen Fällen hat das Gericht (GerVollz) nur die formellen Voraussetzungen der Zwangsvollstreckung zu prüfen, eine materielle Prüfung des zu vollstreckenden Anspruchs steht ihm nicht zu.[91] Mangels Sonderregelungen richtet sich das weitere Verfahren nach den Vorschriften, die für die Vollstreckungsmaßnahme im Allgemeinen gelten, um die es ersucht worden ist, d.h. nach der ZPO. Nur so ist die Einschaltung des Gerichts in die Vollstreckung systematisch zu rechtfertigen und rechtsstaatlich vertretbar.

Die formellen Voraussetzungen für die ersuchte Vollstreckungshandlung sind vom Gericht selbst zu prüfen, z.B. vor Einleitung des Verfahrens zur Abgabe der eidesstattlichen Versicherung nach § 807 ZPO den Nachweis der Unpfändbarkeit[92] (§ 807 Abs. 1 ZPO). Auch für Entscheidungen über Maßnahmen des **Vollstreckungsschutzes** (§§ 765a, 900 Abs. 4 ZPO) ist das Gericht zuständig, soweit nicht die Zuständigkeit den Verwaltungsbehörden ausdrücklich vorbehalten ist, wie in § 258 AO.[93] Insoweit besteht ein qualitativer Unterschied zur inhaltsgleichen Rechtshilfe für ein anderes Gericht.

54

Die Anwendung der ZPO lässt jedoch den Charakter des Ersuchens der Verwaltungsbehörde um die Vollstreckungsmaßnahme unberührt, die Verwaltungsbehörde wird insoweit nicht uneingeschränkt zum Gläubiger im Sinne der ZPO. Deshalb richtet sich das weitere Verfahren bei einer Ablehnung der Vollstreckungsmaßnahme durch das Gericht nicht nach § 793 ZPO, sondern nach den allgemeinen Regelungen für die Ablehnung eines Rechtshilfeersuchens.[94] Andererseits sind **Einwendungen gegen die zu vollstreckende Forderung** selbst usw. in dem Rechtsweg und dem Verfahren geltend zu machen, die für Maßnahmen der ersuchenden Behörde vorgesehen sind.

55

2. Ersuchen auf Grund allgemeiner Grundsätze. Wird ein Gericht von einer Verwaltungsbehörde um eine Tätigkeit ersucht, ohne dass dieses Ersuchen auf eine spezialgesetzliche Regelung gestützt werden kann, so gilt grundsätzlich, dass sich die ersuchende Behörde durch ein Ersuchen um Amtshilfe keine weitergehenden Zuständigkeiten und Möglichkeiten schaffen kann als sie sie ohnedies hat oder ihr durch gesetzliche Vorschrift für ein Rechtshilfeersuchen eingeräumt sind. Das gilt insbesondere für Ersuchen von Verwaltungsbehörden an das Gericht um Beweiserhebung einschließlich der Anwendung von Zeugniszwang und der Beeidigung. Wenn keine ausdrückliche gesetzliche Ermächtigung für die Behörde zu einem solchen Ersuchen an das Gericht vorliegt, ist dieses Ersuchen unzulässig. Insofern besteht ein wesentlicher Unterschied gegenüber der Amtshilfe zwischen Behörden. Dort ist Amtshilfe auch da möglich, wo die ersuchende Behörde selbst keine Kompetenz zur ersuchten Handlung hat (§ 5 Abs. 1 Nr. 1 VwVfG). Dieser Unterschied folgt einmal aus den Grundsätzen der Gewaltenteilung. Das Verhältnis von Verwaltungsbehörden untereinander spielt sich innerhalb der Exekutive ab, während das Ersuchen um Hilfe an ein Gericht eine Tätigkeit der rsprGewalt für die Exekutive herbeiführen soll, für die es stets einer gesetzlichen Grundlage bedarf. Das zeigen auch § 26 Abs. 3 VwVfG, der für eine Aussagepflicht von Zeugen und Sachverständigen eine besondere gesetzliche Regelung fordert, und § 65 VwVfG, der ein Ersuchen um Beweiserhebung an das Gericht ausdrücklich, und zwar nur für das förmliche Verwaltungsverfahren, begründet. Das gilt auch für eidesstattliche Versicherungen, die nach den gerichtlichen Verfahrensvorschriften nur in beschränktem Umfang zulässig sind, der nicht ohne gesetzliche Grundlage erweitert werden kann.

56

---

[91] LG Mannheim Justiz 1967, 199; LG Frankfurt Rpfleger 1979, 74.
[92] A. A. OLG Hamm JMBlNRW 1959, 33; 105.
[93] Vgl. LG Nürnberg-Fürth NJW 1956, 1363.
[94] OLG Hamm JMBlNRW 1959, 33; 105.

§ 156 57–60 13. Titel. Rechtshilfe

57 Außerdem schränkt der Zeugniszwang usw. grundsätzlich die in der Verfassung garantierte persönliche Freiheit des Staatsbürgers ein, so dass es hierfür einer ausdrücklichen gesetzlichen Grundlage bedarf, wie sie z.B. in den §§ 355 ff. ZPO, §§ 48 ff. StPO, § 15 FGG enthalten ist, aber nur in Bezug auf das von einem Gericht anhängige Verfahren im Zuständigkeitsbereich der Gerichte. Wenn in einem Verfahren der Zeugniszwang gesetzlich nicht vorgesehen ist, ist er auch nicht auf dem Umweg über die Rechtshilfe zulässig.[95]

58 3. Eine Sonderform der Amtshilfe durch die Gerichte für Verwaltungsbehörden liegt in den **Mitteilungspflichten,** die den Gerichten auferlegt sind, ohne dass es einer dahin gehenden Anfrage durch die Verwaltungsbehörde bedarf (zur Akteneinsicht vgl. Rn. 27; § 12 Rn. 108 ff.; § 158 Rn. 53 ff.). Solche Mitteilungspflichten sind einmal spezialgesetzlich festgelegt, z.B. in § 116 AO, § 90 GWB, § 63 ArbGG. Sie obliegen den Gerichten auch auf Grund von §§ 12 ff. EGGVG und darauf beruhender Regelungen.

59 **VIII. Ersuchen des Gerichts an Verwaltungsbehörden. 1. Amtshilfe im Allgemeinen.** Ersuchen des Gerichts an eine Verwaltungsbehörde um deren Tätigkeit zur Unterstützung der Tätigkeit des Gerichts kann nach der oben gegebenen Begriffsbestimmung (Rn. 20) nicht Rechtshilfe, sondern nur von dieser zu leistende **Amtshilfe** sein. Das gilt einmal, wenn das Gericht als Organ der Justizverwaltung um Amtshilfe ersucht. Das gilt aber auch dann, wenn das Gericht als RSprOrgan in einem anhängigen Verfahren (welcher Art auch immer) zu seiner richterlichen Tätigkeit die Unterstützung einer Verwaltungsbehörde beansprucht, z.B. Auskunft des Einwohnermeldeamtes zur Ermittlung der Anschriften von Verfahrensbeteiligten, Ersuchen um Hilfeleistung der polizeilichen Vollzugsorgane zur Aufrechterhaltung der Ordnung im Gerichtsgebäude oder im Sitzungssaal (vgl. § 176), aber auch auf Grund spezialgesetzlicher Vorschriften, z.B. § 17 LwVG. Zur StA vgl. Rn. 48, 50. Soweit nicht spezialgesetzliche Regelungen bestehen, richtet sich die Amtshilfe in allen diesen Fällen nach den allgemeinen Grundsätzen. Das bedeutet u.a., dass das Gericht bei einer Verweigerung ohne ausdrückliche gesetzliche Grundlage keine Zwangsmaßnahmen zur Durchsetzung anwenden kann, sondern auf die allgemeinen Möglichkeiten (vgl. § 159) angewiesen ist.

60 **2. Geheimhaltung, Vertraulichkeit.** Ein Spannungsverhältnis zwischen Gericht und Verwaltungsbehörde tritt da auf, wo es um Vorgänge, Auskünfte oder Unterlagen geht, die die Verwaltungsbehörde als vertraulich ansieht oder wo sie gesetzlich zu Geheimhaltung verpflichtet ist[96] (vgl. § 30 AO, § 35 SGB I). Einerseits ist es Aufgabe des Gerichts, den Sachverhalt wahrheitsgemäß aufzuklären, andererseits liegt es im Interesse der Verwaltungsbehörde, ihre Amtstätigkeit tunlichst ohne Eingriffe und Einblicke von dritter Seite zu erledigen. Denn auch die Verwaltungsbehörden sind auf ausreichende und wahrheitsgemäße Informationen angewiesen und demgemäß auch darauf, dass die ihnen vertraulich, insbesondere unter ausdrücklich durch Rechtsnormen zugesicherter Vertraulichkeit, gemachten Angaben auch konsequent als vertraulich respektiert werden, wenn sie nicht Gefahr laufen wollen, in Zukunft nicht mehr wahrheitsgemäß oder ausreichend informiert zu werden. Eine Lösung hat zu differenzieren. Soweit die Vertraulichkeit der Behörde lediglich wünschenswert erscheint, ist dies für sich allein kein hinreichender Grund, die Amtshilfe zu verweigern; vielmehr ist § 5 Abs. 2 und Abs. 3 Nr. 3 VwVfG zu beachten. Auch die allgemeine Pflicht zur Wahrung von Dienstgeheimnissen muss gegenüber einem an eine Behörde gerichteten staatsanwaltschaftlichen Auskunfts- oder Herausgabeersuchen zurücktreten.[97] Schwieriger ist die Situation, wenn die Vertraulichkeit gesetzlich an-

---

[95] OLG Düsseldorf NJW 1957, 1037.
[96] *Schnapp* NJW 1980, 2165
[97] OLG Karlsruhe NJW 1986, 145.

geordnet ist und kein Fall einer gesetzlich ausdrücklich geregelten Ausnahme von der Vertraulichkeit vorliegt. Eine gesetzliche Verpflichtung zur Geheimhaltung kann nicht als durch die Aufgaben der Gerichte und die allgemeine Rechts- und Amtshilfepflicht der Behörde außer Kraft gesetzt angesehen werden; die Gleichordnung der Staatsgewalten zueinander (Art. 20 Abs. 2 GG) erfordert es, dass das Gericht die gesetzliche Vertraulichkeit grundsätzlich respektiert. Das kann für den Zivilprozess hingenommen werden, wo die Folge der durch die verweigerte Amtshilfe eintretenden Unaufklärbarkeit zum Nachteil einer Prozesspartei geht, die sich gegebenenfalls gegen die Nichtinformation im Rechtsweg wehren kann. Problematischer sind Verfahren, in denen die Offizialmaxime gilt. Aber auch hier wird die Unaufklärbarkeit hingenommen werden können, ebenso in Verfahren der freiwilligen Gerichtsbarkeit, wo die Durchsetzung nach § 33 FGG gegenüber Behörden ausgeschlossen ist.[98]

Dem gegenüber kann in Strafsachen nach § 94 StPO bei Beweismitteln, die nicht freiwillig herausgegeben werden, die Beschlagnahme angeordnet werden, soweit nicht die Voraussetzungen der §§ 96, 97 StPO vorliegen. Danach können Behördenakten beschlagnahmt werden, wenn die oberste Dienstbehörde keine Sperrerklärung abgibt[99] (vgl. Einl. Rn. 171). **61**

IX. Schiedsgerichte. Weder Rechts- noch Amtshilfe ist die Tätigkeit des Gerichts im Zusammenhang mit einem privaten schiedsrichterlichen Verfahren nach §§ 1025ff. ZPO. Die in diesem Zusammenhang kraft Gesetzes bestehenden Zuständigkeiten des staatlichen Gerichts nach § 1050 ZPO (die nicht erweitert werden können) sind als unmittelbare gerichtliche Ersatztätigkeit wie auf vielen anderen Gebieten auch zu qualifizieren. Etwas anderes gilt für das schiedsrichterliche Verfahren nach §§ 101 ff. ArbGG, die eine Anwendung der §§ 1025ff. ZPO ausschließen (§ 101 Abs. 3 ArbGG). Das Schiedsgericht kann das ArbG oder AG um eine Beweisaufnahme ersuchen (§ 106 Abs. 2 ArbGG), was ausdrücklich als Rechtshilfe qualifiziert ist; es gelten also die §§ 156ff., insbesondere § 159.[100] Diese Qualifizierung gilt jedoch nicht für die anderen Zuständigkeiten des ArbG nach §§ 108 bis 110 ArbGG. **62**

X. Auslandsbeziehungen. Art. 35 GG und die zu seiner Ausführung erlassenen Rechts- und Verwaltungsvorschriften, insbesondere auch §§ 156ff. GVG, gelten nur im Verkehr der im Inland bestehenden Gerichte und Verwaltungsbehörden zueinander. Erfordert die Erledigung eines bei einem Gericht anhängigen Verfahrens Tätigkeiten im Ausland, ist dies, da die Gerichtshoheit an der Staatsgrenze endet, nur über entsprechende ausländische Stellen oder mit deren Genehmigung (z.B. durch Konsularbeamte, Rn. 20) möglich (Einl. Rn. 33; § 1 Rn. 74; § 22 Rn. 32). Hierzu besteht eine Vielzahl von bilateralen und multilateralen internationalen Übereinkommen.[101] **63**

Der Rechtshilfeverkehr in Angelegenheiten der RSpr mit dem Ausland ist primär eine Angelegenheit der **auswärtigen Beziehungen,** erst in zweiter Linie eine solche der RSpr[102] (vgl. Einl. Rn. 172; § 1 Rn. 74; § 22 Rn. 32). Das ändert nichts daran, dass die Entscheidung darüber, ob eine den Richterspruch vorbereitende Entscheidung, z.B. über eine Beweiserhebung oder eine einzuholende Auskunft, in die sachliche Unabhängigkeit des Gerichts fällt. Da die richterliche Tätigkeit auf den eigenen Hoheitsbereich beschränkt ist[103] (Einl. Rn. 33), kann das **64**

---

[98] Vgl. *Jansen/von König* § 33 FGG Rn. 38.
[99] BGHSt 38, 237 = NJW 1992, 1973.
[100] KG JW 1937, 1162.
[101] Vgl. Fundstellennachweis B, Beilage zum BGBl. II, herausgegeben vom BMdJ; zum Strafrecht auch *Schomburg* NJW 2005, 3262.
[102] BVerfGE 57, 9, 23 = NJW 1981, 1154; BVerfG DRiZ 1979, 219; OLG Hamm NStZ 1982, 215; GA 1975, 178; BTagsDrucks. 9/1338 S. 94; *Schomburg/Lagodny/Hackner* § 74 IRG Rn. 6; *Schnigula* DRiZ 1984, 177.
[103] BGHZ 87, 385 = NJW 1983, 2769, 2783.

§ 156   65   13. Titel. Rechtshilfe

Gericht nicht im Ausland tätig werden, sondern bedarf der Rechtshilfe. Die Entscheidung des Gerichts über die Inanspruchnahme der Rechtshilfe, das **Rechtshilfeersuchen,** fällt ebenfalls in die durch die Unabhängigkeit geschützte Zuständigkeit der Gerichte[104] (§ 22 Rn. 32). Davon zu trennen ist die Entscheidung über die **Weiterleitung** des Ersuchens an die zuständigen ausländischen Behörden. Hier handelt es sich nicht um richterliche Tätigkeit, die von der Unabhängigkeitsgarantie geschützt wird;[105] hier müssen auch von den Gerichten Verwaltungsvorschriften und Weisungen der Justizverwaltung beachtet und gegebenenfalls Zustimmungen eingeholt werden.[106]

65   1. Für **Zivilsachen** ist bundeseinheitlich die **Rechtshilfeordnung für Zivilsachen (ZRHO)** maßgebend. Sie regelt allgemein (und mit einem ergänzenden Länderteil) die Möglichkeiten und den einzuschlagenden Weg für gerichtliche Rechtshilfeersuchen ins Ausland und vom Ausland ins Bundesgebiet. Sie gilt für alle Zivil- und Handelssachen sowohl der streitigen als auch der freiwilligen Gerichtsbarkeit. Unter Rechtshilfe ist dabei zu verstehen jede gerichtliche oder behördliche Hilfe in einer bürgerlichen Rechtsangelegenheit, die entweder zur Förderung eines inländischen Verfahrens im Ausland oder zur Förderung eines ausländischen Verfahrens im Inland geleistet wird. Rechtshilfe kann auch durch Zustellung von Schriftstücken geleistet werden, die nicht oder noch nicht im Zusammenhang mit einem Verfahren stehen. Die Frage, ob eine Rechtsangelegenheit als eine bürgerliche anzusehen ist, beurteilt sich nach der Natur des Verfahrensgegenstands; die Art der Gerichtsbarkeit, der das mit der Angelegenheit befasste Gericht angehört, ist nicht maßgebend. Rechtshilfe wird in der Regel gewährt auf Ersuchen des Gerichts bzw. der Behörde, die mit der Rechtsangelegenheit befasst oder nach dem Recht des ersuchenden Staates für die Stellung des Ersuchens zuständig sind. Auf Antrag eines Verfahrensbeteiligten wird sie nur gewährt, wenn er auf Grund einer zwischenstaatlichen Vereinbarung einen solchen Antrag stellen kann oder wenn ihm das Gericht oder die Behörde aufgegeben hat, einen solchen Antrag zu stellen. Geregelt sind im Einzelnen die Zulässigkeit und das einzuschlagende Verfahren bei Zustellungen, bei Rechtshilfe im engeren Sinne (Beweisaufnahmen, Parteivernehmungen, Prüfung von Urkunden, Abnahme des Eids, Sühneversuch), Vollstreckungshilfe, Verfahrensüberleitung und sonstige Verfahrenshilfe (Übersendung von Akten oder Urkunden, Auskünfte oder Ermittlung von Verfahrensbeteiligten). Die Vollstreckungshilfe bezieht sich in der Regel nur auf Kosten. Zur Zwangsvollstreckung aus einem deutschen Titel bedarf es im Ausland einer besonderen Vereinbarung. Hier obliegt es regelmäßig der Partei selbst, in einem ausländischen Verfahren die Vollstreckung zu betreiben (zur Anerkennung ausländischer Urteile vgl. Einl. Rn. 35). Anträge auf Rechtshilfe sind vom erkennenden Gericht zu beschließen. Eine unmittelbare Übersendung ins Ausland ist in der Regel nicht zulässig, es bedarf der verwaltungsmäßigen **Prüfung** durch Prüfungsstellen (Gerichtspräsidenten), § 9 ZRHO. Dies ist eine Angelegenheit der Justizverwaltung; gegen die Entscheidungen der Prüfungsstellen ist der Rechtsweg nach § 23 EGGVG eröffnet.[107] Umgekehrt ist z. B. auch die Bewilligung einer Klagezustellung nach dem HZÜ[108] oder einer Beweisaufnahme nach dem HBÜ[109] ein nach § 23 EGGVG anfechtbarer Justizverwaltungsakt.

---

[104] BGHZ 87, 385 = NJW 1983, 2769; *Schnigula* DRiZ 1984, 179.
[105] BVerfG DRiZ 1979, 219; BGHZ 71, 9 = NJW 1978, 1425; Z 87, 385 = NJW 1983, 2769; *Schnigula* DRiZ 1984, 179.
[106] *Schnigula* aaO.
[107] BGH NJW 1992, 310; OLG München JZ 1981, 538; OLG Hamm MDR 1982, 602; OLG Hamburg MDR 1982, 602; OLG Köln NJW 1987, 1091; OLG Frankfurt RIW 1991, 417; *BL/Hartmann* § 168 Anh. Rn. 3; *Zöller/Gummer* § 23 EGGVG Rn. 15.
[108] OLG Frankfurt OLGR 2006, 972; OLG München OLGR 2006, 801.
[109] OLG Düsseldorf OLGR 2007, 393.

Im Rechtshilfeverkehr zwischen Mitgliedstaaten der **Europäischen Union** gilt 65 a
für die Zustellungen die Verordnung (EG) Nr. 1348/2000 (AblEG Nr. L 160
S. 37) in Verbindung mit §§ 1067 ff. ZPO, für Beweisaufnahmen die Verordnung
(EG) Nr. 1206/2001 (AblEG Nr. L 174 S. 1) in Verbindung mit §§ 1072 ff. ZPO.
Eine unmittelbare Zustellung gerichtlicher Schriftstücke in der Bundesrepublik
Deutschland durch die Post gemäß Art. 14 der Verordnung (EG) Nr. 1348/2000 ist
den anderen Mitgliedstaaten gestattet unter den Voraussetzungen von § 1068 Abs. 2
ZPO. Im Übrigen bleibt die Erledigung eingehender und die Übermittlung ausgehender Ersuchen auch dann Angelegenheit der Justizverwaltung, wenn der unmittelbare Geschäftsweg von Gericht zu Gericht zugelassen ist und von einer Beteiligung der Prüfungsstelle abgesehen wird.[110] – Nach europäischem Recht ist der
unmittelbare Geschäftsweg die Regel (Art. 4 Abs. 1 EG-VO Zustellung; Art. 2
EG-VO Beweisaufnahme); eine von den Mitgliedstaaten zu bestimmende Zentralstelle soll nur in Ausnahmefällen zuständig sein (jew. Art. 3 aaO.). Das deutsche
Recht bestimmt in Ausführung dessen als Übermittlungsstelle für ausgehende Ersuchen das die Zustellung betreibende (§ 1069 Abs. 1 ZPO) bzw. das erkennende
Gericht (§ 1072 ZPO). Für die Entgegennahme eingehender Ersuchen und deren
Erledigung ist das Amtsgericht zuständig, in dessen Bezirk die Zustellung erfolgen
(§ 1069 Abs. 2 ZPO) oder die Verfahrenshandlung durchgeführt werden soll
(§ 1074 ZPO).

2. Für **Strafsachen** vollzieht sich der Rechtshilfeverkehr mit dem Ausland nach 66
dem Gesetz über die internationale Rechtshilfe in Strafsachen (IRG) und den bundeseinheitlich erlassenen Richtlinien für den Verkehr mit dem Ausland in strafrechtlichen Angelegenheiten (RiVASt), jedoch gehen völkerrechtliche Vereinbarungen diesem Gesetz vor. Das IRG enthält Regelungen über Auslieferung an das
Ausland (§§ 2 ff., 80 ff.) und Durchlieferung (§§ 43 ff.) sowie Rechtshilfe bei Vollstreckung ausländischer Erkenntnisse (§§ 48 ff.). Auch „sonstige Rechtshilfe"
(§§ 59 ff.) kann in einer strafrechtlichen Angelegenheit geleistet werden durch Unterstützung, die für ein ausländisches Verfahren in einer strafrechtlichen Angelegenheit gewährt wird; sie ist nur zulässig, wenn die Voraussetzungen vorliegen, unter
denen deutsche Gerichte oder Behörden einander in entsprechenden Fällen
Rechtshilfe leisten können (§ 59). Die gesetzlich vorgesehene Mitwirkung deutscher Richter begegnet keinen Bedenken unter dem Gesichtspunkt der richterlichen
Unabhängigkeit.[111]

Rechtshilfeersuchen deutscher Gerichte **in das Ausland** unterliegen weitgehend 67
nicht dem IRG. Die Frage, unter welchen innerstaatlichen Voraussetzungen Ersuchen um Rechtshilfe an ausländische Staaten gerichtet werden können, betrifft nicht
die internationale Rechtshilfe, sondern das allgemeine Verfahrensrecht; deshalb sieht
das IRG keine umfassende Regelung hierfür vor (vgl. § 77 IRG). Es bestimmt lediglich, dass über die Stellung von Ersuchen an ausländische Staaten um Rechtshilfe der
BMdJ entscheidet (§ 74 IRG).

Rechtsschutz: Entscheidungen und Maßnahmen **des erkennenden Gerichts** 68
über den Erlass eines Rechtshilfeersuchens und die ihm zugrundeliegenden Beschlüsse (z. B. Beweisbeschluss) sind nicht selbstständig anfechtbar; hier kann nur
die abschließende Sachentscheidung insgesamt angefochten werden. – **Verwaltungstätigkeit** im Rahmen der von deutschen Gerichten ausgehenden Rechtshilfeersuchen kann nicht nach § 23 EGGVG angefochten werden, weil es sich nicht
um Justizverwaltungsakte handelt, sondern um Akte der auswärtigen Gewalt[112] (vgl.
Rn. 64). Justiziabel und im Verwaltungsrechtsweg anfechtbar ist eine Entscheidung
der Bewilligungsbehörde, wenn die ihr zugrunde liegenden gesetzlichen Bestim-

---

[110] *Zöller/Geimer* § 1069 ZPO Rn. 1; § 1072 Rn. 8.
[111] *Junker* DRiZ 1985, 161.
[112] OLG Stuttgart StV 1990, 123; *Meyer-Goßner* § 23 EGGVG Rn. 4.

mungen auch die Berücksichtigung geschützter Interessen des Betroffenen verlangen.[113] – Entscheidungen **über ausländische Rechtshilfeersuchen** setzen weitgehend die Zulässigkeitserklärung durch das OLG voraus (§§ 12, 13 IRG), die unanfechtbar sind (§ 13 Abs. 1 Satz 2 IRG), im Übrigen kann ein Betroffener selbst das OLG anrufen (§ 61 Abs. 1 Satz 2 IRG). Die sich an die gerichtliche Entscheidung anschließenden oder unabhängig von ihr zulässigen Maßnahmen von Behörden gehören nicht zur RSpr, sondern sind ein an den ersuchenden ausländischen Staat gerichteter Akt, der zur Pflege der Beziehungen zu auswärtigen Staaten nach Art. 32 GG gehört.[114] Soweit in diesem Rahmen Justizbehörden und auch Gerichte tätig werden, ist deshalb der Rechtsweg nach § 23 EGGVG nicht gegeben.[115] So ist die Entscheidung darüber, ob ein Rechtshilfeersuchen zur Vollstreckung eines in der BRep erlassenen Strafurteils durch ausländische Behörden angeregt werden soll (§§ 71, 77 IRG), kein Justizverwaltungsakt.[116]

69 3. Eine besondere Regelung gilt im Verhältnis zu den **Organen der EG.** Der Gerichtshof der Europäischen Gemeinschaften und das Gericht erster Instanz, die keine „ausländische" Gerichtsbarkeit ausüben (vgl. § 12 Rn. 50), stellen im gesamten Vertragsgebiet selbst zu, laden Zeugen, vernehmen sie usw. Soweit sie ein Rechtshilfeersuchen erlassen, übermittelt dieses der Kanzler des Gerichts an die zuständige Stelle des Landes, in dessen Hoheitsgebiet das Rechtshilfeersuchen erledigt werden soll; diese leitet den Beschluss an das nach innerstaatlichem Recht zuständige Gericht weiter, das das Ersuchen nach den Vorschriften seines innerstaatlichen Rechts erledigt (zusätzliche Verfahrensordnung des EuGH vom 4. 12. 1974; Art. 75 Verfahrensordnung des Gerichts erster Instanz vom 2. 5. 1991).[117] Die anfallenden Auslagen trägt der Gerichtshof. Vergleichbare Rechte stehen dem Europäischen Gerichtshof für Menschenrechte nach seiner Verfahrensordnung zu, vgl. dort Nr. 37.[118]

70 4. Sonderregelungen bestehen im Verhältnis zu den NATO-Truppen (vgl. § 20 Rn. 21 ff.).

§ 157. [Rechtshilfegericht]

(1) **Das Ersuchen um Rechtshilfe ist an das Amtsgericht zu richten, in dessen Bezirk die Amtshandlung vorgenommen werden soll.**

(2) ¹**Die Landesregierungen werden ermächtigt, durch Rechtsverordnung die Erledigung von Rechtshilfeersuchen für die Bezirke mehrerer Amtsgerichte einem von ihnen ganz oder teilweise zuzuweisen, sofern dadurch der Rechtshilfeverkehr erleichtert oder beschleunigt wird.** ²**Die Landesregierungen können diese Ermächtigung durch Rechtsverordnung auf die Landesjustizverwaltungen übertragen.**

Gesetzesfassung: Abs. 2 eingefügt durch Art. 2 Nr. 4 der Vereinfachungsnovelle vom 3. 12. 1976 (BGBl. I S. 3281).

1 **I. AG als Rechtshilfegericht.** Rechtshilfegericht ist stets das AG (Abs. 1; ausschließliche sachliche Zuständigkeit; sog. Gericht der Zwangsbereitschaft). Soweit die Regelung der §§ 156 ff. auch für die anderen Gerichtsbarkeiten gilt, ist es für deren Rechtshilfeersuchen außerhalb ihrer Gerichtsbarkeit ebenfalls das AG, vgl. § 156 Rn. 15. Wird ein anderes Gericht um Rechtshilfe ersucht, hat es das Gesuch an das

---
[113] Vgl. VG Berlin 29. 6. 2004 – 1 A 142.04 –.
[114] OLG Stuttgart StV 1990, 123.
[115] OLG Karlsruhe GA 1985, 325; *Vogler* NJW 1982, 469.
[116] OLG Bamberg NStZ 1985, 224.
[117] http://www.curia.europa.eu/de/index.htm.
[118] http://www.echr.coe.int/echr/; *Meier* EuR 1989, 237; *Krabbe* RIW/AWD 1986, 126.

zuständige AG abzugeben entsprechend § 158 Abs. 2 Satz 2.[1] Ist das an sich zuständige AG verhindert und deshalb ein anderes AG zuständig geworden, so tritt dieses an die Stelle des verhinderten AG; im Zweifelsfalle ist das zuständige AG nach § 36 ZPO, §§ 12 ff. StPO zu bestimmen. Der Streit darüber, welches Gericht die Handlung zulässigerweise durchführen kann (Rn. 4; § 158 Rn. 10 ff.), ist aber nach § 159 zu entscheiden.[2]

Die Rechtshilfepflicht besteht zwischen den Gerichten als RSprOrganen, nicht zwischen einzelnen Richtern, Rechtspflegern usw..[3] Deshalb kann das Rechtshilfegesuch nur an das AG insgesamt gerichtet werden und ist stets auch als an das AG gerichtet anzusehen. 2

II. Gerichtsinterne Zuständigkeit. Wird um eine in die Zuständigkeit des Richters fallende Rechtshilfe ersucht, ergibt sich die Zuständigkeit des einzelnen Richters aus der **Geschäftsverteilung** (§ 21 e). Grundsätzlich kann jeder Richter am AG die Aufgaben der Rechtshilfe wahrnehmen (§ 22 Abs. 5). In Familiensachen (§ 23 b) kann jedoch auch die Rechtshilfeersuchen nur ein Richter aL erledigen oder ein Richter aP nicht im ersten Dienstjahr[4] (§ 23 b Abs. 3 Satz 2, vgl. § 23 b Rn. 48). Zur Tätigkeit eines Referendars vgl. § 10. Wird ein Rechtspfleger um Rechtshilfe ersucht, ergibt sich die persönliche Zuständigkeit mangels einer § 21 e entsprechenden Geschäftsverteilung aus der jeweiligen Anordnung des Dienstvorgesetzten. Das Gesuch ist ebenfalls an das AG allgemein zu richten; Entsprechendes gilt für Gesuche an den UdG. 3

III. Örtliche Zuständigkeit. Die örtliche Zuständigkeit bestimmt sich danach, wo das Rechtshilfeersuchen ausgeführt werden muss. Örtlich zuständig ist das AG, in dessen Bezirk die ersuchte Amtshandlung vorgenommen werden soll; zu Ersuchen an ein örtlich unzuständiges AG § 158 Abs. 2 Satz 2. Das bedeutet bei Vernehmungen und Anhörungen, dass in der Regel das AG des **Wohnsitzes** der Person zuständig ist.[5] Aus Zweckmäßigkeitsgründen kann aber auch ein anderes AG ersucht werden, etwa mit Rücksicht auf die Verkehrsverhältnisse, die Arbeitsstelle des zu Vernehmenden,[6] seine Reisetätigkeit, längere Kur, Erholungs- oder Krankheitsaufenthalt.[7] Auch wegen einer erforderlichen Gegenüberstellung mit anderen Zeugen[8] oder der wünschenswerten Vernehmung an Ort und Stelle[9] oder im Zusammenhang mit einer Augenscheinseinnahme kann das Ersuchen an ein anderes AG zweckmäßig sein.[10] Sind danach mehrere Gerichte zuständig, hat das ersuchende Gericht das Auswahlrecht.[11] Sind mehrere Zeugen usw. zu vernehmen, ist grundsätzlich für jeden Zeugen das für ihn örtlich zuständige AG zu ersuchen, anders, wenn eine Gegenüberstellung notwendig wird oder der ersuchte Richter sich in einen Sachverhalt einarbeiten muss und die Zeugen usw. in gewisser Nähe zu dem AG wohnen. 4

Aus Zweckmäßigkeitsgründen kann ausnahmsweise ein **grenznahes AG** um innerstaatliche Rechtshilfe ersucht werden, etwa um die Vernehmung eines im nahen Ausland wohnenden Zeugen, der zum Erscheinen bereit ist, wenn mit dem auslän- 5

---

[1] LR/*Boll* Rn. 1.
[2] BGH NStZ-RR 2003, 97; OLG Frankfurt NStZ-RR 2004, 50.
[3] RGZ 44, 409.
[4] A. A. *Wieczorek/Schreiber* Rn. 2.
[5] RG JW 1912, 305.
[6] OLG Hamm MDR 1957, 437; KG KGR 1999, 262; OLG Frankfurt NStZ-RR 2004, 50; OLG München BtPrax 2005, 199.
[7] LR/*Boll* § 158 Rn. 16.
[8] OLG Hamm JMBlNRW 1959, 150; OLG München NJW 1962, 56.
[9] OLG Hamm MDR 1957, 437; OLG München NJW 1962, 56.
[10] OLG Hamm JMBlNRW 1959, 150.
[11] OLG Hamm NJW 1956, 1446; OLG Frankfurt NStZ-RR 2004, 50.

schen Staat kein Rechtshilfeverkehr besteht oder sich der Rechtshilfeverkehr mit dem in Betracht kommenden Staat als besonders schwierig und langwierig erweist.[12]

6   Die **Konzentrationsermächtigung** (Abs. 2; vgl. § 23c Rn. 2ff.; § 58 Rn. 6) ist nicht auf AG des gleichen LG-Bezirks beschränkt. Durch die Konzentration wird das AG, bei dem konzentriert wird, örtlich zuständig für den Bezirk aller AG, die von der Konzentration erfasst sind. Wird ein Ersuchen an ein AG gerichtet, das durch die Konzentration die Zuständigkeit für Rechtshilfeersuchen verloren hat, hat es entsprechend § 158 Abs. 2 Satz 2 die Sache an das Gericht, an dem konzentriert ist, abzugeben.

7   Sind andererseits einzelne Zuständigkeiten eines AG bei einem anderen AG konzentriert (vgl. § 23c Rn. 2ff.), dann ist das AG, bei dem konzentriert ist, zwar zuständig für alle von der Konzentration umfassten Sachen aus den Bezirken aller Gerichte, die insoweit ihre Zuständigkeit verloren haben. Die von der Konzentration umfassten Gerichte bleiben aber selbstständige Gerichte, die Rechtshilfe zu leisten haben, auch in den Sachen, auf die sich die Konzentration bezieht. Die Rechtshilfe ist selbstständige Aufgabe der AG und nicht Anhangszuständigkeit zu den jeweiligen sachlichen Zuständigkeiten.[13] Das Gericht, bei dem konzentriert ist, kann in seiner konzentrierten Zuständigkeit grundsätzlich auch ein AG um Rechtshilfe ersuchen, das gerade durch die Konzentration seine Zuständigkeit verloren hat (hierzu § 156 Rn. 33).

8   **IV. Durchführung.** Die Durchführung des Ersuchens richtet sich nach den Vorschriften, die für das Verfahren gelten, auf Grund dessen das Rechtshilfeersuchen ergangen ist. Zu dem bei einem Rechtshilfegesuch eines Gerichts einer anderen Gerichtsbarkeit zu beachtenden Verfahrensrecht § 156 Rn. 52.

9   **V. Eigene Gerichtsgewalt.** Bei der Erledigung des Rechtshilfeersuchens übt das ersuchte Gericht in den Grenzen seines Auftrags (§ 156 Rn. 40) **eigene Gerichtsgewalt** aus. Damit hat es auch alle Möglichkeiten, die ersuchte Amtshandlung zwangsweise durchzusetzen (§ 156 Rn. 41), ebenso steht ihm die Sitzungspolizei zu. Auch das Ablehnungsverfahren ist ein solches vor dem ersuchten AG.[14]

10 **VI. Zuständigkeit für das Ersuchen.** Wer für die **Stellung des Rechtshilfeersuchens** zuständig ist, regelt das Gesetz nicht ausdrücklich. Da es sich um eine richterliche Tätigkeit handelt, muss es von dem konkret mit dem Verfahren befasste RSprOrgan, dem zuständigen Richter (Spruchkörper) ausgehen, ohne Einschaltung anderer Institutionen. Bei einem beim AG anhängigen Verfahren ist das der Richter beim AG (Einzelrichter, § 22 Abs. 4), auch der Richter in Privatklagesachen.[15] Beim Kollegialgericht jeder Art ist es das Kollegium oder der Einzelrichter;[16] ein Rechtshilfeersuchen durch den Vorsitzenden des Kollegiums im Rahmen der Verfahrensvorbereitung ist nicht zulässig[17] (vgl. § 273 Abs. 2 Nr. 4 ZPO; § 156 Rn. 44). Auch der beauftragte Richter kann kein Rechtshilfeersuchen erlassen, da er nur für eine bestimmte prozessuale Tätigkeit beauftragt ist.

11 Soweit ein Verfahren in die Zuständigkeit des **Rechtspflegers** fällt, kann auch dieser selbstständig ein Rechtshilfeersuchen erlassen, inhaltlich in dem gleichen Rahmen, der ihm auch eingeräumt ist (vgl. § 156 Rn. 44). Deshalb kann er z.B. nicht um eidliche Vernehmung ersuchen.[18]

---

[12] OLG München NJW 1962, 56; uneingeschränkt zulässig nach OLG Schleswig NStZ 1989, 240; hierzu *BL/Hartmann* Rn. 1; *LR/Boll* § 158 Rn. 17.
[13] LG Dortmund NZI 2002, 556.
[14] Vgl. LG Düsseldorf Rpfleger 1980, 114.
[15] OLG Zweibrücken NJW 1966, 1685.
[16] RArbGE 2, 275; OLG Frankfurt LZ 1925, 445; *Schneider* JVBl. 1969, 242; *Wieczorek/Schreiber* Rn. 6.
[17] KG DR 1942, 1029; LAG Düsseldorf AP Nr. 1 zu § 158.
[18] OLG Celle Rpfleger 1959, 161; *Schneider* JVBl. 1969, 242

VII. Form. Zur Form des Rechtshilfeersuchens § 156 Rn. 44. 12

VIII. Amtshilfe. Auf die von Gerichten zu leistende Amtshilfe ist § 157 nicht 13 anwendbar. Maßgebend ist zunächst die spezialgesetzliche Regelung. Fehlt sie, gilt Folgendes: Soweit die ersuchte Hilfstätigkeit sich auf die **Vernehmung von Zeugen** usw. bezieht (vgl. § 156 Rn. 52), ist § 157 entsprechend anzuwenden, und zwar sachlich wie örtlich, nicht jedoch Abs. 2.

Soweit sich das Ersuchen auf **andere Hilfen** bezieht, ist deren Art entscheidend. 14 So ist bei Auskünften aus Registern, Akten usw. das Gericht Adressat, das diese Akten usw. führt (also u. U. nicht ein AG), wobei es sich nach der Abgrenzung von Justizverwaltung und RSpr bestimmt, ob als konkreter Adressat der Richter oder die Justizverwaltung (dienstaufsichtführender Richter) anzusehen ist.

Wird ein danach sachlich oder örtlich nicht zuständiges Gericht ersucht, ist die 15 **Weitergabe** des Ersuchens an das zuständige Gericht geboten als Teil der Amtshilfepflicht. Wer das Amtshilfeersuchen erlassen kann, richtet sich nach der Organisation der ersuchenden Behörde (Vertretungserlass); im Zweifel ist das der Behördenleiter oder sein Vertreter.

§ 158. [Ablehnung der Rechtshilfe]

(1) Das Ersuchen darf nicht abgelehnt werden.

(2) ¹Das Ersuchen eines nicht im Rechtszuge vorgesetzten Gerichts ist jedoch abzulehnen, wenn die vorzunehmende Handlung nach dem Recht des ersuchten Gerichts verboten ist. ²Ist das ersuchte Gericht örtlich nicht zuständig, so gibt es das Ersuchen an das zuständige Gericht ab.

Übersicht

	Rn.		Rn.
I. Allgemeines Verbot der Ablehnung eines Rechtshilfeersuchens ..	1	8. Zweckmäßigkeit	38
		9. Angemessenheit	43
II. Absolutes Verbot der Ablehnung..	2	10. Ermessensausübung	44
III. Ausnahmen vom Ablehnungsverbot	9	11. Andere Auffassung	45
		12. Wirksamkeit einer Erklärung	46
IV. Verbotene Handlung als Gegenstand des Rechtshilfeersuchens	11	13. Unzumutbarkeit	47
		VII. Hinweis auf Bedenken	48
V. Örtliche Unzuständigkeit	24	VIII. Ersuchen von Verwaltungsbehörden	49
VI. Pflicht zur Erfüllung	25		
1. Zuständigkeit des ersuchenden Gerichts	26	IX. Amtshilfe zwischen Gerichten	50
		X. Ablehnung der Amtshilfe	51
2. Prozessuale Ordnungsmäßigkeit des Verfahrens	27	1. Rechtliche Hinderungsgründe	52
		2. Wohl des Bundes	53
3. Voraussetzungen des Rechtshilfeersuchens	31	3. Geheimhaltung	54
		4. Geringerer Aufwand	55
4. Ausforschungsbeweis	33	5. Nicht: Unzweckmäßigkeit	57
5. Beweiserheblichkeit	35	6. Mitteilungspflicht	59
6. Zutreffende Grundlagen	36	XI. Akteneinsicht	60
7. Auswahl des Beweismittels	37		

I. Allgemeines Verbot der Ablehnung eines Rechtshilfeersuchens. Der 1 Pflicht zur Rechtshilfe (§ 156) korrespondierend bestimmt Abs. 1, dass das Ersuchen um Rechtshilfe vom ersuchten Gericht nicht abgelehnt werden darf. Das **Verbot der Ablehnung** gilt nur für die Rechtshilfe im strengen Wortsinne des GVG, also der Gerichte untereinander (vgl. § 156 Rn. 11), nicht für die sonstigen Ersuchen um Amtshilfe (dazu Rn. 49 ff.).

II. Absolutes Verbot der Ablehnung. Das Verbot, ein Rechtshilfeersuchen 2 abzulehnen, gilt uneingeschränkt und absolut für **Ersuchen eines im Rechtszug**

"**vorgesetzten" Gerichts** (Abs. 2 Satz 1, 1. Alt.). Maßgebend hierfür ist die Überlegung, dass das übergeordnete Gericht bei Ablehnung seines Ersuchens nicht den Beschwerdeweg nach § 159 sollte beschreiten müssen.[1] Im Rechtszug „vorgesetzte" Gerichte sind für das AG: LG, OLG, BGH. Hierher rechnen auch das BVerfG und die Staatsgerichtshöfe der Länder. § 158 stellt zwar auf das allgemeine ordentliche Rechtsmittelsystem ab, zu dem die Möglichkeit der Anrufung dieser Gerichte gerade nicht gehört (§ 12 Rn. 17). Gleichwohl ist das absolute Verbot nach dem Sinn der Regelung auch auf die Ersuchen der bei Schaffung des GVG nicht bekannten Gerichte entsprechend anzuwenden. Maßgebend dafür, ob das Ersuchen von einem im Rechtszug „vorgesetzten" Gericht stammt, ist die örtliche Gerichtsorganisation im Allgemeinen ohne Rücksicht auf das konkrete Verfahren. Andere LG und OLG, die außerhalb des sich so ergebenden Instanzenzugs stehen, sind dem AG nicht „vorgesetzt".

3 Das absolute Verbot gilt auch innerhalb der Gerichte der **anderen Gerichtsbarkeiten**, soweit für sie §§ 156 ff. anwendbar sind (§ 156 Rn. 15), jedoch nicht im Verhältnis verschiedener anderer Gerichtsbarkeiten zueinander.

4 Unerheblich ist, ob das Ersuchen vom Kollegialgericht insgesamt, vom Vorsitzenden oder vom Einzelrichter ausgeht (§ 157 Rn. 10); im Rahmen seiner Zuständigkeit kann es auch vom Rechtspfleger oder UdG ausgehen (§ 157 Rn. 11). Maßgebend ist allein die funktionale und gerichtsorganisatorische Zugehörigkeit der ersuchenden Stelle zum „vorgesetzten" Gericht.

5 Es kommt auch nicht darauf an, ob das „vorgesetzte" Gericht in einem Verfahren um Rechtshilfe ersucht, in dem es als Rechtsmittelgericht oder als erste Instanz tätig ist.[2] Auch wenn das „vorgesetzte" Gericht am gleichen Ort seinen Sitz hat wie das ersuchte, ist sein Rechtshilfeersuchen stets durchzuführen[3] (vgl. § 156 Rn. 33).

6 Abzustellen ist bei der Frage nach dem „im Rechtszuge vorgesetzten Gericht" auf den **allgemeinen Rechtsmittelzug** AG-LG-OLG usw., nach seiner generellen Ausgestaltung, nicht nach der konkreten Rechtsmittelregelung wie sie sich z. B. aus §§ 72, 119, 133 GVG in Verbindung mit §§ 511, 542, 567 ZPO; §§ 73, 74, 120, 121, 135 GVG; §§ 304, 312, 333 StPO usw. ergibt. Auch bei Konzentrationen auf der Ebene der „vorgesetzten Gerichte" bestimmt sich der „Rechtszug" allein nach dem Gericht, bei dem konzentriert ist und danach, wie im Allgemeinen der Rechtszug ausgestaltet ist; die örtliche Konzentration für einige Verfahrensarten führt nicht dazu, dass damit der „Rechtszug" örtlich erweitert wird, auch nicht in den von der Konzentration erfassten Sachen. Ist nach § 157 Abs. 2 die Zuständigkeit für Rechtshilfesachen konzentriert (vgl. § 157 Rn. 6), richtet sich der Rechtszug allein nach dem Gericht, bei dem konzentriert ist.

7 Bei diesen Rechtshilfeersuchen ist das AG (bzw. das Eingangsgericht der anderen Gerichtsbarkeit, § 156 Rn. 15) zur Durchführung des Ersuchens **absolut verpflichtet**. Es kann weder die tatsächlichen noch die rechtlichen Voraussetzungen des Ersuchens nachprüfen. Ist das ersuchte AG der Auffassung, die verlangte Tätigkeit sei rechtlich unzulässig („verboten"), kann es das Ersuchen lediglich mit einem entsprechenden Hinweis dem ersuchenden Gericht vorlegen und zunächst von der Durchführung absehen. Bei einem erneuten Ersuchen hat es das Ersuchen durchzuführen, die Verantwortung obliegt allein dem ersuchenden Gericht.[4]

8 Auch im Verhältnis zum im Rechtszug übergeordneten Gericht ist aber stets Voraussetzung, dass überhaupt ein **wirksames und tatsächlich ausführbares** Rechtshilfeersuchen vorliegt.[5] Daran fehlt es, wenn materiell überhaupt kein Ersu-

---

[1] *Hahn* I S. 169.
[2] *Meyer-Goßner* Rn. 1; *LR/Boll* Rn. 12.
[3] *Meyer-Goßner* aaO.
[4] *Schneider* JVBl. 1969, 242.
[5] *BL/Hartmann* Rn. 4; *Zöller/Gummer* Rn. 1.

chen um Rechtshilfe gestellt ist,⁶ sondern z. B. ein Ersuchen nach § 160.⁷ Tatsächlich nicht ausführbar ist ein Ersuchen, dem es an **hinreichender Bestimmtheit** mangelt (§ 156 Rn. 34); es ist nicht lediglich im Sinne von Abs. 2 Satz 1 auf Vornahme einer verbotenen Handlung gerichtet.⁸ Das ersuchte Gericht ist hier aber verpflichtet, auf eine Konkretisierung des Ersuchens hinzuwirken (vgl. Rn. 7). Zur örtlichen Unzuständigkeit Rn. 24.

III. Ausnahmen vom Ablehnungsverbot. Das Verbot der Ablehnung eines 9 Rechtshilfeersuchens erleidet zwei Ausnahmen: Bei **örtlicher Unzuständigkeit** des ersuchten Gerichts (Rn. 24) und dann, wenn die **Handlung** nach dem Recht des ersuchten Gerichts **verboten** ist (Rn. 11 ff.), außer beim Ersuchen eines im Rechtszug „vorgesetzten" Gerichts (Rn. 2). Im Übrigen ist das ersuchte Gericht verpflichtet, das Ersuchen zu erfüllen; es ist auch inhaltlich daran gebunden (§ 156 Rn. 40). Ein Verfahrenshindernis, das für das ersuchte Gericht gilt, hindert nicht die Erfüllung des Ersuchens, wenn es nicht für das ersuchende Gericht gilt,⁹ was Letzteres abschließend zu entscheiden hat.

Trotz des Verbots der Ablehnung ist das ersuchte Gericht nicht gehindert, bei 10 Unklarheiten oder Unvollständigkeiten oder wegen einer inzwischen eingetretenen wesentlichen Veränderung der Sachlage eine Klarstellung oder erneute Entscheidung des ersuchenden Gerichts, u. U. auch eine Rücknahme des Ersuchens anzuregen und bis dahin die Erledigung zurückzustellen.¹⁰

IV. Verbotene Handlung als Gegenstand des Rechtshilfeersuchens. Das 11 Rechtshilfeersuchen ist abzulehnen, wenn die vorzunehmende Handlung nach dem Recht des ersuchten Gerichts verboten ist (Abs. 2 Satz 1), jedoch ausnahmsweise dann nicht, wenn das Ersuchen von einem im Rechtszug vorgesetzten Gericht ergeht (Rn. 2). Verboten im Sinne des § 158 ist eine Handlung, wenn sie ohne Rücksicht auf die konkrete prozessuale Situation **schlechthin (abstrakt) rechtlich unzulässig ist;**¹¹ sie muss schon begrifflich verboten sein.¹² Unzulässig ist eine ersuchte Handlung auch dann, wenn sie nach dem Sinn der gesetzlichen Bestimmung unzulässig ist,¹³ z. B. eine Vorführung nach § 115 a StPO statt nach § 115 StPO.¹⁴

Verboten ist eine Handlung, wenn sie mit zwingenden **rechtsstaatlichen** 12 **Grundsätzen in Widerspruch** stehen würde,¹⁵ wenn sie gegen andere **Verfassungsgrundsätze** verstieße, z. B. den Schutz der Intimsphäre,¹⁶ oder wenn sie gegen zwingendes Bundes- oder Landesgesetz verstieße.

Verboten ist jede Handlung, die in den **Verfahrensvorschriften nicht vorgesehen** 13 und damit unzulässig ist, z. B. die Beurkundung durch das ersuchte Gericht in den anderen Fällen als denen, die nach dem BeurkG noch in die Beurkundungszuständigkeit des Gerichts fallen. Verboten ist nach Verfahrensrecht die Beeidigung eines Eidesunfähigen.¹⁷

---

⁶ RGZ 25, 364; OLG Braunschweig OLG 18, 380.
⁷ BL/Hartmann Rn. 8; Berg MDR 1962, 789.
⁸ Zöller/Gummer Rn. 1; vgl. RG JW 1899, 826; BAG NJW 1991, 1252; OLG Düsseldorf OLGZ 1973, 492; OLG Koblenz NJW 1975, 1036; OLG Köln OLGZ 1966, 40.
⁹ Meyer-Goßner Rn. 2.
¹⁰ Seetzen NJW 1972, 1189; Meyer-Goßner Rn. 2.
¹¹ RGZ 162, 316; BGH JZ 1953, 230; NJW 1990, 2936; BAG NJW 1991, 1252; 2000, 2196; KG DVBl. 1957, 790; OLG Düsseldorf NJW 1959, 298; OLGZ 1968, 57; 1973, 492; OLG Frankfurt NJW 1974, 430; NStZ-RR 2004, 50; OLG Hamm JMBlNRW 1964, 4; OLG Koblenz FamRZ 1989, 213; BayObLG FamRZ 1993, 450; OLG Zweibrücken OLGR 2000, 541.
¹² OLG Köln JMBlNRW 1962, 7; weitergehend OLG Freiburg JZ 1953, 229; OLG München NJW 1966, 2125; Schneider JVBl. 1969, 243; Frössler NJW 1972, 517.
¹³ OLG Frankfurt NStZ 1981, 191.
¹⁴ OLG Frankfurt NStZ 1988, 441.
¹⁵ Vgl. BVerfGE 37, 57, 65 = NJW 1974, 893; OLG Köln MDR 1963, 228.
¹⁶ Vgl. BVerfGE 27, 344 = NJW 1970, 555; dazu Becker NJW 1970, 1075; BVerwGE 35, 225, 227; OLG München OLGZ 1972, 360; Schick ZBR 1971, 203; Kamlah NJW 1976, 510.
¹⁷ OLG Darmstadt HRR 1939, 1365; Wieczorek/Schreiber Rn. 5; Zöller/Gummer Rn. 5.

14 Verboten mit der Folge der Ablehnung des Rechtshilfeersuchens ist auch eine Tätigkeit, die nicht im Wege der Rechtshilfe vorgenommen werden darf. Das gilt vor allem für Anhörungen und Vernehmungen, die nach dem Gesetz der entscheidende Richter **persönlich** vorzunehmen hat, z.B. nach §§ 50a, 50b FGG; zu §§ 68, 70c FGG Rn. 36. Hierher gehören auch die Fälle, in denen das Gesetz die Zuständigkeit für die Handlung, um deren Vornahme ersucht wird, ausschließlich dem ersuchenden Gericht zuweist, z.B. Vorführungsanordnung und Haftbefehl nach § 98 InsO.[18]

15 Verboten ist die zwangsweise Vorführung eines Angeklagten zum Zwecke seiner kommissarischen Vernehmung vor Stellung des Antrags nach § 233 StPO,[19] die Vernehmung des Beschuldigten als Zeugen oder die Beeidigung des Diebs im Verfahren gegen den Hehler,[20] die Durchführung der mündlichen Verhandlung im Haftprüfungsverfahren im Wege der Rechtshilfe.[21]

16 Verboten ist weiter eine Handlung, für die das ersuchte Gericht **funktional unzuständig** ist. Das ist beim AG nur der Fall, wenn es von einem Gericht der Arbeits- und Sozialgerichtsbarkeit um eine Handlung ersucht wird, die am Sitz eines Arbeits- oder Sozialgerichts vorzunehmen ist (vgl. § 156 Rn. 15). Im Sonderfall des § 106 Abs. 2 ArbGG, wo dem ersuchenden Schiedsgericht bei der Auswahl des zu ersuchenden Gerichts unter örtlichen Gesichtspunkten ein großer Ermessensspielraum eingeräumt ist, kann aber bei einem Ersuchen an das AG unter dieser Voraussetzung nicht von einer funktionalen Unzuständigkeit gesprochen werden. Wird aber statt des AG z.B. das LG oder OLG um Rechtshilfe ersucht, ist trotz der dadurch bedingten Unzuständigkeit (§ 157) das Ersuchen nicht abzulehnen, sondern an das funktional zuständige AG abzugeben.[22] Der Umstand, dass nach dem für das ersuchte Gericht maßgebenden Landesrecht eine andere funktionale Zuständigkeit besteht als im Bezirk des ersuchenden Gerichts (z.B. der Notare in Baden für die dem Nachlassgericht obliegenden Verrichtungen) lässt die Rechtshilfepflicht unberührt.[23]

17 Als unzulässig und damit verboten ist weiter anzusehen eine Handlung, der kein formell ordnungsgemäßer Beweisbeschluss (§ 358 ZPO, § 223 StPO usw., vgl. § 156 Rn. 31ff.) zugrunde liegt.[24]

18 Als unzulässig und damit verboten muss ein Rechtshilfeersuchen angesehen werden in den Fällen, in denen das ersuchende Gericht auch über die Grenzen seiner örtlichen Zuständigkeit hinaus unmittelbar tätig werden kann[25] (vgl. § 160); das gilt aber nicht für die Beauftragung des Gerichtsvollziehers, da hier § 161 eine Wahlmöglichkeit ausdrücklich vorsieht.

19 Unzulässig soll ein Rechtshilfeersuchen sein, wenn es sich als **rechtsmissbräuchlich** darstellt oder offensichtliche Willkür anzunehmen sei[26] oder wenn die Rechtshilfe dazu führen würde, dass der wesentliche Inhalt einer Strafverhandlung (Vernehmung aller Zeugen und Angeklagten) vor dem Rechtshilfegericht stattfinden würde.[27] Hier können aber allenfalls revisionsrechtliche Rügen begründet sein,[28] denn die Entscheidungskompetenz für ein Rechtshilfeersuchen wie die Verantwortung der ersuchten Erledigung für das Verfahren liegt beim ersuchenden

---

[18] OLG Köln NZI 1999, 459.
[19] OLG Frankfurt NJW 1974, 430.
[20] OLG Dresden HRR 1928, 2155.
[21] OLG München MDR 1958, 181; *LR/Boll* Rn. 4; *Meyer-Goßner* § 156 Rn. 2.
[22] *Wieczorek/Schreiber* Rn. 9.
[23] RGZ 69, 271.
[24] BAGE 67, 71 = NJW 1991, 1252; LAG Düsseldorf AP Nr. 1 zu § 158 GVG.
[25] RGSt 26, 338.
[26] OLG Karlsruhe OLGZ 1966, 565; OLG Schleswig MDR 1995, 607; OLG Saarbrücken OLGR 2005, 321; *F. O. Fischer* MDR 1993, 838; *Kubick* DRiZ 1976, 114.
[27] AG Solingen MDR 1996, 630; a. A. OLG Düsseldorf MDR 1996, 844.
[28] OLG Düsseldorf aaO. m. w. N.

Gericht.²⁹ Schon gar nicht ist es angängig, die Maßstäbe der Bindungswirkung bei § 281 ZPO anzulegen und zu verlangen, das ersuchende Gericht habe sich im Ersuchen mit dem Für und Wider der Rechtshilfe auseinanderzusetzen.³⁰ Das gilt auch für folgende Beispielsfälle:

Wiederholung einer nach Ansicht des ersuchten Gerichts schon ausreichend vorgenommenen Handlung.³¹ Dies mag im extremen Ausnahmefall zutreffen; in der Regel kann aber allein das ersuchende Gericht beurteilen, ob sein Rechtshilfeersuchen in einem für das vor ihm anhängige Verfahren ausreichenden Maße erledigt wurde. **20**

Auch das erneute Ersuchen um Vernehmung eines Zeugen, der bereits die Aussage verweigert hatte, rechtfertigt nicht die Ablehnung als missbräuchlich,³² da der Zeuge anderen Sinnes werden kann und ihn auch das ersuchende Gericht selbst mehrmals vorladen kann. **21**

Unzulässig ist nach h. M. ein Rechtshilfeersuchen, wenn die ersuchte Handlung am Sitz des ersuchenden Gerichts vorzunehmen ist.³³ Dem ist zuzustimmen; dies gilt jedoch nicht im Verhältnis des AG zu den im Rechtszug „vorgesetzten" Gerichten (Rn. 5). **22**

Ist **zweifelhaft**, ob die ersuchte Handlung zulässig ist, hat das ersuchte Gericht sie vorzunehmen³⁴ unbeschadet der Möglichkeit, die Erledigung zunächst zurückzustellen und die Bedenken dem ersuchenden Gericht mitzuteilen. Die Vorschrift ist als Ausnahmevorschrift eng auszulegen.³⁵ **23**

V. Örtliche Unzuständigkeit. Ist das ersuchte Gericht örtlich nicht zuständig (§ 157 Rn. 4 ff.), was es stets von Amts wegen zu prüfen hat, hat es das Rechtshilfeersuchen an das zuständige Gericht abzugeben (Abs. 2 Satz 2). Es hat kein Wahlrecht, ob es das Ersuchen abgibt oder selbst durchführt. Durch die Abgabe wird das Gericht, an das das Ersuchen abgegeben worden ist, nunmehr zum ersuchten Gericht mit allen Rechten und Pflichten; stellt es z. B. seinerseits seine örtliche Unzuständigkeit fest, hat es nun auch weiter abzugeben;³⁶ § 281 ZPO findet keine Anwendung. Kann das örtlich zuständige Gericht nicht bestimmt werden, ist das Rechtshilfeersuchen abzulehnen.³⁷ Dies gilt auch für das Ersuchen des im Rechtszug vorgesetzten Gerichts. Wenn es das örtlich unzuständige AG ersucht, kann dieses an das zuständige AG abgeben,³⁸ es sei denn, das ersuchende Gericht hat ausdrücklich die örtliche Zuständigkeit bejaht.³⁹ **24**

VI. Pflicht zur Erfüllung aller anderen Rechtshilfeersuchen. Alle Rechtshilfeersuchen, die keine verbotene Handlung zum Gegenstand haben, muss das ersuchte Gericht durchführen, darf sie **nicht ablehnen**. Das Verbot der Ablehnung (damit auch dahin gehender Prüfung des Ersuchens) gilt auch bei folgenden Bedenken: **25**

1. Zuständigkeit des ersuchenden Gerichts für das Verfahren, in dem das Rechtshilfeersuchen ergangen ist,⁴⁰ und Zulässigkeit der vom Gericht eingeschlagenen **26**

---

²⁹ *KK/Schoreit* Rn. 3.
³⁰ So OLG Koblenz BauR 2007, 934.
³¹ RGZ 114, 1; OLG Frankfurt HRR 1938, 105; OLGR 2006, 840; OLG Nürnberg OLGZ 1976, 480; OLG Koblenz FamRZ 1977, 97; OLG Koblenz OLGZ 1984, 367.
³² A. A. OLG Marienwerder HRR 1939, 575; OLG Braunschweig OLG 18, 380; *Zöller/Gummer* Rn. 5.
³³ RGSt 18, 261; St 26, 338.
³⁴ OLG Nürnberg BayJMBl. 1953, 89; OLG Düsseldorf JMBlNRW 1957, 34; OLG Zweibrücken OLGR 2000, 541.
³⁵ OLG Düsseldorf NJW 1959, 298.
³⁶ Unklar insoweit BayObLG FamRZ 2005, 640.
³⁷ *Zöller/Gummer* Rn. 8.
³⁸ *Hahn* I S. 169.
³⁹ *LR/Boll* Rn. 20.
⁴⁰ RGZ 71, 303; OLG Hamburg OLG 8, 1.

besonderen Verfahrensart, z. B. Urkundenprozess oder beschleunigtes Verfahren nach § 417 StPO.⁴¹

27 2. **Prozessuale Ordnungsmäßigkeit** des vom Gericht eingeschlagenen Verfahrens bis einschließlich Erlass des Rechtshilfeersuchens bei abstrakter Zulässigkeit der ersuchten Handlung,⁴² z. B. ordnungsgemäße Besetzung des Gerichts bei Erlass des Beweisbeschlusses.⁴³

28 Bei Ersuchen um Abnahme der eidesstattlichen Versicherung (§ 807 ZPO) sind die Vollstreckungsvoraussetzungen nicht nachzuprüfen.⁴⁴

29 Nicht nachprüfen kann das ersuchte Gericht, ob im Strafverfahren bei ersuchter Vernehmung nach § 233 Abs. 2 StPO die Entbindung vom Erscheinen zulässig war,⁴⁵ überhaupt möglich ist⁴⁶ oder das Gericht anschließend anders prozedieren will.⁴⁷

30 Das ersuchte Gericht kann auch nicht nachprüfen, ob in einer Strafsache inzwischen Verjährung eingetreten ist⁴⁸ oder eine Tat aus anderen Gründen nicht verfolgt werden darf, z. B. wegen Straffreiheit.⁴⁹

31 3. An der Nachprüfung gehindert ist das ersuchte Gericht auch zu der Frage, ob die **prozessualen Voraussetzungen für ein Rechtshilfeersuchen** (§ 156 Rn. 31 ff.) vorliegen.⁵⁰ Wohl aber kann es nachprüfen, ob der erforderliche Beweisbeschluss vorliegt (Rn. 17) und das Ersuchen bestimmt ist (Rn. 8). So darf das ersuchte Gericht die Vernehmung und die Anwendung der Ordnungshaft gegen einen das Zeugnis verweigernden Zeugen nicht deshalb ablehnen, weil es entgegen der Entscheidung des ersuchenden Gerichts die Weigerung des Zeugen, auszusagen, für begründet hält⁵¹ (§ 156 Rn. 36).

32 Auch das Vorliegen der erforderlichen **Aussagegenehmigung** oder sonstigen Befreiung von der Schweigepflicht ist nicht zu prüfen. Über die Frage der Notwendigkeit der Befreiung und der konkreten Folgerungen aus dem Fehlen trotz Aussage, aus einer Aussageverweigerung wegen des Fehlens usw. hat allein das ersuchende Gericht zu entscheiden⁵² (§ 376 Abs. 3 ZPO).

33 4. Auch auf das Bedenken, dass ein **Ausforschungsbeweis** vorliege, kann die Ablehnung nicht gestützt werden. Wenn die ersuchte Handlung nach den einschlägigen prozessualen Vorschriften generell zulässig ist, kann die Frage, ob im konkreten Falle ein Ausforschungsbeweis vorliegt, nur nach der konkreten Prozesssituation beurteilt werden; das aber ist allein Sache des das Verfahren durchführenden ersuchenden Gerichts.⁵³ Dies gilt ohne Einschränkung, also auch bei sogenannter Offensichtlichkeit.⁵⁴ Anderenfalls besteht die Gefahr, dass das ersuchende und das ersuchte Gericht

---

⁴¹ OLG Hamburg MDR 1973, 953.
⁴² BGH JZ 1953, 230; OLG Celle MDR 1966, 781.
⁴³ RArbGE 2, 275.
⁴⁴ OLG Hamm JMBlNRW 1955, 256; OLG Köln JMBlNRW 1962, 7; OLG Düsseldorf JMBlNRW 1967, 137; *Berg* MDR 1962, 788.
⁴⁵ OLG Bremen GA 1962, 344; OLG Koblenz Rpfleger 1973, 61.
⁴⁶ OLG Hamburg MDR 1973, 953.
⁴⁷ VRS 45, 187.
⁴⁸ OLG Hamm JMBlNRW 1974, 53; 88; *LR/Boll* Rn. 9.
⁴⁹ KG GA 1967, 460.
⁵⁰ OLG Hamm JMBlNRW 1959, 150; OLG Karlsruhe OLGZ 1966, 565; OLG Bremen GA 1962, 344; *Berg* MDR 1962, 780.
⁵¹ *LR/Boll* Rn. 9.
⁵² SchlHOLG SchlHAnz 1968, 168; *Schneider* JVBl. 1969, 244.
⁵³ RGZ 169, 158; BAGE 92, 330; OLG Frankfurt MDR 1970, 597 unter Aufgabe von MDR 1952, 499; OLGR 2006, 840; *BL/Hartmann* Rn. 7; zweifelnd RGZ 162, 317; offen gelassen BGH JZ 1953, 230; OLG Düsseldorf NJW 1959, 298; JMBlNRW 1960, 113; a. A. RG Warn 1936, 59; OLG Freiburg JZ 1953, 229; OLG Posen DR 1942, 1751; OLG Karlsruhe FamRZ 1960, 291.
⁵⁴ OLG Kassel JW 1921, 475; OLG Frankfurt MDR 1970, 597 unter Aufgabe von MDR 1952, 499; *Schönke* DR 1940, 550; *Wieczorek/Schreiber* Rn. 7; *Berg* MDR 1962, 780; unentschieden BGH JZ 1953, 230; FamRZ 1960, 399; a. A. OLG München NJW 1966, 2125; OLG Karlsruhe FamRZ 1968, 536; OLG Stuttgart OLGR 2002, 184; *Zöller/Gummer* Rn. 4.

„streitig" darüber verhandeln, ob nach der konkreten Prozesssituation ein Ausforschungsbeweis vorliegt oder nicht, oder dass das OLG (§ 159) in einer Art vorweggenommener Teilrechtsmittelentscheidung diese Frage entscheiden muss.

Aus den gleichen Gründen kann auch ein Ersuchen nicht darauf geprüft werden, ob die ersuchte Handlung Tatsachen ausforschen soll, die erkennbar nicht mehr der Erfüllung der Aufgaben des ersuchenden Gerichts dienen.[55] **34**

5. Auch die Frage der Beweiserheblichkeit ist der Nachprüfung durch das ersuchte Gericht entzogen, dies zu prüfen ist allein Sache des ersuchenden Gerichts.[56] Das Gleiche gilt für die Frage der Erforderlichkeit.[57] Deshalb ist ein Rechtshilfeersuchen um Vernehmung eines Betroffenen im Bußgeldverfahren nicht schon dadurch erledigt, dass dieser dem ersuchten Gericht mitteilt, er wolle sich schriftlich äußern.[58] **35**

6. Die Frage, ob das Rechtshilfeersuchen auf zutreffenden tatsächlichen Grundlagen beruht, ist der Nachprüfung entzogen.[59] Nicht zu prüfen ist deshalb z.B., ob nach der Prozesslage ein Beweisbeschluss ergehen konnte oder ein dementsprechendes Rechtshilfeersuchen.[60] Der Beurteilung durch das ersuchte Gericht entzieht sich auch, ob die Voraussetzungen für eine Beweisaufnahme nach § 345 Abs. 1 Nr. 3 ZPO vorliegen,[61] ebenso, ob nach §§ 68 Abs. 1 Satz 4, 70c Satz 4 FGG der eigene Eindruck entbehrlich ist.[62] **36**

7. Auch die Auswahl des „richtigen" Beweismittels ist nicht nachzuprüfen, also, ob eine Person als Zeuge oder Partei zu vernehmen ist,[63] ob sie Zeuge oder Sachverständiger ist,[64] ob der gesetzliche Vertreter als Partei zu vernehmen ist oder als Zeuge, ob der Sachverständige „gut" ausgewählt ist,[65] in welcher Form er sein Gutachten erstatten soll[66] oder ob es für die Aussagefähigkeit des Zeugen eines Sachverständigengutachtens bedarf.[67] Bindung besteht auch hinsichtlich einer als ladungsfähig vorgegebenen Anschrift, z.B. der des Arbeitgebers.[68] **37**

8. Auch die Zweckmäßigkeit eines Rechtshilfeersuchens unterliegt nicht der Nachprüfung durch das ersuchte Gericht.[69] Das gilt z.B. für die Frage, ob es prozessual nötig oder besser gewesen wäre, die ersuchte Handlung selbst unmittelbar vor dem erkennenden Gericht vorzunehmen (vgl. § 156 Rn. 32). Das gilt auch für die Untersuchung nach § 372a ZPO und die dafür erforderliche Anwendung unmittelbaren Zwangs.[70] **38**

Die Bindung des ersuchten Gerichts gilt auch für Ersuchen um Anhörung eines Verfahrensbeteiligten, z.B. nach § 141 ZPO,[71] nach §§ 613, 621a ZPO[72] oder nach § 68 FGG,[73] auch in Betreuungssachen,[74] für Anhörungen im Abschiebungshaft- **39**

---

[55] So aber SchlHOLG MDR 1955, 298.
[56] OLG Stuttgart OLGR 2002, 184, *Zöller/Gummer* Rn. 4.
[57] RGZ 95, 286.
[58] OLG Hamm JMBlNRW 1974, 53.
[59] RGZ 106, 417.
[60] RGZ 95, 288; OLG Hamm JMBlNRW 1959, 150.
[61] BAG NJW 2001, 2196; fraglich OLG Jena MDR 2000, 1095.
[62] BayObLG MDR 2000, 278; BtPrax 2004, 159; OLGR 2004, 255; OLG München BtPrax 2005, 199; OLG Frankfurt FamRZ 2004, 137; OLG Köln FamRZ 2004, 818.
[63] OLG Köln OLGZ 1966, 188.
[64] OLG Köln aaO.; OLG Frankfurt LZ 1925, 446; a.A. OLG Karlsruhe Justiz 1964, 231.
[65] KG OLG 40, 397.
[66] RGZ 69, 376; *Schneider* JVBl. 1969, 244.
[67] OLG Düsseldorf NStZ 1989, 39.
[68] KG KGR 1999, 262.
[69] BGH NJW 1990, 2936; OLG Frankfurt NStZ-RR 2004, 50; FGPrax 1995, 167; BayObLG FamRZ 1994, 639; OLG Düsseldorf NStZ-RR 1996, 304; OLG Köln NZI 1999, 459; *Schneider* JVBl. 1969, 244 ff.
[70] BGH NJW 1990, 2936; kritisch *Zender* NJW 1991, 2947.
[71] OLG Frankfurt OLGR 2006, 746; a.A. RG JW 1909, 21.
[72] KG NJW-RR 1990, 586.
[73] BayObLG FamRZ 1993, 450.

verfahren,[75] in Unterbringungssachen,[76] ebenso bei einer Untersuchung durch Blutentnahme;[77] das Gleiche gilt für die Anhörung, ob eine bestimmte Erklärung abgegeben wird, z. B. zur Abgabe der Vormundschaft[78] oder Anerkennung einer Vaterschaft,[79] oder ein bestimmter Antrag gestellt wird, z. B. auf Entbindung von der Pflicht zum Erscheinen in der Hauptverhandlung nach § 233 StPO[80] (vgl. Rn. 29), Ausschlagung einer Erbschaft, Auskunftserteilung über den Aufenthalt von unbekannten Berechtigten (vgl. § 156 Rn. 37), eidesstattliche Versicherung über Vorhandensein eines Testaments.[81] Ob eine solche Anhörung im Wege der Rechtshilfe erfolgen soll, steht allein im Ermessen des ersuchenden Gerichts.[82]

40 Das gilt auch für die Frage, ob nicht Gründe der Prozessökonomie oder der Kostenersparnis dafür sprechen, die Handlung vor dem ersuchenden Gericht selbst vorzunehmen.[83]

41 Nicht abgelehnt werden kann die Rechtshilfe wegen der Ansicht, das ersuchende Gericht könne z. B. aus örtlichen Gründen oder wegen der guten Verkehrsverbindung die ersuchte Handlung selbst durchführen.[84]

42 Nicht abgelehnt werden kann auch wegen der Frage, ob statt der Vernehmung und Beeidigung eines Zeugen zunächst ein anderes Beweismittel ausgenutzt werden müsste,[85] ob ein anderes Rechtshilfegericht trotz der gegebenen Zuständigkeit des ersuchten Gerichts zweckmäßigerweise angerufen werde,[86] ob die unmittelbare Beauftragung eines Sachverständigen durch das ersuchende Gericht besser gewesen wäre als ihn im Wege der Rechtshilfe durch das ersuchte Gericht bestellen zu lassen[87] (vgl. § 156 Rn. 36) oder ob statt richterlicher Parteianhörung die Anhörung zu Protokoll des UdG[88] angezeigt ist.

43 9. Auch die Angemessenheit der ersuchten Handlung auf Grund der konkreten Prozesslage ist nicht vom ersuchten Gericht zu überprüfen,[89] ebenso wenig die Zweckmäßigkeit der Anwendung einer prozessualen Vorschrift.[90]

44 10. Auch die Prüfung einer fehlerfreien Ermessensausübung durch das ersuchende Gericht bei Anwendung prozessualer Normen steht dem ersuchten Gericht nicht zu,[91] etwa hinsichtlich der Voraussetzungen für die eidliche Vernehmung eines Zeugen nach § 391 ZPO.[92]

45 11. Kein Ablehnungsrecht des ersuchten Gerichts kann daraus hergeleitet werden, dass das ersuchte Gericht in einer Rechts- oder Tatfrage anderer Auffassung ist als das ersuchende Gericht.[93]

---

[74] OLG Frankfurt MDR 1993, 763; FGPrax 1995, 167.
[75] OLG Frankfurt FGPrax 1995, 167.
[76] BayObLG FamRZ 1995, 304.
[77] OLG Naumburg FamRZ 1993, 1099.
[78] OLG Colmar OLG 25, 275.
[79] RGZ 67, 416; OLG Kassel NJW 1925, 1898.
[80] RGSt 46, 175.
[81] RGZ 69, 271; OLG München Rpfleger 1953, 19.
[82] RGZ 69, 271.
[83] RGZ 69, 371; OLG Köln JMBlNRW 1968, 281.
[84] OLG Hamm MDR 1971, 69; OLG Düsseldorf MDR 1996, 843; OLG Hamm JMBlNRW 1962, 204; OLG Karlsruhe OLGZ 1966, 565; OLG Köln GA 1953, 186; OLG Celle NdsRpfl 1952, 151; 1956, 171; OLG Frankfurt JurBüro 1980, 275; *Berg* MDR 1962, 788.
[85] OLG Celle NdsRpfl 1953, 30.
[86] OLG Hamm NJW 1956, 1447.
[87] OLG Düsseldorf MDR 1955, 426.
[88] OLG Zweibrücken NJW 1966, 685.
[89] RGZ 162, 317; *BL/Hartmann* Rn. 7.
[90] RG Recht 1933, 531; anders OLG Frankfurt bei offensichtlichem Ermessensfehlgebrauch, FamRZ 1984, 1030; OLG Köln GA 1953, 186.
[91] OLG Karlsruhe OLGZ 1966, 564; OLG Celle NdsRpfl 1956, 171; *BL/Hartmann* Rn. 7.
[92] BGH FamRZ 1960, 399; *Wieczorek* Anm. B III a 2; a. A. OLG Darmstadt HRR 1939, 1365; OLG Celle NdsRpfl 1953, 30; SchlHOLG SchlHAnz 1956, 52.
[93] OLG München Rpfleger 1973, 19; OLGZ 1976, 252.

12. Nicht zu prüfen ist auch die Frage nach der rechtlichen Verbindlichkeit oder prozessualen Wirksamkeit einer Erklärung, zu deren Abgabe oder Anregung im Wege der Rechtshilfe ersucht wird, z. B. Vaterschaftsanerkennung eines Minderjährigen.[94] Diese Prüfung obliegt dem ersuchenden Gericht, notfalls auch unter dem Gesichtspunkt, ob eine Genehmigung eingeht oder eine Einwilligung vorlag.

13. Auch Überlegungen der Unzumutbarkeit für das ersuchte Gericht rechtfertigen nicht die Ablehnung, weder Gründe der Überbelastung[95] noch der Beschaffenheit des (zulässigen) Beweismittels, z. B. wegen ansteckender Krankheit eines zu vernehmenden Zeugen;[96] hier kann sich ein Hindernis allenfalls aus dem Dienstrecht ergeben.[97]

VII. Hinweis auf Bedenken. Das Verbot der Ablehnung eines Rechtshilfeersuchens aus den angeführten Gründen hindert das ersuchte Gericht jedoch nicht, auf die bestehenden Bedenken gegen ein Rechtshilfeersuchen gegenüber dem ersuchenden Gericht **hinzuweisen** (Rn. 7, 23) und die Erledigung des Rechtshilfeersuchens bis zur Antwort **zurückzustellen.**[98] Bei einem insoweit teilbaren Rechtshilfeersuchen ist aber der nicht von den Bedenken erfasste Teil zunächst auszuführen.[99]

VIII. Rechtshilfeersuchen von Verwaltungsbehörden. Die gleichen Grundsätze gelten auch dann, wenn das Ersuchen nicht von einem Gericht, sondern von einer **Verwaltungsbehörde** ergeht, auf deren Ersuchen aber kraft ausdrücklicher Vorschrift (vgl. § 156 Rn. 21) die **§§ 156 ff. anzuwenden** sind. So darf z. B. in diesem Falle das ersuchte Gericht auch bei einem Ersuchen einer Verwaltungsbehörde nicht prüfen, ob die ihrem Ersuchen zugrundeliegende Anordnung ordnungsmäßig zustande gekommen ist und die tatsächlichen Voraussetzungen gegeben sind, und ferner nicht, ob das Ersuchen erforderlich oder zweckmäßig ist.[100] Das ersuchte Gericht/Gerichtsvollzieher darf auch beim Ersuchen einer Behörde um Abnahme der eidesstattlichen Versicherung nach § 807 ZPO nicht prüfen, ob die Vollstreckungsvoraussetzungen vorliegen, auch nicht im Falle des § 903 ZPO die Voraussetzungen für die erneute Versicherung[101] (vgl. Rn. 27). Es kann auch nicht verlangt werden, dass die Verwaltungsbehörde die erforderlichen Vernehmungen zunächst selbst durchführt und das Gericht erst dann ersucht, wenn dies noch erforderlich erscheine, lediglich um die Abnahme des Eides.[102] Auch dem Ersuchen der Verwaltungsbehörde, den Zeugen wegen der weiten Entfernung von ihrem Sitz sofort auch eidlich zu vernehmen, ist stattzugeben ohne Prüfung, ob die uneidliche Vernehmung angezeigt wäre.[103] Jedoch gilt auch hier, dass sich ein Ersuchen nicht auf Handlungen beziehen darf, die die Behörde selbst vornehmen muss, wie nach § 284 Abs. 5 AO (vgl. Rn. 14).

IX. Amtshilfe zwischen Gerichten. § 158 gilt nicht für solche von Gericht zu Gericht ersuchten Hilfeleistungen, die nicht unter den strengen Begriff der „Rechtshilfe" fallen (§ 156 Rn. 11), sondern zur **Amtshilfe** rechnen. Die Frage, ob und unter welchen Voraussetzungen eine ersuchte Amtshilfe abgelehnt werden kann, ist gesetzlich nicht geregelt. Es widerspräche aber der aus Art. 35 GG folgenden Verpflichtung der Gerichte, sich auch gegenseitig Amtshilfe zu leisten, wenn man es stets und ohne besondere Gründe als zulässig ansähe, ein Amtshilfeersuchen abzulehnen. Soweit nicht die §§ 160 ff. GVG ihrerseits noch eine besondere Rege-

---

[94] A. A. RGZ 87, 426; *BL/Hartmann* Rn. 8.
[95] OLG Hamm MDR 1971, 69; OLG Frankfurt JurBüro 1980, 275; *LR/Boll* Rn. 15.
[96] A. A. OLG Nürnberg MDR 1968, 946.
[97] *Schneider* JVBl. 1969, 243.
[98] *LR/Boll* Rn. 7.
[99] OLG München NJW 1966, 2125.
[100] OLG Hamm JMBlNRW 1964, 4.
[101] OLG Düsseldorf JMBlNRW 1967, 137.
[102] OLG Frankfurt NJW 1957, 29; KG NJW 1957, 1239.
[103] KG DVBl. 1957, 790.

lung enthalten, ist es daher geboten, die in § 5 VwVfG getroffene Regelung, obwohl sie für diesen Bereich formell nicht gilt, entsprechend heranzuziehen;[104] sie entspricht den vor ihrer Einführung entwickelten Grundsätzen. Zur Amtshilfe im Verhältnis zwischen Gericht und StA § 156 Rn. 48.

51   **X. Ablehnung der Amtshilfe.** § 158 gilt nicht für die Amtshilfe zwischen den Gerichten und Verwaltungsbehörden. Die Frage, ob und unter welchen Voraussetzungen hier die Amtshilfe abgelehnt werden kann, richtet sich in erster Linie nach spezialgesetzlichen Regelungen z. B. § 112 AO. Soweit solche nicht bestehen, regelt diese Frage § 5 VwVfG innerhalb seines Geltungsbereichs eingehend, und zwar hinsichtlich der Ablehnungsbefugnisse der ersuchten Behörde wesentlich weitergehen als § 158. Auch hier wird die Regelung, soweit sie unmittelbar nicht gilt, entsprechend heranzuziehen sein (Rn. 50). Im Einzelnen bestehen folgende **Ablehnungsgründe:**

52   1. Wenn die ersuchende Behörde aus rechtlichen Gründen nicht in der Lage ist (§ 5 Abs. 2 Satz 1 Nr. 1 VwVfG). Das ist der Fall, wenn die ersuchte Handlung rechtlich verboten ist, und zwar sowohl ausdrücklich als auch nach dem Sinn des Gesetzes, oder wenn die ersuchte Handlung gesetzlich nicht vorgesehen ist; so bedarf es für die Zulässigkeit der Vernehmung von Zeugen und Sachverständigen einschließlich ihrer Beeidigung stets einer ausdrücklichen verfahrensrechtlichen Grundlage (vgl. § 156 Rn. 56);

53   2. wenn durch die Hilfeleistung dem Wohl des Bundes oder eines Landes erhebliche Nachteile bereitet würden (Nr. 2 aaO.);

54   3. soweit um die Vorlage von Urkunden oder Akten oder um die Erteilung einer Auskunft ersucht wird, wenn diese Vorgänge nach einem Gesetz oder ihrem Wesen nach geheimgehalten werden müssen (aaO. Satz 2, vgl. Rn. 61; § 156 Rn. 60). Hier geht es vor allem um die Frage, ob die Einsicht in Personal- und Disziplinarakten im Wege der Amtshilfe gewährt werden kann; das ist ohne Zustimmung des Betroffenen im Allgemeinen abzulehnen.[105] Das gilt auch für Auskünfte über den Beamten.[106] Keine Personalakten sind anderen Zwecken dienenden Akten, auch wenn sie personenbezogen sind[107] (Sicherheitsakten).

55   Auch Prüfungsakten sind ihrer Natur nach geheimzuhalten.[108]

56   Auch von der ersuchten Behörde eingeholte Auskünfte, die ausdrücklich als vertraulich angefordert worden sind oder gegeben worden sind, unterliegen grundsätzlich der Geheimhaltungspflicht, da sonst die Gefahr besteht, dass in Zukunft solche Informationen unterbleiben und dadurch wesentliche öffentliche Aufgaben nicht vollständig erfüllt werden können (vgl. § 156 Rn. 60). Das gilt auch für die Geheimhaltung der V-Leute, die zur Aufdeckung strafbarer Handlungen, aber auch bei der präventiv-polizeilichen Tätigkeit, Informationen vermitteln.[109]

57   4. Darüber hinaus ist die Erfüllung des Amtshilfeersuchens in das Ermessen der ersuchten Behörde gestellt, wenn eine andere Behörde die Hilfe wesentlich einfacher oder mit wesentlich geringerem Aufwand leisten kann (§ 5 Abs. 3 Nr. 1 VwVfG), wenn sie die Hilfe nur mit unverhältnismäßig hohem Aufwand leisten könnte (Nr. 2 aaO.), wenn unter Berücksichtigung der Aufgaben der ersuchenden Behörde durch die Hilfeleistung die Erfüllung ihrer eigenen Aufgaben ernstlich gefährdet würde (Nr. 3 aaO.).

---

[104] *LR/Boll* vor § 156 Rn. 9.
[105] BVerwGE 19, 179; E 35, 225.
[106] BVerwGE 38, 336, 342.
[107] BVerwG DÖV 1977, 132; NJW 1978, 1643.
[108] BVerwGE 14, 31; BVerwG DÖV 1965, 488; HessVGH JZ 1964, 763; a. A. OVG Koblenz JZ 1968, 562; OVG Münster JZ 1973, 242; OVG Lüneburg NJW 1973, 639; VGH München BayVwBl. 1978, 309.
[109] Vgl. BVerwG DÖV 1965, 488.

Ablehnung der Rechtshilfe 58–62 § 158

5. Die Amtshilfe darf nicht verweigert werden aus anderen als den genannten 58
Gründen oder weil die ersuchende Behörde das Ersuchen oder die mit der Amtshilfe
zu verwirklichende Maßnahme selbst für unzweckmäßig hält (§ 5 Abs. 4 VwVfG).
Das bedeutet, dass weder die Zweckmäßigkeit der ersuchten Amtshandlung geprüft
werden darf noch die Ordnungsgemäßheit des Verfahrens, innerhalb dessen das
Amtshilfeersuchen erging, ebenso wenig die allgemeinen Voraussetzungen für die
vorzunehmende Amtshandlung. So kann das um die Entgegennahme der Versicherung nach § 903 ZPO ersuchte Gericht nicht prüfen, ob die Voraussetzungen dieser
Vorschrift für die Pflicht zur erneuten Versicherung vorliegen.[110]

6. Hält die ersuchte Behörde sich zur Hilfe nicht für verpflichtet, hat sie dies der 59
ersuchenden Behörde mitzuteilen (§ 5 Abs. 5 Satz 1 VwVfG).

XI. Akteneinsicht. Der Schwerpunkt der von Gerichten erbetenen Amtshilfe 60
liegt auf dem Gebiet der **Akteneinsicht** durch andere als Verfahrensbeteiligte; vgl.
§ 299 ZPO, § 34 FGG, § 12 GBO. Die Gewährung von Akteneinsicht an eine
Behörde, die nicht Verfahrensbeteiligter ist, ist keine Rechtshilfe im Sinne der
§§ 156 ff. GVG, sondern **Amtshilfe** (vgl. § 156 Rn. 27). Das gilt auch für die Vorlage von Akten zwischen Gerichten, z. B. vom Vormundschaftsgericht an das Prozessgericht.[111] Zu den Behörden mit Recht auf Akteneinsicht gehören auch Parlamentsfraktionen.[112] Zuständig für die Genehmigung der Akteneinsicht ist, soweit
nicht besondere Vorschriften bestehen, die Justizverwaltung (§ 12 Rn. 110 ff.). Verlangen die gesetzlichen Vorschriften über die Akteneinsicht ein berechtigtes Interesse als Voraussetzung für die Akteneinsicht, wird dieses beim Amtshilfeersuchen
einer Behörde in aller Regel bestehen.

Daneben ist aber in jedem Falle zu prüfen, ob diese Akten kraft Gesetzes, z. B. 61
nach § 1758 BGB, nach §§ 39, 41, 51, 57 BZRG,[113] aber auch nach § 136 a StPO,
sinngemäß auch nach §§ 201 ff. StGB oder ihrem Wesen nach **geheimzuhalten**
sind (vgl. Rn. 54, § 156 Rn. 60; § 12 Rn. 116). Dies ist nicht der Fall, wenn die
Akten Vorgänge betreffen, die in öffentlicher Verhandlung (§ 169) erörtert worden
sind. War aber die Öffentlichkeit ausgeschlossen (§§ 170 ff.), spricht das zunächst
für die Geheimhaltungsbedürftigkeit der Vorgänge. Im Übrigen ist stets eine Abwägung vorzunehmen zwischen den Interessen der Verfahrensbeteiligten einerseits
und den Belangen der ersuchenden Behörde andererseits, insbesondere mit welcher
Zielsetzung sie die Akteneinsicht begehrt. Dabei ist einmal zu berücksichtigen das
dringende Interesse der Gerichte daran, dass die Verfahrensbeteiligten sich nicht in
ihrem Vortrag zulasten der Wahrheitsfindung zurückhalten aus Sorge, ihnen entstünden bei anderen Behörden Nachteile (vgl. § 30 AO). Weiter sind bei der Abwägung das informationelle Selbstbestimmungsrecht (§ 12 Rn. 108) sowie der
Schutz der **Intimsphäre** (Rn. 12) als Ausfluss des allgemeinen Persönlichkeitsrechts von Bedeutung.[114] So darf Akteneinsicht in Ehescheidungsakten ohne Einverständnis beider Parteien nur gewährt werden, wenn dies nicht außer Verhältnis
zur Bedeutung der Sache und dem Tatverdacht steht.[115]

Ihrem Wesen nach geheimzuhalten sind auch Krankengeschichten von Verfah- 62
rensbeteiligten und medizinische, insbesondere psychiatrische Gutachten, die im Übrigen der ärztlichen Schweigepflicht unterliegen,[116] so z. B. aus Pflegschaftsverfahren,
Unterbringungssachen,[117] auch Ehescheidungsverfahren; dies gilt jedoch nicht, wenn
solche Gutachten, etwa in einer Strafsache, in öffentlicher Verhandlung erstattet oder

---

[110] OLG Düsseldorf JMBlNRW 1967, 137; 1968, 116.
[111] OLG München OLGZ 1972, 362.
[112] OLG Düsseldorf NJW 1980, 1293.
[113] Vgl. OLG Frankfurt NJW 1975, 2028; *Kamlah* NJW 1976, 510.
[114] OLG München OLGZ 1972, 360.
[115] BVerfGE 27, 344, 352 = NJW 1970, 555.
[116] OLG München OLGZ 1972, 360.
[117] OLG Hamm JMBlNRW 1962, 283.

erörtert worden sind. Soweit jedoch alle betroffenen Verfahrensbeteiligten ihr Einverständnis zur Akteneinsicht erklärt haben, ist dem Ersuchen stattzugeben.

63 Für diese Abwägung ist indessen kein Raum, die Akteneinsicht ist also stets zu gewähren, wenn und soweit auf Grund besonderer gesetzlicher Vorschrift eine **gesteigerte Informationspflicht** besteht, vgl. §§ 105 und 395 AO, § 35 SGB I, § 117 SGB XII, § 47 BAföG, § 102 Abs. 2 BBG, § 49 OWiG, § 25 Abs. 1 WohnGG, § 20 USG; zu den Mitteilungspflichten vgl. § 156 Rn. 58. Zur Aktenvorlagepflicht gegenüber den Parlamenten sowie ihren Ausschüssen und Mitgliedern.[118]

64 Andererseits sind Akten, die dem Gericht im Wege der Amtshilfe vorgelegt werden, verfahrensrechtlich nicht verwertbar, wenn mit der Vorlage gegen gesetzliche Geheimhaltungspflichten verstoßen wurde[119] unbeschadet des Rechts des Gerichts, die Weigerung des Verfahrensbeteiligten zu würdigen. Zur Möglichkeit der Beschlagnahme von Akten einer Behörde § 156 Rn. 61.

65 Das für die Akteneinsicht Ausgeführte gilt entsprechend für Ersuchen um Übersendung der Akten, soweit nicht spezielle Vorschriften bestehen, sowie für die Erteilung von Auskünften aus Akten und Erteilung von Abschriften.

66 Zu den Rechten von Verfahrensbeteiligten gegen eine Akteneinsicht usw. § 159 Rn. 28.

§ 159. [Entscheidung des Oberlandesgerichts]

(1) ¹**Wird das Ersuchen abgelehnt oder wird der Vorschrift des § 158 Abs. 2 zuwider dem Ersuchen stattgegeben, so entscheidet das Oberlandesgericht, zu dessen Bezirk das ersuchte Gericht gehört.** ²Die Entscheidung ist nur anfechtbar, wenn sie die Rechtshilfe für unzulässig erklärt und das ersuchende und das ersuchte Gericht den Bezirken verschiedener Oberlandesgerichte angehören. ³Über die Beschwerde entscheidet der Bundesgerichtshof.

(2) **Die Entscheidungen ergehen auf Antrag der Beteiligten oder des ersuchenden Gerichts ohne mündliche Verhandlung.**

Übersicht

	Rn.		Rn.
I. Rechtsbehelf im Rechtshilfeverfahren	1	2. Unbefristet	12
II. Zulässigkeit der Beschwerde	2	3. Einlegung, Abhilfe	13
1. Nur bei Rechtshilfe	2	4. Keine mündliche Verhandlung	14
2. Bei Ablehnung der Rechtshilfe	4	5. Entscheidung	15
3. Beschwerdeberechtigung	8	IV. Weitere Beschwerde	18
4. Unzulässige Rechtshilfe	9	V. Beschwerderecht von Verwaltungsbehörden	19
5. Meinungsverschiedenheiten	10	VI. Rechtsbehelf im Amtshilfeverfahren	20
III. Verfahren	11		
1. Zuständig: OLG	11		

1 **I. Rechtsbehelf im Rechtshilfeverfahren.** Die Vorschrift regelt den Rechtsbehelf im Rechtshilfeverfahren, ohne ihn indessen näher zu bezeichnen. Das Gesetz beschränkt sich auf die Anordnung, dass das OLG zu entscheiden hat. Mit dem allgemeinen Sprachgebrauch wird man diesen Rechtsbehelf zum OLG als **Beschwerde** bezeichnen können (genauer: als Rechtshilfebeschwerde); es sind aber die sonst für Beschwerden geltenden Vorschriften nicht anwendbar.[1] Nicht hierher zählt die Frage nach dem Rechtsbehelf gegen die im Wege der Rechtshilfe vorzunehmende Amtshandlung, z.B. bei Verweigerung der Aussage oder über die Ablehnung des ersuchten Richters (§ 157 Rn. 9).

---

[118] Vgl. *Groß* JR 1960, 60..
[119] BAG NJW 1975, 408.
[1] *Hahn* I S. 170; RGZ 64, 178, 180; BL/*Hartmann* Rn. 1; LR/*Boll* Rn. 2.

II. Zulässigkeit der Beschwerde. 1. Voraussetzung für die Zulässigkeit dieser 2
Beschwerde ist es, dass es um eine Maßnahme der **Rechtshilfe** geht, und zwar im
strengen Wortsinne (vgl. § 156 Rn. 11). Auf die Amtshilfe ist § 159 nur anwendbar, wenn er ausdrücklich für anwendbar erklärt ist (Rn. 20; § 156 Rn. 21).

Das Beschwerderecht nach § 159 ist nicht nur im Bereich der richterlichen 3
Rechtshilfe gegeben. Soweit der Rechtspfleger selbst um Rechtshilfe ersuchen
kann (vgl. § 157 Rn. 11), kann er bei Ablehnung des Rechtshilfeersuchens durch
das ersuchte Gericht auch selbst unmittelbar nach § 11 RPflG verfahren; einer Entscheidung des Richters des ersuchten AG bedarf es nicht, da die Rechtshilfebeschwerde Rechtsmittel im Sinne dieser Vorschrift ist.[2] Entsprechendes gilt für den
UdG (vgl. § 156 Rn. 29).

2. Zulässig ist die Beschwerde gegen die **Ablehnung** einer ersuchten Rechts- 4
hilfe. Eine Ablehnung liegt vor, wenn das Ersuchen **vollständig** abgelehnt wird.
Sie liegt aber auch dann vor, wenn es nur **teilweise** durchgeführt wird;[3] das ist
immer dann der Fall, wenn die Ausführung dem Ersuchen nicht völlig entspricht[4]
oder wenn sie unzureichend bleibt.[5] Eine teilweise Ablehnung liegt z. B. darin, dass
bei der ersuchten Vernehmung eines Zeugen von der Zuziehung eines Protokollführers abgesehen wurde.[6] Eine Ablehnung kann auch liegen in der Weigerung zur
Festsetzung der Kosten der Rechtshilfe,[7] ebenso im Abhängigmachen von der vorschussweisen Zahlung einer Auslagenpauschale.[8] Eine Ablehnung ist auch darin zu
sehen, dass statt der ausdrücklich geforderten Tätigkeit des Richters der Rechtspfleger das (in seine Zuständigkeit fallende) Ersuchen erledigt hat.[9]

Eine **verzögerliche Erledigung** ist keine Ablehnung des Ersuchens.[10] 5

Keine Ablehnung liegt in der **Weitergabe** durch das ersuchte Gericht wegen 6
örtlichen Unzuständigkeit an das örtlich zuständige[11] (§ 158 Rn. 23), wohl aber
darin, dass das Gericht, an das weitergegeben wurde, seinerseits wieder an das abgebende Gericht zurückgibt,[12] nicht aber bei Weitergabe an ein drittes Gericht. Eine
Zuständigkeitsbestimmung entsprechend § 36 Nr. 6 ZPO, gar durch ein gemeinsames übergeordnetes LG, ist beim Streit zweier AG über ihre Zuständigkeit angesichts der Spezialregelung in § 159 ausgeschlossen.[13]

Auf die Gründe, aus denen das ersuchte Gericht das Ersuchen abgelehnt hat, 7
kommt es nicht an. Jede Ablehnung ist anfechtbar.

3. Beschwerdeberechtigt ist das ersuchende Gericht; auch dann, wenn das er- 8
suchte Gericht entgegen § 158 Abs. 2 Satz 1 ein Ersuchen des im Rechtszug vorgesetzten Gerichts abgelehnt hat.[14] Auch die am Verfahren Beteiligten haben das
Beschwerderecht, da die Rechtshilfe wesentlich ihrem Interesse dient.[15] Beteiligt ist
jeder, der in der Hauptsache, in der das Rechtshilfeersuchen ergangen ist, gegen
die Entscheidung selbst rechtsmittelberechtigt wäre, wenn sie zu seinem Nachteil
erginge, nicht jedoch der zu vernehmende Zeuge usw., dessen Rechtsstellung hier
in keiner Weise tangiert ist.[16]

---

[2] OLG Stuttgart OLGR 2002, 184; OLG Zweibrücken OLGR 2000, 541; OLG Saarbrücken OLGR 2005, 321; *Zöller/Gummer* Rn. 3; a. A. *BL/Hartmann* Rn. 3.
[3] *BL/Hartmann* Rn. 2; RGSt 24, 1; *Zöller/Gummer* Rn. 1.
[4] *Hahn* I S. 170; *LR/Boll* Rn. 3.
[5] KG Recht 1929, 839.
[6] OLG Darmstadt HRR 1932, 1106; OLG Naumburg DJ 1943, 142.
[7] RGSt 24, 1; *BL/Hartmann* Rn. 2; *Zöller/Gummer* Rn. 1; BGH NJW 1958, 1310.
[8] OLG Hamm JVBl. 1970, 179.
[9] SchlHOLG SchlHAnz 1955, 62.
[10] *Hahn* I S. 170; *LR/Boll* Rn. 6.
[11] Differenzierend *LR/Boll* Rn. 4.
[12] OLG Frankfurt NStZ-RR 2004, 50.
[13] A. A. LG Hamburg NZI 2006, 410.
[14] *BL/Hartmann* Rn. 2; *Zöller/Gummer* Rn. 1; a. A. *Wieczorek/Schreiber* Rn. 6.
[15] *Hahn* I S. 170.
[16] *LR/Boll* Rn. 13; a. A. *BL/Hartmann* Rn. 3; *Zöller/Gummer* Rn. 2.

§ 159 9–17

9   4. Die Beschwerde ist auch zulässig, wenn dem Rechtshilfeersuchen **entgegen § 158 Abs. 2 stattgegeben** wurde,[17] aber nicht, wenn es von dem im Rechtszug „vorgesetzten" Gericht ausging (§ 158 Rn. 2). Bei nur teilweiser Stattgabe ist Teilanfechtung möglich. Beschwerdeberechtigt sind hier nur die Beteiligten, nicht dem Gericht, dessen Ersuchen erfüllt wurde.

10   5. Die Beschwerde ist auch zulässig bei Meinungsverschiedenheiten zwischen dem ersuchenden und dem ersuchten Gericht über die **konkrete Durchführung** des Rechtshilfeersuchens.[18]

11   III. Verfahren. 1. Zuständig ist das **OLG**, zu dessen Bezirk das ersuchte Gericht gehört, in den anderen Gerichtsbarkeiten, in denen § 159 anwendbar ist (§ 156 Rn. 15), das jeweilige Berufungsgericht (LAG, VGH, LSG). In der Finanzgerichtsbarkeit ist mangels Berufungsinstanz unmittelbar der BFH zuständig.

12   2. Die Beschwerde ist **unbefristet,** wird aber gegenstandslos, wenn die abgelehnte Tätigkeit vom ersuchenden Gericht selbst vorgenommen wird oder wenn die Entscheidung in der Hauptsache ergangen ist.

13   3. Die Beschwerde ist **schriftlich einzulegen** oder zu Protokoll der Geschäftsstelle des AG oder OLG.[19] Die Entscheidung des OLG ergeht nur auf Antrag nach § 159, niemals von Amts wegen. Das AG kann der Beschwerde **abhelfen**.[20]

14   4. Eine mündliche Verhandlung findet nicht statt (Abs. 2). Jedoch ist dem Beschwerdeführer und den Beteiligten **rechtliches Gehör** zu gewähren.

15   5. Die **Entscheidung** über die Beschwerde gegen die Ablehnung eines Ersuchens ergeht durch Beschluss. Hält das Beschwerdegericht die Ablehnung für begründet, weist es die Beschwerde zurück. Soweit keine weitere Beschwerde zulässig ist (vgl. Rn. 18), ist damit endgültig entschieden. Die ersuchte Tätigkeit liegt nunmehr wieder beim ersuchenden Gericht, das allerdings nicht gehindert ist, bei Vorliegen der Voraussetzungen nunmehr ein anderes Gericht um die Rechtshilfe zu ersuchen. – Hält das Beschwerdegericht die Ablehnung für unbegründet, hebt es die ablehnende Entscheidung auf; das ersuchte Gericht ist nunmehr verpflichtet, dem Ersuchen stattzugeben, wenn nicht weitere, noch nicht geltend gemachte Ablehnungsgründe bestehen. Beharrt es auf seiner Ablehnung, ist eine zwangsweise Durchsetzung oder Ersatzvornahme nicht möglich, es bleibt nur der Weg des Dienstrechts.

16   Entscheidung über die **Beschwerde gegen das Stattgeben**: Stattgeben ist nicht nur die unmittelbare Durchführung des Ersuchens, sondern auch schon dessen Vorbereitung, z.B. Ladung der Zeugen oder Benachrichtigung der Beteiligten. Erachtet das Beschwerdegericht das Stattgeben (also die Rechtshilfe) für zulässig, weist es die Beschwerde zurück. Die weitere Beschwerde ist nicht zulässig (vgl. Rn. 18), damit ist die Rechtshilfe endgültig für zulässig erklärt. Hält das Beschwerdegericht die Rechtshilfe für unzulässig, spricht es dies auf die Beschwerde hin aus. Soweit die Rechtshilfe noch nicht durchgeführt ist, wird sie damit endgültig unzulässig und hat zu unterbleiben. War sie schon durchgeführt, bestimmen sich die Folgen der unzulässigen Rechtshilfe nach dem Verfahrensrecht des Verfahrens, in dem das Rechtshilfeersuchen ergangen ist, es tritt wegen der Unzulässigkeit der Rechtshilfe allein keine Unwirksamkeit der vorgenommenen Tätigkeit ein.[21]

17   Die Entscheidung ergeht gerichtsgebührenfrei.[22]

---

[17] KG OLG 40, 171.
[18] OLG Darmstadt HRR 1932, 1106; OLG Naumburg DJ 1943, 142.
[19] *Wieczorek/Schreiber* Rn. 7.
[20] *Meyer-Goßner* Rn. 3; *BL/Hartmann* Rn. 3; *Zöller/Gummer* Rn. 2; *Wieczorek/Schreiber* Rn. 7.
[21] *Wieczorek/Schreiber* Rn. 7; *Katholnigg* Rn. 5; a. A. *BL/Hartmann* Rn. 3: stets prozessuale Nichtverwertbarkeit.
[22] OLG Celle NdsRpfl 1950, 57, 58.

IV. Weitere Beschwerde. Die Entscheidung des OLG ist **ausnahmsweise** anfechtbar unter zwei Voraussetzungen. Einmal muss die Rechtshilfe für unzulässig erklärt worden sein; eine Entscheidung des OLG, die die Rechtshilfe für zulässig erklärt, ist stets unanfechtbar.[23] Außerdem müssen das ersuchte und das ersuchende Gericht den Bezirken verschiedener OLG angehören. Über die Anfechtung (weitere Beschwerde) entscheidet der BGH bzw. BAG, BSG, auch BVerwG. Zu Form, Frist usw. gilt das zur (Erst-)Beschwerde Gesagte entsprechend. 18

V. Beschwerderecht von Verwaltungsbehörden. Soweit § 159 auf Ersuchen von Verwaltungsbehörden anwendbar ist (§ 156 Rn. 21), gelten folgende Besonderheiten: An die Stelle des ersuchenden Gerichts tritt die Verwaltungsbehörde sowohl hinsichtlich des Beschwerderechts als auch der Beteiligung am Verfahren; das gilt auch für die Frage, ob die weitere Beschwerde zulässig ist. Maßgebend sind hier zunächst spezialgesetzliche Sondervorschriften. So hat die StA das Beschwerderecht nach § 304 StPO, wenn ein Antrag nach § 162 StPO abgelehnt wurde.[24] Entsprechendes gilt für die von der Bußgeldbehörde nach § 46 Abs. 2 OWiG gestellten, unter § 162 StPO fallenden Anträge.[25] Zur Strafvollstreckung § 162. 19

VI. Rechtsbehelf im Amtshilfeverfahren. Für die **allgemeine Amtshilfe** (vgl. § 156 Rn. 21) gilt § 159 nicht,[26] auch dann nicht, wenn die StA Beteiligter ist (vgl. § 156 Rn. 48). 20

Soweit das **VwVfG anwendbar** ist, gelten die dort vorgesehenen Rechtsbehelfe: Anrufung der Aufsichtsbehörde (§ 5 Abs. 5 Satz 2 VwVfG). Die Entscheidung der Aufsichtsbehörde stellt im Verhältnis zur ersuchenden Behörde einen Verwaltungsakt dar.[27] 21

Bestehen für die Amtshilfe keine besonderen landesrechtlichen Regelungen (Rn. 25), ist nach h. M. nur die DAufsBeschw gegeben.[28] 22

Eine Anfechtungsklage der ersuchenden Behörde nach der VwGO ist unzulässig, da nur eine verfahrensrechtliche Befugnis, nicht aber ein materielles Recht der ersuchenden Behörde in Frage steht.[29] 23

Aus den gleichen Gründen scheidet auch eine Anwendung der §§ 23 ff. EGGVG aus. 24

Die Zulässigkeit der Anrufung eines Gerichts kann sich jedoch aus landesrechtlichen Vorschriften ergeben (vgl. § 1 Abs. 3 VwVfG). Das ist der Fall im Geltungsbereich des § 4 NdsAGGVG und des § 87 Abs. 2 PrAGGVG.[30] Es muss sich aber um eine Entscheidung des Gerichts als Spruchorgan handeln, nicht als Behörde der Justizverwaltung.[31] 25

Diese Anrufung des OLG auf Grund Landesrechts ist auch dann zulässig, wenn es um eine Amtshilfetätigkeit geht, um die zur Ausführung von Bundesrecht (auch von einer Bundesbehörde) ersucht wird.[32] 26

---

[23] RGZ 33, 423.
[24] *Meyer-Goßner* Rn. 2.
[25] *LR/Boll* Rn. 22 vor § 156.
[26] RG JW 1936, 1391; KG OLG 40, 171; OLG Celle NdsRpfl 1950, 57; OLG Düsseldorf NJW 1957, 1037; OLG Hamm JMBlNRW 1955, 256; JMBlNRW 1957, 21; 1959, 33; 105; 195; 1962, 99; JVBl. 1970, 179; OLG Frankfurt VersR 1970, 653; *Zöller/Gummer* Rn. 1; *LR/Boll* Rn. 21 vor § 156.
[27] *Knack* § 5 Rn. 5.5.
[28] OLG Düsseldorf JW 1936, 1391; OLG Frankfurt VersR 1970, 653; *LR/Boll* Rn. 23 vor § 156.
[29] BVerwGE 8, 324 m. zust. Anm. *Rupp* JZ 1960, 65; a. A. *Redeker/von Oertzen* § 14 Rn. 5.
[30] Vgl. OLG Düsseldorf NJW 1957, 1037, JMBlNRW 1967, 137; 1968, 116; OLG Hamm JMBlNRW 1959, 33; 105; 194; 1962, 99.
[31] OLG Hamm JVBl. 1970, 179.
[32] OLG Frankfurt OLG 13, 304; OLG Celle NdsRpfl 1950, 57; OLG Hamm JMBlNRW 1955, 256; JVBl. 1970, 179; a. A. OLG Frankfurt VersR 1970, 653.

§ 160 1–4   13. Titel. Rechtshilfe

27   Für die Entscheidung in diesem Verfahren entstehen keine Gerichtskosten, wenn dies nicht gesetzlich ausdrücklich angeordnet ist.[33] Zum Rechtsbehelf bei Streit nur um die Höhe der zu erstattenden Auslagen § 164.

28   Nicht zum Anwendungsbereich des § 159 gehört es, wenn ein materiell **Beteiligter** sich gegen die Gewährung der Amtshilfe wenden will (zur gleichen Situation bei Rechtshilfe vgl. Rn. 8).

§ 160. [Vollstreckungen, Ladungen, Zustellungen]

Vollstreckungen, Ladungen und Zustellungen werden nach Vorschrift der Prozeßordnungen bewirkt ohne Rücksicht darauf, ob sie in dem Land, dem das Prozeßgericht angehört, oder in einem anderen deutschen Land vorzunehmen sind.

1   **I. Inhalt.** Die Vorschrift stellt klar, dass Vollstreckungen, Ladungen und Zustellungen ohne Rücksicht darauf, welchem Bundesland das sie veranlassende Prozessgericht angehört und in welchem Bundesland sie vorzunehmen sind, **stets unmittelbar geschehen** und Rechtshilfe insoweit nicht nötig[1] und auch nicht zulässig ist. Die Vorschrift hat im Grunde nur **historische Bedeutung.** Ursprünglich gab es in den deutschen Staaten verschiedene Regelungen über Vollstreckungen usw.; deshalb bedurfte es, wenn solche Maßnahmen über die Grenzen der Bundesstaaten hinaus wirken sollten, der Rechtshilfe durch die ansässigen Gerichte. Mit dem Erlass von GVG, ZPO und StPO wurde für diese Maßnahmen ein einheitliches Recht geschaffen; mit Rücksicht darauf und auf die Einheit des Rechtspflegegebiets (vgl. Einl. Rn. 40) konnten jetzt alle Vollstreckungen, Ladungen und Zustellungen unmittelbar auch über die Landesgrenzen hinaus im Inland vorgenommen werden. § 160 sollte jeden Zweifel beseitigen, dass es insoweit nicht mehr der Rechtshilfe bedurfte.[2]

2   **II. Gesamtes Bundesgebiet.** Vollstreckungen, Ladungen und Zustellungen werden **im gesamten Bundesgebiet** nach Maßgabe der einschlägigen Verfahrensvorschriften unmittelbar bewirkt ohne Rücksicht darauf, zu welchem Bundesland das Gericht gehört, das die zu vollstreckende Entscheidung erlassen oder die Ladung oder Vollstreckung veranlasst hat, und ohne Rücksicht darauf, in welchem Bundesland zu vollstrecken, zu laden oder zuzustellen ist.[3] Ohne Bedeutung ist, ob die zugrundeliegende Norm dem Bundes- oder dem Landesrecht angehört.[4]

3   **1. Vollstreckung** ist jede zwangsweise Vollstreckung einer gerichtlichen Entscheidung mit Ausnahme der Vollstreckung von Freiheitsstrafen[5] (vgl. §§ 162, 163). Hierzu gehört die Vollstreckung **zivilprozessualer Urteile** (§ 704 ZPO) sowohl durch den Gerichtsvollzieher (§ 753 ZPO) als auch durch das Vollstreckungsgericht (z.B. nach §§ 828, 866 ZPO) einschließlich Arrest und einstweiliger Verfügung (§§ 928 ff., 935 ZPO) sowie aller anderen Vollstreckungstitel nach § 794 ZPO. Hierher gehören weiter die Vollstreckungen in Angelegenheiten der freiwilligen Gerichtsbarkeit (§ 33 FGG).

4   Weiter gehört hierher auch die Vollstreckung **strafgerichtlicher Urteile,** soweit sie nicht auf Freiheitsstrafe unmittelbar gerichtet ist, insbesondere Geldstrafen,[6] Verfahrenskosten und Nebenfolgen einschließlich Bußgeldern (§§ 459 ff. StPO, § 91 OWiG).

---

[33] OLG Celle NdsRpfl 1950, 57.
[1] RG JW 1895, 98; RGZ 25, 364.
[2] *Hahn* I S. 171.
[3] RGSt 26, 338.
[4] OLG Karlsruhe NJW 1969, 1546.
[5] *Hahn* I S. 171; RGZ 25, 364.
[6] RGZ 33, 423.

Unter § 160 fällt auch die Vollstreckung von **Ordnungsgeld** und **Ordnungshaft** 5
(z. B. nach §§ 380, 390, 890, 901 ZPO, §§ 56, 178 GVG, § 70 StPO), Zwangsgeld
und Zwangshaft (§§ 888, 889 ZPO) sowie Erzwingungshaft (§ 901 ZPO).

Hierher gehört auch die Vollstreckung von strafprozessualen **Haft-** und **Vorführ-** 6
rungsbefehlen sowie Beschlagnahme- und Durchsuchungsanordnungen. Das Gericht, dessen Entscheidung zu vollstrecken ist, und die zuständige StA können die Polizeibehörden des Vornahmeortes unmittelbar um die Vollstreckung ersuchen; es bedarf dazu nicht der Mitwirkung des Gerichts des Vornahmeortes.[7]

2. Wenn ein **GerVollz** beauftragt werden soll, kann gemäß § 161 auch die 7
Mitwirkung der Geschäftsstelle des AG, in dessen Bezirk der Auftrag ausgeführt werden soll, in Anspruch genommen werden. Im Übrigen ist für die Vollstreckungen die Inanspruchnahme eines anderen Gerichts nicht zulässig.

3. **Ladungen und Zustellungen** sind stets unmittelbar zu veranlassen, in wel- 8
cher Verfahrensart sie auch ergehen (z. B. §§ 166, 214, 497 ZPO; §§ 35 ff., 145 a, 214 ff., 385, 386 StPO; §§ 16, 89 FGG; §§ 47, 50 ArbGG; § 21 LwVG; §§ 46, 51 OWiG; § 20 GrdstVG; §§ 24, 25, 28 VerschG; § 94 MarkenG; §§ 57, 61 GWB; §§ 3 ff. ZVG; § 8 InsO; § 3 JBeitrO); die Inanspruchnahme eines anderen Gerichts ist nicht zulässig.[8]

III. Ablehnung der Tätigkeit. Lehnt das zur Vollstreckung, Ladung oder Zu- 9
stellung unmittelbar ersuchte Organ die Tätigkeit ab oder nimmt es sie nicht richtig vor, so richtet sich die Zulässigkeit eines Rechtsmittels hiergegen nach dem allgemeinen Verfahrensrecht. Örtlich zuständig ist das Gericht, das für das ersuchte Organ zuständig ist.

IV. Geltungsbereich. Die Vorschrift gilt auch für die Vollstreckung, Ladung 10
und Zustellung in Verfahren der **anderen Gerichtsbarkeiten,** soweit diese auf die entsprechenden Vorschriften des GVG und der ZPO verweisen, vgl. §§ 9 Abs. 2, 62 ArbGG; §§ 56 Abs. 2, 167 VwGO; §§ 53, 150 ff., 155 FGO; §§ 63, 198 SGG.

Für **Auslandszustellungen** gelten das Haager Zustellungsübereinkommen vom 11
15. 11. 1965 (BGBl. II 1977, 1452) und die Zustellungsverordnung (EG) Nr. 1348/2000 vom 29. 5. 2000 (AblEG Nr. L 160 vom 30. 6. 2000, 37).[9]

§ 161. [Vermittlung bei Beauftragung eines Gerichtsvollziehers]

[1] Gerichte, Staatsanwaltschaften und Geschäftsstellen der Gerichte können wegen Erteilung eines Auftrags an einen Gerichtsvollzieher die Mitwirkung der Geschäftsstelle des Amtsgerichts in Anspruch nehmen, in dessen Bezirk der Auftrag ausgeführt werden soll. [2] Der von der Geschäftsstelle beauftragte Gerichtsvollzieher gilt als unmittelbar beauftragt.

Soweit der GerVollz zur Mitwirkung bei der Vollstreckung, aber auch in anderen 1
Fällen, besonders der Zustellung, notwendig ist oder in Anspruch genommen werden kann, kann stets der **örtlich zuständige GerVollz unmittelbar beauftragt** werden ohne Rücksicht darauf, wo der Auftraggeber seinen Sitz hat, wo das Verfahren anhängig ist oder welches Gericht den zu vollstreckenden Titel erlassen hat (vgl. § 160).

Prozessparteien und Gläubiger müssen grundsätzlich den GerVollz **selbst** 2
unmittelbar mit einer Zustellung beauftragen, sie können jedoch im Verfahren vor dem AG (§ 192 Abs. 3 ZPO) auch unter Vermittlung der Geschäftsstelle des Prozessgerichts den GerVollz beauftragen; im Vollstreckungsverfahren kann der Gläu-

---

[7] RG JW 1895, 98; KG JR 1976, 253; *LR/Boll* Rn. 4.
[8] *BL/Hartmann* Rn. 1; *Berg* MDR 1962, 789.
[9] Siehe *Heß* NJW 2001, 15; *Jastrow* NJW 2002, 3382.

§ 162 1, 2   13. Titel. Rechtshilfe

biger wegen der Beauftragung des GerVollz die Mitwirkung der Geschäftsstelle gem. § 753 Abs. 2 ZPO in Anspruch nehmen.

3   § 161 ermöglicht zur Erleichterung des Geschäftsverkehrs den Gerichten, StA und Geschäftsstellen, zur Erteilung eines Auftrages an einen GerVollz die **Mitwirkung der Geschäftsstelle des AG** in Anspruch zu nehmen, in dessen Bezirk der Auftrag ausgeführt werden soll, da der Name des zuständigen GerVollz in vielen Fällen nicht bekannt sein wird.[10] Die Vorschrift hat indessen durch Änderungen im Verfahrensrecht nur noch geringe Bedeutung, da z. B. die Zustellungen von Amts wegen durch das Gericht ohne die Einschaltung des GerVollz vorgenommen werden (§§ 166 ff.; vgl. aber § 168 Abs. 2 ZPO; §§ 211, 214, 270, 317, 693, 699 ZPO; §§ 36, 37 StPO; § 16 FGG).

4   § 161 ist auch anwendbar, wenn eine Partei oder ein Gläubiger den GerVollz unter Vermittlung der Geschäftsstelle (Rn. 2) beauftragt; hier kann die zunächst in Anspruch genommene Geschäftsstelle gemäß § 161 die Geschäftsstelle des AG in Anspruch nehmen, in deren Bezirk der Auftrag ausgeführt werden soll.

5   Die Tätigkeit der gemäß § 161 ersuchten Geschäftsstelle ist **keine Rechtshilfe** im Sinne der §§ 156 ff., sondern Amtshilfe; es besteht daher nur die Möglichkeit der DAufsBeschw (vgl. § 159 Rn. 22).

6   Der von der Geschäftsstelle beauftragte Gerichtsvollzieher gilt als **unmittelbar beauftragt** (Satz 2). Das bedeutet, dass Rechtsbeziehungen nur zwischen ihm und der Partei usw. bestehen.

§ 162. [Vollstreckung von Freiheitsstrafen]

Hält sich ein zu einer Freiheitsstrafe Verurteilter außerhalb des Bezirks der Strafvollstreckungsbehörde auf, so kann diese Behörde die Staatsanwaltschaft des Landgerichts, in dessen Bezirk sich der Verurteilte befindet, um die Vollstreckung der Strafe ersuchen.

1   Für die **Vollstreckung eines auf Freiheitsstrafe lautenden Strafurteils** ist nach §§ 143 GVG, 451 StPO die StA örtlich zuständig, die für das im ersten Rechtszug entscheidende Gericht zuständig ist. Dabei geht die StPO wie das GVG von der Einheit des Rechtspflegegebietes aus (vgl. Einl. Rn. 40). Auch wenn sich der Verurteilte außerhalb ihres Amtsbezirks aufhält, hat diese StA den Verurteilten zum Strafantritt zu laden (§ 160) und gegebenenfalls Vorführungs- oder Vollstreckungshaftbefehl (§ 457 StPO) zu erlassen, um dessen Vollstreckung sie andere Behörden ersuchen kann. Dabei handelt es sich um Amtshilfe, denn die Strafvollstreckung gehört nicht zur originären richterlichen Tätigkeit (vgl. § 156 Rn. 13), die §§ 156 bis 159 GVG sind daher nicht anwendbar. Abweichend von dieser allgemeinen Regelung eröffnet § 162 der StA als Vollstreckungsbehörde jedoch die Möglichkeit, **nicht selbst zu vollstrecken,** sondern um die Vollstreckung die StA des LG zu ersuchen, in dessen Bezirk der Verurteilte sich befindet. Ersucht wird also um die Vollstreckung in dann eigener Zuständigkeit der ersuchten StA, nicht mehr um Amtshilfe bei der Vollstreckung durch die ersuchende StA.

2   Diese Regelung ist nur noch **historisch** verständlich. Ursprünglich bestimmte § 162 GVG, dass eine Freiheitsstrafe, die die Dauer von 6 Wochen nicht übersteigt, in dem Land zu vollstrecken ist, in dem der Verurteilte sich befindet; längere Freiheitsstrafen waren stets in dem Land zu vollstrecken, in dem sie verhängt worden waren, und zwar durch die für den Ort des erkennenden Gerichts zuständige StA, der für den Aufenthaltsort des Verurteilten zuständige StA Amtshilfe zu leisten hatte.[1] Im Jahre 1934 (RGBl. I S. 1233) erhielt im Zusammenhang mit der sogenannten „Verreichlichung der Justiz" (Einl. Rn. 6) die Vorschrift ihre heutige Fassung.

---

[10] *Hahn* I S. 171.
[1] *Hahn* I S. 171, 172; *LR/Boll* Rn. 1 ff.

Die praktische Bedeutung der Vorschrift ist gering. Bund und Länder haben in der gemeinsamen Strafvollstreckungsordnung und in einer gemeinsamen Ländervereinbarung vom 8. 6. 1999[2] alle damit zusammenhängenden Fragen geregelt; an diese Regelung ist die StA gebunden. Die StVollstrO gilt für die Vollstreckung von Urteilen und ihnen gleichstehenden Entscheidungen, die auf eine Strafe, Nebenstrafe, Nebenfolge oder Maßregel der Besserung und Sicherung lauten (§ 1 Abs. 1 aaO.); sie gilt weiter für die Vollstreckung von Entscheidungen nach dem OWiG (§ 87 aaO.) und von Ordnungs- und Zwangshaft in allen Straf- und Bußgeldsachen (§ 1 Abs. 2 aaO.) ebenso teilweise nach dem JGG. Die Vollstreckungsbehörde ist für die gesamte Vollstreckung zuständig (§ 3 aaO.). Vollstreckungsbehörde ist grundsätzlich die StA beim LG, bei erstinstanzlicher Zuständigkeit des OLG oder BGH die StA bei diesen Gerichten (§ 4 aaO.); die örtliche Zuständigkeit bestimmt sich nach dem Gericht des ersten Rechtszugs (§ 7 aaO.). Örtlich maßgebend für den Vollzug ist der Wohnsitz oder der (letzte) Aufenthaltsort des Verurteilten (§§ 22, 24 aaO.). Aus dem allgemeinen Vollstreckungsplan ergibt sich die hierfür und nach der Art der zu vollstreckenden Strafe zuständige Vollzugsanstalt. Dorthin wird der Verurteilte von der Vollstreckungsbehörde zum Strafantritt geladen (§ 27 aaO.), auch richtet sie an die Vollzugsanstalt ein Aufnahmeersuchen. Soll demgemäß eine Vollstreckungshandlung außerhalb des Landes, in dem die Vollstreckungsbehörde ihren Sitz hat, durch eine Landesbehörde durchgeführt werden, so ist die hierfür örtlich zuständige StA des anderen Landes nur dann um Vollstreckungshilfe zu ersuchen, wenn die Ländervereinbarung eine unmittelbare Einweisung nicht zulässt. Im Ergebnis hat also die StA nicht mehr das Wahlrecht, selbst zu vollstrecken oder eine andere Behörde um die Vollstreckung zu ersuchen, sondern bleibt Vollstreckungsbehörde nur mit der Möglichkeit, eine andere StA um Vollstreckungshilfe zu ersuchen. Die Vorschrift ist nicht anwendbar auf den GBA, da sein Bezirk das gesamte Bundesgebiet ist.[3]

§ 162 hat unmittelbare Bedeutung nur noch für die Vollstreckungen, die **nicht von der StVollstrO umfasst** werden, also der Strafen, Ordnungs- und Erzwingungsmaßnahmen außerhalb des Straf- und OWiG-Verfahrens,[4] z. B. nach §§ 380, 390, 890, 901 ZPO; §§ 56, 178 GVG. Wer hierfür die zuständige Vollstreckungsbehörde ist, richtet sich nach dem jeweiligen Verfahrensrecht. Diese Vollstreckungsbehörde hat die Wahl, entweder selbst die Vollstreckung durchzuführen, gegebenenfalls unter Inanspruchnahme von Amtshilfe, oder aber dann, wenn der „Verurteilte" zu einer dieser Maßnahmen sich außerhalb des Bezirks der Strafvollstreckungsbehörde aufhält, die StA des LG, in dessen Bezirk sich der „Verurteilte" aufhält, um die Vollstreckung der Strafe insgesamt zu ersuchen. Durch dieses Ersuchen wird diese StA zur Vollstreckungsbehörde mit allen Rechten, Pflichten und Zuständigkeiten, auch hinsichtlich der Rechtsbehelfe gegen ihre Entscheidungen. Verweigert die StA die Übernahme der Vollstreckung, handelt es sich um die Verweigerung einer Amtshilfe, vgl. dazu § 159 Rn. 20 ff.

Die Vorschrift gilt auch für Ordnungs-, Erzwingungs- und andere Strafen (im weitesten Sinne), die von den Gerichten erlassen werden, für die § 162 für anwendbar erklärt ist (vgl. § 156 Rn. 15).

§ 163. [Vollstreckung, Ergreifung, Ablieferung außerhalb des Gerichtsbezirks]

Soll eine Freiheitsstrafe in dem Bezirk eines anderen Gerichts vollstreckt oder ein in dem Bezirk eines anderen Gerichts befindlicher Verurteilter zum Zwecke der Strafverbüßung ergriffen und abgeliefert werden, so ist die Staatsanwaltschaft bei dem Landgericht des Bezirks um die Ausführung zu ersuchen.

---

[2] Z. B. Justiz 2000, 133.
[3] LR/*Boll* Rn. 9.
[4] LR/*Boll* Rn. 8; BL/*Hartmann* Rn. 1.

1   Die Vorschrift ist teilweise obsolet geworden, soweit sie regelt, wie zu verfahren ist, wenn eine **Freiheitsstrafe im Bezirk eines anderen Gerichts vollstreckt** werden soll. Diese Verfahrensregelung war nur notwendig bei der früheren Regelung des § 162 über die Vollstreckung kurzer Freiheitsstrafen in dem Land, in dem sich der Verurteilte befindet (vgl. § 162 Rn. 2); hier musste geregelt werden, wie die ursprüngliche Vollstreckungsbehörde die Vollstreckung zu veranlassen hatte;[1] gleichzeitig diente die Vorschrift der Konzentration dieser Aufgabe auf eine einzige Stelle angesichts der unterschiedlichen damaligen Zuständigkeit in den einzelnen Bundesstaaten.[2] Da § 162 in seiner heutigen Fassung aber der Strafvollstreckungsbehörde die Wahlmöglichkeit einräumt, entweder selbst zu vollstrecken und lediglich Amtshilfe in Anspruch zu nehmen oder die StA des LG zu ersuchen, in dessen Bezirk der Verurteilte sich aufhält, regelt § 163 dasselbe wie § 162.

2   **§ 163 ist noch von Bedeutung** für den Fall, dass sich ein zu einer Freiheitsstrafe Verurteilter im Bezirk eines anderen Gerichts befindet und die Vollstreckungsbehörde selbst vollstrecken will, also von der Abgabemöglichkeit des § 162 keinen Gebrauch machen will. Muss hierzu der Verurteilte im Bezirk des anderen Gerichts „ergriffen und abgeliefert" werden, nämlich in den örtlichen Zuständigkeitsbereich der Vollstreckungsbehörde, dann ist das darauf gerichtete Amtshilfeersuchen stets und nur an die StA bei dem LG zu richten, in dessen Bezirk sich der Verurteilte befindet.

3   Unter **Freiheitsstrafe** sind neben Freiheitsstrafen im engeren Sinne auch andere in die persönliche Freiheit eingreifenden gerichtlichen Entscheidungen zu verstehen, also auch Ordnungs- und Zwangshaft usw. (§ 162 Rn. 4).

4   Welcher Art die Vollstreckungsbehörde ist, hat keine Bedeutung: Gericht, auch einer anderen Gerichtsbarkeit, StA.[3]

5   Trotz des Wortlauts „ist" muss die Vollstreckungsbehörde nicht in jedem Falle die Hilfe der StA in Anspruch nehmen. Sie kann auch die ihr selbst zur Verfügung stehenden Mittel anwenden, insbesondere nach § 457 StPO vorgehen[4] (vgl. § 162 Rn. 3).

6   **Lehnt die ersuchte StA die Amtshilfe** ab, ist hiergegen nur die DAufs-Beschw gegeben.[5]

7   Keine Anwendung findet § 163 auf andere als Freiheitsstrafen[6] (Rn. 3; vgl. §§ 459, 459g StPO).

§ 164. [Kostenersatz]

(1) **Kosten und Auslagen der Rechtshilfe werden von der ersuchenden Behörde nicht erstattet.**

(2) **Gebühren oder andere öffentliche Abgaben, denen die von der ersuchenden Behörde übersendeten Schriftstücke (Urkunden, Protokolle) nach dem Recht der ersuchten Behörde unterliegen, bleiben außer Ansatz.**

1   Die Vorschrift gilt für die **Rechtshilfe zwischen den Gerichten der ordentlichen Gerichtsbarkeit.**[1*] Für die zwischen den Gerichten der ordentlichen Gerichtsbarkeit geleistete Rechtshilfe (zum Begriff § 156 Rn. 11) entstehen für die ersuchenden Gerichte keine Gebühren.

---

[1] *LR/Boll* Rn. 1.
[2] *Hahn* I S. 172.
[3] *Hahn* I S. 172.
[4] *LR/Boll* Rn. 2, 3.
[5] *LR/Boll* Rn. 7.
[6] *LR/Boll* Rn. 9.
[1*] *LR/Boll* Rn. 4; weiter *BL/Hartmann* Rn. 1; *Wieczorek/Schreiber* Rn. 1.

Kostenersatz   2–8 § 164

Die durch die Rechtshilfe beim ersuchten Gericht entstehenden sonstigen Kosten werden dem ersuchten Gericht nicht vom ersuchenden Gericht erstattet. Hierher gehören vor allem die an Zeugen und Sachverständige zu leistenden Entschädigungen nach dem JVEG, die vom ersuchten Gericht zu tragen sind.[2] Diese Kosten sind vom ersuchten Gericht festzusetzen und dem ersuchenden Gericht mitzuteilen. Sie sind vom ersuchenden Gericht im Rahmen der gesamten Kostenberechnung des Verfahrens anzusetzen und einzuziehen; sie verbleiben beim ersuchenden Gericht, im Gegensatz zum früheren Recht sind sie nicht mehr dem ersuchten Gericht weiterzuleiten. – Die Ablehnung dieser Festsetzung bedeutet die Teilablehnung des Rechtshilfeersuchens, über die nach § 159 zu entscheiden ist (§ 159 Rn. 4). Ob für die Durchführung des Rechtshilfeersuchens ein **Kostenvorschuss** erhoben wird, ist Sache des ersuchenden Gerichts; das ersuchte Gericht kann weder selbst einen Kostenvorschuss anfordern noch vom ersuchenden Gericht nachträglich eine solche Anordnung verlangen.[3]   2

Die einem für die Durchführung des Rechtshilfeersuchens (vgl. § 156 Rn. 38) beigeordneten Rechtsanwalt zu leistenden Gebühren und Auslagen sind ebenfalls dem ersuchten Gericht nicht zu erstatten;[4] für sie gilt im Übrigen das für die anderen Kosten und Auslagen Gesagte entsprechend.   3

Diese Regelung gilt auch im Verhältnis zu den Gerichten der anderen Gerichtsbarkeiten und bei diesen, soweit § 164 für anwendbar erklärt ist (vgl. dazu § 156 Rn. 15).   4

Die Vorschrift gilt grundsätzlich **nicht für die Amtshilfe**[5] (zum Begriff § 156 Rn. 4):   5

§ 164 gilt nicht für die Amtshilfe zwischen Gerichten untereinander und zwischen ihnen und der StA. Hier sind grundsätzlich Kosten und Auslagen der ersuchten Stelle durch die ersuchende zu ersetzen. Hiervon gelten jedoch wesentliche Ausnahmen. Einmal werden Kosten für **Vollstreckungs- und Zustellungsaufträge** nicht gefordert, wenn sie beim Schuldner nicht eingetrieben werden können (§§ 2, 4 GVKostG). Die Justizverwaltungen haben eine Verzichtsvereinbarung vom 4. 10. 1958 getroffen: die im Wege der Amtshilfe für die Vernehmung von Zeugen oder Sachverständigen in Anspruch genommene Justizbehörde gewährt diesen die Entschädigung und teilt diese Zahlung zu den Sachakten mit; die Länder verzichten gegenseitig auf die Erstattung dieser Ausgaben.   6

Auch in der **Strafvollstreckung** werden nach der Ländervereinbarung vom 13. 1. 1965 der ersuchten Behörde Kosten nicht erstattet, die dadurch entstehen, dass die Vollstreckungsbehörde einen in einem anderen Land sich aufhaltenden Verurteilten unmittelbar in eine Vollzugsanstalt dieses Landes einweist und zur Ausführung von Vorführungs- und Haftbefehlen unmittelbar die Hilfe der Polizeidienststellen des anderen Landes in Anspruch nimmt.[6] Im Verhältnis zwischen den Ländern und dem Bund gilt die Vereinbarung über den Kostenausgleich in Staatsschutzsachen.[7]   7

§ 164 gilt nicht für die von Gerichten für Verwaltungsbehörden geleistete **Amtshilfe** (und umgekehrt). Hier sind grundsätzlich die entstehenden Kosten von der ersuchenden Behörde zu erstatten, soweit dies nicht ausdrücklich ausgeschlossen ist. Deshalb sind z. B. die Kosten für die Erteilung einer Urteilsabschrift, soweit nicht § 2 GKG anzuwenden ist, zu erstatten.[8] Kostenfreiheit ist z. B. angeordnet in den §§ 317 LAG, 135 FlurbG.   8

---

[2] BGH NJW 1958, 1310; OLG Stuttgart OLG 18, 386.
[3] OLG Hamm NJW 1956, 1447.
[4] *Wieczorek/Schreiber* Rn. 1.
[5] *LR/Boll* Rn. 9.
[6] *LR/Boll* Rn. 7.
[7] Vgl. JMBlNRW 1977, 427; HessJMBl. 1977, 554.
[8] *BL/Hartmann* Rn. 1; BayObLG OLG 25, 275.

9   Entsteht Streit über die Kosten, so ist zu unterscheiden: In der Weigerung, die Kosten der ersuchten Amtshilfe zu tragen, liegt die Ablehnung des Ersuchens (vgl. § 159 Rn. 4). Besteht jedoch nur Streit um die Höhe der zu erstattenden Auslagen, ist nur die Erinnerung nach § 66 GKG vorgesehen mit der anschließenden Beschwerdemöglichkeit nach §§ 567 ff. ZPO, falls die Beschwerdesumme des § 567 Abs. 2 ZPO erreicht ist.[9]

10 **Abs. 2 ist gegenstandslos.** Er setzte voraus, dass die der ersuchenden Behörde übersandten Schriftstücke öffentlichen Abgaben unterliegen; das ist nach Abschaffung der Urkundensteuer nicht mehr der Fall.[10]

§ 165. (weggefallen)

§ 166. [Gerichtliche Amtshandlungen außerhalb des Gerichtsbezirks]

Ein Gericht darf Amtshandlungen im Geltungsbereich dieses Gesetzes auch außerhalb seines Bezirks vornehmen.

Gesetzesfassung: Neufassung durch Art. 2 Nr. 14 RpflVereinfG.

1   Die Befugnisse des Gerichts enden an den Grenzen seines Bezirks. Bezirk ist dabei der sich aus der allgemeinen Gerichtsorganisation (vgl. § 12) ergebende Zuständigkeitsbereich des Gerichts. In den Fällen, in denen von einer Konzentrationsermächtigung Gebrauch gemacht wurde (vgl. § 23 c), ist Bezirk des Gerichts das gesamte von der Konzentration umfasste Gebiet. Sollen **Amtshandlungen außerhalb des Bezirks** vorgenommen werden, geschieht dies im Allgemeinen im Wege der Rechtshilfe durch das AG des Ortes, an dem die Amtshandlung vorzunehmen ist (ersuchtes Gericht); z. B. bei auswärtigen Zeugenvernehmungen (vgl. § 156 Rn. 31).

2   Das Gericht kann es aber auch für zweckmäßig ansehen, eine Amtshandlung außerhalb seines Bezirks **selbst vorzunehmen,** sei es durch ein dazu bestimmtes Mitglied des Spruchkörpers (beauftragter Richter; vgl. § 156 Rn. 46) oder durch den gesamten Spruchkörper. Auch die Durchführung eines ganzen Verfahrens oder einer ganzen Hauptverhandlung ist prozessual außerhalb des Gerichtsbezirks zulässig (vgl. § 22 Rn. 29).

3   Bis zu der am 1. 4. 1991 in Kraft getretenen Neufassung durfte ein Gericht Amtshandlungen außerhalb seines Bezirks ohne Zustimmung des AG des Ortes nur vornehmen, wenn Gefahr im Verzuge war. Diese Zustimmungsnotwendigkeit wurde allgemein als leerer, zeit- und kostenaufwändiger Formalismus angesehen, da in der Praxis die Zustimmung grundsätzlich erteilt wurde.[1] Auch bestanden Bedenken hinsichtlich der richterlichen Unabhängigkeit, weil zu unbestimmt sei, unter welchen Voraussetzungen das OrtsAG seine Zustimmung erteilen oder versagen dürfe.[2] Eine ersatzlose Streichung der alten Vorschrift war indessen nicht möglich. Die Befugnisse eines Gerichts zu unmittelbarer Tätigkeit sind auf seinen Gerichtsbezirk beschränkt;[3] zu einer bezirksüberschreitenden unmittelbaren Tätigkeit unter Verzicht auf Rechtshilfe bedarf es einer ausdrücklichen gesetzlichen Ermächtigung. Diese ist im § 166 enthalten, auch für das Überschreiten der Landesgrenzen. Zur Beschränkung gerichtlicher Tätigkeit auf das Gebiet der BRep vgl. Einl. Rn. 33.

---

[9] OLG Hamm JMBlNRW 1955, 139.
[10] *Wieczorek/Schreiber* Rn. 1.
[1] BTagsDrucks. 11/3621 S. 55.
[2] BTagsDrucks. aaO.
[3] BTagsDrucks. 11/3621 S. 56; *LR/Boll* Rn. 1.

"Amtshandlungen" sind alle Tätigkeiten des Gerichts. Dazu gehören nicht nur die, 4 die auch im Wege der Rechtshilfe (§ 156 ff.) erledigt werden können, sondern z. B. auch die Durchführung einer mündlichen Verhandlung[4] (vgl. Rn. 2). § 166 gilt aber nur für Amtshandlungen des Gerichts als Organ der RSpr, nicht für die Ausübung anderer Gerichtsfunktionen, z. B. Zustellungen, und nicht für die Tätigkeit der Justizverwaltung i. w. S.

§ 166 gilt nach seinem Wortlaut nicht für die StA. Einer entsprechenden Regelung bedurfte es auch nicht, denn die StA kann im gesamten Bundesgebiet unabhängig von ihrer Zuständigkeit nach § 143 GVG tätig werden.[5] Soweit die StA jedoch eine richterliche Handlung herbeiführen will, kann sie das nur bei dem örtlich allgemein zuständigen Gericht tun.

§ 167. [Verfolgung von Flüchtigen über Landesgrenzen]

(1) **Die Polizeibeamten eines deutschen Landes sind ermächtigt, die Verfolgung eines Flüchtigen auf das Gebiet eines anderen deutschen Landes fortzusetzen und den Flüchtigen dort zu ergreifen.**

(2) **Der Ergriffene ist unverzüglich an das nächste Gericht oder die nächste Polizeibehörde des Landes, in dem er ergriffen wurde, abzuführen.**

Die in dieser Vorschrift geregelte **Nacheile** hat nichts mit Rechtshilfe zu tun, 1 auch nichts mit Amtshilfe, sondern erlaubt gerade bei der notwendigen Fortsetzung einer Amtstätigkeit (vgl. Rn. 6), die eigenen Landesgrenzen zu überschreiten, die eigene Tätigkeit also auszuüben anstelle der an sich nach allgemeinen Grundsätzen notwendigen Amtshilfe. Die Vorschrift beruht darauf, dass die Befugnisse der Polizeibeamten der Bundesländer an der Landesgrenze enden und dass es einer ausdrücklichen Ermächtigung bedarf, wenn sie diese überschreiten wollen; dies regelt § 167.

Zur Nacheile sind die **Polizeibeamten** ermächtigt. Unter diesen Begriff fallen 2 nicht nur die Beamten des polizeilichen Vollzugsdienstes einschließlich Kripo und Ermittlungspersonen der StA (§ 152), sondern alle die Beamten des Polizeidienstes im Sprachgebrauch der §§ 158, 161, 163 StPO, die kraft Amtes für die Verfolgung strafbarer Handlungen und die Vollstreckung strafgerichtlicher Entscheidungen zuständig sind.[1] Für die Beamten des Strafvollzugsdienstes ergibt sich das Recht auf Nacheile aus § 87 StVollzG. Die nach Art. 91 GG eingesetzten Beamten gelten als innerhalb dieses Landes tätige Beamte. § 167 gilt nicht für die Beamten des Bundes, die zur Mitwirkung bei der Aufklärung strafbarer Handlungen und der Verfolgung von Flüchtlingen zuständig sind, so die Beamten des BKA (§ 19 BKAG) und des Bundesgrenzschutzes (§ 58 BPolG).

Die Nacheile ist zur **"Verfolgung eines Flüchtigen"** zulässig. Flüchtiger ist 3 einmal, wer verurteilt ist und sich der Vollstreckung entziehen will. Flüchtiger ist weiter, wer sich nach begangener Tat auf der Flucht befindet, also seinen Aufenthalt oder seine Identität zu verschleiern sucht, um nicht entdeckt und ergriffen zu werden. Flüchtiger ist aber auch, wer nach begangener Tat auf frischer Tat oder unmittelbar danach angetroffen und verfolgt wird.[2] Wer demgegenüber jedoch nach Begehung einer Straftat zunächst unerkannt sich entfernen konnte und an seinen gewöhnlichen Aufenthalt zurückgekehrt ist, ist kein Flüchtiger; wohl aber wird er es, wenn er seine Festnahme befürchtet und dann zu entkommen sucht. Auf die Art des von dem Flüchtigen begangenen Delikts kommt es nicht an, es genügt das Vorliegen

---

[4] BTagsDrucks. aaO.
[5] *LR/Boll* Rn. 4; *Meyer-Goßner* Rn. 4; *KK/Schoreit* Rn. 4; *Loh* MDR 1970, 812.
[1] *LR/Boll* Rn. 2; *KK/Schoreit* Rn. 1, 4.
[2] *LR/Boll* Rn. 5; *Meyer-Goßner* Rn. 1; *KK/Schoreit* Rn. 2; vgl. auch § 127 StPO.

4 Der Begriff „**Verfolgung**" ist weit zu fassen. Darunter ist sowohl die unmittelbare körperliche Nacheile zu verstehen, aber auch die unter Verwendung moderner technischer Mittel. Es fallen hierunter alle Maßnahmen, die auf die Ergreifung der als Täter angesehenen Person abzielen und ihrer Natur nach geeignet sind, diese zu ermöglichen, zu erleichtern, zu sichern. Hierher zählen auch taktische Maßnahmen, um einen möglichen Fluchtweg abzuschneiden wie auch das Vorauseilen zu einem Punkt, der für die Ergreifung besonders günstige, für ein Entweichen besonders ungünstige Vorbedingungen bietet.[4]

5 Die Nacheile muss zum Ziel haben, den **Flüchtigen zu ergreifen.** Das bedeutet nicht nur seine vorläufige Festnahme oder Vollstreckung eines Haftbefehls. Es genügt auch die Absicht, ihn zur Feststellung seiner Person in Gewahrsam zu nehmen,[5] wodurch gerade eine Festnahme überflüssig werden kann.[6] Unzulässig ist die Überschreitung der Landesgrenze zu **anderen Zwecken** als denen des Ergreifens des Flüchtigen, „etwa allein zur körperlichen Durchsuchung einer Person, nach Diebstahlsgerät bzw. die Beschlagnahme solcher in ihrem Besitz vermuteter Instrumente".[7] Jedoch kann der nacheilende Beamte den ergriffenen Flüchtigen auch durchsuchen.[8]

6 Liegen die Voraussetzungen der **Nacheile** vor, unterliegt der nacheilende Beamte keinen örtlichen Beschränkungen. Unmaßgeblich bleibt die Entfernung, ebenso wenig ist er auf die Überschreitung nur einer Landesgrenze beschränkt. Voraussetzung für die Nacheile ist, dass die Verfolgung des Flüchtigen schon im Zuständigkeitsbereich der Polizei begonnen hat, deren Beamte Nacheile ausüben. Es genügt dabei schon, dass das „Sichhinbegeben an den zur Abfassung geeigneten Ort" im eigenen Zuständigkeitsbereich begonnen hat.[9] Unabhängig von § 167 ist in verschiedenen Landespolizeigesetzen und Vereinbarungen der Länder bestimmten Polizeibeamten in bestimmten Situationen das Recht eingeräumt, über die Landesgrenze hinaus tätig zu werden, ohne dass die Voraussetzungen des § 167 vorliegen. Auch die Frage, inwieweit Polizeibeamte unter Überschreitung ihrer örtlichen Zuständigkeit zur Verhinderung strafbarer Handlungen oder zur Beseitigung einer polizeilichen Gefahr tätig sein dürfen, richtet sich nicht nach § 167.

7 § 167 gilt **nicht für die StA.** Die für die Verfolgung einer Straftat oder die Vollstreckung örtlich zuständige StA ist bei ihrer Amtsausübung nicht an die Grenzen ihres Landes gebunden und kann im ganzen Bundesgebiet alle Amtshandlungen vornehmen, die ihr zur Verfolgung notwendig erscheinen (§ 143). Soweit sie dazu die Amtshilfe von Polizeibeamten in Anspruch nimmt, bedarf es bei deren Tätigkeit nicht der Voraussetzungen des § 167, ebenso wenig bei den Hilfsbeamten der StA, die auf ausdrückliche Weisung der StA handeln.[10]

8 Wird der **Flüchtige ergriffen,** ist er unverzüglich an das nächste Gericht oder die nächste Polizeibehörde des Landes, in dem er ergriffen wurde, abzuführen (Abs. 2). Es ist also unzulässig, dass der nacheilende Beamte den Ergriffenen wieder über die Landesgrenze zurück in das andere Land verbringt. Der ergreifende Beamte hat das Wahlrecht zwischen dem Gericht oder der Polizeibehörde; aus der Notwendigkeit der „unverzüglichen" (vgl. § 128 StPO) Abführung ergibt sich jedoch, dass die nächstgelegene Stelle auszuwählen ist, wenn nicht gewichtige Gründe ent-

---

[3] *LR/Boll* Rn. 6.
[4] RGSt 30, 386; *LR/Boll* Rn. 7.
[5] RGSt 26, 211.
[6] *LR/Boll* Rn. 8.
[7] RGSt 26, 211.
[8] *LR/Boll* Rn. 8.
[9] RGSt 30, 386.
[10] *LR/Boll* Rn. 4; *Meyer-Goßner* Rn. 2; *Heinrich* NStZ 1996, 361; a. A. *KK/Schoreit* Rn. 4.

gegenstehen. – Das sich daran anschließende Verfahren richtet sich nach den einzelnen Verfahrensvorschriften je nach der Art und dem Zweck der Ergreifung.

Eine **unter Verstoß gegen § 167 vorgenommene Ergreifung** oder andere 9 Handlung ist nicht deshalb schon unwirksam. Wohl aber befindet sich ein Beamter, der unter Verstoß gegen § 167 (und ohne auf Grund anderer Rechtsquellen berechtigende Nacheile) über die Landesgrenze hinaus tätig wird, nicht mehr in rechtmäßiger Amtsausübung im Sinne des § 113 StGB.[11]

Wenn die Vorschrift zunächst und in erster Linie auf Strafsachen ausgerichtet er- 10 scheint, so ist sie doch auf die **Vollstreckung nicht nur strafgerichtlicher Erkenntnisse,** sondern auch auf alle anderen richterlichen Erkenntnisse, die auf eine Freiheitsbeschränkung lauten, anzuwenden, also auch auf Beugehaft, Zwangshaft und Ordnungshaft (vgl. § 160), auch soweit der GerVollz die Verhaftung vorzunehmen hat (vgl. § 909 ZPO). § 167 ist deshalb auch auf Vollziehungsbeamte der Justiz entsprechend anzuwenden[12] und auf die Polizeibeamten, die der GerVollz gemäß § 758 Abs. 3 ZPO zur Unterstützung herangezogen hat.

§ 168. [Mitteilung von Akten]

Die in einem deutschen Land bestehenden Vorschriften über die Mitteilung von Akten einer öffentlichen Behörde an ein Gericht dieses Landes sind auch dann anzuwenden, wenn das ersuchende Gericht einem anderen deutschen Land angehört.

Die Mitteilung von Akten (einschließlich Übersendung) ist Amtshilfe, nicht 1 Rechtshilfe.[1] § 168 begründet keine materiellrechtliche Pflicht zur Aktenvorlage, sondern setzt diese auf Grund landesrechtlicher Vorschriften voraus und dehnt diese landesrechtlich bestehenden Pflichten zugunsten der Gerichte aller Bundesländer aus. Bundesrechtlich ist die Mitteilung von Akten z. B. durch § 96 StPO für das Strafverfahren geregelt.

§ 168 gilt nicht für die Mitteilung von Akten der Gerichte an Verwaltungsbe- 2 hörden und andere Gerichte. Auch das ist Amtshilfe; vgl. §§ 13 ff. EGGVG.

Bei Verweigerung der Erfüllung der Pflicht nach § 168 ist nur die DAufsBeschw 3 gegeben.[2]

---

[11] BGHSt 4, 110; OLG Hamm NJW 1954, 206; *Heinrich* NStZ 1996, 361.
[12] *Wieczorek/Schreiber* Rn. 1.
[1] H. M., vgl. OLG Augsburg OLG 9, 147; OLG München OLGZ 1972, 360; *LR/Boll* Rn. 1; *BL/Hartmann* Rn. 1; *Zöller/Gummer* Rn. 1; *Wieczorek/Schreiber* Rn. 1.
[2] *LR/Boll* Rn. 3; KG OLG 21, 1; *BL/Hartmann* Rn. 1; *Zöller/Gummer* Rn. 1.

Vierzehnter Titel. Öffentlichkeit und Sitzungspolizei

§ 169. [Öffentlichkeit]

¹Die Verhandlung vor dem erkennenden Gericht einschließlich der Verkündung der Urteile und Beschlüsse ist öffentlich. ²Ton- und Fernseh-Rundfunkaufnahmen sowie Ton- und Filmaufnahmen zum Zwecke der öffentlichen Vorführung oder Veröffentlichung ihres Inhalts sind unzulässig.

Übersicht

	Rn.		Rn.
I. Der Grundsatz der Öffentlichkeit der Verhandlung	1	VII. Informationsmöglichkeit über anstehende Verhandlungen	47
II. Geltungsbereich des Öffentlichkeitsgrundsatzes	5	VIII. Inhalt der Öffentlichkeit	52
1. Ordentliche Gerichte	5	IX. Sitzungsprotokoll	54
2. Disziplinargerichte	6	X. Verletzung des Öffentlichkeitsgrundsatzes	55
3. Andere Gerichtsbarkeiten	7		
III. Öffentlichkeit der Verhandlung	8	XI. Unverzichtbarkeit der Öffentlichkeit	58
IV. Wert und Gefahr der Öffentlichkeit	12	XII. Erweiterte Öffentlichkeit	59
		XIII. Heilung von Fehlern	61
V. Möglichkeit der Teilnahme an Gerichtsverhandlungen	21	XIV. Ton- und Fernsehaufnahmen	62
1. Grundsatz: Jedermann	21	1. Allgemeines Verbot	62
2. Tatsächliche Möglichkeit: Zutritt	22	2. Andere Aufzeichnungen	67
3. Keine Zurückweisung	23	3. Absolutes Verbot	69
VI. Einschränkungen der Öffentlichkeit	24	4. Gerichtsinterne Aufzeichnungen	73
1. Allg. Raumgründe	24	XV. Art. 6 MRK	82
2. Zahl der Plätze	25	XVI. Medien und Gerichtsöffentlichkeit	85
3. Reihenfolge des Erscheinens	29	1. Medien im Gerichtsverfahren	85
4. Keine personelle Auswahl	30	2. Zulässigkeit von Ton-, Film- und Fernsehaufnahmen	89
5. Presse	33	3. Abwägungen	91
6. Laufender Zutritt	34	4. Poolbildung	93
7. Räumliche Enge	36	XVII. Einsatz der Videotechnik	95
8. Ungestörte Verhandlung; Sicherheit	38		

Literatur: *Eb. Schmidt,* Öffentlichkeit oder Publicity, FS W. Schmidt, 1959; *Bockelmann,* Öffentlichkeit und Strafrechtspflege NJW 1960, 217 ff.; *Arndt,* Gerichtsöffentlichkeit, NJW 1960, 423 ff.; *Eb. Schmidt,* Justiz und Publizistik, 1968; *Weidemann,* Öffentlichkeitsgrundsatz und „Justizkampagne", DRiZ 1970, 114; *Maul,* Bild- und Rundfunkberichterstattung im Strafverfahren, MDR 1970, 286; *Seibert,* Die Öffentlichkeit in großen Strafverfahren, NJW 1970, 1535; *Köbl,* Die Öffentlichkeit des Zivilprozesses – eine unzeitgemäße Form, FS Schnorr von Carolsfeld, Köln usw. 1972; *Fögen,* Der Kampf um die Gerichtsöffentlichkeit, Berlin 1974; *Alber,* Die Geschichte der Öffentlichkeit im deutschen Strafverfahren, Berlin 1974; *Roxin,* Aktuelle Probleme der Öffentlichkeit im Strafverfahren (zit.: Probleme), FS Karl Peters, Tübingen 1974; *Kleinknecht,* Schutz der Persönlichkeit des Angeklagten durch Ausschluß der Öffentlichkeit in der Hauptverhandlung, FS Schmidt-Leichner, München 1977 S. 111 ff.; *Strassburg,* Der Prozeßbeobachter im Strafprozeß, MDR 1977, 712; *Kleinknecht,* Öffentlichkeit der Hauptverhandlung und Schutz der Persönlichkeit, FS Nüchterlein, Nürnberg 1978 S. 173 ff.; *Bäumler,* Das subjektiv öffentliche Recht auf Teilnahme an Gerichtsverhandlungen, JR 1978, 317; *Franzki,* Die Öffentlichkeit der Gerichtsverhandlung, DRiZ 1979, 82; *Scherer,* Gerichtsöffentlichkeit als Medienöffentlichkeit, Kronberg 1979; *Stober,* Zum Informationsanspruch der Presse gegenüber Gerichten, DRiZ 1980, 3 ff.; Alternativ-Entwurf, Novelle zur Strafprozeßordnung, hrsg. von einem Arbeitskreis, Tübingen 1980; *Sieg,* Der Ausschluß der Öffentlichkeit zum Schutz des Zeugen, NJW 1981, 963; *Kohlmann,* Die öffentliche Hauptverhandlung – überflüssig, zweckmäßig oder geboten?, JA 1981, 581; *Engels/Frister*, Nichtöffentliche Verfahren vor dem Strafrichter, ZRP 1981, 111; *Zipf*, Gutachten zum 54. DJT 1982; *Dahs/Volk*, Referate Teil K der Verhandlungen 54. DJT; *Baumann*, Die Reform der Vorschriften über die Öffentlichkeit der Strafverfahren, NJW 1982, 1558; *Beulke*, Neugestaltung der Vorschriften über die Öffentlichkeit der Strafverfahren?, JR 1982, 309; *Hillermeier*, Zum Öffentlichkeitsgrundsatz im Strafverfahren, DRiZ 1982, 281; *Veith*, Öffentlichkeit der Hauptverhandlung und üble Nachrede, NJW 1982, 2225; *Meyer-Goßner*, Verbesserung der Rechtsstellung des Beschuldigten durch weitere nicht-öffentliche Verfahrensgänge, ZRP 1982, 237; *Rüping*, Strafverfahren als Sensation, FS Dünnebier 1982; *Kotz*, Strafrecht und Medien, NStZ 1982, 15; *Schüler-Springorum*, Ein Strafverfahren mit nichtöffentlicher Hauptverhandlung?, NStZ 1982, 305; *Engels*, Kein Abschied vom Grundsatz der Öffentlichkeit der Hauptverhandlung in Strafsachen, AnwBl. 1983, 100; *Kübler*, Öffentlichkeit als Tribunal?, JZ 1984, 541; *Dahs*, Zum Persönlichkeitsschutz des „Verletzten" im Strafprozeß, NJW 1984, 1921; *Rengier*, Der Grundsatz der Öffentlichkeit im Bußgeldverfahren, NJW 1985, 2553; *Jung*, Öffentlichkeit – Niedergang eines Verfahrensgrundsatzes, Gedächtnisschrift Hilde Kaufmann, 1986, S. 891 ff.; *Böttcher*, Das neue Opferschutzgesetz, JR 1987, 133; *Odersky*, Die Öffentlichkeit der Hauptverhandlung nach dem Opferschutzgesetz, FS Pfeiffer, 1988 S. 325 ff.; *Wente*, Persönlichkeitsschutz und Informationsrecht der Öffentlichkeit im Strafverfahren, StV 1988, 216; *Lisken*, Pressefreiheit und Strafprozeß, ZRP 1988, 193; *Höbermann*, Der Gerichtsbericht in der Lokalzeitung: Theorie und Alltag, Baden-Baden 1989; *von Wedel-Eisenberg*, Informationsrechte Dritter im (Jugend-)Strafverfahren, NStZ 1989, 505; *Alwart*, Personale Öffentlichkeit (§ 169 GVG), JZ 1990, 883; *Staff*, Öffentlichkeit als Verfassungsprinzip, ZRP 1992, 384; *Rieß*, Neue Gesetze zur Bekämpfung der organisierten Kriminalität, NJ 1992, 491; *Prütting/Weth*, Geheimnisschutz im Prozeßrecht, NJW 1993, 576; *Lilie*, Augenscheinseinnahme und Öffentlichkeit der Hauptverhandlung, NStZ 1993, 121; *Wolf* S 242 ff.; *Schilken* S. 97 ff.; *Castendyk*, Rechtliche Begründungen in der Öffentlichkeit: Ein Beitrag zur Rechtskommunikation in Massenmedien, 1994; *Weiler*, Medienwirkung auf das Strafverfahren, ZRP 1995, 130; *S. Klein*, Die Grundsätze der Öffentlichkeit und Mündlichkeit im Zivilprozeß im Spannungsfeld zum Recht auf informationelle Selbstbestimmung, Diss. Köln 1995; *Ranft*, Verfahrensöffentlichkeit und Medienöffentlichkeit, Jura 1995, 573; *Huff*, Justiz und Öffentlichkeit, 1996; *Koschorrek*, Fernsehen im Gerichtssaal, JA 1997, 134; *Walther*, Mehr Publizität oder mehr Diskretion?, JZ 1998, 1145; *Sinner/Kargl*, Der Öffentlichkeitsgrundsatz und das öffentliche Interesse in § 153 a StPO, Jura 1998, 231; *Dölling/Gössel/Waltos*, Rechtliche und kriminologische Probleme, 1998; *Kuß*, Öffentlichkeitsmaxime der Judikative und das Verbot von Fernsehaufnahmen im Gerichtssaal, 1999; *Gündisch/Dany*, Rundfunkberichterstattung aus Gerichtsverhandlungen, NJW 1999, 256.

I. Der Grundsatz der Öffentlichkeit der Verhandlung. Der im § 169 niedergelegte Grundsatz der Öffentlichkeit der Verhandlung, also der Möglichkeit für unbeteiligte Dritte, an der Verhandlung teilnehmen zu können, ist das Ergebnis einer langen historischen Entwicklung, die keineswegs als abgeschlossen angesehen werden kann. Die **historische Forderung nach Öffentlichkeit** beruhte im Wesentlichen auf folgenden Motiven: Ausschluss eines Geheimverfahrens im Interesse der Verfahrensbeteiligten, besonders des Angeklagten im Strafverfahren, durch öffentliche Kontrolle; Sicherung der Unabhängigkeit der Richter gegenüber geheimen Eingriffen der Staatsgewalt oder anderer; Kontrolle der Richter durch das Volk. Diese ursprüngliche Kontroll- und Sicherungsfunktion der Öffentlichkeit hat im modernen gewaltengeteilten Rechtsstaat mit seinen vielfältigen rechtlichen Sicherungen teilweise ihre unmittelbare Bedeutung verloren. Statt dessen hat sich die Bedeutung der Öffentlichkeit auf andere Aspekte **verlagert.** Faktisch hat sich die im Gesetz angelegte repräsentative zur kollektiven Öffentlichkeit gewandelt. Nicht mehr der Einzelne interessierte Zuhörer im Gerichtssaal als sektoraler Repräsentant einer abstrakten Öffentlichkeit ist das Typische, sondern weit mehr der Berichterstatter, der für und durch die Massenmedien die Allgemeinheit informiert, eine konkrete Öffentlichkeit also. Um so mehr hat auch die sanktionstheoretische Bedeutung der Öffentlichkeit, die Wahrnehmbarkeit der Sanktion durch Dritte, an Gewicht gewonnen.[1] Darüber hinaus liegt der Schwerpunkt oft nicht mehr auf der

---

[1] Vgl. hierzu *Müller* JZ 1977, 381, 384 f.

Kontrolle des konkreten einzelnen Verfahrens, vielmehr dient die Öffentlichkeit einer über den Einzelfall hinausgehenden Information der Allgemeinheit, um die kritische Begleitung der RSpr als Teil des gesellschaftlichen Lebens und Interessenausgleichs wie auch der gesellschaftlichen Entwicklung zu ermöglichen.[2] Zum inhaltlichen Bedeutungswandel der Öffentlichkeit sind neue **Probleme** getreten. So können Verfahrensbeteiligte rechtsstaatlich bedenklicher Bloßstellung ausgesetzt sein. Das Rechtsinstitut der Öffentlichkeit kann missbraucht werden zur Beeinflussung des Richters und zur Verfolgung politischer, der Justiz wesensfremder Ziele, womit sich im Ergebnis die Gefahren aktualisieren, denen historisch durch die Öffentlichkeit gerade begegnet werden sollte.

2 Der Überlegung, das Prinzip der Öffentlichkeit leite sich nicht aus dem Zweck des Verfahrensrechts ab, sondern allein aus der Kontrolle aller Staatsgewalt durch das Volk entsprechend Art. 20 Abs. 2 GG,[3] kann indessen nicht gefolgt werden. Die Entscheidung darüber, welche Verfahren dem Öffentlichkeitsprinzip unterliegen, wäre dem (einfachen) Gesetzgeber entzogen, eine Folge, die durch den Verzicht auf die Qualifizierung der Öffentlichkeit als Verfassungsnorm (Rn. 4) gerade vermieden werden sollte. Weiter ist zweifelhaft, ob bei dieser systematischen Grundlegung noch die Ausschließungsgründe der §§ 170 ff. zu rechtfertigen sind, mit gravierenden Folgen wiederum für den Persönlichkeitsschutz. Hinzu kommt, dass eine demokratische Kontrolle, soweit sie die Abgewogenheit des Verhältnisses der einzelnen Staatsgewalten zueinander und ihre Eigenständigkeit im Verhältnis zum Volk durchbricht, ihrerseits der Legitimation bedürfte. Konsequent zu Ende gedacht müsste die absolute Kontrolle die richterliche Unabhängigkeit aufheben, soweit richterliche Tätigkeit nicht im Sinne der Kontrolleure ausgeübt wird.

3 Als Hauptinhalt und Hauptzweck der Öffentlichkeit gilt die **Kontrolle des Verfahrensgangs** durch die Allgemeinheit.[4] Die Öffentlichkeit der Verhandlung soll eine wesentliche Bedingung des öffentlichen Vertrauens zur RSpr der Gerichte gewährleisten, sie soll verhindern, dass „die gesamte Tätigkeit des Gerichts hinter verschlossenen Türen in ein Dunkel gehüllt und dadurch Missdeutungen und Argwohn ausgesetzt" ist.[5] Dabei ist Allgemeinheit zunächst repräsentativ zu verstehen, beschränkt auf die als Zuhörer unmittelbar Erscheinenden. Die technische Entwicklung macht es jedoch erforderlich, zwischen unmittelbarer und mittelbarer Öffentlichkeit zu unterscheiden. Die **unmittelbare Öffentlichkeit** wird dem herkömmlichen Öffentlichkeitsbegriff entsprechend von den körperlich anwesenden Zuhörern gebildet. Unter **mittelbarer Öffentlichkeit** versteht man die technische Möglichkeit, ohne eigene körperliche Anwesenheit, aber unmittelbar „zuzuhören", also akustisch oder auch optisch durch Lautsprecher, Rundfunk, Fernsehen das Geschehen im Gerichtssaal original verfolgen zu können, zeitgleich oder zeitversetzt, insgesamt oder ausschnittsweise. Sie ist ohne die unmittelbare Öffentlichkeit nicht denkbar. Während §§ 169 Satz 1, 170 ff. die unmittelbare Öffentlichkeit regeln, ist die mittelbare Öffentlichkeit nur in § 169 Satz 2 angesprochen. Von der mittelbaren Öffentlichkeit zu unterscheiden ist die **Berichterstattung** über Verhandlungen und Entscheidungen, die ebenfalls unmittelbare Öffentlichkeit voraussetzt, aber nicht Öffentlichkeit ist, da sie das Geschehen nicht original vermittelt, sondern durch das Medium des Berichterstatters. Von der Öffentlichkeit im Sinne der §§ 169 ff. zu trennen ist auch die **Parteiöffentlichkeit,** also die Frage, in welchem Umfang die Verfahrensbeteiligten an der Verhandlung teilnehmen, Akten einsehen können usw.; dies ist in den einzelnen Verfahrensgesetzen geregelt, vgl. z. B. §§ 168c, 168d, 223 ff., 230 ff., 369 StPO; §§ 128, 357 ZPO.

---

[2] Vgl. *Erdsiek* NJW 1960, 1048; *Kübler* DRiZ 1969, 382; *Kleinknecht,* FS Schmidt-Leichner, S. 113.
[3] *Bäumler* JR 1978, 317; ähnlich *Arndt* NJW 1960, 423; dagegen *Erdsiek* NJW 1960, 1049.
[4] BGHSt 27, 13 = NJW 1977, 157.
[5] RGSt 70, 109; BGHSt 9, 280 = NJW 1956, 1646; St 21, 72 = NJW 1966, 1570; St 22, 297 = NJW 1969, 756; St 23, 176 = NJW 1970, 523.

Öffentlichkeit 4–8 § 169

Die Öffentlichkeit des Verfahrens gehört zu den grundlegenden Einrichtungen 4
des Rechtsstaats.[6] Sie ist jedoch **kein Verfassungsrechtssatz des GG**[7] und kann
deshalb zum Schutz widerstreitender Interessen durch Gesetz eingeschränkt werden.[8] Der gesetzliche Ausschluss der Öffentlichkeit steht dem Charakter des Verfahrens als gerichtliches Verfahren nicht entgegen.[9]

II. Geltungsbereich des Öffentlichkeitsgrundsatzes. 1. Die Vorschriften 5
über die Öffentlichkeit (§§ 169 ff.) gelten unmittelbar nur für das Verfahren **vor
den ordentlichen Gerichten** in Zivil- und Strafsachen (§ 2 EGGVG). Ob und in
welchem Umfange sie in anderen Verfahren vor den ordentlichen Gerichten gelten,
bestimmt sich nach den jeweiligen besonderen Verfahrensvorschriften, z.B. für die
Zwangsversteigerung.[10] Ohne ausdrückliche Regelung besteht keine Öffentlichkeit. So besteht sie grundsätzlich nicht in Verfahren der **freiwilligen Gerichtsbarkeit,**[11] jedenfalls soweit der Richter rechtsfürsorgende Regelungen trifft.[12] Sind
jedoch ‚zivilrechtliche Ansprüche' im Sinne Art. 6 Abs. 1 MRK (Rn. 82) Verfahrensgegenstand, ist die Öffentlichkeit notwendig.[13] Ebenso gilt der Öffentlichkeitsgrundsatz, wenn in echten Streitsachen der freiwilligen Gerichtsbarkeit mündlich
verhandelt und entschieden wird.[14] Für die dem **JGG** unterliegenden Verfahren ist
die Öffentlichkeit ausdrücklich ausgeschlossen, wenn nur Jugendliche angeklagt
sind, § 48 Abs. 1 JGG. Sind in dem Verfahren auch Heranwachsende oder Erwachsene angeklagt, ist die Verhandlung (auch hinsichtlich der Jugendlichen) öffentlich;
die Öffentlichkeit kann aber ausgeschlossen werden, § 48 Abs. 3 JGG. In Verfahren
gegen Jugendliche vor den allgemeinen Strafgerichten gilt Öffentlichkeit, sie kann
aber ausgeschlossen werden, § 104 Abs. 2 JGG. Im Verfahren gegen Heranwachsende besteht Öffentlichkeit, sie kann aber im Interesse des Heranwachsenden ausgeschlossen werden, § 109 Abs. 1 Satz 4 JGG. Richtet sich die Hauptverhandlung
vor einem Jugendgericht ausschließlich gegen Erwachsene, ist die Sitzung öffentlich.[15] In Jugendschutzsachen (vgl. §§ 26, 74b) gelten grundsätzlich die §§ 169 ff.,
soweit nicht der Angeklagte unter das JGG fällt.[16]

2. Für das **Disziplinarverfahren** des Bundes hatte § 73 BDO die Öffentlichkeit 6
ausdrücklich ausgeschlossen; nunmehr gelten nach §§ 3 BDG, 55 VwGO die allgemeinen Regeln der §§ 169 ff. (Rn. 7), ebenso für das Verfahren vor dem Richterdienstgericht, § 63 DRiG. Beim Ausschluss bleibt es für ehrengerichtliche Verfahren, z.B. § 135 BRAO und § 96 BNotO.

3. §§ 169 ff. GVG sind (teilweise) für anwendbar erklärt in den **anderen Ge-** 7
richtsbarkeiten: § 52 ArbGG; § 55 VwGO; §§ 61, 202 SGG; § 52 FGO; vgl.
auch § 17 BVerfGG, Art. 44 Abs. 1 GG.

III. Öffentlichkeit der Verhandlung. Die Öffentlichkeit gilt nur für „Ver- 8
handlungen", also mündliche Verhandlungen, soweit sie nach dem jeweiligen Verfahrensrecht notwendig oder zulässig sind. Das ist in **Strafsachen** die Hauptver-

---

[6] BGHSt 1, 334 = NJW 1952, 153; St 9, 280 = NJW 1956, 1646; St 21, 72 = NJW 1966, 1570; St 22, 297 = NJW 1969, 756; St 23, 176 = NJW 1970, 523; *Eb. Schmidt* NJW 1968, 804; *Schweling* DRiZ 1970, 354.
[7] BVerfGE 4, 74 = NJW 1955, 17; E 15, 303 = NJW 1963, 757; *LR/Wickern* Rn. 6 vor § 169; *Katholnigg* Rn. 1; *KK/Diemer* Rn. 1; *Wolf* S. 244; *Schilken* Rn. 158; *Meyer-Goßner* Rn. 1; a.A. *Wieczorek/Schreiber* Rn. 6.
[8] *Meyer-Goßner* aaO.
[9] BVerfGE 4, 74 = NJW 1955, 18.
[10] OLG Köln OLGZ 1987, 341.
[11] *Keidel/Meyer-Holz* Rn. 7 ff. vor §§ 8 bis 18 FGG.
[12] OLG Hamm FamRZ 1996, 1356.
[13] BGHZ 124, 204 = WM 1994, 313.
[14] *MünchKommZPO/Wolf* Rn. 8, 22; *Schilken* Rn. 160.
[15] BGH LM 1 zu § 48 JGG.
[16] BGH MDR 1955, 246.

handlung im Sinne der §§ 226 ff. StPO, und zwar in ihrem gesamten Umfang;[17] ebenso die mündliche Verhandlung gemäß § 441 Abs. 3 Satz 1 StPO,[18] nicht aber die Verhandlung im Ausschlussverfahren nach § 138 d StPO[19] und nicht das Ablehnungsverfahren.[20] Zur Verhandlung gehören auch nicht bewusst außerhalb der Hauptverhandlung geführte Gespräche mit dem Ziel einer Absprache; auch wenn diese fehlerhaft nicht in die Hauptverhandlung eingeführt werden, ist der Grundsatz der Öffentlichkeit nicht verletzt.[21] Obwohl nach dem OWiG die Hauptverhandlung geringere Anforderungen an die Anwesenheit der Verfahrensbeteiligten und Beweismittel stellt, gilt doch dann, wenn eine mündliche Verhandlung stattfindet (vgl. § 71 OWiG), der Grundsatz der Öffentlichkeit uneingeschränkt, auch hinsichtlich der Folgen ihrer Verletzung.[22]

9   In **Zivilsachen** gilt allgemein der Grundsatz der mündlichen Verhandlung, § 128 Abs. 1 ZPO, durch die Möglichkeit des schriftlichen Verfahrens ist er jedoch teilweise durchbrochen, § 128 Abs. 2 ZPO. Soweit eine mündliche Verhandlung freigestellt ist,[23] besteht die Öffentlichkeit nur, wenn auch mündlich verhandelt wird. Bei der Entscheidung hierüber hat der Richter im Rahmen seines Ermessens aber Art. 6 Abs. 1 MRK (Rn. 82 ff.) und die Bedeutung der Öffentlichkeit für die Rechtspflege zu beachten.[24] Der Grundsatz der Öffentlichkeit gilt für die gesamte Verhandlung einschließlich einer (auch isolierten) Beweisaufnahme,[25] Anhörung der Parteien usw.

10   Öffentlich ist die Verhandlung nur vor dem „**erkennenden**" Gericht, vor dem Spruchkörper also, der die Endentscheidung in der Sache zu treffen hat, und zwar in der vom Gesetz jeweils vorgeschriebenen Besetzung. In Zivilsachen ist erkennendes Gericht unter den Voraussetzungen der §§ 348 ff., 524 ZPO auch der Einzelrichter.[26] Erkennendes Gericht ist das Gericht auch, wenn es eine Beweisaufnahme außerhalb des normalen Sitzungssaals (Gerichtsgebäudes) vornimmt. Nicht hierzu gehört die mündliche Verhandlung in Haftsachen gemäß § 118 StPO oder die nach § 138 d StPO.[27]

11   Durch die Anordnung der Öffentlichkeit für die Verhandlung vor dem „erkennenden" Gericht ist zugleich klargestellt, dass mangels anderer Vorschriften alle anderen Verhandlungen nicht öffentlich sind. Nicht öffentlich sind deshalb die Verhandlungen vor dem **beauftragten** oder dem **ersuchten Richter**;[28] im Mahnverfahren und allen Zwangsvollstreckungssachen,[29] im Vergleichsverfahren[30] und im Schiedsgerichtsverfahren,[31] ebenso im Insolvenzverfahren, soweit nicht ausdrücklich etwas anderes angeordnet ist.

12   **IV. Wert und Gefahr der Öffentlichkeit.** Auch wenn die Öffentlichkeit ein bedeutsamer Grundsatz gerichtlicher Tätigkeit ist, stellt sie keinen absoluten Wert dar, sondern kann nur gesehen und angewendet werden im Kontext mit anderen

---

[17] BGHSt 4, 279 = NJW 1953, 1442.
[18] *LR/Wickern* Rn. 7.
[19] OLG Stuttgart NJW 1975, 1669.
[20] BGH NJW 1996, 2382.
[21] BGH NJW 2005, 519.
[22] A. A. *Franke* ZRP 1977, 143.
[23] Vgl. *BL/Hartmann* § 128 ZPO Rn. 10.
[24] Vgl. *Ehlers* S. 88.
[25] OLG Düsseldorf OLGZ 1971, 185.
[26] OLG Düsseldorf OLGZ 1971, 185.
[27] OLG Stuttgart NJW 1975, 1669; *LR/Wickern* Rn. 6; *Lampe* MDR 1975, 529; *Dünnebier* NJW 1976, 3.
[28] BVerwG NVwZ-RR 1989, 167; OVG Koblenz VRS 61, 270; *Wieczorek/Schreiber* Rn. 12; *BL/Hartmann* Rn. 1; *Zöller/Gummer* Rn. 9; *Meyer-Goßner* Rn. 1; *Rosenberg/Schwab/Gottwald* § 23 IV 2; *Wolf* S. 247;
[29] *MünchKommZPO/Wolf* Rn. 16; *Schilken* Rn. 163.
[30] *MünchKommZPO/Wolf* Rn. 17.
[31] *MünchKommZPO/Wolf* Rn. 21.

Grundwerten des demokratischen Rechtsstaats, so dem Erfordernis ungestörter Verhandlung[32] und dem Schutz der Unabhängigkeit der Rechtspflege vor unzulässiger Einflussnahme auf Richter und Verfahrensbeteiligten. Deshalb sind Inhalt und Tragweite des Öffentlichkeitsgrundsatzes nicht statisch festgelegt, sondern der Entwicklung des gesellschaftlichen und politischen Lebens **funktional** anzupassen, sowohl durch den Gesetzgeber als auch in seiner konkreten Ausgestaltung im Einzelverfahren durch den Richter.

Der Bedeutung der Öffentlichkeit für das rechtsstaatliche Verfahren stehen beispielsweise auch Gefahren für das **rechtliche Gehör** gegenüber. Schon die bloße Anwesenheit am Verfahren Unbeteiligter in der Verhandlung kann dazu führen, dass sich ein Verfahrensbeteiligter, auch im Beistand eines Rechtsanwalts, nicht so frei, ausführlich und sachgerecht zu erklären vermag oder traut, wie es zur wahrheitsgemäßen und zweckentsprechenden Rechtsverfolgung nötig wäre und wie er gerne möchte. Eine nicht nur quantitative, sondern ins Qualitative übergehende Verstärkung solcher negativer Einflüsse kann sich bei Erklärungen vor Kamera und Mikrophon ergeben (hierzu Satz 2; vgl. Rn. 62 ff.) oder schon dadurch, dass angesichts mitschreibender Pressevertreter die alsbaldige und dauerhafte Verbreitung der Ausführungen in nicht überschaubarem Maß vorauszusehen (oder zu befürchten) ist.

Unabhängig davon kann die Öffentlichkeit erhebliche Nachteile für das **Persönlichkeitsrecht** der Verfahrensbeteiligten mit sich bringen, vor allem für ihr Ansehen in der Öffentlichkeit: „Eine öffentliche Berichterstattung über eine Straftat in Presse, Rundfunk und Fernsehen unter Namensnennung, eventuell gar mit Abbildung oder Darstellung des Täters, beeinträchtigt stets sein Persönlichkeitsrecht, weil sie sein Fehlverhalten in der breitesten Öffentlichkeit bekannt macht und damit sein Ansehen schmälert".[33] Das gilt besonders bei der Berichterstattung noch während des Verfahrens, also vor der Entscheidung über Schuld oder Nichtschuld. Bei einem späteren Schuldspruch kann dies die **Resozialisierung** erheblich beeinträchtigen.[34] Bei einem Freigesprochenen ist angesichts einer weitverbreiteten, undifferenzierten Betrachtungsweise (um nicht zu sagen: Konsumierung) solcher Berichte die erhebliche Gefahr gegeben, dass „etwas hängen bleibt". Ganz allgemein begegnet die **Bloßstellung** der Verfahrensbeteiligten durch die Erwähnung privater Dinge in öffentlicher Verhandlung Bedenken.[35] Schon die Tatsache der öffentlichen Verhandlung eines Schuldvorwurfs wird vom Betroffenen zumeist unabhängig vom Ausgang des Verfahrens zu Recht als Übel empfunden, als eine Bloßstellung, die durch die Medien noch erheblich verstärkt wird.

Auch unter dem Gesichtspunkt des fairen Verfahrens (Einl. Rn. 221) begegnet die Öffentlichkeit in bestimmten Erscheinungsformen Bedenken. **Vorverurteilungen**[36] sind zu befürchten in sozial- oder gesellschaftspolitisch brisanten Fällen, aber auch in Fällen mit besonders aktueller politischer Problematik, in denen die öffentliche Stimmung „angeheizt" ist, schon bevor es zur Verhandlung kommt (vgl. § 16 Rn. 68 ff.). Auch ist zu beobachten, dass bestimmte Gruppen, auch auf Grund gezielter öffentlicher Aufforderung, zu einer Verhandlung erscheinen, sei es, um ihre Solidarität mit einem Verfahrensbeteiligten (besonders dem Angeklagten) zu bekunden, sei es, um gegen einen Verfahrensbeteiligten Stimmung zu machen, um Zeugen zu beeinflussen, einzuschüchtern oder unter Druck zu setzen, lächerlich zu machen oder zu unterstützen, das alles zumindest auch, um **Einfluss auf die Rechtsfindung** zu nehmen, zugunsten oder zuungunsten eines Beteiligten.[37] In

---

[32] BGHSt 27, 13 = NJW 1977, 157.
[33] *LR/Wickern* Rn. 12 vor § 169.
[34] *Herbst* NJW 1969, 546; *Kohlhaas* NJW 1970, 600.
[35] Vgl. *Ostendorf* ZRP 1976, 282.
[36] Hierzu *Pfeiffer* DRiZ 1979, 231.
[37] Vgl. *Weidemann* DRiZ 1970, 114.

gleichem Maße kann dies auf die Medienberichterstattung während eines Verfahrens zutreffen. Schon jeder Versuch einer Einflussnahme auf die richterliche Rechtsfindung erweckt Bedenken (§ 1) und muss Gegenreaktionen auslösen. Die versuchte Einflussnahme zum Nachteil eines Verfahrensbeteiligten (Angeklagten, Beklagten, auch Zeugen, mitunter auch Verletzten) wiegt aber schwerer. Während das Gericht Einflüssen von außen verhältnismäßig leicht widerstehen und um die objektive Wahrheitsfindung und ein gerechtes Urteil auch unter widrigen Umständen bemüht bleiben kann, ist damit für einen Verfahrensbeteiligten, der solcher Art unter Druck gesetzt wird, zugleich eine Verkürzung des rechtlichen Gehörs verbunden, eines tragenden Grundsatzes des gesamten demokratischen Rechtsstaats.

16 Schließlich kann durch die Öffentlichkeit auch die **Wahrheitsfindung** als oberstes Ziel des gerichtlichen Verfahrens[38] gefährdet werden: „Nicht selten schließt die wahrheitsgemäße Bekundung eines Zeugen oder die wahrheitsgemäße Angabe eines Angeklagten das Eingeständnis von Schwächen oder Fehlern in der Person des Zeugen oder Angeklagten oder bei nahen Angehörigen oder Freunden ein, die der Zeuge oder Angeklagte zwar im Interesse der Wahrheitsfindung wohl dem Gericht offenbaren würde, die er sich aber vielleicht scheut, in aller Öffentlichkeit einzugestehen, vielleicht, weil er eine Minderung seines Rufes befürchtet, vielleicht auch, weil er sich wirtschaftlichen oder beruflichen Schwierigkeiten ausgesetzt glaubt, wenn die Tatsache, die er wahrheitsgemäß bekunden müsste, allgemein bekannt würde".

17 Bei Abwägung dieser Gefahren und Nachteile einerseits und der Bedeutung der Öffentlichkeit für die Allgemeinheit und die Interessen des einzelnen Verfahrensbeteiligten andererseits räumt das Gesetz dem Öffentlichkeitsgrundsatz und der darauf beruhenden wahrheitsgemäßen, ungehinderten Berichterstattung den **Vorrang** ein.[39] Das gilt einmal für die mögliche Beeinträchtigung des rechtlichen Gehörs (Rn. 13). Die durch die Öffentlichkeit aus historischer Erfahrung für Verfahrensbeteiligte wie für die Allgemeinheit gewährleistete Sicherung eines rechtsstaatliches Verfahren überwiegt mögliche individuelle Beeinträchtigungen, zumal diese durch verständnisvolle Verhandlungsleitung des Richters weitgehend vermieden werden können. Erforderlichenfalls sind die Rechte des Betroffenen durch Entfernung von Störern (§§ 176, 177) oder Ausschluss der Öffentlichkeit (§§ 172, 176) zu wahren. Dasselbe gilt auch für die Gefahr der Bloßstellung (Rn. 14); in §§ 170 ff. schließt das Gesetz die Öffentlichkeit in solchen Fällen aus oder lässt die Ausschließung durch das Gericht zu, in denen die Gefahr besteht, dass durch die Öffentlichkeit eine sachgerechte Verhandlung erschwert, die Wahrheitsfindung beeinträchtigt, in die Privatsphäre über Gebühr öffentlich eingedrungen wird oder andere berechtigte Belange gefährdet werden.

18 Gegenüber rechtspolitischen Forderungen, den Ausschluss der Öffentlichkeit vor allem wegen des **Stigmatisierungseffektes**[40] weitergehend zu ermöglichen,[41] ist Vorsicht geboten. Dies gilt auch, soweit ein Allgemeininteresse an öffentlichen Verhandlungen in Zivilsachen bezweifelt wird.[42] Eine deutliche Verlagerung gerichtlicher Tätigkeit in die Nichtöffentlichkeit kann zu Argwohn und Vertrauensschwund gegenüber der Justiz in der Öffentlichkeit führen. Stehen dem Verfahrensbeteiligten Wege offen, aus Angst eine öffentliche Erörterung seiner Angelegenheit zu vermeiden, kann dies auch leicht zu einem Nachgeben oder Inkaufnehmen von Rechtsnachteilen führen, wodurch lediglich ein Nachteil durch einen anderen ersetzt wird. Exemplarisch sei die Flucht mancher Beschuldigter in das Strafbefehls-

---

[38] BGHSt 9, 280 = NJW 1956, 1646.
[39] BGH aaO.
[40] *Müller* JZ 1977, 381, 385.
[41] *Grunsky*, Grundlagen S. 225.
[42] Vgl. *Köbl*, FS Schnorr von Carolsfeld, 1972.

verfahren (§§ 407 ff. StPO) genannt, um die öffentliche Hauptverhandlung zu vermeiden.

Möglichkeiten, die Öffentlichkeit über die gesetzlichen Einschränkungen hinaus zu beschränken, bestehen nicht. Die Vorschriften über die Öffentlichkeit dienen dem öffentlichen Interesse und sind der **Parteidisposition entzogen,** es kann allenfalls eine Entscheidung nach §§ 170 ff. angeregt werden (vgl. Rn. 58). Es gibt keinen Anspruch auf Ausschluss der Öffentlichkeit.[43] Ein Verzicht auf die Öffentlichkeit ist unbeachtlich und unwirksam; er erhält dem Betroffenen die prozessualen Möglichkeiten, die sich aus einem Verstoß gegen die Vorschriften über die Öffentlichkeit ergeben (vgl. Rn. 58, 69). 19

Umgekehrt sind auch die Beschränkungen der Öffentlichkeit zwingenden Rechts. Ein Verfahrensbeteiligter kann nicht eine Erweiterung der Öffentlichkeit über das hinaus erreichen, was das Gesetz für die einzelnen Verfahrensarten und Verfahrensstadien vorsieht. 20

V. Möglichkeit der Teilnahme an Gerichtsverhandlungen. 1. Der Grundsatz der Öffentlichkeit besagt, dass „**jedermann** ohne Ansehung seiner Zugehörigkeit zu bestimmten Gruppen der Bevölkerung und ohne Ansehung bestimmter persönlicher Eigenschaften die Möglichkeit hat, an den Verhandlungen der Gerichte als Zuhörer teilzunehmen";[44] zur Informationsmöglichkeit Rn. 47. Dabei kommt es nicht darauf an, ob jemand konkret an der Verhandlung teilzunehmen wünscht. Maßgebend ist die abstrakte Möglichkeit teilzunehmen;[45] „öffentlich" ist die Verhandlung auch bei leerem Zuhörerraum mit offener Tür. Deshalb muss eine Zutrittsmöglichkeit auch dann bestehen, wenn nur Personen erscheinen, die sonst von Berufs wegen als Verfahrensbeteiligte teilnehmen, aber im konkret zur Verhandlung stehenden Falle diese Funktion nicht haben, z.B. der auf den Aufruf der nächsten Sache wartende Rechtsanwalt oder Staatsanwalt.[46] 21

2. Die Möglichkeit der ungehinderten Teilnahme setzt zunächst voraus, dass die Verhandlung an einem Ort und in einem Raum stattfindet, die den **Zutritt zur Teilnahme an der Sitzung** ermöglichen. Das ist bei den im Gericht stattfindenden Sitzungen stets der Fall (zum Hausrecht § 12 Rn. 93 ff.; § 176 Rn. 3 ff.). Der Zutritt muss aber auch dann gewährleistet sein, wenn die Verhandlung ausnahmsweise nicht im üblichen Sitzungsraum, sondern an anderer Stelle stattfindet, insbesondere bei Augenscheinseinnahmen. Es genügt, wenn bei mehreren Türen zum Verhandlungsraum stets eine gut erkennbare Tür geöffnet ist.[47] Die Öffentlichkeit ist gewahrt, wenn zwar die Tür zum Zuhörerraum verschlossen ist, aber potentielle Zuhörer durch die geöffnete Saaltür den Zuhörerraum ohne Schwierigkeiten betreten können,[48] wenn zum Schutze vor Anschlägen zwar die Eingangstür zum Gericht verschlossen ist, aber an der abgeschlossenen Tür ein Schild angebracht ist, das auf die Möglichkeit hinweist, sich durch Klingeln[49] (vgl. auch Rn. 36) und Vorlage des Personalausweises Einlass zu verschaffen.[50] Auch wenn ein größeres, durch mehrere Eingänge zu betretendes Gerichtsgebäude nach Dienstschluss bis auf einen Eingang, der zu einem Sitzungssaal führt, in dem noch eine Verhandlung 22

---

[43] BGHSt 23, 82 = NJW 1969, 2107 = JZ 1970, 34 m. Anm. *Eb. Schmidt;* BGH NStZ 1982, 389 = StV 1982, 458 m. zust. Anm. *Deckers; BL/Hartmann* § 172 Rn. 9; *KK/Diemer* Rn. 5; *Kleinknecht,* FS Nüchterlein S. 183; *MünchKommZPO/Wolf* Rn. 24, 28; *Katholnigg* § 172 Rn. 11.
[44] BGHSt 27, 13 = NJW 1977, 157.
[45] BGHSt 5, 75 = NJW 1954, 281.
[46] Der in dem vielbeachteten Falle des hemdsärmeligen Erscheinens vom Gericht im Gegensatz zur hier vertretenen Auffassung nicht als Repräsentant der Öffentlichkeit angesehen wurde, BGH NJW 1977, 311.
[47] RG LZ 1916, 1433.
[48] *Kuhlmann* NJW 1974, 1232.
[49] BVerwGE 111, 61.
[50] HessVGH HessVGRspr 1973, 92.

andauert, abgeschlossen und verdunkelt wird, so ist dadurch möglichen Zuhörern der Zutritt zu diesem Sitzungssaal nicht in einer Weise erschwert, die unter dem Gesichtspunkt der Öffentlichkeit der Verhandlung bedenklich erscheinen müsste, wenn am Haupteingang ein Schild auf die Möglichkeit des Eintrittes durch diese eine Tür hinweist.[51] Andererseits genügt es den Anforderungen der Öffentlichkeit nicht, wenn eine Hauptverhandlung in den Räumen einer Gastwirtschaft stattfindet, deren für den allgemeinen Verkehr bestimmte Eingangstür verschlossen gehalten wird ohne einen Hinweis darauf, dass durch zwei nicht an der Straße gelegene Nebeneingänge zur Küche und Privatwohnung des Gastwirts in die Räume der Gaststätte gelangt werden kann.[52] Bei einer in einer Justizvollzugsanstalt durchgeführten Sitzung (vgl. Rn. 36) ist es kein Verstoß gegen die Öffentlichkeit, wenn Zuhörer den „Verschluss", der die Justizvollzugsanstalt von der Außenwelt abschließt, durchschreiten und sich durch Einlasskarte usw. ausweisen müssen, wenn niemandem, solange die Platzkapazität des benutzten Verhandlungsraumes ausreicht, unberechtigterweise der Eintritt versagt wird.[53]

23   3. Öffentlichkeit setzt weiter voraus, dass niemand ohne einen dies rechtfertigenden besonderen Grund als Zuhörer **zurückgewiesen oder entfernt** wird.[54] Solche Gründe enthalten, abgesehen von den für die Verfahrensbeteiligten geltenden besonderen Vorschriften, die §§ 171 a ff., insbesondere §§ 175 bis 177. Zulässig ist es auch, einen Zuhörer zurückzuweisen oder aus dem Sitzungssaal zu entfernen, der möglicherweise als **Zeuge** in Betracht kommt[55] (vgl. §§ 58 Abs. 1, 243 Abs. 2 StPO, § 394 ZPO); insoweit besteht ein Beurteilungsspielraum.[56] Im Interesse der Wahrheitsfindung kann ein Zuhörer auch dann zurückgewiesen oder aus dem Saal entfernt werden, wenn er als Prozessbeobachter künftige Zeugen über den bisherigen Prozessablauf, insbesondere andere Zeugenaussagen informieren soll[57] (vgl. § 176 Rn. 25). Ohne Beeinträchtigung der Öffentlichkeit kann ein Zuhörer auch dann zurückgewiesen oder aus dem Saal entfernt werden, wenn gegen ihn ein Ermittlungsverfahren läuft auf Grund der den Gegenstand der Hauptverhandlung bildenden Vorgänge.[58] Eine die Öffentlichkeit beeinträchtigende Maßnahme liegt auch dann nicht vor, wenn gegenüber einem Zuhörer angeregt wird, den Saal zu verlassen, aus welchen Gründen auch immer, und er dem **freiwillig** nachkommt.[59] Die „Bitte" darf aber nicht in Wahrheit den Charakter einer Anordnung haben,[60] die den Sitzungssaal Verlassenden dürfen sich nicht lediglich „der hinter der Bitte stehenden Autorität des Gerichtsvorsitzenden widerwillig gebeugt haben".[61] Das aber ist anzunehmen, wenn der Vorsitzende die Zuhörer vor die Alternative stellt, die Möglichkeit wahrzunehmen, den Sitzungssaal zu verlassen, andernfalls das Gericht über die Frage des Ausschlusses der Öffentlichkeit entscheiden werde.[62] Fühlt sich der Zuhörer durch die Anregung unfrei, liegt eine Beeinträchtigung der Öffentlichkeit vor.[63] Bittet der Vorsitzende die anwesenden Zuhörer, während der

---

[51] BGH bei *Holtz* MDR 1990, 1070.
[52] OLG Hamm NJW 1960, 785.
[53] RG JW 1930, 3404.
[54] BGH NStZ 2004, 453; BGHSt 18, 179 = NJW 1963, 599 m. Anm. *Eb. Schmidt* JR 1963, 301; St 24, 329 = NJW 1972, 1144 m. Anm. *Stürner* JZ 1972, 663; BGH NJW 1989, 465; OLG Karlsruhe NJW 1975, 2080 = JR 1976, 383 m. Anm. *Roxin; Wolf* S. 254; *Willms* JZ 1972, 653.
[55] BGHSt 3, 386 = NJW 1953, 712; BGH NJW 1989, 465; NStZ 2001, 163; BAG AP Nr. 1 zu § 349 ZPO.
[56] BGH NStZ 2004, 453; 2001, 163; 2732 m. abl. Anm. *Reichert* StV 2002, 6.
[57] *Kern* JZ 1962, 564; *Strassburg* MDR 1977, 712.
[58] BGHSt 3, 386 = NJW 1953, 712; BGH NJW 1989, 465; KK/*Diemer* Rn. 11; krit. *Schneiders* StV 1990, 91.
[59] BGH NJW 1989, 465; krit. *Hassemer* JuS 1989, 497; *Schneiders* StV 1990, 91; *Sieg* MDR 1990, 69.
[60] BGH NStZ 1999, 426.
[61] BGH NStZ 1993, 450.
[62] OLG Braunschweig StV 1994, 474.
[63] BGH NJW 1963, 166.

Vernehmung eines Zeugen (der zu genauerer Aussage nur unter Ausschluss der Öffentlichkeit bereit war) den Sitzungssaal zu verlassen, obwohl er die Öffentlichkeit nicht ausschließe, so liegt darin ein unzulässiger Ausschluss der Öffentlichkeit, solange sich die den Saal verlassenden Zuhörer nicht sicher sein können, dass sie anwesend sein dürften, falls sie dies wünschen.[64]

VI. Einschränkungen der Öffentlichkeit. 1. Die Möglichkeit, dass jedermann an der Verhandlung teilnehmen kann, besteht jedoch nicht uneingeschränkt. „Grenzen ergeben sich nicht nur aus den tatsächlichen Gegebenheiten wie der beschränkten Zahl der zur Verfügung stehenden Plätze in den Gerichtssälen, sondern auch aus der Notwendigkeit, anderen für die Rechtspflege bedeutsamen Grundsätzen Rechnung zu tragen".[65] Dem wird einmal Rechnung getragen durch die gesetzlichen Vorschriften über den Ausschluss der Öffentlichkeit kraft Gesetzes oder die Ermächtigung an das Gericht, aus bestimmten Gründen die Öffentlichkeit auszuschließen (§§ 170 ff.). Die Einschränkung der Möglichkeit, als Zuhörer teilzunehmen, ergibt sich weiter aus **räumlichen Gegebenheiten.** Der Zutritt muss nur nach Maßgabe der räumlichen Möglichkeiten und örtlichen Verhältnisse gewährt werden.[66] Auch **situationsbedingte Erschwerungen** können dabei der Öffentlichkeit tatsächliche Schranken setzen.[67] Deshalb ist die Öffentlichkeit gewahrt, wenn die Möglichkeit besteht, sich ohne besondere Schwierigkeiten Kenntnis vom Verhandlungsraum zu verschaffen, und der Zutritt hierzu im Rahmen der tatsächlichen Gegebenheiten eröffnet ist.[68]

2. Einlass in den Gerichtssaal können nur so viele Personen erhalten wie dieser nach seiner konkreten Ausgestaltung fasst;[69] die Größe des Gerichtssaals ist für die Öffentlichkeit ohne Bedeutung.[70] Es ist dem pflichtgemäßen Ermessen des Vorsitzenden überlassen zu entscheiden, wann der für Zuhörer bestimmte Teil des Sitzungssaals als gefüllt zu erachten ist.[71] Maßgebend ist dabei die Zahl der vorhandenen Sitzplätze, sowohl aus Gründen der Übersichtlichkeit für die Verhandlungsleitung (§ 176) als auch z.B. aus Gründen der Baustatik, der Panik-Ausgänge usw. Sind alle Sitzplätze besetzt, können keine weiteren Zuhörer mehr eingelassen werden. Maßgebend ist dabei allein die Zahl der Zuhörerplätze. Besondere Plätze für andere Verfahrensbeteiligte, z.B. Sachverständige, Verteidiger usw. sind dabei nicht zu berücksichtigen, auch wenn sie nicht besetzt sind; gleiches gilt für besondere Presseplätze oder abgetrennten Zuhörerraum für den Gerichtspräsidenten[72] (bei allen Vorbehalten gegen eine solche Mithörmöglichkeit im Übrigen; vgl. § 175 Abs. 3). Unzulässig ist aber die Verhandlung in einem Raum, der nach seiner baulichen Gestaltung so klein ist, dass er keine oder nur einen einzigen Zuhörer fasst.[73] Muss ausnahmsweise aus zwingenden Gründen der Wahrheitserforschung in einem derart engen Raum verhandelt werden, ist dies auf den Teil der Verhandlung zu beschränken, bei dem dies unumgänglich ist, z.B. eine Augenscheinseinnahme; im Übrigen ist in einem Raum zu verhandeln, der die Öffentlichkeit, wenn auch begrenzt, ermöglicht[74] (vgl. Rn. 37).

Ist in einem Gerichtsgebäude mehr als ein Sitzungssaal vorhanden, erfolgt die **Aufteilung der Säle** auf die einzelnen Spruchkörper des Gerichts im Voraus

---

[64] BGH NStZ 1993, 450.
[65] BGHSt 27, 13 = NJW 1977, 157.
[66] BGH NStZ 1984, 470; NStZ-RR 2001, 261; OLG Köln NStZ-RR 1999, 335.
[67] BGHSt 40, 191 = NJW 1994, 2773.
[68] OLG Köln NStZ-RR 1999, 335 m.w.N.
[69] BGHSt 21, 72 = NJW 1966, 1570; St 27, 13 = NJW 1977, 157.
[70] *Ule* DVBl. 1979, 805.
[71] RG HRR 1931, 169.
[72] BGH DRiZ 1971, 207.
[73] BayObLG NJW 1982, 395; OLG Köln NStZ 1984, 282; BGHSt 5, 75 = NJW 1954, 281.
[74] Vgl. BGHSt 5, 75, 84 = NJW 1954, 281.

durch die Justizverwaltung, in der Regel orientiert an allgemeinen Erfahrungswerten, etwa der Zahl der Verfahrensbeteiligten und dem durchschnittlichem Zuhörerinteresse. Diese Aufteilung gilt auch dann, wenn für ein bestimmtes Verfahren ein besonderer Zuhörerandrang auftritt. Es besteht keine Pflicht des erkennenden Gerichts und/oder der Justizverwaltung, einen anderen **größeren Sitzungssaal** für dieses Verfahren zu benutzen[75] (vgl. § 1 Rn. 76; § 12 Rn. 102). Eine solche Möglichkeit zu suchen steht im pflichtgemäßen Ermessen des erkennenden Gerichts und hat keine Auswirkung auf die Frage der Öffentlichkeit. Dabei sind mögliche Störungen des übrigen Gerichtsbetriebs (Umladung der Verfahrensbeteiligten, Information der an diesem wie auch an den anderen Verfahren Interessierten) ebenso zu berücksichtigen wie der Umstand, dass die Auswahl eines größeren Saales gerade für einen bestimmten Prozess psychologische Wirkungen auf die Verfahrensbeteiligten haben kann. Das rechtliche Gehör kann berührt sein, wenn ein Verfahrensbeteiligter sich vor großem Publikum in der uneingeschränkten Wahrnehmung seiner Verfahrensrechte, insbesondere in seinen Erklärungen zur Sache beeinträchtigt fühlt. Die Menschenwürde kann beeinträchtigt sein, wenn größere Öffentlichkeit Bloßstellung oder Prangerwirkung verstärkt oder die Wahl des größeren Saales diese gar erst hervorruft.[76] Auf keinen Fall darf der Verfahrensbeteiligte „zum Schauobjekt einer sensationsbedürftigen Menge degradiert" werden.[77] Auch die Wahrung der Unabhängigkeit des Gerichts ist zu bedenken, denn das Gericht ist in einem „bis zum vierten Rang hinauf dichtbesetzten Stadttheater"[78] den Wünschen und Affekten der Menge sehr viel direkter ausgesetzt, es besteht die Gefahr einer „Umformung des öffentlichen Gerichtsverfahrens in ein Gerichtsverfahren der Öffentlichkeit".[79] Gleichwohl ist der Wechsel vom üblichen zu einem anderen größeren Sitzungssaal oder einem anderen größeren Raum nicht in jedem Falle unzulässig; die Entscheidung hängt weitgehend von der Zahl der am Verfahren Beteiligten sowie von sitzungspolizeilichen Voraussetzungen und Besonderheiten (§ 176) ab.[80]

27 Unzulässig ist es, bei vollbesetztem Zuhörerraum im Interesse weiterer Personen die Verhandlung durch **Lautsprecher** oder **Monitore** in andere Räume oder auf den Korridor zu übertragen, hier gilt das Verbot des Satzes 2 entsprechend;[81] erst recht lässt sich ein Anspruch darauf nicht aus Art. 5 Abs. 1 GG herleiten.[82] Auch das Offenlassen der Saaltüren und die Erstreckung der Öffentlichkeit auf Flure und Treppen ohne technische Hilfsmittel ist unzulässig,[83] ebenso die technische Übertragung in das Dienstzimmer des Gerichtspräsidenten.[84]

28 Umgekehrt ist es unzulässig, ein aus welchen Gründen auch immer brisantes Verfahren „vorsichtshalber" in Abkehr von der allgemeinen Raumverteilung in einen **kleineren Sitzungssaal** zu verlegen, der nur wenige Zuhörer fasst[85] oder die Zahl der vorhandenen Zuhörerstühle gezielt zu verringern.[86]

29 3. Besteht nur beschränkt Platz zur Verfügung, ist maßgebend für die **Reihenfolge des Einlasses** der interessierten Zuhörer allein die tatsächliche Reihenfolge,

---

[75] *Roxin*, Probleme S. 398; *Sarstedt* JR 1956, 122; *Weidemann* DRiZ 1970, 115.
[76] Vgl. *Kissel*, Zukunft S. 90, 188; *Roxin*, Probleme S. 400.
[77] *Roxin*, Probleme S. 402.
[78] *Roxin*, Probleme S. 401.
[79] *Bockelmann* NJW 1960, 220.
[80] Vgl. *Seibert* NJW 1970, 1536; stets Unzulässigkeit nimmt an *Roxin*, Probleme S. 400.
[81] *Roxin*, Probleme S. 404; *Kern/Roxin* S. 231; *Meyer-Goßner* Rn. 5; *MünchKommZPO/Wolf* Rn. 33; *KK/Diemer* Rn. 8.
[82] BVerfG NJW 1993, 915.
[83] *Roxin*, Probleme S. 404.
[84] *Kern/Roxin* S. 231; vgl. BGH DRiZ 1971, 207.
[85] BayObLG NJW 1982, 395; *Roxin*, Probleme S. 398 f.; *Weidemann* DRiZ 1970, 115; *BL/Hartmann* Rn. 8.
[86] *Roxin*, Probleme S. 394; *Kern/Roxin* S. 232.

in der sie an der Einlasstür erscheinen,[87] und zwar jeder für sich allein, eine Reservierung für weitere Personen ist nicht zulässig.[88]

4. Es ist unzulässig, eine **Auswahl unter den Erschienenen** zu treffen, soweit sie den Mindestanforderungen an Erscheinungsbild (§ 175) und Sicherheit entsprechen. Eine auf Vermutungen, etwa der Störungsabsicht, gegründete Ausschließung von Zuhörern ist unzulässig.[89] Die Öffentlichkeit ist deshalb nicht nur dann verletzt, wenn die Öffentlichkeit insgesamt zu Unrecht ausgeschlossen ist, sondern auch, wenn nur einzelne Personen als Repräsentanten der Öffentlichkeit[90] nicht eingelassen werden, ohne dass hierfür besondere Gründe vorliegen. Entsprechendes gilt, wenn einzelne Zuhörer nachträglich ohne rechtfertigenden Grund aus dem Saal gewiesen werden (Rn. 23).

Das gilt auch für **Hilfspersonen von Verfahrensbeteiligten;** ihre Anwesenheit bzw. Tätigkeit liegt an der Grenze der Funktion von Verfahrensbeteiligten und ist daher besonders zu privilegieren. Die Öffentlichkeit ist verletzt, wenn der Verteidiger durch eine Angestellte Aufzeichnungen über Vorgänge in der Hauptverhandlung machen lassen will und diese aus dem Saal gewiesen wird[91] (obwohl sich hier schon die Frage der Beschränkung der Verteidigung stellt). Auch **Journalisten** dürfen nicht mit dem Ziel einer Verhinderung der Berichterstattung gezielt und abweichend von anderen Zuhörern aus dem Saal gewiesen oder am Eintritt gehindert werden, auch nicht wegen vorangegangener angeblich falscher oder unsachlicher Berichterstattung (vgl. Rn. 85).

Wohl aber ist es zulässig, bestimmte **Gruppen zu bevorzugen,** wenn dafür ein sachlicher, den Grundgedanken der Öffentlichkeit nicht tangierender Grund besteht, z.B. eine Schulklasse oder eine Ausbildungsgruppe, ausländische Besucher.[92] Dies darf indessen nicht dazu führen, dass die vorhandenen Plätze in einem solchen Ausmaß in Anspruch genommen werden, dass von einem allgemein möglichen Zuhören in nennenswertem Umfang nicht mehr die Rede sein kann. Wenn es auch schwer ist, abstrakt Zahlen zu nennen, so muss doch die Hälfte der Plätze allgemein zugänglich sein. Eine Abwehr-Öffentlichkeit, z.B. Polizeibeamte in Zivil als Zuhörer „getarnt" und so eingelassen oder eine Rugby-Mannschaft,[93] ist unzulässig und stellt einen Verstoß gegen die Vorschriften über die Öffentlichkeit dar.

5. Die verfassungsrechtlich verbürgte **Pressefreiheit** umschließt auch das Recht der im Pressewesen tätigen Personen, sich über Vorgänge in einer öffentlichen Gerichtsverhandlung zu informieren und darüber zu berichten – in den Schranken der allgemeinen Gesetze, wozu auch die Vorschriften des GVG über Öffentlichkeit und Sitzungspolizei gehören (vgl. Rn. 85 ff.). Trotz ihrer Bedeutung für die Gerichtsöffentlichkeit (Rn. 3, 17) genießt die Presse, was die Teilnahme an öffentlichen Gerichtsverhandlungen angeht, grundsätzlich keinen weitergehenden Schutz als jeder Bürger auch;[94] das gilt auch bei begrenzter Platzkapazität im Gerichtssaal.[95] Gleichwohl nehmen Pressevertreter n der Praxis mit Recht eine gewisse Sonderstellung ein[96] (vgl. auch Rn. 86). Es sollten ihnen angemessene Arbeitsmöglichkeiten zur Verfügung stehen (Schreibgelegenheit, Beleuchtung), im Rahmen der baulichen Gegebenheiten sollten besondere und zu reservierende Presseplätze ge-

---

[87] SchlHOLG SchlHAnz 1979, 203.
[88] *LR/Wickern* Rn. 14.
[89] *Roxin,* Probleme S. 397.
[90] OLG Karlsruhe NJW 1977, 311.
[91] BGHSt 18, 179 = NJW 1963, 599.
[92] RG GA 1906, 443; RGSt 54, 226; *LR/Wickern* Rn. 14; a. A. *Roxin,* Probleme S. 399.
[93] Vgl. *Seibert* NJW 1970, 1535.
[94] BVerfGE 50, 234 = NJW 1979, 1400; BGH NStZ 1984, 134; *Meyer-Goßner* ZRP 1982, 239; *Wente* StV 1988, 221.
[95] *Stober* DRiZ 1980, 5; *Wolf* S. 252; *Schilken* Rn. 178.
[96] Vgl. *Arndt* NJW 1960, 424.

schaffen werden.⁹⁷ Erscheint eine größere Zahl von Pressevertretern als reservierte Presseplätze vorhanden sind, gelten die allgemeinen Grundsätze für den Einlass von Zuhörern. Jedoch kann bei rechtzeitiger Anmeldung ein Teil der allgemeinen Zuhörerplätze für Pressevertreter reserviert werden.⁹⁸ Eine Unterscheidung nach bestimmten Bediengruppen oder Medienunternehmen, etwa eine Bevorzugung des „Leitmediums" Fernsehen⁹⁹ oder der für die Grundversorgung zuständigen öffentlich-rechtlichen Anstalten, ist dabei nicht geboten.¹⁰⁰ Nicht zu beanstanden sind auch hier die Platzvergabe in der Reihenfolge des Erscheinens (Rn. 29, 35) sowie Regelungen, nach denen der Platz bei Verlassen des Saales endgültig an einen Nachrücker verloren geht.¹⁰¹ Ein Teil der allgemeinen Zuhörerplätze muss aber stets für anderen Zuhörer verfügbar bleiben (mit allem Vorbehalt der konkreten Situation: mindestens ein Viertel). Eine reine Presse-Öffentlichkeit ist keine Öffentlichkeit.¹⁰²

34 6. Solange im Sitzungssaal nicht alle Plätze besetzt sind, ist jedem Interessenten der Eintritt ungehindert zu gestatten; umgekehrt muss es auch jedem Zuhörer jederzeit möglich sein, den Sitzungssaal wieder zu verlassen. Werden im Laufe der Verhandlung zunächst besetzte Plätze wieder frei, ist in entsprechender Zahl weiteren Interessierten der Zugang zu ermöglichen.

35 Zulässig ist es, bei voraussehbar großem Andrang **Einlasskarten** auszugeben.¹⁰³ Der Grundsatz, dass für den Einlass die Reihenfolge des tatsächlichen Erscheinens an der Eingangstür maßgebend ist,¹⁰⁴ muss aber gewahrt bleiben.¹⁰⁵ Die Ausgabe der Einlasskarten ist rechtzeitig anzukündigen.¹⁰⁶

36 7. Bei **Verhandlungen außerhalb des Gerichtssaals** (Rn. 49) ist die Öffentlichkeit mitunter durch die vorgegebenen örtlichen und räumlichen Verhältnisse (zulässigerweise) beschränkt. Wird z. B. mit Rücksicht auf die Fristen des § 229 StPO wegen Erkrankung eines Zeugen an dessen Krankenbett in einer Klinik verhandelt oder ist eine Augenscheinseinnahme in beengten Räumlichkeiten erforderlich, kann u. U. über die Verfahrensbeteiligten hinaus die Öffentlichkeit nur noch in einem ganz beschränkten Rahmen gewährt werden, um Beeinträchtigungen der Verhandlung auszuschließen. Grundsätzlich müssen aber in jedem Falle überhaupt Zuhörer teilnehmen können.¹⁰⁷ Wieviele Personen ohne Beeinträchtigung des Verhandlungsablaufs noch zugelassen werden können, entscheidet dabei der Vorsitzende nach pflichtgemäßem Ermessen.¹⁰⁸ Im Einzelfall kann es zur Wahrung der Öffentlichkeit (ausnahmsweise, Rn. 27) erforderlich sein, dass die Tür zu dem Raum, in dem die Verhandlung stattfindet und in dem neben den Verfahrensbeteiligten niemand mehr Platz hat, geöffnet bleibt und so wenigstens einer geringen Zahl von Personen die Teilnahme ermöglicht wird. Bei Verhandlung in einer **Wohnung** genügt ein Hinweis an der Wohnungstür, dass durch Klingeln oder Klopfen für Zuhörer geöffnet wird.¹⁰⁹ Bei Hauptverhandlungen in **Justizvollzugsanstalten** (vgl. Rn. 22) kann nicht generell angenommen werden, mit Rücksicht

---

⁹⁷ Hierzu *von Coelln* DÖV 2006, 804.
⁹⁸ Vgl. hierzu auch BGH NJW 2006, 1220 m. zust. Anm. *Humberg* JR 2006, 391.
⁹⁹ Vgl. BVerfGE 97, 228 = NJW 1998, 1627.
¹⁰⁰ BVerfG –K – NJW 2003, 500.
¹⁰¹ BVerfG aaO.
¹⁰² *Stober* DRiZ 1980, 5 m. w. N.
¹⁰³ *LR/Wickern* Rn. 14.
¹⁰⁴ *MünchKommZPO/Wolf* Rn. 34.
¹⁰⁵ RG GA 1888, 408; 1906, 443; 1925, 89; RGSt 54, 225; RG JW 1930, 3404; HRR 1931, 169; SchlHOLG SchlHAnz 1979, 203; OLG Karlsruhe NJW 1975, 2080.
¹⁰⁶ *Roxin*, Probleme S. 400.
¹⁰⁷ BGHSt 5, 75 = NJW 1974, 281; *Seibert* NJW 1970, 1536.
¹⁰⁸ BGH NJW 2006, 1220 m. zust. Anm. *Humberg* JR 2006, 391.
¹⁰⁹ BVerwG NJW 1990, 1249; OLG Hamm VRS 64, 451; OLG Köln NStZ-RR 1999, 335.

auf Sicherheit und Ordnung müssten Zuhörer von außerhalb schlechthin ausgeschlossen sein. Dem Bedürfnis nach Sicherheit und Ordnung in der Anstalt kann durch Beschränkung der Zuhörerzahl, Ausweiskontrolle, Durchsuchung vor Einlass, Begleitung im Anstaltsgelände usw. Rechnung getragen werden. Reichen solche Maßnahmen ausnahmsweise nicht aus, kommt der Ausschluss der Öffentlichkeit wegen Gefährdung nach § 172 in Betracht. Im Normalfall reicht aber die Möglichkeit der Teilnahme von Anstaltsbediensteten für die Öffentlichkeit nicht aus.[110]

Wenn es zur Wahrheitsfindung unumgänglich ist, kann es ausnahmsweise auch zulässig sein, eine Verhandlung unter Verhältnissen durchzuführen, die von vornherein **keine Öffentlichkeit ermöglichen,**[111] so bei einer Augenscheinseinnahme auf dem für Fußgänger verbotenen Randstreifen der Autobahn[112] oder in einem Raum, der so eng ist, dass allenfalls die Verfahrensbeteiligten darin Platz finden,[113] u. U. ihn auch nur nach und nach einsehen können, z. B. das Innere eines Pkw, Leiterschacht und Ruhebühne in einem Bergwerk.[114] Weitere Beispiele sind Sichtproben durch das Schlüsselloch oder Horchproben hinsichtlich der Schalldurchlässigkeit bei einem Hotelzimmer.[115] Dass anschließend noch Zuhörer den Raum betreten oder ihn einsehen können, gehört nicht zur notwendigen Öffentlichkeit. Sobald die Verhandlung aber nicht mehr zwingend unter solchen Umständen stattfinden muss, der entsprechende Verhandlungsteil also beendet ist, muss sie an einem Ort fortgesetzt werden, die die Öffentlichkeit wieder ermöglicht; z. B. müssen sich die Verfahrensbeteiligten nach Durchführung der Augenscheinseinnahme auf dem Randstreifen der Autobahn wieder an eine dem Publikum zugängliche Stelle begeben.[116] Dieselben Grundsätze gelten bei **rechtlichen Hindernissen,** so wenn gesundheits- oder gewerberechtliche Sicherheitsbestimmungen der Anwesenheit nicht unmittelbar prozessbeteiligter Personen bei einer Augenscheinseinnahme entgegenstehen.[117] Entsprechend zu behandeln sind Hauptverhandlungen in einem Raum, der **fremdem Hausrecht** unterliegt (vgl. § 22 Rn. 30), wenn der Hausrechtsinhaber die Anwesenheit von Zuhörern nicht gestattet, obwohl dies tatsächlich möglich wäre. Hält das Gericht es dennoch für unabweisbar, dort eine Hauptverhandlung durchzuführen, wobei ihm ein weites Ermessen zusteht,[118] und beschränkt dies auf die notwendigerweise dort zu verhandelnden Teile, ist die rechtliche der tatsächlichen Unmöglichkeit der Anwesenheit von Zuhörern gleich zu achten.[119]

8. Eine zulässige Beschränkung der Öffentlichkeit kann sich weiter ergeben aus der Notwendigkeit, „durch geeignete vorbeugende Maßnahmen für eine sichere und ungestörte Durchführung der Verhandlung zu sorgen"; eine **ungestörte Verhandlung** ist „ebenso wesentlich wie die Kontrolle des Verfahrensgangs durch die Allgemeinheit".[120] Daraus folgt, dass Maßnahmen, die den Zugang zu einer Gerichtsverhandlung nur unwesentlich erschweren und dabei eine Auswahl der Zuhörerschaft nach bestimmten persönlichen Merkmalen vermeiden, nicht ungesetzlich sind, wenn für sie ein die **Sicherheit im Gerichtsgebäude** berührender verständlicher Anlass besteht. Art und Umfang solcher Maßnahmen im Einzelfall müssen

---

[110] BGH MDR 1979, 247.
[111] RG HRR 1938, 715.
[112] OLG Köln NJW 1976, 637; *LR/Wickern* Rn. 16.
[113] RGSt 47, 322; BGHSt 5, 75 = NJW 1954, 281; St 21, 72 = NJW 1966, 1570.
[114] RGSt 52, 137.
[115] OLG Düsseldorf JMBlNRW 1963, 215.
[116] OLG Köln NJW 1976, 637.
[117] BGHSt 21, 72 = NJW 1966, 1570.
[118] Vgl. *Foth* JR 1979, 263.
[119] BGHSt 40, 191 = NJW 1994, 2773; BGH NStZ-RR 2000, 366; *Foth* JR 1979, 263; a. A. *Lilie* NStZ 1993, 121.
[120] BGHSt 27, 13 = NJW 1977, 157 m. w. N.; St 29, 258 = NJW 1981, 61.

dem pflichtgemäßen Ermessen des die Sitzungspolizei ausübenden Vorsitzenden oder, wenn die Sicherheit des ganzen Gerichtsgebäudes gefährdet erscheint, des das Hausrecht ausübenden Gerichtspräsidenten überlassen bleiben[121] (§ 12 Rn. 94 ff.). Wird durch eine sitzungspolizeiliche Maßnahme dem Prinzip der Öffentlichkeit für jedermann entgegen einzelnen Personen der Zutritt zum Gerichtssaal verwehrt, liegt zwar eine Beschränkung der Öffentlichkeit vor. Ist die Maßnahme aber rechtmäßig (vgl. § 176 Rn. 36), so ist auch die damit verbundene Beschränkung der Öffentlichkeit rechtmäßig, denn der Öffentlichkeitsgrundsatz kann durch spezialgesetzliche Regelungen, hier über die Sitzungspolizei, eingeschränkt werden[122] (Rn. 4).

39 So ist es zulässig, nur solchen Personen den Zutritt zum Gebäude oder zum Sitzungssaal zu gestatten, die sich **ausweisen** können, wenn die Sicherheit im Gebäude nicht ohne weiteres gewährleistet und mit der Störung einer Verhandlung zu rechnen ist.[123] Bei gerichtsbekannten Personen kann darauf verzichtet werden, ohne dass damit eine unzulässige Auswahl getroffen würde.[124]

40 Je nach der Art der zu befürchtenden Störung ist auch eine **Registrierung** der Besucher oder die Einbehaltung des Ausweises für die Verweildauer im Sitzungssaal oder Gerichtsgebäude zulässig.[125] Das gilt auch für das Fotografieren. Eine **Grenze** für solche Maßnahmen ist jedoch da erreicht, wo „von Seiten staatlicher Organe den Besuchern an einer Hauptverhandlung Nachteile angedroht werden oder wenn von Maßnahmen staatlicher Organe im unmittelbaren Bereich des Zugangs zum Verhandlungssaal ein starker psychischer Druck dadurch ausgeht, dass diese in dem unbefangenen Interessenten den Eindruck einer realen Gefahr entstehen lassen, der Besuch der Hauptverhandlung könne für ihn konkrete Nachteile von Seiten der staatlichen Organe nach sich ziehen".[126] Nicht jede sich als **psychologische Hemmschwelle** auswirkende Maßnahme kommt aber einer Verweigerung des Zutritts gleich, auch wenn einzelne Interessenten mit Rücksicht darauf von ihrer beabsichtigten Teilnahme Abstand nehmen.[127] Eine Forderung nach anonymer Öffentlichkeit im Gerichtssaal wäre verfehlt. Die Öffentlichkeit hat die gleichen historischen Wurzeln wie die Beteiligung von „Laien" an der Rechtsprechung und dient wie diese der Kontrolle; eine anonyme Kontrolle ist nicht denkbar.

41 Ebenso ist es zulässig, alle Besucher des Gerichtsgebäudes aus konkretem Sicherungsbedürfnis nach dem genauen Ziel ihres Aufenthalts im Gerichtsgebäude zu befragen[128] und Kontrollscheine auszugeben.

42 Auch kann das Betreten des Gerichtsgebäudes oder des Sitzungssaales darüber hinaus von einer **Durchsuchung** abhängig gemacht werden, sowohl der mitgeführten Taschen usw. (etwa auf Waffen oder zur Störung geeigneter Sachen wie Farbbeutel, Lärmgeräte usw.) als auch der Person selbst.[129]

43 Personen, die sich solchen **Kontrollen verweigern,** kann das Betreten des Gerichtssaals oder des Gerichtsgebäudes verwehrt werden, ohne dass hierin eine Verletzung der Vorschriften über die Öffentlichkeit läge. Darüber hinaus hat es das RG als zulässig angesehen, Personen den Zutritt zu verwehren, wenn sie verdächtig erscheinen.[130] Hier kann indessen nicht ein allgemeiner Verdacht genügen (Rn. 30), sondern es müssen konkrete Anhaltspunkte vorliegen, z. B. mitgeführte Transparen-

---

[121] BGH aaO. – im Anschluss an RGSt 54, 225, 226.
[122] *MünchKommZPO/Wolf* Rn. 36.
[123] RGSt 54, 225; BGHSt 27, 13 = NJW 1977, 157; *Schmitt* DRiZ 1971, 20; *Wieczorek/Schreiber* Rn. 27; *Zöller/Gummer* Rn. 7; *Meyer-Goßner* Rn. 7; *Bockelmann* NJW 1960, 218.
[124] OLG Karlsruhe NJW 1975, 2080.
[125] OLG Karlsruhe NJW 1975, 2080 = JR 1976, 383 m. krit. Anm. *Roxin*; a. A. *Roxin*, Probleme S. 398.
[126] BGH NJW 1980, 249.
[127] BGH aaO.
[128] OLG Koblenz NJW 1975, 1333.
[129] Vgl. *Schmitt* DRiZ 1971, 21; OLG Koblenz NJW 1975, 1333.
[130] RGSt 54, 225; RG LZ 1922, 167 Nr. 11.

te, Zugehörigkeit zu vor dem Gebäude zusammentretenden Gruppen in erkennbarer Störungsabsicht.

Diese Möglichkeiten bestehen gegenüber allen Personen, die in dem Verfahren, um dessen Öffentlichkeit es konkret geht, nicht Verfahrensbeteiligte sind, also auch nicht verfahrensbeteiligte Rechtsanwälte,[131] ebenso Justizangehörige jeder Art, auch Beteiligte anderer Verfahren. Jedoch können solche Personengruppen von den Kontrollmaßnahmen ausgenommen werden, ohne dass hierin eine ungerechtfertigte Auswahl läge (vgl. Rn. 39). Kommt es durch Sicherungsmaßnahmen zu **zeitlichen Verzögerungen** beim Eintritt in den Sitzungssaal, darf das Gericht mit der Verhandlung erst beginnen, wenn den rechtzeitig zum Termin erschienenen Personen der Zutritt ermöglicht worden ist;[132] der Eintritt von Personen, die erst nach dem ursprünglich festgesetzten Zeitpunkt des Hauptverhandlungsbeginns erscheinen, braucht dagegen nicht abgewartet werden.[133] War die Hauptverhandlung unterbrochen, ist der Öffentlichkeitsgrundsatz durch die verzögerliche Wirkung von Kontrollmaßnahmen jedoch dann nicht verletzt, wenn das Publikum die Möglichkeit hatte, im Verhandlungssaal zu bleiben oder bei rechtzeitigem Erscheinen, auch unter Berücksichtigung eines für die Kontrolle nach den Umständen einzurechnenden Zeitraums, vor der Fortsetzung der Hauptverhandlung Einlass zu finden.[134] Dabei muss dem Publikum allgemein der Zutritt zum Verhandlungssaal rechtzeitig eröffnet werden. Dass aber zu Beginn der Fortsetzungsverhandlung einzelne Personen wegen verzögerlichen Arbeitens der Kontrollorgane oder wegen verzögerlichen Verhaltens von Eingangsuchenden noch keinen Eintritt gefunden haben, verletzt das Vertrauen in die Objektivität der Rechtspflege nicht. Stehen sachliche Gründe von Gewicht einem Offenhalten des Sitzungssaals während einer Verhandlungspause entgegen, so darf mit der Verhandlung fortgefahren werden, wenn ein – obgleich durch die Kontrollmaßnahmen verzögerter – Zutritt zum Verhandlungssaal überhaupt eröffnet ist. So kann es liegen, wenn in der Pause mit Sachbeschädigungen oder anderen Störungen der Ordnung im Sitzungssaal zu rechnen wäre oder wenn der Schutz der im Saal lagernden Akten während der Pause anders nicht leicht zu gewährleisten wäre. Maßgebend dafür, ob solche Umstände vorliegen, ist die von Willkür freie Beurteilung durch den Vorsitzenden.[135]

Zulässig ist es auch, zur Vermeidung von Störungen bei einzelnen wichtigen, sachlich und zeitlich begrenzten Verfahrensvorgängen kurzfristig und vorübergehend den **Eintritt** von Zuhörern in den Sitzungssaal zu **unterbrechen**, z.B. während einer Eidesleistung oder der Vernehmung eines Zeugen in einer kritischen Phase.[136] So ist es zulässig, für die Dauer der Urteilsverkündung die Türen abzuschließen, wenn bei einem kleinen, beengten Sitzungssaal mit nur einer Tür (bei fortdauernder Anwesenheit der bis dahin erschienenen Zuhörer) eine erhebliche Störung sich dadurch ergäbe, dass während der Urteilsverkündung sich ständig Personen vor dem Richtertisch hin- und herbewegen.[137] Unproblematisch ist die Bitte des Vorsitzenden, während der Dauer eines bestimmten Prozessabschnittes solle die Tür „möglichst geschlossen bleiben", wenn gleichwohl das Eintreten faktisch möglich bleibt.[138] Der Grundsatz der Öffentlichkeit ist aber verletzt, wenn der Zutritt allgemein nur während der Sitzungspausen zugelassen wird.[139]

---

[131] Vgl. BVerfG NJW 1978, 1048.
[132] BGH NJW 1995, 3196.
[133] BGHSt 28, 341 = NJW 1979, 2622 m. Anm. *Foth* JR 1979, 522.
[134] BGHSt 29, 258 = NJW 1981, 61 m. abl. Anm. *Siehl* StV 1981, 11.
[135] BGH aaO.
[136] BGHSt 24, 72 = NJW 1971, 715; BGH MDR 1952, 410 m. Anm. *Dallinger*; a. A. *Kern/Roxin* S. 232.
[137] BGHSt 24, 72 = NJW 1971, 715.
[138] BGH aaO.
[139] BGH NStZ 2004, 510.

46 Eine zulässige kurzfristige Beschränkung der Öffentlichkeit kann sich auch aus der Notwendigkeit ergeben, alle Türen zu schließen, um einer aktuellen **Fluchtgefahr,** sei es eines Verfahrensbeteiligten oder auch eines Zuhörers in den Fällen des § 178, zu begegnen.

47 VII. Informationsmöglichkeit über Verhandlungen. Zur Öffentlichkeit gehört nicht nur die ungehinderte Möglichkeit, der Verhandlung beizuwohnen und zuzuhören; als Voraussetzung hierfür ist weiter erforderlich, dass sich jeder Interessierte über die anstehende Gerichtsverhandlung rechtzeitig informieren kann, und zwar ohne besondere Schwierigkeiten. Die Form der Information hat den Sinn der Öffentlichkeit zu berücksichtigen, nämlich einem unbeteiligten Bürger die Teilnahme an der Verhandlung zu ermöglichen. Dieser kann nicht darauf verwiesen werden, auf der (einer) Geschäftsstelle oder an der Pförtnerloge Ort, Zeit und Art der Verhandlung zu erfragen;[140] erforderlich ist die Ankündigung durch schriftlichen **Aushang,** sowohl im Eingangsbereich des Gerichtsgebäudes hinsichtlich aller Verhandlungen als auch am jeweiligen Verhandlungsraum mit den dort zu verhandelnden Sachen, jeweils einschließlich Uhrzeit, und zwar am Sitzungstage während der gesamten Dauer der Verhandlung. Demgegenüber soll es nach der RSpr des BGH genügen, wenn Interessierte sich an der Pforte des Gerichtsgebäudes, in der Wachtmeisterei oder der Geschäftsstelle informieren können.[141] Besteht eine solche Nachfrage- oder Informationsmöglichkeit nicht, etwa nach Dienstschluss, dann muss auch nach dieser weniger strengen Auffassung ein Aushang am Eingang zum Gerichtsgebäude unmittelbar Aufschluss geben, wo welche Verhandlungen (noch) stattfinden. Wenn demgegenüber ein Abgehen von der hier vertretenen strengen Auffassung im Einzelfall als zulässig angesehen wird, etwa wegen der späten Stunde und dem Fehlen von interessierten Zuhörern,[142] so kann dem nicht zugestimmt werden, da es ja gerade das Wesensmerkmal der Gerichtsöffentlichkeit ist, dass jedermann jederzeit zuhören kann (Rn. 21). Ein mündlicher Aufruf der Sache vor dem Raum, in dem die Verhandlung stattfindet, reicht nicht aus, da für die gesamte Dauer der Verhandlung die Tatsache einer öffentlichen Verhandlung deutlich sein muss.[143] Die Öffentlichkeit ist auch verletzt, wenn sich am Gerichtseingang ein Hinweisschild findet „Das AG ist freitags ab 13 Uhr geschlossen" und die Verhandlung über diese Uhrzeit hinaus andauert.[144]

48 Die ordnungsgemäß angekündigte Sitzung muss zur Wahrung der Öffentlichkeit in dem angekündigten Raum zur angegebenen Uhrzeit stattfinden. Das Gericht darf deshalb **nicht früher** mit der Sitzung beginnen als angekündigt.[145] Eine Änderung gegenüber dem ursprünglichen Sitzungsplan, oft notwendig aus vielfältigen tatsächlichen Gründen, bedarf der gleichen Verlautbarung wie die der ursprünglichen Sitzung. Zu verlautbaren sind auch nicht nur unerhebliche **Verzögerungen** gegenüber der ursprünglichen zeitlichen Terminsplanung. Zwar ist der Schutz des Vertrauens in Terminankündigungen nicht vom Öffentlichkeitsgrundsatz erfasst mit Rücksicht auf die Belange eines ungestörten und zügigen Verhandlungsablaufs;[146] eine Ausnahme gilt jedoch etwa dann, wenn bei mehreren hintereinander angesetzten Sachen eine Verschiebung auf eine spätere Tageszeit eintritt.

---

[140] So ursprünglich BGH bei *Dallinger* MDR 1970, 560; OLG Hamburg GA 1964, 27; OLG Hamm NJW 1974, 1780; BayObLG MDR 1980, 780; OLG Celle StV 1987, 287; OLG Düsseldorf StV 1987, 287; OLG Köln StV 1992, 222; *Katholnigg* Rn. 3; *Meyer-Goßner* Rn. 4; *MünchKommZPO/Wolf* Rn. 55; BL/*Hartmann* Rn. 4.
[141] BGH NStZ 1981, 311; 1982, 476; 1984, 470; OLG Bremen MDR 1955, 757; OLG Stuttgart MDR 1977, 249; *KK/Diemer* Rn. 7.
[142] BGH bei *Kusch* NStZ 1992, 225.
[143] OLG Hamburg GA 1964, 27 = VRS 24, 437.
[144] OLG Zweibrücken NJW 1995, 3333.
[145] BGHSt 28, 341 = NJW 1979, 2622; BGH NStZ 1984, 134.
[146] NStZ 1984, 134.

Wird die zunächst in dem durch Aushang gekennzeichneten Raum vorgesehene 49
Verhandlung in einen anderen Raum **verlegt** oder wird eine in dem durch Aushang gekennzeichneten Saale begonnene Verhandlung in einem anderen Saal fortgesetzt, so muss an beiden Räumen ein Aushang sein, am ursprünglichen über die Verlegung, am zweiten über die stattfindende Verhandlung. Bei einer Verhandlung **außerhalb des Gerichtsgebäudes** (auch nur teilweise, in Fortsetzung), stellen sich erhöhte Anforderungen an die Kenntlichmachung des Verhandlungsorts als Raum, in dem eine öffentliche Gerichtsverhandlung stattfindet.[147] Der Ansicht, die faktische Zugänglichkeit des auswärtigen Verhandlungsorts reiche aus,[148] kann nicht gefolgt werden; eine zufällige Öffentlichkeit genügt nicht (Rn. 50). Es muss sowohl an der Gerichtsstelle[149] als auch an dem neuen Verhandlungsraum an sichtbarer, leicht erreichbarer Stelle, z.B. am Haupteingang,[150] auf die Verhandlung hingewiesen werden, nötigenfalls auf einen Treffpunkt.[151] Es genügt für sich allein nicht, dass der Vorsitzende Ort und Zeit der Fortsetzung der Verhandlung im Sitzungssaal bekannt gibt;[152] es ist sicherzustellen, dass beliebige Personen, die bei Verkündung des Beschlusses nicht am Gerichtsort anwesend waren, durch eine nach außen hin für jedermann erkennbare Kundgabe im Gerichtsgebäude von Ort und Zeit der Weiterverhandlung erfahren können.[153] Aber auch der Aushang allein an der Gerichtsstelle genügt nicht.[154] Wird der Sitzungsort erneut geändert, bedarf es der gleichen Kundgabe trotz sich dafür möglicherweise ergebender Erschwerungen; hier soll nach verbreiteter Ansicht allerdings die Nachfragemöglichkeit für Interessierte (vgl. Rn. 47) genügen,[155] da der Öffentlichkeitsgrundsatz ein Vertrauen in Terminsankündigungen nicht schütze. Je weniger üblich es ist, in einem Raum von seiner generellen Zweckbestimmung her öffentliche Gerichtsverhandlungen abzuhalten, desto deutlicher muss die Kenntlichmachung sein. Deshalb genügt z. B. bei Verhandlungen in einer **Strafanstalt** nicht der normale Terminszettel an der Hauptpforte, sondern es bedarf vielmehr eines besonders augenfälligen Hinweises.[156]

Die Öffentlichkeit ist auch verletzt, wenn zwar Personen die tatsächliche Mög- 50
lichkeit des Zutritts haben, jedoch ohne (vorher) zu wissen, dass es sich um eine öffentliche Gerichtsverhandlung handelt. Die Öffentlichkeit der Verhandlung ist **zweckbestimmt**.[157] Eine zufällige Öffentlichkeit in Form der möglichen Kenntnisnahme vom Geschehen durch Passanten oder Neugierige genügt nicht, es muss gerade denjenigen, die sich für das Geschehen bewusst als Gerichtsverhandlung interessieren, die Möglichkeit eröffnet sein, teilzunehmen und sich entsprechend zu unterrichten.[158] Deshalb muss dem, der sich für die Verhandlung interessiert, die Tatsache der öffentlichen Gerichtsverhandlung bekanntgemacht werden, soweit dies nach den tatsächlichen Gegebenheiten möglich ist. Eine Ausnahme von der Notwendigkeit, auch am auswärtigen Verhandlungsort einen Aushang anzu-

---

[147] OLG Hamburg GA 1964, 27, 28; OLG Hamm NJW 1974, 1780.
[148] VGH Mannheim DÖV 2007, 571 unter Hinweis auf die Rspr des BVerwG.
[149] OLG Koblenz VRS 53, 432; OLG Neustadt MDR 1964, 778; OLG Stuttgart MDR 1977, 249; OLG Oldenburg MDR 1979, 518; OLG Düsseldorf NJW 1983, 2514; OLG Hamm StV 2000, 659.
[150] OLG Hamm NJW 1960, 785; OLG Celle StV 1987, 287.
[151] BayObLG NStZ-RR 2001, 49.
[152] BayObLG VRS 58, 431; a. A. OLG Düsseldorf JMBlNRW 1963, 215; wohl auch OLG Hamm NJW 1974, 1780; OLG Stuttgart MDR 1977, 249; offen bei OLG Celle NZV 2006, 443, da es hinreichend konkreter Bekanntgabe fehlte.
[153] BayObLG VRS 58, 430; NJW 1980, 2321.
[154] A. A. OLG Bremen MDR 1955, 757; OLG Neustadt MDR 1964, 778; OLG Hamm NJW 1976, 122; LSG Stuttgart Justiz 1976, 87.
[155] BGH NStZ 1981, 311; 1984, 470; 2002, 46; 558; ebenso BVerfG NJW 2002, 814; OLG Karlsruhe MDR 1981, 692; OLG Köln StV 1984, 275; BayObLG NStZ-RR 2001, 49; i. E. auch VGH München NVwZ-RR 2002, 799; *Meyer-Goßner* Rn. 6; *Thym* NStZ 1981, 293.
[156] OLG Hamm NJW 1974, 1780.
[157] *Franke* ZRP 1977, 143; *Martiny* JZ 1976, 217.
[158] *LR/Wickern* Rn. 20.

bringen, gilt z. B. bei einer Augenscheinseinnahme im Freien, etwa an einer Straße.[159] – Demgegenüber wird angenommen, dass es keines Hinweises auf eine öffentliche Verhandlung bedarf, wenn die Verhandlung an einem jedermann zugänglichen Ort stattfindet, wo jeder Beliebige als Zuhörer an der Verhandlung teilnehmen kann, denn dies gewährleiste den Zutritt der Öffentlichkeit in gleichem oder noch höherem Maße als im Gerichtssaal.[160] Dies soll etwa für den Fall gelten, dass die Verhandlung, die auf einer breiten Verkehrsinsel begonnen hatte, später in einem an den Bürgersteig angrenzenden offenen Vorraum fortgesetzt wird, der als Zugang zu zwei Geschäften und zu einem Hausflur dient,[161] ebenso bei einer Verhandlung in einem Café, das dem Publikumsverkehr während der Verhandlungszeit allgemein offensteht,[162] oder in einem Motel mit unbeschränktem Zutritt.[163]

51 Wird die Verhandlung lediglich zum Zwecke einer **Augenscheinseinnahme** unterbrochen und anschließend im gleichen Sitzungssaal wie vorher fortgesetzt, genügt die mündliche Bekanntgabe durch den Vorsitzenden in der öffentlichen Sitzung,[164] nicht jedoch bei anschließender Fortsetzung an anderer Stelle.[165] Nach weniger strenger Auffassung (vgl. Rn. 49) kann im Anschluss an einen Augenschein die Verhandlung selbst dann im (fremden) dortigen AG-Gebäude fortgesetzt werden, wenn dies ursprünglich nicht angekündigt war.[166] Gleiches soll gelten, wenn das Gericht bei einer Ortsbesichtigung beschließt, an einem dritten Ort weiter zu verhandeln.[167]

52 **VIII. Inhalt der Öffentlichkeit.** Die Öffentlichkeit beinhaltet das **Zuhören und Zusehen** in der Verhandlung aus der Distanz des nicht am Verfahren Beteiligten. Sie beinhaltet nicht die Möglichkeit, alles so wahrzunehmen wie die Verfahrensbeteiligten auch, z. B. die Akten einzusehen oder in die Urkunden Einblick zu nehmen, die Gegenstand der Verhandlung sind. Der Öffentlichkeitsgrundsatz macht es auch nicht notwendig, durch besondere Vorkehrungen sicherzustellen, dass die Zuhörer das Demonstrationsmaterial, das etwa ein Sachverständiger ausbreitet, auch ausreichend einsehen können.[168] Es bedarf auch nicht der Vorkehrungen, alles akustisch verstehen zu können, weder technisch noch durch besonders lautes Sprechen der Verfahrensbeteiligten. Auch die Frage der Gerichtssprache (§§ 184 ff.) ist ohne rechtlichen Einfluss auf die Öffentlichkeit, wenn auch von erheblicher praktischer Bedeutung.

53 Erst recht bedeutet Öffentlichkeit **nicht die aktive Teilnahme** der Zuhörer am Geschehen im Gerichtssaal, weder durch Beifalls- oder Missfallenskundgebung (vgl. § 178 Rn. 26), schon gar nicht durch aktives Einschalten, also etwa Meinungsäußerungen, Antragstellungen.[169] Die Öffentlichkeit besteht im öffentlichen Interesse (Rn. 3); aus den Vorschriften über die Öffentlichkeit kann kein subjektives Recht eines einzelnen Interessierten auf Teilnahme an einer Verhandlung abgeleitet werden.[170]

---

[159] OLG Hamm NJW 1976, 122; OLG Düsseldorf JMBlNRW 1963, 215; OLG Koblenz VRS 54, 441.
[160] *KK/Diemer* Rn. 7; BVerwG JR 1972, 521; BayObLG NStZ-RR 2001, 49.
[161] OLG Hamm NJW 1976, 122.
[162] OLG Düsseldorf JMBlNRW 1966, 23.
[163] OLG Düsseldorf JMBlNRW 1963, 215.
[164] OLG Stuttgart MDR 1977, 249; OLG Hamm NJW 1974, 1780; OLG Karlsruhe MDR 1981, 692; OLG Köln StV 1984, 275 m. abl. Anm. *Fezer*.
[165] OLG Stuttgart aaO.
[166] BGH GA 1982, 126; NStZ 1984, 470.
[167] BVerwG NVwZ-RR 1989, 168; OLG Hamm MDR 1981, 518; OLG Köln JMBlNRW 1984, 116.
[168] BGH GA 1963, 10.
[169] *Weidemann* DRiZ 1970, 115; *Köbl* S. 244.
[170] BayVerfGH VerwRSpr 1952, 798; *Eb. Schmidt*, Justiz und Publizistik S. 44; *Weidemann* DRiZ 1970, 115; a. A. *Bäumler* JR 1978, 317.

IX. Sitzungsprotokoll. Die Beachtung der Vorschriften über die Öffentlichkeit **54** ist in das **Sitzungsprotokoll** aufzunehmen, § 160 Abs. 1 Nr. 5 ZPO, § 272 Nr. 5 StPO, der Ausschluss wie die Wiederherstellung; zur Beweiskraft des Protokolls §§ 165 ZPO, 274 StPO.

X. Verletzung des Öffentlichkeitsprinzips durch Nichtöffentlichkeit. Die **55** Folgen einer Verletzung des Prinzips der Öffentlichkeit richten sich nach dem Verfahrensrecht. Nach § 338 Nr. 6 StPO, § 551 Nr. 6 ZPO ist die zur Nichtöffentlichkeit eines Verfahrens oder Verfahrensabschnitts führende Verletzung der Vorschriften über die Öffentlichkeit ein **absoluter Revisionsgrund,** wenn der Verstoß bis zur Entscheidung fortgewirkt hat, also weder geheilt (Rn. 61) noch durch den weiteren Gang der Verhandlung überholt worden ist.[171] Dies kann aber nicht allein schon bei jeder tatsächlich eingetretenen Beschränkung der Öffentlichkeit gelten, ohne Rücksicht darauf, ob das Gericht die Beschränkung kannte oder hätte kennen müssen. Die durch § 338 Nr. 6 StPO usw. geschützten Interessen verlangen eine solche Formenstrenge nicht.[172] Die Öffentlichkeit ist lediglich einer von mehreren Grundsätzen des Verfahrensrechts. Die bekannten Beispiele wie: Tür fällt ohne fremdes Zutun ins Schloss, so dass der Zugang zum Sitzungssaal versperrt ist,[173] Tür wird versehentlich nicht aufgeschlossen,[174] Tür wird zum Ende der üblichen Dienstzeit vom Justizwachtmeister versehentlich abgesperrt trotz genereller Anweisung, dies an Sitzungstagen nicht zu tun,[175] der Justizwachtmeister nimmt irrtümlich an, alle Plätze seien schon besetzt oder es handle sich um eine nichtöffentliche Sitzung,[176] der falsch verwandte Lichtzeichenschalter „nichtöffentliche Sitzung";[177] die verkehrte Seite des Aushangschildes[178] („Nichtöffentliche Sitzung" statt „Öffentliche Sitzung"), die Fehleinschätzung eines Gastes durch die Kellnerin in einer Gaststätte, in deren Nebenraum eine Gerichtsverhandlung stattfindet,[179] zeigen keine Mängel auf, die Misstrauen gegen das Gericht wegen einer Beschränkung der Öffentlichkeit erwecken und die Ordnungsgemäßheit des Verfahrens insgesamt in Frage stellen können.

Früher wurde deshalb ein absoluter Revisionsgrund nur angenommen, wenn das **56** Gericht (der Vorsitzende) von der Verletzung Kenntnis hatte.[180] Die neuere Rechtsprechung hält ihn erweiternd dann für gegeben, wenn das Gericht (der Vorsitzende) die unzulässige Beschränkung der Öffentlichkeit bei Anwendung der gebotenen Sorgfalt und Umsicht hätte bemerken müssen und beseitigen können, sie ihm also **zuzurechnen** ist.[181] Das Gleiche muss gelten, wenn das Gericht die tatsächlichen Umstände zwar kennt, aber rechtlich falsch bewertet,[182] so etwa, wenn mit Wissen des Gerichts ständig ein Schild „Sitzung! Bitte nicht stören" verwendet wird.[183]

Dieser Erweiterung ist zuzustimmen, denn die Öffentlichkeit ist ein hoher ver- **57** fahrensrechtlicher Grundsatz, um dessen Verwirklichung das Gericht stets besorgt

---

[171] BGHSt 33, 99 = NJW 1985, 1848; dazu *Fezer* StV 1985, 403; *Schöch* NStZ 1985, 422; für die Übernahme fehlerhafter Abschnitte durch das Berufungsgericht einschränkend BGH NJW 2000, 2508 m. Anm. *Rimmelspacher* JZ 2001, 156.
[172] *LR/Wickern* Rn. 60.
[173] BGHSt 21, 72 = NJW 1966, 1570; BVerwG DÖV 1984, 889.
[174] RGSt 43, 188; BGH NStZ 1995, 143.
[175] OLG Karlsruhe NJW 2004, 1887.
[176] BGHSt 22, 297 = NJW 1969, 756.
[177] OLG Neustadt MDR 1962, 1010.
[178] RG JW 1911, 247.
[179] OLG Düsseldorf JMBlNRW 1966, 23.
[180] RGSt 43, 188; RG JW 1926, 2762.
[181] BGHSt 21, 72 = NJW 1966, 1570; St 22, 297 = NJW 1969, 756; St 28, 341 = NJW 1979, 2622; BGH NJW 1970, 1846; StV 1981, 3; NStZ 1995, 143; BVerwG NVwZ 1982, 43; DÖV 1984, 889; BVerwGE 111, 61; BFH NJW 1992, 3256; OLG Hamm StV 2002, 474; *Wolf* S. 255; *MünchKomm ZPO/Wolf* Rn. 60; *Katholnigg* Rn. 9; *KK/Diemer* Rn. 12; *LR/Wickern* Rn. 58 ff. m. w. N.
[182] OLG Hamm NJW 1974, 1780.
[183] OLG Bremen MDR 1966, 864.

sein muss. Jedoch dürfen die Anforderungen an die dahin gehende Kontroll- und Überwachungspflicht des Gerichts nicht überspannt werden.[184] Es kann nicht Aufgabe des Gerichts sein, die Ordnungsmäßigkeit des Aushangs am Gerichtssaal ständig, bei längeren Verhandlungen etwa täglich zu kontrollieren, ebenso wenig die Durchführung der Einlasskontrollen, den Einlass im Einzelnen, die Öffnung der Türen usw..[185]

58 **XI. Unverzichtbarkeit der Öffentlichkeit.** Da die Öffentlichkeit dem allgemeinen Interesse dient und nicht nur dem Schutz des Angeklagten oder sonstiger Verfahrensbeteiligter, ist ihre Beachtung **unverzichtbar** (Rn. 19). Der Rechtsmittelführer kann die Revision auf ihre Verletzung auch dann stützen, wenn er selbst den (unzulässigen) Ausschluss der Öffentlichkeit verlangt hat oder erklärt hat, auf die Öffentlichkeit zu verzichten oder den nachträglich festgestellten unzulässigen Ausschluss der Öffentlichkeit nicht rügen zu wollen.[186] Die Ansicht, im Zivilprozess könne auf die Wahrung der Öffentlichkeit wirksam verzichtet werden, es gelte § 295 ZPO, weil auch das schriftliche Verfahren, notwendigerweise nicht öffentlich, gewählt werden könne,[187] überzeugt nicht. Wenn die Parteien das schriftliche Verfahren nicht wollen, muss die mündliche Verhandlung konsequent nach den für diese maßgebenden Vorschriften durchgeführt werden. Zwar erachtet der EGMR einen Verzicht auf die Öffentlichkeit für zulässig; das kann indessen die strengeren, auf einer umfassenden Würdigung aller Interessen beruhenden Vorschriften des GVG nicht außer Kraft setzen.[188]

59 **XII. Erweiterte Öffentlichkeit.** Die Frage, ob korrespondierend zur Verletzung der vorgeschriebenen Öffentlichkeit durch Nichtöffentlichkeit (Rn. 55) auch eine zu weitgehende Öffentlichkeit oder eine Verletzung der Vorschriften über die Nichtöffentlichkeit revisibel ist, wird kontrovers erörtert. Teilweise wird angenommen, in der fehlerhaften Anwendung der Vorschriften über die Nichtöffentlichkeit und die Ausschließung der Öffentlichkeit im Strafverfahren liege keine Verletzung der Vorschriften über die Öffentlichkeit im Sinne eines absoluten Revisionsgrundes nach § 338 Nr. 6 StPO, sondern nur ein relativer Revisionsgrund nach § 337 StPO.[189]

60 Hiergegen bestehen Bedenken. Zwar hat das Öffentlichkeitsprinzip von seiner Genese her im wesentlichen die Funktion, den Angeklagten vor Geheimverfahren und den damit für ihn verbundenen Gefahren zu schützen, was eine weitergehende Öffentlichkeit eher als Vorteil erscheinen ließe. Aber der inzwischen eingetretene Bedeutungswandel der Öffentlichkeit hin zum Prinzip im öffentlichen Interesse (Rn. 1 ff.) sowie die Einsicht in die mit der Öffentlichkeit auch verbundenen Gefahren (Rn. 12 ff.) lassen eine andere Bewertung geboten erscheinen. Entscheidend ist, dass §§ 169 ff. auf einer fortlaufenden, sich in Änderungsgesetzen niederschlagenden gesetzgeberischen Abwägung der für und gegen die Öffentlichkeit sprechenden Gründe beruhen. Eine Öffentlichkeit, die über die vom Gesetz vorgeschriebene Öffentlichkeit hinausgeht, missachtet die Abwägung des Gesetzgebers und gibt unzulässig einem einzelnen der zu berücksichtigenden und in

---

[184] BGHSt 22, 297 = NJW 1969, 765; *Kuhlmann* NJW 1974, 1231.
[185] BayObLG GA 1970, 242.
[186] RGSt 64, 385; RGZ 157, 341; BGH NJW 1967, 687; BGHZ 124, 204 = WM 1994, 313; vgl. auch BGH NStZ-RR 2000, 40; OLG Frankfurt MDR 1986, 606 = JR 1987, 81 m. Anm. *Schlüchter*; OLG Köln OLGZ 1985, 318; BSG 28. 3. 2000 – B 8 KN 7/99 R –; VGH München NVwZ-RR 2002, 799; *KK/Diemer* Rn. 5; *Katholnigg* Rn. 9; *LR/Wickern* Rn. 56; *StJ/Grunsky* § 551 Rn. 24; *Kuhlmann* NJW 1974, 1232; *Zöller/Gummer* Rn. 13.
[187] *Wieczorek/Schreiber* Rn. 29; ebenso BFHE 161, 427 = DB 1990, 2407 für das finanzgerichtliche Verfahren; a. A. BVerwG 30. 11. 2004 – 10 B 64/04 –.
[188] *MünchKommZPO/Wolf* Rn. 30.
[189] BGHSt 23, 82 = NJW 1969, 2107; St 23, 176 = NJW 1970, 523; BGH bei *Holtz* MDR 1979, 458; *LR/Wickern* Rn. 65; *Meyer-Goßner* § 338 StPO Rn. 47; *KK/Diemer* Rn. 12; *Foth* NStZ 1999, 373.

die Gesamtabwägung einbezogenen Interessen den Vorzug. Deshalb ist auch die unzulässige Öffentlichkeit des Verfahrens absoluter Revisionsgrund.[190] So ist es im Zivilprozess wohl h. M., dass der absolute Revisionsgrund des § 551 Nr. 6 ZPO auch für den Fall gilt, in dem die Ausschließung der Öffentlichkeit rechtsfehlerhaft unterlassen wurde[191] (zu Ermessensentscheidungen § 171 a Rn. 9, § 172 Rn. 16).

XIII. Heilung von Fehlern. Bemerkt das Gericht während der Verhandlung 61 einen Verstoß gegen die Vorschriften über die Öffentlichkeit, kann es diesen Verfahrensfehler noch heilen, indem es den von dem Verstoß betroffenen Teil der Verhandlung öffentlich wiederholt.[192] Erforderlich ist eine vollständige Wiederholung des gesamten Verhandlungsteils, nicht nur ihrer in der früheren (nichtöffentlichen) Verhandlung als wesentlich erkannten Teile, da nicht vorauszusehen ist, ob das in nichtöffentlicher Sitzung Geschehene sich in der gleichen Weise auch in der öffentlichen Verhandlung vollzieht.[193] Das Gleiche gilt, wenn die Öffentlichkeit nicht ausgeschlossen war, das Gericht aber nachträglich eine nichtöffentliche Verhandlung für rechtlich geboten ansieht.

XIV. Ton- und Fernsehaufnahmen. 1. Die mittelbare Öffentlichkeit (Rn. 3) 62 ist ausgeschlossen. Nach Satz 2 sind Ton- und Fernseh-Rundfunkaufnahmen sowie Ton- und Filmaufnahmen zum Zwecke der öffentlichen Vorführung oder Veröffentlichung ihres Inhalts **unzulässig**. Das Verbot wurde eingeführt durch Art. 11 Nr. 5 StPÄG 1964. „Damit sind die Scheinwerfer als Instrumente zur Beleidigung der Menschenwürde des Angeklagten, als Gefährdung der Wahrheitserforschung und als Medium sensationeller Publicity im Gerichtssaal endgültig ausgelöscht".[194] Maßgebend waren folgende Überlegungen: „Rundfunk- und Filmaufnahmen im Gerichtssaal gehen über die in § 169 GVG gewährleistete Öffentlichkeit der Hauptverhandlung weit hinaus und gefährden nicht nur die Wahrheitsfindung im Strafverfahren, sondern beeinträchtigen auch die Verteidigung des Angeklagten. Sie lenken den Angeklagten und die Zeugen von der Hauptverhandlung ab. Sie hindern unter Umständen den Angeklagten und den Verteidiger wegen der Scheu vor einem unbeschränkten, unübersehbaren und unsichtbaren Zuhörer- oder Zuschauerkreis, ihre Aussagen und Erklärungen so zu gestalten, wie es das Verteidigungsinteresse erfordert. Sie vereiteln den Zweck des § 243 Abs. 2 StPO, wonach die Zeugen bei der Vernehmung des Angeklagten nicht zugegen sein dürfen, und ermöglichen es späteren Zeugen zu hören, was früher vernommene Zeugen ausgesagt haben. Sie legen auch den Zeugen und Sachverständigen Hemmungen bei ihren Aussagen auf und beeinträchtigen ihre Unbefangenheit. Den noch nicht verurteilten Angeklagten zerren sie in einer oft unerträglichen Weise in das Scheinwerferlicht einer weiten Öffentlichkeit".[195] Sollte dieses Verbot nach dem RegEntw nur für die Hauptverhandlung in Strafsachen und nicht für die Urteilsverkündung gelten, hat es der BTag auf die mündliche Verhandlung in allen Verfahrensarten einschließlich der Urteilsverkündung erstreckt in der Erwägung, „dass die Zulassung einer durch die genannten Mittel erweiterten Öffentlichkeit in unguter Weise

---

[190] *Eb. Schmidt,* Justiz und Publizistik, S. 39 ff., NJW 1968, 805; JZ 1970, 35; *Roxin* JZ 1968, 804; FS Peters, 1974 S. 403; *Wolf,* Gerichtsverfassung, S. 254; *Zipf* JuS 1973, 350; *Meurer* JR 1990, 391; *Katholnigg* Rn. 9; *Sarstedt/Hamm* Rn. 422 ff.
[191] *StJ/Grunsky* § 551 ZPO Rn. 23; *BL/Hartmann* Rn. 9; § 547 ZPO Rn. 12; *Rosenberg/Schwab/Gottwald* § 23 IV 4; *Thomas/Putzo/Reichold* § 547 ZPO Rn. 10; a. A. *Wieczorek/Schreiber* Rn. 22.
[192] RGSt 35, 353; St 62, 198; *LR/Wickern* § 174 Rn. 20; *Wieczorek/Schreiber* Rn. 32.
[193] A. A. BGH NJW 2000, 2508 m. Anm. *Rimmelspacher* JZ 2001, 156; OLG Hamm JMBlNRW 1976, 225.
[194] *Dahs* NJW 1965, 81, 86; vgl. auch *Eb. Schmidt* NJW 1968, 804; *Dahs* AnwBl. 1959, 181.
[195] BTagsDrucks. IV/178 S. 45; vgl. BGHSt 10, 202 = NJW 1957, 881; St 16, 111 = NJW 1961, 1781; St 19, 193 = NJW 1964, 602; *Eb. Schmidt* NJW 1968, 804; BGHSt 22, 83 = NJW 1968, 804.

manipuliert werden, dass sie auch sonst auf eine Verletzung der Menschenwürde hinauskommen, ja, dass sie sogar die Wahrheitsfindung beeinträchtigen kann".[196]

63 Das Verbot gilt für die **gesamte Verhandlung** einschließlich der Verkündung der Entscheidung[197] bis zu dem letzten zur Eröffnung der Urteilsgründe gehörenden Wort des Vorsitzenden[198] und der Rechtsmittelbelehrung.[199] Der weitergehenden Auffassung,[200] der zeitliche Beginn des Verbots liege beim Eintritt des Gerichts und ende, wenn es den Saal in Ruhe verlassen habe, kann mangels hinreichender Bestimmbarkeit nicht zugestimmt werden. Das Verbot gilt nicht vor Beginn der Verhandlung, nach deren Beendigung und während der Sitzungspausen.[201] Das Verbot gilt aber auch für Ortsbesichtigungen.[202]

64 Ausgelöst durch die „Live"-Übertragung der Verkündung des BVerfG im AWACS-Verfahren um die Mitwirkung des Bundestags bei Entscheidungen über den Einsatz deutscher Streitkräfte im Rahmen kollektiver Maßnahmen[203] geriet § 169 Satz 2 **in Zweifel**. Das Aufnahmeteam des privaten Fernsehsenders „n-tv" hatte heimlich durch die den Sitzungssaal abtrennende Glaswand hindurch die Urteilsverkündung mitgefilmt, unter Verstoß gegen § 169 Satz 2, der nach § 17 BVerfGG a. F. auch vor dem BVerfG galt. Dennoch hatte auch das BVerfG selbst für seine Verhandlungen gelegentlich schon Fernsehaufnahmen zugelassen.[204] Für das BVerfG ist inzwischen durch § 17a BVerfGG (BGBl. 1998 I S. 1823) die Geltung von § 169 Satz 2 erheblich relativiert worden;[205] dessen Stellung als Verfassungsorgan bietet indes hinreichenden Grund für eine Differenzierung.[206]

65 Verfassungsrechtlich wurde in § 169 Satz 2 teilweise auch eine Verletzung von Art. 5 Abs. 1 GG gesehen.[207] Diese Diskussion hat durch das BVerfG einen Abschluss erfahren. Schon zu einer beantragten einstweiligen Anordnung gegen die sitzungspolizeiliche Untersagung von Ton- und Filmaufnahmen in der Hauptverhandlung des ‚Politbüro-Prozesses'[208] hat es angeführt, zwar sei die Verfassungsbeschwerde auf Zulassung von Ton- und Fernseh-Rundfunkaufnahmen aus einer Gerichtsverhandlung „derzeit im Hinblick auf den kontrovers diskutierten § 169 Satz 2 nicht unzulässig oder offensichtlich unbegründet". Nach Abwägung der berührten Interessen, nämlich einerseits die historische Bedeutung des Verfahrens und das große öffentliche Interesse, andererseits der Persönlichkeitsschutz der Verfahrensbeteiligten, die ungestörte Wahrung der Rechte der Angeklagten und die unbeeinträchtigte Wahrheits- und Rechtsfindung,[209] hat es aber die bei Erlass der einstweiligen Anordnung zu befürchtenden Nachteile als schwerer wiegend angesehen. Die Hauptsacheentscheidung hält § 169 für **verfassungsgemäß**.[210] Die Vorschrift verhindere nicht die Berichterstattung aus der Verhandlung, ebenso wenig eine wirkungsvolle Fernsehberichterstattung, insbesondere weil sie die nur durch sitzungspolizeiliche Maßnahmen zu beschränkende Möglichkeit von Ton-

---

[196] BTagsDrucks. zu IV/1020 S. 7.
[197] BGHSt 22, 83 = NJW 1968, 804.
[198] *Eb. Schmidt* NJW 1968, 804.
[199] *Maul* MDR 1970, 286.
[200] *Maul* aaO.
[201] BTagsDrucks. IV/178 S. 46; BVerfGE 91, 125; 103, 44; BGHSt 23, 123 = NJW 1970, 63 m. Anm. *Eb. Schmidt* JZ 1970, 109; St 36, 119 = NJW 1989, 1741.
[202] BGHSt 36, 119 = NJW 1989, 1741.
[203] BVerfGE 90, 286 = NJW 1994, 2207.
[204] DRiZ 1997, 320; *Huff* NJW 1996, 571; *Hofmann* ZRP 1996, 399; *Jarren* AfP 1994, 191.
[205] Vgl. *Zuck* NJW 1998, 3030; *Gündisch/Dany* NJW 1999, 256; *Benda* NJW 1999, 1524.
[206] BVerfGE 103, 44.
[207] Vgl. *Gerhardt* ZRP 1993, 377; DRiZ 1999, 8; *Eberle* NJW 1994, 1637; *Wolf* ZRP 1994, 187; *Schwarz* AfP 1995, 353; *Hamm* NJW 1995, 760; *Zuck* NJW 1995, 2082; *Töpper* DRiZ 1995, 242; *Huff* NJW 1996, 571 m. w. N.; *Knothe/Wanckel* ZRP 1996, 106.
[208] BVerfG – K – NJW 1996, 581.
[209] Ähnlich BVerfG – K – NJW 1999, 1951 im Zusammenhang mit einer beantragten einstweiligen Anordnung im ‚Kruzifix-Verfahren' vor dem BVerwG.
[210] BVerfGE 103, 44.

und Bewegtbildaufnahmen vor Beginn, nach Ende und in den Pausen der Verhandlung offen halte (Rn. 63; 91 ff.; § 176 Rn. 9). Zwar entfalle die Möglichkeit, den Eindruck der Authentizität und des Miterlebens der Verhandlung selbst zu vermitteln. Eine solche Begrenzung der Öffentlichkeit auf die Gerichtsöffentlichkeit trage jedoch den Belangen des Persönlichkeitsschutzes sowie den Erfordernissen eines fairen Verfahrens und der Wahrheits- und Rechtsfindung Rechnung. Der Persönlichkeitsschutz gewinne im Gerichtsverfahren eine über den allgemeinen Schutzbedarf hinausgehende Bedeutung; Medienöffentlichkeit sei gegenüber der Saalöffentlichkeit ein aliud und geeignet, nicht nur das Aussageverhalten zu beeinflussen, sondern durch die mit der Aufnahme befassten Personen auch den äußeren Verfahrensablauf zu stören. Vergleichbar § 17a BVerfGG unterschiedliche Regelungen für einzelne Verfahrensarten und Verfahrensabschnitte oder, etwa bei Einwilligung aller Beteiligter, Ausnahmemöglichkeiten für Einzelfälle zu schaffen sei der Gesetzgeber nicht gehalten.

Demgemäß gilt § 169 Satz 2 **uneingeschränkt,** auch wenn rechtspolitisch jedenfalls eine Lockerung gefordert[211] oder eine Änderung der RSpr erwartet wird.[212] Einer Aufweichung der Vorschrift ist aber zu widersprechen aus den unverändert aktuellen und überzeugenden Gründen ihrer Einführung (Rn. 62). Auch das gelegentlich geforderte „**Court-TV**" ist damit abzulehnen.[213] Die meist hilfreiche Rechtsvergleichung sollte hier schon angesichts des spektakulären amerikanischen Simpson-Schwurgerichtsverfahrens 1994/95 (einjährige Prozessdauer vor stets laufenden TV-Kameras) frühzeitig warnen.[214] **66**

2. Andere Aufzeichnungen. Das Verbot des § 169 Satz 2 gilt nur für die hier **67** beschriebenen Techniken. Es gilt nicht für die Wortberichterstattung durch die Presse, auch nicht für Bild- und Tonaufnahmen, die nicht Filmaufnahmen sind oder nicht durch den Ton- oder Fernsehrundfunk gesendet werden sollen, ebenso wenig für das Zeichnen.[215] Fotografische Aufnahmen sind nach dem Wortverständnis keine Filmaufnahmen. Auch stenographische Aufzeichnungen fallen nicht unter Satz 2,[216] gleichgültig, wer sie vornimmt. Das Mitschreiben kann grundsätzlich weder untersagt noch kann der Schreibende aus dem Saal gewiesen werden.[217] Eine Prozessbeobachtung ist unbedenklich.[218]

Auch soweit das Verbot nicht gilt, sind nach §§ 176 ff. aber Beschränkungen zum **68** Schutze des Persönlichkeitsrechts der Verfahrensbeteiligten wie zur allgemeinen Ordnung im Gerichtssaal und im Gerichtsgebäude zulässig[219] (vgl. § 176 Rn. 31). So kann das Schreiben untersagt werden, wenn es die Verhandlung stört oder die Gefahr besteht, dass Aussagen oder andere Vorgänge aus der Sitzung wartenden Zeugen oder gesondert verfolgten Tatbeteiligten mitgeteilt werden,[220] nicht aber schon, wenn es den Vorsitzenden nervös macht.[221] Tonbandmitschnitte durch Nichtverfahrensbeteiligte (vgl. Rn. 73) sind auch jenseits von Satz 2 grundsätzlich

---

[211] *Gündisch/Dany* NJW 1999, 256; *Gerhardt* DRiZ 1999, 8; *Gündisch* NVwZ 2001, 1633; *Diekmann* NJW 2001, 2451; *Krausnick* ZG 2002, 273; vgl. *Dörr/Zorn* NJW 2001, 2837, 2852.
[212] *Lorz* AnwBl. 2001, 533.
[213] Deutscher Richterbund DRiZ 1996, 246; Bundesrechtsanwaltskammer AnwBl. 1997, 26; *Wolf* NJW 1994, 681; ZRP 1994, 187; *Töpper* DRiZ 1995, 242; *Hamm* NJW 1995, 760; *Lohrmann* DRiZ 1995, 247; *Huff* NJW 1996, 571 m. w. N.; NJW 2001, 1622; *Enders* NJW 1996, 2712; *Knothe/Wanckel* ZRP 1996, 106; *Glauben* DRiZ 1996, 221; *Plate* NStZ 1999, 391; *Walther* JZ 1998, 1145; a. A. *Gerhardt* ZRP 1993, 377; DRiZ 1999, 8; *Zuck* NJW 1995, 2082; *Gehring* ZRP 1998, 8; *Janisch* AnwBl. 2001, 22; *Lehr* NStZ 2001, 63.
[214] Vgl. auch *Stürner* JZ 2001, 699; zur US-RSpr *U. Widmaier* NJW 2004, 407.
[215] BTagsDrucks. IV/178 S. 45; *Meyer-Goßner* Rn. 10, 15; *Lehr* NStZ 2001, 63; *Maul* MDR 1970, 286; BGH bei *Dallinger* MDR 1971, 188.
[216] BGHSt 18, 179 = NJW 1963, 599; *Erdsiek* NJW 1960, 1049.
[217] BGH aaO.; BGH NStZ 1982, 389; *Eb. Schmidt* JR 1963, 307.
[218] *Strassburg* MDR 1977, 712.
[219] BTagsDrucks. IV/178 S. 45; *Maul* MDR 1970, 286 ff.
[220] BGH NStZ 1982, 389 m. Anm. *Decker* StV 1982, 458; vgl. *Schneiders* StV 1990, 92.
[221] BGH bei *Herlan* GA 1963, 102.

aus dem Persönlichkeitsrecht dessen, dessen Erklärungen aufgezeichnet werden sollen, unzulässig, wenn nicht sein Einverständnis vorliegt.[222] Entsprechendes gilt für das Fotographieren.

69 3. Das Verbot des § 169 Satz 2 ist **absolut**; deshalb ist es ohne Bedeutung, ob das Gericht und/oder alle Verfahrensbeteiligten mit der verbotenen Handlung einverstanden sind oder sie gar wünschen[223] (vgl Rn. 58).

70 Das Verbot ist **vom Vorsitzenden im Rahmen seiner Befugnisse durchzusetzen,** §§ 176 GVG, 238 StPO, 136 ZPO.[224] Eine heimliche verbotene Aufnahme stellt eine Ungebühr (§ 178) dar.[225] Gegebenenfalls kann der Berichterstatter des Saales verwiesen werden. Die Aufnahmegeräte und damit bereits gefertigte Aufnahmen können bis zum Sitzungsschluss **sichergestellt** werden, um weitere verbotene Aufnahmetätigkeit zu verhindern.[226] Dagegen kann im Wege der Sitzungspolizei nicht die Vernichtung verbotswidrig angefertigter Aufzeichnungen oder Aufnahmen angeordnet und durchgeführt werden. Da es sich bei dem Verbot des Satzes 2 um eine der Ordnung der Verhandlung zuzurechnende Regelung handelt, kann das Gericht auch nicht die Aufnahmen über das Ende der Sitzung hinaus so lange sicherstellen, bis es der von der Aufzeichnung betroffenen Person möglich ist, ihre Rechte zu sichern, etwa durch einstweilige Verfügung, gerichtet auf ein Sende- oder Verwertungsverbot.[227] Nicht verwehrt ist es dem Vorsitzenden aber, eine polizeirechtliche Beschlagnahme herbeizuführen.[228] Letztlich ist das Verbot des Satzes 2 eine lex imperfecta. Es gibt keine Möglichkeit, die Veröffentlichung verbotswidrig hergestellter Aufnahmen im Rahmen sitzungspolizeilicher Maßnahmen zu verhindern, ebenso wenig ist die Veröffentlichung strafrechtlich sanktioniert. Ein Verstoß unterfällt nicht § 201 StGB, auch nicht § 353 d Nr. 1 StGB, soweit nicht weitergehend § 174 Abs. 2 eingreift[229] (§ 174 Rn. 21). Wohl aber bleibt das Recht am eigenen Bild nach §§ 22 ff. KunstUrhG unberührt,[230] wenn auch in den seltensten Fällen durchsetzbar.[231]

71 Ebenso unberührt bleibt das Recht, grundsätzlich selbst zu bestimmen, wer das eigene Wort aufnehmen sowie ob und vor wem das aufgenommene eigene Wort wieder abgespielt werden darf.[232] Deshalb kann der, dessen Erklärung zu Unrecht aufgenommen worden ist, im Zivilrechtsweg die Untersagung der Sendung und die Herausgabe des Tonträgers zum Zwecke der Löschung verlangen.[233] Die sonst anzustellende Abwägung zwischen den Belangen des Aufgenommenen und dem Interesse an der Veröffentlichung unterbleibt, da die Aufnahme gegen ein zwingendes gesetzliches Verbot verstößt.

72 Die Verletzung des Aufzeichnungsverbots, d.h. die **Zulassung oder Duldung** nach Satz 2 verbotener Aufnahmen durch das Gericht, stellt darüber hinaus einen Verstoß gegen eine zwingende Verfahrensvorschrift dar, ist aber kein absoluter, sondern nur ein relativer Revisionsgrund.[234]

---

[222] OLG Schleswig NStZ 1992, 399 m. Anm. *Molketin* NStZ 1993, 145; OLG Köln FamRZ 1983, 750.
[223] BGHSt 22, 83 = NJW 1968, 804; *Eb. Schmidt* NJW 1968, 804; *StJ/Grunsky* § 551 Rn. 24; RGZ 157, 347; *Maul* MDR 1970, 286.
[224] BTagsDrucks. IV/178 S. 46.
[225] SchlHOLG SchlHAnz 1962, 84; *Maul* MDR 1970, 288.
[226] *Maul* aaO.
[227] *Maul* aaO.; OLG Koblenz HESt 3, 59: a. A. wohl LG Ravensburg NStZ-RR 2007, 348.
[228] Zu deren Voraussetzungen VGH Mannheim NVwZ 2001, 1292.
[229] Vgl. *Tröndle/Fischer* § 353 d StGB Rn. 2; *Kohlhaas* NJW 1970, 600 zu § 198 StGB a. F.
[230] *Wolf* S. 253.
[231] OLG Stuttgart JZ 1960, 126; OLG München NJW 1963, 658.
[232] BVerfGE 34, 238 = NJW 1973, 891; BGHZ 27, 284 = NJW 1958, 1344; OLG Köln MDR 1978, 311.
[233] OLG Köln aaO.
[234] BGHSt 36, 119 = NJW 1989, 1741; *Fezer* StV 1989, 291; *KK/Diemer* Rn. 13; a. A. *Roxin* NStZ 1989, 376; *Töpper* DRiZ 1989, 389; *Alwart* JZ 1990, 895; *Meurer* JR 1990, 391.

4. Gerichtsinterne Aufzeichnungen. Das Verbot gilt nur für Aufnahmen zum 73 Zwecke der öffentlichen Vorführung oder der Veröffentlichung. Es gilt naturgemäß nicht für die Aufzeichnung des Inhalts des **Protokolls** mit einem Tonaufnahmegerät (Rn. 77). Das Verbot gilt aber auch außerhalb einer solchen Protokollierung nicht für akustische oder optische Aufzeichnungen, die das **Gericht für Zwecke dieses Verfahrens** veranlasst, etwa über eine Augenscheinseinnahme,[235] als Gedächtnisstütze für den Vorsitzenden zur weiteren Prozessleitung, für alle Richter für die Beratung[236] und für die Urteilsabfassung.[237] Diese Aufzeichnung ist ohne Zustimmung der Beteiligten zulässig (Rn. 75). Ein entgegenstehendes Verbot ergibt sich auch nicht aus § 201 StGB.[238] Es kann jedoch nicht erzwungen werden, dass die Beteiligten gezielt in ein Mikrophon sprechen.[239] Entsprechendes gilt für **Verfahrensbeteiligte** (Verteidiger, StA, Prozessbevollmächtigte) zur Vorbereitung von Anträgen, Plädoyers und Vorhalten in der Beweisaufnahme. Das darf indessen nicht heimlich geschehen, sondern bedarf der Zustimmung des Vorsitzenden;[240] bei berechtigtem Interesse wird diese erteilt werden, aber nur für Teile der Verhandlung, nicht für die gesamte Verhandlung.[241] Die Zustimmung des Vorsitzenden ist eine Maßnahme der Sachleitung (vgl. § 238 StPO), der nach pflichtgemäßem Ermessen entscheidet,[242] ein Rechtsanspruch auf Zustimmung besteht nicht.[243] – Nicht hierher gehört der Fall, dass die vom Gericht veranlasste Aufzeichnung der Entscheidungsfindung in einem anderen Verfahren dienen soll; es gelten dann die Vorschriften über die Protokollierung.[244]

Damit steht aber die Zulässigkeit solcher Aufzeichnungen nicht endgültig fest; 74 die Unzulässigkeit kann sich auch aus anderen Überlegungen ergeben.[245] Bedenken können bestehen aus dem Persönlichkeitsrecht des Sprechenden und der Wahrheitserforschungspflicht des Gerichts, und zwar aus den gleichen Erwägungen, die auch für das Verbot des § 169 Satz 2 maßgebend waren. Insbesondere gehört es zur Wahrheitsfindungspflicht des Gerichts, die Verfahrensbeteiligten, insbesondere Zeugen, keinen verfahrensfremden Einwirkungen auszusetzen, die die Aussage beeinflussen und ihren Beweiswert beeinträchtigen können.[246] So wurde schon vor dem Verbot des Satzes 2 die Zulassung von Fernsehaufnahmen deshalb als Verfahrensfehler angesehen, weil Beweispersonen durch die Apparatur und die Aussicht, in einer nach fremdem Gutdünken zurechtgeschnittenen Schau einem anonymen Publikum vorgeführt zu werden, regelmäßig in eine Bewusstseinslage geraten, die ihre Verlässlichkeit mindert.[247] Ähnliche Wirkungen können sich einstellen, wenn das Gericht zur Verwendung bei der Urteilsberatung Teile der Hauptverhandlung auf Tonband aufnehmen lässt, ohne die Beteiligten von dem Zweck der Aufnahme zu verständigen und sich ihres Einverständnisses zu versichern, und die betroffenen Personen deshalb annehmen, die Bandaufnahme werde möglicherweise im Gerichtssaal nicht anwesenden Dritten zugänglich sein, am Ende gar zur Verbreitung zur Verfügung stehen. Selbst bei Kenntnis des Zwecks, aber fehlendem Einverständnis kann Befangenheit und Beeinträchtigung einer gleichwohl gemachten

---

[235] BTagsDrucks. IV/178 S. 46.
[236] *Meyer-Goßner* Rn. 11.
[237] OLG Koblenz NStZ 1988, 42.
[238] *Meyer-Goßner* Rn. 13; Bedenken des BGH bei *Dallinger* MDR 1968, 729 im Anschluss an BGHSt 19, 193; siehe auch *Meyer-Mews* NJW 2002, 105.
[239] BGHSt 10, 202.
[240] *Meyer-Goßner* Rn. 12.
[241] OLG Düsseldorf NJW 1990, 2898 m. Anm. *Kühne* StV 1991, 103.
[242] BGH NStZ 1982, 42; OLG Düsseldorf aaO.
[243] Vgl. OLG Hamburg MDR 1977, 688; *Meyer-Goßner* Rn. 12.
[244] Unklar OLG Bremen NStZ 2007, 481.
[245] *Praml* MDR 1977, 14 ff.
[246] OLG Schleswig NStZ 1992, 399 m. Anm. *Molketin* NStZ 1993, 145.
[247] BGHSt 16, 111 = NJW 1961, 1781; St 19, 193 = NJW 1964, 603.

Aussage daraus erwachsen, dass der Betroffene die Tonbandaufnahme als einen eigenmächtigen Eingriff in seinen Persönlichkeitsbereich empfindet oder die Zusicherung, die Tonbandaufnahme werde nur Zwecken der Beratung dienen, nicht als ausreichende Gewähr zur Verhinderung von Missbräuchen ansieht.[248] Einigkeit besteht indessen, dass diese Gefahren nicht bestehen, wenn der Sprechende zustimmt; in diesem Falle ist die Tonaufzeichnung durch das Gericht stets zulässig.[249]

75 Aber auch soweit ein ausdrückliches Einverständnis nicht vorliegt, ist die **Tonaufzeichnung durch das Gericht** zulässig.[250] Die Interessen des Sprechenden an der Wahrung seines Persönlichkeitsrechts sowie die Möglichkeit der Beeinflussung und Verunsicherung des Aussagenden mit allen Folgen für Wahrheitsfindung und Verteidigungsverhalten sind abzuwägen mit den Bedürfnissen der Rechtspflege. Besonders in Großverfahren ist die Notwendigkeit der Fixierung von Aussagen und Gutachten im Interesse der Wahrheitsfindung unabweisbar.[251] § 273 Abs. 3 StPO vermag diese Funktion nicht ausreichend zu erfüllen, wenn nicht die Hauptverhandlung in endlosen Niederschriften und deren Verlesung ersticken soll. Eigene Aufzeichnungen der Richter – von den Bedenken gegen ihre Vollständigkeit abgesehen[252] – vermögen diese Aufgabe ebenfalls nicht zu erfüllen, wenn nicht deren Mitwirkung an der Hauptverhandlung zum Erliegen kommen soll.

76 Deshalb wurde es schon früher als zulässig angesehen, dass der Vorsitzende den Hergang der Verhandlung durch Stenotypisten aufnehmen lässt, die die Übertragung aus dem Stenogramm an alle Richter weiterleiten.[253] Eine angemessene richterliche Belehrung über Funktion und Zweckbindung der Tonaufnahme kann eine Verunsicherung des Aussagenden weitgehend ausräumen, zumal niemand gezwungen werden kann, unmittelbar ins Mikrophon zu sprechen. Ohnehin hat das Gericht bei solchen Maßnahmen mit Eingriffscharakter stets nach pflichtgemäßem Ermessen über die Erforderlichkeit zu befinden, die im wesentlichen auf Großverfahren beschränkt sein wird.

77 Auch die Grundentscheidungen zur Führung des Protokolls können bei dieser Abwägung nicht unberücksichtigt bleiben. Im Zivilprozess ist die Tonaufzeichnung schon durch § 160a ZPO i.d.F. der Vereinfachungsnovelle vom 20. 12. 1974 (BGBl. I S. 3651) eingeführt worden. Bedenken gegen die Aufzeichnung von Erklärungen und Aussagen wurden nicht erhoben und haben in den Gesetzesmaterialien keinen Niederschlag gefunden,[254] obwohl die Situation z. B. für Zeugen hier qualitativ keine andere ist als bei anderen Aufzeichnungen. In Strafsachen wurde die Tonaufnahme zunächst abgelehnt,[255] dann aber doch durch § 168a Abs. 2 StPO i.d.F. des StVÄG 1979 eingeführt.[256]

78 Ist die Tonaufzeichnung auch ohne Zustimmung des Sprechenden zulässig, kann auch niemand wegen der Aufzeichnung die Aussage verweigern.[257]

79 Zeichnet das Gericht Erklärungen auf, sind diese Bestandteil der Akten, zu denen der Verteidiger uneingeschränkt Zugang haben muss.[258] Dasselbe gilt für die

---

[248] BGHSt 19, 193 = NJW 1964, 603.
[249] BGH aaO.; *Hanack* JZ 1972, 315.
[250] OLG Oldenburg DAR 1975, 218; OLG Hamburg MDR 1977, 248; *LR/Wickern* Rn. 45; *Schmidt-Leichner* NJW 1965, 1313; *Meyer-Goßner* Rn. 11; *BL/Hartmann* Rn. 10; *Praml* MDR 1977, 14; *Marxen* NJW 1977, 2188; a. A. *Eb. Schmidt* JZ 1964, 537, 538; *Hanack* JZ 1971, 170; *Roggemann* JR 1966, 47, 50.
[251] *Roggemann* JR 1966, 47; *Praml* MDR 1977, 14; *Marxen* NJW 1977, 2188.
[252] Vgl. *Roggemann* JR 1966, 47.
[253] RGSt 65, 434, 436.
[254] Vgl. BTagsDrucks. 7/2729 S. 58 ff.; 7/2769 S. 6 f.; *Putzo* NJW 1975, 188.
[255] Verhandlungen des 41. DJT Berlin 1955 Band II G; BTagsDrucks. zu IV/1020 S. 5; *Roggemann* JR 1966, 48; *Dahs* NJW 1978, 1557.
[256] vgl. *Kurth* NJW 1978, 2484.
[257] *Praml* MDR 1977, 16.
[258] *Praml* MDR 1977, 16; *Marxen* NJW 1977, 2190; a. A. wohl OLG Bremen NStZ 2007, 481.

schriftliche Übertragung des Tonbandinhalts; es besteht aber kein Anspruch auf eine schriftliche Übertragung.[259]

Schwieriger ist die Frage zu beantworten, ob die **Aufzeichnung durch andere** **Verfahrensbeteiligte** neben der Zustimmung des Vorsitzenden (Rn. 73) auch der Einwilligung des Betroffenen bedarf. Soweit ein Sprechender sein Einverständnis erklärt, ist die Aufzeichnung stets zulässig.[260] Aber auch ohne sein Einverständnis bestehen gegen die Zulässigkeit keine Bedenken.[261] Ein Unterschied zur stets zulässigen stenographischen Aufzeichnung besteht nicht, solange der Erklärende nicht gezwungen wird, in ein Mikrophon zu sprechen. Das Gericht kann die Aufzeichnung aus sitzungspolizeilichen Gründen unterbinden, wenn sie etwa zur Störung des Sitzungsverlaufs führt oder eine solche befürchten lässt oder erkennbar die Wahrheitsermittlung gefährdet.[262] 80

Zeichnet ein Verfahrensbeteiligter, auch etwa ein Sachverständiger, Zeuge oder Angeklagter, lediglich eigene Erklärungen auf, unterliegt dies nur Beschränkungen unter dem Gesichtspunkt der Sitzungspolizei.[263] 81

XV. Art. 6 MRK. Art. 6 MRK bestimmt: „Jedermann hat Anspruch darauf, dass seine Sache in billiger Weise öffentlich und innerhalb einer angemessenen Frist gehört wird, und zwar von einem unabhängigen und unparteiischen, auf Gesetz beruhenden Gericht, das über zivilrechtliche Ansprüche und Verpflichtungen oder über die Stichhaltigkeit der gegen ihn erhobenen strafrechtlichen Anklage zu entscheiden hat. Das Urteil muss öffentlich verkündet werden, jedoch kann die Presse und die Öffentlichkeit während der gesamten Verhandlung oder eines Teiles derselben im Interesse der Sittlichkeit, der öffentlichen Ordnung oder der nationalen Sicherheit in einem demokratischen Staat ausgeschlossen werden, oder wenn die Interessen von Jugendlichen oder der Schutz des Privatlebens der Prozessparteien es verlangen oder, und zwar unter besonderen Umständen, wenn die öffentliche Verhandlung die Interessen der Gerechtigkeit beeinträchtigen würde, in diesem Falle jedoch nur in dem nach Auffassung des Gerichts erforderlichen Umfang." Die MRK ist durch die Ratifikation innerstaatliches deutsches Recht geworden, hat aber nicht Verfassungsrang, sondern nur den Rang eines einfachen Bundesgesetzes, wenngleich ihre Prinzipien wegen der völkerrechtlichen Bindung der Bundesrepublik auch die Auslegung und die Anwendung allen innerstaatlichen Rechts prägen müssen (hierzu § 12 Rn. 65 a). §§ 169 ff. GVG entsprechen aber Art. 6 MRK;[264] zu ihrer Auslegung ist umgekehrt Art. 6 MRK heranzuziehen.[265] 82

Zweifelhaft ist, ob Art. 6 MRK den Anwendungsbereich des Öffentlichkeitsgrundsatzes über den Rahmen des GVG hinaus erweitert. Mit der MRK übereinstimmendes Recht wird nicht abgelöst, sondern nur gefestigt,[266] nicht mit ihr übereinstimmendes Recht wird abgeändert, soweit die Menschenrechte und Grundfreiheiten der MRK betroffen sind.[267] Unberührt von Art. 6 MRK bleibt der gesamte Bereich der öffentlich-rechtlichen Streitigkeiten, weil er sich nur auf zivilrechtliche Ansprüche und Verpflichtungen sowie strafrechtliche Vorwürfe bezieht.[268] Daher 83

---

[259] OLG Hamburg MDR 1977, 688; *Meyer-Goßner* Rn. 12.
[260] *Marxen* NJW 1977, 2191.
[261] *Schmidt-Leichner* NJW 1965, 1313; *LR/Wickern* Rn. 47; a.A. *BL/Hartmann* Rn. 10; *Marxen* NJW 1977, 2191.
[262] *Marxen* NJW 1977, 2192.
[263] *Meyer-Goßner* Rn. 12; BGHSt 10, 202 = NJW 1957, 881.
[264] *Meyer-Goßner* Art. 6 MRK Rn. 6; *LR/Wickern* vor § 169 Rn. 7.
[265] BVerfGE 74, 358, 370 = NJW 1987, 2427; BGHSt 25, 44; *Eb. Schmidt* JZ 1970, 36; *Meyer-Goßner* vor Art. 1 MRK Rn. 4, 5.
[266] *Meyer-Goßner* vor Art. 1 MRK Rn. 4.
[267] OLG Bremen NJW 1960, 1265; OLG Düsseldorf NStZ 1985, 370; 731; *Kühne* NJW 1971, 224; *von Münch* JZ 1961, 153; *Woesner* NJW 1961, 1383.
[268] vgl. dazu EGMR NJW 1982, 2714; 1991, 623; differenzierend *Ehlers*, 89 f.

fordert Art. 6 MRK auch keine Öffentlichkeit für Verfahren nach § 23 EGGVG. Zur freiwilligen Gerichtsbarkeit Rn. 5.

84 Dem im deutschen Recht so nicht vorgesehenen weiteren Tatbestand des Art. 6 Abs. 1 Satz 2 MRK, wonach die Öffentlichkeit ausgeschlossen werden kann, „wenn die öffentliche Verhandlung die Interessen der Gerechtigkeit beeinträchtigen würde", kommt als Allgemeinformulierung gegenüber der detaillierten und differenzierten Regelung der §§ 169 ff., die gerade auch auf einer Abwägung mit den Belangen der Rechts- und Wahrheitsfindung beruht (vgl. Rn. 17), keine praktische Bedeutung zu.[269] Ein Recht auf ein öffentliches Verfahren sieht auch **Art. 47 der Grundrechtscharta der EU** vor, deren Anwendungsbereich sich allerdings auf die in Art. 51 Abs. 1 Satz 1 genannten Sachverhalte beschränkt.

XVI. Medien und Gerichtsöffentlichkeit

Literatur: Ossenbühl, Medien zwischen Macht und Recht, JZ 1995, 633; *Weiler,* Medienwirkung auf das Strafverfahren, ZRP 1995, 130; *Ranft,* Verfahrensöffentlichkeit und Medienöffentlichkeit, Jura 1995, 573; *Huff,* Justiz und Öffentlichkeit, 1996; *Roxin,* Strafprozess und Medien, FS 30 Jahre Münchener Juristische Gesellschaft, 1996 S. 97; *Zuck,* Medien und Justiz, DRiZ 1997, 23; *Huff,* Justiz und Öffentlichkeit – Eine Erwiderung, DRiZ 1997, 215; *Walther,* Mehr Publizität oder mehr Diskretion?, JZ 1998, 1145; *Kuss,* Öffentlichkeitsmaxime der Judikative und das Verbot von Fernsehaufnahmen im Gerichtssaal, 1999; *Gündisch/Dany,* Rundfunkberichterstattung aus Gerichtsverhandlungen, NJW 1999, 256; *Groß, Karl-Heinz,* Medien und Verteidigung im Ermittlungsverfahren, FS Hanack, 1999 S. 39; *Gehring,* Fernsehaufnahmen aus Gerichtsverhandlungen, ZRP 2000, 197; *Prütting,* Das Fernsehen im Gerichtssaal, FS Schütze, 1999; *Pernice,* Öffentlichkeit und Medienöffentlichkeit, 2000; *Huff,* Notwendige Öffentlichkeitsarbeit der Justiz, NJW 2004, 403; 432; *Widmaier,* Gerechtigkeit – Aufgabe von Justiz und Medien?, NJW 2004, 399; *Müller,* Probleme der Gerichtsberichterstattung, NJW 2007, 1617; *von Coelln,* Zur Medienöffentlichkeit der Dritten Gewalt, 2005

85 **1. Stellung der Medien im gerichtlichen Verfahren.** Die verfassungsrechtlich verbürgte Pressefreiheit beinhaltet auch das Recht, über alle gerichtlichen Verfahren und über alle damit im Zusammenhang stehenden Vorgänge zu berichten und sie auch kritisch zu kommentieren.[270] Die Berichterstattung der Medien (Presse, Rundfunk, Fernsehen) ist zudem von entscheidender Bedeutung für die Erreichung der Ziele, denen die Öffentlichkeit der Verhandlung dienen soll (vgl. Rn. 1 ff.). In der Berichterstattung der Medien tritt zugleich aber auch der geschilderte Spannungszustand zwischen den Vorzügen der Öffentlichkeit und ihren möglichen Nachteilen (Rn. 12 ff.) besonders deutlich zutage. Die Gewichtung der einzelnen Elemente dieses Spannungsverhältnisses ist, jenseits der rechtlichen Normierung, von den Medien in eigener Verantwortung vorzunehmen (vgl. Rn. 87, 88). Deshalb ist es z.B. unzulässig, einen „missliebigen" Journalisten, etwa wegen einer als unsachlich empfundenen Berichterstattung, nicht als Zuhörer zuzulassen;[271] Kritik muss der Richter aushalten können.[272] Der Aufgabenerfüllung der Medien dient einmal die in den Landespressegesetzen geregelte Auskunftspflicht[273] (vgl. § 1 Rn. 82, § 12 Rn. 128), andererseits das durch Aussageverweigerungsrechte (§ 53 Abs. 1 Nr. 5 StPO, § 383 Abs. 1 Nr. 5 ZPO) geschützte Eigeninformationsrecht der Medien.

86 Trotz ihrer bedeutungsvollen Aufgabe genießen aber die Medien und ihre Vertreter, was die Teilnahmemöglichkeit an Gerichtsverhandlungen angeht, grundsätzlich keine weitergehenden Rechte als jeder andere Bürger im Rahmen der

---

[269] *Wolf* S. 250: Bedeutung nur für Ausnahmefälle; *MünchKommZPO/Wolf* Rn. 30: uneingeschränkt anwendbar; a. A. BGH JZ 1970, 34 auf anderer Grundlage.
[270] Vgl. BVerfGE 50, 234 = NJW 1979, 1400.
[271] BVerfGE 50, 234 = NJW 1979, 1400; OLG Hamm NJW 1967, 1289; *Stober* DRiZ 1980, 3; *MünchKommZPO/Wolf* Rn. 37; *LR/Wickern* § 176 Rn. 37.
[272] *Fischer* DRiZ 1992, 453.
[273] *Wente* StV 1988, 216.

Öffentlichkeit der Verhandlung (Rn. 33). Hier scheint sich jedoch eine andere Betrachtung anzubahnen. Einerseits besteht eine Tendenz, das Anwesenheitsrecht von Medienvertretern über die vom § 169 gewährleistete Öffentlichkeit hinaus auf dem Weg einer entsprechenden Anwendung des § 175 Abs. 2 zu ermöglichen.[274] Zum anderen ist die Überlegung aufgekommen, ob eine an Art. 5 GG orientierte verfassungskonforme Auslegung der Vorschriften über die Gerichtsöffentlichkeit unter dem Aspekt des vom Schutzbereich der Pressefreiheit umfassten freien Zugangs zu Informationen eine Erweiterung der Möglichkeiten der Medien beim Zugang zu Gerichtsverhandlungen und bei der konkreten Berichterstattung erfordert.[275]

Die Berichterstattung über gerichtliche Verfahren unterliegt den allgemeinen Schranken nach Art. 5 Abs. 2 GG; hinzuweisen ist auf das Verbot der Veröffentlichung von Anklageschriften (§ 353d Nr. 3 StGB), auf das Verbot der Ton- und Fernsehaufnahmen (§ 169 Satz 2; Rn. 62ff.), das Verbot der Berichterstattung nach § 174 Abs. 2 und die Geheimhaltungspflicht nach § 174 Abs. 3. Über diese rechtlich normierten Grenzen der Berichterstattung hinaus (vgl. noch Rn. 88) liegt es in der eigenverantwortlichen Entscheidung der Medien, inwieweit sie sich Schranken in der Berichterstattung auferlegen, insbesondere Rücksicht nehmen auf Belange von Verfahrensbeteiligten.[276] Das Gebot der Gewährleistung eines fairen Verfahrens[277] (Einl. Rn. 221) wie die Sorge vor einer Vorverurteilung (§ 16 Rn. 68) sollten auch bei der Berichterstattung berücksichtigt werden, wie auch nicht der Anschein erweckt werden sollte, auf das Gericht in einem laufenden Verfahren Druck in eine bestimmte Richtung ausüben zu wollen (Gedanke des Contempt of Court, vgl. § 1 Rn. 109, 188, § 16 Rn. 68).

Die Frage der Wahrung der Belange der an einem Verfahren Beteiligten bei der Gerichtsberichterstattung (z.B. Persönlichkeitsrecht, Unschuldsvermutung) geht weit über das Gerichtsverfassungsrecht hinaus und kann hier nur angedeutet werden. Grundsätzlich sind wahrheitsgemäße Berichterstattungen aus einer öffentlichen Verhandlung rechtmäßig, auch etwa im Zusammenhang mit Unterlassungs- und Schadensersatzansprüchen.[278] Der BGH meint jedoch, dass die Prangerwirkung, die mit der Veröffentlichung verbunden ist, den Presseorganen gebietet, jedenfalls bei Gerichtsverfahren ohne strafrechtlichen Einschlag, die möglichen und zumutbaren Maßnahmen zu ergreifen, um eine Identifizierung des Betroffenen durch die Leser auszuschließen;[279] dem entspricht z.B. das Verbot der unnötigen Bloßstellung nach Schweizer Recht.[280] Eine Grenze der zulässigen Berichterstattung ist jedenfalls da zu ziehen, wo während eines laufenden Verfahrens eine Person schon als überführter Täter dargestellt wird,[281] wie ganz allgemein aus der Unschuldsvermutung zu folgern ist, dass eine identifizierende Kriminalberichterstattung jedenfalls so lange unzulässig ist, als dem jeweiligen legitimen Informationsbedürfnis auch mit einer Berichterstattung ohne Namensnennung Rechnung getragen werden kann.[282] Allerdings wird das Recht der Presse auf Nennung des Namens eines Verdächtigen grundsätzlich bejaht, sobald eine strafrechtliche Verurteilung vorliegt,[283] jedoch nicht ausnahmslos: Mit zunehmender zeitlicher Distanz zur Verurteilung tritt das Informationsbedürfnis zurück, ebenso generell im Bereich der Kleinkriminalität.

---

[274] Vgl. LG Frankfurt ZIP 1983, 344 zum Vergleichstermin.
[275] BVerfG NJW 1992, 3288.
[276] BGH NJW 1979, 1041; OLG Hamburg AfP 1979, 361.
[277] BGH NJW 1964, 1485; 1979, 1041.
[278] OLG Hamburg AfP 1979, 361; OLG Stuttgart MDR 1986, 935.
[279] BGH NJW 1988, 1984.
[280] Bundesgericht Lausanne EuGRZ 1987, 430.
[281] *Veith* NJW 1982, 2225.
[282] Schweizer Kassationshof StV 1991, 527.
[283] OLG Nürnberg NJW 1996, 530.

89 **2. Zulässigkeit von Ton-, Film- und Fernsehaufnahmen.** Jenseits des Verbots der Ton-, Film-, Fernsehaufnahmen nach § 169 Satz 2 während der Sitzung selbst (Rn. 62 ff.) ist die Zulässigkeit solcher Aufnahmen im Gerichtsgebäude grundsätzlich nach dem Hausrecht zu beurteilen (vgl. § 12 Rn. 93 ff.). Zwischen dem (allgemeinen) Hausrecht und der Sitzung selbst steht aber der Bereich des **Sitzungszusammenhangs** und der Sitzungspolizei, zeitlich (§ 176 Rn. 8) wie räumlich (§ 176 Rn. 10). Gerade dieser Bereich ist von Spannungen erfüllt. Die Medien fokussieren sich hier, besonders wegen des Verbots des § 169 Satz 2, auf die aus ihrer Sicht „interessanten" Verfahrensbeteiligten, besonders Angeklagte und Zeugen, auf dem Weg in den Sitzungssaal und im Sitzungssaal vor Beginn der Sitzung, in Sitzungspausen und nach dem Ende der Sitzung. Hier stoßen das Medieninteresse einerseits und andererseits das Persönlichkeitsrecht der Betroffenen und die Ordnung der Verfahrensdurchführung und im Gerichtsgebäude aufeinander.

90 Das Medieninteresse ist als Bestandteil der **Medienfreiheit** durch Art. 5 Abs. 1 GG geschützt. Das BVerfG hat zur Anwesenheit von Pressevertretern bei einem Strafverfahren festgestellt, dass der freie Zugang zur Information vom Schutzbereich der Pressefreiheit umfasst wird.[284] Die Pressefreiheit umschließt das Recht der im Pressewesen Tätigen, sich über Vorgänge in einer öffentlichen Gerichtsverhandlung zu informieren und hierüber zu berichten. Der Ausschluss eines Pressevertreters von einer Gerichtsverhandlung ist ein Eingriff in das Grundrecht der Pressefreiheit. Für die Rundfunkfreiheit gilt grundsätzlich nichts anderes, Rundfunk und Presse unterscheiden sich nicht in ihrer Funktion. Unterschiede bestehen allerdings im Mittel der Funktionserfüllung. Während die Presse darauf beschränkt ist, ihren Lesern ein Ereignis in Wort und Bild zu schildern, hat der Rundfunk außerdem die Möglichkeit, das Ereignis seinen Zuhörern und Zuschauern akustisch und optisch zu übertragen; „dazu ist er aber, wenn er seine medienspezifischen Möglichkeiten nutzen will, auf den Einsatz von Aufnahme- und Übertragungsgeräten angewiesen". Der Schutzbereich der Rundfunkfreiheit, soweit es um den Zugang zu Informationen und deren publizistische Verwertung geht, ist nicht enger gezogen als der der Pressefreiheit. „Auch er reicht von der Beschaffung der Information bis zur Verbreitung der Nachricht und Meinung. Überdies erstreckt er sich auf die dem Medium eigentümlichen Formen der Berichterstattung und die Verwendung der dazu erforderlichen technischen Vorkehrungen". Ein Ausschluss von Fernsehaufnahmen schlechthin greift in das Grundrecht der Rundfunkfreiheit ein.[285] Allerdings findet auch die Rundfunkfreiheit nach Art. 5 Abs. 2 GG ihre Schranken in den Vorschriften der allgemeinen Gesetze; diese allgemeinen Gesetze sind im Lichte des Grundrechts des Art. 5 Abs. 1 GG anzuwenden. So kann eine Aufnahme das **Persönlichkeitsrecht** der Verfahrensbeteiligten verletzen in Form ihres Rechts am eigenen Wort und am eigenen Bild, soweit es sich nicht um „absolute Personen der Zeitgeschichte" nach § 23 Abs. 1 Nr. 1 KUG handelt.[286] Eine mögliche physische wie psychische Beeinträchtigung durch Fernsehaufnahmen ist ebenso zu bedenken wie eine Verletzung des Achtungsanspruchs des Betroffenen[287] durch eine große ihn bedrängende Zahl von Journalisten. Schließlich können Bildveröffentlichungen je nach Eigenart der zu verhandelnden Sache Gefährdungen für Leib und Leben der Verfahrensbeteiligten hervorrufen oder verstärken, Zu berücksichtigen ist weiter der notwendige **Schutz einer geordneten Rechtspflege,** die den Prozess der Rechts- und Wahrheitsfindung umfasst; dabei handelt es sich um vorrangige Gemeinschaftsgüter.[288]

---

[284] BVerfGE 50, 234 = NJW 1979, 1400.
[285] BVerfGE 91, 125 = NJW 1995, 184.
[286] BVerfGE 87, 334 = NJW 1992, 3288.
[287] BVerfG aaO.
[288] BVerfGE 91, 125 = NJW 1995, 184.

3. Abwägungen. Die jeweils konkrete Bewertung dieser kollidierenden Interessen hat im Sinne einer ‚**praktischen Konkordanz**' in der Weise zu geschehen, dass nicht eine der widerstreitenden Rechtspositionen bevorzugt und maximal behauptet wird, sondern alle einen möglichst schonenden Ausgleich erfahren.[289] Das gilt auch bei Anordnungen nach § 176, deren Sache es ist, den sich aus Film- und Fernsehaufnahmen im räumlichen und zeitlichen Sitzungszusammenhang erkennbar ergebenden Gefahren entgegen zu wirken.[290] Sie müssen einerseits einem geordneten und fairen gerichtlichen Verfahren sowie der Wahrung der Persönlichkeitsrechte der Betroffenen einschließlich der Abwehr möglicher Gefährdungen ihrer Person dienen, dürfen aber andererseits das Grundrecht des Art. 5 GG nicht unangemessen beeinträchtigen. 91

Grundsätzlich sind Beeinträchtigungen des Persönlichkeitsrechts im hier in Frage stehenden räumlichen und zeitlichen Sitzungszusammenhang, also außerhalb der unmittelbaren Verhandlung vor dem erkennenden Gericht – vor deren Beginn und nach deren Ende sowie in den Pausen (Rn. 63; § 176 Rn. 8 ff.) – geringer zu veranschlagen als bei Aufnahmen in der Verhandlung selbst.[291] Bei einem schwerer Straftaten beschuldigten **Angeklagten** kann eine Beeinträchtigung in der Abwägung ganz zurücktreten,[292] weniger schutzwürdig ist auch ein Angeklagter, von dem aufgrund seiner Stellung erwartet werden kann, dass er sich der öffentlichen Aufmerksamkeit auch in ungewohnten Situationen Situationen gewachsen zeigt.[293] Von **Richtern und Schöffen** wird grundsätzlich verlangt, Einschränkungen ihres Persönlichkeitsrechts hinzunehmen;[294] außerhalb konkreter Anhaltspunkte für die Gefährdung der Sicherheit ihrer Person ist bei ihnen regelmäßig kein Interesse anzuerkennen, nur durch die in der Sitzung Anwesenden wahrgenommen zu werden.[295] Auch **Rechtsanwälte** haben in ihrer Funktion als Organ der Rechtspflege grundsätzlich Filmaufnahmen hinzunehmen, soweit sie als Beteiligte in einem Verfahren mitwirken, an dessen bildlicher Darstellung ein öffentliches Informationsinteresse besteht.[296] Stets ist eine Abwägung erforderlich zwischen den Persönlichkeitsrechten der Verfahrensbeteiligten und der Presse- und Rundfunkfreiheit sowie die Beachtung des Grundsatzes der Verhältnismäßigkeit,[297] so dass generelle Verbote unzulässig sind.[298] Schutzmaßnahmen haben sich vielmehr auf die unentbehrlich erscheinenden Einschränkungen der journalistischen Recherche- und Informationstätigkeit zu beschränken und sind durch konkrete Anweisungen über Standort, Zeit und Dauer der Aufnahmen vorzunehmen.[299] Gleichermaßen kann die Bildberichterstattung aus dem Gerichtsgebäude von der Einholung einer vorherigen schriftlichen Erlaubnis abhängig gemacht werden, welche die gebotenen sitzungspolizeilichen Auflagen bekannt gibt.[300] Außerhalb einer so eingeräumten Gelegenheit besteht dann kein Recht auf Bildberichterstattung.[301] Ein völliges **Aufnahmeverbot** setzt voraus, dass nur auf diese Weise erhebliche Gefahren für die Rechtsgüter der Beteiligten (Leben und körperliche Unversehrtheit) abgewendet werden 92

---

[289] BVerfGE 93, 1 = NJW 1995, 2477 m. w. N.
[290] BVerfG – K – NJW-RR 2007, 986 m. Anm. *Eisenberg* StraFo 2007, 286; NJW-RR 2007, 1416.
[291] BVerfG – K – NJW 1996, 581.
[292] BVerfG – K – NJW 2003, 2523.
[293] BVerfG – K – NJW 2007, 986 m. Anm. *Eisenberg* StraFo 2007, 286.
[294] BVerfG – K – NJW 2000, 2890 m. abl. Anm. *Ernst* NJW 2001, 1624; vgl. hierzu auch *Huff* NJW 2001, 1622.
[295] BVerfG – K – NJW-RR 2007, 986 m. Anm. *Eisenberg* StraFo 2007, 286; NJW-RR 2007, 1416.
[296] BVerfG – K – NJW-RR 2007, 986 m. Anm. *Eisenberg* StraFo 2007, 286.
[297] LR/*Wickern* § 176 Rn. 36.
[298] *Lehr* NStZ 2001, 63.
[299] BVerfGE 91, 125 = NJW 1995, 184.
[300] BVerfG – K – NJW-RR 2007, 1053.
[301] BVerfG – K – NJW 2003, 2671.

können.³⁰² Die Bildberichterstattung ist aber zu ermöglichen, wenn Risiken für Leib oder Leben durch eine Anonymisierung der Gesichter ausgeschlossen werden können,³⁰³ ebenso zur Abwehr anderer erheblicher Beeinträchtigungen des Persönlichkeitsrechts.³⁰⁴

93   **4. Poolbildung.** Für Fernsehaufnahmen hat das BVerfG die „Pool-Lösung" als geeignet akzeptiert, um einerseits die Ordnung zu gewährleisten (§ 176 Rn. 1), andererseits die Medienfreiheit angemessen zu berücksichtigen. Nur ein Kamerateam einer Fernsehanstalt, bestehend aus drei Personen, oder auch je ein Team einer öffentlich-rechtlichen und einer privaten Anstalt, erhält Zugang zum Sicherheitsbereich/Sitzungssaal; die begünstigte Fernsehanstalt verpflichtet sich, das Material allen interessierten Rundfunk- und Fernsehanstalten kostenlos oder gegen angemessene Kostenbeteiligung zur Verfügung zu stellen. Damit wird der „Medienrummel" vor und im Gerichtssaal sich drängender und drängelnder Reporter mit seinen negativen Auswirkungen auf die Ordnung des gerichtlichen Verfahrens weitgehend vermieden. Eine vergleichbare Lösung auch für die Fotoreporter empfiehlt sich.

94   Kommt eine Einigung über den Pool trotz Aufforderung des Vorsitzenden nicht zustande, ist dem Vorsitzenden die Kompetenz zuzubilligen, eine Sendeanstalt mit ihrem Aufnahmeteam nach pflichtgemäßem Ermessen als aufnahmeberechtigt zu bestimmen mit den sich aus der Pool-Lösung sonst ergebenden Verpflichtungen. Die Pflicht, das Aufnahmematerials im Interesse der Chancengleichheit „unverzüglich" zu überlassen, ergibt sich bei freiwilliger Pool-Bildung aus privatrechtlichem Vertrag der Sendeanstalten untereinander. Hat der Vorsitzenden eine Sendeanstalt mit entsprechenden Auflagen bestimmt, ergibt sich der Anspruch wohl aus einem öffentlich-rechtlichen Schuldverhältnis zugunsten Dritter.

95   **XVII. Einsatz der Videotechnik. 1.** Besondere Fragen wirft der Grundsatz der Öffentlichkeit beim **Einsatz der Videotechnik** auf. Nach § 128a Abs. 1 ZPO kann das Gericht den Parteien, ihren Bevollmächtigten und ihren Beiständen gestatten, sich während der mündlichen Verhandlung nicht im Gerichtssaal, sondern **an einem anderen Ort** aufzuhalten und von dort aus Verfahrenshandlungen vorzunehmen. Ebenso kann es nach § 128a Abs. 2 ZPO einem Zeugen, einem Sachverständigen oder einer Partei gestatten, sich während der Vernehmung an einem anderen Ort aufzuhalten. Im verwaltungs-, sozial- und patentgerichtlichen Verfahren ist § 128a ZPO über §§ 173 VwGO, 202 SGG, 99 PatG entsprechend anzuwenden,³⁰⁵ für das finanzgerichtliche Verfahren enthalten §§ 91a, 93a FGO eine entsprechende Regelung. Im Strafverfahren kann das Gericht unter den Voraussetzungen des § 247a Satz 1 StPO anordnen, dass sich ein Zeuge während der Vernehmung an einem anderen Ort aufhält. In allen Fällen hat eine **zeitgleiche Übertragung von Bild und Ton** zu erfolgen:

96   Findet mit einem an einem anderen Ort befindlichen Beteiligten eine **Verhandlung** statt, ist ausdrücklich die Gegenseitigkeit der Übertragung vorgesehen (§§ 128a Abs. 1 Satz 2 ZPO, 91a Abs. 1 Satz 2 FGO); ein von außerhalb des Gerichtssaals Zugeschalteter muss die gesamte Verhandlung und alle an ihr Beteiligten sehen und hören können.³⁰⁶ Eine **Vernehmung** ist nach den gesetzlichen Regelungen in das Sitzungszimmer zu übertragen (§§ 128a Abs. 2 Satz 2 ZPO, 93a Abs. 1 Satz 2 FGO, 247a Satz 3 StPO), gegebenenfalls auch an den Aufenthaltsort eines außerhalb des Gerichtssaals befindlichen Beteiligten (§§ 128a Abs. 2 Satz 3 ZPO, 93a Abs. 1 Satz 3 FGO). Die audiovisuelle Übertragung der Verhandlung an den Aufenthaltsort der zu

---

³⁰² BVerfG – K – NJW 1996, 310: Fotos waren als gefahrverstärkender Faktor anzusehen.
³⁰³ BVerfG – K – NJW 2002, 2021.
³⁰⁴ BVerfG – K – NJW-RR 2007, 986.
³⁰⁵ *Schultzky* NJW 2003, 313; BPatG GRUR 2003, 176.
³⁰⁶ *Zöller/Greger* § 128a ZPO Rn. 4; *Schultzky* NJW 2003, 313.

vernehmenden Person ist also nicht erforderlich, es genügt, wenn er die an ihn gerichteten Fragen und Erklärungen akustisch wahrnehmen kann.[307]

2. Der **andere Ort** braucht nach dem Gesetzeswortlaut weder Gerichtsstelle 97 noch eine vom Gericht angemietete Räumlichkeit zu sein.[308] Dem Gebot der **Öffentlichkeit** unterliegt der Aufenthaltsort des Zugeschalteten aber auch dann nicht, wenn er sich in einem Gerichtsraum befindet.[309]

Für den **Sitzungssaal** gelten dagegen §§ 169 ff. uneingeschränkt, insbesondere 98 steht allein die audiovisuelle Übertragung einer Aussage dem Ausschluss der Öffentlichkeit nicht entgegen.[310] Es genügt, dass Zuhörer die Erklärungen des Zugeschalteten akustisch zur Kenntnis nehmen können; fehlende Möglichkeiten, auch die Bildübertragung wahrzunehmen, begründen keinen Verstoß gegen den Grundsatz der Öffentlichkeit,[311] können aber bei Verfahrensbeteiligten eine Verletzung des rechtlichen Gehörs sein. Wird die Verhandlung aus dem Gerichtssaal übertragen, ist eine Zustimmung der Zuhörer nicht erforderlich,[312] sie sind hierauf aber wegen § 24 KUG hinzuweisen.[313] Bei der Ermessensentscheidung, den Aufenthalt an einem anderen Ort zu gestatten, hat das Gericht vornehmlich bei großem öffentlichem Interesse auch zu bedenken, dass dies wegen der (noch) vorhandenen Scheu vor solcher Technik den faktischen Ausschluss von Teilen der Öffentlichkeit bedeuten kann.[314]

3. Abweichend von § 128 a Abs. 1 ZPO, der Einverständnis der Parteien voraus- 99 setzt, lässt § 91 a FGO den Antrag eines Beteiligten genügen. Einen Widerspruch hat das Gericht jedoch im Rahmen seiner Ermessensentscheidung zu berücksichtigen[315] und dabei den mit der Übertragung verbundenen Eingriff in das Persönlichkeitsrecht und die Gefahr ihres möglichen Missbrauchs gegen die Gründe abzuwägen, die das persönliche Erscheinen des Antragstellers erschweren. Dasselbe hat für den – wenig wahrscheinlichen – Fall zu gelten, dass im Zivilrechtsstreit andere Beteiligte als die Parteien widersprechen, etwa erschienene Zeugen oder der hinzugezogene Urkundsbeamte.[316] Für eine Beweisaufnahme im Sitzungssaal durch Vernehmung des Zeugen oder Sachverständigen gilt § 128 a Abs. 1 ZPO ohnehin nicht.

4. Zulässig ist die Übertragung der Hauptverhandlung zum Zwecke der Unter- 100 richtung des ausgeschlossenen Angeklagten nach § 247 Satz 4 StPO.[317]

§ 170 [Nicht öffentliche Verhandlung in Familiensachen]

¹Die Verhandlung in Familiensachen ist nicht öffentlich. ²Dies gilt nicht für die Familiensachen des § 23 b Abs. 1 Satz 2 Nr. 13 und für die Familiensachen des § 23 b Abs. 1 Satz 2 Nr. 5, 6, 9 nur, soweit sie mit einer der anderen Familiensachen verhandelt werden.

Gesetzesfassung: Art. 5 Nr. 7 1. EheRG vom 14. 6. 1976 (BGBl. I S. 1421). Satz 1 und 2 i. d. F. Art. 4 Nr. 4 KindschaftsreformG vom 16. 12. 1997 (BGBl. I S. 2942).

---

[307] *Schultzky* NJW 2003, 313; einschränkend *Meyer-Goßner* § 247 a StPO Rn. 10; a. A. *Zöller/Greger* § 128 a ZPO Rn. 5; *Stadler* ZZP 115, 439.
[308] *BL/Hartmann* § 128 a ZPO Rn. 6; *KK/Diemer* § 247 StPO Rn. 3; *Schultzky* NJW 2003, 313; vgl. auch *Schaumburg* ZRP 2002, 313; a. A. *Zöller/Greger* § 128 a ZPO Rn. 4.
[309] *BL/Hartmann* § 169 Rn. 1; *Zöller/Gummer* § 169 Rn. 2; *Zöller/Greger* § 128 a ZPO Rn. 4; *Schultzky* NJW 2003, 313, 317; *Heckel* VBlBW 2001, 1.
[310] *Meyer/Goßner* § 247 a StPO Rn. 10.
[311] *Zöller/Greger* § 128 a ZPO Rn. 4; *Schultzky* NJW 2003, 313, 315.
[312] *Zöller/Greger* aaO.; *Schultzky* aaO.
[313] *BL/Hartmann* § 128 ZPO Rn. 4; a. A. *Schultzky* aaO.
[314] *BL/Hartmann* aaO.
[315] *Schaumburg* ZRP 2002, 313.
[316] A. A. *BL/Hartmann* § 128 a ZPO Rn. 4: Einverständnis aller; dagegen *Schultzky* aaO.
[317] BGH NJW 2007, 709.

1 **I. Gesetzesgeschichte.** In Abwägung der für und gegen die Öffentlichkeit sprechenden Gründe (§ 169 Rn. 17) ordnet § 170 für die Verhandlung in Familien- und Kindschaftssachen die Nichtöffentlichkeit an. Die Vorschrift hat im Laufe der Entwicklung eine wesentliche, bezeichnende Ausdehnung erfahren. Während der Entwurf des GVG vorsah, dass in Ehesachen keine Öffentlichkeit bestehen sollte aus Gründen der „dem noch bestehenden Eheband schuldigen Pietät",[1] wurde nach eingehender Beratung bestimmt, dass in Ehesachen die Öffentlichkeit auszuschließen sei, wenn eine der Parteien es beantragt;[2] dem Antrag war stets stattzugeben, die Nichtbeachtung stellte einen absoluten Revisionsgrund dar.[3] Durch die 1. DVO zum EheG (RGBl. 1938 I S. 923, § 30) wurde dann bestimmt, dass die Verhandlung in Ehesachen stets nicht öffentlich ist. Maßgebend hierfür war,[4] dass die Ehesachen nicht für eine Verhandlung vor der Öffentlichkeit geeignet sind, bei der jedermann Zutritt gewährt werden muss, auch dem, den nur Sensationslust, Neugierde oder Klatschsucht treiben. Die ohnehin oft gegebene Peinlichkeit der Verhandlung für die Parteien oder die vor dem erkennenden Gericht vernommenen Zeugen, die Scheu der Beteiligten, sich offen auszusprechen, mussten durch die öffentliche Verhandlung noch gesteigert werden; die Versuchung, sich außerhalb des Gerichtssaals auf eine Sachdarstellung zu einigen, die dem Gericht dann von den Eheleuten als wahr vorgelegt wurde, war unter diesen Umständen besonders verständlich. In Kindschaftssachen blieb es bei der allgemeinen Öffentlichkeit der Verhandlung.[5] Das REinhG 1950 hat den absoluten Ausschluss der Öffentlichkeit in Ehesachen beibehalten. – Das NichtehelG hat § 170 erweitert. Die Nichtöffentlichkeit wurde in allen Ehe- und Kindschaftssachen angeordnet, weil auch hier Vorgänge und Angelegenheiten zur Sprache kommen, die für die Öffentlichkeit nicht geeignet seien; die Intimsphäre der Persönlichkeit werde bei einer öffentlichen Verhandlung nicht gewahrt, ferner diene sie dem Bestreben, den Ruf und die gesellschaftliche Stellung der Mutter im Interesse von Mutter und Kind möglichst zu schützen.[6] Das 1. EheRG hat die Nichtöffentlichkeit auf alle FamS ausgedehnt, in Satz 2 wurden jedoch gewisse Einschränkungen vorgenommen. Maßgebend war auch hier die Überlegung, dass die Anwesenheit unbeteiligter Personen in diesen Verfahren, in denen es um die ganz persönlichen Beziehungen der Betroffenen geht, nicht angebracht sei, die Öffentlichkeit zudem die Wahrheitsfindung erschweren könne, wenn sich ein Verfahrensbeteiligter oder Zeuge im Hinblick auf die Teilnahme Fremder an der Verhandlung nicht unbefangen oder der vollen Wahrheit entsprechend äußern mag.[7] Zwar wurde erwogen, Satz 2 ganz zu streichen und damit alle FamS (§ 23b) nicht öffentlich zu verhandeln, da es kaum möglich sein werde, das Vorbringen in der Scheidungssache von dem in den Folgesachen zu trennen, weil alle diese Angelegenheiten innerlich zusammenhängen. Mit Rücksicht auf Art. 6 MRK und die erweiterten Möglichkeiten des Ausschlusses der Öffentlichkeit nach § 172 GVG wurde hiervon jedoch abgesehen.[8] Das KindschaftsreformG vom 16. 12. 1997 (BGBl. I S. 2942) hat alle Kindschaftssachen zu Familiensachen erklärt (§ 23b Abs. 1 Satz 2 Nr. 12).

2 **II. Geltungsbereich. 1.** Die Nichtöffentlichkeit im Gegensatz zur allgemeinen Öffentlichkeit nach § 169 gilt grundsätzlich für alle FamS. Das sind alle im § 23b Abs. 1 Satz 2 GVG aufgeführten Angelegenheiten. Hier angesprochen sind sie nur, soweit sie zivilprozessualer Natur sind (hierzu § 23b Rn. 92).

3 **2.** Satz 2 nimmt einige FamS von der Nichtöffentlichkeit aus, für sie besteht damit Öffentlichkeit entsprechend § 169, daneben können aber die allgemeinen Gründe für den Ausschluss der Öffentlichkeit vorliegen.

4 **a)** Öffentlichkeit besteht für Streitigkeiten über Ansprüche nach den §§ 1615l, 1615m BGB (Satz 2, 1. Alt., § 23b Abs. 1 Satz 2 Nr. 13). Nichtöffentlichkeit infolge Nichterwähnung in der Ausnahmeregelung des Satz 2 besteht für Ehesachen, Kindschaftssachen und Lebenspartnerschaftssachen (§ 23b Abs. 1 Satz 2 Nr. 1, 12, und 15), bei letzteren nach dem klaren Gesetzesinhalt auch, soweit Unterhaltsan-

---

[1] *Hahn* I S. 174.
[2] *Hahn* I S. 330 ff., II S. 1353 f.
[3] RGZ 16, 393; RG JW 1902, 529.
[4] Referenten-Aufsatz von *Fechner* JW 1938, 2108, 2113.
[5] BGH NJW 1956, 1441.
[6] BTagsDrucks. V/3719 S. 30.
[7] BTagsDrucks. 7/650 S. 190.
[8] BTagsDrucks. 7/4361 S. 60.

sprüche oder Ansprüche aus dem Güterrecht (§ 661 Abs. 1 Nr. 3 d, 4 und 6 ZPO) im Streit sind.

b) **Bedingte Öffentlichkeit** besteht nach Satz 2, 2. Alt. für die Verhandlung über **5** Unterhaltsansprüche, die auf Verwandtschaft oder Ehe gegründet sind (§ 23 b Abs. 1 Satz 2 Nr. 5, 6), ebenso über Ansprüche aus dem ehelichen Güterrecht, auch wenn Dritte am Verfahren beteiligt sind (§ 23 b Abs. 1 Satz 2 Nr. 9). Nicht öffentlich ist die Verhandlung in diesen Streitigkeiten nur, soweit sie mit einer der anderen FamS verhandelt werden, also in den Entscheidungsverbund einbezogen sind (§§ 623, 629 ZPO; zur Abtrennung bei Beteiligung Dritter vgl. § 623 Abs. 1 Satz 2 ZPO); wenn über sie isoliert verhandelt wird, ist sie öffentlich. War die Sache erst isoliert, wird sie aber dann in den Entscheidungsverbund einbezogen, gilt die Nichtöffentlichkeit nach Satz 1. War sie zunächst in den Verbund einbezogen, wird sie aber dann zur gesonderten Erledigung abgetrennt (§ 628 ZPO), richtet sich die Frage der Öffentlichkeit von da an nach den allgemeinen Vorschriften,[9] auch wenn dabei Dinge aus dem Scheidungsverfahren zur Sprache kommen; hier muss gegebenenfalls nach § 172 verfahren werden.

III. Nichtöffentlichkeit kraft Gesetzes. Die Nichtöffentlichkeit kraft Geset- **6** zes bedeutet, dass außer den Prozessparteien und ihren Bevollmächtigten keine anderen Personen an der Verhandlung teilnehmen dürfen, eine Ausnahme besteht nur nach § 175 Abs. 3. Zeugen und Sachverständige haben vor ihrer Vernehmung an anderer Stelle zu warten und nach ihrer Vernehmung den Sitzungssaal zu verlassen (vgl. auch § 394 ZPO). Das Verbot der Teilnahme oder des Aufenthaltes im Sitzungssaal gilt für alle Personen, auch solche, die als Rechtsanwälte usw. auf den Aufruf der nächsten Sache warten (vgl. § 169 Rn. 21, 44). Soweit nach § 175 Abs. 2 Personen, die nicht am Verfahren beteiligt sind, der Zutritt gestattet werden kann, sollte hiervon in FamS nur ganz ausnahmsweise Gebrauch gemacht werden; die Parteien haben einen Anspruch darauf, ihre Angelegenheit in Abwesenheit Unbeteiligter in vertraulicher Atmosphäre zu erörtern[10] (vgl. Rn. 1). Dass dies eine „empfindliche Erschwerung des Prozessbetriebs" ist,[11] kann für das heutige Verfahren in FamS nicht mehr gesehen werden. Gegen die Entscheidung über die Zulassung oder Nichtzulassung zur Verhandlung gibt es kein Rechtsmittel, da es sich hierbei um eine sitzungspolizeiliche Maßnahme handelt[12] (vgl. § 175 Rn. 18; § 176 Rn. 48). Statthaft ist aber die Beschwerde eines Verfahrensbeteiligten, dessen Beistand ausgeschlossen wird;[13] hier bleibt es bei den Grundsätzen des § 157 ZPO.

Die Regelung kann zu Problemen führen, wenn im **Verfahrensverbund** solche **7** FamS mit verhandelt werden, an denen Dritte beteiligt sind, z. B. das Kind bei seiner Anhörung, Dritte in Güterrechtsstreitigkeiten und Hausratssachen, Vertreter der Versicherungsträger beim Versorgungsausgleichsverfahren, Vertreter des Jugendamtes bei Regelung des Sorgerechts und des persönlichen Umgangs sowie der Herausgabe des Kindes. Diese Dritten dürfen nur solange an der Verhandlung teilnehmen, also im Sitzungssaal sein, wie das sie selbst unmittelbar betreffende Verfahren (Verhandlungsteil) verhandelt wird. Hier muss der Richter bei der Verfahrensgestaltung durch Zusammenfassung der den Dritten betreffenden Verhandlungselemente im Verhältnis zu den anderen Verfahrenselementen einen Ausgleich finden. Der Notwendigkeit, die Anwesenheit und die Information Dritter zu beschränken, trägt auch § 624 Abs. 4 ZPO Rechnung, wonach vorbereitende Schriftsätze usw.

---

[9] BTagsDrucks. 7/650 S. 190.
[10] Vgl. *Bergerfurth* FamRZ 1977, 835.
[11] *Meyer* JW 1938, 2657; *Staege* JW 1938, 2658.
[12] KG KGR 2007, 159; *BL/Hartmann* Rn. 5; a. A. OLG Bremen OLGR 2004, 356; *Zöller/Gummer* Rn. 2: statthafte Beschwerde eines Verfahrensbeteiligten gegen die Zulassung.
[13] KG aaO.; a. A. OLG Koblenz NJW-RR 1987, 509.

Dritten nur insoweit zugänglich gemacht werden, als diese sie betreffen; dem muss auch die Anwesenheit bei der mündlichen Verhandlung entsprechen, ebenso eine Einschränkung bei der öffentlichen Zustellung.[14]

8 **IV. Verkündung des Urteils.** Die Verkündung des Urteils hat auch in Familien- und Kindschaftssachen stets öffentlich zu geschehen, allerdings mit der Möglichkeit, für die Eröffnung der Urteilsgründe die Öffentlichkeit ganz oder teilweise auszuschließen, § 173. Eine öffentliche Verkündung kommt nur in solchen FamS in Betracht, die nach dem Verfahrensrecht ohnedies durch Urteil entschieden werden. Das sind zunächst die Urteile im zivilprozessualen Verfahren. Da aber über die FamS, die in den Verbund einbezogen sind (§ 623 ZPO), auch einheitlich durch Urteil entschieden werden muss (§ 629 ZPO), führt diese Regelung dazu, dass durch öffentlich zu verkündendes Urteil auch solche Entscheidungen ergehen, die sonst (im isolierten Verfahren) durch nicht zu verkündenden Beschluss im Verfahren der freiwilligen Gerichtsbarkeit ergehen. Für die FamS, die im Verfahren der freiwilligen Gerichtsbarkeit zu behandeln sind, § 621 a ZPO, gibt es außerhalb des Verbundes keine zu verkündende Entscheidung, § 16 FGG, demgemäß keine Öffentlichkeit nach § 169.

9 **V. Verletzungsfolge.** Die **Verletzung** ist absoluter Revisionsgrund (§ 169 Rn. 55, 59).

§ 171. *(aufgehoben)*

§ 171 a. [Ausschluss der Öffentlichkeit in Unterbringungssachen]

Die Öffentlichkeit kann für die Hauptverhandlung oder für einen Teil davon ausgeschlossen werden, wenn das Verfahren die Unterbringung des Beschuldigten in einem psychiatrischen Krankenhaus oder einer Entziehungsanstalt, allein oder neben einer Strafe, zum Gegenstand hat.

Gesetzesfassung: Eingefügt durch Art. 22 Nr. 10 EGStGB; allerdings enthielt der Gesetzestext auch die Unterbringung in einer sozialtherapeutischen Anstalt, insoweit sollte die Vorschrift erst mit Ablauf des 31. 12. 1977 in Kraft treten (Art. 326 Abs. 4 Nr. 3 c EGStGB); diese Frist wurde bis zum 31. 12. 1984 verlängert (G vom 22. 12. 1977, BGBl. I S. 3104 § 2 Nr. 2 b). Durch Art. 3 Nr. 4 c StrafvollzugsÄndG vom 20. 12. 1984 (BGBl. I S. 1654) erfolgte die endgültige Streichung.

1 Erörterungen in der Hauptverhandlung in Strafsachen über die Unterbringung des Beschuldigten in einem psychiatrischen Krankenhaus oder einer Entziehungsanstalt betreffen regelmäßig Sachverhalte höchstpersönlicher Art, die die Intimsphäre berühren und von Einfluss sein können auf die Erfolgsaussichten der Unterbringung und die spätere Resozialisierung.

2 Eingeführt im Zusammenhang mit § 42 a StGB, galt die Vorschrift ursprünglich nur für die Unterbringung in eine Heil- und Pflegeanstalt (Einführung von Sicherungsmaßnahmen, RGBl. 1933 I S. 995, 1000). Durch die Umgestaltung des Sicherungsverfahrens (heutige §§ 61, 63, 64 StGB) ist der Inhalt des § 171a umgestellt worden auf die Unterbringung in ein psychiatrisches Krankenhaus und eine Entziehungsanstalt.

3 Der Ausschluss der Öffentlichkeit ist in diesen Fällen **nicht zwingend,** sondern er kann (fakultativ) angeordnet werden. Die Anordnung steht im pflichtgemäßen Ermessen des Gerichts. Sie bedarf keiner weiteren Begründung[1] und ist nicht selbständig anfechtbar (§ 172 Rn. 13 ff.); zur Anfechtbarkeit der Entscheidung § 169

---

[14] Vgl. *Peppler* NJW 1976, 2158.
[1] *LR/Wickern* Rn. 1.

Rn. 55, 59. § 174 Abs. 1 Satz 1 und 2 sind zu beachten, § 175 Abs. 2 und 3 sind anwendbar.

Die Öffentlichkeit kann für die gesamte Hauptverhandlung oder für einen Teil davon ausgeschlossen werden; auch diese Entscheidung steht im pflichtgemäßen Ermessen des Gerichts. Im Zweifel ist die am wenigsten die Öffentlichkeit einschränkende Maßnahme zu wählen. Die Ausschließung der Öffentlichkeit kommt nicht nur für die Hauptverhandlung im Sinne der §§ 226 ff. StPO in Betracht, sie ist auch möglich im Rahmen des Sicherungsverfahrens nach §§ 413 ff. StPO, ebenso in den Fällen der §§ 104 Abs. 1, 109 JGG. **4**

Voraussetzung des Ausschlusses ist, dass das Verfahren die Unterbringung des Beschuldigten in eine solche Einrichtung, allein oder neben einer Strafe, **zum Gegenstande** hat. Das ist schon dann der Fall, wenn zur Frage einer solchen Unterbringung Ausführungen gemacht werden (vgl. § 246 a StPO), also mit der Unterbringung u. U. zu rechnen ist, auch wenn noch kein entsprechender Antrag gestellt ist und auch später nicht gestellt werden wird.[2] **5**

§ 171 a gilt nur für Ausführungen zur Frage der Unterbringung. Bei Ausführungen zur Schuldfähigkeit ist nur die Ausschließung nach § 172 möglich. **6**

Das Urteil, auch die Anordnung der Unterbringung, muss stets öffentlich verkündet werden (§ 173 Abs. 1). Für die Eröffnung der Urteilsgründe kann die Öffentlichkeit nach § 172 ausgeschlossen werden. **7**

Wegen der Nachprüfung der Entscheidung des Gerichts, die auf Ausschließung der Öffentlichkeit lautet, oder der Ablehnung einer auf Ausschließung zielenden Anregung eines Verfahrensbeteiligten vgl. § 172 Rn. 13. **8**

Unterbleibt eine Entscheidung des Gerichts über den Ausschluss der Öffentlichkeit, auch wenn er beantragt war, dann liegt in diesem Zuviel an Öffentlichkeit nach h. M. kein absoluter Revisionsgrund (vgl. § 169 Rn. 59), es sei denn, es läge ein extremer Ausnahmefall der Reduzierung des tatrichterlichen Ermessens „auf Null" vor.[3] Wohl aber soll der unterbliebene Ausschluss der Öffentlichkeit über die Aufklärungsrüge (§ 377 StPO) geltend gemacht werden können. **9**

§ 171 b. [Ausschluss der Öffentlichkeit zum Schutz der Privatsphäre]

(1) ¹**Die Öffentlichkeit kann ausgeschlossen werden, soweit Umstände aus dem persönlichen Lebensbereich eines Prozeßbeteiligten, Zeugen oder durch eine rechtswidrige Tat (§ 11 Abs. 1 Nr. 5 des Strafgesetzbuches) Verletzten zur Sprache kommen, deren öffentliche Erörterung schutzwürdige Interessen verletzen würde, soweit nicht das Interesse an der öffentlichen Erörterung dieser Umstände überwiegt.** ²**Dies gilt nicht, soweit die Personen, deren Lebensbereiche betroffen sind, in der Hauptverhandlung dem Ausschluß der Öffentlichkeit widersprechen.**

(2) **Die Öffentlichkeit ist auszuschließen, wenn die Voraussetzungen des Absatzes 1 Satz 1 vorliegen und der Ausschluß von der Person, deren Lebensbereich betroffen ist, beantragt wird.**

(3) **Die Entscheidungen nach den Absätzen 1 und 2 sind unanfechtbar.**

Gesetzesfassung: Eingefügt durch Art. 2 Nr. 1 OpferschutzG.

Literatur: *Kleinknecht,* Schutz der Persönlichkeit des Angeklagten durch Ausschluß der Öffentlichkeit in der Hauptverhandlung, FS Schmidt-Leichner 1977 S. 115; *Mertens,* Persönlichkeitsschutz des Zeugen durch Ausschluß der Öffentlichkeit, NJW 1980, 2687; *Sieg,* Der Ausschluß der Öffentlichkeit zum Schutz des Zeugen, NJW 1980, 379; *Sieg,* Nochmals: Der Ausschluß der Öffentlichkeit zum Schutz des Zeugen, NJW 1981, 963; *Rieß/Hilger,* Das neue Strafverfahrensrecht – Opferschutzgesetz und Strafverfahrensänderungsgesetz 1987, NStZ 1987, 145, 204; *Weigand,* Das Opferschutzgesetz – kleine Schritte zu welchem Ziel?, NJW 1987, 1170; *Kempf,* Opferschutzgesetz und Strafverfahrensänderungsgesetz 1987, Gegenreform durch Teilgesetze, StV 1987, 215;

---

[2] *LR/Wickern* Rn. 2; *Meyer-Goßner* Rn. 2; *KK/Diemer* Rn. 1.
[3] BGH NStZ 1998, 586.

Rebmann/Schnarr, Der Schutz des gefährdeten Zeugen im Strafverfahren, NJW 1987, 1185; *Odersky,* Die Öffentlichkeit der Hauptverhandlung nach dem Opferschutzgesetz, FS Pfeiffer, 1988, S. 325; *Steinke,* Wirksamer Zeugenschutz de lege ferenda, ZRP 1993, 253; *Däubler/Gmelin,* Verbrechensbekämpfung, Strafrecht und Strafverfolgung – Wo bleibt das Opfer?, ZRP 1994, 338; *Köhnken,* Video im Gericht – Modelle und Erfahrungen aus Großbritannien, StV 1995, 376; *Wegner,* Ein kleiner Schritt im Verfahren, ein großer Schritt für den Opferschutz, ZRP 1995, 406; *Bohlander,* Der Einsatz der Videotechnologie bei der Vernehmung kindlicher Zeugen im Strafverfahren, ZStrW 1995, 82; *Hussels,* Videoübertragungen von jugendlichen Zeugen in Mißbrauchsprozessen, ZRP 1995, 242; *Antzen,* Video- und Tonbandaufnahmen als Ersatz für richterliche Vernehmungen von Kindern zu Sexualdelikten?, ZRP 1995, 241; *Rieß,* Die Rechtsstellung des Verletzten im Strafverfahren, Gutachten zum 55. DJT 1984; *Zschockelt/Wegner,* Opferschutz und Wahrheitsfindung bei der Vernehmung von Kindern in Verfahren wegen sexuellen Mißbrauchs, NStZ 1996, 305; *Jansen,* Vernehmung kindlicher Zeugen mittels Videotechnologie, StV 1996, 123; *Laubenthal,* Schutz sexuell mißbrauchter Kinder durch Einsatz von Videotechnologie im Strafverfahren, JZ 1996, 335; *Kintzki,* Stellung des Kindes im Strafverfahren, DRiZ 1996, 184; *Böhm,* Kindliche Opferzeugen vor den Amtsgerichten, ZRP 1996, 259; *Bölter,* Handreichung für die Bearbeitung von Strafverfahren wegen sexueller Straftaten an Kindern, DRiZ 1996, 273; *Dahs,* Die gespaltene Hauptverhandlung, NJW 1996, 178; *Wegner,* Wie Opferschutz der Wahrheit dient, ZRP 1997, 404; *Zacharias,* Der gefährdete Zeuge im Strafverfahren, 1997; *Pfäfflin,* Schützen Videovernehmungen kindliche Zeugen vor sekundärer Traumatisierung?, StV 1997, 95; *Brauns,* Videoübertragungen von jugendlichen Zeugen in Mißbrauchsprozessen, ZRP 1997, 168; *Kintzi,* Verbesserung des Opferschutzes im Strafverfahren, DRiZ 1998, 65; *Schünemann,* Der deutsche Strafprozeß im Spannungsfeld von Zeugenschutz und materieller Wahrheit, StV 1998, 391; *Gall,* Opferschutz im Strafverfahren, ZRP 1998, 14; *Dahs,* Der Zeuge – zu Tode geschützt?, NJW 1998, 2332; *Fischer, Th.,* Empfehlen sich gesetzliche Änderungen, um Zeugen und andere nicht beschuldigte Personen im Strafprozeß besser zu schützen?, JZ 1998, 816; *Caesar,* Empfehlen sich gesetzliche Änderungen, um Zeugen und andere nicht beschuldigte Personen im Strafprozeß vor Nachteilen zu bewahren?, NJW 1998, 2313; *Seitz,* Das Zeugenschutzgesetz, JR 1998, 309; *Griesbaum,* Der gefährdete Zeuge, NStZ 1998, 433; *Geiger,* Gerichtsverfahren mittels Videokonferenzen, ZRP 1998, 365; *Rieß,* Zeugenschutz bei Vernehmungen im Strafverfahren, NJW 1998, 3240; *Kilian,* Opferschutz und Wahrheitsfindung – ein Widerspruch?, DRiZ 1999, 256; *Renzikowski,* Fair trial und anonymer Zeuge, JZ 1999, 605; *Schlothauer,* Video-Vernehmung und Zeugenschutz, StV 1999, 47; *Weider/Staechelin,* Das Zeugenschutzgesetz und der gesperrte V-Mann, StV 1999, 51; *Diemer,* Der Einsatz der Videotechnik in der Hauptverhandlung, NJW 1999, 1667; *Jung,* Zur Renaissance des Opfers – ein Lehrstück kriminalpolitischer Zeitgeschichte, ZRP 2000, 159; *Fenger,* Die Öffentlichkeit in Arzthaftpflichtverfahren, NJW 2000, 851.

1 I. Inhalt der Regelung. Die Vorschrift ermöglicht die Ausschließung der Öffentlichkeit zum **Schutze der Persönlichkeitssphäre** von Prozessbeteiligten, Zeugen und Opfern einer strafbaren Handlung und gilt trotz der Entstehungsgeschichte für alle Verhandlungen.[1] Der Ausschließungstatbestand gilt nicht abschließend; andere Ausschließungsgründe, so § 172, stehen selbstständig daneben.[2] Die Öffentlichkeit der Verhandlung hat erhebliche rechtsstaatliche Bedeutung (§ 169 Rn. 4). Sie birgt aber auch Gefahren (§ 169 Rn. 12 ff.); vor solchen für das Persönlichkeitsrecht soll die Vorschrift schützen. Sie beruht auf der Überlegung, dass ein die Persönlichkeitserforschung forderndes Straf- und Strafverfahrensrecht es mehr denn je notwendig macht, in der Hauptverhandlung Umstände aus dem persönlichen Lebensbereich sowohl des Angeklagten als auch von Zeugen und namentlich des Opfers zu erörtern. Die Gewährleistung effektiver Verteidigung und der Grundsatz der Amtsaufklärung (§ 244 StPO) setzen rechtlichen Regelungen, die eine Beleuchtung solcher Umstände beschränken wollen, enge Grenzen. Angeklagte, Tatopfer und Zeugen müssen es, soweit zur Wahrheitserforschung erforderlich, grundsätzlich hinnehmen, dass auch Umstände aus ihrem persönlichen Lebensbereich vor Gericht zur Sprache kommen. Es ist aber nicht unvermeidbar, dass dies

---

[1] *MünchKommZPO/Wolf* Rn. 3; *Katholnigg* Rn. 8; *KK/Diemer* Rn. 1; *Wieczorek/Schreiber* Rn. 2; *Rieß* JR 1996, 526.
[2] BGHSt 38, 248 = NJW 1992, 2436; BTagsDrucks. 10/5305; *Katholnigg* JR 1993, 298.

vor den Ohren der Öffentlichkeit stattfindet. Hier kann es geboten sein, das Öffentlichkeitsprinzip hinter dem verfassungsrechtlich geschützten Anspruch auf Achtung der Privatsphäre zurücktreten zu lassen,[3] wie schon zuvor, wenn auch unvollkommen, nach § 172. Deshalb ist die Vorschrift aus dem Zusammenhang der übrigen Ausschließungsgründe gelöst und „plakativ" an den Anfang der Gesamtregelung gestellt worden.[4]

II. Geschützter Personenkreis. Geschützt sind (Abs. 1 Satz 1) alle „Prozessbeteiligten", also Angeklagter, Privatkläger, Nebenkläger, Nebenbeteiligter, Einziehungs- und Verfallbeteiligte, Antragsteller im Adhäsionsverfahren, im Zivilprozess die Prozessparteien, Streitverkündete, Intervenienten usw. Geschützt sind weiter alle Zeugen, nicht nur die benannten oder bereits geladenen Zeugen, sondern auch solche Personen, die noch als Zeugen in Betracht kommt können.[5] Geschützt ist schließlich der durch die rechtswidrige Tat Verletzte ohne Rücksicht darauf, ob er auch als Zeuge, Nebenkläger usw. am Verfahren beteiligt ist. Die Vorschrift ist ein wesentlicher Teil der Bemühungen um den **Opferschutz.**

III. Geschützter Lebensbereich. Geschützt werden durch § 171b Umstände aus dem „persönlichen Lebensbereich". Der Begriff entzieht sich der allgemeingültigen Definition. Gemeint ist jener private Bereich der Lebensführung, in dem der Einzelne frei von Rücksichtnahmen auf andere und frei von Einblicken anderer sich seiner Neigung gemäß bewegt und handelt, sein privater Bereich, der jedem Bürger zur Verwirklichung seiner Menschenwürde und zur Entfaltung seiner Individualität gewährleistet sein muss (Privatsphäre, Intimsphäre), ohne dass es sich hier um Geheimnisse im allgemeinen Sprach- oder gar Gesetzesgebrauch handeln muss; es geht um die menschenwürdige Privatheit. Es geht um den Umstände, die geeignet sind, sich bei Bekanntwerden auf die Wertschätzung des Einzelnen im Urteil Dritter auszuwirken, oder die der Einzelne mitzuteilen oder zu offenbaren nicht bereit ist. Hierher rechnen das Familienleben[6] (vgl. §§ 170, 171a), persönliche Eigenheiten und Neigungen ohne unmittelbare Außenwirkung; der Gesundheitszustand, auch bei Arzthaftungsprozessen,[7] die Sexualsphäre,[8] politische oder religiöse Einstellungen und auch menschliche „Schwächen" der verschiedensten Art. Die Bestimmung dessen, was zum persönlichen Lebensbereich zählt, ist zwangsläufig mit subjektiven Entscheidungen, Interessen und Wertvorstellungen der Person selbst verbunden.

Umstände aus dem Berufs- oder Erwerbsleben gehören nicht der privaten Sphäre an, ebenso wenig politische oder sonstige öffentliche Tätigkeiten,[9] da es sich ohnedies schon um auf Öffentlichkeit gerichtete Tätigkeiten handelt,[10] soweit kein gesetzliches Schweigerecht nach §§ 53 ff. StPO oder § 384 ZPO gegeben ist oder die Voraussetzungen nach § 172 Nr. 2, 3 vorliegen. Das Gleiche gilt für eine künstlerische Betätigung oder eine Tätigkeit in Vereinen, Verbänden usw. Eine Ausnahme besteht nur, wo es um Umstände geht, die über diese Tätigkeit hinaus erheblich die private Sphäre mit ergreifen.[11]

IV. Verletzung schutzwürdiger Interessen. Für die Ausschließung der Öffentlichkeit genügt nicht die subjektiv empfundene Notwendigkeit des Schutzes des geschützten Lebensbereiches, vielmehr ist die Verletzung „schutzwürdiger" Interessen durch die öffentliche Erörterung vorausgesetzt. Damit wird eine objektive Be-

---

[3] BTagsDrucks. 10/5305 S. 22.
[4] BTagsDrucks. aaO. S. 23.
[5] *Kleinknecht,* FS Schmidt-Leichner, S. 115; *Mertens* NJW 1980, 2687; *Meyer-Goßner* Rn. 3; *Katholnigg* Rn. 3; *LR/Wickern* Rn. 4; a. A. *Sieg* NJW 1980, 379; 1981, 963.
[6] BGHSt 30, 212 = NJW 1982, 59.
[7] Vgl. *Fenger* NJW 2000, 851
[8] *Helmken* StV 1983, 81
[9] BGHZ 36, 77 = NJW 1962, 32; *KK/Diemer* Rn. 3
[10] *LR/Wickern* Rn. 5
[11] BGHZ 36, 77 = NJW 1962, 32

wertung erforderlich. Es kommt nicht allein auf subjektive Wertvorstellungen, Ängstlichkeiten und eigene Zurückhaltung an, sondern darauf, ob die Umstände von der Rechtsordnung bei Abwägung mit anderen Werten und Interessen als derart überwiegend schutzwürdig angesehen werden, dass das grundsätzliche Gebot der Öffentlichkeit der Verhandlung deshalb zurücktreten muss.

6 Dabei ist einerseits davon auszugehen, dass das Recht auf freie Entfaltung der Persönlichkeit und die Menschenwürde jedem Einzelnen einen autonomen **Bereich privater Lebensgestaltung** sichert, in dem er seine Individualität entwickeln und wahren kann. Hierzu gehört auch das Recht, in diesem Bereich „für sich zu sein", „sich selber zu gehören", ein Eindringen oder einen Einblick durch andere auszuschließen.[12] Zwar steht nicht der gesamte Bereich des privaten Lebens unter dem absoluten Schutz der Grundrechte. „Wenn der Einzelne als ein in der Gemeinschaft lebender Bürger in Kommunikation mit anderen tritt, durch sein Sein oder Verhalten auf andere einwirkt und dadurch die persönliche Sphäre von Mitmenschen oder Belange des Gemeinschaftslebens berührt, können sich Einschränkungen seines ausschließlichen Bestimmungsrechts über seinen Privatbereich ergeben, soweit dieser nicht zum unantastbaren innersten Lebensbereich gehört. Jedoch rechtfertigt weder das staatliche Interesse an der Aufklärung von Straftaten noch ein anderes öffentliches Interesse von vornherein den Zugriff auf den Persönlichkeitsbereich".[13] Bei der erforderlichen Güterabwägung ist zu ermitteln, „ob das verfolgte öffentliche Interesse generell und nach der Gestaltung des Einzelfalles den Vorrang verdient, ob der beabsichtigte Eingriff in die Privatsphäre nach Art und Reichweite durch dieses Interesse gefordert wird und im angemessenen Verhältnis zur Bedeutung der Sache steht".[14] Dabei ist zu bedenken, dass die Öffentlichkeit der Verhandlung ein hohes Gut, auch im Interesse des Schutzes des Einzelnen, ist (§ 169 Rn. 1) und dass die Ausschließung der Öffentlichkeit die Ausnahme sein muss und nicht auf diesem Umweg umgekehrt die Öffentlichkeit zur Ausnahme wird.[15] Ein umfassender Schutz der Persönlichkeitssphäre wäre nämlich nur dadurch zu erreichen, dass weithin nicht öffentlich verhandelt würde; eine so weitgehende Durchbrechung des rechtsstaatlichen Grundsatzes der Öffentlichkeit der Verhandlung würde dem eindeutigen Willen des Gesetzes widersprechen.[16]

7 Es muss sich deshalb um Umstände handeln, die für die Beeinträchtigung der Privatsphäre von einem erheblichen, über das allgemein Übliche und Notwendige hinausgehenden **Gewicht** sind, z.B. die Aussage des Opfers eines Sexualdelikts, ein eingehendes ärztliches Gutachten zum Gesundheitszustand[17] oder zum Geisteszustand eines Prozessbeteiligten (vgl. auch § 171a), Berichte über interne familiäre Auseinandersetzungen[18] oder Fragen des Sexuallebens,[19] regelmäßig aber nicht die bloße Mitteilung und Erörterung ärztlicher Diagnosen.[20]

8 Die Schutzwürdigkeit fehlt z.B., wenn der Betroffene selbst die Privatsphäre eines anderen zum Gegenstand öffentlicher Auseinandersetzungen gemacht hat und bei der strafrechtlichen Prüfung dieses Verhaltens seine eigene Privatsphäre in der Verhandlung erörtert werden muss.[21]

9 Was zu den **normalerweise** im Rahmen eines Prozesses notwendigen Erörterungen gehört, kann höchst selten unter diese Ausschließungsmöglichkeit fallen, z.B. törichtes Verhalten, das einen Betrug ermöglichte, übermäßiger Alkoholkon-

---

[12] BVerfGE 32, 373, 379 = NJW 1972, 1123; E 35, 202, 220 = NJW 1973, 1226 m.w.N.
[13] BVerfGE 35, 202, 220 = NJW 1973, 1226
[14] BVerfG aaO.
[15] Vgl. *Dencker* JZ 1973, 147 Fußn. 20; *Göhler* NJW 1974, 835
[16] BGHSt 23, 82 = NJW 1969, 2107.
[17] *Herbst* NJW 1969, 546.
[18] BGH MDR 1965, 371.
[19] BGHZ 39, 124.
[20] BSG NZS 2007, 670.
[21] BGH NJW 1964, 1471; *Kleinknecht*, FS Schmidt-Leichner, S. 113.

sum, der zu einem Unfall führte, krasser Egoismus, schlechte Zahlungsmoral oder schlechte Leistungen, die zu einem Zivilprozess führten. Auch die Tatsache, als Angeklagter in ein Strafverfahren verwickelt zu sein, vermag für sich allein nicht die Annahme der Notwendigkeit eines überwiegenden Schutzes der Privatsphäre zu begründen.[22]

Die Erörterung von **Vorstrafen** eines Prozessbeteiligten oder Zeugen gehört regelmäßig nicht zu den Umständen, die eine Ausschließung der Öffentlichkeit rechtfertigen können, auch nicht unter dem Gedanken der Resozialisierung.[23] §§ 243 Abs. 4 StPO, 51 BZRG gewährleisten die gebotene Rücksichtnahme.[24] Der öffentlichen Erörterung entzogen werden können nur solche Vorstrafen, die nicht mehr im Führungszeugnis erscheinen. Alle anderen tatbezogenen Vorstrafen sind öffentlich zu erörtern, ebenso solche Vorstrafen, die für die Rechtsfolgenentscheidung von Gewicht sind.[25]

V. Kein überwiegendes öffentliches Interesse. Auch wenn die Erörterung von Umständen aus dem persönlichen Lebensbereich in einer öffentlichen Verhandlung schutzwürdige Interessen einer geschützten Person verletzen würde, so stehen damit die Voraussetzungen für die Ausschließung der Öffentlichkeit noch nicht abschließend fest. Es bedarf vielmehr zusätzlich der Feststellung, dass nicht das Interesse an der öffentlichen Erörterung dieser Umstände überwiegt – Gleichgewichtigkeit des Für und Wider wirkt gegen die Öffentlichkeit.[26] Hier sind abzuwägen die für die Öffentlichkeit allgemein sprechenden Überlegungen (§ 169 Rn. 1 ff.) und die Bedeutung und Maßgeblichkeit der zu erörternden Umstände für die Entscheidung einerseits sowie der entgegenstehenden Interessen des Betroffenen an der Vertraulichkeit seiner persönlichen Lebensumstände andererseits.[27] Das Öffentlichkeitsprinzip muss umso mehr zurücktreten, je stärker es um den Schutz des inneren Kerns der Persönlichkeitssphäre geht und je größer die Gefahr unzumutbarer öffentlicher Anprangerung durch die Berichterstattung in den Massenmedien ist.[28] Ein Interesse der Öffentlichkeit an dem Verfahren vermag aber für sich allein ebenso wenig ein überwiegendes Interesse an der Öffentlichkeit der Verhandlung zu begründen wie allein die Tatsache, dass eine in das Verfahren verwickelte Person im öffentlichen Leben steht.[29] Es gilt der Grundsatz der Verhältnismäßigkeit.[30] Regelmäßig ist das Interesse an der Öffentlichkeit bei tatbezogenen Umständen höher zu bewerten als bei solchen, die nur für die Rechtsfolgenentscheidung von Bedeutung sind.[31]

VI. Verfahren der Ausschließung. Die Öffentlichkeit „kann" bei Vorliegen dieser Voraussetzungen und Wertungen ausgeschlossen werden, die Entscheidung liegt also im pflichtgemäßen Ermessen des Gerichts (zum Verfahren § 174). Das Ermessen des Gerichts ist aber in zweierlei Hinsicht ganz entscheidend eingeschränkt:

1. Liegen die dargelegten Voraussetzungen für eine Ausschließung vor, dann muss (nicht kann) das Gericht die Öffentlichkeit ausschließen, wenn die Person, deren Lebensbereich betroffen ist, dies beantragt (Abs. 2).

2. Widerspricht die Person, deren Lebensbereich betroffen ist, dem Ausschluss der Öffentlichkeit, dann darf, gestützt auf § 171b, nicht ausgeschlossen werden (Abs. 1 Satz 1), wohl aber unabhängig davon nach § 172 (Rn. 1).

---

[22] LG Aachen StV 1983, 58 (Ladendiebstahl); *LR/Wickern* Rn. 12; *Göhler* NJW 1974, 835.
[23] Vgl. BVerfGE 36, 174 = NJW 1974, 181; *Meyer-Goßner* Rn. 5; *KK/Diemer* Rn. 3.
[24] *LR/Wickern* Rn. 9.
[25] *Kleinknecht*, FS Schmidt-Leichner, S. 114.
[26] *KK/Diemer* Rn. 4; *Wieczorek/Schreiber* Rn. 7; *Katholnigg* Rn. 2; *Rieß/Hilger* NStZ 1987, 208; *Böttcher* JR 1987, 140.
[27] Zu Arzthaftungssachen *Fenger* NJW 2000, 851.
[28] *Meyer-Goßner* Rn. 5; *Kleinknecht*, FS Schmidt-Leichner, S. 114.
[29] *KK/Diemer* Rn. 4.
[30] Vgl. BVerfGE 35, 202 = NJW 1973, 1226; *KK/Diemer* Rn. 4.
[31] *Meyer-Goßner* aaO.

15 3. Nicht geregelt ist die Situation, dass Umstände aus dem persönlichen Lebensbereich mehrerer Personen in Frage stehen und diese zum Ausschluss der Öffentlichkeit entgegengesetzte Erklärungen abgeben. Die Entscheidung über die Öffentlichkeit kann nur einheitlich ergehen. Keiner der Beteiligten hat hinsichtlich der Öffentlichkeit eine stärkere Stellung als der andere. Deshalb gilt hier uneingeschränkt die „Kann-Kompetenz" des Gerichts.[32] Bei der allein nach seinem Ermessen zu treffenden Entscheidung hat das Gericht die von den Betroffenen vorgetragenen Motive besonders zu würdigen unter Berücksichtigung der Bedeutung, die das Gesetz der Vertraulichkeit der persönlichen Lebensumstände beimisst.[33]

16 **VII. Umfang und Dauer des Ausschlusses.** Der Ausschluss der Öffentlichkeit als Ausnahmefall gegenüber der allgemeinen Verfahrensöffentlichkeit nach § 169 muss zeitlich und gegenständlich dem Zweck der Ausschließungsmöglichkeit entsprechend begrenzt sein. Die Öffentlichkeit darf nur für die Dauer der Erörterung jener Umstände aus dem persönlichen Lebensbereich ausgeschlossen werden, erstreckt sich dann aber auch auf eine im Zusammenhang erforderliche Augenscheinseinnahme.[34] Der Ausschluss kann sich auch auf die Schlussvorträge beziehen. Wenn abzusehen ist, dass während der gesamten Dauer seiner Beweisaufnahme Umstände aus dem persönlichen Lebensbereich erörtert werden müssen, kann die Öffentlichkeit bis zur Urteilsverkündung, und gegebenenfalls nach § 173 Abs. 2 auch für die Verkündung der Urteilsgründe oder eines Teils davon ausgeschlossen werden.[35] Vgl. auch § 172 Rn. 3 ff.

17 **VIII. Unanfechtbarkeit.** Die Entscheidung über Ausschluss oder Nichtausschluss der Öffentlichkeit ist unanfechtbar (Abs. 3). Dies gilt nach h.M. ohnedies (vgl. § 172 Rn. 13); die Bedeutung von Abs. 3 liegt aber darin, dass die Entscheidung hier, im Gegensatz zu sonstigen Entscheidungen über die Öffentlichkeit (vgl. § 172 Rn. 14 ff.), nach § 336 Satz 2 StPO auch nicht der Nachprüfung durch das Revisionsgericht unterliegt.[36] Mit der Revision kann hier insbesondere nicht geltend gemacht werden, das Gericht habe bei der Abwägung (Rn. 5) die widerstreitenden Interessen unzutreffend bewertet oder sonst von seinem Ermessen fehlerhaft Gebrauch gemacht.[37] Dies gilt auch für solche Entscheidungen, mit denen der Ausschluss der Öffentlichkeit abgelehnt oder in einem geringeren Umfang als beantragt beschlossen wurde.[38] Die Unanfechtbarkeit nach Abs. 3 kann nicht mit der auf §§ 244 Abs. 2, 245 StPO gestützten Behauptung umgangen werden, ein zur Zeugnisverweigerung Berechtigter, der nicht Verletzter ist, hätte bei vollständigem Ausschluss der Öffentlichkeit von seinem Zeugnisverweigerungsrecht keinen Gebrauch gemacht und so zur weiteren Sachaufklärung beigetragen.[39] Es kann aber die unzulässige Beschränkung der Öffentlichkeit gerügt werden, wenn diese über den im Ausschließungsbeschluss festgelegten Umfang (Rn. 16) hinaus tatsächlich ausgeschlossen war.[40]

18 Verstöße gegen andere Vorschriften über die Öffentlichkeit unterfallen nicht der Unanfechtbarkeit nach Abs. 3, z.B. die Wahrung der Formalien des § 174.[41] Allerdings neigt der BGH dazu, im Falle des Abs. 2 von der Verkündungspflicht nach § 174 Abs. 1 Satz 3 abzusehen, weil durch den gestellten Antrag die Ausschließung

---

[32] *Meyer-Goßner* Rn. 6; *Rieß/Hilger* NStZ 1987, 208; *MünchKommZPO/Wolf* Rn. 15; *Katholnigg* Rn. 5; *LR/Wickern* Rn. 19; a.A. *KK/Diemer* Rn. 6; vgl. auch *Böttcher* JR 1987, 140.
[33] *MünchKommZPO/Wolf* Rn. 15; *Meyer-Goßner* Rn. 6.
[34] BGH NStZ 1988, 190.
[35] BGH NStZ 1989, 483.
[36] BTagsDrucks. 10/5305 S. 24; vgl. auch BSG NZS 2007, 670.
[37] BGH NJW 2007, 709; *KK/Diemer* Rn. 7.
[38] BGH NStZ 1996, 243.
[39] BGH aaO.
[40] BGH StV 1998, 364.
[41] BGH StV 1990, 10 m. Anm. *Frommel*.

zwingend ist und damit der Ausschließungsgrund für die Zuhörer im Gerichtssaal erkennbar war.[42] Mit Rücksicht auf die strengen Formvorschriften über die Öffentlichkeit sollte indessen am Erfordernis der Verkündung festgehalten werden, auch zur eindeutigen Abgrenzung gegenüber möglichen Ausschließungsgründen nach § 172. Auch der BGH hat andernorts[43] eine Begründung für notwendig erachtet und lediglich erwogen, ob hierzu die Bezugnahme des Beschlusses auf einen in öffentlicher Hauptverhandlung hinreichend begründeten Antrag ausreicht.

Dass der Beschluss nach § 171b einen Verfassungsverstoß beinhalte, kann der Betroffene uneingeschränkt geltend machen.[44]   **19**

§ 172. [Gründe für Ausschluss der Öffentlichkeit]

Das Gericht kann für die Verhandlung oder für einen Teil davon die Öffentlichkeit ausschließen, wenn
1. eine Gefährdung der Staatssicherheit, der öffentlichen Ordnung oder der Sittlichkeit zu besorgen ist,
1a. eine Gefährdung des Lebens, des Leibes oder der Freiheit eines Zeugen oder einer anderen Person zu besorgen ist,
2. ein wichtiges Geschäfts-, Betriebs-, Erfindungs- oder Steuergeheimnis zur Sprache kommt, durch dessen öffentliche Erörterung überwiegende schutzwürdige Interessen verletzt würden,
3. ein privates Geheimnis erörtert wird, dessen unbefugte Offenbarung durch den Zeugen oder Sachverständigen mit Strafe bedroht ist,
4. eine Person unter sechzehn Jahren vernommen wird.

Gesetzesfassung: Nr. 1a eingefügt durch Art. 4 OrgKG vom 15. 7. 1992 (BGBl. I S. 1302); Nr. 2 neu gefaßt durch Art. 2 Nr. 2 OpferschutzG vom 18. 12. 1986 (BGBl. I S. 2496).

Übersicht

	Rn.		Rn.
I. Ausschließung der Öffentlichkeit..	1	3. Rechtliches Gehör	28
1. Ausschließung für Teile oder insgesamt	3	4. Verhütung und Aufklärung strafbarer Handlungen	29
2. Auslegung des Ausschließungsbeschlusses	7	5. Unabhängigkeit	30
3. Erweiterung des Ausschließungsbeschlusses	9	IV. Besorgnis der Gefährdung der Sittlichkeit (Nr. 1)	31
4. Zeitpunkt der Entscheidung	11	V. Gefährdung von Leben usw. von Zeugen und anderen Personen (Nr. 1a)	34
5. Fehler	12		
6. Anfechtbarkeit	13	VI. Geschäfts-, Betriebs-, Erfindungs- oder Steuergeheimnis (Nr. 2)	38
7. Inhaltliche Nachprüfbarkeit	14	1. Geschäfts-, Betriebsgeheimnis	40
II. Gefährdung der Staatssicherheit (Nr. 1)	20	2. Erfindungsgeheimnis	42
III. Besorgnis der Gefährdung der öffentlichen Ordnung (Nr. 1)	23	3. Steuergeheimnis	43
1. Störungsfreier Ablauf der Verhandlung	24	VII. Privates Geheimnis (Nr. 3)	44
2. Wahrheitserforschung	25	VIII. Vernehmung Jugendlicher (Nr. 4)	51

I. Ausschließung der Öffentlichkeit. In Abwägung der für und gegen die **1** Öffentlichkeit sprechenden Gründe (§ 169 Rn. 17) eröffnet § 172 die Möglichkeit, die Öffentlichkeit durch **Gerichtsbeschluss** auszuschließen. Diese Möglichkeit bestand ursprünglich nur bei Besorgnis der Gefährdung der öffentlichen Ordnung oder der Sittlichkeit. Erweitert wurde die Vorschrift 1888 um die Worte „insbeson-

---
[42] BGH NStZ 1999, 372.
[43] BGH NStZ 1994, 591.
[44] *MünchKommZPO/Wolf* Rn. 20.

dere der Staatssicherheit" (RGBl. I S. 133) und dann um die Ausschließungsmöglichkeit wegen der Besorgnis der Gefährdung eines wichtigen Geschäfts- oder Betriebsgeheimnisses (RGBl. 1932 I S. 121). Durch Art. 22 Nr. 10 EGStGB 1974 wurde sie wesentlich erweitert und umgestaltet.

2 In den Fällen des § 172 ist die Öffentlichkeit nicht schon kraft Gesetzes ausgeschlossen; es bedarf es eines Gerichtsbeschlusses. Der Vorsitzende kann die Entscheidung nicht alleine treffen. Liegen die aufgeführten Voraussetzungen vor, steht die Ausschließung der Öffentlichkeit im **pflichtgemäßen Ermessen** des Gerichts.[1] Sie ist indessen aus Gründen der Verhältnismäßigkeit (Rn. 24) nur angezeigt, wenn nicht mit Maßnahmen der Sitzungspolizei (§§ 176, 177) abgeholfen werden kann. Die Entscheidung ergeht **von Amts wegen,** das Gericht ist an Anträge der Verfahrensbeteiligten nicht gebunden.[2] Die Verfahrensbeteiligten haben keinen Anspruch auf Ausschluss der Öffentlichkeit, ebenso wenig auf deren Aufrechterhaltung (vgl. § 169 Rn. 19, 58). Über die Ausschließung ist nach § 174 zu verhandeln und zu entscheiden.

3 1. Die Öffentlichkeit kann für die **gesamte Verhandlung**[3] oder für **Teile** davon ausgeschlossen werden; auch diese Entscheidung steht im Ermessen des Gerichts.[4] Dabei ist zu berücksichtigen, dass die Öffentlichkeit der Grundsatz und ihre Ausschließung die Ausnahme ist. Die Öffentlichkeit kann deshalb nur in dem Maße ausgeschlossen werden, das für die Wahrung der in Nr. 1 bis 4 aufgeführten entgegenstehenden Interessen erforderlich ist.

4 Ist die Öffentlichkeit für die Verhandlung insgesamt ausgeschlossen, bedarf es für die **Wiederherstellung der Öffentlichkeit,** etwa bei geänderter Sachlage, eines ausdrücklichen Gerichtsbeschlusses. Ein Beschluss ist aber entbehrlich für die Wiederherstellung der Öffentlichkeit erst zur Urteilsverkündung;[5] eine Ausschließung „für die gesamte Verhandlung", ob mit oder ohne Zusatz „bis zur Urteilsverkündung", dauert bis unmittelbar vor die Urteilsverkündung, die kraft Gesetzes stets öffentlich ist, § 173 Abs. 1. Umgekehrt bedarf es deshalb für den Ausschluss der Öffentlichkeit auch für die Urteilsgründe noch eines besonderen, darauf bezüglichen Beschlusses, § 173 Abs. 2.

5 War die Öffentlichkeit dem gegenüber „bis auf weiteres" ausgeschlossen, ist für deren Wiederherstellung aber ein ausdrücklicher Beschluss erforderlich; bis dahin ist nicht öffentlich zu verhandeln.[6]

6 Die Öffentlichkeit kann auch nur für einen bestimmten Teil der Verhandlung ausgeschlossen werden, und zwar für jeden Teil. Mit Rücksicht auf die Bedeutung der Öffentlichkeit (§ 169 Rn. 4) ist im Zweifel der nur teilweise dem vollständigen Ausschluss vorzuziehen. Mit dem Ende des im Ausschließungsbeschluss genau zu bezeichnenden Verhandlungsteils tritt die Öffentlichkeit der Verhandlung wieder ein, ohne dass es noch eines besonderen Beschlusses über die Wiederherstellung bedürfte;[7] für das folgende Verfahren, das nicht mehr von dem Ausschließungsbeschluss umfasst wird, muss die Öffentlichkeit tatsächlich hergestellt sein,[8] was das Protokoll ausweisen muss.[9] Eine ausdrückliche Anordnung des Vorsitzenden zur Wiederherstellung der Öffentlichkeit ist jedenfalls dann nicht entbehrlich, wenn für die vom Ausschluss betroffenen Zuhörer keine Klarheit darüber besteht, ab welchem Zeitpunkt die Öffentlichkeit wieder Zugang zur Verhandlung

---

[1] RGSt 66, 113; St 69, 401; BGH GA 1978, 13; BGH NStZ 1981, 311.
[2] RGSt 66, 113.
[3] BGH NJW 1986, 200 = JR 1986, 215 m. Anm. *Böttcher* = NStZ 1986, 179 m. Anm. *Gössel*.
[4] *Schweling* DRiZ 1970, 386.
[5] RGSt 53, 271; RG JW 1926, 2762; *Seibert* DRiZ 1964, 196.
[6] RG JW 1928, 1940; *Meyer-Goßner* Rn. 17; *Katholnigg* Rn. 12; *KK/Diemer* Rn. 2.
[7] RGSt 53, 271; BGH GA 1981, 473.
[8] RG JW 1926, 820; BGHSt 7, 218 = NJW 1955, 759.
[9] BGHSt 4, 279 = NJW 1953, 1442.

hat.¹⁰ Unschädlich ist es aber, ohne Wiederherstellung der Öffentlichkeit Handlungen vorzunehmen, die auch außerhalb der Hauptverhandlung erfolgen könnten.¹¹ Bei Unklarheiten über das Ende der Ausschließung empfiehlt sich ein ausdrücklicher Beschluss über die Wiederherstellung der Öffentlichkeit.

2. Eine Auslegung des Ausschließungsbeschlusses kann ergeben, dass er sich auch auf die in **untrennbarem Zusammenhang** mit dem bezeichneten Verfahrensteil stehenden Erklärungen und Verfahrenshandlungen bezieht; der Ausschluss gilt für alle Erklärungen, die zu dem Verfahrensabschnitt gehören, der Anlass zum Ausschluss gegeben hat.¹² So erstreckt sich nach h. M. die Ausschließung „für die Dauer der Vernehmung eines Zeugen" grundsätzlich auch auf alle Erklärungen, Anträge der Verfahrensbeteiligten und alle Entscheidungen des Gerichts, die sich aus der Zeugenvernehmung unmittelbar ergeben und mit ihr in unmittelbarem Zusammenhang stehen,¹³ die Beeidigung, die Beschlussfassung nach § 247 Satz 1 StPO¹⁴ und die Mitteilung an den Angeklagten nach § 247 Satz 4 StPO,¹⁵ den sich aus der Zeugenaussage ergebenden Hinweis auf die Veränderung eines tatsächlichen Gesichtspunkts,¹⁶ nicht aber auf die Veränderung eines rechtlichen Gesichtspunks nach § 265 StPO.¹⁷ Umfasst ist weiter die Verlesung der im Zusammenhang mit der Zeugenvernehmung stehenden Urkunden,¹⁸ die Befragung des gesetzlichen Vertreters nach § 52 Abs. 2 StPO, die Abgabe von Erklärungen nach § 257 StPO, auch eine Augenscheinseinnahme, die im Zusammenhang mit der Zeugenvernehmung steht,¹⁹ kurze Äußerungen anderer Zeugen, die durch die Vernehmung veranlasst werden,²⁰ andere Erklärungen eines Zeugen, die mit dem Grund für die Ausschließung der Öffentlichkeit im Zusammenhang stehen und zu dem Verfahrensabschnitt gehören, der Anlass zu der Ausschließung gegeben hat.²¹ Hierher gehören auch Erklärungen nach § 257 StPO einschließlich weiterer Beweisanträge, die durch die vorangegangene Beweiserhebung veranlasst sind,²² und der auf einen solchen Antrag ergehende Beschluss des Gerichts.²³ Ein unmittelbarer Zusammenhang liegt weiter vor, wenn im Rahmen der Vernehmung eines Angeklagten, die sich auf die Alkoholbeeinflussung erstreckt, auch Mitangeklagte auf Fragen des Sachverständigen Erklärungen zur Frage der Alkoholverträglichkeit abgeben.²⁴

Bei einer solchen Auslegung ist indessen Zurückhaltung geboten, denn aus dem Grundsatz der Öffentlichkeit ergibt sich die Notwendigkeit der genauen Präzisierung des Ausschlusses.²⁵ Zwar gilt der Beschluss für die gesamte Vernehmung des Zeugen, auch wenn er im Laufe der Verhandlung mehrmals vernommen wird;²⁶ wird ein Zeuge jedoch nach seiner Entlassung in einem späteren Termin erneut vernommen, muss über den Ausschluss der Öffentlichkeit erneut entschieden wer-

---

[10] OLG Frankfurt StV 1985, 8.
[11] BGH NStZ 2002, 106 m. w. N.; zu Terminsänderungen BGH NStZ 2002, 46; BVerfG – K – NJW 2002, 814.
[12] BGH GA 1981, 473.
[13] BGH GA 1972, 184; bei *Dallinger* MDR 1975, 198.
[14] BGH bei *Pfeiffer/Miebach* NStZ 1985, 206.
[15] RGSt 60, 164; RG Recht 1930 Nr. 2154.
[16] BGH NStZ 1999, 3710.
[17] BGH NStZ 1996, 49; StV 2003, 271.
[18] BGH StV 1985, 402 m. krit. Anm. *Fezer*.
[19] BGH NStZ 1988, 190.
[20] Weitgehend BGH NStZ 1981, 311, wonach die nichtöffentliche Vernehmung eines im Sitzungssaal anwesenden weiteren Zeugen zu Vorgängen, über die ein anderer Zeuge unter Ausschluss der Öffentlichkeit vernommen wurde, im unmittelbaren Anschluss an dessen Vernehmung als durch den Ausschließungsbeschluss gedeckt angesehen wurde.
[21] BGH GA 1981, 473; *Meyer-Goßner* Rn. 17; *KK/Diemer* Rn. 3.
[22] BGH NStZ 1999, 371.
[23] RG HRR 1939, 449.
[24] BGH DAR 1978, 153.
[25] Vgl. BGHSt 7, 218 = NJW 1955, 759; *Eb. Schmidt* Rn. 10.
[26] BGH NStZ 1992, 447; 2004, 220; *KK/Diemer* Rn. 3.

den.²⁷ War für die Vernehmung einer Zeugin zu den Verhältnissen während ihrer Ehe die Öffentlichkeit ausgeschlossen und wird die Zeugin nach Wiederherstellung der Öffentlichkeit zu Beziehungen vor ihrer Eheschließung vernommen, so ist für den erneuten Ausschluss der Öffentlichkeit ein erneuter Beschluss erforderlich.²⁸ Nicht jedoch umfasst der Beschluss über die Ausschließung der Öffentlichkeit während der Vernehmung eines Zeugen auch die Gegenüberstellung des Zeugen mit anderen bereits (öffentlich) vernommenen Zeugen.²⁹ Auch die Vernehmung eines Sachverständigen zur Glaubwürdigkeit eines unter Ausschluss der Öffentlichkeit vernommenen Zeugen wird nicht von dem ursprünglichen Ausschließungsbeschluss umfasst.³⁰ Erstreckt sich die Verhandlung auf mehrere Sachverhalte und wird die Öffentlichkeit nur für die Vernehmung eines Zeugen zu einigen dieser Sachverhalte ausgeschlossen, bedarf es der ausdrücklichen Ergänzung des Ausschließungsbeschlusses, wenn der Zeuge auch wegen der weiteren Sachverhalte unter Ausschluss der Öffentlichkeit vernommen werden soll, es sei denn, die weitere Vernehmung stehe mit der bisherigen Vernehmung in einem inneren Zusammenhang und folge aus der Vernehmung des Zeugen zu den anderen Sachverhalten.³¹

9   3. Soll bei einem auf Teilausschließung lautenden Beschluss die Öffentlichkeit nach dem Ende des Verhandlungsteils, für den die Öffentlichkeit ausgeschlossen war, **erneut (weiter) ausgeschlossen** werden, bedarf es eines neuen begründeten Ausschließungsbeschlusses im Verfahren nach § 174;³² bei unveränderter Sachlage genügt die Bezugnahme auf die Gründe des früheren Beschlusses.³³ Wird die Öffentlichkeit zunächst für die Dauer der Vernehmung des Angeklagten zur Sache ausgeschlossen und der Ausschluss in der Folge nicht durch einen ergänzenden Beschluss erweitert, so ist der Grundsatz der Öffentlichkeit verletzt, wenn während der nichtöffentlichen Verhandlung auch Zeugen vernommen werden.³⁴

10 Eine Ausschließung gilt im Zweifel für die gesamte Verhandlung.³⁵

11 4. Die **Entscheidung** über den Ausschluss der Öffentlichkeit kann sowohl zu Beginn der Verhandlung als auch zu jedem weiteren Zeitpunkt der Verhandlung getroffen werden. Eine einmal getroffene Entscheidung kann auch nachträglich wieder **geändert** werden, aber niemals mit rückwirkender Kraft. Wenn nach **Unterbrechung** die Verhandlung neu beginnen muss, z.B. nach § 229 Abs. 3 StPO, haben die bis dahin ergangenen Beschlüsse über den Ausschluss der Öffentlichkeit ihre Wirkung verloren, es muss erneut darüber entschieden werden. Das gilt auch, wenn ein Richter als Vertreter neu zugezogen wird; nicht aber, wenn der Ergänzungsrichter eintritt.³⁶ Das gilt aber nicht, wenn die Verhandlung zulässigerweise unter Einhaltung der Fristen des § 229 StPO nur unterbrochen wird. In Zivilprozessen behält die Entscheidung in Fällen der Unterbrechung oder Aussetzung (z.B. §§ 239 ff. ZPO) ebenso die Wirkung wie wenn die Verhandlung vertagt (§ 227 ZPO) oder nach Ruhen (§ 251 ZPO) wieder aufgenommen wird. Die Entscheidung über die Ausschließung gilt immer nur für das Verfahren in seinem jeweiligen Umfang. Wird eine Sache mit einer anderen verbunden, ist erneut zu entscheiden.³⁷

---

[27] BGH GA 1981, 320; StV 1981, 57; NStZ 1992, 447; *KK/Diemer* Rn. 3.
[28] BGH GA 1982, 275.
[29] KG JW 1932, 204.
[30] A. A. *KK/Diemer* Rn. 3; BGH bei *Holtz* MDR 1976, 988.
[31] BGH bei *Holtz* MDR 1976, 988.
[32] BGHSt 1, 334 = NJW 1952, 153; St 4, 279 = NJW 1953, 1442; St 7, 218 = NJW 1955, 759; BGH NStZ 1985, 37; BGH bei *Holtz* MDR 1976, 988; KG JW 1932, 204.
[33] BGH NJW 1974, 276; *KK/Diemer* Rn. 2.
[34] BGH StV 1991, 199.
[35] *LR/Wickern* Rn. 41.
[36] RGSt 62, 198.
[37] RG bei *LR/Wickern* Rn. 44.

5. War die Öffentlichkeit weitergehend beschränkt worden als es nach dem Ausschließungsbeschluss geschehen sollte, liegt ein **absoluter Revisionsgrund** vor[38] (vgl. § 169 Rn. 55 ff.). Dies gilt jedoch nicht, soweit ein Einfluss des Fehlers auf das Urteil denknotwendig ausgeschlossen ist, so bei rechtlichen Hinweisen unter Ausschluss der Öffentlichkeit, wenn anschließend hinsichtlich des davon betroffenen Sachverhalts eine Teileinstellung nach § 154 StPO[39] oder hinsichtlich des davon betroffenen rechtlichen Aspekts eine Verfolgungsbeschränkung nach § 154a StPO[40] erfolgt. Ebenso verbleibt es bei einer Teilaufhebung, wenn der Fehler sich nur in einem abtrennbaren Teil des Urteils auswirkt.[41]

6. Der Beschluss über die Ausschließung der Öffentlichkeit ist **nicht selbstständig anfechtbar**, § 305 StPO, § 567 ZPO (vgl. § 174 Rn. 18). Dasselbe gilt für die Nichtausschließung, auch wenn die Ausschließung von einem Verfahrensbeteiligten angeregt war. Es gibt kein Recht eines Verfahrensbeteiligten auf Ausschließung der Öffentlichkeit (Rn. 2).

7. Inhaltlich ist die Entscheidung des Gerichts über die Ausschließung der Öffentlichkeit im **Rechtsmittelverfahren gegen die Entscheidung** in der Hauptsache nur beschränkt nachprüfbar.[42]

a) Hat der Richter die einschlägigen Rechtsbegriffe, z. B. Gefährdung, Besorgnis, Sittlichkeit, Geschäftsgeheimnis verkannt, liegt eine unzulässige Ausschließung und damit eine Verletzung der Öffentlichkeitsvorschriften vor,[43] also ein absoluter Revisionsgrund.

b) Soweit das Gericht eine Bewertung vorgenommen hat, z. B. von einer tatsächlich gegebenen Gefährdung ausgegangen ist, kann eine Verletzung im Sinne eines absoluten Revisionsgrundes nur darin gesehen werden, wenn es seinen Beurteilungsspielraum willkürlich überschritten hat. Bei einer im Ermessen des Gerichts stehenden Entscheidung liegt eine solche Verletzung vor, wenn es keine Ermessensabwägung vorgenommen, die Grenzen des Ermessens verkannt oder sein Ermessen missbraucht hat.[44] Ein solcher Ermessensfehlgebrauch kann z. B. vorliegen, wenn der Richter aus rechtsfremden Motiven (weil er es so gewohnt ist, weil ihm die öffentliche Erörterung der Vorgänge peinlich ist, weil er einem Wunsch Beteiligter entsprechen möchte, weil er grundsätzlich gegen die Öffentlichkeit der Verhandlung ist) den Ausschluss der Öffentlichkeit beschließt, oder ihn nicht aus dem Sachzusammenhang heraus auf einen bestimmten Prozessvorgang beschränkt.[45] Dem Ermessensfehlgebrauch ist der Ermessens-Nichtgebrauch gleichzustellen, wenn also das Gericht überhaupt keine Ermessensabwägung hinsichtlich der Öffentlichkeit vornimmt.[46] Hat der Richter jedoch eine Abwägung der Interessen der Öffentlichkeit der Verhandlung und der im § 172 demgegenüber aufgeführten Interessensituation vorgenommen, so kann nur in einem extremen Fall der Fehlbewertung von einem Ermessensmissbrauch gesprochen werden.

c) In allen anderen Fällen kann die Ausschließung der Öffentlichkeit lediglich im Rahmen des § 337 StPO, § 545 ZPO angegriffen werden mit der Begründung, durch die Ausschließung der Öffentlichkeit sei die Wahrheitsfindung beeinträchtigt worden.

---

[38] BGHSt 7, 218 = NJW 1955, 759.
[39] BGH NStZ 1999, 371 m. krit. Anm. *Ventzke* StV 2000, 249.
[40] BGH NStZ 1996, 49.
[41] BGH NStZ 1996, 49; StV 2003, 271.
[42] Eingehend *Gössel* NStZ 1982, 141.
[43] RGSt 69, 401; BGH UFITA 1974, 279; *Wieczorek/Schreiber* Rn. 21; *MünchKommZPO/Wolf* Rn. 16; *KK/Diemer* Rn. 11; *Schweling* DRiZ 1970, 356.
[44] BGH GA 1978, 13; DRiZ 1981, 193; OLG Stuttgart NJW 1969, 1776; *Schweling* DRiZ 1970, 356; 386; *Gössel* NStZ 1986, 180.
[45] *Schweling* aaO. S. 356.
[46] *Wieczorek/Schreiber* Rn. 21.

18 d) Die fehlerhaft unterbliebene Ausschließung der Öffentlichkeit begründet nach h. M. keinen absoluten Revisionsgrund (vgl. § 169 Rn. 59). Es kann aber die fehlerhafte Nichtausschließung der Öffentlichkeit als Verfahrensfehler im Sinne des § 337 StPO geltend gemacht werden.[47]

19 e) Da am Zuhören Interessierte keinen Anspruch auf Öffentlichkeit haben (vgl. § 169 Rn. 21 ff.), können sie auch nicht gegen einen Ausschließungsbeschluss nach § 172 ein Rechtsmittel einlegen.[48] Ebenso wenig kann der an der Ausschließung Interessierte, der nicht Verfahrensbeteiligter ist, z. B. der Zeuge, gegen die Nichtausschließung einen Rechtsbehelf ergreifen.[49]

20 **II. Besorgnis der Gefährdung der Staatssicherheit (Nr. 1).** Staatssicherheit ist die äußere oder innere Sicherheit der BRep (vgl. § 92 Abs. 3 Nr. 2 StGB), insbesondere die Funktionsfähigkeit der demokratisch legitimierten Staatsorgane wie insgesamt die Fähigkeit der BRep, sich nach außen und innen gegen Störungen zur Wehr zu setzen. Einbezogen in diesen Schutzbereich sind die zwischenstaatlichen Organisationen, in denen die BRep Mitglied ist und deren Funktionsfähigkeit für die innere und äußere Ordnung der BRep mitbestimmend ist. So ist nach Art. 38 NTS-ZusAbk die Öffentlichkeit auszuschließen, wenn Amtsgeheimnisse des Entsende- oder Aufnahmestaates oder für die Sicherheit beider wichtige Informationen zur Sprache kommen oder sonst die Sicherheit der Truppe oder ihres Gefolges gefährdet wäre.[50] – Der Ausschluss der Öffentlichkeit kann vor allem angezeigt sein bei der Erörterung von wichtigen Geheimnissen, auch über den Wissensstand und die Arbeitsweise solcher Einrichtungen, die zum (vorbeugenden) Schutz der Staatssicherheit tätig sind oder Nachrichten über mögliche Gefährdungen der Staatssicherheit sammeln; auch die Identität von dabei tätigen Personen kann hierher zählen. Jedoch fallen nicht Erschwerungen der Tätigkeit der Staatsorgane unter diese Vorschrift, etwa Bekanntwerden von Missgriffen oder Fehlentscheidungen, von unpopulären Plänen usw. Ein wie weit auch immer verstandenes allgemeines „Staatswohl" fällt nicht unter diese Vorschrift,[51] ebenso wenig der Ruf eines hohen Amtsträgers oder Politikers.[52]

21 Eine Gefährdung ist zu **besorgen,** wenn nach dem Stand der bisherigen Erörterungen und nach dem voraussehbaren weiteren Verhandlungsgeschehens eine gewisse Wahrscheinlichkeit für den Eintritt einer Gefährdung spricht. Ob sie später tatsächlich eintritt, ist ohne Bedeutung. Sobald aber die Gefährdung nicht mehr zu besorgen ist, ist die Öffentlichkeit wieder herzustellen.

22 Zur Vertraulichkeit dieses Teils der Verhandlung § 174 Abs. 2, 3. Zum Ausschluss eines Verteidigers wegen Gefährdung der Staatssicherheit § 138b StPO.

23 **III. Besorgnis der Gefährdung der öffentlichen Ordnung (Nr. 1).** Der Begriff der öffentlichen Ordnung hier ist **enger** zu verstehen als im allgemeinen Polizeirecht, wo er die Gesamtheit der ungeschriebenen Regeln umfasst, deren Befolgung nach den jeweils herrschenden sozialen und ethischen Anschauungen als unerlässliche Voraussetzung eines geordneten menschlichen Zusammenlebens angesehen wird.[53] Er beinhaltet vor allem die Ordnung im Gerichtssaal, bezogen auf den Zweck der gerichtlichen Verhandlung und ihren ungestörten, gesetzmäßigen Ablauf. Darüber hinaus sind auch die störenden Wirkungen erfasst, die sich aus der Öffentlichkeit im Gerichtssaal nach draußen ergeben können.[54] Nur bei Gefähr-

---

[47] *Katholnigg* JR 1993, 298.
[48] OLG Nürnberg MDR 1961, 508.
[49] *Kleinknecht,* FS Nüchterlein, S. 187; a. A. *Wittkämper* BB 1963, 1162.
[50] *Katholnigg* Rn. 2; *Meyer-Goßner* Rn. 2.
[51] RG GA 1900, 383; *Meyer-Goßner* Rn. 2; *Katholnigg* Rn. 2; *LR/Wickern* Rn. 2.
[52] *Meyer-Goßner* aaO.; *KK/Diemer* Rn. 4; *Katholnigg* Rn. 2.
[53] BVerfGE 69, 315, 352 = NJW 1985, 2395.
[54] H. M.; BGHSt 30, 193 = NJW 1981, 2825; *KK/Diemer* Rn. 5; *Meyer-Goßner* Rn. 3.

dungen, die gerade durch die Öffentlichkeit der Verhandlung entstehen, ist die Ausschließung der Öffentlichkeit möglich. Bei Gefährdungen, die schon durch die Tatsache der Gerichtsverhandlung selbst entstehen, etwa Protestdemonstrationen gegen das Verfahren, sind allein Maßnahmen des Hausrechtsinhabers oder der allgemeinen Polizeibehörden zulässig.

1. Zur öffentlichen Ordnung gehört der **störungsfreie Ablauf** der gesamten Verhandlung, und zwar als der Öffentlichkeit gleichwertiges Rechtsgut.[55] Die Suche nach Wahrheit und Gerechtigkeit erfordert eine nüchterne, möglichst emotionsfreie Sphäre der Tatsachenermittlung und der Argumentation auf der Grundlage der dies gewährleistenden Verfahrensvorschriften und ohne Druck oder Beeinträchtigung von außen. Solche Störungen des Verhandlungsablaufs sind vor allem Beifall und Missfallenskundgebungen, Gelächter, Lärm, Beschimpfung der Verfahrensbeteiligten, Entrollen von Transparenten, Sprechchöre, die Kundgabe der Missachtung gegenüber Verfahrensbeteiligten, aber auch die Nichteinhaltung der für die Zuhörer vorgesehenen Raumteile. Sie gehen aber in aller Regel von Einzelpersonen oder individualisierbaren Gruppen aus, so dass ihnen in erster Linie durch Einzelmaßnahmen nach §§ 176 ff. zu begegnen ist.[56] Ein Ausschluss der Öffentlichkeit insgesamt kommt erst in Frage, wenn die Störer im Einzelnen auch bei Anspannung aller zumutbaren Erkenntnismöglichkeiten nicht konkret feststellbar sind oder die Zuhörer in einer solchen Zahl, gemessen an der Gesamtzahl der Zuhörer, stören, dass eine individuelle Beseitigung der Störung gemäß §§ 176 ff. nicht Erfolg versprechend ist, sondern nur durch Ausschluss der gesamten Öffentlichkeit erreicht werden kann[57] (Grundsatz der Verhältnismäßigkeit, vgl. § 176 Rn. 14). Das Gleiche gilt, wenn das Gericht nach dem bisherigen Verlauf des Geschehens mit (weiteren) Störungen durch nicht im Voraus bestimmbare Personen rechnen muss.[58]

2. Zur öffentlichen Ordnung gehört auch die uneingeschränkte Möglichkeit der **Wahrheitserforschung.** Deshalb ist es eine Störung, wenn durch mündliche Äußerungen, Gebärden, Transparente, Pfiffe, Beifall oder auf andere Weise aus dem Zuhörerraum versucht wird, die Aussagebereitschaft eines Verfahrensbeteiligten, insbesondere eines Zeugen, zu beeinflussen oder auf den Inhalt seiner Aussage Einfluss zu nehmen, durch Drohungen gegenüber ihm selbst oder seinen Angehörigen. Auch der Versuch, aus dem Zuhörerraum heraus später zu vernehmende Zeugen darüber zu informieren, was vorangegangene Zeugen ausgesagt haben und was in der Verhandlung geschehen ist, damit sie die Aussage danach „einrichten" können, ist eine Gefährdung der Wahrheitsfindung. Reichen hier sitzungspolizeiliche Maßnahmen nicht aus, kann die Öffentlichkeit insgesamt ausgeschlossen werden.[59]

Die Wahrheitserforschung kann beeinträchtigt werden durch die Scheu eines Verfahrensbeteiligten, besonders eines Zeugen, vor der Öffentlichkeit so klar, umfassend, wahrheitsgetreu und vorbehaltlos auszusagen, wie er es im kleineren Kreise der nichtöffentlichen Verhandlung tun würde (vgl. § 169 Rn. 16). Hier ist aber bei Abwägung der widerstreitenden Werte grundsätzlich der Öffentlichkeit der Vorrang einzuräumen.[60] So ist ihr Ausschluss nicht schon deshalb zulässig, weil ein Zeuge, dem ein Aussageverweigerungsrecht zusteht, erklärt, er wolle nur dann aussagen, wenn die Öffentlichkeit ausgeschlossen werde,[61] oder weil zu erwarten ist, dass ein Verfahrensbeteiligter in nichtöffentlicher Sitzung geneigter sein werde, wahrheitsgemäße Angaben zu machen.[62] Auch die Erwartung, der Angeklagte wer-

---

[55] BGHSt 27, 13 = NJW 1977, 157.
[56] Vgl. BGH NStZ 2004, 220.
[57] *KK/Diemer* Rn. 5; *LR/Wickern* Rn. 4.
[58] *Meyer-Goßner* Rn. 4; *Beyer* DRiZ 1972, 285.
[59] RGSt 30, 244; St 64, 385; *LR/Wickern* Rn. 5.
[60] BGHSt 9, 280 = NJW 1956, 1646; *Schweling* DRiZ 1970, 385, 386; *KK/Diemer* Rn. 5.
[61] BGHSt 30, 193 = NJW 1981, 2825.
[62] BGHSt 9, 280; St 30, 193 = NJW 1981, 2825.

de nur in nichtöffentlicher Sitzung ein Geständnis ablegen, genügt nicht,[63] ebenso wenig die Möglichkeit, dass durch die Medienberichterstattung die Wahrheitsfindung erschwert werde.[64] Jedoch ist die Ausschließung der Öffentlichkeit dann zulässig, wenn die zuständige Behörde die Bekanntgabe eines Zeugen, z.B. eines V-Manns oder verdeckten Ermittlers, und die Erteilung einer Aussagegenehmigung aus Sorge vor einer Enttarnung an die Bedingung knüpft, dass er unter Ausschluss der Öffentlichkeit vernommen wird,[65] wie auch dem Verlangen der Verwaltungsbehörde, die Hauptverhandlung für die Dauer der Vernehmung eines gefährdeten Zeugen aus Sicherheitsgründen an einen besonders geschützten Ort zu verlegen, stattzugeben ist, wenn die Voraussetzungen des § 172 gegeben sind.[66] Die Sachaufklärung durch das Gericht ist damit geringer beeinträchtigt als durch eine Entscheidung der Verwaltungsbehörde, das Beweismittel der RSpr völlig vorzuenthalten (vgl. Einl. Rn. 172; § 23 EGGVG Rn. 151).

27 Eine differenzierte Betrachtung ist angezeigt, wo die Möglichkeit besteht, dass ein Zeuge für den Fall einer wahrheitsgemäßen Aussage in rechtswidriger Weise **Nachteile** erleiden könnte. Zwar kann auch hier nicht ohne weiteres angenommen werden, dass dieser Gefahr nur durch den Ausschluss der Öffentlichkeit begegnet werden könnte. Es ist zunächst Aufgabe der öffentlichen Gewalt, den zur Bekundung der Wahrheit verpflichteten Zeugen vor den rechtswidrigen Folgen zu schützen,[67] etwa durch den Ausschluss einzelner Zuhörer oder Zuhörergruppen nach § 176 oder die Entfernung des Angeklagten nach § 247 StPO. Auch kommt der Verzicht auf die Vernehmung des Zeugen wegen Gefahr für Leib oder Leben und Verlesung der polizeilichen Vernehmungsniederschrift in Frage,[68] so bei Selbstmordgefahr des Zeugen bei zu erwartenden Missfallenskundgebungen aus der Zuhörerschaft.[69] Wenn aber die persönliche Vernehmung in der Verhandlung erforderlich erscheint und ernsthafter Anlass für die Annahme besteht, dass die öffentliche Gewalt den Zeugen, seine Angehörigen usw. möglicherweise auf andere Weise nicht wirksam vor ernsten und schwerwiegenden rechtswidrigen Angriffen schützen kann mit der Folge, dass der Zeuge mit der Wahrheit zurückhält, kann das Gebot, die Wahrheit zu ergründen, auf Kosten des Grundsatzes der Öffentlichkeit den Vorrang beanspruchen.[70] Das regelt Nr. 1a (Rn. 34ff.) eindeutig. Aber auch darüber hinaus ist aber in Grenzfällen die Ausschließung der Öffentlichkeit bei Gefahr für den Zeugen oder anderer Personen wegen Gefährdung der öffentlichen Ordnung nicht ausgeschlossen.

28 3. Zur öffentlichen Ordnung gehört weiter die Gewährleistung des **rechtlichen Gehörs** für die Verfahrensbeteiligten (Parteien des Zivilprozesses, Angeklagter, Staatsanwalt usw. im Strafverfahren). Es gilt hier das zur Wahrheitserforschung Gesagte (Rn. 25f.) Wenn Zuhörer durch Unmutsäußerungen, Lärm, Drohungen usw. Verfahrensbeteiligte derart einschüchtern, dass diese sich in der Wahrnehmung ihrer prozessualen Rechte gehemmt fühlen und deshalb nicht in dem beabsichtigten Umfang davon Gebrauch machen, beeinträchtigt dies das rechtliche Gehör (vgl. § 169 Rn. 13, 16). Gegen solche Gefährdungen sind auch hier zunächst die nach §§ 176ff. möglichen Maßnahmen zu ergreifen, bevor es zu einer Ausschließung der gesamten Öffentlichkeit kommen kann.

---

[63] BGHSt 9, 280; *Meyer-Goßner* Rn. 7; *KK/Diemer* Rn. 5.
[64] BGH bei *Dallinger* MDR 1973, 730; BGHSt 30, 193 = NJW 1981, 2825; *Meyer-Goßner* Rn. 7.
[65] BGHSt 32, 115 = NStZ 1984, 36 m. Anm. *Frenzel*; *KK/Diemer* Rn. 5; *LR/Wickern* Rn. 7; *Weider* StV 1983, 225, 229; *Tiedemann/Sieber* NJW 1984, 753.
[66] BGHSt 32, 115 = NStZ 1984, 36; St 36, 159 = NJW 1989, 3291.
[67] BGHSt 9, 280 = NJW 1956, 1646; vgl. VG Gelsenkirchen NJW 1999, 3730; *Soiné* NJW 1999, 3688.
[68] BGHSt 30, 193 = NJW 1981, 2825; NStZ 1993, 293; StV 1993, 233; *Rebmann/Schnarr* NJW 1989, 1190.
[69] BGH GA 1978, 13; BGHSt 30, 193 = NJW 1981, 2825.
[70] BGHSt 3, 344 = NJW 1953, 315; St 9, 280 = NJW 1956, 1646; St 16, 111 = NJW 1961, 1781; *Holtz* MDR 1980, 273.

4. Die öffentlichen Ordnung ist auch gefährdet, wenn durch eine öffentliche Erörterung von Methoden und Einrichtungen zur Verhütung oder Aufklärung strafbarer Handlungen Informationen an Täterkreise gelangen können, die die **Wirksamkeit von Maßnahmen der Kriminalitätsbekämpfung** beseitigen oder einschränken, etwa wenn über Sicherungseinrichtungen gesprochen werden muss, deren Offenlegung ihre Wirksamkeit für die Zukunft in Frage stellen kann.[71] Gleichermaßen ist eine Gefährdung der öffentlichen Ordnung zu besorgen, wenn in öffentlicher Verhandlung Einzelheiten über neue oder neuartige Begehungsformen von Straftaten erörtert werden, die zur Nachahmung anregen könnten.[72] Reichen hier Maßnahmen nach §§ 176 ff. nicht aus, kann die Öffentlichkeit ausgeschlossen werden (vgl. Rn. 2). 29

5. Zur öffentlichen Ordnung gehört auch die **Unabhängigkeit der richterlichen Überzeugungsbildung** und der Rechtspflege überhaupt vor unzulässiger Einflussnahme, die auch in der Beeinträchtigung der persönlichen Sicherheit der Richter und anderer amtlicher Verfahrensbeteiligter liegen kann. Zwar gehört es zu den Berufspflichten besonders der Richter, Einflussnahmen auf ihre Entscheidung nachdrücklich entgegenzutreten, notfalls unter Inkaufnahme eines persönlichen Risikos[73] (§ 1 Rn. 157). Ist aber im Extremfall durch das Verhalten von Zuhörern das richterliche Bemühen um Wahrheitsfindung und Objektivität ernsthaft gefährdet und reichen Maßnahmen nach §§ 176 ff. nicht aus, kann die Öffentlichkeit ausgeschlossen werden (Rn. 2). 30

IV. Besorgnis der Gefährdung der Sittlichkeit (Nr. 1). Das Schutzobjekt ist schwer zu umschreiben und entzieht sich einer zeitlosen Definition. Der Begriff ist trotz mancher Reformbemühungen Gesetzessprache geblieben.[74] Eine Besorgnis der Gefährdung der Sittlichkeit wird herkömmlicherweise angenommen bei Erörterung von Dingen, deren öffentliche Erörterung geeignet ist, das Scham- und Sittlichkeitsgefühl des normalen oder des Durchschnittsmenschen in geschlechtlicher Beziehung zu verletzen,[75] so wenn in der Verhandlung sexuelle Vorgänge erörtert werden müssen, die nach allgemeiner Anschauung anstößig sind. Die Enttabuisierung des Sexuellen, die freizügige Darstellung sexueller Praktiken in den Medien, in der Literatur und in der Kunst müssen bei Auslegung dessen, was zur Gefährdung der Sittlichkeit führen kann, herangezogen werden.[76] Das Recht kann „nicht an einer tiefgreifenden und nachhaltigen Änderung der allgemeinen Anschauungen über die Toleranzgrenze gegenüber geschlechtsbezogenen Äußerungen vorbeigehen".[77] Das gilt nicht nur für das materielle Strafrecht, sondern erst recht für die Frage der Gefährdung der Sittlichkeit durch eine öffentliche Gerichtsverhandlung, in der Geschehenes zur Sprache kommt und rechtlich bewertet werden soll. 31

Es ist heute schwer vorstellbar, wie eine Erörterung geschlechtlicher Dinge im Gerichtssaal die Sittlichkeit gefährden kann. Die rechtlich gebotene Erörterung von sexuellen Vorgängen gefährdet ohnedies nicht per se die Sittlichkeit, sondern allein die darauf folgende innere Reaktion des Zuhörers. Dabei ist zu bedenken, dass der Schutz der Jugend durch § 175 gewährleistet und die Belange der Verfahrensbeteiligten durch §§ 171b und 172 Nr. 3 gewahrt werden können. Eine Gefährdung der Sittlichkeit kann deshalb nur in Extremfällen in Frage kommen; größte Zurückhaltung ist geboten.[78] Denkbar ist sie etwa, wenn Einzelheiten des sexuellen 32

---

[71] BGH MDR 1954, 400; *Meyer-Goßner* Rn. 3; *KK/Diemer* Rn. 5; *LR/Wickern* Rn. 6.
[72] *LR/Wickern* Rn. 6.
[73] *Schwinge* MSchrKrim 1973, 377.
[74] BTagsDrucks. 7/1261 S. 34; *Göhler* NJW 1974, 835 Fußn. 146.
[75] OLG Düsseldorf MDR 1981, 427; *LR/Wickern* Rn. 8; *Meyer-Goßner* Rn. 5; *Eb. Schmidt* Rn. 6.
[76] BGHSt 38, 248 = NJW 1992, 2436.
[77] BGHSt 23, 40 = NJW 1969, 1818.
[78] *Schweling* DRiZ 1970, 354; *Meyer-Goßner* Rn. 5.

Missbrauchs eines Kindes durch einen möglicherweise triebgestörten Täter zu erörtern sind.[79]

33 Allgemein wird bei einer Vernehmung von Opfern eines Sexualdeliktes bereits die Ausschließungsmöglichkeit nach § 171b (Umstände aus dem persönlichen Lebensbereich, dort Rn. 3, 6) eingreifen, die eine gewisse Dispositionsfreiheit des Betroffenen hinsichtlich der Öffentlichkeit eröffnet (§ 171b Rn. 13ff.). Die beiden Ausschließungsgründe stehen jedoch mit unterschiedlicher Schutzfunktion selbstständig nebeneinander (vgl. § 171b Rn. 12).

34 **V. Gefährdung von Leben, Leib oder Freiheit von Zeugen oder anderen Personen (Nr. 1a).** Die Vorschrift beruht auf der Überlegung, dass auf Grund der Professionalisierung der organisierten Kriminalität und ihres konspirativen, auf Abschottung bedachten Vorgehens die herkömmliche polizeiliche Ermittlungsarbeit nicht ausreichend ist. Für eine wirksame Bekämpfung ist eine Verbesserung des Ermittlungsinstrumentariums unerlässlich. „Nicht minder wichtig ist der Zeugenschutz. Nur wenn die Sicherheit gefährdeter Auskunftspersonen gewährleistet werden kann, sind von ihnen Aussagen zu erwarten, mit denen Hintermänner und Drahtzieher krimineller Organisationen überführt werden können".[80] Den Staat trifft eine Schutzpflicht gegenüber denjenigen, die Gefahr auf sich nehmen, um die Verfolgung strafbarer Handlungen zu ermöglichen; dies ist das Korrelat zur Zeugenpflicht überhaupt. Schon zuvor war anerkannt, dass die aussagebedingte Gefährdung von Leib oder Leben eines Zeugen in aller Regel als Gefährdung der öffentlichen Ordnung im Sinne des § 172 Nr. 1 anzusehen ist[81] (vgl. Rn. 27). Das sollte Nr. 1a gesetzlich klarstellen; die Freiheit als geschütztes Rechtsgut sollte mit in die Regelung aufgenommen werden.[82]

35 **Rechtsgüter**, die durch die Ausschließung der Öffentlichkeit **geschützt** werden sollen, sind Leben, Leib und Freiheit; die Besorgnis (vgl. Rn. 21) ihrer Gefährdung rechtfertigt die Ausschließung der Öffentlichkeit. Eine Gefährdung anderer Rechtsgüter fällt nicht unter Nr. 1a, so z.B. nicht eine (schlichte) Gesundheitsgefährdung, die in keinem Zusammenhang mit der Öffentlichkeit der Verhandlung steht.[83] Auch eine Erschwerung der wahrheitsgemäßen Aussage eines Zeugen oder seiner Aussage überhaupt auf Grund anderer Umstände rechtfertigt nicht die Ausschließung der Öffentlichkeit nach Nr. 1a, möglicherweise aber aus anderen Gründen (vgl. Rn. 26, 27).

36 Geschützte Personen sind Zeugen oder andere Personen, hinsichtlich derer das Gesetz keine Einschränkungen macht. Zu denken ist an Angehörige, aber auch an Informanten des Zeugen oder der Ermittlungsbehörden, über deren Person oder Tätigkeit der Zeuge aussagen soll,[84] ebenso an Personen, die in einem nicht rechtsstaatlich ausgestalteten Gemeinwesen leben und durch die wahrheitsgemäße Aussage rechtswidrige Verfolgung zu befürchten haben.[85]

37 Die Ausschließung der Öffentlichkeit steht im pflichtgemäßen Ermessen des Gerichts;[86] sie muss das äußerste Mittel sein zur Herbeiführung einer wahrheitsgemäßen Aussage (Rn. 27). Nach Sachlage reicht etwa aus, wenn in einem Strafverfahren gegen eine gewerbsmäßig handelnde Tätergruppe der zu vernehmende Zeuge von Unbekannten aufgesucht wurde, die ihm „Probleme" ankündigen, sollte er in der Hauptverhandlung seine Aussage nicht „richtig stellen".[87] Geht die Gefahr von einem identifizierbaren beschränkten Personenkreis aus, so genügt deren Ausschlie-

---

[79] BGH NJW 1986, 200 = JR 1986, 215 m. Anm. *Böttcher* = NStZ 1986, 179 m. Anm. *Gössel*.
[80] BTagsDrucks. 12/2720 S. 2.
[81] BTagsDrucks. 12/989 S. 48.
[82] AaO.
[83] BGH NStZ 1987, 86; *Meyer-Goßner* Rn. 6.
[84] *Meyer-Goßner* Rn. 6.
[85] LR/*Wickern* Rn. 12.
[86] Vgl. BGH NStZ-RR 2004, 116.
[87] BGH NStZ-RR 2007, 46.

ßung.⁸⁸ Neben Nr. 1a ist die Ausschließung nach Nr. 1 wegen Gefährdung der öffentlichen Ordnung möglich (Rn. 27).

VI. Geschäfts-, Betriebs-, Erfindungs- oder Steuergeheimnis (Nr. 2). 38
Die Öffentlichkeit kann auch ausgeschlossen werden, wenn ein wichtiges Geschäfts-, Betriebs-, Erfindungs- oder Steuergeheimnis zur Sprache kommt, durch dessen öffentliche Erörterung überwiegende schutzwürdige Interessen verletzt würden⁸⁹ (Nr. 2). Während sich § 171b nur auf den Schutz der Prozessbeteiligten und Zeugen bezieht, ist der Geheimnisschutz nach Nr. 2 nicht auf diesen Personenkreis beschränkt, sondern erstreckt sich auch auf Geheimnisse Dritter.⁹⁰ Das Gericht hat dies von Amts wegen zu beachten, eines Antrags bedarf es (im Gegensatz zu § 52 ArbGG) nicht. Es muss ein „wichtiges" Geheimnis zur Sprache kommen. Geheimnis ist eine Tatsache, die nur einer oder wenigen Personen bekannt und zugänglich ist und an deren Geheimhaltung der Berechtigte ein schutzwürdiges Interesse hat.⁹¹ Das Merkmal „wichtig" stellt klar, dass nicht jede Nebensächlichkeit geschützt wird, sondern nur ein Geheimnis von erheblicher Bedeutung für die Wettbewerbsfähigkeit, den Geschäftserfolg oder die wirtschaftliche Entwicklung insgesamt.⁹²

Erforderlich ist, dass die öffentliche Erörterung des wichtigen Geheimnisses 39 überwiegende schutzwürdige Interessen verletzen würde. Eine begründete Befürchtung⁹³ oder eine erhebliche Gefährdung genügen; die Gewissheit der Verletzung ist nicht erforderlich. Das setzt einmal voraus, dass das Geheimnis selbst schutzwürdig ist (vgl. § 171b Rn. 5). Das Geheimnis muss also objektiv bewertet werden, worauf auch die Gesetzesformulierung „wichtig" schon hinweist; es muss von einem gewissen Schutz- und Wertniveau sein.⁹⁴ Ein schutzwürdiges Interesse an der Geheimhaltung kann etwa fehlen, wenn nur ein Teilaspekt erörtert wird oder eine bloße Einsichtnahme in Unterlagen ausreicht, die zur Kenntnis zu nehmen die Zuhörer kein Recht haben (vgl. § 169 Rn. 52). Zum anderen muss, um die Öffentlichkeit ausschließen zu könen, das Geheimhaltungsinteresse die Bedeutung des Öffentlichkeitsprinzips überwiegen. Bei dieser Abwägung sollte angesichts der Entwicklung hin zu einem verstärkten Schutz der Persönlichkeitssphäre aber kein allzu strenger Maßstab angelegt werden.⁹⁵ Ist das Geheimnis selbst Gegenstand des Strafverfahrens, verdient die Öffentlichkeit im Allgemeinen den Vorzug.⁹⁶ Zur Auflage, den Inhalt der Verhandlung geheim zu halten, § 174 Abs. 3.

1. Unter **Geschäfts- oder Betriebsgeheimnis** ist eine Tatsache zu verstehen, 40 die im Zusammenhang mit einem Geschäftsbetrieb steht, nur einem eng begrenzten Personenkreis bekannt, also nicht offenkundig ist, nach dem bekundeten oder erkennbaren Willen des Betriebsinhabers geheimgehalten werden soll und an deren Geheimhaltung der Betriebsinhaber ein berechtigtes wirtschaftliches Interesse hat. Auch ein an sich bekanntes Verfahren oder eine an sich bekannte Herstellungsvorrichtung kann für ein bestimmtes Unternehmen Betriebsgeheimnis sein, sofern geheim ist, dass es sich dieses Verfahrens oder dieser Anlage bedient und dadurch möglicherweise besondere Erfolge erzielt.⁹⁷ Dem Schutz unterliegt auch die Beziehung der das Geheimnis bildenden Tatsache zu dem bestimmten einzelnen Betrieb.⁹⁸ Dem Schutz des Geheimnisses steht nicht entgegen, dass es einem

---

⁸⁸ BGH bei *Holtz* MDR 1980, 273; *Meyer-Goßner* Rn. 6.
⁸⁹ Vgl. *Gottwald* BB 1979, 1780; *Wolff* NJW 1997, 98.
⁹⁰ *Katholnigg* Rn. 5; *LR/Wickern* Rn. 20; *MünchKommZPO/Wolf* Rn. 6.
⁹¹ *Meyer-Goßner* Rn. 9; *MünchKommZPO/Wolf* Rn. 6.
⁹² Vgl. OVG Lüneburg NVwZ 2003, 629.
⁹³ *Wittkämper* BB 1963, 1161.
⁹⁴ *MünchKommZPO/Wolf* Rn. 6.
⁹⁵ *MünchKommZPO/Wolf* Rn. 7.
⁹⁶ *Katholnigg* Rn. 6.
⁹⁷ BGH NJW 1960, 1999; *Wittkämper* BB 1963, 1161.
⁹⁸ RGZ 149, 329.

beschränkten Personenkreis bekannt wurde,⁹⁹ sei es erlaubt oder unerlaubt. Ein Geschäftsgeheimnis betrifft die unternehmerische, kaufmännische Tätigkeit des Betriebs, z.B. Bilanzen, Vertrieb, Kundenkarteien, Absatzplanung, Finanzierung, Beteiligungen, Organisation, Einkaufsquellen, Ausdehnungspläne, Standortuntersuchungen, Angebote auf öffentliche Ausschreibungen.¹⁰⁰ Betriebsgeheimnisse betreffen die technische Ausgestaltung des Betriebs, z.B. Methoden der Herstellung, Veredelung und Verarbeitung der Waren.¹⁰¹

41 § 172 Nr. 2 schützt Geschäfts- und Betriebsgeheimnisse aber nur unvollständig. So kann allein schon die Offenbarung des Geheimnisses gegenüber dem Prozessgegner die Interessen des Geheimnisinhabers gefährden, etwa bei bestehendem Wettbewerbsverhältnis. Der Geheimnisinhaber steht hier vor der Alternative, das Geheimnis preiszugeben oder auf die prozessuale Durchsetzung seiner Rechte zu verzichten. Die Frage, ob hier ein **„Geheimverfahren"** möglich ist, in dem Beweismittel, etwa eine Urkunde, der Gegenpartei vorenthalten und dennoch Grundlage der Entscheidung werden können, geht weit über das Öffentlichkeitsprinzip hinaus und berührt das rechtliche Gehör.¹⁰² Der BGH hält ein solches Geheimverfahrens für unzulässig.¹⁰³ Auch das BAG hat im Zusammenhang mit der Anpassung von Betriebsrenten die Vorlage der Bilanzen und der Gewinn- und Verlustrechnung für erforderlich angesehen, auch wenn sie wichtige Betriebsgeheimnisse enthalten, und dem beweispflichtigen Arbeitgeber die negativen Folgen einer Nichtvorlage auferlegt, weil der Schutz der §§ 172, 174 Abs. 3 GVG, 203 StGB ausreichend sei für ein faires Verfahren.¹⁰⁴ An der Grenze zum Geheimverfahren liegt allerdings eine Entscheidung,¹⁰⁵ in der es um den prozessentscheidenden Nachweis ging, dass mindestens ein Arbeitnehmer des Betriebs Gewerkschaftsmitglied ist (§ 2 Abs. 2 BetrVerfG). Die antragstellende Gewerkschaft verweigerte die Angabe des Namens ihres Mitglieds, um diesen Arbeitnehmer vor Nachteilen in seinem Arbeitsverhältnis zu bewahren und die Grundlage ihres betriebsverfassungsrechtlichen Betätigungsrechts im Betrieb nicht zu gefährden. Das BAG hat die Erklärung eines Notars, vor ihm sei eine Person, ausgewiesen durch Reisepass, erschienen und habe unter Vorlage einer Lohnabrechnung eidesstattlich versichert, sie sei Arbeitnehmer beim Antragsgegner und Mitglied der antragstellenden Gewerkschaft, als ausreichenden (mittelbaren) Beweis anerkannt.¹⁰⁶ Das Erfordernis hinreichender Bestimmtheit des Klageantrags kann durch ein Geheimhaltungsinteresse nicht außer Kraft gesetzt werden.¹⁰⁷

42 2. Das **Erfindungsgeheimnis** ist im Anschluss an § 52 ArbGG eingefügt worden, sein Schutz auch im GVG erschien angebracht.¹⁰⁸ Eine exakte Definition der Erfindung ist nicht möglich; man wird darunter zu verstehen haben „eine gewerblich verwertbare neue, fortschrittliche und erfinderische Lehre zum planmäßigen Handeln unter Einsatz beherrschbarer Naturkräfte zur Erreichung eines kausal übersehbaren Erfolges".¹⁰⁹ Unter das Erfindungsgeheimnis fällt nicht nur die Erfindung selbst, sondern auch alle darauf bezüglichen Umstände, an deren Geheimhaltung eine Person

---

⁹⁹ RGSt 40, 407; St 42, 396; St 48, 13.
¹⁰⁰ BGHSt 41, 140 = NJW 1995, 2301.
¹⁰¹ *Wittkämper* BB 1963, 1161.
¹⁰² *Heinze*, FS Wannagat, 1981, S. 155; *Stürner* JZ 1985, 453; *Lachmann* NJW 1987, 2206; *Stadler* NJW 1989, 1202; *Baumgärtel*, FS Habscheid, 1989, S. 1 ff.; *Prütting/Weth* NJW 1993, 576.
¹⁰³ BGHZ 116, 47 = NJW 1992, 1817; vgl. hierzu auch *Bornkamm*, FS Ullmann, 2006, S. 893; zur selektiven Mitteilung von Schriftsätzen OLG München GRUR-RR 2005, 175.
¹⁰⁴ BAGE 48, 284 = NZA 1985, 499.
¹⁰⁵ BAG NJW 1993, 612.
¹⁰⁶ Abl. *Schilken* SAE 1993, 308; *Walker*, FS Egon Schneider, 1997, S. 147; Nichtannahmebeschluss des BVerfG NJW 1994, 2347; dazu krit. *Leipold* SAE 1996, 71.
¹⁰⁷ BAG NZA 2003, 1221 m. Anm. *Kast* BB 2003, 2569.
¹⁰⁸ BTagsDrucks. 7/550 S. 320.
¹⁰⁹ BGHZ 52, 74 = NJW 1969, 1713.

oder Institution ein berechtigtes Interesse hat.[110] Dazu können z.B. Vorarbeiten, Entwürfe, Modelle gehören. Von einem Geheimnis (vgl. Rn. 38) kann jedoch nur solange gesprochen werden, als für die Erfindung noch kein Patent oder anderes Schutzrecht erteilt ist.[111] Auch die bekanntgemachte Patentanmeldung (§ 30 PatG) ist kein Geheimnis mehr.[112]

3. Das **Steuergeheimnis** wurde aufgenommen als Korrektiv für eine gleichzeitig beabsichtigte Auflockerung des Steuergeheimnisses durch eine erweiterte Auskunftspflicht des Finanzamts über die wirtschaftlichen Verhältnisse eines Beschuldigten[113] (§ 161 Abs. 2 Entw StPO). Diese Vorschrift ist nicht Gesetz geworden.[114] Gleichwohl hat Nr. 2 aktuelle Bedeutung[115] und ergänzt den Schutz des Geschäfts- und Betriebsgeheimnisses (Rn. 38). Das Steuergeheimnis (§ 30 AO) gilt grundsätzlich auch für das Verhältnis der Finanzbehörden zur Justiz. Ist es nach § 30 Abs. 2 AO ausnahmsweise durchbrochen, liegt es gleichwohl, insbesondere im Hinblick auf die Steuerehrlichkeit, im öffentlichen Interesse, steuerlich relevante Tatsachen weitestgehend nichtöffentlich zu behandeln. Unter das Steuergeheimnis fallen nicht nur steuerliche Daten, wie Steuersummen und Beträge der Einkünfte, des Vermögens und des Umsatzes des Steuerpflichtigen, sondern auch alle damit in Zusammenhang stehenden Verhältnisse, etwa der Inhalt von Verhandlungen in Steuersachen sowie die Verwertung von Geschäfts- und Betriebsgeheimnissen, welche in Steuersachen oder Steuerstrafsachen bekannt wurden.[116] Die Nichtöffentlichkeit ist auch dann angezeigt, wenn das Steuergeheimnis im Verfahren nur eine untergeordnete Rolle spielt wie für die Bemessung der Tagessätze[117] oder den Sachwert in einem Zivilprozess. Öffentlich muss die Verhandlung sein, wenn die Steuerunterlagen tatbezogen sind, z.B. bei einer Steuerhinterziehung.[118]

VII. Privates Geheimnis (Nr. 3). Die Öffentlichkeit kann ausgeschlossen werden, wenn ein privates Geheimnis erörtert wird, dessen unbefugte Offenbarung durch den Zeugen oder Sachverständigen mit Strafe bedroht ist (Nr. 3). Die Vorschrift dient dem Schutz anvertrauter Geheimnisse. Geheimnis ist eine Tatsache, die nur einer Person oder einem beschränkten Personenkreis bekannt ist und an deren Geheimhaltung der Betroffene ein Interesse hat (Rn. 38). Privat ist ein Geheimnis, wenn der zugrundeliegende Vorgang oder die Tatsache der persönlichen Lebensführung zuzurechnen sind, nicht dem öffentlichen Bereich. Dieses private Geheimnis muss dem Zeugen oder Sachverständigen „anvertraut" sein, zufällige Kenntnisnahme reicht nicht aus.

Die unbefugte Offenbarung des privaten Geheimnisses durch den Zeugen oder Sachverständigen muss strafbewehrt sein. Die Vorschrift korrespondiert vor allem mit § 203 StGB, ebenso teilweise mit den Aussageverweigerungsrechten nach §§ 383 ZPO, 53 und 53a StPO. Die allgemeine Verschwiegenheitspflicht, z.B. von Beamten, und eine allein ethisch oder standesrechtlich begründete Verschwiegenheitspflicht fällt nicht unter diese Vorschrift.

Wenn eine Person, die zu dem zur Verschwiegenheit verpflichteten Personenkreis gehört, in einem Gerichtsverfahren das Geheimnis offenbart, lässt Nr. 3 hierfür den Ausschluss der Öffentlichkeit zu, um die Preisgabe des anvertrauten Geheimnisses auf das verfahrensmäßig unbedingt Notwendige zu beschränken[119] und

---

[110] LR/Wickern Rn. 17; Meyer-Goßner Rn. 10; MünchKommZPO/Wolf Rn. 9.
[111] Meyer-Goßner Rn. 10.
[112] Katholnigg Rn. 6; LR/Wickern Rn. 17.
[113] Vgl. BTagsDrucks. 7/550 S. 320.
[114] Vgl. BTagsDrucks. 7/550 S. 476, 497; 7/1261 S. 28; LR/Wickern Rn. 18 ff.
[115] Rüping/Arloth DB 1984, 1795.
[116] Seltmann NJW 1968, 870.
[117] Meyer-Goßner Rn. 11.
[118] Meyer-Goßner aaO.
[119] BTagsDrucks. 7/550 S. 321.

so die Vertraulichkeit der Beziehungen möglichst weitgehend zu wahren. Ob der Zeuge oder Sachverständige das Geheimnis befugt oder unbefugt offenbart, hat das Gericht nicht nachzuprüfen.

47 Die Vorschrift gilt nur für die Vernehmung eines Zeugen oder Sachverständigen. Will ein Verfahrensbeteiligter ein Geheimnis selbst kundgeben, oder will ein § 203 StGB unterfallender Verfahrensbeteiligter ein ihm anvertrautes privates Geheimnis offenbaren, befugt oder unbefugt, kommt nur der Ausschluss der Öffentlichkeit nach Nr. 2 oder nach § 171b (Umstände aus dem persönlichen Lebensbereich) in Frage.

48 Private Geheimnisse, die dem Sachverständigen erst im Rahmen der Erledigung des gerichtlichen Gutachtensauftrags zur Kenntnis gelangt sind, fallen nicht unter Nr. 3, wohl aber unter Nr. 2 oder § 171b.

49 Da die Ausschließung der Öffentlichkeit in das Ermessen des Gerichts gestellt ist und nicht noch einer Güterabwägung zwischen dem Interesse an Öffentlichkeit des Verfahrens einerseits und dem Gegenstand des privaten Geheimnisses und seiner Gefährdung andererseits bedarf, erweitert Nr. 3 den Geheimnisschutz über § 171b und § 172 Nr. 2 hinaus.

50 Die Vorschrift stellt auf die Erörterung des Geheimnisses unmittelbar ab. Sie erstreckt sich nicht auf Fragen und Erklärungen im Zusammenhang mit einem gleichzeitig bestehenden Aussageverweigerungsrecht oder mit einer Entbindung von der Verschwiegenheitspflicht. Soweit die Nichtöffentlichkeit der Verhandlung für die Befreiung von erkennbarer Bedeutung ist, kann für diesen Teil der Verhandlung ein Ausschluss nach Nr. 2 in Frage kommen, nicht jedoch nach Nr. 3.

51 **VIII. Vernehmung Jugendlicher (Nr. 4).** Die Öffentlichkeit kann ausgeschlossen werden, wenn eine Person unter 16 Jahren vernommen wird (Nr. 4). Grund ist die Rücksichtnahme auf die besondere psychische Situation kindlicher Zeugen, „für die bereits das Auftreten vor Gericht, vollends vor zahlreichen Zuhörern, eine schwere Belastung darstellen kann, die auch durch ein Informationsinteresse der Öffentlichkeit nicht zu rechtfertigen ist";[120] auch kann durch die Öffentlichkeit der Verhandlung die Fähigkeit und Bereitschaft, die Wahrheit zu sagen, beeinträchtigt sein.[121] Der Ausschluss kann auch angezeigt sein, wenn der jugendliche Zeuge wegen großen Aufsehens in seinem Fortkommen beeinträchtigt werden kann oder wenn er sich in einer für seine geistige Fortentwicklung gefährdenden Weise im Mittelpunkt großen öffentlichen Interesses sieht.[122] Weitere Schutzvorschriften für Jugendliche sind §§ 241a Abs. 1, 247 Satz 2 StPO.

52 Die Vorschrift betrifft nur die Vernehmung als Zeugen. In Verfahren gegen Jugendliche in Strafsachen ist die Öffentlichkeit ohnedies kraft Gesetzes ausgeschlossen, § 48 JGG (vgl. § 169 Rn. 5). Eine entsprechende Vorschrift für den Zivilprozess fehlt. Mit Rücksicht auf die persönliche Anhörung der Verfahrensbeteiligten (vgl. z.B. §§ 138, 141 ZPO) wird gegebenenfalls eine Ausschließung nach Nr. 1 bis 3 zu erwägen sein.

53 Die Ausschließung der Öffentlichkeit ist stets zulässig ohne weitere Voraussetzungen, auch ohne Rücksicht auf den Inhalt der Aussage und den Gegenstand des Verfahrens. Sie steht im Ermessen des Gerichts (vgl. Rn. 49).

54 Der Ausschluss der Öffentlichkeit für die Dauer der Vernehmung umfasst alle Verfahrensvorgänge, die mit den Vernehmungen in enger Verbindung stehen oder sich aus ihnen entwickeln und daher zu diesem Verfahrensabschnitt gehören; dies gilt insbesondere auch für die Beschlussfassung nach § 247 StPO wie für die vorangegangenen Erörterungen darüber und die jeweilige Unterrichtung des Angeklagten.[123]

---

[120] BTagsDrucks. 7/550 S. 321.
[121] BTagsDrucks. 7/1261 S. 35.
[122] *Meyer-Goßner* Rn. 14.
[123] BGH NStZ 1994, 354.

§ 173. [Öffentliche Urteilsverkündung]

(1) **Die Verkündung des Urteils erfolgt in jedem Falle öffentlich.**
(2) **Durch einen besonderen Beschluß des Gerichts kann unter den Voraussetzungen der §§ 171b und 172 auch für die Verkündung der Urteilsgründe oder eines Teiles davon die Öffentlichkeit ausgeschlossen werden.**

Gesetzesfassung: Abs. 2 geändert durch das OpferschutzG vom 18. 12. 1986 (BGBl. I S. 2496).

Ohne Rücksicht darauf, ob die vorangegangene Verhandlung ganz oder teilweise 1 öffentlich oder nicht öffentlich war, hat die **Verkündung des Urteils** stets („in jedem Falle") **öffentlich** zu erfolgen (Abs. 1). Eine Ausnahme gilt nur im jugendgerichtlichen Verfahren, § 48 JGG (vgl. § 169 Rn. 5). Im Verfahren gegen einen Heranwachsenden kann die Öffentlichkeit nach § 109 Abs. 1 Satz 4 JGG auch für die Verkündung des Urteils ausgeschlossen werden.[1] Die Ausschließung der Öffentlichkeit nach § 109 Abs. 1 Satz 4 JGG umfasst, soweit das Gericht nichts anderes bestimmt, auch die Verkündung des Urteils.[2] – „Verkündung des Urteils" im Sinne von Abs. 1 ist nur die mündliche Verlesung der **Urteilsformel** nach § 268 Abs. 2 Satz 3 StPO, § 311 Abs. 2 ZPO, nicht die Bekanntgabe der Urteilsgründe (§ 268 Abs. 2 Satz 2 StPO, § 311 Abs. 3 ZPO), die in Abs. 2 geregelt ist. Ebenso wenig gehört hierher die Verkündung der Beschlüsse nach §§ 268a, 268b StPO, obwohl sie mit dem Urteil zu verkünden sind.[3] Es gilt das Verbot des § 169 Satz 2. Zu Tonaufzeichnungen § 169 Rn. 62ff., zur Aufzeichnung durch das Gericht § 169 Rn. 73. Die Tonaufzeichnung der mündlichen Urteilsbegründung zur internen Arbeitserleichterung ist zulässig; der Verteidiger hat keinen Anspruch darauf, dass ihm diese Aufzeichnung zugänglich gemacht wird.[4]

Die Öffentlichkeit bei Verkündung der Urteilsformel besteht **kraft Gesetzes.** 2 Selbst wenn sie bis zur Verkündung des Urteils ausgeschlossen war, ist die Verkündung öffentlich, ohne dass es noch eines dahin gehenden Beschlusses bedürfte (vgl. § 172 Rn. 4). Die Öffentlichkeit der Verkündung muss aus dem Protokoll ersichtlich sein[5] (vgl. § 169 Rn. 54). War die Öffentlichkeit nicht gegeben, wird dies aber während der Verkündung noch bemerkt, kann nach ihrer Herstellung der Mangel durch erneute Verkündung geheilt werden[6] (vgl. § 169 Rn. 61). Nach Beendigung der Urteilsverkündung besteht diese Heilungsmöglichkeit nicht mehr.[7] In Strafsachen ist hierfür maßgeblich der Abschluss der prozessual zur Verkündung gehörenden Eröffnung der Urteilsgründe (§ 268 Abs. 2 Satz 1 StPO).

Die gesetzlich zwingend vorgeschriebene Öffentlichkeit der Verkündung der 3 Urteilsformel hindert, die Öffentlichkeit insgesamt auszuschließen. Das gilt selbst dann, wenn auf Grund des störenden Verhaltens der Zuhörer die Öffentlichkeit in anderen Verhandlungsabschnitten ausgeschlossen werden könnte (anders § 174 Abs. 1 Satz 2). Hier muss gegebenenfalls die Verkündung ausgesetzt oder unterbrochen werden und unter Beachtung der Fristen des § 268 Abs. 3 StPO später durchgeführt werden.[8]

Trotz der Notwendigkeit, die Urteilsformel öffentlich zu verkünden, ist es zuläs- 4 sig, **einzelne Zuhörer,** die die Verkündung stören, nach §§ 175, 177 aus dem Saal zu weisen.

---

[1] OLG Oldenburg NJW 1959, 1506; OLG Düsseldorf NJW 1961, 1547.
[2] BGH NJW 1997, 471; a. A. *Eisenberg* NStZ 1998, 53.
[3] BGHSt 25, 333 = NJW 1974, 1518.
[4] OLG Koblenz NStZ 1988, 42.
[5] RGSt 55, 103; BGHSt 4, 279 = NJW 1953, 1442.
[6] *LR/Wickern* Rn. 4; *Poppe* NJW 1953, 1915.
[7] RGSt 61, 388; *Poppe* aaO.; *Eb. Schmidt* JZ 1969, 764; außerhalb des Strafverfahrens a. A. RG GA 1893, 45; OLG Oldenburg NdsRpfl 1954, 34.
[8] *LR/Wickern* Rn. 4.

5 Für die Verkündung der **Urteilsgründe** kann die Öffentlichkeit bei Vorliegen der Voraussetzungen von §§ 171b oder 172 ganz oder teilweise ausgeschlossen werden (Abs. 2). Ein solcher Ausschluss ist nicht in einem für die Verhandlung ergangenen Beschluss über die Ausschließung der Öffentlichkeit mit enthalten,[9] er muss getrennt von diesem und ausdrücklich für die Urteilsgründe (neu) beschlossen werden.[10] Auch das Verfahren nach § 174 ist für diesen Beschluss selbstständig einzuhalten.[11] – Einzelne Störer können auch hier entfernt werden (Rn. 4).

6 Den Zeitpunkt, zu dem dieser Ausschließungsbeschluss frühestens ergehen kann, regelt das Gesetz nicht. Im Allgemeinen kann er frühestens am Schluss der Beweisaufnahme ergehen.[12] Andererseits gibt es aber auch keinen besonderen Endtermin. Der Beschluss und das darauf bezügliche Verfahren nach § 174 kann auch noch stattfinden, wenn die Verlesung der Urteilsformel bereits abgeschlossen ist,[13] ebenso noch während der Bekanntgabe der Urteilsgründe für den Rest (ganz oder teilweise) der Begründung.

7 Liegen die Voraussetzungen für den Ausschluss der Öffentlichkeit nach §§ 171b, 172 nur für einen Teil der Begründung vor, kann auch nur insoweit die Öffentlichkeit ausgeschlossen werden. Die teilweise öffentliche Verkündung darf aber nicht den Zweck des Ausschlusses aufheben.[14]

8 Die Verletzung der Vorschriften über die Öffentlichkeit bei der Urteilsverkündung macht das Urteil nicht unwirksam, ist aber **absoluter Revisionsgrund**[15] (vgl. § 169 Rn. 55).

§ 174. [Verhandlung über Ausschluss der Öffentlichkeit; Schweigepflicht]

(1) ¹Über die Ausschließung der Öffentlichkeit ist in nicht öffentlicher Sitzung zu verhandeln, wenn ein Beteiligter es beantragt oder das Gericht es für angemessen erachtet. ²Der Beschluß, der die Öffentlichkeit ausschließt, muß öffentlich verkündet werden; er kann in nicht öffentlicher Sitzung verkündet werden, wenn zu befürchten ist, daß seine öffentliche Verkündung eine erhebliche Störung der Ordnung in der Sitzung zur Folge haben würde. ³Bei der Verkündung ist in den Fällen der §§ 171b, 172 und 173 anzugeben, aus welchem Grund die Öffentlichkeit ausgeschlossen worden ist.

(2) **Soweit die Öffentlichkeit wegen Gefährdung der Staatssicherheit ausgeschlossen wird, dürfen Presse, Rundfunk und Fernsehen keine Berichte über die Verhandlung und den Inhalt eines die Sache betreffenden amtlichen Schriftstücks veröffentlichen.**

(3) ¹Ist die Öffentlichkeit wegen Gefährdung der Staatssicherheit oder aus den in §§ 171b und 172 Nr. 2 und 3 bezeichneten Gründen ausgeschlossen, so kann das Gericht den anwesenden Personen die Geheimhaltung von Tatsachen, die durch die Verhandlung oder durch ein die Sache betreffendes amtliches Schriftstück zu ihrer Kenntnis gelangen, zur Pflicht machen. ²Der Beschluß ist in das Sitzungsprotokoll aufzunehmen. ³Er ist anfechtbar. ⁴Die Beschwerde hat keine aufschiebende Wirkung.

Gesetzesfassung: In Abs. 1 Satz 3 und Abs. 3 Satz 1 hat Art. 2 Nr. 4 OpferschutzG die Verweisungen um § 171b erweitert.

---

[9] RGSt 43, 300.
[10] BGHSt 4, 279 = NJW 1953, 1442.
[11] RGSt 35, 103; St 60, 279; St 69, 175.
[12] RGSt 60, 279; BGHSt 4, 279 = NJW 1953, 1442.
[13] RG Recht 1922 Nr. 911; LR/*Wickern* Rn. 2.
[14] LR/*Wickern* Rn. 2.
[15] BGHSt 4, 279 = NJW 1953, 1442; OLG Hamburg VRS 24, 437; *Meyer-Goßner* § 338 StPO Rn. 48; *Katholnigg* Rn. 3; LR/*Wickern* Rn. 6; MünchKommZPO/*Wolf* Rn. 9; Zöller/*Gummer* Rn. 2; *Seibert* DRiZ 1964, 195; *Eb. Schmidt* JZ 1969, 764; a. A. BVerwG NJW 1990, 1249; BL/*Hartmann* Rn. 3

Verhandlung über Ausschluss der Öffentlichkeit; Schweigepflicht   1–5 § 174

Übersicht

	Rn.		Rn.
I. Verhandlung über den Ausschluss		III. Begründung	11
1. Notwendigkeit der Verhandlung	1	IV. Anfechtung	18
2. Jeder Ausschließungsbeschluss	2	V. Ausschluss ohne Verhandlung	20
3. Rechtliches Gehör	3	VI. Geheimhaltungspflicht kraft Gesetzes	21
4. Protokollinhalt	5	VII. Auferlegung der Geheimhaltung	23
5. Freibeweis	6		
6. Ausschluss der Öffentlichkeit	7		
II. Entscheidung über den Ausschluss	8		

I. Die Verhandlung über den Ausschluss. 1. Der Ausschluss der Öffentlichkeit durch Gerichtsbeschluss (nicht bei Ausschließung kraft Gesetzes) setzt voraus, dass hierüber zuvor **verhandelt** wird. Die Erörterung ist Teil der Verhandlung vor dem erkennenden Gericht und daher nach § 169 grundsätzlich öffentlich, nicht jedoch in Jugendstrafsachen (vgl. § 169 Rn. 5). Zu verhandeln ist, sobald ein Verfahrensbeteiligter (Rn. 3) die Ausschließung der Öffentlichkeit beantragt oder das Gericht dies von Amts wegen für angezeigt hält. 1

Die Verhandlung braucht von der Verhandlung im Übrigen nicht äußerlich abgetrennt sein, sie muss nur als Verhandlung über den Ausschluss der Öffentlichkeit (Zwischenverhandlung) erkennbar sein. Es genügt z.B., dass die StA die Ausschließung beantragt, der Verteidiger widerspricht und sonst niemand das Wort ergreift.[1]

2. Eine Verhandlung ist über **jeden einzelnen Ausschließungsbeschluss** notwendig, insbesondere auch dann, wenn nach einem vorangegangenen Ausschließungsbeschluss die Öffentlichkeit erneut (weiterhin) ausgeschlossen werden soll[2] (vgl. § 172 Rn. 4ff.). Das nachträgliche Hinzutreten eines weiteren Ausschließungsgrundes erfordert keinen neuen Beschluss. Ein solcher kann jedoch zur Vermeidung von Anfechtungsgründen angezeigt sein.[3] 2

3. Allen Verfahrensbeteiligten ist in dieser Verhandlung **rechtliches Gehör,** also Gelegenheit zu geben, zur Frage der Ausschließung der Öffentlichkeit Stellung zu nehmen.[4] In Strafsachen sind dies der Staatsanwalt, alle Verteidiger und alle Angeklagten, und zwar jeder für sich, soweit sie im Zeitpunkt der Verhandlung anwesend sind. Auch der gemäß § 247 StPO entfernte Angeklagte muss Gelegenheit zur Stellungnahme haben,[5] nicht jedoch der nach § 231b StPO ausgeschlossene. Rechtliches Gehör ist auch dem Nebenkläger und seinem Vertreter[6] sowie dem Privatkläger zu gewähren, ebenso Einziehungs- und Verfallsbeteiligten sowie Verletzten im Adhäsionsverfahren. Im Zivilprozess ist den Prozessparteien und ihren Vertretern sowie Drittbeteiligten (§§ 64ff. ZPO) rechtliches Gehör zu gewähren. Soweit der Schutzzweck der Ausschließungsmöglichkeit auch andere Personen als diese Verfahrensbeteiligten umfasst, ist auch diesen Dritten, sofern sie anwesend sind, Gelegenheit zur Stellungnahme zu geben, z.B. Zeugen, Sachverständigen (auch zugunsten Dritter) sowie Geheimnisinhabern (§ 172 Rn. 38ff.). 3

Zur Gewährung des rechtlichen Gehörs ist indessen nicht erforderlich, dass das Gericht alle Beteiligten zur Stellungnahme ausdrücklich auffordert. Es genügt, dass konkludent Gelegenheit zur Stellungnahme gegeben wird.[7] 4

4. Die Durchführung der Verhandlung über die Ausschließung wie die Gewährung des rechtlichen Gehörs muss sich aus dem **Protokoll** ergeben.[8] 5

---

[1] OLG Dresden JW 1932, 3657; *LR/Wickern* Rn. 3.
[2] RGSt 70, 109; RG HRR 1939 Nr. 1567; BGH NJW 1980, 2088; *LR/Wickern* Rn. 11.
[3] RG HRR 1935 Nr. 11.
[4] RGSt 69, 401.
[5] RGSt 18, 138; *Gollwitzer* JR 1979, 435; a. A. BGH NJW 1979, 276.
[6] RGSt 35, 103; GA 1895, 242; JW 1931, 2505; OGHSt 2, 113.
[7] RGSt 37, 437; St 47, 343; St 69, 401; JW 1934, 1365; OGHSt 2, 113; BGH LM 1 zu § 174 GVG.
[8] RGSt 10, 92; St 20, 21 und 52; St 57, 26; JW 1934, 1365.

6   5. Im Rahmen der Verhandlung über die Ausschließung der Öffentlichkeit kann das Gericht den Sachverhalt im **Freibeweis,** also außerhalb der strengen Beweiserhebungsregeln der mündlichen Verhandlung aufklären.[9]

7   6. Für die Verhandlung über den Ausschluss der Öffentlichkeit kann ihrerseits durch Gerichtsbeschluss die **Öffentlichkeit ausgeschlossen** werden (Abs. 1 Satz 1); § 175 Abs. 2, 3 ist anwendbar.[10] Der Ausschluss ist zwingend, wenn ein Beteiligter es beantragt; eine Begründung braucht er nicht zu geben. „Beteiligte" sind im Gegensatz zum Kreis der Anhörungsberechtigten nur die unmittelbaren (formellen) Verfahrensbeteiligten, da es sich hier um ein prozessuales Recht handelt.[11] Wird trotz eines solchen Antrags nicht über die Ausschließung der Öffentlichkeit verhandelt und entschieden, liegt ein Verstoß gegen die Vorschriften über die Öffentlichkeit vor. Die h. M. nimmt jedoch hier nur einen relativen Revisionsgrund an.[12] Auch ohne Antrag eines Beteiligten kann das Gericht von Amts wegen die Öffentlichkeit für diese Verhandlung ausschließen, wenn es dies für angemessen erachtet.

8   **II. Entscheidung über den Ausschluss.** Nach der Verhandlung über den Ausschluss der Öffentlichkeit hat das Gericht zu beraten (§ 194) und dann, soweit die Öffentlichkeit ausgeschlossen wird, diesen Beschluss **öffentlich zu verkünden** (Satz 2 erster Halbsatz). Von der öffentlichen Verkündung des Beschlusses kann abgesehen werden, wenn zu befürchten ist, dass dies eine erhebliche Störung der Ordnung in der Sitzung zur Folge haben würde. Auch hier ist wie stets die Verhinderung von Störungen zunächst durch Ausschluss einzelner Störer zu versuchen (§ 173 Rn. 4). Das gilt auch dann, wenn die Öffentlichkeit nach vorübergehender Ausschließung weiterhin von der Verhandlung ausgeschlossen werden soll.[13] In dem Beschluss ist genau anzugeben, ob die Öffentlichkeit für die gesamte weitere Verhandlung bis zur Urteilsverkündung (§ 173) oder nur für einzelne Verfahrensabschnitte (§ 172 Rn. 3 ff.) ausgeschlossen wird.[14] Letzterenfalls ist die Ausschließung nur insoweit gedeckt, im Übrigen liegt eine Verletzung der Öffentlichkeit vor[15] (vgl. § 172 Rn. 12). Jedoch sind auch die Beschlüsse nach § 174 auslegungsfähig, je nach Sachlage kann sich ergeben, dass sich der Ausschluss z. B. auch auf weitere notwendig werdende Beweiserhebungen erstrecken soll, die sich aus dem im Beschluss ausdrücklich genannten Verhandlungsteil ergeben und mit diesem in einem engen inneren Zusammenhang stehen.[16] – Die Entscheidung über den Ausschluss der Öffentlichkeit hat das Gericht in der für den konkreten Verfahrensabschnitt maßgebenden **Besetzung** zu treffen, also in der Hauptverhandlung (mündlichen Verhandlung) vor dem Kollegialgericht nicht der Vorsitzende, sondern das Kollegium,[17] wohl aber der Einzelrichter wie auch der beauftragte Richter. Auch das Absehen von der öffentlichen Verkündung des Beschlusses bedarf eines gerichtlichen Beschlusses, es kann nicht als Maßnahme der Verhandlungsleitung nach § 238 Abs. 1 StPO angesehen werden.[18]

9   Der Beschluss über den Ausschluss der Öffentlichkeit muss seinem gesamten Inhalt nach verkündet werden. Soweit nicht ausnahmsweise für die Verkündung die Öffentlichkeit ausgeschlossen ist, muss, auch nach vorangegangener Ausschließung der Öffentlichkeit, für die Verkündung die Öffentlichkeit wieder hergestellt wer-

---

[9] RGSt 66, 113; *LR/Wickern* Rn. 5; *Meyer-Goßner* Rn. 4.
[10] RGSt 33, 311.
[11] Weitergehend *Kleinknecht,* FS Nüchterlein S. 184, 185 auch für den Zeugen
[12] RG JW 1936, 463; BGHSt 10, 119 = NJW 1957, 599; St 10, 198 = NJW 1957, 998; *Wieczorek/Schreiber* Rn. 7; *MünchKommZPO/Wolf* Rn. 12.
[13] BGH NStZ 1985, 37.
[14] BGH NStZ 1989, 483; StV 1990, 10 m. Anm. *Frommel; Meyer-Goßner* Rn. 8.
[15] BGH StV 1990, 252.
[16] BGH StV 1991, 199.
[17] BGHSt 17, 220 = NJW 1962, 1308; BGH StV 1984, 499; BGH NStZ 1999, 371.
[18] A. A. *Meyer-Goßner* Rn. 8.

den, sei es auch nur, um den Beschluss über die Nichtöffentlichkeit der Verkündung zu verkünden.[19] Wird der Beschluss über die Ausschließung der Öffentlichkeit nicht öffentlich verkündet, liegt ein absoluter Revisionsgrund vor.[20] Dies gilt aber nur für einen Beschluss, der die Öffentlichkeit ausschließt, nicht für einen solchen, der den beantragten oder angeregten Ausschluss der Öffentlichkeit ablehnt.[21]

Die Verkündung muss sich aus dem Protokoll ergeben, ebenso, ob sie öffentlich oder nicht öffentlich war.[22] Ein fehlender Ausschließungsbeschluss ist absoluter Revisionsgrund;[23] die Anordnung des Vorsitzenden ersetzt ihn nicht.[24]

III. Begründung. Bei der Verkündung des Beschlusses ist in den Fällen der §§ 171b, 172, 173 (nicht § 171a) anzugeben, **aus welchem Grund** die Öffentlichkeit ausgeschlossen worden ist (Abs. 1 Satz 3). Dies dient neben der Selbstkontrolle des Gerichts und der Nachprüfbarkeit der Entscheidung durch das Revisionsgericht auch der Unterrichtung der Öffentlichkeit.[25] Auch die Zuhörer sollen durch den Beschluss erfahren, aus welchen Gründen ihnen die Teilnahme an der Verhandlung entzogen wird.[26] Es bedarf aber keiner ausdrücklichen Aufklärung der Zuhörer über Inhalt und Bedeutung derjenigen Vorgänge in der Verhandlung, die unter Ausschluss der Öffentlichkeit verhandelt werden sollen.[27] Es kommt auch nicht darauf an, dass jeder Zuhörer, auch derjenige, der den Gang der Verhandlung nicht von Anfang an verfolgt hat, die Begründung versteht, es genügt, wenn der Grund für den Öffentlichkeitsausschluss in öffentlicher Verhandlung angegeben wird.[28] Dabei ist der für die Ausschließung maßgebende Grund mit ausreichender Bestimmtheit mitzuteilen; die Angaben müssen den Grund eindeutig erkennen lassen,[29] über den Grund der Ausschließung darf keine Unklarheit bestehen.[30] Die Gründe müssen aus sich heraus verständlich sein[31] und wenigstens einen allgemeinen Anhalt für den Ausschließungsgrund bieten.[32] Es genügt weder ein stillschweigender Hinweis noch die Möglichkeit, den Grund aus dem Sachzusammenhang[33] oder aus früheren Beschlüssen oder Anträgen erst zu ermitteln.[34] Es genügt auch nicht, dass sich der Ausschließungsgrund für alle Beteiligten aus dem Gang der Verhandlung ergibt,[35] dass er offen zu Tage liegt.[36] Unschädlich soll die fehlende Angabe des Ausschlussgrundes aber sein, wenn die Richtigkeit der Entscheidung als solche nicht in Frage stehen kann, sondern es nur um die Verletzung einer Verfahrensvorschrift auf dem Weg dorthin geht;[37] der Ausschlussgrund muss dabei aber auf der Hand liegen.[38] Dass gleichzeitig eine Anordnung nach § 247 StPO (Aus-

---

[19] BGH NJW 1980, 2088; NStZ 1985, 37; NStZ-RR 2000, 40; RGSt 70, 109; a. A. RG HRR 1935 Nr. 1283.
[20] BGH NJW 1980, 2088; BGH StV 1985, 233.
[21] BGH GA 1983, 361; *Meyer-Goßner* Rn. 8.
[22] RG GA 1891, 195; RG Recht 1918 Nr. 46; BGH bei *Herlan* MDR 1955, 653; bei *Dallinger* MDR 1972, 926.
[23] OLG Hamm StraFo 2000, 195.
[24] BGH NStZ 1999, 371.
[25] BGH NJW 1999, 3060.
[26] BGH NStZ 1982, 169.
[27] BGH NJW 1999, 3060.
[28] BGHSt 30, 298 = NJW 1982, 948; BGH NStZ 1992, 447; *Miebach* DRiZ 1977, 271.
[29] BGHSt 27, 187 = NJW 1977, 1643.
[30] BGHSt 30, 298 = NJW 1982, 948.
[31] BGH NStZ 1989, 442.
[32] BGHSt 1, 334 = NJW 1952, 153.
[33] BGH StV 1986, 376; BVerwG DÖV 1983, 728.
[34] BGHSt 27, 187 = NJW 1977, 1643; St 30, 298 = NJW 1982, 948; BGH bei *Pfeiffer/Miebach* NStZ 1985, 498; *Miebach* DRiZ 1977, 271; *LR/Wickern* Rn. 14.
[35] BGH StV 1981, 3; 1984, 146.
[36] BGHSt 27, 117 = NJW 1977, 964; St 27, 187 = NJW 1977, 1643; St 41, 145 = NJW 1995, 3195.
[37] BGHSt 45, 117 = NJW 1999, 3060 m. abl. Anm. *Gössel* NStZ 2000, 181; *Park* StV 2000, 246; *Rieß* JR 2000, 253; ähnlich BGH NStZ 1999, 92.
[38] BGH StV 2000, 243; NStZ-RR 2004, 235.

schließung des Angeklagten) begründet wird, genügt nicht.[39] Ausreichend ist, wenn der Beschluss einen den Grund unzweifelhaft klarstellenden Hinweis enthält, so, wenn er ausdrücklich auf die Gründe eines vorangegangenen Beschlusses Bezug nimmt, weil aus dieser Bezugnahme deutlich hervorgeht, dass das Gericht das Vorliegen eines gesetzlichen Ausschließungsgrundes gehörig geprüft hat.[40] Andernfalls bedarf es eines neuen selbstständigen, in sich verständlichen Beschlusses.[41]

12   Die Begründung muss den maßgebenden Grund der Ausschließung eindeutig erkennen lassen.[42] Die Angabe des Ausschließungsgrundes mit dem Gesetzeswortlaut oder der Gesetzesvorschrift reicht nur dann, wenn damit der Grund der Ausschließung schon damit eindeutig gekennzeichnet ist.[43] Das ist der Fall, wenn die herangezogene Gesetzesbestimmung nur einen einzigen Ausschließungsgrund enthält, so § 172 Nr. 4[44] und § 172 Nr. 1 a.[45] Wenn die einschlägige Vorschrift über den Ausschluss der Öffentlichkeit mehrere Alternativen umfasst (vgl. § 172 Nr. 1), muss sich aus dem Ausschließungsbeschluss zweifelsfrei ergeben, auf welche Alternative Bezug genommen werden soll,[46] so bei § 172 Nr. 1 die Gefährdung der Staatssicherheit,[47] die Gefährdung der Sittlichkeit,[48] die Gefährdung der öffentlichen Ordnung,[49] bei § 172 Nr. 2 die schutzwürdigen Interessen.[50] Kommen nach dem Sachverhalt mehrere gesetzliche Ausschließungstatbestände in Betracht, ist dann die Ausschließung ausreichend begründet und präzisiert, wenn der Beschluss deutlich auf eine der möglichen Gesetzesstellen Bezug nimmt.[51] Auch hier (vgl. Rn. 11) geht die RSpr von einem formalen, die Revision nicht begründenden Verstoß aus, wenn alle Verfahrensbeteiligten und die Zuhörer den Ausschlussgrund eindeutig erkennen konnten.[52]

13   Die **tatsächlichen Umstände,** aus denen sich der gesetzliche Ausschließungsgrund ergibt, brauchen nicht angegeben zu werden.[53]

14   Bei der Bekanntgabe der Ausschließungsgründe ist, besonders im Falle der §§ 171 b und 172 Nr. 2, 3, eine für den zu Schützenden möglichst schonende Formulierung zu wählen.[54] Im Falle des § 172 Nr. 4 genügt angesichts der Eindeutigkeit des Tatbestandes die bloße Bezugnahme auf diese Vorschrift.[55]

15   Die Erfüllung des Begründungserfordernisses muss sich aus dem Protokoll ergeben.[56]

16   Ein Verstoß gegen den Begründungszwang ist **absoluter Revisionsgrund.**[57]

17   Zur Heilung von Mängeln im Zusammenhang mit der Ausschließung der Öffentlichkeit § 169 Rn. 61.

---

[39] BGH NStZ 1983, 324; *Meyer-Goßner* Rn. 9.
[40] BGH NJW 1979, 276 = JR 1979, 434 m. Anm. *Gollwitzer;* BGHSt 30, 298 = NJW 1982, 948; BGH GA 1983, 36; NJW 2007, 709.
[41] BGH NJW 1982, 275; BGH GA 1981, 320; *Meyer-Goßner* Rn. 9.
[42] BGHSt 27, 117 = NJW 1977, 964; St 30, 298 = NJW 1982, 948.
[43] BGH NStZ-RR 1996, 139.
[44] BGHSt 27, 117 = NJW 1977, 964.
[45] BGHSt 41, 145 = NJW 1995, 3195; a. A. *Park* StV 1996, 136; NJW 1996, 2213.
[46] BGHSt 27, 187 = NJW 1977, 1643; St 30, 298 = NJW 1982, 948; St 41, 145 = NJW 1996, 50.
[47] BGHSt 30, 298 = NJW 1982, 948.
[48] BGHSt 33, 230 = NJW 1986, 200 m. Anm. *Gössel* NStZ 1986, 179; *Böttcher* JR 1986, 215.
[49] BGHSt 30, 193 = NJW 1981, 2825.
[50] BGHSt 30, 212 = NJW 1982, 59.
[51] BGH NStZ 1989, 422.
[52] BGH NStZ-RR 2002, 262.
[53] BGHSt 30, 212 = NJW 1982, 59; St 33, 230 = NJW 1986, 200 = JR 1986, 215 m. krit. Anm. *Böttcher* = NStZ 1986, 179 m. zust. Anm. *Gössel; Meyer-Goßner* Rn. 9; *KK/Diemer* Rn. 4; weitergehend *Schweling* DRiZ 1970, 387.
[54] *LR/Wickern* Rn. 15; *Kleinknecht,* FS Schmidt-Leichner, S. 116.
[55] BGHSt 27, 117 = NJW 1977, 964; *LR/Wickern* Rn. 15.
[56] BGHSt 27, 187 = NJW 1977, 1643.
[57] BGHSt 1, 334 = NJW 1952, 153; St 27, 117 = NJW 1977, 964; St 27, 187 = NJW 1977, 1643; BGH NJW 1979, 276; NStZ 1982, 169; *LR/Wickern* Rn. 17; *KK/Diemer* Rn. 4; *Miebach* DRiZ 1977, 272.

IV. Anfechtung. Der Beschluss über die Ausschließung der Öffentlichkeit ist **nicht selbstständig anfechtbar,** §§ 305 StPO, 567 ZPO, weder durch die Verfahrensbeteiligten noch durch Dritte.[58] Zur Anfechtung der Entscheidung in der Hauptsache wegen Verletzung der Vorschriften über die Öffentlichkeit § 169 Rn. 55. Die Verletzung des rechtlichen Gehörs der Anzuhörenden ist relativer Revisionsgrund (Rn. 20).

Die Nichtausschließung der Öffentlichkeit, sei es durch ausdrücklichen Beschluss oder konkludent, ist ebenfalls nicht selbstständig anfechtbar. Wenn in der Literatur die Auffassung vertreten wird, die erhöhte Bedeutung des Schutzes von Privatgeheimnissen usw. rechtfertige ein solches Beschwerderecht,[59] ist dem entgegenzuhalten, dass hierdurch andere Verfahrensprinzipien entscheidend beeinträchtigt würden, so das auf zügige Verfahrensabwicklung (§ 16 Rn. 82). Das erkennende Gericht müsste die Verhandlung aussetzen bis zur Entscheidung des Beschwerdegerichts, da andernfalls das Beschwerderecht durch die Durchführung der öffentlichen Verhandlung ins Leere ginge.[60] Auch § 174 Abs. 3 Satz 4 spricht gegen ein selbstständiges Beschwerderecht.

V. Ausschluss ohne Verhandlung. Wird die Öffentlichkeit ausgeschlossen, ohne dass eine Verhandlung darüber stattgefunden hat, liegt keine rechtmäßige Ausschließung der Öffentlichkeit vor; das von dem Ausschluss betroffene Verfahren leidet unter einem wesentlichen Mangel, der einen absoluten Revisionsgrund darstellt.[61] Dem Fehlen der Verhandlung über den Ausschluss insgesamt steht es gleich, wenn er in weiterem Umfange beschlossen wurde als er Gegenstand der Verhandlung war.[62] Wird einem Anzuhörenden (Rn. 3) das rechtliche Gehör nicht gewährt, liegt ein relativer Revisionsgrund vor.[63] Diesen Verfahrensfehler der Verletzung des rechtlichen Gehörs kann ein Verfahrensbeteiligter nur rügen, soweit er ihm gegenüber begangen wurde, nicht hinsichtlich anderer Verfahrensbeteiligter.[64] Die unterbliebene Verhandlung über den Ausschluss der Öffentlichkeit und/oder die unterbliebene (öffentliche) Verkündung des Ausschließungsbeschlusses kann durch nachträgliche Vornahme der Beschlussfassung oder Verkündung unter Wiederholung der von dem Unterbleiben umfassten Verfahrensteile geheilt werden (vgl. § 169 Rn. 61).

VI. Geheimhaltungspflicht kraft Gesetzes. Soweit die Öffentlichkeit wegen Gefährdung der Staatssicherheit (§ 172 Nr. 1) ausgeschlossen wird, dürfen Presse, Rundfunk und Fernsehen keine Berichte über die Verhandlung und den Inhalt eines die Sache betreffenden amtlichen Schriftstücks veröffentlichen (Abs. 2), auch wenn sie nach § 175 Abs. 2 zugelassen waren. Dieses absolute Geheimhaltungsgebot besteht unmittelbar kraft Gesetzes ohne Möglichkeit der Befreiung. Grund ist die Vermeidung problematischer Einzelabwägungen.[65] Das Verbot ist durch § 353d Nr. 1 StGB geschützt und gilt nicht für andere Formen der Veröffentlichung, z.B. in wissenschaftlichen Vorträgen,[66] vorbehaltlich anderer Vorschriften.

Zu den „Berichten über die Verhandlung" gehören alle Berichte über das, was in der Verhandlung geschehen ist und gesprochen wurde, also der gesamte Inhalt der Verhandlung während des Ausschlusses der Öffentlichkeit ohne Rücksicht auf seine

---

[58] OLG Nürnberg MDR 1961, 508; *LR/Wickern* Rn. 18; *MünchKommZPO/Wolf* Rn. 11.
[59] *Eb. Schmidt* Rn. 6; *Wittkämper* BB 1963, 1162.
[60] Vgl. *LR/Wickern* Rn. 19.
[61] BGHSt 10, 119 = NJW 1957, 599; St 10, 198 = NJW 1957, 998.
[62] RG HRR 1926 Nr. 1211.
[63] RGSt 69, 175; HRR 1939 Nr. 1567; BGH LM 2 zu § 33 StPO; BGH bei *Herlan* GA 1963, 102; bei *Dallinger* MDR 1975, 199; *LR/Wickern* Rn. 8; *BL/Hartmann* Rn. 3.
[64] OLG Braunschweig HRR 1929 Nr. 1180; *LR/Wickern* Rn. 8.
[65] BTagsDrucks. 7/550 S. 321.
[66] *KK/Diemer* Rn. 5.

Geheimhaltungsbedürftigkeit; auch Allgemeinheiten aus diesem Verfahrensabschnitt fallen unter Abs. 2. „Die Sache betreffenden amtlichen Schriftstücke" sind alle Schriftstücke, die amtlich (also nicht privat) sind und sich auf Vorgänge beziehen, die den nichtöffentlichen Teil der Verhandlung betreffen.

23 **VII. Auferlegung der Geheimhaltung.** Für die Fälle der Ausschließung der Öffentlichkeit nach § 171b oder aus den in § 172 Nr. 2 und 3 bezeichneten Gründen kann das Gericht in der für diesen Verfahrensabschnitt maßgebenden Besetzung (vgl. Rn. 8) konstitutiv eine Geheimhaltungspflicht aussprechen (Abs. 3). Die Geheimhaltungspflicht besteht nicht kraft Gesetzes wie nach Abs. 2, sondern entsteht erst durch den Beschluss des Gerichts. Wird sie ausgesprochen, betrifft sie alle Personen, die an diesem Teil der Verhandlung teilnehmen, auch die Richter und Staatsanwälte unbeschadet der Möglichkeit, dass sie befugterweise im Rahmen ihrer dienstlichen Aufgaben davon Gebrauch machen können.[67]

24 Die Geheimhaltungspflicht kann ausgesprochen werden für Tatsachen, die durch die Verhandlung oder durch ein die Sache betreffendes Schriftstück den genannten Personen bekannt werden. „Tatsachen" sind alle Vorgänge in diesem Verhandlungsabschnitt. Zu den „Schriftstücken" gehören alle amtlichen Schriftstücke, die sich auf den nicht öffentlichen Teil der Verhandlung beziehen. Sind Tatsachen oder Schriftstücke außerhalb dieses Verfahrensabschnitts bekannt geworden, unterliegen sie nicht der Geheimhaltungspflicht.

25 Das Gericht muss die geheim zu haltenden Tatsachen oder Schriftstücke genau im Beschluss bezeichnen.[68]

26 Die Geheimhaltungspflicht gilt grundsätzlich absolut (vgl. aber Rn. 23), steht also jeder Form der Weitergabe entgegen (anders als nach Abs. 2). Sie steht unter der Strafdrohung des § 353d Nr. 2 StGB.

27 Die Anordnung der Geheimhaltungspflicht steht im Ermessen des Gerichts; hierdurch wird eine weitgehende Abwägung aller in Betracht kommenden Interessen ermöglicht;[69] vgl. auch Nr. 131 RiStBV.

28 Der Beschluss über die Geheimhaltungspflicht kann erst in der mündlichen Verhandlung gefasst werden und nur während ihrer Dauer; vor ihrem Beginn und nach ihrem Abschluss ist er nicht (mehr) zulässig[70] und damit unverbindlich. Erlassen kann ihn nur das Gericht in seiner für die Hauptverhandlung vorgeschriebenen Besetzung, nicht der Vorsitzende. Seine Wirkung dauert über die Hauptverhandlung hinaus, solange er überhaupt besteht, also nicht im Rechtsmittelwege oder durch das Gericht selbst (während oder nach der Hauptverhandlung) wieder aufgehoben wird.[71] Die Geheimhaltungspflicht gilt dann nicht mehr, wenn die von der angeordneten Geheimhaltung ergriffenen Tatsachen oder Schriftstücke durch das öffentlich verkündete Urteil bekannt werden[72] oder dem zur Geheimhaltung Verpflichteten schon vorher bekanntgeworden waren, die schriftlichen Urteilsgründe reichen hierfür nicht aus.[73]

29 Der Beschluss bedarf keiner vorherigen Verhandlung und keiner Begründung; es sollte jedoch auf die Strafbarkeit nach § 353d StGB hingewiesen werden (Nr. 131 RiStBV). Der Beschluss ist in das Sitzungsprotokoll aufzunehmen (Abs. 3 Satz 2); seine Protokollierung ist jedoch nicht Voraussetzung für seine Wirksamkeit, sondern dient nur Beweiszwecken.[74]

---

[67] *Meyer-Goßner* Rn. 14.
[68] *Meyer-Goßner* Rn. 14.
[69] BTagsDrucks. 7/550 S. 322.
[70] LR/*Wickern* Rn. 28.
[71] LR/*Wickern* Rn. 32; *Loesdau* MDR 1962, 777.
[72] *Meyer-Goßner* Rn. 15.
[73] LR/*Wickern* Rn. 32.
[74] LR/*Wickern* Rn. 30; a. A. wohl BL/*Hartmann* Rn. 4.

Versagung des Zutritts   1, 2 § 175

Gegen den Beschluss ist die (unbefristete) Beschwerde zulässig (Abs. 3 Satz 3), **30**
jedoch nur, soweit nach § 304 StPO, § 567 ZPO gegen die Beschlüsse des erkennenden Gerichts allgemein die Beschwerde zulässig ist. Beschwerdeberechtigt sind alle diejenigen, die von dem Geheimhaltungsgebot betroffen sind. Wird von einem Geheimhaltungsbeschluss abgesehen, ist kein Rechtsbehelf statthaft.[75] Die Beschwerde hat keine aufschiebende Wirkung (Abs. 3 Satz 4); die Geheimhaltungspflicht entsteht mit dem Erlass und dauert fort, bis das Rechtsmittelgericht den Beschluss auf die Beschwerde aufhebt.

Eine Aussetzung der Vollziehung der Anordnung nach § 570 Abs. 2, 3 ZPO ist **31**
nicht zulässig, weil dies die endgültige Entscheidung vorwegnähme.[76]

Ist die Verhandlung schon kraft Gesetzes nicht öffentlich, kann das Gericht keine **32**
Geheimhaltungspflicht nach Abs. 3 aussprechen. Abhilfe schafft hier nur eine restriktive Anwendung von § 175 Abs. 2 oder das Hinwirken auf freiwillige Geheimhaltung (vgl. Nr. 131 Abs. 2 RiStBV).

Zur Strafbarkeit der öffentlichen Mitteilung von Anklageschrift oder anderen **33**
amtlichen Schriftstücken eines Strafverfahrens usw. vor ihrer Erörterung in öffentlicher Verhandlung vgl. § 353d Nr. 3 StGB.

§ 175. [Versagung des Zutritts]

(1) Der Zutritt zu öffentlichen Verhandlungen kann unerwachsenen und solchen Personen versagt werden, die in einer der Würde des Gerichts nicht entsprechenden Weise erscheinen.

(2) ¹Zu nicht öffentlichen Verhandlungen kann der Zutritt einzelnen Personen vom Gericht gestattet werden. ²In Strafsachen soll dem Verletzten der Zutritt gestattet werden. ³Einer Anhörung der Beteiligten bedarf es nicht.

(3) Die Ausschließung der Öffentlichkeit steht der Anwesenheit der die Dienstaufsicht führenden Beamten der Justizverwaltung bei den Verhandlungen vor dem erkennenden Gericht nicht entgegen.

Gesetzesfassung: Abs. 2 Satz 2 eingefügt durch Art. 2 Nr. 5 OpferschutzG.

Übersicht

	Rn.		Rn.
I. Regelungsinhalt	1	III. Zutritt trotz Nichtöffentlichkeit	12
II. Kein Zutritt trotz Öffentlichkeit	2	1. Einzelnen Personen	13
1. Anwendungsbereich	2	2. Anhörung	14
2. Unerwachsene	3	3. Zuständig: Gericht	15
3. Nicht der Würde des Gerichts entsprechende Weise	6	4. Beschluss	16
		5. Keine isolierte Anfechtung	18
4. Zuständig: Vorsitzender	10	IV. Anwesenheitsrecht	19
5. Verfahrensfehler	11	V. Andere Gerichtsbarkeiten	23

I. Regelungsinhalt. Die Vorschrift ermöglicht individuelle Abweichungen von **1**
der allgemeinen Öffentlichkeit oder Nichtöffentlichkeit (kraft Gesetzes oder besonderer Anordnung) der Verhandlung: Einschränkungen der allgemeinen Öffentlichkeit auf Grund des äußeren Erscheinungsbildes (Abs. 1), Erweiterung des Kreises der teilnehmenden Personen durch Zulassung (Abs. 2) oder kraft Gesetzes (Abs. 3) bei nichtöffentlicher Verhandlung.

II. Versagung des Zutritts trotz Öffentlichkeit. 1. Anwendungsbereich. **2**
Abs. 1 ermöglicht die Beschränkung der Öffentlichkeit der Verhandlung auf Einzelpersonen aus zwei Gründen: Unerwachsenheit oder Form des Erscheinens vor

---
[75] LR//*Wickern* Rn. 34; *Meyer-Goßner* Rn. 20.
[76] *Wieczorek/Schreiber* Rn. 11.

Gericht. Die Versagung des Zutritts setzt begrifflich voraus, dass die Verhandlung öffentlich ist und kein Grund besteht für eine Ausschließung der Öffentlichkeit allgemein (§§ 170 bis 173). Der Zutritt zur öffentlichen Verhandlung „kann" versagt werden, liegt also **im Ermessen** und tritt nicht schon kraft Gesetzes ein. Diese Versagung ist begrifflich zu trennen von der Versagung des Zutritts zum Gerichtsgebäude auf Grund des Hausrechts. Hier geht es allein um den Zutritt zum Verhandlungsraum, über den das Gericht und nicht der Hausrechtsinhaber zu entscheiden befugt ist (§ 176 Rn. 3). Die Vorschrift ist nur anwendbar auf **Zuhörer,** nicht auf Verfahrensbeteiligte. Zu weiteren Beschränkungen des Zutritts zum Gerichtssaal § 169 Rn. 24 ff. Hatte die Person Gelegenheit zum Zutritt und stellt sich der Versagungsgrund erst nachträglich heraus, kann **auch nachträglich** noch der Zutritt versagt, die Person also aus dem Sitzungssaal gewiesen werden, gegebenenfalls zwangsweise (§ 177).

3   2. Der Zutritt kann **unerwachsenen Personen** versagt werden. Unerwachsen sind Personen jedenfalls dann nicht mehr, wenn sie volljährig sind, also das 18. Lebensjahr, § 2 BGB, vollendet haben.[1] Auf die Geschäftsfähigkeit kommt es nicht an, ebenso wenig auf die Fähigkeit, öffentliche Ämter zu bekleiden. Wenn innerhalb dieser Grenze weiter differenziert wird nach der geistigen Reife,[2] kann dem, auch aus Gründen der rechtsstaatlich gebotenen Klarheit über das Vorliegen eines Versagungsgrunds, nicht gefolgt werden. Maßgebend ist nicht, ob eine Person intellektuell dem Geschehen in der Verhandlung zu folgen vermag, was ohnedies oft keine Frage des Alters ist, sondern die körperliche Reife,[3] wie sich aus dem mit diesem Versagungsgrund unmittelbar zusammenhängenden Versagungsgrund der missachteten Würde des Gerichts ergibt. Hier hat das Lebensalter am ehesten die akzeptable Funktion zur notwendige Generalisierung.[4] Das Maß der individuellen Reife ist sodann bei der Ermessensausübung zu berücksichtigen (Rn. 11). Erfordert die Verhandlung umfangreiche Eingangskontrollen, kann in einer sitzungspolizeilichen Verfügung auch pauschal ein Verbot des Zutritts von Personen einer Altersgruppe ausgeschlossen werden, bei der die erforderliche Reife mit hoher Wahrscheinlichkeit fehlt, so für Personen unter 16 Jahren.[5]

4   Schutzzweck dieser Versagungsmöglichkeit ist einmal die Würde des Gerichts, die im Extremfall durch äußeres Verhalten und Erscheinungsbild eines Zuhörers beeinträchtigt werden kann. Geschützt ist weiter die Wahrheitsfindung, die durch die Wirkung der Anwesenheit unerwachsener Personen auf Verfahrensbeteiligte leiden kann. Auch die unerwachsene Person selbst soll vor negativen Einflüssen durch die Verhandlung geschützt werden.[6]

5   Unerwachsenen Personen kann der Zutritt ohne Hinzutreten weiterer Umstände versagt werden. Tritt eine verhaltensbedingte Störung ein, z.B. unverständiges Lachen, ist nach §§ 176 ff. zu verfahren. Maßgeblich für die Entscheidung sind die Belange des Gerichts. Andere Überlegungen, z.B. solche pädagogischer Art bei zuhörenden Schulklassen, können ergänzend berücksichtigt werden.

6   3. Versagung des Zutritts wegen Erscheinens in einer nicht der **Würde des Gerichts** entsprechenden Weise. „Würde" des Gerichts ist das Ansehen des Gerichts als Institution in der sozialen Gemeinschaft[7] (vgl. § 178 Rn. 10). Die Begriffsbe-

---

[1] *LR/Wickern* Rn. 2; a. A., nur systematisch, *Wieczorek/Schreiber* Rn. 1, der auf das Wahlalter abstellt; *MünchKommZPO/Wolf* Rn. 3, der entsprechend § 1 Abs. 2 JGG auf Vollendung des 21. Lebensjahrs abstellt.
[2] RGSt 47, 374; *Meyer-Goßner* Rn. 1; *MünchKommZPO/Wolf* Rn. 3.
[3] RGSt 47, 374, 375.
[4] Vgl. OLG Hamm NJW 1967, 1289.
[5] BGH NStZ 2006, 652.
[6] *LR/Wickern* Rn. 2; *Heinen* DRiZ 1951, 197.
[7] *Wolf* S. 261; OLG Nürnberg DRiZ 1968, 386 = JZ 1969, 150 mit Anm. *Sarstedt*; *Meyer-Goßner* Rn. 3.

stimmung im Einzelnen ist schwierig. Sie hat sowohl die oft einschneidende Wirkung der staatlichen Gerichtsbarkeit auf das Schicksal des einzelnen Menschen zu bedenken, vor allem in Strafsachen, aber auch in anderen Verfahren. Zu berücksichtigen ist weiter die Bedeutung der unabhängigen staatlichen Gerichtsbarkeit für die Verwirklichung der Grundrechte und der verfassungsmäßigen Ordnung. Dies wie der Respekt vor der Menschenwürde der Verfahrensbeteiligten erfordert einen gewissen äußeren Stil. Andererseits aber ist die auch in den äußeren Formen zum Ausdruck kommende Würde des Gerichts kein im Verhältnis zum allgemeinen staatlichen und gesellschaftlichen Leben absoluter und isolierter, sich in einem eindeutigen Verhaltenskodex niederschlagender Wert, sondern kann stets nur gesehen werden im Kontext mit den üblichen oder doch verbreiteten Auffassungen über die Bedeutung staatlicher Institutionen und den allgemein als angemessen erachteten Verhaltensweisen. Auch dokumentiert sich die Würde des Gerichts vor allem im Stil der richterlichen Tätigkeit selbst, die sich von Äußerlichkeiten, welcher Art auch immer, nicht beeindrucken lassen darf:[8] „Die Würde des Gerichts kann nur durch die Richter verletzt werden".[9]

Versagt werden kann der Zutritt deshalb nur da, wo auch die Minimalanforderungen an ein äußeres Erscheinungsbild nicht erfüllt sind. Das ist der Fall bei angetrunkenen oder betrunkenen Personen, ebenso bei einem derart ungepflegten Erscheinungsbild, das auch bei allem Respekt vor individueller Lebensgestaltung als störend empfunden werden muss, z.B. beim Unterschreiten des Mindestmaßes an Hygiene und sauberer Kleidung, das schon andere Zuhörer zu stören vermag.[10] Angemessene **Kleidung** vor Gericht ist zwar ein Gebot des Respekts vor der rsprGewalt.[11] Jedoch ist bei der vielzitierten „anstößigen" Kleidung eine differenzierte Betrachtung erforderlich.[12] Die Anpassung an Modetrends und an das alltägliche Erscheinungsbild ist für sich allein keine Ungebühr,[13] wenn sie nicht den Charakter einer Maskerade annehmen.[14] Die Grenze der tolerierbaren Kleidung, die sich auch je nach der zur Verhandlung stehenden Sache noch verschieben kann, ist da erreicht, wo auch die Mindestanforderungen unterschritten sind oder bewusst eine Provokation oder der Ausdruck der Missachtung gewollt ist,[15] etwa das Erscheinen im Badeanzug,[16] in betont verwahrloster Kleidung[17] oder gar entblößt.[18] Erscheinen in Arbeitskleidung ist kein Zurückweisungsgrund, wohl aber, wenn diese besonders verschmutzt ist und vor dem Erscheinen vor Gericht genügend Zeit zum Kleidungswechsel bestand.[19] Auch die Bart- oder Haartracht, sei sie noch so auffällig oder geschmacklos, ist hinzunehmen.[20] Soweit Religionen ihren Angehörigen das Tragen einer **Kopfbedeckung** in der Öffentlichkeit oder das Bedecken ihres Gesichts vorschreiben, ist dies auch im Gerichtssaal zu tolerieren[21] (vgl. auch § 178 Rn. 14). Im Übrigen ist es üblich, dass Männer in geschlossenen Räumen die Kopfbedeckung ab-

---

[8] Vgl. *Woesner* NJW 1955, 868: *Sarstedt* JZ 1969, 153; *Schwind* JR 1973, 139.
[9] *Sarstedt* aaO.
[10] Vgl. *Rehbinder* MDR 1963, 640, 642.
[11] Vgl. BVerfG, zit. DRiZ 1966, 356.
[12] Vgl. *Pardey* DRiZ 1990, 132.
[13] OLG Frankfurt OLGSt zu § 178 GVG S. 3, 4; OLG Düsseldorf JMBlNRW 1981, 215; OLG Koblenz NJW 1995, 977 m. Anm. *Schmittmann* Verwaltungsrundschau 1996, 33; *LR/Wickern* § 178 Rn. 12; *Steinbrenner* Justiz 1968, 237; *Eb. Schmidt* DRiZ 1968, 17; *Eckstein* DRiZ 1968, 179; *Baur* JZ 1970, 248; *Rüping* ZZP 1975, 231; krit. *Steinbrenner* Justiz 1968, 237.
[14] OLG Hamm JMBlNRW 1976, 21;
[15] KG JR 1966, 73; OLG Hamm NJW 1969, 1919.
[16] OLG Hamm JMBlNRW 1976, 21.
[17] OLG Düsseldorf NJW 1986, 1505; *LR/Wickern* § 178 Rn. 12.
[18] OLG Hamm NJW 1969, 1919.
[19] OLG Hamm NJW 1969, 1919; OLG Koblenz MDR 1971, 324; *Schwind* JR 1973, 135.
[20] KG JR 1966, 73; OLG München NJW 1966, 1935; *Eckstein* DRiZ 1968, 179; *Nüse* DRiZ 1968, 88; *Rüping* ZZP 1975, 231; *Schwind* JR 1973, 136.
[21] BVerfG – K – NJW 2007, 56; die Person muss aber identifizierbar bleiben; a. A. für Schöffin mit Kopftuch LG Dortmund NJW 2007, 3013; hiergegen zu Recht *Bader* NJW 2007, 2964.

nehmen, ihr Aufbehalten wird jedoch kaum als Provokation eingestuft werden können, auch nicht nach Aufforderung. Das Tragen von **Plaketten,** Abzeichen usw. ist unabhängig von Größe und Inhalt hinzunehmen, auch wenn darin eine bestimmte Meinung des Trägers zum Ausdruck kommt, jedoch darf der Inhalt keine versuchte Einflussnahme oder Missachtung darstellen (vgl. § 178 Rn. 10, 26). In diesem Rahmen wird auch eine Meinungsäußerung durch (kollektives) Tragen **szenetypischer Kleidung** keinen Versagungsgrund darstellen.[22]

8   Erkennbar geisteskranken oder geistesschwachen Personen ist der Zutritt zu versagen.[23]

9   Abzustellen ist allein auf das äußere Erscheinungsbild. Widerspricht es der Würde des Gerichts, kann der Zutritt ohne Hinzutreten weiterer Umstände versagt werden (Rn. 5). Soll der Zutritt nicht wegen des Erscheinungsbildes verhindert werden, sondern wegen der erkennbaren Absicht einer Störung, ist auch hier nach §§ 176 ff. zu verfahren.

10 **4.** Für die Entscheidung ist der **Vorsitzende** zuständig.[24] In dieser Aufgabe wird er unterstützt durch Justizwachtmeister (Nr. 128 RiStBV). Soweit ein Wachtmeister den Zutritt versagt, kann von dem Betroffenen die Entscheidung des Vorsitzenden herbeigeführt werden. Einer Anhörung der Verfahrensbeteiligten oder des Betroffenen bedarf es nicht. Gegen die Entscheidung des Vorsitzenden ist kein isolierter **Rechtsbehelf** gegeben. Auch kann bei einem Kollegialgericht gegen die Entscheidung des Vorsitzenden nicht das Kollegium angerufen werden, wie sich aus § 177 Satz 2 ergibt.[25]

11 **5.** Ist einer Person der Zutritt ohne Vorliegen eines Grundes **ermessensfehlerhaft versagt** worden, liegt eine unzulässige Beschränkung der Öffentlichkeit vor.[26] Zu den Folgen § 169 Rn. 55.

12 **III. Gestattung des Zutritts zu nichtöffentlicher Sitzung.** Zu einer nichtöffentlichen Verhandlung (kraft Gesetzes oder auf Grund eines Beschlusses nach §§ 171 ff.) kann das Gericht einzelnen Personen den Zutritt gestatten (Abs. 2), auch für die nichtöffentliche Verhandlung über den Ausschluss gemäß § 174 Abs. 1.[27]

13 **1.** Der Begriff „einzelnen" **Personen** ist eng auszulegen; weder darf der für die Ausschließung maßgebende gesetzliche Grund umgangen werden noch darf ein dahin gehender Eindruck entstehen. Die Gestattung kommt in Betracht für Personen in Ausbildung, Presseberichterstatter (vgl. § 174 Abs. 2, 3; § 169 Rn. 85 ff.) und wissenschaftlich Interessierte, auch für Angehörige von Behörden oder Privatunternehmen, soweit die Erörterungen in der Verhandlung für ihre Tätigkeit von Bedeutung sein kann. Auch nahen Angehörigen kann die Anwesenheit gestattet werden, so dem Ehegatten, soweit er nicht als Beistand nach § 149 StPO, damit als Verfahrensbeteiligter ohnedies anwesenheitsberechtigt ist.[28] Schon begrifflich bezieht sich die Vorschrift nicht auf die Verfahrensbeteiligten, die stets ein Recht auf Anwesenheit haben. Die Entscheidung über die Gestattung des Zutritts steht im pflichtgemäßen Ermessen mit der Ausnahme, dass nach Abs. 2 Satz 2 in Strafsachen dem Verletzten der Zutritt gestattet werden soll, weil er ein berechtigtes Interesse daran hat, auch darüber orientiert zu sein, was sich in einer nichtöffentlichen Hauptverhandlung abspielt.[29] Ihm darf nur ausnahmsweise der Zutritt verwehrt

---

[22] Hierzu *Baufeld* GA 2004, 163.
[23] *LR/Wickern* Rn. 3.
[24] *LR/Wickern* Rn. 4; *BL/Hartmann* Rn. 3; *Meyer-Goßner* Rn. 1; *Wieczorek/Schreiber* Rn. 2; *KK/Diemer* Rn. 1; *MünchKommZPO/Wolf* Rn. 5.
[25] *LR/Wickern* Rn. 4; *Eb. Schmidt* Rn. 2; *Zöller/Gummer* Rn. 1; *Woesner* NJW 1959, 867; *KK/Diemer* Rn. 1; *Wieczorek/Schreiber* Rn. 3.
[26] RGSt 47, 374; OLG Hamm NJW 1967, 1289; *Zöller/Gummer* Rn. 1.
[27] RGSt 33, 311.
[28] Vgl. *LR/Wickern* Rn. 8.
[29] BTagsDrucks. 10/5305 S. 25.

2. Die Gestattung des Zutritts bedarf **keiner Anhörung** der Beteiligten (Abs. 2 **14** Satz 3). Mit Rücksicht auf die durch die Nichtöffentlichkeit zu schützenden Rechtsgüter sollte sie gleichwohl erfolgen, um dem Gericht alle für seine Ermessensentscheidung wesentlichen Interessen bekannt zu machen.[32] Bei Widerspruch eines Verfahrensbeteiligten bedarf es stets eines ausdrücklichen Beschlusses über die Gestattung, vgl. § 238 Abs. 2 StPO.[33]

3. Zuständig für Gestattung ist **das Gericht** in der für die Verhandlung und **15** Entscheidung der Sache vorgeschriebenen Besetzung, also nicht der Vorsitzende im Kollegialgericht.[34]

4. Die Gestattung geschieht durch **Beschluss** des Gerichts. Sie kann ausnahms- **16** weise stillschweigend erfolgen dadurch, dass der trotz der Nichtöffentlichkeit Eintretende oder im Sitzungssaal Verweilende geduldet wird und niemand sich gegen seine Anwesenheit wendet.[35]

Die Gestattung der Anwesenheit lässt die Befugnis des Gerichts oder des Vorsit- **17** zenden zur Rücknahme der Zulassung und zur späteren Entfernung der Person aus dem Sitzungssaal nach § 177 unberührt.[36]

5. Die Gestattung oder deren Ablehnung ist nicht selbstständig anfechtbar, da es **18** sich um eine Maßnahme der Sitzungspolizei handelt (§ 176 Rn. 48) und hiergegen nur in den Fällen des § 181 ein Rechtsmittel eröffnet ist. Zu den FamS vgl. weiter § 170 Rn. 6. War die Gestattung aber ermessensmissbräuchlich, kann die darin liegende unzulässige Erweiterung der Öffentlichkeit ein Revisionsgrund sein[37] (vgl. § 169 Rn. 59).

IV. Anwesenheitsrecht kraft Gesetzes. Kraft Gesetzes ist die Anwesenheit in **19** nichtöffentlicher Sitzung (kraft Gesetzes oder auf Grund eines Beschlusses nach §§ 171 ff.) stets gestattet den „die Dienstaufsicht führenden Beamten der Justizverwaltung" (Abs. 3). Beamte der Justizverwaltung sind, abgesehen von den Angehörigen des zuständigen Ministeriums, nur die „Richter", denen die Dienstaufsicht über die Richter (nicht nur über andere Bedienstete, auch nicht über Staatsanwälte) des Gerichts zusteht, vor dem die Verhandlung stattfindet. Zur Zuständigkeit für die Dienstaufsicht § 22 Rn. 40, 41. Eine Vertretung dieser Richter ist nur im Rahmen ihrer allgemeinen Stellvertretung zulässig; die Beauftragung anderer Personen, etwa zur Beobachtung, wird nicht von Abs. 3 umfasst, sondern richtet sich nach Abs. 2.[38] Entsprechendes gilt für den die Dienstaufsicht führenden Minister und seinen Stellvertreter. Im jugendgerichtlichen Verfahren fehlt eine entsprechende Vorschrift, hier gilt auch für die dienstaufsichtführenden „Beamten" (Richter) nach der Abs. 2 entsprechenden Regelung des § 48 Abs. 2 Satz 3 JGG die Notwendigkeit ausdrücklicher Zulassung.

Abs. 3 konstituiert ein Anwesenheitsrecht, und zwar ein körperliches und offe- **20** nes. Die Vorschrift deckt nicht das Mithören der Verhandlung durch technische Möglichkeiten oder durch versteckte Anwesenheit.[39]

Ein Abs. 3 vergleichbares unmittelbares Anwesenheitsrecht kann sich auch aus **21** anderen gesetzlichen Vorschriften ergeben, so aus Art. 105 Abs. 5 des Genfer Ab-

---

[30] *Meyer-Goßner* Rn. 5.
[31] *Rieß/Hilger* NStZ 1987, 208.
[32] BGH JR 1964, 388.
[33] *Meyer-Goßner* Rn. 4; *KK/Diemer* Rn. 4; *Wieczorek/Schreiber* Rn. 5.
[34] *LR/Wickern* Rn. 12; *Meyer-Goßner* Rn. 4; *BL/Hartmann* Rn. 4; *Wieczorek/Schreiber* Rn. 5.
[35] RG HRR 1934 Nr. 999; *LR/Wickern* Rn. 12; *Meyer-Goßner* Rn. 4.
[36] RG GA 1903, 119; *LR/Wickern* Rn. 12.
[37] *MünchKommZPO/Wolf* Rn. 11; differenzierend *LR/Wickern* Rn. 16.
[38] A. A. *Meyer-Goßner* Rn. 8.
[39] Der „lauschende" Präsident; *Wieczorek/Schreiber* Rn. 7; a. A. BGH DRiZ 1971, 206.

§ 176   1   14. Titel. Öffentlichkeit und Sitzungspolizei

kommens über Kriegsgefangene (BGBl. 1954 II S. 781). Nach Art. 25 ZA-NTS ist Vertretern ausländischer Behörden zu gestatten, bei Verhandlungen in Strafsachen gegen Angehörige ihrer Stationierungsstreitkräfte oder deren Familienangehörige beizuwohnen; die erforderliche Gestattung ist zwingend vorgeschrieben.

22   Die Anwesenheit von Personen, die Abs. 3 oder entsprechende gesetzlichen Regelungen vorsehen, ist ohne Einfluss auf die Qualifizierung als nichtöffentliche Verhandlung, ein Rechtsmittel kann nicht darauf gegründet werden.

23   **V. Geltungsbereich.** Die Vorschrift gilt auch für alle **anderen Gerichtsbarkeiten,** vgl. § 55 VwGO, § 52 Abs. 1 FGO, § 52 Satz 4 ArbGG, § 61 Abs. 1 SGG. Wegen der Regelung der Dienstaufsicht im Sinne des Abs. 3 vgl. § 38 VwGO, §§ 15, 34, 40 ArbGG, § 31 FGO und §§ 9, 30, 38 SGG.

§ 176. [Sitzungspolizei]
Die Aufrechterhaltung der Ordnung in der Sitzung obliegt dem Vorsitzenden.

Übersicht

	Rn.		Rn.
I. Regelungsinhalt		10. Aufzeichnungen	25
1. Sitzungspolizei	1	11. Wahrheitsfindung	26
2. Nicht: Verhandlungsleitung	2	12. Störung der Verhandlung	27
3. Abgrenzung zum Hausrecht	3	13. Polizeieinsatz	28
II. Zuständigkeit des Vorsitzenden	6	14. Foto, Tonaufzeichnung	31
III. Umfang der Sitzungspolizei		15. Unterbrechung der Sitzung	32
1. Zeitlich	8	16. Entfernung von Störern	33
2. Räumlich	10	17. Unterbrechung	34
3. Außerhalb Sitzungsbereich	11	18. Ausschluss der Öffentlichkeit	35
4. Lokaltermin	12	V. Maßnahmen nach pflichtgemäßem Ermessen	36
IV. Inhalt der Sitzungspolizei	13	VI. Personeller Umfang	39
1. Generalklausel	13	1. Rechtsanwälte	40
2. Sitzordnung	15	2. Andere Verfahrensbeteiligte	44
3. Einlasskarten	16	3. Beisitzende Richter	45
4. Kontrolle, Durchsuchung	17	4. Zugelassene Personen (§ 175)	46
5. Amtstracht	19	5. Pressevertreter	47
6. Aufstehen	21	VII. Rechtsbehelfe	48
7. Stil, Würde	22	VIII. Andere Gerichtsbarkeiten	50
8. Abmahnung	23		
9. Schließen der Türen	24		

1   **I. Regelungsinhalt. 1.** Die Vorschrift regelt die sogenannte **Sitzungspolizei** (vgl. Überschrift vor § 169) in einer Generalklausel. Soweit nicht in §§ 177 ff. Abweichendes ausdrücklich bestimmt ist, obliegt dem Vorsitzenden die Aufrechterhaltung der Ordnung in der Sitzung. „Dazu gehören der störungsfreie äußere Ablauf der Sitzung, ferner die ungehinderte Entscheidungsfindung samt allen dazu erforderlichen Beiträgen und Interaktionen der Prozessbeteiligten, schließlich der Schutz des allgemeinen Persönlichkeitsrechts der Beteiligten, namentlich der Angeklagten".[1] Betroffen ist lediglich die **äußere Ordnung,** also die Sicherung des äußeren Ablaufs der Verhandlung und der Ruhe und Sachlichkeit, die eine objektive Prüfung aller entscheidungsrelevanten Umstände ermöglichen.[2] Zu wahren oder herzustellen ist ein Zustand, der dem Gericht und den Verfahrensbeteiligten die störungsfreie Ausübung ihrer Funktionen ermöglicht, die Aufmerksamkeit der Anwesenden in der öffentlichen Verhandlung nicht beeinträchtigt und allgemein deren gebührlichen Ablauf sichert[3] (vgl. Einl. Rn. 221).

---
[1] BVerfGE 91, 125 = NJW 1995, 184; vgl. BGH NJW 1998, 1420.
[2] *Wolf* S. 256; *Meyer-Goßner* Rn. 4; *Scheuerle*, FS Baur, 1981, S. 595.
[3] SchlHOLG MDR 1977, 775; *LR/Wickern* Rn. 1; vgl. BVerfGE 28, 21, 31 = NJW 1970, 851; E 50, 234, 242 = NJW 1979, 1400.

2. Von der Sitzungspolizei zu trennen ist die **Verhandlungsleitung** nach 2
§§ 238 StPO, 136 ZPO. Gegen Maßnahmen des Vorsitzenden zur Verhandlungsleitung nach § 238 Abs. 2 StPO, § 140 ZPO kann das Kollegialgericht angerufen werden. Sitzungspolizeiliche Maßnahmen obliegen ausschließlich dem Vorsitzenden; das Kollegium kann hiergegen nicht angerufen werden.[4]

3. Von der Sitzungspolizei ist auch das **Hausrecht** zu unterscheiden, das der Ge- 3
richtsverwaltung zuzurechnen ist. Das Hausrecht im und am Justizgebäude erstreckt sich grundsätzlich auf alle Räumlichkeiten im Gebäude; sein Inhalt entspricht grundsätzlich dem des privaten Hauseigentümers und gibt z.B. das Recht, Personen, die den Dienstbetrieb stören, aus dem Gerichtsgebäude zu weisen oder ihnen gegenüber ein Hausverbot auszusprechen sowie Strafanträge wegen Verstoßes hiergegen zu stellen[5] (vgl. § 12 Rn. 93 ff.). Eine Ausnahme gilt nur während der Dauer der Verhandlung für die der Sitzungspolizei des Vorsitzenden unterstehenden Räumlichkeiten. Hier tritt mit Rücksicht auf die richterliche Unabhängigkeit, von der auch die Ausübung der Sitzungspolizei umfasst wird, und den Grundsatz der Öffentlichkeit, der nur durch richterliche Entscheidung eingeschränkt werden kann, das Hausrecht zurück,[6] ebenso im Übrigen die allgemeine polizeiliche Zuständigkeit zur Gefahrenabwehr.[7]

Deshalb kann in Ausübung des Hausrechts niemand aus dem Gebäude gewiesen 4
und niemandem der Zutritt verweigert werden, wenn die Verfahrensordnungen seine Anwesenheit verlangen oder erlauben,[8] also weder Verfahrensbeteiligten (§ 12 Rn. 94) noch Zuhörern (§ 12 Rn. 96; § 169 Rn. 38). Sie können nur nach §§ 169 ff., 176 ff. am Eintreten gehindert, diesbezüglich Bedingungen unterworfen oder aus dem Sitzungssaal oder dem Gebäude entfernt werden. Soweit aber die Sitzungspolizei nicht Vorrang beansprucht, besteht das Hausrecht uneingeschränkt. So kann eine Person, der sitzungspolizeilich der Zutritt zum Gerichtssaal verweigert oder die hieraus verwiesen wurde, auch aus dem Gebäude gewiesen werden. Zur teilweisen Übertragung des Hausrechts auf den Vorsitzenden Rn. 10 und § 12 Rn. 99.

Soweit Störungen außerhalb der zeitlichen und räumlichen Grenzen der Sit- 5
zungspolizei entstehen oder zu befürchten sind, insbesondere für das Gerichtsgebäude insgesamt, ist der Inhaber des Hausrechts uneingeschränkt berechtigt und verpflichtet, für die Beseitigung oder Abwendung zu sorgen.[9] Werden dabei Personen daran gehindert, als Zuhörer den Sitzungssaal zu betreten, ist dies als bloßer (unbeabsichtigter und ungezielter) Reflex der Maßnahme für die Frage der Wahrung der Öffentlichkeit der Verhandlung ohne Bedeutung.[10] Dies setzt jedoch voraus, dass sich die Beschränkung der Öffentlichkeit durch den Hausrechtsinhaber auf die zur Wahrung der Ordnung im Gerichtsgebäude notwendigen Maßnahmen in der konkreten Situation beschränkt. Das lediglich für den Bereich außerhalb des Sitzungssaals wirksame Hausverbot kann bei Störungen der öffentlichen Ordnung durch Zuhörer in der Gerichtsverhandlung deren Übergreifen auf das übrige Gerichtsgebäude verhindern. Damit kann es parallel zur sitzungspolizeilichen Maßnahme die Wahrung der öffentlichen Ordnung unterstützen, ohne in richterliche Kompetenzen einzugreifen.[11] Zudem führt ein Hausverbot für das Gerichtsgebäude

---

[4] OLG Hamm NJW 1972, 1246; *LR/Wickern* Rn. 2; *Woesner* NJW 1959, 867; *Wieczorek/Schreiber* Rn. 14; *BL/Hartmann* Rn. 8; *MünchKommZPO/Wolf* Rn. 14; *KK/Diemer* Rn. 7; *Katholnigg* Rn. 10; a. A. *Meyer-Goßner* Rn. 16; § 238 StPO Rn. 13.
[5] *Steinbrenner* Justiz 1968, 236.
[6] BGHSt 24, 329 = NJW 1972, 1144; OLG Celle DRiZ 1979, 376; *Maul* MDR 1970, 288; *Steinbrenner* Justiz 1968, 235; *Willms* JZ 1972, 654; *Stürner* JZ 1972, 665; *Meyer-Goßner* Rn. 3; *LR/Wickern* Rn. 3; *KK/Diemer* Rn. 5; *Wieczorek/Schreiber* Rn. 13; a. A. *Rüping* ZZP 1975, 218; *Wolf* S. 257.
[7] *Leinius* NJW 1973, 448; *LR/Wickern* Rn. 4.
[8] *Stürner* JZ 1972, 665.
[9] RGSt 54, 225.
[10] *Stürner* JZ 1972, 665.
[11] OLG Celle DRiZ 1979, 376.

außerhalb des Sitzungssaals dazu, dass das Verweilen der aus dem Sitzungssaal verwiesenen Zuhörer im Gerichtsgebäude und ihr etwaiges Wiedereindringen den Tatbestand des § 123 StGB erfüllen können.[12]

6 **II. Zuständigkeit des Vorsitzenden.** Die Sitzungspolizei obliegt dem Vorsitzenden, soweit nicht gesetzlich die Zuständigkeit des Kollegiums festgelegt ist, z.B. §§ 177, 178. Beim Einzelrichter fallen diese Befugnisse zusammen, vgl. auch § 180. Hat statt des Vorsitzenden das Kollegialgericht eine Maßnahme nach § 176 getroffen, hat das auf ihre Gültigkeit keinen Einfluss.[13]

7 Die Ausübung der Sitzungspolizei ist **richterliche Aufgabe,** die von der Unabhängigkeitsgarantie umfasst ist.[14]

8 **III. Umfang der Sitzungspolizei. 1. Zeitlich.** Die Sitzungspolizei besteht „in der Sitzung". Das ist zunächst die gesamte Dauer der Verhandlung im Sinne des § 169 vom Aufruf der Sache bis zur vollständigen Verkündung des Urteils (vgl. dort Rn. 8ff., 63) ohne Rücksicht darauf, an welchem Ort sie stattfindet.[15]

9 Zeitlich ist der Begriff der Sitzung aber noch darüber hinaus auszudehnen.[16] Sie beginnt bereits mit der Öffnung des Gerichtssaales und dem Eintreffen der ersten Verfahrensbeteiligten und umfasst schon den vorbereitenden Aufenthalt der Richter im Beratungszimmer.[17] Zur Sitzung gehört über den Schluss der Verkündung des Urteils und die Beendigung der Verhandlung hinaus auch die gesamte Anwesenheit des Gerichts danach, also auch die Zeit, die das Gericht braucht, „ um in einer seiner Würde angemessenen Weise ohne Hast die mit der endgültigen Abwicklung der verhandelten Sache zusammenhängenden Verrichtungen vorzunehmen und in Ruhe den Sitzungssaal zu verlassen".[18] Zur Sitzung gehören weiter die Zeit zwischen der Verkündung einer Entscheidung und dem Aufruf der nächsten Sache,[19] eine Beratung außerhalb des Gerichtssaals[20] und eine Sitzungspause,[21] auch zwischen zwei anstehenden Sachen.[22] Längere Unterbrechungen, z.B. eine mehrstündige Mittagspause, gehören nicht zur Sitzung.[23]

10 **2. In räumlicher Hinsicht** bezieht sich die Sitzungspolizei auf den Sitzungssaal, das zugehörige Beratungszimmer und Nebenräume, die unmittelbar und ausschließlich der Verhandlung dienen, z.B. Präsenzzellen neben dem Verhandlungsraum mit unmittelbarem Zugang zum Sitzungssaal. Alle anderen Räumlichkeiten, z.B. Korridore, Treppenhäuser, Warteräume für Zeugen, unterliegen nicht von der Sitzungspolizei; sind hier Störungen abzuwehren, ist dies Aufgabe des Hausrechtsinhabers. Bedenken bestehen, soweit dem gegenüber die wohl h.M. die Auffassung vertritt, die Sitzungspolizei erstrecke sich auch auf die unmittelbar an den Verhandlungsraum angrenzenden Vorräume, z.B. Flure und Korridore.[24] Es bedarf einer klaren, eindeutigen Abgrenzung zwischen der Reichweite der Sitzungspolizei einer-

---

[12] OLG Celle aaO.; OLG Oldenburg Vorlagebeschluss NJW 1980, 1416; vgl. OLG Karlsruhe DÖV 1980, 99; *LR/Wickern* Rn. 3.
[13] BGH NStZ 2004, 220; OLG Karlsruhe NJW 1977, 309, 311; *LR/Wickern* Rn. 9; *Meyer-Goßner* Rn. 12; § 177 Rn. 11; *KK/Diemer* Rn. 6; a. A. OLG Koblenz MDR 1978, 693; *Sälzer* JZ 1970, 572.
[14] BGHSt 17, 201 = NJW 1962, 1260; St 24, 329 = NJW 1972, 1144; BGHZ 67, 184 = NJW 1977, 437 m. Anm. *Wolf* NJW 1977, 1063; OLG Köln NJW 1963, 1508; NJW-RR 1998, 1141; OLG Hamburg NJW 1976, 1987; *LR/Wickern* Rn. 1; *KK/Diemer* Rn. 6; *Rüping* ZZP 1975, 217; *Leinius* NJW 1973, 449; *Arndt* DRiZ 1978, 302; *Weidemann* DRiZ 1970, 116.
[15] RGSt 47, 322; *LR/Wickern* Rn. 6.
[16] *Lehr* NStZ 2001, 63.
[17] *Maul* MDR 1970, 286.
[18] OLG Hamm NJW 1956, 1452; OLG Düsseldorf MDR 1986, 428; *LR/Wickern* Rn. 8.
[19] *Maul* MDR 1970, 286; *Wieczorek/Schreiber* Rn. 4; *LR/Wickern* Rn. 8.
[20] *LR/Wickern* aaO.
[21] KG 5. 8. 1999 – 1 AR 929/99 –.
[22] *BL/Hartmann* Rn. 3; *Meyer-Goßner* Rn. 2.
[23] *Meyer-Goßner* Rn. 2.
[24] BGH NJW 1998, 1420; *LR/Wickern* Rn. 6; *Steinbrenner* Justiz 1968, 235; *Lehr* NStZ 2001, 63, 66; vgl. auch BVerG – K – NJW 2006, 1500.

seits und dem Hausrecht andererseits, sowohl im Interesse schneller Reaktion als auch wegen der Folgen der Missachtung ergangener Anordnungen, wenn auch nicht zu verkennen ist, dass mit der Ausübung des Hausrechts in die Befugnisse des Vorsitzenden eingegriffen werden kann, z. B. hinsichtlich der Sicherungsmaßnahmen gegenüber Zuhörern (Rn. 4 ff.). Sinnvoll zu lösen ist dieser Widerstreit aber nur durch einvernehmliches Vorgehen des Vorsitzenden und des Hausrechtsinhabers. Im Interesse eines möglichst einheitlichen, verfahrensgerechten und sinnvollen Vorgehens ist es zulässig, das Hausrecht auf den Vorsitzenden zu übertragen[25] (vgl. Rn. 4; § 12 Rn. 99), um auch jeden Anschein einer Einflussnahme der Justizverwaltung auf die Ausübung der Sitzungspolizei und die Beachtung der Vorschriften über die Öffentlichkeit zu vermeiden. Dadurch werden die dem Hausrecht zuzurechnenden Maßnahmen aber nicht solche nach § 176, sondern richten sich nach den allgemeinen für die Ausübung des Hausrechts geltenden Voraussetzungen und Folgen.[26]

3. Wird die Sitzung durch Störungen gefährdet, die **außerhalb des räumlichen Bereichs** der Sitzungspolizei liegen, ist ihnen durch Ausübung des Hausrechts zu begegnen, ist auch der dem Hausrecht unterstehende räumliche Bereich überschritten, durch die allgemeinen Sicherheitsorgane.

4. Findet die **Verhandlung außerhalb** eines Gebäudes statt, z. B. Lokaltermin auf einer Straße, ist der Vorsitzende befugt, im erforderlichen Umfang durch Absperrung und sonstige Regelungen die ordnungsgemäße Durchführung der Sitzung zu gewährleisten.[27] Seine Anordnungen sind im Wege der Amtshilfe von den zuständigen Verwaltungsstellen durchzuführen.[28] Der Vorsitzende hat hier auch die Befugnisse aus § 164 StPO (Festnahme und Festhalten von Personen, die stören oder sich den Anordnungen widersetzen). Beim Einsatz der **Videotechnik** (§ 169 Rn. 95 ff.) erstreckt sich die Ordnungsgewalt des Vorsitzenden auch auf den Aufenthaltsort des Zugeschalteten.[29] Er kann hierzu, da deren Ausübung richterliche Tätigkeit ist, das Amtsgericht des Aufenthaltsorts um das Tätigwerden eines Justizwachtmeisters im Rechtshilfewege ersuchen[30] (vgl. § 156 Rn. 22). Unterliegt der Aufenthaltsort aber dem Hausrecht eines Privaten, geht Letzteres vor, da es in dessen Entscheidung liegt, ob, wie lange und unter welchen Voraussetzungen er die Räumlichkeiten für die Verhandlung zur Verfügung stellt.

IV. Inhalt der Sitzungspolizei. 1. Generalklausel. Der Inhalt der Sitzungspolizei ist im Gesetz nicht näher umschrieben, er richtet sich nach der konkreten Situation.[31] Die Sitzungspolizei umfasst alle Maßnahmen, die erforderlich sind, um den ungestörten Ablauf der Sitzung zu gewährleisten; eine abschließende Katalogisierung ist nicht möglich, nachstehend können nur einige Beispiele angeführt werden. Hinzu kommt, dass es auch zur Sitzungspolizei gehört, über den ordnungsgemäßen Ablauf der unmittelbaren, prozessual vorgeschriebenen und inhaltsbestimmten Verhandlung hinaus für den Schutz der Verfahrensbeteiligten zu sorgen,[32] insbesondere darauf zu achten, dass das Persönlichkeitsrecht und die Menschenwürde nicht missachtet werden (vgl. § 169 Rn. 14). Deshalb ist der Vorsitzende auch gehalten, vor dem unmittelbaren Sitzungsbeginn, in den Pausen und nach der Verhandlung dafür zu sorgen, dass Verfahrensbeteiligte nicht von dritter Seite belästigt werden, so auch ein Übermaß an Fotoaufnahmen usw., das Verfahrensbeteiligte in einem nicht mehr vom berechtigten Informationsbedürfnis der

---

[25] *Beyer* DRiZ 1972, 285; *Stürner* JZ 1972, 666; *Meyer-Goßner* Rn. 3.
[26] *Stürner* JZ 1972, 666.
[27] RG HRR 1938 Nr. 715; *LR/Wickern* Rn. 7.
[28] *LR/Wickern* Rn. 7.
[29] *BL/Hartmann* § 176 Rn. 3; *Zöller/Gummer* § 176 Rn. 4; *Schultzky* NJW 2003, 313, 316; a. A. *Heckel* VBlBW 2001, 1.
[30] *Zöller/Greger* § 128 a ZPO Rn. 4; *Schultzky* NJW 2003, 313, 316.
[31] *Greiser,* Die gestörte Hauptverhandlung, 1985.
[32] OLG Köln NJW-RR 1998, 1141.

Öffentlichkeit gedeckten Umfang beeinträchtigt, zu verhindern[33] (vgl. § 169 Rn. 89 ff.).

14 Stets zu beachten ist auch der Grundsatz der **Verhältnismäßigkeit**[34] (vgl. Einl. Rn. 227). Soweit eine weniger einschneidende Maßnahme der Sitzungspolizei ausreichend ist, darf keine weitergehende Maßnahme ergriffen werden (vgl. § 172 Rn. 24).

15 2. Zulässig sind Anordnungen über die **Sitzordnung,**[35] z. B. dass der Angeklagte hinter einer Barriere Platz zu nehmen hat[36] und neben ihm im Falle der Fluchtgefahr Wachtmeister postiert werden (zur Fesselung bei der Vorführung usw. vgl. § 119 StPO). Hierher zählen auch Maßnahmen zum Schutz von Verfahrensbeteiligten, z. B. bei Rachegefährdung der Aufenthalt hinter kugelsicheren Glaswänden, ebenso Maßnahmen der Gesundheitsvorsorge bei stark infektionskranken Verfahrensbeteiligten (Aufenthalt hinter Glas, notfalls nur mit mittelbarer Verständigung durch Mikrophon und Lautsprecher).

16 3. Zulässig ist bei zu erwartendem größeren Publikumsandrang die Anordnung, dass nur Personen mit einer **Einlasskarte** der Zutritt gestattet wird (§ 169 Rn. 35). Zulässig ist auch, dass Besucher sich **ausweisen** müssen und ihre Registrierung angeordnet wird, wie auch die Einbehaltung der Personalausweise während der Dauer der Verhandlung oder solange die Besucher sich im Zuhörerraum/Gebäude aufhalten (§ 169 Rn. 39 f.).

17 4. Zulässig ist die Anordnung, dass nur solche Personen eingelassen werden, die einer **Kontrolle und Durchsuchung** hinsichtlich Waffen und/oder anderer zur Störung geeigneter Sachen (z. B. Transparente, Trillerpfeifen, Flugblätter usw.) sich unterziehen lassen[37] (§ 169 Rn. 42 ff.). Werden solche Sachen festgestellt, kann der Vorsitzende den Besitzer wegen der sich darin dokumentierenden Störungsabsicht zurückweisen (lassen) oder die Sachen bis zur Beendigung der Verhandlung sicherstellen.

18 Solche Durchsuchungsanordnungen können hinsichtlich **aller Verfahrensbeteiligten** ergehen, trotz standespolitischer Bedenken im Einzelfall auch gegen Richter, Staatsanwälte und Rechtsanwälte,[38] soweit dadurch nicht in die Vertraulichkeit ihrer Verfahrensunterlagen eingegriffen wird. Zulässig sind bei entsprechenden Verfahren auch persönliche Kontrollen aller Verfahrensbeteiligten auf Schusswaffen usw. wie auch die Durchsicht ihrer Taschen usw., auch das Durchblättern der mitgebrachten Akten, jedoch nicht Kenntnisnahme von deren Inhalt. Besteht der Verdacht, inhaftierte Gewalttäter hätten mit Hilfe ihrer Verteidiger Waffen und Sprengstoff erhalten, kann der Vorsitzende in die allgemeinen Kontrollmaßnahmen auch Verteidiger einbeziehen, die keinen Anlass zu einem solchen Verdacht gegeben haben.[39] Die Kontrollmaßnahmen müssen hinreichend präzisiert sein und in ihrer Intensität abgestuft;[40] unbeanstandet blieb folgende Anordnung des Vorsitzenden: „Verteidiger und die von ihnen mitgeführten Sachen und Akten sind beim Betreten des Gerichtsgebäudes zu durchsuchen. U. a. können die Verteidiger durch Abtasten der Kleider und Durchsicht der Behältnisse, auch unter Zuhilfenahme eines Metalldetektors, auf Gegenstände i. S. von Abschnitt II Nr. 2a (dabei handelt es sich um Gegenstände, die zur Störung der Hauptverhandlung geeignet sind, insbesondere um Waffen im technischen und nichttechnischen Sinne sowie um Wurf-

---

[33] *Maul* MDR 1970, 287.
[34] Vgl. BVerfGE 28, 21 = NJW 1970, 851; E 48, 118 = NJW 1978, 1048; OLG Karlsruhe NJW 1977, 309; *Roxin* JR 1976, 384.
[35] Vgl. *Molketin* AnwBl. 1982, 469.
[36] BayObLG DRiZ 1931 Nr. 373; *LR/Wickern* Rn. 14.
[37] BVerfGE 48, 118 = NJW 1978, 1048.
[38] Vgl. AnwBl. 1978, 196; DRiZ 1978, 221; krit. *Zuck* NJW 1979, 1125; *Krekeler* NJW 1979, 189.
[39] BVerfGE 48, 118 = NJW 1978, 1048.
[40] BVerfGE aaO.

gegenstände) durchsucht werden. Auf Verlangen des Kontrollpersonals sind bei der Durchsuchung Mäntel, Jacken und Schuhe auszuziehen. Spricht der Metalldetektor an, so können die Verteidiger u. a. aufgefordert werden, die Kleidungsstücke, von denen die Reaktion des Suchgerätes ausgehen kann, soweit zu öffnen, dass eine Überprüfung mit dem Suchgerät möglich ist. Verbleibt nach der Durchsuchung der begründete Verdacht, dass verbotene Gegenstände mitgeführt werden, so ist die Entscheidung des Vorsitzenden einzuholen. Bei der Durchsuchung und Kontrolle von Akten ist darauf zu achten, dass sie nicht gelesen werden. Mitgeführte Akten und sonstige Gegenstände können in der Gepäckprüfanlage bzw. unter Zuhilfenahme der Metallsonden überprüft werden. Den Verteidigern ist es nicht gestattet, eigene Aktentaschen, Leitz-Ordner, Mappen oder sonstige Hefter, bei denen wegen ihrer Metallbestandteile die Metallsonde anspricht, mitzunehmen. Im Bedarfsfalle sind ihnen Austauschtaschen zur Verfügung zu stellen. Die mitgeführten Akten sind, sofern sie nicht in die bei der Geschäftsstelle anzufordernden blauen Plastikordner eingeheftet sind, in solche Ordner oder jeweils in gerichtseigene Leitz-Ordner umzuheften"... „Fühlt sich ein Verfahrensbeteiligter ... durch die in dieser Verfügung angeordneten Maßnahmen in seinen nach StPO oder GVG ihm zustehenden Rechten beeinträchtigt, so ist die Entscheidung des Vorsitzenden einzuholen". – Eine Durchsuchungsanordnung gegenüber Verteidigern ist auch unter dem Aspekt der Berufsausübungsfreiheit gerechtfertigt, wenn Wortlaut und hinreichende Bestimmtheit der Anordnung sicherstellen, dass der Umfang der Durchsuchung im Einzelfall dem Maß der angenommenen Gefahr entspricht und die Überprüfung den betroffenen Verteidiger jedenfalls nur insoweit belastet, als dies unumgänglich erscheint.[41] Gerechtfertigt ist eine solche Durchsuchungsanordnung bei der Besorgnis, während der Hauptverhandlung könnten Gefahren für die Aufrechterhaltung der Sicherheit und Ordnung auch von einem Verteidiger ausgehen oder ein Verteidiger könnte unter Zwang oder ohne sein Wissen zum Werkzeug von Befreiungsaktionen oder Mordanschlägen eingesetzt werden.[42]

5. Sind Verfahrensbeteiligte zum Tragen einer **Amtstracht** verpflichtet, hat der Vorsitzende darauf hinzuwirken, dass sie diese auch ordnungsgemäß und vollständig tragen.[43] Kommen sie dieser Pflicht nicht nach, wird die Auffassung vertreten, diese Personen könnten zurückgewiesen werden mit der Folge, dass sie nicht mehr als Verfahrensbeteiligte anzusehen sind, demgemäß der uneingeschränkten Ordnungsgewalt des Vorsitzenden unterliegen und die einschränkenden §§ 177, 178 nicht anwendbar sind.[44]

Hiergegen sind Bedenken zu erheben.[45] Die Pflicht zum Tragen der Robe gehört dem Dienst- oder Standesrecht an und nicht dem Verfahrensrecht,[46] ihre Erfüllung hat auf die Ordnungsgemäßheit der Verhandlung im originären Sinne (Rn. 1) keinen unmittelbaren Einfluss. Die Zurückweisung eines Verfahrensbeteiligten wegen pflichtwidrigen Nichttragens der Robe ist verfahrensrechtlich nicht vorgesehen, im Gegensatz zu anderen vergleichbaren Fällen, vgl. z. B. §§ 137, 138 aff. StPO. Die auf § 176 gegründete Zurückweisung führt zur Aberkennung der Postulationsfähigkeit mit nachteiligen Folgen nicht nur für den pflichtwidrig Handelnden (was hinzunehmen wäre), sondern vor allem für die von ihm vertretenen oder zu unter-

---

[41] BVerfG NJW 1998, 296; 2006, 1500.
[42] BVerfG aaO.
[43] BVerfGE 38, 138.
[44] BVerfGE 28, 21 = NJW 1970, 851; E 34, 138; BGHSt 27, 34 = NJW 1977, 398; BayVerfGH AnwBl. 1972, 228; OLG Karlsruhe NJW 1977, 309, 310; KG NJW 1970, 482; KG JR 1977, 172; OLG Braunschweig NJW 1995, 2113; OLG München NJW 2006, 3079 = StV 2007, 27 m. Anm. *Weihrauch*; *Meyer-Goßner* Rn. 11; *Katholnigg* Rn. 8; *KK/Diemer* Rn. 4; a. A. *Sälzer* JZ 1970, 572; *Rüping* ZZP 1975, 234; *Hohenester* ZRP 1973, 109; zum Verteidiger ohne Krawatte auch OLG Celle StraFo 2002, 301.
[45] *LR/Wickern* Rn. 17.
[46] *Pielke* NJW 2007, 3251; a. A. VG Berlin NJW 2007, 793.

stützenden anderen Verfahrensbeteiligten, z. B. bis hin etwa zum Versäumnisurteil gegen die Prozesspartei im Zivilprozess (vgl. auch § 229 StPO) oder Beschränkung der Verteidigung bis hin zum Fehlen des notwendigen Verteidigers nach § 140 StPO. Die hierin letztlich liegende Beschränkung des rechtlichen Gehörs, auf deren Eintritt die vertretene Partei, der Angeklagte usw. keinen Einfluss hat, bedarf einer ausdrücklichen gesetzlichen Grundlage (vgl. z. B. §§ 137, 138 a ff. StPO). Als Reaktion auf diese Pflichtwidrigkeit sieht das geltende Recht nur die disziplinarische Ahndung des unmittelbar Handelnden vor; gegebenenfalls ist bei einem Rechtsanwalt an ein vorläufiges Vertretungsverbot (§ 150 BRAO) zu denken, bei einem Staatsanwalt an Maßnahmen der Dienstaufsicht oder Austausch des Sitzungsvertreters (§ 145). Zu bedenken ist hier aber auch, dass niemand vor einem pflichtwidrig ohne Robe erscheinenden Richter die Einlassung verweigern kann; dann kann aber eine gleichartige Pflichtwidrigkeit anderer Verfahrensbeteiligter keine qualitativ anderen Folgen haben.

21   6. Das **Aufstehen** der Anwesenden bei Eintritt des Gerichts, bei der Vereidigung von Zeugen und Sachverständigen sowie bei der Urteilsverkündung (vgl. RiStBV Nr. 124) war früher eine Selbstverständlichkeit, seine Verweigerung hat jedoch gelegentlich ideologisierte Bedeutung erlangt, ist mitunter auch schlicht eine Flegelei. Eine zwangsweise Durchsetzung ist zulässig, aber wenig angebracht (zur darin liegenden Ungebühr vgl. § 178 Rn. 15).

22   7. Insgesamt ist **Stil und Würde** der Gerichtsverhandlung durch Ausübung der Sitzungspolizei zu wahren. Diese Aufgabe entzieht sich indessen einer generellen Katalogisierung wie überhaupt Stil und Würde Merkmale sind, die sich einer rechtlichen Normierung weitgehend entziehen (vgl. § 175 Rn. 6). Insgesamt ist in neuerer Zeit eine Laxheit auch im Verhältnis zum Gericht (als personeller Erscheinungsform der Ausübung einer Staatsaufgabe) zu konstatieren, der gegenzusteuern ist, aber im Interesse der Glaubwürdigkeit der Justiz nur bei konsequenter Durchsetzbarkeit mit allgemeiner Zustimmung und auch nur im Kontext mit der allgemeinen Entwicklung. Ein Verhaltenskodex, der auf die Entwicklung im allgemeinen staatlichen und gesellschaftlichen Leben keine Rücksicht nimmt, ist nicht angebracht[47] und kann im Ergebnis langfristig eine gegenteilige Wirkung haben. Deshalb kann dann nicht von einem „Sittenverfall auch in deutschen Gerichtssälen"[48] gesprochen werden, wenn es um Erscheinungen geht, die sich als Spiegelbild der allgemein zu beobachtenden oder zumindest tolerierten Umgangsformen darstellen, z. B. in den Parlamenten. So braucht z. B. das Erscheinen im Gerichtssaal ohne Jacke nicht stets eine Ordnungswidrigkeit oder eine Ungebühr darzustellen[49] (vgl. § 175 Rn. 7).

23   8. Die **Abmahnung** störenden Verhaltens ist ein allgemeines Mittel der Sitzungspolizei. Der Vorsitzende kann in diesem Rahmen auch solche Maßnahmen androhen, die nur durch das Gericht insgesamt verhängt werden können.[50] Er kann auf diese Weise z. B. auch verfehlte **Ausdrucksweisen** rügen und auf Änderungen der Wortwahl, Ausdrucksweise und Lautstärke hinwirken sowie Gehässigkeiten unterbinden bis hin zur Entziehung des Wortes, auch im Plädoyer,[51] wenn auch hier die Grenze zur Verhandlungsleitung fließend ist. Zu einer solchen Abmahnung ist Anlass bei all den Verhaltensweisen, die unter „Ungebühr" im Sinne des § 178 fallen. Die Abmahnung ist nicht mit der Beschwerde anfechtbar. Sie ist lediglich ein Hinweis auf die Wahrung des ordnungsgemäßen prozessualen Verhaltens und ist mit keinen rechtlichen Wirkungen verbunden.[52]

---

[47] Vgl. *Steinbach* DRiZ 1976, 350.
[48] OLG Karlsruhe NJW 1977, 311.
[49] A. A. OLG Karlsruhe aaO.; krit. dazu *Rudolph* DRiZ 1976, 316; *Steinbach* DRiZ 1976, 350; *Zender* DRiZ 1976, 282; *Schneider* JurBüro 1977, 770;
[50] RG JW 1913, 161; *LR/Wickern* Rn. 26; *Seibert* NJW 1973, 127.
[51] RG JW 1938, 3161; *LR/Wickern* Rn. 26.
[52] OLG Hamburg NJW 1998, 1328.

9. Bei besonders wichtigen, zeitlich eng begrenzten Verfahrensabschnitten kann **24** der Vorsitzende einer Störung durch Schließung der Zuhörertüren entgegenwirken[53] (vgl. § 169 Rn. 45).

10. Aufzeichnungen, die ein Verfahrensbeteiligter oder ein Zuhörer macht, auch **25** mit technischen Geräten (dazu § 169 Rn. 73 ff.), können, wenn sie nicht per se stören wie z. B. eine klappernde Schreibmaschine,[54] im Wege der Sitzungspolizei nicht unterbunden werden; eine Störung der Verhandlung können sie nicht darstellen, auch nicht, wenn der Angeklagte sich in einem Ausmaß Aufzeichnungen macht, die beim Vorsitzenden den Eindruck entstehen lassen, er werde dadurch in seiner Aufmerksamkeit abgelenkt. Abgesehen von der Schwierigkeit festzustellen, ob dies der Fall ist, ist es allein Sache des Angeklagten, ob und wie aufmerksam er der Verhandlung folgt.[55] Schon gar nicht können dem Angeklagten dessen Aufzeichnungen weggenommen werden.[56] Das Mitschreiben kann auch nicht als Störung der Verhandlungsleitung des Vorsitzenden angesehen werden.[57] Ebenso wenig kann ein Zuhörer deshalb aus dem Saal gewiesen werden, um Aufzeichnungen durch ihn zu verhindern.[58] Anders ist es aber, wenn ein Zuhörer später zu vernehmende Zeugen dadurch genau informieren will;[59] ein solcher Zuhörer kann aus dem Saal gewiesen werden (vgl. § 169 Rn. 23), die Aufzeichnungen können bis zum Abschluss des gesamten Verfahrens einbehalten, ihm auch zwangsweise abgenommen werden.

11. Zur Sitzungspolizei gehört auch die Abwehr von **Einflussnahmen auf die 26 Wahrheitsfindung,** z. B. Information noch zu vernehmender Zeugen oder Zeichengebung mit dem Ziel einer Einflussnahme[60] (vgl. Rn. 25; § 169 Rn. 23). Pausengespräche eines Zeugen mit der Partei sind zu unterbinden, wenn die Gefahr völliger Entwertung der Aussage als Beweismittel besteht.[61]

12. Sitzungspolizeiliche Aufgabe des Vorsitzenden sind auch vorbeugende Maß- **27** nahmen gegen **Störungen der Verhandlung durch Zuhörer** (zur Personenkontrolle Rn. 17). Deshalb kann der Vorsitzende die Anwesenheit einer größeren Anzahl von Justizwachtmeistern anordnen, um Störer abzuschrecken oder schnell eingreifen zu können, auch zur Regelung des Eintritts der Zuhörer, zur Durchführung einer angeordneten Durchsuchung und Personenkontrolle, Verhinderung der zu befürchtenden Flucht eines Angeklagten oder Zeugen, Schutz der Verfahrensbeteiligten vor Übergriffen. Diese Anordnung kann aber auch ergehen, um im Falle einer Störung schnell handeln zu können, z. B. Werfen von Sachen, bei Lärm oder Tumult im Zuhörerraum oder optischen Störversuchen, z. B. Entrollen von Transparenten, Verteilung von Flugblättern.[62]

13. Zur Unterstützung der Justizwachtmeister kann der Vorsitzende **Polizei- 28 kräfte** anfordern und einsetzen, z. B. Polizeibeamte in Uniform im Sitzungssaal postieren sowie Polizeibeamte in einem Nebenraum für den Fall schwerwiegender Störungen bereithalten.[63] Die Anwesenheit von uniformierten Polizeibeamten im Sitzungssaal kann allein der Vorsitzende anordnen bzw. gestatten (soweit sie nicht, wenn auch in Uniform, als Zuhörer anwesend sind); die Zulässigkeit ihrer Anwesenheit richtet sich allein nach § 176, das Verwaltungsgericht kann dagegen nicht

---

[53] *LR/Wickern* Rn. 23.
[54] *Rüping* ZZP 1975, 218, 219.
[55] So im Ergebnis auch *Eb. Schmidt* JZ 1952, 42; a. A. BGHSt 1, 322; *LR/Wickern* Rn. 29.
[56] RGSt 54, 111; BGH bei *Herlan* GA 1963, 102.
[57] BGH bei *Herlan* GA 1963, 102.
[58] BGHSt 18, 179 = NJW 1963, 599; *Eb. Schmidt* JR 1963, 307.
[59] *LR/Wickern* Rn. 30; *Steinbrenner* Justiz 1968, 236.
[60] *Meyer-Goßner* Rn. 8.
[61] KG KGR 2001, 236.
[62] Vgl. SchlHOLG MDR 1977, 775, 776; *Willms* JZ 1972, 653; *Baur* JZ 1970, 247.
[63] SchlHOLG SchlHAnz 1978, 186.

angerufen werden.⁶⁴ Ob die Polizeibeamten im Sitzungssaal Waffen tragen und mit Sprechfunkgeräten ausgestattet sein dürfen, entscheidet ebenfalls allein der Vorsitzende, wobei er gegebenenfalls hinnehmen muss, dass bei negativer Entscheidung die Polizeiführung den Einsatz der Beamten ablehnt⁶⁵ – hier stößt der Vorsitzende an die Grenzen seiner Befugnisse.⁶⁶

29 Die Verwendung von **Funksprechgeräten** durch Justizwachtmeister oder Polizeibeamte bei ihrer Tätigkeit im Sitzungssaal unterliegt auch unter dem Gesichtspunkt des § 169 Satz 2 keinen Bedenken, da dies allein für Zwecke des Gerichts im Rahmen seiner Ordnungsaufgaben geschieht und zur Einsatzführung regelmäßig unentbehrlich ist.

30 Ob ein Verfahrensbeteiligter unter Berufung darauf, dass er sich durch ein zu großes Sicherheitsaufgebot in der Wahrnehmung seiner prozessualen Rechte **beeinträchtigt** fühlt, den Abzug der Kräfte erreichen kann, entscheidet allein der Vorsitzende. Mögliche Auswirkungen solcher Maßnahmen sind gegebenenfalls nach §§ 337 StPO, 545 ZPO zu prüfen (vgl. Rn. 36, 48).

31 14. Hinweis auf das Verbot des **Fotografierens** und der **Tonaufzeichnung** im Sitzungssaal (vgl. § 169 Rn. 62 ff., 89 ff.), erforderlichenfalls Sicherstellung der benutzten oder zu benutzenden Geräte bis zum Schluss der Verhandlung⁶⁷ (vgl. § 169 Rn. 70). Unabhängig von § 169 Satz 2 können Tonaufzeichnungen auch ohne den Zweck der öffentlichen Vorführung oder Veröffentlichung unterbunden werden, wenn deren missbräuchliche Benutzung nicht auszuschließen ist.⁶⁸

32 15. Kurzfristige **Unterbrechung** der Sitzung zur Beruhigung einer spannungsreich gewordenen Situation oder Beseitigung von Störungen.

33 16. Entfernung eines einzelnen oder mehrerer Störer, die nicht Verfahrensbeteiligte sind (vgl. § 177 Rn. 25).

34 17. Im Extremfall kann der Vorsitzende auch die Sitzung für längere Zeit unterbrechen/aufheben.⁶⁹

35 18. Zum Ausschluss der Öffentlichkeit durch das Gericht bei Störung der Verhandlung vgl. § 172 Rn. 24 ff.

36 **V. Maßnahmen nach pflichtgemäßem Ermessen.** Die Maßnahmen stehen im pflichtgemäßen Ermessen des Vorsitzenden.⁷⁰ Im Interesse einer möglichst ungestörten Durchführung der Verhandlung ist es oft angebracht, leichtere Ungehörigkeiten zu übersehen. Das Ermessen des Vorsitzenden endet aber mit der Folge einer Pflicht zum Einschreiten, wenn auf Grund objektiver, konkreter, sich aus dem Zusammenhang des Verfahrens ergebender Anhaltspunkte eine Gefährdung wichtiger Rechtsgüter oder eine erhebliche Störung des Verfahrensgangs zu besorgen ist,⁷¹ insbesondere wenn sich die Störung auf die Wahrheitsfindung auswirken kann oder eine (psychische oder physische) Beeinträchtigung für einen Verfahrensbeteiligten darstellt, uneingeschränkt seine prozessualen Rechte auszuüben.⁷² Dasselbe gilt bei Druck auf Zeugen zur Beeinflussung ihres Aussageverhaltens.⁷³ Offensichtlich fehlerhafte Maßnahmen der Sitzungspolizei können Gegenstand von

---

⁶⁴ OVG Berlin NJW 1973, 1246.
⁶⁵ A. A. *Leinius* NJW 1973, 448.
⁶⁶ Vgl. OVG Berlin aaO.
⁶⁷ *Maul* MDR 1970, 288.
⁶⁸ OLG Düsseldorf NJW 1996, 1360.
⁶⁹ RGZ 32, 390.
⁷⁰ BGH NJW 1962, 260; BGHSt 17, 201 = NJW 1962, 1260; St 24, 329 = NJW 1972, 1144; St 27, 13 = NJW 1977, 157; *Wolf* S. 260; *Meyer-Goßner* Rn. 6.
⁷¹ BGH NJW 1962, 260, 261; OLG Köln NJW-RR 1998, 1141; *Roxin* S. 407.
⁷² *Roxin*, FS Peters, S. 408; *Wolf* aaO.; *BL/Hartmann* Rn. 4.
⁷³ BGH NStZ 2004, 220.

Vorhalt und Ermahnung nach § 26 Abs. 3 DRiG sein,[74] auch kann es im Extremfall ein Dienstvergehen sein, wenn ein Richter in einer Hauptverhandlung seiner Pflicht zuwider und mit Vorbedacht es unterlassen hat, der Würde des Gerichts Geltung zu verschaffen und die notwendige Ordnung in der Sitzung herzustellen.[75]

Zum Grundsatz der Verhältnismäßigkeit Rn. 14. **37**

Eine **vorherige Anhörung** des von einer Maßnahme der Sitzungspolizei Betroffenen ist nicht erforderlich.[76] **38**

VI. Personeller Umfang. In personeller Hinsicht unterliegen der Sitzungspolizei des Vorsitzenden alle Personen im räumlichen und zeitlichen Zusammenhang der Sitzung, soweit nicht die §§ 177 ff. eine abweichende Regelung treffen.[77] **39**

1. Das gilt auch für **Rechtsanwälte**[78] in allen Verfahrensarten und Funktionen, auch als Beistand eines Zeugen,[79] auch für andere Verteidiger (§ 138 StPO) sowie Beistände (§ 149 StPO, § 157 ZPO). Zu ihrer Durchsuchung Rn. 18, zur Pflicht zum Tragen der Amtstracht Rn. 19. Wie sich aus § 177 ergibt, können sie aber **nicht als Störer** aus dem Verhandlungssaal entfernt werden (§ 177 Rn. 14), gegen sie kann auch nicht ein Ordnungsmittel nach § 178 ergriffen werden (§ 178 Rn. 4). Sind sie aber zufällig anwesend, also nicht als unmittelbar an dem zur Verhandlung stehenden Verfahren beteiligt, unterliegen sie als Zuhörer der uneingeschränkten Sitzungspolizei[80] (§ 177 Rn. 22). – Die Frage, wann ein Rechtsanwalt von der Vertretung, besonders der Verteidigung, aus Gründen, die mit der äußeren Ordnung der Gerichtsverhandlung nichts zu tun haben, ausgeschlossen werden (sein) kann, etwa nach §§ 137 Abs. 1 Satz 2, 138 a ff., 146 StPO, wegen Begünstigung usw., gehört nicht hierher.[81] **40**

Für den Fall eines **Fehlverhaltens eines Rechtsanwalts,** das zu einer nachhaltigen Störung führt bis hin zur Unmöglichkeit ordnungsgemäßer Weiterführung der Verhandlung, wird teilweise der Vorsitzenden für befugt gehalten, den Rechtsanwalt aus dem Sitzungssaal zu weisen, gegebenenfalls mit Gewalt.[82] Erörtert wurde diese Frage erstmals 1925, als im Tscheka-Prozess der Vorsitzende des Staatsgerichtshofs (RG) einen Verteidiger nach Räumung des Gerichtssaals nicht mehr einließ,[83] es folgte der Ausschluss des Verteidigers wegen dauernder Störung der Hauptverhandlung im Felseneck-Prozess.[84] Ein weiterer Fall betraf einen Rechtsanwalt, der 1934 beim RG den „deutschen Gruß" bei Sitzungsbeginn verweigerte.[85] **41**

Dieser Auffassung kann nicht gefolgt werden.[86] §§ 177, 178 sind eindeutig, sie lassen keine quantitative oder qualitative Differenzierung und damit nicht die Frage ihrer Anwendbarkeit je nach dem Schweregrad der Ordnungswidrigkeit zu, sondern **42**

---

[74] BGHZ 67, 184 = NJW 1972, 437; *Schilken* Rn. 216; dazu krit. *Wolf* NJW 1977, 1063; *Rudolph* DRiZ 1978, 13; *Arndt* DRiZ 1978, 78.
[75] OVG Zweibrücken DRiZ 1988, 21; BL/Hartmann Rn. 4; krit. *Rudolph* DRiZ 1988, 155.
[76] *Woesner* NJW 1959, 867; *Katholnigg* Rn. 7.
[77] OLG Karlsruhe NJW 1977, 309; *Steinbrenner* Justiz 1968, 236; BL/Hartmann Rn. 5; *Meyer-Goßner* Rn. 10.
[78] BVerfGE 48, 118 = NJW 1978, 1048.
[79] BVerfGE 38, 105 = NJW 1975, 103; *Krekeler* NJW 1980, 980.
[80] *Hartung* DJ 1934, 1121.
[81] Vgl. BGHSt 8, 194 = NJW 1957, 112; St 9, 20; St 15, 326 = NJW 1961, 614; BGH NJW 1972, 2140, aufgehoben durch BVerfGE 34, 293 = NJW 1973, 696; *Dahs* AnwBl. 1959, 177; *Schorn* DRiZ 1964, 155; *Schmidt-Leichner* NJW 1973, 969; *Lantzke* JR 1973, 357; *Holtz* JR 1973, 362.
[82] BGHZ 67, 184 = NJW 1977, 437; OLG Hamm JMBlNRW 1980, 215; *Hartung* DJ 1934, 1121; *Steinbrenner* Justiz 1968, 236; *Baumbach* DJZ 1925, 466; *Kern* JW 1925, 901; KG JW 1933, 484; *Katholnigg* § 177 Rn. 3; *Wieczorek/Schreiber* § 177 Rn. 3; *Zöller/Gummer* § 177 Rn. 3.
[83] Vgl. *Schorn* DRiZ 1964, 158 Fußn. 43.
[84] Vgl. KG JW 1933, 484; *Hartung* DJ 1934, 1122; *Dahs* AnwBl. 1959, 178.
[85] *Hartung* DJ 1934, 1121; entlarvend Partei"gericht" JW 1937, 3213.
[86] Gegen die Ausschließung eines Rechtsanwalts auch in Extremfällen *Dahs* AnwBl. 1959, 177; *Schorn* DRiZ 1964, 155; *Lantzke* JR 1973, 361; *Müller* NJW 1979, 22; *Krekeler* NJW 1980, 980; *Schwinge* DRiZ 1976, 301; *Meyer-Goßner* § 177 Rn. 3; LR/Wickern § 177 Rn. 8; KK/Diemer § 177 Rn. 2; *Jahn* NStZ 1998, 389; *Wolf* NJW 1977, 1063.

umfassen alle, auch die Extremfälle.[87] Zwar hat der Gesetzgeber erhebliche Störungen durch Rechtsanwälte nicht bedacht. Wenn diese in Ausnahmefällen gleichwohl eintreten, vermag dies allein eine Anwendung der §§ 176 ff entgegen dem eindeutigen, den Gesetzesmaterialien entsprechenden[88] Wortlaut nicht zu rechtfertigen. Hinzu kommt, dass ein soches Recht des Vorsitzenden zur zwangsweisen Entfernung nicht nur isoliert gegen Rechtsanwälte anerkannt werden müsste, sondern systematisch auch gegen alle anderen Verfahrensbeteiligten, also auch gegenüber Staatsanwalt, Protokollführer und beisitzenden Richtern, eine erschreckende Vorstellung.[89] In diesen Extremfällen muss der Vorsitzende vielmehr, wenn nicht durch Ermahnung, Ordnungsruf oder kurzfristige Unterbrechung der Verhandlung eine Änderung herbeizuführen ist, notfalls die Sitzung unter Ignorierung der Störung durchsetzen oder die Sitzung unterbrechen mit allen sich u. U. daraus ergebenden Konsequenzen[90] (§ 229 StPO, vgl. auch § 145 Abs. 4 StPO). De lege lata kann nur versucht werden, über das für Rechtsanwälte geltende Standesrecht, etwa ein vorläufiges Vertretungsverbot nach § 150 BRAO, Abhilfe zu schaffen[91] – ein für die Durchführung der konkreten Verhandlung wie für das Ansehen der Justiz insgesamt nachteiliger Zustand, dem aber nur der Gesetzgeber abhelfen kann.[92] Zu kurz greift es allerdings, eine ehrengerichtliche Maßnahme wegen Nichteinhaltung der Aufforderung des Vorsitzenden an den Strafverteidiger, seinen Platz im Sitzungssaal einzunehmen, allein unter dem Aspekt der Berufsausübungsfreiheit zu bewerten.[93]

43 Eine klare Stellungnahme der RSpr fehlt bislang. Die Ausschließung eines Verteidigers von der Verhandlung, der dem Gericht „auftragsgemäß" eine Entschließung überreichte, die eine Drohung gegen das Gericht enthielt, wurde nicht auf den (unerwähnt gebliebenen) § 176 gestützt, sondern auf seine Beteiligung an der in der Drohung liegenden Straftat.[94] Die zwangsweise Entfernung eines Rechtsanwalts aus dem Sitzungssaal, der den Richter immer wieder beim Protokolldiktat unterbrach, wurde als offensichtlich dem Gesetz zuwiderlaufend angesehen;[95] nach dem eindeutigen Wortlaut der §§ 177, 178 unterliege ein Rechtsanwalt nicht der gerichtlichen Sitzungspolizei- und Ordnungsstrafgewalt, das ergebe sich aus der Funktion des Rechtsanwalts als eines unabhängigen Organs der Rechtspflege. Andererseits wird die zwangsweise Entfernung eines Rechtsanwalts aus dem Sitzungssaal unter Beachtung des Grundsatzes der Verhältnismäßigkeit aber abstrakt als nicht ausgeschlossen angesehen zur unaufschiebbaren Bewältigung von Situationen, die so außergewöhnlich sind, dass der Gesetzgeber sie möglicherweise nicht in seine Überlegungen einbezogen hat.[96] – Auch das BVerfG hat noch nicht klar Stellung genommen. Soweit es ausgeführt hat,[97] ein Rechtsanwalt könne von der Teilnahme an der Verhandlung ausgeschlossen werden, wenn sie erkennbar dazu missbraucht wird, eine geordnete und effektive Beweiserhebung zu erschweren oder zu verhindern und damit das Auffinden einer materiell richtigen und gerechten Entscheidung zu beeinträchtigen, bezog sich dies nur auf die Frage der verfassungsrechtlichen Zulässigkeit einer ausdrücklichen gesetzlichen Regelung der Ausschließung eines Rechtsanwalts unter dem Gesichtspunkt des Art. 12 GG, nicht aber darauf,

---

[87] Robe über dem Schlafanzug, in Pantoffeln, AG Bassum 29. 4. 1983.
[88] *Bendix* JW 1925, 903.
[89] So aber *Hartung* aaO.
[90] BGHSt 27, 34; vgl. *Milger* NStZ 2006, 121, 122, 124.
[91] *LR/Wickern* § 177 Rn. 8, *KK/Diemer* Rn. 4.
[92] BVerfGE 34, 293, 302 = NJW 1973, 696; *Lantzke* JR 1973, 361; vgl. BGHSt 15, 326, 332 = NJW 1961, 614; vgl. auch *Milger* NStZ 2006, 121, 126 f..
[93] So BVerfG NJW 1996, 3268; dagegen *Foth* NStZ 1997, 369; zust. *Jahn* NStZ 1998, 389.
[94] BGHSt 9, 20.
[95] BGHZ 67, 184 = NJW 1977, 437; vgl. *Rudolph* DRiZ 1978, 13; *Wolf* NJW 1977, 1063; *Arndt* DRiZ 1978, 78.
[96] BGH aaO.; ähnlich OLG Hamm JMBlNRW 1980, 215; dagegen nunmehr OLG Hamm NZV 2003, 491 = JZ 2004, 205 m. zust. Anm. *Jahn;* zust. auch *Leuze* StV 2004, 101.
[97] BVerfGE 38, 105 = NJW 1975, 103.

ob sich ein solches Zurückweisungsrecht aus § 176 ergeben kann. Andererseits hat das BVerfG es als zulässig angesehen, einen Rechtsanwalt wegen der Weigerung, die **Robe** zu tragen, von der Verhandlung auszuschließen (Rn. 19).

2. Der Sitzungspolizei des Vorsitzenden unterliegen auch die **anderen Verfahrensbeteiligten**, z. B. Staatsanwalt, Protokollführer, Justizwachtmeister, Nebenkläger. Auch deren Fehlverhalten kann indessen nicht zur Entfernung aus dem Sitzungssaal führen, sondern lediglich – u. U. nach Sitzungsunterbrechung – dienstrechtliche Konsequenzen nach sich ziehen. Gegebenenfalls kann durch Unterbrechung der Verhandlung bei dem zuständigen Dienstvorgesetzten der personelle Austausch angeregt werden.[98]

3. Die beisitzenden Richter unterliegen ebenfalls der Sitzungspolizei des Vorsitzenden.[99] Auch bei ihnen kann ein Fehlverhalten nur nachträglich dienstrechtlich geahndet werden, ein Austausch ist nicht möglich. Im Extremfall kann eine durch solches Fehlverhalten entstehende Spannung zu einer Ablehnung oder Selbstablehnung führen. Soweit die Richter keiner Disziplinargewalt unterliegen, also die ehrenamtlichen Richter, kann § 56 Abs. 1 (Verletzung von Obliegenheiten) vorliegen; eine solche Maßnahme gehört indessen nicht zur Sitzungspolizei.

4. Der Sitzungspolizei des Vorsitzenden unterliegen auch die nach § 175 Abs. 2 zugelassenen Personen einschließlich der Möglichkeit, sie aus dem Sitzungssaal zu verweisen (vgl. § 177). Auch die nach § 175 Abs. 3 anwesenheitsberechtigten Personen unterliegen der Sitzungsgewalt, jedoch ohne die Möglichkeit, sie aus dem Saal zu weisen.

5. Die **Pressevertreter** unterliegen uneingeschränkt der Sitzungspolizei; sie sind nicht Verfahrensbeteiligte, sondern Zuhörer, wenn auch mit Rücksicht auf die Bedeutung der Berichterstattung in den Massenmedien ihnen gegenüber, was das Anwesenheitsrecht angeht, Großzügigkeit geübt wird (vgl. § 169 Rn. 86). Wie sie das Verhandlungsgeschehen in ihrer Berichterstattung darstellen und auswerten, ist dem Einfluss der Sitzungspolizei entzogen, sondern Teil der journalistischen Selbstverantwortung. Deshalb kann ein Journalist nicht wegen gröblich unsachlicher oder entstellender Berichte über die bisherige Verhandlung von der weiteren Teilnahme ausgeschlossen werden (§ 169 Rn. 85); eine solche Bewertung durch den Vorsitzenden wäre im Ergebnis eine unzulässige Zensur (Art. 5 Abs. 1 GG). Gleiches gilt auch, wenn durch die Berichterstattung noch nicht vernommene Zeugen erfahren, wie bereits vernommene Zeugen oder Verfahrensbeteiligte sich erklärt haben. – Wegen verbotenen Fotografierens usw. vgl. Rn. 31.

VII. Rechtsbehelfe. Gegen die Maßnahmen des Vorsitzenden in Ausübung der Sitzungspolizei gibt es beim Kollegialgericht nicht die Anrufung des Kollegiums (Rn. 2). Auch eine selbstständige Anfechtung seiner Maßnahmen ist nicht statthaft;[100] gegen Maßnahmen der Sitzungspolizei ist ein Rechtsmittel nur in den Fällen des § 181 eröffnet (vgl. auch § 175 Rn. 18; § 23 EGGVG Rn. 149). Im Einzelfall kann sich ein Ablehnungsgrund ergeben.[101] Eine Verfassungsbeschwerde ist möglich, jedoch nur bei Verstoß gegen das Willkürverbot.[102]

---

[98] Vgl. OLG Düsseldorf NJW 1963, 1167; *LR/Wickern* § 177 Rn. 10; *KK/Diemer* § 177 Rn. 2; *Seibert* NJW 1963, 1590; *Rüping* ZZP 1975, 236.
[99] *Rüping* ZZP 1975, 234.
[100] RGZ 43, 424; BGHSt 17, 201 = NJW 1962, 1260; OLG Köln NJW 1963, 1508; OLG Karlsruhe, vgl. BVerfGE 28, 21 = NJW 1970, 851; OLG Hamm NJW 1972, 1246; OLG Hamburg NJW 1976, 1987; OLG Koblenz OLGSt § 181 GVG Nr. 1; OLG Zweibrücken NStZ 1987, 477 = StV 1988, 519 m. Anm. *Gatzweiler; Lehr* NStZ 2001, 63, 66; *LR/ Wickern* Rn. 45; *Meyer-Goßner* Rn. 16; weitergehend OLG Karlsruhe NJW 1977, 309, soweit die Maßnahmen sich nicht in der Aufrechterhaltung der Ordnung erschöpfen; a. A. *Wolf* NJW 1977, 1064; KG JW 1933, 484; *Wieczorek/Schreiber* Rn. 14; dahingestellt bei BGH NJW 1998, 1420.
[101] Vgl. LG Berlin MDR 1982, 154; LG Hamburg StV 1981, 617; *Molketin* MDR 1984, 20.
[102] BVerfGE 50, 234 = NJW 1979, 1400; E 87, 331 = NJW 1992, 3288.

49 Missgriffe bei der Handhabung der Sitzungspolizei, zu große Strenge oder Milde, können jedoch im **Rechtsmittelverfahren** gegen die Endentscheidung dann als Rechtsfehler gerügt werden, wenn der Vorsitzende die Grenzen seines pflichtgemäßen Ermessens (Rn. 36) verletzt und dadurch die Wahrnehmung der Rechte der Verfahrensbeteiligten, z.B. das rechtliche Gehör, die Öffentlichkeit oder die angemessene Verteidigung beschränkt hat.[103]

50 **VIII. Andere Gerichtsbarkeiten.** Die Vorschrift gilt in allen anderen Gerichtsbarkeiten auch, vgl. §§ 9 Abs. 2 ArbGG, 52 Abs. 1 FGO, 61 Abs. 1 SGG, 55 VwGO, vgl. auch § 175 Rn. 23. Sie gilt darüber hinaus in vielen weiteren Verfahren, z.B. § 8 FGG, § 116 BRAO, § 25 BDO, § 17 BVerfGG.

§ 177. [Maßnahmen zur Aufrechterhaltung der Ordnung]

¹Parteien, Beschuldigte, Zeugen, Sachverständige oder bei der Verhandlung nicht beteiligte Personen, die den zur Aufrechterhaltung der Ordnung getroffenen Anordnungen nicht Folge leisten, können aus dem Sitzungszimmer entfernt sowie zur Ordnungshaft abgeführt und während einer zu bestimmenden Zeit, die vierundzwanzig Stunden nicht übersteigen darf, festgehalten werden. ²Über Maßnahmen nach Satz 1 entscheidet gegenüber Personen, die bei der Verhandlung nicht beteiligt sind, der Vorsitzende, in den übrigen Fällen das Gericht.

Übersicht

	Rn.		Rn.
I. Regelungsinhalt	1	4. Staatsanwälte	16
II. Ordnungsmaßnahmen	2	5. Folgen	17
1. Entfernung aus dem Sitzungszimmer	2	6. Beschuldigte	18
2. Abführen zur Ordnungshaft	4	7. Zeugen	19
3. Festhalten	6	8. Sachverständige	20
III. Verfahren	7	9. Andere Verfahrensbeteiligte	21
1. Anhörung	7	10. Nicht beteiligte Personen	22
2. Zugleich Ungebühr	8	11. Von der Gerichtsbarkeit Befreite	23
3. Aufenthalt im Sitzungssaal	9	V. Zuständigkeit	24
4. Pflichtgemäßes Ermessen	10	VI. Vollstreckung	27
5. Von Amts wegen	11	VII. Rechtsbehelfe	28
6. Änderung, Aufhebung	12	1. Gegen Anordnungen des Vorsitzenden	28
IV. Personenkreis	13	2. Keine selbstständige Beschwerde	30
1. Parteien	13	3. Beschränkung der Öffentlichkeit	31
2. Rechtsanwälte	14	4. Verfahrensbeteiligte	32
3. Andere zum Auftreten berechtigte Personen	15	VIII. Geltungsbereich	33

1 **I. Regelungsinhalt.** Die Vorschrift regelt die **freiheitsbeschränkenden Maßnahmen,** die gegen Personen getroffen werden können, die den zur Aufrechterhaltung der Ordnung getroffenen Anordnungen nicht Folge leisten. Solche Anordnungen sind die, die der Vorsitzende gemäß § 176 erlassen hat. Nichtbefolgung setzt voraus, dass die Person die Anordnung kennt, also eine verständliche Anordnung auch verstanden hat.[1] Weitgehend wird angenommen, die Nichtbefolgung müsse schuldhaft (vorsätzlich) geschehen.[2] Dem kann indessen nicht zugestimmt werden,[3] denn § 177 gibt Zwangsmittel allein im Interesse der ordnungsgemäßen Durchführung der Verhandlung, richtet sich also allein nach dem äußeren Erschei-

---

[103] BGHSt 17, 201 = NJW 1962, 1260; BGH NJW 1957, 271; 1962, 260; OLG Hamm NJW 1967, 1289; *LR/Wickern* Rn. 48; *Roxin*, FS Peters, S. 408; *MünchKommZPO/Wolf* Rn. 16.
[1] *Meyer-Goßner* Rn. 7.
[2] *Meyer-Goßner* Rn. 10.
[3] *KK/Diemer* Rn. 5; *Katholnigg* Rn. 2; *MünchKommZPO/Wolf* Rn. 4; *LR/Wickern* Rn. 20; *Zöller/Gummer* Rn. 1.

nungs- und Verhaltensbild. Es handelt sich um ein Ordnungsmittel und nicht um die Ahndung vorwerfbaren Handelns.[4]

II. Ordnungsmaßnahmen. 1. Entfernung aus dem Sitzungszimmer. Hierher zählt sowohl die Anordnung der Entfernung als auch ihre zwangsweise Durchsetzung, wenn ihr nicht freiwillig gefolgt wird.[5] Verhält sich der entfernte Störer auch außerhalb des Sitzungszimmers ordnungswidrig, ist dem entgegenzuwirken Sache des Hausrechts (§ 176 Rn. 5). Sitzungszimmer ist nicht nur der Gerichtssaal im Gerichtsgebäude, sondern jeder umschlossene Raum, in dem eine Gerichtsverhandlung stattfindet. Bei Verhandlungen außerhalb eines Raumes, also vor allem bei Ortsterminen, ist die Vorschrift entsprechend anzuwenden und beinhaltet die Befugnis, Personen aus dem räumlichen (akustischen oder optischen) Bereich der gerichtlichen Tätigkeit zu entfernen.[6]

Entfernt werden können eine einzelne Person, identifizierbare und konkretisierbare Gruppen und alle Zuhörer. Die Entfernung nicht am Verfahren beteiligter Personen stellt eine Beschränkung, nicht aber den Ausschluss der Öffentlichkeit dar. Daneben kann auf Grund der gleichen Vorkommnisse auch die Öffentlichkeit nach § 172 ausgeschlossen werden. Wird die Öffentlichkeit nicht ausdrücklich ausgeschlossen, muss stets, auch nach Räumung des Zuhörerraums, anderen Personen der Zutritt nach den allgemeinen Vorschriften ungehindert gestattet werden.[7] Jedoch kann den Personen, die vorher nach § 177 entfernt worden waren, der erneute Zutritt versagt werden.[8]

2. Abführen zur Ordnungshaft. Sie beschränkt sich nicht auf die (auch freiwillig mögliche) schlichte Entfernung aus dem Sitzungszimmer, sondern ist zwangsweise Festnahme und Unterbringung in Haft, also Einschließung, die nicht notwendigerweise in einer Vollzugsanstalt oder einer Gerichtszelle vollzogen werden muss, sondern auch in jedem anderen menschenwürdigen Raum, der verschlossen ist und ein Entweichen verhindert, aber auch das jederzeitige Wiedererscheinen in der Verhandlung ermöglicht. Das Abführen ist angezeigt, wenn die Entfernung aus dem Sitzungszimmer allein zur Beseitigung der Gefährdung der Ordnungsmäßigkeit der Verhandlung als nicht ausreichend erscheint[9] oder die Gefahr besteht, dass die Person sich gegen den Willen des Gerichts entfernt. Die Ordnungshaft ist keine Strafe oder Ahndung, sondern ausschließlich Mittel zur ordnungsgemäßen Durchführung der Verhandlung; sie ist anders als nach § 178 Abs. 3 auch nicht auf eine Strafe anzurechnen.[10]

Dauer der Ordnungshaft: Entsprechend ihrem Charakter als Ordnungsmittel ist sie zeitlich auf die Dauer beschränkt, während der die Sitzungspolizei des Vorsitzenden besteht (§ 176 Rn. 9), ist also bei deren Beendigung aufzuheben.[11] Die Auffassung, Höchstdauer der Ordnungshaft seien 24 Stunden (wie früher ausdrücklich bestimmt), ist ohne Bedeutung, da das Abführen nur für eine Sitzung zulässig ist und diese praktisch nicht länger dauern kann.

3. Festhalten für höchstens 24 Stunden: Das Festhalten ist eine bloße Verhinderung der freien körperlichen Bewegungsmöglichkeit und gegenüber dem Abführen zur Ordnungshaft die weniger einschneidende Maßnahme. Begrifflich setzt sie keine Entfernung aus dem Sitzungssaal voraus; möglich ist also auch schon das erzwungene Verweilen auf einem bestimmten Platz im Sitzungssaal, aber auch außer-

---

[4] *Eb. Schmidt* Rn. 6, 12.
[5] LR/*Wickern* Rn. 22.
[6] LR/*Wickern* Rn. 23.
[7] RGSt 30, 104; *Meyer-Goßner* Rn. 8; *Beyer* DRiZ 1972, 285; *Seibert* NJW 1973, 128.
[8] RGSt 30, 104; RG GA 1900, 290; RG LZ 1916, 309; RGSt 64, 385.
[9] LR/*Wickern* Rn. 24.
[10] LR/*Wickern* Rn. 25; a. A. *Meyer-Goßner* Rn. 10, jedoch unter Ausschluss des § 51 StGB.
[11] OLG Karlsruhe JR 1976, 383, 385; *Rehbinder* MDR 1963, 641.

halb. Technische Mittel, etwa Fesselung, sind gegebenenfalls zulässig. Das Ordnungsmittel hat keine praktische Bedeutung.

7 **III. Verfahren. 1.** Die Anordnung und Durchführung dieser Ordnungsmaßnahmen setzt die vorherige **Anhörung** des Betroffenen voraus.[12] Entbehrlich ist diese nur in Grenzfällen, in denen der störende Ungehorsam offen zutage tritt; „bei böswilligen Störern ist sie zwecklos".[13] Zu den Formalien § 182.

8 2. Soweit das ordnungswidrige Verhalten, das zur Anwendung dieser Maßnahmen führt, **zugleich eine Ungebühr** nach § 178 darstellt, kann daneben auch ein Ordnungsmittel nach § 178 festgesetzt werden.

9 3. Die Maßnahmen nach § 177 setzen voraus, dass eine Person sich im Sitzungssaal (vgl. § 176 Rn. 10) aufhält. Wegen der Verhinderung schon des Zutritts vgl. § 175 und § 169 Rn. 24 ff.

10 4. Die Maßnahmen sind in das **pflichtgemäße Ermessen** des Vorsitzenden oder des Gerichts gestellt[14] (im einzelnen § 176 Rn. 36). Dabei ist vor allem der Grundsatz der Verhältnismäßigkeit zu beachten (§ 176 Rn. 14).

11 5. Die Maßnahmen nach § 177 sind **von Amts wegen** zu treffen; gleichwohl ist es den Verfahrensbeteiligten unbenommen, dahin gehende Anträge zu stellen, die zu bescheiden sind.

12 6. Die nach § 177 getroffenen Maßnahmen gelten jeweils nur in dem für sie ausdrücklich bestimmten Rahmen. Ihre Erweiterung oder Fortsetzung bedarf der erneuten ausdrücklichen Anordnung. Gibt z. B. das Verhalten des Angeklagten, der wegen Ungehorsams ausgeschlossen worden ist, unmittelbar nach seiner erneuten Vorführung wiederum Anlass, ihn aus dem Sitzungssaal zu entfernen, so bedarf es der erneuten Entscheidung, andernfalls liegt ein absoluter Revisionsgrund nach § 338 Nr. 5 StPO vor.[15] Umgekehrt können Maßnahmen nach § 177, da sie allein am Zweck der ordnungsgemäßen Durchführung der Verhandlung orientiert sind, jederzeit nach dem Gang der Verhandlung **geändert, aufgehoben oder ergänzt** werden.[16] Da es sich um reine Ordnungsmittel handelt, können die Maßnahmen des § 177 nicht mehr verhängt werden, wenn weitere Zuwiderhandlungen ausgeschlossen sind.

13 **IV. Personenkreis. 1. Parteien.** Das sind im Zivilprozess die Prozessparteien und ihre gesetzlichen wie auch gewillkürten Vertreter[17] und die Drittbeteiligten (§§ 64 ff. ZPO). Hierher zählen im Strafprozess Privatkläger (§§ 374 ff. StPO), Nebenkläger (§§ 395 ff. StPO), Einziehungsbeteiligte (§ 431 StPO), Verfallbeteiligte (§ 442 StPO), Beteiligte nach § 444 StPO, Vertreter der Verwaltungsbehörde nach § 76 OWiG,[18] Antragsteller im Adhäsionsverfahren (§§ 403 ff. StPO). Dabei ist der Parteibegriff zeitlich eng zu fassen. Hierunter fallen nur solche Personen, die an der konkret stattfindenden Verhandlung in dieser Funktion beteiligt sind. Wer noch auf den Aufruf seiner Sache wartet, ist „nicht beteiligte Person" (vgl. Rn. 22), ebenso eine Person, die nach Beendigung (oder Unterbrechung) der sie rechtlich betreffenden Verhandlung noch im Sitzungssaal anwesend ist. Wird aber gegen eine solche Person nach § 177 vorgegangen, dann ist sie bei (erneutem) Aufruf ihrer Sache wieder zuzulassen, unbeschadet der Möglichkeit, gegen sie nunmehr erneut nach § 177 vorzugehen.

---

[12] *LR/Wickern* Rn. 31; *Wieczorek/Schreiber* Rn. 6; OLG Saarbrücken NJW 1961, 890; OLG Bremen NJW 1956, 113; *Woesner* NJW 1959, 866.
[13] *KK/Diemer* Rn. 7; *Katholnigg* Rn. 8; *Meyer-Goßner* § 178 Rn. 14.
[14] *BL/Hartmann* Rn. 6.
[15] BGH NStZ 1988, 85.
[16] *Wieczorek/Schreiber* Rn. 7; *LR/Wickern* Rn. 33; *BL/Hartmann* Rn. 6.
[17] OLG Düsseldorf Recht 1932 Nr. 812.
[18] Str.; wie hier: *Rüping* ZZP 1975, 232.

2. Rechtsanwälte. Für Verfahrensbeteiligte auftretende **Rechtsanwälte** sind 14 nicht Partei ohne Rücksicht darauf, für welche dem Parteibegriff unterfallende Person sie auftreten (vgl. § 176 Rn. 40); auch nicht der Rechtsanwalt als Beistand eines Zeugen (vgl. Rn. 19). Treten sie für Verfahrensbeteiligte auf (Rn. 21), ist die Anwendung von § 177 auf sie in jedem Falle ausgeschlossen (vgl. § 176 Rn. 42). Auch Verteidiger, die nicht Rechtsanwälte sind (§§ 138, 139 StPO), sind nicht Partei,[19] so der in Untervollmacht auftretende Referendar;[20] für sie gilt das zu den Rechtsanwälten Gesagte entsprechend, solange ihnen das Recht zur Verteidigung verfahrensrechtlich zusteht. Wenn jedoch Rechtsanwälte nicht am Verfahren beteiligt sind, gilt § 177 uneingeschränkt (vgl. § 176 Rn. 40). Das ist auch dann der Fall, wenn eine Vertretung durch Rechtsanwälte unzulässig ist.[21] Auch wenn Rechtsanwälte am Verfahren nicht als Parteivertreter, sondern selbst in einer Verfahrensbeteiligung als Beschuldigter, Partei, Zeuge oder Sachverständiger teilnehmen, unterliegen sie uneingeschränkt dem § 177.[22]

3. Andere zum Auftreten berechtigte Personen. Nicht zu den Rechtsanwälten gehören andere zum Auftreten vor Gericht berechtigte oder zugelassene Personen, z.B. nach § 157 ZPO oder nach § 11 ArbGG,[23] auch nicht Vertreter von öffentlich-rechtlichen Körperschaften oder von Behörden, auch wenn sie einer Disziplinargerichtsbarkeit unterliegen; sie sind Partei, § 177 ist auf sie voll anwendbar.[24] Die Sonderstellung der Rechtsanwälte beruht nicht auf dem für sie geltenden Standes(Disziplinar-)recht, sondern auf ihrer Stellung als Organ der Rechtspflege.[25]

4. Staatsanwälte. Staatsanwälte (Amtsanwälte) sind nicht Partei.[26] 16

5. Folgen. Die Maßnahmen nach § 177 haben zur Folge, dass von ihrer Durchführung an die Partei nicht mehr anwesend ist mit allen rechtlichen Folgen, die sich aus dem Nichterscheinen verfahrensrechtlich ergeben (§ 158 ZPO), von Kostennachteilen über die Nichtzulassung verspäteten Vorbringens bei einer späteren Verhandlung (§ 296 ZPO) bis hin zum Erlass eines Versäumnisurteils (§§ 330 ff. ZPO), Entscheidung nach Aktenlage (§ 251 a ZPO), vgl. auch § 367 ZPO. Eine Verletzung des rechtlichen Gehörs liegt nicht vor, der Betroffene hat die Gelegenheit durch eigenes Verhalten verloren.[27] Auch der Angeklagte, der durch sein Verhalten im Gerichtssaal eine Maßnahme nach §§ 177 GVG, 231b StPO auslöst, hat sein Recht auf Anwesenheit in der Hauptverhandlung verwirkt.[28]

6. Beschuldigte. Das ist sowohl der Beschuldigte (z.B. im Verfahren nach §§ 118, 138d StPO) als auch der Angeklagte in der Hauptverhandlung, ebenso jeder in anderen Verfahren in vergleichbarer Verfahrenssituation, z.B. der Betroffene nach §§ 67 ff. OWiG. Die Folgen der Maßnahmen nach § 177 regelt § 231b StPO. Es kann unter den dort genannten Voraussetzungen in Abwesenheit des Angeklagten verhandelt werden, wobei es neben der Entscheidung nach § 177 nicht noch eines gesonderten Beschlusses nach § 231b StPO bedarf.[29] Mit Rücksicht auf den darin liegenden (wenn auch selbst verschuldeten) Verlust des rechtlichen Gehörs und die mögliche Beeinträchtigung der Wahrheitsfindung sollte hier von den Möglichkeiten des § 177 nur bei schwerwiegenden Vorfällen Gebrauch gemacht wer-

---

[19] *LR/Wickern* Rn. 7.
[20] OLG Düsseldorf MDR 1994, 297.
[21] Vgl. OLG Hamburg JW 1919, 257; OLG Köln NJW 1968, 307.
[22] KG JW 1925, 810, 826; OLG Köln NJW 1968, 307.
[23] LAG Berlin HRR 1928 Nr. 622; OLG Darmstadt JW 1935, 2073; *Wieczorek* RdA 1951, 199; a. A. LAG München RdA 1951, 197.
[24] *LR/Wickern* Rn. 12.
[25] OLG Köln NJW 1968, 307; a. A. LSG München NJW 1964, 1874, 1875.
[26] H. M., *LR/Wickern* Rn. 11; *Meyer-Goßner* Rn. 3.
[27] BGHZ 48, 327, 332 = NJW 1968, 354.
[28] BGH JZ 1977, 570.
[29] BGHSt 39, 72 = NJW 1993, 1343.

den³⁰ und nur so lange, wie es unbedingt erforderlich ist. Dem Beschuldigten gleich zu behandeln ist der Beistand nach § 149 StPO. § 231b StPO ist jedoch auf ihn nicht anzuwenden; die Folgen des § 177 treffen ihn uneingeschränkt.³¹

19 7. **Zeugen.** §§ 373 ff. ZPO, §§ 48 ff., 85 StPO. Maßnahmen nach § 177 gegen Zeugen dürfen die Wahrheitsfindung nicht beeinträchtigen; deshalb ist die durch § 177 unterbrochene oder verhinderte Vernehmung zu einem späteren Zeitpunkt nachzuholen. Den Zeugen treffen die Kosten entsprechend § 380 ZPO, § 51 StPO; die in diesen Vorschriften vorgesehenen Ordnungsgelder können indessen mit Rücksicht auf § 178 nicht verhängt werden. Auf den Rechtsanwalt als Beistand des Zeugen ist § 177 nicht anwendbar.³²

20 8. **Sachverständige.** §§ 402 ff. ZPO, §§ 72 ff. StPO. Es gilt das für Zeugen Gesagte entsprechend.

21 9. **Andere Verfahrensbeteiligte,** die also nicht den soeben aufgeführten Personengruppen zugehören, fallen nicht unter § 177. Hierunter sind solche Personen zu verstehen, die an der konkret zur Verhandlung stehenden Rechtssache prozessual beteiligt sind. Das sind einmal die für die Verhandlung und Entscheidung zuständigen Richter einschließlich ehrenamtlicher Richter sowie Ergänzungsrichter und -schöffen. Das gilt weiter für Urkundsbeamte (allerdings mit der Möglichkeit ihres Auswechselns durch die Justizverwaltung, vgl. § 176 Rn. 44), auch wenn sie sich zur Ablösung eines noch tätigen Protokollführers im Saal aufhalten.³³ Hierher zählt auch der in der Sache tätige Staats- oder Amtsanwalt (Rn. 16), ebenso ein in dieser Sache auftretender Rechtsanwalt oder Verteidiger (Rn. 14).

22 10. **Nicht beteiligte Personen.** Bei der Verhandlung nicht beteiligte Personen sind alle, die nicht an der konkret verhandelten Sache verfahrensrechtlich beteiligt sind, insbesondere Zuhörer, Pressevertreter (vgl. § 176 Rn. 47), wartende Parteien usw., aber auch wartende Rechtsanwälte³⁴ (§ 176 Rn. 40), Staatsanwälte, auch Richter. Hierher zählen auch Referendare und andere in Ausbildung beim Gericht befindliche Personen sowie die nach § 175 Abs. 2 zugelassenen Personen. Mit Rücksicht auf ihr Eintrittsrecht nach § 145 gehören aufsichtberechtigte Staatsanwälte im Rahmen ihrer sachlichen und örtlichen Zuständigkeit nicht hierher, ebenso wenig die aufsichtführenden Richter nach § 175 Abs. 3.³⁵

23 11. **Von der Gerichtsbarkeit Befreite.** Da es sich bei den Maßnahmen nach § 177 um reine Ordnungsmaßnahmen ohne Straf- oder sonstigen Ahndungscharakter handelt, ist § 177 auch anwendbar auf solche Personen, die der **Gerichtsbarkeit nach §§ 18 ff. entzogen** sind (§ 18 Rn. 7), ebenso auf Abgeordnete³⁶ (Art. 46 GG und entsprechende Vorschriften der Landesverfassungen).

24 V. **Zuständigkeit.** Zuständig für die Anordnung und Durchführung der Maßnahmen nach § 177 ist das Gericht oder der Vorsitzende.

25 1. Gegenüber Parteien, Beschuldigten, Zeugen und Sachverständigen ist für Maßnahmen nach § 177 das Gericht zuständig, und zwar sowohl für die Anordnung selbst als auch für die Anordnung der zwangsweisen Durchsetzung. Es entscheidet in der für die Durchführung der Verhandlung vorgeschriebenen Besetzung. Hat der Vorsitzende die Maßnahmen angeordnet, liegt darin ein Verfahrensverstoß,

---

³⁰ BGHSt 25, 317, 320 = NJW 1974, 1290; BGH JZ 1977, 570.
³¹ *LR/Wickern* Rn. 6.
³² *LR/Wickern* Rn. 15; *BL/Hartmann* Rn. 3; *KK/Diemer* Rn. 2; *Krekeler* NJW 1980, 980; a. A. *Meyer-Goßner* Rn. 4; *Baumann,* FS Jescheck I, S. 115.
³³ KG 4. 12. 2000 – 1 AR 1222/00 –.
³⁴ *Rosenberg/Schwab/Gottwald* § 23 V 2a; VGH München NVwZ 2003, 883; krit. hierzu *Milger* NStZ 2006, 121, 124.
³⁵ *LR/Wickern* Rn. 17.
³⁶ *Maunz/Dürig/Herzog* Art. 46 Rn. 40; *Herlan* JR 1951, 326; a. A. *Eb. Schmidt* § 178 Rn. 2; *Rehbinder* MDR 1963, 642.

gegen den das Gericht angerufen werden kann (§ 176 Rn. 2); es kann die Maßnahme (auch von Amts wegen) bestätigen oder aufheben. In Fällen gravierender Störung kann eine Eilanordnung des Vorsitzenden ergehen, durch die ein Störer hinausgewiesen wird;[37] sie bedarf der alsbaldigen Bestätigung durch das Gericht.[38] Bestätigt das Gericht die Maßnahme, wird sie rückwirkend geheilt.[39] Hebt es die Maßnahme auf, ist sie von Anfang an unwirksam gewesen. Die Verhandlung ist dann von dem Zeitpunkt der vom Vorsitzenden getroffenen Maßnahme an zu wiederholen. Ist die Nachholung nicht möglich oder wird sie nicht durchgeführt, liegt ein Verfahrensmangel vor, insbesondere eine Verletzung des rechtlichen Gehörs. Eine Entschädigung für erlittene Freiheitsentziehung wird jedoch nicht gewährt; sitzungspolizeiliche Maßnahmen unterfallen nicht dem StrEG.[40]

2. Gegenüber nicht am Verfahren beteiligten Personen (Rn. 22) ist der **Vorsitzende** für die Maßnahmen nach § 177 allein zuständig. Dies beruht auf der Erwägung, dass Störungen der Hauptverhandlung vor allem durch Gruppen von Zuhörern eine schnelle Reaktion erfordern und es den Störern nicht ermöglicht werden soll, eine Beratung des Kollegiums und damit eine Unterbrechung der Sitzung zu erreichen.[41] Wird die Maßnahme vom gesamten Gericht getroffen, ist sie aber voll wirksam[42] (vgl. § 176 Rn. 6). Gegenüber Verfahrensbeteiligten, **die nicht Partei, Beschuldigter, Zeuge oder Sachverständiger sind**, ist § 177 überhaupt nicht anwendbar, vgl. Rn. 21. 26

VI. Vollstreckung. Die nach § 177 angeordneten Maßnahmen sind sofort vollstreckbar, vgl. § 179. 27

VII. Rechtsbehelfe. 1. Gegen die Anordnung der Maßnahmen nach § 177 durch den **Vorsitzenden** ist die Anrufung des Gerichts nicht statthaft, soweit sie sich gegen nicht am Verfahren beteiligte Personen richtet (vgl. Rn. 24; § 176 Rn. 48 f.). Offensichtlich fehlerhafte Maßnahmen der Sitzungspolizei können Gegenstand von Vorhaltungen und Ermahnungen nach § 26 Abs. 3 DRiG (Dienstaufsicht) sein (vgl. § 176 Rn. 36). 28

2. Gegen Anordnungen des Vorsitzenden und des Gerichts ist eine selbstständige **Beschwerde** nicht statthaft, weder der Verfahrensbeteiligten noch der Betroffenen.[43] 30

3. Die Entfernung nicht am Verfahren beteiligter Personen aus dem Sitzungssaal stellt eine **Beschränkung der Öffentlichkeit** (§ 169) dar. Hierauf kann die Revision gestützt werden (vgl. § 169 Rn. 55 ff.), wenn bei der Entscheidung die Grenzen des Ermessens nicht eingehalten worden sind. 31

4. Die Entfernung eines Verfahrensbeteiligten ist schon begrifflich keine Verletzung der Öffentlichkeit. Hier kann bei Ermessensmissbrauch (Rn. 10) aber die Verletzung verfahrensrechtlicher Vorschriften gerügt werden, z. B. des rechtlichen Gehörs oder der Aufklärungspflicht,[44] vgl. § 338 Nr. 5 StPO. 32

VIII. Geltungsbereich. § 177 gilt uneingeschränkt **in den anderen Gerichtsbarkeiten** (§ 176 Rn. 50); vgl. auch § 69 PatG, § 116 BRAO. Der Vertreter 33

---

[37] BGHSt 17, 204 = NJW 1962, 1260; vgl. auch BGHSt 24, 329 = NJW 1972, 1144.
[38] *Meyer-Goßner* Rn. 11; dahingestellt BGH NStZ 1988, 85.
[39] *LR/Wickern* Rn. 30.
[40] *LR/Wickern* Rn. 34.
[41] BTagsDrucks. 7/2536 S. 4.
[42] *LR/Wickern* Rn. 30; *Meyer-Goßner* Rn. 11; *MünchKommZPO/Wolf* Rn. 6.
[43] RGZ 43, 424; OLG Köln NJW 1963, 1508; OLG Nürnberg MDR 1969, 600; SchlHOLG NJW 1971, 1321; LAG Frankfurt AP Nr. 2 zu § 181 GVG; *LR/Wickern* Rn. 34; *Rosenberg/Schwab/Gottwald* § 23 V 1; *Katholnigg* Rn. 9; *Steinbrenner* Justiz 1968, 237; *Woesner* NJW 1959, 868; *Meyer-Goßner* Rn. 15; *Schilken* Rn. 231; a. A. *Wolf* NJW 1977, 1064; *MünchKommZPO/Wolf* Rn. 12; BL/*Hartmann* Rn. 7.
[44] RGSt 70, 65.

des öffentlichen Interesses nach §§ 35 ff. VwGO ist nicht Partei, sondern dem Staatsanwalt entsprechend zu behandeln.

§ 178. [Ordnungsmittel wegen Ungebühr]

(1) ¹Gegen Parteien, Beschuldigte, Zeugen, Sachverständige oder bei der Verhandlung nicht beteiligte Personen, die sich in der Sitzung einer Ungebühr schuldig machen, kann vorbehaltlich der strafgerichtlichen Verfolgung ein Ordnungsgeld bis zu eintausend Euro oder Ordnungshaft bis zu einer Woche festgesetzt und sofort vollstreckt werden. ²Bei der Festsetzung von Ordnungsgeld ist zugleich für den Fall, daß dieses nicht beigetrieben werden kann, zu bestimmen, in welchem Maße Ordnungshaft an seine Stelle tritt.

(2) Über die Festsetzung von Ordnungsmitteln entscheidet gegenüber Personen, die bei der Verhandlung nicht beteiligt sind, der Vorsitzende, in den übrigen Fällen das Gericht.

(3) Wird wegen derselben Tat später auf Strafe erkannt, so sind das Ordnungsgeld oder die Ordnungshaft auf die Strafe anzurechnen.

Übersicht

	Rn.		Rn.
I. Ungebühr in der Sitzung	1	VII. Wiederholte Ungebühr	33
II. Personenkreis	4	VIII. Ordnungsmittel	34
III. Ungebühr, Begriff	6	1. Ordnungsgeld	34
IV. Ungebühr durch Verfahrensbeteiligte	11	2. Ordnungshaft	35
		3. Vollstreckung	36
1. Allgemeines Verhalten	11	IX. Zuständigkeit	37
2. Sprache	13	1. Nicht an Verhandlung Beteiligte	38
3. Religiöse Handlungen	14	2. Parteien, Beschuldigte, Zeugen, Sachverständige	39
4. Aufstehen	15		
5. Anrede	16	3. Andere Verfahrensbeteiligte	40
6. Kleidung	17	4. Entscheidung in eigener Sache	41
7. Alkohol	18	X. Verfahren	42
8. Tätlichkeiten	19	1. Opportunitätsprinzip	42
9. Beleidigung	20	2. Kein Antragsrecht	43
10. Kritik am Gericht	23	3. Protokollierung	44
11. Verstoß gegen Prozessrecht	25	4. Rechtliches Gehör	45
V. Ungebühr durch Zuhörer	26	5. In der Sitzung	48
1. Beifall oder Missfallen	26	6. Beschluss	49
2. Lärm	27	7. Rechtsmittelbelehrung	51
3. Allgemeines Verhalten	28	XI. Strafrechtliche Verurteilung	52
4. Beleidigungen	29	XII. Verjährung	53
5. Kritik am Gericht	30	XIII. Gerichtsgebührenfrei	54
6. Versuchte Einflussnahme	31	XIV. Andere Gerichtsbarkeiten	55
VI. Schuldform	32		

Gesetzesfassung: Euro-Umstellung in § 178 Abs. 1 Satz 1 durch Art. 1 Nr. 8 Zivilprozessreformg vom 27. 7. 2001 (BGBl. I S. 1887).

1 **I. Ungebühr in der Sitzung.** Im Gegensatz zu den Vorschriften, die die Ordnung im Gerichtssaal und die zu ihrer unmittelbaren Durchführung notwendigen Maßnahmen regeln, enthält § 178 die Möglichkeit der **Ahndung** von Ungebühr vor Gericht, und zwar ausschließlich von in der Verhandlung begangener Ungebühr, nicht in Schriftsätzen[1] und nicht auf der Geschäftsstelle.[2]

2 Gegen eine Ungebühr kann nach § 178 nur vorgegangen werden, wenn sie **in der Sitzung** begangen wurde. Das ist nur der Fall, wenn eine Verhandlung statt-

---

[1] *Rüping* ZZP 1975, 229; *LR/Wickern* Rn. 6; *Rehbinder* MDR 1963, 642; zu ehrverletzenden Äußerungen in Schriftsätzen *Walchshöfer* MDR 1975, 11 ff.
[2] SchlHOLG SchlHAnz 1967, 152.

findet, also eine Hauptverhandlungen in Strafsachen, eine mündliche Verhandlungen in Zivilsachen (vgl. § 169 Rn. 8 ff.), nicht jedoch gelegentlich einer Rücksprache.³ „In der Sitzung" ist in zeitlicher Hinsicht die gesamte Dauer der Verhandlung vom Öffnen des Gerichtssaals bis zum Verlassen durch das Gericht (§ 176 Rn. 9). Räumlich bezieht sich die Vorschrift auf alle Räumlichkeiten, in denen mit Zustimmung des Hausrechtsinhabers die Sitzung stattfindet (§ 169 Rn. 22; § 176 Rn. 10 ff.). Will das Gericht die Sitzung in einem fremden Raum durchführen und stimmt der Hausrechtsinhaber dem nicht zu, liegt keine Sitzung im Sinne des § 178 vor.⁴

Die Ahndung der Ungebühr geschieht sofort durch das erkennende Gericht **3** (oder seinen Vorsitzenden), vor oder dem gegenüber das ungebührliche Verhalten begangen wurde. Unbeschadet bleibt die Möglichkeit, wegen des gleichen Verhaltens später eine allgemeine strafrechtliche Verfolgung durchzuführen (Abs. 3). Die Maßnahmen des § 178 sind aber trotz des Erfordernisses schuldhaften Verhaltens (Rn. 32) keine strafrechtlichen Sanktionen (vgl. Art. 5 EGStGB), sondern lediglich **Ordnungsmittel,**⁵ die nicht in das Zentralregister eingetragen werden, §§ 3 ff. BZRG.

II. Personenkreis. Die Ordnungsmittel wegen Ungebühr können gegen aus- **4** drücklich aufgeführte Verfahrensbeteiligte (Rn. 11 ff.) sowie gegen alle bei der Verhandlung nicht beteiligten Personen (Rn. 26 ff.) festgesetzt werden. Von den Verfahrensbeteiligten kommt derselbe Personenkreis in Betracht, gegen den nach § 177 vorgegangen werden kann (§ 177 Rn. 13 ff.). § 178 ist nicht anwendbar auf Rechtsanwälte und Verteidiger sowie Staatsanwälte (§ 177 Rn. 14, 16) sowie gegen andere Verfahrensbeteiligte (§ 177 Rn. 21). Zum Begriff der „bei der Verhandlung nicht beteiligten Personen" § 177 Rn. 22.

Wird nach § 178 unmittelbar ein Ordnungsmittel festgesetzt und sofort voll- **5** streckt, ist die Vorschrift auch uneingeschränkt anwendbar auf Parlamentsabgeordnete und Exterritoriale (vgl. § 177 Rn. 23). Die spätere, der laufenden Verhandlung nachfolgende Beitreibung des Ordnungsgeldes oder der Vollzug der Ordnungshaft unterliegen jedoch dem Schutzumfang des Art. 46 GG und des Landesrechts⁶ (vgl. § 152a StPO) sowie der §§ 18 ff.

III. Ungebühr, Begriff. Das Gesetz enthält keine Definition, was unter „Un- **6** gebühr" zu verstehen ist. Die Konkretisierung muss ausgehen vom Schutzzweck der Vorschrift, der aber keineswegs eindeutig, sondern heftig umstritten ist. Auf der einen Seite wird Ungebühr gesehen in einer Verletzung der dem Gericht geschuldeten Achtung, auf der anderen Seite als Verstoß gegen die Regeln über den ordnungsgemäßen Ablauf der Verhandlung, als Störung der äußeren Ordnung, die die Wahrheitsfindung beeinträchtigt oder doch beeinträchtigen kann. Schließlich wird Ungebühr verstanden als Angriff auf den Gerichtsfrieden und dadurch auf die Würde des Gerichts.

Literatur: *Levin,* Richterliche Prozeßleitung und Sitzungspolizei, 1913; *Ignaz Wrobel* (Kurt Tucholsky), Warum stehen eigentlich Angeklagte vor dem Richter?, Weltbühne 31. 5. 1927 S. 173; aus neuerer Zeit: *Woesner,* Rechtliches Gehör und Sitzungspolizei, NJW 1959, 866; *Kniestedt,* Rechtliches Gehör und Sitzungspolizei, MDR 1960, 197 und MDR 1961, 25; *Tillmann,* Rechtliches Gehör und Sitzungspolizei, MDR 1960, 640; *Rehbinder,* Das Ordnungsstrafverfahren wegen Ungebühr vor Gericht, MDR 1963, 640; *Steinbrenner,* Sitzungspolizeiliche Fragen, Justiz 1968, 235; *in der Beek* und *Wuttke,* Wahrheitsfindung und GVG, NJW 1969, 684; *Sarstedt,* Würde des Gerichts (Anm.), JZ 1969, 152; *Eb. Schmidt,* Formen im Gerichtssaal, ZRP 1969, 254; *Baur,* Die Würde des Gerichts, JZ 1970, 247; *Seibert,* Maßnahmen gegen Sitzungsstörer, NJW

---

³ *Rehbinder* MDR 1963, 642.
⁴ OLG Düsseldorf MDR 1969, 689.
⁵ *Rehbinder* MDR 1963, 641, 643.
⁶ LR/*Wickern* Rn. 22.

1973, 127; *Schwind,* Ungebührliches Verhalten vor Gericht und Ordnungsstrafe, JR 1973, 133; *Schneider,* Ungebühr vor Gericht, MDR 1975, 622; *Rüping,* Der Schutz der Gerichtsverhandlung – „Ungebühr" oder betriebliche „Ordnungsgewalt"?, ZZP 1975, 212; *Gmelch,* „Ungebühr vor Gericht", Zur Notwendigkeit einer Reform, München 1975; *Schwinge,* Terroristen und ihre Verteidiger, Die politische Meinung, 1975 S. 35; *Böhmer,* Ungebühr vor Gericht, Göttingen 1977; *Wassermann,* Zur Verantwortung des Richters für die Kultur der Gerichtsverhandlung, DRiZ 1986, 41; *Pardey,* Versachlichung durch erzwungene Achtungsbezeugungen, DRiZ 1990, 132; *Winter,* Zum Zweck der Ordnungsmittel, NStZ 1990, 373; *Michel,* Der betrunkene Zeuge, MDR 1992, 544; *Baufeld,* Der Richter und die freie Meinung im demokratischen Verfassungsstaat, GA 2004, 163.

7 Systematisch lässt sich keine eindeutige Antwort auf die Frage nach dem Schutzzweck finden. Die Vorschrift kann einerseits als weiteres Mittel zur Wahrung der Ordnung des Verfahrens in Ergänzung zu §§ 176, 177, zu § 172 und zu § 175 angesehen werden, andererseits auch als eine von den Ordnungsmitteln qualitativ zu unterscheidende Ahndungsmöglichkeit, etwa vergleichbar den Sanktionen des OWiG. Auch § 178 Abs. 3 hilft nicht weiter, da er die Anrechnung dieser Ordnungsmittel ohne Rücksicht auf das Objekt der Ungebühr vorsieht. Die Beziehung zur Ordnung des Verfahrens ergibt sich aber daraus, dass die Ahndung begangenen Fehlverhaltens auch präventiv der Verhinderung neuerlicher Störungen durch deutliche Pflichtenmahnung dient.[7]

8 Bei der Auslegung der Vorschrift kann neben dem räumlichen und systematischen Zusammenhang mit der Sitzungspolizei, also der Gewährleistung des ordnungsgemäßen Ablaufs der Verhandlung, nicht außer Betracht bleiben das heutige Verständnis vom Verhältnis des einzelnen Bürgers zu den Einrichtungen des Staates sowie der Funktion staatlicher Einrichtungen im verfassungsrechtlichen und gesellschaftlichen Gesamtgefüge. Das bedeutet einmal, dass der einzelne Bürger nicht bloßes Objekt staatlichen Handelns sein darf (vgl. Einl. Rn. 216, 221), sondern als Rechtssubjekt dem Staat in allen seinen Handlungsformen gegenübertritt, mit dem Recht auf extensive Wahrnehmung seiner Rechte im Verfahren wie auch auf freie Meinungsäußerung und Kritik, und dass seine Menschenwürde und sein Recht auf freie Entfaltung seiner Persönlichkeit nur die Einschränkungen erfahren dürfen, die zur ordnungsgemäßer Durchführung einer gerichtlichen Verhandlung und zur Durchsetzung der Rechtsordnung erforderlich sind. Das Gericht ist nicht Selbstzweck, sondern staatliche Einrichtung zur Wahrung und Durchsetzung der Rechtsordnung.

9 Andererseits ist zu beachten, dass es bei einer Gerichtsverhandlung als Mittel zur **Durchsetzung der Rechtsordnung** um bedeutungsvolle Werte geht. Sie kann dieser Aufgabe nur gerecht werden, wenn über die Einhaltung der verfahrensrechtlichen Vorschriften hinaus ein Mindestmaß auch an Stil des Umgangs der Verhandlungsbeteiligten untereinander wie auch im Verhältnis zu nichtbeteiligten Anwesenden gewahrt wird.

10 Vor diesem Hintergrund kann es nicht um die Wahrung einer „Würde" des Gerichts gehen – ein Begriff, der ohnedies im Gesetzestext (entgegen § 175 Abs. 1; vgl. § 175 Rn. 6) nicht vorkommt und dessen Verwendung in der Interpretation viel zu Missverständnissen und Ideologisierungen beigetragen hat.[8] Ungebühr kann vielmehr nur ein **verfahrensrelevantes Fehlverhalten** sein.[9] Sie kann sich nur darstellen als Verstoß gegen die zur sachgerechten Durchführung der Verhandlung notwendige Ordnung,[10] die besteht: a) in der unmittelbaren Beachtung der Ordnungsvorschriften; b) in der Gewährleistung der ungehinderten Wahrnehmung der Verfahrensrechte für alle Verfahrensbeteiligten; c) in der Schaffung und Sicherung einer Atmosphäre ruhiger Sachlichkeit, Distanz und Toleranz, die allein die erfor-

---

[7] BerlVerfGH NJW-RR 2000, 1512.
[8] Vgl. *Schwind* JR 1973, 134.
[9] In diese Richtung zeigten auch Bestrebungen, die Anwendung von § 178 auf die vorsätzliche Störung des Ablaufs der Sitzung zu beschränken, BTagsDrucks. VI/600.
[10] Vgl. OLG Schleswig SchlHA 2002, 148.

derliche Suche nach der Wahrheit und dem Recht ermöglicht und dem Ernst der RSprTätigkeit gerecht wird; d) in einem Mindestmaß an Stil des Umgangs miteinander, soweit er verfahrensrelevant ist, also sowohl in Bezug auf das konkrete Verfahren als auch auf das Ansehen der staatlichen Gerichtsbarkeit insgesamt oder der in ihr Tätigen. Persönliche Herabsetzung, Diffamierung, Kundgabe der Missachtung, Erwecken von Emotionen, Ausübung von Druck, aber auch Lärm, optische Missfallenskundgabe oder Albernheiten erschweren Wahrheitssuche und Rechtsfindung und sind geeignet, die Funktion der Rechtspflege zu beeinträchtigen. Kann aber die Verletzung von Schutzgütern keinen, auch nicht mittelbaren Einfluss auf die ordnungsgemäße Durchführung der Verhandlung haben, scheidet „Ungebühr" aus.

IV. Ungebühr durch Verfahrensbeteiligte. 1. Das allgemeine Verhalten von Verfahrensbeteiligten (Rn. 4) während der Verhandlung kann Ungebühr darstellen, aber nur, soweit es über das hinausgeht, was schon verfahrensrechtlich sanktionsbewehrt ist. So ist die Weigerung eines Zeugen, seine Privatanschrift anzugeben, nicht schlechthin eine Ungebühr;[11] zum betrunkenen Zeugen Rn. 18. Eine Ungebühr liegt aber vor, wenn gegen die allgemeinen Vorschriften über die Ordnung im Gerichtssaal verstoßen wird, z.B. **Fotografieren** oder **Tonaufzeichnungen** nach § 169 Satz 2 (zur Aufzeichnung für prozessuale Zwecke § 169 Rn. 73 ff.). Auch die Nichtbefolgung der nach § 176 ergangenen Anordnungen zur ordnungsgemäßen Durchführung der Verhandlung stellt in der Regel eine Ungebühr dar, auch die Nichteinnahme des **zugewiesenen Platzes**[12] (§ 176 Rn. 15). Ungebühr ist auch das **Dazwischenreden** außerhalb des verfahrensrechtlichen Frage-, Antrags- und Stellungnahmerechts,[13] insbesondere wenn Zeugen verunsichert werden,[14] ebenso alle akustischen Störungen, etwa durch Singen, Pfeifen, Klatschen, Sprechchöre, Schreien, Rascheln usw., auch laute Unterhaltungen. Auch Gestik und Mimik wie betontes Abwenden des Angeklagten vom Richter, Grimassen-Schneiden, Zeichen der Verächtlichmachung oder Missachtung von Verfahrensbeteiligten sind Ungebühr. Dasselbe gilt für Kontakte zwischen Zuhörern und Verfahrensbeteiligten, die nach § 176 untersagt wurden oder erkennbar der Störung dienen sollen, und für alle Versuche und Handlungen, die Verhandlung insgesamt zu stören, z.B. durch Werfen von Stinkbomben.

Essen, Trinken und Rauchen[15] während der Verhandlung stellen eine Ungebühr dar,[16] auch das Kaugummi-Kauen dann, wenn es (kollektiv) als Demonstration gedacht ist und über die normale Art hinausgeht,[17] etwa Blasenbilden vor dem Mund, während das Lutschen eines Hustenbonbons durch einen erkälteten Zeugen keine Ungebühr ist.[18] Ungebühr ist aber **Zeitunglesen**,[19] zur Schau gestelltes Desinteresse, demonstratives **Zuschlagen der Tür** des Gerichtssaals,[20] nicht jedoch das **Mitschreiben** (vgl. § 176 Rn. 25).

2. Die Benutzung der deutschen **Sprache** (Hoch- oder Schriftsprache) ist nach § 184 nicht zwingend. Dialekt kann aber als Ungebühr angesehen werden, wenn er bewusst gebraucht wird als Provokation, um sich der Verständigung zu entziehen, zur Störung des geordneten, auch zeitlichen Ablaufs der Sitzung oder zur Beein-

---

[11] OLG Stuttgart NStZ 1991, 297.
[12] *Schwind* JR 1973, 137.
[13] KG 23. 5. 2001 – 1 AR 524/01 –.
[14] LSG Chemnitz 8. 3. 2006 – L 1 B 30/06 KR –.
[15] DRiZ 1970, 32.
[16] Zweifelnd *KK/Diemer* Rn. 3.
[17] OLG Bamberg OLGSt GVG § 178 Nr. 11.
[18] Was immerhin bis zum OLG (Schleswig NStZ 1994, 199) judiziert werden musste.
[19] OLG Karlsruhe JR 1977, 392; zweifelnd *KK/Diemer* Rn. 3.
[20] OLG Stuttgart Justiz 1962, 185; OLG Hamm JMBlNRW 1975, 106; KG 6. 3. 2000 – 1 AR 167/00 –; OLG Zweibrücken NJW 2005, 611; OLG Rostock OLGR 2006, 149; LSG Erfurt 27. 6. 2005 – L 6 RJ 517/02 –.

trächtigung der prozessualen Rechte anderer, die den Dialekt nicht verstehen, Ausländer können grundsätzlich ihre Heimatsprache benutzen.[21] Die wahrheitswidrige Behauptung, die deutsche Sprache nicht zu verstehen, ist keine Ungebühr. Zu möglichen Verfahrensnachteilen Rn. 25.

14 3. Entstanden ist auch die Frage der **Ausübung religiöser Handlungen** im Gerichtssaal, sei es, dass die von Religionen für bestimmte Tageszeiten festgelegten Gebete und ihre vorgeschriebenen Formen beachtet werden, sei es, dass das Tragen von Kopfbedeckung in der Öffentlichkeit vorgeschrieben ist[22] (vgl. § 175 Rn. 7). Wenn auch Art. 4 GG die ungestörte Religionsausübung gewährleistet, so kann dies doch nur in den Grenzen der Gemeinverträglichkeit geschehen. Bei entsprechendem Hinweis ist u. U. eine Sitzungspause einzulegen. Soweit aber darüber hinaus der Gang einer ungestörten Gerichtsverhandlung darunter leidet, muss der Verzicht auf die Ausübung religiöser Handlungen im Gerichtssaal gefordert und durchgesetzt werden.[23]

15 4. Das **Aufstehen** vor Gericht wurde früher streng gehandhabt (vgl. § 176 Rn. 21). Die demgegenüber oft zustimmend erwähnte Äußerung des Berliner Kommunarden Fritz Teufel, der 1967, zum Aufstehen aufgefordert, erklärte „wenn es der Wahrheitsfindung dient",[24] berücksichtigt nur eine Seite der notwendigen Betrachtungsweise. Zu beachten ist auch die Frage des allgemeinen Stils vor Gericht, der auch mittelbar die Wahrheitsfindung beeinflussen kann, weil er zugleich Elemente der Respektierung der gerichtlichen Tätigkeit enthält. Die Frage des Aufstehens wird man aber unabhängig von manchen oft ideologisch gefärbten Stellungnahmen als Akt der Höflichkeit oder der inneren Einstellung anzusehen haben,[25] die von keiner unmittelbaren Relevanz für die Ordnung im Gerichtssaal im weitesten Sinne ist.[26] Demgegenüber nimmt die h. M. an, dass demonstratives Sitzenbleiben bei Eintritt des Gerichts zu Sitzungsbeginn, bei Beeidigung und bei Verkündung des Urteils eine Ungebühr darstellt.[27] Die überholte Tradition, den Angeklagten bei seiner Vernehmung stehen zu lassen, begründet keine Ungebühr, wenn sich der Angeklagte weigert, zur Vernehmung den ihm zugewiesenen Platz zu verlassen und zu stehen;[28] zu beachten sind auch Forschungserkenntnisse zur Aussagetüchtigkeit im Stehen.[29] Ungebühr liegt aber vor, wenn ein Zuhörer bei Eintritt des Gerichts sich erhebt, ihm aber dann seine Kehrseite zuwendet.[30]

16 5. Die früher streng beachtete Form der **Anrede** der Richter hat weitgehend ihre Bedeutung verloren, die Verwendung der Amtsbezeichnungen ist nicht essentiell.[31] Wohl aber kann die Anrede bewusst als Provokation beabsichtigt sein,[32] etwa bei Nennung mit dem Zunamen ohne die Anrede „Herr/Frau"[33] oder Duzen, und damit eine Ungebühr darstellen.

17 6. In der Frage der der Bedeutung der Gerichtsverhandlung entsprechenden **Kleidung** haben sich die früher strengen Auffassungen[34] inzwischen gewandelt. Saloppe

---

[21] *Rüping* ZZP 1975, 230.
[22] VG Wiesbaden NVwZ 1985, 137.
[23] Vgl. BVerfG – K – NJW 2007, 56.
[24] Vgl. *Schwind* JR 1973, 137; *Schneider* MDR 1975, 622.
[25] *Rüping* ZZP 1975, 225; OLG Hamm StraFo 2005, 251.
[26] *Schneider* MDR 1975, 624; *Pardey* DRiZ 1990, 135; *Milger* NStZ 2006, 121, 123.
[27] OLG Stuttgart NJW 1969, 627; OLG Nürnberg JZ 1969, 150 m. abl. Anm. *Sarstedt*; OLG Hamm NJW 1975, 942; OLG Koblenz NStZ 1984, 234; GA 1985, 328; *LR/Wickern* Rn. 14; *Meyer-Goßner* Rn. 3; *Schwind* JR 1973, 137; *Eb. Schmidt* ZRP 1969, 256; *Fromme* ZRP 1986, 61.
[28] OLG Stuttgart NStZ 1986, 233.
[29] *in der Beek/Wuttke* NJW 1969, 684.
[30] OLG Köln NJW 1985, 446.
[31] *Sarstedt* JZ 1969, 152; *LR/Wickern* Rn. 9; a. A. OLG Nürnberg JZ 1969, 150.
[32] KK/*Diemer* Rn. 3.
[33] *Sarstedt* JZ 1969, 152; *LR/Wickern* Rn. 9.
[34] Vgl. BayObLG JW 1930, 3431.

Kleidung stellt keine Ungebühr dar, auch nicht modische Extravaganz (§ 175 Rn. 7). Bei einem Angeklagten ist aber Ungebühr anzunehmen, wenn er sich ohne nachvollziehbaren Grund weigert, seine Mütze abzunehmen.[35] Bunte, maskenartige **Schminke** kann Ungebühr sein.[36]

7. Auch in der äußeren Erscheinung vor Gericht kann eine Ungebühr liegen. **18** Das ist der Fall, wenn ein Verfahrensbeteiligter angetrunken oder gar **betrunken** erscheint.[37] Dies gilt jedoch dann nicht, wenn die Person zwangsweise vorgeführt wird und in diesem Zustand schon beim Ergreifen war,[38] ebenso, wenn der Alkoholkonsum zeitlich vor der Ladung lag oder eine Pflicht zum Erscheinen nicht bestand.[39] Bei dem angetrunken erscheinenden Zeugen gilt jedoch die Besonderheit, dass er als nicht erschienen zu behandeln ist, auch bei nur eingeschränkter Vernehmungsfähigkeit (§ 51 StPO, § 380 ZPO); daneben ist für Maßnahmen nach § 178 kein Raum.[40]

8. Tätlichkeiten im Gerichtssaal stellen stets eine Ungebühr dar, gegenüber **19** wem sie auch begangen sein mögen:[41] körperliche Angriffe im Rahmen der §§ 223 ff. StGB, Wegnahme oder Beschädigung der Akten, Küssen des Richters,[42] Verrichtung von Notdurft.

9. Der Schwerpunkt der Ungebühr von Verfahrensbeteiligten liegt erfahrungs- **20** gemäß bei Äußerungen über das Verhalten anderer, die strafrechtlich eine **Beleidigung** darstellen können. Eine strafbare Beleidigung ist aber weder Voraussetzung noch Grenze für die Anwendung von § 178. Einmal treten dessen Ordnungsmittel nicht an die Stelle der strafrechtlichen Verfolgung, sondern ergreifen nur verfahrensrelevantes Verhalten. Zum anderen kann mit Rücksicht auf die seelische Spannung, die eine zumeist öffentliche Verhandlung für alle Verfahrensbeteiligten darstellt, nicht jedes Wort auf die Goldwaage gelegt werden.

Nicht jede einmalige Entgleisung stellt eine Ungebühr dar.[43] Auch ein **Vergrei-** **21** **fen im Ausdruck** unter der Spannung der Verhandlung enthält im Allgemeinen keine Ungebühr,[44] wenn sie nicht durch besondere Lautstärke oder andere Umstände besonders störend wirkt. Die Verwendung der sog. Fäkalsprache, inzwischen zur Bühnenreife gediehen, vermag nicht mehr schlechthin als Ungebühr angesehen werden,[45] so etwa bei der Bezeichnung „Scheißgesetz" ohne Absicht der Kundgabe der Missachtung gegenüber dem Gericht oder Störung der Verhandlung.[46] Ungebühr ist auch nicht anzunehmen bei einer heftigen Reaktion auf eine Zeugenaussage, wenn sie nichts anderes ist als die Betonung der eigenen Sachdarstellung, mögen auch weniger aggressive Worte denkbar sein.[47] Grobe Beleidigungen durch Ausdrücke wie Gauner, Lump, Betrüger, Rechtsverdreher, Bulle, stören jedoch in aller Regel den ordnungsgemäßen Gang der Verhandlung und sind eine Ungebühr,[48] den „Strolch" wird man auch dazu rechnen müssen.[49] Auch der Rechtsge-

---

[35] OLG Stuttgart 8. 5. 2007 – 1 Ws 126, 127/07 –.
[36] KG 19. 7. 2001 – 1 AR 85/01 –.
[37] OLG Hamm MDR 1966, 72; OLG Koblenz MDR 1985, 430; OLG Düsseldorf NJW 1989, 241; *Rüping* ZZP 1975, 227; *LR/Wickern* Rn. 11.
[38] OLG Hamm MDR 1966, 72.
[39] OLG Hamburg MDR 1979, 160.
[40] OLG Stuttgart MDR 1989, 763; *Michel* MDR 1992, 544.
[41] BGH JZ 1951, 791; LG Saarbrücken NJW 1968, 1686.
[42] *Rüping* ZZP 1975, 224.
[43] OLG Bremen NJW 1959, 952; OLG Düsseldorf NStZ-RR 1997, 370 „Unverschämtheit"; *LR/Wickern* Rn. 7.
[44] OLG Schleswig SchlHAnz 1984, 60; *LR/Wickern* Rn. 7.
[45] A. A. *BL/Hartmann* Rn. 5.
[46] OLG Düsseldorf NJW 1986, 2516; strenger *MünchKommZPO/Wolf* Rn. 7.
[47] OLG Koblenz MDR 1980, 76; LSG Saarbrücken MDR 1984, 260.
[48] OLG Darmstadt JW 1935, 2073; OLG Hamburg GA 1928, 235; OLG Hamm JMBlNRW 1954, 60; NJW 1963, 1791; *LR/Wickern* Rn. 7; *Rüping* ZZP 1975, 228.

danke der Meinungsfreiheit und der **Wahrnehmung berechtigter Interessen,** § 193 StGB, ist hier weit auszulegen, wie aber auch nicht jede durch die Wahrnehmung berechtigter Interessen gedeckte Äußerung eine Ungebühr ausschließt.[50] Zurücktreten müssen Äußerungen, die in keinem Zusammenhang mit der Verteidigung eigener Rechte stehen und bei denen die Missachtung des Verfahrens und der daran beteiligten Personen im Vordergrund steht.[51]

22 Auf den Adressaten einer solchen Äußerung kommt es nicht an. Sie kann gegenüber dem Gericht, anderen Verfahrensbeteiligten, aber auch unbeteiligten Personen gemacht werden.[52] Die Tatsache der Beleidigung genügt, es ist nicht erforderlich, dass weitere Umstände hinzutreten.[53]

23 10. Erhebliche Breite nimmt in RSpr und Literatur die Ungebühr ein, die dadurch begangen wird, dass ein Verfahrensbeteiligter über das durch die Wahrnehmung seiner prozessualen Belange Gebotene hinaus herabsetzende Äußerungen über die **Verhandlungsweise des Gerichts** oder des Vorsitzenden macht. Hierher zählt die Äußerung, der Richter wolle ihn mit einer Frage nur „fangen",[54] wenn der Angeklagte auf die Androhung eines Ordnungsmittels antwortet: „dann erhalten Sie ein Disziplinarverfahren"[55] oder wenn die Ermahnung, nicht in die Vernehmung des Zeugen einzugreifen, damit kommentiert wird, dann könne der Vorsitzende ja gleich ohne die Vernehmung des Zeugen die Aussage ins Protokoll diktieren.[56] Der Vorwurf der „Schikane" wird ebenso als Ungebühr angesehen wie die Bezeichnung des Richters als „kriminell"[57] oder als „muffig".[58] Entsprechendes gilt für den Vorwurf der „Klassenjustiz",[59] wenn er über die (auch in der wissenschaftlichen Diskussion übliche) Verwendung dieser Formel hinausgehend einen persönlichen Vorwurf enthalten soll. Auch die Äußerung, das ganze Verfahren sei Schikane, ist Ungebühr,[60] ebenso provozierende Gegenfragen in betont lässiger Haltung.[61] Auch die Ankündigung, ein Rechtsmittel einzulegen, versehen mit der Bemerkung „hoffentlich sind die nicht so voreingenommen wie hier", stellt eine Ungebühr dar,[62] ebenso die Äußerung eines Zeugen, dass der vernehmende Richter einen solch widerlichen Charakter habe, dass er nicht aussagen möchte,[63] gleichermaßen die Äußerung des Angeklagten auf die Belehrung über seine Pflicht zum Erscheinen in einer neuen Hauptverhandlung und die Folgen eines unentschuldigten Ausbleibens „das ist mir scheißegal".[64] Das Gleiche gilt für die Äußerung „man meint, man wäre beim Volksgerichtshof"[65] oder die Äußerung während der Urteilsverkündung, das sei keine Rechtsprechung, sondern reine Willkür, das höre man sich nicht länger an.[66] Insgesamt ist bei Äußerungen einer Partei oder eines Beschuldigten, die auf die Art und Weise der Verhandlungsführung abzielen, aber Zurückhaltung gebo-

---

[49] OLG Köln NJW 1986, 2515.
[50] KG GA 1911, 230; OLG Düsseldorf MDR 1953, 555; OLG Hamm JMBlNRW 1954, 60; *LR/Wickern* Rn. 8; a. A. LAG München RdA 1951, 197; SchlHOLG SchlHAnz 1967, 152; *Eb. Schmidt* Rn. 4; *Rehbinder* MDR 1963, 643.
[51] BerlVerfGH NJW-RR 2000, 1512.
[52] KG GA 1911, 230; OLG Hamm NJW 1969, 1919; *Rehbinder* MDR 1963, 643.
[53] A. A. OLG Darmstadt JW 1934, 705; *Schwind* JR 1973, 137.
[54] BGH JZ 1951, 791.
[55] OLG Hamm NJW 1969, 856.
[56] OLG Hamm JMBlNRW 1977, 131.
[57] *LR/Wickern* Rn. 9.
[58] OLG Nürnberg JZ 1969, 150.
[59] *LR/Wickern* Rn. 9.
[60] OLG Koblenz MDR 1971, 324; *Schwind* JR 1973, 137.
[61] OLG Hamm JMBlNRW 1977, 94.
[62] OLG Koblenz OLGSt GVG § 178 Nr. 9.
[63] OLG Koblenz OLGSt GVG § 178 Nr. 5.
[64] OLG Koblenz OLGSt GVG § 178 Nr. 6.
[65] OLG Koblenz VRS 72, 189.
[66] OLG Koblenz VRS 61, 356.

ten; die Verhältnismäßigkeit von Maßnahmen bedarf besonderer Beachtung.[67] Zum „Contempt of Court" Rn. 41; § 1 Rn. 109, 188; § 16 Rn. 68.

Die Kritik an Entscheidungen des Gerichts kann nur dann Ungebühr sein, wenn sie über eine sachlich abweichende Stellungnahme hinausgeht, und zwar in grober Weise. Die spontane Erklärung, Rechtsmittel einlegen zu wollen, stellt selbstverständlich keine Ungebühr dar,[68] auch nicht die bloße Verwendung des gängigen Begriffs „Justizirrtum", wohl aber die Äußerung, es komme auf eine Ungerechtigkeit mehr nicht mehr an,[69] oder das Gericht „setze sich sowieso über das Recht hinweg".[70]

11. Ein Verhalten, das lediglich prozessualen Vorschriften unmittelbar zuwiderläuft, stellt keine Ungebühr dar, sondern hat die im Verfahrensrecht vorgesehenen Konsequenzen, so z. B. das Schweigen einer Partei im Zivilprozess, die unberechtigte Aussageverweigerung eines Zeugen, aber auch das unberechtigte Sich-Entfernen eines Zeugen oder des Angeklagten noch während der Verhandlung.[71] Ungebühr ist aber anzunehmen, wenn eine Zeugin während ihrer Vernehmung ihr Handy eingeschaltet hält, auf das Klingeln das Gespräch entgegennimmt und den Sitzungssaal entgegen der Weisung des Gerichts verlässt, um das Gespräch zu führen.[72]

V. Ungebühr durch Zuhörer. 1. Ungebühr durch Zuhörer geschieht erfahrungsgemäß am meisten durch Kundgebungen des Beifalls, Gelächters oder Missfallens. Solches ist in aller Regel geeignet, den ordnungsgemäßen Gang des Verfahrens zu stören,[73] sei es schon durch den Lärm an sich, vor allem aber, wenn damit Druck ausgeübt werden soll auf Verfahrensbeteiligte, sei es zur Einschüchterung eines Zeugen oder eines anderen Verfahrensbeteiligten, sachgemäße Erklärungen abzugeben, sei es auch, um das Gericht zu beeindrucken oder gar unter Druck zu setzen.[74] Eine einmalige spontane **Beifallskundgebung,** etwa nach dem Schlussvortrag des Verteidigers, wird zwar im Allgemeinen noch nicht als Ungebühr angesehen werden können,[75] aber grundsätzlich gehört Beifall nicht in die unabhängige, nur dem Gesetz unterworfene Rechtspflege.[76]

2. Im Übrigen ist **Lärm** stets als Ungebühr anzusehen, ebenso **Essen und Trinken** im Zuhörerraum, **Rauchen, Zeitunglesen** (Rn. 12), auch **Zurufe** an Verfahrensbeteiligte, Kontaktaufnahme anderer Art zu Verfahrensbeteiligten (§ 176 Rn. 26). Zur **Kleidung** usw. Rn. 17; § 175 Rn. 7. Die teilweise Entkleidung von Zuhörerinnen, um das Gericht zu verunsichern oder Solidarität zu dokumentieren, war Ungebühr,[77] ebenso das provozierende Ausziehen der Schuhe.[78] Ungebühr ist auch das absichtlich laute **Türen-Knallen** beim Verlassen des Verhandlungsraumes (Rn. 12).

3. Zur Ungebühr durch allgemeines Verhalten der Zuhörer einschließlich Aufstehen, Anrede, Alkohol und Tätlichkeiten Rn. 11 ff.

4. Beleidigungen (Rn. 20) sind stets Ungebühr, denn die psychische Situation eines Verfahrensbeteiligten liegt bei Zuhörern nicht vor, auch wenn es sich um Angehörige, Freunde usw. von Verfahrensbeteiligten handelt.

---

[67] Vgl. EGMR NJW 2006, 2901, 2905; BVerfG NJW 2007, 2839.
[68] BayObLG DRiZ 1933 Nr. 207; vgl. *Schwinge* aaO. S. 35 ff.
[69] OLG Hamm NJW 1956, 1452.
[70] *Schwind* JR 1973, 133 mit weiteren Beispielen.
[71] OLG München MDR 1956, 503; OLG Braunschweig DAR 1960, 22; a.A. OLG Koblenz OLGSt GVG § 178 Nr. 7; *Schwind* JR 1973, 137.
[72] OLG Hamburg NJW 1997, 3452.
[73] OLG Saarbrücken NJW 1961, 890; LSG Erfurt 27. 6. 2005 – L 6 RJ 517/02 –; KK/*Diemer* Rn. 3.
[74] OLG Düsseldorf GA 1957, 231; *Arndt* NJW 1962, 1615; *Rehbinder* MDR 1963, 643.
[75] OLG Saarbrücken NJW 1961, 890; LR/*Wickern* Rn. 17; a. A. *Händel* NJW 1961, 1176; *Schwind* JR 1973, 136; vgl. auch *Rüping* ZZP 1975, 225.
[76] *Rehbinder* MDR 1963, 643.
[77] OLG Hamm NJW 1969, 1919.
[78] OLG Köln DRpflZ 1990, 67.

30 5. **Äußerungen über die Verhandlungsführung** des Gerichts und seine Entscheidungen stellen stets eine Ungebühr dar, da die Anwesenheit nicht am Verfahren beteiligter Personen allein dem Zuhören dient (vgl. § 169 Rn. 53).

31 6. Alle Versuche der Einflussnahme auf Verfahrensbeteiligte (vgl. Rn. 10, 26; § 176 Rn. 26) sind Ungebühr, ebenso alle Versuche, diesen unzulässigerweise etwas zuzustecken oder auf andere Weise mit ihnen Kontakt aufzunehmen.

32 **VI. Schuldform.** Die Anwendung des § 178 setzt **schuldhaftes Verhalten** voraus (anderenfalls kann nur nach §§ 176, 177 vorgegangen werden). Erforderlich ist dazu einmal die Schuldfähigkeit; in entsprechender Anwendung der §§ 19ff. StGB, 1, 3 JGG, 12 OWiG sind Kinder (unter 14 Jahren) nicht schuldfähig/strafmündig und Jugendliche unter 18 Jahren nur beschränkt, so dass auch nur in dem Rahmen dieser Strafmündigkeit § 178 anwendbar ist.[79] Über die Frage, ob **vorsätzliche** Ungebührhandlung erforderlich ist[80] oder Fahrlässigkeit ausreicht, besteht Streit.[81] Mit Rücksicht auf die reine Ordnungsfunktion der Maßnahmen muss **Fahrlässigkeit** ausreichen.[82] Die vorherige Androhung einer Maßnahme nach § 178 ist nicht erforderlich.

33 **VII. Wiederholte Ungebühr.** Für die Ungebührhandlungen gelten nicht die §§ 52 ff. StGB. Für jede Handlung kann eine selbstständige Ordnungsmaßnahme nach § 178 festgesetzt werden, und zwar jeweils bis zur Höchstgrenze.[83] §§ 177 und 178 sind nebeneinander anwendbar.

34 **VIII. Ordnungsmittel.** 1. Das **Ordnungsgeld** beträgt nach Art. 6 Abs. 1 EGStGB mindestens 5 Euro, § 178 setzt den Höchstbetrag wie diese Vorschrift auf 1000 Euro fest. Das Ordnungsgeld ist ziffernmäßig festzusetzen; gleichzeitig ist für den Fall der Nichtbeitreibbarkeit Ordnungshaft festzusetzen (Abs. 1 Satz 2).

35 2. Die Dauer der **Ordnungshaft** beträgt nach Art. 6 Abs. 2 EGStGB mindestens 1 Tag und nach § 178 höchstens eine Woche. Die Dauer ist nach vollen Tagen festzusetzen.[84]

36 3. Zur Vollstreckung § 179.

37 **IX. Zuständigkeit.** Die Zuständigkeit für die Festsetzung der Ordnungsmittel ist zwischen dem Vorsitzenden und dem Spruchkollegium je nach den davon betroffenen Personen aufgeteilt (Abs. 2), eine Unterscheidung nach der Art des festzusetzenden Ordnungsmittels wird nicht gemacht.

38 1. Gegenüber Personen, die an der Verhandlung nicht beteiligt sind (Rn. 4), ist der **Vorsitzende** für die Festsetzung zuständig. Damit soll zum Schutz der Hauptverhandlungen vor Störungen die Stellung des Vorsitzenden gegenüber störenden Zuhörern gestärkt und die Wirkung der angeordneten Maßnahmen auf den Betroffenen und die übrigen Zuhörer erhöht werden[85] (§ 177 Rn. 25). Gegen andere Personen darf der Vorsitzende keine Ordnungsmittel festsetzen (§ 177 Rn. 26). Festsetzungen, die an Stelle des Vorsitzenden das gesamte Kollegialgericht trifft, sind wirksam (§ 176 Rn. 6).

39 2. Für die Festsetzung gegen Parteien, Beschuldigte, Zeugen und Sachverständige ist das gesamte **Kollegium** zuständig (§ 177 Rn. 24).

---

[79] OLG Neustadt NJW 1961, 885; LG Bremen NJW 1970, 1429; *LR/Wickern* Rn. 21.
[80] OLG Stuttgart Justiz 1986, 228; KG 25. 6. 1999 – 1 AR 1235/98 –; *Meyer-Goßner* Rn. 4; *Rosenberg/Schwab/Gottwald* § 23 V 2b; *KK/Diemer* Rn. 5.
[81] *Rehbinder* MDR 1963, 643; *Schwind* JR 1973, 135; *Rüping* ZZP 1975, 222 f.
[82] *Rüping* aaO. S. 223; *LR/Wickern* Rn. 5; *Katholnigg* Rn. 2; *KK/Diemer* Rn. 5; *Schilken* Rn. 145.
[83] OLG Hamm JMBlNRW 1952, 86; OLG Bremen NJW 1953, 598; 1956, 113; *LR/Wickern* Rn. 26; *BL/Hartmann* Rn. 8; *Meyer-Goßner* Rn. 7; *Rehbinder* MDR 1963, 644.
[84] OLG Hamm NJW 1960, 2305.
[85] BTagsDrucks. 7/2536 S. 4.

3. Gegen andere Verfahrensbeteiligte als die soeben Genannten darf kein Ord- **40**
nungsmittel festgesetzt werden (vgl. § 177 Rn. 27).

4. An der Zuständigkeit des erkennenden Gerichts ändert sich auch dann nichts, **41**
wenn die Ungebühr in einem **Verhalten gegen das Gericht** liegt; § 22 Nr. 1
StPO, § 41 Nr. 1 ZPO sind nicht anwendbar.[86] Zweifel hieran kann auch die Rspr
des EGMR nicht erwecken, der im Falle des „contempt of court" nach angelsächsischem Recht in einer solchen Verfahrensgestaltung eine mit Art. 6 Abs. 1 MRK
unverträgliche Vermischung der Rollen von Opfer, Zeuge, Ankläger und Richter
sieht.[87] Es steht hier keine Bestrafung in Frage, sondern ein nachdrückliches Mittel
zur Gewährleistung eines ungestörten Verhandlungsablaufs.[88] Die Festsetzung eines
Ordnungsmittels gegen einen Verfahrensbeteiligten ist auch für sich allein kein Ablehnungsgrund.[89]

X. Verfahren. 1. Die Entscheidung, ob ein Ordnungsmittel festgesetzt wird, **42**
steht, wie sich aus „kann" im Abs. 1 Satz 1 ergibt, im **pflichtgemäßen Ermessen**
des unabhängigen Gerichts(-vorsitzenden); es gilt das Opportunitätsprinzip.[90] Deshalb wird von einer Festsetzung in Fällen geringen Verschuldens abgesehen werden
können.[91] Auch ist es eine Frage der jeweiligen Prozesssituation, ob das Gericht
wegen einer Ungebühr einschreitet; hierunter kann der ordnungsgemäße, zügige
Ablauf der Verhandlung u.U. mehr leiden als durch die Ungebühr selbst. Auch
kann je nach der Spannung im Gerichtssaal durch Solidarisierungseffekte seitens der
Zuhörer usw. eine weitere Ungebühr oder Störung zu befürchten sein, die außer
Verhältnis stehen kann zu geringfügigeren Ungebührhandlungen – dem ungestörten ordentlichen Ablauf der Verhandlung sollte hier der Vorrang eingeräumt werden, allerdings sollte Ungebühr von einigem Gewicht nicht ohne Reaktion des
Gerichts durchgehen. Im Allgemeinen wird auch vor der Festsetzung eines Ordnungsmittels eine **Abmahnung** nach § 176 angezeigt sein.[92] Überhaupt ist nach
dem Grundsatz der Verhältnismäßigkeit (§ 176 Rn. 14) die Anwendung von § 178
als äußerstes Mittel anzusehen,[93] das nur dann eingesetzt werden sollte, wenn andere Maßnahmen, auch die nach § 177, nicht ausreichen. Andererseits ist aber die
Gefahr groß, dass in der Öffentlichkeit allgemein das Ansehen der Justiz dadurch
sinkt, dass auf Provokationen allzu großer Langmut gezeigt wird.

2. Die Verfahrensbeteiligten haben hinsichtlich der Festsetzung der Maßnahmen **43**
nach § 178 kein Antragsrecht. Ihre „Anträge" sind lediglich Anregungen an das
Gericht. Das Gericht kann nur von Amts wegen vorgehen.[94] Auch die StA hat keine eigenständigen Befugnisse, auch nicht, was das Absehen von Ordnungsmaßnahmen im Rahmen des Ermessens betrifft.[95]

3. Will das Gericht nach § 178 vorgehen, muss es zunächst gemäß § 182 das tat- **44**
sächlich Geschehene **protokollieren.**

4. Grundsätzlich ist dem, gegen den ein Ordnungsmittel festgesetzt werden soll, **45**
vorher **rechtliches Gehör** zu gewähren, Art. 103 Abs. 1 GG.[96] So muss ihm die

---

[86] H.M., OLG Darmstadt JW 1934, 780; vgl. *Rüping* ZZP 1975, 217; *Wieczorek/Schreiber* Rn. 2; BL/ *Hartmann* Rn. 9; KK/*Diemer* Rn. 7; *Steinbrenner* Justiz 1968, 238; *Rehbinder* MDR 1963, 641.
[87] EGMR NJW 2006, 2901; hierzu *Kissel* NJW 2007, 1109.
[88] *Kissel* aaO.
[89] *Rabe* NJW 1976, 172.
[90] OLG Neustadt NJW 1962, 602; LR/*Wickern* Rn. 23; *Meyer-Goßner* Rn. 7; *Sarstedt* JZ 1969, 152; *Schwind* JR 1973, 139; *Milger* NStZ 2006, 121, 123; a.A. *Baur* JZ 1970, 247.
[91] OLG Neustadt NJW 1962, 602; OLG Köln NJW 1986, 2515.
[92] BVerfG – K – NJW 2007, 2839; OLG Schleswig SchlHAnz 1962, 84; *Milger* NStZ 2006, 121, 123.
[93] SchlHOLG aaO.
[94] *Rehbinder* MDR 1963, 644.
[95] OLG Zweibrücken MDR 1990, 79.
[96] OLG Bremen NJW 1959, 61; OLG Saarbrücken NJW 1961, 890; OLG Hamm MDR 1969, 932; JMBlNRW 1977, 94, 131; MDR 1978, 780; OLG Brandenburg NJW 2004, 451; LR/*Wickern* Rn. 34.

Möglichkeit gewährt werden, eine Unmutsäußerung zu erläutern und sich gegebenenfalls zu entschuldigen, was auch im Interesse des Ansehens des Gerichts läge[97] und Einfluss auf die Ordnungsmaßnahme hätte.[98]

46 Eine Ausnahme gilt jedoch dann, wenn dem Gericht mit Rücksicht auf die Intensität oder die Art der Ungebühr eine solche Anhörung **nicht zugemutet** werden kann,[99] wenn etwa mit weiteren Ausfällen des Täters gerechnet werden muss,[100] wenn der Betroffene weiter tobt oder wegen seines (z.B. alkoholbedingten) Zustandes eine Verständigung nicht möglich ist,[101] ebenso, wenn bei groben Beleidigungen der Ungebührwille außer Zweifel steht.[102] Auch ist eine Anhörung entbehrlich, wenn dem Betroffenen die Festsetzung schon vorher ausdrücklich angedroht oder gegen ihn wegen der gleichen Art von Ungebühr nach §§ 177, 178 verfahren worden war.[103] Der Anhörung bedarf es auch nicht, wenn der Handelnde sich entfernt und dadurch sich der Sitzungspolizei entzieht.[104]

47 Anzuhören ist nur der, gegen den die Festsetzung des Ordnungsmittels beabsichtigt ist. Die anderen Verfahrensbeteiligten brauchen nicht gehört zu werden.[105] Hat der Beschuldigte selbst die Ungebühr begangen hat, ist (auch) sein Verteidiger zu hören. Die Anhörung oder die Gründe für die Nichtanhörung sind ins Protokoll aufzunehmen.[106] Wurde das rechtliche Gehör nicht gewährt, liegt ein Mangel vor, der auch in der Beschwerdeinstanz nicht mehr geheilt werden kann (vgl. § 181 Rn. 17). Auch bereits im Abhilfeverfahren nach Beschwerde ist eine Nachholung nicht mehr möglich.[107]

48 5. Die Festsetzung ist Ausfluss der Sitzungsgewalt und deshalb nur zulässig in deren räumlichem und zeitlichem Geltungsbereich[108] (§ 176 Rn. 8ff.), also in der **Sitzung** (Rn. 2). Bei mehrtägiger Verhandlung kann unter Sitzung nur die jeweilige Verhandlung bis zum Ende des einzelnen Tages verstanden werden,[109] wohl aber kann das Gericht die Entscheidung über Maßnahmen nach § 178 bis zum Schluss des jeweiligen Sitzungstages, und in diesem zeitlichen Rahmen auch bis zur Verkündung des Urteils, zurückstellen. War bei mehrtägigen Verhandlungen die Festsetzung am selben Verhandlungstag aus Zeitgründen oder wegen vordringlicher Erledigung anderer Verfahrensangelegenheiten nicht möglich, kann ein Ordnungsmittel ausnahmsweise auch am auf die Ungebühr folgenden Verhandlungstag festgesetzt werden.[110]

49 6. Die Festsetzung eines Ordnungsmittels geschieht durch **Beschluss,** der in der Sitzung (Rn. 48) zu verkünden ist; nach dem Ende der Sitzung kann der Beschluss nicht mehr verkündet werden.[111] Der Beschluss ist mit **Gründen** zu versehen. Auch der Beschluss bedarf einschließlich seiner Begründung der Protokollierung nach § 182. Zum Inhalt der Begründung § 183 Rn. 9.

Wieczorek/Schreiber Rn. 15; *Meyer-Goßner* Rn. 13; *Woesner* NJW 1959, 866; *Weimar* MDR 1960, 640; *Rehbinder* MDR 1963, 644; a. A. SchlHOLG NJW 1971, 1321; *Kniestedt* MDR 1960, 197; 1961, 25.
[97] OLG Neustadt NJW 1961, 2321.
[98] OLG Koblenz 18. 5. 2007 – 4 W 365/07 –; LSG Chemnitz 8. 3. 2006 – L 1 B 30/06 KR –.
[99] OLG Saarbrücken NJW 1961, 890.
[100] OLG Neustadt NJW 1961, 2321; SchlHOLG SchlHAnz 1967, 152; OLG Koblenz MDR 1987, 433; OLG Düsseldorf NStZ 1988, 238; OLG Jena VRS 110, 20; vgl. auch BGH NJW 1957, 1326; *Rehbinder* MDR 1963, 644; *Röhl* NJW 1964, 275; *Meyer-Goßner* Rn. 14.
[101] OLG Hamm MDR 1969, 932; JMBlNRW 1977, 131.
[102] OLG Hamm NStZ-RR 2001, 116.
[103] *LR/Wickern* Rn. 35; *Zöller/Gummer* Rn. 5.
[104] OLG Hamm MDR 1978, 780; KG 6. 3. 2000 – 1 AR 167/00 –; OLG Rostock OLGR 2006, 149.
[105] *Rehbinder* MDR 1963, 644.
[106] *Rehbinder* MDR 1963, 645.
[107] LSG Chemnitz 8. 3. 2006 – L 1 B 30/06 KR –.
[108] OLG Hamburg NJW 1999, 2607.
[109] OLG Stuttgart NJW 1969, 627, 628; a. A. *LR/Wickern* Rn. 31.
[110] SchlHOLG MDR 1980, 76.
[111] OLG Saarbrücken NJW 1961, 890; SchlHOLG NJW 1971, 1321.

Die Frage, ob der Beschluss dem Betroffenen noch **zugestellt** werden muss oder 50
ob die Verkündung ausreicht, ist unterschiedlich zu beantworten. Im Strafverfahren
bedarf es nach § 35 StPO grundsätzlich nicht der Zustellung, wenn der Betroffene
anwesend ist. Hat der bei der Verkündung anwesende Betroffene jedoch in Folge
seiner Gebrechen oder wegen Übererregung die Tatsache der Festsetzung eines
Ordnungsmittels nicht wahrgenommen, ist er einem Abwesenden gleich zu behandeln mit der Folge, dass ihm zugestellt werden muss.[112] Umgekehrt bedarf es auch
bei Abwesenheit des Betroffenen dann keiner Zustellung, wenn der Betroffene auf
Grund des Verhaltens, das zur Festsetzung geführt hat, abwesend ist, etwa mit lautem Türenzuschlagen, oder entgegen der gerichtlichen Anordnung den Raum verlassen hat. Anderenfalls ist nach § 35 Abs. 2 StPO zuzustellen. Eine § 35 StPO entsprechende Vorschrift für den Zivilprozess fehlt. Soweit die Maßnahmen der
Vollstreckung bedürfen, ist der Beschluss nach § 329 Abs. 3 ZPO zuzustellen. Der
Betroffene hat Anspruch auf Erteilung einer Abschrift des Beschlusses.[113]

7. Eine **Rechtsmittelbelehrung** ist nach § 35a StPO mit Rücksicht auf die 51
Beschwerdefrist nach § 181 erforderlich, allerdings nur, soweit es sich um eine Festsetzung in einem Strafverfahren handelt.[114] Eine Rechtsmittelbelehrungspflicht im
Zivilprozess besteht nicht.[115] Hierin liegt eine aus der Sicht des Betroffenen, vor
allem, soweit er nicht Verfahrensbeteiligter ist, unverständliche Ungleichbehandlung, die indessen nach der geltenden Gesetzeslage hinzunehmen ist. Die Belehrungspflicht nach § 35a StPO entfällt, wenn sie dem Gericht unzumutbar ist, also
unter solchen Umständen vorgenommen werden müsste, die auch der Gewährung
des rechtlichen Gehörs entgegenstehen (Rn. 46). Die Beweiskraft des Protokolls
erstreckt sich nicht auf eine Belehrung über das Rechtsmittel gegen den Ordnungsmittelbeschluss, ihr Vorliegen ist im Freibeweis zu klären.[116]

XI. Strafrechtliche Verurteilung. Die Festsetzung eines Ordnungsmittels 52
schließt eine **strafrechtliche Verurteilung** wegen des gleichen Verhaltens nicht
aus (z.B. wegen Beleidigung oder Körperverletzung); vgl. auch § 183. In diesem
Falle ist jedoch das Ordnungsmittel nach § 178, nicht jedoch nach § 177 (Abs. 3)
auf die Strafe anzurechnen, § 55 StGB ist entsprechend anzuwenden.

XII. Verjährung. Die Verjährungsfrist von zwei Jahren, beginnend mit der Be- 53
endigung der Handlung (Art. 9 EGStGB), hat kaum praktische Bedeutung, da die
Festsetzung des Ordnungsmittels spätestens am Ende der Sitzung geschehen muss
(Rn. 49). Die Verjährung kann, abgesehen von der Vollstreckungsverjährung
(§ 179), höchstens im Rechtsmittelverfahren aktuell werden.[117]

XIII. Gerichtsgebührenfrei. Die Entscheidung ist gerichtsgebührenfrei.[118] 54

XIV. Andere Gerichtsbarkeiten. Die Vorschrift gilt auch in den anderen Ge- 55
richtsbarkeiten: § 9 Abs. 2 ArbGG; § 52 Abs. 1 FGO; § 61 Abs. 1 SGG; § 55
VwGO; § 17 BVerfGG; ebenso nach § 8 FGG, § 116 BRAO und § 69 PatG; vgl.
§ 2 EGGVG Rn. 19.

§ 179. [Vollstreckung der Ordnungsmittel]

Die Vollstreckung der vorstehend bezeichneten Ordnungsmittel hat der Vorsitzende unmittelbar zu veranlassen.

---

[112] OLG Hamburg LZ 1920, 583.
[113] OLG Karlsruhe Justiz 1977, 385.
[114] OLG Hamm NJW 1963, 1791; *Meyer-Goßner* Rn. 16; a. A. SchlHOLG NJW 1971, 1321.
[115] OLG Köln NJW 1960, 2294; SchlHOLG NJW 1971, 1321; OLG Stuttgart Justiz 1979, 140; *BL/Hartmann* Rn. 9; a. A. *Wieczorek/Schreiber* Rn. 18.
[116] KG 30. 9. 1999 – 1 AR 1022/99 –.
[117] *LR/Wickern* Rn. 30.
[118] OLG Darmstadt JW 1935, 2073; *Rehbinder* MDR 1963, 645.

§ 180 1

1 Soweit die Ordnungsmittel einer Vollstreckung bedürfen, hat sie der **Vorsitzende** (Einzelrichter) unmittelbar zu veranlassen. Der Begriff „Ordnungsmittel" ist dabei weit auszulegen, er umfasst nicht nur die ausdrücklich in §§ 177, 178 so bezeichneten Mittel, sondern auch alle Anordnungen, die als Ausfluss der Sitzungspolizei nach § 176 anzusehen sind. Mit § 179 ist klargestellt, dass die Vollstreckung in allen Verfahrensarten **von Amts wegen** erfolgt und in Strafverfahren entgegen der allgemeinen Regel des § 451 StPO nicht durch die StA (vgl. § 36 Abs. 2 Satz 2 StPO). Der Vorsitzende hat die Vollstreckung „unmittelbar zu veranlassen". Das bedeutet, dass der Vorsitzende damit zur **Vollstreckungsbehörde** wird. Seine Aufgabe ist jedoch nach § 31 Abs. 3 RPflG dem Rechtspfleger übertragen, soweit er sich nicht im Einzelfall die Vollstreckung ganz oder teilweise vorbehält. Letzteres ist vor allem der Fall bei Einleitung der sofortigen Vollstreckung der Ordnungshaft.

2 Zu unterscheiden ist zwischen den notwendigerweise sofort zu vollstreckenden Ordnungsmitteln nach §§ 176, 177 und denen nach § 178. Erstere, insbesondere **Entfernung aus dem Sitzungssaal** und **Abführen in Ordnungshaft,** können nur sofort vollstreckt werden. Sobald sie angeordnet sind, hat der Vorsitzende sie vollstrecken zu lassen, also die Justizwachtmeister (notfalls unter Zuhilfenahme von Polizei) zu beauftragen, die Person aus dem Sitzungssaal zu bringen. Bei der bloßen Entfernung aus dem Sitzungssaal ist dieses Ordnungsmittel damit schon vollstreckt. Bei Abführen zur Ordnungshaft ist nach § 171 StVollzG zu verfahren

3 **Ordnungshaft** nach § 178 bedarf nicht der sofortigen Vollstreckung, die sich nach dem StVollzG richtet (§ 171 StVollzG). Der Vorsitzende kann jedoch die sofortige Vollstreckung dadurch einleiten, dass er denjenigen, gegen den die Ordnungshaft festgesetzt wurde, zur sofortigen Vollstreckung abführen lässt, was je nach Prozesssituation zur Abschreckung oder zur Herstellung der Ordnung zweckmäßig erscheinen kann. Leitet der Vorsitzende nicht die sofortige Vollstreckung der Ordnungshaft nach § 178 ein, ist ebenfalls nach dem StVollzG zu verfahren. Eine Ersatzordnungshaft wird nach den gleichen Regeln vollstreckt.

4 Die Vollstreckung von **Ordnungsgeld** richtet sich nach § 1 Abs. 1 Nr. 3 JBeitrO. Die Beitreibung obliegt dem Vorsitzenden (oder Rechtspfleger, § 31 Abs. 3 RPflG), nicht der Gerichtskasse (§ 2 Abs. 1 Satz 1, 1. Alt. JBeitrO). § 8 JBeitrO ist nicht anwendbar bei Einwendungen gegen den zu vollstreckenden Anspruch mit Rücksicht auf § 181 GVG. Eine andere Art der Vollstreckung, dass etwa der Vorsitzende durch den Gerichtswachtmeister dem Störer sofort den Betrag abnehmen lässt, ist nicht zulässig.[1]

5 Zu Zahlungserleichterungen Art. 7 EGStGB, zur nachträglichen Festsetzung der Ordnungshaft Art. 8 EGStGB. Die Vollstreckung verjährt nach 2 Jahren, Art. 9 Abs. 2 EGStGB. Ordnungsmittel können im Gnadenwege erlassen oder vermindert werden. Die Beschwerde gegen das Ordnungsmittel hat keine aufschiebende Wirkung, § 181 Abs. 2. Die Verfahren über Einwendungen gegen die Vollstreckung selbst richten sich gemäß § 6 JBeitrO nach den entsprechenden Vorschriften der ZPO, während gegen die Festsetzung des Ordnungsmittels (auch Ersatz) nach § 181 GVG zu verfahren ist.

§ 180. [Befugnisse außerhalb der Sitzung]

Die in den §§ 176 bis 179 bezeichneten Befugnisse stehen auch einem einzelnen Richter bei der Vornahme von Amtshandlungen außerhalb der Sitzung zu.

1 Die Vorschrift erstreckt die in §§ 176 bis 179 dem Vorsitzenden oder dem Gericht insgesamt während der Sitzung (hierzu § 178 Rn. 2, 48) eingeräumten sitzungspolizeilichen Befugnisse auf **richterliche Amtshandlungen außerhalb der**

---

[1] LR/*Wickern* Rn. 6; *Roxin* JR 1976, 387.

Sitzung. Außerhalb der Sitzung wird ein Richter dann tätig, wenn keine unmittelbar auf die Entscheidung in der Sache selbst ausgerichtete Verhandlung stattfindet. Das ist der Fall beim beauftragten Richter (§ 156 Rn. 46), beim ersuchten Richter (§ 157), beim Ermittlungsrichter (§§ 162, 169 StPO), bei richterlicher Tätigkeit in Haftsachen[1] (z.B. §§ 114a, 115, 115a, 117 StPO), auch beim Richter in Vollstreckungssachen. Stets ist für § 180 eine „richterliche" Amtshandlung erforderlich, die sich in verfahrensrechtlich vorgeschriebenen Formen vollzieht. Nicht hierher gehört z.B. der Besuch eines Verfahrensbeteiligten auf dem Dienstzimmer des Richters, aus welchen nicht verfahrensrechtlich vorgesehenen Gründen auch immer er kommt, das Gespräch des Richters mit dem zum Strafantritt erschienenen Verurteilten[2] oder der Aufenthalt des Richters auf der Geschäftsstelle. Ebenso wenig werden Äußerungen in Schriftsätzen von § 180 umfasst (vgl. § 178 Rn. 1). Auf den Ort der richterlichen Amtsausübung kommt es nicht an.

Wird keine Amtshandlung (Rn. 1) vorgenommen, kommt bei Störungen, Angriffen usw. nur das allgemeine Notwehrrecht, besonders aber die Ausübung des Hausrechts in Frage (vgl. § 169 Rn. 22, 37; § 176 Rn. 3). § 164 StPO, der im strafrechtlichen Ermittlungsverfahren dem eine Amtshandlung leitenden „Beamten" die Befugnis zur Abwehr von Störungen einräumt, gilt auch für Richter;[3] er ist in Voraussetzung und Folgen vom § 180 GVG verschieden, jedoch neben ihm anwendbar.[4] Die Befugnis nach § 180 steht einem „einzelnen" Richter zu. Zu trennen ist davon der Einzelrichter, der zur Entscheidung in der Hauptsache berufen ist (z.B. nach § 22 GVG, § 348 ZPO usw.); in § 180 geht es nur um den Richter außerhalb der Verhandlung. 2

Gegen die Entscheidung des Richters ist die Beschwerde nach § 181 zulässig, die ausnahmsweise aufschiebende Wirkung hat, § 181 Abs. 2; der anordnende Richter hat auch nach § 179 GVG zu vollstrecken. 3

Die Vorschrift gilt für alle Gerichtsbarkeiten, vgl. § 178 Rn. 55. 4

§ 181. [Beschwerde gegen Ordnungsmittel]

(1) **Ist in den Fällen der §§ 178, 180 ein Ordnungsmittel festgesetzt, so kann gegen die Entscheidung binnen der Frist von einer Woche nach ihrer Bekanntmachung Beschwerde eingelegt werden, sofern sie nicht von dem Bundesgerichtshof oder einem Oberlandesgericht getroffen ist.**

(2) **Die Beschwerde hat in dem Falle des § 178 keine aufschiebende Wirkung, in dem Falle des § 180 aufschiebende Wirkung.**

(3) **Über die Beschwerde entscheidet das Oberlandesgericht.**

Übersicht

	Rn.		Rn.
I. Gegenstand des Beschwerderechts	1	VI. Aufschiebende Wirkung	11
II. Sofortige Beschwerde	2	VII. Änderungsbefugnis	12
III. Fristen	3	VIII. Gegenstand des Verfahrens	13
1. Fristdauer	3	IX. Entscheidung	14
2. Fristbeginn	4	1. Milderung oder Aufhebung	14
3. Wiedereinsetzung	5	2. Keine reformatio in peius	15
IV. Einlegung der Beschwerde	6	3. Keine Zurückverweisung	16
1. Zuständiges Gericht	6	4. Gerichtsgebührenfreiheit	19
2. Schriftlich oder zu Protokoll	7	X. Zuständigkeit	20
3. Bezeichnung	8	XI. Weitere Beschwerde	22
4. Zulässig trotz Vollstreckung	9	XII. Andere Gerichtsbarkeiten	23
V. Beschwerdeberechtigung	10		

---

[1] Vgl. OLG Darmstadt JW 1934, 780 = HRR 1934 Nr. 920.
[2] OLG Darmstadt aaO.; *LR/Wickern* Rn. 1.
[3] H.M., vgl. *Meyer-Goßner* § 164 StPO Rn. 1.
[4] *LR/Rieß* § 164 StPO Rn. 3; *Meyer-Goßner* Rn. 1.

1 I. Gegenstand des Beschwerderechts. Gegen die Festsetzung von Ordnungsmitteln nach §§ 178, 180 ist die Beschwerde statthaft. Die nach §§ 176 und 177 ergehenden Anordnungen sind nach dem eindeutigen Wortlaut des § 181 nicht selbstständig anfechtbar (vgl. § 176 Rn. 48; § 177 Rn. 30). Die Anführung auch des § 180 im § 181 bedeutet nur, dass die auf Grund der Ermächtigungsgrundlage des § 180 festgesetzten Ordnungsmittel des § 178 ebenfalls mit der Beschwerde nach § 181 angefochten werden können, nicht jedoch die auf Grund § 180 ausgeübten Befugnisse nach §§ 176 und 177. Gegen die Nichtfestsetzung eines Ordnungsmittels nach § 178, auch bei dahin gehender Anregung eines Verfahrensbeteiligten (vgl. § 178 Rn. 43), gibt es keinen Rechtsbehelf.[1] § 181 regelt nur die Anfechtung der Festsetzung des Ordnungsmittels unmittelbar, die Vorschrift ist nicht anwendbar, wenn es nur um die Vollstreckung des Ordnungsmittels geht (vgl. dazu § 179 Rn. 5), so um die Umwandlung von Ordnungsgeld in Ordnungshaft.[2] Die Festsetzung von Ordnungsmitteln durch BGH oder OLG ist nicht anfechtbar, auch nicht die des Vorsitzenden von Senaten des BGH oder OLG.[3] Ist Ordnungshaft verhängt, gilt für das Beschwerdeverfahren das Beschleunigungsgebot nach Art. 5 MRK.[4]

2 II. Sofortige Beschwerde. Die befristete Beschwerde des § 181 muss mit Rücksicht auf die Entstehungsgeschichte als **sofortige Beschwerde** im Sinne der §§ 311 StPO, 567 ZPO angesehen werden.[5] Der Entwurf des GVG sah überhaupt keine Anfechtbarkeit vor,[6] die Beschwerdemöglichkeit im Laufe der Beratungen eingefügt.[7] Die Beschwerde sollte nur binnen einer kurzen Frist zulässig sein, da eine rasche Vollstreckung angemessen erscheine und, soweit ihr kein Suspensiveffekt zukomme, nicht in beliebig künftiger Zeit darüber entschieden werden müsse.[8] Der Vorschlag, sie ausdrücklich als „sofortige" Beschwerde zu bezeichnen, wurde lediglich deshalb abgelehnt, weil „die Frist für dieses Rechtsmittel anders im Civilprozesse und anders im Strafprozesse normirt sei".[9]

3 III. Fristen. 1. Die Beschwerde ist binnen einer **Frist von einer Woche** einzulegen (Notfrist). Zur Berechnung §§ 42 ff. StPO, § 222 ZPO.

4 2. Der **Beginn der Frist** richtet sich nach dem für die Verhandlung in der Hauptsache maßgebenden Verfahrensrecht. In Strafsachen beginnt die Frist grundsätzlich mit der Verkündung zu laufen (§§ 35, 311 StPO, vgl. § 178 Rn. 50), in Zivilprozessen erst mit der stets erforderlichen Zustellung (§ 577 Abs. 2 ZPO, vgl. § 178 Rn. 50). Nach einem Berichtigungsbeschluss beginnt der Fristablauf erneut.

5 3. Wird die Frist versäumt, kann **Wiedereinsetzung** in den vorigen Stand gewährt werden, § 44 StPO, § 233 ZPO.[10] Das gilt in Strafsachen auch dann, wenn die (nur hier erforderliche) Rechtsmittelbelehrung unterblieben ist[11] (§ 44 Satz 2 StPO, vgl. § 178 Rn. 51).

---

[1] H. M.; vgl. *LR/Wickern* Rn. 1; *Eb. Schmidt* Rn. 3.
[2] OLG Celle NStZ-RR 1998, 210: Beschwerde nach § 304 StPO.
[3] BGH bei *Schmidt* MDR 1981, 93 Nr. 5.
[4] BGH NJW 2001, 3252.
[5] OLG Neustadt MDR 1953, 533; OLG Nürnberg MDR 1962, 62; OLG Hamm NJW 1963, 1791; 1967, 281; OLG Frankfurt JR 1967, 302; NJW 1967, 1281; OLG München NJW 1968, 308; SchlHOLG NJW 1971, 1321; *LR/Wickern* Rn. 2; *Meyer-Goßner* Rn. 1; *Eb. Schmidt* Rn. 1; *StJ/Grunsky* § 577 Rn. 2; *KK/Diemer* Rn. 1; a. A. OLG Düsseldorf MDR 1977, 413; *Katholnigg* Rn. 1; *Wieczorek/Schreiber* Rn. 5; *Rehbinder* MDR 1963, 645; zur Geltung von §§ 567 ff. ZPO *BL/Hartmann* Rn. 3; *Zöller/Gummer* Rn. 2; zusammenfassend *Schiemann* NJW 2002, 112, 113.
[6] Vgl. *Hahn* I S. 19, 176.
[7] *Hahn* I S. 340 ff., 837 ff., 882, II S. 1355.
[8] *Hahn* I S. 838.
[9] *Hahn* I S. 838.
[10] OLG Stuttgart Justiz 1979, 140.
[11] OLG Hamm MDR 1954, 179; NJW 1963, 1791; OLG Nürnberg MDR 1961, 62; OLG Frankfurt NJW 1967, 1281; *LR/Wickern* Rn. 5; *StJ/Grunsky* § 577 Rn. 2; *Meyer-Goßner* Rn. 4.

IV. Einlegung der Beschwerde. 1. Die Beschwerde ist bei dem Gericht einzulegen, dessen Entscheidung angegriffen wird, § 306 StPO, § 569 ZPO. Ob die Beschwerde auch beim entscheidungszuständigen OLG unmittelbar eingelegt werden kann, ist umstritten.[12] Diese Möglichkeit besteht im Zivilprozess nach § 569 Abs. 1 Satz 1, 2. Halbsatz ZPO im Falle der sofortigen Beschwerde, die hier gegeben ist (Rn. 2); eine entsprechende Regelung fehlt in der StPO. Deshalb wird teilweise angenommen, in Strafverfahren könne die Beschwerde nur beim judex a quo eingelegt werden;[13] demgegenüber wird in Anlehnung an den früheren § 311 Abs. 2 Satz 2 StPO und an die ZPO-Regelung auch die Auffassung vertreten, die Beschwerde könne unmittelbar beim Beschwerdegericht eingelegt werden.[14] Für den Strafprozess ist nach Wegfall von § 311 Abs. 2 Satz 2 StPO, nach dem in dringenden Fällen die Beschwerde auch beim Beschwerdegericht eingelegt werden konnte, § 306 StPO abschließend. Andererseits ist die entgegengesetzte Regelung des § 569 Abs. 1 ZPO für den Zivilprozess ebenfalls eindeutig. Einer einheitlichen Handhabung jeweils nach StPO und ZPO ist der Vorzug einzuräumen gegenüber einer punktuell für § 181 GVG prozessübergreifenden Einheitlichkeit, so dass die Zulässigkeit der Einlegung der Beschwerde auch beim Beschwerdegericht nur für den Zivilprozess anzunehmen ist.

2. Die Beschwerde ist **schriftlich oder zu Protokoll** der Geschäftsstelle einzulegen, § 306 Abs. 1 StPO, § 569 Abs. 2, Abs. 3 Nr. 3 ZPO. Der UdG ist nicht verpflichtet, während der mündlichen Begründung des Urteils in die Sitzungsniederschrift aufzunehmen, dass der Verteidiger des Betroffenen nach Erlass eines Ordnungsmittelbeschlusses gegen den Betroffenen wegen Ungebühr erklärt, er lege Beschwerde ein.[15] Auch im zivilprozessualen Verfahren besteht kein Anwaltszwang, da es sich bei dem Betroffenen nicht um eine „Partei" im Sinne des § 78 ZPO handelt. Die Beschwerde nach § 181 ist vergleichbar der des zu Ordnungsgeld usw. verurteilten Zeugen oder Sachverständigen (§§ 380, 402 ZPO), bei der kein Anwaltszwang besteht.[16] Eine **Begründung** der Beschwerde ist nicht vorgeschrieben, aber zweckmäßig.

3. Die Beschwerde braucht nicht ausdrücklich so **bezeichnet** zu sein; es genügt, wenn der Wille erkennbar wird, eine Änderung des Beschlusses zu erreichen. Das Wort „Einspruch" genügt;[17] die „Bitte" um Aufhebung der Festsetzung ist als Beschwerde anzusehen.[18]

4. Die Beschwerde ist auch zulässig, wenn die **Vollstreckung** bereits begonnen hat, aber auch, wenn bereits vollständig vollstreckt wurde.[19] Zur Entschädigung bei Aufhebung eines vollstreckten Ordnungsmittels Rn. 18.

V. Beschwerdeberechtigung. Beschwerdeberechtigt ist die Person, gegen die das Ordnungsmittel festgesetzt wurde, nicht die anderen Verfahrensbeteiligten, auch nicht die StA. Dabei kommt es auf die Geschäftsfähigkeit nicht an. Soweit gegen einen ungebührlich Handelnden nach § 178 ein Ordnungsmittel festgesetzt werden kann (vgl. § 178 Rn. 32), kann er auch selbstständig Beschwerde einlegen.[20] Zum Beschwerderecht des gesetzlichen Vertreters § 298 StPO.

VI. Aufschiebende Wirkung. Die Einlegung der Beschwerde hat keine aufschiebende Wirkung, wenn sie sich gegen ein vom Vorsitzenden oder vom Gericht

---

[12] Vgl. OLG Hamburg NJW 1999, 2607.
[13] OLG Hamburg NJW 1999, 2607; *Meyer-Goßner* Rn. 1; *LR/Wickern* Rn. 8.
[14] *KK/Diemer* Rn. 1; *Katholnigg* Rn. 3.
[15] OLG Koblenz VRS 61, 356.
[16] *StJ/Grunsky* § 569 Rn. 11; *BL/Hartmann* § 569 ZPO Rn. 9.
[17] OLG Hamm JMBlNRW 1978, 204.
[18] OLG Düsseldorf MDR 1977, 413.
[19] OLG Koblenz MDR 1985, 431; *Eb. Schmidt* Rn. 4; *BL/Hartmann* Rn. 2; *Meyer-Goßner* Rn. 3.
[20] OLG Neustadt NJW 1961, 885.

nach § 178 festgesetztes Ordnungsmittel richtet. Nur dann, wenn sie sich gegen ein nach § 180 festgesetztes Ordnungsmittel richtet, hat sie aufschiebende Wirkung (Abs. 2). Das Beschwerdegericht kann aber, obwohl die Beschwerde keine aufschiebende Wirkung hat, die Vollziehung der angefochtenen Entscheidung vorläufig aussetzen, § 307 Abs. 2 StPO, § 570 Abs. 3 ZPO.[21] Dies setzt aber voraus, dass auf Grund der Beschwerdebegründung zumindest eine summarische Prüfung der angefochtenen Entscheidung möglich ist,[22] zu der die Vorlage der Begründung des Beschlusses gehört.[23]

12 **VII. Änderungsbefugnis.** Das Gericht, das das Ordnungsmittel festgesetzt hat, ist zu einer **Änderung** der angefochtenen Entscheidung in Strafsachen nur nach § 311 Abs. 3 Satz 2 StPO, in Zivilsachen nach § 572 Abs. 1 ZPO stets **befugt**; dies folgt aus dem Charakter der Beschwerde als „sofortige"[24] (Rn. 2).

13 **VIII. Gegenstand des Verfahrens.** Gegenstand des Beschwerdeverfahrens ist der Festsetzungsbeschluss, wie er sich aus dem Protokoll (§ 182) einschließlich des zugrundeliegenden Sachverhalts und der Begründung ergibt.

14 **IX. Entscheidung. 1.** Das Beschwerdegericht kann die Strafe mildern oder ganz von Strafe absehen.[25]

15 **2.** Eine **Verschärfung** ist jedoch unzulässig, das Verbot der reformatio in peius gilt auch hier.[26]

16 **3.** Hebt das Beschwerdegericht die Entscheidung auf, ist damit das Verfahren beendet. Eine **Zurückverweisung** ist nicht möglich, da die Sitzungsgewalt, die Voraussetzung für den Erlass eines neuen Beschlusses wäre (§ 178 Rn. 49), inzwischen entfallen ist.[27]

17 Zur Aufhebung führen insbesondere **Protokollfehler** (§ 182) und **Verletzungen des rechtlichen Gehörs,** soweit nicht ein Ausnahmefall der zulässigen Nichtgewährung (§ 178 Rn. 46) vorliegt. Da die Festsetzung eines Ordnungsmittels auf der Bewertung des unmittelbaren Geschehens in der ersten Instanz beruht, ist eine Nachholung des rechtlichen Gehörs, wie sonst im Beschwerdeverfahren, hier ausnahmsweise nicht möglich.[28] Eine Ausnahme gilt nur da, wo der Beschwerdeführer ausdrücklich zu erkennen gibt, dass er dies hinnimmt, insbesondere, wenn er nur die Höhe der Festsetzung rügt.[29]

18 Wird die Festsetzung **aufgehoben,** so sind ihre Folgen rückgängig zu machen. Ein vollstrecktes Ordnungsgeld ist zurückzuzahlen; entstandene Kosten und notwendige Auslagen sind zu erstatten.[30] Wegen einer vollstreckten Ordnungshaft kann jedoch keine Entschädigung nach dem Gesetz über die Entschädigung für Strafverfolgungsmaßnahmen gewährt werden, auch nicht in entsprechender An-

---

[21] Vgl. BGH NJW 2001, 3275.
[22] OLG Karlsruhe NJW 1976, 2274; OLG Frankfurt NJW 1976, 303; *LR/Wickern* Rn. 12.
[23] OLG Karlsruhe Justiz 1977, 385.
[24] OLG Hamm NJW 1960, 2305; OLG München NJW 1968, 308; OLG Neustadt MDR 1953, 555; *Rosenberg/Schwab/Gottwald* § 23 V 2 b; *Meyer-Goßner* Rn. 1; vgl. *BL/Hartmann* Rn. 3; im Ergebnis ebenso *Zöller/Gummer* Rn. 2.
[25] OLG Neustadt NJW 1962, 602; OLG Stuttgart Justiz 1969, 256; *Wieczorek/Schreiber* Rn. 12; *Katholnigg* Rn. 6.
[26] OLG Hamm NJW 1960, 2305; *Katholnigg* Rn. 6; *Meyer-Goßner* Rn. 6; *Zöller/Gummer* Rn. 5.
[27] OLG Koblenz NJW 1955, 348; OLG Saarbrücken NJW 1961, 890; OLG Hamm JMBlNRW 1977, 94; OLG Koblenz MDR 1978, 693; *LR/Wickern* Rn. 13; *Eb. Schmidt* Rn. 8; *Meyer-Goßner* Rn. 6; *Katholnigg* Rn. 6; *BL/Hartmann* Rn. 4.
[28] OLG Bremen NJW 1959, 61; OLG Saarbrücken NJW 1961, 890; OLG Neustadt NJW 1961, 2320; OLG Stuttgart Justiz 1962, 185; OLG Hamm DRiZ 1970, 27; JMBlNRW 1977, 131; OLG Koblenz GA 1989, 174; *LR/Wickern* Rn. 13.
[29] KG 6. 9. 2000 – 1 AR 167/00 –; *LR/Wickern* Rn. 13.
[30] OLG Brandenburg NJW 2004, 451; *LR/Wickern* Rn. 15.

wendung.³¹ Deshalb ist, soweit noch nicht vollstreckt ist, in solchen Fällen von der Möglichkeit der Aussetzung der Vollstreckung (Rn. 11) Gebrauch zu machen.

4. Es ist umstritten, ob das Beschwerdeverfahren nach § 181 **gerichtsgebühren-** **19** **frei** ist. Für Gebührenfreiheit spricht, dass das GVG nicht in den Verfahren des § 1 GKG aufgeführt ist.³² Demgegenüber wird das Beschwerdeverfahren als gebührenpflichtig angesehen, weil der Gesetzgeber des GVG bei der Fassung der §§ 178 ff. davon ausgegangen sei, dass sich wegen der prozessualen Zweiseitigkeit des Ungebührverfahrens die Kostenfrage nach den entsprechenden prozessualen Kostenvorschriften regelt.³³ Dem kann indessen angesichts des eindeutigen Wortlauts von § 1 GKG nicht zugestimmt werden, bei dessen Neufassung der Meinungsstreit bekannt war.

X. Zuständigkeit. Zuständig für die Beschwerdeentscheidung ist nach Abs. 3 **20** das **OLG** ohne Rücksicht darauf, wie der allgemeine Rechtsmittelzug gegen die Entscheidungen des Gerichts, das den angefochtenen Festsetzungsbeschluss erlassen hat, ausgestaltet ist. Das gilt auch für Festsetzungen des Einzelrichters, des beauftragten wie des ersuchten Richters und des Ermittlungsrichters, auch des Ermittlungsrichters beim OLG. § 577 Abs. 4 ZPO ist nicht anwendbar. Zur Frage der Besetzung in Bußgeldsachen § 122 Rn. 3. Hat der Ermittlungsrichter des BGH die angefochtene Festsetzung getroffen, geht die Beschwerde nach § 135 Abs. 2 an den BGH.³⁴ Festsetzungen des OLG und BGH sind unanfechtbar (Rn. 1).

Örtlich zuständig ist das OLG, das dem Gericht im allgemeinen Instanzenzug **21** übergeordnet ist, dessen Richter die Festsetzung erlassen hat. Richtet sich die Beschwerde gegen den Beschluss eines ersuchten Richters, ist zuständig das diesem übergeordnete OLG und nicht das dem ersuchenden Gericht übergeordnete OLG.³⁵ Hat der Richter eines Gerichts entschieden, bei dem eine Konzentration vorliegt, so ist zuständig das für die konzentrierten Sachen zuständige OLG. Eine Spezialregelung der Zuständigkeit für die Verhandlung zur Hauptsache innerhalb der ordentlichen Gerichtsbarkeit gilt nicht für die Festsetzung nach § 178; die Festsetzung im Rahmen einer FamS ist z. B. selbst keine FamS.

XI. Weitere Beschwerde. Die weitere Beschwerde ist unstatthaft (§ 133 Nr. 2, **22** § 135 Abs. 2).

XII. Andere Gerichtsbarkeiten. § 181 ist anzuwenden auch in den anderen **23** Gerichtsbarkeiten (vgl. § 178 Rn. 55). In der Arbeitsgerichtsbarkeit richtet sich das Verfahren nach § 78 ArbGG, zuständig ist das LAG, eine weitere Beschwerde findet nicht statt. In der Finanzgerichtsbarkeit geht die Beschwerde an den BFH. Sie richtet sich nach §§ 128 ff. FGO; die aufschiebende Wirkung jedoch nach § 181 Abs. 2 GVG (§ 131 Abs. 2 FGO). In der Sozialgerichtsbarkeit richtet sich die Beschwerde nach §§ 173 ff. SGG, die aufschiebende Wirkung nach § 181 Abs. 2 GVG (§ 175 SGG); eine Beschwerde gegen Entscheidungen des LSG ist nicht statthaft. In der Verwaltungsgerichtsbarkeit richtet sich die Beschwerdemöglichkeit nach §§ 146 ff. VwGO, wie sich aus der ausdrücklichen Vorschrift des § 149 Abs. 2 VwGO ergibt. Die aufschiebende Wirkung der Beschwerde richtet sich nach § 181 Abs. 2 GVG (§§ 55, 149 Abs. 2 VwGO).

---

³¹ OLG Frankfurt NJW 1976, 303; *LR/Wickern* Rn. 16; *Meyer-Goßner* Rn. 3; *MünchKommZ-PO/Wolf* Rn. 2; a. A. *BL/Hartmann* Rn. 1.
³² OLG Darmstadt JW 1935, 2073; KG 25. 6. 1999 – 1 AR 1235/99 –; OLG Rostock OLGR 2006, 149; OLG Koblenz 18. 5. 2007 – 4 W 365/07 –; *Meyer-Goßner* Rn. 7; *LR/Wickern* Rn. 15; *Wieczorek/Schreiber* Rn. 15; *Katholnigg* Rn. 7; *BL/Hartmann* Rn. 4; *KK/Diemer* Rn. 6.
³³ OLG Neustadt NJW 1961, 885; OLG Zweibrücken NJW 2005, 611; ebenso *Rehbinder* MDR 1963, 646.
³⁴ *LR/Wickern* Rn. 9.
³⁵ SchlHOLG SchlHAnz 1962, 84.

§ 182. [Protokollierung]

Ist ein Ordnungsmittel wegen Ungebühr festgesetzt oder eine Person zur Ordnungshaft abgeführt oder eine bei der Verhandlung beteiligte Person entfernt worden, so ist der Beschluß des Gerichts und dessen Veranlassung in das Protokoll aufzunehmen.

1 **I. Protokoll bei Verhängung von Ordnungsmitteln.** Die Vorschrift enthält den Mindestinhalt des Protokolls (§§ 271 ff. StPO, §§ 159 ff. ZPO) bei Ordnungsmitteln. Sowohl bei Festsetzung von Ordnungsmitteln wegen Ungebühr (§§ 178, 180) als auch bei Abführen zur Ordnungshaft sowie Entfernung einer bei der Verhandlung beteiligten Person aus dem Sitzungszimmer (§§ 177, 180) ist die Veranlassung dieser Maßnahmen wie auch der Beschluss und seine Begründung in das Protokoll aufzunehmen; die anderen Maßnahmen nach § 177 (Entfernung nicht am Verfahren beteiligter Personen aus dem Sitzungszimmer) und nach § 176 bedürfen nicht der Protokollierung.

2 Der notwendige Inhalt des Protokolls ergibt sich aus dem Zweck der Protokollierung, den gesamten Geschehensablauf, der zu dem Beschluss geführt hat, unter dem unmittelbaren frischen Eindruck des Geschehens schriftlich niederzulegen, um dem Beschwerdegericht ein möglichst objektives, von Erinnerungsfehlern freies und so umfassendes Bild des tatsächlichen Vorgangs zu geben, dass es Grund und Höhe des Ordnungsmittels in der Regel ohne weitere Ermittlungen nachprüfen kann.[1] Bei der Festsetzung eines Ordnungsmittels wegen Ungebühr muss im Protokoll der Vorfall so deutlich festgehalten sein, dass das Beschwerdegericht den Grund und die Höhe der Sanktion ohne eigene Erhebungen überprüfen kann.[2] Insoweit dient die Protokollierung auch der Beschleunigung des Rechtsmittelverfahrens.[3] Soweit die Protokollierung der nicht mit der Beschwerde nach § 181 anfechtbaren Maßnahmen vorgeschrieben ist, soll sie dem Revisionsgericht bei entsprechenden späteren Revisionsrügen die Nachprüfung ermöglichen, ob dadurch die Öffentlichkeit zu Unrecht eingeschränkt oder das rechtliche Gehör nicht gewährt wurde.[4]

3 **II. Vorgang, der Ordnungsmittel veranlasst.** Die notwendige Protokollierung umfasst zwei Stadien, die inhaltlich voneinander getrennt sind: Beschlussbegründung und Beschreibung des die Verhängung des Ordnungsmittels auslösenden Verhaltens.[5] Zunächst ist der Vorgang, der die Ungebühr usw. darstellt, in **tatsächlicher Hinsicht** ins Protokoll aufzunehmen, und zwar möglichst konkret. Beleidigende Äußerungen müssen z. B. wörtlich angeführt werden; Kundgaben der Missachtung müssen auch hinsichtlich Gebärden usw. exakt beschrieben werden; Zurufe sind wörtlich anzuführen; beanstandete Kleidung ist zu beschreiben. Es genügen nicht Formulierungen wie „ausfallend und beleidigend",[6] oder der Angeklagte habe „durch überlaute Ausführungen das Gericht und die Staatsanwaltschaft an beiden Verhandlungstagen beleidigt ... Sofern die Worte auch inhaltlich beleidigend gewesen sein sollten, hätten sie in der Sitzungsniederschrift festgehalten werden müssen. Bei bloßem überlautem Verhalten hätten Art und Anlass der Vorfälle wenigstens ungefähr wiedergegeben werden müssen".[7] Der tatsächliche Geschehensablauf muss auch dann konkretisiert werden, wenn das Gericht die Ungebühr

---

[1] OLG Hamm JMBlNRW 1977, 94; OLG Stuttgart Justiz 1979, 347; OLG Karlsruhe NJW-RR 1998, 144.
[2] OLG Düsseldorf StV 1983, 274; NStZ 1988, 238; KG MDR 1982, 329; 28. 11. 2001 – 1 AR 1437/01 –; LSG Chemnitz 8. 3. 2006 – L 1 B 30/06 KR –.
[3] OLG Karlsruhe NJW-RR 1998, 144.
[4] Vgl. BGHSt 9, 77 = NJW 1956, 837.
[5] OLG Karlsruhe NJW-RR 1998, 144.
[6] OLG Hamm JMBlNRW 1955, 139.
[7] BGHSt 9, 77, 82 = NJW 1956, 837.

darin sieht, dass der Zeuge „die gestellten Fragen trotz Ermahnung immer wieder mit provozierenden Gegenfragen beantwortete und dieses Benehmen durch lässige Haltung im Lehnstuhl zurückgelehnt sitzend unterstrich"[8] oder den Sitzungsvertreter der Staatsanwaltschaft „in ausfälliger Weise mit einer Anzeige bedroht",[9] der Zeuge habe sich „erneut ungebührlich verhalten"[10] oder der Zeuge sei dem Verteidiger „erregt ins Wort gefallen"[11] – es bedarf hier stets der konkreteren Beschreibung des missbilligten Verhaltens. Auch die Gewährung des rechtlichen Gehörs muss sich aus dem Protokoll ergeben[12] (vgl. § 178 Rn. 45 ff.).

Eine solche präzise Protokollierung ist deshalb geboten, weil eine **nachträgliche Ergänzung** des Protokollierten nicht zulässig ist.[13] Denn Zweck des § 182 wie auch des § 181 und überhaupt der §§ 176 ff. ist die möglichst schnelle Reaktion auf störende Vorgänge im Gerichtssaal, die nur unter dem unmittelbaren Eindruck des Geschehenen verlässlich festgestellt und so zeitlich und gegenständlich fixiert werden können. Angesichts der zweifelhaften Möglichkeit, später das Geschehen sowohl in tatsächlicher Hinsicht als auch in seiner Bewertung noch zuverlässig und situationsgerecht zu bewerten, ist der Zweck der (sonst nicht üblichen) durch § 182 vorgeschriebenen Protokollierung, die Voraussetzung für die Nachprüfung der Entscheidungen ohne weitere Sachaufklärung zu schaffen. Das durch § 182 vorgeschriebene Protokoll schließt deshalb weitere Aufklärungsmaßnahmen des Beschwerdegerichts aus,[14] selbst wenn im Einzelfall bei Beschwerden des Betroffenen eine Ungebühr vor Gericht infolgedessen ungeahndet bleibt.[15] 4

Das bedeutet, dass der Inhalt des Protokolls nicht nachträglich durch Protokollergänzung (wohl aber Berichtigung) oder dienstliche Erklärungen des Richters und/oder Protokollführers „aufgefüllt" werden kann.[16] Andere Ansichten lassen demgegenüber die Ergänzung im Beschwerdeverfahren in eingeschränktem Umfang[17] und auch eigene Ermittlungen des Beschwerdegerichts zu.[18] Dem kann nicht zugestimmt werden. Konsequenz wäre die Anhörung des Betroffenen hierzu, möglicherweise auch eine Beweiserhebung über die Vorgänge und über die Verfahrenssituation, in der die Maßnahme erging – damit verliert § 182 seinen Sinn.[19] 5

Auch eine eingehende Begründung im Beschluss über die Festsetzung des Ordnungsmittels ersetzt nicht die vorgeschriebene, voranzugehende Protokollierung der Veranlassung.[20] 6

Fehlt eine Protokollierung des Vorgefallenen oder ist sie nicht ausreichend, um die festgesetzten Ordnungsmittel zu rechtfertigen, muss die Festsetzung **aufgehoben** werden.[21] 7

Eine Ausnahme gilt bei mangelhaften Feststellungen jedoch dann, wenn der Betroffene den Vorgang selbst nicht bestreitet, sondern mit seiner Beschwerde etwas 8

---

[8] OLG Hamm JMBlNRW 1977, 94.
[9] OLG Stuttgart Justiz 1962, 185.
[10] OLG Stuttgart NJW 1968, 628.
[11] LR/Wickern Rn. 4.
[12] OLG Stuttgart Justiz 1979, 347.
[13] OLG Karlsruhe NJW-RR 1998, 144.
[14] OLG Zweibrücken NJW 2005, 611; OLG Rostock OLGR 2006, 146.
[15] OLG Hamm JMBlNRW 1955, 139; OLG Stuttgart NJW 1969, 627, 628.
[16] OLG Hamm JMBlNRW 1977, 94.
[17] LR/Wickern Rn. 7; Meyer-Goßner Rn. 1; OLG Hamm NJW 1969, 1920; OLG Celle MDR 1958, 265; OLG Stuttgart Justiz 1962, 185; 1979, 347.
[18] OLG Bremen JR 1951, 693; OLG Hamburg NJW 1952, 59; OLG Stuttgart MDR 1955, 364.
[19] OLG Düsseldorf JMBlNRW 1971, 222.
[20] OLG Koblenz NJW 1955, 348; OLG Düsseldorf JMBlNRW 1971, 222; StraFo 2000, 412; OLG Karlsruhe Justiz 1964, 290; OLG Celle NdsRpfl 1957, 124; OLG Köln JR 1952, 484; OLG Stuttgart Justiz 1979, 347.
[21] OLG Hamm NJW 1963, 1791, 1792; JMBlNRW 1977, 94; OLG Stuttgart Justiz 1979, 347; KG JZ 1982, 73; OLG Koblenz GA 1989, 174; OLG Karlsruhe NJW-RR 1998, 144; LSG Chemnitz 8. 3. 2006 – L 1 B 30/06 KR –.

anderes geltend macht, so mangelnde Schuldfähigkeit infolge Überreizung,[22] oder er sich allein gegen die rechtliche Würdigung oder die Höhe der Maßnahme wendet.

9 **III. Beschluss über die Festsetzung.** Als zweites ist der Beschluss über die Festsetzung nach § 178 bzw. über die Anordnung nach § 177 zu protokollieren, und zwar sowohl Art und Maß als auch die **Begründung.** Diese muss eine aus sich heraus vollständige und verständliche Darstellung des tatsächlich Vorgefallenen und seiner rechtlichen Würdigung enthalten. Ausnahmsweise kann die Begründung ersetzt werden durch die Bezugnahme auf die vorangegangene Feststellung des Sachverhalts im Protokoll, wenn nach der Darstellung im Protokoll die Gründe der Entscheidung für den Betroffenen außer Zweifel stehen und auch für das Beschwerdegericht voll erkennbar sind.[23] In diesen Grenzen bedarf es auch keiner ausdrücklichen Bezugnahme auf die frühere Protokollierung.[24]

10 Ist der Beschluss nicht oder nicht ausreichend protokolliert oder fehlt die notwendige Begründung, ist er **aufzuheben.**[25] Das Fehlen der Begründung ist jedoch unschädlich, wenn sich aus dem Protokollvermerk über die Veranlassung des Beschlusses zweifelsfrei ergibt, weshalb das Ordnungsmittel festgesetzt worden ist.[26]

11 **IV.** Die Vorschrift gilt in den **anderen Gerichtsbarkeiten** uneingeschränkt (vgl. § 178 Rn. 55).

§ 183. [Straftaten in der Sitzung]

¹Wird eine Straftat in der Sitzung begangen, so hat das Gericht den Tatbestand festzustellen und der zuständigen Behörde das darüber aufgenommene Protokoll mitzuteilen. ²In geeigneten Fällen ist die vorläufige Festnahme des Täters zu verfügen.

1 **I. Versorgungspflicht.** Die Pflicht zur Verfolgung von Straftaten obliegt der StA (vgl. § 152 Abs. 2 StPO). Richter sind nicht verpflichtet, ihnen bekannt gewordene Straftaten über die allgemeinen Anzeigepflichten hinaus (vgl. § 138 StGB) zur Anzeige zu bringen oder Strafverfolgungsmaßnahmen einzuleiten, wohl aber sind sie dazu berechtigt.[1] Von diesem allgemeinen Grundsatz enthält § 183 eine **Ausnahme** für den Fall, dass eine Straftat in der Sitzung begangen wird; hier ist das Gericht zur Anzeige verpflichtet.[2] Unter **Straftat** ist jede gesetzlich mit Strafe bedrohte Handlung zu verstehen, die tatbestandsmäßig rechtswidrig und schuldhaft begangen wurde,[3] nicht nur eine solche, die sich als Störung der Sitzung darstellen (vgl. § 178 Abs. 3), so der von einem Zeugen in der Verhandlung geleistete Meineid, die Verleitung zum Meineid, ein in der Sitzung begangener Betrugsversuch oder eine versuchte Nötigung. Bei begründetem Verdacht besteht keine Besorgnis der Befangenheit.[4] Nicht zu den Straftaten gehören Ordnungswidrigkeiten, da eine uneingeschränkte Pflicht des Gerichts nach § 183 GVG nicht vereinbar wäre mit der Ermessensfreiheit der Verfolgungsbehörde nach § 47 Abs. 1 OWiG.[5]

---

[22] OLG Hamm NJW 1963, 1791; OLG Stuttgart Justiz 1979, 347; OLG Karlsruhe NJW-RR 1998, 144; *LR/Wickern* Rn. 9.
[23] OLG Celle MDR 1958, 265; OLG Hamm JMBlNRW 1976, 21; MDR 1978, 780; OLG Jena VRS 110, 20; *Rehbinder* MDR 1963, 645; *LR/Wickern* Rn. 12.
[24] OLG Bremen JR 1951, 693; OLG Celle NdsRpfl 1958, 57; OLG Celle GA 1959, 125.
[25] OLG Koblenz GA 1989, 174; LSG Chemnitz 8. 3. 2006 – L 1 B 30/06 KR –.
[26] OLG Düsseldorf NStZ 1988, 238; OLG Koblenz GA 1989, 174; OLG Stuttgart Justiz 1991, 27.
[1] BayObLG NJW 1968, 56; *LR/Wickern* Rn. 1.
[2] *Nienwetberg* NJW 1996, 433.
[3] *LR/Wickern* Rn. 3.
[4] *Knoche* MDR 2000, 371.
[5] *LR/Wickern* Rn. 4; *Meyer-Goßner* Rn. 3; *BL/Hartmann* Rn. 1.

Die Straftat muss **in der Sitzung** begangen worden sein. Erforderlich ist eine 2
teleologische Auslegung. Feststellung und Protokollierung einer begangenen Straftat stehen im Vordergrund; soweit es dessen nicht bedarf, ist keine Veranlassung für ein Tätigwerden nach § 183. Die Vorschrift zielt auf Delikte, die nicht im Rahmen der ohnehin nötigen Verfahrensdokumentation hervortreten,[6] sondern sich manifest und originär in der Sitzung ereignen. Eine lediglich in der Sitzung bekannt gewordene Straftat fällt nicht unter § 183. Zum Begriff „in der Sitzung" § 178 Rn. 2. Alle außerhalb der Sitzung dem Gericht bekannt gewordenen Straftaten fallen nicht unter § 183. Hier liegt es im pflichtgemäßen Ermessen des Gerichts, ob es der StA Mitteilung; bei Verbrechen und schwereren Vergehen dürfte dies stets geboten sein.

II. Protokoll. Der Tatbestand der in der Sitzung begangenen Straftat ist vom 3
Gericht „festzustellen". Das Geschehen ist in das Sitzungsprotokoll aufzunehmen, soweit es der Vorsitzende und der Protokollführer gemeinsam wahrgenommen haben. In anderen Fällen ist ins Protokoll aufzunehmen, wer von den Richtern – und nur sie kommen angesichts der Wortwahl des § 183 in Frage – das Geschehen wahrgenommen hat. Eine Anhörung des Täters ist weder erforderlich noch angezeigt, allenfalls zur Klärung von offensichtlichen Missverständnissen. Mit dieser Fixierung des Wahrgenommenen ist die Aufgabe nach § 183 erfüllt. Darüber hinausgehende Ermittlungen anzustellen, etwa verdächtige Personen zu durchsuchen oder einen Augenschein einzunehmen ist nicht Aufgabe des Gerichts.

III. Mitteilung des Protokolls. Das Protokoll über die Feststellungen ist der 4
zuständigen Stelle **mitzuteilen**. Das ist die StA, § 142 GVG, § 152 StPO. In Eilfällen kann die Unterrichtung des Amtsgerichts wegen § 165 StPO angezeigt erscheinen.[7] Ausnahmsweise kann, wenn der Angeklagte eine Straftat in der Sitzung begeht, das Verfahren nach § 266 StPO (Nachtragsanklage) in Frage kommen.

IV. Adressat. Adressat der Pflicht zur Tatbestandsfeststellung nach § 183 ist das 5
Gericht; es muss gem. § 183 tätig werden und hat hier kein Ermessen.[8] Gerichte im Sinne des § 183 sind alle Straf- und Zivilgerichte ohne Rücksicht auf ihre Besetzung, also auch der Einzelrichter, der beauftragte und der ersuchte Richter. Das Vorgehen nach § 183 hat **von Amts wegen** zu geschehen. Es bedarf keiner Anregung oder gar Antrags der StA unbeschadet ihrer Möglichkeit, dahin gehende Anregungen zu geben. Gegen das Unterbleiben von Maßnahmen nach § 183 gibt es keinen Rechtsbehelf.

V. Vorläufige Festnahme. In geeigneten Fällen ist über die (zwingend vorge- 6
schriebene) Feststellung des Tatbestands und die Weiterleitung an die zuständige Stelle hinaus die **vorläufige Festnahme** des Täters zu verfügen. Auch diese Pflicht wendet sich an das Gericht, nicht an den Vorsitzenden, etwa als Ausfluss der Sitzungspolizei. Vorläufige Festnahme im Sinne des § 183 ist identisch mit der des § 127 StPO.[9] Das Gericht kann keinen Haftbefehl im Sinne der §§ 114, 125 StPO erlassen;[10] eine Ausnahme gilt nur, wenn eine Straftat in der Sitzung des AG (Einzelrichter) begangen worden ist (ohne Rücksicht auf die geschäftsplanmäßige Zuständigkeit, § 22 d GVG). Ob ein solcher Fall vorliegt, steht im pflichtgemäßen Ermessen des Gerichts, vor allem dann, wenn alle Anzeichen dafür sprechen, dass auch die Voraussetzungen eines Haftbefehls vorliegen. Nach vorläufiger Festnahme ist nach § 128 StPO zu verfahren.

---

[6] *Nierwetberg* NJW 1996, 434.
[7] *LR/Wickern* Rn. 7.
[8] *Steinbrenner* Justiz 1968, 238; *BL/Hartmann* Rn. 1.
[9] RGSt 73, 335, 337; OLG Hamm NJW 1949, 191; *LR/Wickern* Rn. 8; *BL/Hartmann* Rn. 1; *Meyer-Goßner* Rn. 2.
[10] RG JW 1927, 2009, 2010.

7   VI. Andere Gerichtsbarkeiten. § 183 gilt nach seinem inneren Zusammenhang nur für die Gerichte der **ordentlichen Gerichtsbarkeit.** Wenn auch die pauschale Verweisung in den anderen Verfahrensvorschriften auf §§ 176 ff. diese Vorschrift mit umfassen (vgl. § 178 Rn. 55), so ist doch die Pflicht nach § 183 aus der Entstehungsgeschichte heraus und der engen Verbindung zwischen den Gerichten der ordentlichen Gerichtsbarkeit und der Staatsanwaltschaft zu sehen, die zwar in neuerer Zeit gegenüber früher gelockert wurde, aber noch deutlich wird in § 165 StPO (Amtsrichter als Notstaatsanwalt) und in dem Zusammenwirken von Gericht und Staatsanwaltschaft im Rahmen der §§ 153 ff. StPO. Deshalb kann eine Pflicht der anderen Gerichtsbarkeiten aus § 183 GVG nicht hergeleitet werden,[11] unbeschadet ihres Rechts, nach dieser Vorschrift zu verfahren.

---

[11] A. A. *Nierwetberg* NJW 1996, 433.

Fünfzehnter Titel. Gerichtssprache

§ 184. [Deutsche Sprache]

¹Die Gerichtssprache ist deutsch. ²Das Recht der Sorben, in den Heimatkreisen der sorbischen Bevölkerung vor Gericht sorbisch zu sprechen, ist gewährleistet.

Gesetzesfassung: Satz 2 angefügt durch Art. 17 Nr. 8 Erstes G über die Bereinigung von Bundesrecht im Zuständigkeitsbereich des BMJ vom 19. 4. 2006 (BGBl. I S. 866).

Übersicht

	Rn.		Rn.
I. Gerichtssprache	1	VI. Hilfen für Ausländer	16
II. Geltungsbereich	3	VII. Zwischenstaatlicher Rechtshilfeverkehr	24
III. Mündliche Verhandlung	4		
IV. Eingaben	5	VIII. Sorbische Volkszugehörigkeit	26
V. Gerichtliche Entscheidungen	11		

I. Gerichtssprache. Die **Gerichtssprache ist deutsch** (hochdeutsch). Diese 1 Vorschrift ist zwingendes Recht und von Amts wegen zu beachten. Sie ergibt sich aus der Gerichtshoheit[1] (Einl. Rn. 28). Sie soll nach heutiger Sicht einen reibungslosen und sprachlich einheitlichen Prozessverlauf gewährleisten. Die sich hieraus ergebenden Erschwernisse für Ausländer sind nicht final intendiert, sondern lediglich zwangsläufige Folge der anders ausgerichteten Regelung.[2] Die Vorschrift bedeutet andererseits, dass deutschen Staatsbürgern vor Gericht keine fremde Sprache aufgezwungen werden kann (eine weitgehend historische Reminiszenz), auch nicht teilweise, etwa durch fremdsprachige Urkunden usw. Es ist ein nicht ausdrücklich in die Verfassung aufgenommener Grundsatz, dass im Geltungsbereich des GG die deutsche Sprache das einzige offizielle Verständigungsmittel ist,[3] insoweit gehört die Vorschrift auch zur Gewährleistung des rechtlichen Gehörs (vgl. § 16 Rn. 119; zum rechtlichen Gehör Andersprachiger Rn. 5 ff.). Die deutsche Sprache dient gleichzeitig der Wahrheitsfindung, weil jeder Deutsche ohne sprachliche Behinderung den gesamten Streitstoff vortragen und seine Erklärungen abgeben kann.[4] Dem steht nicht entgegen, dass Fremdwörter und Fachausdrücke gebraucht werden, die aus Gutachten usw. stammen.[5] Auf die gleichwohl für den Bürger bestehenden faktischen Sprachbarrieren, seine Rechte vor Gericht zu wahren und sich zweckentsprechend verständlich zu machen, kann hier nur hingewiesen werden.

Es ist zulässig, sich vor Gericht einer (deutschen) **Mundart** zu bedienen (die 2 Grenzen zwischen Hochdeutsch und Mundart sind ohnedies flüssig), wenn alle Verfahrensbeteiligten diese Mundart verstehen.[6] Soweit ein Verfahrensbeteiligter nur eine nicht für alle verständliche Mundart spricht, bedarf es der Zuziehung eines Dolmetschers.[7]

II. Geltungsbereich. Die Vorschrift gilt nur im **Geltungsbereich** des GVG 3 (vgl. § 2 EGGVG). Sie ist (wie §§ 184 bis 191) insgesamt für weitere Verfahrensar-

---

[1] BGHSt 30, 182 = NJW 1982, 532.
[2] BVerfG – K – NVwZ 1987, 785.
[3] Vgl. hierzu *Mäder* JuS 2000, 1150; *Elicker* ZRP 2002, 415; dagegen *Stickel* ZRP 2002, 417.
[4] LR/*Wickern* Rn. 2 vor § 184.
[5] BSG MDR 1975, 697; OVG Münster NJW 2005, 2246.
[6] H. M., vgl. OLG Oldenburg HRR 1928, 392; *Zöller/Gummer* Rn. 1; *BL/Albers* Rn. 2; LR/*Wickern* Rn. 3.
[7] *Wieczorek/Schreiber* Rn. 3.

ten und Gerichtsbarkeiten für anwendbar erklärt (§ 8 FGG, § 55 VwGO, § 61 SGG, § 52 FGO, § 9 ArbGG). Sie gilt aber nicht für das Verfahren zur Erteilung europäischer Patente vor dem Europäischen Patentamt.[8]

4 **III. Mündliche Verhandlung.** Die mündliche Verhandlung vor Gericht ist deutsch, welcher Art auch immer die Verhandlung ist (vgl. § 185). Soweit alle Verfahrensbeteiligten (auch der Protokollführer) eine fremde Sprache sprechen, kann auch in dieser verhandelt werden (vgl. § 185 Rn. 9); die Sitzungsniederschrift muss aber in deutscher Sprache abgefasst werden (§ 185 Rn. 13). Es genügt nicht, dass ein Verfahrensbeteiligter, etwa der Richter, sofort in die deutsche Sprache übersetzt, denn damit wird er zum Dolmetscher und gerät in eine verfahrensrechtlich unzulässige Doppelrolle (vgl. § 190 Rn. 11).

5 **IV. Eingaben an das Gericht. 1. Grundsatz.** Eingaben an das Gericht sind in deutscher Sprache abzufassen, z.B. Klagen, vorbereitende Schriftsätze, Rechtsmittelschriften. Schriftstücke, die nicht in Deutsch abgefasst sind, können keine verfahrensrechtlichen Wirkungen entfalten, z.B. Fristwahrung;[9] sie sind unbeachtlich[10] und können nicht einmal als formunwirksames und damit unzulässiges Rechtsmittel angesehen werden.[11] Eine Ausnahme gilt allerdings dann, wenn das Schriftstück einen noch verständlichen Hinweis in deutscher Sprache enthält, es werde ein Rechtsmittel eingelegt; hier kommt es auf Wahrung der vorgeschriebenen Form an.[12] Unwirksam ist auch eine in fremder Sprache erteilte Zustellungsvollmacht.[13] – Nicht gefolgt werden kann dem gegenüber der Auffassung, ein fristgebundener Antrag, der in einer gängigen europäischen Fremdsprache gestellt wird, habe auch dann unmittelbare rechtliche Wirkungen, wenn einem nicht vertretenen Antragsteller der Gebrauch der deutschen Sprache nicht zugemutet werden könne und wenn das Gericht auf Grund eigener Sprachkenntnis in der Lage sei, dem Begehren nachzugehen.[14] Es widerspräche der Rechtssicherheit, wenn die fristwahrende Wirkung des Schriftstücks wie seine Beachtlichkeit von dem Zufall abhinge, ob der zuständige Richter die betreffende Fremdsprache in ausreichendem Maße beherrscht.[15] Ebenso wenig ist die These, das Recht eines jeden auf Gebrauch seiner eigenen Sprache müsse als Teil des Fremdenschutzes bei der Auslegung von § 184 berücksichtigt werden,[16] in dieser Allgemeinheit mit geltendem Recht vereinbar. In welchem Umfang nationale Rechtsvorschriften und internationale Abkommen zugunsten Fremdsprachiger Ausnahmen von § 184 fordern, ist im Einzelfall zu untersuchen (vgl. nachfolgend). Deshalb kann auch der Auffassung nicht zugestimmt werden, eine in englischer Sprache eingereichte Klage sei jedenfalls zulässig, wenn die Klage eine Angelegenheit des Gemeinschaftsrechts betreffe und die Übersetzung alsbald (wenn auch nach Fristablauf) nachgereicht werde.[17]

6 Es genügt, wenn einem Schriftstück in fremder Sprache eine deutsche **Übersetzung beigefügt** wird.[18] Jedoch muss die Übersetzung bestehenden Formvorschriften entsprechen, z.B. Unterzeichnung durch einen zugelassenen Rechtsanwalt. Es

---

[8] BGHZ 102, 118 = NJW 1988, 1464.
[9] BGHSt 30, 182 = NJW 1982, 532 = JR 1982, 516 m. abl. Anm. *Meurer;* BVerwG NJW 1996, 1553; BayObLG NJW-RR 1987, 379; OLG Düsseldorf StV 1982, 359; KG MDR 1986, 156; BSG NJW 1987, 2184.
[10] KG JR 1977, 129; JurBüro 1986, 1107; OLG Koblenz FamRZ 1978, 714; *BL/Albers* Rn. 4; *Zöller/Gummer* Rn. 3; vgl. auch OLG Brandenburg FamRZ 2001, 290; LSG Berlin 22. 3. 2001 – L 3 U 23/00 –; *Katholnigg* Rn. 4; *Meyer-Goßner* Rn. 2; *MünchKomm ZPO/Wolf* Rn. 6.
[11] KG MDR 1986, 156; OLG Düsseldorf NStZ-RR 1999, 364.
[12] OLG Düsseldorf NStZ-RR 2000, 215.
[13] AG Zittau NStZ 2002, 498.
[14] VGH München NJW 1976, 1048; LG Berlin JR 1961, 384; *LR/Wickern* Rn. 17.
[15] BGHSt 30, 182 = NJW 1982, 532; KG MDR 1986, 156.
[16] *Meurer* JR 1982, 518.
[17] FG Saarland NJW 1989, 3112; wie hier *BL/Hartmann* Rn. 4.
[18] LSG Bremen 8. 12. 1999 – L 3 U 68/97 –.

Deutsche Sprache   7–9 § 184

genügt aber zur Fristwahrung nicht, dass eine Übersetzung irgendwann nachgereicht wird, sie muss innerhalb der laufenden Frist noch eingehen;[19] der Gedanke des § 207 ZPO ist nicht anwendbar. Mit dem Eingang der Übersetzung treten (ex nunc) die Wirkungen des Schriftstücks ein.[20]

2. Internationale Abkommen und Rechtssetzungsakte der Europäischen Gemeinschaft sowie die zu ihrer Ausführung ergangene Vorschriften des deutschen Rechts können diesen Grundsatz auch mit innerstaatlicher Verbindlichkeit durchbrechen. So können zwischenstaatliche Kooperationsabkommen sowie EG-Verordnungen zum Schutz ausländischer Arbeitnehmer vorsehen, dass die Gerichte Anträge oder Schriftstücke, die in einer fremden Sprache verfasst sind, nicht zurückweisen dürfen.[21] Zulässig ist nach §§ 4 Abs. 3, 25 Abs. 1 AVAG auch ein in einer Gemeinschaftssprache abgefasster Antrag auf Anerkennung oder Vollstreckbarerklärung einer ausländischen Entscheidung nach den in § 1 Abs. 1 AVAG genannten zwischenstaatlichen Verträgen und nach der EuGVVO. Dasselbe gilt nach § 16 Abs. 3 IntFamRVG für Anträge nach der EuEheVO. Das Gericht kann lediglich die Beibringung einer Übersetzung verlangen. 7

3. Urkunden, die in einer fremden Sprache abgefasst sind und im Wege des Augenscheinsbeweises verwertet werden sollen, müssen im Original eingereicht werden, jedoch ist gleichzeitig eine Übersetzung beizufügen (§ 142 Abs. 3 ZPO). Das Gericht kann aber unter der Voraussetzung, dass alle Beteiligten diese fremde Sprache beherrschen, die fremdsprachige Urkunde unmittelbar verwerten[22] (vgl. § 185 Rn. 9). Es kann aber andererseits vom Gericht nicht erwartet werden, eine fremdsprachige Urkunde werde ohne Übersetzung berücksichtigt. Vorgelegte fremdsprachige Urkunden sind nicht allein deshalb unbeachtlich, weil sie ohne deutsche Übersetzung vorgelegt werden;[23] erst wenn (vgl. § 142 Abs. 3 ZPO) eine angeordnete Übersetzung nicht vorgelegt wird, hat das die Unbeachtlichkeit der fremdsprachigen Urkunde zur Folge.[24] Entsprechend § 144 Abs. 1 Satz 1, 1. Alt. ZPO kann das Gericht aber auch von Amts wegen eine Übersetzung veranlassen.[25] Dies gilt auch für die Anlagen zu einem Prozesskostenhilfeantrag;[26] ebenso muss zu einem in fremder Sprache abgefassten Gesellschaftsvertrag bei der Anmeldung zum Handelsregister eine Übersetzung vorgelegt werden.[27] Auch nach § 4 Abs. 4 AVAG (Rn. 7) ist es nicht Zulässigkeitsvoraussetzung des Antrags, dass die ausländische Entscheidung in deutscher Übersetzung vorgelegt wird; das Gericht kann aber die Vorlage einer Übersetzung verlangen. Entsprechendes gilt für die Vorlage des Schiedsspruchs nach Art. 4 UN-Übereinkommen über die Anerkennung und Vollstreckung ausländischer Schiedssprüche.[28] Gilt aber nach der einschlägigen Prozessordnung der Grundsatz der **Amtsermittlung**, hat das Gericht die erforderliche Übersetzung einer eingereichten Urkunde selbst zu veranlassen[29] (vgl. § 244 StPO). 8

4. Verdrängt wird der strenge Grundsatz der Unbeachtlichkeit von Eingaben in fremder Sprache nach hier vertretener Auffassung schließlich von **Art. 6 Abs. 3 e MRK**, der einem Beschuldigten für das gesamte Strafverfahren, also nicht nur für 9

---

[19] BGHSt 30, 182 = NJW 1982, 532 = JR 1982, 516 m. abl. Anm. *Meurer;* OLG Hamburg NStZ 1988, 566; *Meyer-Goßner* Rn. 2; a. A. FG Saarland NJW 1989, 3112; *Schneider* MDR 1979, 535
[20] BGH NStZ 2000, 553; NStZ-RR 2002, 261.
[21] Vgl. LSG Stuttgart – L 7 U 48/99 –.
[22] RGZ 162, 282; BGH NJW 1989, 1432; MDR 2007, 791; OLG Frankfurt OLGR 2006, 514; OLG Brandenburg FamRZ 2005, 1842.
[23] BHG MDR 2007, 791; OLG Frankfurt OLGR 2006, 514; zum Antrag nach § 172 Abs. 3 StPO a. A. OLG Stuttgart Justiz 2007, 260.
[24] BVerwG NJW 1996, 1553; vgl. auch *Bacher/Nagel* GRUR 2001, 873.
[25] BGH MDR 2007, 791.
[26] OLG Hamm JurBüro 2000, 259.
[27] LG Düsseldorf GmbHR 1999, 609.
[28] BGH MDR 2004, 228 – L – = EWiR 2003, 1163 – L – m. Anm. *Mallmann;* BayObLGZ 2000, 233.
[29] Vgl. auch OVG Lüneburg 26. 6. 2000 – L 1346/00 –.

die Hauptverhandlung, das Recht auf kostenfreie Zuziehung eines Dolmetschers einräumt[30] (vgl. Rn. 17). Auch die h. M. erkennt an, dass das Gericht Beschwerden und Anträge von **Untersuchungsgefangenen** nicht unbeachtet lassen darf, weil sie nicht in deutscher Sprache abgefasst sind; das Gericht hat sie vielmehr zu bearbeiten und erforderlichenfalls ihre Übersetzung zu veranlassen.[31] Die Beachtlichkeit dergestalt auf Eingaben von Untersuchungsgefangenen zu beschränken erscheint aber wenig überzeugend und offenbart Widersprüche zum Regelungsgehalt von Art. 6 Abs. 3 e MRK. So kann der Beschuldigte Freistellung von den Kosten eines Dolmetschers verlangen, mit dessen Hilfe er eine Erklärung abfasst oder der seine Erklärung vor der Einreichung bei Gericht übersetzt, ebenso ist das Gericht, wenn der Beschuldigte seine Erklärung zu Protokoll der Geschäftsstelle abgibt, von Amts wegen verpflichtet, einen Dolmetscher hinzuzuziehen (§ 185 Rn. 3), ohne die Kosten in Ansatz bringen zu können.[32] Dies spricht dafür, in fremder Sprache eingegangene Anträge und Erklärungen des Beschuldigten im Strafverfahren allgemein als fristwahrend anzuerkennen mit der Verpflichtung des Gerichts, erforderlichenfalls eine Übersetzung zu veranlassen.[33]

10 5. Eine Eingabe in fremder Sprache ist für das Gericht aber jedenfalls insoweit beachtlich, als es aus Gründen der **Fürsorgepflicht** den Eingang zu bestätigen und auf die Notwendigkeit der fristgerechten Einreichung einer Übersetzung hinzuweisen hat.[34] Eine Pflicht des Gerichts, von sich aus eine Übersetzung zu veranlassen, besteht über die in Rn. 9 genannten Fälle hinaus nicht.[35]

11 **V. Gerichtliche Entscheidungen.** Alle **gerichtlichen Äußerungen** sind in Deutsch abzufassen. Das gilt einmal für gerichtliche **Entscheidungen.**[36] Sie bedürfen keiner Übersetzung von Amts wegen, wenn der Betroffene der deutschen Sprache nicht mächtig ist, es genügt die mündliche Übersetzung im Rahmen des § 268 Abs. 2 StPO.[37] Dem verteidigten Angeklagten ist das schriftliche Urteil auch nicht zum Zwecke der Revisionsbegründung zu übersetzen.[38] Besteht ein berechtigtes Interesse an der Verurteilung zur Abgabe einer Willenserklärung usw. in einer fremden Sprache, kann sich der Urteilstenor ausnahmsweise dieser bedienen. Die Zustellung einer in der deutschen Sprache abgefassten Entscheidung ist auch dann wirksam, wenn der Empfänger nicht der deutschen Sprache mächtig ist;[39] das gilt auch dann, wenn die Zustellung durch Niederlegung geschieht und die Abholbenachrichtigung nur auf deutsch abgefasst ist. Die allein in der deutschen Sprache ordnungsgemäß erteilte **Rechtsmittelbelehrung** setzt die Rechtsmittelfrist auch gegenüber Ausländern in Lauf, die der deutschen Sprache unkundig sind[40] (vgl. Rn. 17).

12 **Ladungen** ergehen in deutscher Sprache.[41] Die Ladung wird nicht dadurch unwirksam, dass sie einem der deutschen Sprache nicht mächtigen Ausländer ohne

---

[30] EGMR NJW 1979, 1091; BGHSt 46, 178 = NJW 2001, 309; zur Geltung im Bußgeldverfahren EGMR NJW 1985, 1273.
[31] *LR/Wickern* Rn. 16, 19 m. w. N.
[32] BGHSt 46, 178 = NJW 2001, 309.
[33] Ebenso *LR/Wickern* Rn. 18 f.
[34] *Meyer-Goßner* Rn. 2; *Rosenberg/Schwab/Gottwald* § 23 III; vgl. auch BVerfG NVwZ-RR 1996, 120.
[35] *Wieczorek/Schreiber* Rn. 10; *KK/Diemer* Rn. 2; a. A. LG Berlin JR 1961, 384; wenig konsequent für Rechtsmittelrücknahmen aber *Meyer-Goßner* Rn. 2; OLG Hamburg NStZ 1988, 566.
[36] RGZ 162, 282.
[37] BVerfGE 64, 135 = NJW 1983, 2762; BayObLG NJW 1977, 1596; OLG Hamburg NJW 1978, 2462; OLG Frankfurt NJW 1980, 1238; OLG Stuttgart MDR 1983, 256; OLG Hamm StV 1990, 101; *KK/Diemer* Rn. 3; *Zöller/Gummer* Rn. 6; a. A. *Sieg* MDR 1981, 281; *Heldmann* StV 1981, 251; *Römer* NStZ 1981, 474; *Kühne* StV 1990, 102.
[38] BVerfG – K – NStZ-RR 2005, 273 – L –.
[39] SchlHOLG SchlHAnz 1979, 204.
[40] BVerwG DÖV 1978, 814; BSG DVBl. 1987, 848.
[41] BVerfGE 64, 135 = NJW 1983, 2762; BGH NJW 1984, 2050; BayObLG NJW 1996, 1836; OLG Düsseldorf JZ 1985, 200.

Übersetzung zugestellt wird.⁴² Aus Art. 6 Abs. 3 MRK (Rn. 19) folgt keine Verpflichtung, eine Ladung übersetzen zu lassen.⁴³ Entsprechendes gilt für Aufforderungen und Auflagen, z. B. nach §§ 271 Abs. 2, 273 Abs. 2, 274, 277 Abs. 2 ZPO, §§ 200, 201 StPO, Eröffnungen, z. B. nach § 114a StPO, und Zustellungen nach § 317 ZPO. Zur Wiedereinsetzung Rn. 23.

Die **Anklageschrift** (§ 201 StPO) ist einem nicht der deutschen Sprache Mächtigen nach Art. 6 Abs. 3 Buchst. a MRK in einer für ihn verständlichen Fremdsprachenübersetzung mitzuteilen.⁴⁴ Bei der Antragsschrift im beschleunigten Verfahren genügt deren mündliche Übersetzung zu Beginn der Hauptverhandlung.⁴⁵ 13

Allgemein bestimmt **Nr. 181 Abs. 2 RiStBV,** dass Ladungen, Haftbefehle, Strafbefehle, Anklageschriften und sonstige gerichtliche Sachentscheidungen dem Ausländer, der die deutsche Sprache nicht hinreichend beherrscht, mit einer Übersetzung in eine ihm verständliche Sprache bekannt zu geben sind. Dabei handelt es sich aber um eine Verwaltungsvorschrift, die weder die Gerichte bindet noch Verfahrensrechte des Angeklagten begründet.⁴⁶ 14

Art. 105 Abs. 4 Genfer Abkommen über Kriegsgefangene bestimmt, dass in Verfahren gegen Kriegsgefangene die Anklageschrift und sonstige bekannt zu gebende Schriftstücke in einer dem Beschuldigten verständlichen Sprache zugestellt werden müssen. 15

VI. Hilfen für Ausländer. Ungeachtet dessen fordern Art. 3 Abs. 3, 103 Abs. 1 GG Hilfen für Verfahrensbeteiligte, die der deutschen Sprache nicht mächtig sind. Vor deutschen Gerichten hat ein Ausländer dieselben prozessualen Grundrechte und den gleichen Anspruch auf rechtliches Gehör sowie auf umfassenden und effektiven gerichtlichen Schutz wie jeder Deutsche (vgl. Einl. Rn. 229). Mangelnde Kenntnis der deutschen Sprache darf nicht zu einer Verkürzung seines Anspruchs auf rechtliches Gehör führen.⁴⁷ So ist in der mündlichen Verhandlung ein **Dolmetscher** heranzuziehen (§ 185). 16

Sind **Rechtsmittelbelehrungen** vorgeschrieben oder andere für das weitere Verfahren wichtige Hinweise, z. B. nach § 72 OWiG, können diese ihre Aufgabe nur erfüllen, wenn sie in einer für den Empfänger verständlichen Sprache abgefasst sind. Ist keine Übersetzung beigefügt, obwohl der Betroffene der deutschen Sprache nicht oder nicht hinreichend mächtig ist, erfordert es der Anspruch auf rechtliches Gehör, den Betroffenen ebenso zu behandeln wie wenn der Hinweis überhaupt unterblieben wäre, also z. B. Wiedereinsetzung in den vorigen Stand zu gewähren bei Fristversäumnis, die auf sprachlichem Unvermögen beruht⁴⁸ (Rn. 23). Entsprechendes gilt, wenn durch fehlende Sprachkenntnisse wider Willen bindende prozessuale Willenserklärungen abgegeben werden; sie sind als unwirksam anzusehen.⁴⁹ 17

Die **Prozesskostenhilfe** ist auch auf die Kosten eines Dolmetschers zu erstrecken⁵⁰ (vgl. § 185 Rn. 23). 18

Beruht die Behinderung eines der deutschen Sprache unkundigen Ausländers allein auf sprachlichen Defiziten und können diese im Strafverfahren durch die Zuziehung eines Dolmetschers völlig ausgeglichen werden, bedarf es allein deshalb nicht der Beiordnung eines **Pflichtverteidigers.** Jedoch räumt Art. 6 Abs. 3e 19

---

⁴² BayObLG NJW 1996, 1836; OLG Hamm JMBlNRW 1984, 78; AG Frankfurt DGVZ 2000, 63.
⁴³ OLG Hamm JMBlNRW 1984, 78; BayObLG NJW 1996, 1836; *Meyer-Goßner* Rn. 3.
⁴⁴ BVerfG – K – NJW 2004, 1443; OLG Düsseldorf JZ 1985, 200; StV 2001, 498; KG StV 1994, 90; OLG Karlsruhe StV 2002, 193; StraFo 2002, 193; Justiz 2006, 9; OLG Hamburg NStZ 1993, 53.
⁴⁵ OLG Stuttgart NStZ 2005, 471.
⁴⁶ BVerfGE 64, 135, 150 = NJW 1983, 2762; OLG Düsseldorf JZ 1985, 200; *Meyer-Goßner* Rn. 3.
⁴⁷ BVerfGE 40, 95 = NJW 1975, 1597; E 86, 280 = NVwZ 1992, 1080; BayObLG NJW 1976, 2084; 1977, 1596; OLG Frankfurt NJW 1980, 1173; OLG Düsseldorf JZ 1985, 200.
⁴⁸ Vgl. BVerfG aaO.
⁴⁹ OLG Hamm NJW 1983, 530.
⁵⁰ LG Bonn MDR 1974, 776.

MRK dem der Gerichtssprache nicht mächtigen Beschuldigten bzw. Angeklagten für das gesamte Strafverfahren, also auch für vorbereitende Gespräche mit einem Verteidiger, den Anspruch auf **unentgeltliche Zuziehung eines Dolmetschers** ein; dies gilt unabhängig von seiner finanziellen Lage und unabhängig davon, ob ein Fall der notwendigen Verteidigung vorliegt.[51] Einer **Beiordnung** des Dolmetschers durch das Gericht bedarf es nicht; er kann vom Beschuldigten bzw. vom Verteidiger kraft eigener Entscheidung zugezogen, also beauftragt werden,[52] gleichgültig, ob es sich um Pflicht- oder um Wahlverteidigung handelt. So ist es auch nicht zulässig, die Kostenerstattung (Rn. 20) an eine vorherige gerichtliche Bewilligung der Inanspruchnahme des Dolmetschers zu knüpfen.[53] Dass nunmehr § 187 wenig präzise von einer Heranziehung des Dolmetschers durch das Gericht spricht und dies, auch unter Berufung auf die Entscheidung des BGH,[54] als Beiordnung verstanden wissen will,[55] ändert hieran nichts. Anhaltspunkte dafür, die Vorschrift wolle die bisherigen Standards beschneiden und den Beschuldigten bzw. Verteidiger stets in ein Beiordnungsverfahren zwingen, sind nicht ersichtlich. Sie eröffnet dem Beschuldigten lediglich den zusätzlichen Weg eines Antrags an das Gericht, wenn er zur Beauftragung eines Dolmetschers in eigener Person nicht bereit oder in der Lage ist.

20 Der Anspruch auf Freistellung von den Kosten bzw. auf Kostenerstattung ergibt sich unmittelbar aus Art. 6 Abs. 3 e MRK, der, soweit die Kostengesetze wie beim Wahlverteidiger keine Regelung treffen, zu konventionskonformer ergänzender Auslegung zwingt;[56] bei Pflichtverteidigung gilt § 46 RVG. Erstattungsfähig sind nur die Kosten, die zur sachgemäßen Wahrnehmung der Verteidigung **erforderlich** sind.[57] Es gilt nicht das JVEG, der Anspruch ist aber auf eine angemessene Vergütung beschränkt.[58] Die schriftliche Übersetzung von Aktenteilen kann der Beschuldigte nur ausnahmsweise verlangen.[59]

21 Art. 6 Abs. 3 e MRK gilt nicht, wenn der Dolmetscher bei Verhandlungen zwischen dem dienstleistenden europäischen Rechtsanwalt und dem deutschen Einvernehmensanwalt nach § 30 EuRAG tätig wird.[60] Dem **Nebenkläger** steht kein Anspruch auf unentgeltliche Beiziehung eines Dolmetschers zu;[61] eine Beiordnung sieht nunmehr aber § 187 vor.

22 Das NATO-TrStatut, Art. VII Abs. 9 f, sieht weitergehend den Anspruch des Beschuldigten vor, einen Dolmetscher zuzuziehen, und zwar in jeder Lage des Verfahrens.

23 War ein Verfahrensbeteiligter oder Antragsteller durch die Unkenntnis der deutschen Sprache daran gehindert, rechtzeitig eine Erklärung abzugeben, so ist bei fehlendem Verschulden nach Maßgabe des Verfahrensrechts **Wiedereinsetzung** möglich.[62] Fehlendes Verschulden ist anzunehmen, wenn der Einsender in der Rechtsmittelbelehrung (Rn. 11, 17) nicht über die Notwendigkeit der Verwendung der deutschen Sprache belehrt worden ist.[63] Umgekehrt handelt nicht ohne Verschulden,

---

[51] BGHSt 46, 178 = NJW 2001, 309 m. zust. Anm. *Staudinger* StV 2002, 327; im Anschluss an EGMR NJW 1979, 1091; zur Geltung von Art. 6 Abs. 3 e MRK im Bußgeldverfahren EGMR NJW 1985, 1273; diese Grundsätze gelten entsprechend auch für Freiheitsentziehungssachen allgemein.
[52] Vgl. OLG Düsseldorf NStZ-RR 1999, 215.
[53] BVerfG – K – NJW 2004, 50.
[54] BGHSt 46, 178 = NJW 2001, 309.
[55] BTagsDrucks. 15/1976 S. 19.
[56] BGHSt 46, 178 = NJW 2001, 309.
[57] BGH aaO.
[58] LG Düsseldorf StV 2001, 635.
[59] OLG Hamm NStZ-RR 1999, 158; 2001, 223.
[60] KG NStZ 2002, 52.
[61] BGH NStZ 2003, 218.
[62] BVerfGE 40, 95, 100 = NJW 1975, 1597; KG JR 1977, 129; OLG Bremen NStZ 2005, 527; VG Kassel NJW 1977, 543.
[63] BGHSt 30, 182 = NJW 1982, 532; vgl. BVerfG – K – NJW 1991, 2208; FG München 5. 4. 2001– 3 V 5378/00 –.

wer bewusst entgegen der von ihm verstandenen Rechtsmittelbelehrung, dass eine Klage in deutscher Sprache abgefasst sein müsse, bei Gericht eine Klageschrift in einer fremden Sprache einreicht.[64] Ganz allgemein ist eine ausländische Partei, der eine deutsche Gerichtsentscheidung in deutscher Sprache zugestellt wird, gehalten, sich alsbald über den Inhalt zu vergewissern und sich nach Form und Frist eines zulässigen Rechtsmittels zu erkundigen, wenn sie die Entscheidung nicht hinnehmen will.[65]

VII. Zwischenstaatlicher Rechtshilfeverkehr. § 184 gilt nicht für die Zustellung von Urkunden im zwischenstaatlichen Rechtshilfeverkehr.[66] Soll ein Schriftstück auf Betreiben eines anderen Mitgliedstaats der EU in der Bundesrepublik Deutschland zugestellt werden, genügt grundsätzlich dessen Abfassung in der Amtssprache des Übermittlungsstaats. § 1068 Abs. 2 ZPO verlangt die deutsche Sprache nur, wenn eine unmittelbare Zustellung durch die Post erfolgt und der Empfänger nicht Angehöriger des Übermittlungsstaats ist. Nach Art. 8 der VO (EG) Nr. 1348/2000 kann der Empfänger das Schriftstück aber zurückweisen, wenn es nicht in deutsch oder einer ihm verständlichen Amtssprache des Übermittlungsstaates abgefasst ist[67] (siehe auch § 156 Rn. 65).

Ob im internationalen Rechtshilfeverkehr bei eingehenden und ausgehenden Ersuchen die deutsche Sprache zu verwenden ist und/oder die des anderen Staates, bestimmt sich nach den einzelnen Abkommen. Üblich ist im Allgemeinen die Originalsprache des ersuchenden Staates mit einer beglaubigten Übersetzung. Das ändert aber nichts daran, dass § 184 innerstaatlich auch für den Rechtshilfeverkehr mit dem Ausland gilt; daraus folgt, dass ein Richter von Gesetzes wegen nicht verpflichtet ist, einen im Rahmen des zwischenstaatlichen Rechtshilfeverkehrs erforderlichen, in einer Fremdsprache abgefassten Text, den er nicht versteht, zu unterschreiben.[68] – Für Ersuchen eines Mitgliedstaats der EU auf Beweisaufnahme (vgl. § 156 Rn. 65a) verlangt Art. 5 der VO (EG) Nr. 1206/2001 den Gebrauch der Amtssprache des ersuchten Staates; die Beifügung einer Übersetzung genügt. Für eingehende Ersuchen stellt dies § 1075 ZPO klar.

VIII. Sorbische Volkszugehörigkeit. Mit Satz 2 wurde im Zuge einer Rechtsbereinigung (vgl. Gesetzesfassung) die Regelung in Kap. III SG A Abschn. III Nr. 1 Buchst. r der Anlage I zum EV in das GVG übergeführt: „Das Recht der Sorben, in den Heimatkreisen der sorbischen Bevölkerung vor Gericht sorbisch zu sprechen, wird durch § 184 nicht berührt" – eine Bestimmung, die nur aus der Situation der Verhandlungen über den EV erklärbar ist[69] (vgl. Einl. Rn. 43ff.). Sie bedeutet, dass Personen mit sorbischer Volkszugehörigkeit nicht gezwungen sind, vor Gericht deutsch zu sprechen. Nach § 1 des sächsischen Gesetzes über die Rechte der Sorben im Freistaat Sachsen vom 31. 3. 1999 (GVBl. 1999 S. 161) beruht die sorbische Volkszugehörigkeit auf freiem, der Überprüfung entzogenem Bekenntnis; die Heimatkreise sind nach § 3 dieses Gesetzes zu ermitteln. Eine entsprechende Regelung trifft § 2 des brandenburgischen Gesetzes zur Ausgestaltung der Rechte der Sorben (Wenden) vom 7. 7. 1994 (GVBl. 1994 S. 294); das angestammte Siedlungsgebiet ergibt sich aus § 3 Abs. 2 aaO. – Sofern alle Verfahrensbeteiligten sorbisch verstehen, kann nach § 185 Abs. 2 verfahren werden (§ 185 Rn. 9), im übrigen ist ein Dolmetscher zuzuziehen (vgl. § 185 Rn. 1). Vom Sinn des mit dieser Vorschrift bezweckten Minderheitenschutzes her ist es angezeigt, die Vorschrift auch auf alle schriftlichen

---

[64] BVerwG NJW 1990, 3103.
[65] BGH NJW-RR 1996, 387 m.w.N.; vgl. BVerfG – K – NVwZ-RR 1996, 120.
[66] RGSt 67, 221.
[67] Zu den Rechtsfolgen EuGH NJW 2006, 491; BGH NJW 2007, 775.
[68] BGHSt 32, 342 = NJW 1984, 2050 = JR 1985, 76 m. abl. Anm. *Lichtenberger; KK/Diemer* Rn. 4; a. A. *Vogler* NJW 1985, 1764.
[69] Vgl. BTagsDrucks. 11/7817 S. 14.

Eingaben an das Gericht (mit frist- und formwahrender Wirkung) anzuwenden.[70] Umgekehrt kann aber nicht verlangt werden, dass das Gericht sich der sorbischen Sprache bedient oder aus dem Deutschen ins Sorbische übersetzt, wenn der Beteiligte auch die deutsche Sprache versteht.[71] Die Vorschrift gilt auch nur in den Heimatkreisen der sorbischen Bevölkerung, nicht außerhalb;[72] vor Gerichten im übrigen Bundesgebiet kann die sorbische Sprache nicht als Gerichtssprache verwendet werden.

§ 185. [Dolmetscher]

(1) [1]Wird unter Beteiligung von Personen verhandelt, die der deutschen Sprache nicht mächtig sind, so ist ein Dolmetscher zuzuziehen. [2]Ein Nebenprotokoll in der fremden Sprache wird nicht geführt; jedoch sollen Aussagen und Erklärungen in fremder Sprache, wenn und soweit der Richter dies mit Rücksicht auf die Wichtigkeit der Sache für erforderlich erachtet, auch in der fremden Sprache in das Protokoll oder in eine Anlage niedergeschrieben werden. [3]In den dazu geeigneten Fällen soll dem Protokoll eine durch den Dolmetscher zu beglaubigende Übersetzung beigefügt werden.

(2) **Die Zuziehung eines Dolmetschers kann unterbleiben, wenn die beteiligten Personen sämtlich der fremden Sprache mächtig sind.**

Übersicht

	Rn.		Rn.
I. Verhandlung in deutscher Sprache	1	V. Tätigkeit des Dolmetschers	10
II. Kenntnis der deutschen Sprache	4	VI. Protokoll	13
III. Zuziehung des Dolmetschers	5	VII. Dolmetscher-Qualifikation	16
IV. Absehen vom Dolmetscher	9	VIII. Kosten des Dolmetschers	19
		IX. Verstoß gegen Zuziehungspflicht	24

1 1. Verhandlung in deutscher Sprache. Die Verhandlung vor Gericht wird auch dann in deutscher Sprache geführt (§ 184), wenn nicht alle Beteiligten der deutschen Sprache mächtig sind. In diesem Falle ist ein **Dolmetscher** zuzuziehen. Aufgabe des Dolmetschers ist die sprachlich-akustische Verständigung der Beteiligten in der Verhandlung (Rn. 2, 9). Demgegenüber ist Aufgabe des **Übersetzers** die schriftliche Übertragung eines Schriftstücks von einer Sprache in eine andere, im Regelfall ist der Übersetzer als Sachverständiger anzusehen (Rn. 18); Entsprechendes gilt für den allgemeinen Sprachsachverständigen, der über sprachliche Fragen Auskunft zu geben hat.[1] Unter den an der Verhandlung Beteiligten sind alle Personen zu verstehen, die in irgendeiner prozessual relevanten Funktion an der Verhandlung mitwirken: Richter, Staatsanwalt, Kläger, Beklagter, Streithelfer einschließlich gesetzlicher Vertreter (auch im Anwaltsprozess, vgl. § 141 ZPO), Angeklagter, Nebenkläger,[2] Privatkläger, Beistände, Rechtsanwälte, Verteidiger. **Beiständen,** die nicht deutsch sprechen, kann nach § 157 Abs. 2 ZPO der Vortrag untersagt werden.[3] Dürfen im Rahmen der europäischen Dienstleistungsfreiheit ausländische Rechtsanwälte, die nicht der deutschen Sprache mächtig sind, vor deutschen Gerichten auftreten, ist nach § 185 zu verfahren, dasselbe gilt für Rechtslehrer an deutschen Hochschulen (§ 138 Abs. 1 StPO). Anderen Verteidigern kann mangels Kenntnis der deutschen Sprache die Genehmigung zur Verteidigung versagt werden[4] (§ 138 Abs. 2 StPO). Beteiligt sind auch Zeugen und Sachverständige.[5]

---

[70] *Rieß/Hilger,* Das Rechtspflegerecht des Einigungsvertrages, 1991, B Rn. 173.
[71] *Rieß/Hilger* aaO.
[72] *Rieß/Hilger* aaO.
[1] *Zöller/Gummer* § 189 Rn. 3; zur Abgrenzung insgesamt *Cebulla* S. 33 ff., 44
[2] BGH StraFo 2003, 58.
[3] *Wieczorek/Schreiber* Rn. 4.
[4] *LR/Wickern* Rn. 4.
[5] OLG Karlsruhe Justiz 1962, 93; BayObLG NStZ-RR 2005, 178.

Zu den **Verhandlungen** gehören nicht nur die mündlichen Verhandlungen, die die Grundlage für die sich anschließende Endentscheidung des Gerichts sind (z. B. § 309 ZPO, § 260 StPO), sondern alle Verhandlungen, die diesen vorausgehen, z. B. Beweisaufnahmen durch den beauftragten oder ersuchten Richter im In- und Ausland, Vernehmungen des Beschuldigten, Eröffnung eines Haftbefehls usw., überhaupt jeder gerichtliche Termin, bei dem zwischen Gericht und Beteiligten eine Verständigung mittels der Sprache notwendig ist, z. B. auch nach § 5 FreihEntzG, § 16 Abs. 3 FGG.[6] Zur Zuziehung durch einen Verfahrensbeteiligten § 184 Rn. 19 ff., zur Beauftragung durch die Strafverfolgungsorgane außerhalb einer Verhandlung Rn. 20, zur Beiordnung § 187.

Auch bei der Tätigkeit des **Gerichtsvollziehers** kann die Zuziehung eines Dolmetschers nötig werden[7] wie allgemein im Vollstreckungsverfahren, z. B. nach §§ 840, 889, 891, 899 ff. ZPO.[8] § 185 gilt auch für die Tätigkeit des UdG.[9] Will eine nicht des Deutschen mächtige Person einen Antrag stellen, muss der UdG einen Dolmetscher zuziehen. Die Vorschrift gilt grundsätzlich nur im gerichtlichen Verfahren.[10] Sie gilt nicht für Justizverwaltungsangelegenheiten; hier ist es Sache des Antragstellers, selbst für einen Dolmetscher zu sorgen.[11] Zum Dolmetscher bei der Beratung § 193 Rn. 22.

II. Kenntnis der deutschen Sprache. Ob ein Beteiligter der deutschen Sprache mächtig ist, ist **Tatfrage.** Erforderlich ist, dass jeder Beteiligte die deutsche Sprache soweit beherrscht, dass er der Verhandlung folgen und seine zur zweckentsprechenden Rechtsverfolgung erforderlichen Erklärungen und Angaben in deutscher Sprache machen kann. Diese Frage ist von Amts wegen aufzuklären.[12] Deshalb verlangt Nr. 181 RiStBV, bei der ersten verantwortlichen Vernehmung eines Ausländers aktenkundig zu machen, ob der Beschuldigte die deutsche Sprache hinreichend beherrscht. Auf mitunter prozesstaktisch veranlasste Erklärungen braucht sich das Gericht nicht zu verlassen. Kommt es zu der Überzeugung, dass der Beteiligte ausreichend der deutschen Sprache mächtig ist, ist der so Auftretende wie ein Nichterschienener oder ein Nichtverhandelnder zu behandeln[13] mit allen rechtlichen Konsequenzen (Versäumnisurteil, Zeugenzwang usw.). Ein Antrag auf Stellung eines Dolmetschers ist gegebenenfalls zurückzuweisen. Auch wer die Verhandlung in deutscher Sprache lediglich ablehnt, hat keinen Anspruch auf einen Dolmetscher.[14]

III. Hinzuziehung eines Dolmetschers. Kann ein Beteiligter aus sprachlichen Gründen der Verhandlung nicht folgen, ist ein Dolmetscher zuzuziehen (Abs. 1 Satz 1). Das gilt sowohl für das Verstehen der Verhandlung selbst als auch für das, was nach Auffassung des Sprachunkundigen für das Verfahren von ihm vorzubringen ist; er darf nicht „zu einem unverstandenen Objekt des Verfahrens" herabgewürdigt werden.[15] Andererseits bedarf es der Mitwirkung des Dolmetschers in der mündlichen Verhandlung nicht, wenn ein Beteiligter die deutsche Sprache zwar nicht beherrscht, sie aber in einer die Verständigung mit ihm ermöglichenden Weise spricht und versteht.[16] § 185 berücksichtigt jedoch nur die rein sprachlichen Schwierigkeiten. Eine

---

[6] BayObLG NJW 1977, 1596.
[7] AG Darmstadt DGVZ 1972, 99; *Wieczorek/Schreiber* Rn. 4.
[8] Zur Pflicht zur Verständigung mit dem Gläubiger hinsichtlich entstehender Kosten LG Berlin JurBüro 2000, 376.
[9] BayObLG Rpfleger 1977, 133; *Zöller/Gummer* Rn. 4.
[10] Zu polizeilicher Vernehmungen OLG Stuttgart NJW 1967, 509.
[11] Vgl. *von Ebner* DVBl. 1971, 341.
[12] OLG Hamm MDR 2000, 657; *LR/Wickern* Rn. 8; *Wieczorek/Schreiber* Rn. 5.
[13] *Wieczorek/Schreiber* Rn. 6.
[14] BGH 14. 6. 2005 – 3 StR 446/04 –.
[15] BVerfG NJW 1983, 2762; 1988, 1462; BGHSt 3, 285 = NJW 1953, 114; *Meyer-Goßner* Rn. 4.
[16] BVerwG NJW 1990, 3102; OLG Düsseldorf MDR 2006, 532.

darüber hinausgehende Schwierigkeit eines Beteiligten, etwa beruhend auf der Zugehörigkeit zu einem anderen Kulturkreis, kann nicht über § 185 ausgeglichen werden, sondern z. B. durch die Bestellung eines Pflichtverteidigers.[17]

6 Die Zuziehung eines Dolmetschers ist auch notwendig, wenn ein Beteiligter deutsch zwar ausreichend versteht, aber unzulänglich spricht.[18] Ist ein Beteiligter der deutschen Sprache **nur teilweise** mächtig, so hat das Gericht nach pflichtgemäßem Ermessen zu entscheiden, in welchem Umfang ein Dolmetscher zugezogen wird.[19] Kopfschütteln und Kopfnicken eines Beteiligten, der die deutsche Sprache nicht sprechen, wohl aber verstehen kann, ist keine ausreichende Verständigung.[20] Insgesamt obliegt die Entscheidung über die Zuziehung eines Dolmetschers dem **pflichtgemäßen tatrichterlichen Ermessen.**[21] Sie kann im Rechtsmittelwege nur auf Ermessensfehler nachgeprüft werden,[22] wohl aber ist nachprüfbar, ob der Begriff der Sprachkundigkeit verkannt wurde.[23] Im Zweifel ist ein Dolmetscher beizuziehen.[24] Stets ist ein Dolmetscher zuzuziehen nach Art. VII Abs. 9 NATO-TrStatut (§ 184 Rn. 22).

7 Ist wegen fehlender Sprachkenntnisse die Zuziehung eines Dolmetschers geboten, kann darauf **nicht verzichtet** werden.[25] Es genügt nicht die Einschaltung eines sprachkundigen Beistandes, es muss ein nach § 189 vereidigter Dolmetscher sein.[26] Im Zivilprozess ist der Verzicht als zulässig anzusehen.[27]

8 Die Auswahl des Dolmetschers steht im freien Ermessen des Gerichts,[28] auch die Entscheidung über die Eignung des Dolmetschers.[29] Das Gericht hat in jeder Lage des Verfahrens darüber zu wachen, dass der Dolmetscher seiner Aufgabe gerecht wird, und notfalls das Erforderliche zu veranlassen;[30] auch dies steht im Ermessen des Gerichts. Zur Vereinbarkeit der Aufgaben eines Dolmetschers mit anderen verfahrensrechtlichen Aufgaben vgl. § 191 Rn. 3.

9 **IV. Absehen vom Dolmetscher.** Wenn **alle Beteiligten der fremden Sprache mächtig** sind, kann nach dem freien Ermessen des Gerichts die Zuziehung eines Dolmetschers ausnahmsweise unterbleiben (Abs. 2) und es kann in dieser Sprache verhandelt werden. Das kann angezeigt sein vor allem für ein Vorverfahren und für Vernehmungen außerhalb einer Hauptverhandlung. Eine prozessentscheidende mündliche Verhandlung in fremder Sprache wäre aber leicht ein Zerrbild deutscher Gerichtsbarkeit und ist auch unter dem Gesichtspunkt der Öffentlichkeit (§ 169) bedenklich. Zumeist genügt auch nicht allein die Kenntnis der Fremdsprache, da bei der Verhandlung auch die besondere Mentalität, die Lebensgewohnheit und auch die Religion des Ausländers von Bedeutung sein kann; auf die Mitwirkung eines auch mit den Verhältnissen des Herkunftslandes vertrauten Dolmetschers wird in aller Regel nicht verzichtet werden können.[31] In jedem Fall sind aber die Verhandlungsleitung, die Verkündung der Entscheidung, die Vorträge der StA und der Rechtsanwälte in deutscher Sprache vorzunehmen.

---

[17] OLG Köln GA 1991, 513; OLG Karlsruhe MDR 1988, 76; LG Aachen StV 1991, 457.
[18] OLG Frankfurt NJW 1952, 1310; OLG Zweibrücken VRS 53, 39.
[19] BGHSt 3, 285 = NJW 1953, 114; BGH NStZ 1984, 328; 1990, 101 – L–; 2002, 275.
[20] A. A. BGHSt 13, 366 = NJW 1960, 584.
[21] BGH NStZ 1984, 328; 2002, 275.
[22] BGHSt 3, 285 = NJW 1953, 114; OLG Stuttgart NJW 2006, 3796; BayObLG NStZ-RR 2005, 178; LAG Köln MDR 2000, 1337; *BL/Hartmann* Rn. 5; *LR/Wickern* Rn. 24.
[23] OLG Frankfurt NJW 1952, 1310.
[24] BGH GA 1963, 148; BSG NJW 1957, 1087; *Wieczorek/Schreiber* Rn. 5.
[25] RGSt 67, 223; KG HRR 1935, 991; *LR/Wickern* Rn. 7; OLG Zweibrücken VRS 53, 39; a. A. BVerwG NVwZ 1983, 668.
[26] OLG Frankfurt NJW 1952, 1310.
[27] *Zöller/Gummer* Rn. 3; *BL/Hartmann* Rn. 7.
[28] *BL/Albers* Rn. 8.
[29] OLG Karlsruhe Justiz 1980, 285; *Wieczorek/Schreiber* Rn. 12; *LR/Wickern* Rn. 14.
[30] RGSt 76, 177.
[31] *LR/Wickern* Rn. 15; DRiZ 1972, 429.

Auf keinen Fall ist das Gericht verpflichtet, in einer fremden Sprache zu verhandeln.[32] Das **Protokoll** ist in jedem Fall **deutsch** zu führen (Rn. 13). Abs. 2 fällt in den Anwendungsbereich des EG-Vertrags und muss mit dessen Art. 12 (Diskriminierungsverbot) in Einklang stehen.[33]

V. Aufgaben des Dolmetschers. Das Gesetz enthält über die Aufgaben des Dolmetschers keine genauen Bestimmungen (vgl. § 189 Rn. 2). Aus dem Begriff der mündlichen Verhandlung ergibt sich vor allem, dass die zur Sachentscheidung hinführenden, von irgendeiner Seite abgegebenen Erklärungen jedenfalls ihrem wesentlichen Inhalt nach übersetzt werden müssen.[34] Außerdem muss alles, an dem die sprachunkundige Person beteiligt erscheint, ihr in weitgehendem Umfang verständlich gemacht werden.[35] So muss der Dolmetscher alle Entscheidungen, nicht aber die vollständige Begründung,[36] die Fragen und Auflagen des Gerichts, die Anträge der Verfahrensbeteiligten und die entscheidungserhebliche Erklärungen wörtlich übersetzen. Dazu gehören bei der Vernehmung eines Zeugen auch die Angaben über seine Person nach § 68 StPO. Zu übersetzen ist auch die Verlesung des Anklagesatzes (§ 243 Abs. 2 StPO); statt dessen kommt aber auch die Überlassung einer schriftlichen Übersetzung in Betracht.[37] Im Übrigen genügt eine Übersetzung dem wesentlichen Inhalt nach.[38] Plädoyers brauchen nicht wörtlich übersetzt zu werden, es genügt die Übersetzung des Schuldantrags,[39] vgl. § 259 StPO. Für Zivilprozesse gilt Entsprechendes. So kann die Übersetzung des Endergebnisses eines Gutachtens genügen, wenn nicht die volle Übersetzung ausdrücklich beantragt wird.[40] Stets muss die Übersetzung aber so vollständig und wortgetreu sein, dass das rechtliche Gehör der Verfahrensbeteiligten gewährleistet bleibt;[41] das bedeutet auch, dass dem Dolmetscher eigenes Auswahlermessen nicht zustehen kann.

Wird aus einer ausländischen Sprache ins Deutsche übersetzt, ist dem gegenüber wörtliche Übersetzung stets notwendig. Nur so ist die Leitungsfunktion des Gerichts und die Wahrheitsfindung wie auch die ausreichende und angemessene Beurteilung aller Vorgänge und allen Vortrags gewährleistet.

Die Übersetzung für den nicht der deutschen Sprache Mächtigen geschieht grundsätzlich in dessen Muttersprache. Dies gilt auch für wenig gebräuchliche Sprachen, auch wenn die Heranziehung eines Dolmetschers praktisch schwierig und mit hohen Kosten verbunden ist. Steht in der Muttersprache des Ausländers kein Dolmetscher zur Verfügung, kann auch in einer anderen Sprache gedolmetscht werden, die ihm verständlich ist. Unter Umständen ist eine Sukzessiv-Dolmetschertätigkeit erforderlich, z.B. malaiisch-englisch (erster Dolmetscher), dann englisch-deutsch (zweiter Dolmetscher).

VI. Protokoll. Das Protokoll ist stets in deutscher Sprache abzufassen. Es muss angeben, aus welchen Gründen ein Dolmetscher zugezogen wurde oder warum hierfür kein Anlass bestand. Die Einzelheiten der Übersetzung brauchen nicht angegeben zu werden,[42] sondern nur, welche Prozessvorgänge übersetzt worden sind. Ist die Zuziehung für die gesamte Verhandlung angeordnet, so braucht der Übersetzungsvorgang nicht im Einzelnen aufgeführt zu werden;[43] es besteht dann vielmehr die Vermutung, dass das Gericht bei der gesamten Zuziehung des Dolmet-

---

[32] BVerwG BayVwBl. 1973, 443; *BL/Hartmann* Rn. 6.
[33] EuGH EuZW 1999, 82.
[34] BVerfGE 64, 135 = NJW 1983, 2762.
[35] RGSt 43, 442.
[36] BGH GA 1963, 148; *Wieczorek/Schreiber* Rn. 13.
[37] BVerfG – K – NJW 2004, 1443.
[38] RGSt 36, 356; St 43, 443; St 76, 178.
[39] A. A. *Cebulla* S. 110.
[40] RG JW 1895, 572; *Wieczorek/Schreiber* Rn. 13.
[41] *Cebulla* aaO.
[42] RGSt 43, 442.
[43] *Zöller/Gummer* Rn. 2; *LR/Wickern* Rn. 22.

schers gesetzmäßig verfahren ist und der Dolmetscher sich in angemessenem Umfang an der Verhandlung beteiligt hat.[44]

14   Das Protokoll hat hinsichtlich der Tätigkeit des Dolmetschers keine Beweiskraft im Sinne der §§ 165 ZPO, 274 StPO, der Gegenbeweis ist mit allgemeinen Beweismitteln zulässig.[45] Die in fremder Sprache abgegebenen Erklärungen, Aussagen usw. sind entsprechend der vom Dolmetscher gegebenen Übersetzung zu protokollieren. Der fremdsprachig sich Erklärende (z.B. Zeuge), hat aber kein Recht darauf, dass ihm seine Erklärung in seiner Sprache vorgelesen wird; es genügt bei der Verlesung zur Genehmigung (§ 162 ZPO, § 273 Abs. 3 StPO) die Rückübersetzung des protokollierten Teils.[46]

15   Ein (zusätzliches) Protokoll in der fremden Sprache wird nicht geführt. Ausnahmsweise können Aussagen und Erklärungen in fremder Sprache protokolliert werden, soweit Richter und Protokollführer diese Sprache beherrschen. Andernfalls ist mit Rücksicht auf die Beurkundungsfunktion diese Form nicht möglich; dann ist der Wortlaut in der fremden Sprache vom Dolmetscher zu verantworten[47] und als Anlage dem Protokoll beizufügen (einschließlich einer beglaubigten Übersetzung, Abs. 1 Satz 2, 3).

16   **VII. Dolmetscher-Qualifikation.** Als **Dolmetscher kann zugezogen** werden, wer sowohl die deutsche Sprache als auch die fremde Sprache, deren sich Verfahrensbeteiligte bedienen, so versteht und spricht, dass er die sachgerechte Verständigung zwischen allen Verfahrensbeteiligten herstellen kann. Als Dolmetscher kann jede Person zugezogen werden (vgl. §§ 189, 191); gelegentlich ergibt sich die Notwendigkeit einer Heranziehung „von der Straße weg".

17   Der Dolmetscher in der **mündlichen Verhandlung,** der die in dieser Verhandlung abgegebenen Erklärungen usw. übersetzt, ist **Gehilfe des Gerichts,** nicht Sachverständiger.[48] Auf ihn finden jedoch teilweise die für Sachverständige geltenden Vorschriften Anwendung (§ 191). Für ihn gelten §§ 8ff. JVEG. Bei unentschuldigtem Ausbleiben des Dolmetschers gelten §§ 77 StPO, 409 ZPO nicht hinsichtlich der Verhängung eines Ordnungsgeldes,[49] jedoch hinsichtlich der Auferlegung der Kosten.[50] Als Gehilfe des Gerichts kann der Dolmetscher ein „für den öffentlichen Dienst besonders Verpflichteter" im Sinne des § 11 StGB sein; auch unterliegt er hinsichtlich der Wahrnehmung von Gesprächen zwischen Angeklagtem und Verteidiger § 53a StPO.[51]

18   Sind **Schriftstücke** zu übersetzen, entstanden innerhalb oder außerhalb des Verfahrens, oder ist ihr Inhalt zu vermitteln, wird der dafür herangezogene Übersetzer dagegen als **Sachverständiger** behandelt.[52] Entsprechendes gilt für die Übersetzung eines nach §§ 100a, 100b StPO aufgezeichneten Ferngesprächs.[53] Im **Zivilprozess** ist eine solche Urkunde im Original vorzulegen, die Heranziehung eines Übersetzers, die Übersetzung selbst und ihre Einführung in das Verfahren richten sich nach §§ 402ff. ZPO, insbesondere § 411 ZPO. Dies gilt auch für das schriftliche Verfahren, § 128 ZPO. Wird im **Strafprozess** die Verlesung einer Urkunde notwendig (§ 249 StPO), die nicht in Deutsch abgefasst ist, und muss sie

---

[44] RG aaO.
[45] RGSt 43, 331; JW 1916, 428; *Wieczorek/Schreiber* Rn. 19; *Zöller/Gummer* Rn. 2; *LR/Wickern* Rn. 22.
[46] *Wieczorek/Schreiber* Rn. 20.
[47] *LR/Wickern* Rn. 23.
[48] RG JW 1936, 464; BGHSt 1, 4; St 4, 154 = NJW 1953, 1033; *BL/Albers* Rn. 8; *Zöller/Gummer* Rn. 2; *Meyer-Goßner* Rn. 7.
[49] LG Hamburg StV 1985, 500; LG Nürnberg-Fürth MDR 1978, 505; OLG Karlsruhe Justiz 2003, 449; *Meyer-Goßner* Rn. 7; *Wittschier* NJW 1985, 2873; a.A. OLG Koblenz VRS 47, 353; *LR/Wickern* § 191 Rn. 2.
[50] LG Hildesheim NdsRpfl 1990, 232; *Meyer-Goßner* Rn. 7.
[51] LG Verden StV 1996, 371.
[52] BGHSt 1, 4; BGH NJW 1965, 643; NStZ 1998, 158; *Meyer-Goßner* Rn. 2; krit. *Cebulla* 41ff..
[53] BGH NStZ 1985, 466.

übersetzt werden, wird der Übersetzer auch dann als Sachverständiger tätig, wenn er vorher oder gleichzeitig als Dolmetscher in der mündlichen Verhandlung tätig war/ist, mit den sich aus §§ 72 ff. StPO ergebenden Konsequenzen.[54] Die Übersetzung der Urkunde kann mündlich geschehen oder durch Verlesung einer vom Übersetzer zuvor erstellten schriftlichen Übersetzung,[55] wenn er ihre Richtigkeit nach § 79 Abs. 3 StPO eidlich versichert.[56] Zum Dolmetscher in der Beratung § 193 Rn. 22.

VIII. Kosten des Dolmetschers. Die Kosten des Dolmetschers sind Verfahrenskosten. Da seine Zuziehung von Amts wegen zu geschehen hat (Rn. 1 ff.), kann kein Kostenvorschuss angefordert werden.[57] Ein Parteiantrag auf Zuziehung eines Dolmetschers ist nur Anregung an das Gericht, deshalb kann die Entscheidung des Gerichts nicht von der Zahlung eines Kostenvorschusses abhängig gemacht werden, auch nicht im Anwaltsprozess.[58] 19

Im **Straf- und Bußgeldverfahren** können die Dolmetscherkosten dem nicht hinreichend sprachkundigen Beschuldigten bzw. Betroffenen nach Art. 6 Abs. 3 e MRK auch dann nicht angelastet werden, wenn er zur Tragung der Verfahrenskosten verurteilt ist.[59] Eine gesetzgeberische Klarstellung hat dies erfahren durch § 464 c StPO und Nr. 9005 Abs. 4 Kostenverzeichnis zum GKG. Danach können dem Angeklagten Auslagen für die Zuziehung eines Dolmetschers nur auferlegt werden, wenn er diese schuldhaft unnötig veranlasst hat. Entsprechendes gilt für Übersetzungen von verfahrensrelevanten Erklärungen und Schriftstücken. – Die Kostenfreiheit beschränkt sich nicht auf die Tätigkeit des Dolmetschers in einer Verhandlung (Rn. 2), sie erfasst auch dessen Hinzuziehung bei der **Überwachung** des Besucherverkehrs, der schriftlichen Korrespondenz und der Telefongespräche eines in Untersuchungshaft genommenen Beschuldigten.[60] Eine generelle Beschränkung des Briefverkehrs unter dem Gesichtspunkt von Aufwand und Kosten ist unzulässig;[61] unverhältnismäßig hoher Aufwand kann aber dem Zweck der Untersuchungshaft zuwiderlaufen,[62] dasselbe gilt für Telefongespräche.[63] Einem Untersuchungsgefangenen kann aufgegeben werden, die Korrespondenz mit seinem Ehegatten in deutscher Sprache zu führen, wenn beide sie beherrschen.[64] 20

Kostenfreiheit besteht aber nur, soweit die Dolmetscher- oder Übersetzerkosten damit zusammenhängen, dass die Sprachkenntnisse des Beschuldigten in dem gegen ihn betriebenen Verfahren nicht zureichen, also nicht für solche, die durch die **Sachaufklärung** bedingt sind, wie bei der Vernehmung ausländischer Zeugen, der Übersetzung fremdsprachiger Urkunden oder der Überwachung der in fremder Sprache geführten Telekommunikation nach § 100 a StPO.[65] Freistellung von den Kosten insgesamt hat aber zu erfolgen, wenn der Dolmetscher teils im Interesse des Beschuldigten, teils zur Sachaufklärung tätig wird, etwa in laufender Hauptverhandlung auch Urkunden übersetzt, und die durch die Sachaufklärung verursachten Kosten faktisch nicht ausgeschieden werden können.[66] 21

Zum Anspruch auf **Erstattung** von Dolmetscher- oder Übersetzerkosten für den Verkehr mit dem Verteidiger außerhalb der Verhandlung § 184 Rn. 17 ff.; zur 22

---

[54] BGHSt 1, 4; BGH NJW 1965, 643; *LR/Wickern* Rn. 1; a. A. RGSt 27, 268.
[55] RGSt 7, 388.
[56] RGSt 27, 161.
[57] LG Bonn JMBlNRW 1965, 209.
[58] A. A. KG NJW 1973, 436.
[59] EGMR NJW 1979, 1091; 1985, 1273.
[60] BVerfG – K – NJW 2004, 1095; *Meyer-Goßner* Art. 6 MRK Rn. 24 m. w. N.
[61] BVerfG aaO.
[62] BVerfG aaO.; OLG Brandenburg NStZ-RR 1997, 74; OLG München NStZ 1984, 332.
[63] OLG Köln StV 1994, 326.
[64] OLG Düsseldorf NStZ 1994, 559; OLG Nürnberg NStZ-RR 2004, 156.
[65] Vgl. BVerfG – K – 14. 4. 1999 –2 BvR 555/99 –; EuGRZ 2003, 757.
[66] LG Fulda StV 1999, 249.

§ 186

Beiordnung eines Dolmetschers für den Beschuldigten, Verurteilten und Nebenklageberechtigten außerhalb der Verhandlung § 187.

23 In **Zivilprozessen** gehören die Kosten für den vom Gericht zugezogenen Dolmetscher zu den vom Unterlegenen zu tragenden Verfahrenskosten, jedoch nicht schlechthin, sondern nur, soweit die obsiegende Partei der ihr aus dem Prozessrechtsverhältnis obliegenden Pflicht nachgekommen ist, die Kosten möglichst gering zu halten.[67] Soweit Prozesskostenhilfe bewilligt wurde, sind die Übersetzungskosten der schriftlichen Informationen der Partei an den beigeordneten Rechtsanwalt aus der Staatskasse zu ersetzen;[68] zu den Auslagen des Rechtsanwalts, die nach § 46 RVG zu vergüten sind, gehört auch die Übersetzungstätigkeit des Rechtsanwalts, wenn nur so die sachliche Informationserteilung durch die Partei möglich war.[69]

24 **IX. Verstoß gegen Zuziehungspflicht.** Die **unterbliebene Zuziehung** eines erforderlichen Dolmetschers kann nicht isoliert angefochten werden, sondern nur zusammen mit der Hauptentscheidung.[70] Der darin, wie auch in erheblichen Mängeln der Dolmetschertätigkeit,[71] liegende Verfahrensmangel kann im **Zivilprozess** als Verletzung des rechtlichen Gehörs einen Mangel im Sinne des § 538 Abs. 2 Nr. 1 ZPO darstellen. Die Verletzung des § 185 ist jedoch kein absoluter Revisionsgrund.[72] § 547 Nr. 4 ZPO ist nicht einschlägig, da es bei § 185 nicht um die Vertretung, sondern allein um die sprachliche Verständigung geht. Das Urteil muss also auf dem Verfahrensfehler beruhen, § 545 ZPO.

25 Im **Strafprozess** stellt die Verletzung des § 185 einen absoluten Revisionsgrund nach § 338 Nr. 5 StPO dar, denn bei Vorliegen seiner Voraussetzung muss der Dolmetscher zugezogen werden[73] (Rn. 5); das gilt, wenn sich die Notwendigkeit erst im Laufe der Hauptverhandlung herausstellt, auch für die vorangegangenen Teile der Hauptverhandlung.[74] Für die Anwesenheit gilt die Beweiskraft des Protokolls.[75] Verhandelt das Gericht nur zeitweilig ohne Dolmetscher mit einem teilweise des Deutschen mächtigen Angeklagten, so kann ein relativer Revisionsgrund gegeben sein.[76] Auf die Zuziehung des Dolmetschers kann nicht verzichtet werden (Rn. 7).

§ 186. [Verständigung mit hör- oder sprachbehinderten Personen]

(1) ¹**Die Verständigung mit einer hör- oder sprachbehinderten Person in der Verhandlung erfolgt nach ihrer Wahl mündlich, schriftlich oder mit Hilfe einer die Verständigung ermöglichenden Person, die vom Gericht hinzuzuziehen ist.** ²**Für die mündliche und schriftliche Verständigung hat das Gericht die geeigneten technischen Hilfsmittel bereitzustellen.** ³**Die hör- oder sprachbehinderte Person ist auf ihr Wahlrecht hinzuweisen.**

(2) **Das Gericht kann eine schriftliche Verständigung verlangen oder die Hinziehung einer Person als Dolmetscher anordnen, wenn die hör- oder sprachbehinderte Person von ihrem Wahlrecht nach Absatz 1 keinen Gebrauch gemacht hat oder eine ausreichende Verständigung in der nach Absatz 1 gewählten Form nicht oder nur mit unverhältnismäßigem Aufwand möglich ist.**

---

[67] BVerfG NJW 1990, 3072.
[68] OLG Frankfurt NJW 1974, 2095.
[69] OLG Stuttgart Justiz 1963, 284.
[70] OLG Stuttgart NJW 1962, 540; *Wieczorek/Schreiber* Rn. 16.
[71] BVerwG NVwZ 1983, 668; OVG Münster 6. 8. 2003 – 11 A 1381/03.A –; OVG Niedersachsen 24. 7. 2006 – 5 LA 306/05 –.
[72] *BL/Hartmann* Rn. 7.
[73] BGH NStZ 2002, 275.
[74] RG GA 1900, 384 = JW 1900, 782; *LR/Wickern* Rn. 24.
[75] BGH NStZ-RR 2000, 297; 2002, 100.
[76] BGH StV 1992, 54.

Gesetzesfassung: Neu gefasst durch Art. 20 Nr. 3 OLG-VertretungsänderungsG vom 23. 7. 2002 (BGBl. I S. 2850).

I. Allgemeines. Eine **mündliche Verhandlung,** also das wechselseitige Hören auf das gesprochene Wort, kann bei Beteiligung einer hör- oder sprachbehinderten Person, sei es in der Rolle der Partei, des Angeklagten oder des Zeugen, erschwert oder gänzlich ausgeschlossen sein. Über die in diesem Falle angezeigte Form der Verständigung mit dem Gericht räumt das Gesetz in § 186 der behinderten Person die vorrangige Dispositionsbefugnis ein (Abs. 1); in Verfolgung auch sozialstaatlicher Ziele soll so die Integration von Behinderten verbessert, insbesondere ihre gleichberechtigte Teilhabe auch an gerichtlichen Verfahren gefördert werden. Nach ihrer Wahl kann die Verständigung **mündlich, schriftlich,** beides auch unter Zuhilfenahme technischer Mittel, oder mit Hilfe einer **die Verständigung ermöglichenden Person** erfolgen. Nur bei Nichtausübung des Wahlrechts oder bei einer anders nicht behebbarer Kollision der Belange des Behinderten mit den Verfahrenszwecken ordnet das Gericht die Art und Weise der Verständigung an (Abs. 2). Gleichzeitig betont die Regelung in ihrem Gesamtzusammenhang die aus Art. 19 Abs. 4, 20 Abs. 3 und 103 Abs. 1 GG sowie aus Art. 5 Abs. 2 EMRK abzuleitende Verpflichtung des Gerichts, vorrangig von der Möglichkeit direkter Verständigung Gebrauch zu machen; der Einsatz eines Sprachmittlers soll die Ausnahme bleiben.[1] Unbeschadet ihrer anerkennenswerten Zielrichtung bleibt die Neufassung unbefriedigend, weil sie einen klaren Ausgleich mit widerstreitenden Prozessmaximen, insbesondere der Mündlichkeit und der Aufklärungspflicht, vermissen lässt (vgl. Rn. 5, 14) und dem Tatrichter so zur Vermeidung anderweitiger Verfahrensverstöße ihre restriktive Handhabung nahe legt.

Die Vorschrift wendet sich nicht nur an das Gericht, sondern gilt auch für das der Verfahrensherrschaft der Staatsanwaltschaft unterliegende strafrechtliche Ermittlungs- und Vollstreckungsverfahren.[2] Wie § 185 beschränkt sie sich auf Verhandlungen (dort Rn. 2). Zur Beiordnung eines Dolmetschers für den Beschuldigten, Verurteilten und Nebenklageberechtigten außerhalb der Verhandlung § 187.

II. Hör- oder Sprachbehinderung. 1. Gegenüber § 186 a. F., der die Verhandlung mit tauben oder stummen Personen regelte, also mit solchen, deren Fähigkeit zu hören oder zu sprechen für immer oder für längere Zeit vollständig aufgehoben oder jedenfalls in einer jede Verständigung ausschließenden Weise beeinträchtigt ist,[3] hat die Neufassung einen erweiterten Anwendungsbereich. Wie bereits die auch mündliche Verständigung einschließende Wahlmöglichkeit des Abs. 1 verdeutlicht, gilt die Vorschrift nunmehr für **jede hör- oder sprachbehinderte Person,**[4] erfasst sachlich also alle auch nur vorübergehenden anlage- oder krankheitsbedingten Einschränkungen des Hör- oder Sprachvermögens. Unter § 186 fallen damit auch Sprachstörungen, die nur auf der besonderen Anspannung in der Vernehmungssituation beruhen.[5]

Die Vorschrift gilt auch, wenn Hör- und Sprachbehinderung zusammentreffen. Sie gilt aber immer nur für den Teil der wechselseitigen Kommunikation, der durch die konkrete Behinderung beeinträchtigt wird. Ein lediglich Hörbehinderter kann auf schriftlich oder über einen Sprachmittler gestellte Fragen mündlich antworten,[6] dem lediglich Sprachbehinderten können umgekehrt Fragen in mündlicher Form gestellt werden.

---

[1] Zur ratio legis insgesamt BTagsDrucks. 14/9266 S. 40.
[2] *Meyer-Goßner* Rn. 1; BTagsDrucks. 14/9266 S. 41.
[3] Vgl. BGHSt 13, 366 = NJW 1960, 584; BGH LM 1 zu § 259 StPO; JZ 1952, 730; RGSt 33, 181.
[4] BTagsDrucks. 14/9266 S. 40.
[5] *LR/Wickern* Rn. 2.
[6] Vgl. RGSt 31, 313; RG HRR 1937, 903.

5 **2.** Schreibt die anzuwendende Verfahrensordnung **Mündlichkeit** vor, wird die große Bandbreite der unter den Begriff „behindert" fassbaren Fälle der Eingrenzung bedürfen. Der Grundsatz der Mündlichkeit erschöpft sich regelmäßig nicht darin, einem einzelnen Beteiligten **rechtliches Gehör** durch mündliche Abhörung einzuräumen, sondern enthält auch wesentliche **Verfahrensgarantien** zugunsten anderer Beteiligter. Er steht in engem Zusammenhang mit der Garantie der Öffentlichkeit[7] (§ 169) und erfährt des weiteren konkrete Ausprägungen in grundlegenden, der Sicherung des rechtlichen Gehörs, der Sachaufklärung und des fairen Verfahrens dienenden Vorschriften. So haben der Angeklagte bzw. die Parteien grundsätzlich das Anrecht auf die mündliche Aussage eines Zeugen (vgl. §§ 250 StPO, 377 Abs. 3 ZPO). Ist der behinderte Beteiligte in solchen Fällen nicht bereit, sich mündlich zu erklären, müssen seine Belange mit den ihnen widerstreitenden Interessen abgewogen werden. Das Recht auf Wahl der Form (Abs. 1 S. 1) kann im Ergebnis nur Vorrang haben, wenn die Behinderung nach Art und Ausmaß zu einer Beeinträchtigung der mündlichen Verständigung führt. Es muss zu besorgen sein, dass der Hörbehinderte gesprochenes Wort nicht vollständig zur Kenntnis nehmen kann oder sich mündliche Erklärungen des Sprachbehinderten zumindest teilweise dem Verständnis eines anderen Verfahrensbeteiligten entziehen. Dies ist bei einer durch zumutbares lauteres Sprechen auszugleichenden Schwerhörigkeit ebenso wenig der Fall wie bei Sprachfehlern, die bei gebotenem sorgfältigem Zuhören das Erfassen des Wortlauts der Erklärung gleichwohl ermöglichen. Das Gericht hat daher zunächst festzustellen, inwieweit die Behinderung eine mündliche Verständigung, wenn auch mit Erschwernissen, noch erlaubt. Bedürfte es eines technischen Hilfsmittels (z.B. Hörgerät), kann es dessen Benutzung aber nicht anordnen[8] (vgl. Abs. 2).

6 **III. Abgrenzungen. 1.** Auch die Neufassung beschränkt sich auf sensorische Behinderungen.[9] Bei **kognitiven (geistigen) Behinderungen** bleibt es Aufgabe des Gerichts, nach pflichtgemäßem Ermessen darüber zu befinden, welche Maßnahmen zur sachgemäßen Verständigung zu ergreifen sind; einen Zeugen hat das Gericht bei der wahrheitsgemäßen und vollständigen Wiedergabe seines Wissens in geeigneter Weise zu unterstützen.[10] Zulässig und gegebenenfalls geboten ist – wie nun auch bei den sensorischen Behinderungen des § 186 – die Hinzuziehung einer dem Behinderten und seiner Art sich mitzuteilen vertrauten, die Verständigung vermittelnden Person. Deren Stellung ähnelt der eines Dolmetschers, sie ist aber nur dem Dolmetschereid entsprechend zu verpflichten, wenn dies nach dem Ermessen des Gerichts erforderlich ist, um eine Garantie für die Zuverlässigkeit der Übertragung oder Auskunft zu gewinnen.[11]

7 **2.** Zu dem Fall, dass die behinderte Person weder mündlich noch schriftlich oder über einen Sprachmittler in der Lage ist, sich in Worten zu erklären, schweigt § 186. Hier bleibt die Möglichkeit, das **tatsächliche Verhalten** der Person – ihre Reaktion durch Gestik oder Mimik – zu verwerten;[12] bei der Feststellung des Sinngehalts sind aber hohe Sorgfalt und eingehende Nachfragen angezeigt.

8 **3.** Die Verständigung mit einer **blinden oder sehbehinderten Person** in der Verhandlung ist weder in § 186 noch in § 191a geregelt. Rücksicht ist lediglich geboten, wo es um Augenschein geht; Vorlesen oder Beschreiben kann angezeigt sein. Steht der sehbehinderten Person eine allgemein übliche Sehhilfe (Brille, Lupe) zur Verfügung, hat sie diese zu benutzen. Für eine hinzutretende Hör- oder Sprachbe-

---

[7] Vgl. *Zöller/Greger* § 128 ZPO Rn. 1.
[8] *LR/Wickern* Rn. 13.
[9] BTagsDrucks. 14/29066, S. 40.
[10] BGHSt 43, 62 = NJW 1997, 2335 m.w.N.
[11] BGH aaO.
[12] BGHSt 13, 366 = NJW 1960, 584; RGSt 33, 403; *LR/Wickern* Rn. 10; *Meyer-Goßner* Rn. 5.

hinderung gilt § 186; so kann schriftliche Verständigung dergestalt geboten sein, Gesprochenes durch Hilfspersonen in ein Gerät zur maschinellen Umsetzung in Punktschrift eingeben und die Ausgabe von der behinderten Person abtasten zu lassen.[13]

4. Bei **Fremdsprachigkeit** ist neben § 186 auch § 185 anzuwenden; nötigenfalls sind auf zwei Stufen Sprachmittler einzusetzen.[14]

IV. Reichweite des Wahlrechts. 1. Die Verständigung mit einer hör- oder sprachbehinderten Person in der Verhandlung erfolgt vorrangig nach deren **Wahl** mündlich, schriftlich oder mit Hilfe einer die Verständigung ermöglichenden Person (Abs. 1 S. 1). Über das Wahlrecht ist sie in ihr verständlicher Weise zu **belehren** (Abs. 1 S. 3); nötigenfalls ist eine zur Übersetzung der Belehrung geeignete Person heranzuziehen.

Wählt die behinderte Person die **mündliche** oder die **schriftliche** Verständigung, wird ihr Recht auf Disposition über die Verständigungsform weiter dadurch gesichert, dass das Gericht auch die hierfür erforderlichen und geeigneten **technischen Hilfsmittel** bereitzustellen hat (Abs. 1 S. 2). In Betracht kommen etwa Tonübertragungseinrichtungen (Höranlagen), bei denen die Verfahrensbeteiligten – gegebenenfalls mit Unterstützung eines technischen Kommunikationsassistenten – in dazugehörige Mikrofone sprechen.[15] Zu Taubblinden Rn. 8.

Zu den **die Verständigung ermöglichenden Personen** gehören zunächst solche mit formeller Dolmetscherfunktion (Gebärden-, Schrift- oder Oraldolmetscher). Anders als bei Fremdsprachigkeit kommen als „Sprachmittler" darüber hinaus aber auch sonstige Personen in Betracht, die dem behinderten Menschen vertraut sind und z. B. lautsprachbegleitende Gebärden, das Lormen (Tastalphabet auf definierten Stellen der Handfläche nach *Lorm*) oder die Methode der gestützten Kommunikation (Hilfe zu gezieltem Zeigen auf Gegenstände oder Symbole) beherrschen.[16] Die Regelung lehnt sich an die bisherige Rechtsprechung zur Kommunikation mit Behinderten an; zur Stellung solcher die Verständigung vermittelnden Personen vgl. deshalb Rn. 6. Das Wahlrecht nach Abs. 1 S. 1 umfasst auch die Benennung eines geeigneten Verständigungshelfers.[17] Für die Kosten gilt § 185 Rn. 19 ff. entsprechend (vgl. auch § 464c StPO, 9005 Abs. 3 Kostenverzeichnis zum GKG).

2. Nur wenn die hör- oder sprachbehinderte Person von ihrem Wahlrecht nach Abs. 1 S. 1 keinen Gebrauch gemacht hat oder wenn eine ausreichende Verständigung in der gewünschten Form nicht oder nur mit unverhältnismäßigem Aufwand möglich ist, bestimmt das **Gericht** die Art der Verständigung (Abs. 2), ist dabei aber auf zwei Möglichkeiten beschränkt. Es kann einmal die **schriftliche** Verständigung verlangen; zur Benutzung technischer Hilfsmittel, die eine mündliche Verständigung ermöglichen, kann es nicht zwingen (vgl. Rn. 5). Zum anderen kann es, auch kumulativ, einen Sprachmittler heranziehen, jedoch nur **als Dolmetscher,** so dass eine Vereidigung nach § 189 erforderlich ist. Vorrang soll die unmittelbare schriftliche Verständigung haben, die Zuziehung eines Dolmetschers soll (wenn nicht vom Behinderten selbst gewünscht) äußerste Maßnahme bleiben.[18]

Bei der Beurteilung, ob die Verständigung in der gewählten Form **nicht möglich** ist, wird das Gericht auch die ihm nach der jeweiligen Verfahrensordnung obliegende, u. U. mit dem freien Wahlrecht kollidierende Pflicht zur **Sachaufklärung** (vgl. z. B. §§ 244 Abs. 2 StPO, 396 ZPO) zu berücksichtigen haben. Besteht etwa Anlass zu der Annahme, die Verständigung mit einem zu vernehmenden Zeugen auf schriftlichem Wege oder mittels eines Dolmetschers könne weitergehende Erkennt-

---

[13] BTagsDrucks. 14/9266 S. 40.
[14] *LR/Wickern* Rn. 15; *MünchKommZPO/Wolf* Rn. 4.
[15] BTagsDrucks. 14/9266 S. 40.
[16] Vgl. BTagsDrucks. aaO.
[17] *LR/Wickern* Rn. 11.
[18] *LR/Wickern* Rn. 9.

nisse oder ein differenzierteres Bild als die gewählte mündliche Verständigung vermitteln, hat das Gericht von Abs. 2 Gebrauch zu machen. Als **unverhältnismäßig** soll der mit dem Einsatz technischer Hilfsmittel verbundene Aufwand nur im Ausnahmefall angesehen werden.[19] Verfügt die behinderte Person indes nicht schon selbst über technische Hilfsmittel, kann, da Hör- und Sprachhilfen in der Regel individueller Anpassung bedürfen, deren Bereitstellung durch das Gericht einen im Einzelfall sehr erheblichen Aufwand bedeuten. Bei der Entscheidung wird das Gericht auch hier zunächst die Pflicht zur Sachaufklärung zu bedenken haben; in Abhängigkeit von der Bedeutung der Aussage wird der Aufwand desto eher verhältnismäßig bleiben, je mehr das technische Hilfsmittel die Verständigung erleichtert. Aber auch der Gesichtspunkt der **Verfahrensbeschleunigung** darf nicht außer Acht gelassen werden, wenn die Bereitstellung zu einer nicht nur unerheblichen Verzögerung führen würde.

15 **V. Verfahren. 1.** Maßnahmen des Gerichts nach § 186 sind solche der **Verhandlungsleitung** und werden zunächst nach pflichtgemäßem Ermessen vom Vorsitzenden getroffen; bei Beanstandungen entscheidet das Gericht. Die Entscheidung ist nicht selbstständig anfechtbar, sondern nur mit der Entscheidung in der Hauptsache.[20] Die Hinzuziehung eines Dolmetschers nach Abs. 2 S. 1 ist nach der Neufassung anders als bei § 185 (dort Rn. 5) subsidiär. Unterbleibt sie, ist dies deshalb kein absoluter Revisionsgrund nach § 338 Nr. 5 StPO,[21] ebenso ist im Gegensatz zu § 185 (dort Rn. 7) ein Verzicht der Verfahrensbeteiligten auf die Zuziehung möglich. Im Übrigen kann die behinderte oder eine andere beteiligte Person einen Verstoß gegen § 186 nur rügen, soweit darin zu ihren Lasten zugleich eine Verletzung des rechtlichen Gehörs, der Aufklärungspflicht oder der Vorschriften über die Mündlichkeit liegt (Rn. 5, 14).

16 **2.** Für das **Protokoll** gilt: Wird ein Dolmetscher zugezogen, ist wie bei dessen Zuziehung nach § 185 zu verfahren[22] (vgl. § 185 Rn. 13); Entsprechendes gilt bei Tätigwerden eines anderen Sprachmittlers. Die Aufnahme der zum Zwecke der Verständigung getroffenen technischen Maßnahmen in das Protokoll ist dagegen nicht erforderlich. Soweit der Behinderte selbst Erklärungen abgibt, sind diese wie üblich aufzunehmen; schriftliche Erklärungen sind als Anlage zum Protokoll zu nehmen. Bedürfen mündliche Erklärungen eines Hörbehinderten der Genehmigung, kann ihm die Niederschrift zur Durchsicht vorgelegt werden.

17 **3.** Für die **Eidesleistung** des Hör- oder Sprachbehinderten gelten §§ 483 ZPO, § 66 StPO.

§ 187. [Dolmetscher für Beschuldigten und Nebenkläger]

(1) **Das Gericht zieht für den Beschuldigten oder Verurteilten, der der deutschen Sprache nicht mächtig, hör- oder sprachbehindert ist, einen Dolmetscher oder Übersetzer heran, soweit dies zur Ausübung seiner strafprozessualen Rechte erforderlich ist.**

(2) **Absatz 1 gilt auch für die Personen, die nach § 395 der Strafprozessordnung zum Anschluss mit der Nebenklage berechtigt sind.**

Gesetzesfassung: Art. 2 Nr. 4 OpferrechtsreformG vom 24. 6. 2004 (BGBl. I S. 1354).

1 **I. Anwendungsbereich.** § 187 ergänzt §§ 185, 186 im Straf- und Bußgeldverfahren.[1] Die Vorschrift regelt die Heranziehung eines Dolmetschers oder Übersetzers

---

[19] BTagsDrucks. 14/9266 S. 41.
[20] *BL/Hartmann* Rn. 5; *MünchKommZPO/Wolf* Rn. 3.
[21] *LR/Wickern* Rn. 19.
[22] Vgl. RG HRR 1939, 298.
[1] BTagsDrucks. 15/1976 S. 20.

für den Beschuldigten und den Verurteilten (Abs. 1) sowie für den Nebenklageberechtigten (Abs. 2) **außerhalb einer Verhandlung.** Findet eine Verhandlung statt und ist ein hieran Beteiligter der deutschen Sprache nicht mächtig oder hör- oder sprachbehindert, geht es nicht mehr wie hier allein um die Unterstützung einer bestimmten Person, so dass § 187 unanwendbar bleibt. Das Gericht muss dann nach § 185 einen Dolmetscher zuziehen bzw. nach § 186 vorgehen[2] (§ 185 Rn. 2, § 186 Rn. 2). Der eigentliche Anwendungsbereich der Vorschrift wird deshalb im **vorbereitenden Verfahren** liegen. Unberührt lässt sie das Recht eines der deutschen Sprache nicht mächtigen Beschuldigten, einen Dolmetscher selbst zu beauftragen (beizuziehen), wenn dies außerhalb einer Verhandlung zu sachgemäßer Wahrnehmung seiner Rechte erforderlich ist (§ 184 Rn. 19 f.). Dem Opferschutz dient Abs. 2; nach früherem Recht hatte ein Nebenkläger keinen Anspruch darauf, sich zur Verfolgung seiner Rechte unentgeltlich eines Dolmetschers zu bedienen (§ 184 Rn. 21).

II. Voraussetzungen. 1. Der deutschen Sprache nicht mächtig: § 185 Rn. 4 ff.; hör- oder sprachbehindert: § 186 Rn. 3.

2. Nebenklageberechtigter: Nach Abs. 2 genügt, dass die Person nach § 395 StPO zum Anschluss berechtigt ist. Eine Anschlusserklärung oder deren Wirksamwerden nach § 396 StPO ist nicht erforderlich.

3. Ob die Heranziehung eines Dolmetschers oder Übersetzers zur Ausübung der strafprozessualen Rechte **erforderlich** ist, beurteilt sich nach den Umständen des Einzelfalles (zur Unterscheidung zwischen Dolmetscher und Übersetzer § 185 Rn. 1). Ein Dolmetscher ist heranzuziehen, wenn zu befürchten ist, der Sprachunkundige oder Behinderte könne sich dem Verteidiger bzw. dem Beistand nicht vollständig mitteilen oder umgekehrt dessen Erklärungen nicht vollständig zur Kenntnis nehmen. Gleichermaßen ist ein Übersetzer beizuziehen, wenn es (lediglich) auf die Kenntnis des Inhalts eines Schriftstücks ankommt, den vollständig zu erfassen die Person aber nicht in der Lage ist. Auf die Übersetzung von Aktenteilen besteht grundsätzlich kein Anspruch[3] (vgl. auch § 184 Rn. 20) – Einem Hör- oder Sprachbehinderten steht hier das Wahlrecht des § 186 Abs. 1 nicht zu. Es kann ihm auch nicht anstelle eines Dolmetschers bzw. Übersetzers eine andere die Verständigung ermöglichende Person (hierzu § 186 Rn. 12) beigeordnet werden.

III. Verfahren. 1. Mit Heranziehung ist eine auf die Person des zu Unterstützenden bezogene **Beiordnung** gemeint.[4] Sie macht die Entscheidung des Gerichts über die Zuziehung eines Dolmetschers zu Verhandlungen nicht entbehrlich (Rn. 1). Zuständig für die Beiordnung ist das mit der Sache befasste **Gericht.** Für das vorbereitende Verfahren fehlt eine ausdrückliche Regelung; die vergleichbare Interessenlage lässt es geboten erscheinen, entsprechend §§ 141 Abs. 4, 406 g Abs. 3 StPO die Zuständigkeit des Gerichts anzunehmen, das für die Eröffnung des Hauptverfahrens zuständig wäre.

2. Das Erfordernis eines Antrags sieht der Gesetzeswortlaut nicht vor. Ob die Beiordnung eines Dolmetschers oder Übersetzers zur Ausübung der strafprozessualen Rechte erforderlich ist, hat das mit der Sache befasste Gericht deshalb **von Amts wegen** zu prüfen. Gleichwohl kann auch die zu unterstützende Person ihrerseits eine Beiordnung beantragen. Im vorbereitenden Verfahren hat das nicht vorbefasste Gericht nur Anlass zum Tätigwerden, wenn ein Antrag gestellt wird. Diesen zu stellen ist auch die StA verpflichtet, wenn sie die Voraussetzungen des § 187 bejaht.

---

[2] Vgl. OLG Hamburg NJW 2005, 1138.
[3] OLG Hamburg NJW 2005, 1138 = Rpfleger 2005, 108 m. Anm. *Grau.*
[4] OLG Hamburg aaO.; vgl. BTagsDrucks. 15/1976 S. 7, 19.

§§ 188, 189

7   3. Hinsichtlich der **Kosten** des Dolmetschers oder Übersetzers gilt: War er dem Nebenklageberechtigten beigeordnet, sind die entstandenen Kosten Teil der Gerichtskosten und werden nach Nr. 9005 des Kostenverzeichnisses zum GKG als Auslagen erhoben.[5] War er dem Beschuldigten bzw. Verurteilten beigeordnet, sind § 464c StPO, Nr. 9005 Abs. 4 des Kostenverzeichnisses zum GKG einschlägig (vgl. § 185 Rn. 20). Beim Nebenklageberechtigten ist die Beiordnung Voraussetzung der Kostentragung; erstattet werden aber auch Kosten, die zwischen Antragstellung und Beiordnung entstanden sind.[6] Zum Beschuldigten § 184 Rn. 19.

§ 188. [Eide Fremdsprachiger]

Personen, die der deutschen Sprache nicht mächtig sind, leisten Eide in der ihnen geläufigen Sprache.

1   Die Vorschrift regelt die **Eidesleistung** von Personen, die der **deutschen Sprache nicht mächtig** sind, und ergänzt damit § 185 (nicht § 186). Der Dolmetscher hat dem zu vereidigenden Zeugen oder Sachverständigen, aber auch der Partei im Zivilprozess (§ 452 ZPO), den vorgeschriebenen Eid (vgl. §§ 478 ff. ZPO, §§ 64, 65, 79 StPO) vorzusprechen, und der zu Vereidigende hat die Eidesformel in seiner Sprache nachzusprechen. Einer Übersetzung dieses Vorgangs ins Deutsche bedarf es nicht,[1] insbesondere braucht der Vorsitzende den Eid nicht erst in deutscher Sprache vorzusprechen, wenn dem Dolmetscher der Wortlaut des Eides bekannt ist.[2] – Für die Eidesleistung sprach- und hörbehinderte Personen enthalten §§ 483 ZPO, 66 StPO Sondervorschriften.

§ 189. [Dolmetschereid]

(1) [1]Der Dolmetscher hat einen Eid dahin zu leisten:
daß er treu und gewissenhaft übertragen werde.

[2]Gibt der Dolmetscher an, daß er aus Glaubens- oder Gewissensgründen keinen Eid leisten wolle, so hat er eine Bekräftigung abzugeben. [3]Diese Bekräftigung steht dem Eid gleich; hierauf ist der Dolmetscher hinzuweisen.

(2) Ist der Dolmetscher für Übertragungen der betreffenden Art im allgemeinen beeidigt, so genügt die Berufung auf den geleisteten Eid.

1   **I. Eidesleistung.** Wegen der Bedeutung des Dolmetschers für die korrekte, wahrheitsgemäße Verständigung zwischen den Verfahrensbeteiligten, die entscheidend ist sowohl für die Gewährung des rechtlichen Gehörs als auch die Wahrheitsfindung durch das Gericht, erschien es dem Gesetzgeber notwendig, in besonders feierlicher Form die Selbstverpflichtung des Dolmetschers zu getreuer und gewissenhafter Übersetzung vorzuschreiben.[1*] Jeder als Dolmetscher tätig Werdende hat den **Dolmetschereid** zu leisten, und zwar vor dem Beginn dieser Tätigkeit;[2*] eine Ausnahme gilt nur für den UdG (§ 190 Satz 2) und bei einer konsularischen Vernehmung (§ 15 Abs. 3 KonsularG). Die Vorschrift gilt nicht für den Sprachmittler des § 186 Abs. 1; ob dieser zu vereidigen ist, entscheidet das Gericht nach pflichtgemäßem Ermessen.[3] Sie gilt aber für einen nach § 186 Abs. 2 herangezogenen Dolmetscher (dort Rn. 13)

2   **II. Inhalt.** Den Inhalt des Eids bestimmt Abs. 1 Satz 1. Die Formel bedeutet, dass der Dolmetscher vollständig und sorgfältig zu übertragen und auf eventuelle Mehrdeutigkeiten und mögliche Missverständnisse hinzuweisen hat; darüber hinaus die

---

[5] BTagsDrucks. 15/1976 S. 20.
[6] OLG Hamburg aaO.
[1] RGSt 45, 304; *Wieczorek/Schreiber* Rn. 2; *LR/Wickern* Rn. 2.
[2] RG aaO.
[1*] Hierzu *Cebulla* S. 119 ff.
[2*] BGH MDR 1970, 778.
[3] Vgl. BGHSt 43, 63 = NJW 1997, 2335.

Einhaltung anerkannter Regeln und Methoden des Berufs einzubeziehen,[4] ist zu weitgehend angesichts dessen, dass als Dolmetscher jede geeignete Person herangezogen werden kann (§ 185 Rn. 16). Aus Glaubens- oder Gewissensgründen kann statt des Eides eine inhaltlich gleiche Bekräftigung abgegeben werden (Abs. 1 Satz 2, 3 entsprechend §§ 484 ZPO, 65 StPO).

III. Zeitpunkt der Vereidigung. Die Vereidigung hat **vor jeder Tätigkeit** des Dolmetschers in einer jeden Sache stattzufinden.[5] Im Strafprozess gilt dies für die Hauptverhandlung (§§ 226 ff. StPO) und auch für alle anderen „Verhandlungen" in jedem Stadium des Strafverfahrens.[6] Die essentielle Bedeutung der korrekten Verständigung der Verfahrensbeteiligten mit dem Gericht fordert darüber hinaus, § 189 auch auf sonstige strafprozessualen Verfahrensarten und -stadien anzuwenden.[7] Bei wiederholter Tätigkeit in demselben Verfahrensstadium, etwa in einer neuen Hauptverhandlung nach Aussetzung, in der Berufungsinstanz oder nach Zurückverweisung genügt die Berufung auf den bereits geleisteten Eid entsprechend §§ 67, 72 StPO, 398, 402 ZPO.[8] Innerhalb einer Hauptverhandlung reicht dagegen eine einmalige Eidesleistung oder die Berufung darauf; bei einer erneuten Zuziehung im Laufe derselben Hauptverhandlung, mag sie sich auch über mehrere Sitzungstage erstrecken, brauchen Eidesleistung oder Berufung auf den Eid nicht, etwa bei weiteren Zeugenvernehmungen, wiederholt zu werden.[9] Es genügt jedoch nicht für die Hauptverhandlung, wenn ein Dolmetscher lediglich während einer Haftprüfung vor Eröffnung des Hauptverfahrens vereidigt wurde.[10] Wird der Dolmetscher zu weiteren Fällen am gleichen Sitzungstag hinzugezogen, ist erneute Vereidigung erforderlich.[11] 3

Wenn auch nach dem Gesetzeswortlaut der **Voreid** notwendig ist, akzeptiert die Praxis, und sei es nur im Rahmen der Beruhensfrage (Rn. 8), den Nacheid. Vom Sinn der Beeidigung her, den Dolmetscher immer wieder aufs neue an seine Pflicht zur gewissenhaften Übertragung zu erinnern, muss diese nachträgliche Beeidigung aber im unmittelbaren Anschluss an seine Tätigkeit geschehen; es muss zweifelsfrei feststehen, dass der Dolmetscher sich mit dem Eid bewusst auf die bereits vorgenommene Übertragung bezogen hat.[12] 4

IV. Zwingend. Das Erfordernis der Beeidigung ist zwingend. Die Belehrung des Dolmetschers, sorgfältig und gewissenhaft zu übersetzen, reicht als ‚Vereidigung' nicht.[13] Die Beachtung der Formalien der Beeidigung (Rn. 3) oder die Berufung auf einen allgemein geleisteten Eid (Rn. 6) ist eine für die Hauptverhandlung vorgeschriebene Förmlichkeit (§ 272 Nr. 2 StPO), deren Beachtung nur durch das **Protokoll** bewiesen werden kann,[14] ebenso §§ 160 Abs. 1 Nr. 2, 165 ZPO. Fehlt ein Protokollvermerk, wird das Fehlen gemäß § 274 StPO unwiderlegbar bewiesen;[15] gegenteilige dienstliche Äußerungen sind bedeutungslos.[16] Bei 5

---

[4] *Cebulla* S. 122 ff., 129.
[5] RG HRR 1939, 1117; BGH MDR 1970, 778; OLG Saarbrücken NJW 1975, 65; OLG Hamburg NJW 1975, 1573.
[6] BGHSt 22, 118 = NJW 1968, 1485; *KK/Diemer* Rn. 1; *Meyer-Goßner* Rn. 1; *LR/Wickern* Rn. 1; nur für die Hauptverhandlung BGH NStE Nr. 3 zu § 185 GVG; ebenso BayObLG MDR 1979, 696.
[7] A. A. für richterliche Anhörungen nach dem IRG OLG Düsseldorf NJW 1993, 3084.
[8] RG Recht 1906 Nr. 1445; DJZ 1921, 204; OLG Stuttgart NStZ-RR 2003, 88; *Meyer-Goßner* Rn. 1; *Wieczorek/Schreiber* Rn. 3; *LR/Wickern* Rn. 3.
[9] BGH GA 1979, 272; ebenso BVerwG NJW 1986, 3154; a. A. BayObLG MDR 1979, 696; *LR/Wickern* Rn. 3; *Eb. Schmidt* Rn. 3; *Meyer-Goßner* Rn. 1.
[10] BGH StV 1991, 504.
[11] *Meyer-Goßner* Rn. 1; *Zöller/Gummer* Rn. 1.
[12] RG HRR 1939, 1117; OLG Saarbrücken NJW 1975, 65; OLG Hamburg NJW 1975, 1573; *LR/Wickern* Rn. 11; *BL/Albers* Rn. 3; vgl. OLG Hamburg StV 1983, 410.
[13] BGH StV 1997, 515.
[14] BGH StV 1996, 531.
[15] BGHSt 31, 39; BGH NStZ 1982, 517; 1987, 568; ; wistra 2005, 272; OLG Köln NStZ-RR 2002, 247; OLG Hamm ZfSch 2004, 184.
[16] BGH StV 1996, 531; OLG Frankfurt StV 2006, 519.

mehrdeutigem Protokollvermerk kann nicht ohne weiteres angenommen werden, der Dolmetscher sei nicht vereidigt worden oder habe sich nicht auf seinen allgemein geleisteten Eid berufen. Können Unklarheiten des Protokollvermerks nicht durch Auslegung behoben werden, darf das Revisionsgericht im Freibeweis den tatsächlichen Verfahrensablauf klären.[17]

6   **V. Frühere Vereidigung.** Ist der Dolmetscher für Übertragungen der betreffenden Art **allgemein beeidigt,** genügt statt des Eides die Berufung des Dolmetschers selbst auf diesen früher geleisteten Eid (Abs. 2). Dabei muss es sich um eine eigene, persönliche Berufung des Dolmetschers handeln, die auch darin liegen kann, dass er in den Angaben zur Person erklärt, er sei öffentlich bestellter und beeideter Dolmetscher für die bestimmte Sprache.[18] Es reicht auch aus, dass der Richter vom Dolmetscher in der Hauptverhandlung erfährt, dass dieser allgemein vereidigt ist, denn dadurch ist zu erkennen, dass der Dolmetscher sich seiner Bindung an den Eid bewusst ist.[19] Andererseits genügt nicht der Hinweis des Richters an den Dolmetscher, er sei ja allgemein beeidet, hier fehlt es an der eigenen Berufung des Dolmetschers auf seinen früheren Eid; erst recht genügt nicht die bloße Feststellung im Protokoll, er sei allgemein vereidigt;[20] erforderlich ist stets eine „irgendwie gefasste" eigene Erklärung, durch die zum Ausdruck gebracht wird, dass der Dolmetscher die Richtigkeit der von ihm vorzunehmenden Übertragungen auf diesen Eid nehme,[21] was allerdings gegebenenfalls dem Protokoll durch Auslegung entnommen werden kann.[22] Die Berufung auf den allgemein geleisteten Eid setzt voraus, dass der Dolmetscher für Übertragungen der betreffenden Art, z.B. für eine bestimmte Sprache, allgemein beeidigt ist.[23] Hat aber der Dolmetscher durch Berufung auf einen für Übersetzungen einer bestimmten Sprache allgemein geleisteten Eid zu erkennen gegeben, dass er sich der besonderen Verantwortung bei seiner Tätigkeit in der Hauptverhandlung bewusst ist, dann kann davon ausgegangen werden, dass ihn dieses Bewusstsein auch insoweit leitet, als er in der Hauptverhandlung zusätzlich eine andere Sprache übersetzt.[24]

7   Die Bezugnahme setzt zu ihrer prozessualen Wirksamkeit voraus, dass der Eid früher ordnungsgemäß geleistet wurde; diese Frage ist dem Freibeweis zugänglich.[25] Für die Bezugnahme ist zwar im Abs. 2 keine bestimmte Form vorgeschrieben. Die gewählte Form muss aber deutlich erkennen lassen, dass der Dolmetscher gerade durch den Eid an die gewissenhafte Übertragung gebunden ist; ihm das in jedem einzelnen Falle wieder ins Bewusstsein zu bringen, ist der Zweck des Abs. 2. Die bloße Versicherung, treu und gewissenhaft zu übertragen, erfüllt diesen Zweck nicht.[26] Die Berufung auf den geleisteten Eid muss **vor** der konkreten Dolmetschertätigkeit erklärt werden; wegen der nachträglichen Bezugnahme gilt das zum Nacheid Gesagte (Rn. 4) entsprechend. – Die Voraussetzungen der allgemeinen Beeidigung richten sich nach Landesrecht;[27] die Regelung durch Verwaltungsvorschrift genügt nicht.[28]

8   **VI. Folge der Nichtvereidigung.** Wird ein nicht ordnungsgemäß vereidigter Dolmetscher tätig, stellt dieser Verfahrensfehler keinen absoluten, sondern nur einen **relativen Revisionsgrund** dar; es ist erforderlich, dass das Urteil auf dieser Gesetzes-

---

[17] BGHSt 31, 39 = NJW 1982, 2739; BGH NStZ 2000, 49.
[18] BGH bei *Dallinger* MDR 1975, 199.
[19] BGH bei *Holtz* MDR 1978, 280.
[20] BGH GA 1980, 184 m. Anm. *Liemersdorf* NStZ 1981, 69; BGH NStZ 1987, 568; BayObLG MDR 1979, 696.
[21] BGH NStZ 1982, 392; 1984, 328.
[22] BGH NStZ 1984, 328.
[23] BGH NJW 1987, 1033.
[24] BGH aaO.
[25] OLG Frankfurt StV 2006, 519.
[26] RGSt 75, 332.
[27] Vgl. BayVerfGH BayVwBl. 1986, 363; OLG Frankfurt NJW-RR 1999, 646; OLG Saarbrücken OLGR 2005, 637.
[28] BVerwG NJW 2007, 1478.

verletzung beruht.[29] Der Verfahrensverstoß kann nicht durch Rügeverzicht geheilt werden.[30] Fehlt es an einer Beeidigung überhaupt, wird die Möglichkeit, dass das Urteil auf diesem Verfahrensfehler beruhen kann, regelmäßig nicht auszuschließen sein,[31] ebenso, wenn der Dolmetscher sich weder auf seine allgemeine Vereidigung berufen noch den Eid geleistet hat.[32] Sind aber Tatrichter wie Dolmetscher davon ausgegangen, dass der Dolmetscher ordnungsgemäß vereidigt war, dann ist im Revisionsverfahren anzunehmen, dass das Urteil auf diesem Fehler nicht beruht.[33] Ein Beruhen kann auch ausgeschlossen werden, wenn die Berufung auf einen allgemein geleisteten Eid versehentlich unterblieben war und die Gewissenhaftigkeit des Dolmetschers gerichtsbekannt ist.[34] Dasselbe gilt, wenn die Richtigkeit der Übersetzung von den Verfahrensbeteiligten leicht zu kontrollieren war[35] oder durch andere Beweismittel bestätigt ist.[36] War der Dolmetscher erst nachträglich vereidigt worden, kann das Urteil in aller Regel nicht darauf beruhen, da der Dolmetscher, wenn auch nachträglich, die Richtigkeit seiner Übersetzung unter Eid versichert hat (vgl. Rn. 4). Lässt das Protokoll die Annahme zu, dass der Dolmetscher nicht in der Verhandlung, sondern lediglich nach der Urteilsverkündung zur Übersetzung der Rechtsmittelbelehrung tätig war, so kann das Urteil nicht auf einer Verletzung des § 189 beruhen,[37] sondern allenfalls auf einer Verletzung des § 185 (vgl. dort Rn. 24f.).

Hat ein nicht vorschriftsmäßig beeideter Dolmetscher an einer Vernehmung **9** mitgewirkt, dann darf die Niederschrift über diese Vernehmung nicht als richterliche Vernehmung nach §§ 251, 254 StPO in der Hauptverhandlung verlesen werden,[38] allenfalls nach § 251 Abs. 2 StPO.[39]

VII. Falsche Übersetzung. Übersetzt der vereidigte Dolmetscher **bewusst** **10** **falsch,** begeht er einen Meineid nach § 154 StGB.[40] Auch weitere Delikte wie Begünstigung kommen in Betracht; ebenso kann er zivilrechtlich schadensersatzpflichtig werden.

VIII. Fernbleiben des Dolmetschers. Gegen einen unentschuldigt ferngebliebenen **11** Dolmetscher können Ordnungsmittel nicht festgesetzt werden,[41] doch können ihm die durch sein Ausbleiben verursachten Kosten auferlegt werden, vgl. § 185 Rn. 17.

Soweit der Dolmetscher zur Übertragung von Schriftstücken herangezogen und **12** damit zum Sachverständigen wird (§ 185 Rn. 18), richtet sich die Notwendigkeit der Vereidigung nach den für Sachverständige geltenden Vorschriften,[42] der Dolmetschereid hat hier keine Wirkung.[43]

---

[29] BGH StV 1982, 358; bei *Pfeiffer/Miebach* NStZ 1988, 20; BAG AP Nr. 1 zu § 189 GVG; BSG MDR 1993, 173.
[30] BGH NJW 1987, 260; OLG Hamm StV 1996, 532; ZfSch 2004, 184; OLG Köln NStZ-RR 2002, 248; BAG AP Nr. 1 zu § 189 GVG; *Zöller/Gummer* Rn. 1; *BL/Albers* Rn. 3; *LR/Wickern* Rn. 1.
[31] RGSt 75, 332; OLG Karlsruhe GA 1971, 214; OLG Saarbrücken NJW 1975, 65; OLG Köln NStZ-RR 2002, 248; OLG Stuttgart NStZ-RR 2003, 88; OLG Frankfurt StV 2006, 519.
[32] BGH StV 1987, 238; wistra 2005, 272: OLG Hamm ZfSch 2004, 184; OLG Koblenz VRS 71, 438.
[33] BGH NStZ 1984, 328; GA 1986, 177; OLG Frankfurt StV 2006, 519
[34] BGH NStZ 2005, 705.
[35] BGH aaO.; NStZ 1998, 204; vgl. auch OLG Frankfurt StV 2006, 519.
[36] BGH bei *Kusch* NStZ 1994, 227, 230; nicht ausreichend ist aber ein Geständnis des Angeklagten, OLG Köln NStZ-RR 2002, 247.
[37] OLG Saarbrücken NJW 1975, 65.
[38] BGH StV 1992, 551.
[39] BGHSt 22, 118 = NJW 1968, 1485; *KK/Diemer* Rn. 4.
[40] BGHSt 4, 154 = NJW 1953, 1033; *Meyer-Goßner* Rn. 1; *Zöller/Gummer* Rn. 4; *Wieczorek/Schreiber* Rn. 1; *LR/Wickern* Rn. 9; a. A. *Tröndle/Fischer* § 154 StGB Rn. 9; krit. zum Meinungsstand *Cebulla* S. 113 ff.; der Kritik ist zuzugeben, dass dann konsequenter Weise auch § 163 StGB zu prüfen wäre, hierzu *Cebulla* S. 142 f.
[41] OLG Karlsruhe Justiz 2003, 449.
[42] BGHSt 1, 4.
[43] BGH NJW 1965, 643.

§ 190. [Urkundsbeamter als Dolmetscher]

¹Der Dienst des Dolmetschers kann von dem Urkundsbeamten der Geschäftsstelle wahrgenommen werden. ²Einer besonderen Beeidigung bedarf es nicht.

1 **I. Urkundsbeamter.** Der Dienst eines Dolmetschers kann vom UdG (§ 153) wahrgenommen werden, wenn er dazu sprachlich usw. (§§ 185, 186) in der Lage, aber auch dazu bereit oder nach seinem Dienstrecht dazu verpflichtet ist. § 190 gilt nur für den UdG, der gerade das Protokoll führt. Obwohl er kraft seiner Beurkundungsfunktion Beteiligter des Verfahrens ist, kann er nach dieser Sondervorschrift noch die weitere Beteiligtenaufgabe des Dolmetschers ausüben. Demgegenüber kann der Richter nicht Dolmetscher sein[1] – in dem Falle, dass alle beteiligten Personen sämtlich der fremden Sprache mächtig sind (vgl. § 185 Rn. 9), wird nicht gedolmetscht, sondern nur in der fremden Sprache verhandelt. Auch der Staatsanwalt kann nicht Dolmetscher sein,[2] ebenso wenig der Verteidiger[3] oder ein Prozessbevollmächtigter.

2 **II. Satz 2.** Der UdG bedarf nicht der besonderen Beeidigung nach § 189, er ist kraft Stellung von Gesetzes wegen zur gewissenhaften Übertragung verpflichtet. Jeder andere als Dolmetscher hinzugezogene Justizangehörige ist nach § 189 zu vereidigen.[4] Der UdG ist in seiner Tätigkeit beschränkt auf Dolmetscherdienste in der mündlichen Verhandlung, als Sachverständiger für die Übersetzung von Urkunden (§ 185 Rn. 18) kann er nicht zugezogen werden.

§ 191. [Ausschließung und Ablehnung des Dolmetschers]

¹Auf den Dolmetscher sind die Vorschriften über Ausschließung und Ablehnung der Sachverständigen entsprechend anzuwenden. ²Es entscheidet das Gericht oder der Richter, von dem der Dolmetscher zugezogen ist.

1 **I. Kein Sachverständiger.** Der in der mündlichen Verhandlung tätige Dolmetscher ist im Gegensatz zum Übersetzer nicht Sachverständiger (vgl. § 185 Rn. 18). Als Dolmetscher kann jede sprachkundige Person zugezogen werden (vgl. § 185 Rn. 16), auch Verwandte von Beteiligten sind nicht kraft Gesetzes ausgeschlossen.[1*]

2 **II. Anwendbarkeit der Vorschriften für den Sachverständigen.** Auf den Dolmetscher sind die Vorschriften über die Ausschließung und Ablehnung des Sachverständigen anzuwenden (Satz 1). Die **Ablehnung** des Sachverständigen ist in §§ 406, 42 ZPO, §§ 74, 24 StPO geregelt. Die auf Sprachmittlerdienste beschränkte Funktion, die noch weniger als die des Sachverständigen wertender Natur ist, legt aber grundsätzlich strengere Anforderungen an die Besorgnis der Befangenheit nahe.[2*] Ein mit Erfolg abgelehnter Dolmetscher kann nicht mehr weiter tätig sein, die vor der Ablehnung (Bestehen des Ablehnungsgrundes) von dem Dolmetscher vorgenommenen Übertragungen hat das Gericht außer Betracht zu lassen[3*] und gegebenenfalls mit einem neuen Dolmetscher zu wiederholen.[4*] Eine **Ausschließung** des Sachverständigen kraft Gesetzes gibt es nicht (insoweit enthält

---

[1] OLG Karlsruhe Justiz 1962, 93; *LR/Wickern* § 190 Rn. 1; *BL/Albers* § 190 Rn. 1; *Meyer-Goßner* § 190 Rn. 1; a. A. KG HRR 1935, 991.
[2] *LR/Wickern; Meyer-Goßner* aaO.
[3] *Meyer-Goßner* aaO.
[4] RGSt 2, 273; *LR/Wickern* Rn. 1.
[1*] BVerwG NJW 1984, 2055.
[2*] OLG Nürnberg MDR 1999, 823.
[3*] BVerwG NJW 1985, 757.
[4*] *BL/Albers* Rn. 1; einschränkend LG Berlin StV 1994, 180; *Zöller/Gummer* Rn. 3: nur bei Anhalt für Mängel.

§ 191 ein Redaktionsversehen); Gründe, die bei einem Richter nach § 41 ZPO, §§ 22, 23 StPO zur Ausschließung führen, können aber die Ablehnung des Sachverständigen rechtfertigen[5] mit Ausnahme des § 41 Nr. 5 ZPO, § 22 Nr. 5 StPO.

III. Zeuge und Sachverständiger. Der Dolmetscher kann **zugleich Zeuge oder Sachverständiger** sein, also seine eigene Aussage selbst wie auch die Erklärungen anderer Verfahrensbeteiligter übersetzen,[6] denn nach § 406 Abs. 1 Satz 2 ZPO, § 74 Abs. 1 Satz 2 StPO kann entgegen § 41 Nr. 5 ZPO, § 22 Nr. 5 StPO ein Ablehnungsgrund nicht daraus entnommen werden, dass der Sachverständige als Zeuge vernommen worden ist.[7]

IV. Ablehnung des Dolmetschers. Über die Berechtigung der Ablehnung des Dolmetschers entscheidet das Gericht oder der Richter, von dem der Dolmetscher zugezogen ist (Satz 2). Die Entscheidung ist in der Besetzung zu treffen, in der das Gericht die Entscheidung auf Grund der Hauptverhandlung trifft, also gegebenenfalls unter Mitwirkung der Schöffen.[8]

§ 191 a. [Zugänglichmachung von Dokumenten für blinde oder sehbehinderte Personen]

(1) ¹Eine blinde oder sehbehinderte Person kann nach Maßgabe der Rechtsverordnung nach Absatz 2 verlangen, dass ihr die für sie bestimmten gerichtlichen Dokumente auch in einer für sie wahrnehmbaren Form zugänglich gemacht werden, soweit dies zur Wahrnehmung ihrer Rechte im Verfahren erforderlich ist. ²Hierfür werden Auslagen nicht erhoben.

(2) **Das Bundesministerium der Justiz bestimmt durch Rechtsverordnung, die der Zustimmung des Bundesrates bedarf, unter welchen Voraussetzungen und in welcher Weise die in Absatz 1 genannten Dokumente und Dokumente, die von den Parteien zur Akte gereicht werden, einer blinden oder sehbehinderten Person zugänglich gemacht werden, sowie ob und wie diese Person bei der Wahrnehmung ihrer Rechte mitzuwirken hat.**

Gesetzesfassung: Eingefügt durch Art. 20 Nr. 5 OLG-VertretungsänderungsG vom 23. 7. 2002 (BGBl. I S. 2850). „Schriftstücke" durch „Dokumente" ersetzt durch Art. 15c JustizkommunikationsG vom 22. 3. 2005 (BGBl. I S. 837).

I. Allgemeines. § 191a dient wie § 186 der gleichberechtigten Teilhabe behinderter Personen am gerichtlichen Verfahren. Abs. 1 räumt **blinden oder sehbehinderten Beteiligten** das Recht ein, die für sie bestimmten **gerichtlichen** Dokumente auch in einer für sie wahrnehmbaren Form verlangen zu können. Es besteht jedoch nur nach Maßgabe einer RechtsVO des Bundesministeriums der Justiz (Abs. 2), welche die Voraussetzungen und die Art und Weise der zusätzlichen Bekanntgabe zu bestimmen sowie etwaige Mitwirkungspflichten des Empfängers festzulegen hat. Daneben ermächtigt Abs. 2 den Verordnungsgeber, blinden oder sehbehinderten Beteiligten auch das Recht auf zusätzliche Bekanntgabe der von den **Parteien** eingereichten Dokumente einzuräumen und hierfür ebenfalls die gebotenen Festlegungen zu treffen. Die RechtsVO bedarf der Zustimmung des Bundesrats. Von der Ermächtigung ist Gebrauch gemacht worden durch die **ZugänglichmachungsVO** vom 26. 2. 2007 (BGBl. I S. 215), siehe Rn. 11.

Unabhängig von § 191a können freilich bereits die Grundsätze der prozessualen Fürsorge und der Gewährung des rechtlichen Gehörs gebieten, dem Begehren einer behinderten Person nach zusätzlicher Übermittlung eines Dokuments in einer

---
[5] *BL/Albers* Rn. 1; *LR/Wickern* Rn. 3.
[6] RGSt 45, 304; *Meyer-Goßner* Rn. 1.
[7] RGSt 43, 304; BGH NJW 1965, 643; *LR/Wickern* Rn. 4.
[8] *LR/Wickern* Rn. 7.

für sie wahrnehmbaren Form im Rahmen der bestehenden Möglichkeiten zu entsprechen.[1]

II. Blinde oder sehbehinderte Personen. Blind oder sehbehindert im Sinne der Vorschrift ist eine Person, deren Sehvermögen ausgeschlossen oder so weit eingeschränkt ist, dass sie das in herkömmlicher Weise geschriebene Wort auch bei Benutzung gängiger Hilfsmittel (Brille, Kontaktlinsen, Lupe) nicht mehr zuverlässig wahrnehmen kann.[2] Dem Normzweck entsprechend ist § 191a aber nur auf Beteiligte anwendbar, deren persönliche Rechte und Pflichten durch das Verfahren berührt werden, wie Parteien, Angeklagte, Zeugen, Sachverständige, nicht auf solche, die von Berufs wegen mit dem Verfahren befasst sind, wie Gerichtspersonen, Staatsanwälte, Prozessbevollmächtigte,[3] auf Rechtsanwälte also nur, soweit sie z. B. als Verteidiger eigene prozessuale Rechte wahrnehmen, nicht aber bei Wahrnehmung von Rechten der vertretenen Partei.[4]

4 **III. Dokumente. 1. Dokumente** sind sowohl die herkömmlichen Schriftstücke als auch die auf einem Datenträger elektronisch gespeicherten, nur maschinell oder nach maschinellem Ausdruck lesbaren Aufzeichnungen. Ob solche elektronischen Dokumente an die Stelle von Schriftstücken treten können, ergibt sich aus den einzelnen Verfahrensordnungen, insoweit zuletzt neu gefasst durch das JustizkommunikationsG (s. Gesetzesfassung). Im Zivilprozess gelten für gerichtliche elektronische Dokumente und deren Zustellung §§ 130 b, 174 ZPO; die Einreichung elektronischer Dokumente durch Verfahrensbeteiligte wie auch die elektronische Aktenführung überhaupt regeln Bund und Länder jeweils für ihren Bereich durch RechtsVO (§§ 130 a, 298 a ZPO). Im Strafverfahren gilt § 41 a StPO, im Ordnungswidrigkeitenverfahren gelten §§ 110 a ff. OWiG.

5 2. Abs. 1 betrifft **gerichtliche** Dokumente, die für die blinde oder sehbehinderte Person **bestimmt** sind, also ihr bekannt zu gebende, vom Gericht erstellte Mitteilungen, Verfügungen, Beschlüsse und Urteile,[5] dazu vom Gericht gefertigte Protokolle, soweit Anspruch auf eine Abschrift besteht. Des weiteren gilt Abs. 1 für Dokumente, die in den der Verfahrensherrschaft der Staatsanwaltschaft unterliegenden Teilen des Strafverfahrens zu fertigen und bekannt zu geben sind.[6] Miterfasst sind auch die vom Gericht zuzustellenden staatsanwaltschaftlichen Abschlussverfügungen, z. B. die Anklageschrift.

6 3. Keine gerichtlichen, für eine Person bestimmte Dokumente sind solche, die andere Verfahrensbeteiligte (Parteien, Sachverständige u. a.) zu den Akten gereicht haben oder die auf sonstige Weise (z. B. als Ergebnisse von Ermittlungshandlungen) Aktenbestandteil geworden sind, unabhängig davon, ob sie der Akteneinsicht unterliegen. Soweit diese Dokumente von den **Parteien** zur Akte gereicht (und der Gegenpartei zugänglich zu machen) sind, gilt Abs. 2. Die Ansicht, Abs. 1 erfasse alle Dokumente, die in einem gerichtlichen Verfahren zu den Gerichtsakten zu nehmen sind,[7] findet im Gesetzeswortlaut keine Stütze. Anders als Abs. 1 behält Abs. 2 schon das Ob – und nicht nur die Art und Weise – der zusätzlichen Bekanntgabe dem Verordnungsgeber vor.[8] Die unterschiedliche Behandlung findet ihre Rechtfertigung darin, dass die Kommunikation mit dem Gericht immer noch fast ausschließlich schriftlich stattfindet. Gerichtliche Dokumente werden, auch wenn es sich um Schriftstücke handelt, heute weitaus überwiegend mittels Textver-

---

[1] Vgl. *Zöller/Gummer* Rn. 3.
[2] *LR/Wickern* Rn. 2.
[3] *LR/Wickern* Rn. 3.
[4] *MünchKommZPO/Wolff* [Erg.Bd.] Rn. 4.
[5] BTagsDrucks. 14/9266 S. 41; *BL/Hartmann* Rn. 3; *Meyer-Goßner* Rn. 1.
[6] BTagsDrucks. aaO.; *Meyer-Goßner* aaO.
[7] *LR/Wickern* Rn. 5.
[8] Vgl. BTagsDrucks. aaO.

arbeitungssystemen erstellt und stehen so ohnehin als elektronische Dateien zur Verfügung, die verhältnismäßig einfach in andere Ausgabeformen umgesetzt werden können, während dies bei schriftlichen Eingängen von dritter Seite nur nach u. U. aufwändiger Konvertierung möglich wäre.

IV. Anspruch auf zusätzliche Übermittlung. 1. § 191 a verpflichtet das Gericht bzw. die Staatsanwaltschaft dazu, der behinderten Person die genannten Dokumente **auch** in einer für sie wahrnehmbaren Form zugänglich zu machen, also lediglich zu einer zusätzlichen Übermittlung. Weitergehende prozessuale Auswirkungen hat weder diese Verpflichtung noch ein Verstoß hiergegen. So bleiben die Vorschriften der Verfahrensordnungen über Formen, Fristen und Zustellungen unberührt; bei Versäumnissen, die auf die Behinderung zurückzuführen sind, tragen die Bestimmungen über die Präklusion und die Wiedereinsetzung in den vorigen Stand den Interessen der behinderten Person hinreichend Rechnung.[9] Die Herstellung einer von der behinderten Person wahrnehmbaren Form obliegt dem Gericht bzw. der Staatsanwaltschaft. Wegen deren möglicher Überforderung in technischer Hinsicht (vgl. Rn. 9 und § 3 ZugänglichmachungsVO, Rn. 11) erlaubt § 8 ZugänglichmachungsVO die Beauftragung Privater.

2. Die zusätzliche Übermittlung erfolgt nur auf **Antrag** („kann ... verlangen"). Der Antrag braucht nicht für jedes einzelne Dokument gesondert, sondern kann auch einmal für das gesamte Verfahren gestellt werden.[10]

3. Die zusätzliche Übermittlung muss zur Wahrnehmung der Rechte der behinderten Person im Verfahren **erforderlich** sein. Dies kann zu verneinen sein, wenn die blinde oder sehbehinderte Person im Verfahren durch einen Prozessbevollmächtigten vertreten ist bzw. einen Verteidiger hat. Im Übrigen bestimmen sich Umfang des Anspruchs und zu beanspruchende Form nach den individuellen Fähigkeiten des Beteiligten.[11] So kann eine Übersendung des Dokuments in elektronischer Form (Diskette, e-Mail) genügen, wenn der blinden oder sehbehinderten Person ein Computer mit Braille-Zeile oder Sprachausgabe, ggf. auch mit Internetzugang, zur Verfügung steht.[12] Weiter kommt die Herstellung eines Schriftstücks mit besonders großer Schrift oder die Übersetzung des Dokuments in die Blindenschrift in Betracht,[13] in geeigneten Fällen auch das Vorlesen.[14]

4. Auslagen für die zusätzliche Übermittlung in behindertengerechter Form werden nicht erhoben (Abs. 1 S. 2); dies schließt etwaige Auslagen für die Herstellung dieser Form ein, also auch Auslagen für Übersetzer (Nr. 9005 Abs. 3 Kostenverzeichnis zum GKG).

V. Verordnung zur barrierefereien Zugänglichmachung von Dokumenten für blinde und sehbehinderte Personen in gerichtlichen Verfahren vom 26. Februar 2007 (BGBl. I S. 215):

Auf Grund des § 191a Abs. 2 des Gerichtsverfassungsgesetzes in der Fassung der Bekanntmachung vom 9. Mai 1975 (BGBl. I S. 1077), der durch Artikel 20 Nr. 5 des Gesetzes vom 23. Juli 2002 (BGBl. I S. 2850) eingefügt und durch Artikel 15c Nr. 2 des Gesetzes vom 22. März 2005 (BGBl. I S. 837) geändert worden ist, auch in Verbindung mit § 46 Abs. 8 des Gesetzes über Ordnungswidrigkeiten in der Fassung der Bekanntmachung vom 19. Februar 1987 (BGBl. I S. 602), der durch Artikel 1 Nr. 2 des Gesetzes vom 26. Juli 2002 (BGBl. I S. 2864, 3516) eingefügt worden ist, verordnet das Bundesministerium der Justiz:

---

[9] BTagsDrucks. 14/9266 S. 41.
[10] *LR/Wickern* Rn. 4.
[11] Vgl. im Einzelnen auch http://www.beh-verband.de.
[12] BTagsDrucks. 14/9266 S. 41.
[13] *LR/Wickern* Rn. 7.
[14] *Zöller/Gummer* Rn. 3.

§ 1 Anwendungsbereich. (1) Diese Verordnung regelt die Anforderungen und das Verfahren für die Zugänglichmachung von Dokumenten im gerichtlichen Verfahren an eine blinde oder sehbehinderte Person (berechtigte Person) in einer für sie wahrnehmbaren Form.

(2) Die Verordnung gilt für das staatsanwaltschaftliche Ermittlungs- und Vollstreckungsverfahren sowie für das behördliche Bußgeldverfahren entsprechend, wenn blinde oder sehbehinderte Personen beteiligt sind.

(3) Der Anspruch auf Zugänglichmachung besteht nach Maßgabe dieser Verordnung im gerichtlichen Verfahren gegenüber dem Gericht, im staatsanwaltschaftlichen Ermittlungsverfahren gegenüber der Staatsanwaltschaft, im behördlichen Bußgeldverfahren gegenüber der Verfolgungsbehörde und in den mit diesen Verfahren in Zusammenhang stehenden Vollstreckungsverfahren gegenüber der jeweils zuständigen Vollstreckungsbehörde.

§ 2 Gegenstand der Zugänglichmachung. (1) Der Anspruch auf Zugänglichmachung nach § 191a Abs. 1 Satz 1 und Abs. 2 des Gerichtsverfassungsgesetzes, auch in Verbindung mit § 46 Abs. 1 des Gesetzes über Ordnungswidrigkeiten, umfasst Dokumente, die einer berechtigten Person zuzustellen oder formlos bekannt zu geben sind. Diesen Dokumenten als Anlagen beigefügte Zeichnungen und andere Darstellungen, die nicht in Schriftzeichen wiedergegeben werden können, sowie von einer Behörde vorgelegte Akten werden von der Verordnung nicht erfasst.

(2) Die Vorschriften über die Zustellung oder formlose Mitteilung von Dokumenten bleiben unberührt.

(3) Weitergehende Ansprüche auf Zugänglichmachung, die sich für berechtigte Personen aus anderen Rechtsvorschriften ergeben, bleiben unberührt.

§ 3 Formen der Zugänglichmachung .(1) Die Dokumente können der berechtigten Person schriftlich, elektronisch, akustisch, mündlich, fernmündlich oder in anderer geeigneter Weise zugänglich gemacht werden.

(2) Die schriftliche Zugänglichmachung erfolgt in Blindenschrift oder in Großdruck. Bei Großdruck sind ein Schriftbild, eine Kontrastierung und eine Papierqualität zu wählen, die die individuelle Wahrnehmungsfähigkeit der berechtigten Person ausreichend berücksichtigen.

(3) Die elektronische Zugänglichmachung erfolgt durch Übermittlung eines elektronischen Dokuments. Dabei sind die Standards von § 3 der Barrierefreie Informationstechnikverordnung maßgebend. Das Dokument ist gegen unbefugte Kenntnisnahme zu schützen.

§ 4 Umfang des Anspruchs. (1) Der Anspruch auf Zugänglichmachung besteht, soweit der berechtigten Person dadurch der Zugang zu den ihr zugestellten oder formlos mitgeteilten Dokumenten erleichtert und sie in die Lage versetzt wird, eigene Rechte im Verfahren wahrzunehmen.

(2) Die Zugänglichmachung erfolgt auf Verlangen der berechtigten Person. Die nach § 1 Abs. 3 verpflichtete Stelle hat die berechtigte Person auf ihren Anspruch hinzuweisen.

(3) Das Verlangen auf Zugänglichmachung kann in jedem Abschnitt des Verfahrens geltend gemacht werden. Es ist aktenkundig zu machen und im weiteren Verfahren von Amts wegen zu berücksichtigen.

§ 5 Mitwirkung der berechtigten Person. Die berechtigte Person ist verpflichtet, bei der Wahrnehmung ihres Anspruchs auf Zugänglichmachung im Rahmen ihrer individuellen Fähigkeiten und ihrer technischen Möglichkeiten mitzuwirken. Sie soll die nach § 1 Abs. 3 verpflichtete Stelle unverzüglich über ihre Blindheit oder Sehbehinderung in Kenntnis setzen und mitteilen, in welcher Form ihr die Dokumente zugänglich gemacht werden können.

§ 6 Ausführung der Zugänglichmachung. Die berechtigte Person hat ein Wahlrecht zwischen den in § 3 genannten Formen der Zugänglichmachung. Die nach § 1 Abs. 3 verpflichtete Stelle hat die Zugänglichmachung in der von der berechtigten Person gewählten Form auszuführen.

§ 7 Zeitpunkt der Zugänglichmachung. Die Zugänglichmachung soll im zeitlichen Zusammenhang mit der Zustellung oder formlosen Mitteilung der für die berechtigte Person bestimmten Dokumente erfolgen, es sei denn, die damit verbundene Verzögerung ist unter Berücksichtigung der berechtigten Interessen der übrigen Verfahrensbeteiligten oder des Verfahrenszwecks nicht hinnehmbar.

§ 8 Organisation. Die nach § 1 Abs. 3 verpflichtete Stelle kann die Übertragung der Dokumente in eine Form, die die berechtigte Person wahrnehmen kann, und die Übermittlung der Dokumente an diese Person einer anderen Stelle übertragen.

§ 9 Inkrafttreten. Die Verordnung tritt am ersten Tag des dritten auf die Verkündung folgenden Kalendermonats in Kraft.

Sechzehnter Titel. Beratung und Abstimmung

§ 192. [Mitwirkende Richter und Schöffen]

(1) Bei Entscheidungen dürfen Richter nur in der gesetzlich bestimmten Anzahl mitwirken.

(2) Bei Verhandlungen von längerer Dauer kann der Vorsitzende die Zuziehung von Ergänzungsrichtern anordnen, die der Verhandlung beizuwohnen und im Falle der Verhinderung eines Richters für ihn einzutreten haben.

(3) Diese Vorschriften sind auch auf Schöffen anzuwenden.

Übersicht

	Rn.		Rn.
I. Geltungsbereich	1	2. Zuziehung	10
II. Mitwirkende Richter	2	3. Person	11
1. Entscheidung	3	4. Widerruf	14
2. Bekanntgabe der Entscheidung	5	5. Funktion des Ergänzungsrichters	15
3. Ergänzungsrichter	6	6. Eintritt des Ergänzungsrichters	17
4. Verstöße gegen § 192	7	7. Verhinderung des Vorsitzenden	19
III. Zuziehung von Ergänzungsrichtern	8	IV. Schöffen	20
1. Vorsorgemaßnahme	8	V. Andere ehrenamtliche Richter	21

I. Geltungsbereich. §§ 192 bis 197 gelten für die im GVG aufgeführten ordentlichen Gerichte, soweit sie in den vom GVG ergriffenen Verfahren entscheiden (§ 12). Für alle anderen Verfahrensarten gelten sie nur kraft besonderer Verweisung (z.B. § 8 FGG, § 9 LwVG, § 116 BRAO); nur kraft besonderer Verweisung gelten sie auch für andere Gerichtsbarkeiten (§ 9 Abs. 2 ArbGG, § 61 Abs. 2 SGG, § 52 FGO, § 55 VwGO). Die Vorschriften gelten nicht für die privaten Schiedsgerichte nach §§ 1025 ff. ZPO.[1] Sie gelten auch nur für die richterliche Spruchtätigkeit, nicht für das Präsidium.[2] Auch auf andere gesetzlich vorgesehene Gremien, z.B. den Präsidialrat und die Richterräte, sind sie nicht unmittelbar anwendbar; vgl. aber zum Beratungsgeheimnis § 193 Rn. 8. Die Vorschriften gelten nur für Kollegialgerichte, nicht für den Einzelrichter[3] (vgl. auch § 193 Rn. 37). Sie gelten aber für alle darin tätigen Berufsrichter und auch alle ehrenamtlichen Richter. Zwar spricht das Gesetz an einigen Stellen ausdrücklich nur von den Schöffen (§§ 192 Abs. 3, 195), andererseits in § 197 von ehrenamtlichen Richtern und Schöffen. Jedoch sind alle ehrenamtlichen Richter nach § 45 DRiG unabhängig und wirken gleichberechtigt an der Entscheidung mit (vgl. § 112), auch ist der Begriff „Schöffe" nur eine Bezeichnung des ehrenamtlichen Richters ohne eigenen Status (§ 45a DRiG). 1

II. Bestimmung der mitwirkenden (gesetzlichen) Richter. § 192 ist eine Konkretisierung des Gebots des gesetzlichen Richters (§ 16). Er setzt die in anderen Vorschriften enthaltene Bestimmung der „gesetzlich bestimmten Anzahl" von Richtern voraus und bestimmt, dass nur in dieser Zahl auch Richter konkret an der Entscheidung mitwirken, und zwar weder weniger noch mehr; diese Zahl darf **weder unterschritten noch überschritten** werden.[4] Zu Ausnahmen vgl. §§ 192 2

---

[1] RG JW 1921, 1248; RGZ 129, 15; *Wieczorek/Schreiber* Vorbem. Rn. 1.
[2] BGHSt 12, 227 = NJW 1959, 685; St 12, 402 = NJW 1959, 1093; vgl. *Fischer* DRiZ 1978, 174.
[3] BGHSt 11, 74.
[4] BGHZ 36, 144, 153 = NJW 1962, 583; BGH NJW 1992, 3182.

Abs. 2 und 193. Die gesetzliche Zahl der Richter ergibt sich vor allem aus §§ 22, 25, 29, 75, 76, 78b, 105, 122, 132, 139 GVG; §§ 320 Abs. 4, 348, 348a, 349, 526, 527, 568 ZPO sowie aus den anderen Verfahrensgesetzen, z.B. § 2 Abs. 2 LwVG, § 33 JGG. Dabei ist die „gesetzlich bestimmte Anzahl" nicht nur quantitativ zu verstehen; sie meint auch die ordnungsgemäße qualitative Besetzung, also hinsichtlich des Vorsitzenden, der beisitzenden Berufsrichter (§ 29 DRiG) und der ehrenamtlichen Richter (Abs. 3); sie sind nicht in irgendeiner Form „austauschbar". Von der Teilnahme ausgeschlossen sind Richter, die zu diesem Zeitpunkt nicht mehr im aktiven Richterverhältnis bei diesem Gericht stehen, z.B. in den Ruhestand getreten sind,[5] versetzt[6] oder abgeordnet wurden mit der Folge, dass keine Entscheidung mehr in dieser Besetzung ergehen kann, sondern neu verhandelt und entschieden werden muss, anders im FGG-Verfahren.[7] Zur Unterschrift ausgeschiedener Richter § 195 Rn. 11. Besetzungsreduktionen sind in diesen Fällen aber möglich, § 320 Abs. 4 ZPO; im arbeitsgerichtlichen Verfahren entscheiden bei zwischenzeitlicher Verhinderung des Berufsrichters hiernach allein die ehrenamtlichen Richter.[8] Die Vorschrift ist entsprechend anzuwenden, wenn nach Beratung und Abstimmung, aber vor Verkündung des Urteils über die Wiedereröffnung der mündlichen Verhandlung zu befinden ist.[9] – Ist unter Mitwirkung eines ausgeschiedenen Richters entschieden worden, ist diese Entscheidung wirksam, wenn auch in nicht ordnungsgemäßer Besetzung ergangen, und mit Rechtsmitteln (auch Nichtigkeitsklage nach § 579 Abs. 1 Nr. 1 ZPO) anfechtbar.[10]

3 1. Die Mitwirkung bei der **Entscheidung** ist ein gerichtsinterner Vorgang. Er betrifft das Verfahren von der Beendigung der mündlichen Verhandlung (bzw. dem Ablauf der Frist für Stellungnahmen der Verfahrensbeteiligten) bis zu dem Augenblick, da die getroffene Entscheidung durch Verkündung oder andere Kundgabe nach außen tritt. „Entscheidung" ist dabei jede gerichtliche Regelung zur Erledigung eines Antrags, sowohl die die Instanz abschließende als auch jede das Verfahren einleitende und seinen Fortgang betreffende Entscheidung.

4 **Mitwirkung** bedeutet die Teilnahme an dem geistig-intellektuellen Vorgang, bei dem die zuständigen Richter auf Grund des ihnen vorliegenden Sachverhalts die nach dem Verfahrensstand gebotene Entscheidung treffen, also gerichtsintern von der Beratung bis zur abschließenden Fixierung. Mitwirkung bedeutet aktive Teilnahme an der Entscheidungsfindung. Deshalb muss jeder teilnehmende Richter in der Lage sein, der Beratung zu folgen und, soweit er es für angezeigt hält, seine Meinung zu äußern, nicht nur bei der Stimmabgabe (§ 195). Ist er dies nicht, ist die Vorschrift nicht gewahrt, wenn dies auch nur sehr schwer nachprüfbar sein dürfte und eine Frage an die Selbstverantwortung der Richter ist. – Umgekehrt kann aber die Vorschrift nicht dadurch umgangen werden, dass eine weitere Person erklärtermaßen lediglich passiv anwesend ist.

5 2. Die **Bekanntgabe** der Entscheidung nach außen gehört nicht hierher. Wie sie zu geschehen hat und durch wen, ist in den Verfahrensgesetzen geregelt. Aus dem Verfahrensrecht ergibt sich auch die Antwort auf die Frage, ob ein Richter an allen Verhandlungen teilgenommen haben muss (§ 309 ZPO; §§ 226, 260 StPO). ebenso die Frage, ob alle Richter die Entscheidung zwingend unterschreiben müssen (§ 315 ZPO, § 275 StPO).

6 3. Der **Ergänzungsrichter** (Rn. 8 ff.) darf in dieser Funktion nicht an der Beratung teilnehmen (Rn. 16). Der Auffassung, in der Anwesenheit des Ergänzungs-

---

[5] OVG Münster NJW 1992, 1124.
[6] OLG Oldenburg OLGR 2000, 123.
[7] OLG Köln OLGR 2001, 3; OLG Düsseldorf OLGR 2002, 127.
[8] LAG Frankfurt NZA-RR 2004, 105.
[9] BGH NJW 2002, 1426.
[10] *Jauernig* DtZ 1993, 173; a. A. OVG Münster NJW 1992, 1124; BezG Leipzig DtZ 1993, 27.

richters liege nur dann ein erheblicher Verfahrensmangel, wenn er die Entscheidung beeinflusst oder an der Abstimmung teilgenommen habe, nicht aber, wenn er lediglich zugehört habe,[11] kann nicht gefolgt werden. Das Gesetz verbietet eindeutig die Anwesenheit von mehr als den gesetzlich vorgesehenen Richtern. Angesichts der Bedeutung des gesetzlichen Richters (§ 16), wozu auch die Zahl der mitwirkenden Richter gehört, ist ein solcher Verfahrensverstoß stets als erheblich anzusehen ohne Rücksicht darauf, ob im Einzelfall, doch wohl nur unter Verletzung des Beratungsgeheimnisses (vgl. § 193 Rn. 4), festgestellt werden kann, ob der Ergänzungsrichter die Entscheidung mit beeinflusst hat.

4. Ein **Verstoß** gegen § 192 macht zwar die Entscheidung nicht unwirksam, stellt aber einen absoluten Revisionsgrund dar, §§ 547 Nr. 1, 579 Nr. 1 ZPO, § 338 Nr. 1 StPO;[12] ebenso eine Amtspflichtverletzung gegenüber der betroffenen Partei.[13]

III. Zuziehung von Ergänzungsrichtern. 1. Die Zuziehung von Ergänzungsrichtern (Abs. 2) ist eine **Vorsorgemaßnahme.** Weil das Urteil im Strafprozess nur von den Richtern gefällt werden kann, die der gesamten Verhandlung von Anfang an bis Ende beigewohnt haben (§§ 226, 260 StPO), soll bei Verhandlungen von längerer Dauer nicht dadurch, dass ein Richter ausfällt, das gesamte Verfahren von Anfang an wiederholt werden müssen.[14] Für Zivilsachen hat die Vorschrift keine praktische Bedeutung, da es hier nur auf die Anwesenheit der entscheidenden Richter bei der dem Urteil zugrundeliegenden letzten mündlichen Verhandlung ankommt (§ 309 ZPO) und ein Richterwechsel zwischen Beweisaufnahme und Schlussverhandlung unschädlich ist.[15] Die Vorschrift ist nur anwendbar bei Verfahren mit mündlicher Verhandlung, nicht im schriftlichen Verfahren (§ 128 Abs. 2 ZPO).

Die Vorschrift gilt uneingeschränkt für **Kollegialgerichte** mit mehreren Berufsrichtern. Bei der kleinen StrafK ist sie nur anwendbar bezüglich der Schöffen,[16] ebenso beim Schöffengericht,[17] auch auf die Berufsrichter aber beim erweiterten Schöffengericht.[18]

2. Über die **Zuziehung** von Ergänzungsrichtern, ihre Zahl und ihre Art (Berufsrichter, ehrenamtliche Richter) entscheidet der **Vorsitzende** in richterlicher Unabhängigkeit, weder das Präsidium noch die Justizverwaltung, z.B. der Gerichtspräsident.[19] Die Entscheidung liegt in seinem pflichtgemäßen Ermessen, er kann auch die Verhandlung ohne Ergänzungsrichter „riskieren". Auch die Frage, ob eine Verhandlung von „längerer Dauer" (voraussichtlich) vorliegt, beurteilt er nach pflichtgemäßem Ermessen. Eine überflüssige Zuziehung stellt keinen prozessualen Verstoß zum Nachteil der Verfahrensbeteiligten dar, da der Ergänzungsrichter an den Entscheidungen nicht mitwirkt und die Tätigkeit eines weiteren Richters in Ausübung seines Fragerechts nur der Wahrheitsfindung förderlich sein kann. Auch soweit die Zuziehung des Ergänzungsrichters ihrerseits dessen Vertretung notwendig macht, liegt in der unbegründeten oder unzweckmäßigen Zuziehung wegen der dadurch bedingten tatsächlichen Verhinderung des Ergänzungsrichters in seinem originären Aufgabengebiet dort keine Verletzung des gesetzlichen Richters vor.

---

[11] RG JW 1926, 1227; RGSt 65, 40; BGHSt 18, 231 = NJW 1963, 1463.
[12] *BL/Hartmann* Rn. 1; *MünchKommZPO/Wolf* Rn. 5.
[13] BGHZ 36, 144 = NJW 1962, 583.
[14] Vgl. RGSt 62, 198.
[15] BGHZ 53, 245 = NJW 1970, 946.
[16] *LR/Wickern* Rn. 8.
[17] *Meyer-Goßner* Rn. 3.
[18] *LR/Wickern* Rn. 8.
[19] RGSt 56, 138; BGH NStZ-RR 2003, 14; *LR/Wickern* Rn. 4.

11   3. Von der Anordnung der Zuziehung zu unterscheiden ist die Frage, welcher **konkrete Richter** als Ergänzungsrichter tätig wird. Dies hat sich aus der Geschäftsverteilung oder dem Mitwirkungsplan zu ergeben (hierzu § 21 e Rn. 138).

12   Die Bestellung zum Ergänzungsrichter verdrängt die allgemeine Vertretungsregelung der ordentlichen Mitglieder des Spruchkörpers nach §§ 21 e, 21 g in ihrer gerade für diese Sache bestehenden konkreten Zuständigkeit.

13   Anstelle welchen Richters des Kollegiums der Ergänzungsrichter einzutreten hat, bestimmt sich nach der Geschäftsverteilung. Fehlt eine solche Bestimmung, ist seine Bestellung als für den Richter anzusehen, der als erster ausfällt. Bei mehreren gleichartigen Ergänzungsrichtern (Berufsrichter, ehrenamtliche Richter) bedarf es in jedem Falle einer konkreten Bestimmung des Eintritts,[20] sonst ist die Regelung wegen Unbestimmtheit unwirksam.

14   4. Der Vorsitzende kann die Zuziehungsanordnung **jederzeit widerrufen,** wenn er ihre Notwendigkeit nicht mehr für gegeben ansieht,[21] mit der Folge, dass der Ergänzungsrichter nicht mehr an der Verhandlung teilnimmt, aber auch bei Eintritt der Verhinderung eines Richters nicht mehr „einspringen" kann, um die Notwendigkeit einer vollständigen Neuverhandlung (Rn. 8) zu vermeiden; es gilt dann die allgemeine Vertretungsregelung (§ 21 e), aber auch die Notwendigkeit einer neuen Hauptverhandlung nach der StPO.

15   5. Der Ergänzungsrichter hat während der Dauer dieser Eigenschaft der **gesamten Verhandlung** von Anfang an[22] beizuwohnen. Seine Anwesenheit ist nicht erforderlich im Sinne des § 226 StPO, solange er nur Ergänzungsrichter ist; wohl aber hat seine auch nur kurzfristige Abwesenheit zur Folge, dass seine Zuziehung dann, wenn der Vertretungsfall eintritt, zwecklos war.

16   Der Ergänzungsrichter muss der Verhandlung objektiv und subjektiv uneingeschränkt folgen können, einschließlich Beweisaufnahmen, auch Augenscheinseinnahmen, und zwar so, als ob er an der Beratung und Beschlussfassung des Urteils teilnehmen müsse.[23] Auch hat er das uneingeschränkte Fragerecht.[24] Er kann auch Urkunden verlesen[25] (§ 249 StPO), wirkt jedoch **nicht an Entscheidungen** mit,[26] auch nicht an Zwischenentscheidungen.[27] Eine frühere Mitwirkung als Ergänzungsrichter führt deshalb auch nicht nach §§ 23, 31 StPO zur Ausschließung,[28] wohl aber ist der Ergänzungsrichter erkennender Richter nach § 28 Abs. 2 StPO.[29] Der Ergänzungsrichter darf **nicht an der Beratung** teilnehmen[30] (Rn. 6).

17   6. Sobald der zu vertretende (ein) Richter **verhindert** ist (vgl. § 21 e Rn. 144), tritt der Ergänzungsrichter an dessen Stelle mit allen Rechten und Pflichten des erkennenden Richters ein. Dies kann aber nur geschehen, nachdem die Verhandlung begonnen hat; tritt ein Vertretungsfall vorher schon ein, wird der verhinderte Richter durch den geschäftsplanmäßigen Vertreter vertreten.[31] Die Verhinderung und der dadurch bedingte Eintritt des Ergänzungsrichters in das Spruchkollegium bedarf der Feststellung, dass der zu ersetzende Richter verhindert ist. Die **Feststellung** obliegt dem Vorsitzenden;[32] sie braucht nicht ausdrücklich getroffen zu wer-

---

[20] *Meyer-Goßner* Rn. 4.
[21] RGSt 56, 138; St 61, 307; *Meyer-Goßner* Rn. 1; *LR/Wickern* Rn. 9.
[22] RGSt 56, 138; BGH NJW 2001, 3062.
[23] BVerfGE 30, 149, 156 = NJW 1971, 1029.
[24] BVerfG aaO.; RGSt 27, 172; OLG Celle NJW 1973, 1054; a. A. *StJ/Grunsky* § 309 ZPO Rn. 4.
[25] Vgl. RGSt 27, 172.
[26] BVerfG aaO.
[27] RG JW 1926, 1227; BGHSt 18, 231 = NJW 1963, 1463; OLG Celle NJW 1973, 1054.
[28] BVerfG aaO.; *Meyer-Goßner* Rn. 3; *LR/Wickern* Rn. 14; a. A. *Arzt* NJW 1971, 1112.
[29] OLG Celle NJW 1973, 1054.
[30] RG JW 1926, 1227; RGSt 65, 40; BGHSt 18, 331 = NJW 1963, 1463; *Meyer-Goßner* Rn. 3; *LR/Wickern* Rn. 14; *BL/Hartmann* Rn. 1; *Wieczorek/Schreiber* Rn. 10.
[31] *Meyer-Goßner* Rn. 2.
[32] BGHSt 35, 366 = NJW 1989, 1681 = JR 1989, 346 m. zust. Anm. *Katholnigg.*

den und bedarf auch nicht der Aufnahme ins Protokoll, aber wenigstens empfehlenswert ist ein Protokoll- oder Aktenvermerk[33] (vgl. § 21e Rn. 147). Einer Anhörung der Verfahrensbeteiligten bedarf es nicht, ein entsprechender Antrag ist als Anregung anzusehen, aber zu bescheiden.[34] Der Nachprüfung in der Revisionsinstanz unterliegt, ob der Rechtsbegriff der Verhinderung verkannt wurde,[35] sie ist auf Willkür (vgl. § 16 Rn. 52) beschränkt.[36]

Die **Verhandlung** wird, da der eintretende Ergänzungsrichter voll informiert ist und an der gesamten Verhandlung teilgenommen hat, an der Stelle fortgesetzt, an der sie sich bei Eintritt des Vertretungsfalles befunden hat. Fällt ein Richter während der Beratung aus, tritt der Ergänzungsrichter ebenfalls ein, die Beratung muss aber von Anfang an wiederholt werden. Fällt ein Richter erst während der Verkündung aus (§ 268 Abs. 2 StPO), ist dieser Teil der Hauptverhandlung und die vorangegangene Beratung mit dem nunmehr eintretenden Ergänzungsrichter zu wiederholen. In Zivilsachen bedarf es bei der Verkündung nicht der Anwesenheit der Richter, die an der Urteilsfällung beteiligt waren (§§ 309, 311 Abs. 4 ZPO). **18**

7. Tritt beim **Vorsitzenden** der Verhinderungsfall ein und hat der geschäftsplanmäßige Vertreter (§ 21f) nicht an der gesamten Hauptverhandlung teilgenommen, wird die Verhandlung ohne diesen durch die an der Hauptverhandlung mitwirkenden Richter unter Hinzutreten des Ergänzungsrichters fortgesetzt.[37] Den Vorsitz übernimmt nach allgemeinen Grundsätzen der dienstälteste Richter. War dieser nur als Ergänzungsrichter zugegen, ist er demgemäß mit dem Prozessstoff nicht genügend vertraut, um die Verhandlung leiten zu können, und auch nicht in der Lage, sich bei dessen erheblichem Umfang in kurzer Zeit damit vertraut zu machen, ist er im Vorsitz verhindert; der nach ihm dienstälteste Richter kann den Vorsitz übernehmen.[38] **19**

IV. Geltung für Schöffen. Die Vorschrift gilt auch für Schöffen (Abs. 3; vgl. im Einzelnen § 48 Rn. 1, 2). **20**

V. Geltung für alle ehrenamtlichen Richter. Auch ohne eine der für Schöffen (Abs. 3) getroffenen vergleichbare ausdrückliche Regelung gilt die Vorschrift des § 192 für alle ehrenamtlichen Richter (Rn. 1). **21**

§ 193. [Anwesenheit von auszubildenden Personen und ausländischen Juristen; Verpflichtung zur Geheimhaltung]

(1) **Bei der Beratung und Abstimmung dürfen außer den zur Entscheidung berufenen Richtern nur die bei demselben Gericht zu ihrer juristischen Ausbildung beschäftigten Personen und die dort beschäftigten wissenschaftlichen Hilfskräfte zugegen sein, soweit der Vorsitzende deren Anwesenheit gestattet.**

(2) ¹Ausländische Berufsrichter, Staatsanwälte und Anwälte, die einem Gericht zur Ableistung eines Studienaufenthaltes zugewiesen worden sind, können bei demselben Gericht bei der Beratung und Abstimmung zugegen sein, soweit der Vorsitzende deren Anwesenheit gestattet und sie gemäß den Absätzen 3 und 4 verpflichtet sind. ²Satz 1 gilt entsprechend für ausländische Juristen, die im Entsendestaat in einem Ausbildungsverhältnis stehen.

(3) ¹Die in Absatz 2 genannten Personen sind auf ihren Antrag zur Geheimhaltung besonders zu verpflichten. ²§ 1 Abs. 2 und 3 des Verpflichtungsgesetzes vom 2. März 1974 (BGBl. I S. 469, 547 – Artikel 42) gilt entsprechend. ³Personen, die

---

[33] BGH aaO.
[34] Vgl. BGH NStZ 1986, 518.
[35] BGH NStZ 1986, 518.
[36] BGHSt 47, 220 = NJW 2002, 1508; *LR/Hanack* § 338 StPO Rn. 37; *Meyer-Goßner* Rn. 7; dahingestellt noch in BGHSt 35, 366 = NJW 1989, 1681.
[37] BGHSt 21, 108 = NJW 1966, 2071.
[38] BGH aaO.; *Meyer-Goßner* Rn. 8.

nach Satz 1 besonders verpflichtet worden sind, stehen für die Anwendung der Vorschriften des Strafgesetzbuches über die Verletzung von Privatgeheimnissen (§ 203 Abs. 2 Satz 1 Nr. 2, Satz 2, Abs. 4 und 5, § 205), Verwertung fremder Geheimnisse (§§ 204, 205), Verletzung des Dienstgeheimnisses (§ 353 b Abs. 1 Satz 1 Nr. 2, Satz 2, Abs. 3 und 4) sowie Verletzung des Steuergeheimnisses (§ 355) den für den öffentlichen Dienst besonders Verpflichteten gleich.

(4) [1]Die Verpflichtung wird vom Präsidenten oder vom aufsichtsführenden Richter des Gerichts vorgenommen. [2]Er kann diese Befugnis auf den Vorsitzenden des Spruchkörpers oder auf den Richter übertragen, dem die in Absatz 2 genannten Personen zugewiesen sind. [3]Einer erneuten Verpflichtung bedarf es während der Dauer des Studienaufenthaltes nicht. [4]In den Fällen des § 355 des Strafgesetzbuches ist der Richter, der die Verpflichtung vorgenommen hat, neben dem Verletzten antragsberechtigt.

Übersicht

	Rn.		Rn.
I. Regelungsinhalt	1	2. Zur Ausbildung Beschäftigte	21
II. Beratung und Abstimmung	2	3. Studenten	22
III. Beratungsgeheimnis	4	4. Andere in Ausbildung	23
1. Beratungsgeheimnis	4	5. Wissenschaftliche Mitarbeiter	24
2. Abweichende Ansicht	5	6. Ausländische Juristen	25
3. Separatvotum	6	7. Ergänzungsrichter	28
4. Richterliche Unabhängigkeit	7	8. Staatsanwalt	29
5. Geltg für Präsidium	8	9. Protokollführer	30
6. Allg. Verschwiegenheitspflicht	9	10. Verfahrensbeteiligte	31
7. Durchbrechungen	10	V. Ort der Beratung	32
8. Verletzung	18	VI. Verfahrensfehler	33
9. Kollegiales Gespräch	19	VII. Einzelrichter	35
IV. Teilnahme an der Beratung	20		
1. Richter	20		

Gesetzesfassung: Neufassung durch Art. 3 G vom 24. 6. 1994 (BGBl. I S. 1374).

1 I. Regelungsinhalt. Während § 192 im Interesse des gesetzlichen Richters bestimmt, dass an der Entscheidung nur die Richter in der gesetzlich bestimmten Anzahl mitwirken dürfen, regelt § 193, welche Personen an der Beratung und Abstimmung, die nicht öffentlich sind, **teilnehmen** dürfen. Die Vorschrift hat einen doppelten Schutzzweck. Sie soll einmal in Ergänzung zu § 192 im Interesse des gesetzlichen Richters sicherstellen, dass in der vertraulichen, nicht der Öffentlichkeit (§ 169) unterliegenden Beratung nur die zur Entscheidung berufenen Richter zu Wort kommen und auf die Entscheidung Einfluss nehmen können. Weiter soll durch die ausschließliche Teilnahme dieser erkennenden Richter sichergestellt werden, dass sie in voller Freiheit und in aller Offenheit gemeinsam um die richtige Entscheidung diskutieren, ja ringen können, ohne dass Außenstehende von dem Verhalten des einzelnen Richters, seinen Argumenten, seinem Auffassungswandel durch Argumente der anderen Kenntnis erlangen oder gar darauf Einfluss nehmen können, oder dass der einzelne Richter sich durch die Anwesenheit anderer Personen in seinem Bemühen um die Entscheidung beobachtet und/oder beeinträchtigt fühlt. Die Vorschrift enthält zugleich auch eine abschließende Ausnahmeregelung für in Ausbildung stehende Personen. – Die **Beratung** ist der Vorgang, bei dem die Richter des Spruchkollegiums alle Elemente der zu treffenden Entscheidung erörtern, Argumente austauschen, auf Bedenken hinweisen, bis die Erörterung soweit abgeschlossen ist, dass Neues nicht mehr vorgetragen und aufgeklärt werden kann und über die zu treffende Entscheidung lediglich noch abzustimmen ist (vgl. dazu § 194). Die Beratung ist systematisch nicht Teil der mündlichen Verhandlung und auch praktisch von ihr scharf zu trennen. Sie darf erst beginnen, wenn die gesamte mündliche Verhandlung abgeschlossen ist, insbesondere das letzte Wort des Angeklagten gesprochen ist,[1] andernfalls ist die Verhandlung wieder zu eröffnen und danach neu zu beraten.

---

[1] Vgl. BGHSt 17, 337 = NJW 1962, 1873; St 24, 170 = NJW 1971, 2082.

II. Beratung und Abstimmung. Beratung und Abstimmung müssen **äußer- 2 lich** als solche **erkennbar** oder doch als stattgefunden erkennbar sein; es muss nach außen sichtbar sein, dass die gerichtliche Entscheidung nach Beratung zustandegekommen ist.[2] Dazu ist jedoch bei mündlicher Verhandlung nicht stets auch das Aufsuchen eines Beratungszimmers erforderlich (vgl. Rn. 34). Jede Entscheidung eines kollegialen Spruchkörpers setzt grundsätzlich Beratung und Abstimmung über das gesamte Ergebnis der Verhandlung einschließlich der Schlussvorträge[3] voraus, die regelmäßig,[4] aber nicht notwendigerweise mündlich stattfinden muss. Beratung kann auch darin bestehen, dass ein Richter einen Entscheidungsvorschlag erarbeitet, diesen schriftlich dem versammelten Kollegium vorlegt und aus dessen Kreis kein Änderungs- oder Ergänzungsvorschlag gemacht wird. Wesentlich für die Beratung ist die Möglichkeit für einen jeden Richter, seine Argumente vorzutragen, auf die der anderen einzugehen und an der Abstimmung teilzunehmen. Das steht einer kurzfristigen Abwesenheit bei einer mündlichen Beratung nicht entgegen, wenn der Richter mit der Fortsetzung der Beratung in seiner Abwesenheit einverstanden ist und nach seiner Rückkehr sich weiter beteiligt.

Da die Beratung nur die Möglichkeit der Erörterung gewährleisten soll, ist auch 3 gegen ein schriftliches **Umlaufverfahren** bei Erlass oder Abfassung einer Entscheidung nichts einzuwenden, wenn alle Richter damit einverstanden sind.[5] Eine telefonische Beratung und Abstimmung ist jedoch unzulässig.[6]

III. Beratungsgeheimnis. 1. Beratung und Abstimmung unterliegen dem Be- 4 ratungsgeheimnis nach §§ 43, 45 Abs. 1 Satz 2 DRiG, und zwar für alle Berufs- und ehrenamtlichen Richter gleichermaßen. Das Beratungsgeheimnis erstreckt sich auf alle Vorgänge, die sich inhaltlich auf die Entscheidungsfindung (Rn. 1) beziehen, jedoch nicht auf Äußerlichkeiten, insbesondere nicht darauf, wer an Beratung und Abstimmung teilgenommen hat.[7] Es erstreckt sich nicht auf die in Kollegialgerichten üblichen Sachberichte und Voten zur Vorbereitung der mündlichen Verhandlung und der Entscheidung, diese stellen noch nicht die endgültige Meinung des Gerichts oder eines einzelnen Richters über den maßgeblichen Sachverhalt und die entscheidungserheblichen Rechtsfragen dar und unterliegen (nur) der allgemeinen dienstrechtlichen Verschwiegenheitspflicht.[8] Das Beratungsgeheimnis ist auch nicht verletzt bei bloßer Bekanntgabe des Beratungsergebnisses, so wenn ein Richter die gefällte Entscheidung vor deren Verkündung bekannt gibt.[9]

Das Beratungsgeheimnis war im GVG ursprünglich nur für Schöffen und Geschworene (zuletzt § 198) enthalten. Für die Berufsrichter fehlte eine entsprechende Vorschrift, da sie „schon kraft ihrer amtlichen Stellung zur Amtsverschwiegenheit verpflichtet" seien.[10] Als Grund für das Beratungsgeheimnis sah man in den Beratungen zum GVG Sicherheit vor Beeinflussung,[11] Rücksicht auf die Autorität des Gerichts nach außen und den Frieden nach innen,[12] Schutz in politisch bewegten Zeiten[13] und vor Behelligung aus dem Publikum.[14] Es gilt als „Palladium der richterlichen Unabhängigkeit".[15]

---

[2] BGH NJW 1992, 3182.
[3] RGSt 43, 51.
[4] RArbG LZ 1933, 459.
[5] BVerwG NJW 1992, 257; BSG 11. 2. 2000 – B 2 U 324/99 –; *Zöller/Gummer* Rn. 3; *BL/ Albers* § 194 Rn. 1; *Meyer-Goßner* § 194 Rn. 5; *LR/Wickern* § 194 Rn. 21; kritisch *Papshart* DRiZ 1971, 18.
[6] BSG NJW 1971, 2096; a. A. *MünchKommZPO/Wolf* § 194 Rn. 4.
[7] BGHSt 23, 200 = NJW 1970, 1782.
[8] BVerwG NVwZ 1987, 127.
[9] A. A. *Lamprecht* NJW 1998, 3253.
[10] *Hahn* I S. 181.
[11] *Hahn* I S. 358, 359, 842.
[12] AaO. S. 363, 365.
[13] AaO. S. 366.

5   2. Schon bei der Beratung des GVG wurde erörtert, ob es ein Recht des überstimmten Richters geben solle, seine abweichende Ansicht **(dissenting vote)** zu verlautbaren.[16] Im Interesse strikter Durchführung des Beratungsgeheimnisses wurde davon abgesehen. Die rechtspolitische Diskussion blieb,[17] besonders im Hinblick auf § 30 Abs. 2 BVerfGG, wonach die Richter des BVerfG ihre in der Beratung vertretene abweichende Meinung in einem der Entscheidung anzuschließenden Sondervotum niederlegen können.[18]

6   3. Von der Bekanntgabe der abweichenden Meinung zu unterscheiden ist die Abgabe von **Separatvoten.** Darunter wird verstanden die Stellungnahme eines überstimmten Richters zum Gang der Beratung und der Abstimmung sowie zum Inhalt der Entscheidung, um vor allem für die Zukunft sein Verhalten und seinen Entscheidungsvorschlag beweisbar zu haben.[19] Solche Separatvoten sind in den Geschäftsordnungen der obersten Gerichtshöfe des Bundes (BGH, BAG) vorgesehen, sie sind allgemein als zulässig anzusehen.[20] Sie sind verschlossen aufzubewahren, und zwar entweder bei den Prozessakten oder den Personalakten des Richters.

7   4. Das Beratungsgeheimnis ist eine Eigenart des Richterrechts und gilt nur für die Tätigkeit des Richters als Rechtsprechungsorgan. Es ist Bestandteil der **richterlichen Unabhängigkeit.** Es gilt absolut, von ihm gibt es keine Befreiung. Seine Wahrung ist zugleich Amtspflicht des Richters, seine Verletzung kann disziplinarisch geahndet werden und möglicherweise Schadensersatzansprüche auslösen (Rn. 20).

8   5. Das Beratungsgeheimnis gilt eingeschränkt auch für die Tätigkeit des Richters **im Präsidium** (str.: vgl. § 21e Rn. 22), nicht aber in Richtervertretungen, vgl. dazu § 58 Abs. 3 DRiG, § 10 BPersVG. Es gilt auch für die Ehrengerichte nach § 116 BRAO[21] und für Schiedsgerichte.[22]

9   6. Daneben unterliegt der Richter wie alle im öffentlichen Dienst Tätigen der allgemeinen **Verschwiegenheitspflicht,** so die Bundesrichter nach § 46 DRiG in Verbindung mit § 61 BBG und die Richter im Landesdienst nach § 71 DRiG, § 39 BRRG und den landesrechtlichen Vorschriften. Von dieser Verschwiegenheitspflicht kann der Dienstvorgesetzte (im Gegensatz zum Beratungsgeheimnis) nach allgemeinen Vorschriften Befreiung erteilen.[23]

10   7. Das Beratungsgeheimnis erleidet jedoch trotz des Wortlauts von § 43 DRiG gewisse **Durchbrechungen.** Einmal ist es üblich, dass in den Urteilsgründen die bei einer Entscheidung möglichen **verschiedenen Ansichten** dargelegt werden, woraus sich ergeben kann, dass diese auch im Kollegium vertreten worden sind. Es ist auch zulässig, dabei die Mehrheitsverhältnisse im Spruchkörper, auch zahlenmäßig genau

---

[14] AaO. S. 845; allgemein. *Schmidt-Räntsch* § 43 DRiG Rn. 3 m. w. N.; JZ 1958, 329; *Kohlhaas* NJW 1953, 401 ff.; *LR/Wickern* Rn. 41 f.; *Wolf* S. 169; *Fischer* DRiZ 1979, 204 f.; *Hülle* DRiZ 1986, 384; *Niebler,* FS Tröndle, 1989, S. 585 ff.; *Michel* DRiZ 1992, 263; *Faller* DVBl. 1995, 985.
[15] RGSt 26, 204.
[16] Vgl. Hahn I S. 361 ff., 845 ff.
[17] Vgl. *Heyde,* Das Minderheitsvotum des überstimmten Richters, 1966; *Friesenhahn, Pohle* und *Zweigert:* Gutachten zum 47. DJT 1968; *Federer* JZ 1968, 511; *Vollkommer* JR 1968, 241; *Pakuscher* JR 1968, 294; *Scheuerle* ZZP 1968, 317; *Berger* NJW 1968, 961; *Wagner* DRiZ 1968, 253; *Cohn* JZ 1969, 330; *Stöcker* JZ 1969, 33; *Boldt* RdA 1971, 112; *Schäfer* DVBl. 1975, 101; *Willms* JZ 1976, 317; *Geiger,* FS Martin Hirsch, 1981 S. 455 ff.; *Geck,* Landesverfassungsgerichtsbarkeit Teilband I, Baden-Baden 1983 S. 316 ff.; *Hill* ZRP 1985, 15; *Niebler,* FS Tröndle, Berlin 1989 S. 586 ff.; *Lamprecht,* Richter contra Richter, Baden-Baden 1992; DRiZ 1996, 233; *Kühnert* NJ 1992, 473; *Zierlein* NJW 1993, 1048; *Faller* DVBl. 1995 985; *Reißenberger* ZRP 2003, 164; *Schmidt-Räntsch* § 43 Rn. 6; *LR/Wickern* Rn. 48 f.
[18] BTagsDrucks. VI/1471 S. 4; vgl. *Arndt* DRiZ 1971, 37; *Zierlein* DÖV 1981, 83.
[19] Vgl. *Schmidt-Räntsch* § 43 DRiG Rn. 6.
[20] *LR/Wickern* Rn. 48; *Kohlhaas* NJW 1953, 404.
[21] BGHZ 23, 138 = NJW 1957, 592.
[22] BGH aaO.
[23] *Schmidt-Räntsch* § 43 DRiG Rn. 5.

(vgl. § 30 Abs. 2 Satz 2 BVerfGG), anzugeben.[24] Die persönliche Kennzeichnung der Richter ist jedoch nicht zulässig. Zur Fassung der Urteilsgründe vgl. § 195 Rn. 3.

Da die freie Meinungsäußerung der Richter durch das Beratungsgeheimnis nicht eingeschränkt wird, können u. U. aus **wissenschaftlichen Äußerungen** eines Richters vor oder nach der Entscheidung Rückschlüsse auf seine Stimmabgabe in der Entscheidung gezogen werden.[25] Ohne Hinzutreten weiterer Angaben oder Umstände ist dies jedoch kein Verstoß gegen das Beratungsgeheimnis. Zurückhaltung ist jedoch besonders in zeitlicher Hinsicht (z. B. während eines laufenden Verfahrens oder in dessen konkret veranlasster Erwartung) geboten, ebenso bei Angaben über Gegenansichten der zum Kollegium gehörenden Richter (vgl. auch § 195 Rn. 3). **11**

Bei der **Rüge von Verfahrensfehlern** im Rechtsmittelverfahren, z. B. Behauptung eines Verstoßes gegen § 192 oder unrichtige Feststellung eines Abstimmungsergebnisses, muss eine Beweiserhebung über diese Behauptungen zulässig sein ohne Rücksicht darauf, wie die Partei von dem Verstoß Kenntnis erhalten hat.[26] Es besteht kein Beweisverbot.[27] **12**

Das Beratungsgeheimnis darf sich nicht als Hinderungsgrund für eine verfahrensgemäße Entscheidung herausstellen und **nicht als Deckmantel für richterliche Fehler** dienen, besonders nicht für Pflichtwidrigkeiten.[28] Deshalb lässt das Beratungsgeheimnis die persönliche Verantwortung des Richters für seine Entscheidung in jeder Hinsicht unberührt sowohl strafrechtlich[29] als auch disziplinarrechtlich, aber auch nach allgemeinem Haftungsrecht, genauso wie des Einzelrichters, dessen Verhalten jederzeit nach außen klar erkennbar ist. Er haftet jedoch nicht für die Entscheidung des Kollegiums insgesamt (kollektiv), sondern ist nur haftbar für sein persönliches Verhalten.[30] Deshalb muss ihm auch, wenn ein Vorwurf gegen ihn erhoben wird, konkret nachgewiesen werden, wie er abgestimmt hat.[31] **13**

Deshalb kann das Beratungsgeheimnis nicht uneingeschränkt gelten, wenn es um die **persönliche Verantwortung** eines beteiligten Richters geht. Vielmehr ist hier die Beweiserhebung über den Hergang der Beratung und Abstimmung zulässig, so im Verfahren der **Richteranklage** (vgl. Art. 98 Abs. 2 GG), aber auch in Straf- und Disziplinarverfahren und in Schadensersatzprozessen (vgl. dazu § 1 Rn. 193 ff.). Soweit zur Durchführung solcher Verfahren das Beratungsgeheimnis hinter dem Gedanken der Gerechtigkeit und der Wahrung der persönlichen Verantwortung des Richters zurücktreten muss, ist aber weiter zu unterscheiden, ob der Richter als Zeuge über den Hergang von Beratung und Abstimmung aussagen soll (Rn. 15) oder ob gegen ihn selbst der Vorwurf rechtswidrigen Verhaltens erhoben wird (Rn. 16). **14**

Im Hinblick auf eine Aussage als **Zeuge** räumen die Prozessordnungen dem Richter kein über §§ 383 ZPO, 52 ff. StPO hinausgehendes Recht ein, die Aussage über den Hergang von Beratung und Abstimmung zu verweigern. Inwieweit das Beratungsgeheimnis an einer danach grundsätzlich bestehenden Aussagepflicht etwas ändert, ist umstritten. Eine Genehmigung der Aussage durch den Dienstvorgesetzten nach §§ 62 BBG, 39 BRRG ist nicht möglich und vermag eine Aussagepflicht nicht zu begründen, da das Beratungsgeheimnis nicht zu dessen Disposition steht, sondern gerade auch ihm gegenüber zu wahren ist.[32] Die Auffassung, dass deshalb **15**

---

[24] *Schmidt-Räntsch* JZ 1958, 332; § 43 Rn. 8, 11; zurückhaltender *LR/Wickern* Rn. 44, 52; a. A. KK/*Diemer* Rn. 6; RGSt 60, 296.
[25] *Schmidt-Räntsch* aaO. Rn. 9; *Wassermann* NJW 1963, 2363; *LR/Wickern* Rn. 47.
[26] *Schmidt-Räntsch* § 43 DRiG Rn. 12; *LR/Wickern* Rn. 58 f.; *MünchKommZPO/Wolf* § 196 Rn. 5; a. A. KK/*Diemer* Rn. 7; BL/*Albers* § 196 Rn. 2.
[27] *LR/Wickern* Rn. 54; OGHSt 1, 222 = MDR 1949, 305; RGZ 89, 14; anders aber die stRSpr der Strafsenate, vgl. RGSt 61, 217; St 67, 279; BGHSt 4, 279; *Schmidt-Räntsch* JZ 1958, 333.
[28] *Schmidt-Räntsch* JZ 1958, 334.
[29] Vgl. OGHSt 1, 217 = MDR 1949, 305.
[30] BL/*Hartmann* vor § 192 Rn. 2.
[31] RGZ 89, 15; OGHSt aaO.
[32] Zweifelnd *LR/Wickern* Rn. 58 (Anm. 113).

an die Stelle der Genehmigung die Entscheidung des Prozessgerichts über die Notwendigkeit der Beweiserhebung zu treten habe, ist wenig praktikabel, weil hiernach eine Aussage nur vor dem Prozessgericht, nicht aber z.B. in einem staatsanwaltschaftlichen Ermittlungsverfahren in Betracht kommt.[33] Besteht kein Beweisverbot (Rn. 12), wäre es auch ein Zirkelschluss, die Entscheidung über die Aussagepflicht dem Prozessgericht zu überantworten, da dieses nach den Prozessordnungen wiederum zur erschöpfenden Erhebung aller zulässigen Beweise verpflichtet ist (vgl. §§ 244, 245 StPO; § 396 ZPO). Vorzug verdient deshalb die Auffassung, die Aussage der Entscheidung des zu vernehmenden Richters anheim zu geben,[34] auch wenn das Beratungsgeheimnis vornehmlich öffentlichem Interesse und nicht dem Interesse des Richters dient (Rn. 4).

16 Ist der Richter nicht Zeuge, sondern ist er in der Rolle des **Beschuldigten,** Beklagten usw., braucht er sich nach allgemeinen Grundsätzen nicht über den Hergang zu erklären. Umgekehrt darf er aber zu seiner Verteidigung hierzu Angaben machen nach pflichtgemäßer Abwägung seiner persönlichen Rechtssphäre und der Wahrung des Beratungsgeheimnisses.

17 Eine solche Befreiung vom Beratungsgeheimnis kommt aber nur in Betracht, wenn es um mögliche rechtswidrige Vorgänge bei der Beratung und Abstimmung geht, nicht bei bloßen Differenzen in der Bewertung innerhalb des rechtlich Zulässigen, auch nicht bei allgemeinen Angriffen in der Öffentlichkeit.[35] Kommt es jedoch im Zusammenhang damit zu einem rechtsförmlichen Verfahren, welcher Art oder von wem auch initiiert, auch einem staatsanwaltschaftlichen Ermittlungsverfahren oder Disziplinarverfahren, hat der Richter das Recht zur Verteidigung. Allein die Ablehnung des Richters rechtfertigt aber keine Durchbrechung des Beratungsgeheimnisses.[36]

18 8. Die rechtswidrige **Verletzung des Beratungsgeheimnisses** hat für den Berufsrichter disziplinarrechtliche Folgen. Bei Schöffen kann sie aber nicht nach § 56 GVG geahndet werden (vgl. § 56 Rn. 8), Vergleichbares gilt bei Handelsrichtern. Strafrechtliche Folgen entstehen nicht; § 353b Abs. 1 Satz 1 Nr. 1 StGB erfasst nicht den Bruch des richterlichen Beratungsgeheimnisses.[37]

19 9. Von der Beratung zu unterscheiden ist das zulässige **kollegiale Gespräch** mit anderen Richtern, auch benachbarter Spruchkörper, z.B. über ähnliche anstehende oder bereits entschiedene Fälle.

20 IV. Teilnahme an der Beratung. 1. An Beratung und Abstimmung dürfen grundsätzlich nur die für die Entscheidung nach der Geschäftsverteilung zuständigen Richter und nur in der gesetzlich bestimmten Anzahl (§ 192) mitwirken. Nimmt ein schwerhöriger oder tauber Richter (vgl. § 16 Rn. 64, § 33 Rn. 5) teil, ist die Anwesenheit eines Gehörlosendolmetschers unzulässig, hier muss gegebenenfalls eine schriftliche Verständigung unter den Richtern stattfinden. Auch bei Teilnahme eines blinden Richters (§ 16 Rn. 65) kann dessen Vorlesekraft nicht teilnehmen, hier muss ein ohnedies zur Anwesenheit Berechtigter vorlesen. Nur wenn ein Richter die deutsche Sprache nicht beherrscht (§ 31 Rn. 11), muss die Zuziehung eines Dolmetschers als zulässig angesehen werden.[38]

21 2. Eine Ausnahme gilt für die bei demselben Gericht zu ihrer **juristischen Ausbildung** beschäftigten Personen (Abs. 1, 2. Alt.). Sie müssen bei demselben

---

[33] *Schmidt-Räntsch* § 43 DRiG Rn. 12 f.
[34] *LR/Wickern* Rn. 58; *Eb. Schmidt* LehrK I Rn. 553; *Kohlhaas* NJW 1953, 403; für Ausnahmefälle auch *KK/Diemer* Rn. 7; dem gegenüber hält OLG München BRAK-Mitt 2006, 74 den Richter bereits für ein ungeeignetes Beweismittel und auf dessen Vernehmung gerichteten Beweisantrag für unzulässig.
[35] Einschränkend *LR/Wickern* Rn. 60.
[36] *LR/Wickern* aaO.
[37] OLG Düsseldorf NStZ 1981, 25; a. A. OLG Köln NJW 2005, 1000.
[38] A. A. LG Berlin 2. 11. 2005 – 501 Schöff 271/04 –.

Gericht, nicht notwendiger Weise gerade bei diesem Spruchkörper[39] ihre Ausbildung ableisten, und zwar zu der Zeit, zu der sie an der Beratung teilnehmen.[40] Ein Referendar kann auch nach Ablauf seiner ordentlichen Ausbildungszeit noch anwesend sein, wenn dies zur Ergänzung seiner Ausbildung notwendig ist.[41] Die Teilnahme setzt weiter voraus, dass diese ihnen vom Vorsitzenden gestattet wird (zumeist stillschweigend). Die Gestattung liegt im pflichtgemäßen Ermessen, ein Anspruch auf Teilnahme an der Beratung besteht nicht, erst recht nicht an der Abstimmung. Die Gestattung der Anwesenheit erlaubt im Interesse der Ausbildung auch die aktive Teilnahme an der Beratung.[42] Die gleichzeitige Tätigkeit als Urkundsbeamter der Geschäftsstelle steht der Teilnahme nicht entgegen.[43] Nicht teilnehmen darf der Referendar, der über die Anwesenheit in der Verhandlung hinaus beteiligt war, z.B. als Zeuge vernommen wurde oder dies zu erwarten ist, ebenso, wenn er mit der Sache auch außerhalb der Verhandlung, etwa als Stationsreferendar bei einem Rechtsanwalt oder der StA, befasst war.[44] Der Begriff Ausbildung ist weit zu verstehen. Hierunter fallen auch Personen mit abgeschlossener juristischer Ausbildung (vergleichbar dem 2. Staatsexamen), die dem Gericht lediglich zur Einarbeitung zugewiesen sind.[45] Zu wissenschaftlichen Mitarbeitern Rn. 26.

3. Soweit nach § 5a Abs. 3 Satz 2 DRiG für **Studenten** praktische Studienzeiten vorgeschrieben sind, sind deren Teilnehmer (nicht Jura-Studenten schlechthin) beim Gericht den zur juristischen Ausbildung Beschäftigten (Rn. 23) und ausländischen Personen, die in einem Ausbildungsverhältnis stehen (Rn. 27), gleich zu behandeln.[46]

4. Anderen in der Ausbildung für den Justizdienst Beschäftigten (z.B. Rechtspflegeranwärtern, Sekretäranwärtern, Auszubildenden usw.) kann die Anwesenheit bei der Beratung und Abstimmung nicht gestattet werden; sie sind nicht in der juristischen Ausbildung, unter der das Gesetz nur die zur Befähigung zum Richteramt führende Ausbildung versteht.

5. An der Beratung und Abstimmung können weiter zugegen sein die beim Gericht beschäftigten **wissenschaftlichen Mitarbeiter.** Mit ihrer ausdrückliche Erwähnung im Gesetzestext hat die Neufassung des § 193 (BGBl. 1994 I S. 1374) bestehende Zweifel ausgeräumt. Die wissenschaftlichen Mitarbeiter unterliegen der allgemeinen dienstrechtlichen Verschwiegenheitspflicht. Ihre Anwesenheit bedarf der Gestattung durch den Vorsitzenden, die in dessen pflichtgemäßem Ermessen steht. Die Gestattung kann auch die aktive Teilnahme an der Beratung beinhalten.

6. Nach Abs. 2 bis 4 ist zulässig auch die Anwesenheit **ausländischer Juristen** bei Beratung und Abstimmung, die sich im Rahmen eines Studienaufenthaltes in der BRep aufhalten. Die Regelung beruht auf Erfahrungen mit dem internationalen Juristenaustausch.[47] Sie soll es ohne Beschränkung auf bestimmte ausländische Staaten ermöglichen, dass auch die Teilnahme an Beratung und Abstimmung fester Bestandteil der Hospitation wird. Dem hospitierenden Gast würden wesentliche Erkenntnisse vorenthalten bleiben, könnte er die richterliche Willensbildung nach

---

[39] BGH GA 1965, 93; *LR/Wickern* Rn. 21; *Zöller/Gummer* Rn. 4; *Schneider* MDR 1968, 974; *Wieczorek/Schreiber* Rn. 6.
[40] BVerwG NJW 1982, 1716.
[41] BGH GA 1965, 93.
[42] BSG MDR 1971, 522; BAGE 19, 285; *Schneider* MDR 1968, 975; *LR/Wickern* Rn. 24; *Wieczorek/Schreiber* Rn. 8.
[43] RGSt 18, 161; *LR/Wickern* Rn. 11.
[44] *LR/Wickern* Rn. 11.
[45] *LR/Wickern* Rn. 13, 14.
[46] *Kreft* NJW 1969, 1984; *Seifert* MDR 1996, 125; *Speiermann* NStZ 1996, 397; a. A. die h.M.: BGHSt 41, 119 = NJW 1995, 2645 m.w.N.; OLG Bremen NJW 1959, 1154; OLG Karlsruhe NJW 1969, 628; *Meyer-Goßner* Rn. 5; *Meyer-Goßner* NStZ 1996, 607; *Schneider* MDR 1968, 974; *LR/Wickern* Rn. 18; *Zöller/Gummer* Rn. 4.
[47] Hierzu BRatsDrucks. 517/93.

der letzten mündlichen Verhandlung nicht kennenlernen. Deshalb wurde auch darauf verzichtet, den Hospitanten auf die Rolle des Zuhörers zu beschränken; die Möglichkeit, in der Beratung eigene Argumente vorzutragen und sie mit den erkennenden Richtern zu erörtern, ist geeignet, sein Verständnis für das deutsche Rechtssystem und für die konkrete Entscheidung nachhaltig zu fördern.[48] Abweichungen im Einzelfall sind im Rahmen der konkreten Gestattung durch den Vorsitzenden möglich. Die Hospitation kann aber bei Sprachproblemen nicht zur Teilnahme eines externen Dolmetschers führen (vgl. für die entscheidenden Richter Rn. 20).

26   Der Kreis der ausländischen Hospitanten ist weit gezogen: Berufsrichter, Staatsanwälte, Rechtsanwälte und Juristen, die im fremden Staat in einem Ausbildungsverhältnis nach dortigem Recht stehen. Sie müssen dem Gericht des GVG zur Ableistung eines Studienaufenthaltes zugewiesen sein. Die Form der Zuweisung ist nicht vorgeschrieben; eine schriftliche Zuweisung durch den BMdJ oder die LJustizVerw muss im Interesse der Rechtsklarheit gefordert werden. Die ausländischen Hospitanten stehen nicht in einem Dienstverhältnis des deutschen Rechts, sie unterliegen deshalb nicht dem Beratungsgeheimnis (Rn. 4) und der allgemeinen dienstrechtlichen Verschwiegenheitspflicht (Rn. 9). Da ihre Anwesenheit bei Beratung und Abstimmung aber mit Rücksicht auf die dem Beratungsgeheimnis zugrundeliegenden Erwägungen nur verantwortet werden kann, wenn auch sie über den Hergang von Beratung und Abstimmung Stillschweigen bewahren, enthalten Abs. 3 und 4 die Möglichkeit, sie förmlich – strafbewehrt – zur Verschwiegenheit zu verpflichten, gegenständlich beschränkt auf Beratung und Abstimmung, mit zeitlicher Geltung für die Dauer des Studienaufenthaltes. Die Verpflichtung erfolgt nur auf ihren Antrag. Sie ist dem Gerichtspräsidenten oder aufsichtführenden Richter übertragen mit der Möglichkeit der Delegation (Abs. 4 Satz 2). Es handelt sich um eine Aufgabe der Justizverwaltung.

27   Ohne die Verpflichtung zur Geheimhaltung darf der ausländische Hospitant bei Beratung und Abstimmung nicht anwesend sein. Hinzu treten muss die Gestattung der Anwesenheit durch den Vorsitzenden, die in dessen pflichtgemäßem Ermessen liegt; sie ist Teil der richterlichen Tätigkeit des Vorsitzenden und wird von der Unabhängigkeitsgarantie des § 1 umfasst. Bei seiner Entscheidung wird der Vorsitzende den Grundsatz eng begrenzter Anwesenheit (Rn. 4) ebenso zu berücksichtigen haben wie Besonderheiten der zu entscheidenden Sache, aber auch das anerkennenswerte Interesse des Hospitanten und das der Hospitation innewohnende völkerverständigende Element.

28   7. Nicht teilnehmen kann der **Ergänzungsrichter,** solange er noch in dieser Funktion ist (vgl. § 192 Rn. 17).

29   8. Nicht teilnehmen kann der **Staatsanwalt.**[49]

30   9. Nicht teilnehmen kann der **Protokollführer.**[50] Ist er aber zugleich zur Ausbildung beim Gericht beschäftigt (Rn. 23), kann er teilnehmen.[51]

31   10. Ist oder war ein an sich Anwesenheitsberechtigter zugleich als Zeuge oder in anderer Funktion am Verfahren beteiligt, auch in früherer Instanz, ist er nicht zur Anwesenheit berechtigt.[52]

32   **V. Ort der Beratung.** Der Zweck des Beratungsgeheimnisses erfordert, dass Beratung und Abstimmung geheim sind, also nur für die zur Teilnahme Berechtig-

---

[48] AaO.
[49] BGH MDR 1955, 272.
[50] So schon die Materialien, *Hahn* I S. 843 ff., 921; *Zöller/Gummer* Rn. 4; *Wieczorek/Schreiber* Rn. 9; RGSt 64, 167.
[51] RGSt 18, 161; OGHSt 2, 62; *BL/Albers* Rn. 3; *Wieczorek/Schreiber* Rn. 9.
[52] RGSt 66, 252; BGHSt 18, 165 = NJW 1963, 649; OLG Hamburg NJW 1955, 1938.

ten wahrnehmbar stattfinden. Das ist im **Beratungszimmer** der Fall (vgl. § 194 Rn. 1). Jedoch bedarf es nicht des Zurückziehens in das Beratungszimmer bei kurzen Zwischenberatungen über einfache Fragen, wenn keiner der Richter widerspricht, die Beratung mit leiser, für andere nicht wahrnehmbarer Stimme in knapper Form im Sitzungssaal und die Stimmabgabe in schlichter Form möglich ist, sog. „kurze Verständigung".[53] Jedoch ist hier Zurückhaltung geboten, schon um Missdeutungen zu vermeiden. So erscheint es bei Beratung einer StrafK im Sitzungssaal über einen vom Angeklagten gestellten Beweisantrag ausgeschlossen, dass eine sachgerechte Prüfung aller maßgeblichen Umstände unter Beteiligung aller Gerichtsmitglieder möglich war.[54] Die Tatsache der Beratung muss nach außen erkennbar sein (Rn. 2). Sie bedarf nicht zwingend der Protokollierung,[55] dies empfiehlt sich aber.[56]

VI. Verfahrensfehler. Die Vorschrift dient nicht nur der Unabhängigkeit der Richter, sondern damit auch dem Recht der Verfahrensbeteiligten auf den gesetzlichen Richter und der gesetzmäßigen Entscheidungsfindung. Das Unterbleiben der Beratung und Abstimmung ist ein absoluter Revisionsgrund.[57] In der Verletzung der Vorschriften über die Teilnahme an Beratung und Abstimmung sowie über die Anwesenheit liegt nach h. M. aber nur ein relativer Revisionsgrund, so dass es darauf ankommt, ob auszuschließen ist, dass die Anwesenheit nicht dazu berechtigter Personen auf die Entscheidung Einfluss gehabt hat.[58] Hiergegen bestehen Bedenken. Maßgebend ist die durch einen solchen Verstoß immer bestehende abstrakte Möglichkeit, dass durch die Anwesenheit eines Nichtberechtigten ein Richter in irgendeiner Form beeinflusst wird oder sich in seiner Unabhängigkeit, aus welchen Gründen auch immer, bewusst oder unbewusst, beeinträchtigt fühlt, ohne dies zu erkennen geben zu müssen. Es handelt sich deshalb um einen absoluten Revisionsgrund und Nichtigkeitsgrund[59] (vgl. § 192 Rn. 7). Die Einhaltung der Vorschrift ist unverzichtbar.[60]

§ 193 ist aber nicht verletzt, wenn ein Dritter ohne Wissen und Willen des Gerichts die Beratung mithört, aus welchen Gründen auch immer.[61]

VII. Einzelrichter. Auf den Einzelrichter ist die Vorschrift nicht anwendbar[62] (§ 192 Rn. 1). Wenn er zwischen Verhandlung und Verkündung mit Dritten über die Entscheidung spricht, liegt keine Beratung im Sinne des Gesetzes vor.[63] Deshalb ist die bloße Anwesenheit des Protokollführers, während der Richter seine Entscheidung trifft, kein Verstoß gegen § 193,[64] auch nicht die Besprechung der Sache mit einem Verfahrensbeteiligten außerhalb der Sitzung jenseits eines kollegialen Gedankenaustauschs (Rn. 21). Es kann aber eine Verletzung der Öffentlichkeit (§ 169) und ein Verstoß gegen § 261 StPO vorliegen.[65]

---

[53] BGH NJW 1987, 3210; 1989, 1230; 1992, 3181; StV 1989, 379; 1991, 547; NStZ-RR 1998, 142.
[54] BGH StV 1989, 379.
[55] BFH 30. 4. 2001 – V II B 28/01 –.
[56] BGH NJW 1987, 3210; 1992, 3181; 3182.
[57] *LR/Wickern* Rn. 30.
[58] BGHSt 18, 165 = NJW 1963, 549; St 41, 119 = NJW 1995, 2645; OLG Schleswig SchlHAnz 1957, 164; OLG Bremen NJW 1959, 1154; OLG Karlsruhe NJW 1969, 628; *LR/Wickern* Rn. 31; *Meyer-Goßner* Rn. 8; *Katholnigg* Rn. 16; für das Zivilverfahren BAG NJW 1967, 1581; *BL/Albers* Rn. 4; *Zöller/Gummer* Rn. 8.
[59] *MünchKommZPO/Wolf* Rn. 3.
[60] HessVGH NJW 1981, 599; *Wieczorek/Schreiber* Rn. 10.
[61] *Meyer-Goßner* Rn. 8; *Wieczorek/Schreiber* Rn. 10.
[62] BGHSt 11, 74; OLG Saarbrücken JZ 1968, 308; OLG Koblenz VRS 38, 56.
[63] *LR/Wickern* Rn. 4; *Zöller/Gummer* Rn. 2; OLG Saarbrücken aaO; a. A. SchlHOLG SchlHAnz 1957, 164 = GA 1958, 252; DAR 1964, 139; OLG Hamm MDR 1961, 170.
[64] OLG Neustadt NJW 1963, 2087.
[65] BGHSt 11, 74; OLG Saarbrücken aaO.; OLG Hamm NJW 1958, 74.

§ 194. [Gang der Beratung]

(1) **Der Vorsitzende leitet die Beratung, stellt die Fragen und sammelt die Stimmen.**

(2) **Meinungsverschiedenheiten über den Gegenstand, die Fassung und die Reihenfolge der Fragen oder über das Ergebnis der Abstimmung entscheidet das Gericht.**

1   **I. Leitung.** Die Leitung der Beratung obliegt dem Vorsitzenden entsprechend der ihm obliegenden Leitung und Vorbereitung der Verhandlung. Zur Leitung der Beratung gehört zunächst die Festlegung von Zeit und Ort. Die Beratung braucht sich, wenn eine mündliche Verhandlung stattgefunden hat, nicht sofort an diese anzuschließen, sie muss aber wegen des notwendigen unmittelbaren Eindrucks in zeitlichem Zusammenhang mit ihr stehen. Notwendig ist eine Beratung vor jeder Entscheidung nach Abschluss einer Verhandlung (§ 260 StPO), auch nach jeder noch so kurzen Verhandlung in Ergänzung einer abgeschlossenen Verhandlung, etwa auf Hinweis nach § 265 StPO.[1] Die Beratung ist so anzusetzen, dass sie in Ruhe möglich ist, Zeit ist für die (soweit erforderlich) schriftliche Niederlegung der Entscheidung verbleibt und die Entscheidung in gehöriger Form verkündet werden kann. Bei der Beratung (auch von Entscheidungen, die ohne mündliche Verhandlung ergehen) richtet sich die Bestimmung des **Zeitpunkts der Beratung** nach dem allgemeinen Geschäftsgang. Auf die berechtigten Belange aller teilnehmenden (§ 192) Mitglieder des Kollegiums ist angemessen Rücksicht zu nehmen; diese haben ihrerseits auf die Notwendigkeit einer ordnungsgemäßen, rechtzeitigen und eingehenden Beratung im Interesse der Rechtspflege Rücksicht zu nehmen (vgl. § 1 Rn. 154; § 22 Rn. 36). Letztlich handelt es sich um Fragen der richterlichen Kollegialität und der verantwortungsbewussten Zusammenarbeit, die sich normativer Festlegung entziehen. Die Richter müssen sich bewusst sein, dass es um die Interessen der rechtsuchenden Bürger geht und um eine gerechte Entscheidung innerhalb angemessener, für den Rechtsschutz effektiven Frist (vgl. § 16 Rn. 82). Auch den **Ort der Beratung** legt der Vorsitzende fest, und zwar einen Raum, in dem das Beratungsgeheimnis gewährleistet ist. Zur Beratung im Sitzungssaal § 193 Rn. 34.

2   **II. Teilnahmepflicht.** Die Richter des Kollegiums sind **verpflichtet,** an der Beratung teilzunehmen und ihre Stimme abzugeben. Eine Vertretung in der Beratung und Abstimmung ist nicht möglich; alle Richter, die an der mündlichen Verhandlung teilnehmen müssen (oder, soweit dies nicht erforderlich ist, für diese Entscheidung zuständig sind, § 192), müssen auch an der Beratung teilnehmen. Ist ein Richter verhindert und könnte deshalb die Entscheidung nicht oder nicht rechtzeitig ergehen, muss unter Zuziehung des Vertreters erneut in die mündliche Verhandlung in dem Umfang eingetreten werden, in dem dies für die Teilnahme des Richters an der anschließenden Entscheidung nach dem Verfahrensrecht erforderlich ist (vgl. §§ 309 ZPO, 226, 260 StPO). Bei Vertretung durch einen Ergänzungsrichter (§ 192 Abs. 2) braucht nur die Beratung wiederholt zu werden, wenn der Ergänzungsrichter bis zum Schluss an der Verhandlung teilgenommen hat.

3   **III. Fragen.** Zur Leitung der Beratung gehört das Stellen der **Fragen,** über die zu beraten und zu entscheiden ist. Welche Fragen in welcher Reihenfolge zu stellen sind,[2] ergibt sich aus der konkreten Prozesssituation; eine Sondervorschrift enthält § 263 StPO. Die Fragen werden im Allgemeinen mündlich gestellt, sie schriftlich auszuformulieren ist Sache der Urteilsabfassung. Meinungsverschiedenheiten bei der schriftlichen Urteilsabfassung sind ebenfalls durch Beratung und notfalls

---

[1] BGH StV 1987, 477; NStZ 1991, 595; NJW 1992, 3181.
[2] Vgl. *Breetzke* DRiZ 1962, 6.

Abstimmung über die einzelnen umstrittenen Formulierungen auszuräumen. Zu den schriftlichen Urteilsgründen § 195 Rn. 3 ff.

IV. Abstimmung. Der Vorsitzende **sammelt die Stimmen,** d. h. er unterbreitet eine Frage zur Abstimmung und stellt das Abstimmungsergebnis fest. Die Abstimmung geschieht in Anwesenheit aller Richter; eine telefonische Stimmabgabe ist unzulässig (§ 193 Rn. 3). Die Form der Stimmabgabe ist nicht vorgeschrieben. Sie ist offen, eine geheime Stimmabgabe ist wegen der persönlichen Verantwortung eines jeden Richters für die Entscheidung unzulässig. Auch die Stimmenthaltung ist unzulässig[3] (vgl. § 21e Rn. 72), jeder Richter muss sich, wie der Einzelrichter, zu einer Entscheidung durchringen. Die Form der Abstimmung bestimmt der Vorsitzende; sie kann durch Handaufheben, Kopfnicken, aber auch stillschweigend bei entsprechender Fragestellung geschehen. Erfolgt keine mündliche Beratung (§ 193 Rn. 3), geschieht die Abstimmung durch Unterzeichnung des schriftlich vorliegenden Entscheidungsentwurfs.

V. Endgültigkeit. Die Stimmabgabe ist für die zur Abstimmung gestellte Frage und die gesamte Entscheidung **endgültig.** Änderung oder Widerruf sind nicht zulässig, auch nicht mehr vor Verkündung der Entscheidung,[4] da diese ansonsten mit steter Unsicherheit behaftet wäre. Wohl aber kann der Antrag auf erneute Abstimmung gestellt werden, über den das Kollegium entscheidet (Abs. 2). Gibt es ihm nicht statt, bleibt es bei der erfolgten Abstimmung. Gibt es ihm statt, ist keiner der Richter mehr an seine frühere Stimmabgabe gebunden.

VI. Meinungsverschiedenheiten. Meinungsverschiedenheiten über den Gegenstand, die Fassung und die Reihenfolge der Fragen entscheidet das Kollegium mit Mehrheit (§ 196). Das Gleiche gilt, wenn Streit über das Ergebnis der Abstimmung besteht. Die Entscheidung des Kollegiums ist endgültig für den weiteren Fortgang der Beratung (§ 195) und den Inhalt der Entscheidung, sowohl für das Gericht wie für die Prozessparteien, die nicht etwa ein Rechtsmittel damit begründen können, diese Entscheidung des Kollegiums sei unrichtig.

VII. Dauer der Beratung. Die Beratung endet mit der letzten erforderlichen Abstimmung (§§ 195 bis 197). Ihre Dauer richtet sich allein nach der notwendigen Diskussion der Richter (§ 192) über die zu treffende Entscheidung und dem Austausch aller Argumente und Gegenargumente. Die Festlegung des Endes gehört zur Leitungskompetenz des Vorsitzenden; bei Meinungsverschiedenheiten entscheidet das Kollegium[5] (vgl. Rn. 6). Die Dauer ist nicht protokollpflichtig[6] und der Nachprüfung im Rechtsmittelweg entzogen, abgesehen vom Fall, dass eine Beratung schlechthin auszuschließen ist.[7]

VIII. Umfang der Beratung. Die Beratung erfordert eine umfassende Erörterung des gesamten Streitstoffes in tatsächlicher und rechtlicher Hinsicht bis zur abschließenden Entscheidungsfindung. Deshalb ist sie noch nicht endgültig abgeschlossen, wenn sie unter dem Vorbehalt steht, nochmals dann in eine Beratung einzutreten, wenn sich für einen der mitwirkenden Richter ein neuer Gesichtspunkt ergibt, und dies nicht abschließend geklärt wird.[8] Der Umfang unterliegt der richterlichen Selbstverantwortung, insbesondere auch die Verwertung vorbereitender Voten (§ 193 Rn. 4). Ob **Aktenkenntnis** jedes Richters erforderlich ist, ist strittig. Grundsätzlich ist dies angesichts der persönlichen Verantwortung jedes einzelnen Richters für die Entscheidung zu fordern, letztlich ist dies aber eine Frage

---

[3] *Kühne* DRiZ 1960, 393; *KK/Diemer* Rn. 3; *Wieczorek/Schreiber* Rn. 7.
[4] *Meyer-Goßner* Rn. 4; a. A. *LR/Wickern* Rn. 19; *Katholnigg* Rn. 5.
[5] *BL/Albers* Rn. 1.
[6] BGH NJW 1992, 3182.
[7] BGHSt 37, 141 = NJW 1991, 50; krit. *Rüping* NStZ 1991, 193; *Hamm* NJW 1992, 3147.
[8] OLG Bamberg NStZ 1981, 1919.

der kollegialen Zusammenarbeit und der Arbeitsbelastung. Danach kann es genügen, wenn der Vorsitzende und der Berichterstatter die Akten durchgearbeitet haben und den weiteren Beisitzern den Streitstoff bekannt machen, vor allem bei notwendiger mündlicher Verhandlung, in der ohnedies der maßgebende Streitstoff unter Beteiligung aller zu erörtern ist.[9] Der Hinweis auf das Verfassungsgebot des rechtlichen Gehörs[10] vermag nur in den Fällen zu greifen, in denen mangelnde Aktenkenntnis dazu führt, dass erhebliche Fragen nicht erörtert werden oder wesentlicher Parteivortrag nicht angemessen berücksichtigt wird.[11]

§ 195. [Keine Verweigerung der Abstimmung]

Kein Richter oder Schöffe darf die Abstimmung über eine Frage verweigern, weil er bei der Abstimmung über eine vorhergegangene Frage in der Minderheit geblieben ist.

1 **I. Mitwirkung aller Richter.** Beratung und Abstimmung setzen die Mitwirkung aller Richter (§ 192) voraus. Bedingt der Hergang der Beratung eine getrennte Abstimmung über einzelne Fragen oder Abschnitte der Entscheidung (vgl. § 194 Rn. 3), hat nach der mit Mehrheit (§ 196) getroffenen Abstimmung die weitere Beratung und Abstimmung auf dieser Grundlage zu geschehen. Die Mitwirkung aller Richter ist auf der Grundlage dieser verbindlichen Mehrheitsmeinung fortzusetzen. Das mag gelegentlich für den **überstimmten Richter** eine Belastung darstellen, ist aber im Interesse einer von allen Richtern bis zum Ende gemeinsam zu tragenden Entscheidung notwendig. Der Richter kann nicht etwa seine Mitwirkung an der Sache niederlegen oder sich der Stimme enthalten (vgl. § 194 Rn. 4). So darf z.B. ein Richter, der bei seiner Abstimmung für eine vorsätzliche Tötung in der Minderheit geblieben ist, nicht die Abstimmung über die Frage der fahrlässigen Tötung verweigern.[1]

2 **II. Weigerung.** Die Weigerung des überstimmten Richters, weiter an der Entscheidungsfindung mitzuwirken, ist eine Verletzung der Dienstpflicht. Darüber hinaus führt sie dazu, dass das Gericht nicht in ordnungsgemäßer Besetzung tätig wird. Abzuwenden ist diese Folge dadurch, den sich weigernden Richter durch das Kollegium als verhindert anzusehen und seinen Vertreter heranzuziehen, der in die Verhandlung eintritt,[2] erforderlichenfalls unter Wiederholung der Verhandlungsabschnitte, die von dem Richterwechsel betroffen sind. Solche Spannungen innerhalb des Kollegiums sind von Nachteil für alle Beteiligten (vgl. § 194 Rn. 1), aber selten.

3 **III. Verschwiegenheit.** Der Respekt vor der Mehrheitsmeinung und das Beratungsgeheimnis gebieten, dass ein Richter nicht nach außen trägt, dass er überstimmt wurde, auch nicht versteckt oder verschlüsselt. Das gilt nicht nur für die wissenschaftliche Auseinandersetzung (vgl. § 193 Rn. 11), sondern auch für die Bekanntgabe der **Urteilsgründe** durch den Vorsitzenden nach § 268 Abs. 2 StPO und für die Abfassung der schriftlichen Urteilsgründe nach §§ 311, 313 ZPO, §§ 34, 267, 268, 275 StPO. Für die schriftlichen Urteilsgründe, die das Ergebnis der Hauptverhandlung so, wie es bei der für die Verkündung des Urteils grundlegenden Beratung gesehen und gewürdigt wurde, vollständig und wahrheitsgetreu

---

[9] BGHZ 95, 313 = NJW 1986, 2706; BAGE 35, 251 = NJW 1982, 302; *Schneider* DRiZ 1984, 361; *Herr* DRiZ 1984, 359; MDR 1983, 634; NJW 1983, 2131; *Wimmer* DVBl. 1985, 779; *Schultz* MDR 1983, 633; *BL/Hartmann* Rn. 2.
[10] *Doehring* NJW 1983, 851; *von Stackelberg* MDR 1983, 364; *Däubler* JZ 1984, 355.
[11] BVerfG – K – NJW 1987, 2219; BGHZ 95, 313 = NJW 1986, 2706; BVerwG NJW 1984, 251; *BL/Hartmann* aaO.; *MünchKommZPO/Wolf* Rn. 7; *Katholnigg* Rn. 1; *Zöller/Gummer* Rn. 2; zur Diskussion: *Kraushaar* NZA 1987, 763; *Rudolph* DRiZ 1992, 9.
[1] RGSt 59, 84.
[2] *BL/Albers* Rn. 1; *Zöller/Gummer* Rn. 3.

wiedergeben müssen,³ gilt das Gebot der loyalen Darstellung der Mehrheitsmeinung.⁴ Es muss objektiv wiedergegeben werden wie das Gericht seine Meinung gebildet hat⁵

IV. Entwurf der Urteilsbegründung. Das Gesetz regelt nicht, wer die schriftlichen Urteilsgründe **entwirft** und wie ihre endgültige Fassung zustande kommt. Den Entwurf kann der Vorsitzende selbst erstellen, er braucht dies jedoch nicht, weil im Kollegialgericht alle Richter an der Erledigung der anfallenden Geschäfte mitzuwirken haben und dem Vorsitzenden kraft seiner Stellung die Verteilung dieser Geschäfte obliegt. Diese im Interesse eines geordneten Rechtsgangs notwendige Arbeitsteilung hat zu der – als verbindlich zu erachtenden – Übung geführt, dass der Vorsitzende einen der Beisitzer mit der Abfassung der Urteilsgründe betraut; sowohl diese Anordnung als auch der Entwurf sind richterliche Tätigkeiten, die der Unabhängigkeitsgarantie des § 1 unterliegen.⁶ Die ehrenamtlichen Beisitzer sind zum Urteilsentwurf nicht verpflichtet. 4

Da der Urteilsentwurf in loyaler Weise die Mehrheitsmeinung darstellen muss (Rn. 3), wird er im Allgemeinen nicht Gegenstand erneuter Erörterungen innerhalb des Kollegiums sein. Bestehen jedoch über die Abfassung der **Urteilsgründe,** seien es auch nur einzelne Passagen oder ihr Aufbau, unterschiedliche Meinungen, hat eine erneute Beratung nach §§ 192 ff. und notfalls eine Abstimmung stattzufinden.⁷ 5

V. Unterschriften. Alle Richter haben die schriftliche Entscheidung zu **unterschreiben** (§ 315 Abs. 1 ZPO, § 275 Abs. 2 StPO), auch beim sog. Protokollurteil.⁸ Das gilt auch für den überstimmten Richter. Für den Fall der Verhinderung an der Unterschrift vgl. § 315 Abs. 1 Satz 2 ZPO, § 275 Abs. 2 Satz 2 StPO. Die Unterschriften der Richter müssen den Text decken, der dem Beratungsergebnis entsprechend verfasst und dem Unterschreibenden zur Gänze bekannt ist.⁹ Es ist nicht wirksam unterschrieben, wenn ein Richter einem ihm noch nicht bekannten Text unter Verzicht auf eine möglicherweise notwendig werdende Beratung der Fassung der schriftlichen Urteilsgründe seine Unterschrift zur Verfügung stellt.¹⁰ Änderung der Urteilsgründe nach Unterschriftsleistung des Richters von nicht unerheblicher Art bedürfen der Billigung des Richters, der schon unterschrieben hatte.¹¹ Die Unterschrift bedeutet nicht die volle Zustimmung zu der Entscheidung und ihren Formulierungen, sondern nur die **Beurkundung** ihres ordnungsgemäßen Zustandekommens, der Übereinstimmung mit dem Beratungsergebnis,¹² auch mit der erforderlichen Mehrheit.¹³ **Weigert** sich der (an sich nicht verhinderte) Richter, das Urteil zu unterschreiben, kann dessen Unterschrift nicht ersetzt werden, andererseits liegt aber ohne seine Unterschrift noch kein ordnungsgemäßes Urteil vor, sondern nur ein Urteilsentwurf; das „Urteil" unterliegt deshalb der Aufhebung;¹⁴ § 1052 Abs. 2 ZPO ist nicht erweiterungsfähig. Hat versehentlich ein Richter das Urteil unterschrieben, der an der Entscheidung nicht mitgewirkt hat, ändert sich nichts daran, dass die Verkündung des Urteils wirksam und dieses 6

---

³ BGHSt 26, 92 = NJW 1975, 1177.
⁴ OLG Oldenburg NStZ 2005, 469; *LR/Wickern* Rn. 6; *Meyer-Goßner* Rn. 2; *Seibert* MDR 1957, 597; *Kühne* DRiZ 1960, 393.
⁵ *Breetzke* DRiZ 1962, 5; vgl. die Kontroverse zwischen *Alsberg* JW 1926, 2164; 1930, 762; 2521 und *Sachse* JW 1930, 2520.
⁶ BGHZ 42, 163 = NJW 1964, 2415.
⁷ BGHSt 26, 92 = NJW 1975, 1177.
⁸ BGH NJW-RR 2007, 141; 1567.
⁹ BGHSt 27, 334 = NJW 1978, 899.
¹⁰ BGH NStZ 1994, 378.
¹¹ BGH NStZ 1984, 230.
¹² BGHSt 26, 92 = NJW 1975, 1177; St 31, 212 = NJW 1983, 1745; BVerwG NJW 1991, 2657; DÖV 1993, 719 = DVBl. 1993, 882; *Meyer-Goßner* Rn. 2; *Zöller/Gummer* Rn. 1.
¹³ RGSt 61, 219.
¹⁴ BGH NJW 1977, 765.

damit existent ist; die falsche Unterschrift kann nachträglich durch die richtige ersetzt werden,[15] die unrichtige Unterschrift ist zu streichen, ein Berichtigungsbeschluss ist erforderlich.[16]

7 Zur **Unterschrift**[17] gehört, dass eigenhändig[18] mit vollem Namen unterzeichnet ist.[19] Zwar ist nicht notwendig, dass sie lesbar ist,[20] erforderlich sind aber individuelle Merkmale, die den Schriftzug für einen Dritten erkennbar mit der Persönlichkeit des Unterzeichnenden verbinden.[21] Es muss ein die Identität des Unterschreibenden ausreichend kennzeichnender **individueller Schriftzug** sein, der einmalig ist, entsprechende charakteristische Merkmale aufweist und sich als Unterschrift eines Namens darstellt;[22] dazu gehört, dass mindestens einzelne Buchstaben zu erkennen sind,[23] weil es sonst an dem Merkmal einer Schrift überhaupt fehlt.[24] Äußerstenfalls genügt es, dass jemand, der den Namen des Unterzeichnenden kennt, in dem Schriftbild Buchstaben dieses Namens erkennen und auf dieser Grundlage den Namen herauslesen kann[25] oder dass die Entstehung aus einer ursprünglichen Buchstabenschrift noch erkennbar ist.[26] Steht die Urheberschaft außer Frage, ist ein großzügiger Maßstab anzulegen.[27] Die Beifügung des Vornamens ist nicht erforderlich,[28] ebenso wenig der zweite Teil eines Doppelnamens.[29]

8 Ein abgekürztes Handzeichen (Paraphe) genügt nicht dem Erfordernis der Unterschrift.[30] Auch ein Faksimilestempel ist keine Unterschrift,[31] ebenso wenig ist ein links neben dem Text stehender Namenszug („Nebenschrift") eine Unterschrift,[32] auch nicht der als „Oberschrift" über dem Urkundentext stehende Namenszug.[33]

9 Ist ein Richter an der **Unterschriftsleistung verhindert,** wird dies unter Angabe des Verhinderungsgrundes vom Vorsitzenden unter dem Urteil vermerkt (§ 315 Abs. 1 Satz 2 ZPO, § 275 Abs. 2 Satz 2 StPO), bei Verhinderung des Vorsitzenden durch den ältesten beisitzenden Richter, der an der Verhandlung und Entscheidung selbst mitgewirkt hat. Ein Mitglied des Spruchkörpers, das an der Hauptverhandlung nicht teilgenommen hat, ist zur Feststellung der Verhinderung nicht berufen; hier liegt nach Ablauf der Frist des § 275 Abs. 1 Satz 2 StPO ein absoluter Revisionsgrund vor.[34] Beim Urteil des Einzelrichters ist die Unterschriftsersetzung nicht möglich;[35] der Wegfall der Verhinderung ist abzuwarten. Ist das innerhalb zumutbarer Zeit nicht möglich, muss die Sache vor einem anderen Rich-

---

[15] BGH NJW 2003, 3057; NJW-RR 1998, 1065.
[16] OLG Düsseldorf NJW-RR 1995, 636.
[17] *Krapp* JurBüro 1977, 11.
[18] Vgl. OLG Stuttgart NJW 1976, 1905.
[19] BGHZ 57, 160 = NJW 1972, 50.
[20] BGHZ 52, 181; BGH NJW 1976, 2263; 1978, 1255.
[21] BGH VersR 1975, 927.
[22] BGHSt 12, 317 = NJW 1959, 734; BGH NJW 1967, 2310; 1974, 1090; 1976, 626; 2263; 1978, 1255; 1992, 243; 1994, 55.
[23] OLG Oldenburg MDR 1988, 253; BFHE 189, 37 = NJW 2000, 607; OLG Stuttgart NJW 2002, 823.
[24] BGH NJW 1974, 1090; 1992, 243; VersR 1972, 767.
[25] BSG NJW 1975, 1799; BayObLG VRS 57, 49; OLG Frankfurt MDR 2005, 919.
[26] LAG Berlin NJW 2002, 898; 30. 1. 2002 – 13 Sa 1900/01 –.
[27] BGH NJW 2005, 3775; BayObLG NStZ-RR 2003, 305.
[28] BGH NJW 1996, 997; kritisch *Felix* NJW 1996, 1723; vgl. auch BGHZ 152, 255 = NJW 2003, 1120; OLG Stuttgart NJW 2002, 823.
[29] BGH aaO.
[30] BGH NJW 1992, 243; MDR 2007, 451; OLG Hamm NJW 1989, 3289; BAG NJW 2001, 316; LAG Berlin NJW 2002, 898; 30. 1. 2002 –13 Sa 1900/01 –; BayObLG NStZ-RR 2003, 305; a. A. zur Teminsbestimmung BSG NJW 1992, 1188; OVG Münster NJW 1991, 1628; a. A. zum Eröffnungsbeschluss OLG Düsseldorf StV 1983, 408 m. abl. Anm. *Fuchs*.
[31] BGH bei *Kusch* NStZ 1992, 225.
[32] BGH NJW 1992, 829.
[33] BGHZ 113, 48; OLG Düsseldorf NJW-RR 2002, 437.
[34] BGH NStZ 1993, 448; bei *Kusch* NStZ 1995, 220 Nr. 18; NStZ-RR 2000, 237.
[35] OLG Koblenz VersR 1981, 688.

ter als Vertreter oder nach Änderung der Geschäftsverteilung neu verhandelt und entschieden werden.

Die **Verhinderung** ist im Gesetz nicht näher definiert; dem Vorsitzenden steht **10** für die Feststellung einer Verhinderung **aus tatsächlichen Gründen** (längere Erkrankung, längerer Urlaub) ein pflichtgemäßes Ermessen zu.[36] Die Feststellung kann im Revisionsrechtszug nur eingeschränkt nachgeprüft werden. Hat der Vorsitzende unter dem Urteil vermerkt, dass ein Richter an der Unterzeichnung verhindert sei, und hat er als Grund für die Verhinderung eine Tatsache angegeben, die einen Verhinderungsgrund darstellen kann, ist grundsätzlich nicht nachzuprüfen, ob diese Tatsache im einzelnen Fall objektiv einen Verhinderungsgrund dargestellt hat, es sei denn, dass die Annahme eines Verhinderungsgrunds auf willkürlichen, sachfremden Erwägungen beruht.[37] Es bedarf jedoch der Angabe des konkreten Grundes für die Verhinderung. Der Vermerk „Unerreichbarkeit auch außerhalb des Dienstgebäudes" reicht nicht aus, mit der Folge, dass die tatsächlichen Voraussetzungen der Verhinderung nachgeprüft werden können.[38] Auch Dienstgeschäfte können die Verhinderung begründen; sie brauchen nicht näher dargelegt zu werden, weil es Sache des pflichtgemäßen Ermessens ist, Dauer, Gewicht und Dringlichkeit der konkurrierenden Amtsgeschäfte gegeneinander abzuwägen.[39] Jedoch ist bei der Feststellung der Verhinderung mit Rücksicht auf die Bedeutung der schriftlichen Urteilsgründe Zurückhaltung geboten; im Falle zeitweiser tatsächlicher Verhinderung muss innerhalb der zur Verfügung stehenden Urteilsabsetzungsfrist einige Tage zugewartet werden, um allen Richtern die Unterschrift zu ermöglichen.[40]

Die Annahme einer **rechtlichen Verhinderung** an der Unterschriftsleistung ist **11** voll nachprüfbar, sie liegt jedoch nur selten vor. Der Wechsel innerhalb der Spruchkörper des gleichen Gerichts steht der Unterschriftsleistung rechtlich nicht entgegen,[41] auch nicht die Abordnung oder Versetzung eines Richters an ein anderes Gericht nach Urteilsverkündung,[42] die allerdings zu einer tatsächlichen Verhinderung führen können.[43] Die Versetzung eines Richters aP zur StA bedeutet nicht den Verlust des Status als Richter, so dass keine Verhinderung an der Unterschriftsleistung besteht.[44] Wer aber im Zeitpunkt der Unterschriftsleistung nicht mehr Richter ist, z. B. wegen Eintritts in den Ruhestand oder Ablauf der Amtszeit, kann nicht mehr unterschreiben, weil es sich auch bei der Unterschrift um eine richterliche Amtshandlung handelt.[45]

Bei der Veröffentlichung einer Entscheidung besteht im Gegensatz zu den Namen **12** der Verfahrensbeteiligten (vgl. § 12 Rn. 126) grundsätzlich keine Veranlassung, die Namen der Richter zu **anonymisieren**. Die Richter tragen nach außen persönlich die Verantwortung für ihre Entscheidung, das muss auch durch die Namensangabe deutlich sein.

§ 196. [Absolute Mehrheit; Meinungsmehrheit]

(1) Das Gericht entscheidet, soweit das Gesetz nicht ein anderes bestimmt, mit der absoluten Mehrheit der Stimmen.

---

[36] BGH NStZ 1993, 96.
[37] BGH NStZ 1993, 96.
[38] BGH StV 1991, 248.
[39] BGHSt 31, 212 = NJW 1983, 1745.
[40] OLG Zweibrücken StV 1990, 14.
[41] BayObLG JR 1983, 261 m. Anm. *Foth* = Rpfleger 1983, 37.
[42] BGH NStZ 1993, 96; LAG Chemnitz NZA-RR 2000, 609.
[43] OLG Zweibrücken StV 1990, 14.
[44] BGH StV 1992, 557.
[45] BGH StV 1994, 641; BVerwG NJW 1991, 1192; 2657; BayObLG NJW 1967, 1578; OLG Stuttgart Rpfleger 1976, 258; HessVGH DRiZ 1983, 234; *Zöller/Stöber* § 163 ZPO Rn. 8; *StJ/Leipold* § 315 Rn. 6; a. A. *Vollkommer* NJW 1968, 1309.

(2) Bilden sich in Beziehung auf Summen, über die zu entscheiden ist, mehr als zwei Meinungen, deren keine die Mehrheit für sich hat, so werden die für die größte Summe abgegebenen Stimmen den für die zunächst geringere abgegebenen so lange hinzugerechnet, bis sich eine Mehrheit ergibt.

(3) [1]Bilden sich in einer Strafsache, von der Schuldfrage abgesehen, mehr als zwei Meinungen, deren keine die erforderliche Mehrheit für sich hat, so werden die dem Beschuldigten nachteiligsten Stimmen den zunächst minder nachteiligen so lange hinzugerechnet, bis sich die erforderliche Mehrheit ergibt. [2]Bilden sich in der Straffrage zwei Meinungen, ohne daß eine die erforderliche Mehrheit für sich hat, so gilt die mildere Meinung.

(4) Ergibt sich in dem mit zwei Richtern und zwei Schöffen besetzten Gericht in einer Frage, über die mit einfacher Mehrheit zu entscheiden ist, Stimmengleichheit, so gibt die Stimme des Vorsitzenden den Ausschlag.

Gesetzesfassung: Abs. 4 i. d. F. Art. 3 Nr. 10 RPflEntlG.

1 **I. Absolute Mehrheit.** Für die zur Entscheidungsfindung notwendige Abstimmung bestimmt Abs. 1, dass die **absolute Mehrheit** maßgebend ist.[1] Absolute Mehrheit liegt vor, wenn mehr als die Hälfte der Stimmen der zur Stimmabgabe Berechtigten auf eine Meinung entfällt. Mit Ausnahme des erweiterten SchöffenG (§ 29 Abs. 2), der reduzierten StrafK (§ 76 Abs. 2, 3) und möglicherweise des Großen Senats (vgl. § 132 Abs. 6 Satz 4) sind alle Spruchkörper mit einer ungeraden Zahl von Richtern besetzt, so dass immer eine Mehrheit für „ja" oder „nein" zustande kommt. Wenn sich jedoch ein Richter unzulässigerweise (vgl. § 194 Rn. 4) der Stimme enthält, wird seine Stimme mit als abgegebene Stimme gezählt, führt daher im Ergebnis zu einer Nein-Stimme. Einen Stichentscheid des Vorsitzenden gibt es nicht (Ausnahme: Abs. 4).

2 **II. Abs. 2, 3.** Da die Abstimmung nicht bei allen zur Entscheidung gestellten Fragen mit ja oder nein erfolgen muss, sondern auch **quantitative Unterschiede** möglich sind, enthält für diese Fälle das Gesetz besondere Regelungen. Geht es um Summen, in welchem Verfahren auch immer, wird bei der der Entscheidung zugrunde zu legenden Summe (z.B. Zahlungsanspruch, Zinshöhe, Höhe der zur Aufrechnung gestellten Forderung, Grundstücksgröße, Zahl zu liefernder Sachen, Kostenquote, Höhe der Sicherheit, Höhe einer Entschädigung nach §§ 403 ff. StPO, Auflagen nach § 56b StGB usw.) von der **Stimme für die größte Summe** ausgegangen. Diese wird dann der Stimme zugerechnet, die für die nächst geringere Summe abgegeben ist usw., bis eine Mehrheit sich – von oben, der höchsten Summe her – für die nächst niedrigere Summe findet (Abs. 2). Die Vorschrift ist entsprechend anzuwenden, wenn es um die Feststellung eines von mehreren Zeitpunkten geht, z.B. Eintritt des Verzugs. Sie gilt auch für die Festsetzung von Ordnungsgeldern nach § 178 Abs. 2 GVG, auch in Zivilsachen, z.B. nach §§ 390, 409, 890 ZPO.

3 Über die **Schuldfrage** kann nur mit ja oder nein gestimmt werden (Abs. 3: „von der Schuldfrage abgesehen"). Dazu gehören auch die vom Strafgesetz besonders vorgesehenen Umstände, welche die Strafbarkeit ausschließen, vermindern oder erhöhen, nicht jedoch die Voraussetzungen der Verjährung (§ 263 Abs. 2, 3 StPO). Abweichend von § 196 bedarf es jedoch im Strafprozess zu jeder dem Angeklagten nachteiligen Entscheidung über die Schuldfrage und die Rechtsfolgen der Tat einer Mehrheit von zwei Dritteln der abgegebenen Stimmen (§ 263 Abs. 1 StPO).

4 Bei anderen Fragen in Strafsachen als der Schuldfrage und der in § 263 StPO sonst aufgeführten Fragen gilt die absolute Mehrheit. Bilden sich mehr als zwei Meinungen, von denen keine die erforderliche Mehrheit für sich hat, wird von den dem Beschuldigten nachteiligsten Stimmen ausgegangen. Die nachteiligste Stimme

---

[1] Zur Mehrheit allgemein *Jacobs* NJW 1989, 3205.

wird der zunächst mindernachteiligen so lange zugerechnet, bis sich die erforderliche Mehrheit ergibt (Abs. 3 Satz 1).

Bilden sich in der **Straffrage** zwei Meinungen, ohne dass eine die erforderliche 5
Mehrheit für sich hat, so gilt die mildere Meinung (Abs. 3 Satz 2). Sieht das Gesetz mehrere Strafarten vor (Freiheits- oder Geldstrafe), so ist zunächst über die Freiheitsstrafe (u. U. ihre Aussetzung zur Bewährung) abzustimmen. Findet sich keine Mehrheit (zwei Drittel nach § 263 StPO), ist über die Geldstrafe abzustimmen, und zwar erst über die Zahl, dann die Höhe der Tagessätze. Über weitere Rechtsfolgen ist danach abzustimmen.

III. Abs. 4. Beim erweiterten Schöffengericht (§ 29 Abs. 2) kann wegen der 6
Besetzung mit zwei Berufsrichtern und zwei Schöffen bei einer Frage, über die mit einfacher (absoluter) Mehrheit zu entscheiden ist, Stimmengleichheit entstehen; das Gleiche gilt für die reduzierte Große StrafK (vgl. § 76 Rn. 3). In diesem Falle gibt ausnahmsweise die Stimme des Vorsitzenden den Ausschlag (Abs. 4). Das gelegentlich doppelte Stimmrecht des Vorsitzenden ist nicht verfassungswidrig[2] (vgl. auch § 21 e Abs. 7, § 132 Abs. 6 GVG, § 320 Abs. 4 Satz 3 ZPO).

Können sich die beiden Berufsrichter nicht über die Abfassung der schriftlichen 7
Urteilsgründe einigen, muss das gesamte Gericht einschließlich der Schöffen erneut zusammentreten.[3]

Ist mit Zwei-Drittel-Mehrheit zu entscheiden, gilt der Stichentscheid des Vorsit- 8
zenden nicht.

IV. Alle Beschlussfassungen. § 196 gilt auch für alle richterlichen **Beschluss-** 9
fassungen, soweit nicht abweichende Vorschriften bestehen. Solche sind neben § 263 StPO (Rn. 3) § 522 Abs. 2 ZPO (einstimmige Zurückweisung der Berufung durch Beschluss), § 554b Abs. 2 ZPO (Zwei-Drittel-Mehrheit für die Nichtannahme einer Revision) und § 349 StPO (einstimmige Verwerfung der Revision als offensichtlich unbegründet).

V. Unrichtige Auszählung. Beruht eine Entscheidung auf **unrichtiger Aus-** 10
zählung der Stimmen oder nicht ausreichender Mehrheit, liegt ein Verfahrensfehler vor.[4] Eine Beweisaufnahme über das Abstimmungsergebnis ist zulässig (§ 193 Rn. 12 ff.).

§ 197. [Reihenfolge der Stimmabgabe]

[1]Die Richter stimmen nach dem Dienstalter, bei gleichem Dienstalter nach dem Lebensalter, ehrenamtliche Richter und Schöffen nach dem Lebensalter; der jüngere stimmt vor dem älteren. [2]Die Schöffen stimmen vor den Richtern. [3]Wenn ein Berichterstatter ernannt ist, so stimmt er zuerst. [4]Zuletzt stimmt der Vorsitzende.

I. Reihenfolge der Stimmabgabe. Die Stimmabgabe erfolgt nicht gleichzei- 1
tig, sondern einzeln in der gesetzlich festgelegten Reihenfolge. Es gilt das Prinzip der **aufsteigenden Stimmfolge,** das die Unabhängigkeit des Votums sichern soll.[1]

Ist ein **Berichterstatter** bestimmt, stimmt er zuerst (Satz 3). Der Begriff des Be- 2
richterstatters ist weit zu fassen vom Sinn der Vorschrift her, dass er auf Grund seiner vorbereitenden Tätigkeit wohl die beste Aktenkenntnis und Übersicht hat.[2*]

---

[2] *Kern* JZ 1959, 320 ff.; *Kühne* DRiZ 1960, 391; *LR/Wickern* Rn. 7; a. A. VG Südwürtt. JZ 1959, 319.
[3] *LR/Wickern* Rn. 8; *Eb. Schmidt* § 29 Rn. 15; vgl. dazu *Sachs* DRiZ 1925, 154; *Krofferberth/Knoth* DRiZ 1926, 176; vgl. BVerwG NJW 1997, 1086.
[4] RGZ 38, 412; *BL/Hartmann* Rn. 2.
[1] *BL/Albers* Rn. 1.
[2*] *Wacke* JA 1981, 176; *BL/Albers* Rn. 1; *MünchKommZPO/Wolf* Rn. 1.

§§ 198-202

Berichterstatter ist deshalb nicht nur der Richter, der auf Grund einer dies ausdrücklich vorsehenden Vorschrift (z. B. §§ 324, 351 StPO) bestellt ist, sondern jeder Richter des Kollegiums, der gemäß § 21g zur Mitwirkung berufen und mit dem vorbereitenden Votum und dem Urteilsentwurf betraut ist[3] (vgl. § 21g Rn. 41). Ist der Vorsitzende zugleich Berichterstatter, stimmt er nicht zuerst, sondern nach Satz 4 zuletzt ab.[4]

3   Wirken **ehrenamtliche Richter** (einschließlich Schöffen) mit, stimmen sie nach dem Berichterstatter, und zwar nach dem Lebensalter, der Jüngere zuerst (Satz 1, 2. Alt.). Bei gleichem Alter entscheidet das Los.[5]

4   Bei den **Berufsrichtern** ist maßgebend für die Reihenfolge das Dienstalter (§ 20 DRiG; vgl. § 21f Rn. 10); bei gleichem Dienstalter bestimmt sich die Reihenfolge nach dem Lebensalter (Satz 1, 1. Alt.). Wirkt ein noch nicht auf Lebenszeit angestellter Richter mit, stimmt er als erster, da ihm noch kein Richteramt übertragen ist und er demgemäß noch kein Dienstalter hat.[6]

5   Zuletzt stimmt der **Vorsitzende.**

6   **II. Reihenfolge des Worts.** Diese Reihenfolge gilt nur für die Abstimmung, nicht für die Reihenfolge des Worts in der Beratung. Diese bestimmt der Vorsitzende nach § 194.[7]

7   **III. Verletzungsfolge.** Bei **Verletzung** der Vorschrift gilt das § 196 Rn. 10 Ausgeführte. Eine Aufhebung kommt nach h. M. nur in Frage, wenn die Entscheidung auf diesem Verstoß beruht und ihn erkennen lässt.[8]

§ 198. (weggefallen)

Siebzehnter Titel. Gerichtsferien

§§ 199–202. *(aufgehoben)*

---

[3] *Eb. Schmidt* Rn. 3; *Wolf* S. 148 f.; *MünchKommZPO/Wolf* Rn. 2; *LR/Wickern* Rn. 3.
[4] BVerwG VerwRSpr 1980, 508 = BayVwBl. 1980, 305.
[5] *LR/Wickern* Rn. 2; *Eb. Schmidt* Rn. 1; *Wieczorek/Schreiber* Rn. 3; *BL/Albers* Rn. 3.
[6] *Zöller/Gummer* Rn. 1.
[7] *LR/Wickern* Rn. 1; *Wieczorek/Schreiber* Rn. 1; *Meyer-Goßner* Rn. 1.
[8] RGZ 38, 412; *BL/Albers* Rn. 1; § 196 Rn. 2; *Wieczorek/Schreiber* Rn. 6; *LR/Wickern* Rn. 4.

Einführungsgesetz zum Gerichtsverfassungsgesetz

Vom 27. Januar 1877 (RGBl. S. 77)[1]

(BGBl. III/FNA 300–1)

Erster Abschnitt. Allgemeine Vorschriften

§ 1. [Inkrafttreten]

Das Gerichtsverfassungsgesetz tritt im ganzen Umfang des Reichs an einem durch Kaiserliche Verordnung mit Zustimmung des Bundesrats festzusetzenden Tage, spätestens am 1. Oktober 1879, gleichzeitig mit der in § 2 des Einführungsgesetzes der Zivilprozeßordnung vorgesehenen Gebührenordnung in Kraft.

Gesetzesfassung: Aufgehoben durch Art. 14 Nr. 1 Erstes G über die Bereinigung von Vorschriften im Zuständigkeitsbereich des BMJ vom 18. 4. 2006 (BGBl. I S. 866).

I. Regelungsinhalt. Die Vorschrift regelte den räumlichen Geltungsbereich des GVG und den Zeitpunkt seines Inkrafttretens, während sich der gegenständliche Geltungsbereich aus § 3 ergibt. §§ 4 ff. ermöglichen landesrechtliche Sonderregelungen. Solche können im räumlich-gegenständlichen Geltungsbereich des GVG und des EGGVG nur in bundesrechtlich ausdrücklich vorgesehenen Fällen getroffen werden; das GVG ist eine abschließende reichs- bzw. bundesrechtliche Regelung (Einl. Rn. 25). § 1 wurde als entbehrlich aufgehoben, weil seine Aussage für das geltende Recht belanglos sei;[2] gleichwohl bleibt der Regelungsinhalt für das historische Verständnis von Bedeutung. 1

II. Zeitlicher Geltungsbereich. 1. Das GVG in seiner **ursprünglichen Fassung** trat am 1. 10. 1879 in Kraft (vgl. Einl. Rn. 50); die vorgesehene VO ist nicht ergangen. Die Gebührenordnung nach § 2 EGZPO, auf die Bezug genommen wird, hatte für das Inkrafttreten des GVG selbst keine Bedeutung. 2

2. Spätere Änderungen des GVG treten in Kraft (und sind in Kraft getreten) entsprechend den in den jeweiligen Änderungsgesetzen enthaltenen Übergangsvorschriften. Enthalten diese Übergangsvorschriften keine ausreichende Regelung, gilt Folgendes: 3

3. Neue gerichtsverfassungsrechtliche Vorschriften sind (wie verfahrensrechtliche Vorschriften) wegen ihres öffentlich-rechtlichen Charakters auch **auf anhängige Verfahren anzuwenden,** soweit das Änderungsgesetz in den Übergangsvorschriften keine ausdrückliche abweichende Regelung trifft oder sich keine Abweichung aus dem Sinn und Zweck der Vorschrift oder aus dem Zusammenhang mit anderen Grundsätzen des Prozessrechts ergibt.[3] 4

4. Der Regelung der §§ 17 Abs. 1 Satz 1 GVG, 261 Abs. 3 Nr. 2 ZPO wird der allgemeine Rechtsgedanke der **perpetuatio fori** entnommen, der besagt, dass bei bereits eingetretener Rechtshängigkeit die Zuständigkeit des Gerichts und die Zu- 5

---

[1] Das EGGVG wurde seit Verkündung nicht in neuer Fassung bekannt gemacht (vgl. BGBl. III 300–1). Nachfolgend ist der am 1. 1. 2008 geltende Text abgedruckt. Die Änderungen sind jeweils bei den einzelnen §§ vermerkt.

[2] BTagsDrucks. 16/47 S. 48.

[3] BVerfGE 87, 48 = NJW 1993, 1123; BGH NJW 1992, 2640; BVerwGE 15, 48; BVerwG NJW 1992, 451; BAG AP Nr. 1 zu § 121 ArbGG 1979; AP Nr. 2 zu § 121 ArbGG 1979; AP Nr. 1 zu § 17a GVG; BayObLG FamRZ 1978, 144.

lässigkeit des zu ihm beschrittenen Rechtswegs durch eine Veränderung der sie begründenden verfahrensrechtlichen Vorschriften nicht mehr berührt wird[4] (vgl. auch § 17 Rn. 9).

6 Dabei ist umstritten, ob der Grundsatz der perpetuatio fori für die ganze **Dauer des Verfahrens** oder nur für die laufende Instanz gilt. Es ist zu unterscheiden: Geht es um die Frage der Zulässigkeit des eingeschlagenen **Rechtswegs,** so ist dies abschließend (§ 17a Abs. 5 GVG). Soweit es um die Zuständigkeit innerhalb des eingeschlagenen Rechtswegs geht, wird vertreten, dieser Grundsatz gelte für die gesamte Verfahrensdauer.[5] Demgegenüber versteht der BGH ihn lediglich als (allenfalls instanzbedeutsame) Ordnungsvorschrift;[6] von der RSpr im Übrigen wird er dahin interpretiert, er gelte nur für die laufende Instanz, während nach der instanzbeendenden Entscheidung die Zuständigkeit für ein **Rechtsmittel** sich ausschließlich nach neuem Recht richte.[7] Das nach altem Recht zulässigerweise eingelegte Rechtsmittel bleibt grundsätzlich zulässig, auch wenn es nach neuem Recht unzulässig wäre; der Gesetzgeber kann jedoch ausdrücklich Abweichendes bestimmen.[8]

7 Für den Fall der **Wiederaufnahme** des Verfahrens nach §§ 578 ff. ZPO bedeutet dies, dass die Zuständigkeit des bei Erlass der angefochtenen Entscheidung zuständigen Gerichts nach § 584 ZPO bestehen bleibt; jedoch ist die erneute Verhandlung der Hauptsache (§ 590 ZPO) vor dem nach neuem Recht nunmehr zuständigen Gericht durchzuführen, an dieses hat das für die Wiederaufnahme zuständige Gericht zu verweisen.[9]

8 Die **Abänderungsklage** (§ 323 ZPO usw.) ist bei dem Gericht zu erheben, das nach neuem Recht für die abzuändernde Sachentscheidung zuständig ist.

9 Besteht Streit über die Wirksamkeit eines **Prozessvergleichs,** so ist hierüber in Fortsetzung des ursprünglichen Verfahrens und nicht in einem neuen Verfahren zu entscheiden.[10] Hier gilt mangels abweichender Vorschriften die frühere Zuständigkeit bis zur Erledigung der Instanz fort.

10 **III. Räumlicher Geltungsbereich. 1.** Der ursprüngliche räumliche Geltungsbereich ist im § 1 mit dem „ganzen **Umfang des Reichs**" beschrieben, also in den Grenzen des Deutschen Reichs im Zustand vom 1. 10. 1879. Der Geltungsbereich änderte sich mit den jeweiligen Änderungen der Reichsgrenzen im Laufe der Geschichte, und zwar bei Gebietserweiterung durch entsprechendes Gesetz (vgl. die Erstreckung des GVG auf Helgoland durch Gesetz vom 15. Dezember 1890, RGBl. S. 207). Auch nach der Kapitulation 1945 galt das GVG auf Grund des KontrollratsG Nr. 4 vom 30. Oktober 1945 (ABlKR 1945, 26) in der Fassung vom 22. März 1924 im gesamten verbliebenen Gebiet des ehemaligen Deutschen Reichs (vgl. Einl. Rn. 83) weiter.

11 **2.** Mit Rücksicht auf die vor allem im Zusammenhang mit der deutschen **Kapitulation 1945** eingetretenen gebietsrelevanten Folgen ist eine besondere Regelung ergangen für Gebiete, innerhalb deren früher deutsche Gerichte ihren Sitz hatten, in

---

[4] BGHZ 71, 69 = NJW 1978, 1163; BFH BB 1981, 356; BayObLG FamRZ 1978, 144.
[5] OLG Braunschweig NdsRpfl 1977, 211, FamRZ 1977, 724; 734; KG FamRZ 1977, 728; 734; *Jauernig* DRiZ 1977, 206; SchlHAnz 1977, 166; *Sedemund-Treiber* DRiZ 1977, 104, 105; *Diederichsen* NJW 1977, 661; a. A. KG FamRZ 1977, 818; BayObLG FamRZ 1977, 741; 1978, 144.
[6] BGH FamRZ 1978, 102.
[7] BGH JZ 1978, 33; NJW 1978, 427; BGHZ 76, 306 = NJW 1980, 1626; BayObLG NJW 1977, 1733; OLG Koblenz Rpfleger 1977, 368; KG FamRZ 1977, 818; LG Berlin FamRZ 1977, 817; OLG Celle FamRZ 1977, 734; OLG Zweibrücken FamRZ 1977, 729; 1978, 45 m. Anm. *Borgmann;* OLG Karlsruhe Justiz 1977, 425; 426; FamRZ 1977, 733; OLG Oldenburg NdsRpfl 1977, 185; OLG Düsseldorf FamRZ 1977, 547; 1977, 723; OLG Köln FamRZ 1977, 735; *Sedemund-Treiber* DRiZ 1977, 103; *Meier* DRiZ 1977, 278; *Brüggemann* FamRZ 1977, 585.
[8] BVerfGE 87, 48 = NJW 1993, 1123.
[9] OLG Braunschweig NJW 1978, 56; KG FamRZ 1979, 526.
[10] BGHZ 28, 171 = NJW 1958, 1970; BGH NJW 1977, 583; *BL/Hartmann* § 307 ZPO Anhang Rn. 37; *StJ/Münzberg* § 794 Rn. 47.

denen aber deutsche Gerichtsbarkeit nicht mehr ausgeübt wird (ZuständigkeitsergänzungsG vom 7. August 1952, BGBl. I S. 407).

3. Im Einzelnen haben sich in den bei Deutschland verbliebenen Gebieten die Verhältnisse unterschiedlich fortentwickelt. Im Gebiet der BRep wurde durch das REinhG 1950 (Einl. Rn. 85) das GVG in neuer Fassung erlassen und seitdem wiederholt geändert (Einl. Rn. 86ff.). Entsprechend der räumlichen Beschränkung der Gesetzgebungsgewalt des Bundesgesetzgebers auf das Bundesgebiet war die Geltung des GVG auf das Gebiet der BRep beschränkt (Art. 23 GG a. F.) einschließlich des Saarlandes[11] (BGBl. 1956 I S. 1011; SaarlABl. 1956, 1645, 1967). – Mit der Wiedervereinigung am 3. 10. 1990 (Einl. Rn. 43) wurde durch Art. 8 EV i. V. m. EVJ Nr. 1 das GVG auch auf das Beitrittsgebiet erstreckt, wenn auch mit Modifikationen für eine Übergangszeit (vgl. Rn. 19ff.). 12

IV. Berlin. 1. West-Berlin bis 2. 10. 1990. West-Berlin (vgl. Einl. Rn. 49) gehörte einerseits zur BRep,[12] andererseits war der Status Berlins durch den alliierten Vorbehalt der westlichen Militärgouverneure (Nr. 4 des Genehmigungsschreibens vom 12. 5. 1949 zum GG, VOBl. Br. Z. 1949, 416) dahin eingeschränkt, dass Berlin nicht durch den Bund regiert werden darf; dieser Vorbehalt wurde aufrecht erhalten in Art. 2 Deutschland-Vertrag und im Schreiben der Hohen Kommissare vom 26. 5. 1952[13] (BGBl. 1955 II S. 500). Das bedeutete, dass einerseits die Grundrechte des GG auch in Berlin galten.[14] Andererseits galten aber die vom Bundesgesetzgeber erlassenen Gesetze in Berlin nicht unmittelbar, sondern nur im Rahmen der sogenannten Berlin-Klausel: es bedurfte zur Geltung des Bundesrechts in Berlin jeweils eines formellen Übernahmeaktes durch das Berliner Abgeordnetenhaus. Das Verfahren war im Gesetz über die Stellung des Landes Berlin im Finanzsystem des Bundes – Drittes Überleitungsgesetz – vom 4. 1. 1952 (BGBl. I S. 1) geregelt. Soweit die Übernahme von Bundesrecht nach Berlin Auswirkungen auf die Rechte und Verantwortlichkeiten der Drei Mächte haben konnte, behielten sich die Alliierten insoweit einschränkende Maßnahmen vor. Wurde ein Bundesgesetz durch das Berliner Abgeordnetenhaus übernommen, dann galt dieses Recht aber auch in Berlin als Bundesrecht.[15] Es unterlag dann auch der Prüfungskompetenz des BVerfG,[16] jedoch unterlag das vom Berliner Gesetzgeber gesetzte Landesrecht nicht der Prüfungskompetenz des BVerfG,[17] sondern dem jeweils entscheidenden Berliner Gericht oder den obersten Gerichtshöfen des Bundes.[18] 13

Im Rahmen dieser sog. Parallelgesetzgebung ist das REinhG (Einl. Rn. 85) durch ein inhaltsgleiches Berliner Gesetz vom 9. 1. 1951 (GVBl. I S. 99) in Berlin in Kraft getreten und damit auch das GVG. Spätere Änderungen des GVG durch Bundesgesetze sind im Wege der sog. Mantelgesetzgebung nach Maßgabe des 3. Überleitungsgesetzes vom 4. 1. 1952 (BGBl. I S. 1) nach Berlin übernommen worden. Es galt demgemäß in West-Berlin das GVG genau so wie in den anderen Bundesländern. Die auf alliierten Vorbehalten beruhende besondere Stellung Berlins führte jedoch zu folgenden **Besonderheiten:** §§ 31ff. EGGVG galten nur eingeschränkt (§ 31 Rn. 1). § 142a Abs. 1 Satz 2 GVG galt nicht in Berlin (§ 142a GVG Vorbem. zur Gesetzesfassung). Bei der Ausübung der Gerichtsbarkeit waren die Berliner Gerichte durch das Gesetz Nr. 7 der Berliner MilitärReg vom 17. 3. 1950 (VOBl. I S. 89) insoweit beschränkt, als sie nur mit Genehmigung der Alliierten Recht sprechen durften, wenn die zu entscheidende Sache Vorbehaltsrechte berührte. 14

Entscheidungen der Berliner Gerichte (AG, LG, KG) unterlagen nicht der verfassungsgerichtlichen Kontrolle des BVerfG,[19] wohl aber dann, wenn Gegenstand des Verfahrens ein in Berlin vorgenommener Verwaltungsakt des Bundes war, auch wenn zunächst ein Berliner Gericht darüber entschieden hatte.[20] Entscheidungen eines obersten Gerichtshofs des Bundes (auch einzelner 15

---

[11] Vgl. dazu *Kretschmer* NJW 1957, 51; BB 1957, 163.
[12] BVerfGE 7, 1, 7 = NJW 1957, 1273.
[13] Vgl. BVerfGE 36, 1, 17 = NJW 1973, 1539; E 37, 57, 61 = NJW 1974, 893; BGHZ 20, 112 = NJW 1956, 949; vgl. *Finkelnburg* NJW 1974, 1969; *Schiedermair* NJW 1982, 2841; *Scholz* DÖV 1987, 358; NJW 1986, 33; *Ziekow* NJW 1986, 1595; *Ortloff* LKV 1991, 145.
[14] BVerfGE 1, 70 = NJW 1952, 59; BGHZ 20, 112 = NJW 1956, 949.
[15] BVerfGE 37, 57, 62 = NJW 1974, 893.
[16] BVerfG aaO.; *Sendler* NJW 1966, 1757; a. A. KG NJW 1966, 598; stRSpr, vgl. NJW 1980, 241.
[17] BVerfGE 7, 1, 16 = NJW 1957, 1273.
[18] BGHZ 20, 112 = NJW 1956, 949; BVerwG NJW 1981, 1547.
[19] E 37, 57, 60 = NJW 1974, 893; E 49, 329, 336 = NJW 1979, 154.
[20] BVerfGE 20, 257, 266 = NJW 1967, 339.

Senate) mit dem Sitz in Berlin unterlagen aber der Nachprüfung durch das BVerfG, da diese Entscheidungen solche eines Bundesorgans sind.[21]

16 **2. Berlin ab 3. 10. 1990.** Westberlin bildet ab 3. 10. 1990 mit Ostberlin (Einl. Rn. 49) das Bundesland Berlin, Art. 1 Abs. 2 EV. Für das ehemalige Westberlin gilt das GVG ab 3. 10. 1990 uneingeschränkt, und zwar einmal unmittelbar als Bundesrecht ohne die früher notwendige besondere Übernahmegesetzgebung (Rn. 14), zum anderen sind die alliierten Vorbehalte und Sonderregelungen für das frühere Westberlin (Einl. Rn. 43) durch Art. 7 Abs. 1 des Moskauer Vertrags (Einl. Rn. 48) außer Kraft getreten.[22] Das Sechste Überleitungsgesetz vom 25. September 1990 (BGBl. 1990 I S. 2106) erstreckte das wegen der Vorbehalte in Westberlin noch nicht geltenden Bundesrecht auf Berlin, jedoch nicht ausnahmslos. So finden der ÜberlVertrag, das NATO-TrStatut und die Zusatzvereinbarung in Berlin weiterhin keine Anwendung (EV Anlage I Kapitel I Abschnitt I); wohl aber gelten die im Moskauer Vertrag und die zu seiner Ausführung abgeschlossenen Verträge und Regelungen (Einl. Rn. 43) auch im gesamten Bundesland Berlin. Auch kann das BVerfG nun über Verfassungsbeschwerden, z.B. gegen Entscheidungen Berliner Gerichte auch aus der Zeit vor dem 3. 10. 1990, entscheiden.[23]

17 Im ehemaligen Ostberlin gilt ab 3. 10. 1990 das GVG nach Art. 8, 9 EV. Da aber in den beiden früher getrennten Gebietsteilen des jetzigen Landes Berlin vor dem 3. 10. 1990 eine völlig unterschiedliche Gerichtsstruktur bestand, bedurfte es der Anpassung der Ostberliner Gerichtsorganisation an das GVG. Den nach dem GVG schon in Westberlin bestehenden Gerichten wurde unter Aufhebung der bestehenden Ostberliner Gerichte die Gerichtsbarkeit auch für die hinzugekommenen Gebietsteile des ehemaligen Ostberlin übertragen (Gesetz über die Zuständigkeit der Berliner Gerichte vom 25. 9. 1990, GVBl. Berlin S. 2076 mit geographischer Erweiterung GVBl. Berlin 1991 S. 230), so dass nicht die sonst für die neuen Länder notwendigen weitreichenden Übergangsmaßgaben erforderlich waren.[24]

18 Aufgrund des EV besteht in Berlin eine einheitliche Gerichtsorganisation nach dem GVG; zunächst verbliebene Maßgaben für ganz Berlin[25] (EV Anlage I Kapitel III Sachgebiet A Abschnitt IV Nr. 3) haben sich als entbehrlich erwiesen[26] und sind nicht mehr anzuwenden (Art. 208 § 1 Abs. 1 Nr. 1b Erstes Gesetz über die Bereinigung von Bundesrecht im Zuständigkeitsbereich des Bundesministeriums der Justiz vom 19. 4. 2006, BGBl. I S. 866, 892).

19 **V. Gesamtdeutsche Geltung des GVG seit 1990.** Mit der Wiedervereinigung des als Kriegsfolge seit 1945 geteilten Deutschlands am 3. 10. 1990 (Einl. 43 ff.) trat das GVG auch in den neuen Bundesländern in Kraft. Die unterschiedlichen Lebensverhältnisse und Rechtsordnungen, die sich in den beiden getrennten Teilen entwickelt hatten,[27] machten jedoch Überleitungs- und Anpassungsregelungen in erheblichem Ausmaß erforderlich (Einl. Rn. 47).

20 In der ehemaligen DDR bestanden als erst- und zweitinstanzliche Gerichte nur Kreisgerichte und Bezirksgerichte für alle justitiablen Sachen.[28] Diese Kreisgerichte und Bezirksgerichte wurden zum 3. 10. 1990 in ihrem aktuellen Zustand (geographisch, organisatorisch, personell usw.) institutionell in die neue Rechtsordnung nach Bundesrecht übernommen, wie sie am 2. 10. 1990 nach DDR-Recht bestan-

---

[21] BVerfGE 49, 329, 336 = NJW 1979, 154.
[22] BVerfG – K – LKV 1992, 25; DVBl. 1991, 1139; *Rauschning* DVBl. 1990, 1283.
[23] BVerfG – K – LKV 1992, 25.
[24] Erläuterungen zum EV BTagsDrucks. 11/7817 S. 7, 33.
[25] 2. Aufl., § 1 EGGVG Rn. 18.
[26] Vgl. BTagsDrucks. 16/46 S. 94.
[27] Vgl. 2. Aufl., § 1 EGGVG Rn. 19 ff.
[28] 2. Aufl., § 1 EGGVG Rn. 21 ff.

den. Sie beruhen auf dem DDR-GVG (i. d. F. DDR-Gesetzbl. 1990 I S. 634). Das DDR-GVG wurde durch den EV zwar nicht nach Art. 9 i. V. m. Anlage II EV ausdrücklich aufrechterhalten, bestimmte aber bis zum uneingeschränkten Inkrafttreten des GVG der BRep und entsprechendem Landesrecht noch die Existenz dieser Gerichte. Ihnen wurde mit entsprechenden Überleitungsregelungen die ordentliche streitige Gerichtsbarkeit übertragen[29] (EVJ Nr. 1 Buchst. a Abs. 1). Die Zuständigkeit dieser beiden Gerichtsarten erstreckte sich darüber hinaus aber auch auf alle Rechtsstreitigkeiten des Bundesrechts. Die Art. 19 Abs. 4 GG entsprechende umfassende Rechtswegeröffnung im gesamten Bundesrecht (Einl. Rn. 201) galt sofort auch in den neuen Ländern. Jedoch war es wegen der geschilderten besonderen tatsächlichen Verhältnisse der Justiz in den neuen Bundesländern (vgl. Einl. Rn. 47) nicht möglich, sofort die Gerichte aller fünf Gerichtsbarkeiten funktionsfähig einzurichten. Deshalb sah EVJ Nr. 1 Buchst. a Abs. 3 vor, dass bis zur Errichtung selbstständiger Gerichtsbarkeiten die Kreis- und Bezirksgerichte auch in Angelegenheiten der Verwaltungs-, Finanz-, Arbeits- und Sozialgerichtsbarkeit zuständig sind (Einzelheiten EVJ aaO. Buchst. t bis x).

Die Übernahme der gerichtsverfassungsrechtlichen Regelungen aller Gerichtsbarkeiten der BRep auch in den neuen Bundesländern ist abgeschlossen. Für die ordentliche Gerichtsbarkeit des GVG bestimmte der EV ausdrücklich (EVJ Nr. 1 Buchst. a Abs. 2), dass „die Länder" durch Gesetz die im GVG vorgesehenen Gerichte und Staatsanwaltschaften einrichten, sobald hierfür unter Berücksichtigung der Bedürfnisse einer geordneten Rechtspflege jeweils die personellen und sachlichen Voraussetzungen gegeben sind – mit zeitlicher Begrenzung bis zum 31. 12. 1995 (Art. 143 Abs. 2 GG i. d. F. Art. 4 Nr. 5 EV). Die Entwicklung hin zu einer Angleichung an das gesamte Gerichtssystem der alten Bundesländer auf der Grundlage des GVG ging zügig voran: Mecklenburg-Vorpommern zum 1. 7. 1992 (GVBl. S. 314), Sachsen-Anhalt zum 1. 9. 1992 (GVBl. S. 652), Sachsen zum 1. 1. 1993 (GVBl. 1992 S. 287), Thüringen zum 1. 9. 1993 (GVBl. S. 554) und Brandenburg zum 1. 12. 1993 (GVBl. S. 198). Mit der Errichtung der selbstständigen ordentlichen Gerichtsbarkeit traten die Gerichtstypen des § 12 GVG an die Stelle von KreisG und BezG nach Maßgabe der im GVG geregelten Zuständigkeiten – vorbehaltlich konkreter Überleitungsvorschriften (vgl. RpflAnpG). Mit dieser Errichtung wurden zugleich viele Vorschriften des EV gegenstandslos.[30] 21

§ 2. [Anwendungsbereich]

Die Vorschriften des Gerichtsverfassungsgesetzes finden nur auf die ordentliche streitige Gerichtsbarkeit und deren Ausübung Anwendung.

I. Regelungsinhalt. Nach § 2 gilt das GVG nur für die ordentliche streitige 1 Gerichtsbarkeit (zu diesem Begriff § 12 GVG Rn. 1). Das GVG gilt also nicht schlechthin für alle Verfahren vor den ordentlichen Gerichten, sondern nur für solche Verfahren, die der ordentlichen streitigen Gerichtsbarkeit zuzurechnen sind. Soweit dem ordentlichen Gericht (§ 12 GVG) weitere Aufgaben übertragen sind, gilt hier das GVG nicht schon deshalb, sondern nur, wenn seine Anwendbarkeit ausdrücklich vorgeschrieben ist (vgl. Einl. Rn. 2); das Gleiche gilt für die anderen Gerichtsbarkeiten des Art. 95 GG. Eine analoge Anwendung ist jedoch möglich (vgl. auch Rn. 14 ff.).

II. Anwendung auf Verfahren der freiwillige Gerichtsbarkeit. 1. Histo- 2
rische Entwicklung. Das Problem, ob für die den ordentlichen Gerichten übertra-

---
[29] 3. Aufl., § 1 EGGVG Rn. 34 ff.
[30] *Rieß* DtZ 1992, 225.

genen Angelegenheiten der freiwilligen Gerichtsbarkeit (vgl. § 27 GVG Rn. 10 ff.) das GVG gilt, ist nur verständlich aus der Geschichte der freiwilligen Gerichtsbarkeit und aus der Entstehungsgeschichte von GVG, ZPO und FGG, die hier nur skizziert werden kann.

3   Obwohl die freiwillige Gerichtsbarkeit und die ihr unterfallenden Angelegenheiten bereits früh entstandenen unmittelbarsten und persönlichsten Fürsorge- und Ordnungsbedürfnissen entspringen und damit weit in die menschliche Kulturgeschichte zurückreichen, ist es nicht möglich, eine der Geschichte des Zivilprozesses oder des Strafprozesses vergleichbare einheitliche Entwicklung zu beschreiben. Bis zur Verabschiedung des FGG im Jahre 1898 gab es nur eine Entwicklungsgeschichte einzelner Verfahrenszweige, die man als die klassischen Angelegenheiten der freiwilligen Gerichtsbarkeit bezeichnen kann. Dazu gehören insbesondere die Urkundstätigkeit, das Vormundschafts-, Adoptions- und Nachlasswesen und das Registerwesen.[1] Diese Aufzählung, gemeinrechtlich unter dem Begriff der Extrajudizialien erfasst, zeigt auf, dass es sich um Bereiche handelte, die weder reine Verwaltungsangelegenheiten noch streitiges Prozesswesen waren, aber einer rechtlichen Fürsorge und Ordnung bedurften, die im Rahmen der Rechtspflege besorgt werden sollten. Teil 2 Titel 1 § 1 der Preußischen Allgemeinen Gerichtsordnung von 1793 lautete demzufolge: „Zu den Handlungen der freiwilligen Gerichtsbarkeit werden hier sowohl diejenigen gerechnet, welche obgleich sie keine Prozesse sind, dennoch nach vorhandenen gesetzlichen Vorschriften vor Gerichten vollzogen werden müssen, als diejenigen, zu deren gerichtlichen Vollziehung die Parteien sich, mehrerer Gewissheit und Beglaubigung wegen, aus freiem Willen entschließen." Zur Verschiedenartigkeit der rechtlichen Entwicklung trug überdies bei, dass für die Angelegenheiten der freiwillige Gerichtsbarkeit vor dem In-Kraft-Treten des FGG im Wesentlichen die Landesgesetzgebung mit der ihnen eigenen Vielfalt voneinander abweichender Regelungen maßgebend war.[2] An dieser Stelle kommt entscheidend zum Tragen, dass das neu zu schaffende ReichsGVG möglichst jeden Eingriff in die Justiz- und Verwaltungshoheit der Landesgesetzgebungen vermeiden sollte. Dementsprechend heißt es auch in der Begründung des Entwurfs eines GVG im Jahre 1874:[3] „... und dass auch der Schein vermieden werden muss, als solle die Reichsgesetzgebung die Justizhoheit der einzelnen Bundesstaaten in irgendeiner Beziehung, wo dies nicht durch die Notwendigkeit der gleichmäßigen und durch die Natur der gemeinsamen Einrichtungen geboten ist, schwächen oder beeinträchtigen ... Der Entwurf regelt daher nur die Verfassung der Gerichte für bürgerliche Rechtssachen und Strafsachen. Die Fragen, ob und welche Mitwirkung den Gerichten noch in anderen Angelegenheiten beizulegen ist, insbesondere inwieweit das Hypotheken- und Grundbuchwesen als Gerichtsangelegenheit angesehen wird – ob das Vormundschaftswesen und in welcher Art der Leitung der Gerichte unterstellt wird – inwiefern überhaupt die Gerichte mit Sachen der nichtstreitigen Gerichtsbarkeit zu tun haben – ob endlich die Angelegenheiten der Justizadministration ... den Gerichten zugewiesen werden und welchen Gerichten die Verhandlung dieser Angelegenheiten ... übertragen wird – alle diese Fragen lässt der Entwurf unberührt. Wenn auch nicht verkannt werden kann, dass die verschiedenartige Regelung der beregten Verhältnisse in den verschiedenen Bundesstaaten eine verschiedene Rückwirkung auf die Stellung äußern muss, welche die Gerichte als Organe der streitigen Rechtspflege einzunehmen und dass es deshalb wünschenswert gewesen wäre, die Bestimmungen des Entwurfs nicht ausschließlich auf die Ordnung der streitigen Gerichtsbarkeit zu beschränken, so kommt doch durchschlagend der Umstand in Betracht, dass bei der Verschiedenheit des materiellen Rechts in den einzelnen Bundesstaaten der Erweiterung des Entwurfs zu einem allgemeinen Gerichtsverfassungsgesetz unüberwindliche Schwierigkeiten entgegenstehen würden." Die Beschränkung des Geltungsbereichs des GVG beruhte also einerseits auf dem Bemühen, die Kompetenzen der einzelnen Bundesstaaten unangetastet zu lassen, andererseits aber auch auf der Möglichkeit, die zu der damaligen Zeit der freiwilligen Gerichtsbarkeit unterstellten Angelegenheiten als Angelegenheiten der Rechtsfürsorge ohne dogmatische Schwierigkeiten von der streitigen Gerichtsbarkeit unterscheiden zu können.

4   Mit Schaffung des BGB und Revision des HGB war es dann allerdings angezeigt, das Verfahren der Angelegenheiten der freiwillige Gerichtsbarkeit wenigstens insoweit einheitlich zu regeln, als es zur Durchführung dieser beiden Gesetze erforderlich war, wobei es sich anbot, auch die Bereiche einzubeziehen, die zwar durch Reichsgesetz den Gerichten übertragen waren, dennoch den oft verschiedenen Verfahrensregelungen der einzelnen Länder unterfielen. Folgerichtig macht

---

[1] Vgl. *Habscheid* § 3 I.
[2] Vgl. *Baur* S. 2.
[3] Vgl. *Hahn* I S. 25 ff.

Art. 1 EGBGB das Inkrafttreten des BGB von dem Erlass eines FGG abhängig, während aus dem Entwurf des BGB alle die freiwillige Gerichtsbarkeit betreffenden verfahrensrechtlichen Bestimmungen entfernt wurden. Damit war das FGG von der Anlage her keine in sich geschlossene Verfahrensordnung, die das gesamte Verfahrensrecht der freiwillige Gerichtsbarkeit erfassen wollte. Vor allem der Landesgesetzgebung sollte es vorbehalten bleiben, fernerhin Vorschriften für den Bereich der freiwillige Gerichtsbarkeit zu erlassen (vgl. z.B. Art. 147, 148 EGBGB, §§ 189, 192 ff. FGG). Der letztlich in das Gesetzgebungsverfahren eingebrachte Entwurf umfasst infolgedessen neben anderem vor allem familienrechtliche Angelegenheiten, Vormundschafts- und Nachlasssachen sowie das Verfahren bei der Errichtung gerichtlicher und notarieller Urkunden, mithin im Wesentlichen den sogenannten klassischen Bereich. In dieser Form trat es zusammen mit dem BGB am 1. 1. 1900 in Kraft.

Nach dem Ende des zweiten Weltkrieges wurde die Gesetzgebungskompetenz (abgesehen von **5** Maßnahmen der von den Besatzungsmächten eingesetzten Organe) in weiten Bereichen durch die Kontrollratsgesetzgebung in den einzelnen Zonen unter Umkehrung des Grundsatzes „Bundesrecht bricht Landesrecht"[4] wahrgenommen. Diese Vorschriften sind jedoch, von einzelnen Regelungen in den ehemals britischen und französischen Zonen abgesehen, durch das REinhG 1950 aufgehoben worden.[5]

Obwohl das FGG nur auf einem Teilgebiet ein gewisses Maß an Rechtseinheit brachte, führt **6** die weitere Entwicklung der Gesetzgebung (gemessen an der großen praktischen Bedeutung der Angelegenheiten der freiwillige Gerichtsbarkeit für weite Kreise der Bevölkerung) bedauerlicherweise zu einer weiteren Rechtszersplitterung. Das FGG hat nicht nur in seinen klassischen Bereichen (vor allem im Bereich des Familienrechts und des Kindschaftsrechts) eine Vielzahl von Änderungen erfahren; zahlreiche neue Gesetze ordneten seine Anwendung auf weitere Verfahren an[6] (sog. „unechte" Angelegenheiten der freiwillige Gerichtsbarkeit). Diese Entwicklung wurde in erster Linie dadurch veranlasst, dass der Gesetzgeber im Laufe der Zeit das Amtsverfahren der freiwillige Gerichtsbarkeit mit seinem an Billigkeit und Zweckmäßigkeit orientierten relativ weiten Entscheidungsräumen sowie der Möglichkeit, ohne größere verfahrensrechtliche Schwierigkeiten bei einer Änderung der Umstände eine andere Entscheidung zu erreichen, als so vorteilhaft empfand, dass er immer mehr materielle Entscheidungsbereiche der Verfahrensordnung der freiwillige Gerichtsbarkeit unterstellte, obwohl es sich systematisch um reine Verwaltungsangelegenheiten oder auch (entgegengesetzt hierzu) um echte privatrechtliche (auch öffentlich-rechtliche) Streitverfahren handelt.[7] Diese Entwicklung begann zunächst in Bereichen, die durch die Zeitumstände, insbesondere der Weltkriege, diktiert wurden. Diese Regelungen haben heute (abgesehen von der immer noch in Kraft befindlichen HausratsVO) weitgehend an Geltung und Bedeutung verloren. Inzwischen sind aber zahlreiche neue Materien der freiwillige Gerichtsbarkeit unterstellt worden. Hierzu gehören z.B. die vormundschaftsgerichtliche Tätigkeit im Rahmen des BetreuungsG, das (nun wieder herausgenommene) WEG, Entscheidungen über den Versorgungsausgleich und Entscheidungen bezüglich der Maßnahmen der Justizbehörden (§§ 23, 29 EGGVG).

2. Unübersichtlichkeit der derzeitigen Regelung. Die Schaffung zahlrei- **7** cher Einzelgesetze in den verschiedensten Bereichen hat mittlerweile zu einer völligen Unübersichtlichkeit geführt. Zum einen stellt der zur Zeit geltende allgemeine Teil des FGG eine nur lückenhafte Regelung dar. Zum anderen sind die einzelnen Gesetze und Verordnungen speziell auf das durch sie geregelte Sachgebiet abgestimmt. Das führt dazu, dass einzelne Gesetze zwar auf das FGG verweisen, jedoch eigene abweichende Regelungen enthalten. Auch für echte Verwaltungsstreitverfahren ist die Regelung der freiwillige Gerichtsbarkeit begründet worden (z.B. §§ 40, 42, 91, 191, 223 BRAO, § 111 BNotO). Die freiwillige Gerichtsbarkeit ist mithin, keinesfalls erfreulich, zu einem „Experimentierfeld des Gesetzgebers"[8] geworden. Weitreichende Änderungen durch die Reform des Familienrechts (vgl. §§ 23 ff. GVG) haben die Zersplitterung und Unübersichtlichkeit weiter vertieft, indem einzelne Bereiche (z.B. der Versorgungsausgleich) zwar der Verfahrensordnung des FGG unterstellt wurden, durch die Einführung des sogenannten

---

[4] *Jansen/von Schuckmann* Einl. Rn. 9.
[5] Im Einzelnen *Keidel/Schmidt* Einl. Rn. 10 ff.
[6] Zusammenstellungen bei *Keidel/Schmidt* § 1 Rn. 51 ff. und *Jansen/von Schuckmann* § 1 Rn. 19 ff.
[7] Vgl. hierzu *Baur* S. 1 ff.
[8] *Habscheid* § 3 II 4.

Entscheidungsverbundes in FamS jedoch weitgehende Angleichungen an das Streitverfahren der ZPO vorgenommen werden mussten (§ 621 a ZPO).

8   **3. Keine einheitliche Regelung.** Soweit nicht Fragen der Gerichtsorganisation oder Grundfragen der Gerichtsverfassung betroffen sind, kann aus diesen Gründen die Frage, ob das GVG über den Wortlaut des § 2 EGGVG auch auf die Angelegenheiten der freiwilligen Gerichtsbarkeit angewendet werden kann oder muss, nicht schlechthin befürwortend[9] oder ablehnend[10] beantwortet werden. Indessen darf diese Problematik nicht überbewertet werden, da das FGG selbst weitgehend auf die Vorschriften des GVG verweist oder auf sie (z. B. § 30 FGG hinsichtlich der Gerichtsorganisation) erkennbar Bezug nimmt; im Übrigen enthält das FGG auch eigene gerichtsverfassungsrechtliche Vorschriften. Lücken bestehen deshalb im Wesentlichen nur hinsichtlich der Verweisung (vgl. § 17 GVG Rn. 53 ff.), der Öffentlichkeit und der Sitzungspolizei. Gleichwohl muss geprüft werden, ob und inwieweit das GVG gegen den Wortlaut des § 2 EGGVG auf Verfahren der freiwillige Gerichtsbarkeit Anwendung finden kann.

9   Der Versuch, von einer **begrifflichen Bestimmung** der freiwilligen Gerichtsbarkeit her eine Antwort zu finden, muss aber fehlschlagen. Einschließlich der (extremen) Position, sämtliche der freiwilligen Gerichtsbarkeit unterliegenden Aufgaben als dem Richter (Rechtspfleger) übertragene **Verwaltungstätigkeit** anzusehen,[11] sind die Definitionsversuche vielfältig. Ungeeignet ist auch der Versuch, den Begriff der „**Freiwilligkeit**" zum Maßstab zu machen. Zwar gibt es Fälle, in denen die Beteiligten die Hilfe der Rechtspflegeorgane freiwillig in Anspruch nehmen (z. B. im Registerwesen), jedoch tritt das Merkmal der Freiwilligkeit heute nur noch in einem relativ kleinen Teil der Verfahren in Erscheinung (vor allem in den „klassischen" Bereichen, die dem gesamten Verfahrensbereich zu Recht die Bezeichnung „freiwillige" Gerichtsbarkeit eintrug). Es kann aber nicht mehr gesagt werden, dass in allen Angelegenheiten der freiwillige Gerichtsbarkeit die Freiwilligkeit noch das überwiegende Element ist.[12] Auf der anderen Seite gibt es auch im Zivilprozess Streitverfahren, die durchaus nicht streitig sind; man denke an das Aufgebotsverfahren, §§ 946 ff. ZPO. Gleichwohl überwiegt in der Literatur das Bemühen, einen gemeinsamen Überbegriff für alle Angelegenheiten der freiwillige Gerichtsbarkeit zu finden.[13] Ganz überwiegend wird eine **negative Abgrenzung** vertreten. Unter der freiwillige Gerichtsbarkeit seien solche Angelegenheiten der ordentlichen Gerichtsbarkeit (unter Ausschluss der Strafrechtspflege und im Gegensatz zur Justizverwaltung und zur Verwaltungsgerichtsbarkeit) zu verstehen, bei denen zur Erreichung eines rechtlichen Erfolges ein staatliches Rechtspflegeorgan mitzuwirken habe und die nicht nach der Vorschrift der Reichsprozessgesetze zu den Angelegenheiten der streitigen Gerichtsbarkeit gehörten.[14] Lange Zeit ist das entscheidende Element auch in der Rechtsfürsorge gesehen worden.[15]

10 Jeder der angebotenen Definitionsversuche trifft ein Merkmal der freiwillige Gerichtsbarkeit, ohne sie im ganzen zu erfassen; die Gesamtheit der Angelegenheiten der freiwillige Gerichtsbarkeit ist **nur auf Grund der positiven gesetzlichen Zuordnung** zu erfassen. Letztlich zeigt sich, dass die Erscheinungsformen und Bestimmungskriterien der freiwillige Gerichtsbarkeit und Zivilprozessgerichtsbarkeit sich wie zwei Kreise weitgehend überschneiden, wobei sich nur die Schwerpunkte

---

[9] So wohl BGHZ 9, 30 = NJW 1953, 744; *BL/Hartmann* Rn. 1; *Jansen/von Schuckmann* § 1 Rn. 10.
[10] *Baur* S. 64.
[11] *Münzel* ZZP 1966, 340.
[12] Vgl. *Habscheid* § 4 I 2.
[13] Vgl. *Jansen/von Schuckmann* § 1 FGG Rn. 4; *Habscheid* § 4 II 2; *Baur* S. 28 f.; *Lent* DNotZ 1950, 323; *Keidel/Schmidt* § 1 Rn. 1 ff.
[14] BGHZ 3, 123 = NJW 1951, 882; *Habscheid* § 4 II 4; *Baur* S. 30; *Bosch* AcP 149, 41; *Rosenberg/Schwab/Gottwald* § 11 II; *Bassenge/Herbst* § 1 Anm. 1.
[15] Vgl. *Brumby* JR 1948, 70; *Lent* DNotZ 1950, 320.

unterscheiden. Eine deutliche begriffliche oder materielle Unterscheidung zwischen der „freiwillige" Gerichtsbarkeit und der „streitigen" Gerichtsbarkeit lässt sich nicht finden.[16] Dies ist nicht Resignation[17] oder Unfähigkeit dogmatischer Einordnung, sondern eine Erkenntnis, die nur aufzeigt, dass der Gesetzgeber aus Gründen der Zweckmäßigkeit Angelegenheiten dem Verfahren der freiwillige Gerichtsbarkeit übertragen hat, die in dieser oder vergleichbarer Weise auch in Verfahren der streitigen Gerichtsbarkeit vorkommen.[18] Soweit es im Einzelnen um die Frage geht, ob ein Gegenstand unter die Verfahrensordnung der freiwillige Gerichtsbarkeit oder unter die ZPO, VwGO usw.) fällt, ist eine dogmatische Einordnung nicht dringend notwendig, da eine Zuweisung an die freiwillige Gerichtsbarkeit nur auf Grund gesetzlicher Regelung erfolgt[19] und die wenigen verbleibenden Zweifelsfragen nach den Kriterien des Sachzusammenhangs beantwortet werden können. Darüber hinaus geht es bei diesen in der Regel auch nicht darum, nach welcher Verfahrensordnung der einzelne Gegenstand zu behandeln ist, sondern darum, ob der fragliche Gegenstand wie ein anderer oder im Zusammenhang mit einem anderen Gegenstand behandelt werden muss und deshalb einer bestimmten Verfahrensordnung unterliegt.[20]

4. Geltung des GVG für Streitsachen. Der Geltungsbereich des GVG sollte deshalb auf alle Tätigkeiten der ordentlichen Gerichte ausgedehnt werden, die materiell streitige Gerichtsbarkeit darstellen (soweit es sich nicht um öffentlich-rechtliche Streitigkeiten handelt). Dies sollte umso mehr gelten, als es nicht dem Gesetzgeber in die Hand gegeben werden kann, Sachverhalte den Garantien des GVG dadurch zu entziehen, dass er Materien der **„echten streitigen Gerichtsbarkeit"** der freiwilligen Gerichtsbarkeit überträgt (Art. 92 GG). Nicht entschieden werden muss hier, inwieweit es sich in jedem Falle um RSpr im Sinne des GG handelt, denn es geht nicht darum, inwieweit Verfahren der freiwillige Gerichtsbarkeit als RSpr (zu diesem Begriff Einl. Rn. 141 ff.) den Garantien des GG unterliegen, sondern nur darum, bei welchen den ordentlichen Gerichten zugewiesenen Verfahren es sich um „streitige Gerichtsbarkeit" handelt. Eine erweiternde Auslegung ist indes dann nicht notwendig, wenn den ordentlichen Gerichten im Verfahren der freiwillige Gerichtsbarkeit öffentlich-rechtliche Streitigkeiten (z. B. Anfechtung von Justizverwaltungsakten, §§ 23 ff. EGGVG; Anfechtung von Verwaltungsakten, §§ 40, 223 BRAO, § 111 BNotO; Anerkennung ausländischer Ehescheidung) übertragen sind. Hier bietet sich die ergänzende Anwendung der VwGO an,[21] die ein eigenes System der Gerichtsverfassung besitzt.

Die Definition der materiellen Privatrechtsstreitigkeiten innerhalb der freiwilligen Gerichtsbarkeit ist indessen nicht einheitlich.[22] Entscheidend dürfte sein, dass die Stellung der Beteiligten der Parteienstellung im Zivilprozess entspricht und materiell über subjektive Ansprüche entschieden wird.[23] Hierbei kommt es nicht darauf an, ob die Entscheidungen in materielle Rechtskraft von Gesetzes wegen erwachsen. Unerheblich ist auch, ob der Richter bei der Entscheidung einen Ermessensspielraum besitzt, denn dies ist auch dem Zivilprozessverfahren nicht fremd.[24] Echte Streitsachen liegen immer dann vor, wenn das Gericht als einzige Instanz über sub-

---

[16] Rosenberg/Schwab/Gottwald § 11 II 1.
[17] So Habscheid § 4 II 4.
[18] Vgl. die Aufzählung bei Rosenberg/Schwab/Gottwald § 11 II 1.
[19] Vgl. Keidel/Schmidt § 1 FGG Rn. 3 f.; Habscheid § 4 II 4.
[20] OLG Frankfurt MDR 1953, 741.
[21] Vgl. Jansen/von Schuckmann § 1 Rn. 5.
[22] Vgl. Habscheid § 7 I; gegen die Anerkennung streitiger Gerichtsbarkeit innerhalb der freiwillige Gerichtsbarkeit überhaupt Münzel ZZP 1966, 367.
[23] Habscheid § 7 I; Grunsky, Grundlagen S. 46.
[24] Habscheid § 7 I 2.

13 **Echte Streitsachen** der freiwilligen Gerichtsbarkeit sind vor allem: § 1357 BGB (Aufhebung der „Schlüsselgewalt"); §§ 1365, 1369, 1426, 1430, 1452 BGB (Verfahren, durch die die Ermächtigung oder Zustimmung eines anderen zu einem Rechtsgeschäft ersetzt wird); §§ 1382, 1383 BGB (Stundung einer Ausgleichsforderung, Verzinsung, Sicherheitsleistung bei Ausgleichszugewinn, Übertragung von Gegenständen unter Anrechnung auf die Ausgleichsforderung); § 1612 Abs. 2 BGB (Unterhalt für ein unverheiratetes Kind); § 2331a BGB i.V. mit § 1382 BGB (Stundung eines Pflichtteilsanspruchs); § 1246 Abs. 2 BGB (Inhalt des Pfandverkaufs); § 1379 BGB (Auskunftspflicht bei Beendigung des Güterstandes); §§ 2227, 1797 BGB (Entlassen des Testamentsvollstreckers, Meinungsverschiedenheiten der Vormünder); §§ 147, 166 Abs. 3 HGB (Abberufung von Liquidatoren); § 150 FGG (Verpflichtung des Dispacheurs); Landwirtschaftssachen und Angelegenheiten nach dem LandpachtVG; Wohnungseigentumssachen nach § 43 WEG a. F.; Notarkostenbeschwerde.[26] Auf alle die vorgenannten Verfahren ist demzufolge das GVG in vollem Umfang anzuwenden, mit der Folge, dass u. a. die Verhandlungen entgegen dem sonst üblichen Grundsatz der freiwilligen Gerichtsbarkeit öffentlich sind.[27] Zu den Schiedsgerichten § 13 GVG Rn. 213.

14 **III. Geltung des GVG in anderen Verfahren. 1. § 34 EGGVG** gilt für die Verfahren in allen Gerichtsbarkeiten, ohne dies förmlich anzuordnen.

15 2. Im strafrechtlichen Bereich ist das GVG allgemein anwendbar nach §§ 2, 33 JGG; § 46 OWiG; § 385 AO.

16 3. Im ehrengerichtlichen Verfahren ist das GVG zum Teil für anwendbar erklärt: § 116 BRAO; § 111 BNotO.

17 4. § 17 BVerfGG.

18 5. Teilverweisungen enthalten: §§ 6a, 9, 48, 52 ArbGG; §§ 4, 52, 70, 155 FGO; §§ 6, 98, 202 SGG; §§ 4, 55, 83, 173 VwGO. Hinzuweisen ist auch auf die Subsidiaritätsklauseln (vgl. Rn. 1).

19 **IV. Einheitliches Gerichtsverfassungsrecht.** Über diese Vorschriften hinaus, die auf wichtigen Gebieten zur Rechtseinheitlichkeit führen, z.B. Präsidialverfassung (§ 21a GVG Rn. 5), Gerichtssprache (§ 184 GVG Rn. 3), Öffentlichkeit (§ 169 GVG Rn. 7; § 175 GVG Rn. 23), Sitzungspolizei (§ 176 GVG Rn. 50), Beratung und Abstimmung (§ 192 GVG Rn. 1), enthalten auch andere Verfahrensnormen Regelungen, die wort- oder doch weitgehend inhaltsgleich mit denen des GVG sind und so partiell einheitliches Gerichtsverfassungsrecht darstellen; das gilt z.B. für Rechts- und Amtshilfe (§§ 13 ArbGG, 13 FGO, 5 SGG, 14 VwGO; vgl. § 156 GVG Rn. 15), Geschäftsstellen (§§ 7 ArbGG, 12 FGO, 4 SGG, 13 VwGO), ehrenamtliche Richter (§§ 20ff. ArbGG, 16ff. FGO, 13ff. SGG, 19ff. VwGO), Zulässigkeit des Rechtswegs (§§ 17 bis 17b GVG i.V.m. §§ 2, 48 ArbGG, §§ 70, 33 FGO, §§ 51, 98 SGG, §§ 40, 83 VwGO), Große Senate (§§ 45 ArbGG, 11 FGO, 41 SGG, 11 VwGO).

20 Jedoch gelten §§ 23ff. EGGVG (Anfechtung von Justizverwaltungsakten) trotz teilweise gleicher Interessenlage nicht für die anderen Gerichtsbarkeiten, vgl. § 23 EGGVG Rn. 12.

---

[25] *Habscheid* ZZP 1966, 188; JZ 1954, 689; vgl. auch *Bärmann* AcP 154, 416, 420.
[26] BayObLGZ 1980, 100.
[27] Vgl. *Jansen/von König* § 8 FGG Rn. 74f.

§ 3. [Übertragung der Gerichtsbarkeit]

(1) ¹Die Gerichtsbarkeit in bürgerlichen Rechtsstreitigkeiten und Strafsachen, für welche besondere Gerichte zugelassen sind, kann den ordentlichen Landesgerichten durch die Landesgesetzgebung übertragen werden. ²Die Übertragung darf nach anderen als den durch das Gerichtsverfassungsgesetz vorgeschriebenen Zuständigkeitsnormen erfolgen.

(2) *(aufgehoben)*

(3) Insoweit für bürgerliche Rechtsstreitigkeiten ein von den Vorschriften der Zivilprozeßordnung abweichendes Verfahren gestattet ist, kann die Zuständigkeit der ordentlichen Landesgerichte durch die Landesgesetzgebung nach anderen als den durch das Gerichtsverfassungsgesetz vorgeschriebenen Normen bestimmt werden.

Gesetzesfassung: Abs. 2 aufgehoben durch Art. 14 Nr. 1 Erstes G über die Bereinigung von Vorschriften im Zuständigkeitsbereich des BMJ vom 18. 4. 2006 (BGBl. I S. 866).

Alle bürgerlichen Rechtsstreitigkeiten und Strafsachen gehören vor die ordentlichen Gerichte (§§ 12, 13 GVG); § 3 Abs. 1 trifft eine Sonderregelung für solche Sachen, für die besondere Gerichte zulässig sind. Die Landesgesetzgebung (vgl. Einl. Rn. 25) kann hier, statt solche besonderen Gerichte zu schaffen, diese Sachen auch den ordentlichen Landesgerichten zuweisen (belassen), also AG, LG und OLG, bei dieser Zuweisung aber nach anderen als den im GVG vorgeschriebenen Zuständigkeitsnormen verfahren (Abs. 1 Satz 2). Zum für diese Sachen dann maßgebenden Verfahrens §§ 3 EGZPO, 3 EGStPO. Die Vorschrift bezieht sich nur auf solche Fälle, in denen durch landesrechtliche Regelung besondere Gerichte geschaffen werden können, nicht auf solche Sachen, für die durch Bundesrecht besondere Gerichte geschaffen werden können (vgl. § 14 GVG). 1

Die Vorschrift hat kaum noch Bedeutung. Eine Ermächtigung an den Landesgesetzgeber, für bürgerliche Rechtsstreitigkeiten besondere Gerichte zu schaffen, besteht derzeit nur ganz vereinzelt: Die §§ 2, 3 GVG a. F.¹ sind aufgehoben. Die Gerichte des § 14 GVG sind zwar Landesgerichte, bestehen aber kraft Bundesrechts. §§ 11, 15 EGZPO lassen nur die Abweichung von der ZPO zu, nicht vom GVG. – In Strafsachen besteht eine solche Ermächtigung an den Landesgesetzgeber derzeit ebenfalls nicht.² Lediglich da, wo der Landesgesetzgeber in Spezialvorschriften des Bundesrechts eine Ermächtigung hat, kann er noch Regelungen treffen.³ 2

Abs. 3 lässt zu, in bürgerlichen Rechtsstreitigkeiten die (nach Bundesrecht schon bestehende) Zuständigkeit der ordentlichen Landesgerichte (§ 12 GVG), nicht der obersten Gerichtshöfe des Bundes, nach anderen als den durch das GVG vorgeschriebenen Normen zu bestimmen, wenn für diese bürgerlichen Rechtsstreitigkeiten ein von der ZPO abweichendes Verfahren gestattet ist; eine solche Abweichung ist nach §§ 3, 11, 14, 15 EGZPO zulässig. Die abweichende Bestimmung der Zuständigkeit bedarf eines Gesetzes, da der gesetzliche Richter (§ 16 GVG) verändert wird. 3

§ 4. [Übertragung der Gerichtsbarkeit und Verwaltungsgeschäfte]

¹Durch die Vorschriften des Gerichtsverfassungsgesetzes über die Zuständigkeit der Behörden wird die Landesgesetzgebung nicht gehindert, den betreffenden Landesbehörden jede andere Art der Gerichtsbarkeit sowie Geschäfte der Justizverwaltung zu übertragen. ²Andere Gegenstände der Verwaltung dürfen den ordentlichen Gerichten nicht übertragen werden.

Gesetzesfassung: Aufgehoben durch Art. 14 Nr. 1 Erstes G über die Bereinigung von Vorschriften im Zuständigkeitsbereich des BMJ vom 18. 4. 2006 (BGBl. I S. 866). 1

---

¹ Vgl. *Hahn* I S. 182, 183.
² *LR/Böttcher* Rn. 1.
³ Vgl. BGH NJW 1980, 583.

Die Vorschrift behält historisches Interesse. Sie regelte die Befugnis der Landesgesetzgebung, den durch das GVG bundesrechtlich vorgeschriebenen **„Landesbehörden"** über die bundesrechtliche Bestimmung ihrer Aufgaben hinaus weitere Aufgaben zu übertragen. Unter dem Begriff „Landesbehörde" waren nicht nur die Gerichte als Behörden der Justizverwaltung zu verstehen, sondern entsprechend früherem Sprachgebrauch auch die Gerichte als RSprOrgane. Danach sind „Landesbehörden" die ordentlichen Gerichte und die Staatsanwaltschaften, aber auch die gesetzlich vorgesehenen Funktionsträger (Rechtspfleger, UdG, GerVollz, Vollziehungsbeamter).

2 Satz 1 gestattete der Landesgesetzgebung, den so verstandenen Landesbehörden **„jede andere Art der Gerichtsbarkeit"** zu übertragen. Historisch gesehen hatte er zum Ziel, durch Erweiterung des Aufgabenbereichs der ordentlichen Gerichte auf weitere Streitigkeiten aus dem landesrechtlichen Bereich den Rechtsschutz zu verstärken und die Gerichtsverfassung wie auch das gerichtliche Verfahren zu vereinheitlichen. Insoweit hatte die Vorschrift aber ihre Bedeutung verloren,[1] da der Bund von seiner konkurrierenden Gesetzgebungskompetenz für die Gerichtsverfassung usw. (Art. 74 Nr. 1 GG) fast ausnahmslos Gebrauch gemacht hat; andererseits ist die Landeskompetenz dadurch beschränkt, dass Gerichtsbarkeit, die Entscheidung von Rechtsstreitigkeiten, nur Gerichten übertragen werden kann (Einl. Rn. 141 ff.), nicht anderen Behörden. Dies bestimmt § 151 Satz 1 GVG ausdrücklich für die StA.

3 Satz 1 gestattete der Landesgesetzgebung weiter, diesen Landesbehörden **„Geschäfte der Justizverwaltung"** zu übertragen (zum Begriff § 12 GVG Rn. 105 ff.); Satz 2 stellte klar, dass „andere Gegenstände der Verwaltung" nicht den ordentlichen Gerichten übertragen werden dürfen. Auch insoweit war die Vorschrift bedeutungslos geworden.[2] Die Zuständigkeit für Verwaltungsaufgaben zu bestimmen liegt grundsätzlich in der Kompetenz der Länder (vgl. § 12 Rn. 87). Den aus der Gewaltenteilung folgenden Einschränkungen trägt einmal § 151 GVG Rechnung, wonach Staatsanwälten nicht die Dienstaufsicht über Richter übertragen werden darf, zum anderen ist die Übertragung von Verwaltungsaufgaben auf Richter nach § 4 Abs. 2 DRiG beschränkt. Im Übrigen dürfen nach heutiger Auffassung weder den anderen gerichtlichen Funktionsträgern noch der von § 4 Satz 2 EGGVG ausgesparten StA allgemeine Verwaltungsaufgaben übertragen werden, die mit ihren gerichtsverfassungsrechtlichen Aufgaben nicht untrennbar verbunden sind oder damit zumindest in engem Zusammenhang stehen.[3]

§ 4a. [Ermächtigung der Länder Berlin und Hamburg]

(1) ¹**Die Länder Berlin und Hamburg bestimmen, welche Stellen die Aufgaben erfüllen, die im Gerichtsverfassungsgesetz den Landesbehörden, den Gemeinden oder den unteren Verwaltungsbezirken sowie deren Vertretungen zugewiesen sind.** ²**Das Land Berlin kann bestimmen, dass die Wahl der Schöffen und Jugendschöffen bei einem gemeinsamen Amtsgericht stattfindet, bei diesem mehrere Schöffenwahlausschüsse gebildet werden und deren Zuständigkeit sich nach den Grenzen der Verwaltungsbezirke bestimmt.**

(2) *(aufgehoben)*

Gesetzesfassung: Abs. 1 Satz 1 eingefügt durch Art. 7 Abs. 1 Nr. 1 RpflVereinfG vom 17. 12. 1990 (BGBl. I S. 2847), Abs. 1 Satz 2 durch G vom 5. 11. 1999 (BGBl. I S. 2146). Abs. 2 eingefügt durch Art. 9 G vom 24. 6. 1994 (BGBl. I S. 1374), Abs. 2 aufgehoben durch Art. 14 Nr. 1 Erstes G über die Bereinigung von Vorschriften im Zuständigkeitsbereich des BMJ vom 18. 4. 2006 (BGBl. I S. 866).

---

[1] BTagsDrucks. 16/47 S. 48.
[2] BTagsDrucks. aaO.
[3] Vgl. BTagsDrucks. aaO.

Abs. 1 Satz 1 wurde eingefügt zur Klarstellung. Der vom GVG vorausgesetzte 1
Verwaltungsaufbau und die Gliederung der Länder in Gemeinden ist in den Stadt
staaten nicht immer gegeben; in diesen Fällen sollen die Stadtstaaten bestimmen,
welche Stellen die Aufgaben wahrnehmen, die das Bundesrecht den bei ihnen fehlenden Behörden oder Gebietskörperschaften zuweist.[1] Die Vorschrift enthält keine
Regelung, in welcher Form diese Bestimmung vorzunehmen ist. Entsprechend den
vergleichbaren Regelungen in den §§ 23 c, 58 und 74 c Abs. 3 GVG ist auch hier
mindestens eine RechtsVO zu fordern, denn es geht letztlich um den gesetzlichen
Richter: wichtigster Anwendungsfall des § 4 a ist § 36 GVG.

Abs. 1 Satz 2 eröffnet dem Berliner Gesetzgeber die Möglichkeit, die Wahl der 2
Schöffen bei einem gemeinsamen AG durchzuführen. Hintergrund dieser Regelung ist die Berliner Bezirksreform (Reduzierung der Bezirke) von 1998. Die
Grenzen der neuen Bezirke stehen nicht in Einklang mit den Grenzen der AG-Bezirke; das macht es zweckmäßig, die Schöffenwahl bei einem AG durchführen
zu lassen, das mit Strafsachen befasst ist. „Den Verwaltungsbezirken wird damit wie
bisher die Möglichkeit eröffnet, für ihren Bereich eine Vorschlagsliste zu erstellen
und sie dem für die Durchführung der Strafsachen allein zuständigen Amtsgericht
zuzuleiten. Andernfalls wären die Bezirke verpflichtet, mehrere Vorschlagslisten zu
erstellen, weil sich die Gerichtsbezirke mit dem Inkrafttreten der Gebietsreform
nicht mehr decken".[2] Die neuen Verwaltungsbezirke müssen keine Rücksicht auf
die bestehenden AG-Bezirke nehmen; sie stellen die Vorschlagslisten für ihren
Verwaltungsbezirk auf, die Wahl der Schöffen erfolgt dann durch einen der mehreren Schöffenwahlausschüsse.

Der aufgehobene Abs. 2 betraf die staatsanwaltschaftliche Verfolgung der Regierungskriminalität in der ehemaligen DDR;[3] die Sonderregelung ist mittlerweile 3
entbehrlich geworden.[4]

§ 5.

*(Die Vorschrift enthielt Sondervorschriften für die Landesherren und deren Familien; sie ist niemals
ausdrücklich aufgehoben worden, jedoch gegenstandslos.)*

§ 6. [Wahl, Ernennung und Amtsperiode ehrenamtlicher Richter]

(1) **Vorschriften über die Wahl oder Ernennung ehrenamtlicher Richter in der ordentlichen Gerichtsbarkeit einschließlich ihrer Vorbereitung, über die Voraussetzung hierfür, die Zuständigkeit und das dabei einzuschlagende Verfahren sowie über die allgemeinen Regeln über Auswahl und Zuziehung dieser ehrenamtlichen Richter zu den einzelnen Sitzungen sind erstmals auf die erste Amtsperiode der ehrenamtlichen Richter anzuwenden, die nicht früher als am ersten Tag des auf ihr Inkrafttreten folgenden zwölften Kalendermonats beginnt.**

(2) **Vorschriften über die Dauer der Amtsperiode ehrenamtlicher Richter in der ordentlichen Gerichtsbarkeit sind erstmals auf die erste nach ihrem Inkrafttreten beginnende Amtsperiode anzuwenden.**

Gesetzesfassung: Art. 3 StVÄG 1987 vom 27. 1. 1987 (BGBl. I S. 475).

Die Vorschrift enthält allgemeine Übergangsvorschrift für das Recht der ehrenamt- 1
lichen Richter, so dass jeweils neue Übergangsvorschriften für einzelne Änderungsgesetze entbehrlich sind.

---

[1] BTagsDrucks. 11/3621 S. 58.
[2] BTagsDrucks. 14/870 S. 4.
[3] 4. Aufl. Rn. 3.
[4] BTagsDrucks. 16/47 S. 48.

2 Neue Vorschriften über die Wahl oder die Ernennung der ehrenamtlichen Richter, Wahlvorbereitung, Voraussetzung für die Wahl, Zuständigkeit und Wahlverfahren gelten nicht für die ehrenamtlichen Richter, die bei Inkrafttreten der Neuregelung schon im Amt sind, sondern erst für die nächste Amtsperiode der ehrenamtlichen Richter (§ 42 GVG). Mit Rücksicht auf die notwendigen Vorbereitungen gilt auch dies nur, wenn die nächste Amtsperiode nicht früher als am ersten Tag des auf das Inkrafttreten der Änderungsvorschriften folgenden zwölften Kalendermonats beginnt; es müssen also rund elf Monate zwischen dem Inkrafttreten des Änderungsgesetzes und dem Beginn der nächsten ordentlichen Amtsperiode liegen. Wird dieser Zeitraum nicht erreicht, gelten Änderungen erst für die übernächste Amtsperiode.

3 Werden Vorschriften über die Dauer der Amtsperiode ehrenamtlicher Richter geändert (§ 42 GVG), gelten die Änderungen erst für die Amtsperiode, die nach deren Inkrafttreten beginnt.

§ 7.

(Die Vorschrift enthält neben einer wie § 5 gegenstandslos gewordenen Sonderregelung für Standesherren die Bestimmung, dass die Militärgerichtsbarkeit durch das GVG nicht berührt wird; diese Regelung ist gegenstandslos, vgl. § 12 Rn. 9.)

§ 8. [Oberstes Landesgericht]

(1) Durch die Gesetzgebung eines Landes, in dem mehrere Oberlandesgerichte errichtet werden, kann die Verhandlung und Entscheidung der zur Zuständigkeit des Bundesgerichtshofes gehörenden Revisionen und Rechtsbeschwerden in bürgerlichen Rechtsstreitigkeiten einem obersten Landesgericht zugewiesen werden.

(2) Diese Vorschrift findet jedoch auf bürgerliche Rechtsstreitigkeiten, in denen für die Entscheidung Bundesrecht in Betracht kommt, keine Anwendung, es sei denn, daß es sich im wesentlichen um Rechtsnormen handelt, die in den Landesgesetzen enthalten sind.

Gesetzesfassung: Art. 1 II Nr. 81 REinhG 1950. Erweiterung um die Worte „und Rechtsbeschwerden" in Abs. 1 durch Art. 5 ZPO-RG vom 27. 7. 2001 (BGBl. I S. 1887).

1 Die Vorschrift enthält eine Abweichung von der Regel des § 12 GVG über die Art der nach dem GVG zulässigen Gerichte; sie ermöglicht bundesrechtlich[1] die **Schaffung eines ObLG**, das die Zuständigkeit des BGH verdrängt. Die Errichtung des ObLG bedarf eines Landesgesetzes, ist also durch Bundesgesetz nicht möglich. Voraussetzung für die Errichtung ist es, dass in einem Bundesland mehrere OLG bestehen, Außensenate genügen nicht.

2 Die Zuständigkeit des ObLG nach § 8 EGGVG erstreckt sich auf die **bürgerlichen Rechtsstreitigkeiten** (zum Begriff vgl. § 13 GVG Rn. 9 ff.), und zwar insgesamt, eine Teilregelung ist unzulässig. Bestimmte bürgerliche Rechtsstreitigkeiten sind von der Kompetenz für ein ObLG kraft Bundesrechts ausdrücklich ausgenommen: Entschädigungssachen[2] (§§ 219, 220 BEG). In Kartellsachen können die ObLG zuständig sein wie in allen anderen bürgerlichen Rechtsstreitigkeiten.[3]

3 Die Zuständigkeit des ObLG ist die gleiche wie die des BGH in **Revisionen** (vgl. § 133 GVG); sie erstreckt sich auch auf die Zuständigkeit in Rechtsbeschwerdesachen (§§ 574 ff. ZPO); nicht jedoch auf die nach § 159 Abs. 1 Satz 3 GVG. Dem ObLG können über § 8 EGGVG hinaus weitere Aufgaben übertragen wer-

---

[1] Vgl. BVerfGE 83, 24 = NJW 1991, 1283.
[2] Vgl. BGH RzW 1957, 61.
[3] BGH MDR 1968, 386.

den (zu Strafsachen vgl. § 9 EGGVG); dies sehen u. a. vor § 199 FGG, § 25 Abs. 2 EGGVG, § 229 BauGB, § 100 Abs. 2 BRAO, § 100 BNotO. – Zur Besetzung § 10 EGGVG, zum Verfahren §§ 7 ff. EGZPO.

Die Kompetenz des ObLG ist aber inhaltlich nach der Art des anzuwendenden **4** Rechts beschränkt. Es ist nicht zuständig für solche bürgerlichen Rechtsstreitigkeiten, in denen für die Entscheidung **Bundesrecht** in Betracht kommt (für die Entscheidung erheblich sein kann); das kann sowohl Verfahrensrecht als auch materielles Recht sein. Kommt nur Bundesrecht in Betracht, ist stets der BGH zuständig, das gilt auch für ausländisches Recht,[4] kommt nur Landesrecht in Betracht, ist das ObLG zuständig.

Schwierig sind die Fälle abzugrenzen, in denen **sowohl Bundes- als auch 5 Landesrecht** in Betracht kommt. Hier liegt die Vermutung der Zuständigkeit beim BGH; das ObLG ist nur zuständig, wenn „es sich im Wesentlichen um Rechtsnormen handelt, die in den Landesgesetzen enthalten sind" (Abs. 2 zweite Alt.). Ob diese Voraussetzung vorliegt, ist danach zu beurteilen, welche Rechtsfragen das Revisionsgericht zu prüfen hat, wobei der sachliche Gehalt der Revisionsrüge maßgebend ist,[5] ob Landesrecht der eigentliche Streitpunkt ist, die Hauptgrundlage der Revision.[6] Das **Landesrecht muss überwiegen,** bei Gleichwertigkeit ist der BGH zuständig.[7]

Überwiegend Landesrecht kommt in Betracht z. B. bei Amtshaftungsprozes- **6** sen, wenn es um die Passivlegitimation geht auf Grund landesrechtlicher Organisationsvorschriften;[8] beim Gegendarstellungsanspruch nach Landespresserecht;[9] wenn das Landesrecht mit Bundesrecht weitgehend übereinstimmt oder gleich lautend ist;[10] wenn subsidiär neben Landesrecht gemeines Recht anzuwenden ist;[11] ob Landesrecht als Schutzgesetz nach § 823 Abs. 2 BGB anzusehen ist;[12] eine Verkehrssicherungspflicht sich aus dem Landes-Baurecht ergibt;[13] wenn der Inhalt einer Grunddienstbarkeit sich aus dem Landesrecht ergibt.[14]

Umgekehrt geht es nicht im Wesentlichen um Landesrecht, wenn die Auslegung **7** von Landesrecht nicht umstritten ist und es im Verfahren nur noch um die Anwendung von Bundesrecht geht.[15] Ist aber eine auf Bundesrecht gestützte Revisionsrüge ersichtlich unbegründet, nicht aber die auf Landesrecht gestützte, ist das ObLG zuständig.[16] – Landesrecht, das nach § 549 ZPO nicht revisibel ist, kann auch nicht Gegenstand einer Revision zum ObLG sein und demgemäß nicht nach § 8 Abs. 2 EGGVG die Zuständigkeit des ObLG begründen.[17]

Die Unsicherheit bei der Beantwortung der Frage, ob es sich „im Wesentlichen" **8** um Bundes- oder Landesrecht handelt, kann Bedenken erwecken hinsichtlich des gesetzlichen Richters (§ 16 GVG). Sie sind aber durch § 7 EGZPO ausgeräumt.[18]

Die funktionale Einordnung des ObLG in den Gerichtsaufbau ist unterschiedlich. **9** Tritt es an die Stelle des OLG (z. B. in Beschwerdesachen nach FGG, GBO), es diesen gleichgeordnet; seine Entscheidungen sind solche eines OLG (zur Besetzung § 10 Abs. 2 EGGVG). Entscheidet es anstelle des BGH nach § 8 EGGVG, ist es den OLG

---

[4] *Keidel* NJW 1961, 2334.
[5] BVerfGE 6, 45, 53 = NJW 1957, 337.
[6] *Keidel* NJW 1961, 2335.
[7] *Keidel* aaO.
[8] Z. B. BayObLGZ 1976, 47; 99; 131.
[9] BayObLGZ 1953, 55.
[10] BGHZ 7, 299 = NJW 1953, 259; BayObLGZ 1955, 10.
[11] BayObLGZ 1959, 478.
[12] BayObLGZ 1975, 254; 408; 1977, 309.
[13] BayObLGZ 1979, 138.
[14] BayObLGZ 1976, 58.
[15] BayObLGZ 1954, 16; *Keidel* aaO.
[16] *Keidel* aaO.
[17] *Keidel* aaO.
[18] BVerfGE 6, 45 = NJW 1957, 337.

übergeordnet.[19] Es besteht dann keine Vorlagemöglichkeit an den BGH, auch bei Abweichung von einer Entscheidung des BGH.[20] Soweit das ObLG als OLG entscheidet, bestehen die allgemeinen Vorlagepflichten (vgl. § 121 GVG Rn. 13).

10 Das ObLG ist nicht Divergenzgericht nach dem RSprEinhG oder nach § 17a Abs. 4 Satz 5 GVG. Im Rahmen seiner Kompetenz tritt es im Falle des § 17a Abs. 4 GVG an die Stelle des obersten Gerichtshofs des Bundes.

11 **Die Vorschrift ist derzeit gegenstandslos.** Von der Ermächtigung des § 8 EGGVG hatte nur **Bayern** Gebrauch gemacht durch Schaffung des BayObLG.[21] Dieses wurde zum 1. 1. 2005 aus Haushaltsgründen[22] aufgelöst[23] (BayOBLGAuflG vom 25. 10. 2004, BayGVOBl. S. 400).

§ 9. [Ausschließliche Zuständigkeit in Strafsachen]

¹Durch die Gesetzgebung eines Landes, in dem mehrere Oberlandesgerichte errichtet werden, können die zur Zuständigkeit der Oberlandesgerichte gehörenden Entscheidungen in Strafsachen oder in Verfahren nach dem Gesetz über die internationale Rechtshilfe in Strafsachen ganz oder teilweise ausschließlich einem der mehreren Oberlandesgerichte oder an Stelle eines solchen Oberlandesgerichts dem Obersten Landesgericht zugewiesen werden. ²Dem Obersten Landesgericht können auch die zur Zuständigkeit eines Oberlandesgerichts nach § 120 des Gerichtsverfassungsgesetzes gehörenden Entscheidungen zugewiesen werden.

Gesetzesfassung: Satz 1 i. d. F. Art. 1 II Nr. 82 REinhG 1950; Satz 2 angefügt durch Art. 4 Nr. 2 G vom 8. 9. 1969 (BGBl. I S. 1582). Satz 1 geändert durch Art. 4 20. StrafRÄndG (BGBl. 1981 I S. 1329) und § 79 IRG.

1 Satz 1 ermöglicht die **Konzentration von Strafsachen** auf der Ebene der OLG innerhalb eines Landes durch Landesgesetz (zur Konzentration im Allgemeinen § 23c GVG Rn. 1ff.). Das Gesetz lässt sowohl die Konzentration bei einem OLG zu als auch bei einem ObLG; dessen Entscheidungen sind dann funktional als Entscheidungen eines OLG anzusehen (vgl. § 8 Rn. 9).

2 **Strafsachen** nach § 9 sind nicht nur die nach der StPO zu entscheidenden Strafsachen, sondern auch alle Verfahren nach dem JGG und alle Bußgeldsachen nach dem OWiG.[1] Alle Entscheidungen in Strafsachen werden von der Ermächtigung des § 9 umfasst, nicht nur Revisionen und Beschwerden, sondern alle Entscheidungen, die überhaupt dem OLG in Strafsachen obliegen, aber nur in den Grenzen der ohnedies bestehenden Zuständigkeit des OLG.[2]

3 Die Konzentration nach Satz 1 ist insgesamt zulässig, aber auch teilweise. Die Gesetzesfassung stellt klar, dass auch nur die Entscheidungen über die Beschwerde gegen Beschlüsse der Strafvollstreckungskammern oder sogar nur derartige Entscheidungen, die zu lebenslanger Freiheitsstrafe Verurteilte betreffen, bei einem OLG oder dem ObLG konzentriert werden können.[3] Zugewiesen werden können

---

[19] BGHZ 17, 176 = NJW 1955, 1071.
[20] BayObLGZ 1955, 10, 12.
[21] Literatur: *Keidel* NJW 1961, 2333; *Wehrmann* DRiZ 1961, 309; *Schäfer* BayVwBl. 1968, 373; 1975, 192; *Kalbrenner* BayVwBl. 1975, 184; *Schier* BayVwBl. 1975, 200; *Ostler* BayVwBl. 1975, 205; *Schwab* BayVwBl. 1975, 217; *Gerner* NJW 1975, 720; *Haegele* Rpfleger 1975, 113; *Herbst*, Hrsg., Das Bayerische Oberste Landesgericht, Geschichte und Gegenwart, 1993; *Herbst*, FS Odersky, 1996, S. 561; *Tilch*, FS Odersky, 1996, S. 107; *Demharter* NJW 2000, 1154: zu FamS *Bosch* FamRZ 1980, 12.
[22] BayLTagsDrucks. 15/1061.
[23] Hierzu *Böhringer/Hintzen* Rpfleger 2004, 189; *Helgerth* DRiZ 2005, 85; *Hirsch* NJW 2006, 3255; *Demharter* FGPrax 2005, 7; 2006, 93; *Kreft* ZRP 2003, 77; *Kruis* NJW 2004, 640; *Steiner* NJW 2003, 1919; zur Verfassungsmäßigkeit BayVerfGH NJW 2005, 3699.

[1] LR/*Böttcher* Rn. 3.
[2] BGHSt 11, 80 = NJW 1958, 191.
[3] BTagsDrucks. 9/450 S. 9.

diese Strafsachen einem der in dem Land bestehenden OLG oder einem ObLG. Durch diese Zuweisung wird weder das OLG noch das ObLG ein den anderen OLG übergeordnetes Gericht, so dass es z.B. in Strafsachen nicht zuständig wird für die Bestimmung des zuständigen Gerichts unter mehreren OLG.[4]

Nach Satz 2 können die Strafsachen, für die ein OLG nach **§ 120 GVG** zuständig ist, dem ObLG zugewiesen werden, und zwar nur insgesamt,[5] wie sich aus der Einfügung der Worte „ganz oder teilweise" nur im Satz 1 ergibt. Hierher gehören alle gerichtlichen Entscheidungen, die dem nach § 120 GVG zuständigen OLG obliegen, auch die nach §§ 153d, 172 Abs. 4 StPO[6] und nach § 120 Abs. 4 GVG.[7] Die Vorschrift enthält im Gegensatz zu Satz 1 keine Konzentrationsermächtigung, da ohnedies für jedes Bundesland nur ein OLG nach § 120 Abs. 1 GVG zuständig ist, sondern nur die Möglichkeit, die Zuständigkeit des ObLG anstelle des OLG am Sitz der LReg zu begründen. Durch die Übertragung wird das ObLG nicht übergeordnetes Gericht, seine Entscheidungen haben die Qualität von solchen eines OLG (Rn. 3).   **4**

Entsprechende Möglichkeiten der Konzentration enthalten §§ 120 Abs. 5, 121 Abs. 3 GVG, §§ 25, 35, 37 EGGVG, § 92 GWB.   **5**

§ 10. [Besetzung und Verfassung des obersten Landesgerichts]

(1) **Die allgemeinen sowie die in § 116 Abs. 1 Satz 2, §§ 124, 130 Abs. 1 und § 181 Abs. 1 enthaltenen besonderen Vorschriften des Gerichtsverfassungsgesetzes finden auf die obersten Landesgerichte der ordentlichen Gerichtsbarkeit entsprechende Anwendung; ferner sind die Vorschriften der §§ 132, 138 des Gerichtsverfassungsgesetzes mit der Maßgabe entsprechend anzuwenden, daß durch Landesgesetz die Zahl der Mitglieder der Großen Senate anderweitig geregelt oder die Bildung eines einzigen Großen Senats angeordnet werden kann, der aus dem Präsidenten und mindestens acht Mitgliedern zu bestehen hat und an die Stelle der Großen Senate für Zivilsachen und für Strafsachen sowie der Vereinigten Großen Senate tritt.**

(2) **Die Besetzung der Senate bestimmt sich in Strafsachen, in Grundbuchsachen und in Angelegenheiten der freiwilligen Gerichtsbarkeit nach den Vorschriften über die Oberlandesgerichte, im übrigen nach den Vorschriften über den Bundesgerichtshof.**

Gesetzesfassung: Art. 1 II Nr. 3 REinhG 1950; Abs. 1, 1. Halbs. i.d.F. Art. III G vom 26. 5. 1972 (BGBl. I S. 841); Abs. 1, 2. Halbs. i.d.F. Art. 7 Nr. 2 RpflVereinfG.

Für das ObLG gelten **„die allgemeinen" Vorschriften** des GVG (Abs. 1, 1. Halbs.); darunter sind die Vorschriften des GVG zu verstehen, die nicht speziell die Organisation der einzelnen Gerichtsarten betreffen wie §§ 22 bis 140. Außerdem gelten kraft ausdrücklicher Bestimmung (Abs. 1, 2. Halbs.) die „besonderen" Vorschriften der §§ 116 Abs. 1 Satz 2, 124, 130 Abs. 1 und 181 Abs. 1 GVG, und zwar ohne Rücksicht darauf, in welcher Funktion das ObLG (vgl. § 8 Rn. 9; § 9 Rn. 3, 4) tätig wird. In diesen beiden Anwendungsbereichen des GVG sind landesrechtliche Regelungen ausgeschlossen. Die Vorschriften der §§ 132, 138 GVG (Große Senate, Vereinigte Große Senate) gelten ebenfalls. Jedoch kann durch Landesgesetz die Bildung eines einzigen Großen Senats angeordnet werden, der an die Stelle der Großen Senate und der Vereinigten Großen Senate tritt. Im Übrigen bleiben die §§ 132, 138 GVG über die Vorlagepflichten unverändert.   **1**

---

[4] BGHSt 11, 80 = NJW 1958, 191; BGH bei *Holtz* MDR 1976, 634; BayObLG NJW 1957, 1566; LR/*Böttcher* Rn. 4.
[5] BGHSt 28, 103 = NJW 1979, 55.
[6] BTagsDrucks. V/4086 S. 12.
[7] BGHSt 28, 103 = NJW 1979, 55.

2 Keine ausdrückliche Regelung besteht über den Einfluss der Bildung eines ObLG auf die allgemeine **Vorlagepflicht** (vgl. § 121 GVG Rn. 10 ff.), insbesondere nicht darüber, ob die Vorlage im Rahmen der Zuständigkeit des ObLG von den OLG an dieses geschieht oder an den BGH und ob das ObLG die gleiche Vorlagepflicht trifft wie ein OLG. Da in Strafsachen nach § 9 das ObLG anstelle des OLG tätig wird (vgl. § 9 Rn. 3), sind die Entscheidungen des ObLG als solche eines OLG anzusehen. Es besteht für das ObLG die Vorlagepflicht des § 121 Abs. 2 GVG;[1] im Falle des § 121 Abs. 2 GVG kann jeder Strafsenat des ObLG von der Entscheidung eines anderen Strafsenats des ObLG abweichen, wenn die letzterer Entscheidung zugrundeliegende Rechtsauffassung in Widerspruch steht zu einer nachträglich ergangenen Entscheidung des BGH, der Senat also dem BGH folgt; Gleiches gilt, wenn andere Senate des ObLG von einer bereits vorher ergangenen Entscheidung des BGH unter Verletzung des § 121 Abs. 2 GVG abgewichen sind[2] (vgl. § 121 GVG Rn. 18). Im Verhältnis zu anderen OLG in Strafsachen sind die Entscheidungen des ObLG ebenfalls als Entscheidungen eines OLG anzusehen. Tritt jedoch das ObLG an die Stelle des BGH (§ 8 Rn. 9; § 9 Rn. 3, 4), sind seine Entscheidungen als solche des BGH anzusehen, auch für OLG außerhalb des Landes, für die das ObLG besteht.

3 **Besetzung** (Abs. 2): In Strafsachen (§ 9) ist das ObLG wie ein Strafsenat des OLG besetzt (§ 122 GVG), ebenso in Angelegenheiten der freiwillige Gerichtsbarkeit und in Grundbuchsachen. Für die Besetzung des GS des obersten Landesgerichts gilt nach Abs. 2, 2. Halbs. die für den BGH geltende Regelung, § 132 Abs. 5 GVG. Der Landesgesetzgeber kann im Interesse einer für die Verhältnisse des Landes sachgerechten Regelung die Zusammensetzung des GS abweichend von § 132 Abs. 5 GVG bestimmen (Abs. 1, 2. Halbs.).

§ 11. *(aufgehoben)*

Zweiter Abschnitt. Verfahrensübergreifende Mitteilungen von Amts wegen

§ 12. [Geltungsbereich, Verantwortung, Erlaß von Verwaltungsvorschriften]

(1) [1]**Die Vorschriften dieses Abschnitts gelten für die Übermittlung personenbezogener Daten von Amts wegen durch Gerichte der ordentlichen Gerichtsbarkeit und Staatsanwaltschaften an öffentliche Stellen des Bundes oder eines Landes für andere Zwecke als die des Verfahrens, für die die Daten erhoben worden sind.** [2]**Besondere Rechtsvorschriften des Bundes oder, wenn die Daten aus einem landesrechtlich geregelten Verfahren übermittelt werden, eines Landes, die von den §§ 18 bis 22 abweichen, gehen diesen Vorschriften vor.**

(2) **Absatz 1 gilt entsprechend für die Übermittlung personenbezogener Daten an Stellen der öffentlich-rechtlichen Religionsgesellschaften, sofern sichergestellt ist, daß bei dem Empfänger ausreichende Datenschutzmaßnahmen getroffen werden.**

(3) **Eine Übermittlung unterbleibt, wenn ihr eine besondere bundes- oder entsprechende landesgesetzliche Verwendungsregelung entgegensteht.**

(4) **Die Verantwortung für die Zulässigkeit der Übermittlung trägt die übermittelnde Stelle.**

(5) [1]**Das Bundesministerium der Justiz kann mit Zustimmung des Bundesrates allgemeine Verwaltungsvorschriften zu den nach diesem Abschnitt zulässigen Mit-**

---

[1] Vgl. BayObLGSt 1978, 169.
[2] BayObLGSt 1975, 141.

teilungen erlassen. ²Ermächtigungen zum Erlaß von Verwaltungsvorschriften über Mitteilungen in besonderen Rechtsvorschriften bleiben unberührt.

Übersicht

	Rn.		Rn.
I. Gesetzesgeschichte	1	V. Adressat	14
II. Regelungsgegenstand	5	VI. Zweck der Übermittlung	17
III. Geltungsbereich	6	VII. Übermittlung von Amts wegen	18
1. Institutionell	6	VIII. Systematik der Datenübermittlung	22
2. Subsidiarität	8		
3. Gegenständlich	9	IX. Verwaltungsvorschriften	25
IV. Datenübermittelnde Stelle	13		

Gesetzesfassung: Art. 1 Nr. 2 JuMiG vom 18. 6. 1997 (BGBl. I S. 1430).

Literatur: *Auernhammer,* Bundesdatenschutzgesetz, 1993; *Bäumler,* Datenschutz und Justiz, SchlHAnz 1996, 29; *Brenner,* Der Bundestag hat das letzte Wort, DAR 1999, 61; *Bryde,* Geheimgesetzgebung: Zum Zustandekommen des Justizmitteilungsgesetzes und Gesetzes zur Änderung kostenrechtlicher Vorschriften und anderer Gesetze, JZ 1998, 115; *Däubler/Klebe/Wedde,* Bundesdatenschutzgesetz, 1996; *Demharter,* Justizmitteilungsgesetz und ÄnderungsVO zum EDV-Grundbuch, FGPrax 1997, 166; *Engelhardt,* Die Neufassung der Anordnung über Mitteilungen in Strafsachen, NJW 1978, 137; *Fleig,* Die Mitteilungspflichten der Justizorgane bei Straftaten von Angehörigen des öffentlichen Dienstes im Licht neuerer Rechtsprechung, NJW 1991, 1017; *Franzheim,* Informationspflichten in Strafsachen in Konflikt mit dem Daten- und Geheimnisschutz, ZRP 1981, 6; *Golembiewski,* Mitteilungen durch die Justiz, verfassungsrechtliche Grundlagen und rechtsdogmatische Strukturen des Justizmitteilungsgesetzes, 2000; *Groß/Fünfsinn,* Datenweitergabe im strafrechtlichen Ermittlungsverfahren, NStZ 1992, 105; *Klos,* Nochmals: Das Datengeheimnis des Richters, ZRP 1997, 50; *Krumsiek,* Die unendliche Geschichte des Justizmitteilungsgesetzes, DVBl. 1993, 1229; *Mallmann,* Das Spannungsverhältnis zwischen Justiz und Datenschutz – Ist der Datenschutz Sand im Getriebe der Justiz?, DRiZ 1987, 377; *Schickedanz,* Die Verfassungsmäßigkeit der Mitteilungspflicht der Staatsanwaltschaft gegenüber anderen Behörden, BayVwBl. 1981, 588; *Simitis,* Die informationelle Selbstbestimmung – Grundbedingung einer verfassungskonformen Informationsordnung, NJW 1984, 398; *Simitis,* Konsequenzen des Volkszählungsurteils: Ende der Übergangsfrist, NJW 1989, 21; *Steinböhmer,* Amtshilfe und Geheimhaltungspflicht, DVBl. 1981, 340; *Vogelgesang,* Der Übergangsbonus, DVBl. 1989, 962; *Vultejus,* Das Datengeheimnis des Richters, ZRP 1996, 329; *von Wedel/Eisenberg,* Informationsrechte Dritter im (Jugend-)Strafverfahren, NStZ 1989, 508; *Weyand,* Mitteilungen in Strafsachen und Steuergeheimnis, NStZ 1987, 399; *Wollweber,* Justitias langer Arm – Analyse und Kritik des Justizmitteilungsgesetzes, NJW 1997, 2488; *Zuck,* Verfassungsrechtliche Anforderungen an eine Regelung der MiStra, StV 1987, 32.

I. Gesetzesgeschichte. In Zivil- und Strafsachen einschließlich der freiwilligen 1 Gerichtsbarkeit fallen vielfältige Informationen, Entscheidungen und personenbezogene Daten („Einzelangaben über persönliche und rechtliche Verhältnisse von bestimmten oder bestimmbaren natürlichen Personen", § 3 Abs. 1 BDSG) an, die über das konkrete Verfahren und seine Entscheidung hinaus für andere öffentlich-rechtliche Institutionen von Bedeutung sein können, weil sie Sachverhalte betreffen, die das ihnen von Amts wegen obliegende Tätigwerden fördern oder überhaupt erst ermöglichen. Deshalb sind den Gerichten und Staatsanwaltschaften im Laufe der Zeit in vielen Vorschriften ausdrücklich konkrete Pflichten auferlegt worden, von Amts wegen anderen öffentlich-rechtlichen Institutionen Mitteilungen über Erkenntnisse und Entscheidungen aus den vor Gericht oder StA laufenden Verfahren zukommen zu lassen. Diese Mitteilungen betreffen überwiegend die unmittelbar am Verfahren beteiligten Personen, aber auch am Verfahren Unbeteiligte. Neben den in Rechtsnormen geregelten Mitteilungspflichten sind solche auch in Verwaltungsvorschriften angeordnet worden, vornehmlich in der „Anordnung über Mitteilungen in Strafsachen" (MiStra) und der „Anordnung über Mitteilungen in Zivilsachen" (MiZi).

2 Diese jahrzehntelange Entwicklung erlitt eine zunächst weitgehend negierte Zäsur durch das Urteil des BVerfG vom 15. 12. 1983 zum Volkszählungsgesetz.[1] Danach umfasst das durch Art. 2 Abs. 1 i. V. m. Art. 1 Abs. 1 GG geschützte allgemeine Persönlichkeitsrecht unter den modernen Bedingungen der Datenverarbeitung auch den Schutz des Einzelnen gegen unbegrenzte Erhebung, Speicherung, Verwendung und Weitergabe seiner persönlichen Daten. Indessen ist dieses Recht auf **„informationelle Selbstbestimmung"** nicht schrankenlos gewährleistet, vielmehr muss der einzelne mit Rücksicht auf seine Gemeinschaftsbezogenheit und Gemeinschaftsgebundenheit solche Beschränkungen dulden, die im überwiegenden Allgemeininteresse erforderlich sind.[2] Solche überwiegenden Allgemeininteressen können insbesondere bei strafrechtlich relevanten Verhaltensweisen und deren Überprüfung und Sanktionierung, aber auch in vielen anderen gerichtlichen Verfahren auftreten,[3] was die Weitergabe von im gerichtlichen Verfahren bekanntgewordenen Daten und getroffenen Entscheidungen im Interesse und zur Wahrung anderer Rechte und des Allgemeininteresses angeht. Erscheint es unter diesem Aspekt erforderlich, dass im übergeordneten Interesse in die informationelle Selbstbestimmung des Einzelnen eingegriffen wird, bedarf es einer gesetzlichen Grundlage, aus der sich die Voraussetzungen und der Umfang der Beschränkungen klar und für den Bürger erkennbar ergeben. Ein solcher Eingriff unterliegt dem allgemeinen Grundsatz der Verhältnismäßigkeit, so dass Beschränkungen der informationellen Selbstbestimmung nur so weit zulässig sind, wie es zum Schutz anderer öffentlicher Interessen unerlässlich ist; außerdem sind organisatorische und verfahrensrechtliche Vorkehrungen zu treffen, welche der Gefahr einer Verletzung des Persönlichkeitsrechts entgegenwirken.[4]

3 Dieses inzwischen im Rechtsdenken fest verwurzelte Prinzip der informationellen Selbstbestimmung hat auch erhebliche Bedeutung für die Weitergabe von Informationen aus einem Verfahren an Stellen und Personen, die daran nicht unmittelbar beteiligt sind. Das gilt einmal für die **Akteneinsicht,** also die Einsichtnahme Dritter in die im Verfahren beim Gericht oder der StA angefallenen Akten (vgl. § 12 GVG Rn. 111, 112). Das gilt auch für die sonstige **Übermittlung von Daten** an andere Stellen oder Personen.[5]

4 §§ 12–22 regeln unter diesen Aspekten Inhalt, Umfang und formelle Voraussetzungen zulässiger Mitteilungen von personenbezogenen Daten, die im Rahmen eines Verfahrens vor Gericht oder StA erhoben worden sind, durch Gericht oder StA von Amts wegen an öffentliche Stellen. Es wurde nicht der Weg eines eigenständigen Gesetzes gewählt, sondern dem EGGVG, das schon durch die §§ 23–30 (Anfechtung von Justizverwaltungsakten) und §§ 31–38 (Kontaktsperre) über den Charakter eines „Einführungs"gesetzes hinausgewachsen ist in die Permanenz, eine Regelung hinzugefügt.

5 **II. Regelungsgegenstand.** §§ 12–22 regeln die Weitergabe der in den Verfahren vor den ordentlichen Gerichten und Staatsanwaltschaften angefallenen persönlichen Daten von Amts wegen an andere öffentliche Stellen. Sie ersetzen die Verwaltungsvorschriften, die bisher diese Materie konstitutiv regelten (Rn. 1). Sie sind die verfassungsrechtliche Grundlage für die Weitergabe personenbezogener Daten durch Gericht und StA für andere Zwecke als die des dort anhängigen Verfahrens, nämlich wenn andere öffentliche Stellen sie zur Erfüllung der in ihrer Zuständigkeit liegenden Aufgaben benötigen. §§ 12–22 berücksichtigen dabei einerseits das

---

[1] BVerfGE 65, 1, 43 = NJW 1984, 419; stRSpr, vgl. BVerfGE 80, 367 = NJW 1990, 563; E 88, 87, 97 = NJW 1993, 1517; BVerfG NJW 1997, 1769.
[2] BVerfGE 65, 1, 43; E 80, 367, 373; E 88, 87, 97 = NJW 1993, 1517; BVerwGE 84, 375.
[3] BVerwG NJW 1990, 2765; vgl. BTagsDrucks. 13/4709 S. 16.
[4] BTags-Drucks. 13/4709 S. 16.
[5] BTagsDrucks. 13/4709 S. 16, 17.

Recht des Einzelnen auf informationelle Selbstbestimmung, andererseits die sich aus der Gemeinschaftsgebundenheit und Gemeinschaftsbezogenheit des einzelnen ergebenden Beschränkungen im überwiegenden Allgemeininteresse[6] (Rn. 2).

III. Geltungsbereich. 1. Institutionell. §§ 12–22 gelten für die Übermittlung 6 von personenbezogenen Daten durch die Gerichte der ordentlichen Gerichtsbarkeit und die Staatsanwaltschaften (§ 12 Abs. 1 Satz 1). Die Geltung für die Arbeitsgerichtsbarkeit bestimmt Art. 14 JuMiG. Für die öffentlich-rechtlichen Gerichtsbarkeiten gelten sie nicht, hier bestanden keine allgemeinen Pflichten zur Datenübermittlung, die den überkommenen Übermittlungspflichten im Bereich von Strafrechtspflege und Zivilgerichtsbarkeit vergleichbar sind.[7]

Die Übermittlung von personenbezogenen Daten an nicht öffentlich-rechtliche 7 Stellen oder an Privatpersonen unterfällt nicht §§ 12–22, sei es von Amts wegen oder auf Antrag. Hier ist das Verfahrensrecht oder eine bereichsspezifische Regelung maßgebend (vgl. § 12 GVG Rn. 108 ff.).

2. Subsidiarität. §§ 12 ff. gelten nur subsidiär. Die in Spezialgesetzen enthalten 8 („bereichsspezifischen") Regelungen über Mitteilungspflichten gehen vor (§ 12 Abs. 1 Satz 2, Abs. 3, § 13 Abs. 1 Nr. 1, § 22 Abs. 1). Solche sind z.B. §§ 35a, 69k bis m, 125a FGG; § 183 GVG; § 29 PStG; § 125c BRRG; §§ 70, 72a JGG; § 116 AO. Sind aber die Regelungen in solchen Vorschriften gegenüber denen in §§ 12 ff. unvollständig, z.B. hinsichtlich Auskunftsrechten und Rechtsschutz, gelten §§ 12 ff. subsidiär. Hinsichtlich ihres Regelungsbereichs gehen §§ 12 ff. wiederum als Spezialvorschriften den Datenschutzgesetzen vor (vgl. § 1 Abs. 3 BDSG), sie sind aber wegen desselben Schutzziels ergänzend heranzuziehen.

3. Gegenstand der Regelung ist die Übermittlung personenbezogener Daten 9 durch Gericht oder StA von Amts wegen aus dem Verfahren heraus für andere Zwecke als die des Verfahrens vor Gericht oder StA. Die Regelung ist abschließend. Nur in den Fällen, die in §§ 12 ff. oder spezialgesetzlich ausdrücklich geregelt sind, darf ein Gericht oder eine StA von Amts wegen personenbezogene Daten übermitteln, in keinem anderen Falle. Das gilt auch, wenn auf Grund der Öffentlichkeit der Verhandlung (§ 169 GVG) solche Daten bekannt geworden sind – anders jedoch im Falle des § 183 GVG. Der Geltungsbereich ist nicht beschränkt auf Daten von Beschuldigten in Strafverfahren oder in Zivilsachen auf Parteien oder Beteiligte (vgl. § 21 Abs. 2).

„**Personenbezogene Daten**" (Abs. 1 Satz 1) sind Einzelangaben über persön- 10 liche oder sachliche Verhältnisse einer bestimmten oder bestimmbaren natürlichen Person (vgl. § 3 Abs. 1 BDSG), die den Gegenstand des Verfahrens betreffen (vgl. § 14 Rn. 2). „**Einzelangaben**" sind Informationen, die sich auf eine bestimmte, einzelne Person beziehen oder geeignet sind, einen Bezug zu ihr herzustellen (z.B. Name, Ausweis-, Versicherungs- oder Telefon-Nr.), nicht bei Sammelangaben über Personengruppen, wohl aber bei Kennzeichnung einer Person als Mitglied einer Personengruppe.[8] – Als „**persönliche**" **Verhältnisse** sind Angaben über den Betroffenen selbst, seine Identifizierung(smöglichkeit) und seine Charaktereigenschaften anzusehen (Name, Anschrift, Familienverhältnisse, Konfession, Beruf, Eigenschaften, Aussehen, Gesundheitszustand); ebenso Werturteile sowie Fotografien, Fingerabdrücke, Röntgenbilder.[9] – „**Sachliche**" **Verhältnisse** sind Angaben über Eigentumsverhältnisse, Beziehungen zu Dritten. „**Übermittlung**" ist die Weitergabe der personenbezogenen Daten in jeder Form (Telefon, Fax, Brief, e-Mail, Kopie, Aktenübersendung usw.). Diese Übermittlung muss für Zwecke der Stelle vorgenommen werden, an die Daten übersandt werden.

---

[6] Vgl. BTagsDrucks. 13/4709 S. 16.
[7] BTagsDrucks. 13/4709 S. 20.
[8] *Gola/Schomerus* § 3 BDSG Rn. 3.
[9] *Gola/Schomerus* aaO. Rn. 5.

11 Geschieht die Übermittlung, um Zwecken des eigenen Verfahrens zu dienen, wird sie von §§ 12ff. nicht erfasst (Rn. 15).

12 §§ 12ff. finden auch keine Anwendung auf Mitteilungen, die zur Wahrnehmung von Aufsichts-, Kontroll- und Weisungsbefugnissen, zur Rechnungsprüfung, zur Durchführung von Organisationsuntersuchungen oder zu Ausbildungs- und Prüfungszwecken an die für die Dienst- und Fachaufsicht zuständigen Stellen erforderlich sind. Solche Übermittlungen sind noch dem Verfahren vor Gericht und StA selbst zuzurechnen. Dieser allgemeine Grundsatz des § 14 Abs. 3 BDSG gilt auch hier.[10] Bei der Übermittlung zu Ausbildungs- und Prüfungszwecken ist das öffentliche Interesse an einer praxisbezogenen Ausbildung abzuwägen gegen das Interesse des Betroffenen an der Vertraulichkeit seiner Daten, gegebenenfalls ist zu anonymisieren.

13 **IV. Datenübermittelnde Stelle.** Ermächtigt zur Übermittlung ist das „Gericht der ordentlichen Gerichtsbarkeit" (§ 12 GVG) sowie die „Staatsanwaltschaft". Institutionell ist die Übermittlung, auch die durch das Gericht, nicht der Rechtsprechung (Einl. Rn. 142ff.), sondern der **Justizverwaltung** zuzurechnen (vgl. § 12 GVG Rn. 108). Das Handeln der Stelle, die als „Gericht" oder „Staatsanwaltschaft" tätig wird, erfolgt im Verwaltungswege (Abs. 5), jedoch handelt es sich nicht um einen Justizverwaltungsakt (§ 22 Rn. 1). In der Praxis gilt im Zweifel mit Rücksicht auf die erforderliche Sachkunde der jeweils sachbearbeitende Staatsanwalt oder der zuständige Einzelrichter oder Vorsitzenden als ermächtigt. – Nicht zu den Gerichten zählt der Gerichtsvollzieher, denn er hat eine eigenständige, organisatorisch von den Gerichten losgelöste Stellung.[11]

14 **V. Adressat.** Adressat der Übermittlung sind „**öffentliche Stellen des Bundes oder eines Landes**" (Abs. 1 Satz 1); dieser Begriff entspricht dem des § 2 BDSG:[12]

§ 2 Öffentliche und nicht-öffentliche Stellen. (1) Öffentliche Stellen des Bundes sind die Behörden, die Organe der Rechtspflege und andere öffentlich-rechtlich organisierte Einrichtungen des Bundes, der bundesunmittelbaren Körperschaften, Anstalten und Stiftungen des öffentlichen Rechts sowie deren Vereinigungen ungeachtet ihrer Rechtsform. Als öffentliche Stellen gelten die aus dem Sondervermögen Deutsche Bundespost durch Gesetz hervorgegangenen Unternehmen, solange ihnen ein ausschließliches Recht nach dem Postgesetz zusteht.

(2) Öffentliche Stellen der Länder sind die Behörden, die Organe der Rechtspflege und andere öffentlich-rechtlich organisierte Einrichtungen eines Landes, einer Gemeinde, eines Gemeindeverbandes und sonstiger der Aufsicht des Landes unterstehender juristischer Personen des öffentlichen Rechts sowie derer Vereinigungen ungeachtet ihrer Rechtsform.

(3) Vereinigungen des privaten Rechts von öffentlichen Stellen des Bundes und der Länder, die Aufgaben der öffentlichen Verwaltung wahrnehmen, gelten ungeachtet der Beteiligung nicht-öffentlicher Stellen als öffentliche Stellen des Bundes, wenn

1. sie über den Bereich eines Landes hinaus tätig werden oder
2. dem Bund die absolute Mehrheit der Anteile gehört oder die absolute Mehrheit der Stimmen zusteht.

Andernfalls gelten sie als öffentliche Stellen der Länder.

(4) Nicht-öffentliche Stellen sind natürliche und juristische Personen, Gesellschaften und andere Personenvereinigungen des privaten Rechts, soweit sie nicht unter die Absätze 1 bis 3 fallen. Nimmt eine nicht-öffentliche Stelle hoheitliche Aufgaben der öffentlichen Verwaltung wahr, ist sie insoweit öffentliche Stelle im Sinne dieses Gesetzes.

15 Nicht als Adressat der Übermittlung anzusehen sind die am Verfahren mitwirkenden Stellen wie die im Instanzenzug über- oder untergeordneten Gerichte,

---

[10] BTagsDrucks. 13/4709 S. 20.
[11] BTagsDrucks. 13/4709 S. 19.
[12] BTagsDrucks. 13/4709 S. 20.

denn solche Übermittlungen geschehen nicht für „andere" Zwecke im Sinne von § 12 Abs. 1 Satz 1 und richten sich nach dem jeweiligen Verfahrensrecht. Das gilt auch für die in Verwaltungsvorschriften vorgeschriebenen „Benachrichtigungen in Nachlasssachen", die als Bestandteil des Verfahrens der freiwillige Gerichtsbarkeit anzusehen sind.[13]

Adressat der Übermittlung können weiter sein Stellen der öffentlich-rechtlichen **Religionsgesellschaften,** sofern sichergestellt ist, dass bei ihnen ausreichende Datenschutzmaßnahmen getroffen sind (Abs. 2; vgl. § 15 Abs. 4 BDSG). Hierbei muss es sich um Körperschaften des öffentlichen Rechts handeln, und zwar um diese selbst oder ihre unselbstständigen Stellen.[14] Solche Körperschaften sind die evangelischen Landeskirchen und die Evangelische Kirche in Deutschland (EKD), die Vereinigte Lutherische Kirche in Deutschland (VELKD), die Evangelische Kirche der Union (EKU); auf katholischer Seite sind dies die einzelnen Bistümer; hierher zählen das Bistum der Altkatholiken, die Griechisch-Orthodoxe und die Russisch-Orthodoxe Kirche, die evangelischen Freikirchen, die jüdischen Kultusgemeinden; weiter Orden und religiöse Gemeinschaften.[15] Selbstständige Einrichtungen im Rahmen der Kirchen gehören nicht schon deshalb hierher. – Bei den genannten kirchlichen Körperschaften des öffentlichen Rechts ist nach den kircheninternen Rechtsvorschriften die Datensicherheit gewährleistet.[16] 16

VI. Zweck der Übermittlung. Zweck der Übermittlung ist es, im Verfahren vor Gericht oder StA anfallende Daten denjenigen Stellen zur Kenntnis zu bringen, in deren Zuständigkeit Aufgaben liegen, zu deren Erfüllung diese Daten, über ihre Bedeutung für das Verfahren vor Gericht oder StA hinaus, nach Einschätzung von Gericht oder StA von Bedeutung sein können. Diese Zweckbestimmung durch das die Daten übermittelnde Gericht oder die StA ist für die datenempfangende Stelle verbindlich (§ 19). Unzulässig ist die Übermittlung, wenn sie einer besonderen bundes- oder entsprechenden landesgesetzlichen Verwendungsregelung entgegensteht (Abs. 3). Bundesrechtliche Beispiele dafür sind §§ 51, 52, 63 Abs. 4 BZRG, § 30 AO, § 35 SGB I, § 67 SGB X. Landesrechtliche Regelungen wurden einbezogen, weil es für den Schutz des Persönlichkeitsrechts nicht darauf ankommen kann, ob der Bundes- oder Landesgesetzgeber für den jeweiligen Sachbereich zuständig ist, z.B. für Statistik und Kommunalabgaben.[17] Regelungen mit anderer Rechtsqualität stehen einer Übermittlung nicht entgegen, sie sind aber bei der Entscheidung zu bedenken (vgl. Abs. 4). Verwaltungsvorschriften nach Abs. 5 können eine weitergehende Unzulässigkeit der Übermittlung bestimmen (Rn. 25). 17

VII. Übermittlung von Amts wegen. Die Regelung gilt für die Übermittlung „von Amts wegen" durch Gericht oder StA, also **ohne Ersuchen** der öffentlichen Stelle, die die Daten als für ihre Aufgabenerfüllung notwendig ansieht. Ob demgegenüber einem Begehren einer öffentlichen Stelle auf Datenübermittlung zu entsprechen ist, richtet sich nicht nach den §§ 12 ff., sondern nach den dafür maßgebenden Spezial- oder allgemeinen Vorschriften (vgl. dazu § 12 GVG Rn. 108 ff.; § 156 GVG Rn. 27). Jedoch ist denkbar, dass eine solche Stelle die Übermittlung nur „anregt", dann können Gericht oder StA nach §§ 13 ff. vorgehen. Die Regelung gilt auch **nicht für private Auskunftsbegehren** (vgl. § 12 GVG Rn. 111), ausgenommen § 21. 18

§§ 12 ff. konstituieren unmittelbar **keine Pflicht** der Gerichte und Staatsanwaltschaften zur Übermittlung personenbezogener Daten von Amts wegen. Sie spre- 19

---

[13] BTagsDrucks. 13/4709 S. 20.
[14] *Gola/Schomerus* § 15 BDSG Rn. 21.
[15] *Maunz/Dürig/Korioth* Art. 140, Art. 137 WRV Rn. 70; *Gola/Schomerus* aaO. Rn. 20.
[16] *Gola/Schomerus* aaO. Rn. 25; *Auernhammer* S. 226; *Abel* NJW 1997, 2371.
[17] BTagsDrucks. 13/4709 S. 20.

chen vielmehr nur davon, dass personenbezogene Daten übermittelt werden „dürfen" (§ 13 Abs. 1 und 2), dass die Übermittlung „zulässig" ist (§ 14 Abs. 1, §§ 15, 16, 17, 18); das Gesetz begründet lediglich Mitteilungsermächtigungen.[18] Eine Pflicht wird nur begründet hinsichtlich der Mitteilung der Beendigung des Verfahrens, wenn eine Übermittlung von Daten vor Beendigung des Verfahrens schon geschehen ist, zur Berichtigung von unrichtigen Daten (§ 20) sowie bei Auskunftsbegehren (§ 21). Umgekehrt wird ein Unterbleiben der Übermittlung angeordnet (§ 14 Abs. 2).

20 Trotz des Fehlens einer ausdrücklichen Übermittlungspflicht sind Gericht oder StA nicht völlig frei in ihrer Entscheidung. Sie haben zwar die Voraussetzungen für die Zulässigkeit der Übermittlung eigenverantwortlich zu bewerten (§ 12 Abs. 4). Sind diese aber zu bejahen, ist gleichzeitig ein Tatbestand gegeben, bei dem §§ 12 ff. die Übermittlung im Regelfall als im öffentlichen Interesse liegend ansehen. Diese gesetzgeberische Wertung bindet das Ermessen der übermittelnden Stelle.

21 Dabei gilt aber auch der **Vorbehalt der Belange der Verfahrenserledigung.**[19] Steht, besonders in Strafsachen, die Datenübermittlung einer ordnungsgemäßen Durchführung und Erledigung des Verfahrens entgegen oder könnte sie dies auch nur gefährden, hat sie zu unterbleiben.

22 **VIII. Systematik der zulässigen Datenübermittlung.** 1. Die Übermittlung von personenbezogenen Daten von Amts wegen ist zulässig, wenn: a) die Datenübermittlung in einer besonderen Rechtsvorschrift vorgesehen oder zwingend vorausgesetzt ist (§ 13 Abs. 1 Nr. 1); b) Daten öffentlich bekanntzumachen oder in ein öffentliches Register einzutragen sind (§ 13 Abs. 1 Nr. 4); c) der Betroffene einwilligt (§ 13 Abs. 1 Nr. 2); d) sie im Interesse des Betroffenen liegt (§ 13 Abs. 1 Nr. 3); e) auf Grund einer Entscheidung Rechtsfolgen eingetreten sind (§ 13 Ab. 1 Nr. 5).

23 f) Die Datenübermittlung ist weiter zulässig (§ 13 Abs. 2 Satz 1), wenn ein Tatbestand des Katalogs der §§ 14–17 vorliegt und sie unter konkreter Abwägung des Interesses des Betroffenen an dem Ausschluss der Übermittlung und damit Wahrung seiner informationellen Selbstbestimmung einerseits mit dem öffentlichen Interesse an der Übermittlung andererseits geboten erscheint: „Diese Abwägung ist von der übermittelnden Stelle auf Grund ihres Kenntnisstandes ohne weitere Ermittlungen vorzunehmen. Dieses Abwägungserfordernis ist eine Ausprägung des Verhältnismäßigkeitsgrundsatzes, der einen Eingriff nur in dem unbedingt erforderlichen Umfang und nur zu dem Zeitpunkt zulässt, der den Betroffenen am wenigsten belastet. Schon daraus folgt, dass z. B. in Strafsachen Mitteilungen erst nach rechtskräftigem Abschluss des Verfahrens gemacht werden dürfen, wenn dies zur Erfüllung der Aufgaben des Empfängers ausreichend ist".[20]

24 2. Unzulässig ist demgegenüber die Übermittlung von personenbezogenen Daten von Amts wegen, wenn: a) der Übermittlung besondere bundes- oder entsprechende landesgesetzliche Verwendungsregeln entgegenstehen (§ 12 Abs. 3); b) bei der Güterabwägung (Rn. 17) offensichtlich wird, dass schutzwürdige Interessen des Betroffenen an dem Ausschluss der Übermittlung überwiegen (§ 13 Abs. 2 Satz 1); c) in den in § 14 Abs. 2 Satz 1 aufgeführten „Bagatellverfahren", wenn nicht besondere Umstände des Einzelfalles die Übermittlung erfordern.

25 **IX. Verwaltungsvorschriften.** Das Bundesministerium der Justiz kann zu §§ 12–22 allgemeine Verwaltungsvorschriften erlassen (Abs. 5 Satz 1). Es sind ergangen: Neufassung der Anordnung über Mitteilungen in Zivilsachen vom 29. 4. 1998 (Sonderbeilage zu BAnz 1998 Nr. 138); Neufassung der Anordnung über die

---

[18] BTagsDrucks. 13/4709 S. 18; *LR/Böttcher* Rn. 6 vor § 12; *Meyer-Goßner* vor § 12 Rn. 3.
[19] *LR/Böttcher* Rn. 7 vor § 12, § 12 Rn. 10.
[20] BTagsDrucks. 13/4709 S. 21; z. T. krit. *Wollweber* NJW 1997, 2488 unter II, 1.

Mitteilungen in Strafsachen vom 29. 4. 1998 (BAnz 1998 Nr. 99a, 138a). Die Verwaltungsvorschriften können keine über das Gesetz hinausgehenden Mitteilungsermächtigungen begründen, sondern nur in dem von §§ 12–22 vorgegebenen Rahmen im Wege der Normenkonkretisierung und Ermessensbindung die Fälle festlegen, in denen bei Ausübung pflichtgemäßen Ermessens unter Wahrung des Grundsatzes der Verhältnismäßigkeit zweifelsfrei eine Mitteilung geboten ist.[21]

§ 13. [Übermittlung personenbezogener Daten durch Gerichte und Staatsanwaltschaften]

(1) Gerichte und Staatsanwaltschaften dürfen personenbezogene Daten zur Erfüllung der in der Zuständigkeit des Empfängers liegenden Aufgaben übermitteln, wenn

1. eine besondere Rechtsvorschrift dies vorsieht oder zwingend voraussetzt,
2. der Betroffene eingewilligt hat,
3. offensichtlich ist, daß die Übermittlung im Interesse des Betroffenen liegt, und kein Grund zu der Annahme besteht, daß er in Kenntnis dieses Zwecks seine Einwilligung verweigern würde,
4. die Daten auf Grund einer Rechtsvorschrift von Amts wegen öffentlich bekanntzumachen sind oder in ein von einem Gericht geführtes, für jedermann unbeschränkt einsehbares öffentliches Register einzutragen sind oder es sich um die Abweisung des Antrags auf Eröffnung des Insolvenzverfahrens mangels Masse handelt oder
5. auf Grund einer Entscheidung
   a) bestimmte Rechtsfolgen eingetreten sind, insbesondere der Verlust der Rechtsstellung aus einem öffentlich-rechtlichen Amts- oder Dienstverhältnis, der Ausschluß vom Wehr- oder Zivildienst, der Verlust des Wahlrechts oder der Wählbarkeit oder der Wegfall von Leistungen aus öffentlichen Kassen, und
   b) die Kenntnis der Daten aus der Sicht der übermittelnden Stelle für die Verwirklichung der Rechtsfolgen erforderlich ist;

dies gilt auch, wenn auf Grund der Entscheidung der Erlaß eines Verwaltungsaktes vorgeschrieben ist, ein Verwaltungsakt nicht erlassen werden darf oder wenn der Betroffene ihm durch Verwaltungsakt gewährte Rechte auch nur vorläufig nicht wahrnehmen darf.

(2) ¹In anderen als in den in Absatz 1 genannten Fällen dürfen Gerichte und Staatsanwaltschaften personenbezogene Daten zur Erfüllung der in der Zuständigkeit des Empfängers liegenden Aufgaben einschließlich der Wahrnehmung personalrechtlicher Befugnisse übermitteln, wenn eine Übermittlung nach den §§ 14 bis 17 zulässig ist und soweit nicht für die übermittelnde Stelle offensichtlich ist, daß schutzwürdige Interessen des Betroffenen an dem Ausschluß der Übermittlung überwiegen. ²Übermittelte Daten dürfen auch für die Wahrnehmung der Aufgaben nach dem Sicherheitsüberprüfungsgesetz oder einem entsprechenden Landesgesetz verwendet werden.

Gesetzesfassung: § 13 eingefügt durch Art. 1 Nr. 2 JuMiG (§ 12). Worte „des Konkursverfahrens oder des Gesamtvollstreckungsverfahrens" in Abs. 1 Nr. 4 zum 1. 1. 1999 ersetzt durch „des Insolvenzverfahrens" (Art. 35 JuMiG).

I. Abs. 1 § 13 enthält einen Katalog der personenbezogenen Daten, die von Gericht und StA an andere Stellen (§ 12 Rn. 14) übermittelt werden dürfen, damit diese („Empfänger") eine in ihrer gesetzlich begründeten Zuständigkeit liegende Aufgabe erfüllen können. Das ist der Fall (alternativ):

1

---

[21] BTagsDrucks. 13/4709 S. 18; kritisch *Wollweber* NJW 1997, 2488 unter II, 2.

2 1. Wenn eine (bereichsspezifische) Rechtsvorschrift die Übermittlung zwingend für die Aufgabenerfüllung der anderen Stelle voraussetzt und damit eine **Pflicht** zur Übermittlung beinhaltet (Abs. 1 Nr. 1; vgl. § 14 Abs. 2 Nr. 1 BDSG). Dies ist eine Selbstverständlichkeit angesichts des Subsidiaritätscharakters der §§ 12ff. (§ 12 Rn. 8); § 13 schränkt durch Bundes- oder Landesgesetz geregelte Übermittlungspflichten nicht ein.

3 2. Wenn eine besondere Rechtsvorschrift die Übermittlung (nicht zwingend) **vorsieht** (Abs. 1 Nr. 1; vgl. § 14 Abs. 2 Nr. 1 BDSG). Hier liegt die Verantwortung für die Abwägung der informationellen Selbstbestimmung mit den öffentlichen Belangen bei der übermittelnden Stelle (§ 12 Abs. 4): „soweit hierdurch schutzwürdige Belange des Betroffenen nicht beeinträchtigt werden oder das öffentliche Interesse das Geheimhaltungsinteresse des Betroffenen überwiegt" (§ 64a Abs. 3 BNotO, § 36a Abs. 3 BRAO).

4 3. Wenn der Betroffene eingewilligt hat (Abs. 1 Nr. 2; vgl. § 14 Abs. 2 Nr. 2 BDSG). Die Einwilligung ist rechtsgeschäftliche Willenserklärung. Sie bedarf keiner Form, Schriftform empfiehlt sich aber zur Nachprüfung (§ 22).

5 4. Wenn offensichtlich ist, dass die Übermittlung **im Interesse des Betroffenen** liegt und kein Grund zu der Annahme besteht, dass er in Kenntnis dieses Zwecks seine Einwilligung verweigern würde (Abs. 1 Nr. 3; vgl. § 14 Abs. 2 Nr. 3 BDSG), er z.B. schon früher zu erkennen gegeben hat, dass er in jedem Falle beteiligt werden möchte.[1] Mit Rücksicht auf § 12 Abs. 4 ist Zurückhaltung geboten. Zu denken ist hier an eine Mitteilung an eine öffentliche Stelle, die ein Strafverfahren veranlasst, über einen dem Betroffenen günstigen Ausgang des Verfahrens.[2]

6 5. Wenn die Daten auf Grund einer Rechtsvorschrift von Amts wegen **öffentlich bekannt zu machen** sind (Abs. 1 Nr. 4, Var. 1).

7 6. Wenn sie in ein von einem Gericht geführtes, für jedermann unbeschränkt einsehbares **öffentliches Register** einzutragen sind (Abs. 1 Nr. 4, Var. 2).

8 7. Wenn es sich um die Abweisung des Antrags auf Eröffnung des **Insolvenzverfahrens** mangels Masse handelt (Abs. 1 Nr. 4, Var. 3).

9 8. Wenn **Aufgrund einer Entscheidung bestimmte Rechtsfolgen eingetreten sind,** insbesondere der Verlust der Rechtsstellung aus einem öffentlich-rechtlichen Amts- oder Dienstverhältnis, der Ausschluss vom Wehr- oder Zivildienst, der Verlust des Wahlrechts oder der Wählbarkeit oder der Wegfall von Leistungen aus öffentlichen Kassen (Abs. 1 Nr. 5a) und die Kenntnis der Daten aus der Sicht der übermittelnden Stelle für die Verwirklichung der Rechtsfolgen erforderlich ist (Abs. 1 Nr. 5b).

10 Dies gilt auch dann (Abs. 1 Nr. 5, 2. Halbs.), wenn auf Grund einer Entscheidung zwar nicht unmittelbar Rechtsfolgen eingetreten sind, aber **auf Grund der Entscheidung** a) der Erlass eines Verwaltungsaktes vorgeschrieben ist oder b) ein Verwaltungsakt nicht erlassen werden darf oder c) der Betroffene ihm durch Verwaltungsakt gewährte Rechte auch nur vorläufig nicht wahrnehmen darf. Das ist z.B. der Fall, wenn in einer Verkehrsstrafsache ein Führerschein in amtliche Verwahrung genommen wird, den der Beschuldigte freiwillig ohne vorläufige Entziehung nach § 111a StPO herausgegeben hat; obwohl in diesem Falle die Fahrerlaubnis noch besteht, darf der Beschuldigte kein Kraftfahrzeug führen[3] (§ 21 Abs. 2 Nr. 2 StVG).

11 II. **Abs. 2 Satz 1.** Über die bisher aufgeführten Fälle der Zulässigkeit der Übermittlung von Daten hinaus dürfen Gericht und StA personenbezogene Daten dann an öffentliche Stellen (§ 12 Rn. 14) übermitteln zur Erfüllung der in deren

---

[1] *Gola/Schomerus* § 14 BDSG Rn. 17.
[2] Vgl. auch BTagsDrucks. 13/4709 S. 21.
[3] Vgl. BTagsDrucks. 13/4709 S. 21.

Zuständigkeit liegenden Aufgaben einschließlich der Wahrnehmung personalrechtlicher Befugnisse, wenn die Voraussetzungen einer Übermittlung nach den folgenden §§ 14 bis 17 vorliegen **und** für Gericht oder StA nicht offensichtlich ist, dass schutzwürdige Interessen des Betroffenen an dem Ausschluss der Übermittlung überwiegen (Abs. 2 S. 1) – ein weit gefasster Tatbestand, der im Zweifel gegen die Übermittlung spricht.

III. Abs. 2 Satz 3. Die Übermittlung ist auch zulässig an Stellen zur Verwendung für die Wahrnehmung der Aufgaben nach dem SicherheitsüberprüfungsG oder einem entsprechenden Landesgesetz. 12

§ 14. [Zulässigkeit der Datenübermittlung in Strafsachen; Ausnahmen]

(1) **In Strafsachen ist die Übermittlung personenbezogener Daten des Beschuldigten, die den Gegenstand des Verfahrens betreffen, zulässig, wenn die Kenntnis der Daten aus der Sicht der übermittelnden Stelle erforderlich ist für**

1.–3. *(aufgehoben)*
4. **dienstrechtliche Maßnahmen oder Maßnahmen der Aufsicht, falls**
   a) der Betroffene wegen seines Berufs oder Amtsverhältnisses einer Dienst-, Staats- oder Standesaufsicht unterliegt, Geistlicher einer Kirche ist oder ein entsprechendes Amt bei einer anderen öffentlich-rechtlichen Religionsgesellschaft bekleidet oder Beamter einer Kirche oder einer Religionsgesellschaft ist und
   b) die Daten auf eine Verletzung von Pflichten schließen lassen, die bei der Ausübung des Berufs oder der Wahrnehmung der Aufgaben aus dem Amtsverhältnis zu beachten sind oder in anderer Weise geeignet sind, Zweifel an der Eignung, Zuverlässigkeit oder Befähigung hervorzurufen,
5. die Entscheidung über eine Kündigung oder für andere arbeitsrechtliche Maßnahmen, für die Entscheidung über eine Amtsenthebung, für den Widerruf, die Rücknahme, die Einschränkung einer behördlichen Erlaubnis, Genehmigung oder Zulassung zur Ausübung eines Gewerbes, einer sonstigen wirtschaftlichen Unternehmung oder eines Berufs oder zum Führen einer Berufsbezeichnung, für die Untersagung der beruflichen, gewerblichen oder ehrenamtlichen Tätigkeit oder der sonstigen wirtschaftlichen Unternehmung oder für die Untersagung der Einstellung, Beschäftigung, Beaufsichtigung von Kindern und Jugendlichen, für die Untersagung der Durchführung der Berufsausbildung oder für die Anordnung einer Auflage, falls
   a) der Betroffene ein nicht unter Nummer 4 fallender Angehöriger des öffentlichen Dienstes oder des Dienstes einer öffentlich-rechtlichen Religionsgesellschaft, ein Gewerbetreibender oder ein Vertretungsberechtigter eines Gewerbetreibenden oder eine mit der Leitung eines Gewerbebetriebes oder einer sonstigen wirtschaftlichen Unternehmung beauftragte Person, ein sonstiger Berufstätiger oder Inhaber eines Ehrenamtes ist und
   b) die Daten auf eine Verletzung von Pflichten schließen lassen, die bei der Ausübung des Dienstes, des Gewerbes, der sonstigen wirtschaftlichen Unternehmung, des Berufs oder des Ehrenamtes zu beachten sind oder in anderer Weise geeignet sind, Zweifel an der Eignung, Zuverlässigkeit oder Befähigung hervorzurufen,
6. Dienstordnungsmaßnahmen mit versorgungsrechtlichen Folgen oder für den Entzug von Hinterbliebenenversorgung, falls der Betroffene aus einem öffentlich-rechtlichen Amts- oder Dienstverhältnis oder aus einem Amts- oder Dienstverhältnis mit einer Kirche oder anderen öffentlich-rechtlichen Religionsgesellschaft Versorgungsbezüge erhält oder zu beanspruchen hat,
7. den Widerruf, die Rücknahme, die Versagung oder Einschränkung der Berechtigung, der Erlaubnis oder der Genehmigung oder für die Anordnung einer Auflage, falls der Betroffene
   a) in einem besonderen gesetzlichen Sicherheitsanforderungen unterliegenden genehmigungs- oder erlaubnispflichtigen Betrieb verantwortlich tätig oder

b) Inhaber einer atom-, waffen-, sprengstoff-, gefahrstoff-, immissionsschutz-, abfall-, wasser-, seuchen-, tierseuchen-, betäubungsmittel- oder arzneimittelrechtlichen Berechtigung, Erlaubnis oder Genehmigung, einer Genehmigung nach dem Gentechnikgesetz, dem Gesetz über die Kontrolle von Kriegswaffen oder dem Außenwirtschaftsgesetz, einer Erlaubnis zur Arbeitsvermittlung nach dem Dritten Buch Sozialgesetzbuch, einer Verleiherlaubnis nach dem Arbeitnehmerüberlassungsgesetz, einer Erlaubnis nach tierschutzrechtlichen Vorschriften, eines Jagdscheins, eines Fischereischeins, einer verkehrsrechtlichen oder im übrigen einer sicherheitsrechtlichen Erlaubnis oder Befähigung ist oder einen entsprechenden Antrag gestellt hat,

8. Maßnahmen der Aufsicht, falls es sich
   a) um Strafsachen im Zusammenhang mit Betriebsunfällen, in denen Zuwiderhandlungen gegen Unfallverhütungsvorschriften bekannt werden, oder
   b) um Straftaten gegen Vorschriften zum Schutz der Arbeitskraft oder zum Schutz der Gesundheit von Arbeitnehmern handelt, oder
9. die Abwehr erheblicher Nachteile für Tiere und Pflanzen, Boden, Wasser, Luft, Klima und Landschaft.

(2) [1] In Privatklageverfahren, in Verfahren wegen fahrlässig begangener Straftaten, in sonstigen Verfahren bei Verurteilung zu einer anderen Maßnahme als einer Strafe oder einer Maßnahme im Sinne des § 11 Abs. 1 Nr. 8 des Strafgesetzbuches, oder wenn das Verfahren eingestellt worden ist, unterbleibt die Übermittlung in den Fällen des Absatzes 1 Nr. 4 bis 9, wenn nicht besondere Umstände des Einzelfalles die Übermittlung erfordern. [2] Die Übermittlung ist insbesondere erforderlich, wenn die Tat bereits ihrer Art nach geeignet ist, Zweifel an der Zuverlässigkeit oder Eignung des Betroffenen für die gerade von ihm ausgeübte berufliche, gewerbliche oder ehrenamtliche Tätigkeit oder für die Wahrnehmung von Rechten aus einer ihm erteilten Berechtigung, Genehmigung oder Erlaubnis hervorzurufen. [3] Die Sätze 1 und 2 gelten nicht bei Straftaten, durch die der Tod eines Menschen verursacht worden ist, und bei gefährlicher Körperverletzung. [4] Im Falle der Einstellung des Verfahrens ist zu berücksichtigen, wie gesichert die zu übermittelnden Erkenntnisse sind.

Gesetzesfassung: Eingefügt durch Art. 1 Nr. 2 JuMiG (§ 12). Abs. 1 Nr. 7b i. d. F. Art. 25 Nr. 1 G vom 16. 12. 1997 (BGBl. I S. 2970); Abs. 1 Nr. 1 bis 3 aufgehoben durch Art. 7 StVÄG vom 2. 8. 2000 (BGBl. I S. 1253).

1 **I. Regelungsinhalt.** Die Vorschrift regelt als Spezialvorschrift die Übermittlung personenbezogener Daten in **Strafsachen.** Der Begriff der „Strafsachen" ist weit zu fassen und geht über die Verfahren der StPO einschließlich der Strafvollstreckung hinaus, betrifft auch Verfahren nach dem JGG, dem OWiG, Gnadensachen (vgl. Abs. 1 Nr. 3), nicht jedoch Ehrengerichtsverfahren. Erfasst sind nur Daten des Beschuldigten. Daten anderer Verfahrensbeteiligter oder Betroffener (Opfer, Nebenkläger, Zeugen, Sachverständige usw.) unterfallen nicht § 14, können aber gegebenenfalls nach den anderen Vorschriften übermittelt werden (§§ 17, 18).

2 § 14 regelt die Übermittlung der Daten, **„die den Gegenstand des Verfahrens betreffen".** Das ist die prozessuale Tat, alle dazugehörenden Tatsachen sowie alle sonstigen Umstände, die damit zusammenhängen und für die Entscheidung von Bedeutung sein können, vor allem die im Verfahren ergehenden Entscheidungen; dazu gehören weiter alle Umstände, die für die Bestimmung der Rechtsfolgen und für Nebenentscheidungen erheblich sein können.[1]

3 Voraussetzung für die Zulässigkeit der Übermittlung ist weiter, dass die Kenntnis der Daten **„aus der Sicht der übermittelnden Stelle erforderlich ist"** für die Erfüllung der im Einzelnen aufgeführten Zwecke beim Empfänger. Die übermittelnde Stelle muss hierzu keine eigenen Ermittlungen anstellen, sondern lediglich eine Art „Schlüssigkeitsprüfung"[2] durchführen. Die Erforderlichkeit der Kenntnis

---
[1] BTagsDrucks. 13/4709 S. 22.
[2] BTagsDrucks. aaO.

ist stets zu bejahen, wenn die Daten nach den für den Empfänger geltenden Rechtsvorschriften zur Erfüllung seiner Aufgaben grundsätzlich beachtlich sind (Ausnahme Abs. 2, vgl. Rn. 17). Ob der Empfänger auf Grund der übermittelten Daten auch Maßnahmen ergreift, ist unerheblich; es genügt, wenn die Daten Anlass bieten zu prüfen, ob Maßnahmen zu ergreifen sind.

II. Aufgaben anderer Stellen, der die Übermittlung dient. Zur Erfüllung welcher Aufgaben anderer Stellen die Übermittlung personenbezogener Daten aus einem Strafverfahren zulässig ist, regelt § 14 Abs. 1. 4

1. Dienstrechtliche Maßnahmen oder Maßnahmen der Aufsicht (Nr. 4). 5
a) Personenkreis (Nr. 4a): Erfasst sind Personen, die in einem öffentlich-rechtlichen Berufs- oder Amtsverhältnis stehen und für die keine vorgehenden bereichsspezifischen Regelungen (§ 12 Rn. 8) bestehen, z.B. Heilhilfsberufe. Bereichsspezifische Regelungen gelten für Beamte (§ 125c BRRG), Richter (§§ 46, 71 DRiG), Soldaten (§ 62 SoldatenG), Zivildienstleistende (§ 45a ZivildienstG). Hierher gehören weiter Personen außerhalb eines öffentlich-rechtlichen Dienst- oder Amtsverhältnisses, deren Berufsausübung gesetzlich geregelt ist, z.B. Zulassung zum Beruf und deren Widerruf, Berufspflichten und Ahndung beruflicher Pflichtverletzungen. Auch Geistliche und Beamte einer Kirche oder einer Religionsgemeinschaft (§ 12 Rn. 16) gehören hierher.

b) Übermittlungszweck (Nr. 4b): Die für die Überwachung der Erfüllung der beruflichen Pflichten dieser Personenkreise, das Fortbestehen ihrer Berufszulassung und für die Ahndung von Pflichtverstößen zuständigen Stellen bedürfen zur Erfüllung ihrer Aufgaben der Information über die in Strafverfahren angefallenen Daten. 6

2. Nr. 5 hat den Zweck, bei **Berufstätigen und ehrenamtlich Tätigen** die für sie zuständige Stelle über Daten zu informieren, die auf Pflichtverletzungen schließen lassen und geeignet sind, Zweifel an der Eignung, Zuverlässigkeit oder Befähigung hervorzurufen, um gegebenenfalls die im öffentlichen Interesse liegenden Konsequenzen zu ziehen. Betroffen sind: 7

a) Angehörige des öffentlichen Dienstes oder des Dienstes einer Kirche oder Religionsgemeinschaft, die nicht in einem Beamten- oder vergleichbaren Amtsverhältnis (Nr. 4a) stehen, also Angestellte und Arbeiter. Hier ist eine Übermittlung zulässig, wenn die Kenntnis der Daten aus der Sicht der übermittelnden Stelle erforderlich ist für die Entscheidung über eine Kündigung oder eine andere arbeitsrechtliche Maßnahme (z.B. Umsetzung, Versetzung, Abmahnung, Regress) oder für die Untersagung der Einstellung, der Beschäftigung oder der Beaufsichtigung von Kindern und Jugendlichen oder der Durchführung der Berufsausbildung bzw. die Erteilung von Auflagen. 8

b) Gewerbetreibende, deren Vertretungsberechtigte, eine mit der Leitung eines Gewerbebetriebs oder einer sonstigen wirtschaftlichen Unternehmung beauftragte Person oder ein sonstiger Berufstätiger. Bei ihnen ist die Übermittlung zulässig, wenn die Kenntnis der Daten aus der Sicht der übermittelnden Stelle erforderlich ist für die Entscheidung der Empfangsstelle über den Widerruf, die Rücknahme, die Einschränkung einer behördlichen Erlaubnis (z.B. Lehrer an Privatschulen, Betreiber von Altenpflegeheimen, Makler, Bauträger oder Baubetreuer),[3] Genehmigung oder Zulassung zur Ausübung eines Gewerbes, einer sonstigen wirtschaftlichen Unternehmung oder eines Berufs oder zum Führen einer Berufsbezeichnung, für die Untersagung der beruflichen oder gewerblichen Tätigkeit oder der sonstigen wirtschaftlichen Unternehmung oder für die Untersagung der Einstellung, der Beschäftigung oder der Beaufsichtigung von Kindern und Jugendlichen oder der Durchführung der Berufsausbildung bzw. die Erteilung von Auflagen. 9

---

[3] BTagsDrucks. 13/4709 S. 22.

10   c) Bei Inhabern eines **Ehrenamtes** ist die Übermittlung zulässig, wenn die Daten aus der Sicht der übermittelnden Stelle erforderlich sind für die Entscheidung der zuständigen Empfangsstelle über eine Amtsenthebung, über den Widerruf, die Rücknahme, die Einschränkung einer behördlichen Erlaubnis, Genehmigung oder Zulassung zur Ausübung eines Gewerbes, einer sonstigen wirtschaftlichen Unternehmung oder eines Berufs oder zum Führen einer Berufsbezeichnung, für die Untersagung der beruflichen oder gewerblichen Tätigkeit oder der sonstigen wirtschaftlichen Unternehmung, für die Untersagung der Einstellung, der Beschäftigung oder der Beaufsichtigung von Kindern und Jugendlichen oder der Durchführung der Berufsausbildung bzw. die Erteilung von Auflagen.

11   3. Nr. 6 regelt die Zulässigkeit der Übermittlung personenbezogener Daten im Zusammenhang mit **Versorgungsansprüchen.** Die Übermittlung ist zulässig, wenn sich die Frage stellt, ob „Dienstordnungsmaßnahmen" (der für die Entscheidung über das Bestehen einer Versorgung zuständigen Stelle) geboten sind mit Folgen für Bestand oder Höhe einer Versorgung, auch Hinterbliebenenversorgung, aus öffentlich-rechtlichem Amts- oder Dienstverhältnis, auch mit einer Kirche oder anderen öffentlich-rechtlichen Religionsgesellschaft. Dazu gehört z.B. die Ahndung von Dienstvergehen (§ 77 BBG i.V.m. § 2 BDG; § 64 BeamtVG). Bei unmittelbar durch die gerichtliche Entscheidung eintretenden Folgen wie Verlust der Versorgungsbezüge (§ 5 BDG) oder einer Zusatzversorgung (§ 66 der Satzung der Zusatzversorgungsanstalt des Bundes und der Länder) gilt § 13 Nr. 5.

12   4. Nr. 7 lässt die Übermittlung personenbezogener Daten von solchen Personen zu, die in genehmigungs- oder erlaubnispflichtigen, für die Allgemeinheit **sicherheitsempfindlichen** Betrieben verantwortlich tätig sind (Buchst. a). Entsprechendes gilt für Personen mit in Buchst. b im Einzelnen aufgeführten Genehmigungen, Berechtigungen usw. Durch die Überlassung der Daten sollen die zuständigen Behörden in die Lage versetzt werden, die zum Schutz der Allgemeinheit erforderlichen Maßnahmen zu ergreifen.

13   5. Nr. 8 dient dem Schutz der **Arbeitnehmer** im Betrieb. Die Übermittlung der Daten soll den zuständigen Stellen (Gewerbeaufsicht usw.) die Prüfung der Notwendigkeit von Maßnahmen gegenüber dem Betrieb zum Schutz der Arbeitskraft und der Gesundheit der Arbeitnehmer ermöglichen.

14   6. Nr. 9 lässt die Übermittlung personenbezogener Daten dann zu, wenn deren Kenntnis aus der Sicht der übermittelnden Stelle erforderlich ist für die Abwehr erheblicher Nachteile für die **Umwelt.** Es muss sich um die Abwehr „erheblicher" Nachteile handeln, um dem Grundsatz der Verhältnismäßigkeit zu genügen, „weil die Vorschrift im Hinblick auf die Vielfalt der denkbaren Fälle und wegen der sich schnell ändernden wissenschaftlichen Erkenntnisse nur sehr abstrakt gefasst werden kann".[4]

15   7. Die Datenübermittlung unterliegt nicht den Beschränkungen der §§ 41, 61 BZRG. Nach dem RegEntw (§ 14 Abs. 2 alt) sollten zwar Empfänger, denen nach §§ 41, 61 BZRG keine Auskunft erteilt würde, einem Verwendungsverbot für übermittelte Daten zum Nachteil des Betroffenen unterliegen, wenn nicht die oberste Bundes- oder Landesbehörde dieser Verwendung zustimmt. Die Vorschrift ist jedoch nicht Gesetz geworden.[5]

16   **III. Einschränkungen der zulässigen Übermittlung. 1.** Abs. 2 S. 1 trägt mit einer „**Bagatellklausel**" der Verhältnismäßigkeit Rechnung. Die Übermittlung von Daten unterbleibt, ist also unzulässig a) in Privatklageverfahren (§ 374 StPO), b) in Verfahren wegen fahrlässig begangener Handlungen, c) bei Verurteilung zu einer anderen Maßnahme als einer Strafe (§§ 38ff. StGB) oder einer Maßnahme nach

---

[4] BTagsDrucks. 13/4709 S. 23.
[5] Vgl. BTagsDrucks. 13/7409 S. 5, 23, 42, 55; VGH Mannheim NJW 2005, 234; krit. *Wollweber* NJW 1997, 2488 unter III, 2.

§ 11 Abs. 1 Nr. 8 StGB (Maßregeln der Besserung und Sicherung, Verfall, Einziehung und Unbrauchbarmachung), d) bei Verfahrenseinstellung (§§ 153 ff. StPO).

2. Ausnahmen hiervon gelten, wenn a) durch eine Straftat der Tod eines Menschen verursacht wurde oder eine gefährliche Körperverletzung vorliegt (Abs. 2 S. 3), b) die besonderen Umstände des Einzelfalles die Übermittlung erfordern (Abs. 1 S. 1, 2. Halbs.), insbesondere wenn die Tat bereits ihrer Art nach geeignet ist, Zweifel an der Zuverlässigkeit oder Eignung des Betroffenen für die von ihm ausgeübte berufliche, gewerbliche oder ehrenamtliche Tätigkeit oder für die Wahrnehmung von Rechten aus einer ihm erteilten Berechtigung, Genehmigung oder Erlaubnis hervorzurufen (Abs. 2 S. 3).

Die Wortwahl „insbesondere" verdeutlicht dabei, dass auch andere Überlegungen zum Schutz der Allgemeinheit und des Vertrauens in die Integrität bei besonders verantwortungsvoller Tätigkeit ein Erfordernis der Übermittlung begründen können. Unterbleibt die Übermittlung wegen Einstellung des Verfahrens (Abs. 2 Satz 1), ist bei der Entscheidung zu berücksichtigen, wie gesichert die Erkenntnisse sind (Abs. 2 Satz 4).

3. Der **Zeitpunkt der Übermittlung** ist nicht festgelegt (vgl. § 20 Rn. 1). Grundsätzlich ist die Übermittlungen von Daten aus einem Strafverfahren wegen deren besonderer Sensibilität bis zum Eintritt der Rechtskraft oder bis zur nicht nur vorläufigen Verfahrenseinstellung zurückzustellen.[6] Im Einzelfall kann eine Datenübermittlung aber auch schon zuvor erforderlich und bei Abwägung der betroffenen Rechtsgüter auch verhältnismäßig sein.[7]

§ 15. [Datenübermittlung in Zivilsachen]

In Zivilsachen einschließlich der Angelegenheiten der freiwilligen Gerichtsbarkeit ist die Übermittlung personenbezogener Daten zulässig, wenn die Kenntnis der Daten aus der Sicht der übermittelnden Stelle erforderlich ist

1. zur Berichtigung oder Ergänzung des Grundbuchs oder eines von einem Gericht geführten Registers oder Verzeichnisses, dessen Führung durch eine Rechtsvorschrift angeordnet ist, und wenn die Daten Gegenstand des Verfahrens sind, oder

2. zur Führung des in § 2 Abs. 2 der Grundbuchordnung bezeichneten amtlichen Verzeichnisses und wenn Grenzstreitigkeiten Gegenstand eines Urteils, eines Vergleichs oder eines dem Gericht mitgeteilten außergerichtlichen Vergleichs sind.

Gesetzesfassung: Eingefügt durch Art. 1 Nr. 2 JuMiG (§ 12).

Die Vorschrift regelt die Zulässigkeit der Übermittlung personenbezogener Daten, die in Zivilsachen oder im Verfahren der freiwilligen Gerichtsbarkeit angefallen sind. Angelegenheiten der freiwilligen Gerichtsbarkeit sind nicht nur die nach dem FGG, sondern auch andere der freiwilligen Gerichtsbarkeit ausdrücklich zugeordnete oder rechtssystematisch zuzuordnende Materien. „Zivilsachen" sind die „bürgerlichen Rechtsstreitigkeiten" des § 13 GVG.

Die Übermittlung von personenbezogenen Daten, die Gegenstand der genannten Verfahren waren, ist, soweit nicht ohnedies spezialgesetzlich zwingend vorgeschrieben, nach Nr. 1 zulässig, wenn sie aus der Sicht der übermittelnden Stelle (§ 14 Rn. 3) erforderlich sind zur Berichtigung oder Ergänzung eines von einem Gericht geführten Registers oder Verzeichnisses, dessen Führung durch eine Rechtsvorschrift angeordnet ist. Das Grundbuch ist trotz § 1 GBO ausdrücklich aufgeführt, weil es in Baden-Württemberg nicht vom AG, sondern von Grundbuchämtern geführt wird.[1]

---
[6] So der Gesetzentwurf eines § 14 Abs. 4, BTagsDrucks. 13/4709 S. 5, 24.
[7] BTagsDrucks. 13/4709 S. 43, 56.
[1] BTagsDrucks. 13/4709 S. 24.

3   Die Übermittlung ist unter den gleichen Voraussetzungen zulässig zur Führung des Liegenschaftskatasters (§ 2 Abs. 2 GBO), wenn Grenzstreitigkeiten Gegenstand eines Urteils, eines gerichtlichen Vergleichs oder eines dem Gericht mitgeteilten außergerichtlichen Vergleichs sind (Nr. 2).

§ 16. [Datenübermittlung an ausländische öffentliche Stellen]

Werden personenbezogene Daten an ausländische öffentliche Stellen oder an über- oder zwischenstaatliche Stellen nach den hierfür geltenden Rechtsvorschriften übermittelt, so ist eine Übermittlung dieser Daten auch zulässig
1. **an das Bundesministerium der Justiz und das Auswärtige Amt,**
2. **in Strafsachen gegen Mitglieder einer ausländischen konsularischen Vertretung zusätzlich an die Staats- oder Senatskanzlei des Landes, in dem die konsularische Vertretung ihren Sitz hat.**

Gesetzesfassung: Eingefügt durch Art. 1 Nr. 2 JuMiG (§ 12).

1   Eine Übermittlung personenbezogener Daten an **ausländische Stellen** oder an über- oder zwischenstaatliche Stellen ist in einer Vielzahl von internationalen Verträgen vorgesehen; ihre Ratifikation hat verbindliche Übermittlungspflichten für Gerichte und StA begründet. Für diesen Fall eröffnet Nr. 1 die Zulässigkeit der Übermittlung dieser Daten zusätzlich auch an das **Bundesministerium der Justiz** und an das **Auswärtige Amt,** im Gegensatz zu den anderen Fällen der §§ 12ff. regelmäßig nur zur Information.

2   Eine Sonderregelung besteht für Strafsachen gegen Mitglieder einer ausländischen konsularischen Vertretung (Art. 1 Abs. 1 Buchst. g Wiener Übereinkommen über konsularische Beziehungen, BGBl. 1969 II S. 1587, 1591). Zusätzlich zu der erforderlichen Mitteilung an ausländische Stellen und zur Übermittlung nach Nr. 1 sieht Nr. 2 auch die Übermittlung zur Unterrichtung an die Staats- oder Senatskanzlei des Landes vor, in dem die konsularische Vertretung ihren Sitz hat (Nr. 2).

§ 16a. [Kontaktstellen]

(1) Das Bundesamt für Justiz nach Maßgabe des Absatzes 2 und die von den Landesregierungen durch Rechtsverordnung bestimmten weiteren Stellen nehmen die Aufgaben der Kontaktstellen im Sinne des Artikels 2 der Entscheidung 2001/470/EG des Rates vom 28. Mai 2001 über die Einrichtung eines Europäischen Justitiellen Netzes für Zivil- und Handelssachen (ABl. EG Nr. L 174 S. 25) wahr.

(2) Das Bundesamt für Justiz stellt die Koordinierung zwischen den Kontaktstellen sicher.

(3) [1]Die Landesregierungen werden ermächtigt, durch Rechtsverordnung die Aufgaben der Kontaktstelle einer Landesbehörde zuzuweisen. [2]Sie können die Befugnis zum Erlass einer Rechtsverordnung nach Absatz 1 einer obersten Landesbehörde übertragen.

Gesetzesfassung: § 16a eingefügt durch Art. 21 OLG-VertretungsänderungsG vom 23. Juli 2002 (BGBl. I S. 2850).

1   Nach Art. 2 Abs. 1 der zitierten Ratsentscheidung haben die Mitgliedsstaaten Kontaktstellen für den wechselseitigen Rechtsverkehr zu benennen, die geeignete Koordinationsmechanismen sicherstellen.[1]

2   Die Vorschrift regelt die Zuständigkeit nunmehr des Bundesamts für Justiz als Kontaktstelle im Sinne des Europäischen Justiziellen Netzes für Zivil- und Han-

---

[1] Vgl. BTagsDrucks. 14/8763; 18/9266 S. 41.

delssachen auf Bundesebene, die die Koordinierung zwischen den von den Bundesländern zu benennenden Kontaktstellen sicherstellt. Es geht darum, Anfragen anderer europäischer Mitgliedsstaaten an die jeweils auf Landesebene errichteten örtlich zuständigen Kontaktstellen weiter zu leiten und der Kommission als Ansprechpartner zur Verfügung zu stehen. Letzteres ist insbesondere beim Aufbau des öffentlichen Informationssystems nach Art. 14 der Ratsetscheidung vom 28. 5. 2001 notwendig.

Der Begriff der Koordinierung schließt – wie im EG-Bereich üblich – auch eigene Sacharbeit mit ein (z.B. Sitzungswahrnehmung, Mitarbeit beim Aufbau des Informationssystems für die Öffentlichkeit), die Einzelheiten sind zwischen den Justizverwaltungen von Bund und Ländern zu klären. Ein Direktionsrecht des Bundes gegenüber den Ländern besteht jedoch nicht. **3**

§ 17. [Datenübermittlung in anderen Fällen]

Die Übermittlung personenbezogener Daten ist ferner zulässig, wenn die Kenntnis der Daten aus der Sicht der übermittelnden Stelle
1. zur Verfolgung von Straftaten oder Ordnungswidrigkeiten,
2. für ein Verfahren der internationalen Rechtshilfe,
3. zur Abwehr erheblicher Nachteile für das Gemeinwohl oder einer Gefahr für die öffentliche Sicherheit,
4. zur Abwehr einer schwerwiegenden Beeinträchtigung der Rechte einer anderen Person oder
5. zur Abwehr einer erheblichen Gefährdung Minderjähriger
erforderlich ist.

Gesetzesfassung: Eingefügt durch Art. 1 Nr. 2 JuMiG (§ 12).

I. § 17 enthält einen Katalog weiterer Fälle, in denen die Übermittlung von personenbezogenen Daten zulässig ist unabhängig davon, gegen wen sich das Verfahren richtet, wer Partei oder Beteiligter und was Verfahrensgegenstand ist. Auch zufällig angefallene Daten über Dritte gehören hierher. **1**

II. Die Übermittlung dieser Daten an die jeweils zuständige Stelle ist zulässig, wenn die Kenntnis dieser Daten aus der Sicht der übermittelnden Stelle für folgende Aufgaben erforderlich ist **2**

1. zur **Verfolgung von Straftaten** und Ordnungswidrigkeiten (Nr. 1 entspr. § 14 Abs. 2 Nr. 7, 1. Alt. BDSG; vgl. § 14 Rn. 4, 5). **3**

2. für ein Verfahren der **Internationalen Rechtshilfe** (Nr. 2); gemeint ist die Übermittlung von Daten, die für Verfahren der Internationalen Rechtshilfe, etwa zur Erledigung eines Auslieferungsersuchens, benötigt werden.[1] **4**

3. zur Abwehr erheblicher Nachteile für das **Gemeinwohl** oder einer Gefahr für die **öffentliche Sicherheit** (Nr. 3 entspr. § 14 Abs. 2 Nr. 6 BDSG). Im Gegensatz zum BDSG ist aber keine „unmittelbar drohende" Gefahr erforderlich,[2] es genügt eine allgemeine Gefahr. „Gemeinwohl" ist ein allgemeiner, schwer definierbarer Begriff; gemeint ist das Gesamtinteresse der staatlichen Gemeinschaft im Gegensatz zum Einzelinteresse. „Öffentliche Sicherheit" ist die Gesamtheit der durch Rechtsnormen gesicherten Individual- und Gemeinschaftsgüter. **5**

4. zur Abwehr einer schwerwiegenden Beeinträchtigung der **Rechte einer anderen Person** (Nr. 4 entspr. § 14 Abs. 2 Nr. 8 BDSG). Erforderlich ist eine Ab- **6**

---
[1] BTagsDrucks. 13/4709 S. 25.
[2] BTagsDrucks. 13/4709 S. 25; *LR/Böttcher* Rn. 4.

wägung der jeweils grundrechtlich geschützten Rechtspositionen unter Beachtung des Grundsatzes der Verhältnismäßigkeit.[3]

7   5. zur Abwehr einer erheblichen Gefährdung Minderjähriger (Nr. 5). Hier geht es um den gesamten Jugendschutz.

§ 18. [Verbindung mit weiteren Daten des Betroffenen oder Dritter, Ermessen]

(1) [1]Sind mit personenbezogenen Daten, die nach diesem Abschnitt übermittelt werden dürfen, weitere personenbezogene Daten des Betroffenen oder eines Dritten so verbunden, daß eine Trennung nicht oder nur mit unvertretbarem Aufwand möglich ist, so ist die Übermittlung auch dieser Daten zulässig, soweit nicht berechtigte Interessen des Betroffenen oder eines Dritten an deren Geheimhaltung offensichtlich überwiegen. [2]Eine Verwendung der Daten durch den Empfänger ist unzulässig; für Daten des Betroffenen gilt § 19 Abs. 1 Satz 2 entsprechend.

(2) [1]Die übermittelnde Stelle bestimmt die Form der Übermittlung nach pflichtgemäßem Ermessen. [2]Soweit dies nach der Art der zu übermittelnden Daten und der Organisation des Empfängers geboten ist, trifft sie angemessene Vorkehrungen, um sicherzustellen, daß die Daten unmittelbar den beim Empfänger funktionell zuständigen Bediensteten erreichen.

Gesetzesfassung: Eingefügt durch Art. 1 Nr. 2 JuMiG (§ 12).

1   I. Die Vorschrift betrifft komplexe Datenbestände, bei denen die nach §§ 12 bis 17 zulässigerweise zu übermittelnden (Primär-)Daten nicht isoliert vorliegen, sondern mit **weiteren personenbezogenen Daten** des Betroffenen oder eines Dritten so **verbunden** sind, dass eine Trennung nicht oder nur mit unvertretbarem Aufwand möglich ist. Es kommt nicht darauf an, ob die Daten in Akten oder auf andere Weise verbunden wurden; allein maßgebend ist, ob die mitzuteilende Dateninformation weitere Daten faktisch mit umfasst.[1]

2   An die **Unvertretbarkeit** des Aufwands für die Trennung sind angesichts der Bedeutung der informationellen Selbstbestimmung (§ 12 Rn. 2) strenge Anforderungen zu stellen. Damit hängt zusammen, dass die übermittelnde Stelle die **Form der Übermittlung** nach pflichtgemäßem Ermessen bestimmt (Abs. 2 S. 1). Im Interesse der größtmöglichen Wahrung des informationellen Selbstbestimmungsrechts hat sie bei „überschießenden" Daten alles aus ihrer Sicht erforderliche zu tun, deren Übermittlung technisch auszuschließen, etwa durch Teilschwärzung oder Übersendung eines Auszugs statt einer Kopie.

3   II. Aber auch wenn die Daten danach untrennbar sind, ist die Übermittlung der ungetrennten (Gesamt-)Daten nur dann zulässig, wenn nicht **berechtigte Interessen des Betroffenen oder eines Dritten** an der Geheimhaltung der „überschießenden" Daten offensichtlich überwiegen. Hier ist eine nicht immer leichte Abwägung zwischen dem Recht auf informationelle Selbstbestimmung und den öffentlichen Interessen vorzunehmen, die nicht allein mit einer eingängigen Formel wie „im Zweifel für die informationelle Selbstbestimmung" ihr Bewenden haben kann.

4   III. Hinsichtlich der „überschießenden" Daten enthält Abs. 1 S. 2 ein absolutes **Verwendungsverbot.** Diese dürfen weder verwendet noch gespeichert oder in sonstiger Weise genutzt oder an dritte Stellen weitergegeben werden,[2] nur die Primär-Daten dürfen verwendet werden.

---

[3] Vgl. *Gola/Schomerus* § 14 BDSG Rn. 22.
[1] BTagsDrucks. 13/4709 S. 43, 56.
[2] BTagsDrucks. 13/4709 S. 25.

Dieses Verwendungsverbot erleidet jedoch eine **Ausnahme**. „Überschießende" 5
Daten des Betroffenen dürfen durch die Empfangsstelle auch für andere Zwecke
verwendet werden, soweit die Daten auch dafür hätten übermittelt werden dürfen
(Abs. 1 S. 2, 2. Halbs.). Abweichend von der Regel entscheidet also nicht die
übermittelnde, sondern die empfangende Stelle über die Datenverwendung (vgl.
§ 19 Rn. 2, 5).

IV. Dem Schutz des informationellen Selbstbestimmungsrechts dient auch die 6
Adressat-Regelung des Abs. 2 S. 2. Es sind bei der Übermittlung angemessene
Vorkehrungen zu treffen, dass die Daten möglichst unmittelbar den beim Empfänger
funktionell zuständigen Bediensteten erreichen. Angemessenheit bedeutet, dass nur
solche Vorkehrungen erforderlich sind, die mit zumutbarem Aufwand durchgeführt
werden können,[3] was etwa die Ermittlung des zuständigen Bediensteten angeht. Der
Regelfall ist eine Übermittlung im verschlossenen Umschlag an den Behördenleiter
oder den für Personalangelegenheiten Zuständigen „persönlich".[4]

§ 19. [Zweckgebundenheit, Erforderlichkeit]

(1) [1]Die übermittelten Daten dürfen nur zu dem Zweck verwendet werden, zu
dessen Erfüllung sie übermittelt worden sind. [2]Eine Verwendung für andere Zwecke ist zulässig, soweit die Daten auch dafür hätten übermittelt werden dürfen.

(2) [1]Der Empfänger prüft, ob die übermittelten Daten für die in Absatz 1 genannten Zwecke erforderlich sind. [2]Sind die Daten hierfür nicht erforderlich, so schickt er die Unterlagen an die übermittelnde Stelle zurück. [3]Ist der Empfänger nicht zuständig und ist ihm die für die Verwendung der Daten zuständige Stelle bekannt, so leitet er die übermittelten Unterlagen dorthin weiter und benachrichtigt hiervon die übermittelnde Stelle.

Gesetzesfassung: Eingefügt durch Art. 1 Nr. 2 JuMiG (§ 12).
3 4

I. § 19 konstituiert die **Zweckbindung** der übermittelten Daten. Sie dürfen nur 1
zu dem Zweck verwendet werden, zu dessen Erfüllung sie übermittelt wurden
(Abs. 1 S. 1). Daraus folgt, dass die übermittelnde Stelle mit der Übermittlung
zugleich den Zweck angeben muss, zu dessen Erfüllung sie übermittelt. Die empfangende Stelle darf die Daten grundsätzlich nicht für andere Zwecke verwenden.
Polizeibehörden dürfen übermittelte Daten auch nicht zur vorbeugenden Bekämpfung von Straftaten mit erheblicher Bedeutung verwenden – ein entsprechender Vorschlag wurde nicht Gesetz.[1] Eine Zweckerweiterung liegt nicht vor, wenn
die Daten zur Wahrnehmung von Aufsichts- und Kontrollbefugnissen, zur Rechnungsprüfung oder der Durchführung von Organisationsuntersuchungen für die
datenempfangende Stelle entsprechend § 14 Abs. 3 BDSG verwendet werden[2] (vgl.
§ 12 Rn. 12).

II. Eine Verwendung der Daten für **andere Zwecke** ist ausnahmsweise zulässig, 2
soweit sie nach Maßgabe der §§ 13 ff auch dafür hätten übermittelt werden dürfen
(Abs. 1 S. 2). Statt wie sonst die übermittelnde Stelle entscheidet der Empfänger
(vgl. § 19 Rn. 5) über die Zulässigkeit der Übermittlung und über die Zweckbestimmung. Dies legt dem Empfänger die Verpflichtung auf, (selbst)kritisch die Erweiterung des vorgegebenen Zwecks zu prüfen und dies auch (nachprüfbar, vgl.
§§ 21, 22) aktenkundig zu machen. Eine Nachricht von der anderweitigen Verwendung an die übermittelnde Stelle ist nicht vorgeschrieben, aber angezeigt. Mit
dieser Kompetenzverschiebung geht auch die Verantwortung nach § 12 Abs. 4 auf

---

[3] BTagsDrucks. aaO.
[4] BTagsDrucks. aaO.
[1] BTagsDrucks. 13/4798 S. 44 Nr. 17, S. 56.
[2] BTagsDrucks. 13/4709 S. 26.

die empfangende Stelle über. Unbeeinflusst bleibt das Auskunftsrecht (§ 21) und der Rechtsschutz (§ 22), da diese nur die Übermittlung der Daten, nicht den beigegebenen Zweck umfassen (§ 21 Rn. 1; § 22 Rn. 2).

3 Die Hinderungsgründe entfallen auch, soweit andere Rechtsvorschriften die Verwendung von Daten, die nach §§ 12 ff. übermittelt worden sind, auch für bestimmte andere Zwecke erlauben.[3]

4 **III.** Dem Datenschutz dient auch Abs. 2 S. 1, wonach der Datenempfänger zu prüfen hat, ob die übermittelten Daten für die mit der Übermittlung verbundene Zweckbestimmung **erforderlich** sind, denn die Übermittlung durch die absendende Stelle beruht notwendigerweise auf deren Grobeinschätzung[4] (vgl. § 14 Rn. 3). Das kann dazu führen, dass es zur Übermittlung von Daten kommt, die im Einzelfall zur Aufgabenerfüllung des Empfängers nicht erforderlich sind. Sind die Daten für den ihnen von der übermittelnden Stelle beigegebenen Zweck nicht erforderlich und liegt ein Fall der zulässigen Zweckerweiterung (Rn. 2) nicht vor, hat der Empfänger die Unterlagen an die übermittelnde Stelle zur Vermeidung einer unnötigen Streuung personenbezogener Daten zurückzuschicken (Abs. 2 S. 2). Eine Vernichtung durch die empfangende Stelle ist nicht zulässig.[5]

5 **IV.** Ist der Datenempfänger für den in der Übermittlung angegebenen Zweck **nicht zuständig,** hat er im Interesse der Beschleunigung die übermittelten Daten/Unterlagen an die zuständige Stelle weiter zu leiten und hiervon die übermittelnde Stelle zu benachrichtigen (Abs. 2 S. 3).

6 **V.** Ein **Verstoß** gegen die im Gesetz vorgesehene Beschränkung auf den Zweck der Datenübermittlung und die ausdrücklich vorgesehene zulässige Erweiterung führt dazu, dass die Daten nicht als Grundlage für behördliches Vorgehen oder als Begründung für dessen Unterbleiben verwendet werden können. Das allerdings ist nur ein unvollständiger Schutz, denn wenn die Empfangsbehörde auf Grund der übermittelten Daten selbst weitere Ermittlungen anstellt, kann sie sich auf die dabei gewonnenen Erkenntnisse stützen. Der in § 21 vorgesehene Rechtsschutz klärt nur die Frage der Zulässigkeit der Übermittlung (§ 21 Abs. 3), nicht aber die Verwertbarkeit des Ergebnisses darauf angestellter eigener Ermittlungen. Gegebenenfalls kann die Verletzung der Zweckbestimmung als Schutzgesetz Schadensersatzansprüche auslösen (vgl. § 7 BDSG).

§ 20. [Unterrichtung des Empfängers]

(1) ¹Betreffen Daten, die vor Beendigung eines Verfahrens übermittelt worden sind, den Gegenstand dieses Verfahrens, so ist der Empfänger vom Ausgang des Verfahrens zu unterrichten; das gleiche gilt, wenn eine übermittelte Entscheidung abgeändert oder aufgehoben wird, das Verfahren, außer in den Fällen des § 153 a der Strafprozeßordnung, auch nur vorläufig eingestellt worden ist oder nach den Umständen angenommen werden kann, daß das Verfahren auch nur vorläufig nicht weiter betrieben wird. ²Der Empfänger ist über neue Erkenntnisse unverzüglich zu unterrichten, wenn dies erforderlich erscheint, um bis zu einer Unterrichtung nach Satz 1 drohende Nachteile für den Betroffenen zu vermeiden.

(2) ¹Erweist sich, daß unrichtige Daten übermittelt worden sind, so ist der Empfänger unverzüglich zu unterrichten. ²Der Empfänger berichtigt die Daten oder vermerkt ihre Unrichtigkeit in den Akten.

(3) **Die Unterrichtung nach Absatz 1 oder 2 Satz 1 kann unterbleiben, wenn sie erkennbar weder zur Wahrung der schutzwürdigen Interessen des Betroffenen noch zur Erfüllung der Aufgaben des Empfängers erforderlich ist.**

Gesetzesfassung: Eingefügt durch Art. 1 Nr. 2 JuMiG (§ 12).

---

[3] BTagsDrucks. 13/4709 S. 26.
[4] BTagsDrucks. 13/4709 S. 26.
[5] BTagsDrucks. 13/4709 S. 26, S. 44 Nr. 17, S. 56.

I. Zeitpunkt. Ein Zeitpunkt für die Datenübermittlung ist anders als in 1
§§ 41, 61 BZRG im Gesetz nicht festgelegt, um notwendige Reaktionen der zuständigen Stelle bei Gefährdungen bedeutender Rechtsgüter nicht zu verzögern[1] (vgl. § 14 Rn. 19). Mitteilungen sind **in jeder Lage des Verfahrens** zulässig, wenn aus der Sicht des Gerichts oder der StA Maßnahmen der zuständigen Stelle erforderlich erscheinen oder eine entsprechende Vorschrift über eine Übermittlungspflicht besteht. Die vor der endgültigen Beendigung des Verfahrens übermittelten Daten bedürfen jedoch bei Veränderungen der **Aktualisierung** gegenüber dem Empfänger (Nachbericht), um dort Fehleinschätzungen und Fehlentscheidungen zu vermeiden oder Korrekturen der getroffenen Entscheidungen zu veranlassen, aber auch um den Sachverhalt abschließend zu klären.

Die empfangende Stelle ist zu unterrichten vom **Verfahrensausgang** (Abs. 1 2
Satz 1, 1. Halbs.). Das ist jede instanzbeendende, vor allem die rechtskräftige Erledigung des Verfahrens vor dem Gericht. Das gilt auch für die Abänderung oder Aufhebung einer übermittelten Entscheidung, z. B. die Aufhebung eines Haftbefehls oder eine rechtskräftige Entscheidung im Wege der Wiederaufnahme oder die auch nur vorläufige **Einstellung** des Verfahrens, ausgenommen nach § 153a StPO. Eine Mitteilung muss auch erfolgen, wenn nach den Umständen angenommen werden kann, dass das Verfahren auch nur vorläufig nicht weiter betrieben wird (Abs. 1 Satz 1, 2. Halbs.). Dazu gehört auch das Absehen von der Erhebung der öffentlichen Klage nach § 153b Abs. 1 StPO oder die Anordnung des Ruhens des Verfahrens nach § 251 ZPO. Bedeutung hat die Vorschrift insbesondere für die Amtsverfahren der freiwilligen Gerichtsbarkeit, wo vielfach eine förmliche Einstellung oder Unterbrechung nicht vorgesehen ist.[2]

Unabhängig vom Verfahrensausgang ist der Empfänger über **neue Erkenntnisse** 3
der übermittelnden Stelle zu unterrichten, wenn dies erforderlich erscheint, um bis zur Unterrichtung über den Verfahrensausgang drohende Nachteile für den Betroffenen zu vermeiden (Abs. 1 S. 2). Zum Schutz der Persönlichkeitssphäre des von einer Übermittlung Betroffenen gehört auch die **Richtigkeit** der übermittelten Daten. Deshalb ist dann, wenn unrichtige Daten übermittelt worden sind, der Empfänger darüber unverzüglich zu unterrichten (Abs. 2 Satz 1), der die Daten bei sich zu berichtigen oder die Unrichtigkeit in den Akten zu vermerken hat (Abs. 2 Satz 2). Eine Vollzugsmeldung an die übermittelnde Stelle ist nicht vorgesehen; wohl aber muss bei Weitergabe der Daten durch die empfangende Stelle nach § 19 Abs. 2 Satz 3 (§ 19 Rn. 5) diese die zweitempfangende Stelle entsprechend unterrichten.

II. Pflicht zur Vernichtung. Eine Pflicht zur Vernichtung unrichtiger oder 4
sonstiger Daten, die der Empfänger nicht verwenden darf, sieht § 20 nicht vor. Hier ist das für den Empfänger und seine Tätigkeit geltende Recht maßgebend.[3]

III. Pflicht auf Unterrichtung Nach Abs. 3 kann im Interesse der Verwal- 5
tungsvereinfachung eine Unterrichtung des Empfängers ausnahmsweise **unterbleiben,** wenn sie erkennbar weder zur Wahrung der schutzwürdigen Interessen des Betroffenen noch zur Erfüllung der Aufgaben des Empfängers erforderlich ist. Diese Vorschrift sollte nur mit größter Zurückhaltung angewendet werden angesichts dessen, dass nur richtige Daten überhaupt die Übermittlung rechtfertigen können.

§ 21. [Auskunftserteilung und Unterrichtung; Antrag; Ablehnung]

(1) ¹**Dem Betroffenen ist auf Antrag Auskunft über die übermittelten Daten und deren Empfänger zu erteilen.** ²Der Antrag ist schriftlich zu stellen. ³Die

---
[1] Vgl. BTagsDrucks. 13/4709 S. 42.
[2] BTagsDrucks. 13/4609 S. 26.
[3] BTagsDrucks. 13/4709 S. 18.

Auskunft wird nur erteilt, soweit der Betroffene Angaben macht, die das Auffinden der Daten ermöglichen, und der für die Erteilung der Auskunft erforderliche Aufwand nicht außer Verhältnis zu dem geltend gemachten Informationsinteresse steht. [4]Die übermittelnde Stelle bestimmt das Verfahren, insbesondere die Form der Auskunftserteilung, nach pflichtgemäßem Ermessen.

(2) [1]Ist der Betroffene bei Mitteilungen in Strafsachen nicht zugleich der Beschuldigte oder in Zivilsachen nicht zugleich Partei oder Beteiligter, ist er gleichzeitig mit der Übermittlung personenbezogener Daten über den Inhalt und den Empfänger zu unterrichten. [2]Die Unterrichtung des gesetzlichen Vertreters eines Minderjährigen, des Bevollmächtigten oder Verteidigers reicht aus. [3]Die übermittelnde Stelle bestimmt die Form der Unterrichtung nach pflichtgemäßem Ermessen. [4]Eine Pflicht zur Unterrichtung besteht nicht, wenn die Anschrift des zu Unterrichtenden nur mit unvertretbarem Aufwand festgestellt werden kann.

(3) Bezieht sich die Auskunftserteilung oder die Unterrichtung auf die Übermittlung personenbezogener Daten an Verfassungsschutzbehörden, den Bundesnachrichtendienst, den Militärischen Abschirmdienst oder, soweit die Sicherheit des Bundes berührt wird, andere Behörden des Bundesministers der Verteidigung, ist sie nur mit Zustimmung dieser Stellen zulässig.

(4) [1]Die Auskunftserteilung und die Unterrichtung unterbleiben, soweit
1. sie die ordnungsgemäße Erfüllung der Aufgaben der übermittelnden Stelle oder des Empfängers gefährden würden,
2. sie die öffentliche Sicherheit oder Ordnung gefährden oder sonst dem Wohle des Bundes oder eines Landes Nachteile bereiten würden oder
3. die Daten oder die Tatsache ihrer Übermittlung nach einer Rechtsvorschrift oder ihrem Wesen nach, insbesondere wegen der überwiegenden berechtigten Interessen eines Dritten, geheimgehalten werden müssen

und deswegen das Interesse des Betroffenen an der Auskunftserteilung oder Unterrichtung zurücktreten muß. [2]Die Unterrichtung des Betroffenen unterbleibt ferner, wenn erhebliche Nachteile für seine Gesundheit zu befürchten sind.

(5) Die Ablehnung der Auskunftserteilung bedarf keine Begründung, soweit durch die Mitteilung der tatsächlichen und rechtlichen Gründe, auf die die Entscheidung gestützt wird, der mit der Auskunftsverweigerung verfolgte Zweck gefährdet würde.

Gesetzesfassung: Eingefügt durch Art. 1 Nr. 2 JuMiG (§ 12).

1   I. Auskunftsrechts. Der von der Datenübermittlung Betroffene hat ein Auskunftsrecht über die übermittelten Daten und deren Empfänger (Abs. 1 Satz 1; vgl. § 19 Abs. 1 BDSG). Das entspricht der Forderung des BVerfG, dass die Bürger müssen erfahren können, „wer was wann und bei welcher Gelegenheit über sie weiß".[1] Das Auskunftsrecht erstreckt sich nicht auf den Zweck, zu dem die Daten übermittelt wurden.

2   Die Auskunft wird grundsätzlich nur auf **schriftlichen Antrag** erteilt (Abs. 1 Satz 2); eine Benachrichtigung des von der Mitteilung Betroffenen gleichzeitig mit der Mitteilung selbst ist im Allgemeinen nicht vorgesehen.[2] Sie wird nur erteilt, soweit der Betroffene sachdienliche Angaben zum Auffinden der Daten macht und der für die Erteilung der Auskunft erforderliche Aufwand nicht außer Verhältnis steht zu dem geltend gemachten Informationsinteresse (Abs. 1 Satz 3), wiederum eine verwaltungsvereinfachende Vorschrift, die zurückhaltend anzuwenden ist (vgl. § 20 Abs. 3). Die Form der Auskunftserteilung (nicht die Auskunftserteilung selbst) bestimmt die übermittelnde Stelle nach pflichtgemäßem Ermessen (Abs. 1 Satz 4).

---

[1] BTagsDrucks. 13/4709 S. 27.
[2] Krit. *Wollweber* NJW 1997, 2488 unter II, 2.

II. Von Amts wegen. Von Amts wegen ist der von einer Datenübermittlung 3
Betroffene über den Inhalt und den Empfänger zu unterrichten, wenn er in Strafsachen nicht zugleich der Beschuldigte oder in Zivilsachen nicht zugleich Partei oder Beteiligter ist; diese Unterrichtung hat schon gleichzeitig mit der Datenübermittlung zu geschehen. Ein nicht am Verfahren als Beschuldigter oder Partei Beteiligter muss im Gegensatz zu diesen nicht mit der Übermittlung seiner Daten rechnen.[3] Da in Strafsachen auf den „Beschuldigten" abgestellt wird, ist auch der lediglich Tatverdächtige zu unterrichten sowie der Mitbeschuldigte, wenn nach Abtrennung des Verfahrens Daten über ihn aus der Verhandlung gegen einen anderen Mitbeschuldigten übermittelt werden sollen.[4] Der Beschuldigte kann jedoch ebenfalls unterrichtet werden. Die Unterrichtung kann unterbleiben, wenn die Anschrift des zu Unterrichtenden nur mit unvertretbarem Aufwand festgestellt werden kann (Abs. 2 Satz 4 ähnlich Abs. 1 Satz 3). Die Unterrichtung des gesetzlichen Vertreters eines Minderjährigen, des Bevollmächtigten oder Verteidigers reicht aus (Abs. 2 Satz 2), soweit vorhanden oder bekannt. Die Form der Unterrichtung bestimmt die übermittelnde Stelle nach pflichtgemäßem Ermessen (Abs. 2 Satz 3).

III. Zustimmungspflicht. Die Auskunftserteilung oder Unterrichtung über 4
die Übermittlung bedarf der Zustimmung nachstehender Stellen, wenn sie Übermittlungsempfänger sind: Verfassungsschutzbehörden, Bundesnachrichtendienst, Militärischer Abschirmdienst und Behörden des Bundesministers der Verteidigung, soweit die Sicherheit des Bundes berührt wird (Abs. 3 ähnlich § 19 Abs. 3 BDSG). Inwieweit die Verweigerung der Zustimmung gerichtlich anfechtbar ist, richtet sich nicht nach § 22, sondern nach dem allgemeinem Verwaltungsrecht und den für diese Stellen bestehenden Sondervorschriften.

IV. Ausnahmen. Ausnahmsweise **unterbleiben** Auskunftserteilung oder Un- 5
terrichtung des Betroffenen von der Übermittlung personenbezogener Daten in nachfolgenden Fällen, wenn die hier aufgeführten Interessen von solchem Gewicht sind, dass deswegen das Interesse des Betroffenen an der Auskunftserteilung oder Unterrichtung zurücktreten muss:

1. Wenn die Auskunft oder Unterrichtung über die Übermittlung von Daten die 6
ordnungsgemäße Erfüllung der Aufgaben der übermittelnden Stelle oder des Empfängers gefährden würden (Abs. 4 Nr. 1 wie § 19 Abs. 4 Nr. 1 BDSG). Diese Gefährdung kann nur für die inhaltliche Tätigkeit relevant sein, mögliche organisatorische Erschwerungen sind durch andere Vorschriften berücksichtigt (§ 20 Abs. 3). Eine Gefährdung kann angenommen werden, wenn gegen den Betroffenen ermittelt wird und der Erfolg gefährdet würde, wenn dies durch die Kenntnis von einer Datenübermittlung vorzeitig bekannt würde.[5] Darüber hinaus wirkt die Vorschrift auch gegen querulatorische Auskunftsersuchen, da das Gesetz keine Beschränkungen des Auskunftsersuchen enthält, es kann beliebig oft wiederholt werden.[6]

2. Wenn die Auskunft oder Unterrichtung die öffentliche Sicherheit oder Ord- 7
nung gefährden oder sonst dem Wohle des Bundes oder eines Landes Nachteile bereiten würde (Abs. 4 Nr. 2 wie § 19 Abs. 4 Nr. 2 BDSG).

3. Wenn die Daten oder die Tatsache ihrer Übermittlung nach einer Rechtsvor- 8
schrift geheimgehalten werden müssen (Abs. 4 Nr. 3, 1. Alt. wie § 19 Abs. 4 Nr. 3 BDSG), z. B. § 61 PStG.

4. Wenn die Daten oder die Tatsache ihrer Übermittlung ihrem Wesen nach, 9
insbesondere wegen der überwiegenden berechtigten Interessen eines Dritten, geheimgehalten werden müssen (Abs. 4 Nr. 3, 2. Alt., wie § 19 Abs. 4 Nr. 3 BDSG).

---

[3] BTagsDrucks. 13/4709 S. 27, 57.
[4] *Wollweber* NJW 1997, 2488 unter II, 1.
[5] *Gola/Schomerus* § 19 BDSG Rn. 25.
[6] *Gola/Schomerus* aaO. Rn. 26.

Hierunter fällt insbesondere die Gefährdung von Zeugen, Vertrauenspersonen und verdeckten Ermittlern.

10   5. Die Unterrichtung unterbleibt ferner, wenn erhebliche Nachteile für die **Gesundheit** des Betroffenen zu befürchten sind (Abs. 4 Satz 2), etwa eine außergewöhnliche psychische Reaktion.

11   **V. Bescheid.** Über einen Auskunftsantrag ist stets mit Bescheid gegenüber dem Antragsteller zu entscheiden, sei es Auskunftserteilung oder Verweigerung, in aller Regel schriftlich und mit Begründung. Die Ablehnung der Auskunftserteilung bedarf ausnahmsweise dann keiner Begründung, wenn durch die Mitteilung der tatsächlichen oder rechtlichen Gründe, auf die die Entscheidung gestützt wird, der mit der Auskunftsverweigerung verfolgte Zweck gefährdet würde (Abs. 5 wie § 19 Abs. 5 Satz 1 BDSG).

12   Die Entscheidung über den Auskunftsantrag ist mangels einer Regelung im JuMiG und den Kostengesetzen **kostenfrei** (so auch § 19 Abs. 7 BDSG).

§ 22. [Überprüfung der Rechtmäßigkeit der Datenübermittlung]

(1) ¹Ist die Rechtsgrundlage für die Übermittlung personenbezogener Daten nicht in den Vorschriften enthalten, die das Verfahren der übermittelnden Stelle regeln, sind für die Überprüfung der Rechtmäßigkeit der Übermittlung die §§ 23 bis 30 nach Maßgabe der Absätze 2 und 3 anzuwenden. ²Hat der Empfänger auf Grund der übermittelten Daten eine Entscheidung oder andere Maßnahme getroffen und dies dem Betroffenen bekanntgegeben, bevor ein Antrag auf gerichtliche Entscheidung gestellt worden ist, so wird die Rechtmäßigkeit der Übermittlung ausschließlich von dem Gericht, das gegen die Entscheidung oder Maßnahme des Empfängers angerufen werden kann, in der dafür vorgesehenen Verfahrensart überprüft.

(2) ¹Wird ein Antrag auf gerichtliche Entscheidung gestellt, ist der Empfänger zu unterrichten. ²Dieser teilt dem nach § 25 zuständigen Gericht mit, ob die Voraussetzungen des Absatzes 1 Satz 2 vorliegen.

(3) ¹War die Übermittlung rechtswidrig, so spricht das Gericht dies aus. ²Die Entscheidung ist auch für den Empfänger bindend und ist ihm bekanntzumachen. ³Die Verwendung der übermittelten Daten ist unzulässig, wenn die Rechtswidrigkeit der Übermittlung festgestellt worden ist.

Gesetzesfassung: Eingefügt durch Art. 1 Nr. 2 JuMiG (§ 12).

1   **I. Rechtsschutz des Betroffenen. 1.** § 22 regelt den Rechtsschutz des von der Übermittlung personenbezogener Daten Betroffenen. Entsprechend der Subsidiarität der §§ 12–22 (§ 12 Rn. 8) richtet sich nicht nur die Übermittlung selbst, sondern auch der Rechtsschutz dagegen primär nach den Vorschriften, die das Verfahren der übermittelnden Stelle („bereichsspezifisch") regeln. Hat die Datenübermittlung ihre Rechtsgrundlage im Verfahrensrecht der übermittelnden Stelle hat, bestimmt sich auch der Rechtsschutz ausschließlich nach diesem Verfahrensrecht. Fehlt jedoch eine bereichsspezifische Regelung über den Rechtsschutz gegen die Übermittlung, eröffnet § 22 für die Nachprüfung der Zulässigkeit der Übermittlung durch Gericht oder StA das allgemeine Rechtsschutzverfahren nach §§ 23 ff., auch wenn die Übermittlung personenbezogener Daten durch Gericht und StA mangels Regelungscharakter kein Justizverwaltungsakt ist[1] (vgl. § 12 Rn. 13). Dabei macht es keinen Unterschied, ob die Übermittlung zwingend vorgeschrieben ist oder nicht.

---

[1] OLG Jena NStZ-RR 2006, 321; OVG Bautzen NJW 2007, 169; vgl. auch BVerwGE 77, 268 = NJW 1988, 87; OLG Hamm NJW 1972, 2145; OLG Karlsruhe NJW 1965, 1545; NStZ 1988, 184; OVG Weimar NJW 2003, 2770; a. A. *Ostendorf* DRiZ 1986, 257; zu Mitteilungen zum VZR BVerwG NVwZ 2007, 486; a. A. OLG Karlsruhe NZV 1993, 364; OLG Nürnberg 9. 8. 2007 – 1 VAs 10/07 –.

2. Die Verweisung in § 22 auf §§ 23 ff. bezieht sich nur auf die Übermittlung selbst, **nicht auf die Auskunftserteilung** darüber nach § 21. Der Rechtsschutz diesbezüglich richtet sich nach dem allgemeinen Recht für Auskunftsbegehren des einzelnen gegen Gericht und StA, denn es geht nicht um eine Regelung auf den in § 23 genannten Gebieten.[2]   **2**

II. Gerichtliche Entscheidung. Das Gericht, das gegen die Datenübermittlung durch die übermittelnde Stelle angerufen wird, entscheidet über die Zulässigkeit der Datenübermittlung und kann ausnahmsweise eine einstweilige Anordnung erlassen (§ 28 Rn. 24) oder analog § 307 StPO die Vollziehung aussetzen (§ 29 Rn. 18).   **3**

War die Übermittlung rechtswidrig, so spricht das Gericht dies aus (Abs. 3 Satz 1; vgl. § 28). Diese Entscheidung ist auch **für den Übermittlungsempfänger bindend,** ohne dass er am Verfahren beteiligt ist[3] (§ 22 Abs. 2). Die Entscheidung ist ihm bekanntzumachen (Abs. 3 Satz 2). Die Entscheidung, die auf Unzulässigkeit der Datenübermittlung erkennt, macht die Verwendung der übermittelten Daten **unzulässig** (Abs. 3 Satz 3). Das gilt, soweit die Entscheidung selbst keine besondere Bestimmung trifft, rückwirkend schon ab Übermittlung der Daten und entzieht damit der gesamten auf diesen Daten aufbauenden Tätigkeit des Empfängers den Boden.   **4**

III. Zuständigkeitskonzentration. 1. Selbstständiger Rechtsschutz nach §§ 23 ff. gegen die Übermittlung ist aber nicht gegeben, wenn der Übermittlungsempfänger aufgrund der übermittelten Daten eine **Entscheidung oder andere Maßnahme** getroffen und dies dem Betroffenen bekannt gegeben hat, bevor der Antrag auf gerichtliche Entscheidung gegen die Übermittlung gestellt worden ist. In diesem Falle wird die Rechtmäßigkeit der Übermittlung ausschließlich von dem Gericht, das gegen die Entscheidung oder Maßnahme des Datenempfängers angerufen werden kann, inzident in der dafür vorgesehenen Verfahrensart überprüft (§ 22 Abs. 1 Satz 2). Entsprechendes gilt für die Ablehnung einer Maßnahme durch die Empfangsstelle.[4] Hat das Gericht oder die StA die Daten an ein **Register** oder eine sonstige zentrale Sammel- und Auskunftsstelle übermittelt, z. B. das Verkehrszentralregister, ist Maßnahme im Sinne von § 22 Abs. 1 Satz 2 nicht schon die Erteilung der Auskunft hieraus, sondern erst die auf eine Auskunft gestützte Veranlassung der hierfür zuständigen Behörde.[5]   **5**

6 Zur Sicherung der Zuständigkeitskonzentration muss die Übermittlungsstelle, wenn gegen sie ein Verfahren angestrengt wird, den Übermittlungsempfänger **unterrichten** (Abs. 2 Satz 1). Dieser hat dem angerufenen Gericht (§ 25) mitzuteilen, ob er auf Grund der übermittelten Daten schon entsprechende Veranlassungen getroffen hat (Abs. 2 Satz 2).

Die Zuständigkeitskonzentration dient der **Prozessökonomie,** indem sie einen doppelgleisigen Rechtsweg vermeidet,[6] nämlich der Zulässigkeit der Datenübermittlung einerseits und der vom Empfänger auf der Grundlage der übermittelten Daten getroffenen Maßnahmen andererseits. Sie schließt auch divergierende Entscheidungen aus, die ergehen könnten, bevor das gegen die Übermittlung angerufene Gericht über deren Rechtmäßigkeit und damit bindend über ein Verwertungsverbot befunden hat (Rn. 4). § 22 Abs. 1 Satz 2 versperrt nicht nur den Rechtsweg nach §§ 23 ff., sondern macht die isolierte Überprüfung der Rechtmä-   **7**

---

[2] *Meyer-Goßner* Rn. 1; a. A. *LR/Böttcher* Rn. 11.
[3] Krit. mit Recht *Wollweber* NJW 1997, 2488 unter III, 1 b.
[4] BTagsDrucks. 13/4709 S. 27.
[5] OLG Stuttgart NJW 2005, 3226; OLG Jena NStZ-RR 2006, 321; OVG Bautzen NJW 2007, 169.
[6] OLG Stuttgart NJW 2005, 3226; OLG Jena NStZ-RR 2006, 321.

ßigkeit der Übermittlung insgesamt unzulässig. Wird der Antrag nach §§ 23 ff. gleichwohl gestellt, kommt deshalb auch keine Verweisung an das für den Rechtsschutz gegen die Maßnahme zuständige Gericht nach § 17 a Abs. 2 Satz 1 GVG in Betracht.[7]

8   2. Die Beschränkung auf die Inzidentprüfung kann den Rechtsschutz aber auch **einengen.** Kommt es für die gerichtliche Entscheidung über die Maßnahme des Empfängers auf die Rechtmäßigkeit der Übermittlung nicht an, ist die Maßnahme etwa schon aus anderen Gründen rechtswidrig oder ist die Klage hiergegen unzulässig, kann der Betroffene keine gerichtliche Entscheidung zur Rechtmäßigkeit der Übermittlung mehr erreichen. Auch einer (erneuten) isolierten Anrufung des Gerichts gegen die Übermittlung nach § 22 steht § 22 Abs. 1 Satz 2 entgegen, ebenso einer Fortsetzungsfeststellungsklage nach § 113 Abs. 1 Satz 4 VwGO (vgl. dazu § 28 Rn. 16); gleichermaßen kann eine solche Feststellungsklage nicht erhoben werden mit dem Ziel, dass der Verwaltungsakt aus einem konkreten Grund rechtswidrig gewesen sei.[8]

9   3. Die Zuständigkeitskonzentration **tritt nicht ein,** wenn der Antrag auf gerichtliche Entscheidung gegen die Zulässigkeit der Übermittlung nach § 22 Abs. 1 vom Betroffenen schon gestellt war, bevor der Datenempfänger auf Grund dieser Mitteilung eine Entscheidung oder Maßnahme getroffen und diese dem Betroffenen bekannt gegeben hatte (§ 22 Abs. 1 Satz 2). Dann bleibt es bei der Zuständigkeit des nach § 23 gegen die Übermittlung angerufenen Gerichts und dem Fortgang des selbstständig eingeleiteten Verfahrens. Will der Betroffene sich auch gegen die Entscheidung oder Maßnahme wenden, hat er dies zusätzlich im dafür vorgesehenen Verfahren zu tun. Gleichwohl ist das hiergegen angerufene Gericht an die isolierte Entscheidung über die Zulässigkeit der Mitteilung gebunden, auch an das daraus gegebenenfalls bestehende Verwertungsverbot der Mitteilung (Abs. 3). Mit Rücksicht auf diese Vorgreiflichkeit des Verfahrens über die Zulässigkeit der Mitteilung ist die Aussetzung des Verfahrens um die auf der Mitteilung beruhende Entscheidung oder Maßnahme angezeigt (§ 148 ZPO).

Dritter Abschnitt.
Anfechtung von Justizverwaltungsakten

§ 23. [Rechtsweg bei Justizverwaltungsakten]

(1) [1]Über die Rechtmäßigkeit der Anordnungen, Verfügungen oder sonstigen Maßnahmen, die von den Justizbehörden zur Regelung einzelner Angelegenheiten auf den Gebieten des bürgerlichen Rechts einschließlich des Handelsrechts, des Zivilprozesses, der freiwilligen Gerichtsbarkeit und der Strafrechtspflege getroffen werden, entscheiden auf Antrag die ordentlichen Gerichte. [2]Das gleiche gilt für Anordnungen, Verfügungen oder sonstige Maßnahmen der Vollzugsbehörden im Vollzug der Untersuchungshaft sowie derjenigen Freiheitsstrafen und Maßregeln der Besserung und Sicherung, die außerhalb des Justizvollzuges vollzogen werden.

(2) **Mit dem Antrag auf gerichtliche Entscheidung kann auch die Verpflichtung der Justiz- oder Vollzugsbehörde zum Erlaß eines abgelehnten oder unterlassenen Verwaltungsaktes begehrt werden.**

(3) **Soweit die ordentlichen Gerichte bereits auf Grund anderer Vorschriften angerufen werden können, behält es hierbei sein Bewenden.**

---

[7] Mit missverständlicher Begründung OLG Stuttgart aaO.
[8] *Wollweber* NJW 1997, 2488 unter III, 1 a.

Übersicht

	Rn.		Rn.
I. Gesetzesgeschichte	1	3. Freiwillige Gerichtsbarkeit	43
II. Regelungsinhalt	6	4. Strafrechtspflege	44
1. Kompetenz der ordentlichen. Gerichte	6	5. Vollzugsbehörden	45
		6. Untersuchungshaft	46
2. Anwendung des VwVfG	7	7. Strafvollzug außerhalb der Justiz	47
3. Art. 19 Abs. 4 GG	8	VI. Verfahren	48
4. Akte der RSpr	9	1. Antrag	48
5. Richterliche Selbstverwaltung	11	2. Selbstständige Regelung, Zweitbescheid	49
6. Rechtswegzuweisung	12	3. Bezeichnung des Antragsgegners	50
7. Ordentliche Gerichtsbarkeit	13	4. Form, Frist	51
III. Justizbehörde	14	5. Sachlicher Inhalt	52
1. Begriffsbestimmung	14	6. Rechtshängigkeit	53
2. StA	17	7. Einstweilige Anordnungen	54
3. Polizei	18	8. Zuständigkeit	55
4. Finanzbehörden	20	9. Verfahren	56
5. Schiedsmann	22	VII. Sonderregelungen	57
IV. Justizverwaltungsakt	23	1. Art. 7 § 1 FamRÄndG	58
1. Begriffsbestimmung	23	2. Vollzug von Kostengesetzen	59
2. Gleichgeordnete Behörden	25	3. Auslieferung	60
3. Unmittelbare Außenwirkung	26	4. Kontaktsperren	61
4. Tätigkeit der StA	31	5. Vollzug	62
V. Gegenstand	40	VIII. Kasuistik	101
1. Bürgerliches Recht	41		
2. Zivilprozess	42		

Gesetzesfassung: Überschrift vor § 23 EGGVG: Art. 1 Nr. 3 JuMiG (§ 12); Abs. 1 Satz 1 geändert durch G zur Änderung des JGG vom 13. 12. 2007 (BGBl. I S. 2894).

I. Gesetzesgeschichte. §§ 23 bis 30 EGGVG wurden zum 1. 4. 1960 eingefügt durch § 179 **1** VwGO. Bis dahin war umstritten, ob Justizverwaltungsakte vom Verwaltungsrechtsweg ausgenommen waren oder zumindest sein sollten, um ein Hineinwirken einer Gerichtsbarkeit in eine andere und ein Gegeneinander der verschiedenen Gerichtsverfahren zu verhindern.[1] In § 25 Abs. 1 Satz 2 der MilitärregierungsVO Nr. 165 und § 23 des früheren Landesgesetzes über die Verwaltungsgerichtsbarkeit in Berlin, die Justizverwaltungsakte vom Verwaltungsrechtsweg ausnahmen, sah man teilweise den Ausdruck eines allgemeinen Rechtsgedankens.

Die Einführung der VwGO gab Gelegenheit, die Nachprüfbarkeit von Justizverwaltungsakten **2** gesetzlich zu regeln. Der BRat schlug zunächst einen neuen Teil IV a „Gerichtliche Nachprüfung von Anordnungen, Verfügungen oder sonstigen Maßnahmen der Justiz- oder Vollzugsbehörden" vor.[2] Darin sollte die Nachprüfung der spezifisch justizmäßigen Verwaltungsakte der Justizverwaltung den ordentlichen Gerichten übertragen werden. Weiter regte der BRat an, im weiteren Gesetzgebungsverfahren zu prüfen, ob die Justizverwaltungsakte durch einen enumerativen Katalog erfasst werden können. Der Rechtsausschuss des BTags hielt es jedoch für vertretbar, statt dessen eine Generalklausel einzuführen, da es sich nur um eine Übergangsregelung handele; es „müsse Aufgabe des Bundesgesetzgebers sein, in den Einzelgesetzen den Rechtsweg und das Verfahren bei der Anfechtung des sogenannten Justizverwaltungsaktes so zu regeln, dass etwaige Unklarheiten, die bei der jetzt gewählten Generalklausel unvermeidlich sind, ausgeschlossen werden".[3] Ferner wurde die Regelung in das EGGVG aufgenommen, „weil sie in der VwGO einen Fremdkörper bilden würde".

Das FamRÄndG hat den Anwendungsbereich der §§ 23 ff. eingeschränkt (Rn. 72). **3**

Durch Art. 23 EGStGB wurde Abs. 1 Satz 2 geändert und durch § 180 StVollzG insgesamt neu **4** gefasst mit Wirkung vom 1. 1. 1977 (Rn. 61, 154 ff.). Das StVollzG hat mit Wirkung vom 1. 1. 1977 den Erwachsenenvollzug aus dem Geltungsbereich der §§ 23 ff. EGGVG herausgenommen und den Rechtsschutz den StrafVollstrK übertragen.

---

[1] BVerwGE 6, 86 = NJW 1958, 723; vgl. *Bachof* MDR 1956, 314; *Tiedgen* NJW 1956, 1129; 1957, 394; *Ohle* JZ 1958, 628; *Hermann* DVBl. 1959, 793.
[2] BTagsDrucks. III/55 S. 60.
[3] BTagsDrucks. III/1094 S. 15.

5   Die als Übergangsregelung (Rn. 1) konzipierten §§ 23 ff. haben unverändert ihre Bedeutung behalten; die seinerzeit erwartete endgültige Regelung ist nicht in Sicht. Wenn sich die Vorschriften auch unter rechtsstaatlichen Gesichtspunkten bewährt haben, sind doch Zuständigkeiten und Verfahrensgestaltung nur schwer durchschaubar, so dass von einer Transparenz der Rechtspflege wenig zu spüren ist.[4]

6   **II. Regelungsinhalt. 1.** §§ 23 bis 30 regeln den Rechtsschutz gegen Verwaltungshandeln auf einzelnen, enumerativ aufgeführten Sachgebieten (Rn. 40 ff.). Sie erweitern die Entscheidungsbefugnis der ordentlichen Gerichte aus Gründen der Sachnähe[5] (vgl. § 13 GVG Rn. 15). Soweit nach anderweitiger, früherer oder späterer Regelung die ordentlichen Gerichte ohnedies zuständig sind, bleibt es dabei (Abs. 3; Rn. 71). Gleichwohl sind §§ 23 ff. als Abweichung von der Generalklausel des § 40 VwGO **eng auszulegen**.[6] Das bedeutet, dass Verwaltungshandeln auf einem in § 23 Abs. 1 nicht ausdrücklich genannten Gebiet nicht unter §§ 23 ff., sondern in einen sich aus anderen Vorschriften ergebenden Rechtsweg fällt.

7   **2.** §§ 23 ff. schließen die Anwendung des **VwVfG** nicht aus, jedoch zieht sich das VwVfG in § 2 Abs. 2 Nr. 2, Abs. 3 Nr. 1 selbst aus dem Anwendungsbereich der §§ 23 ff. zurück.

8   **3.** §§ 23 ff. sind eine Konkretisierung von **Art. 19 Abs. 4 GG**[7] (Einl. Rn. 198). Sie entsprechen dessen Anforderungen, da die zuständigen Gerichte den angefochtenen Justizverwaltungsakt in tatsächlicher und rechtlicher Hinsicht voll nachprüfen können.[8] Ein Rechtsmittel gegen diese Entscheidung ist deshalb zulässigerweise durch § 29 ausgeschlossen[9] (vgl. § 72 GVG Rn. 2).

9   **4.** §§ 23 ff. gelten nicht für **Akte der RSpr** im funktionellen Sinne (Einl. Rn. 145 ff.), die in richterlicher Unabhängigkeit ausgeübt wird.[10] Art. 19 Abs. 4 GG gewährt keinen Rechtsschutz gegen Gerichte[11] (Einl. Rn. 210). Akte der RSpr sind aber nicht nur die des Richters, sondern auch solche des Rechtspflegers und der Geschäftsstelle im Rahmen gerichtlicher Verfahren. Wird aber umgekehrt eine zur RSpr gehörende Entscheidung von einer Verwaltungsbehörde getroffen, ist sie nach §§ 23 ff. anfechtbar.[12]

10 §§ 23 ff. gelten damit nicht für richterliche Entscheidungen einschließlich ihrer Begründung,[13] auch nicht für die ihnen vorausgehenden gerichtlichen Maßnahmen. Ihre Anwendung ist ausgeschlossen, soweit eine Maßnahme nach dem Verfahrensrecht vor einem ordentlichen Gericht anfechtbar ist.[14] Die Gewährung von Prozesskostenhilfe oder ihre Versagung ist nicht nach §§ 23 ff. anfechtbar, ebenso wenig die Versagung eines Reisekostenvorschusses,[15] die Beiordnung eines Rechtsanwalts nach §§ 121 oder § 78 b ZPO,[16] die Zurückweisung von Bevollmächtigten nach § 157 ZPO, die Entscheidung über den Antrag auf Herausgabe eines bei Ver-

---

[4] *Becker* FamRZ 1971, 676; DRiZ 1962, 179.
[5] BVerwGE 47, 255, 260 = NJW 1975, 893; BVerwG NJW 1976, 305.
[6] BGHSt 44, 107 = NJW 1998, 3577; BVerwG NJW 1989, 412; KG StV 1996, 531; OLG Köln JMBlNRW 1963, 179; *Zöller/Gummer* Rn. 2; *BL/Hartmann* Rn. 2; *Eyermann/Rennert* § 40 VwGO Rn. 126; differenzierend *LR/Böttcher* Rn. 2 vor § 23.
[7] BVerwGE 47, 255 = NJW 1975, 893.
[8] Vgl. BVerfGE 21, 191, 195 = NJW 1967, 923; E 28, 10 = NJW 1970, 853; BGHSt 24, 290 = NJW 1972, 780; OLG Hamburg MDR 1978, 428.
[9] BVerwGE 47, 255, 264 = NJW 1975, 893.
[10] *LR/Böttcher* Rn. 3 vor § 23; *Katholnigg* Rn. 6.
[11] *LR/Böttcher* Rn. 3 vor § 23.
[12] OLG Stuttgart Justiz 1968, 205; *Zöller/Gummer* Rn. 3.
[13] VGH München NJW 1995, 2940.
[14] OLG Hamm GA 1975, 151; OLG Köln NJW 1985, 336.
[15] BGHZ 64, 139 = NJW 1975, 1124; *StJ/Leipold* § 115 ZPO Rn. 4; *BL/Hartmann* Rn. 4; *Zöller/Gummer* Rn. 8.
[16] *BL/Hartmann* Rn. 1.

nehmung eines Zeugen aufgenommenen Tonbandes[17] oder auf Entnahme von Briefen aus den Prozessakten,[18] auch nicht die Aktenversendung[19] oder die Erledigung des Antrags einer Prozesspartei an das Gericht, ihr den Inhalt einer verkündeten Entscheidung mitzuteilen.[20] Zur RSpr gehört die Entgegennahme von Vergleichserklärungen, deren Beurkundung und einer vereinbarten Widerrufserklärung,[21] ebenso die Terminsanberaumung und die Weigerung, einen Hauptverhandlungstermin abzusetzen.[22] Auch der Kostenfestsetzungsbeschluss kann nicht Gegenstand eines Antrags nach §§ 23 ff. sein.[23] Dasselbe gilt für Maßnahmen des UdG in einem anhängigen Verfahren[24] sowie Fragen um Empfangsbekenntnisse[25] oder um die Aufnahme von Protokollen.[26]

5. §§ 23 ff. gelten auch nicht für die richterliche **Selbstverwaltung,** insbesondere nicht für Entscheidungen des Präsidiums[27] (Rn. 128; § 21 e GVG Rn. 105, 121). Ebenfalls zur RSpr gehört der gesamte Vorgang der Wahl und Zuteilung der Schöffen[28] (§ 42 GVG Rn. 20). 11

6. §§ 23 ff. schaffen keine geschützten Rechtspositionen, sondern setzen diese voraus. Sie definieren auch nicht selbst den Kreis nachprüfbarer Maßnahmen. Ihre Funktion besteht darin, dass sie für bestimmtes Verwaltungshandeln unter Ausschluss des Verwaltungsrechtswegs den ordentlichen Rechtsweg eröffnen.[29] 12

7. §§ 23 ff. gelten nur für Justizverwaltungsakte innerhalb der **ordentlichen Gerichtsbarkeit** (§ 12 GVG), nicht für solche innerhalb der anderen Gerichtsbarkeiten. Das folgt aus der Regelung dieses Rechtswegs im EGGVG, das, soweit nicht ausdrücklich anderes bestimmt ist, nur für die ordentlichen Gerichte gilt[30] (§ 2 Rn. 19), aber auch aus dem Gesetzeszweck[31] (Rn. 2). Eine Beschränkung des Rechtsschutzes tritt hierdurch nicht ein, da §§ 23 ff. nur eine Ausgliederung bestimmter Arten von Verwaltungshandeln aus der Kompetenz der Verwaltungsgerichte nach § 40 VwGO vornehmen.[32] 13

III. Justizbehörde. 1. Begriffsbestimmung. §§ 23 ff. regeln den Rechtsschutz gegen die Tätigkeit oder Untätigkeit einer Justizbehörde. Der Begriff „**Justizbehörde"** ist weder hier noch in anderen Vorschriften definiert. Er ist nicht organisationsrechtlich, sondern im **funktionellen Sinne** zu verstehen.[33] Dafür spricht schon die Entstehungsgeschichte, wonach eine Rechtswegzuweisung zu den ordentlichen Gerichten für die „Nachprüfung der spezifisch justizmäßigen Verwaltungsakte" deshalb erfolgen sollte, weil diese Gerichte „über die für die Nachprüfung erforderlichen zivil- und strafrechtlichen Kenntnisse und Erfahrungen verfügen"[34] (Rn. 2). Der an die Stelle der ursprünglich vorgesehenen enumerativen 14

---

[17] OLG München MDR 1961, 436.
[18] OLG Köln NJW 1966, 1761.
[19] OLG Bamberg JVBl. 1966, 239.
[20] OLG Frankfurt Rpfleger 1976, 399.
[21] OLG Koblenz MDR 1973, 521; *LR/Böttcher* Rn. 4.
[22] OLG Koblenz aaO.
[23] OLG Jena NStZ-RR 2004, 319.
[24] OLG Frankfurt JurBüro 1976, 1701.
[25] OLG Hamm NJW 1998, 1233.
[26] KG NJW-RR 1995, 637.
[27] *LR/Böttcher* Rn. 9.
[28] OLG Stuttgart NJW 1985, 2343.
[29] BGHSt 16, 225 = NJW 1961, 2120; BVerwGE 47, 255 = NJW 1975, 893.
[30] BGH NJW 2003, 2989 zu arbeitsrechtlichen Streitigkeiten.
[31] *LR/Böttcher* Rn. 13 vor § 23.
[32] BVerwG DÖV 1972, 792; *StJ/Leipold* § 299 ZPO Rn. 36; *BL/Hartmann* Rn. 2; *Oetker* MDR 1989, 600; a. A. OLG Schleswig NJW 1989, 110.
[33] BGHZ 105, 395 = NJW 1989, 587; BGHSt 44, 107 = NJW 1998, 3577; BVerwGE 69, 192; KG OLGZ 1980, 394.
[34] BTagsDrucks. III/55 S. 60 f.

Aufzählung getretene Begriff „Justizbehörde" sollte kein Abgrenzungskriterium zu (anderen) Verwaltungsbehörden darstellen, sondern lediglich verdeutlichen, dass Amtshandlungen von Organen der RSpr (Rn. 9 ff.) nicht unter die Vorschrift fallen. Mithin kommt es nur darauf an, ob eine staatliche Stelle (Behörde) eine Aufgabe in einem der genannten Bereiche (Rn. 6) wahrgenommen hat.[35] Entsprechend der systematischen Einordnung der §§ 23 ff. (Rn. 6) kann aber nicht jede auch nur mittelbare Einflussnahme auf eines der angeführten Gebiete ausreichen. Erforderlich ist vielmehr, dass die in Rede stehende Amtshandlung in Wahrnehmung einer Aufgabe vorgenommen wird, die der jeweiligen Behörde als ihre **spezifische Aufgabe** auf einem in § 23 aufgeführten Rechtsgebiete zugewiesen ist.[36] Die „Sachnähe" der ordentlichen Gerichte allein reicht nicht aus.[37] Nicht zu den spezifischen Aufgaben auf dem Gebiet der Rechtspflege gehört etwa die Tätigkeit der sog. Gauck-Behörde nach dem Stasi-Unterlagen-Gesetz.[38] Zum Streit, ob Presseerklärungen eine spezifische Aufgabe sind, vgl. § 12 GVG Rn. 128a.

15 Justizbehörde nach §§ 23 ff. sind damit nicht nur die ordentlichen Gerichte in ihrer besonderen Eigenschaft als Organ der Justizverwaltung (§ 12 GVG Rn. 85 ff.). Je nach Aufgabe kommen auch der Justizminister des Bundes oder eines Landes,[39] die LReg,[40] die zentrale Stelle der LJustizVerw in Ludwigsburg,[41] das Bundeskartellamt[42] oder der Bundesfinanzminister[43] in Betracht.

16 Nicht Justizbehörde sind die Richter und die Gerichte in ihrer RSprTätigkeit (Rn. 9 f.). Jedoch kann der einzelne **Richter** Organ der Justizbehörde sein, wenn seine Tätigkeit dienstlich, insbesondere in Rechtsnormen, vorgesehen und nicht der RSpr zuzurechnen ist, z. B. bei der Gewährung von Akteneinsicht an Dritte. Eine vorgenommene oder angesonnene Tätigkeit, die nicht dienstlich vorgesehen ist, macht den Richter dagegen nicht zur Justizbehörde.[44] Nichtrichterliche Angehörige der Justiz sind nur dann Justizbehörde, wenn sie nach allgemeinem Organisationsrecht berechtigt sind, die Behörde nach außen zu vertreten; andernfalls ist zunächst die Entscheidung des die Behörde nach außen vertretenden Behördenleiters herbeizuführen.[45]

17 **2. Staatsanwaltschaft.** Justizbehörde kann auch die StA sein, und zwar in mehrfacher Hinsicht: als Strafverfolgungsbehörde, in ihrer Funktion im gerichtlichen Verfahren, in der allgemeinen Vollstreckung nach § 36 StPO oder als Behörde des Strafvollzugs.

18 **3. Polizei. Ermittlungspersonen** der StA (§ 152 GVG) werden, wenn sie in dieser Funktion tätig werden, als anstelle der StA handelnd angesehen und gelten nach den gleichen Grundsätzen als Justizbehörde.[46] Auch darüber hinaus ist die Polizei Justizbehörde im funktionellen Sinne, wenn sie auf **konkretes Ersuchen** der

---

[35] BGHSt 28, 206 = NJW 1979, 882; BVerwGE 47, 255 = NJW 1975, 893; BVerwG NJW 1976, 305; OLG Stuttgart NJW 1972, 2146; KG MDR 1980, 676; VGH Kassel VerwRSpr 1977, 1009; OLG Karlsruhe NJW 1976, 1417; MDR 1976, 424; OLG Hamm NJW 1973, 1089; OVG Münster NJW 1977, 1790; *LR/Böttcher* Rn. 2; *Schenke* VerwArch 1969, 338; *Altenhain* DRiZ 1970, 106; *Amelung,* Rechtsschutz S. 36 ff.; *BL/Hartmann* Rn. 1; *Zöller/Gummer* Rn. 1; *Meyer-Goßner* Rn. 2; a. A. *Markworth* DVBl. 1975, 575.
[36] BGHZ 105, 395 = NJW 1989, 587.
[37] BVerwGE 69, 192 = NJW 1984, 2233.
[38] KG NStZ 1993, 45.
[39] OVG Münster NJW 1977, 1790; *LR/Böttcher* Rn. 3.
[40] VG Stuttgart NJW 1975, 1294.
[41] VGH Mannheim NJW 1969, 1319.
[42] KG MDR 1980, 676.
[43] OLG Hamm NStZ 1985, 566.
[44] *LR/Böttcher* Rn. 5.
[45] OLG Stuttgart JVBl. 1961, 114.
[46] BVerwGE 47, 255 = NJW 1975, 893; OLG Hamm MDR 1973, 605; 1986, 695; *LR/Böttcher* Rn. 13 ff.

StA tätig wird[47] (Rn. 14). Ebenso sind Polizeibeamte, die nicht Ermittlungspersonen der StA sind, aber eigenständig in Verfolgung strafbarer Handlungen tätig werden (z. B. nach §§ 127, 131 Abs. 2 Satz 2, 163 StPO), Justizbehörde im funktionellen Sinne.[48] Demgegenüber unterfällt die Polizei bei **präventivpolizeilicher** Tätigkeit nicht dem Begriff der Justizbehörde.[49] Zur polizeilichen **Verwarnung** Rn. 167.

Schwierigkeiten kann die Qualifizierung der polizeilichen Tätigkeit bereiten, wenn sie **doppelfunktional** ist, also sowohl präventivpolizeilichen als auch Zwecken Strafverfolgung dient. Eine Anfechtung sowohl nach § 40 VwGO im Verwaltungsrechtsweg als auch nach §§ 23 ff. EGGVG kommt nicht in Betracht, auch besteht keine gesetzlicher Vorrang für den einen oder anderen Rechtsweg. Nach h. M. ist für die Frage der Anfechtbarkeit auf den **Schwerpunkt,** den Gesamteindruck der Tätigkeit abzustellen[50] (vgl. § 13 GVG Rn. 427). Maßgebend für die Bewertung ist der Zeitpunkt, zu dem die Entscheidung in der Verwaltungsinstanz zu treffen ist. Deshalb unterliegt z. B. die Einsicht in Ermittlungsakten, die entstanden sind, um eine strafbare Handlung aufzuklären, auch nach Abschluss des Strafverfahrens grundsätzlich der Kontrolle nach § 23 (Rn. 104). **19**

4. Finanzbehörden. Führen die Finanzbehörden nach §§ 386 Abs. 2, 399 Abs. 1 AO selbstständig die Ermittlungen, sind sie als Justizverwaltungsbehörde anzusehen mit der Folge des Rechtswegs nach § 23.[51] Führt die StA die Ermittlungen (§ 402 AO), hat die Finanzbehörde die gleichen Rechte und Pflichten wie die Polizei nach der StPO und die Ermittlungspersonen der StA nach § 152 GVG: insoweit gilt das für die Polizei Gesagte (Rn. 18 ff.) entsprechend, allerdings nur, soweit es sich um Ermittlungshandlungen mit Eingriffscharakter handelt[52] (vgl. § 13 GVG Rn. 119). **20**

Mit Beendigung ihrer Ermittlungstätigkeit außerhalb eines gerichtlichen Verfahrens, z. B. nach Einstellung des Verfahrens, handelt die Finanzbehörde dann allein in dieser Funktion mit der Folge, dass der Finanzrechtsweg eröffnet ist, z. B. bei Verweigerung der Akteneinsicht in Ermittlungsakten.[53] **21**

5. Schiedsmann. Vgl. Rn. 146. **22**

IV. Justizverwaltungsakt. 1. Begriffsbestimmung. Der Begriff „Justizverwaltungsakt" kommt im Gesetz nicht vor. Er entspricht allgemeinem Sprachgebrauch, ist aber insoweit nicht ganz treffend, als er den gesamten aus der Rechtswegzuweisung des § 40 Abs. 1 Satz 1 VwGO ausgegliederten Bereich öffentlich-rechtlicher Streitigkeiten definiert. Der Justizverwaltungsakt braucht also **kein Verwaltungsakt im strengen Sinne** der §§ 42 VwGO, 35 VwVfG zu sein.[54] Erfasst sind auch Begehren, die im Verwaltungsrechtswege mit der allgemeinen Leistungsklage zu verfolgen wären. Zwar scheint der Wortlaut des § 23 Abs. 2, der nur von **23**

---

[47] BVerwGE 47, 255 = NJW 1975, 893; OVG Hamburg NJW 1970, 1699; OLG Hamburg NJW 1970, 1811; *Amelung* JZ 1975, 526; *LR/Böttcher* Rn. 14.
[48] BVerwGE 47, 255 = NJW 1975, 893; OLG Hamm NJW 1973, 1089; StV 1988, 47; OLG Nürnberg StV 1988, 372; VGH München NVwZ 1986, 655; VGH Mannheim DÖV 1989, 171; OVG Münster NJW 1980, 855; *LR/Böttcher* Rn. 16; *Meyer-Goßner* Rn. 2; *Schenke* VerwArch 1969, 333; NJW 1975, 1529; 1976, 1817; *Dreier* JZ 1987, 1009; *Schoreit* KritV 1988, 165.
[49] BVerwGE 47, 255 = NJW 1975, 893; OLG Karlsruhe NJW 1976, 1417; OVG Bremen NVwZ-RR 1997, 474; *LR/Böttcher* Rn. 13.
[50] BVerwGE 47, 255 = NJW 1975, 893; OVG Berlin NJW 1971, 637; OVG Münster NJW 1980, 855; OVG Lüneburg NJW 1984, 940; VGH München NVwZ 1986, 655; OLG Celle StV 1988, 373; *LR/Böttcher* Rn. 18; *Olschewsky* NJW 1971, 1195; *Schenke* NJW 1975, 1529; *Markwort* DVBl. 1975, 575; *Naumann* DÖV 1975, 275; *Amelung* JZ 1975, 523; a. A. *Schwan* VerwArch 1979, 129.
[51] BFHE 138, 164; OLG Celle MDR 1990, 360; OLG Stuttgart NJW 1972, 2146; OLG Karlsruhe NJW 1978, 1338; BayVGH VerwRSpr 1967, 969; *LR/Böttcher* Rn. 20; *Meyer* JR 1984, 297.
[52] OLG Hamm NJW 1986, 2961.
[53] BFH NJW 1978, 78; OLG Karlsruhe NJW 1978, 1338; *LR/Böttcher* Rn. 21.
[54] *Zöller/Gummer* Rn. 1; VGH Mannheim NJW 1969, 1319; 1973, 214; VGH Kassel VerwRSpr 1977, 1009.

"Verwaltungsakt" spricht, die früher verbreitete gegenteilige Auffassung zu belegen.[55] Demgegenüber spricht aber § 23 Abs. 1 von „Anordnungen, Verfügungen und Maßnahmen" und § 28 allein von „Maßnahmen". Auch der § 23 Abs. 2 nachgebildete und damit als dessen „authentische Begriffsinterpretation" anzusehende § 109 Abs. 1 Satz 2 StVollzG[56] verwendet den Begriff „Verwaltungsakt" nicht. Schließlich verbieten Entstehungsgeschichte sowie Sinn und Zweck die enge begriffliche Auslegung. Es handelt sich um eine Rechtswegregelung; die Unterscheidung, ob ein Verwaltungsakt im technischen Sinn vorliegt oder nicht, kann kein geeignetes Kriterium für die Abgrenzung der Rechtswege sein. Andernfalls käme man zu der gerade nicht gewollten Zweigleisigkeit des Rechtswegs; für ein und dieselbe Sach- und Rechtsmaterie wären verschiedene Gerichte zuständig, je nachdem, ob die streitige Maßnahme als Verwaltungsakt im technischen Sinn oder als schlicht hoheitliches Handeln zu qualifizieren wäre.[57]

24 Justizverwaltungsakt ist danach jedes **hoheitliche Handeln einer Justizbehörde in einer einzelnen Angelegenheit** auf einem in Abs. 1 genannten Gebiet, das geeignet ist, den Betroffenen in seinen Rechten zu verletzen, also auch schlicht hoheitliches Handeln[58] bis hin zum Realakt.[59] Einer besonderen Form bedarf der Justizverwaltungsakt nicht. Eine mündliche Anordnung genügt,[60] auch schlichte Untätigkeit kann anfechtbar sein (§ 27).

25 2. Im Verhältnis **gleichgeordneter** Behörden kommt kein hoheitliches Handeln in Frage, so dass §§ 23 ff. nicht anwendbar sind.[61] Dies gilt etwa für die Zustimmung zu fremdem Behördenhandeln,[62] für Bitten an eine andere Behörde, in einer bestimmten Weise zu verfahren,[63] ebenso für das Ersuchen um Übernahme der Strafverfolgung.[64] Für die verweigerte Amtshilfe sind besondere Rechtsbehelfe vorgesehen (vgl. § 159 GVG; Rn. 106, 134). Ausgeschlossen ist auch, dass verschiedene Behörden unterschiedliche Rechtsauffassungen zum Gegenstand gerichtlicher Nachprüfung machen.[65] Der Rechtsweg nach § 23 kommt auch dann nicht in Betracht, wenn sich Behörden desselben Rechtsträgers gegenüberstehen, von denen die eine, weil sie funktional übergeordnet ist, eine Kontroll- und Korrekturbefugnis hat.[66]

26 3. Erforderlich, aber auch ausreichend ist, dass die Maßnahme **unmittelbar Außenwirkung** hat, gestaltend wirkt und unmittelbare Wirkung entfaltet.[67] Das ist nicht der Fall bei Auskünften und Belehrungen, Hinweisen auf das geltende Recht[68] oder die Auffassung der Behörde.[69] Gleiches gilt für die Mitteilung des Gerichtsvorstandes über das Ergebnis seiner Ermittlungen zur Frage der Richtigkeit eines Eingangsstempels auf der Klageschrift.[70]

---

[55] KG OLGZ 1965, 336; OLG Hamm NJW 1972, 2145; OLG Hamburg NJW 1965, 776; *Altenhain* JZ 1965, 757; 1966, 16.
[56] *LR/Böttcher* Rn. 44.
[57] VGH Kassel VerwRSpr 1977, 1009.
[58] KG NStZ 1993, 45.
[59] KG NJW 1987, 197; OLG Karlsruhe Justiz 1980, 450; OLG Hamm MDR 1969, 600; VGH Kassel VerwRSpr 1977, 1009; OVG Münster NJW 1977, 1790; OVG Hamburg NJW 1970, 1699; VGH Mannheim NJW 1969, 1319; *LR/Böttcher* Rn. 44; *Meyer-Goßner* Rn. 6; *BL/Hartmann* Rn. 1; *Schenke* VerwArch 1969, 345; NJW 1976, 1816.
[60] BGH NJW 1963, 1789.
[61] *LR/Böttcher* Rn. 51; *Meyer-Goßner* Rn. 6.
[62] OLG Stuttgart NStZ 1986, 525 m. abl. Anm. *Walter/Pieplow*.
[63] OLG München aaO.: Ersuchen an das Ausland um Übernahme der Strafverfolgung.
[64] OLG München NJW 1975, 509.
[65] OLG Celle NJW 1966, 1473 für die Ablehnung der Zustimmung nach § 166 GVG; OLG Frankfurt 11. 7. 1978 – 20 Va 4/78 für am Hinterlegungsverfahren beteiligte Behörden.
[66] BVerwG DÖV 1974, 817 m. Anm. *Neumann*; BayVGH DÖV 1963, 585.
[67] OLG Hamm NJW 1972, 2145; NStZ 1984, 136; OLG Hamburg NJW 1979, 279; *Meyer-Goßner* Rn. 6, 7.
[68] OLG Bamberg JVBl. 1963, 175.
[69] BVerfGE 16, 89 = NJW 1963, 1819.
[70] KG NJW-RR 1994, 571.

Den Charakter der Maßnahme als Verwaltungsakt verneint die RSpr mangels 27
Außenwirkung auch bei sogenannten **Wissenserklärungen,** also bei Mitteilungen
bestimmter Umstände an eine andere Stelle, der die Entscheidung über die Verwertung dieser Umstände überlassen bleibt, so bei der Mitteilung einer Bestrafung eines
Beamten an dessen vorgesetzte Behörde[71] und allgemein bei der **Übermittlung
personenbezogener Daten** nach §§ 12 ff. (§ 22 Rn. 1). Der Frage kommt aber
kaum praktische Bedeutung zu, da § 22 Abs. 1 Satz 1 für solche Mitteilungen ausdrücklich den Rechtsweg nach §§ 23 ff. eröffnet.

Kein Justizverwaltungsakt ist mangels unmittelbarer Wirkung die Warnung der 28
Öffentlichkeit vor Betrügern;[72] die Mahnung zu einwandfreiem Verhalten;[73] die
Ablehnung der Erteilung von Rechtsauskünften, auf die kein Anspruch besteht;[74]
eine Stellungnahme oder Erklärung,[75] auch nicht die Entscheidung über eine
Dienstaufsichtsbeschwerde (vgl. Rn. 114).

Der Regelungscharakter fehlt bei einer unselbstständigen Maßnahme, die die ei- 29
gentliche Entscheidung erst **vorbereiten** soll, etwa die Prüfung von Amtshaftungsansprüchen.[76] Allgemein unterliegen **behördeninterne Vorgänge** nicht der gerichtlichen Nachprüfung. Dies gilt insbesondere für Weisungen (z. B. Staatsanwalt,
vgl. § 146 GVG Rn. 9, GerVollz, vgl. § 154 GVG Rn. 7). Hier entfaltet erst die
auf der Weisung beruhende Maßnahme die für die gerichtliche Nachprüfbarkeit
erforderliche Außenwirkung.[77] Umgekehrt ist auch die Ablehnung eines Antrags,
ein Ersuchen an eine andere Behörde zu stellen, nicht gerichtlich nachprüfbar.[78]
Soweit jedoch eine innerdienstliche Weisung unmittelbare Auswirkungen nach
außen hat, ist sie Justizverwaltungsakt, so die Anordnung an die Vollzugsbeamten,
alle besuchenden Rechtsanwälte körperlich zu durchsuchen.[79]

Presseinformationen sind Sache der Justizverwaltung und nach § 23 anfecht- 30
bar (§ 12 GVG Rn. 128 a).

4. Justizverwaltungsakte der StA. a) Die Frage nach Justizverwaltungsakten 31
der StA gewinnt vornehmlich Bedeutung im Zusammenhang mit der Subsidiarität
des Rechtsschutzes nach §§ 23 ff. (§ 23 Abs. 3). Stellt sich die Tätigkeit der StA als
Prozesshandlung dar und ist sie gerichtet auf die Einleitung, Durchführung und
Gestaltung des Ermittlungsverfahrens und des Verfahrens vor Gericht, scheidet der
Rechtsweg nach § 23 aus. Die rechtlichen Möglichkeiten, sich gegen solche Maßnahmen zu wehren oder deren Überprüfung zu erreichen, sind in den Verfahrensregeln der StPO abschließend enthalten,[80] wenngleich die Frage nach dem strafprozessualen Rechtsbehelf mitunter Schwierigkeiten bereitet.[81]

b) Durchführung eines Ermittlungsverfahrens Die Entscheidung, ob ein 32
Ermittlungsverfahren **eingeleitet** wird, ist nicht nach §§ 23 ff. anfechtbar. Die Vor-

---

[71] OLG Hamm NJW 1972, 2145.
[72] OLG Karlsruhe NJW 1965, 1545.
[73] OLG Stuttgart JVBl. 1971, 114.
[74] SchlHOLG GA 1964, 185; OLG Hamburg JR 1965, 189.
[75] *Meyer-Goßner* NStZ 1984, 425.
[76] OLG Dresden OLGR 2004, 394.
[77] OVG Münster JMBlNRW 1968, 23; OLG München NJW 1975, 509.
[78] SchlHOLG SchlHAnz 1984, 97; *Meyer-Goßner* Rn. 6.
[79] OLG Saarbrücken NJW 1978, 1446.
[80] BVerfG – VorprA – NJW 1985, 1019; OLG Hamburg NJW 1972, 1586; StV 1986, 422; OLG Stuttgart NJW 1972, 2146; 1977, 2276; OLG Hamm NJW 1973, 1089; NStZ 1984, 280, 423; OLG Koblenz GA 1975, 340; NJW 1985, 2038; OLG Karlsruhe NJW 1976, 1417; 1978, 1595; Justiz 1980, 94; SchlHOLG SchlHAnz 1987, 117; OLG Frankfurt MDR 1989, 934 m. abl. Anm. *Welp* StV 1989, 195; KK/*Laufhütte* § 147 StPO Rn. 18; *Meyer-Goßner* Rn. 9; § 147 Rn. 39; *Meyer-Goßner* NStZ 1982, 357; *Amelung* NJW 1979, 1687; *Altenhain* JZ 1965, 757; DRiZ 1970, 105; a. A. OLG Celle NStZ 1983, 379; NJW 1990, 1802; *Wasserburg* NJW 1980, 2444; *Bottke* StV 1986, 123; *Groh* DRiZ 1985, 54; *Keller* GA 1983, 497; *Schenke* NJW 1976, 1816; DÖV 1978, 731; *Welp* StV 1986, 446.
[81] *Rieß/Thym* GA 1982, 189; *Aulehner* BayVwBl. 1988, 709; *Sommermeyer* NStZ 1991, 257.

schriften sind auch nicht einschlägig bei Untätigkeit der Staatsanwaltschaft,[82] beim **Absehen vom Einschreiten**[83] und bei der **Einstellung** des Verfahrens,[84] auch wenn diese wegen unmittelbarer Wirkungen ein Justizverwaltungsakt ist.[85] Diese Fragen können nur nach §§ 172 ff. StPO zur gerichtlichen Nachprüfung gestellt werden. Nach §§ 23 ff. kann auch nicht überprüft werden, ob ein Ermittlungsverfahren **verzögerlich behandelt** wird.[86] Sie sind auch nicht einschlägig bei Zustimmung der Staatsanwaltschaft zur Einstellung des Verfahrens durch das Gericht, z. B. nach § 154 a StPO.[87] Es gibt keinen Anspruch auf Strafverfolgung eines Dritten gegen den Staat.[88] Die Entscheidung über das **öffentliche Interesse an einer Strafverfolgung** (vgl. §§ 230, 248a, 263 Abs. 4, 265a Abs. 3, 266 Abs. 2 StGB, § 376 StPO) ist untrennbarer Bestandteil des Vorgehens der StA und kann deshalb nicht Gegenstand isolierter Nachprüfung sein.[89] Auch ein **Beschuldigter** kann im Rechtsweg nach §§ 23 ff. nicht überprüfen lassen, ob die Einleitung eines staatsanwaltlichen Ermittlungsverfahrens oder dessen Fortführung rechtmäßig ist oder war.[90] Art. 19 Abs. 4 GG eröffnet ihm grundsätzlich nicht die Möglichkeit, durch die ordentlichen Gerichte der StA untersagen zu lassen, weitere Ermittlungen gegen ihn zu führen.[91] Seine Rehabilitierung kann er grundsätzlich in dem gegen ihn eingeleiteten Strafverfahren selbst erreichen.[92] Während des Ermittlungsverfahrens besteht auch kein Anspruch auf Auskunft über die verdachtbegründenden Tatsachen.[93] Unberührt bleibt die Möglichkeit von **Amtshaftungsansprüchen,** wenn die Annahme eines Anfangsverdachts (§ 152 Abs. 2 StPO) nicht mehr vertretbar war.[94]

33 c) **Ermittlungshandlungen** der StA werden teils als Justizverwaltungsakt angesehen,[95] dies setzt aber voraus, dass sie unmittelbare Wirkung entfalten. Soweit sie nicht mit Eingriffen verbunden sind, ist dies nicht der Fall, etwa bei einer Zeugenvernehmungen oder deren Unterbleiben, der Vernehmung des Beschuldigten, der Einholung eines Sachverständigengutachtens[96] oder einer schriftlichen Zeugenaussage.[97] Deshalb kann ein Beschuldigter weder die Vernehmung von Zeugen usw. im Ermittlungsverfahren nach §§ 23 ff. gerichtlich durchsetzen noch kann er die StA an Untersuchungshandlungen hindern.[98] Unmittelbare Wirkung fehlt auch festgehaltenen polizeilichen Beobachtungen über das Verhalten von Personen anlässlich strafprozessualer Ermittlungen.[99] Ebenso wenig können die Zurückweisung eines Rechtsanwalts als Zeugenbeistand im Ermittlungsverfahren,[100] die Weigerung

---

[82] *LR/Böttcher* Rn. 122.
[83] OLG Hamm NStZ 1983, 38; vgl. BVerfG – VorprA – NStZ 1983, 228.
[84] OLG Bamberg JVBl. 1965, 262; *Altenhain* DRiZ 1966, 362; *LR/Böttcher* Rn. 121; *Meyer-Goßner* Rn. 9.
[85] Vgl. OVG Lüneburg NJW 1972, 74.
[86] OLG Hamm MDR 1983, 255.
[87] OLG Hamm GA 1985, 460.
[88] BVerfGE 51, 176, 187 = NJW 1979, 1591; BVerfG – K – NJW 1993, 1577; 2002, 2859.
[89] BVerfGE 51, 176, 184 = NJW 1979, 1591; BGHSt 16, 225 = NJW 1961, 2120; *Katholnigg* Rn. 15; *KK/Senge* § 376 StPO Rn. 2; *Meyer-Goßner* Rn. 15; a. A. *Strubel-Sprenger* NJW 1972, 1737; *Thierfelder* DVBl. 1961, 119.
[90] OLG Karlsruhe NStZ 1982, 434 m. zust. Anm. *Rieß*; *Keller* GA 1983, 497.
[91] Vgl. BVerfG – K – NStZ 2004, 447; LG Saarbrücken NJW 1966, 1038 m. abl. Anm. *Hohenester* NJW 1966, 1983; OLG Jena NStZ 2005, 343; a. A. *Kölbel* JR 2006, 322.
[92] BGHSt 37, 79 = NJW 1990, 1921; KG GA 1984, 24; OLG Nürnberg NStZ 1986, 575; *Meyer-Goßner* Rn. 6; *Meyer*, FS Schäfer, S. 124; a. A. *Dörr* NJW 1984, 2258.
[93] BVerfG – VorprA – NJW 1984, 1451.
[94] OLG Düsseldorf NJW 2005, 1791; OLG Rostock OLGR 2003, 431; OLG Dresden OLGR 2001, 551; OLG München OLGR 2006, 35 für das Bußgeldverfahren.
[95] KG NJW 1972, 169.
[96] BVerwG NVwZ-RR 1992, 664.
[97] OLG Dresden NJW 1998, 3368; OLG Frankfurt NStZ-RR 2005, 13.
[98] OLG Hamm NJW 1966, 684; NStZ 1995, 412; vgl. OLG Stuttgart NJW 1972, 2147; LG Saarbrücken NJW 1966, 1038; zweifelnd *Hohenester* NJW 1966, 1983.
[99] OLG Stuttgart wistra 2007, 199.
[100] OLG Hamburg NStZ 1984, 566.

der StA, einen Antrag auf Bestellung eines Pflichtverteidigers zu stellen[101] oder die abgelehnte Ersetzung eines Staatsanwalts durch einen anderen wegen Befangenheit[102] (§ 145 Rn. 6) nach §§ 23 ff. angefochten werden. Bei anderweitiger Schutzlosigkeit eines Geschädigten kann aber ausnahmsweise das Absehen von staatsanwaltschaftlichen Maßnahmen zur **Amtshaftung** führen.[103]

Strafprozessuale **Eingriffe** der StA, auch gegenüber Dritten, können während ihrer Vornahme oder Dauer nur nach den dafür bestehenden Verfahrensvorschriften angefochten werden, z.B. mit der Beschwerde nach § 304 StPO gegen richterliche angeordnete Ermittlungshandlungen oder mit dem Antrag auf gerichtliche Entscheidung nach § 98 Abs. 2 Satz 2 StPO bei der Beschlagnahme. Soweit außerhalb solcher Vorschriften mit Rücksicht auf Art. 19 Abs. 4 GG die Anwendbarkeit von §§ 23 ff. angenommen wurde, wenn Maßnahmen der StA in Grundrechte eingreifen,[104] ist dem nicht mehr zu folgen. Vielmehr kann stets **entsprechend § 98 Abs. 2 Satz 2 StPO** die richterliche Entscheidung beantragt werden, der Rechtsweg nach §§ 23 ff. ist ausgeschlossen.[105] Dies gilt zur Vermeidung einer Zersplitterung des Rechtswegs[106] auch für **erledigte Maßnahmen;**[107] ein Fortsetzungsfeststellungsinteresse (§ 28 Rn. 18) liegt bei Grundrechtseingriffen durch strafprozessuale Zwangsmaßnahmen grundsätzlich vor. Dabei macht es keinen Unterschied, ob die Maßnahme vom Richter angeordnet war oder nicht.[108] So ist § 98 Abs. 2 Satz 2 StPO etwa einschlägig bei einer durchgeführten körperlichen Untersuchung nach §§ 81a und c StPO[109] oder nach vorläufiger Festnahme nach § 127 Abs. 2 StPO,[110] ebenso nach §§ 163b und c StPO.[111] Wird der festgenommene Beschuldigte dem Richter vorgeführt, sind ihm aber schon dadurch ausreichende Rechtsschutzmöglichkeiten eröffnet.[112] Nach Durchsuchung von Wohn- und Geschäftsräumen wurde auch eine Beschwerde nach § 304 StPO als statthaft angesehen.[113]

Wendet sich der Betroffene gegen die **Art und Weise der Durchführung** der Maßnahme, wurde teils der Rechtsweg nach §§ 23 ff. angenommen.[114] Der BGH hat statt dessen in Abkehr von seiner früheren RSpr auch hier den Antrag auf richterliche Entscheidung nach § 98 Abs. 2 Satz 2 StPO für zulässig angesehen.[115] Überholt sein dürfte die Differenzierung danach, ob die beanstandete Art und Weise des Vollzugs ausdrücklicher und evidenter Bestandteil einer richterlichen Anordnung war, dann Beschwerde nach § 304 StPO,[116] andernfalls Antrag auf richterliche Entscheidung.[117]

---

[101] OLG Karlsruhe NStZ 1998, 315; a. A. *Beckemper* NStZ 1999, 221.
[102] OLG Frankfurt NStZ-RR 1999, 81; a. A. *Wohlers* GA 2006, 403.
[103] OLG Bamberg OLGR 2003, 231.
[104] KG NJW 1972, 169;1978, 1595; GA 1978, 244; 1984, 24; OLG Karlsruhe NJW 1978, 1595; BayVerfGH NJW 1969, 229; OLG Koblenz JVBl. 1961, 237; OLG Stuttgart NJW 1972, 2146; *Amelung* S. 34; *Bottke* StV 1984, 120; *Schenke* NJW 1976, 1817; DÖV 1978, 731.
[105] OLG Stuttgart MDR 1986, 689; StV 1988, 424; *Laser* NStZ 2001, 120; *Amelung* StV 2001, 133; *Meyer-Goßner* Rn. 10.
[106] Vgl. BVerfGE 96, 44 = NJW 1997, 2165.
[107] BGHSt 28, 57; 160; 206; St 37, 79 = JR 91, 515 m. Anm. *Sommermeyer;* St 44, 265 = NJW 1999, 730; St 45, 183 = NJW 1999, 3499; NStZ 1999, 200; NJW 2000, 84; OLG Koblenz StV 2002, 127; OLG Frankfurt NStZ-RR 2003, 175; KG 12. 1. 2000 – 4 VAs 41/99 –; 30. 4. 2001 – 4 VAs 6/01 –; *Amelung* NJW 1979, 1687; *Meyer-Goßner* Rn. 10; § 98 StPO Rn. 23; § 105 StPO Rn. 17.
[108] BVerfGE 96, 44 = NJW 1997, 2165; BGHSt 28, 57 = NJW 1978, 1815; St 28, 160 = NJW 1979, 881.
[109] KK/*Senge* § 81a StPO Rn. 13; LR/*Dahs* § 81a StPO Rn. 73.
[110] BGHSt 44, 171 = NJW 1998, 3653.
[111] OLG Hamburg 28. 10. 2004 – 1 Ws 207/04 –.
[112] Vgl. OLG Frankfurt NJW 1999, 229.
[113] BVerfG – K – NJW 1998, 2131; BVerfG NJW 1999, 273.
[114] Nachweise bei LR/*Böttcher* Rn. 89ff.; *Katholnigg* Rn. 15; *Meyer-Goßner* Rn. 10.
[115] BGHSt 44, 265 = NJW 1999, 730; zust. *Eisele* StV 1999, 298; *Fezer* NStZ 1999, 151.
[116] OLG Hamburg StV 1999, 301; offen in BGHSt 44, 265 = NJW 1999, 730 m. w. N.
[117] BGHSt 45, 183 = NJW 1999, 3499; BGH NJW 2000, 84; OLG Schleswig SchlHA 2005, 256.

36   d) Die **Presseerklärung** über ein laufendes Ermittlungsverfahren ist ein nach §§ 23 ff. anfechtbarer Justizverwaltungsakt (§ 12 GVG Rn. 128 a). Dasselbe gilt für eine von der StA veranlasste oder genehmigte **Öffentlichkeitsfahndung** mittels Presse und Fernsehen, die zu unverhältnismäßigen Nachteilen für den Betroffenen führt.[118]

37   e) **Anklageerhebung:** Ob die Rechte des Angeklagten gewahrt sind, wird vom Gericht ausschließlich im Verfahren nach §§ 201 ff. StPO geprüft. Ein Antrag nach §§ 23 ff. ist unzulässig.[119] Wird einem Antrag des Beschuldigten auf Beweiserhebungen (§ 201 StPO) nicht entsprochen, hat ihn der Beschuldigte in der Hauptverhandlung zu wiederholen.[120] Dem steht ein Schadensersatzanspruch wegen einer Anklageerhebung trotz fehlenden hinreichenden Tatverdachts nicht entgegen.[121]

38   f) Auch **Rechtsmitteleinlegung und -rücknahme** durch die StA sind nicht nach § 23 ff. angreifbar.

39   g) Bei Kompetenzen der StA **außerhalb der Strafverfolgung** (vgl. § 141 GVG Rn. 19) kann eine Entscheidung über die Ausübung verfahrensmäßiger Rechte nach §§ 23 ff. statthaft sein,[122] ebenso bei der allgemeinen Vollstreckung gerichtlicher Anordnungen nach § 36 StPO.[123]

40   **V. Gegenstand.** §§ 23 ff. gelten nur für Justizverwaltungsakte auf den in § 23 Abs. 1 enumerativ aufgeführten Gebieten und nur dann, wenn die in Rede stehende Amtshandlung in Wahrnehmung einer Aufgabe vorgenommen wird, die der jeweiligen Behörde als ihre spezifische Aufgabe auf einem dieser Rechtsgebiete zugewiesen ist (Rn. 14). Justizverwaltungsakte auf anderen Gebieten können nicht nach §§ 23 ff. angefochten werden. Ihre Anfechtung richtet sich, soweit keine Spezialvorschriften bestehen, nach § 40 VwGO (Rn. 6). – Die Gebiete des § 23 Abs. 1 sind im Einzelnen:

41   1. Bürgerliches Recht einschließlich des Handelsrechts.

42   2. Zivilprozess.

43   3. Freiwillige Gerichtsbarkeit; ein nach § 23 anfechtbarer Justizverwaltungsakt ist auch die vorläufige Amtsenthebung eines Ratschreibers nach württembergischem Recht (vgl. Einl. Rn. 76), weil dessen Aufgaben solche der freiwillige Gerichtsbarkeit sind.[124]

44   4. Strafrechtspflege; der Begriff ist weit zu fassen. Er umfasst nicht nur die Ermittlung und Erforschung strafbarer Handlungen sowie die Strafverfahren im Sinne der StPO und der Gesetze, die auf die StPO verweisen einschließlich der Vollstreckung, und zwar durch alle zuständigen Stellen,[125] sondern auch die damit im Zusammenhang stehenden Maßnahmen zur Ermöglichung der Strafverfahren und ihrer Vollstreckung,[126] z.B. auch Baumaßnahmen für besondere Verfahren.[127] Hierher zählt auch die Ahndung von Ordnungswidrigkeiten, die Führung des Bundeszentralregisters und des Erziehungsregisters (Rn. 113). Nicht hierher gehören das ehrengerichtliche Verfahren[128] und die Auslieferung (Rn. 60). Zum Strafvollzug Rn. 154 ff.

45   5. Zu Maßnahmen der Vollzugsbehörden im Vollzug der Jugendstrafe und des Jugendarrestes § 78 a GVG Rn. 10.

---

[118] KG GA 1984, 24 m.w.N.; *Böttcher/Grote* NJW 1974, 1647.
[119] OLG Frankfurt NJW 1966, 363; a.A. *Strubel-Sprenger* NJW 1972, 1737.
[120] *Fezer*, Gedächtnisschrift für Horst Schröder, München 1978 S. 407 f.
[121] BGH NJW 2000, 2672.
[122] KG FamRZ 1986, 806.
[123] OLG Stuttgart NJW 1972, 2146; KG GA 1978, 244.
[124] OLG Stuttgart Justiz 1980, 147.
[125] BVerwGE 47, 255 = NJW 1975, 893.
[126] OVG Lüneburg NJW 1984, 940.
[127] VG Stuttgart NJW 1975, 1294.
[128] OLG Karlsruhe Justiz 1979, 215 für das anwaltliche Standesrecht.

6. Maßnahmen der Vollzugsbehörden im Vollzug der Untersuchungshaft. Gemeint ist hier nur der Vollzug der Untersuchungshaft, nicht die Entscheidung über die Anordnung und Fortdauer (vgl. Rn. 165). **46**

7. Maßnahmen der Vollzugsbehörden im Vollzug derjenigen Freiheitsstrafen und Maßregeln der Besserung und Sicherung, die außerhalb des Justizvollzugs vollzogen werden (Abs. 1 Satz 2; vgl. Rn. 161). **47**

VI. Verfahren. 1. Das Verfahren wird durch einen **Antrag** eingeleitet, § 23 Abs. 1 Satz 1, vgl. im Einzelnen § 24. Der Antrag kann in Nachbildung zu § 42 Abs. 1 VwGO ein Anfechtungsantrag (Abs. 1 Satz 1) oder ein Verpflichtungsantrag (Abs. 2) sein. Der Anfechtungsantrag ist darauf gerichtet, den Justizverwaltungsakt aufzuheben, weil der Antragsteller in seinen Rechten verletzt sei. Der Verpflichtungsantrag zielt auf den Erlass eines beantragten und abgelehnten Justizverwaltungsakts; vorher fehlt (außer im Fall der Untätigkeit der Behörde nach § 27) für die Anrufung des Gerichts das Rechtsschutzinteresse.[129] Der Antrag muss auf eine konkrete Maßnahme gerichtet sein. Die Verpflichtung zu einem bestimmten generellen Verhalten in der Zukunft ist ebenso ausgeschlossen[130] wie ein allgemeiner Feststellungsantrag[131] oder eine vorbeugende Unterlassungsklage[132] und ein Antrag, einer Justizbehörde für zukünftige Fälle Anweisungen zu erteilen.[133] **48**

2. Angefochten werden kann jeder Justizverwaltungsakt, der eine **selbstständige Regelung** enthält. Hiervon gibt es jedoch zwei Ausnahmen: Soweit ein Beschwerdeverfahren nach § 24 Abs. 2 vorgeschaltet ist, kann der Justizverwaltungsakt nur in der Fassung angefochten werden, wie er sie in diesem Vorschaltverfahren erhalten hat.[134] Lehnt die Justizbehörde auf formlose Gegenvorstellung des Betroffenen eine Änderung ihres Justizverwaltungsakts ab (sog. **Zweitbescheid**), dann ist Gegenstand der Anfechtung nur der erste, ursprüngliche Justizverwaltungsakt.[135] Beschränkt sich aber der Zweitbescheid nicht darauf, den Justizverwaltungsakt zu bestätigen, enthält er vielmehr eine neue, wenn auch im Ergebnis eine der ersten entsprechende Regelung (z.B. neue Tatsachen oder Beweismittel), dann ist er neben dem ersten Justizverwaltungsakt selbstständig anfechtbar.[136] Zur DAufsBeschw Rn. 114. **49**

3. Der Antrag muss den **Antragsgegner bezeichnen,** sonst ist er unzulässig. Zwar enthalten die §§ 23 ff. keine dahin gehende ausdrückliche Bestimmung, die Notwendigkeit ergibt sich aber daraus, dass ohne die Angabe der für die behauptete Rechtsverletzung verantwortlich gemachten Stelle das Gericht nicht prüfen kann, ob eine Rechtsverletzung durch die Maßnahme einer Justiz- oder Vollzugsbehörde geltend gemacht wird; auch muss dem Antragsgegner der Antrag zur Gegenerklärung nach § 29 Abs. 2 mitgeteilt werden.[137] **50**

4. Zu **Form** und Frist des Antrags § 26; zur Rücknahme § 28. **51**

5. Enthält der Antrag kein in sachlicher Form gehaltenes Vorbringen, sondern vorwiegend Verunglimpfungen und Beleidigungen, ist er als unzulässig zu verwerfen[138] (Einl. Rn. 207). **52**

6. Ein Antrag ist unzulässig, solange die Streitsache bei einem Gericht der allgemeinen Verwaltungsgerichtsbarkeit **rechtshängig** ist. Zwar enthalten die §§ 23 ff. **53**

---

[129] KG NJW 1968, 609.
[130] OLG Koblenz GA 1974, 251.
[131] OLG Hamm GA 1975, 150 OLG München NJW 1975, 510.
[132] OLG Hamm GA 1975, 150; 178.
[133] OLG Frankfurt NStZ 1982, 134; OLG Koblenz GA 1975, 151; OLG München NJW 1975, 510.
[134] *Meyer-Goßner* § 24 Rn. 6; *Katholnigg* § 24 Rn. 8; *LR/Böttcher* Rn. 78.
[135] OLG Karlsruhe Justiz 1980, 395.
[136] LG Regensburg NStZ 1992, 560; *LR/Böttcher* Rn. 79; *Haueisen* NJW 1959, 2137; 1965, 561.
[137] KG GA 1978, 244.
[138] KG NJW 1969, 151 = JZ 1969, 268 m. Anm. *Eb. Schmidt; LR/Böttcher* § 24 Rn. 2.

keine Regelung der Rechtshängigkeit, es bestehen aber keine Bedenken, § 90 Abs. 2 VwGO entsprechend anzuwenden.[139]

54 7. Zum **einstweiligen Rechtsschutz** und zur **Aussetzung der Vollziehung** § 28 Rn. 24f.

55 8. **Zuständig** für die Nachprüfung sind die ordentlichen Gerichte, § 23 Abs. 1 Satz 1, vgl. § 25. Ist das Verfahren nicht zulässig, ist der Antrag nach § 17a GVG zu verweisen (vgl. § 28 Rn. 2).

56 9. Zum Verfahren im Einzelnen vgl. §§ 24ff.

57 **VII. Sonderregelungen.** Ziel der §§ 23ff. ist die Erweiterung der Entscheidungskompetenz der ordentlichen Gerichte (Rn. 6). Deshalb bleiben alle die Regelungen unberührt, die schon ohnedies eine Entscheidungskompetenz der ordentlichen Gerichte vorsehen (§ 23 Abs. 3); insoweit sind die §§ 23ff. **subsidiär**.[140] Andererseits bleiben auch alle diejenigen Regelungen bestehen, die eine Maßnahme ausdrücklich einem anderen Rechtsweg zuweisen.[141] **Sonderregelungen** sind u. a.:

58 1. Gegen den Justizverwaltungsakt der Entscheidung über die Anerkennung ausländischer Entscheidungen in Ehesachen (Nichtigerklärung und Aufhebung einer Ehe usw.), für den die LJustizVerw zuständig ist, kann die Entscheidung des OLG beantragt werden, das im Verfahren der freiwillige Gerichtsbarkeit entscheidet (Art. 7 § 1 FamRÄndG).

59 2. Zu Justizverwaltungsakten beim Vollzug von Kostengesetzen § 30a.

60 3. § 13 IRG bestimmt ein besonderes gerichtliches Verfahren für die Entscheidung über die Auslieferung eines Ausländers an die Behörden eines ausländischen Staates. Die Auslieferung gehört jedoch nicht zur Strafrechtspflege, sondern zu den zwischenstaatlichen Beziehungen, so dass nicht der Rechtsweg nach § 23 EGGVG eröffnet ist[142] (Rn. 44). Bei Auslieferungsersuchen an das Ausland besteht keine Nachprüfungsmöglichkeit nach § 23, weil hierdurch keine unmittelbaren Rechtswirkungen entstehen.[143]

61 4. Eine Sonderregelung enthalten §§ 31ff. EGGVG für Maßnahmen im Zusammenhang mit Kontaktsperren; vgl. § 34 EGGVG Rn. 34.

62 5. Zur **Strafvollstreckung** Rn. 154ff.

63–100 *(nicht belegt)*

VIII. Kasuistik

101 Ablichtung. Ein Antrag auf Vernichtung von Ablichtungen, die die StA von beschlagnahmten Schriftstücken gefertigt hat, kann nach § 23 verfolgt werden, wenn die Schriftstücke inzwischen freigegeben wurden. Durch die Freigabe steht fest, dass sie für das Verfahren keine Bedeutung haben; Maßnahmen, die sich auf diese Schriftstücke beziehen, sind deshalb keine Prozesshandlungen (Rn. 31), sondern Justizverwaltungsakte.[144] Der Antrag auf Überlassung von Ablichtungen unterfällt der Akteneinsicht, § 12 GVG Rn. 108ff.

102 Akteneinsicht. Allgemein § 12 GVG Rn. 108ff.; Einsicht in Besetzungsunterlagen § 21e GVG Rn. 75f., § 44 GVG Rn. 8.

---

[139] OLG Stuttgart Justiz 1980, 359.
[140] BGHSt 29, 33 = NJW 1980, 351.
[141] OLG Bremen MDR 1966, 867; OLG Hamm NJW 1966, 607; OLG Frankfurt NJW 1998, 1165; *LR/Böttcher* Rn. 84; *Katholnigg* Rn. 13; *Meyer-Goßner* Rn. 12.
[142] Vgl. OVG Münster DVBl. 1963, 731; OLG Hamm GA 1975, 178; OVG Berlin StV 2002, 87; *Meyer-Goßner* Rn. 4; *Vogler* NJW 1982, 468.
[143] OLG München NJW 1975, 509; OLG Frankfurt, vgl. BVerfGE 57, 9 = NJW 1981, 1154.
[144] OLG Stuttgart NJW 1977, 2276.

Aktenführung. Maßnahmen der Aktenführung durch die Justizverwaltung jenseits 103
der Akteneinsicht können nach § 23 angefochten werden. So ist anfechtbar die
Entscheidung über die Ablehnung der Vernichtung von Akten[145] und über die
Ablehnung einer längeren Aktenaufbewahrung.[146]

Akten der Kriminalpolizei. Dienen die Akten der Durchführung eines Strafver- 104
fahrens, ist die aktenführende Stelle als Justizbehörde im Sinne des § 23 anzusehen (Rn. 19). Ihre Eigenschaft, Zwecken der Strafverfolgung zu dienen, verliert
die Akte auch nicht nach Abschluss des Verfahrens, sei es durch Verurteilung,
Freispruch oder Einstellung. Bedenklich ist die Auffassung der Verwaltungsgerichte,[147] wegen des möglichen Zusammenfallens von präventivpolizeilicher und
strafverfolgender Tätigkeit könnten Akten der Kriminalpolizei, auch wenn sie
im Zusammenhang mit der Verfolgung einer strafbaren Handlung entstanden
sind, in ihrem Schwerpunkt vorsorglich bereitgehaltene Hilfsmittel für die sachgerechte Wahrnehmung auch präventivpolizeilicher Aufgaben sein, so dass bei
Verwaltung dieser Akten keine Justizverwaltungsbehörde, sondern eine allgemeine Verwaltungsbehörde anzunehmen sei mit der Folge des Verwaltungsrechtswegs.

Amtshilfe (Ersuchen von Verwaltungsbehörden an Gerichte, § 156 GVG Rn. 21, 105
im Gegensatz zur Rechtshilfe, Rn. 143). § 159 GVG ist nicht anwendbar. Bei
Verweigerung der Amtshilfe entscheidet im Anwendungsbereich des VwVfG die
Dienstaufsichtsbehörde, deren Entscheidung nach § 5 VwVfG im Verwaltungsrechtsweg anfechtbar ist. Im Übrigen ist ohne spezialgesetzliche Regelung nur
DAufsBeschw möglich, § 23 ist nicht anwendbar (vgl. § 159 GVG Rn. 20 ff.).
Wendet sich ein materiell Betroffener gegen die Gewährung der Amtshilfe, ist
der gegen die Tätigkeit der die Amtshilfe leistenden Behörde im Allgemeinen
zulässige Rechtsweg gegeben. So ist die Klage eines Beamten im Verwaltungsrechtsweg zulässig, mit der er die Feststellung der Rechtswidrigkeit einer über
ihn abgegebenen Auskunft begehrt, vor deren Erteilung er vorher rechtswidrig
nicht gehört wurde.[148] Der Antrag nach § 23 ist zulässig, wenn sich eine Prozesspartei gegen die Übersendung von sie betreffenden Vormundschaftsakten an das
Prozessgericht wendet.[149]

Anerkennung ausländischer Ehescheidungen. Rn. 58, Ehefähigkeitszeugnis 106
Rn. 118.

Anerkennung freier Ehen. Die Anerkennung freier Ehen rassisch und poli- 107
tisch Verfolgter (G vom 23. 6. 1950, BGBl. I S. 226; 1956 I S. 404) ist als Justizverwaltungsakt auf dem Gebiet des bürgerlichen Rechts nach § 23 anfechtbar.[150]

Anklageerhebung. Rn. 37. 108

Auskunft. Besteht ein gesetzlicher Auskunftsanspruch, ist die Versagung ein Justiz- 109
verwaltungsakt, gegen den nach § 23 vorgegangen werden kann.[151] Sonderregelungen über Mitteilungen von Gericht und StA treffen §§ 12–22. Fehlt ein gesetzlicher Anspruch, steht die Erteilung der Auskunft im pflichtgemäßen
Ermessen der angegangenen Behörde;[152] gegen die Verweigerung kann ebenfalls
nach § 23 vorgegangen werden[153] (§ 28 Abs. 3). Rechtsauskünfte sind dem Verfahren nach § 23 entzogen (Rn. 26).

---

[145] OLG Frankfurt Rpfleger 1976, 399; NJW 1999, 73; OVG Münster DÖV 1964, 278.
[146] OLG Frankfurt Rpfleger 1976, 399.
[147] BVerwG NJW 1984, 2233; NJW 1990, 2765; VGH München NJW 1984, 2235; vgl. *Schoreit* NJW 1985, 169; KritV 1988, 165; HessVGH NJW 1984, 1253.
[148] BVerwGE 38, 336; vgl. auch BVerwGE 35, 225.
[149] OLG München OLGZ 1972, 360.
[150] BGH NJW 1964, 1625; OLG Frankfurt NJW 1964, 1678.
[151] OLG Hamm NJW 1973, 1089.
[152] BVerwG NJW 1983, 2954.
[153] OLG Hamm JMBlNRW 1980, 233; VGH Mannheim NJW 1969, 1319.

110 Zum Anspruch auf Auskunft über die **Besetzung** des Gerichts in einem konkreten Verfahren § 21 e GVG Rn. 75. Er richtet sich gegen das Gericht, eine Verletzung hat ausschließlich die verfahrensrechtlich vorgesehenen Konsequenzen.[154] Zur Einsicht in die Besetzungsunterlagen § 21 e GVG Rn. 75 f., § 44 GVG Rn. 8.

111 **Auslieferung.** Rn. 60.

112 **Aussagegenehmigungen,** die nach öffentlichem Dienstrecht erforderlich sind, sind bezüglich aller Justizangehörigen wie auch die Versagung[155] kein Justizverwaltungsakt einer Justizbehörde im Sinne von § 23.[156] Auch soweit bei Justizbeamten eine Justizbehörde zuständig ist, ist der Rechtsweg nach § 23 verschlossen, weil ein Justizverwaltungsakt auf dem Gebiete des Dienstrechts nicht zu den Materien des § 23 Abs. 1 Satz 1 gehört. Das gilt auch für die Ablehnung der Aussagegenehmigung für einen Schiedsmann, die dem öffentlichen Dienstrecht und nicht der Strafrechtspflege zuzurechnen ist.[157]

112a **Betreuer.** Die Entscheidung über die Aufnahme in eine Liste in Betracht kommender Berufsbetreuer ist ein nach § 23 anfechtbarer Justizverwaltungsakt.[158] Vgl. Insolvenzverwalter Rn. 131a; Zwangsverwalter Rn. 170.

113 **Bundeszentral- und Erziehungsregister.** Zur Strafrechtspflege gehört die Führung des Straf- und Erziehungsregisters. Die den Verurteilten begünstigenden Maßnahmen der Registerbehörde (statt des GBA nunmehr Bundesamt für Justiz) sind Justizverwaltungsakte und keine Gnadenentscheidungen, sie unterliegen der gerichtlichen Nachprüfung.[159] Anfechtbar ist die Ablehnung der Tilgung nach § 46 BZRG. Dasselbe gilt für die ablehnenden Bescheide nach § 24 (Entfernung einer Eintragung), § 33 (Nichtaufnahme von Verurteilungen), § 49 (Tilgung in besonderen Fällen), § 56[160] und § 58 BZRG (Entfernung einer Eintragung im Erziehungsregister). Antrag auf gerichtliche Entscheidung kann erst gegen die jeweils vorgesehene Beschwerdeentscheidung des BMdJ (Vorverfahren nach § 24 Abs. 2, dort Rn. 5) gestellt werden.

114 **Dienstaufsichtsbeschwerde.** Maßnahmen der Dienstaufsicht und der Bescheid auf eine DAufsBeschw sind keine Verwaltungsakte, gegen die nach § 23 vorgegangen werden könnte[161] (vgl. Rn. 28; § 12 GVG Rn. 134). Auch ein Bescheid auf eine DAufsBeschw des nach § 156 KostO angewiesenen Notars ist nicht nach § 23 anfechtbar.[162] Wohl aber kann die vorausgegangene, mit der DAufsBeschw angegriffene Maßnahme Gegenstand eines Verfahrens nach § 23 sein,[163] ebenso ausnahmsweise die DAufsBeschw selbst, wenn sie selbstständig eine Rechtsverletzung enthält.[164]

115 **Disziplinarmaßnahmen** stehen im pflichtgemäßen Ermessen des Dienstvorgesetzten, eine Auskunft über die im Einzelnen getroffenen Maßnahmen unterliegt der Verschwiegenheitspflicht. Gegen die Ablehnung von Disziplinarmaßnahmen kann nicht nach § 23 vorgegangen werden.[165]

---

[154] Vgl. Meyer-Goßner § 222a StPO Rn. 25.
[155] OVG Lüneburg NJW 1984, 940.
[156] *Hilger* NStZ 1984, 145; vgl. BVerwG NJW 1983, 638; OLG Hamm NJW 1968, 1440; OVG Berlin StV 1984, 280; a. A. OLG Hamburg NJW 1982, 297.
[157] OLG Hamm NJW 1968, 1440.
[158] OLG Saarbrücken OLGR 2005, 251.
[159] KG GA 1973, 180; OLG Karlsruhe MDR 1992, 284; OLG Hamm MDR 1992, 283; *LR/Böttcher* Rn. 34; *Götz/Tolzmann* § 1 Rn. 8.
[160] OLG Karlsruhe NStZ 1992, 40.
[161] BGHZ 42, 390 = NJW 1965, 1017; Z 105, 395 = NJW 1989, 587; BVerwG NJW 1977, 118; OVG Berlin NJW 1952, 1232; OLG Hamm OLGZ 1970, 434; *BL/Hartmann* Rn. 3; *Meyer-Goßner* Rn. 8; *LR/Böttcher* Rn. 33.
[162] OLG Düsseldorf DNotZ 1967, 444.
[163] BVerwG NJW 1977, 118.
[164] OLG Stuttgart NJW 1964, 1382.
[165] OLG Köln OLGZ 1970, 119; OLG Koblenz GA 1976, 151.

Dolmetscher und Übersetzer. Nach Landesrecht obliegt es in einigen Bundesländern[166] den LG-Präsidenten, die in ihrem Bezirk wohnenden Dolmetscher allgemein zu vereidigen (vgl. § 189 Abs. 2 GVG) und zu verpflichten. Dasselbe gilt für die Ermächtigung und Verpflichtung von Übersetzern (vgl. § 142 Abs. 3 ZPO). Die Entscheidungen sind Justizverwaltungsakte und unterliegen der gerichtlichen Nachprüfung nach §§ 23 ff.[167] Auch die Eintragung in die Liste der allgemein vereidigten Dolmetscher und Übersetzer ist ein Justizverwaltungsakt[168] (vgl. auch Rn. 140). Dem gegenüber sieht das BVerwG wegen der die Gerichtsbarkeiten überschreitenden Bedeutung der Beeidigung keine spezifische Aufgabe auf den in § 23 Abs. 1 genannten Gebieten und hält deshalb den Verwaltungsrechtsweg für gegeben.[169] Der BGH hat sich dem angeschlossen.[170] 116

Durchsuchung. Nach vollzogener Maßnahme ist entsprechend § 98 Abs. 2 Satz 2 StPO der Antrag auf gerichtliche Entscheidung zulässig, dasselbe gilt bei Einwendungen gegen die Art und Weise des Vollzugs (Rn. 34). 117

Ehefähigkeitszeugnis für Ausländer. Anfechtbar nach § 23 ist die Versagung der Befreiung von der Beibringung des Ehefähigkeitszeugnisses für Ausländer durch den Präsidenten des OLG nach § 1309 BGB, früher § 10 EheG.[171] Der Präsident des OLG darf nicht als Richter an der Überprüfung des von seiner Behörde erlassenen Verwaltungsakts mitwirken.[172] Vgl. Rn. 106, 107. 118

Einstellung des Verfahrens durch die StA. Rn. 32. 119

Entschädigung für Strafverfolgungsmaßnahmen. Für die Ansprüche ist die besondere Rechtswegzuweisung im § 13 StrEG abschließend.[173] 120

Entscheidungssammlung. Die Ablehnung des Antrags eines Rechtsanwalts, ihm die Einsicht in die Entscheidungssammlung von Spruchkörpern des Gerichts zu gestatten, kann im Verfahren nach § 23 nachgeprüft werden[174] (vgl. § 12 Rn. 125 ff.). 121

Erkennungsdienst. Die Unterlagen des Erkennungsdienstes sind, soweit sie der Durchführung eines Strafverfahrens dienen, als „Prozesshandlung" (Rn. 40) nicht selbstständig nach § 23 anfechtbar.[175] Sie gehören aber in aller Regel dem präventivpolizeilichen Bereich an (vgl. Rn. 18) und dienen nicht der Durchführung eines konkreten Strafverfahrens. Die Vernichtung erkennungsdienstlicher Unterlagen kann dann nur im Verwaltungsrechtsweg begehrt werden.[176] Auch Maßnahmen des kriminalpolizeilichen Erkennungsdienstes nach § 81b Alt. 2 StPO unterliegen der Nachprüfung im Verwaltungsrechtsweg.[177] Wurden erkennungsdienstliche Maßnahmen gemäß Alt. 1 von der StA angeordnet, ist dagegen 122

---

[166] Vgl. *Bleutge* BB 1973, 1417, 1420; *Jessnitzer* S. 49.
[167] OLG Saarbrücken OLGR 2005, 637; OLG Frankfurt NJW-RR 1999, 646; 22. 12. 2006 – 20 VA 11/06 –; VG Stuttgart Justiz 1979, 411.
[168] OLG Saarbrücken OLGR 2005, 637.
[169] BVerwG NJW 2007, 1478; ebenso wohl VGH Mannheim Justiz 2006, 313.
[170] BGH NJW 2007, 3070; ebenso OLG Düsseldorf 2. 12. 2005 – 3 VA 10/05 –.
[171] BGHZ 41, 136 = NJW 1964, 976; 1323 m. Anm. *Fischer;* 2015 m. Anm. *Henrich;* KG NJW 1961, 2210; OLG Celle FamRZ 1963, 91; OLG Hamm OLGZ 1977, 133; zur Bindungswirkung für den Standesbeamten BGHZ 46, 87 = NJW 1966, 1811; 1967, 352 m. Anm. *Dräger* und *Jessen.*
[172] BGH FamRZ 1963, 556.
[173] OLG Köln NStZ 1988, 508.
[174] KG OLGZ 1976, 159.
[175] OLG Stuttgart MDR 1986, 689; OLG Oldenburg NStZ 1990, 504 m. zust. Anm. *Katholnigg;* OLG Braunschweig NStZ 1991, 551; OVG Koblenz NJW 1994, 2108.
[176] BVerfGE 16, 89 = NJW 1963, 1819; BVerwG NJW 1990, 2765; OVG Münster JZ 1973, 97; OVG Hamburg MDR 1977, 80; OVG Lüneburg NJW 1984, 940; HessVGH NVwZ-RR 1994, 652, 656; *Gössel* GA 1976, 62.
[177] BVerfGE 11, 181 = NJW 1961, 571; E 26, 169 = NJW 1967, 1192; BVerwG NJW 2006, 1225 m. abl. Anm. *Eisenberg/Puschke* JZ 2006, 729; *KK/Senge* § 81b StPO Rn. 10; *Meyer-Goßner* § 81b StPO Rn. 22 f.; krit. *Amelung* NJW 1979, 1688; *Schenke* JZ 2006, 707.

nicht der Rechtsweg nach § 23 EGGVG eröffnet, sondern die Überprüfung nach § 98 Abs. 2 Satz 2 StPO.[178]

123 **Fahndungsmaßnahmen.** Rn. 36.

124 **Familiensachen.** Rn. 3, 106, 107, 118.

125 **Fesselung** des Strafgefangenen bei Vorführung zur Rechtsantragsstelle ist gemäß § 23 anfechtbar.[179]

126 **Feststellungserklärungen nach dem BGB** zur Übertragbarkeit eines Nießbrauchs o der einer beschränkten persönlichen Dienstbarkeit bei juristischen Personen nach §§ 1059a Nr. 2 und 1092 Abs. 2 BGB sind anfechtbare Justizverwaltungsakte.[180]

127 **Gerichtsvollzieher.** Im Zwangsvollstreckungsverfahren unterliegen dessen Maßnahmen der Nachprüfung nur nach den einschlägigen verfahrensrechtlichen Vorschriften (vgl. § 154 GVG Rn. 6); eine Anfechtung nach § 23 ist nicht zulässig.[181] Auch Zustellungen des GerVollz sind Betätigungen der Gerichtsbarkeit, die er als ein den Parteien gesetzlich zur Verfügung gestelltes selbstständiges Organ der Gerichtsbarkeit vornimmt; ihre Rechtmäßigkeit kann nicht im Verfahren nach § 23 überprüft werden.[182] Über die Rechtmäßigkeit von Maßnahmen des GerVollz außerhalb des Zwangsvollstreckungs- und Zustellungsverfahrens kann im Verfahren nach § 23 entschieden werden; das gilt z.B. für seine Verweigerung der Durchführung einer öffentlichen Versteigerung nach §§ 1235 ff., 383 Abs. 3 BGB.[183]

128 **Geschäftsverteilung des Gerichts.** Als Akt der RSpr im funktionellen Sinne (Rn. 9,11) ist hiergegen der Rechtsweg nach § 23 nicht eröffnet.

128a **Gewerbezentralregister.** Gegen Maßnahmen nunmehr des Bundesamts für Justiz als Registerbehörde des Gewerbezentralregisters (§§ 149 ff. GewO) ist der Rechtsweg nach § 23 EGGVG gegeben.[184]

129 **Gnadenentscheidungen.** Das Gnadenwesen gehört, soweit die Begnadigung gegenüber einer Maßnahme der Strafjustiz in Rede steht, zur Strafrechtspflege. Nach funktioneller Betrachtungsweise (Rn. 14) spielt es keine Rolle, ob das Begnadigungsrecht auf eine Justizbehörde im organisationsrechtlichen Sinn (Justizministerium) voll übertragen ist oder von dieser für den Inhaber des Gnadenrechts (in der Regel Ministerpräsident) ausgeübt wird. Damit ist für die Entscheidung über die Rechtmäßigkeit von Gnadenbescheiden, soweit die Justitiabilität zu bejahen ist, der Strafsenat des OLG nach § 23 sachlich zuständig.[185] Nach der RSpr des BVerfG unterliegen aber positive Gnadenakte wie auch ablehnende Gnadenentscheidungen **nicht der gerichtlichen Nachprüfung** nach Art. 19 Abs. 4 GG[186] oder § 23,[187] zuständig für die Entscheidung dieser Frage ist das Gericht, das bei Bejahung der Justiziabilität zuständig wäre, das ist das Gericht nach § 23.[188] Die Bindungswirkung dieser verfassungsgerichtlichen Entscheidungen schließt die Überprüfung von Gnadenentscheidungen durch Landesverfassungsgerichte unter dem Gesichtspunkt des eigenständigen Landesver-

---

[178] OLG Koblenz StV 2002, 128.
[179] OLG Celle NStZ 1991, 559.
[180] *Zöller/Gummer* Rn. 16.
[181] KG MDR 1982, 155; OLGZ 1985, 82.
[182] OLG Frankfurt Rpfleger 1976, 367; KG MDR 1984, 856.
[183] OLG Karlsruhe MDR 1976, 54; OLG München 15. 3. 2006 – 9 VA 1/06 –.
[184] OLG Karlsruhe NVwZ 2000, 118.
[185] BVerwG NJW 1976, 305; KG GA 1978, 14; OLG Saarbrücken MDR 1979, 338; offen in BVerfGE 30, 105 = NJW 1971, 795; *Baltes* DVBl. 1972, 562; a. A. OLG Hamburg GA 1973, 52: Verwaltungsrechtsweg.
[186] BVerfGE 25, 352 = NJW 1969, 1895; BVerfG – K – NJW 2001, 3771; BVerwG NJW 1983, 187; OLG Hamburg MDR 1996, 193; BayVerfGH NStZ-RR 1997, 39; *Knauth* StV 1981, 353; *LR/Böttcher* Rn. 36; *Meyer-Goßner* Rn. 17; str., vgl. BVerwG NJW 1976, 306; *LR/Böttcher* Rn. 36.
[187] OLG Hamburg MDR 1973, 70.
[188] BVerwG NJW 1976, 305.

fassungsrechts nicht aus,[189] dagegen ist eine andere Auslegung des Art. 19 Abs. 4 GG den Gerichten verwehrt.[190] Ist die Begnadigung jedoch einmal ausgesprochen, so hat der Verurteilte eine Rechtsstellung erlangt, die nicht mehr der freien Verfügung der Gnadenbehörde unterliegt. Eine den Verurteilten insoweit belastende Entscheidung (**Rücknahme** oder **Widerruf**) ist ein rechtlich gebundener, der gerichtlichen Nachprüfung unterliegender Verwaltungsakt.[191] Zulässig ist der Rechtsweg nach § 23.[192] Diese Grundsätze gelten nicht nur für die Entscheidung über den Gnadenerweis usw., sondern auch für das dabei einzuschlagende Verfahren. Deshalb ist eine gerichtliche Nachprüfung des Verfahrens und einzelner Verfahrenshandlungen und -abschnitte nur zulässig, soweit auch die Endentscheidung der Nachprüfung unterliegt. Zum Verfahren gehört dabei auch die Bestimmung von Art, Umfang und Ausmaß des rechtlichen Gehörs, das die Gnadeninstanz dem Petenten gewähren will, ebenso die Entscheidung darüber, ob und gegebenenfalls in welchem Umfang dem Betroffenen oder seinem Verfahrensbevollmächtigten Einsicht in die Gnadenakte gewährt werden soll.[193]

Grundbuchberichtigung gehört zur RSpr im funktionellen Sinne (Rn. 9); der Rechtsweg nach § 23 ist nicht eröffnet.[194] 130

Hinterlegung. Nach § 3 Abs. 2 HinterlO ist gegen Beschwerdeentscheidungen des LG- und AG-Präsidenten in Hinterlegungssachen der Antrag auf gerichtliche Entscheidung nach § 23 zulässig.[195] Dies gilt auch für die Fristsetzung nach § 16 HinterlO. Der Ausschluss einer weiteren Beschwerde nach § 16 Abs. 3 HinterlO im Verwaltungsvorverfahren (§ 24 Abs. 2) schließt die gerichtliche Nachprüfung nicht aus.[196] Für die Herausgabeklage nach § 3 Abs. 3 HinterlO ist dagegen der ordentliche Rechtsweg eröffnet, mithin ein Antrag auf gerichtliche Entscheidung nach § 23 Abs. 3 unzulässig.[197] Dasselbe gilt, wenn ein Beschuldigter von der StA die Freigabe begehrt.[198] 131

Insolvenzverwalter. Das BVerfG sieht sowohl in der vom Einzelverfahren unabhängigen Festlegung des Kreises der für eine Bestellung zum Insolvenzverwalter in Betracht zu ziehenden Personen[199] („Insolvenzverwalterliste") als auch in der Bestellung selbst[200] einen nach § 23 EGGVG anfechtbaren Justizverwaltungsakt. Es handle sich nicht um Akte der Rspr, da der Richter die Auswahl zwar in richterlicher Unabhängigkeit vornehme, aber nicht in einer Funktion unbeteiligter Streiterledigung. Die gegenteilige Auffassung[201] ist damit überholt. 131a

---

[189] HessStGH NJW 1974, 791; BayVGHE 24, 54.
[190] OLG München NJW 1977, 115.
[191] BVerfGE 30, 108, 111 = NJW 1971, 795; BVerfG – K – DtZ 1995, 241; OLG Hamburg NStZ-RR 2004, 223; vgl. *Lemke* NJ 1995, 19.8
[192] BVerwGE 49, 221; KG GA 1978, 14; NStZ 1993, 54; OLG Saarbrücken MDR 1979, 338; OLG Stuttgart MDR 1988, 886; OLG Celle NJW 1989, 114; *LR/Böttcher* Rn. 37; *Meyer-Goßner* Rn. 17; *Katholnigg* Rn. 7; *Eisenberg* NStZ 1993, 55.
[193] OLG Hamburg NJW 1975, 1985.
[194] BezG Dresden DtZ 1992, 190.
[195] OLG Hamm JMBlNRW 1996, 6.
[196] OLG Koblenz MDR 1976, 234; OLG Hamm OLGZ 1970, 491; OLG Celle NdsRpfl 1965, 200.
[197] OLG Frankfurt Rpfleger 1974, 227; KG NJW-RR 1999, 863.
[198] Vgl. OLG Nürnberg NStZ 2006, 654.
[199] BVerfG – K – NJW 2004, 2725 m. Anm. *Graeber* 2715 und *Vallender* 3614; dem folgend OLG Düsseldorf OLGR 2007, 21; OLG Hamburg NJW 2006, 340; KG ZIP 2006, 294; OLG München ZIP 2005, 670; OLG Schleswig NJW 2005, 1664.
[200] BVerfG – K – NJW 2006, 2613; vgl. OLG Stuttgart ZIP 2006, 342; OLG Düsseldorf NJW-RR 2007, 630 m. Anm. *Holzer* ZIP 2006, 2137; *Vallender* NJW 2006, 2597.
[201] vgl. OLG Celle NJW 2005, 2405; OLG Hamm NJW 2005, 834; OLG Koblenz NJW-RR 2000, 1074; *Höfling* NJW 2005, 2341; dagegen bereits *Römermann* NJW 2002, 3731; OLG Koblenz NJW-RR 2005, 1075 m. Anm. *Römermann* EWiR 2005, 865; *Runkel/Wältermann* ZIP 2005, 1347; *Vallender* NZI 2005, 473.

131 b Internationale Rechtshilfe. Maßnahmen in diesem Zusammenhang sind keine Verwaltungsakte auf den Gebieten des § 23 Abs. 1, weil es sich um die Pflege der auswärtigen Beziehungen handelt (vgl. § 156 GVG Rn. 64). Zur Tätigkeit der Vorprüfungsstellen § 156 GVG Rn. 65.

132 Körperliche Untersuchung. Vgl. Rn. 34.

133 Kosten. § 12 GVG Rn. 135; § 30 a Rn. 2. Gegen Maßnahmen der Beitreibung der Unterliegensgebühr nach § 34 Abs. 2 BVerfGG ist der Verwaltungsrechtsweg gegeben, weil es sich nicht um „Kosten" handelt.[202]

134 Mitteilungen. Sie stellen eine Sonderform gerichtlicher und behördlicher Amtshilfe dar (vgl. § 156 GVG Rn. 58). Die Zulässigkeit von Mitteilungen der Gerichte und StA an andere öffentlich-rechtliche Stellen und die Streitigkeiten über die Zulässigkeit solcher Mitteilungen sind in §§ 12–22 spezialgesetzlich geregelt. Mitteilungen der Gerichte und StA im Übrigen haben keine unmittelbare rechtliche Außenwirkung und sind deshalb keine Justizverwaltungsakte (Rn. 27; § 22 Rn. 1). Auch die Nichterfüllung von Mitteilungspflichten im zwischenbehördlichen Verkehr ist nicht nach § 23 anfechtbar (Rn. 25); mangels besonderer Vorschriften bleibt nur die DAufsBeschw.

134 a NATO-Truppenstatut (vgl. § 20 GVG Rn. 21 ff.). Die Weigerung der StA, den von der BRep allgemein erklärten Verzicht auf die Strafverfolgung im Einzelfall zurückzunehmen, ist eine Maßnahme auf dem Gebiet der Strafrechtspflege.[203] Das NTS und die Bestimmungen über die Rücknahme des Verzichts in Art. XIX Abs. 3 NTS-ZusAbk begründen jedoch keine Individualrechte, sondern regeln allein die Rechte und Pflichten der Streitkräfte bzw. der beteiligten Staaten in Form von allgemein verbindlichen, für das zwischenstaatliche Verhältnis bedeutsamen Vereinbarungen. Individuelle Interessen des betroffenen Angehörigen der fremden Streitkräfte oder ihres zivilen Gefolges sind bei der Entscheidung, ob der Verzicht zurückgenommen werden soll oder nicht, nicht zu berücksichtigen, so dass diese aus der Regelung auch keine individuellen Rechte ableiten können.[204]

135 Notarsachen. Die Befreiung von der Verschwiegenheitspflicht kann nicht nach § 23 angefochten werden, sondern nur nach § 111 BNotO.[205] Auch Entscheidungen in Notarkosten sind nicht nach § 23 anfechtbar, sondern nach § 156 Abs. 5 KostO.[206]

136 Öffentliches Interesse an der Strafverfolgung. Rn. 32

137 Petitionsbescheid. Ablehnende Petitionsbescheide sind mangels rechtlicher Außenwirkung (Rn. 26) keine Justizverwaltungsakte (vgl. § 12 GVG Rn. 135) und deshalb nicht nach § 23 anfechtbar.

138 Präsidium (§§ 21 a ff. GVG) ist keine Justizbehörde i. S. § 23; deshalb sind seine Entscheidungen nicht nach § 23 anfechtbar (Rn. 11)

139 Presseinformationen. § 12 GVG Rn. 128 ff.

140 Prozessagenten. Über die Zulassung zum Prozessagenten nach § 157 Abs. 3 ZPO entscheidet der LG- oder AG-Präsident. Dabei ist durch die Beschwerdemöglichkeit zum OLG-Präsidenten ein Vorverfahren nach § 24 Abs. 2 eröffnet (§ 5 AVRJM vom 23. 3. 1935, DJ S. 486). Voraussetzung ist, dass die Erlaubnis zur Besorgung fremder Rechtsangelegenheiten (Art. 1 § 1 RBerG) entweder bereits erteilt worden ist oder zumindest gleichzeitig erteilt wird.[207] Die Zulassung berechtigt zur Betätigung in Steuersachen (§ 107 a Abs. 3 Nr. 2 AO). Trotz der damit über den Zivilprozess hinausgehenden Bedeutung ist wegen des Standorts

---

[202] AG Karlsruhe NJW-RR 1992, 829.
[203] LR/*Böttcher* Rn. 41.
[204] OLG Hamm NStZ 1998, 210.
[205] BGH NJW 1975, 930; a. A. OLG Hamm OLGZ 1968, 475.
[206] OLG Düsseldorf DNotZ 1967, 444.
[207] OLG Hamm AnwBl. 1980, 250; *Sieg* NJW 1964, 1305.

der Regelung bei Versagung der Zulassung der Rechtsweg nach §§ 23 ff. eröffnet.[208] Das gilt auch, wenn mit der ablehnenden Entscheidung zugleich die Erlaubnis nach dem RBerG versagt wird. Über diesen Teil des Bescheids ist dann allerdings im verwaltungsgerichtlichen Verfahren zu entscheiden.[209] Gegenstand der Nachprüfung ist der ursprünglich ablehnende Bescheid und nicht die Beschwerdeentscheidung des OLG-Präsidenten.[210] Wird die Zulassung als Prozessagent nur bei den allgemeinen oder besonderen VG begehrt, ist der Verwaltungsrechtsweg eröffnet.[211]

Prozesskostenhilfe. Die Entscheidung über die Prozesskostenhilfe (§§ 114 ff. ZPO) gehört zur RSpr (Rn. 10 und ist nicht nach § 23 anfechtbar. Jedoch ist die Ablehnung eines Antrags auf Bewilligung von Prozesskostenhilfe für das Verwaltungsverfahren zur Geltendmachung von Unterhaltsansprüchen nach dem Auslandsunterhaltsgesetz (BGBl. 1986 I S. 2563) durch das AG als Justizverwaltungsakt nach § 23 EGGVG anfechtbar.[212] Für einen Antrag auf Änderung der Ratenzahlungsanordnung nach rechtskräftigem Abschluss des Verfahrens ist dagegen nicht mehr das Prozessgericht zuständig, sondern die Justizverwaltung mit der Folge des Rechtswegs nach § 23.[213] **141**

Rechtsbeistand. Um eine allgemeine Regelung der Berufsausübung handelt es sich bei der Zulassung zum Rechtsbeistand nach Art. 1 § 1 RBerG außerhalb der ordentlichen Gerichtsbarkeit. Bei der Versagung der Erlaubnis nach § 7 AVO vom 13. 12. 1935 (RGBl. I S. 1481) ist – nach Durchführung des Vorverfahrens gem. § 12 AVO i. V. mit §§ 77 Abs. 1, 68 ff. VwGO – der Verwaltungsrechtsweg eröffnet.[214] Die durch den AG-Präs. einem Rechtsbeistand erteilte Rüge begangener Pflichtverletzungen durch überhöhte Gebührenberechnung ist ein Verwaltungsakt, anfechtbar im Verwaltungsrechtsweg.[215] **142**

Rechtshilfe. Verweigert das Gericht eine Rechtshilfe (zum Begriff § 156 GVG Rn. 3 ff.), um die es ersucht worden ist, ist der Rechtsbehelf im § 159 GVG geregelt, die Anfechtung nach § 23 ist unzulässig[216] (§ 156 GVG Rn. 64 ff.). Zur Amtshilfe Rn. 105. **143**

Register, gerichtliche. Die Führung gerichtlicher Register (z. B. Grundbuch und Handelsregister) und die Einsichtsmöglichkeit ist in Spezialgesetzen geregelt einschließlich der Rechtsmittelmöglichkeiten – insoweit ist eine Anfechtung nach § 23 nicht statthaft. Geht jedoch eine beantragte Maßnahme über die „Einsichtnahme" weit hinaus und damit auch über die Entscheidungsbefugnis des für die Einsichtgewährung zuständigen UdG, bedarf es einer Entscheidung der Justizverwaltung mit der Anfechtungsmöglichkeit nach § 23, so die beabsichtigte Ablichtung (Mikroverfilmung) des gesamten Handelsregisters, um diese eigene Datei in Konkurrenz zum Handelsregister gewerblich zu verwerten und seine Nutzung weithin entbehrlich zu machen.[217] Dasselbe gilt, wenn eine gesetzliche Regelung für die Einsichtnahme fehlt, so bei internen Registern des Gerichts (§ 12 GVG Rn. 122). **144**

---

[208] BGHZ 46, 354 = NJW 1967, 927; BVerwG NJW 1969, 2218; DÖV 1972, 792; OLG Hamm OLGZ 1966, 506; AnwBl. 1967, 360; *Zöller/Gummer* Rn. 4; *BL/Hartmann* Rn. 4.
[209] OLG Hamm AnwBl. 1980, 250.
[210] Der dem Wortlaut nach entgegenstehende Leitsatz des BGH ist von den Gründen nicht gedeckt; wie hier *Jessen* NJW 1967, 927; zum Umfang der Nachprüfung OLG Düsseldorf Rpfleger 1979, 143; OLG Celle Rpfleger 1967, 150; OLG Hamm OLGZ 1966, 506; KG DVBl. 1963, 295.
[211] BVerwGE 40, 112 = DÖV 1972, 792; NJW 1963, 2242.
[212] KG NJW-RR 1993, 69.
[213] OLG Düsseldorf MDR 1986, 325.
[214] BVerwGE 2, 85 = NJW 1955, 1532; E 7, 349; DÖV 1972, 792; *BL/Hartmann* Rn. 4; *Zöller/Gummer* Rn. 4; *Wieczorek/Schreiber* Rn. 36.
[215] BVerwG NJW 1984, 1051.
[216] OLG Hamburg GA 1985, 325.
[217] BGHZ 108, 32 = NJW 1989, 2818; OLG Karlsruhe NJW 1991, 182; OLG Köln BB 1991, 861; vgl. *Kollhosser* NJW 1988, 2409.

145 Reiseentschädigungen, Vorschüsse. Die Entscheidung über das Gesuch einer Partei im Zivilprozess um Vorschuss auf eine Reiseentschädigung ist ein Akt der RSpr (Rn. 10); in entsprechender Anwendung der Vorschriften über Prozesskostenhilfe ist die Beschwerde nach § 127 ZPO gegeben, für eine Anwendung der bundeseinheitlichen Verwaltungsvorschriften über die Bewilligung von Reiseentschädigungen an mittellose Personen und Vorschusszahlungen an Zeugen und Sachverständige und ihre Nachprüfung im Verfahren nach § 23 oder § 30 a ist kein Raum. Das gilt auch für die Entscheidung über den Antrag eines mittellosen Angeklagten auf Bewilligung eines Vorschusses für die Kosten der Reise zur Hauptverhandlung;[218] hier ist die Beschwerde nach § 304 StPO gegeben. Handelt es sich dagegen um Vorschüsse für Zeugen und Sachverständige, so gelten zwar die bundeseinheitlichen Verwaltungsvorschriften[219] mit der Folge, dass ein anfechtbarer Justizverwaltungsakt vorliegt, jedoch geht die Beschwerde nach § 4 JVEG vor (§ 30 a Rn. 2).

146 Schiedsmannswesen. Zum Bereich der Strafrechtspflege gehört die Tätigkeit des Schiedsmanns nach § 380 StPO. Ein gegen einen unentschuldigt ferngebliebenen Beschuldigten – entsprechend den jeweiligen landesrechtlichen Vorschriften – verhängtes Ordnungsmittel ist ein anfechtbarer Justizverwaltungsakt.[220] Die landesrechtlich vorgesehene Beschwerde im Aufsichtsweg ist ein Vorschaltverfahren nach § 24 Abs. 2.[221] Werden jedoch Maßnahmen der Aufsicht selbst angefochten, ist dagegen der Verwaltungsrechtsweg eröffnet.[222] Kraft ausdrücklicher Zuweisung ist für die Amtsenthebung, z.B. nach § 9 Abs. 2 Preuß. SchiedsmannsO und § 10 HessSchiedsG, der 1. Zivilsenat des OLG zuständig. Vgl. Aussagegenehmigung Rn. 112.

147 Schöffen. Die Wahl der Schöffen ist funktional der RSpr zuzurechnen und unterliegt nicht der Anfechtung nach § 23 (Rn. 11).

148 Schuldnerverzeichnis. Die Weitergabe von Angaben aus dem Schuldnerverzeichnis nach § 915 ZPO ist nicht wie die Führung des Schuldnerverzeichnisses selbst oder die Bescheidung von Anträgen auf Erteilung von Abschriften Ausübung der Gerichtsbarkeit, sondern eine Angelegenheit der Justizverwaltung, anfechtbar im Rechtsweg des § 23.[223]

149 Sitzungspolizei. Anordnungen des Gerichtsvorsitzenden zur sog. Sitzungspolizei nach § 176 GVG dienen dem störungsfreien äußeren Ablauf der Sitzung und damit der Wahrheitsfindung, gehören deshalb zur RSpr und sind nicht nach § 23 anfechtbar[224] (vgl. § 176 GVG Rn. 48).

150 Sitzungssaal. Der Bau von Gerichtsgebäuden und die Einrichtung von Sitzungssälen sind keine Justizverwaltungsakte und deshalb nicht nach § 23 anfechtbar;[225] zu Maßnahmen für besondere Verfahren vgl. aber Rn. 44. Ebenso wenig kann die interne Zuweisung eines Sitzungssaals nach §§ 23 ff. angefochten werden.[226] Eine Außenwirkung der Maßnahme tritt erst mit der entsprechenden Terminierung durch den Vorsitzenden ein, die wiederum ist ein Akt der RSpr ist; die Beschwerde nach § 304 Abs. 1 StPO ist zulässig[227] Vgl. § 1 GVG Rn. 70; § 12 GVG Rn. 102.

---

[218] OLG Bremen NJW 1965, 1617; OLG Düsseldorf MDR 1983, 689; OLG Stuttgart MDR 1984, 249.
[219] Abgedruckt bei *Hartmann* Anh. nach § 25 JVEG.
[220] OLG Hamm JVBl. 1962, 166; *Zöller/Gummer* Rn. 21.
[221] Wie hier *LR/Böttcher* Rn. 35.
[222] Für die Verweigerung der Aussagegenehmigung im Strafverfahren: BVerwG NJW 1964, 1088; OLG Hamm NJW 1968, 1440; *Zöller/Gummer* Rn. 9.
[223] OLG Frankfurt NJW 1988, 423.
[224] OLG Hamburg NStZ 1992, 509.
[225] *LR/Böttcher* Rn. 32; a. A. VG Stuttgart NJW 1975, 1294.
[226] A. A. OLG Hamburg NJW 1979, 279.
[227] *Holch* JR 1979, 350; a. A. *BL/Hartmann* Rn. 4.

Sperrerklärung. Erklärt die oberste Dienstbehörde, dass das Bekanntwerden des 151
Inhalts von **Akten** oder anderen in amtlicher Verwahrung befindlichen Schriftstücken dem Wohl des Bundes oder eines deutschen Landes Nachteile bereiten würde, können Gerichte und StA deren Vorlegung oder Auslieferung durch Behörden und öffentliche Beamte nicht fordern (§ 96 StPO), wodurch die Verteidigungsmöglichkeiten und die gerichtliche Sachaufklärung eingeschränkt werden[228] (vgl. Einl. Rn. 171). § 96 StPO wird entsprechend angewendet auf das Verlangen nach Auskunft über den Namen und die ladungsfähige Anschrift eines behördlich geheim gehaltenen **Zeugen.**[229] – Die Frage, ob für eine solche vom Innenminister abgegebene Sperrerklärung der **Rechtsweg nach § 23 oder nach § 40 VwGO** gegeben ist, hängt ab von der Auslegung des Begriffs „Justizbehörde". Übereinstimmung besteht zwar darin, dass es für die Qualifikation als „Justizbehörde" nicht auf die Ressortzugehörigkeit ankommt, sondern auf die funktionale Zuordnung (Rn. 13). Hier wird aber einerseits als entscheidend angesehen, dass der Sperrvermerk unmittelbar und gewollt auch auf den Ablauf des Strafverfahrens einwirkt, dass es damit um eine Maßnahme auf dem Gebiet der Strafrechtspflege geht.[230] Andererseits wird hervorgehoben, es komme darauf an, dass die Amtshandlung in Wahrnehmung einer Aufgabe vorgenommen werde, die der Behörde als spezifische Aufgabe auf dem Gebiet der Strafrechtspflege zugewiesen ist (Rn. 13), dass sie kraft Gesetzes der Strafrechtspflege dienstbar gemacht sei.[231] Die Sperrerklärung diene aber der Geheimhaltung und damit der Sicherung weiteren Einsatzes für die Wahrnehmung der Aufgaben, die z. B. der Kriminalpolizei hinsichtlich der Erforschung und Aufklärung von Straftaten zugewiesen sei. Deshalb sei sie keine Anordnung, Verfügung oder sonstige Maßnahme, die zur Verfolgung von strafbaren Handlungen getroffen werde.[232] Diese Auffassung verdient den Vorzug[233] (vgl. zum Auskunftsbegehren auch § 13 GVG Rn. 427). Auszugehen ist von der systematischen Überlegung, dass die §§ 23 ff. eng auszulegende Ausnahmevorschriften gegenüber der verwaltungsgerichtlichen Generalklausel des § 40 VwGO sind, und dass eine nur mittelbare Einflussnahme oder Auswirkung auf das Strafverfahren nicht für ihre Anwendung ausreicht (Rn. 13). Der Einfluss auf das Strafverfahren ist hier, wenn auch zwingend, nur mittelbarer Natur. Die Erschwerung des Strafverfahrens ist Folge, nicht Gegenstand des behördlichen Handelns. Umgekehrt bleibt aber die **Entziehung** einer Vertraulichkeitszusage eine Regelung auf dem Gebiet der Strafrechtspflege; der Betroffene kann sie im Rechtsweg nach § 23 überprüfen lassen.[234]

Zuständig für die Sperrerklärung ist der Innenminister, nicht der Justizminister.[235] Hat aber das Justizministerium als oberste Dienstbehörde im Sinne des § 96 StPO gehandelt, ist dessen Sperrerklärung nach § 23 anfechtbar, da sie aus 151a

---

[228] BGHSt 35, 82 = NJW 1988, 2187.
[229] BVerfGE 57, 250, 282 = NJW 1981, 1719; BGHSt 30, 34 = NJW 1981, 1052; OLG Stuttgart NJW 1985, 77; OVG München NJW 1980, 198; *Meyer-Goßner* § 96 StPO Rn. 12.
[230] So zunächst die RSpr der OLG; OLG Celle NStZ 1983, 570 = JR 1984, 297 m. abl. Anm. *Meyer;* NJW 1991, 856; OLG Stuttgart NJW 1985, 77 = NStZ 1985, 136 m. Anm. *Hilger;* MDR 1986, 690; NJW 1991, 1071 m. Anm. *Arloth* NStZ 1992, 96; OLG Hamburg NJW 1987, 297 = JR 1987, 434 m. zust. Anm. *Franzheim;* StV 1982, 9; 1984, 11; OLG Hamm NStZ 1990, 44 m. Anm. *Schäfer;* NStZ 1998, 316; OVG Münster NJW 1977, 1790; OVG Lüneburg NJW 1984, 940; *Hilger* NStZ 1984, 145; a. A. wohl OLG Frankfurt NStZ 1983, 231, das den Rechtsweg nach § 23 nur auf Grund bindender Verweisung bejaht.
[231] BVerwGE 47, 255 = NJW 1975, 893, stRSpr, vgl. E 75, 1 = NJW 1987, 202.
[232] BVerwGE 69, 192 = NJW 1984, 2233; BVerwGE 75, 1 = NJW 1987, 202; BayVGH StV 1993, 460; VGH Mannheim NJW 1991, 2097; 1994, 1362; KG StV 1996, 631; *LR/Böttcher* Rn. 24; *Meyer-Goßner* § 96 StPO Rn. 14; § 23 EGGVG Rn. 2a; *KK/Nack* § 96 Rn. 35; *Katholnigg* Rn. 7; *G. Schäfer* NStZ 1990, 46; *Meyer* JR 1984, 298; *Schlüchter* Rn. 472 I.
[233] BGHSt 44, 107 = NJW 1998, 3577 *Katholnigg* NStZ 1999, 40.
[234] OLG Hamm wistra 2005, 318.
[235] BGHSt 41, 36 = NJW 1995, 2569; *KK/Nack* § 96 StPO Rn. 15; krit. *Gössel* NStZ 1996, 289.

präventivpolizeilichen Gründen, für die der Justizminister unzuständig ist, nicht ausgesprochen werden konnte. Es handelt sich dann vielmehr um eine Regelung auf dem Gebiet des Strafrechts.[236]

151c **Anfechtungsberechtigt** ist die von der Sperrerklärung betroffene Person, nicht Gericht oder StA.[237] Letztere sind nach dem Grundsatz der Gewaltenteilung (Einl. Rn. 171) an die Sperrerklärung gebunden; ihnen bleibt nur, hiergegen im Rahmen der Aufklärungspflicht nach § 244 Abs. 2 StPO alle zulässigen und nicht von vornherein aussichtslosen Schritte zu unternehmen, um auf eine Änderung der behördlichen Entscheidung hinzuwirken[238] oder auf anderem Wege die erforderlichen Informationen zu erhalten.[239] Die Sperrerklärung beinhaltet nicht das Verbot einer inhaltlich entsprechenden Zeugenvernehmung.[240] Der Ansicht, eine offensichtlich willkürliche oder missbräuchliche Sperrerklärung sei nicht bindend,[241] kann angesichts der zu beachtenden Gewaltenteilung nicht gefolgt werden.

152 **Spurenakten.** Wurden solche Akten mit Erhebung der Anklage dem Gericht vorgelegt, ist dieses für die Akteneinsicht zuständig. Andernfalls sind sie nicht Bestandteil der Prozessakten, sondern verfahrensfremde Akten trotz ihrer Tatbezogenheit, weil sie nicht auf Grund des Verfahrens gegen den Angeklagten und des durch Tat und Täter bestimmten Prozessgegenstandes entstanden sind;[242] die Entscheidung über die Akteneinsicht ist demnach keine der gesonderten Anfechtung entzogene Prozesshandlung,[243] so dass die Verweigerung nach § 23 nachgeprüft werden kann.[244]

153 **Stiftungsaufsicht.** Ergehen Maßnahmen der Stiftungsaufsicht von Verwaltungsbehörden, sind sie keine Justizverwaltungsakte und im Verwaltungsrechtsweg anfechtbar.[245] Soweit die Aufsicht über Stiftungen des bürgerlichen Rechts nach landesrechtlichen Vorschriften den Justizbehörden obliegt, sind Einzelmaßnahmen auf diesem der freiwillige Gerichtsbarkeit zuzuordnenden Gebiet Justizverwaltungsakte, die vom Zivilsenat zu überprüfende sind.[246] Vgl. auch § 13 GVG Rn. 448.

154 **Strafvollstreckung.** Die auf § 180 StVollzG beruhende Neufassung von § 23 Abs. 1 (Rn. 4) hat sämtliche Maßnahmen im Bereich des Erwachsenenvollzugs aus dem Geltungsbereich der §§ 23 ff. herausgenommen und der Zuständigkeit der StrafVollstrK zugewiesen (§§ 109, 110 StVollzG; vgl. § 78a GVG Rn. 14) bis hin zu Baumaßnahmen in Vollzugsanstalten.[247] Das gilt aber nur im Rahmen typischer Aufgaben des Strafvollzugs, nicht etwa, wenn eine Verwaltungsbehörde im Wege der Amtshilfe Akten zur Einsicht des Gefangenen übersendet und Streit um die Ablichtung von Aktenteilen entsteht.[248] Nach § 171 StVollzG gelten §§ 109 ff. StVollzG entsprechend für den Vollzug gerichtlich angeordneter Ordnungs-, Sicherungs-, Zwangs- und Erzwingungshaft. Wegen der Subsidiari-

---

[236] OVG Münster NJW 1977, 1790; BayVGH NStZ 1992, 452; *Arloth* NStZ 1992, 96; *Meyer-Goßner* § 96 StPO Rn. 14; a. A. *LR/Böttcher* Rn. 26.
[237] *KK/Nack* § 96 StPO Rn. 33; *Meyer-Goßner* § 96 StPO Rn. 14.
[238] BVerfGE 57, 250, 282 = NJW 1981, 1719; BGHSt 36, 159 = NJW 1989, 3291; BGH NStZ 1989, 282.
[239] BGH NJW 1989, 3294.
[240] BGHSt 36, 159 = NJW 1989, 3291.
[241] KG NStZ 1989, 541.
[242] BGHSt 30, 131 = NStZ 1981, 361.
[243] Vgl. BVerfGE 63, 45, 59 = NJW 1983, 1043.
[244] OLG Hamm NStZ 1984, 423 m. zust. Anm. *Meyer-Goßner*.
[245] BVerwG NJW 1975, 893; KG NJW 1981, 1220.
[246] KG OLGZ 1965, 336; WM 1968, 856; 903; *Zöller/Gummer* Rn. 19; *BL/Hartmann* Rn. 4 unter Berufung auf BVerwG DVBl. 1973, 795, wo allerdings die Stiftungsaufsicht nicht einer Justizbehörde oblag, sondern der Regierung von Oberbayern.
[247] OVG Hamburg NJW 1993, 1153.
[248] VGH München NVwZ 1987, 613.

tät des Rechtsschutzes (Rn. 40) scheiden für die Anwendung von § 23 alle Maßnahmen aus, die schon nach §§ 458, 459h, 460 bis 462 StPO gerichtlicher Überprüfung unterliegen, z.B. auch die Strafzeitberechnung.[249] Das gilt gemäß § 463 StPO auch für die Maßregeln der Besserung und Sicherung. Danach verbleiben für §§ 23ff. im wesentlichen Anordnungen nach der StVollstrO, so auch die verweigerte Zustimmung nach § 26 Abs. 3 StVollstrO (§ 78a GVG Rn. 14). Die Beschwerdemöglichkeit nach § 21 StVollstrO ist Vorschaltverfahren im Sinne von § 24 Abs. 2. Die **ärztliche Versorgung** kann Gegenstand der Überprüfung nach § 23 sein. Nach h.M. hat der Gefangene zwar Anspruch auf sachgerechte medizinische Versorgung, aber grundsätzlich kein Recht auf freie Arztwahl und nicht auf eine bestimmte Behandlungsart oder Arznei.[250]

Einleitung der Vollstreckung: Die Ladung zum Strafantritt und die Einweisungsentscheidung können nach § 23 überprüft werden,[251] ebenso der Erlass eines Steckbriefs und die Anordnung anderer Fahndungsmaßnahmen nach § 34 StVollstrO.[252] Vgl. Vollstreckungshaftbefehl Rn. 168. **155**

Entscheidungen über die **Reihenfolge der Vollstreckung** mehrerer Freiheitsstrafen und Ersatzfreiheitsstrafen gemäß § 454b StPO fallen grundsätzlich in die Zuständigkeit der Strafgerichte (§ 458 StPO). Für Entscheidungen nach § 454b Abs. 2 Nr. 2 steht jedoch der Rechtsweg nach § 23 offen,[253] entsprechend für § 57 Abs. 2 Nr. 1 StGB[254] und § 43 StVollstrO.[255] Dagegen kann wegen des Verlangens auf Nachversicherung im Rahmen der Sozialversicherungsgesetze nicht der Rechtsweg nach § 23 beschritten werden, hier ist der Rechtsweg zu den Sozialgerichten zulässig[256] (§ 23 Abs. 3). Gegen die Ablehnung des Wochenendvollzugs ist die Anfechtung nach § 23 zulässig.[257] **156**

Ablehnung eines **Strafaufschubs:** Über § 456 Abs. 2 StPO hinaus kann ein Strafaufschub nur durch einen Gnadenakt erlangt werden;[258] die ablehnende Entscheidung nach § 456a StPO, § 17 StVollstrO (Absehen von Vollstreckung bei Ausländern und Ausweisung) ist nach § 23 anfechtbar.[259] **157**

Die Entscheidung der Vollstreckungsbehörde, die Vollstreckung nach **§ 35 BtMG** nicht zurückzustellen, kann nicht nach § 458 StPO angefochten werden, sondern nur im Verfahren nach § 23[260] nach Durchführung des Beschwerdeverfahrens nach § 21 StVollstrO.[261] Auch Weisungen und Auflagen, mit denen die Strafvollstreckungsbehörde die Zurückstellung der Strafvollstreckung nach § 35 BtMG verbindet, sind nach §§ 23ff. anfechtbar, weil bei Nichtbeachtung der Betroffene Gefahr läuft, dass die Zurückstellung widerrufen wird.[262] Dagegen ist die Weigerung des Gerichts des ersten Rechtszugs, der Zurückstellung zuzustimmen, nicht anfechtbar, auch nicht inzidenter im Rahmen der Anfechtung der darauf gestützten Entscheidung der Vollstreckungsbehörde.[263] Bei Ent- **158**

---

[249] OLG Stuttgart Justiz 1969, 23.
[250] OLG Hamm NJW 1976, 2312; OLG Frankfurt GA 1966, 57; OLG Bremen NJW 1964, 1194; 1960, 2261.
[251] OLG Stuttgart Rpfleger 1985, 207; OLG Frankfurt StV 2005, 564; NStZ-RR 2006, 253.
[252] *Pohlmann/Jabel/Wolf* § 21 Anm. 2a Nr. 8.
[253] BGH NJW 1991, 2030; OLG Frankfurt NStZ-RR 2005, 324.
[254] OLG Celle MDR 1990, 176.
[255] OLG Karlsruhe Justiz 2002, 602.
[256] OLG Bremen MDR 1966, 867; OLG Hamm NJW 1966, 607.
[257] OLG Frankfurt NJW 1967, 1384; a.A. OLG Hamm NJW 1967, 1870.
[258] OLG Stuttgart Rpfleger 1985, 207.
[259] OLG Hamburg NJW 1975, 1132.
[260] OLG Frankfurt MDR 1983, 156; OLG Karlsruhe NStZ 1982, 484; OLG Hamm NStZ 1986, 187; OLG Stuttgart NStZ 1986, 141.
[261] OLG Zweibrücken JR 1983, 168 m. zust. Anm. *Katholnigg* = StV 1982, 589; a.A. OLG Hamm NStZ 1982, 485.
[262] OLG Hamm NStZ 1986, 333 m. Anm. *Kreuzer*.
[263] OLG Zweibrücken JR 1983, 168; OLG Hamm GA 1989, 517; OLG Frankfurt StV 1989, 159.

scheidungen des Jugendrichters gilt dies selbst dann, wenn Vollstreckungsleiter (§ 82 JGG) und Gericht des ersten Rechtszuges (§ 35 BtMG) identisch sind. Die Entscheidung des Jugendrichters als Vollstreckungsbehörde ist somit nach §§ 23 ff. anfechtbar, nicht aber die richterliche Entscheidung zur Zurückstellung der Strafvollstreckung.[264]

159 **Unterbrechung.** Der Nachprüfung nach § 23 unterliegen die ablehnenden Entscheidungen über die Unterbrechung der Strafvollstreckung nur außerhalb des § 455 Abs. 4 StPO,[265] einschließlich ergangener Weisungen und Auflagen.[266] Auch Anträge lebenslang Inhaftierter auf Strafunterbrechung unterliegen der Nachprüfung nach § 23; § 45 StVollstrO steht dem nicht entgegen.[267] Die Unterbrechung aus sonstigen persönlichen Gründen ist dagegen, soweit nicht in §§ 35 f. StVollzG geregelt, als Gnadenentscheidung unanfechtbar (Rn. 129). Unanfechtbar ist auch die Unterbrechung nach § 455 a StPO.

160 **Im Justizvollzug:** Maßnahmen der Vollzugsbehörden unterliegen mit Ausnahme der in § 23 Abs. 1 Satz 2 genannten Bereiche der gerichtlichen Nachprüfung nach §§ 109 ff. StVollzG durch die StrafVollstrK. Zum **Jugendstrafvollzug** § 78 a GVG Rn. 10, 14.

161 **Außerhalb des Justizvollzugs:** Maßnahmen der Vollzugsbehörden im Vollzug derjenigen Freiheitsstrafen und Maßregeln der Besserung und Sicherung, die außerhalb des Justizvollzugs vollzogen werden (Abs. 1 Satz 2; vgl. § 78 a GVG). Hierher gehört z. B. der Vollzug von Freiheitsstrafen und Jugendarrest an Soldaten durch Behörden der Bundeswehr (Art. 5 Abs. 2 EGWStG, § 22 Abs. 3 StVollstrO – die §§ 109 ff. StVollzG sind nicht anwendbar). Bei Unterbringung in einem psychiatrischen Krankenhaus (§ 63 StGB) oder in einer Entziehungsanstalt (§ 64 StGB) nach §§ 136 ff. StVollzG entscheidet über Rechtsbehelfe die StrafVollstrK (§ 78 a Abs. 1 Satz 2 Nr. 2 GVG).

162 **Strafvollstreckung und Dritte:** Der Absender eines an einen Strafgefangenen gerichteten Briefs wird nicht dadurch in seinen Rechten verletzt, dass sein Brief angehalten und zu den Personalakten des Gefangenen genommen wird.[268] Über die Rechtmäßigkeit von Beschränkungen des Zutritts zu den Vollzugsanstalten wird im Verfahren nach § 23 entschieden.[269] Die Entscheidung einer StrafVollstrK über die von einem Angehörigen der Führungsaufsichtsstelle zur Betreuung eines Verurteilten begehrte Dienstreisegenehmigung ist kein Akt der Justizverwaltung, sondern eine richterliche Handlung, die nicht nach § 23 angefochten werden kann.[270] Gegen die Nichtzulassung oder den Widerruf der Zulassung als ehrenamtlicher Betreuer von Strafgefangenen ist nicht der Rechtsweg nach § 23, sondern nach § 109 StVollzG gegeben.[271] Die Ablehnung der Auskunft über den Aufenthalt eines Strafgefangenen durch die Justizbehörde, weil hierfür die gesetzliche Zuständigkeit einer anderen Institution bestehe, ist kein nach § 23 anfechtbarer Verwaltungsakt, weil sie nicht auf dem Gebiet der Strafrechtspflege handelt.[272] Auskünfte an Gläubiger eines Strafgefangenen über dessen Aufenthalt in der Vollzugsanstalt und die Vollzugsdauer sind nicht dem Vollzugsrecht zuzuordnen, weder dem Rechtsweg nach §§ 109 ff. StVollzG noch § 23.[273]

---

[264] OLG Stuttgart NStZ 1986, 141; für einheitliche Betrachtung als (nur) richterliche Handlung OLG Hamm JR 1988, 259 m. abl. Anm. *Katholnigg.*
[265] OLG Karlsruhe NStZ 1988, 525.
[266] OLG Hamm StV 1988, 24 m. zust. Anm. *Schneider.*
[267] OLG Hamburg NStZ 1982, 264; OLG Hamm NJW 1973, 1090.
[268] OLG Koblenz MDR 1973, 158.
[269] KG GA 1977, 115.
[270] OLG Hamm MDR 1984, 249.
[271] OLG Karlsruhe MDR 1985, 345.
[272] OLG Hamburg MDR 1985, 431.
[273] OLG Hamburg NStZ 1985, 236; KG GA 1986, 456.

Unterbringung. Gegen die Art und Weise der Vollstreckung der Unterbringung 163
nach §§ 63 ff. StGB ist der Rechtsweg nach § 23 gegeben.[274] Bei Versagung einer
Gewährung von Ausgang nach § 26 Abs. 2 UBGBaWü ist die der zuständigen
Stelle gegenüber erklärte Verweigerung der Zustimmung der StA nicht nach § 23
anfechtbar, weil sie keine unmittelbare Rechtswirkung gegen den Untergebrachten entfaltet.[275] Werden einem im Rahmen des § 63 StGB Untergebrachten Medikamente mittels Injektion zugeführt, hat dies den Rechtscharakter einer Maßnahme im Sinne der §§ 23 ff., weil auch schlicht hoheitliches Handeln darunter
fällt. Es kommt jedoch nur ein Antrag nach § 28 Abs. 1 Satz 4 in Betracht.[276]

Untersuchungsausschuss. Streitigkeiten um die Rechts- und Amtshilfe sind ab- 164
weichend von früheren Regelungen[277] im Rechtsweg nach § 36 UAG zu entscheiden (Einl. Rn. 175). Dasselbe gilt für Maßnahmen des Untersuchungsausschusses im Rahmen seiner Beweiserhebungen (Einl. Rn. 177 ff.).

Untersuchungshaft. Wegen der Subsidiarität nach Abs. 3 (Rn. 6) sind die meis- 165
ten Maßnahmen im Bereich des Vollzugs der U-Haft dem Antragsverfahren nach
§ 23 entzogen; es entscheidet nach § 119 Abs. 6 StPO der Haftrichter,[278] z. B.
welche Vorrichtungen nach § 148 Abs. 2 Satz 3 StPO zu verwenden sind, etwa
Sprechzellen. Der Rechtsweg nach § 23 ist nur zulässig gegen die konkrete Art
der Ausgestaltung der zugewiesenen Sprechzellen.[279] Der Haftrichter entscheidet
über den Einkauf von Nahrungs- und Genussmitteln durch den U-Gefangenen,[280] über dessen Teilnahme an Gemeinschaftsveranstaltungen,[281] über die Telefonerlaubnis[282] oder wenn geltend gemacht wird, eine Anordnung der Anstaltsleitung verstoße gegen eine andere Anordnung des Haftrichters. Gegen die
Weigerung der Anstalt, Weisungen des Haftrichters entgegenzunehmen, gibt es
nur die DAufsBeschw.[283] § 23 gilt mithin im Wesentlichen für Maßnahmen des
Leiters der Vollzugsanstalt, die der Haftrichter nicht abstellen kann[284] oder die
abzuändern nicht in der Kompetenz des Haftrichters liegt, weil sie allgemein der
Aufrechterhaltung der Sicherheit und Ordnung in der Anstalt dienen,[285] so wenn
der Inhaftierte über die in Nr. 55 UVollzO hinaus eingeräumte Freistunde Hofgang begehrt, weil es hier darum geht, ob das erlaubte Maß an Freiheitsbeschränkung durch den Leiter der JVA überschritten wurde.[286] Dasselbe gilt für
die Entscheidung der Vollzugsanstalt über eine Beschäftigung, während die Entscheidung des Haftrichters über eine Zustimmung hierzu mit der Beschwerde
nach § 304 StPO anzufechten ist.[287] Der Rechtsweg nach § 23 ist eröffnet für
Anordnungen, die alle Besucher, auch Rechtsanwälte, bestimmten Durchsuchungsmaßnahmen unterwerfen[288] oder die einen Besuch von weiteren Voraussetzungen als einer Besuchserlaubnis, etwa Nachweis der Identität, abhängig machen.[289] Der Rechtsweg nach §§ 23 ff. ist weiter eröffnet bei Anordnungen, den

---

[274] OLG Hamburg NStZ 1988, 242.
[275] OLG Stuttgart MDR 1986, 780.
[276] OLG Hamm StV 1982, 125.
[277] BGH NJW 2001, 1077: § 23 EGGVG.
[278] KG GA 1978, 81.
[279] KG JR 1979, 519.
[280] OLG Oldenburg NJW 1979, 731.
[281] OLG Braunschweig NStZ 1990, 608.
[282] OLG Schleswig SchlHA 2005, 257.
[283] OLG Hamm NJW 1965, 1554; OLG Karlsruhe Justiz 1972, 109.
[284] KG GA 1978, 81; OLG Frankfurt NStZ-RR 2005, 220.
[285] OLG Brandenburg ZfStrVO 2005, 123.
[286] OLG Hamm NStZ 1981, 156.
[287] OLG Hamburg NStZ 2005, 292.
[288] BGHSt 29, 135 = NJW 1980, 351; OLG Saarbrücken NJW 1978, 1446; a. A. OLG Hamm AnwBl. 1979, 189; zu Anordnungen des Justizministers, die den Zutritt zur JVA beschränken, OLG Frankfurt NJW 1977, 2177.
[289] OLG Hamburg 13. 3. 2006 – 3 VAs 3/06 –.

Zugang von Verteidigern zu ihren Mandanten generell von der Vorlage eines Dauersprechscheines abhängig zu machen,[290] über die Ausgestaltung der Sprechzellen für die Überwachung nach § 148 Abs. 2 S. 3 StPO[291] und über die Anstaltsverpflegung.[292] Der Rechtsweg nach § 23 ist weiter eröffnet über die Zuweisung eines Haftraums,[293] die Ausstattung der Zellen,[294] die ärztliche Versorgung innerhalb der Anstalt[295] oder die Verweigerung der ärztlichen Betreuung durch Einrichtungen und Ärzte außerhalb der Anstalt.[296] Die Zuständigkeit des Haftrichters ist dagegen gegeben, wenn ein Arzt von außerhalb hinzugezogen werden soll[297] (Verkehr mit der Außenwelt). Der Haftrichter ist auch zuständig bei einem Streit über die gemeinsame Unterbringung mit einem anderen Gefangenen.[298] Der Rechtsweg nach § 23 ist eröffnet für den Antrag auf Erhöhung der nach dem Paketmerkblatt festgesetzten Gewichtsgrenze.[299] Weiter ist der Rechtsweg nach § 23 gegeben für Leistungen der Anstalt anderer Art.[300]

166 Urkundsbeamter der Geschäftsstelle. Seine Tätigkeit ist grundsätzlich dem Bereich der RSpr (Rn. 9) zuzuordnen, so dass hiergegen nur mit den in den Prozessordnungen vorgesehenen Rechtsbehelfen vorgegangen werden kann. Zum Vollzug von Kostengesetzen § 30a Rn. 2.

167 Verwarnung, polizeiliche. Gegen Verwarnung und Verwarnungsgeld nach § 56 OWiG kann gemäß § 62 OWiG die gerichtliche Entscheidung begehrt werden, § 23 ist ausgeschlossen.[301]

168 Vollstreckungshaftbefehl. Ein Vollstreckungshaftbefehl nach § 457 StPO, § 33 StVollstrO kann, da ein Antrag auf gerichtliche Entscheidung nicht vorgesehen ist (vgl. §§ 458 Abs. 2, 459h, 462 StPO), im Verfahren nach § 23 auf seine Rechtmäßigkeit nachgeprüft werden.[302] Beim vollzogenen, mit Überführung des Verurteilten in Strafhaft erledigten und gegenstandslos gewordenen Vollstreckungshaftbefehl (der Vollzug der Strafhaft beruht nicht mehr auf dem Vollstreckungshaftbefehl, sondern auf der zu vollstreckenden richterlichen Entscheidung) kommt nur noch die Feststellung nach § 28 Abs. 1 Satz 4 in Frage[303] (§ 28 Rn. 18).

169 Zutritt zu Justizgebäuden. Bei Verweigerung des Zutritts kraft Hausrechts ist der Verwaltungsrechtsweg gegeben (vgl. § 13 GVG Rn. 367). Maßnahmen der Sitzungspolizei sind unanfechtbar (176 GVG Rn. 48).

170 Zwangsverwalter. Die Grundsätze für Auswahl und Bestellung eines Insolvenzverwalters (Rn. 131a) müssen auch hier gelten.[304]

§ 24. [Zulässigkeit des Antrages]

(1) **Der Antrag auf gerichtliche Entscheidung ist nur zulässig, wenn der Antragsteller geltend macht, durch die Maßnahme oder ihre Ablehnung oder Unterlassung in seinen Rechten verletzt zu sein.**

---

[290] OLG Frankfurt NStZ 1982, 134.
[291] KG JR 1979, 519.
[292] OLG Oldenburg NJW 1979, 731: Haftrichter bei Verfügung des Anstaltsleiters, die den zusätzlichen Lebensmitteleinkauf beschränkt.
[293] OLG Karlsruhe NStZ 2005, 56; NStZ-RR 2005, 191.
[294] KG GA 1978, 82; Regelung der Dauer der Zellenbeleuchtung; OLG Karlsruhe NStZ 2005, 56.
[295] OLG Frankfurt GA 1966, 57; NStZ-RR 2005, 220; OLG Hamburg NJW 1964, 87.
[296] OLG Hamburg NJW 1982, 2133.
[297] OLG Schleswig SchlHA 2005, 257.
[298] OLG Karlsruhe NStZ 2005, 56; OLG Frankfurt NStZ-RR 2005, 220.
[299] OLG Hamm NStZ 1982, 134.
[300] OLG Hamburg NJW 1967, 168.
[301] OLG Hamburg NJW 1987, 2173.
[302] OLG Saarbrücken NJW 1973, 1010; OLG Hamm NStZ 1982, 524; OLG Düsseldorf StV 1986, 27; *Amelung* NJW 1979, 1687; *Meyer-Goßner* § 457 StPO Rn. 16.
[303] OLG Hamm NStZ 1982, 524.
[304] *Drasdo* NJW 2005, 1549; einschr. OLG Koblenz ZIP 2005, 2273.

(2) Soweit Maßnahmen der Justiz- oder Vollzugsbehörden der Beschwerde oder einem anderen förmlichen Rechtsbehelf im Verwaltungsverfahren unterliegen, kann der Antrag auf gerichtliche Entscheidung erst nach vorausgegangenem Beschwerdeverfahren gestellt werden.

Gesetzesfassung: Vgl. § 23 Rn. 1.

I. Rechtsbeeinträchtigung. Zur Zulässigkeit des Antrags ist nach Abs. 1, der fast wörtlich mit § 42 Abs. 2 VwGO übereinstimmt, erforderlich, dass der Antragsteller geltend macht, **in seinen Rechten verletzt** zu sein. Er muss also (gegebenenfalls nach Aufforderung zur Ergänzung) substantiiert einen Justizverwaltungsakt und einen Sachverhalt dartun, aus dem sich eine Rechtsbeeinträchtigung durch die angefochtene oder unterlassene Maßnahme feststellen lässt;[1] allgemeine Redewendungen genügen nicht.[2] Da es um eine der Klagebefugnis entsprechende Zulässigkeitsvoraussetzung geht, ist nicht zu prüfen, ob der Vortrag wahr ist[3] oder die angefochtene Maßnahme bzw. die Unterlassung rechtswidrig war; beides betrifft die Begründetheit des Antrags. 1

Beim Aufhebungsantrag (§ 23 Abs. 1) ergibt sich danach die Zulässigkeit regelmäßig aus dem ergangenen Justizverwaltungsakt selbst. Beim Verpflichtungsantrag (§ 23 Abs. 2) muss der Antragsteller dartun, dass er einen Rechtsanspruch auf den abgelehnten oder unterlassenen Justizverwaltungsakt hat. Stellt sich die angegriffene oder begehrte Maßnahme nicht als Justizverwaltungsakt (§ 23 Rn. 23 ff.) dar, ist der Antrag bereits wegen fehlender Eröffnung des Rechtswegs nach § 23 als unzulässig abzuweisen. 2

Immer muss es sich um eine **Rechtsverletzung** und nicht lediglich um eine Beeinträchtigung von persönlichen oder wirtschaftlichen Interessen handeln. Begehrt z. B. der Antragsteller eine behördliche Auskunft, so muss er darlegen, dass er einen Rechtsanspruch auf Erteilung hat.[4] Bei einer Ermessensentscheidung liegt eine Rechtsverletzung nur bei Ermessensmissbrauch oder bei Willkür vor, ferner beim Verstoß gegen den Gleichbehandlungsgrundsatz.[5] Allerdings folgt auch aus einer mehrfach gleichen Entscheidung noch kein Recht auf Gleichbehandlung, vielmehr muss eine stetige Verwaltungspraxis bestehen.[6] Ein Strafgefangener hat keinen Anspruch auf Strafunterbrechung nach § 455 a StPO aus Gründen der Vollzugsorganisation.[7] Zur Nachprüfung von Gnadenentscheidungen § 23 Rn. 129, zu Ermessensentscheidungen § 28 Rn. 3. Der Antrag ist unzulässig, wenn ein Justizverwaltungsakt oder eine Rechtsverletzung nicht in Betracht kommen kann. 3

Ausgeschlossen sind grundsätzlich Anträge **Dritter,** die nicht Adressaten des angefochtenen Justizverwaltungsakts sind[8] und deren rechtlich geschützte Individualinteressen nicht betroffen sind.[9] Der Antrag eines Anwaltsvereins, der in einer JVA Rechtsberatung organisiert, gegen allgemein angeordnete Beschränkungen und Kontrollen einzelner Mitglieder ist unzulässig.[10] Justizverwaltungsakte mit Dritt- oder Doppelwirkung sind anders als im allgemeinen Verwaltungsrecht nicht denkbar,[11] so dass auch eine Beiladung etwa analog § 65 VwGO nicht in Betracht 4

---

[1] OLG Bremen NJW 1960, 2261; OLG Hamm MDR 1983, 602; OLG Karlsruhe NStZ 1991, 50.
[2] Vgl. KG NJW 1969, 151.
[3] KG DVBl. 1960, 812; *Meyer-Goßner* Rn. 1.
[4] Vgl. OLG Hamburg MDR 1965, 224.
[5] Vgl. BGHSt 21, 316 = NJW 1967, 2368.
[6] OLG Hamburg NJW 1975, 1133 für eine Entscheidung nach § 456 a StPO.
[7] OLG Karlsruhe Rpfleger 2005, 162.
[8] Vgl. OLG Hamm MDR 1967, 137: kein Antragsrecht eines Vereins, dessen Vorstandsmitglied die Zulassung als Prozessagent versagt wurde.
[9] *Bernhard* JZ 1963, 302.
[10] OLG Hamm NStZ 1988, 93.
[11] Bedenklich OLG Bremen – VAs 5/74 – bei *Böttcher/Grote* NJW 1974, 1647; zust. *LR/Böttcher* Rn. 5 zum Antragsrecht der Angehörigen bei Fahndungsmaßnahmen der Polizei.

kommt. Zur (andersgelagerten) Beteiligung des GStA nach § 309 Abs. 1 StPO vgl. § 29 Rn. 20.

5   **II. Vorschaltverfahren.** Nach Abs. 2 ist ein Antrag auf gerichtliche Entscheidung unzulässig, wenn ein vorgeschriebenes Verwaltungsverfahren zur Überprüfung der Entscheidung der Justizbehörde (Vorschaltverfahren) noch nicht durchlaufen ist. Es handelt sich hierbei um eine von Amts wegen zu prüfende Verfahrensvoraussetzung.[12] Abzustellen ist auf den Zeitpunkt der Entscheidung des OLG.[13] Ist die Frist für den Rechtsbehelf erfolglos verstrichen, ist der Antrag unzulässig. Wurde jedoch das Vorschaltverfahren durchgeführt, ist der Antrag auch dann zulässig, wenn die Frist für den Rechtsbehelf verstrichen war, die Justizbehörde aber gleichwohl in der Sache entschieden hat, denn die Versäumung der Frist befreit die Behörde nur von der Verpflichtung zur Entscheidung, lässt ihre Sachherrschaft und ihr Ermessen zur sachlichen Überprüfung jedoch unberührt.[14] Verkennt die Behörde ihre Entscheidungsfreiheit, auch über einen verspäteten Rechtsbehelf sachlich zu entscheiden, liegt ein Ermessensfehler vor.[15] Die Prüfung des OLG beschränkt sich darauf, ob das Vorschaltverfahren tatsächlich durchgeführt wurde ohne Rücksicht auf das Ergebnis, es sei denn, dass der ursprüngliche Justizverwaltungsakt eine Änderung erfahren hat, dann kommt es nur noch auf seinen sich aus dem Vorschaltverfahren ergebenden Inhalt an (vgl. § 23 Rn. 49).

6   Die Begriffe „Beschwerde" und „förmlicher Rechtsbehelf" sind weit auszulegen.[16] Das Vorverfahren muss nicht durch Rechtsnormen geregelt sein, es genügen Verwaltungsvorschriften, auch der Länder. Auch die Beschwerde nach § 21 StVollstrO ist deshalb ein Rechtsbehelf nach Abs. 2,[17] ebenso die im Verfahren der Zulassung als Prozessagent (§ 23 Rn. 140) in einigen Ländern vorgesehene Beschwerde an den OLG-Präsidenten nach § 5 Abs. 2 der AV des Reichsjustizministers (DJ 1935, 486).[18] Im Wege der konkurrierenden Gesetzgebung ist in Abs. 2 lediglich bestimmt, dass dann, wenn ein verwaltungsrechtliches Vorverfahren eröffnet ist, der Antrag auf gerichtliche Entscheidung erst nach dessen Abschluss gestellt werden kann. Ob und Wie des Vorverfahrens sind dagegen den Ländern vorbehalten, deren Entscheidungsfreiheit über die Form auch nicht durch die Begriffe „Beschwerde oder andere förmliche Rechtsbehelfe" eingeschränkt ist. Die Formulierung sollte, wie die Entstehungsgeschichte zeigt, lediglich klarstellen, dass DAufsBeschw und Gegenvorstellungen nicht eingeschlossen sein sollten.[19]

7   Dem steht auch nicht entgegen, dass damit eine VerwAO den Zugang zum Gericht regeln kann. Dem hierfür erforderlichen Gesetzesvorbehalt ist durch Abs. 2 Genüge getan (vgl. § 23 Rn. 8). Allerdings muss gewährleistet sein, dass eine solche VerwAO in den entsprechenden Verkündungsblättern allgemein bekanntgemacht und gegenüber jedermann gleich gehandhabt wird.[20]

8   DAufsBeschw und die tatsächliche Möglichkeit, durch formlose Anrufung einer vorgesetzten Behörde zur Änderung der angefochtenen Entscheidung zu gelangen,

---

[12] SchlHOLG SchlHAnz 1961, 249; *LR/Böttcher* Rn. 9.
[13] OLG Hamm NStZ 1982, 134; *Karstendiek* DRiZ 1977, 50; *Meyer-Goßner* Rn. 4.
[14] BVerwG DVBl. 1979, 819; BSG MDR 1980, 699; OLG Celle NJW 1969, 522; *Karstendiek* DRiZ 1977, 50; a. A. OLG Oldenburg NdsRpfl 1968, 234; OLG Stuttgart NJW 1970, 718; *Meyer-Goßner* Rn. 4; *LR/Böttcher* Rn. 9.
[15] VGH Mannheim Justiz 1980, 34.
[16] BVerfGE 40, 237 = NJW 1976, 34; OLG Oldenburg NStZ 1991, 512.
[17] OLG Hamm NStZ 1988, 380; OLG Oldenburg aaO.; OLG Hamburg MDR 1981, 607; HmbJVBl. 2004, 88; zur Frage, ob das Vorschaltverfahren auch nach Entscheidungen der Obersten Justizbehörde erforderlich ist, OLG Schleswig NStZ-RR 2007, 324 m. w. N.
[18] BGHZ 46, 354 = NJW 1967, 927.
[19] Vgl. BVerfGE 40, 237 = NJW 1976, 34.
[20] BVerfGE 40, 237 = NJW 1976, 34; hiermit dürften frühere engere Auffassungen (vgl. KG NJW 1967, 1870 m. w. N.) überholt sein; *LR/Böttcher* Rn. 11; *Meyer-Goßner* Rn. 5; *Zöller/Gummer* Rn. 3.

sind keine dem Vorschaltverfahren entsprechenden Rechtsbehelfe,[21] sie stehen also weder dem Antrag auf gerichtliche Entscheidung entgegen noch hemmt ihr Gebrauch den Lauf der Antragsfrist nach § 26 Abs. 1.

III. Keine aufschiebende Wirkung. Der Antrag hat im Gegensatz zu § 80 VwGO keine aufschiebende Wirkung. Das Gericht kann aber die **Vollziehung** einer ergangenen Maßnahme **aussetzen** (§ 28 Rn. 24). 9

§ 25. [Zuständigkeit des OLG oder des obersten Landesgerichts]

(1) ¹Über den Antrag entscheidet ein Zivilsenat oder, wenn der Antrag eine Angelegenheit der Strafrechtspflege oder des Vollzugs betrifft, ein Strafsenat des Oberlandesgerichts, in dessen Bezirk die Justiz- oder Vollzugsbehörde ihren Sitz hat. ²Ist ein Beschwerdeverfahren (§ 24 Abs. 2) vorausgegangen, so ist das Oberlandesgericht zuständig, in dessen Bezirk die Beschwerdebehörde ihren Sitz hat.

(2) Ein Land, in dem mehrere Oberlandesgerichte errichtet sind, kann durch Gesetz die nach Absatz 1 zur Zuständigkeit des Zivilsenats oder des Strafsenats gehörenden Entscheidungen ausschließlich einem der Oberlandesgerichte oder dem Obersten Landesgericht zuweisen.

Gesetzesfassung: Vgl. § 23 Rn. 1.

Die Vorschrift bestimmt als **zuständiges Gericht das OLG.** Es handelt sich um einen ausschließlichen Gerichtsstand, der die sachliche Zuständigkeit des OLG, funktionell die eines Zivil- oder Strafsenats begründet. 1

Örtlich zuständig ist das OLG, in dessen Bezirk die den Justizverwaltungsakt erlassende Behörde ihren Sitz hat (Abs. 1 Satz 1). Bei vorausgegangenem Vorverfahren nach § 24 Abs. 2 bestimmt sich die Zuständigkeit nach dem Sitz der Beschwerdebehörde (Abs. 1 Satz 2). Das gilt auch für Bundesbehörden. So ist für Anträge auf dem Gebiet des Bundeszentralregisters wegen § 1 BZRG nach Errichtung des Bundesamts für Justiz (BGBl. 2006 I S. 3171) nunmehr grundsätzlich das OLG Köln zuständig,[1] wird aber eine Beschwerdeentscheidung des BMdJ angegriffen, das KG.[2] 2

Abs. 2 enthält eine **Konzentrationsermächtigung** (vgl. § 23 c GVG Rn. 1). 3

§ 26. [Antragsfrist]

(1) Der Antrag auf gerichtliche Entscheidung muß innerhalb eines Monats nach Zustellung oder schriftlicher Bekanntgabe des Bescheides oder, soweit ein Beschwerdeverfahren (§ 24 Abs. 2) vorausgegangen ist, nach Zustellung des Beschwerdebescheides schriftlich oder zur Niederschrift der Geschäftsstelle des Oberlandesgerichts oder eines Amtsgerichts gestellt werden.

(2) War der Antragsteller ohne Verschulden verhindert, die Frist einzuhalten, so ist ihm auf Antrag Wiedereinsetzung in den vorigen Stand zu gewähren.

(3) ¹Der Antrag auf Wiedereinsetzung ist binnen zwei Wochen nach Wegfall des Hindernisses zu stellen. ²Die Tatsachen zur Begründung des Antrags sind bei der Antragstellung oder im Verfahren über den Antrag glaubhaft zu machen. ³Innerhalb der Antragsfrist ist die versäumte Rechtshandlung nachzuholen. ⁴Ist dies geschehen, so kann die Wiedereinsetzung auch ohne Antrag gewährt werden.

---

[21] OLG Celle NdsRpfl 1965, 103; *LR/Böttcher* Rn. 10; *BL/Hartmann* Rn. 4, jeweils m. w. N.; *Zöller/Gummer* Rn. 3.
[1] Vgl. bisher *LR/Böttcher* Rn. 2; *Meyer-Goßner* Rn. 1; *Götz* NJW 1963, 1815.
[2] OLG Hamm JMBlNRW 1988, 94; *Katholnigg* Rn. 3.

(4) **Nach einem Jahr seit dem Ende der versäumten Frist ist der Antrag auf Wiedereinsetzung unzulässig, außer wenn der Antrag vor Ablauf der Jahresfrist infolge höherer Gewalt unmöglich war.**

Übersicht

	Rn.		Rn.
I. Frist für den Antrag	1	3. Sonstige	21
1. Frist	1	III. Weitere Voraussetzungen	22
2. Fristbeginn	3	1. Sprache	22
3. Rechtsmittelbelehrung	8	2. Inhalt	23
4. Wiedereinsetzung	10	3. Verhandlungsfähigkeit	24
II. Form des Antrags	19	4. Kein Anwaltszwang	25
1. Schriftlich	19	5. Rücknahme	26
2. Mündlich	20		

Gesetzesfassung: Vgl. § 23 Rn. 1.

1 **I. Frist für den Antrag. 1.** § 26 regelt die Form für den Antrag auf gerichtliche Entscheidung und setzt eine Frist. Diese Frist gilt nur für den Antrag auf Aufhebung eines erlassenen oder auf Erlass eines abgelehnten Justizverwaltungsakts; im Falle der Untätigkeit gilt die besondere Frist des § 27 Abs. 3.

2 Der Antrag auf gerichtliche Entscheidung ist innerhalb einer gesetzlichen **Ausschlussfrist von einem Monat** zu stellen (Abs. 1). Die Frist berechnet sich gemäß § 29 Abs. 2 vor dem Zivilsenat nach § 17 FGG in Verbindung mit §§ 186 ff. BGB, vor dem Strafsenat nach dem inhaltsgleichen § 43 StPO.

3 **2.** Die Frist **beginnt** mit der Zustellung oder der schriftlichen Bekanntgabe des Bescheids. Bei förmlichen Zustellungen sind im Zweifel die Vorschriften des VerwZustellG maßgebend,[1] sonst genügt die Aushändigung des schriftlichen Bescheids an den Betroffenen oder der Zugang. Soweit auch mündliche Bescheide und Realakte anfechtbar sind (vgl. § 23 Rn. 24), läuft keine Anfechtungsfrist,[2] auch nicht bei mündlicher Bekanntgabe eines schriftlichen Bescheids.[3] Da es allein Sache der den Verwaltungsakt erlassenden Behörde ist, diesen ordnungsgemäß bekannt zu machen, ändert daran nichts, wenn eine DAufsBeschw gegen den nur mündlich bekanntgegebenen Bescheid mit derselben Begründung schriftlich beschieden wurde. Etwas anderes kann nur gelten, wenn die Dienstaufsichtsbehörde die Aufgabe selbst an sich zieht und nunmehr selbst einen eigenständigen Bescheid erlässt.[4]

4 Wird eine Anfechtungsfrist nicht in Lauf gesetzt, kann und muss der Betroffene gleichwohl den Antrag auf gerichtliche Entscheidung stellen. Obwohl keine Ausschlussfrist besteht, kann langes Zuwarten zur Verwirkung des Antragsrechts führen[5] (vgl. Einl. Rn. 207). Die gesetzlichen Ausschlussfristen von einem Jahr (§ 58 Abs. 2 VwGO, § 113 StVollzG, § 27 Abs. 3 EGGVG) bieten einen Anhalt.[6]

5 Bei vorausgegangenem **Vorschaltverfahren** nach § 24 Abs. 2 setzt nur die förmliche Zustellung des Beschwerdebescheides die Frist in Lauf, so dass ein anderweitiges Bekanntwerden ohne Bedeutung ist.

---

[1] *BL/Hartmann* Rn. 2; a. A. *LR/Böttcher* für das Verfahren vor dem Strafsenat wegen § 37 StPO: ZPO.

[2] BGH NJW 1963, 1789; KG GA 1976, 343; OLG München NJW 1973, 1293; OLG Hamm NStZ 1984, 136; OLG Frankfurt NStZ-RR 2004, 29; 2005, 220; OLG Karlsruhe NStZ-RR 2005, 191; *LR/Böttcher* Rn. 2; *Meyer-Goßner* Rn. 4.

[3] KG GA 1976, 342.

[4] KG GA 1976, 343.

[5] BVerwGE 7, 54; OLG Bremen MDR 1966, 867; *LR/Böttcher* Rn. 4; *BL/Hartmann* Rn. 2; grundsätzlich zur Verwirkung der Befugnis zur Anrufung des Gerichts: BVerfGE 32, 305 = NJW 1972, 675.

[6] OLG Frankfurt NStZ-RR 2004, 29; 2005, 220; OLG Karlsruhe NStZ-RR 2005, 191; *BL/Hartmann* Rn. 2.

Ist auch die **Vollziehung** ein Justizverwaltungsakt, setzt sie eine selbstständige **6** Frist in Gang. Die Anfechtung erfasst aber nur Mängel der Vollziehung, wenn der zugrunde liegende Justizverwaltungsakt nicht mehr anfechtbar ist.[7]

Auf die **Nichtigkeit** (Unwirksamkeit) des Justizverwaltungsakts kann sich der **7** Betroffene jederzeit berufen, aber im Interesse der Rechtsklarheit auch den Antrag nach § 23 stellen, ohne die Frist des Abs. 1 einhalten zu müssen.[8]

3. Eine fehlende **Rechtsmittelbelehrung** ändert am Fristbeginn nichts.[9] Aus **8** §§ 23 ff. ergibt sich keine Verpflichtung der Behörde zur Rechtsmittelbelehrung. §§ 58, 73 Abs. 3 VwGO (§ 59 VwGO gilt ohnehin nur für Bundesbehörden) sind nicht anwendbar. Die Verfahren nach dem FGG und nach der ZPO kennen keine Rechtsmittelbelehrung; der sie anordnende § 35a StPO gilt nach § 29 Abs. 2 nicht für das Verfahren der Justizverwaltungsbehörde, sondern erst für das Verfahren vor dem Strafsenat. § 79 VwVfG ist in seiner direkten Anwendbarkeit durch § 2 Abs. 3 Nr. 1 VwVfG ausgeschlossen. Es ist allerdings nicht zu verkennen, dass der Zug der Gesetzgebung dahin geht, dem Bürger in immer weiterem Umfang einen Anspruch auf Belehrung darüber zu geben, wie er gegenüber Maßnahmen der Behörde sein Recht wahren kann (vgl. § 16 GVG Rn. 118). Das BVerfG hat die Frage, ob aus Art. 19 Abs. 4 GG eine Pflicht abzuleiten ist, belastende staatliche Akte mit einer Rechtsbehelfsbelehrung zu versehen, bislang dahinstehen lassen;[10] im konkreten Fall war eine jedenfalls ausreichende generelle Belehrung über den in derartigen Fällen gegebenen Rechtsbehelf erteilt worden.

Auch wenn man danach die Rechtsmittelbelehrung für den Fristenlauf entbehrlich ist, **9** ist ihr Fehlen regelmäßig Wiedereinsetzungsgrund (Rn. 16).

4. Gegen die Versäumung der Antragsfrist ist die **Wiedereinsetzung** in den vo- **10** rigen Stand nach Maßgabe der Abs. 2 bis 4 möglich. Die Regelung ist § 60 Abs. 1 bis 3 VwGO nachgebildet, so dass zur Auslegung die dort entwickelten Grundsätze heranzuziehen sind, die ihrerseits in § 32 VwVfG ihren Niederschlag gefunden haben; nicht anzuwenden ist deshalb § 44 StPO.[11]

a) **Wiedereinsetzungsgründe.** Die Fristversäumung muss **unverschuldet** **11** sein. Der Betroffene muss mithin die Sorgfalt walten lassen, die für einen gewissenhaften, seine Rechte und Pflichten sachgerecht wahrnehmenden Beteiligten geboten und ihm nach den gesamten Umständen zumutbar sind. Die Anforderungen dürfen aber nicht überspannt werden;[12] im Allgemeinen wird eine gewisse Großzügigkeit angebracht sein. Art. 19 Abs. 4 GG garantiert nicht nur das formelle Recht, die Gerichte anzurufen, sondern auch die Effektivität des Rechtsschutzes. Der Bürger hat einen Anspruch auf eine tatsächlich wirksame gerichtliche Kontrolle[13] (vgl. Einl. Rn. 229), das Rechtsinstitut der Wiedereinsetzung dient unmittelbar der Gewährleistung des verfassungsrechtlich verbrieften Rechtsschutzes[14] (vgl. § 16 GVG Rn. 114).

Unkenntnis der Zustellung. Hat der Antragsteller eine ständige Wohnung, **12** braucht er für die Zeit vorübergehender, insbesondere urlaubsbedingter Abwesenheit keine besonderen Vorkehrungen wegen möglicher Zustellungen gleich welcher Art zu treffen (§ 16 GVG Rn. 114). Wegen der Schwierigkeiten bei der Nachsendung und der Wahrung der Frist vom Urlaubsort bliebe ansonsten nur die

---

[7] *LR/Böttcher* Rn. 6.
[8] *LR/Böttcher* Rn. 5.
[9] BGH NJW 1974, 1335; OLG Hamburg NJW 1968, 854; OLG Hamm GA 1968, 310; OLG Oldenburg NJW 1973, 2000; *Altenhain* JZ 1966, 16, 18; *LR/Böttcher* Rn. 7; *BL/Hartmann* Rn. 2; *Zöller/Gummer* Rn. 3; *Meyer-Goßner* Rn. 5.
[10] BVerfGE 40, 237, 258 = NJW 1976, 34, 37.
[11] OLG Hamm GA 1968, 310; *LR/Böttcher* Rn. 8.
[12] BVerwG NJW 1975, 1574.
[13] BVerfGE 35, 263, 274 = NJW 1973, 1491.
[14] BVerfGE 41, 332 = NJW 1976, 1537; *Gerlich* NJW 1976, 1526; BAG NJW 1972, 887.

Bestellung einer Zustellungsbevollmächtigten, was jedenfalls bei kürzerer Abwesenheit (maximal 6 Wochen) nicht zumutbar wäre.[15] Verschuldet ist die Unkenntnis dagegen, wenn sie auf unterlassenen allgemeinen Vorkehrungen zum Empfang von Zustellungen beruht, die bei An- und Abwesenheit gleichermaßen zu verlangen sind. Hierzu gehört insbesondere ein ordnungsgemäßer Briefkasten, der einem Verlust des Benachrichtigungszettels über die Zustellung durch Niederlegung vorbeugt.[16]

13 **Verspäteter Eingang** der Antragsschrift: Bedient der Antragsteller sich für die Beförderung der Post, so hat er lediglich den regelmäßigen Beförderungsablauf einzukalkulieren. Ein verzögerter Postablauf begründet die Wiedereinsetzung (vgl. § 16 GVG Rn. 114). Aus dem Grundsatz, dass Fristen grundsätzlich voll ausgenützt werden dürfen (§ 16 GVG Rn. 105), folgt, dass die schriftliche Einlegung bis 24.00 Uhr des Fristende-Tages möglich sein muss. Ist dies aus organisatorischen Gründen nicht der Fall, so wirkt die tatsächliche Einlegung auch bei späterem Zugang zurück.

14 **Sprachschwierigkeiten.** Die Amtssprache für Justizverwaltungsakte ist deutsch. Dieser trotz Fehlens einer §§ 184 ff. GVG, 55 VwGO entsprechenden Regelung (§ 23 VwVfG gilt wegen § 2 Abs. 3 Nr. 1 VwVfG nicht) allgemein anerkannte Grundsatz bedingt, dass der der deutschen Sprache nicht mächtige Antragsteller selbst für eine Übersetzung zu sorgen hat. § 185 GVG gilt nicht[17] (vgl. § 185 GVG Rn. 2). Für die Wiedereinsetzung kommt es danach darauf an, ob er sich zureichend um die Verfolgung seiner Interessen gekümmert, also alles ihm Zumutbare getan hat, eine Übersetzung zu erlangen und sich über die möglichen Schritte der Rechtswahrung zu unterrichten (vgl. § 16 GVG Rn. 119).

15 **Verschulden des Bevollmächtigten.** Ein Verschulden seines gesetzlichen oder gewillkürten Vertreters ist dem Antragsteller zuzurechnen,[18] entsprechend der hier heranzuziehenden Auslegung von § 60 VwGO.[19]

16 **Fehlende Rechtsmittelbelehrung.** Nach hier vertretener Auffassung (Rn. 8) begründet eine fehlende oder fehlerhafte, weil irreführende[20] Rechtsmittelbelehrung bei Rechtsunkenntnis des Antragstellers regelmäßig die Wiedereinsetzung. Nach h. M. ist zu prüfen, ob nach den Umständen eine Erkundigung möglich und zumutbar war.[21]

17 **b) Verfahren der Wiedereinsetzung.** Der **Wiedereinsetzungsantrag** muss binnen 2 Wochen nach Wegfall des Hindernisses in der Form des Abs. 1 gestellt werden (Abs. 3 Satz 1). Auch gegen die Versäumung dieser Frist ist die Wiedereinsetzung möglich.[22] In dem Antrag sind die Tatsachen anzugeben, aus denen sich die Entschuldbarkeit der Fristversäumung ergibt, nur die Glaubhaftmachung (nach § 294 ZPO) kann während des weiteren Verfahrens nachfolgen.[23] Innerhalb der 2-Wochen-Frist ist auch der versäumte **Antrag auf gerichtliche Entscheidung** nachzuholen (Abs. 3 Satz 3). Geschieht dies, so ist („kann" bedeutet nicht Ermessen) auch ohne ausdrücklichen Antrag Wiedereinsetzung zu gewähren, wenn sich aus den Akten das Vorliegen eines Wiedereinsetzungsgrundes ergibt (Abs. 3 Satz 4).

18 Nach Abs. 4 ist nach Ablauf eines Jahres nach Ende der versäumten Frist die Wiedereinsetzung **ausgeschlossen.** Bei Versäumung der Jahresfrist kann keine

---

[15] BVerfGE aaO.; *BL/Hartmann* § 233 ZPO Rn. 14.
[16] BVerfGE aaO.; BVerwG NJW 1977, 542.
[17] BVerwG DÖV 1974, 788.
[18] OLG Hamburg NJW 1968, 854; a. A. OLG Stuttgart NStZ 1988, 430; *Meyer-Goßner* Rn. 7; zum Anwaltsverschulden *BL/Hartmann* § 233 ZPO Rn. 49 ff. „Rechtsanwalt".
[19] *Eyermann/Schmidt* § 60 Rn. 14; *LR/Böttcher* Rn. 9.
[20] OLG Hamm GA 1968, 310.
[21] Vgl. OLG Hamburg NJW 1967, 692; *Altenhain* DRiZ 1966, 365; *Meyer-Goßner* Rn. 7; *LR/Böttcher* Rn. 10; *Zöller/Gummer* Rn. 3.
[22] BVerfGE 22, 83 = NJW 1967, 1267; *Eyermann/Schmidt* § 60 Rn. 27 m. w. N.
[23] *BL/Hartmann* Rn. 5.

Wiedereinsetzung gewährt werden.[24] Hier kann sich der Antragsteller nur auf eine Verhinderung durch höhere Gewalt berufen. Darunter ist ein außergewöhnliches Ereignis zu verstehen, das unter den gegebenen Umständen auch durch äußerste nach Lage der Sache vom Betroffenen zu erwartende Sorgfalt nicht verhindert werden konnte. Die 2-Wochen-Frist gilt auch hier.

II. Form des Antrags. 1. Der Antrag muss innerhalb der Frist **schriftlich** bei dem nach § 25 zuständigen OLG eingelegt und auch begründet werden.[25] Ein den inhaltlichen Antragserfordernissen entsprechender Antrag auf Prozesskostenhilfe nach § 29 Abs. 3 wahrt die Frist.[26] Bei Konzentration nach § 25 Abs. 2 kann der Antrag nur bei diesem Gericht gestellt werden. Die Zulässigkeit des Antrags erfordert nach den zu §§ 21 FGG und 306 StPO (zu deren Anwendbarkeit § 29 Rn. 10, 17) entwickelten Grundsätzen nicht die Unterschrift des Antragstellers, es genügt vielmehr, dass der Schriftsatz seine Person erkennen lässt.[27] Im Übrigen gelten die zu § 16 GVG Rn. 106 ff. dargestellten Grundsätze. Die Einlegung kann auch durch einen Bevollmächtigten erfolgen, die Vollmacht ist dann auf Verlangen dem Gericht nachzuweisen (§ 13 FGG). 19

2. Ferner ist die mündliche Einlegung möglich, und zwar zur Niederschrift der Geschäftsstelle (UdG) des zuständigen OLG oder eines jeden AG. Zur telefonischen Erklärung § 16 GVG Rn. 107. 20

3. Dagegen genügen schriftliche bei einem AG oder der Justizverwaltungsbehörde eingereichte Anträge den Formerfordernissen nur, wenn sie an das OLG weitergeleitet werden und dort innerhalb der Monatsfrist eingehen. 21

III. Weitere Voraussetzungen. 1. Der Antrag, auch der mündliche, muss in **deutscher Sprache** gestellt werden (Rn. 14; § 16 GVG Rn. 119; § 184 GVG Rn. 5 ff.). 22

2. Zum **Inhalt** des Antrags vgl. § 24. 23

3. Der Antragsteller muss **verhandlungsfähig,** nicht notwendig prozessfähig sein[28] (§ 29 Rn. 31). 24

4. Es besteht vor dem OLG **kein Anwaltszwang,** weder für die Antragstellung noch für das Verfahren selbst. Vertretung ist zulässig. 25

5. Die **Rücknahme des Antrags** ist vor der Entscheidung nach § 28 jederzeit zulässig, und zwar in der Form des § 26 Abs. 1. Der Antrag kann erneut gestellt werden,[29] jedoch nur innerhalb der Frist des Abs. 1. 26

§ 27. [Antragstellung bei Untätigkeit der Behörde]

(1) ¹Ein Antrag auf gerichtliche Entscheidung kann auch gestellt werden, wenn über einen Antrag, eine Maßnahme zu treffen, oder über eine Beschwerde oder einen anderen förmlichen Rechtsbehelf ohne zureichenden Grund nicht innerhalb von drei Monaten entschieden ist. ²Das Gericht kann vor Ablauf dieser Frist angerufen werden, wenn dies wegen besonderer Umstände des Falles geboten ist.

(2) ¹Liegt ein zureichender Grund dafür vor, daß über die Beschwerde oder den förmlichen Rechtsbehelf noch nicht entschieden oder die beantragte Maßnahme noch nicht erlassen ist, so setzt das Gericht das Verfahren bis zum Ablauf einer

---

[24] *Meyer-Goßner* Rn. 9.
[25] OLG Celle NdsRpfl 1980, 156; OLG Hamm MDR 1983, 602; OLG Frankfurt NStZ-RR 2005, 282.
[26] *LR/Böttcher* Rn. 1; *Meyer-Goßner* Rn. 3; *Katholnigg* Rn. 3.
[27] BGHZ 48, 88; BGHSt 2, 77: BayObLGZ 1964, 330; OLG Karlsruhe Justiz 1980, 343; *Zöller/Gummer* Rn. 1; a. A. *BL/Hartmann* Rn. 3.
[28] Vgl. OLG Frankfurt JR 1964, 393; *LR/Böttcher* Rn. 12; *Meyer-Goßner* Rn. 1.
[29] OLG Hamm MDR 1989, 937.

von ihm bestimmten Frist, die verlängert werden kann, aus. ²Wird der Beschwerde innerhalb der vom Gericht gesetzten Frist stattgegeben oder der Verwaltungsakt innerhalb dieser Frist erlassen, so ist die Hauptsache für erledigt zu erklären.

(3) **Der Antrag nach Absatz 1 ist nur bis zum Ablauf eines Jahres seit der Einlegung der Beschwerde oder seit der Stellung des Antrags auf Vornahme der Maßnahme zulässig, außer wenn die Antragstellung vor Ablauf der Jahresfrist infolge höherer Gewalt unmöglich war oder unter den besonderen Verhältnissen des Einzelfalles unterblieben ist.**

Gesetzesfassung: Vgl. § 23 Rn. 1.

1   **I. Regelungsinhalt.** § 27 ist der Untätigkeitsklage des § 75 VwGO nachgebildet und erweitert den Rechtsschutz gegenüber Justizverwaltungsakten. Während § 23 die Möglichkeit eröffnet, gegen erlassene Justizverwaltungsakte vorzugehen oder die Justizbehörde zum Erlass eines abgelehnten oder unterlassenen Justizverwaltungsakts zu verpflichten, kann nach § 27 das Gericht angerufen werden bei schlichter Untätigkeit einer Justizbehörde. Erfasst ist die ausstehende Entscheidung sowohl über eine beantragte Maßnahme als auch über eine Beschwerde oder einen anderen Rechtsbehelf.

2   **II. Zeitliche Voraussetzung. 1.** Das Gericht kann grundsätzlich erst dann angerufen werden, wenn über den Antrag oder den Rechtsbehelf nicht innerhalb von **3 Monaten** entschieden wurde (Abs. 1 Satz 1). Ein zuvor gestellter Antrag ist, soweit nicht ausnahmsweise die Voraussetzungen des Abs. 1 Satz 2 (Rn. 5) vorliegen, unzulässig. Die für diesen Fall gebotene Verwerfung ist jedoch unzweckmäßig, da die Rechtskraft eines solchen Beschlusses einem erneuten Antrag nach Fristablauf[1] oder negativer Bescheidung nicht entgegenstünde. Zweckmäßigerweise ist daher das Verfahren bis zum Ablauf der 3-Monats-Frist auszusetzen.[2]

3   Ergeht innerhalb der Aussetzungsfrist eine Entscheidung der Justizbehörde, endet die Untätigkeit mit der Folge, dass der Schutzzweck des § 27 erreicht ist und nunmehr nur noch das Verfahren nach § 23 (Vorgehen gegen eine Entscheidung) zulässig ist. Der Antrag nach § 27 ist zu verwerfen, wenn nicht der Antragsteller seinen Antrag entsprechend § 23 oder § 28 Abs. 1 Satz 4 umstellt; eine solche Antragsänderung ist stets zulässig. Ist gemäß § 24 Abs. 2 noch ein Vorschaltverfahren durchzuführen, muss das Verfahren erneut ausgesetzt werden, andernfalls hätte es der Antragsteller in der Hand, durch den Antrag nach § 27 das Vorschaltverfahren zu umgehen.[3]

4   Zur **Berechnung der Frist** § 26 Rn. 2. Der Tag, an dem der Antrag gestellt, die Beschwerde eingelegt wurde usw., zählt bei der Fristberechnung nicht mit, vgl. § 29 Abs. 2 in Verbindung mit § 17 FGG, § 187 BGB, § 42 StPO.

5   **2.** Ausnahmsweise kann das Gericht gegen die Untätigkeit schon **vor Ablauf der 3 Monate** (Rn. 2) angerufen werden, wenn dies wegen besonderer Umstände des Falles geboten ist (Abs. 1 Satz 2). Das ist der Fall nur, wenn die gerichtliche Entscheidung in Bezug auf gewichtige Belange des Antragstellers anderenfalls zu spät käme.[4] In diesem Fall kann das Gericht die Sachentscheidung (nach § 28) so treffen, als sei der Antrag bzw. die Beschwerde negativ beschieden.

6   **3.** Im Gegensatz zu § 26 Abs. 1 ist der Antrag nach § 27 unbefristet zulässig, jedoch nur bis zum Ablauf eines Jahres seit der Antragstellung bzw. der Einlegung des Rechtsbehelfs. Zur Berechnung des der Fristbeginns Rn. 4.

7   Ausnahmsweise ist der Antrag auch noch später zulässig, wenn die Antragstellung infolge **höherer Gewalt** unmöglich war oder unter den besonderen Verhältnissen

---

[1] *BL/Hartmann* Rn. 2.
[2] BVerwGE 23, 135; *LR/Böttcher* Rn. 6; *Eyermann/Rennert* § 75 Rn. 8; a. A. *BL/Hartmann* Rn. 2.
[3] OLG Hamm MDR 1990, 465; a. A. OLG Celle NStZ 1985, 576; *LR/Böttcher* Rn. 8; *BL/Hartmann* Rn. 3: Vorschaltverfahren hier entbehrlich.
[4] Vgl. OLG Hamburg JVBl. 1964, 47 zum Ersuchen auf Teilnahme an einer Beerdigung.

des Einzelfalles unterblieben ist (Abs. 3, 2. Halbs.; § 26 Rn. 18). Das ist auch der Fall, wenn ein Zwischenbescheid auf Hinderungsgründe oder einen Musterprozess hinweist;[5] dann verlängert sich die Frist entsprechend. Die Klage muss analog § 26 Abs. 3 Satz 1 innerhalb von 2 Wochen nach Wegfall des Hinderungsgrundes erhoben sein.[6]

III. Inhaltliche Voraussetzung. Die Zulässigkeit des Antrags setzt neben der Erfüllung der zeitlichen Voraussetzungen (Rn. 2ff.) voraus, dass der Antragsteller auf eine bestimmte Maßnahme anträgt, nicht nur auf Bearbeitung schlechthin.[7] Auch muss es sich um eine Maßnahme handeln, die der Nachprüfung nach §§ 23ff. unterliegt, also um einen Justizverwaltungsakt[8] (§ 23 Rn. 23). Außerdem setzt die Zulässigkeit voraus, dass die ausstehende Entscheidung **ohne zureichenden Grund** noch nicht getroffen worden ist (Abs. 1 Satz 1). Maßgebend für die Frage, ob ein zureichender Grund für die bisherige Untätigkeit vorliegt, ist die Schwierigkeit der in Rede stehenden Entscheidung, wobei auch die Belastung der Behörde eine Rolle spielen kann, ferner das Interesse des Antragstellers an einer alsbaldigen Entscheidung; auch die bevorstehende Entscheidung eines Musterprozesses kann das Zuwarten der Behörde rechtfertigen.[9] Bei der vorzunehmenden Interessenabwägung ist jedoch immer von der Grundentscheidung des Gesetzgebers auszugehen, wonach die normale angemessene Bearbeitungszeit drei Monate beträgt. Mithin müssen sowohl für die Verlängerung als auch die Verkürzung dieser Zeit gewichtige Gründe sprechen. 8

IV. Entscheidung. 1. Fehlen des zureichenden Grundes. Der Antrag ist zulässig. Das Gericht hat in der Sache zu entscheiden (§ 28 Abs. 2). 9

2. Vorliegen eines zureichenden Grundes. Der Antrag ist unzulässig. Jedoch kann nach Abs. 2 der Antrag nicht (weil verfrüht) zurückgewiesen werden; das Verfahren ist vielmehr bis zum Ablauf einer vom Gericht zu bestimmenden Frist, die auch verlängert werden kann, auszusetzen (vgl. Rn. 2). 10

a) Ergeht innerhalb dieser Frist eine **ablehnende** Erstentscheidung, so ist, falls vorgeschrieben, das Vorschaltverfahren nach § 24 Abs. 2 durchzuführen, das gerichtliche Verfahren ist auszusetzen (vgl. Rn. 3). Ist ein Vorverfahren nicht vorgesehen, so wird das Begehren nunmehr sachlich geprüft. 11

b) Ergeht innerhalb der Aussetzungsfrist eine **dem Antrag entsprechende Entscheidung,** so ist die Hauptsache durch Beschluss für erledigt zu erklären, und zwar unabhängig von etwaigen Erledigungsanträgen der Beteiligten (Abs. 2 Satz 2). Die gerichtliche Feststellung erfolgt also auch dann, wenn der Antragsteller seinen ursprünglichen Antrag aufrechterhält.[10] Stellt der Antragsteller bei Erledigung sein Begehren um auf den Feststellungsantrag nach § 28 Abs. 1 Satz 4, bedarf es eines gesonderten Ausspruchs über die Erledigung nicht; insoweit erfolgt im Verfahren nach § 28 Abs. 1 Satz 4 eine Inzidentfeststellung. Dies gilt auch dann, wenn der Antrag wegen fehlenden Rechtsschutzinteresses (§ 28 Rn. 18) zurückgewiesen wird, denn das Überprüfungsverfahren wird damit durch eine gerichtliche Entscheidung endgültig abgeschlossen. 12

c) Ergeht innerhalb der Aussetzungsfrist **keine Entscheidung** der Behörde, kann das Gericht die Aussetzung verlängern, allerdings nur, wenn weiterhin zurei- 13

---
[5] Vgl. BVerwG NJW 1972, 1682.
[6] OVG Münster DÖV 1972, 799; *LR/Böttcher* Rn. 9.
[7] KG NJW 1968, 609; VGH Mannheim NJW 1975, 707; OVG Münster DÖV 1974, 97; *Meyer-Goßner* Rn. 1.
[8] OLG Hamm NStZ 1983, 38.
[9] *LR/Böttcher* Rn. 3; a. A. *Eyermann/Rennert* § 75 VwGO Rn. 9.
[10] A. A. *Bettermann* NJW 1960, 1087; wie hier für den Fall, dass die Behörde – einseitig – für erledigt erklärt *BL/Hartmann* Rn. 3.

chende Gründe dafür bestehen, dass noch nicht entschieden worden ist. Andernfalls entscheidet das Gericht in der Sache (§ 28 Abs. 2).

§ 28. [Entscheidung über den Antrag]

(1) ¹Soweit die Maßnahme rechtswidrig und der Antragsteller dadurch in seinen Rechten verletzt ist, hebt das Gericht die Maßnahme und, soweit ein Beschwerdeverfahren (§ 24 Abs. 2) vorausgegangen ist, den Beschwerdebescheid auf. ²Ist die Maßnahme schon vollzogen, so kann das Gericht auf Antrag auch aussprechen, daß und wie die Justiz- oder Vollzugsbehörde die Vollziehung rückgängig zu machen hat. ³Dieser Ausspruch ist nur zulässig, wenn die Behörde dazu in der Lage und diese Frage spruchreif ist. ⁴Hat sich die Maßnahme vorher durch Zurücknahme oder anders erledigt, so spricht das Gericht auf Antrag aus, daß die Maßnahme rechtswidrig gewesen ist, wenn der Antragsteller ein berechtigtes Interesse an dieser Feststellung hat.

(2) ¹Soweit die Ablehnung oder Unterlassung der Maßnahme rechtswidrig und der Antragsteller dadurch in seinen Rechten verletzt ist, spricht das Gericht die Verpflichtung der Justiz- oder Vollzugsbehörde aus, die beantragte Amtshandlung vorzunehmen, wenn die Sache spruchreif ist. ²Andernfalls spricht es die Verpflichtung aus, den Antragsteller unter Beachtung der Rechtsauffassung des Gerichts zu bescheiden.

(3) Soweit die Justiz- oder Vollzugsbehörde ermächtigt ist, nach ihrem Ermessen zu handeln, prüft das Gericht auch, ob die Maßnahme oder ihre Ablehnung oder Unterlassung rechtswidrig ist, weil die gesetzlichen Grenzen des Ermessens überschritten sind oder von dem Ermessen in einer dem Zweck der Ermächtigung nicht entsprechenden Weise Gebrauch gemacht ist.

Übersicht

	Rn.		Rn.
I. Regelungsinhalt	1	IV. Rechtswidrige Verwaltungsentscheidung	13
II. Entscheidungsmaßstäbe	2	1. Aufhebung der Maßnahme	14
1. Volle gerichtliche Nachprüfung	2	2. Feststellung der Rechtswidrigkeit	16
2. Soweit Ermessen	3	3. Verpflichtung zur Vornahme	21
3. Teilbarkeit	6	4. Verpflichtung zur Bescheidung	23
4. Maßgebender Zeitpunkt	7	V. Einstweiliger Rechtsschutz	24
5. Rechtsverletzung	9		
III. Rechtmäßigkeit	12		

Gesetzesfassung: Vgl. § 23 Rn. 1.

1 **I. Regelungsinhalt.** § 28 regelt in inhaltlicher Übereinstimmung mit §§ 113 Abs. 1 und 4, 114 VwGO die in der Sache zu treffenden Entscheidungen des OLG. Voraussetzung ist, dass der Antrag auf gerichtliche Entscheidung nicht schon aus den Gründen der §§ 23 Abs. 3 (dort Rn. 65 ff.), 24, 26 und 27 als unzulässig zurückzuweisen bzw. zu verwerfen ist.

2 **II. Entscheidungsmaßstäbe. 1.** Das Gericht hat die Sach- und Rechtsfragen **in vollem Umfang nachzuprüfen** (vgl. § 23 Rn. 8) ohne Bindung an die Feststellungen der Verwaltungsbehörde.[1] Vorab hat das angerufene OLG die Zulässigkeit des Rechtswegs nach § 23 zu prüfen. Ist eine **andere Gerichtsbarkeit** zuständig, hat es nach § 17a Abs. 2 GVG in den zulässigen Rechtsweg zu verweisen (§ 17 Rn. 6). Umgekehrt bindet die **Verweisung an das OLG** gemäß § 17a Abs. 2 GVG aus einer anderen Gerichtsbarkeit auch dann, wenn die Zulässigkeitsvoraus-

---

[1] *Altenhain* JZ 1966, 18; *Meyer-Goßner* Rn. 1.

setzungen des § 23 nicht vorliegen.² Dies eröffnet aber lediglich den Rechtsweg, begründet aber noch nicht die Zulässigkeit eines Antrags nach den besonderen Voraussetzungen der §§ 23ff.,³ z.B. das Vorliegen eines Justizverwaltungsakts. Die Verweisung an das OLG nach § 17a Abs. 2 GVG bindet auch nur im Verhältnis der Rechtswege zueinander. Innerhalb der nunmehr bindend festgelegten Zuständigkeit der ordentlichen Gerichtsbarkeit bindet sie nicht, so dass eine Weiterverweisung aus Gründen der örtlichen, sachlichen oder funktionellen Zuständigkeit möglich ist (§ 17 GVG Rn. 38). Zur Geltung von § 17a Abs. 2 GVG im Verhältnis zu den anderen Zweigen der ordentlichen Gerichtsbarkeit § 17 Rn. 60.

2. Ist die Justizbehörde ermächtigt, nach **Ermessen** zu handeln, ist die gerichtliche Nachprüfung beschränkt auf die Einhaltung der Ermessensgrenzen und auf Ermessensmissbrauch (Abs. 3). Eine Ermächtigung zur Ermessensentscheidung liegt dann vor, wenn die Rechtsvorschrift mehrere Entscheidungsmöglichkeiten als rechtmäßig anerkennt, so dass für den Betroffenen in der Regel kein Anspruch auf eine bestimmte Maßnahme besteht, auch wenn sie für ihn günstiger oder zweckmäßiger wäre. Da das Gesetz der Behörde insoweit Entscheidungsfreiheit einräumt, begrenzt der Gesichtspunkt der Gewaltenteilung den Umfang der gerichtlichen Nachprüfung auf die Frage der Einhaltung der sich aus der Bindung der Verwaltung an Gesetz und Recht (Art. 20 Abs. 3 GG) ergebenden Schranken des Ermessens. Entsprechend § 114 VwGO sind Ermessensüberschreitung und Ermessensfehler zu unterscheiden. Eine Ermessensüberschreitung (äußerer oder objektiver Ermessensfehler) liegt vor, wenn die Verwaltung sich nicht an die vom Gesetz gegebene Ermächtigung hält, so dass es im Ergebnis an der Rechtsgrundlage für die Maßnahme fehlt. Von Ermessensfehlgebrauch (innerer oder subjektiver Ermessensfehler) spricht man, wenn die Behörde sich bei ihrer Entscheidung von Gesichtspunkten hat leiten lassen, die nach dem Sinn und Zweck der anzuwendenden oder auch anderen Rechtsvorschriften keine Rolle spielen dürfen. Dasselbe gilt, wenn die Behörde umgekehrt Gesichtspunkte außer acht gelassen hat, auf die es nach der Wertung der Rechtsordnung jedenfalls ankommt, oder wenn sie die Gesichtspunkte zwar erkannt, aber falsch gewichtet hat. Ein Ermessensfehler ist schließlich auch dann gegeben, wenn die Behörde überhaupt verkannt hat, dass ihr ein Ermessen zusteht, sich also in einer bestimmten Richtung für gebunden angesehen hat.⁴ **3**

Kein Ermessen räumen **unbestimmte Rechtsbegriffe** ein. Ob die Voraussetzungen für die Subsumtion des Sachverhalts unter den Begriff gegeben waren, überprüft das Gericht in vollem Umfang.⁵ Inwieweit der Verwaltung hier ein der gerichtlichen Kontrolle entzogener Beurteilungsspielraum zuzubilligen ist,⁶ spielt im allgemeinen Verwaltungsrecht eine Rolle, etwa für die Bewertung von Dienstposten, Prüfungsleistungen und der Eignung von Beamten, nicht aber für Justizverwaltungsakte. **4**

Die Grenzen der Überprüfbarkeit von Ermessensentscheidungen erfordern eine **Begründung** der Verwaltungsentscheidung, die ersichtlich macht, welche Überlegungen bei der Ausübung des Ermessens angestellt wurden. Bei nicht ausreichender Begründung muss die Entscheidung aufgehoben werden. Etwas anderes gilt nur, wenn die Gründe für die Entscheidung derart auf der Hand liegen, dass sie sich praktisch von selbst versteht.⁷ **5**

---

² OLG Hamm NStZ-RR 1996, 209.
³ OLG Hamm aaO.; unklar OLGR 2004, 196.
⁴ BVerwG DÖV 1979, 334.
⁵ OLG Oldenburg NJW 1968, 1440; OLG Hamburg MDR 1972, 971; *LR/Böttcher* Rn. 19.
⁶ GemS NJW 1972, 1411 m. Anm. *Kloepfer;* BVerwG NJW 1972, 596; *Kopp/Schenke* § 114 Rn. 23ff.
⁷ OLG Frankfurt GA 1972, 245; NJW 1966, 465; OLG Stuttgart NJW 1969, 671; *LR/Böttcher* Rn. 20.

6 **3. Teilbarkeit.** Ist der Verwaltungsakt nur teilweise rechtswidrig – in der Praxis kaum denkbar, da die Maßnahme in der Regel eine Einheit darstellen wird – beschränkt sich die Entscheidung (Aufhebung) auf diesen Teil.[8]

7 **4. Maßgebender Zeitpunkt** für die Entscheidung zur Rechtswidrigkeit ist beim **Anfechtungsantrag** grundsätzlich die Sach- und Rechtslage im Zeitpunkt des Erlasses des Justizverwaltungsakts,[9] bei Eröffnung eines Vorschaltverfahrens nach § 24 Abs. 2 der Zeitpunkt des Erlasses des Beschwerdebescheids. Inwieweit spätere Änderungen berücksichtigt werden können, ist umstritten.[10] Von Bedeutung ist dies bei der Anfechtung von Verwaltungsakten mit Dauerwirkung[11] („Dauerverwaltungsakt"). Hier aktualisiert sich die angegriffene Maßnahme immer wieder neu, so dass sie bei später eintretender Rechtswidrigkeit aufgehoben werden muss. Die Aufhebung erfolgt ex nunc.[12] In diesem Fall bedarf es gegebenenfalls der Durchführung eines Vorschaltverfahrens nach § 24 Abs. 2. Beim **Verpflichtungsantrag** ist auf die Sach- und Rechtslage im Zeitpunkt der gerichtlichen Entscheidung abzustellen.[13]

8 Von Rechts- und Sachverhaltsänderungen ist die Frage zu trennen, ob das Gericht (von Amts wegen oder nach entsprechendem Vortrag) Tatsachen und Rechtsgründe berücksichtigen darf, die bereits bei Erlass des Justizverwaltungsakts oder des Beschwerdebescheids im Vorschaltverfahren vorlagen, auf die jedoch die Maßnahme nicht gestützt wurde **(Nachschieben von Gründen)**. Hier ist zwischen Rechts- und Ermessensentscheidungen zu unterscheiden. Bei der Aufhebung eines Verwaltungsakts muss von Amts wegen die Rechtswidrigkeit festgestellt werden. Das Gericht ist dabei nicht an die Begründung des Verwaltungsakts gebunden, so dass Gründe jedenfalls immer dann nachgeschoben werden können, wenn der Verwaltungsakt dadurch nicht in seinem Wesen geändert wird.[14] Damit ist bei Rechtsentscheidungen (gebundenen Verwaltungsakten) das Nachschieben von Gründen nur eine Entscheidungshilfe für das Gericht.[15] Dagegen ist bei Ermessensentscheidungen ein Nachschieben von Gründen zulässig.[16] Dies ist auch dann der Fall, wenn angestellte Ermessensüberlegungen in der Begründung des Verwaltungsakts nicht oder nur unvollständig zum Ausdruck gekommen sind, nicht dagegen, wenn die Behörde zunächst von einer gebundenen Entscheidung ausging und nunmehr die Entscheidung als Ermessensentscheidung aufrechterhalten will.

9 **5. Rechtsverletzung.** Stellt das Gericht (zum Verfahren § 29) fest, dass die angefochtene Maßnahme rechtswidrig und der Antragsteller dadurch in seinen Rechten verletzt ist (§ 24 Rn. 3, 4), hebt es die Maßnahme und den in einem etwaigen Vorschaltverfahren ergangenen Beschwerdebescheid auf.

10 Dies gilt jedoch nicht, wenn die Maßnahme bereits **vollzogen** und die Rechtsbeeinträchtigung nicht mehr rückgängig zu machen ist.[17] Hier ist die Feststellung der Rechtswidrigkeit nach Abs. 1 Satz 4 die alleinige gesetzlich vorgesehene Entscheidungsart (Rn. 16). Als Erledigung ist nämlich auch die vollständige und nicht mehr rückgängig zu machende Vollziehung anzusehen,[18] so

---

[8] *Zöller/Gummer* Rn. 5; *BL/Hartmann* Rn. 2; *Eyermann/Schmidt* § 113 Rn. 9; zur Teilanfechtung vgl. BVerwG DVBl. 1966, 691.
[9] KG GA 1977, 116; *LR/Böttcher* Rn. 2.
[10] Vgl. *Eyermann/Schmidt* § 113 Rn. 45 ff.
[11] Vgl. *Bachof* JZ 1954, 417; *Haueisen* NJW 1958, 1065.
[12] BVerwGE 28, 202 = DVBl. 1968, 150; E 22, 16 = DVBl. 1966, 314 m. Anm. *Schweiger* = JZ 1966, 138 m. Anm. *Bachof;* BVerwG DVBl. 1967, 382; KG GA 1973, 49.
[13] BVerwGE 29, 304; KG GA 1977, 115; OLG Karlsruhe GA 1985, 32; *LR/Böttcher* Rn. 2.
[14] *Eyermann/Schmidt* § 113 Rn. 22 ff. m. w. N.; *LR/Böttcher* Rn. 2.
[15] *Eyermann/Schmidt* § 113 Rn. 22.
[16] OLG Karlsruhe Justiz 1980, 450.
[17] BGHSt 29, 33; KG NJW 1972, 169; GA 1976, 79; NJW-RR 1991, 1085; OLG Frankfurt 3. 1. 2006 – 20 VA 8/05 –; *LR/Böttcher* Rn. 4; *Meyer-Goßner* Rn. 5.
[18] Vgl. BGHSt 29, 33 = NJW 1980, 351; KG aaO.; offen gelassen in OLG Frankfurt GA 1980, 29.

bei einem vollzogenen, mit der Überführung des Betroffenen in Strafhaft gegenstandslosen Vollstreckungshaftbefehl.[19] Für diesen Fall ist aber ein besonderes Feststellungsinteresse erforderlich (Rn. 18). Für eine isolierte Aufhebung ist kein Raum.[20] Dies übersieht die Gegenansicht,[21] denn es kann nicht bezweifelt werden, dass mit der Aufhebung der Maßnahmen deren Rechtswidrigkeit inzident festgestellt wird.

Stirbt der Betroffene vor Verfahrensabschluss, ist dieses zur Entscheidung über **11** einen Antrag auf Erstattung der notwendigen Auslagen fortzusetzen.[22]

III. Rechtmäßige Verwaltungsentscheidung. Ausdrücklich geregelt ist nur **12** die Entscheidung bei Rechtswidrigkeit der Maßnahme selbst bzw. ihrer Ablehnung oder Unterlassung. Damit ist jedoch als selbstverständlich vorausgesetzt, dass der Antrag zurückzuweisen ist, wenn die Rechtswidrigkeit verneint wird.[23]

IV. Rechtswidrige Verwaltungsentscheidung. Bei Rechtswidrigkeit bestehen folgende Entscheidungsmöglichkeiten: Aufhebung der Maßnahme (Abs. 1 **13** Satz 1; Rn. 14) und gegebenenfalls Anordnung der Folgenbeseitigung (Abs. 1 Satz 2 und 3; Rn. 15), ferner Feststellung der Rechtswidrigkeit bei erledigter Maßnahme (Abs. 1 Satz 4; Rn. 16) sowie Verpflichtung zur Vornahme einer Maßnahme (Abs. 2 Satz 1; Rn. 21) oder zur Bescheidung (Abs. 2 Satz 2; Rn. 23). Damit wird eine § 43 VwGO entsprechende allgemeine Feststellungsklage[24] ebenso ausgeschlossen wie eine allgemeine Leistungsklage.[25]

1. Aufhebung der Maßnahme. Soweit der Justizverwaltungsakt nach den Ent- **14** scheidungsmaßstäben (Rn. 2 ff.) rechtswidrig ist, muss er vom Gericht aufgehoben werden (Abs. 1 Satz 1). Zur Entscheidung über einen Zweitbescheid § 23 Rn. 49. Hat ein Vorschaltverfahren nach § 24 Abs. 2 stattgefunden, ist der Bescheid aus diesem Verfahren (mit) aufzuheben. Ist die rechtswidrige Maßnahme schon **vollzogen,** ist sie ebenfalls aufzuheben; die Justizverwaltung ist dann zur Folgenbeseitigung verpflichtet, muss also den ursprünglichen Zustand wieder herstellen. Jedoch kann neben der Aufhebung der Maßnahme durch das Gericht zusätzlich[26] ausgesprochen werden, dass und wie die Verwaltungsbehörde die Vollziehung rückgängig zu machen hat (Abs. 1 Satz 2); dieser Ausspruch ist aber nur zulässig, wenn die Behörde dazu in der Lage[27] und diese Frage spruchreif ist (Abs. 1 Satz 3). Können die Folgen nicht mehr rückgängig gemacht werden, bleibt nur die Möglichkeit auszusprechen, dass die Maßnahme rechtswidrig gewesen ist (Rn. 10).

Die Aufhebung des Justizverwaltungsakts verpflichtet die Behörde zur Herstel- **15** lung des ursprünglichen Zustands, also bei ganz oder teilweise vollzogenem Verwaltungsakt zur Folgenbeseitigung. Dies und das Wie kann auf Antrag (auf dessen Stellung zur Vermeidung eines Verpflichtungsantrags tunlichst hinzuweisen ist) auch vom OLG ausgesprochen werden (Abs. 1 Satz 2). Voraussetzung ist, dass die Folgenbeseitigung aus eigener Machtvollkommenheit der Behörde[28] tatsächlich und rechtlich möglich und die festzulegende Art der Folgenbeseitigung spruchreif ist

---

[19] OLG Hamm StV 2005, 676; OLG Frankfurt NStZ-RR 2005, 282; 325; OLG Karlsruhe NStZ-RR 2005, 249.
[20] So auch BVerfGE 42, 222 = NJW 1976, 1735 für die erfolgreiche Verfassungsbeschwerde gegen eine erledigte Durchsuchungsanordnung.
[21] OLG Saarbrücken JVBl. 1964, 40; BayVerfGH NJW 1969, 229; *Calliess/Müller-Dietz* Rn. 4 zu dem inhaltsgleichen § 115 StVollzG.
[22] OLG Hamm NJW 1971, 209.
[23] *Meyer-Goßner* Rn. 1; *BL/Hartmann* Rn. 1.
[24] Vgl. OLG Hamburg JVBl. 1975, 68; OLG Stuttgart NJW 1970, 1563.
[25] Vgl. dazu *Altenhain* DRiZ 1966, 365 m. w. N.; OLG Frankfurt Beschluss vom 6. 5. 1975 – 3 VAs 85/74 – zum Antrag eines Gefangenen auf Zahlung des Arbeitslohns und Nachentrichtung von Sozialbeiträgen.
[26] OLG Hamburg MDR 1970, 865.
[27] OLG Karlsruhe JVBl. 1972, 165.
[28] OLG Karlsruhe aaO.

(Abs. 1 Satz 3). Ist dies nicht der Fall, verbleibt es bei der Aufhebung, der Antragsteller muss die Folgenbeseitigung notfalls über einen Verpflichtungsantrag herbeiführen. Ist die Folgenbeseitigung endgültig unmöglich, bleibt dem Antragsteller nur die Amtshaftungsklage nach Art. 34 GG, § 839 BGB.

16 **2. Feststellung der Rechtswidrigkeit.** Hat sich die Maßnahme vor der Entscheidung erledigt, so kann der Antragsteller nicht die Aufhebung, sondern nur die Feststellung verlangen, dass die Maßnahme rechtswidrig gewesen sei[29] (Abs. 1 Satz 4). Ein solcher Antrag kann auch konkludent in der Fortsetzung des Verfahrens nach unstreitiger Erledigung liegen,[30] immer muss jedoch das Rechtsschutzziel erkennbar werden.[31] In der Regel wird der Antragsteller auf den gebotenen rechtlichen Hinweis des Gerichts vom Anfechtungs- oder Verpflichtungsantrag zum Feststellungsantrag übergehen. Die Feststellung nach Abs. 1 Satz 4 kann auch erfolgen, wenn sich die angefochtene Maßnahme schon vor dem Antrag auf gerichtliche Entscheidung erledigt hat. Dies ergibt sich aus dem Rechtsschutzgedanken des Art. 19 Abs. 4 GG.[32] Ein Vorschaltverfahren ist in diesem Fall nicht erforderlich, weil wegen der Erledigung keine Entscheidungsmöglichkeit der Verwaltungsbehörde (mehr) besteht.[33] Erledigt sich aber der Verwaltungsakt erst nach Ablauf der Beschwerdefrist des Vorschaltverfahrens, so bewirkt dies die Bestandskraft und Unanfechtbarkeit des Verwaltungsakts, an denen die Erledigung nichts ändern kann[34] (vgl. § 24 Rn. 5).

17 Als Fall der **Erledigung** nennt das Gesetz lediglich beispielhaft die Rücknahme des Verwaltungsakts, daneben („oder anders erledigt") kommen in Betracht Wegfall der Beschwer, Zeitablauf, Rechtsänderung, Ersetzung der Maßnahme durch eine andere.[35] Als Erledigung kommt aber auch eine nicht mehr rückgängig zu machende **Vollziehung** (Rn. 10) in Betracht. Die Möglichkeit der Anrufung des Gerichts gegen die in Rechte des Betroffenen eingreifenden Maßnahmen gilt auch dann, wenn die Maßnahmen inzwischen beendet (**„prozessual überholt"**) sind. Zwar ging über lange Zeit die RSpr dahin, dass bei prozessualer Überholung ein Rechtsschutzbedürfnis für eine gerichtliche Nachprüfung entfalle; lediglich in Ausnahmefällen, etwa wegen der erheblichen Folgen eines Eingriffs oder der Gefahr der Wiederholung, möglicherweise auch wegen der Schwere der Rechtsverletzung, könne ein Interesse des Betroffenen an der Feststellung der Rechtswidrigkeit der Maßnahme und damit ein nachwirkendes Bedürfnis für eine richterliche Überprüfung angenommen werden.[36] Das BVerfG hat jedoch unter Aufgabe seiner früheren RSpr[37] für eine Beschwerde gegen eine Durchsuchung nach § 304 StPO dem entgegen[38] ganz allgemein erkannt, dass es mit dem Grundrecht auf effektiven und möglichst lückenlosen richterlichen Rechtsschutz gegen Akte der öffentlichen Gewalt (vgl. Einl. Rn. 201) nicht vereinbar sei, einen Rechtsbehelf allein deswegen, weil die Anordnung vollzogen ist und die Maßnahme sich deshalb erledigt hat, unter dem Gesichtspunkt der prozessualen Überholung als unzulässig anzusehen. „Effektiver Grundrechtsschutz gebietet es in diesen Fällen, dass der Betroffene Gelegenheit erhält, die Berechtigung des schwerwiegenden – wenn

---

[29] KG NJW-RR 1991, 1085.
[30] *LR/Böttcher* Rn. 4.
[31] OLG Celle NdsRpfl 2007, 250 m. w. N.
[32] Für den Geltungsbereich der VwGO Nachweise bei *Eyermann/Schmidt* § 113 VwGO Rn. 72; wie hier auch OLG Frankfurt NJW 1965, 2315; *LR/Böttcher* Rn. 5.
[33] *LR/Böttcher* Rn. 5; *Meyer-Goßner* § 24 Rn. 4.
[34] *Eyermann/Schmidt* aaO.
[35] Vgl. OLG Frankfurt GA 1980, 29 zum gleich lautenden Begriff nach § 115 Abs. 3 StVollzG; *LR/Böttcher* Rn. 7; *Eyermann/Schmidt* § 113 Rn. 76.
[36] BVerfGE 49, 329 = NJW 1979, 154; BGHSt 37, 79, 84 = NJW 1990, 2758; zur Kritik vgl. BVerfGE 96, 27 = NJW 1997, 2163.
[37] BVerfGE 96, 27 = NJW 1997, 2163.
[38] „Mit einem Donnerschlag", *Katholnigg* NStZ 2000, 155.

auch tatsächlich nicht mehr fortwirkenden – Grundrechtseingriffs gerichtlich klären zu lassen".[39] Dasselbe gilt, wenn eine verfahrensfehlerhafte Behandlung des Antrags verhindert hat, dass eine gerichtliche Entscheidung vor Erledigung zustande kam.[40]

Wie alle gerichtlichen Verfahren setzt auch die Anfechtung des Justizverwaltungsakts zur Überprüfung seiner Rechtmäßigkeit ein Rechtsschutzbedürfnis voraus.[41] Zulässigkeitsvoraussetzung für den Feststellungsantrag ist nach § 28 Abs. 1 Satz 4 ein berechtigtes Interesse. Mit dieser Formulierung ist – wie in § 43 VwGO – das Feststellungsinteresse weiter gefasst als in § 256 ZPO. Es muss also nicht unbedingt rechtlicher Natur sein, auch wirtschaftliche und ideelle Interessen genügen.[42] Ein solches **Fortsetzungsfeststellungsinteresse** kommt etwa in Betracht bei Gefahr der Wiederholung gleicher Maßnahmen,[43] die aber substantiiert dargelegt werden muss, allgemeine Befürchtungen auf Grund früherer Maßnahmen genügen nicht.[44] In diesen Zusammenhang gehört auch das Interesse des Betroffenen an der Verhinderung einer rechtswidrige Praxis zu seinen Lasten für die Zukunft.[45] Berechtigt ist auch das Interesse an Rehabilitierung, wenn ein möglicherweise diskriminierender Charakter der Maßnahme[46] oder der Art und Weise ihrer Vollziehung[47] fortwirkt, z. B. bei willkürlichem Erlass und Vollzug eines Vollstreckungshaftbefehls[48] oder der unverhältnismäßigen Art und Weise dieses Vollzugs.[49] Unabhängig von einer fortwährenden Beeinträchtigung durch einen an sich beendeten Eingriff ist ein berechtigtes Interesse immer auch in Fällen tief greifender Grundrechtseingriffe gegeben[50] (vgl. Rn. 18). **18**

Die Frage des berechtigten Interesses gewinnt auch im Zusammenhang mit einer beabsichtigten **Amtshaftungsklage** nach Art. 34 GG, § 839 BGB Bedeutung. Die Entscheidung des OLG im Verfahren nach §§ 23 ff. erwächst in Rechtskraft und entfaltet die gleiche Bindungswirkung wie ein inhaltsgleiches verwaltungsgerichtliches Urteil.[51] Im Amtshaftungsprozess ist daher das Gericht an die vom OLG festgestellte Rechtswidrigkeit genau wie an die eines Verwaltungsgerichts[52] gebunden, wenn auch nicht an die Gründe der Entscheidung. Zwar kann auch das für die Amtshaftung zuständige Gericht über die Rechtswidrigkeit des Verwaltungsaktes als Vorfrage entscheiden, jedoch ist das OLG im Verfahren nach §§ 23 f. das ‚sachnähere' Gericht,[53] weshalb prozessökonomische Überlegungen hinsichtlich der Vorfragenkompetenz keine das berechtigte Interesse an der Feststellung der Rechtswidrigkeit nach § 28 ausschließende Bedeutung haben.[54] Etwas anderes gilt nur, wenn sich die Maßnahme schon vor Antragstellung im Verfahren nach § 23 erledigt hat, **19**

---

[39] BVerfGE 96, 27 = NJW 1997, 2163; E 96, 44 = NJW 1997, 2165; BVerfG StV 1997, 505.
[40] BVerfG – K – NStZ 2007, 413.
[41] BVerfGE 61, 126, 133.
[42] *BL/Hartmann* Rn. 5.
[43] BVerfG – K – NJW 2002, 3691; BGHSt 37, 79 = NJW 1990, 2758 = JR 1991, 515 m. abl. Anm. *Sommermeyer* = StV 1992, 55 m. Anm. *Wolf*; St 36, 30 = NJW 1990, 333; stRSpr der OLG, vgl. OLG Koblenz NJW 1986, 3093; OLG Stuttgart NStZ 1984, 574; OLG Nürnberg GA 1987, 270; OLG Hamm NStZ 1989, 85; OLG Köln NJW 1994, 1075.
[44] KG GA 1976, 81; BayVGH BayVwBl. 1973, 383; OLG Karlsruhe MDR 1993, 1229.
[45] OVG Lüneburg NJW 2003, 531.
[46] KG NJW 1972, 169; OLG Hamm NStZ 1989, 85; BayVerfGH NJW 1969, 230; *LR/Böttcher* Rn. 10; *Meyer*, FS Schäfer, 1973 S. 122; *Schencke* NJW 1976, 1820; DÖV 1978, 732.
[47] StRSpr, BGHSt 37, 79 = NJW 1990, 2758.
[48] OLG Hamm StV 2005, 676; OLG Frankfurt NStZ-RR 2005, 282; 325.
[49] OLG Karlsruhe NStZ-RR 2005, 249.
[50] BVerfGE 96, 27, 40 = NJW 1997, 2163; E 104, 220, 233 = NJW 2002, 2456; BVerfG NJW 2003, 1514; OLG Koblenz NStZ-RR 1999, 80.
[51] BGH NJW 1994, 1950; *MünchKommZPO/Wolf* Rn. 9; *Dörr* NJW 1984, 2258; a. A. OLG Frankfurt NJW 1965, 2315; KG GA 1976, 79; 1984, 24, zweifelnd NJW-RR 1991, 1085.
[52] Vgl. dazu *Eyermann/Schmidt* § 113 VwGO Rn. 87.
[53] BGH NJW 1994, 1950.
[54] So aber *LR/Böttcher* Rn. 13; *Meyer-Goßner* Rn. 6; *Katholnigg* Rn. 6.

denn dann geht es dem Antragsteller von Anfang an nur um die Amtshaftungsfrage; hier ist Frage der Rechtswidrigkeit im Amtshaftungsverfahren, wenn auch als Vorfrage, mit zu entscheiden.[55]

20 Es geht aber nicht an, die Frage des Rechtsschutzinteresses von der (nicht zur Entscheidungskompetenz des VG gehörenden) Frage nach den Erfolgsaussichten einer Amtshaftungsklage abhängig zu machen,[56] ausgenommen bei offensichtlicher Aussichtslosigkeit einer Klage.[57]

21 **3. Verpflichtung zur Vornahme.** Erweist sich die Ablehnung oder Unterlassung einer Maßnahme als rechtswidrig und wird der Antragsteller dadurch noch in seinen Rechten verletzt, so kann er nach § 23 Abs. 2 einen Verpflichtungsantrag stellen. Die nach Abs. 2 zu treffende Entscheidung hängt von der „Spruchreife" ab.

22 Bei gesetzesgebundenen Akten hat das Gericht die Sache in vollem Umfang tatsächlich und rechtlich aufzuklären, also die Spruchreife herbeizuführen.[58] Dies gilt nur dann nicht, wenn das Gericht dabei die Funktion der zuständigen Verwaltungsbehörde ausüben müsste.[59] Erweist sich der Verpflichtungsantrag danach als begründet, erlässt das Gericht den beantragten Verwaltungsakt nicht selbst, sondern verurteilt die Behörde zum Erlass. Darin liegt zugleich die Aufhebung des ablehnenden Bescheids, so dass ein gesonderter Ausspruch hierüber nicht erforderlich, zur Klarstellung jedoch unschädlich ist.[60]

23 **4. Verpflichtung zur Bescheidung.** Lässt sich die Spruchreife ausnahmsweise nicht herbeiführen, so wird bei festgestellter Rechtswidrigkeit die ablehnende Entscheidung der Justizverwaltungsbehörde aufgehoben und diese verpflichtet, den Antragsteller unter Beachtung der Rechtsauffassung des Gerichts zu bescheiden. Handelt es sich dagegen um eine Ermessensentscheidung, so darf das Gericht seine eigenen Vorstellungen nicht an die Stelle des Verwaltungsermessens setzen. Eine Verpflichtung zur Vornahme einer bestimmten Amtshandlung ist hier grundsätzlich nicht möglich, sondern ausnahmsweise nur dann, wenn das Ermessen wegen besonderer Umstände des Einzelfalles nur noch in einer bestimmten Richtung ausgeübt werden kann, weil alle anderen Entscheidungsalternativen ermessensfehlerhaft wären.[61] Deshalb kommt auch eine weitere Sachaufklärung in diesen Fällen regelmäßig nicht in Betracht. Es erfolgt vielmehr sogleich der Ausspruch der Bescheidungsverpflichtung.

24 **V. Einstweiliger Rechtsschutz. 1.** Dem Antrag auf gerichtliche Entscheidung kommt keine aufschiebende Wirkung zu (§ 24 Rn. 9; § 29 Rn. 12, 18). Entsprechend §§ 24 Abs. 3 FGG, 307 Abs. 2 StPO, 123 VwGO, 114 Abs. 2 StVollzG kann das Gericht aber die Vollziehung einer Maßnahme aussetzen,[62] „wenn die Gefahr besteht, dass die Verwirklichung eines Rechts des Antragstellers vereitelt oder wesentlich erschwert wird und ein höher zu bewertendes Interesse an dem sofortigen Vollzug nicht entgegensteht", so § 114 Abs. 2 Satz 1 StVollzG, der sich als vergleichbare Legaldefinition für die Ermessensausübung insoweit anbietet.[63] Der Antrag auf Aussetzung kann auch schon vor Abschluss eines Vorschaltverfahrens nach § 24 Abs. 2 gestellt werden.[64]

---

[55] KG NStZ 1997, 563.
[56] Vgl. aber BVerwG NJW 1973, 1014; 1980, 2426; Bad-WürttVGH Justiz 1980, 212; OVG Münster JMBlNRW 1980, 46; wie hier *Becker* MDR 1972, 921.
[57] BVerwG NVwZ 1989, 1156; *Eyermann/Schmidt* § 113 VwGO Rn. 89.
[58] *LR/Böttcher* Rn. 15; *Meyer-Goßner* Rn. 7; *Eyermann/Schmidt* § 113 VwGO Rn. 39.
[59] *Eyermann/Schmidt* a. a. O.
[60] *Zöller/Gummer* Rn. 13; *BL/Hartmann* Rn. 7.
[61] BVerwGE 16, 214, 218; *LR/Böttcher* Rn. 18.
[62] OLG Koblenz IPRax 2006, 25.
[63] Ebenso *LR/Böttcher* Rn. 7.
[64] BVerfGE 37, 150 = NJW 1974, 1079.

2. Auch darüber hinaus sehen §§ 23 ff. entgegen § 123 VwGO den Erlass einer 25
einstweiligen Anordnung nicht ausdrücklich vor. Jedoch kann der Auffassung, der
Erlass von einstweiligen Anordnungen sei im Grundsatz unzulässig,[65] nur eingeschränkt gefolgt werden. Das sich aus Art. 19 Abs. 4 GG ergebende Gebot des effektiven Rechtsschutzes (Einl. Rn. 229) erfordert auch im Verfahren nach § 23
dann eine einstweilige Anordnung, wenn der Rechtsschutz durch die Aussetzung
des Vollzugs einer angefochtenen Maßnahme nicht in ausreichendem Maße gewährt werden kann; sie ist zulässig, wenn derart schwere und unzumutbare, anders
nicht abwendbare Nachteile entstünden, zu deren nachträglicher Beseitigung die
Entscheidung in der Hauptsache nicht mehr in der Lage wäre, ähnlich § 114 Abs. 2
Satz 2 StVollzG.[66] Die einstweilige Anordnung darf aber nicht die Entscheidung in
der Hauptsache vorwegnehmen.[67]

§ 29. [Unanfechtbarkeit der Entscheidung; Verfahren; Prozeßkostenhilfe]

(1) ¹Die Entscheidung des Oberlandesgerichts ist endgültig. ²Will ein Oberlandesgericht jedoch von einer auf Grund des § 23 ergangenen Entscheidung eines
anderen Oberlandesgerichts oder des Bundesgerichtshofes abweichen, so legt es
die Sache diesem vor. ³Der Bundesgerichtshof entscheidet an Stelle des Oberlandesgerichts.

(2) Im übrigen sind auf das Verfahren vor dem Zivilsenat die Vorschriften des
Gesetzes über die Angelegenheiten der freiwilligen Gerichtsbarkeit über das Beschwerdeverfahren, auf das Verfahren vor dem Strafsenat die Vorschriften der
Strafprozeßordnung über das Beschwerdeverfahren sinngemäß anzuwenden.

(3) Auf die Bewilligung der Prozeßkostenhilfe sind die Vorschriften der Zivilprozeßordnung entsprechend anzuwenden.

Übersicht

	Rn.		Rn.
I. Regelungsinhalt	1	III. Allgemeine Verfahrensregelung	10
II. Besondere Verfahrensvorschriften	2	1. Vor dem Zivilsenat	10
1. Unanfechtbarkeit	2	2. Vor dem Strafsenat	17
2. Vorlagepflicht zum BGH	7	IV. Prozesskostenhilfe	22

Gesetzesfassung: Vgl. § 23 Rn. 1. In Abs. 3 die Worte „des Armenrechts" ersetzt durch „der Prozesskostenhilfe" durch Art. 4 Nr. 3 G über Prozesskostenhilfe vom 13. 6. 1980 (BGBl. I S. 677). Abs. 2 geändert durch Art. 14 Nr. 2 Erstes G über die Bereinigung von Vorschriften im Zuständigkeitsbereich des BMJ vom 18. 4. 2006 (BGBl. I S. 866).

I. Regelungsinhalt. Die Vorschrift enthält die verfahrensrechtlichen Vorschrif- 1
ten für das Verfahren nach §§ 23 ff., wenn auch in wenig übersichtlicher Form.
Auszugehen ist von einer Verfahrensteilung, die sich anschließt an die Zuständigkeitsaufteilung zwischen Strafsenat und Zivilsenat nach § 25. Soweit §§ 23 ff. keine
ausdrücklichen Verfahrensvorschriften enthalten, sind nach Abs. 2 auf das Verfahren
vor dem Zivilsenat die Vorschriften des FGG über das Beschwerdeverfahren
(Rn. 10 ff.), vor dem Strafsenat die Vorschriften der StPO über das Beschwerdeverfahren (Rn. 17 ff.) sinngemäß anzuwenden.

II. Besondere Verfahrensvorschriften. 1. Die Entscheidung des OLG ist 2
endgültig (unanfechtbar), ein Rechtsbehelf ist nicht statthaft. Verfassungsrechtlich

---

[65] OLG Hamm GA 1975, 150; vgl. OLG Hamburg MDR 1977, 688; *Altenhain* DRiZ 1966, 365.
[66] BVerfGE 46, 166 = NJW 1978, 639; OLG Hamburg NJW 1979, 279; 13. 3. 2006 – 3 VAs 3/06 –;
OLG Karlsruhe NStZ 1994, 142; *Meyer-Goßner* § 29 Rn. 3; *LR/Böttcher* § 29 Rn. 8; *Katholnigg* § 23
Rn. 12; *MünchKommZPO/Wolf* § 23 Rn. 21; *Wieczorek/Schreiber* § 23 Rn. 15; *BL/Hartmann* § 29
Rn. 6; *Zöller/Gummer* § 23 Rn. 32; a. A. OLG Celle JR 1984, 297; OLG Hamm GA 1975, 150.
[67] OLG Hamburg NJW 1979, 279; OLG Karlsruhe NStZ 1994, 142.

ist dies unbedenklich (§ 23 Rn. 8). Zur Verfassungsbeschwerde § 12 GVG Rn. 33 ff. Eine Wiederaufnahme ist unzulässig[1] (vgl. aber Rn. 5).

3   Aus der Unanfechtbarkeit folgt, dass die Entscheidung keiner besonderen Verkündung oder Zustellung bedarf; ihre formlose Mitteilung genügt.[2]

4   Neben der aus der Unanfechtbarkeit folgenden formellen Rechtskraft kommt der zur Sache ergehenden Entscheidung auch materielle Rechtskraftwirkung zu, da sie eine Selbstbindung des Gerichts bewirkt und einer erneuten Überprüfung des angefochtenen Justizverwaltungsakts entgegensteht. Die Rechtskraftwirkungen können auch nicht durch Rücknahme des Antrags nachträglich beseitigt werden[3] (vgl. § 26 Rn. 26). Nicht ausgeschlossen ist dagegen die Wiederholung des ursprünglichen Antrags mit der Behauptung, die Sach- und Rechtslage habe sich inzwischen geändert,[4] und die Anfechtung der auf diesen Antrag ergehenden ablehnenden Verwaltungsentscheidung.

5   Die durch die materielle Rechtskraft bewirkte Bindung hindert ferner die Abänderung einer unrichtigen Entscheidung von Amts wegen oder auf **Gegenvorstellung**.[5] Etwas anderes gilt jedoch einmal für einen Beschluss, durch den der Antrag als unzulässig verworfen wird (§ 28 Rn. 1). Entsprechend den zu dem Beschluss nach § 349 StPO entwickelten Grundsätzen kann dieser, wenn er auf einer unrichtigen tatsächlichen Grundlage ergangen war, zurückgenommen werden,[6] jedoch nicht, wenn er auf einem Rechtsirrtum beruht.[7]

6   Zum anderen ist bei Verletzung des **rechtlichen Gehörs** (vgl. Einl. Rn. 215 ff.) in entsprechender Anwendung von §§ 33 a StPO, 321 a ZPO, 29 a FGG die Anhörung nachzuholen und gegebenenfalls die Entscheidung aufzuheben oder zu bestätigen.[8]

7   **2. Vorlagepflicht zum BGH.** Die Vorlagepflicht nach Abs. 1 Satz 2 besteht, wenn ein OLG (ObLG nach § 25 Abs. 2) von einer Entscheidung eines anderen OLG (ObLG) oder des BGH im Ergebnis abweichen will. Die Vorlage ist unzulässig, wenn nur die Begründung von der Auffassung des anderen Gerichts abweicht, ohne dass dies das Ergebnis der Entscheidung beeinflusst.[9] Da die Vorlage der Einheitlichkeit der RSpr dient, kommt sie nur bei Divergenzen in der Auslegung von **Bundesrecht** in Betracht, obwohl eine § 28 Abs. 2 FGG entsprechende Einschränkung fehlt.[10] Abweichungen bei der Auslegung von Verwaltungsvorschriften begründen keine Vorlagepflicht.[11]

8   Die abweichende Entscheidung muss „auf Grund des § 23" ergangen sein, dazu gehören neben Zulässigkeitsfragen nach § 24 alle Fragen des Überprüfungsverfahrens,[12] also z. B. zur Wiedereinsetzung, zur Rechtswidrigkeit nach § 28[13] und zur Kostenentscheidung.[14] Keine Vorlagepflicht begründen Divergenzen in der Auslegung des § 30 Abs. 2 und 3 (Anwendung der KostO). Ohne Bedeutung ist, ob die abweichende Entscheidung die eines Zivil- oder Strafsenats ist. Zur Frage der In-

---

[1] Zöller/Gummer Rn. 1.
[2] Meyer-Goßner § 28 Rn. 9.
[3] Vgl. OLG Hamburg Rpfleger 1965, 46; LR/Böttcher Rn. 1; Meyer-Goßner Rn. 1.
[4] LR/Böttcher Rn. 1.
[5] LR/Böttcher Rn. 1; Meyer-Goßner Rn. 1.
[6] Meyer-Goßner Rn. 1; LR/Böttcher Rn. 1; MünchKommZPO/Wolf Rn. 2.
[7] Vgl. BGH NJW 1951, 771; bei Holtz MDR 1976, 634; OLG Hamburg MDR 1976, 511.
[8] Vgl. OLG Koblenz NJW 1987, 855; LR/Böttcher Rn. 1; MünchKommZPO/Wolf Rn. 2; Katholnigg Rn. 3.
[9] Vgl. BGH NJW 1977, 1014 m. w. N.; ZIP 2007, 1379.
[10] Vgl. BGH NJW 1963, 1214; BGHSt 19, 241; OLG Stuttgart NJW 1970, 719; OLG München NJW 1968, 610; a. A. LR/Böttcher Rn. 3; Altenhain NJW 1963, 1463; Meyer-Goßner Rn. 2 zu bundeseinheitlichem Landesrecht; Kreuzer GA 1970, 65, 68.
[11] BGH GA 1986, 275.
[12] BGHZ 46, 355.
[13] BL/Hartmann Rn. 3.
[14] BGHZ 31, 92.

nendivergenz vgl. § 121 GVG Rn. 10; keine Vorlagepflicht, wenn der betreffende Spruchkörper erklärt, er halte die abweichende Auffassung nicht mehr aufrecht (vgl. § 121 GVG Rn. 16). Die Vorlage erfolgt durch zu begründenden Beschluss, der den Parteien mitzuteilen ist (zum Verfahren im Übrigen § 121 GVG Rn. 10ff.). Bei der Prüfung der Frage, ob die Vorlage zulässig ist, ist von der Rechtsauffassung des vorlegenden Gerichts auszugehen.[15]

Nach Abs. 1 Satz 3 entscheidet der BGH nach Vorlage an Stelle des OLG. Wenn die streitige Rechtsfrage jedoch nicht die Sachentscheidung selbst betrifft, entspricht es der Zweckmäßigkeit, nur die Vorfrage zu entscheiden und im Übrigen zurückzuverweisen.[16] 9

III. Allgemeine Verfahrensregelung. 1. Vor dem Zivilsenat. Soweit das Verfahren nicht durch die §§ 23ff. besonders geregelt ist, gelten für die Entscheidungen der Zivilsenate die **Vorschriften des FGG** zum Beschwerdeverfahren entsprechend (Rn. 1). Durch die Sonderregelung in §§ 23ff. von der sinngemäßen Anwendung **ausgeschlossen** sind: § 20 FGG (Beschwerdeberechtigung) durch § 24 Abs. 1; § 21 FGG (Form) durch § 26 Abs. 1; § 22 FGG (Wiedereinsetzung) durch § 26 Abs. 2 bis 4; §§ 26 bis 29 FGG (weitere Beschwerde) durch § 29 Abs. 1, der auch die Anwendung von § 30 Abs. 1 FGG (Besetzung des Beschwerdegerichts) ausschließt. 10

Anwendbar bleibt § 23 FGG, so dass der Antrag auf neue Tatsachen und Beweise gestützt werden kann. Das OLG ist damit auch Tatsacheninstanz und darf sich nicht unter Zugrundelegung des von der Justizbehörde festgestellten Sachverhalts auf die Nachprüfung von Rechtsfragen beschränken; das gilt auch für die Anfechtung von Ermessensentscheidungen, denn das Ermessen der Behörde umfasst nicht die Tatsachenfeststellungen;[17] eine mündliche Verhandlung findet jedoch nicht statt, über die Form einer etwaigen Beweiserhebung entscheidet das OLG nach pflichtgemäßem Ermessen.[18] 11

Anwendbar ist auch § 24 FGG, wonach dem Antrag auf gerichtliche Entscheidung keine aufschiebende Wirkung zukommt. Jedoch kann entsprechend Abs. 3 die Vollziehung des angefochtenen Justizverwaltungsakts ausgesetzt werden (§ 28 Rn. 24). Zur einstweiligen Anordnung § 28 Rn. 25. 12

Nach § 25 FGG ist die Entscheidung mit Gründen zu versehen. 13

§ 30 Abs. 2 FGG begründet für den BGH die Anwendbarkeit des (an die Stelle des § 137 getretenen) § 138 GVG. 14

Die Verweisung erfasst auch die allgemeinen Verfahrensvorschriften des FGG, soweit ihre Anwendung auf das Beschwerdeverfahren in Betracht kommt. So gelten die Vorschriften über die Rechtshilfe (§ 2 FGG) und die Ausschließung (§§ 6, 7 FGG); darüber hinaus ist auch der Behördenleiter oder der richterliche Dezernent, der im Verwaltungsverfahren mitgewirkt hat, ausgeschlossen.[19] Weiter gelten die Vorschriften über die Ablehnung, die Gerichtssprache, die Beratung und Abstimmung sowie die Sitzungspolizei (Verweisung auf das GVG in § 8 FGG). Zu den Fristen § 26 Rn. 2. 15

Beteiligt am Verfahren ist stets der Antragsteller. Die einzelne Behörde (bzw. Beschwerdebehörde), gegen deren Entscheidung oder Unterlassung angegangen wird, ist dann beteiligt, wenn deren Beteiligungsfähigkeit gesetzlich vorgesehen ist; andernfalls kommt nur eine Beteiligung der sie tragenden rechtsfähigen Körperschaft (insbesondere Bund, Land) in Betracht.[20] Wer die Behörde bzw. die Körperschaft vertritt, ist in den Vertretungsvorschriften des Bundes und der Länder geregelt. 16

---

[15] BGHZ 77, 209, 211 = NJW 1980, 2310.
[16] BGHSt 24, 290, 293 = NJW 1972, 780; BGH NJW 1963, 1789; 1964, 166.
[17] Vgl. BVerfGE 21, 191 = NJW 1967, 923.
[18] KG NJW 1968, 608.
[19] BGH FamRZ 1963, 566.
[20] BGH ZIP 2007, 1379.

17 **2. Vor dem Strafsenat.** Durch Sonderregelung in §§ 23 ff. (Rn. 1) sind von den Vorschriften der StPO über das Beschwerdeverfahren von der sinngemäßen Anwendung **ausgeschlossen:** § 304 StPO (Zulässigkeit) durch § 24 Abs. 1; § 306 StPO (Einlegung) durch § 26 Abs. 1; § 310 StPO (weitere Beschwerde) durch § 29 Abs. 1. Auch §§ 305, 305a, 311 StPO scheiden mangels vergleichbaren Regelungsinhalts aus.

18 Mithin verbleibt § 307 StPO, so dass dem Antrag auf gerichtliche Entscheidung keine aufschiebende Wirkung zukommt. Der Strafsenat kann jedoch die Vollziehung der angefochtenen Maßnahme aussetzen (§ 28 Rn. 24). Wie auch im Verfahren vor dem Zivilsenat ist ferner der Erlass einer einstweiligen Anordnung ausnahmsweise zulässig (vgl. § 28 Rn. 25).

19 Anwendbar ist weiter § 308 StPO, wonach als Antragsgegner die Justizbehörde anzusehen ist, deren Maßnahme den Gegenstand der gerichtlichen Nachprüfung darstellt. Die Anhörung der Behörde kann unterbleiben, wenn ihre Entscheidung bestätigt wird. Nach Abs. 2 kann das Beschwerdegericht Ermittlungen anordnen oder selbst vornehmen. Die Art und Weise der Beweiserhebung steht im pflichtgemäßen Ermessen des Strafsenats.[21]

20 Anwendbar ist auch § 309 StPO, so dass eine mündliche Verhandlung nicht stattfindet,[22] was jedoch eine mündliche Anhörung nicht ausschließt.[23] Die weiter vorgesehene Anhörung der StA (GBA/GStA) ergibt sich regelmäßig schon aus der Vertretungsbefugnis.

21 Von der Verweisung erfasst sind ferner die allgemeinen Verfahrensvorschriften, sofern sie für das Beschwerdeverfahren Bedeutung haben.[24] Der Antragsteller muss daher nicht prozessfähig sein, vielmehr genügt seine Handlungsfähigkeit (§ 26 Rn. 24). Für das Ablehnungs- und Ausschließungsrecht gelten §§ 23 ff. StPO (vgl. Rn. 15). Auch das GVG gilt subsidiär.[25]

22 **IV. Prozesskostenhilfe.** Für das Verfahren nach §§ 23 ff. kann Prozesskostenhilfe gewährt werden (Abs. 3); die Bewilligung richtet sich nach §§ 114 ff. ZPO. Aus der Verweisung des § 115 ZPO auf das SGB XII, dort § 83, folgt, dass Arbeitsentgelt eines Gefangenen wegen der Zweckbindung bei der Prüfung der Leistungsfähigkeit nicht zu berücksichtigen ist. Vor der Bewilligung ist der Justizbehörde Gelegenheit zur Stellungnahme zu geben, wenn dies nicht aus besonderen Gründen unzweckmäßig ist (§ 118 Abs. 1 Satz 1 ZPO). Für eine Kostenentscheidung ist bei einem ablehnenden Beschluss kein Raum.

§ 30. [Kosten]

(1) ¹Für die Kosten des Verfahrens vor dem Oberlandesgericht gelten die Vorschriften der Kostenordnung entsprechend. ²Abweichend von § 130 der Kostenordnung wird jedoch ohne Begrenzung durch einen Höchstbetrag bei Zurückweisung das Doppelte der vollen Gebühr, bei Zurücknahme des Antrags eine volle Gebühr erhoben.

(2) ¹Das Oberlandesgericht kann nach billigem Ermessen bestimmen, daß die außergerichtlichen Kosten des Antragstellers, die zur zweckentsprechenden Rechtsverfolgung notwendig waren, ganz oder teilweise aus der Staatskasse zu erstatten sind. ²Die Vorschriften des § 91 Abs. 1 Satz 2 und der §§ 102 bis 107 der Zivilprozeßordnung gelten entsprechend. ³Die Entscheidung des Oberlandesgerichts kann nicht angefochten werden.

---

[21] KG NJW 1968, 608.
[22] KG NJW 1968, 608.
[23] *LR/Böttcher* Rn. 10.
[24] OLG Bremen JVBl. 1963, 12.
[25] *LR/Böttcher* Rn. 9.

(3) ¹Der Geschäftswert bestimmt sich nach § 30 der Kostenordnung. ²Er wird von dem Oberlandesgericht durch unanfechtbaren Beschluß festgesetzt.

Gesetzesfassung: Vgl. § 23 Rn. 1. Die Bezugnahme im Abs. 2 Satz 2 auf § 102 ZPO ist gegenstandslos durch dessen Aufhebung (G vom 27. 11. 1964, BGBl. I S. 933).

I. Regelungsinhalt. Die Vorschrift regelt für alle Verfahren nach §§ 23 ff. 1 (vor Zivil- und Strafsenat) abschließend und entgegen der sonstigen Regelung (§ 29 Rn. 10, 17) einheitlich die Kostenfrage, §§ 465 ff. StPO sind nicht anwendbar.

II. Gerichtskosten. Für die Gerichtskosten gilt auch in Strafsachen die **KostO** 2 entsprechend. Damit ist die Aufnahme des Antrags nach § 26 Abs. 1 gebührenfrei (§ 129 KostO). Gebühren werden erhoben bei Zurückweisung des Antrags als unzulässig oder unbegründet oder bei dessen Zurücknahme (§§ 130, 131 Abs. 4 Satz 3 KostO), und zwar ohne Begrenzung durch einen Höchstbetrag das Doppelte der vollen Gebühr bei Zurückweisung sowie eine volle Gebühr bei Zurücknahme vor Erlass der Entscheidung. Gebührenfreiheit besteht nicht nur bei Erfolg des Antrags (§ 16 KostO), wozu auch die Aufhebung des Verwaltungsakts und der Ausspruch der Bescheidungsverpflichtung nach § 28 Abs. 2 Satz 2 zählt, sondern auch bei Erledigung der Maßnahme nach § 27 Abs. 2 Satz 2 oder § 28 Abs. 1 Satz 4.

Eine Kostentragungspflicht folgt bereits aus den Bestimmungen der KostO,[1] zur 3 Vermeidung von Unklarheiten empfiehlt es sich aber, den Kostenausspruch in die Beschlussformel aufzunehmen.[2]

Entsprechend § 8 KostO besteht eine **Kostenvorschusspflicht.**[3] 4

III. Außergerichtliche Kosten. Das OLG kann die volle oder teilweise Erstat- 5 tung der außergerichtlichen Kosten des Antragstellers durch die Staatskasse anordnen (Abs. 2), auch nachträglich.[4] Keine Rechtsgrundlage gibt es jedoch für die Erstattung der außergerichtlichen Kosten, die dem Betroffenen in einem dem gerichtlichen Verfahren vorangegangenen Verwaltungsverfahren entstanden sind (§ 24 Abs. 2), eine Analogie zu § 162 Abs. 2 Satz 2 VwGO kommt nicht in Betracht, da in § 30 eine detaillierte eigenständige Kostenregelung getroffen ist.[5] Die Erstattung der Kosten eines am Verfahren beteiligten Dritten oder des Antragsgegners kommt wegen der abschließenden Regelung des Abs. 2 nicht in Betracht.[6] Die Entscheidung ergeht nach billigem Ermessen, wobei es für die den Ausnahmetatbestand bildende Überbürdung einer besonderen Rechtfertigung durch den Einzelfall bedarf. Erfolg oder – bei Erledigung[7] – begründete Erfolgsaussichten genügen daher alleine nicht, wohl aber ein offensichtlich fehlerhaftes oder gar willkürliches Verhalten der Justizbehörde.[8]

Da nur auf § 91 Abs. 1 Satz 2 ZPO verwiesen ist, ist über die Notwendigkeit der 6 Hinzuziehung eines Rechtsanwalts nach Lage des Einzelfalles (Schwierigkeit der Sache, Gewandtheit des Antragstellers) zu entscheiden. Für die Kostenfestsetzung ist der Rechtspfleger (§ 21 Abs. 1 Nr. 1 RPflG) auf Grund der für anwendbar erklärten Vorschriften über die Kostenfestsetzung nach der ZPO gem. § 104 ZPO zuständig. Über die befristete (Notfrist von 2 Wochen) Erinnerung entscheidet das OLG endgültig.

---

[1] OLG Dresden OLGR 2004, 394.
[2] OLG München NJW 1975, 511; *LR/Böttcher* Rn. 2; *Meyer-Goßner* Rn. 1; *Katholnigg* Rn. 1.
[3] OLG Hamburg Rpfleger 1966, 27; NStZ-RR 2003, 383; 13. 3. 2006 – 3 VAs 3/06 –; *BL/Hartmann* Rn. 1; *Zöller/Gummer* Rn. 1; a. A. OLG Hamm JVBl. 1964, 36; *Meyer-Goßner* Rn. 2; *Katholnigg* Rn. 1.
[4] OLG Hamm NJW 1971, 209.
[5] OLG Hamm NStZ 1984, 332.
[6] OLG Hamm Rpfleger 1974, 228; *Drischler* MDR 1975, 551.
[7] Zur Erledigung durch Tod des Antragstellers vgl. OLG Hamm NJW 1971, 209.
[8] OLG Hamm JVBl. 1970, 238.

7   **IV. Geschäftswert.** Der Geschäftswert ist nach § 30 KostO nach freiem Ermessen zu bestimmen (Abs. 3). In nicht vermögensrechtlichen Angelegenheiten beträgt der Wert regelmäßig 3000 Euro. Abweichungen können sich aus dem Einzelfall ergeben; als Maßstab dient § 48 Abs. 2 Satz 1 GKG (Umfang und Bedeutung der Sache, Vermögens- und Einkommensverhältnisse der Parteien). Bei Gefangenenbeschwerden gilt regelmäßig der Mindestwert.[9] Die Obergrenze beträgt 500 000 Euro (§ 30 Abs. 2 und 3 KostO).

§ 30 a. [Vollzug von Kostenvorschriften]

(1) ¹Verwaltungsakte, die im Bereich der Justizverwaltung beim Vollzug des Gerichtskostengesetzes, der Kostenordnung, des Gerichtsvollzieherkostengesetzes, des Justizvergütungs- und -entschädigungsgesetzes oder sonstiger für gerichtliche Verfahren oder Verfahren der Justizverwaltung geltender Kostenvorschriften, insbesondere hinsichtlich der Einforderung oder Zurückzahlung ergehen, können durch einen Antrag auf gerichtliche Entscheidung auch dann angefochten werden, wenn es nicht ausdrücklich bestimmt ist. ²Der Antrag kann nur darauf gestützt werden, dass der Verwaltungsakt den Antragsteller in seinen Rechten beeinträchtige, weil er rechtswidrig sei. ³Soweit die Verwaltungsbehörde ermächtigt ist, nach ihrem Ermessen zu befinden, kann der Antrag nur darauf gestützt werden, dass die gesetzlichen Grenzen des Ermessens überschritten seien, oder dass von dem Ermessen in einer dem Zweck der Ermächtigung nicht entsprechenden Weise Gebrauch gemacht worden sei.

(2) ¹Über den Antrag entscheidet das Amtsgericht, in dessen Bezirk die für die Einziehung oder Befriedigung des Anspruchs zuständige Kasse ihren Sitz hat. ²In dem Verfahren ist die Staatskasse zu hören. § 14 Abs. 3 bis 9 und § 157 a der Kostenordnung gelten entsprechend.

(3) ¹Durch die Gesetzgebung eines Landes, in dem mehrere Oberlandesgerichte errichtet sind, kann die Entscheidung über das Rechtsmittel der weiteren Beschwerde nach Absatz 1 und 2 sowie nach §§ 14, 156 der Kostenordnung, der Beschwerde nach § 66 des Gerichtskostengesetzes, nach § 14 der Kostenordnung und nach § 4 des Justizvergütungs- und -entschädigungsgesetzes einem der mehreren Oberlandesgerichte oder anstelle eines solchen Oberlandesgerichts einem obersten Landesgericht zugewiesen werden. ²Dies gilt auch für die Entscheidung über das Rechtsmittel der weiteren Beschwerde nach § 33 des Rechtsanwaltsvergütungsgesetzes, soweit nach dieser Vorschrift das Oberlandesgericht zuständig ist.

(4) Für die Beschwerde finden die vor dem Inkrafttreten des Kostenrechtsmodernisierungsgesetzes vom 5. Mai 2004 (BGBl. I S. 718) am 1. Juli 2004 geltenden Vorschriften weiter Anwendung, wenn die anzufechtende Entscheidung vor dem 1. Juli 2004 der Geschäftsstelle übermittelt worden ist.

Gesetzesfassung: § 30 a eingefügt durch Art. 14 Nr. 3 Erstes G über die Bereinigung von Bundesrecht im Zuständigkeitsbereich des BMJ vom 19. 4. 2006 (BGBl. I S. 866).

1   Die Vorschrift versetzt inhaltsgleich die Regelungen in Art. XI §§ 1 bis 3 KostÄndG, aufgehoben durch Art. 115 des Gesetzes vom 19. 4. 2006 (BGBl. I S. 866, 881), an einen systematisch besser geeigneten Standort.[1]

2   Abs. 1 und 2 entsprechen Art. XI § 1 KostÄndG. Es handelt sich um eine Sonderregelung für die Anfechtung von Justizverwaltungsakten in **Vollzug von Kostengesetzen** (vgl. § 23 Rn. 59; § 12 GVG Rn. 135). Ohne diese Vorschriften bestünde also nach §§ 23 ff. die Zuständigkeit des OLG.[2] Sie haben aber lediglich

---

[9] *Foth* JR 1962, 417.
[1] BTagsDrucks. 16/47 S. 48.
[2] Vgl. BTagsDrucks. 16/47 S. 49; *Zöller/Gummer* Rn. 2; a. A. *BL/Hartmann* Rn. 2: Verwaltungsrechtsweg.

eine Auffangfunktion, da die Anfechtung von Justizverwaltungsakten, die Kostengesetze vollziehen, weithin spezialgesetzlich geregelt ist,[3] z.B. §§ 66 GKG, 56 RVG, 14 KostO, 4 JVEG, 8 JBeitrO.

Der Bereich der **Justizverwaltung** im Sinne von Abs. 1 deckt sich mit dem im 3
Sinne des GVG und des § 23 EGGVG allgemein (§ 23 Rn. 13). Erfasst ist deshalb nur der Vollzug von Kostengesetzen durch die Verwaltung der ordentlichen Gerichtsbarkeit. Für die anderen Gerichtsbarkeiten sind nach § 40 Abs. 1 VwGO insgesamt die VG zuständig;[4] auch §§ 23 ff. sind nur eine Ausgliederung aus der Kompetenz der VG (§ 23 Rn. 6, 13).

Zuständig ist das AG, örtlich dasjenige, in dessen Bezirk die für die Einzie- 4
hung oder Befriedigung des Anspruchs zuständige Kasse ihren Sitz hat (Abs. 2 Satz 1). § 25 Abs. 1 ist nicht entsprechend anwendbar, es entscheidet auch nach einer Strafsache die Zivilabteilung.[5] Soweit sich aus Abs. 2 Satz 3 nichts Abweichendes ergibt, richtet sich das **Verfahren** entsprechend § 29 Abs. 2 nach dem FGG.[6]

Abs. 3 entspricht Art. XI § 2 KostÄndG. Die Vorschrift erlaubt es, in den dort 5
aufgeführten Fällen, also nicht nur für Abs. 2 Satz 2, die Entscheidungen über die weitere Beschwerde gegen Beschwerdeentscheidungen des LG und, soweit das OLG Beschwerdegericht ist, die Entscheidung über die Beschwerde bei einem von mehreren OLG des Landes oder bei einem ObLG zu **konzentrieren.** Sie enthält keine Verordnungsermächtigung; es bedarf eines Landesgesetzes oder einer Rechts-VO aufgrund landesgesetzlicher Ermächtigung. Neben der generalklauselartigen Konzentrationsermächtigung für den Landesgesetzgeber in § 13 a GVG, ebenfalls aufgenommen im Zuge der Bereinigung, ist die eigenständige Bedeutung von Abs. 3 deshalb fraglich.

Abs. 4 entspricht Art. XI § 3 KostÄndG. Es handelt sich um eine mittlerweile 6
(hoffentlich) gegenstandslose Übergangsvorschrift.

Vierter Abschnitt. Kontaktsperre

§ 31. [Feststellung der Voraussetzungen für Kontaktsperre]

[1] Besteht eine gegenwärtige Gefahr für Leben, Leib oder Freiheit einer Person, begründen bestimmte Tatsachen den Verdacht, daß die Gefahr von einer terroristischen Vereinigung ausgeht, und ist es zur Abwehr dieser Gefahr geboten, jedwede Verbindung von Gefangenen untereinander und mit der Außenwelt einschließlich des schriftlichen und mündlichen Verkehrs mit dem Verteidiger zu unterbrechen, so kann eine entsprechende Feststellung getroffen werden. [2] Die Feststellung darf sich nur auf Gefangene beziehen, die wegen einer Straftat nach § 129a, auch in Verbindung mit § 129b Abs. 1, des Strafgesetzbuches oder wegen einer der in dieser Vorschrift bezeichneten Straftaten rechtskräftig verurteilt sind oder gegen die ein Haftbefehl wegen des Verdachts einer solchen Straftat besteht; das gleiche gilt für solche Gefangene, die wegen einer anderen Straftat verurteilt oder die wegen des Verdachts einer anderen Straftat in Haft sind und gegen die der dringende Verdacht besteht, daß sie diese Tat im Zusammenhang mit einer Tat nach § 129a, auch in Verbindung mit § 129b Abs. 1, des Strafgesetzbuches begangen haben. [3] Die Feststellung ist auf bestimmte Gefangene oder Gruppen von Gefangenen zu beschränken, wenn dies zur Abwehr der Gefahr ausreicht. [4] Die Feststellung ist nach pflichtgemäßem Ermessen zu treffen.

---

[3] *BL/Hartmann* Rn. 1; *Zöller/Gummer* Rn. 2; vgl. die Anwendungsfälle bei *BL/Hartmann* Rn. 4 ff.
[4] *Zöller/Gummer* Rn. 2.
[5] *BL/Hartmann* Rn. 12 m. w. N.
[6] *BL/Hartmann* aaO.

Übersicht

	Rn.		Rn.
I. Gesetzesfassung, Geltungsbereich ...	1	4. Maßregeln der Besserung und Sicherung	25
II. Gesetzesgeschichte	2	5. Andere Personen	26
III. **Feststellung der Kontaktsperre**	11	6. Konkretisierung	27
1. Gegenwärtige Gefahr	12	V. **Inhalt der Kontaktsperre**	28
2. Terroristische Vereinigung	14	1. Gefangene untereinander	29
3. Gefahrenabwehr	16	2. Verbindung mit der Außenwelt	30
4. Pflichtgemäßes Ermessen	18	3. Gericht und Staatsanwaltschaft	31
IV. **Personenkreis**	20	4. Petitionsrecht	32
1. Strafgefangene (§ 129 a StGB)	20	5. Verbindung mit Verteidigern	33
2. Untersuchungsgefangene (§ 129 a StGB)	22	VI. **Beschränkte Kontaktsperre**	35
3. Andere Straf- und Untersuchungsgefangene	23	VII. **Rechtsbehelfe**	36

1 **I. Gesetzesfassung, Geltungsbereich.** §§ 31 bis 38 EGGVG wurden eingefügt durch das sog. **Kontaktsperregesetz** vom 30. 9. 1977 (BGBl. I S. 1877). Die früher besatzungsrechtlich bedingten Besonderheiten der Geltung der Regelung für Berlin sind mit dem 3. 10. 1990 entfallen (§ 1 Rn. 16). Überschrift vor §§ 31 ff. EGGVG eingefügt durch Art. 1 Nr. 4 JuMiG.

2 **II. Gesetzesgeschichte.** §§ 31 bis 38 EGGVG sind Teil der im Herbst 1977 unter Zeitdruck stehenden **Terroristenbekämpfung.** Das Gesetz wurde ungewöhnlich schnell verabschiedet: Initiativgesetzentwurf aller Fraktionen vom 28. 9. 1977;[1] erste Lesung ohne Aussprache am 29. 9. 1977;[2] Bericht des Rechtsausschusses vom 29. 9. 1977;[3] zweite und dritte Lesung am 29. 9. 1977;[4] 371 von 392 stimmberechtigten Abgeordneten stimmten dem Gesetz zu, ebenso alle 21 Berliner Abgeordneten.[5] Der BRat stimmte dem Gesetz am 30. 9. 1977 einstimmig zu.[6] Am 1. 10. 1977 verkündet, trat es am Tage nach der Verkündung in Kraft.

3 **Rechtspolitisch** waren §§ 31 ff. schon bei der parlamentarischen Behandlung nicht unumstritten; u. a. wurde befürchtet, damit würden rechtsstaatliche Grundsätze außer Kraft gesetzt. Daran hat sich nichts geändert.[7] Verständlich werden sie durch die Entstehungsgeschichte. Im September 1977 erreichten die **Gewalttaten von Terrorgruppen**, insbesondere der „RAF" (Rote Armee Fraktion), der „Bewegung 2. Juni" (am 2. Juni 1967 wurde der Berliner Student Ohnesorg bei einer Demonstration erschossen), und des „Kommando Siegfried Hausner" (Siegfried Hausner war Mittäter beim Attentat auf die Deutsche Botschaft in Stockholm 1975 und zog sich bei der Explosion in der Botschaft schwere Verletzungen zu, an denen er nach seiner Auslieferung in der BRep verstarb), in der BRep einen erschreckenden Höhepunkt; bis dahin waren seit 1971 dem Terrorismus 22 Menschen, darunter 12 Angehörige der Polizei und der Justiz, zum Opfer gefallen; mit weiteren Anschlägen wurde gerechnet.[8]

4 Der Beginn dieser terroristischen Straftaten ist spätestens auf das Frühjahr 1972 zu legen. Damals wurden in mehreren deutschen Großstädten als politisch motiviert bezeichnete Sprengstoffanschläge verübt, bei denen vier amerikanische Soldaten getötet wurden (als Täter wurden in sog. Stammheimer Prozess am 28. April 1977 Andreas Baader, Gudrun Enßlin und Jan Carl Raspe zu lebenslänglicher Freiheitsstrafe verurteilt, die Mittäter Ulrike Meinhof und Holger Meins waren vor der Urteilsverkündung verstorben). In den Jahren 1972 bis 1974 wurden mehrere Bombenanschläge gegen Justizangehörige verübt, die mit der Aufklärung und strafrechtlichen Ahndung sol-

---

[1] BTagsDrucks. 8/935.
[2] Protokoll S. 3272.
[3] BTagsDrucks. 8/943, 8/944, 8/945.
[4] Protokoll S. 3366 ff.
[5] Protokoll S. 3383 D.
[6] Protokoll 449. Sitzung S. 226.
[7] Vgl. BTagsDrucks. 8/3565 S. 5; vgl. *Rechtler* und *Beckers* KJ 1977, 408; *Elferding* KJ 1977, 401; ÖTV KJ 1978, 178; *Krekeler* AnwBl. 1979, 212 und NJW 1986, 417; Deutscher Anwaltsverein AnwBl. 1979, 255, 1983, 97; BTagsDrucks. 8/3565 S. 5, 10/2396, 10/4044, 13/8598, 14/2860; vgl. ZRP 2001, 239; Deutscher Anwaltsverein Pressemitteilung 1/2000.
[8] Bundesminister Vogel in der BRatsSitzung am 30. September 1977, Protokoll S. 226; vgl. auch DRiZ 1978, 122 und *Löchner* DRiZ 1980, 94.

cher Taten befasst waren. Erster Höhepunkt der Aktivität terroristischer Gruppen war die Ermordung des Berliner Kammergerichtspräsidenten **Günther von Drenckmann** am 10. November 1974 durch Mitglieder der „Bewegung 2. Juni", als dieser sich bei seiner versuchten Geiselnahme zusammen mit seiner Ehefrau zur Wehr setzte. Am 27. Februar 1975 wurde **Peter Lorenz,** der Präsident des Berliner Abgeordnetenhauses, entführt. Durch seine Entführung (die bis zum 4. März 1975 dauerte) wurde die Freilassung von 8 Straf- bzw. Untersuchungsgefangenen erpresst, von denen mindestens 6 Terrorgruppen zuzurechnen waren. Am 24. April 1975 drangen Terroristen in die **Deutsche Botschaft in Stockholm** ein, nahmen alle Anwesenden als Geiseln und forderten die Freilassung von 26 in der BRep inhaftierten Angehörigen der Baader-Meinhof-Bande sowie je 20 000 US-Dollar für die Freizupressenden. Ihre Drohung der zeitlich-periodischen Geiselerschießungen verwirklichten sie zunächst in zwei Fällen. Durch eine von den Tätern selbst verursachte Explosion der von ihnen angebrachten Sprengkörper fand diese Geiselnahme ihr Ende; ein Terrorist kam ums Leben, die anderen fünf wurden festgenommen, einer (Hausner) starb nach der Auslieferung an die BRep, die anderen wurden wegen Mordes und Geiselnahme am 24. April 1976 zu lebenslänglicher Freiheitsstrafe verurteilt. Außerdem waren im November 1974 und im Juni 1976 weitere Bombenanschläge auf mit Terroristenverfahren befasste Richter verübt worden, ebenso im Oktober 1976 gegen den Hamburger Justizsenator und am 7. März 1975 gegen das BVerfG. Weiter wurden im Juni 1976 und im Februar 1977 Bombenanschläge gegen Rechtsanwälte verübt, die Pflichtverteidiger von Terroristen waren, mit der Folge eines Toten und 5 Verletzter. Im März 1977 wurde ein weiterer Bombenanschlag gegen den Präsidenten der Frankfurter Rechtsanwaltskammer verübt. Hinzu kamen eine Vielzahl weiterer Straftaten. 58 Banküberfälle mit einer Beute von rund 11 Mio DM werden Terroristen zugerechnet zur Finanzierung von Waffen, Wohnungen, Autos usw. Am 1. April 1977 wurde in Stockholm eine Gruppe von 30 mutmaßlichen Terroristen (z. T. Deutsche) verhaftet unter dem Verdacht, die Entführung der früheren schwedischen Ministerin Anna-Greta Leijon vorbereitet zu haben, die für die Auslieferung der an der Geiselnahme in der Deutschen Botschaft 1975 beteiligten Täter zuständig war. Mit dieser Entführung sollte nach den Erkenntnissen der schwedischen Polizei die Freilassung der Baader-Meinhof-Häftlinge sowie eine größere Geldsumme erpresst werden. Am 7. April 1977 wurden auf offener Straße in Karlsruhe Generalbundesanwalt **Siegfried Buback,** sein Kraftfahrer und ein begleitender Beamter von Terroristen erschossen. Am 30. Juli 1977 wurde **Jürgen Ponto,** Vorstandssprecher der Dresdner Bank, in seinem Haus in Oberursel bei Frankfurt erschossen, als er sich gegen einen Entführungsversuch wehrte. Am 25. August 1977 wurde ein Granatwerferanschlag gegen das Gebäude des Generalbundesanwalts in Karlsruhe im letzten Augenblick entdeckt.[9]

Am 5. September 1977 wurde **Hanns Martin Schleyer,** der Präsident der Vereinigung Deutscher Arbeitgeberverbände und des Bundesverbandes der Deutschen Industrie, entführt, die ihn begleitenden drei Polizeibeamten und sein Kraftfahrer von den Tätern erschossen. Die Täter, eine Terroristengruppe „Siegfried Hausner", forderten für die Freilassung Schleyers unter Androhung von dessen Ermordung die Freilassung von 11 inhaftierten, der Terrorszene zuzurechnenden Gefangenen (u. a. der im Stammheimer Prozess Verurteilten) sowie ihr ungehindertes, durch weitere Geiseln (Rechtsanwalt Payot, Pfarrer Niemöller) zu sicherndes Ausfliegen aus der BRep in ein aufnahmebereites Land ihrer Wahl sowie eine beträchtliche Geldsumme. Nach langen, aufreibenden Verhandlungen der BReg (unter Beteiligung aller demokratischen Parteien) mit den Entführern, teilweise unter Einschaltung des von den Entführern ausgewählten Genfer Rechtsanwalts Denis Payot als Kontaktperson, wurde Hanns Martin Schleyer am 19. Oktober 1977 auf Grund eines Anrufs der Entführer in Mühlhausen ermordet aufgefunden.[10] Während der Dauer der Geiselnahme von Hanns Martin Schleyer hatten 4 arabische Terroristen die **Lufthansa-Maschine „Landshut"** am 13. Oktober 1977 auf ihrem Flug von Palma de Mallorca nach Frankfurt mit insgesamt 91 Personen unter Waffengewalt entführt. Sie forderten von der BReg unter der Androhung der Sprengung des Flugzeugs mit allen Insassen die Freilassung von 11 inhaftierten deutschen Terroristen (die Gleichen, die durch die Entführung von Hanns Martin Schleyer freigepresst werden sollten) sowie zwei in der Türkei inhaftierten palästinensischen Gewalttätern, sowie die Zahlung von 15 Mio US-Dollar – mit der ausdrücklichen Erklärung, die Ziele der Entführung vom 5. September 1977 nachdrücklich verstärken zu wollen.[11] Diese Geiselnehmer wurden, nachdem sie den Flugkapitän Jürgen Schumann am 16. Oktober in Aden erschossen hatten, auf

---

[9] Vgl. DRiZ 1977, 314.
[10] Vgl. Protokolle des Deutschen BTags vom 15. September 1977 S. 3164 ff.; 20. Oktober 1977 S. 3755 ff.; Dokumentation des Bundespresseamts zum Fall Schleyer.
[11] Dokumentation des Bundespresseamts S. 91.

dem Flugplatz von Mogadischu am 18. Oktober 1977 von der Bundesgrenzschutzeinheit „GSG 9" überwältigt; alle Passagiere und die anderen Besatzungsmitglieder wurden nach 106 Stunden Irrflug im Nahen Osten gerettet, 3 Entführer getötet, einer (eine Frau) schwer verletzt.

6   Angesichts dessen entstand der Verdacht, dass die Entführer Schleyers unterstützt, wenn nicht gar geleitet werden könnten von Terroristen, die in Straf- oder Untersuchungshaft einsaßen, und dass der Kontakt zwischen ihnen auch durch einige Verteidiger unterhalten werde;[12] daneben entstand auch der Verdacht, dass ein Kontakt mit den freizupressenden Gefangenen für die Entführer zumindest unterstützend war. Im Interesse von Leben und Freiheit des entführten Hanns Martin Schleyer verhängten die Justizminister der Bundesländer, in denen so genannte Terroristen in Haft waren, in Übereinstimmung mit allen Justizministern des Bundes und der Länder am 9. September 1977 gegen diese Gefangenen ein Besuchs- und Kontaktverbot untereinander und im Verhältnis zu ihren Verteidigern, gestützt auf die Notstandsregel des § 34 StGB sowie der §§ 228 und 904 BGB.[13] Dem Vernehmen nach hatte diese Sperre zur Folge, dass sich die Mitteilungen der Entführer in Diktion und Stil wie in der Präzision der Forderungen sofort wesentlich änderten und teilweise, wenn auch nur vorübergehend, Konzeptionslosigkeit erkennbar wurde.[14]

7   Der von den Justizministern angeordnete Ausschluss des Kontakts zwischen Verteidigern und Gefangenen war als **Justizverwaltungsakt** im Sinne der §§ 23 ff. EGGVG anzusehen. Es handelte sich nämlich nicht um eine Beschränkung für einen einzelnen Untersuchungsgefangenen nach § 119 Abs. 3 StPO, über deren Rechtmäßigkeit der Richter oder der Vorsitzende des mit der Sache befassten Gerichts zu entscheiden hätte (§§ 119 Abs. 6 126 Abs. 1 und 2 StPO). Die Anordnung eines Ministers, durch die Besuche von Verteidigern bei einem bestimmten Kreis von Untersuchungsgefangenen untersagt werden, liegt außerhalb der Befugnisse des nach § 119 Abs. 6 StPO zuständigen Richters.[15] Die gegen diese Anordnungen angerufenen OLG haben die Anträge auf Aufhebung dieser Kontaktsperre nach §§ 23 ff. EGGVG als zulässig angesehen. In der Sache bestand Übereinstimmung, eine solche Kontaktsperre entgegen § 148 StPO könne aus § 34 StGB gerechtfertigt sein. Unterschiedlicher Auffassung waren die OLG jedoch zur Frage, ob konkrete Tatsachen bekannt waren oder dargetan wurden, die geeignet waren, den Verdacht konspirativer Tätigkeit zu begründen und dem Gericht die nach § 34 StGB erforderliche Güterabwägung zu ermöglichen. Gefordert wurden konkrete Tatsachen, aus denen sich ein Verdacht des Missbrauchs von § 148 StPO (Verteidigerbesuch) ergebe, etwa Tatsachen für die Annahme, dass der Verteidiger die Funktion des Kuriers zwischen terroristischen Gruppen und Untersuchungsgefangenen ausübe, oder für die Annahme, dass durch eine Aufrechterhaltung des Kontaktes zwischen dem Gefangenen und seinem Verteidiger die Gefahr für das Leben des Entführten noch erhöht werde.[16]

8   Der **BGH** hat vor Inkrafttreten der §§ 31 ff. ein Besuchs- und Kontaktverbot auch im Verhältnis zu den Verteidigern entgegen § 148 Abs. 1 StPO für zulässig angesehen. Der in §§ 34 StGB, 228, 904 BGB zum Ausdruck kommende allgemeine Rechtsgedanke, wonach die Verletzung eines Rechts in Kauf zu nehmen ist, wenn es nur so möglich erscheint, ein höheres Rechtsgut zu retten, erlaube in außergewöhnlicher Lage auch eine Verletzung des § 148 Abs. 1 StPO.[17] Dass § 148 StPO von der besonderen Integrität der Mitglieder der Rechtsanwaltschaft ausgehe, könne ein anderes Ergebnis nicht rechtfertigen, da im Bereich des Terrorismus die Erfahrung der letzten Jahre lehre, dass auch gegenüber Angehörigen der Anwaltschaft Vorsicht geboten sei.[18]

9   Das **BVerfG** hat eine u.a. gegen diese Entscheidung des BGH beantragte einstweilige Anordnung auf Wiederzulassung der Verteidigerkontakte abgelehnt.[19] Nach Abwägung der berührten Interessen sah es durch eine Wiederherstellung der Mög-

---

[12] Dokumentation des Bundespresseamts Anlage 6.
[13] Vgl. Bundesjustizminister Vogel, BTagsSitzung vom 29. 9. 1977, Protokoll S. 3370 ff.
[14] Vgl. auch *Rebmann* DRiZ 1979, 366.
[15] OLG Frankfurt NJW 1977, 2177.
[16] OLG Frankfurt aaO.
[17] 23. 9. 1977, BGHSt 27, 260; NJW 1977, 2172.
[18] Zur Diskussion *Schwabe* NJW 1977, 1902; *Amelung* NJW 1978, 623; *Lange* NJW 1978, 784; *Sydow* JuS 1978, 222; *Vogel* NJW 1978, 1217, 1222; *Böckenförde* NJW 1978, 1881, 1882; *Schröder* AöR 1978, 121.
[19] Beschluss vom 4. 10. 1977, BVerfGE 46, 1 = NJW 1977, 2157.

lichkeit von Kontakte zwischen den Verteidigern und den Inhaftierten die Bemühungen im Entführungsfalle Schleyer in höchstem Maße als gefährdet.[20] Das KontaktsperreG ist mit dem GG vereinbar.[21]

Der Gesetzentwurf vom 28. 9. 1977 (Rn. 2) diente dem Ziel, die als notwendig erkannte Kontaktsperre auf eine rechtsstaatlich eindeutige Rechtsgrundlage jenseits des § 34 StGB zu stellen. Eine Kommunikation zwischen inhaftierten und sich noch in Freiheit befindlichen Terroristen könne unmittelbar das Leben, die Gesundheit und die Freiheit von Personen gefährden und den Entscheidungsspielraum staatlicher Stellen in erheblichem Umfange beeinträchtigen; zur Abwendung dieser Gefahren und zum Schutze höchster Rechtsgüter könne es notwendig werden, jedwede Verbindung von Gefangenen untereinander und mit der Außenwelt zeitweilig zu unterbrechen, was den Staat in die Lage versetze, Leben zu schützen, die durch terroristische Anschläge herbeigeführte außerordentliche Situation zu bewältigen und der Herausforderung entschieden entgegen zu treten.[22] Der Rechtsausschuss des BTags hat sich dem weitgehend angeschlossen. Zwischen Gefangenen und in Freiheit befindlichen Mitgliedern terroristischer Vereinigungen bestehe ein Kommunikationsnetz, das die Planung und Durchführung von Anschlägen erleichtere und die Gefahren, die von solchen Vereinigungen ausgehen, erheblich erhöhe.[23] Zur Abwendung von Gefahren für höchste Rechtsgüter könnten in besonderen Gefahrenlagen Maßnahmen zur Unterbrechung der Kommunikation zwischen inhaftierten und noch in Freiheit befindlichen Terroristen notwendig und aus dem Rechtsgedanken der Güterabwägung gerechtfertigt sein; sie bedürfen aus Gründen der Rechtsstaatlichkeit klar abgegrenzter und fest umrissener Tatbestände als Grundlage, diesen Anforderungen entspreche der Entwurf.[24] **10**

III. Feststellung der Kontaktsperre. §§ 31 ff. regeln abschließend die Möglichkeiten, die in den in § 31 Satz 1 näher bezeichneten Sondersituationen (Rn. 12 ff.) bestehen. Sie sind einerseits Spezialvorschriften gegenüber anderen einschlägigen Regelungen, andererseits aber auch in dem Sinne abschließend, dass in auch nur vergleichbaren Situationen keine weitergehenden Eingriffsbefugnisse bestehen und kein weitergehender Rückgriff auf das allgemeine Notstandsprinzip zulässig ist.[25] In der in Satz 1 beschriebenen Situation kann die Feststellung getroffen werden, dass es zur Abwehr der näher bezeichneten Gefahr geboten ist, jedwede Verbindung von und mit bestimmten Gefangenen zu unterbrechen, also die sogenannte Kontaktsperre herbeizuführen. Lediglich eine sprachliche Besonderheit, jedoch keine systematische Überlegung oder Sonderregelung bedeutet der Weg, eine solche förmliche Feststellung zu verlangen statt unmittelbar die Anordnung der Kontaktsperre vorzusehen und die Feststellung in die Begründung der Anordnung zu verweisen. In der Feststellung der Gebotenheit einer Kontaktsperre liegt zugleich die Anordnung der Kontaktsperre. **11**

1. Die Feststellung der Gebotenheit der Kontaktsperre setzt eine **gegenwärtige Gefahr** für Leben, Leib oder Freiheit einer Person voraus. Zur Bestimmung dessen, was hierunter zu verstehen ist, kann weitgehend auf die Regelung des rechtfertigenden Notstandes im § 34 StGB zurückgegriffen werden. Danach liegt eine Gefahr vor, wenn ein ungewöhnlicher Zustand besteht, in dem nach den vorliegenden konkreten Verhältnissen der Eintritt eines Schadens wahrscheinlich ist.[26] Wahrscheinlich ist der Eintritt, wenn die Möglichkeit nahe liegt oder begründete Besorgnis besteht. Umgekehrt reicht die bloße Möglichkeit oder nur ferne Mög- **12**

---

[20] Nach zwischenzeitlichem Inkrafttreten des KontaktsperreG war über die zuvor herangezogene Rechtsgrundlage, insbesondere § 34 StGB, nicht mehr zu entscheiden.
[21] BVerfGE 49, 24 = NJW 1978, 2235.
[22] BTagsDrucks. 8/935 S. 5.
[23] BTagsDrucks. 8/943 S. 1.
[24] BTags-Drucks. 8/945 S. 1; vgl. hierzu *Rebmann* DRiZ 1979, 363, 366; *von Winterfeld* ZRP 1977, 265; *Witte* DRiZ 1978, 289; 1979, 295; *Ebert* JR 1978, 136; *Vogel* NJW 1978, 1217; *Böckenförde* NJW 1978, 1881; *Zuck* NJW 1979, 1121, 1124; *Löchner* DRiZ 1980, 94.
[25] *Vogel* NJW 1978, 1217, 1223; *Meyer-Goßner* Rn. 2 vor §§ 31 ff.; a. A. LR/*Böttcher* Rn. 13 vor § 31.
[26] RGSt 29, 244; St 30, 178; St 61, 362; St 66, 222.

lichkeit nicht aus.²⁷ Gegenwärtig ist die Gefahr, wenn der ungewöhnliche Zustand besteht und alsbald in einen Schaden umschlagen kann.²⁸

13   Die Gefahr muss bestehen für **Leben oder Leib** einer Person. Diese Verbindung stellt klar, dass eine allgemeine Gesundheitsgefährdung nicht genügt, sondern nur eine schwerere.²⁹ Eine Gefahr kann auch bestehen für die **Freiheit;** diese liegt vor, wenn zu befürchten ist, dass ein Mensch daran gehindert oder ihm nicht unerheblich erschwert werden soll, sich allein nach seinem Willen frei zu bewegen. Das kann durch Einsperren geschehen (vgl. § 239 Abs. 1 StGB, also Festhalten in einem umschlossenen Raum), aber auch durch List, Drohung oder unmittelbare Gewalt (vgl. § 234 StGB). Denkbar ist auch psychischer Druck oder Zwang (§ 240 StGB).

14   2. Die Feststellung setzt weiter voraus, dass bestimmte Tatsachen den Verdacht begründen, dass die Gefahr **von einer terroristischen Vereinigung** ausgeht. Was darunter zu verstehen ist, ergibt sich aus § 129a StGB. Es ist indessen nicht erforderlich, dass eine strafgerichtliche Verurteilung wegen der Bildung einer terroristischen Vereinigung vorliegt; es genügt der Verdacht, dass eine solche besteht in den vom § 129a StGB vorgesehenen Begehungsformen. Es muss weiter der Verdacht bestehen, dass von dieser die Gefahr (Rn. 12) ausgeht. Das bedeutet, dass ihre Existenz oder ihre Ziele oder Aktivitäten unmittelbar ursächlich für die Entstehung oder auch nur das Fortbestehen der Gefahr sind. Der Begriff „ausgeht" ist angesichts der Entwicklung, der zum Teil internationalen Verflechtungen und der Operations- und Begehungsformen terroristischer Vereinigungen weit auszulegen. Es ist nicht erforderlich, dass die terroristische Vereinigung allein oder gemeinsam mit anderen die Gefahr unmittelbar herbeigeführt hat; es genügt, dass die Gefahr mit ihrer physischen oder psychischen Unterstützung von dritter Seite angeregt oder herbeigeführt worden ist oder fortgesetzt wird „Ausgehen" ist also weiter zu verstehen als Anstiftung, Beihilfe oder Täterschaft.

15   Bestimmte Tatsachen (vgl. § 112 Abs. 2 StPO) müssen den **Verdacht begründen,** dass die Gefahr von der terroristischen Vereinigung ausgeht. Vermutungen allein reichen nicht aus, es müssen Tatsachen vorliegen, also äußerlich wahrnehmbare Ereignisse, „die zu deuten der Beobachter keiner oder nur einfacher Schlüsse bedarf"³⁰ und die nach der Lebenserfahrung oder allgemeinen Denkgesetzen eine solche Gefahr begründet erscheinen lassen. Dazu gehört z.B. die durch Indizien erhärtete Behauptung der Urheber einer solchen Gefahr, sich zu einer terroristischen Vereinigung zusammengeschlossen zu haben oder ihr anzugehören, gleichermaßen ein enger Kontakt der (mutmaßlichen) Täter mit bekannten Angehörigen einer mit einiger Sicherheit bestehenden terroristischen Vereinigung, auch wenn diese noch nicht rechtskräftig verurteilt sind, ebenso das Bekenntnis der Täter zu einer Gruppe, die eines oder mehrere Merkmale des § 129a StGB aufweist.

16   3. **Gefahrenabwehr.** Die Feststellung setzt weiter voraus, dass es zur Abwehr der Gefahr geboten ist, jedwede Verbindung von Gefangenen usw. (Rn. 28) zu unterbrechen. Die Kontaktsperre muss zur Abwehr der Gefahr **geeignet** sein. Dies setzt die Möglichkeit voraus, dass die Gefahr herbeigeführt, aufrechterhalten oder verstärkt wird durch Kontakte zwischen den Inhaftierten und denen, die die Gefahr unmittelbar herbeiführen. Auf den Inhalt der Kontakte im Einzelnen kommt es nicht an, so nicht darauf, von wem die Initiative für die Gefahr ausging oder ob die Gefangenen sich aktiv einschalten; es genügt auch, dass die Kontakte denjenigen, die die Gefahr herbeigeführt haben, den notwendigen Rückhalt der Gefangenen vermitteln. Die Kontaktsperre muss weiter der Abwehr der Gefahr **dienen.** Es muss also die Chance bestehen, dass die Gefahr entfällt oder wenigstens verringert wird, etwa durch Un-

---

[27] BGHSt 19, 371 = NJW 1964, 1911.
[28] BGHSt 5, 370 = NJW 1954, 765.
[29] RGSt 29, 77; St 66, 397; JW 1933, 1329.
[30] *LR/Dünnebier* § 112 StPO Rn. 29.

sicherheit der die Gefahr Herbeiführenden über die erforderliche Mitwirkungsbereitschaft (z.B. Fluchtbereitschaft) der Gefangenen oder ihre Billigung.

Unter diesen Voraussetzungen ist die Kontaktsperre zur Abwehr der Gefahr **geboten,** wenn sie angesichts der Schwere des Eingriffs in die Rechte des Gefangenen auch „dringend" ist. Es dürfen also keine anderen, weniger einschneidenden Maßnahmen den gleichen Erfolg für die Beseitigung der Gefahr erwarten lassen. 17

4. Die Feststellung ist nach **pflichtgemäßem Ermessen** zu treffen (Satz 4). Das bedeutet kein uneingeschränktes Ermessen; die Voraussetzungen der Kontaktsperre nach Satz 1 (Gefahr, Verdacht, Erforderlichkeit) sind unbestimmte Rechtsbegriffe, die voller gerichtlicher Überprüfung unterliegen. Unabdingbare Voraussetzung ist die Bezeichnung der davon betroffenen Gefangenen.[31] Zur Pflicht ständiger Prüfung, ob die Voraussetzungen für die Feststellung noch vorliegen, § 36. 18

Das Gesetz sieht für die Feststellung keine Form vor, vorausgesetzt sind aber **Schriftform und Begründung** (innerhalb der Grenzen des § 37 Abs. 3), weil sonst der betroffene Gefangene nicht erfährt, welche Tatsachen ihr zugrunde liegen und weshalb sie sich gerade auf ihn bezieht. Ansonsten wird ihm der Rechtsschutz nach § 33 unzumutbar erschwert. Die Feststellung einschließlich der erforderlichen Begründung ist ihm im Wortlaut mitzuteilen.[32] 19

IV. Von der Kontaktsperre umfasster Personenkreis. 1. Strafgefangene. Solche, die wegen einer Straftat nach § 129a StGB rechtskräftig verurteilt sind; Versuch und Teilnahme genügen. 20

Die Feststellung kann nach dem Wortlaut von § 31 Satz 2 (1. Halbs. 2. Alt.) aber auch Strafgefangene erfassen, die allein wegen einer der im § 129a StGB im einzelnen bezeichneten Straftaten verurteilt sind (Mord, Totschlag oder Völkermord, §§ 211, 212, 220a StGB; Straftaten gegen die persönliche Freiheit in den Fällen der §§ 239a oder 239b StGB; gemeingefährliche Straftaten des § 129a Abs. 1 Nr. 3 StGB). Aber auch ohne die ausdrückliche Anknüpfung an § 129a StGB fällt nicht jeder Täter einer solchen Straftat unter §§ 31 ff. Nach deren erkennbarem Sinn muss ein Zusammenhang mit dem organisierten Terrorismus bestehen. Es ist daher zwar nicht erforderlich, dass eine Verurteilung auch wegen § 129a StGB vorliegt und auch nicht hinderlich, dass eine solche Strafbarkeit in einer früheren Entscheidung des Gerichts ausdrücklich verneint wurde. Jedoch muss zur Feststellung der Kontaktsperre substantiiert vorgetragen werden, dass der Gefangene einer terroristischen Vereinigung, sei es auch nur als Unterstützer, zuzuordnen ist; seine Bereitschaft, auch in Zukunft zur Durchsetzung seiner politischen Vorstellungen Gewalt anzuwenden, genügt für sich allein nicht, auch nicht eine politische Motivation der Straftaten und die durch keine weiteren Anhaltspunkte erhärtete eigene Bekundung, Mitglied einer terroristischen Organisation zu sein.[33] 21

2. Untersuchungsgefangene. Voraussetzung ist, dass der Haftbefehl gegen sie (auch Überhaft) zumindest auch auf § 129a StGB gestützt ist. Ist er (lediglich) auf eine der in § 129a Abs. 1 Nr. 1 bis 3 StGB aufgeführten Straftaten gestützt, müssen auch hier Anhaltspunkte dafür gegeben sein, dass sie wenigstens als Unterstützer, einer terroristischen Vereinigung zuzuordnen sind. 22

3. Andere Straf- und Untersuchungsgefangene gehören zu dem Personenkreis darüber hinaus auch dann, wenn zwar die Verurteilung oder der Haftbefehl nicht (zumindest auch) auf § 129a StGB und die darin genannten Strafvorschriften gestützt ist, wenn aber gegen sie der dringende Verdacht besteht, dass sie die Tat, wegen der sie verurteilt oder in Untersuchungshaft sind, im Zusammenhang mit einer Tat nach § 129a StGB begangen haben (Satz 2 zweiter Halbs.). Diese Erweiterung 23

---

[31] BVerfGE 49, 24 = NJW 1978, 2235.
[32] BVerfG aaO.
[33] BVerfG aaO.; BGHSt 27, 276 = NJW 1977, 2173.

des von einer Kontaktsperre erfassbaren Personenkreises ist in der parlamentarischen Behandlung vom Rechtsausschuss des BTags eingefügt worden aus der Erwägung, dass das Verfahren wegen einer Straftat nach § 129a StGB oder wegen einer anderen in dieser Vorschrift bezeichneten Straftat eingestellt werden kann, wenn Anklage und Verurteilung wegen einer anderen Straftat erfolgten. Bestehe der dringende Verdacht weiter, dass diese Straftat im Zusammenhang mit einer Tat nach § 129a StGB begangen wurde, liege es auch nahe, dass der Gefangene weiterhin für eine Kommunikation der terroristischen Vereinigung tätig werde.[34] Der „dringende Verdacht" entspricht dem „dringend verdächtig" des § 112 StPO; er liegt also vor, wenn nach dem gegenwärtigen Stand der Ermittlungen die Wahrscheinlichkeit groß ist, dass diese Person Täter oder Teilnehmer ist.[35] Diese Erweiterung des betroffenen Personenkreises bringt eine erhebliche Unsicherheit mit sich. Während bei Vorliegen eines Strafurteils oder eines Haftbefehls die Voraussetzungen des § 129a StGB oder einer der in dieser Vorschrift genannten Straftaten klar sind, ist hier nicht geregelt, in wessen Zuständigkeit die Feststellung des „dringenden Verdachts" fällt. Ist die allgemeine Feststellung nach § 32 getroffen, kann aber nur die für die Durchführung nach § 33 zuständige Stelle feststellen, ob ein Gefangener wegen „dringenden Verdachts" unter die Kontaktsperre fällt; diesem ist hiergegen der Rechtsweg nach § 37 eröffnet.

24 Die Erweiterung durch Art. 2 Abs. 1 Satz 1 ÄndG EGGVG (Rn. 1) hat Art. 14 Nr. 4 des Ersten Gesetzes über die Bereinigung von Bundesrecht im Zuständigkeitsbereich des Bundesministeriums der Justiz in § 38a übergeführt, vgl. dort.

25 **4.** Von der Kontaktsperre erfasst werden können auch Personen, gegen die eine **Maßregel der Besserung und Sicherung** (§§ 61 ff. StGB) vollzogen wird oder gegen die ein Unterbringungsbefehl nach § 126a StPO besteht (im Einzelnen § 38).

26 **5.** Personen unter **anderer öffentlich-rechtlicher Freiheitsbeschränkung** unterliegen nicht der Kontaktsperre, so nicht nach den Freiheitsentziehungsgesetzen Untergebrachte, von Quarantänemaßnahmen Betroffene oder Personen in Beuge-, Erzwingungs- oder Ordnungshaft. Gegen Personen, die nicht in öffentlich-rechtlicher Freiheitsbeschränkung gehalten werden, kann erst recht nicht die Kontaktsperre angeordnet werden. Vgl. auch § 38.

27 **6. Konkretisierung des Personenkreises.** Die Feststellung der Kontaktsperre ist nach pflichtgemäßem Ermessen (Satz 4; Rn. 18, 35) zulässig gegenüber allen Gefangenen, die den Merkmalen des § 31 Satz 2 und des § 38 unterfallen. Die Feststellung, welche Gefangenen erfasst werden, muss konkret getroffen werden; sie muss die **Gefangenen namentlich** aufführen. Die allgemein gehaltene Formulierung, die Feststellung erstrecke sich auf „diejenigen, die während der Geltungsdauer der Feststellung in Haft gebracht werden auf Grund eines Haftbefehls, der Straftaten nach § 129a StGB zum Gegenstand hat oder solche Taten, bei denen der dringende Verdacht besteht, dass sie im Zusammenhang mit einer Tat nach § 129a StGB begangen worden sind", genügt nicht.[36] Unabhängig davon ist aus Gründen der **Verhältnismäßigkeit** (vgl. Einl. Rn. 227) die Kontaktsperre auf bestimmte Gefangene oder Gefangenengruppen zu beschränken, wenn dies zur Abwehr der Gefahr ausreicht (Satz 3).

28 **V. Inhalt der Kontaktsperre.** Die Kontaktsperre besteht (Satz 1) in der Unterbrechung jedweder Verbindung von Gefangenen untereinander (Rn. 29) und mit der Außenwelt (Rn. 30) einschließlich des schriftlichen und mündlichen Verkehrs mit dem Verteidiger (Rn. 33) mit Ausnahme der Kontaktperson des § 34a. Die Durchführung im Einzelnen ist im § 33 vorgesehen. Das Gesetz enthält keine genaue Bezeichnung der Maßnahmen, die erforderlich und zulässig sind; diese richten

---

[34] BTagsDrucks. 8/945 S. 2 zu § 31.
[35] *Meyer-Goßner* § 112 StPO Rn. 6.
[36] BGHSt 27, 276 = NJW 1977, 2173.

sich jeweils nach der konkreten Situation. Die §§ 31 ff. sind Spezialvorschriften gegenüber den allgemeinen Vorschriften für den Vollzug von Straf- und Untersuchungshaft und gehen diesen vor (Rn. 11).

1. Gefangene untereinander. Die Unterbrechung der Verbindung von Gefangenen untereinander erfordert, sie zu trennen und zu verhindern, dass sie miteinander in Verbindung treten können.[37] Dies betrifft einmal die gemeinsame Zellenunterbringung von Gefangenen (Untersuchungs- wie Strafgefangenen), die von der Kontaktsperre erfasst sind, mit anderen Gefangenen, ob diese nun ebenfalls der Kontaktsperre unterliegen oder nicht, bedeutet also absolute Einzelhaft. Das gilt auch für einen Aufenthalt in einer Krankenabteilung, für Spaziergänge in der Anstalt, und für Teilnahme an Gemeinschaftsveranstaltungen (z. B. Gottesdienst, Mahlzeiten, Einkauf, Freizeitmöglichkeiten, Bibliotheksbenutzung, Arbeit). 29

2. Verbindung mit der Außenwelt. Die Unterbrechung der Verbindung des Gefangenen mit der Außenwelt bezweckt, sowohl jeglichen Kontakt mit Personen außerhalb der Anstalt zu unterbrechen als auch den Informationsfluss von außen in die Anstalt abzuschneiden.[38] Sie betrifft alle Möglichkeiten des Kontakts mit der Außenwelt ohne Rücksicht darauf, ob es sich um Kontakte privater oder behördlicher Art handelt (zu Sonderfällen Rn. 31 ff.). Unterbrochen werden alle Kontakte zu **Besuchern,** und zwar jeder Art (Gespräche, aber auch einseitige akustische oder optische Kontakte und Wahrnehmungen). Nicht zu den Besuchern gehören die **Bediensteten im Vollzug** einschließlich Fürsorger, Sozialarbeiter, Anstaltsärzte und zugezogene Ärzte im Rahmen der Fürsorgepflicht (nicht aus anderen Gründen, z. B. der Untersuchung der Verhandlungsfähigkeit), Anstaltsgeistliche, Psychologen usw.; auch bei diesem Personenkreis kann gemäß § 33 eine weitere Einschränkung der Kontaktmöglichkeiten angeordnet werden. Umgekehrt ist es den zuständigen Stellen unbenommen, anderen Personen, bei denen die Einhaltung der Kontaktsperre im Außenverhältnis gewährleistet ist, den Kontakt zu den Gefangenen zu ermöglichen, z. B. Ermittlungsbeamten, Dolmetschern usw. Unterbrochen werden weiter alle mittelbaren Kontakte, also der Empfang von **Postsendungen** (Briefe, Päckchen, Pakete, Telegramme, Telefongespräche), ebenso anderer für die Gefangenen bestimmter Sendungen. Unterbrochen wird der Bezug von **Zeitungen,** Zeitschriften, Büchern, Schallplatten usw., auch von amtlichen Druckschriften jedweder Art. Unterbrochen wird auch der Empfang von **Hörfunk- und Fernsehsendungen,** auch solcher anstaltsinterner Art. 30

3. Verbindung mit Gericht und StA. Die Kontaktsperre umfasst auch alle Kontakte des Gefangenen gegenüber Gerichten und StA (und umgekehrt), auch als Zeuge (§ 34 Rn. 11). Eine Ausnahme gilt nur dann, wenn sie ausdrücklich im Gesetz vorgesehen ist oder sich zwingend daraus ergibt. Der Gefangene darf sich in einem gegen ihn gerichteten Strafverfahren schriftlich an das Gericht oder die StA wenden (§ 34 Abs. 3 Nr. 8; § 34 Rn. 22). Im Zusammenhang mit § 34 Abs. 3 Nr. 2 (Vernehmungen und andere Ermittlungshandlungen in Abwesenheit des Gefangenen, § 34 Rn. 7) können Gericht und StA beim Gefangenen anfragen, dieser kann auch antworten. Die Vernehmung des Gefangenen als Beschuldigter ist zulässig (§ 34 Abs. 3 Nr. 3, § 34 Rn. 10), ebenso seine Anwesenheit und Vernehmung bei Verkündung eines gegen ihn erlassenen Haftbefehls (§ 34 Abs. 3 Nr. 4, § 34 Rn. 12). Mündliche Haftprüfungen sowie andere mündliche Verhandlungen, deren Durchführung innerhalb bestimmter Fristen vorgeschrieben sind, können in Anwesenheit des Gefangenen stattfinden (§ 34 Abs. 3 Nr. 5, § 34 Rn. 14). Den Antrag des Gefangenen auf Entscheidung über die Rechtmäßigkeit einer Maßnahme nach § 33 hat ein Richter des AG, in dessen Bezirk der Gefangene verwahrt wird, auf- 31

---

[37] BTagsDrucks. 8/935 S. 5.
[38] BTagsDrucks. aaO.

zunehmen (§ 37 Abs. 2, § 37 Rn. 3). Im Anfechtungsverfahren nach § 37 ist der Gefangene, wenn er Antragsteller ist, anzuhören (§ 37 Abs. 3, § 37 Rn. 11). Er kann die Beiordnung einer Kontaktperson beantragen (§ 34 a).

32   **4. Petitionsrecht.** Das Petitionsrecht des Gefangenen (Art. 17 GG) gilt uneingeschränkt,[39] ist aber in seiner Ausübung eingeschränkt. § 37 Abs. 2 gilt sinngemäß, es ist aber die Aufnahme solcher Angaben zu verweigern, deren Mitteilung an den Empfänger dem Zweck der Kontaktsperre zuwiderlaufen würde.[40] Der Bescheid auf eine Petition wird von der Kontaktsperre ergriffen.

33   **5. Verkehr mit dem Verteidiger.** Auch der Verkehr mit dem Verteidiger ist sowohl mündlich als auch schriftlich entgegen § 148 StPO, § 26 StVollzG ausgeschlossen, und zwar zu allen Verteidigern, die der Gefangene in welchen Verfahren auch immer bestellt hat. Die Kontaktsperre gilt auch für den nach § 34 Abs. 3 Nr. 1 bestellten Verteidiger (§ 34 Rn. 4) und für alle anderen Bevollmächtigten des Gefangenen, für welche Angelegenheiten auch immer, auch für alle Rechtsanwälte. Kontaktsperre bedeutet hier, dass der Gefangene keine Informationen und andere Mitteilungen oder Sendungen empfangen oder absenden darf, weder unmittelbar noch mittelbar. Das Gesetz sieht keine Ausnahmen von der Kontaktsperre im Verhältnis zum Verteidiger vor (vgl. auch den Verteidigerausschluss bei den ausnahmsweise stattfindenden Verhandlungen gegen den Gefangenen nach § 34 Abs. 3 Nr. 2 bis 4 und den Ausschluss des Verteidigers von der Information bei den ausnahmsweise zulässigen Eingaben des Gefangenen an das Gericht nach § 34 Abs. 3 Nr. 8).

34   Der Vorschlag der BRAK, dem von der Kontaktsperre betroffenen Gefangenen das Recht auf Zugang (also Kontakt) zu einem Anwalt einzuräumen, der nicht aus dem Kreis bisher in einem Verfahren gegen den Gefangenen tätiger Verteidiger stammt, ist zunächst nicht ins Gesetz übernommen worden. Dem Gesetzgeber genügten offensichtlich die im § 34 getroffenen Vorkehrungen zum Schutz der berechtigten Belange des Gefangenen, insbesondere Verfahrensunterbrechungen und Verteidigerbestellung (wenn auch ohne Kontakte). Nachträglich ist diesem Anliegen durch § 34a entsprochen worden.

35   **VI. Beschränkung der Kontaktsperre.** Es stellt sich die Frage, ob nach dem Grundsatz der Verhältnismäßigkeit (Rn. 27) die totale Kontaktsperre des Satzes 1 („jedwede Verbindung") nicht nur personell (Rn. 20 ff.), sondern auch in ihrer konkreten Auswirkung auf den einzelnen Gefangenen beschränkt werden kann. Von der „Gebotenheit" der Feststellung her kann durchaus die konkrete Situation derart gestaltet sein, dass mit einem Weniger der volle Erfolg, die Abwehr der Gefahr, erreicht werden kann. Deshalb ist es als zulässig und damit auch als geboten anzusehen, in geeigneten Fällen nur eine partielle Kontaktsperre anzuordnen. Dafür spricht das Wort „kann" in Satz 1 (vgl. Rn. 18) sowie Satz 4, der die Feststellung insgesamt in das pflichtgemäße Ermessen stellt, ebenso das im § 33 vorgenommene Abstellen auf die Erforderlichkeit der Maßnahmen zur Kontaktsperre. Reicht es zur Abwehr der Gefahr aus, ist die Feststellung also zu beschränken; sie ist so konkret wie möglich zu treffen und im zeitlichen Verlauf dem jeweiligen Erkenntnisstand anzupassen.[41] Solche Einschränkungen können erfolgen z. B. bezüglich Mitgefangener, bestimmter Personen der Außenwelt, Verteidiger, oder bezüglich bestimmter Kommunikationsformen, etwa nur den schriftlichen oder den mündlichen Verkehr, Ausschluss von Massenmedien usw. Nicht in die Kontaktsperre einzubeziehen sind solche Nachrichten und Informationen, die vom Zweck der Kontaktsperre her völlig indifferent sind, z. B. Nachrichten über Familienereignisse.[42]

---

[39] BTagsDrucks. 8/945 S. 2 zu § 32 a. E.
[40] BVerfGE 49, 24, 65 = NJW 1978, 2235.
[41] BTagsDrucks. 8/935 S. 5 zu § 31.
[42] *Grunau/Tiesler* S. 350.

Demgegenüber sieht das BVerfG[43] als Voraussetzung für die Feststellung das Gebotensein der Unterbrechung jedweder Verbindung, also einer totale Kontaktsperre.

VII. Rechtsbehelfe. Die Feststellung nach § 31 unterliegt nur der Kontrolle 36
nach § 35 als „interne Kontrolle staatlichen Handelns".[44] Die in der Feststellung bezeichneten Gefangenen sind am Verfahren nach § 35 nicht beteiligt, sie können ihre Rechte nach § 37 wahren. Auch eine Verfassungsbeschwerde gegen die Feststellung gemäß § 31 ist nicht zulässig.[45]

§ 32. [Zuständigkeit für die Feststellung]

¹Die Feststellung nach § 31 trifft die Landesregierung oder die von ihr bestimmte oberste Landesbehörde. ²Ist es zur Abwendung der Gefahr geboten, die Verbindung in mehreren Ländern zu unterbrechen, so kann die Feststellung der Bundesminister der Justiz treffen.

Gesetzesfassung: Vgl. § 31 Rn. 1.

Die Vorschrift regelt die Zuständigkeit für die Feststellung des Gebotenseins der 1
Kontaktsperre. Grundsätzlich ist die **LReg** sachlich zuständig (Satz 1). Örtlich zuständig ist die LReg, in deren Gebiet die Gefangenen einsitzen, die von der Kontaktsperre erfasst werden sollen. Die LReg kann die Zuständigkeit auf eine oberste Landesbehörde übertragen.

Wenn die Kontakte von und zu Gefangenen, die in mehreren Bundesländern 2
einsitzen, unterbrochen werden sollen, kann der **BMdJ** die Feststellung treffen (Satz 2). Aus dem Wort „kann" folgt, dass, solange er nicht die Feststellung getroffen hat, auch die LReg (bzw. die von ihnen ermächtigten obersten Landesbehörden) die Feststellung treffen können.¹ Die Feststellung durch den BMdJ wird nur erforderlich, wenn nicht alle betroffenen Länder mitwirken oder wenn Eile geboten ist. Wenn der BMdJ die Feststellung trifft, sind die LReg daran gebunden, sie können z. B. nicht einzelne Gefangene von der Kontaktsperre ausnehmen.

Im Interesse der Flexibilität und zur Vermeidung von Zeitverlusten durch Verkündung 3
ist für die Feststellung der Kontaktsperre nicht die **Form** der RechtsVO vorgesehen worden. Die Feststellung ist, da sie mit Rücksicht auf § 33 unmittelbar nur verbindlich ist für die zur Durchführung zuständigen Behörden, eine Verwaltungsanweisung. Sie bedarf der Schriftform, auch wegen der Fristberechnung nach §§ 35, 36 (vgl. § 31 Rn. 19).

Durch die rechtliche Qualifizierung der Feststellung als einer **Verwaltungsan-** 4
ordnung begründet sie die Pflicht der zuständigen Behörden zur Durchführung der Unterbrechung. Die Feststellung selbst hat aber keine unmittelbare Wirkung auf die Rechtsstellung der Gefangenen oder ihrer Kontaktpersonen.² Sie brauchen im Bestätigungsverfahren nach § 35 deshalb nicht beteiligt zu werden. In ihre Rechtsstellung wird erst eingegriffen durch die Durchführungsmaßnahmen nach § 33. Erst im Nachprüfungsverfahren gemäß § 37 ist auch die Rechtmäßigkeit der Feststellung insgesamt incidenter nachzuprüfen (vgl. § 37 Rn. 7 f.).

Die Feststellung des § 31, die vom BMdJ getroffen wird, ist ebenfalls eine Verwaltungsanordnung 5
im Sinne des Art. 84 Abs. 5 GG, zu der nicht nur die BReg, sondern auch ein einzelner Bundesminister ermächtigt werden kann.³ Sie ist für die zuständigen Landesbehörden im Bundesgebiet verbindlich.

---

[43] BVerfGE 49, 24 = NJW 1978, 2235.
[44] BVerfG aaO. = NJW 1978, 2235.
[45] BVerfG aaO.
¹ BTagsDrucks. 8/945 S. 2 zu § 32.
² Vgl. BTagsDrucks. 8/935 S. 5 Nr. 3.
³ BVerwGE 42, 279; vgl. auch BVerfGE 26, 338.

6 Aufgrund dieser Vorschrift hat der BMdJ im Zusammenhang mit der Entführung Hanns Martin Schleyers (§ 31 Rn. 5) am 2. Oktober 1977 festgestellt, dass es „zur Abwehr der gegenwärtigen Gefahr für Leib und Leben von Hanns Martin Schleyer" geboten ist, bei 72 namentlich aufgeführten Gefangenen jedwede Verbindung untereinander und mit der Außenwelt zu unterbrechen. Nach der Ermordnung Schleyers wurde diese Feststellung am 20. Oktober 1977 wieder aufgehoben.

§ 33. [Maßnahmen zur Kontaktsperre]

Ist eine Feststellung nach § 31 erfolgt, so treffen die zuständigen Behörden der Länder die Maßnahmen, die zur Unterbrechung der Verbindung erforderlich sind.

Gesetzesfassung: Vgl. § 31 Rn. 1.

1 Von der Feststellung der Kontaktsperre (§§ 31, 32) ist zu trennen die praktische **Durchführung.** Ist die Feststellung getroffen, muss sie für die Dauer ihres Bestehens durchgesetzt werden. Dies ist Aufgabe der nach Landesrecht zuständigen Behörden, vor allem des Strafvollzugs, und zwar auch dann, wenn der BMdJ die Feststellung getroffen hat.

2 Die zuständigen Behörden sind an die Feststellung der Kontaktsperre während ihrer gesamten Dauer **gebunden.** Sie haben alles zu tun, was zur Durchsetzung der Kontaktsperre erforderlich ist. Zur Anfechtbarkeit ihrer Durchführungsmaßnahmen § 37. Die auf §§ 31 ff. gestützten Maßnahmen gehen als spezialgesetzliche Regelung den Entscheidungen des Haftrichters nach § 119 StPO und den Vorschriften des StVollzG vor[1] (vgl. § 31 Rn. 11, 28).

3 Über bei der Durchführung zu beachtende **Förmlichkeiten** enthält das Gesetz keine ausdrücklichen Vorschriften; die Durchführung wirkt unmittelbar durch sich selbst und kommt in ihrer jeweils erforderlichen Erscheinungsform und Wirkung den Betroffenen zur Kenntnis. Gleichwohl ist es sowohl im Interesse der Klarheit und Bestimmbarkeit, besonders im Hinblick auf die Folgen nach § 34 und auf eine Anfechtung nach § 37 notwendig, dass der konkrete Umfang der Maßnahmen **schriftlich** fixiert und mit Gründen versehen sowie im Rahmen des Möglichen dem Betroffenen **bekannt gegeben** wird.[2] Für die Fristen der §§ 35, 36 ist dies allerdings nicht von Bedeutung, da sie auf den Zeitpunkt der Feststellung selbst abstellen und nicht auf ihre Durchführung. Auch für die Fristwahrung im Anfechtungsverfahren nach § 37 (§ 37 Abs. 4, § 26 EGGVG) hat eine solche Fixierung keine Bedeutung, denn die Monatsfrist (§ 26 Abs. 1 Satz 1) beginnt nur zu laufen mit Zustellung oder schriftlicher Bekanntgabe der einzelnen Maßnahme zur Durchführung der Kontaktsperre. Es erscheint auch erforderlich, dass die Anstaltsleitung dem Verteidiger des Gefangenen und, soweit gerichtliche Verfahren gegen ihn bekannt sind, auch dem Gericht von der Durchführung der Kontaktsperre Nachricht gibt, letzterenfalls schon wegen der nach § 34 eintretenden Folgen und zu treffenden Maßnahmen.

4 Die Absender von schriftlichen Mitteilungen, die an einen von der Kontaktsperre Betroffenen adressiert sind, sind grundsätzlich nicht von der Kontaktsperre zu benachrichtigen, z.B. die Absender von Briefsendungen oder Zustellungen: Durch eine solche Benachrichtigung könnte der Zweck der Kontaktsperre beeinträchtigt werden; soweit letzteres jedoch ausgeschlossen erscheint, insbes. bei behördlichen Zustellungen, ist eine Benachrichtigung des Absenders (nicht des Adressaten) angezeigt (vgl. § 34 Abs. 2).

---

[1] *Grunau/Tiesler* S. 350.
[2] BVerfGE 49, 24 = NJW 1978, 2235; *Meyer-Goßner* Rn. 2.

§ 34. [Rechtswirkungen der Kontaktsperre]

(1) Sind Gefangene von Maßnahmen nach § 33 betroffen, so gelten für sie, von der ersten sie betreffenden Maßnahme an, solange sie von einer Feststellung erfaßt sind, die in den Absätzen 2 bis 4 nachfolgenden besonderen Vorschriften.

(2) Gegen die Gefangenen laufende Fristen werden gehemmt, wenn sie nicht nach anderen Vorschriften unterbrochen werden.

(3) In Strafverfahren und anderen gerichtlichen Verfahren, für die die Vorschriften der Strafprozeßordnung als anwendbar erklärt sind, gilt ergänzend folgendes:

1. Gefangenen, die keinen Verteidiger haben, wird ein Verteidiger bestellt.
2. [1] Gefangene dürfen bei Vernehmungen und anderen Ermittlungshandlungen auch dann nicht anwesend sein, wenn sie nach allgemeinen Vorschriften ein Recht auf Anwesenheit haben; Gleiches gilt für ihre Verteidiger, soweit ein von der Feststellung nach § 31 erfaßter Mitgefangener anwesend ist. [2] Solche Maßnahmen dürfen nur stattfinden, wenn der Gefangene oder der Verteidiger ihre Durchführung verlangt und derjenige, der nach Satz 1 nicht anwesend sein darf, auf seine Anwesenheit verzichtet. [3] § 147 Abs. 3 der Strafprozeßordnung ist nicht anzuwenden, soweit der Zweck der Unterbrechung gefährdet würde.
3. Eine Vernehmung des Gefangenen als Beschuldigter, bei der der Verteidiger nach allgemeinen Vorschriften ein Anwesenheitsrecht hat, findet nur statt, wenn der Gefangene und der Verteidiger auf die Anwesenheit des Verteidigers verzichten.
4. [1] Bei der Verkündung eines Haftbefehls hat der Verteidiger kein Recht auf Anwesenheit; er ist von der Verkündung des Haftbefehls zu unterrichten. [2] Der Richter hat dem Verteidiger das wesentliche Ergebnis der Vernehmung des Gefangenen bei der Verkündung, soweit der Zweck der Unterbrechung nicht gefährdet wird, und die Entscheidung mitzuteilen.
5. [1] Mündliche Haftprüfungen sowie andere mündliche Verhandlungen, deren Durchführung innerhalb bestimmter Fristen vorgeschrieben ist, finden, soweit der Gefangene anwesend ist, ohne den Verteidiger statt; Nummer 4 Satz 2 gilt entsprechend. [2] Eine mündliche Verhandlung bei der Haftprüfung ist auf Antrag des Gefangenen oder seines Verteidigers nach Ende der Maßnahmen nach § 33 zu wiederholen, auch wenn die Voraussetzungen des § 118 Abs. 3 der Strafprozeßordnung nicht vorliegen.
6. [1] Eine Hauptverhandlung findet nicht statt und wird, wenn sie bereits begonnen hat, nicht fortgesetzt. [2] Die Hauptverhandlung darf bis zur Dauer von dreißig Tagen unterbrochen werden; § 229 Abs. 2 der Strafprozeßordnung bleibt unberührt.
7. Eine Unterbringung zur Beobachtung des psychischen Zustandes nach § 81 der Strafprozeßordnung darf nicht vollzogen werden.
8. [1] Der Gefangene darf sich in einem gegen ihn gerichteten Strafverfahren schriftlich an das Gericht oder die Staatsanwaltschaft wenden. [2] Dem Verteidiger darf für die Dauer der Feststellung keine Einsicht in diese Schriftstücke gewährt werden.

(4) Ein anderer Rechtsstreit oder ein anderes gerichtliches Verfahren, in dem der Gefangene Partei oder Beteiligter ist, wird unterbrochen; das Gericht kann einstweilige Maßnahmen treffen.

Übersicht

	Rn.		Rn.
I. Regelungsinhalt	1	5. Vernehmung als Zeuge	11
II. Fristenhemmung	2	6. Verkündung des Haftbefehls	12
III. Einfluss auf Strafverfahren	3	7. Haftprüfung	13
1. Verteidigerbestellung	4	8. Eröffnung des Hauptverfahrens	17
2. Untersuchungshandlungen	7	9. Hauptverhandlung	19
3. Akteneinsicht des Verteidigers	9	10. Unterbringung	21
4. Vernehmung des Beschuldigten	10	11. Eingaben an Gericht und StA	22

	Rn.		Rn.
IV. Einfluss auf andere Verfahren		3. Sicherung außerhalb anhängiger	
1. Unterbrechung aller Verfahren	23	Verfahren	35
2. Einstweilige Maßnahmen	28		

Gesetzesfassung: Vgl. § 31 Rn. 1.

1 I. Regelungsinhalt. Die Vorschrift zieht die verfahrens- und materiellrechtlichen Konsequenzen daraus, dass die Gefangenen während der Dauer der Maßnahmen zur Kontaktsperre (§ 33) sich insbesondere nicht mit einem Rechtsanwalt beraten können und daran gehindert sind, selbst an gerichtlichen Verfahren teilzunehmen oder schriftlich ihre Rechte wahrzunehmen. Die Sonderregelungen gelten für alle von der Kontaktsperre erfassten Gefangenen von der ersten sie betreffenden Maßnahme an. Das ist die erste Maßnahme, die nach Feststellung der Kontaktsperre (§ 32) gemäß § 33 zur Durchführung der Kontaktsperre getroffen wird. Sie gelten, bis die letzte Durchführungsmaßnahme nach Beendigung der Feststellung der Kontaktsperre gegenüber dem jeweiligen Gefangenen aufgehoben wird.

2 II. Fristenhemmung. Alle gegen den Gefangenen laufenden Fristen werden gehemmt, wenn sie nicht (schon) nach anderen Vorschriften unterbrochen werden (Abs. 2). Die Vorschrift gilt für alle (gesetzlichen oder anderen) Fristen jeder Art sowohl materiellrechtlicher als auch verfahrensrechtlicher Natur auf allen Rechtsgebieten. Es muss sich aber um Fristen handeln, die „gegen" den Gefangenen laufen, deren Ablauf für ihn ungünstig ist (z. B. Anfechtungs- und Rechtsmittelfristen); Fristen, die zu seinen Gunsten laufen, z. B. bürgerlichrechtliche oder strafrechtliche Verjährungsfristen, werden nicht gehemmt. – Der Zeitraum, während dessen der Fristablauf gehemmt ist, wird nicht in die Frist eingerechnet (vgl. § 205 BGB, § 223 ZPO), nach Beendigung der Hemmung beginnt die Frist weiterzulaufen. § 187 Abs. 1 BGB findet auf den Beginn der Zeit der Hemmung keine Anwendung, denn die Zeit der Hemmung ist keine Frist, ihre Dauer ist weder von vornherein bestimmt noch bestimmbar. Das bedeutet, dass der Tag des „Ereignisses", also der ersten Maßnahme zur Durchführung der Kontaktsperre, als erster Tag der Zeit der Hemmung angesehen werden muss und nicht mehr in die laufende Frist fällt. Auch der Tag der Aufhebung der letzten Maßnahme zur Durchführung der Kontaktsperre muss in die Zeit der Hemmung gerechnet werden. Er ist das maßgebende Ereignis für die Fortsetzung des Laufs der Frist; da dieser Tag nicht in die Frist mit eingerechnet wird (§ 187 Abs. 1 BGB), beginnt die Frist erst am Tag nach der Aufhebung der Durchführungsmaßnahme weiterzulaufen.

3 III. Einfluss auf Strafverfahren. § 34 Abs. 3 enthält für Strafverfahren und andere gerichtliche Verfahren, für die die Vorschriften der StPO für anwendbar erklärt sind, also vor allem für das Bußgeldverfahren (vgl. § 46 OWiG), das Verfahren nach §§ 23 ff. EGGVG (vgl. § 29 Abs. 2 EGGVG) und das Disziplinarverfahren (vgl. § 25 BDO), Vorschriften für die Dauer der Maßnahmen zur Kontaktsperre (§ 33). Strafverfahren sind dabei solche im engeren Sinne, die auf eine rechtskräftige Entscheidung hinzielen, nicht Wiederaufnahme- und Nichtigkeitsverfahren. Gegen einen rechtskräftig Verurteilten ist wegen der im Urteil enthaltenen Vorwürfe kein Strafverfahren mehr anhängig.[1]

4 1. Verteidigerbestellung. Gefangenen, die keinen Verteidiger haben, wird ein Verteidiger bestellt (Abs. 3 Nr. 1). Dies beruht darauf, dass für den Gefangenen die Sach- und Rechtslage infolge der Kontaktsperre schwierig ist. Der Verteidiger wird vom zuständigen, mit dem Verfahren befassten Gericht bestellt, sobald es Kenntnis von der Kontaktsperre hat. Hatte der Gefangene bereits vorher einen Verteidiger,

---

[1] *LR/Böttcher* Rn. 7.

wird dessen Stellung durch die Kontaktsperre, vom unterbrochenen Kontakt zum Gefangenen abgesehen, nicht berührt. Zur Bestellung einer besonderen Kontaktperson § 34 a.

Die Bestellung des Verteidigers ist während der Dauer der Maßnahmen unabhängig vom Willen des Gefangenen und kann diesem auch nicht mitgeteilt werden (§ 33). Soweit die Begründung[2] ausführt, dass es im Falle der Wahl eines Verteidigers der Bestellung nicht bedarf, bleibt außer Acht, dass der Gefangene während der Dauer der Kontaktsperre einen Verteidiger nicht bestellen (§ 33) und deshalb auch gegenüber dem Gericht keine solche Erklärung abgeben kann. Gerade weil der Gefangene während der Kontaktsperre ohne anwaltliche Beratung ist, muss ihm ein Verteidiger bestellt werden, um ein Mindestmaß an Rechtsschutz zu gewährleisten.[3] **5**

Die Beauftragung eines Verteidigers durch den Gefangenen selbst wird erst möglich nach Aufhebung der Maßnahmen, wie auch der vom Gericht bestellte Verteidiger während der Dauer der Kontaktsperre keinen Kontakt mit dem Gefangenen, seinem Mandanten, haben kann (§ 31 Rn. 33). Hieraus folgt, dass der bestellte Verteidiger die Kosten und Gebühren des Mandats mangels wirksamer Beauftragung nicht vom Gefangenen fordern kann, diese hat die Staatskasse zu tragen. Mit Ablauf der Kontaktsperre endet der Auftrag und die verfahrensrechtliche Befugnis des vom Gericht bestellten Verteidigers. Erteilt der Gefangene jedoch nach Beendigung der Kontaktsperre dem bestellten Verteidiger selbst Vollmacht, gilt – auch für die zurückliegende Zeit – die allgemeine Regelung für das Verhältnis zwischen Verteidiger und Mandanten. **6**

2. Untersuchungshandlungen. Ein gegen den Gefangenen laufendes staatsanwaltschaftliches Ermittlungsverfahren (§§ 158 ff. StPO) wird während der Kontaktsperre grundsätzlich weitergeführt. **7**

Wird dabei eine **richterliche Untersuchungshandlung** erforderlich (§ 162 Abs. 1 StPO) oder vom Beschuldigten beantragt (§ 166 StPO), ist das Anwesenheitsrecht des Beschuldigten (§§ 168 c, 168 d StPO) während der Kontaktsperre ausgeschlossen (Abs. 3 Nr. 2 Satz 1, 1. Halbs.). Der Verteidiger, und zwar sowohl der vom Gefangenen schon vor der ersten Maßnahme zur Kontaktsperre bevollmächtigte als auch der nach § 34 Abs. 3 Nr. 1 bestellte, hat jedoch grundsätzlich das Teilnahmerecht auch während der Kontaktsperre. Ausnahmsweise ist er dann ausgeschlossen, wenn ein von der Kontaktsperre erfasster Mitgefangener anwesend ist (Abs. 3 Nr. 2 Satz 1, 2. Halbs.). Solche Ermittlungshandlungen können jedoch überhaupt nur dann stattfinden, wenn der Gefangene oder sein Verteidiger die Durchführung verlangen und außerdem derjenige, der nicht anwesend sein darf, auf seine Anwesenheit verzichtet (Abs. 3 Nr. 2 Satz 2), was nur ausnahmsweise zu erwarten sein dürfte, wenn nämlich ein Beweisverlust droht. Vgl. § 34 a Abs. 2 Satz 2. **8**

3. Die Akteneinsicht des Verteidigers ist während der Dauer der Kontaktsperre über § 147 Abs. 2 StPO hinaus eingeschränkt. Ihm ist auch die Einsicht in die Schriftstücke verwehrt, die nach allgemeinen strafprozessualen Vorschriften nicht versagt werden darf (§ 147 Abs. 3 StPO), soweit der Zweck der Untersuchung gefährdet würde (Abs. 3 Nr. 2 Satz 3). Dies betrifft nicht nur Untersuchungshandlungen während der Kontaktsperre, sondern alle Urkunden nach § 147 Abs. 3 StPO. Die Feststellung, dass durch die Akteneinsicht der Untersuchungszweck gefährdet würde, trifft die für den jeweiligen Verfahrensabschnitt zuständige Stelle, im Ermittlungsverfahren also die StA. Hierbei handelt es sich nicht um eine Durchführungsmaßnahme nach § 33, sondern um eine allgemeine Verfahrensentscheidung, auch hinsichtlich der möglichen Rechtsbehelfe. Vgl. § 34 a Rn. 3. **9**

---

[2] BTagsDrucks. 8/945 S. 2.
[3] *LR/Böttcher* Rn. 6.

10   4. Auch die **Vernehmung als Beschuldigter** ist während der Dauer der Kontaktsperre durch Abs. 3 Nr. 3 eingeschränkt, soweit der Verteidiger des Gefangenen nach allgemeinen Vorschriften ein Anwesenheitsrecht hat (§§ 163a, 168c Abs. 1 StPO). Eine solche Vernehmung findet während der Kontaktsperre nur dann statt (Abs. 3 Nr. 3), wenn sowohl der Gefangene als auch sein Verteidiger auf die Anwesenheit des Verteidigers verzichten; andernfalls muss die Vernehmung unterbleiben. Vgl. aber § 34a Abs. 2 Satz 2. Eine unter Verstoß gegen diese Vorschrift durchgeführte Vernehmung ist nach allgemeinem Prozessrecht unverwertbar. Diese Regelung gilt auch für die Vernehmung des Gefangenen als Mitbeschuldigtem.

11   5. Eine **Vernehmung als Zeuge** in einem Strafverfahren ist nicht ausdrücklich ausgeschlossen, aber nach der Regel des § 31 Satz 1 („jedwede Verbindung mit der Außenwelt") unzulässig; der Gefangene ist während der Dauer der Kontaktsperre im Sinne strafprozessualer Ordnungsvorschriften (z.B. § 51 StPO) nicht zum Erscheinen vor Gericht in der Lage (also entschuldigt); auch ist er „unerreichbar" i.S. des § 244 Abs. 3 StPO.[4]

12   6. Bei **Verkündung des Haftbefehls** (§ 114a StPO) hat der Verteidiger kein Recht auf Anwesenheit, er ist lediglich davon zu unterrichten (Abs. 3 Nr. 4 Satz 1; vgl. aber § 34a Abs. 2 Satz 2). Das gilt aber nur, wenn gegenüber dem Festgenommenen schon die Kontaktsperre wirksam war (vgl. § 31 Rn. 26), also nicht bei vorläufiger Festnahme und der sich anschließenden Vernehmung (§§ 127 Abs. 2, 128 StPO). Nach § 115 Abs. 2 StPO ist der Beschuldigte unverzüglich, spätestens am nächsten Tag, über den Gegenstand der Beschuldigung zu vernehmen. Diese Vernehmung fällt nicht unter Abs. 3 Nr. 3, vielmehr ist Nr. 4 eine Spezialvorschrift gegenüber Nr. 3, so dass die Vernehmung nach § 115 StPO uneingeschränkt durchzuführen ist wie auch die Haftprüfung nach Nr. 5.[5] Bei dieser Vernehmung hat der Verteidiger kein Anwesenheitsrecht, ihm wird nur das wesentliche Ergebnis der Vernehmung nach Maßgabe des Abs. 3 Nr. 4 Satz 2 mitgeteilt. Die Kontaktperson hat nach § 34a ein Anwesenheitsrecht.

13   7. Die allgemeine **Haftprüfung** (§§ 117, 121, 122 StPO) wird durch die Kontaktsperre nicht berührt, auch nicht die Frist des § 121 StPO.

14   Die **Haftprüfung in mündlicher Verhandlung** (§ 118 StPO) sowie eine andere mündliche Verhandlung, deren Durchführung innerhalb bestimmter Fristen vorgeschrieben ist, findet auch während der Kontaktsperre statt, Abs. 3 Nr. 2, 3 gelten nicht.[6] Jedoch ist das Anwesenheitsrecht von Beschuldigtem und Verteidiger (§ 118a StPO) während der Dauer der Kontaktsperre nur alternativ. Ist der Gefangene anwesend, findet die Verhandlung ohne den Verteidiger statt (Abs. 3 Nr. 5 Satz 1 erster Halbs.; vgl. § 34a Abs. 2 Satz 2). Die Anwesenheit des Gefangenen ist trotz der Kontaktsperre möglich, wenn das Gericht die Vorführung gemäß § 118a Abs. 2 StPO anordnet; die Kontaktsperre steht dem nicht entgegen. Für sonstige Anhörungen gilt die Vorschrift nicht, wie z.B. § 454 Abs. 1 Satz 3 StPO.[7]

15   Die **Anhörung in der mündlichen Verhandlung** (§ 118a Abs. 3 StPO) ist stets zulässig ohne die Schranken des Abs. 3 Nr. 3 (Rn. 10). Dem Verteidiger ist die Anwesenheit (im Gegensatz zur Kontaktperson des § 34a) nicht gestattet; ihm ist aber das wesentliche Ergebnis der Anhörung mitzuteilen, soweit der Zweck der Unterbrechung nicht gefährdet wird; auf jeden Fall ist ihm die getroffene Entscheidung mitzuteilen (Abs. 3 Nr. 5 Satz 1, 2. Halbs.). Mit Rücksicht auf die Unterbrechung des Kontakts zwischen Verteidiger und Gefangenem kann jedoch nach der Beendigung der Kontaktsperre erneut mündliche Haftprüfung beantragt werden, auch wenn die

---

[4] BTagsDrucks. 8/935 S. 6; *LR/Böttcher* Rn. 12; *Meyer-Goßner* Rn. 7.
[5] *Meyer-Goßner* Rn. 11; *LR/Böttcher* Rn. 13.
[6] *Meyer-Goßner* Rn. 12; *LR/Böttcher* Rn. 14.
[7] *Meyer-Goßner* Rn. 12; a.A. *LR/Böttcher* Rn. 14.

sonst geltenden zeitlichen Voraussetzungen für die Wiederholung einer mündlichen Haftprüfung (§ 118 Abs. 3 StPO) noch nicht vorliegen (Abs. 3 Nr. 5 Satz 2).

Eine Beweisaufnahme nach § 118a Abs. 3 StPO ist stets zulässig, da sonst die Haftprüfung nicht sachgerecht durchgeführt werden kann; die Einschränkung durch Abs. 3 Nr. 2 Satz 2 gilt nicht. Jedoch gilt Abs. 3 Nr. 2 Satz 1 (vgl. dazu Rn. 8). **16**

8. Das Verfahren über die **Eröffnung des Hauptverfahrens** (§§ 199 ff. StPO) wird durch die Kontaktsperre grundsätzlich nicht beeinflusst. Das Gericht ist jedoch durch § 34 Abs. 3 u. U. gehindert, dem Verfahren Fortgang zu geben. So gelten auch hier die Beschränkungen für die Vernehmung des Gefangenen (Abs. 3 Nr. 3; vgl. Rn. 10) sowie andere Vernehmungen und Ermittlungshandlungen (Abs. 3 Nr. 2; vgl. Rn. 7). Dem Angeschuldigten kann die Anklageschrift (§ 201 StPO) während der Dauer der Kontaktsperre nicht mitgeteilt werden (vgl. § 31 Rn. 31). **17**

Die Vorbereitung der Hauptverhandlung (§§ 213 ff. StPO) ruht während der Dauer der Kontaktsperre mit Rücksicht darauf, dass auch keine Hauptverhandlung stattfinden darf (Abs. 3 Nr. 6; Rn. 19). **18**

9. Eine **Hauptverhandlung** in erster Instanz oder in der Rechtsmittelinstanz findet gegen den Gefangenen nicht statt und wird, wenn sie bereits begonnen hat, nicht fortgesetzt (Abs. 3 Nr. 6 Satz 1). Die Anordnung der Kontaktsperre ist ein absolutes Verfahrenshindernis. Eine noch nicht begonnene Hauptverhandlung (§ 243 StPO) darf erst nach Beendigung der Kontaktsperre begonnen werden unter Beachtung der §§ 213 ff. StPO. Hatte die Hauptverhandlung bereits begonnen (§ 243 StPO), wird sie nicht fortgesetzt; sie gilt kraft Gesetzes als unterbrochen, es bedarf entgegen § 229 StPO keiner besonderen Unterbrechungserklärung durch das Gericht. Die Hauptverhandlung wird nach Beendigung der Kontaktsperre fortgesetzt, wenn die Fristen des § 229 StPO noch nicht verstrichen sind. Im Gegensatz zu § 229 Abs. 2 StPO kann jedoch nach Ablauf von mehr als 10 Tagen bis zu 30 Tagen die Hauptverhandlung fortgesetzt werden, auch wenn erst an weniger als 10 Tagen verhandelt worden war, soweit es sich um die erste Unterbrechung der Hauptverhandlung von mehr als 10 Tagen handelt (Abs. 3 Nr. 6 Satz 2, 1. Halbs.). Bei jeder weiteren Unterbrechung gilt jedoch § 229 Abs. 2 StPO uneingeschränkt (Nr. 6 Satz 2, 2. Halbs.; zur wiederholten Anordnung der Kontaktsperre vgl. § 36 Satz 5). **19**

Entscheidungen im Strafverfahren (Rn. 3), für die eine Hauptverhandlung und eine Vernehmung des Beschuldigten nicht Voraussetzung sind, werden durch die Kontaktsperre nicht beschränkt, z. B. Erlass eines Strafbefehls und Gesamtstrafenbildung. **20**

10. Die **Unterbringung** zur Beobachtung des psychischen Zustandes nach § 81 StPO darf während der Dauer der Kontaktsperre nicht vollzogen werden (Abs. 3 Nr. 7); ihre Anordnung ist jedoch zulässig. Maßnahmen nach §§ 81a und b StPO sind zulässig, wenn durch sie die Kontaktsperre gewährleistet bleibt (vgl. § 38 Rn. 4). **21**

11. **Eingaben an Gericht und StA.** Der Gefangene darf sich auch während der Dauer der Kontaktsperre in einem gegen ihn gerichteten Strafverfahren schriftlich an das Gericht und die StA wenden (Abs. 3 Nr. 8 Satz 1), z. B. mit Anträgen auf einzelne Beweiserhebungen, Rechtsmitteleinlegung oder Antwort auf gerichtliche Anfragen (§ 31 Rn. 31). Jedoch darf dem Verteidiger während der Dauer der Kontaktsperre keine Einsicht in diese Schriftstücke gewährt werden[8] (Abs. 3 Nr. 8 Satz 2, vgl. Rn. 9), wohl aber hat die Kontaktperson nach § 34a dieses Einsichtsrecht (vgl. § 34a Rn. 3). **22**

---

[8] *Meyer-Goßner* Rn. 15.

23   **IV. Einfluss der Kontaktsperre auf andere Verfahren. 1. Unterbrechung aller Verfahren.** Während § 34 für laufende Strafverfahren eingehende Sondervorschriften enthält, beschränkt er sich für alle anderen Rechtsstreitigkeiten oder gerichtlichen Verfahren, in denen der Gefangene Partei oder Beteiligter ist, auf die Feststellung ihrer Unterbrechung (Abs. 4. 1. Halbs.). Dies gilt allgemein, z. B. für alle Zivilprozesse in allen Instanzen und Verfahrensarten einschließlich Zwangsvollstreckung sowie auch nach dem ZVG und der InsO, wie auch für Arrest, Verfahren der einstweiligen Verfügung und Aufgebotsverfahren; sie gilt für alle Rechtsbehelfs- und Rechtsmittelmöglichkeiten, auch für das Kostenfestsetzungsverfahren und die Möglichkeit einer Wiedereinsetzung. Die Unterbrechung gilt auch für alle dem Gefangenen gesetzten prozessualen Fristen, z. B. §§ 244, 926, 929 Abs. 2 ZPO. Sie gilt auch für gerichtliche Räumungsfristen und Widerrufsfristen in gerichtlichen Vergleichen. Dem Sinn der Vorschrift nach muss sie auch für das Verfahren vor Schiedsgerichten gelten, ebenso für alle Verwaltungsverfahren. Die Verfahrensunterbrechung gilt auch für die gesamte freiwillige Gerichtsbarkeit einschließlich des Rechtsmittelverfahrens. Sie gilt auch für die Verfahren nach der VwGO, FGO und dem SGG sowie für die gesamte Arbeitsgerichtsbarkeit.

24   Die Unterbrechung gilt **uneingeschränkt,** also auch dann, wenn der Fortgang des Verfahrens für den Gefangenen günstig wäre, z. B. auch, wenn er, durch einen ordnungsgemäß bevollmächtigten Rechtsanwalt vertreten, ein Arrestverfahren gegen seinen Schuldner oder eine einstweilige Verfügung wegen eines seine Rechte beeinträchtigenden Verhaltens betreibt oder wenn er gegen einen belastenden Verwaltungsakt Anfechtungsklage erhoben hat (zu einstweiligen Maßnahmen zugunsten des Gefangenen Rn. 28, zugunsten seines Verfahrensgegners Rn. 33). § 34 bedeutet zugleich auch, dass während der Zeit der Kontaktsperre keine neuen Verfahren gegen den Gefangenen eingeleitet werden können. Maßnahmen, die zu einer Umgehung der Unterbrechung führen, sind unzulässig. Zulässig ist aber ein Beweissicherungsverfahren (§§ 485 ff. ZPO). Zwar ist hier eine Ladung des Gefangenen (§ 491 ZPO) nicht möglich; hier liegt aber der Fall vor, dass die Ladung des Gegners ohne Verschulden des Beweisführers unterbleibt, so dass die spätere Verwertung des Beweisergebnisses zulässig ist (§ 493 Abs. 2 ZPO); das Gericht kann entsprechend § 494 Abs. 2 ZPO dem Gefangenen einen Vertreter bestellen, unabhängig von § 34a.

25   Nach Beendigung der Unterbrechung finden die Verfahren ihren Fortgang nach den allgemeinen Vorschriften.

26   § 203 BGB **schützt einen Gläubiger** des Gefangenen vor dem Eintritt der Verjährung, wenn er durch die Kontaktsperre nicht in der Lage ist, dem Gefangenen gegenüber seine Forderung in einer die Verjährung hemmenden oder unterbrechenden Weise geltend zu machen (die zugunsten des Gefangenen laufenden Fristen werden durch § 34 nicht gehemmt, Rn. 2); es empfiehlt sich jedoch ein die fristwahrende Wirkung des § 270 Abs. 3 ZPO auslösendes prozessuales Vorgehen.

27   Die Begriffe Partei und Beteiligter sind ist nach dem Schutzzweck der Vorschrift **weit auszulegen.** Während die förmliche Parteistellung des Gefangenen einfach festzustellen sein wird, kann dies bei der Frage nach einer Beteiligtenstellung schwierig sein. Sie ist immer dann anzunehmen, wenn der Gefangene antrags- oder anhörungsberechtigt ist, auch in Fällen der Streitverkündung und der Streithilfe (§§ 59, 64 ff. ZPO), oder materiell von dem Ergebnis des Verfahrens begünstigt oder benachteiligt werden kann.

28   **2. Einstweilige Maßnahmen.** Das Gericht kann einstweilige Maßnahmen treffen (Abs. 4, 2. Halbs.), und zwar **im Interesse des Gefangenen.** Es sind Fallgestaltungen denkbar, in denen infolge der Weiterentwicklung der Verhältnisse die Verfahrensunterbrechung Unterbrechung zu dessen Schutz nicht ausreicht oder Nachteile bringt, etwa bei einem von ihm selbst angestrengten Eilverfahren. Des-

halb kann das Gericht einstweilige Maßnahmen treffen, vergleichbar etwa Arrest und einstweiliger Verfügung (§§ 916, 935 ff. ZPO), der einstweiligen Anordnung (§ 620 ZPO, § 123 VwGO), Anordnung einer Sicherheitsleistung (vgl. §§ 108 ff. ZPO, §§ 232 ff. BGB), Sequestrierung oder Hinterlegung oder Anordnung des Notverkaufs. Eine solche einstweilige Maßnahme ist, soweit vollstreckungsbedürftig, von Amts wegen zu vollstrecken; die Kosten trägt die Staatskasse.

Solche einstweiligen Maßnahmen sind nur zulässig im **Zusammenhang mit** **29** **einem anhängigen Verfahren,** das gemäß § 34 Abs. 4 unterbrochen ist (zu sonstigen Maßnahmen Rn. 35). Zuständig ist das Gericht, vor dem das Verfahren anhängig ist. Zu beachten ist jedoch, dass diese einstweiligen Maßnahmen ein Rechtsinstitut eigener Art sind. Sie unterliegen nicht den sonst maßgebenden verfahrensrechtlichen Vorschriften für den Erlass solcher Regelungen, sondern sie beruhen in Voraussetzung, Wirkung und Dauer allein auf § 34 Abs. 4 (vgl. Rn. 34). Es bedarf insbesondere keines Antrags des Gefangenen (den dieser wegen der Kontaktsperre nicht stellen kann); die Tätigkeit des Gerichts geschieht notwendigerweise von Amts wegen und ist vergleichbar der Tätigkeit, wie sie z. B. das Nachlassgericht oder das Vormundschaftsgericht teilweise von Amts wegen auszuüben haben. Bei den einstweiligen Maßnahmen ist zu unterscheiden zwischen einem allgemeinen Erkenntnisverfahren einerseits (Rn. 30) und einem auf die vorläufige Sicherung oder Regelung gerichteten Verfahren andererseits (Rn. 32).

Einstweilige Maßnahmen **im Rahmen eines allgemeinen Verfahrens** sind **30** angezeigt, wenn im Zeitpunkt der Verfahrensunterbrechung erkennbar ist, dass durch diese Unterbrechung für die Rechtsverfolgung des Gefangenen in diesem Verfahren Nachteile entstehen können, die ohne die Kontaktsperre nicht eingetreten wären. Eine Gefährdung, die bei Beginn der Kontaktsperre schon vorlag oder erkennbar war, rechtfertigt keine solche einstweilige Maßnahme, da es nicht Aufgabe des Gerichts sein kann, über das hinauszugehen, was der Gefangene selbst als sinnvolles Vorgehen zum Schutz seiner Interessen angesehen hat. Auch Nachteile, die mit jeder anderen Verfahrensunterbrechung oder -verzögerung verbunden sind, z. B. spätere Vollstreckungsmöglichkeiten, sind hinzunehmen. Es kann auch nicht Aufgabe des erkennenden Gerichts sein, die gesamten Begleitumstände eines Verfahrens während der Dauer der Kontaktsperre daraufhin zu überwachen, ob sich eine neue Situation ergibt, auf Grund deren möglicherweise der Gefangene ohne Kontaktsperre ein Sicherungsverfahren mit Erfolgsaussicht eingeleitet hätte. Anlass für eine einstweilige Maßnahme kann nur vorliegen, wenn dem Gericht im Zeitpunkt des Bekanntwerdens der Kontaktsperre eine Situation bekannt wird, die über die allgemeinen Verzögerungsfolgen hinaus die Rechte des Gefangenen ernsthaft zu gefährden geeignet ist und die den Gefangenen ohne die Kontaktsperre veranlasst haben würde, selbst eine gerichtliche Sicherungsmaßnahme in dem dafür vorgesehenen Verfahren zu beantragen.

Eine solche einstweilige Maßnahme gilt, wenn nichts anderes in ihr festgelegt ist, **31** für die **gesamte Dauer der Kontaktsperre.** Eine Vorschrift über den Fortbestand dieser Maßnahmen nach Beendigung der letzten Maßnahme zur Kontaktsperre fehlt. Ein (denkbares) Außerkrafttreten kraft Gesetzes schon zu diesem Zeitpunkt könnte das berechtigte Schutzbedürfnis des Gefangenen verletzen, da die durch die Kontaktsperre eingetretene Situation nicht denknotwendig sofort ihr Ende findet, sondern durchaus noch Fortwirkungen haben kann. Es bedarf deshalb, auch im Interesse der Rechtsklarheit, stets einer Entscheidung des Gerichts, das die Maßnahme angeordnet hat, auch über die Aufhebung der einstweiligen Maßnahme. Dabei ist darauf zu achten, dass der Gefangene keine bessere Position erlangt als er hätte, wenn er nicht der Kontaktsperre unterfallen wäre. Die Maßnahme ist aufzuheben, soweit und sobald eine durch die Kontaktsperre entstandene und auch nach ihrer Beendigung noch fortwirkende besondere schutzbedürftige Sondersituation des Gefangenen nicht mehr besteht. Dabei ist zu berücksichtigen, dass der Gefangene nach einer solchen für ihn außergewöhnlichen Situation Zeit zur Überlegung und gegebenenfalls zu sachkundiger Beratung und Information benötigt.

32   Soweit die Unterbrechung ein **Eilverfahren** betrifft (Arrest, einstweilige Verfügung, einstweilige Anordnung usw. einschließlich Zwangsvollstreckung), ist dieses ebenfalls unterbrochen. Im Falle eines Sicherungsbedürfnisses kann auch hier das Gericht eine einstweilige Maßnahme treffen, die sich in der Regel inhaltlich mit dem im (unterbrochenen) Eilverfahren angestrebten Inhalt und Ziel decken wird, aber anderer rechtlicher Natur ist, nämlich eine Maßnahme, die allein auf § 34 Abs. 4 beruht. Nach der Aufhebung der letzten Maßnahme zur Durchführung der Kontaktsperre ist ebenfalls vom Gericht von Amts wegen über den Fortbestand dieser einstweiligen Maßnahmen zu entscheiden. Die Entscheidung darf weder eine über den Schutzzweck des § 34 hinausgehende Sicherung des Gefangenen beinhalten, ihn aber andererseits auch nicht schlechter stellen als er stehen würde, wenn das ursprüngliche, von ihm initiierte Eil- bzw. Sicherungsverfahren nicht durch die Kontaktsperre unterbrochen worden wäre. Eine Aufrechterhaltung der Maßnahme im wieder aufgenommenen Eilverfahren hat bestätigenden Charakter, der durch eine Maßnahme nach Abs. 4 erlangte Rang z. B. einer Vormerkung oder eines Mobiliarpfandrechts bleibt also erhalten.

33   § 34 ist eine Vorschrift zum Schutze des Gefangenen. Werden durch die Unterbrechung Belange seines **Verfahrensgegners** beeinträchtigt, kann das Gericht dem nicht durch einstweilige Maßnahmen nach Abs. 4 abhelfen; dem Verfahrensgegner verbleiben nur die allgemeinen Vorschriften. Eine Verfahrensverzögerung muss er wie auch der Gefangene (Rn. 30) in Kauf nehmen. Zur Beweissicherung Rn. 24.

34   Da es sich bei der vom Gericht des anhängigen Verfahrens zu erlassenden einstweiligen Maßnahme um ein **besonderes Rechtsinstitut** handelt, das allein auf § 34 Abs. 4 beruht (Rn. 29) und für das keine weiteren Verfahrensvorschriften gelten, ist das Gericht in der Gestaltung des Verfahrens frei; insbesondere braucht es nicht den Gegner vor Erlass der Maßnahme anzuhören. Rechtsbehelfe, die in vergleichbaren Sicherungsverfahren für den Gegner vorgesehen sind, sind hier nicht statthaft. Die einstweilige Maßnahme ist auch kein nach §§ 23 ff. anfechtbarer Justizverwaltungsakt. Das Gericht kann jedoch die Maßnahme auf Gegenvorstellung oder von Amts wegen jederzeit abändern oder aufheben.

35   **3. Außerhalb eines anhängigen Verfahrens** ist die sichernde Tätigkeit des Gerichts nach § 34 Abs. 4 unzulässig. Es gelten die allgemeinen Vorschriften, z.B. für das Tätigwerden des Vormundschafts- oder Nachlassgerichts. So kann die Bestellung eines Abwesenheitspflegers nach § 1911 Abs. 2 BGB in Frage kommen. Beweissicherung und Verjährung: Rn. 24, 26.

§ 34a. [Beiordnung eines Rechtsanwalts als Kontaktperson]

(1) ¹Dem Gefangenen ist auf seinen Antrag ein Rechtsanwalt als Kontaktperson beizuordnen. ²Der Kontaktperson obliegt, unter Wahrung der Ziele der nach § 31 getroffenen Feststellung, die rechtliche Betreuung des Gefangenen, soweit dafür infolge der nach § 33 getroffenen Maßnahmen ein Bedürfnis besteht; die Kontaktperson kann insbesondere durch Anträge und Anregungen auf die Ermittlung entlastender Tatsachen und Umstände hinwirken, die im Interesse des Gefangenen unverzüglicher Aufklärung bedürfen.

(2) ¹Soweit der Gefangene damit einverstanden ist, teilt die Kontaktperson dem Gericht und der Staatsanwaltschaft die bei dem Gespräch mit dem Gefangenen und im weiteren Verlauf ihrer Tätigkeit gewonnenen Erkenntnisse mit; sie kann im Namen des Gefangenen Anträge stellen. ²Die Kontaktperson ist im Einverständnis mit dem Gefangenen befugt, an Vernehmungen und Ermittlungshandlungen teilzunehmen, bei denen der Verteidiger nach § 34 Abs. 3 Nr. 3, Nr. 4 Satz 1 und Nr. 5 Satz 1 nicht anwesend sein darf. ³Die Kontaktperson darf Ver-

bindung mit Dritten aufnehmen, soweit dies zur Erfüllung ihrer Aufgaben nach Absatz 1 unabweisbar ist.

(3) ¹Über die Beiordnung einer Kontaktperson und deren Auswahl aus dem Kreis der im Geltungsbereich dieses Gesetzes zugelassenen Rechtsanwälte entscheidet der Präsident des Landgerichts, in dessen Bezirk die Justizvollzugsanstalt liegt, innerhalb von 48 Stunden nach Eingang des Antrags. ²Der Verteidiger des Gefangenen darf nicht beigeordnet werden. ³Der Präsident ist hinsichtlich der Beiordnung und der Auswahl Weisungen nicht unterworfen; seine Vertretung richtet sich nach § 21 h des Gerichtsverfassungsgesetzes. ⁴Dritte dürfen über die Person des beigeordneten Rechtsanwalts, außer durch ihn selbst im Rahmen seiner Aufgabenerfüllung nach Absatz 1 und 2, nicht unterrichtet werden. ⁵Der beigeordnete Rechtsanwalt muß die Aufgaben einer Kontaktperson übernehmen. ⁶Der Rechtsanwalt kann beantragen, die Beiordnung aufzuheben, wenn hierfür wichtige Gründe vorliegen.

(4) Der Gefangene hat nicht das Recht, einen bestimmten Rechtsanwalt als Kontaktperson vorzuschlagen.

(5) ¹Dem Gefangenen ist mündlicher Verkehr mit der Kontaktperson gestattet. ²Für das Gespräch sind Vorrichtungen vorzusehen, die die Übergabe von Schriftstücken und anderen Gegenständen ausschließen.

(6) Der Gefangene ist bei Bekanntgabe der Feststellung nach § 31 über sein Recht, die Beiordnung einer Kontaktperson zu beantragen, und über die übrigen Regelungen der Absätze 1 bis 5 zu belehren.

I. Entstehungsgeschichte. Die Vorschrift wurde durch Gesetz vom 4. Dezember 1985 (BGBl. I S. 2141) eingefügt mit dem Ziel, die strafprozessualen Garantien für die von der Kontaktsperre betroffenen Gefangenen durch Beiordnung einer Kontaktperson zu verbessern, ohne den Schutz vor terroristischen Aktivitäten zu beeinträchtigen.[1] Damit wurde ein schon zu §§ 31 ff. EGGVG unterbreiteter Vorschlag der BRAK aufgenommen. 1

II. Aufgaben der Kontaktperson. 1. Rechtliche Betreuung. Der Kontaktperson obliegt die rechtliche Betreuung des Gefangenen, soweit dafür infolge der nach § 33 getroffenen Maßnahmen ein Bedürfnis besteht (Abs. 1 Satz 1). Der Kontaktperson obliegt also eine gegenständlich und zeitlich begrenzte rechtliche Betreuung des Gefangenen; er soll Gelegenheit haben, sich in allen Rechtsangelegenheiten mit der Kontaktperson zu besprechen, soweit er oder diese dafür ein Bedürfnis sieht. Dieses Bedürfnis kann bestehen, obwohl nach § 34 Abs. 2 laufende Fristen gehemmt und nach § 34 Abs. 4 anhängige Verfahren unterbrochen sind. Außerdem kann die Kontaktperson die Aufgaben wahrnehmen, die der Verteidiger infolge der Kontaktsperre nicht ausüben kann (§ 34 Abs. 3). Das Gesetz beschränkt die Tätigkeit auf die „rechtliche" Betreuung, also nur die Betreuung in rechtlichen Angelegenheiten. Die Kontaktperson ist nicht der Verteidiger des Gefangenen im strafprozessualen Sinne. Da der vor der Kontaktsperre schon beauftragte Verteidiger des Gefangenen in dieser Funktion durch die Anordnung der Kontaktsperre nicht abgelöst oder ausgeschlossen ist, besteht seine Befugnis zu Verteidigerhandlungen fort, soweit nicht durch die Kontaktsperre temporär eine tatsächliche Beschränkung eintritt. Die Tätigkeit der Kontaktperson ist nur ergänzend, kann sich aber nicht in Widerspruch setzen zur Tätigkeit des Verteidigers.[2] Der Verteidiger ist „Dritter", mit dem die Kontaktperson nur ausnahmsweise Verbindung aufnehmen darf (Rn. 6). – Die Befugnisse der Kontaktperson sind im Einzelnen: 2

2. Hinwirkung durch **Anträge und Anregungen** auf die Ermittlung entlastender Tatsachen und Umstände, die im Interesse des Gefangenen unverzüglicher Aufklärung bedürfen (Abs. 1 Satz 2, 2. Halbsatz). Zu denken ist vor allem an anhängi- 3

---

[1] BTagsDrucks. 10/902 S. 4; *Krekeler* NJW 1986, 417.
[2] Zum Problem *Krekeler* NJW 1986, 417.

ge Strafverfahren, da der Verteidiger diese Befugnisse nicht ausüben kann (vgl. § 34 Abs. 3). Ein Akteneinsichtsrecht steht der Kontaktperson im Gegensatz zum Verteidiger (§ 34 Rn. 7) uneingeschränkt zu. Das Antragsrecht erstreckt sich nach den Zielsetzungen des § 34a (Rn. 1) auch auf die Rechtmäßigkeitsprüfung nach § 37.

4 3. **Mitteilung von Erkenntnissen,** die die Kontaktperson im Gespräch mit dem Gefangenen und im weiteren Verlauf ihrer Tätigkeit gewonnen hat (Abs. 2 Satz 1). Sie darf nur gegenüber Gericht und Staatsanwaltschaft erfolgen und ist außerdem zwingend an das Einverständnis des Gefangenen geknüpft. Über die Erläuterung und Begründung der im eigenen Namen gestellten Anträge und Anregungen hinaus kann die Kontaktperson hiernach auch im Namen des Gefangenen Anträge stellen, sowohl in anhängigen Verfahren als auch bezogen auf die Kontaktsperre.

5 4. **Teilnahme** an Vernehmungen und Ermittlungshandlungen (Abs. 2 Satz 2). In den Fällen, in denen nach § 34 Abs. 3 Nr. 3, Nr. 4 Satz 1 und Nr. 5 Satz 1 der Verteidiger nicht anwesend sein darf oder darauf verzichtet, ist die Kontaktperson zur Teilnahme befugt, allerdings nur mit Einverständnis des Gefangenen (§ 34 Rn. 4ff.). Der Ausschluss des Verteidigers nach § 34 Abs. 3 Nr. 2 Satz 1, 2. Halbs. (§ 34 Rn. 6) ist in § 34a Abs. 2 Satz 2 nicht aufgeführt. Hierin liegt angesichts der Zweckbestimmung des § 34a (Rn. 1) ein Redaktionsversehen; die Gesetzesmaterialien schweigen sich hierzu aus. Die Anwesenheit der Kontaktperson ist auch hier zulässig. Das Anwesenheitsrecht dient sowohl der sachgerechten Vertretung und Verteidigung des Gefangenen als auch der Information, um die Zweckmäßigkeit von Anträgen und Anregungen prüfen zu können. Trotz der Anwesenheit der Kontaktperson bleiben die Schutzvorschriften des § 34 Abs. 3 Nr. 4 Satz 2 (Mitteilung an den Verteidiger) und Nr. 5 Satz 2 (Wiederholung der Haftprüfung) bestehen, denn die Kontaktperson ist kein Verteidiger.

6 5. **Verbindung mit Dritten** darf die Kontaktperson aufnehmen, soweit dies zur Erfüllung ihrer Aufgaben nach Abs. 1 unabweisbar ist (Abs. 2 Satz 3), z.B. mit möglichen Zeugen oder Sachverständigen oder dem Verteidiger. Dieser Erlaubnis bedurfte es mit Rücksicht auf die Maßnahmen nach § 33 und die allgemein gehaltene Einschränkung, dass die Kontaktperson nur unter Wahrung der Ziele der nach § 31 getroffenen Feststellung tätig werden darf (Rn. 8). Ob eine solche Kontaktaufnahme „unabweisbar" ist, obliegt dem pflichtgemäßen Ermessen der Kontaktperson.

7 6. **Mündlicher Verkehr mit dem Gefangenen** ist der Kontaktperson gestattet und umgekehrt (Abs. 5). Untersagt ist die Aushändigung von Schriftstücken und anderen Sachen jedweder Art. Zulässig ist nur das Gespräch (gegebenenfalls unter Zuziehung von Dolmetschern), wobei der Kontakt dadurch eingeschränkt ist, dass Vorrichtungen vorzusehen sind, die die Übergabe von Schriftstücken und anderen Gegenständen ausschließen (Abs. 5 Satz 2).

8 7. **Grenzen** der Befugnisse der Kontaktperson: Die Tätigkeit der Kontaktperson unterliegt dem Vorbehalt der Wahrung der Ziele der nach § 31 getroffenen Feststellung (Abs. 1 Satz 2). Das bedeutet, dass jegliche Tätigkeit, die zum Unterlaufen dieser Ziele und der in deren Verfolgung nach § 33 angeordneten Maßnahme führen könnte, unzulässig ist. Ein Verstoß gegen diese Vorschrift ist nicht als solcher strafbewehrt, kann aber strafrechtliche und ehrengerichtliche Konsequenzen nach sich ziehen.

9 III. **Bestellung.** 1. Auf seinen **Antrag** wird dem Gefangenen eine Kontaktperson beigeordnet (Abs. 1 Satz 1), eine Beiordnung von Amts wegen oder auf Antrag Dritter, etwa der StA, ist nicht zulässig. Der Gefangene hat kein Recht, eine bestimmte Person vorzuschlagen (Abs. 4). Deshalb kann er auch eine Anfechtung der Entscheidung des Präsidenten des Landgerichts (Rn. 11) nicht darauf stützen, seinem Vorschlag sei nicht entsprochen worden. Macht er die Beiordnung eines bestimmten Rechtsanwalts zur Bedingung, ist dies unbeachtlich, ihm ist dennoch eine Kontaktperson beizuordnen.[3] Der Gefangene ist bei Bekanntgabe der Feststellung nach § 31 über sein Recht, die Beiordnung einer Kontaktperson zu beantragen, und über die Kontaktmöglichkeiten mit dieser Person und deren Befugnisse zu belehren (Abs. 6).

2. Rechtsanwälte. Zur Kontaktperson können nur Rechtsanwälte bestellt werden (Abs. 1 Satz 1). Ein als Kontaktperson beigeordneter Rechtsanwalt muss diese Aufgabe als Standespflicht übernehmen (Abs. 3 Satz 5); bei Vorliegen wichtiger Gründe kann der Rechtsanwalt aber beantragen, die Beiordnung aufzuheben (Abs. 3 Satz 6). **10**

3. Zuständig für die Beiordnung einer Kontaktperson und deren Auswahl ist der **Präsident des Landgerichts,** in dessen Bezirk die Justizvollzugsanstalt liegt, in der der Gefangene einsitzt. Dabei ist der Präsident nicht auf die bei diesem Landgericht zugelassenen Rechtsanwälte beschränkt, vielmehr kann jeder im Geltungsbereich des EGGVG zugelassene Rechtsanwalt ausgewählt werden (Abs. 3 Satz 1). Nur der Verteidiger des Gefangenen darf nicht beigeordnet werden (Abs. 3 Satz 2). **11**

Der Präsident des Landgerichts ist hinsichtlich der Beiordnung und der Auswahl Weisungen nicht unterworfen (Abs. 3 Satz 3 erster Halbsatz), handelt also in (richterlicher) **Unabhängigkeit.** Für seine Vertretung gilt § 21h GVG. Dennoch ist die Tätigkeit des Präsidenten der Justizverwaltung zuzurechnen, so dass seine Entscheidungen als Justizverwaltungsakt nach §§ 23 ff. angefochten werden können.[4] **12**

4. Entscheidungsfrist. Binnen **48 Stunden** nach Eingang des Antrags muss der Präsident über die Beiordnung und die Auswahl einer Kontaktperson entscheiden. Geschieht dies nicht, kann der Gefangene entsprechend § 34 Abs. 3 Nr. 8 sich schriftlich an das Gericht oder an die StA wenden. **13**

5. Keine Namensmitteilung an Dritte. Die Person des beigeordneten Rechtsanwalts darf Dritten nicht mitgeteilt werden (Abs. 3 Satz 4); lediglich der beigeordnete Anwalt selbst darf Dritte von seiner Beiordnung unterrichten, aber auch nur im Rahmen seiner durch § 34a ausdrücklich zugelassenen Aufgabenerfüllung. **14**

6. Vergütung. Nach VV 4304 zu § 2 Abs. 2 RVG erhält der Rechtsanwalt für seine gesamte Tätigkeit den festen Betrag von 3.000 €; im Einzelfall kann auf Antrag eine Pauschgebühr nach § 51 RVG festgesetzt werden. **15**

§ 35. [Gerichtliche Bestätigung der Kontaktsperre]

[1]Die Feststellung nach § 31 verliert ihre Wirkung, wenn sie nicht innerhalb von zwei Wochen nach ihrem Erlaß bestätigt worden ist. [2]Für die Bestätigung einer Feststellung, die eine Landesbehörde getroffen hat, ist ein Strafsenat des Oberlandesgerichts zuständig, in dessen Bezirk die Landesregierung ihren Sitz hat, für die Bestätigung einer Feststellung des Bundesministers der Justiz ein Strafsenat des Bundesgerichtshofes; § 25 Abs. 2 gilt entsprechend.

Gesetzesfassung: Vgl. § 31 Rn. 1.

Die **Wirksamkeit** der Feststellung (§ 32) ist **befristet** (Satz 1). Wird sie nicht innerhalb von zwei Wochen vom Gericht bestätigt, verliert sie ihre Wirksamkeit. Der Tag des Erlasses ist nicht einzurechnen („nach ihrem Erlass"). Maßgebend ist der Tag der gerichtlichen Entscheidung, durch die die Bestätigung ausgesprochen wird; wann der Antrag gestellt wurde, ist unerheblich. Bestätigt das Gericht die Feststellung, regelt sich die weitere Wirksamkeit nach § 36. Versagt das Gericht die **1**

---

[3] BTagsDrucks. 10/3958 S. 7.
[4] BTagsDrucks. 10/902 S. 5.

Bestätigung, verliert die Feststellung ihre Wirksamkeit, alle Durchführungsmaßnahmen (§ 33) werden unzulässig und sind sofort aufzuheben.

2 **Zuständig** für die gerichtliche Bestätigung ist ein Strafsenat des OLG, wenn die LReg oder die von ihr ermächtigte oberste Landesbehörde die Feststellung getroffen hat, und zwar des OLG, in dessen Bezirk die LReg ihren Sitz hat (mit der Ermächtigung einer abweichenden Zuständigkeitsregelung nach § 25 Abs. 2). Für die Feststellung, die der BMdJ trifft, ist ein Strafsenat des BGH zuständig (Satz 2).

3 Für das **Verfahren** gelten §§ 29, 30.[1] Die feststellende Behörde ist nicht verpflichtet, einen Antrag auf Bestätigung zu stellen. Auch ohne einen solchen Antrag ist die Feststellung (befristet auf zwei Wochen, Rn. 1) wirksam.

4 Eine **Beteiligung Dritter,** insbesondere des Gefangenen, am Verfahren der Bestätigung ist nicht vorgesehen[2] (vgl. aber § 34a Abs. 1 Satz 2). Das rechtliche Gehör erfordert eine solche Beteiligung nicht, da die Feststellung nicht auf die Rechte Dritter unmittelbar einwirkt (§ 32 Rn. 4). Die rechtlichen Interessen des Gefangenen wie auch Dritter sind durch die Nachprüfungsmöglichkeit des § 37 gewährleistet.

5 **Inhalt der Entscheidung:** Sie bestätigt die Feststellung der Kontaktsperre oder hebt sie auf. Eine teilweise Bestätigung ist in personeller Hinsicht möglich, also bezüglich einzelner Gefangener, wenn gegen mehrere gemeinsam die Kontaktsperre festgestellt wurde. Im inhaltlichen Umfang ist nach der hier vertretenen Auffassung (§ 31 Rn. 35) ebenfalls eine nur teilweise Bestätigung möglich hinsichtlich bestimmter Maßnahmen.[3] Maßgebend ist der Zeitpunkt der Entscheidung, nicht der der Feststellung der Kontaktsperre.[4] Eine Entscheidung über Kosten und Auslagen ist nicht vorgesehen,[5] sie werden von der Staatskasse getragen.[6] Die Entscheidung ist nicht anfechtbar.

6 Die Entscheidung wird der feststellenden Behörde (§ 32) **mitgeteilt,** ebenso dem betroffenen Gefangenen[7] (vgl. § 31 Rn. 19, § 33 Rn. 3).

§ 36. [Beendigung der Kontaktsperre; Wiederholung]

¹Die Feststellung nach § 31 ist zurückzunehmen, sobald ihre Voraussetzungen nicht mehr vorliegen. ²Sie verliert spätestens nach Ablauf von dreißig Tagen ihre Wirkung; die Frist beginnt mit Ablauf des Tages, unter dem die Feststellung ergeht. ³Eine Feststellung, die bestätigt worden ist, kann mit ihrem Ablauf erneut getroffen werden, wenn die Voraussetzungen noch vorliegen; für die erneute Feststellung gilt § 35. ⁴War eine Feststellung nicht bestätigt, so kann eine erneute Feststellung nur getroffen werden, wenn neue Tatsachen es erfordern. ⁵§ 34 Abs. 3 Nr. 6 Satz 2 ist bei erneuten Feststellungen nicht mehr anwendbar.

Gesetzesfassung: Vgl. § 31 Rn. 1.

1 Die Feststellung ist **zurückzunehmen,** sobald ihre Voraussetzungen (§ 31 Rn. 12 ff.) nicht mehr vorliegen (Satz 1). Es besteht die Pflicht der Stelle, die die Feststellung getroffen hat (§ 32), jederzeit die Fortdauer der Voraussetzungen für die Feststellung zu prüfen; sind diese entfallen, ist sie verpflichtet, die Feststellung zurückzunehmen. Bis dahin bleibt die Feststellung für die zur Durchführung zuständigen Stellen (§ 33) verbindlich. Die Vorschrift gilt entsprechend für das konkrete Ausmaß der Kontaktsperre im Einzelnen nach den Grundsätzen der Verhältnismäßigkeit (vgl. § 31 Rn. 35).

---

[1] Ähnlich LR/Böttcher Rn. 3.
[2] BTagsDrucks. 8/935 S. 6 zu § 34; BVerfGE 49, 24 = NJW 1978, 2235; BGHSt 27, 276 = NJW 1977, 2173; Meyer-Goßner Rn. 3; LR/Böttcher Rn. 3; Katholnigg Rn. 1.
[3] A. A. LR/Böttcher Rn. 5.
[4] LR/Böttcher Rn. 6.
[5] Meyer-Goßner Rn. 4.
[6] LR/Böttcher Rn. 6.
[7] Meyer-Goßner Rn. 4; LR/Böttcher Rn. 6.

Ohne Rücksicht darauf, ob die Voraussetzungen des § 31 noch vorliegen, verliert die Feststellung in jedem Falle **nach Ablauf von 30 Tagen** ihre Wirkung. Die Frist beginnt mit dem Ablauf des Tages, unter dem die Feststellung ergeht (Satz 2, 2. Halbs.). Bedeutung hat dies nur für die Feststellung, die nach § 35 bestätigt wurde, alle anderen Feststellungen verlieren nach § 35 Satz 1 schon nach zwei Wochen ihre Wirksamkeit. Der Zeitpunkt der gerichtlichen Bestätigung ist auf den Lauf der Frist ohne Einfluss, sie muss nur vor Ablauf der 2-Wochen-Frist des § 35 Satz 1 ergangen sein.

Bestehen die Voraussetzungen des § 31 nach Ablauf der 30-Tage-Frist (Rn. 2) noch fort, kann die Feststellung **erneut** getroffen werden, wenn die vorangegangene Feststellung vom Gericht nach § 35 bestätigt worden war (Satz 3, 1. Halbs.). Diese erneute Feststellung gilt in Voraussetzungen, Wirksamkeit usw. wie eine erstmals getroffene Feststellung (Satz 3, 2. Halbs.), zur einzigen Ausnahme hiervon Rn. 5.

Wurde eine frühere Feststellung nicht bestätigt (gerichtliche Ablehnung, fehlende Antragstellung), kann eine erneute Feststellung, auch wenn die Voraussetzungen des § 31 noch vorliegen, nur getroffen werden, wenn **neue Tatsachen** es erfordern; Tatsachen, auf die sich die Feststellung bislang stützte, sind verbraucht (Satz 4). Neue Tatsachen sind auch neue Beweismittel.[1]

Bei erneuter Feststellung, ohne Rücksicht darauf, ob die vorangegangene Feststellung vom Gericht bestätigt wurde und aus welchen Gründen sie ihre Wirksamkeit verloren hat, ist § 34 Abs. 3 Nr. 6 Satz 2 (Unterbrechung der **Hauptverhandlung** bis zur Dauer von 30 Tagen) nicht mehr anwendbar (Satz 5), das Verfahren muss innerhalb der allgemeinen Fristen seinen Fortgang nehmen, andernfalls muss mit der Hauptverhandlung nach Beendigung der Kontaktsperre erneut begonnen werden (§ 229 Abs. 3 Satz 1 StPO).

Liegen nach Ablauf der für die zweite Feststellung ebenfalls geltenden 30-Tage-Frist die Voraussetzungen einer Feststellung weiter vor, kann unmittelbar daran anschließend eine **dritte** (und noch weitere) Feststellung getroffen werden unter den Voraussetzungen und Folgen des § 36 Satz 3 und 5,[2] wenn die vorangegangene Feststellung jeweils vom Gericht bestätigt war.

Auch wenn nach Ablauf der 30-Tage-Frist keine erneute Feststellung getroffen wird (§ 31 Rn. 18), kann später unter den Voraussetzungen des § 36 Satz 3 aus den gleichen Gründen eine erneute Feststellung getroffen werden, ein Verbrauch der Gründe tritt bei vorher bestätigter Feststellung nicht ein (anders § 36 Satz 4 für die nicht bestätigte Feststellung).

2

3

4

5

6

7

§ 37. [Anfechtung von Einzelmaßnahmen]

(1) **Über die Rechtmäßigkeit einzelner Maßnahmen nach § 33 entscheidet auf Antrag ein Strafsenat des Oberlandesgerichts, in dessen Bezirk die Landesregierung ihren Sitz hat.**

(2) **Stellt ein Gefangener einen Antrag nach Absatz 1, so ist der Antrag von einem Richter bei dem Amtsgericht aufzunehmen, in dessen Bezirk der Gefangene verwahrt wird.**

(3) [1]**Bei der Anhörung werden Tatsachen und Umstände soweit und solange nicht mitgeteilt, als die Mitteilung den Zweck der Unterbrechung gefährden würde.** [2]**§ 33 a der Strafprozeßordnung gilt entsprechend.**

(4) **Die Vorschriften des § 23 Abs. 2, des § 24 Abs. 1, des § 25 Abs. 2 und der §§ 26 bis 30 gelten entsprechend.**

Gesetzesfassung: Vgl. § 31 Rn. 1.

---

[1] BTagsDrucks. 8/945 S. 3 zu § 36.
[2] BTagsDrucks. 8/935 S. 6.

1   I. Regelungsinhalt. Die Vorschrift regelt die **Rechtsbehelfe** der von der Kontaktsperre betroffenen Gefangenen und anderer Personen **abschließend.** Nach Abs. 1 sind anfechtbar alle einzelnen Maßnahmen, die zur Durchführung der Kontaktsperre von den nach § 33 zuständigen Behörden getroffen wurden. Nicht selbstständig anfechtbar ist die Feststellung der Kontaktsperre selbst (vgl. § 31 Rn. 36, § 32 Rn. 4, § 35 Rn. 5); zur Inzident-Nachprüfung Rn. 7.

2   II. Zuständigkeit. Zuständig für die Entscheidung über Anfechtungen einzelner Maßnahmen ist ein Strafsenat des OLG, in dessen Bezirk die LReg ihren Sitz hat, deren Behörden die angefochtene Durchführungsmaßnahme erlassen haben (Abs. 1). § 25 Abs. 2 mit der Ermächtigung zur Konzentration gilt auch hier (Abs. 4; vgl. § 35 Rn. 3). Zuständig ist auch dann der Strafsenat des OLG, wenn das Bestätigungsverfahren nach § 35 Satz 2 vor dem BGH stattgefunden hat[1] und die Feststellung vom BMdJ getroffen wurde.

3   III. Antragsberechtigung. 1. Gefangene. Antragsberechtigt ist jeder Gefangene, der geltend macht, durch eine Maßnahme oder Unterlassen im Zusammenhang mit der Kontaktsperre in seinen Rechten verletzt zu sein (Abs. 4, § 24 Abs. 1). Da er nicht durch einen Rechtsanwalt beraten und vertreten werden kann, ist sein Antrag von einem Richter bei dem AG aufzunehmen, in dessen Bezirk er verwahrt wird (Abs. 2). Dadurch wird sein Interesse an rechtskundiger Beratung erfüllt.[2] Der Richter soll sich zur Aufnahme des Antrags in die Vollzugsanstalt begeben, sobald die Anstalt von dem entsprechenden Verlangen des Gefangenen Kenntnis gibt.[3] Ein Antrag des Gefangenen auf Nachprüfung wird nicht weitergeleitet, Abs. 3 Nr. 8 ist nicht anwendbar.[4]

4   2. Andere Antragsberechtigte. Sowohl der ursprünglich vom Gefangenen beauftragte Verteidiger (§ 31 Rn. 33) als auch der nach § 34 Abs. 3 Nr. 1 bestellte Verteidiger und die Kontaktperson des § 34a können für den Gefangenen den Antrag stellen; auch im eigenen Namen kann der Verteidiger den Antrag stellen.[5] Antragsberechtigt können auch alle anderen Personen sein, die durch die in Verfolg der Kontaktsperre getroffenen Maßnahmen sich in einem Recht verletzt fühlen, nicht nur in ihren Interessen, wie Angehörige und Gläubiger (Abs. 4, § 24 Abs. 1). Das werden wohl nur Verteidiger sein.

5   IV. Gegenstand der Nachprüfung. Zur Nachprüfung gestellt werden kann einmal die Frage, ob die getroffene Maßnahme durch die Feststellung gemäß § 31 gedeckt ist, ob sie also zur Unterbrechung der Verbindung erforderlich ist. Die Nachprüfung erstreckt sich mangels eines der zuständigen Verwaltungsbehörde ausdrücklich eingeräumten Ermessens in vollem Umfange auf die Frage der Erforderlichkeit.

6   Zur Nachprüfung kann weiter uneingeschränkt gestellt werden die Frage, ob der Gefangene zu dem Personenkreis gehört, gegen den die Feststellung der Kontaktsperre ergehen kann (vgl. § 31 Rn. 20 ff.).

7   Da die Feststellung nach §§ 31, 32 keine unmittelbaren rechtlichen Wirkungen für den betroffenen Personenkreis hat, sondern erst die Maßnahmen zu ihrer Durchführung (§ 32 Rn. 4, § 35 Rn. 5), ist dem Betroffenen auch die Möglichkeit gegeben, gegen die Wirksamkeit der – auch schon gerichtlich gemäß § 35 bestätigten – Feststellung anzugehen einschließlich der Nachprüfung, ob die Voraussetzungen des § 31 für die Feststellung vorgelegen haben und noch vorliegen,[6] denn eine

---

[1] BTagsDrucks. 8/945 S. 3.
[2] BTagsDrucks. 8/935 S. 6 zu § 36.
[3] BTagsDrucks. aaO.
[4] *LR/Böttcher* Rn. 3.
[5] *Meyer-Goßner* Rn. 2; *LR/Böttcher* Rn. 3.
[6] BGHSt 27, 276, 280 = NJW 1977, 2173; *LR/Böttcher* Rn. 2.

rechtmäßige und noch wirksame Feststellung ist zwingende Voraussetzung für die Zulässigkeit durchführender Maßnahmen. Es besteht also die Möglichkeit, **incidenter** die Rechtmäßigkeit und Wirksamkeit der Feststellung der Kontaktsperre anzugreifen.

Der Antragsteller kann z.B. geltend machen, es liege keine gegenwärtige Gefahr **8** vor, oder die Gefährdung gehe nicht von einer terroristischen Vereinigung aus. Das Gericht ist nicht auf die Nachprüfung beschränkt, ob die feststellende Behörde sich im Rahmen ihres Ermessens gehalten hat (vgl. § 31 Rn. 18). Jedoch hat er nicht die Möglichkeit, sich darauf zu berufen, von ihm persönlich gehe keine Gefahr aus, obwohl er zu dem Personenkreis des § 31 gehöre.[7] Die Voraussetzungen des § 31 sind abstrakt und generalisierend gefasst, auf die individuelle Gefährlichkeit kommt es nicht an.

Es ist nicht zu verkennen, dass die Inzident-Prüfungsmöglichkeit dazu führen **9** kann, dass die gleiche Frage zweimal geprüft werden muss, nämlich im Verfahren nach § 35 und nach § 37. Die Gefahr divergierender Entscheidungen ist jedoch im Ergebnis gering. Dies gilt insbesondere, soweit das OLG für die Bestätigung schon zuständig war (vgl. § 35 Rn. 3). Soweit der BGH die Bestätigung vorgenommen hat (vgl. § 35 Rn. 3), muss das OLG die Sache, wenn es anders entscheiden will, dem BGH vorlegen. Das ergibt sich aus Abs. 4 i.V. mit § 29 Abs. 1 Satz 2; andernfalls wäre diese Verweisung gegenstandslos, da die in § 29 Abs. 1 Satz 2 EGGVG enthaltene Bezugnahme auf § 23 Abs. 1 EGGVG leerlaufen würde, denn diese Vorschrift wird nicht für entsprechend anwendbar erklärt.[8] Die Vorlagepflicht gilt auch, wenn das OLG von einer Entscheidung eines anderen OLG abweichen will, auch wenn es darüber nur incidenter mit entscheiden muss.

V. Verfahren. Für das Verfahren gelten grundsätzlich §§ 23 ff. mit Ausnahme **10** der im Abs. 4 ausdrücklich nicht aufgenommenen Vorschriften. Damit gelten die verfahrensrechtlichen Vorschriften der §§ 26 bis 30 grundsätzlich uneingeschränkt, also auch die Anhörungspflicht der gemäß § 33 oder § 32 zuständigen Stelle (§ 29 Abs. 2 in Verbindung mit § 308 StPO) und in geeigneten Fällen auch der StA (§ 309 StPO). Hierdurch kann eine Verzögerung der Entscheidung und damit der Effektivität des vorgesehenen Rechtsschutzes eintreten; notfalls ist nach § 28 Abs. 1 Satz 4 zu verfahren.

Von §§ 26 ff. gilt jedoch eine Ausnahme. Bei der Anhörung des Antragstellers **11** (§ 29 Abs. 2 in Verbindung mit §§ 308, 33 StPO) werden Tatsachen und Umstände solange nicht mitgeteilt, als die Mitteilung den Zweck der Unterbrechung gefährden würde (Abs. 3 Satz 1). Jedoch gilt § 33a StPO entsprechend (Abs. 3 Satz 2), also die Notwendigkeit nachträglicher Anhörung mit der Möglichkeit der Abänderung der Entscheidung, auch von Amts wegen.

Hat der Senat des OLG über die Bestätigung der Feststellung entschieden und ist **12** er dann auch für die Anfechtung nach § 37 zuständig, finden infolge der ausdrücklichen Zuweisung die Vorschriften über Ausschließung und Ablehnung eines Richters (§§ 23, 24 StPO) wegen der Mitwirkung der Richter an dem früheren Bestätigungsverfahren keine Anwendung.[9]

Der Antrag auf gerichtliche Entscheidung kann auch noch nach Beendigung der **13** Maßnahmen nach § 33 gestellt werden.[10]

Die **Entscheidung** ergeht durch Beschluss, der auch über die Kosten befindet. **14** Die Begründung hat sich Ausführungen zu enthalten, die den Zweck der Kontaktsperre vereiteln könnten. Der Beschluss ist den Beteiligten formlos mitzuteilen. Ein weiterer Rechtsbehelf ist nicht gegeben (§ 29 EGGVG).

---

[7] BTagsDrucks. 8/935 zu § 36.
[8] BTagsDrucks. 8/945 S. 3.
[9] BTagsDrucks. 8/935 S. 6 zu § 36.
[10] BVerfGE 49, 24 = NJW 1978, 2235.

§ 38. **[Kontaktsperre bei Maßregel der Besserung und Sicherung oder einstweiliger Unterbringung]**

Die Vorschriften der §§ 31 bis 37 gelten entsprechend, wenn eine Maßregel der Besserung und Sicherung vollzogen wird oder wenn ein Unterbringungsbefehl nach § 126a der Strafprozeßordnung besteht.

Gesetzesfassung: Vgl. § 31 Rn. 1.

1   Die Vorschrift erweitert im Interesse der Lückenlosigkeit der Kontaktsperre[1] den im § 31 aufgeführten Personenkreis (vgl. § 31 Rn. 20ff.), gegen den die Kontaktsperre vollzogen werden kann. Nach § 38 kann sich die Kontaktsperre in dem Umfang und mit den Konsequenzen der §§ 31 bis 37 gegen zwei weitere Personengruppen richten:

2   Personen, gegen die eine **Maßregel der Besserung und Sicherung** (§§ 61ff. StGB) vollzogen wird. Dabei kann es sich nur um solche Maßregeln handeln, die mit einer uneingeschränkten Freiheitsentziehung verbunden sind, also Unterbringung in einem psychiatrischen Krankenhaus (§ 63 StGB), Unterbringung in einer Entziehungsanstalt (§ 64 StGB) oder Unterbringung in Sicherungsverwahrung (§ 66 StGB). Mit Ausnahme der Sicherungsverwahrung wird die praktische Durchführung der Kontaktsperre mitunter erhebliche praktische Schwierigkeiten mit sich bringen; gleichwohl ist eine Verbringung des so Untergebrachten in eine andere Einrichtung, die nicht dem gleichen Zweck dient, unzulässig. Die Vorschrift ist nur anwendbar, wenn diese Maßnahmen vollzogen werden; sie ist nicht anwendbar in den Fällen, in denen die Vollziehung gemäß § 67b StGB ausgesetzt ist. Mit dem Ziel der Durchführung der Kontaktsperre darf die Aussetzung auch nicht nach § 67g StGB widerrufen werden. Die Kontaktsperre ist auch nur in den allgemein zeitlichen Grenzen der für diese Maßregeln geltenden Vorschriften anwendbar (vgl. § 67d StGB), sie kann nicht zu einer Verlängerung dieser Fristen führen. Die durch § 67e StGB vorgeschriebene Prüfung, ob die weitere Vollstreckung der Unterbringung zur Bewährung auszusetzen ist, wird ebenfalls nicht durch die Kontaktsperre berührt, hier gilt § 34 Abs. 3 Nr. 5 entsprechend.

3   Die Möglichkeit der Kontaktsperre wird außerdem erweitert auf die Personen, gegen die ein **Unterbringungsbefehl** nach § 126a StPO besteht, ohne Rücksicht darauf, ob daneben auch ein Haftbefehl besteht (dem § 126a StPO vorgeht). Es gelten die in den §§ 31 bis 37 enthaltenen Vorschriften für die Untersuchungsgefangenen entsprechend (vgl. § 126a Abs. 2 StPO).

4   Nicht anwendbar ist die Erweiterung durch § 38 auf die Personen, gegen die gemäß **§ 81 StPO** die Unterbringung in einem psychiatrischen Krankenhaus zur Beobachtung ihres psychischen Zustandes vollzogen wird (§ 34 Rn. 21); sie sind nicht Gefangene im Sinne des § 31. Die Möglichkeit, auch gegen sie die Kontaktsperre durchzuführen, war zwar im Gesetzentwurf vorgesehen, ist aber nicht Gesetz geworden; vielmehr schreibt § 34 Abs. 3 Nr. 7 vor, dass die Unterbringung nach § 81 StPO während der Kontaktsperre nicht vollzogen werden darf, weil unter den Bedingungen der Kontaktsperre eine Untersuchung kaum möglich wäre.[2] Besteht gegen eine Person kein Haftbefehl neben der Anordnung nach § 81 StPO, kann die Anordnung nach § 81 StPO unabhängig von der Kontaktsperre vollzogen werden. Besteht ein Haftbefehl (nur dann kann von einem „Gefangenen" im Sinne des § 31 gesprochen werden), ist die Beobachtung gemäß § 81 StPO unterbrochen, der Gefangene muss zur Durchführung der Kontaktsperre in eine allgemeine Haftanstalt verlegt werden. Nach Ablauf der Kontaktsperre wird die Maßnahme nach § 81 StPO fortgesetzt.

5   **Andere Personen** in öffentlich-rechtlicher Verwahrung können von der Kontaktsperre nicht erfasst werden (§ 31 Rn. 26).

---

[1] BTagsDrucks. 8/935 S. 7.
[2] BTagsDrucks. 8/945 S. 2.

§ 38a. [Kriminelle Vereinigungen]

(1) ¹Die §§ 31 bis 38 finden entsprechende Anwendung, wenn gegen einen Gefangenen ein Strafverfahren wegen des Verdachts der Bildung einer kriminellen Vereinigung (§ 129 des Strafgesetzbuches) eingeleitet worden ist oder eingeleitet wird, deren Zweck oder deren Tätigkeit darauf gerichtet ist,

1. Mord oder Totschlag (§§ 211, 212) oder Völkermord (§ 6 des Völkerstrafgesetzbuches),
2. Straftaten gegen die persönliche Freiheit in den Fällen des § 239a oder des § 239b oder
3. gemeingefährliche Straftaten in den Fällen der §§ 306 bis 308, des § 310b Abs. 1, des § 311 Abs. 1, des § 311a Abs. 1, der §§ 312, 316c Abs. 1 oder des § 319

zu begehen. ²Sie finden entsprechende Anwendung auch für den Fall, dass der nach § 31 Satz 2 zweiter Halbsatz erforderliche dringende Tatverdacht sich auf eine Straftat nach § 129 des Strafgesetzbuches bezieht, die die Voraussetzungen des Satzes 1 Nr. 1 bis 3 erfüllt.

(2) Das Gleiche gilt, wenn der Gefangene wegen einer solchen Straftat rechtskräftig verurteilt worden ist.

Gesetzesfassung: § 38a eingefügt durch Art. 14 Nr. 4 Erstes G über die Bereinigung von Bundesrecht im Zuständigkeitsbereich des BMJ vom 19. 4. 2006 (BGBl. I S. 866).

1   Mit § 38a wurde der Inhalt von Art. 2 Abs. 1 Satz 1 des Kontaktsperregesetzes (§ 34 Rn. 1) in das EGGVG übernommen, vgl. § 31 Rn. 24.

Fünfter Abschnitt. Insolvenzstatistik

§ 39.

(1) Über Insolvenzverfahren werden monatliche Erhebungen als Bundesstatistik durchgeführt.

(2) Erhebungsmerkmale sind:
1. bei Eröffnung des Insolvenzverfahrens oder dessen Abweisung mangels Masse
   a) Art des Verfahrens,
   b) Antragsteller,
   c) Art des Rechtsträgers oder der Vermögensmasse (Schuldner); bei Unternehmen zusätzlich Rechtsform, Geschäftszweig, Jahr der Gründung, Zahl der betroffenen Arbeitnehmer und die Eintragung in das Handels-, Genossenschafts-, Vereins- oder Partnerschaftsregister,
   d) Eröffnungsgrund,
   e) Anordnung der Eigenverwaltung,
   f) voraussichtliche Summe der Forderungen;
2. bei Annahme eines Schuldenbereinigungsplans, bei Eröffnung eines vereinfachten Insolvenzverfahrens oder bei der Abweisung des Antrags auf Eröffnung eines solchen Verfahrens mangels Masse
   a) Summe der Forderungen,
   b) geschätzte Summe der zu erbringenden Leistungen,
   c) bei Personen, die eine geringfügige selbständige wirtschaftliche Tätigkeit ausüben, zusätzlich Geschäftszweig;
3. bei Einstellung des Insolvenzverfahrens
   a) Einstellungsgrund,
   b) bei Einstellung mangels Masse oder nach Anzeige der Masseunzulänglichkeit zusätzlich Summe der Forderungen;

4. bei Aufhebung des Insolvenzverfahrens nach Schlussverteilung nach dem Schlusstermin, spätestens jedoch nach Ablauf des zweiten dem Eröffnungsjahr folgenden Jahres
   a) Summe der Forderungen,
   b) für die Verteilung verfügbarer Betrag,
   c) nachträgliche Anordnung oder Aufhebung der Eigenverwaltung;
5. bei Aufhebung des Insolvenzverfahrens nach Bestätigung eines Insolvenzplans
   a) Summe der Forderungen,
   b) Anteil des erlassenen Betrags an der Summe der Forderungen,
   c) nachträgliche Anordnung oder Aufhebung der Eigenverwaltung;
6. bei Restschuldbefreiung
   a) Ankündigung der Restschuldbefreiung,
   b) Entscheidung über die Restschuldbefreiung.

(3) Hilfsmerkmale der Erhebungen sind:
1. Datum der Verfahrenshandlungen nach Absatz 2,
2. Name oder Firma und Anschrift oder Mittelpunkt der selbständigen wirtschaftlichen Tätigkeit des Schuldners,
3. Name und Aktenzeichen des Amtsgerichts,
4. Namen und Telekommunikationsanschlussnummern der für eventuelle Rückfragen zur Verfügung stehenden Personen sowie Bearbeitungsdatum,
5. bei Schuldnern, die im Handels-, Genossenschafts-, Vereins- oder Partnerschaftsregister eingetragen sind, für die Erhebungen nach Absatz 2 Nr. 1 im Fall der Abweisung mangels Masse und nach den Nummern 3 und 4: Art und Ort des Registers sowie Nummer der Eintragung.

(4) ¹Für die Erhebung besteht Auskunftspflicht. ²Die Angaben zu Absatz 3 Nr. 4 sind freiwillig. ³Auskunftspflichtig sind die zuständigen Amtsgerichte. ⁴Die Angaben werden aus den vorhandenen Unterlagen jeweils für den abgelaufenen Kalendermonat erteilt. ⁵Die Angaben zu Absatz 2 Nr. 1, 2, 3, 5 und 6 sind innerhalb von zwei Wochen nach Ablauf des Kalendermonats, in dem die jeweilige gerichtliche Entscheidung erlassen wurde, die Angaben zu Absatz 2 Nr. 4 nach dem Schlusstermin, spätestens jedoch nach Ablauf des zweiten dem Eröffnungsjahr folgenden Jahres zu übermitteln.

(5) Für die Verwendung gegenüber den gesetzgebenden Körperschaften und für Zwecke der Planung, jedoch nicht für die Regelung von Einzelfällen, dürfen Tabellen mit statistischen Ergebnissen, auch soweit Tabellenfelder nur für einen einzigen Fall ausweisen, vom Statistischen Bundesamt und den statistischen Ämtern der Länder an die fachlich zuständigen obersten Bundes- und Landesbehörden übermittelt werden.

Gesetzesfassung: Eingefügt durch 2. G zur Änderung des EGGVG vom 15. 12. 1999 (BGBl. I S. 2398).

1 **I. Zweck der Vorschrift.** Für die Beurteilung der gesamtwirtschaftlichen Situation und Entwicklung ist die Statistik der Insolvenzen ein wichtiger (Spät)Indikator, auch für die Realisierung der mit der zum 1. 1. 1999 in Kraft getretenen Insolvenzreform (BGBl. 1994 I S. 2866) verfolgten gesetzgeberischen Absichten.[1] § 39 schafft eine gesetzliche Grundlage für die bisher lediglich in Verwaltungsvorschriften getroffene Regelung (MiZi 4. Abschnitt, XII; vgl. § 12 Rn. 1 f.).

2 **II. Regelungsinhalt. 1.** Die Insolvenzstatistik führt das Statistische Bundesamt als **Bundesstatistik** (Abs. 1). Die statistischen Erhebungen geschehen **monatlich**.

3 **2.** Die zwingenden **Erhebungsmerkmale** sind im Abs. 2 enumerativ aufgeführt. Diese Angaben müssen dem Statistischen Bundesamt stets sämtlich gemacht werden als Grundlage der Insolvenzstatistik. Gleiches gilt für die in Abs. 3 aufgeführten Hilfsmerkmale, die für die technische Durchführung der Erhebungen er-

---

[1] BTagsDrucks. 14/1418 S. 5.

forderlich sind. Lediglich die Angaben nach Abs. 3 Nr. 4 (Namen und Telekommunikationsanschlussnummern der für eventuelle Rückfragen zur Verfügung stehenden Personen sowie Bearbeitungsdatum) sind nach Abs. 4 Satz 2 freiwillig. Zur Auskunftserteilung bedarf es keiner zusätzlichen Ermittlungen, es genügen Angaben, die aus den Gerichtsakten entnommen werden können.[2]

3. Auskunftspflichtig sind die zuständigen Amtsgerichte (Abs. 4 Satz 3). Die Mitteilungen sind aus den vorhandenen Gerichtsunterlagen zu machen. 4

4. Die Auskunftspflicht ist **zeitlich gestaffelt,** vgl. Abs. 4 Satz 5. 5

5. Die **Weitergabe von Daten** durch das Statistische Bundesamt unterliegt Geheimhaltungsvorschriften. Die Übermittlung von Daten ist nach § 16 Abs. 4 des BundesstatistikG nur bei Vorhandensein einer entsprechenden gesetzlichen Ermächtigung zulässig; diese enthält in begrenztem Umfang Abs. 5.[3] 6

6. Die Auskunftspflicht der AG gehört zum Bereich der **Gerichtsverwaltung** (§ 12 GVG Rn. 85 ff.). 7

7. § 39 ist eine Sonderregelung gegenüber den allgemeinen Justizmitteilungspflichten (§ 12 Abs. 1 Satz 2). 8

---

[2] BTagsDrucks. 14/1418 S. 6.
[3] Vgl. BTags-Drucks. 14/1418 S. 8.

Anhang. Bundesrechtliche Vorschriften

1. Gesetz über die Zuständigkeit der Gerichte bei Änderungen der Gerichtseinteilung

Vom 6. Dezember 1933 (RGBl. I S. 1037, verk. am 8. 12. 1933), zuletzt geändert durch
Gesetz vom 19. 4. 2006 (BGBl. I S. 866)
(BGBl. III/FNA 300–4)

*Die Vorschrift ist **aufgehoben mit Wirkung vom 24. 4. 2008** durch Art. 20, 210 Abs. 2 Nr. 1 des 1. Gesetzes über die Bereinigung von Bundesrecht im Zuständigkeitsbereich des Bundesministeriums der Justiz vom 19. 4. 2006 (BGBl. I S. 866); vgl. BTagsDrucks. 16/47 S. 50.*

Art. 1.[1] Für die Erledigung von bürgerlichen Rechtsstreitigkeiten einschließlich des Insolvenzverfahrens sowie von Strafsachen gelten bei Aufhebung von Gerichten der Länder und bei Änderung ihrer Bezirke folgende Vorschriften:

§ 1. Wird der Bezirk eines Gerichts geändert, so wird dadurch die Zuständigkeit des Gerichts für die bei ihm anhängigen Sachen nicht berührt. Das Gericht bleibt auch weiterhin für die Angelegenheiten zuständig, bei denen sich die Zuständigkeit nach einem bei ihm anhängigen oder anhängig gewesenen Verfahren bestimmt (Kostenfestsetzungsverfahren, Verfahren nach Zurückverweisung, Wiederaufnahme des Verfahrens, Vollstreckungsgegenklage, Entscheidungen über die Strafvollstreckung u. dgl.).

§ 2. Wird ein Gericht aufgehoben und sein gesamter Bezirk dem Bezirk eines anderen Gerichts zugelegt, so tritt dieses Gericht in jeder Hinsicht an die Stelle des aufgehobenen Gerichts.

§ 3. Wird ein Gericht aufgehoben und sein Bezirk auf die Bezirke mehrerer Gerichte aufgeteilt, so bestimmt die Landesjustizverwaltung im Wege allgemeiner Anordnung, welches Gericht oder welche Gerichte die anhängigen Sachen zu erledigen haben und für die im § 1 Satz 2 bezeichneten Angelegenheiten zuständig sind. Ist eine solche Anordnung nicht getroffen, so geht die Zuständigkeit auf das Gericht über, zu dessen Bezirk der Sitz des aufgehobenen Gerichts gelegt ist.

§ 4. Ist im Zeitpunkt der Aufhebung eines Gerichts die Hauptverhandlung in einer Strafsache noch nicht beendet, so kann sie vor dem nach §§ 2, 3 zuständigen Gericht fortgesetzt werden, wenn dieselben Richter weiterhin an ihr teilnehmen.

§ 5. (1) Wird ein Gericht einem anderen übergeordneten Gericht unterstellt, so ist für die Entscheidung über Rechtsmittel, die sich gegen eine vor Inkrafttreten der Änderung erlassene Entscheidung richten, das Gericht zuständig, das dem erkennenden Gericht vor dem Inkrafttreten der Änderung übergeordnet war. Ebenso ist für die Entscheidung über Rechtsmittel, die sich gegen die Entscheidung eines aufgehobenen Gerichts richten, das Gericht zuständig, das dem aufgehobenen Gericht übergeordnet war.

(2) Ist das übergeordnete Gericht, das für die Entscheidung über die Rechtsmittel nach Absatz 1 zuständig sein würde, aufgehoben, so gilt folgendes:
1. Ist der gesamte Bezirk des übergeordneten Gerichts dem Bezirk eines anderen Gerichts zugelegt, so tritt dieses Gericht an die Stelle des aufgehobenen Gerichts.
2. Ist der Bezirk des aufgehobenen übergeordneten Gerichts auf die Bezirke mehrerer Gerichte aufgeteilt, so bestimmt die Landesjustizverwaltung im Wege allgemeiner Anordnung, welches Gericht oder welche Gerichte für die Entscheidung über die Rechtsmittel zuständig sind. Ist eine solche Anordnung nicht getroffen, so ist für die Entscheidung das

---

[1] Eingangssatz geändert durch Art. 13 EGInsO vom 5. 10. 1994 (BGBl. I S. 2911).

Gericht zuständig, dessen Bezirk der Sitz des aufgehobenen übergeordneten Gerichts zugeteilt ist.

§ 6. Ist im Falle des § 5 ein Rechtsmittel bei einem nach dieser Vorschrift nicht zuständigen Gericht eingelegt, so wird dadurch die Zulässigkeit des Rechtsmittels nicht berührt. Die Sache ist von Amts wegen an das zuständige Gericht abzugeben; der Abgabebeschluß ist für das in dem Beschluß bezeichnete Gericht bindend.

§ 7. Die Landesjustizverwaltung kann bei der Aufhebung einzelner Gerichte oder der Änderung ihrer Bezirke im Wege allgemeiner Anordnung eine von den Vorschriften des § 1 und des § 5 Abs. 1 abweichende Regelung treffen.

§ 8.[2] *(aufgehoben)*

Art. 2. Die bei der Aufhebung von Gerichten oder der Änderung von Gerichtsbezirken erforderlichen Vorschriften auf dem Gebiet der freiwilligen Gerichtsbarkeit und der den Gerichten sonst zugewiesenen Aufgaben werden von der Landesjustizverwaltung erlassen, soweit nicht *Reichs-* oder Landesgesetze bereits eine Regelung enthalten. Für die Rechtsmittel gilt die Vorschrift des Artikels 1 § 6 entsprechend.

Art. 3).[3] Die Landesjustizverwaltung kann ferner Handelsrichter, Schöffen und Geschworene, *Arbeitsrichter und Landesarbeitsrichter* sowie sonstige nichtrichterliche Gerichtsbeisitzer, die bei den aufgehobenen oder bei den von der Änderung betroffenen Gerichten vorhanden sind, für den Rest ihrer Amtszeit anderen Gerichten zuweisen.

Art. 3 a.[4] Ergibt sich bei der Änderung des Bezirks oder der örtlichen Zuständigkeit eines Gerichts, daß Schöffen nicht in der für die Fortführung der strafrechtlichen Aufgaben erforderlichen Anzahl zur Verfügung stehen, so findet für die laufende Amtsperiode eine Nachwahl auf Grund der Vorschlagsliste der Gemeinden statt.

Für die Nachwahl gilt § 52 Abs. 6 Satz 2 des Gerichtsverfassungsgesetzes und für Hilfsschöffen auch § 52 Abs. 6 Satz 3 des Gerichtsverfassungsgesetzes entsprechend.

Art. 4.[5] (1) Vorschriften, die die Landesjustizverwaltungen über die Zuständigkeit der Gerichte bei Änderungen der Gerichtseinteilung vor Inkrafttreten dieses Gesetzes erlassen haben, bleiben wirksam.

(2) ...

Art. 5. Wird ein Gericht des *Reichs* aufgehoben oder sein Bezirk geändert, so erläßt der zuständige *Reichsminister* die erforderlichen Vorschriften.

2. Verordnung zur einheitlichen Regelung der Gerichtsverfassung

Vom 20. März 1935 (RGBl. I S. 403), zuletzt geändert durch Gesetz vom 19. 4. 2006 (BGBl. I S. 866)

(BGBl. III/FNA 300–5)

*Die Vorschrift ist **aufgehoben mit Wirkung vom 24. 4. 2008** durch Art. 21, 210 Abs. 2 Nr. 1 des 1. Gesetzes über die Bereinigung von Bundesrecht im Zuständigkeitsbereich des Bundesministeriums der Justiz vom 19. 4. 2006 (BGBl. I S. 866); vgl. BTagsDrucks. 16/47 S. 51.*

---

[2] Art. 1 § 8 aufgehoben durch Art. 2 des OLG-Vertretungsgesetzes vom 23. 7. 2002 (BGBl. I S. 2850).

[3] Art. 3: Soweit Kursivdruck vgl. 2. Teil AGG 320–1 (Zuständigkeit der obersten Arbeitsbehörde des Landes).

[4] Art. 3a Satz 1 eingefügt durch Art. 8 Nr. IV des 1. StVRG; Satz 2 eingefügt durch Art. 6 StVÄG 1979 (BGBl. 1978 I S. 1645).

[5] Art. 4 Abs. 2: Aufhebungsvorschrift.

Anhang. Bundesrechtliche Vorschriften **Anhang 2**

Art. I. Gliederung der Gerichte

§ 1. (1) Die Errichtung und Aufhebung eines Gerichts und die Verlegung eines Gerichtssitzes wird durch *Reichsgesetz* angeordnet.

(2)[1] ...

(3) Stadt- und Landgemeinden, die mit ihrem ganzen Gebiet einheitlich einem Amtsgericht zugeteilt sind, gehören dem Bezirk dieses Gerichts mit ihrem jeweiligen Gebietsumfang an.

§ 2.[2] Der *Reichsminister der Justiz* entscheidet über

1. bis 5. ...
6. die Zuweisung von Angelegenheiten der freiwilligen Gerichtsbarkeit aus den Bezirken mehrerer Oberlandesgerichte an ein Oberlandesgericht.

Art. II. Amtsgerichte

§ 3. Der *Reichsminister der Justiz* kann anordnen, daß außerhalb des Sitzes eines Amtsgerichts Zweigstellen errichtet oder Gerichtstage abgehalten werden.

§ 4.[3] (1) ...

(2) Der *Reichsminister der Justiz* kann einen oder mehrere Amtsrichter zu ständigen Vertretern des aufsichtführenden Amtsrichters bestellen. Wird kein ständiger Vertreter bestellt oder ist dieser behindert, so wird der aufsichtführende Amtsrichter durch den dem Dienstalter, bei gleichem Dienstalter durch den der Geburt nach ältesten Amtsrichter vertreten. Der *Reichsminister für Justiz* kann Grundsätze für die Vertretung des aufsichtführenden Amtsrichters aufstellen.

§§ 5 und 6.[4] *(aufgehoben)*

Art. III. Landgerichte

§ 7.[5] (1) *Der Reichsminister der Justiz kann Grundsätze für die Verteilung der Geschäfte bei den Landgerichten und für die Vertretung des Landgerichtspräsidenten aufstellen. Er bestellt den ständigen Vertreter des Präsidenten (§ 66 Abs. 2 des Gerichtsverfassungsgesetzes).*

(2) Die Zahl der Zivil- und Strafkammern bei den Landgerichten bestimmt der Landgerichtspräsident; der Oberlandesgerichtspräsident kann ihm Weisungen hierfür erteilen.

(3) bis (5) ...

Art. IV. Oberlandesgerichte

§ 8.[6] (1) *Der Reichsminister der Justiz kann Grundsätze für die Verteilung der Geschäfte bei den Oberlandesgerichten und für die Vertretung des Oberlandesgerichtspräsidenten aufstellen. Der ständige Vertreter des Präsidenten (§ 66 Abs. 2, § 117 des Gerichtsverfassungsgesetzes) ist der Vizepräsident des Oberlandesgerichts.*

(2) Die Zahl der Zivil- und Strafsenate bei den Oberlandesgerichten bestimmt der Oberlandesgerichtspräsident; der *Reichsminister der Justiz* kann ihm hierfür Weisungen erteilen.

Art. V. § 9[7] **bis Art. VII. § 11.**[8] *(gegenstandslos bzw. aufgehoben)*

---

[1] Ermächtigung d. RMJ, gem. Art. 129 Abs. 3 GG 100–1 erloschen, vgl. BVerfGE 2, 307.

[2] § 2: Nr. 3 u. 5 aufgeh. durch Art. 5 § 21 Nr. 14 V v. 13. 3. 1940 I 489; Nr. 1, 2 u. 4 neugeregelt in §§ 58 Abs. 1, 78 Abs. 1, 93 Abs. 1 GVG 300–2.

[3] § 4 Abs. 1: Neugeregelt in § 22 Abs. 3 GVG 300–2.

[4] §§ 5 u. 6: Aufgeh. durch Art. 8 II Nr. 7 G v. 12. 9. 1950 S. 455.

[5] § 7 Abs. 1 Satz 1 gegenstandslos; Abs. 1 Satz 2, Abs. 2 kein Bundesrecht (vgl. Art. 123 ff. GG 100–1); Abs. 3 u. 5 Neuregelung in §§ 61 Abs. 2, 78 Abs. 2 GVG 300–2; Abs. 4 aufgeh. durch § 87 G v. 8. 9. 1961 I 1665 m. W. v. 1. 7. 1962.

[6] § 8 Abs. 1 Satz 1 gegenstandslos; Abs. 1 Satz 2, Abs. 2 kein Bundesrecht (vgl. Art. 123 ff. GG 100–1).

[7] § 9: Gegenstandslos.

[8] §§ 10 u. 11: Aufgeh. durch Art. 8 II Nr. 7 g v. 12. 9. 1950 S. 455.

Anhang 2

Art. VIII. Geschäftsstellen und Gerichtsvollzieher

§ 12).[1] *Der Reichsminister der Justiz erläßt die allgemeinen Anordnungen für die Geschäftsstellen der Gerichte und der Staatsanwaltschaften und für die Gerichtsvollzieher*

Art. IX. Justizverwaltung

§ 13. Die Präsidenten der Gerichte, die aufsichtführenden Amtsrichter, der *Oberreichsanwalt*, die Leiter der Staatsanwaltschaften und die Vorsteher der Gefangenenanstalten haben nach näherer Anordnung des *Reichsministers der Justiz* die ihnen zugewiesenen Geschäfte der Justizverwaltung zu erledigen. Sie werden im Falle der Behinderung in diesen Geschäften durch ihren ständigen Vertreter vertreten und können die ihrer Dienstaufsicht unterstellten Beamten zu den Geschäften der Justizverwaltung heranziehen.

§ 14.[2] (1) Die Dienstaufsicht üben aus

1. der *Reichsminister der Justiz* über sämtliche Gerichte, Staatsanwaltschaften und Gefangenenanstalten,
2. die Präsidenten des *Reichsgerichts* ... über das Gericht, dem sie angehören,
3. der Oberlandesgerichtspräsident und der Landgerichtspräsident über die Gerichte ihres Bezirks,
4. der aufsichtführende Amtsrichter über das Amtsgericht,
5. der *Oberreichsanwalt* über die *Reichsanwaltschaft*,
6. der Generalstaatsanwalt beim Oberlandesgericht und der Oberstaatsanwalt beim Landgericht über die Staatsanwaltschaften, der Generalstaatsanwalt auch über die Gefangenenanstalten des Bezirks,
7. der Vorsteher des Badischen Notariats, der Leiter der Amtsanwaltschaft und der Vorsteher der Gefangenenanstalt über die unterstellte Behörde.

(2) Dem Landgerichtspräsidenten steht die Dienstaufsicht über ein mit einem Präsidenten besetztes Amtsgericht nicht zu.

(3) Der *Reichsminister der Justiz* bestimmt, bei welchen Amtsgerichten der Präsident die Dienstaufsicht über andere zum Bezirk des übergeordneten Landgerichts gehörigen Amtsgerichte an Stelle des Landgerichtspräsidenten ausübt.

§ 15.[3] Die Dienstaufsicht über eine Behörde erstreckt sich zugleich auf die bei ihr angestellten oder beschäftigten Beamten, Angestellten und Arbeiter. Die Dienstaufsicht des aufsichtführenden Amtsrichters beschränkt sich jedoch, ..., auf die bei dem Amtsgericht angestellten oder beschäftigten nichtrichterlichen Beamten, die Angestellten und Arbeiter; die Dienstaufsicht des Leiters der Amtsanwaltschaft, sofern er nicht Oberstaatsanwalt ist, beschränkt sich auf die nicht dem höheren oder dem Amtsanwaltsdienst angehörigen Beamten.

§ 16.[4] (1) Wer die Dienstaufsicht über einen Beamten ausübt, ist Dienstvorgesetzter des Beamten.

(2) In der Dienstaufsicht liegt die Befugnis, die ordnungswidrige Ausführung eines Amtsgeschäfts zu rügen und zu seiner sachgemäßen Erledigung zu ermahnen.

§ 17.[5] (1) Beschwerden in Angelegenheiten der Justizverwaltung werden im Dienstaufsichtswege erledigt.

(2) Über Aufsichtsbeschwerden, die sich gegen einen im ersten Rechtszuge vom Präsidenten eines Amtsgerichts erlassenen Bescheid richten, entscheidet der Oberlandesgerichtspräsi-

---

[1] § 12: Überholt durch §§ 153 und 154 GVG 300–2, im übrigen kein Bundesrecht (vgl. Art. 123 ff. GG 100–1).

[2] § 14 Abs. 1: Nr. 1 teilweise neugeregelt in § 147 GVG 300–2, ausgelassener Text „und des Volksgerichtshofs" in Nr. 2 gegenstandslos, Nr. 6 teilweise neugeregelt in § 147 Nr. 3 GVG 300–2; Abs. 2 u. 3 gem. Art. 123 ff. GG 100–1 kein Bundesrecht.

[3] § 15 Satz 2: teilweise gegenstandslos infolge Aufhebung des § 5; gem. Art. 123 ff. GG 100–1 kein Bundesrecht.

[4] § 16 Abs. 2: Für Richter überholt durch § 26 Abs. 2 DRiG 301–1.

[5] § 17 Abs. 2: Nach übereinstimmender Ansicht der Länderkommission zur Rechtsbereinigung gem. Art. 123 ff. GG 100–1 kein Bundesrecht.

Anhang. Bundesrechtliche Vorschriften   Anhang 3, 4

dent endgültig, wenn für Beschwerden dieser Art bestimmt ist, daß die Entscheidung des Landgerichtspräsidenten endgültig ist.

Art. X. Schluß- und Übergangsvorschriften

§ 18. Der *Reichsminister der Justiz* kann die Ausübung der ihm in dieser Verordnung übertragenen Befugnisse auf die ihm unmittelbar nachgeordneten Präsidenten der Gerichte und Leiter der Staatsanwaltschaften übertragen.

§§ 19 und 20.[6] *(überholt bzw. aufgehoben)*

§ 21.[7] (1) Diese Verordnung tritt mit dem 1. April 1935 in Kraft.

(2) ...

3. Gesetz über Rechtsverordnungen im Bereich der Gerichtsbarkeit

Vom 1. Juli 1960 (BGBl. I S. 481), zuletzt geändert durch Gesetz vom 19. 4. 2006 (BGBl. I S. 866)

(BGBl. III/FNA 300–7)

*Die Vorschrift ist **aufgehoben mit Wirkung vom 24. 4. 2009** durch Art. 23, 210 Abs. 2 Nr. 2 des 1. Gesetzes über die Bereinigung von Bundesrecht im Zuständigkeitsbereich des Bundesministeriums der Justiz vom 19. 4. 2006 (BGBl. I S. 866); vgl. BTagsDrucks. 16/47 S. 52.*

§ 1. Soweit das Gerichtsverfassungsgesetz und Bundesgesetze auf den Gebieten der bürgerlichen Rechtspflege einschließlich der Arbeitsgerichtsbarkeit, der Strafrechtspflege und des Bußgeldverfahrens Ermächtigungen der obersten Landesbehörde zum Erlaß von Rechtsverordnungen vorsehen, sind die Landesregierungen zum Erlaß dieser Rechtsverordnungen ermächtigt. Die Landesregierungen können die Ermächtigungen auf oberste Landesbehörden übertragen.

§ 2. Dieses Gesetz gilt nach Maßgabe des § 13 Abs. 1 des Dritten Überleitungsgesetzes vom 4. Januar 1952 (Bundesgesetzbl. I S. 1) auch im Land Berlin.

§ 3. Das Gesetz tritt am Tage nach der Verkündung in Kraft.

4. Gesetz zur Wahrung der Einheitlichkeit der Rechtsprechung der obersten Gerichtshöfe des Bundes

Vom 19. Juni 1968 (BGBl. I S. 661), zuletzt geändert durch Gesetz vom 9. 7. 2001 (BGBl. I S. 1510)

(BGBl. III/FNA 304–1)

Erster Abschnitt. Gemeinsamer Senat der obersten Gerichtshöfe

§ 1. **Bildung des Gemeinsamen Senats.** (1) Zur Wahrung der Einheitlichkeit der Rechtsprechung der in Artikel 95 Abs. 1 des Grundgesetzes genannten obersten Gerichtshöfe des Bundes wird ein Gemeinsamer Senat dieser obersten Gerichtshöfe gebildet.

(2) Der Gemeinsame Senat hat seinen Sitz in Karlsruhe.

§ 2. **Zuständigkeit.** (1) Der Gemeinsame Senat entscheidet, wenn ein oberster Gerichtshof in einer Rechtsfrage von der Entscheidung eines anderen obersten Gerichtshofs oder des Gemeinsamen Senats abweichen will.

---

[6] § 19: Gegenstandslos; § 20: Aufgeh. durch Art. 8 II Nr. 7 G v. 12. 9. 1950 S. 455.

[7] § 21 Abs. 2: Gegenstandslose Überleitungsvorschriften.

(2) Sind nach den Gerichtsverfassungs- oder Verfahrensgesetzen der Große Senat oder die Vereinigten Großen Senate eines obersten Gerichtshofs anzurufen, so entscheidet der Gemeinsame Senat erst, wenn der Große Senat oder die Vereinigten Großen Senate von der Entscheidung eines anderen obersten Gerichtshofs oder des Gemeinsamen Senats abweichen wollen.

§ 3. Zusammensetzung. (1) Der Gemeinsame Senat besteht aus
1. den Präsidenten der obersten Gerichtshöfe,
2. den *Präsidenten*[1] der beteiligten Senate und
3. je einem weiteren Richter der beteiligten Senate.

(2) Führt der Präsident eines obersten Gerichtshofs den Vorsitz in einem beteiligten Senat, so wirken außer ihm zwei weitere Richter des beteiligten Senats in dem Gemeinsamen Senat mit.

(3) Bei Verhinderung des Präsidenten eines obersten Gerichtshofs tritt sein Vertreter im Großen Senat, bei Verhinderung des *Präsidenten*[1] eines beteiligten Senats sein Vertreter im Vorsitz an seine Stelle.

(4) Die zu entsendenden Richter (Absatz 1 Nr. 3 und Absatz 2) und ihre Vertreter werden von den Präsidien der obersten Gerichtshöfe für die Dauer von zwei Geschäftsjahren bestimmt.

§ 4. Beteiligte Senate. (1) Beteiligt sind der vorlegende Senat und der Senat des obersten Gerichtshofs, von dessen Entscheidung der vorlegende Senat abweichen will. Ist der Senat des anderen obersten Gerichtshofs bei Eingang des Vorlegungsbeschlusses für die Rechtsfrage nicht mehr zuständig, so tritt der nach der Geschäftsverteilung nunmehr zuständige Senat an seine Stelle. Haben mehrere Senate des anderen obersten Gerichtshofs über die Rechtsfrage abweichend entschieden, so ist der Senat beteiligt, der als letzter entschieden hat, sofern nach der Geschäftsverteilung nicht ein anderer Senat bestimmt ist.

(2) Wird die Rechtsfrage von dem Großen Senat eines obersten Gerichtshofs vorgelegt oder will der vorlegende Senat von der Entscheidung des Großen Senats eines anderen obersten Gerichtshofs abweichen, so ist der Große Senat der beteiligte Senat. Entsprechendes gilt für die Vereinigten Großen Senate eines obersten Gerichtshofs.

§ 5. Vorsitz. Den Vorsitz führt der lebensälteste Präsident der nichtbeteiligten obersten Gerichtshöfe. Er wird bei der Leitung der mündlichen Verhandlung sowie der Beratung und Abstimmung durch den lebensältesten der anwesenden Präsidenten der anderen obersten Gerichtshöfe, bei den übrigen Geschäften des Vorsitzenden durch seinen Vertreter im Großen Senat vertreten.

§ 6. Abstimmung. Der Gemeinsame Senat entscheidet mit der Mehrheit der Stimmen seiner Mitglieder.

§ 7. Vorrang der Amtsgeschäfte im Gemeinsamen Senat. Die Tätigkeit im Gemeinsamen Senat geht der Tätigkeit an dem obersten Gerichtshof vor.

§ 8. Geschäftsstelle. Für den Gemeinsamen Senat wird eine Geschäftsstelle eingerichtet. Das Nähere bestimmt der Bundesminister der Justiz.

§ 9. Rechts- und Amtshilfe. Alle Gerichte und Verwaltungsbehörden leisten dem Gemeinsamen Senat Rechts- und Amtshilfe.

Zweiter Abschnitt. Verfahrensvorschriften

§ 10. Grundsatz. Soweit in den §§ 11 bis 17 nichts anderes bestimmt ist, gelten für das Verfahren vor dem Gemeinsamen Senat die Vorschriften für das Verfahren vor dem vorlegenden Senat entsprechend.

---

[1] Die Amtsbezeichnung lautet jetzt „Vorsitzender Richter"; vgl. § 19a Deutsches Richtergesetz.

§ 11. Vorlegungsverfahren. (1) Das Verfahren vor dem Gemeinsamen Senat wird durch einen Vorlegungsbeschluß eingeleitet. In diesem ist die Entscheidung des obersten Gerichtshofs, von der der vorlegende Senat abweichen will, zu bezeichnen. Der Beschluß ist zu begründen und den am Verfahren Beteiligten zuzustellen.

(2) Die Senate, die Großen Senate oder die Vereinigten Großen Senate der obersten Gerichtshöfe holen die Entscheidung des Gemeinsamen Senats unmittelbar ein. Gleichzeitig ist das Verfahren vor dem vorlegenden Senat auszusetzen.

§ 12. Stellungnahmen der obersten Gerichtshöfe. (1) Der Vorsitzende des Gemeinsamen Senats gibt den obersten Gerichtshöfen von dem Vorlegungsbeschluß Kenntnis. Die obersten Gerichtshöfe teilen dem Gemeinsamen Senat mit, ob, mit welchem Ergebnis und mit welcher Begründung sie die streitige Rechtsfrage bisher entschieden haben und welche damit zusammenhängenden Rechtsfragen zur Entscheidung anstehen.

(2) Der Gemeinsame Senat kann einen obersten Gerichtshof ersuchen, seine Auffassung zu einer für die Entscheidung erheblichen Rechtsfrage darzulegen. Der ersuchte oberste Gerichtshof legt eine Äußerung des Senats vor, der nach der Geschäftsverteilung zur Entscheidung über die streitige Rechtsfrage zuständig ist oder, wenn nach der Geschäftsverteilung kein bestimmter Senat zuständig ist, vom Präsidium bestimmt wird. Auch ohne Ersuchen kann ein oberster Gerichtshof dem Gemeinsamen Senat eine Äußerung seines zuständigen Senats zu der Rechtsfrage vorlegen.

(3) Der Vorsitzende des Gemeinsamen Senats teilt die eingegangenen Äußerungen den am Verfahren Beteiligten mit.

§ 13. Beteiligte am Verfahren. (1) Die am Verfahren vor dem vorlegenden Senat Beteiligten sind auch am Verfahren vor dem Gemeinsamen Senat beteiligt. Sie sind in dem Vorlegungsbeschluß zu bezeichnen.

(2) Der Generalbundesanwalt beim Bundesgerichtshof kann sich am Verfahren auch beteiligen, wenn er nach den für einen beteiligten Senat geltenden Verfahrensvorschriften berechtigt ist, am Verfahren mitzuwirken. Der Vorsitzende des Gemeinsamen Senats gibt dem Generalbundesanwalt von solchem Verfahren Kenntnis.

(3) Der Vorsitzende des Gemeinsamen Senats soll dem Generalbundesanwalt, auch wenn er am Verfahren nicht beteiligt ist, Gelegenheit zur Äußerung geben, wenn die vorgelegte Rechtsfrage für das Rechtsgebiet, für das der Generalbundesanwalt zuständig ist, Bedeutung hat. Die Äußerung ist den am Verfahren Beteiligten mitzuteilen.

(4)[2] Die Absätze 2 und 3 gelten für den Vertreter des Bundesinteresses beim Bundesverwaltungsgericht entsprechend.

§ 14. Aufgabe der früheren Rechtsprechung. Schließt sich der Senat des obersten Gerichtshofs, von dessen Entscheidung abgewichen werden soll, innerhalb eines Monats durch Beschluß der Rechtsauffassung des vorlegenden Senats an, so ist das Verfahren einzustellen. Die Frist beginnt mit dem Eingang des Vorlegungsbeschlusses bei dem obersten Gerichtshof, von dessen Entscheidung abgewichen werden soll. Sie kann von dem Vorsitzenden des Gemeinsamen Senats verlängert werden.

§ 15. Gegenstand der Entscheidung. (1) Der Gemeinsame Senat entscheidet auf Grund mündlicher Verhandlung nur über die Rechtsfrage. Mit Einverständnis der Beteiligten kann der Gemeinsame Senat ohne mündliche Verhandlung entscheiden. Findet keine mündliche Verhandlung statt, so ist vor der Entscheidung den am Verfahren Beteiligten Gelegenheit zur Äußerung zu geben.

(2) Die Entscheidung ist zu begründen und den Beteiligten zuzustellen.

§ 16. Wirkung der Entscheidung. Die Entscheidung des Gemeinsamen Senats ist in der vorliegenden Sache für das erkennende Gericht bindend.

§ 17. Kosten. (1) Das Verfahren vor dem Gemeinsamen Senat ist kostenfrei.

(2) Außergerichtliche Kosten werden nicht erstattet.

---

[2] Änderung durch das Gesetz zur Neuordnung des Bundesdisziplinarrechts vom 9. 7. 2001 (BGBl. I S. 1510) Art. 11.

Dritter Abschnitt. Schlußvorschriften

§ 18. Erweiterung der Revisions- und Vorlegungsgründe. (1) Hat ein Gericht die Revision oder die Rechtsbeschwerde zuzulassen, wenn es von einer Entscheidung eines obersten Gerichtshofs abweicht, so ist die Revision oder die Rechtsbeschwerde auch zuzulassen, wenn das Gericht von einer Entscheidung des Gemeinsamen Senats abweicht. Findet die Revision oder die Rechtsbeschwerde an einen obersten Gerichtshof bei einer Abweichung von dessen Entscheidung ohne Zulassung statt, so ist die Revision oder Rechtsbeschwerde auch bei einer Abweichung von einer Entscheidung des Gemeinsamen Senats zulässig.

(2) Hat ein Gericht eine Sache einem obersten Gerichtshof vorzulegen, wenn es von dessen Entscheidung abweichen will, so hat das Gericht die Sache dem obersten Gerichtshof auch vorzulegen, wenn es von einer Entscheidung des Gemeinsamen Senats abweichen will.

§§ 19, 20.[3] *(Änderungsvorschriften)*

§ 21. Änderung von Bezeichnungen. Soweit in anderen Gesetzen und in Verordnungen die Bezeichnung „oberes Bundesgericht" verwendet wird, tritt an ihre Stelle die Bezeichnung „oberster Gerichtshof des Bundes".

§ 22. Berlin-Klausel. *(gegenstandslos)*[4]

§ 23. Inkrafttreten. Dieses Gesetz tritt am ersten Tage des auf die Verkündung)[5] folgenden Kalendermonats in Kraft.

5. Gesetz über die Konvention zum Schutze der Menschenrechte und Grundfreiheiten

Vom 7. August 1952 (BGBl. II S. 685)

(BGBl. III/FNA 184–1)

Art. I. Der in Rom am 4. November 1950 von den Regierungen der Mitgliedstaaten des Europarates unterzeichneten Konvention zum Schutze der Menschenrechte und Grundfreiheiten wird zugestimmt.

Art. II. (1) Die Konvention wird nachstehend mit Gesetzeskraft veröffentlicht.

(2) Die Bundesregierung wird ermächtigt, die Zuständigkeit der Kommission für Menschenrechte nach Artikel 25 der Konvention anzuerkennen.

(3) Die Bundesregierung wird ermächtigt, die Gerichtsbarkeit des Europäischen Gerichtshofes für Menschenrechte nach Artikel 46 der Konvention in allen die Auslegung und Anwendung dieser Konvention betreffenden Angelegenheiten als obligatorisch anzuerkennen.

(4) Der Tag, an dem das Abkommen gemäß seinem Artikel 66 in Kraft tritt, ist im Bundesgesetzblatt bekanntzugeben.

Art. III. Dieses Gesetz tritt am Tage nach seiner Verkündung in Kraft.

---

[3] § 19 enthält Änderungen des Richterwahlgesetzes, § 20 enthält eine Änderung der Bundesrechtsanwaltsordnung.

[4] In Berlin übernommen durch Gesetz vom 11. 7. 1968 (GVBl. S. 920).

[5] Verkündet am 25. 6. 1968.

6. Konvention zum Schutze der Menschenrechte und Grundfreiheiten (EMRK)

In der Fassung der Bekanntmachung vom 17. Mai 2002 (BGBl. II S. 1054)

– Auszug –

Abschnitt I. Rechte und Freiheiten]

Art. 2. Recht auf Leben. (1) Das Recht jedes Menschen auf Leben wird gesetzlich geschützt. Niemand darf absichtlich getötet werden, außer durch Vollstreckung eines Todesurteils, das ein Gericht wegen eines Verbrechens verhängt hat, für das die Todesstrafe gesetzlich vorgesehen ist.

(2) Eine Tötung wird nicht als Verletzung dieses Artikels betrachtet, wenn sie durch eine Gewaltanwendung verursacht wird, die unbedingt erforderlich ist, um

a) jemanden gegen rechtswidrige Gewalt zu verteidigen;

b) jemanden rechtmäßig festzunehmen oder jemanden, dem die Freiheit rechtmäßig entzogen ist, an der Flucht zu hindern;

c) einen Aufruhr oder Aufstand rechtmäßig niederzuschlagen.

Art. 3. Verbot der Folter. Niemand darf der Folter oder unmenschlicher oder erniedrigender Strafe oder Behandlung unterworfen werden.

Art. 4. Verbot der Sklaverei und der Zwangsarbeit. (1) Niemand darf in Sklaverei oder Leibeigenschaft gehalten werden.

(2) Niemand darf gezwungen werden, Zwangs- oder Pflichtarbeit zu verrichten.

(3) Nicht als Zwangs- oder Pflichtarbeit im Sinne dieses Artikels gilt

a) eine Arbeit, die üblicherweise von einer Person verlangt wird, der unter den Voraussetzungen des Artikels 5 die Freiheit entzogen oder die bedingt entlassen worden ist;

b) eine Dienstleistung militärischer Art oder eine Dienstleistung, die an die Stelle des im Rahmen der Wehrpflicht zu leistenden Dienstes tritt, in Ländern, wo die Dienstverweigerung aus Gewissensgründen anerkannt ist;

c) eine Dienstleistung, die verlangt wird, wenn Notstände oder Katastrophen das Leben oder das Wohl der Gemeinschaft bedrohen;

d) eine Arbeit oder Dienstleistung, die zu den üblichen Bürgerpflichten gehört.

Art. 5. Recht auf Freiheit und Sicherheit. (1) Jede Person hat das Recht auf Freiheit und Sicherheit. Die Freiheit darf nur in den folgenden Fällen und nur auf die gesetzlich vorgeschriebene Weise entzogen werden:

a) rechtmäßige Freiheitsentziehung nach Verurteilung durch ein zuständiges Gericht;

b) rechtmäßige Festnahme oder Freiheitsentziehung wegen Nichtbefolgung einer rechtmäßigen gerichtlichen Anordnung oder zur Erzwingung der Erfüllung einer gesetzlichen Verpflichtung;

c) rechtmäßige Festnahme oder Freiheitsentziehung zur Vorführung vor die zuständige Gerichtsbehörde, wenn hinreichender Verdacht besteht, dass die betreffende Person eine Straftat begangen hat, oder wenn begründeter Anlass zu der Annahme besteht, dass es notwendig ist, sie an der Begehung einer Straftat oder an der Flucht nach Begehung einer solchen zu hindern;

d) rechtmäßige Freiheitsentziehung bei Minderjährigen zum Zweck überwachter Erziehung oder zur Vorführung vor die zuständige Behörde;

e) rechtmäßige Freiheitsentziehung mit dem Ziel, eine Verbreitung ansteckender Krankheiten zu verhindern, sowie bei psychisch Kranken, Alkohol- oder Rauschgiftsüchtigen und Landstreichern;

f) rechtmäßige Festnahme oder Freiheitsentziehung zur Verhinderung der unerlaubten Einreise sowie bei Personen, gegen die ein Ausweisungs- oder Auslieferungsverfahren im Gange ist.

(2) Jeder festgenommenen Person muss innerhalb möglichst kurzer Frist in einer ihr verständlichen Sprache mitgeteilt werden, welches die Gründe für ihre Festnahme sind und welche Beschuldigungen gegen sie erhoben werden.

(3) Jede Person, die nach Absatz 1 Buchstabe c von Festnahme oder Freiheitsentziehung betroffen ist, muss unverzüglich einem Richter oder einer anderen gesetzlich zur Wahrnehmung richterlicher Aufgaben ermächtigten Person vorgeführt werden; sie hat Anspruch auf ein Urteil innerhalb angemessener Frist oder auf Entlassung während des Verfahrens. Die Entlassung kann von der Leistung einer Sicherheit für das Erscheinen vor Gericht abhängig gemacht werden.

(4) Jede Person, die festgenommen oder der die Freiheit entzogen ist, hat das Recht zu beantragen, dass ein Gericht innerhalb kurzer Frist über die Rechtmäßigkeit der Freiheitsentziehung entscheidet und ihre Entlassung anordnet, wenn die Freiheitsentziehung nicht rechtmäßig ist.

(5) Jede Person, die unter Verletzung dieses Artikels von Festnahme oder Freiheitsentziehung betroffen ist, hat Anspruch auf Schadensersatz.

Art. 6. Recht auf ein faires Verfahren. (1) Jede Person hat ein Recht darauf, dass über Streitigkeiten in Bezug auf ihre zivilrechtlichen Ansprüche und Verpflichtungen oder über eine gegen sie erhobene strafrechtliche Anklage von einem unabhängigen und unparteiischen, auf Gesetz beruhenden Gericht in einem fairen Verfahren, öffentlich und innerhalb angemessener Frist verhandelt wird. Das Urteil muss öffentlich verkündet werden; Presse und Öffentlichkeit können jedoch während des ganzen oder eines Teiles des Verfahrens ausgeschlossen werden, wenn dies im Interesse der Moral, der öffentlichen Ordnung oder der nationalen Sicherheit in einer demokratischen Gesellschaft liegt, wenn die Interessen von Jugendlichen oder der Schutz des Privatlebens der Prozessparteien es verlangen oder – soweit das Gericht es für unbedingt erforderlich hält – wenn unter besonderen Umständen eine öffentliche Verhandlung die Interessen der Rechtspflege beeinträchtigen würde.

(2) Jede Person, die einer Straftat angeklagt ist, gilt bis zum gesetzlichen Beweis ihrer Schuld als unschuldig.

(3) Jede angeklagte Person hat mindestens folgende Rechte:
a) innerhalb möglichst kurzer Frist in einer ihr verständlichen Sprache in allen Einzelheiten über Art und Grund der gegen sie erhobenen Beschuldigung unterrichtet zu werden;
b) ausreichende Zeit und Gelegenheit zur Vorbereitung ihrer Verteidigung zu haben;
c) sich selbst zu verteidigen, sich durch einen Verteidiger ihrer Wahl verteidigen zu lassen oder, falls ihr die Mittel zur Bezahlung fehlen, unentgeltlich den Beistand eines Verteidigers zu erhalten, wenn dies im Interesse der Rechtspflege erforderlich ist;
d) Fragen an Belastungszeugen zu stellen oder stellen zu lassen und die Ladung und Vernehmung von Entlastungszeugen unter denselben Bedingungen zu erwirken, wie sie für Belastungszeugen gelten;
e) unentgeltliche Unterstützung durch einen Dolmetscher zu erhalten, wenn sie die Verhandlungssprache des Gerichts nicht versteht oder spricht.

Art. 13. Recht auf wirksame Beschwerde. Jede Person, die in ihren in dieser Konvention anerkannten Rechten und Freiheiten verletzt worden ist, hat das Recht, bei einer innerstaatlichen Instanz eine wirksame Beschwerde zu erheben, auch wenn die Verletzung von Personen begangen worden ist, die in amtlicher Eigenschaft gehandelt haben.

Art. 14. Diskriminierungsverbot. Der Genuss der in dieser Konvention anerkannten Rechte und Freiheiten ist ohne Diskriminierung insbesondere wegen des Geschlechts, der Rasse, der Hautfarbe, der Sprache, der Religion, der politischen oder sonstigen Anschauung, der nationalen oder sozialen Herkunft, der Zugehörigkeit zu einer nationalen Minderheit, des Vermögens, der Geburt oder eines sonstigen Status zu gewährleisten.

7. Gesetz zu dem Internationalen Pakt vom 19. Dezember 1966 über bürgerliche und politische Rechte

Vom 15. November 1973 (BGBl. II S. 1533)

Art. 1. Dem in New York am 9. Oktober 1968 von der Bundesrepublik Deutschland unterzeichneten Internationalen Pakt vom 19. Dezember 1966 über bürgerliche und politische Rechte wird mit folgender Maßgabe zugestimmt:
1. Artikel 19, 21 und 22 in Verbindung mit Artikel 2 Abs. 1 des Paktes werden in dem Artikel 16 der Konvention zum Schutze der Menschenrechte und Grundfreiheiten vom 4. November 1950 entsprechenden Rahmen angewandt.
2. Artikel 14 Abs. 3 Buchstabe d des Paktes wird derart angewandt, daß die persönliche Anwesenheit eines nicht auf freiem Fuß befindlichen Angeklagten zur Revisionshauptverhandlung in das Ermessen des Gerichts gestellt wird.
3. Artikel 14 Abs. 5 des Paktes wird derart angewandt, daß
   a) ein weiteres Rechtsmittel nicht in allen Fällen allein deshalb eröffnet werden muß, weil der Beschuldigte in der Rechtsmittelinstanz erstmals verurteilt worden ist, und
   b) bei Straftaten von geringer Schwere die Überprüfung eines nicht auf Freiheitsstrafe lautenden Urteils durch ein Gericht höherer Instanz nicht in allen Fällen ermöglicht werden muß.
4. Artikel 15 Abs. 1 des Paktes wird derart angewandt, daß im Falle einer Milderung der zur Zeit in Kraft befindlichen Strafvorschriften in bestimmten Ausnahmefällen das bisher geltende Recht auf Taten, die vor der Gesetzesänderung begangen wurden, anwendbar bleiben kann.

Der Pakt wird nachstehend veröffentlicht.

Art. 2. Dieses Gesetz gilt auch im Land Berlin, sofern das Land Berlin die Anwendung dieses Gesetzes feststellt.

Art. 3. (1) Dieses Gesetz tritt am Tage nach seiner Verkündung in Kraft.

(2) Der Tag, an dem der Pakt nach seinem Artikel 49 Abs. 1 für die Bundesrepublik Deutschland in Kraft tritt, ist im Bundesgesetzblatt bekanntzugeben.

8. Internationaler Pakt über bürgerliche und politische Rechte

– Auszug –

Art. 9. (1) Jedermann hat ein Recht auf persönliche Freiheit und Sicherheit. Niemand darf willkürlich festgenommen oder in Haft gehalten werden. Niemand darf seine Freiheit entzogen werden, es sei denn aus gesetzlich bestimmten Gründen und unter Beachtung des im Gesetz vorgeschriebenen Verfahrens.

(2) Jeder Festgenommene ist bei seiner Festnahme über die Gründe der Festnahme zu unterrichten und die gegen ihn erhobenen Beschuldigungen sind ihm unverzüglich mitzuteilen.

(3) Jeder, der unter dem Vorwurf einer strafbaren Handlung festgenommen worden ist oder in Haft gehalten wird, muß unverzüglich einem Richter oder einer anderen gesetzlich zur Ausübung richterlicher Funktionen ermächtigten Amtsperson vorgeführt werden und hat Anspruch auf ein Gerichtsverfahren innerhalb angemessener Frist oder auf Entlassung aus der Haft. Es darf nicht die allgemeine Regel sein, daß Personen, die eine gerichtliche Aburteilung erwarten, in Haft gehalten werden, doch kann die Freilassung davon abhängig gemacht werden, daß für das Erscheinen zur Hauptverhandlung und zu jeder anderen Verfahrenshandlung und gegebenenfalls zur Vollstreckung des Urteils Sicherheit geleistet wird.

(4) Jeder, dem seine Freiheit durch Festnahme oder Haft entzogen ist, hat das Recht, ein Verfahren vor einem Gericht zu beantragen, damit dieses unverzüglich über die Rechtmäßigkeit der Freiheitsentziehung entscheiden und seine Entlassung anordnen kann, falls die Freiheitsentziehung nicht rechtmäßig ist.

Anhang 8

Anhang. Bundesrechtliche Vorschriften

(5) Jeder, der unrechtmäßig festgenommen oder in Haft gehalten worden ist, hat einen Anspruch auf Entschädigung.

Art. 10. (1) Jeder, dem seine Freiheit entzogen ist, muß menschlich und mit Achtung vor der dem Menschen innewohnenden Würde behandelt werden.

(2) a) Beschuldigte sind, abgesehen von außergewöhnlichen Umständen, von Verurteilten getrennt unterzubringen und so zu behandeln, wie es ihrer Stellung als Nichtverurteilte entspricht;

b) jugendliche Beschuldigte sind von Erwachsenen zu trennen, und es hat so schnell wie möglich ein Urteil zu ergehen.

(3) Der Strafvollzug schließt eine Behandlung der Gefangenen ein, die vornehmlich auf ihre Besserung und gesellschaftliche Wiedereingliederung hinzielt. Jugendliche Straffällige sind von Erwachsenen zu trennen und ihrem Alter und ihrer Rechtsstellung entsprechend zu behandeln.

Art. 14. (1) Alle Menschen sind vor Gericht gleich. Jedermann hat Anspruch darauf, daß über eine gegen ihn erhobene strafrechtliche Anklage oder seine zivilrechtlichen Ansprüche und Verpflichtungen durch ein zuständiges, unabhängiges, unparteiisches und auf Gesetz beruhendes Gericht in billiger Weise und öffentlich verhandelt wird. Aus Gründen der Sittlichkeit, der öffentlichen Ordnung (ordre public) oder der nationalen Sicherheit in einer demokratischen Gesellschaft oder wenn es im Interesse des Privatlebens der Parteien erforderlich ist oder – soweit dies nach Auffassung des Gerichts unbedingt erforderlich ist – unter besonderen Umständen, in denen die Öffentlichkeit des Verfahrens die Interessen der Gerechtigkeit beeinträchtigen würde, können Presse und Öffentlichkeit während der ganzen oder eines Teils der Verhandlung ausgeschlossen werden; jedes Urteil in einer Straf- oder Zivilsache ist jedoch öffentlich zu verkünden, sofern nicht die Interessen Jugendlicher dem entgegenstehen oder das Verfahren Ehestreitigkeiten oder die Vormundschaft über Kinder betrifft.

(2) Jeder wegen einer strafbaren Handlung Angeklagte hat Anspruch darauf, bis zu dem im gesetzlichen Verfahren erbrachten Nachweis seiner Schuld als unschuldig zu gelten.

(3) Jeder wegen einer strafbaren Handlung Angeklagte hat in gleicher Weise im Verfahren Anspruch auf folgende Mindestgarantien:

a) Er ist unverzüglich und im einzelnen in einer ihm verständlichen Sprache über Art und Grund der gegen ihn erhobenen Anklage zu unterrichten;

b) er muß hinreichend Zeit und Gelegenheit zur Vorbereitung seiner Verteidigung und zum Verkehr mit einem Verteidiger seiner Wahl haben;

c) es muß ohne unangemessene Verzögerung ein Urteil gegen ihn ergehen;

d) er hat das Recht, bei der Verhandlung anwesend zu sein und sich selbst zu verteidigen oder durch einen Verteidiger seiner Wahl verteidigen zu lassen; falls er keinen Verteidiger hat, ist er über das Recht, einen Verteidiger in Anspruch zu nehmen, zu unterrichten; fehlen ihm die Mittel zur Bezahlung eines Verteidigers, so ist ihm ein Verteidiger unentgeltlich zu bestellen, wenn dies im Interesse der Rechtspflege erforderlich ist;

e) er darf Fragen an die Belastungszeugen stellen oder stellen lassen und das Erscheinen und die Vernehmung der Entlastungszeugen unter den für die Belastungszeugen geltenden Bedingungen erwirken;

f) er kann die unentgeltliche Beiziehung eines Dolmetschers verlangen, wenn er die Verhandlungssprache des Gerichts nicht versteht oder spricht;

g) er darf nicht gezwungen werden, gegen sich selbst als Zeuge auszusagen oder sich schuldig zu bekennen.

(4) Gegen Jugendliche ist das Verfahren in einer Weise zu führen, die ihrem Alter entspricht und ihre Wiedereingliederung in die Gesellschaft fördert.

(5) Jeder, der wegen einer strafbaren Handlung verurteilt worden ist, hat das Recht, das Urteil entsprechend dem Gesetz durch ein höheres Gericht nachprüfen zu lassen.

(6) Ist jemand wegen einer strafbaren Handlung rechtskräftig verurteilt und ist das Urteil später aufgehoben oder der Verurteilte begnadigt worden, weil eine neue oder eine neu bekannt gewordene Tatsache schlüssig beweist, daß ein Fehlurteil vorlag, so ist derjenige, der auf Grund eines solchen Urteils eine Strafe verbüßt hat, entsprechend dem Gesetz zu ent-

schädigen, sofern nicht nachgewiesen wird, daß das nicht rechtzeitige Bekanntwerden der betreffenden Tatsache ganz oder teilweise ihm zuzuschreiben ist.

(7) Niemand darf wegen einer strafbaren Handlung, wegen der er bereits nach dem Gesetz und dem Strafverfahrensrecht des jeweiligen Landes rechtskräftig verurteilt oder freigesprochen worden ist, erneut verfolgt oder bestraft werden.

Art. 26. Alle Menschen sind vor dem Gesetz gleich und haben ohne Diskriminierung Anspruch auf gleichen Schutz durch das Gesetz. In dieser Hinsicht hat das Gesetz jede Diskriminierung zu verbieten und allen Menschen gegen jede Diskriminierung, wie insbesondere wegen der Rasse, der Hautfarbe, des Geschlechts, der Sprache, der Religion, der politischen oder sonstigen Anschauung, der nationalen oder sozialen Herkunft, des Vermögens, der Geburt oder des sonstigen Status, gleichen und wirksamen Schutz zu gewährleisten.

Art. 27. In Staaten mit ethnischen, religiösen oder sprachlichen Minderheiten darf Angehörigen solcher Minderheiten nicht das Recht vorenthalten werden, gemeinsam mit anderen Angehörigen ihrer Gruppe ihr eigenes kulturelles Leben zu pflegen, ihre eigene Religion zu bekennen und auszuüben oder sich ihrer eigenen Sprache zu bedienen.

Sachregister

Fette Zahlen: §§ des GVG; magere Zahlen: Randnummern; EG: Einführungsgesetz zum GVG; Einl: Einleitung

Abänderungsklage 23 a 59; **23 b** 40
Abgabe von Gericht zu Gericht 14 19
Abgaben 13 112
Abgeordnete Richter 115 7 ff.
– Abstimmung **192** 2
– Beratung **192** 2
– Unterschrift **195** 10
Abgeordneter Richter 22 11, 15; **59** 19
Abhörmaßnahmen 74 a 8 a
Abkauf des Rechtsschutzes Einl. 205
Ablehnung, gesetzlicher Richter **16** 19, 33, 63
Ablichtung EG 23 101
Abordnung 1 144
Abschiebehaft 13 59
Abschleppunternehmen 13 301, 319, 427
Abschöpfung 13 302
Abschriften 12 16
– vgl. Akteneinsicht, Urteilsabschriften
Absprachen im Strafprozess Einl. 224
Abstammungsverfahren 23 a 4
Abstimmung
– abgeordnete Richter **192** 2
– absolute Mehrheit **196** 1
– Abstimmungsergebnis **194** 4
– abweichende Ansicht **193** 5
– aktive Richter **192** 2
– Berichterstatter **197** 2
– Dienstalter **197** 4
– dissenting vote vgl. Abweichende Ansicht
– ehrenamtliche Richter **197** 3
– endgültig **194** 5
– Ergebnis **194** 4
– erneute **194** 5
– Form **194** 4
– Fragenstellung **194** 3
– Losentscheid **197** 3
– Mehrheit **196** 1
– Meinungsverschiedenheiten **194** 6
– offene Abstimmung **194** 4
– Pflicht **194** 2
– Reihenfolge **197**
– Ruhestand **192** 2; **195** 10
– Sammlung der Stimmen **194** 4
– Schuldfrage **196** 3
– Stimmenthaltung **194** 4
– Straffrage **196** 5
– Summen **196** 2
– telefonisch **193** 3; **194** 4
– überstimmter Richter **195** 1
– Umlaufbeschluss **193** 3

– Verhinderung **194** 2
– Weigerung der Teilnahme **195** 2
– Widerruf **194** 5
– wissenschaftliche Meinung **193** 11; **195** 3
– Zeitpunkt **196** 2
– vgl. Beratung, Beratungsgeheimnis, Urteilsgründe
Abtretung 13 84, 117, 120, 175
– Rechtsweg **13** 84, 117
Abwasserbeseitigung 13 303
Abwehrklage 13 304
Abweichende Ansicht 193 5
Abweichende Rechtsansicht vgl. Divergenz
Abwerbung 13 305
Act-of-state-Doktrin Einl. 35
Adhäsionsverfahren 23 12
Adressierung 16 104
Änderungen des Verfahrensrechts EG 1 4
Akten, Behörden
– Beschlagnahme **Einl.** 171; **156** 61
– Einsicht **Einl.** 171
– Geheimhaltung **Einl.** 171
– Nachprüfung der Geheimhaltung **Einl.** 172
– vgl. Sperrerklärung
Akten der Kripo EG 23 104
Akten, Geheimhaltung Einl. 171
Akten, Gericht
– Abschriften **12** 118
– Akten der Gerichtsverwaltung **12** 10
– durch andere Gerichte **12** 112
– Anfechtung der Entscheidung über **12** 109 ff.
– Behörden **12** 112
– berechtigtes Interesse **12** 115
– Dritte **12** 110
– Einsicht **12** 108 ff.
– Geheimhaltungsbedürfnis **12** 116
– auf der Geschäftsstelle **12** 117
– informationelle Selbstbestimmung **12** 108
– öffentliche Register **12** 122
– Verlust **12** 121
– Versendung **12** 117
Akteneinsicht 12 111 ff.; **13** 119
– Mitteilung **168**
– Rechtshilfe **156** 27; **158** 60
Aktenführung EG 23 103
Aktenkenntnis, Beratung **194** 8
Aktenvorlage 168
Akzessorischer Verwaltungsakt 13 97
Allgemeine Regeln des Völkerrechts 20 2
Altenteil 23 35

1339

Sachregister

Fette Zahlen = §§, magere Zahlen = Randnummern

Alternative Streiterledigung 16 78
Amnestie, Gewaltenteilung **1** 102
Amtliche Erklärungen, Gerichtssprache **184** 11
Amtsanwaltschaft 142 9 ff.
Amtsblatt, Wettbewerb **13** 498
Amtsenthebung 1 143
Amtsgericht 22
– Errichtung **22** 1
– familienrechtliche Sachen **23 a; 23 b; 27** 15
– Grundbuchsachen **27** 12
– Hinterlegung **27** 17
– Internationaler Rechtsverkehr **27** 28
– Jugendsachen **27** 26
– Kostensachen **27** 7
– Landwirtschaftssachen **27** 20
– Notgericht **27** 33
– Ordnungswidrigkeiten **24** 30
– Personenstandssachen **27** 15
– Präsidium **22 a**
– Strafgewalt **24** 24
– Vertretung **22 b**
– Zuständigkeit allgemein **27**
– Zuständigkeit freiwillige Gerichtsbarkeit **27** 10
– Zuständigkeit in Zivilsachen **23**
– Zuständigkeit Strafsachen **24**
– Zuständigkeit Zivilsachen **23; 23 a**
– vgl. Familiengericht
Amtshaftung 13 46, 102, 130; **EG 11**
Amtshilfe
– Abgabe **158** 23
– Ablehnung **158** 48 ff.; **159** 20
– Akteneinsicht **156** 27; **158** 60
– Anfechtbarkeit **EG 23** 105
– Ausland vgl. Auslandstätigkeit
– Begriff **156** 4, 51
– Beschlagnahme **156** 61
– EG **156** 69
– Ersuchen an Gerichte **156** 2, 21, 51
– Ersuchen an Verwaltungsbehörden **156** 59
– Ersuchen von Verwaltungsbehörde **156** 21, 51
– Geheimhaltung **156** 60; **158** 53, 61
– an Gerichte **156** 64
– NATO **156** 62
– parlamentarischer Untersuchungsausschuss **Einl.** 175
– Schiedsgerichte **156** 62
– Vertraulichkeit **156** 60
– Zeugenvernehmung **157** 13
Amtsimmunität vgl. Immunität
Amtspflichtverletzung 13 102, 121
Amtstracht 1 71
– Sitzungspolizei **176** 19
Amtsvormundschaft 13 306
Anbauvertrag 13 307
Anerkennung
– ausländischer Ehescheidungen **EG 23** 58
– freier Ehen **EG 23** 107
– der Vaterschaft **23 a** 8, 10
Anfechtung
– der Ehelichkeit **23 a** 9
– des Vaterschaftsanerkenntnisses **23 a** 10
Anklageerhebung, Anfechtbarkeit **EG 23** 37, 109
Anklagemonopol 141 10
Anklageschrift
– Veröffentlichung **141** 28
– Veröffentlichungsverbot **16** 68
Anlandung vgl. Neuland
Anliegerbeitrag 13 308
Anonyme Eingaben 12 131
Anonymisierung 195 12
– gerichtliche Entscheidungen **12** 126
Ansehen, Justiz **1** 3
Anwaltsgerichtshof 13 308 a
Anwaltshonorar 23 a 22, 59; **23 b** 37, 102
Anwaltszwang 16 101; **23 b** 102
Anweisung, behördliche **13** 309
Anweisung, dienstliche, Anfechtbarkeit **EG 23** 29
Apotheker 13 137, 310
Arbeitgeber 13 157
Arbeitgeberzuschuss 13 311
Arbeitnehmer 13 145 ff.
Arbeitnehmerähnlich 13 152
Arbeitsbescheinigung 13 161
Arbeitsgerichte
– Geschichte **13** 5
– Rechtsweg **13** 141
Arbeitskampf 13 143
Arbeitslohn vgl. Lohnansprüche
Arbeitspapiere 13 161
Arbeitsplatzdarlehen 13 312
Arbeitsverhältnis, Rechtsweg **13** 144, 159
Arrest 23 a 60; **23 b** 46
– Schadensersatz **13** 87, 121
Art. 19 Abs. 4 GG EG 23 8
– vgl. Grundgesetz
Art und Weise als Gegenstand der Anfechtung **EG 23** 35
Arzneimittel 13 313
Arzt 13 314
Arzthaftung 13 315
Aspirantenvertrag 13 316
Atomschäden 13 317
Auffangspruchkörper 21 e 156; **60** 16; **74** 13; **78**
Aufgebotsverfahren 23 36
Aufklärung, unterlassene **13** 318
Aufklärungspflicht des Gerichts Einl. 216
Aufopferung 13 106
Aufrechnung 13 72 ff.; **17** 52
Aufsichtführender Richter 21 h 1
Aufstehen, Sitzungspolizei **176** 21
Auftrag 13 90
Auftragsvergabe, öffentlich-rechtliche Bindungen **13** 319

EG = Einführungsgesetz, Einl. = Einleitung **Sachregister**

Aufzeichnung
– Öffentlichkeit **169** 67
– Sitzungspolizei **176** 25, 31
– vgl. Mitschreiben
Augenscheinseinnahme 22 27
Ausbildung 13 150, 320
Ausbildungsbeihilfe 13 150, 320
Ausbildungskosten 13 320
Ausfuhrvergütung 13 321
Ausgleichsanspruch 13 92
Auskunft 13 119
– Rechtshilfe **156** 27
– StA **141** 28
Auskunft, behördliche
– Anfechtbarkeit EG **23** 109
– über dienstliche Mitteilungen EG **21**
Auskunftei 13 322
Auskunftsanspruch 23 a 16, 59; **23 b** 39, 78
Auskunftsklage 13 323
Auskunftspflicht, Richter **1** 82
Ausländer
– gesetzlicher Richter **16** 119
– Gleichbehandlung Einl. 232
– Prozesskosten Einl. 233
Ausländische Entscheidungen vgl. Vollstreckbarerklärung
Ausländische Gerichte Einl. 33, 34
Ausländische Urteile Einl. 35
Ausländisches Recht 119 25 ff.
Auslandstätigkeit 1 74; **22** 32; **156** 63 ff.
– Beweisaufnahme **1** 100
– Dienstaufsicht **1** 74
Auslegungsbedürftige Begriffe 16 8 a
Auslieferung Einl. 29; **13** 210
– AG **27** 28
– Anfechtbarkeit EG **23** 60, 111
– Rechtshilfe **156**
– vgl. Internationale Gerichte
Auslobung 13 324
Ausnahmegericht
– Begriff **16** 13
– besondere Sachgebiete **16** 16
– Gesetzesvorbehalt **16** 17
– Spezialspruchkörper **16** 19
– Verbot **16** 13
– vgl. Gesetzlicher Richter
Aussagegenehmigung Einl. 171, 172
– Justizverwaltungsakt EG **23** 112
Ausscheiden aus dem Amt 192 2
Ausschließung der Öffentlichkeit
– Anfechtbarkeit **174** 18
– Ermessen **172** 2
– Geheimhaltung **174** 21 ff.
– durch Gerichtsbeschluss **171 a; 171 b; 172**
– kraft Gesetzes **170**
– Nachprüfung **172** 14 ff.
– Nichtausschließung **169** 59; **172** 18
– kein Recht darauf **169** 19, 58
– teilweise **172** 4 ff.
– Verfahren **174**

– Verhältnismäßigkeit **172** 24; **176** 14
– Würde des Gerichts **176** 2
Ausschluss des Rechtswegs 13 211 ff.
Außergerichtliche Einigung Einl. 133, 136
Außerordentliche Beschwerde Einl. 220
Aussetzung, Rechtswegstreitigkeit **17** 34
Auswärtige Beziehungen 1 74; **22** 32; **156** 63
Auswärtige Senate, BGH **130** 4
Auswärtige Spruchkörper Einl. 21; **13 a; 59** 1; **78**
– OLG **116** 15
– Rechtsschutz gegen Zuteilung **1** 183
– Zuteilung der Richter **1** 145, 183; **21 e** 53, 84
Ausweiskontrolle 169 39

Bagatellen Einl. 138, 151
– Strafsachen Einl. 138
– Zivilprozesse Einl. 135
Bagatellsachen 23 9; **72** 8
Bahn vgl. Deutsche Bahn AG
Bahnhofsverbot 13 367
Baulandsachen, OLG **116** 4
Baulast 13 324 a
Baunachfolgelast 13 325, 353
Beamte 13 326
– nicht Arbeitnehmer **13** 155
– Aussagegenehmigung zur Rechtswahrung Einl. 223
Beamtenhaftung 71 9; EG **11**
Beauftragter Richter 1 108; **21 g** 43; **75** 14; **156** 46
– Sitzungspolizei **180**
Beeidigung
– vgl. Eid
– vgl. Vereidigung
Beeinflussung, Richter **16** 67 ff.
Beerdigung vgl. Friedhöfe
Befangenheit, StA **145** 6
Beförderungssperre 59 4; **115** 6
Befreiung von der Gerichtsbarkeit vgl. Immunität
Befristung, gesetzlicher Richter **16** 102
Begräbnis 13 193
Begründung vgl. Entscheidungsbegründung
Begründungspflicht 16 91
Behörden
– Amtshilfe an Gerichte **156** 64
– Ersuchen an Gerichte **156** 2, 21, 51
Behördeninterner Vorgang, Anfechtbarkeit EG **23** 29
Behördliche Hilfstätigkeit 156 2
Beiordnung eines Richters vgl. Hilfsrichter
Beistand 13 326 a, 375
– Gerichtssprache **185** 1
Beitragsstreitigkeiten 13 131
Belieferung vgl. Leistungserbringungsverträge

1341

Sachregister

Fette Zahlen = §§, magere Zahlen = Randnummern

Benutzung 13 95
Beratung
- abgeordnete Richter **192** 2
- Aktenkenntnis **194** 8
- aktive Richter **192** 2
- Ausscheiden aus dem Amt **192** 2
- Auszubildende **193** 22
- Begriff **193** 1
- Beratungsgeheimnis **193** 4 ff.
- Beratungszimmer **193** 29
- Dauer **194** 7
- Dritte **193** 23
- Einzelrichter **193** 32
- Ergänzungsrichter **192** 6, 17; **193** 25; **194** 2
- erkennbare **193** 2, 29
- Fragenstellung **194** 3
- gesetzliche Richterzahl **192** 2
- Hospitanten **193** 24
- kollegiales Gespräch **193** 21, 32
- kurze Verständigung **193** 29
- Leitung **194** 1
- Notwendigkeit **194** 1
- Ort **193** 29; **194** 1
- Protokoll **193** 29
- Protokollführer **193** 27
- Referendar **193** 22
- Ruhestand, Richter **192** 2; **195** 10
- Sitzungssaal **193** 29
- Staatsanwalt **193** 26
- Student **193** 22
- Teilnahme **193** 22
- Teilnahmepflicht **194** 2
- telefonisch **193** 3
- Umlaufverfahren **193** 3
- Verletzung der Vorschriften **193** 30
- Verständigung **193** 29
- Verstoß **193** 30
- weitere Personen **193** 23
- wissenschaftliche Mitarbeiter **193** 24
- Zeitpunkt **194** 1
- Zeugen **193** 20
- Zwischenberatung **193** 29
- vgl. Abstimmung

Beratungsgeheimnis 193 4 ff.
- Präsidium **21 e** 22

Beratungshilfe Einl. 196, 224
Bereicherung vgl. Ungerechtfertigte Bereicherung
Bereitschaftsdienst 21 e 136; **22 c; 60** 15
- vgl. Eildienst

Bergrechtliche Zwangsabtretung 13 327
Berichterstatter 21 g 41
- Abstimmung **197** 2

Berichtspflicht 1 81
Berlin Einl. 49
- Geltung GVG **EG 1** 13

Berufsausbildung vgl. Ausbildung
Berufsgenossenschaft 13 328
Berufsgerichte Einl. 163; **14** 16
Berufsrichter 1 29

Berufung
- Auslandswohnsitz, ausländisches Recht **119** 25 ff.
- Experimentierklausel **119** 40 ff.
- FamS **119** 8
- LG-Sachen **119** 21
- OLG-Zuständigkeit **119**
- Reform **Einl.** 132
- Strafsachen **76** 14
- Zivilsachen **72**

Berufungsinstanz, LG 72
Berufungssumme 72 7 f.
Besatzungsrecht Einl. 41, 42, 48
- Immunität **20** 20
- richterliche Nachprüfung **1** 125

Besatzungsschäden vgl. Stationierungsschäden
Beschaffungsvertrag, Rechtsnatur **13** 62, 140

Beschlagnahme
- Behördenakten **Einl.** 171
- Justizverwaltungsakt **EG 23** 34

Beschleunigtes Verfahren 24 27
Beschleunigung
- Rechtsweg **17** 1, 2
- vgl. Verfahrensbeschleunigung

Beschleunigungsgebot, gesetzlicher Richter **16** 82 ff.
Beschlussverfahren, arbeitsrechtliches **13** 174 ff.

Beschwerde
- Auslandswohnsitz, ausländisches Recht **119** 25 ff.
- Experimentierklausel **119** 40 ff.
- FamS **119** 17
- OLG Strafsachen **121** 8
- OLG Zivilsachen **119** 24

Beschwerdeinstanz, LG 72; 76 17
Besetzung 115
- der Richterämter **1** 37
- der Richterstellen **22** 9

Besetzungsrüge 16 60; **21 e** 120
Besondere Bedeutung des Falles 24 10
- StA **142 a** 9

Besonderes Gericht 16 16
Besseres Gericht 16 58; **29** 7
Bestattung vgl. Friedhöfe
Betreuungsbehörden Einl. 74
Betriebsgeheimnis, Öffentlichkeit **172** 38, 40
Betriebsjustiz 16 74
Betriebsübergang 13 178
Beurkundung, AG 27 14
BeurkundungsG Einl. 93
Beurteilung vgl. Dienstliche Beurteilung
Bevorzugte Bewerber
- Auftragsvergabe **13** 319, 497
- Wettbewerb **13** 497

Bewährungshilfe Einl. 72
Bewegliche Zuständigkeit 24 11; **142** 3, 10
- gesetzlicher Richter **16** 22

EG = Einführungsgesetz, Einl. = Einleitung

Sachregister

Beweisaufnahme, Dienstaufsicht **1** 74
Bezirksnotar Einl. 70
Bezirksgericht, Divergenz **121** 11
Bindung
– der Gerichte **13** 41
– an Vorabentscheidungen **13** 20
– vgl. Vorfrage
Bindung an Gesetz und Recht Einl. 211
Binnenschifffahrtssachen 14 5
Blind
– Richter allgemein **16** 46
– Schöffe **31** 12; **33** 5
– Verständigung **186** 8
– Zugänglichmachung von Dokumenten **191 a**
Blinder Richter 16 65
Blutentnahme 13 427
Bodenreform 13 330
Bodenschätze 13 331
Bolzplatz, Immissionen **13** 370
Briefannahmestelle, gemeinsame **16** 103
Briefannahmestelle, gemeinsame **153** 5
Bürgerliche Rechtsstreitigkeiten
– Begriff **13** 9 ff.
– Gleichordnung **13** 11 ff.
– rechtsprechende Gewalt **Einl.** 148
– Rechtsweg **13** 8
– wirkungsvoller Rechtsschutz **Einl.** 200
Bürgschaft 13 84, 99, 115, 332
– Konkurs **13** 391
Bürotechnik, Anwendung durch Richter
– allgemein **1** 77, 155
– in Beurteilung **1** 75, 97
Bundesanstalt für Arbeit 13 333
Bundesbahn vgl. Deutsche Bahn AG
Bundesgerichtshof
– auswärtige Senate **130** 4
– Beschwerden **133** 15; **135** 5 ff.
– Besetzung **124; 139**
– bürgerliche Rechtsstreitigkeiten **133**
– Bundesrichter **125**
– detachierte Senate vgl. Auswärtige Senate
– Ermittlungsrichter **130**
– Geschäftsordnung **140**
– Großer Senat **132**
– Mitglieder **125**
– Senate **130**
– Sitz **123**
– Spezialsenate **130**
– Strafsachen **135**
– Strafsenate **130**
– Vereinigte Große Senate **132**
– weitere Richter **124** 3
– wissenschaftliche Mitarbeiter **124** 3
– Zahl der Senate **130** 1
– Zivilsachen **133**
– Zivilsenate **130**
Bundesoberseeamt 14 9
Bundespatentgericht 12 8; **14** 14
Bundespost vgl. Post

Bundesrechnungshof 12 15
Bundesregierung, Mitglieder nicht Schöffen **34** 3
Bundesschuldenverwaltung 13 335
Bundesverfassungsgericht 12 17 ff.
– Abgrenzung zum EuGH **12** 59 ff.
– einstweilige Anordnung **12** 41
– Richtervorlage **12** 18
– Verfassungsbeschwerde **12** 33 ff.
– Verfassungswidrige Gesetze **12** 18
– Vorlage nach Art. 100 GG **12** 18
Bundeswehr 13 336
Bundeszentralregister 141 14; **EG 23** 113
Bußgeldverfahren 27 25
– Dolmetscherkosten **185** 20

Chancengleichheit vgl. Sozialstaatsgebot, Waffengleichheit
Computerprogramm 13 167
Contempt of Court 1 109, 188; **16** 68
Culpa in contrahendo 13 68

Daseinsvorsorge 13 94
Daten
– Begriff **EG 12** 4, 10
– Verbindung **EG 18** 1
– Vernichtung **EG 19** 4; **EG 20** 4
– vgl. Personenbezogene Daten, Weitergabe von Daten
Datenschutz Einl. 189; **12** 108, 115
Dauer des Verfahrens
– gesetzlicher Richter **16** 37, 82 ff.
– vgl. Verfahrensdauer
DDR, ehemalige **33** 9
„Deal" vgl. Absprachen
Defektenverfahren 13 155
– vgl. Erstattung
Dekonzentration 78 1
Detachierte Senate vgl. Auswärtige Senate
Detachierte Spruchkörper vgl. Auswärtige Spruchkörper
Detektive Einl. 75
Deutsch, Gerichtssprache **184** 1
Deutsche Bahn AG 13 336 a
Dienstältester Richter 132 12
Dienstältestes Mitglied 132 12
Dienstalter 21 f 10; **21 h** 5, 6
– Abstimmung **197** 4
– Großer Senat **132** 12
Dienstaufsicht Einl. 38; **22** 37 ff.
– äußere Form **1** 55
– äußere Ordnung **1** 56
– Begriff **1** 43 ff.
– Beobachtungsfunktion **1** 62, 99
– Geschäftsverteilung **21 e** 20, 122, 125
– Grenzen **1** 53 ff.
– Justizverwaltung **1** 87
– Kernbereich **1** 53
– Maßnahmen **1** 165 ff.
– Organe **1** 45

1343

Sachregister Fette Zahlen = §§, magere Zahlen = Randnummern

- Präsidium **1** 84, 147, 181, 182
- Rechtsschutz **1** 164
- Sitzungspolizei **176** 36
- StA **147** 28

Dienstaufsichtsbeschwerde 12 129 ff.
- Anfechtung des Bescheides **EG 23** 114
- gegen Richter **1** 99

Dienstbereitschaft, ständige vgl. Eildienst
Dienstfreie Tage 22 c 2
Dienstgericht für Richter **1** 170 ff.
Dienstliche Beurteilung
- Leistungsprinzip **1** 89
- als Maßnahme der Dienstaufsicht **1** 93, 165
- Rechtsschutz **1** 177
- über Richter **1** 91 ff.

Dienstliche Erklärung, Dienstaufsicht **1** 73
Dienstordnungsangestellte 13 155, 337
Diensträume 12 101
- vgl. Hausrecht

Dienstreiseanordnung 22 31
Dienststunden 22 33
- Richter **22** 36
- vgl. Richter

Dienstvergehen, Richter vgl. Disziplinarverfahren
Dienstwohnung 13 159, 182, 326; **23** 16
Diplomatische Vorrechte vgl. Immunität
Discovery-Verfahren Einl. 34
Dissenting vote 1 140
- vgl. Abweichende Ansicht

Disziplinargericht 14 16
Disziplinarmaßnahmen
- Anfechtbarkeit **EG 23** 115
- rechtsprechende Gewalt **Einl.** 152

Disziplinarverfahren gegen Richter **1** 51, 171, 200
Divergenz 132 3, 5, 15 ff.
- Vorlagepflicht **121** 10

Doktoranden 13 155
Dolmetscher
- Ablehnung **191**
- allgemeine Beeidigung **189** 5
- Anspruch darauf **185** 5
- Aufgabe **185** 1, 10
- Ausschließung **191**
- Auswahl **185** 8
- Begriff **185** 1
- Eid **189**
- Entschädigung **189** 10
- Ermessen bei Zuziehung **185** 6
- Fernbleiben **189** 11
- Gehilfe des Gerichts **185** 17
- Hörbehinderung **186, 187**
- Kosten **184** 18; **185** 2, 19; **186** 12; **187** 7
- Nacheid **189** 3
- Nichterscheinen **189** 11
- Pflichtverletzung **189** 9
- Protokoll **185** 13
- Prozesstaktik **185** 4
- Revisionsgrund **189** 7

- Richter **190** 1
- Rügeverzicht vgl. Verzicht
- Sachverständiger **185** 1, 17; **189** 12
- Schriftstück **185** 17
- Sprachbehinderung **186, 187**
- Sprachsachverständiger **185** 1
- Stumme **186**
- Taubheit **186**
- Taubstumme **186**
- teilweise Zuziehung **185** 5
- unterlassene Zuziehung **189** 7
- Urkunde **185** 17
- Urkundsbeamter **190**
- Vereidigung **189** 3, 5
- außerhalb der Verhandlung **184** 19; **185** 20; **187**
- Verhandlung **185** 2, 9
- Verstoß gegen Zuziehung **185** 24, 25
- Verwandte **191** 1
- Verzicht **185** 7; **189** 7
- Zuziehung, Pflicht **185** 5
- Zuziehung, Tatfrage **185** 3
- Zuziehung, teilweise **185** 6
- vgl. Gerichtssprache

Doppelamt vgl. Weiteres Richteramt
Doppelcharakter, Rechtsweg **13** 70, 96, 140
Doppelernennung vgl. Weiteres Richteramt
Doppelrelevanz
- Rechtsweg **17** 18, 348
- sic-non **17** 21

Doppelstaater Einl. 36
Doppelvorlage, Haushalt **22** 21
Dozenten 13 146, 210
Dreigliedriger Gerichtsaufbau 23 10; **23 b** 3
Dreistufigkeit Einl. 121, 126, 138
Dritte, Äußerungen gegenüber **1** 49, 167
Drittschuldner 13 338
Drittwiderspruchsklage 13 87, 116; **23 a** 41, 61; **23 b** 41
Duldungsbescheid 13 339
Durchgriffshaftung 13 48, 84, 131, 157, 177, 340
Durchsuchung 13 87, 120, 341
- Anfechtbarkeit **EG 23** 34, 117
- Sitzungspolizei **176** 17

Durchsuchung der Wohnung, Zwangsvollstreckung **27** 27
Effektivität Einl. 201, 229
Effektivität des Rechtsschutzes, gesetzlicher Richter **16** 79 ff.
EG, Amtshilfe 156 69
Ehefähigkeitszeugnis, Anfechtbarkeit **EG 23** 118
Eheherstellungsklage 23 a 35
Eheliches Güterrecht 23 a 40 ff.; **23 b** 81
Ehelichkeitsanfechtung 23 a 9
Ehenamen 23 a 35
Ehesachen 23 a 29 ff.; **23 b** 50
Ehestörung 23 a 35

EG = Einführungsgesetz, Einl. = Einleitung

Sachregister

Ehewohnung 23 b 79
Ehrenamtliche Richter 1 30; **16** 21, 30, 40, 59
– Abstimmung **195; 196**
– Amtsperiode **EG 6**
– Beratung **192** 1
– Inkrafttreten von Regelungen **EG 6**
– persönliche Unabhängigkeit **1** 150
– Rechtsbeugung **1** 199
– sachliche Unabhängigkeit **1** 41
– Spruchrichterprivileg **1** 194
– traditionell **Einl.** 168
– vgl. Handelsrichter, Schöffen
Ehrengericht Einl. 163; **14** 16
Ehrverletzung 13 161, 363, 426, 499
– Gerichtsurteil **1** 195
– durch Richter **1** 195
– vgl. Widerruf
Eid
– Gerichtssprache **186**
– vgl. Vereidigung
Eidesstattliche Versicherung 13 87
Eigene Sachkunde, Richter **114**
Eigentum 13 342
Eildienst 16 81; **21 e** 136; **22** 34; **60** 15
Eilsachen, gesetzlicher Richter **16** 80
Einflussnahme auf Richter 1 39; **16** 68
– Präsidium **1** 181
– vgl. Dienstaufsicht
Einflussnahme auf Verfahren
– Öffentlichkeit **169** 15
– Sitzungspolizei **176** 26
Einfuhr- und Vorratsstelle 13 13, 406
– vgl. Marktregelung
Eingaben
– anonyme **12** 131
– beleidigende **12** 131
– Gerichtssprache **184** 5
– querulatorische **12** 133
– wiederholte **12** 133
Einheitliches Gerichtsverfassungsrecht EG 2 19
Einheitliches Rechtspflegegebiet Einl. 40, 232; **12** 5; **160** 1; **162** 1
Einheitlichkeit der Rechtsprechung 121 13; **132** 1, 13, 16; **133** 8
Einigung Einl. 133
Einigungsstelle 16 78
– Honorar **13** 180
Einigungsvertrag Einl. 43
Einlasskarte, Sitzungspolizei **176** 16
Einlasskarten 169 22, 35
Einstellung des Verfahrens, Anfechtbarkeit **EG 23** 32, 119
Einstweilige Anordnung EG 23 68
Einstweilige Verfügung, Schadensersatz **13** 86
Einstweiliger Rechtsschutz, Schadensersatz **13** 343
Einzelrichter Einl. 80; **21 e** 135; **21 g** 45;
75 8ff.; **78 a** 3; **122** 3f.
– AG **22** 4, 5
– gesetzlicher Richter **16** 48
– Unabhängigkeit **1** 108
– vorbereitender **21 g** 46
– vgl. Strafrichter am Amtsgericht
Einzelrichter BGH 139 1
Elektrizitätsversorgung 13 344
– vgl. Straßen- und Wegerecht
Elektronischer Schriftsatz 16 113
Elterliche Sorge 23 a 11; **23 b** 51ff.
Eltern-Kind-Verhältnis 23 a 4
Emminger-Reform Einl. 80; **74 a** 1; **75** 4
Energieversorgung 13 13
– vgl. Straßenbaulast
Enquete-Kommission Einl. 182
Enteignung 13 105, 345
Entführung, Gewaltenteilung **1** 100
Entgegennahme von Schriftstücken 153 4
Entlastung Einl. 79
Entlastung der Richter 153 1
Entschädigung, Strafverfolgung, Anfechtbarkeit **EG 23** 120
Entschädigungsgerichte 21 e 88
Entscheidung
– Bekanntgabe **192** 5
– Dauer **16** 82
– Durchsetzbarkeit **16** 79, 95
– Mitwirkung **192** 3
– Richterwechsel **192** 8, 18
– Unterschrift **192** 5; **195** 6ff.
Entscheidung der Zuständigkeit 13 39, 93
Entscheidung, gerichtliche
– Abschrift **12** 65
– Begründungspflicht **16** 69
– Dauer **16** 63, 69
– Dienstaufsicht **1** 63
– Frist **16** 63, 69
– Kritik **Einl.** 139; **1** 103
– Mitwirkung **192** 2ff.
– rechtliches Gehör **Einl.** 167
– Richterwechsel **192** 8, 18
– Unabhängigkeit **1** 63
– Unterschrift **195** 6ff.
– Verkündung **173**
– Veröffentlichung **12** 69ff., 125
Entscheidungsbegründung
– Abstimmung **195** 5
– abweichende Ansicht **1** 140; **193** 5
– Begründungspflicht **16** 69
– Beratung **195** 5
– Dienstaufsicht **1** 63
– dissenting vote **1** 140; **193** 5
– Entwurf **195** 4
– Frist **1** 64; **16** 63, 69
– Mehrheitsmeinung **195** 3, 5
– rechtliches Gehör **Einl.** 218
– Unterschrift **195** 6ff.
Entscheidungserheblich 121 22; **132** 16, 21; **138** 3

1345

Sachregister

Fette Zahlen = §§, magere Zahlen = Randnummern

Entscheidungsfreiheit **1** 39 ff.
Entscheidungsgründe **Einl.** 218
– Dauer **16** 91
Entscheidungspflicht **16** 94
Entscheidungssammlung, gerichtliche, Einsicht **EG 23** 121
Entscheidungszwang **Einl.** 213; **1** 138; **132** 37
Entsorgung **13** 345 a
Entwicklungshelfer **13** 165
Entziehung des gesetzlichen Richters
– Begriff **16** 20 ff., 50
– Besetzungsrüge **16** 60
– Folgen **16** 50
– Manipulationsverbot **16** 22
– subjektives Recht verletzt **16** 24
– Verbot **16** 21 ff.
– Willkür **16** 52 ff.
– Wirkung **16** 50
– vgl. Gesetzlicher Richter
Erbfolge **13** 84, 176
Erfindungsgeheimnis, Öffentlichkeit **172** 38, 42
Ergänzungsrichter **21 e** 139
– Anwesenheit **192** 16
– Beratung **192** 6, 17; **194** 2
– Eintritt **192** 18
– Fragerecht **192** 17
– Präsidium **192** 12
– Vorsorgemaßnahme **192** 8
– Zuziehung **1** 77; **192** 10 ff.
Ergänzungsschöffen **47**; **48**
Erheblichkeit vgl. Entscheidungserheblich
Erkennungsdienst **EG 23** 122
Erlass, Rechtsweg **13** 92
Erledigter Justizverwaltungsakt
vgl. Fortsetzungsfeststellungsinteresse
Erledigungszahlen, Dienstaufsicht **1** 66, 96
Ermahnung **1** 48
Ermittlungsrichter **21 e** 134
– Beschwerden **135** 10
– BGH **130**
Ermittlungsrichter OLG **116** 19; **119** 10
Ermittlungsverfahren, Anfechtbarkeit **EG 23** 32
Erreichbarkeit, gesetzlicher Richter **16** 80
Ersatzschule vgl. Schulwesen
Erschließungskosten **13** 346
Erschwerung, Zugang zum gesetzlichen Richter **16** 98, 99
Erstattung **13** 92, 347
– Finanzgerichte **13** 113
– Sozialgerichte **13** 126
Ersuchter Richter **75** 14
Erweitertes Schöffengericht **29**
Erzwingungshaft **13** 109
EuGH, Vorlagepflicht **16** 42
Eurocontrol **12** 68
Europäische Gemeinschaft **12** 48
– Grundrechte **Einl.** 36

Europäische Gerichtshöfe für
– EFTA **12** 67
– Euratom **12** 64
– Kohle und Stahl **12** 64
– Menschenrechte **12** 65
– Staatenimmunität **12** 66
Europäischer Gerichtshof **12** 50
– Grundrechtsschutz **12** 61
– polizeiliche Zusammenarbeit **12** 63
– Verhältnis zum BVerfG **12** 59
– Vorabentscheidung **12** 53
– Vorlagepflicht **12** 54 ff.
– Vorlagepflicht OLG **121** 11 a
– Zuständigkeit **12** 12, 51
Europäisches Recht, Vorrang **12** 49
Europäisches Übereinkommen/Staaten-Immunität **20** 18
Europol **20** 19
Exekutive
– Einwirkung auf Richter **1** 100
– vgl. Gewaltenteilung
Exemtion vgl. Immunität
Exterritorialität vgl. Immunität, Internationaler Strafgerichtshof

Fahndungsmaßnahme **EG 23** 123
Fair trial **1** 109
Faires Verfahren **Einl.** 221 ff.
– Absprache **Einl.** 224
– Beamter, Aussage **Einl.** 223
– Ehrenschutzklage (Verteidigung) **Einl.** 222
– gesetzlicher Richter **16** 69
– Interessenwahrung im Prozess **Einl.** 221
– Klima des Verfahrens **Einl.** 227
– Objekt, Einzelner nicht **Einl.** 222
– Öffentlichkeit **169** 15
– Prozessvortrag **Einl.** 222
– Rechtsanwalt, Zuziehung **Einl.** 225
– richterliche „Hilfe" **Einl.** 227
– Sammelbegriff **Einl.** 221
– Tribunal **Einl.** 227
– Waffengleichheit **Einl.** 226
Faktisches Arbeitsverhältnis **13** 144
Falschadressierung **16** 104
Familienangehörige, Arbeitnehmer **13** 149
Familiengericht
– Abgabe **23 b** 21, 24
– Amtsgericht **23 b** 7
– Anwaltszwang **23 b** 102
– Arrest **23 a** 60
– ausschließliche Zuständigkeit **23 b** 84
– einheitliches Verfahren, kein **23 b** 11, 92
– Einstweilige Regelungen **23 a** 60; **23 b** 45, 80
– Entscheidungsverbund **23 b** 1, 26, 34
– ersuchter Richter **23 b** 48
– freiwillige Gerichtsbarkeit **23 a** 53, 55; **23 b** 25
– Geschäftsverteilung **23 b** 14 ff.
– Geschichte **23 b** 1

EG = Einführungsgesetz, Einl. = Einleitung

- Honoraransprüche **23 a** 51; **23 b** 39
- Kompetenz/Prozessabteilung **23 b** 96
- Konzentration **23 b** 5; **23 c**
- Mutterschaft, Feststellung **23 a** 5
- Prozessgericht **23 b** 24, 41
- Prozesskosten **23 a** 22, 59
- Rechtsanwaltsgebühren **23 a** 59
- Rechtsmittel **23 b** 93
- sachliche Zuständigkeit **23 b** 21
- Sicherheitsleistung **23 a** 16
- Spezialisierung **23 b** 2, 4, 5
- Spezialspruchkörper **23 b** 4, 7, 21
- Steuerrechtliche Streitigkeiten **23 a** 16, 23
- Streitwertfestsetzung **23 a** 59; **23 b** 39
- Teilungsversteigerung **23 a** 41
- Überleitung von Forderungen **23 a** 17
- Verfahrensrecht **23 b** 34, 92
- Vollstreckbarerklärung **23 a** 63; **23 b** 47
- Vollstreckungsgericht **23 b** 41
- Vormundschaftssachen **23 b** 16, 61
- Wiederaufnahmeverfahren **23 a** 59; **23 b** 40
- Zuständigkeit **23 b** 8 ff., 84, 94 ff.
- Zwangsvollstreckung **23 a** 61; **23 b** 41

Familienhelferin, Arbeitnehmer **13** 146

Familienrechtliche Sachen, Amtsgericht **27** 15

Familienrichter 23 b 14, 86 ff.
- Ablehnung **23 b** 101
- Qualifikation **23 b** 87
- Richter aP **23 b** 14, 89
- Vertretung **23 b** 91

Familiensache, Öffentlichkeit **170**

Familiensachen
- Abänderungssachen **23 a** 59; **23 b** 40
- abschließende Regelung **23 b** 34, 37
- Anfechtungsklage **23 b** 41
- Anspruchsbegründung **23 b** 38
- Anspruchshäufung **23 b** 85
- Anwaltsgebühren **23 b** 37, 39, 102
- Anwaltszwang **23 b** 102
- Arrest **23 a** 60; **23 b** 46
- Aufenthaltsbestimmung **23 b** 56
- Aufrechnung **23 b** 85
- Begriff **23 b** 34
- Berufung **119** 9 ff.
- Beschwerde **119** 17
- Beweissicherung **23 b** 49
- deutsches Recht **23 b** 38
- Drittschuldner **23 b** 41
- Drittwiderspruchsklage **23 b** 41
- eheliches Güterrecht **23 b** 81
- Ehesachen **23 b** 50
- Ehewohnung **23 b** 79
- einstweilige Regelung **23 b** 45
- elterliche Sorge **23 b** 51 ff.
- Folgesachen **23 b** 34
- Gefährdung des Kindeswohls **23 b** 53
- Gerichtsstandsvereinbarung **23 b** 24
- Geschäftsverteilung **23 b** 14, 21
- Gewaltschutzgesetz **23 a** 55 ff.; **23 b** 80 a

Sachregister

- Hausrat **23 b** 28, 79
- Herausgabe des Kindes **23 b** 42, 67
- Hilfsanspruch **23 b** 85
- Kindeswohl **23 b** 53
- Konzentration **23 b** 5; **23 c**
- Kosten **23 a** 59; **23 b** 39
- Lebenspartnerschaftssachen **23 a** 51 ff.
- Meinungsverschiedenheit der Eltern **23 b** 52
- Namensrecht **23 b** 37, 54
- Nebenansprüche **23 a** 13; **23 b** 37, 39
- Nebenverfahren **23 b** 39
- Nichtigkeitsklage **23 b** 40
- OLG **119** 8
- persönlicher Verkehr vgl. Umgang
- Pfändung **23 b** 41
- Pflegschaft **23 b** 58
- Prozesskosten **23 b** 39
- Prozesssachen **23 b** 92
- Rechtsanwaltsgebühren **23 b** 39
- Rechtshilfe **23 b** 48
- Rechtsweg **17** 57; **23 b** 21
- Revisionen **133** 12 ff.
- sachliche Zuständigkeit **23 b** 21
- Scheidungssache **23 b** 34
- Schuldentilgung **23 a** 45
- Sicherheitsleistung **23 a** 16
- Sorgerecht **23 b** 51
- Sorgerechtsübereinkommen **23 b** 83
- Staatsanwaltschaft **23 b** 103
- steuerrechtliche Mitwirkung **23 a** 23
- Streitwertfestsetzung **23 b** 39
- Umgang mit dem Kind **23 b** 63 ff.
- Unterhalt **23 b** 69 ff.
- Verfahren **23 b** 13, 92
- Versorgungsausgleich **23 b** 77 ff.
- Vollstreckbarerklärung **23 a** 69; **23 b** 47
- Vollstreckungsabwehr **23 b** 43
- Vollstreckungsgericht **23 b** 41
- Vollstreckungsklausel **23 b** 43
- Vormundschaft **23 b** 61
- Widerklage **23 b** 41, 85
- Widerspruchsklage **23 b** 41
- Wiederaufnahmeverfahren **23 b** 40
- Zeugenbeeinflussung **23 b** 37
- Zeugenentschädigung **23 b** 39
- Zugewinnausgleich **23 b** 82
- Zwangsgeld **23 b** 42, 82
- Zwangsvollstreckung **23 b** 41 ff., 68

Familiensenat 119 32

Fehler des Gerichts Einl. **210**, 217; **17** 28

Fehlgriff vgl. Offensichtlicher Fehlgriff

Feriensspruchkörper 60 10

Fernschreiben 16 110

Fernsehaufnahmen 169 62, 89 ff.

Fernsehen 13 434, 496

Fernsehfahndung EG 23 36, 123

Fernverkehr vgl. Güterfernverkehr

Fesselung EG 23 125

Sachregister

Fette Zahlen = §§, magere Zahlen = Randnummern

Feststellungserklärungen nach BGB
EG 23 126
Festveranstaltung 13 348
Feuerwehr 13 349
Feuerwehrsirene 13 370
Fideikommiß 116 11
Filmaufnahmen 169 62, 89 ff.
Filmförderung
– Kunst und Künstler **13** 397
– Subventionen **13** 458, 460
Finanzbehörde als Justizverwaltungsbehörde
EG 23 20
Finanzgericht
– Geschichte **13** 3
– Rechtsweg **13** 111
– Vorfrage **13** 50
Finanzielle Erschwerung, gesetzlicher Richter **16** 117
Fiskalischer Vertrag 13 63
Fleischbeschau 13 350
Flüchtige, Verfolgung **167**
Flugplatz 13 351
Flurbereinigung 13 352
Förderprogramm 13 353
Förmlichkeiten, Unabhängigkeit **1** 64
Folgekostenvertrag 13 325, 354, 453
Folgenbeseitigungsanspruch 13 92 f., 121, 354 a
Folgesachen, Familiensachen **23 b** 34
Fontäne 13 355
Forderungserlass 13 92
Forschungsauftrag 13 356
Fortbildung, Dienstaufsicht **1** 83
Fortbildung des Rechts
vgl. Rechtsfortbildung
Fortsetzungsfeststellungsinteresse
EG 28 18
Fortsetzungsverhandlung 16 36
Fotografieren, Sitzungspolizei **176** 31
Frachtführer 13 146 c
Frachtverkehr 13 357, 366
Fragepflicht, richterliche **Einl.** 216
Fraktion 13 358
– vgl. Parlament
Franchisenehmer, Arbeitnehmer **13** 146 d
Frauen Einl. 53
– Schöffen **29** 4; **36** 1
Frauen als Richter, gesetzlicher Richter **16** 29
Freie Mitarbeiter, Arbeitnehmer **13** 146
Freiheitsentziehung, Amtsgericht **27** 22
Freiheitsstrafe vgl. Strafvollstreckung
Freiwillige Gerichtsbarkeit
– Abgrenzung **13** 180
– Amtsgericht **27** 10 ff.
– Begriff **EG 2** 3, 9
– Datenübermittlung **EG 2** 9
– echte Streitsachen **17** 56; **EG 2** 11, 13
– Geltung GVG **EG 2** 2 ff., 6, 8
– gerichtliche Zuständigkeit **EG 2** 3

– Geschäftsstelle **153** 9
– Geschichte **EG 2** 2 ff.
– Öffentlichkeit **169** 5
– ordentlicher Rechtsweg **17** 53
– Rechtshilfe **156** 37
– rechtsprechende Gewalt **Einl.** 130
– Rechtswegverweisung **17** 54 ff.
– Streitverfahren **EG 2** 7, 13
– unechte Streitsachen **EG 2** 6
– Verweisung in die ordentliche streitige Gerichtsbarkeit **17** 55
– Vorfrage **13** 52
– Zuständigkeit der Gerichte **12** 4, 140
Freiwilliges soziales Jahr 13 165
Fremde Sprache, Verhandeln **184** 4
Fremder Kulturkreis, Gerichtssprache **185** 5
Fremdsprache vgl. Dolmetscher, Gerichtssprache
Fremdwörter 184 1
Friedensgericht 14 10
Friedhöfe 13 193, 329
Fristenbeachtung, Unabhängigkeit **1** 64
Fristwahrung 153 4
– auswärtiger Spruchkörper **116** 15
– Gerichtssprache **184** 5, 6
– vgl. Befristung
Führerschein 13 359
Fürsorgepflichtverletzung 13 326
Funktionelle Rechtsprechung
– Begriff **1** 25
– Unabhängigkeit **1** 41
Funktionsfähigkeit vgl. Effektivität
Fußballspieler, Arbeitnehmer **13** 146 e

Gebührenpflichtige Verwarnung Einl. 152
Gefahr im Verzug, StA **143** 5
Gegendarstellung 13 428
Gegenvorstellung Einl. 220
Geheimhaltung durch Behörden **Einl.** 171; **12** 116
Geheimhaltungspflicht 174
Geheimnis, Öffentlichkeit **172** 38 ff., 44
Geheimverfahren 172 41
Gemeindebetriebe 13 361
Gemeindegerichte Einl. 163; **14** 10
Gemeindevertreter 13 424, 500
Gemeindevertretung, Schöffenliste **36**
Gemeindliche Einrichtungen 13 95
Gemeingebrauch 13 360, 452
Gemeinsame Arbeit 13 166
Gemeinsame Gerichte Einl. 23
Gemeinsamer Senat 12 11; **123** 5
Gemeinsames Amtsgericht
vgl. Konzentration
Gemeinsames Schöffengericht 58
Gemeinschaftsbezogenheit, Grundrechtsausübung **Einl.** 190
Gemischte Rechtsverhältnisse 13 69, 159
– Rechtsweg **17** 48
Generalbundesanwalt 141 14; **142** 5; **142 a**

1348

EG = Einführungsgesetz, Einl. = Einleitung

Sachregister

Generalstaatsanwalt, politischer Beamter
  141 8
Genossenschaft 13 362
Gericht
– Begriff **Einl.** 162 ff.; **1** 27
– Definition **Einl.** 162, 163
– getrennt von Verwaltung **Einl.** 164
– Kritik **Einl.** 170
– Neutralität **Einl.** 148, 163, 165, 167, 216
– Organ der rechtsprechenden Gewalt
  Einl. 162
– organisatorische Trennung
  vgl. Gewaltenteilung
– Rechtsmittel **Einl.** 169, 203
– Religionsgesellschaften **Einl.** 163
– staatliches **Einl.** 163
– Unabhängigkeit **Einl.** 166
– unparteilich **Einl.** 167
– Verfassungsorgan **1** 31
– vgl. Gewaltenteilung, Rechtsprechende
  Gewalt
Gericht höherer Ordnung 25 2, 7; **28** 7;
  74 6, 17
Gericht niederer Ordnung 25 2, 7
Gerichtliche Veröffentlichungen
  vgl. Veröffentlichungen
Gerichtsarten
– europäische **12** 48
– innerstaatliche **12** 2 ff., 17 ff.
– UN **12** 69 ff.
Gerichtsbarkeiten Einl. 28 ff., 55
– Ausschließlichkeit **12** 1
– Begriffsbestimmung **12** 1
– gleichrangige **Einl.** 235
– gleichwertige **13** 6
– staatliche **Einl.** 55, 209; **12** 1
– streitige **12** 1
Gerichtsbezirk 166
Gerichtsferien Einl. 117
Gerichtsgebäude vgl. Sitzungssaal
Gerichtshilfe Einl. 70
Gerichtskosten 12 135; **EG 23** 133;
  30 a
– Nichterhebung **1** 100
Gerichtsorganisation Einl. 21
Gerichtspräsident
– OLG **115** 3
– Spruchkörper-Mitglied **21 e** 126
– Spruchkörper-Vorsitzender **21 f** 1, 5
– Vertretung **21 h**
– Vorsitz im Präsidium **21 a** 15
– vgl. Präsident
Gerichtsschreiber Einl. 79; **153** 1
Gerichtssprache
– Anklageschrift **184** 13
– Beistand **185** 1
– deutsch **184** 1
– Eid **188**
– Eingaben **184** 5
– Entscheidungen **184** 11

– Fremdwörter **184** 1
– Fristwahrung **184** 5
– Gerichtsvollzieher **185** 2
– gesetzlicher Richter **16** 119
– Hilfen **184** 16
– Justizverwaltungssachen **185** 3
– Kulturkreis, fremder **185** 5
– Ladung **184** 12
– MRK **184** 9, 19; **185** 20
– mündliche Verhandlung **184** 4; **185** 1, 2
– Mundart **184** 2
– Pflichtverteidiger **184** 19
– Protokoll **185** 8, 13, 14
– Prozesshandlung **184** 5
– Prozesskostenhilfe **184** 18
– Prozesstaktik **185** 4
– rechtliches Gehör **184** 1, 16; **185** 24
– Rechtsanwalt **185** 1
– Rechtshilfe **156** 64
– Rechtshilfeersuchen **185** 23
– Rechtsmittelbelehrung **184** 11, 17
– Schriftsätze **184** 5
– Sorben **184** 26
– Übersetzer **185** 1
– Übersetzung **184** 6
– Untersuchungshaft **184** 9, 10
– Urkunde **184** 8; **185** 18
– Urkundsbeamter **185** 3
– Urteil **184** 11
– Verhandlung **185** 2
– Wiedereinsetzung **184** 23
– Zustellungen **184** 11; **185** 22
– Zwangsvollstreckung **185** 2, 17
– Zweck **184** 1
– vgl. Dolmetscher
Gerichtssitz, BGH **123** 3
Gerichtstandsbestimmung
  vgl. Zuständigkeitsbestimmung
Gerichtsstelle 22 24 ff.
– Tätigkeit 166
Gerichtstag 22 3
Gerichtsverfassung
– Begriff **Einl.** 1
– Geschichte **Einl.** 4 ff., 50 ff., 77 ff.
– Gesetzgebungskompetenz **Einl.** 3, 12
– gesetzliche Regelung **Einl.** 1, 2
Gerichtsverwaltung 12 85 ff.; **22** 39
– Weisungsgebundenheit **12** 89
Gerichtsvollzieher
– Ablehnung **155** 2
– Aufgaben **154** 10 f.
– Auftrag **154** 9, 15 f.; **161**
– Ausschließung **155** 1
– Beamter **154** 2
– Datenübermittlung **EG 12** 13
– Dienstaufsicht **154** 4, 5
– Entschädigung **154** 20
– Erinnerung **154** 5
– Gehilfen **154** 9
– Gerichtssprache **185** 3

1349

Sachregister

Fette Zahlen = §§, magere Zahlen = Randnummern

- Haftung **154** 22
- Hilfskräfte **154** 9
- Justizverwaltungsakt **EG 23** 127
- Kosten **154** 18
- Neutralität **154** 3; **155** 1
- Ordnung **154** 8
- Organ der Rechtspflege **154** 15 ff.
- rechtsprechende Gewalt **Einl.** 162
- selbständig **154** 4
- Weisungen **154** 7

Gesamtrechtsnachfolge vgl. Rechtsnachfolger

Geschäftsführer 13 154

Geschäftsführung ohne Auftrag 13 90, 159, 362 a

Geschäftsgeheimnis vgl. Betriebsgeheimnis

Geschäftsprüfung 1 62
- Maßnahme der Dienstaufsicht **1** 165

Geschäftsschädigung 13 363

Geschäftsstelle 153 3, 6 ff.

Geschäftsverteilung
- Amtsgericht **22** 22
- auslegungsbedürftig **16** 8, 53
- Beeinträchtigung, Rechtsschutz **1** 181
- Dienstaufsicht **1** 84
- generell-abstrakt **16** 6
- gesetzlicher Richter **16** 35, 53
- kein Justizverwaltungsakt **EG 23** 11, 128
- Justizverwaltungsaufgaben **1** 147
- Nichtberücksichtigung **1** 146
- Unabhängigkeit **1** 48, 146, 181

Geschäftsverteilungsplan
- Abstraktionsprinzip **21 e** 93; **21 g** 5 ff.
- ad-hoc-Vertreter **21 e** 143
- Änderung **21 e** 99, 108, 115
- alle Aufgaben verteilen **21 e** 79
- alle Richter einteilen **21 e** 83
- allgemein **21 e** 94
- Anfechtung **21 e** 32, 120 ff., 121
- Anhörung **21 e** 43 ff., 49, 50, 56
- Auffangspruchkörper **21 e** 156
- Auskunft **21 e** 75
- Auslastung **21 e** 112
- Auslegung **21 e** 116
- auswärtiger Spruchkörper **1** 145, 183; **21 e** 53, 184
- Automatik **21 e** 94
- Begründung **21 e** 73
- Beisitzer **21 e** 128
- Bekanntgabe **21 e** 75
- Bereitschaftsdienst **21 e** 136
- Berichterstatter **21 g** 41
- Berichtigung **21 e** 110
- Beschlussfassung **21 e** 73
- Besetzungsrüge **21 e** 120
- Bestimmtheit **21 e** 95
- Betreuungssachen **21 e** 150
- Bindung für Richter vgl. Verbindlichkeit
- blindlings **21 e** 94, 133 a; **21 g** 9
- dauernde Verhinderung **21 e** 114

- detachierte Spruchkörper vgl. Auswärtige Spruchkörper
- Dienstaufsicht **21 e** 20, 122, 125
- Disziplinarmaßnahme **21 e** 82
- Doppelzuweisung **21 e** 128
- Eildienst **21 e** 136
- eindeutig **21 e** 95
- Einsatzfähigkeit **21 e** 85
- Einsichtnahme **21 e** 75
- Einzelrichter **21 e** 135; **21 g** 45
- Ergänzungsrichter **21 e** 139
- Ermittlungsrichter **21 e** 134
- Fehlerhaftigkeit **21 e** 109, 120
- Form **21 e** 73
- Freistellung, Verwaltung **21 e** 58
- Geltung sofort **21 e** 100
- Geschäftsjahr **21 d** 9; **21 e** 96, 107
- gesetzliche Geschäftsverteilung **21 e** 87 f., 117
- heranzuziehender Richter **21 e** 139 a
- Hilfsspruchkörper **21 e** 159; **21 f** 7; **60** 10
- Jährlichkeit **21 e** 96, 107
- Kollisionen **21 e** 128
- Kompetenzkonflikt **21 e** 117
- letzte Regelungsstufe **16** 6; **21 g** 9
- Maßnahme der Dienstaufsicht **21 e** 122
- Mehrfachzuweisung **21 e** 128, 140, 144
- Meinungsverschiedenheiten **21 e** 116
- Missbilligung **21 e** 78
- Nachprüfung vgl. Anfechtung
- Nichtigkeit **21 e** 100
- NN **21 e** 137
- Offenlegung **21 e** 75
- Präsident **21 e** 126
- Professoren **21 e** 131
- Protokoll **21 e** 74
- Rechtsnatur **21 e** 102 ff.
- reduzierte Richterbank **21 e** 133; **21 g** 48
- Richter aP **21 e** 128, 140
- Richterrat **21 e** 43
- Richterwechsel **21 e** 113
- Rotationssystem **21 e** 154
- Rückwirkung **21 e** 98
- Schwerbehinderte **21 e** 78
- Schwurgericht **21 e** 157
- sofortige Geltung **21 e** 100
- Sollvorschrift für Präsidium **21 e** 91
- Spezialspruchkörper **21 a** 4; **21 e** 80, 88
- spruchkörperintern **21 g**
- innerhalb des Spruchkörpers **21 g**
- Stellenbesetzungssperre **21 e** 130, 142; **21 f** 17
- Stetigkeit **21 e** 96
- Teilverhinderung **21 e** 144
- Teilzeitkräfte **21 e** 81, 138
- Überbesetzung **21 e** 128, 129; **21 g** 3
- Überlastung **21 e** 6, 112
- Überprüfung vgl. Anfechtung
- Umverteilung **21 e** 99
- Unterbesetzung **21 e** 13

EG = Einführungsgesetz, Einl. = Einleitung

Sachregister

- Vakanz **21 f** 17; **59** 3 ff., 10
- Veränderungssperre **21 e** 108
- Verbindlichkeit **21 b** 21; **21 e** 100
- Verhinderung **21 e** 144
- Veröffentlichung **21 e** 77
- Verteilungssysteme **21 e** 150
- Vertretung der Richter **21 e** 140; **21 g** 35 ff.
- Vollständigkeit, persönliche **21 e** 93
- Vollständigkeit, sachliche **21 e** 92
- im voraus **21 e** 98
- Vorausregelung **21 e** 98
- Vorrangregelung **21 e** 122, 128, 136
- Vorsitzender Richter **21 e** 127; **21 g**
- vorübergehende Verhinderung **21 f** 15
- Willkür **21 e** 120
- Zahl der Spruchkörper **21 e** 13
- zeitweiliger Vertreter **21 e** 143
- Zweifel **21 e** 116

Geschlecht, gesetzlicher Richter **16** 29
Gesellschafter-Haftung 13 84, 131
Gesetz und Recht Einl. 211
- Auseinanderklaffen **1** 20
- Auslegungsgrundsätze **1** 128
- Begriff **1** 110 ff.
- Bindung des Richters **1** 110
- Verwaltungsvorschriften **1** 127
- Wortlaut **1** 112
- vgl. Präjudizien, Richterrecht

Gesetze
- Bindung des Richters **1** 110
- richterliche Prüfung **1** 115 ff.
- Verfassungswidrigkeit **12** 18, 31

Gesetzesänderung
- gesetzlicher Richter **16** 49
- Inkrafttreten **EG 1** 3 ff.

Gesetzesbindung vgl. Gesetz und Recht
Gesetzespositivismus 1 110
Gesetzesunterworfen, Richter **Einl.** 211
Gesetzliche Geschäftsverteilung 60 5
Gesetzlicher Richter
- Ablehnung **16** 32, 63
- aL **16** 30
- von Amts wegen, Prüfung **16** 25
- Amtszeit **16** 30
- Ausscheiden **16** 28
- Ausstattung der Gerichte **16** 87
- Automatik **16** 22
- Befristung **16** 102
- Begriff **16** 1 ff.
- Beschleunigung **16** 82 ff.
- Besetzungsrüge **16** 60
- besseres Gericht **16** 45, 48; **29** 7
- Betriebsjustiz **16** 74
- bewegliche Zuständigkeit **16** 22
- blinder Richter **16** 65
- Contempt of Court **16** 68
- Dauer der Verfahren **16** 82
- Effektivität **16** 79
- ehrenamtlicher Richter **16** 59
- Eildienst **16** 21
- Eilsachen **16** 80
- Einflussnahme **16** 68
- Einigungsstellen **16** 78
- Einzelrichter **16** 48
- Entscheidungsgründe **16** 91
- Entscheidungszeit **16** 82
- Entziehung **16** 21
- Ernennung der Richter **16** 28
- Erreichbarkeit **16** 80
- Erschwerung des Zugangs **16** 99
- faires Verfahren **16** 69
- Fernschreiben **16** 110
- finanzielle Erschwerung **16** 117
- Fortsetzungsverhandlung **16** 36
- Frauen **16** 29
- Fristenwahrung **16** 102
- generell-abstrakte Regelung **16** 6
- Gerichtssprache **16** 119
- Geschäftsverteilung **16** 5 ff., 35
- Geschäftsverteilung als Grundlage **21 a** 1 ff.; **21 e** 4 ff.
- Geschlecht **16** 29
- Gesetzesänderung **16** 49
- Grundrechtsdurchsetzung **16** 93
- höheres Gericht **16** 45, 48
- informierter Richter **16** 64
- Justizgewährungspflicht **16** 94
- Katastrophen **16** 15
- Kollegium/Einzelrichter **16** 48
- Ladendiebstahl **16** 77
- Lebenszeitrichter **16** 30
- lückenloser Rechtsschutz **16** 98
- Manipulation **16** 2, 22
- Nachtbriefkasten **16** 105
- Neuregelung **16** 28
- Neutralität **16** 31
- Notzuständigkeit **16** 80, 81
- personeller Umfang **16** 27
- Postverkehr **16** 114
- Prozesskostenhilfe **16** 117
- Prozessverbindung **16** 10 a
- Prüfung von Amts wegen **16** 25
- psychologische Erschwerungen **16** 118
- publizistische Erörterung **16** 68
- Recht des Bürgers **16** 24
- Recht des Richters **16** 24
- Rechtsanwalt, Zuziehung **16** 101
- Rechtsmittel, Zulässigkeit **16** 61
- Rechtsmittelbelehrung **16** 118
- Rechtsstillstand **16** 90
- Regelungsstufe **16** 6
- religiöse Rücksichtnahme **16** 120
- Rügeverzicht **21 e** 120
- Schiedsgericht **16** 73
- Schlaf **16** 64
- Schlichtung **16** 78
- Selbstprüfung **16** 25
- Spezialspruchkörper **16** 19
- Sprache **16** 119
- staatliches Gericht **16** 62, 72

Sachregister

Fette Zahlen = §§, magere Zahlen = Randnummern

- Status des Richters **16** 30
- subjektives Recht **16** 24
- Telefax **16** 111
- Überlastung **16** 26, 37, 66
- unbeeinflusst **16** 68
- unbefangen **16** 31
- unbeteiligt **16** 31, 63
- unparteilich **16** 31
- Urteilsgründe **16** 91
- Verbandsgerichtsbarkeit **16** 76
- Vereinsgerichtsbarkeit **16** 76
- Verletzung **16** 11, 50
- Verletzungsfolgen **22 d**
- Vertagung **16** 115
- Vertreter **16** 33
- Verweisung **16** 39
- Verzicht **16** 60
- im voraus eindeutig bestimmt **16** 22
- Vorausbestimmung **16** 6, 23
- Vorlagepflicht **16** 42
- Vorschaltverfahren **16** 100
- Vorverurteilung **16** 68
- Wahl der Richter **16** 28
- Wahlrecht der StA **16** 10 b
- Wahrnehmungsfähigkeit **16** 64
- Wahrung aller prozessualen Rechte **16** 70
- Wartepflicht **16** 115
- Willkürliche Verletzung **16** 52
- Zugangserschwerung **16** 99 ff.
- Zurückverweisung **16** 10 a
- Zuständigkeit **16** 38
- Zuwarten **16** 115
- Zuziehung eines Rechtsanwalts **16** 101
- vgl. Ausnahmegericht, Entziehung des gesetzlichen Richters

Gestaltungsfreiheit
- bei Erfüllung öffentlicher Aufgaben **13** 13, 95, 361
- vgl. Hoheitsverwaltung

Getrenntleben 23 a 36
Gewässerunterhaltung 13 363 a
Gewaltenteilung Einl. 141 ff., 170
- Einflüsse der Exekutive **1** 100
- Einflüsse der Legislative **1** 101, 187
- rechtsprechende Gewalt **1** 6, 32

Gewaltmonopol Einl. 209
Gewaltschutzgesetz 23 a 55 ff.; **23 b** 3, 80 a
Gewerbesteuer 13 364
Gewerblicher Rechtsschutz 12 8
Gewohnheitsrecht 1 114, 129
Girokonto vgl. Kontoführung
Gleichheitssatz Einl. 193
Gleichordnung, Rechtsweg, bürgerlicher Rechtsstreit **13** 11 ff.
Gleichrangige Gerichtsbarkeiten Einl. 235
Gleichwertigkeit aller Rechtswege/Gerichtsbarkeiten 13 6, 7, 141, 174; **17** 2, 5
Glocken vgl. Kirchenglocken
Gnadenbehörde 141 15
Gnadenentscheidung Einl. 208; **EG 23** 129

- Anfechtung **EG 23** 129

Greifbare Gesetzwidrigkeit Einl. 210; **72** 11, 12

Großer Senat BGH
- Verfahren **138**
- Zuständigkeit, Besetzung **132**
- vgl. Divergenz

Gründe vgl. Entscheidungsgründe
Grundbuch Einl. 130
Grundbuchsachen, Amtsgericht **27** 12
Grundgesetz, Art. 19 Abs. 4 **Einl.** 198, 222
Grundrechte
- BVerfG **12** 33 ff.
- Chancengleichheit **Einl.** 193, 196
- Durchsetzung **16** 93
- EuGH **12** 61
- Europäische Union **Einl.** 36
- Geltung für alle Bereiche **Einl.** 184 ff.
- gemeinschaftsbezogen **Einl.** 187, 190
- Gerichtsverfassung **Einl.** 184 ff.
- Gesundheit **Einl.** 192
- Gleichheitssatz **Einl.** 193
- Leben, körperliche Unversehrtheit **Einl.** 192
- Schutzpflicht **12** 83
- Schutzpflicht des Staates **Einl.** 185
- umfassende Geltung **Einl.** 184
- Veröffentlichungen **Einl.** 191

Grundsätzliche Bedeutung, Großer Senat BGH **132** 3, 31
Grundstücksstreitigkeiten 13 365
Grundstücksvergabe 13 62
Güterfernverkehr 13 357, 366
Güterrecht vgl. Eheliches Güterrecht
Gütestellen Einl. 134, 135
Gütliche Beilegung vgl. Vergleich
GVG
- Anwendungsbereich **EG 2**
- Berlin **EG 1** 13
- einheitlich für alle Gerichtsbarkeiten **EG 2** 19
- freiwillige Gerichtsbarkeit **EG 2** 2
- Inkrafttreten **EG 1** 1
- Wiedervereinigung **EG 1** 19

GWB vgl. Leistungserbringungsverträge, Wettbewerb
GVVO 12 88; **22** 2 f.; **40** ff.

Haager Zivilprozessabkommen 27 29
Haftdauer vgl. Untersuchungshaft
Haftung des Gesellschafters, Rechtsweg **13** 83
Handelsregister Einl. 130
- Einsicht **12** 122
- Reform **Einl.** 130
- vgl. Öffentliche Register

Handelsrichter
- Amtsbezeichnung **105** 4
- Amtsdauer **108**
- Amtsenthebung **113**

EG = Einführungsgesetz, Einl. = Einleitung **Sachregister**

- Amtsverlust **112**
- Beratungsgeheimnis **112** 4
- Dienstaufsicht **112** 9
- Eid **108** 5
- Einzelrichter **105** 7
- Entschädigung **107**
- Ernennung **108**
- Haftung **112** 12
- Heranziehung **94** 13, 14
- Kaufmann **95**
- persönliche Voraussetzungen **109**
- Pflichten **112**
- Pflichtverletzung **113**
- Rechte **112**
- Unabhängigkeit **112** 2
- Vermögensverfall **33** 7; **113** 4

Handelssache 95
- Arrest **95** 25
- Begriff **95**
- Börsensachen **95** 22
- bürgerliche Rechtsstreitigkeit **94** 4
- Bundesbahn **95** 2
- Bundespost **95** 2
- einstweilige Verfügung **95** 25
- Firmenrecht **95** 16
- freiwillige Gerichtsbarkeit **94** 5; **95** 26
- Handelsgeschäft **95** 2, 6
- Handelsgesellschaften **95** 10 ff.
- Insolvenzverwalter **95** 3
- Kartellstreitigkeiten **95** 24
- Kaufmannseigenschaft **95** 2
- Marken **95**
- Musterrecht **95** 17
- Prokura **95** 19
- Prospekthaftung **95** 22
- Scheck **95** 9
- Seerecht **95** 20
- UmwandlungsG **95**
- UWG **95** 21
- Warenzeichen **95** 17
- Wechsel **95** 7
- Zeitpunkt der Beurteilung **95** 4
- Zwangsvollstreckung **95** 25

Handelsvertreter 13 153
Haupt- und Hilfsanspruch, Rechtsweg **17** 49
Haushaltsgesetz, Gewaltenteilung **1** 104
Haushaltsgesetzgeber Einl. 171
Haushaltsrecht, Gewaltenteilung **22** 18 ff.
Haushaltssperre vgl. Stellenbesetzungssperre
Haushaltswesen, Richterbeteiligung **1** 38
Hausmeister 13 146
Hausrecht 12 93 ff.
- fremdes **169** 37
- Gerichtsverwaltung **169** 38
- Öffentlichkeit **169** 38
- Sitzungspolizei **169** 38; **176** 3
- Zutritt **12** 94 ff.

Hausverbot 12 100
- behördliches **13** 367, 369
- Kirche **13** 184

Hausverwaltung 12 93
Hebammen 13 137, 368
Heimarbeit 13 151
Heranziehung der Schöffen, außerordentliche Sitzung **47**
Heranziehung von Richtern anderer Gerichte 22 16
Hermesbürgschaft 13 368 a
Herstellungsklage 23 a 34
Hilfsanspruch vgl. Nebenansprüche
Hilfsbeamte der Staatsanwaltschaft 152
- als Justizbehörde EG **23** 17

Hilfsrichter 115 6
- Beiordnung als Vertreter **70** 8
- am OLG **115** 6

Hilfsschöffen
- Heranziehung **42** 10; **47; 49**
- Reihenfolge **45** 17
- Wahl vgl. Schöffenwahl
- Zahl **43** 5

Hilfsschöffengericht 46 6
Hilfsspruchkörper 60 10 ff.
- Besetzung **21 e** 159
- Errichtung **60** 10 f.
- Vorsitz **21 f** 7

Hinterlegung
- Amtsgericht **27** 17
- Anordnung EG **23** 131

Hinweispflicht vgl. Fragepflicht
Hochschulen 13 369
Höheres Gericht 74 6
- Familiensachen **23 b** 98, 99

Hörbehinderung 186, 187
Hoheitliche Tätigkeit
- auf privatrechtlicher Ebene **13** 13
- Rechtsweg **13** 13

Hoheitsverwaltung, nicht zwingend öffentlich-rechtlich **13** 13, 62, 140
Honorarklage, RA **13** 180
Hospitanten, Beratung **193** 24

Immissionen 13 370
Immunität 16 98
- acta jure imperii **20** 3 ff.
- Amtsimmunität **19** 4, 9
- Arbeitsgerichte **18** 26; **19** 10
- Arbeitsrecht **20** 5
- Ausgleich **18** 2
- ausländische Truppen **20** 13
- Bedeutung **18** 3
- Dauer **18** 16, 19
- Diplomaten **18** 12; **20** 15 ff.
- Fahrzeuge, ausländische **20** 14
- Kaufverträge **20** 7
- Konsuln **19**
- Kriegsschiffe **20** 13
- Luftfahrzeuge **20** 13
- Mietverträge **20** 6
- NATO **20** 21

1353

Sachregister

Fette Zahlen = §§, magere Zahlen = Randnummern

- Notwehr **18** 8; **20** 8
- Ordnungsmaßnahmen **18** 7
- Personenkreis **18**; **19**; **20**
- Pfandrechte **18** 8
- Polizeirecht **18** 9
- Prüfung von Amts wegen **18** 3; **20** 2
- Selbsthilfe **18** 8; **20** 8
- Sowjetunion vgl. UDSSR
- Staaten-Immunität **20** 3 ff.
- Staatsgäste **20** 39
- Staatsschiffe **20** 13
- Strafsachen **18** 18 ff.; **19** 4; **20** 25 ff.
- Truppen **20** 13
- UDSSR **20** 37
- UN **20** 16
- Verletzung **18** 6
- Verzicht **18** 21, 23; **19** 3, 9
- Wahlkonsuln **19** 7
- Zeuge **18** 29; **19** 12
- Zivilprozesse **18** 22 ff.; **19** 9
- Zustellungen **18** 30
- Zwangsvollstreckung **18** 27; **19** 11; **20** 9
- vgl. Internationaler Strafgerichtshof

Importgeschäfte vgl. Marktregelung
In-camera-Verfahren Einl. 172
Indemnität vgl. Internationaler Strafgerichtshof
Information, über Sitzung 169 47
Informationelle Selbstbestimmung Einl. 189
- Datenweitergabe **EG 12** 2
- Justizmitteilungsgesetz **EG 12 ff.**
- vgl. Weitergabe von Daten

Informationelles Selbstbestimmungsrecht, Akteneinsicht **12** 108
Informationsschreiben, Dienstaufsicht **1** 83
Inkompatibilität 1 32
Inkorrekte Entscheidung
- Rechtsweg **17** 28 ff.
- vgl. Fehler des Gerichts

Innendivergenz 121 10
Innerdienstliche Anordnung 13 372
Innere Unabhängigkeit vgl. Unabhängigkeit, innere
Insolvenz 13 160
Insolvenzsicherung 13 164, 373
Insolvenzstatistik Einl. 122
Insolvenzverwalter EG 23 131 a
Instanzenzug Einl. 203
- keine verfassungsrechtliche Notwendigkeit **72** 2

Interessenwahrung im Prozess Einl. 222
Internationale Arbeitsorganisation 12 70
Internationale Gerichte 12 47 ff.
- Internationaler Gerichtshof **12** 69
- Internationaler Seegerichtshof **12** 73
- Internationaler Strafgerichtshof **12** 74 ff.
- vgl. Europäischer Gerichtshof, UN

Internationale Justizhoheit Einl. 28 ff.
- ausländische Gerichte **Einl.** 33 f.

- Personen **Einl.** 29
- Rechtsstreitigkeiten **Einl.** 31
- Sachen **Einl.** 30
- Vereinbarungen **Einl.** 32

Internationale Rechtshilfe 22 32; 156 63 ff.; **EG 23** 131 b
Internationale Zuständigkeit Einl. 32
Internationaler Pakt für Menschenrechte 12 71
Internationaler Rechtsverkehr, Amtsgericht **27** 28 ff.
Internationaler Strafgerichtshof
- Auslieferung **21** 11, 13
- Deutsche **21** 9
- Exterritorialität **21** 15
- Friedenssicherung **21** 1
- Immunität, Einschränkung **21** 1, 15
- Indemnität **21** 21
- Jugoslawien **21** 2
- Kompetenz **21** 6, 12
- Kriegsvermeidung **21** 2
- Menschenrechte **21** 1
- Rechtshilfe **21** 11, 14
- Römisches Statut **21** 4
- Ruanda **21** 2
- Schutzpflicht **21** 10
- Statut **21** 2
- Subsidiarität **21** 7, 8
- Überstellung vgl. Auslieferung
- UN-Organ? **21** 5
- Völkerstrafgesetzbuch **21** 3
- Völkerstrafrecht **21** 2, 3
- Vorrang nationales Gericht **21** 8
- Zivilbevölkerung **21** 2
- Zusammenarbeit **21** 11

Intertemporales Prozessrecht EG 1 4
Intervention vgl. Marktregelung

Jagdpachtvertrag 13 374
Jugendamt 13 375
Jugendgericht 26
Jugendgerichtshilfe Einl. 71
Jugendkammer 74 19 ff.; **76** 21
Jugendliche
- Amtsgericht **27** 26
- Vernehmung öffentlich **172** 51

Jugendschutzkammer 74 19
Jugendschutzsachen 26
Jugendstrafsachen 24 29
Jugendwohlfahrt 13 442
Juristische Person 13 154
Justizbehörde, Verwaltungsakt
- Begriff **EG 23** 14
- Finanzbehörde **EG 23** 20
- Gericht **EG 23** 15
- Hilfsbeamte der StA **EG 23** 18
- Polizei **EG 23** 18 f.
- StA **EG 23** 17

Justizbeitreibung 13 376
Justizgewährungsanspruch Einl. 201; **1** 2;

EG = Einführungsgesetz, Einl. = Einleitung

Sachregister

16 94
Justizgewährungspflicht Einl. 213; **16** 37
Justizhoheit Einl. 10 ff.
- Bundeskompetenz **Einl.** 11 ff.
- Gesetzgebungskompetenz **Einl.** 3, 12
- grenzüberschreitend **Einl.** 37
- vgl. Immunität, Internationale Justizhoheit
Justizkritik 1 103
Justizloser Hoheitsakt Einl. 198
Justizministerium Einl. 39
Justizmitteilungsgesetz Einl. 122
Justizreform Einl. 124
Justizverwaltung 12 105; **22** 39
Justizverwaltungsakt Einl. 122
- Amtshilfe **EG 23** 25
- Anfechtung **EG 23** ff.
- Anklageerhebung **EG 23** 37
- Anspruch auf Strafverfolgung **EG 23** 32
- Anweisung, dienstliche **EG 23** 29
- Art und Weise der Durchführung **EG 23** 35
- Auffassung der Behörde **EG 23** 26
- Auskunft **EG 23** 26, 27
- Auslieferung **EG 23** 60
- Außenwirkung **EG 23** 26
- Begleitumstände vgl. Art und Weise
- Begriff **EG 23** 23 ff.
- Begründung **EG 28** 5
- Behörden untereinander **EG 23** 25; **EG 24** 3
- behördeninterne Vorgänge **EG 23** 29
- Belehrung **EG 23** 26
- Dienstaufsichtsbeschwerde **EG 23** 28
- Drittwirkung **EG 24** 4
- Durchführung vgl. Art und Weise
- Einstellung des Verfahrens **EG 23** 32
- erledigter vgl. Prozessuale Überholung
- Ersuchen **EG 23** 25
- Fernsehfahndung **EG 23** 36
- Form **EG 23** 24
- Geschäftsstelle **EG 23** 16
- Geschäftsverteilung **EG 23** 11
- gleichgeordnete Behörden **EG 23** 25
- Hinweis **EG 23** 26
- innerdienstlich **EG 23** 29
- körperliche Untersuchung **EG 23** 34
- Mitteilungen **EG 23** 27
- öffentliches Interesse an Strafverfolgung **EG 23** 32
- ordentliche Gerichtsbarkeit **EG 23** 13
- Pflichtverteidiger-Bestellung **EG 23** 41
- Platzverweis **EG 23** 47
- Presseerklärung **EG 23** 30
- prozessuale Überholung **EG 28** 18
- Realakt **EG 23** 24
- Rechtsauskunft **EG 23** 26
- Rechtshilfe **EG 23** 25
- Rechtsmitteleinlegung **EG 23** 38
- Rechtspfleger **EG 23** 16
- Rechtsprechung **EG 23** 9
- Rechtsweg **EG 23** 6

- schlicht-hoheitliches Handeln **EG 23** 23
- Staatsanwaltschaft **EG 23** 31 ff.
- subsidiärer Rechtsweg **EG 23** 6, 57
- überholter vgl. Prozessuale Überholung
- Untätigkeit **EG 27**
- vollzogener vgl. Prozessuale Überholung
- Warnung **EG 23** 26
- Weisung, dienstliche **EG 23** 29
- Wissenserklärung, behördliche **EG 23** 27
- Zeugenvernehmung **EG 23** 33
- Zustimmung **EG 23** 25
- Zweitbescheid **EG 23** 49
Justizverwaltungsakt, Anfechtung
- Antrag **EG 26** 19
- Anwendungsbereich **EG 23** 13
- Ausnahmeregelung **EG 23** 6
- Aussetzung der Vollziehung **EG 24** 9
- berechtigtes Interesse **EG 28** 18
- Beschuldigter, Rehabilitierung **EG 28** 18
- Beschwerde **EG 24** 6
- einstweilige Anordnung **EG 24** 9; **EG 28** 24; **EG 29** 12, 18
- Entscheidung **EG 28**
- Ermessensprüfung **EG 28** 3
- Frist **EG 26** 1 ff.
- Gerichtssprache **EG 26** 14
- Kosten **EG 30**
- Postlauf **EG 26** 13
- Prozesskostenhilfe **EG 29** 22
- prozessuale Überholung **EG 28** 18
- Rechtsmittelbelehrung **EG 26** 8
- Rechtsprechungs-Akte **EG 23** 9
- Rechtsschutzinteresse **EG 28** 18
- Rechtsverletzung **EG 24** 3
- Rechtsweg **EG 23** 6 ff.
- StA **EG 23** 17
- subsidiärer Rechtsweg **EG 23** 6, 57
- unanfechtbare Entscheidung **EG 29** 2
- unsachliche Anträge **EG 26** 23
- Untätigkeit **EG 27**
- Verfahren **EG 23** 48; **EG 29** 10 ff.
- Verweisung **EG 28** 2
- vollzogen vgl. Prozessuale Überholung
- vorbereitende Entscheidung **EG 23** 29
- Vorlagepflicht **EG 29** 7
- Vorschaltverfahren **EG 24** 5
- Wiedereinsetzung **EG 26** 11
- Zuständigkeit **EG 25**
Justizverwaltungsrat 1 35
Justizverwaltungssachen, Gerichtssprache **185** 2
Justizverweigerung 16 37; **21 e** 6
Justizvollzug 13 377

Kabelgesellschaft 13 377 a
Kabinettsjustiz 1 13
Kammer für Handelssachen
- Abgabe an Zivilkammer **97** 1, 2
- Anspruchshäufung **97** 4
- Antrag zur Verhandlung vor der KfH **96** ff.

1355

Sachregister

Fette Zahlen = §§, magere Zahlen = Randnummern

- Arrest **95** 25
- Aufrechnung **99** 11
- auswärtige Kammer **93** 8; **106**
- Beschwerdezuständigkeit **104**
- Besetzung **105**
- Bezirk **93** 6 ff.
- Bildung **93** 4
- bürgerliche Rechtsstreitigkeit **94** 4
- ehrenamtliche Richter vgl. Handelsrichter
- eigene Sachkunde **114**
- einstweilige Verfügung **95** 25
- Einzelrichter **105** 6
- Errichtung **93** 4
- freiwillige Gerichtsbarkeit **94** 5; **100** 14
- Gerichtsstandsvereinbarung **94** 3
- Geschäftsverteilung **94** 2, 10 ff.
- Geschichte **93** 1
- Handelsgeschäft **95** 2, 6
- Hauptintervention **103**
- Kaufmannseigenschaft **95** 2
- Klagenhäufung **95** 5; **97** 4
- Nebenintervention **103** 5
- objektive Klagenhäufung **97** 4
- örtliche Zuständigkeit **93** 7
- Post **95** 2
- Rechtsmittelinstanz **100**
- sachliche Zuständigkeit **94** 4, 5
- Spezialspruchkörper **94** 1
- subjektive Klagenhäufung **97** 4
- Verweisung **96** 8; **97**; **98**; **101**; **102**
- Vorsitz **105** 2
- Widerklage **97** 5; **98** 4; **99** 5
- Zivilkammer, Verhältnis zu **94** 7
- Zuständigkeit auf Antrag **96**
- Zuständigkeitsstreit **94** 9, 10; **102** 14
- Zuständigkeitsvereinbarung **94** 3; **98** 5
- Zuständigkeitsverletzung **94** 6
- Zwangsvollstreckung **95** 25

Kammern 13 378
Kanalisation 13 379
Kapitalmarktinformationen 71 13
Karitative Tätigkeit 13 147
Kartellsachen 13 380
Kartellsenat OLG 116 5
Kassenarzt 13 136, 381
Katastrophen, gesetzlicher Richter **16** 15
Kaufanwartschaft 23 23
Kindergarten 13 382
Kindergeld 13 383; **23 a** 20
Kinderspielplatz 13 384
Kindschaftssachen 23 a 2 ff.; **23 b** 83
- Öffentlichkeit **170**
- OLG **119** 4, 8

Kirchen
- Begräbnis **13** 193
- Dienstwohnung **13** 182
- Friedhöfe **13** 193
- Glocken **13** 197
- innerkirchlicher Bereich **13** 182
- Mitgliedschaft **13** 191
- Rechtsweg **13** 181
- Religionsunterricht **13** 194
- res mixtae **13** 190
- staatsunabhängig **13** 181
- vgl. Religionsgesellschaften

Kirchenbaulast 13 195
Kirchenbeamte, Rechtsweg **13** 185
Kirchenbücher 13 198
Kirchenglocken 13 197
Kirchensteuer 13 190
Kirchliche Gerichte Einl. 163
Kirchliches Vermögensrecht 13 188
Kläranlage 13 386
Klageerzwingungsverfahren 119 12
Klagenhäufung, Rechtsweg **17** 49
Klagerücknahme-Vertrag 13 385, 449
Klassenjustiz 1 21, 159
Kleidung, Sitzungspolizei **176** 22
Kleine Anfrage 13 423
Kleingarten 13 387
Kleinkriminalität vgl. Bagatellen
Klima (Verfahren) Einl. 227
Koalitionsfreiheit vgl. Vereinigungsfreiheit
Koalitionsvereinbarung 13 388
Körperliche Untersuchung EG 23 34, 132
Körperliche Unversehrtheit Einl. 192
Kollegiales Gespräch 193 21, 32
Kollegialgericht 75 2; **76** 5
Kollegium 16 48
Kommanditist 13 157
Kommissionär, Arbeitnehmer **13** 146 g
Kommunale Wohnungsvermittlung 13 389
Kompetenzkonflikt 17 2, 41
Kompetenzkonfliktsgerichtshof 12 12; **17** 2
Kompetenzvermutung 13 141
Konfliktkommission EG 1 23
Konkurrentenklage 13 146, 462; **59** 6
Konsul vgl. Immunität
Konsulartätigkeit 156 20
Kontaktsperre Einl. 103, 121
- Anfechtung **EG 37**
- Außerkrafttreten **EG 36** 2
- Benachrichtigung **EG 33** 3, 4
- betroffene Personen **EG 31** 20 ff.
- Durchführung **EG 33** 1 ff.
- Einfluss auf andere Verfahren **EG 34** 23 ff.
- Einfluss auf Strafverfahren **EG 34** 3 ff.
- einstweilige Maßnahmen **EG 34** 28
- Einzelmaßnahme, Anfechtung **EG 37**
- Ermessen **EG 31** 18
- erneute Feststellung **EG 36** 3
- Feststellung **EG 31** 11
- Form **EG 31** 19; **EG 32** 3
- Fristenhemmung **EG 34** 2
- Gefahrenabwehr **EG 31** 16
- gegenwärtige Gefahr **EG 31** 12 ff.
- gerichtliche Bestätigung **EG 35**
- Gesetzesgeschichte **EG 31** 2 ff.
- Inhalt **EG 31** 28 ff.
- Kontaktperson **EG 34 a**

EG = Einführungsgesetz, Einl. = Einleitung

– Maßregel **EG 38**
– Rechtsanwalt als Kontaktperson **EG 34 a**
– Rechtsbehelfe **EG 31** 36
– Rechtsnatur **EG 32** 2 ff.
– Rücknahme der Feststellung **EG 36** 1
– Spezialregelung **EG 31** 11, 28; **EG 33** 2
– terroristische Vereinigung **EG 31** 14
– Wirkung **EG 31** 28 ff.
– Zuständigkeit, gerichtliche **EG 32**
Kontoführung 13 390 a
Kontrollmitteilung 13 391
Konzentration Einl. 21; **22** 3
– OLG **116** 15; **119** 36; **121** 29
– SchwurG **74 d**
– StA **143** 8
– Strafsachen beim Amtsgericht **58**
Konzentrationsermächtigung, Rechtshilfe **157** 6
Konzessionsabgabe 13 392, 452
Kopfbedeckung 178 14
– Sitzungspolizei **175** 8
Kopftuch
– Berufsrichter **1** 161
– Schöffin **31** 13
Koppelungsgeschäft 13 393
Kosten vgl. Gerichtskosten
Kostenbeamter 153 12
Kostenfestsetzung 13 87
Kostenherabsetzung 16 117
Kosten/Nutzen-Analyse Einl. 230
Kostensachen, Amtsgericht **27** 7
Krankenhaus 13 394
– vgl. Psychiatrisches Krankenhaus, Universitätskliniken
Krankenkassen 13 395
Krankentransport 13 394, 395 a
Kreisgericht EG 1 20
Kriegsopfer 13 396
Kritik Einl. 170
Kruzifix im Gerichtssaal **12** 104
Kulturkreis, fremder, Gerichtssprache **185** 5
Kundenberaterin, Arbeitnehmer **13** 146
Kunst und Künstler 13 397
Kurtaxe 13 398

La Grand Einl. 36
Ladendiebstahl 16 77
Ladungen 160
Lärmschutz
– Wege **13** 456
– vgl. Immissionen
Laienrichter vgl. Ehrenamtliche Richter
Landegebühren 13 351
Landesjustizverwaltung 12 85 ff.
Landesrecht EG 3 ff.
– Revision in Strafsachen **121** 4
Landesverfassungsgerichte 12 42
Landwirtschaftssachen 27 20
Lastenausgleich 13 399, 459
Leben, Recht auf Einl. 192

Sachregister

Lebensgefahr Einl. 192, 230; **16** 93
– Öffentlichkeit **172** 34
Lebenspartnerschaftssachen 23 a 51 ff.
Legalitätsprinzip, StA **141** 10
Legalzession vgl. Rechtsnachfolge
Legislative vgl. Gewaltenteilung
Lehrauftrag 13 369, 400
Lehrkräfte 13 146 a
Leibgedinge 23 35
Leihvertrag 23 24
Leistungsbeschaffungsverträge 13 400 a
Leistungserbringungsverträge 13 62, 140
Leistungsverwaltung 13 94
Leitungsrechte 13 452
Leserbrief, Dienstaufsichtsmaßnahme **1** 167
Lieferprämie vgl. Marktregelung
Lohnansprüche 13 159
Lohnsteuerkarte 13 401 a
Lokaltermin 22 27
Losentscheid 197 3
Lotterie 13 402
Ludwigsburg vgl. Zentrale Stelle
Lückenloser Rechtsschutz Einl. 198; **16** 98
Luftschutz 13 403

Märkte 13 348, 405
Mahnung, öffentliche **EG 23** 28
Manipulation, gesetzlicher Richter **16** 2, 22
Manöverschaden 13 404
Marktregelung 13 406
Massenmedien, Einfluss auf Unabhängigkeit **1** 109, 189
Maßnahme der Dienstaufsicht
– Äußerungen zu Dritten **1** 167
– allgemein **1** 165
– Beziehung zur richterlichen Tätigkeit **1** 166
– dienstliche Beurteilung **1** 165
– disziplinarrechtliche Vorermittlung **1** 165
– Geschäftsprüfung **1** 165
– Geschäftsverteilung **1** 84
– Interview **1** 167
– Leserbrief **1** 167
– Meinungsäußerung **1** 165
– vgl. Dienstaufsicht
Mediation Einl. 133
– gerichtliche **Einl.** 137
Medien
– neue **13** 407
– Veröffentlichung von Privatem **Einl.** 191
– vgl. Fernsehen
Mehrheit, Entscheidung **196** 1
Mehrwertsteuer 13 408
Meinungsäußerung, Maßnahme der Dienstaufsicht **1** 165
Meinungsfreiheit, Richter **1** 161
Meistbegünstigung
– Fehler des Gerichts **17** 28
– Rechtsmittel **Einl.** 210; **17** 30
Menschenrechte
– Europäischer Gerichtshof **12** 65

1357

Sachregister

Fette Zahlen = §§, magere Zahlen = Randnummern

– internationaler Pakt **12** 71
– vgl. Grundrechte, Internationaler Strafgerichtshof
Menschenwürde Einl. 188
Messe vgl. Märkte
Mietrecht 13 159, 215
Mietspiegel 13 408 a
Mietstreitigkeiten 23 14 ff.; **72** 10
Mietverhältnis 13 159
Mindestgröße, Gerichte **Einl.** 13
Missbilligung 1 47
Missbrauch Einl. 207
– Rechtsweg **13** 39
Mitbestimmung 13 174
Mithaftung 13 84
Mitteilungen EG 12 ff.; **EG 23** 27; 134
Mitteilungspflichten 156 58
– Dienstaufsicht **1** 81
Mittlerer Justizdienst 153 19
Mitwirkung bei Entscheidung 192
Modernisierung Einl. 131; **1** 35
Monopol vgl. Rechtsprechungsmonopol
Montesquieu 1 15
Moselschifffahrtsgericht 14 8
Motorradrennfahrerin, Arbeitnehmerin **13** 146
MRK 12 65; **184** 9, 19; **185** 20
Müllabfuhr 13 409
Müller Arnold 1 14
Müller von Sanssouci 1 14
Mundart, Gerichtssprache **184** 2
Museen 13 410
Musterverfahren Einl. 193; **12** 26

Nachbarrecht 13 411
Nacheile 167
Nachtbriefkasten 16 105
Namensrecht 13 412
NATO
– Amtshilfe **156** 67
– Immunität **20** 21 ff.
NATO-Truppenstatut EG 23 134 a
Nebenamt vgl. Nebentätigkeit, Weiteres Richteramt
Nebenansprüche 13 86
Nebentätigkeit, Richter
– allgemein **1** 33, 162
– Distanz **1** 163
– private **1** 162
– Übertragung **1** 33, 41
– Unvereinbarkeit mit Richteramt **1** 33, 34
– Verwaltung **22** 17
Nemo tenetur Einl. 188
Neue Steuerungsmodelle 1 42
Neuland 13 413, 490
Neutralität Einl. 148, 167; **16** 31
– Richter **1** 163
Nichtanwendungserlass Einl. 170
Nichtiges Beamtenverhältnis 13 155

Nichtvermögensrechtliche Streitigkeit 72 7
Nichtzulassungsbeschwerde 133 9, 18
Niederschlagung von Verfahren
– Gerichtskosten **1** 100
– Gewaltenteilung **1** 102
Niederschlagwasser 13 414
Normenkontrolle 12 18
Notar Einl. 69, 70; **13** 415
Notarsachen EG 23 135
Not-Staatsanwalt 143 5
Notvertretung 70 2
Notweg 13 416, 456
Notwehr Einl. 209
NS-Staat
– Gerichtsverfassung **Einl.** 82
– Richter **1** 23
Nürnberger Kriegsverbrecherprozess 12 76

Obdachlose 13 417
Oberlandesgericht
– abgeordnete Richter **115** 6, 8
– Beschwerde, Strafsachen **121** 8
– Besetzung **115**
– Familiensenat **119** 32
– Hilfsrichter **115** 6
– Präsident **115** 3
– Professor im Nebenamt **115** 12
– Revision in Strafsachen **121** 2
– Senate **116**
– Staatsschutzsachen **120**
– Vertretung **117**
– Vorlagepflicht vgl. dort
– Vorsitzende Richter **115** 4
– weitere Richter **115** 5
– Zuständigkeit, Strafsachen **121**
– Zuständigkeit, Zivilsachen **119**
Oberseeamt vgl. Bundesoberseeamt
Oberste Landesgerichte 12 10; **EG 8; EG 9**
Obiter dictum 121 22; **132** 36
Objekt, Einzelner nicht **Einl.** 188, 216, 222
Obligatorische Streitschlichtung vgl. Gütestellen
Öffentliche Abgaben, Rechtsweg zum LG **71** 17
Öffentliche Aufgaben
– Vertragscharakter **13** 62
– Vertragsnatur **13** 62
Öffentliche Aufträge 13 98, 140, 319, 417 a
– vgl. Auftragsvergabe, Zuschlag
Öffentliche Bekanntmachung 12 123
Öffentliche Einrichtung 13 418
Öffentliche Kapitalmarktinformationen, Rechtsweg zum LG **71** 13
Öffentliche Körperschaften 13 419
Öffentliche Kritik 1 192
Öffentliche Ordnung, Öffentlichkeit **172** 23

EG = Einführungsgesetz, Einl. = Einleitung

Sachregister

Öffentliche Register 12 122
– vgl. Register, öffentliche
Öffentlicher Dienst 13 155
Öffentlichkeit
– abstrakte Möglichkeit **169** 21
– Anspruch auf Ausschluss **169** 19
– Aufzeichnungen **169** 67 ff.; **176** 25
– Augenschein **169** 22, 25, 36, 38, 51
– Aushang des Termins **169** 48
– Ausschließung vgl. dort
– Auswahl der Zuhörer **169** 23, 30
– Ausweiseinbehaltung **169** 40
– Ausweiskontrolle **169** 39
– Autobahn **169** 37
– beauftragter Richter **169** 11
– Beginn der Sitzung **169** 44, 48
– Berichterstattung **169** 3, 67
– Betriebsgeheimnis **172** 38, 40
– Bildaufnahmen **169** 64
– „Bitte" um Verlassen des Saales **169** 23
– Bloßstellung **169** 1, 14, 26
– Dispositionsbefugnis **169** 19, 58
– Disziplinarverfahren **169** 6
– Durchsuchung **169** 42
– Einflussnahme auf Richter **1** 109; **169** 15
– Einlass, Reihenfolge **169** 29
– Einlasskarten **169** 22, 35; **176** 16
– Einverständnis bei Verletzung **169** 69
– Einwirkung auf Richter **1** 109
– Entfernen von Zuhörern **169** 23
– Erfindungsgeheimnis **172** 38, 42
– ersuchter Richter **169** 11
– Erweiterung **169** 59
– faires Verfahren **169** 15
– Familiensache **170**
– Fehler, Heilung **169** 61
– Fernsehaufnahmen **169** 62, 85
– Filmaufnahmen **169** 62
– Fluchtgefahr **169** 46
– Fortsetzung außerhalb **169** 36, 49
– Fortsetzung der Verhandlung **169** 49
– Fotografieren im Sitzungssaal **169** 67
– Fotografieren, Zuhörer **169** 40
– freiwillige Gerichtsbarkeit **169** 5
– Gefahren **169** 13
– Geheimhaltung **174** 21 ff.
– Geheimnis **172** 38 ff., 44
– Geltungsbereich **169** 5
– gerichtsinterne Aufzeichnung **169** 73
– außerhalb des Gerichtssaals **169** 36, 47 ff.
– Geschäftsgeheimnis vgl. Betriebsgeheimnis
– Geschichte **169** 1
– Hausrecht, fremdes **169** 37
– Hausrecht, Gerichtsverwaltung **169** 38
– Information über Sitzung **169** 47
– Inhalt **169** 3, 52
– jedermann als Zuhörer **169** 21, 30
– Journalisten **169** 85
– Jugendliche, Öffentlichkeit **175** 3
– Jugendliche, Vernehmung **172** 51

– Jugendsachen **169** 5
– Justizvollzugsanstalt **169** 22, 36
– Kindschaftssachen **170**
– Klingeln zum Eintritt **169** 36
– Kontrollfunktion **169** 1 ff.
– Kontrollscheine **169** 41
– Lautsprecher **169** 27
– Lebensgefahr **172** 34
– Mahnverfahren **169** 11
– Medien **169** 82 ff.
– Missbrauch **169** 1
– Mitschreiben **169** 67
– Möglichkeit des Zuhörens **169** 53
– Monitor **169** 27
– Motive **169** 1
– MRK **169** 79
– mündliche Verhandlung **169** 8
– Nachteile **169** 13
– öffentliche Ordnung **172** 23
– Ordnung im Gerichtssaal **169** 25 ff.; **176**
– Ordnungsmaßnahmen **172**
– Ortsbesichtigung **169** 63
– Parteidisposition **169** 19
– Parteiöffentlichkeit **169** 3
– persönlicher Lebensbereich **171 b**
– Persönlichkeitsrecht **169** 14
– Personalausweis vgl. Ausweis
– Prangerwirkung **169** 26
– Pressevertreter **169** 33, 83 ff.; **174** 21, 23
– Privatgeheimnis vgl. Geheimnis
– Privatsphäre **171 b**
– Prozessbeobachter **169** 67
– psychologischer Druck **169** 40
– Pünktlichkeit **169** 44, 48
– Raumgröße **169** 25, 37
– rechtliches Gehör **169** 13
– Rechtsstaatsgebot **169** 4
– Registrierung, Besucher **169** 40
– Reihenfolge bei Einlass **169** 35
– Rücksichtnahme **169** 17
– Rundfunk vgl. Fernsehen
– Schließen von Türen **169** 45; **176** 24
– Sensationsbedürfnis **169** 26
– Sicherheitsbedürfnisse **169** 38
– Sittlichkeit, Gefährdung **172** 31
– Sitzungsbeginn **169** 44, 48
– Sitzungspolizei **169** 23, 38
– Sitzungsprotokoll **169** 54
– Sitzungssaal, Größe **169** 25 ff.
– Sperrerklärung **172** 26
– Staatssicherheit **172** 20
– Steuergeheimnis **172** 38, 43
– Stigmatisierung **169** 18
– störungsfreie Verhandlung **169** 38; **172** 24
– tatsächliche Gegebenheiten **169** 24, 36 ff.
– Teilnahmemöglichkeit **169** 21
– Terminsänderung **169** 48
– Terminsstunde **169** 48
– Terminsverlegung **169** 49
– Tonaufzeichnung **169** 62, 67, 73 ff., 82

1359

Sachregister

Fette Zahlen = §§, magere Zahlen = Randnummern

- Türe, verschlossen **169** 22, 57
- Überfüllung **169** 25
- Übertragung **169** 27
- unerwachsene Personen **175** 3
- ungestörte Verhandlung **169** 38; **172** 24
- Unterbrechung des Zutritts **169** 45
- Unterbringung **171 a**
- Unterrichtung vgl. Information
- unverzichtbar **169** 19, 58, 69
- Urteilsverkündung **173** 1
- verdächtige Personen **169** 43
- Vereinbarung vgl. Verzicht
- Verfassungsrecht **169** 4
- Verhandlung **169** 8
- Verhandlung außerhalb des Gerichtsgebäudes **169** 49
- Verhandlungsbeginn **169** 44
- Verkündung **169** 49
- Verlegung, Terminsort **169** 49
- Verletzung der Vorschriften **169** 55 ff., 61, 72
- Versagung des Zutritts **175** 2 ff.
- verschlossene Türe **169** 22, 57
- Verzicht **169** 19, 58, 69
- Verzögerung **169** 48
- Videotechnik **169** 96 f.; **176** 12
- V-Mann **172** 26
- Vollzugsanstalt **169** 49
- Vorrang **169** 17
- Vorstrafen **171 b** 40
- Vorverurteilung **169** 15
- Wahrheitsfindung **169** 16
- Wohnung **169** 36
- Würde des Gerichts **175** 6
- Zeichnen **169** 67
- Zeuge, Entfernen **169** 23
- Zeuge, Gefährdung **172** 26, 34
- Zeugenvernehmung **169** 23
- zu viel Öffentlichkeit **169** 59
- Zuhören, nur **169** 52
- Zuhörer, Auswahl **169** 30
- Zuhörer, Registrierung vgl. Registrierung
- Zurückweisen, Zuhörer **169** 23
- Zutritt, Versagung **175** 2 ff.
- Zutrittsmöglichkeit **169** 22
- Zuwarten **169** 44
- Zwangsvollstreckung **169** 11
- Zweckbestimmung **169** 50
- zwingendes Recht **169** 20, 69

Öffentlichkeitsarbeit 13 420
Öffentlich-rechtliche Streitigkeit 13 88
Öffentlich-rechtliche Verwahrung 13 104, 427
Öffentlich-rechtlicher Vertrag 13 16, 89
- vgl. Vertrag

Öffnungszeit des Gerichts **22** 33
Ölverschmutzung 13 421
Örtliche Sitzungsvertreter 141 26; **142** 13
Offensichtlicher Fehlgriff, Dienstaufsicht **1** 57

Opferschutz Einl. 107, 188, 196; **24** 19; **171 b**
Ordensangehörige 13 147
Ordentliche Gerichtsbarkeit 12 3, 5
- Gerichtsarten **EG 2**

Ordentliche streitige Gerichtsbarkeit 12 1
Ordentlicher Rechtsweg
- aktuelle Bedeutung **13** 7
- Geschichte **13** 1
- Zivilgericht/Strafgericht **13** 27
- vgl. Rechtsweg

Ordnung im Gerichtssaal 169 25 ff.; **176**
Ordnungsmittel
- Entfernung **177** 2
- Festhalten **177** 3
- Ordnungsgeld **178** 34
- Ordnungshaft **177** 3; **178** 35
- Vollstreckung **179**

Ordnungswidrigkeiten Einl. 152; **24** 30
Ordre public 21 14
Organisationsgewalt 22 40
Organisierte Kriminalität Einl. 107, 114, 116
Ort der Rechtsprechung vgl. Gerichtsstelle
Ortsgerichte 14 11

Pachtvertrag 23 24
Pactum de non petendo 13 212
Parkplatz 13 422
Parlament 13 423
- vgl. Fraktion, Gemeindevertreter, Koalitionsvertrag, Politische Parteien

Parlamentarier, nicht Schöffen **35** 3
Parlamentarische Immunität
vgl. Immunität
Parlamentarischer Untersuchungsausschuss Einl. 173 ff.; **13** 423 a
- Beschlagnahme **Einl.** 180
- Beugemaßnahmen **Einl.** 176
- Beweiserhebung **Einl.** 177
- Ermittlungsbeauftragter **Einl.** 177
- kein Gericht **Einl.** 174
- Gewaltenteilung **1** 105
- Grenzlinie Parlament/Rechtsprechung **Einl.** 173
- Grundrechtsbeachtung **Einl.** 173
- öffentliche Gewalt **Einl.** 173
- Öffentlichkeit **Einl.** 176
- Rechts- und Amtshilfe **Einl.** 175; **156** 17
- Rechtsweg **Einl.** 181
- richterliche Erörterung **Einl.** 176
- Sachverständige **Einl.** 179
- Urkunden **Einl.** 180
- Zeugen **Einl.** 178
- Zweck **Einl.** 173

Parteischiedsgericht 13 208
Parteistreitigkeit 13 89
Patentgericht vgl. Bundespatentgericht
Patient 13 128, 148
Patronatssachen 13 195

EG = Einführungsgesetz, Einl. = Einleitung

Sachregister

Pensenschlüssel 1 66; **21 e** 13, 85; **22** 19
Pensionssicherungsverein 13 160
Perpetuatio fori EG 1 5
– Rechtsweg **17** 9
Persönliche Unabhängigkeit
   vgl. Unabhängigkeit, persönliche
Persönlicher Lebensbereich, Öffentlichkeit 171 b
Persönlichkeitsrecht Einl. 189; **13** 424; **169** 14
Personalbedarf, Mitwirkung der Richter **1** 38
Personalbedarfsberechnung 21 e 13, 85; **22** 19
Personalhoheit, Gewaltenteilung **1** 37
Personenbeförderung vgl. Bundesbahn, Bundespost
Personenbezogene Daten EG 12 4, 10
– vgl. Weitergabe von Daten
Personenstandssachen, Amtsgericht **27** 15
Petition Einl. 183; **1** 103
Petitionsbescheid EG 23 137
Pfändung
– allgemein **13** 87
– Finanzrechtsweg **13** 114, 120
Pflegesatzvereinbarung 13 425
Pflegeversicherung 13 425 a
Plaketten, Sitzungspolizei **175** 8
Planstellen 22 9
– Größe des Präsidiums **21 a** 14
– Vorsitzende Richter **21 a** 14, 15
– Zuweisung durch Justizverwaltung **21 a** 14
Politische Parteien 13 426
– Kontoführung **13** 390 a
– Schiedsgerichte **13** 208
– vgl. Parlament, Parteischiedsgericht, Vermietung
Politischer Richter 1 159
Polizei 13 427
– als Justizbehörde **EG 23** 18
Polizeiliche Festnahme 13 427
Polizeiliche Zusammenarbeit 12 63
Positivismus vgl. Gesetzespositivismus
Post 13 427 a
Postlauf EG 26 13
Postverkehr 16 114
Präjudiz 1 107, 112, 129, 131; **121** 13
– ausnahmsweise Bindung **12** 30
Präklusion Einl. 217
Präsident
– Doppelstellung **59** 7
– des LG **59** 3
– Stellenbesetzung **59** 3
– vgl. Gerichtspräsident
Präsidialrat
– Beteiligung **1** 37, 186
– richterliche Unabhängigkeit **1** 85
Präsidialverfassung 1 35
Präsidium
– Ablehnung von Mitgliedern **21 e** 68

– Abstimmung **21 e** 73
– Allzuständigkeit **21 e** 12
– Amtshaftung **21 e** 26
– Anhörung **21 e** 43 ff.
– Auskunftsrecht **21 e** 24
– Ausscheiden **21 c** 5
– Ausschließung **21 e** 68
– Autonomie **21 e** 28, 39
– Bedeutung **21 a** 1
– Befangenheit **21 e** 68
– Beratungsgeheimnis **21 e** 22
– Beschlussfähigkeit **21 i** 2
– Beschlussfassung **21 e** 73
– Dienstaufsicht **21 e** 20, 122, 125
– Dienstpflichten der Richter **21 b** 16; **21 e** 18
– Eilentscheidung **21 i** 7
– Ermessen **21 e** 78
– Fürsorgepflicht **21 e** 16
– Gerichtspräsident **21 a** 13, 16; **21 e** 20
– Geschäftsjahr **21 d** 3; **21 e** 97
– Geschäftsordnung **21 e** 29
– gewähltes **21 e** 12
– Gleichbehandlungspflicht **21 e** 6, 16
– Größe **21 a** 13; **21 d**
– Haftung **21 e** 26
– Informationsrecht **21 e** 57
– bei jedem Gericht **21 a** 9
– keine Justizbehörde **EG 23** 11, 138
– Mehrheit **21 e** 71
– Mitglieder, Rechtsstellung **21 e** 18
– Mitwirkungspflicht **21 e** 18
– Nachrücken **21 c** 5
– Notzuständigkeit **21 i** 7
– Öffentlichkeit vgl. Richteröffentlichkeit
– Organ der Selbstverwaltung **21 a** 7; **21 e** 2
– Parteifähigkeit **21 e** 10
– Personalakten, Einsicht **21 e** 59
– Plenum der Richter **21 a** 11
– Protokolle **21 e** 74
– Rechtsfähigkeit **21 e** 10
– Richterdienstgericht **21 e** 25
– Richteröffentlichkeit **21 e** 22, 39, 41, 60 ff.
– Richterrat **21 e** 42, 49
– Schwerbehinderte **21 e** 42, 50
– Selbstverwaltung **21 e** 2
– Sitzung **21 e** 33, 36, 40
– Stimmenthaltung **21 e** 72
– „Streik" **21 e** 6
– Umlaufverfahren **21 e** 37
– Unabhängigkeit **1** 84; **21 a** 7; **21 e** 7, 20, 25
– Verfahren **21 e** 27
– Verschwiegenheit vgl. Beratungsgeheimnis
– Vertretung der Mitglieder **21 c**
– vorgegebene Daten **21 e** 13, 14
– Vorsitz **21 a** 15; **21 e** 30
– Vorsitz beim AG **22 a**
– vorsitzende Richter **21 a** 14
– Wählbarkeit **21 b**
– Wahlanfechtung **21 b** 17
– Wahlordnung **21 b** 23

Sachregister

Fette Zahlen = §§, magere Zahlen = Randnummern

– Wahlpflicht **21 a** 7; **21 b** 16
– Wahlrecht **21 b**
– Wahlsystem **21 b** 12
– Wahlvorstand **21 b** 15; **21 d** 9
– Zahl der Spruchkörper **21 e** 13
– Zuständigkeit **21 e** 11 ff.
Prätendentenstreit 13 427 b
Präventiv-polizeiliche Tätigkeit,
 Anfechtbarkeit **EG 23** 18
Prangerwirkung 169 26
Presse 13 428
– Geheimhaltung **174** 21, 23
– Öffentlichkeit **169** 31, 33, 85 ff.
– Sitzungspolizei **176** 47
– vgl. Medien
Presseauskunft 1 82
Presse-Erklärung
– gerichtliche **1** 82
– Informationsanspruch **13** 428
– Justizverwaltung **12** 128
– Justizverwaltungsakt **EG 23** 30
– Rechtsweg **12** 128 a f.
– StA **141** 28
Presseinformation 12 128; **141**, 28;
 EG 23 30, 36, 139
Privatautonomie, Schiedsgericht **13** 213
Privatgeheimnis vgl. Geheimnis
Privatrechtliche Gestaltung 13 13, 62, 96,
 140
Privatrechtsgestaltender Verwaltungsakt
 13 96, 97
Privatschulen 13 429, 439
Privatsphäre 171 b
Proberichter vgl. Richter aP
Professor 21 e 131
– Richter im Nebenamt **119** 9
Programmgestalter 13 147
Prominente 24 16
Protokollführung 153 16
– Unabhängigkeit **1** 75, 152
Prozessagent EG 23 140; **EG 24** 6
Prozessbeobachter 169 67
Prozessgrundrecht Einl. 216
Prozesskostenhilfe 16 117; **EG 23** 141;
 EG 29 22
Prozessleitung, Kernbereich Unabhängigkeit
 1 54
Prozessual überholter Justizverwaltungsakt vgl. Fortsetzungsfeststellungsinteresse
Prozessuale Rechte, Wahrung **16** 70
Prozessverbindung 16 10 a
Prozessvergleich 13 449, 475
Prozessvoraussetzung, Rechtsweg **17** 7, 16
Prozesszinsen 13 86
Prüfingenieur 13 430, 478
Prüfungsverband 13 430
Psychiatrisches Krankenhaus 13 431
– vgl. Krankenhaus
Psychologische Erschwerungen,
 gesetzlicher Richter **16** 118

Publizistik vgl. Medien
Publizistische Erörterung
 vgl. Vorverurteilung

Querulatorische Eingaben 12 133
– vgl. Missbrauch
Räumungsklage 23 27
Rechnungshof Einl. 162; **13** 431 a
– vgl. Bundesrechnungshof
Rechtliches Gehör Einl. 215 ff.
– Aktenkenntnis **194** 8
– Aufklärungspflicht des Gerichts **Einl.** 216
– Entscheidungsgründe **Einl.** 218
– faires Verfahren **Einl.** 227
– Fehler des Gerichts **Einl.** 217
– Fragepflicht des Gerichts **Einl.** 216
– Geltungsbereich **Einl.** 215
– Hinweispflicht des Gerichts **Einl.** 216
– Kenntnisnahme Parteivortrag **Einl.** 218
– Objekt (Einzelner) **Einl.** 216
– Öffentlichkeit **169** 13; **172** 28
– Präklusion **Einl.** 217
– Prozessgrundrecht **Einl.** 216
– Rechtsfragen **Einl.** 216
– Rechtsstaatsprinzip **Einl.** 215
– Schadensersatz **16** 123
– Schiedsgericht **Einl.** 215
– Überraschungsentscheidung **Einl.** 216
– Verfassungsbeschwerde **Einl.** 220
– Verletzung **16** 50
– Vertretung **Einl.** 219
– Verweisungsbeschluss **Einl.** 220
Rechtsantragstelle 153 3, 4
Rechtsanwalt Einl. 69
– Arbeitnehmer **13** 146 i, 432, 488
– Ordnungsmittel **176** 18, 40 ff.; **177** 14, 19
– Sitzungspolizei **176** 40; **177** 14, 19
– Sozietätsabrede **13** 316
– Zuziehung **Einl.** 225; **16** 101
Rechtsanwendungsgleichheit Einl. 195;
 121 13
– vgl. Einheitlichkeit der Rechtsprechung
Rechtsbeistand EG 23 142
Rechtsbeschwerde 133 15 ff.
Rechtsbeugung 1 198
Rechtschreibreform 1 76
Rechtschreibung 1 76
Rechtseinheit Einl. 85
Rechtseinheitlichkeit Einl. 225; **121** 13
Rechtsentscheid (Mietrecht) **Einl.** 92; **16** 42
Rechtsfortbildung Einl. 213; **1** 110, 138;
 132 1, 37
Rechtshängigkeit, Rechtswegsperre **17** 12
Rechtshilfe EG 23 143
– Ablehnung **158**
– abschließende Regelung **156** 6
– Akteneinsicht **156** 27; **158** 60
– Auskunft **156** 27
– Ausland vgl. Auslandstätigkeit
– Begriff **156** 3, 8 ff., 20

EG = Einführungsgesetz, Einl. = Einleitung

Sachregister

- Beweisbeschluss **156** 34
- bürgerliche Rechtsstreitigkeit **156** 14
- EG **156** 66
- Ersuchen vgl. Rechtshilfeersuchen
- Geltungsbereich **156** 10, 14 ff.
- Inhalt **156** 30
- Konkretisierung **156** 36
- Konsulartätigkeit **156** 20
- Kosten **164**
- Kostenvorschuss **164** 2
- NATO **156** 67
- Organ **156** 29
- parlamentarischer Untersuchungsausschuss **Einl.** 175; **156** 17
- Rechtsprechung **156** 10 ff., 22, 23
- Schiedsgerichte **156** 62
- StA **156** 48
- Strafvollstreckung **156** 13; **162**; **163**
- Vereidigung **156** 36
- „verlängerter Arm" **156** 34
- Verwaltungsbehörde **156** 51
- Vollstreckung **156** 28
- Vollstreckungsschutz **156** 54
- Zwischenstreit **156** 36
- vgl. Internationaler Strafgerichtshof
- vgl. Rechtshilfeersuchen

Rechtshilfeersuchen
- Abgabe **158** 23
- Ablehnung **158**
- abschließende Inhaltsbestimmung **156** 34 ff.
- Adressat **156** 44; **157**
- Akteneinsicht **156** 27; **158** 60
- Angemessenheit **158** 42
- Anhörung **158** 38
- Arbeitszimmer **156** 25
- Ausforschungsbeweis **158** 32
- Ausland **156** 64
- Auslieferung **156** 65
- Aussagegenehmigung **158** 31
- Aussageverweigerung **156** 36
- Bedenken gegen Zulässigkeit **158** 47
- Beiordnung Rechtsanwalt **156** 38
- Beschwerde **159**
- Bestimmtheit **156** 34 ff.; **158** 16
- Betreuungssachen **158** 38
- Beweisbeschluss **156** 34
- Beweiserheblichkeit **158** 34
- Beweismittel **158** 36
- Bindung des ersuchten Gerichts **156** 40
- Dienstaufsicht **1** 100
- Durchführung **156** 41; **157** 8
- EG **156** 69
- Erbauseinandersetzung **156** 38
- Ermessen **158** 43
- erneutes Ersuchen **158** 20
- Form **156** 44
- freiwillige Gerichtsbarkeit **156** 37
- funktionale Zuständigkeit **158** 15
- Geheimhaltungsbedürftigkeit **Einl.** 171 ff.; **156** 60; **158** 53

- Gericht **156** 10, 11
- Gerichtsbezirk, eigener **156** 33
- innerhalb des Gerichtsbezirks **156** 33
- Gerichtssprache **184** 24
- Geschäftsverteilung **157** 3
- grenznahes Gericht **157** 5
- „Hergang" des Unfalls **156** 34
- Inhalt **156** 34
- kirchliches Gericht **156** 20
- Konkretisierung vgl. Bestimmtheit
- Konzentration **157** 6
- Missbrauch **158** 18
- Mitteilungen **156** 58; **EG 13**
- örtliche Zuständigkeit **157** 4, 23
- persönliches Erscheinen **156** 41
- Personalakten **158** 53
- Personalvorschläge **156** 24
- Prozesskostenhilfe **156** 37
- Prozessökonomie **158** 39
- prozessuale Zulässigkeit **158** 26
- Prüfungsakten **158** 54
- Rechtsmissbrauch **158** 18
- Rechtsmittelbelehrung **156** 38
- Rechtsmittelgericht **156** 42; **159**
- Rechtspfleger **157** 11
- Rechtsprechungsaufgabe **156** 22
- Richter **157** 3
- Sachverständiger, Auswahl **156** 36
- Schiedsgericht **156** 20, 62
- Selbstvornahme **156** 31, 37; **158** 21, 41
- StA **156** 48
- Umdeutung **156** 40
- Unklarheit **158** 9, 16
- Unvollständigkeit **158** 9
- unzulässige Tätigkeit vgl. verbotene Tätigkeit
- Unzumutbarkeit **158** 46
- Unzuständigkeit **158** 8, 15, 23, 25
- verbotene Tätigkeit **158** 8, 10 ff.
- Vereidigung **156** 36
- Verfahrenshindernis **158** 8
- „verlängerter Arm" **156** 34
- Vertraulichkeit **158** 55
- Verwaltungsbehörde, Ersuchen an **156** 59
- Verwaltungsbehörde, Ersuchen von **156** 51 ff.
- Vollstreckung **158** 53
- Weitergabe **157** 15
- Wiederholung **158** 19
- wirksames Ersuchen **158** 16
- Zumutbarkeit vgl. Unzumutbarkeit
- Zuständigkeit **157** 10, 11
- Zustellungen **156** 24
- Zweckmäßigkeit **156** 32; **158** 32, 37
- Zweifel an der Zulässigkeit **158** 22
- Zwischenstreit **156** 36

Rechtshilfegericht
- eigene Gerichtsgewalt **157** 9
- Geschäftsverteilung **157** 3
- Grenznähe **157** 5
- Konzentration **157** 6
- örtliche Zuständigkeit **157** 4

1363

Sachregister

Fette Zahlen = §§, magere Zahlen = Randnummern

– Verfahrensvorschriften **157** 8
Rechtshilfeordnung für Zivilsachen 156 64
Rechtskraft
– Bindung **13** 41 ff., 102
– vgl. Vorfrage
Rechtsmittelbelehrung Einl. 210; **16** 118; **EG 26** 8
Rechtsmittelreform
– Strafprozess **Einl.** 138
– Zivilprozess **Einl.** 121, 126, 132
Rechtsnachfolge 13 84, 99, 115, 175
Rechtspflegeentlastungsgesetz Einl. 115; **115** 7
Rechtspflegegebiet vgl. Einheitliches Rechtspflegegebiet
Rechtspflegeministerium Einl. 38
Rechtspfleger Einl. 68, 79, 88, 89; **153** 1
– StA **142** 14
Rechtsprechende Gewalt
– ausschließliche Kompetenz **Einl.** 162
– Berufsrichter **Einl.** 168
– besondere Organe **Einl.** 161
– Blankettformel **Einl.** 144
– bürgerliche Rechtsstreitigkeiten **Einl.** 148
– Definition **Einl.** 143 ff.
– deskriptive Methode **Einl.** 144
– Disziplinarsachen **Einl.** 152
– ehrenamtliche Richter **Einl.** 168
– freiwillige Gerichtsbarkeit **Einl.** 155
– funktioneller Begriff **Einl.** 160
– gebührenpflichtige Verwarnung **Einl.** 152
– Geheimhaltung/Verwaltung **Einl.** 171
– Gewaltenteilung **Einl.** 141 ff.
– Haushaltsgesetzgeber **Einl.** 170
– institutionelle Unabhängigkeit **Einl.** 170
– Kernbereich **Einl.** 147, 172
– Laienrichter vgl. Ehrenamtliche Richter
– materieller Begriff **Einl.** 145
– neue Aufgaben **Einl.** 159
– neutrale Instanz **Einl.** 148, 167
– Ordnungswidrigkeit **Einl.** 152, 156
– Richter **Einl.** 161
– Strafgerichtsbarkeit **Einl.** 151
– traditionelle Aufgaben **Einl.** 155
– traditionelles Vorverständnis **Einl.** 147
Rechtsprechung
– Begriff **1** 25
– Einheitlichkeit **121** 13; **132** 1
– vgl. Gewaltenteilung, Rechtsprechende Gewalt
Rechtsprechungsmonopol Einl. 209
– Schiedsgericht **13** 213
Rechtsschutz gegen Gerichte Einl. 210
Rechtsschutzgarantie Einl. 198
Rechtssicherheit Einl. 228
– vgl. Einheitlichkeit der Rechtsprechung
Rechtsstaat, Immunität 18 2
Rechtsstaatsprinzip Einl. 197 ff.
– Effektivität vgl. dort

– Immunität **Einl.** 198
– Justizgewährungspflicht **Einl.** 213
– Leitidee **Einl.** 197
– lückenloser Rechtsschutz vgl. dort
– rechtliches Gehör **Einl.** 215
– Rechtsverweigerungsverbot vgl. dort
– Selbsthilfeverbot vgl. dort
– staatliches Gewaltmonopol **Einl.** 209
– staatliches Rechtsprechungsmonopol **Einl.** 209
– umfassender Rechtsschutz vgl. dort
Rechtsstillstand 16 30
Rechtsverteidigung, freie Einl. 221
Rechtsverweigerungsverbot Einl. 213
Rechtsweg
– Abänderungsklage **13** 85
– Abtretung **13** 84
– Amtshaftung **13** 102, 130
– Arbeitsgerichte **17** 20 ff.
– Arrest **13** 85
– Aufopferung **13** 106
– Aufrechnung **13** 72; **17** 52
– Ausschluss **13** 211
– aut-aut **17** 22
– Begriff **17** 3
– Bindung **17** 37, 45
– Bürgschaft **13** 84, 99, 115, 332
– culpa in contrahendo **13** 68
– Daseinsvorsorge **13** 94
– Doppelcharakter **13** 70
– Drittwiderspruchsklage **13** 87
– Durchgriffshaftung **13** 48, 84, 131, 340
– einstweilige Verfügung **13** 85; **17** 6
– Enteignung **13** 105, 345
– Entscheidungsgrundlage **17** 17 ff.
– Erschleichen **13** 39, 93; **17** 4, 18
– Erstattung **13** 92, 347
– et-et **17** 22
– Familiensachen **17** 57
– Feststellungsklage **13** 85
– Folgenbeseitigung **13** 93
– freiwillige Gerichtsbarkeit **17** 53 ff.
– Geltungsbereich **17** 6
– gemischte Rechtsverhältnisse **13** 69; **17** 48
– Geschäftsführung ohne Auftrag **13** 90
– Geschichte **13** 1
– Gleichwertigkeit aller Rechtswege **17** 2, 5
– Grundstücksangelegenheiten **13** 65
– Haupt- und Hilfsanspruch **17** 49
– Klagenhäufung **17** 49
– Leistungsklage **13** 85
– Natur des Rechtsverhältnisses **13** 13
– Nebenansprüche **13** 86
– negative Feststellungsklage **13** 85; **17** 23
– Notarsachen **17** 58
– öffentliche Aufgabe **13** 13, 62
– öffentlich-rechtliche Bindungen **13** 13
– öffentlich-rechtliche Streitigkeit **13** 88
– öffentlich-rechtliche Verwahrung **13** 104
– Parteistreitigkeit **13** 89

EG = Einführungsgesetz, Einl. = Einleitung

- perpetuatio fori **17** 9
- Prozessvoraussetzung **17** 7, 16
- Prozesszinsen **13** 86
- Prüfung von Amts wegen **17** 7, 16, 24
- Rechtsnachfolge **13** 84, 99
- Rechtsnatur des Anspruchs **17** 17 ff.
- Rechtsverhältnis **13** 10
- Regelung **13** 8
- Rückforderung **13** 91, 126
- Säumniszuschläge **13** 86
- Schuldbeitritt **13** 84
- sic-non **17** 21
- Stufenklage **13** 83; **17** 51
- Überlieferung **13** 101
- umfassende Entscheidung **17** 48 ff.
- ungerechtfertigte Bereicherung **13** 91
- Unzulässigkeit **17** 35
- Vereinsmitglieder **13** 145
- Vermögensübernahme **13** 84, 120, 126, 177
- Verträge **13** 61
- Verweisung **17** 16, 35 ff.
- Verzugsschaden **13** 86, 485
- Vollstreckungsgegenklage **13** 87
- Vorabentscheidung **17** 24 ff.
- Vorfragen **13** 17
- Wettbewerbsstreitigkeiten **13** 40, 133, 140, 497
- Widerklage **13** 82; **17** 50
- Wiederaufnahme **13** 85
- wirtschaftliche Zusammenhänge **13** 162, 168
- Zeitpunkt der Entscheidung **17** 8
- Zinsen **13** 86
- Zuweisung **13** 100
- Zwangsvollstreckung **13** 87
- Zweistufenlehre **13** 70, 95, 361
- zwingendes Recht **17** 4
- vgl. Bürgerliche Rechtsstreitigkeiten

Rechtswegsperre 17 12

Rechtswegstreitigkeiten 13 7
- allgemein **17** 1
- Anwendungsbereich **17** 6
- Aussetzung **17** 34
- Beschleunigung **17** 1, 25
- Kosten **17** 44
- Rechtsmittelbeschränkung **17** 47

Rechtswegverweisung
- von Amts wegen **17** 16
- Beschluss **17** 46
- Beschwerde **17** 36
- Bindung **17** 37, 45, 46
- Fehler **17** 28
- Folgen **17** 42
- Kosten **17** 44
- Weiterverweisung **17** 37

Reduzierte Besetzung 122 5

Reduzierte Spruchkörper
- Besetzung **21 e** 133; **21 g** 48
- StrafK **74** 3 ff.

Referendar 142 16
- Beratung **193** 22

Sachregister

Referendarausbildung
- gerichtliche Tätigkeit **10**
- Unabhängigkeit **1** 79, 87

Referendare als UdG 153 22

Reform vgl. Justizreform

Register, öffentliche EG 23 144
- vgl. Öffentliche Register

Registrierung, Besucher **169** 40

Regressanspruch 71 12

Reichsgaragenordnung 13 433

Reichsgericht
- Divergenz **121** 11; **123** 1
- nicht divergenzfähig **121** 11; **132** 3
- Funktionsnachfolge **123** 1

Reichskammergericht 1 13

Reisende 23 30

Religiös motivierte Tätigkeit 13 147

Religiöse Rücksichtnahme 16 120

Religionsdiener, nicht Schöffen **34** 15

Religionsgesellschaften, Datenübermittlung **EG 12** 16

Religionsunterricht 13 194

Repressionsverbot 16 121

Ressortierung Einl. 39

Revision
- Aufgabe **133** 3
- BGH in Strafsachen **135** 2
- BGH in Zivilsachen **133**
- Familiensachen **133** 12 ff.
- OLG in Strafsachen **121** 2
- Reform **Einl.** 132

Rheinschifffahrtsgericht 14 7

Richter Einl. 19, 53
- Arbeitsleistung **1** 66
- außerdienstliches Verhalten **1** 58
- Beförderung **1** 152
- Besoldung **1** 153
- Beurteilung **1** 89
- Dienststunden **1** 154
- Entlassung **1** 143
- Entscheidungsfreiheit **1** 39 ff.
- Fragepflicht **Einl.** 216
- Frauen **Einl.** 82; **1** 23
- gesetzesunterworfen **Einl.** 211
- Gewissenskonflikt **1** 139
- Haftung **1** 194
- Individualrechte **1** 12
- Neutralität **1** 163
- Parteimitgliedschaft **1** 161
- politische Betätigung **1** 161
- Pünktlichkeit **1** 68
- Selbstverständnis **1** 3
- Selbstverwaltung vgl. dort
- Status **22** 6
- Unabhängigkeit vgl. dort
- Urlaub **1** 154
- Versetzung **1** 143

Richter aL 1 142; **22** 6, 7
- am AG **59** 17
- OLG **115** 5

1365

Sachregister

Fette Zahlen = §§, magere Zahlen = Randnummern

Richter aP 1 149; **21 e** 128, 140; **22** 6, 8
- am AG **22** 8
- am LG **59** 18
- OLG **115** 5
Richter kA 1 149; **22** 6, 8
- Einschränkung beim AG **22** 6
- am LG **59** 18
Richterablehnung 1 163
Richterämter, Besetzung **1** 37
Richteranklage 1 204
Richterdienstgericht vgl. Dienstgericht
Richterliche Fragepflicht Einl. 216
Richterliche Gewalt 1 25
- vgl. Gewaltenteilung
Richterliche „Hilfe" Einl. 227
Richterliche Prüfungskompetenz
- Besatzungsrecht **1** 125
- Bundesgesetze **1** 115
- Bundesverordnung **1** 120
- EG-Recht **1** 126
- fortgeltendes Bundesrecht **1** 121
- Landesrecht **1** 122 f.
- Völkerrecht **1** 124
Richterliche Selbstverwaltung
- Präsidium **21 e** 2
- vgl. Selbstverwaltung
Richterliche Unabhängigkeit vgl. Unabhängigkeit
Richterliche Verantwortung 1 193
- Disziplinarrecht **1** 203
- verfassungsrechtliche Verantwortung **1** 204
Richterliches Selbstverständnis 1 3
Richterrat 1 38
- Präsidium **21 e** 42, 49
Richterrecht, Rechtsquelle **1** 130
Richtervertretung
- Dienstaufsicht **1** 86
- vgl. Präsidium, Richteramt
Richtervorlage 12 18
- vgl. Normenkontrolle
Richterwahlausschuss 1 36
Richterwechsel 21 e 113; **192** 8
Richterzahl vgl. Zahl der Richter
Richterzahl je Gericht 22 18
Richtlinien für den Verkehr mit dem Ausland 156 65
Richtunggebender Einfluss, Vorsitzender **59** 12
Robe, Sitzungspolizei vgl. Amtstracht
Römisches Statut vgl. Internationaler Strafgerichtshof
Rotes Kreuz 13 147
RPflAnpG 119 7
RPflEntlG 119 7
Rückabwicklung 13 68
Rückerstattung 13 435
Rückforderung 13 92, 126, 459
Rückgewähranspruch 13 92
Rückgriffsanspruch 71 12

- gegen Beamte **13** 102
- vgl. Erstattung
Rückzahlungsverpflichtung 13 67, 92
- vgl. Schuldanerkenntnis
Rügepräklusion 16 60
Ruhestandsrichter 192 2; **195** 10
Rundfunk vgl. Fernsehen
Rundfunkgebührenbeauftragter 13 147

Sachliche Unabhängigkeit
 vgl. Unabhängigkeit
Sachverständiger
- Unabhängigkeit **1** 160
Säumniszuschlag 13 86
Salzgitter vgl. Zentrale Stelle
Sammelverfahren 143 2
Schadensersatzanspruch 13 102, 122, 130
- aus Vertrag **13** 68, 103
Schauprozess 16 70
Scheck 13 159, 438
Scheidungsvereinbarung 23 a 44
Scheinselbständigkeit 13 146 b
Schiedsgerichte 12 14; **13** 213
- Aufrechnung **13** 77
- Billigkeitsentscheidung **13** 217
- einstweilige Anordnung **13** 221
- gesetzlicher Richter **16** 73
- Kompetenz-Kompetenz **13** 217
- rechtliches Gehör **Einl.** 215
- Verfahren **13** 217
- Wahlrecht **13** 216
Schiedsgutachten 13 218
Schiedsmann 14 12
Schiedsmannswesen EG 23 146
Schiedsspruch 13 218 f.
Schiedsvereinbarung 13 214
- Kündigung **13** 224
Schiedsvertrag Einl. 205
Schifffahrtsgerichte 14
Schill vgl. Rechtsbeugung
Schlachthof 13 436
Schlaf 16 64; **33** 6
Schleusen 13 437
Schlichte Hoheitsverwaltung 13 70
Schlichthoheitliche Tätigkeit EG 23 24
Schlichtung 16 78
- obligatorisch **Einl.** 135
- vgl. Streitschlichtung
Schließen der Türen 169 45; **176** 24
Schöffen
- Abgeordnete **35** 1
- Ablehnung des Amts **35; 53**
- Aktenkenntnis **30** 2
- Amtsdelikte **31** 9
- Ausbleiben **56**
- Auslosung **45**
- Beamte **34** 4
- Befugnisse **30**
- Beratungsgeheimnis **31** 4
- nicht zu berufen als **33** 34

EG = Einführungsgesetz, Einl. = Einleitung   **Sachregister**

- Blindheit **31** 12; **33** 5; **191 a**
- Bundespräsident **34** 2
- Bundesregierung **34** 3
- DDR-Belastung **33** 9
- deutsche Sprache **31** 11
- Deutscher **28** 2; **31** 10
- Ehrenamt **31**
- Eid vgl. Vereidigung
- Entbindung von einzelnen Sitzungstagen **54**
- Entpflichtung **52** 12
- Entschädigung **55**
- Fortsetzung über Wahlperiode **50**
- Frauen **29** 4; **36** 1
- Funktion **28** 2
- Gewaltenteilung **31** 7 f.
- Gewissensgründe **35** 11; **54** 5
- Haftprüfung **30** 8
- Haftung **31** 9
- Heilberufe **35** 6
- Heranziehung **45 ff.**
- Hinderungsgründe **33** 3
- Kopftuch **31** 13
- Landesregierung **34** 3
- Minister **34** 3
- Obliegenheitsverletzung **56**
- Parteimitgliedschaft **31** 13
- Pflicht **35** 2
- Pflichtverletzung **56**
- Qualifikation **31** 10
- Rechte **30**
- Referendar **34** 8
- Religionsdiener **34** 15
- Sitzungstage **45**
- Spezialschöffen **77** 1
- Sprache **31** 11
- Straftaten **32**
- Streichen von der Liste **49** 2; **52**
- Taubheit **31** 12; **33** 5
- Unabhängigkeit **31** 4
- Unfähigkeit **31** 13; **32**; **52** 4
- Vereidigung **31** 6
- Vorschlagsliste **36**
- Vorübergehende Verhinderung **54**
- Wahl **42**
- Wahl, Anfechtbarkeit **EG 23** 147
- Zahl **43**
- vgl. Ehrenamtliche Richter

Schöffenakten, Einsicht **44** 8

Schöffengericht
- außerordentliche Sitzung **47**
- Besetzung **29**
- erweitertes **29**
- gemeinsames **58**
- Gericht höherer Ordnung **28** 7
- Geschichte **28** 3
- Sitzungstage **45**
- weiteres Schöffengericht **46**
- Zuständigkeit **25**; **28**

Schöffengeschäftsstelle 44 3

Schöffenliste 44; **45**
- Einsicht **44** 8; **45** 24

Schöffenwahl
- Ausschuss **40**
- Benachrichtigung **45** 22
- Einspruch **37**
- Entscheidung über Einspruch **41**
- Ergänzungswahl **52** 22 f.
- Repräsentanz der Bevölkerung **36**; **42** 15
- Wahl **42** 6
- Wahlverfahren **42** 17
- vgl. Schöffenliste, Vorschlagsliste

Schuldanerkenntnis 13 438
Schuldbeitritt 13 84
Schuldnerverzeichnis EG 23 148
Schuldübernahme 13 115
Schulwesen 13 429, 439
Schutzpflicht des Staates 21 10
- Grundrechte **12** 83

Schutzpflichten Einl. 36, 184
Schutzschrift 12 109
Schwerbeschädigte 13 440
Schwerpunkt-StA 143 8
Schwurgericht Einl. 60, 81, 85, 97; **74**
- Konzentration **74 d**
- Zuständigkeit **24** 2

Seeamt vgl. Bundesoberseeamt
Seegerichtshof, Internationaler **12** 73
Sehbehinderung
- Verständigung **186** 8
- Zugänglichmachung von Dokumenten **191 a**

Sektenbeauftragter 13 184
Selbstbezichtigung Einl. 188
- vgl. Nemo tenetur

Selbsthilfe-Verbot Einl. 209, 213
Selbstmordgefahr Einl. 192; **172** 27
Selbstverwaltung
- Richter **1** 34 ff.
- vgl. Geschäftsverteilung, Präsidialrat, Richterrat

Senat für Familiensachen vgl. Familiensenat
Senate
- OLG **116**; **122**
- vgl. Bundesgerichtshof

Sequenzzuständigkeit 142 2; **143** 1
Sicherheit des Staates vgl. Staatssicherheit
Sicherungen 13 114
- vgl. Bürgschaft

Siedlungsland 13 441
Siedlungswesen 13 330
Sittlichkeit, Gefährdung **172** 31
Sitz des Gerichts vgl. Gerichtssitz
Sitzungspolizei EG 23 149
- Amtstracht **176** 19
- Anfechtung **176** 48
- Anhörung **176** 38
- Aufgabe **176** 1
- Aufstehen **176** 21
- Aufzeichnungen **176** 25, 31

Sachregister

Fette Zahlen = §§, magere Zahlen = Randnummern

- Ausdrucksweise **176** 23
- Ausschluss der Öffentlichkeit **176** 35
- Ausweiskontrolle **176** 16
- betroffene Personen **176** 18, 39
- Dienstaufsicht **1** 72; **176** 36
- Durchsuchung **176** 17
- Einlasskarte **176** 16
- Ermahnung **168** 42; **176** 23
- Ermessen **176** 36
- Fotografieren **176** 31
- Hausrecht **176** 3
- Inhalt **176** 13 ff.
- Kleidung **175** 7; **176** 22
- Kontrollen **176** 17, 40
- Kopfbedeckung **175** 8
- Mahnung **176** 23
- Ordnung im Gerichtssaal vgl. dort
- Personen, betroffene **176** 18, 39
- Plaketten **175** 8
- Polizeikräfte **176** 28
- Presse **176** 47
- räumliche Erstreckung **176** 10
- Rechtsanwalt **176** 18, 40; **177** 14, 19
- Rechtsbehelf **176** 48
- richterliche Aufgabe **176** 7
- Robe vgl. Amtstracht
- Schließen der Türen **176** 24
- Sitzordnung **176** 15
- Sitzung, Dauer **176** 8; **180**
- Sitzungsunterbrechung **176** 32, 34
- Staatsanwalt **176** 44
- Stil **176** 22
- Störung **176** 27
- Straftat in der Sitzung **183**
- Tonaufzeichnung **176** 31
- Unabhängigkeit, richterliche **176** 7
- Unterbrechung der Sitzung **176** 32, 34
- Verhältnismäßigkeit **172** 24; **176** 14
- Verhandlungsleitung **176** 2
- Verteidiger vgl. Rechtsanwalt
- Videoübertragung **176** 12 a
- Wortwahl **176** 23
- Würde des Gerichts **176** 22
- zeitliche Erstreckung **176** 8
- Zuständigkeit **176** 6

Sitzungssaal 22 25
- Ausgestaltung **12** 101, 103
- Dienstaufsicht **1** 70
- Öffentlichkeit **169** 25 ff.
- Verteilung **12** 102
- Zuweisung **EG 23** 150

Sitzungsstunde 22 26
Sitzungstag, Festlegung **12** 102; **22** 26
„Solange-II"-Beschluss, BVerfG **12** 59
Soldaten vgl. Bundeswehr
Sonderbotschafter 18 17
Sondergericht Einl. 78, 82
Sondernutzung 13 452
Sorben, Gerichtssprache **184** 26
Sorgerechtsübereinkommen 23 b 83

Souveränität Einl. 48
Sowjetische Streitkräfte 20 37
Soziale Dienste Einl. 73
Sozialgerichte
- Geschichte **13** 4
- Rechtsweg **13** 124

Sozialhilfe 13 442
Sozialisierungsentschädigung 13 105
Sozialstaat 16 117
Sozialstaatsgebot Einl. 196, 227
Sozialtherapeutische Anstalt 24
Sperrerklärung Einl. 171; **EG 23** 151
- Öffentlichkeit **172** 26

Spezialspruchkörper 14 5, 19; **130** 2, 3
- Ausnahmegericht **16** 19
- Geschäftsverteilung **21 e** 88
- gesetzlicher Richter **16** 19
- OLG **116** 2
- Rechtsweg **17** 5
- Verhältnis zu anderen Spruchkörpern **116** 13

Spielbank 13 443
Spielfilmprämie 13 397, 460
Spielplatz vgl. Kinderspielplatz
Sportabzeichen 13 444
Sportgerichte 13 207
Sporthallen 13 445
Sportplatz, Lärm **13** 370
Sprachbarrieren 184 1
Sprachbehinderung 186, **187**
Sprache, gesetzlicher Richter **16** 119
Spruchkammer Einl. 84
Spruchkörper, Zahl **21 e** 13; **60** 2
Spruchkörperinterne Geschäftsverteilung 21 g
Spruchrichterprivileg 1 194
Sprungrevision 133 10
Spurenakten EG 23 152
Staaten-Immunität 20 3
- Gerichtshof **12** 66

Staatliches Gericht, gesetzlicher Richter **16** 72
Staatsanwalt
- Ablehnung **145** 6
- Ablösung **145** 9
- Amtspflichtverletzung **141** 4
- Beamter **141** 9; **148**
- Befangenheit **145** 6
- eigenverantwortliche Tätigkeit **144** 1
- gesetzlicher Staatsanwalt **144** 6
- Notstaatsanwalt **142** 15
- örtlicher Sitzungsvertreter **141** 26; **142** 13
- politische Betätigung **141** 9
- politischer Beamter **141** 8
- Referendare **142** 16
- Sitzplatz **141** 7
- Weisung **146**
- Zeuge **145** 6
- Zurückhaltung **141** 9

EG = Einführungsgesetz, Einl. = Einleitung

Sachregister

Staatsanwaltschaft
- Akteneinsicht **12** 111
- Anklagemonopol **141** 10
- Aufgaben **141**
- bewegliche Zuständigkeit **142** 3, 10
- Bundeszentralregister **141** 14
- Devolutionsrecht **145** 1
- Dienstaufsicht **147**
- Ehesachen **141** 19
- eigenverantwortlich **144** 1
- Exekutive **141** 8
- Familiensachen **23 b** 103
- Gefahr im Verzug **143** 5
- Geschäftsverteilung **144** 6
- Geschichte **141** 2
- Gnadenbehörde **141** 15
- hierarchischer Aufbau **144** 1
- Hilfsbeamte **152**
- Jugendgerichte **141** 11
- Justizbehörde **EG 23** 17
- Justizverwaltungsakt **EG 23** 31 ff.
- Konzentration **143** 8
- Legalitätsprinzip **141** 10
- monokratische Behörde **144** 2
- Notstaatsanwaltschaft **142** 15; **143** 5
- Objektivität **141** 4
- örtliche Sitzungsvertreter **141** 26; **142** 14
- örtliche Zuständigkeit **143**
- Ordnungswidrigkeiten **141** 12
- Organisation **141** 22; **142**
- Parteistellung **141** 5, 6
- Rechtshilfe **156** 48 ff.
- Rechtspflegeorgan **141** 9
- Rechtspfleger **142** 14
- rechtsprechende Gewalt, Verhältnis **141** 3, 8
- Rechtsschutz gegen **EG 23** 31 ff.
- Referendare **142** 16
- sachliche Zuständigkeit **142; 142 a**
- Sammelverfahren **143** 2
- Schwerpunkt-StA **143** 8
- selbständiges Organ der Rechtspflege **141** 3
- Sequenzzuständigkeit **142** 2; **143** 1
- Strafvollstreckung **141** 13
- Substitutionsrecht **145** 1
- Unzuständigkeit, Folgen **142** 4
- Veröffentlichungen **141** 28
- Waffengleichheit **141** 6
- Weisungsrecht **146**
- Zeichnungsbefugnis **144** 1
- Zentrale Stelle Ludwigsburg **142** 2
- Zentrale Stelle Salzgitter **142** 2
- Zuständigkeitsstreit **143** 7

Staatsgäste, Immunität **20** 39
Staatsgerichtshof 12 42
Staatshaftung 71 9
Staatsschutzdelikte 74 a
- OLG **120**

Staatsschutzsachen Einl. 78, 80; **74 a**

Staatssicherheit
- Öffentlichkeit **172** 20; **174** 21
- Verfassungswert Einl. 231

Stasi-Unterlagen 13 446
Stellenbesetzung 1 37; **16** 37; **59** 3 ff.
- Präsident **59** 3
- Sperre **59** 4
- Vorsitzende **59** 10

Stellenbesetzungssperre 21 e 130; **22** 20
Steuerberater 13 123, 447
Steuerfahndung 13 119
Steuergeheimnis, Öffentlichkeit **172** 38, 43
Steuerungsmodell vgl. Modernisierung
Stiftung 13 448
Stiftungsaufsicht EG 23 153
Stil
- Sitzungspolizei **176** 22
- Ungebühr **178** 9, 15

Störung, Sitzungspolizei **176** 27
Störungsfreie Verhandlung 172 24
Strafantrag 13 449, 475
Strafbefehl
- Amtsgericht Strafgewalt **24** 27
- Amtsgericht Zuständigkeit **25** 8; **27** 24

Strafgerichtsbarkeit, rechtsprechende Gewalt Einl. 151
Strafgewalt AG/LG 24
Strafkammer
- auswärtige **78**
- Berufungsinstanz **74** 23
- Beschwerdeinstanz **73** 2
- Besetzung **76**
- erstinstanzliche Zuständigkeit **74** 1
- große StrafK **76**
- kleine StrafK **76**
- reduzierte Besetzung **76** 3 ff.
- Schöffen **77**
- StrafVollstrK **78 a; 78 b**
- Streitwertgrenze **71** 5
- Vermögensrechtliche Streitigkeiten **72** 7
- Vorrang **74 c**

Strafprozess, Reform Einl. 138
Strafrechtspflege, Justizverwaltungsakte **EG 23** 44
Strafrichter am Amtsgericht
- Zuständigkeit **25**
- vgl. Einzelrichter

Strafsachen, Rechtsweg **13** 210
Strafsenat, OLG **116** 1
Straftat in der Sitzung 183
Strafverfolgung 13 450
Strafvollstreckung 141 13; **156** 13; **160**; **162**; **163**; **EG 23** 154 ff.
- Rechtsbeschwerde **121** 9

Strafvollzug 13 451
Strafvollzugsgesetz Einl. 101
Straßen- und Wegerecht 13 452
Straßenbaulast 13 453
Streitschlichtung Einl. 133

1369

Sachregister

Fette Zahlen = §§, magere Zahlen = Randnummern

Streitwertgrenze Einl. 111
- Zuständigkeit AG **23** 4, 5

Streitwertherabsetzung 16 117
Studienförderung 13 316, 457
Stufenklage 13 83
- Rechtsweg **17** 51

Subjektionstheorie 13 11 ff.
Subsidiarität, Anfechtung, Justizverwaltungsakt **EG 23** 6, 57
Substitutionsrecht, StA 145 1
Subventionen 13 70, 458, 462
Suizidgefahr Einl. 192

Tarifvertragsrecht 13 142, 163
Tatbestandswirkung 13 22, 45
Taub, Schöffen **31** 12
Taubstumm, gesetzlicher Richter **16** 64
Technische Hilfsmittel, Dienstaufsicht **1** 97
Technische Überwachung 13 430
Teilzeitkräfte 21 e 81, 138
Telebrief 16 109
Telefax 16 110
Telefon 16 107
- vgl. Bundespost

Telefongespräche, Registrierung **1** 62
Telegrafenwege 13 335
Telegramm 16 108
Terminsbestimmung 16 90
- Anfechtung **EG 23** 10
- Kernbereich Unabhängigkeit **1** 54, 66, 67

Terminsverlegung vgl. Vertagung
Theater 13 463
Tierkörperbeseitigung 13 463 a
Todesstrafe Einl. 192
Tonaufzeichnung 1 75; **169** 62 ff.
- Sitzungspolizei **176** 31

Trabrennsport 13 464
Transporteur, Arbeitnehmer **13** 147
Treuhandanstalt 13 465
Trimmpfad 13 456
Tuberkulosenhilfe 13 467

UDSSR, Immunität **20** 37
Überbesetzung 21 e 129; **21 g**
Überholte Entscheidung 132 21
Überholter Justizverwaltungsakt
 vgl. Prozessuale Überholung
Überlastung
- gesetzlicher Richter **Einl.** 120; **16** 26, 37, 66, 84
- Richter **1** 104; **21 e** 6, 112

Überleitungsanzeige 13 468
Überlieferung, Zuständigkeit **13** 101
Übermittlung von Daten vgl. Weitergabe
Übernationale Gerichte vgl. Internationale Gerichte
Überraschungsentscheidung Einl. 216
Übersetzer 185 1
- vgl. Dolmetscher

Überstimmen 1 140
- vgl. Dissenting vote

Übertragung weiteres Richteramt 22 13, 14; **22 b** 3
Überzahlung
 vgl. Ungerechtfertigte Bereicherung
Umfassender Rechtsschutz Einl. 197 ff.
Umlaufentscheidung 193 3
Umlegung 13 469
Umsatzsteuer 13 470
UN
- Internationale Arbeitsorganisation **12** 70
- Internationaler Gerichtshof **12** 69
- Internationaler Seegerichtshof **12** 73
- Internationaler Strafgerichtshof **12** 74 ff.
- Petition **12** 72

Unabhängigkeit
- Erscheinungsformen **1** 8
- gesetzliche Regelung **1** 4
- international **1** 24
- richterliche, Sitzungspolizei **176** 7

Unabhängigkeit, innere
- Aufgabe **1** 157
- Beeinflussung **1** 157
- Beförderung **1** 152, 157
- Einflüsse **1** 157, 180
- gesellschaftliche Schicht **1** 158
- Klassenjustiz **1** 159
- Nebentätigkeit **1** 162
- öffentliche Einflüsse **1** 157
- Parteizugehörigkeit **1** 161
- politische Betätigung **1** 161
- politischer Richter **1** 159

Unabhängigkeit, persönliche
- Abordnung **1** 143
- Amtsenthebung **1** 143
- aP (auf Probe) **1** 149
- auswärtiger Spruchkörper **1** 145
- Beförderung **1** 152
- Besoldung **1** 153
- Dienststunden **1** 154
- ehrenamtliche **1** 150
- Entlassung **1** 143
- Fürsorgeanspruch **1** 192
- Gerichtsverwaltung **1** 147
- Geschäftsverteilung **1** 146
- Grundrecht, kein **1** 12
- hauptamtlich **1** 141 f.
- kA (kraft Auftrags) **1** 149
- Rechtsschutz **1** 169
- Versetzung **1** 143
- weiteres Richteramt **1** 148

Unabhängigkeit, sachliche
- äußere Form **1** 55
- äußere Ordnung **1** 56, 94
- allgemein **1** 4
- Allgemeinbegriffe **1** 113
- allgemeine Auslegungsgrundsätze **1** 128
- allgemeine Rechtsgrundsätze **1** 12
- Amnestie **1** 102

EG = Einführungsgesetz, Einl. = Einleitung   **Sachregister**

- Amtshilfe **1** 78
- Amtstracht **1** 71
- Arbeitsweise **1** 66, 94
- Ausbildung **1** 87
- Ausdrucksweise **1** 63
- Ausland, Beweisaufnahme **1** 74, 100
- außerdienstliches Verhalten **1** 58
- Beeinträchtigung **1** 164
- Befangenheit vgl. Neutralität
- Beförderung **1** 152
- Begriff **1** 39
- Begründung **1** 63
- Beobachtungsfunktion **1** 62
- Beratungsgeheimnis **1** 193
- Berichtspflicht **1** 81
- Beurteilung **1** 89 ff., 165, 177
- Beweisaufnahme **1** 74
- Bindungswirkung **1** 107, 135
- Bürotechnik **1** 75, 97, 155
- Bundesrecht **1** 119 ff.
- Contempt of Court **1** 109, 188
- Dienstaufsicht **1** 44, 164
- Dienstaufsichtsbeschwerde **1** 99
- Dienststunden **1** 154
- Disziplinarrecht **1** 200 ff.
- Druckausübung **1** 39
- Einwirkung **1** 39
- Einzelrichter **1** 108
- Entscheidungszwang **1** 138
- Erledigungszahlen **1** 96
- europäisches Recht **1** 126
- Fortbildung **1** 83
- Fürsorgeanspruch **1** 192
- Generalklauseln **1** 113
- Gerichtsverwaltung **1** 41, 45
- Geschäftsprüfung **1** 165
- Geschäftsverteilungsplan **1** 67, 84, 146, 181
- Geschichte **1** 13 ff.
- Gesetz und Recht **1** 110 ff.
- Gesetzesbindung vgl. Gesetz und Recht
- Gesetzgebung **1** 187
- gesetzlicher Richter **1** 2
- Gewaltenteilung **1** 101
- Gewissenskonflikt **1** 139
- Gewohnheitsrecht **1** 114, 129
- Gnadenrecht **1** 100
- Grundlage des Rechtsstaats **1** 1
- kein Grundrecht **1** 12, 43
- Haftung **1** 193 ff.
- Haushalt **1** 104
- herrschende Meinung **1** 131
- Justitiabilität **1** 111; **132** 37 ff.
- Justizverwaltung **1** 41, 87
- Kernbereich **1** 53 f.
- Kritik vgl. Urteilskritik
- Landesrecht **1** 122
- Leistungsprinzip **1** 89
- Maßnahme, Dienstaufsicht **1** 165
- Meinungsäußerung, Dienstaufsicht **1** 161

- Missbilligung **1** 174
- Mitteilungspflicht **1** 81
- Neutralitätserfordernis **1** 163
- Niederschlagung **1** 102
- Öffentlichkeits-Einwirkungen **1** 109
- offensichtliche Fehler **1** 57
- parlamentarischer Untersuchungsausschuss **1** 105
- Präjudizien **1** 129
- Präsidialrat **1** 85
- Präsidium **1** 84, 165, 181
- Presseauskunft **1** 82
- kein Privileg **1** 43
- Protokoll **1** 75
- psychologische Beeinflussung **1** 93, 94
- Pünktlichkeit **1** 68, 154
- Rechtsbeugung **1** 198
- Rechtschreibung **1** 76
- Rechtsfortbildung **1** 111, 138; **132**
- Rechtsschutz **1** 164 ff., 169
- Richterrat **1** 86
- Richterrecht **1** 130
- Robe **1** 71
- Sachverständige **1** 160
- Selbstverständnis **1** 3
- Selbstverwaltung **1** 35
- kein Selbstzweck **1** 11, 43
- Sitzungssaal **1** 70
- Spruchrichterprivileg **1** 194
- ständige Rechtsprechung **1** 129
- Standespolitik **1** 88
- Stellungnahmen **1** 87
- subjektive Wertvorstellungen **1** 113
- Tatbestandwirkung **1** 133
- technische Hilfsmittel vgl. Bürotechnik
- Terminsbestimmung **1** 67
- Überlastung **1** 66, 104, 181
- Überstimmen **1** 140
- Urteilskritik **1** 103, 192
- Verantwortung **1** 193
- Verfahrensvorbereitung **1** 69
- Verordnungen **1** 120, 123
- Vertrauen in Unabhängigkeit **1** 161
- Verwaltungsvorschriften **1** 127
- Vier-Augen-Gespräch **1** 166
- Völkerrecht **1** 124, 125
- Vordrucke **1** 76
- Vorlagepflicht **1** 137
- Wahlhelfer **1** 33
- Weisungsfreiheit **1** 3, 39 ff.
- Willkürverbot **1** 112
- Zeugnis vgl. Beurteilung
- Zeugniserteilung **1** 92
- Zurückhaltung vgl. Meinungsäußerung

Unbeteiligter Richter 16 63
Unerlaubte Handlung 13 161
Ungebühr
- Abmahnung **178** 42
- Äußerungen **178** 20
- Aktenbeschädigung **178** 19

1371

Sachregister

Fette Zahlen = §§, magere Zahlen = Randnummern

- akustische Störung **178** 11
- Alkohol **178** 18, 28
- angetrunken **178** 18
- Angriff **178** 19
- Anrede **178** 16, 28
- Antrag **178** 43
- Aufstehen **178** 15, 28
- Aufzeichnung **178** 12
- Ausdrucksweise **178** 21
- Barttracht **178** 17
- Begriff **178** 6 ff.
- Beifall **178** 26
- Beleidigung **178** 20, 21, 29
- Beschluss **178** 49
- Beschwerde **181**
- betrunken **178** 18
- Bürger nicht Verfahrensobjekt **178** 8
- Contempt of Court vgl. dort
- Dazwischenreden **178** 11
- Definition **178** 6 ff.
- Dialekt **178** 13
- Druckausübung **178** 10, 26
- Einflussnahme auf Verfahren **178** 10, 26, 31
- Einschüchterung **178** 26
- Entgleisung, sprachliche **178** 21
- Entkleidung **178** 27
- Ermessen **178** 42
- Essen **178** 12, 27
- Fäkalsprache **178** 21
- Fotografieren **178** 11
- Gebet **178** 14
- Gerichtskritik **178** 23
- Haartracht **178** 17
- Hausrecht **178** 2
- Kleidung **178** 17, 27
- körperlicher Angriff **178** 19
- Kopfbedeckung **178** 14
- Kritik am Gericht **178** 23
- Lärm **178** 26
- Mahnung **176** 23; **178** 42
- Missfallensäußerung **178** 26
- Mitschreiben **178** 12
- Ordnungsgeld **178** 34
- Ordnungshaft **178** 35
- Ordnungsmittel **178** 3, 34
- Personenkreis **178** 4
- Protokoll **178** 44; **182**
- Prozesserklärung **178** 23, 24
- räumlicher Bereich **178** 2
- Rauchen **178** 12
- rechtliches Gehör **178** 45
- Rechtsmittel **181**
- religiöse Handlungen **178** 14
- Richterkritik **178** 23
- Schutzzweck **178** 6
- Sitzenbleiben **178** 15, 28
- Sitzordnung **178** 11
- in der Sitzung **178** 1
- Sitzung **178** 1
- in der Sitzung **178** 2
- Sitzung **178** 2
- in der Sitzung **178** 48
- Sitzung **178** 48
- in der Sitzung **180**
- Sitzung **180**
- Sprache **178** 13
- sprachliche Entgleisung **178** 21
- Störung **178** 11
- strafrechtliche Sanktion **178** 3, 52
- Tätlichkeit **178** 19, 28
- Tonaufnahme **178** 11
- Trinken **178** 12
- Trunkenheit **178** 18, 28
- Türzuschlagen **178** 12, 27
- Verfahrensbeteiligte **178** 11 ff.
- Verfahrensrelevanz **178** 10
- Verhandlung bei Ahndung **178** 42
- Verhandlungsführung des Gerichts, Kritik **178** 30
- Verjährung **178** 53
- Verschulden **178** 32
- wiederholte Ungebühr **178** 33
- Wortwahl **178** 21
- Zeitunglesen **178** 12, 27
- Zeuge **178** 18
- Zurufe **178** 27
- Zuschlagen der Türe **178** 12, 27
- Zuständigkeit für Ahndung **178** 37 ff.

Ungerechtfertigte Bereicherung 13 91
- Sozialgericht **13** 154, 442
- Verwaltungsgericht **13** 89, 113

Universalsukzession vgl. Rechtsnachfolge
Universität vgl. Hochschule
Universitätskliniken 13 471
- vgl. Krankenhaus

Unlauterer Wettbewerb vgl. Wettbewerb
Unparteilichkeit, gesetzlicher Richter **16** 31
Unsachliche Anträge EG 26 23
Unschuldsvermutung 16 68
Untätigkeit, Gericht **16** 89 ff.
- Beschwerde **Einl.** 132; **16** 90

Unterbesetzung 23 e 13 a
Unterbringung 13 472; **24** 8; **EG 23** 163
- Öffentlichkeit **171 a**

Unterhalt 23 a 12 ff.
- Abänderungsklage **23 a** 59; **23 b** 40
- Anwaltshonorar **23 a** 22, 59; **23 b** 37, 102
- Ausgleichsanspruch **23 a** 18
- Auskunftsanspruch **23 a** 16, 59; **23 b** 39, 78
- ausländisches Recht **23 a** 25, 50
- Befreiungsanspruch **23 a** 18, 24
- Bereicherungsanspruch **23 a** 18, 24
- Betreuungskosten **23 a** 19
- Bürgschaft **23 a** 21, 23
- Drittwiderspruch **23 a** 41, 61; **23 b** 41
- Ehegatten **23 a** 12 ff.; **23 b** 76
- einstweilige Verfügung **23 a** 60; **23 b** 45
- Erbschaft **23 a** 17
- Erstattung **23 a** 18
- Familiensache **23 a** 26

EG = Einführungsgesetz, Einl. = Einleitung **Sachregister**

- Forderungsübergang **23 a** 17
- Gebührenklage **23 a** 59
- gesetzlicher **23 a** 13, 14; **23 b** 69
- Kinder **23 a** 12 ff.; **23 b** 69
- Kindergeld **23 a** 20
- Klagearten **23 a** 24
- Nebenansprüche **23 a** 13; **23 b** 37, 39
- Nebenpflichten **23 a** 16
- Pflicht allgemein **23 b** 69
- Prozesskosten **23 a** 22; **23 b** 39
- Prozessstandschaft **23 a** 17
- Rückgewähranspruch **23 a** 18
- Schadensersatzansprüche **23 a** 15, 24
- Sicherheitsleistung **23 a** 16
- steuerliche Mitwirkung **23 a** 16, 23
- Überleitung **23 a** 17
- Verdienstbescheinigung **23 a** 16
- Vereinbarung **23 a** 14
- vereinfachtes Verfahren der Geltendmachung **23 a** 27; **23 b** 75
- Vermögensverschiebung **23 a** 15
- vertraglicher **23 a** 14, 19; **23 b** 72
- Vollstreckbarerklärung **23 a** 63; **23 b** 47
- Vollstreckungstitel, Herausgabe **23 a** 24
- Vorfrage **23 a** 23
- Wiederaufnahmeverfahren **23 a** 59
- Zwangsvollstreckung **23 a** 61

Unterhaltssachen, Berufung OLG **119** 10
Unterschrift vgl. Urteilsunterschrift
Unterstützungskasse 13 156
Untersuchungsausschuss 13 472 a
- Anfechtung, Zeugniszwang **EG 23** 164
- vgl. Parlamentarischer Untersuchungsausschuss

Untersuchungshaft 13 451
- Dauer **16** 84
- Fortdauer **119** 11
- Rechtsbehelf **EG 23** 165
- vgl. Strafvollzug

Unzulässigkeit des Rechtswegs
vgl. Rechtsweg
Unzumutbare Erschwerung bei Beschreiten des Rechtswegs Einl. 204, 229; **16** 99
Urheberrechte 13 167
Urkunde, Gerichtssprache **184** 8; **185** 17
Urkundsbeamter 153 1, 2, 14 ff., 25
Urkundsbeamter der Geschäftsstelle
- Dolmetscher **190**
- Gerichtssprache **185** 3
- Rechtsbehelfe **EG 1** 9, 166
- Reformen **Einl.** 68, 79, 89; **153**

Urteil
- Abschriften **12** 119
- vgl. Entscheidungen

Urteilsgründe
- Abstimmung **195** 5
- Beratung **195** 5
- Entwurf **195** 4
- Frist **16** 91

- Mehrheitsmeinung **195** 3, 5
- vgl. Entscheidungsbegründung
- vgl. Urteilsunterschrift

Urteilskritik, Gewaltenteilung **1** 103
Urteilsschelte Einl. 170
Urteilsunterschrift 195 6 ff.
- Beurkundungsfunktion **196** 6
- Verhinderung **195** 9
- Weigerung **196** 6

Urteilsverkündung, Öffentlichkeit **173**
USA-Gerichte Einl. 34, 35

Vakanz 21 f 17; **59** 4, 10
Vaterschaft
- Anerkenntnis **23 a** 8, 10
- Anfechtung **23 a** 10
- Berühmung **23 a** 9
- Feststellung **23 a** 7

Verbände 13 473
Verbaler Exzess vgl. Wortwahl
Verbandsgerichte 13 200
- gesetzlicher Richter **16** 76

Verbindung von Verfahren 16 10 a
Verbringen, Personen **Einl.** 29
Vereidigung 31 6
- Behinderte **185** 13
- Dolmetscher **189**
- Fremdsprachige **188**

Vereinfachung vgl. Beschleunigung
Vereinigte Große Senate 132 11
Vereinigungsfreiheit 13 143
Vereinsgerichte 13 200
- gesetzlicher Richter **16** 76

Vereinsstrafe 16 76
Verfahrensbeschleunigung Einl. 121, 132, 138
Verfahrensdauer Einl. 132, 229; **16** 80 ff., 82
Verfahrensgrundrechte Einl. 186, 197 a
Verfahrenshindernis
- Verzögerung **16** 87
- Völkerrechtswidrigkeit **Einl.** 29
- Vorverurteilung **16** 69

Verfahrensklima Einl. 227
Verfahrensrechte
- Änderungen **EG 1** 4
- Geltendmachung **16** 70

Verfassungsbeschwerde 12 33 ff.
- beschränkte Nachprüfung **12** 39
- rechtliches Gehör **Einl.** 220
- Subsidiarität **12** 34

Verfassungsschutz 13 474
Verfassungswidrige Gesetze 12 18
- vgl. Normenkontrolle

Vergabe
- Leistungen **13** 474 a
- Volksfest **13** 95, 98

Vergabe-Überwachungs-Ausschuss 12 56
Vergleich vgl. Prozessvergleich

1373

Sachregister

Fette Zahlen = §§, magere Zahlen = Randnummern

Vergleich, gerichtlicher, Unabhängigkeit **1** 65
Verhältnismäßigkeit Einl. 230; **172** 24; **175** 9; **176** 14
– Sitzungspolizei **172** 24; **176** 14
Verhandlung, Gerichtssprache **185** 2
Verhandlungsklima 16 68
Verhandlungsleitung, Sitzungspolizei **176** 2
Verhinderung
– Begriff **21 e** 144
– Feststellung **21 e** 148
Verkehrssicherungspflicht 13 454, 476
Verkehrsunternehmen 13 477
Vermessungsingenieure 13 430, 478
Vermietung 13 479
Vermögensgesetz 13 480
Vermögensrechtliche Streitigkeiten 23 4
Vermögensübernahme 13 84, 120, 126, 177
Veröffentlichungen
– Entscheidungen **12** 124
– gerichtliche **12** 123
– Medien **Einl.** 191
Versailler Vertrag 12 69, 75
Verschwiegenheit 21 e 22
Verschwiegenheitspflicht 193 6
– vgl. Beratungsgeheimnis
Versicherungen 13 481
Versorgungsanstalt des Bundes und der Länder 13 482
Versorgungsausgleich 23 b 77 ff.
Versorgungsbetriebe 13 483
Versorgungskasse der Gemeinden 13 156, 484
Versteigerungserlös 13 484 a
Vertagung 16 115
Verteidiger
– Beschränkung **16** 71
– vgl. Rechtsanwalt
Vertrag
– öffentlich-rechtlicher **13** 16, 61 ff.
– Rechtsweg **13** 61 ff.
Vertragshilfe 27 18
Vertretung
– AG **22 b**
– Anordnung LJustizVerw **70**
– Mitglieder **21 c**
– Präsident **21 h** 1
– Vorsitzender **21 f** 8
Verwahrung vgl. Öffentlich-rechtliche Verwahrung
Verwaltungsakt
– akzessorischer, Rechtsweg **13** 97
– gestaltender, Rechtsweg **13** 96
– selbständige Anfechtung **13** 97
– vgl. Vorfrage
Verwaltungsbezirke EG 4 a
Verwaltungsgerichte
– Geschichte **13** 2
– Rechtsstreitigkeiten der Richter **1** 172

– vgl. Dienstgericht für Richter
Verwaltungstätigkeit
– Entziehung **1** 147
– Richter **1** 33
– Übertragung **1** 41
Verwaltungsvollstreckung
vgl. Zwangsvollstreckung
Verwaltungsvorschriften, Unabhängigkeit **1** 127
Verwarnung
– gebührenpflichtig **Einl.** 152
– polizeiliche **EG 23** 167
Verweisung Einl. 219; **EG 23** 55; **EG 28** 2
– vgl. Rechtswegverweisung
Verweisungsbeschluss Einl. 220; **17** 46
– gesetzlicher Richter **16** 39
Verweisungsbeschluss, Bindung, Unabhängigkeit **1** 129
Verzicht, gesetzlicher Richter **16** 60
Verzögerung 1 67; **16** 82
– vgl. Beschleunigung, Fristenbeachtung
Verzugsschaden 13 86, 485
Verzugszinsen 13 86
Video-Vernehmung 169 95 ff.; **171 b**
Vizepräsident
– als Vertreter des Präsidenten **21 h** 1
– als Vorsitzender **21 f** 2
– Wählbarkeit **21 b** 11
V-Mann EG 23 151
– Öffentlichkeit **172** 26
Völkerrecht Einl. 29
– allgemeine Grundsätze **20** 2
– Bundesrecht **12** 28
– Immunität **18** 4
– Vorlage an BVerfG **12** 28
Völkerstrafrecht
vgl. Internationaler Strafgerichtshof
Volksbücherei 13 486
Volksfest 13 95
Volksgerichtshof Einl. 78, 82
Vollstreckung vgl. Zwangsvollstreckung
Vollstreckungen 160
Vollstreckungsabwehrklage 13 215
Vollstreckungsgegenklage 13 87, 116, 159
Vollstreckungshaftbefehl EG 23 168
Vollstreckungskosten 13 87
Vollziehungsbeamter der Justiz 154 25
Vollzogener Justizverwaltungsakt
vgl. Prozessuale Überholung
Vollzugsanstalt vgl. Justizvollzug
Vorabentscheidung
vgl. Europäischer Gerichtshof
Vorbereitung des Verfahrens, Unabhängigkeit **1** 69
Vordruckbenutzung 1 76
Vorentscheidung, Bindung **13** 19
Vorfrage
– Entscheidungskompetenz **13** 17
– Finanzgericht **13** 50

EG = Einführungsgesetz, Einl. = Einleitung **Sachregister**

- freiwillige Gerichtsbarkeit **13** 52
- Sozialgericht **13** 48
- Strafverfahren **13** 27
- Verwaltungsgericht **13** 38

Vorgerichtlich vgl. Außergerichtlich

Vorhalt 1 47
- vgl. Dienstaufsichtsmaßnahmen

Vorkaufsrecht 13 487

Vorkonstitutionelles Recht, Divergenz **121** 13

Vorlagepflicht EG 29 7
- Bindung des Richters **1** 137
- BVerfG (Art. 100 GG) **12** 18
- Divergenz **132** 1, 3
- EuGH **12** 54 ff.
- gesetzlicher Richter **16** 42; **121** 24; **132** 16
- OLG **121** 10 ff.
- Verfahren **132** 25
- Verletzung **121** 24; **132** 16, 22

Vorlageverfahren, GS **132** 25

Vormund 23 b 61

Vormundschaft 13 306

Vormundschaftssachen 23 b 16, 61

Vorrangprinzip, StrafK **74 e** 1

Vorrangregelung, Geschäftsverteilung **21 e** 122, 128, 136

Vorschaltinstanz 13 60, 204

Vorschaltverfahren 16 99, 100; **EG 24** 5
- Jagdrecht **23** 35

Vorschlagsliste
- Berichtigung **38** 2
- Einspruch **37; 39**
- Frist **57**
- Schöffenwahl **36**
- Übersendung an AG **38**
- Zusammenstellung und Prüfung beim AG **39**
- vgl. Schöffenwahl

Vorsitzender Richter
- Beisitzer **21 f** 5
- Besetzung **59** 10; **122**
- jeder Spruchkörper **21 e** 127
- Kernbereich seiner Aufgabe **1** 77
- mehrere Spruchkörper **21 f** 4
- OLG **115** 4
- Präsidiumsmitglied **21 a** 14
- Recht auf Vorsitz **21 f** 3, 6
- richtunggebender Einfluss **1** 107; **21 f** 4; **59** 12
- StrafK **76** 13
- Unabhängigkeit der Beisitzer **1** 107
- Verhältnis zu Beisitzern **1** 77, 107, 185
- Vertretung **21 f** 8 ff.
- Vorsitz zwingend **21 f** 3, 6
- vorübergehende Verhinderung **21 e** 144; **21 f** 15 ff.

Vorstrafen, Öffentlichkeit **171 b** 40

Vortrittsliste, Rechtsanwälte **13** 488

Vorübergehende Vakanz 59 5, 10

Vorverfahren 13 60

Vorverständnis, richterliches **1** 111, 158

Vorverurteilung 16 68
- Öffentlichkeit **169** 15

Votum 193 4

Waffengleichheit Einl. 195, 226
- StA **141** 6

Wahlkampfkosten 13 488 a

Wahlkonsul vgl. Immunität

Wahlrecht StA 16 10 b

Wahrnehmung aller prozessualen Rechte 16 70

Wahrnehmungsfähigkeit, gesetzlicher Richter **16** 64

Warnmitteilung 13 489

Warnung, behördliche **EG 23** 28

Wartepflicht, gesetzlicher Richter **16** 115

Wasserrecht 13 490

Wasserversorgung 13 494

Wechsel 13 159, 215

Wegerecht vgl. Straßenrecht

Wehrdienst vgl. Bundeswehr

Wehrdienstgericht 12 9

Wehrstrafgericht 12 9

Weiderecht 13 495

Weisung, dienstliche **EG 23** 29

Weisungsfreiheit vgl. Unabhängigkeit

Weisungsrecht, StA **146**

Weiteres Richteramt 1 148; **22** 13; **59** 20

Weitergabe von Daten
- Adressat **EG 12** 14
- Aktualisierung, Daten **EG 20**
- von Amts wegen **EG 12** 4, 18
- an andere Stellen **EG 19** 5
- Arbeitnehmer **EG 14** 8, 13
- Auskunftsrecht **EG 21; EG 22** 2
- ausländische Stellen **EG 16** 1
- Bagatellklausel **EG 14** 16
- Beamte **EG 14** 5, 8
- bereichsspezifische Regelung **EG 12** 8
- BZRG **EG 14** 15
- dienstrechtliche Maßnahmen **EG 14** 5
- ehrenamtliche **EG 14** 10
- Ermächtigung **EG 12** 19
- Form **EG 18** 2
- Gemeinwohl **EG 17** 5
- Gewerbetreibende **EG 14** 9
- Grundbuch **EG 15** 2
- Internationale Rechtshilfe **EG 17** 4
- Jugendschutz **EG 17** 7
- Kataster **EG 15** 3
- Minderjährige **EG 17** 7
- öffentliche Sicherheit **EG 17** 5
- öffentliche Stellen **EG 12** 14
- öffentlicher Dienst **EG 14** 8
- personenbezogene Daten **EG 12** 10
- Rechnungsprüfung **EG 12** 12
- Rechte anderer **EG 17** 6
- Rechtsschutz **EG 22**

1375

Sachregister

Fette Zahlen = §§, magere Zahlen = Randnummern

- Register **EG 15** 2
- Strafverfolgung **EG 17** 3
- Strafvollstreckung **EG 14** 1
- subsidiäre Regelung **EG 12** 8
- übermittelnde Stelle **EG 12** 13
- überschießende Daten **EG 18** 2
- Umwelt **EG 14** 14
- Versorgungsempfänger **EG 14** 11
- Verwaltungsangelegenheit **EG 12** 1, 13
- Verwendungsverbot **EG 18** 4
- Zeitpunkt **EG 14** 19; **EG 20** 1
- Zweck **EG 12** 9; **EG 14** 3
- Zweckbindung **EG 19**
- vgl. Daten

Werbefunk 13 496
Werbenutzungsvertrag 13 95
Werkswohnung vgl. Dienstwohnung
Westmächte, ehemalige vgl. NATO
Wettbewerb
- Kirche **13** 184
- Prozesse **13** 167
- Rechtsweg **13** 40, 70, 128, 133, 140, 190, 497

Wette vgl. Lotterie
Widerklage 13 82
- Rechtsweg **17** 50

Widerruf
- von Behauptungen **13** 499
- Ehrenkränkung **13** 319, 363, 372
- eines Verwaltungsakts **13** 107

Wiederaufnahmeverfahren 140 a
Wiederbesetzungssperre vgl. Stellenbesetzung
Wiedereinsetzung 16 114; **EG 26** 11
- Gerichtssprache **184** 23

Wiedervereinigung Einl. 43 ff.
- Besatzungsrecht **20** 20
- Gerichtsverfassung **EG 1** 19 ff.

Wiener Übereinkommen 18; 19
Wildschaden 23 34
Willkür 12 39
- gesetzlicher Richter **16** 52 ff.

Willkürverbot 1 112
Wirte 23 30
Wirtschaftslenkung vgl. Marktregelung
WirtschaftsStrafK 74 c
Wissenserklärung, behördliche **EG 23** 27
Wohnraum 23 15
Wohnungsamt 13 501
Wohnungsbaudarlehen 13 461
Wohnungseigentum 23 21; **31** ff.; **72** 12
Wohnungsvermittlung vgl. Wettbewerb
Wortwahl, Dienstaufsicht **1** 63
Würde des Gerichts
- anstößige Kleidung **175** 7
- Barttracht **175** 7
- Betrunkene **175** 7
- Haartracht **175** 7
- Kleidung **175** 7
- Mode **175** 7

- Provokation **175** 7
- Sitzungspolizei **176** 22
- Zutritt **175** 6

Zahl der Richter 59 16
Zahl der Spruchkörper 22 23; **60** 2
- vgl. Spruchkörper

Zeitungszusteller 13 146 k
Zeitweiliger Vertreter 21 e 143
Zentrale Stelle
- Ludwigsburg **142** 2
- Salzgitter **142** 2

Zeugenpflicht
- Lohnfortzahlung **Einl.** 201
- Rücksichtnahme **Einl.** 201

Zeugenschutz 172
Zeugenvernehmung 169 23; **172** 26, 27, 34
Zinsen 13 86
- vgl. Verzugsschaden, Verzugszinsen

Zivildienst 13 502
Zivilkammer
- Besetzung **75**
- erstinstanzliche Zuständigkeit **71**
- freiwillige Gerichtsbarkeit **71** 17
- Rechtsmittelinstanz **72**

Zivilprozesssachen kraft Zuweisung 13 1, 24, 46, 100
Zivilsenat
- Familiensenat **119** 32
- OLG **116** 1

ZPO-Novelle 2001 Einl. 121
ZPO-Reform Einl. 121
- Dreistufigkeit **Einl.** 121
- Einzelrichter **Einl.** 121
- Güteverhandlung **Einl.** 121
- Hinweispflicht **Einl.** 121
- Rechtsmittel **Einl.** 121, 132
- Schlichtung **Einl.** 121

Zugang beim Gericht, Schriftstücke **16** 102
Zugang zum Gericht Einl. 204; **16** 99
- gesetzlicher Richter **16** 99 ff.
- vgl. Hausrecht

Zuhörer 12 96
Zulässigkeit des Rechtswegs
- vgl. Rechtsweg

Zulassungsrevision 133 7
Zurückhaltung, Richter **1** 161
Zurückverweisung 16 10 c
Zusammenhangsklage 13 162, 168
Zusatzversorgungskasse 13 124, 156
Zusicherung 13 503
Zuständigkeit der Gerichte, Gewaltenteilung **Einl.** 143
Zuständigkeit kraft Zuweisung 13 100
Zuständigkeitsbestimmung 16 22, 42
- vgl. Spezialspruchkörper

Zuständigkeitserschleichung 13 39
Zuständigkeitsstreit
- Einzelrichter **75** 9 ff.
- Geschäftsverteilung **21 e** 116 f.

EG = Einführungsgesetz, Einl. = Einleitung

– innerhalb des OLG **116** 14; **119** 37
– StA **143** 7
Zuständigkeitsvereinbarung 13 173
Zustellung, Gerichtssprache **182** 22; **184** 11
Zustellungen 154; 160
Zutritt zu Justizgebäuden EG 23 169
Zuwarten des Gerichts 16 115
Zuweisung, Rechtsweg **13** 93, 100

Zwangsarbeit 13 144
Zwangsvollstreckung 13 87
– Amtsgericht **27** 27
– Gerichtssprache **185** 3
Zweigstellen Einl. 21; **22** 2; **156** 11
– Geschäftsverteilung **21 e** 13
Zweistufentheorie vgl. Doppelcharakter